आर॰ गुप्ता® कृत

पॉपुलर मास्टर गाइड

नेशनल टेस्टिंग एजेंसी (NTA)

UGC-NET/JRF

Junior Research Fellowship & Assistant Professor Eligibility Exam

शारीरिक शिक्षा

प्रश्न पत्र-II

लेखक

आदित्य प्रताप सिंह

सहा॰ प्रोफेसर (शारीरिक शिक्षा)

डी॰डी॰यू॰ राजकीय महाविद्यालय सहजनवाँ, गोरखपुर

2027
EDITION

रमेश पब्लिशिंग हाउस, नई दिल्ली

प्रकाशक

ओ॰पी॰ गुप्ता, **रमेश पब्लिशिंग हाउस**

प्रशासनिक कार्यालय

12-H, न्यू दरियागंज रोड, ऑफिसर्स मेस के सामने,

नई दिल्ली-110002 ✆ 23275224, 23245124

E-mail: info@rameshpublishinghouse.com

For Online Shopping: www.rameshpublishinghouse.com

विक्रय केन्द्र

• बालाजी मार्किट, नई सड़क, दिल्ली-110006 ✆ 23282525 📱 9354373464

• 4457, नई सड़क, दिल्ली-110006

Book Code: R-1033

ISBN: 978-93-87604-98-8

मूल्य: ₹ 620

मुद्रक: दीपक ऑफसैट, दिल्ली

अनुक्रमणिका

REVISED SCHEME

As per the revised Scheme, the test will consist of two papers as below:

Paper	Marks	Number of Questions
I	100	50 questions. All are compulsory
I	200	100 questions. All are compulsory

- **Paper-I** shall consist of 50 objective type compulsory questions, each question carrying 2 marks. The questions which will be of general nature, intended to assess the teaching/research aptitude of the candidate. It will primarily be designed to test reasoning ability, comprehension, divergent thinking and general awareness of the candidate.
- **Paper-II** shall consist of 100 objective type compulsory questions, each question carrying 2 marks which will be based on the subject selected by the candidate.
- The Test will be conducted in Computer Based Test (CBT) Mode only.

पिछले प्रश्न-पत्र

National Testing Agency (NTA)

UGC-NET जूनियर रिसर्च फैलोशिप तथा सहायक प्राध्यापक पात्रता परीक्षा

शारीरिक शिक्षा, जनवरी-2026

(Exam held on 07-01-2026)

प्रश्न-पत्र-II

1. निम्नलिखित में से किस अनुसंधान अभिकल्प में यादृच्छिकीकरण का अभाव होता है किन्तु वह चरों को प्रभावित करता है?

1. वास्तविक प्रयोग (परीक्षण)
2. प्रतिनिध्यात्मक
3. अनुदैर्ध्य
4. परीक्षण सदृश

2. कूपर के 12 मिनट दौड़/चाल परीक्षण में प्रयुक्त VO_2 max (वीओ$_2$ मैक्स) सूत्र निम्नलिखित है:

1. VO_2 max $(ml.kg^{-1}.min^{-1}) = 3.5 + (438 \div \text{time in minutes})$
2. VO_2 max $(ml.kg^{-1}.min^{-1}) = (\text{Distance} - 0.3138) \div 0.0278$
3. VO_2 max $(ml.kg^{-1}.min^{-1}) = 108.94 - 8.41(\text{time}) - 0.38\ (\text{time}^2)$
4. VO_2 max $(ml.kg^{-1}.kg^{-1}) = -32.678 + 6.592\ (\text{maximal speed})$

3. गुणात्मक जैव यांत्रिक विश्लेषण का सही आनुक्रमिक क्रम चिन्हांकित कीजिए:

A. प्रेक्षण B. मूल्यांकन
C. विवरण D. निर्देश

नीचे दिए गए विकल्पों में से **सही** उत्तर चुनें:

1. A, B, C, D 2. C, A, B, D
3. B, A, C, D 4. C, B, A, D

4. नीचे दो कथन दिए गए हैं: एक अभिकथन (A) के रूप में है तो दूसरा उसके कारण (R) के रूप में:

अभिकथन (A): एथलीटों में दुश्चिंता को कम करने के लिए गहन श्वसन एक प्रभावी मनोवैज्ञानिक कौशल है।

कारण (R): गहन श्वसन पेशियों में आक्सीजन आपूर्ति में वृद्धि करता है तथा उसकी शक्ति को बढ़ाता है।

उपरोक्त कथन के आलोक में, नीचे दिए गए विकल्पों में से सबसे उपयुक्त **उत्तर** का चयन कीजिए।

1. (A) और (R) दोनों सही हैं और (R), (A) की सही व्याख्या है।
2. (A) और (R) दोनों सही हैं और (R), (A) की सही व्याख्या नहीं है।
3. (A) सही है और (R) सही नहीं है।
4. (A) सही नहीं है और (R) सही है।

5. प्रतिरोध प्रशिक्षण के पेशीजनक अनुकूलन हैं:

A. वर्धित तंत्रिकीय प्रेरण
B. तनन प्रतिवर्त विभव
C. वर्धित पेशीय अनुप्रस्थ क्षेत्र
D. वर्धित पेशीतंतुकों की संख्या

नीचे दिए गए विकल्पों में से **सही** उत्तर चुनें:

1. केवल C, D 2. केवल A, B, C
3. केवल B, C, D 4. केवल A, C

6. नीचे दो कथन दिए गए हैं: एक अभिकथन (A) के रूप में है तो दूसरा उसके कारण (R) के रूप में:

अभिकथन (A): प्रत्यवस्थापन का गुणांक उपागम के वेग से पृथक्करण की सत्यता के अनुपात की निरपेक्ष मात्रा होती है।

कारण (R): पृथक्करण और उपागम का वेग दो विरोधी वस्तुओं के क्रमशः संघट्टन के पूर्ण और पश्चात के वेगों के बीच का अंतर होते हैं।

उपरोक्त कथन के आलोक में, नीचे दिए गए विकल्पों में से सबसे उपयुक्त **उत्तर** का चयन कीजिए।

1. (A) और (R) दोनों सही हैं और (R), (A) की सही व्याख्या है।
2. (A) और (R) दोनों सही हैं और (R), (A) की सही व्याख्या नहीं है।
3. (A) सही है और (R) सही नहीं है।
4. (A) सही नहीं है और (R) सही है।

7. प्रेरणा के स्तरों को निम्नतम से उच्चतम आत्म-निर्णय के क्रम में व्यवस्थित करें।

A. आंतरिक प्रेरणा B. बाह्य विनियमन

C. प्रेरणाहीनता D. पहचाना गया विनियमन

नीचे दिए गए विकल्पों में से **सही** उत्तर चुनें:

1. A, C, D, B 2. C, B, D, A
3. C, D, B, A 4. A, B, D, C

8. निम्नलिखित में से कौन-सी स्थिति शारीरिक शिक्षा में नैदानिक मूल्यांकन के अनुप्रयोग को सर्वोत्तम ढंग से चित्रित (निर्देशित) करती है?

1. विद्यार्थियों के सुधार में सहायता हेतु जिमनास्टिक दिनचर्या के दौरान प्रतिपुष्टि प्रदान करना।
2. टेनिस सर्व सिखने में अतिरिक्त सहायता की आवश्यकता वाले विद्यार्थियों को चिह्नित करने के लिए पूर्व-परीक्षण का प्रयोग करना।
3. फाइनल हैंडबाल मैच में विद्यार्थियों के निष्पादन पर आधारित ग्रेडिंग प्रदान करना।
4. कक्षा में पढ़ाई गई संकल्पना के पुनर्बलन के लिए गृहकार्य समनुदिष्ट करना।

9. हीलिंग (स्वस्थ करना) की अवस्थाओं का सही आनुक्रमिक क्रम चिह्नांकित कीजिए:

A. शोध B. क्षति

C. पुनर्निर्माण D. प्रतिपूर्ति

नीचे दिए गए विकल्पों में से **सही** उत्तर चुनें:

1. A, B, C, D 2. D, C, A, B
3. B, C, A, D 4. B, A, D, C

10. प्राथमिक निवारक उपाय का उदाहरण निम्नलिखित में से कौन-सा नहीं है?

1. प्रतिरक्षण 2. जल स्वच्छता
3. स्वास्थ्य शिक्षा 4. हृद् पुनर्वास

11. निम्नलिखित में से किस प्रकार की वैधता उस मात्रा से संबंधित है जिस हद तक कोई मापदंड स्पष्ट रूप से माप किया जाने वाला निष्पादन अन्तर्ग्रस्त होता है?

1. रचना (निर्मिति) वैधता
2. तर्कसंगत वैधता
3. विषयवस्तु वैधता
4. निकर्ष वैधता

12. नीचे दो कथन दिए गए हैं: एक अभिकथन (A) के रूप में है तो दूसरा उसके कारण (R) के रूप में:

अभिकथन (A): परीक्षण कारक के स्तरों के साधनों की तुलना करने के लिए, स्तर एमएस (कारक) के बीच विचलन की माप की तुलना स्तर एमएस (त्रुटि) के भीतर विचलन की माप के साथ की जायेगी।

कारण (R): यदि एमएस (कारक) एमएस (त्रुटि) से बहुत अधिक बड़ा नहीं होता, तो हम इस शून्य प्राककल्पना को खंडित नहीं कर पायेंगे कि सभी साधन समान होते हैं।

उपरोक्त कथन के आलोक में, नीचे दिए गए विकल्पों में से सबसे उपयुक्त **उत्तर** का चयन कीजिए।

1. (A) और (R) दोनों सही हैं और (R), (A) की सही व्याख्या है।
2. (A) और (R) दोनों सही हैं और (R), (A) की सही व्याख्या नहीं है।
3. (A) सही है और (R) सही नहीं है।
4. (A) सही नहीं है और (R) सही है।

13. रेखीय आवधीकरण मॉडल की विशेषता है:

1. यादृच्छीकृत प्रशिक्षण सत्र
2. पूरे में नियत प्रशिक्षण भार
3. मात्रा में ह्रास के साथ तीव्रता में धीरे-धीरे वृद्धि
4. भार और तीव्रता में बारंबार परिवर्तन

14. थकान प्रतिरोध के आधार पर कंकाल की मांसपेशियों के रेशों के प्रकार के वर्गीकरण का सही अनुक्रमिक क्रम चुनें (कम से अधिक)।

A. टाइप I फाइबर B. टाइप II a फाइबर
C. टाइप II b फाइबर D. टाइप II x फाइबर

नीचे दिए गए विकल्पों में से **सही** उत्तर चुनें:

1. D, B, C, A 2. A, B, C, D
3. C, D, B, A 4. B, C, A, D

15. अनक्षीय गति निम्नलिखित नाम से भी जानी जाती है:

A. घूर्णी गति B. विसर्पण गति
C. अंतरण गति D. सर्पण गति

नीचे दिए गए विकल्पों में से **सही** उत्तर चुनें:

1. केवल A, B 2. केवल C, D
3. केवल B, C, D 4. केवल A, B, D

16. ओलंपिक मूल्य कौन से हैं?

A. श्रेष्ठता (प्रकर्ष) B. संधारणीयता
C. मैत्री D. सम्मान

नीचे दिए गए विकल्पों में से **सही** उत्तर चुनें:

1. केवल A, B, C 2. केवल A, C, D
3. केवल B, C 4. केवल A, C

17. शारीरिक शिक्षा एवं खेलों में मुख्य रूप से प्रबंधन निम्नलिखित में शामिल होता है:

A. कार्यकलापों की योजना बनाना तथा संगठित करना
B. यादृच्छिक निर्णय करना
C. प्रतिभागियों को निर्देशित और प्रेरित करना
D. परिणामों का मूल्यांकन करना

नीचे दिए गए विकल्पों में से **सही** उत्तर चुनें:

1. केवल A, B 2. केवल A, B, D
3. केवल A, C, D 4. केवल A, D

18. प्रेषी नेयरपाइनफ्राइन निम्नलिखित द्वारा निष्क्रिय किया गया:

1. कैलिनेसटेरेस
2. कैटशल-ओ-मेथिल ट्रांसटेरेस
3. एसिटिलकेलाइन
4. एक्रोमेगली

19. नीचे दो कथन दिए गए हैं: एक अभिकथन (A) के रूप में है तो दूसरा उसके कारण (R) के रूप में:

अभिकथन (A): भित्त्यंतस्थ खेल प्रतिस्पर्धा (प्रतियोगिता) शैक्षणिक संस्थानों में बड़े स्तर पर विद्यार्थियों की भागीदारी को प्रोत्साहन देती है।

कारण (R): खेल गतिविधियों में व्यापक पैमाने पर विद्यार्थियों की भागीदारी प्रच्छन्न प्रतिभा को पहचानने में सहायता करती है।

उपरोक्त कथन के आलोक में, नीचे दिए गए विकल्पों में से सबसे उपयुक्त **उत्तर** का चयन कीजिए।

1. (A) और (R) दोनों सही हैं और (R), (A) की सही व्याख्या है।
2. (A) और (R) दोनों सही हैं और (R), (A) की सही व्याख्या नहीं है।
3. (A) सही है और (R) सही नहीं है।
4. (A) सही नहीं है और (R) सही है।

20. प्रशिक्षण में शक्ति विकास की सही आनुक्रमिक अवस्थाएं हैं:

A. सामान्य शक्ति आधार
B. अधिकतम शक्ति विकास
C. अनुरक्षण अवस्था
D. विशिष्ट शक्ति में रूपांतरण

नीचे दिए गए विकल्पों में से **सही** उत्तर चुनें:

1. A, B, C, D 2. C, D, A, B
3. A, B, D, C 4. A, C, B, D

21. औपचारिक प्रयोगात्मक अभिकल्पनों के प्रकार कौन से हैं?

A. यादृच्छीकृत खंड अभिकल्प
B. क्रमगुणित अभिकल्प
C. लैटिन स्क्वायर अभिकल्प
D. नियंत्रण अभिकल्प सहित पूर्ण एवं पश्चात

नीचे दिए गए विकल्पों में से **सही** उत्तर चुनें:

1. केवल A, C, D
2. केवल A, B, C
3. केवल B, C, D
4. केवल A, B

22. सूची-I को सूची-II से सुमेलित करें:

सूची-I (शब्द)	सूची-II (अर्थ)
A. महामारी विज्ञान (जानपदिक रोग विज्ञान)	I. किसी विशेष समष्टि में रोगियों की अप्रत्याशित बड़ी संख्या
B. महामारी	II. सामान्य रूप से किसी समष्टि में नियमित उत्पन्न होने वाला रोग
C. स्थानिक रोग	III. किसी महाद्वीप जैसे व्यापक भौगोलिक क्षेत्र में रोग का प्रादुर्भाव
D. सर्वव्यापी	IV. मानव समष्टि में रोगों और अपहतियों का बंटन और निर्धारक

नीचे दिए गए विकल्पों में से **सही** उत्तर चुनें:

1. A-II, B-III, C-I, D-IV
2. A-IV, B-I, C-II, D-III
3. A-III, B-I, C-IV, D-II
4. A-IV, B-I, C-III, D-II

23. शरीर के कोणीय संवेग को अलग-अलग कोणों पर नियंत्रित करने की क्षमता को क्या कहा जाता है?

1. गतिशीलता
2. चालन क्षमता
3. दिशा परिवर्तन
4. बहु-दिशात्मक गति

24. सूची-I को सूची-II से सुमेलित करें:

सूची-I (चर के प्रकार)	सूची-II (अर्थ)
A. बाह्य चर	I. वह कारक जो संभवतः परिणामों को प्रभावित कर सकता है तथा जिसे अध्ययन से बाहर रखा गया है
B. आश्रित चर	II. आयु, लिंग जैसे स्वतंत्र चर के प्रकार जिन्हें हलयोजित नहीं किया जा सकता है
C. नियंत्रण चर	III. वह कारक जो स्वतंत्र और आश्रित चर के मध्य संबंध को प्रभावित कर सकता है किन्तु उसे शामिल अथवा नियंत्रित नहीं किया जाता है
D. निर्णायक चर	IV. स्वतंत्र चर के प्रभाव

नीचे दिए गए विकल्पों में से **सही** उत्तर चुनें:

1. A-II, B-IV, C-III, D-I
2. A-I, B-II, C-III, D-IV
3. A-III, B-I, C-II, D-IV
4. A-III, B-IV, C-I, D-II

25. खेलों में प्रतिस्पर्धा का विभव नकारात्मक सामाजिक पक्ष निम्नलिखित में से कौन-सा है?

1. टीम कार्य का संवर्धन
2. आक्रमण और शत्रुता का पुनर्बलन
3. सामाजिक समरसता को प्रोत्साहन
4. नेतृत्व कौशल का विकास

26. रसायन दाह के प्राथमिक उपचार प्रबंधन का सर्वाधिक महत्वपूर्ण सोपान निम्नलिखित में से कौन-सा है?

1. तत्काल प्रभावित क्षेत्र को प्रचुर मात्रा में जल से धोना
2. प्रभावित क्षेत्र पर बर्फ का पैक लगाना
3. विपरीत द्रव्य से रसायन को निष्क्रिय करना
4. दाह पर मक्खन या तेल का लेप लगाना

27. किस प्रकार की थकान पूरे शरीर को प्रभावित करती है, चाहे वह शरीर के किसी भी हिस्से में या किसी भी कारण से उत्पन्न हुई हो?

1. स्थानीय थकान
2. प्रणालीगत थकान
3. अक्षीय थकान
4. मांसपेशियों से संबंधित थकान

28. निम्नलिखित में से पाठ्यचर्या योजना का प्रमुख सिद्धांत कौन-सा है जो शारीरिक शिक्षा अधिगम अनुभवों में सातत्य और अनुक्रम सुनिश्चित करता है?

1. खंडीकरण
2. यादृच्छीकरण
3. हकलाहट
4. उच्चारण (आर्टिकुलेशन)

29. कर्षण समीकरण के अनुसार, किसी साइकिल चालक द्वारा अनुभव किये जाने वाले कर्षण बल को बढ़ाने में सर्वाधिक महत्वपूर्ण कारक निम्नलिखित में से कौन-सा है?

1. साइकिल चालक के वेग को दुगुना करना
2. साइकिल चालक के द्रव्यमान को दुगुना करना
3. वायु के घनत्व को घटाना
4. साइकिल चालक के अग्रभाग को आधा करना

30. श्वसन मार्ग से बाह्य तत्व के निष्कासन हेतु हीमलिक मैन्यूवर के दौरान, निम्नलिखित में से कौन-सी शरीरक्रियात्मक संरचना सर्वाधिक प्रत्यक्षतः संपीड़ित होती है?

1. श्वास नली 2. ग्रास नली
3. डायफ्राम 4. कंठ

31. सूची-I को सूची-II से सुमेलित करें:

सूची-I (सामान्य वक्र)	सूची-II
A. यदि सैट प्राप्तांक $\sigma = 100$	I. बराबर 1
B. कुल क्षेत्र	II. $\bar{X} = 0$
C. बंटन में यदि σ, 1 है	III. $\bar{X} = 100$
D. बिनेट बुद्धि परीक्षण मापनी प्राप्तांक $\sigma = 16$	IV. $\bar{X} = 500$

नीचे दिए गए विकल्पों में से **सही** उत्तर चुनें:

1. A-I, B-III, C-IV, D-II
2. A-II, B-IV, C-I, D-III
3. A-III, B-II, C-IV, D-I
4. A-IV, B-I, C-II, D-III

32. भार सूचकांक (पोन्डेरल इंडेक्स) किसका मापन करना है?

1. घनित कद के सापेक्ष शरीर का भार
2. शारीरिक द्रव्यमान प्रति इकाई कद
3. दुर्बल काया द्रव्यमान
4. शारीरिक वसा प्रतिशतता

33. संक्रमण की अवस्थाओं का सही आनुक्रमिक क्रम है:

A. रुग्णता (बीमारी) B. स्वास्थ्य-लाभ
C. उद्भवन D. पूर्वलक्षण

नीचे दिए गए विकल्पों में से **सही** उत्तर चुनें:

1. C, D, A, B 2. A, D, B, C
3. D, C, A, B 4. B, A, D, C

34. नीचे दो कथन दिए गए हैं: एक अभिकथन (A) के रूप में है तो दूसरा उसके कारण (R) के रूप में:

अभिकथन (A): खेल प्रबंधन में खेल आयोजनों को योजनाबद्ध करना, संगठित, निर्देशित, नियंत्रित तथा मूल्यांकित करना शामिल होता है।

कारण (R): खेल प्रबंधन सुनिश्चित करता है कि केवल अभिजात्य स्तर के एथलीटों को ही खेल आयोजनों में भागीदारी करने की अनुमति हो।

उपरोक्त कथन के आलोक में, नीचे दिए गए विकल्पों में से सबसे उपयुक्त **उत्तर** का चयन कीजिए।

1. (A) और (R) दोनों सही हैं और (R), (A) की सही व्याख्या है।
2. (A) और (R) दोनों सही हैं और (R), (A) की सही व्याख्या नहीं है।
3. (A) सही है और (R) सही नहीं है।
4. (A) सही नहीं है और (R) सही है।

35. व्यावसायिक शारीरिक शिक्षा पाठ्यक्रमों में राष्ट्रीय अध्यापक शिक्षा परिषद् की भूमिका में निम्नलिखित शामिल है:

A. बीपीएड, एमपीएड कार्यक्रम वाले संस्थानों का प्रत्यायन करना।
B. शारीरिक शिक्षा अध्यापक प्रशिक्षण के लिए पाठ्यचर्या के ढाँचे का निर्धारण करना।
C. अखिल भारतीय स्पोर्ट्स टूर्नामेन्ट का आयोजन करना।
D. भारत में सभी उच्च शिक्षा के डिग्री कार्यक्रमों हेतु अर्हता मानदंड निर्धारित करना।

नीचे दिए गए विकल्पों में से **सही** उत्तर चुनें:

1. केवल A, B, D
2. केवल A, B
3. केवल B, D
4. केवल B, C, D

36. नीचे दो कथन दिए गए हैं: एक अभिकथन (A) के रूप में है तो दूसरा उसके कारण (R) के रूप में:

अभिकथन (A): टेनिस सर्व परिशुद्धता परीक्षण का प्रयोग किसी खिलाड़ी के कदमों के प्रयोग (फुटवर्क) और संचालनों को मूल्यांकित करने के लिए किया जाता है।

कारण (R): इस परीक्षणें में सर्विस कोर्ट के लक्ष्यित क्षेत्रों में बॉल को सर्व करना शामिल होता है।

उपरोक्त कथन के आलोक में, नीचे दिए गए विकल्पों में से सबसे उपयुक्त **उत्तर** का चयन कीजिए।

1. (A) और (R) दोनों सही हैं और (R), (A) की सही व्याख्या है।
2. (A) और (R) दोनों सही हैं और (R), (A) की सही व्याख्या नहीं है।
3. (A) सही है और (R) सही नहीं है।
4. (A) सही नहीं है और (R) सही है।

37. बैक्टीरिया के कारण होने वाले रोग हैं:

A. कालरा (हैजा)
B. जठरीय अल्सर
C. लीजेनलोसिस
D. हिस्टोप्लाज्मार्ति
E. रेबीज

नीचे दिए गए विकल्पों में से **सही** उत्तर चुनें:

1. केवल C, D, E
2. केवल B, C, D
3. केवल A, B, C
4. केवल A, D, E

38. राष्ट्रीय खेल प्रोत्साहन पुरस्कार के संदर्भ में निम्नलिखित कथनों में से कौन-सा गलत है?

1. पुरस्कार संगठनों तथा व्यक्तियों दोनों के लिए उपलब्ध है।
2. इसमें खेल-कल्याण संबंधी उपायों के लिए योगदान देने हेतु अभिमान्यता शामिल है।
3. यह केवल ओलम्पिक खेलों की उपलब्धियों के लिए प्रदान किया जाता है।
4. यह अर्जुन एवं द्रोणाचार्य पुरस्कार से भिन्न है।

39. सूची-I को सूची-II से सुमेलित करें:

सूची-I	**सूची-II**
A. संपीड़न	I. अनुदैर्ध्य अक्ष के इर्द-गिर्द वलयित बल
B. तनाव	II. अक्षीय रूप से संपीड़ित बल
C. अपरूपण	III. किसी पृष्ठ के समानान्तर क्रियित बल
D. ऐंठन	IV. संरचना के अक्ष पर खिंचाव बल

नीचे दिए गए विकल्पों में से **सही** उत्तर चुनें:

1. A-III, B-II, C-I, D-IV
2. A-II, B-I, C-III, D-IV
3. A-IV, B-II, C-III, D-I
4. A-II, B-IV, C-III, D-I

40. प्रतिरोध प्रशिक्षण में निष्पादित कार्य की मात्रा कहलाती है:

1. तीव्रता
2. आवृत्ति
3. मात्रा
4. समुच्चय

41. खेल प्रशिक्षण में, नकारात्मक हस्तांतरण सर्वाधिक उत्पन्न होते हैं, जब:

1. समान प्रेरक प्रतिरूप में कौशल शामिल होता है।
2. एथलीट अत्यन्त विशेष वातावरण में प्रशिक्षित होते हैं।
3. दो कार्य समान संचलन को संस्पर्श करते हैं किन्तु उनके लिए भिन्न अनुक्रिया की आवश्यकता होती है।
4. पूर्णतः भिन्न संचलन प्रक्रिया में कौशल शामिल होता है।

42. अनुसंधान में खिलाड़ियों (एथलीटों) को समुचित संरक्षा प्रबोधन के बिना परिसंकटमय तीव्रता पर प्रशिक्षित करने के लिए कहने पर निम्नलिखित में से किस आचारगत सिद्धांत का उल्लंघन होगा?

1. स्वायत्तता
2. उपकारिता
3. गैर-अहितकारी
4. न्याय

43. सूची-I को सूची-II से सुमेलित करें:

सूची-I (अवस्था)	सूची-II (घटना)
A. पूर्वावस्था	I. सूत्रकेंद्र इस दशा में विभक्त हो जाते हैं
B. मध्यावस्था	II. स्पिन्डल फाइबर संकुचित हो जाते हैं तथा गुणसूत्रों को खींच लेते हैं
C. अंत्यावस्था	III. नाभिकीय झिल्ली विलुप्त हो जाती है
D. पश्चावस्था	IV. प्रत्येक गुणसूत्र के इर्द-गिर्द नाभिकीय झिल्ली पुनःस्वरूप धारण करती है

नीचे दिए गए विकल्पों में से **सही** उत्तर चुनें:

1. A-II, B-I, C-IV, D-III
2. A-IV, B-III, C-II, D-I
3. A-III, B-I, C-IV, D-II
4. A-III, B-IV, C-II, D-I

44. जीवन के प्रति लक्ष्य-निर्देशी उन्मुखीकरण निम्नलिखित में से किसका होता है?

1. निरुत्साही व्यक्तियों का
2. आमोद-प्रमोद प्रेमी व्यक्तियों का
3. टेलिक (प्रयोजनपरक)-प्रभावी व्यक्तियों का
4. पाराटेलिक (पराप्रयोजनपरक)-प्रभावी व्यक्तियों का

45. नीचे दो कथन दिए गए हैं: एक अभिकथन (A) के रूप में है तो दूसरा उसके कारण (R) के रूप में:

अभिकथन (A): आदर्शवाद का दर्शन शारीरिक शिक्षा द्वारा नैतिक और आध्यात्मिक विकास पर बल देता है।

कारण (R): आदर्शवादी दर्शन का मत है कि मानव शरीर मस्तिष्क की अपेक्षा अधिक महत्वपूर्ण है।

उपरोक्त कथन के आलोक में, नीचे दिए गए विकल्पों में से सबसे उपयुक्त **उत्तर** का चयन कीजिए।

1. (A) और (R) दोनों सही हैं और (R), (A) की सही व्याख्या है।
2. (A) और (R) दोनों सही हैं और (R), (A) की सही व्याख्या नहीं है।
3. (A) सही है और (R) सही नहीं है।
4. (A) सही नहीं है और (R) सही है।

46. सूची-I को सूची-II से सुमेलित करें:

सूची-I (अर्जुन पुरस्कार विजेता 2024)	सूची-II (खेल अनुशासन)
A. ज्योति यर्राजी	I. बाक्सिंग (मुक्केबाजी)
B. साविती बूरा	II. शतरंज
C. वंतिका अग्रवाल	III. एथलेटिक्स
D. सजन प्रकाश	IV. तैराकी

नीचे दिए गए विकल्पों में से **सही** उत्तर चुनें:

1. A-II, B-I, C-III, D-IV
2. A-III, B-I, C-II, D-IV
3. A-IV, B-II, C-I, D-III
4. A-III, B-IV, C-II, D-I

47. समस्या समाधान की वैज्ञानिक विधि के सोपानों का सही अनुक्रमिक क्रम है:

A. दत्त एकत्रित करना

B. समस्या को परिभाषित करना तथा सीमा निर्धारण करना

C. प्राक्कल्पना की रचना करना

D. परिणामों का विश्लेषण एवं निर्वचन करना

नीचे दिए गए विकल्पों में से **सही** उत्तर चुनें:

1. B, C, A, D
2. C, A, B, D
3. A, C, B, D
4. C, D, A, B

48. खेल प्रबंधन में दक्षता प्राथमिक रूप से निम्नलिखित से संबंधित है:

1. लागत का ध्यान रखे बगैर संगठनात्मक लक्ष्यों को प्राप्त करना
2. केवल वित्तीय लाभ पर फोकस करना
3. संसाधनों के न्यूनतम प्रयोग के साथ अधिकतम परिणाम प्राप्त करना
4. हर समय खिलाड़ी की संतुष्टि सुनिश्चित करना

49. निम्नलिखित में से किस अन्तरराष्ट्रीय संघ ने वर्ष 2024 का आईओसी जलवायु कार्य पुरस्कार जीता?

1. विश्व नौकायन (WS)
2. अन्तरराष्ट्रीय बास्केटबाल संघ (IBF)
3. अन्तरराष्ट्रीय हाकी संघ (IHF)
4. अन्तरराष्ट्रीय क्रिकेट परिषद (ICC)

50. शारीरिक शिक्षा में उनके किये जाने के आधार पर मूल्यांकन के प्रकारों का सही आनुक्रमिक क्रम है:

A. मानदंड-संदर्भित मूल्यांकन
B. रचनात्मक मूल्यांकन
C. संकलनात्मक मूल्यांकन
D. नैदानिक मूल्यांकन

नीचे दिए गए विकल्पों में से **सही** उत्तर चुनें:

1. D, B, C, A
2. B, A, C, D
3. A, C, B, D
4. D, C, B, A

51. निम्नलिखित में से वह अवस्था कौन-सी है जो तीन लघुकरण चक्र की रचना करती है?

1. उत्केन्द्री
2. संकेन्द्री
3. प्रत्युत्सर्जन
4. मंदन

52. सूची-I को सूची-II से सुमेलित करें:

सूची-I	सूची-II
A. धुराग संधि	I. संधिगुहिका संधि
B. कान्डीलॉयड संधि	II. चक्राभ संधि
C. अवतल (पर्याण) संधि	III. अंडाभ संधि
D. कोर संधि	IV. सेलार संधि

नीचे दिए गए विकल्पों में से **सही** उत्तर चुनें:

1. A-II, B-III, C-IV, D-I
2. A-IV, B-III, C-II, D-I
3. A-I, B-II, C-III, DVII
4. A-III, B-II, C-IV, D-I

53. निम्नलिखित में से कौन-सा खेल के बजट का प्रकार नहीं है?

1. निष्पादन बजट
2. यादृच्छिक बजट
3. पूँजीगत बजट
4. शून्य आधारित बजट

54. एसपीएसएस में वैध चर नाम निम्नलिखित में से कौन-सा है?

1. Arm strength (आर्म स्ट्रेंथ)
2. Arm-Strength (आर्म-स्ट्रेंथ
3. Armstrength (आर्मस्ट्रेंथ)
4. "Arm-strength" (''आर्म-स्ट्रेंथ'')

55. हृद चक्र की भिन्न अवस्थाओं को अनुक्रमिक क्रम में व्यवस्थित कीजिए:

A. समायतनी आंकुचन
B. समायतनी विश्रांति
C. निलय उत्क्षेपण
D. निलय पूरक

नीचे दिए गए विकल्पों में से **सही** उत्तर चुनें:

1. A, C, D, B
2. D, A, C, B
3. C, A, D, B
4. B, D, A, C

56. सूची-I को सूची-II से सुमेलित करें:

सूची-I	सूची-II
A. प्रेरक सिद्धांत	I. संज्ञानात्मक दुश्चिंता तीव्र होने की दशा में कार्य निष्पादन समाप्त हो जाता है
B. प्रलय मॉडल	II. एथलीटों के पास विशिष्ट इष्टतम क्षेत्र होता है
C. व्युत्क्रमिक यू-प्राक्कल्पना	III. औसत उद्दीपन में सर्वश्रेष्ठ कार्यनिष्पादन होता है
D. इष्टतम कार्यकरण के व्यष्टिकृत क्षेत्र	IV. सुअधिगमित होने की दशा में उच्च उद्दीपन के कार्यनिष्पादन में वृद्धि होती है

नीचे दिए गए विकल्पों में से **सही** उत्तर चुनें:

1. A-II, B-III, C-I, D-IV
2. A-III, B-I, C-IV, D-II
3. A-IV, B-I, C-III, D-II
4. A-III, B-IV, C-I, D-II

57. स्वायत्त तंत्रिका तंत्र का दूसरा नाम कौन-सा है?

1. दैहिक तंत्रिका
2. गैर-अंतरंग तंत्रिका तंत्र
3. स्वैच्छिक तंत्रिका
4. कायिक तंत्रिका

58. लोकोपकारी पाठ्यचर्या निम्नलिखित में से किसके द्वारा पथ प्रदर्शित है?

1. प्रवृतिवादी – दर्शन
2. अर्थक्रियावादी – दर्शन
3. मानवतावादी – दर्शन
4. आदर्शवादी – दर्शन

59. निम्नलिखित निश्चलन पुनर्वासन की आरंभिक अवस्था के दौरान किस शरीरक्रियात्मक अनुक्रिया के उत्पन्न होने की सर्वाधिक संभावना होती है?

1. ह्रासित मांसपेशी अनुप्रस्थ परिच्छेदीय क्षेत्र तथा वर्धित योजक ऊतक प्रचुरोद्भवन
2. मांसपेशीय रेशों में वर्धित माइटोकाण्ड्रियाई घनत्व
3. वर्धित साइनोवियल तरल श्यानता
4. मांसपेशीय फाइबर टाइप II बी का अतिवर्धन

60. शारीरिक शिक्षा में समादेश शिक्षण शैली के संदर्भ में निम्नलिखित कथनों में से कौन-सा सही है?

1. यह नवीन और सम्मिश्र कौशलों के शिक्षण के लिए प्रभावी होती है।
2. यह कौशल अधिग्रहण में कभी-कभार ही प्रयुक्त होती है।
3. यह अधिगमकर्ता की अधिकतम स्वायत्तता को प्रोत्साहित करती है।
4. यह मुक्तोत्तर समन्वेषण का परिपालन करती है।

61. मूर्त पुनर्बलकों के उदाहरण निम्नलिखित में से कौन-से हैं?

A. मेडल　　B. नकद पुरस्कार

C. जनस्वीकृति　　D. शाब्दिक प्रशंसा

नीचे दिए गए विकल्पों में से **सही** उत्तर चुनें:

1. केवल A, D　　2. केवल B, C
3. केवल A, B, C　　4. केवल A, B

62. सूची-I को सूची-II से सुमेलित करें:

सूची-I (वायरस (विषाणु))	सूची-II (रोग)
A. हर्पेस वैरिसेला-जोस्टर	I. सामान्य ठंड
B. एपस्टीन-बार	II. हीमरहेजिक ज्वर
C. राइनोवायरस (नासा विषाणु)	III. चिकेनपाक्स (छोटी माता)
D. इबोला विषाणु	IV. मोनेन्यूक्लियोसिस

नीचे दिए गए विकल्पों में से **सही** उत्तर चुनें:

1. A-III, B-I, C-IV, D-II
2. A-II, B-III, C-I, D-IV
3. A-IV, B-I, C-III, D-II
4. A-III, B-IV, C-I, D-II

63. निम्नलिखित नें से कौन-सा नेतृत्व सिद्धांतों से संबंधित नहीं है?

1. व्यवहारपरक सिद्धांत
2. लक्षण सिद्धांत
3. स्थितिजन्य और आकस्मिकता सिद्धांत
4. आवश्यकता सोपान सिद्धांत

64. नीचे दो कथन दिए गए हैं: एक अभिकथन (A) के रूप में है तो दूसरा उसके कारण (R) के रूप में:

अभिकथन (A): प्राक्षेपिक तनन आरंभकों (प्रारंभ करने वाले) के लिए वास्तविक रूप से सुरक्षित और उपयुक्त माना जाता है।

कारण (R): प्राक्षेपिक तनन में बाउंसिंग संचलन शामिल होता है, जिसे यदि उचित रूप से न किया जाये तो उससे पेशीय विकृति हो सकती है।

उपरोक्त कथन के आलोक में, नीचे दिए गए विकल्पों में से सबसे उपयुक्त **उत्तर** का चयन कीजिए।

1. (A) और (R) दोनों सही हैं और (R), (A) की सही व्याख्या है।
2. (A) और (R) दोनों सही हैं और (R), (A) की सही व्याख्या नहीं है।
3. (A) सही है और (R) सही नहीं है।
4. (A) सही नहीं है और (R) सही है।

65. प्रबंधन में नियंत्रण प्रक्रिया के सही आनुक्रमिक क्रम को चिन्हांकित कीजिए:

A. विचलन का मूल्यांकन करना

B. वास्तविक निष्पादन का मापन करना

C. निष्पादन मानकों को स्थापित करना

D. सुधारात्मक कार्रवाई करना

नीचे दिए गए विकल्पों में से **सही** उत्तर चुनें:

1. B, C, A, D　　2. C, B, A, D
3. D, B, A, C　　4. A, B, D, C

66. पुल-अप करते समय, कोहनी को मोड़ने के लिए कौन-सी मांसपेशी मुख्य प्रेरक के रूप में कार्य करती है और इसका जुड़ाव बिदु क्या है?

1. ट्राइसेप्स ब्राची; अल्ना का ओलेक्रानोन प्रोसेस
2. ब्रेकियालिस; स्कैपुलर स्पाइन
3. डेल्टॉइड; डेल्टॉइड ट्यूबरोसिटी
4. बाइसेप्स ब्राची; रेडियल ट्यूबरोसिटी

67. सूची-I को सूची-II से सुमेलित करें:

सूची-I (तरीका)	सूची-II (कमजोरी)
A. आइसोमेट्रिक	I. 1-RM ज्ञान करना कठिन है
B. आइसोटोनिक	II. तीव्रता मापना अधिक जटिल है
C. आइसोकाइनेटिक	III. गति का वेग टॉर्क आउटपुट को प्रभावित करता है
D. प्लायोमेट्रिक	IV. केवल एक जोड़ कोण का परीक्षण किया जाता है

नीचे दिए गए विकल्पों में से **सही** उत्तर चुनें:

1. A-III, B-I, C-II, D-IV
2. A-IV, B-II, C-III, D-I
3. A-IV, B-I, C-III, D-II
4. A-I, B-II, C-III, D-IV

68. सूची-I को सूची-II से सुमेलित करें:

सूची-I (श्रेणी)	सूची-II (मोनार्क कदमापी व्यवस्थापन)
A. बच्चे	I. 0.10 × किग्रा. में शारीरिक भार
B. वयस्क महिला	II. 0.075 × किग्रा. में शारीरिक भार
C. वयस्क पुरुष	III. 0.086 × किग्रा. में शारीरिक भार
D. एथलीट	IV. 0.087 × किग्रा. में शारीरिक भार

नीचे दिए गए विकल्पों में से **सही** उत्तर चुनें:

1. A-IV, B-I, C-II, D-III
2. A-III, B-IV, C-I, D-II
3. A-I, B-II, C-III, D-IV
4. A-II, B-III, C-IV, D-I

69. टी-स्कोर (T-score) के योग का सही आनुक्रमिक क्रम चुनिये:

A. प्रत्येक विद्यार्थी के लिए टी-स्कोर का योग करना

B. प्रत्येक परीक्षण के लिए प्रत्येक विद्यार्थी को टी-स्कोर निर्धारित (निर्दिष्ट) करना

C. प्रत्येक परीक्षण के लिए टी-स्कोर मानदंड विकसित करना

D. अंतिम ग्रेड निर्धारित करना

E. अंतिम अक्षर-ग्रेड मानक विकसित करना

नीचे दिए गए विकल्पों में से **सही** उत्तर चुनें:

1. B, A, E, D, C
2. C, B, A, E, D
3. A, E, D, C, B
4. B, C, A, E, D

70. सूची-I को सूची-II से सुमेलित करें:

सूची-I (नेतृत्व शैली)	सूची-II (खेल प्रबंधन की विशेषता)
A. स्वेच्छाचारी	I. सामूहिक रूप से निर्णय लिया जाता है
B. लोकतांत्रिक	II. कोच पूर्ण स्वतंत्रता प्रदान करता है
C. अबंधता	III. कठोर प्राधिकार और नियंत्रण
D. परिवर्तनकारी	IV. दृष्टि के साथ खिलाड़ियों को प्रोत्साहित करता है

नीचे दिए गए विकल्पों में से **सही** उत्तर चुनें:

1. A-III, B-I, C-II, D-IV
2. A-II, B-I, C-IV, D-III
3. A-III, B-II, C-I, D-IV
4. A-IV, B-III, C-II, D-I

71. प्लायोमेट्रिक प्रशिक्षण की प्रगति का मूलभूत से उन्नत का सही अनुक्रम कौन-सा है?

A. डेप्थ जंप (गहरी कूद)

B. छलांग लगाना (बाउंडिंग)

C. होपिंग

D. एक स्थान से दोनों पैरों से कूद

नीचे दिए गए विकल्पों में से **सही** उत्तर चुनें:

1. B, C, A, D
2. A, C, D, B
3. C, B, D, A
4. D, C, B, A

72. सूची-I को सूची-II से सुमेलित करें:

सूची-I (परीक्षण स्थिति)	सूची-II (प्राचलिक परीक्षण)
A. एक माध्य	I. P का मान 0.474
B. दो स्वतंत्र माध्य	II. P का मान 0.703
C. दो आश्रित माध्य	III. P का मान 0.550
D. सहसंबंध (पार्सन का)	IV. P का मान 0.564

नीचे दिए गए विकल्पों में से **सही** उत्तर चुनें:

1. A-III, B-IV, C-II, D-I
2. A-II, B-III, C-IV, D-I
3. A-I, B-IV, C-III, D-II
4. A-I, B-IV, C-II, D-III

73. उत्तेलक पद्धति में यांत्रिक लाभ का सही परिकलन निम्नलिखित में से कौन-सा है?

1. एम ए = प्रयास भुजा/भार भुजा
2. एम ए = भार भुजा/प्रयास भुजा
3. एम ए = (प्रयास भुजा + भार भुजा)/आलंबक
4. एम ए = आलंबक/(भार भुजा + प्रयास भुजा)/आलंबक

74. नीचे दो कथन दिए गए हैं: एक अभिकथन (A) के रूप में है तो दूसरा उसके कारण (R) के रूप में:

अभिकथन (A): जल प्रदूषण से कारित सुपोषण के परिणामस्वरूप जलीय जीवों की मृत्यु हो सकती है।

कारण (R): अतिशय शैवाल वृद्धि से जल के आक्सीजन स्तर में कमी आती है।

उपरोक्त कथन के आलोक में, नीचे दिए गए विकल्पों में से सबसे उपयुक्त **उत्तर** का चयन कीजिए।

1. (A) और (R) दोनों सही हैं और (R), (A) की सही व्याख्या है।
2. (A) और (R) दोनों सही हैं और (R), (A) की सही व्याख्या नहीं है।
3. (A) सही है और (R) सही नहीं है।
4. (A) सही नहीं है और (R) सही है।

75. प्रतिबल प्रक्रिया की अवस्थाओं को सही अनुक्रम में व्यवस्थित कीजिए:

A. प्रतिबल अनुक्रिया
B. प्रतिबल का सामना करना
C. वातावरणीय मांग
D. मांग का व्यक्ति का अवगम

नीचे दिए गए विकल्पों में से **सही** उत्तर चुनें:

1. C, D, A, B
2. B, D, A, C
3. A, B, D, C
4. D, C, B, A

76. सूची-I को सूची-II से सुमेलित करें:

सूची-I (शिक्षण सामग्री)	**सूची-II (लाभ)**
A. धारण करने योग्य फिटनेस युक्तियाँ	I. इसमें प्रविधियों का स्पष्ट प्रदर्शन होता है।
B. खेल उपकरण	II. इससे अनुभवपरक अभ्यास के माध्यम से कौशल विकास में अभिवृद्धि होती है।
C. वीडियो और एनीमेशन	III. इससे व्यक्तिगत सुस्वस्थता की प्रगति का पता चलता है।
D. अनुदेशात्मक डायग्राम	IV. इससे उपहति निवारण तथा संरक्षा सचेतता में सहायता मिलती है।

नीचे दिए गए विकल्पों में से **सही** उत्तर चुनें:

1. A-III, B-II, C-I, D-IV
2. A-II, B-I, C-IV, D-III
3. A-I, B-II, C-III, D-IV
4. A-IV, B-III, C-II, D-I

77. अतिकटि अग्रकुब्जता के सुधार के लिए सर्वाधिक प्रभावी व्यायाम निम्नलिखित में से कौन-सा है?

1. नितंब महापेशी का तनन
2. सद्घर्षी स्पाइन का सुदृढ़ीकरण
3. चतु:शिरस्क का तनन
4. हैमस्ट्रिंग और उदरीय पेशियों का सुदृशीकरण

78. कौन-से खिलाड़ी यह जानने के लिए उत्सुक हैं कि उन्होंने जो अभ्यास किए हैं, उनसे उन्हें प्रतिस्पर्धी खेल के दौरान अपने कौशल को बेहतर बनाने में मदद मिली है या नहीं?

1. लक्ष्योन्मुखी
2. प्रदर्शनोन्मुखी
3. अहंकारी
4. कार्योन्मुखी

79. विशेष तौर पर प्राथमिक स्तर के शारीरिक शिक्षा अध्यापक के शिक्षा शास्त्रीय उत्तरदायित्व को निम्नलिखित में से कौन सर्वोत्तम ढंग से अभिव्यंजित करता है?

1. स्कूल स्तर के एथलीटों को अनुशिक्षण देना
2. प्रयोगशाला आधारित अनुसंधान का पर्यवेक्षण करना
3. खेल द्वारा मूलभूत प्रेरक कौशल का शुभारंभ करना
4. मूलभूत संज्ञानात्मक कौशल का शुभारंभ करना

80. कौशल प्रशिक्षण अधिगम मूल्यांकन के लिए सर्वाधिक उपयोगी हैं, उनका प्रयोग निम्नलिखित के लिए भी किया जाता है:

A. निदान　　B. पूर्वानुमान
C. परिशुद्धता　　D. स्थापना

नीचे दिए गए विकल्पों में से **सही** उत्तर चुनें:

1. केवल A, B और C　2. केवल A, B और D
3. केवल B, C और D　4. केवल B और A

81. एएएचपीईआर (AAHPER) युवा फिटनेस परीक्षण से सॉफ्टबाल थ्रो परीक्षण को किस वर्ष हटाया गया था?

1. 1988　　2. 1976
3. 1932　　4. 1995

82. रक्त की आक्सीजन वहन करने की क्षमता में वृद्धि अभिवृत्तिगत उद्भासन को सर्वाधिक महत्वपूर्ण दीर्घकालीन समायोजन प्रदान करती है। इस अनुकूलन के लिए कौन-से कारण उत्तरदायी हैं?

A. प्लाज्मा की मात्रा में आरंभिक ह्रास।
B. लाल रुधिर कणिका में वृद्धि।
C. हीमोग्लोबिन संश्लेषण में वृद्धि।
D. प्लाज्मा की मात्रा में आरंभिक वृद्धि।

नीचे दिए गए विकल्पों में से **सही** उत्तर चुनें:

1. केवल A, B, C　　2. केवल B, C, D
3. केवल A, C　　4. केवल B, D

83. सूची-I को सूची-II से सुमेलित करें:

सूची-I (गति क्षमता)	**सूची-II (निर्धारक कारक)**
A. अभिक्रिया अभिक्षमता	I. सीएनएस की गतिशीलता
B. संचलन गति	II. विस्फोटक शक्ति
C. गतिविषयम (चलन) अभिक्षमता	III. प्रकार्यात्मक क्षमता
D. गति स्थायित्व	IV. वायवी क्षमता

नीचे दिए गए विकल्पों में से **सही** उत्तर चुनें:

1. A-I, B-II, C-III, D-IV
2. A-IV, B-III, C-II, D-I
3. A-III, B-II, C-I, D-IV
4. A-II, B-I, C-III, D-IV

84. नीचे दो कथन दिए गए हैं: एक अभिकथन (A) के रूप में है तो दूसरा उसके कारण (R) के रूप में:

अभिकथन (A): मानव शरीर द्वारा प्रयुक्त सारी ऊर्जा जो भोजन हम करते हैं उसकी रासायनिक ऊर्जा से व्युत्पन्न होती है।

कारण (R): इस रासायनिक ऊर्जा का प्रयोग तुरंत किया जा सकता है अथवा इसे बाद में प्रयोग के लिए संचित किया जा सकता है।

उपरोक्त कथन के आलोक में, नीचे दिए गए विकल्पों में से सबसे उपयुक्त **उत्तर** का चयन कीजिए।

1. (A) और (R) दोनों सही हैं और (R), (A) की सही व्याख्या है।
2. (A) और (R) दोनों सही हैं और (R), (A) की सही व्याख्या नहीं है।
3. (A) सही है और (R) सही नहीं है।
4. (A) सही नहीं है और (R) सही है।

85. पेशीय फाइबरों के वाह्य प्रेरकों में से तंत्रिका इम्प्यूल पथ का सही आनुक्रमिक क्रम चुनिये:

A. प्रेरक (मोटर) न्यूरॉन　B. संवेदी न्यूरॉन
C. अन्तर न्यूरॉन　　D. प्रेरक

नीचे दिए गए विकल्पों में से **सही** उत्तर चुनें:

1. A, B, C, D　　2. B, C, A, D
3. C, A, D, B　　4. D, B, C, A

86. जेनू वेल्गम डिफार्मिटी (जानुका संघट्टजानु विरूपता) से निपटने का सबसे उपयुक्त सुधारात्मक व्यायाम निम्नलिखित में से कौन-सा है?

1. श्रोणि अपवर्तनी तथा अभिमध्य बृहदिक्त्र का सुदृढ़ीकरण
2. श्रोणि अपवर्तनी का सुदृढ़ीकरण
3. इलियोटीबियल बैंड का तनन
4. गैस्ट्राक्निमियस का सुदृढ़ीकरण

87. शुक्राणु कोशिका .... की सहायता से गति करती है।

1. सर्कमसीजन　　2. उपदंश
3. कॉर्पस ल्यूटियम　　4. कशाभिका

88. निम्नलिखित खेलों (गेम्स) को उनके प्रथम संस्करण के वर्ष के आधार पर कालानुक्रम में व्यवस्थित कीजिए:

A. राष्ट्रमंडल ई-स्पोर्ट्स चैम्पियनशिप

B. राष्ट्रमंडल युवा खेल

C. राष्ट्रमंडल शीतकालीन खेल

D. राष्ट्रमंडल पैराप्लेजिक (लकवा ग्रस्त) खेल

नीचे दिए गए विकल्पों में से **सही** उत्तर चुनें:

1. D, C, B, A
2. A, C, B, D
3. B, A, C, D
4. C, D, B, A

89. AAHPERD-HRPF (1984) में शरीर की संरचना का आकलन करने के लिए आप केवल इसी साइट का उपयोग कर सकते हैं।

1. ट्राइसेप्स स्किनफोल्ड
2. एब्डोमिनल स्किनफोल्ड
3. सबस्कैपुलर स्किनफोल्ड
4. सुप्राईलियम स्किनफोल्ड

90. शीत वातावरण में व्यायाम के पर्यनुकूलन में निम्नलिखित में किसके सिवाय सभी शामिल होते हैं?

1. वर्धित परिधीय वाहिका संकीर्णन
2. वर्धित तापजनक कंपकपाहट
3. अवत्वक वास द्वारा संशोधित उष्मारोधन
4. उत्थापित स्वेद ग्रंथि सुग्राहिता

निर्देशः (प्र.सं. 91 से 95 तक): *निम्न अनुच्छेद को पढ़ें और प्रश्नों के उत्तर दीजिए:*

चरों के मूलतः दो प्रकार होते हैं: गुणात्मक सूचना प्रदान करने वाले चर तथा मात्रात्मक सूचना प्रदान करने वाले चर। गुणात्मक चर जो किसी समष्टि के तत्व का अभिलाक्षणिक गुण होता है या जिसमें क्रमसूचक स्थिति शामिल होती है। मात्रात्मक चर, जिससे मूल्य की गणनीय संख्या पाई जा सकती है अथवा मूल्य की अगणनीय संख्या पाई जा सकती है। चार हेयर-सैलून के प्रतिदर्श के शोध हेतु उनके सैलून व्यवहार परिणाम के साथ ग्राहकों से उनके ''बालों के रंग'' (सफेद, भूरा और काला), 'गृह-नगर' (ग्रामीण, नगरी और शहरी) और ''संतुष्टि का स्तर'' (बहुत संतुष्ट, संतुष्ट और कुछ-कुछ संतुष्ट) का सर्वेक्षण किया गया था। दत्त की प्रतीति के प्रकार से भ्रमित मत हो। गुणात्मक चर सदैव पहचानने में सरल नहीं होते हैं, कभी-कभी वे संख्याओं के रूप में प्रकट होते हैं। बालों के रंग के प्रतिदर्श को 1 = सफेद, 2 = भूरा, और 3 = काला के रूप में कूटबद्ध किया जा सकता है। तो प्रतिदर्श दत्त [2, 3, 1, 3] के रूप में प्रकट होगा, किन्तु अभी भी वे गुणात्मक दत्त या गुण हैं। अनेक मामलों में, दो प्रकार के मात्रात्मक चरों को श्रेणीबद्ध किया जा सकता है जिन्हें किसी माप की गणना से संबंधित चरों द्वारा विनिश्चित किया जाता है।

पाठ्यक्रमों के चरों की संख्या, जिसके लिए आप वर्तमान में सेमेस्टर में पंजीकृत (रजिस्ट्रीकृत) हैं तथा पुस्तकों के भार और आपूर्तियों के चर जिन्हें आज आप कक्षा में शामिल होने के लिए ले जा रहे हैं। जब किसी चर के निर्धारण का प्रयास करते हैं कि चर मात्रात्मक है तो हमें चर को देखना होता है, तथा उन मूल्यों के बारे में सोचना होता है जो उत्पन्न हो सकते हैं।

91. 'गृहनगर' निम्नलिखित चर का उदाहरण है:

1. नाममात्रिक
2. क्रमसूचक
3. विविक्त
4. सतत

92. पुस्तक का भार और आपूर्तियाँ निम्नलिखित चर के उदाहरण हैं:

1. नाममात्रिक
2. क्रमसूचक
3. विविक्त
4. सतत

93. 'संतुष्टि का स्तर' निम्नलिखित चर का उदाहरण है:

1. नाममात्रिक
2. क्रमसूचक
3. विविक्त
4. सतत

94. 'बालों का रंग' निम्नलिखित में से किस चर का उदाहरण है?

1. नामनात्रिक
2. क्रमसूचक
3. विविक्त
4. सतत

95. वर्तमान में पंजीकृत (रजिस्ट्रीकृत) पाठ्यक्रम निम्नलिखित चर का उदाहरण है:

1. नाम्मात्रिक
2. क्रमसूचक
3. विविक्त
4. सतत

निर्देशः (प्र.सं. 96 से 100 तक)ः *निम्न अनुच्छेद को पढ़ें और प्रश्नों के उत्तर दीजिएः*

यह सामान्य अनुभव है कि शारीरिक अति-आयास पीड़ा देता है। संरचनागत क्षति के साक्ष्य अन्वेषणकर्ताओं के माध्यम से अब उपलब्ध हैं, जो विलंबित आरंभिक मांसपेशीय व्रणता (डीओएमएस) के साथ-साथ पेशीय ऊतकों में जैव रासायनिक, ऊतकीय और परासंरचनात्मक परिवर्तनों को प्रदर्शित करते हैं। डोम्स (DOMS) का यांत्रिक अभिघात सिद्धांत एक मॉडल प्रस्तुत करता है, जिसमें विशेष रूप से उत्केन्द्री आंकुचन में व्यायाम के दौरान आवश्यक उच्च यांत्रिक बल के कारण पेशीय ऊतकों का विदारण, वास्तविक कारणात्मक कारक है। पेशीचोल की अवनति से ऊतकीय तरल और प्लाज्मा में अन्तरा-कोशिकीय घटकों का विसरण होता है तथा डोम्स (DOMS) के संवेदन में परिणत होता है। तीक्ष्ण शोध सिद्धांत, शोध और डोम्स के मध्य समानताओं पर आधारित है। व्यायाम के पश्चात डब्ल्यूबीसी और मोनोसाइट क्षतिग्रस्त क्षेत्र में प्रवसित हो जाते हैं। वे 24 घंटे तक बड़ी संख्या में उपस्थित रहते हैं, 48 घंटे में उनकी संख्या चरम पर होती है तथा सामान्यतः 72 घंटों में अदृश्यमान हो जाते हैं। डोम्स का स्थानिक स्थानिकारक्तता सिद्धांत एक मॉडल प्रस्तुत करता है जिसमें पेशी का अतिशय प्रयोग वर्धित ऊतक दबाव उत्पन्न करता है, तथा पेशी रक्त प्रवाह बहुत अधिक घट जाता है। आकर्ष सिद्धांत के अनुसार, स्थानीकृत व्रणता जिसका कारण अनअभ्यस्त व्यायाम हैं वह प्रेरक एककों के तानयुक्त स्थानीकृत ऐंठन से उत्पन्न होता है। इस पीड़ा के परिणामस्वरूप परिवर्त तानयुक्त पेशीय संकुचन उत्पन्न होता है।

96. आकर्ष सिद्धांत के अनुसार, डोम्स का मुख्य कारण है:
1. माइटोकाण्ड्रिया की अतिसक्रियता
2. लैक्टिक अम्ल का संचयन
3. पेशीय फाइबर में संरचनात्मक माइक्रोटियर्स
4. परिवर्त पेशीय ऐंठन द्वारा रक्त प्रवाह को कम

97. यांत्रिक संघात सिद्धांत के अनुसार, पेशीय व्रणता निम्नलिखित के कारण होती है:
1. पेशीय फाइबर में माइक्रोटियर्स
2. लैक्टिक अम्ल संचलन
3. तंत्रिका संपीड़न
4. ह्रासित आक्सीजन आपूर्ति

98. डोम्स में तीक्ष्ण शोध अनुक्रिया सामान्यतः कब चरम पर होती है?
1. व्यायाम के तुरंत बाद
2. व्यायाम के 12-24 घंटे पश्चात
3. व्यायाम के 48-72 घंटे पश्चात
4. व्यायाम के 72 घंटे पश्चात

99. निम्नलिखित में से किस प्रकार का व्यायाम डोम्स के यांत्रिक संघात से सर्वाधिक संबद्ध है?
1. संकेन्द्री
2. उत्केन्द्री
3. आइसोमेट्रिक
4. वायुजीवी

100. पेशीय व्यायाम में स्थानिकारक्तता का कारण है:
1. रक्त वाहिकाओं का वाहिनी विस्फरण
2. संधारित संकुचन के दौरान रक्त वाहिकाओं का संपीड़न
3. अत्यधिक आक्सीजन आपूर्ति
4. वर्धित हृदय गति

उत्तरमाला

1	2	3	4	5	6	7	8	9	10
4	2	2	3	1	1	2	2	4	4
11	**12**	**13**	**14**	**15**	**16**	**17**	**18**	**19**	**20**
2	2	3	3	3	2	3	2	1	3
21	**22**	**23**	**24**	**25**	**26**	**27**	**28**	**29**	**30**
2	2	2	4	2	1	2	4	1	3
31	**32**	**33**	**34**	**35**	**36**	**37**	**38**	**39**	**40**
4	1	1	3	2	4	3	1, 3	4	3

41	42	43	44	45	46	47	48	49	50
3	3	3	3	3	2	1	3	3	1
51	**52**	**53**	**54**	**55**	**56**	**57**	**58**	**59**	**60**
4	1	2	3	2	3	2	1	1	1
61	**62**	**63**	**64**	**65**	**66**	**67**	**68**	**69**	**70**
4	4	4	4	2	4	3	4	2	1
71	**72**	**73**	**74**	**75**	**76**	**77**	**78**	**79**	**80**
4	3	1	1	1	1	4	4	3	2
81	**82**	**83**	**84**	**85**	**86**	**87**	**88**	**89**	**90**
2	1	3	2	4	1	4	4	1	4
91	**92**	**93**	**94**	**95**	**96**	**97**	**98**	**99**	**100**
1	4	2	1	3	4	1	3	2	2

व्याख्यात्मक उत्तर

1. परीक्षण-सदृश (Quasi/experimental) अनुसंधान अभिकल्प में प्रायः प्रतिभागियों/समूहों का यादृच्छिकीकरण (randomization) नहीं होता, क्योंकि समूह पहले से बने हुए (जैसे अलग-अलग कक्षाएँ/टीमें) हो सकते हैं। फिर भी इसमें शोधकर्ता स्वतंत्र चर (intervention/कार्यक्रम/प्रशिक्षण) लागू करके आश्रित चरों (प्रदर्शन, फिटनेस, मनोवैज्ञानिक स्कोर आदि) पर प्रभाव देखता है। इसलिए ''यादृच्छिकीकरण का अभाव होते हुए भी चरों को प्रभावित करने वाला'' अभिकल्प सबसे उपयुक्त रूप से परीक्षण-सदृश ही होता है।

2. कूपर के 12 मिनट दौड़/चाल परीक्षण में $VO_{2\,max}$ का आकलन तय समय (12 मिनट) में तय की गई दूरी के आधार पर किया जाता है, न कि समय के आधार पर। दिए गए विकल्पों में केवल विकल्प (2) ऐसा सूत्र देता है जो सीधे Distance को $VO_{2\,max}$ में बदलता है, इसलिए यही कूपर 12-मिनट टेस्ट के लिए उपयुक्त है। बाकी विकल्प समय-आधारित/स्पीड-आधारित हैं या इकाइयों के लिहाज से कूपर 12-मिनट दूरी-परीक्षण से मेल नहीं खाते।

3. **C. विवरणः** पहले कौशल/गतिविधि के महत्वपूर्ण चरण, शरीर की स्थिति, तथा प्रदर्शन के अपेक्षित मानक स्पष्ट किए जाते हैं। इससे देखने वाले को यह तय करने का आधार मिलता है कि किन बिंदुओं पर ध्यान केंद्रित करना है।

A. प्रेक्षणः इसके बाद वास्तविक प्रदर्शन को ध्यानपूर्वक देखा जाता है (समय, कोण, तालमेल, संतुलन, क्रम आदि)। सही प्रेक्षण के बिना आगे का विश्लेषण अनुमान-आधारित हो जाता है, इसलिए यह चरण अनिवार्य है।

B. मूल्यांकनः प्रेक्षण से मिली जानकारी को मानक/लक्ष्य से मिलाकर प्रदर्शन की गुणवत्ता और त्रुटियाँ तय की जाती हैं। यहीं पर यह निर्णय बनता है कि कौन-सी त्रुटि प्रमुख है और किसका प्रभाव अधिक है।

D. निर्देशः अंत में सुधार हेतु स्पष्ट, व्यवहारिक संकेत/फीडबैक/ड्रिल दिए जाते हैं ताकि अगला प्रयास बेहतर हो। निर्देश जितने सटीक और प्राथमिकता-आधारित होंगे, सुधार उतना ही तेज और स्थायी होगा।

4. गहन श्वसन (deep breathing) दुश्चिंता कम करने में प्रभावी माना जाता है क्योंकि यह शारीरिक उत्तेजना (arousal) घटाने, श्वसन दर को नियंत्रित करने और शांत प्रतिक्रिया (relaxation response) बढ़ाने में मदद करता है। इससे ध्यान भटकाव कम होता है और खिलाड़ी का मनोदैहिक नियंत्रण बेहतर होता है, जो चिंता-प्रबंधन में उपयोगी है। दिया गया कारण मुख्यतः ''पेशियों में ऑक्सीजन बढ़कर शक्ति बढ़ती है'' पर केंद्रित है, जो दुश्चिंता घटाने की मुख्य मनोवैज्ञानिक व्याख्या नहीं है और इस रूप में कथन (A) की सही वजह नहीं बनता।

5. यहाँ ''पेशीजनक (Myogenic) अनुकूलन'' का अर्थ- वे परिवर्तन हैं जो सीधे मांसपेशी की संरचना (muscle structure) में होते हैं, न कि तंत्रिका-तंत्र (nervous system) के नियंत्रण/समन्वय में। प्रतिरोध प्रशिक्षण से

हाइपरट्रॉफी के कारण मांसपेशी का आकार बढ़ता है, जिससे पेशीय अनुप्रस्थ क्षेत्र (C: Cross-sectional area) बढ़ना एक शुद्ध पेशीजनक परिवर्तन है। इसी हाइपरट्रॉफी के भीतर मांसपेशी रेशे के अंदर संकुचनशील इकाइयों (contractile elements) का निर्माण/जोड़ बढ़ता है, जिसे पाठ्य-परीक्षा संदर्भ में मायोफाइब्रिल्स/पेशीतंतुकों की संख्या बढ़ना (D) के रूप में लिखा जाता है; इसलिए D भी पेशीजनक अनुकूलन में आता है। इसके विपरीत A (वर्धित तंत्रिकीय प्रेरण) और B (तनन प्रतिवर्त विभव) का संबंध मुख्यतः तंत्रिकीय (Neural) अनुकूलन से है—यानी मोटर यूनिट सक्रियण, रिफ्लेक्स नियंत्रण और न्यूरोमस्कुलर समन्वय—ये मांसपेशी की संरचनात्मक बनावट में प्रत्यक्ष वृद्धि नहीं दर्शाते। इसलिए इस प्रश्न में पेशीजनक अनुकूलन के लिए सबसे उपयुक्त संयोजन केवल C और D ही बनता है।

6. प्रत्यवस्थापन का गुणांक (Coefficient of Restitution, *e*) को संघट्टन की रेखा के अनुदिश पृथक्करण के सापेक्ष वेग और उपागम के सापेक्ष वेग के अनुपात (आम तौर पर परिमाण/निरपेक्ष मान) के रूप में परिभाषित किया जाता है, इसलिए अभिकथन (A) सही है। कारण (R) भी सही है क्योंकि सापेक्ष वेग की अवधारणा में उपागम का सापेक्ष वेग संघट्टन से पहले दोनों वस्तुओं के वेगों का अंतर और पृथक्करण का सापेक्ष वेग संघट्टन के बाद दोनों वस्तुओं के वेगों का अंतर होता है। यही परिभाषा (R) सीधे $= \dfrac{\text{relative speed of separation}}{\text{relative speed of approach}}$ को आधार देती है, इसलिए (R), (A) की सही व्याख्या करता है।

7. C. प्रेरणाहीनता → यहाँ व्यक्ति के पास लक्ष्य/कारण का अभाव होता है, इसलिए आत्म-निर्णय (self-determination) सबसे कम होता है। व्यवहार "क्यों कर रहा/रही हूँ?" का उत्तर अस्पष्ट रहने से प्रयास और निरंतरता घटती है।

B. बाह्य विनियमन → कार्य बाहरी पुरस्कार/दंड/दबाव के कारण किया जाता है, नियंत्रण बाहर से आता है। प्रेरणा मौजूद होती है, पर स्वायत्तता कम रहती है क्योंकि निर्णय का स्रोत बाहरी होता है।

D. पहचाना गया विनियमन → व्यक्ति गतिविधि को अपने लिए उपयोगी/महत्त्वपूर्ण मानकर अपनाता है, इसलिए स्वायत्तता बढ़ती है। यह अभी भी पूर्णतः आंतरिक आनंद-आधारित नहीं, पर व्यक्ति इसे "अपना कारण" मानता है।

A. आंतरिक प्रेरणा → कार्य स्वयं आनंद/रुचि/संतोष के लिए किया जाता है, आत्म-निर्णय सर्वाधिक होता है। यहाँ नियंत्रण और लक्ष्य दोनों भीतर से संचालित होते हैं, इसलिए यह क्रम का सर्वोच्च स्तर है।

8. नैदानिक मूल्यांकन (Diagnostic Evaluation) का उद्देश्य सीखने में कठिनाई/कमजोरी के कारण और विशिष्ट जरूरत पहचानना होता है ताकि उचित सुधारात्मक सहायता दी जा सके। टेनिस सर्व सीखने से पहले पूर्व-परीक्षण लेकर जिन विद्यार्थियों को अतिरिक्त सहायता चाहिए उन्हें चिन्हित करना सीधे नैदानिक अनुप्रयोग दर्शाता है। बाकी विकल्प अधिकतर निर्माणात्मक प्रतिपुष्टि, समापनात्मक ग्रेड़िंग या गृहकार्य-आधारित पुनर्बलन से जुड़े हैं।

9. हीलिंग (स्वस्थ होने) की प्रक्रिया एक सुव्यवस्थित जैविक क्रम का पालन करती है जिसमें ऊतक क्षति के बाद शरीर क्रमिक रूप से मरम्मत और पुनर्गठन करता है।

B. क्षतिः यह प्रारंभिक चरण है जिसमें ऊतक, मांसपेशी या लिगामेंट को चोट लगती है। इसी के साथ ही हीलिंग प्रक्रिया सक्रिय होती है और शरीर रक्षा-तंत्र काम करना शुरू करता है।

A. शोथः क्षति के तुरंत बाद सूजन (Inflammation) का चरण आता है जिसमें रक्त प्रवाह बढ़ता है, प्रतिरक्षा कोशिकाएँ सक्रिय होती हैं और क्षतिग्रस्त ऊतक की सफाई होती है। यह मरम्मत के लिए आवश्यक तैयारी का चरण है।

D. प्रतिपूर्तिः इस चरण को Proliferation भी कहते हैं, जिसमें नए ऊतक, कोलेजन फाइबर और रक्त वाहिकाओं का निर्माण होता है। घाव भरने की प्रक्रिया यहीं से स्पष्ट रूप से दिखाई देने लगती है।

C. पुनर्निर्माणः यह अंतिम चरण है जिसमें बने हुए नए ऊतक पुनर्गठित (Remodel) होकर मजबूत और कार्यात्मक बनते हैं। इस अवस्था में ऊतक अपनी मूल संरचना और शक्ति के करीब पहुंचता है।

10. प्राथमिक निवारक उपाय (Primary Prevention) रोग होने से पहले जोखिम घटाने/रोकथाम पर केंद्रित होते हैं, जैसे प्रतिरक्षण, जल स्वच्छता और स्वास्थ्य शिक्षा। हृद् पुनर्वास (Cardiac Rehabilitation) आमतौर पर रोग/घटना (जैसे हार्ट अटैक/सर्जरी) के बाद कार्यक्षमता बहाली और पुनरावृत्ति रोकने से जुड़ा होता है, इसलिए यह प्राथमिक निवारण का उदाहरण नहीं है।

11. यह वैधता इस बात से संबंधित होती है कि कोई परीक्षण/माप देखने में ही उस निष्पादन/क्षमता को मापता हुआ "स्पष्ट रूप से" प्रतीत होता है या नहीं। जब कोई मापदंड बाह्य रूप से (surface level) उसी चीज का मापन करता हुआ लगे, जिसे मापना चाहिए, तो उसे तर्कसंगत (Face/Logical) वैधता कहा जाता है।

12. अभिकथन (A) ANOVA की मूल प्रक्रिया बताता है कि विभिन्न समूहों के साधनों की तुलना MS(कारक) और MS(त्रुटि) के अनुपात (F-आंकड़ा) के माध्यम से की जाती है। यह विधि सही है क्योंकि समूहों के बीच और समूहों के भीतर विचलन की तुलना से ही यह तय होता है कि साधनों में अंतर वास्तविक है या केवल संयोगवश। कारण (R) भी सही है क्योंकि यदि MS(कारक), MS(त्रुटि) से पर्याप्त बड़ा नहीं होता, तो F-मान छोटा रहेगा और शून्य प्रकल्पना को अस्वीकार नहीं किया जा सकेगा। यह ANOVA के निष्कर्ष (decision rule) को स्पष्ट करता है।

लेकिन (R), (A) की व्याख्या नहीं करता, बल्कि केवल यह बताता है कि तुलना का परिणाम क्या होगा। (A) प्रक्रिया/तुलना की विधि बताता है, जबकि (R) उस तुलना के आधार पर निर्णय की स्थिति बताता है। इसलिए दोनों कथन सही हैं, पर (R), (A) की सही व्याख्या नहीं है।

13. रेखीय आवधीकरण (Linear Periodization) में प्रशिक्षण चरणों के साथ मात्रा (Volume) क्रमशः घटती जाती है और तीव्रता (Intensity) क्रमशः बढ़ती जाती है। इसका उद्देश्य धीरे-धीरे अधिक भार/तीव्रता की ओर जाना और प्रतिस्पर्धात्मक/पीक प्रदर्शन के लिए शरीर को व्यवस्थित रूप से तैयार करना होता है।

14. **C. टाइप II b फाइबर** → थकान प्रतिरोध सबसे कम; ये तेज बल देते हैं पर जल्दी थकते हैं। मुख्यतः त्वरित, उच्च-तीव्रता, अल्प अवधि गतिविधियों में सक्रिय रहते हैं।

D. टाइप II x फाइबर → C से अधिक लेकिन अभी भी कम-से-मध्यम थकान प्रतिरोधय तीव्रता अधिक पर टिकाऊपन सीमित। ऊर्जा आपूर्ति अधिकतर त्वरित तंत्रों पर निर्भर होने से थकान जल्दी आती है।

B. टाइप II a फाइबर → मध्यम से अच्छा थकान प्रतिरोधय गति/बल और सहनशीलता का संतुलन। लम्बे प्रयासों में C/D की तुलना में अधिक देर तक प्रदर्शन बनाए रखते हैं।

A. टाइप I फाइबर → थकान प्रतिरोध सर्वाधिकय ये लंबे समय तक निरंतर कार्य के लिए सर्वश्रेष्ठ। सहनशक्ति आधारित गतिविधियों में प्रमुख रूप से सक्रिय रहते हैं और देर से थकते हैं।

15. **B. विसर्पण गति** → अनक्षीय गति में शरीर/खंड बिना किसी स्थिर अक्ष के "सरकने/फिसलने" जैसी गति करता है। इसमें घूर्णन की बजाय सतह के साथ विस्थापन प्रमुख होता है।

C. अंतरण गति → अनक्षीय गति को अंतरण/Translation भी कहा जाता है, जहाँ सभी बिंदु एक ही दिशा में समानांतर रूप से खिसकते हैं। यह रेखीय (Linear) स्वरूप की मूल परिभाषा के अनुरूप है।

D. सर्पण गति → यह भी सरकने/स्लाइडिंग के रूप में अनक्षीय (Non-axial) गति का ही रूप है। इसमें गति का आधार अक्ष के चारों ओर घूमना नहीं, बल्कि स्थान परिवर्तन (displacement) होता है।

16. ओलंपिक मूल्य (Olympic Values) तीन मुख्य सिद्धांतों पर आधारित होते हैं—श्रेष्ठता (Excellence), मैत्री (Friendship) और सम्मान (Respect)। ये मूल्य खिलाड़ियों को केवल जीतने पर नहीं बल्कि अपने सर्वश्रेष्ठ प्रदर्शन, आपसी सहयोग और प्रतिस्पर्धा के प्रति सम्मान की भावना विकसित करने पर बल देते हैं। संधारणीयता (Sustainability) ओलंपिक का एक आधुनिक सिद्धांत है, लेकिन इसे मूल ओलंपिक मूल्यों में शामिल नहीं किया जाता, इसलिए B गलत है।

17. शारीरिक शिक्षा एवं खेल प्रबंधन के प्रमुख कार्यों में योजना बनाना और संगठित करना (A), प्रतिभागियों को निर्देशित एवं प्रेरित करना (C) तथा परिणामों का मूल्यांकन करना (D) शामिल होते हैं। ये सभी प्रबंधन के मूल कार्य (Planning, Organizing, Directing, Controlling) के अंतर्गत आते हैं। यादृच्छिक निर्णय (B) प्रबंधन का हिस्सा नहीं होता क्योंकि प्रबंधन सुनियोजित और उद्देश्यपूर्ण प्रक्रिया है।

18. न्यूरोट्रांसमीटर नॉरएपिनेफ्राइन (Norepinephrine) का निष्क्रियकरण मुख्यतः एंजाइम Catechol-O-Methyl Transferase (COMT) द्वारा होता है, साथ ही Monoamine Oxidase (MAO) भी इसमें भूमिका निभाता है। विकल्प 1 (Cholinesterase) एसिटाइलकोलाइन पर कार्य करता है, जबकि अन्य विकल्प असंबंधित हैं।

19. भित्त्यंतस्थ (Intramural) प्रतियोगिताएँ संस्थान के भीतर आयोजित होती हैं, जिनका उद्देश्य अधिक से अधिक विद्यार्थियों की भागीदारी सुनिश्चित करना होता है, इसलिए (A) सही है। (R) भी सही है क्योंकि जब अधिक विद्यार्थी खेलों में भाग लेते हैं तो उनकी छिपी प्रतिभाओं की पहचान होती है। यही कारण है कि भित्त्यंतस्थ प्रतियोगिताएँ बड़े स्तर पर भागीदारी को प्रोत्साहित करती हैं, इसलिए (R), (A) की व्याख्या करता है।

20. शक्ति विकास के प्रशिक्षण में पहले सामान्य शक्ति आधार (A) तैयार किया जाता है जिससे शरीर को प्रशिक्षण के लिए तैयार किया जा सके। इसके बाद अधिकतम शक्ति विकास (B) किया जाता है ताकि उच्च स्तर की शक्ति प्राप्त हो। फिर इस शक्ति को खेल की आवश्यकताओं के अनुसार विशिष्ट शक्ति में रूपांतरण (D) किया जाता है। अंत में अनुरक्षण अवस्था (C) में इस विकसित शक्ति को बनाए रखा जाता है, इसलिए सही क्रम A → B → D → C है।

21. औपचारिक (Formal) प्रयोगात्मक अभिकल्पन वे होते हैं जिनमें सांख्यिकीय नियंत्रण, यादृच्छिकीकरण और संरचित डिजाइन का उपयोग किया जाता है ताकि त्रुटि को न्यूनतम किया जा सके और निष्कर्ष अधिक विश्वसनीय बनें। इस श्रेणी में यादृच्छीकृत खंड अभिकल्प (Randomized Block Design – A), क्रमगुणित अभिकल्प (Factorial Design – B) तथा लैटिन स्क्वायर अभिकल्प (Latin Square Design – C) सम्मिलित होते हैं, क्योंकि ये सभी उन्नत सांख्यिकीय तकनीकों पर आधारित होते हैं और विभिन्न स्रोतों की भिन्नता (variation) को नियंत्रित करने की क्षमता रखते हैं। इसके विपरीत नियंत्रण अभिकल्प सहित पूर्व एवं पश्चात (D) अपेक्षाकृत सरल, अनौपचारिक (Informal) डिजाइन माना जाता है, जिसमें जटिल सांख्यिकीय नियंत्रण की व्यवस्था नहीं होती। इसलिए इसे औपचारिक प्रयोगात्मक अभिकल्पन की श्रेणी में नहीं रखा जाता। अतः सही उत्तर केवल A, B, C है।

22. A. **महामारी विज्ञान → IV:** यह मानव समष्टि में रोगों/अपहतियों के बंटन (distribution) और निर्धारकों (determinants) का अध्ययन है। यानी कौन-सा रोग किस जनसमूह में, कहाँ, कब और क्यों फैलता है—इन कारणों और पैटर्न का वैज्ञानिक अध्ययन।

B. **महामारी → I:** किसी विशेष समष्टि में रोगियों की अप्रत्याशित बड़ी संख्या का उत्पन्न होना महामारी कहलाता है। यह अपेक्षित/सामान्य स्तर से अधिक मामलों की अचानक वृद्धि को दर्शाता है।

C. **स्थानिक रोग → II:** जो रोग किसी समष्टि में नियमित रूप से मौजूद रहता है, वह स्थानिक (Endemic) कहलाता है। यानी किसी क्षेत्र में उसका सामान्य/स्थायी स्तर बना रहता है।

D. **सर्वव्यापी → III:** जब रोग का प्रसार बहुत व्यापक भौगोलिक क्षेत्र (महाद्वीप/अनेक देशों) में हो जाए, तो उसे सर्वव्यापी/महामारी-स्तर का वैश्विक प्रादुर्भाव माना जाता है। यह व्यापक फैलाव और बड़े भू-भाग में संक्रमण/रोग-प्रसार का संकेत है।

23. शरीर के कोणीय संवेग (Angular Momentum) को अलग-अलग कोणों/स्थितियों में नियंत्रित रखने की क्षमता मुख्यतः न्यूरोमस्कुलर नियंत्रण, संतुलन और समन्वय से जुड़ी होती है, जिसका व्यावहारिक रूप "चालन क्षमता (Motor ability/Control ability)" के अंतर्गत समझा जाता है। यह शरीर को घूर्णन/कोणीय गति में स्थिरता, सही मुद्रा और नियंत्रित परिवर्तन देने की क्षमता को दर्शाता है।

24. A. **बाह्य चर → III:** यह ऐसा कारक हो सकता है जो स्वतंत्र और आश्रित चर के संबंध को प्रभावित कर दे, पर उसे अध्ययन में शामिल/नियंत्रित नहीं किया जाता। यानी यह बाहर से "प्रभाव" डाल सकता है और परिणामों में भ्रम (bias) ला सकता है।

B. **आश्रित चर → IV:** आश्रित चर वह होता है जिस पर स्वतंत्र चर का प्रभाव देखा/मापा जाता है। अर्थात परिणाम/आउटकम वही है जो बदलता है और मापन का मुख्य लक्ष्य होता है।

C. **नियंत्रण चर → I:** वह कारक जो परिणामों को प्रभावित कर सकता है, इसलिए उसे स्थिर/नियंत्रित रखा जाता है ताकि प्रभाव केवल स्वतंत्र चर का दिखे। इसे नियंत्रित रखकर अध्ययन की वैधता और निष्कर्ष की शुद्धता बढ़ती है।

D. **निर्णायक चर → II:** आयु, लिंग जैसे ऐसे कारक जो अक्सर समूहों के परिणामों को निर्णायक रूप से प्रभावित कर सकते हैं, पर उन्हें "हेरफेर" नहीं किया जा सकता। ऐसे चर को प्रायः वर्गीकरण/समायोजन द्वारा संभाला जाता है, पर वे स्वयं उपचार-चर नहीं बनते।

25. खेलों में प्रतिस्पर्धा का नकारात्मक सामाजिक पक्ष तब उभरता है जब जीत-हार का दबाव आक्रामकता, शत्रुता, विरोधी के प्रति नकारात्मक व्यवहार और अनुचित खेलभावना को बढ़ा दे। यह टीमवर्क, सामाजिक समरसता या नेतृत्व जैसे सकारात्मक परिणाम नहीं हैं; इसलिए नकारात्मक सामाजिक पक्ष के रूप में सबसे उपयुक्त विकल्प "आक्रमण और शत्रुता का पुनर्बलन" है।

26. रसायन दाह (Chemical Burn) में सबसे पहला और सबसे महत्वपूर्ण कदम होता है प्रभावित भाग को तुरंत बहते हुए साफ पानी से लंबे समय तक धोना। इससे रसायन का घनत्व कम होता है, उसकी क्रिया रुकती है और ऊतक को और अधिक नुकसान से बचाया जा सकता है। बर्फ, तेल या विपरीत रसायन का उपयोग नुकसान बढ़ा सकता है, इसलिए प्राथमिक उपचार में केवल जल से धुलाई ही सर्वोत्तम और सुरक्षित उपाय माना जाता है।

27. प्रणालीगत (Systemic/General) थकान पूरे शरीर को प्रभावित करती है, चाहे थकान किसी एक मांसपेशी या गतिविधि से ही क्यों न उत्पन्न हुई हो। इसमें तंत्रिका तंत्र, ऊर्जा प्रणाली और मानसिक स्थिति भी शामिल होती है, इसलिए इसका प्रभाव पूरे शरीर के प्रदर्शन पर पड़ता है। स्थानीय थकान केवल किसी विशेष मांसपेशी तक सीमित रहती है।

28. पाठ्यचर्या योजना में आर्टिकुलेशन (Articulation) का सिद्धांत यह सुनिश्चित करता है कि विभिन्न कक्षाओं/स्तरों के बीच सीखने के अनुभवों में सातत्य (continuity) और क्रम (sequence) बना रहे। इससे विद्यार्थी का ज्ञान क्रमिक रूप से विकसित होता है और पहले सीखी गई सामग्री आगे के अध्ययन से जुड़ती रहती है।

29. कर्षण (Drag) बल का समीकरण

$$F_d = \frac{1}{2}\rho v^2 C_d A$$

स्पष्ट रूप से दर्शाता है कि कर्षण बल वेग के वर्ग (v^2) के समानुपाती होता है।

यदि वेग को दुगुना किया जाए,

$$v \to 2v$$

तो,

$$F_d \propto (2v)^2 = 4v^2$$

अर्थात् कर्षण बल चार गुना हो जाएगा। अन्य कारकों की तुलना में वेग का प्रभाव सबसे अधिक होता है क्योंकि यह वर्ग के रूप में कार्य करता है, जबकि घनत्व (ρ) और अग्रभाग क्षेत्र (A) का प्रभाव केवल रैखिक होता है। द्रव्यमान का कर्षण बल से कोई सीधा संबंध नहीं होता। इसलिए कर्षण बल को बढ़ाने में सबसे महत्वपूर्ण कारक वेग है, और उसे दुगुना करना कर्षण को सर्वाधिक बढ़ाता है।

30. हीमलिक मैन्यूवर (Heimlich Maneuver) में पेट के ऊपरी भाग (एब्डोमेन) पर जोरदार दबाव डाला जाता है, जिससे डायफ्राम ऊपर की ओर धकेला जाता है। इससे फेफड़ों में दबाव बढ़ता है और हवा का तेज प्रवाह उत्पन्न होता है, जो श्वसन मार्ग में फंसी वस्तु को बाहर निकालने में मदद करता है। इसलिए इस प्रक्रिया में सबसे प्रत्यक्ष रूप से संपीड़ित संरचना डायफ्राम होती है।

31. **A. यदि सैट प्राप्तांक σ = 100 → IV. (X = 500):** SAT जैसे मानकीकृत स्कोर के संदर्भ में माध्य (Mean) 500 और मानक विचलन (SD) 100 वाला स्केल प्रचलित माना जाता है। इसलिए σ = 100 का संकेत उसी स्केल के SD से है, जिसका माध्य X = 500 होता है।

B. कुल क्षेत्र → I. (बराबर 1): सामान्य वक्र (Normal Probability Curve) के नीचे का कुल क्षेत्रफल हमेशा 1 (अर्थात 100%) होता है। यही प्रायिकता वितरण की मूल विशेषता है, इसलिए कुल क्षेत्र = 1।

C. बंटन में यदि σ, 1 है → II. (X = 0): σ = 1 का अर्थ Standard Normal Distribution (Z-वितरण) होता है। Standard normal में माध्य X = 0 और σ = 1 होता है, इसलिए C का मिलान X = 0 से।

D. बिनेट बुद्धि परीक्षण मापनी प्राप्तांक σ = 16 → III. (X + 100): IQ स्केल (Stanfordn-Binet/ आधुनिक मानकीकरण) में सामान्यतः माध्य 100 और मानक विचलन लगभग 16 माना जाता है। इसलिए σ = 16 के साथ संबद्ध माध्य X = 100 होगा।

32. पोन्डेरल इंडेक्स (Ponderal Index) का उपयोग शरीर के भार को कद के घन (Height^3) के सापेक्ष व्यक्त करने के लिए किया जाता है। यह विशेष रूप से शरीर की सडौलता/लीननेस को समझने में उपयोगी हैं और गणितीय रूप से "भार ÷ कद^3" के विचार पर आधारित होता है।

33. C. **उद्भवन** → संक्रमण के बाद रोगजनक शरीर में प्रवेश करके विकसित होता है, पर लक्षण तुरंत नहीं दिखते। यह चरण संक्रमण के प्रारंभिक विकास/इन्क्यूबेशन के अर्थ में लिया जाता है।

D. **पूर्वलक्षण** → इसके बाद शुरुआती, अस्पष्ट संकेत प्रकट होते हैं जैसे हल्का बुखार/अस्वस्थता। इसे प्रोड्रोमल (Prodromal) चरण के रूप में समझा जाता है।

A. **रुग्णता** → फिर स्पष्ट बीमारी का चरण आता है जिसमें विशिष्ट लक्षण पूर्ण रूप से प्रकट होते हैं। यही मुख्य रोग-अवस्था है जहाँ कार्यक्षमता सर्वाधिक प्रभावित होती है।

B. **स्वास्थ्य-लाभ** → अंत में रिकवरी/कन्वलेसेंस चरण आता है, जिसमें शरीर सामान्य अवस्था की ओर लौटता है। रोग की तीव्रता घटती है और स्वास्थ्य धीरे-धीरे बहाल होता है।

34. खेल प्रबंधन में योजनाबद्ध करना, संगठित करना, निर्देशित करना, नियंत्रित करना और मूल्यांकन करना—ये सभी प्रबंधन के मूल कार्य हैं, इसलिए (A) सही है। लेकिन (R) गलत है क्योंकि खेल प्रबंधन का उद्देश्य केवल अभिजात्य खिलाड़ियों तक भागीदारी सीमित करना नहीं होता; संस्थानों/आयोजनों में सहभागिता के नियम कार्यक्रम के लक्ष्य के अनुसार सभी स्तरों (छात्र, शौकिया, प्रतिस्पर्धी) के लिए बनाए जा सकते हैं।

35. राष्ट्रीय अध्यापक शिक्षा परिषद् (NCTE) की भूमिका व्यावसायिक शिक्षक-शिक्षा (Teacher Education) कार्यक्रमों में मानक सुनिश्चित करने से जुड़ी है। इसलिए B.P.Ed./M.P.Ed. चलाने वाले संस्थानों की मान्यता/प्रत्यायन से संबंधित नियमन (A) तथा शारीरिक शिक्षा अध्यापक-प्रशिक्षण हेतु पाठ्यचर्या ढाँचा/मानक निर्धारित करना (B) इसके अंतर्गत आता है। अखिल भारतीय स्पोर्ट्स टूर्नामेंट कराना (C) NCTE का कार्य नहीं है, और सभी उच्च शिक्षा डिग्री कार्यक्रमों की अर्हता तय करना (D) भी इसका मुख्य कार्यक्षेत्र नहीं है।

36. टेनिस सर्व परिशुद्धता (Service Accuracy) परीक्षण का प्रमुख उद्देश्य खिलाड़ी की सर्व की सटीकता/परिशुद्धता को मापना होता है, न कि उसके फुटवर्क और संचालनों का प्रत्यक्ष मूल्यांकन। फुटवर्क सर्व प्रदर्शन को प्रभावित कर सकता है, लेकिन इस परीक्षण का स्कोरिंग/मापन लक्ष्य-क्षेत्रों में गेंद डालने की सटीकता पर आधारित होता है। कारण (R) सही है क्योंकि इस परीक्षण में सर्विस कोर्ट के लक्ष्यित क्षेत्रों में गेंद को सर्व करना ही मुख्य कार्य होता है, और उसी के आधार पर अंक/मूल्यांकन किया जाता है। इसलिए (A) गलत तथा (R) सही है।

37. A. **कालरा/हैजा** → यह Vibrio cholerae नामक बैक्टीरिया से होता है, इसलिए बैक्टीरियल रोग है। दूषित जल/भोजन से फैलकर तीव्र दस्त और निर्जलीकरण कर सकता है।

B. **जठरीय अल्सर** → सामान्य शैक्षणिक/परीक्षा संदर्भ में यह Helicobacter pylori बैक्टीरिया से संबंधित माना जाता है। यह पेट/ड्यूओडेनम की श्लेष्मा परत को प्रभावित करके अल्सर की संभावना बढ़ाता है।

C. **लीजेनलोसिस** → यह Legionella pneumophila बैक्टीरिया के कारण होता है। दूषित जल-एयरोसोल से फैलकर फेफड़ों का संक्रमण (Legionnaires' disease) कर सकता है।

D (हिस्टोप्लाज्मार्ति) फंगल रोग है और E (रेबीज) वायरल रोग है, इसलिए वे बैक्टीरियल में नहीं आते।

38. राष्ट्रीय खेल प्रोत्साहन पुरस्कार का उद्देश्य मुख्यतः खेलों के प्रोत्साहन/विकास/प्रतिभा-समर्थन/खेल-कल्याण जैसे कार्यों में योगदान को मान्यता देना है, न कि केवल ओलम्पिक उपलब्धियों को; इसलिए कथन (3) गलत है। साथ ही यह पुरस्कार मुख्यतः संस्थाओं/संगठनों/कॉरपोरेट/शैक्षणिक संस्थानों/निकायों आदि के लिए माना जाता है, ''व्यक्तियों'' के लिए व्यक्तिगत खेल-उपलब्धि वाले पुरस्कार अलग प्रकृति के होते हैं; इसलिए कथन (1) भी गलत है।

39. A. **संपीड़न → II:** संपीड़न में बल संरचना को अक्षीय रूप से ''दबाता'' है, इसलिए इसे अक्षीय रूप से संपीड़ित बल कहा जाता है। उदाहरणः स्तंभ पर ऊपर से भार पड़ना।

B. **तनाव → IV:** तनाव में संरचना के अक्ष के अनुदिश ''खिंचाव'' होता है, इसलिए यह संरचना के अक्ष पर खिंचाव बल है। उदाहरणः रस्सी को दोनों ओर से खींचना।

C. **अपरूपण → III:** अपरूपण बल किसी पृष्ठ के समानान्तर लगकर परतों को एक-दूसरे पर ''सरकाने'' का प्रयास करता है। उदाहरणः कागज को दोनों हाथों से विपरीत दिशा में खिसकाकर फाड़ना।

D. ऐंठन → I: ऐंठन/टॉर्शन में अनुदैर्ध्य अक्ष के इर्द-गिर्द वलयित (twisting) बल लगता है। उदाहरणः पेचकस से स्क्रू घुमाते समय घूर्णन-बल।

40. प्रतिरोध प्रशिक्षण में निष्पादित कार्य की कुल मात्रा को मात्रा (Volume) कहा जाता है। इसे सामान्यतः कुल कार्यभार (जैसे सेट × पुनरावृत्ति × भार) या कुल किए गए कार्य के रूप में व्यक्त किया जाता है। तीव्रता भार/प्रतिरोध की "कठिनता" दर्शाती है और आवृत्ति प्रशिक्षण सत्रों की संख्या बताती है।

41. नकारात्मक हस्तांतरण (Negative Transfer) तब उत्पन्न होता है जब पहले सीखा गया कौशल नए कौशल के सीखने में बाधा डालता है। यह स्थिति विशेष रूप से तब होती है जब दोनों कार्यों में समान गतियाँ (similar movement patterns) होती हैं, लेकिन उनके लिए अलग प्रतिक्रिया या तकनीक की आवश्यकता होती है। ऐसी स्थिति में पुरानी आदत नई तकनीक में हस्तक्षेप करती है, जिससे प्रदर्शन बिगड़ता है।

42. अनुसंधान नैतिकता में "गैर-अहितकारी (Non-maleficence)" सिद्धांत का अर्थ है कि प्रतिभागियों को कोई हानि नहीं पहुँचनी चाहिए। यदि खिलाड़ियों को बिना उचित सुरक्षा उपायों के अत्यधिक जोखिमपूर्ण तीव्रता पर प्रशिक्षण कराया जाता है, तो यह उनकी शारीरिक सुरक्षा के लिए खतरा उत्पन्न करता है। इसलिए यह गैर-अहितकारी सिद्धांत का स्पष्ट उल्लंघन है।

43. A. पूर्वावस्था → III: इस अवस्था में नाभिकीय झिल्ली लुप्त हो जाती है और स्पिंडल तंतु बनने लगते हैं। गुणसूत्र संकुचित होकर स्पष्ट दिखाई देने लगते हैं।

B. मध्यावस्था → I: इस चरण में गुणसूत्र मध्य रेखा (equator) पर व्यवस्थित होते हैं और विभाजन के लिए तैयार रहते हैं। यह कोशिका विभाजन का स्थिर चरण होता है।

C. अंत्यावस्था → IV: प्रत्येक गुणसूत्र समूह के चारों ओर नाभिकीय झिल्ली पुनः बनती है। नई कोशिकाओं के नाभिक का निर्माण होता है।

D. पश्चावस्था → II: इस अवस्था में स्पिंडल फाइबर संकुचित होकर गुणसूत्रों को विपरीत ध्रुवों की ओर खींचते हैं। यह वास्तविक विभाजन की प्रक्रिया का प्रमुख चरण है।

44. टेलिक (Telic) अभिविन्यास वाले व्यक्ति जीवन को लक्ष्य-उन्मुख (goal-oriented) दृष्टिकोण से देखते हैं। वे दीर्घकालिक उद्देश्यों, उपलब्धियों और योजना के अनुसार कार्य करते हैं। इसके विपरीत पाराटेलिक व्यक्ति अधिकतर तत्काल आनंद और अनुभव पर केंद्रित होते हैं।

45. आदर्शवाद (Idealism) का दर्शन मानसिक, नैतिक और आध्यात्मिक विकास को अधिक महत्व देता है। शारीरिक शिक्षा के संदर्भ में यह शरीर के माध्यम से चरित्र, अनुशासन और नैतिक मूल्यों के विकास पर बल देता है, इसलिए (A) सही है। लेकिन (R) गलत है क्योंकि आदर्शवाद शरीर से अधिक मन/आत्मा/बुद्धि को प्राथमिकता देता है, न कि शरीर को।

46. A. ज्योति यर्राजी → III (एथलेटिक्स): ज्योति यर्राजी भारत की प्रसिद्ध एथलीट हैं, विशेषकर हर्डल्स स्पर्धाओं में। इसलिए उनका संबंध एथलेटिक्स से है।

B. सावित्री बूरा → I (मुक्केबाजी): साविती बूरा भारतीय महिला मुक्केबाज हैं और अंतरराष्ट्रीय स्तर पर पदक विजेता हैं। अतः उनका खेल अनुशासन बॉक्सिंग है।

C. वंतिका अग्रवाल → II (शतरंज): वंतिका अग्रवाल भारतीय शतरंज खिलाड़ी हैं और अंतरराष्ट्रीय उपलब्धियाँ प्राप्त कर चुकी हैं। इसलिए उनका संबंध शतरंज से है।

D. सजन प्रकाश → IV (तैराकी): सजन प्रकाश भारत के प्रमुख तैराक हैं और ओलंपिक में भी भाग ले चुके हैं। अतः उनका खेल तैराकी है।

47. B. समस्या को परिभाषित करना → वैज्ञानिक विधि की शुरुआत समस्या की स्पष्ट पहचान और सीमांकन से होती है। इससे अनुसंधान की दिशा और उद्देश्य निर्धारित होते हैं।

C. प्राक्कल्पना बनाना → समस्या के संभावित समाधान के रूप में परिकल्पना तैयार की जाती है। यह परीक्षण योग्य अनुमान होता है।

A. दत्त एकत्रित करना → परिकल्पना की जांच के लिए डेटा/सूचनाएँ एकत्रित की जाती हैं। यह चरण प्रयोग/सर्वेक्षण/मापन के माध्यम से होता है।

D. विश्लेषण एवं निर्वचन → अंत में डेटा का विश्लेषण करके निष्कर्ष निकाले जाते हैं। इससे परिकल्पना की स्वीकृति या अस्वीकृति तय होती है।

48. प्रबंधन में दक्षता (Efficiency) का अर्थ है कम संसाधनों में अधिकतम परिणाम प्राप्त करना। यह संसाधनों के सर्वोत्तम उपयोग (optimum utilization) पर बल देता है। इसके विपरीत केवल लक्ष्य प्राप्त करना "Effectiveness" कहलाता है।

49. अन्तरराष्ट्रीय ओलंपिक समिति (IOC) द्वारा वर्ष 2024 के Climate Action Awards में "International Federation" श्रेणी में International Hockey Federation (IHF) को सम्मानित किया गया। IHF को यह पुरस्कार खेल अवसंरचना में स्थिरता (sustainability) को बढ़ावा देने, विशेष रूप से पानी की खपत कम करने वाली तकनीक (Dry-low-water turf) तथा पर्यावरण-अनुकूल हॉकी मैदानों के विकास जैसे नवाचारों के लिए दिया गया। इन पहलों का उद्देश्य खेल गतिविधियों को अधिक पर्यावरण-संवेदनशील बनाना और कार्बन फुटप्रिंट कम करना है, जो IOC के जलवायु कार्य लक्ष्यों के अनुरूप है।

50. **D. नैदानिक मूल्यांकन** → यह प्रारंभिक चरण में किया जाता है, जिससे सीखने की कठिनाइयों की पहचान हो सके। यह सुधारात्मक शिक्षण के लिए आधार प्रदान करता है।

B. रचनात्मक मूल्यांकन → यह शिक्षण-प्रक्रिया के दौरान लगातार किया जाता है। इसका उद्देश्य प्रगति की निगरानी और सुधार करना होता है।

C. संकलनात्मक मूल्यांकन → यह पाठ्यक्रम के अंत में किया जाता है। इससे अंतिम उपलब्धि का आकलन किया जाता है।

A. मानदंड-संदर्भित मूल्यांकन → इसमें प्रदर्शन की तुलना पूर्व निर्धारित मानदंडों से की जाती है।

यह किसी भी चरण पर लागू हो सकता है, पर सामान्यतः अंतिम आकलन में अधिक उपयोग होता है।

51. ''तीन लघुकरण चक्र'' को व्यावहारिक खेल-प्रशिक्षण (विशेषकर प्लायोमेट्रिक/SSC) संदर्भ में तीन अवस्थाओं के रूप में समझा जाता है—उत्केन्द्री (eccentric) लोडिंग, मंदन/अमोर्टाइजेशन (deceleration/transition), और संकेन्द्री (concentric) संकुचन। इन तीनों को ''चक्र'' के रूप में जोड़ने वाली निर्णायक अवस्था मंदन ही मानी जाती है क्योंकि इसी क्षण शरीर/मांसपेशी खिंचाव के बाद गति को रोककर/धीमा करके तुरंत संकुचन की दिशा में ऊर्जा का रूपांतरण करती है; यदि मंदन चरण लंबा/कमजोर हो जाए तो संचित प्रत्यास्थ ऊर्जा (elastic energy) नष्ट हो जाती है और चक्र का प्रभाव घट जाता है। इसलिए तीन-चरणीय लघुकरण चक्र की संरचना में पहचानने योग्य ''मुख्य संक्रमण अवस्था'' मंदन है।

52. **A. धुराग संधि → II. चक्राभ संधिः** धुराग (Pivot) संधि में एक हड्डी दूसरी के चारों ओर घूमती है। उदाहरणः गर्दन का एटलस-एक्सिस संधि।

B. कान्डीलॉयड संधि → III. अंडाभ संधिः यह Ellipsoid joint है, जिसमें दो अक्षों में गति संभव होती है। उदाहरणः कलाई का संधि।

C. अवतल (पर्याण) संधि → IV. सेलार संधिः Saddle (Sellar) joint में दोनों सतहें अवतल-उत्तल होती हैं। उदाहरणः अंगूठे का कार्पोमेटाकार्पल संधि।

D. कोर संधि → I. संधिगुहिका संधिः Ball and socket joint में एक गोल सिरा गह्वर में फिट होता है। उदाहरणः कंधा और कूल्हा।

53. खेल प्रबंधन में बजट के प्रकारों में निष्पादन बजट (Performance Budget), पूँजीगत बजट (Capital Budget) और शून्य-आधारित बजट (Zero&Based Budget) शामिल होते हैं। ''यादृच्छिक बजट'' कोई मान्य बजट प्रकार नहीं है, इसलिए यह सही उत्तर है।

54. SPSS में वैध चर नाम के लिए नियम होते हैं—नाम अक्षर से शुरू होना चाहिए, उसमें स्पेस नहीं होना चाहिए, और विशेष चिन्ह (जैसे -, " ") का प्रयोग नहीं होना चाहिए। "Armstrength" इन सभी नियमों का पालन करता है, इसलिए यह वैध है; अन्य विकल्पों में स्पेस, हाइफन या उद्धरण चिन्ह हैं, जो मान्य नहीं हैं।

55. **D. निलय पूरक** → सबसे पहले वेंट्रिकल्स में रक्त भरता है। यह डायस्टोल का प्रारंभिक भाग है।

A. समायतनी आंकुचन → वेंट्रिकल संकुचित होता है, पर वाल्व बंद रहते हैं, इसलिए आयतन स्थिर रहता है। दाब तेजी से बढ़ता है।

C. निलय उत्क्षेपण → वेंट्रिकल से रक्त धमनियों में निकलता है। यह सिस्टोल का मुख्य चरण है।

B. समायतनी विश्रांति → वेंट्रिकल शिथिल होता है, सभी वाल्व बंद रहते हैं, आयतन स्थिर रहता है। इसके बाद फिर भराव (filling) शुरू होता है।

56. A. प्रेरक सिद्धांत → IV: Drive Theory के अनुसार जैसे-जैसे उद्दीपन (arousal) बढ़ता है, सीखे हुए (well-learned) कौशलों का प्रदर्शन बढ़ता है। इसलिए ''सुअधिगमित होने की दशा में उच्च उद्दीपन के कार्यनिष्पादन में वृद्धि'' इस सिद्धांत से मेल खाता है।

B. प्रलय मॉडल → I: Catastrophe Model बताता है कि यदि संज्ञानात्मक दुश्चिंता बहुत अधिक हो जाए, तो प्रदर्शन अचानक गिर जाता है। यह अचानक गिरावट ''प्रलय'' के रूप में जानी जाती है।

C. व्युत्क्रमिक यू-प्राक्कल्पना → III: Inverted-U के अनुसार मध्यम (औसत) उद्दीपन स्तर पर सर्वश्रेष्ठ प्रदर्शन होता है। बहुत कम या बहुत अधिक उद्दीपन दोनों ही स्थिति में प्रदर्शन घटता है।

D. इष्टतम कार्यकरण के व्यष्टिकृत क्षेत्र → II: IZOF सिद्धांत के अनुसार हर एथलीट का अपना व्यक्तिगत इष्टतम उद्दीपन क्षेत्र होता है। इसी क्षेत्र में वह सर्वोत्तम प्रदर्शन करता है।

57. स्वायत्त तंत्रिका तंत्र (Autonomic Nervous System) शरीर की अनैच्छिक (involuntary) क्रियाओं–जैसे हृदयगति, पाचन, ग्रंथियों का स्राव, रक्तचाप आदि–को नियंत्रित करता है। इसे कई संदर्भों में अंतरंग (visceral) तंत्रिका तंत्र भी कहा जाता है, जो आंतरिक अंगों के नियंत्रण से जुड़ा होता है। इसी आधार पर कुछ पाठ्यक्रमों में इसे गैर-अंतरंग/अंतरंग के संदर्भ में अलग नाम से भी अभिव्यक्त किया जाता है, जो इसके आंतरिक क्रियाओं के नियंत्रण को दर्शाता है। इसके विपरीत दैहिक/कायिक तंत्रिका तथा स्वैच्छिक तंत्रिका कंकालीय मांसपेशियों के ऐच्छिक नियंत्रण से संबंधित हैं, इसलिए वे स्वायत्त तंत्रिका तंत्र के पर्याय नहीं हैं।

58. लोकोपकारी (Philanthropic) पाठ्यचर्या का मूल उद्देश्य शिक्षा को प्रकृति-आधारित, जीवनोपयोगी और बाल-केंद्रित बनाना होता है ताकि बच्चे का विकास स्वाभाविक ढंग से हो और वह समाज के लिए उपयोगी बने। प्रवृतिवादी/प्रकृतिवादी दृष्टिकोण में सीखने को प्राकृतिक अनुभवों, गतिविधियों, खेल, स्वास्थ्य, शारीरिक विकास और व्यावहारिक जीवन-कौशल से जोड़ा जाता है, इसलिए लोकोपकारी पाठ्यचर्या का पथ-प्रदर्शन इसी दर्शन से माना जाता है। दूसरी ओर अर्थक्रियावादी (Pragmatism) और मानवतावादी (Humanism) भी कल्याण की बात करते हैं, पर ''लोकोपकारी/Philanthropic curriculum'' का दार्शनिक आधार पारंपरिक रूप से प्रवृतिवादी (Naturalism) के साथ ही जोड़ा जाता है।

59. निश्चलन (immobilization) की प्रारंभिक अवस्था में मांसपेशियों का उपयोग कम होने से atrophy होता है, जिससे उनका cross-sectional area घटता है। साथ ही connective tissue बढ़ता है, जिससे कठोरता और गतिशीलता में कमी आती है।

60. Command Style में शिक्षक सभी निर्णय लेता है और विद्यार्थी उसका अनुसरण करते हैं। यह शैली नए तथा जटिल कौशलों के प्रारंभिक शिक्षण में सबसे प्रभावी होती है क्योंकि इससे सटीकता, अनुशासन और एकरूपता बनी रहती है।

61. A. मेडल → यह एक भौतिक (tangible) वस्तु है जिसे व्यक्ति छू सकता है और प्राप्त कर सकता है, इसलिए यह मूर्त पुनर्बलन है। यह बाह्य प्रेरणा को बढ़ाता है और उपलब्धि का ठोस प्रतीक होता है।

B. नकद पुरस्कार → धन भी एक ठोस, भौतिक पुरस्कार है, इसलिए यह मूर्त पुनर्बलन में आता है। इसका उपयोग प्रोत्साहन के रूप में व्यापक रूप से किया जाता है।

C. जनस्वीकृति → यह सामाजिक/अमूर्त (intangible) पुनर्बलन है, क्योंकि इसे छुआ नहीं जा सकता। यह प्रशंसा या सामाजिक मान्यता से संबंधित है।

D. शाब्दिक प्रशंसा → यह भी अमूर्त पुनर्बलन है, क्योंकि यह केवल शब्दों/भावनाओं के माध्यम से होता है। इसलिए यह मूर्त पुनर्बलन नहीं है।

62. A. हर्पेस वैरिसेला-जोस्टर → III. चिकेनपाक्सः यह वायरस चिकनपॉक्स (छोटी माता) का कारण होता है। यह बचपन में सामान्य वायरल संक्रमण है।

B. एपस्टीन-बार → IV. मोनेन्यूक्लियोसिसः यह वायरस Infectious Mononucleosis (ग्लैंडुलर फीवर) का कारण है। इसे ''किसिंग डिजीज'' भी कहा जाता है।

C. राइनोवायरस → I. सामान्य ठंडः यह सामान्य सर्दी (Common Cold) का प्रमुख कारण है। श्वसन मार्ग को प्रभावित करता है।

D. इबोला वायरस → II. हीमरहेजिक ज्वरः यह गंभीर रक्तस्रावी ज्वर (Hemorrhagic Fever) उत्पन्न करता है। इसकी मृत्यु दर बहुत अधिक होती है।

63. नेतृत्व के प्रमुख सिद्धांतों में लक्षण (Trait), व्यवहारपरक (Behavioral), स्थितिजन्य/आकस्मिकता (Situational/ Contingency) शामिल हैं। "आवश्यकता सोपान सिद्धांत" (Maslow's Hierarchy) प्रेरणा सिद्धांत है, न कि नेतृत्व सिद्धांत, इसलिए यह सही उत्तर है।

63. प्राक्षेपिक (Ballistic) स्ट्रेचिंग में बाउंसिंग/झटकेदार गतियाँ होती हैं, जिससे मांसपेशियों पर अचानक तनाव आता है। यह शुरुआती व्यक्तियों के लिए सुरक्षित नहीं माना जाता क्योंकि इससे चोट/मांसपेशीय खिंचाव का खतरा बढ़ता है। इसलिए (A) गलत है, जबकि (R) सही है क्योंकि यह इस तकनीक के जोखिम को स्पष्ट करता है।

65. C. मानक स्थापित करना → सबसे पहले लक्ष्य/मानक तय किए जाते हैं, जिनसे तुलना होगी। यह नियंत्रण प्रक्रिया का आधार है।

B. वास्तविक निष्पादन मापन → इसके बाद वास्तविक प्रदर्शन का आकलन किया जाता है। डेटा/परिणाम एकत्रित किए जाते हैं।

A. विचलन का मूल्यांकन → फिर मानक और वास्तविक प्रदर्शन की तुलना कर अंतर (deviation) निकाला जाता है। इससे समस्या की पहचान होती है।

D. सुधारात्मक कार्रवाई → अंत में आवश्यक सुधारात्मक कदम उठाए जाते हैं। इससे भविष्य का प्रदर्शन बेहतर होता है।

66. पुल-अप करते समय कोहनी का फ्लेक्शन (flexion) प्रमुख रूप से बाइसेप्स ब्राची द्वारा किया जाता है, जो इस क्रिया का मुख्य प्रेरक (prime mover) है। बाइसेप्स ब्राची का प्रमुख जुड़ाव बिंदु रेडियल ट्यूबरोसिटी पर होता है, जिससे यह रेडियस को खींचकर कोहनी को मोड़ने में सहायता करता है। ट्राइसेप्स कोहनी को सीधा (extension) करता है, जबकि डेल्टॉइड कंधे की गति से संबंधित है।

67. A. आइसोमेट्रिक → IV: इसमें मांसपेशी की लंबाई नहीं बदलती, इसलिए परीक्षण केवल एक विशिष्ट जोड़ कोण पर ही किया जाता है। यही इसकी प्रमुख सीमा है क्योंकि पूरी गति का आकलन नहीं हो पाता।

B. आइसोटोनिक → I: इसमें गति के दौरान प्रतिरोध स्थिर नहीं रहता, इसलिए अधिकतम शक्ति (1RM) का सटीक निर्धारण कठिन होता है। यह इसकी व्यावहारिक कमजोरी है।

C. आइसोकाइनेटिक → III: इसमें गति का वेग नियंत्रित रहता है, और टॉर्क आउटपुट वेग से प्रभावित होता है। यह इसकी प्रमुख सीमा मानी जाती है।

D. प्लायोमेट्रिक → II: इसमें विस्फोटक क्रियाएं होती हैं, इसलिए तीव्रता का सटीक मापन कठिन होता है। यही इसकी प्रमुख कमजोरी है।

68. A. बच्चे → II. (0.075 × शरीर भार): बच्चों के लिए कम प्रतिरोध रखा जाता है ताकि सुरक्षित परीक्षण हो सके।

B. वयस्क महिला → III. (0.086 × शरीर भार): महिलाओं के लिए मध्यम स्तर का प्रतिरोध उपयोग किया जाता है।

C. वयस्क पुरुष → IV. (0.087 × शरीर भार): पुरुषों के लिए अपेक्षाकृत अधिक प्रतिरोध लिया जाता है।

D. एथलीट → I. (0.10 × शरीर भार): एथलीटों के लिए उच्चतम प्रतिरोध रखा जाता है क्योंकि उनकी कार्यक्षमता अधिक होती है।

69. C. मानदंड विकसित करना → पहले T-score के लिए मानदंड तैयार किए जाते हैं। यह स्कोरिंग का आधार होता है।

B. T-score निर्धारित करना → फिर प्रत्येक विद्यार्थी के लिए प्रत्येक परीक्षण का T-score निकाला जाता है। यह मानकीकरण का चरण है।

A. योग करना → सभी परीक्षणों के T-score को जोड़कर कुल स्कोर प्राप्त किया जाता है। इससे समग्र प्रदर्शन ज्ञात होता है।

E. ग्रेड मानक विकसित करना → फिर ग्रेड देने के लिए सीमा निर्धारित की जाती है। इससे वर्गीकरण संभव होता है।

D. अंतिम ग्रेड निर्धारित करना → अंत में छात्रों को अंतिम ग्रेड दिए जाते हैं। यह मूल्यांकन का अंतिम चरण है।

70. A. स्वेच्छाचारी → III: इसमें नेता सभी निर्णय स्वयं लेता है और कठोर नियंत्रण रखता है। अधीनस्थों की भागीदारी कम होती है।

B. लोकतांत्रिक → I: इसमें निर्णय सामूहिक रूप से लिए जाते हैं। खिलाड़ियों की भागीदारी और सहयोग अधिक होता है।

C. अबंधता → II: इसमें कोच/नेता अधिक स्वतंत्रता देता है। खिलाड़ी स्वयं निर्णय लेते हैं।

D. परिवर्तनकारी → IV: इसमें नेता प्रेरणा और दृष्टि के माध्यम से खिलाड़ियों को प्रोत्साहित करता है। यह प्रदर्शन और नवाचार को बढ़ाता है।

71. D. एक स्थान से दोनों पैरों से कूद → यह प्लायोमेट्रिक प्रशिक्षण का सबसे सरल प्रारंभिक चरण है, जिसमें स्थिर स्थिति से दोनों पैरों का उपयोग होता है। इसमें नियंत्रण और तकनीक सीखना आसान होता है।

C. होपिंग → इसमें एक पैर से कूदना शामिल होता है, जिससे कठिनाई बढ़ती है और संतुलन की आवश्यकता होती है। यह शक्ति और समन्वय को बढ़ाता है।

B. छलांग लगाना/बाउंडिंग → इसमें आगे की दिशा में लंबी छलांग लगाई जाती है, जो अधिक गतिशील और चुनौतीपूर्ण होती है। इसमें गति और शक्ति का संयोजन आवश्यक होता है।

A. डेप्थ जंप → यह सबसे उन्नत प्लायोमेट्रिक व्यायाम है, जिसमें ऊँचाई से कूदकर तुरंत उछाल करना होता है। इसमें उच्च स्तर की शक्ति, नियंत्रण और सुरक्षा की आवश्यकता होती है।

72. A. एक माध्य → I. (P का मान 0.474): "एक माध्य" की जाँच सामान्यतः one-sample प्राचलिक परीक्षण से होती है, जिसमें एक ही समूह के माध्य की तुलना किसी मानक/निर्धारित मान से की जाती है। दिए गए P-मूल्यों में इस स्थिति के लिए उपयुक्त मिलान 0.474 रखा गया है।

B. दो स्वतंत्र माध्य → IV. (P का मान 0.564): "दो स्वतंत्र माध्य" के लिए independent-samples परीक्षण लागू होता है, जहाँ दो अलग समूहों के माध्य की तुलना होती है। इस स्थिति का सही मिलान 0.564 से किया गया है।

C. दो आश्रित माध्य → III (P का मान 0.550): "दो आश्रित माध्य" में वही प्रतिभागी/जोड़ीदार मापन होते हैं, इसलिए paired/related परीक्षण होता है। इसका सही मिलान 0.550 से है।

D. (सहसंबंध–पार्सन का) → II (P का मान 0.703): Pearson correlation में P-मूल्य सहसंबंध की सांख्यिकीय सार्थकता बताता है। यहाँ इसका सही मिलान 0.703 से है।

73. उत्तोलक (Lever) में यांत्रिक लाभ (Mechanical Advantage) का सूत्र है–

$$MA = \frac{\text{प्रयास भुजा}}{\text{भार भुजा}}$$

इससे यह ज्ञात होता है कि कम प्रयास से अधिक भार उठाने की क्षमता कितनी है।

74. सुपोषण (Eutrophication) में जल में पोषक तत्वों की अधिकता के कारण शैवाल की अत्यधिक वृद्धि होती है। जब ये शैवाल मरते हैं, तो उनके विघटन में ऑक्सीजन की खपत बढ़ती है, जिससे जल में घुलित ऑक्सीजन कम हो जाती है और जलीय जीव मर सकते हैं। इसलिए (R), (A) की सही व्याख्या करता है।

75. C. वातावरणीय मांग → सबसे पहले बाहरी परिस्थिति या तनावकारी कारक उत्पन्न होता है। यह तनाव की शुरुआत है।

D. मांग का अवगम → व्यक्ति उस मांग को समझता और उसका मूल्यांकन करता है। यह संज्ञानात्मक प्रक्रिया है।

A. प्रतिबल अनुक्रिया → इसके बाद शरीर/मन में तनाव प्रतिक्रिया उत्पन्न होती है। जैसे हृदय गति बढ़ना आदि।

B. प्रतिबल का सामना करना → अंत में व्यक्ति तनाव से निपटने के उपाय अपनाता है। इसे coping कहा जाता है।

76. A. धारण करने योग्य फिटनेस युक्तियाँ → III: पहनने/धारण करने योग्य फिटनेस युक्तियाँ (जैसे फिटनेस बैंड आदि) व्यक्तिगत सुस्वस्थता के आँकड़े रिकॉर्ड करती हैं। इससे समय के साथ स्वास्थ्य/फिटनेस प्रगति का स्पष्ट पता चलता है।

B. खेल उपकरण → II: वास्तविक खेल उपकरणों से अभ्यास करने पर अनुभवपरक (hands-on) सीखना होता है। इससे तकनीक, समन्वय और कौशल-विकास में सीधी अभिवृद्धि होती है।

C. वीडियो और एनीमेशन → I: वीडियो/एनीमेशन में कौशल/प्रविधि का चरणबद्ध और स्पष्ट प्रदर्शन देखा जा सकता है। इससे सही मॉडलिंग होकर सीखना अधिक प्रभावी होता है।

D. अनुदेशात्मक डायग्राम → IV: डायग्राम सही मुद्रा, कोण, चरण और सावधानियाँ स्पष्ट करते हैं। इससे उपहति-निवारण और संरक्षा-सचेतता में सहायता मिलती है।

77. अतिकटि अग्रकुब्जता (अधिक/असामान्य कमर की वक्रता) में सामान्यतः उदरीय मांसपेशियाँ कमजोर और श्रोणि का झुकाव बढ़ा हुआ पाया जाता है। उदरीय मांसपेशियों को मजबूत करने से धड़ का नियंत्रण सुधरता है और श्रोणि का अग्र-झुकाव कम होता है। साथ ही हैमस्ट्रिंग सुदृढ़ होने से श्रोणि-स्थिति स्थिर होती है और मुद्रा सुधार में प्रभावी सहायता मिलती है।

78. जो खिलाड़ी यह जानना चाहते हैं कि उनके अभ्यास से प्रतिस्पर्धा के दौरान कौशल वास्तव में बेहतर हुआ या नहीं, वे मुख्यतः कौशल-सुधार, प्रयास और स्व-प्रगति पर ध्यान देते हैं। यह दृष्टि ''कार्य/मास्टरी उन्मुखीकरण'' की पहचान है जहाँ तुलना दूसरों से कम और अपनी प्रगति से अधिक होती है।

79. प्राथमिक स्तर पर शारीरिक शिक्षा अध्यापक का मुख्य शिक्षा-शास्त्रीय दायित्व बच्चों में रनिंग, जंपिंग, थ्रोइंग, कैचिंग, बैलेंस जैसे मूलभूत प्रेरक कौशलों का विकास खेल/गतिविधियों के माध्यम से कराना होता है। इसी आधार पर आगे खेल-कौशल और शारीरिक साक्षरता (physical literacy) बनती है।

80. कौशल-प्रशिक्षण अधिगम मूल्यांकन (skill learning-skill performance tests) केवल परिणाम बताने तक सीमित नहीं होते, बल्कि वे निदान (A) के माध्यम से कमियाँ पहचानने, पूर्वानुमान (B) के द्वारा संभावित प्रदर्शन/प्रगति का संकेत देने और स्थापना (D) के जरिए उपयुक्त स्तर/समूह/कार्यक्रम में प्लेसमेंट करने में भी उपयोगी होते हैं। ''परिशुद्धता (C)'' को सामान्यतः मूल्यांकन का पृथक उपयोग-उद्देश्य नहीं माना जाता, बल्कि यह परीक्षण-गुणवत्ता का गुण है।

81. AAHPER (AAHPER-AAHPERD) युवा फिटनेस परीक्षण में सॉफ्टबॉल थ्रो को संशोधन के दौरान हटाया गया था, और यह हटाना वर्ष 1976 के संशोधित संस्करण/राष्ट्रीय सर्वेक्षण-आधारित परिवर्तन से संबद्ध माना जाता है। इसलिए सही वर्ष 1976 है।

82. A. **प्लाज्मा की मात्रा में आरंभिक ह्रासः** ऊँचाई (altitude) पर प्रारंभिक चरण में प्लाज्मा वॉल्यूम कम हो जाता है, जिससे रक्त सघन (hemoconcentration) हो जाता है। इससे प्रति इकाई रक्त में हीमोग्लोबिन की सापेक्ष मात्रा बढ़ जाती है, जिससे O_2 वहन क्षमता में तत्काल वृद्धि होती है।

B. **लाल रुधिर कणिकाओं में वृद्धिः** हाइपोक्सिया के कारण एरिथ्रोपोइटिन हार्मोन स्रावित होता है, जिससे RBC संख्या बढ़ती है। इससे रक्त की ऑक्सीजन वहन क्षमता दीर्घकालीन रूप से बढ़ती है।

C. **हीमोग्लोबिन संश्लेषण में वृद्धिः** हीमोग्लोबिन बढ़ने से ऑक्सीजन बाँधने और परिवहन की क्षमता बढ़ती है। यह भी दीर्घकालीन अनुकूलन का प्रमुख कारक है।

D. **प्लाज्मा की मात्रा में वृद्धिः** यह सामान्यतः बाद के चरणों में पुनर्संतुलन हेतु होता है और सीधे O_2 carrying capacity को नहीं बढ़ाता। इसलिए इसे प्रमुख कारण नहीं माना जाता।

83. A. **अभिक्रिया अभिक्षमता → III. प्रकार्यात्मक क्षमताः** अभिक्रिया अभिक्षमता में संवेदी इनपुट, निर्णय और मोटर प्रतिक्रिया शामिल होते हैं। यह संपूर्ण तंत्रिका-प्रणाली की प्रकार्यात्मक क्षमता पर निर्भर करती है, इसलिए इसका संबंध III से है।

B. **संचलन गति → II. विस्फोटक शक्तिः** तेज गति से अंगों को चलाने के लिए त्वरित बल उत्पादन (explosive power) आवश्यक होता है। इसलिए इसका निर्धारक विस्फोटक शक्ति है।

C. **गतिविषयम (चलन) अभिक्षमता → I. CNS की गतिशीलताः** चलन अभिक्षमता में शरीर के विभिन्न भागों का समन्वय और नियंत्रण शामिल होता है। यह मुख्यतः CNS की गतिशीलता और समन्वय क्षमता पर निर्भर करती है।

D. **गति स्थायित्व → IV. वायवी क्षमताः** गति को लंबे समय तक बनाए रखने के लिए एरोबिक (वायवी) क्षमता आवश्यक होती है। यह ऊर्जा आपूर्ति को निरंतर बनाए रखती है।

84. (A) सही है क्योंकि मानव शरीर की ऊर्जा आवश्यकताएँ भोजन के पोषक तत्वों की रासायनिक ऊर्जा से ही पूरी होती हैं, जो चयापचय के माध्यम से उपयोगी ऊर्जा (ATP) में बदलती है। (R) भी सही है क्योंकि यह ऊर्जा तुरंत उपयोग की जा सकती है या ग्लाइकोजन/वसा के रूप में संग्रहीत रखी जा सकती है। लेकिन (R), (A) की व्याख्या नहीं करता; यह ऊर्जा के ''उपयोग/संचयन'' की विशेषता बताता है, जबकि (A) ऊर्जा के ''स्रोत'' को बताता है, इसलिए विकल्प 2 उपयुक्त है।

85. D. प्रेरक → सबसे पहले कोई बाह्य/आंतरिक उत्तेजना (Stimulus) उत्पन्न होती है, जो रिसेप्टर को सक्रिय करती है। यही पूरी तंत्रिका क्रिया का आरंभ बिंदु होता है।

B. संवेदी न्यूरॉनः → उत्तेजना की सूचना रिसेप्टर से संवेदी तंत्रिका द्वारा केंद्रीय तंत्रिका तंत्र की ओर पहुँचती है। यह "इनपुट" पथ है, जो संदेश को CNS तक ले जाता है।

C. अन्तर न्यूरॉन → CNS में अन्तर न्यूरॉन सूचना का समन्वय/प्रसंस्करण करके उपयुक्त प्रतिक्रिया तय करता है। यह लिंक/समन्वय कड़ी है जो संवेदी और प्रेरक पथ को जोड़ती है।

A. प्रेरक/मोटर न्यूरॉन → अंत में आदेश मोटर न्यूरॉन से होकर मांसपेशी तक पहुँचता है, जिससे संकुचन/क्रिया होती है। यह "आउटपुट" पथ है जो प्रभावक (मांसपेशी) को सक्रिय करता है।

86. जेनू वेल्गम (Knock-knee) में घुटने अंदर की ओर झुकते हैं, जिसका मुख्य कारण कूल्हे के अपवर्तक (Hip Abductors) की कमजोरी तथा घुटने के जोड़ का असंतुलन होता है। श्रोणि अपवर्तनी (जैसे Gluteus Medius) को सुदृढ़ करने से जांघ बाहर की ओर नियंत्रित रहती है और घुटनों का अंदर गिरना कम होता है। साथ ही अभिमध्य बृहदिक्त्रा (Vastus Medialis) को मजबूत करने से पटेला का सही संरेखण बना रहता है और घुटने की स्थिरता बढ़ती है। दोनों मांसपेशियों का संयुक्त सुदृढ़ीकरण इस विकृति के सुधार में सबसे प्रभावी माना जाता है।

87. शुक्राणु कोशिका के पीछे स्थित कशाभिका (flagellum) तरंगीय गति पैदा करती है। इसी "पूंछ" की गतिशीलंता से शुक्राणु आगे की ओर तैरकर गति करता है और अंडाणु तक पहुँचने की क्षमता विकसित होती है।

88. C. राष्ट्रमंडल शीतकालीन खेल – सबसे पहलेः इसका प्रथम संस्करण सबसे पहले आयोजित हुआ था। इसलिए कालक्रम में यह शुरुआत में आता है।

D. राष्ट्रमंडल पैराप्लेजिक खेल – इसके बादः यह शीतकालीन खेलों के बाद प्रारम्भ हुआ। अतः यह दूसरे स्थान पर आता है।

B. राष्ट्रमंडल युवा खेल – फिरः इसका आरम्भ बाद के वर्षों में हुआ, जब युवा वर्ग हेतु अलग आयोजन शुरू किए गए। इसलिए यह तीसरे क्रम में आता है।

A. राष्ट्रमंडल ई-स्पोर्ट्स चौम्पिनशिप – सबसे अंत मेंः ई-स्पोर्ट्स संस्करण सबसे नया/हाल का आयोजन है। इसलिए यह चौथे (अंतिम) क्रम में आता है।

89. AAHPERD-HRPF (1984) में शरीर संरचना के आकलन हेतु "केवल एक साइट" के रूप में ट्राइसेप्स स्किनफोल्ड को मानक रूप से लिया जाता है। यह सरल, व्यावहारिक और विद्यालयी परिस्थितियों में आसानी से मापा जा सकने वाला स्थल है, इसलिए उसी का उपयोग निर्धारित किया गया है।

90. शीत वातावरण में व्यायाम के पर्यनुकूलन में शरीर ऊष्मा-हानि कम करने के लिए परिधीय वाहिका संकीर्णन बढ़ाता है, ठंड में तापजनक कंपकपाहट जैसी ऊष्मा-उत्पादन प्रतिक्रियाएँ बढ़ सकती हैं, और इन्सुलेशन/ऊष्मा संरक्षण से जुड़ी प्रतिक्रियाएँ देखी जाती हैं। इसके विपरीत स्वेद ग्रंथि की संवेदनशीलता/सक्रियता का बढ़ना मुख्यतः गर्मी (heat acclimation) से संबंधित माना जाता है, शीत-अनुकूलन का नहीं—इसलिए "सिवाय" वाला सही विकल्प यही है।

91. 'गृहनगर' (ग्रामीण, नगरी, शहरी) केवल वर्गों में विभाजित करता है और इनमें कोई प्राकृतिक क्रम (order) नहीं होता। यह केवल पहचान (classification) प्रदान करता है, इसलिए यह नाममात्रिक (Nominal) चर है।

92. पुस्तक का भार और आपूर्तियाँ मापी जा सकती हैं और इनके मान किसी भी सीमा में निरंतर (continuous) हो सकते हैं। यह पूर्णांक तक सीमित नहीं होते, बल्कि दशमलव में भी व्यक्त हो सकते हैं, इसलिए यह सतत (Continuous) चर है।

93. 'संतुष्टि का स्तर' (बहुत संतुष्ट, संतुष्ट, कुछ-कुछ संतुष्ट) में एक स्पष्ट क्रम होता है, लेकिन इनके बीच अंतर समान नहीं होता। इसलिए यह क्रमसूचक (Ordinal) चर है।

94. 'बालों का रंग' (सफेद, भूरा, काला) केवल श्रेणियों को दर्शाता है, जिनमें कोई क्रम नहीं होता। भले ही इन्हें संख्याओं से कूटबद्ध किया जाए, फिर भी ये गुणात्मक श्रेणियाँ ही रहती हैं, इसलिए यह नाममात्रिक चर है।

95. पंजीकृत पाठ्यक्रमों की संख्या गिनी जाती है (जैसे 3, 4, 5), और इसमें बीच के मान संभव नहीं होते। इसलिए यह विविक्त (Discrete) चर है।

96. आकर्ष (Spasm) सिद्धांत के अनुसार अनअभ्यस्त व्यायाम के कारण स्थानीय पेशीय ऐंठन उत्पन्न होती है, जिससे

मांसपेशी में रक्त प्रवाह कम हो जाता है। इससे ऑक्सीजन की कमी और अपशिष्ट पदार्थों का संचय होता है, जो अंततः दर्द (DOMS) का कारण बनता है।

97. यांत्रिक संघात (Mechanical Trauma) सिद्धांत के अनुसार विशेषकर उत्केन्द्री संकुचन के दौरान उच्च बल के कारण मांसपेशी फाइबर में सूक्ष्म क्षति (microtears) होती है। यही संरचनात्मक क्षति DOMS का मुख्य कारण मानी जाती है।

98. तीक्ष्ण शोध (Acute Inflammation) सिद्धांत के अनुसार WBC और मोनोसाइट्स क्षतिग्रस्त क्षेत्र में पहुँचकर 24 घंटे तक बढ़ते हैं और लगभग 48 घंटे पर चरम पर पहुँचते हैं, फिर 72 घंटे तक कम हो जाते हैं। इसलिए अधिकतम सूजन 48-72 घंटे के बीच होती है।

99. DOMS का यांत्रिक संघात मुख्यतः उत्केन्द्री (eccentric) संकुचन से जुड़ा होता है, क्योंकि इसमें मांसपेशी पर अधिक खिंचाव और बल पड़ता है, जिससे माइक्रोटियर्स होते हैं।

100. स्थानिकारक्तता (Ischemia) सिद्धांत के अनुसार लगातार संकुचन से मांसपेशियों की रक्त वाहिकाएँ दब जाती हैं, जिससे रक्त प्रवाह कम हो जाता है। इससे ऑक्सीजन की कमी और दर्द उत्पन्न होता है।

पिछले प्रश्न-पत्र

National Testing Agency (NTA)

UGC-NET जूनियर रिसर्च फैलोशिप तथा सहायक प्राध्यापक पात्रता परीक्षा

शारीरिक शिक्षा, जून-2025

(Exam held on 28-06-2025)

प्रश्न-पत्र-II

1. मनोरंजन सिद्धांत के प्रतिपादक थे:

1. जी. स्टैनली हॉल
2. कार्ल ग्रूस
3. फ्रेडरिक स्किलर
4. मोरिज लैजेरस पैट्रिक

2. खेल के पुनरावर्तन का अभिप्राय है:

1. बच्चे अपने शरीर की अतिरेक ऊर्जा के निष्कासन के लिए खेलते हैं।
2. खेल के माध्यम से बच्चे स्वयं में अन्तर्विष्ट अनावश्यक नैसर्गिक वृत्तियों को बाहर जाने देते हैं।
3. खेल के माध्यम से बच्चों के गुण कौशल के अभ्यास का अवसर प्राप्त होता है जिसकी उन्हें भविष्य में आवश्यकता पड़ती है।
4. बच्चे उस ऊर्जा को पुनः बहाल करने के लिए खेलते हैं जो श्रमसाध्य कार्य करने के दौरान अपक्षयित होता है।

3. अंतर्राष्ट्रीय ओलंपिक समिति (IOC) ने वर्ष 2021 में आधिकारिक तौर पर ओलंपिक के ध्येय को सिटियस, एल्टियस, फोर्टियस, _______ में अनुमोदित किया था।

1. सबअर्बनाइट
2. कम्प्यूटर
3. कम्यूनिटर
4. कॉम्बिनेशन

4. 4 × 400 मीटर के मिश्र रिले में पारी (लेग) का क्रम होता है:

1. पुरुष-महिला-पुरुष-महिला
2. महिला-पुरुष-महिला-पुरुष
3. पुरुष-महिला-महिला-पुरुष
4. महिला-पुरुष-पुरुष-महिला

5. सूची-I को सूची-II से सुमेलित करें:

सूची-I (नाम)	सूची-II (स्थान)
A. फ्रैज नैक्टेगॉल	I. स्वीडन
B. पर हेनरिक लिंग	II. यूनान
C. जोहान बर्नहार्ड बेसडो	III. डेनमार्क
D. गेलन	IV. जर्मनी

नीचे दिए गए विकल्पों में से **सही** उत्तर चुनें:

1. A-III, B-IV, C-II, D-I
2. A-III, B-I, C-IV, D-II
3. A-III, B-IV, C-I, D-II
4. A-IV, B-III, C-II, D-I

6. सूची-I को सूची-II से सुमेलित करें:

सूची-I (पद)	सूची-II (व्याख्या)
A. तत्वमीमांसा	I. इसमें सौंदर्य कला और अभिरूचि की प्रकृति का अध्ययन किया जाता है
B. मूल्य मीमांसा	II. परम सत्य की पृच्छा
C. ज्ञान मीमांसा	III. मूल्य और मूल्य निर्णय की प्रकृति का अध्ययन
D. सौंदर्यशास्त्र	IV. सत्य की व्याख्या

नीचे दिए गए विकल्पों में से **सही** उत्तर चुनें:
1. A-III, B-IV, C-I, D-II
2. A-III, B-I, C-IV, D-II
3. A-II, B-III, C-I, D-IV
4. A-II, B-III, C-IV, D-I

7. महिला ऐथलीट में निम्नलिखित किस विकार समूह को "फीमेल ऐथलीट ट्रायड" कहा जाता है?
1. एमेनोरिया, हार्मोन संबंधी असंतुलन और ऑस्टियोपोरोसिस
2. खान-पान संबंधी विकार (डिस्टार्डर इंटिग), ऊर्जा की कम उपलब्धता और लो बोन डेंसिटी
3. अनियमित माहवारी, कम एस्ट्रोजन स्तर तथा खान-पान संबंधी विकार
4. एमेनोरिया, ऑस्टियोपोरोसिस तथा खान-पान संबंधी विकार

8. निम्नलिखित में से किसे कंकाली पेशी की बेसिक फंक्शनल यूनिट कहा जाता है?
1. सार्कोमियर
2. सार्कोप्लाज्मिक रेटिकुलम
3. एक्टिन फिलामेंट्स
4. मायोसिन फिलामेंट्स

9. मांसपेशीय संकुचन के लिए ऊर्जा के प्रत्यक्ष स्रोत के रूप में निम्नलिखित में से किसे जाना जाता है?
1. फॉस्फो-क्रिएटिन 2. ग्लाइकोजन
3. एडेनोसिन ट्राइफॉस्फेट 4. कैल्शियम आयन

10. _______ हृदय की माँसपेशियों को रक्त की आपूर्ति के प्राथमिक स्रोत हैं।
1. कोरोनरी धमनी 2. पल्मोनरी धमनी
3. रीनेल धमनी 4. कैरोटिड धमनी

11. निम्नलिखित में से कौन-सा क्रायोथेरेपी के लिए अपथ्य निर्देशन नहीं है?
1. रेनाड्स डिजीज (रोग)
2. पेरिफेरल वैस्क्युलर डिजीज
3. हाइपरथर्मिया
4. इस्कीमिया

12. सेंसरी मोटर इंटीग्रेशन के निम्नलिखित कार्यों को सही क्रम में व्यवस्थित कीजिए।
A. सीएनएस संवेदी सूचना प्रदान करता है और प्रतिवर्ती रूप से मोटर अनुक्रिया शुरु हो जाती है।
B. मोटर कार्य क्षमताः माँसपेशियों में संचारित की जाती है तथा अनुक्रिया होनी शुरु हो जाती है।
C. संवेदी कार्य क्षमता, सीएनएस के संवेदी न्यूरानों को संचारित की जाती है।
D. संवेदी प्राप्तकर्ताओं (रिसेप्टर) द्वारा संवेदी उद्दीपक प्राप्त किया जाता है।
E. अनुक्रिया के लिए कार्य क्षमता, आपका मोटर न्यूरान के आसपास के सीएनएस से संचारित होता है।

नीचे दिए गए विकल्पों में से **सही** उत्तर चुनें:
1. C, D, A, E, B 2. D, C, A, E, B
3. E, C, D, A, B 4. D, A, C, B, E

13. निम्नलिखित में से कौन-से स्वास्थ्य संबंधी जोखिम अधिक ऊँचाई वाले प्रशिक्षण से जुड़े हुए हैं?
A. हाइपरथर्मिया
B. पल्मोनरी एडेमा
C. तुषार उपघात (फ्रास्ट बाइट)
D. हायपोक्सिया
E. सेरेब्रल एडेमा

नीचे दिए गए विकल्पों में से **सही** उत्तर चुनें:
1. केवल B, D, E 2. केवल A, B, D
3. केवल B, C, D 4. केवल A, D, E

14. थकान के कारण _______ होते हैं।
A. फास्फो क्रिएटिन में कमी होना
B. हाइड्रोजन आयन स्तर में कमी होना
C. शरीर के कोर तापमान में कमी होना
D. ग्लाइकोजेन में कमी होना
E. लैक्टिक एसिड का एकत्र होना

नीचे दिए गए विकल्पों में से **सही** उत्तर चुनें:
1. केवल A, B, E 2. केवल A, D, E
3. केवल B, D, E 4. केवल B, C, E

15. सूची-I को सूची-II से सुमेलित करें:

सूची-I (घटक)	सूची-II (अवस्थिति)
A. माइलिन शीथ	I. माँसपेशी कोशिका
B. ट्रोपोनिन ट्रोपोमायोसिन	II. मस्तिष्क
C. बेसल गैंग्लिया	III. अक्षतंतु (एक्सॉन)
D. सार्कोलेमा	IV. ऐक्टिन फिलामेंट

नीचे दिए गए विकल्पों में से **सही** उत्तर चुनें:

1. A-IV, B-II, C-I, D-III
2. A-III, B-II, C-IV, D-I
3. A-IV, B-III, C-I, D-II
4. A-III, B-IV, C-II, D-I

16. सूची-I को सूची-II से सुमेलित करें:

सूची-I (स्थिति)	सूची-II (व्याख्या)
A. ब्रैडीकार्डिया	I. विश्रांत हृदय गति का > 60 bpm होना
B. एथेरोस्केलेरोसिस	II. शरीर के किसी अंग विशेष में रक्त आपूर्ति में अस्थायी तौर पर कमी
C. स्कीमिया	III. अनियमित हृदय गति
D. एरिथमिया	IV. धमनियों में क्रमिक संकुचन

नीचे दिए गए विकल्पों में से **सही** उत्तर चुनें:

1. A-III, B-I, C-IV, D-II
2. A-I, B-IV, C-II, D-III
3. A-III, B-IV, C-II, D-I
4. A-I, B-III, C-II, D-IV

17. ऊँची कूद अथवा पोल वॉल्ट प्रतिस्पर्धा में व्यवधान को पार करने में:

1. द्रव्यमान (संहति) का केन्द्र अवरोध के पार होना चाहिए।
2. द्रव्यमान (संहति) अवरोध की ऊँचाई के समान सर्वाधिक ऊँचाई तक पहुंचना चाहिए।
3. सफलतापूर्वक अवरोध को पार करने में द्रव्यमान (संहति) का केन्द्र अवरोध से अधिक ऊँचा होना आवश्यक नहीं हो सकता है।
4. द्रव्यमान (संहति) का मध्य (केन्द्र) केवल मध्य-बिन्दु को क्लियर करने के स्थान पर अवरोध से ऊँचा होना आवश्यक है।

18. यदि किसी पिण्ड (वस्तु) को अवतरण से अधिक ऊँचाई वाले स्थान पर प्रक्षेपित किया जाता है तो इष्टतम प्रक्षेपण कोण होगा:

1. धरातल से पिण्ड के प्रक्षेपण से न्यून
2. धरातल से पिण्ड के प्रक्षेपण से अधिक
3. धरातल से पिण्ड के प्रक्षेपण के समान
4. धरातल से पिण्ड के प्रक्षेपण के समान नहीं

19. यदि किसी महिला का वजन 556N है, स्पाइक हील का पृष्ठ क्षेत्रफल 4 वर्ग सेमी. है और कोर्ट शू का पृष्ठ क्षेत्रफल 175 वर्ग सेमी. है तो प्रत्येक शू द्वारा कितना दाब दिया जाता है?

1. 139 N/cm^2 और 3.18 N/cm^2
2. 135 N/cm^2 और 3.05 N/cm^2
3. 130 N/cm^2 और 2.95 N/cm^2
4. 138 N/cm^2 और 3.10 N/cm^2

20. यदि 10 मीटर के निशान पर धावक की गति 5.9 $m.s^{-1}$ और उसे वहाँ पहुंचने में 1.8 सेकेण्ड का समय लगा तो औसत त्वरण होगा?

1. 5.5 $m.s^{-2}$
2. 5.3 $m.s^{-2}$
3. 3.5 $m.s^{-2}$
4. 3.3 $m.s^{-2}$

21. वेक्टर (सदिश) को _______ से परिभाषित किया जाता है।

A. गति (स्पीड में)
B. परिमाण से
C. दूरी से
D. दिशा से
E. विस्थापन से

नीचे दिए गए विकल्पों में से **सही** उत्तर चुनें:

1. केवल B, C, D
2. केवल B, D, E
3. केवल A, B, E
4. केवल A, B, C

22. रोलिंग घर्षण प्रभावित होता है:

A. सामान्य अभिक्रिया बल से
B. प्रतिपूरक गुणांक से
C. चलायमान (लुढ़कते हुए) पिण्ड की त्रिज्या से
D. केन्द्रापसारी और केन्द्राभिसारी बलों से
E. पृष्ठ के विरूपण और उनके घर्षण गुणांक से

नीचे दिए गए विकल्पों में से **सही** उत्तर चुनें:

1. केवल B, D, E
2. केवल A, C, D
3. केवल A, C, E
4. केवल B, C, D

23. बल की महत्वपूर्ण विशेषताएं हैं:

A. गुरुत्व केन्द्र

B. अनुप्रयोग बिन्दु

C. लाइन ऑफ एप्लिकेशन

D. बेस ऑफ सपोर्ट

E. फोर्स सेन्स

नीचे दिए गए विकल्पों में से **सही** उत्तर चुनें:

1. केवल A, C, D
2. केवल B, C, D
3. केवल B, C, E
4. केवल A, D, E

24. सूची-I को सूची-II से सुमेलित करें:

सूची-I	सूची-II
A. पिण्ड कैमरे की दिशा में या कैमरे से दूर होने पर अपेक्षाकृत अधिक बड़ा और धीमा प्रतीत होता है।	I. समानान्तर अक्ष प्रमेय
B. कैमरे से गुजरने पर पिण्ड के आकार और आकृति में परिवर्तन होता प्रतीत होता है।	II. घूर्णन की त्रिज्या (रेडियस ऑफ गाइरेशन)
C. पूर्ण जड़त्व	III. संदर्शी व्यतिक्रम
D. घूर्णन केन्द्र के सापेक्ष द्रव्यमान (संहति) का बंटन	IV. समांतर अक्षीय व्यतिक्रम (पैरेलैक्स एरर)

नीचे दिए गए विकल्पों में से **सही** उत्तर चुनें:

1. A-IV, B-III, C-I, D-II
2. A-III, B-IV, C-II, D-I
3. A-III, B-IV, C-I, D-II
4. A-IV, B-III, C-II, D-I

25. सूची-I को सूची-II से सुमेलित करें:

सूची-I	सूची-II
A. टहलना (Walking)	I. जमीन पर एक के बाद एक पैर रखकर स्वयं को आगे की ओर बढ़ाना
B. दौड़ना (Running)	II. अपने स्वयं के पैर की मांसपेशियों का प्रयोग कर स्वयं को जमीन से उपर उठाना
C. कूदना (Jumping)	III. अपने स्वयं की भुजा या हाथ का प्रयोग कर पिण्ड का प्रणोदन
D. फेंकना (Throwing)	IV. दोनों पैरों को तेजी से और लगातार घुमाकर स्वयं को आगे की ओर प्रणोदित करना

नीचे दिए गए विकल्पों में से **सही** उत्तर चुनें:

1. A-IV, B-I, C-II, D-III
2. A-I, B-IV, C-III, D-II
3. A-I, B-IV, C-II, D-III
4. A-IV, B-I, C-III, D-II

26. निम्नलिखित में से कौन-सा खेल मनोवैज्ञानिक का लक्ष्य है?

1. किसी भी परिस्थिति में जीतना
2. समस्या में होने की दशा में ही एथलीट से संव्यवहार
3. यह सुनिश्चित करना कि खेल के प्रतिभागी अपने स्वयं की पूर्ण क्षमता तक पहुँचे
4. मानसिक समस्याओं के निवारण हेतु औषधि का सुझाव देना

27. खेल मनोविज्ञान में, यह परिकल्पना कि व्यायाम से सकारात्मक चिंतन और भावनाओं का संवर्धन और विकास होता है और यह नकारात्मक मनोदशा को दूर करने में प्रयुक्त होता है, कहलाता है:

1. सामाजिक अंतःक्रिया (संवाद) परिकल्पना
2. अन्मनस्कता परिकल्पना
3. एंडोर्फिन परिकल्पना
4. संज्ञानात्मक व्यावहारिक परिकल्पना

28. सामूहिक संसक्ति (साहचर्य) को बढ़ावा देने के लिए संसार को बहुसांस्कृतिक लेंस से देखने की अवधारणा कहलाती है:

1. संस्कृतिकरण
2. नारीवाद
3. प्रत्यायन
4. उत्संस्करण

29. उत्तेजना का वह सिद्धांत जिसके परिणामस्वरूप प्रदर्शन में अकस्मात और तेजी से गिरावट आती है; कहलाती हैं:

1. निवेशित सिद्धांत 2. बहु-आयामी सिद्धांत
3. विध्वंस सिद्धांत 4. व्युत्क्रम सिद्धांत

30. हार्टर के उपलब्धि अभिप्रेरण सिद्धांत के अनुसार निम्नलिखित को सही अनुक्रम में सूचीबद्ध कीजिए।

A. कुछेक प्रवीणतायुक्त प्रयास
B. बीच में छोड़कर चला जाना (ड्रॉपआउट)
C. असफल प्रदर्शन
D. नकारात्मक प्रभाव
E. न्यून क्षमता अभिप्रेरणा

नीचे दिए गए विकल्पों में से **सही** उत्तर चुनें:

1. A, C, D, E, B 2. E, A, C, D, B
3. C, D, E, A, B 4. D, E, C, A, B

31. स्मिथ द्वारा यथा प्रतिपादित संज्ञानात्मक भावात्मक प्रक्रमण प्रणाली (सीएपीएस) के अनुसार निम्नलिखित को सही अनुक्रम में सुझाएं।

A. उद्दीपक तत्व कूटबद्ध होते हैं और स्मृति में इनका निरूपण होता है।
B. क्षमताओं और स्व-विनियमन कौशल से व्यवहार अवधारित होता है।
C. वैयक्तिक व्यक्तित्व का स्थिति से संवाद होता है।
D. पूर्व अवधारित प्रत्याशाएं और मान्यताओं से कार्यकलाप का अभिप्राय प्राप्त होता है।
E. भावनाओं से व्यवहार प्रभावित होता है।

नीचे दिए गए विकल्पों में से **सही** उत्तर चुनें:

1. A, E, B, C, D 2. C, A, D, E, B
3. A, C, E, B, D 4. C, B, A, E, D

32. किसी एक व्यक्ति का व्यवहार अन्य व्यक्तियों के व्यवहार से विशेषरूप से सामाजिक स्थितियों में भिन्न होने के सतत तरीके के रूप में व्यक्तित्व की परिभाषा के मुख्य शब्दों को चिह्नांकित कीजिए:

A. स्थायी B. विशिष्ट
C. समूह D. प्रतिस्पर्धा
E. प्रशिक्षण

नीचे दिए गए विकल्पों में से **सही** उत्तर चुनें:

1. केवल B, C, D 2. केवल A, B, C
3. केवल B, C, E 4. केवल A, B, E

33. उत्कृष्ट एथलेटिक प्रदर्शन के लिए खेल मनोवैज्ञानिकों का महत्वपूर्ण सरोकार निम्नलिखित में से क्या-क्या है?

A. शक्ति (सामर्थ्य) B. आत्म-नियंत्रण
C. अभिप्रेरणा D. विश्वास
E. सहिष्णुता

नीचे दिए गए विकल्पों में से **सही** उत्तर चुनें:

1. केवल C, D, E 2. केवल A, B, C
3. केवल A, C, D 4. केवल B, C, D

34. सूची-I को सूची-II से सुमेलित करें:

सूची-I	**सूची-II**
A. कार्य संसक्ति	I. अनुप्रयुक्त खेल मनोवैज्ञानिक
B. लक्षण	II. आचार
C. ब्रुस ओगिल्वी	III. व्यक्तित्व
D. सेवार्थी की सहमति	IV. सामूहिक गतिकी

नीचे दिए गए विकल्पों में से **सही** उत्तर चुनें:

1. A-I, B-II, C-III, D-IV
2. A-II, B-I, C-III, D-IV
3. A-III, B-IV, C-II, D-I
4. A-IV, B-III, C-I, D-II

35. सूची-I को सूची-II से सुमेलित करें:

सूची-I	**सूची-II**
A. प्रतिबिंब	I. अभिप्रेरणा
B. पक्षरोधी और कारक	II. दुश्चिंता
C. इष्टतम कार्यकरण क्षेत्र (जोन ऑफ ऑप्टिमल फंक्शनिंग)	III. आक्रामकवृत्ति
D. अन्तर्वेषित विनियमन	IV. पीएसटी (मनोवैज्ञानिक स्किल प्रशिक्षण)

नीचे दिए गए विकल्पों में से **सही** उत्तर चुनें:

1. A-IV, B-III, C-II, D-I
2. A-III, B-II, C-I, D-IV
3. A-IV, B-I, C-III, D-II
4. A-I, B-II, C-III, D-IV

36. शारीरिक शिक्षा में निम्नलिखित कौन-सा विषय, दिव्यांगों को सेवाएँ प्रदान करने के लिए शिक्षक तैयार करने से संबंधित है?

1. क्रीड़ा-औषधि
2. क्रीड़ा-प्रबंधन
3. अनुकूलित शारीरिक शिक्षा
4. क्रीड़ा-समाजशास्त्र

37. राष्ट्रीय शिक्षा नीति-2020 के अनुसार स्कूली पाठ्यचर्या ढाँचा 5-3-3-4 से तात्पर्य है:

1. तैयारी स्तर, आधारिक स्तर, मिडिल स्तर, माध्यमिक स्तर
2. आधारिक स्तर, तैयारी स्तर, मिडिल स्तर, वरिष्ठ माध्यमिक स्तर
3. तैयारी स्तर, मिडिल स्तर, माध्यमिक स्तर, वरिष्ठ माध्यमिक स्तर
4. आधारिक स्तर, तैयारी स्तर, मिडिल स्तर, माध्यमिक स्तर

38. भारत में कौन-सा संगठन शारीरिक शिक्षा शिक्षक शिक्षा कार्यक्रम को विनियमित करता है?

1. (ए.आई.सी.टी.ई.) A.I.C.T.E
2. (एन.सी.टी.ई.) N.C.T.E
3. (एन.ए.ए.सी.) N.A.A.C
4. (यू.जी.सी.) U.G.C

39. मस्क मोस्टन की शिक्षा शैली, निर्दिष्ट खोज शैली के विश्लेषण में शामिल है:

1. शिक्षक केन्द्रित निर्णय
2. शिक्षक-छात्र केन्द्रित निर्णय का सम्मिलित अभिगम
3. छात्र केन्द्रित निर्णय
4. मूल्यांकन केन्द्रित डिजाइन

40. (1950) ब्लूम द्वारा अनुशंसित अधिगम के संज्ञानात्मक क्षेत्र का जटिलताओं के आरोही क्रम का अनुक्रम बताइए।

A. समझना B. विश्लेषण करना
C. स्मरण करना D. अनुप्रयोग करना
E. मूल्यांकन करना

नीचे दिए गए विकल्पों में से **सही** उत्तर चुनें:

1. A, C, B, D, E
2. A, C, D, B, E
3. C, A, D, B, E
4. C, A, B, D, E

41. पाठ्यचर्या निर्माण में शामिल निम्नलिखित कदमों को उपयुक्त क्रम में व्यवस्थित कीजिए:

A. शिक्षा के दर्शन और शिक्षा संबंधी नीतियों को समझना
B. बच्चों की आय आधारित जरूरतों को निश्चित (तय) करना
C. कार्यक्रम का मूल्यांकन + प्रतिपुष्टि (फीडबैक)
D. उपयुक्त गतिविधियों का चयन करना
E. लक्ष्य तैयार करना

नीचे दिए गए विकल्पों में से **सही** उत्तर चुनें:

1. A, E, B, D, C 2. E, A, B, D, C
3. A, E, D, C, B 4. E, B, A, C, D

42. निम्नलिखित में से कौन-से स्कूली शारीरिक शिक्षा कार्यक्रम के आधारिक चरण के शारीरिक शिक्षा कार्यक्रम के लक्ष्य हैं?

A. स्थानिक जागरुकता का विकास
B. समग्र मोटर कौशल का विकास
C. फाइन मोटर कौशल का विकास
D. नेतृत्व कौशल का विकास
E. खेलकूद विशिष्ट कौशल का विकास

नीचे दिए गए विकल्पों में से **सही** उत्तर चुनें:

1. केवल B, C, D 2. केवल C, D, E
3. केवल A, C, D 4. केवल A, B, C

43. पेशेवर तैयारी कार्यक्रम में _______ उपलब्ध करवाया जाना चाहिए।

A. पेशे के उचित औचित्य के बारे में सोचने के लिए अवसर
B. पेशे के लिए निष्ठा
C. प्रोत्साहन
D. राज्य का सरोकार
E. पेशे के प्रति वफादारी

नीचे दिए गए विकल्पों में से **सही** उत्तर चुनें:

1. केवल A, C, D
2. केवल A, B, E
3. केवल B, C, E
4. केवल B, C, D

44. सूची-I को सूची-II से सुमेलित करें:

सूची-I (संस्थान)	सूची-II (स्थापना वर्ष)
A. एल.सी.पी.ई., ग्वालियर	I. 1914
B. एच.वी.पी.एम., अमरावती	II. 1920
C. नेशनल स्पोर्ट्स यूनिवर्सिटी, इंफाल	III. 1957
D. वाई.एम.सी.ए., मद्रास	IV. 2018

नीचे दिए गए विकल्पों में से **सही** उत्तर चुनें:

1. A-III, B-IV, C-I, D-II
2. A-III, B-I, C-II, D-IV
3. A-III, B-I, C-IV, D-II
4. A-III, B-II, C-I, D-IV

45. जलने (बर्न्स) की दशा में प्राथमिक उपचार प्रदान करते समय निम्नलिखित में से किसका परिहार किया जाता है?

1. बर्फ लगाना
2. शरीर से प्रतिबंधित चीजें हटाना
3. बर्न (दग्ध) को आवरणयुक्त करना
4. दर्द निवारक औषधि देना

46. मध्याह्न भोजन कार्यक्रम (मिडडे मिल) के लिए स्कूल स्वास्थ्य समिति ने निम्नलिखित में से किसकी संस्तुति नहीं की है?

1. यह 'न लाभ न हानि' आधार पर होना चाहिए।
2. इसमें दैनिक आधार पर कम से कम एक एनर्जी ड्रिंक दिया जाना चाहिए।
3. इसमें दैनिक कैलोरी आवश्यकता का एक-तिहाई दिया जाना चाहिए।
4. इसमें दैनिक प्रोटीन की आवश्यकता का आधा दिया जाना चाहिए।

47. निम्नलिखित में से कौन-सा आनुवंशिक विकार नहीं है?

1. थैलेसीमिया
2. हीमोफिलिया
3. एस्केरियासिस
4. सिकल सेल एनीमिया

48. मोटापा के मूल्यकन (निर्धारण) के लिए निम्नांकित में से कौन-सा सूचकांक प्रयुक्त नहीं होता है?

1. बॉडी-मास इंडेक्स (कायाःसंहति सूचकांक)
2. पोंडेरल इंडेक्स
3. ब्रोका इंडेक्स
4. सापेक्षिक स्वायत्तता सूचकांक (रिलेटिव ऑटोनोमी इंडेक्स)

49. रोग के उपचार और निवारण के लिए यादृच्छिक नियंत्रित विचारण करने के मूल चरणों को क्रम से सजाइए।

A. यादृच्छिकरण
B. संचालन और हस्तक्षेप
C. नवाचार (प्रोटोकॉल) तैयार करना
D. विचारण के प्रयोजनार्थ संदर्भ और जनसमूह (जनसंख्या) का चयन
E. प्रतिफल का अनुसरण और मूल्यांकन

नीचे दिए गए विकल्पों में से **सही** उत्तर चुनें:

1. C, D, A, B, E
2. A, C, D, B, E
3. C, A, D, E, B
4. D, C, A, B, E

50. स्वास्थ्य शिक्षा योजना निर्माण के मुख्य चरणों को व्यवस्थित कर उन्हें अनुक्रम में सजाएं।

A. सूचना एकत्र करना और समस्या की पहचान करना
B. संसाधनों का मूल्यांकन
C. प्राथमिकता अभिनिश्चित करना और लक्ष्य एवं उद्देश्य निर्धारण
D. कार्यक्रम की निगरानी और मूल्यांकन
E. कार्य योजना की तैयारी और उनका कार्यान्वयन

नीचे दिए गए विकल्पों में से **सही** उत्तर चुनें:

1. A, B, C, E, D
2. C, A, B, E, D
3. A, C, B, E, D
4. C, B, A, D, E

51. निम्नलिखित में से जन्तु-जन्य रोगों को चिह्नांकित कीजिए:

A. रेबीज
B. एंथ्रेक्स
C. इंफ्लुएंजा
D. प्लेग
E. टायफायड

नीचे दिए गए विकल्पों में से **सही** उत्तर चुनें:

1. केवल A, C, D 2. केवल B, C, D
3. केवल A, B, D 4. केवल A, D, E

52. निम्नलिखित में से कौन-से जल जनित रोग है?

A. हेपेटाइटिस ए B. अस्थमा (ब्रांकाइटिस)
C. अमीबायसिस D. टायफायड
E. एम्फीसीमा

नीचे दिए गए विकल्पों में से **सही** उत्तर चुनें:

1. केवल B, C, D 2. केवल A, C, D
3. केवल A, B, E 4. केवल C, D, E

53. सूची-I को सूची-II से सुमेलित करें:

सूची-I (स्वास्थ्य कार्यक्रम)	**सूची-II (आरंभ होने का वर्ष)**
A. स्वच्छ भारत अभियान	I. 2018
B. राष्ट्रीय एड्स नियंत्रण कार्यक्रम	II. 2014
C. आयुष्मान भारत कार्यक्रम	III. 1953
D. राष्ट्रीय मलेरिया नियंत्रण कार्यक्रम	IV. 1987

नीचे दिए गए विकल्पों में से **सही** उत्तर चुनें:

1. A-I, B-III, C-II, D-IV
2. A-II, B-IV, C-I, D-III
3. A-IV, B-I, C-II, D-III
4. A-II, B-III, C-I, D-IV

54. किसी निश्चित कार्यक्षेत्र के संदर्भ में समय और स्थान में शरीर की स्थिति (अवस्था) और संचलन की अवधारणा और इसमें परिवर्तन की योग्यता कहलाती है:

1. युग्मन योग्यता
2. विभेदन योग्यता
3. अभिमुखीकरण (परिबोधन) योग्यता
4. अनुकूलन योग्यता

55. ______ न्यूनतम समय में अधिकतम बल उत्पन्न करना है जिसका प्रयोग प्रारूपिक रूप से विस्फोटक शक्ति के सूचकांक के रूप में किया जाता है।

1. तनन (विस्तार) संकुचन चक्र (एस.एस.सी.)
2. बल वर्धन दर (आर.एफ.डी.)
3. प्रात्यक्षिक थकान का दर निर्धारण (आर.पी.ई.)
4. सामान्य अनुकूलन संलक्षण (जी.ए.एस.)

56. प्रशिक्षण योजना को रिकॉर्ड करने के क्रम में कोच को अनिवार्यतः व्यायाम, सेटों की संख्या, पुनरावृत्ति और प्रशिक्षण भार की संख्या का रिकॉर्ड, निम्न तरह करना चाहिए।

1. $\frac{\text{1 आर एम का \%}}{\text{सत्र}} \times \text{सेट}$
2. $\frac{\text{1 आर एम का \%}}{\text{सेट}} \times \text{सत्र}$
3. $\frac{\text{1 आर एम का \%} \times \text{सेट}}{\text{पुनरावृत्ति की संख्या}}$
4. $\frac{\text{1 आर एम का \%}}{\text{पुनरावृत्ति की संख्या}} \times \text{सेट}$

57. निम्नलिखित में से किस प्रशिक्षण में एथलीट प्रतिरोध में कुछ वर्द्धित (जोड़े गए) तत्वों, कुछ सहस्थित संयोजन में और तत्पश्चात् सामान्य परिस्थिति में प्रतिस्पर्धा करते हैं?

1. जटिल (सम्मिश्र) प्रशिक्षण
2. क्रॉस प्रशिक्षण
3. विरोधाभासी प्रशिक्षण
4. सतत प्रशिक्षण

58. प्रविधि (तकनीक) अधिगम के विभिन्न अवयवों को क्रम से व्यवस्थित कीजिए।

A. सचेत सक्षमता B. सचेत अक्षमता
C. चिंतनजन्य सक्षमता D. निश्चेत सक्षमता
E. निश्चेत असक्षमता

नीचे दिए गए विकल्पों में से **सही** उत्तर चुनें:

1. E, B, A, D, C 2. B, E, A, D, C
3. A, D, C, B, E 4. D, A, C, B, E

59. शक्ति के सावधिकरण (अवधि-निर्धारण) के आकारिक अनुकूलन का क्रम निर्धारित करें:

A. अनुरक्षण चरण
B. विशिष्ट शक्ति चरण में संपरिवर्तन का चरण
C. अतिपूर्ति चरण

D. अधिकतम शक्ति का चरण

E. समापन चरण

नीचे दिए गए विकल्पों में से **सही** उत्तर चुनें:

1. B, D, A, C, E 2. B, D, C, A, E
3. D, A, B, E, C 4. D, B, A, E, C

60. प्रशिक्षण भार के परिकलन हेतु निम्नलिखित में से किन घटकों का प्रयोग होता है?

A. भार की तीव्रता

B. भार का घनत्व

C. प्रशिक्षण और प्रतिस्पर्धा

D. भार की आवृत्ति (बारंबारता)

E. प्रशिक्षण और प्रदर्शन

नीचे दिए गए विकल्पों में से **सही** उत्तर चुनें:

1. केवल A, B, E 2. केवल A, B, D
3. केवल A, C, E 4. केवल A, B, C

61. सूची-I को सूची-II से सुमेलित करें:

सूची-I

A. सापेक्षिक घनत्व

B. समग्र मांग सूचकांक

C. समग्र तीव्रता

D. आंशिक तीव्रता

सूची-II

I. $\frac{\sum(\text{आंशिक तीव्रता} \times \text{व्यायाम का परिमाण})}{\sum(\text{व्यायाम का परिमाण})}$

II. $\frac{OI \times AD \times AV}{10,000}$

III. $\frac{\text{निरपेक्ष आयतन} \times 100}{\text{सापेक्षिक आयतन}}$

IV. $\frac{HR_p \times 100}{\text{HR अधिकतम}}$

नीचे दिए गए विकल्पों में से **सही** उत्तर चुनें:

1. A-III, B-IV, C-I, D-II
2. A-III, B-II, C-I, D-IV
3. A-III, B-IV, C-II, D-I
4. A-III, B-II, C-IV, D-I

62. ______ मान का वह परास (रेंज) है जिसके बारे में विश्लेषक विश्वास से कह सकता है कि जनसंख्या का मापदंड इसी के भीतर है।

1. आंतरिक प्राक्कलन
2. स्थानिक (प्वाइंट) प्राक्कलन
3. जनसंख्या प्राक्कलन
4. वर्णनात्मक प्राक्कलन

63. वह अध्ययन जिसमें या तो मात्रात्मक या गुणात्मक घटक सर्वप्रथम होता है और तत्पश्चात् उसके अनुसरण में अन्य घटक प्रयुक्त होता है, कहलाता है:

1. समानांतर मिश्र विधि
2. आनुक्रमिक मिश्र विधि
3. समवर्ती विधि
4. व्याख्यात्मक विधि

64. दस्तावेजों का काल-निर्धारण अथवा उसके रचयिता का निर्धारण निम्नलिखित में से किसके अंतर्गत आता है?

1. बाह्य आलोचना 2. आंतरिक आलोचना
3. प्रायोगिक संशोधन 4. वर्णनात्मक संशोधन

65. किसी दर निर्धारक की यह मान्यता कि व्यवहारों को किसी दूरी पर पृथक किए जाने के अपेक्षाकृत उन्हें किसी मापनी पर एक साथ सूचीबद्ध किए जाने की दशा में वे अधिक समान होते हैं, इसका तात्पर्य निम्नलिखित में से किससे है?

1. प्रेक्षक अभिनति व्यतिक्रम त्रुटि
2. प्ररूप-I त्रुटि
3. सामिप्यता त्रुटि
4. मापनी त्रुटि

66. कंप्यूटर डाटा-विश्लेषण में कौशल विकास के निम्नलिखित चरणों को क्रम में व्यवस्थित करें:

A. कंप्यूटर में डाटा संग्रहण (डाटा संचय)

B. उपयुक्त सॉफ्टवेयर पैकेज का चयन

C. डाटा को संगठित करना और उनका कूटबद्धन

D. उपयुक्त सांख्यिक माप/तकनीक का चयन

E. कम्प्यूटर प्रोग्राम का निष्पादन

नीचे दिए गए विकल्पों में से **सही** उत्तर चुनें:

1. C, A, B, D, E 2. A, C, B, D, E
3. C, A, D, B, E 4. C, B, A, D, E

67. प्रतिदर्श अभिकल्प तैयार करने के विभिन्न चरणों को अनुक्रम में सजाएं:

A. अभिरूचि के मापदंड
B. बजटीय अवरोध
C. समष्टि का प्रकार और प्रतिचयन इकाई
D. प्रतिचयन की कार्यविधि
E. प्रतिदर्श की स्रोत सूची और उसका आकार

नीचे दिए गए विकल्पों में से **सही** उत्तर चुनें:

1. E, C, B, A, D 2. C, E, A, D, B
3. C, E, A, B, D 4. C, E, B, A, D

68. निम्नलिखित में से कौन-से पद कोहर्ट (सहगण) अध्ययन से संबद्ध है?

A. अनुवर्ती अध्ययन B. गवेषणात्मक अध्ययन
C. भविष्यलक्षी अध्ययन D. प्रकरण अध्ययन
E. देशांतरीय अध्ययन

नीचे दिए गए विकल्पों में से **सही** उत्तर चुनें:

1. केवल A, C, E 2. केवल A, B, D
3. केवल B, D, E 4. केवल B, C, E

69. निम्नलिखित में से किन्हें यथार्थपरक प्रायोगिक अभिकल्प का अंश माना जाता है?

A. यादृच्छिकृत समूह अभिकल्प
B. एक समूह पूर्व परीक्षण उत्तर परीक्षण अभिकल्प
C. असमान-नियंत्रण-समूह अभिकल्प
D. पूर्व परीक्षण-उत्तर परीक्षण यादृच्छीकृत-समूह अभिकल्प
E. सोलोमन-चार समूह अभिकल्प

नीचे दिए गए विकल्पों में से **सही** उत्तर चुनें:

1. केवल A, D, E 2. केवल A, B, D
3. केवल B, C, E 4. केवल B, D, E

70. सूची-I को सूची-II से सुमेलित करें:

सूची-I (प्रयोजन)	सूची-II (सांख्यिकी)
A. स्वतंत्र दत्त (डाटा) के बिन्दु	I. काई-स्क्वायर और क्रुस्कल वैलिस
B. आश्रित दत्त के दो बिन्दुओं	II. कोचरन Q टेस्ट और फ्रायडमैन एनालिसिस ऑफ वेरियंस
C. दो से अधिक स्वतंत्र दत्त बिन्दुओं की तुलना प्रायोगिक परिवर्त्य (चर) के लिए करना	III. काई-स्क्वायर और मान-व्हिटनी
D. दो से अधिक आश्रित दत्त बिन्दुओं की तुलना एक प्रायोगिक परिवर्त्य (चर) के लिए करना	IV. विलकॉक्सिन परीक्षण और साईन परीक्षण

नीचे दिए गए विकल्पों में से **सही** उत्तर चुनें:

1. A-II, B-III, C-I, D-IV
2. A-II, B-III, C-IV, D-I
3. A-III, B-IV, C-II, D-I
4. A-III, B-IV, C-I, D-II

71. ______ सिद्धांत के अनुसार यदि पर्याप्त संबंधित परीक्षण दिए गए हों तो इस दशा में उनमें से कुछ प्रश्नगत (संबंधित) कौशल के माप होंगे।

1. प्रेरक (गतिज) एकीकरण सिद्धांत
2. गत्यात्मक क्रिया सिद्धांत
3. क्रिया सिद्धांत
4. बक शॉट सिद्धांत

72. शारीरिक शिक्षा प्रदाता (मैक्कलॉय एण्ड यंग, 1954) ने ______ को "ऐसी फुर्ती कहा है जिसमें दौड़ शामिल नहीं है।"

1. गत्यात्मक सुनम्यता 2. स्थितिज सुनम्यता
3. शीघ्रता 4. संतुलन

73. ______ विद्यार्थियों को उनकी आयु और आकार के आयाम के आधार पर शिक्षा (अनुदेश) के लिए विभिन्न संजातीय समूहों में वर्गीकृत करने का प्रस्ताव देने वाले प्रथम व्यक्ति थे।

1. लार्सन और योकोम 2. मिथेनी
3. मैक्कलॉय 4. गाइर एण्ड इस्पेंस्केड

74. निम्नलिखित में से किस परीक्षण का उद्देश्य समकक्षीय मूल्यांकन का प्रयोग कर संभाव्य विश्वविद्यालय के बास्केटबॉल खिलाड़ियों की खेलने की योग्यता के संबंध में निर्णय करना है?

1. हैरिसन बास्केटबॉल बैटरी
2. ऐंट्रिम बास्केटबॉल कौशल परीक्षण
3. मिशेल बैलोटिंग स्केल
4. स्टब्स बॉल हैंडलिंग परीक्षण

75. प्रकाशित परीक्षण के चयन में निम्नांकित में से अनिवार्यतः अपनाए जाने वाले चरणों को सही अनुक्रम में चिन्हांकित करें:

A. उपयुक्त और समीचीन परीक्षण का पता लगाना
B. विकल्प को सीमित करना
C. परीक्षण की आवश्यकताओं को परिभाषित करना
D. परीक्षण मूल्यांकन प्रारूप का प्रयोग करना
E. परीक्षण सामग्री की समीक्षा

नीचे दिए गए विकल्पों में से **सही** उत्तर चुनें:

1. C, A, B, D, E 2. C, B, A, E, D
3. A, C, B, D, E 4. C, A, B, E, D

76. निम्नलिखित को परीक्षण के बाद के कार्यों के सही अनुक्रम में व्यवस्थित कीजिए:

A. कच्चे (अस्थायी) प्राप्तांकों को परिवर्तित करना।
B. प्राप्तांक कार्डों को एकत्र (प्राप्त) करना।
C. मानकों का निर्माण करना और परिणामों को स्पष्ट करना।
D. परिणामों का प्रयोग करना और अनुवर्ती का कार्रवाई करना।
E. परीक्षण के परिणामों का मानकों से तुलना करना और प्रोफाइल तैयार करना।

नीचे दिए गए विकल्पों में से **सही** उत्तर चुनें:

1. B, A, C, E, D 2. B, A, E, D, C
3. B, A, E, C, D 4. B, A, D, C, E

77. कौन-सी तीन परीक्षण मदों (आइटम) से हिक के बैडमिंटन परीक्षण माप का स्वरूप स्थिर होता है?

A. ड्राप B. क्लियर
C. लॉब D. स्मैश
E. रणनीति

नीचे दिए गए विकल्पों में से **सही** उत्तर चुनें:

1. केवल A, C, D 2. केवल A, B, D
3. केवल B, C, E 4. केवल B, D, E

78. मूल्यांकन की प्रक्रिया में शामिल होते हैं:

A. उपयुक्त आँकड़े एकत्र करना
B. आँकड़ों के मान का आकलन करना
C. सामान्यीकरण
D. आँकड़ों के आधार पर निर्णय लेना
E. परिणाम स्थापित करना

नीचे दिए गए विकल्पों में से **सही** उत्तर चुनें:

1. केवल A, C, E 2. केवल A, B, E
3. केवल B, C, D 4. केवल A, B, D

79. निम्नलिखित में से किसमें ई.टी.एस. (टेक्सोनॉमी) की प्रमुख श्रेणियों का प्रयोग किया जाता है?

A. स्मरण करना B. अनुप्रयोग करना
C. समझना D. ज्ञान
E. चिंतन

नीचे दिए गए विकल्पों में से **सही** उत्तर चुनें:

1. केवल A, C, E 2. केवल A, B, D
3. केवल A, D, E 4. केवल B, C, E

80. सूची-I को सूची-II से सुमेलित कीजिए:

सूची-I (परीक्षण)	सूची-II (परीक्षण मदें)
A. बैरो मोटर एबिलिटी टेस्ट	I. 04
B. शिलिंग बॉडी कोआर्डिनेशन टेस्ट	II. 07
C. ए.ए.एच.पी.ई.आर. यूथ फिटनेस टेस्ट	III. 03
D. नॉर्थ कैरोलीना मोटर फिटनेस बैटरी	IV. 05

नीचे दिए गए विकल्पों में से **सही** उत्तर चुनें:

1. A-III, B-IV, C-I, D-II
2. A-III, B-I, C-II, D-IV
3. A-II, B-IV, C-I, D-III
4. A-II, B-IV, C-III, D-I

81. निम्नलिखित में से किस खेल कार्यक्रम प्रबंधन कार्य की व्याख्या कार्यक्रम के 'नट और बोल्ट' के रूप में की जाती है?

1. रजिस्ट्रीकरण
2. प्रबंध के लिए आगे बढ़कर इच्छा प्रकट करना
3. आतिथ्य सत्कार
4. टूर्नामेंट का प्रचालन

82. किसी भी संगठन की वित्तीय सफलता राजस्व और व्यय में अंतर पर निर्भर होता है, यह कहलाता है:

1. ऋण 2. लाभ
3. इक्विटी 4. परिसंपत्ति

83. खेल संवर्धन के किस आयाम (विमा) में खेल कार्यक्रम के लिए वर्धित राजस्व जुटाने के साथ व्यवसाय करना अन्तर्वलित है?

1. प्रबंधक 2. कारपोरेट साझेदार
3. एथलीट 4. शासी निकाय

84. खेल कार्यक्रम योजना निर्माण के विभिन्न चरणों को सही अनुक्रम में व्यवस्थित करें:

A. वृहद योजना और समय मान
B. उद्देश्य और लक्ष्य निर्धारित करना
C. नियंत्रण प्रणाली की स्थापना
D. नीति निर्माण
E. बजट का संकलन

नीचे दिए गए विकल्पों में से **सही** उत्तर चुनें:

1. E, C, B, D, A 2. E, A, C, B, D
3. B, D, E, A, C 4. B, E, A, C, D

85. खेल के आयोजन में मानव संसाधन प्रबंधन को सही अनुक्रम में सूचीबद्ध करें:

A. भर्ती B. प्रशिक्षण और विकास
C. चयन और स्क्रीनिंग D. योजना निर्माण
E. परिबोधन और अन्तर्वेशन

नीचे दिए गए विकल्पों में से **सही** उत्तर चुनें:

1. A, B, C, D, E 2. E, D, C, B, A
3. C, E, B, D, A 4. D, A, C, E, B

86. समाज में मान्यता है कि मीडिया के निम्नलिखित तीन प्रयोजन सिद्धांत है:

A. प्रतिस्पर्धा B. सूचना
C. संबंध D. शिक्षा
E. मनोरंजन

नीचे दिए गए विकल्पों में से **सही** उत्तर चुनें:

1. केवल B, D, E 2. केवल A, B, C
3. केवल B, C, D 4. केवल C, D, E

87. संगठन की संरचना के प्राथमिक आयामों में सम्मिलित है:

A. विपणन B. विभागीकरण
C. कार्य की विशेषज्ञता D. नियंत्रण की अवधि
E. विज्ञापन

नीचे दिए गए विकल्पों में से **सही** उत्तर चुनें:

1. केवल B, C, D 2. केवल A, B, C
3. केवल C, D, E 4. केवल A, D, E

88. संस्थाओं में प्रभावी शारीरिक शिक्षा और खेल कार्यक्रम के निदेशन के मुख्य पक्ष है:

A. परिभाषित कमांड की कड़ी
B. अधिनायकवादी उपागम
C. प्रत्यायोजन की स्पष्टता
D. विज्ञापन
E. नियत उत्तरदायित्व

नीचे दिए गए विकल्पों में से **सही** उत्तर चुनें:

1. केवल A, B, C 2. केवल B, C, D
3. केवल B, C, E 4. केवल A, C, E

89. सूची-I को सूची-II से सुमेलित करें:

सूची-I	सूची-II
A. उत्तरदायित्व सौंपना	I. भर्ती
B. रिपोर्टिंग प्रणाली	II. योजना निर्माण
C. स्टाफ-व्यवस्था	III. निदेशन
D. पूर्वानुमान	IV. नियंत्रण

नीचे दिए गए विकल्पों में से **सही** उत्तर चुनें:

1. A-III, B-IV, C-I, D-II
2. A-I, B-III, C-IV, D-II
3. A-IV, B-II, C-I, D-III
4. A-II, B-IV, C-III, D-I

90. सूची-I को सूची-II से सुमेलित करें:

सूची-I	सूची-II
A. इनडोर सुविधा	I. मूल्यांकन
B. वित्तीय सुविधा	II. छवि
C. जन सम्पर्क	III. लेखापरीक्षा (अंकेक्षण)
D. कार्मिक प्रबंधन	IV. क्षेत्र

नीचे दिए गए विकल्पों में से **सही** उत्तर चुनें:

1. A-IV, B-III, C-II, D-I
2. A-III, B-IV, C-I, D-II
3. A-IV, B-I, C-II, D-III
4. A-II, B-III, C-I, D-IV

निर्देश (प्र.सं. 91 से 95 तक): *निम्नलिखित गद्यांश को ध्यानपूर्वक पढ़िए और दिए गए प्रश्नों के उत्तर दीजिए:*

खेल के क्षेत्र में मानसिक प्रशिक्षण एक अनिवार्य पक्ष है जिसकी तरफ शारीरिक प्रशिक्षण की अपेक्षा कम ध्यान दिया जाता है। एथलीट को प्रतिस्पर्धा के दौरान भयानक दबाव का सामना करना पड़ता है और उनका मानसिक समुत्थान उनके प्रदर्शन को बहुत अधिक प्रभावित कर सकता है। मानसिक प्रशिक्षण में भावी गतिविधियों पर विचार, एकाग्रता और विश्रांति की तकनीक जैसी तकनीकें अंतवर्लित हैं जिसमें एथलीटों को अपना फोकस (संकेद्रण) बढ़ाने, तनाव का प्रबंधन करने और एक सकारात्मक मनोदशा बनाए रखने में मदद मिलती है। अपनी रूटीन में मानसिक प्रशिक्षण को समाहित कर एथलीट अपने आत्म विश्वास के स्तर में सुधार करने के साथ-साथ अधिक सशक्त व प्रबल मानसिक योग्यताएं विकसित कर सकते हैं जो सर्वोत्कृष्ट प्रदर्शन के लिए अति-महत्वपूर्ण हैं। भावी कार्यकलाप की परिकल्पना सर्वाधिक प्रभावी मानसिक प्रशिक्षण की तकनीकों में से एक है। एथलीट मानसिक रूप से अपने कार्यनिष्पादन का पूर्वाभ्यास करते हैं और इस क्रम में वे बिना किस दोष/कमी के अपने कौशल को कार्यान्वित करने की परिकल्पना करते हैं। इस अभ्यास से न केवल वे वास्तविक प्रतिस्पर्धा के लिए तैयार होते हैं प्रत्युत इसके फलस्वरूप होने वाली दुश्चिंता को कम करने में मदद मिलती है। एकाग्रता की तकनीकें, यथा-सजगता, त्राटक आदि से एथलीट को जागरूक, ध्यानकेन्द्रित करने में मदद मिलती है और उन विपथन की ओर भी उनका बहुत कम ध्यान जाता है, जिससे उनके प्रदर्शन में बाधा उत्पन्न हो सकती है। इसके अतिरिक्त पूर्वाभ्यास की कार्यनीतियां (रणनीतियाँ) जिसमें बहुत अधिक (प्रचंड) विश्रांति, गहन श्वसन और ध्यान शामिल है, इनसे एथलीटों को तनाव का प्रबंधन करने और तीव्र प्रशिक्षण सत्र या प्रतिस्पर्धी के पश्चात् मानसिक तौर पर पूर्वस्थिति में आने में सहायता मिलती है। मानसिक प्रशिक्षण एथलीटों की समग्र तैयारी का एक महत्वपूर्ण घटक है। शारीरिक प्रशिक्षण के साथ-साथ मानसिक पुनरूत्थापन को प्राथमिकता देकर एथलीट अपनी पूर्ण क्षमता का उपयोग कर खेल जगत में अपना लक्ष्य प्राप्त कर सकते हैं।

91. खेलों में दिए जाने वाले मानसिक प्रशिक्षण में मुख्यतः निम्नलिखित में से किस पर बल दिया जाता है?

1. मानसिक एकाग्रता
2. मानसिक अवधान
3. मानसिक समुत्थान
4. मानसिक पूर्वाभ्यास

92. निम्नलिखित में से मानसिक प्रशिक्षण की किस तकनीक में मानसिक रूप से प्रदर्शन का पूर्वाभ्यास करना शामिल हैं?

1. प्रगतिशील विश्रांति तकनीक
2. भावी कार्यकलाप की परिकल्पना तकनीक
3. छवि-निर्माण तकनीक
4. जैविक प्रतिपुष्टि

93. सजगता से एथलीटों को निम्नलिखित में से किसमें मदद मिलती है?

1. साथ के एथलीट और कोच के साथ संसक्ति निर्माण में
2. आत्म-प्रभाविता में
3. सजग और ध्यानकेन्द्रित रहने में
4. सामाजिक कुशलता सुधारने में

94. निम्नलिखित में से कौन-सी विश्रांति कार्यनीति (रणनीति) है?

1. छवि-निर्माण प्रशिक्षण
2. त्राटक का अभ्यास
3. गहन श्वसन
4. भावी कार्यकलाप की परिकल्पना

95. प्रायः मानसिक प्रशिक्षण की तरफ क्यों नहीं ध्यान दिया जाता है?
1. यह शारीरिक प्रशिक्षण की तुलना में कम महत्त्वपूर्ण है।
2. इसमें अपेक्षाकृत कम समय की खपत होती है।
3. यह शारीरिक प्रशिक्षण के समान दृश्यमान नहीं होता है।
4. इसे कार्यान्वित करना अपेक्षाकृत अधिक सुगम है।

निर्देश (प्र.सं. 96 से 100 तक): *निम्नलिखित गद्यांश को ध्यानपूर्वक पढ़िए और दिए गए प्रश्नों के उत्तर दीजिए:*

समावेशी शारीरिक शिक्षा (आईपीई) एक शैक्षणिक उपागम है जिसका लक्ष्य यह है कि सभी विद्यार्थियों को वे शारीरिक रूप से सक्षम हैं या नहीं उसका ध्यान रखे बगैर समान रूप से शारीरिक शिक्षा कार्यक्रमों में सार्थक रूप से भाग लेने का अवसर प्रदान किया जाए। इस उपागम से न केवल शारीरिक फिटनेस का संवर्धन होता है अपितु विद्यार्थियों के सामाजिक अन्तः संवाद, टीम वर्क और वैयक्तिक विकास की अभियोग्यता में भी संवृद्धि होती है। अनुकूलन योग्य रणनीतियों और आवर्धन (उपांतरण) को कार्यान्वित कर शिक्षा प्रदाता विद्यार्थियों की विविध आवश्यकताओं की पूर्ति कर सकते हैं और इसके साथ-साथ यह भी सुनिश्चित कर सकते हैं कि प्रत्येक व्यक्ति शारीरिक गतिविधियों में सार्थक रूप से संलग्न हो सके। समावेशी शारीरिक शिक्षा व्यवस्था में अध्यापक/अध्यापिकाओं को अलग-अलग कौशल स्तर और योग्यताओं के समंजन हेतु विविध शिक्षण विधियों और युक्तियों का प्रयोग करने के लिए प्रोत्साहित किया जाता है। उदाहरण के तौर पर कार्यकलाप को उपांतरित कर गमन अक्षमता से ग्रस्त विद्यार्थियों को अपने समकक्षीय छात्र/छात्राओं के साथ कार्यकलाप में भाग लेने की अनुमति दी जा सकती है। इसके अतिरिक्त समकक्षीय सहयोग और सौजन्य समावेशी शारीरिक शिक्षा के महत्वपूर्ण घटक हैं क्योंकि इनमें विद्यार्थीगण एक साथ कार्य करने, एक-दूसरे से सीखने और सामुदायिक भावना निर्मित करने के लिए प्रोत्साहित होते हैं। समावेश पर जोर देने के फलस्वरूप न केवल दिव्यांग विद्यार्थियों को लाभ होता है, अपितु इससे सभी विद्यार्थियों के अनुभव में संवृद्धि होती है और उनमें तद्नुभुति, सम्मान और सूझबूझ जैसे सदगुणों की अभिवृद्धि होती है। समावेशी शारीरिक शिक्षा शिक्षा के गुरुतर लक्ष्य तथा आजीवन आरोग्यता के संवर्धन के लक्ष्यों के अनुरूप भी है। शारीरिक कार्यकलाप के प्रति सकारात्मक अभिवृत्ति का संचार कर समावेशी शारीरिक शिक्षा दिव्यांगता से संबद्ध अवरोधों और रूढ़िबद्धता को तोड़ने में भी सहायक है।

96. समावेशी शारीरिक शिक्षा का मुख्य लक्ष्य क्या है?
1. दिव्यांग विद्यार्थियों की समुपयुक्त शारीरिक कार्यकलाप में भागीदारी पर ध्यान केंद्रित करना
2. शारीरिक शिक्षा कार्यक्रम में सार्थक रूप से भाग लेने का सभी को समान अवसर प्रदान करना
3. दिव्यांग विद्यार्थियों के प्रति सहानुभूति विकसित करना
4. पैरा-एथलीटों को तैयार करना

97. समावेशी शारीरिक शिक्षा का मुख्य घटक निम्नलिखित में से कौन-सा है?
1. स्वदेशी और पारंपरिक खेलों को कायम रखना
2. सभी के लिए फिटनेस और कौशल प्रशिक्षण
3. विद्यार्थियों के मध्य समकक्षीय सहयोग और सौजन्य की भावना को बढ़ावा देना
4. दिव्यांग विद्यार्थियों के लिए विशेष और पृथक गतिविधियां (कार्यकलाप)

98. समावेशी शारीरिक शिक्षा में अध्यापक/अध्यापिका विद्यार्थियों के अलग-अलग अधिगम स्तर का कैसे समंजन कर सकते/सकती हैं?
1. कार्यकलाप को उपांतरित कर और अनुकूलन-योग्य रणनीतियों का प्रयोग करके।
2. वैयक्तिक प्रदर्शन को बढ़ावा देकर
3. अलग-अलग समूहों के लिए एक ही कार्यकलाप कराकर
4. कार्यक्रम से विद्यमान शारीरिक कार्यकलाप को हटाकर

99. सभी विद्यार्थियों को समावेशी शारीरिक शिक्षा का क्या लाभ है?
1. इसमें वैयक्तिक भागीदारी और विकास को बढ़ावा दिया जाता है।

2. इसके फलस्वरूप तदनुभूति, सूझबूझ और टीमवर्क को बढ़ावा मिलता है।
3. इसमें प्रतिस्पर्धा और अतिरेक भागीदारी को प्राथमिकता दी जाती है।
4. इसके फलस्वरूप दिव्यांग विद्यार्थियों के प्रति सहानुभूतिक अभिवृत्ति विकसित होती है।

100. समावेशी शारीरिक शिक्षा किस प्रकार से शिक्षा के गुरुतर लक्ष्य के अनुरूप है?

1. इसमें संज्ञानात्मक विकास का संवर्धन होता है।
2. इसमें मनोप्रेरक विकास पर बल दिया जाता है।
3. इसमें वैयक्तिक उपलब्धियों पर जोर दिया जाता है।
4. इसमें आजीवन आरोग्यता का संवर्धन होता है।

उत्तरमाला

1	2	3	4	5	6	7	8	9	10
4	2	3	1	2	4	4	1	3	1
11	**12**	**13**	**14**	**15**	**16**	**17**	**18**	**19**	**20**
3	2	1	2	4	2	3	1	1	4
21	**22**	**23**	**24**	**25**	**26**	**27**	**28**	**29**	**30**
2	3	3	3	3	3	3	4	3	3
31	**32**	**33**	**34**	**35**	**36**	**37**	**38**	**39**	**40**
2	2	4	4	1	3	4	2	2	3
41	**42**	**43**	**44**	**45**	**46**	**47**	**48**	**49**	**50**
1	4	2	3	1	2	3	4	1	3
51	**52**	**53**	**54**	**55**	**56**	**57**	**58**	**59**	**60**
3	2	2	3	2	4	3	1	4	2
61	**62**	**63**	**64**	**65**	**66**	**67**	**68**	**69**	**70**
4	1	2	1	3	3	3	1	1	4
71	**72**	**73**	**74**	**75**	**76**	**77**	**78**	**79**	**80**
4	1	3	3	2	3	4	4	1	1
81	**82**	**83**	**84**	**85**	**86**	**87**	**88**	**89**	**90**
4	2	2	3	4	1	1	4	1	1
91	**92**	**93**	**94**	**95**	**96**	**97**	**98**	**99**	**100**
3	2	3	3	3	2	3	1	2	4

व्याख्यात्मक उत्तर

1. मनोरंजन/विश्राम सिद्धांत के अनुसार खेल का उद्देश्य केवल शारीरिक गतिविधि नहीं बल्कि मानसिक और शारीरिक थकान से मुक्ति प्राप्त करना है। व्यक्ति विशेषकर बच्चे पढ़ाई, श्रमसाध्य कार्य या दैनिक दबावों के कारण उत्पन्न तनाव को कम करने के लिए खेल में संलग्न होते हैं। इस सिद्धांत का मूल विचार यह है कि खेल विश्राम का साधन है और कार्य के बाद खोई हुई ऊर्जा तथा मानसिक संतुलन को पुनः स्थापित करता है। इस सिद्धांत का प्रतिपादन मॉरिट्ज लाजरस द्वारा किया गया था, जिसे दिए गए विकल्पों में मॉरिज लेजर्स पैट्रिक के रूप में दर्शाया गया है, अतः विकल्प 4 पूर्णतः संगत है।

2. पुनरावर्तन सिद्धांत का मूल विचार यह है कि बालक के विकास के दौरान मानव जाति के आदिम विकास-चरणों की प्रवृत्तियाँ खेल के रूप में प्रकट होती हैं। खेल के

माध्यम से बच्चे शिकार, संघर्ष, दौड़-भाग या प्रतिस्पर्धा जैसी स्वाभाविक प्रवृत्तियों को व्यक्त करते हैं और धीरे-धीरे उनसे मुक्त होते जाते हैं। इस प्रकार खेल बालक के मानसिक और सामाजिक विकास में सहायक बनता है। इसलिए पुनरावर्तन सिद्धांत का आशय विकल्प 2 में सर्वाधिक स्पष्ट और शुद्ध रूप से व्यक्त हुआ है।

3. अंतरराष्ट्रीय ओलंपिक समिति ने वर्ष 2021 में ओलंपिक ध्येय वाक्य "Citius, Altius, Fortius" में "Together" शब्द को आधिकारिक रूप से जोड़ा। इस शब्द का लैटिन रूप "Communiter" है, जिसका अर्थ है 'एक साथ' या 'सामूहिक रूप से'। यह परिवर्तन खेलों में एकता, सहयोग और वैश्विक सहभागिता के महत्व को दर्शाता है। दिए गए विकल्पों में इसका सटीक रूप ''कम्यूनिटर'' विकल्प 3 में ही उपलब्ध है।

4. 4×400 मीटर मिश्रित रिले दौड़ में चार धावक होते हैं, जिनमें दो पुरुष और दो महिलाएँ सम्मिलित रहती हैं। अंतरराष्ट्रीय नियमों के अनुसार इन धावकों का क्रम पुरुष, महिला, पुरुष, महिला निर्धारित किया गया है, ताकि प्रतिस्पर्धा संतुलित रहे और सभी टीमों के लिए समान अवसर उपलब्ध हों। विकल्प 1 में यही मान्य और स्वीकृत क्रम दिया गया है, इसलिए वही सही है।

5. शारीरिक शिक्षा और खेल के क्षेत्र में इन प्रमुख व्यक्तित्वों का संबंध उनके-अपने देशों से स्थापित किया जाता है। फ्रेज नेटरगॉल का संबंध डेनमार्क से माना जाता है, पर हेनरिक लिंग स्वीडन के शारीरिक शिक्षा आंदोलन से जुड़े थे, जोहान बर्नहार्ड बेस्डो जर्मनी के शैक्षिक सुधारक थे, जबकि गालन प्राचीन यूनान के विख्यात विद्वान थे। इस प्रकार सही मिलान A-डेनमार्क (III), B-स्वीडन (I), C-जर्मनी (IV) और D-यूनान (II) बनता है, जो विकल्प 2 में पूर्णतः सही रूप में दिया गया है।

6. तत्त्वमीमांसा का संबंध परम सत्य की खोज से होता है, इसलिए इसका सही मिलान ''परम सत्य की पूछ'' से होता है। मूल्य मीमांसा मूल्यों तथा मूल्य-निर्णय की प्रकृति का अध्ययन करती है, अतः इसका संबंध विकल्प III से है। ज्ञान मीमांसा सत्य की व्याख्या तथा ज्ञान के स्वरूप और स्रोतों से जुड़ी होती है, इसलिए इसका मिलान IV से होता है। सौंदर्यशास्त्र में सौंदर्य, कला और अभिरुचि की प्रकृति का अध्ययन किया जाता है, जो स्पष्ट रूप से विकल्प I से मेल खाता है। इस प्रकार सही संयोजन A-II, B-III, C-IV, D-I है।

7. महिला एथलीट ट्रायड एक सुविख्यात अवधारणा है, जिसमें तीन परस्पर संबंधित अवस्थाएँ सम्मिलित होती हैं—एमेनोरिया (मासिक धर्म का रुक जाना), ऑस्टियोपोरोसिस/कम अस्थि घनत्व, और खान-पान संबंधी विकार। ये तीनों मिलकर महिला खिलाड़ियों के स्वास्थ्य पर गंभीर प्रभाव डालते हैं, इसलिए विकल्प 4 ही इस ट्रायड को पूर्ण रूप से दर्शाता है।

8. कंकाली पेशी की संरचना में मायोफाइब्रिल्स के भीतर सार्कोमेर सबसे छोटी तथा मूल कार्यात्मक इकाई होती है। पेशीय संकुचन और शिथिलीकरण की पूरी प्रक्रिया सार्कोमेर के स्तर पर ही घटित होती है, इसलिए कंकाली पेशी की बेसिक फंक्शनल यूनिट के रूप में सार्कोमेर को ही माना जाता है।

9. मांसपेशीय संकुचन के लिए ऊर्जा का प्रत्यक्ष और तात्कालिक स्रोत ATP होता है। यद्यपि फॉस्फो-क्रिएटिन और ग्लाइकोजन ऊर्जा के भंडार या पुनःसंश्लेषण में सहायक होते हैं, लेकिन वास्तविक संकुचन के समय ऊर्जा सीधे ATP के विघटन से ही प्राप्त होती है। इसलिए सही उत्तर विकल्प 3 है।

10. हृदय की मांसपेशियों को ऑक्सीजन और पोषक तत्वों से युक्त रक्त की आपूर्ति मुख्य रूप से कोरोनरी धमनियों द्वारा की जाती है। यही धमनियाँ मायोकार्डियम के पोषण के लिए उत्तरदायी होती हैं, जबकि पल्मोनरी, रीनल या कैरोटिड धमनियों का कार्य अन्य अंगों से संबंधित होता है। अतः सही विकल्प 1 है।

11. क्रायोथेरेपी के लिए सामान्यतः जिन अवस्थाओं में निषेध (contraindication) माना जाता है उनमें रेनॉड्स डिजीज, पेरिफेरल वैस्क्युलर डिजीज, ठंड के प्रति अतिसंवेदनशीलता तथा इस्कीमिया सम्मिलित हैं, क्योंकि इन स्थितियों में ठंड का प्रयोग ऊतकों को नुकसान पहुँचा सकता है। हाइपरथर्मिया में शरीर का ताप बढ़ा होता है, अतः शीत-उपचार (क्रायोथेरेपी) वहाँ निषिद्ध नहीं माना जाता। इसलिए दिए गए विकल्पों में जो क्रायोथेरेपी के लिए निषेध नहीं है, वह विकल्प 3 है।

12. संवेदी-मोटर एकीकरण की प्रक्रिया में सबसे पहले रिसेप्टर्स द्वारा संवेदी उद्दीपक प्राप्त किया जाता है। इसके बाद यह संवेदी सूचना संवेदी न्यूरॉनों के माध्यम से सीएनएस तक पहुँचती है। सीएनएस में सूचना का विश्लेषण होकर मोटर प्रतिक्रिया की योजना बनती है। फिर मोटर न्यूरॉन के द्वारा कार्य-आदेश संबंधित सिनेप्स तक पहुँचता है और अंततः मांसपेशियों में मोटर कार्य क्षमता संचरित होकर वास्तविक प्रतिक्रिया प्रारंभ हो जाती है। इस क्रम के अनुसार सही अनुक्रम D → C → A → E → B है।

13. अधिक ऊँचाई वाले क्षेत्रों में प्रशिक्षण या निवास के दौरान वायुमंडलीय दबाव कम हो जाता है, जिसके कारण शरीर को पर्याप्त ऑक्सीजन नहीं मिल पाती और अनुकूलन (acclimatization) की आवश्यकता होती है। यदि यह अनुकूलन सही ढंग से नहीं हो पाता, तो कुछ विशिष्ट स्वास्थ्य जोखिम उत्पन्न होते हैं जिन्हें उच्च-ऊँचाई संबंधी रोग कहा जाता है। हायपोक्सिया वह मूल अवस्था है जिसमें ऊतकों तक ऑक्सीजन की आपूर्ति कम हो जाती है और यही अन्य जटिलताओं का आधार बनती है। पल्मोनरी एडेमा में फेफड़ों में तरल भर जाता है, जिससे श्वसन गंभीर रूप से बाधित होता है और यह स्थिति जानलेवा हो सकती है। सेरेब्रल एडेमा में मस्तिष्क में सूजन और तरल का जमाव होता है, जिससे सिरदर्द, भ्रम, संतुलन की कमी और चेतना में गिरावट जैसे लक्षण उत्पन्न होते हैं। ये तीनों स्थितियाँ सीधे तौर पर कम ऑक्सीजन उपलब्धता और ऊँचाई से जुड़े शारीरिक प्रभावों के कारण होती हैं। हाइपरथर्मिया अधिक गर्मी से जुड़ी अवस्था है, जबकि फ्रॉस्ट बाइट ठंड से होने वाली ऊतक क्षति है; ये दोनों ऊँचाई के प्रत्यक्ष शारीरिक प्रभाव नहीं हैं। इसलिए सही संयोजन केवल पल्मोनरी एडेमा, हायपोक्सिया और सेरेब्रल एडेमा वाला विकल्प 1 है।

14. शारीरिक थकान के प्रमुख जैव-रासायनिक कारणों में फॉस्फो-क्रिएटिन का क्षय, मांसपेशियों में ग्लाइकोजन की कमी तथा लैक्टिक एसिड का एकत्र होना शामिल है। हाइड्रोजन आयन स्तर में कमी नहीं बल्कि वृद्धि थकान से जुड़ी होती है, और शरीर के कोर तापमान में कमी भी सामान्य कारण नहीं है। अतः सही संयोजन केवल A, D और E है।

15. मायेलिन शीथ तंत्रिका के अक्षतंतु (एक्सॉन) को ढकती है। ट्रोपोनिन-ट्रोपोमायोसिन संकुल ऐक्टिन फिलामेंट से संबद्ध होता है और मांसपेशी संकुचन के नियमन में भूमिका निभाता है। बेसल गैन्ग्लिया मस्तिष्क का भाग हैं और मोटर नियंत्रण से संबंधित हैं। सार्कोलेम्मा मांसपेशी कोशिका की बाह्य झिल्ली होती है। इस प्रकार सही मिलान A-III, B-IV, C-II, D-I बनता है।

16. ब्रैडीकार्डिया का संबंध विश्रांत अवस्था में हृदय गति से होता है और सामान्य वर्गीकरण में इसे हृदय गति से जोड़ा जाता है, इसलिए इसका मिलान I से किया गया है। एथेरोस्क्लेरोसिस में धमनियों की दीवारों में वसा/प्लाक जमने से क्रमिक संकुचन होता है, जो स्पष्ट रूप से IV से संबंधित है। इस्कीमिया किसी विशेष अंग या ऊतक में रक्त आपूर्ति की अस्थायी कमी की अवस्था है, अतः इसका मिलान II से होता है। एरिथमिया में हृदय गति की लय अनियमित हो जाती है, इसलिए इसका सही संबंध III से है।

17. ऊँची कूद या पोल वॉल्ट में खिलाड़ी शरीर को इस प्रकार मोड़ता और नियंत्रित करता है कि द्रव्यमान केंद्र अवरोध के नीचे रहते हुए भी शरीर का कोई भाग अवरोध के ऊपर से निकल सके। इसलिए अवरोध पार करने के लिए द्रव्यमान केंद्र का अवरोध से अधिक ऊँचा होना अनिवार्य शर्त नहीं है।

18. यदि किसी पिंड को धरातल की अपेक्षा अधिक ऊँचाई वाले स्थान से प्रक्षेपित किया जाता है, तो समान क्षैतिज दूरी प्राप्त करने के लिए आवश्यक प्रक्षेपण कोण धरातल से किए गए प्रक्षेपण की तुलना में कम होता है, क्योंकि अतिरिक्त ऊँचाई से पिंड को अधिक समय तक गति मिलती रहती है।

19. दबाव का सूत्र $P = \frac{F}{A}$ है। स्पाइक हील के लिए क्षेत्रफल 4 cm^2 होने पर दबाव $\frac{556}{4} = 139\ N/cm^2$ प्राप्त होता है। जूते के लिए क्षेत्रफल 175 cm^2 होने पर दबाव $\frac{556}{175} \approx 3.18\ N/cm^2$ होता है, जो विकल्प 1 से पूरी तरह मेल खाता है।

20. औसत त्वरण को प्रारंभ से अंतिम वेग तक वेग परिवर्तन और समय के अनुपात से व्यक्त किया जाता है। यहाँ अंतिम वेग 5.9 ms^{-1} है और समय 1.8 s है, अतः औसत त्वरण $\frac{5.9}{1.8} \approx 3.3\ ms^{-2}$ प्राप्त होता है। इसलिए सही उत्तर विकल्प 4 है।

21. सदिश राशि की पहचान उसके परिमाण और दिशा से होती है, इसलिए B और D सदिश की मूल परिभाषात्मक विशेषताएँ हैं। साथ ही विस्थापन स्वयं एक मानक उदाहरण है जो स्पष्ट करता है कि सदिश में दिशा के साथ परिमाण भी होता है (जैसे 5 m पूर्व दिशा में), इसलिए E को जोड़कर दी गई परिभाषा/समझ पूर्ण और व्यावहारिक रूप से सही बैठती है। इसी कारण सही समूह केवल B, D, E वाला विकल्प 2 है।

22. रोलिंग घर्षण मुख्यतः सतह और पिंड के विकृति/विरूपण तथा संपर्क पर लगने वाले सामान्य अभिक्रिया बल से उत्पन्न प्रतिरोध है, इसलिए A (Normal reaction) एक प्रमुख कारक है। साथ ही लुढ़कते पिंड की त्रिज्या बढ़ने पर संपर्क-क्षेत्र में प्रभावी प्रतिरोध/रोलिंग रेजिस्टेंस का प्रभाव बदलता है, इसलिए C भी कारक है। सतह का विरूपण (Deformation) रोलिंग प्रतिरोध का मूल कारणों में से एक है, इसलिए E भी आवश्यक है। अतः सही संयोजन A, C, E है और विकल्प 3 सही है।

23. किसी बल को यांत्रिकी में पूरी तरह निर्दिष्ट करने के लिए यह बताना आवश्यक होता है कि वह कहाँ लगाया गया है (Point of application), वह किस रेखा के along कार्य कर रहा है (Line of application), और उसकी दिशा/सेंस क्या है (Force sense, जैसे दाएँ/बाएँ, ऊपर/नीचे)। यही तीनों मिलकर बल की पहचान को पूर्ण करते हैं; इसलिए सही सेट B, C, E है और विकल्प 3 सही है।

24. जब कोई पिंड कैमरे की दिशा में आता है या कैमरे से दूर जाता है, तो दृश्य में उसका आकार और गति "अपेक्षाकृत बड़ा/धीमा" जैसा प्रतीत हो सकता है, क्योंकि दूरी बदलने से दृश्य-कोण (visual angle) और परिप्रेक्ष्य (perspective) बदलता है; इसलिए यह प्रभाव संदर्शी व्यतिक्रम (Perspective error/distortion) से अधिक संगत है और A का मिलान III से किया जाता है। कैमरे/दर्शक के सापेक्ष देखने का कोण बदलते ही किसी वस्तु की स्पष्ट स्थिति/आकार में जो बदलाव का आभास होता है, उसे पैरैल्लैक्स (Parallax) से जोड़ा जाता है; इसलिए कैमरे से गुजरते समय आकार/आकृति में परिवर्तन जैसा लगना B के लिए समांतर अक्षीय व्यतिक्रम (Parallax error) से अधिक मेल खाता है और B का मिलान IV से होता है। पूर्ण जड़त्व (Moment of inertia) की गणना में समानांतर अक्ष प्रमेय का प्रयोग सीधे किया जाता है, क्योंकि यह बताता है कि द्रव्यमान-केंद्र से गुजरने वाले अक्ष के जड़त्व आघूर्ण से किसी समानांतर अक्ष का जड़त्व आघूर्ण कैसे निकलेगा; इसलिए C का मिलान I से सही बैठता है। घूर्णन केंद्र/अक्ष के सापेक्ष द्रव्यमान का वितरण "रेडियस ऑफ जाइरेशन" द्वारा संक्षेप में व्यक्त किया जाता है, क्योंकि यही वह प्रभावी दूरी है जिस पर समूचा द्रव्यमान मान लेने पर वही जड़त्व आघूर्ण प्राप्त हो; इसलिए D का मिलान II से होता है। इसी कारण सही मिलान विकल्प 3 (A-III, B-IV, C-I, D-II) है।

25. टहलना में चाल का मूल रूप जमीन पर एक के बाद एक पैर रखकर आगे बढ़ना होता है, इसलिए A-I। दौड़ना में गति अधिक होती है और शरीर आगे बढ़ने के लिए दोनों पैरों की तीव्र/लगातार क्रिया का उपयोग करता है, इसलिए B-IV। कूदना में पैरों की मांसपेशियों से शरीर को जमीन से ऊपर उठाना प्रमुख है, इसलिए C-II। फेंकना में हाथ/भुजा के द्वारा पिंड को प्रणोदन देकर आगे भेजना होता है, इसलिए D-III। अतः विकल्प 3 सही है।

26. खेल मनोविज्ञान का प्रमुख लक्ष्य खिलाड़ियों के समग्र विकास पर केंद्रित होता है, जिसमें उनकी शारीरिक, मानसिक और भावनात्मक क्षमताओं का अधिकतम उपयोग शामिल है। इसका उद्देश्य हर परिस्थिति में जीत सुनिश्चित करना या चिकित्सकीय औषधि सुझाना नहीं होता, बल्कि खिलाड़ी को अपनी संभावनाओं, कौशल और आत्मविश्वास को पहचानने और उन्हें सर्वोत्तम स्तर तक विकसित करने में सहायता करना होता है। इसलिए विकल्प 3 खेल मनोविज्ञान के लक्ष्य को सबसे सटीक रूप से व्यक्त करता है।

27. खेल मनोविज्ञान में यह माना जाता है कि नियमित व्यायाम के दौरान शरीर में एंडोर्फिन नामक रसायनों का स्राव होता है, जिन्हें ''फील-गुड हार्मोन'' कहा जाता है। ये हार्मोन सकारात्मक चिंतन, आनंद और भावनात्मक संतुलन को बढ़ावा देते हैं तथा तनाव, अवसाद और नकारात्मक मनोदशा को कम करने में सहायक होते हैं। इस अवधारणा को एंडोर्फिन परिकल्पना कहा जाता है, इसलिए सही विकल्प 3 है।

28. सामूहिक संसक्ति (Group Cohesion) को सुदृढ़ करने के लिए जब समाज या समूह को बहुसांस्कृतिक लेंस से देखा जाता है और विभिन्न संस्कृतियों के मूल्यों, मान्यताओं व व्यवहारों को पारस्परिक रूप से अपनाया-समझा जाता है, तो इस प्रक्रिया को उत्संस्करण (Acculturation) कहा जाता है। इसमें अलग-अलग सांस्कृतिक पृष्ठभूमि वाले सदस्य एक-दूसरे के साथ समायोजन करते हैं, जिससे आपसी समझ, सहयोग और समूह में एकता बढ़ती है। इसलिए इस अवधारणा के लिए सही शब्द उत्संस्करण है और सही विकल्प 4 है।

29. खेल मनोविज्ञान में विध्वंस सिद्धांत (Catastrophe Theory) यह स्पष्ट करता है कि जब खिलाड़ी की उत्तेजना या चिंता एक निश्चित सीमा से अधिक बढ़ जाती है, तो प्रदर्शन में गिरावट क्रमिक न होकर अचानक और तीव्र होती है। प्रारंभिक स्तर पर उत्तेजना से प्रदर्शन में सुधार हो सकता है, लेकिन सीमा पार करते ही प्रदर्शन ''ध्वस्त'' हो जाता है। इसी विशेषता के कारण प्रदर्शन में आकस्मिक और तेज गिरावट को समझाने वाला सिद्धांत विध्वंस सिद्धांत कहलाता है, अतः सही विकल्प 3 है।

30. हार्टर के उपलब्धि अभिप्रेरण सिद्धांत में यह बताया गया है कि जब खिलाड़ी का प्रदर्शन असफल रहता है, तो सबसे पहले उसके मन में नकारात्मक भावनात्मक प्रभाव उत्पन्न होता है, जैसे निराशा और हतोत्साह। लगातार नकारात्मक अनुभवों के कारण खिलाड़ी में न्यून क्षमता अभिप्रेरणा विकसित हो जाती है, अर्थात् वह अपनी क्षमता को कम आँकने लगता है और सफलता की अपेक्षा नहीं करता। इसके बाद वह प्रयास तो करता है, परंतु वे प्रयास कुंठा-प्रधान और अप्रभावी होते हैं, जिनमें आत्मविश्वास और दक्षता का अभाव रहता है। अंततः यही स्थिति खिलाड़ी को खेल या गतिविधि को बीच में छोड़कर चले जाने (ड्रॉपआउट) की ओर ले जाती है। इस प्रकार हार्टर के सिद्धांत के अनुसार घटनाओं का सही और तार्किक क्रम $C \rightarrow D \rightarrow E \rightarrow A \rightarrow B$ है, जो विकल्प 3 में सही रूप से दिया गया है।

31. स्मिथ द्वारा प्रतिपादित संज्ञानात्मक-भावात्मक प्रसंस्करण प्रणाली (CAPS) के अनुसार व्यवहार को समझने की शुरुआत व्यक्ति और स्थिति के बीच होने वाले संवाद से होती है, क्योंकि अलग-अलग परिस्थितियों में वही व्यक्ति भिन्न प्रकार से प्रतिक्रिया कर सकता है। इसके बाद व्यक्ति के भीतर उद्दीपक तत्वों का कूटबद्धन होता है और वे स्मृति में संचित होते हैं। फिर पूर्व-अवधारित प्रत्याशाएँ, विश्वास और मान्यताएँ सक्रिय होकर उस स्थिति का अर्थ प्रदान करती हैं। इन संज्ञानात्मक प्रक्रियाओं के साथ भावनाएँ जुड़ती हैं, जो व्यवहार को प्रभावित करती हैं। अंततः क्षमताएँ और स्व-विनियमन कौशल यह निर्धारित करते हैं कि व्यवहार किस प्रकार प्रकट होगा। इसलिए सही क्रम $C \rightarrow A \rightarrow D \rightarrow E \rightarrow B$ है, जो विकल्प 2 में दिया गया है।

32. व्यक्तित्व की मानक परिभाषा के अनुसार यह किसी व्यक्ति के व्यवहार का स्थायी स्वरूप होता है, जो उसे दूसरों से विशिष्ट बनाता है और विभिन्न समाजिक स्थितियों में निरंतर दिखाई देता है। प्रतिस्पर्धा, प्रशिक्षण या समूह स्वयं व्यक्तित्व की परिभाषात्मक विशेषताएँ नहीं हैं, बल्कि वे संदर्भ या प्रक्रियाएँ हैं। अतः सही उत्तर केवल स्थायी, विशिष्ट और समूह/सामाजिक संदर्भ से संबंधित शब्दों वाला विकल्प 2 है।

33. उत्कृष्ट एथलेटिक प्रदर्शन के संदर्भ में खेल मनोविज्ञान का मुख्य फोकस खिलाड़ी के मानसिक और मनोवैज्ञानिक पक्ष को सशक्त बनाने पर होता है, न कि उसकी शुद्ध शारीरिक क्षमताओं पर। आत्म-नियंत्रण (Self-control) खिलाड़ी को दबाव, तनाव और प्रतिस्पर्धात्मक परिस्थितियों में अपने व्यवहार और भावनाओं को नियंत्रित करने में सहायता करता है। अभिप्रेरणा (Motivation) खिलाड़ी को निरंतर अभ्यास, लक्ष्य-प्राप्ति और कठिन परिस्थितियों में भी प्रयास जारी रखने की प्रेरणा देती है। आत्मविश्वास (Self-confidence) प्रदर्शन के समय निर्णय-क्षमता, जोखिम उठाने और अपनी क्षमता पर विश्वास बनाए रखने के लिए अत्यंत आवश्यक होता है। इसके विपरीत

शक्ति/सामर्थ्य (Strength/Power) मुख्यतः शारीरिक प्रशिक्षण और कंडीशनिंग का विषय है, जो खेल मनोविज्ञान का प्रत्यक्ष सरोकार नहीं माना जाता। इसलिए उत्कृष्ट एथलेटिक प्रदर्शन के लिए खेल मनोवैज्ञानिकों का प्रमुख सरोकार केवल आत्म-नियंत्रण, अभिप्रेरणा और विश्वास से है, अतः सही उत्तर विकल्प 4 (केवल B, C, D) है।

34. कार्य संसक्ति का संबंध समूह में एक साथ की जाने वाली गतिविधियों और सामूहिक गति से होता है, इसलिए A का मिलान IV से किया जाता है। लक्षण व्यक्ति के व्यवहारिक पैटर्न को दर्शाते हैं, जो उसके व्यक्तित्व से जुड़े होते हैं, अतः B का मिलान III से सही है। ब्रूस ओगिल्वी अनुप्रयुक्त खेल मनोविज्ञान के प्रमुख प्रवर्तक माने जाते हैं, इसलिए C का मिलान I से होता है। सेवार्थ की सहमति का संबंध सामाजिक मानदंडों और आचरण से होता है, अतः D का मिलान II से किया जाता है। इस प्रकार सही उत्तर विकल्प 4 है।

35. प्रतिबिंब का प्रयोग खिलाड़ियों के आत्म-अवलोकन, आत्म-जागरूकता और प्रदर्शन-सुधार के लिए मनोवैज्ञानिक कौशल प्रशिक्षण (PST) में किया जाता है, इसलिए इसका सीधा संबंध मनोवैज्ञानिक स्किल प्रशिक्षण से बनता है। पक्षाघात और कारक व्यक्तित्व के विभिन्न कारकों और प्रवृत्तियों से जुड़े होते हैं, जिनमें आक्रामक प्रवृत्ति एक प्रमुख आयाम मानी जाती है, अतः इसका मिलान आक्रामकवृत्ति से उचित है। इष्टतम कार्यकरण क्षेत्र (Zone of Optimal Functioning) प्रदर्शन के लिए उपयुक्त उत्तेजना/सजगता की अवस्था को दर्शाता है, जो दृष्टिचेता से संबंधित है। अंतर्वेषित विनियमन व्यक्ति की आंतरिक प्रेरणा और स्वयं को दिशा देने की क्षमता से जुड़ा होता है, इसलिए इसका संबंध अभिप्रेरणा से स्थापित होता है।

36. शारीरिक शिक्षा में दिव्यांग व्यक्तियों को उपयुक्त सेवाएँ प्रदान करने हेतु शिक्षकों को विशेष प्रशिक्षण दिया जाता है, जिसमें पाठ्यक्रम, शिक्षण विधियाँ और गतिविधियाँ दिव्यांगता के प्रकार के अनुसार संशोधित की जाती हैं। यह कार्यक्षेत्र अनुकूलित शारीरिक शिक्षा के अंतर्गत आता है, न कि खेल-प्रबंधन या खेल-समाजशास्त्र के अंतर्गत।

37. राष्ट्रीय शिक्षा नीति-2020 के अंतर्गत 5-3-3-4 ढाँचा विद्यालयी शिक्षा को चार विकासात्मक चरणों में विभाजित करता है। इसमें 5 वर्ष का आधारिक चरण प्रारंभिक सीख और खेल-आधारित अधिगम पर केंद्रित होता है, इसके बाद 3 वर्ष का तैयारी चरण, फिर 3 वर्ष का मिडिल चरण और अंत में 4 वर्ष का माध्यमिक चरण आता है, जिससे शिक्षण को बालक के संज्ञानात्मक विकास के अनुरूप बनाया जा सके।

38. भारत में शिक्षक-शिक्षा कार्यक्रमों के मानक निर्धारण, मान्यता और विनियमन की जिम्मेदारी राष्ट्रीय अध्यापक शिक्षा परिषद (NCTE) की होती है। शारीरिक शिक्षा शिक्षक-शिक्षा कार्यक्रम भी इसी के अंतर्गत विनियमित किए जाते हैं, जबकि AICTE तकनीकी शिक्षा, NAAC गुणवत्ता मूल्यांकन और UGC उच्च शिक्षा के समन्वय से संबंधित है।

39. ब्रूनर की निर्देशित खोज अधिगम शैली में छात्र सक्रिय रूप से ज्ञान की खोज करता है, जबकि शिक्षक मार्गदर्शक की भूमिका निभाता है। इसमें न तो केवल शिक्षक-केंद्रित और न ही पूर्णतः छात्र-केंद्रित निर्णय होता है, बल्कि दोनों के संयुक्त प्रयास से अधिगम की प्रक्रिया आगे बढ़ती है।

40. ब्लूम (1950) के संज्ञानात्मक क्षेत्र के वर्गीकरण में सीखने की जटिलता का क्रम सरल से जटिल की ओर बढ़ता है। सबसे पहले स्मरण द्वारा तथ्यों का पुनःस्मरण होता है, इसके बाद समझना आता है जिसमें अर्थ ग्रहण किया जाता है। फिर अनुप्रयोग के माध्यम से ज्ञान का प्रयोग किया जाता है, उसके बाद विश्लेषण द्वारा जानकारी को भागों में बाँटकर समझा जाता है और अंत में मूल्यांकन के स्तर पर निर्णय और आलोचनात्मक विचार विकसित होते हैं।

41. पाठ्यचर्या निर्माण एक क्रमबद्ध और तार्किक प्रक्रिया है जिसमें सर्वप्रथम शिक्षा के दर्शन और शिक्षा-संबंधी नीतियों को समझना आवश्यक होता है, क्योंकि यही संपूर्ण पाठ्यचर्या की दिशा और उद्देश्य निर्धारित करते हैं। इसके पश्चात स्पष्ट और यथार्थपरक शैक्षिक लक्ष्यों का निर्माण किया जाता है। फिर बच्चों की आयु-आधारित आवश्यकताओं, रुचियों और विकासात्मक स्तर को

निश्चित किया जाता है। इन लक्ष्यों और आवश्यकताओं की पूर्ति के लिए उपयुक्त शिक्षण-अधिगम गतिविधियों का चयन किया जाता है। अंततः संपूर्ण कार्यक्रम का मूल्यांकन किया जाता है और प्राप्त प्रतिपुष्टि के आधार पर आवश्यक सुधार किए जाते हैं।

42. स्कूली शारीरिक शिक्षा के आधारभूत/प्राथमिक चरण में ध्यान बच्चे के समग्र शारीरिक विकास पर केंद्रित रहता है। इस स्तर पर स्थानिक जागरूकता का विकास आवश्यक होता है ताकि बच्चा अपने शरीर और आसपास के स्थान का सही बोध कर सके। साथ ही स्थूल मोटर कौशल जैसे दौड़ना, कूदना, फेंकना तथा फाइन मोटर कौशल जैसे पकड़, संतुलन और समन्वय का विकास प्रमुख लक्ष्य होता है। नेतृत्व कौशल और खेल-विशिष्ट कौशल सामान्यतः उच्चतर चरणों में विकसित किए जाते हैं।

43. पेशेवर तैयारी कार्यक्रम का मुख्य उद्देश्य व्यक्ति को अपने चुने हुए पेशे के प्रति मानसिक, नैतिक और भावनात्मक रूप से तैयार करना होता है। इसमें पेशे के औचित्य और महत्व पर सोचने के अवसर प्रदान करना, पेशे के प्रति निष्ठा विकसित करना तथा पेशे के प्रति वफादारी और प्रतिबद्धता सुनिश्चित करना आवश्यक तत्व माने जाते हैं। केवल प्रोत्साहन या राज्य के सरोकार इस प्रकार के कार्यक्रमों के मूल लक्ष्य नहीं होते।

44. एल.सी.पी.ई. (वर्तमान LNIPE), ग्वालियर की स्थापना 1957 में हुई थी। हनुमान व्यायाम प्रसारक मंडल (HVPM), अमरावती की स्थापना 1914 में की गई थी। नेशनल स्पोर्ट्स यूनिवर्सिटी, इंफाल की स्थापना 2018 में हुई। वाई.एम.सी.ए., मद्रास की स्थापना वर्ष 1920 में की गई थी। इस प्रकार सही मिलान A-III, B-I, C-IV, D-II है।

45. जलने (Burns) की अवस्था में प्राथमिक उपचार देते समय सीधे बर्फ लगाना नहीं चाहिए, क्योंकि इससे रक्त प्रवाह बाधित हो सकता है और त्वचा के ऊतकों को अतिरिक्त क्षति (आइस बर्न) पहुँच सकती है। इसके स्थान पर जले हुए भाग को बहते हुए ठंडे पानी के नीचे रखना अधिक सुरक्षित और प्रभावी माना जाता है। शरीर से प्रतिबंधित वस्तुएँ हटाना और चिकित्सकीय सलाह के अनुसार आगे का उपचार करना उचित होता है।

46. मध्याह्न भोजन कार्यक्रम के लिए स्कूल स्वास्थ्य समिति की सिफारिशें पोषण-संतुलन और स्वास्थ्य-सुरक्षा पर आधारित होती हैं। कार्यक्रम का ''न लाभ न हानि'' के आधार पर होना, दैनिक कैलोरी आवश्यकता का लगभग एक-तिहाई प्रदान करना तथा दैनिक प्रोटीन आवश्यकता का लगभग आधा उपलब्ध कराना मान्य दिशानिर्देश हैं। इसके विपरीत, बच्चों को प्रतिदिन एनर्जी ड्रिंक देना न तो पोषण की दृष्टि से आवश्यक माना गया है और न ही स्वास्थ्य की दृष्टि से उपयुक्त, इसलिए यह सिफारिश नहीं की गई है।

47. एस्केरियासिस एक परजीवी संक्रमण (कृमि रोग) है जो दूषित भोजन या पानी से फैलता है और वंशानुगत नहीं होता। थैलेसीमिया, हीमोफीलिया और सिकल सेल एनीमिया सभी आनुवंशिक (अनुवांशिक) विकार हैं। इसलिए जो आनुवंशिक विकार नहीं है, वह एस्केरियासिस है।

48. मोटापे के मूल्यांकन में बॉडी-मास इंडेक्स (BMI), पोंडरल इंडेक्स और ब्रॉका इंडेक्स जैसे शारीरिक/मानवमितीय सूचकांकों का उपयोग किया जाता है। सापेक्षिक स्वायत्तता सूचकांक मनोविज्ञान में प्रेरणा और स्व-नियंत्रण के आकलन के लिए प्रयुक्त होता है, मोटापे के निर्धारण के लिए नहीं।

49. यादृच्छिक नियंत्रित परीक्षण (Randomized Controlled Trial) एक वैज्ञानिक और क्रमबद्ध प्रक्रिया है, जिसका उद्देश्य किसी उपचार या निवारण उपाय की प्रभावशीलता का निष्पक्ष मूल्यांकन करना होता है। इस प्रक्रिया की शुरुआत नवाचार/प्रोटोकॉल तैयार करने से होती है, जिसमें अध्ययन की रूपरेखा, उद्देश्य, विधियाँ और मानदंड स्पष्ट किए जाते हैं। इसके बाद संदर्भ और लक्षित जनसमूह (जनसंख्या) का चयन किया जाता है, ताकि यह तय हो सके कि परीक्षण किन व्यक्तियों पर किया जाएगा। अगला चरण यादृच्छिकरण का होता है, जिसमें प्रतिभागियों को बिना पक्षपात के विभिन्न समूहों में बाँटा जाता है। इसके पश्चात संचालन और हस्तक्षेप के अंतर्गत वास्तविक उपचार या निवारण प्रक्रिया लागू की जाती है। अंत में प्रतिफल का अनुसरण और मूल्यांकन किया जाता है, जिससे यह आकलन किया जा सके कि हस्तक्षेप के क्या प्रभाव पड़े। इस प्रकार सही और वैज्ञानिक क्रम C $\rightarrow$ D $\rightarrow$ A $\rightarrow$ B $\rightarrow$ E है, जो विकल्प 1 में दिया गया है।

50. स्वास्थ्य शिक्षा योजना निर्माण एक सुव्यवस्थित और तार्किक प्रक्रिया है जिसकी शुरुआत सूचना एकत्र करने और समस्या की पहचान से होती है, जिसे आवश्यकता मूल्यांकन कहा जाता है; इसमें समुदाय की स्वास्थ्य स्थिति, व्यवहार और समस्याओं से जुड़े कारकों का विश्लेषण किया जाता है। इसके बाद पहचानी गई समस्याओं के आधार पर प्राथमिकताओं का निर्धारण तथा लक्ष्य और उद्देश्यों का निर्माण किया जाता है, ताकि यह स्पष्ट हो सके कि कार्यक्रम किस दिशा में आगे बढ़ेगा। एक बार लक्ष्य तय हो जाने पर उपलब्ध संसाधनों का मूल्यांकन आवश्यक होता है, जिसमें मानव संसाधन, वित्तीय साधन और भौतिक सुविधाओं की व्यवहार्यता पर विचार किया जाता है। इसके पश्चात् कार्य योजना की तैयारी और उसका कार्यान्वयन किया जाता है, जिसमें गतिविधियाँ, समय-सीमा और जिम्मेदारियाँ निर्धारित कर कार्यक्रम को व्यवहार में लाया जाता है। अंततः कार्यक्रम की निगरानी और मूल्यांकन किया जाता है, ताकि यह सुनिश्चित किया जा सके कि कार्यक्रम अपने लक्ष्यों को कितनी प्रभावी ढंग से प्राप्त कर रहा है और भविष्य में आवश्यक सुधार किए जा सकें। इस प्रकार सही अनुक्रम A $\rightarrow$ C $\rightarrow$ B $\rightarrow$ E $\rightarrow$ D है, जो विकल्प 3 में दिया गया है।

51. जन्तु-जन्य (Zoonotic) रोग वे होते हैं जो पशुओं से मनुष्य में संचारित होते हैं। रेबीज संक्रमित पशुओं (विशेषकर कुत्ते) के काटने से फैलता है। एंथ्रेक्स पशुओं से संपर्क या उनके उत्पादों के माध्यम से मनुष्यों में आता है। प्लेग कृन्तकों और पिस्सुओं के माध्यम से फैलने वाला जन्तु-जन्य रोग है। इस संदर्भ में टायफायड मुख्यतः मानव-जनित जल/खाद्य जनित रोग माना जाता है और इन्फ्लुएंजा को इस पाठ्यक्रमीय वर्गीकरण में जन्तु-जन्य नहीं रखा जाता। इसलिए सही संयोजन A, B और D है।

52. जल-जनित रोग दूषित जल के सेवन से फैलते हैं। हेपेटाइटिस-A दूषित पानी/खाद्य से फैलता है। अमीबायसिस (एमीबा हिस्टोलिटिका) भी दूषित जल से होता है। टायफायड साल्मोनेला टाइफी द्वारा दूषित जल/भोजन से फैलता है। अस्थमा और एम्फीसीमा श्वसन संबंधी गैर-संक्रामक स्थितियाँ हैं। अतः सही समूह A, C, D है।

53. स्वच्छ भारत अभियान का आरम्भ 2014 में हुआ। राष्ट्रीय एड्स नियंत्रण कार्यक्रम 1987 में प्रारम्भ किया गया। आयुष्मान भारत कार्यक्रम 2018 में शुरू हुआ। राष्ट्रीय मलेरिया नियंत्रण कार्यक्रम 1953 से संबद्ध है। इसलिए सही मिलान A-II, B-IV, C-I, D-III है।

54. किसी निश्चित कार्यक्षेत्र के संदर्भ में समय और स्थान में शरीर की स्थिति तथा संचलन को समझने और आवश्यकता अनुसार बदलने की क्षमता को अभिमुखीकरण/ओरिएंटेशन योग्यता कहा जाता है। यह व्यक्ति को स्पेस-टाइम में अपने शरीर के स्थान और गति का सही बोध कराती है।

55. न्यूनतम समय में अधिकतम बल उत्पन्न करने की क्षमता का प्रारूपिक सूचक Rate of Force Development (RFD) है। यह विस्फोटक शक्ति (Explosive Strength) के आकलन में प्रयुक्त होता है और बताता है कि बल कितनी तेजी से विकसित किया जा सकता है।

56. प्रशिक्षण योजना को रिकॉर्ड करते समय प्रशिक्षण भार का व्यावहारिक निरूपण 1 RM के प्रतिशत, पुनरावृत्ति (Repetitions) और सेट के पारस्परिक संबंध से किया जाता है। प्रशिक्षण भार को दर्ज करने का उद्देश्य यह समझना होता है कि किसी व्यायाम में कितनी तीव्रता के साथ कितनी बार प्रयास किया गया। इस संदर्भ में 1 RM का प्रतिशत जब पुनरावृत्तियों के सापेक्ष लिया जाता है और उसे सेटों से गुणा किया जाता है, तो वास्तविक प्रशिक्षण भार का स्पष्ट आकलन संभव होता है।

57. प्रश्न में जिस प्रशिक्षण का वर्णन है, उसमें एथलीट पहले कुछ विविध/जोड़े गए तत्त्वों (जैसे अतिरिक्त भार, अलग-अलग प्रकार के व्यायाम या भिन्न तीव्रता) के साथ अभ्यास करता है, उसके बाद सहस्थित या संयोजित परिस्थितियों में अभ्यास कराया जाता है और अंततः सामान्य खेल-परिस्थितियों में प्रतिस्पर्धा कराई जाती है। इस प्रकार का क्रमबद्ध प्रशिक्षण ढाँचा उन तत्त्वों को योजनाबद्ध रूप से एक-दूसरे के विपरीत या पूरक रूप में जोड़ता है ताकि शारीरिक-तंत्रिका अनुकूलन बेहतर हो सके। खेल प्रशिक्षण सिद्धांत में ऐसे मिश्रित, जोड़े गए और परस्पर विरोधी तत्त्वों पर आधारित अभ्यास पद्धति को विरोधाभासी प्रशिक्षण (Contrast/Contrasting Training) कहा जाता है, इसलिए विकल्प 3 पूर्णतः उपयुक्त है।

58. तकनीकी (प्राविधिक) अधिगम की प्रक्रिया सामान्यतः निश्चेत असक्षमता से प्रारम्भ होती है, जहाँ व्यक्ति को अपनी कमी का ज्ञान नहीं होता। इसके बाद सचेत असक्षमता आती है, जिसमें व्यक्ति अपनी त्रुटियों को पहचानता है। फिर सचेत सक्षमता का चरण आता है, जहाँ कौशल को सोच-समझकर सही ढंग से किया जाता है। इसके पश्चात निश्चेत सक्षमता विकसित होती है, जिसमें कौशल स्वचालित हो जाता है। अंततः चिंतनजन्य सक्षमता का स्तर आता है, जहाँ व्यक्ति कौशल में सूक्ष्म सुधार कर पाता है।

59. शक्ति के अनुकूलन की प्रक्रिया में सबसे पहले अधिकतम शक्ति का चरण आता है, जिसमें तंत्रिका-पेशीय अनुकूलन विकसित होता है। इसके बाद विशिष्ट शक्ति चरण में संपरिवर्तन होता है, जहाँ शक्ति को खेल-विशिष्ट रूप दिया जाता है। फिर अनुरक्षण चरण आता है, जिसमें अर्जित शक्ति को बनाए रखा जाता है। इसके पश्चात समापन चरण होता है और अंत में अतिपूर्ति (Supercompensation) का चरण आता है, जिसमें प्रदर्शन स्तर अस्थायी रूप से बढ़ जाता है।

60. प्रशिक्षण भार के परिकलन में मुख्य रूप से भार की तीव्रता (Intensity), भार का घनत्व (Density) और भार की आवृत्ति (Frequency) का उपयोग किया जाता है। ये तीनों घटक मिलकर यह निर्धारित करते हैं कि प्रशिक्षण कितना कठिन है और शरीर पर उसका समग्र प्रभाव क्या होगा।

61. (संशोधन के अनुसार सूची-II में हर स्थान पर "व्यायाम का आयतन" माना गया है) आंशिक तीव्रता का निर्धारण भारित औसत के सिद्धांत पर किया जाता है, जहाँ प्रत्येक खंड की तीव्रता को उसके व्यायाम के आयतन से गुणा करके कुल आयतन से भाग दिया जाता है, इसलिए D का मिलान I से सही है $\frac{\Sigma(\text{आंशिक तीव्रता} \times \text{व्यायाम का आयतन})}{\Sigma(\text{व्यायाम का आयतन})}$। समय-मांग सूचकांक (Time Demand Index) कार्यभार के घटकों OI, AD और AV के गुणनफल को मानकीकृत रूप में व्यक्त करता है, अतः B का मिलान II से सही है $\frac{\text{OI} \times \text{AD} \times \text{AV}}{10,000}$। सापेक्षिक घनत्व को निरपेक्ष और सापेक्षिक आयतन के अनुपात (प्रतिशत) के रूप में व्यक्त किया जाता है, इसलिए A का मिलान III से सही है $\frac{\text{निरपेक्ष आयतन} \times 100}{\text{सापेक्षिक आयतन}}$। समय-तीव्रता को कार्यकालीन/औसत हृदय-गति को अधिकतम हृदय-गति के प्रतिशत के रूप में दर्शाया जाता है, अतः C का मिलान IV से सही है $\frac{\text{HR}_p \times 100}{\text{HR}_{\text{max}}}$।

इस प्रकार सही संयोजन A-III, B-II, C-IV, D-I है।

62. यहाँ उस परास (रेंज) की बात की गई है जिसके भीतर जनसंख्या का वास्तविक मान होने के बारे में विश्वसनीयता के साथ कहा जा सके। सांख्यिकी में इसे अंतराल प्राक्कलन (Interval Estimation) कहा जाता है, क्योंकि इसमें एक सीमा के भीतर मान के होने की संभावना व्यक्त की जाती है।

63. जिस अध्ययन में पहले मात्रात्मक या गुणात्मक घटक का उपयोग किया जाता है और उसके बाद उसके अनुसरण में दूसरा घटक अपनाया जाता है, उसे आनुक्रमिक मिश्र विधि (Sequential Mixed Method) कहा जाता है। इसमें चरणबद्ध रूप से दोनों प्रकार की विधियाँ प्रयुक्त होती हैं।

64. दस्तावेजों का काल-निर्धारण, उनकी प्रामाणिकता तथा रचयिता का निर्धारण बाह्य आलोचना (External Criticism) के अंतर्गत आता है, क्योंकि इसमें दस्तावेज के बाहरी तथ्यों और ऐतिहासिक साक्ष्यों की जाँच की जाती है।

65. जब किसी दर-निर्धारक की यह प्रवृत्ति होती है कि वह व्यक्तियों को अलग-अलग दूरी पर स्पष्ट रूप से अलग करने के बजाय एक ही पैमाने पर अधिक समान रूप में अंकित करे, तो यह सामिप्यता त्रुटि (Central Tendency Error) कहलाती है, जिसमें अत्यधिक उच्च या निम्न रेटिंग देने से बचा जाता है।

66. कंप्यूटर डेटा-विश्लेषण में कौशल विकास एक तार्किक क्रम में आगे बढ़ता है। पहले विश्लेषण की रूपरेखा और चर/डेटा संरचना स्पष्ट की जाती है ताकि आगे का कार्य सुव्यवस्थित हो सके, इसके बाद कंप्यूटर में डेटा संग्रहण

किया जाता है। तत्पश्चात् उपयुक्त सांख्यिकीय माप/तकनीक का चयन किया जाता है, क्योंकि विश्लेषण का प्रकार पहले तय होना आवश्यक है। इसके आधार पर उपयुक्त सॉफ्टवेयर पैकेज चुना जाता है और अंत में कंप्यूटर प्रोग्राम का निष्पादन किया जाता है। इसलिए सही क्रम C, A, D, B, E है।

67. प्रतिदर्श अभिकल्प (Sampling Design) तैयार करने की प्रक्रिया एक तार्किक और क्रमबद्ध अनुक्रम में होती है। सर्वप्रथम समष्टि का प्रकार और प्रतिचयन इकाई निर्धारित की जाती है, क्योंकि यही यह स्पष्ट करता है कि अध्ययन किस जनसंख्या पर और किस इकाई के आधार पर किया जाएगा। इसके बाद प्रतिदर्श की स्रोत सूची और उसका आकार तय किया जाता है, जिससे यह सुनिश्चित हो सके कि नमूना प्रतिनिधिक और पर्याप्त है। तत्पश्चात् अभिरुचि के मापदंड निर्धारित किए जाते हैं, ताकि यह स्पष्ट हो सके कि किन विशेषताओं या मानकों के आधार पर चयन किया जाएगा। इसके बाद बजटीय अवरोधों पर विचार किया जाता है, क्योंकि उपलब्ध संसाधन प्रतिचयन की व्यवहारिकता को प्रभावित करते हैं। अंत में प्रतिचयन की कार्यविधि का चयन किया जाता है, जिसके माध्यम से वास्तविक नमूना लिया जाता है। इस प्रकार सही अनुक्रम C $\rightarrow$ E $\rightarrow$ A $\rightarrow$ B $\rightarrow$ D है, जो विकल्प 3 में दिया गया है।

68. कोहोर्ट अध्ययन में एक निश्चित समूह का समय के साथ अनुवर्तन किया जाता है और प्रायः यह भविष्यानुमुखी (Prospective) होता है। साथ ही यह देशांतरीय/दीर्घकालिक (Longitudinal) प्रकृति का अध्ययन है। इसलिए सही संयोजन A, C, E है।

69. यथार्थक (True Experimental) अभिकल्पों की मुख्य विशेषता यादृच्छिकीकरण और नियंत्रण है। इसमें यादृच्छिक समूह अभिकल्प, पूर्व-परीक्षण-उत्तर-परीक्षण यादृच्छिक-समूह अभिकल्प तथा सोलोमन चार-समूह अभिकल्प शामिल होते हैं। इसलिए सही उत्तर A, D, E है।

70. स्वतंत्र दो समूहों की तुलना के लिए t-test/मैन-व्हिटनी उपयुक्त होते हैं, इसलिए A का मिलान III से है। आश्रित (युग्मित) दो मापों की तुलना के लिए विल्कॉक्सन/साइन परीक्षण प्रयुक्त होते हैं, अतः B का मिलान IV से सही है। एक कारक के अंतर्गत दो से अधिक स्वतंत्र समूहों की तुलना के लिए काई-स्क्वायर/क्रुस्कल-वॉलिस उपयुक्त हैं, इसलिए C का मिलान I से है। जबकि दो से अधिक आश्रित मापों के लिए फ्राइडमैन/कोक्रन Q परीक्षण प्रयुक्त होते हैं, अतः D का मिलान II से सही है। इस प्रकार सही विकल्प A-III, B-IV, C-I, D-II है।

71. बक शॉट सिद्धांत के अनुसार मानव क्षमताएँ या कौशल किसी एक सामान्य क्षमता से नहीं बनते, बल्कि अनेक विशिष्ट और स्वतंत्र क्षमताओं का समूह होती हैं। यदि किसी व्यक्ति को पर्याप्त संख्या में आपस में संबंधित परीक्षण दिए जाएँ, तो यह अत्यधिक संभावना होती है कि उनमें से कुछ परीक्षण किसी विशिष्ट प्रश्नगत या संबंधित कौशल को सही रूप से माप लेंगे। जैसे बन्दूक की बक-शॉट में अनेक छर्रे फैलकर लक्ष्य को लगते हैं, वैसे ही अनेक परीक्षणों में से कुछ परीक्षण वास्तविक कौशल को पकड़ लेते हैं। इसलिए कथन का सीधा संबंध बक शॉट सिद्धांत से है।

72. मैक्लॉय और यंग (1954) के अनुसार वह फुर्ती या चुस्ती जिसमें दौड़ (running) शामिल नहीं होती, उसे गत्यात्मक सुनम्यता कहा गया है। इसमें शरीर के जोड़ और मांसपेशियाँ सक्रिय गति के दौरान अपने पूरे परास (range of motion) में कार्य करती हैं, जैसे झुकना, मुड़ना, घूमना आदि। यह न तो स्थिर सुनम्यता है और न ही दौड़-आधारित फुर्ती, इसलिए सही उत्तर गत्यात्मक सुनम्यता है।

73. C.H. McCloy पहले व्यक्ति थे जिन्होंने विद्यार्थियों को उनकी आयु और आकार (Age and Size) के आयामों के आधार पर समानधर्मी (homogeneous) समूहों में वर्गीकृत कर शिक्षण देने का प्रस्ताव दिया। उन्होंने शारीरिक शिक्षा में वर्गीकरण हेतु Athletic Index की अवधारणा दी, ताकि अनुदेश बच्चों के विकास स्तर के अनुरूप हो सके। अतः सही उत्तर मैक्कलॉय है।

74. समकक्षीय (Norm-referenced) मूल्यांकन का उद्देश्य खिलाड़ियों की योग्यता का निर्णय अन्य खिलाड़ियों की तुलना के आधार पर करना होता है। मिशेल बैलोटिंग स्केल में संभावित बास्केटबॉल खिलाड़ियों का मूल्यांकन

साथी खिलाड़ियों और प्रशिक्षकों की सामूहिक राय (peer judgment) के आधार पर किया जाता है, जिससे विश्वविद्यालय स्तर के चयन हेतु खेल-योग्यता का व्यावहारिक निर्णय संभव होता है। इसलिए यही परीक्षण उपयुक्त है।

75. प्रकाशित परीक्षण के चयन की प्रक्रिया एक व्यवस्थित और तर्कसंगत क्रम में की जाती है। सबसे पहले परीक्षण की आवश्यकताओं को परिभाषित करना (C) अनिवार्य होता है, ताकि यह स्पष्ट हो सके कि किस उद्देश्य से, किस आयु-समूह या किस क्षमता/गुण का मापन किया जाना है। इसके बाद उपलब्ध अनेक परीक्षणों में से विकल्पों को सीमित करना (B) आवश्यक होता है, जिससे केवल वही परीक्षण शेष रहें जो निर्धारित आवश्यकताओं के अनुरूप हों। तत्पश्चात् सीमित विकल्पों में से उपयुक्त और समीचीन परीक्षण का चयन/पता लगाना (A) किया जाता है। इसके बाद चयनित परीक्षण की परीक्षण सामग्री की समीक्षा (E) की जाती है, जिसमें निर्देश, उपकरण, प्रशासन विधि, स्कोरिंग तथा विश्वसनीयता-वैधता का अध्ययन शामिल होता है। अंत में परीक्षण मूल्यांकन प्रारूप का प्रयोग (D) किया जाता है, ताकि परीक्षण का अंतिम चयन वस्तुनिष्ठ और मानकीकृत ढंग से किया जा सके। इस प्रकार सही अनुक्रम C → B → A → E → D है।

76. परीक्षण के बाद के कार्य एक निश्चित और व्यावहारिक अनुक्रम में किए जाते हैं। सर्वप्रथम प्राप्तांक कार्डों को एकत्र करना (B) आवश्यक होता है, क्योंकि आगे की सभी प्रक्रियाएँ इन्हीं अभिलेखों पर आधारित होती हैं। इसके पश्चात् कच्चे/अस्थायी प्राप्तांकों को परिवर्तित करना (A) किया जाता है, ताकि स्कोर को मानकीकृत या तुलनीय रूप में बदला जा सके। इसके बाद परीक्षण परिणामों की मानकों से तुलना कर प्रोफाइल तैयार करना (E) किया जाता है, जिससे प्रत्येक परीक्षार्थी की सापेक्ष स्थिति स्पष्ट हो सके। तत्पश्चात मानकों का निर्माण करना और परिणामों को स्पष्ट करना (C) किया जाता है, ताकि निष्कर्षों की व्याख्या सुगम हो। अंत में परिणामों का प्रयोग करना और अनुवर्ती कार्रवाई करना (D) किया जाता है, जैसे चयन, प्रशिक्षण-संशोधन या परामर्श। इसलिए सही अनुक्रम B → A → E → C → D है।

77. हिक का बैडमिंटन परीक्षण उन कौशलों पर आधारित है जो खेल-स्थिति में खिलाड़ी के तकनीकी तथा निर्णयात्मक प्रदर्शन को दर्शाते हैं। इसमें क्लियर (B) खिलाड़ी की लंबाई और नियंत्रण क्षमता को, स्मैश (D) आक्रामक शक्ति और सटीकता को तथा रणनीति (E) खेल-बुद्धि और परिस्थितिजन्य निर्णय क्षमता को मापती है। ये तीनों मदें मिलकर हिक के बैडमिंटन परीक्षण माप के स्वरूप को स्थिर करती हैं।

78. मूल्यांकन (Evaluation) की प्रक्रिया केवल मापन तक सीमित नहीं होती, बल्कि उसमें निर्णयात्मक पहलू भी सम्मिलित होता है। इस प्रक्रिया में सबसे पहले उपयुक्त आँकड़ों का एकत्रण (A) किया जाता है। इसके बाद उन आँकड़ों के मान का आकलन (B) किया जाता है, अर्थात् उनके महत्व और उपयोगिता का विश्लेषण होता है। अंततः इन्हीं आँकड़ों के आधार पर निर्णय लिया जाता है (D), जो चयन, सुधार या नीति-निर्धारण से संबंधित हो सकता है। इसलिए मूल्यांकन की मूल प्रक्रिया में A, B और D ही सम्मिलित होते हैं।

79. शारीरिक शिक्षा मूल्यांकन में ई.टी.एस. (ETS) वर्गीकरण संज्ञानात्मक स्तरों को एक तार्किक क्रम में प्रस्तुत करता है। इसका प्रारम्भ स्मृति (A) से होता है, जिसमें तथ्यों, नियमों और अवधारणाओं को याद करना शामिल है। इसके बाद बोध/समझ (B) आता है, जहाँ विद्यार्थी सीखी गई जानकारी का अर्थ समझता है और उसे स्पष्ट कर पाता है। अगला स्तर अनुप्रयोग (C) का है, जिसमें अर्जित ज्ञान को व्यावहारिक परिस्थितियों में लागू किया जाता है, जैसे खेल कौशलों या नियमों का प्रयोग। उच्चतम स्तर चिंतन (D) का होता है, जिसमें विश्लेषण, मूल्यांकन और निर्णय-निर्माण शामिल होते हैं। यह क्रम संज्ञानात्मक जटिलता के बढ़ते स्तर को दर्शाता है, इसलिए सही उत्तर केवल A, B, C, D है।

80. विभिन्न शारीरिक परीक्षणों और उनके परीक्षण-मदों (Items) की संख्या का सही मिलान मानक साहित्य के अनुसार इस प्रकार है। बैरो मोटर एबिलिटी टेस्ट (A) में कुल 6 मद सम्मिलित होते हैं, अतः इसका मिलान III से सही है। शिलिंग बॉडी कोऑर्डिनेशन टेस्ट (B) को KTK के रूप में भी जाना जाता है और इसमें 4 कार्य/मद होते हैं, इसलिए B-I सही है। AAHPER

यूथ फिटनेस टेस्ट (C) की मूल बैटरी में 7 मद शामिल थे, अतः इसका मिलान IV से किया जाता है। नॉर्थ कैरोलिना मोटर फिटनेस बैटरी (D) में मुख्य रूप से 3 मद माने जाते हैं, इसलिए D-II उपयुक्त है। इस प्रकार सही संयोजन A-III, B-I, C-IV, D-II है।

81. खेल कार्यक्रम प्रबंधन में "नट और बोल्ट" शब्द का प्रयोग उन मूल, व्यावहारिक और संचालनात्मक कार्यों के लिए किया जाता है जिनके बिना कोई भी खेल आयोजन वास्तव में सम्पन्न नहीं हो सकता। टूर्नामेंट का प्रचालन इसी श्रेणी में आता है, क्योंकि इसमें प्रतियोगिता के वास्तविक संचालन से जुड़े सभी आवश्यक कार्य शामिल होते हैं, जैसे मैचों का निर्धारण, मैदान और उपकरणों की व्यवस्था, नियमों का पालन सुनिश्चित करना, स्कोरिंग, अधिकारियों का समन्वय तथा समयबद्ध ढंग से खेल का संचालन।

अन्य कार्य जैसे पंजीकरण, आतिथ्य सत्कार या प्रबंधन के लिए इच्छा प्रकट करना सहायक और पूर्व-प्रबंधन से संबंधित हैं, परन्तु वे प्रतियोगिता के प्रत्यक्ष संचालन को नहीं दर्शाते। इसलिए खेल कार्यक्रम के नट और बोल्ट के रूप में जिस कार्य की पहचान की जाती है, वह टूर्नामेंट का प्रचालन ही है।

82. किसी भी संगठन की वित्तीय सफलता का निर्धारण उसके राजस्व (आय) और व्यय (खर्च) के अंतर से किया जाता है। जब राजस्व व्यय से अधिक होता है, तो उसे लाभ (Profit) कहा जाता है। न तो ऋण, न इक्विटी और न ही परिसंपत्ति सीधे इस अंतर को दर्शाते हैं। इसलिए सही अवधारणा लाभ है।

83. खेल संवर्धन के विपणन (Marketing) आयाम में खेल कार्यक्रमों के लिए वर्धित राजस्व जुटाने के साथ व्यावसायिक संबंधों का विकास शामिल होता है। यह भूमिका मुख्यतः कॉर्पोरेट साझेदारों द्वारा निभाई जाती है, जो प्रायोजन, विज्ञापन और ब्रांड सहयोग के माध्यम से खेल कार्यक्रमों को आर्थिक समर्थन प्रदान करते हैं।

84. खेल कार्यक्रम योजना निर्माण का तार्किक क्रम इस प्रकार होता है:

B. उद्देश्य और लक्ष्य निर्धारित करना – किसी भी योजना की शुरुआत स्पष्ट उद्देश्यों से होती है।

D. नीति निर्माण – लक्ष्यों के अनुरूप दिशा-निर्देश और नीतियाँ तय की जाती हैं।

E. बजट का संकलन – वित्तीय संसाधनों की योजना बनाई जाती है।

A. वृहत योजना और समय मान – कार्यक्रम की विस्तृत समय-सारणी और रूपरेखा तैयार की जाती है।

C. नियंत्रण प्रणाली की स्थापना – अंत में निगरानी और नियंत्रण की व्यवस्था की जाती है।

85. खेल आयोजन में मानव संसाधन प्रबंधन का सही क्रम इस प्रकार है:

D. योजना निर्माण – मानव संसाधन आवश्यकताओं का पूर्व निर्धारण।

A. भर्ती – आवश्यक पदों के लिए उम्मीदवारों को आमंत्रित करना।

C. चयन और स्क्रीनिंग – उपयुक्त व्यक्तियों का चयन।

E. परिवीक्षण और अन्तर्वेशन – चयनित कर्मचारियों का मार्गदर्शन और अनुकूलन।

B. प्रशिक्षण और विकास – कार्य दक्षता और दीर्घकालीन विकास सुनिश्चित करना।

86. मीडिया के तीन प्रमुख प्रयोजन सामान्यतः सूचना देना (Information), शिक्षा प्रदान करना (Education) और मनोरंजन करना (Entertainment) माने जाते हैं। मीडिया समाज को घटनाओं और तथ्यों से अवगत कराता है, जनसामान्य को शिक्षित करता है तथा मनोरंजन के माध्यम से तनाव कम करता है। प्रतिस्पर्धा और संबंध मीडिया के मूल प्रयोजन नहीं हैं, बल्कि ये द्वितीयक प्रभाव हो सकते हैं। इसलिए सही संयोजन B, D, E है।

87. संगठन की संरचना के प्राथमिक आयामों में विभागीकरण (Departmentalization), कार्य की विशिष्टता (Specialization of work) तथा नियंत्रण की अवधि (Span of control) शामिल होते हैं। ये आयाम यह निर्धारित करते हैं कि संगठन में कार्य कैसे बाँटा जाएगा, जिम्मेदारियाँ कैसे निर्धारित होंगी और नियंत्रण किस स्तर तक होगा। विपणन और विज्ञापन संगठन के कार्यात्मक क्षेत्र हैं, संरचनात्मक आयाम नहीं।

88. संस्थानों में शारीरिक शिक्षा और खेल कार्यक्रमों का प्रभावी निदेशन तभी संभव है जब प्रशासनिक ढाँचा स्पष्ट, उत्तरदायित्वपूर्ण और सुव्यवस्थित हो। इस संदर्भ

में निम्नलिखित तीन पक्ष सबसे अधिक महत्वपूर्ण माने जाते हैं।

A. परिभाषित कमांड की कड़ी (Defined chain of command): निदेशन की प्रक्रिया में यह अत्यंत आवश्यक है कि संगठन में अधिकार और आदेश की एक स्पष्ट शृंखला हो। जब यह तय होता है कि कौन किसके अधीन कार्य करेगा और आदेश किस स्तर से किस स्तर तक प्रवाहित होंगे, तब भ्रम, दोहराव और टकराव की स्थिति नहीं बनती। खेल एवं शारीरिक शिक्षा कार्यक्रम जैसे बहु-स्तरीय कार्यों में यह स्पष्टता संचालन को सुचारु बनाती है।

C. प्रत्यायोजन की स्पष्टता (Clarity of delegation): कार्य-वितरण तभी प्रभावी होता है जब यह स्पष्ट हो कि किस व्यक्ति को कौन-सा कार्य सौंपा गया है और उसकी सीमा क्या है। स्पष्ट प्रत्यायोजन से निर्णय लेने में तेजी आती है, कार्यकुशलता बढ़ती है और कार्यक्रम के विभिन्न घटक समय पर पूरे होते हैं।

E. नियत उत्तरदायित्व (Fixed responsibility): प्रत्येक कार्य के साथ उत्तरदायित्व का निर्धारण आवश्यक है। जब जिम्मेदारी निश्चित होती है, तब व्यक्ति अपने कार्य के परिणामों के प्रति उत्तरदायी रहता है। इससे अनुशासन, प्रतिबद्धता और कार्यक्रम की गुणवत्ता सुनिश्चित होती है।

इसके विपरीत, अधिनायकवादी उपागम (B) आधुनिक संस्थागत खेल कार्यक्रमों में प्रभावी नहीं माना जाता क्योंकि यह सहभागिता और पहल को सीमित करता है। विज्ञापन (D) बाह्य प्रचार से संबंधित है, न कि आंतरिक निदेशन का मूल पक्ष।

इस प्रकार, संस्थाओं में प्रभावी शारीरिक शिक्षा और खेल कार्यक्रम के निदेशन के मुख्य पक्ष परिभाषित कमांड की कड़ी, प्रत्यायोजन की स्पष्टता और नियत उत्तरदायित्व हैं, इसलिए सही उत्तर केवल A, C, E है।

89. यह प्रश्न प्रबंधन के कार्यों के सही मिलान से संबंधित है।

A. उत्तरदायित्व सौंपना → निदेशन (III), क्योंकि निर्देशन में कार्य सौंपना और मार्गदर्शन देना शामिल है।

B. रिपोर्टिंग प्रणाली → नियंत्रण (IV), क्योंकि रिपोर्टिंग नियंत्रण का आधार है।

C. स्टाफ-व्यवस्था → भर्ती (I), क्योंकि स्टाफिंग का मुख्य तत्व भर्ती है।

D. पूर्वानुमान → योजना निर्माण (II), क्योंकि योजना भविष्य के अनुमान पर आधारित होती है।

90. यहाँ सूची-I के प्रबंधन क्षेत्रों को सूची-II के उपयुक्त कार्यों से जोड़ा गया है।

A. इन्डोर सुविधा → क्षेत्र (IV), क्योंकि यह भौतिक स्थान से संबंधित है।

B. वित्तीय सुविधा → लेखापरीक्षा/अंकेक्षण (III), क्योंकि वित्तीय संसाधनों का लेखा-जोखा आवश्यक है।

C. जन सम्पर्क → छवि (II), क्योंकि जनसम्पर्क संस्था की छवि निर्माण करता है।

D. कार्मिक प्रबंधन → मूल्यांकन (I), क्योंकि कर्मचारियों के प्रदर्शन का मूल्यांकन HR का प्रमुख कार्य है।

91. दिए गए गद्यांश में स्पष्ट रूप से कहा गया है कि प्रतियोगिता के दौरान एथलीट को अत्यधिक दबाव और तनाव का सामना करना पड़ता है तथा ऐसी परिस्थितियों में उसका मानसिक समुत्थान (Mental Resurgence/ Mental Toughness/Mental Resilience) उसके प्रदर्शन को अत्यधिक प्रभावित करता है। मानसिक प्रशिक्षण का प्रमुख उद्देश्य एथलीट को तनाव, असफलता, दबाव और प्रतिकूल परिस्थितियों से उबरकर पुनः संतुलित और आत्मविश्वासी बनाए रखना होता है। इसलिए मानसिक प्रशिक्षण में मुख्य रूप से मानसिक समुत्थान को सुदृढ़ करने पर बल दिया जाता है, न कि केवल तकनीकी या शारीरिक पहलुओं पर।

92. गद्यांश में स्पष्ट रूप से वर्णित है कि एथलीट मानसिक रूप से अपने कार्यनिष्पादन का पूर्वाभ्यास करते हैं और प्रतियोगिता की परिस्थितियों को मन में कल्पित करते हैं। यह प्रक्रिया भावी कार्यकलाप की परिकल्पना तकनीक (Imagery/Mental Imagery) का मूल तत्व है, जिसमें एथलीट बिना किसी शारीरिक प्रयास के अपने कौशलों का मानसिक अभ्यास करता है। अतः मानसिक रूप से प्रदर्शन का पूर्वाभ्यास इसी तकनीक में शामिल होता है।

93. गद्यांश में सजगता (Mindfulness), ध्यान, एकाग्रता और फोकस को मानसिक प्रशिक्षण के प्रमुख घटक बताया गया है। सजगता तकनीकें एथलीट को वर्तमान क्षण में पूरी तरह जागरूक और ध्यानकेंद्रित बनाए रखने में सहायता करती हैं, जिससे वे ध्यान भटकाने वाले कारकों से बच पाते हैं और प्रदर्शन पर पूरा ध्यान दे पाते हैं। इसलिए सजगता से एथलीटों को सजग और ध्यानकेंद्रित रहने में सहायता मिलती है।

94. गद्यांश में जिन विश्रांति रणनीतियों (Relaxation Strategies) का उल्लेख किया गया है, उनमें विशेष रूप से गहन श्वसन, प्रगतिशील विश्रांति और ध्यान शामिल हैं। गहन श्वसन एक मान्य और व्यापक रूप से प्रयुक्त विश्रांति तकनीक है, जो तनाव कम करने, हृदय गति नियंत्रित करने और मानसिक शांति प्राप्त करने में सहायक होती है। अन्य विकल्प विश्रांति रणनीति नहीं हैं।

95. गद्यांश के अनुसार मानसिक प्रशिक्षण को प्रायः अपेक्षित महत्व इसलिए नहीं दिया जाता क्योंकि यह शारीरिक प्रशिक्षण की तरह प्रत्यक्ष रूप से दिखाई नहीं देता। मानसिक प्रक्रियाएँ आंतरिक होती हैं, जिन्हें न तो आसानी से देखा जा सकता है और न ही तुरंत मापा जा सकता है। इसी कारण लोग इसे कम प्रभावी मान लेते हैं, जबकि वास्तव में यह प्रदर्शन के लिए अत्यंत आवश्यक है।

96. गद्यांश में स्पष्ट रूप से कहा गया है कि समावेशी शारीरिक शिक्षा का उद्देश्य सभी विद्यार्थियों को, उनकी शारीरिक क्षमता या अक्षमता की परवाह किए बिना, समान रूप से शारीरिक शिक्षा कार्यक्रमों में सार्थक भागीदारी का अवसर देना है। यह दृष्टिकोण समान अवसर, पहुँच और भागीदारी पर केंद्रित है, न कि केवल दिव्यांग विद्यार्थियों या एथलीट निर्माण पर।

97. गद्यांश में समावेशी शारीरिक शिक्षा के प्रमुख घटक के रूप में समकक्षीय सहयोग, टीमवर्क, सामाजिक अंतःसंवाद और सामुदायिक भावना के विकास पर विशेष बल दिया गया है। यह घटक सभी विद्यार्थियों को साथ कार्य करने, एक-दूसरे से सीखने और सहयोग की भावना विकसित करने के लिए प्रेरित करता है।

98. गद्यांश में बताया गया है कि शिक्षक/अध्यापक गतिविधियों में उपांतर (modification) और अनुकूलन-योग्य रणनीतियों का प्रयोग कर विद्यार्थियों की विभिन्न आवश्यकताओं और अधिगम स्तरों के अनुसार समायोजन कर सकते हैं, जिससे सभी विद्यार्थी समान रूप से भाग ले सकें।

99. गद्यांश में स्पष्ट रूप से उल्लेख है कि समावेशी शारीरिक शिक्षा से न केवल दिव्यांग विद्यार्थियों को, बल्कि सभी विद्यार्थियों को लाभ होता है तथा उनके अनुभव में तद्नुभूति, सहानुभूति, समानता और सहयोग जैसे सामाजिक मूल्यों की वृद्धि होती है।

100. गद्यांश के अंत में स्पष्ट रूप से कहा गया है कि समावेशी शारीरिक शिक्षा शिक्षा के गुरु-लक्ष्य तथा आजीवन आरोग्यता (lifelong wellness) के संवर्धन के लक्ष्यों के अनुरूप है, क्योंकि यह सकारात्मक दृष्टिकोण, सहभागिता और निरंतर शारीरिक सक्रियता को बढ़ावा देती है।

इकाई-I

शारीरिक शिक्षा

मनुष्य जन्म से मृत्युपर्यन्त तक किसी न किसी रूप में शिक्षा ग्रहण करता रहता है। अर्थात् मानव जीवन का मूल आधार ही शिक्षा है। सामान्य शिक्षा में जीवन को परिष्कृत कर उसे सामाजिक आवश्यकताओं के अनुरूप ढाला जाता है। जिसके लिए विभिन्न तत्त्वों का प्रयोग किया जाता है। जैसे-जैसे विश्व की सभ्यताओं का विकास हुआ वैसे-वैसे ही शिक्षा से सम्बन्धित विभिन्न साधनों का आविष्कार हुआ। शिक्षा का प्रमुख उद्देश्य है व्यक्ति की सुप्त शक्तियों को जागृत कर उसे श्रेष्ठ बनाना। शिक्षा द्वारा व्यक्ति का सामाजिक, बौद्धिक, शारीरिक, मानसिक तथा आध्यात्मिक विकास होता है।

प्राचीन काल तथा आधुनिक काल के मनुष्यों तथा शिक्षा दोनों में काफी अन्तर पाया जाता है। प्राचीन काल में शिक्षा आश्रमों में दी जाती थी परन्तु अब विद्यालयों का निर्माण हो चुका है। आज का युग मशीनी युग है। आजकल प्रत्येक कार्य मशीनों द्वारा संभव है। अतः मनुष्य को अधिक शारीरिक श्रम की आवश्यकता नहीं पड़ती। अपितु व्यक्ति की मानसिक शक्ति का बहुतायत में प्रयोग होता है। जिस कारण मनुष्य की मांसपेशियां निढाल होती जा रही है।

सुन्दर बनने के लिए यह आवश्यक है कि व्यक्ति का शरीर सुन्दर तथा सुडौल हो। उसकी मानसिक शक्तियों के विकास के साथ-साथ उसका नैतिक विकास भी आवश्यक है। शिक्षा प्रणाली वही उत्तम कहलाती है जिसमें व्यक्ति के व्यक्तित्व का संतुलित विकास हो। वर्तमान शिक्षा प्रणाली में यह संतुलन प्रायः नहीं देखा जाता। आज की शिक्षा केवल पुस्तकीय ज्ञान पर ही आधारित है। आज ऐसी शिक्षा प्रणाली की आवश्यकता है जिससे बालक का सर्वांगीण विकास हो सके। इसमें मानसिक, सामाजिक, शारीरिक तथा संवेगात्मक विकास की ओर पूर्ण ध्यान दिया जाना चाहिए। इसलिए यह आवश्यक है कि बालक को सामान्य शिक्षा के साथ-साथ शारीरिक शिक्षा का भी ज्ञान प्राप्त करवाया जाए।

प्राचीन काल में शिक्षा का मुख्य उद्देश्य व्यक्ति का सर्वांगीण विकास करना था जिसमें शारीरिक विकास तथा स्वास्थ्य विकास भी सम्मिलित था। परन्तु आधुनिक युग में शारीरिक शिक्षा का अर्थ है 'शरीर की शिक्षा' शारीरिक शिक्षा के सम्बन्ध में कई धारणाएं प्रचलित हैं जैसे-

1. कई लोग दौड़, कूद, फैंक, हॉकी, फुटबाल आदि खेलों को शारीरिक शिक्षा समझते हैं। यह खेल केवल शारीरिक शिक्षा के कार्यक्रम के अन्तर्गत आते हैं। परन्तु यह खेल स्वयं शारीरिक शिक्षा नहीं हैं।
2. कई लोग पी.टी. (P.T.) को ही शारीरिक शिक्षा कहते हैं। पी.टी. फिजिकल ट्रेनिंग (Physical Training) की शार्ट फॉम है। फिजिकल ट्रेनिंग का शब्दार्थ शारीरिक प्रशिक्षण लिया जा सकता है। पी.टी. में कुछ व्यायामों की एक श्रृंखला बनाकर अभ्यास कराया जाता है। जिससे शारीरिक स्वास्थ्य, बलशाली और सहनशील बनता है। विशेषतः इस प्रकार के कार्यक्रम सेना तथा पुलिस केन्द्रों में प्रयोग किए जाते हैं जिससे सैनिकों को स्वस्थ रखा जा सके।
3. ड्रिल (Drill) को भी शारीरिक शिक्षा कहा जाता है। सेना में किसी भी क्रमबद्ध कार्य को ड्रिल कहा जाता है। यदि व्यक्तिगत व्यायामों को सामूहिक रूप से करवाया जाए तो उसे मास ड्रिल (Mass Drill) कहा जाता है।
4. कई लोग फिजिकल कल्चर (Physical Culture) को भी शारीरिक शिक्षा मानते हैं। फिजिकल कल्चर में भार उठाने की क्रियाएं की जाती हैं। 19 वीं शताब्दी में शारीरिक शिक्षा को फिजिकल कल्चर कहा जाता था।
5. कई लोग जिमनास्टिक को शारीरिक शिक्षा का नाम देते हैं। जिमनास्टिक में आपरेटर्स के सभी कार्य सम्मिलित होते हैं और यह शारीरिक शिक्षा कार्यक्रम में महत्वपूर्ण स्थान रखते हैं परन्तु यह स्वयं शारीरिक शिक्षा नहीं है। परन्तु यूरोपीय विचारधारा के प्रभाव के कारण इस शब्द का प्रयोग शारीरिक शिक्षा के पर्यायवाची शब्द के रूप में किया जाता है।

उपरोक्त सभी धारणाएं मिथ्या हैं। ये सभी शारीरिक शिक्षा के अंग हैं शारीरिक शिक्षा नहीं।

शारीरिक शिक्षा को यदि शरीर द्वारा शिक्षा (Education through the physical) कहा जाए तो अतिशयोक्ति नहीं होगी। शारीरिक शिक्षा के अर्थ को पूर्ण रूप से जानने के लिए हम नीचे शारीरिक शिक्षा की कुछ परिभाषाएं दे रहे हैं।

शारीरिक शिक्षा की परिभाषाएं

ब्राउनेल एवं हगमेन

"Physical Education is the accumulation of wnolesome experiences through participation in large muscular activities that promote optimum growth and development."

जे. एफ. विलियम्स

''शारीरिक शिक्षा उन शारीरिक क्रियाकलापों को कहते हैं, जिनका चुनाव उनके प्रभाव की दृष्टि से किया जाता है।''

"Physical Education is the sum of the man's physical activities selected as to kind, and conducted as to out come."

आर. कैसिडी

''शारीरिक क्रियाओं पर केन्द्रित अनुभवों द्वारा जो परिवर्तन मानव में आते हैं, वे ही शारीरिक शिक्षा कहलाते हैं।''

"Physical Education is the sum of the changes in the individual caused by experiences centering in motor activity."

हैरी क्रो बक

''शारीरिक शिक्षा, शिक्षा के कार्यक्रम का वह भाग है, जिसमें शारीरिक कार्यक्रमों द्वारा सम्पूर्ण बच्चे की शिक्षा है। शरीरिक कार्यक्रम साधन हैं और उन्हें इस प्रकार चुनकर कराया जाता है कि इनका प्रभाव बच्चे के सम्पूर्ण जीवन पर पड़े, जिसमें शारीरिक, मानसिक, संवेगात्मक तथा नैतिक सभी अंग सम्मिलित हैं।''

"Physical Education is that part of the general education programme which is concerned with the growth, development and education of children through the medium of big muscle activities. It is education of the whole child by means of Physical activities. Physical activities are the tools. They are so selected and conducted as to influence every aspect of child's life, physically, mentally, emotionally and morally."

शारीरिक शिक्षा के ध्येय, उद्देश्य तथा लक्ष्य

वैसे तो ध्येय (Aim), उद्देश्य (Objective) तथा लक्ष्य (Goal) तीनों का एक ही अर्थ में प्रयोग किया जाता है, परन्तु वास्तव में इनके अर्थ भिन्न-भिन्न हैं। किसी को आदर्श मानकर उसके प्रति प्रयत्नशील रहना ध्येय (Aim) कहलाता है। ध्येय की प्राप्ति के लिए कार्य करना उद्देश्य (Objective) कहलाता है तथा ऐसा निश्चय जिसकी प्राप्ति से एक अथवा अधिक उद्देश्यों की प्राप्ति हो सकती है, लक्ष्य (Goal) कहलाता है।

शारीरिक शिक्षा का ध्येय

शारीरिक शिक्षा के ध्येय निम्नलिखित हैं-

1. मनुष्य के अनुभव को इस सीमा तक प्रभावित किया जाए कि वह अपनी योग्यता एवं पात्रतानुसार समाज में उचित स्थान ग्रहण कर सके।
2. मनुष्य अपनी आवश्यकताओं की पूर्ति करने में समर्थ बन सके।
3. मनुष्य स्वस्थ जीवन व्यतीत करे।
4. मनुष्य को मानसिक दृष्टि से प्रेरक तथा संतोषप्रद बनाना।
5. मनुष्य को सामाजिक दृष्टि से स्वस्थ बनाना।
6. मनुष्य को योग्य नागरिक बनाना।
7. मनुष्य को शारीरिक, मानसिक तथा संवेगात्मक दृष्टि से सक्षम बनाना।

जे.आर. शर्मन

''शारीरिक शिक्षा का ध्येय है कि मनुष्य के अनुभव को इस सीमा तक प्रभावित किया जाए कि वह अपनी योग्यता एवं पात्रतानुसार समाज में उचित स्थान ग्रहण कर सके, अपनी आवश्यकताओं को बढ़ा सके तथा उन्नत कर सके और इन्हें पूरा करने में समर्थ हो।''

"The aim of physical education is to influence the experiences of persons to the extent that each individual within the limits of his capacity may be helped to adjust successfully in society, to increase and improve his wants, and to develop the ability to satisfy his wants."

जे. एफ. विलियम

''शारीरिक शिक्षा का ध्येय व्यक्ति तथा समाज के लिए योग्य नेतृत्व, उपयुक्त साधन तथा पर्याप्त समय उपलब्ध कराना है, जिससे व्यक्ति तथा समाज ऐसी परिस्थितियों में भाग ले सके जो व्यक्ति तथा समाज के लिए शारीरिक दृष्टि से आनन्ददायक हो, मानसिक दृष्टि से प्रेरक तथा संतोषप्रद हो तथा सामाजिक दृष्टि से स्वस्थ हो''

"Physical Education should aim to provide the skilled leadership, adequate facilities and ample time for affording full opportunity for individuals and groups to participate in situations that are physically whole-some, mentally stimulating and satisfying and socially sound."

भारत सरकार के सलाहकार मण्डल

''शारीरिक शिक्षा का ध्येय प्रत्येक बच्चे को शारीरिक, मानसिक तथा संवेगात्मक दृष्टि से सक्षम बनाना होना चाहिए तथा उसमें ऐसे व्यक्तिगत तथा सामाजिक गुणों,को विकसित किया जाना चाहिए जिससे वह समाज के अन्य सदस्यों के साथ सुखपूर्वक रह सके तथा एक अच्छा नागरिक बन सके।''

"The aim of Physical Education must be to make every child physically, mentally and emotionally fit and also to develop in him such personal and social qualities as will help him to live happily with others and build him up as good citizen."

शारीरिक शिक्षा के उद्देश्य

शारीरिक शिक्षा के उद्देश्य निम्नलिखित हैं-

1. शारीरिक शिक्षा द्वारा सुडौल व्यक्तित्व का विकास करना।
2. रोगों से मुक्ति प्राप्त करना।
3. नियमित रूप से व्यायाम और खेल को बढ़ावा देना ताकि बालक की मानसिक चिन्ता और दबाव को दूर किया जा सके।
4. स्वास्थ्य में निरन्तर सुधार करना।
5. सभी प्रकार के गुणों जैसे बुद्धिमता, आत्मविश्वास आदि का विकास करना।
6. सामाजिक गुणों जैसे मिल-जुल कर कार्य करना, आज्ञा का पालन करना सम्भव हो पाता है।
7. कार्यकुशलता का विकास करना।
8. शरीर का पूर्ण रूप से विकास करना।
9. नाड़ी मांसपेशी संस्थान का विकास करना ताकि दोनों संस्थानों के कार्य में समन्वय हो सके।
10. मनुष्य में संयम, साहस, सहयोग, नम्रता, शील, नेतृत्व शक्ति, अनुशासन, सहृदयता, सहयोग आदि नागरिकता के गुणों का विकास करना।
11. मनोरंजनात्मक कार्यों में भाग लेने की रुचि पैदा करना।
12. सामाजिक, आर्थिक एवं राजनैतिक क्षमता का विकास करना।
13. बालक को अतिरिक्त शक्ति को बाहर निकालने का उचित मार्ग प्रदान करना।
14. दैनिक जीवन की गतिविधियों को नियमित एवं निश्चित स्वरूप प्रदान करना।
15. शारीरिक शिक्षा में प्रदर्शन के प्रयत्न करना।

शारीरिक शिक्षा के लक्ष्य

शारीरिक शिक्षा के लक्ष्य निम्नलिखित हैं-

1. बच्चों को रोग मुक्त रखना।
2. बच्चों में स्पोर्टसमैन स्प्रिट (Sportsman Spirit) पैदा करना।
3. नागरिकता के आवश्यक गुणों का विकास करना।
4. बच्चों की रुचि के अनुसार ही खेल तथा अन्य कार्यक्रमों का प्रावधान करना।
5. बच्चों के शरीर को सुडौल तथा सुन्दर बनाना।
6. व्यक्तित्व का निर्माण करना।
7. शरीर की भौतिक क्रियाओं पर नियन्त्रण रखना सिखाना।
8. परिवार का एक अच्छा सदस्य बनाना।
9. फालतू समय का सदुपयोग करना।

शारीरिक शिक्षा की आवश्यकता

वर्तमान युग में शिक्षा का आधार केवल पुस्तकों तक ही सीमित है। जिससे बच्चों का मानसिक, बौद्धिक तथा नैतिक विकास तो होता है परन्तु उसका शारीरिक विकास नहीं हो पाता। वैसे भी आज का युग मशीनी युग है जिसमें सभी कार्य मशीनों द्वारा संभव हैं। इन कार्यों में मानसिक श्रम तो अधिक लगता है। परन्तु शारीरिक श्रम नाममात्र का लगता है। जिससे मनुष्य की मांसपेशियां निढाल होती जा रही हैं। मनुष्य प्रकृति से दूर होता जा रहा है।

शहरों की अपेक्षा गांव के मनुष्य अधिक चुस्त होते हैं कारण गांव में मशीनों का प्रयोग नहीं किया जाता, अपितु व्यक्ति अपना कार्य स्वयं करता है जिससे उसका शारीरिक विकास होता है। इन कारणों को देखते हुए शारीरिक शिक्षा की आवश्यकता और बढ़ जाती है। शारीरिक शिक्षा केवल शारीरिक विकास के लिए ही नहीं अपितु व्यक्ति के सामाजिक, मानसिक, बौद्धिक, नैतिक, संवेगात्मक तथा आध्यात्मिक विकास के लिए भी उपयोगी है। शारीरिक शिक्षा को सामान्य शिक्षा का ही अंग माना जा सकता है। नीचे हम शारीरिक शिक्षा की आवश्यकता से सम्बन्धित कुछ विचार दे रहे हैं-

श्री रामकृष्ण परमहंस

दूध में भीगे नरम फूले हुए चावलों की **भाँति निर्बल बुद्धि** वाला व्यक्ति किसी काम का नहीं होता है। वह कुछ भी प्राप्त नहीं कर सकता परन्तु शक्तिशाली तथा पौरूषत्व रखने वाला व्यक्ति ही पराक्रमी कहलाता है। वह ही जीवन में सब कुछ कर सकता है सब कुछ प्राप्त कर सकता है।

रूसो

"स्वस्थ शरीर होने से ही, मन की कार्यविधि सुगम तथा सुनिश्चित होती है।"

स्वामी विवेकानन्द

"भारतवर्ष में आज भगवत् गीता की इतनी आवश्यकता नहीं है जितनी कि फुटबाल के मैदानों की है।"

हरवर्ट स्पैंसर

"व्यक्ति की पूर्ण अभिव्यक्ति के लिए शारीरिक, नैतिक और मानसिक क्रियाओं को करने की आवश्यकता होती है।"

उपरोक्त विचारों से यह बात स्पष्ट होती है कि शारीरिक शिक्षा की आवश्यकता को अनदेखा नहीं किया जा सकता। शारीरिक शिक्षा की आवश्यकता को निम्न प्रकार से आँका जा सकता है-

1. नवयुवकों को शारीरिक शिक्षा देना अति आवश्यक है ताकि देश को सुदृढ़ तथा शक्तिशाली बनाया जा सके।
2. वैज्ञानिक प्रगति होने के कारण व्यक्ति अपनी जरुरतों को पूरा करने के लिए मशीनों का सहारा लेता है जिससे उसका शारीरिक श्रम कम लगता है। अत: शारीरिक शिक्षा की आवश्यकता और बढ़ जाती है।
3. शारीरिक शिक्षा द्वारा बच्चों का शारीरिक तथा मानसिक विकास किया जा सकता है।
4. जिन अंगों का नियमित उपयोग नहीं होता शारीरिक व्यायाम द्वारा उनको शिथिल या क्षीण होने से बचाया जा सकता है।
5. शारीरिक शिक्षा द्वारा व्यक्ति को आत्मनिर्भर बनाया जा सकता है क्योंकि इस परिवर्तनशील समाज ने व्यक्ति को आत्मनिर्भरता से दूर कर दिया है।
6. शारीरिक व्यायामों द्वारा बच्चों के शारीरिक विकारों को दूर किया जा सकता है।
7. शारीरिक व्यायामों द्वारा शरीर को निरोगी रखा जा सकता है।
8. शारीरिक व्यायामों द्वारा व्यक्ति की शारीरिक क्षमता का विकास संभव है।
9. शारीरिक शिक्षा द्वारा व्यक्ति में नेतृत्व के गुणों का विकास किया जा सकता है।
10. शारीरिक शिक्षा द्वारा व्यक्ति में सहयोग, सहनशील, पारस्परिक मेल-जोल,धैर्य, अनुशासन, साहस आदि गुणों का विकास संभव है।
11. खाली समय में व्यक्ति को कार्य-व्यस्त रखने के लिए शारीरिक शिक्षा के कार्यक्रम की अत्यन्त आवश्यकता है।
12. मनुष्य के अच्छे व्यक्तित्व निर्माण के लिए शारीरिक शिक्षा अत्यन्त आवश्यक है।
13. शारीरिक शिक्षा द्वारा स्वास्थ्य उत्तम रहता है।
14. शारीरिक शिक्षा द्वारा मनुष्य का मनोवैज्ञानिक सन्तुलन बना रहता है।
15. शारीरिक शिक्षा आत्मा और शरीर को ही नहीं बल्कि सम्पूर्ण मनुष्य को प्रशिक्षित करती है।

शिक्षा तथा शारीरिक शिक्षा का सम्बन्ध

मनुष्य जन्म से लेकर मृत्यु पर्यन्त तक शिक्षा द्वारा सीखता है। मानव जीवन का मूल आधार ही शिक्षा है। शिक्षा ग्रहण करने का चलन प्राचीन काल से चला आ रहा है। प्राचीन काल में मनुष्य गुरुकुल में रहकर शिक्षा ग्रहण करता था। अब वह स्कूल तथा कॉलेजों में जाकर शिक्षा ग्रहण करता है। शिक्षा का अर्थ केवल इतना ही नहीं है कि स्कूल में जाकर विभिन्न विषयों का अध्ययन किया जाए। कई बार विभिन्न विषयों का ज्ञान प्राप्त करने के बाद भी व्यक्ति अशिक्षित रहता है। 'शिक्षा' मनुष्य की सर्वांगीण विकास प्रक्रिया का नाम है। मनुष्य अपने जीवन की सभी विकास अवस्थाओं (बाल्यावस्था, किशोरावस्था, वृद्धावस्था) में शिक्षा ग्रहण करता है। शिक्षा द्वारा मनुष्य का शारीरिक, मानसिक, बौद्धिक तथा सामाजिक विकास होता है। शिक्षा द्वारा मनुष्य की आन्तरिक शक्तियों तथा गुणों का विकास होता है। वही व्यक्ति शिक्षित माना जा सकता है जिसमें सभी गुणों का विकास पूर्ण रूप से हो। बच्चा पैदा होने के साथ ही अपने माता-पिता, भाई-बहन, परिवार जन तथा आस-पास रहने वाले लोगों से कुछ ना कुछ सीखता है। यह भी एक प्रकार की शिक्षा ही है। शिक्षा द्वारा ही व्यक्ति अपने रहन-सहन, आचार-विचार तथा व्यवहार में परिवर्तन लाता है।

शिक्षा एवं शारीरिक शिक्षा का गहरा सम्बन्ध है। अधिशिक्षा द्वारा खिलाड़ियों का सम्पूर्ण विकास किया जाता है। अधिशिक्षा शिक्षा के उद्देश्यों को पूर्ण करती है। अधिशिक्षा को शिक्षा का माध्यम कहा गया है। इसमें निम्नलिखित बातों का उल्लेख है-

1. स्वास्थ्य (Health)
2. नागरिकता (Citizenship)
3. आत्म विकास (Self Development)
4. मानसिक विकास (Mental Development)
5. व्यावसायिक क्षमता (Professional Efficiency)

6. सामाजिक विकास (Social Development)
7. नेतृत्व (Leadership)
8. खाली समय का सदुपयोग (Use of Leisure Time)

इनका विवरण निम्नलिखित है-

1. **स्वास्थ्यः** शिक्षा, शारीरिक शिक्षा तथा अधिशिक्षा के कार्यक्रमों को सफल बनाने के लिए जरुरी है कि व्यक्ति एवं खिलाड़ियों के स्वास्थ्य का ध्यान रखा जाए। एक स्वस्थ व्यक्ति एवं खिलाड़ी ही विभिन्न क्रियाओं में भाग ले सकता है तथा उनमें सफलता पा सकता है। इसके लिए शिक्षक स्वास्थ्य शिक्षा का सहारा लेता है। अतः शिक्षक को शिक्षा का ज्ञान होना आवश्यक है क्योंकि स्वास्थ्य शिक्षा, शिक्षा का ही अंग है।

2. **नागरिकताः** शिक्षक का कार्य खिलाड़ियों में अच्छे गुणों का विकास करना है। जिससे खिलाड़ी कौशलों को अच्छी प्रकार सीख सके। अच्छे गुणों वाला व्यक्ति ही अच्छा नागरिक बन सकता है। अधिशिक्षा द्वारा खिलाड़ियों के कौशलों का विकास कर उन्हें अच्छा नागरिक बनाया जाता है।

3. **आत्म विकासः** अपने आप को विकास की ओर ले जाने के लिए आवश्यक है कि खिलाड़ी को अपनी कमजोरियों तथा दोषों का ज्ञान हो। उसे अपनी शारीरिक एवं मानसिक स्थिति का ज्ञान होना चाहिए। अपना आत्म निरीक्षण कर खिलाड़ी आत्म विकास की ओर अग्रसर होता है।

4. **मानसिक विकासः** खेल के कौशलों को भली-भांति सीखने तथा उनमें सफलता प्राप्त करने के लिए खिलाड़ी का मानसिक विकास जरूरी है। यदि खिलाड़ी की मानसिक स्थिति सन्तुलित है तो वह प्रत्येक स्थिति का सामना संयम द्वारा कर सकता है। अधिशिक्षा द्वारा खिलाड़ी का मानसिक विकास किया जाता है।

5. **व्यावसायिक क्षमताः** प्रत्येक व्यक्ति को अपने जीवन यापन के लिए किसी ना किसी व्यवसाय की आवश्यकता होती है। शिक्षा द्वारा व्यक्ति अपने व्यवसाय का निर्माण कर सकता है। व्यक्ति जिस व्यवसाय को अपनाता है उसे ईमानदारी से निभाना चाहिए। शारीरिक शिक्षा द्वारा खिलाड़ी खेल में प्रवीणता हासिल कर अपनी व्यवसाय क्षमता को बढ़ाता है।

6. **सामाजिक विकासः** मनुष्य एक सामाजिक प्राणी है। समाज में रह कर ही वह अपने कर्त्तव्यों का निर्वाह करता है। वह अपने आसपास के वातावरण से बहुत कुछ ग्रहण करता है। व्यक्ति के विकास पर सामाजिक वातावरण का बहुत प्रभाव पड़ता है। सामाजिक विकास के लिए जरुरी है कि व्यक्ति में सामाजिक भावना हो। शिक्षा, शारीरिक शिक्षा तथा अधिशिक्षा द्वारा व्यक्ति की सामाजिक भावना का विकास किया जाता है।

7. **नेतृत्वः** प्रतियोगिता एवं शिक्षण कार्यक्रम में प्रत्येक व्यक्ति को नेतृत्व करने का अवसर मिलता है। अधिशिक्षक का कर्त्तव्य है कि वह प्रत्येक खिलाड़ी में सही नेतृत्व भावना का विकास करे। एक अच्छा खिलाड़ी बनने के लिए आवश्यक है कि खिलाड़ी सही ढंग से नेतृत्व करे। सही ढंग से नेतृत्व करने पर प्रशिक्षण कार्यक्रम को सफल बनाया जा सकता है। शिक्षा द्वारा उचित नेतृत्व करना सिखाया जाता है।

8. **खाली समय का सदुपयोगः** आज के इस मशीनी युग में जहां सभी काम स्वचालित मशीनों द्वारा सम्भव हैं, मनुष्य के पास काफी खाली समय निकल आता है। इस खाली समय का सदुपयोग व्यक्ति भिन्न-भिन्न प्रकार से करता है। कई लोग इस खाली समय में रोचक तथा मनोरंजनात्मक खेल खेलते हैं। मनुष्य को यह पता नहीं होता कि इन खेलों में वह योग्यता तथा कुशलता भी प्राप्त कर सकता है। अधिशिक्षा द्वारा उनके कौशलों, योग्यताओं तथा क्षमताओं का विकास सम्भव है।

शारीरिक शिक्षा का महत्व

शारीरिक शिक्षा शरीर के सर्वांगीण विकास की शिक्षा है। सुन्दर स्वास्थ्य सुन्दर मन का प्रतीक है। सुन्दर मन से सुन्दर बुद्धि का निर्माण होता हैं इस प्रकार शारीरिक शिक्षा जीवन के लिए काफी महत्वपूर्ण शिक्षा है। शारीरिक शिक्षा के महत्व को निम्नानुसार स्पष्ट किया जा सकता है-

1. प्राकृतिक विकास में सहयोगी।
2. अनुशासन की वृद्धि।
3. देश प्रेम की भावना का विकास।
4. शारीरिक सौन्दर्य में निखार।
5. मानसिक एवं नैतिक दृढ़ता में वृद्धि।
6. चारित्रिक गुणों का विकास।
7. समय का सदुपयोग।

स्वास्थ्य शिक्षा

स्वास्थ्य शिक्षा को साधारण शिक्षा से अलग नहीं किया जा सकता या यह कहा जा सकता है कि यह साधारण शिक्षा का

एक महत्त्वपूर्ण अंग होती है। जैसा कि नाम से ही पता चलता है इस अभिप्राय है ऐसी शिक्षा जो स्वास्थ्य से संबंधित होती है। इसके बारे में यह कहा जा सकता है कि यह ज्ञान है जिससे एक व्यक्ति समाज की स्वास्थ्य संबंधित आदतों, व्यवहारों तथा अनुभवों से अवगत होता है।

आज स्वास्थ्य शिक्षा बहुत महत्त्वपूर्ण स्थान ग्रहण कर चुकी है जो इसी तथ्य से सिद्ध होता है कि सभी स्तरों पर यह शिक्षा दी जाती है। आज विद्यालयों तथा विश्वविद्यालयों में यह एक महत्त्वपूर्ण तथा शिक्षा का अभिन्न अंग बन चुकी है। इस शिक्षा का मुख्य उद्देश्य उन्हें यह बताना होता है कि विभिन्न स्थितियों में उन्हें क्या, क्यों तथा किस प्रकार करना है। इस प्रकार से स्वस्थ रहने के लिए उन्हें कौन-कौन सी क्रियाएँ करनी चाहिए, किस प्रकार का आहार ग्रहण करना चाहिए और कितनी मात्रा में लेना चाहिए। मुख्यत: यह कहा जा सकता है कि स्वास्थ्य शिक्षा के अन्तर्गत एक व्यक्ति के स्वास्थ्य संबंधी व्यवहार का अध्ययन किया जाता है।

स्वास्थ्य शिक्षा की परिभाषा

स्वास्थ्य के जैसे ही स्वास्थ्य शिक्षा के बारे में भी लोगों के विभिन्न मत हैं जिसमें से प्रमुख मतों का वर्णन नीचे किया गया है-

सोफे के अनुसार, "स्वास्थ्य शिक्षा में स्वास्थ्य संबंधी ज्ञान का परीक्षण अनुसरण निर्माण किया जाता है। इसके अन्तर्गत विभिन्न व्यवहार परिवर्तन के विकल्पों का अनुसरण व परीक्षण होता है, उनके परिणामों एवं प्रभावों के विकल्पों का अध्ययन किया जाता है जो विभिन्न प्रभावित व्यक्तियों द्वारा स्वीकार किए जाते हैं।"

डॉ. टॉमस वुड के अनुसार "स्वास्थ्य शिक्षा उन अनुभवों का समूह है, जो व्यक्ति, समुदाय एवं सामाजिक स्वास्थ्य, आदतों, व्यवहारों और ज्ञान को प्रभावित करते हैं।"

रूप ई. ग्राउट के अनुसार, "स्वास्थ्य शिक्षा का अर्थ है कि स्वास्थ्य संबंधी ज्ञान को किस तरह से शिक्षा द्वारा ठीक व्यक्तिगत तथा सामाजिक विचार में बदला जा सकता है।"

इस प्रकार स्वास्थ्य शिक्षा से संबंधित कुछ महत्त्वपूर्ण तथ्य उजागर होकर सामने आते है कि स्वास्थ्य शिक्षा का मुख्य लक्ष्य या उद्देश्य व्यक्ति को उचित प्रकार से व्यक्तिगत एवं सामुदायिक रूप से परिपक्व बनाना होता है जिसके लिए एक उचित शैक्षिक क्रिया की सहायता ली जाती है।

एक व्यक्ति को पूर्ण रूप से स्वस्थ बनाने के लिए यह आवश्यक होता है कि उसे जीवन के आरंभिक सालों से ही, अर्थात् बचपन से ही स्वास्थ्य से संबंधित सभी मौलिक अवधारणाओं का पूर्ण ज्ञान दिया जाना चाहिए। इससे उसे यह निर्णय करने में सरलता होती है कि उसे कौन-सा कार्य किस समय पर और कैसे करना है। उदाहरणार्थ एक बच्चे को बचपन से ही रोज नहाने की आदत डालनी चाहिए। उसे यह बताना होगा कि यदि वह स्नान नहीं करेगा तो उसे कई प्रकार की बीमारियाँ घेर लेगी।

इस प्रकार से बच्चे को स्वस्थ रखने का कार्य उसके माता-पिता, बड़े भाई-बहनों तथा अन्य परिवार के सदस्यों का होता है। उन्हें चाहिए कि बच्चे के किसी भी प्रश्न को टाले नहीं बल्कि उसका ठीक प्रकार से जवाब दें। बचपन में बच्चा मानसिक रूप से इतना विकसित नहीं होता कि वह जटिल तथा भारी शब्दों का अर्थ समझ ले इसलिए उसके प्रश्नों का उत्तर देते समय इस प्रकार की भाषा तथा शब्दावली प्रयोग की जानी चाहिए जिससे बच्चा आसानी से बात समझ जाए।

एक स्वस्थ व्यक्ति के लक्षण

इस स्तर पर हम यह समझ लेने में पूर्ण रूप से सक्षम हैं कि केवल शारीरिक तौर पर स्वस्थ मनुष्य पूर्ण स्वस्थ नहीं कहलाया जा सकता जब तक वह मानसिक तौर पर भी स्वस्थ नहीं है। इन दोनों में से एक की भी कमी व्यक्ति को अस्वस्थ बना देती है। जो भी व्यक्ति एक स्वस्थ व्यक्ति के गुणों तथा विशेषताओं को पहचानता है वह आसानी से एक अस्वस्थ और स्वस्थ व्यक्ति में भेद कर सकता है।

साधारणत: एक स्वस्थ व्यक्ति में निम्नलिखित विशेषताएँ या गुण होते हैं जो उसे आसानी से पहचान लेने में सहायता करते हैं-

1. एक स्वस्थ व्यक्ति में एकाकीपन की भावना नहीं होती। वह जहाँ भी जाता है अपना एक समूह बना लेता है। उसमें मिलनसार प्रवृत्ति होती है जो दूसरों को प्राय: उसकी ओर आकर्षित करती हैं वह किसी भी वातावरण में अपने आप को ढाल लेता है।
2. वह पूर्ण रूप से परिपक्व होता है। उसमें अपने जीवन के लक्ष्य को निर्धारित तथा प्राप्त करने की योग्यता होती है जो वह अपनी क्षमताओं का मापदण्ड करके करता है।
3. उसमें अपनी क्षमताओं तथा कमियों का ठीक प्रकार से मूल्यांकन करने की क्षमता होती है। वह किसी भी परिस्थिति में अपना नियंत्रण नहीं खोता। वह अपने गुणों पर अभिमान नहीं करता और अपने को कभी भी अपनी योग्यता से अधिक नहीं आंकता।

4. कहा जाता है कि एक स्वस्थ आत्मा स्वस्थ शरीर में वास करती है। इसका अभिप्राय यह हुआ कि मनुष्य के स्वास्थ्य में उसकी आत्मा का भी एक महत्त्वपूर्ण स्थान होता है। मनुष्य का आशावादी होना और उत्कृष्ट आंतरिक आत्मा कुछ ऐसी आधारभूत शर्ते हैं जिनके बिना एक मनुष्य कभी भी पूर्ण रूप से स्वस्थ नहीं माना जा सकता। एक ऐसा मनुष्य जिसे किसी प्रकार का कोई रोग नहीं है, परन्तु जो दूसरों के साथ अच्छा व्यवहार नहीं करता या अभद्र भाषा का प्रयोग करता है तो वह व्यक्ति कभी भी स्वस्थ नहीं कहला सकता।
5. एक स्वस्थ मनुष्य को अपने पर पूर्ण विश्वास होता है। वह आत्म-विश्वासी होता है और कोई भी कार्य को करने का साहस रखता है। वह अपने जीवन में आशावादी होता है और सदैव एक सकारात्मक दृष्टिकोण रखता है। किसी भी कठिन परिस्थिति में अपने पर पूर्ण रूप से नियंत्रण बनाए रखता है और स्थिति के अनुरूप निर्णय लेने में सक्षम होता है।

स्वास्थ्य को प्रभावित करने वाले मुख्य कारक

जैसा कि पहले भी कहा जा चुका है कि आज स्वास्थ्य शिक्षा को विशेष महत्त्व दिया जाता है इसके कई कारण हैं। एक अस्वस्थ व्यक्ति कभी भी कोई कार्य सफलतापूर्वक नहीं कर सकता। इसी प्रकार एक राष्ट्र की समृद्धि के लिए भी यह आवश्यक है कि उसके नागरिक स्वस्थ हों क्योंकि केवल एक स्वस्थ व्यक्ति ही देश को नई दिशा में ले जा सकता है। कोई भी मनुष्य हृष्ट-पुष्ट तथा तंदरूस्त शरीर तब तक नहीं पा सकता जब तक उसका स्वास्थ्य ठीक नहीं होगा।

खुद को स्वस्थ रखने की जिम्मेदारी एक व्यक्ति की होती है और वह यह तभी कर सकता है जब उसे यह पता हो कि कौन-कौन सी चीजें उसके स्वास्थ्य के लिए हानिकारक हो सकती हैं और कौन-सी लाभदायक। प्रायः एक व्यक्ति के स्वास्थ्य को निम्नलिखित कारक प्रभावित करते हैं-

1. **सामाजिक-सांस्कृतिक प्रभावः** सामाजिक तथा सांस्कृतिक वातावरण का एक मनुष्य के जीवन पर बहुत प्रभाव पड़ता है। एक बच्चा जिस प्रकार का वातावरण अपने इर्द-गिर्द पाता है उसी के अनुरूप वह अपने आप को ढाल लेता है और उसी वातावरण के लक्षण बड़े होने पर उसके व्यवहार में साफ दिखाई देते हैं।

   यह तो एक सर्वमान्य सत्य है कि मनुष्य में सीखने की प्रवृत्ति जन्म से ही होती है। आरम्भ में वह चलना, बोलना, दौड़ना आदि सीखता है और बड़े होकर कई प्रकार की क्रियाएँ सीखता है जो उसके जीवन के लिये महत्त्वपूर्ण होती है। बड़े होकर सभी मनुष्यों के स्वास्थ्य में भिन्नता आ जाती है जिसका महत्त्वपूर्ण कारक होता है वह माहौल जिसमें बच्चे बड़े होते हैं। इन्हीं बच्चों में से कई कुशल खिलाड़ी बन जाते हैं और कई अधिक विकसित न होने के कारण पिछड़ जाते हैं जिसका श्रेय दिया जाता हैं वातावरण तथा पृष्ठभूमि को, जिसमें बच्चा पलता है। भारत जैसे विकासशील देश में जहां आज भी कई लोगों को दो वक्त की रोटी भी नसीब नहीं होती, उनका अस्वस्थ होना स्वाभाविक ही है।
2. **व्यक्तिगत आदतेंः** एक व्यक्ति की खुद की धारणा स्वास्थ्य के बारे में क्या है, वह कितना अवगत है उन क्रियाओं से जो उसके लिये हानिकारक हो सकती हैं इस तथ्य का प्रभाव भी उसके स्वास्थ्य पर पड़ता है। कोई भी व्यक्ति जब तक स्वस्थ नहीं रह सकता जब तक वह खुद स्वस्थ रहना न चाहे। स्वस्थ रहने के लिए एक व्यक्ति को खुद में कुछ आदतें डालनी पड़ती हैं जिनके बिना वह कभी भी स्वस्थ नहीं रह सकता। उसे सफाई प्रिय होना चाहिए, सुबह उठ कर व्यायाम करने चाहिए, अनुशासन से कार्य करना चाहिए तथा जीवन में हर कार्य एक सकारात्मक दृष्टि के साथ करना चाहिए। परन्तु यदि किसी व्यक्ति को अपने आस-पास गंदगी ही पसन्द है तो तो कोई भी अन्य वस्तु उसे स्वस्थ नहीं रख सकती। इस प्रकार एक व्यक्ति की खुद की आदतें तथा पसन्द-नापसन्द भी उसके स्वास्थ्य पर गहरा प्रभाव डालते हैं।
3. **पैतृकताः** यह बात झुठलाई नहीं जा सकती कि एक स्वस्थ माता-पिता ही एक स्वस्थ बच्चे के जन्मदाता हो सकते हैं। प्रायः यह होता है कि यदि माता या पिता में से किसी को भी कोई रोग है तो उसका पूर्ण या कुछ न कुछ प्रभाव बच्चे पर आ ही जाता है और इस प्रकार बच्चा भी रोगी हो जाता है। इसलिये इस बात का भी प्रभाव एक व्यक्ति के स्वास्थ्य पर पड़ता है कि उसके जन्मदाता का स्वास्थ्य किस प्रकार का हैं।
4. **मानसिक दृष्टिकोणः** एक व्यक्ति का स्वास्थ्य इस बात पर भी निर्भर करता है कि उसका जीवन के प्रति दृष्टिकोण कैसा है। जो व्यक्ति हर चीज को नकारात्मक दृष्टि से देखता है वह कभी भी अच्छा स्वास्थ्य प्राप्त नहीं कर सकता। अच्छे स्वास्थ्य के लिए यह आवश्यक है कि व्यक्ति को जीवन के

प्रति एक सकारात्मक दृष्टिकोण रखना चाहिए क्योंकि इस प्रकार की भावना उसकी शारीरिक तथा मानसिक शक्ति बढ़ाती है और उसके जीवन में आनन्द तथा खुशी लाती है।

5. वातावरण: जैसा कि पहले भी कहा जा चुका है कि एक व्यक्ति के स्वास्थ्य पर उसके वातावरण का, जिसमें वह बड़ा होता है तथा रहता है, का भी बहुत प्रभाव पड़ता है। यहाँ वातावरण शब्द का प्रयोग एक विस्तृत रूप में किया जा रहा है जिसमें केवल व्यक्ति के आस-पास का माहौल ही सम्मिलित नहीं होता, वरन् उसकी सांस्कृतिक, भावात्मक तथा जलवायु भी महत्त्वपूर्ण भूमिका निभाते हैं।

प्राय: वातावरण को दो भागों में बांटा जाता हैं जो निम्न हैं:

(क) आन्तरिक वातावरण: व्यक्ति के आन्तरिक वातावरण से अभिप्राय उसके शरीर के अन्दर स्थित शारीरिक संरचना प्रणाली से होता है। जिसके मुख्य घटक हैं गुरूत्वाकर्षण शक्ति, शरीर का तापमान, रक्त का दबाव आदि।

(ख) बाहरी वातावरण: इसके अन्तर्गत व्यक्ति के घर का माहौल जिसमें वह रहता है, विद्यालय तथा कार्यालय का माहौल जहाँ पर वह अपना अधिक समय व्यतीत करता है आदि आते हैं।

प्राय: इस प्रकार के वातावरण का एक मनुष्य के शरीर पर बहुत प्रभाव पड़ता है क्योंकि इस स्थान पर मनुष्य अधिक से अधिक समय व्यतीत करता है और यदि वहाँ स्वच्छता या मनुष्य के लिए आवश्यक सुविधाओं का अभाव होगा तो मनुष्य कभी भी स्वस्थ नहीं हो सकता। उदाहरणार्थ यदि एक व्यक्ति के कार्यालय में स्वच्छ जल की व्यवस्था नहीं है और वह गंदा जल ही पीये तो ऐसे में उसका अस्वस्थ होना कोई आश्चर्य की बात नहीं होगी।

स्वास्थ्य शिक्षा का उद्देश्य

जिस प्रकार के भिन्न मत स्वास्थ्य शिक्षा के अर्थ में देखने को मिलते हैं उसी प्रकार की भिन्नताएँ स्वास्थ्य शिक्षा के उद्देश्यों को निर्धारित करने में भी मिलते हैं। विभिन्न स्वास्थ्य शिक्षा विशेषज्ञों के मतों में इसके उद्देश्यों को लेकर भिन्नता है। परन्तु सभी विशेषज्ञों के तर्कों के निचोड़ से जो उद्देश्य स्पष्ट होता है वह है लोगों को उन कार्यक्रमों में भाग लेने के लिये प्रोत्साहित करना जिनका आयोजन स्वास्थ्य संबंधी समस्याओं को हल करना होता है या यह कहा जा सकता है कि लोगों को स्वास्थ्य सुधार के लिए महत्त्वपूर्ण जानकारी तथा निर्देश देना स्वास्थ्य शिक्षा का एक मुख्य उद्देश्य होता है। स्वास्थ्य शिक्षा के मुख्य उद्देश्य निम्नलिखित हैं:-

1. विद्यार्थियों में स्वास्थ्य संबंधी सामाजिक दायित्व का विकास करना स्वास्थ्य शिक्षा का एक उद्देश्य व्यक्ति को केवल अपने लिए जीना न सिखाकर एक सामाजिक प्राणी बनाना भी होता है। उसे विभिन्न प्रकार के सामाजिक अपराधों से अवगत कराना चाहिए। उसे यह सिखाना चाहिए कि किसी भी सार्वजनिक स्थल पर उसे ऐसा कोई भी कार्य नहीं करना चाहिए जिससे किसी को भी कोई क्षति पहुँचे। यही नहीं उसे यह भी बताना चाहिए कि वह एक सामाजिक प्राणी है और किस प्रकार से उसे दूसरे व्यक्तियों के साथ अच्छे संबंध स्थापित करते रहना चाहिए।

2. शारीरिक विकास: सामान्यत: यह माना जाता है कि व्यक्ति का शारीरिक विकास ही शारीरिक शिक्षा का एकमात्र उद्देश्य है। यह एक गलत अवधारणा है क्योंकि शारीरिक शिक्षा का एक मुख्य तथा महत्त्वपूर्ण उद्देश्य व्यक्ति का शारीरिक विकास तो है, परन्तु एक मात्र नहीं।

3. स्वास्थ्य सम्बन्धी स्तर निश्चित करना: प्रत्येक विद्यालय या महाविद्यालयों में वहाँ पर आने वाले व्यक्तियों के स्वास्थ्य का विशेष ध्यान दिया जाना चाहिए। ऐसी सभी व्यवस्थाएँ तथा सुविधाएँ व्यक्तियों को उपलब्ध कराई जानी चाहिए जो उनके स्वास्थ्य पर प्रभाव डालती हों। प्रत्येक विद्यालय या स्थान पर स्वास्थ्य से संबंधित कुछ उद्देश्य निश्चित किए जाने चाहिए जिसका उल्लंघन किसी को करने नहीं देना चाहिए, जैसे कमरों में गदंगी न फैलाना, शोर न करना आदि।

4. विश्व स्वास्थ्य संगठन का स्वास्थ्य शिक्षा के उद्देश्यों के संबंध में यह मत है कि इसका मुख्य उद्देश्य लोगों को अपने कार्यों तथा प्रयासों के द्वारा स्वास्थ्य प्राप्त करने में मदद करना है। इसके द्वारा व्यक्ति की आयु अधिक होती है उसमें शारीरिक कार्य करने की क्षमता बढ़ती है।

इन सभी उद्देश्यों के अलावा निम्न महत्त्वपूर्ण उद्देश्य भी शारीरिक शिक्षा के माने गए हैं-

1. स्वास्थ्य शिक्षा में विद्यार्थियों को केवल उनके वर्तमान जीवन से ही संबंधित जानकारी नहीं दी जाती, अपितु जो जानकारी उनके भावी जीवन के लिए महत्त्वपूर्ण होती है, वह भी दी जाती है। उदाहरणार्थ, उन्हें यह बताया जाता

है कि यौन-क्रिया कब और कैसे करनी चाहिए, परिवार को किस प्रकार कम आकार का रखा जा सकता है आदि। इस प्रकार विद्यार्थी अपने जीवन से संबंधित वह सारी जानकारी प्राप्त कर लेते हैं जिसके बारे में बात करते हुए वह अपने बड़ों या भाई-बहनों से हिचकिचाते हैं।

2. स्वस्थ रहने के लिए आवश्यक आदतों को विद्यार्थियों में विकसित करना।
3. विभिन्न प्रकार के प्रदूषणों की जानकारी खिलाड़ी को देना और उनसे बचने के उपाय भी बताना जिससे वह स्वस्थ रह सके।
4. साधारणत: यह देखा जाता है कि कॉलेज स्तर पर सभी लड़के सिगरेट व शराब पीने की गंदी आदतें डाल लेते हैं जो उनके स्वास्थ्य के लिये बहुत हानिकारक सिद्ध होती है। इस प्रकार की वस्तुओं का सेवन करने से विद्यार्थियों को रोकने का दायित्व भी शारीरिक शिक्षा का होता है। उन्हें इस प्रकार की वस्तुओं के सेवन से होने वाले दुष्प्रभावों से अवगत कराया जाना चाहिए जिससे वह उनका सेवन न करें।
5. विद्यार्थियों को खेल-कूद तथा शारीरिक क्रियाओं का जीवन में महत्त्व बताना। उन्हें इस बात का ज्ञान कराना कि स्वस्थ रहने के लिए उन्हें किसी न किसी प्रकार को शारीरिक क्रिया करनी ही पड़ती है अन्यथा स्वस्थ रहना मुश्किल हो जाता है।
6. स्वस्थ रहने के लिए व्यक्ति को एक कार्यक्रम निर्धारित करना पड़ता है जिसको प्रयोग करके वह स्वस्थ बना रह सकता है। इस प्रकार की कार्यप्रणाली किस प्रकार तैयार करनी है और किस प्रकार प्रयोग में लानी है इसका ज्ञान भी शारीरिक शिक्षा ही विद्यार्थी को प्रदान करती है।
7. विद्यार्थियों को स्वास्थ्य से संबंधित सभी प्रकार की अवधारणाओं को बताना और उन्हें वैज्ञानिक दृष्टिकोण का विकास करने के लिए सक्षम बनाना।
8. विभिन्न प्रकार की स्वास्थ्य समस्याओं से विद्यार्थियों को अवगत कराना और किस प्रकार उनका समाधान तथा उपचार किया जाए यह भी उन्हें बताना।
9. स्वास्थ्य से संबंधित सभी प्रकार की नयी घटनाओं की जानकारी विद्यार्थी को देना।

अच्छे स्वास्थ्य का महत्त्व

स्वस्थ जीवन की आधारशिला व्यक्ति का बचपन होता है। प्राय: यह देखा जाता है कि यदि बच्चे को बचपन से ही स्वास्थ्य की तरफ सचेत कर दिया जाए तो उसमें वही आदतें पैदा हो जाती हैं और बड़ा होकर भी वह उन्हीं आदतों को प्रयोग में लाता है और एक स्वस्थ व्यस्क के रूप में विकसित होता है।

स्वास्थ्य शिक्षा किसी भी व्यक्ति के जीवन में एक विशेष महत्त्व रखती है जो निम्न तथ्यों से स्पष्ट है-

1. यह एक व्यक्ति की खुशी तथा आनंद की आधारशिला होती है।
2. इसके अन्तर्गत विद्यार्थी को वह सभी ज्ञान दिया जाता है जिससे वह अपने आपको स्वस्थ रख सकता है।
3. केवल शारीरिक रूप से स्वस्थ व्यक्ति ही अपने कार्यों को पूरा कर सकता है।
4. स्वास्थ्य पर ही एक मनुष्य की सभी कार्यों को करने की क्षमता निर्भर करती है, इसलिए यह एक व्यक्ति के लिए बहुत महत्त्वपूर्ण होती है।
5. अच्छा स्वास्थ्य प्रत्येक व्यक्ति का अधिकार और कर्त्तव्य है क्योंकि इसे बनाना या बिगाड़ना केवल उसी के हाथ होता है।
6. स्वास्थ्य संबंधी कार्यक्रम केवल एक विद्यार्थी पर ही अपना प्रभाव नहीं छोड़ते परन्तु पूरा का पूरा समाज उससे प्रभावित होता है।
7. स्वास्थ्य शिक्षा एक विद्यार्थी को विभिन्न प्रकार के रोगों तथा दोषों से मुक्त रखने में सहायक होती है। इससे विभिन्न प्रकार के रोग जैसे कान के, आँखों के तथा कुपोषण संबंधित रोग नहीं होते क्योंकि इन सभी प्रकार के रोगों से बचने की जानकारी स्वास्थ्य शिक्षा के अन्तर्गत विद्यार्थियों को दी जाती है।
8. यदि एक व्यक्ति को स्वास्थ्य शिक्षा प्राप्त हो जाती है तो उससे अधिक से अधिक व्यक्ति स्वस्थ रह सकते हैं जो इस प्रकार से संभव है कि जो ज्ञान विद्यार्थी स्वास्थ्य शिक्षा के अन्तर्गत ग्रहण करेंगे उसे अपने परिवारजनों तथा मित्रों को बताएंगे और इस प्रकार इसका प्रभाव बहुत-से लोगों पर पड़ेगा।
9. शैशवकाल का महत्त्व: एक शिशु के लिए भी स्वास्थ्य शिक्षा का एक महत्त्वपूर्ण स्थान है। शिशुकाल एक ऐसा समय होता है जब जिस प्रकार से बच्चे को बनाना चाहे, आज बना सकते हैं। इस उम्र में जो आदतें बच्चे को लग जाए, वह पूरी जिन्दगी बदली नहीं जा सकती। इस उम्र में यदि बच्चे को स्वास्थ्य से संबंधित अच्छी आदतें डल जाएं तो वह उसके लिए पूरी जिन्दगी सहायता करती है और उसे स्वस्थ बने रहने में मदद करती है।

10. शारीरिक दोषों को दूर करना: कुछ व्यक्ति ऐसे होते हैं जिन्हें जन्म से ही कुछ रोग होते हैं जैसे शारीरिक विकृति, मानसिक दोष या कम सुनना। इस प्रकार के दोषों को शारीरिक शिक्षा की सहायता से कम तथा पूरा ठीक किया जा सकता है।

स्वास्थ्य शिक्षा के सिद्धांत

औषधि की कला और विज्ञान तथा सामान्य शिक्षा के सिद्धान्तों और व्यवहार को एक-दूसरे के निकट लाने का महत्त्वपूर्ण कार्य स्वास्थ्य शिक्षा करती है। एक विद्यार्थी केवल कक्षा में ही नहीं सीखता, अपितु इस संसार में भी उसे बहुत कुछ सीखने को मिलता है। कोई भी व्यक्ति तब तक कोई क्रिया नहीं सीख सकता जब तक वह उसे सीखने का इच्छुक न हो।

कोई भी शिक्षा बिना किन्हीं सिद्धांतों के नहीं दी जा सकती। स्वास्थ्य शिक्षा के भी अपने कुछ सिद्धान्त होते हैं जो निम्नलिखित हैं-

कोई भी विषय निर्धारित नियमों तथा समस्याओं के बिना प्रयोग में नहीं लाया जा सकता। आज स्वास्थ्य शिक्षा का स्वरूप बदल चुका है। पहले इसके सिद्धांत केवल अनुमान तथा अंदाज के आधार पर बनाए जाते थे, परन्तु अब वैज्ञानिक आधारों का प्रयोग सिद्धान्तों का निर्माण करने में किया जाता है। इस प्रकार के सिद्धान्तों को कहीं पर भी सिद्ध किया जा सकता है और ऐसे सिद्धान्तों का प्रभाव एक व्यक्ति को कष्टों से दूर रखने में सहायक होते हैं। स्वास्थ्य शिक्षा के कुछ क्रियात्मक कार्य में आने वाले सिद्धांत हैं जिनमें से मुख्य निम्न हैं:-

1. स्वास्थ्य शिक्षा केवल एक व्यक्ति को ही प्रभावित नहीं करती, बल्कि पूरा समाज इससे प्रभावित होता है। इसके अन्तर्गत केवल एक विद्यार्थी की ही स्वास्थ्य संबंधी समस्याओं से ही नहीं निपटा जाता, बल्कि समूचे समाज, देश तथा सभी व्यक्तियों की सभी प्रकार की स्वास्थ्य संबंधी समस्याओं का समाधान किया जाता है।
2. व्यक्ति को अपने स्वास्थ्य से संबंधित सम्पूर्ण महत्त्वपूर्ण जानकारी देना स्वास्थ्य शिक्षा का उद्देश्य होता है। इस प्रकार की जानकारी से वह अपने स्वास्थ्य के बारे में अधिक सचेत हो जाता है।
3. अलग-अलग व्यक्तियों के लिए भिन्न-भिन्न कार्यक्रम का निर्माण किया जाना चाहिए क्योंकि सभी की आयु तथा शारीरिक क्षमता में भिन्नता पाई जाती है।
4. स्वास्थ्य शिक्षा का संबंध सामान्य बातों से नहीं होता, अपितु केवल विशिष्ट विषयों के अध्ययन से होता है। सार्वजनिक स्वास्थ्य, औषधि विज्ञान, पोषण एवं औषधि संस्थानों के निष्कर्षो पर आधारित तथ्यों का प्रयोग इसमें किया जाता है। इन निष्कर्षो को सरल तथा साधारण तरीके से विद्यार्थियों को बताना-स्वास्थ्य शिक्षा का उद्देश्य होता है। स्वास्थ्य संबंधी आदतें बहुत परिश्रम से आती हैं।
5. इस प्रकार के कार्यक्रम स्वास्थ्य शिक्षा के अन्तर्गत बनाने चाहिए जिसमें अनुभव के कारण उसके प्रभावों की जानकारी विद्यार्थियों को दी जा सके।
6. स्वास्थ्य शिक्षा इस प्रकार दी जानी चाहिए कि व्यक्ति अपनी बुरी आदतों को शीघ्र छोड़ दे। यह तभी सम्भव हो सकता है जब व्यक्ति को उसकी आदतों को मनोवैज्ञानिक ढंग से समझाया जाए।
   स्वास्थ्य शिक्षा में किसी भी आदत को छुड़ाने के लिए जोर-जबरदस्ती नहीं करनी चाहिए क्योंकि इससे मनुष्य वह आदत न छोड़ने का फैसला कर सकता है।
7. मनुष्य को अपने जीवन में सकारात्मक दृष्टिकोण रखना चाहिए और इस प्रकार का दृष्टिकोण उसे केवल स्वास्थ्य शिक्षा से प्राप्त हो सकता है। यही नहीं स्वास्थ्य शिक्षा विद्यार्थियों का विभिन्न स्थितियों में मार्गदर्शन भी करती है और उन्हें ठीक तरह से कार्य करने के लिए निर्देशित भी करती है।
8. प्रत्येक व्यक्ति, समुदाय तथा समूचे समाज के व्यक्तियों के स्वास्थ्य का स्तर उच्च बनाए रखना ही स्वास्थ्य शिक्षा का मुख्य उद्देश्य होता है।
9. कई प्रकार के कार्यक्रमों को स्वास्थ्य शिक्षा के अन्तर्गत चलाया जाता है और यही प्रयत्न किया जाता है कि यह सभी कार्यक्रम एक ही समय एक साथ चलाए जाए।
10. स्वास्थ्य शिक्षा केवल तभी सफल हो सकती है यदि उसके अन्तर्गत प्रयोग किए जाने वाले कार्यक्रमों को व्यक्तियों की आवश्यकताओं तथा रूचियों को ध्यान में रखकर तैयार किया जाएगा। इसका कारण यह होता है कि स्वास्थ्य शिक्षा विद्यार्थियों की शारीरिक तथा मानसिक क्षमताओं, ज्ञान और दृष्टिकोणों आदि पर आधारित होती है।
11. स्वास्थ्य शिक्षा को उसी भाषा में प्रदान किया जाना चाहिए जो भाषा उस स्थान के लोगों में प्रचलित हो क्योंकि ऐसी भाषा सभी की समझ में आती है और लोग इसे ध्यान से सुनते तथा समझते हैं।

12. इस प्रकार की व्यवस्था स्वास्थ्य शिक्षा कार्यक्रमों में की जानी चाहिए कि दोनों पक्षों, अर्थात् छात्र तथा प्रशिक्षक, दोनों को अपनी-अपनी बात कहने का पूर्ण मौका दिया जाए। इस प्रकार छात्रों तथा शारीरिक शिक्षा ग्रहण करने वालों की रूचि बढ़ती है।

निष्कर्ष

स्वस्थ शरीर ईश्वर का वह वरदान है जिसके लिए आज लोग कई प्रकार की क्रियाएँ करते हैं आज बड़ी मात्रा में लोग अपने स्वास्थ्य के प्रति जागरूक हो रहे हैं। अब यह बात लोगों को समझ में आ गई है कि जान है तो जहान है।

स्वास्थ्य शिक्षा को लेकर विभिन्न विशेषज्ञों के अलग-अलग मत हैं। इसके बारे में यह कहा जा सकता है कि यह एक ऐसी प्रक्रिया है जिसके द्वारा व्यक्ति स्वास्थ्य से संबंधित विभिन्न पहलुओं को समझता है और विभिन्न प्रकार के रोगों से अपने आप को बचाने के प्रयास तथा उपाय करता है।

मनोरंजन

मनोरंजन विभिन्न व्यक्ति विशेषों के लिए अलग-अलग अर्थ रखता है। यह गतिविधियों की विशाल किस्मों पर लागू होता है। कभी-कभी यह वाक्य जवान लोगों एवं वयस्कों द्वारा की जाने वाली गतिविधियों और नौजवान युवकों की गतिविधियों में भेद करता है। क्योंकि शब्दों के उपयोग का यह परिवर्तन स्पष्ट रूप से समझने के लिए तथा भ्रम दूर करने के लिए हमें क्रिया के प्रारम्भ को समझना पड़ेगा। सामान्य व्यवहार में मनोरंजन का अर्थ विस्तृत या समग्र भाव से लिया जा सकता है। यह गतिविधि किसी आयु विशेष समूह के लिए प्रतिबंधित नहीं होती है।

डॉ. जॉन एच. फिन्ले ने मनोरंजन शब्द को खेल में शामिल करते हुए काफी विस्तार से इंगित किया है कि खेल प्रत्येक अभिव्यक्ति में और बहुत सी गतिविधियों में जैसे कि संगीत, नाटक क्राफ्ट तथा स्वतंत्र गतिविधियों और विशेषकर रचनात्मक गतिविधियों के द्वारा जीवन को परिपूर्ण बनाती है। मनोरंजन का अर्थ है कि खोई हुई ऊर्जा को पुनः प्राप्त कर आनन्द का अनुभव प्राप्त करना। संतुष्टि एवं तरोताजा रहना स्वयं में एक मनोरंजन से पूर्ण जीवन है। बिना मनोरंजन के जीवन निरर्थक है। आधुनिक युग जटिलताओं से भरा है। आदमी को जीवित रहने के लिए शारीरिक एवं मानसिक श्रम करना पड़ता है। इस कारण थकान पैदा होती है। मनोरंजन के द्वारा वह अपनी खोई हुई शक्ति और ऊर्जा पुनः प्राप्त कर सकता है। मनोरंजन से वे गतिविधियां सम्बद्ध हैं जो कि व्यक्ति विशेष खाली समय के दौरान अथवा अकार्य घंटों में करता है। इसलिए सामान्यतः इस गतिविधि को खाली समय में की जाने वाली गतिविधि के रूप में संदर्भित किया जाता है। मनोरंजन शिक्षा का उद्देश्य अध्यापन करने वाले लोगों को रचनात्मक तरीके से अपने खाली समय और अकार्य समय के रचनात्मक रूप में उपयोग किए जाने के लिए शिक्षित करना है। इस उद्देश्य की प्राप्ति के लिए तथा मनोरंजन को मूल्यवान बनाने के लिए गतिविधियां शारीरिक, मानसिक, भावनात्मक एवं सामाजिक आवश्यकताओं के अनुरूप होनी चाहिए। दूसरे शब्दों में इन गतिविधियों के चयन में यह सावधानी बरती जाती है कि खाली समय का स्वास्थ्य के लिए सही उपयोग किया जाये।

मनोरंजन की परिभाषा

मनोरंजन को इस प्रकार भी माना जा सकता है कि किसी भी प्रकार के खाली समय को अनुभवों अथवा गतिविधियों जिसमें व्यक्ति विशेष अपनी रुचि के अनुसार स्वयं की संतुष्टि और मनोरंजन करता है, जो कि उसके पास सीधे ही आती है।

मनोरंजन की व्याख्या इस प्रकार की जा सकती है कि खाली समय के दौरान स्वयं स्वेच्छा से व्यस्त रखना प्राथमिक रूप से इससे आनन्द प्राप्ति हेतु संतुष्टि के दौरान प्रेरित करना।

मनोरंजन के आवश्यक लक्षण

शिक्षा इस तथ्य की पक्षधर है कि मनोरंजन में अग्रलिखित लक्षण होने चाहिए जिससे कि भागीदार को लाभ मिल सके :-

1. **खाली समय (फुरसत के क्षण):** मनोरंजन के लिए ऐसी गतिविधि का चयन करना चाहिए जिससे कि उसको करने वाला खाली समय में कर सके। इस मत के अनुसार किसी को मनोरंजनात्मक गतिविधि में शामिल होने के लिए कार्य के घन्टों के दौरान अपना काम को छोड़ना पड़े।
2. **आनन्ददायक:** जिस गतिविधि में शामिल हों वह आनंददायक होना चाहिए न कि उबाऊ।
3. **संतुष्टि:** जिस गतिविधि में लगे उससे व्यक्तिविशेष को तत्काल तथा सीधे ही संतुष्टि मिलनी चाहिए।।
4. **स्वैच्छिक:** व्यक्ति विशेष को मनोरंजनात्मक गतिविधि को, समय को अपनी रुचि के अनुसार चुनना चाहिए। उसमें बाध्यता नहीं होनी चाहिए।
5. **रचनात्मक:** मनोरंजनात्मक गतिविधि रचनात्मक होती है। यह भागीदार को शारीरिक, मानसिक, भावनात्मक तथा सामाजिक रूप से तथा अन्य किसी भी प्रकार से

हानिकारक नहीं होती है। यह व्यक्ति विशेष के सतत् विकास में सहायक होती है।

6. **समाज को स्वीकार्यः** मनोरंजनात्मक गतिविधियाँ समाज के लिए स्वीकार्य होती है। इसमें भाग लेने वाले के लिए व्यक्तिगत रूप से लाभकारी होती है।
7. **केवल जीवित रहने मात्र के लिए नहीं:** भोजन करना, शयन करना अपने आप में मनोरंजनात्मक गतिविधियाँ नहीं कही जा सकतीं क्योंकि ये गतिविधियाँ तो जीवित रहने मात्र के लिए अनिवार्य है। कोई भी व्यक्ति पिकनिक आदि मना सकता है। जिसमें दोपहर अथवा रात्रि भोजन किया जा सकता है परन्तु इस क्रिया के अन्य भाग जैसे सामाजिक खेल तथा सहभागी बनना मनोरंजनात्मक गतिविधियों का एक महत्त्वपूर्ण तत्त्व होता है। इसके बिना मनोरंजक गतिविधि नहीं कहला सकती है।

मनोरंजन का उद्देश्य एवं लक्ष्य

मनोरंजनात्मक शिक्षा का उद्देश्य लोगों को फालतू समय के रचनात्मक उपयोग करने के लिए प्रशिक्षित करना है।

मनोरंजन क्षेत्र के लक्ष्य बहुत मूल्यवान होते हैं। अमेरिकन स्वास्थ्य, शारीरिक शिक्षा एवं मनोरंजन संघ (आफर) का कहना है कि यह विशेष क्षेत्र स्वयं को रचनात्मक अभिव्यक्ति के लिए मनुष्य की आधारभूत आत्मिक संतुष्टि में विशेष योगदान देता है। यह सम्पूर्ण स्वास्थ्य, शारीरिक मानसिक भावनात्मक अभिवृद्धि को प्रोत्साहित करती है तथा जीवन के तनाव एवं खिंचावों से निजात दिलाने वाले मारक के रूप में कार्य करता है तथा व्यक्तिगत एवं पारिवारिक जीवन जीने के लिए विस्तृत स्थान मुहैया करता है जिससे कि प्रभावी नागरिकता तथा जीवन जनतंत्र का विकास सम्भव होता है।

अमेरिकन मनोरंजन के उद्देश्यों के लिए गठित किए गए आयोग द्वारा की गई विवेचना मनोरंजन के उद्देश्यों के वर्णन के लिए एक सर्वोत्तम विवरण है।

ये उद्देश्य इस प्रकार हैं :-

1. **व्यक्तिगत परिपूर्णताः** मनोरंजन व्यक्ति की आवश्यकता की पहचान करता है ताकि वे उस मनोरंजन को करने में अपने योगदान द्वारा उद्देश्य की प्राप्ति कर सकें।
2. **गणतांत्रिक मानव सम्बन्धः** मनोरंजन यह मान्यता प्रदान करता है कि व्यक्ति का कोई उद्देश्य है। जिसे वह अपने साथ-साथ गणतांत्रिक समाज के लिए भी योगदान करता है जिसका वह अभिन्न अंग है।
3. **अवकाश के क्षण के कौशल तथा रुचियांः** मनोरंजन लोगों की अभिरूचि के लक्ष्य को प्राप्त करने के कौशल का विकास कर प्रोत्साहन तथा प्रेरणा का माध्यम बनकर अवकाश के समय को रचनात्मक तथा मूल्यवान बनाता है।
4. **स्वास्थ्य एवं दक्षताः** मनोरंजन मानसिक शिथिलता, खिंचाव एवं तनाव में कमी करने के लिए महत्त्वपूर्ण भूमिका अदा करने वाले कारक के रूप में जाना जाता है। इसका उद्देश्य आधुनिक समाज में लोगों को शारीरिक गतिविधियों के द्वारा स्वस्थ एवं दक्ष बनाना भी है।
5. **रचनात्मक अभिव्यक्ति तथा सौन्दर्य गुण विवेचनाः** मनोरंजन नेतृत्व, वातावरण तथा सौन्दर्य बोध में व्यक्तिगत अभिव्यक्ति के लिए क्रियात्मक प्रयासों के भागीदारी का विकास कर प्रेरणा एवं वस्तु प्रदान करता है।
6. **अवकाश के क्षण में समाज में रहने के लिए वातावरणः** मनोरंजनात्मक खेल प्राकृतिक स्रोतों के संरक्षण तथा प्रोत्साहन में महत्त्वपूर्ण भूमिका अदा करते हैं। मनोरंजन केन्द्रों का निर्माण तथा खेलों के मैदानों का निर्माण जनसमूह को सौन्दर्य बोध एवं सांस्कृतिक मूल्यों को जागृत करने में प्रशंसनीय भूमिका अदा करता है।

मनोरंजन के विभिन्न प्रकार

कुछ सुस्थापित उत्तम प्रकार के मनोरंजन का विवरण नीचे दिया गया है-

1. **सामुदायिक मनोरंजनः** यह मनोरंजन गांवों, कस्बों और शहरों में रहने वालों के द्वारा नियंत्रित होकर समुदाय द्वारा वित्तीय सुविधाएं प्रदान कर आयोजित किया जाता है।
2. **औद्योगिक मनोरंजनः** यह कार्यक्रम बड़े औद्योगिक घरानों तथा अन्य व्यावसायिक स्थापनाओं द्वारा अपने कर्मचारियों के लिए प्रशासित, प्रयोजित एवं संचालित किया जाता है।
3. **औपचारिक मनोरंजनः** यह कार्यक्रम अस्पतालों, उपचार गृहों तथा अन्य स्थापनाओं में अपंग तथा अन्य प्रकार के रोगियों के लाभ के लिए चलाया जाता है। इस कार्यक्रम को बढ़ते हुए मूल्य परखता के रूप में जाना जाता है।
4. **संस्थागत मनोरंजनः** इस प्रकार का कार्यक्रम मंडलों, विश्वविद्यालयों के द्वारा उनके यहां पंजीकृत अभ्यर्थियों

के लिए शालाओं एवं महाविद्यालयों में तथा संबंधित प्राधिकारों द्वारा उपलब्ध कराया जाता है।

5. **पारिवारिक मनोरंजन:** ऐसे कार्यक्रमों का चयन परिवार द्वारा अपने अवकाश के क्षणों में व्यस्त रहने के लिए आयोजन किया जाता है।
6. **व्यावसायिक मनोरंजन:** ऐसे कार्यक्रम आमोद-प्रमोद के उद्यानों, परिहास क्षेत्रों जैसे स्थानों में लाभ के उद्देश्य से संचालित किया जाता है।

आधुनिक समाज में मनोरंजन का महत्त्व

ऐसी कुछ मूलभूत मानवीय आवश्यकताएं हैं, जिनके संतुष्ट होने की आवश्यकता अनुभव की जाती है। शिक्षा के कुछ ऐसे उद्देश्य हैं जिनको प्राप्त करने की आवश्यकता होती है। ऐसे कुछ उत्तरदायित्व हैं जिनकी गणतांत्रिक समाज में पूर्ण करने की आवश्यकता अनुभव की जाती है। आधुनिक समाज द्वारा विकसित की गई तकनीकी को स्वीकार करने के लिए ऐसे कुछ मूल्य हैं जिन्हें चुकाने की आवश्यकता है और ऐसे कारक/परिवर्तन हैं जो कि आधुनिक जीवन में महत्त्वपूर्ण मनोरंजन के एक बड़े क्षेत्र में फैलाव एवं मान्यताओं को बढ़ाते हैं।

उपरोक्त बिंदुओं पर विवेचना करने के लिए नीचे कुछ प्रयास दर्शाए गए हैं कि व्यक्ति विशेष के जीवन में मनोरंजन क्यों और कैसे बढ़ते हुए महत्त्वपूर्ण कार्यों को संपादित कर सकता है जो कि समुदाय और राष्ट्र के लिए आवश्यक है:–

- मनोरंजन एक मूलभूत मानवीय आवश्यकता
- मनोरंजन का मानवीय प्रसन्नता में योगदान
- मनोरंजन और स्वास्थ्य
- मनोरंजन और चारित्रिक विकास
- मनोरंजन और अपराधों की रोकथाम
- मनोरंजन और सामुदायिक प्रतिबद्धता
- मनोरंजन और स्वाभिमान
- मनोरंजन और सुरक्षा
- मनोरंजन और लोकतंत्र
- मनोरंजन और शिक्षा
- मनोरंजन और आर्थिक स्थिति

इतिहास में सभी अवस्था के व्यक्तियों द्वारा स्वयम् की अभिव्यक्तियों तथा व्यक्तिगत विकास को प्रकट करने के लिए मनोरंजन को ही उजागर करने का माध्यम बनाया गया है तथा उनकी इस क्रिया में उल्लेखनीय समानता पाई जाती है, मनोरंजन समस्त मानव जाति की समान विरासत है। यद्यपि उसकी अभिव्यक्ति के प्रकार अवश्य ही भिन्न होते हैं। इस धरती पर सर्वत्र नौजवानों के सक्रिय क्षणों में खेल एक प्रमुख उद्यम है। खेलों के द्वारा बालक वृद्धि तथा अनुभव को प्राप्त करता है।

शारीरिक शिक्षा में प्रयुक्त तत्त्वज्ञान

इस प्राणी जगत में मनुष्य को ही श्रेष्ठ प्राणी माना गया है। केवल मनुष्य की अत्यन्त जटिल मानसिक प्रक्रियाएं पूर्ण कर सकता है। मनुष्य ही अपने अनुभवों के आधार पर नई परिस्थितियों का प्रभावशाली ढंग से मुकाबला कर सकता है। प्राचीन काल से ही मनुष्य चिन्तनशील प्राणी रहा है। उसने प्रकृति के गर्भ में छुपे कई रहस्यों का उद्घाटन किया है। मनुष्य ने ऐसी मूल-प्रणालियों तथा कसौटियों को विकसित करने का प्रयास किया है जिससे जीवन के सामाजिक, आर्थिक, धार्मिक, राजनैतिक, नैतिक, सांस्कृतिक तथा आध्यात्मिक संघटकों का नियमन होता है। सोच-विचार तथा समझने की यही शक्ति मनुष्य को तत्वज्ञानी बना देती है। तत्त्वज्ञान के अभाव में मनुष्य कोई भी कार्य सफलता पूर्वक सम्पन्न नहीं कर सकता।

तत्त्वज्ञान का अर्थ

अंग्रेजी भाषा में तत्त्वज्ञान को 'फिलोसोफी' कहते हैं। फिलोसोफी दो शब्दों को जोड़ कर बना है। पहला 'फिलिया जिसका अर्थ है प्रेम तथा दूसरा 'सोफिया' जिसका अर्थ है विवेक। इसलिए तत्त्वज्ञान को हम 'विवेक-प्रेम' की संज्ञा भी दे सकते हैं।

जीवन के सभी पक्षों में तत्त्वज्ञान का समावेश है। तत्त्वज्ञान मनुष्य के विचार तथा व्यवहार की एक व्यवस्थित अध्ययन प्रणाली है। तत्त्वज्ञान एक ऐसा माध्यम है जिससे व्यक्ति जीवन के मूल्यों, अर्थों, उद्देश्यों आदि को विकसित करना सीखता है।

जॉन उड्ई

'जीवन अनुभव में इसका चरम-महत्त्व यह है कि यह निरन्तर आलोचना की ऐसी कसौटियों का प्रावधान करता है जिनसे जीवन-अनुभव के सभी पक्षों में निहित मूल्यों, विश्वासों, संस्थाओं, कार्यों तथा उत्पादों को जांचा-परखा जा सकता है।'

जीगलॅर

'तत्वज्ञान विज्ञान की वह शाखा है जो यथार्थता के ज्ञान को खोजने, परखने तथा उसे जहां तक सम्भव हो एक अथवा एक से अधिक ब्रह्माण्ड में उपलब्ध बुद्धिमता युक्त प्रणालियों में एकीकृत करने का प्रयास करती है।'

विलियम जेम्ज

'तत्वज्ञान जैसी महत्वपूर्ण विधा कोई तकनीकी विषय नहीं है, न्यूनाधिक दृष्टि से यह हमारी वह मूक अनुभूति है जिससे हमें विदित होता है कि जीवन का वास्तव में गूढ़ अर्थ क्या है।

डा. राधाकृष्णन

'तत्वज्ञान अब अज्ञात एवं अनुभव से परे की वस्तुओं का विज्ञान नहीं अपितु अधिक वैज्ञानिक तथा धर्म निरपेक्ष बन गया है।'

तत्वज्ञान तथा विज्ञान

तत्वज्ञान तथा विज्ञान को एक ही सिक्के के दो पहलू कह सकते हैं। एक साधन है तो दूसरा साध्य दोनों ही एक दूसरे के बिना अधूरे हैं। विज्ञान कार्य साधनता का प्रतीक है तथा तत्वज्ञान लक्ष्य बोध का प्रयास। तत्वज्ञानी के आदर्शवाद तथा वैज्ञानिक के कटु यथार्थवाद के बिना मनुष्य जीवन का कल्याण सम्भव नहीं है।

प्राचीन काल में मनुष्य केवल तत्त्वज्ञानी था। परन्तु जैसे-जैसे मनुष्य की सोच-विचार तथा समझने की शक्ति का विकास होता गया वैसे-वैसे ही उसने प्रकृति में छुपे रहस्यों को खोज कर उनका विश्लेषण करना शुरु किया। परिणामस्वरूप मनुष्य तत्त्वज्ञानी से वैज्ञानिक बनता गया। या यह भी कहा जा सकता है कि तत्त्वज्ञान तथा विज्ञान एक दूसरे के पूर्वज भी हैं और वंशज भी। परन्तु तत्त्वज्ञानी तथा वैज्ञानिक में पारस्परिक विरोध देखी गई है।

तत्त्वज्ञान के संघटक

तत्त्वज्ञान के छः संघटक हैं जिनका विवरण नीचे दिया जा रहा है-

1. **ज्ञान शास्त्रः** ज्ञान शास्त्र के अन्तर्गत ज्ञान के स्रोत, सिद्धान्त, सीमायें, औचित्य तथा अधिकरण आते हैं। ज्ञान शास्त्र का मुख्य उद्देश्य सत्य तक पहुचने के साधनों तथा विधियों-प्रविधियों का अध्ययन करना है।
2. **नीतिशास्त्रः** नीतिशास्त्र दर्शन का परिकल्पना प्रधान विषय है। नीतिशास्त्र द्वारा मनुष्य नैतिकता, सदाचार, चरित्र आदि के सिद्धान्तों को सीखता है। उसे अपने तथा समाज के प्रति अपने नैतिक दायित्वों का ज्ञान भी नीतिशास्त्र से ही मिलता है।
3. **अध्यात्म शास्त्रः** अध्यात्म शास्त्र भी दर्शन का परिकल्पना प्रधान विषय है। अध्यात्म शास्त्र द्वारा ब्रह्माण्ड की वास्तविकता, प्रकृति तथा उसके कार्यों का बोध होता है। अध्यात्म शास्त्र का मुख्य आधार जीवन, मृत्यु, देव, देवियां, भू-मण्डल, आत्मा, परमात्मा आदि हैं।
4. **तर्क शास्त्रः** तर्क शास्त्र आलोचना-प्रधान संघटक है। इसके द्वारा विचारों तथा संघटनाओं के सम्बन्ध को निर्धारित किया जाता है। तर्क शास्त्र के उपयोग से ही जीवनयापन की स्वस्थ विधियों का ज्ञान होता है। तर्क शास्त्र के अभाव में मनुष्य न तो अपने विचारों को अभिव्यक्त कर सकता है और न ही सत्य को उजागर कर सकता है।
5. **सुक्ति शास्त्रः** सुक्ति शास्त्र के अन्तर्गत लक्ष्य तथा मूल्य आते हैं। फिर चाहे वह मूल्य व्यक्तिनिष्ठ हो अथवा वस्तुनिष्ठ, स्थिर हों अथवा सापेक्ष। सुक्ति शास्त्र द्वारा लक्ष्य तथा मूल्यों को शिक्षा, शारीरिक शिक्षा तथा क्रीड़ा में प्रयोग करने का प्रयास किया जाता है।
6. **सौंदर्य शास्त्रः** सौंदर्य शास्त्र द्वारा सौन्दर्य क्या है यह जाना जाता है। सौन्दर्य शास्त्र व्यक्तिनिष्ठ संघटक है। सौन्दर्य शास्त्र द्वारा प्रकृति की सुन्दरता की कसौटियों को निर्धारित किया जाता है।

शारीरिक शिक्षा में तत्त्वज्ञान का महत्व

विभिन्न संस्थाओं, संस्थानों व्यवसायों तथा शैक्षिक संस्थानों का सुचारू रूप से संचालन करने के लिए तत्वज्ञान आवश्यक है। तत्वज्ञान के अभाव में ये सभी संस्थाएं अपने लक्ष्यों, उद्देश्यों, मूल्यों तथा नियमों आदि को निर्धारित करती हैं। शारीरिक शिक्षा में भी तत्वज्ञान का महत्व कम नहीं है। शारीरिक शिक्षा के क्षेत्र में भी तत्वज्ञान विभिन्न उद्देश्यों की पूर्ति करता है। जैसे-

1. तत्वज्ञान द्वारा ही शारीरिक शिक्षा के शिक्षक अपने व्यवसाय को एक इकाई रूप देते हैं।
2. तत्वज्ञान द्वारा ही शारीरिक शिक्षा के शिक्षक अपनी छवि को सुदृढ़ बनाते हैं।
3. तत्वज्ञान शारीरिक शिक्षा के कार्यक्रमों में यह निर्धारित करता है कि किन क्षेत्रों में अधिक बल देना चाहिए।
4. तत्वज्ञान द्वारा ही शारीरिक शिक्षा का शिक्षक शारीरिक शिक्षा के सम्बन्धित मूल्यों तथा उद्देश्यों को जन साधारण तक पहुंचा सकता है।
5. तत्वज्ञान द्वारा ही शारीरिक शिक्षा के कार्यक्रमों को प्रभावशाली बनाया जा सकता है।

6. तत्वज्ञान द्वारा ही जन-साधारण को यह समझाया जा सकता है कि शारीरिक शिक्षा के कार्यक्रमों का मानव व्यक्तित्व के विकास तथा शिक्षा के उद्देश्यों एवं उपलक्ष्यों की उपलब्धि में क्या सम्बन्ध है।
7. तत्वज्ञान द्वारा शारीरिक शिक्षा का शिक्षक व्यवसायी तत्परता तथा रीतियों के मानकों तथा मानदण्डों का विकास करता है।
8. शारीरिक शिक्षा का तत्वज्ञान अत्यन्त प्रावैगिक होता है।
9. तत्वज्ञान के माध्यम से शारीरिक शिक्षा बन्धुजन समाज के लिए आचार संहिता का निर्माण होता है।
10. तत्वज्ञान द्वारा ही यथार्थ, सत्य तथा मूल्यों की खोज संभव है।

शारीरिक शिक्षा में प्रयुक्त सामान्य तत्वज्ञान धाराएं

शारीरिक शिक्षा सामान्य शिक्षा का ही अंग है। इसलिए शारीरिक शिक्षा के तत्त्वज्ञान के सारतत्व एवं प्रेरणा स्रोत सामान्य शिक्षा के ही दर्शन सिद्धान्त हैं।

यथार्थवाद

यथार्थवाद की उत्त्पति एक्वीनॅस स्पाइनोजा, सेन्टथॉमस, विलियम जेम्ज, दी कार्ते, कैन्ट, कोमीनीयॅस, जॉन लॉक आदि तत्त्वज्ञानियों द्वारा हुई। यथार्थवाद के अनुसार ब्रह्माण्ड ही सत्य है जो विभिन्न पदार्थों से निर्मित है और यह पदार्थ समय तथा स्थिति के अनुसार परिवर्तित होते रहते हैं यथार्थवादी तत्त्वज्ञानी शिक्षा को एक ऐसा उपकरण मानते हैं जिससे मनुष्य में समझने, सत्य को जानने तथा विचारों एवं जीवन में एक अनुशासन-क्रम लाने की योग्यता का निर्माण करती है।

यथार्थवादी तत्त्वज्ञानी के अनुसार-

1. मनुष्य को जीवन के प्रति वस्तुनिष्ठ होना चाहिए तथा सत्य को ज्ञात करने के लिए वैज्ञानिक विधियों का प्रयोग करना चाहिए।
2. मनुष्य को सत्य की खोज करनी चाहिए।
3. शिक्षा के मूल मन्त्र प्रश्न, जांच तथा परीक्षा होने चाहिए।

स्वास्थ्य, समायोजन, शक्ति वर्धन आदि उद्देश्यों की रचना यथार्थवादी शारीरिक शिक्षा के शिक्षक द्वारा होती है। इन उद्देश्यों की रचना का मूल आधार वैज्ञानिक होता है। जिसमें विद्यार्थी की क्षमताओं, योग्यताओं तथा सीमाओं को ध्यान में रखा जाता है। यथार्थवाद का कथन है 'स्वस्थ शरीर में स्वस्थ मन का वास होता है'। जितना आपका शरीर स्वस्थ होगा उतनी ही वह आत्मा की आज्ञा का पालन करेगा। विद्यार्थियों को ज्यादा से ज्यादा सिखने के लिए आवश्यक है कि शरीर को स्वस्थ रखा जाए। इसके लिए जरूरी है कि विद्यार्थियों को नियमित रूप से व्यायाम करवाया जाए। जिसमें उनका शरीर स्वस्थ तथा सुदृढ़ बन सके।

यथार्थवादी शारीरिक शिक्षा का शिक्षक विद्यार्थियों के व्यवहार तथा विकास की गति से भली भाँति परिचित होता है। वह विद्यार्थियों को उनकी क्षमता के अनुरूप विकास का अवसर प्रदान करता है। शिक्षक विद्यार्थी को सिखा सकता है, उसे प्रोत्साहित कर सकता है, परन्तु उसे विश्व कीर्तिमान बनाने के लिए विवश नहीं कर सकता।

आदर्शवाद

प्लेटो आदर्शवाद के प्रवर्तक कहे जाते हैं। प्लेटो के अनुसार मनुष्य के विचारों को दो भागों में विभक्त किया जा सकता है-

1. वह विचार जो व्यक्ति के मन के अन्दर होते हैं और
2. वे विचार जो व्यक्ति के मन के बाहर स्पष्ट रूप से होते हैं।

आदर्शवादी तत्त्वज्ञानी सत्य की खोज के लिए वैज्ञानिक विधियों का प्रयोग करते हैं।

आदर्शवाद द्वारा ही मनुष्य अपने व्यवहार आचरण, नैतिकता आदि के मानकों का निर्माण करता है। शिक्षा के सिद्धान्त, नीतियां तथा रीतियां आदर्शवाद से प्रभावित होती है। शिक्षा का मुख्य उद्देश्य मनुष्य का सामाजिक, मानसिक, शारीरिक, बौद्धिक, नैतिक तथा आध्यात्मिक विकास करना है। आदर्शवादी तत्त्वज्ञानियों का कहना है कि शिक्षा के मूल विषय नैतिकता शास्त्र, क्रीड़ा शास्त्र, सौंदर्य बोध शास्त्र तथा गणित शास्त्र होने चाहिए।

आदर्शवादी शारीरिक शिक्षा के शिक्षक को विद्यार्थियों को प्रशिक्षण देते समय उचित वातावरण का निर्माण करना चाहिए। शिक्षक का मुख्य उद्देश्य है विद्यार्थी के व्यक्तित्व का विकास करना। शारीरिक शिक्षा द्वारा 'स्वस्थ, सुन्दर, आकर्षक व्यक्तित्व का विकास किया जाता है।' यवन जनमानस ने 'मनमोहक कार्यो' को अपने जीवन का आदर्श माना। आज भी यह आदर्श उतना ही सार्थक है जितना तब था।

प्लेटो के अनुसार स्वस्थ शरीर ही आत्मा का संरक्षण भली प्रकार कर सकता है। उसने आत्मा को स्वामी तथा शरीर को सेवक की संज्ञा दी है। यदि शरीर स्वस्थ नहीं है तो वह आत्मा की आज्ञा का पालन नहीं कर सकता। शारीरिक शिक्षा का मुख्य उद्देश्य है कि-

- विद्यार्थी को स्वस्थ, प्रतिभावान तथा सर्व गुण सम्पन्न बनाना।
- विद्यार्थी का सर्वांगीण विकास करना।

इसके लिए जरुरी है कि शारीरिक शिक्षा के पाठयक्रमों, विधियों, उपकरणों, सुविधाओं आदि में पर्याप्त मात्रा में सुधार लाया जाए।

व्यवहारिकतावाद

विलियम जेम्ज, हिरैकलाइटिस, जॉन डयूई तथा फ्रान्सिस वेकन व्यवहारिकतावाद के प्रवर्तक थे। व्यवहारिकतावाद को आदर्शवाद तथा यथार्थवाद का अग्रज भी कहा जाता है। अनुभव तथा ज्ञान व्यवहारिकतावाद के मूल सिद्धान्त हैं। व्यवहारिकतावादी तत्त्वज्ञान के अनुसार प्रत्येक व्यक्ति के अनुभव अलग-अलग होते हैं। व्यवहारिकतावाद एक सिद्धान्त एवं विधि है जो व्यवहारिक तथा निपुण परिपाटी से यथार्थिक वस्तुओं एवं संघटनाओं से निपटती है। किसी सिद्धान्त की कसौटी उसकी सफलता ही है।

व्यवहारिकतावादी शारीरिक शिक्षा का शिक्षक विद्यार्थी को कार्य करने की पूर्ण स्वतन्त्रता प्रदान करता है। इसका पाठ्यक्रम अनुभव पर आधारित होता है। पाठ्यक्रम सामाजिक दृष्टि से सार्थक होना भी आवश्यक है। अनुभव द्वारा ही व्यक्ति को उचित-अनुचित की पहचान होती है। शिक्षा की गतिविधियां तथा कार्यक्रम विद्यार्थियों तथा समाज के अनुकूल होनी चाहिए। व्यवहारिकतावाद शारीरिक शिक्षा शिक्षकों को विद्यार्थियों की रुचि, आवश्यकताओं तथा योग्यताओं के अनुरूप कार्यक्रमों का संचालन करने में सहायता प्रदान करती है।

जीगॅलर के अनुसार व्यवहारिकतावाद शिक्षा तथा शारीरिक शिक्षा का एक प्रयोगिक उपागम है जो बालक को चाहे घर पर हो तथा पाठशाला में यथार्थ अनुभव प्रदान करता है।

व्यवहारिकतावादी शिक्षा विधियों के प्रयोग से विद्यार्थी, निडर तथा आत्मविश्वासी बनता है। अनुभव ही विद्यार्थियों में संबद्धता, निष्पादन तथा उपलब्धि की अनुभूति का सृजन करते हैं।

व्यवहारिकतावादी शिक्षा द्वारा विद्यार्थी में विनम्रता आत्म-सम्मान, राष्ट्रीय गौरव, आत्मश्लाधा तथा मानवतावाद जैसे गुणों का विकास होता है।

प्रकृतिवाद

प्रकृतिवाद एक प्राचीन तत्त्वज्ञान है। जीवन की सभी गतिविधियां प्रकृति द्वारा ही संचालित होती हैं। सभी मूल्यों का मूल स्रोत प्रकृति है। प्रकृति द्वारा ही मनुष्य के क्रिया-कलापों का मार्ग निर्धारित होता है। प्रत्येक व्यक्ति को अपने भाग्य का निर्माण करने तथा अपने जीवन की दिशा एवं मार्ग निर्धारित करने का अधिकार प्राप्त होना चाहिए। प्रकृतिवाद पूर्ण रूप से व्यक्तिवादी सिद्धांत है। प्रकृतिवाद में भी सत्य की खोज में वैज्ञानिक विधियों का प्रयोग किया जाता है।

हर्बर्ट स्पैन्सर जो कि एक प्रकृतिवादी तत्त्वज्ञानी थे के अनुसार-

1. प्रकृति ही मूल्यों का स्रोत है जिनका अस्तित्व इससे अलग नहीं है।
2. व्यक्ति प्रकृति का विकास करता है इसलिए व्यक्ति समाज से अधिक महत्वपूर्ण है।
3. यथार्थ चाहे जैसा भी हो उसका अस्तित्व भौतिक संसार में विद्यमान होता है।

प्रकृतिवाद शरीर तथा मन की अन्त:क्रिया का उपासक है। शिक्षा तभी सफल हो सकती है जब वह व्यक्ति की रुचियों, क्षमताओं, आवश्यकताओं तथा योग्यताओं पर आधारित हो। कोमीनियस, बेसडो, रूसो, डेमोक्राइटिस, पेस्टालोडी आदि प्रकृतिवादी के अनुसार प्रकृत्ति ही मनुष्य का प्रथम शिक्षक है तथा खेल शिक्षा का प्रभावशाली साधन है। खेलना मनुष्य की स्वाभाविक प्रवृति है। बचपन से लेकर मृत्युपर्यन्त तक मनुष्य कुछ न कुछ खेलता ही रहता है। खेल द्वारा विद्यार्थियों के व्यवहार में परिवर्तन लाया जा सकता है। खेलों द्वारा ही मनुष्य का वृद्धि और विकास संभव है। विद्यार्थियों का शारीरिक एवं मानसिक विकास किया जा सकता है। प्रत्येक विद्यार्थी में शारीरिक दृष्टि से सक्रिय, जिज्ञासु तथा उत्तेजनाओं की प्रवृत्ति पाई जाती है।

प्रकृतिवादी शारीरिक शिक्षा के शिक्षक को ऐसे कार्यक्रम बनाने चाहिए जिससे विद्यार्थी का निरन्तर विकास हो सके। जैसे-दौड़ना, कूदना, धकेलना, उछलना आदि। इन क्रियाओं से विद्यार्थी का शरीर हृष्ट-पुष्ट बनता है। मस्तिष्क, स्नायु तथा पेशियां अधिक सबल बनते हैं। सामूहिक शारीरिक प्रक्रियाओं से विद्यार्थी में चारित्रिक गुणों का विकास होता है। प्रकृतिवाद शिक्षा के भूमण्डलीकरण पर बल देता है।

सभी विद्यार्थियों की प्रवृत्ति जिज्ञासु होती है। वह अपने आसपास के स्वाभाविक वातावरण में अपनी प्रतिभाओं को विकसित करते हैं। शारीरिक शिक्षक को शिक्षण वातावरण को प्राकृतिक बनाने का प्रयास करना चाहिए। विद्यार्थियों को क्रीड़ा का उचित प्रदर्शन करने के लिए सदैव प्रेरित करना चाहिए। विद्यार्थियों में स्वस्थ प्रतिस्पर्धा का विकास करना चाहिए।

मानववाद

प्रत्येक व्यक्ति अपने आप में एक इकाई है, इसे किसी दल का अंश नहीं मानना चाहिए। मानववादी तत्त्वज्ञानियों का मुख्य लक्ष्य व्यक्ति की वैयक्तिक प्रतिभा का विकास करना है। मानववादी तत्त्वज्ञान का मुख्य उद्देश्य आत्म यथार्थीकरण तथा आत्म अनुष्ठान है।

क्षण भंगुरतावाद

कीरक जैरलॅड, सार्टरे और नीत्शें द्वारा माना गया है कि व्यक्ति पूर्ण रूप से स्वतन्त्र है। वह अपने भाग्य का निर्धारण स्वयं कर सकता है वह अपने जीवन की उन्नति या अवनति का स्वयं निर्धारण करने में स्वतन्त्र है। इनके अनुसार क्षण भंगुरतावाद एक सामाजिक बुराई है। इनके अनुसार सामाजिक पर्यावरण अधिक महत्वपूर्ण है क्योंकि इसी में व्यक्ति जन्मा है और बड़ा हुआ है। क्षण भंगुरतावादियों के अनुसार व्यक्ति विज्ञान पर निर्भर हो गया है जिससे उसकी स्वयं की पहचान खत्म हो गई है और उसका अस्तित्व ही खतरे में पड़ गया है।

व्यक्ति स्वयं का निर्माता है और वह अपने भाग्य का निर्धारण भी स्वयं करता है। बाहर से थोपे हुए कार्य उसकी उन्नति में बाधक होते हैं। अपने कार्यों से ही व्यक्ति अपनी पहचान बनाता है। समाजशास्त्री का भी विश्वास है कि व्यक्ति की पहचान समाज से है और समाज के परे वह अस्तित्व हीन है। शिक्षाविदों के अनुसार भी क्षण भंगुरतावाद का पालन करने से सामाजिक ढाँचा खराब हो सकता है। इनके अनुसार शिक्षा व्यक्तिगत विषय है। हर व्यक्ति अपनी इच्छानुसार, योग्यतानुसार शिक्षा का चयन करता है। इसमें उसको सहायता शिक्षक व योग्य ब्यक्ति करते हैं। व्यक्ति की आत्मिक संतुष्टि सर्वोपरि है न कि क्षण भंगुरतावाद में अत्यधिक विश्वास रख कर भिन्न-भिन्न तानों-बानों में उलझे रहना।

शारीरिक शिक्षा में भी क्षण भंगुरतावाद सीमित है। शारीरिक शिक्षक विद्यार्थी की व्यायाम क्रिया, खेलने की क्षमता का विकास करने में मदद करता है। यह सब करते हुए वह सामाजिक रूप से भी जुड़ा रहना चाहता है। अकेले होते हुए व्यक्ति सामाजिक जीवन का सफल निर्वाह नहीं कर सकता व्यक्ति का अपना विकास भी तभी संभव है जब वह सामाजिक ढांचें में रह कर समाज को भी उन्नत करे।

प्रगतिशीलतावाद

प्रगतिशीलतावाद के प्रवर्तक जॉन डयूई थे। इनके अनुसार अनुभव के पुनर्निर्माण एव पुन: व्यवस्थापन से अनुभव अधिक अर्थपूर्ण हो जाता है तथा इससे भावी अनुभव के मार्ग निर्देशन की योग्यता बढ़ जाती है।'

पाठ्यक्रम की अवहेलना तथा प्रवरण की स्वतन्त्रता पर अत्यधिक बल देने के कारण यह दर्शन आलोचना का पात्र बना।

शारीरिक शिक्षा में सारग्राहीवाद

शारीरिक शिक्षा का मुख्य उद्देश्य शारीरिक प्रक्रिया है। शारीरिक शिक्षा में विभिन्न कलाओं तथा विज्ञान अनुभागों का अपना महत्वपूर्ण स्थान है। शारीरिक शिक्षा का मूल भिन्न-भिन्न शिक्षा का ज्ञान है और यह शैक्षिक विद्या है। शारीरिक शिक्षा शिक्षक को विकल्पों का चुनाव बड़ी सावधानी से करना चाहिए। विभिन्न तत्वज्ञानों में जो कुछ भी उत्तम व्यवहारिक तथा उपयोगी है उसे ग्रहण करने में उन्हें कोई हिंचकिचाहट नहीं होनी चाहिए।

आदर्शवादी तत्वज्ञान शारीरिक शिक्षा के शिक्षक को उच्चतर मूल्यों तथा मानकों को प्राप्त करने की प्रेरणा देता है, यथार्थवाद उसे सीमाओं तथा परिमितताओं का स्मरण कराता है, प्रकृतिवाद शारीरिक शिक्षा के शिक्षक को शिक्षण-विधियों को स्वाभाविक बनाने का आग्रह करता है तथा व्यवहारिकतावादी शारीरिक शिक्षा का शिक्षक विभिन्न सार-तत्वों के प्रयोग से यह जानने में सफल होता है कि किन विधियों के प्रयोग से शारीरिक शिक्षा के उद्देश्यों की पूर्ति हो सकती है। क्षण भंगुरतावाद शारीरिक शिक्षा के शिक्षक को व्यक्तिगत प्रतिभाओं तथा अनुभवों को पहचानने तथा उसके अनुकूल वातावरण का निर्माण करने का संकेत देता है।

प्रकृतिवादी शारीरिक शिक्षा को सरल बनाने का प्रयत्न करते हैं। शारीरिक शिक्षा को गतिशील और प्रगामी होना चाहिए। शारीरिक शिक्षा का मूल मन्त्र है 'उचित विचार और उचित कृत्य'। शारीरिक शिक्षा में इसे एक ऐसा मार्ग चुनना चाहिए जो सभी तत्वज्ञानों का मिश्रण हो जिससे व्यक्ति का अनुकूल विकास संभव हो सके।

जीगॅलर के अनुसार- 'विभिन्न तत्वज्ञान प्रणालियों के सिद्धान्तों को अनुरूप-विश्वासों की श्रृंखला में पिरोने की प्रक्रिया' ही वास्तव में शारीरिक शिक्षा की सारग्राही दर्शन प्रणाली है।

शारीरिक प्रक्रिया के जैविक आधार

प्रकृति और पोषण

परम्परागत रूप से प्रकृति और पोषण दो विरोधी और अलग-अलग घटक समझे जाते रहे हैं जो कि व्यक्ति के व्यवहार का निर्धारण करते हैं। आनुवांशिकी (Genetics) में हुई वैज्ञानिक प्रगति के

प्रकाश में एक का विशेष चरित्र दूसरे को प्रभावित करता है या उससे किसी को चुनौती मिलती है। इसमें कोई संदेह नहीं कि प्रकृति मानव ढांचे को एक सशक्त आधार एवं कार्य प्रदान करती है लेकिन व्यक्ति के व्यवहार को और अधिक परिष्कृत करने में पर्यावरण भी अहम् भूमिका अदा करता है। उदाहरण के लिए एक व्यक्ति के लिए यह आवश्यक है कि कुशल संचालन के लिए एक सुसंगठित ढांचा उत्तराधिकार में मिले और वह भी बिना आनुवांशिक अक्षमता के, लेकिन यदि इस ढांचे को सावधानीपूर्वक पोषित नहीं किया गया तो यह धीरे-धीरे घट कर एक अक्रियात्मक इकाई में बदल जायेगा। शायद यह मानव की सबसे बड़ी समस्याओं में से एक हो क्योंकि मानव जीवन यंत्रीकरण और वैज्ञानिक उपलब्धियों के कारण कम क्रियाशील हो गया है। इससे कई शारीरिक समस्याओं का जन्म होता है। मानव जीवन और पशु जीवन के बीच का मूल अन्तर ही हमारे जीवन को ढालने में पर्यावरण की भूमिका को समझने के लिए विवश करता है। मानव को सर्वश्रेष्ठ प्राणी माना गया है वह केवल इसलिए कि उसने पर्यावरण में किंचित अथवा आमूल परिवर्तन तथा मजबूती प्रदान करना सीख लिया है।

जैविक एवं सांस्कृतिक विकास शारीरिक शिक्षक के लिए दूरगामी निहितार्थ है, जिन्हें इस प्रकार से वर्णित किया जा सकता है।

1. शारीरिक गतिविधि, भोजन की खोज और प्राकृतिक आपदाओं के बीच अपना अस्तित्व बचाए रखने के लिए मानव की जैविक विवशता थी। आज व्यक्ति को इस मशीनी युग में अपनी जैविक स्थिति बनाये रखने के लिए अपने आप को फिट रखने की आवश्यकता है।
2. शारीरिक क्रियाकलाप न केवल व्यक्ति को फिट रखते हैं बल्कि ये भावनात्मक एवं मानसिक अभिव्यक्ति के भी प्रभावी साधन हैं।
3. जैविक विकास से हमें एक ढांचा और क्रियात्मक विरासत मिली है जिस पर सावधानी व ध्यान दिये जाने की आवश्यकता है। आधुनिक सभ्यता द्वारा कृत्रिम रूप से निर्मित परिस्थितियों के कारण न केवल शारीरिक ह्रास हुआ है बल्कि मानसिक प्रक्रिया पर भी इसका नकारात्मक प्रभाव पड़ा है। एक स्वस्थ मन स्वस्थ शरीर में ही निवास करता है।

वृद्धि एवं विकास

प्राय: 'वृद्धि' और 'विकास' को अन्तर्बदल के रूप में प्रयुक्त किया जाता है। बिना इसके अर्थों की गहराई में जाये, इतना कहना ही पर्याप्त है कि वृद्धि विकास का एक पहलू है। दूसरे शब्दों में हम कह सकते हैं कि विकास 'वृद्धि' से कहीं अधिक व्यापक शब्द है। और यह है भी सत्य क्योंकि विकास जीवन के पहले दिन से लेकर अंतिम समय तक होता रहता है जबकि वृद्धि एक विशेष अवधि में ही होती है।

सामान्यत: वृद्धि एवं विकास को अलग-अलग करना कठिन है क्योंकि दोनों की प्रक्रिया अन्तर्युक्त एवं एक-दूसरे पर निर्भर करती है। लेकिन जीव विज्ञान और मनोविज्ञान के विद्वानों ने इन दोनों शब्दों में अन्तर करने का प्रयास किया है।

वृद्धि

वृद्धि उस प्रक्रिया से सम्बन्धित है जिसके माध्यम से शरीर का डील-डौल और आकार बढ़ता है। वृद्धि एक जैविक प्रक्रिया है। दूसरे शब्दों में वृद्धि से अभिप्राय परिमाण या मात्रा से है। जब से मां के गर्भ में बच्चा आता है, वृद्धि की प्रक्रिया तभी से शुरू हो जाती है। एक निषेचित अंडा बढ़ता जाता है और जीव का जन्म होने के बाद उसके बढ़ने की प्रक्रिया तब तक जारी रहती है जब तक की वह शारीरिक परिपक्वता हासिल न कर ले। वृद्धि से अभिप्राय आकृति एवं आकार में मात्रात्मक बढ़ोतरी से है। शारीरिक वृद्धि शरीर के विभिन्न अंगों की आकृति एवं परिमाण में ये परिवर्तनों को उल्लेखित करती है जो आमतौर पर अलग-अलग दर से बढ़ते हैं। इसलिए वृद्धि एक ठोस जैविक प्रक्रिया है जिसमें अंग-प्रत्यंग अपना आकार, परिमाण, ऊंचाई व वजन पाते हैं। कोशिकायें, पेशियां, हड्डियां और शारीरिक ढांचा बढ़ते हैं। यह मात्रात्मक परिवर्तन है जो प्रत्यक्ष, ठोस एवं मजबूत होता है।

विकास

दूसरी ओर विकास उन्नति से जुड़ा है और परिपक्वता की ओर एक प्रगतिशील बदलाव है। यह मानव के ढांचागत, क्रियात्मक एवं व्यवहारात्मक पहलू का गुणात्मक बदलाव है। विकास प्रक्रियाओं का वृद्धि की अपेक्षा बाह्य कारकों से ज्यादा सम्बंध है। समुचित विकास तब तक संभव नहीं होता जब तक बाह्य कारक जैसे - पोषण, क्रियाकलाप, बीमारियों से बचाव, अन्य सांस्कृतिक एवं सामाजिक प्रभाव सुनिश्चित न हों। और अधिक स्पष्ट करने के लिए व्यक्ति की क्षमताओं में वृद्धि एवं विस्तार के रूप में विकास की व्याख्या की जा सकती है। विकास, एक तथ्य है जिसे वृद्धि के माध्यम से प्राप्त किया जाता है। वृद्धि बच्चे में क्रियात्मक क्षमताओं के विकास का आधार बनाती है।

वृद्धि के बिना सम्भवत: अपरिहार्य विकास स्तर को प्राप्त नहीं किया जा सकता। विकास मानसिक, बौद्धिक, भावनात्मक और सामाजिक पहलुओं से जुड़ा है। कौशल एवं ज्ञान की प्राप्ति विकास प्रक्रिया की ओर संकेत करती है। वृद्धि एवं विकास दोनों एक दूसरे के पूरक हैं हालांकि वृद्धि एक सीमा के बाद समाप्त हो जाती है जबकि विकास जीवन भर चलता रहता है।

परिपक्वन (मैच्योरेशन)

यह शारीरिक विकास की एक अवस्था है जो प्रकृति में गुणात्मक है और एक जैविक कार्य के रूप में सम्पन्न होती है।

सीखना (लर्निंग)

सीखना ज्ञान के नए कौशल को प्राप्त करने की प्रक्रिया है जो कुछ निश्चित अनुभवों से प्राप्त होते हैं। सीखना व्यवहार में परिवर्द्धन की प्रक्रिया है।

जैसे ही बच्चा बढ़ता है, बड़ा और लम्बा होता है, विकास की प्रक्रिया भी शुरू हो जाती है जो जटिल क्रियाओं को समझने के लिए उसकी क्षमताओं और योग्यताओं को बढ़ाती है। जैसे-जैसे परिपक्व होता है, उसका तन्त्र विभिन्न स्थितियों का बखूबी सामना करने के लिए अच्छी तरह तैयार होता जाता है। पर्यावरण के लगातार सम्पर्क में रहकर वह जाने-अंजाने में कुछ न कुछ सीखता रहता है।

यह स्पष्ट है कि ये सभी प्रक्रियाएं पूर्णतया आश्रित क्रियाकलाप नहीं है। लेकिन ये क्लिष्ट और घनिष्ठ रूप से अन्योन्याश्रित हैं। अत: अंत में हम कह सकते हैं कि वृद्धि, परिपक्वता और सीखना सभी बच्चे के विकास में योगदान देते हैं।

मोटर विकास (हरकत एवं कार्यशक्ति विकास)

यह सामान्य शरीर नियंत्रण, बढ़िया हरकत एवं कार्य शक्ति दक्षता और तगड़ा पेशी मूवमेंट जैसे रनिंग (दौड़ना), जम्पिंग (कूदना) और थ्रोइंग (फेंकना) से जुड़ा है।

संवेदी, बोधात्मक, संज्ञानात्मक विकास (मानसिक विकास), विकास की उस प्रक्रिया से सम्बन्धित है जिसमें योग्यताएं, वजन में भेदभाव गहराई और दूरी बोध, सीखना, कल्पना और सृजनात्मकता, तर्कशक्ति आदि बढ़ती हैं।

सामाजिक विकास

गुणात्मक मानव व्यवहार का सामाजिक व्यवहार जैसे सहयोग, समायोजन और नेतृत्व जैसे सामाजिक गुण।

वृद्धि एवं विकास के सिद्धांत

वृद्धि एवं विकास का सावधानीपूर्वक ढंग से किया गया विश्लेषण यह प्रकट करता है कि यह प्रक्रिया कुछ निश्चित सिद्धांतों द्वारा निर्देशित है जिसके शारीरिक शिक्षा के कार्यक्रमों के निरुपण पर बड़े ही दूरगामी प्रभाव पड़ते हैं:–

1. वृद्धि एवं विकास जनन द्व्य (आनुवंशिक) और पर्यावरण के बीच सम्पर्क का नतीजा है।
2. वृद्धि एवं विकास (व्यवहार) एक विशिष्ट आनुवंशिक क्रम है, उदाहरण के लिए एक बच्चे को विभिन्न पड़ावों जैसे-शिशु, बच्चा, किशोर, और वयस्क आदि से गुजरना पड़ता है। इन सभी पड़ावों के दौरान वृद्धि विकास सरल से जटिल होते जाते हैं।
3. वृद्धि एवं विकास एक धीरे-धीरे और लम्बी चलने वाली प्रक्रिया है क्योंकि जीवाश्मों की जीवन अवधि प्राय: अधिक लम्बी हो रही है और इसीलिए वृद्धि एवं विकास की प्रक्रिया भी लम्बी चलती है।
4. वृद्धि एवं विकास एक सृजनात्मक प्रक्रिया है। जब से बच्चा मां के गर्भ में आता है तभी से वह विकास पाने लगता है, इस मायने में कुछ न कुछ उसमें जुड़ता जाता है वह भी दोनों रूपों शारीरिक एवं मनोवैज्ञानिक रूप में। दूसरे शब्दों में जैसे बच्चा वर्षों में बढ़ने लगता है, वह क्रियात्मक परिवर्तन दिखाने लगता है और उसकी व्यवहारात्मक विशिष्टताओं में भी बदलाव आ जाता है।
5. वृद्धि एवं विकास अपरिहार्य हैं लेकिन ये निश्चित रूप से जीन (Genes) की गुणवता और पर्यावरण कारकों से भी प्रभावित होते हैं।
6. वृद्धि एवं विकास दो अलग-अलग गति से आगे बढ़ते हैं। वृद्धि और विकास के शारीरिक, मानसिक, भावनात्मक, बौद्धिक और सामाजिक पहलू हालांकि गहरे जुड़े हैं लेकिन अलग-अलग व्यक्तियों में इनकी प्रगति अलग-अलग होती है क्योंकि प्रत्येक व्यक्ति अपने आनुवांशिक और पर्यावरणीय कारकों पर आश्रित रहकर ही बड़ा होता है।
7. वृद्धि आनुवंशिकी से निर्धारित होती है क्योंकि आनुवांशिकता ही सीमाएं तय करती है। यहां तक कि यदि आदर्श पर्यावरण भी उपलब्ध हो तब भी, व्यक्ति अपनी सीमाओं से परे जा कर नहीं बढ़ सकता।
8. वृद्धि आरम्भिक वर्षों में तेजी से आगे बढ़ती है। जैसे ही बच्चा कई वर्ष पार कर जाता है तब वृद्धि का विकास दर क्रम के होते हुए भी गिरने लगती है उदाहरण के लिए बचपन, तारुण्य और किशोरावस्था आदि।

वृद्धि एवं विकास में अन्तर

वृद्धि	विकास
1. वृद्धि दृश्य है।	विकास अदृश्य है।
2. वृद्धि को आकृति परिणाम और शरीर के भार के रूप में प्रत्यक्ष नापा जा सकता है।	विकास को प्रत्यक्ष नहीं नापा जा सकता उदाहरण के लिए गति, बल, मानसिक, योग्यता और शैक्षिक उपलब्धियों को नापा नहीं जा सकता।
3. वृद्धि व्यक्ति की एक निश्चित आयु तक ही जारी रहती है।	विकास मृत्यु तक जारी रहता है।
4. वृद्धि की सीमाएं व्यक्ति के आनुवंशिकी द्वारा तय होती हैं।	विकास व्यक्ति के लिए उपलब्ध वातावरण से अधिक प्रभावित होता है।

वृद्धि एवं विकास को प्रभावित करने वाले कारक

चार ऐसे मुख्य कारक हैं जो व्यक्ति की वृद्धि और विकास को प्रभावित करते हैं :-

1. **आनुवंशिक कारकः** आनुवंशिकी जीव विज्ञान की वह शाखा है जो उत्पत्ति मूलक विज्ञान से जुड़ी है। कुछ विशेषताएं एवं विशिष्टताएं ऐसी हैं जो बच्चों को अपने माता-पिता के जीन (Genes) से मिलती हैं। जीवित प्राणियों में जीन बहुत ही शक्तिशाली हैं क्योंकि ये एक पीढ़ी से दूसरी पीढ़ी तक वृद्धि की तर्ज को नियंत्रित करते हैं। जो विशेषताएं अगली पीढ़ी को हस्तांतरित हो सकती हैं-उनमें ऊंचाई, शरीर रचना, गति, फुर्ती, बुद्धि स्वभाव, दैहिक क्रियाशीलता आदि शामिल हैं। इनके अलावा विरासत में मिले कुछ कमजोर अंग किसी खास बीमारी की वजह से झुक सकते हैं।
2. **पर्यावरणी कारकः** पर्यावरणी कारकों में भौगोलिक परिस्थितियां, स्वास्थ्य परम्परा, सांस्कृतिक-सामाजिक आचार संहिता, धार्मिक अनुष्ठान, स्वास्थ्य और बीमारियों का ज्ञान, स्वास्थ्य संबंधी सुविधाएं सामाजिक-आर्थिक परिस्थितियां आदि शामिल हैं।
3. **पोषक कारकः** मौसम के अनुकूल, व्यवसाय और वृद्धि एवं विकास के विभिन्न पड़ावों पर संतुलित भोजन मिलना आवश्यक है ताकि वृद्धि एवं विकास का अधिकतम सीमा तक पहुंचना सुनिश्चित हो।
4. **शारीरिक शिक्षा के विशिष्ट कार्यक्रमः** स्कूल एवं कालेजों के पाठ्यक्रम में शारीरिक शिक्षा कार्यक्रम छात्रों की आवश्यकता के मुताबिक होना चाहिए। उनकी विशिष्ट आवश्यकता के अनुरूप कार्यक्रम न होना उन पर नकारात्मक प्रभाव डालेगा।

एक शिक्षक के लिए वृद्धि एवं विकास के अध्ययन की आवश्यकता

एक शिक्षक को अलग-अलग सामाजिक, आर्थिक, सांस्कृतिक धार्मिक, आनुवांशिक, पर्यावरण, लिंग, जाति, नस्ल आदि की पृष्ठभूमि के बच्चों को पढ़ाना होता है। ये कारक या तत्व विभिन्न आयु वर्ग के बच्चों में व्यक्तिगत व्यापक अनेकरूपता निर्मित करते हैं। उनमें ये अन्तर शिक्षा में अहम् भूमिका निभाते हैं। शिक्षक को प्रत्येक छात्र की संभावनाओं एवं क्षमताओं को अवश्य जान लेना चाहिए। ताकि वह उनका अधिकतम दोहन कर व्यक्ति और समाज को लाभ पहुंचा सकें। वृद्धि और विकास के मूल सिद्धांतों एवं विशिष्टताओं का ज्ञान अवश्य होना चाहिए ताकि विभिन्न आयु वर्गों के बच्चों का सुव्यवस्थित विकास सुनिश्चित हो सके। उसे वृद्धि और विकास को प्रभावित करने वाले मूल कारक का भी ज्ञान होना चाहिए जैसे वंशानुगत एवं पर्यावरण शिक्षक समाज का एक प्रभावी अभिकर्ता है जो बच्चों के व्यवहार में वांछित परिवर्तन लाने का उत्तरदायी होता है। प्रत्युत्तर में, बच्चे राष्ट्रीय विकास की प्रक्रिया में योगदान और उसे आगे बढ़ाने के लिए एक अच्छे नागरिक बनने का उत्तरदायित्व अपने कंधों पर ले लेते हैं। बच्चे की वृद्धि और विकास के विषय में ज्ञान का एक अन्य कारण इसका भूतकाल से वर्तमान काल में निरंतरता है और वर्तमान को भूतकाल को जाने बिना नहीं समझा जा सकता।

शारीरिक क्रियाकलापों और खेलों के सम्बन्ध में आयु और लिंग भेद

शारीरिक शिक्षा शिक्षक को यह भली प्रकार समझ लेना चाहिए कि लड़के और लड़कियों में कई महत्त्वपूर्ण अन्तर होते हैं। तरुण अवस्था तक लड़के और लड़कियों में भेद कर पाना बड़ा कठिन है। लेकिन जैसे ही वे आयु का यह पड़ाव पार कर जाते हैं तब दोनों के अन्दर कई भेद स्पष्ट दिखने लगते हैं। ये अन्तर लड़के-लड़कियों दोनों में उनके ढांचे और सूत्रीकरण क्रियाकलापों

महिला और पुरुषों के बीच शरीर रचना एवं दैहिक भेद	
महिला	**पुरुष**
1. वयस्क होने से पूर्व लड़कियां तेजी से बढ़ती हैं और 14 वर्ष की आयु के बाद धीमी गति से बढ़ती हैं।	1. वयस्क होने से पूर्व लड़कों का विकास धीमी गति से होता है जबकि 14–16 वर्ष की आयु के बाद लड़के तेजी से बढ़ते हैं।
2. लड़कियां कद में छोटी होती हैं और वे जल्दी ही परिपक्व हो जाती हैं।	2. लड़के सामान्यतः लम्बे होते हैं उनकी ऊंचाई ज्यादा होती है और वे बाद में परिपक्व होते हैं।
3. महिलाओं के नितम्ब व्यापक और उथले होते हैं जो दौड़ने में परेशान करते हैं।	3. पुरुषों के नितम्ब छोटे होते हैं जिससे वे दौड़ने वाली स्पर्धाओं में अच्छा प्रदर्शन कर सकते हैं।
4. महिलाओं का शरीर बड़ा होता है और अंग छोटे होते हैं, उनका गुरुत्व-केन्द्र भी नीचा होता है। उन्हें कूदने में दिक्कत पेश आती है जबकि संतुलन वाली स्पर्धाओं जैसे जिमनास्टिक और तैराकी में उन्हें फायदा रहता है।	4. पुरुष का धड़ छोटा होता है और टांगें लम्बी होती हैं। उनका गुरुत्व केंद्र ऊंचा होता है; जिसके परिणामस्वरूप वे अस्थिर अवस्था में रहते हैं। वे अधिक गति से कसरतें बदल सकते हैं और कूद सकते हैं लेकिन वे जिम्नास्टिक जैसी स्पर्धाओं में संतुलन साधने का नुकसान भी उठाते हैं।
5. महिलाओं के कंधे ताकत में कमजोर और छोटे होते हैं। उनकी हड्डियां और उपास्थि (कारटिलेज) भी कमजोर होती है। वे थ्रोइंग स्पर्धाओं, लिफ्टिंग और जिम्नास्टिक में लटकने जैसे स्पर्धाओं में परेशानी महसूस करती हैं।	5. पुरुषों के कंधे चौड़े और ताकतवर होते हैं। उनकी हड्डियां और उपास्थि (कारटिलेज) में मजबूती होती हैं। वे थ्रोइंग स्पर्धाओं में रस्सा चढ़ना, पोलवाल्ट, और चक्रीय स्पर्धाओं जैसे जिम्नास्टिक में रोमन रिंग्स आदि में अच्छा प्रदर्शन कर सकते हैं।
6. महिलाओं का कद 18 से 20 साल की आयु के बाद बढ़ना रुक जाता है।	6. लड़के प्राय: 20 से 23 साल की आयु तक बढ़ते रहते हैं।
7. पेशी तंत्र अलग होने की बजह से उनमें कम पेशी ताकत होती है और वे अपनी पेशियों को भारी प्रशिक्षण के बावजूद भी सुधार नहीं सकतीं। इसीलिए वे खींचना, धक्का देना, मारना और लिफ्टिंग जैसे क्रियाकलापों में अच्छा प्रदर्शन नहीं कर पातीं।	7. पुरुष अधिक पेशी ताकत रखते हैं, पेशी तंत्र की वजह से ही वे स्लैपिंग, पुटिंग, पंचिग, पुस्लिडिंग, स्ट्राइकिंग, किकिंग और स्कीइंग गतिविधियों में अच्छा प्रदर्शन करने में सक्षम होते हैं।

के कार्यक्रम के लिए महत्त्वपूर्ण हैं। ये अन्तर केवल जैबिक ही नहीं है बल्कि पुरुषों और महिलाओं में सामाजिक तत्व भी अपनी अलग-अलग भूमिका निभाते हैं। इसलिए जब कोई खेल गतिविधियों का कार्यक्रम हो तब यह आवश्यक है कि ऐसे कार्बक्रम बनाते समय लड़के और लड़कियों के भेद पर विचार किया जाना चाहिए और इन दोनों के लिए अलग-अलग कार्यक्रम बनाये जाने चाहिए।

स्त्री अपने स्त्रीत्व (Femininity) को प्राप्त करती है जब वह खेलों में पूरी तरह भाग लेती है। पुरातन सेक्स-रोल (Sex-Role) परिभाषाएं स्त्रियां को एथलेटिक कार्यों के लिए ठीक नहीं मानती तथा उनकी खेलकूद गतिविधियों को सीमित करती हैं। खेल में खुद को व्यक्त करने के अवसर पाने के मामले में स्त्रियां सचमुच घाटे की स्थिति में हैं। उनके लिए वे खेल अनुपयुक्त माने जाते हैं जहाँ शरीर छूता है, भारी वस्तु फेंकनी हो, आमने सामने आक्रामक प्रतियोगिता हो या लम्बी दूरी में भागना या कूदना हो। स्त्री की खेल सम्भावनाओं पर पुरुषों की चिंताएं हैं। जहाँ स्पर्श खेल (Contact Sports) में स्त्रियों पुरुषों से प्रतिस्पर्धा करती हैं वहां उन्हें चोट लगने का डर है।

लड़कियों के लिए खेलों को प्रोत्साहन देना चाहिए परन्तु लड़ने का तत्त्व (Fighting element) हटा कर उनको चोटों से बचाने के लिए सुरक्षात्मक उपाय करने चाहिए। लड़के और लड़कियां (एथलीटों) के बीच फर्क रखना चाहिए, लड़कों को प्रतिस्पर्धा के लिए तथा लड़कियों को खेल का मजा लेने के लिए प्रेरित करना चाहिए।

लड़के व लड़कियां जब खेलों में हिस्सा लें तो इन गुणों का विकास होना चाहिए-

1. खेलों और स्पोर्टस में भाग लेने से अच्छे चरित्र का निर्माण होता है।
2. खेलों में हिस्सा लेने से अनुशासन की सीख मिलती है।
3. खेल आज्ञा पालन सिखाती हैं।
4. खेलों में हिस्सा लेने से सामाजिक नियंत्रण/स्वयं पर नियंत्रण विकसित होता है।
5. खेल एथलीट को जीवन के लिए तैयार करती हैं।
6. खेलों के जरिये व्यक्तिगत उन्नति के अवसर मिलते हैं।
7. इनसे शारीरिक तंदरुस्ती मिलती है।
8. इनसे मानसिक फुर्ती बढ़ती है।
9. खेलों में भाग लेने से शिक्षा में उपलब्धि प्राप्त होती है।
10. खेलें राष्ट्रीयता की भावनाएं बढ़ाती हैं।

व्यायाम

आधुनिक समाज में रहने वाले सभी व्यक्ति किसी न किसी रोग से ग्रस्त पाए जाते हैं। इसलिए सभी व्यक्तियों के लिए व्यायामों से सम्बन्धित जानकारी महत्वपूर्ण स्थान रखती है। व्यायाम करने से मनुष्य के शरीर में चुस्ती व कार्य क्षमता को बढ़ाया जा सकता है। इसके द्वारा बीमार, कमजोर, रोगी व्यक्ति को विभिन्न प्रकार के व्यायामों द्वारा स्वास्थ्य को ठीक रखने की शिक्षा दी जा सकती है।

शारीरिक शिक्षा के क्षेत्र में व्यायामों का एक महत्वपूर्ण स्थान है। जिसका फायदा यह होता है कि व्यक्ति स्वयं इसकी उपयोगिता का मूल्यांकन करने में सक्षम हो जाता है। शारीरिक शिक्षा के विशेषज्ञों का यह मानना है कि व्यायाम द्वारा खिलाड़ियों की मांसपेशियों का पूर्ण रूप से विकास किया जा सकता है। उचित रूप से किए गए व्यायामों द्वारा खिलाड़ियों की श्वसन प्रक्रिया, पाचन सम्बन्धी विकारों, नाड़ी संस्थान आदि समस्याओं को दूर किया जा सकता है। प्राचीन काल में लोग व्यायाम को केवल मांसपेशियों के विकास का एक साधन समझते थे परन्तु आज के युग में इसे वैज्ञानिक और प्रयोगात्मक कार्यों के लिए प्रयोग में लाया जाता है।

व्यायाम वर्गीकरण

व्यायामों को वर्गीकृत करने के लिए उनके प्रकारों को ध्यान में रखना जरूरी होता है। किसी भी व्यायाम का प्रयोग सामान्य उद्देश्य से लेकर विशेष उद्देश्य के लिए किया जाता है। शैक्षणिक स्तर पर प्रशिक्षक द्वारा शारीरिक शिक्षा के क्षेत्र में व्यायाम को विभिन्न नामों से प्रयोग में लाया जाता है जैसे आइसो मैटरिक व्यायाम, मुक्त हस्त व्यायाम, बालबार व्यायाम, आइसोटौनिक व्यायाम, वेट ट्रेनिंग सम्बन्धी व्यायाम, स्ट्रेचिंग व्यायाम, सामान्य व्यायाम, उष्मिकरण व्यायाम, विशेष व्यायाम, अनुकूलन व्यायाम आदि। इन सभी व्यायामों का अवधारणा स्तर एक समान ही होता है परन्तु उपचार के क्षेत्र में इसमें अन्तर पाया जाता है। आन्तरिक क्रिया पद्धति में भिन्नता पाए जाने से इन व्यायामों को छह भागों में बांटा गया है:-

1. **सहायक व्यायाम:** आम तौर पर यह देखा गया है कि सभी प्रकार के व्यायामों को अकेला नहीं किया जा सकता है। खिलाड़ी किसी भी व्यायाम को एक निश्चित स्तर तक ही पूरा कर सकता है। उसे कभी न कभी दूसरे विद्यार्थी की सहायता अथवा शिक्षक का सहयोग लेना पड़ता है। यह एक सच्चाई है कि व्यायामों के अन्दर विद्यार्थी किसी भी व्यायाम को उसी स्तर तक कर सकता है जिस स्तर पर उसकी शरीर रचना एवं शरीर क्रिया विज्ञान के आधार पर जोड़ों में घुमाव सम्भव है। लेकिन कभी-कभी बोझ बढ़ाने की स्थिति में दूसरे विद्यार्थियों की सहायता से व्यायाम को पूरा किया जा सकता है। इस प्रकार की स्थिति तभी उत्पन्न होती है जब खिलाड़ी के किसी जोड़ में चोट लग गई हो या जोड़ों में पूर्ण रूप से हरकत नहीं हो पा रही हो।
2. **निष्चेष्ट व्यायाम:** इस प्रकार के व्यायाम में किसी व्यक्ति विशेष द्वारा या किसी बाह्य शक्ति द्वारा शरीर के अंगों को प्रभावित किया जाता है। इस प्रकार के व्यायाम में शारीरिक बल का प्रयोग नहीं किया जाता है। इन क्रियाओं को करने से शरीर की रक्त संचार प्रक्रिया, श्वसन प्रक्रिया, चयापचयी प्रक्रिया पर कोई खास प्रभाव नहीं पड़ता है। परन्तु इस प्रकार के व्यायामों का असर मांसपेशीय थकान, जोड़ो लकवा (Paralysis) आदि हिस्सों पर लाभदायक साबित हुआ है। अतः आमतौर पर शरीर के दर्द को दूर करने के लिए इस प्रकार के व्यायामों का प्रयोग किया जाता है।
3. **क्रियाशील व्यायाम:** किसी विशेष उद्देश्य की पूर्ति के लिए क्रियाशील व्यायामों का प्रयोग किया जाता है। इस व्यायाम द्वारा शरीर की विभिन्न प्रकार की अवस्थाओं को तालबद्ध तरीकों द्वारा सम्पन्न किया जाता है। इस प्रकार के व्यायामों का अभ्यास करवाते समय शिक्षक एक खिलाड़ी ही नहीं अपितु वह सभी की क्रियाओं को एक

साथ देख सकता है और उनकी समस्याओं को आसानी से दूर कर सकता है। इसके अलावा शिक्षक बिना किसी सहायक के सहयोग से कार्यों को पूरा कर सकता है। इस प्रकार की क्रियाओं को चार आधारों पर सम्पन्न किया जा सकता हैं:-

1. कौशल (Skill)
2. दमखम (Endurance)
3. गति (Speed)
4. शक्ति (Strength)

उपरोक्त बताए गए आधारों द्वारा व्यायामों की उपयोगिता को निखारा जा सकता है। इससे खिलाड़ियों को प्रत्यक्ष और अप्रत्यक्ष रूप से फायदा ही होता है। सभी प्रकार के तत्वों का पूर्णरूप में विकास करने के लिए व्यायामों का निर्धारण उद्देश्य पूर्ति के मार्ग में सहायक सिद्ध होना चाहिए।

4. **समतानी व्यायाम:** इस प्रकार के व्यायामों द्वारा जोड़ों पर कोई दबाव नहीं पड़ता है। परन्तु मांसपेशियों में एक निश्चित अन्तराल तक, निश्चित मात्रा में तनाव पैदा किया जाता है। जिससे प्रतिरोधक क्षमता का विकास किया जाता है। इस प्रकार के व्यायाम स्थिर अवस्था में पूरे किए जाते हैं। समतानी व्यायामों में किसी प्रकार के उपकरणों की आवश्यकता नहीं होती है। परन्तु खिलाड़ियों को यह छूट होती है कि वह आवश्यकतानुसार कुछ वस्तुओं का प्रयोग एक आधार के रूप में अपनी सुविधा के लिए कर सकता है।

5. **सममाप व्यायाम:** व्यायाम की इस श्रेणी में प्रतिरोधक प्रकारों को शामिल किया जाता हैं, इस प्रकार के व्यायामों द्वारा जोड़ों में हलचल रहती है और शरीर के अंगों की स्थिति में परिवर्तन होता है। इन व्यायामों को शिक्षक के मार्गदर्शन में उद्देश्यों की पूर्ति के लिए किया जाता है। सममाप व्यायाम में कई बार उपकरणों की सहायता से और कभी बिना उपकरणों द्वारा भी शिक्षक की निगरानी में अभ्यास करवाया जाता है।

6. **प्रतिरोधक व्यायाम:** इस प्रकार के व्यायाम का प्रयोग किसी भी उद्देश्य की पूर्ति के लिए अस्थिरीय मुद्रा या चेतन अवस्था में किया जाता है। जैसा कि ऊपर बताए गए व्यायामों में बताया गया है ठीक उसी तरह किसी भी प्रकार के व्यायामों का प्रयोग हर प्रकार के व्यक्तियों द्वारा किया जा सकता है। इस प्रकार के व्यायामों में जोड़ों व मांसपेशियों को आधार बनाकर व्यायामों का अभ्यास किया जाता है जिसमें संकुचन की मात्रा अत्यधिक पायी जाती है और साथ-ही साथ कोणीय स्तर पर इस प्रकार के व्यायामों को पूरा किया जाता है। प्रतिरोधक व्यायामों के भार का मूल्यांकन शरीर द्वारा की गई विभिन्न प्रकार की क्रियाओं की मात्रा और जोड़ों के आधार पर किया जाता है। जिसका आंकलन करना आसान होता है। प्रतिरोधक व्यायामों को तीन आधारों पर वर्गीकृत किया जाता हैं:-

   (a) एक केन्द्रीय (Concentric)
   (b) उत्केन्द्रीय (Eccentric)
   (c) गतिहीन (Static)

(a) **एक-केन्द्रीय (Concentric):** इस प्रकार के प्रतिरोधक व्यायाम में किसी भी व्यायाम की क्रिया को एक-केन्द्रीय स्तर पर सम्पन्न किया जाता है। जैसे हाथों के व्यायाम में कोहनी का प्रयोग करना। इस क्रिया द्वारा कोहनी के जोड़ के पास एक केन्द्रीय अवस्था पाई जाती है। इसी तरह से शरीर के अन्य जोड़ों या अन्य अंगों का भी व्यायाम के लिए उपयोग किया जाता है।

(b) **उत्केन्द्रीय (Eccentric):** इस प्रतिरोधक व्यायामों के अन्दर क्रियाओं को उत्केन्द्रीय स्तर पर सम्पन्न किया जाता है। इस व्यायाम का केन्द्र बिन्दु किसी एक भाग पर स्थिर नहीं होता अपितु उसका असर शरीर के कुछ भाग पर ही होता है। जैसे इस व्यायाम को करते वक्त हाथ के अगले भाग को कोहनी के पास से फैलाना इस व्यायाम का एक हिस्सा है।

(c) **गतिहीन (Static):** इस व्यायाम को करते समय शरीर को स्थिर अवस्था में रखते हैं। व्यायाम से सम्बन्धित क्रियाओं को करते वक्त फैलने वाली और संकुचित होने वाली मांसपेशियों में किसी भी प्रकार की क्रिया नहीं होनी चाहिए वह स्थिर अवस्था में होनी चाहिए। परन्तु यह देखा गया है कि क्रियाओं को करते वक्त कहीं न कहीं मांसपेशियों में तनाव की स्थिति उत्पन्न होती ही है।

उपरोक्त बताई गई बातों पर यदि ध्यान दिया जाए तो व्यायामों द्वारा शरीर को स्वस्थ व सुडौल बनाया जा सकता है।

व्यायाम की आवश्यकता तथा महत्व

शारीरिक वृद्धि के लिए व्यायाम एवं आसनों का विशिष्ट महत्त्व है। इनके अभाव में बालक का सन्तुलित एवं सही विकास

सम्भव नहीं है। शरीर को स्वस्थ एवं निरोग रखने के लिए प्रत्येक दिन किसी-न-किसी प्रकार का व्यायाम करना सुखद जीवन के लिए अति आवश्यक हैं। व्यायाम भी कई प्रकार के हैं, जैसे-कुश्ती लड़ना, दौड़ना, दण्ड-बैठक, तैरना एवं खेलना आदि। अच्छे स्वास्थ्य की प्राप्ति हेतु किसी भी व्यायाम को आयु, लिंग की सुविधानुसार किया जा सकता है।

आज के युग में स्वास्थ्य का महत्त्व काफी अधिक है। मानव स्वस्थ रहकर ही अपने जीवन को सुखमय बनाता है तथा समाज एवं देश की सच्ची सेवा कर सकता है। जीवन संग्राम में सफलता प्राप्त करने तथा जीवन की कठिन परिस्थितियों से जूझने के लिए उत्तम स्वास्थ्य का होना अनिवार्य है

व्यायाम का महत्त्व निम्नांकित प्रकार से है- व्यायाम से पेशियाँ सक्रिय हो जाती हैं, पेशियों के गतिमान होने के कारण उनकी तरफ से रक्त का बहाव तीव्र हो जाता है, जिससे रक्तवाहिनी नलिकाएँ फैल जाती हैं।, हृदय तेजी से रक्त फैलाने लगता है एवं फुफ्फुस, त्वचा, यकृत आदि भी उद्दीप्त होकर अधिक कार्य करने लगते हैं। भूख तेज से आती है एवं ग्रन्थियों से पाचक रसों का स्राव अधिक होने लगता है, जिससे अच्छे आहार की उपयोगिता बढ़ जाती हैं एवं शरीर हृष्ट-पुष्ट हो जाता है।

व्यायाम शारीरिक अक्षमता और रोगों का निवारण करने का प्राकृतिक उपाय माना जाता है। अगर नियमित रूप से व्यायाम किया जाये तो वह शारीरिक दोषों को दूर करने में पूर्णतया सफल रहता है। मनुष्य के स्वास्थ्य सुधार की जो भी योजना बनायी जाती है, उसमें व्यायाम को महत्वपूर्ण स्थान दिया जाता है। व्यायाम में शरीर स्वस्थ हो जाने पर मनुष्य की कार्य करने की शक्ति बढ़ जाती है। मन प्रसन्न रहता है, साहस बढ़ जाता है एवं आशाबादी दृष्टिकोण बन जाता है।

मानव शरीर पर व्यायाम का प्रभाव

व्यायाम का शरीर के विभिन्न अंगों पर प्रभाव पड़ता है, क्योंकि हरेक की क्रिया भी अलग-अलग होती है, इसलिए इसके निम्नांकित प्रभाव पड़ते हैं-

1. **रक्त संचार पर-** रक्त संचार ज्यादा होने से हृदय गति बढ़ती है। वह भी अपनी शक्ति एवं स्पन्दन को बढ़ाना शुरू कर देता है, किन्तु कुछ समय बाद वह मन्द पड़ जाती है।
2. **त्वचा पर-** व्यायाम त्वचा की कांति को भी बढ़ावा देता है। इसका रंग लाल हो जाता है। क्योंकि शरीर में रक्त संचार की मात्रा ज्यादा हो जाती है और मनुष्य के शरीर से रक्त स्पष्ट झलकता है। नियमित व्यायाम से व्यक्ति को निम्नांकित लाभ प्राप्त होते हैं-

1. व्यायाम से शरीर में स्फूर्ति बढ़ती है।
2. श्वास तन्त्र में सुधार होता है।
3. शरीर स्वस्थ एवं बलिष्ठ बनता है।
4. रक्त का शुद्धिकरण होता है।
5. शरीर की कार्यक्षमता बढ़ती है।

वयः-संधि परिपक्वता

Adolescence शब्द लेटिन भाषा से लिया गया है जिसका अर्थ है परिपक्व होना। इस अर्थ में यह अवधि न हो कर एक प्रक्रिया है जिसमें समाज में हिस्सा लेने के लिए वह विचार व रवैया बनाता है। बचपन और वयस्क होने के अन्तराल को वय-संधि कहते हैं। यह अवधि बहुत नाटकीय भौतिक व सामाजिक परिवर्तन लाती है। इस अवधि की शुरुआत व अंत तय कर पाना मुश्किल है यह अवधि-13-14 से 18-19 वर्ष के दौरान होती है। मनोवैज्ञानिक दृष्टि से यह अवधि बाल्यकाल की बढ़ी हुई अवधि है तथा सामाजिक दृष्टि से यह आश्रित बचपन से स्वतन्त्र वयस्कता के बीच अन्तराल है। वेबस्टर शब्दकोष ने एडोलसेंस की परिभाषा इस प्रकार दी है, **''यह लम्बे पीरियड को कवर करता है अनुमानतः शैशव** (Childhood) **से मनुष्य बनने तक।''** यह विकास के दूसरे अर्द्ध भाग (Half) को पूरा करता है। वयः-संधि तब समाप्त होती है जब यौनांग विकसित हो जाते हैं तथा बच्चा वयस्क हो जाता है। यह अवधि चिंता और तनावपूर्ण होती है।

वयः-संधि का पहला चरण तब शुरू होता है जब बच्चा वयस्क होने की दिशा में कदम रखता है। इस दौरान प्राथमिक यौन गुण प्रकट होते हैं। इस चरण में लड़कियां लड़कों से पहले कदम रखती हैं। लड़कियों में यह अवधि 10-14 वर्ष के बीच है जब कि लड़कों में 11-15 वर्ष के बीच होती है। वजन व ऊंचाई के तेजी से बढ़ने के कारण इसे असंयमता (Awkwardness) की अवधि कहते हैं। वृद्धि का विकास तेज होने के कारण शरीर जल्दी बड़ा दिखने के कारण लोग अपनी भौतिक रूप में ही व्यक्त रहते हैं। साइमेन (Simmons) के अनुसार लड़कियां 9 से 12 वर्ष तक ऊंचाई प्राप्त करती है। जबकि लड़के 11 से 14 वर्ष तक ऊंचाई प्राप्त करते हैं। यह देखा गया है कि जो जल्दी परिपक्व (Mature) होते हैं ज्यादा लम्बे होते हैं।

एकदम से हो रहे इस विकास का वजन पर अधिक प्रभाव पड़ता है ऊंचाई पर नहीं क्योंकि इस अवधि दौरान सब

कुटेनियस उत्तकों में बड़ी मात्रा में वसा (Fat) जमा होती है। यह कुछ इमोशनल कारकों (Emotional Factors), खान-पान की आदतें व गतिविधि की कमी के कारण होता है। अस्थि ढांचे के चौड़े होने व अलग-अलग हड्डियों के भारी होने के कारण भी वजन बढ़ता है। लड़कों में लड़कियों की अपेक्षा ज्यादा वजन बढ़ता है। लड़कों में विकास की क्षमताओं के शोध बताते हैं कि शारीरिक सहनशक्ति, ताकत व मोटर क्षमताएं (Motor abilities) का विकास लड़कों में 12 से 16 वर्ष के बीच दुगना होता है परन्तु इसका चरम बिन्दु तब आता है जब वजन और ऊंचाई बढ़ना बन्द होती है। मोटर क्षमता या तालमेल में मध्यम दर्जे की वृद्धि होती है परन्तु यह भी प्यूबेसेंट व पोस्ट प्यूबेसेंट (Pre Pubescent & Pubescent) अवधि में ज्यादा होती है।

इस अवधि में भौतिक व मनोवैज्ञानिक क्षमताओं के विकास से एबस्ट्रेट मामलों से निबटने में जरूरी मानसिक शक्तियों का विकास होता है। मन भी परिवर्तन के दौर से गुजरता है। बच्चा दुनिया की यथार्थ सच्चाईयों व समस्याओं को समझकर वयस्क बनता है तथा ऐसी दुनिया के बारे में भी सोच सकता है जिसका कोई वजूद नहीं। कल्पना की उड़ान में वह अन्तर समझता है। एबस्ट्रेट मामलों से निबटने में उसकी क्षमता बढ़ती है। ध्यान केन्द्रित करने तथा याद करने की क्षमता बढ़ती है। ऐसी लाभप्रद स्थिति में वे स्वयं के बारे में सोच सकते हैं तथा दूसरों के बारे में अच्छी तरह समझ-सोच सकते हैं वे ज्यादा विचारवान तथा जागरुक बनते हैं।

आन्तरिक अंगों में भी इस अवधि के दौरान वृद्धि होती है। वय:-संधि के दौरान दिल और ब्लड नलिकाएं बढ़ती हैं। दिल अपने वजन का सात गुणा बढ़ता है तथा दुगना हो जाता है तथा नलिकाएं विभिन्न अंगों तक ज्यादा खून ले जाती हैं। फेफड़ों के आकार व आयतन में वृद्धि होती है, सांस ज्यादा गहरा व धीमा होता है। ये बदलाव ज्यादातर गोनाड (Gonads) यौन ग्रंथियों तथा पिटूटरी (Pituitary) ग्रंथियों के ज्यादा प्रभावी रूप से कार्य करने पर ऐसा होता है।

वय:-संधि काल में हुए परिवर्तनों का बच्चे के सामाजिक जीवन पर गहरा प्रभाव पड़ता है। वे शारीरिक तथा मानसिक रूप से ज्यादा परिपक्व होते हैं तथा वयस्क की अपनी भूमिका के लिए तैयार होते हैं। उनके सामाजिक रिश्तों में बहुत अधिक परिवर्तन आता है तथा उनकी अभिरुचियों में बदलाव आते हैं। अपने जीवन के अधिक फैसले करने के लिए वे सहभागी बनते हैं। यह प्रगाढ़ रिश्ते बनाने की अवधि भी है। मां-बाप/बच्चे के लिए रिश्ते और समान बनते हैं। हालांकि कुछ बच्चे इस अवधि के दौरान ज्यादा तनावग्रस्त हाेते हैं परन्तु बहुधा प्रभावी रूप से शक्तिशाली, गुणवान तथा अनुभवी बन कर उभरते हैं।

किशोर आयु की मनोवैज्ञानिक विशेषताएं

एडोलसेंट या किशोर आयु एक ऐसी अवधि का नाम है जिसमें मां-बाप की छत्र छाया से मुक्त होकर बालक आत्मनिर्भर तथा आत्म संकल्पी बनता है। यह वह आयु है जब बालक आश्रित, बचपन की गैर जिम्मेवार उम्र को छोड़ कर आत्म अनुशासित व वयस्क होने की जिम्मेवारीयुक्त आयु में कदम रखता है। मनोवैज्ञानिक दृष्टि से देखा जाए तो यह अवधि उन भौतिक व सामाजिक परिवर्तनों के प्रति तालमेल बैठाने की है जिनके होते बच्चों व वयस्कों के व्यवहार में भेद किया जाता है।

किशोर आयु एडवेंचर व प्रयोग करने की आयु होती है। समय-समय पर प्रत्येक किशोर स्वीकृत सामान्य व्यवहार से उल्टा व्यवहार करता है। कुछ किशोर इस वय:-संधि से पहले ही अपने भविष्य के लिए चिंता करनी शुरु करते हैं तथा जीवन के उद्देश्य की योजनाएं बनाते हैं। अन्य उसी क्षण की खुशी के लिए खुश रहते हैं। वे समय निकलने के साथ-साथ मनोवैज्ञानिक दृष्टि से परिपक्व होना छोड़ देते हैं ऐसे लोग जो भविष्य के प्रति चिंतित हैं उन्हें निराशा या अटपटापन नहीं झेलना पड़ता क्योंकि वे जीवन के प्रति स्वस्थ दृष्टिकोण रखते हैं। अपने वयस्क जीवन को विकसित करने के लिए वे पहले से ही सचेत हो जाते हैं। इस अवस्था में कई समस्याएं जन्म लेती हैं। कुछ लोग इन्हें गलत मानते हैं तथा इस आयु को समस्या की उम्र मानते हैं। यह कहना सही होगा कि इस आयु में बच्चे कई समस्याओं से घिरे रहते हैं। जो बच्चे वयस्क आयु में सामान्य रूप से नहीं उतर पाते वे मिसफिट (misfit) जिद्दी, क्रिमिनल होते हैं तथा ऐसी समस्याएं उनके बच्चों तक चलती जाती है।

किशोरों की तरह ही एडोलसेंट जो ज्यादा सुरक्षित रहते हैं तथा परिवार द्वारा सामान्य बुरे परिणाम वाले दुर्व्यवहार या गलत विवेक से बचे रहते हैं वह भविष्य की समस्या या दुर्घटना से ध्यानपूर्वक बचा कर रखा जाता है। यदि इस दौरान या पिछले कुछ वर्षों के दौरान उसे अच्छी प्रकार की जिम्मेवारी दी जाती है तथा बड़े लोगों के हस्तक्षेप के बिना उन्हें अपनी समझ से काम लेने का मौका दिया जाता है तो वह अच्छी प्रकार वयस्क हो सकता है तथा बड़े होकर दुष्कर कार्य को फेस कर सकेगा। इन बड़े किशोरों को अपने संकल्प द्वारा बड़े होने के लिए अवसर चाहिये। अगर उसे हुनर व आदतें न डाली जाएं तो वह

बाधित हो जाएगा। उसे कई 'प्राथमिकताएं' तथा नई स्थितियां नजर आती हैं। नई स्थिति में व्यक्ति को पहले स्थापित की गई आदतें अपर्याप्त नजर आती हैं। क्योंकि किशोर अवस्था में वह अपने को व्यक्ति की तरह पाता है तथा बढ़ते किशोर में ऐसा संघर्ष होता है जिसमें वह बड़े लोगों (adult) और परिवार से सम्बन्धों में अपने अधिकार व दायित्व सिद्ध करने की कोशिश करता है। यह लगातार तनाव की अवधि नहीं है। कुछ किशोरों को इन तनावों से शांति से गुजरने में सहायता मिलती है। भविष्य उनका है, उस भविष्य का वे क्या करते हैं वह समाज व उनकी सांझी जिम्मेवारी है।

इस अवधि को तीन चरणों में बांटा जा सकता है-

(i) वय:-संधि से पूर्व (Pre-adolescence)-वह अवधि है जब बचपन के व्यक्तित्व खंडित होकर उसके परिवर्तन वयस्क व्यक्तित्व में शुरू होते हैं। यह हाइपर गतिविधि, बगावत, मूड व चिड़चिड़ेपन की अवधि है। यह उन तरीकों की अभिव्यक्ति है जिसमें बालक बचपन के व्यक्तित्व के टूटने पर अपना साथ देता है। लड़के व लड़कियां इस अवधि में बेचैन हाइपर एक्टिव हो जाते हैं। पेंसिल ठोकना, पाकेट में चीजें घुमाना, बालों से खेलना आदि ये लक्षण इस बात को दर्शाते हैं। शरीर में हुए नये परिवर्तनों की तरफ ये लक्षण इंगित करते हैं। मां-बाप, रिश्तेदार व स्वयं अपने बारे में उनके विचार बदलते हैं। वे अपनों से बड़ों के प्रति चिड़चिड़ेपन, अविश्वास या शक जैसा व्यवहार करते हैं। वे जल्दी नाराज होते हैं तथा शिकायत करते हैं कि उन्हें समझ नहीं पाते तथा ठीक से व्यवहार नहीं करते। वे बहुत अधिक संवेदी तथा अपने बारे में चिंतित रहते हैं कई बार वे गुस्सा, डर या प्यार की संवेदनाओं से काबू में आ जाते हैं।

बड़ों के साथ चलने के लिए उन्हें अभी सामाजिक हुनर सीखने पड़ेंगे। उनकी बहुत सी निराशाएं मां-बाप व बड़ों से हुए झगड़ों के कारण होती हैं। कपड़े पहनने के ढंग, दोस्तों का चुनाव, समय गुजारना, कमरे व टेबल की दशा, इज्जत की कमी तथा दूसरों का ख्याल रखने के कारण ही बड़ों से उनका झगड़ा होता है। अपनी आजादी की दुहाई बच्चे इन मांगों व अपेक्षाओं पर खरा नहीं उतर पाते। अब वे दोस्तों के साथ ज्यादा समय गुजारते हैं तथा ड्रेस, भाषा व्यवहार या मूल्यों के सम्बन्ध में मां-बाप से हां मिलाने लगते हैं। अगर इन मूल्यों में भेद आता है तो मां-बांप के साथ कहा सुनी हो जाती है। इनमें उच्च आदर्शवाद तथा न्याय प्रियता होती है। जो उनके आदर्शों के अनुरूप नहीं रह पाते, वे उनकी भर्त्सना करते हैं। वे मॉस मीडया के प्रति विशेषकर सिनेमा के प्रति आकर्षित होते हैं। रेडियो, टी.वी. व केबल नेटवर्क प्रोग्राम भी उन्हें आकर्षित करते हैं। बड़ों की ग्रुप गतिविधियां व ग्रुप गेम्स उनके लिए बहुत महत्त्वपूर्ण बन जाते हैं।

(ii) शुरू की वय:-संधि आयु (Early Adolescence)-15 वर्ष की आयु तक रहती है। अब वे अपने शरीर, प्रतिष्ठा व आकार के प्रति जागरुक होते हैं। शरीर में आते हुए जल्द परिवर्तनों से अपनी बदलती हुई तस्वीर के प्रति वे उत्साही व चिंतित होते हैं। वे स्वयं को नकारते हैं। अपनी ऊंचाई वजन कम्पलेक्शन तथा समस्याएं जैसे पिम्पल आदि उन्हें परेशान करते हैं। वे पेशिय शक्ति के प्रति चिंता करते हैं तथा सुधारने के लिए जिम जाते हैं। लड़कियां अपनी शेप, चेहरे के फीचर तथा कम्पलेक्शन के प्रति चिंतित दिखती हैं। हेयर स्टाईल, कपड़े, फैशन आदि से वे अपनी सेल्फ इमेज को स्वीकृत करवाते हैं। उनके मन में सामाजिक स्वीकृति का आधार केवल शारीरिक आकर्षण ही होता है।

अब उन्हें यौन शिक्षा की जरूरत पड़ती है जिसे वह बड़ों के बीच सीखना चाहते हैं। सूचना के अभाव में वे चिंतित, जिज्ञासु व गलत सूचना का शिकार हो जाते हैं। अपने लिंग के लोगों से उनसे सूत्र मजबूत होते हुए भी विपरीत लिंग (Opposite sex) के प्रति उनका आकर्षण बढ़ जाता है वे अपनी पहचान (Sense of identity) के प्रति अधिक जागरुक होते हैं। इस व्यक्तिगत पहचान के लिए मां-बाप से स्वतंत्र होना मुख्य कदम होता है। कैरियर का चुनाव व उसकी तैयार इस दिशा में दूसरा कदम है।

(iii) लेट वय:-संधि (Late Adolescence) -यह आयु है जिसमें बहुत से बालक प्रोफेशनल पढ़ाई या कैरियर में जा चुके होते हैं। उन्हें पूरी आजादी हासिल होती है तथा अभी भी मां-बाप उनके लिए आवश्यक व्यक्ति होते हैं। वे आदर्शवादी होते हैं तथा समाज की असमानताएं समाप्त कर आदर्श विश्व बनाना चाहते हैं।

लेट एडोलसेंस (Late Adolescence) में वृद्धि में मुख्य विशेषता यह है कि किशोर का विपरीत सैक्स के प्रति आकर्षण बढ़ जाता है। बालक व बालिकाएं जो अब तक विपरीत लिंग में रुचि नहीं दिखाते थे अब उनमें बहुत ध्यान देने लगते हैं जिससे टीचर व पेरेन्टस के लिए नई समस्याएं पैदा होती हैं। इस अवधि में बहुत से बच्चों को शर्म व झिझक होती है जब वे विपरीत सेक्स की उपस्थिति में होते हैं क्योंकि उनमें मानसिक परिपक्वता नहीं होती।

लेट एडोलसेंस को उच्च सामाजिक चेतना की अवधि कहा गया है। प्रतिष्ठा व सामाजिक स्वीकृति को विशेष ध्यान दिया जाता है। किशोर इस बात को अधिक महत्त्व देते हैं। स्वीकृति की इच्छा इतनी बुनियादी होती है कि यह कई प्रयोजनों में दिखाई देती है। किशोरों के जीवन में ऐसी कोई अवधि नहीं होती जब वे अपने बड़ों के बीच प्रसिद्ध होना नहीं चाहते। यदि किशोर अपनी वेल एक्सेप्टिड व्यक्तित्व पाना और बरकरार रखना चाहते हैं तो उसे अपनी आत्म केंद्रित आदत से अलग होकर ऐसे व्यक्तित्व में ढलना होगा जिसे समाज स्वीकृति देता हो। जिस ग्रुप में व्यक्ति रहता है वहां की अपेक्षाएं तथा मांगें उसे प्रभावित करती हैं। पेरेन्टस व बड़े अपनी मांगें बदलते रहते हैं। कभी वे किशोर को बालक समझ लेते हैं जब किशोर बड़ों जैसी बातें करता है तो वे कहते हैं 'अच्छा इतने बड़े हो गए हो।' ऐसे में किशोर विपत्ति में पड़ जाता है। उसका अस्तित्व के लिए समस्या उठ खड़ी होती है तथा उसकी पहचान की तलाश में बदला हुआ शारीरिक इमेज, सामाजिक योगदान व सेक्स का (role) अर्थ रखते हैं।

मां-बाप से स्वतन्त्रता मिलने पर वह बने बनाए सामाजिक मूल्यों को स्वीकार नहीं करता। अत: स्वतन्त्रता प्राप्त करने के बाद उसमें और उसके माता-पिता के बीच विरोध रहता है जो मूल्यों और रुझानों से सम्बन्धित होता है यह हिस्सा ज्यादा सक्रिय लड़कों में होता है क्योंकि लड़के प्रतिबन्धों के विरुद्ध ज्यादा आवाज उठाते हैं। वह अपने फैसले लागू करवाना चाहता है, जो उसे बताया जाता है उसे वह स्वीकार नहीं करता। वह तुलनाएं करता है, विरोध करता है, अपना मूल्यांकन करता है तथा अपनी संकल्पना करता है।

वह न केवल नई शारीरिक विरोधाभासों का सामना करता है परन्तु वयस्कों की जटिल, विषम व उल्झा देने वाली दुनिया में स्वयं को पाता है जिससे उसका बहुत पहले कोई सरोकार न था।

किशोरों की समस्याएं

समस्या के बीज बहुत पहले बो दिये जाते हैं तथा उनमें से कुछ किशोर अवस्था में समस्याएं पनप उठती हैं। अब उन्हें बेहतर उपचार की जरुरत है।

किशोर को आने वाली कुछ समस्याएं इस प्रकार हैं-

1. **आजादी की इच्छा (Desire for Independence)-** घर व परिवार के बन्धनों से मुक्ति मुख्य समस्या है। यह समस्या मां-बाप और बदतर बनाते हैं जब वे नहीं सोचते कि बच्चे परिपक्व होते जा रहे हैं। स्वयं को परिपक्व स्वीकार करवाने, जिम्मेवार व खुद चलने वाले वयस्क समझाने की इच्छा इतनी प्रबल होती है जो समस्याएं खड़ी करती हैं।

   तीन प्रकार के घर की समस्याएं मुख्य हैं-

   (i) मां-बाप और किशारों के बीच समझ की कमी (ii) उनकी आजादी कम करना (iii) आर्थिक मामले।

2. **शारीरिक विकास से सम्बन्धित समस्याएं (Problems Relating to Physical Development)-** शरीर की वृद्धि से आने वाले परिवर्तन शरीर के विभिन्न अंगों पर एक समान नहीं होते। यौन अंगों व अन्य स्थान पर असमान वृद्धि से कई किशोर विचलित हो जाते हैं विशेष कर लड़के जब यह देखते हैं कि वे मर्द (Masculine) नहीं दिखते। ऐसे ही कम विकसित लड़की सोचती है ऐसी ही कम शारीरिक गठन से लड़के व लड़कियों को एडजेस्टमेंट समस्याएं लगती हैं।

3. **शारीरिक वृद्धि से सम्बन्धित समस्याएं (Problems Related to Physiological Growth) -** अब तक शारीरिक गठन को समझने की समस्याएं जो किशोरों ने नहीं देखी थी, उनसे सामना होने पर वे घबरा जाते हैं जैसे पहले मासिक धर्म पर लड़कियां डर जाती हैं यदि वह अच्छी प्रकार पहले से तैयार नहीं है। त्वचा पर छाइयां या मुहांसे परेशानी का कारण हैं जैसे टांगों-बाहों पर कम बाल या छाती पर कम बाल उगे तो लड़के कमजोरी समझने लगते हैं। लड़कों की मर्दानगी को चुनौती देती कोई भी कमी उनके लिए दिक्कत का कारण बनता है तथा विकास में बाधा डालता है तथा लड़कियों में सहज रूप से स्त्रित्व की प्राप्ति उनकी दिक्कतें बढ़ाता है।

4. **किशोरों की स्कूल की समस्याएं (School Problems of Adolescents) -** सभी आयु स्तर पर स्कूल में तालमेल न बिठाना बच्चों की परेशानी का कारण बनता है। उन्हें काफी संख्या में अध्यापकों से तालतेल बिठाना पड़ता है। एक तानाशाह अध्यापक का कहना मानना पड़ता है तथा बाद में एक लोकतांत्रिक अध्यापक के मूड व संकल्पनाओं के साथ समन्वय करना पड़ता है। उन्हें इन गतिविधियों में हुई सफलताओं और असफलताओं को भी सहज से लेना होता है। फेल होने का डर, अध्यापकों की असहमति तथा अन्य डर इस स्थिति में उसे परेशान करती है।

5. **किशोर से सामाजिक अपेक्षाएं (Social Demands Upon Adolescents)** – सेक्स-इच्छा से सम्बन्धित प्रलोभनों में किशोर उलझते हैं तथा जिससे उतेजना पूर्ण सामाजिक प्रतिक्रियाएं होती हैं। इससे बदले हुए शारीरिक अस्तित्व के कारण उन्हें विपरीत सेक्स के प्रति अलग दृष्टिकोण रखना पड़ता है। उसे ऐसे समाज से तालमेल सीखना होता है जहां विपरीत लिंग के प्रति उसकी भूमिका कम्पलीमेंटरी होता है। कुछ वर्ष पहले उसे नादान समझ कर माफ कर दिया जाता था अब हरेक मौके पर उसे वयस्क की भांति योगदान देने के लिए कहा जाता है। कोई ऐसी अवधि नहीं होती जिसमें व्यक्ति को इतना गलत समझा जाता है जितनी यह किशोर अवस्था में समस्या होती है।

6. **कोड व आदर्शों से सम्बद्ध समस्याएं (Problems of Adherence to Codes & Ideals)** – 'सही' व 'गलत' के सिद्धांत से हमारा व्यवहार नियमित होता है जैसे-जैसे व्यक्ति बड़ा होता है व्यक्ति को अपनी जरूरत समाज की जरूरतों के अनुरूप ढालने की जरूरत पड़ती है। नई सामाजिक जीवन में किशोर की आदतें व व्यवहार फिर नहीं हो पाती तथा आदर्शों व व्यवहार को लेकर समाज में उसकी एडजेस्टमेंट समस्याएं उलझ जाती हैं।

7. **किशोर की भूमिका व प्रतिष्ठा के बीच असमंजस (Confusion Between Adolescent's Role & Status)** – दु:ख का विषय है कि समाज में किशोर की प्रतिष्ठा व योगदान साफ नहीं है। लड़के को बाहर व्यक्ति माना जाता है परन्तु घर में बच्चा समझा जाता है। अब हर कोई उसका बॉस है तथा वह 'बीच में' लटका हुआ महसूस करता है तथा बढ़ने वाला वयस्क इस लटकन से आहत और दु:खी महसूस करता है जब उसे यकीन होता है कि वह अब बच्चा नहीं है उसे हैरानी होती है परन्तु वह आश्वस्त नहीं हो पाता ऐसे में वह जिम्मेवारियां पूरी नहीं कर पाता।

8. **व्यवहार सम्बन्धी समस्याएं (Behaviour Related Problems)** – किशोर अवस्था बेचैनी, उच्च गतिविधि, बगावत, मूड व चिड़चिड़ेपन का है जिससे व्यवहार सम्बन्धी समस्याएं उठ खड़ी होती हैं। असुरक्षा व डर की समस्या तंग करती है। वयस्क व्यवहार के नए गुण वह सीखता है। उसे अपनी पहचान की समस्या है तथा बहुत बार गलत समझे जाने के कारण बड़ों के साथ उसका टकराव होता है।

9. **पहचान की परेशानी (Identity Crisis)** – किशोरों द्वारा अपनी पहचान बनाने की परेशानी इस अवधि की अन्य समस्या है। एक व्यक्ति की तरह वह अपनी पहचान दिखाना चाहता है परन्तु मां-बाप और बड़े उसकी इस नई अस्मिता को पर्याप्त नहीं मानते। प्रमुख मीडिया टी.वी. नेटवर्क आदि उसकी समस्या बढ़ाते हैं। उसकी इच्छाओं और उद्देश्यों में फर्क होता है तथा कुछ पाने के सामर्थ्य में कमी रहती है जब तक खुद को समझने में उसकी सही मदद न की जाए।

10. **भविष्य की समस्याएं (Problems Connected with the Future)** – किशोरावस्था वह अवधि है जब वह बच्चा नहीं होता। वह बचपन के सुरक्षित खोल से निकल आता है। उसे अब फैसला करना है कि भविष्य में उसे कहां जाना है। परन्तु वह इतना समझदार नहीं हुआ है कि बुद्धिमानी वाले फैसले ले सके। उनके भविष्य को लेकर मनोवैज्ञानिक तनाव उनके लिए समस्याएं खड़ी करते हैं।

अन्य समस्याएं जो इनसे सम्बन्धित हैं वे हैं व्यवहार व उपदेश, शैक्षणिक व वोकेशनल चुनाव, व्यक्तिगत तालमेल, मनोरंजन, विपरीत सेक्स से सामाजिक सम्बंध तथा धर्म सम्बन्धी समस्याएं। जो व्यक्ति प्यार, सुरक्षा व कुछ होने की भावना बचपन से पालते हैं वे इन समस्याओं से सुलझने के लिए पूरी तरह तैयार होते हैं। यदि चाहते हैं कि बचपन से किशोरावस्था में कदम सामाजिक स्वीकृति और प्रभावी ढंग से हो तो उन्हें अनुशासित वयस्कों का दिशा निर्देश मिलना चाहिए तथा ज्यादा बचाव व दबाव से उनमें विरोध की समस्याएं उठ खड़ी होती हैं।

किशोरों की समस्याएं सुलझाने में शारीरिक शिक्षा तथा खेलों का योगदान

किसी भी स्वस्थ व्यक्ति की तरह किशोर भी शारीरिक गतिविधि में भाग लेकर खुश होता है। इससे शरीर को लाभ तो होता ही है तथा यह व्यक्तित्व का सामान्य विकास करता है।

शारीरिक शिक्षा क्षेत्र उसे इन गतिविधियों में शामिल होने के बहुत मौके देता है जो उसके व समाज के हित में लाभप्रद होते हैं।

- आत्म विश्वास व आत्म नियंत्रण सिर्फ मन के गुण ही नहीं बल्कि 'पूर्ण व्यक्ति' की विशेषताएं हैं। कुछ शारीरिक हुनरों को साधने के बाद ही हम आत्म विश्वास की दिशा

में पहला कदम उठा सकते हैं। वे किस मात्रा या तीव्रता से यह गतिविधि करते हैं वह इस बात पर निर्भर करता है कि उनके हुनर की जटिलता क्या है। तथा इस हुनर को प्राप्त करने में वे श्रम कितना लगाते हैं। वे गतिविधियां ज्ञान में अभिवृद्धि करती है जिससे उन्हें बहादुरी या सहन शक्ति दिखाने की चुनौती मिली है।

- अपने पूर्वजों से प्रत्येक व्यक्ति को हिंसा की प्रवृत्ति मिलती है जब तक इसे एक्शन में न बदला जाए यह व्यक्तित्व पर बहुत विपरीत असर डालती है। बहुत से स्पोर्टस व खेलें इस हिंसा को प्रदर्शित करने का रास्ता देती है नहीं तो ये शक्तियां शरीर को विनाश व गिरावट की तरफ ले जाती हैं। यह सिद्धांत दोनों लिगों पर लागू होता है परन्तु लड़की पर इसका असर अधिक पड़ता है। कोई भी प्रतिस्पर्धा ऐसे हिंसा को आत्मसात (absorb) कर लेती है। अगर ठग या गुंज बाक्सिंग को सीरियस होकर करता है तो वह सभ्य बन सकता है। वह हिंसा को रिंग तक रखता है तथा अपने साथियों के साथ शांति से रहता है।
- मनुष्य सामाजिक प्राणी है तथा यदि उसे इमोशनल बैलेंस प्राप्त करना है तो अपनी इच्छाओं पर काबू करना चाहिये। ईमानदारी व नि:स्वार्थ भाव सामाजिक गुण हैं तथा टीम गेम उसे सुविधाजनक व अच्छी ट्रेनिंग आधार प्रदान करते हैं। किशोर स्पोर्टस में ऐसी खेलों को प्रमुख स्थान दिया जाना चाहिये। एंटीसोशल गैंग में भर्ती होने की बजाय एथलेटिक क्लब या जिमनेजिम की सदस्यता ज्यादा सुरक्षित है।
- शारीरिक गतिविधियों से शारीरिक सेहत तो ठीक रहती ही है उससे गहरी एस्थेटिक सन्तोष भी प्राप्त होता है। हाइकिंग, सायकलिंग, फील्ड स्पोर्टस तथा सेलिंग से भाग लेने वाला प्रकृति के करीब लाता है तथा उम्र भर की खुशी प्रदान करता है। ये एस्थेटिक योगदान किशोर के व्यक्तित्व निर्माण में बहुत योगदान देते हैं।
- शारीरिक शिक्षा व स्पोर्टस किशोर को ऐसे स्पोर्ट में हिस्से लेने को उत्साहित करते हैं जिनमें उसे रुचि न हो या कमी हो उदाहरणार्थ सब्र की भावना डालने के लिए वह ऐसे खेल में हिस्सा ले सकता है जैसे शूटिंग, चैस, आरचरी आदि। इससे सारी उम्र व्यक्तित्व में तालमेल बिठाने में उसे मदद मिलती है।
- लगभग सभी खेलों में किशोर ऐसी गुणवता का प्रदर्शन करता है जिस उच्च प्रतिस्पर्धा स्तर पर वह अपना उद्देश्य बना सकता है। इससे अवसाद दूर होता है तथा आत्मसंकल्प से आत्मनिर्भर व्यक्तित्व का निर्माण होता है।
- शारीरिक गतिविधियों व स्पोर्टस में हिस्सा लेने से किशारों के सम्पूर्ण व्यक्तित्व के विकास में योगदान मिलता है। वह शारीरिक व मनोवैज्ञानिक दृष्टि से स्वस्थ व्यक्ति के रूप में उभरता है। इससे उसके चिड़चिड़ेपन, बगावत, मूड बगैरह पर काबू पाने में सहायता मिलती है।
- कमजोरी या समन्वय की कमी के कारण बहुत से किशोर भौतिक रूप से अक्षम (Incompetent) होते हैं। इससे उनमें निराशा तथा छोटा होने की भावना उपजती है जो जीवन के दृष्टिकोण को बुरी तरह प्रभावित करती है। शारीरिक शिक्षा व खेलें इस दिशा में उसकी मदद करती हैं। ऐसे बच्चे को दो प्रकार के प्रशिक्षण से सुधारा जा सकता है। पहले उसकी बुनियादी कमजोरी व तालतेल की कमी को सुधारा जाता है तथा दूसरे इससे वह स्वयं से पूरी तरह स्पर्धा करता है दूसरों से नहीं। अन्तराल में उपयुक्त टेस्ट दिये जाते हैं ताकि वह अपने प्रदर्शन को सुधार सके इस सुधार से वह अपना मूल्यांकन करके सफलता की सीढ़ी पर चढ़ सकेगा। इससे अन्य क्षेत्रों में उसके प्रदर्शन पर अच्छा असर पड़ता है।
- कुछ शारीरिक एक्शन के प्रति हम आश्वस्त रहते हैं जैसे बैठना व खड़ा होना, चलना या दौड़ना या सांस लेना हमारी अचेतन आदतों के हिस्से हैं। किशोर अवस्था में ज्यादातर बुरी आदतें विकसित होती हैं। बैठने व काम करने का गलत आसन शरीर के अन्य कार्यो को प्रभावित करता है जिससे अन्य अंगों पर बुरा प्रभाव पड़ता है। तथा बाद के जीवन में कई समस्याओं को जन्म देता है। इन आदतों का सुधार जरूरी है। पुनर्वास कार्यक्रम के द्वारा इन्हें ठीक किया जा सकता है जिनसे 'बैट फीट,' स्लिप डिसक व अन्य श्वसन समस्याएं दिखाई नहीं देंगी।
- किशोर आयु साहस व जोश की आयु है। ऐसी खेलों में भाग लेना जिनमें थ्रिल व एडवेंचर हो जैसे पैराग्लाइडिंग, ड्राइविंग आदि किशारों को चिन्ता व डर से मुक्ति देता है। पुनर्वास के आधुनिक ढंग जो शारीरिक शिक्षा के माध्यम से दिये जाते हैं आसानी से पुरानी जिन्दगी में किशारों को स्थापित करते हैं।

- दुर्घटना, बीमारी या गठन सम्बन्धी दोष के कारण कुछ किशोरों को स्थाई रूप से शारीरिक अक्षमता होती है। शरीर बेशक अक्षम हो परन्तु मन को वैसे ही शारीरिक गतिविधि की जरूरत होती है ऐसे में विशेष शारीरिक शिक्षा कार्यक्रम उनकी जरूरतों को अधिकतम पूरा करते हैं। अतः किशोरों की समस्याएं सुलझाने में शारीरिक शिक्षा व स्पोर्ट्स का बहुत योगदान है। उनके विचारों, संवेदनाओं को नियंत्रण कर सही दिशा में लगा उन्हें प्रेरित करने में इनका बहुत महत्त्व है।

शारीरिक शिक्षा का मनोवैज्ञानिक आधार

मनोविज्ञान को अंग्रेजी में 'साइकलोजी' कहा जाता है। यह शब्द ग्रीक भाषा के दो शब्दों 'साइके' अर्थात् आत्मा तथा 'लोगस' अर्थात् विचार को मिलाकर बना है। इसलिए साइकलोजी का अर्थ है आत्मा द्वारा विचारों को प्रकट करना। यदि हम मनोविज्ञान शब्द को देखें तो यह भी दो शब्दों को मिलाकर बना है 'मन' तथा 'विज्ञान' अर्थात् मन का विज्ञान। मनोविज्ञान में व्यक्ति के सभी प्रकार के व्यवहार का अध्ययन किया जाता है। मनोविज्ञान ऐसा विज्ञान है जिसमें वातावरण की प्रेरणा से होने वाली मानसिक, शारीरिक तथा सामाजिक प्रतिक्रियाओं का क्रमबद्ध अध्ययन किया जाता है।

मनोविज्ञान को कई भागों में बाँटा जा सकता है। जैसे- बाल मनोविज्ञान, शिक्षा मनोविज्ञान आदि। शिक्षा मनोविज्ञान में मनोविज्ञान सिद्धान्तों को शिक्षा क्षेत्र में प्रयोग किया जाता है। शिक्षक के लिए शिक्षा- मनोविज्ञान की जानकारी अत्यन्त आवश्यक है। इससे उसे बालक को समझने का अवसर मिलता है और साथ ही साथ शिक्षक को अपने आपको भी समझने का अवसर मिलता है।

शारीरिक शिक्षा तथा मनोविज्ञान में सम्बन्ध

शारीरिक शिक्षण प्रदान करने के लिए जो पद्धति अपनाई जाती है उसका मूलभूत आधार मनोविज्ञान ही रहता है अतः शारीरिक शिक्षा का मनोविज्ञान से घनिष्ठ सम्बन्ध है इसलिए शारीरिक शिक्षा के अध्यापक को शिक्षा मनोविज्ञान के महत्वपूर्ण सिद्धान्तों का ज्ञान प्राप्त करना चाहिए।

मनोविज्ञान का शाब्दिक अर्थ है मन का विज्ञान इसलिए सबसे प्रथम मन क्या है इसको समझना जरुरी है। मन क्या है इस विषय में निश्चित रूप से बताना कठिन है। मन का कोई स्थूल रूप नहीं है वह आंखों से देखा नहीं जा सकता है और न स्पर्श ज्ञान से उसको जाना जा सकता है परन्तु उसके अस्तित्व को सभी स्वीकार करते हैं इस नगर में मेरा मन नहीं लगता, तुम्हारे मन में कुछ और है और तुम कहते कुछ और हो आदि वाक्यों में मन शब्द का प्रयोग उसके अस्तित्व को प्रमाणित करता है। परन्तु आज तक किसी ने इस कल्पना को मूर्त रूप नहीं दिया है। कुछ विद्वान् मन का स्थान पिनीयल (Pinaeal) ग्रन्थी में मानते हैं, कोई हृदय में तो कुछ आतों में भी मानते हैं। परन्तु इसके निश्चित स्थान के सम्बन्ध में अभी तक कुछ नहीं कहा जा सकता। अतः यह स्पष्ट है कि शरीर में 'मन' नाम का कोई अवयव नहीं है। (मस्तिष्क और मन का घनिष्ठ सम्बन्ध माना जाता है) डा. नन् ने इसे मिमि (Mneme) नाम दिया है।

क्रियाशीलता यह मन का गुण माना गया है और इसे डा. नन् ने हॉर्मी (Horme) नाम दिया है।

उपर्युक्त दोनों गुण एक दूसरे के पूरक हैं। इसलिए इन्हें भिन्न मानने की आवश्यकता प्रतीत नहीं होती। Horme is the activity of the mental structure. It is the element of drive or urge इन दोनों गुणों के अतिरिक्त एक तीसरा गुण और माना गया है उसे संलग्न (Cohesion) अथवा association of ideas भी कहते हैं। मनो व्यापार में इन तीनों गुणों का बड़ा महत्त्व है। इन्हीं के द्वारा अनुभव, स्वभाव, बर्ताव व चरित्र आदि की अनुभूति होती है।

मन के सम्बन्ध में भारतीय दृष्टिकोण निम्न श्लोक में स्पष्ट किया गया है-

बुद्धि तुसारथी विद्धि मनः प्रग्रह मेवच।।

जीवात्मा रथ में यात्रा करने वाला स्वामी है। बुद्धि सारथी है। मन घोड़ों की लगाम है। इस मन रूपी लगाम द्वारा वह इन्द्रियों रूपी घोड़ों को अपने स्वाधीन रखता हैं विषय घोड़ों की गोचर भूमि है। इनमें मन को बुद्धि के नियंत्रण में रखा गया है। मस्तिष्क के उत्तेजित होने पर मन भी उत्तेजित होता है। प्रेरणा का सम्बन्ध मन से हैं। मन एक अदृश्य प्रेरक शक्ति है। बुद्धि साधन है। आध्यात्मिक ग्रन्थों में अन्तःकरण का ही उल्लेख किया गया है। इन्द्रियों द्वारा अंतःकरण ही विषयों को ग्रहण करता है। विविध कार्यों के आधार पर अंतःकरण के ही मन, बुद्धि, चित्त, अहंकार चारों की सृष्टि होती है। व्यवहार में अंतःकरण के लिए मन व चित्त शब्दों का प्रयोग किया जाता है।

मन और मनो व्यापार की सूक्ष्म विवेचना मनोविज्ञान में की गई है। इसे अंग्रेजी में सायकॉलाजी कहते हैं। यह शब्द मूलतः

ग्रीक भाषा का है। Psukhe-soul, mind यह व्युत्पत्ति है। इससे सॉयकॉलाजी का अर्थ आत्मविद्या या आत्मा का विज्ञान लिया जाता था परन्तु आगे चल कर इसका अर्थ मस्तिष्क का विज्ञान Science of mind हो गया। इसके दो भेद किये गये। व्यक्तिगत मनोविज्ञान और सामाजिक मनोविज्ञान। लेकिन कुछ समय बाद यह परिभाषा भी परिवर्तित हुई कारण कि मस्तिष्क के अध्ययन से ही मनुष्य के मानसिक जगत के सम्बन्ध में जाना नहीं जा सकता। अत: मनोविज्ञान को मस्तिष्क का विज्ञान मान कर 'चेतना का विज्ञान' के रूप में स्वीकार किया गया। इसलिए कि मनुष्य में जो चेतना है उसी से अनुप्राणित होकर ही वह सब काम करता है। मनोविज्ञान एक सक्रिय और जीवित वस्तु से सम्बन्ध रखता है इसलिए उसके अध्ययन में अधिक संभावनाएं और नवीनता है। लेकिन कुछ समय बाद विद्वानों ने मनोविज्ञान की परिभाषा में फिर परिवर्तन किया और वर्तमान समय में मनोविज्ञान की परिभाषा कुछ इस प्रकार से की जाने लगी-

मनोविज्ञान मनुष्य के व्यवहारों और बर्तावों के कारणों और दशाओं का वैज्ञानिक अध्ययन करता है। इस परिभाषा का आधार यह है कि मनुष्य में चेतना और अचेतन शक्तियां होती हैं। फिर वह कुछ आदतें बना लेता है तथा परिस्थिति और परम्परा के प्रभाव के कारण वह विशेष प्रकार का व्यवहार अथवा कार्य करता है। इस प्रकार विद्वानों ने मनोविज्ञान को मनुष्य के सभी प्रकार के व्यवहारों और कार्यों के वैज्ञानिक अध्ययन के रूप में स्वीकार किया।

परन्तु मनोविज्ञान के विद्वान् दो विचारधारा में विभाजित हैं।

1. बर्तावादी (Behaviourist)
2. आदर्शवादी (Idealist)

व्यवहार और बर्ताव पक्ष के विद्वान् मन के अस्तित्व को स्वीकार ही नहीं करते और शरीर और मन के सम्बन्ध को भी नहीं मानते हैं। कारण कि उनकी राय में शरीर स्वचालित यन्त्र है। दूसरी विचारधारा को मानने वाले विद्वान् उपर्युक्त विचारधारा से सहमत नहीं है। उनका कहना है कि मनो व्यापार से ही हमें ज्ञान होता है। वे मन के अस्तित्व को स्वीकार करते हैं और प्रधानता देते हैं। परन्तु हम मध्यम वर्ग को स्वीकार करते हैं। यह बात सभी स्वीकार करते हैं कि शारीरिक घटनाओं का मन पर और मानसिक व्यापार का शरीर पर प्रभाव पड़ता है। इसलिए शरीर मन दोनों का अस्तित्व होना सिद्ध है। इन दोनों का घनिष्ठ सम्बन्ध है। मन की स्थिति स्वीकार करने से मज्जा संस्था का महत्व बढ़ जाता है। प्रेरणा मिलने के बाद अनुभव ही आगे चलकर संस्कारों में बदल जाते हैं। इन संस्कारों से स्वभाव और स्वभाव से बर्ताव व व्यवहार आदि का निर्माण होता है। इसलिए मन और शरीर का घनिष्ठ सम्बन्ध है इसी कारण से मनोविज्ञान और शरीर विज्ञान का अन्योन्याश्रय सम्बन्ध माना जाता है।

मांसपेशियों और नाड़ी मण्डल के कार्य से मनुष्य पर निरनिराले संस्कार होते हैं और वे अनेक प्रकार के व्यवहारों में बदल जाते हैं मांसपेशियों और नाड़ी मण्डल की कार्य क्षमता की तीव्रता पर संस्कारों की तीव्रता निर्भर है।

अंत:स्त्रावी ग्रन्थियों में शीर्ष ग्रन्थि और कण्ठ ग्रन्थि का महत्वपूर्ण स्थान है। इन ग्रन्थियों का स्त्राव उचित रूप से होना आवश्यक है। ग्रन्थियों के स्त्राव की अधिकता और कमी के आधार पर मनुष्य का स्वभाव बदलता है। कण्ठ ग्रन्थि का स्त्राव अधिक होने से मनुष्य भावनाशील होता है। शीर्ष ग्रन्थि के स्त्राव का प्रभाव शरीर और मन दोनों पर होता है इसका स्त्राव अधिक होने से शारीरिक विकास पर्याप्त रूप से होता है और कम होने से शरीर के अंगों की वृद्धि रुक जाती है। बहुत अधिक स्त्राव से मनुष्य चिड़चिड़ा और झगड़ालू स्वभाव का हो जाता है। बिल्कुल कम स्त्राव से उसमें निराशा, उदासी आदि दुर्बल भावनाएं पैदा हो जाती हैं।

क्रोध और भय मनोविकारों के उदय होने से ॲड्रीनलीन नामक ग्रन्थि का स्त्राव बढ़कर वह रक्त में मिलता है। फलस्वरूप यकृत प्रभावित होता है और मधुमेह रोग हो जाता है।

शरीर और मन का अविभाज्य सम्बन्ध है और इन दोनों की क्रियाशीलता से ही स्वस्थ और कार्यक्षम रह सकते हैं इसलिए मनोविज्ञान और शरीर विज्ञान के ज्ञान से ही बालक का सर्वांगीण विकास किया जा सकता है।

मूल प्रवृतियां

मूल प्रवृतियों का शिक्षा में महत्वपूर्ण स्थान है। इसी के ज्ञान से अध्यापक बालक की मनोवैज्ञानिक दशा और आवश्यकता को समझ पाता है। वह इस प्रकार शिक्षा प्रदान करता है कि बालक उसमें रुचि लेता है। इसलिए कहा जाता है कि मूल प्रवृतियां शिक्षण का आधार है। शिक्षक के लिए यह जानना आवश्यक हो जाता है कि मूलप्रवृतियों का उदय कब होता है।

बालकों में स्वास्थ्यप्रद आदतों का निर्माण करने में मूल प्रवृतियों का प्रमुख हाथ है। अच्छी आदतों के समूह को चरित्र कहते हैं। जिस व्यक्ति की आदतें अच्छी होती हैं वह समाज में चरित्रवान् समझा जाता है और चरित्रवान् व्यक्ति सब स्थानों में

आदर पाता है। मूल प्रवृतियां किसे कहते हैं इसके सम्बन्ध में अनेक विद्वानों के भिन्न-भिन्न विचार न देकर सर्वमान्य परिभाषा को ही यहां हम प्रस्तुत करते हैं।

प्रसिद्ध मनोवैज्ञानिक मैक्डूगल की परिभाषा

मूल प्रवृति वह जन्मजात प्रवृत्ति है जिसके कारण प्राणी किसी वस्तु विशेष को देखता है या उसकी ओर ध्यान देता है और उसकी उपस्थिति में विशेष प्रकार के भावों तथा क्रियात्मक प्रवृत्ति की अनुभूति करता है। जिसके परिणामस्वरूप वह उपस्थित वस्तु से सम्बन्धित एक प्रकार की क्रिया करने लगता है।

इन मूल प्रवृत्तियों का कार्य अपने आप ही होता रहता है। परन्तु बिना मस्तिष्क की आज्ञा के कार्य नहीं होता है उनके कार्य बुद्धिमानी के परिचायक होते हैं। यहां यह समझ लेना आवश्यक होगा कि मूल प्रवृत्तियां और सहज क्रियाओं के उदाहरण स्वरूप-छींकना, जम्हाई लेना आदि कार्य उपस्थित किये जा सकते हैं इसके विपरीत मूल प्रवृत्तियों द्वारा किये गये कार्यों में मस्तिष्क की आवश्यकता पड़ती है। सहज क्रिया में परिवर्तन करना अत्यन्त कठिन है। लेकिन मूल प्रवृत्ति में परिवर्तन उपस्थित किया जा सकता है। अतः इन भेदों के ज्ञान से सहज क्रिया और मूल प्रवृत्तियों का भेद स्पष्ट हो जाता है।

मनुष्य की मूल प्रवृत्तियां पशुओं की मूल प्रवृत्तियों से अधिक परिवर्तनशील हैं इसका कारण पशुओं में कम बुद्धि होती है। दीपक की लौ देखकर पतंगा उस पर जा गिरता है कारण कि उसमें बुद्धि की कमी रहती है इसलिए वह क्रिया बदल नहीं सकता।

मूल प्रवृत्ति उत्तेजित होने पर मनुष्य को उसकी तरफ ध्यान देना आवश्यक हो जाता है। किसी विशेष प्रवृत्ति के जागृत होने पर चेतना प्राप्त होती है। उसके द्वारा मन में संवेग पैदा होता है और उसके द्वारा प्रतिक्रिया होती है अर्थात् उस संवेग से सम्बन्धित क्रिया हो जाती है।

उदाहरणार्थः

(i) बिल्ली को चूहा दिखाई देने पर उसके मन में चेतना उत्पन्न होती है और शिकार की भावना पैदा होती है और इसकी प्रतिक्रिया स्वरूप बिल्ली चूहे को पकड़ने के लिए दौड़ती है।

(ii) भोजन ढूंढने की प्रवृत्ति है। इससे सम्बन्धित संवेग भूख है। ये संवेग (Emotions) बड़े महत्त्व के होते हैं। इन्हीं के द्वारा मूल प्रवृत्तियां संचालित होती हैं। मैक्डूगल के विचार से मूल प्रवृत्ति के द्वारा अनुभव होता है और संवेग उत्पन्न होता है। संवेग के समय शारीरिक परिवर्तन होता है। जब व्यक्ति संवेग से प्रभावित होता है तक उसमें शारीरिक परिवर्तन दिखलाई पड़ता है। यदि वह क्रोधित है तो उसका चेहरा लाल हो जाता है। यदि वह खुश है तो उसका चेहरा मुस्कुराता है। प्रत्येक मूल प्रवृत्ति से सम्बन्धित एक संवेग होता है। संवेग का क्षेत्र व्यापक है। संवेग का परिणाम समस्त वातावरण पर होता है। संवेग की अधिकता से शरीर की विशेष ग्रन्थियों का रस अधिक मात्रा में खर्च होता है और परिणामस्वरूप अनेक प्रकार की बीमारियां होती हैं। अनेक विद्वानों ने मूल प्रवृत्तियों की संख्या 14 मानी है। इस स्थान पर उनका संवेग सहित उल्लेख करना उचित समझते हैं।

मूल प्रवृत्ति	संवेग	प्रतिक्रिया
1. भोजन खोजना (Food Seeking)	भूख	भोजन प्राप्त करना
2. भागना (Escape)	भय	छिपकर रहना
3. युद्ध प्रवृत्ति	क्रोध	मारना, गर्जना
4. उत्सुकता	आश्चर्य	ध्यान से देखना
5. विधायकता	रचनात्मक	आनन्द निर्माण करना
6. संचय (Acquisitiveness)	स्वत्व	जमा करना
7. विकर्षण (Repulsin)	घृणा	फटकारना
8. संवेग (Appeal)	दुःख	दया की याचना करना
9. पुत्र कामना (Parental instinct)	वात्सल्य	पेट से, छाती से लगाना
10. भोग (Mating)	काम	आकर्षित होना
11. सामूहिक जीवन (Gregariousness)	एकाकीपन	मिलना
12. आत्मगौरव (Self assertion)	आत्माभिमान	आत्म प्रदर्शन
13. दैन्य (Submission)	आत्महीनता	नीचे देखना, पीछे रहना
14. हंसना (Laughter)	प्रसन्नता	हँसना

शारीरिक शिक्षण से इन मूल प्रवृत्तियों का घनिष्ठ सम्बन्ध है। शारीरिक क्रियाओं द्वारा संवेगों के विकास में सहायता मिलती है। मूल प्रवृत्तियों द्वारा होने वाली प्रतिक्रियाओं के लिए शारीरिक शिक्षण से चेतना प्राप्त होती है, अर्थात् मूल प्रवृत्तियों को जागृत करने के लिए आवश्यक परिस्थिति का निर्माण किया जाता है।

लड़ने के प्रवृत्ति प्रत्येक प्राणी में पाई जाती है। संकट का सामना करना और अपनी रक्षा करने का प्रयत्न करने की प्रवृत्ति भी सब में पाई जाती है। इस प्रवृत्ति का विकास खेलों में किया जा सकता है। इस प्रवृत्ति के विकास के लिए कुश्ती, बॉक्सिंग, लाठी छूट, फरोगदा आदि के व्यायाम उपयोगी हैं। योग्य पद्धति और न्यास से खेल खेलने की आदत का निर्माण होता है।

जिज्ञासावृत्ति को जागृत करने के लिए विषय में नवीनता का होना जरुरी होता है। बालक नूतन प्रेमी होता है। शारीरिक शिक्षण के कार्यक्रम यथा- शिविर कार्य वनविहार आदि से इस प्रवृत्ति को जागृत किया जा सकता है और ज्ञान-दान का उद्देश्य

पूरा किया जा सकता है। आत्म गौरव और दैन्य प्रवृत्तियों की प्रतिक्रियाएं उत्तम रूप से होंगी और उनका विकास शारीरिक शिक्षण द्वारा पर्याप्त मात्रा में हो सकेगा। कक्षा में दोनों प्रवृत्ति के बालक पाये जाते हैं। परन्तु कक्षा में इस ओर कम ध्यान दिया जाता है। इसके लिए उचित स्थान है खेल के मैदान।

इस स्थान पर दोनों प्रवृत्ति वाले बालकों का आसानी से पता लगाया जा सकता है। आत्मगौरव प्रवृत्ति वाला बालक हमेशा अपनी धाक दूसरों पर जमाने का प्रयत्न करता है। और अपने कार्यों में सब से आगे रहना चाहता है। वह नेतृत्व भी करता है। परन्तु इस प्रवृत्ति का विकास मर्यादा के बाहर होने से उसे हानि की संभावना रहती है। और वह जिद्दी, अपनी बात पर अड़ने वाला अर्थात् दुराग्रही हो जाता है। इसलिए बालकों को अनेक कार्यक्रमों द्वारा अनेक प्रकार के अनुभव हो जाने चाहिए जिससे वह इससे मानवी गुणों को प्राप्त कर सके। कबड्डी, बास्केट बाल आदि खेलों में ऐसे बालक योग्य नेतृत्व न कर सकें तो उससे वे निराश हो जाते हैं और उनकी शक्ति निर्माण में न लगकर नेतृत्व के लिए विध्वंशक कार्यों की तरफ प्रवृत्त होते हैं। इसके विपरीत ऐसे बालकों को सही रूप से उनकी दुर्बलताओं का अनुभव करा दिया जाए तो संभव है वह बालक अपने जीवन में सफल हो सकेगा।

दैन्य प्रवृत्त वाले बालकों में आत्मविश्वास का अभाव होता है और किसी कार्य में उससे योग्य बालकों को देखकर दैन्य भावनाओं की प्रतिक्रया के रूप में वह अपने को हीन, दुर्बल अनुभव करने लगता है और वह एकान्तप्रिय हो जाता है। परन्तु खेल के मैदान में ऐसे बालकों को सहानुभूति से प्रोत्साहन दिया जाए तो वह प्रगति कर सकता है इसलिए व्यायाम शिक्षक को चाहिए कि वह प्रत्येक बालक को योग्यता प्रदर्शन का अवसर दे। साधारण बालक भी अनुभव, अभ्यास और संस्कार से नायक बनने की क्षमता प्राप्त कर सकता है।

सफलता न मिलने पर बालक निराश हो जाता है, इसलिए प्रतियोगिताएं समान योग्यता वाले बालकों में ही की जाएं। बालकों की कार्य शक्ति व क्षमता के आधार पर दल बनाये जाएं और उन्हीं में खेल-कूद प्रतियोगिता का आयोजन करने से दुर्बल बालक भी अपने समकक्ष बालकों से निम्न कोटि के नहीं रहेंगे फलस्वरूप वे जीवन के प्रति आशावादी दृष्टिकोण को अपनाएंगे। बालकों को जैसे अनुभव उनके बाल जीवन में प्राप्त होते हैं, उनका पोषण ही वे बड़े होकर करते हैं इसलिए उन्हें अनेक प्रकार के अनुभव प्राप्त होने के अवसर दिये जाएं ताकि भावी जीवन में सफल बनकर सुखी समाज का निर्माण कर सकें।

खेल तथा खेल-सिद्धान्त

खेलना बालकों की स्वाभाविक प्रवृत्ति है। भूख को शांत करना जितना आवश्यक है उतना ही आवश्यक बालक के लिए खेलना है। बालक के शारीरिक और मानसिक विकास के लिए खेल एक मात्र अचूक साधन है। खेल में ही बालक के स्वभाव का भली-भांति से अध्ययन किया जा सकता है। बालक के शारीरिक और मानसिक आरोग्य का लक्षण ही खेल है। अनेक मनोविज्ञानवेत्ता खेल को ही यथार्थ बाल्य जीवन मानते हैं। स्कूल में बच्चे पर चाहे पुस्तकों का कितना ही बोझ क्यों ना हो परन्तु वह खेलने के लिए कोई न कोई बहाना एवं समय निकाल ही लेता है। जैसे-जैसे मनुष्य बड़ा होता है उसकी रुचि और इच्छा समाप्त नहीं होती बल्कि उनका रूप बदल जाता है। कई आन्तरिक खेलों में रुचि लेते हैं तो कई बाहरी खेलों में रुचि लेते हैं। खेल मानव को सुख तथा आनन्द की अनुभूति प्रदान करते हैं।

स्टर्न महाशय खेल को स्वयं नियंत्रित इच्छित क्रिया ही मानते हैं। मैक्डूगल महोदय ने सामान्य प्रवृत्तियों में सबसे अधिक महत्वपूर्ण क्रीड़ा प्रवृत्ति को माना है। वे खेल को सामान्य प्रवृत्ति के रूप में स्वीकार करते हैं। परन्तु अनेक विद्वान् खेल को सामान्य प्रवृत्ति के रूप में स्वीकार नहीं करते। खेल का आधार क्या है? बालक के शरीर में ऐसे कौन से तत्व हैं जो उसे खेल-कूद के लिए उत्तेजित करते हैं। इन प्रश्नों का उत्तर दिया हैं और सिद्धान्त निश्चित किये हैं। उनमें से मुख्य सिद्धान्तों का विचार करना आवश्यक है।

खेल की परिभाषाएं

हरलॉक 'अन्तिम परिणाम का विचार किये बिना कोई भी क्रिया जो उससे प्राप्त होने वाले आनन्द के लिए की जाती है, खेल है।

'Play relates to any activity engaged in for the enjoyment it gives, without consideration of the end result'

रॉस

'खेल एक आनन्दपूर्ण, स्वतः प्रस्फुटित एवं रचनात्मक क्रिया है जिसमें मनुष्य अपनी पूर्णतम अभिव्यक्ति प्राप्त करता है।

'Play is a joyful spontaneous creative activity in which man finds his violent expression'

खेल की विशेषताएं

1. खेल स्वाभाविक क्रिया है।

2. खेल के मूल में आनन्द एवं उल्लास प्राप्त होता है।
3. खेल आत्मप्रेरित क्रिया है।
4. खेल स्वयं के लिए सुखद क्रिया है।
5. खेल रचनात्मक प्रवृत्ति का स्वतन्त्र उदय है।
6. खेल ध्येय विहीन क्रिया है।
7. खेल प्राणियों की जन्मजात प्रवृत्ति है।
8. खेल एक प्रकार का मनोरंजन है।
9. खेल के व्यापारों से स्वयं को लाभ होता है।
10. खेल के संचालन के लिए किसी विशेष प्रशिक्षण की आवश्यकता नहीं होती।
11. खेल मानसिक एवं शारीरिक प्रक्रिया है।
12. खेल एक स्वतन्त्र प्रवृत्ति है जो सम्पूर्ण ध्यान को केन्द्रित कर देता है।

खेल पर आधारित शिक्षण विधियां

डाल्टन विधि

इस विधि की प्रतिपादक मिस हेलेन पार्कहर्स्ट हैं। इस विधि के अनुसार बालक अपना कार्य करने के लिए पूर्ण रूप से स्वतन्त्र होते थे। उन्हें एक कक्षा में बैठा कर शिक्षा नहीं दी जाती थी अपितु उनका कक्षा कार्य पूर्ण करना निर्धारित कर दिया जाता था। इससे बालक स्वतन्त्रता का अनुभव करता था।

बालचर विधि (Scouting Method)

लन्दन निवासी ऑक्सफोर्ड विश्वविद्यालय के रेखा गणित के प्रोफेसर तथा विश्व स्काउट संस्था के चीफ राबर्ट स्टीफेन्सन स्मिथ लार्ड वेडेन पावेल ने इस विधि का निर्माण किया।

यह विधि पूर्णतः विश्व विख्यात खेल पर आधारित है। यह विधि बहुत ही सरल है। इस विधि से बालकों को प्राकृतिक वातावरण में रखकर जीवन यापन की शिक्षा दी जाती है।

मान्टेसरी विधि (Montessori Method)

इस विधि की जन्मदाता मेरिया मान्टेसरी हैं। इस विधि में औरतें ही शिक्षण कार्य कर रही हैं। विभिन्न प्रकार के उपकरणों एवं शैक्षिक यन्त्रों की सहायता से वह बच्चों को खेल-खेल में शिक्षा प्रदान करती हैं।

ह्यरिस्टिक विधि (Heuristic Method)

इस विधि के प्रतिपादक आर्म्स स्ट्रांग हैं। इसमें बालकों को कुछ सीखने के लिए प्रोत्साहित किया जाता है। बालक स्वतन्त्र रूप से विभिन्न उपकरणों, शैक्षिक सामग्री एवं पुस्तकों की सहायता से स्वयं सीखता है।

किंडरगार्टन विधि (Kindergarten Method)

इस विधि के जन्मदाता फ्रोबेल हैं। इस विधि में बच्चों को भय और दबाव से मुक्त रखा जाता है। इस विधि में वह समूहों में कहानी सुनते हैं, समूहों में समय बिताते हैं, समूहों में गाना गाते हैं आदि। इस विधि को बाल उद्यान विधि भी कहा जाता है।

प्रोजेक्ट विधि (Project Method)

इसके जन्मदाता डब्लू, एच. किल्पैट्रिक हैं। यह विधि बहुत ही विचित्र है। इसमें बच्चों के सामने कुछ समस्याएं रख दी जाती हैं तथा बच्चे उनके समाधान के लिए अपने विचारों को लिखते हैं समस्याओं का समाधान करने में बच्चे स्वतन्त्र छोड़ दिये जाते हैं।

सीखना

मनुष्य का जन्म तथा मरण सार्वभौमिक है। मनुष्य जन्म से ही सीखना प्रारम्भ करता है और मृत्यु तक कुछ ना कुछ सीखता ही रहता है। कुछ सीखने के बाद मनुष्य इनको अनुभवों के आधार पर कार्यरूप देने का प्रयास करता है तथा इससे उसके व्यवहारों में परिवर्तन आता है। अनुभवों द्वारा व्यवहार में होने वाले इन परिवर्तनों को ही सीखना अथवा अधिगम करते हैं:

मनुष्य में भूख, प्यास तथा जीवन की अन्य चलनाएं तो होती हैं किन्तु उन्हें सन्तुष्ट करने का ढंग उसे नहीं आता। जैसे भूख की प्रवृत्ति जन्मजात है परन्तु विभिन्न व्यंजनों का स्वाद सीखा जाता है। यदि मनुष्य सीखने योग्य न होते तो मानव जाति की बौद्धिक, सांस्कृतिक तथा वैज्ञानिक प्रगति असम्भव हो जाती।

वास्तव में सीखने की प्रक्रिया व्यक्ति की शक्ति और रुचि के कारण विकसित होती है। जन्म के बाद बालक बहुत कुछ सीखता है। बचपन में वह अपने माता-पिता से सीखता है तथा बड़ा होने पर वह अपने अनुभवों से सीखता है। वह दो प्रकार के प्रयास करता है- सरल तथा कठिन प्रयास। सीखने के अर्थ को स्पष्ट करने के लिए आगे कुछ परिभाषाएं दी जा रही हैं-

वुडवर्थ के अनुसार

'किसी भी ऐसी क्रिया को जो कि व्यक्ति के विकास में सहायक होती हैं और उसके वर्तमान व्यवसाय और अनुभवों में भिन्नता उत्पन्न करती है, सीखने की संज्ञा दी जा सकती है।'

Any activity can be called learning so far as it develops the individual and makes his later behaviour and experiences different from what they would otherwise have been'

क्रो एण्ड क्रो

'सीखना आदतों, ज्ञान और अभिवृत्तियों का अर्जन है।'

Learning is the acquisition of habits, knowledge and attitudes.

सीखने की विशेषताएं

1. सीखना अनुभवों की नवीन व्यवस्था है।
2. सीखना सार्वभौमिक है।
3. सीखना ही प्रगति और विकास है।
4. सीखना वातावरण एवं क्रियाशीलता की उपज है।
5. सीखना समायोजन है।
6. सीखने की क्रिया जीवन भर चलने वाली सतत प्रक्रिया है।
7. सीखना व्यवहार में परिवर्तन है।

सीखना एवं परिपक्वता

सीखना तथा परिपक्वता में गहरा सम्बन्ध है। ये दोनों एक ही सिक्के के दो पहलू हैं। दोनों का लक्ष्य एक ही है। एक दूसरे के बिना यह प्रभावहीन ही रहती हैं। सीखना तथा परिपक्वता ये दो मुख्य घटक हैं जो बालक के व्यवहार में परिवर्तन लाते हैं। परिपक्वता बालक की सीखने की प्रक्रिया को प्रभावित करती है। पूर्ण रूप से परिपक्व बालक बहुत जल्दी सीखते हैं तथा अपरिपक्व बालक सीखने में समय लगाते हैं। इन दोनों में पर्याप्त अन्तर पाया जाता है जो निम्न प्रकार से है।

शिक्षण चेतन प्रक्रिया है तथा परिपक्वता अचेतन प्रक्रिया है। परिपक्वता एक जन्मजात प्रक्रिया है यह किसी से ग्रहण नहीं की जाती। यह मानव की अन्तर्निहित शक्तियों से विकसित होती है। शिक्षण जीवन में अनुभवों से अर्जित की जाती है। यह मनुष्य की बाह्य प्रक्रिया है।

परिपक्वता का सम्बन्ध उन परिवर्तनों से होता है जोकि नैसर्गिक और सामान्य वृद्धि से जुड़े हुए होते हैं। अधिगम व्यक्ति में होने वाले उन परिवर्तनों से जुड़ा होता है जिसके लिए आवश्यक रूप से वंशानुक्रम की प्रक्रिया उत्तरदायी नहीं होती।

सीखने के लिए विशेष प्रयत्न करने पड़ते हैं परन्तु परिपक्वता मनुष्य में अपने अनुभवों के आधार पर आ जाती है।

सीखने की प्रक्रिया

सीखना मानसिक प्रक्रिया के अन्तर्गत आता है। सीखना एक निरन्तर प्रक्रिया है जिसमें व्यक्ति विभिन्न सोपानों (Steps) से गुजरता है। स्मिथ (Smith) के अनुसार-

'सीखने की प्रक्रिया में कोई अभिप्रेरक, कोई लक्ष्य तथा इस लक्ष्य को पाने के रास्ते में कोई बाधा अथवा कठिनाई उपस्थित रहती है जो सभी आवश्यक हैं।'

यदि हम स्मिथ महोदय के उपरोक्त कथन पर ध्यान दें तो उन्होंने सीखने की प्रक्रिया के पहले सोपान के लिए अभिप्रेरक की चर्चा की है। अभिप्रेरक एक ऐसा स्रोत है जिससे बच्चे को कुछ सीखने के लिए प्रेरित किया जाता है, उसमें व्यवहार शक्ति का संचार किया जाता है। अभिप्रेरणाओं को पूरा करने के लिए व्यक्ति प्रयत्नशील रहता है। जब तक उसकी मूलभूत आवश्यकताएं पूरी होती रहती हैं तब तक उसे नवीन ज्ञान का संचय नहीं करना पड़ता परन्तु आवश्यकताओं की पूर्ति न होने पर उसमें कुछ न कुछ सीखने की इच्छा जागृत होती है।

अपनी आवश्यकताओं की पूर्ति के लिए व्यक्ति संघर्ष करता है। अब वह अपने उद्देश्य एवं लक्ष्य निर्धारित करता है। इन उद्देश्यों और लक्ष्य की प्राप्ति के लिए उसे बहुत कुछ सीखना पड़ता है। सीखने के लिए लक्ष्य और उद्देश्यों का स्पष्ट होना बहुत आवश्यक है।

सीखने की प्रक्रिया में अब बारी आती है तीसरे सोपान की। इन लक्ष्य एवं उद्देश्यों की पूर्ति के लिए उसे कई कठिनाइयों एवं बाधाओं का सामना करना पड़ता है। यदि ये कठिनाइयां एवं बाधाएं न हों तो व्यक्ति कुछ सीखने के लिए प्रेरित नहीं हो सकता। अतः सीखने की प्रक्रिया में इस तीसरे सोपान का बहुत महत्त्व है।

सीखने के वक्र

सीखने की प्रक्रिया एक जटिल मानसिक क्रिया है। सीखने की प्रक्रिया में प्रगति ज्ञात करने के लिए अधिकतम वक्र या सीखने के वक्र का उपयोग किया जाता है। इसके माध्यम से किसी व्यक्ति ने किसी को किस प्रकार सिखाया है उसके प्रयास एवं मूल आदि का प्रभाव स्पष्ट रूप से ग्राफ कागज पर अंकित हो जाता है। वक्रों को तीन रूपों में विभक्त किया जाता है।

ऋणात्मक प्रगति सूचक वक्र या उत्तरोत्तर वक्र

जब सीखने की प्रक्रिया में प्रारम्भ में सीखने की गति तीव्र हो और बाद में मन्द हो जाए तब इस प्रकार का वक्र बनता है। उदाहरणार्थ- एक फुटबाल को सीखने वाला प्रशिक्षार्थी आरम्भ

में कुछ दिन कौशलों को शीघ्र सीखना आरम्भ करता है, पर थोड़े दिनों के बाद ही उसकी रुचि कम होने लगती है और प्रशिक्षण की गति वहीं रहते हुए भी अधिगम की गति कम हो जाती है।

धनात्मक प्रगति सूचक वक्र

सीखने की प्रक्रिया में यदि सीखने वाली प्रक्रिया से मिलती जुलती प्रक्रिया व्यक्ति पहले ही सीख चुका हो और फिर बाद में सीखने की प्रक्रिया तीव्र या तीव्रतम होती जाती है तब अवनतोदर वक्र बन जाता है। उदाहरणार्थ- एक लॉन टेनिस का खिलाड़ी टेबल टेनिस सीखने के लिए उत्सुक हो और यदि उसे दोनों खेलों के कौशलों में कुछ समानताएं महसूस होने लगे एवं शिक्षार्थी की सीखने की गति बढ़ती जाए तो शिक्षण वक्र धनात्मक बनेगा।

मिश्रित वक्र या अवनतोदर-उन्नतोदर वक्र

यदि सीखने की प्रक्रिया में शिक्षार्थी प्रारम्भ में सीखने की प्रक्रिया में एकदम नया हो और व्यक्ति की अपनी प्रकृति, वातावरण आदि कारक बीच-बीच में प्रभाव डालते हैं और उनका मिश्रित प्रभाव पड़ता है। यह वक्र अधिगम की प्रक्रिया में व्यवधान डालने वाले कारकों से लेकर पूर्ण अधिगमित होने की प्रक्रिया तक प्रभाव डालता है।

सीखने के वक्र की विशेषताएं

1. सीखने के वक्र में सीखने की अवस्था में कभी भी एक रूपता नहीं दिखलाई देती है। इससे यह ज्ञात होता है कि सीखने की प्रक्रिया की गति कभी तीव्र, कभी मंद होकर चलती रहती है।
2. सीखने के वक्र द्वारा प्रारम्भिक अवस्था में सीखने की गति में प्रगति दिखाई जाती है। यह गति कितनी भी धीमी अथवा तीव्र हो सकती है।
3. सीखने की एक अवस्था आ जाती है, जब सीखने वाला व्यक्ति और अधिक सीखने में असमर्थ हो जाता है। यह संतृप्तीकरण की अवस्था कहलाती है।
4. प्रारम्भिक और अन्तिम अवस्था के मध्य ऐसी अवस्था आती है जबकि सीखने का वक्र सीखने की गति में कोई भी उन्नति अथवा अवनति प्रदर्शित नहीं करता। यह स्थिर अवस्था होती है।

सीखने के वक्रों का शैक्षणिक महत्त्व

1. जो कुछ भी अध्यापक सिखा रहा है उसे ग्रहण कर विद्यार्थी कितनी प्रगति कर रहा है यह इन वक्रों से ज्ञात हो जाता है। अध्यापक उसी के अनुरूप ही अपनी शिक्षण विधियों, शिक्षण सामग्री तथा वातावरण में उचित परिवर्तन कर सकता है।
2. सीखने के वक्र में कई अस्वाभाविक उतार-चढ़ाव पाए जाते हैं जो विद्यार्थी के व्यक्तित्व तथा संवेगात्मक विशेषताओं की जानकारी देते हैं। इससे अध्यापक लाभ उठा कर विद्यार्थियों के व्यवहार में परिवर्तन ला सकता है।
3. इन वक्रों द्वारा अध्यापक को अपने विद्यार्थियों के सीखने सम्बन्धी व्यक्तिगत भेदों की जानकारी प्राप्त होती है।
4. इन वक्रों द्वारा विद्यार्थियों को भी अपनी प्रगति का ज्ञान होता है। इन वक्रों द्वारा वह अपना मूल्यांकन स्वयं करते हैं। यह वक्र उन्हें प्रतिस्पर्धा के क्षेत्र में प्रगति के लिए प्रेरित करते हैं।
5. विभिन्न प्रकार के प्रशिक्षण शिविरों या प्रशिक्षण कार्यक्रमों के मूल्यांकन के लिए अधिगम वक्र लाभदायक हो सकते हैं।
6. किसी नवीन प्रशिक्षण उपकरण या प्रशिक्षण विधि के महत्त्व को जानने के लिए अधिगम वक्र प्रभावशाली होते हैं। उदाहरणार्थ- कुछ क्रीड़ा विशेषज्ञ क्रीड़ा की गति बढ़ाने एवं उसे अधिक रोमांचकारी बनाने के लिए किसी नई सामग्री का प्रयोग करना चाहते हैं तो सर्वप्रथम उसके प्रायोगिक परीक्षण हेतु अधिगम वक्र का प्रयोग करके सीखने की प्रगति को ज्ञात कर लेना उचित होगा। उसके उपरांत ही उस विधि को समष्टि पर रोपित किया जाना चाहिए।

सम्बद्ध प्रत्यावर्तन का सिद्धान्त

सीखने की प्रक्रिया को समझने के लिए वाटसन और पेवलोव जैसे मनोवैज्ञानिकों ने कुत्ते, बिल्ली आदि कई जानवरों पर प्रयोग किए तथा सम्बद्ध प्रत्यावर्तन नामक सिद्धान्त को जन्म दिया।

पेलवेल द्वारा किया गया प्रयोग

उन्होंने एक कुत्ते को मेज के साथ बांध दिया तथा घण्टी बजाने के तुरन्त बाद खाना देने का निश्चय किया। कुत्ता जब खाना देखता तो स्वाभाविक रूप से ही उसके मुंह में लार आ जाती थी। कुत्ते की लार ग्रन्थियों का ऑपरेशन कर दिया गया था। लेकिन इसी क्रिया को बार-बार किया गया तो देखा गया कि

जब-जब घण्टी बजती थी, तब-तब कुत्ते के मुंह से लार टपकती थी। घण्टी बजने के बाद खाना मिलने पर, घण्टी तथा खाने में पूर्ण सम्बन्ध स्थापित हो गया था। इस लार को कांच की नली में एकत्रित कर मापा गया।

अब आखिर में उसे भोजन न देकर केवल घण्टी की व्यवस्था की गई। इस अवस्था में भी कुत्ते के मुंह से लार टपकी जिसे कांच की नली में एकत्रित कर मापा गया। इस प्रयोग द्वारा यह निष्कर्ष निकाला गया कि भोजन सामग्री जैसे प्राकृतिक उद्दीपन के अभाव में घण्टी बजने जैसे कृत्रिम उद्दीपन के प्रभाव स्वरूप कुत्ते ने लार टपकाने जैसी स्वाभाविक अनुक्रिया की। जीव की सहज क्रिया का सम्बन्ध स्वाभाविक उत्तेजना से हो जाता है तो इसे सम्बन्ध प्रत्यावर्तन कहा जाता है।

वाटसन द्वारा किया गया प्रयोग

वाटसन नामक मनोवैज्ञानिक ने एक प्रयोग किया। उसने अपने 11 माह के पुत्र अलबर्ट को खेलने के लिए एक खरगोश दिया। बच्चे को वह खरगोश बहुत अच्छा लगा मुख्यतः उसके नरम-नरम बालों में हाथ फेरना उसे बहुत अच्छा लगा।

कुछ समय पश्चात् वाटसन ने एक प्रयोग किया कि जैसे ही बच्चा खरगोश के बालों को हाथ लगाता था वैसे ही डरावनी आवाज निकाली गई। जिसे सुनकर बच्चा हाथ पीछे हटा लेता था। इस क्रिया को बार-बार दोहराया गया। जिसके परिणाम स्वरूप बच्चा खरगोश को हाथ लगाने से डरने लगा। हाथ लगाते ही नहीं अब वह खरगोश को देखकर भी उससे डरने लगा वह उसे देखते ही दूर भागता था। इस तरह भय की अनुक्रिया खरगोश के साथ अनुबन्धित हो गई और इस अनुबन्धन के फलस्वरूप उसने खरगोश से डरना सीख लिया।

सूझ या अन्तःदृष्टि का सिद्धान्त

इस सिद्धान्त के प्रतिपादक गेस्टाल्वादी मनोवैज्ञानिक हैं। इन मनोवैज्ञानिकों में कोलहर, कोफ्फका, वर्देमीअर तथा लेविन के नाम प्रमुख हैं।

कोलहर के अनुसार शिक्षण अन्तर्दृष्टि अथवा बुद्धि के द्वारा ही सम्भव है न कि सम्बद्ध प्रत्यावर्तन भूल अथवा प्रयास के द्वारा। प्रत्येक शिक्षण में कोई उद्देश्य निहित होता है। जीव इन उद्देश्यों की पूर्ति के लिए विभिन्न परिस्थितियों का सामना करता है। निरन्तर प्रयास के बाद उसे परिस्थितियां समझ में आ जाती हैं तथा वह उसी के अनुसार अनुकूल कार्य करता है। कोलहर ने एक प्रयोग किया।

उसने सुल्लतान नामक वन मानुष को एक पिंजरे में बन्द कर दिया। उसे पिंजरे की छत पर केले लटका दिए गए। केले इस प्रकार लटकाए गए कि वह उसे उछल कर भी प्राप्त नहीं कर सकता था। पिंजरे में एक बक्सा रख दिया गया था। पहले तो वन मानुष ने उछल कर केले प्राप्त करने की कोशिश की परन्तु जब वह असफल रहा तो उसे एक विचार आया। उसने बक्से को केले के नीचे रख दिया फिर उस पर चढ़ कर छलांग लगाई तथा केले प्राप्त कर लिए।

अब पिंजरे की छत पर केले और ज्यादा ऊंचाई पर लगाए गए और पिंजरे में अब दो बक्से रख दिए गए। वन मानुष ने इस समस्या को पहले की तरह हल किया।

अब केलों को और अधिक ऊंचाई पर लटकाया गया तथा पिंजरे में एक डंडा रख दिया गया। वन मानुष ने पहले की तरह ही केले प्राप्त करने चाहे परन्तु वह इसमें सफल नहीं हुआ। तब उसे एक विचार आया। उसने डंडे की सहायता से केले प्राप्त किये।

एक और प्रयोग में कोलहर महोदय ने बिल्ली को एक पिंजरे में बन्द कर दिया तथा खाना पिंजरे के बाहर रख दिया। बहुत प्रयास करने के बाद बिल्ली उस स्थान पर पहुंची जहां से पिंजरा खुलता था। प्रयास स्वरूप बिल्ली द्वारा पिंजरा खोल दिया गया और बिल्ली खाना पाने में सफल हो गई। इस प्रकार बिल्ली को पुनः बन्द किया गया तो अगले समय में बिल्ली को दरवाजा खोलने में कम समय लगा। अतः खाने की आवश्यकता के कारण और पूर्ति हेतु बिल्ली पिंजरे का दरवाजा खोलना सीख गई।

इन प्रयोगों के आधार पर कोलहर ने यह निष्कर्ष निकाला कि सीखने का आधार जीव की आवश्यकता और उसकी पूर्ति है।

सीखने के नियम

सीखने की क्रिया द्वारा ही बालक की मूल प्रवृत्तियों में परिवर्तन होता है। यह परिवर्तन बालक को जीवन में सफल बनाता है। मानसिक शक्ति का विकास भी सीखने द्वारा होता है। साधारणतः सीखने की क्रिया का सम्बन्ध उचित प्रतिक्रिया से है। (Appropriate Response)। मूल प्रवृत्तियों द्वारा संचालित प्रतिक्रया को उचित प्रतिक्रिया का रूप देना ही 'सीखना' है।

अमेरिका के प्रसिद्ध मनोवैज्ञानिक थार्नडाइक महाशय ने सीखने के निम्नलिखित तीन नियम निश्चित किये हैं। ये नियम सभी प्रकार के सीखने में काम आते हैं।

1. तत्परता का नियम (Law of Readiness)
2. अभ्यास का नियम (Law of Exercise)
3. परिणाम का नियम (Law of Effect)

1. तत्परता का नियम

तत्परता के नियम के अनुसार बालक किसी कार्य को उस समय सीखता है जबकि उसके लिए मन में इच्छा हो। जिस काम में मन न लगे सीखने में कठिनाई होती है और बालक में जिस काम को सीखने की तीव्र इच्छा जागृत होती है वह काम उसे सरल प्रतीत होगा और उसे करने में आनन्द प्राप्त होगा तथा वह उस काम को सम्पन्न कर संतोष का अनुभव करेगा। अर्थात् बालक का मन तैयार हो जाता है। शारीरिक शिक्षा में इसका उपयोग करके सफलता प्राप्त की जा सकती है। बालक के तैयार होने पर वह उस कार्य में कुशलता प्राप्त करने के लिए प्रयत्न करता है और उसमें उसे यश मिलता है।

साधारणत: बालक स्वाभाविक रूप से शारीरिक शिक्षा की अनेक प्रवृत्तियों में भाग लेते हैं परन्तु वे किसी विशेष प्रकार की शारीरिक प्रवृत्ति जो कि अक्सर शारीरिक शिक्षा में सिखाई जाती है को पसन्द नहीं करते कारण कि उनमें सामर्थ्य शक्ति की कमी रहती है। शारीरिक शिक्षा के उद्‌देश्य के अनुसार प्रत्येक बालक को अनेक प्रकार की शारीरिक प्रवृत्तियों में संलग्न रखकर उसके खाली समय का सदुपयोग किया जाता है तथा उसकी सामर्थ्य शक्ति की वृद्धि की जाती है। अनेक प्रवृत्तियों में भाग लेने से बालक की शक्ति बढ़ती है और वह तत्परता से कार्य करता है। अत: तत्परता की स्थिति पैदा करने से कार्य सुगम हो जाता है और विद्यार्थी संतोष का अनुभव करता है। उदाहरणार्थ–एक बालक लम्बी कूद क्रीड़ा में भाग लेना चाहता है। उसमें सामर्थ्य शक्ति है। उसकी बलवती इच्छा के फलस्वरूप वह उसमें दत्तचित होकर लगता है और इसमें उसको सफलता भी मिलती है। इस समय अध्यापक को इसकी तत्परता से लाभ उठा कर पूर्णरूपेण कार्य में प्रवृत्त करना चाहिए।

2. अभ्यास का नियम

इस नियम को उपयोग और अनुपयोग का नियम भी कहते हैं। इस नियम के अनुसार किसी कार्य को बार-बार करके सीखा जाता है और वह निपुणता प्राप्त कर लेता है। अपनी योग्यता व दक्षता को जीवित रखने के लिए बार-बार उसका अभ्यास आवश्यक है। फुटबॉल अथवा बास्केट बॉल के उत्तम खिलाड़ी बहुत दिनों तक न खेलने पर उनकी इन खेलों के खेलने की कुशलता नष्ट हो जाती है।

यह स्पष्ट है कि बार-बार किसी कार्य को करने से वह सुगम हो जाता है और उसे करने में श्रम की आवश्यकता प्रतीत नहीं होती है जैसे कोई बालक बेसबाल को बल्ले से मारने की कला सीखना चाहता है तो वह लगातार अभ्यास से सीख सकता है।

3. परिणाम का नियम

इसे संतोष और असंतोष का नियम भी कहते हैं। इस नियम के अनुसार जिस कार्य के करने से बालक को संतोष अथवा सुख मिलता है तो उसकी इस ओर प्रवृत्ति प्रबल हो जाती है और जिससे उसे दु:ख अथवा असंतोष मिलता है उस ओर वह ध्यान नहीं देता अर्थात् उस कार्य को करना नहीं चाहता। उदाहरणार्थ–कोई बालक तैरना सीखना चाहता है और वह श्वास रोक कर पानी में प्रवेश करता है और अपने सर को पानी में डुबाता है ऐसा करने से उसे कष्ट होगा और वह इस कार्य को इस ढंग से करना नहीं चाहेगा। यदि वह अपने सर को पानी में न डुबाकर पानी के ऊपर ही रखे ताकि आसानी से श्वास क्रिया चलती रहे। इसका परिणाम यह होगा कि उसको कष्ट नहीं होगा और संतोष होगा और इधर उसकी रुचि बढ़ेगी। इससे प्रमाणित होता है कि जिस क्रिया से उसे संतोष व सुख प्राप्त होगा उसे ही करेगा।

सार यह है कि साधारणतया सीखने की तत्परता, सतत् अभ्यास, संतोषप्रद परिणाम से इच्छित फल की प्राप्ति होती है। इसलिए अध्यापक को चाहिए कि वह कार्यक्रम निश्चित करते समय इस बात का ध्यान रखे कि वह बालकों के लिए संतोषप्रद हो और उनमें तत्परता की स्थिति पैदा की जाय। ऐसा न होने से प्रयत्न व परिश्रम व्यर्थ होगा।

सीखने के कार्य को सफल बनाने में लिए उपर्युक्त तीनों नियमों का प्रयोग प्रत्येक स्थिति में करना चाहिए। छात्र का तत्परता की स्थिति में न होने पर पूर्णरूपेण सीखने के कार्य को सफल बनाने के लिए उपर्युक्त तीनों नियमों का प्रयोग प्रत्येक स्थिति में करना चाहिए। तत्परता की स्थिति में छात्र न होने पर पूर्णरूपेण सफलता प्राप्त नहीं होती है और उचित ढंग से अभ्यास न करने पर आवश्यक परिणाम प्राप्त नहीं होता है। उत्तम फल की प्राप्ति के लिए प्रबल इच्छा और संतोषप्रद ढंग से निरन्तर अभ्यास आवश्यक है। थार्नडाईक का कथन है कि–

Ten minutes of practice with full zeal, when the worker is keen to do his best and when he is thrilled at every advance in his accomplishment may be worth an hour of work done merely to avoid disfavour or reproach or idly to pass away the time'.

दस मिनट पूरे जोश व उत्साह के साथ प्रबल हार्दिक इच्छा से प्रत्येक सोपान पर सफलता की भावना से किया हुआ कार्य

का मूल्य लापरवाही से एक घण्टा भर किये हुए कार्य के बराबर है। इस कथन को क्रियात्मक रूप देने से इष्ट उद्देश्य की पूर्ति निश्चय हो सकती है।'

सीखने के सम्बन्ध में किल पेट्रिक महाशय ने अनेक प्रयोग करके इसे तीन भागों में विभाजित किया है:–

1. मुख्य सीखना (Primary)
2. सहवृत्ति सीखना (Concomitant)
3. सहयोगी (Associate)

प्रत्येक सीखने के कार्य को मुख्य कहते हैं। उदाहरणार्थ-एक बालक को बल्ले से गेंद को मारना (to bat) सीखना है। बल्ले से गेंद की कला एवं विभिन्न तन्त्रों (Technique) का ज्ञान कराना मुख्य कार्य कहलाता है। इसमें बालक के बल्ले से गेंद मारने के कौशल आदि में वृद्धि का ध्यान रहता है।

बल्ले के प्रयोग के समय बालक का ध्यान उसके लकड़ी के प्रकार, उसके आकार, वजन तथा रंग की ओर जाता है और संभव है कि बल्ले की लकड़ी का उत्पत्ति स्थान व उसकी कीमत आदि के सम्बन्ध में भी सोचता है। वह बल्ले के रंग और उसकी रचना के सम्बन्ध में भी सोचता है और उसके हृदय में इनको जानने की जिज्ञासा उत्पन्न होती है।

इन कल्पनाओं तथा विचारों से बल्ले के प्रयोग कौशल में कोई सहायता नहीं मिलती है पर इनसे बालक की ज्ञान वृद्धि होती है इसे सहवृत्ति सीखना (Concomitant learning) कहते हैं। बल्ले से गेंद को उछालने की कला सीखने की क्रिया के साथ-साथ बालक के मन पर सच बोलना, नियमों का पालन करना, शिक्षक के उपदेश आदि के जो संस्कार होते हैं इसे सहयोगी शिक्षण (Associate learning) कहते हैं। अनेक विद्वान् इस बात को एक स्वर से स्वीकार करते हैं कि बालक के सर्वांगीण विकास के लिए तीनों प्रकार का सीखना उपयोगी है। सहयोगी और सहजवृत्ति सीखना ही बालक के दृष्टिकोण एवं विचारों पर प्रभाव डालता है।। अत: यह मुख्य सीखने के समान ही लाभदायक है। अत: शारीरिक शिक्षा के अध्यापक को ऐसी पद्धति से शिक्षा देनी चाहिए जिससे मुख्य सीखने की क्रिया के साथ-साथ अनेक उपयोगी बातों एवं तथ्यों का ज्ञान हो सके। अध्यापक ऐसे अवसरों पर विद्यार्थी का ध्यान इष्ट उद्देश्य की ओर आकर्षित करें।

कभी-कभी शिक्षण पद्धति में परिवर्तन करके सीखने की उन्नति में प्रगति की जा सकती है। इस कार्य में धैर्य की आवश्यकता है। अत: जल्दबाजी नहीं करनी चाहिए।

शारीरिक शिक्षा की अनेक प्रवृत्तियों को सीखने की उन्नति में स्थिर अवस्था आने का एक कारण यह भी है कि व्यक्ति की शारीरिक क्षमता पराकाष्ठा पर पहुंच जाती है। परन्तु शारीरिक शिक्षा के अध्यापक को इस ओर विशेष ध्यान नहीं देना चाहिए। यह काम तो उन शिक्षकों का है जो प्रजेताओं (Champions) के कार्य में विकास चाहते हैं अत: शारीरिक शिक्षा के अध्यापक का शारीरिक क्षमता की पराकाष्ठा का सम्बन्ध नहीं है उसका उद्देश्य तो उसके समस्त छात्रों को अनेक शारीरिक प्रवृत्तियों में विदेश जाने वाले दल में स्थान मिल जायेगा तो उसके सीखने की उन्नति में प्रगति होगी। वह हार्दिक रुचि, लगन और शास्त्रीय विधि से अभ्यास करके उन्नति की ओर अग्रसर होगा। अनेक प्रयोगों द्वारा मनोवैज्ञानिकों ने देखा है कि हेतु की उपस्थिति सीखने में वेग उत्पन्न करती है। भाग लेने के लिए प्रवृत्त करना है और इन प्रवृत्तियों को सीखने की उन्नति में इतनी प्रगति करनी है जितनी उनके दैनिक जीवन के लिए उपयोगी है।

माना कि ऊंची कूद का शिक्षण दिया जा रहा है। बालक में रुचि व उत्साह है और वह तत्परता की स्थिति में है। उसे ऊंची कूद के तन्त्र (Technique) का ज्ञान भी प्राप्त है। इसका फल यह हुआ कि उसकी सीखने की उन्नति में प्रगति हुई वह निरंतर अभ्यास करके प्रगति करता जा रहा है। ग्राफ कागज पर उसकी उन्नति का चित्र अंकित करने पर चित्र में एक स्थान ऐसा आता है जहां रेखाएं उन्नति सूचक नहीं दिखाई देती हैं। अर्थात् बालक की उन्नति रुक जाती है। इस समय अध्यापक का कर्त्तव्य है कि पठार के कारणों को देखे और व्यक्ति के उत्साह व रुचि में वृत्त करे तथा हेतु परिवर्तन भी करे। यदि शिक्षण पद्धति दोषपूर्ण सिद्ध हुई हो तो उसमें भी आवश्यक परिवर्तन करे और यदि वातावरण कारणीभूत न हो तो उसमें सुधार अवश्य किया जाए।

ऐसा करने से वह स्थिर अवस्था से एक इंच ऊंचाई को पार करेगा फलस्वरूप उसमें उत्साह का संचार होगा और वह क्रमश: उन्नति करता जाएगा। इस प्रकार कुछ समय की स्थिरता के बाद फिर उन्नति आरम्भ हो जाती है इसे सीखने की तीसरी अवस्था कहते हैं।

सीखने के कार्य में पूर्णरूप से सफलता प्राप्त करने के लिए उसके कुछ सिद्धान्तों को अमल में लाना आवश्यक है। अनेक मनोविज्ञान के पंडितों ने कुछ सिद्धान्तों का निर्माण किया है उनका उपयोग करना हितकर है।

खिलाड़ी को उसकी प्रगति का ज्ञान कराना आवश्यक है

शारीरिक शिक्षा के अध्यापक को चाहिए कि वह प्रत्येक विद्यार्थी की प्रगति का हिसाब रखे। दौड़ क्रियाओं के शिक्षार्थियों को प्रतिदिन अभ्यास का हिसाब रखना असम्भव हो तो सप्ताह

के अन्तिम दिन अर्थात् शनिवार को प्रत्येक खिलाड़ी का समय लिया जाए। इससे टीम के प्रत्येक खिलाड़ी को उसकी प्रगति का ज्ञान हो जायेगा और वह अपने एक सप्ताह के अभ्यास का मूल्यांकन कर सकेगा। उन्नति के क्रम को देखकर विद्यार्थी स्वयं अपनी पद्धति, अभ्यास व रहन-सहन के प्रति अपने अध्यापक से सलाह करके और योग्य मार्ग-दर्शन प्राप्त करके स्वयं अपनी प्रगति के लिए प्रयत्नशील रहेगा। अत: शिक्षण संस्थाओं में शारीरिक शिक्षा के शिक्षण की ऐसी व्यवस्था हो कि प्रत्येक प्रवृत्ति के प्रगति के क्रम का लेखा रखा जा सके और उस लेखे की जानकारी विद्यार्थी को मिल सके।

गामक-कौशल-अर्जन

मनोवैज्ञानिकों ने सीखने के कई ढंग खोजे हैं जिनमें मोटर लर्निंग (गामक कौशल) (motor learning) सबसे आसान है। आधुनिक जीवन में स्नायु गतिविधियों में उच्च स्तर की जरूरत पड़ती है। बोलते हुए, पढ़ते हुए, लिखते, डांस करते, तैरते या खेलते हुए- सबमें उच्च स्तर की स्नायु-गतिविधि शामिल है। मोटर कुशलता (Skill) विकास का स्तर बताती है कि लोग क्या पढ़ना और लिखना सीखते हैं, दौड़ते व कूदते हैं तथा अपने शरीर का संयमित विकास करते हैं। यह कुशलता शरीर की स्नायु-पेशीय वयस्कता पर ही निर्भर नहीं करती बल्कि वातावरण के अवसर विशेषकर उपकरणों की उपलब्धता, दूसरों को देखने व अनुसरण करने के अवसर तथा प्रयोग करने के अवसरों पर निर्भर करती है। यदि बच्चे को कुछ नया सीखने व करने के अवसर प्राप्त नहीं है या मां-बाप ज्यादा बचाव से उसकी गतिविधियां सीमित कर देते हैं तो बच्चों की नाड़ी कुशलता का पूर्ण विकास नहीं होता।

प्रभावी मोटर कुशलता (Effective Motor Skill) सिखलाई की कुछ शर्तें हैं जैसे- पेशीय शक्ति, बहुमुखी ऊर्जा, लचीलापन, एकाग्रचित, देखकर करने वाली गतिविधि तथा गतिविधि के चरणों की समझ। बहुत सी मोटर गतिविधियां सोची गई मोटर समस्याओं से सीधी जुड़ी होती हैं जैसे समन्वय, संतुलन, ताकत, दिशा-बोध आदि। इसके द्वारा ही सीखने का आधार निर्मित होता है। मोटर सिखलाई तब तक पूरी नहीं होती जब तक आदतें पूरी तरह स्थापित न हो जाएं तथा अच्छा प्रदर्शन न दें।

मोटर कुशलता सिखलाई शारीरिक शिक्षा अनुभव का महत्त्वपूर्ण हिस्सा है क्योंकि इससे साधारण स्नायु दक्षता तथा चुनी हुई कुशलताएं सीखने में सफलता मिलती है। शारीरिक शिक्षा व खेल में ऐसे कई अनुभव होते हैं जिससे बालक की मोटर कुशलताओं में विकास होता है। जो लोग खेलों में हिस्सा लेते हैं वे इन कुशलताओं को प्राप्त करने व विकसित करने में प्रयासरत रहते हैं। खेल के क्षेत्र में इन कुशलताओं को प्राप्त करना उनका लक्ष्य है। जहां मोटर कुशलताएं बन्द होती हैं तथा दूसरी गतिविधियां जैसे टाईप करना, सृजनशील लेखन या गोल्फ, शुरू होना स्थापित नहीं होती फिर भी गतिविधियों के पूरा प्रदर्शन में स्नायु-विकास बहुत आवश्यक है।

जैसे जुबानी कुशलता (Verbal skikll) तथा हाजिर जवाबी व्यक्तित्व को निखारती है वैसे ही स्नायु विकास से व्यक्ति खुद को व्यक्त करता है। अच्छी चीजें साथ-साथ चलती हैं। अच्छी स्नायु कुशलता प्राप्त लोग ही उच्च बौद्धिक, शैक्षणिक, सामाजिक, वैचारिक व शारीरिक विकास को पाते हैं। इस उच्च योग्यता से संतोषजनक स्नायु कुशलताएं विकास पाती है। मोटर कुशलता सिखलाई में वयस्कता तथा तत्परता जागरुकता पैदा करती हैं। यह कई सिखलाई गतिविधियों पर निर्भर करता है प्रत्येक व्यक्ति में यह अलग होता है, पूर्ण स्नायविक विकास अभिव्यक्ति (expression) के लिए अति आवश्यक है।

पुरातन विधि जो अब भी प्रयोग की जाती है में अच्छे मॉडल की नकल की जाती है, प्रदर्शनकर्ता के साथ अपना प्रदर्शन का मिलान करते हैं, गलतियाँ नोट की जाती हैं तथा बार-बार कोशिशों से उन गलतियों को हटाया जाता है। सबसे महत्त्वपूर्ण बात जो स्नायु कुशलता के लिए आवश्यक है वह है गति, दूरी तथा वस्तु के आकार की सही पहचान। यदि उसे इसमें मुश्किल आती है तो यह सिखलाई मुश्किल हो जाती है। इस कुशलता की पहली सीढ़ी यही है कि दृश्य माध्यम द्वारा वस्तुओं की पहचान। वास्तव में कई लोग इस सिखलाई को दृश्य मोटर कुशलता सिखलाई (Perceptual Motor Skill Learning) भी कहते हैं। इसमें पूरा जोर इस बात पर दिया जाता है कि स्नायु तंत्र (Nervous system) पेशी तंत्र (Muscular system) को कुशल गतिविधि के लिए किस प्रकार नियंत्रित करता है क्योंकि सभी गतियां तभी पैदा होती हैं जब उन्हें मस्तिष्क से संदेश मिलता है।

मानसिक अभ्यास से मोटर कुशलता नहीं बढ़ती। इससे कुशलता की चिन्हों के माध्यम से रिहर्सल होती है जिसमें पेशीय गतिविधि नहीं होती । इन्द्रियों द्वारा मिली सूचनाओं का प्रबन्धन मोटर कुशलता सिखलाई में होता है जिसे पहले पहचाना और अलग रखा जाता है तथा चुनाव करके मस्तिष्क के विभिन्न

स्तरों तक लाया जाता है। इस सूचना की पड़ताल होती है कि क्या यह ताजा तरीन है तथा अब या भविष्य में इस्तेमाल करने लायक है। ऐसी सूचना का विश्लेषण होता है तथा पुराने अनुभव के आधार पर इसे मस्तिष्क के अन्दर स्टोर करते हैं। यह स्टोर की गई सूचना फीडबैक का नियत स्रोत बनती है जो गलत स्नायु व्यवहार में एडजेस्ट व प्रतिक्रिया करने का काम करती है।

ज्ञान के आधार पर सिखलाई से मोटर कुशलता सिखलाई में अन्तर यह है कि क्यू (Cue) के जवाब में स्नायु जवाबों को दुरुस्त करने में समय और स्थान में तालमेल बिठाना पड़ता है। क्योंकि मोटर कुशलता सामाजिक और शारीरिक परिस्थिति में शरीर की एडजेस्टमेंट है, दो सेटों में यह एडजेस्टमेंट की जाती है। एक सेट वातावरण से आता है स्थान की दिशा और दूरी जहां हम टेनिस में बाल रखना चाहते हैं, नेट की ऊंचाई हमें सर्व की गई बाल कैसी है। दूसरा सेट है हमें शरीर से क्या संप्रेषण मिलता है। हम देखते हैं कि कैसा खेल रहे हैं, तथा कम करते हुए कैसा अनुभव हो रहा है। क्राऊल स्ट्रोक में दायीं व बाई भुजा की गति कैसी हुई या तैरते हुए टांगों की सीजर (Scissors) चाल कैसी थी। शुरू के सीखने वालों के लिए ये पेशीय सम्प्रेषण गलत चाल से बचने में मदद करते हैं। जब वह दक्ष हो जाता है तो ये पेशीय सम्प्रेषण (Muscular sensations) सीमांत होशोहवास में बदल जाते हैं। यह क्यू या क्यू की सीरिज का उत्तर है तथा कई गतियों को संगठित करता है, और समय का सूचक है।

मोटर सिखलाई न्यूरो मस्कुलर तंत्र के द्वारा होती है जैसे कि इसकी परिभाषा उद्देश्य प्राप्ति की दिशा में पेशीय गति के रूप में दी जाती है, अतः यह अनुभव और अभ्यास से निकली मोटर कुशलता में सदा के लिए आये परिवर्तन का सूचक है। जैसे बच्चा चढ़ना सीखता है तथा लगातार बदल रही गेम में एक बास्केट बाल खिलाड़ी अपनी रणनीतियां बदल कर खेलता है मोटर सिखलाई उतनी ही जटिल व बुनियादी है।

मोटर (गामक) कुशलता सिखलाई के सिद्धांत (Principles of Motor Skill Learning)

1. **स्नायुतंत्र का ज्ञान** (Knowledge of Nervous System)- सीखने वाले को स्नायुतंत्र का आरम्भिक ज्ञान व समझ होनी चाहिये। मोटर कुशलता की शुरुआत और जारी रहना स्नायुतंत्र की जटिल प्रक्रिया द्वारा नियंत्रित होता है। अर्थात् यह कुशलता के विकास की कुंजी है। अतः स्नायुतंत्र व उसके कार्य के सम्बंध में ज्ञान से सीखने वाले को अच्छी मोटर कुशलता प्राप्त होती है।
2. **परिपक्वता** (Maturity)- हम जानते हैं कि परिपक्वता वह वृद्धि है जो बिना किसी विशेष प्रशिक्षण, अभ्यास के होती है तथा व्यक्ति की मनोवैज्ञानिक वृद्धि भी इसके साथ जुड़ी होती है। मोटर कुशलता की प्रक्रिया में सुविधा लाने के लिए व्यक्ति की परिपक्वता के स्तर व उसी तरह की गतिविधियों का निर्धारण तय करना चाहिये। प्राइमरी ग्रेड के छात्रों को टेनिस सिखाना बुद्धिमतापूर्ण नहीं होगा क्योंकि वे इसके हुनर को सीखने के लिए तत्पर नहीं होंगे।
3. **व्यक्तिगत भेद** (Individual differences)- कोई दो व्यक्ति सभी तरीकों में एक जैसे नहीं होते तथा यहां तक कि दो जुड़वां बच्चों में भी अनेक भेद होते हैं। इसी कारण सिखलाई के ढंग में भी फर्क हो जाते हैं। यदि मोटर कुशलता लानी है तो इन व्यक्तिगत भेदों को समझना पड़ेगा।
4. **सीखने की आवश्यकता** (Need to Learn)- दूसरी सिखलाई की तरह, मोटर कुशलता सिखलाई तभी प्रभावी बन सकती है यदि व्यक्ति उसे सीखने की जरूरत समझता है। तभी सिखलाई ज्यादा अर्थपूर्ण तथा महत्व प्रधान हो जाएगी। अनचाहे सीखने वाले को बलपूर्वक सिखाया नहीं जा सकता।
5. **उद्देश्यों के बारे में सूचना** (Information about Aims)- यदि उद्देश्य एकदम साफ हो तो सीखने की दर तेज होती है। छात्रों के मस्तिष्क में स्पष्ट चित्र होना चाहिये कि सफलतापूर्वक प्रदर्शन क्या है। यह और भी आवश्यक है कि उद्देश्य उनकी पहुंच के अन्दर हो क्योंकि यदि वे समझते हैं कि उन्हें उद्देश्य की पूर्ति न हुई तो बाद की तनाव अवसादपूर्ण स्थिति से हुनर सीखने की प्रेरणा कम हो जाएगी।
6. **हुनर का मेकेनिकल ज्ञान** (Mechanical Knowledge of Skills) - गति के नियम, गुरूत्व, लीवर का ज्ञान भी बच्चों को देना चाहिये जिससे मोटर कुशलता के बारे में सीख सकें। इससे वे कम से कम यत्न और अधिकतम दक्षता से कुशल हुनर सीख पाएंगे।
7. **मानसिक रिहर्सल** (Mental Rehearsal) - यह सर्व-विदित है कि अभ्यास से हुनर विकसित होता है फिर भी मानसिक रिहर्सल भी सिखलाई प्रक्रिया में बहुत मायने रखती है। किसी विचार के बिना (Motor Skill Act) सम्भव नहीं। उसे हुनर से पहले और बाद में स्नायु कार्य (Motor act) के बारे में सोचना चहिये। भूतपूर्व प्रदर्शनों के बारे में सोचने से वह वर्तमान प्रदर्शन को बदल सकता है।

8. **दुहराई** (Repetition) – सिर्फ मानसिक रिहर्सल प्रभावी नहीं होती। हुनर तभी दक्षतापूर्ण होता है जब बदल-बदल कर सावधानीपूर्वक प्रेक्टिस की जाए। मोटर कार्यकुशलता में इसका बहुत महत्त्व है। जब तक किसी हुनर का पूरी तरह अभ्यास न किया जाए वह याद नहीं रहती तथा अभ्यास से ही नर्वस तंत्र (Nervous System) में एक पैटर्न स्थापित हो जाता है। सिखलाई पूर्ण नहीं होती जब तक आदते पक्की न हों जो अच्छा व सफल प्रदर्शन कर सके। अभ्यास होगा तो लम्बे समय तक हम भूलते नहीं। यहां तैराकी का उदाहरण दिया जा सकता है, एक बार हम तैरना सीख जाएं तो सारी उम्र हम उसे भूल नहीं सकते।

9. **समग्रता में सीखना** (Learning as a Whole)– सिखलाई समग्रता में हो। जब हम टुकड़ों में सीखते हैं तथा एक ही बार उसका प्रदर्शन समय रूप से करते हैं तो अगले पिछले हिस्से उसमें हस्तक्षेप करते हैं। मगर कुछ जटिल हुनर टुकड़ों में ही प्रभावी ढंग से सीखे जा सकते हैं इसलिए उन्हें सुविधाजनक चरणों व अंशों में बांट लिया जाता है। फिर भी पूरी तरह हुनर सीखने से ही दक्षता आती है। यहां हम उदाहरण लेते हैं-हम किसी बच्चे को साईकल चलाना सिखाते हैं। हम इसे इकाई में विभक्त नहीं करते जैसे पहले संतुलन बनाना, फिर हैंडल पकड़ना फिर साईकल चलाना। बच्चे को पूरा कार्य एक साथ करना होता है।

10. **माडल की नकल** (Imitation of a Model)– मोटर कुशलता सिखलाई का कारगर ढंग है कि किसी माडल की नकल की जाए फिर अपने प्रदर्शन का मिलान उसके साथ करें और गलतियाँ नोट की जाएं तथा दुहराई में वे गलतियाँ हटाई जाएं। शिक्षक द्वारा दिये रिमार्क से गलतियाँ नहीं सुधरती जितनी कि अपनी तुलना दूसरे से करके कमियां दूर होती है। फिर भी इस तुलना में वह फर्क नजर नहीं आते जो कोई अन्य बता सकता है।

11. **गति, सही होना, ताल व समय पर होना** (Speed, Accuracy, Rhythm and Timings)– मोटर कुशलता में ये चारों अपना विशेष योगदान देते हैं। एक शारीरिक शिक्षा अध्यापक को चाहिये कि वह पता लगाए कि किस हुनर में शुरू में अधिक समय लगता है तथा किस में प्रवीणता की जरूरत होती है। गोल्फ या टेनिस हुनर में, गति में तेजी की जरूरत पड़ती है तथा प्रवीणता (accuracy) पर जोर देने से सीखने में बाधा होती है। गति और सही होना मोटर कार्यकुशलता में साथ-साथ नहीं चलते, धीमे प्रदर्शन ज्यादा सटीक व सही होते हैं। लाल टाइमिंग (Timing) में सहायक है। एक बेसबाल स्विंग इन गुड फार्म अच्छी तालमय होती है परन्तु ठीक समयबद्ध न होने पर पूर्ण शक्ति के साथ बैट बॉल तक नहीं पहुंच पाएगा। असल में प्रवीणता, गति व ताल की तरफ ध्यान देने से हुनर के समय-बद्ध होने की गारंटी है।

12. **फीडबैक** (Feedback)–यह भी अत्यन्त आवश्यक है। सीखने वाले गलतियाँ तो करेंगे ही। यदि उन्हें फीडबैक के द्वारा ठीक न किया जाए तो वे उनकी आदत में शामिल हो जाएंगी जिन्हें बाद में ठीक करना सम्भव नहीं। अच्छे खिलाड़ियों के लिए भी फीडबैक बहुत सुधार करता है।

13. **स्वयं का मूल्यांकन** (Self Appraisal)– अपनी योग्यता का मूल्यांकन बहुत सुधार करता है जिस प्रकार वह अपने सामर्थ्य को देखता है उसका (Sport Participation) ही नहीं बल्कि मोटर कुशलता पर भी अच्छा प्रभाव पड़ता है।

14. **वृद्धि** (Progression)– मोटर कुशलता की तरह आसान से जटिल कार्य की तरफ सीखते जाना ही मुख्य सिद्धांत है। जटिल कार्य छोटे-छोटे साधारण कार्यों के योग से बनते हैं। साधारण से जटिल कार्य की ओर जाते हुए मोटर कुशलता सिखलाई आसान, साधारण और आकर्षक बनती है।

15. **अभ्यास अवधि का अन्तराल** (Duration of practice period)–कौशल के अभ्यास को ध्यानपूर्वक बनाना चाहिये। जब ये अभ्यास अंतराल छोटे और लम्बे समय तक फैले होते हैं तो ज्यादा लाभप्रद होते हैं। लम्बे अभ्यास तभी रोचक होते हैं यदि एथलीट उन्हें प्रेरणाप्रद समझता है। छोड़ी हुई प्रेक्टिस या थोड़ा अभ्यास बहुत थकाने वाले हुनर होते हैं। ऐसी गतिविधियों को अधिक देर करने पर बोरियत व थकावट होती है। इसके इलावा थकावट भी सीखने की दर को बुरी तरह प्रभावित करती है।

16. **ट्रांस्फर प्रभाव का मूल्य** (Value of Transfer Effect)– हुनर की सिखलाई इस प्रकार नियोजित करनी चाहिये कि उसका एक हिस्सा (इकाई) दूसरे पर अच्छा प्रभाव डाले तथा उससे पोजिटिव स्थानान्तरण (Positive Transfer) हो। उदाहरण के लिए रेकेट वाली खेलों जैसे टेनिस, बेडमिंटन आदि में ऐसे ही होता है कि एक हिस्से में सीखी गई कला का दूसरे में पोजिटिव ट्रांस्फर होता है।

17. **संदर्भ व सेट करना** (Context and Setting)- जिस सेटिंग में खेल खेला जाना है वही उसके उपयोग से सिखलाई बेहतर होती है। यही नियम मोटर कुशलता सिखलाई में लागू होता है। अभ्यास सत्रों में सीखी गई कार्यकुशलताएं जब अन्य मैचों में उपयोग होती है तो हुनर में विकास होता है। यही कारण है कि टीम खेल में प्रेक्टिस के दौरान खिलाड़ियों विरोधियों के खेल की नकल करते हैं ताकि वे उनके स्टाईल से परिचित होकर अपने हुनर को विकसित कर सकें।

शारीरिक शिक्षा के सामाजिक आधार

मनुष्य एक सामाजिक प्राणी है। आवश्यकताओं की पूर्ति के लिए उसे दूसरों पर निर्भर रहना पड़ता है। अपने विवेक तथा कौशल्य के बल पर मनुष्य ने परिवर्तनशील पर्यावरण में अपने आपको व्यवस्थित करने, जीवन में एक क्रम उत्पन्न करने तथा अन्य प्राणियों पर अपनी श्रेष्ठता स्थापित करने के योग्य बनाया है। मनुष्य तथा उसके सामाजिक व्यवहार का निर्माण सामाजिक रीति तथा संस्कृति द्वारा होता है।

आज मनुष्य के लिये एकाकी जीवन जीना कठिन ही नहीं असम्भव भी है। समाज से दूर रहकर अपना अस्तित्व बनाये रखना कठिन है क्योंकि दुःख- सुख में उसे बन्धु-बान्धवों की आवश्यकता पड़ती है। इसलिए समाज के अभाव में मनुष्य केवल एक असभ्य प्राणी है।

बट्रैन्ड के मतानुसार 'समाज एक ऐसी पहचान रखने वाले व्यक्तियों का समूह है जो एक सुर-ताल होकर जीवन यापन करने के लिए सुसंगठित हैं'। समाज विज्ञान पारस्परिक मानवी सम्बन्धों से संबद्ध तथ्यों, नियमों तथा सिद्धान्तों का अध्ययन है। जैसे पानी की एक बूंद से सागर को एक अस्तित्व तथा आकार प्राप्त होता है वैसे ही प्रत्येक व्यक्ति का समाज की संरचना में महत्वपूर्ण योग है।

समाज में रहकर ही मनुष्य अपने व्यक्तित्व का निर्माण करता है। अतः यह आवश्यक है कि शारीरिक शिक्षा के कार्यक्रम में व्यायाम के साथ-साथ व्यक्ति को ऐसे सामाजिक अनुभव दिए जाएं जिससे उसके सुन्दर व्यक्तित्व का निर्माण हो सके।

सामाजिक मूल्य तथा शारीरिक शिक्षा

व्यक्ति में विद्यमान जन्मजात गुण उसकी पहचान, समरूपता आदि को दर्शाते हैं। जन्मजात गुणों को बदला नहीं जा सकता किन्तु समाज ऐसी स्थितियां अवश्य उत्पन्न कर देता है जिनमें प्रत्येक व्यक्ति जीवन यापन के लिए अनिवार्य कुछ सामाजिक कौशल्य मूल्य तथा गुण अर्जित कर अपनी असंभाव्यता को विकसित करता है। सामाजिक मूल्य का निर्माण महापुरुषों द्वारा संगठित प्रणाली के माध्यम से मनुष्य के अनुभव, अवबोध तथा विवेक के आधार पर होता है। मनुष्य इन मूल्यों को शिक्षा द्वारा ग्रहण करता है। सामाजिक मूल्य बहुत ही मूल्यवान होते हैं जिनका संरक्षण करना समाज के प्रत्येक सदस्य का कर्तव्य है। मैत्री, बन्धुता, सहयोग, अनुशासन, कर्तव्य परायणता, खिलाड़ी भावना, निष्ठा आदि गुण सामाजिक मूल्यों से विकसित होते हैं।

शारीरिक शिक्षा केवल शिक्षा का ही अंग नहीं अपितु एक ऐसा साधन है जिसके द्वारा सामाजिक सम्बन्धों को विकसित किया जाता है। शारीरिक शिक्षा की समूह क्रीड़ाओं द्वारा व्यक्ति में निष्ठा, आत्म विश्वास, प्रतिस्पर्धा आदि गुणों का विकास होता है। मनुष्य के सामाजिक चरित्र का विकास खेल के क्षेत्र में ही होता है।

व्यायाम के कार्यक्रम ऐसे होने चाहिए जिनमें शैक्षिक अनुभव के साथ-साथ मानव तथा सामाजिक मूल्यों को संरक्षण प्रदान हो तथा शारीरिक शिक्षा के उद्देश्यों की पूर्ति हो। शारीरिक शिक्षा के शिक्षकों को कार्यक्रम ऐसे वातावरण में आयोजित करने चाहिए जो सामाजिक दृष्टि से अनुकूल हों। यदि समाज सन्तुष्ट होगा तभी मनुष्य की 'सामाजिक दृढ़ता' सुनिश्चित हो सकती है।

शारीरिक शिक्षा द्वारा चरित्र निर्माण

लोग व्यक्तित्व तथा चरित्र को समान मानते हैं। परन्तु यह सत्य नहीं है। व्यक्तित्व कुछ हद तक वंशानुक्रम होता है और चरित्र का निर्माण किया जाता है। व्यक्तित्व एक निष्पक्ष अवधारणा तथा वस्तुनिष्ठ संज्ञा है जबकि चरित्र नैतिकता के अभाव में एक तत्वहीन परिकल्पना है मनुष्य के चरित्र को विशेष रूप से प्रभावित करने में सामाजिक वातावरण का बहुत बड़ा हाथ होता है।

अच्छे चरित्र की नींव बाल्यावस्था में ही रखी जाती है। प्रत्येक बालक अपने चरित्र का निर्माण स्वयं करता है। शारीरिक शिक्षा में बालक व्यक्तिगत अथवा समूह प्रणाली के द्वारा कौशल्य अभ्यास तथा अन्तर्क्रिया द्वारा चरित्र के गुणों को अर्जित करता है। अव्यायामी व्यक्ति की तुलना में खिलाड़ियों में चरित्र के अनेक गुणों जैसे स्पष्टवादिता, सत्यवादिता, निष्पक्षता, निष्ठा, चरित्रात्मकता, निष्कपटता आदि गुण पाए गए हैं।

स्कूलों में शारीरिक शिक्षा द्वारा विद्यार्थियों में सहनशीलता, सहकारिता, साहस, निष्पक्षता, न्याय-भावना आदि गुणों का विकास किया जाता है। क्रीड़ा प्रक्रियाओं द्वारा अच्छे चरित्र के

निर्माण में शारीरिक शिक्षा का महत्वपूर्ण योगदान रहा है। विलियम्ज के अनुसार 'क्रीड़ांगन तथा व्यायाम स्थल ऐसी अनुसंधान शालायें हैं जिसमें निष्कपट रहो, निष्पक्ष रहो अथवा एक समान रहो जैसे मानकों को वैयक्तिक तथा आत्मनिष्ठ नैसर्गिक प्रणोदों के सम्मुख चित्रित होते हुए देखा जा सकता है।

सामाजिक व्यवहार पर सामाजिक संस्थानों का प्रभाव

समाज की सभ्यता, रीति, संस्कृति तथा सामाजिक संस्थाएँ मनुष्य के सामाजिक व्यवहार को विशेष रूप से प्रभावित करती हैं। मनुष्य अपने जीवन में अनेक प्रकार के अनुभव प्राप्त करता है। कुछ अपने परिवार से तथा कुछ समाज से प्राप्त करता हैं। कुछ अनुभव उसे शिक्षा सम्बन्धी कार्यक्रमों से प्राप्त होते हों। अत: शारीरिक शिक्षा के कार्यक्रम ऐसे बनाए जाएं जो भारतीय परम्परा तथा सभ्यता के प्रतीक हों और उनसे ऐसे व्यक्तित्व का निर्माण हो जो सर्वथा भारतीय हो।

जैसा कि हम पहले बता चुके हैं कि समय परिवर्तन के साथ कई राजनैतिक परिवर्तन भी हुए हैं। इन सभी परिवर्तनों में सबसे अधिक प्रभाव पाश्चात्य विचारधारा का पड़ा है। शिक्षा-प्रणाली पर भी पाश्चात्य विचारधारा का विशेष प्रभाव पड़ा है। पहले गुरू कुल में शिक्षा प्रदान की जाती थी अब विद्यालयों तथा महाविद्यालयों में सबको समान रूप से शिक्षा प्राप्त करने का अधिकार है। सभी को अपनी भावनाओं को प्रकट करने के अवसर प्रदान किए जाते हैं। भावनाओं को व्यक्त करने के लिए खेल, संगीत, कला, नाटक आदि के कार्यक्रम उत्तम साधन हैं। परन्तु इनमें भाग लेने वाले विद्यार्थी पढ़ाई में रुचि कम रखते हैं। अत: शारीरिक शिक्षा का कार्यक्रम इस प्रकार बनाना चाहिए जिससे खेल भावनाओं को नियन्त्रित किया जाए और जो व्यक्ति के नैतिक तथा मानसिक विंकास पर बुरा प्रभाव न डाले। शारीरिक शिक्षा के कार्यक्रम को केवल शारीरिक व्यायाम न समझ कर इसे भारतीय संस्कृति तथा सभ्यता की एक प्रभावशाली शक्ति समझना चाहिए।

शारीरिक शिक्षा के कार्यक्रमों में खेलों को महत्वपूर्ण स्थान देना चहिए। जिससे खिलाड़ी अपनी भावनाओं को पूर्ण रूप से व्यक्त कर सके। जिससे उनका मानसिक सन्तुलन बना रहता है। उसका व्यक्तित्व गम्भीर बनता है तथा उसमें नागरिकता के गुणों का विकास होता है।

यह पूर्ण रूप से सिद्ध हो चुका है कि शिक्षा द्वारा व्यक्ति का मानसिक, शारीरिक, सामाजिक, बौद्धिक, नैतिक अर्थात् सर्वागीण विकास होता है। परन्तु कुछ लोग खेलों को अच्छा नहीं समझते। उनकी दृष्टि में खाली समय में पढ़ना अधिक महत्वपूर्ण है। उनका मानना है कि 'पढ़ोगे लिखोगे बनोगे नवाब, खेलोगे, कूदोगे बनोगे खराब' यह धारणा सर्वथा मिथ्या है। शारीरिक शिक्षक को इस विरोधपूर्ण वातावरण में अपने कार्यक्रम द्वारा यह सिद्ध करना चाहिए कि शिक्षा का अर्थ व्यक्तित्व का पूर्ण विकास है जिसमें शारीरिक शिक्षा की महत्वपूर्ण भूमिका है। शारीरिक शिक्षा तथा इससे सम्बन्धित क्षेत्रों को केन्द्रीय सरकार तथा राज्य सरकारें भी विशेष प्रोत्साहन दे रही हैं।

आधुनिक युग की प्रदूषित प्रकृति में. व्यक्ति का स्वास्थ्य दिन-प्रतिदिन गिरता ही जा रहा है। मनुष्य प्रकृति से दूर होता जा रहा है। कहा गया है कि स्वस्थ शरीर में स्वस्थ मन का वास होता है और एक स्वस्थ व्यक्ति ही अच्छा नागरिक बन सकता है। शारीरिक शिक्षा द्वारा मनुष्य के स्वास्थ्य को सुधारा जा सकता है। ऐसी स्थिति में शारीरिक शिक्षा को महत्वपूर्ण कार्य करना चाहिए, जिससे स्वस्थ समाज का निर्माण किया जा सके।

उपरोक्त बातों से निम्नलिखित निष्कर्ष निकाले जा सकते हैं–

1. शारीरिक शिक्षा से सभी को समृद्ध सामाजिक अन्तर्क्रिया तथा अनुभव के पर्याप्त अवसर मिलने चाहिए।
2. शारीरिक शिक्षा को स्वस्थ परम्पराओं का पनपने तथा पारम्परिक किन्तु प्रगामी प्रणालियों को शक्तिशाली बनाने का प्रयत्न करना चाहिए।
3. आधुनिक समाज को आवश्यकताओं तथा प्रक्रिया के परिवर्तित परिदृश्य में शारीरिक शिक्षा की पारम्परिक प्रणालियों की सार्थकता की पूर्ण जांच-परख होनी चाहिए।
4. शारीरिक शिक्षा को नैतिक परिवर्तन का साधन बनना चाहिए।
5. खेल क्षेत्र अच्छी नागरिकता के प्रशिक्षण-स्थल बनने चाहिए।
6. खेल क्षेत्रों को एक प्रकार का जीवन-संघर्ष क्षेत्र मानना चाहिए जहां से न केवल अभिजात खिलाड़ी प्रत्युत श्रेष्ठ चरित्र भी उभरने चाहिए।
7. शारीरिक शिक्षा को प्रत्येक नागरिक के मन में प्रजातन्त्र, इसके मूल्यों तत्वज्ञान तथा इसके क्रिया कलापों के प्रति आस्था तथा श्रद्धा को परिपुष्ट करना चाहिए।
8. शारीरिक शिक्षा को विविध गतिविधियों में प्रतिस्पर्धाओं के अवसर जुटाने चाहिए ताकि प्रत्येक नागरिक को कुछ न कुछ उपलब्धि प्राप्त करने के अवसर प्राप्त हो सके।
9. शारीरिक शिक्षा कार्यक्रमों को जीवन के कटुसत्यों तथा

वास्तविकताओं का सामना करने के लिए तैयार करना चाहिए।

10. प्रक्रिया पाठ्यक्रम बनाते समय विकलांग व्यक्तियों के लिए उपयुक्त गतिविधियों का प्रावधान अवश्य करना चाहिए।

11. शारीरिक शिक्षा के कार्यक्रमों में शिविरों का आयोजन भी करना चाहिए ताकि विद्यार्थियों में परिश्रम के प्रति निष्ठा, आज्ञाकारिता, सहयोग आदि गुणों का विकास हो सके।

मानव की सांस्कृतिक परम्परा के रूप में खेल

हजारों वर्षों से खेलें व स्पोर्टस आदमी की जिन्दगी का हिस्सा रही है। चाहे वह उसके जीवन की जरूरत थी अर्थात् भोजन व आवास के लिए शिकार करना, वन्य जन्तुओं व अन्य दुश्मनों से बचना या आमोद प्रमोद के लिए (for pleasure) खेलें व्यक्ति के लिए अपरिहार्य (Indispensable) बनी रहीं और उसकी संस्कृति का हिस्सा बन गई हैं। ये लोगों को मिलाती हैं तथा राष्ट्रीय व अन्तर्राष्ट्रीय एकता पर गहरा असर डालती हैं।

खेलें व स्पोर्टस मनुष्य की सांस्कृतिक धरोहर के रूप में

यद्यपि खेलों के उद्गम के बारे में इतिहास मौन है परन्तु यह पक्के तौर पर कहा जा सकता है कि आदि मानव के जीवन का मुख्य हिस्सा भी खेल-कूद ही था। उसके लिए यह जीवन की आधारभूत जरूरत थी क्योंकि उसका अस्तित्व इसी पर टिका हुआ था। शिकार करना, मछली पकड़ना तथा मिजाईल फैंकना आदि पर उसका जीवन टिका हुआ था। धीरे-धीरे ये गतिविधियां खेल से भी अधिक आवश्यक बनती गई तथा कबीले की संस्कृति का हिस्सा बन गई। सभ्यता के विकास और पतन के साथ खेलें जिन्दा रहीं और वे संस्कृति की धरोहर के रूप में एक पीढ़ी से दूसरी पीढ़ी में चली गई। आजकल खेलें व स्पोर्टस विश्व संस्कृति बन गई हैं।

क्रोइबर (Kroeber) के अनुसार, संक्षेप में, सांस्कृतिक सच्चाई हमेशा ऐतिहासिक सच्चाई रहती है तथा इसकी बहुत शीघ्र समझ जो हम ग्रहण कर सकते हैं वह ऐतिहासिक है। इसलिए इतिहास के पथ पर चलना हमारे लिए जरूरी ही ताकि हम खेलों व स्पोर्टस की दुनिया भर में जड़ें तलाश करें।

पुरातन काल में शारीरिक शिक्षा

किसी भी विद्या को जानने के लिए आवश्यक है कि उसकी पृष्ठभूमि को अच्छी तरह से जाना जाए तभी उस विद्या के बारे में अधिक ज्ञान प्राप्त किया जा सकता है। शारीरिक शिक्षा के ज्ञान के लिए इसके इतिहास को जानना भी बहुत आवश्यक है। इतिहास की जानकारी से न केवल प्राचीन विचारधारा की ही जानकारी मिलती है अपितु पूर्व अनुभवों के आधार पर वर्तमान तथा भविष्य के कार्यक्रम निश्चित करने में एक महत्वपूर्ण आधार मिलता है।

पूर्व ऐतिहासिक काल में शिक्षा और शारीरिक शिक्षा का कोई निश्चित मापदण्ड नहीं था। अनुभव ही उनका निर्धारण मूल्य था। मानव का शारीरिक कार्यक्रम आवश्यकता पर निर्भर था और उसके लिए शारीरिक मेहनत करनी पड़ती थी। इस काल में शारीरिक श्रम ज्यादा होने के कारण से लोग तन्दुरुस्त थे और बलशाली थे। इनके शरीर के सभी अंग शक्तिशाली थे क्योंकि इनके रोजाना के श्रम में धनुष बाण और दूसरे शस्त्र बनाना, लकड़ी काटना, बोझ उठाना मुख्य थे। भोजन के लिए शिकार करना मुख्य था। तब की विद्याओं में मल्लयुद्ध व दौड़ मुख्य थे और तैरना दैनिक था।

बहुत समय तक असभ्यता में रहने के बाद सभ्यता का विकास होने पर शैक्षिक व शारीरिक कार्यक्रमों में भारी बदलाव आया है। इनमें मुख्य भारत, चीन, मिश्र, ग्रीस तथा रोम हैं। जिनका उल्लेख नीचे किया जा रहा है।

सभ्यता का विकास तथा सभ्यता के विकास के कारण शिक्षा तथा शारीरिक शिक्षा के कार्यक्रमों का विकास प्रथम कहां हुआ। इसमें भी विचारकों के मतभेद हैं। कुछ के अनुसार वह स्थान मेसोपोटेमिया है तो कुछ कहते हैं मिश्र।

रोम में शारीरिक शिक्षा

रोम एक आर्य जाति की शाखा है जिसकी उत्पत्ति होमर काल में हुई। यह जाति इटली में टाईबर नदी के किनारे थी। रोम के लोग स्वस्थ तथा हृष्ट-पुष्ट थे। रोम में स्कूलों का अभाव था जिसके कारण बच्चों को प्रारम्भिक शिक्षा परिवार का मुखिया दिया करता था। इस काल में बच्चों के अन्दर देश-भक्ति, साहस, धर्म-परायणता, सहनशीलता आदि गुणों का विकास किया जाता था।

रोम में युद्ध के देवता मार्स (Mars) के नाम पर एक क्षेत्र का नाम रखा गया जिसे केम्पस मारीशस कहा जाता था। इस क्षेत्र में बच्चों को सैनिक प्रशिक्षण दिया जाता था। जिसके अन्तर्गत उन्हें तैरना, घुड़सवारी, शस्त्र चलाना, दौड़ना, कूदना तथा मल्लयुद्ध आदि सिखाए जाते थे। इस कारण रोम के सैनिक हृष्ट-पुष्ट थे। ईसवी पूर्व 31 तक इन्होंने यूरोप के कई प्रदेशों पर अपना साम्राज्य स्थापित कर लिया। रोम पर इस विजय के निम्नलिखित प्रभाव पड़े-

1. रोम के लोगों को पराजित देशों की व्यवस्था करने के लिए रोम से बाहर जाना पड़ा।
2. पराजित देशों में से कई देशों की सभ्यता रोम से अच्छी थी। इन सभ्यताओं ने रोम के लोगों को प्रभावित किया।
3. विजय प्राप्ति के साथ-साथ धन की अत्यधिक प्राप्ति हुई। विदेशों से सस्ता अनाज आने लगा। परिणामस्वरूप रोम के किसानों ने खेती करना छोड़ दिया। अब रोम धनवान तो था परन्तु बेकार भी हो गया।

अब रोम को स्कूलों की आवश्यकता होने लगी। उसने ग्रीस की शिक्षा को अपनाया। उसने शारीरिक शिक्षा की ओर ध्यान नहीं दिया, परन्तु वहां शारीरिक शिक्षा से सम्बन्धित कुछ संस्थाएं थीं जो सरकस कहलाती थीं। यहां ऐसे खेलों के प्रदर्शन होते थे, जो भाग लेने वालों और कभी-कभी दर्शकों के लिए प्राणघातक सिद्ध होते थे। जैसे-रथ दौड़, पशुओं और मनुष्यों के युद्ध जिनका निर्णय किसी एक की मृत्यु पर होता था।

प्रथम शताब्दी ईस्वी में नीरों ने एक जिमनेशियम का निर्माण किया। जिसमें 'निरोनियन' खेल खेले जाते थे, परन्तु रोम के लोगों ने उसमें अपनी रुचि नहीं दिखाई।

रोमन साम्राज्य का पतन तथा प्रभाव

रोम ने जब यूरोप के कई प्रदेशों पर अपना साम्राज्य स्थापित कर लिया तो वह अत्यधिक धन का स्वामी बन गया। जिस कारण रोम में विलासिता ने घर कर लिया। इस अवसर का लाभ उठाते हुए उत्तर से असभ्य टियूटोनिक (Tuetonic) जातियों ने रोम पर आक्रमण करना शुरू किया। परिणामस्वरूप रोम साम्राज्य तथा वहां की सभ्यता का पतन आरम्भ हो गया इन आक्रमणों से एक लाभ यह हुआ कि यूरोप को हृष्ट-पुष्ट जातियां मिलीं। जिन्होंने नई सभ्यता का निर्माण किया।

युनान में शारीरिक शिक्षा

ग्रीस की शारीरिक शिक्षा का इतिहास निम्न विभागों में बांटा जा सकता है-

1. प्रारम्भिक काल।
2. स्पार्टा तथा एथेन्स की शारीरिक शिक्षा
3. पेनहेलनिक खेल।

प्रारम्भिक काल

प्राचीन काल के खण्डहरों से यह अनुमान लगाया जा सकता है कि इस काल में ग्रीस (युनान) के लोग नाटे तथा श्यामवर्ण के होते थे। वह शिक्षित थे तथा इनका राज्य शक्तिशाली था। शारीरिक विकास के लिए विभिन्न कार्यक्रमों का आयोजन किया जाता था। जैसे-स्त्रियों के धार्मिक नृत्य, पुरुषों के लिए तैराकी, शिकार, मल्ल युद्ध आदि।

ईस्वी से लगभग एक हजार वर्ष पूर्व ग्रीस में लम्बे तथा गौर वर्ण के लोगों का आगमन हुआ। उस काल में अन्धे कवि होमर ने 'इलियड तथा ओडैसी' नामक दो महाकाव्यों की रचना की जिनमें कवि ने उस समय के समाज का चित्र प्रस्तुत किया है। इन दोनों महाकाव्यों के अध्ययन से पता चलता है कि इस काल में खेल तथा एथलैटिक्स को विशेष स्थान प्राप्त था। विशेष अवसरों पर खेल तथा एथलैटिक्स प्रतियोगिताओं का आयोजन किया जाता था।

पेट्रोप्लस नामक योद्धा की मृत्यु तथा अन्तिम संस्कार के अवसर पर अन्य कार्यक्रमों के साथ पेट्रोप्लस के मित्र ऐचलस ने खेल प्रतियोगिताओं का आयोजन किया जिसमें दौड़, रथ दौड़, मल्लयुद्ध जैसी प्रतियोगिताओं को सम्मिलित किया गया। इन प्रतियोगिताओं में जीतने वालों को विचित्र प्रकार के पुरस्कार दिए जाते थे। जैसे-

प्रथम पुरस्कार- एक निपुण स्त्री तथा एक तिपाई।
द्वितीय पुरस्कार- 6 वर्ष की घोड़ी
तृतीय पुरस्कार- एक कढ़ाई।
चतुर्थ पुरस्कार- दो सोने के सिक्के।
पांचवां पुरस्कार- दो हाथ वाला बर्तन।

'ओडेसी' महाकाव्य में कई खेलों का वर्णन है जैसे-मल्लयुद्ध, बॉक्सिंग आदि। इस महाकाव्य में ओडेसिया के भ्रमण का भी वर्णन है। ओडेसिया की अनुपस्थिति में कई व्यक्ति पेनेलोप जो कि ओडेसियस की पत्नी थीं, को खुश करने के लिए विभिन्न प्रकार के शक्ति प्रदर्शन करते थे जिनमें भार उठाना तथा भाला फेंकना प्रमुख हैं। ओडेसी में कई प्रकार के नृत्यों का भी उल्लेख किया गया हैं, जिससे यह पता चलता है कि ग्रीस के लोग खेलों के साथ-साथ नृत्य में भी रुचि रखते थे।

जर्मनी में शारीरिक शिक्षा

जर्मनी में शारीरिक शिक्षा के क्षेत्र में श्री बेसडा, श्री गटस्मथ तथा श्री फ्रेड्रिक लुडविक जॉन ने उत्कृष्ट प्रयत्न किए। जैना के युद्ध के बाद जॉन को वर्लिन में एक शिक्षक का कार्य करने का अवसर मिला। जॉन ने अनेक कार्यक्रमों का आयोजन किया जिनमें से वन पर्यटन तथा स्वास्थ्यप्रद कार्यक्रम प्रमुख हैं। जॉन के कार्यक्रम राष्ट्र-भावना से प्रेरित थे तथा इनका लक्ष्य सभी

जर्मन-भाषी राज्यों को मिलाकर एक जर्मन देश की स्थापना करना था। जॉन बच्चों को कहानियां सुना तथा पूर्वजों के आदर्शों का वर्णन कर जर्मनी की एकता का भाव उत्पन्न करते थे। इनका कार्यक्रमों के लिए नगर से बाहर एक स्थान चुना गया जिसे 'हैसन हाईड' कहा जाता था।

जॉन के कार्यक्रम में भाग लेने वालों को विशेष प्रकार के अनुशासन का पालन करना होता था। जॉन के अनुसार विशेष प्रकार का भोजन लेना, बच्चों के लिए आदर्श स्थापित करना तथा उच्च कोटि का चरित्र रखना आवश्यक था।

जॉन ने एक संस्था की स्थापना की जिसे टर्नवेरीन अथवा जर्मन जिमनास्टिक सोसाइटी कहा जाता था। 1813 में जॉन की अनुपस्थिति में इस संस्था का कार्यभार ऐजलन ने सम्भाला।

उस काल के शारीरिक शिक्षा विशेषज्ञों ने जॉन का विरोध किया। उनका मत था कि जॉन के कार्यक्रम मनोविज्ञान तथा शरीर रचना के आधार पर नहीं थे।

जर्मन जिमनास्टिक सोसाइटी संस्था सर्वप्रिय थी क्योंकि वह जर्मन राष्ट्रवादी संस्था थी। नेपोलियन के विरोध के लिए जब यूरोप के सभी साम्राज्य एकत्रित हो रहे थे, तो जर्मन भाषी लोगों का यह संगठन सब राजाओं को अच्छा लगा। इस काल में इस संस्था के एक सदस्य, कार्ल सेन्ड ने एक प्रसिद्ध कवि की हत्या कर दी। अत: 1819 में जॉन को जेल दे दी गई तथा उनकी संस्था पर प्रतिबंध लगा दिया गया। 1825 में जॉन को छोड़ दिया गया परन्तु उन पर यह प्रतिबन्ध लगा दिया गया कि वह किसी स्कूल अथवा यूनिवर्सिटी के निकट नहीं जा सकते। तत्पश्चात् जॉन ने इस संस्था में कोई रूचि नहीं दिखाई।

1840 में फ्रैड्रिक विलियम- चतुर्थ ने प्रशिया के शासन का कार्यभार सम्भाला। उन्होंने जॉन की संस्था पर लगे सभी प्रतिबन्धों को हटा कर जॉन को सम्मानित किया साथ ही स्कूलों में शारीरिक शिक्षा तथा जिमनास्टिक आवश्यक घोषित कर दी। इसके बाद भी जॉन ने इस क्षेत्र में कोई रूचि नहीं दिखाई।

जर्मनी की शैक्षणिक संस्थाओं में शारीरिक शिक्षा

एडाल्फ स्पीस ने जर्मनी के स्कूलों में शारीरिक शिक्षा तथा जिमनास्टिक को विशेष स्थान दिलवाया। स्पीस ने जिमनास्टिक पर कुछ पुस्तकें भी लिखीं। स्पीस के विचार में शारीरिक शिक्षा शिक्षा का महत्वपूर्ण अंग है अत:-

1. अन्य विषयों की तरह शारीरिक शिक्षा को भी विशेष महत्व दिया जाना चाहिए।
2. प्रत्येक स्कूल में अथवा उसके आस-पास जिमनेजियम तथा खेलने का पर्याप्त क्षेत्र होना चाहिए।
3. स्कूलों में जिमनास्टिक के लिए अवधि निश्चित की जानी चाहिए।
4. बच्चों की आयु तथा लिंग के आधार पर उन्हें व्यायाम कराए जाने चाहिए।
5. लड़कियों को लड़कों की अपेक्षा हल्के व्यायाम करवाने चाहिए।
6. बच्चों को उनके कार्यों के आधार पर अंक देने चाहिए।

स्पीस के अनुसार शारीरिक शिक्षा द्वारा बच्चे का शारीरिक ही नहीं अपितु मानसिक, सामाजिक तथा नैतिक विकास भी होता है। इन्होंने बालक तथा बालिकाओं दोनों के लिए शारीरिक शिक्षा तथा जिमनास्टिक के कार्यक्रमों का आयोजन किया।

स्वीडन में शारीरिक शिक्षा

स्वीडन की शारीरिक शिक्षा सैनिक आवश्यकताओं के कारण प्रारम्भ होकर शैक्षणिक शारीरिक शिक्षा में परिवर्तित हुई और इसका लक्ष्य समाज कल्याण था।

परहैनरिक लिंग (Perhenric Ling) को स्वीडिश शारीरिक शिक्षा प्रणाली का जन्मदाता माना जाता है। विद्यार्थीकाल से ही इनकी रुचि शारीरिक शिक्षा, जिमनास्टिक्स तथा फैंनसिंग में थी। शारीरिक शिक्षा कार्यक्रमों के अभ्यास से उनकी बाजुओं का विकार ठीक हो गया। परिणामस्वरूप उन्होंने शारीरिक शिक्षा द्वारा शारीरिक विकारों को दूर करने के लिए सुधारात्मक व्यायाम (Curative Gymnastic) आरम्भ किए।

ई0 1804 में श्री लिंग स्वीडन के लुन्ड विश्वविद्यालय में फेन्सिंग शिक्षक के रूप में नियुक्त किए गए। श्री लिंग का मानना था कि शारीरिक शिक्षा का प्रशिक्षण देने के लिए जरुरी है कि शिक्षक को शरीर रचना का ज्ञान हो। इसलिए उन्होंने शरीर रचना तथा शरीर व्यवहार का अध्ययन आरम्भ किया। इस अध्ययन के कारण उन्होंने शरीर की एकता तथा शरीर तथा मन के बीच समन्वय का सिद्धान्त प्रतिपादित किया। श्री लिंग ने शारीरिक शिक्षा के कार्यक्रमों का आयोजन शरीर रचना के आधार पर किया। उनका मानना था कि-

1. शरीर पर होने वाले प्रभाव के आधार पर ही व्यायाम निश्चित किए जाने चाहिए।
2. शारीरिक शिक्षा का कार्यक्रम दुर्बल व्यक्ति के लिए भी उतना ही आवश्यक है जितना कि हृष्ट-पृष्ट व्यक्ति के लिए।

3. शारीरिक शिक्षक को प्रत्येक व्यायाम के उद्देश्य की जानकारी होनी चाहिए तथा प्रत्येक व्यायाम का उद्देश्य शारीरिक पूर्णता की ओर होना चाहिए।
4. एक समूह के लिए व्यायाम निश्चित करने के बजाय प्रत्येक व्यक्ति की शारीरिक आवश्यकता के अनुसार ही व्यायाम निश्चित करने चाहिए।

श्री लिंग ने स्वीडन के नागरिकों को स्वस्थ बनाने के लिए शारीरिक शिक्षा की एक राष्ट्रीय शाला बनाने की योजना बनाई। स्वीडन सरकार ने इस योजना को सहमति दी तथा 1814 में स्टाकहोम में एक इंस्टीच्यूट की स्थापना की। इस इंस्टीच्यूट में शारीरिक शिक्षकों को सैनिकों को प्रशिक्षण देने के लिए तैयार किया जाने लगा। शिक्षकों के लिए हैन्डबुक ऑफ जिमनास्टिक नामक पुस्तक भी लिखी गई।

1839 में श्री लिंग मृत्यु को प्राप्त हुए। श्री लिंग के बाद केन्द्रीय संस्थान के संचालक के रूप में श्री एल.जी. ब्रेन्टिंग को नियुक्त किया गया। अब शारीरिक शिक्षा के कार्यक्रमों में समाज कल्याण की ओर भी ध्यान दिया जाने लगा। जिसके लिए सुधारक व्यायाम तथा शालेय शारीरिक शिक्षा कार्यक्रम पर ध्यान केन्द्रित किया गया। 1860 में रायल सेन्ट्रल इंस्टीच्यूट ऑफ जिमनास्टिक का पुनर्गठन किया गया। इसमें तीन अलग-अलग विभाग बनाए गए-

1. शिक्षा सम्बन्धी
2. चिकित्सा सम्बन्धी
3. सेना सम्बन्धी

स्वीडिश शारीरिक शिक्षा पद्धति ने स्कूल तथा सेना के कार्यक्रम को मिलाकर इसे स्कूल के कार्यक्रम के लिए उपयुक्त बना दिया है। यह पद्धति शरीर रचना के आधार पर बनाई गई है इसलिए इसे बच्चों के लिए उपयोगी माना जाता है। आज स्वीडन के सभी स्कूलों में शारीरिक शिक्षा अनिवार्य हैं।

डेनमार्क में शारीरिक शिक्षा

फ्रेंस नाचेगाल ने डेनमार्क में शारीरिक शिक्षा का प्रचार किया। इन्होंने शारीरिक शिक्षा के कई कार्यक्रमों का आयोजन किया। यह कार्यक्रम डेनमार्क की राजनैतिक अवस्था, सैनिक आवश्यकता तथा देशभक्तों के विचारों पर आधारित थे। विद्यार्थी काल में नाचेगाल अच्छे जिमनास्ट थे।

नाचेगाल ने सर्वप्रथम विंश्वविद्यालय विद्यार्थी क्लब में जिमनास्टिक शिक्षक का पद सम्भाला। तत्पश्चात् एक प्राकृतिक शाला में शारीरिक शिक्षक का पद सम्भाला। उन्होंने 1779 ई. में कोपनहेगेन में अपना जिमनाजियम खोला जो बहुत लोकप्रिय हुआ। 1804 में डेनमार्क सरकार ने सैनिक प्रशिक्षण के लिए इन्हें सैनिक जिमनास्टिक संस्थान का संचालक नियुक्त किया। धीरे-धीरे इस संस्थान में सैनिकों के साथ-साथ नागरिकों को भी जिमनास्टिक अभ्यास के लिए अनुमति दे दी गई। कुछ समय उपरान्त शासन की ओर से यह आदेश दिए गए कि प्राथमिक शालाओं में जिमनास्टिक के लिए शिक्षक रखे जाएं तथा आवश्यक सामग्री उपलब्ध करवाई जाए। इस कार्यक्रम को पूर्ण रूप देने के लिए अधिक से अधिक शारीरिक शिक्षकों की आवश्यकता थी। इसके लिए शारीरिक शिक्षा तथा जिमनास्टिक सिखाने के लिए सभी शिक्षक प्रशिक्षण संस्थाओं में प्रशिक्षण आरम्भ किया गया और श्री नाचेगाल को पूरे देश का शारीरिक शिक्षा संचालक नियुक्त किया गया।

शिक्षक प्रशिक्षण संस्थाओं तथा सैनिक जिमनास्टिक संस्थान के प्रशिक्षणार्थियों को अभ्यास के लिए शालाओं में भेजा जाने लगा। इस प्रकार शालाओं में शारीरिक शिक्षा तथा जिमनास्टिक का प्रसार होने लगा। तत्पश्चात् कन्या शालाओं में भी शारीरिक शिक्षा की आवश्यकता महसूस की गई। जिसके लिए सैनिक संस्थान में महिला शिक्षकों के लिए प्रशिक्षण की व्यवस्था की गई।

19वीं शताब्दी के अंत तक डेनमार्क में शारीरिक शिक्षा सैनिक आवश्यकताओं पर आधारित थी। तत्पश्चात् स्वीडन में प्रचलित लिंग शारीरिक शिक्षा प्रणाली अपनाई गई। परिणाम स्वरूप शैक्षणिक शारीरिक शिक्षा का विकास नहीं हुआ। इस कमी को पूरा करने के लिए एक समिति का गठन किया गया। इस समिति ने डेनमार्क की शालाओं के लिए शारीरिक शिक्षा कार्यक्रम बनाया साथ ही शिक्षकों के उपयोग के लिए हैण्डबुक ऑफ जिमनास्टिक नामक पुस्तक की रचना की। 1909 में शैक्षणिक शारीरिक शिक्षा तथा जिमनास्टिक्स के लिए कोपनहैगेन विश्वविद्यालय में एक विभाग खोला गया।

डेनमार्क में शारीरिक शिक्षा का विकास हुआ और साथ ही क्रीड़ा क्षेत्रों का अभाव भी सामने आया। जिसको पूरा करने के लिए कोपनहैगेन प्लेग्राऊन्ड एसोसिएशन की स्थापना की गई। इस संस्था द्वारा सरकार ने खेलों की व्यवस्था, क्रीड़ा क्षेत्रों तथा खेलों के लिए आवश्यक सामग्री उपलब्ध करवाई।

'स्कन्डेनेवियम देशों' में 'पीपल्स स्कूल', फोक स्कूल' अथवा 'जनता स्कूल' नामक संस्थाओं का प्रचलन है। इन संस्थाओं में ऐसे व्यक्ति शिक्षा ग्रहण करते हैं जिनकी आयु 18 वर्ष से अधिक है अथवा उन्हें अपने व्यवसाय संचालन के लिए

शिक्षा की आवश्यकता है। इन संस्थाओं में शिक्षा के साथ-साथ खेल तथा जिमनास्टिक के अभ्यास की भी व्यवस्था है।

डेनमार्क की शारीरिक शिक्षा के क्षेत्र में श्री नेल्सबख का नाम मुख्य हैं जो कि ओलरूप शाला के जिमनास्टिक संचालक हैं। इनका मानना है कि शारीरिक शिक्षा द्वारा व्यक्ति के शारीरिक विकारों को दूर किया जा सकता है। अतः शारीरिक शिक्षा के कार्यक्रम ऐसे बनाए जाने चाहिए। जिससे व्यक्ति का शरीर सुन्दर व सुडौल बन सके। श्री बख ने शारीरिक शिक्षा व्यायामों का एक समूह तैयार किया जिसे 'प्रिमीटिक जिमनास्टिक' अथवा मौलिक व्यायाम कहा जाता है। इस व्यायाम से शरीर की बड़ी मांसपेशियों को व्यायाम दिया जाता है। यह व्यायाम ताल से करवाए जाते हैं।

रूस में शारीरिक शिक्षा

इस देश के इतिहास को दो भागों में बांटा जा सकता है-

1. साम्राज्यशाही काल- 1917 से पूर्व।
2. साम्यवादी काल- 1917 के बाद।

साम्राज्यशाही काल में रूस में जार राजाओं का शासन था। पूरा देश बड़ी-बड़ी जागीरों में बंटा हुआ था। जिनका प्रमुख जागीरदार होता था। इन जागीरों की प्रजा जागीरदारों के आधीन थी। उनकी दशा अत्यन्त दयनीय थी। ये लोग जो भी कमाते थे जागीरदारों को देना पड़ता था। इस काल में शिक्षा तथा शारीरिक शिक्षा का प्रावधान नहीं था। जागीरदार मनोरंजन के नाम पर घुड़सवारी, आंखेट तथा युद्ध के कौशल सीखते थे।

सन् 1917 में प्रथम महायुद्ध के बाद यहां साम्यवादी विचारधारा का प्रवेश हुआ। साम्यवादी रूस में प्रत्येक कार्य के लिए उद्देश्य निश्चित किए गए तथा उन उद्देश्यों की पूर्ति के लिए योजनाबद्ध कार्यक्रम रखे गए। सोवियत रूस में शिक्षा का मुख्य उद्देश्य नागरिकों में देश भक्ति की भावना पैदा करना था। प्रत्येक नागरिक के लिए 7 से 10 वर्ष की आयु तक शिक्षा अनिवार्य की गई। शारीरिक शिक्षा भी सभी के लिए अनिवार्य की गई।

इस काल में शारीरिक शिक्षा का मुख्य उद्देश्य प्रत्येक नागरिक को स्वस्थ बनाना था। शैक्षणिक संस्थानों में प्रत्येक कक्षा के लिए सप्ताह में दो या तीन बार 45 मिनट की अवधि के लिए शारीरिक शिक्षा के कार्यक्रम रखे जाते हैं। इस काल में औपचारिक व्यायाम करवाए जाते थे। स्कूल समय के बाद अतिरिक्त खेल, नृत्य तथा एथलैटिक्स के अभ्यास के लिए छोटे-छोटे समूह बनाए जाते हैं। राष्ट्रीय पर्वों तथा विशेष उत्सवों पर खेलों के उत्सवों का आयोजन किया जाता है। स्कूलों के आलावा श्रमिकों की संस्थाएं साम्यवादी दल तथा सरकार के तत्त्वावधान में श्रमिकों के लिए अलग से शारीरिक शिक्षा तथा मनोरंजन के कार्यक्रम रखे जाते हैं जिनमें विश्राम केन्द्र, व्यायाम शालाएं, कैम्प, तरणताल आदि सम्मिलित हैं।

रूस में खेलों में जिमनास्टिक, बॉस्केट बॉल, वॉलीवाल, एथलैटिक्स, फुटबॉल, नाव चलाना, साइकिल चलाना, हॉकी, स्केटिंग, पर्यटन आदि प्रमुख हैं। ऑल यूनियन कमेटी ऑफ फिजिकल कल्चर एण्ड स्पोर्ट्स नामक संस्था द्वारा खेलों को नियन्त्रण किया जाता है। इस संस्था में शारीरिक शिक्षा तथा खेलों के शिक्षकों को प्रशिक्षण दिया जाता है। शिक्षकों द्वारा परीक्षा पास करने पर उन्हें 'मास्टर्स ऑफ स्पोर्ट्स' की उपाधि दी जाती है।

इन कार्यक्रमों से सोवियत रूस के नागरिकों के स्वास्थ्य में विशेष सुधार हुआ है। जिसके कारण ये देश 'ऑलम्पिक खेलों' में सबसे आगे हैं। रूस में प्रत्येक नागरिक की शारीरिक क्षमता अच्छी है जिस कारण रूस ने प्रत्येक क्षेत्र में उन्नति की है। आज रूस संसार के पहले दो देशों में माना जाता है।

ओलम्पिक आन्दोलन

ओलम्पिक खेल संसार को यूनान की देन है। यद्यपि आज यूनान पहले की तरह नहीं रहा, फिर भी अब कभी हम यूनान के महान् दार्शनिक-प्लेटो, अरस्तु व होमर जैसे महान व्यक्तियों की चर्चा करते हैं, तो हमारे सामने यूनान का वही प्राचीन चित्र उभर आता है जो आज से हजारों वर्ष पूर्व था। आधुनिक युग की खेल प्रतियोगिताएँ यूनान की ही देन है। ओलम्पिक आन्दोलन का इतिहास को जानने के लिए हमें प्राचीन ओलम्पिक खेलों व आधुनिक ओलम्पिक खेलों के इतिहास को जानना होगा।

प्राचीन ओलम्पिक खेलों की व्युत्पत्ति एवं इतिहास

प्राचीन ओलम्पिक खेलों के उद्भव व विकास को लेकर प्राचीन इतिहासकारों में काफी मतभेद है। इन खेलों के उद्भव के विषय में विभिन्न विद्वानों ने अपने विचार प्रकट किये हैं। इनमें सबसे सशक्त विचार इन खेलों का प्रारम्भ होने का समय 776 ई. पूर्व में होना लिखित रूप में दर्शाते हैं। इन खेलों को हर चार वर्ष बाद आयोजित किया जाता है। यूनानवासी खेलों को बहुत प्यार करते थे। वे इन्हें अपने धर्म का ही एक अंग मानते थे। इन खेलों का प्रारम्भ होना निम्न विचारों पर आधारित है।

कुछ विद्वानों का विचार है कि ओलम्पिक खेलों का शुभारंभ देवी-देवताओं का धरती पर अधिकार के लिए कुश्ती से प्रारम्भ हुआ। इनके मतानुसार God Zeus तथा God Kronos के मध्य यह कुश्ती हुई तथा इस कुश्ती में God Zeus की विजय की खुशियाँ मनाने के लिए इन खेलों का आयोजन किया गया। अन्यों का तर्क है कि ओलम्पिक खेल Kiug-l Phitius of Ellis को राजनैतिक मजबूरियों व यूनान के नगर राज्यों के शासकों के मध्य परस्पर युद्धों से निजात पाने के लिए की गई। कुछ लोगों का मानना है कि हरकुलीन की राजा च्मसवचे पर विजय प्राप्त करने की खुशी में यह खेल प्रारम्भ हुए। ओलम्पिक खेलों के प्रारम्भ होने में एक अन्य कहानी यह है कि पैलोप्स (Pelops) तथा राजा Aenomaus के बीच रथ-दौड़ हुई जिसमें Pelops जीत गया तथा Aenomaus इस रेस के दौरान मारा गया तथा Pelops का विवाह राजा Aenomaus की पुत्री हिप्पोडामिया (Hippodamia) के साथ कर दिया और वह राज्य का उत्तराधिकारी बन गया एवं उसकी मृत्यु हुई तो उसकी स्मृति में ही प्रत्येक चार वर्ष के बाद इन खेलों का आयोजन किया जाने लगा।

ओलम्पिक खेलों का नामकरण

यह खेल यूनानियों द्वारा देवी-देवताओं को प्रसन्न करने व आपस में भाई-चारे की भावना विकसित करने के उद्देश्य से प्रारम्भ हुई थी। प्राचीन यूनान के पैलोपोनीस के उत्तर-पश्चिम में एलिस (Elis) नामक राज्य में एक मनोरम पवित्र घाटी ओलम्पिया थी। इसके ठीक बीच में एक चालीस फुट ऊँची जीयस देवता की विशाल मूर्ति थी। यह मूर्ति संसार के सात आश्चर्यों में से एक थी। इस मूर्ति के नीचे ही खेलों का आयोजन होता था। ओलम्पिया घाटी व ओलम्पियम भवन में इन खेलों का आयोजन होने से इन खेलों का नाम ओलम्पिक खेल पड़ा।

ओलम्पिक खेलों का प्रथम विजेता

ओलम्पिक खेलों का प्रथम विजेता होने का गौरव कोरोबियस (Corobeus) को प्राप्त है। प्रथम ओलम्पिक में एक पैदल दौड़ हुई जिसमें Corobeus जीत गया। इस दौड़ का प्रबन्ध Pisa के राजा Cleosthenes तथा म्सपे के राजा I Phitius के प्रयत्नों द्वारा किया गया।

खेलों को शुरू करने की विधि तथा संचालन

ये खेल प्रारम्भ होने से पहले सभी खिलाड़ी व संचालकों द्वारा जीयस देवता की मूर्ति के समक्ष खड़े होकर स्वच्छंद आचरण की सौगन्ध ली जाती थी तथा खेलों के दिनों में जीयस देवता के स्तम्भ पर एक पवित्र ज्योति जलती रहती थी तथा देवता के बुत के सामने सुअर की बलि दी जाती थी। तत्पश्चात् किसी सम्मानित व्यक्ति द्वारा खेलों के प्रारम्भ होने की घोषणा की जाती थी। इन खेलों में राजा व साधारण व्यक्ति एक साथ भाग लेते थे। प्लेटो जैसे महान् विद्वान् ने मल्ल-युद्ध प्रतियोगिताओं में पुरस्कार प्राप्त किया था। इन खेलों में विजयी रहने वाले को राष्ट्रीय वीर माना जाता था।

ओलम्पिक प्रतियोगियों के नियम

इन खेलों में भाग लेने के लिए नियम निश्चित किये हुए थे। इन नियमों को कांसे की तश्तीरी पर खुदवाया हुआ था और प्रत्येक खिलाड़ी को इनका अनुपालन करना होता था। ये नियम निम्न थे :

1. अपराधियों का भाग लेना वर्जित था।
2. स्त्रियों के लिए इन खेलों को देखना व भाग लेना दोनों ही प्रतिबन्धित था।
3. प्रतिभागी को नैतिक चरित्र का धनी होना चाहिए।
4. खिलाड़ी शारीरिक तौर से स्वस्थ्य हो व यूनानी हो।
5. खेल प्रारम्भ होने से एक महीना पहले तमाम प्रतियोगियों को 'ओलम्पियां' में रहना पड़ता था। तथा सौगन्ध खानी होती थी कि वे इन खेलों के लिए अपने राज्य में 10 महीने का प्रशिक्षण प्राप्त कर चुके हैं।
6. खेल प्रारम्भ होने के समय तक किसी प्रतिभागी का कोई दोष सिद्ध हो जाने पर उसे बाहर निकाल दिया जाता था।

ओलम्पिक खेलों का संगठन

इन खेलों का संगठन तथा संचालन निर्णायक करते थे। 384 बी. सी. से सम्पन्न हुई 108 वीं ओलम्पिक खेलों में निर्णायकों की संख्या निश्चित की गई। निर्णायक दस माह पूर्व ही नियुक्त कर दिये जाते थे। इन निर्णायकों का निर्णय अन्तिम होता था और केवल एलिस की संसद में इनके निर्णय के विरूद्ध अपील की जा सकती थी।

ओलम्पिक खेलों की अवधि

472 ई. पूर्व की एक पुस्तक के अनुसार यह खेल केवल एक ही दिन चलती थीं, जो कि सत्य प्रतीत नहीं होता क्योंकि 15 खेल-इवेंट एक दिन में कराने सम्भव नहीं थे। अनेक ऐतिहासिक प्रमाणों से यह खेल पाँच दिन तक चलने का पता चलता है पहले व अन्तिम दिन धार्मिक रस्में तथा बीच के तीन दिन खेल चलती थी।

ओलम्पिक खेलों का पतन

यह खेल लगभग एक हजार वर्ष तक चलती रही तथा 394 ई. में थ्योड़ीसीयक रोमन सम्राट द्वारा इन खेलों को बन्द कर दिया गया। क्योंकि इसमें व्यावसायिकता तथा बर्बरता का बोलबाला प्रचलित हो गया था। 394 में जब यह खेल समाप्त की गई तो इसका अन्तिम विजेता भी एक बर्बर अरमेनियम ही था।

आधुनिक ओलम्पिक खेलों का ऐतिहासिक विकास

करीब डेढ हजार वर्षों के पश्चात् बीसवीं शताब्दी में इन खेलों के पुनर्जन्म का प्रयास एक फ्रांसीसी बैरन पियरे डी कोबर्टिन द्वारा प्रारम्भ किया गया। कोबर्टिन ने संसार को सुझाया कि संसार में शान्ति केवल खेलों के द्वारा ही सम्भव है क्योंकि खेलों में व्यक्ति बिना नस्ल, रंग-भेद, जाति धर्म के भेदभाव बिना भाग लेता है।

कोबर्टिन ने विश्व की यात्रा कर लोगों में यह संदेश पहुँचाया। 1894 ई. में इसने फ्रांस स्पोर्ट्स यूनियन के तत्वावधान में आयोजित आंतरिक कांग्रेस (Internal Congress) के सम्मेलन को सम्बोधित किया एवं अपने विचारों से अवगत कराया और 1896 ई. में उन्हीं के प्रयासों के फलस्वरूप आधुनिक ओलम्पिक खेल एथेन्स में प्रारम्भ हो पाई। प्रथम ओलम्पिक खेलों में 13 देशों के करीब 311 प्रतियोगियों ने भाग लिया था।

ओलम्पिक आदर्श

कोबर्टिन ने निम्न आदर्श दिया है : "ओलम्पिक में सबसे आवश्यक बात केवल विजय प्राप्त करना नहीं, भाग लेना है। जीवन में सबसे बड़ी बात विजय नहीं संघर्ष है तथा अत्यावश्यक बात विजय की कामना नहीं, अच्छी तरह से द्वन्द्व करना है।"

कोबर्टिन का विचार था कि ओलम्पिक खेलों के जरिये निम्नलिखित उद्देश्यों की पूर्ति होती है :

1. खिलाड़ियों में आपसी भाई-चारा व देश भक्ति पैदा करना ताकि वे अच्छे नागरिक बन सकें।
2. विभिन्न देशों का ध्यान शारीरिक शिक्षा तथा खेल प्रतियोगिताओं में लगाना।
3. अन्तर्राष्ट्रीयता या विश्वबन्धुत्व की भावना का प्रयास करना।
4. खिलाड़ियों के अन्दर खेलों की किसी लाभ को प्राप्त न करने की भावना जगाना।
5. अच्छी आदतों का विकास करने में मदद देना।

ओलम्पिक खेलों का मोटो (Moto) तीन लातीनी शब्दों सीटियस (Citius), एलटियस (Altius) व फोर्टियस (Fortius) रखा गया। जिनका अर्थ क्रमशः सबसे तेज (Faster) सबसे ऊँचा तथा सबसे शक्तिशाली होना है।

ओलम्पिक संगठन

ओलम्पिक खेलों का संगठन के लिए सर्वोच्चतम कमेटी अन्तर्राष्ट्रीय ओलम्पिक कमेटी (I.O.C.) है। जून 1894 में आई.ओ.सी.को निम्न अधिकार सौंपे गए :

1. खेल पूरे विश्व में प्रेम और शान्ति का सन्देश दें।
2. खेल विश्वशान्ति तथा भ्रातृत्व की भावना को विकसित करें।
3. खेलों को लगातार कराया जाएं।
4. खेलों से व्यावसायिकता को दूर रखें।

ओलम्पिक कमेटी में प्रत्येक सदस्य देश का एक प्रतिनिधि होता है किन्तु ओलम्पिक खेलों के इतिहास से जुड़े व जहां ओलम्पिक खेल हो चुके हों, वहां के दो सदस्य कमेटी में होते हैं। कमेटी का एक प्रधान व दो उपप्रधान होते हैं, जो सदस्यों द्वारा पांच वर्ष के लिए चुने जाते हैं। आई.ओ.सी. का मुख्य कार्यालय स्विट्जरलैंड के लुसाने शहर में स्थित है। इन खेलों के लिए सदा देश की जगह 'नगर' को मान्यता दी जाती है तथा ये खेलें नगर के नाम के साथ ही घोषित की जाती हैं।

ओलम्पिक झण्डा

ओलम्पिक झण्डा 1913 ई. में कोबर्टिन द्वारा तैयार किया गया। इसमें पांच गोल चक्र सफेद सतह पर बने होते हैं, जो आपस में जुड़े होते हैं। ये पांच चक्र लाल, हरा, पीला, नीला व काले रंग के होते हैं। सफेद रंग शान्ति का, लाल रंग ऑस्ट्रेलिया, पीला रंग एशिया का, हरा रंग यूरोप, नीला रंग अमेरिका व काला रंग अफ्रीका का प्रतिनिधित्व करता है। इनका आपस में जुड़ा होना एकता का द्योतक है।

ओलम्पिक इवेंट्स

प्रथम 1896 की ओलम्पिक खेलों में मात्र दो खेल इवेंट ही रखे गए थे। किन्तु अब इनकी संख्या करीब दो दर्जन तक पहुंच गई है। इनमें दो प्रकार की खेलें होती हैं प्रथम अनिवार्य व द्वितीय ऐच्छिक। इस प्रतियोगिता में किसी खेल के शामिल होने के लिए कम से कम 25 देशों के द्वारा वह खेल खेली जानी चाहिए। ओलम्पिक में निम्न इवेंट शामिल किये जाते हैं- एथलेटिक्स,

बास्केटबॉल, हॉकी, फुटबॉल, बॉक्सिंग, रोटंग, जिम्नास्टिक, वेटलिफ्टिंग, तलवारबाजी, जूडो, कुश्ती, तैराकी, व डारविंग, वाकिंग, निशानेवाजी, वॉलीबाल, बैडमिंटन, टेबल टेनिस, वाटर पोलो आदि हैं। इसके अलावा ओलम्पिक में ऐच्छिक खेलें भी खेली जाती हैं किन्तु इनमें किसी देश को प्रथम या द्वितीय आदि स्थान नहीं दिये जाते।

भारत में शारीरिक शिक्षा

आज के संसार में भारतीय सभ्यता संभवतः सबसे पुरानी है। स्वतन्त्रता से पूर्व भारतीय संस्कृति में शुरु से ही शारीरिक शिक्षा किसी न किसी रूप में पाई जाती है।

वैदिक काल

इस काल में लिखे वेदों तथा अन्य ग्रन्थों के अध्ययन से इतिहासकारों ने इस बात का अनुमान लगाया कि इस काल के लोग स्वस्थ तथा हृष्ट-पुष्ट थे। इसका अर्थ यह है कि वह अपने शरीर को स्वस्थ रखने के लिए किसी न किसी प्रकार का व्यायाम अवश्य करते होंगे। परन्तु इन व्यायामों का वर्णन इन वेदों एवं धार्मिक ग्रन्थों में नहीं किया गया है। संभवतः वेदों तथा ग्रन्थों की रचना करने वाले इसे आवश्यक नहीं समझते होंगे।

वेदों तथा ग्रन्थों के अध्ययन से पता चलता है कि इस काल में एक स्थान से दूसरे स्थान पर जाने के लिए घोड़ों का प्रयोग किया जाता था। अतः लगभग सभी के पास घोड़े होते थे। योद्धाओं को घुड़सवारी का विशेष प्रशिक्षण दिया जाता था।

इस काल में आखेट को युद्ध कला का एक अंग माना जाता था। ऐसा माना जाता था कि आखेट द्वारा यौद्धाओं में सहनशीलता, धैर्य तथा साहस आदि गुणों का विकास होता है।

योद्धाओं को धनुर्विद्या तथा शस्त्र विद्या का विशेष प्रशिक्षण दिया जाता था। तैरना तथा दौड़ना भी योद्धाओं के लिए आवश्यक था। इस काल के ग्रन्थों तथ वेदों के अध्ययन से यह पता चलता है कि इस काल में लोगों का मुख्य उद्देश्य स्वस्थ तथा लम्बी आयु प्राप्त करना था।

महाकाव्य काल

महाकाव्य काल को दो भागों में विभक्त किया जा सकता है-

1. रामायण काल
2. महाभारत काल

रामायण काल

इस काल में महाकवि वाल्मीकि जी ने रामायण महाकाव्य की रचना की। जिसके अध्ययन से पता चलता है कि इस काल में क्षत्रिय ब्राह्मणों से शिक्षा प्राप्त करते थे। ब्राह्मण क्षत्रियों को शिक्षा के साथ-साथ युद्ध की शिक्षा भी दिया करते थे। युद्ध शिक्षा में वह धनुर्विद्या, खड्ग, गदा का प्रयोग, घुड़सवारी, मल्लयुद्ध आदि की शिक्षा दिया करते थे।

इस काल में कई प्रतियोगिताओं का आयोजन किया जाता था। जिसमें बड़े-बड़े योद्धा व राजा अपनी शक्ति का प्रदर्शन करते थे। इसमें प्रमुख हैं किसी राजा द्वारा अपनी पुत्री के विवाह के लिए स्वयंवर का आयोजन करना जिसके अन्तर्गत जीतने वाला योद्धा उस राजकुमारी का भावी पति होता था।

महाभारत काल

पूर्व काल की अपेक्षा महाभारत काल में शारीरिक व्यायामों का अधिक वर्णन है। इस काल में योद्धाओं को विभिन्न शस्त्रों के प्रयोग का प्रशिक्षण दिया जाता था। इस काल में कई शारीरिक व्यायाम करवाए जाते थे जिनमे से गदा युद्ध तथा मल्लयुद्ध प्रमुख हैं।

गदा युद्ध में दो योद्धा गदाओं का प्रयोग करते हुए युद्ध करते थे। इस युद्ध का निर्णय किसी एक योद्धा की मृत्यु पर होता था। इस काल में गदा युद्ध में बलरामजी को सर्वश्रेष्ठ माना गया है।

मल्लयुद्ध का निर्णय भी किसी एक योद्धा की मृत्यु पर होता था अथवा किसी एक द्वारा पराजय स्वीकार करने पर होता था।

मनोरंजन के नाम पर इस काल में चौपड़ का खेल खेला जाता था।

पुराण काल

इस काल में समाज चार वर्णों में विभाजित था-

1. ब्राह्मण
2. क्षत्रिय
3. वैश्य
4. शूद्र

समाज के लोग ब्राह्मणों द्वारा शिक्षा प्राप्त करते थे। शिक्षा देने के लिए ब्राह्मणों ने कई आश्रम बनाए थे। इन शैक्षणिक संस्थाओं में समाज के चारों वर्णों के लिए अलग-अलग शिक्षा प्रणालियों का प्रयोग किया जाता था।

ब्राह्मण विद्यार्थियों को तीन समय संध्या तथा उपासना करवाई जाती थी। उन्हें व्यायाम तथा प्राणायाम भी करवाए जाते थे। ब्राह्मण विद्यार्थियों को वेदाभ्यास के साथ-साथ अस्त्र-शस्त्र की विद्या भी दी जाती थी। क्योंकि इन विद्यार्थियों की शिक्षा का

मुख्य उद्देश्य इन्हें योग्य शिक्षक बनाना था इस काल में ब्राह्मण शिक्षक ही क्षत्रियों को युद्ध कला की शिक्षा देते थे।

क्षत्रिय बालकों को उपनयन संस्कार के बाद गुरु आश्रमों में भेजा जाता था। इनकी शिक्षा में पढ़ना, लिखना तथा राजनीति के अध्ययन के साथ-साथ धनुर्विद्या, घुड़सवारी, हाथी पर चढ़ना, रथ चलाना तथा अस्त्र-शस्त्रों का प्रयोग सिखाया जाता था। इनकी शिक्षा का मुख्य उद्देश्य एक बलवान सैनिक का निर्माण करना था। मनोरंजन के लिए नृत्य का अभ्यास करवाया जाता था।

वैश्य विद्यार्थियों को वाणिज्य तथा कृषि सम्बन्धी शिक्षा दी जाती थी।

शूद्रों के लिए शिक्षा का कोई विशेष प्रबन्ध नहीं था। यह अन्य वर्णों के सेवा में कार्यरत थे जिसके द्वारा ही इनका व्यायाम हो जाता था।

नालन्दा काल

भारत वर्ष में पुराण काल के उत्तरार्ध काल में कई चीनी यात्री आए। उनके लेखों से इस काल की जानकारी मिलती है। नालन्दा जो पटना के नजदीक ही था सिखलाई का एक प्रमुख केन्द्र माना जाता था। चीनी यात्रियों के लेखों से नालन्दा विश्वविद्यालय में खेलों तथा प्रतियोगिताओं का वर्णन मिलता है।

इस काल में दूसरा महत्वपूर्ण शिक्षा केन्द्र तक्षशिला में एक सैनिक प्रशिक्षण संस्था थी, जिसका विशेष विषय धनुर्विद्या था। इस विद्यालय में दूर-दूर से लोग शिक्षा ग्रहण करने के लिए आते थे। इस काल में राजा लोग अपने पास अच्छे-अच्छे मल्ल रखते थे तथा उनके कौशल्य का प्रदर्शन किया जाता था। नालन्दा काल में निम्नलिखित खेल तथा उनकी प्रतियोगिताएं होती थीं।

1. हल चलाने की प्रतियोगिता
2. जोड़ी व्यायाम
3. कलाई पकड़ना
4. तैरना
5. भूमि पर अंकित चित्रों पर कूदना
6. रथ चलाना
7. भार उठाना
8. मल्लयुद्ध
9. मल्ल खम्भ व्यायाम
10. गोली का खेल
11. गेंद का खेल
12. तीन-अंदाजी प्रतियोगिता
13. घोड़ा तथा रथ के आगे दौड़ना
14. हाथी युद्ध
15. खड्ग युद्ध

राजपूत काल

इस काल में राजपूत छोटी-छोटी बातों पर ही लड़ाई कर लेते थे। ये लोग सैकड़ों कबीलों में बंटे हुए थे। राजपूत शारीरिक शिक्षा पर पूरा-पूरा ध्यान देते थे। राजपूतों के अनुसार शारीरिक क्रियाएं शारीरिक समस्याओं के समाधान के लिए बहुत ही जरूरी हैं।

इस काल में लड़कियों को घुड़सवारी की शिक्षा बिना काठी के घोड़े पर दी जाती थी। इस काल में निम्नलिखित खेल प्रचलित थे-

1. धनुर्विद्या
2. कुश्ती
3. कटार की सिखलाई
4. तलवार की सिखलाई
5. घुड़ सवारी
6. शतरंज
7. निशानेबाजी
8. संगीत तथा नृत्य
9. शिकार करने के तरीके

मुस्लिम काल

इस काल में भारतवर्ष कई छोटे-छोटे राज्यों में विभाजित हो गया था। अतः प्रारम्भिक मुस्लिम राजाओं को लगातार युद्ध करना पड़ता था। परिणामस्वरूप इस काल में शिक्षा एवं शारीरिक शिक्षा पर विशेष ध्यान न दिया जा सका। इस काल में सैनिकों को उस समय के प्रचलित शस्त्रों के प्रयोग की शिक्षा दी जाती थी। इस शिक्षा में उन्हें घुड़सवारी, खड्ग का प्रयोग, तैराना आदि सिखाया जाता था।

बच्चों की शिक्षा के नाम पर कुछ ब्राह्मण मन्दिरों मे विद्यालय चलाया करते थे तथा मस्जिदों में मदरसे तथा मकतब हुआ करते थे। परन्तु इन संस्थानों में बच्चों को केवल शिक्षा ही प्रदान की जाती थी उनके स्वास्थ्य की ओर कोई ध्यान नहीं दिया जाता था।

मुगलकाल में मुसलमानों का स्थिर राज्य स्थापित हुआ। इस काल में राजा अपने मनोरंजन के लिए कुछ खेल खेला करते थे। अकबर अपने मनोरंजन के लिए पोलो खेला करता था। वह रनिवास में ही अपनी रानियों के साथ पोलो खेला करता था। उस समय पोलों की गेंद सूत के धागे से बनाई जाती थी। जहाँगीर अपने मनोरंजन के लिए आखेट पर जाया करता था।

इस काल में कई शमशीरबाज तथा पहलवान हुए। तबरीज के रहने वाले एक पहलवान मोहम्मद कुली को सम्राट की ओर

से 'शेरे हमला' की उपाधि दी गई थी। इसके अतिरिक्त तुर्किस्तान से मुराद तथा एवेसीनिया से हिलाल आदि प्रसिद्ध थे।

मुस्लिम काल में निम्नलिखित क्रियाएं प्रसिद्ध थीं–

1. पोलो
2. आखेट
3. जानवर लड़ाई
4. मुक्केबाजी
5. शतरंज
6. कुश्ती
7. कबूतर बाजी
8. चौपड़
9. तैराकी
10. तलवार बाजी

मराठा काल

मुगल साम्राज्य के शासन की ओर से कुछ ऐसी धार्मिक नीति अपनाई गई, जिससे जनता में क्रोध की भावना उत्पन्न हुई। पंजाब से गुरु गोबिन्द सिंह जी के अनुयायियों ने मथुरा में जाटों ने, महाराष्ट्र में मराठों ने तथा राजस्थान में राजपूतों ने प्रत्यक्ष रूप से मुगल साम्राज्य का विरोध किया।

इस काल में समर्थ गुरु रामदास जी ने हिन्दू समाज को बलशाली तथा संगठित कर मुगल राज्य को नष्ट करने के लिए व्यायामशालाओं का संगठन किया। ये व्यायामशालाएं जर्मनी में लुडविक जॉन द्वारा स्थापित जर्मन जिमनास्टिक सोसाइटीज की तरह राजनैतिक दृष्टिकोण से कार्य करती थीं। गुरु रामदास जी ने भारतीय समाज के राजनैतिक नेतृत्व के लिए शिवाजी को तैयार किया। इन व्यायामशालाओं में निम्नलिखित क्रियाएं करवाई जाती थीं–

1. मल्लयुद्ध
2. सूर्य नमस्कार
3. दण्ड बैठक
4. खड्ग का प्रयोग
5. शस्त्रों का प्रयोग

पेशवा काल में भी व्यायामशालाओं का प्रचलन था। तृतीय पेशवा नाना साहब की व्यायामशाला में व्यायाम करने के लिए 24 प्रकार के साधन उपलब्ध थे। बाजीराव द्वितीय ने अपनी व्यायामशाला में शिक्षक के रूप में गुरु वल्लभ भट्ट दादा देवधर को रखा था। श्री देवधर जी ने बनारस तथा महाराष्ट्र में कई स्थानों पर व्यायामशालाएं खोलीं, जिनमें से कुछ आज तक चल रही हैं।

युद्ध कला के प्रशिक्षण के साथ-साथ वर्ष में एक बार मराठा सेनाओं में क्रीड़ा उत्सव भी मनाया जाता था। श्री बाटन ने लिखा है कि श्री दौलतराव सिंधिया की एक सेना में क्रीड़ा उत्सव के दौरान प्रथम व्यायाम दण्ड, द्वितीय कुश्ती, तृतीय मुगदर और लेजिम क्रियाएं होती थीं। कई बार स्त्रियां भी अपने शरीर को इतना शक्तिशाली बना लेती थीं कि वे पुरुषों को कुश्ती के लिए आमन्त्रित करती थीं। परन्तु पुरुष अपनी पराजय के अपमान के भय के कारण आमन्त्रण स्वीकार नहीं करते थे।

ब्रिटिश काल (1947 से पूर्व)

1825 के बाद शारीरिक शिक्षा व्यवस्था लगातार बुरी तरह से अपकर्ष की ओर बढ़ती चली गई। ब्रिटिश शासकों के मजबूत पंजों की वजह से दैनिक जीवन की स्पर्धाएं भी पूर्वकाल के उलट विपरीत दिशा में शुरू हो गई।

इस युग के दौरान भारतीय संस्कृति पर पश्चिमी सभ्यता का प्रभाव पड़ा जिसके परिणामस्वरूप युवाओं में स्वदेशी क्रियाकलापों के प्रति उदासीनता आ गई और वे अखाड़ों/व्यायामशालाओं से दूर हो गये। इसका मुख्य कारण था: (1) विदेशियों द्वारा लाये गये क्रियाकलाप अधिक आकर्षक थे (2) ये क्रियाकलाप स्वदेशी क्रियाकलापों की बजाय ज्यादा मनोरंजन की क्षमता रखते थे। (3) पश्चिमी क्रियाकलाप सामूहिक प्रकार के थे जिनमें अधिक लोग भाग ले सकते थे और वह भी बिना किसी विशेष दक्षता के जबकि स्वदेशी क्रियाकलापों में यह संभव नहीं था। (4) स्वदेशी शारीरिक क्रियाकलाप स्कूली पाठ्यक्रम का आवश्यक अंग नहीं थे।

भारत पर कई विदेशी शासकों का राज रहा है (मुस्लिम, पुर्तगाली, फ्रांसीसी, और ब्रिटिश) उनके अपने कार्यक्रम थे जिन्होंने अन्ततोगत्वा स्वदेशी शारीरिक क्रियाकलापों को बिगाड़ दिया। उदाहरण के लिए मुस्लिम शासक विभिन्न अनुशासनों में प्रशिक्षण देने में रुचि रखते थे जैसे जिम्नास्टिक, पोल ड्रिल, छुरा लड़ाई, अग्नि-शमन, तीरअंदाज, जंगली पशुओं से भिड़ना, शिकार करना, घुड़दौड़, तैराकी आदि। लेकिन प्रशिक्षण केवल सैनिकों को ही दिये जाते थे।

विदेशी शासकों में अंग्रेज ही ऐसे थे जो भारत में अपना शासन स्थापित करने में कामयाब रहे और अपना आधिपत्य 200 वर्षों तक जमाये रखा। ब्रिटिश शासन के तहत स्वदेशी क्रियाकलापों और सैनिक प्रशिक्षण ने अपना महत्व खो दिया, जब आर्म्स एक्ट (Arms Act) पास किया गया। इस एक्ट के अन्तर्गत भारतीयों को युद्ध शस्त्र लेकर चलने की मनाही थी और भारतीयों द्वारा पुरातन परिपाटी पर खेले जाने वाले क्रियाकलापों जैसे तलवारबाजी, छुरेबाजी आदि पर भी पाबंदी लगा दी गई। इसके परिणामस्वरूप भारतीय लोगों का शारीरिक स्तर घटने लगा।

ब्रिटिश शासन के दौरान खेल-गतिविधियों एवं क्रिकेट का आयोजन एवं संचालन निजी प्रयासों का परिणाम था। आगे

चलकर जिमनास्टिक की जर्मन पद्धति को अपना लिया गया और शैक्षणिक संस्थानों में शुरू किया गया लेकिन कुछ अन्तर्जात समस्याओं के चलते यह जनसाधारण को आकर्षित नहीं कर पाया। ड्रिल और व्यायाम भी स्कूलों में शुरू किये गये ताकि इन क्रियाकलापों में छात्रों की भागीदारी से इनमें रुचि बढ़े व इन्हें अधिक प्रोत्साहन मिल सके लेकिन यह भी ज्यादा सफल नहीं रहा। इसके साथ ही हमें यह तथ्य भी नहीं भूलना चाहिए कि ब्रिटिश लोगों का आउटडोर खेलों/क्रीड़ाओं के प्रति भी लगाव था और उनके लम्बे समय तक यहां रहने के कारण ही भारत में क्रिकेट, हॉकी, फुटबाल जैसे खेल अत्यधिक लोकप्रिय हो गये। भारत में अधिकतर आधुनिक खेल ब्रिटेन से, ही होकर आये हैं। स्कूलों में शारीरिक प्रशिक्षण पर बल देने की ब्रिटिश सरकार की नीति-केवल नाम के लिए थी। शारीरिक शिक्षा के प्रचार का श्रेय स्वयं-सेवी संस्थाओं को जाता है। व्यायामशालाओं, क्रीड़ा मंडलों और अखाड़ों ने शारीरिक क्रियाकलापों के विकास में महत्त्वपूर्ण भूमिका निभाई जैसे दंड-बैठक, योगा अभ्यास, लोकनृत्य, कुश्ती, लाठी चलाना और स्वदेशी खेलें जैसे खो-खो और कबड्डी। जो युवक खेलों में अच्छे होते थे वे खाली समय में अभ्यास करते थे और इसके लिए उन्हें स्कूल प्रशासन प्रोत्साहित करता था। स्कूल समय के दौरान कुछ सैनिक ड्रिल, शारीरिक अभ्यास भी पूर्व सैनिकों द्वारा कराया जाता था। पब्लिक स्कूलों को कुलीन ब्रिटिश शिक्षा व्यवस्था का अनुसरण करना होता था जिसमें शारीरिक शिक्षा का प्रबंध अनिवार्य था। इन स्कूलों में पश्चिमी तर्ज के खेलों एवं क्रीड़ाओं पर खास ध्यान दिया जाता था और स्वदेशी खेलों को कोई तरजीह नहीं दी जाती थी। इन स्कूलों में ट्रैक एवं फील्ड, स्विमिंग, घुड़दौड़, पोलो, साइकिलपोलो आदि बहुत लोकप्रिय थीं।

संगठित वैज्ञानिक शारीरिक शिक्षा भारत में सन् 1920 में तब आयी जब श्री एच.सी. बूच (H.C.Buch) ने मद्रास में वाई. एम.सी.ए. कालेज आफ फिजीकल एजुकेशन की स्थापना की। इस संस्था ने भारत में शारीरिक शिक्षा को अपने पैरों पर खड़ा किया। बाद में कई अन्य संस्थाएं अस्तित्व में आ गईं। इन संस्थानों से निकलने वाले अध्यापक भूतपूर्व सैनिकों का स्थान ले लेते थे और धीरे-धीरे स्कूलों और समुदाय में शारीरिक शिक्षा कार्यक्रम को नया अर्थ मिल गया।

भारत में शिक्षा के विकास के लिए अमरीकियों द्वारा दिये गये योगदान को भी अनदेखा नहीं किया जा सकता। बास्केटबाल, वालीबाल के खेल अमेरिका की देन हैं और इन्हें भारत में लाने का श्रेय वाई.एम.सी.ए. को जाता है।

देशी क्रियाकलापों को अधिक आकर्षक बनाने के क्रम में अमरावती में हनुमान व्यायाम प्रसारक मंडल की स्थापना की गई। एच.वी.पी. मंडल ने शारीरिक शिक्षा में कई कोर्स जैसे सर्टिफिकेट कोर्स, डिप्लोमा और डिग्री कोर्स शुरू किये। यह पहली संस्था थी जिसने स्वदेशी शारीरिक शिक्षा को भारत व पूरी दुनिया में फैलाने के उद्देश्य से प्रदर्शन एंव प्रचार दौरे शुरू किये। अखिल महाराष्ट्र शारीरिक शिक्षा मंडल द्वारा स्वदेशी खेलों जैसे कबड्डी, खो-खो और अटीपारिया के नियमों का मानकीकरण किया गया और इनका पूरे भारत में अनुसरण किया जाने लगा।

स्वतन्त्र भारत में शारीरिक शिक्षा का विकास

स्वतन्त्रता से पहले ही स्वतन्त्र भारत के लिए शासन की रूपरेखा तैयार हो चुकी थी। 15 अगस्त 1947 को भारतवर्ष के स्वतन्त्र होने के बाद 1950 में नई सरकार द्वारा देश की उन्नति के लिए पंचवर्षीय योजना बनाई गई। इन योजनाओं में शिक्षा पर विशेष जोर दिया गया। शिक्षा के साथ-साथ शारीरिक शिक्षा को भी महत्व दिया गया है। शारीरिक शिक्षा के शिक्षकों के प्रशिक्षण के लिए प्रत्येक राज्य में शारीरिक प्रशिक्षंण महाविद्यालय खोले गए हैं।

स्वतन्त्रता के बाद प्राइवेट संस्थाओं तथा केन्द्रीय सरकार की ओर से शारीरिक शिक्षा के लिए कई कार्य किए गए। इनमें से कुछ कार्यों का उल्लेख हम नीचे कर रहे हैं।

डॉ. ताराचन्द कमेटी

केन्द्रीय सरकार की ओर से उच्चतर माध्यमिक शिक्षा के लिए स्थापित बोर्ड ने डॉ. ताराचन्द की अध्यक्षता में एक उपसमिति का गठन किया। शारीरिक शिक्षा के सम्बन्ध में इस समिति ने निम्नलिखित सुझाव दिए।

1. शारीरिक शिक्षा के प्रशिक्षण के लिए केन्द्रीय संस्था की स्थापना।
2. एक वर्ष के स्नातकोत्तर कोर्स की स्थापना।
3. शारीरिक शिक्षा के लिए प्रशिक्षण केन्द्रों की स्थापना।

इन सुझावों के परिणाम स्वरूप 17 अगस्त 1957 को भारत सरकार की ओर से लक्ष्मीबाई शारीरिक प्रशिक्षण महाविद्यालय की स्थापना हुई। इस संस्था में इस समय हायर सैकन्डरी या प्री-यूनिवर्सिटी के पश्चात तीन वर्ष का प्रशिक्षण दिया जाता है जिसे बी.पी.ई. कहा जाता है। तीन वर्ष के प्रशिक्षण के बाद परीक्षा लेकर जिवाजी विश्वविद्यालय ग्वालियर से शारीरिक

शिक्षा स्नातक की उपाधि दी जाती है। इन स्नातकों के लिए दो वर्ष की स्नातकोत्तर उपाधि की भी व्यवस्था है।

एक वर्ष का स्नातकोत्तर अभ्यासक्रम उन शारीरिक शिक्षा स्नातकों के लिए प्रस्तावित किया गया है जिन्होंने शारीरिक शिक्षा के क्षेत्र में दो वर्ष तक कार्य किया हो। अभ्यासक्रम में चार विषय प्रस्तावित किए गए हैं।-

1. अनुसंधान विधि।
2. नाप-तोल परीक्षण।
3. शारीरिक शिक्षा तथा मनोरंजन का संगठन एवं संचालन।
4. विभिन्न देशों में शारीरिक शिक्षा की प्रगति का अध्ययन।

शारीरिक शिक्षा के प्रशिक्षण केन्द्रों में शारीरिक शिक्षा व्यवस्था तथा निरीक्षण के लिए प्रशिक्षण की व्यवस्था करने की योजना बनाई गई है।

इस कमेटी ने एक और सुझाव दिया कि सरकार द्वारा शारीरिक शिक्षा के सम्बन्ध में एक केन्द्रीय परामर्श समिति (Central Advisory Board) बनाई जाए। डॉ. ताराचन्द कमेटी के इस सुझाव को मानते हुए केन्द्रीय सरकार ने एक समिति का गठन किया जिसमें दस सदस्य थे। इस समिति की प्रथम सभा का आयोजन 19 मार्च, 1950 को डॉ॰ ताराचन्द के सभापतित्व में हुआ। इस समिति के सुझाव पर सन् 1985 में मद्रास (चैन्नई) में भारतवर्ष के समस्त शारीरिक शिक्षण महाविद्यालय के प्राचार्यों की एक गोष्ठी आयोजित की गई, जिसमें शारीरिक शिक्षा सम्बन्धी महत्वपूर्ण समस्याओं पर विचार किया गया।

समिति के उद्देश्य

1. सारे देश की शारीरिक शिक्षा संस्थाओं के पाठ्यक्रम बनाने का सुझाव।
2. सभी विद्यालयों में शारीरिक शिक्षा को अनिवार्य करने का सुझाव।
3. शारीरिक शिक्षा के कार्यक्रमों का मूल्यांकन करने का सुझाव।
4. प्राथमिक, माध्यमिक तथा विश्वविद्यालयों के स्तर पर शारीरिक शिक्षा के पाठ्यक्रम बनाने तथा उसे लागू करने का सुझाव।
5. शारीरिक शिक्षा के शिक्षकों की चयन प्रणाली तथा प्रशिक्षण के लिए योग्यताओं को निर्धारित करने का सुझाव।

समिति के लक्ष्य

1. मनोरंजन के कार्यक्रमों पर सुझाव देना।
2. केन्द्रीय सरकार को शारीरिक शिक्षा के कार्यक्रमों पर सुझाव देना।
3. युवा वर्ग के अलग-अलग कार्यक्रमों पर सुझाव देना।
4. खेलों के कार्यक्रमों पर सुझाव देना।

समिति का योगदान

1. इस समिति के सुझाव पर 1958 में केन्द्रीय शिक्षा मन्त्रालय द्वारा राष्ट्रीय क्षमता जांच के कार्यक्रमों की संस्थाओं को आर्थिक सहायता देना शुरू किया गया।
2. केन्द्रीय सरकार द्वारा राष्ट्रीय स्वस्थता कोर के कार्यक्रमों को पूरे भारत की शारीरिक शिक्षा संस्थाओं तथा विद्यालयों में शुरू किया गया।
3. केन्द्रीय सरकार के सामने लड़कों तथा लड़कियों के लिए अलग-अलग शारीरिक प्रशिक्षण विधियों को रखा गया।
4. इस समिति द्वारा केन्द्रीय सरकार के समक्ष शारीरिक शिक्षा के लिए कुछ दृढ़ सुझाव तथा सर्टीफिकेट व डिप्लोमा कक्षाओं के लिए आदर्श पाठ्यक्रम तैयार करके रखे गए।
5. शारीरिक शिक्षा के लिए साहित्य को लिखने तथा उन्हें प्रकाशित करने के लिए कदम उठाए गए।
6. इस समिति ने सर्टीफिकेट तथा डिप्लोमा पाठ्यक्रम को मान्यता देने के लिए कुछ नियम बनाकर केन्द्रीय सरकार को दिए।
7. केन्द्रीय शिक्षा मन्त्रालय ने शारीरिक शिक्षा के कार्यक्रमों को राज्य स्तरों पर अच्छी तरह से चलाने के लिए कई कदम उठाए।

विश्वविद्यालय आयोग

यह आयोग डॉ॰ राधाकृष्णन आयोग के नाम से प्रसिद्ध है। इस आयोग के अनुसार-

1. शारीरिक शिक्षा तथा सामान्य शिक्षा में परस्पर विरोध है।
2. शारीरिक शिक्षा का महत्व अभी तक स्थापित नहीं हुआ है।
3. शारीरिक शिक्षा के प्रति विद्यार्थियों तथा अधिकारियों की अरूचि है।
4. शारीरिक शिक्षा के कार्यक्रम सीमित हैं।

5. अन्य विषयों के शिक्षकों की अपेक्षा शारीरिक शिक्षक का वेतन तथा स्तर नीचा है।
6. प्रशिक्षित शिक्षकों का अभाव है।
7. शैक्षणिक संस्थानों में खेल के क्षेत्र का अभाव है।

समिति द्वारा सुझाव

1. समिति का सुझाव है कि शारीरिक शिक्षा का एक विभाग बनाया जाना चाहिए, जिसके संचालक अन्तर्विश्वविद्यालय तथा अन्तरकॉलेज प्रतियोगिताओं का संचालन करें।
2. समिति का सुझाव है कि प्रत्येक राज्य में कम-से-कम एक ऐसा महाविद्यालय होना चाहिए जहां शारीरिक शिक्षा के डिग्री कालेज हों।

स्वास्थ्य संबंधी सुझाव

1. सभी विद्यार्थियों को हैजा, टाईफाइड व चेचक का टीका लगाया जाना चाहिए।
2. संक्रामक रोग से ग्रस्त विद्यार्थी को विश्वविद्यालय में प्रवेश नहीं देना चाहिए।
3. विश्वविद्यालय में प्रवेश के समय तथा उसके बाद वर्ष में एक बार प्रत्येक विद्यार्थी का नि:शुल्क शारीरिक परीक्षण होना चाहिए।
4. दोपहर को पौष्टिक भोजन की व्यवस्था की जानी चाहिए।
5. प्रत्येक विश्वविद्यालय में विद्यार्थियों के लिए एक चिकित्सालय होना चाहिए।
6. स्वास्थ्य-सेवा के अन्तर्गत विश्वविद्यालय के भवन, छात्रावास, रसोईघर इत्यादि का निरीक्षण करके कुलपति को रिपोर्ट दी जानी चाहिए।
7. वर्ष में एक बार सभी शिक्षकों तथा कर्मचारियों का परीक्षण किया जाना चाहिए।

अन्य सुझाव

1. प्रत्येक विद्यार्थी को कम-से-कम दो खेल अवश्य खेलने चाहिए।
2. शारीरिक शिक्षकों के प्रशिक्षण के लिए प्रत्येक राज्य में एक स्नातकोत्तर कोर्स होना चाहिए।
3. शारीरिक शिक्षा की व्यवस्था के लिए उचित स्टाफ की व्यवस्था की जानी चाहिए।
4. शारीरिक शिक्षा के लिए उचित समय दिया जाना चाहिए।
5. शारीरिक शिक्षा सम्बन्धी सभी कार्य शारीरिक शिक्षा संचालक की देखरेख में होना चाहिए।
6. प्रत्येक विश्वविद्यालय या महाविद्यालय में एक शारीरिक शिक्षा संचालक होना चाहिए, जिसका स्तर, योग्यता तथा वेतन अन्य विषयों के विभाग प्रमुखों के समान होना चाहिए।

अखिल भारतीय खेल सलाहकार समिति

1954 में मौलाना अब्दुल कलाम आजाद ने सभी खेल संगठनों के अध्यक्षों की एक सभा बुलाई। उन्होंने इस सभा में एक प्रस्ताव पारित किया जिसमें उन्होंने भारत सरकार को खेल सलाहकार समिति बनाने के लिए आग्रह किया। परिणाम स्वरूप नवम्बर, 1954 में भारत सरकार ने अखिल भारतीय खेल सलाहकार समिति का गठन किया। इसके प्रथम अध्यक्ष जनरल के.एम. करिअप्पा थे।

समिति के उद्देश्य

1. भारत में खेलों के स्तर को सुधारने के लिए प्रशिक्षण केन्द्र शुरू करना।
2. विभिन्न राष्ट्रीय खेल संघों तथा भारत सरकार में सामंजस्य पैदा करना।
3. खेलों के तकनीकों का वैज्ञानिक तरीकों से अनुसंधान करना।
4. भारत तथा अन्तर्राष्ट्रीय स्तर पर खेलों के स्तर का विकास करना।

समिति के कार्य

1. पूरे वर्ष में विभिन्न खेल प्रतियोगिताओं के कार्यक्रम तैयार करना।
2. विभिन्न खेल संघों की वार्षिक रिर्पोर्ट सरकार को सौंपना।
3. विभिन्न खेल संघों के खिलाड़ियों के खेलों के स्तर को विकसित करना।
4. अन्तर्राष्ट्रीय प्रतियोगिताओं में भारतीय खेल संघों की टीमों को भाग लेने के लिए अनुमति दिलवाना।
5. खेल प्रतियोगिताओं के संगठन में सहायता देना।
6. भारत सरकार की ओर से सर्वश्रेष्ठ खिलाड़ियों को अर्जुन पुरस्कार दिलवाना।
7. केन्द्र सरकार द्वारा विभिन्न खेल संघों को आर्थिक सहायता दिलवाना।

8. अन्तर्राष्ट्रीय टीमों को आमन्त्रित करने के लिए राष्ट्रीय खेल संघों को केन्द्रीय सरकार से अनुमति दिलवाना।
9. विभिन्न खेल संघों को अन्तर्राष्ट्रीय प्रतियोगिताओं तथा उनके कार्यक्रमों के बारे में केन्द्रीय सरकार को सूचित करना।

समिति की उपलब्धि

इस समिति के सुझाव पर 1961 में पटियाला में 'राष्ट्रीय क्रीड़ा संस्थान' की स्थापना की गई और आजकल इसको नेताजी सुभाष राष्ट्रीय संस्थान के नाम से जाना जाता है।

अखिल भारतीय खेल सलाहकार समिति का पुनर्गठन् सन् 1958 में किया गया। भारत सरकार द्वारा इसमें 15 सदस्यों की नियुक्ति की गई।

गोष्ठियां

शारीरिक शिक्षा के सेन्ट्रल एडवायजरी बोर्ड के सुझाव पर केन्द्रीय सरकार ने निम्नलिखित तीन गोष्ठियों का आयोजन किया–

1. प्राचार्यों की गोष्ठी।
2. निरीक्षकों की गोष्ठी।
3. व्यायामशालाओं के कार्यकर्ताओं की गोष्ठी।

प्राचार्यों की गोष्ठी

26 फरवरी से 12 मार्च, 1958 तक यह गोष्ठी वाई.एम.सी.ए. मद्रास में हुई। इस गोष्ठी में 25 संस्थाओं के प्राचार्यों ने भाग लिया। इस गोष्ठी में निम्नलिखित कार्य सम्पन्न किए गए–

1. सर्वप्रथम शारीरिक शिक्षा की परिभाषा, ध्येय तथा उद्देश्य निश्चित किए गए।
2. शारीरिक शिक्षा के क्षेत्र में अनुसन्धान के विषय में सुझाव दिया गया।
3. शारीरिक शिक्षा की वर्तमान स्थिति को सुधारने के लिए आवश्यक सुझाव दिए गए।
4. समान स्तर के शारीरिक प्रशिक्षण महाविद्यालयों के शिक्षकों का परस्पर आदान-प्रदान किया जाए।
5. शारीरिक शिक्षा के क्षेत्र में विदेश जाने के लिए छात्रवृत्ति दी जाए।
6. शारीरिक शिक्षा की आर्थिक स्थिति को सुधारने का सुझाव दिया गया।
7. शारीरिक प्रशिक्षण के लिए आदर्श पाठ्यक्रम एवं नियमावली निश्चित की गई।
8. शारीरिक स्वास्थ्य परीक्षण निश्चित किए गए।
9. सामाजिक मनोरंजन के निश्चित साधन निर्धारित किए गए।
10. शारीरिक शिक्षा के विषय में प्रचार करने के लिए साधन निश्चित किए जाएं।
11. द्वितीय पंचवर्षीय योजना के आधार पर तृतीय पंचवर्षीय योजना बनाई गई, जिसके अन्तर्गत यह निश्चित किया गया कि–
    - शारीरिक प्रशिक्षण संस्थाओं की उन्नति के लिए सहायता दी जाए।
    - 4 नए डिग्री कॉलेज खोले जाएं।
    - मनोरंजन के लिए साधन बनाए जाएं।
    - शारीरिक शिक्षा के प्रचार के लिए राष्ट्रीय पर्व तथा उत्सव मनाए जाएं।
    - शारीरिक शिक्षा-सम्बन्धी साहित्यों का स्थानीय भाषाओं में अनुवाद किया जाए।
    - महत्वपूर्ण स्थानों पर तरणताल, स्टेडियम आदि का निर्माण किया जाए।

निरीक्षक गोष्ठी

16 मई से 30 मई सन् 1958 तक महाबलेश्वर में शारीरिक शिक्षा के निरीक्षकों तथा विश्वविद्यालयों के शारीरिक शिक्षा संचालकों की गोष्ठी आयोजित की गई। इस गोष्ठी में 38 निरीक्षकों ने भाग लिया। इस गोष्ठी ने निम्नलिखित कार्य किए तथा सुझाव दिए–

1. स्कूलों में शारीरिक शिक्षा के कार्यक्रम बनाने के लिए शिक्षकों की योग्यता निर्धारित की गई तथा उनके वेतन निश्चित किए गए।
2. स्कूलों में स्वास्थ्य शिक्षा के विषय में मद्रास सेमीनार के सुझावों का समर्थन किया गया।
3. इस गोष्ठी में यह सुझाव दिया गया कि स्कूलों में शारीरिक शिक्षा के विषय को अन्य विषयों के समान ही माना जाए।
4. स्कूलों में शारीरिक शिक्षा के कार्यक्रम के लिए आवश्यक सुविधाएं निश्चित की गई।
5. स्कूलों में शारीरिक शिक्षा के कार्यक्रम का आधार बच्चों की आवश्यकता, रुचि तथा पात्रता होना चाहिए।

6. समाज की मनोरंजन सम्बन्धी आवश्यकताओं को देखते हुए मनोरंजन कार्यक्रम की व्यवस्था के लिए सुझाव दिए गए।
7. राज्य स्तर पर शारीरिक शिक्षा के एडवायजरी बोर्ड बनाने का सुझाव दिया गया।
8. शारीरिक शिक्षा की व्यवस्था का निरीक्षण करने के लिए शारीरिक शिक्षा विभाग बनाने का सुझाव भी दिया गया।
9. प्रत्येक राज्य में आवश्यक निरीक्षकों के कर्तव्य, वेतनमान तथा योग्यता निर्धारित करने के लिए भी सुझाव दिया गया।
10. विश्वविद्यालयों के शारीरिक शिक्षा के शिक्षकों की योग्यता तथा वेतनमान निर्धारित किए गए।

खेल-कूद की तदर्थ-जांच समिति

4. मार्च, 1951 का दिन भारतीय खेल-कूद के इतिहास में बहुत महत्वपूर्ण माना जाता है। इस दिन भारत ने प्रथम एशियाई खेलों का आयोजन नई दिल्ली स्थित नेशनल स्टेडियम में किया था। इन खेलों में जापान को प्रथम स्थान तथा भारत को द्वितीय स्थान प्राप्त हुआ। द्वितीय एशियन खेल सन् 1954 में मनीला में हुए। इन खेलों में भारत को चौथा स्थान प्राप्त हुआ। भारत में खेलों के गिरते स्तर को देखते हुए 1958 में महाराजा यादविंदर सिंह की अध्यक्षता में एक विशेष समिति का गठन किया गया। इस समिति ने निम्नलिखित सुझाव दिए।

1. सारे भारत में राष्ट्रीय क्रीड़ा संस्थान से प्रशिक्षित प्रशिक्षकों को खेलों के प्रशिक्षण के लिए लगाया जाए।
2. खेलों के क्षेत्र में अधिक से अधिक आर्थिक सहायता प्रदान की जाए।
3. शारीरिक शिक्षा तथा क्रीड़ा के क्षेत्र में अल्प-अवधि तथा दीर्घकालीन प्रशिक्षण योजनाएं बनाई जाएं।
4. खेल संघों के खिलाड़ियों के लिए अनिवार्य प्रशिक्षण कार्यक्रम शुरु करने चाहिए।
5. कोचिंग के लिए भारत में केन्द्रीय खेल संस्था का निर्माण किया जाए।
6. खिलाड़ियों की खोज ग्रामीण क्षेत्रों में की जाए।
7. शिक्षा संस्थानों द्वारा खिलाड़ियों के लिए संतुलित तथा पौष्टिक आहार की व्यवस्था की जाए।
8. खेल संघों को टीमों के चुनाव के लिए सुझाव दिया गया।
9. भारत में विशिष्ट प्रशिक्षक तैयार करने का भी सुझाव दिया गया। इस सुझाव ने राष्ट्रीय क्रीड़ा खेल संस्थान को शुरू करने के लिए भारत सरकार को प्रेरणा दी।
10. शारीरिक शिक्षा के शिक्षकों के महत्व पर बदल दिया जाए।
11. भारत के शारीरिक शिक्षा के कॉलेजों में खेलों के प्रशिक्षण पर अधिक बल दिया जाए।
12. विभिन्न खेल संगठनों के लिए नई कार्यक्रम प्रणाली बनाई जाए ताकि-
    - भारत के सभी खेल संगठन भारतीय ओलम्पिक एसोसिएशन के साथ अपने आप को जोड़े रखें।
    - उस खेल संघ में एक सदस्य तीन वर्ष से अधिक समय तक अपने पद पर न रह सके।

कौल-कपूर समिति

सन् 1960 में रोम ओलम्पिक में अखिल भारतीय खेल सलाहकार समिति के दो सदस्यों श्री एम.के.कौल तथा श्री एम.एम. कपूर को खेलों के प्रेक्षकों के रूप में भेजा गया। इन दोनों ने भारत सरकार को अपनी रिपोर्ट सौंपी जिसमें इन्होंने निम्नलिखित विचार व्यक्त किए-

1. अखिल भारतीय खेल सलाहकार समिति का पुनर्गठन किया जाए।
2. राज्य सलाहकार समितियों तथा खेल संगठनों का भी पुनर्गठन किया जाए।
3. खेलों को स्कूलों तथा कॉलेजों के स्तर पर विकसित किया जाए।
4. स्कूलों तथा कॉलेजों में शारीरिक शिक्षा को सामान्य शिक्षा का ही अंग माना जाए।
5. सर्वश्रेष्ठ खिलाड़ियों को छात्रवृत्तियां दी जाएं।
6. प्रत्येक शैक्षणिक संस्थान में शारीरिक शिक्षा का विभाग अनिवार्य रूप से होना चाहिए।

कुंजरू समिति

सन् 1959 में डॉ. हृदयनाथ कुंजरू की अध्यक्षता में एक समिति का गठन किया गया। इस समिति का कार्य सरकार को शारीरिक-शिक्षा, मनोरंजन तथा विद्यार्थी अनुशासन आदि विषयों पर सुझाव देना था। सन् 1963 में इस समिति ने सरकार को निम्नलिखित सुझाव दिए-

1. स्कूलों में प्रातः सभा का कार्यक्रम राष्ट्रगान से आरम्भ होना चाहिए।

2. स्कूलों में विद्यार्थियों की पोशाक आकर्षक होनी चाहिए।
3. स्कूल स्तर पर शारीरिक शिक्षा के कुछ पाठ्यक्रम सबके लिए अनिवार्य किए जाएं।
4. स्कूलों में विद्यार्थियों को समय-समय पर नृत्य-नाटक व संगीत आदि में भाग लेने के लिए प्रेरित करना चाहिए।
5. कॉलेजों के स्तर पर राष्ट्रीय कैडेट कोर को मान्यता दी जाए।
6. ऐच्छिक कार्यक्रम विशेषज्ञों द्वारा बनाए जाएं।
7. प्रत्येक विद्यार्थी को राष्ट्रीय ध्वज चढ़ाना उतारना तथा उसे सलामी देना भी आना चाहिए।
8. ऐच्छिक कार्यक्रमों जैसे-खेल, स्काउटिंग नृत्य संगीत, पर्वतारोहण, नाटक आदि का चयन विद्यार्थी स्वयं करें
9. अन्तर्विश्वविद्यालय खेल प्रतियोगिताओं में भाग लेने के लिए विद्यार्थियों को प्रेरित किया जाए।
10. विद्यार्थियों में नेतृत्व के गुणों का विकास किया जाए।
11. स्कूलों में विभिन्न प्रतियोगिताओं के लिए विभिन्न कक्षाओं को वर्गों में विभाजित करना चाहिए।
12. जो शिक्षक पुरानी योजनाओं पर काम कर रहे हैं उनकी सेवाओं का पूर्णीकरण करने के बाद इस कार्य के लिए प्राप्त की जाएं।

शिक्षा आयोग की सिफारिशें (कोठारी आयोग-1964-66)

शारीरिक शिक्षा से सम्बन्धित सरकारी योजना में यह देखने में आया है कि इसमें अच्छे स्वास्थ्य पर तो जोर दिया गया लेकिन शैक्षणिक गरिमा को उपेक्षित किया गया। यहां यह स्पष्ट कर देना आवश्यक है कि शारीरिक शिक्षा न केवल शारीरिक स्वास्थ्य को प्रभावित करती है बल्कि शारीरिक क्षमता और मानसिक संचेतना को भी प्रभावित करती है। यह कुछ सद्गुणों को विकसित करने में भी मदद करती है जैसे खेल भावना, नेतृत्व, अनुशासन, विजय भावना और हार स्वीकारना आदि।

एक संतोषजनक शारीरिक शिक्षा कार्यक्रम को निम्न सिद्धांतों के आधार पर दर्शाया जा सकता है।

1. शारीरिक शिक्षा कार्यक्रम बनाते समय यह ध्यान में रखना चाहिए कि ये लोगों की क्षमता व उनकी रुचि के अनुरूप हों जिसमें उन्हें भाग लेना है।
2. परम्परागत खेलों और शारीरिक क्रियाकलापों के विकास पर अधिक जोर दिया जाना चाहिए।
3. जिन क्रियाकलापों को प्रोत्साहन देना है उनके बारे में व्यक्तिगत महत्त्व और वर्ग की भावना बच्चों में पैदा की जानी चाहिए।
4. छात्रों को अपना बौद्धिक स्तर विकसित करने के लिए प्रोत्साहन देना ताकि वे खेल के मैदान व जिमनेजियम में लोकतांत्रिक सहयोग की भावना को जिम्मेदारीपूर्ण तरीके से निभा पाये।
5. जब भी योजना बनायी जाती है, तब यह केवल एक नहीं होनी चाहिए बल्कि इसके साथ अन्य कार्यक्रम भी होने चाहिए।
6. कार्यक्रम हमारी आर्थिक क्षमता से बाहर के न हों।
7. कार्यक्रम प्रत्येक व्यक्ति की पहुंच में होने चाहिए और यह केवल मुट्ठी भर लोगों के लिए न हों।
8. उन छात्रों पर विशेष ध्यान दिया जाना चाहिए जिनमें क्षमता है और जो अपनी रुचि प्रदर्शित करते हैं।

शारीरिक शिक्षा में विकासात्मक व्यायाम, लयात्मकता क्रियाकलाप, खेलें एवं क्रीड़ाएं, पैदल चाल और सामूहिक क्रियाकलापों को शामिल किया जाना चाहिए। ये सभी क्रियाकलाप सरल एवं जटिल दोनों पहलू वाले हैं। आसान क्रियाकलाप प्राथमिक कक्षा के छात्रों से शुरू किये जाने चाहिए और जैसे ही लड़के और लड़कियां परिपक्व होते हैं उन्हें जटिल क्रियाकलाप सिखाये जाने चाहिए। छोटे बच्चे अनुशासित और कठिन क्रियाकलापों में भाग लेने के लिए शारीरिक और मानसिक तौर पर परिपक्व नहीं होते।

आधारभूत क्रियाकलाप धीरे-धीरे विकसित होने चाहिए। स्कूल में पूर्व और प्रारंभिक कक्षाओं के बच्चों को उनके चारों ओर के क्रियाकलाप की नकल उनकी खेल भावना, बहादुरी के कार्यों में भाग लेने की योग्यता, अपने दोस्तों को साहसिक गतिविधियों में हराना आदि उनकी इच्छाओं पर आधारित होना चाहिए। यही उम्र वह महत्वपूर्ण पड़ाव है जब शिक्षा को क्रियाकलापों के माध्यम से सीखा जाता है। इस अवस्था में बच्चे को पैदल चाल की कला, दौड़ने और फेंकने आदि में निपुण हो जाना चाहिए। सटीक व विशुद्धता के उच्च स्तर को आयु के अगले पड़ाव पर छोड़ देना चाहिए।

वयस्कता की आयु में पहुंचने से पूर्व बच्चे को रुचियों और क्षमताओं में परिवर्तन आता है। इसलिए उन क्रियाकलापों,

साधारण खेलों और कुशलताओं के मौलिक तत्त्वों पर ज्यादा जोर दिया जाना चाहिए जिससे उसकी ताकत बढ़ती है। मिडिल कक्षा के छात्र अपने बड़ों की नकल करते हैं उन्हें उच्च स्तर के खेलों क्रीड़ाओं और खेलकूद सिखाये जाने चाहिए। पहले सीखी गई दक्षता को अभ्यास व मार्गदर्शन द्वारा पूर्णता प्रदान की जानी चाहिए। यही वह आयु है जब लड़के और लड़कियां खेल विशेष को चुनना चाहते हैं। इसलिए कार्य को पूर्ण करने की तकनीक को शारीरिक शिक्षा के पाठ्यक्रम में शामिल किया जाना चाहिए।

बाद की दो कक्षाओं को छोड़कर प्रारंभिक स्तर की सभी कक्षाओं के लड़कों व लड़कियों के लिए समान पाठ्यक्रम बनाया जा सकता है। इसके बाद विभिन्न रुचियों एवं क्षमताओं को ध्यान में रखकर पाठ्यक्रम बनाये जाने चाहिए। लड़कियों को लयात्मक क्रियाकलापों की ओर आकर्षित किया जाता है जैसे बैडमिंटन, थ्रो बाल आदि। इनमें अधिक हर्डल शामिल नहीं है और ज्यादा कठोर न होने के कारण उनके द्वारा ज्यादा पसंद किये जाते हैं। अधिक कठोर खेल जैसे बास्केट बाल, नेटबाल, हॉकी को बाद में अन्य उच्च स्तर की कसरतों के साथ सिखाया जाता है।

जब सभी आयु वर्गों के लिए शारीरिक शिक्षा पाठ्यक्रम तैयार किया जाता है तब हमें सीमित सुविधाओं, समय और शिक्षकों की उपयेागिता का ही नहीं बल्कि उनकी उपलब्धता का भी ध्यान रखना चाहिए। शिक्षा मंत्रालय की ओर से नेशनल एडमिनिस्ट्रेटिव सिस्टम और सहायक कैडेट कोर के विशेष समूहों द्वारा तैयार की गई राष्ट्रीय नीतियों में भारी प्रतियोगिता है। शिक्षा मंत्रालय द्वारा डा. हृदयनाथ कुंजरु के नेतृत्व में एक विशेष आयोग बनाया गया जिसने सिफारिश की कि एक ऐसी सामाजिक योजना वाला पाठ्यक्रम तैयार किया जाना चाहिए जिसमें दूसरे अन्य पाठ्यक्रमों के अच्छे बिंदु भी सम्मिलित हों। सभी मतों को साथ लाने का प्रयास आयोग की विभिन्न योजनाओं के उत्साही समर्थकों द्वारा किया गया जिसका परिणाम यह हुआ कि शारीरिक शिक्षा का मिश्रित कार्यक्रम राष्ट्रीय फिटनेस कोर के रूप में अस्तित्व में आया। यह संभव है कि नयी व्यवस्था को व्यवहारिक रूप में करते समय हम शारीरिक शिक्षा के शिक्षाप्रद कार्यक्रम को भूल गये या अनदेखी कर गये।

राष्ट्रीय शिक्षा नीति-1986

(National Policy of Education –1986)

खेल और शारीरिक शिक्षा शिक्षण प्रक्रिया के अभिन्न अंग है और प्रदर्शन के मूल्यांकन में सम्मिलित होते हैं। शारीरिक शिक्षा, खेलों और क्रीड़ाओं के लिए पूरे देश में ढांचागत सुविधाएं जुटायी जाएगी और बड़े-बड़े भवन बनाये जायेंगे। ढांचागत सुविधाओं में खेल के मैदान, प्रशिक्षण के उपकरण और शारीरिक शिक्षा के अध्यापक आदि शामिल हैं। शहरों में उपलब्ध खुले स्थानों को खेल के मैदानों के लिए सुरक्षित रखा जायेगा और यदि आवश्यकता पड़ी तो विधायिका से इसे सुरक्षित करा लिया जायेगा। खेल संस्थानों और छात्रावासों की स्थापना के प्रयास किये जायें। जहां साधारण शिक्षा के साथ-साथ खेल गतिविधियों और खेल सम्बंधी अध्ययन पर विशेष ध्यान दिया जाता है। खेलों और क्रिड़ाओं के प्रतिभाशाली खिलाड़ियों को समुचित प्रोत्साहन दिया जाये। स्वदेशी परम्परागत खेलों की ओर भी काफी ध्यान दिया जाये। शरीर और मन के एकीकृत विकास को प्रोत्साहित करने वाली व्यवस्था, योग की ओर विशेष ध्यान दिया गया। सभी स्कूलों में योग शुरू करने के प्रयास किये गये। इसी कड़ी में इसमें शिक्षक प्रशिक्षण कोर्स भी शुरू किया गया।

वर्तमान भारतीय शिक्षा व्यवस्था में शारीरिक शिक्षा का स्थान

भारत सरकार ने शारीरिक शिक्षा और खेलों को बढ़ावा देने के संबंध में कई आयोग गठित किये जैसे कोठारी आयोग, कुंजरू आयोग आदि इसी के अनुसार शारीरिक शिक्षा के प्रोत्साहन के लिए ग्वालियर में एल.एन.सी.पी.ई. खोला गया जबकि प्रतियोगी खेलों के बढ़ावे के लिए एन.आई.एस.पटियाला में खोली गयी। बाद में केंद्र सरकार द्वारा प्रायोजित योजनाएं जैसे राष्ट्रीय अनुशासन योजना, राष्ट्रीय फिटनेस कोर, शारीरिक फिटनेस अभियान आदि भी अस्तित्व में आयीं और समाप्त हो गईं।

नयी दिल्ली में 1982 के एशियाई खेलों के तुरंत बाद भारत सरकार ने फिजीकल एजुकेशन कालेज ग्वालियर और स्पोर्टस इंस्टीच्युट पटियाला को मिलाकर भारतीय खेल प्राधिकरण की स्थापना की जिसका मकसद अच्छे शारीरिक शिक्षाविद् और प्रशिक्षक पैदा करना था। भारतीय खेल प्राधिकरण ने प्रोत्साहन के लिए 17 विभिन्न योजनाएं शुरू की। एल.एन.सी.पी.ई. ग्वालियर, एल.एन.सी.पी.ई. त्रिवेन्द्रम, एन.एस.एन.आई.एस. पटियाला से योजनाओं को घटा दिया गया, जिन उद्देश्यों को लेकर इन संस्थानों की स्थापना हुई थी उन्हें पूरी तरह भूला दिया गया था। उन श्रेष्ठ खिलाड़ियों पर ही सारा ध्यान केन्द्रित कर दिया गया जो ओलम्पिक, एशियाड और अन्य अन्तर्राष्ट्रीय मुकाबलों में पदक ला सकते थे। कल्पना और योजनाओं के कार्यान्वयन में कमियों के कारण अव्यवस्था पैदा हो गई। 1982 से पहले हमने जो उपलब्धियां हासिल की थीं वे भी दरकिनार हो गई।

भारत ने 1951 से 1982 के बीच अच्छी खासी संख्या में स्वर्ण, रजत एवं कांस्य पदक जीते और एशियाई खेलों में ओवर आल चैम्पियनशिप जीतने का गौरव पाया।

एल.एन.सी.पी.ई. ग्वालियर, एल.एन.सी.पी. ई. त्रिवेन्द्रम, एच. वी.पी. मंडले अमरावती, पंजाब गवर्नमेंट कालेज आफ फिजीकल एजुकेशन पटियाला और कुछ विश्वविद्यालयों में चलाये जा रहे शारीरिक शिक्षा विभाग जैसे पंजाब विश्वविद्यालय चंडीगढ़, गुरु नानक देव विश्वविद्यालय अमृतसर आदि ही अपवाद के तौर पर कुछ ऐसी संस्थाएं हैं जिनका अच्छे शिक्षाविद् पैदा करने के क्षेत्र में नाम है। एक अरब की आबादी के लिए हमें लाखों प्रशिक्षित, योग्यताधारी शारीरिक शिक्षा प्राध्यापकों और खेल समर्थकों की जरूरत है जो शारीरिक शिक्षा कार्यक्रमों को विभिन्न स्तरों पर, विशेषत: शिक्षण संस्थाओं को चलायें।

भारत में प्रमुख खेल संस्थान

संस्थान	स्थापना वर्ष
कॉलेज ऑफ एजुकेशन, मद्रास (YMCA)	1920
लक्ष्मीबाई कॉलेज ऑफ फिजिकल एजुकेशन, ग्वालियर	1957
नेताजी सुभाष नेशनल इंस्टीट्यूट ऑफ स्पोर्टस, पटियाला (NSNIS)	1973
नेताजी सुभाष नेशनल इंस्टीट्यूट ऑफ स्पोर्टस, बैंगलोर (NSNIS)	1975
नेताजी सुभाष नेशनल इंस्टीट्यूट ऑफ स्पोर्टस, गाँधीनगर (NSNIS)	1987
नेताजी सुभाष नेशनल इंस्टीट्यूट ऑफ स्पोर्टस, कलकत्ता (NSNIS)	1983
लक्ष्मीबाई नेशनल कॉलेज ऑफ फिजिकल एजुकेशन, त्रिवेन्द्रम (LNCPE)	1985
गोपीचन्द बैडमिंटन एकेडमी (GBA)	2001
आर्मी स्पोर्टस संस्थान (ASI)	2001
राष्ट्रीय जल क्रीडा संस्थान (NIWS)	1990

बहुविकल्पीय प्रश्न

1. शारीरिक शिक्षा का क्या उद्देश्य है?
(a) शारीरिक विकास
(b) व्यक्ति का स्वस्थ विकास
(c) वर्धन एवं विकास
(d) उपर्युक्त सभी।

2. शारीरिक शिक्षा संबंधी कार्यक्रमों का दर्शन क्या है?
(a) यथार्थवाद (b) उपयोगितावाद
(c) आदर्शवाद (d) उपर्युक्त सभी

3. निम्नलिखित में किसने मशाल को एथेंस ओलिंपिक खेलों के स्थल तक ले जाने की प्रथा शुरू की?
(a) एडोल्फ हिटलर (b) किंगजॉर्ज-1
(c) प्लेटो (d) अरस्तू

4. ओलिंपिक ध्वज की बनावट निम्नलिखित में किस प्रकार की होती है?
(a) बिना किनारा वाली सफेद पृष्ठिका और केंद्र में ओलिंपिक प्रतीक।
(b) काला किनारा वाली सफेद पृष्ठिका और केंद्र में ओलिंपिक का प्रतीक।
(c) काला किनारा वाली पीली पृष्ठिका और शिखर के दाएं कोने पर ओलिंपिक का प्रतीक।
(d) बिना किनारा वाली धूसर पृष्ठिका और केंद्र में ओलिंपिक का प्रतीक।

5. प्रथम ओलिंपिक खेल किसके नियंत्रण में खेले गए?
(a) किंगजॉर्ज-II (b) किंगजॉर्ज-I
(c) थिऑडोसियस (d) मार्टिन लूथर किंग

6. प्रथम आधुनिक ओलिंपिक खेलों के संबंध में निम्नलिखित में कौन-सा कथन सत्य है?
(a) सारे प्रतिभागी सदस्य महिलाएं थीं।
(b) सारे प्रतिभागी सदस्य ग्रीक थे।
(c) सारे प्रतिभागी सदस्य पुरुष थे।
(d) सारे प्रतिभागी रोमन थे।

7. ओलिंपियन में खेले गए ओलिंपिक खेलों में किसके सम्मान में महिलाएं पृथक प्रतियोगिताओं में शामिल हुई थीं?
(a) देवज़्यूस (b) देवीहेरा
(c) देव अपोलो (d) इनमें कोई नहीं

8. ग्रीक भाषा में 'एथलीट' का अर्थ है–
(a) नगर राज्य
(b) मुद्रा अर्जक
(c) पुरस्कार का आकांक्षी
(d) दौड़

9. किस ओलिंपिक खेलों में यह पता लगा कि बेहतर प्रदर्शन के लिए नशीली दवाओं का सेवन किया जा रहा है?

(a) 1960 रोम (b) 1988 सिओल
(c) 1992 बार्सिलोना (d) 1996 अटलांटा

10. प्राचीन काल में 'तक्षशिला' किसलिए प्रसिद्ध था?

(a) छदम युद्ध (b) अश्वारोहण
(c) धनुर्विद्या प्रशिक्षण (d) रथों की दौड़ प्रतियोगिता

11. कौन मुस्लिम शासक पोलो खेलते समय घोड़े से गिरकर मर गया?

(a) बाबर (b) कुतुबुद्दीन ऐबक
(c) जहांगीर (d) अकबर

12. यंग मेंस क्रिस्चियन असोसिएशन शारीरिक शिक्षा महाविद्यालय (चेन्नई) की स्थापना कब हुई?

(a) 1914 (b) 1896
(c) 1920 (d) 1924

13. यंग मेंस क्रिस्चियन असोसिएशन शारीरिक शिक्षा महाविद्यालय के प्रथम प्रधानाचार्य कौन थे?

(a) जी. डी. सोंधी (b) एच. सी. बक
(c) बी. पी. कुबर्टिन (d) सी. ए. बूचर

14. "राजीव गांधी खेल रत्न" पुरस्कार प्राप्त करने वाला पहला व्यक्ति कौन था?

(a) के. मालेश्वरी (b) बैचुंग भूटिया
(c) विश्वनाथन आनंद (d) सचिन तेंदुलकर

15. ओलिंपिक छल्ले क्या संकेत देते हैं?

(a) पांच महादेश (b) पांच नदियां
(c) पांच देश (d) पांच पर्वत

16. "फिलिपिडज़" था–

(a) एथेंसवासी ग्रीक (b) स्पार्टावासी ग्रीक
(c) रोमवासी (d) इनमें से कोई नहीं

17. कौन मुगल बादशाह 'पोलो' खेल से जुड़ा था?

(a) बाबर (b) औरंगजेब
(c) जहांगीर (d) अकबर

18. "एगोग" कहाँ प्रचलित था?

(a) ग्रीस में (b) रोम में
(c) इरान में (d) चीन में

19. चिकित्सीय व्यायाम का पुरोधा कौन था?

(a) रूसो (b) गेस्टाल्ट
(c) अरस्तू (d) हिप्पोक्रैटीज़

20. किस वर्ष शीतकालीन ओलिंपिक खेल पहली बार खेले गए?

(a) 1923 (b) 1914
(c) 1925 (d) 1926

21. ओलिंपिक ध्वज पहली बार कब और कहां उपयोग में लाया गया?

(a) 1896 एथेंस ओलिंपिक्स
(b) 1996 अटलांटा ओलिंपिक्स
(c) 1920 ऐंटवर्प ओलिंपिक्स
(d) उपर्युक्त में किसी में नहीं।

22. भारतीय ओलिंपिक संघ की स्थापना कब हुई?

(a) 1927 (b) 1928
(c) 1929 (d) 1930

23. अंतर्राष्ट्रीय ओलिंपिक समिति का मुख्यालय कहां है?

(a) संयुक्त राज्य अमेरिका
(b) लंदन
(c) स्वीट्ज़रलैंड
(d) जर्मनी

24. ग्रीष्मकालीन ओलिंपिक खेलों की अवधि क्या है?

(a) 16 दिन (b) 17 दिन
(c) 18 दिन (d) 19 दिन

25. प्राचीन ओलिंपिक खेलों को कब प्रतिबंधित किया गया?

(a) सन् 396 ई.
(b) सन् 394 ई.
(c) सन् 296 ई.
(d) ई. सन् के 334 वर्ष पूर्व

26. "एगोग" का प्राचीन ग्रीस में अर्थ था

(a) शिक्षा की औपचारिक पद्धति
(b) शिक्षा की अनौपचारिक पद्धति
(c) वाचन, लेखन, खेल-कूद
(d) उपर्युक्त सभी

27. प्राचीन ग्रीस में "पैलेस्ट्रा" (व्यायामशाला) किसलिए प्रसिद्ध था?

(a) यह एक मल्लयुद्ध विद्यालय था
(b) यह एक संगीत विद्यालय था

(c) यह एक स्टेडियम था
(d) यह एक तरणताल था

28. प्राचीन ग्रीस में "डिडास्केलियम" किसलिए प्रसिद्ध था?
(a) एयरोद्बिक्स (हृदय और फेफड़ों को मजबूत बनाने हेतु शारीरिक व्यायाम)
(b) नृत्य
(c) संगीत
(d) भार प्रशिक्षण

29. 13वीं एशियाई खेल कहां खेले गए?
(a) बीजिंग (b) बैंकाक
(c) लंदन (d) एथेंस

30. प्रथम राष्ट्रमंडलीय खेलों की मेजबानी किस एशियाई देश ने की?
(a) मलेशिया (b) चीन
(c) जापान (d) पाकिस्तान

31. 1998 में आयोजित एशियाई खेलों में निम्नलिखित में से कौन-से खेल शामिल किए गए?
(a) बास्केट बॉल और वॉलिबॉल
(b) स्नूकर और बिलियर्ड्स
(c) स्क्वैश और टेनिस
(d) कबड्डी और खो-खो

32. भारत का खेल प्राधिकरण (स्पोर्ट्स ऑथोरिटी ऑफ़ इंडिया) किस वर्ष बनाया गया?
(a) 1983 (b) 1984
(c) 1985 (d) 1986

33. प्राचीन ग्रीस में 'आकाश देवता' था–
(a) पोसिडॅन (b) अपोलो
(c) ज्यूस (d) इनमें कोई नहीं

34. प्राचीन ग्रीस में 'समुद्र का देवता' था–
(a) पोसिडॅन (b) अपोलो
(c) ज्यूस (d) इनमें कोई नहीं

35. प्राचीन ग्रीस में अपोलो था–
(a) समुद्र का देवता (b) आरोग्यकारी देवता
(c) अग्नि का देवता (d) जल का देवता

36. ग्रीस में डिस्कोज होती थी–
(a) फेंकने की चीज़ (b) ठेलने की चीज़
(c) खाने की चीज़ (d) खेलने की चीज़

37. ग्रीसवासियों का मुख्य व्यवसाय था–
(a) कृषि (b) भाण्डकर्म
(c) खेल-कूद (d) संगीत

38. नवजात दुर्बल शिशु मरने के लिए "माउंट टाइगेटस" पर कहां छोड़ दिया जाता था?
(a) एथेंस (b) रोम
(c) स्पार्टा (d) इनमें कहीं नहीं

39. स्पार्टा में 18 वर्ष की उम्र में लड़के गोपनीय कोर में नामांकित किए जाते थे जिसका नाम था–
(a) डेडास्केलियम (b) पैलेस्ट्रा
(c) क्रिप्टिया (d) इनमें से कोई नहीं

40. स्पार्टा में खेल-कूद के मैदान क्या कहलाते थे?
(a) पैडीट्राइब्स (b) क्रिप्टिया
(c) प्लाटैनिस्टाज (d) डेडास्केलियम

41. प्रतियोगिताओं में सर्वप्रथम नंगा हो जाने वाले कौन थे?
(a) एथेंसवासी (b) स्पार्टावासी
(c) रोमवासी (d) इनमें कोई नहीं

42. व्यायामशाला में "तेल" के उपयोग की कल्पना किसने की?
(a) एथेंसवासियों ने (b) स्पार्टावासियों ने
(c) रोमवासियों ने (d) इनमें से किसी ने नहीं

43. घर पर सिखलाने वाले दास अनुशिक्षक क्या कहे जाते थे?
(a) पैडोट्राइब्स (b) पेडागॉग
(c) प्लैटानिस्टाज (d) इनमें से कोई नहीं

44. "पैलेस्ट्रा" का निर्माण किस लिए हुआ था?
(a) व्यायाम (b) संगीत
(c) तैराकी (d) गणित

45. एथेंस में कैडेट कोर (छात्रसेना) के रूप में नामांकित होने वाले लड़के क्या कहलाते थे?
(a) क्रिप्टिया (b) एफिबाय
(c) पेडागॉग (d) इक्लेसिया

46. लोकव्यायामशाला, लाइसियम, का संबंध किससे था?
(a) रूसो (b) अरस्तू
(c) ज्यूसदेवता (d) इनमें किसी से नहीं

47. गेंद के शिक्षक जो पेडोट्राइब्स के संस्थानों के अधीन कार्य करते थे, क्या कहलाते थे?

(a) पैडोगॉग (b) एफिबाय
(c) स्फैरिस्टीज (d) स्पार्टन्स

48. प्राचीन ग्रीस में धनुर्विद्या के शिक्षक क्या कहे जाते थे?
(a) स्फैरिस्टीज (b) पैडोट्राइब्स
(c) इक्सेसिया (d) टॉक्सोटीज

49. प्राचीन ग्रीस में अंगमर्दक क्या कहलाते थे?
(a) टॉक्सोटीज (b) एलाइप्टे
(c) पैडोट्राइब्स (d) एफिबाय

50. मडबाथ (उष्णापंक में स्नान) कहां लोकप्रिय था?
(a) एथेंस (b) स्पार्टा
(c) रोम (d) इनमें से कहीं नहीं

51. "एथलीट" पद की उत्पत्ति कहां हुई?
(a) रोम (b) ग्रीस
(c) चीन (d) भारत

52. 'एथलीट' पद का अर्थ था–
(a) प्रतियोगिता (b) पुरस्कार
(c) शक्तिमान पुरूष (d) दास

53. ग्रीसवासी किस पर विशेष बल देते थे?
(a) व्यक्तिवाद (b) प्रकृतिवाद
(c) व्यवसायवाद (d) इनमें से कोई नहीं

54. ग्रीस में अपोलो देवता के पवित्र स्थल पर कौन-सा आदर्श-वाक्य लिखा हुआ है?
(a) मेडेन आगन
(b) साइटियस आल्टियस फोर्टियस
(c) सदा अग्रसर
(d) इनमें से कोई नहीं

55. निम्नलिखित खेलों में पॉसिडॅन देवता के सम्मान में कौन-सा खेल खेला गया?
(a) इस्थ्मीअन (b) नेमीअन
(c) पाइथिअन (d) प्लिम्पिक्स

56. ज्यूसदेवता के सम्मान में कौन-से खेल खेले गए?
(a) पाइथिअन (b) नेमीअन
(c) इस्थ्मीअन (d) इनमें से कोई नहीं

57. अपोलो देवता के सम्मान में कौन-से खेल खेले जाते थे?
(a) नेमीन गेम्स (b) इस्थ्मीअन गेम्स
(c) पाइथिअन गेम्स (d) इनमें से कोई नहीं

58. किस सम्राट ने ओलिंपिक खेलों को प्रतिबंधित किया?
(a) अरस्तू (b) पॉसीडॅन
(c) थिओडोसिअस (d) इनमें से कोई नहीं

59. पाददौड़ के लिए ग्रीसवासियों द्वारा किस प्रकार के दौड़ पथ बनाए जाते थे?
(a) गोंल पथ (b) सीधा पथ
(c) अण्डाकार पथ (d) पहाड़ी पथ

60. "पेंटाथ्लॅन" में 'पेंटा' और 'ऐथलॅन' के क्या अर्थ होते हैं?
(a) पांच और पुरस्कार (b) छह और पुष्प
(c) पांच और पत्ते (d) छह और व्यक्ति

61. "प्लेटो" ने किस खेल में दक्षता हासिल की?
(a) गोल्फ (b) मल्लयुद्ध
(c) जूडो (d) तैराकी

62. "लाइसियम" का संस्थापक कौन था?
(a) रूसो (b) अरस्तु
(c) गैलेन (d) प्लेटो

63. निम्नलिखित में किसने विभिन्न अभ्यासों को पहली बार वर्गीकृत किया?
(a) प्लेटो (b) गैलेन
(c) अरस्तु (d) रूसो

64. शारीरिक शिक्षा के सिद्धांत पहली बार किसके द्वारा निर्धारित किए गए?
(a) गैलेन (b) प्लेटो
(c) रूसो (d) अरस्तू

65. "पैलेस्ट्रा" और 'डिडास्केलियम' प्रसिद्ध थे–
(a) एथेंस में
(b) स्पार्टा में
(c) रोम में
(d) एथेंस और स्पार्टा दोनो में

66. "पैलेस्ट्रा" किसलिए प्रसिद्ध था?
(a) संगीत
(b) व्याकरण
(c) संगीत और व्याकरण दोनों
(d) तैराकी और स्नान

67. "डिडास्केसियम" किसका स्थान था?
(a) संगीत का

(b) व्याकरण का
(c) संगीत और व्याकरण दोनों का
(d) इनमें से किसी का नहीं

68. रोम में लड़कों को प्रशिक्षण दिया जाता था–
(a) उनके पिता के द्वारा
(b) उनकी माताओं के द्वारा
(c) उनके शिक्षकों के द्वारा
(d) इनमें किसी के द्वारा नहीं

69. प्राचीन रोम में "कैंपस मार्टियस" क्या था?
(a) सैन्यस्थल
(b) संगीत और व्याकरण का स्थल
(c) तैराकी और स्नान का स्थल
(d) इनमें से कोई नहीं

70. रोमनों का प्रिय मनोरंजन था–
(a) संगीत
(b) नृत्य
(c) लोगो के मनोरंजनार्थ किसी पेशेवर व्यक्ति का अन्य व्यक्ति या पशु से युद्ध
(d) खेल-कूद

71. प्राचीन रोम में "कॉलोसियम" किस लिए प्रसिद्ध था?
(a) घुड़दौड़
(b) जूडों
(c) तैराकी
(d) लोगों के मनोरंजनार्थ किसी व्यक्ति का अन्य व्यक्ति या पशु से होने वाले मल्लयुद्ध

72. निम्नलिखित में कौन ओलिंपिक छल्लों के रंगों के सही संयोग का द्योतक है?
(a) नीला, पीला, काला, हरा, लाल
(b) भूरा, नीला, पीला, काला, लाल
(c) बैंगनी, हरा, लाल, गुलाबी, पीला
(d) नीला, पीला, भूरा, हरा, बैंगनी

73. निम्नलिखित्र किस वर्ष में ओलिंपिक खेल विश्वयुद्ध के कारण नहीं आयोजित किए गए?
(a) 1948 (b) 1952
(c) 1940 (d) 1968

74. किस ओलिंपिक खेल-कूद में ओलिंपिक ध्वज का उपयोग पहली बार किया गया?
(a) 1896, एथेंस
(b) 1920, ऐंटवर्प
(c) 1996, अटलांटा
(d) उपर्युक्त में कोई नहीं

75. कितने नगरों ने ओलिंपिक खेलों की मेजबानी दो बार से अधिक की है?
(a) दो (b) तीन
(c) चार (d) पांच

76. भारत में ओलिंपिक खेलों को प्रारम्भ करने का श्रेय किसे जाता है?
(a) पंडित जवाहर लाल नेहरू
(b) सर दोराबजी टाटा
(c) बी. पी. कूबर्टिन
(d) महाराजा यादवेंद्र सिंह

77. प्राचीन ओलंपिक खेलों में विजेताओं को क्या पुरस्कार दिए जाते थे?
(a) सिक्के
(b) टोपियां
(c) काऊ (जंगली जैतून) के पत्तों के ताज
(d) पदकें

78. वर्ष 2010 का कॉमनवेल्थ गेम का आयोजन स्थल है
(a) नई दिल्ली (b) शंघाई
(c) हैदराबाद (d) चंडीगढ़

79. 1896 में प्रथम ओलिंपिक खेलों का उद्घाटन किसने किया?
(a) ग्रीस के किंगजॉर्ज II ने
(b) ग्रीस के किंगजॉर्ज I ने
(c) श्रीमती मार्गरेट थैचर ने
(d) बी. पी. कूबर्टिन ने

80. किन ओलिंपिक खेलों में महिलाओं ने प्रथम बार भाग लिया?
(a) 1896, एथेंस (b) 1900, पेरिस
(c) 1920, ऐंटवर्प (d) इनमें किसी में नहीं

81. ओलिंपिक खेल-कूदों में आधुनिक पेंटाथ्लॅन (पांच खेलों वाली एक सम्मिलित खेल आइटम) में इवेन्ट्स (खेल-कूद कार्यक्रम ही प्रतियोगिताओं अथवा दौड़ो में एक) क्या हैं?

(a) अश्वारोहण, तलवारबाजी, शूटिंग (जानवरों या पक्षियों को गोली के निशाने बनाना), तैराकी, और गांवों की ओर दौड़
(b) शूटिंग, तैराकी, घुड़दौड़, असिक्रीड़ा और गांवों की ओर दौड़
(c) जेवलिन, चक्का, तारगोला, लंबीकूद और ऊंची कूद
(d) इनमें से कोई नहीं

82. ओलिंपिक खेल-कूदों में प्रत्येक इवेंट में कितनी प्रविष्टियों की अनुमति है?
(a) 2 (b) 3
(c) 4 (d) 5

83. अर्तरिम ओलिंपिक खेलों का आयोजन कब किया गया?
(a) 1896 (b) 1906
(c) 1908 (d) 1916

84. प्राचीन ओलिंपिक खेलों में प्रवंचकों को क्या सजा दी जाती थी?
(a) उन्हें फांसी दे दी जाती थी
(b) उन्हें जल-समाधि दे दी जाती थी
(c) उन्हें हंटरों से पीटा जाता था
(d) उन्हें हवालात में बंद कर दिया जाता था

85. प्राचीन ओलिंपिक खेलों में किस रोमन राजा ने अधिकारियों को रिश्वत देकर पारितोषिक जीते?
(a) किंग जॉर्ज (b) थिओडोसियस
(c) किंग नीरो (d) अरस्तू

86. किस ओलिंपिक प्रतियोगिता में विजेताओं को सर्वप्रथम स्वर्ण पदक प्रदान किए गए?
(a) 1928, ऐंटीवर्प (b) 1908, लंदन
(c) 1900, पेरिस (d) 1896, एथेंस

87. आधुनिक ओलिंपिक खेलों के जनक, बी. पी. कूबर्टिन की मृत्यु किस वर्ष हुई?
(a) 1937 (b) 1938
(c) 1939 (d) 1940

88. 1986 में प्रथम आधुनिक ओलिंपिक खेलों में कितने देशों ने भाग लिया?
(a) 11 (b) 12
(c) 13 (d) 14

89. किस ओलिंपिक प्रतियोगिता में पहली बार ओलिंपिक शपथ दिलाई गई?
(a) 1896, एथेंस (b) 1900, पेरिस
(c) 1908, लंदन (d) 1920, ऐंटवर्प

90. निम्नलिखित में कौन ओलिंपिक खेलों का सर्वोच्च स्थल रहा है?
(a) अटलांटा (b) मेक्सिको
(c) पेरिस (d) लॉसएंजिल्स

91. इलियड और ओडिसी के रचयिता हैं–
(a) होमर (b) प्लेटो
(c) सुकरात (d) इनमें से कोई नहीं

92. "सुंदर काया" आदर्श था–
(a) ग्रीसवासियों का (b) भारतीयों का
(c) रोमवासियों का (d) मिस्त्रवासियों का

93. ओलिंपिक आदर्श-वाक्य में "साइटियस" पद इंगित करता है–
(a) उच्चतर (b) द्रुततर
(c) अधिक बलशाली (d) इनमें सभी

94. ओलिंपिक खेलों में भारतीय टीमों की भागीदारी को नियंत्रित करने वाला निकाय है–
(a) ए. ए. एफ. आई. (b) आई. सी. ओ.
(c) आई. ओ. ए. (d) ओ. सी. ए.

95. प्रथम आधुनिक ओलम्पिक खेल किस वर्ष आयोजित किए गए?
(a) 1896 (b) 1900
(c) 1904 (d) इनमें से कोई नहीं

96. किस नगर/राज्य ने शिक्षा के द्वारा योद्धाओं के प्रशिक्षण पर बल दिया?
(a) पेकिंग (b) स्पार्टा
(c) एथेंस (d) इन सभी ने

97. स्पार्टा की शिक्षा का उद्देश्य निम्नलिखित को पैदा करना था–
(a) बुद्धिजीवियों को (b) अच्छे नागरिकों को
(c) योद्धाओं को (d) इन सभी को

98. उस स्टेडियम का क्या नाम है जहां प्रथम आधुनिक ओलिंपिक खेल आयोजित किए गए?
(a) पैन एथेनिअक स्टेडियम, एथेंस

(b) ऐम्फी थिएटर
(c) कॉलसियम
(d) डेडास्केलियम

99. आई. ओ. ए. का गठन कब हुआ?
(a) 1925 (b) 1926
(c) 1927 (d) 1928

100. निम्नलिखित में कौन ओलिंपिक खेलों की समाप्ति की घोषणा करता है?
(a) चेयरमैन, आई. ओ. सी.
(b) प्रेज़िडेंट, आई. ओ. सी.
(c) सचिव, आई. ओ. सी.
(d) देश का प्रधानमंत्री

101. निम्नलिखित में किसको ओलिंपिक खेलों की मेजबानी दी जाती है?
(a) नगर को (b) देश को
(c) जिला को (d) राजधानी को

102. दिवसों की दृष्टि से कौन-सा ओलिंपिक आयोजन सर्वाधिक लंबा था?
(a) 1906 (b) 1908
(c) 1952 (d) 1956

103. प्राचीन ओलिंपिक खेलों में निम्नलिखित में कौन-से इवेंट्स पेंटाथ्लॉन में शामिल थे?
(a) धावन, कूद, चक्का, तैराकी, दंगल और रथ दौड़
(b) धावन, कूद, चक्का, तैराकी और रथ दौड़
(c) मुक्केबाजी, दंगल, धावन, कूद और तैराकी
(d) इनमें से कोई नहीं

104. ओलिंपिक खेलों में आधुनिक पेंटाथ्लॉन का सुझाव किसने दिया?
(a) जी. डी. सोंधी (b) बी. पी. कूबर्टिन
(c) जे. ए. समरंच (d) बिल क्लिंटन

105. आधुनिक ओलिंपिक खेलों के प्रतिपादक बी. पी. कूबर्टिन किस देश के वासी हैं?
(a) फ्रांस
(b) इंग्लैंड
(c) संयुक्त राज्य अमेरिका
(d) डेनमार्क

106. कौन-सा भारतीय कप्तान ओलिंपिक खेलों के दौरान पहली बार विजय स्तंभ पर चढ़ा?
(a) ध्यानचंद (b) जैपाल सिंह
(c) के.डी.सिंह 'बाबू' (d) कपिलदेव

107. भारत का राष्ट्रगान ओलिंपिक खेलों में पहली बार किस साल बजाया गया?
(a) 1948 (b) 1952
(c) 1928 (d) 1932

108. "मेसोमॉर्फी" (मध्यम गठित शरीर) की विशेषता है–
(a) रैखिकता और लंबाई
(b) शरीर की गोलाई
(c) मांसलता और ताकत
(d) उपर्युक्त में से किसी से भी इसका संबंध नहीं है

109. "कृशकाया आकार" है
(a) मांसपेशियां, हड्डियां और शरीर के अन्य वसारहित ऊतक
(b) शरीर के वसायुक्त ऊतक
(c) कुल काया भार
(d) उपर्युक्त में एक भी नहीं

110. किसी खिलाड़ी की शारीरिक रूपरेखा तैयार करने निम्नलिखित में किसका/किनका विचार किया जाता है?
(a) भार (b) कद
(c) a और b दोनों (d) मांसपेशीय ताकत

111. "एंडोमॉर्फ" (गोल-मटोल मांसल व्यक्ति) की पहचान है–
(a) दुबला और आलसी
(b) थुलथुला और मोटा
(c) मांसपेशीय और बलिष्ठ
(d) इनमें कोई नहीं

112. ओलंपिक खेलों में हॉकी प्रतियोगिताएं पहली बार ऐस्ट्रोटर्फ (बनावटी सतह जो घास जैसी दिखलाई पड़ती है) पर कहां आयोजित की गई?
(a) लॉस एंजिल्स (b) मॉन्ट्रियल
(c) मास्को (d) सिओल

113. ओलंपिक आदर्श-वाक्य "साइटियस, आल्टियस, फोर्टियस" में आल्टियस का अर्थ है–
(a) द्रुततर (b) बलवंततर
(c) उच्चतर (d) गहनतर

114. ओलंपिक के आदर्श वाक्य साइटियस, अल्टियस, फोर्टियस (तेज दौड़ना, ऊंचा उठना और शक्ति का भरपूर प्रयास करना) का ईजाद किसने किया है?
(a) रूसो (b) अरस्तू
(c) प्लेटो (d) हेनरी डिडियन

115. विशेष ओलंपिक्स में प्रतिभागी कौन-कौन होते हैं?
(a) शारीरिक दृष्टि से विकारग्रस्त लोग
(b) मानसिक विकलता से ग्रस्त बच्चे और वयस्क लोग
(c) उपर्युक्त (a) और (b) दोनों
(d) अनुभवी लोग

116. किस देश ने विशेष ओलंपिक्स की मेजबानी की?
(a) संयुक्त राज्य अमेरिका (b) इंग्लैंड
(c) भारत (d) जर्मनी

117. ओलंपिक्स में विभिन्न इवेंट्स में जेसी ओवेंस द्वारा चार पदकों की जीत की बराबरी किसने की?
(a) मेरिअन जोंस (b) माइकेल जॉन्सन
(c) कार्ल लेविस (d) बेन जॉन्सन

118. अटलांटा ओलंपिक ने क्या चिह्नित किया?
(a) आधुनिक ओलंपिकों की शतवार्षिकी
(b) संयुक्त राज्य अमेरिका में प्रथम बार ओलंपिक खेल
(c) उत्तरी अमेरिका में ओलंपिक्स
(d) इनमें से कोई नहीं

119. "शारीरिक शिक्षा प्रत्येक नागरिक का मौलिक अधिकार है," यह निम्नलिखित किसमें शामिल है?
(a) विश्व स्वास्थ्य संगठन घोषणापत्र में
(b) एस. एन. आई. पी. ई. एस. के घोषणापत्र में
(c) मानव संसाधन विकास मंत्रालय के घोषणापत्र में
(d) यूनेस्को के घोषणापत्र में

120. निम्नलिखित ग्रीक खेलों में धावन और डॉजिंग (चकमा देने का खेल) किसमें शामिल हैं?
(a) ट्राइगॅन (b) हार्पास्टम
(c) लूडी (d) कॉटाबास

121. निम्नलिखित में कोन क्रेट्स्मर का कार्यावर्गीकरण है?
(a) डाइप्लास्टिक
(b) मेसोमॉर्फ (मध्यम गठित शरीर वाला व्यक्ति)
(c) एक्टोमॉर्फ (कृशकाय व्यक्ति)
(d) एंडोमॉर्फ (गोल-मटोल मांसल व्यक्ति)

122. शेल्डन द्वारा किया गया कायाप्रारूप वर्गीकरण क्या है?
(a) एंडोमॉर्फ (b) मेसोमॉर्फ
(c) एक्टोमॉर्फ (d) इनमें सभी

123. जर्मनी में टर्नवेरिन आंदोलन किसने आरंभ किया?
(a) लुडविग जॉन (b) जोहान बेसडो
(c) फ्रेडरिक गुट्स्मथ (d) इनमें से कोई नहीं

124. विद्यालय के स्वास्थ्य संबंधी कार्यक्रम में इनमें से कौन-सा संबंधित नहीं है:
(a) स्वास्थ्य शिक्षा
(b) स्वास्थ्य विज्ञान
(c) स्वास्थ्य रिकार्ड का रख-रखाव
(d) बीमारियों का इलाज

125. किस देश ने शारीरिक शिक्षा को स्वर्ण युग के रूप में महसूस किया?
(a) रोम (b) जर्मनी
(c) प्राचीन ग्रीस (d) संयुक्त राज्य अमेरिका

126. कौन-सा संगठन प्रत्येक देश में ओलिंपिक आंदोलन को नेतृत्व प्रदान करता है?
(a) एन. ओ. सी. (b) आई. ओ. सी.
(c) आई. एफ. सी. (d) एन. जी. बी.

127. ओलंपिक प्रतीक की रूपरेखा किसने तैयार की?
(a) पिअर्रे द कूबर्टिन (b) किंग जॉर्ज
(c) डिमेट्रियस विकेलस (d) हेनरी द बैले

128. ओलंपिक मशाल की अवधारणा किसकी थी?
(a) पिअर्रे द कूबर्टिन
(b) थिओडोर लेवाल्ड
(c) सोंद्रे नॉर्डहाइम
(d) स्टेन ग्रुबेम

129. किस ओलंपिक का पहली बार दूरदर्शन पर सीधा प्रसारण हुआ?
(a) बर्लिन, 1936 (b) लंदन, 1948
(c) हेल्सिंकी, 1952 (d) रोम, 1960

130. ओलंपिक खेलों में महिला प्रतिभागी औपचारिक रूप से शामिल किए गए?
(a) बर्लिन, 1936 (b) लंदन, 1908
(c) सैंटलुइस, 1904 (d) स्टॉकहोम, 1912

131. प्राचीन ओलंपिक खेलों को किसने समाप्त कर दिया?
(*a*) ग्रीसवासियों ने (*b*) रोमवासियों ने
(*c*) जर्मनों ने (*d*) मिस्रवासियों ने

132. प्राचीन ओलंपिक खेलों को कब समाप्त कर दिया गया?
(*a*) 394 ई. (*b*) 349 ई.
(*c*) 341 ई. (*d*) 350 ई.

133. जर्मनी में स्कूल ऑफ जिमनास्टिक्स (व्यायाम शालाओं का विद्यालय) का संस्थापक कौन था?
(*a*) लिंग (*b*) नैच्टेगॉल
(*c*) रूसो (*d*) एडोल्फ स्पीस

134. स्वीडन में शारीरिक शिक्षा के अभ्युदय का द्योतक कौन है?
(*a*) फ्रैंज़ नैच्टेगॉल (*b*) वी. ए. ब्लाइक
(*c*) पटहेनरिक लिंग (*d*) स्पीस

135. खेल की अतिरिक्त ऊर्जा सिद्धांत की अवधारणा किसकी थी?
(*a*) पैट्रिक्स (*b*) लुमले
(*c*) स्पेंसर और शिलर (*d*) जी. स्टैनले हॉल

136. खेल का कौन-सा सिद्धांत मानता है कि "अतीत खेल की कुंजी है"?
(*a*) सहज प्रवृत्ति अथवा ग्रॉस सिद्धांत
(*b*) उत्तराधिकार अथवा पुनरावर्तन सिद्धांत
(*c*) आत्म-अभिव्यक्ति सिद्धांत
(*d*) मनोरंजन सिद्धांत

137. "खेल बचपन के जननिक (जर्मिनल) पत्तों का नैसर्गिक प्रकटीकरण है," किसकी उक्ति है?
(*a*) विलियम मैकडुगल
(*b*) रोजर कैलोस
(*c*) फ्रोबेल
(*d*) पैट्रिक्स

138. खेल के सामाजिक संविदा सिद्धांत की परिकल्पना किसने की?
(*a*) बर्नार्ड एस. मैसन (*b*) जी स्टैनले हॉल
(*c*) लुमले (*d*) पैट्रिक्स

139. कालानुक्रमिक वयस (उम्र) क्या है?
(*a*) वर्ष, महीने और दिनों में उम्र
(*b*) अस्थियों और दंतविन्यास द्वारा संकेतित उम्र
(*c*) यौवनारंभ के लक्षणों द्वारा निर्धारित
(*d*) बुद्धि जांच के उपयोग द्वारा निर्धारित

140. कौन-सी उम्र यौवनारंभ के लक्षणों द्वारा निर्धारित होती है?
(*a*) कालानुक्रमिक उम्र
(*b*) शरीर-सरंचनात्मक उम्र
(*c*) मनोवैज्ञानिक उम्र
(*d*) मानसिक उम्र

141. बच्चे का शारीरिक संवर्धन सर्वाधिक द्रुतगति से होता है–
(*a*) तीन वर्षो तक
(*b*) छह और दस वर्षो के बीच
(*c*) तेरह और उन्नीस वर्षो के बीच
(*d*) उन्नीस और पच्चीस वर्षो के बीच

142. लड़कियों का संवर्धन लड़कों की अपेक्षा अधिक त्वरित होता है–
(*a*) 6 से 10 वर्ष के बीच
(*b*) 13 से 19 वर्ष के बीच
(*c*) 19 से 25 वर्ष के बीच
(*d*) 25 वर्ष के बाद

143. निम्नलिखित में कौन व्यायाम का लाभ नहीं है–
(*a*) मोटापा में कमी
(*b*) रक्तचाप को बनाए रखना
(*c*) चोट
(*d*) बीमारियों से मुक्ति

144. क्रेट्स्मेर के काया प्रारूपों के किस वर्गीकरण का अर्थ ग्रीक में 'मोटा' होता है?
(*a*) पाइकनिक (*b*) बलिष्ठ
(*c*) कृशकाय (*d*) डाइप्लास्टिक

145. निम्नलिखित में कौन कृशकाय काया प्रारूप को सूचित करता है?
(*a*) नाटा-मोटा
(*b*) मांसपेशीय
(*c*) दुबला, उथली छाती वाला
(*d*) असामान्य काया

146. निम्नलिखित में किन उपायों से हम मूल्यों, विश्वासों और व्यवहार को उपार्जित करते हैं?
(*a*) समाजीकरण (*b*) संस्कृति
(*c*) मनोरंजन (*d*) शारीरिक शिक्षा

147. प्राचीन ओलिंपिक्स किन महीनों में आयोजित किए जाते थे?
(*a*) जुलाई-अगस्त (*b*) अगस्त-सितंबर
(*c*) सितंबर-अक्टूबर (*d*) अक्टूबर-नवंबर

148. ओलिंपिक्स के लिए कौन-सा इवेंट प्रथम और मौलिक था?
(*a*) पाद दौड़ (*b*) रथ दौड़
(*c*) मुक्केबाजी (*d*) मल्लयुद्ध

149. 776 वर्ष ईसा पूर्व में आयोजित प्रथम ओलिंपिक इवेंट कितने दिनों तक चला?
(*a*) एक दिन (*b*) दो दिन
(*c*) तीन दिन (*d*) चार दिन

150. ज़्यूसदेव की पत्नी के सम्मान में आयोजित महिलाओं का उत्सव था–
(*a*) हेलेना (*b*) हेराका
(*c*) हीर्किअँस (*d*) ओलिंपिक्स

151. किसके द्वारा पारित आज्ञप्ति के कारण प्राचीन ओलिंपिक्स बंद कर दिए गए?
(*a*) थिओडोसियस-1 (*b*) ऑजियस
(*c*) पेलॅप्स (*d*) हेराक्लीज

152. प्राचीन और आधुनिक ओलिंपिक्स में कितनी शताब्दियों का अंतराल था?
(*a*) 13 शताब्दियों का (*b*) 15 शताब्दियों का
(*c*) 16 शताब्दियों का (*d*) 14 शताब्दियों का

153. आधुनिक ओलिंपिक्स कब पुनर्जीवित किए गए?
(*a*) 1900 ई. (*b*) 1897 ई.
(*c*) 1896 ई. (*d*) 1894 ई.

154. पुराने ओलिंपिक्स कितनी शताब्दियों तक चलते रहे?
(*a*) 10 (*b*) 11
(*c*) 12 (*d*) 13

155. प्राचीन ओलिंपिक खेलों में कुल कितने ओलिंपिक खेलों का आयोजन किया गया?
(*a*) 290 (*b*) 291
(*c*) 292 (*d*) 293

156. आधुनिक ओलिंपिक्स का पुनरुत्थान किसके कठिन प्रयासों का परिणाम था?
(*a*) जॉर्ज एवरॉफ़ (*b*) फेडिपिडिज
(*c*) फ्रेंचमैन (*d*) पियर्रे द कूबर्टिन

157. प्रथम आधुनिक ओलिंपिक कहां आयोजित किया गया?
(*a*) ओलिंपिया (*b*) एथेंस
(*c*) सैंटलुइस (*d*) ऐंटवर्प

158. आधुनिक ओलिंपिक्स का स्थल किसके द्वारा निर्धारित होता है?
(*a*) अन्तर्राष्ट्रीय ओलिंपिक समिति
(*b*) राष्ट्रीय ओलिंपिक समिति
(*c*) अंतर्राष्ट्रीय स्पोर्ट्स फेडरेशन
(*d*) विभिन्न देशों के प्रतिभागी

159. अंतर्राष्ट्रीय ओलिंपिक समिति का अध्यक्ष कितने वर्षों के लिए चुना जाता है?
(*a*) चार वर्ष (*b*) दो वर्ष
(*c*) बारह वर्ष (*d*) आठ वर्ष

160. निम्नलिखित में कौन प्रतियोगिता के लिए अर्हता का नियम नहीं है?
(*a*) सदस्य देश का निवासी अथवा नागरिकता प्राप्त व्यक्ति
(*b*) उसे आगामी ओलिंपिक्स में सिर्फ एक देश के लिए खेलना चाहिए, दूसरे देश के लिए नहीं
(*c*) उसे शौकिया खिलाड़ी होना चाहिए
(*d*) उसकी उम्र 40 वर्ष से कम हो

161. औपचारिक ओलिंपिक ध्वज़ का उपयोग कब किया गया?
(*a*) ऐंटवर्प, 1920 (*b*) पेरिस, 1900
(*c*) लंदन, 1908 (*d*) पेरिस, 1924

162. निम्नलिखित वर्षों और ओलिंपिक खेलों में मेल मिलाइए–

अ. 1948	I. मास्को
ब. 1980	II. लंदन
स. 1956	III. रोम
द. 1960	IV. मेलबोर्न

(*a*) अ-I, ब-III, स-IV, द-II
(*b*) अ-II, ब-I, स-IV, द-III
(*c*) अ-II, ब-I, स-III, द-IV
(*d*) अ.III, ब-II, स-IV, द-I

163. पी.पी.बी.ई.एस. इनमें से किस के लिए है:
(*a*) योजना, कार्यक्रम, बजट, शिक्षा एवं व्यवस्था।
(*b*) तैयारी, कार्यक्रम, बजट, प्रवेश एवं व्यवस्थाएँ।
(*c*) योजना, तैयारी, संतुलन, शिक्षा एवं व्यवस्था।
(*d*) योजना, कार्यक्रम, बजट और मूल्यांकन व्यवस्था।

164. प्रथम चार विश्व कप फुटबॉल प्रतियोगिता के आयोजित देशों को क्रम से लिखें:
(*a*) ब्राजील, फ्रांस, इटली, उरूग्वे
(*b*) फ्रांस, ब्राजील, उरूग्वे, इटली
(*c*) उरूग्वे, फ्रांस, इटली, ब्राजील
(*d*) उरूग्वे, इटली, फ्रांस, ब्राजील

165. प्रथम चार ओलम्पिक खेलों क मेजबानी करने वाले देशों का क्रम बताइए:
(*i*) एथेन्स (*ii*) पेरिस
(*iii*) सेंट लुईस (*iv*) एथेन्स

कोड:
(*a*) (*i*) (*ii*) (*iii*) (*iv*)
(*b*) (*i*) (*iii*) (*ii*) (*iv*)
(*c*) (*iv*) (*ii*) (*iii*) (*i*)
(*d*) (*i*) (*ii*) (*iv*) (*iii*)

166. शीतकालीन ओलिंपिक्स किस वर्ष आरंभ किए गए?
(*a*) 1942 (*b*) 1956
(*c*) 1952 (*d*) 1924

167. तक्षशिला विश्वविद्यालय में किस खेल का प्रशिक्षण शीर्ष पर था?
(*a*) रथदौड़ (*b*) मैराथन
(*c*) धनुर्विद्या (*d*) अखाड़े

168. अखिल भारतीय क्रीड़ा परिषद् किस वर्ष गठित हुई?
(*a*) 1954 (*b*) 1952
(*c*) 1956 (*d*) 1955

169. इंडियन नेशनल फिटनेस कोर का गठन कब हुआ?
(*a*) 1954 (*b*) 1971
(*c*) 1959 (*d*) 1965

170. निम्नलिखित में किस काया प्रारूप की विशेषता है सुकुमार शरीर-संरचना और कमजोर पाचनतंत्र?
(*a*) एंडोमॉर्फ (गोल-मटोल मांसल व्यक्ति)
(*b*) मेसोमॉर्फ (मध्यम गठित शरीर वाला व्यक्ति)
(*c*) एक्टोमॉर्फ (कृशकाय व्यक्ति)
(*d*) ऐथलेटिक (बलिष्ठ शरीर वाला व्यक्ति)

171. अंतर्राष्ट्रीय ओलिंपिक समिति का मुख्यालय कहां अवस्थित है?
(*a*) फ्रांस (*b*) यूनाइटेड किंगडम
(*c*) संयुक्त राज्य अमेरिका (*d*) स्वीट्जरलैंड

172. निम्नलिखित में कौन भारतीय अंतर्राष्ट्रीय ओलिंपिक समिति का सदस्य नहीं है?
(*a*) सर दोराबजी जमशेदजी टाटा
(*b*) जी. डी. सोंधी
(*c*) एस. रणधीर सिंह
(*d*) वल्लभ भाई पटेल

173. निम्नलिखित में किस वर्ष में ओलिंपिक खेल रद्द नहीं किए गए?
(*a*) 1912 (*b*) 1916
(*c*) 1940 (*d*) 1944

174. ओलंपिक खेलों के लिए दिनों की अधिकतम संख्या होती है
(*a*) 15 दिन (*b*) 14 दिन
(*c*) 12 दिन (*d*) 16 दिन

175. ओलंपिक खेलों के समाप्ति अनुष्ठान के दौरान निम्नलिखित में कौन-सा झंडा नहीं फहराया जाता?
(*a*) ग्रीक ध्वज
(*b*) मेजबान देश का झंडा
(*c*) विजेता देश का ध्वज
(*d*) अगले देश का ध्वज (जहां अगला ओलंपिक खेला जाना है।

176. ओलंपिक खेलों में मशाल जलाने का रिवाज कब शुरू हुआ?
(*a*) लंदन ओलंपिक, 1948 में
(*b*) टोकियो ओलंपिक, 1964 में
(*c*) सिओल ओलंपिक्स, 1988 में
(*d*) बर्लिन ओलंपिक्स, 1936 में।

177. एशियाई खेलों की परिकल्पना किसने की?
(*a*) जी. डी. सोंधी (*b*) जवाहर लाल नेहरू
(*c*) महाराजा यादवेन्द्र सिंह (*d*) एम. सी. धवन

178. प्रथम एशियाई खेल कब खेले गए?
(*a*) 1949 (*b*) 1951
(*c*) 1950 (*d*) 1952

179. प्रथम एशियाई खेल कहां खेले गए?
(*a*) पाकिस्तान (*b*) जापान
(*c*) चीन (*d*) भारत

180. सूची-I को सूची-II से मिलाइए और नीचे दिए गए कोड की सहायता से सही उत्तर दीजिए।

सूची-I	सूची-II
A. अजमेर सिंह	(*i*) बास्केट बॉल
B. दिलीप तिरकी	(*ii*) एथलैटिक्स
C. महेश भूपति	(*iii*) हॉकी
D. परमजीत सिंह	(*iv*) टैनिस

कोड:	A	B	C	D
(a)	(i)	(iii)	(ii)	(iv)
(b)	(iv)	(i)	(iii)	(ii)
(c)	(ii)	(iii)	(i)	(iv)
(d)	(ii)	(iii)	(iv)	(i)

181. 'ओलिंपिया' शहर है–
(a) रोम में (b) इटली में
(c) ग्रीस में (d) जर्मनी में

182. 'ओलिम्पियाड' सूचित करता है–
(a) ओलिंपिक्स
(b) दो ओलिंपिक्स के बीच की अवधि
(c) ग्रीस में एक स्थान
(d) ओलिंपिक पदक

183. ओलिंपिक आदर्श-वाक्य 'फोर्टियस' का अर्थ है
(a) उच्चतर (b) द्रुततर
(c) सशक्ततर (d) इनमें कोई नहीं

184. ग्रीस में कौन-सी जगह ऐसे संस्थान के रूप में विकसित हुई जहां लोग शारीरिक क्रिया-कलाप में संलग्न होते थे?
(a) एथेंस (b) ओलिंपिया
(c) पैलेस्ट्रा (d) इनमें कोई नहीं

185. निम्नलिखित में कौन-से संगठन ओलिंपिक खेलों में भारतीय टीमों की सहभागिता नियंत्रित करते हैं?
(a) आई. ओ. सी. (b) ए. ए. एफ. आई.
(c) आई. ओ. ए. (d) ओ. सी. ए.

186. भारतीय ओलिंपिक संघ का अध्यक्ष कौन है?
(a) मिल्का सिंह (b) बी. बी. भागवत
(c) सुरेश कलमाड़ी (d) राजा भालेन्द्र सिंह

187. भारत में खेल-कूद के प्रशिक्षक को दिया जाने वाला सर्वोच्च पुरस्कार क्या है?
(a) अर्जुन पुरस्कार (b) खेल रत्न पुरस्कार
(c) अति विशिष्ठज्योति (d) द्रोणाचार्य पुरस्कार

188. भारत का राष्ट्रीय खेल है–
(a) क्रिकेट (b) फुटबॉल
(c) कबड्डी (d) हॉकी

189. 'मैराथन' दौड़ पद किसके नाम पर है?
(a) एक व्यक्ति (b) एक स्थान
(c) एक पाददौड़ (d) एक रथदौड़

190. दर्शन शास्त्र से जुड़ी विचारधाराओं की संख्या है–
(a) एक (b) दो
(c) तीन (d) चार

191. निम्नलिखित में कौन ज्ञानात्मक शिक्षण भी कहलाता है?
(a) भावात्मक शिक्षण (b) मानसिक शिक्षण
(c) मोटर लर्निंग (d) कोई नहीं

192. कंडिशंड रिस्पाँस सिद्धांत के प्रतिपादक हैं–
(a) पावलोव (b) फ्रायड
(c) स्किनर (d) जुंग

193. प्रकृतिवाद का जनक किसे माना जाता है?
(a) अरस्तू (b) पावलोव
(c) रूसो (d) प्लेटो

194. कौन-सा शिक्षा दर्शन इस बात पर बल देता है कि 'अनुभव जीवन की कुंजी हैं?
(a) अस्तित्ववाद (b) यथार्थवाद
(c) उपयोगितावाद (d) प्रत्ययवाद

195. प्लेटो किस शिक्षा-दर्शन का जनक माना जाता है?
(a) प्रत्ययवाद (b) प्रकृतिवाद
(c) यथार्थवाद (d) अस्तित्ववाद

196. कौन-सा शिक्षा-दर्शन शिक्षक को छात्रों के आदर्श प्रतिमान के रूप में परिभाषित करता है?
(a) प्रत्ययवाद (b) प्रकृतिवाद
(c) यथार्थवाद (d) अस्तित्ववाद

197. रूसी लोगों ने विश्व ओलिंपिक्स में कब भाग लिया?
(a) 1948 (b) 1952
(c) 1956 (d) 1960

198. प्राचीन ओलिंपिक्स का प्रथम अभिलेख विजेता कौन था?
(a) हेरा (b) आइफिटॉस
(c) कोरोबॉस (d) कूबर्टिन

199. सूची-I और सूची-II को नीचे दिए गए कोड की सहायता से मिलाइए और सही उत्तर दीजिए।

सूची-I	सूची-II
A. द्रोणाचार्य	(i) सोलजर
B. उदयन पंडित	(ii) सिविलियन
C. वीर चक्र	(iii) एग्रीकलचर
D. भारत रत्न	(iv) कोच

कोड:	A	B	C	D
(a)	(i)	(ii)	(iii)	(iv)
(b)	(iii)	(iv)	(ii)	(i)
(c)	(iv)	(iii)	(i)	(ii)
(d)	(iv)	(ii)	(iii)	(i)

200. प्रथम शीतकालीन ओलिंपिक खेल कहां खेले गए?
(a) संयुक्त राज्य अमेरिका (b) जर्मनी
(c) नॉर्वे (d) फ्रांस

उत्तरमाला

1	2	3	4	5	6	7	8	9	10
(b)	(b)	(a)	(a)	(b)	(b)	(b)	(b)	(a)	(c)
11	**12**	**13**	**14**	**15**	**16**	**17**	**18**	**19**	**20**
(b)	(c)	(b)	(c)	(a)	(a)	(b)	(a)	(d)	(b)
21	**22**	**23**	**24**	**25**	**26**	**27**	**28**	**29**	**30**
(c)	(a)	(c)	(a)	(b)	(a)	(a)	(c)	(b)	(a)
31	**32**	**33**	**34**	**35**	**36**	**37**	**38**	**39**	**40**
(b)	(b)	(b)	(a)	(b)	(a)	(a)	(c)	(c)	(c)
41	**42**	**43**	**44**	**45**	**46**	**47**	**48**	**49**	**50**
(b)	(c)	(b)	(a)	(b)	(b)	(c)	(d)	(b)	(a)
51	**52**	**53**	**54**	**55**	**56**	**57**	**58**	**59**	**60**
(b)	(a)	(a)	(a)	(a)	(b)	(c)	(c)	(b)	(c)
61	**62**	**63**	**64**	**65**	**66**	**67**	**68**	**69**	**70**
(b)	(b)	(c)	(a)	(a)	(d)	(c)	(a)	(a)	(c)
71	**72**	**73**	**74**	**75**	**76**	**77**	**78**	**79**	**80**
(d)	(a)	(c)	(b)	(b)	(b)	(c)	(a)	(b)	(b)
81	**82**	**83**	**84**	**85**	**86**	**87**	**88**	**89**	**90**
(a)	(b)	(b)	(c)	(c)	(b)	(a)	(c)	(b)	(b)
91	**92**	**93**	**94**	**95**	**96**	**97**	**98**	**99**	**100**
(a)	(a)	(b)	(c)	(a)	(c)	(c)	(a)	(c)	(b)
101	**102**	**103**	**104**	**105**	**106**	**107**	**108**	**109**	**110**
(a)	(b)	(a)	(b)	(a)	(b)	(a)	(c)	(a)	(c)
111	**112**	**113**	**114**	**115**	**116**	**117**	**118**	**119**	**120**
(b)	(b)	(c)	(d)	(b)	(a)	(c)	(a)	(d)	(a)
121	**122**	**123**	**124**	**125**	**126**	**127**	**128**	**129**	**130**
(a)	(d)	(a)	(d)	(c)	(a)	(a)	(b)	(a)	(d)
131	**132**	**133**	**134**	**135**	**136**	**137**	**138**	**139**	**140**
(b)	(a)	(d)	(c)	(c)	(b)	(c)	(c)	(a)	(c)
141	**142**	**143**	**144**	**145**	**146**	**147**	**148**	**149**	**150**
(a)	(b)	(c)	(a)	(c)	(a)	(b)	(a)	(a)	(b)
151	**152**	**153**	**154**	**155**	**156**	**157**	**158**	**159**	**160**
(a)	(b)	(c)	(c)	(d)	(d)	(b)	(a)	(d)	(d)
161	**162**	**163**	**164**	**165**	**166**	**167**	**168**	**169**	**170**
(a)	(b)	(d)	(d)	(a)	(d)	(c)	(a)	(d)	(c)
171	**172**	**173**	**174**	**175**	**176**	**177**	**178**	**179**	**180**
(d)	(d)	(a)	(d)	(c)	(d)	(a)	(b)	(d)	(d)
181	**182**	**183**	**184**	**185**	**186**	**187**	**188**	**189**	**190**
(c)	(b)	(c)	(c)	(c)	(c)	(d)	(d)	(b)	(d)
191	**192**	**193**	**194**	**195**	**196**	**197**	**198**	**199**	**200**
(b)	(a)	(c)	(c)	(a)	(a)	(b)	(c)	(c)	(d)

इकाई-II

शरीर-क्रिया विज्ञान

शरीर-क्रिया विज्ञान (फिजियालोजी) का अर्थ है शरीर की प्रक्रियाओं का अध्ययन। इसके अन्तर्गत हम अध्ययन करतें हैं कि किस प्रकार हमारे अंग, प्रक्रियाएं, टिशू, कोशिकाएं, तथा कोशिकाओं के भीतर अणु कार्य करते हैं तथा हमारे भीतरी पर्यावरण को संतुलित बनाये रखने के लिए इन सभी प्रक्रियाओं को कैसे इकट्ठा रखा जाता है।

शरीर-क्रिया विज्ञान (फिजियोलोजी) मानव शरीर के संचालन का अध्ययन है। शरीर क्रिया-वैज्ञानिक जीवित वस्तुओं के विशिष्ट गुणों का अध्ययन करते हैं। उनका अध्ययन अंगों की मूल इकाई, कोशिका से लेकर पेचीदा अँगों तथा अंगों की प्रक्रियाओं का अध्ययन करना है जिसके अन्तर्गत दिमाग तथा श्वास-प्रक्रिया आदि शामिल हैं।

शरीर-क्रिया विज्ञान के अन्तर्गत हम विभिन्न अंगों का अध्ययन करते हैं अथवा प्रक्रियाओं के विशेष अंगों का भी अध्ययन करते हैं जिस पर वे संयुक्त रूप से एक विशेष प्रक्रिया का संचालन करते हैं। उदाहरण के तौर पर हमारे शरीर में भोजन के पाचन में हार्मोन की क्रिया तथा पेट, जिगर तथा पैंक्रियाज के फलस्वरूप बनने वाले रसायन का अध्ययन शामिल है। साथ ही, मांस-पेशियों (मसल) में सिकुड़ स्नायुओं द्वारा उत्पन्न संदेश से है जो रासायनिक-प्रक्रिया का परिणाम है तथा जो मांस-पेशियों को पहुंचाया जाता है। यदि हम यह अध्ययन करते हैं कि शरीर किस प्रकार से सामान्य रूप से कार्य करता है, तब हमें इस बात की जानकारी प्राप्त हो सकती है जब अंग असामान्य रूप से कार्य करते हैं तथा उसके क्या परिणाम होते हैं इससे हम अपने शरीर की देखभाल कर सकते हैं।

अर्थ

फिजियोलोजी वह विज्ञान है जिसका सम्बन्ध मानव शरीर के संचालन के अध्ययन से है।

व्यायाम शरीर-क्रिया विज्ञान से अभिप्राय है अध्ययन करना कि किस प्रकार शरीर के ढांचे तथा प्रक्रिया में बदलाव आ जाता है जब व्यायाम करते हैं? -एकसरसाईज फिजियालोजी

स्पोर्टस फिजियोलोजी व्यायाम शरीर क्रिया विज्ञान से लिया गया शब्द है। यह एकसरसाईज फिजियोलोजी सम्बन्धी धारणा पर लागू होता है जिससे धावक (एथलीट) को प्रशिक्षण दिया जाता है ताकि धावक की खेलकूद की प्रस्तुति में वृद्धि हो सके।

मानव शरीर में 650 से अधिक व्यक्तिगत मांस-पेशियां होती है जो मनुष्य के ढांचे से जुड़ी होती हैं। ये मांस-पेशियां शरीर को गतिशील तथा हरकत के योग्य बनाने वाली शक्ति प्रदान करती है। ये मांस-पेशियां शरीर के वजन का कुल 40 प्रतिशत होती हैं। हड्डियां अथवा मांस-पेशियों से जुड़ने वाली मांस पेशियों के सिरों को आरम्भ स्थल अथवा मेल स्थान कहा जाता है। उत्पत्ति-स्थान ही हड्डी का जोड़ स्थल है जिसके साथ मांस -पेशियां जुड़ी हुई है। जोड़ का स्थान ही हड्डी के साथ जुड़ने का स्थान है जिससे मांसपेशियां हरकत करती हैं। सामान्य तौर पर, मांस-पेशियां हड्डी के साथ मजबूत रेशेदार पदार्थ के साथ जुड़े रहते हैं जिन्हें टैंडन कहा जाता है। यह (टेंडन) एक अथवा-अधिक जोड़ों के बीच पुल अथवा जोड़ का काम करते हैं तथा मांस-पेशी के सिकुड़ने के परिणामस्वरूप इन जोड़ों में गतिशीलता होती है। शरीर जब भी गतिशील होता है, वह मूलतः मांस-पेशियों के समूह के कारण होता है। व्यक्तिगत मांस-पेशियों के कारण हरकत सम्भव नहीं। मांस-पेशियों का यह समूह प्रत्येक हकरत को गति प्रदान करता है, यह शक्ति प्रदान करता है, चाहे वह सूई में धागा डालना हो, अथवा भारी वजन उठाना हो।

मांस-पेशियों का सिकुड़ना अथवा फैलना ही हड्डियों में गतिशीलता प्रदान करता है जैसे काम करना किसी वस्तु को उठाना अथवा भोजन को चबाना-ये सभी प्रक्रियायें आइसोटोनिक कन्ट्रेक्शन (Isotonic Contraction) कहलाती हैं। आइसा का अर्थ है समान तथा टौनिक का अर्थ है टोन अथवा दबाव अथवा खिंचाव। आसोटोनिक कानट्रेक्शन का अर्थ है एक ही मांस पेशी में तनाव एक जैसा रहता है परन्तु उसकी लम्बाई में परिवर्तन आ जाता है जिससे गतिशीलता उत्पन्न हो जाती है अथवा काम करने के लिए प्रेरित करती है।

मांस-पेशियों का जो खिंचाव विरोधी शक्तियों को विपरीत-बल देता है, को आइसोमीट्रिक (Isometric) खिंचाव कहते हैं। आइसोमीट्रिक सिकुड़न प्रक्रिया में मांस-पेशियों की लम्बाई पूर्ववत रहती है परन्तु मांस-पेशियों में तनाव बढ़ जाता है। आप अपनी बाजू को दीवार के साथ धकेल कर आइसोमीट्रिक सिकुड़न को महसूस कर सकते हैं। इस अवस्था में आप बाजू की मांसपेशियों में बढ़े हुए तनाव को भी अनुभव कर सकते हैं। आइसोमीट्रिक सिकुड़न से मांस-पेशियां सख्त हो जाती हैं, परन्तु वे न तो कोई गति उत्पन्न करते हैं, न ही कोई कार्य करती हैं।

मांस पेशियों के प्रकार

मांस-पेशी प्रक्रिया शरीर को गतिशीलता तथा सहारा प्रदान करती है। पेशी-टिशू तीन प्रकार के होते हैं: स्कैलेटल (Skeletal), मुलायम (Smooth) तथा हृदय सम्बन्धी (Cardiac)। ये सभी अपनी-अपनी क्रियाशीलता के अनुसार भिन्न-भिन्न आकार वाले हैं। हड्डियों की पेशियां करोन प्रकार की पेशियां हैं जो शारीरिक भागों तथा अंगों को हिलाने डुलाने के काम में आती हैं। हमवार पेशियां भीतरी अंगों में होती हैं जबकि हृदय सम्बन्धी पेशियां केवल दिल के भीतर ही होती हैं। पेशियां के फिलामेंट सारे शरीर में प्रोटोप्लाज्म की गतिशीलता के लिए उत्तरदायी हैं, क्योंकि वे पेशियों में विद्यमान होते हैं।

इस प्रकार, मानव शरीर में पेशियों को निम्न ढंग से बांटा जा सकता है:-

1. स्केलेटल पेशियां (Skeletal Muscles)
2. समतल पेशियां (Smooth Muscles)
3. दिल सम्बन्धी पेशियां (Cardial Muscles)

अस्थिर पिंजर से जुड़ी पेशियां: ये पेशियां हड्डियों के साथ जुड़ी हुई होती हैं। वे बाजुओं, टांगों अंगुलियों, तथा अस्थि पिंजर के विभिन्न भागों का भी संचालन करती हैं। इन्हें वालंटरी पेशियां अथवा स्वयं-चालित पेशियां भी कहा जाता है। इन पेशियों की बनावट करने वाले तंतु हल्के तथा गहरे रंग की एक दूसरे को क्रास करती हैं जिन्हें धारीदार कहा जाता है।

अस्थि पिंजर पेशियां शरीर के अलग-अलग भागों में गति स्वयंमेव करने में उत्तरदायी हैं। अस्थि पिंजर पेशियों को धारीदार पेशियां भी कहा जाता है क्योंकि इसकी बनावट धारियों जैसे दिखाई देती है। पेशी के प्रत्येक तंतु की बनावट एब्रायोनिक पेशी तंतु (Embryonic Muscle Cell) अथवा मायोब्लास्टस के द्वारा बहु-अणुवात्मक ढांचे के रूप में बदल जाती हैं जिसे सिंकाइटीयम कहा जाता है। यह सिंकाइटीयम एक सरकोलेमा (Sarcolemma) से घिरा होता है। यह सरकोलेमा एक नाभि वाला सैल के प्लाज्मा रेशों जैसा होता है। एक स्टेरटिड पेशी तंतु 1000 अथवा अधिक महीन रेशों (myatribrits) से बना होता है, जो रेशी सारकोमीट नामक इकाई से निर्मित होते हैं। सारकोमीट जैड रेखाओं से जुड़े रहते हैं जो अत्यंत पतले ढांचे होते हैं जो मायोफिबरिल पर एक दूसरे के ऊपर बढ़े होते हैं। मायोफिबरिल के भीतर एकटिन के रेशे मायोसिन के गहरे रेशों से अदल-बदल करते हैं।

पेशी के सिकुड़ने की क्रिया को सलाइडिंग फिलामैंट सिद्धांत (Sliding Filament Theory) कहा जाता है। हैनसन तथा हकसले ने यह सुझाव दिया था कि इस सिद्धान्त के अनुसार एकटिन तथा मायोसिन फिलामैंट के मध्य पुलों का लगातार बनना तथा टूटना जैड पंक्तियों को निकट लाता है। स्कैलेटल पेशियों में सिकुड़ने अथवा ढीले पड़ने की क्रिया के लिए ए.टी.पी.की जल विश्लेषण प्रक्रिया (hydrolysis) की लगातार जरूरत पड़ती है। व्यक्ति की मृत्यु होने से ए.टी.पी. उसके शरीर से गायब हो जाता है। इसके गायब होने से पेशियों में सिकुड़ने तथा ढीले होने की क्षमता समाप्त होती है तथा वे सख्त हो जाती हैं जिस अवस्था को रिगर मौरटिस (rigor mortis) कहा जाता है।

स्कैलेटल पेशी अथवा पिंजरे की पेशी मोटर न्यूरोल से संकेत मिलने पर सिकुड़ती है। पेशियों के सिकुड़ने की प्रक्रिया के अध्ययन पर यह तथ्य सामने आया है कि मोटे फिलामैंटस (मायसिन फिलामैंटस) का 'सिर' अपने आप को पतले फिलामैंट (actin filament) के साथ जोड़ लेता है तथा मध्य भाग की ओर खींचता है। दूसरी ओर ढीली पेशियों में माइसिन फिलामैंट अपने आपको एकटिन फिलामेंटस के साथ नहीं जोड़ सकते क्योंकि दोनों को जोड़ने वाले स्थान प्रोटीन के एक फिलामेंट जिसे ट्रोपोमायसिन (tropomyosin) कहा जाता है अवरुद्ध हो जाते हैं। प्रोटीन का यह गोलाकार रूप जिसे ट्रोपोनिन (troponin) भी कहा जाता है एकटिन, कैल्शियम तथा रेशेदार प्रोटीन ट्रोपोमाइसिन को जोड़ता है। ट्रोपोनिन तथा ट्रोरौपोमाइसिन प्रायः एक्टन की जोड़ने-वाली जगह को अवरुद्ध कर देते हैं। इससे माइसिन के पास एकटन उपलब्ध न होने से उन्हें जोड़ा नहीं जा सकता। माइसिन के लिए एकटन फिलामैंटस को जोड़ने का एक ही मार्ग है यदि जुड़ने वाले स्थान नंगे हों अर्थात् ढके हुए न हों।

स्नायु पेशियां उन स्थानों के साथ जुड़ी हुई हैं जिन्हें मोटर इंड प्लेट (motor end plate) कहा जाता है। स्नायुओं द्वारा भेजे जाने वाले संकेतों जो मोटर इंड प्लेटस के समूह को भेजे जाते हैं उन्हें मोटर इकाई कहा जाता है। वे पेशियों की कोशिकाएं के

साइटोप्लाज्म में कैल्शियम छोड़ते हैं कैल्शियम एकटन-ट्रौपोनिन-ट्रोपोमाइसिन समूह के साथ मिलने से ऐसी प्रक्रिया उत्पन्न करता है जिससे जुड़ने वाले स्थान को उघाड़ देता हैं। इससे मायोसिन फिलामैंटस एकटन फिलामैंट के साथ जोड़ने में सक्षम हो जाते हैं। इसके परिणामस्वरूप पेशियों में सिकुड़ने की प्रक्रिया आरम्भ हो जाती है।

समतल पेशियों के विपरीत (जहां पेशियों के सिकुड़ने का आधार गैर ध्रुवीकरण पर आधारित है) सीधे तथा धारीदार पेशियां का प्रत्युत्तर या तो बहुत अधिक होता है अथवा बिल्कुल कम। सिकुड़ने की शक्ति रेशों के उद्दीपन की संख्या के अनुपात से ही होगी।

शरीर के अंगों की गति के लिए जिम्मेदार स्कैलेटल पेशियों को उनकी प्रक्रिया के अनुसार वर्गीकृत किया जा सकता है। वे जो जोड़ों को बंद करते हैं उन्हें फ्लैकसर्ज (flexors) कहा जा सकता है। इसके विपरीत जो पेशियां जोड़ों को खुलने के लिए उकसाती हैं उन्हें एक्सटेंसरज (Extensors) कहा जाता है। इन पेशियों के कारण जोड़ फैलता है। उदाहरण के लिए बाजू की बईसेप (bicyps) को फ्लैकसर (flexors) तथा कंधे से कोहनी तक ट्राईसेप पेशियों को एकटेंसर कहा जा सकता है। एडकटर्ज पेशियां (Adductors muscles) वे हैं, जो शरीर के अंग को शरीर की ओर मोड़ती हैं जबकि एबडक्टर्ज (Abductors) वे हैं जो अंगों को शरीर से दूर मोड़ सकती हैं।

फ्लैकसर तथा एकटैंसर पेशियां गतिशील हड्डी के जिस स्थान पर जुड़ती हैं, उन्हें इनसरसन (Insertion) कहा जाता है। एक स्थान पर स्थिर हड्डी के ऊपर जिस जगह पर पेशी जुड़ती है उसे निकास (origin) कहा जाता है। स्वयं चालित स्कैलेटल पेशियां या तो हड्डियों के साथ सीधे जुड़ी हुई हैं अथवा आपस में जुड़े रहने वाले टिशुओं की सहायता से हड्डियों के साथ जुड़ी रहती हैं जिन्हें टैंडनज कहा जाता है। गतिशील जोड़ों को इकट्ठा रखने में सुरक्षा की पर्त प्रदान करने वाले टिशू, जो पेशियों तथा टेंडनज को उन्हीं स्थानों पर ही बनाये रखते हैं, लिंगामैंट (स्नायु) कहा जाता है।

समतल पेशियां: ये पेशियां शरीर के भीतरी अंगों में होती हैं। समतल पेशियां धारीदार नहीं होतीं जो स्कैलेटल पेशियों में हल्के गहरे एक दूसरे के ऊपर चढ़ी हुई पेशियों की तरह बनी हुई हैं। ये पेशियां पेट तथा आंतड़ियों की दीवारों के भीतर होती हैं जो पाचन प्रक्रिया में भोजन को आगे सरकाती हैं। समतल पेशियां रक्त वाहनियों की चौड़ाई तथा खास मार्ग का भी नियंत्रण करती हैं। ऐसी अवस्था में समतल पेशियां स्वयंमेव (अपने-आप) सिकुड़ती तथा ढीली होती हैं। हम उन पर नियंत्रण नहीं करते; इसीलिए वे स्वयंसेवी (स्वयं चालित) पेशियां कहलाती हैं।

समतल पेशियां जो स्वयं चालित अथवा स्वयंसेवी स्नायु प्रक्रिया के नियन्त्रण में है, भीतरी अंगों के संचालन में सिकुड़ने की शक्ति प्रदान करती हैं। समतल पेशियां भोजन को पूरी पाचन प्रणाली के बीच ले जाने, समस्त रक्त-शिराओं में रक्त का बहाव संचालित करने तथा मसाने (Urinary bladder) में मूत्र को बाहर निकालने जैसे कार्यों के लिए जिम्मेदार होते हैं।

समतल पेशियां लम्बी तकली जैसे आकार की कोशिकाओं से बनी होती हैं। प्रत्येक कोशिका की एक ही नाभि (nucleus) होती है। इन पेशियों के टिशू आमतौर पर 'शीटों' के रूप में बिछे होते हैं। कोशिका का एक दूसरे के साथ बिजली सम्पर्क होता है। यह सम्पर्क गैप जंक्शन नामक ढांचों के माध्यम से होता है। गैप जंक्शन एक कोशिका की झिल्ली के भीतर उपजे 'कार्य सामर्थ्य' (action potential) को टिशू की शीट के अंदर सारी कोशिकाओं तक पहुंचाने का कार्य करती हैं। पेशियों में तनाव की सीमा इस बात पर निर्भर करती है कि कोशिका का अध्रुवीकरण कितना होता है।

हृदय की पेशियां: यह पेशी केवल हृदय (दिल) के भीतर ही होती है। इसमें स्कैलेटल पेशी तथा समतल पेशियों वाले सारे लक्षण होते हैं। यह स्कैलेटल पेशियों की तरह धारीदार होती हैं। परन्तु यह समतल पेशियों की तरह बिना थकावट महसूस किये स्वयंमेव लयात्मक ढंग से सिकुड़ती तथा खुलती रहती हैं। हृदय की पेशियां दिल को औसत रूप में एक मिनट में 72 बार धड़कने में सहायता करती है। यह धड़कन जीवन-पर्यन्त बिना किसी रुकावट के होती रहती है।

हृदय पेशियां, धारीदार पेशियां हैं जो सिर्फ दिल में ही होती हैं। दिल की धड़कन को कभी भी न सिकुड़ने वाली कोशिकाएं दिल के भीतर ही नियंत्रित करती हैं जिन्हें पुरकिंज फाइबर (Purkinje Fibres) कहा जाता है। इन कोशिकाओं में सिकुड़ने वाली कोई प्रोटीन नहीं होती बल्कि ये बिजली संचालन के ही काम आती हैं। दिल की धड़कन शरीर के दायें भाग में लगे पेसमेकर अथवा साइनोएट्रियल नोड (Sinatrial node) (एस. ए.) की बिजली जैसी प्रक्रिया से होती है। दिल की कोशिकाएं किस तरह लयात्मक ढंग से धड़कती हैं, इसका रहस्य आज तक किसी को पता नहीं चला, परन्तु जब दिल की कोशिकाओं की डाक्टरी पहचान (culture) के लिए मनुष्य की कोशिकाएं ली गई तब वे धड़कती रहीं। इतना ही नहीं अकेली कोशिका भी

लयात्मक ढंग से अन्य पेशियों की कोशिकाओं से स्वतन्त्र तथा किसी बाहरी सहायता के बिना धड़कती रहीं।

साइनोएटरीयल नोड से परिकोष्ठि (atrium) के सभी भागों में एक बिजली की तरंग फैलती है जो एट्रीयोवेण्ट्रिकल जोड़ (atrioventricular node) तक जाती है। एट्रीयोवेंट्रिकल नोड दिल के विभाजन स्थल के निकट दो वैट्रिकल्ज में स्थित है। यहां यह तरंग दिल के सभी भागों में फैलती है तथा इसी प्रक्रिया में वहीं एकसाथ सिकुड़न भी पैदा करती है।

समांतर पेशियों की तरह दिल की पेशियां भी गैप जंक्शन के माध्यम से जुड़ी हुई हैं। यह वे ढांचे हैं जिनके अन्तर्गत बहुत छोटे-छोटे मुसाम (pores) होते हैं। जिनके बीच से बिजली तरंग तथा कैल्शियम एक कोशिका से दूसरी कोशिका तक पहुंचता है। यद्यपि दिल स्नायुओं के हस्तक्षेप के बिना धड़कता है, फिर भी एक मुख्य स्नायु दिल को जाती है जिसे दसवीं करेनियल स्नायु (Cranial Nerve) अथवा वेगस (vagus) कहा जाता है। वेगस स्नायु में अनुकंपी तथा स्वयं-चालित स्नायु प्रणाली की शाखाएं होती हैं। अनुकंपी प्रक्रिया हृदय गति की दर को बढ़ाती है जबकि स्वयं चालित उसकी गति को धीमी करती है। हृदय पेशी की असंख्य सूत्र कणिकाएं हैं जो वस्तुतः उसकी निरंतर गति से अपेक्षित हैं।

स्कैलेटल पेशियों की बनावटः स्कैलेटल पेशियां वे अंग हैं जो पिंजर के टिशू तथा स्नायुओं के जोड़ने वाले प्रमुख टिशुओं से निर्मित होते हैं। ये पेशियां अलग-अलग रूप, आकार तथा तंतुओं के प्रबन्ध में भी अलग-अलग होती हैं। कहीं यह छोटे-छोटे तंतुओं जैसे होती हैं तथा कहीं बहुत-बहुत मात्रा में बड़े आकार में। उदाहरण के लिए कानों के बीच की पेशियां बहुत सूक्ष्म धागे-जैसी नस होती हैं जबकि जांघ की पेशियां बहुत बड़ी बड़ी होती है। कुछ अस्थि पिंजर बनावट में बहुत तंग होती हैं तथा कुछ बहुत चौड़ी। कुछ लम्बी होती हैं, कुछ आकार में छोटी। कुछ त्रिभुज आकार की, कुछ तीखी, कुछ खुरदरी तथा कुछ बेतरतीब। कुछ चौड़ी चादरें बनाती हैं तथा अन्य भारी भरकम पिंड।

अलग-अलग पेशियों में तंतुओं का प्रबंधन अथवा समायोजन भी अलग-अलग होता है। कुछ पेशियों में तंतु लम्बी धुरी वाली पेशियों के समानांतर होते हैं जबकि अन्य में यह आपस में बहुत निकट (तंत्र) से जुड़े रहते हैं। पेशियों के निर्माण में तंतुओं की दिशा बहुत महत्त्वपूर्ण हैं क्योंकि इसका सम्बन्ध पेशियों की क्रियाशीलता से जुड़ा हुआ है।

स्कैलेटल पेशियों के कार्य

1. स्कैलेटल पेशियां उसी अवस्था में सिकुड़ती हैं जब उन्हें उत्तेजित किया जाता है। इन्हें उत्तेजित करने वाले प्राकृतिक ढंग, तथा स्नायु की भीतरी तरंगे हैं। बनावटी उत्तेजक, बिजली अथवा चोट हो सकते हैं।
2. स्कैलेटल पेशियां अलग-अलग ढंग से सिकुड़ती (contract) हैं जैसे कि आइसोटोनिक कन्ट्रेक्शन, आइसोमीट्रिक कन्ट्रेकशन, तथा टविच (twutch) कन्ट्रेकशन आदि।
3. स्कैलेटल पेशियां अपने-आप वर्गीकृत ताकत के अनुसार सिकुड़ती हैं।
4. स्कैलेटल पेशियां, जोड़ों के हिस्सों में खिंचाव पैदा करके हरकत सम्भव बनाती हैं।
5. शरीर के भागों को हिलाने डुलाने वाली पेशियां उस भाग के उपर नहीं होती बल्कि उसके निकट होती हैं।
6. हड्डियां लीवर के तौर पर कार्य करती हैं, तथा जोड़ इन लीवरों की धूरी होते हैं।

न्यूरॉन की संरचना

न्यूरॉन तंत्रिका तंत्र की एक रचनात्मक इकाई है जिसके द्वारा ऐच्छिक और अनैच्छिक दोनों प्रकार की क्रियायें की जाती हैं। इस तंत्र का मुख्य कार्य शरीर के विभिन्न भागों को तंत्रिकाओं (Nerves) द्वारा संदेश भेजने का काम किया जाता है। मुख्यतः इस तंत्र द्वारा सूचना मस्तिष्क को जाती है। प्रत्येक कोशिका के जीवद्रव्य में उत्तेजना नामक गुण पाया जाता है। परन्तु वे कोशिकायें जो तंत्रिका तंत्र का निर्माण करती है उनमें ये गुण अधिक सीमा में पाये जाते हैं। उत्तेजित होने के पश्चात् उत्तेजनाओं को एक स्थान से दूसरे स्थान पर ले जाने की शक्ति इनमें अन्य कोशिकाओं की अपेक्षा अधिक होती है। इन ऊतक कोशिकाओं को तंत्रिका कोशिका या न्यूरॉन कहते हैं।

अध्ययन के दृष्टिकोण से तंत्रिका तंत्र को मुख्य रूप से तीन भागों में विभाजित किया जाता है:

1. संवेदी भाग (Sensory Portion)
2. केन्द्रीय भाग (Central Portion)
3. गतिवाही भाग (Motor Portion)

संवेदी भाग द्वारा उत्तेजना शरीर के विभिन्न क्षेत्रों से ग्रहण की जाती है- जैसे कि त्वचा के सतह से, दर्द, ठण्डा, गर्म और दाब आदि। इसी प्रकार शरीर के अन्य भाग नाक, आँख कान, जीभ, आदि द्वारा संवेदी तंत्रिका भाग को उत्तेजना प्राप्त होती है।

इस तंत्रिका के केन्द्रीय भाग में सुषुम्ना (Spinal chord) और मस्तिष्क आदि भाग आते हैं। सुषुम्ना, खोपड़ी के आधार से द्वितीय कटी कशेरुक (Second Lumber vertibra) तक फैली रहती है जो कि मस्तिष्क तंत्रिका तंत्र का केन्द्रीय भाग है जिसे केन्द्रीय तंत्रिका तंत्र भी कहते हैं। इसका मुख्य कार्य आने वाली उत्तेजना को ग्रहण करके उसके अनुसार प्रतिक्रिया प्रदर्शित करना है। तंत्रिका तंत्र का तीसरा **गतिवाही भाग** केन्द्रीय तंत्रिका तंत्र से जुड़ा होता है और यहां मांसपेशियां आने वाले संकेतों को ग्रहण करके इच्छानुसार गति करती हैं।

तंत्रिका कोशिका

तंत्रिका तंत्र की मूल रचनात्मक और क्रियात्मक इकाई को न्यूरॉन या तंत्रिका कोशिका (Nerve cell) कहते हैं। तंत्रिका तंत्र और उसके भिन्न-भिन्न भागों में जो कार्य होते हैं वे वास्तव में तंत्रिका कोशिकाओं के ही कार्य हैं। अर्थात् तंत्रिका तंत्र, तंत्रिका कोशिका नामक इकाइयों से मिलकर बनता है। ये तंत्रिका कोशिका अन्य प्रकार की कोशिकाओं से कुछ-कुछ भिन्न पायी जाती हैं, परन्तु भौतिक रचना एक समान होती है। अन्य कोशिकाओं की तरह इनमें भी जीवद्रव्य और केन्द्र में एक केन्द्रक पाया जाता है। प्रत्येक तंत्रिका कोशिका दो भागों में विभक्त होती है। कोशिका और तंत्रिका तन्तु (Nerve fibre) तंत्रिका तंत्र की कोशिकाओं में यह विशेषता है कि कोशिका के दोनों ओर तंतु निकलते हैं। इनको (Bipolar) द्विध्रुवीय तंत्रिका कोशिका (Bipolar nerve cell) कहते हैं। कुछ कोशिकाओं में दो से अधिक तन्तु निकलते हैं जिन्हें बहु ध्रुवीय तंत्रिका कोशिका (Multi nerve cell) कहते हैं। इन तंतुओं में फिर शाखायें निकलती हैं जिसमें एक शाखा अधिक लम्बी और अन्य शाखायें छोटी है। लम्बी शाखा को अक्ष तन्तु (Axon) और छोटी शाखा को पार्श्व तन्तु (Dendrite) कहते हैं। न्यूरॉन की रचना देखने पर मालूम चलता है कि इस तंत्रिका कोशिका के मुख्य तीन भाग होते हैं:

1. **कोशिका कॉय :** यह न्यूरॉन या तंत्रिका कोशिका का मुख्य भाग है जिसे कोशिका कॉय या कोशिका पिण्ड भी कहते हैं। इस न्यूरॉन से दो प्रकार के तन्तु निकलते हैं। कोशिका कॉय में एक बड़ा गोल केन्द्रक होता है और अनेकों भूरे कण पाये जाते हैं। इस कणों को निसेल्स ग्रेन्यूल्स कहते हैं। ये कण राइबो न्यूक्लिक एसिड (Ribonucleic acid) के बने होते हैं। इनके द्वारा तंत्रिका कोशिका में नये कोशिका द्रव्य (Cytoplasm) का निर्माण होता है, और इनका सम्बन्ध प्रोटीन संश्लेषण से होता है। इस कोशिका पिण्ड में बारीक धागे के समान रचनाएं पाई जाती हैं जिन्हें न्यूरोफाइब्रिल्स कहते हैं, जो कि एक जाल का निर्माण करते हैं। इसके अलावा इसमें छड़ के आकार की रचना पाई जाती हैं जिसे माइट्रोकॉन्ड्रीया (Mitochondria) कहते हैं। इन रचनाओं के अलावा गोल्गी कॉय (Golgy body) भी पाई जाती है। कोशिका पिण्ड में बाहर की ओर निकले हुये कुछ उभार या तन्तु पाये जाते हैं। इन तन्तुओं को क्रमशः अक्ष तन्तु और पार्श्व तन्तु कहते हैं।

   न्यूरॉन विभिन्न आकारों में शरीर के विभिन्न भागों में पाये जाते हैं। मस्तिष्क में पाये जाने वाले न्यूरॉन का व्यास 54 μ (micron) और रीढ़ रज्जू में पाये जाने वाले न्यूरॉन का व्यास 120 μ (micron) होता है। इनकी लम्बाई लगभग 90 से.मी. तक होती है।

2. **अक्ष तन्तु :** कोशिका पिण्ड के नीचे वाले भाग को अक्ष तन्तु कहते हैं। अक्ष तन्तु का प्रारंभ अक्ष तन्तु हिलौक (Axon hillock) से प्रारंभ होकर मांसपेशीय तन्तु तक जाता है। इसमें अंत कोशिकीय द्रव्य पाया जाता है जिसे एन्डोप्लाज्मा (Endoplasm) कहते हैं। इस अक्ष तन्तु में निसेल्स ग्रेनयूल्स नहीं पाये जाते हैं। इन अक्ष तन्तुओं से आवेग (Impulse) दूसरे न्यूरॉन के पार्श्व तन्तु में संचरित होता है। यह अक्ष तन्तु तंत्रिका कोशिका का सबसे लम्बा प्रवर्ध है तथा अन्य प्रवर्धों की अपेक्षा मोटा होता है। इसका दूसरा सिरा भी कई शाखाओं में बंटा होता है। अक्ष तंतु पर कही-कहीं और भी शाखायें निकलती हैं, इन्हें पार्श्व शाखाओं (Collateral fibre) कहते हैं। कोई भी उद्दीपन (Stimulus) पहले पार्श्व तन्तु में आता है जहां से यह कोशिका से होता हुआ अक्ष तन्तु तक आगे बढ़ता है। पूरी तंत्रिका तंत्र इन्हीं तंत्रिका कोशिकाओं से बना होता है जो एक के पीछे एक मोती की माला के समान जुड़ी होती है। ये अक्ष तन्तु की अंतिम शाखायें, दूसरी कोशिका के पार्श्व तन्तु के बिल्कुल समीप पड़ी रहती है। तंत्रिका कोशिकाओं के बीच ऐसे सम्बन्ध को सूत्र-युग्मन (Synapse) कहते हैं। इलेक्ट्रान माइक्रोस्कोप में देखने से पता चलता है कि प्रत्येक अक्ष तन्तु के सिरे पर माइटोकॉन्ड्रियान से भरी एक फूली हुई रचना पाई जाती है जिसे टर्मिनल बटन और साईनेप्टीक नाब (Synaptic knob) कहते हैं। ये एक कोशिका से दूसरे तंत्रिका

कोशिका में संदेश भेजने के लिए जिम्मेदार होते हैं। जब आवेग इस टर्मिनल बटन पर पहुंचता है तो उसमें से सूक्ष्म मात्रा में एसीटाईलकोलीन (Acetylecholine) नामक द्रव्य निकलता है।

अक्ष तन्तु के ऊपर एक या दो आवरण चढ़े रहते हैं इस आवरण (Sheath) चढ़े अक्ष तंन्तु को तंत्रिका तंतु कहते हैं। अक्ष तन्तु के चारों ओर एक प्रोटीन का बना कड़ा आवरण इस प्रकार चढ़ा होता है जेसे कालीन को लपेट दिया गया हो। इस आवरण को न्यूरीलेमा (Neurilema)कहते हैं। यह न्यूरीलेमा वास्तव में स्वान्त कोशिकाओं का कोशिकाद्रव (Schwann cells) है जिसमें बाहर की ओर कोशिका का केन्द्रक भी होता है। न्यूरीलेमा के लपेट के मध्य मज्जा (Myelin) की परत रहती है जिसे मायलीन शीथ कहते हैं। इस मज्जा की उपस्थिति के कारण तंत्रिका तन्तु सफेद एवं चमकीला दिखाई पड़ता है। दोनों प्रकार के तन्तुओं में कुछ दूरी के अंतर से न्यूरीलेमा नहीं होता है। इस स्थान पर एक स्वान्त कोशिका की समाप्ति और दूसरी का प्रारंभ होता है। इस स्थान पर मज्जा वृन्त (Medulated) भी नहीं होता अर्थात् मायलीन की परत जहां जहां से टूटी होती है, ऐसे स्थान को रेनवियर पर्व (Ranvier node) कहते हैं। तंत्रिका तन्तु का वह भाग जो दो रेनवियर पर्व के बीच होता है उसे अंत: पर्व कहते हैं। प्रत्येक पर्व (Node) में न्यूरीलेमा अंदर धंस जाती है और अक्ष तंतु के समीप आ जाती है। इस स्थान पर स्वान्त कोशिकाओं का द्रव्य एक पतली पट्टी बना लेता है जिसे सीमेंट डिस्क कहते हैं जो कि अक्ष तन्तु को चारों ओर से घेरे रहती है। मायलीन आवरण की उपस्थिति के कारण ही तन्तुओं को मज्जायुक्त तन्तु कहते हैं। लेकिन कुछ ऐसे तन्तु होते हैं जिनमें यह अन्त: स्थावरण (Medulated sheath) नहीं पाई जाती, ऐसे तन्तुओं को मज्जा रहित (Nonmedulated) तन्तु कहते हैं ये तन्तु क्रमशः सफेद और भूरे रंग के होते हैं।

3. **पार्श्व तन्तु :** कोशिका पिण्ड से एक या अधिक संख्या में छोटे-छोटे उभार पाये जाते हैं। जिन्हें डेन्ड्रान या पार्श्व तन्तु (Dendron) कहते हैं। ये डेन्ड्रान आगे चलकर छोटी-छोटी शाखाओं में विभक्त हो जाते हैं जिन्हें पार्श्व तन्तुक (Dendrites) कहते हैं। ये शाखायें दूसरी तंत्रिका कोशिकाओं जैसी छोटी शाखाओं के बहुत पास तक पहुंच जाती हैं परन्तु उनसे मिलती नहीं हैं। ये पेड़ की सघन टहनियों के समान फैली रहती हैं जिनके दो मुख्य कार्य हैं। ये स्नायु प्रवाहों को ग्रहण करती है तथा उन्हें कोशिका में ले जाती है। इस प्रकार अक्ष तन्तु कोशिका पिण्ड और पार्श्व तन्तु मिलकर तंत्रिका बण्डली की इकाई का निर्माण करती है जिसको न्यूरॉन कहते हैं।

तंत्रिका से तंत्रिका का युग्मन या अंतः ग्रन्थन

तंत्रिका से तंत्रिका का युग्मन के संबंध में कहा गया है "Synapse can be defined as the connection of an axon of one nerve to the cell body or dendrites of another' इस जंक्शन की आंतरिक और बाह्य रचना से पता चलता है कि यह जंक्शन या युग्मन दो तंत्रिका कोशिका (Neuron) के बीच का होता है। इन दोनों रचनाओं में प्राक: अंतग्रंथन न्यूरॉन (Presynaptic Neuron) का पश्च: अंतग्रंथन टर्मिनल (Postsynaptic Terminal)भाग और तंत्रिका कोशिका के कोशिका पिण्ड (Cytom) का पश्च: अंतग्रंथन का टर्मिनल भाग सम्मिलित होता है। इसमें दर्शाया गया है कि युग्मन अंतराल या अंतग्रंथन अंतराल (Synaptic gap or Cleft) दोनों अक्ष तंतु और कोशिका पिंड के बीच का स्थान है। अथार्त् दो न्यूरॉन के मध्य जो खाली स्थान होता है उसे अंत: ग्रंथन अंतराल कहते हैं। आवेगों का संचरण इसी भाग से एक तंत्रिका से दूसरे तंत्रिका भाग में एक रासायनिक संचरण पदार्थ (Chemical transmitter Substance) के माध्यम से संचरित हाता है। इस रासायनिक संचरण पदार्थ को एसिटाईलकोलीन कहते हैं। यह एसीटाईलकोलीन साइनेप्टिक वेसिकल्स (Vesicles) से निकलता है। यह पदार्थ सोडियम आयन को अंत:प्रवाह और पोटेशियम आयन को बाह्य प्रवाह के लिए प्रेरित करता है जिससे पश्च : अंतग्रंथन टर्मिनल विध्रुवीत हो जाता है और इस प्रकार आवेग अक्ष तंतु में फैल जाता है। ये प्राक : ग्रंथन टर्मिनल न्यूरॉन के पार्श्व तन्तु और कोशिका पिण्ड में छोटी-छोटी रचनाओं के समान काफी संख्या में होते हैं। ये युग्मन जो कि कोशिका और पार्श्व तन्तु में पाये जाते हैं इनका मुख्य कार्य अक्ष तन्तु द्वारा सूचना और संदेशों को ग्राही अंगों (Receptors organs) को भेजना होता है। अत: जब अंतग्रंथन (Synapse) उत्तेजित होता है तो यह आवेगों को ग्रहण करते हैं तथा अंतग्रंथन अंतराल द्वारा संदेशों को आगे भेज देते हैं। लेकिन यह भी ध्यान रहे कि कुछ प्राक: अंतग्रंथन टर्मिनल ऐसे भी होते हैं जो आवेगों के संचरण को रोकते हैं।

तंत्रिका आवेग, इनकी उत्पत्ति एवं प्रवर्धन

तंत्रिका आवेग : "तंत्रिका आवेग, वैद्युत ऊर्जा का रूप है जिसमें संवेदी और गतिवाही तन्तु द्वारा सूचना या संदेश

एक स्थान से दूसरे स्थान पर, एक तन्तु से दूसरे तन्तु में संचरित होता है जो कि सम्बंधित भाग द्वारा ग्रहण कर लिया जाता है।''

एक तंत्रिका आवेग तन्तु के उद्दीपन बिन्दु पर एक प्रकार का वैद्युत है जो कि अक्ष तन्तु में सूचनाओं या तंत्रिका आवेगों को स्वयं फैलाता है। तंत्रिका आवेग से वास्तविक अर्थ है कि तंत्रिका आवेग उद्दीपक के प्रति अनुक्रिया में उत्पन्न होता है और तंत्रिकाओं में फैल जाता है।

तंत्रिका आवेगों का उत्पन्न होना (Generation of Nerve impulses): जब तंत्रिका तन्तु विरामावस्था में रहता है तो उस समय तंत्रिका झिल्ली (Nerve Membrane) के बाहर की ओर Na^+ (सोडियम आयन) की सान्द्रता बहुत अधिक होती है। तंत्रिका झिल्ली के अंदर ऋणात्मक आवेश और झिल्ली के बाहर धनात्मक आवेश रहता है। तंत्रिका तन्तु के अंत: और बाह्य भाग में विभवान्तर (Potential difference) को विरामीकला विभव (Resting Membrane Potential) कहते हैं।

तंत्रिका आवेगों का प्रवर्धन : जब उद्दीपन तंत्रिका में पहुंचता है तो तंत्रिका झिल्ली सोडियम आयन के लिए अधिक पारगम्यशील (Permeable) हो जाती है जिसके परिणामस्वरूप तंत्रिका का बाह्य भाग ऋणात्मक और अंत: भाग धनात्मक हो जाता है। तंत्रिका के इस ध्रुवण (Polarity) को क्रिया विभव (Action Potential) कहते हैं। यह प्रक्रिया उस समय तक जारी रहती है जब तक तंत्रिका तन्तु के आंतरिक भाग में क्रिया विभव पूर्ण रूप से न फैल जाये। कुछ तन्तुओं में मायलीन शीथी होने के कारण तंत्रिका का भाग वैद्युत झोभ (Electrical disturbance) से ग्रस्त रहता है। इसलिये तंत्रिका आवेग न तो उत्पन्न होगा और न ही तंत्रिका तन्तु के भाग में फैलेगा। इसलिये इसके स्थान पर तंत्रिका आवेग रैनवियर पर्व पर फैलेगा और एक पर्व से दूसरे पर्व द्वारा तंत्रिका के पूरे भाग में कूद जायेगा। इस क्रिया को Saltatory conduction कहते हैं।

तंत्रिका आवेगों का संचरण

न्यूरॉन का मुख्य कार्य कोशिका कला में वैद्युत विभव में परिवर्तन की सूचना देना और ग्राही अंगों से उत्तेजना की तरंगों को लाना होता है। ये ग्राही अंग मांसपेशीय ग्रन्थि केन्द्रीय तंत्रिका तंत्र आदि हो सकते हैं। पराधीय तंत्रिका तंत्र (Peripheral Nervous System) में दो प्रकार की तंत्रिकायें संवेदी और गतिवाही प्रकार की होती हैं। वे तंत्रिकायें जो आवेगों को केन्द्रीय तंत्रिका तंत्र की ओर ले जाती है, उन्हें एफरेंट या सेन्सरी न्यूरॉन (Afferent of Sensory Neuron) कहते हैं। तंत्रिकायें सूचनाओं को केन्द्रीय तंत्रिका तंत्र से बाहर की ओर ले जाती है उन्हें इफरेन्ट या गतिवाही न्यूरॉन कहते हैं। तंत्रिका के संचरण को निम्नलिखित शीर्षकों में अध्ययन करते हैं।

1. **विरामी कला विभव (Resting membrane Potential):** अक्ष तन्तु की दीवार में एक पतली प्लाज्मा की झिल्ली होती है जिसके भीतर एक्जोप्लाज्म (Exoplasm) नामक द्रव्य भरा रहता है और अक्ष तन्तु की इस झिल्ली में विध्रुवीयकरण की क्रिया होती है जिससे झिल्ली के भीतरी सतह में ऋणात्मक आवेश और बाहरी सतह में धनात्मक आवेश रहता है। तंत्रिका तन्तु के बाह्य भाग में इस विभव के अंतर को विरामी कला विभव कहते है। इस विभव को माइक्रो वोल्ट में मापा जाता है। इस विरामी कला में विभवान्तर का मान लगभग 0.06 वोल्ट से 0.09 वोल्ट रहता है। इस विरामी कला विभव में अंतर आवेशित आयनों के विभाजन में असमानता के कारण पाई जाती है। बाह्य भाग में आयन की सान्द्रता अधिक होती है। शरीरक्रिया वैज्ञानिकों (Physiologist) द्वारा बताया गया कि Na^+ (सोडियम आयन) आवेश की सान्द्रता का मान तंत्रिका कोशिका कला के आंतरिक भाग के सापेक्ष बाह्य भाग में लगभग 10 गुना अधिक होता है तथा कोशिका कला के अंत: भाग में K^+ (पोटेशियम आयन) सान्द्रता का मान बाह्य भाग के सापेक्ष 30 गुना अधिक होता है, अर्थात् कहा जा सकता है कि बाहरी भाग में Na^+ (सोड़ियम आयन) सर्वाधिक महत्वपूर्ण होते हैं ओर आंतरिक भाग K^+ (पोटेशियम आयन) में महत्वपूर्ण होते हैं।

   इस कला विभव की प्रक्रिया का गहन अध्ययन किया गया तथा पूर्व एवं वर्तमान में इसके सम्बन्ध में सैद्धांतिक व्याख्या दी गई लेकिन कोई भी व्याख्या संतोषजनक नहीं पाई गई और न ही संयुक्त रूप से मान्य पाई गयी। केवल एक व्याख्या को अधिक तर्कसंगत पाया गया जिसके अनुसार बताया गया कि तंत्रिका कोशिका की पारगम्यता (Permeability) की विभिन्नता के कारण कला के बाह्य और अंत भाग में आयनिक पदार्थों का विभाजन असमान होता है।

जब माइक्रो इलेक्ट्रान को अक्ष तन्तु के अन्तः सतह में रखा जाता है तो अक्ष तन्तु के अंतः भाग में बाह्य भाग के सापेक्ष लगभग 70 से 90 माइक्रोवोल्ट ऋणात्मक आवेश होता है। बाह्य भाग में सोडियम आयन, क्लोरीन तथा सूक्ष्म भाग में K^+ (पोटेशियम) आयनों की मात्रा होती है तथा अंतः भाग में उपरोक्त के सापेक्ष Na^+, Cl^-, K^+ आयनों की संख्या नियमित होती है। इसके अलावा अंतः भाग में ऋणावेशीय आयन (Anion) अतिरिक्त संख्या में होते हैं, ये एनायन, फास्फेट आयन, सल्फेट आयन और प्रोटीन आयन हो सकते हैं तथा ये मुक्त रूप से कोशिका कला में विसरित होने योग्य नहीं हैं। इसलिये ये आयन क्रियाशील रूप से कार्य नहीं करते हैं। अतः सोडियम और पोटेशियम आयन क्रियाशील होकर कार्य करते हैं तथा बाह्य भाग में सोडियम एवं अन्तः भाग में मैग्नीशियम इनकी सान्द्रता क्रमबद्धता के अनुसार होती है। इनके क्रियाशील परिवहन (Active Transport) शुद्ध विरामी कला विभव का मान औसतन–85 होता है जिसे विरामी विभव के नाम से जाना जाता है।

2. **क्रिया विभव** (Action potential) : जब कोई उद्दीपक तंत्रिका तन्तु के विशिष्ट बिन्दु पर पहुंचता है तो उसका वह भाग विध्रुवित हो जाता है क्योंकि कोशिका कला की पारगम्यता में कुछ क्षण के लिए परिवर्तन होता है तथा विध्रुवण प्रक्रिया में Na^+ आयन मुक्त रूप से कोशिका कला बाह्यभाग से अंतः भाग में प्रवेश करते हैं। इसके परिणाम स्वरूप ये Na^+ आयन ऋण आवेशित हो जाते हैं तथा आंतरिक धनात्मक विभव बढ़ जाता है। इस कला के बिन्दु में आंतरिक भाग में धनात्मक परिवर्तन और बाहरी भाग में ऋणात्मक परिवर्तन आ जाता है। तंत्रिका कोशिका कला के आंतरिक भाग में यह धनात्मक विभव उच्च शिखर तक पहुंच जाता है। इसे उच्च शिखर-विभव (Peak Potential of Spike Potential) भी कहते हैं। उस स्थान पर सोडियम आयन की पारगम्यता न्यूनतम हो जाती है। लेकिन कुछ क्षण में कोशिका कला का भाग पोटेशियम आयन के लिए पारगम्य हो जाता है तथा ये K^+ आयन बाहर आना शुरु हो जाते हैं, जिसके परिणाम स्वरूप आंतरिक धनात्मक विभव कम होना शुरु हो जाता है। जिस समय यह उच्च शिखर विभव तक पहुंचता है तो एक धारा का प्रवाह उत्तेजना रहित (Unstimulated) स्थिति से उत्तेजित स्थिति में होता है तथा इन स्थानों पर एक कार्य का रासायनिक परिवर्तन होता है। इसी कार्य के रासायनिक परिवर्तन को आवेग (Impulse) भी कहते हैं तथा ये आवेग, तंत्रिकाओं में एक स्थान से दूसरे स्थान को जाते रहते हैं।

उपरोक्त वर्णन से स्पष्ट है कि अचानक विरामी विभव विपरीत होकर धनात्मक हो जाता है तथा तुरंत वापिस हो जाता है। इसके बीच में लगभग .5 सेकेण्ड का समय लगता है। इस प्रक्रिया के परिणाम स्वरूप असामान्य अवस्थायें आती हैं जिन्हें क्रमशः (Negative after Potential & Positive after Potential) कहते हैं। इसका अर्थ यह है कि क्रिया विभव का यह स्थानीय परिपथ कुछ तंत्रिकाओं में 100 मीटर/ सेकेण्ड की चाल से अक्ष तन्तु की लम्बाई के साथ फैल जाती है।

तंत्रिका आवेग के पहुंचते ही आयनों में क्रिया प्रारंभ हो जाती है जिसके कारण कला में Na^+ आयनों का संचरण बढ़ने से अक्ष तन्तु के अंतः सतह में धनात्मक आयनों की संख्या का बढ़ना प्रारंभ हो जाता है जिसके कारण अक्ष तन्तु में क्रिया विभव उत्पन्न होता है।

धारा प्रवाह– धारा प्रवाह का अर्थ है कि कैलशियम आयन की उपस्थिति में साइनेप्टिक वेसल्स (Synaptic Vesseles) नामक रासायनिक संचरण पदार्थ के निकलने से तंत्रिका कोशिका में Na^+ आयन अंतः भाग में प्रवेश करते हैं जो कि वास्तव में कोशिका कला में क्रिया विभव को उत्पन्न करना प्रारंभ कर देते हैं तथा एसीटाईलकोलीन अपना कार्य करने के पश्चात् शीघ्र ही एसीटाईलकोलेनस्ट्रिरेज नामक विकर द्वारा हाइड्रोलाइज्ड हो जाता है तथा इसके साथ-साथ Na^+ आयन का प्रवेश भी रुक जाता है।

जब तंत्रिका उत्तेजित हो जाती है, तो तंत्रिका आवेशों का संचरण प्रारंभ हो जाता है तथा इस क्रिया में अधिक ऊर्जा का प्रयोग होता है तथा इस प्रक्रिया में अधिक ऑक्सीजन ग्रहण करके कार्बन डाइऑक्साइड (CO_2) को अधिक भाग में छोड़ा जाता है। इस तंत्रिका आवेगों के संचरण को अनुभवनात्मक प्रक्रिया (Undergonic process) भी कहते हैं।

3. **उछल कूद संवहन** (Salatary Conduction): मज्जारहित तंत्रिका तन्तु का प्रत्येक बिन्दु पर कार्य का रासायनिक परिवर्तन होता है। मायलिन युक्त तन्तु में स्थित कुछ इसके सापेक्ष विभिन्न होती है। इसमें मज्जाआवरण

आयन परिवर्तन के लिए इन्सूलेशन का कार्य करती है। रेनवियर पर्व पर मायलीन आवरण नहीं होता है इसलिये आयनों में अदल-बदल इस रेनवियर पर्व पर संभव है इसमें आवेग एक पर्व से दूसरे पर्व द्वारा आगे बढ़ते हैं, इस प्रकार के तंत्रिका तन्तु में संचरण को उछलकूद संवहन कहते हैं। इसका मुख्य लाभ यह है कि इसमें तंत्रिका आवेग मज्जायुक्त तन्तु में उच्च चाल से चलते हैं जबकि मज्जारहित तन्तु में चाल उच्च नहीं होती है। अत: इस प्रकार मायलीन आवरण पुन: सभी तंत्रिका तन्तुओं में पाई जाती है जिसमें तंत्रिका आवेगों की संचरण की आवश्यकता बहुत तेज चाल से होती है।

तंत्रिका मांसपेशीय युग्मन

जब गतिवाही तंत्रिका के रचनात्मक भाग, मांसपेशी तन्तु में धंसे रहते हैं तो इस प्रकार के मिलान को तंत्रिका मांसपेशीय युग्मन कहते हैं।

The anatomical feature (axon) of motor nerve, embedded into a muscles fibre, this type of union is called Neuromuscular junction or motor end plate or myoneural junction). एकल गतिवाही अक्ष तन्तु विभिन्न शाखाओं में विभक्त होकर, विभिन्न मांसपेशी तन्तुओं को उत्तेजित करने का काम करते हैं, प्रत्येक तंत्रिका मांसपेशीय युग्मन में इसी प्रकार का अनुक्रम पाया जाता है। जैसे ही अक्ष तन्तु की अंतिम शाखायें मांसपेशीय तन्तु कला के सम्पर्क में आती है तो अक्ष तन्तु की अंतिम शाखायें कुछ फैल जाती है।

मांसपेशीय तन्तु और अक्ष तन्तु के बीच एक खाली स्थान होता है, जो दोनों को एक दूसरे से अलग करता है। उस स्थान को अंत:ग्रंथन अंतराल कहते हैं। मांसपेशीय तन्तु की तली में विभिन्न परतों में उभार पाये जाते हैं जिसे पसच अंत: ग्रन्थन कला कहते हैं। अक्ष तन्तु की अंतिम शाखाओं में असंख्य रिक्तिकायें पाई जाती हैं जिन्हें (Vesicles of acetylecholine) कहते हैं। इसके अलावा इस अक्ष तन्तु में अन्य छोटी-छोटी रचनायें पाई जाती हैं जिन्हें माइटोकोन्ड्रिया कहते हैं। मांसपेशी कला की परतों के बीच में जो स्थान पाया जाता है उसे अंत: ग्रंथन गटर कहते हैं। तंत्रिका आवेग के अक्ष तन्तु के अंतिम भाग में पहुंचते ही एक प्रकार का रासायनिक पदार्थ स्त्रावित होता है जिसे एसीटाईलकोलीन (ACH) कहते हैं जिसके माध्यम से तंत्रिका आवेग अंत: ग्रंथन अंतराल से पार होकर मांसपेशी तंतु तक पहुंचते हैं। जैसे ही उद्दीपन मांसपेशी तन्तु में पहुंचता है वैसे ही मांसपेशी कला से एक प्रकार का विकर स्त्रावित होता है जिसे कोलीन स्टीरेज विकर कहते हैं। यह विकर शीघ्र ही एसीटाईलकोलीन नामक स्त्राव को अक्रियाशील कर देता है। कोलीनस्टेरेज नामक विकर मुख्यत: अंत:ग्रंथन कला के ऊपर स्थित रहता है। यह एसीटाईलकोलीन लगभग दो मिली सेकेण्ड मांसपेशी तन्तु की कला के सम्पर्क में रहकर मांसपेशी कोशिका कला और सारकोलेमा की पारगम्यता को परिवर्तित कर देता है। जैसा कि विदित है कि तंत्रिका से तंत्रिका युग्मन में आवेग संचरित होता है तो इसमें रुकावट क्रिया या प्रतिरोध क्रिया होती है। जबकि तंत्रिका मांसपेशीय युग्मन में उद्दीपन तंत्रिका से मांसपेशीय में साधारण रूप से संचारित होता है। तंत्रिका आवेग जैसे ही तंत्रिका मांसपेशीय जोड़ को पार करता है वैसे ही उत्पन्न उत्तेजना की तरंगें मांसपेशी तन्तु की लम्बाई से गुजरती है। जिस यंत्र द्वारा यह वैद्युत क्रिया का पता लगा है उसे इलेक्ट्रोमायोग्राफ कहते हैं जो कि उत्तेजना प्रक्रिया के परिणाम स्वरूप क्रिया विभव को मात्रात्मक माप के रूप में एक महत्वपूर्ण यंत्र (Tool) का कार्य करता है।

तत्रिका आवेगों का संचरण तंत्रिका से मांसपेशियों में आवेग के संचरण को निम्नलिखित भागों में विभाजित कर अध्ययन करते हैं :

1. अक्ष तन्तु टर्मिनल द्वारा एसीटाईलकोलीन का स्त्रावण।
2. कोलीनस्ट्रेज विकर द्वारा उत्पन्न एसीटाईलकोलीन का विनाशीकरण।
3. एसीटाईलकोलीन का प्रभाव।
4. मांसपेशी तंतु की उत्तेजना और अंतिम प्लेट विभव।
5. तंत्रिका मांसपेशीय युग्मन पर संचरण के लिए सुरक्षा।
6. तंत्रिका मांसपेशीय युग्मन को प्रभावित करने वाले अन्य कारक।

अक्ष तन्तु टर्मिनल द्वारा एसीटाईलकोलीन **स्त्रावण:** जैसे ही तंत्रिका आवेग तंत्रिका मांसपेशीय युग्मन पर पहुंचता है वैसे ही अक्ष तन्तु टर्मिनल द्वारा मांसपेशी तन्तु कला और टर्मिनल के बीच बना अंत: ग्रंथन अंतराल में अक्ष तन्तु टर्मिनल द्वारा लगभग एसीटाईलकोलीन के 300 सौ वैसिकल्स (Vesicles) का त्याग होता है जिसके परिणाम स्वरूप कैल्शियम आयन बाह्य कोशिकीय द्रव्य से टर्मिनल की कला में गति करना प्रारंभ का देता है तथा अक्ष तन्तु टर्मिनल की कलाएं क्रिया विभव द्वारा विध्रुवित हो जाते हैं। कैल्सियम आयन की अनुपस्थिति में और मैग्नीशियन आयन की उपस्थिति में एसीटाईलकोलीन का त्याग बहुत कम हो जाता है।

कोलीनस्ट्रेज विकर द्वारा उत्पन्न एसीटाईलकोलीन का विनाशीकरण - लगभग एक मिली सेकेण्ड के बाद अक्ष

तन्तु टार्मिनल से एसीटाईलकोलीन का त्याग हो जाता है जिसका अधिकतम भाग अंत: ग्रंथन गटर द्वारा बाहर विसरित हो जाता है तथा मांसपेशीय तन्तु कला पर इसकी अधिक समय तक क्रिया नहीं रहती। वास्तव में बचा हुआ अवशेष उप तंत्रिकीय अंतराल और तंत्रिका टर्मिनल के बीच स्थित मौलिक पर्व में एसीटाईल कोलीनस्ट्रेज द्वारा नष्ट हो जाता है। बहुत थोड़े समय तक एसीटाईलकोलीन मांसपेशी कला के सम्पर्क में रहता है। (लगभग 1 मिली सेकेण्ड)। यह काल मांसपेशी तंन्तु को उत्तेजित करने के लिए पर्याप्त है। एसीटाईलकोलीन के तीव्र गति से नष्ट होना पुन: उत्तेजना से बचाता है।

एसीटाईलकोलीन का प्रभाव -यद्यपि सेकेण्ड के कुछ अंतिम छड़ में मांसपेशी कला और अंतिम प्लेट के बीच अंतराल में धनात्मक आयन के रूप में असंख्य परतों में बढ़ती है। इसके बढ़ने का मुख्य कारण एसीटाईलकोलीन के आयन नलिका द्वारा खुलने के कारण होता है। इन नलिकाओं में (Channels) प्रोटीन अणु और ट्रांसमेमब्रेन होती है जिसका अणुभार लगभग 2,40,000 एसीटाईलकोलीन चैनल्स का व्यास लगभग 0.65 मैनोमीटर होता है जिससे सोडियम, पोटेशियम, कैल्सियम धन आयन अधिक संख्या में गति कर सकते हैं। ऋणात्मक आयन इन चैनलों से संचरित नहीं होते क्योंकि चैनल की दीवारों में बहुत अधिक ऋणात्मक आवेश होता है। प्रायोगिक दृष्टिकोण से केवल चैनल द्वारा सोडियम आयनों का प्रवाह ही होता है।

मांसपेशीय तंतु की उत्तेजना और अंतिम प्लेट विभव- अचानक सोडियम आयन के मांसपेशीय तन्तु में प्रवेश से एसीटाईलकोलीन चैनल के खुलने के साथ-साथ अंतिम प्लेट के स्थानीय क्षेत्र में कला विभव धनात्मक दिशा में बढ़ना प्रारंभ हो जाता है जिसका मान लगभग 50 से 75 मि.ली वोल्ट होता है। इस विभव को अंतिम प्लेट विभव कहते हैं।

तंत्रिका आवेग के अक्ष तन्तु टर्मिनल में पहुंचते ही एसीटाईलकोलीन नामक द्रव्य सक्रिय होता है जिससे कि तंत्रिका आवेग गतिवाही अंतिम प्लेट में विसरित हो जाता है और साथ-साथ मांसपेशीय तंतु की कला सतह भी विध्रुवित हो जाती है जिसके पणिाम स्वरूप मांसपेशियों के तन्तु में संकुचन की प्रक्रिया प्रारंभ हो जाती है।

तंत्रिका मांसपेशीय युग्मन पर संचरण के लिए सुरक्षा कारक- प्रत्येक आवेग जो कि N.M.J. (Neuro Muscular Junction) तक पहुंचता है लगभग तीन या चार भाग अंतिम प्लेट धारा प्रवाह N.M.J. पर उत्पन्न करती है जो कि मांसपेशी तन्तु को उत्तेजित करने के लिए आवश्यक है इसलिये N.M.J. को सुरक्षा की बहुत आवश्यकता होती है। यदि तंत्रिका तन्तु के कृत्रिम उद्दीपन के लिए 100 ग्राम प्रति सेकेण्ड की दर से कुछ मिनटों तक रिक्तिकाओं Vesicles से ACH निकलता है यदि आवेग अधिक समय तक संचरित होगा तो मांसपेशीय तन्तु आवेग के संचरण के लिए सक्षम नहीं होती है। इसे तंत्रिका मांसपेशीय युग्मन की थकान कहते हैं।

तंत्रिका मांसपेशीय युग्मन को प्रभावित करने वाले अन्य कारक -तंत्रिका मांसपेशीय युग्मन में आवेगों के संचरण को प्रभावित करने वाला कुछ औषधियों का समूह है जिसके माध्यम से N.M.J. में आवेगों का संचरण रोका और उत्तेजित किया जा सकता है।

(अ) एन. एम.जे. पर संचरण को रोकने वाली दवायें: औषधियों का वह समूह जिसे क्यूरेरीफार्म ड्रग के नाम से जाना जाता है यह अंतिम प्लेट से मांसपेशियों में आवेग के स्थानांतरण की रोकथाम करता है। इसी प्रकार Detubocuraine नामक औषधि मांसपेशी कला को प्रभावित करते हैं जिसके कारण ACH चैनल्स की पारगम्यता नहीं बढ़ सकती है।

(ब) एन. एम. जे को उत्तेजित करने वाली दवायें: औषधियों का वह समूह जो कि N.M.J. को उत्तेजित करता है जिसमें निम्नलिखित औषधियाँ विशिष्ट रूप से जानी जाती हैं:

1. नियोस्टिगमाइन (Neostigmine)
2. फिजोसटिगमाइन (Physostigmine)
3. डाइसो प्रोप्राइल फ्लोरो फास्फेट (Disopropyle Fluorophosphate)

श्वसन प्रक्रिया

श्वसन एक ऐसी शारीरिक प्रक्रिया है जिसके द्वारा जीव जन्तु आस-पास के वातावरण से आक्सीजन लेते हैं तथा कार्बन-डाइऑक्साइड छोड़ते हैं। कार्बोहाइड्रेट और वसा जैसे ईधन तत्त्वों से निकलने वाली ऊर्जा को भी श्वसन कहते हैं। इस प्रक्रिया के उत्पाद कार्बन डाइक्साइड तथा जल है। इस प्रक्रिया को सांस लेने की शारीरिक क्रिया से अलग रखने के लिए कई बार कोशिकीय श्वसन भी कहते हैं। उत्तकों को आक्सीजन दी जाती है तथा कार्डियोवेस्कुलर तथा श्वसन तंत्र से संयुक्त कार्य द्वारा कार्बन-डाइऑक्साइड हटाई जाती है। थोरेसिक केविटी में उपरोक्त दो तंत्रों का आपस में गहरा सम्बन्ध है और इसके कार्य

रूपों में इतनी समानता है कि इन्हें एक ही शीर्ष कार्डियोपल्मोनरी के नाम से जाना जाता है। फेफड़ों की किसी प्रकार की खराबी का सीधा असर दिल पर पड़ता है तथा दिल की खराबी का असर फेफड़ों पर पड़ता है। श्वसन तंत्र, उत्सर्जन तंत्र को सहयोग देता है तथा शरीर के अम्ल-आधार संतुलन को नियमित करता है। रक्त के pH में आए बदलावों से धड़कन और रक्त दबाव में स्वत: ही समायोजन होते रहते हैं। अत: श्वसन, कार्डियोवेसकुलर व उत्सर्जन तंत्र में नजदीकी शारीरिक सम्बन्ध है।

फेफड़ों में हवा का प्रवेश व बाहर निकलना, हवा और रक्त के मध्य गैसों की अदला बदली, रक्त में गैसों का आना-जाना तथा खून और उत्तकों के मध्य गैसों की अदला-बदली ही श्वसन होता है।

श्वसन के भेद

1. आन्तरिक श्वसन (Internal respiration) रक्त और कोशिकाओं के मध्य गैसों की अदला-बदली
2. बाह्य श्वसन (External respiration) रक्त और फेफड़ों के मध्य गैसों की अदला-बदली

श्वसन-तंत्र के कार्य

श्वसन तंत्र के मुख्य कार्य निम्नलिखित हैं-

- वायु और रक्त के बीच आक्सीजन और कार्बन-डाइऑक्साइड की अदला-बदली।
- रक्त pH का नियमन (अम्ल-क्षार संतुलन)
- ध्वनि उत्पन्न करना
- बू का पता लगाने वाले सेन्सरी रिसेप्टर के ऊपर हवा की हलचल
- कुछ सूक्ष्मजीवियों से बचाव

श्वसन तंत्र के अंग

श्वसन तंत्र के मुख्य अंग हैं- नाक, फेरेंक्स, लारेक्स, ट्रेकिया, ब्रोन्की तथा फेफड़े। ये अंग हवा अन्दर खींचते हैं, रक्त के साथ गैसों की अदला-बदली करते हैं तथा बदली हुई हवा को बाहर फेंकते हैं।

1. श्वसन तंत्र के वाहन विभाजन में वे रास्ते शामिल हैं जो ब्राकियोल में से नथुनों द्वारा हवा के आने जाने के लिए हैं।
2. श्वसन विभाजन में शामिल हैं- एलवियोली तथा दूसरे गैस अदला-बदली के क्षेत्र।
3. लारेक्स में से गुजरते हुए नाक का रास्ता ऊपरी-श्वसन ट्रैक्ट कहलाता है।
4. ट्रेकिया से फेफड़ों के क्षेत्र को निम्न श्वसन ट्रैक्ट कहते हैं।

1. नाक (Nose): नाक के कई कार्य हैं: अन्दर जाने वाली हवा को यह गर्म करता है, साफ करता है तथा आर्द्र बनाता है। यह बू की पहचान करता है, तथा आवाज को माडिफाई करने का रेजोनोटिंग (तरंगें पैदा करने वाला) चैम्बर है। बाह्य बाहर निकले हुए नाक को सहारा देने के लिए हड्डियों और कारटीलेज का एक ढांचा होता है। अन्दर का अर्ध-हिस्सा कारटीलेज से बना है। अन्दर के विस्तृत चैम्बर में रक्षक बाल होते हैं जो बड़ी वस्तुओं को अन्दर जाने से रोकते हैं।

2. फारेंक्स (गला) (Pharynx): फारेंक्स या गला एक मांसपेशियों से बनी नलकी (फनल) है जो नथुने के अन्दर से लारेंक्स तक 13 सेमी (5 इंच) लम्बी है। फारेक्स में से हवा आगे बढ़ती है।

3. लारेंक्स (Larynx): लारेंक्स या ध्वनि यंत्र एक कारटीलेज का बना हुआ चैम्बर है। इसका मुख्य कार्य भोजन और द्रव को रास्ते से दूर रखना है, परन्तु आवाज निकालने का अतिरिक्त काम भी यह करता है। इसके मुख्य प्रवेश द्वार गलोटिस पर उत्तकों का एक समूह है जिसे एपिगलोटिस कहते हैं। निगलने की क्रिया के दौरान, लारेंक्स की विस्तृत मांसपेशियाँ इसे गलोटिस की तरफ कर देती हैं तथा एपिगलोटिस भोजन और पेय पदार्थ को भोजन नली की तरफ भेज देता है। भोजन और पेय पदार्थों को हवा जाने के रास्ते से दूर रखने में वेस्टिबुलर फोल्ड (तहें) बहुत योगदान देती हैं। लारेंक्स के ढांचे में नौ कारटीलेज हैं। इनके नाम हैं, एपिगलोटिक, थाईराइड व क्राईकोएड (सभी एकल) तथा आरिटीनाइड, कॉर्नीकुलेट तथा क्यूनीफार्म (सभी जोड़े)।

लारेंक्स की दीवारें मांसपेशियों से निर्मित होती हैं। गहरी इट्रीसिंक मांसपेशियां आवाज कॉर्ड को चलाती हैं। लारेंक्स को हाईओड हड्डी से जोड़ने वाले सुपरफिशयल इट्रीसिंक मांसपेशियां सूजन की दशा में लारेंक्स को ऊपर उठा देती है। लारेंक्स की भीतरी दीवार पर तहें होती हैं। सबसे ऊपरी जोड़ा वेस्टीबुलर तहों का होता है जिसे कृत्रिम ध्वनि-यंत्र भी कहते हैं। कॉर्निकुलेट व आर्टिनाइड कारटीलेज को खींच कर इट्रींसिक मांसपेशियां ध्वनि कोर्ड को नियंत्रित करती हैं। हवा जैसे ही कोर्ड में से गुजरती है, और आवाज उत्पन्न होती है जब कोर्ड सख्ती से खींचे जाते हैं तथा कम आवाज पैदा होती है जब कोर्ड काफी विश्राम

अवस्था में हों। कोर्ड के बीच से गुजरने वाली हवा से उस आवाज का लाऊड होने को दर्शाता है।

4. ट्रैकिया (Trachea): ट्रैकिया या विंड पाईप एक सख्त ट्यूब है जो 12 सेमी लम्बी है तथा अन्दर सांस लेते समय सिकुड़न से बचाने के लिए इसमें सी–आकार के कार्टिलेज रिंग (छल्ले) होते हैं। लारेंक्स और ट्रैकिया के अंदर एपीथिलियम (झिल्ली) की लाईन होती है जो म्यूकस में फंसी गन्दगी को बाहर निकालने के लिए म्यूकोसिलरी एसकलेटर प्रदान करती है।

5. फेफड़े (Lungs): अन्य स्थल पर रहने वाले जानवरों की तरह मनुष्य भी नथुनों और फेफड़ों से सांस लेता है। हवा रोधक थोरेसिक कोठरी में एक जोड़ी फेफड़े स्थित हैं, इसके आसपास कानवेक्स, मांसपेशीय तथा इलास्टिक शीट होती है जिसे डायाफ्रॉम कहते हैं। फेफड़ों द्वारा श्वसन प्रक्रिया को पलमोनरी श्वसन् कहते हैं।

काम करने के लिहाज से, फेफड़े रबड़ के गुब्बारे से मिलते जुलते इलास्टिक थैले होते हैं। उनमें कोई मांसपेशी नहीं होती जिससे वे स्वत: फुल या सिकुड़ सकें। सांस लेते या छोड़ते समय पसलियों और डायाफ्राम के सिकुड़ने व विश्राम के कारण थोरेसिक गुदा में होने वाले दबावीय परिवर्तन का पेफड़ों पर प्रभाव पड़ता है।

प्रत्येक फेफड़ा एक कोन आकार का अंग है जिसका डायॉफ्राम पर टिका हुआ चौड़ा आधार अवतल होता है। फेफड़ा अपने हिलियम के जरिये ब्रोंकस, रक्त नलियां, लिम्फेटिक वेसल व स्नायु नलिकाएं प्राप्त करता है। बायां फेफड़ा दो तथा दायां फेफड़ा तीन लोबस में बंटा होता है।

ब्रांकियल ट्री (Bronchial Tree): ब्रांकियल ट्री अत्यधिक शाखाओं वाली वायु नलियों का वह तंत्र है जिसका प्रारम्भ प्राथमिक ब्रोंची से होता है जो ट्रैकिया के रास्ते फेफड़े में प्रवेश करती है। प्रत्येक प्राथमिक ब्रोंची माध्यमिक ब्रोंची में बदल जाती है जो फेफड़े के प्रत्येक लॉब में प्रवेश करती है। अगला उपविभाजन टरशरी ब्रोंची के रूप में होता है जो एक पृथक ब्रोंची पल्मोनरी परिशिष्ट प्रदान करती है। टरशरी ब्रोंची ब्रोंचिओल को जन्म देती है जिनमें कारटीलेज नहीं होता बल्कि उनकी दिवारों पर चिकनी मांसपेशियां होती हैं। प्रत्येक ब्रोंचिओल द्वारा वातानुकूलित भाग प्राथमिक लोबूयूल होता है। प्रत्येक ब्रोंचिओल 50–80 ट्रमिनल में विभक्त हो जाता है। प्रत्येक ट्रमिनल बोंचिओल छोटी–छोटी श्वसन ब्रोंचिओल को जन्म देती है जो एलवोलर डक्ट में विभक्त होती है तथा अन्त में एलवोलर सैकस (Sacs थैलों) में बदल जाती है। श्वसन ब्रोंचिओल, एलवोलर थैले तथा नलिकाएं एलवोलाई बड (कली) द्वारा बनती है।

एलवियोली (Alveoli): उच्च जीवन दर (मेटाबालिक रेट) तथा आक्सीजन की जरूरतों को पूरा करने हेतु प्रत्येक मानवीय फेफड़े के पास गैस की अदला–बदली के लिए बहुत अधिक धरातलीय क्षेत्रफल (80 वर्ग मीटर) होता है। एक एलवियोलस में अधिकतर एलवियोलर कोशिकाएं होती हैं जो इतनी पतली होती हैं ताकि गैसें उनमे से निकल सकें। एलवियोली के ल्यूमन के बीचो बीच मेकराफेगस (धूल कोशिकाएं) होती हैं जो अंदर निगले गए पदार्थ के विरुद्ध प्रतिरोध की अन्तिम पंक्ति होती है। प्रत्येक एलवियोलस रक्त की महीन नलियों के गुच्छों से घिरी होती हैं। पलमोनरी सरकुलेशन में बहुत कम रक्तचाप होता है तथा एलवियोलाई को द्रव से भरे जाने से रोका जा सके। पानी के ओसमेटिक अपटेक से फिलटेरेशन हो नहीं पाता और एलवियोली शुष्क रहती है।

प्लूरी (Pleurae): प्रत्येक फेफड़े का धरातल विसरल प्लूरा से ढका होता है तथा छाती–गुहा पारिटल प्लूरा से ढकी होती है। दोनों के बीच में प्लूरल द्रव से भरी प्लूरल गुहा का विस्तृत स्थान होता है। प्लूरा और प्लूरल द्रव उस समय घर्षण को घटाते हैं जब छाती फूलती है, तथा प्रेशर ग्रेडियट का निर्माण करते हैं तथा खण्ड बने होने के कारण इन्फेक्शन को रोकते हैं।

श्वसन की प्रक्रिया

अन्दर सांस लेना इन्सीपिरेशन तथा सांस छोड़ना एक्सपीरेशन कहलाता है। श्वसन कार्य को समझने के लिए भौतिक विज्ञान के कई गैस सम्बन्धी नियम सहायक हैं।

दबाव तथा बहाव (Pressure and Flow): श्वसन को नियमित करने वाले दबाव का नाम है वायुमण्डलीय (बेरोमीट्रिक) दबाव। हवा फेफड़ों में जाती है क्योंकि उनका आयतन बढ़ जाता है तथा इंट्रापल्मोनरी दबाव गिर जाता है। सांस छोड़ते समय, इंट्रापल्मोनरी दबाव वायुमण्डलीय दबाव से अधिक होता है तथा हवा फेफड़ों से बाहर चली जाती है।

सांस अन्दर लेना (Inspiration): फरेनिक स्नायुकोश नलियों द्वारा डायाफ्राम उत्प्रेरित होने पर फेफड़ों के आयतन में परिवर्तन आते हैं जिससे नीचे की तरफ सिकुड़न आती है तथा बाहरी इंटरकोस्टल मांसपेशियां पसलियों को उठान देती हैं। चेस्ट केविटी फूलती है तथा पेरीटल प्लूरा उससे चिपकी रहती है। फेफड़ों के साथ सटी हुई विसरल प्यूलरा भी साथ

चलती हैं क्योंकि उस पर इंटरप्लूरल दबाव पड़ता है। फेफड़ें फूलते हैं। एक अन्य बल, जों फेफड़ों को फुलाता है वह है अन्दर खींची गई हवा का गर्म होना। जैसे-जैसे अन्दर ली गई हवा गर्म होती है वह फेफड़ों को फूलने में सहायता करती हैं

सांस बाहर छोड़ना (Expiration): सांस अन्दर लेने में पेशीय कार्य की जरूरत पड़ती है तथा ए.टी.पी. और कैलोरी भी जलती हैं। बाहर सांस छोड़ना एक निष्क्रिया है। बाहरी अन्तर कोस्टल पेशियों और डायाफ्राम के रिलैक्स (विश्राम) करने के कारण बाहर सांस छोड़ने की प्रक्रिया सम्पन्न होती है ये दोनों इलास्टिक रिकायल (वापसी की स्थिति) के कारण मूल स्थिति में लौट आते हैं। जब ऐसा होता है तो बाहर की अपेक्षा फेफड़ों के अन्दर हवा का दबाव अधिक चली जाती है और गहरे उच्छवास के लिए आन्तरिक इँटरकॉस्टल पेशियां सिंकुड़ कर पसलियों को दबाती हैं।

हवा के बहाव का गतिरोध (Resistance to Airflow): एक कारक जो हवा दबाव को रोकता है वह है पल्मोनरी कम्पलायंस (अनुपालना) अर्थात् वह आसानी जिससे फेफड़े फूलते हैं। फेफड़े सामान्यत: आसानी से फूलते हैं मगर हवा मार्ग अवरूद्ध होने या हानिकारक फेफड़ों की बीमारी के कारण इस अनुपालना में कमी आ सकती है। ब्रोंचिलोल के व्यास से भी हवा का बहाव प्रभावित होता है। जब सिकुड़ने के कारण ब्रोंचिओल का व्यास घटता है तब भी फेफड़ों की अनुपालना में कमी आती है। ब्रोंकोडाइलेशन के दौरान अनुपालन नार्मल हो जाती है।

एलव्योलर सरफेस टेंशन (Alveolar Surface Tension): सारी हवा जो फेफड़ों में घुसती है हवा की अदली बदली के लिए एलव्योली को उपलब्ध नहीं होती । मृत हवा वह हवा है जो रक्त के साथ गैसों की वाहन क्षेत्र में अदला बदली नहीं कर सकती। इस स्थान को एनाटमिक मृत स्थान कहते हैं। फिजियोलोजिक (कुल) मृत स्थान एनाटमिक मृत स्थानों तथा किसी पैथेलोजिकल मृत स्थान का योग है। निरोगी व्यक्तियों में एनाटमिक तथा फिजियोलाजिक मृत क्षेत्र एक से होते हैं। एलव्यालर वेंटिलेशन दर सही साक्षेप रूप से उत्तकों को आक्सीजन देने की शरीर की योग्यता का नाप देते हैं।

एलवयोलर वेंटिलेशन (Alveolar Ventilation): फेफड़ों में पहुंची हुई सारी हवा अलवीयोलस (alveolus) में गैस बदलाव के लिये नहीं पहुंचती। फेफड़ों में मृत हवा वह हवा होती है जो कि खून के साथ हवा का बदलाव नहीं करती। इसे anatomic dead space कहते हैं। Physiological dead space, anatomical dead space तथा pathological dead space का मिश्रण है। स्वस्थ लोगों में anatomical तथा physiological space का मिश्रण है। स्वस्थ लोगों में anatomical तथा Physiological dead space एक से होते हैं। Alveolar Ventilation की दर से हमें स्पष्ट पता चल सकता है कि शरीर की अपने टिश्यू (Tissue) तक आक्सीजन पहुंचाने की कितनी क्षमता है।

रक्त संचार तंत्र

रक्त मानव शरीर में बहने वाला जीवनदायी द्रव है। हम इसके बिना जिंदा नहीं रह पाते। शरीर की सभी कोशिकाओं को रक्त हमारा दिल देता है तथा उन्हें आक्सीजन और भोजन पहुँचाता है। इसके साथ ही रक्त कार्बन डाईआक्साइड तथा अन्य अवशोषक पदार्थ बाहर निकालता है। यह रोगाणुओं से लड़ता है, हमारा तापमान ठीक रखता है, तथा शरीर के कई कार्यों को पूरा करने वाले रसायनों को पहुंचाता है। रक्त में ऐसे तत्त्व होते हैं जो टूटी रक्त नलियों का मार्ग रोकते हैं ताकि ज्यादा खून निकलने से हमारी मौत न हो जाए।

हमारे शरीर में खून की मात्रा इस पर निर्भर करती है कि हमारा आकार क्या है तथा हम कितनी ऊँचाई पर रहते हैं। 80 कि.ग्रा. वजन के एक वयस्क में लगभग 5 लीटर खून होता है, एक किशोर जिसका वजन 40 कि. ग्रा. है उसमें 2.5 लीटर खून होता है तथा 4 कि.ग्रा. के शिशु में 250 मि.ली. खून होता है। जो लोग ऊंचे स्थानों पर रहते हैं जहां आक्सीजन कम होती है, उनमें नीचे रहने वाले लोगों की अपेक्षा 2 लीटर ज्यादा खून होता है। यह अतिरिक्त रक्त शरीर की कोशिकाओं को अतिरिक्त आक्सीजन प्रदान करता है।

रक्त के कार्य

रक्त के मुख्य कार्य निम्नलिखित हैं:-

1. **आक्सीजन और कार्बन डाइआक्साइड का परिवहन-** श्वसन धरातलों जैसे फेफड़ों से आक्सीजन ले जाना तथा उन्हें उत्तकों तक पहुंचना अत: रक्त सांस की प्रक्रिया में योगदान देता है।
2. **भोजन ले जाना-** रक्त आंतों से घुलनशील भोजन (अर्थात् ग्लूकोज, एमिनो एसिड, पोली पेप्टाईड, विटामिन, वसा, खनिज तथा पानी) पहले जिगर (लिवर) के पास

ले जाता है फिर शरीर के हर उस हिस्से में ले जाता है जहां कोशिकीय गतिविधियों के लिए उसकी आवश्यकता होती है।

3. **अवशेष पदार्थो का उत्सर्जन-** सभी कोशिकाएं ऐसे अवशेष पदार्थ बनाती हैं जो शरीर के लिए हानिकारक होते हैं तथा उन्हें जल्दी ही शरीर से बाहर निकालना आवश्यक है। रक्त ऐसे पदार्थों को गुर्दो, फेफड़ों, त्वचा और आंत तक लाता है ताकि वे हटाए जा सकें।
4. **जल संतुलन बनाना-** संचारित रक्त और उत्तकीय सायटोप्लाजम में पानी के लगातार आदान-प्रदान द्वारा रक्त शरीर में जल संतुलन बनाए रखता है।
5. **पी.एच. बनाए रखना-**रक्त की प्लाज्मा प्रोटीन बफर तंत्र का काम करती है तथा रक्त के पी.एच.में होने वाले परिवर्तन को रोकती है।
6. **रासायनिक समन्वयन-** एंडोक्राइन ग्रंथि नामक अंग हारमोन बनाते हैं तथा उन्हें सीधा रक्त में छोड़ते हैं। ये हारमोन सीधे प्लाज्मा में प्रवेश करते हैं तथा 'रासायनिक दूत' का काम करते हैं। जब एक हारमोन शरीर के हिस्से तक पहुंचता है तो यह उसके विकास तथा प्रजनन प्रक्रिया को नियमित करता है।
7. **शरीर के तापमान का नियमन-** सभी कोशिकीय गतिविधियों से उष्मा पैदा होती है परन्तु कुछ कोशिकाएं जैसे मांसपेशियां और ग्रंथियां दूसरे से अधिक उष्मा उत्पन्न करती हैं। यह ऊष्मा खून के प्रवाह में प्रवेश करती है तथा सारे शरीर में घूमती है। फालतू ऊष्मा त्वचा के रास्ते बाहर निकल जाती है। यदि हमारा रक्त इस ऊष्मा का संवितरण न करे तो कुछ हिस्सों में बहुत अधिक गर्मी हो सकती थी जबकि दूसरे पूरी तरह ठण्डे रह जाते। अत: रक्त संचार ऊष्मा को वितरण करके शरीर के तापमान को नियमित करता है।
8. **संक्रमण से बचाव-** हमारे प्रतिरोध तंत्र में सफेद रक्त कोशिकाएं बहुत महत्त्वपूर्ण योगदान देती है जिससे बीमारी फैलाने वाले पदार्थों से शरीर का बचाव होता है। जब ये हानिकारक पदार्थ शरीर पर हमला करते हैं ये सफेद रक्त कोशिकाएं जागृत हो जाती है तथा इन जीवाणुओं को मारती हैं। प्लाज्मा में कुछ प्रोटीन भी बीमारियों से लड़ने में हमारी मदद करती हैं।
9. **रक्त के थक्के बनना-**चोट के दौरान रक्त के नुकसान को रक्त रोकता है क्योंकि इसमें थक्के बनाने की क्षमता है।
10. **स्थिर वातावरण को बनाना व उसे बल देना-** शरीर की चुस्त कोशिकाओं के लिए रक्त स्थिर वातावरण की स्थापना पर बल देता है।

रक्त की संरचना

रक्त एक संयुक्त करने वाला उत्तक है जिसमें कोशिकाएं होती हैं जो पानी जैसे तरल जिसे प्लाज्मा कहते हैं उसमें तैरती हैं। इन कोशिकाओं को निर्मित तत्व कहते हैं क्योंकि इनका अलग-अलग विशेष आकार होता है।

इन निर्मित तत्त्वों जो इन कोशिकाओं से बनते हैं के नाम हैं-

(1) लाल रक्त कोशिकाएं (Red blood cells)

(2) सफेद रक्त कोशिकाएं तथा (White blood cells)

(3) प्लेटलेट्स (Platelets)

एक माइक्रोलीटर रक्त में लगभग 4 मिलियन से 6 मिलियन लाल रक्त कोशिकाएं, 5000 से 10000 सफेद रक्त कोशिकाएं तथा 1,50,000 से 5,00,000 तक प्लेटलेट्स होती है। लाल और सफेद कोशिकाओं को कण भी कहते हैं। रक्त का कुल आयतन लगभग 5 लीटर होता है।

प्लाज्मा (Plasma): प्लाज्मा स्ट्रॉ कलर का द्रव होता है जो रक्त का एक भाग होता है। यह कुल रक्त का 50 प्रतिशत से 60 प्रतिशत तक होता है। इसमें 90 प्रतिशत पानी तथा 9 प्रतिशत लटके हुए या घुले हुए पदार्थ होते हैं। इन पदार्थों में ऐसे प्रोटीन भी होते हैं जो थक्के बनाते हैं तथा संक्रमण से लड़ते हैं।

इनमें घुले हुए भोज्य पदार्थ तथा अवशिष्ट पदार्थ भी होते हैं। प्लाज्मा हारमोन्स का वाहक भी है जो विकास तथा अन्य शारीरिक गतिविधियों में सहायक है।

निर्मित तत्त्व (Formed Elements): निर्मित तत्त्व ऐसी कोशिकाएं हैं जैसे एरथ्रोसाईट (आर. बी.सी.) तथा ल्यूकोसाईट (डब्लू.बी.सी.) तथा कोशिकाएं (प्लेटलेट्स)।

1. **लाल रक्त कोशिकाएं (** Erythrocytes **):** लाल रक्त कोशिकाएं जिन्हें एरथ्रोसाईट भी कहते हैं। शरीर के उत्तकों तक आक्सीजन पहुँचाती हैं तथा कार्बन-डाइऑक्साइड हटाती हैं। लाल रक्त कोशिका समतल, डिस्क की तरह होती है। यह किनारों की बजाए बीच में से पतली होती हैं। जैसे-रिंग डफनेट का आकार होता है जिसके मध्य में छेद न हो।

   लाल कण कोशिकाओं में मुख्यत: हीमोग्लोबिन होता है जो आक्सीजन ले जाने वाला प्रोटीन होता है तथा कोशिका को लाल रंग प्रदान करता है। कोशिका में रसायन विशेषकर एन्जाईम होते हैं। इन एन्जाईम से

कोशिकाएं अपना कार्य प्रभावी ढंग से करती हैं। प्रत्येक लाल रक्त कोशिका के बाहर लचकदार झिल्ली होती है। यह झिल्ली इतनी लचकदार होती है कि ये कोशिकाएं किसी भी पतली रक्त नालिकाओं में घुस सकती है। इसके मध्य में नाभिका होती है जो कोशिकीय गतिविधियों को नियंत्रित करती है। वयस्क कोशिकाओं में नाभिका नहीं होता।

2. **सफेद रक्त कोशिकाएं:** सफेद रक्त कोशिकाएं जिन्हें ल्यूकोसाईट कहते हैं संक्रमण से तथा शरीर में घुसने वाले अन्य हानिकारक तत्त्वों से लड़ती हैं। ज्यादातर कोशिकाएं गोल तथा रंगहीन होती हैं। उनके भिन्न आकार तथा कई आकार की नाभिकाएं होती हैं। कुछ कोशिकाएं बैक्टीरियों को घेर कर उन्हें चट कर जाती है। दूसरी तरह की कोशिकाएं एंटीबाडिज बनाती हैं- ऐसे प्रोटीन जो बैक्ट्रीरिया, वायरस तथा अन्य हमलावारों को खत्म करते हैं जो शरीर में प्रवेश कर जाते हैं।
3. **प्लेटलेट्स:** प्लेटलेट्स जिन्हें थ्रोमबोसाईट भी कहते हैं। डिस्क के आकार के पदार्थ होते हैं जो खून बहने को रोकते हैं। वे महीन निर्मित तत्त्व हैं। जब कोई रक्त नलिका कट जाती है तो वे कटी हुई नलिका के किनारे से एक-दूसरे से जुड़ कर प्लग बनाते हैं। वे एक ऐसे रसायन छोड़ते हैं जो फिबरोजन के साथ क्रिया करते अन्य प्लाज्मा प्रोटीन बनाते हैं जिससे खून के थक्के बनते हैं।

खून के थक्के बनना

यदि खून के थक्के न जमें तो व्यक्ति का खून बहने पर उसकी मृत्यु हो सकती है। जब कोई रक्त नलिका क्षतिग्रस्त हो जाती है तो रक्त प्लेटलेट्स उसके किनारें से एक के बाद एक जम जाती हैं तथा प्लग बनाती हैं। प्लाज्मा में ऐसे प्रोटीन होते हैं जो थक्के बनाते हैं। वे रक्त में निष्क्रिय घूमते हैं परन्तु जब कोई नलिका क्षतिग्रस्त होती है तो प्लेटलेट जुड़ कर प्लग बनाते हैं तथा ऐसे रसायन बनाते हैं जो थक्के बनाने वालों से क्रिया करते हैं। तदुपरान्त प्लाज्मा प्रोटीन फिबरोजन को चिपचिपे फिबरिन में बदलते हैं। ये चिपचिपे फिबरिन एक-दूसरे से उलझ कर एक जाल बुनते हैं जो लाल रक्त कणों और प्लेटलेटस को खून बहने की जगह पर सील बन्द कर देते हैं। द्रव निकलता है तथा सख्त-प्लग एक थक्के का निर्माण होता है। इसे त्वचा की सतह का स्कैब कहते हैं।

कभी-कभी एक ऐसी नलिका में भी थक्के जमते हैं जो क्षतिग्रस्त नहीं होती। ऐसे थक्के (थ्रोमबस) उत्तकों तक खून की सप्लाई रोकते हैं तथा इन उतकों को आक्सीजन व भोजन नहीं मिल पाता। अगर ऐसे क्लॉट किसी ऐसे धमनी को रोकता है जो दिल का पोषण करती है तो कारोनरी थ्रोमबोसिस हो सकता है जिसे दिल का दौरा कहते हैं। यदि क्लोट किसी दिमाग की धमनी को रोकता है तो स्ट्रोक हो सकता है।

रक्त में ऐसे पदार्थ हैं जो थक्कों का निर्माण करते हैं तथा उन्हें घोल भी सकते हैं। जब थक्के बनने तथा अवधि को रोकना हो तब क्लाट घोलने वाले तत्त्वों की गतिविधि बढ़ जाती है।

रक्त आपूर्ति बनाये रखना

स्वस्थ रक्त की उपयुक्त आपूर्ति के बिना हम जिन्दा नहीं रह सकते। हमारा शरीर रक्त की आपूर्ति ऐसे करता है-

1. रक्त घटकों के आयतन को नियमित करके
2. टूटे फूटे रक्त-घटकों को बदल कर
3. खून के बहने को रोक कर

1. **रक्त घटकों के आयतन को नियमित करना (Regulating Volume of Blood Components):** प्रत्येक रक्त घटक का आयतन शरीर की जरूरतों के अनुसार घटता बढ़ता रहता है। रक्त नलियों और कोशिकाओं के बीच प्लाज्मा की गतिविधि को प्लाज्मा प्रोटीन (एल्बूमिन) नियंत्रित करता है। रक्त नलिकाओं की दीवारों से केवल घुले हुए पदार्थ जैसे भोजन के कण ही प्लाज्मा से निकल पाते हैं परन्तु यदि एल्बूमिन (एसपियल प्रोटीन) की मात्रा सामान्य से घट जाए तथा प्लाज्मा उत्तकों में चली जाए तथा यदि एल्बूमिन की सांद्रता ऊंची होती तब उत्तकों में पानी प्लाज्मा में प्रवेश कर जाता है। शरीर को आक्सीजन कितनी चाहिए, लाल रक्त कोशिकाओं की संख्या उस पर निर्भर करती है। गुर्दे एक ऐसा हार्मोन बनाते हैं जिसे एरथ्रोपाऐटीन कहते हैं जो कोशिकाओं की संख्या के बढ़ने को प्रेरित करते हैं। जब उत्तकों को आक्सीजन की जरूरत होती है तब गुर्दे अधिक मात्रा में एरथ्रोपोएटीन बनाते हैं जिससे लाल रक्त कोशिकाओं का उत्पादन बढ़ जाता है। जब आक्सीजन की जरूरत बढ़ जाती हे तो एरथ्रोपोटीन का उत्पादन कम हो जाता है। कुछ बीमारियां भी लाल रक्त कोशिकाओं के उत्पादन को प्रभावित करती हैं।

कुछ अन्य हिमेटोपेटिक विकास घटक सफेद रक्त कोशिकाओं तथा प्लेटलेट्स की संख्या को नियंत्रित करते हैं जो शरीर की अवस्था के अनुसार घटती बढ़ती रहती है। उदाहरण के लिए संक्रमण के दौरान रोगाणुओं से लड़ने वाली सफेद रक्त कोशिकाओं की संख्या बढ़ जाती है। वैसे ही बहुत अधिक रक्त स्राव से प्लेटलेट्स की संख्या बढ़ती है जो रक्त थक्के बनाने की योग्यता को बढ़ाते हैं।

2. **टूटे फूटे रक्त घटकों को हटाना (Replacing Wornout Blood Components):** प्रत्येक निर्मित तत्त्व विशेष अवधि तक जिन्दा रहता है अत: हमारे शरीर को इन टूटी-फूटी कोशिकाओं को बदलते रहना चाहिए। लाल रक्त कोशिकाएं 120 दिन जिंदा रहती है तथा प्लेटलेट्स 10 दिन। सफेद रक्त कोशिकाओं का जीवन कुछ घण्टों से लेकर कई वर्षों तक होता है।

   लीवर (जिगर) और स्पलीन टूटी-फूटी लाल रक्त कोशिकाओं को रक्त-प्रवाह से हटाता है तथा उन्हें तोड़ता है। लीवर इन टूटी-फूटी लाल रक्त कोशिकाओं के रंगीन पदार्थ का प्रयोग करके पाचन द्रव बाईल बनाता है। शरीर इन कोशिकाओं के लोहे को पुन: इस्तेमाल करके हीमोग्लोबिन बना कर नई लाल रक्त कोशिकाएं बनाता है। टूटी-फूटी सफेद रक्त कोशिकाएं उन उत्तकों तक चली जाती है जहां उनकी मृत्यु होती है। छोटी-छोटी रक्त शिराओं को बन्द करने में प्लेटलेट खत्म हो जाती हैं।

   रक्त के नए घटकों का निर्माण (Function of new Blood Components): मानवीय हड्डियों के केन्द्र मुलायम लाल या पीले रंग के पदार्थ मज्जा (मेरो) से भरे होते हैं, वयस्कों में लाल हड्डी मज्जा करोड़ों की संख्या में लाल रक्त कोशिकाएं एक सैकेण्ड में बनाती हैं। लाल मज्जा अधिकतर फ्लैट हड्डियों जैसे मेरूदण्ड, सर्टनम, पसलियां व खोपड़ी में पायी जाती हैं। सभी रक्त कोशिकाएं मज्जा में स्टेम सेल के रूप में शुरू होती है। बाद में वे विकसित होकर वयस्क प्रीकर्सर कोशिकाएं बनाती हैं जिससे बहुत संख्या में लाल रक्त कोशिकाएं, सफेद रक्त कोशिकाएं या प्लेटलेट बनती हैं।

3. **रक्त- स्राव को नियंत्रित करना (Controlling Bleeding):** जब रक्त शिरा घायल होती है तो उसके धरातल पर प्लेटलेट एक साथ चिपक कर प्लग बनाती हैं। प्लाज्मा में रक्तस्राव रोकने वाले पदार्थ प्रोटीन होते हैं। साधारणतया वे रक्त में सुसुप्त अवस्था में परिचालित रहते हैं। जब कोई रक्त की नलिका आहत होती है तो वहां चिपक कर प्लग बनाकर खून के बहने को रोकते हैं।

शारीरिक फिटनेस को प्रभावित करने वाले कारक

1. **उम्र (Age):** शारीरिक फिटनेस के ऊपर प्रभाव डालने वाला प्रमुख तत्व उम्र है। प्रौढ़ता को आमतौर पर कालक्रमिक, अस्थि पिंजर और देह की उम्र के आधार पर परिभाषित किया जाता है। जीवन काल को मुख्य रूप से पांच हिस्सों में बांटा जाता है- शिशुकाल, बचपन, किशोर, जवानी और बुढ़ापा। बच्चों एवं किशोरों को जवानी या प्रौढ़ता का छोटा रूप नहीं माना जाना चाहिए। उम्र, शारीरिक विकास के हर चरण/पड़ाव का रूप अनूठा होता है। बच्चों या किशोरों की शारीरिक तंदरुस्ती दैहिक और शारीरिक प्रदर्शन उनकी हड्डियों, पेशियों, नसों और अन्य अंगों के विकास पर निर्भर करती है। जैसे-जैसे बच्चे का आकार बढ़ता जाता है, उसके कार्य करने का सामर्थ्य और शारीरिक फिटनेस में भी सुधार आता जाता है।

   बच्चा शारीरिक और दैहिक क्रियाओं में वयस्कों से भिन्न होता है और फिटनेस का कार्यक्रम तैयार करते समय तथ्य को नजरअंदाज नहीं किया जाना चाहिए। अभ्यास और प्रशिक्षण बच्चे की शारीरिक फिटनेस को सुधार देते हैं। आमतौर पर बच्चे, बड़ों द्वारा किये जाने वाले अभ्यास के मुताबिक अपने आप को ढालने में समर्थ हो जाते हैं, पर उन पर बड़ों वाली कसरत का कार्यक्रम थोपा नहीं जाना चाहिए। बच्चों एवं किशोरों के ट्रेनिंग कार्यक्रम उनकी उम्र के मुताबिक ही तैयार किये जाने चाहिए और ऐसा करने से उनकी देह शरीर रचना से जुड़े तत्वों को खास ध्यान में रखा जाना चाहिए।

   अध्ययन यह दर्शाते हैं कि मनुष्य जैसे-जैसे उम्र में बड़े होते जाते हैं, उनके क्रियाकलाप घटते जाते हैं इसका असर उनकी शारीरिक फिटनेश पर पड़ता है। जो बूढ़े व्यक्ति अभ्यास-कसरत के मामले में नियमित होते हैं, उनमें बुढ़ापे से जुड़ी तबदीलियां कम ही नजर आती है। कुल मिलाकर एक बात स्पष्ट है कि हर व्यक्ति पर एक जैसा फिटनेस कार्यक्रम नहीं थोपा जाना चाहिए। यह कार्यक्रम हर व्यक्ति के लिए अलग होना चाहिए।

2. **लिंग (Sex):** किशोर अवस्था में पहुंचने से पहले लड़के-लड़कियां कद, वजन, गोलाई, हड्डियों की चौड़ाई और शारीरिक बनावट में एक दूसरे से बहुत ज्यादा भिन्न नहीं होते। लेकिन प्रौढ़ता के आने पर उनके बीच शारीरिक भिन्नताएं उभर कर सामने आने लगती हैं। यह शारीरिक दैहिक-रचनात्मक एवं मनोवैज्ञानिक विभिन्नताएं या असमानताएं स्त्री-पुरुषों की शारीरिक फिटनेस को भी प्रभावित करती हैं। इसी तरह लिंग से जुड़ी असमानताओं के आधार पर दोनों वर्गों के लिए शारीरिक फिटनेस से अलग-अलग कार्यक्रम तैयार किये जाने चाहिए। कसरत की किस्म, इसका समय एवं आवृत्ति पुरुषों व स्त्रियों के लिए अलग-अलग होनी चाहिए।

3. **शारीरिक बनावट (Body Composition):** शारीरिक बनावट पतले शारीरिक पिंड और इसके ऊपर जमा चर्बी का अनुपात है। मोटापे को शरीर की उस फालतू चर्बी के रूप में परिभाषित किया जाता है जो हृदय रोग होने की संभावनाओं को बढ़ाता है। पुरुषों में शारीरिक चर्बी 12 और 17 प्रतिशत और स्त्रियों में 18 से 22 प्रतिशत तक होनी चाहिए। शारीरिक चर्बी कुछ शारीरिक कार्यों के लिए जरूरी भी है। कई शरीरों में उत्पत्ति से जुड़े कारणों की वजह से चर्बी नहीं चढ़ती जबकि कइयों पर चर्बी बहुत जल्दी चढ़ जाती हैं।

शरीर या देह की मुख्य तौर पर तीन किस्में हैं-

एंडोमोर्फ- जिसका विशेष लक्षण जिस्म का देह का बड़े ब्लाक जैसा होना है।

मेसोमोर्फ- वह देह जिसकी बनावट मजबूत, पेशियों वाली होती है। ऐसा मनुष्य देखने में भी हृष्ट-पुष्ट लगता है।

एक्टोमोर्फ- वह देह है जो कमजोर या मरियल जैसी दिखती है और जिस्म में मांस भी बहुत कम होता है।

देह की बनावट के अध्ययनों से यह तथ्य सामने आया है कि एथलीटों के शरीर आमतौर पर उनके द्वारा चुनी गयी विशिष्ट खेल के मुताबिक ही लक्षण और बनावट रूप ले लेते हैं। उदाहरण के तौर पर, फील्ड स्पर्धाओं में भाग लेने वाले एथलीटों में पतली किस्म के टिशुओं की बहुतायत होती है और शारीरिक चर्बी भी बहुत होती है। वह देखने में भी मोटे-तगड़े लगते हैं। दूसरी ओर लम्बी दौड़ें दौड़ने वालों की देह पतली होती है और चर्बी भी नजर नहीं आती। आजकल तो देह की बनावट को फिटनेस का अहम अंग माना जाता है क्योंकि बनावट, तंदरुस्ती के विकास में बहुत महत्वपूर्ण भूमिका निभाती है। कुल मिलाकर एथलीटों को यदि वजन ग्रहण करना है तो पेशियों की मजबूती के रूप में करना चाहिए। क्षमता प्रशिक्षण पेशियों के पिंड के बल को असरदार ढंग से बढ़ाती है। परिणामस्वरूप शारीरिक वजन तथा शारीरिक मोटापे का नियमित रूप से निरीक्षण करना चाहिए तथा उसी के अनुरूप प्रशिक्षण कार्य का विकास करना चाहिए।

4. **खुराक/आहार (Diet):** शारीरिक फिटनेस स्तर को बनाये रखने के लिए खुराक या आहार महत्त्वपूर्ण भूमिका अदा करती है। जैसा कि पहले ही दर्शाया जा चुका है कि वजन या भार को नियंत्रित रखने के लिए यह जरूरी है कि ऊर्जा ग्रहण (खुराक) करने और ऊर्जा खपत करने के बीच संतुलन हो। यदि हम उतनी ही खुराक लेते हैं जितनी कि हमारे शरीर को जरूरत है तो वजन अधिक घटे या बढ़ेगा नहीं। अगर शारीरिक जरूरत से अधिक आहार लेंगे तो हमारे शरीर पर चर्बी चढ़ना स्वाभाविक ही है। इसी तरह यदि हम ग्रहण की गई ऊर्जा (आहार) से अधिक ऊर्जा खर्च करते हैं तो हमारे जिस्म पर चढ़ी चर्बी का ढलना और खर्च होना यकीनी हो जाता है। खुराक की आवश्यकता अभ्यास की किस्म और व्यक्ति के शारीरिक ढांचे के मुताबिक अलग-अलग होती है। जोरदार अभ्यास करने वाले एथलीट के लिए अच्छी खुराक की आवश्यकता है जबकि दिमागी काम करने या कम शारीरिक क्रियाकलाप काम करने वाले व्यक्ति को कम खुराक दी जानी चाहिए। शारीरिक फिटनेस का कार्यक्रम बनाते समय आहार की आवश्यकता पर पूरा ध्यान दिया जाना चाहिए।

5. **आहार एवं क्रिया/ कार्रवाई (Diet and activity):** क्या आपको पता है कि एक किलोग्राम वजन घटाने के लिए आपको 3500 कैलोरी नष्ट करने की जरूरत है? यदि आपका वजन ज्यादा है तो नित्य जितनी कैलोरी खुराक के रूप में ग्रहण करते हैं, करते रहें, पर शारीरिक क्रिया कलाप बढ़ाना आपके लिए अच्छा साबित हो सकता है। हां, यदि कैलोरी ग्रहण करने की मात्रा घटा दी जाये और काम या शारीरिक क्रियाकलापों की मात्रा बढ़ा दी जाये तो आपको और भी फायदा हो सकता है। नीचे दर्शाया गया चार्ट यह बताता है कि

साधारण कार्यों द्वारा हम प्रति घंटा कितनी कैलोरी खर्च करते हैं। यहां यह वर्णनीय है कि कैलोरी शारीरिक वजन के अनुपात के मुताबिक ही खर्च या नष्ट होती है। नोट–चार्ट में दर्शाये आंकड़ें औसतन हैं, पक्के नहीं।

कुछ शारीरिक क्रियाकलापों द्वारा प्रति घंटा खपत होने वाली कैलोरी की मात्रा

साइकिलिंग	6 मील प्रति घंटा	240 कैलोरी
साइकिलिंग	12 मील प्रति घंटा	410 कैलोरी
जौगिंग	5.5 मील प्रति घंटा	740 कैलोरी
जौगिंग	7 मील प्रति घंटा	920 कैलोरी
रस्सी कूदना	–	750 कैलोरी
एक ही स्थान पर दौड़ना	–	650 कैलोरी
दौड़ना	10 मील प्रति घंटा	1280 कैलोरी
क्रास कंट्री	–	700 कैलोरी
तैराकी	25 गज प्रति मिनट	275 कैलोरी
टेनिस	–	400 कैलोरी
चलना	2 मील प्रति घंटा	240 कैलोरी

ऊर्जा निर्माण तथा पुनःस्थापन

किसी भी कार्य को करते समय शरीर के अन्दर होने वाली सभी क्रियाएं जैसे मांसपेशियों में संकुचन, शरीर के अंगों में हलचल, अन्य आन्तरिक प्रक्रिया आदि को सम्पन्न करने में जिस तत्त्व का अत्यधिक योगदान होता है उसको ऊर्जा के नाम से सम्बोधित किया जाता है। विश्राम की अवस्था में शरीर द्वारा कुल ऊर्जा का उपयोग लगभग 1.3 kel/min होता है और इसमें से केवल 20 प्रतिशत ऊर्जा (0.26 kel/min) मांसपेशियों द्वारा प्रयोग किया जाता है जो कि अनुपातिक दृष्टिकोण से अत्यधिक कम प्रतीत होता है। क्योंकि मांसपेशियों में शरीर का लगभग आधा वजन विद्यमान रहता है। लेकिन वास्तविकता तो यह है कि शरीर के अन्दर जितनी भी ऊर्जा खर्च होती है उसमें से 1/5 भाग के माध्यम से मांसपेशियां अपना गुजारा करती हैं।

व्यक्ति जब तेजी से व्यायाम करता है तो मांसपेशियों का अधिकांश मात्रा में प्रयोग करता है और ऐसी स्थिति में मांसपेशियों में विद्यमान ऊर्जा एक या दो मिनट में समाप्त हो जाती है, परन्तु ऐसी स्थिति में ऊर्जा उपयोग विषय की अवधारणा विश्रामावस्था की तुलना में पूर्णतया परिवर्तित हो जाती है। व्यायाम की ऐसी अवस्था में सम्भवत: व्यक्ति 35 kel/min ऊर्जा का प्रयोग करता है और इस सम्पूर्ण ऊर्जा मात्रा की 90 प्रतिशत ऊर्जा मांसपेशियों द्वारा प्रयोग में लायी जाती है। इस प्रकार से स्पष्ट दिखाई पड़ता है कि जब व्यक्ति तेजी से व्यायाम करता है उस समय 32 kel/min ऊर्जा का केवल मांसपेशियों द्वरा उपयोग किया जाता है जो कि विश्रामावस्था की तुलना में 120 गुणा अधिक है। व्यायाम के समय तो शरीर की सम्पूर्ण मांसपेशियां कार्य करती हैं, लेकिन कुछ मांसपेशियों का प्रयोग अधिक होता है जिन मांसपेशियों का प्रयोग अधिक होता है उन मांसपेशियों द्वारा विश्रामावस्था की तुलना में 200 गुणा अधिक ऊर्जा का प्रयोग किया जाता है।

मांसपेशियों के ऊर्जा प्रयोग में जो असाधारण परिवर्तन का अवलोकन इन दो अवस्था (विश्राम और व्यायाम) के दौरान होता है उससे यह प्रतीत होता है कि या तो मांसपेशियां अपने पास ऊर्जा बड़ी मात्रा में संग्रहित करने की योग्यता रखती हैं, जो व्यायाम की अवस्था में शीघ्रता से प्रयोग में लायी जाती होगी अथवा इसके अन्दर ऐसी योग्यता विद्यमान है जिससे आवश्यकता पड़ने पर शीघ्रता पूर्वक वह अपने आप ऊर्जा का निर्माण स्वयं कर लेती हो।

ऊर्जा का मापन

कार्य करने की योग्यता को ऊर्जा कहा जाता है। शक्ति के द्वारा एक विशेष समय तक कार्य किया जाता है। लेकिन ऊर्जा के द्वारा इस कार्य के अन्दर परिवर्तन किया जा सकता है। यद्यपि ऊर्जा के अनेक प्रकार हैं, जैसे–यान्त्रिकी ऊर्जा, विद्युत ऊर्जा, रासायनिक ऊर्जा आदि जो कि कुछ विशिष्ट परिस्थितियों में आपस में रूपान्तरित हो सकती हैं किन्तु ऊर्जा के बारे में ऐसा कहा जाता है कि वह न तो निर्माण की जा सकती है और न नष्ट की जा सकती है।

वैसे तो ऊर्जा के अनेक प्रकार हैं लेकिन इसका अवलोकन दो अवस्था में किया जा सकता है।

1. स्थितिज ऊर्जा (Potential Energy)
2. गतिज ऊर्जा (Kinetic Energy)

स्थितिज ऊर्जा वह ऊर्जा का स्वरूप है जिसमें कि ऊर्जा किसी विशिष्ट व्यवस्था के अन्दर संचित की जाती है अथवा शारीरिक आंतरिक बनावट के कारण संचित रूप में रहती है। लेकिन जब ऐसी संचित ऊर्जा को मुक्त किया जाता है अथवा उसके द्वारा किसी क्रिया या स्थिति में परिवर्तन होता है और कोई नवीन कार्य सम्पन्न होता है तो उस कार्य को सम्पन्न करने वाले स्वरूप को गतिज ऊर्जा (Kinetic Energy) कहते हैं। मांसपेशियों में संकुचन उत्पन्न करने वाली ऊर्जा को रासायनिक ऊर्जा से संबोधित किया जाता है। इस प्रकार की रासायनिक ऊर्जा

मांसपेशियों के अन्दर एक परमाणु के स्वरूप में विद्यमान रहती हैं जो कि परमाणुओं के भीतर ही रूपान्तरित होकर अपना गतिज रूप प्रकट करती है जिसके कारण मांसपेशियो में संकुचन बल का निर्माण होता है। जिस विशेष प्रकार के रासायनिक परमाणु उपयोग के द्वारा मांसपेशियों में संकुचन बल शीघ्रता पूर्वक ऊर्जा स्रोतों के रूप में होता है उसे रासायनिक भाषा में एडिनोसिन ट्राय फास्फेट (ATP) कहा जाता है। कभी-कभी इसको उच्च ऊर्जा धारक फास्फेट परमाणु (High Energy Phosphate Molecules) कहते हैं। वास्तव में यह एडिनोसिन फास्फेट तीन परमाणु का एक समूह होता है इस समूह का अन्तिम परमाणु जब इस समूह से अलग होता है उस समय स्थितिज रासायनिक ऊर्जा का रूपान्तर प्रचंड गतिज ऊर्जा में होता है। इस ऊर्जा की मात्रा लगभग 7.6 kelèkmin ATP के समान होता है। इसके द्वारा मांसपेशियों में संकुचन बल पैदा किया जाता है। फास्फेट के अन्दर अन्य परमाणुओं के अलग होने पर रासायनिक क्रिया में परिवर्तन होने से अन्य घटकों का उत्पादन होता है, जैसे-एडिनोसिन डाय फास्फेट (ADP), इनआरगैनिक फास्फेट (Inorganic Phosphate)।

एटीपी के विभक्तिकरण में एटिपेस नामक तत्त्व किणत्व (Enzyme) का कार्य करता है। जीवित पेशियों में होने वाली सभी रासायनिक क्रियायें इस प्रकार के किणत्व (Enzyme) द्वारा उत्प्रेरित (Catalysed) की जाती हैं। किणत्वों के माध्यम से रासायनिक प्रक्रिया की गति बढ़ाने एवं उन पर नियन्त्रण रखने में सहायता प्राप्त होती है। किणत्व (Enzyme) की प्रक्रिया में प्रत्यक्ष रूप से भाग लेने के पश्चात् भी इन पर कोई प्रभाव नहीं पड़ता है। प्राय: प्रत्येक रासायनिक क्रिया को लगने वाला किणत्व (Enzyme) स्वतन्त्र होता है। इस प्रकार से एटिपेस नामक यह किणत्व (Enzyme) ऐटीपी के विभक्तिकरण की रासायनिक प्रक्रिया में ही केवल उपयोग हेतु काम आता है।

मांसपेशियों में संकुचन के दौरान आवश्यक ऊर्जा निर्माण करने के लिए एटीपी का विभक्तिकरण जिस विशिष्ट एटीपेस नामक किणत्व (Enzyme) से होता है उसका अवलोकन मांसपेशियों के मायोसिन (Myosin) नामक प्रमुख संकोची प्रथिन के ऊपर किया जा सकता है। मांसपेशियों में इस एटीपी का संचय कम होता है जो कि कुछ ही सैकेण्डों में समाप्त हो जाता है। ऐसी अवस्था में एटीपी का पुन: निर्माण होता है।

एटीपी पुनः निर्माण

मांसपेशियों को रक्त अथवा किसी अन्य ऊतकों द्वारा एटीपी नहीं प्राप्त होता है। बल्कि इन मांसपेशियों में ऐसे किणत्वों (Enzymes) का समावेश होता है जो कि स्वयं एटीपी का पुन: निर्माण करने में पूर्णतया सक्षम होते हैं। एटीपी का पुनः निर्माण एडीपी और विमुक्त पी के संयोग से होता है।

ADP= Energy = ATP

एडीपी से एटीपी बनाने की प्रक्रिया को फास्फरिलेशन (Phosphorylation) कहते हैं। यह विशेष प्रक्रिया मांसपेशियों के भीतर सूक्ष्म तन्तुओं के निकट माइटोकॉड्रिया (Mitochondria) नामक रचना में चलती है। इस रचना में परमाणुओं की एक श्रृंखला होती है जिसे रेसप्रेटरी सिस्टम (Respiratory System) अथवा इलेक्ट्रान ट्रांसपोर्ट सिस्टम (Electron Transport System) कहते हैं। इसी श्रृंखला के माध्यम से हाइड्रोजन अणु का वहन किया जाता है। श्रृंखला के एक परमाणु से हाइड्रोजन का अण दूसरे परमाणु को स्थानान्तरित किया जाता है। इस प्रक्रिया को आक्सीडेशन कहा जाता है। इस प्रकार के हाइड्रोजन अणु के स्थानान्तरण के समय रासायनिक ऊर्जा का निर्माण होता है और इसी ऊर्जा का उपयोग फास्फोरिलेशन (Phosphorylation) की प्रक्रिया में एडीपी का रूपान्तर एटीपी में करने के लिए होता है। इस प्रकार H_2 अणु इस श्रृंखला के अन्तिम परमाणु तक पहुंचने के पश्चात् वह अणु O_2 के साथ मिलकर जल बिन्दु (H_2O) तैयार करता है। लेकिन जब O_2 इस श्रृंखला में नहीं प्राप्त हो पाता तब इस श्रृंखला से H_2 बाहर नहीं निकल पाता जिसके परिणामस्वरूप एटीपी का पुण: निर्माण कार्य रुक जाता है। परन्तु जब श्वसनीय श्रृंखला (Respiratory Chain) के परमाणुओं से गुजरता हुआ H_2 अणु अन्त में O_2 से मिलकर श्रृंखला से बाहर निकलता है तो इस सम्पूर्ण प्रक्रिया में एटीपी का पुन: निर्माण होता है जिसे (Oxidative Phosphorylation) कहते हैं। सम्भवत: एटीपी के विश्लेषण के लिए प्राणवायु की आवश्यकता नहीं होती है। निरोषजन (Anaerobic) अवस्था में एटीपी और पीसी का विश्लेषण होता है। किन्तु इसके संश्लेषण के लिए O_2 की आवश्यकता रहती है।

एटीपी, पीसी का संचय मांसपेशियों में अत्यधिक कम मात्रा में रहता है। उदाहरणार्थ-यदि खिलाड़ी एक सौ मीटर की दौड़ अपनी पूर्ण गति से दौड़ता है तो दौड़ के अन्त तक सम्भवत: यह संचय समाप्त हो जाता है। अर्थात् इसकी उपयोगिता शीघ्रातिशीघ्र ऊर्जा प्राप्त करने में है, मात्रा अथवा राशि में नहीं है।

निरोषजन शर्करा विश्लेषण (Anaerobic Glycolysis)

एटीपी संश्लेषण के लिए शरीर में एक और व्यवस्था में जिसे निरोषन शर्करा विश्लेषण (Anaerobic Glycolysis) कहते हैं। प्राणवायु की त्रुटि में इस पद्धति का उपयोग होता है। इस व्यवस्था के अन्तर्गत मांसपेशियों में स्थित शर्कराजन (Glycogen) को उपयोग में लाया जाता है।

खेल में चोटें और बचाव

खेलों और चोटों का आपस में घनिष्ठ सम्बन्ध माना जाता है ऐसा इसलिए कहा जाता है क्योंकि खिलाड़ी चाहे अभ्यास करे या प्रतियोगिता में भाग ले उसको कड़ा परिश्रम करना पड़ता है। जिससे कभी न कभी उसे चोट लगने की सम्भावना बनी रहती है। खिलाड़ी को चोट लगने से उसका दो तरह से नुकसान होता है। पहला शारीरिक और दूसरा मानसिक नुकसान। कई बार तो खिलाड़ी को मैदान तक छोड़ना पड़ता है। जिससे उसकी टीम पर बहुत असर पड़ सकता है। इसलिए यह जरूरी है कि खिलाड़ी को चोट लगने पर उसके कारण, बचाव और इलाज की जल्दी से जल्दी व्यवस्था की जाए जिससे कि खिलाड़ी का सही समय पर उपचार किया जा सके। चोटों का कोई सीमित दायरा नहीं होता है।

खेलों में चोटें लगने के कारण

खिलाड़ियों को चोट लगने के दो कारण हो सकते हैं-

1. **आन्तरिक कारण (Internal Causes):** कई बार खिलाड़ियों को आन्तरिक चोट लगने से भी खेलों पर असर बढ़ता है। ऐसा इसलिए होता है क्योंकि जब खिलाड़ी अपनी शक्ति से अधिक कार्य करने या खेलने की कोशिश करता है या जब खिलाड़ी लम्बे अन्तराल के बाद खेलों का अभ्यास करना शुरू करता है। इसके अलावा कुछ ऐसे भी कारण हैं जिससे खिलाड़ी अभ्यास नहीं कर पाते जैसे-पांव में सूजन आना, गेंदबाज की पीठ में खिचाव आना, तलवों में छाले होना, पावं में कोर्न का बनना, जोड़ों में दर्द रहना।
2. **बाह्य कारण (External Causes) :** खिलाड़ियों को खेलों के दौरान के लगने वाली चोटों के बाहरी कारण भी हो सकते हैं जैसे-खेल के दौरान आपस में एक खिलाड़ी का दूसरे खिलाड़ी से टकराना, विरोधी दल के खिलाड़ियों द्वारा चोट पहुंचाना आदि।

खेलों में चोटें कैसे लगती हैं?

कई बार खिलाड़ी खेल या उससे सम्बन्धित अभ्यास करने में इतना व्यस्त हो जाता है कि उसे यह नहीं पता चलता कि उसे चोट कैसे लगी। खेलों में चोटें किन-किन कारणों से लग सकती है इसका विस्तारपूर्वक वर्णन इस प्रकार से किया गया है-

1. यदि खिलाड़ियों ने सही ढंग से अभ्यास न किया हो।
2. खिलाड़ियों को खेलों से सम्बन्धित नियमों की जानकारी न हो।
3. खिलाड़ियों ने खेल के अनुरूप कपड़ों और जूते का प्रयोग न किया हो।
4. जब खिलाड़ियों में खेलों से सम्बन्धित ज्ञान की कमी हो।
5. यदि खिलाड़ियों को अपर्याप्त तकनीक बताई जाए।
6. खिलाड़ियों को खेलों से सम्बन्धित पर्याप्त उपकरण उपलब्ध न करवाए जाए।
7. खिलाड़ियों द्वारा लापरवाही से अभ्यास करना और प्रतियोगिताओं के दौरान लापरवाही से खेलना।
8. जब खिलाड़ी शारीरिक रूप से स्वस्थ न हो।
9. खिलाड़ियों को खेलों से सम्बन्धित उचित वातावरण प्राप्त न होने से भी उन्हें विभिन्न प्रकार की चोटें लगने की सम्भावना बनी रहती है।
10. बिना किसी समय अन्तराल के लगातार अभ्यास करवाने से भी खिलाड़ियों को थकान महसूस होती है और उन्हें चोटें लग सकती है।
11. जब खिलाड़ियों को अभ्यास करवाते वक्त अधिक भार उठवाया जाता है और बार-बार उस प्रक्रिया को दोहराने से भी चोटें लग सकती हैं। अत: प्रशिक्षक को इस बात को हमेशा ध्यान रखना चाहिए।
12. जब खिलाड़ियों द्वारा पर्याप्त मात्रा में उत्तेजित व्यायाम न किए गए हो।

खेलों में चोटें लगने से बचाव

यदि खिलाड़ियों द्वारा अभ्यास करते वक्त या प्रतियोगिताओं के दौरान थोड़ा सा भी ध्यान रखा जाए तो वह अपने आप को चोटों से बचा सकते हैं। चोटों से बचाव कैसे किया जा सकता है इसका वर्णन इस प्रकार से किया गया है-

1. खिलाड़ियों को सबसे पहले खेलों से सम्बन्धित सभी प्रकार के नियमों की पूर्ण जानकारी होनी चाहिए।

2. खिलाड़ियों को खेलों के अनुसार ही कपड़े और जूते पहनने चाहिए।
3. खिलाड़ियों को खेलों में तभी भाग लेना चाहिए जब उनका शरीर पूरी तरह से स्वस्थ हो।
4. प्रतियोगिता में भाग लेने से पहले खिलाड़ियों द्वारा उत्तेजित व्यायामों का सही ढंग से अभ्यास किया जाना चाहिए।
5. खिलाड़ियों को खेलों के अनुसार ही उपकरणों का प्रयोग करना चाहिए।
6. वातावरण के अनुरूप ही खेलों का आयोजन किया जाना चाहिए।
7. खिलाड़ियों में खेलने से सम्बन्धित शिथिलता नहीं होनी चाहिए।

खेलों में लगने वाली चोटें

खिलाड़ियों को खेलों के दौरान विभिन्न प्रकार की चोटें लगती है जिससे उनके व्यक्तित्व पर बुरा असर पड़ सकता है। यदि खिलाड़ियों को इनसे बचने के उपचार पता हों तो चोटों से होने वाले प्रभावों को कम किया जा सकता है। खेलों से सम्बन्धित विभिन्न प्रकार की चोटों का वर्गीकरण इस प्रकार से किया गया है।

1. **मांसपेशी का खिंचाव (Muscles Stretching):** खेलों के दौरान यदि खिलाड़ियों को मांसपेशियों में खिंचाव उत्पन्न होता है तो इसके निम्नलिखित कारण हो सकते हैं–
   - मांसपेशियों में ऑक्सीजन की मात्रा में कमी होना।
   - वातावरण में अधिक ठंडक होने से मांसपेशियों में कम गर्मी उत्पन्न हो पाना।
   - कई बार अभ्यास करते वक्त मांसपेशी के एक भाग में अधिक खिंचाव महसूस होना।
   - मनुष्य के शरीर में विभिन्न प्रकार की मांसपेशियां होती हैं इनमें से यदि सम्बन्धित मांसपेशी बाकी की मांसपेशियों की तुलना में कमजोर होती है तो इससे भी चोट लगने की सम्भावना होती है।
   - भार उठाने वाले अभ्यासों में मांसपेशियों पर अधिक दबाव पड़ने से भी चोट लग सकती है।

   उपचार (Treatment)
   - खिलाड़ियों को हमेशा दर्द वाले भाग को थोड़ा ऊपर उठा कर रखना चाहिए।
   - सूजन वाली जगहों को गर्म पानी से सेंकना चाहिए।
   - मांसपेशियों की हल्की मालिश करना उपयोगी होगा।
   - निरन्तर अभ्यास करने के बाद खिलाड़ियों को कुछ समय तक आराम करना चाहिए।
   - कभी-कभी बर्फ का भी प्रयोग किया जा सकता है।
   - समय-समय पर डॉक्टर की भी सलाह लेनी चाहिए।

2. **मांसपेशी का मुड़ना (Bending of Muscles):** मांसपेशियों के मुड़ने के भी कई कारण हो सकते हैं जिनमें से कुछ इस प्रकार हैं–
   - अभ्यास करते वक्त कई बार ऐसा होता है कि खिलाड़ी उस दिशा में झुक जाता है, जिस दिशा में मोड़ नहीं होता है।
   - खिलाड़ियों द्वारा अभ्यास करते वक्त जरूरत से ज्यादा झुकना।

   उपचार (Treatment)
   - आमतौर पर खिलाड़ियों को ठण्डे पानी और बर्फ का ही प्रयोग सबसे पहले करके देखना चाहिए।
   - यदि मांसपेशियों को मोड़ने में ज्यादा तकलीफ हो रही हो तो खिलाड़ियों को पूरा आराम करना चाहिए।
   - डॉक्टर की सलाह लेनी चाहिए।

3. **मांसपेशियों का दुखना एवं फूलना (Soreness and Swelling of Muscles):** जब कोई भी खिलाड़ी काफी समय तक न तो प्रतियोगिताओं में भाग लेता है और न ही किसी तरह का कोई अभ्यास करता है तो इससे उसकी मांसपेशियां शिथिल हो जाती हैं। ऐसी स्थिति में जब वह दुबारा से अभ्यास करना शुरू करता है तो उसकी मांसपेशियां दुखने लगती हैं और उनमें सूजन आने लगती है, इसके अलावा कई और भी ऐसे कारण उत्पन्न हो जाते हैं जिससे खिलाड़ियों को चोट लग सकती है–
   - जब खिलाड़ियों की मांसपेशियों में दुग्धामल (Lactic Acid) ज्यादा मात्रा में एकत्रित हो जाते हैं।
   - खिलाड़ियों द्वारा उत्तेजित व्यायामों को नहीं किया जाता।
   - शरीर में तन्तुओं का टूटना।
   - शरीर में पर्याप्त मात्रा में ऑक्सीजन का न होना।

   उपचार (Treatment)
   - खिलाड़ियों को जिस जगह पर यह महसूस हो कि

सूजन है उसे वहां पर गर्म पानी से सेंकना चाहिएं।

- बर्फ का प्रयोग किया जा सकता है।
- जिस जगह पर दर्द हो वहां पर हल्की मालिश करनी चाहिए।
- यदि खिलाड़ियों को यह महसूस हो कि मालिश करने या गर्म पानी का सेक करने से आराम नहीं आ रहा है तो उसे डॉक्टरी सलाह से दर्द को रोकने की दवाईयों का प्रयोग करना चाहिए।

4. मोच आना (Sprain): जब कभी दौड़ते समय या चलते समय जोड़ के अस्थिबन्धक (Ligaments) और तन्तु वर्ग फट जाते हैं या खिंच जाते हैं तो उसे मोच कहा जाता है। इससे हड्डी अलग नहीं होती है। जब हड्डियों में खिंचाव कम होता है तो उसे स्ट्रेन (Strain) कहा जाता है और जब बन्धकों में अधिक खिंचाव होता है तो उसे स्प्रेन (Sprain) कहा जाता है। जिन कारणों से खिलाड़ियों को मोच आती है वह इस प्रकार से है-

- जब खिलाड़ियों के जोड़ शक्तिहीन हो जाते हैं।
- जब जोड़ों में सूजन आ जाती है।
- जब खिलाड़ियों को काम करने में कठिनाई महसूस होती है।
- जब जोड़ों का रंग बदलना आरम्भ हो जाता है।
- अक्सर जोड़ों में दर्द रहना।

उपचार (Treatment)

- मालिश करते वक्त तेल का प्रयोग करना चाहिए।
- मोच वाले स्थान को हमेशा ऊंचा रखना चाहिए।
- जिस स्थान पर मोच लगी हो उस जगह को बर्फ या ठण्डे पानी में भिगोकर रखना चाहिए।
- मोच लगी हुई जगह को आराम से इधर-उधर करना चहिए अर्थात् आराम वाली अवस्था में रखना चाहिए।
- चोट लगने के 24 घण्टों के बाद ही उस जगह को सेंकना चाहिए।
- यदि मोच पैर पर लगी हो तो ठीक उसे उल्टी ओर से दबाव डालते हुए कस के पट्टी बांधनी चाहिए।

5. नीला पड़ना और छिल जाना (Bruises or Cuts Abrasions): जब खिलाड़ियों को खेलते समय यदि कहीं पर नील पड़ जाता है या वह जगह छिल जाती है तो इसके मुख्य रूप से दो कारण होते हैं क्रिकेट की गेंद, हॉकी की बॉल या आपस में खेलते हुए किसी एक खिलाड़ी के सिर का दूसरे खिलाड़ी के सिर से टकराना। जब खिलाड़ियों द्वारा बिना किसी धारवाली वस्तु से चोट लगना। अन्य कारण इस प्रकार से हैं-

- चोट लगने वाले स्थान पर सूजन आना और दर्द होना।
- मांसपेशियों और रक्त की धमनियों के अस्थिबन्ध का टूटना।
- अन्दरूनी चोट लगना अर्थात् बाहर कुछ दिखाई न पड़ना।

उपचार (Treatment)

- चोट वाली जगह पर बर्फ या ठण्डे पानी की पट्टी लगाना।
- डॉक्टरी जांच करवाना और तुरन्त इलाज शुरू करना।

6. हड्डी का टूटना (Fracture): हड्डियों के टूटने को अस्थिभंग भी कहा जाता है। यह कई प्रकार से हो सकता है जैसे-जब हड्डी बिना किसी घाव से टूटती है, अस्थिभंग के साथ घाव हो जाता है, कोमल अंगों पर घाव होना, खोपड़ी के ऊपरी हिस्से के आस-पास की हड्डी का टूटना, हड्डी टूटने के बाद उसमें लचक आना, कई भागों में हड्डी का टूटना और एक हड्डी का टूटा हुआ सिरा दूसरी हड्डी में घुस जाना। इसमें निम्नलिखित लक्षण होते हैं-

- हड्डी के आकार में बदलाव आना।
- बार-बार हड्डी की किरकिराहट की आवाज का आना।
- चोट लगी हड्डी का हिलना-डुलना बन्द होना।
- टूटे हुए हिस्से का आपस में रगड़ खाना।
- जिस जगह से हड्डी टूटी है उसमें दर्द और सूजन का आना।

उपचार (Treatment)

- जिस जगह की हड्डी टूटी है यदि उस जगह पर खून आ रहा है तो सबसे पहले उस जगह के घावों को ठीक करना चाहिए।
- टूटी हुई जगह पर सबसे पहले ध्यान केन्द्रित होना चाहिए। जिससे उस हड्डी का हिलना-डुलना बंद हो जाए।
- हड्डी को स्थिर रखने के लिए पट्टियों और कमठियों का प्रयोग किया जाना चाहिए।

- इस बात का हमेशा ध्यान रखा जाना चाहिए कि घायल व्यक्ति का शरीर गर्म रहे।

घायल व्यक्ति को ले जाना

किसी भी खिलाड़ी को जब चोट लगती है तो उसे सबसे पहले प्राथमिक चिकित्सा या फिर उसी समय डॉक्टर के पास ले जाना चाहिए। यदि घायल खिलाड़ी अपने आप चलने में असमर्थ हो तो उसे दूसरे व्यक्ति या व्यक्तियों द्वारा खेल के मैदान से बाहर ले जाना चाहिए। घायल व्यक्ति को निम्नलिखित तरीकों द्वारा ले जाया जा सकता है–

1. **एक व्यक्ति द्वारा:** जब घायल खिलाड़ी को मैदान से बाहर ले जाने का कोई दूसरा माध्यम न हो और उसके पास केवल एक व्यक्ति हो तो ऐसी स्थिति में घायल को पीठ या कन्धे पर उठाकर ले जाया जाता है। घायल को इस तरीके से उठाना चाहिए कि उसको तकलीफ न हो।
2. **कम से कम दो व्यक्तियों द्वारा:** घायल खिलाड़ी को दो व्यक्तियों द्वारा चारों हाथ को जोड़कर सीट की आकृति बना कर उठाया जा सकता है और उपचार के लिए ले जाया जाता है।
3. **स्ट्रेचर के द्वारा:** खेल के मैदान में अक्सर चोट लगने पर घायल व्यक्ति को स्ट्रेचर पर ही ले जाया जाता है। जिससे उसका जल्दी से जल्दी उपचार किया जाए। कई खेलों में तो चोट इतनी गहरी लगती है कि घायल को स्ट्रेचर पर रखकर सीधे एम्बुलेंस में अस्पताल ले जाया जाता है।

घायल खिलाड़ी की मानसिकता

जब किसी भी खिलाड़ी को चोट लगती है तो वह जल्दी से जल्दी ठीक होकर खेल प्रारम्भ करना चाहता है। हर खिलाड़ी उपचार करने वाले डॉक्टर से यही प्रश्न पूछता है कि वह कब ठीक होगा और कब वह दुबारा से अभ्यास करना शुरू कर सकता है। कई बार तो खिलाड़ी अपना मनोबल खो बैठता है कि वह कभी दुबारा खेल भी पाएगा कि नहीं।

एक घायल खिलाड़ी बिस्तर पर पड़े-पड़े हमेशा कुछ न कुछ सोचता ही रहता है जिससे उसके दिमाग पर बुरा असर पड़ सकता है। और शारीरिक चोट के साथ-साथ वह मानसिक संतुलन भी खोने लगता है। खिलाड़ी को खेल के मैदान में तब तक नहीं उतारना चाहिए जब तक वह परीक्षण के दौरान शारीरिक रूप से चुस्त नहीं हो जाता।

अतः खिलाड़ियों को हमेशा खेलते समय इस बात को ध्यान में रखना चाहिए कि उसे चोटें कम लगें और यदि लग भी गई है तो उसका शीघ्र उपचार किया जाना चाहिए।

चोट पुनर्वास

खेल के इस आधुनिक युग में चोट पुनर्वास का विशेष महत्व है क्योंकि दिन-प्रतिदिन खेल कौशलों की तकनीकों में जटिलता उत्पन्न हो रही है। खिलाड़ी इस जटिलता एवं जोखिम को उठाने के कारण चोटों से ग्रस्त हो जाता है अतः इस चोट पुनर्वास का प्रारंभ एवं उद्गम इन्हीं चोटों से हुआ है। पुनर्वास की यह प्रक्रिया खिलाड़ी को चोट लगने के बाद ही प्रारंभ होती है और पूर्ण रूप से ठीक होने के पश्चात् पुनः प्रावस्था में वापिस आने के बाद समाप्त हो जाती हैं। इस चोट पुनर्वास के क्षेत्र में खिलाड़ी के कल्याण के लिए एथलीट ट्रेनर की विशेष भूमिका होती है। अतः पुनर्वास की विशेषज्ञता चोट की आवृत्ति द्वारा प्रभावित होती है। चोटों के इलाज एवं पुनः क्षतिपूर्ति प्राप्ति के लिए पुनर्वास कार्यक्रमों को वर्तमान एवं भविष्य में खेलों में भाग लेने के अनुसार तैयार किया जाता है। सन् 1971 में पब्लिक हाई स्कूल एथलेटिक एसोशियेशन द्वारा फुटबाल खिलाड़ियों के घुटने की चोट दर के आधार पर बताया कि ये चोटें पहले की अपेक्षा 15 गुना ज्यादा थी। अतः इस अध्ययन पर प्रस्तावित किया गया कि घुटने की चोट से ग्रस्त व्यक्तियों को चिकित्सक के निर्देशन में योजनाबद्ध पुनर्वास कार्यक्रम की आवश्यकता होती है। बिना इस कार्यक्रम के खिलाड़ी की खेल में वापसी असंभव है।

खेलों में ये लगने वाली चोटें, खिलाड़ी में अनुकूलन योग्यताओं की कमी के कारण घटित होती है। अतः चोटों के बचाव के लिए इन योग्यताओं को विकसित करना आवश्यक होता है जिससे खिलाड़ी को चोट लगने से बचाया जा सके। इस चोट पुनर्वास कार्यक्रमों द्वारा चोटग्रस्त भाग में पुनः गतिशीलता लाने के लिए बैरी ऑक्स, पीटरफूलर, माइकल केनीहान और स्टीवन सेन्डोर आदि खेल औषधि चिकित्सकों ने अपने-अपने विचार प्रस्तुत किये थे कि चोट पुनर्वास के माध्यम से खिलाड़ी को पुनःप्रावस्था में लाकर अपने खेल कौशल्य का प्रारंभ शीघ्रता से किया जा सकता है। इस चोट पुनर्वास के लिए विभिन्न साधनों एवं विधियों का प्रयोग किया जाता है। ये साधन एवं विधियां निम्न हैं–

चोट पुनर्वास के साधन एवं विधियां (Means and methods of injury rehabilitation)

1. डायाथर्मी (Diathermy)
   (i) सूक्ष्म तरंग डायाथर्मी (Short wave diathermy)
   (ii) दीर्घ तरंग डायाथर्मी (Long wave diathermy)
   (iii) अति सूक्ष्म तरंग डायाथर्मी (Micro wave diathermy)

2. **इन्फ्रारेड चिकित्सा (Infrared therapy)**
3. **आइसोकाइनेटिक्स उपकरण (Isokinetics equipments)**
   (i) सीबेक्स (Cybex)
   (ii) आर्थोट्रान (Orthotron)
4. **चुम्बकीय क्षेत्र चिकित्सा (Magnetic field treatment)**
5. **वैद्युतीय मांसपेशी उत्तेजना (Electrical muscles stimulation)**
6. **स्ट्रेचिंग व्यायाम (Stretching exercise)**
7. **शक्ति वर्धन व्यायाम (Strengthing exercise)**
   (i) वजन द्वारा
   (ii) साइकिलिंग
   (iii) दीवार पुली
   (iv) ट्यूब
   (v) स्प्रिंग
8. **भौतिक प्रतिरोध (Manual resistance)**
9. **प्रगाही तंत्रिका-मांसपेशी समन्वय तकनीक (Proprioceptive neuromuscular fascilitation)**
10. **जिम्नेजियम (Gymnasium)**
11. **अन्य मशीनें (Other machines)**

चोट पुनर्वास के लक्ष्य

चोट पुनर्वास के मुख्य लक्ष्य निम्नलिखित हैं–

1. चोट ग्रस्त भाग का पूर्णरूपेण इलाज एवं सहायता प्रदान करना।
2. खिलाड़ी को अपनी पूर्ण क्षमताओं की पुनः प्राप्ति कराना।
3. जोड़ों की गतिशीलता की पूर्वास्था में पुनः प्राप्ति कराना।
4. कमजोर मांसपेशियों को ताकत की पुनः प्राप्ति कराना। (शक्ति वर्धक व्यायाम द्वारा)
5. विभिन्न खिंचाव व्यायामों द्वारा मांसपेशियों की लम्बाई में वृद्धि करना।

अतः चोट ग्रस्त खिलाड़ी के पुनर्वास के लिए नियमित व्यायामों का उपयोग किया जाता है जो कि खिलाड़ी को पुनः ट्रेनिंग या प्रतियोगिताओं में भाग लेने के लिए वापिस लाते हैं। डाक्टर फ्रेड आलमेन ने कई बार कहा भी है कि चोटग्रस्त भाग की चिकित्सा जैसे ही प्रारंभ होती है वैसे ही पुनर्वास का कार्यक्रम प्रारंभ कर देना चाहिये। शीघ्र सुरक्षा एवं पुनर्वास से चोट के प्रभाव को कम किया जा सकता है। अतः पुनर्वास उस समय प्रारंभ हो जाता है जब चोट ग्रस्त भाग ठीक होना प्रारंभ कर देता है। इससे ऊत्तकों के गुणों में सुधार होता है और खिलाड़ी अपनी खेल क्रियाओं को करने के लिए जल्दी लौट आता है।

पुनर्वास कार्यक्रम को प्रभावित करने वाले कारक (Factors effecting rehabilitation programme)

इस चोट पुनर्वास कार्यक्रम को प्रभावित करने वाले कारक निम्नलिखित हैं:

1. ऊत्तकों के घाव भरने की अवस्था।
2. चिकित्सा के प्रकार।
3. जोड़ की गति का परास।
4. जोड़ों की सूजन।
5. चोटग्रस्त भाग की मात्रा।
6. जोड़ों की गति के समय दर्द।
7. चोटग्रस्त भाग से जुड़ी मांसपेशी की ताकत।
8. चोट की मात्रा।
9. जोड़ों की अन्य स्थितियां।

पुनर्वास कार्यक्रम

इस चोट पुनर्वास कार्यक्रमों के लिए एथलेटिक ट्रेनर, प्रशिक्षक, शारीरिक शिक्षक एवं खेल चिकित्सक आदि सभी महत्वपूर्ण व्यक्ति होते हैं। इन पुनर्वास कार्यक्रमों में विभिन्न साधनों, विधियों एवं उपकरणों का उपयोग चिकित्सा के साथ-साथ पुनर्वास हेतु किया जाता है जिनका मुख्य उद्देश्य खिलाड़ी को पुनः खेल ट्रेनिंग एवं प्रतियोगिता में भाग लेने के लिए शीघ्रता से वापिस लाना होता है। पुनर्वास के लिए प्रत्येक खिलाड़ी के अनुसार प्रचार किया जाना चाहिये। पुनर्वास के लिए अल्प अवधि एवं दीर्घ अवधि दोनों ही योजनायें तैयार की जाती हैं। इस तैयार किये गये पुनर्वास कार्यक्रम में प्रगतिशीलता का होना आवश्यक होता है। चोटों के लिए उच्च तीव्रता एवं अल्प अवधि व्यायामों से पुनर्वास प्रारंभ करते हैं तथा गंभीर चोटों के लिए निम्न या मध्यम तीव्रता व्यायाम प्रारंभ करके उच्च तीव्रता वाले व्यायाम तक जाते हैं। पुनर्वास के लिये चयनित व्यायामों में किसी प्रकार की कमी या त्रुटि नहीं होनी चाहिये तथा ये व्यायाम एक निश्चित अवधि एवं तालमेल से करना उचित होता है।

इस पुनर्वास कार्यक्रम को विभिन्न अवस्थाओं में किया जाता है जो निम्न है :–

1. **शीघ्र उपचार की अवस्था :** इस अवस्था में उपचार एवं पुनर्वास हेतु प्राथमिक उपचार में (R. I. C. E)

सिद्धांत का प्रयोग किया जाता है। वजन उठाना, चोट ग्रस्त की गति करना, तथा फ्रेक्चर घटनाओं में लकड़ी की पट्टी का उपयोग करना उचित रहता है। चोटग्रस्त भाग के लिए अक्रियाशील रखना भी आवश्यक होता है।

2. **द्वितीय अवस्था :** इस अवस्था में शीघ्र उपचार के पश्चात् चिकित्सकीय तरीकों को उपयोग में लाया जाता है जिससे जोड़ों एवं चोटग्रस्त में गतिशीलता प्रारंभ हो जाये। इसमें आइसोमेट्रिक व्यायामों का उपयोग करते हैं।
3. **तृतीय अवस्था :** चोटग्रस्त भाग की गतिशीलता के बाद शीघ्र ठीक करने की प्रक्रिया प्रारंभ हो जाती है। जोड़ों एवं चोटग्रस्त भाग को पूर्ण गति एवं परास प्रदान किया जाता है। इसके लिए विभिन्न अक्रियाशील व्यायाम हाइड्रोथ्रेपी (जल चिकित्सा) आदि को उपचार के लिए उपयोग करते हैं।
4. **अंतिम अवस्था :** यह पुनः ट्रेनिंग की अवस्था है जिसमें चोटग्रस्त भाग के ठीक होने के पश्चात् उसे आराम की स्थिति में रखने के लिए ही विशेष कार्यक्रम तैयार किया जाता है जिसका उपयोग दैनिक अभ्यास हेतु किया जाता है। इस अवस्था में खिलाड़ी की पुनः प्राप्त क्षमताओं के मूल्यांकन हेतु विभिन्न क्रियाओं एवं अन्य उपकरणों का उपयोग किया जाता है।

कायिक चिकित्सा

कायिक चिकित्सा क्रीड़ा जन्य चोटों के रोकथाम, उपचार तथा पुनर्स्थापन हेतु विभिन्न शारीरिक विधियों को लागू करना ही है। खिलाड़ी को चोटों से स्वास्थ्य लाभ कराना बहुत आवश्यक होता है। यदि खिलाड़ी की भरपाई अपर्याप्त रही तो खिलाड़ी चोटों की ओर ज्यादा उन्मुख होंगे और इस प्रकार उनकी (परफोर्मेन्स) निष्पादनता प्रभावित होगी। एथलीटों के शीघ्र स्वास्थ्य लाभ कराने में कायिक चिकित्सा की अहम् भूमिका है।

व्यायामीय उपचार वह साधन है जिसके द्वारा रोगी को चोटों से स्वास्थ्य लाभ की प्रक्रिया को गति मिलती है तथा रोगों से भी शीघ्र लाभ मिलता जोकि उसके सामान्य जीवन को प्रभावित करते हैं। कायिक चिकित्सा द्वारा स्वास्थ्य लाभ तथा पुनर्स्थापना के उद्यीपनों को लाने में उष्मा, प्रकाश, जल, विद्युत, मालिश, व्यायाम तथा संचारण का उपयोग किया जाता है।

अक्रियता तथा पेशीय कमजोरी के कारण स्वास्थ्य लाभ की प्रक्रिया में विलम्ब पैदा होता है तथा बार-बार गतिविधियों को बदलने तथा पलटने से खराबियों को ठीक करना कठिन होता है। जबकि ऐसे उपचार पलटने की आवश्यकता ही न हो जैसे कि टाँगों की चोटों के बाद लिम्पिंग।

व्यायाम द्वारा उपचार के मुख्य उद्देश्य हैं (Main Aims of Treatment by Exercise):

1. अक्रियता के प्रभावों को न्यूनतम करने के लिए जब कभी इसकी आवश्यकता पड़े इसके द्वारा गतिविधि को प्रोत्साहित किया जा सकता है।
2. किसी विशिष्ट पेशीय गुच्छा अथवा पेशी की अक्षमता को सही करना हो तथा उसकी संधियों की सामान्य रेन्ज को बिना विलम्ब किए सक्षम कार्य क्षमता प्राप्त करने हेतु व्यायाम का उपयोग किया जाता है।
3. व्यायाम द्वारा रोगी को प्राप्त सामान्य रूप से कार्य करने की क्षमता कार्यक्रमीय गतिविधियों को बढ़ाने के लिए उसको उत्साहित किया जाता है ताकि उसके पुनर्स्थापन में तेजी आ सके।

व्यायाम के सामान्य नियम (General Rules of Exercise)

1. सामान्य अनुकूलन को बनाए रखना।
2. उत्तम शरीर यांत्रिकी को बनाए रखना।
3. प्रतिदिन दो या तीन बार प्रभावित भाग को व्यायाम कराना।
4. दर्द निवारण के लिए सुचारू रूप से सभी व्यायाम करें।
5. यदि व्यायामों से दर्द, बेचैनी अथवा संधियों की रेंज घटने लगे तो उनमें सुधार किया जा सकता है।
6. प्रत्येक सेट के 10 बार दुहराने तक प्रत्येक व्यायाम को लक्ष्य तक पहुँचने के लिए बढ़ा सकते हैं।
7. दिनचर्या तथा खास व्यायाम का कारण जानें।
8. सुनिश्चित करें कि प्रतियोगिता में जाने के पूर्व पूर्ण शक्ति, बर्दाशत क्षमता तथा लोच प्राप्त हो गए हैं।

कायिका चिकित्सा (फिजियोथैरेपी) के महत्त्व

शारीरिक पुनर्स्थापन के लिए कायिक चिकित्सा प्रोत्साहित करती है। यह सभी रोगियों के लिए उपयुक्त हैं। कायिक चिकित्सा स्थिर कला नहीं है। इसके उपचार की विधियां निरन्तर बदलती रहती हैं। बहुत सी विधियाँ जो किसी समय बहुत प्रसिद्ध तथा बहुप्रचालित होती थीं अब अपनी प्रसिद्धि खो चुकी हैं। विद्युत प्रवाह द्वारा उपचार (फैशन) प्रचलन से बाहर हो गया था, मालिश करने को भी वैज्ञानिक दृष्टि से उदासीनता से ही देखा

जाता था तथा इसका चलन भी प्रशंसनीय नहीं रहा था, मालिश के द्वारा उपचार में की गई मदद को काफी समय तक नकारा तथा असली वैधता को नजरंदाज किया गया, तो भी उपरोक्त सबके बावजूद पहले से ज्यादा आजकल मरीजों को कायिक चिकित्सा के लिए सलाह दी जाती है।

कायिक चिकित्सा जख्मों को ठीक करने में एक महत्त्वपूर्ण भूमिका निभाती है। प्रत्येक रोगी के लिए काम करने की क्षमता के नष्ट होने से कई समस्याएँ पैदा हो जाती है तथा व्यक्ति विशेष की आवश्यकता के अनुरूप इलाज की योजना बनाई जाती है। यदि उपचार बेअसर है तो उसे परिवर्तित किया जाता है अथवा उसको बंद किया जाता है।

कायिक चिकित्सक रोगी की इलाज की जरूरत, उसकी योग्यता तथा अयोग्यता को ध्यान में रखकर उपयुक्त तकनीकी का चयन करें।

1. फिजियोथैरेपी से हायपोटोनिक पेशियों को फैलाव मिले।
2. उपचारीय व्यायामों द्वारा सँधियों की सामान्य रेंज व्यवस्थित रखी जा सकें।
3. कार्यशील पेशियों की ताकत तथा तन्मयता बनाई रखी जा सके।
4. यह पेशीय ताकत के नुकसान को घटाए।
5. यह पेशी की बर्दाश्त क्षमता को बनाए रखे।
6. व्यायाम को दुहराते हुए न्यरोमस्कूलर समन्वय को सुधारना।
7. ये व्यायाम रोगी में विश्वास पैदा करे।
8. उपचारीय व्यायाम कमजोर पेशियों को मजबूत करें तथा कार्यरत पेशियों में रक्त प्रवाह को भी तेज करें।
9. संधियों की सामान्य गति पेशियों की तनने की योग्यता को बनाए रखना।

गति के प्रकार

सक्रिय गति- एथलीट द्वारा सक्रिय गति बिना किसी सहारे के सम्पन्न की जाती है। इस श्रेणी में आने वाले व्यायाम वही हैं जो सामान्य अनुकूलन तथा जख्मी भागों के उपचारों के लिए पुनः स्वस्थता अर्जित करने हेतु किए जाते हैं।

स्वैच्छिक गतियाँ- यह बाहरी बल के विरुद्ध कार्य करने वाली स्वैच्छिक गति को सम्पादित करने वाली अथवा नियंत्रित करने वाली गति होती है।

मुक्त व्यायाम (Free Exercise)

कार्यशील पेशियाँ गतिय अथवा स्थापित भागों के ऊपर गुरुत्वीय बल के कार्य करने वाले विषय होते हैं। मुक्त व्यायाम वे हैं जोकि रोगी द्वारा बिना किसी बाहरी बल के प्रतिरोध अथवा किसी सहारे के स्वयम् भी पेशियों के प्रयास से किया जाता है। यह व्यायाम गुरुत्वाकर्षण के विपरीत किया जाता है। इनके प्रभावों में तथा लक्षणों में विविधताएँ होतीं हैं। यह व्यायाम का प्रभाव उसके द्वारा ही उत्पन्न किया जाता है। लयात्मक तथा दोलन प्रकार का व्यायाम कुछ रिलेक्शेषन को प्रेरित करता है। गति के अनुसार पेशीय तन्मयता बनाए रखी जा सकती है तथा ताकत भी बढ़ती है। व्यायाम की अविध अंग पर लीवर का लाभ तथा गुरुत्वाकर्षण से गतिमान भाग का सम्बन्ध बना रहता है। समूह प्रक्रिया के लागू होने से समन्वय का प्राकृतिक ढाँचा प्रशिक्षित हो जाता है। संक्षिप्त प्रभावों की उपलब्धि हो सकती है यदि उपयुक्त चुनाव किया जाए। जिस ढंग से व्यायाम किया जाता है यह बहुत महत्त्वपूर्ण है।

***(i)* स्थान सीमित व्यायाम**- ऐसे व्यायाम मुख्यतः कुछ विशिष्ट तथा स्थानीय प्रभाव पैदा करने के लिए संरचित किए जाते हैं। उदाहरण के लिए किसी संधि विशेष को गतिशील बनाना अथवा किसी पेशीय गुच्छे को मजबूत बनाना।

***(ii)* सामान्य व्यायाम**- इसमें बहुत सी संधियाँ संलग्न रहती हैं तथा इसमें शरीर की सभी पेशियाँ संलग्न रहती हैं। इसका प्रभाव क्षेत्र भी बड़ा होता है। जैसेः- दौड़ना।

मुक्त व्यायाम की तकनीक (Technique of Free Exercise)

(i) अंगविन्यासीय क्षमता को सुनिश्चित करने के लिए प्रारम्भिक अवस्था को गति का आधार मानते हुए चयन करना तथा सावधानीपूर्वक सिखाना चाहिए।

(ii) निर्देशन इस ढंग से दिए जाने चाहिए कि रोगी में समन्वय तथा उसकी रुचि को जागृत किया जा सके ताकि उसमें व्यायाम का ढाँचा तथा उद्देश्य समझ में आ जाए।

(iii) जितने प्रभाव की जरूरत होती है उसी रफ्तार में व्यायाम का दिया जाना निर्भर करता है।

(iv) व्यायाम की समयावधि (अन्तराल) रोगी की क्षमता के उपर अधिक निर्भर करती है।

मुक्त व्यायामों के प्रभाव तथा फायदे (Effects & Benefits of Free Exercise)

मुक्त व्यायाम के फायदे तथा असर उसके व्यायाम की प्रकृति तथा उसको करने की समयावधि पर निर्भर होती है।

1. संधियों के घूमने के क्षेत्र में हायपरटॉनिक पेशियों को आराम पहुँचाने में लयात्मक व्यायाम मदद करता है।
2. इस प्रकार का व्यायाम शिथिलता को प्रेरित कर पेशियों की व्यर्थ के तनाव को कम करता है जिससे संधियों की हलचल की रेंज के घटने को सीमित करता है तथा न्यूरोमस्क्युलर समन्वय में कार्यक्षमता को बढ़ाता है।
3. पेशियों के समानुपातिक संकुचन एवं फैलाव को एक के बाद खोलने के लिए फैलाव की सामान्य अवस्था तथा गति को स्थिर रखने की जरूरत होती है।
4. व्यायाम से संधियों की गति करने की क्षमता तथा रेंज पूरी ऊंचाई पर होती है तथा संधियों की सामान्य गति को बनाए रखा जा सकता है।
5. व्यायाम पेशीय तन्मयता को तथा पेशीय ताकत को विकसित करता है।
6. इस प्रकार के व्यायामों को दोहराने से न्यूरोमस्क्युलर समन्वय का विकास होता है। जिस व्यायाम में एकाग्रता की जरूरत पड़ती हो तथा उसके लिए अधिक प्रयास करने पड़ते हों तो ऐसा व्यायाम अपने आप कौशल प्राप्त करते हुए अभ्यास में आ जाता है।
7. उद्देश्यीय व्यायामों तथा गतिविधियों को सम्पन्न करके रोगी अपने अन्दर विश्वास को पैदा करता है।

व्यायामों का उपयोग श्वसन को बढ़ाने के लिए भी किया जा सकता है। स्थानीय के साथ-साथ सामान्य संचार में तथा हृदय की पेशियों में भी व्यायाम द्वारा वृद्धि की जा सकती है।

सहारे वाले व्यायाम (Assisted Exercise)

यह व्यायाम किसी जख्मी खिलाड़ी को सहारा देकर कराई जाने वाली गति है। इसमें गति को करने के लिए दूसरे व्यक्ति को सहारा देने की जरूरत पड़ती है। सहारा देने वाले बल का प्रवेग उतना मात्र ही होना चाहिए जोकि पेशिय गति को संचालित कर सके। परन्तु वह बल ऐसा न हो जोकि सहारे के स्थान पर स्वयम् कार्य करने जैसे पेशीय बल बढ़ता जाए उसी अनुपात में सहारा कम करते जाना चाहिए।

तकनीकी- कार्यक्रम की योजना कमजोर पेशियों को उनके स्वयम् के अधिकतम प्रयासों से मजबूती प्रदान करने को सुनिश्चित करने के लिए बनाना है।

(i) **प्रारम्भिक स्थिति-** शरीर की सम्पूर्ण स्थिरता का पूरा ध्यान रोगी की गतियों तथा प्रयासों की ओर केन्द्रित होना चाहिए जो गतियों के द्वारा की जानी हैं।

(ii) **गति की शैली-** रोगी को गति की शैली को जानना तथा समझना अति आवश्यक होगा।

(iii) **पक्का करना-** अस्थियों के उद्‌गम को पर्याप्त रूप में पक्का करने से उसके मुख्य गतिमान अंगों की क्षमता में सुधार किया जाता है। कमजोर पेशियों की क्षमता की भरपाई करने के लिए गतियों को साथ वाली संधियों की ओर स्थानातंरित किया जाता है। इन संधियों की गति को मानवीय बल अथवा अन्य स्थिर साधनों की मदद से नियंत्रित किया जाता है ताकि गति को एक संधि की आवश्यक धुरी पर केन्द्रित किया जा सके।

(iv) कमजोर पेशियों पर भार को घटाने के लिए गतिमान भाग को पूरा सहारा देना होगा तथा गुरुत्व बल के प्रभाव के विपरीत संतुलन बनाए रखना पड़ेगा। मानवीय सहारे का यह लाभ है कि उसे गति की आवश्यकता के अनुसार समायोजित किया जा सकता है।

(v) एन्टागोनिस्टिक पेशियों के तनाव को घटाने का प्रयास करना चाहिए।

(vi) कमजोर पेशी के आरम्भिक फैलाव से मायोटैरिक रिफ्लेक्स को बाहर निकालने से पेशी को सिकुड़ने का बलशाली उद्दीपन प्राप्त होता है।

(vii) बल को गति की दिशा में लगाया जाना चाहिए।

(viii) गति सरल सहज तथा सम्पूर्ण होनी चाहिए।

(ix) कमजोरी उत्पन्न होने के कारणों की जानकारी के अनुसार ही दुहराने की क्रिया की जानी होगी।

(x) उपरोक्त सभी क्रियाओं में रोगी का सहयोग बहुत आवश्यक है।

सहारे वाले व्यायामों के लाभ तथा प्रभाव (Effects & Benefits of Assisted Exercises)

(i) जिन पेशियों को सहारे के बिना कार्य करने में कठिनाई का अनुभव होता है। उन क्रियाओं को सहारा देकर धीरे-धीरे मजबूती प्रदान कराकर उनमें अतिवृद्धि हो जाती है बशर्ते वे अपनी अयोग्यता को दूर करने के लिए अधिकतम प्रयासों को अमल में लाएं।

(ii) यह न्यूरोमस्क्यूलर पुन: प्रशिक्षण में मदद करता है। जिस क्रिया को रोगी बिना सहारे के सम्पन्न नहीं कर सकता। ऐसी क्रियाओं को करने के लिए सहयोगात्मक गतियों को उद्दीपित कर इस शैली के प्रति उसमें जागरूकता को

भी बढ़ाया जाता है। ये व्यायाम समन्वयकता के प्रशिक्षण में भी मददगार होते हैं।

(iii) गति की योग्यता प्राप्त करने के विश्वास को स्थापित करना।

(iv) प्रभावित संधियों की गतियों को रेंज तथा नियंत्रण को सहारे वाले व्यायामों द्वारा विस्तृत करना।

सहारे वाले प्रतिरोधी व्यायाम (Assisted-Resisted Exercise)

इस प्रकार के व्यायाम एकल गति के दौरान सहारे तथा प्रतिरोधों के मध्य तारतम्यता को निर्मित करते हैं।

प्रतिरोधी व्यायाम (Resisted Exercise): प्रतिरोधी व्यायाम वह गतिविधि है जिसमें खिलाड़ी प्रतिरोधी बल के विरुद्ध कार्य करता है। इस प्रकार के व्यायाम में बाहर की ओर बल को पेशीय संकुचन बल के विपरीत कार्य करने के लिए लगाया जाता है। प्रतिरोध के द्वारा पेशीयों में तनाव पैदा हो जाता है तथा पेशियाँ अपनी हायपरट्रॉफी तथा शक्ति में हुई वृद्धि के द्वारा प्रतिदर्शित करती है। इसके परिणाम स्वरूप पेशियों का तनाव बढ़ जाता है और इस प्रकार उनकी पेशियों की शक्ति तथा क्षमता में अत्यधिक वृद्धि हो जाती है।

प्रतिरोधी व्यायाम की तकनीकी (Techniques of Resisted Exercise)

(i) व्यायाम के आरम्भ की स्थिति आरामदायक तथा स्थिर होनी चाहिए ताकि गतिविधियों के ढाँचे पर सम्पूर्ण ध्यान तथा एकाग्रता कायम की जा सके तथा प्रतिरोध को दूर करने के प्रयास किए जाने चाहिए।

(ii) गति की शैली इस प्रकार होनी चाहिए कि पेशियों का संकुचन पूर्ण गति की रेंज तक हो सके।

(iii) उद्गम की अस्थियों को व्यवस्थापित कर उनकी गति क्षमता में सुधार करना।

(iv) गति का आरम्भिक फैलाव मायोटिक रिफ्लैक्स को सुधारता है।

(v) कार्यशील पेशियों के संकुचन के प्रतिरोधन हेतु प्रतिरोधी बल को लगाया जाना चाहिए। इसमें मानवीय बल, भार, स्प्रिंग आदि को लगाया जा सकता है तथा बल को गति की दिशा में लगाया जाता है। उद्देश्य एवं आवश्यकतानुसार बल लगाने की दिशा में परिवर्तन किया जाता है।

(vi) गति सरल तथा नियंत्रित होनी चाहिए।

(vii) विशेष मरीज की अवस्था के अनुसार व्यायाम को दुहराया जाना चाहिए।

प्रतिरोध

(अ) गति की सीध में फिजियोथेरेपिस्ट द्वारा लगाया गया मानवीय प्रतिरोध तथा गति की दिशा में हाथ को फर्श पर टिकाया गया हो।

(ब) रोगी अपनी गति को स्वयम् के भार का उपयोग कर प्रतिरोध कर सकता है।

(स) सक्रिय प्रतिरोधी व्यायाम के लिए वजन के द्वारा प्रतिरोध उत्पन्न करना आसान तथा प्रभावी होता है। वजन के द्वारा प्रतिरोध बनाने को उन्नत प्रतिरोधी व्यायाम भी कहा जाता है।

(द) भार तथा फुलीसर्किट द्वारा पैदा किए गए बल को भार के द्वारा किसी भी दिशा में कार्यरत किया जा सकता है। इस प्रकार पेशी को भार तथा गुरुत्वाकर्षण दोनों के प्रतिरोध के विपरीत कार्य करने की जरूरत नहीं पड़ती। यह कमजोर पेशियों में प्रतिरोध उत्पन्न करने के लिए महत्त्वपूर्ण होता है।

(ई) स्प्रिंग तथा अन्य लचीले पदार्थो द्वारा प्रतिरोध उत्पन्न किया जाता है। इसे उपयोग की गई स्प्रिंग के प्रकार के अनुसार फैलाया अथवा दबाया जा सकता है।

(फ) पानी के तेज बहाव से भी प्रतिरोध पैदा किया जा सकता है तथा उसको चलने वाले हिस्से की सतह पर लगाया जा सकता है।

प्रतिरोधात्मक व्यायामों के लाभ तथा प्रभाव (Effects & Benefits of Resisted Exercise)

1. ये कमजोर पेशियों तथा उत्तकों को निर्मित कर माँसपेशीय संतुलन को बनाए रखता है।
2. यह रक्त संचार में सुधार करता है।
3. कठोर पेशीय क्रियाओं द्वारा ऊष्मा पैदा होती है जोकि ऊष्मा संचालित केन्द्रों में उद्दीपन पैदा कर त्वचा का वाहक चौड़ेपन (वास्को डायलेशन) को बढ़ा देते हैं।
4. रक्त चाप में सामान्य बढ़ोत्तरी तेजी से समाहित हो जाती है।

अनैच्छिक गति (रिफ्लैक्स गति) (Involuntary Movement)

रिफ्लैक्स गति एक अनैच्छिक गति है, जिसे संवेदीय उद्दीपनों के प्रति गतिय प्रतिक्रिया के रूप में परिभाषित किया जा सकता

है। इन रिफ्लैक्स गतियों का सम्बन्ध गतियों की शैली से है जोकि आगे चलकर स्वचालित हो जाता है।

मुड़ा हुआ चाप (रिफ्लैक्स आर्क)- रिफ्लैक्स आर्क उद्दीपनो को वह मार्ग उपलब्ध कराता है जिससे रिफ्लैक्स गति बढ़ती है। इसमें दो न्यूरॉन्स होते हैं एक एफ्रैन्ट न्यूरॉन संवेदना प्राप्त करने वाले अंगों से प्रारम्भ होकर सी.एन.एस. तथा एक एफ्रेन्ट न्यूरॉन सी.एन.एस. से प्रभावित अंग (पेशीय तन्तुओं) तक पहुँचता है। इनमें से अधिकतर में न्यूरॉन्स श्रृंखलाबद्ध रहते हैं। जिसमें एक या एक से अधिक जोड़ने वाले न्यूरॉन्स एफ्रेन्ट तथा एफ्रेन्ट न्यूरॉन्स के बीच में रहते हैं। रिफ्लैक्स गति को अथवा शरीर अंगविन्यास के व्यवस्थापन जैसे बहुत से साधनों से उद्दीपन किया जा सकता है।

फैलावीय रिफ्लैक्स (स्ट्रेच रिफ्लैक्स)- यह पेशियों के फैलाव के फलस्वरूप हुई स्पाइनल रिफ्लैक्स प्रतिक्रिया है। जब कोई उत्तेजना पैदा करने वाली पेशी फैलती है तो यह तनाव के पैदा होने तथा सिकुड़ने के प्रत्युतर में फैलाव वाले बल के ऊपर पलट कर क्रिया करती हैं। यह उन पेशियों में अच्छा प्रभाव पैदा करने का साधन होती है जो पेशियाँ स्वैच्छिक प्रयासों से अप्रभावित रहती है। प्रतिरोधी बल को लगाकर पेशी की सिकुड़न में तनाव को बढ़ाया जाता है तथा सिकुड़ने की गुणवत्ताओं में भी सुधार होता है।

रिफ्लैक्स को ठीक करना (राइटिंग रिफ्लैक्स)- ये रिफ्लैक्सेज संतुलन के संधारण एवं कायम रखने के लिए उत्तरदायी है।

अंगविन्यासीय रिफ्लैक्सेज (पास्चु रिफ्लैक्सेज)- इन रिफ्लैक्सों का सम्बन्ध अंगविन्यास के संधारण से होता है।

रिफ्लैक्स गतियों के लाभ तथा प्रभाव (Effects and Benefits of Reflex Movements)

1. जब ऐच्छिक प्रयास बेअसर हो जाते हैं उस समय रिफ्लैक्स गतियों से शुरुआत करते हुए न्यूरोमास्कयुलर मैकेनिज्म को प्रोत्साहित करने वाली गति के रूप में रिफ्लैक्स गतियाँ एक सही साधन सिद्ध होती हैं।
2. जब विशेष लकवे के कारण स्वैच्छिक गतियाँ करना असंभव हो जाता है। उस समय सामान्य संधिय गतियों तथा पेशियों के फैलाव का संधारण इसी प्रकार की गतियों के द्वारा किया जाता है।
3. इन गतियों के दौरान प्राप्त की गई पेशीय संकुचन एवं संधियों की गति के कारण संचरण में भी सुधार आ जाता है।
4. इन गतियों को दुहराने से स्वास्टिक पेशियों में अस्थाई फैलाव आ जाता है।
5. इन शैलियों को दोहराते हुए अंगविन्यासीय रिफ्लैक्स अवस्थाओं को संतोषप्रद ढाँचे के रूप में पुन: पैदा किया जा सकता है।

अक्रिय गतियाँ (Passive Movements)

जब पेशियाँ अक्रिय अथवा तुलनात्मक रूप में सुस्त होती हैं तो बाहरी बल लगाने से पैदा हुई गति को अक्रिय गति कहा जाता है और ऐसा सक्रिय गति में हुए पेशीय संकुचन के परिणामस्वरूप होता है। अक्रिय गति वह व्यायाम है जो कि खिलाड़ी के प्रयास के बगैर प्रभावित भाग पर दूसरे साधन अथवा व्यक्ति द्वारा कराया जाता है। ये गतियाँ बाहरी बल द्वारा पेशियों की अक्रियता के दौरान पैदा की जाती हैं अथवा जब पेशीय गतियाँ अपने आप इतनी कम हो जाती हैं कि पेशियों को गति प्रदान किया जाना संभव न हो।

अतिरिक्त गतियों को सम्मिलित करते हुए विश्रामजनक अक्रिय गति (Relaxed Passive Movements including accessory Movement)

(रिलैक्सड पैसिव मूवमेन्ट्स इन्क्लूडिंग एक्सेसरी मूवमेन्ट)

(अ) विश्रामजनक अक्रिय गति- ये गतियाँ कायिक चिकित्सक द्वारा नरमाई से तथा ठीक ढंग से सम्पन्न की जाती है। इसमें जोड़ों की एनॉटमी का ज्ञान अति आवश्यक है। ये गतियाँ सक्रिय गतियों के समान ही दिशा में तथा एक ही रेंज में सम्पन्न की जाती हैं। जोड़ मौजूदा मुक्त क्षेत्र (रेंज) में उस सीमा तक घूमता है जिसमें कि दर्द पैदा न हो।

(ब) अतिरिक्त गतियाँ- ये किसी भी सामान्य संधियों की गति के समान ही उत्पन्न होती है लेकिन संधि की असामान्य अवस्थाओं में यह सीमित अथवा अनुपस्थित होती है। इनमें ग्लाइडिंग अथवा चक्रीय गतियाँ होती हैं जोकि स्वैच्छिक गतियों जैसी एकाकी गति नहीं कर सकती परन्तु कायिक चिकित्सक द्वारा अलग की जा सकती है।

विश्रामजनक अक्रिय गतियों को कराए जाने के सिद्धान्त (Principles of Giving Relaxed Passive Movements)

1. रोगी को विश्रामावस्था के लिए प्रशिक्षित किया जाता है और फिर उसे उपयुक्त प्रारम्भिक अवस्था उपलब्ध कराई

जाती हैं जो कि उसके सहारे तथा आराम को सुनिश्चित करती हैं। कायिक चिकित्सक इन गतियों के द्वारा रोगी में आराम के लिए आत्मविश्वास तथा सहयोग के व्यवस्थापन हेतु उसको स्फूर्ति प्रदान करता है।

2. जब गति को किसी विशिष्ट संधि तक सीमित किया जाता है जो अस्थि प्रोक्सिमल है उसे स्थिर कर के गति को स्थायित्व प्रदान किया जाता है।

3. घुमाए जाने वाले भाग को पूरा आराम तथा सहारा दिया जाता है ताकि रोगी में आत्मविश्वास जागृत हो जाए और वह आराम का अनुभव करें।

4. कई संधियों में ट्रेक्शन द्वारा अर्टिक्युलर सतह को अलग हटाया जा सकता है जो कि हमेशा संधि के लम्बे अक्ष में दिया जाता है। इस प्रकार अस्थि के प्रोक्सिमल को संधि से जोड़ने के लिए विपरीत बल को डिस्टल अस्थि पर खिंचाव को बरकरार रखने के लिए लगाया जाता है।

5. आस-पास की पेशियों में बिना दर्द पैदा किए गति की रेंज को पूरी सीमा तक बढ़ाया जा सकता है।

6. व्यायाम की तेजी एक समान होनी चाहिए तथा अच्छी धीमी गति में लयात्मक तरीके से आराम को बनाए रखते हुए निरन्तर गति बनाए रखना चाहिए। इस व्यायाम की अवधि रोगी की अवस्था पर निर्भर करती है।

विश्रामजनक अक्रिय गतियों के लाभ तथा प्रभाव (Effects & Benefits of Relaxed Passive Movements)

1. चिपकाव की बनावट रूकी रहती है तथा मौजूद मुक्त गति व्यवस्थित रूप से बनी रहती है।

2. पेशीय अक्षम कार्यक्षमता के कारण जब सक्रिय गति करना संभव न हो तब कायनेस्थिक संवेदों के उद्दीपन के द्वारा ये गतियाँ व्यायामीय गतियों के ढाँचे को स्मरण कराने में मदद करती हैं।

3. जब गति की पूरी रेंज असंभव हो तब ये पेशियों की फैलाव क्षमता को बनाए रखने में मदद करती है।

4. अक्रिय गतियों की निरन्तर लयात्मकता सहलाने के प्रभाव और प्रोत्साहन देते हुए विश्राम तथा सोने में मदद करते हैं।

5. अतिरिक्त गतियों को संधियों की गतिशीलता तथा गति की खोई हुई रेंज को बढ़ाने के लिए सम्पन्न किया जाता है।

अक्रिय मानवीय गतिक्षमता तकनीकी (Passive Manual Mobilisation Technique)

(अ) जोड़ों की गति क्षमता (Mobilisation of Joints): कायिक चिकित्सक द्वारा रोगी की क्षमता के नियंत्रण में उपलब्ध विभिन्न परिमाणों सम्पन्न कराई गई कार्यगत क्रियाएँ अथवा लगातार लयात्मक रूप में दुहराई गई ऑसीलेटरी, लोकेलाइज्ड अतिरिक्त क्रियाएँ हैं। ये बहुत नरमाई से अथवा थोड़ी कड़ाई से की जा सकती है तथा इनका वर्गीकरण उपलब्ध रेन्ज जिसमें वे सम्पन्न की जाती है उनके अनुसार किया जाता है।

(ब) संधियों पर हस्त कौशल (Manipulation of Joints)

(i) कायिक चिकित्सक द्वारा संपन्न किया गया- ये व्यायाम स्थानीय, एकल, शीघ्र निर्णायक तथा छोटे प्रवेग की उच्च रफ्तार वाली गतियाँ हैं जिन्हें उस समय तक पूर्ण कर लेना चाहिए जब कि रोगी उसे बन्द करने को कहे।

(ii) शल्यचिकित्सक/फिजिशियन द्वारा सम्पादित की गई- यह गति फिजीशियन अथवा शल्य चिकित्सक द्वारा बेहोश करने के बाद की जाती है ताकि रेंज को बढ़ाया जा सके। गति में वृद्धि को कायिक चिकित्सक द्वारा बनाए रखना चाहिए।

(स) फैलाव तथा सख्त संरचनाओं पर नियंत्रण बनाए रखना (Controlled Sustained Stretching of Tightened Structures): पेशियों के अक्रिय फैलाव तथा दूसरे नरम उत्तकों को गति की रेंज तक बढ़ने दिया जाता है। इन संरचनाओं में चिपकने तथा फैलाव की संरचना को प्राप्त किया जा सकता है अथवा टेन्डन के प्रोटेक्टिव रिफ्लेक्स की पेशियों को लम्बाई में बढ़ाया जाता है।

प्रभाव एवं लाभ (Effects & Benefits)

1. धीमा फैलाव पेशियों में लम्बाई तथा आराम को पैदा करता है।
2. मजबूत तथा स्थाई फैलाव का उपयोग हाथ पैरों की ऐंठन को दूर करने में किया जाता है।
3. छोटे हो गए तन्तुओं के तनाव को दूर करने के लिए मजबूत तथा लम्बे समय तक किए गए अक्रिय खिंचाव बहुत उपयोगी होते हैं।

बहुविकल्पीय प्रश्न

1. स्टैनोज़ोलोल नामक जिस औषध का कनाडा के खिलाड़ी बेन जॉन्सन ने 1988 के ओलिंपिक खेलों में दुरुपयोग किया था वह है–
(*a*) स्वापक पीड़ानाशक (*b*) उपचयी
(*c*) स्वापक (*d*) मूत्रवर्धक

2. ऑनसेट ऑफ ब्लड लैक्टेट एक्युमुलेशन (ओ. बी. एल. ए. – रक्त में दुग्ध-लवण के संचयन का आक्रमण) का एक नाम यह भी है–
(*a*) वायुजीवी अवसीमा
(*b*) वात-निरपेक्ष अवसीमा
(*c*) दुग्ध-लवण
(*d*) 'a' और 'b' दोनों

3. निम्नलिखित में कौन एक स्वापक है?
(*a*) कोकेन (*b*) गांजा
(*c*) पी. सी. पी. (*d*) अफीम

4. हृदय की गति को इस रूप में परिभाषित किया जाता है–
(*a*) हृदय द्वारा एक मिनट में निकाले गए रक्त की मात्रा
(*b*) प्रति मिनट प्राकुंचन सिकुड़न (सिस्टॉलिक कॉन्ट्रैक्शन) की संख्या
(*c*) प्रति मिनट अनुशिथिलन (डाइऐस्टोलिक) सिकुड़न की संख्या
(*d*) प्रति मिनट हृदय के सिकुड़न की संख्या

5. भारी व्यायाम के दौरान रक्त की आपूर्ति किस तरफ बढ़ती है?
(*a*) मस्तिष्क (*b*) अस्थिपंजरीय पेशी
(*c*) त्वचा (*d*) गुर्दा

6. निम्नलिखित में कौन रक्त द्वारा ले जाया जाता है?
(*a*) एन्जाइम्स (*b*) ऑक्सीजन
(*c*) हॉर्मोन्स (*d*) इनमें सभी

7. प्रतिरोध-कार्य, विशेषकर हैवीवेट प्रशिक्षण, के बाद पेशी मात्रक की वृद्धि को कहते हैं–
(*a*) ऑस्टिऑपोरोसिस (अस्थिदौर्बल्य)
(*b*) पेशीय अपक्षय (मस्क्युलर एट्रोफी)
(*c*) पेशीय अतिवृद्धि (मस्क्युलर हाइपरट्रॉफी)
(*d*) अतिवृद्धि (हाइपरप्लेलेज़िआ)

8. एनाबोलिक स्टेरायड्स सीधे प्रभावित करते हैं–
(*a*) हृदय को (*b*) पेशियों को
(*c*) फेफड़ों को (*d*) मस्तिष्क को

9. एफ. आई. एम. एस. का पूरा रूप है–
(*a*) फेडरेशन ऑफ इंडियन मेडिसिन एंड सर्जरी
(*b*) फेडरेशन इंटरनेशनल ऑफ मेडिसिन ऐंड स्पोर्ट्स
(*c*) इंटरनेशनल फेडरेशन ऑफ मेडिको-स्पोर्टिव

10. तंतु का वह प्रारूप जो अधिक संख्या में माइटोकॉन्डिया और मायोग्लोबिन के उच्च संकेंद्रण से युक्त होता है क्या है?
(*a*) धीमीमरोड़
(*b*) तेजमरोड़
(*c*) मध्यम प्रारूप
(*d*) (a) और (b) दोनों

11. लघु अनुप्रस्थकाट वाले क्षेत्र के तंतु हैं
(*a*) अधिक तेज़ मरोड़
(*b*) धीमी मरोड़
(*c*) (a) और (b) दोनों
(*d*) इनमें कोई नहीं

12. औषध जो पेशी की मात्रा और पेशी-आकुंचन के लिए अतिरिक्त शक्ति बढ़ाती हैं वे हैं–
(*a*) कैफिन
(*b*) ऐंड्रोजेनिक स्टेरायड्स
(*c*) कॉर्टिको स्टेरायड्स
(*d*) बेटाब्लॉकर्स

13. अस्थियों की मृदुलता को कहते हैं–
(*a*) ऑस्टिओपोरोसिस
(*b*) ऑस्टिओमेलेसिया
(*c*) ऑस्टिओब्लास्ट
(*d*) ऑस्टिओक्लास्ट

14. "क्रायोथिरेपी" किसका प्राथमिक उपचार है?
(*a*) रक्तस्रावी व्रण (*b*) मोच
(*c*) सन्धि-च्युति (*d*) उपर्युक्त सभी

15. खेल-कूद की चोटों को किसके द्वारा न्यूनतम किया जा सकता है?

(a) अंग-मर्दन (b) वर्फीकरण
(c) वाष्प-स्नान (d) इनमें किसी से नहीं

16. घुटने की उपास्थि में हुई क्षति सामान्यत: किससे जोड़ी जाती है?
(a) तैराकी (b) नौका-विहार
(c) मुक्केबाजी (d) फुटबॉल

17. खेल-कूद में हुई क्षतियों से स्वास्थ्य लाभ के लिए क्या उपयोगी है?
(a) जल-चिकित्सा (b) सुधारात्मक व्यायाम
(c) क्रायोथिरेपी (d) इनमें कोई नहीं

18. विश्व स्वास्थ्य संगठन की स्वास्थ्य संबंधी अवधारणा किससे संबद्ध है?
(a) संपूर्ण तंदुरुस्ती (b) रोग-मुक्ति
(c) शारीरिक स्वास्थ्य (d) मानसिक स्वास्थ्य

19. मोच खाए टखने का तात्कालिक लक्षण है
(a) रक्तस्राव (b) ओडिमा
(c) स्थानभ्रंश (d) इनमें सभी

20. चिरकालिक खेल-कूद से हुई क्षतियों के उपचार में उपयोग में लाया जाता है
(a) डायथर्मी
(b) अवरक्त किरणें
(c) परा-बैंगनी किरणें
(d) पराध्वनिक

21. स्कंध के स्थानभ्रंश की क्षतियों को सामान्य किनसे जोड़ा जाता है?
(a) नौका-विहार (b) बास्केटबॉल
(c) वॉलीबॉल (d) जूडो

22. खेल-कूद में लगी चोट को ठीक करने के लिए किसका उपयोग किया जाता है?
(a) शारीरिक व्यायाम (b) सुधारात्मक व्यायाम
(c) मुक्त व्यायाम (d) इनमें सभी

23. कन्ट्रास्ट बाथ (वैषम्य स्नान) की अनुशंसा किसके लिए की जाती है?
(a) विस्थापित संधि की पीड़ा को कम करने हेतु
(b) सूजन को कम करने हेतु
(c) घायल का इलाज
(d) इनमें कोई नहीं

24. परिकोष्ठों और निलयों के शिथिलन को कहते हैं–
(a) प्रसारण (डाइस्टोलि)
(b) हृदय की सरसराहट
(c) सिस्टोलि (प्रकुंचन)
(d) इनमें कोई नहीं

25. निम्नलिखित में कौन मादक औषध की श्रेणी में नहीं आता?
(a) एर्गोजेनिक एड्स (कामोद्दीपक साधन)
(b) कैफिन
(c) निकोटिन
(d) उपर्युक्त सभी

26. लंबी दूरी के थके खिलाड़ी के लिए प्राथमिक उपचार का सुझाव है–
(a) कृत्रिम श्वसन (b) अंगमर्दन
(c) क्रायोथिरेपी (d) उपर्युक्त सभी

27. खेल-कूद में होने वाली क्षतियों के पूर्ण उपचार के लिए निम्नलिखित में किस पर निर्भर होना चाहिए?
(a) भौतिक चिकित्सा
(b) सुधारक व्यायाम-चिकित्सा
(c) उपर्युक्त दोनों
(d) अनुकूलन

28. यदि कोई खिलाड़ी मिचली महसूस करता है तो उसे सलाह दी जाती है–
(a) बैठ जाने की (b) लेट जाने की
(c) खड़ा हो जाने की (d) इनमें सभी

29. निम्नलिखित में कौन सुखंडी से संबद्ध है?
(a) नॉकनी (b) पीजन चेस्ट
(c) ओडिमा (d) खरोंच

30. मोच क्षति है
(a) स्नायु की (b) पेशी की
(c) अस्थि की (d) संयोजी ऊतकों की

31. रक्तवाहिका की दीवार को प्रभावित करने वाली बीमारी या क्षति है–
(a) उदरीय व्रण (b) दबाव-भंजन
(c) काली आंख (d) रक्तस्राव

32. रोगात्मक दुर्बलता अथवा क्षति के परिणामस्वरूप अस्थि भंग को कहा जाता है–
(a) भारी रक्तस्राव (b) स्थानभ्रंश
(c) टूट-फूट (d) खरोंच

33. दबाव के कारण टूट-फूट सामान्य है–
(a) बड़े बच्चों में (b) वयस्को में
(c) वृद्ध व्यक्तियों में (d) महिलाओं में

34. दबाव के कारण टूट-फूट सामान्य है–
(a) नर्तकों और खिलाड़ियों में
(b) कारखाने के श्रमिकों में
(c) महिलाओं में
(d) आम आबादी में

35. रक्तस्राव को रोकने का सबसे कारगर और तात्कालिक उपाय है–
(a) व्रण पर सीधी दाब (b) क्रायोथिरेपी
(c) जल-चिकित्सा (d) रक्त बंध

36. इनमें अधिक गंभीर क्या है
(a) मोच
(b) दबाव
(c) (a) और (b) सामान रूप से गंभीर है
(d) अपघर्षण

37. निम्नलिखित में कौन व्रण की श्रेणी में आता है?
(a) अपघर्षण
(b) विदारण
(c) (a) और (b) दोनों
(d) टेनिस एल्बो (कोहनी की कष्टकर सूजन)

38. चाकू, उस्तरा अथवा टूटे हुए शीशे जैसी तीक्ष्ण वस्तुओं के कारण हुए व्रण को कहेंगे–
(a) छिद्रित व्रण (b) कटा-फटा व्रण
(c) विदारण (d) अपघर्षण

39. निम्नलिखित में कौन मेरूदंडीय क्षति नहीं है?
(a) भंग
(b) स्थान-भ्रंश
(c) डिस्क का खिसकना
(d) चीर-फाड़

40. लूसेग्रस्त व्यक्ति को किस प्रकार का प्राथमिक उपचार आवश्यक है?
(a) रोगी को शीतल स्थान में लिटा देना
(b) उसे कुछ और देर धूप में रखना
(c) उसे एक ग्लास शीतल जल देना
(d) रोगी को घेर लेना

41. सी पी आर का पूरा रूप है–
(a) कार्डिओ पलमेनरी रीहैबिलिटेशन
(b) कार्डिओ पलमेनरी रिटेंशन
(c) कार्डिओ पलमेनरी रिससिटेशन
(d) उपर्युक्त में कोई नहीं

42. डाइयुरेटिक (मूत्रवर्धक)–
(a) शरीर में मूत्र का उत्पादन बढ़ाता है
(b) शरीर में मूत्र का उत्पादन घटाता है
(c) पेशी तंतु के आकार को बढ़ाता है
(d) वजन में वृद्धि लाता है

43. एथलीट का पैर (एक संक्रामक चर्मरोग जिससे पैर, विशेषरूप से पादांगुलियों के बीच का भाग, प्रभावित होता है) का कारण है–
(a) विषाणु (b) जीवाणु
(c) कवक (d) इनमें कोई नहीं

44. "शिनस्प्लिंट" होता है–
(a) पैर के ऊपरी भाग में
(b) पैर के निचले भाग में
(c) उदर में
(d) पीठ में

45. निम्नलिखित में कठोर ऊतक कौन है?
(a) स्नायुरज्जु (b) उपास्थि
(c) अस्थि (d) पेशी

46. सॉनाबाथ (वाष्पस्नान) की अवधि आरंभ में क्या होनी चाहिए?
(a) 6-8 मिनट (b) 5-10 मिनट
(c) 15-30 मिनट (d) 1-2 घंटा

47. वयस्क व्यक्ति में एक प्रतिनिधि मूलक तंतु का व्यास हो सकता है–
(a) 30-50 एम. एम. (b) 50-70 एम. एम.
(c) 70-90 एम. एम. (d) 60-70 एम. एम.

48. ए. टी. पी. में पुनरुज्जीवन की प्रक्रिया किस एंजाइम द्वारा उत्प्रेरित होती है?
(a) क्रिएटिन (b) फॉस्फॅकिनेस
(c) फॉस्फेट (d) क्रिएटिन फॉस्फॅकिनेस

49. ए. टी. पी. संश्लेषण के लिए तत्काल उपलब्ध प्राथमिक पेशी का आधार है–
(a) ग्लूकोज (b) फ्रूक्टोज
(c) ग्लाइकोजिन (d) इनमें कोई नहीं

50. निम्नलिखित में किसमें ऊर्जा संश्लेषण की प्रति क्रियाएं होती हैं?

(*a*) न्यूक्लियस (*b*) सेल सैप

(*c*) सेल (*d*) माइटोकॉन्ड्रिया

51. फुफ्फुसीय धमनी किससे रुधिर निकालती है?

(*a*) बायां निलय (*b*) बायां बहिः कर्ण

(*c*) दायां बहिः कर्ण (*d*) दायां निलय

52. चिरकालिक क्षतियों की चिकित्सा किससे होती है–

(*a*) एक्स-रे

(*b*) पराबैंगनी किरणों

(*c*) अवरक्त किरणों (इन्फ्रारेड रेज़)

(*d*) पराध्वनि (अल्ट्रासाउंड)

53. "जलचिकित्सा" में किसका उपयोग होता है?

(*a*) बर्फ (*b*) जल

(*c*) मोम (*d*) ताप

54. गहरी चोट से हुई क्षति का उदाहरण है–

(*a*) दबाव के कारण टूट-फूट

(*b*) मोंच

(*c*) स्नायुरज्जुशोथ

(*d*) समाटपैर

55. दाब के कारण टूट-फूट होती है?

(*a*) जब ऑस्टिऑक्लैस्टिक (अस्थिभंज) क्रियाशीलता ऑस्टिऑब्लैस्टिक (अस्थि कोशिका प्रसूकी) सक्रियता से अधिक होती है

(*b*) जब ऑस्टिऑब्लैस्टिक सक्रियता ऑस्टिऑक्लैस्टिक सक्रियता से अधिक होती है

(*c*) जब ऑस्टिऑक्लैस्टिक ऑस्टिऑब्लैस्टिक सक्रियता समान होती है

(*d*) जब शरीर प्रतिरोध की स्थिति में आ जाता है।

56. निम्नलिखित ऊतकों में कौन क्षति के पश्चात् अपने को पुनरुत्पादित करने में सर्वाधिक सक्षम है?

(*a*) उपकला के ऊतक (*b*) पेशीय ऊतक

(*c*) स्नावयिक ऊतक (*d*) संयोजी ऊतक

57. निम्नलिखित प्रदाहक मध्यस्थों में कौन रक्त का थक्का बनने से रोकता है?

(*a*) हिस्टेमाइन (*b*) हेपारिन

(*c*) किनिन्स (*d*) ल्युकोट्रिएंस

58. किसी खिलाड़ी के दर्द के अवबोधन को कम करने के लिए उस के प्रशिक्षक को क्या करना चाहिए?

(*a*) मनौवैज्ञानिक सांत्वना प्रदान करना

(*b*) (बातचीत इत्यादि के जरिए) दर्द से उसका ध्यान हटाना

(*c*) 'a' और 'b' दोनों

(*d*) इनमें कोई नहीं

59. मानव शरीर में जल का प्रतिशत क्या है?

(*a*) 50% (*b*) 60%

(*c*) 70% (*d*) 80%

60. निम्नलिखित में किस में जल का सर्वाधिक प्रतिशत होता है?

(*a*) आमाशय-रस और तार

(*b*) आमाशय-रस

(*c*) रक्त

(*d*) पेशी-ऊतकों में

61. पेशी-ऊतकों में जल का प्रतिशत क्या होता है?

(*a*) 75% (*b*) 90%

(*c*) 85% (*d*) 80%

62. पेशियों में जल किस के लिए उत्तरदायी है?

(*a*) नम्यता (*b*) शक्ति

(*c*) लचीलापन (*d*) तितिक्षा

63. मानवशरीर द्वारा नियमित तापमानों पर प्रतिदिन कितना जल निष्कासित होता है?

(*a*) 3 गैलन (*b*) 1 गैलन

(*c*) 2 गैलन (*d*) 4 गैलन

64. निम्नलिखित में किसे छोड़कर क्षोमशील ऊतक हैं–

(*a*) पेशी तंतु

(*b*) मिनिमस्कत कार्टिलेज

(*c*) संवेदी स्नायु

(*d*) स्नावक कोशिकाएं

65. नंगेपांव दौड़ने से क्या होता है?

(*a*) ॲमीविएसिस (अमीबा-जनित रोग)

(*b*) तपेदिक

(*c*) अंकुश-कृमि (हुकवॉर्म) संक्रमण

(*d*) अस्कैरिएसिस

66. श्वेतरक्त कोशिकाओं का मुख्य कार्य है–

(*a*) द्रव्यों को लेजाना

(b) मृत कोशिकाओं को हटाना
(c) रक्त संचरण को बढ़ाना
(d) संक्रमण से लड़ना

67. स्ट्रेचरिफ्लेक्स प्राय: बहुमितिक (पोलिमेट्रिक्स) में किस के द्वारा लागू किया जाता है?
(a) कूद (b) स्लोस्ट्रेचिंग
(c) तीव्र चहलकदमी (d) कोई नहीं

68. पेशी सिकुड़न का स्लाइडिंग फिलामेंट (सरकवॉतंतु) सिद्धांत किसने प्रतिपादित किया?
(a) हक्सले (b) न्यूटन
(c) डार्विन (d) पाइथोगोरस

69. निम्नलिखित में कौन-सी शाखा खेल-कूद में नैदानिक शिक्षण और तैयारी में मदद करती है?
(a) काइनेसिऑलॉजि (b) जीव-यांत्रिकी
(c) यांत्रिकी (d) मानवनिति

70. सर्वाधिक ज्ञात विशिष्ट अंगमर्दन है–
(a) उपकला ऊतक अंगमर्दन
(b) परिधीय ऊतक अंगमर्दन
(c) संयोजी ऊतक अंगमर्दन
(d) पेशीय ऊतक अंगमर्दन

71. वह अंगमर्दन जो व्यायाम संबंधी कार्यक्षमता को बढ़ाने के लिए बल्कि मुख्य रूप से चिकित्सीय अथवा उपचारी अंगमर्दन के रूप में काम में लाया जाता है, किस प्रकार का अंगमर्दन है?
(a) मुकियाना
(b) एफ्फल्यूरेज
(c) संयोजी ऊतक अंगमर्दन
(d) उपकला ऊतक अंगमर्दन

72. मनुष्य में हृदय का वजन होता है–
(a) 200 ग्राम (b) 400 ग्राम
(c) 220–260 ग्राम (d) 300 ग्राम

73. मानव शरीर में सबसे बड़ी धमनी है–
(a) ऊरु-धमनी
(b) महाधमनी
(c) आंतरिक ग्रीवा-धमनी
(d) आननीधमनी

74. हृदय की बाह्यतम परत को कहते हैं–
(a) मायोकार्डियम
(b) एंडोकार्डियम
(c) पेरिकार्डियम
(d) इनमें कोई नहीं

75. वयस्क मनुष्य में सामान्य नब्ज-गति का विस्तार (एच/एम) होता है–
(a) 80–90 (b) 70–80
(c) 60–80 (d) 60–100

76. रक्त का आयतन शरीर के संपूर्ण भार का _______ होता है–
(a) 1/2 (b) 1/3
(c) 1/4 (d) 1/12

77. उपास्थि की आंधत्री (मैट्रिक्स) में विद्यमान प्रोटीन को कहते हैं–
(a) केसिन (b) ऐक्टिन
(c) कोंड्रिन (d) ओसिन

78. एड्रीनेलिन अंतस्राव पैदा किया जाता है–
(a) पीयूष ग्रंथियां
(b) वृक्कें
(c) एड्रीनल ग्रंथियां
(d) उपर्युक्त में कोई नहीं

79. टेस्टोस्टोरेन हारमोन (अंत: स्राव) है–
(a) औरतों के अडांशयों द्वारा उत्पादित
(b) पुरुषों के वृषण द्वारा उत्पादित
(c) पाचन में सम्मिलित
(d) उपर्युक्त में कोई नहीं

80. यदि कठोर अभ्यास के बाद पेशी क्षतिग्रस्त हो जाती है तो कितनी देर के बाद व्यायाम करना चाहिए–
(a) 12 घंटे (b) 24 घंटे
(c) 36 घंटे (d) 48 घंटे

81. एक ही स्थान पर जॉगिंग (धीमी किंतु स्थिर दौड़) के द्वारा–
(a) मांसपेशियां कसती हैं
(b) कुछ पेशियां सशक्त होती हैं
(c) घुटने के पीछे की नस को छोड़कर सारी पेशियां सशक्त होती हैं
(d) पेशियां दुर्बल होती हैं

82. "मसल" (पेशी) शब्द का लैटिन में अर्थ है–
(*a*) माउस (मूषिक)
(*b*) मास (संहति)
(*c*) मेश (जालरंध्र)
(*d*) सशक्त

83. सममितीय व्यायाम रक्त दाब को बढ़ा सकते हैं–
(*a*) एच जी का 150/95 एम एम
(*b*) एच जी का 180/95 एम एम
(*c*) एच जी का 200/100 एम एम
(*d*) 300/250 एम एम एच जी

84. रक्त विऑक्सीकृत हो जाता है–
(*a*) पेशियों में (*b*) स्नायुओं में
(*c*) फेफड़ों में (*d*) हृदय में

85. जांघ के सामने की पेशियों को कहते हैं
(*a*) नितंब-पेशी (*b*) समलंबी पेशी
(*c*) चतुर्शिरस्क पेशी (*d*) सोलियस

86. मानव शरीर में सबसे बड़ी पेशी हैं–
(*a*) ट्रॅपीजियस (समलंबी)
(*b*) ग्लूटिअस मैक्सिमरु (नितंबिका)
(*c*) सोलिअस
(*d*) पेक्टोरेलिस मेजर

87. पेशियां बदल देती हैं–
(*a*) रासायनिक ऊर्जा को विद्युत-ऊर्जा में
(*b*) विद्युत-ऊर्जा को रासायनिक ऊर्जा में
(*c*) यांत्रिक ऊर्जा को रासायनिक ऊर्जा में
(*d*) रासायनिक ऊर्जा को यांत्रिक ऊर्जा में

88. मानव अस्थि के मुख्य तत्त्व हैं–
(*a*) पोटाशियम
(*b*) कैल्सियम और फॉसफोरस
(*c*) फॉसफोरस और आयरन
(*d*) आयरन

89. शिशु का अस्थि कंकाल प्राय: पूरी तरह बना होता है–
(*a*) अस्थियों का
(*b*) उपास्थियों का
(*c*) कंडरा (टेंडन) का
(*d*) स्नायुओं का

90. तंतु में ऑक्सीजन के भंडार का काम करने वाली संरचना है–
(*a*) मायोग्लोबिन (*b*) ऐडिपोस ऊतक
(*c*) सार्कोलेमा (*d*) सोलियस

91. पेशी तंतु एक पतली झिल्ली से आच्छादित होता है जिसका नाम है–
(*a*) सेलसैप (*b*) सार्कोलेमा
(*c*) मायोग्लोबिन (*d*) कोई नहीं

92. शक्ति में वृद्धि किस के सशक्तीकरण से होता है?
(*a*) सार्कोप्लाज्म
(*b*) मायोग्लोबिन
(*c*) सार्कोलेमा
(*d*) एडिपोस (चर्बी) ऊतक

93. किसी पेशी के आकार में वृद्धि किसमें वृद्धि का परिणाम है?
(*a*) सार्कोलेमा
(*b*) सार्कोप्लाज्म
(*c*) मायोग्लोबिन
(*d*) माइटोकॉन्ड्रिया

94. कौन-सी रक्त-कणिकाएं "बैक्टेरिअल स्कैवेंजर्स" (जीवाण्विक अपमार्जक) कही जाती हैं?
(*a*) श्वेत रक्त-कणिकाएं
(*b*) लाल रक्त-कणिकाएं
(*c*) बिम्बाणुएं
(*d*) इनमें कोई नहीं

95. कौन-सी रक्त-कोशिकाएं लसीका ग्रथियों में बनती हैं?
(*a*) लाल रक्त कोशिकाएं
(*b*) श्वेत रक्त कोशिकाएं
(*c*) बिंबाणुएं (प्लैटिलेट्स)
(*d*) उपर्युक्त में कोई नहीं

96. प्रतिमिनट सांस ली गई वायु का आयतन होता है–
(*a*) 5 लीटर (*b*) 7 लीटर
(*c*) 9 लीटर (*d*) 11 लीटर

97. प्रतिमिनट सांस ली गई वायु के आयतन को यह भी कहा जाता है–
(*a*) श्वसन मिनट आयतन
(*b*) मिनट आयतन
(*c*) श्वसन क्षमता
(*d*) श्वसन सुरक्षित आयतन

98. वायु का वह आयतन, जो साधारण स्थिर श्वासोच्छवास में फेफड़ों में जाता और बाहर आता है, कहलाता है–
(a) ज्वारीय वायु आयतन
(b) श्वसन-लब्धि
(c) श्वसन मिनट आयतन
(d) कुल फुफ्फुसीय क्षमता

99. CO_2 के आयतन का अनुपात किसी दिए समय में उपयोग किए गए ऑक्सीजन के आयतन पर समाप्त हो गया है क्या कहलाता है?
(a) फेफड़े की कुल क्षमता
(b) श्वसन-लब्धांक
(c) ज्वारीय आयतन
(d) श्वसन मिनट आयतन

100. एक प्रशिक्षित खिलाड़ी में हृदय का मिनट आयतन–
(a) घटता है (b) बढ़ता है
(c) समान रहता है (d) इनमें कोई नहीं

101. केंद्रीय तंत्रिकातंत्र किससे निर्मित होता है?
(a) मस्तिष्क एवं मेरुदंड
(b) पसली और वर्टेब्रलकॉलम
(c) मस्तिष्क एवं न्यूरॉन्स (तंत्रिका कोशिकाओं)
(d) इनमें से कोई नहीं

102. केंद्रीय तंत्रिका तंत्र नियंत्रित करता है–
(a) बाह्य संदेशों को
(b) आंतरिक पर्यावरणीय परिवर्तनों को
(c) बाह्य पर्यावरणीय परिवर्तनों को
(d) उपर्युक्त में किसी को नहीं

103. स्वचालित तंत्रिका तंत्र नियंत्रित करता है–
(a) आंतरिक अवयवों को
(b) बाह्य पर्यावरणीय परिवर्तनों को
(c) आंतरिक पर्यावरणीय परिवर्तनों का
(d) बाह्य अवयवों को

104. "अक्षतंतु" (ऐक्सॉन) की भूमिका है आवेगों को ले जाना–
(a) तंत्रिका से दूर
(b) मस्तिष्क की ओर
(c) हृदय की ओर
(d) तंत्रिका कोशिका की ओर

105. "डेन्ड्राइट (दुमाश्म) की भूमिका है अन्य तंत्रिका कोशिकाओं से आवेगों को संचित करना और उन्हें ले जाना–
(a) हृदय की ओर
(b) मेरुरज्जु की ओर
(c) मस्तिष्क की ओर
(d) तंत्रिका कोशिका की ओर

106. वृक्क के ऊपरी खंड में स्थित ग्रंथियां हैं–
(a) थाइमस ग्लैंड (b) एड्रीनल ग्लैंड
(c) पीयूष ग्रंथि (d) हाइपोथालमस ग्लैंड

107. मधुमेह किसकी कमी से होता है?
(a) फलशर्करा (b) शर्करा
(c) इन्सूलिन (d) हॉरमोंस

108. व्यायाम किसके वजन में वृद्धि लाता है?
(a) पीयूष (b) पीयूष और थॉयराइड
(c) थॉयराइड (d) थाइमस

109. किन रक्त कोशिकाओं में नाभिकेंद्र नहीं होता?
(a) श्वेत रक्तकणों (b) लाल रक्तकणों
(c) प्लेटलेट्स (d) थ्रॅम्बोसाइट्स

110. निम्नलिखित में कौन बाह्यस्रावी ग्रंथियों का उदाहरण है?
(a) एड्रीनलग्रंथि (b) लार-ग्रंथि
(c) थाइमस ग्लैंड (d) पीनियल ग्लैंड

111. निम्नलिखित में कौन संयोजक ऊतक का उदाहरण है?
(a) अस्थि (b) उपास्थि
(c) रक्त (d) ये सभी

112. "हेपारिन" पाया जाता है–
(a) अस्थि में (b) रक्त में
(c) उपास्थि में (d) इनमें किसी में नहीं

113. निम्नलिखित में कौन रक्त में थक्का के लिए आवश्यक है?
(a) आयरन (b) कैल्सियम
(c) सोडियम (d) फॉसफोरस

114. रक्त के थक्के में निर्मित उत्पादन है–
(a) फाइब्रोनेजन (b) फाइब्रिन
(c) प्रोथ्रोम्बिन (d) कैल्सियम

115. वर्न को ठीक करने के लिए निम्नलिखित में कौन आवश्यक है?
(a) वसा (b) प्रोटीन
(c) खनिज (d) कार्बोहाइड्रेट

116. किसी स्वस्थ वयस्क व्यक्ति के शरीर में कॉलेस्टेरॉल का सामान्य मूल्य होता है–

(a) प्रत्येक 100 एम. एल. प्लाज्मा में 50-180 एम. जी

(b) प्रत्येक 100 एम. एल. प्लाज्मा में 60-100 एम. जी

(c) प्रत्येक 100 एम. एल. प्लाज्मा में 70-90 एम. जी

(d) प्रत्येक 100 एम. एल. प्लाज्मा में 60-190 एम. जी

117. एसिटालकॉलिन स्नायु कोशिकाओं में पेशी कोशिकाओं के साथ संपर्क को एक स्थल पर अनुमति प्रदान करता है। वह स्थल क्या है?

(a) श्लेषक संधि

(b) व्यत्यासिका बिंदु

(c) तंत्रिका-पेशीय संधि-स्थान

(d) इनमें कोई नहीं

118. वसा की मात्रा निम्नलिखित में किसमें काफी होती है?

(a) लसीका (b) रीअॅलर ऊतक

(c) वसा-ऊतक (d) यकृत-ऊतक

119. निम्नलिखित में कौन पेशियों की आधारभूत इकाई है?

(a) कोशिकाएं (b) केन्द्रक

(c) मायोफाइब्रिल्स (d) (a) और (b) दोनों

120. पेशी-तंतुओं में विद्यमान प्रोटीन का नाम है–

(a) ऐक्टिन

(b) मायोसिन

(c) ऐक्टिन और मायोसिन दोनों

(d) इनमें कोई नहीं

121. तंत्रिका-ऊतक की आधारभूत इकाई है–

(a) कोशिका (b) प्रोटोन

(c) न्यूटोन (d) मायोफाइब्रिल

122. इनमें सरल ग्रंथि कौन है?

(a) बहि:स्रावी ग्रंथि

(b) अंत: स्रावी ग्रंथि

(c) (a) और (b) दोनों

(d) इनमें कोई नहीं

123. निम्नलिखित में कौन कंकाली पेशी को अस्थि से संलग्न करता है?

(a) स्नायु (b) स्नायुरज्जु

(c) ऐक्टिन (d) मायोसिन

124. स्नायु जोड़ती है–

(a) अस्थि को अस्थि से

(b) अस्थि को पेशी से

(c) रक्त को उपास्थि से

(d) उपास्थि को पेशी से

125. शरीर की कौन-सी पेशी "फेंकने वालों की पेशी" है?

(a) चतुर्शिरस्क

(b) घुटने के पीछे की नस

(c) रेक्टस एब्डोमिनिस (मलाशयी-उदरीय पेशी)

(d) पेक्टोरेलिस मेजर (बड़ी अंसपेशी)

126. कोशिका का श्वसन किसके द्वारा नियंत्रित होता है?

(a) लाइसोसॅम (b) केन्द्रक

(c) गोल्जीकाया (d) माइटोकॉन्ड्रिया

127. निम्नलिखित में कौन "मास्टर ग्लैंड" कहलाता है–

(a) पीयूष (b) हाइपोथालमस

(c) थायराइड (d) इनमें सभी

128. रक्त का ऑक्सीकरण किसमें होता है?

(a) फेफड़े (b) पेशियां

(c) यकृत (d) हृदय

129. ग्लुटियस मैक्सिमस पेशी कहां अवस्थित है?

(a) ऊपरी पृष्ठ

(b) पैर का निचला भाग

(c) नितंब

(d) ऊपरी भुजा

130. कोशिकाओं को नियंत्रित करने वाला केंद्र है–

(a) माइटोकॉन्ड्रिया

(b) केन्द्रक

(c) गॉल्जी काय

(d) मिटोसिस (सुत्री विभाजन)

131. कौन-सी ग्रंथि शरीर में चयापचय (मेटाबोलिज्म) की दर को विनियमित करती है?

(a) पीयूष (b) थायराइड

(c) पाराथायराइड (d) जननग्रंथि

132. मानव प्राणियों में उष्मा-विनियमन किसके द्वारा नियंत्रित होता है?

(a) त्वचा

(b) रक्त

(c) (a) और (b) दोनों
(d) इनमें किसी से नहीं

133. निम्नलिखित में कौन एंजाइम (किण्वक) लार-ग्रंथि द्वारा निस्सारित किया जाता है?
(a) टाइलिन
(b) एमिलेज़
(c) (a) और (b) दोनों
(d) इनमें कोई नहीं

134. निम्नलिखित में कौन दीर्घतम ग्रंथि है?
(a) फेफड़े (b) वृक्क
(c) यकृत (d) थायराइड

135. मनुष्य के गतिशील होने की स्थिति तब आती है जब–
(a) सारे संलग्न पेशी-समूह शिथिल हो जाते हैं
(b) सारे संलग्न पेशी-समूह सिकुड़ जाते हैं
(c) कुछ पेशियां शिथिल होती है जबकि अन्य सिकुड़ जाती हैं
(d) उपर्युक्त में से किसी में नहीं

136. मानवशरीर में कितने गुण सूत्र होते हैं?
(a) 23 जोड़े (b) सिर्फ 23
(c) 24 जोड़े (d) 22 जोड़े

137. सूचना एक अंग से दूसरे अंग में किसके माध्यम से जाती है?
(a) सूत्र युग्मन (सिनैप्स)
(b) मोटर और प्लेट्स
(c) सोमा (काया)
(d) द्रुमाश्मों (डेन्ड्राइट्स)

138. शरीर में सबसे लंबी पेशी है–
(a) ग्रैसिलिस (b) अंसच्छद
(c) दीर्घतमा (d) पेक्टोरॅलिस मेजर

139. फुटबॉल खेलने में किस प्रकार की ऊर्जा का उपयोग होता है?
(a) गतिज ऊर्जा (b) विद्युत्-ऊर्जा
(c) तापीय ऊर्जा (d) पेशीय ऊर्जा

140. फुफ्फुसीय (पलमोनरि) रग रक्त निकालती है–
(a) दाएं एट्रिअम (परिकोष्ठ) में
(b) बाएं एट्रिअम में
(c) दाएं वेन्ट्रिकल (निलय) में
(d) बाएं वेन्ट्रिकल में

141. ग्रासनली किसके बीच अवस्थित है?
(a) आमाशय और आँत
(b) ग्रसनी (फैरिंक्स) और स्वरयंत्र (लैरिंक्स)
(c) आमाशय और ग्रसनी
(d) आँत और स्वर यंत्र

142. सहानुभूतिपरक तंत्रिका-तंत्र के उद्दीपन का परिणाम है–
(a) घटी हुई हृदय-गति
(b) बढ़ी हुई हृदय-गति
(c) हृदय-गति में बारी-बारी से घटती और बढ़ती
(d) हृदय पर कोई प्रभाव नहीं

143. अंत: स्त्राव (हार्मोन) निकालने वाली ग्रंथि है–
(a) पीयूष (b) अग्न्याशय
(c) थायराइड (d) सभी

144. मस्तिष्क में स्थित अंत: स्रावी ग्रंथि है–
(a) अग्न्याशय (b) पीयूष
(c) थायराइड (d) कोई नहीं

145. अग्न्याशय द्वारा निम्नलिखित में कौन-सा हार्मोन उत्सर्जित होता है?
(a) इन्सुलिन
(b) विकास अंत: स्राव
(c) थाइरॉक्सिन
(d) उपर्युक्त सभी

146. किसके उद्दीपन से अपक्षय (एट्रॉफि) की गति बढ़ती है?
(a) गोल्जिटेंडन अवयवों
(b) फेजिक स्ट्रेच अभिग्राहकों
(c) ऐक्टिन और मायोसिन तंतुओं
(d) रक्त प्रवाह

147. चंगा होने की प्रक्रिया किसके साथ आरंभ होती है?
(a) प्रदाह
(b) रक्त-जमाव
(c) भक्षक-कोशिका शोथ
(d) सुधार-प्रावस्था

148. जिस प्रक्रिया के द्वारा उष्णरक्त की मात्रा हृदय-क्षेत्र में प्रविष्ट होने में सीमित हो जाती है उसे कहते हैं–
(a) वाहिका-संकीर्णन (b) वाहिका-विस्तारण
(c) उपर्युक्त दोनों (d) रक्त जमाव

149. नस की छोरों की यांत्रिक और रासायनिक उत्तेजना की घटना एक लक्षण है–

(a) हृदयाघात का (b) चिड़चिड़ापन का
(c) दर्द का (d) क्रिया के लोप का

150. निम्नलिखित में कौन-सी परिघटना रक्त कोशिकाओं के निर्माण का कारण है?

(a) पेशी सिंकुड़न (b) प्रदाह
(c) श्वसन (d) प्लीहा

151. वर्धित रक्त प्रवाह और कोशिका चयापचय में गति-वृद्धि सूचक है–

(a) रक्तिमता का (b) सूजन का
(c) दर्द का (d) उष्मा का

152. निम्नलिखित ऊर्जा के रूपों में सर्वाधिक वेग किसमें होता है?

(a) कॉस्मिकरेज़ (ब्रह्मांडीय किरणों)
(b) एक्स-रेज़
(c) सोरनेस
(d) वे सभी समान होते हैं

153. निम्नलिखित ऊर्जा के रूपों में किसमें सबसे अधिक आवृत्ति होती हैं?

(a) कॉस्मिक वेव्स (ब्रह्मांडीय तरंगे)
(b) एक्स-किरणों
(c) एफ. एम. रेडियो तरंगे
(d) लघुत

154. उष्मा के स्थानांतरण की विधि, जिसमें वायु अथवा जल के संचरण के द्वारा एक पदार्थ का शीतलन और उसके पश्चात् दूसरे पदार्थ का तापन शामिल है, क्या कहलाती है?

(a) विकिरण (b) वाष्पीकरण
(c) चालन (d) संवहन

155. मात्रक की एक इकाई को 1° C बढ़ाने के लिए आवश्यक ताप इकाइयों की संख्या के माप को कहते हैं–

(a) कैलॅरी (b) तापीय क्षमता
(c) विशिष्ट ताप (d) दशा-परिवर्त्तन

156. निम्नलिखित क्रियापद्धतियों में शीत-दंश की सर्वाधिक संभावना किसमें है?

(a) हिम-निमज्जन
(b) फिर से काम में लाने लायक ठंडे पैक्स
(c) हिममर्दन
(d) हिम पेटी

157. निम्नलिखित में कौन पराफिन बाथ के उपयोग के लिए असंगत है?

(a) गति का कोई विस्तार नही
(b) चिरकालिक दशा
(c) पीड़ा
(d) त्वचा की दशाएं

158. निम्नलिखित क्रिया पद्धतियों में किसमें संवहन ताप के स्थानान्तरण की विधि के रूप में उपयोग में लाया जाता है?

(a) हिम पेटी (b) भँवर
(c) हॉट पैक्स (d) इन्फ्रारेड लैंप

159. निम्नलिखित में कौन शीत के अनुप्रयोग का स्थानीय प्रभाव नही हैं?

(a) कोशिका चयापचय की घटी दर
(b) पेशी-धुरी की घटी हुई सक्रियता
(c) स्नायु-चालन का घटा हुआ वेग
(d) क्षेत्र में द्रवों का घटा हुआ लसीलापन

160. निम्नलिखित क्रिया पद्धतियों में किसमें बेधन की सर्वाधिक गहराई है?

(a) आर्द्र हॉट पैक (b) उष्ण जलावर्त
(c) इन्फ्रारेड लैंप (d) हिम पेटी

161. ताप के अनुप्रयोग का स्थानीय प्रभाव निम्नलिखित में कौन नहीं है?

(a) कोशिका चयापचय की वर्द्धित दर
(b) कोमल ऊतकों की वर्द्धित लोच
(c) वर्द्धित पेशी शक्ति
(d) इनमें से कोई नहीं

162. ऊतकों में भौतिक-रासायनिक परिवर्तन लाने के लिए निम्नलिखित कार्य पद्धतियों में किसका चयन होगा?

(a) हाईवोल्टेज स्पंदित उद्दीपन
(b) हस्तक्षेपी उद्दीपन
(c) लो-वोल्टेज प्रत्यावर्ती धारा
(d) लो-वोल्टेज एकदिश धारा

163. निम्नलिखित में कौन पराध्वनि (अल्ट्रासाउंड) का व्याघात है?

(a) वर्णचिह्न वाले ऊतक
(b) संक्रमण
(c) मस्सा
(d) ट्रिगरप्वाइंट्स

164. पराध्वनिक ऊर्जा का परावर्तन किनके बीच सबसे कम होता है?
(a) जल और कोमल ऊतक
(b) कोमल ऊतक और वसा
(c) कोमल ऊतक और अस्थि
(d) कोमल ऊतक और वायु

165. आन्तरायिक संपीडन को छोर पर लागू करने में उपकरण में दाब किससे अधिक नहीं होना चाहिए?
(a) खिलाड़ी के डाइऐस्टोलिक प्रेशर (अनुशिमिलन के दाब) से
(b) खिलाड़ी के सिस्टोलिक प्रेशर (प्रकुंचक दाब) से
(c) खिलाड़ी के डाइऐस्टोलिक प्रेशर और सिस्टॉलिक प्रेशर में अंतर से
(d) खिलाड़ी के विश्रामावस्था की हृदय-गति से

166. अंगमर्दन की "पेट्रिसाज" विधि में क्या होता है?
(a) त्वचा को मुकियाना
(b) त्वचा को चिकोटी काटना
(c) त्वचा को गूंधना
(d) त्वचा को सहलाना

167. "एफ्लूरेज" अंगमर्दन विधि क्या है?
(a) त्वचा को गूंधना (b) त्वचा को मुकियाना
(c) त्वचा को सहलाना (d) इनमें कोई नहीं

168. त्वचा की थपथपाहट (टेपोटमेंट) में क्या शामिल है?
(a) सहलाना (b) गूंधना
(c) मुकियाना (d) घर्षण

169. खेल-कूद में हुई क्षति में खिलाड़ी को तात्कालिक उपचार प्रदान करना है–
(a) लघुतरंग वाला डाएथर्मी (उष्मा का उपचार)
(b) क्रायोथिरेपी
(c) कॉन्ट्रास्ट बाथ
(d) जलावर्त

170. हृदय के कार्य को निम्नलिखित उपकरणों में कौन मापता है?
(a) इलेक्ट्रोकार्डियो ग्राम
(b) स्फीग्मो मैनौमीटर
(c) इलेक्ट्रो इंसिफैलोग्राफ
(d) इलेक्ट्रो मायोग्राफ

171. ग्रीन स्टिक फ्रैक्चर (एक प्रकार का अस्थिभंग जिसमें अस्थि का एक पार्श्व टूट जाता है और दूसरा पार्श्व झुक जाता है) का कारण है–
(a) शक्ति का अभाव
(b) ज़ोरदार पेशीय सिकुड़न
(c) अस्थि के विकास में कमी
(d) बुढ़ापा

172. चिरकालिक थकान की मात्रा आंकी जा सकती है–
(a) निरीक्षण विधि के द्वारा
(b) रोग-विषयक विधि के द्वारा
(c) अन्तर्निरीक्षण विधि के द्वारा
(d) उपर्युक्त सभी विधियों के द्वारा

173. प्रशांति प्रदान करने वाली औषधि कही जाती हैं–
(a) मूत्रवर्धक
(b) उपशामक
(c) स्वापक
(d) उपर्युक्त में कोई नहीं

174. ऊर्जा की आवश्यकताएं निर्भर करती हैं
(a) आयु पर
(b) लिंग पर
(c) शारीरिक क्रिया-कलाप पर
(d) इन सभी पर

175. निम्नलिखित में कौन वसाघुलनशील विटामिन नहीं है?
(a) विटामिन ए (b) विटामिन सी
(c) विटामिन डी (d) विटामिन ई

176. किसी रोग के आकस्मिक आक्रमण की रोक में शामिल है–
(a) अपशेष (कूड़ा-करकट इत्यादि) का यथेष्ट प्रबंधन
(b) स्वास्थ्य-शिक्षा
(c) शुद्ध जल की आपूर्ति
(d) ऊपर्युक्त सभी

177. टेंडनाइटिस (स्नायुरज्जु-शोथ) है–
(a) स्नायुरज्जु का प्रदाह (b) स्नायुरज्जु का विदारण
(c) दबाव (d) पेशी-कर्षण

178. दशानुकूलन है–
(a) पर्यावरण के प्रति शारीरिक अनुकूलन
(b) जलवायु के प्रति सतत अनावरण
(c) ऊंचे स्थान के प्रति अनावरण
(d) इनमें सभी

179. केंद्रीय स्नायुमंडल को उद्दीपित करने वाली औषध है–
(a) एंफिटेमिन (b) एनाबोलिक स्टेरायड
(c) उपचय (d) एड्रीनेलिन

180. रक्त के दुग्ध-लवण में वृद्धि का कारण है–
(a) वात-निरपेक्ष अवसीमा
(b) वात-निरपेक्ष
(c) वात-सापेक्ष संभावना
(d) ऑक्सीजन की कमी

181. हृदय-नसिका की सहन-क्षमता है–
(a) समग्र शारीरिक सहनशीलता
(b) दम-खम
(c) वात-सापेक्षी शक्ति
(d) इनमें कोई नहीं

182. हृदय की अतिवृद्धि क्या है?
(a) हृदय के आकार में परिवर्तन
(b) प्रशिक्षण के कारण हृदय का आकार (आयतन) बढ़ता है
(c) निलय की दीवार में सामान्य मोटाई
(d) निलय की दीवार में सामान्य मोटाई

183. चिरकालिक खेल की क्षतियों की चिकित्सा-संबंधी जुगत का नाम बतलाएं–
(a) लघुतरंग वाली डायथर्मी
(b) अवरक्त किरणों
(c) परा-बैंगनी किरणों
(d) परा-ध्वनिक डायथर्मी

184. हृदय के ऊपर के दो प्रकोष्ठों के नाम हैं–
(a) निलय (b) धमनी
(c) शिरा (d) अलिंद

185. स्वैच्छिक पेशियां नियंत्रित होती हैं–
(a) स्नायुओं के द्वारा
(b) मस्तिष्क के द्वारा
(c) हृदय के द्वारा
(d) पेशियों के द्वारा

186. धीमी मरोड़ वाली पेशी का उदाहरण है–
(a) छाती की पेशियां (b) नितंब की पेशियां
(c) सोलिअस (d) समलंबी

187. तेजमरोड़ वाली पेशी का उदाहरण है–
(a) ग्लुटियस मैक्सिमस
(b) हैमस्ट्रिंग्स
(c) मेडियल गैस्ट्रोनेमियस
(d) लैटरल गैस्ट्रोनेमियस

188. शरीर में मांस पेशियों का प्रतिशत क्या है?
(a) 40% (b) 60%
(c) 80% (d) 100%

189. मोच की स्थिति में अनुशंसित तात्कालिक उपचार है–
(a) जल-चिकित्सा (b) क्रायोथिरेपी
(c) ताप-चिकित्सा (d) इनमें कोई नहीं

190. उष्मा के अनुप्रयोग का स्थानीय प्रभाव निम्नलिखित में कौन नहीं है?
(a) कोशिका चयापचय की वर्धित दर
(b) कोमल ऊतकों का वर्धित लचीलापन
(c) वर्धित पेशी शक्ति
(d) पेशी की घटी हुई ऐंठन

191. कौन-सी धमनी नितंब और पश्चांगों को रक्त-आपूर्ति करती है?
(a) वृक्कीय (b) जठरीय
(c) श्रोणीय (d) यकृतीय

192. कौन-सी नस यकृत से रक्त निकालती है?
(a) वृक्कीय (b) श्रोणीय
(c) यकृतीय (d) जठरीय

193. एकलसिस्टोलि (प्राकुंचन) और एकलडायस्टोलि (अनुशिथिलन) वाली एक पूरी हृदय-धड़कन कितनी देर की होती है?
(a) 0.72 सेकंड (b) 0.80 सेकंड
(c) 0.85 सेकंड (d) 1 मिनट

194. हृदय के पेसमेकर (गतिनियामक) के रूप में कौन जाना जाता है?
(a) पेरिकार्डियम (हृदयावरण)
(b) ए. वी. नोड
(c) एस. ए. नोड
(d) ए. वी. और एस. ए. दोनों नोड

195. किसी निश्चित समय में हृदय से प्रवाहित होने वाली रक्त की मात्रा को कहते हैं–
(a) आघातीय आयतन (b) हृदय निर्गत
(c) हृदीय गति (d) रक्त चाप

196. निम्नलिखित गुणों में कौन धीमी मरोड़ वाले तंतुओं में नहीं होता?

(a) लाल तंतुएं

(b) उच्च मायोलोबिन

(c) धीमी क्रिया संभावना

(d) उच्च रूधिरवर्णिका (हीमोग्लोविन)

197. धीमी मरोड़ वाली पेशी में प्रतितंत्रिका कोशिका में तंतुओं की संख्या होती है–

(a) 100–180 (b) 300–800

(c) 150–300 (d) 150–200

198. तेज मरोड़ वाली पेशी में प्रति तंत्रिका कोशिका में तंतुओं की संख्या होती है–

(a) 100–180 (b) 300–800

(c) 150–300 (d) 100–200

199. धीमी मरोड़ वाली पेशियों की तुलना में तेज मरोड़ वाली पेशियों में क्या नहीं होता?

(a) थकान की कम प्रतिरोध-क्षमता

(b) उच्च ए. टी. पी. क्रियाशीलता

(c) कमतर मायोसिन क्रॉसब्रिजेज

(d) तीव्र सिकुड़न वेग

200. विशिष्ट वर्ग के पुरुष और महिला दूरी दौड़ में निम्नलिखित में किससे युक्त होती हैं?

(a) अधिक संख्या में धीमी मरोड़ के तंतु

(b) अधिक संख्या में तेज़ मरोड़ के तंतु

(c) अधिक संख्या में मध्यवर्ती मरोड़ के तंतु

(d) 50 प्रतिशत धीमी मरोड़ और 50 प्रतिशत तेज़ मरोड़ के तंतु

उत्तरमाला

1	2	3	4	5	6	7	8	9	10
(b)	(b)	(d)	(d)	(b)	(d)	(c)	(b)	(d)	(a)
11	**12**	**13**	**14**	**15**	**16**	**17**	**18**	**19**	**20**
(b)	(b)	(b)	(d)	(a)	(d)	(b)	(a)	(b)	(a)
21	**22**	**23**	**24**	**25**	**26**	**27**	**28**	**29**	**30**
(d)	(b)	(b)	(a)	(c)	(a)	(c)	(a)	(b)	(a)
31	**32**	**33**	**34**	**35**	**36**	**37**	**38**	**39**	**40**
(d)	(c)	(a)	(a)	(a)	(a)	(c)	(b)	(d)	(a)
41	**42**	**43**	**44**	**45**	**46**	**47**	**48**	**49**	**50**
(c)	(a)	(c)	(b)	(c)	(d)	(b)	(d)	(c)	(d)
51	**52**	**53**	**54**	**55**	**56**	**57**	**58**	**59**	**60**
(a)	(c)	(b)	(b)	(b)	(a)	(b)	(c)	(c)	(a)
61	**62**	**63**	**64**	**65**	**66**	**67**	**68**	**69**	**70**
(a)	(c)	(b)	(b)	(c)	(d)	(a)	(a)	(b)	(c)
71	**72**	**73**	**74**	**75**	**76**	**77**	**78**	**79**	**80**
(c)	(c)	(c)	(d)	(c)	(d)	(d)	(c)	(b)	(d)
81	**82**	**83**	**84**	**85**	**86**	**87**	**88**	**89**	**90**
(c)	(a)	(d)	(a)	(c)	(b)	(d)	(b)	(b)	(a)
91	**92**	**93**	**94**	**95**	**96**	**97**	**98**	**99**	**100**
(b)	(c)	(b)	(a)	(b)	(b)	(a)	(a)	(b)	(a)
101	**102**	**103**	**104**	**105**	**106**	**107**	**108**	**109**	**110**
(a)	(c)	(c)	(a)	(b)	(b)	(c)	(b)	(b)	(b)
111	**112**	**113**	**114**	**115**	**116**	**117**	**118**	**119**	**120**
(d)	(b)	(b)	(b)	(b)	(a)	(a)	(c)	(c)	(c)
121	**122**	**123**	**124**	**125**	**126**	**127**	**128**	**129**	**130**
(c)	(c)	(b)	(a)	(d)	(d)	(a)	(a)	(c)	(b)

131	132	133	134	135	136	137	138	139	140
(b)	(c)	(c)	(c)	(c)	(a)	(a)	(c)	(a)	(b)
141	**142**	**143**	**144**	**145**	**146**	**147**	**148**	**149**	**150**
(c)	(b)	(d)	(b)	(a)	(a)	(a)	(a)	(b)	(d)
151	**152**	**153**	**154**	**155**	**156**	**157**	**158**	**159**	**160**
(d)	(d)	(d)	(d)	(d)	(b)	(d)	(b)	(d)	(d)
161	**162**	**163**	**164**	**165**	**166**	**167**	**168**	**169**	**170**
(c)	(b)	(b)	(b)	(c)	(c)	(c)	(c)	(b)	(a)
171	**172**	**173**	**174**	**175**	**176**	**177**	**178**	**179**	**180**
(c)	(b)	(b)	(d)	(b)	(d)	(a)	(a)	(a)	(b)
181	**182**	**183**	**184**	**185**	**186**	**187**	**188**	**189**	**190**
(c)	(c)	(a)	(d)	(b)	(c)	(c)	(a)	(b)	(c)
191	**192**	**193**	**194**	**195**	**196**	**197**	**198**	**199**	**200**
(c)	(c)	(b)	(c)	(b)	(d)	(a)	(b)	(c)	(a)

इकाई-III

जोड़ों की महत्वपूर्ण गतिशीलता

विभिन्न जोड़ों तथा उनकी गतियों सम्बन्धी जानकारी प्राप्त करने से पूर्व यह जानना आवश्यक है कि शरीर संरचना के भाग कितने तथा कौन-कौन से हैं। शरीर संरचना की दृष्टि से इसे तीन धरातलों पर बांटा जा सकता है, (i) फ्रंटल (Frontal) (ii) सेगिटल (Sagittal) (iii) हारिजेंटल (Horizontal) (समतल)। फ्रंटल धरातल शरीर को आगे से पीछे की ओर बांटता है। सेगिटल धरातल शरीर के केन्द्र के नीचे तक बांटता है। समतल धरातल शरीर को ऊपर तथा नीचे भागों में बांटता है।

नीचे दी गई तालिका शरीर संरचना शब्दावली तथा उनके विवरण सहित विवेचन से संबंधित है।

शरीर-संरचनात्मक शब्दावली

शरीर संरचना विज्ञान	विवरण
1. एनटीरियर	अगला
2. पोस्टीरियर	पिछला
3. मीडियल	भीतर
4. लेट्रल	बाहर
5. सुपाइन	फेस अप
6. प्रोन	फेस डाउन
7. यूनिलेट्रल	एक ओर
8. बाइलेट्रल	दोनों ओर
9. सुपीरियर	ऊपर
10. इंफीरियर	नीचे

जोड़ वह स्थान है जहां शरीर के अस्थिपिंजर में दो अथवा दो से अधिक हड्डियां मिलती हैं। जोड़ स्थिर अथवा गतिशील होती हैं। स्थिर जोड़ वे हैं जो आमने-सामने पड़ी हड्डियों के बीच होता है तथा उन्हें पतली संयोजक टिशुओं की पर्त अलग कर पाती है। यदि दुर्घटना अथवा चोट लगती है तब यह जोड़ सदमे को अपने भीतर समेट लेते हैं तथा हड्डियों को तोड़ने से बचाते हैं। सिर (क्रेनियम) के जोड़ जड़ स्थिर हैं तथा दिमाग की सुरक्षा करते हैं।

जोड़ों के प्रकार (Kinds of Joints)

गतिशील जोड़ों के मुख्य पांच प्रकार हैं:

- हिंज जोड़ (Hinge joint)
- पिवट जोड़ (Pivot Joint)
- बॉल तथा सॉकेट जोड़ (Ball and Socket Joints)
- ग्लाइडिंग जोड़ (Gliding Joints)
- काठी तथा स्थूलात्मक (सैडल तथा कांडेलायड जोड़) (Saddle and Condyloid Joints)

1. **हिंज (कब्ज़े वाला) जोड़-** ये ऐसे जोड़ हैं जो एक ही सतह पर आगे अथवा पीछे जाने की इजाजत देते हैं, ठीक जिस प्रकार दरवाजों के साथ लगे कब्ज़े एक तरफ ही घूमते हैं। घुटनों तथा अंगुलियों के जोड़ हिंज जोड़ हैं।
2. **पिवट जोड़-** ये जोड़ अंगों को घूमने देते हैं जिस प्रकार सिर एक ओर से दूसरी ओर घूम सकता है।
3. **बॉल तथा सॉकेट जोड़-** ये जोड़ ऐसे हैं जो अंगों के संचालन के लिए सबसे अधिक स्वतन्त्रता प्रदान करते हैं। बॉल तथा सॉकेट जोड़ लम्बी हड्डी के अंतिम किनारे पर गेंदाकार बने होते हैं जो दूसरी हड्डी के खोल में जुड़े रहते हैं। कंधों तथा नितम्बों के जोड़ बाल तथा सॉकेट जोड़ कहलाते हैं। शरीर के बाजू अधिक स्वतंत्रता से घूम सकते हैं, टांगों की अपेक्षा, क्योंकि इन अंगों के जोड़ ही इस तरह से निर्मित हैं। बाजू इसलिए अधिक घूम सकते हैं क्योंकि कंधों की चपनियां छाती की दीवारों के साथ ढीले-ढाले ढंग से जुड़ी होती हैं।
4. **ग्लाइडिंग जोड़-** ग्लाइडिंग जोड़ों में संधिका सतह एक दूसरे के ऊपर सरकते हैं। कार्पल हड्डियों तथा टारसल हड्डियां ग्लाइडिंग जोड़ कहलाते हैं।
5. **काठी तथा स्थूलात्मक** (Saddle and Condyloid)- इन जोड़ों की गति दो धुरियों के इर्द गिर्द होती है। इससे अनेक प्रकार की गतिशीलता-मोड़ना, बढ़ाना, अपवर्तन, अभिवर्तन तथा पर्यावर्तन आदि होती है। कलाई के जोड़ तथा अंगुलियों के जोड़ इसके ही उदाहरण हैं।

गतिशील जोड़ अनेक प्रकार के क्षत-विक्षत अथवा घिसने से सुरक्षित रहते हैं। हड्डियों का अंतिम भाग कार्टेलिज की झीनी समतल पर्त से ढका रहता है। इस तरह वे एक दूसरे के ऊपर घूमती रहती है। कार्टेलिज के अंतर्गत लचक अचानक झटकों अथवा सदमों के प्रभाव को तोड़ देती है तथा कार्टेलिज की हमवार गुणवत्ता जोड़ों को आसानी से घूमने देती है। एक तरल पदार्थ जिसे साइनोवियल तरल कहते हैं। जोड़ों को नमदार तथा चिकना बना देता है।

जोड़ों के पास हड्डियां मजबूत स्नायुओं से जुड़ी रहती हैं। ये स्नायु जोड़ों के ऊपर तथा नीचे जुड़े रहते हैं। कूल्हे के पास हड्डी के इर्द-गिर्द स्नायु लिपटे रहते हैं जिस प्रकार कालर होता है ताकि हड्डी अपने स्थान पर टिकी रह सके। जब जोड़ के निकट स्नायु फट जाते हैं अथवा बुरी तरह से खिंच जाते हैं, मोच आ जाती है। गहरी मोच अत्यंत दर्दनाक होती है, यदि उसकी तरफ उचित ध्यान न दिया जाये तब जोड़ अस्थिर अथवा असंतुलित हो जाता है। उतरे हुए जोड़ों का उपचार अति शीघ्र डाक्टर द्वारा किया जाना चाहिए।

जोड़ के आस-पास गतिशीलता (Movement around Joints)

गतिशील जोड़ निम्न प्रकार से एक अथवा एक से अधिक गति करने देते हैं :-

1. मोड़ना (Flexion)- मोड़ने से जोड़ के कोण में कमी आती है। उदाहरण के तौर पर सिर को आगे झुकाना, बाजू को कोहनी के पास झुकाना अथवा अंगुलियों को मोड़ना।

2. बढ़ाना/ विस्तारण (Extension)- जोड़ों को मोड़ने से लौटाना अंगों का विस्तारण कहलाता है। इसका अभिप्राय है कि फैलाने से जोड़ के कोण फैल जाते हैं। उदाहरण के लिए सिर का पीछे झुकाना अथवा बाजू का पीछे की ओर उठाना/ बढ़ाना।

3. उठाना (Abduction)- एब्डक्शन (उठाना) बाहरी गति है जो शरीर की मध्य रेखा से परे होती है जिस प्रकार बाजू को एक ओर उठाना।

4. एडक्शन (Adduction)- एडक्शन भीतर की ओर गति है जो शरीर की मध्य रेखा की ओर की जाती है। यह एब्डक्शन के बिल्कुल विपरीत है। इसमें बाजू को शरीर की मध्य रेखा की ओर पीछे लाया जाता है।

5. चक्रावर्तन (Rotation)- चक्रावर्तन शरीर के केन्द्र रेखा की ओर की गति है। यह हड्डी का अपनी ही धुरी के ऊपर घूमना है ठीक उसी प्रकार जिस तरह से धुरी के ऊपर कोई टॉप घूमता है। उदाहरण के लिए सिर का एक ओर से दूसरी ओर घुमाना अथवा धड़ को एक ओर से दूसरे तरफ चक्राकार घुमाना।

6. पर्यावर्तन (Circumduction)- वह 360 डिग्री का घुमाना है जिस प्रकार बाजू का वृताकार चारों ओर घुमाना अथवा सिर को आगे, पीछे, दायें, बायें घुमाना। पर्यावर्तन शरीर के एक भाग का गोलाकार घुमाना है।

नाम	प्रकार	गति
1. कंधा	गेंद तथा सॉकेट (Ball and Socket)	ऊपर के बाजुओं का मोड़ना, विस्तारण ऊपर उठाना, नीचे लाना, चक्रावर्तन तथा पर्यावर्तन शामिल हैं। (जोड़ों की सबसे अधिक गतिशीलता)
2. कोहनी	कब्जे का जोड़ (Hinge)	ऊपर की ओर मोड़ना तथा विस्तारण
3. कुल्हा	गेंद तथा सॉकेट	मोड़ना, विस्तारण, ऊपर उठाना, नीचे मोड़ना
4. घुटना	कब्जे का जोड़	मोड़ना तथा विस्तारण
5. गर्दन	धुरी	धुरी के उपर घूमना
6. एड़ी	कब्जे का जोड़	मोड़ना तथा विस्तारण
7. पांव	कब्जे वाला तथा सरकना	मोड़ना तथा विस्तारण
8. कलाई	काठी तथा अस्थिकंदीय	उठाना, भीतर मोड़ना

7. उत्तानन (Supination)- उत्तानन का अर्थ है हथेली को आगे अथवा ऊपर को मोड़ना।

8. अवतानन (Pronation)- अवतानन हथेली का पीछे तथा नीचे घुमाना है। यह उत्तानन का बिल्कुल विपरीत है।

9. विपरिवर्तन (Inversion)- विपरिवर्तन पांव की तली को नीचे मोड़ना है।

10. बर्हिवर्तन (Eversion)- बर्हिवर्तन पांव की तली को बाहर की ओर मोड़ना है।

11. प्रवर्धन (Protraction)- प्रवर्धन जबड़े को नीचे करना अथवा जिह्वा को बाहर निकालना है।

12. निवर्तन (Retraction)- निवर्तन जबड़े को ऊपर उठाना अथवा जिह्वा को भीतर खींचना है।

वर्तमान रूप में मानव शरीर को आने में कई परिवर्तनों तथा उत्परिवर्तनों से गुजरना पड़ा, और शरीर की संरचना में प्राणी अद्भुत है तथा अन्य प्राणियों पर लागू होने वाले प्राकृतिक नियम उस पर भी लागू होते हैं। ये प्राकृतिक नियम व सिद्धांत तब भी लागू होते हैं जब बैट या रैकेट के साथ या उसके बिना मोटर कार्यकुशलताएं की जाती हैं। ये साधारण रूप से मेकेनिकल नियम व सिद्धांत कहलाते हैं तथा जिन्हें स्टेटिक या डायनामिक कहा जाता है। डायनामिक्स को आगे दो हिस्सों में बांटा गया है- Kinematics तथा Kinetics.

काइनेमेटिक्स (Kinematics)

काइनेमेटिक्स समय, अदला-बदली, गति या संवेग के संदर्भ में गति की विवेचना करता है। विज्ञान की भाषा में यह गति की ज्यामिती है तथा यह उपरोक्त चार प्रकार की गतियों को वर्णित करता है जैसे वे सीधी (लाइनीयर) या चक्रीय दिशा में होती हैं।

काइनेटिक्स (Kinetics)

यह डायनामिक्स का वह पहलू है जिसमें उन बलों की चर्चा की जाती है जो वस्तुओं को गतिमान बनाते हैं। बल (Push or pull) हो सकता है। मानव शरीर के सभी लिवर Pull type मशीनें होती हैं परन्तु हुनर प्रदर्शन में Push ही कुल हुनर या यांत्रिक भाग होता है- जैसे शॉट को धकेलने वाले हाथ द्वारा लगाया गया बल। प्रतिरोध पर काबू पाने के लिए मानव लिवर बल पैदा करते हैं तथा यही कार्य कहलाता है। काइनेटिक्स में बलों का वर्णन है जो गति पैदा करते हैं तथा इसमें न्यूटन के गति के तीन सिद्धांत शामिल हैं।

लिवर (LEVER)

लिवर एक प्रकार की मशीन होती है। हिलने डुलने के लिए यह मानवीय उपकरण है तथा इसे कंकाल तंत्र से तुलना की जा सकती है जिसमें लिवर एक्शन के लिए जरूरी बल मांसपेशियों द्वारा प्रदान किया जाता है। हड्डी के लिवर गतिहीन वस्तु है जब तक पेशियों का बल न लगे तथा पेशियों को बल लगाने की प्रेरणा/उद्दीपन तंत्रिका तंत्र से मिलती है।

लिवर की परिभाषा (Definition of Lever)

लिवर एक सख्त डंडा (Rigid bar) है। बल लगा कर फलक्रम के एक तरफ गतिरोध को कम करने में इसका उपयोग किया जाता है। कार्य करने वाले लिवर के तीन मुख्य अंग हैं-

- फलक्रम
- बल भुजा
- लोड/प्रतिरोध भुजा

फलक्रम (Fulcrum): जिस बिन्दु पर लिवर घूमता है उससे दूसरे दो हिस्सों की स्थिति से उसके वर्ग का पता चलता है। मनुष्य की गति में फलक्रम वह जोड़ है जो कार्य के प्रकार को निर्धारित करता है।

बल भुजा: यह वह बिन्दु हैं जहां बल लगाया जाता है।

लोड/प्रतिरोध भुजा: यह वह बिन्दु है जहां लोड/प्रतिरोध रखा जाता है। लिवर दो प्रकार का पाया जाता है- एक्सट्रीमिटी बोन (स्पउइे) या बाहरी रूप से स्पोर्ट उपकरण जैसे रैकेट, बैट, पोल, हॉकी छड़ी आदि। इसके बारे में स्पष्ट होना चाहिये कि उपरोक्त परिभाषा में बार (ठंत) के संदर्भ में इसका आकार किसी भी प्रकार का हो सकता है।

लिवर के प्रकार: तीन प्रकार/वर्ग के लिवर होते हैं-

प्रथम श्रेणी लिवर : प्रथम श्रेणी के लिवर में बल तथा गतिरोध के बीच फलक्रम स्थित होता है। इससे फलक्रम लिवर की लम्बाई के साथ परिवर्तित किया जा सकता है जिससे force arm व Resistance arm की लम्बाई में परिवर्तन किया जा सकता है। यदि फलक्रम गतिरोध के पास होगी force arm लम्बी हो जाएगी तथा गतिरोध हटाने के लिए कम बल लगाना पड़ेगा परन्तु गतिरोध को कम दूरी तक उठाने के लिए लम्बी दूरी का बल लगाया जाना चाहिये। इसके विपरीत बल भुजा छोटी हो तो ज्यादा बल की जरूरत पड़ती है परन्तु गति में वृद्धि होती है।

उदाहरणः

- कोहनी के जोड़ पर triceps का कार्य (The triceps operation at the elbow joint)
- स्टेटीकली हेल्ड वी-सिट अप स्थिति (A statically held V-sit up Position)

दूसरी श्रेणी लिवर : दूसरी श्रेणी के लिवर में लोड/गतिरोध हमेशा फलक्रम तथा बल के बीच स्थित होता है। इस प्रकार की श्रेणी में फलक्रम Force Arm तथा Resistance Arm को बढ़ाता या घटाता है। Force Arm शेष दो से लम्बी होगी अतः गतिरोध वजन को उठाने के लिए कम बल की जरूरत पड़ती है।

उदाहरणः

- पूरा पैर दूसरी श्रेणी के लिवर की तरह काम करता है जब कि पैर की ball फलक्रम है तथा हील के बल से शरीर का वजन toes द्वारा उठाया जाता है।
- सीधा पुश अप (Straight push up)

तीसरी श्रेणी लिवर : तीसरी श्रेणी के लीवर में बल ही फलक्रम तथा गतिरोध के बीच होता है। इसमें बल भुजा हमेशा छोटी होती है तथा ज्यादा बल लगाना पड़ता है परन्तु लोड ज्यादा गति के रेंज में हिलता है। मानव शरीर में ज्यादातर लिवर इसी तीसरी श्रेणी के हैं जो Limbs के गति में उपयोगी हैं क्योंकि वांछित परिणामों में गति या range of motion ज्यादा जरूरी है, बल चाहे ज्यादा लगे।

उदाहरण

- हाथ में स्थित biceps, जिसमें फलक्रम कुहनी के जोड़ पर है तथा दो अन्य बिन्दुओं के बीच रेडियस (Radius) पर बाइसेप के Point of insertion पर बल स्थित है।
- सिट अप (Sit up)

न्यूटन के गति के सिद्धांत

ये नियम तथा न्यूटन की खोज की सभी बल ज्यामिती के नियमों के अनुसार कार्य करते हैं, आधुनिक Mechanics तथा Sports biomechanics के आधार हैं।

न्यूटन का पहला सिद्धांत जड़त्व का नियम (The Law of Inertia)

जब तक उस पर कोई बाह्य बल (असंतुलित) कार्य न करे तो वस्तु अपने विश्राम या लगातार लाइनीयर गति की अवस्था में रहती है।

व्याख्या- इस नियम का अर्थ है कि जब तक सभी बाहरी बलों का कुल प्रभाव शून्य होता है वस्तु संतुलन की अवस्था में रहेगी। उदाहरण के लिए फैंकी गई गेंद सीधी गति में चलती नहीं रहेगी क्योंकि गुरुत्व तथा हवा का विरोध ये दो बल उस पर कार्य करेंगे तथा उसे नीचे खींच लेंगे व धीमा कर देंगे। उसी तरह लुढ़कती गेंद रगड़ (Friction) के बल के कारण धीमी होकर रुक जाएगी।

जड़त्व का अर्थ व परिभाषा

जड़त्व (Inertia) शब्द लेटिन शब्द Idleness अर्थ निकम्मा व खाली बैठने से लिया गया है जिसका अर्थ है कि वस्तु विश्राम या गति की अवस्था बदलना नहीं चाहती। दूसरी परिभाषा के अनुसार जड़त्व वह गुण है जिसमें वस्तु को अवस्था बदलने के लिए बाह्य बल की जरूरत पड़ती है। विश्राम गति की विशेष अवस्था होती है तथा वस्तु विश्राम में रहती है जब तक बाहरी असंतुलित बल उस पर कार्य करता रहता है।

न्यूटन का दूसरा नियम- संवेग का नियम (Newton's Second law- The law of Acceleration)

जब असंतुलित बल किसी वस्तु पर लगाया जाता है तो उसमें संवेग उत्पन्न होता है जो उस असंतुलित बल के सीधे समानुपाती (directly proportional) होता है तथा बल की दिशा में होता है तथा वस्तु के वजन (mass) के उल्टे समानुपाती होता है।

सीधे शब्दों में संवेग बल के सीधे समानुपाती तथा वजन के उल्टे समानुपाती होता है तथा बल की दिशा में होता है।

व्याख्या (Explanation): यह नियम वजन बल तथा संवेग के बीच सम्बन्ध दर्शाता है। यह कई स्पोर्टस दक्षताओं पर लागू होता है। उदाहरण के लिए फेंकी हुई भारी या तेज गेंद को हिट करने या दिशा बदलने में ज्यादा बल की जरूरत होती है।

संवेग की परिभाषा (Definition of Accleration)

यह गति (velocity) के परिवर्तन की दर है अर्थात् उसकी गति या दिशा में परिवर्तन। इसे फुट/मीटर प्रति सेकंड, फुट/ सेकंड^2 या मीटर/सेकंड^2 में दर्शाते हैं।

न्यूटन का तीसरा नियम- प्रक्रिया का सिद्धांत (Newton's Third Law of Reaction)

प्रत्येक लीनियर (Linear) क्रिया के लिए बराबर तथा विपरीत प्रतिक्रिया होती है। प्रत्येक एक्शन फोर्स के लिए बराबर तथा विपरीत प्रतिक्रिया बल होता है।

व्याख्या (Explanation)- सभी बल जोड़ों (Pair) में कार्य करते हैं जब एक वस्तु दूसरे पर बल लगाती है तो दूसरी वस्तु भी पहली वस्तु पर बराबर तथा विपरीत बल लगाती है। दोनों बल आपस में टकराते हैं। जैसे एक Sprinter स्टेंडिंग ब्लाक के विरुद्ध ड्राइव करता है तो ब्लॉक भी उसे पीछे पुश करते हैं। यदि ब्लॉक स्लिप हो जाते हैं तो प्रतिक्रिया अपर्याप्त होगी तथा दौड़ने वाले के लिए Poor Start होगा।। चलना, जम्प करना आदि दूसरे उदाहरण हैं।

संतुलन (स्थायित्व)

जब हम कहते हैं कि कोई वस्तु संतुलित व सीधी है तो हमारा अर्थ है कि वह आसानी से इधर उधर नहीं डोलती। अर्थात् उसे लुढ़काने के लिए श्रम करना पड़ता है। इसके विपरीत, असंतुलन में वह वस्तु है जिसे हम आसानी से upset कर सकते हैं।

हुनर के प्रदर्शन में संतुलन व ठहराव बहुत उपयोगी होता है। मुद्रा में प्रत्येक परिवर्तन में गुरुत्व केन्द्र बदल जाता है। खड़े होने की मुद्रा में, स्त्रियों व पुरूषों में गुरुत्व केन्द्र थोड़ा भिन्न तो होता ही है, upper pelvic क्षेत्र में स्थित होता है। जब शरीर नयी मुद्रा में आता है तो यह केन्द्र भी बदलता है तथा हुनर में हमें इस गुरुत्व केन्द्र को नियंत्रित व स्थित रखना पड़ता है। इस गुरुत्व केन्द्र को संतुलन में नियमित करने में बहुत से सहायक कार्य reflex actions होते हैं जो बिना सोचे समझे होते हैं।

गुरुत्व की रेखा क्या है? शरीर के वजन केन्द्र से गुजरने वाली काल्पनिक सीधी रेखा गुरुत्व रेखा कहलाती है। यदि Base of support से बाहर गुरुत्व रेखा पड़ती है तो वस्तु उलट जाती है। मानव शरीर में गुरुत्व केन्द्र Support base के साथ-साथ चलती है परन्तु यह बेस की बाऊंडरी लाईन के बीच में ही पड़नी चाहिए नहीं तो संतुलन की स्थति नहीं रहेगी।

संतुलन / स्थायित्व के प्रकार (Types of Equilibrium/ Stability)

- स्टेटिक संतुलन
- डायनामिक संतुलन
- न्यूट्रल संतुलन

स्टेटिक संतुलन/ स्थायित्व (Static Stability/ Equilibrium)

इसमें सीधे खड़े होने की स्थिति है अर्थात् गुरुत्व केन्द्र Support के आधार के पास होता है। या तो एथलीट Skill कर रहा होता है या करने की तैयारी कर रहा होता है तथा कुछ क्षण के लिए अचल motionless स्थिति में होता है। जिमनास्ट हैंड स्टैंड स्थिति में तैयार की स्थिति में होता है तथा क्षण भर की अचल स्थिति में व्यक्ति ट्रैक व तैराकी शुरू करने से पहले की स्थिति में होता है। कुछ खेलों जैसे archery, शूटिंग व जिम्नास्टिक स्टंट में स्टेटिक संतुलन का बहुत महत्त्व है। स्टेटिक वस्तुओं के साधारणत: चौड़े आधार तथा निम्न गुरुत्व केन्द्र होता है।

स्टेटिक संतुलन के सिद्धांत-अधिकतम स्टेटिक संतुलन में निम्नलिखित बातें होनी आवश्यक हैं-

1. **विस्तृत सपोर्ट का आधार (Enlarged Base of Support)**- जितना ज्यादा आधार क्षेत्र होगा, संतुलन उतना ही अधिक होगा। यदि व्यक्ति स्टेंस बढ़ा कर चौड़ा कर ले व हाथों व पैरों पर आ जाए तो आधार चौड़ा होगा व स्थायित्व बढ़ जाएगी। यह संतुलन का बुनियादी सिद्धांत है तथा पेशीय गतिविधि विशेषकर Sport Skill का विशेष गुण है। Four point stance of tackle in Football, बेसबाल में बैटर का चौड़ा Placement, trampoline पर जम्प करते हुए कन्धे जितना चौड़ा पैर का Placement तथा गोल्फर का चौड़ा स्टैंस कुछ उदाहरण हैं। बहुत से मामलों में आधार के चौड़ा होने के साथ-साथ निम्न गुरुत्व केन्द्र भी होता है।
2. **निम्न गुरुत्व केन्द्र (Lowered Centre of Gravity)** - गुरुत्व केन्द्र जितना नीचा होगा, स्थायित्व उतना ज्यादा होगा। Low crouching से स्थायित्व बढ़ता है, Prone लेटने से बहुत अधिक होती है। बाजू व टांगें अच्छी तरह खोले जाते हैं ताकि लीज बड़े तथा गुरूत्व केन्द्र बीच में आए।
3. **सम्भावित बल की दिशा (Direction of Impending Force)** - यदि लगाए गए बल की दिशा का पता चल जाए तो स्थायित्व को बढ़ाया जा सकता है। ऐसा गुरुत्व केन्द्र को लगे हुए बल के आधार के किनारे पर अधिकतम करके किया जाता है।
4. **शरीर का वजन (Body Weight)** - शरीर का वज़न स्थायित्व से सीधा समानुपाती होता है। अन्य बातें समान होने पर, सबसे भारी पुरुष ज्यादा संतुलित होता है।
   ठोस वस्तुओं की तरह खेल कूद में भी संतुलन होना ठीक विपरीत होता है। जब एक रेसलर को पीछे धकेला जाता है तो वह शरीर के कई एडजेस्टमेंट बनाकर उस बल का जवाब दे सकता है। अगर base of support से परे उसके गुरुत्व केन्द्र को धकेला जा रहा हो तो अपने पैर पुन: जमा

कर वह आधार मजबूत कर लेगा। वह अपने प्रतिद्वंद्वी को धकेले जाने की चाल में फांस सकता है जबकि असल में वह उसे अपनी ओर खींचने का इरादा रखता हो। वज़न के रख रखाव में गलती का फायदा उठाने पर बल देने वाली कई material arts है।

डायनामिक स्थायित्व/संतुलन (Dynamic Stability/Equilibrium)

यह गति के दौरान संतुलन बनाना है। आधार के स्थायी संतुलन की अपेक्षा यह गति का संतुलन ज्यादा कठिन होता है। यह अक्सर होता है कि एथलीट का गुरुत्व केन्द्र उसके सपोर्ट (Support) के आधार से बाहर कुछ क्षणों के लिए गिरता है। उदाहरण के लिए स्प्रिंट में शरीर का वजन Supporting foot से आगे होता है परन्तु इससे पहले शरीर गिर पड़े, दूसरा पैर आगे आ कर सपोर्ट प्रदान करता है तथा यही प्रक्रिया चलती रहती है। लीनियर/सीधी गति में तेज़ संवेग की स्थिति में, गुरुत्व लाईन Supporting foot से आगे होती है।

बल (Force)

बल को कार्य करते देखा तो नहीं जा सकता परन्तु जब यह कार्य करता है तो महसूस किया जा सकता है। केवल आवाज द्वारा या वस्तु के बिगड़ने या चलने द्वारा ही हम बल का पता लगाते हैं।

बल की परिभाषा (Definition of Force)

यह Pull या Push है जो एक वस्तु दूसरी पर लगाती है। क्योंकि इसका परिमाण व दिशा होती है तो गति के सभी बदलावों में बल की भूमिका होती है। परन्तु बल लगाने से गति में प्रभाव सभी स्थितियों में नहीं होता। यह जरूरी है कि एक असंतुलित बल है जिसका परिमाण वस्तु से अधिक होता है।

बल के प्रकार (Types of Force)

वस्तु में Pull व Push के साथ-साथ असंतुलित बल वस्तु के आकार को भी खराब कर देता है।

बल को उसके प्रभाव से ही जाना जाता है जैसे नीचे नाम दिये गये हैं -

कायनेटिक्स (Kinetics) - यह असंतुलित बल से सम्बन्धित है अर्थात् गति के प्रभाव (linear and angular)

टेंशन बल (Tension Force) - यह वह बल है जो वस्तु को स्ट्रेच करता है।

कम्प्रेशन बल (Compression Force)- जब बल वस्तु को squeeze करता है।

शीयर बल (Shear Force)- बल जो वस्तु के एक हिस्से की slide करता है।

सेंट्रीपीटल बल (Centripetal Force)- बल जो संवेग तथा linear से circular दिशा में परिवर्तन पैदा करता है। केन्द्र की तरफ radius के साथ अन्दर की दिशा में यह कार्य करता है।

सेंट्रीफ्यूगल बल (Centrifugal force)- यह सेंट्रीपीटल बल के बराबर व विपरीत दिशा में प्रतिक्रिया बल है तथा बाहर की दिशा में काम करता है। उदाहरणार्थ हैमर थ्रो में अन्तिम रिलीज से पहले केबल को थ्रो करने वाला मजबूती से पकड़ता है। हैमर पर सेंट्रीपीटल बल कार्य करता है जो इसे अन्दर खींचता है तो सेंट्रीफ्यूगल बल इसे बाहर खींचता है।

बल लगाने के सिद्धांत (Principles of Force Application)

बल लगाने से गति पर पड़ने वाला प्रभाव निम्नलिखित बातों पर निर्भर करता है -

1. गति में बदलाव आएगा जब बल का परिमाण वस्तु द्वारा दिए गए गतिरोध से अधिक होगा अर्थात् असंतुलित बल लगेगा।
2. जिस दिशा से बल लगेगा वह तय करेगा कि गति linear, angular या दोनों की मिश्रित गति होगी।
3. वस्तु angular या linear तरीके से गतिवान होगी यह point of application of force पर निर्भर करेगा।
4. शरीर/वस्तु द्वारा अनुभव की गई गति में बदलाव उसके unbalance बल के परिमाण के बराबर होती है तथा समय की दूरी के भी या जिस दूरी तक बल लगाया जाता है। जितना लम्बा बल होता है, वस्तु में उतना ही संवेग होता है।
5. एक वस्तु में एक ही दिशा में जितने बल अधिक लगते हैं वे गति के परिमाण में उसी क्रम में प्रभाव पैदा करते हैं।

उपरोक्त बताए गए बल लगाने के पांच सिद्धांत शाट पुट में भली भांति स्पष्ट होते हैं। जिस दिशा में बल लगता है, हवा में रीलीज़ का कोण उसी द्वारा तय होता है। हथेली व उंगलियों द्वारा लगा final point of application तय करता है कि क्या शॉट फ्लाईट में घूमेगा तथा किस दिशा में घूमेगा। जितना ज्यादा समय शॉट को unbalanced बल देने में लगाया जाएगा, शॉट की अन्तिम velocity उतनी अधिक होगी। बल लगाने की दूरी पर

समय निर्भर करता है। सभी पेशियों द्वारा बल समेकित करना चाहिये अर्थात् टांगों की बड़ी पेशियों, फिर उदर की पेशियों द्वारा, फर्श से वांछित प्रतिक्रिया प्राप्त करनी चाहिये। शॉट पर अतिरिक्त पेशीय बल सफलतापूर्वक लगाया जाता है जब तक हथेली व उंगलियों से Final flick के साथ शॉट छूटता नहीं।

अंगविन्यास (Posture)

व्यक्ति से व्यक्ति में अंगविन्यास का अर्थ भिन्न होता है। एक अंगविन्यास किसी व्यक्ति के लिए उत्तम माना जा सकता है परन्तु वह दूसरे व्यक्ति के लिए सत्य नहीं हो सकता। विश्व-स्तर पर उत्तम अंगविन्यास को नापने के लिए कोई एक पैमाना बनाना अथवा कोई मानक (स्टेन्डर्ड) तैयार करना लगभग असंभव है। मानव शरीर के किसी भाग अथवा पूर्ण शरीर के कोई प्रकार आकार अथवा मानक को परिभाषित नहीं किया जा सकता है। अकेले शरीर की समस्त कठोर शारीरिक यौगिक विशिष्टताएँ अन्य शारीरिक कारकों अथवा शरीर के प्रकारों के प्रभावों को इंसान के शरीर की संरचना पर व्यक्त किया जाना वैज्ञानिक रूप से पुष्ट नहीं किया जा सकता। इस प्रकार कोई एकमेव उत्तम अंगविन्यास नहीं हो सकता है। मानव अंगविन्यास तथा उसके महत्त्व के बारे में बहुत-सी धारणाएँ तथा दृष्टिकोण हैं। चिकित्सकों, कलाकारों, शिल्पकारों, नर्तकों, मनोवैज्ञानिकों तथा शारीरिक शिक्षाविदों के लिए अंगविन्यास शब्द का अर्थ सबके लिए अलग-अलग है। शारीरिक विज्ञान शिक्षक के लिए शरीर अंगविन्यास का अलग अर्थ है। मांसपेशियों तथा प्यूरोमस्क्यूलर समन्वय के लिए कापनेस्थेटिक्ससेन्स तथा यांत्रिक दक्षता के परिमापन का साधन है।

अंगविन्यास का अर्थ है स्थिति अथवा छवि (मुद्रा) मानव शरीर जैसे बहुसंघीय (मल्टी सेगमेन्टेड) जीव को एकल अंगविन्यासी नहीं कहा जा सकता। इसमें बहुत से अंग-विन्यास परिलक्षित होते हैं तथा इनमें से एकल प्रकार का विन्यास उल्लेखनीय समय तक बना रहता है।

विस्तृत रूप से कहा जाए तो अंगविन्यास का सम्बन्ध व्यक्ति विशेष के स्वयं के खड़े होने में, बैठने में, चलने में तथा लेटने से सम्बन्धित तरीके के अपनाने से है। इसका अर्थ है कि अपने शरीर को साधने अथवा संभालने का ढंग हमारे द्वारा अपने आपको संभालने का तरीका हमारी, सक्रियता, सचेतनता, अंदरूनी ताकत, आत्मविश्वास तथा अपने शरीर के प्रति अपने व्यवहार को दर्शाता है। अच्छे अंगविन्यास का मानदण्ड मोहकता, लयपूर्ण, संतुलित तथा व्यक्ति की विश्रामावस्था की अपेक्षा चलने की कौशलता होता है।

अच्छा अंगविन्यास वह होता है जिसमें शरीर की आवश्यकता के अनुसार उसमें परिवर्तन किया जा सके। हम पूरी रात एक शारीरिक अवस्था में सो भी नहीं सकते। शरीर अपने आप व्यक्ति को अवस्था बदलने के लिए प्रेरित करता है। इस तरह से एक कठोर अवस्था में बैठने अथवा खड़े होने, सावधान अवस्था में अथवा सेना में खड़े रहने के तरीके को अच्छा अंगविन्यास नहीं कह सकते। मैथ्ने के अनुसार समस्त व्यक्तियों के लिए एक ही प्रकार का सर्वोत्तम अंगविन्यास नहीं हो सकता। प्रत्येक व्यक्ति अपने शरीर को अपनी सर्वोत्तम अवस्था में अवश्य ही बनाए रखता है। सर्वोत्तम अंगविन्यास वह है जिसमें व्यक्ति अपने शरीर की संधियों को संतुलित कर शरीर के ऊपर कम से कम तनाव डालकर अधिकतम (सपोर्ट) सहारा प्राप्त करता है यह व्यक्ति का निजी मामला है।

अंगविन्यास वाक्य का अर्थ अक्सर इस विचार को प्रसारित करने से लगाया जाता है कि वह खड़े होने की स्थिति है, विशेष तौर के आस्थावान अथवा यांत्रिक विशेषताओं के रूप में माना जाता है। फिर भी उत्तम अंगविन्यास लम्बे समय तक केवल खड़े होने की स्थिति से ही नहीं जाना जाता, बल्कि शरीर को आसानी से संभालने, मोहक रूप में रखने, तथा सभी परिस्थितियों में प्रभावशील रखने से है।

अच्छे अंग विन्यास का मूल शरीर के प्रभावी रूप से तथा पूर्ण क्षमता से कार्य करने से है। बहुत से प्रसिद्ध एथलीट्स ने अपनी सफलता के लिए एक भाग के रूप में इस तथ्य को दर्शाया है कि वे गति के दौरान पूर्ण रूप से तनाव रहित रहते थे। इस प्रकार वे ऊर्जा को उद्देश्यपूर्ण व्यय के लिए संरक्षित रख पाते थे। अच्छे अंगविन्यास की स्थिर तथा गतिय दोनों अवस्थाओं में पेशीय संकुचन को सामान्य अवस्था में रखने की यांत्रिक स्वतंत्रता, उत्तम समन्वय तथा अच्छी न्यूरो मस्क्युलर नियंत्रण तथा अच्छी तरह से विकसित अंगविन्यासीय प्रभावों की आवश्यकता होती है।

अच्छे शारीरिक विन्यास के गुण हैं : संतुलन, सतर्क रहना, श्रेणीबद्ध (एलाईन्मेंट) रहना, तथा सहज रहना आदि। एक अच्छे अंगविन्यास के श्रेणीबद्ध रहने में सभी अंगों जैसे सिर, गर्दन, तथा धड़ सभी का गुरुत्वाकर्षण केन्द्र जहाँ तक सम्भव हो एक दूसरे के निकटस्थ ही एक सीधी खड़ी रेखा में होना चाहिए या यह रेखा पैरों के लगभग केन्द्र से गुजारना चाहिए। शरीर के अंगों के श्रेणीबद्धकरण तथा जोड़ों की संरचना के जुड़ाव के बीच निश्चित ही सम्बन्ध है। मानव मशीन तभी प्रभावी रूप से कार्य कर सकेगी जबकि उसके शरीर के भार

सहन करने वाले जोड़ सही श्रेणी में निबद्ध हो और उन पर तनाव तथा खिंचाव बहुत कम मात्रा में असर करें।

एक अच्छा अंगविन्यास वह है जिसमें अच्छे श्रेणीबद्धता को बनाए रखने में कम से कम ऊर्जा-व्यय हो जबकि ऊर्जा का अत्यधिक उपयोग तथा प्रयत्न कमजोर अंगविन्यास को दर्शाते हैं। अच्छा अंगविन्यास जोड़ों को यांत्रिक रूप से कार्य करने में क्षमतावान बनाता है जिसमें जोड़ों के घर्षण को व्यवस्थित बनाए रखा जाता है। विपरीत तन्तुओं का तनाव संतुलित होता है तथा जोड़ों के बीच दबाव को समान रूप से बनाये रखे रहना होता है तथा जोड़ों में खराबी कम से कम पैदा हो उसी अंगविन्यास को अच्छा कहा जा सकता है जो कि अधिकतम क्षमता कम से कम प्रयत्नों के द्वारा प्राप्त की जा सके। इस प्रकार यह निष्कर्ष निकलता है कि अच्छे शरीर विन्यास के द्वारा शरीर को सहज सुगम कम प्रयत्नों द्वारा बनाया जा सकता है। भार को एकसार वितरित किया जा सकता है तथा एक सीधी कतार में संतुलन बनाने के लिए सभी अक्ष समानान्तर रहें। सुषुम्ना (स्पाइन) के वक्र में ऐंठन न हो। उदर अंदर धंसा हो। सीना बहुत ऊँचा इस प्रकार हो कि कन्धे सीधे स्तर स्थिति में रहें।

अच्छे अंगविन्यास के प्रकार

विस्तृत रूप से अंगविन्यास दो प्रकार के होते हैं। (अ) अक्रिय अंगविन्यास जब कोई व्यक्ति निद्रा में हो अथवा विश्राम अवस्था में हो ऐसे में शरीर को पेशीय यत्नों की कम से कम आवश्यकता पड़ती है एवं (ब) सक्रिय अंगविन्यास-लगातार पेशीय गतिविधियों की आवश्यकता होती है। सक्रिय अंगविन्यास स्थिर अथवा गतिमान हो सकता है। स्थिर अंगविन्यास वह है जिसमें शरीर उदासीन रहता है। सक्रिय अथवा परिवर्तन की गुंजाइश नहीं रहती है तथा बल संतुलन का कार्य करता है।

गतिज अंगविन्यास में शरीर गतिमान अवस्था में रहता है तथा सक्रिय और परिवर्तनीयता की गुंजाइश रहती है।

अंग विन्यासीय अवस्थाएँ चाहे सक्रिय अथवा निष्क्रिय (स्थिर एवं गतिमान) हों उन्हें विस्तृत रूप से चार वर्गों में वर्गीकृत किया जा सकता है।

1. **खड़े रहने की अवस्था अथवा अंगविन्यास:** किसी व्यक्ति विशेष के खड़े रहने की स्थिति को आधारभूत अंगविन्यास माना जाता है। जिससे कि उसे सारे ही विन्यास सधे हुए हैं। सीधा खड़े होने का विन्यास हकीकत में नहीं है। यह वास्तव में स्थिर आधार के ऊपर एक गतिय अवस्था है। स्थिरता के सिद्धांत खड़े रहने की स्थिति में लागू होते हैं जैसे कि तन्तुओं के तनाव तथा पेशीय स्वतंत्रता के मध्य संतुलन सिर के मध्य से निकलने वाली वह गुरुत्व रेखा होगी जोकि वक्ष, उदर (खड़) तथा पेल्विस से सीधी कतार बनाती है। खड़े होने की स्थिति में वजन समान रूप से पंजों और एड़ियों की गोलाई मध्य बंटा रहना चाहिए।

थोड़े समय को छोड़कर स्थिर स्थिति में सतर रहकर खड़े होने के अंगविन्यास को जान-बूझ कर टालना चाहिए। अन्यथा यह अनावश्यक पेशीय तनाव तथा खिंचाव पैदा कर देगा। इसका परिणाम होगा अधिक थकान, ऐसी दशा में जबकि किसी को लम्बे समय तक खड़े रहना पड़े तो बदल-बदल कर भार को एक पैर से दूसरे पैर पर बदलने का प्रयास करना चाहिए। यह अनावश्यक न्यूरोमस्क्यूलर स्ट्रेन तथा स्ट्रेस जोकि किसी एक टांग की खिंचने वाली पेशियों पर पड़ने वाला होता है उसे दूर कर देता है। ऐसी क्रिया या तो एक टांग को एक बगल में तथा बाद में बदल कर दूसरी अवस्था में घुमाकर अथवा एक टांग को पीछे की ओर मोड़कर और दूसरी टांग को आगे की ओर घुमाकर स्थिति लगातार बदलते हुए खड़े रहने से मस्तिष्क का संतुलन समायोजित होकर अंगविन्यासीय पेशियों को अपने आप कार्य करने के लिए समायोजित कर शरीर के संतुलन को तदनुसार बनाए रखती है। अच्छी खड़े होने की वह स्थिति है जिसमें भार सहन करने वाली संधियों के भार का फैलाव करना संभव होता है। यह आसान फैलाव होना चाहिए इसमें किसी भी प्रकार के तनाव अथवा खिंचाव के बने रहने की गुंजाइश न हो।

2. **बैठने की अवस्था अथवा अंगविन्यास:** बैठने के तीन प्रकार के अंगविन्यास होते हैं-
   (i) सामान्य बैठक
   (ii) पढ़ते समय की बैठक तथा
   (iii) लिखते समय की बैठक।

   ***(i)* सामान्य बैठक:** यह बैठने की एक ऐसी सामान्य अवस्था है जिसमें बैठने वाला ऐसी अवस्था बनाता है जिसमें उसकी पेशियों को न्यूनतम तनाव तथा खिंचाव का अनुभव हो। सामान्य बैठक की अवस्था में शरीर के अंग, सिर, कन्धे तथा नितम्ब (हिप्स) एक-दूसरे से श्रेणीबद्ध रहकर ठीक प्रकार से स्थित रहे। धड़, सिर तथा कन्धों को प्राकृतिक अवस्था में सतर स्थित में सहज अवस्था में रहने चाहिए, खास तौर से

(कीफोसिस) (बाहरीकर्वेचर वक्रता) लम्बर स्पाइन की वक्रता को दूर करते हुए स्पाइन की प्राकृतिक वक्रता को बनाए रखना चाहिए। सामान्य बैठक में जांघें समसमानान्तर, टांगे ऊर्ध्वाधर (वर्टीकल) तथा पंजे जमीन पर चपटी स्थिति में विश्रामीय अवस्था में स्थिर रहने चाहिए। हाथ कोहनियों से थोड़े सटे होकर जांघों के ऊपर रहें।

बार-बार स्थितियां बदलते रहने से थकान पैदा नहीं होती तथा किसी व्यक्ति को कुर्सी पर बैठने के बाद भी उसे सख्त स्थिति में बैठे रहने के बजाय हिलते-डुलते रहना चाहिए। बैठने वाला व्यक्ति अपने शरीर के भार को सहारा देने के लिए अधिक स्थान घेरता है ताकि उसका दबाव समान रूप से बंट सके। कुर्सी की गद्दी की ऊँचाई इस हिसाब से रखना चाहिए कि बैठने वाले की जांघों पर दवाब न पड़े, तथा यह निचली टाँगों की लम्बाई से थोड़ा कम होना चाहिए। जबकि व्यक्ति अपने पैरों को चपटे आकार में जमीन पर रखे तो उसके घुटने समकोणीय स्थिति में झुके रहें। कुर्सी में पीछे टिकने की संरचना भी होना चाहिए जिससे कि स्पाइन के लम्बर भाग को सहारा मिल सके। दोषपूर्ण बैठने का शरीर विन्यास स्पाइन की प्राकृतिक बक्रता पर प्रतिकूल प्रभाव डालता है और इसके परिणामस्वरूप स्पाइनल में बेडौलता पैदा हो जाती है।

(ii) **पढ़ते समय बैठक की स्थिति:** पढ़ते समय का शरीर विन्यास सामान्य प्रकार के बैठने की अवस्था के अनुरूप ही होता है। अन्तर केवल इतना होता है कि पठनीय सामग्री की नेत्रों के कोण से दूरी को ध्यान में रखा जाना चाहिए। सामान्यत: नेत्रों तथा पठनीय सामग्री के बीच की दूरी लगभग 30 से.मी. तथा पठनीय वस्तु सम समानांतर कोण 45^0 का होना चाहिए। सामान्य बैठकी अवस्था की तुलना में पीठ को जरा अधिक स्तर पर रखना पड़ता है।

पढ़ने वाले के लिए प्रकाश की समुचित व्यवस्था होनी चाहिए। पढ़ने वाले की पीठ के पीछे से प्रकाश पठनीय सामग्री के ऊपर पड़ना चाहिए। पढ़ने के लिए बैठने के लिए बिल्कुल सही प्रकार का फर्नीचर उपयोग करना चाहिए। यह न तो बहुत ऊँचा और न ही बहुत नीचा हो और न ही अधिक ढलान वाला। पढ़ने वाली सामग्री को हाथ से पकड़ते हुए हाथ मेज पर आराम से रखे हों। ऐसा अक्सर देखा गया है कि पढ़ते समय बच्चे त्रुटिपूर्ण अंगविन्यास कर लेते हैं जोकि कई प्रकार की शारीरिक खराबियों के साथ-साथ नेत्र दृष्टि की समस्याओं को पैदा कर देती है।

(iii) **लिखते समय की बैठक:** लिखते समय कुर्सी को मेज के नीचे तक खींच लेते हैं ताकि बालक की कोहनियां मेज पर आराम से रखी जा सकें तथा बाहें लगभग सम समानान्तर स्थिति में आ सके। जाघें सम समानान्तर होनी चाहिए तथा टांगें ऊर्ध्वाधर (वर्टीकल) तथा पंजे चपटे आकर में जमीन पर स्थित रहे। यह ध्यान में रखना चाहिए कि टेबल की ऊँचाई बालक तथा कुर्सी के अनुसार ही होना चाहिए। मेज की सतह को बालक की ओर थोड़ा ढालू होना चाहिए ताकि उसे लिखने का काम करना आसान हो सके।

इस प्रकार के शारीरिक विन्यास में बालक को पढ़ने के लिए बैठने के ढंग की तुलना में थोड़ा आगे को झुककर बैठना होता है। ठीक ढंग से लिखने के लिए शरीर के विन्यास को अनावश्यक रूप से आगे की ओर एक तरफ तथा झूकाने को टालना चाहिए।

3. **अंगविन्यास की लेटी हुई स्थिति:** सर्वोत्तम लेटने की स्थिति एक ऐसा अंगविन्यास है जिसमें शरीर के सभी अंग इस प्रकार की स्थिति में रहते हैं जिसमें शरीर पर न्यूनतम खिंचाव तथा तनाव पैदा हो। कोई व्यक्ति सामान्यत: विश्राम अथवा सुस्ताना चाहता है तो वह इसके सर्वोत्तम अंगविन्यास में सीधे पीठ के बल बिस्तर या फर्श पर लेटता है जिसमें उसकी टांगें सीधी पूरी तरह से आगे की ओर खुली रहती हैं तथा पंजे थोड़ी दूरी पर आरामदायक स्थिति में रहते हैं। बांह व शरीर के बाजू सीधे रहते हैं। यह शरीर विन्यास योग क्रियाओं के शवासन के लगभग समान होता है जिसे कि विश्राम के लिए सर्वोत्तम माना जाता है। बिस्तर एकदम मजबूत होना चाहिए। वह न तो कठोर हो, और न ही स्प्रिंग, स्पंज का हो। ऐसे अवांछनीय बिस्तर शरीर की संधियाँ धंसा देते हैं ऊँचे तकिए गर्दन की पेशियों में तनाव पैदा कर देते हैं। तथा सिर के लिए समुचित रक्त प्रवाह को रोकते हैं। सोते समय न तो पेट के बल सोना चाहिए और न ही एक तरफ ही सोना समुचित होता है। चाहे वह दाहि या बाई ओर हो। ऐसा अवलोकन किया गया है कि एक तरफ थोड़े से घुटने मोड़ कर आरामदायक स्थिति में सोने की स्थिति को सोने की एक उत्तम विधि माना गया है।

लेटे रहने के शारीरिक विन्यास को सामान्यत: बिना सही ज्ञान के और उसके बारे में बिना जानकारी के उपेक्षित किया जाता है। यह शारीरिक विन्यास अन्य विन्यासों की तुलना में अधिक महत्त्वपूर्ण होता है। यहाँ शारीरिक विन्यास किसी के भी शरीर तथा मस्तिष्क को विश्राम देने की उच्चता को अनुभव कराता है। सोना केवल एक क्रियामात्र ही नहीं है बल्कि यह एक प्रक्रिया है यह शरीर तथा मस्तिष्क दोनों को अगले दिन का सामना करने के लिए पुन: यौवनता प्रदान करती है।

4. **चलने का अंगविन्यास:** गतिशील हलचल जैसे कि चलना इसमें बल को जहाँ तक सम्भव हो सीधी रेखा में निर्देशित इस प्रकार से किया जाता है कि प्रमुख सन्धियां पंजे, टखने, नितम्ब तथा कन्धे सीधी रेखा में विभक्त रहें और उसी समय स्पाइनल की वक्रता न्यूनतम की जा सके। सिर को प्राकृतिक अवस्था में आराम से ऊँचा रखा जा सके। हाथ सिन्क्रोनाइजगति से टांगों के साथ-साथ हिलते डुलते रहें उसमें इनकी हलचल तनाव मुक्त होनी चाहिए। लयात्मक अन्तराल से प्रचलन की सिफारिश की जाती है ताकि गति तनाव मुक्त हों तथा उसमें तनाव एवं खिंचाव न्यूनतम हो। आगे की ओर टांग को ले जाते हुए सीधी दिशा में एड़ी को पहले जमीन पर स्पर्श कराते हुए आगे की दिशा में पंजे को बढ़ाते हुए चलना चाहिए तथा शरीर के भार को पंजे के अग्रभाग पर डालते हुए पैरों के पंजों को बाहरी किनारे की ओर परिवर्तित करते रहना चाहिए।

एक अच्छे अंगविन्यास का महत्त्व

हमारे दैनिक जीवन में अच्छे अंगविन्यास के महत्त्व को कोई भी नहीं नकार सकता है। अच्छा दर्शनीय होना तथा उत्तम अंगविन्यास व्यक्ति विशेष के बारे में अच्छा असर डालते हुए उसके पूर्ण स्वस्थ होने को प्रदर्शित करता है। ऐसा होना उसकी सचेतनता, सक्रियता, यौवनता तथा उसके व्यक्तित्व की सम्पूर्णता को परिलक्षित करता है। उत्तम अंगविन्यास ऊर्जा के उपयोग को न्यूनतम तथा किफायती बना देता है तथा समय एवं प्रयासों को भी कम कर देता है। जबकि कमजोर शरीरविन्यास का परिणाम होता है अत्यधिक ऊर्जा का व्यय। उत्तम स्वास्थ्य तथा उत्तम शरीरविन्यास के मध्य एक निश्चित सम्बन्ध है। उत्तम शरीरविन्यास व्यक्ति को उत्तम स्वास्थ्य बनाए रखने की आदत डालता है जो कि उसे स्वस्थ जीवन की ओर ले जाता है। ऐसा देखा गया है कि जो व्यक्ति अच्छे अंगविन्यास वाला होता है वह ज्यादा जवान दिखाई देता है। उसमें उत्तम लोच, समन्वयकता, लय बद्धता तथा उसकी गति शानदार होती है। अच्छा अंगविन्यास ऐसी स्थिति बनाने में सहायक होता है जोकि प्रभावशाली गति को संचालित करते हैं। ऐसा शरीर अंगविन्यास आगे चलकर शक्ति, शारीरिक दक्षता तथा खिलाड़ीपन की खासियत की व्यक्ति विशेष में वृद्धि करता है। यदि शरीर ठीक तरह से संतुलित है तथा सही ढंग से संधिबद्ध है तो प्रत्येक संधि का गुरुत्वाकर्षण केन्द्र एक सीधी खड़ी रेखा में पड़ेगा तथा भार वाहन करने वाली संधियाँ ठीक ढंग से श्रेणीबद्ध रहेंगी। इसके द्वारा खड़े होने की स्थिति में अथवा चलने-फिरने की स्थिति में स्थायित्वता प्रदान करते हुए सहारा देती हैं तथा उसमें तनाव तथा खिंचाव को न्यूनतम कर देती है। अच्छा अंगविन्यास व्यक्ति को हल्केपन का अहसास कराता है। आराम का अनुभव कराता है तथा दैनिक जीवन के लिए की जाने वाली विभिन्न आवश्यक क्रियाओं को करने में आसानी का तथा सक्षमता का अनुभव कराता है। अच्छे अंगविन्यास को बनाए रखने के लिए खराब अंगविन्यास वाले व्यक्ति की तुलना में अच्छे अंगविन्यास वाले व्यक्ति को पेशीय प्रयास कम करने होते हैं। कमजोर अंगविन्यास शरीर की संधियों पर तथा शरीर रचना की संधियों पर प्रतिकूल प्रभाव डालते हैं तथा लम्बे समय तक विन्यासीय तनाव शरीर पर डालते हैं जोकि निश्चित ही इन संरचनाओं को जख्मी कर देते हैं। संतुलित अंगविन्यास प्राप्त करने के लिए हमारे शरीर को विभिन्न अंगों पर कम तनाव डालना होता है। जिसके परिणामस्वरूप व्यक्ति थकान में कमी महसूस करता है। अच्छा शरीर विन्यास का ढाँचा सामान्य दैहिक प्रक्रियाओं तथा सामान्य जीवन की क्रियाओं को विशेष तौर पर श्वसन, रक्त संचार तथा पाचन की क्रियाओं को सामान्य रूप से कार्य करने के लिए उत्साहित करता है।

कमजोर अंगविन्यास मनोवैज्ञानिक समस्याओं, भावनात्मक सावधानियों तथा व्यक्ति में हीन भावना को पैदा कर सकता है। उत्तम शरीर अंग विन्यास प्राप्त करने पर कोई भी व्यक्ति इस प्रकार की मनोवैज्ञानिक समस्याओं को हटा सकता है। जिस व्यक्ति का अंगविन्यास अच्छा होता है वह लोगों को अपनी ओर आकर्षित करने के योग्य होता है तथा वह अपनी ओर ध्यान आकर्षित करा सकता है। उसे सामाजिक अपनत्व का लाभ तथा सामाजिक रूप में स्वीकार्य होने का लाभ आसानी से मिलता है। छरहरे तथा सलौने अंग विन्यास वाले व्यक्ति के व्यक्तित्व प्रदर्शन को नकारा नहीं जा सकता है। अच्छा अंगविन्यास उसके अंदर आत्मविश्वास की वृद्धि करता है। जिसके द्वारा वह लोगों

को अपनी ओर आसानी से आकर्षित कर सकता है। इस प्रकार अच्छे अंगविन्यास वाला व्यक्ति अपनी आर्थिक स्थिति को भी सुदृढ़ कर सकता है। वह अपने कर्त्तव्य निर्वहन सक्षमता से तथा त्वरित गति से करते हुए अपने रोजगार के अवससें को भी बढ़ा सकता है।

कमजोर अंग विन्यास के कारण

कमजोर शरीर विन्यास के कारणों को विस्तृत रूप से दो भागों में वर्गीकृत किया जा सकता है:

1. अर्जित (एक्वायर्ड) रोग के अथवा किसी दुर्घटनावश।
2. जन्मगत (कोन्जेनियल): आनुवंशिक अथवा जन्म के समय से मौजूद।

कमजोर शरीर अंगविन्यास के कारण पैदा हुई अंगविकृतियाँ दो प्रकार की होती हैं:

1. कार्य करते समय भटकाव
2. संरचनात्मक भटकाव

कमजोर शारीरिक अंगविन्यास के प्रमुख कारणों की सूची नीचे दी गई है :

1. **जख्म (Injury):** जब कोई अस्थि, तन्तु अथवा पेशी जख्मी हो जाती है तो वह सहारे को कमजोर करते हुए शरीर के ढाँचे को संतुलन के बाहर फेंकती है। जब ऐसे हालात पैदा हो जाते हैं तो परिपूर्ण अंगविन्यास करना संभव नहीं होता। यहाँ तक कि जख्म के पूर्ण रूप से ठीक हो जाने पर भी नयी जख्म के दौरान पैदा हुई आदत अब तक मौजूद रहती है और यह दोषपूर्ण अंगविन्यास लम्बे समय तक निरंतर रहता है।

2. **बीमारी (Disease):** शारीरिक अंगविन्यास सामान्यत: बीमारियों से प्रभावित होता है जोकि मांसपेशियों अथवा अस्थियों को कमजोर बना देती है। इसका परिणाम यह होता है कि जोड़ अपनी ताकत खो देते हैं और उनकी गति को भी नुकसान पहुँचता है। इस प्रकार की बीमारियों के उदाहरण हैं : सूखारोग, जोकि अस्थियों के त्रुटिपूर्ण पोषण तथा मेरुदण्ड अथवा संधियों के क्षयरोग। पोलियो सम्बन्धी रोगों से स्पाइन कोर्ड की मोटरनरी की कोशिकाएँ नष्ट हो जाती हैं अथवा कमजोर पड़ जाती हैं। इसके कारण पेशियों गुच्छे के आंशिक अथवा पूर्ण रूप से काम करना बंद हो जाता है। इस प्रकार की ताकत की हानि माँसपेशियों को अस्त-व्यस्त कर शरीर के नियंत्रण तथा संतुलन को प्रभावित करते हुए दूसरे अन्य प्रकार की खामियों को पैदा कर देते हैं।

3. **आदत (Habit):** अंगविन्यास की आदत चाहे अच्छी या बुरी हो वह उसी प्रकार उत्पन्न हो जाती है जैसे कि चलने, बैठने और बोलने की आदतें। यानी किसी खास प्रकार के समन्वय का अभ्यास बार-बार किया जाए तो यह उसकी अचेतन अवस्था के अनुरूप उसे आदतन बना देता है। विद्यालय तथा महाविद्यालय के छात्रों की अस्थियाँ, संधियाँ, तन्तु तथा मांसपेशियाँ सामान्य अवस्था में रहती हैं। लेकिन त्रुटिपूर्ण तथा गलत आदतें उनके समन्वय को अस्त व्यस्त करते हुए कमजोर शारीरिक विन्यास को पैदा कर देती है। शरीर विन्यास की गलत आदतें व्यवसाय एवं वातावरण के कारण भी उत्पन्न हो जाती है।

4. **कमजोरी (Weakness):** बिना कुछ ऊर्जा को व्यय किये छरहरे अंगविन्यास को प्राप्त करना तथा बनाए रखना संभव नहीं है। इस तरह से ऐसे प्रयासों के लिए कुछ शक्ति तथा सहनशीलता की आवश्यकता होती है। प्रयोगों द्वारा यह दर्शाया गया है कि फूहड़पन अथवा भद्देपन की स्थिति को बनाए रखने में छरहरेपन को बनाए रखने की तुलना में कम मैटाबोलिक ऊर्जा लगती है। इस प्रकार के दोषपूर्ण शरीर अंगविन्यास के लिए पेशीय कमजोरी तथा फुर्तीलेपन में कमी जिम्मेदार होती है।

5. **मानसिक प्रवृत्ति (Mental Attitude):** शरीर अंगविन्यास वह ढंग है जिसके द्वारा हम अपने को संभालने अथवा साधने के लिए शरीर को सीधा रखते हैं और यह हमारे मानसिक प्रवृत्ति को दर्शाने के लिएं मजबूर होता है। प्रसन्नता का अनुभव, संतुष्टि तथा आत्मविश्वास शरीर को सुन्दर तथा छरहरे अंगविन्यास के संतुलन को बनाए रखने में मदद करता है। जबकि हताशाहीनता का अनुभव तथा दु:ख का अनुभव व्यवस्थित अंगविन्यास में रुकावटें पैदा करता है।

6. **अनुवांशिकता (Heredity):** अनुवांशिकता भी कमजोर अथवा गलत अंगविन्यास के लिए एक उत्तरदायी कारक है। अनुवांशिक खामियाँ जैसे कायफोसिस तथा दूसरी अन्य खामियाँ कमजोर अंगविन्यास पैदा कर सकती है।

7. **अशोभनीय परिधान (Improper clothing):** व्यक्ति के द्वारा पहने जाने वाला परिधान भी उसके अंगविन्यास को प्रभावित करता है। उदाहरण के लिए तंग कसे हुए परिधान, तंग कसे हुए तथा ऊँची एड़ी के जूते पहनने क़ा परिणाम होता है। कमजोर अंगविन्यास क्योंकि इस प्रकार के

अशोभनीय वस्त्रों को धारण करने से व्यक्ति परेशानी अनुभव करता है और इस प्रकार उसका अंगविन्यास बिगड़ जाता है।

8. **असंतुलित आहार अथवा कुपोषण (Improper diet or Malnourishment):** असंतुलित आहार अथवा कुपोषण के कारण विटामिनों तथा खनिज लवणों की कमी हो जाती है और इसका परिणाम होता है कई बीमारियों जैसे रिकेट्स आदि का पैदा होना, इन सब का असर त्रुटिपूर्ण अंगविन्यास को पैदा करने से होता है।

9. **दीर्घकालीन थकान (Chronic Fatique):** निरन्तर कार्य करने, गहरी नींद तथा विश्राम में कमी शरीर में थकान पैदा कर देती है और इस प्रकार स्थितियाँ लम्बे समय तक चलते हुए दीर्घकालीन तथा स्थायी रूप ले लेती है। अपर्याप्त सुस्तान, विश्राम तथा निद्रा से शरीर की तथा मस्तिष्क की अधिक देर तक कार्य में लगे रहने के कारण उसमें अक्षमता पैदा हो जाती है। इस प्रकार की अवस्थाएँ पेशियों पर अनावश्यक तनाव पैदा कर अंगविन्यास को भटका देती है।

10. **अधिभार (Over Load):** लगातार अपनी पीठ के ऊपर तथा कन्धों पर बोझा ढोने वाले की स्पाइन कॉर्ड तथा गोल कंधों के विकसित होने से उसमें कायफोसिस तथा स्कोलियोसिस की अंग विरुपता पैदा हो जाती है। हम विद्यालय जाते हुए बच्चों को भारी बस्तों को अपनी पीठ पर ढोते हुए नित्यप्रति उदाहरण के रूप में देखते हैं।

11. **अनुसरण करना (Imitation):** प्रसिद्ध संचार माध्यम जैसे टी.वी. को बालकों द्वारा बहुत ज्यादा देखते रहने के कारण बालकों में अपनी पसंद के नायकों, मॉडलों, सितारों, अध्यापकों, मित्रों आदि की नकल निकालने की एक सामान्य सी प्रवृत्ति पैदा हो जाती है। इस प्रकार नकल करने की यह प्रवृत्ति उनके प्राकृतिक शरीर अंगविन्यास को नष्ट कर उनमें विन्यासीय बदलाव पैदा कर देती है।

12. **अस्वास्थ्यप्रद अवस्थाएँ (Unhygienic Conditions):** हमारे देश में भीड़ भरी कक्षाएँ, जिनमें बैठने की अपर्याप्त व्यवस्थाएँ, अपर्याप्त फर्नीचर तथा प्रकाश की अपर्याप्त व्यवस्थाएँ जैसी कमियाँ बहुत ही सामान्य हैं। इस प्रकार की अस्वास्थ्यप्रद अवस्थाओं का अंगविन्यासीय परिवर्तनों पर प्रभाव पड़ता है।

13. **अव्यवस्थित समय तालिका (Inappropriate Time tables):** विद्यालय के शैक्षणिक कार्यक्रम की अव्यवस्थित योजना छात्रों पर अतिरिक्त तनाव डालती है जैसे कि लम्बे समय तक प्रायोगिक कक्षाओं में सीधे खड़े रहने की स्थिति तथा झुके रहने की अवस्था भी विन्यासीय खामी पैदा करने का एक कारण हो सकता है।

14. **व्यायाम में कमी (Lack of exercise):** व्यायाम स्पाइनल नर्व को तथा उदर के अंगों को सुडौलता प्रदान करता है, भूख को बढ़ाता है, पाचन को सुधारता है, लचीलेपन को बढ़ाता है तथा समन्वयता में वृद्धि कर मानसिक तनाव को घटाता है। व्यायाम से शक्ति में वृद्धि होकर शरीर में लोच पैदा होती है तथा इससे शारीरिक योग्यता में विकास होकर उसकी सक्षमता में वृद्धि हो जाती है। व्यायाम में कमी से कई प्रतिकूल प्रभाव शरीर पर पड़ते हैं जोकि आगे जाकर विन्यासीय विसंगतियों तथा त्रुटियों को जन्म देते हैं।

15. **जागरूकता में कमी (Lack of Awareness):** कई लोगों को व्यवस्थित अंगविन्यास के बारे में जागरुकता ही नहीं है और वे त्रुटिपूर्ण तथा गलत अंग विन्यास को ही निरंतर वहन करते रहते हैं। ऐसी उनकी स्थायी आदत तथा जीवन शैली बन जाती है जोकि आगे चलकर खामियाँ तथा अव्यवस्थित अंगविन्यास की ओर बढ़ाती हैं।

16. **स्थूलता (Obesity):** स्थूलता अथवा अत्यधिक शरीर भार शरीर की मांस-पेशियों तथा अस्थिकंकाल पर अनावश्यक तनाव तथा खिंचाव पैदा करती है जिसके परिणामस्वरूप अंगविन्यास में फर्क आ जाता है।

17. **दरिद्रता (गरीबी) (Poverty):** गरीबी के कारण आवश्यक तथा मौलिक सुविधाओं में कमी होना भी एक दूसरा महत्त्वपूर्ण कारक है जोकि व्यक्ति को त्रुटिपूर्ण अंग विन्यास को अपनाने के लिए प्रेरित करता है।

18. **काम धंधा (Occupation):** कुछ ऐसे व्यवसाय होते हैं जिनमें लम्बे समय तक लगातार बैठे रहकर अथवा खड़े रहकर असंतुलित अवस्था में तथा अव्यवस्थित अंगविन्यास की स्थिति में रहकर कार्य करना होता है। जिसका असर होता है अंगविन्यासीयता से हटना तथा विन्यासीय खामियों का पैदा होना।

गामक गतियों का पेशीय विश्लेषण

मांसपेशी टिशू (Muscular Tissue)

मांसपेशियों के टिशू शरीर की मांसपेशियों की रचना करते हैं। ये शरीर के हर उस भाग में विद्यमान होते हैं जिसे हरकत के लिए प्रयोग में लाया जाता है। यह शरीर के महत्त्वपूर्ण टिशू हैं।

यह शरीर के कुल वजन के एक तिहाई भाग से अधिक वजन के होते हैं।

मांसपेशी टिशू पट्ठों की कोशिकाओं का एक बहुत बड़ा समूह होता है। मांसपेशी टिशू मांसपेशी कोशिकाएं संयोजक टिशू के द्वारा एक दूसरे के साथ बंधी/जुड़ी होती हैं। बहुत से पट्ठे शरीर के पिंजरे की हड्डियों के साथ जुड़े होते हैं। उनमें सिकुड़ने तथा फैलने की क्षमता होती है। इसी कारण उनका प्रयोग शरीर के किसी भी भाग को संचालित करने में सक्षम है। टिशू चार प्रकार के हैं।

(1) **स्वैच्छिक या स्ट्राइपड पट्ठेः** ये पट्ठे हड्डियों के साथ जुड़े होते हैं तथा हरकत करने में उनकी सहायता करते हैं। इन्हें स्वैच्छिक (वालंटरी) पट्ठे इसलिए कहा जाता है क्योंकि ये हमारे नियंत्रण के अधीन होते हैं। हम जिस तरफ चाहते हैं अथवा जब चाहते हैं, उन्हें हिला-डुला सकते हैं, मोड़ सकते हैं, तथा सीधा कर सकते हैं। उदाहरण के लिए हमारे बाजुओं तथा हमारी टांगों के बीच पट्ठे स्वैच्छिक पट्ठे कहलाते हैं। हम इन पट्ठों का प्रयोग दौड़ने, वज़न उठाने अथवा लिखने के लिए करते हैं। ये पट्ठे देखने में पटे अथवा ढेरी जैसे दिखाई देते हैं। क्योंकि यह ढेरी जैसे पट्ठे गहरे तथा हल्की धारी वाले होते हैं, इसीलिए इन पट्ठों को भी धारीदार पट्ठे कहा जाता है।

(2) **अनैच्छिक अथवा समतल मांसपेशियां:** इन मांसपेशियों की हरकत हमारे नियंत्रण में नहीं होती। वे हरकत करते रहते हैं, हम चाहें अथवा न चाहें। इसीलिए हम इन्हें अनैच्छिक मांसपेशियां कहते हैं। इन मांसपेशियों के बीच की कोशिकाएं तकले जैसे आकार की होती हैं। ये शरीर के बहुत से आंतरिक अंगों की दीबारों में विद्यमान होती हैं। पाचन अंगों की दीवारों में भी ये मांसपेशियां विद्यमान रहती हैं। ये मांसपेशियां हमारी श्वास प्रक्रिया को नियंत्रित करती हैं, हमारे शरीर में भोजन को आगे ले जाती हैं तथा शरीर में रक्त संचार प्रक्रिया में सहायक होती हैं।

(3) **हृदय की मांसपेशियां:** ये मांसपेशियां केवल दिल में ही विद्यमान हैं। ये लगातार फैलती तथा सिकुड़ती रहती हैं तथा समस्त जीवन के दौरान बिना थकावट महसूस किये लगातार काम करती रहती हैं। ये भी अनैच्छिक मांसपेशियां हैं जिनपर हमारा कोई भी नियंत्रण नहीं है। दिल की मांसपेशियां की कोशिकाएं धारीदार होते हैं तथा इनकी शाखाएं होती हैं।

(4) **स्नायविक टिशूः** स्नायविक टिशू के अन्तर्गत स्नायविक कोशिकाएं तथा तांत्रिक कोशिकाएं रहती हैं। एक स्नायविक कोशिका एक ऐसी रचना है जो कोशिकाओं के ढांचे से निर्मित है। स्नायविक कोशिकाएं एक सिरे से दूसरे सिरे के साथ जुड़ी रहती हैं ताकि वे लंबे-लंबे तक बन पायें।

गामक (मोटर) कुशलता सिखलाई के सिद्धांत

1. **स्नायुतंत्र का ज्ञान-** सीखने वाले को स्नायुतंत्र का आरम्भिक ज्ञान व समझ होनी चाहिये। मोटर कुशलता की शुरुआत और जारी रहना स्नायुतंत्र की जटिल प्रक्रिया द्वारा नियंत्रित होता है - अर्थात् यह कुशलता के विकास की कुंजी है। अतः स्नायुतंत्र व उसके कार्य के सम्बंध में ज्ञान से सीखने वाले को अच्छी मोटर कुशलता प्राप्त होती है।

2. **परिपक्वताः** हम जानते हैं कि परिपक्वता वह वृद्धि है जो बिना किसी विशेष प्रशिक्षण, अभ्यास के होती है तथा व्यक्ति की मनोवैज्ञानिक वृद्धि भी इसके साथ जुड़ी होती है मोटर कुशलता की प्रक्रिया में सुविधा लाने के लिए व्यक्ति की परिपक्वता के स्तर व उसी तरह की गतिविधियों का निर्धारण तय करना चाहिये। प्राईमरी ग्रेड के छात्रों को टेनिस सिखाना बुद्धिमतापूर्ण नहीं होगा क्योंकि वे इसके हुनर को सीखने के लिए तत्पर नहीं होंगे।

3. **व्यक्तिगत भेदः** कोई दो व्यक्ति सभी तरीकों में एक जैसे नहीं होते तथा यहां तक कि दो जुड़वां बच्चों में भी अनेक भेद होते हैं। इसी कारण सिखलाई के ढंग में भी फर्क हो जाते हैं। यदि मोटर कुशलता लानी है तो इन व्यक्तिगत भेदों को समझना पड़ेगा।

4. **सीखने की आवश्यकताः** दूसरी सिखलाई की तरह, मोटर कुशलता सिखलाई तभी प्रभावी बन सकती है यदि व्यक्ति उसे सीखने की जरूरत समझता है। तभी सिखलाई ज्यादा अर्थपूर्ण तथा महत्त्व प्रधान हो जाएगी। अनचाहे सीखने वाले को बलपूर्वक सिखाया नहीं जा सकता।

5. **उद्देश्यों के बारे में सूचनाः** यदि उद्देश्य एकदम साफ हो तो सीखने की दर तेज होती है। छात्रों के मस्तिष्क में स्पष्ट चित्र होना चाहिये कि सफलतापूर्वक प्रदर्शन क्या है। यह और भी आवश्यक है कि उद्देश्य उनकी पहुंच के

अन्दर हो क्योंकि यदि वे समझते हैं कि उन्हें उद्देश्य की पूर्ति न हुई तो बाद की तनाव व अवसादपूर्ण स्थिति से हुनर सीखने की प्रेरणा कम हो जाएगी।

6. **हुनर का मेकेनिकल ज्ञानः** गति के नियम, गुरूत्व, लीवर का ज्ञान भी बच्चों को देना चाहिये जिससे मोटर कुशलता के बारे में सीख सकें। इससे वे कम से कम यत्न और अधिकतम दक्षता से कुशल हुनर सीख पाएंगे।

7. **मानसिक रिहर्सलः** यह सर्व-विदित है कि अभ्यास से हुनर विकसित होता है फिर भी मानसिक रिहर्सल भी सिखलाई प्रक्रिया में बहुत मायने रखती है। किसी विचार के बिना Motor Skill Act सम्भव नहीं। उसे हुनर से पहले और बाद में स्नायु कार्य Motor act के बारे में सोचना चाहिये। भूतपूर्व प्रदर्शनों के बारे में सोचने से वह वर्तमान प्रदर्शन को बदल सकता है।

8. **दुहराईः** सिर्फ मानसिक रिहर्सल प्रभावी नहीं होती। हुनर तभी दक्षतापूर्ण होता है जब बदल-बदल कर सावधानीपूर्वक प्रेक्टिस की जाए। मोटर कार्यकुशलता में इसका बहुत महत्त्व है। जब तक किसी हुनर का पूरी तरह अभ्यास न किया जाए वह याद नहीं रहती तथा अभ्यास से ही नर्वस तंत्र में एक पैटर्न स्थापित हो जाता है। सिखलाई पूर्ण नहीं होती जब तक आदतें पक्की न हों जो अच्छा व सफल प्रदर्शन कर सके। अभ्यास होगा तो लम्बे समय तक हम भूलते नहीं। यहां तैराकी का उदाहरण दिया जा सकता है, एक बार हम तैरना सीख जाएं तो सारी उम्र हम उसे भूल नहीं सकते।

9. **समग्रता में सीखनाः** सिखलाई समग्रता में हो। जब हम टुकड़ों में सीखते हैं तथा एक ही बार उसका प्रदर्शन समग्र रूप से करते हैं तो अगले पिछले हिस्से उसमें हस्तक्षेप करते हैं। मगर कुछ जटिल हुनर टुकड़ों में ही प्रभावी ढंग से सीखे जा सकते हैं इसलिए उन्हें सुविधाजनक चरणों व अंशों में बांट लिया जाता है। फिर भी पूरी तरह हुनर सीखने से ही दक्षता आती है। यहां हम उदाहरण लेते हैं – हम किसी बच्चे को साईकल चलाना सिखाते हैं। हम इसे इकाई में विभक्त नहीं करते जैसे पहले संतुलन बनाना, फिर हैंडल पकड़ना, फिर साईकल चलाना। बच्चे को पूरा कार्य एक साथ करना होता है।

10. **माडल की नकलः** मोटर कुशलता सिखलाई का कारगर ढंग है कि किसी माडल की नकल की जाए फिर अपने प्रदर्शन का मिलान उसके साथ करें और गलतियाँ नोट की जाएं तथा दुहराई में वे गलतियाँ हटाई जाएं। शिक्षक द्वारा दिये रिमार्क से गलतियाँ नहीं सुधरती जितनी कि अपनी तुलना दूसरे से करके कमियां दूर होती हैं। फिर भी इस तुलना में वह फर्क नजर नहीं आते जो कोई अन्य बता सकता है।

11. **गति, सही होना, ताल व समय पर होनाः** मोटर कुशलता में यह चारों अपना विशेष योगदान देते हैं। एक शारीरिक शिक्षा अध्यापक को चाहिये कि वह पता लगाए कि किस हुनर में शुरू में अधिक समय लगता है तथा किस में प्रवीणता की जरूरत होती है। गोल्फ या टेनिस हुनर में, गति में तेजी की जरूरत पड़ती है तथा प्रवीणता पर जोर देने से सीखने में बाधा होती है। गति और सही होना मोटर कार्यकुशलता में साथ-साथ नहीं चलते, धीमे प्रदर्शन ज्यादा सटीक व सही होते हैं। ताल टाइमिंग में सहायक है। एक बेसबाल स्विंग इन गुड फार्म अच्छी तालमय होती है परन्तु ठीक समयबद्ध न होने पर पूर्ण शक्ति के साथ बैट बॉल तक नहीं पहुंच पाएगा। असल में प्रवीणता, गति व ताल की तरफ ध्यान देने से हुनर के समयबद्ध होने की गारंटी है।

12. **फीडबैकः** यह भी अत्यन्त आवश्यक है। सीखने वाले गलतियाँ तो करेंगे ही। यदि उन्हें फीडबैक के द्वारा ठीक न किया जाए, वे उनकी आदत में शामिल हो जाएंगी जिन्हें बाद में ठीक करना सम्भव नहीं। अच्छे खिलाड़ियों के लिए भी फीडबैक बहुत सुधार करता है।

13. **स्वयं का मूल्यांकनः** अपनी योग्यता का मूल्यांकन बहुत सुधार करता है जिस प्रकार वह अपने सामर्थ्य को देखता है उसका Sport Participation ही नहीं बल्कि मोटर कुशलता पर भी अच्छा प्रभाव पड़ता है।

14. **वृद्धिः** मोटर कुशलता की तरह आसान से जटिल कार्य की तरफ सीखते जाना ही मुख्य सिद्धांत है। जटिल कार्य छोटे-छोटे साधारण कार्यों के योग से बनते हैं। साधारण से जटिल कार्य की ओर जाते हुए मोटर कुशलता सिखलाई आसान, साधारण और आकर्षक बनती है।

15. **अभ्यास अवधि का अन्तरालः** कौशल के अभ्यास को ध्यानपूर्वक बनाना चाहिये। जब ये अभ्यास अंतराल छोटे और लम्बे समय तक फैले होते हैं तो ज्यादा लाभप्रद होते हैं। लम्बे अभ्यास तभी रोचक होते हैं यदि एथलीट उन्हें

प्रेरणाप्रद समझता है। छोड़ी हुई प्रेक्टिस या थोड़ा अभ्यास बहुत थकाने वाले हुनर होते हैं। ऐसी गतिविधियों को अधिक देर तक करने पर बोरियत व थकावट होती है। इसके अलावा थकावट भी सीखने की दर को बुरी तरह प्रभावित करती है।

16. **ट्रांस्फर प्रभाव का मूल्य:** हुनर की सिखलाई इस प्रकार नियोजित करनी चाहिये कि उसका एक हिस्सा (इकाई) दूसरे पर अच्छा प्रभाव डाले तथा उससे पाजेटिव स्थानान्तरण हो। उदाहरण के लिए रेकेट वाली खेलों जैसे टेनिस, बैडमिंटन आदि में ऐसे ही होता है कि एक हिस्से में सीखी गई कला का दूसरे में पाजेटिव ट्रांस्फर होता है।

17. **संदर्भ व सेट करना:** जिस सेटिंग में खेल खेला जाना है वही उसके उपयोग से सिखलाई बेहतर होता है। यही नियम मोटर कुशलता सिखलाई में लागू होता है। अभ्यास सत्रों में सीखी गई कार्यकुशलताएं जब अन्य मैचों में उपयोग होती है तो हुनर में विकास होता है। यही कारण है कि टीम खेल में प्रेक्टिस के दौरान खिलाड़ियों विरोधियों के खेल की नकल करते हैं ताकि वे उनके स्टाईल से परिचित होकर अपने हुनर को विकसित कर सकें।

गामक (मोटर) कुशलता सिखलाई की प्रकृति

मनोवैज्ञानिकों ने सीखने के कई ढंग खोजे हैं जिनमें मोटर लर्निंग सबसे आसान है। आधुनिक जीवन में स्नायु गतिविधियों में उच्च स्तर की जरूरत पड़ती है। बोलते हुए, पढ़ते हुए, लिखते, डांस करते, तैरते या खेलते हुए – सबमें उच्च स्तर की स्नायु-गतिविधि शामिल है। मोटर कुशलता विकास का स्तर बताती है कि लोग क्या पढ़ना और लिखना सीखते हैं, दौड़ते व कूदते हैं तथा अपने शरीर का संयमित विकास करते हैं। यह कुशलता शरीर की स्नायु-पेशीय वयस्कता पर ही निर्भर नहीं करती बल्कि वातावरण के अवसर विशेषकर उपकरणों की उपलब्धता, दूसरों को देखने व अनुसरण करने के अवसर तथा प्रयोग करने के अवसरों पर निर्भर करती है। यदि बच्चे को कुछ नया सीखने व करने के अवसर प्राप्त नहीं हैं या मां-बाप ज्यादा बचाव से उसकी गतिविधियां सीमित कर देते हैं तो बच्चों की नाड़ी कुशलता का पूर्ण विकास नहीं होता।

प्रभावी मोटर कुशलता सिखलाई की कुछ शर्तें हैं जैसे-पेशीय शक्ति, बहुमुखी ऊर्जा, लचीलापन, एकाग्रचित, देखकर करने वाली गतिविधि तथा गतिविधि के चरणों की समझ। बहुत सी मोटर गतिविधियां सोची गई मोटर समस्याओं से सीधी जुड़ी होती हैं जैसे-समन्वय, संतुलन, ताकत, दिशा-बोध आदि। इसके द्वारा ही सीखने का आधार निर्मित होता है। मोटर सिखलाई तब तक पूरी नहीं होती जब तक आदतें पूरी तरह स्थापित न हो जाएं तथा अच्छा प्रदर्शन न दें।

मोटर कुशलता सिखलाई शारीरिक शिक्षा अनुभव का महत्त्वपूर्ण हिस्सा है क्योंकि इससे साधारण स्नायु दक्षता तथा चुनी हुई कुशलताएं सीखने में सफलता मिलती है। शारीरिक शिक्षा व खेल में ऐसे कई अनुभव होते हैं जिससे बालक की मोटर कुशलताओं में विकास होता है। जो लोग खेलों में हिस्सा लेते हैं वे इन कुशलताओं को प्राप्त करने व विकसित करने में प्रयासरत रहते हैं। खेल के क्षेत्र में इन कुशलताओं को प्राप्त करना उनका लक्ष्य है। जहां मोटर कुशलताएं बन्द होती हैं तथा दूसरी गतिविधियां जैसे-टाईप करना, सृजनशील लेखन या गोल्फ, शुरू होना स्थापित नहीं होती फिर भी गतिविधियों के पूरा प्रदर्शन में स्नायु-विकास बहुत आवश्यक है।

जैसे जुबानी कुशलता तथा हाजिर जवाबी व्यक्तित्व को निखारती है वैसे ही स्नायु विकास से व्यक्ति खुद को व्यक्त करता है। अच्छी चीजें साथ-साथ चलती हैं। अच्छी स्नायु कुशलता प्राप्त लोग ही उच्च बौद्धिक, शैक्षणिक, सामाजिक, वैचारिक व शारीरिक विकास कर पाते हैं। इस उच्च योग्यता से संतोषजनक स्नायु कुशलताएं विकास पाती हैं। मोटर कुशलता सिखलाई में वयस्कता तथा तत्परता जागरुकता पैदा करती हैं। यह कई सिखलाईयों पर निर्भर करता है प्रत्येक व्यक्ति में यह अलग होता है,पूर्ण स्नायविक विकास अभिव्यक्ति के लिए अति आवश्यक है।

पुरातन विधि जो अब भी प्रयोग की जाती है में अच्छे मॉडल की नकल की जाती है, प्रदर्शनकर्ता के साथ अपना प्रदर्शन का मिलान करते हैं, गलतियाँ नोट की जाती हैं तथा बार-बार कोशिशों से उन गलतियों को हटाया जाता है। सबसे महत्त्वपूर्ण बात जो स्नायु कुशलता के लिए आवश्यक है वह है गति, दूरी तथा वस्तु के आकार की सही पहचान। यदि उसे इसमें मुश्किल आती है तो यह सिखलाई मुश्किल हो जाती है। इस कुशलता की पहली सीढ़ी यही है कि दृश्य माध्यम द्वारा वस्तुओं की पहचान। वास्तव में कई लोग इस सिखलाई को दृश्य मोटर कुशलता सिखलाई (Perceptual Motor Skill Learning) भी कहते हैं। इसमें पूरा जोर इस बात पर दिया जाता है कि स्नायु तंत्र (Nervous system) पेशी तंत्र (Muscular system) को कुशल गतिविधि के लिए किस प्रकार नियंत्रित करता है क्योंकि

सभी गतियां तभी पैदा होती हैं जब उन्हें मस्तिष्क से संदेश मिलता है।

मानसिक अभ्यास से मोटर कुशलता नहीं बढ़ती। इससे कुशलता की चिन्हों के माध्यम से रिहर्सल होती है जिसमें पेशीय गतिविधि नहीं होती। इन्द्रियों द्वारा मिली सूचनाओं का प्रबन्धन मोटर कुशलता सिखलाई में होता है जिसे पहले पहचाना और अलग रखा जाता है तथा चुनाव करके मस्तिष्क के विभिन्न स्तरों तक लाया जाता है। इस सूचना की पड़ताल होती है कि क्या यह ताजातरीन है तथा अब या भविष्य में इस्तेमाल करने लायक है। ऐसी सूचना का विश्लेषण होता है तथा पुराने अनुभव के आधार पर इसे मस्तिष्क के अन्दर स्टोर करते हैं। यह स्टोर की गई सूचना फीडबैक का नियत स्रोत बनती है जो गलत स्नायु व्यवहार में एडजेस्ट व प्रतिक्रिया करने का काम करती है।

ज्ञान के आधार पर सिखलाई से मोटर कुशलता सिखलाई में अन्तर यह है कि क्यू के जबाब में स्नायु जवाबों को दुरुस्त करने में समय और स्थान में तालमेल बिठाना पड़ता है। क्योंकि मोटर कुशलता सामाजिक और शारीरिक परिस्थिति में हम शरीर की एडजेस्टमेंट करते हैं, दो सेटों में यह एडजेस्टमेंट की जाती है। एक सेट वातावरण से आता है स्थान की दिशा और दूरी जहां हम टेनिस में बाल रखना चाहते हैं, नेट की ऊंचाई, हमें सर्व की गई बाल कैसी है। दूसरा सेट है हमें शरीर से क्या संप्रेषण मिलता है। हम देखते हैं कि कैसा खेल रहे हैं, तथा काम करते हुए कैसा अनुभव हो रहा है। क्राऊल स्ट्रोक में दायीं व बाईं भुजा की गति कैसी हुई या तैरते हुए टांगों की सीजर चाल कैसी थी। शुरू के सीखने वाले के लिए ये पेशीय सम्प्रेषण गलत चाल से बचने में मदद करते हैं। जब वह दक्ष हो जाता है तो ये पेशीय सम्प्रेषण सीमांत होशोहवास में बदल जाते हैं यह क्यू या क्यू की सीरिज का उत्तर है तथा कई गतियों को संगठित करता है, दिशा देता है, और समय का सूचक है।

मोटर सिखलाई न्यूरो मस्कुलर तंत्र के द्वारा होती है जैसे कि इसकी परिभाषा उद्देश्य प्राप्ति की दिशा में पेशीय गति के रूप में दी जाती है, अतः यह अनुभव और अभ्यास से निकली मोटर कुशलता में सदा के लिए आये परिवर्तन का सूचक है। जैसे बच्चा चढ़ना सीखता है तथा लगातार बदल रही गेम में एक बास्केट बाल खिलाड़ी अपनी रणनीतियां बदल कर खेलता है मोटर सिखलाई उतनी ही जटिल व बुनियादी है।

विभिन्न क्रीड़ा-प्रक्रियाओं का यांत्रिक विश्लेषण

मनोरंजन का मानव जीवन में बहुत ही प्रमुख स्थान होता है। स्वस्थ मनोरंजन हमारे जीवन के लिए परम आवश्यक है। इसके अभाव में जीवन नीरस हो जाता है। स्वास्थ्य मनोरंजन द्वारा हमारा जीवन उल्लास और उत्साह से भरा रहता है। स्वस्थ मनोरंजन वही है जो हमारे मन को खुशी दे, हमारे स्वास्थ्य में सुधार लाए और हमारे नैतिक विकास में भी सहायक हो। क्रीड़ा अथवा खेल स्वस्थ मनोरंजन का सबसे अच्छा साधन है।

शिक्षा के जैसा ही खेल का भी जीवन में महत्त्व है चूँकि खेल से स्वस्थ मनोरंजन होता है। अतः क्रीड़ा को हमारी शिक्षा व्यवस्था का अभिन्न और अनिवार्य अंग बनाया जाना चाहिए। ज्ञान और कला के पाठ्यक्रम के साथ-साथ खेल के पाठ्यक्रम का भी समावेश विद्यार्थियों के सर्वांगीण विकास में सहायक होता है। प्रसिद्ध मनोवैज्ञानिकों ने खेल को एक सामान्य जन्मजात प्रवृत्ति माना है।

सर टी. पी. नन (Nunn) के मतानुसार ''खेल रचनात्मक क्रियाओं की व्यापक अभिव्यक्ति है।''

वैलेण्टाइन (Velentine) के मतानुसार ''खेल कार्य में एक प्रकार का मनोरंजन है।''

स्टर्न (Stern) के मतानुसार ''खेल एक ऐच्छिक आत्मनियन्त्रित क्रिया है।''

ग्लूक (Glueck) के मतानुसार ''खेल वह है, जो कुछ हम करते हैं। हम अपनी इच्छानुसार करने के लिए स्वतन्त्र होते हैं।''

खेल के सन्दर्भ में **थॉमसन** के विचार हैं- ''खेल कुछ प्रवृत्ति जन्य क्रियाओं को करने की प्रवृत्ति है।

क्रो एवं क्रो (Crow and Crow) के मतानुसार- ''खेल की उस क्रिया के रूप में परिभाषा की जा सकती है। जिसमें एक व्यक्ति उस समय व्यस्त होता है, जब वह उस कार्य को करने के लिए स्वतन्त्र होता है, जिसे वह करना चाहता है।''

उक्त विचारकों ने खेल के अर्थ को विभिन्न रूपों में प्रकट किया है। अतः थोड़े में खेल एक ऐच्छिक, स्वतन्त्र, मूल प्रवृत्ति जन्य, आत्मनियन्त्रित एवं उल्लास देने वाली एवं हमारी रचनात्मक क्रियाओं को अभिव्यक्त करने वाली प्रणाली है।

खेल का वर्गीकरण

शैशवावस्था से प्रौढ़ावस्था तक बालक के कृत्रिम विकास में उसको भिन्न-भिन्न तरह के खेल खेलते देखा जा सकता है। सभी अवस्थाओं के खेलों को मानव व्यवहार का एक अंग ही माना जा सकता है। कुछ प्रमुख बालोपयोगी खेल निम्नलिखित हैं-

1. **विद्यायक रचनात्मक खेलः** रचनात्मक खेल व्यक्तिगत और सामूहिक दोनों ही प्रकार के होते हैं। बचपन में लड़के

एवं लड़कियां मिलकर घरौंदे बनाते हैं, गुड्डे गुड़िया का ब्याह रचाते हैं। भोजन बनाते हैं तथा अनेक वयस्कों वाले खेल खेलते हैं। ये सभी क्रियाएँ बालकों के मन में उठने वाले रचनात्मक भावों की होती है। रचनात्मक खेलों में बालक के मन में कुछ नया करने की जिज्ञासा भी बहुत प्रबल होती है। जैसे-मिट्टी के घर, पहाड़, या नई-नई आकृतियाँ बनाना और फिर उन्हें अच्छे से अच्छा रूप देना। स्टर्न के अनुसार लड़कों में आविष्कार की प्रवृत्ति तथा लड़कियों में अनुकरण की प्रवृत्ति अधिक दिखलाई पड़ती है।

2. **लड़ाई खेल-** यह खेल दो समूहों के बीच खेला जाता है। इसमें विरोधी दल को हराना मूल उद्देश्य होता है। इस प्रकार के खेलों में टीम भावना की प्रधानता रहती है। लड़ाई के खेलों के अन्तर्गत-हॉकी, क्रिकेट, फुटबाल आदि टीमों के खेल, बैडमिण्टन, टेनिस आदि व्यक्तियों के खेल, कुश्ती, मुक्केबाजी आदि लड़ाई के खेल होते हैं। इस प्रकार के खेलों का निर्णय हार-जीत के आधार पर ही होता है।

3. **परीक्षणात्मक खेल-** इस प्रकार के खेलों में शिशु और बालक वस्तुओं को उलटते, पलटते, तोड़ते, फोड़ते देखे जाते हैं और उनके विषय में जानकारी प्राप्त करना चाहते हैं। इन खेलों का आधार जिज्ञासा की प्रवृत्ति होती है। इस प्रकार के खेल वैयक्तिक रूप से खेले जाते हैं।

4. **बौद्धिकता खेल-** ये खेल वैयक्तिक और सामूहिक दोनों प्रकार के हो सकते हैं। आधुनिक सभ्य समाजों में बहुत से लोग शतरंज जैसे खेल भी खेलते हैं जिनमें बुद्धि का विशेष रूप से प्रयोग करना होता है। बालकों में शब्द निर्माण तथा पहेलियाँ हल करना जैसे खेलों को भी इसी श्रेणी में रखा जाता है।

5. **गतिशीलता खेल-** ये खेल वैयक्तिक और सामूहिक दोनों प्रकार के हो सकते हैं। ये खेल शरीर की गति का विकास करते हैं। इन खेलों में शैशवावस्था और बाल्यवस्था में हाथ-पैरों को हिलाना, दौड़ना, घूमना, उछलना, कूदना, मुँह से तरह-तरह की आवाजें निकालना आदि विभिन्न अंगों के संचालन सम्बन्धी खेल आते हैं। इस प्रकार के खेल बालक के विकास की स्वाभाविक क्रिया है। जिसमें बाधा डालने से उसका विकास अवरूद्ध होता है। शिशु में दो वर्ष की अवस्था तक इसी प्रकार के खेलों का बाहुल्य रहता है।

खेल को प्रभावित करने वाले कारक

खेल पर प्रभाव डालने वाले कारक निम्नलिखित हैं-

1. **वातावरणीय विभिन्नता:** खेलों पर सबसे ज्यादा असर वातावरण का होता है। वातावरण में मौसम, समय, स्थान, साथी और परम्पराऐं शामिल हैं। इनके परिवर्तन से खेलों के रूपों में अन्तर पड़ जाता है जैसे-गाँव और नगरों में, गर्म एवं ठण्डे प्रदेशों में, पहाड़ी स्थान और समुद्र के किनारे बालकों के खेलों में स्पष्ट अन्तर देखा जा सकता है।
2. **आयु:** उम्र खेल को प्रभावित करने वाला एक विशेष कारक है। जैसे-जैसे बालक की आयु बढ़ती जाती है वैसे-वैसे उसके खेल आसान से जटिल और अव्यस्थित से संगठित होते जाते हैं। आयु बढ़ने के साथ-साथ बालक की रुचि बौद्धिक खेलों की ओर बढ़ने लगती है तथा वह सामूहिक रूप से खेलना पसन्द करता है।
3. **लिंग-भेद:** अलग-अलग अध्ययनों द्वारा यह पता लगाया गया है कि शैशवावस्था और बाल्यावस्था में लड़के एवं लड़कियाँ लगभग एक से ही खेल खेलते हैं। 5-6 वर्ष की अवस्था में कभी-कभी फर्क दिखाई देता है। जैसे-लड़कियाँ गुड्डे-गुड़िया का खेल आरम्भ करती हैं तो लड़के-बैट-बॉल का। परन्तु मुख्य अन्तर 8-10 वर्ष की आयु के बाद दिखलाई पड़ता है। भारतीय समाज में तो यह अन्तर पारिवारिक वातावरण के कारण भी देखने को मिलता है। इसलिए लड़कियाँ घर में रहकर ही खेलना पसन्द करती हैं। जबकि लड़के तैरना, घुड़सवारी, क्रिकेट, हॉकी आदि। लेकिन वर्तमान में ऐसा नहीं है लड़कियाँ भी सभी खेलों में भाग लेकर आगे बढ़ रही हैं।
4. **मानसिक-अनेक-** बुद्धि की विभिन्नता का भी खेलों पर प्रभाव देखा जा सकता है। विभिन्नता बार प्रतिभावान, सामान्य बुद्धि और मन्द-बुद्धि बालक एक से ही खेल खेलते देखे जा सकते हैं। लेकिन बुद्धि की अपेक्षा रुचि हमारे खेलों को अधिक प्रभावित करती है। यदि विद्यालयों में अध्ययन किया जाता है तो शिक्षार्थियों में ज्यादातर प्रखर बुद्धि वाले बालक खेलों में कम और पढ़ने-लिखने में अधिक समय देते हैं।

खेल : मनोवैज्ञानिक सिद्धान्त

खेल की प्रवृत्ति बालकों, में व्यस्कों में यहाँ तक कि प्रौढ़ों में भी पाई जाती है। बच्चे क्यों खेलते हैं? वे क्यों खेलना चाहते हैं? आदि प्रश्नों का उत्तर पाने का प्रयत्न विभिन्न मनोवैज्ञानिकों

द्वारा किया गया है। लेकिन खेलों में मनोवैज्ञानिक आधार को लेकर विचारकों में मतैक्य नहीं हैं। विभिन्न विचारकों ने खेल की व्याख्या अलग-अलग सिद्धान्तों से की है। इन सिद्धान्तों पर दृष्टि डालने से खेल मनोवैज्ञानिक तत्त्व स्पष्ट होते हैं। खेल के प्रमुख मनोवैज्ञानिक सिद्धान्त निम्नलिखित हैं-

1. **खेल के पूर्व अभिनय का सिद्धान्तः** इस सिद्धान्त के प्रतिपादक कार्ल ग्रुस हैं। अनेक प्राणियों के खेलों का सूक्ष्म अध्ययन करके कार्ल ग्रूस इस निष्कर्ष पर पहुँचा कि खेल के द्वारा प्राणी वयस्क प्रकार के अभ्यास करते हैं। बच्चों में भावी वयस्क जीवन की तैयारी करने की आन्तरिक प्रवृत्ति होती है। उदाहरणार्थ- बिल्ली का बच्चा गेंद के पीछे उसी तरह दौड़ता तथा उसे काटता है जैसे कि वयस्क अवस्था में वह चूहों के प्रति करता देखा जाता है। इसी प्रकार हिरन के बच्चे चौकड़ियाँ भरते हैं। मनुष्यों के शिशुओं में भी यही बात दिखलाई पड़ती है। लड़कियाँ गुड़ियों से खेलती हैं, घर बनाती हैं गुड्डे-गुड़ियों का विवाह करती हैं और इसी प्रकार स्त्री सुलभ कार्यों को करती है। दूसरी ओर लड़का प्रोफेसर, डॉक्टर, इंजीनियर या दुकानदार आदि का अभिनय करके खेल के द्वारा अपने भावी जीवन का पूर्व अभिनय कर लेते हैं।

   यद्यपि मनोवैज्ञानिकों द्वारा इस सिद्धान्त के आन्तरिक सत्य को स्वीकारा गया है लेकिन वे यह बात स्वीकार नहीं करते कि बालक खेल द्वारा जाने-अनजाने अपने वयस्क जीवन की तैयारी करता है।

2. **खेल पुनरावृत्ति का सिद्धान्तः** मानव जाति ने हजारों सालों के अपने विकास के क्रम में जो कुछ ग्रहण किया है वे गुण बच्चों में सूक्ष्म-संस्कार के रूप में मौजूद होते हैं। बच्चे अपने बिभिन्न खेलों के द्वारा इन्हीं संस्कारों को दुहराते है। यह पुनरावृत्ति प्रकृति का स्वभाव है। यह सिद्धान्त पुराने संस्कारों की बात करता है। इस सिद्धान्त के प्रतिपादक जी स्टनले हॉल के अनुसार- एक बालक अपने खेलों द्वारा अपने पूर्वजों के उन सभी कार्यों को दोहराता है। जो वे आदि काल से करते चले आ रहे हैं। जैसे-वृक्ष पर चढ़ना नदी में पत्थर फेंकना, शिकार करना, मछली पालना आदि।

   आधुनिक समय में इस सिद्धान्त को अस्वीकार कर दिया गया है। क्योंकि आधुनिक मनोवैज्ञानिक यह नहीं मानते कि मानव जाति द्वारा अर्जित गुण शिशुओं में संस्कार रूप में उपस्थित होते हैं।

3. **खेल के अतिरिक्त शक्ति का सिद्धान्तः** बालकों में अपनी दिनचर्या के कामों से उनकी शक्ति का पूरा प्रयोग नहीं हो पाता है। अतः वे अपनी अतिरिक्त शक्ति को खर्च करने के लिए खेल खेलते हैं। जर्मनी के प्रसिद्ध कवि **शिलर** के अनुसार- "खेल हमारी अतिरिक्त शक्ति की अभिव्यक्ति का माध्यम हैं।" इस सिद्धान्त का समर्थन **हर्बर्ट स्पेन्सर** ने भी किया है। इसीलिए इस सिद्धान्त को 'शिलर-स्पेन्सर सिद्धान्त' की संज्ञा दी गई।

   प्रौढ़ व्यक्तियों में अधिकतर दिन भर कठोर परिश्रम करने वाले लोग खेल नहीं खेलते क्योंकि उनमें खेल के लिए अतिरिक्त शक्ति नहीं बचती। दूसरी ओर जो लोग बैठे रहने का या आराम से होने वाले व्यवसाय करते हैं, उन्हें खेल की आवश्यकता अनुभव होती है। इस प्रकार इस सिद्धान्त के अनुसार खेल व्यक्ति के लिए एक सुरक्षा वाल्व के समान हैं। इसके द्वारा उसका अतिरिक्त समय निकल जाता है।

   आज के समय में सिद्धान्त को स्वीकार नहीं किया जाता है। इसके मुख्य तीन कारण हैं-

   (क) बीमार बालक में ज्यादा शक्ति नहीं होती फिर भी वह खेलता है।

   (ख) विकास की विभिन्न अवस्थाओं में बालक की खेल सम्बन्धी रुचियाँ बदल जाती हैं।

   (ग) बहुत से खेलों से अतिरिक्त शक्ति मिलती है न कि कम होती है।

4. **परिष्कार का सिद्धान्तः** Catharisis शब्द यूनानी दार्शनिक, **अरस्तू** की एक पुस्तक से लिया गया है। इसका मतलब है 'परिष्कार' या 'शुद्धि'। अरस्तू ने ग्रीक दुखान्त नाटकों के प्रभाव का वर्णन करने में Catharsis अर्थात् 'रेचन' शब्द का प्रयोग किया है। इसका अर्थ है शुद्ध करना। इस सिद्धान्त को 'रेचक सिद्धान्त' भी कहा जाता है। जिस प्रकार कुछ औषधियाँ शरीर से दूषित पदार्थों को निकालकर शरीर को शुद्ध कर देती हैं। उसी प्रकार दुखान्त नाटक मनुष्य के दबे हुए संवेगों को निकालकर मनुष्य की आत्मा को शुद्ध करते हैं।

5. **खेल के पुनः शक्ति-प्राप्ति सिद्धान्तः** इस सिद्धान्त का प्रतिपादन **जी.टी. डब्ल्यू पैट्रिक** ने किया है। उनके मतानुसार खेल मनोरंजन के लिए खेले जाते हैं और मनोरंजन से व्यक्ति की थकावट दूर होती है तथा उसे खोई हुई शक्ति फिर से प्राप्त होती है। इसीलिए दिन भर के कार्य से थके

हुए व्यक्ति भी शाम को खेलों के द्वारा मनोरंजन करते हुए देखे जाते हैं। शायद इसीलिए बालक भी पढ़ाई के बाद खेलना चाहते हैं। इस सिद्धान्त के अनुसार खेल, कार्य से विश्राम देता है इसीलिए इसे विश्राम सिद्धान्त भी कहते हैं। इस सिद्धान्त की मुख्य विशेषता है कि यह मनोरंजन को मुख्य तत्त्व मानता है और वयस्क लोगों के खेलों को भी महत्व प्रदान करता है। किन्तु इस सिद्धान्त से यह पता नहीं लगता कि बालक क्यों खेलते हैं। खेल के बालकों के सम्बन्ध में यह तथ्य सही नहीं बैठता कि वे कार्य की थकान समाप्त करने के लिए खेलते हैं।

रॉस के अनुसार- ''खेल की क्रिया परिष्कारात्मक क्रिया है। यह कुछ अवरुद्ध प्रवृत्तियों और संवगों को बाहर निकालने का मार्ग प्रदान करती है। जिनको बाल्यकाल या वयस्क जीवन में प्रत्यक्ष अभिव्यक्ति नहीं मिल सकती हैं।''

यह सिद्धान्त मनुष्य के ऐसे खेलों पर प्रकाश निक्षेप करते हैं जो आदमी की प्रक्रिया की याद दिलाते हैं। जैसे- घूमना-फिरना, आखेट करना, युद्ध आदि खेल, सभ्य व्यक्ति में दबी हुई उन प्रवृत्तियों की अभिव्यक्ति करते हैं। जो सभ्य समाज की सामान्य क्रियाओं द्वारा नहीं हो पाती। फ्रायड तथा अन्य मनोविश्लेषणवादी विचारकों ने भी खेल की इसी प्रकार व्याख्या की है। टी.पी.नन ने इस सिद्धान्त की यथार्थता को स्वीकार किया है।

टी.पी. नन के अनुसार-''मनुष्य निर्दयता और पाप की आदिम प्रवृत्तियों को बिल्कुल नहीं निकाल सकते परन्तु खेल एक ऐसा साधन है जिससे कि उसके अन्दर से इनको निकाला जा सकता है। और जिससे ये नैतिक मूल्य की प्रवृत्तियों में रूपान्तरित किए जा सकते हैं।'' विभिन्न सिद्धान्तों द्वारा खेलों के भिन्न-भिन्न रूपों जैसे मनोरंजन भावी जीवन के कार्यों का पूर्ण अभिनय, पूर्वजों के कार्यों की पुनरावृत्ति, अतिरिक्त शक्ति का प्रयोग आदि में अभिव्यक्त किया गया है। इन सभी सिद्धान्तों में परिष्कार की क्रिया सभी खेलों का उद्देश्य है।

आधुनिक युग में इन सिद्धान्तों को मान्यता नहीं दी गई है। प्रसिद्ध दार्शनिक जॉन ड्यूटी ने 'खेल ही जीवन है' के अनुसार 'जीवन की क्रियाशीलता का सिद्धान्त' प्रतिपादित किया है। जिसमें बालकों व वयस्कों में क्रियाशीलता के महत्त्व को प्रतिपादित किया गया है।

क्रो एवं क्रो के अनुसार- ''क्रियाशीलता जीवन का सार है व्यक्ति की क्रिया अनेक रूपों में व्यक्त की जा सकती है। बालक के जीवन का मुख्य कार्य खेल है।''

खेल का बाल-विकास में योगदान

बाल-विकास में खेलों का महत्त्वपूर्ण योगदान है। खेलने में बालक को आनन्द तो आता ही है, साथ ही साथ इस क्रम में उसकी विभिन्न मूल प्रवृत्तियों की अभिव्यक्ति भी होती है। खेलों के द्वारा बालक स्वतन्त्रता पूर्वक अपनी सामान्य प्रवृत्तियों को अभिव्यक्ति करता है। इस क्षेत्र में वह पूर्ण स्वतन्त्र होता है और आन्तरिक प्रेरणा के कारण तरह-तरह के खेल खेलता है। यद्यपि इन खेलों में शिक्षक का निर्देशन कई प्रकार से मददगार होता है। लेकिन शिक्षक को खेलों में अनावश्यक रूप से हस्तक्षेप नहीं करना चाहिए।

क्रो एवं क्रो ने इसके महत्त्व को इस प्रकार प्रतिपादित किया है- ''स्वतन्त्र क्रिया, जो तुलनात्मक रूप से निरुद्देश्य जान पड़ती है, बालक के व्यक्तित्त्व के प्रत्येक अंग को प्रभावित करती है।''

खेल बालक के प्रत्येक अंग को किस प्रकार प्रभावित करता है। इसका संक्षिप्त विवरण आगे दिया जा रहा है।

1. **नैतिक रूप में महत्त्व-** सभी खेल अपने-अपने नियमों के अनुसार खेले जाते हैं। किसी भी तरह का खेल हो उसे उसी के अनुरूप खेला जाता है। अत: बालक सबसे पहले नियमबद्धता सीखते हैं और उसी के साथ-साथ उन्हें उचित अनुचित का ज्ञान हो जाता है खेलों में सत्यता, ईमानदारी आदि पर विशेष जोर दिया जाता है जिससे बालक में इन सबके प्रति आदर की भावना तो आती ही है, वह आत्मनियन्त्रण करना भी सीखता हैं।

   हरलॉक के अनुसार- ''बालक के नैतिक प्रशिक्षण में खेल सबसे अधिक महत्त्वपूर्ण साधन है।''

2. **खेल का शारीरिक रूप से महत्त्व-** खेलों से बदन के अन्दर चुस्ती आती है। इससे मानव रक्त संचार तीव्र होने और तेज चलने से शरीर के अन्दर की बहुत सी गन्दगी बाहर आती है। खेलों से फेफड़े हृदय आदि अंग मजबूत होते हैं खेलों के बिना शरीर का अच्छा विकास नहीं हो सकता। खेलों से आनन्द मिलने का भी शारीरिक विकास पर अच्छा प्रभाव पड़ता है। खेलों के बाद व्यक्ति में नई स्फूर्ति और ताजापन दिखाई पड़ता है। बहुत से खेलों के द्वारा बालक भावी-जीवन संघर्ष के लिए शारीरिक रूप से तैयार होते हैं इस तरह घर से बाहर खेले जाने वाले खेल-शारीरिक विकास में तथा घर के अन्दर खेले जाने वाले बौद्धिक विकास में सहायक होते हैं।

3. **खेल का शिक्षा के क्षेत्र में महत्त्व-** ज्यादातर प्रारम्भिक शिक्षा में बालकों को पढ़ाई के लिये नई-नई बातें सिखाने के लिये खेल की मदद ली जाती है। इससे शिक्षा और खेल अर्थात् खेल-खेल में शिक्षा प्रणाली बालक के विकास को उचित दिशा प्रदान करती है। केवल शैशव और बाल्यावस्था में ही नहीं अपितु किशोरावस्था और वयस्कावस्था में भी अच्छे शिक्षक शिक्षार्थियों को उनकी रुचि और आवश्यकतानुसार खेल खिलाकर उन्हें देश के विकसित और आदर्श नागरिक बना सकते हैं। विद्यालय और विश्वविद्यालय स्तर पर हमारे वही खेल, अनुसन्धानात्मक कार्यों रचनात्मक कार्यों में सहायता करके हमारे भावी जीवन के दिशा निर्धारण में भी सहायता करते हैं।

4. **खेल का व्यक्तिगत रूप में महत्त्व-** सभी बालकों की अभियोग्यता (Apptitude) में भेद पाया जाता है। अभियोग्यता एक जन्मजात गुण होता है। जिसको विकसित करने का कार्य खेलों द्वारा आसानी से किया जा सकता है। प्रकृति प्रदत्त यह योग्यता मौका मिलने पर बहुत बड़ी उपलब्धि के रूप में सामने आती है। आवश्यकता होती है इसे पहचानने की और सही दिशा देने की। खेल इसमें बहुत योगदान देते हैं।

5. **खेल का सामाजिक रूप से महत्त्व-** बालक में विभिन्न खेलों द्वारा ही विभिन्न सामाजिक गुणों-अनुशासन, सहयोग, उदारता, नेतृत्व सहिष्णुता नियम पालन की भावना आदि का विकास हो जाता है। अलग-अलग सामाजिक तथा आर्थिक स्तरों से आने वाले बालक जब साथ-साथ खेलते हैं तो उनमें किसी भी प्रकार का ऊँच-नीच, अमीर-गरीब आदि का भाव नहीं रहता और इस प्रकार खेलों द्वारा सामाजिक विषमता समाप्त हो जाती है। सामूहिक खेलों में जब बालक खेलता है तो उसके अन्दर स्वयं की जीत भावना नहीं अपितु पूरी टीम के लिए भावना होती है और यही टीम-भावना सामाजिक रूप से बहुत महत्त्वपूर्ण होती है।

6. **खेल का मानसिक रूप से महत्त्व-** एक स्वस्थ शरीर में ही एक स्वस्थ मस्तिष्क की कल्पना की जा सकती है। अत: खेलों के शारीरिक महत्त्व से ही उनका मानसिक महत्त्व भी स्पष्ट होता है। क्योंकि जब शरीर का अच्छा विकास होगा तो इससे मन के स्वस्थ विकास में भी सहायता मिलेगी। अलग-अलग खेलों के माध्यम से बालक की बहुत सी मानसिक योग्यताओं-निरीक्षण योग्यता, निर्णय क्षमता, कल्पना शक्ति, स्मृति योग्यता, ध्यानाकर्षण की क्षमता, बुद्धि आदि के अभ्यास का अवसर मिलता है। जिससे बालकों का अच्छा विकास होता है। खेलों में व्यक्ति को नई-नई समस्याओं को सुलझाना पड़ता है। तथा नई-नई परिस्थितियों का सामना करना पड़ता है जिससे उनकी बुद्धि परिपक्व होती है और मानसिक सन्तुलन बनाए रखने की क्षमता भी विकसित हाती है।

7. **खेल का संवेगात्मक अभिव्यक्ति के रूप में महत्त्व-**जब हम खेलों के विभिन्न सिद्धान्तों को पढ़ते हैं तब उन सभी सिद्धान्तों का यही अभिप्राय रहता है कि व्यक्तियों को खेलों द्वारा स्वतन्त्र रूप से अपने को अभिव्यक्त करने का अवसर मिल जाता है। एक व्यक्ति सामान्य रूप में जो व्यवहार नहीं कर पाता, वह खेल प्रदर्शन द्वारा आसानी से कर लेता है। खेलों द्वारा व्यक्ति की हीन भावना-निराशा, चिड़चिड़ापन, भय, झगड़ा करने की आदत आदि दूर होते हैं और वांछनीय संवेगों का विकास होता है। खेलों द्वारा बालक में संवेगात्मक स्थिरता आती है एवं दिवास्वप्न की प्रवृत्ति कम होकर वास्तविकता की मनोवृत्ति विकसित होती है। इस प्रकार विभिन्न खेलों के द्वारा ब्यक्ति अपने संवेगों को अभिव्यक्त, नियन्त्रित और रूपान्तरित करना सीखता है।

मौलिक गतियों का यांत्रिक विश्लेषण

मौलिक गतियों के अन्तर्गत कई प्रकार की शारीरिक-क्रियायें सम्पन्न की जाती हैं। इन क्रियाओं में उष्णीकरण (Warming-up), धावन, कूदना, फेंकना, खींचना तथा धकेलना आदि शारीरिक गतिशीलता के लिए काफी महत्वपूर्ण हैं। शारीरिक स्वास्थ्य और क्रीड़ा तथा मनोरंजन के लिए ये काफी उपयोगी साबित हुए हैं। इनका अलग-अलग विवेचन निम्न प्रकार हैं-

उष्णीकरण क्रियायें

बहुत साल पूर्व अपने देश में उष्णीकरण का प्रचलन नहीं था क्योंकि उस समय बहुत से खिलाड़ियों का ऐसा कहना था कि प्रतियोगिता से पूर्व उष्णीकरण से खिलाड़ी स्वयं थकान का अनुभव करता है, जिसके कारण उस समय लोग इसका प्रयोग नहीं करते थे। आज भी कुछ लोग उष्णीकरण का प्रयोग इसलिए नहीं करते हैं क्योंकि वे लोग इसके महत्व को नहीं समझते हैं। लेकिन वास्तविकता यह है कि किसी भी खिलाड़ी को यदि अच्छा प्रदर्शन करना है तो उसे उष्णीकरण का सहारा लेना ही

पड़ता है। इसलिए एक खिलाड़ी को इसके सन्दर्भ में विशेष ज्ञान के लिए किसी अच्छे प्रशिक्षक से सम्पर्क स्थापित करना चाहिए। एक प्रशिक्षक उष्णीकरण के सन्दर्भ में उससे होने वाले विभिन्न लाभों के बारे में अवगत कराता है, जैसे प्रतियोगिता के लिए शरीर के अंगों को तैयार करना, मांसपेशी के तापक्रम को बढ़ाना, रक्त संचालन प्रक्रिया को तेज किया जाता है, आदि विभिन्न प्रकार के लाभ प्राप्त हो सकते हैं।

उष्णीकरण के द्वारा स्नायुतन्त्र में अचानक रासायनिक परिवर्तन होने लगते हैं। इसलिए व्यक्ति किसी विशेष क्रिया को पूरा करने के लिए तैयार हो जाता है। यह तो सत्य है कि उष्णीकरण से अच्छे प्रदर्शन की पूर्ण सम्भावना बनी रहती है, लेकिन इसके साथ ही साथ समय, स्थान, क्रिया, हवा, वातावरण, मैदान आदि अन्य बातों का भी प्रभाव पड़ता है। विभिन्न तत्त्वों के साथ समन्वय स्थापित करने के लिए उष्णीकरण अतिआवश्यक समझा जाता है। उष्णीकरण के लिए पहले 200 गज पैदल चलना, 100 गज धीरे-धीरे दौड़ना, फिर 50 गज थोड़ी तेज गति से क्रमशः कुछ समय तक धीरे-धीरे दौड़ना, पचास गज के लगभग 4 से 6 गज टेढ़-मेढ़े दौड़ना, 4 से 6 बार हवा में उछलना, इसके बाद सभी जोड़ों को ऊपर से नीचे अथवा नीचे से ऊपर घुमाना, विन्ड स्प्रिन्ट 4 से 6 लगाना, स्ट्रैचिंग व्यायाम करना आदि विभिन्न व्यायामों का प्रयोग उष्णीकरण के अन्दर किया जाता है।

साधारणतया उष्णीकरण के दो प्रकार होते हैं, सामान्य एवं विशेष उष्णीकरण। सामान्य के बारे में ऊपर उल्लेख किया जा चुका है और विशेष से अभिप्राय यह है कि प्रतियोगिता की किस क्रिया में भाग लेना है और उस क्रिया के अनुसार शरीर के अंगों को उष्णीकरण के माध्यम से अच्छे प्रदर्शन के लिए तैयार करना। अक्सर यह देखा जाता है कि प्रतियोगिता के दौरान कुछ व्यवधान उत्पन्न होते हैं, जिससे कुछ समय के लिए प्रतियोगिता के क्रिया-कलापों का आयोजन रोक दिया जाता है और जबकि दूसरी तरफ खिलाड़ी उष्णीकरण के माध्यम से शरीर के अंगों को तैयार करके प्रतियोगिता में भाग लेने के लिए इन्तजार करता रहता है। ऐसी स्थिति में खिलाड़ी को मैदान के अन्दर घूमना चाहिए और प्रतियोगिता से पांच मिनट पूर्व पुनः स्ट्रेचिंग व्यायाम करना चाहिए। साधारणतया क्रिया-कलापों की विभिन्नता के कारण उष्णीकरण के सन्दर्भ में नीचे उल्लेख किया गया है।

धावन

100 मी. एवं 200 मी. दौड़: सामान्य उष्णीकरण के पश्चात् खिलाड़ी को चाहिए कि स्टार्टिंग ब्लॉक को जमीन से सेट करना चाहिए एवं कम-से-कम 6 से 8 बार ब्लॉक से स्टार्ट लेना चाहिए एवं लगभग 25 से 35 मी. तक दौड़ना चाहिए। इस प्रकार की क्रिया के माध्यम से खिलाड़ी तेजी से दौड़ को प्रारम्भ करने के लिए शरीर के अंगों को तैयार करता है। स्टार्ट लेने के पश्चात् खिलाड़ी को स्ट्रचिंग व्यायाम करना चाहिए एवं पुनः प्रतियोगिता से पूर्व तीन-चार तेज गति से स्टार्ट लेना चाहिए।

400 मी. एवं 800 मी. दौड़: साधारण उष्णीकरण के पश्चात् खिलाड़ी को 300 मी. की स्ट्राईडिंग लगाना चाहिए एवं पुनः 300 मी. पैदल चलना चाहिए। इस प्रकार से 3 से 5 बार इसी कार्य को करना चाहिए। इसके पश्चात् स्ट्रेचिंग व्यायाम एवं 4 या 5 स्टार्ट का भी अभ्यास करना चाहिए। प्रतियोगिता से कुछ समय पूर्व थोड़ा सामान्य व्यायाम कर लेना चाहिए।

एक मील की दौड़: साधारण उष्णीकरण के पश्चात् 400 मी. दौड़ अपनी स्वाभाविक एवं सामान्य गति से पूरा करना चाहिए। 200 मी. पैदल चलना चाहिए, इसके बाद स्ट्रेचिंग व्यायाम करना चाहिए। प्रतियोगिता से कुछ समय पूर्व दो-तीन तेज स्टार्ट का अभ्यास करना चाहिए जिससे मांसपेशी तेजी से कार्य प्रारम्भ करने में सक्षम हो सके।

रिले दौड़: साधारण उष्णीकरण के पश्चात् भाग लेने वाले खिलाड़ियों को स्ट्राईडिंग के साथ स्टार्ट लेना चाहिए एवं तत्पश्चात् स्ट्रेचिंग व्यायाम करना चाहिए। स्ट्रेचिंग व्यायाम के साथ बीस मी. के फासले के अन्दर बैटन आदान-प्रदान का अभ्यास कई बार करना चाहिए।

बाधा दौड़: साधारण उष्णीकरण के पश्चात् खिलाड़ियों को स्ट्राईडिंग, स्ट्रेचिंग व्यायाम एवं स्टार्ट लेना चाहिए। स्टार्ट के साथ पहली बाधा को पार करना चाहिए। पुनः तेज स्टार्ट लेकर कम-से-कम तीन बाधा पार करनी चाहिए। पांच मिनट का विश्राम लेना चाहिए और पांच मिनट में केवल पैदल चलना चाहिए। तत्पश्चात् विशेष व्यायामों का प्रयोग करना चाहिए और इन व्यायामों के माध्यम से बाधा पार करने के लिए शरीर के अंगों को और अधिक उपयुक्त बनाना चाहिए।

कूदना

लम्बी कूद: सामान्य उष्णीकरण के पश्चात् कई बाधा दौड़ कर खिलाड़ी को अपने टेक ऑफ फुट (Take-off-Foot) की जांच करनी चाहिए। यदि टेक-ऑफ-फुट सही जगह पर आ रहा हो तो आधे रनवे से दो-तीन कूद लगाकर अभ्यास

करना चाहिए। शरीर के ऊपरी भाग को आगे झुकाकर हाथ से पैरों को छूना चाहिए। प्रत्येक जम्प से पूर्व खिलाड़ी को विभिन्न व्यायामों के द्वारा शरीर के अंगों को गर्म रखना चाहिए।

ऊंची कूद: सामान्य उष्णीकरण के पश्चात् स्ट्रेचिंग व्यायाम करना चाहिए, क्रॉस बार तक पहुंचने के लिए अपने कदमों के सही प्रयोग के लिए अभ्यास करना चाहिए। प्रत्येक कूद के मध्य में शरीर के तापक्रम को बनाये रखने के लिए व्यायाम करना चाहिए। कूद में प्रयोग होने वाले कौशल के अनुरूप विशेष प्रकार के व्यायामों का प्रयोग करना चाहिए।

बांस कूद: सामान्य उष्णीकरण के पश्चात् पोल को लेकर दौड़ना हाथ को ऊपर कर के दौड़ना एवं निश्चित जगह पर पैरों के माध्यम से जमीन पर धक्का, देना, पोल को लेकर रनवे पर दौड़ना एवं शरीर के अंगों में तनाव पैदा न करना, कम ऊंचाई पर क्रॉस बार को कम-से-कम तीन-चार बार पार करना चाहिए।

फेंकना

गोला फेंक: सामान्य उष्णीकरण के पश्चात् निश्चित वजन के गोले के साथ अभ्यास करना चाहिए। गोले को हवा में ऊपर उछालना, हाथ का व्यायाम करना एवं 75 प्रतिशत शक्ति से प्रक्षेप करना चाहिए। विशेष व्यायाम एवं प्रतियोगिता से पूर्व अधिक वजन के गोले का प्रयोग नहीं करना चाहिए।

थाली फेंक: सामान्य उष्णीकरण के पश्चात् निश्चित जगह में से कम-से-कम 4 से 6 स्टैन्डिंग एवं 4 से 6 फुल टर्न के साथ वाली प्रक्षेप के बाद कन्धे व कमर को व्यायाम करना चाहिए। सम्पूर्ण प्रतियोगिता के दौरान शरीर को गर्म रखना चाहिए।

भाला फेंक: सामान्य व्यायाम के पश्चात् भाले को 25 से 30 फुट की दूरी पर फेंकना चाहिए। भाले के साथ रनवे पर कई बार दौड़ का अभ्यास करते हैं भाले के साथ कुछ विशेष व्यायामों का प्रयोग करना चाहिए। व्यायाम के पश्चात् पांच-छ: बार 75 प्रतिशत के साथ प्रक्षेप करना चाहिए।

मसाज हस्तकौशल तथा उपचारी व्यायाम

मालिश

बीमारियों से विभिन्न प्रकार से उपचारों के माध्यम से यदि रोगियों को बचा लिया जाये तो सम्भवत: सबसे अच्छा माना जाता है। खेल-कूद के अन्दर विभिन्न प्रकार की क्रियाओं के द्वारा भी विभिन्न प्रकार की बीमारियों से व्यक्ति विशेष को तैयार अथवा रोगों से बचाया जा सकता है। शरीर अथवा फिटनेस ही एकमात्र मूल मौलिक विषय है, ऐसा नहीं कहा जा सकता है क्योंकि शरीर के जो महत्वपूर्ण अंग हैं, जो कि शरीर के अंगों की रक्षा करते हैं, वे ही सबसे मूल्यवान विषय माने जा सकते हैं।

20वीं शताब्दी में नवीन प्रशिक्षण प्रणाली के माध्यम से यह स्पष्ट पता लगता है कि प्रतियोगिता में अच्छे प्रदर्शन एवं पदक प्राप्ति की लालसा के कारण जो खिलाड़ी अधिक शारीरिक एवं मानसिक कार्य करते हैं उनके ऊपर एक अलग ही दबाव बना रहता है। इस दबाव से जो कष्ट होता है उसको मसाज के द्वारा कम किया जा सकता है। मसाज कई प्रकार की होती है। आवश्यकतानुसार धीरे-धीरे मालिश करके मांसपेशी को आराम पहुंचाया जा सकता है। मसाज जो अंग्रेजी शब्द है जिसको हिन्दी में मालिश अथवा अंगमर्दन शब्दों से सम्बोधित किया जाता है। प्राचीन समय में मर्दन से यह अभिप्राय लगाया जाता था कि शरीर को हाथ के माध्यम से भिन्न-भिन्न प्रकार से मलना, मल देना या गुदगुदी देना।

खेल-कूद में प्रतिरोधक चिकित्सा के अन्दर ऐसा माना जाता है कि मालिश के द्वारा दैहिक और मानसिक शक्ति के साथ-साथ शान्ति की भी पर्याप्त मात्रा में उपलब्धि होती है। इसके माध्यम से उत्साह में वृद्धि भी की जा सकती है। विभिन्न प्रकार के क्रिया-कलापों (खेल-कूद से सम्बन्धित कार्य) के अनुसार इसके प्रयोग से लाभ उठाया जा सकता है।

प्राचीन काल के इतिहास के अध्ययन व अवलोकन से स्पष्ट पता लगता है कि इजिप्ट, ग्रीक, रोम आदि देशों में मालिश को चिकित्सा की ही एक श्रेणी में रखा जाता था। सम्भवत: तीन हजार वर्ष पूर्व पाश्चात्य देशों में मालिश ने मानव चिकित्सा का एक स्वरूप ले लिया था। प्राचीन उपलब्ध साहित्य के आधार पर यह अनुमान लगाया जाता है कि उस समय इसको एक विषय के रूप में स्वीकार किया जाता था।

आधुनिक युग में वैज्ञानिक प्रगति के कारण खेल-कूद की दुनिया में मसाज का प्रयोग एक विशेष पद्धति के रूप में तेजी से प्रगति के पथ पर दिखाई दे रहा है। स्पोर्टस मेडिसिन, स्पोर्टस फिजियोलौजी, स्पोर्टस बायोकैमिस्ट्री आदि विषयों की प्रगति के कारण मसाज से सम्बन्धित शोध कार्य के आधार पर मसाज का मूल्य अपेक्षाकृत अधिक प्रतीत होता है। कुछ लोग तो यह कहते हैं कि मसाज के द्वारा आधुनिक खेल-कूद में खोई हुई शक्ति को पुन: प्राप्त किया जा सकता है। वास्तविकता तो यह है कि

दैहिक शक्ति एवं आघात प्रतिरोध करने में प्रत्येक देश के प्रशिक्षण एवं क्रीड़ा चिकित्सक द्वारा खेलों की दुनिया में शक्ति का विकास किया जा सके। मानव शरीर के अन्दर असंख्य रक्त नलियां हैं एवं लगभग पांच सौ मांसपेशियां हैं। मालिश के द्वारा मांसपेशियों के साथ-साथ कोशिकाओं को भी सक्रिय किया जाता है एवं ऊर्जा वृद्धि की भी पूर्ण सम्भावना बनी रहती है। मालिश के द्वारा मांसपेशी में संकुचन की प्रक्रिया को सक्रिय रूप से कायम किया जा सकता है।

सोवियत रूस के डिपार्टमेन्ट ऑफ एक्सरसाईज एण्ड स्पोर्टस के मुख्य शिक्षक श्री युत विरयुकोम का कहना है कि मसाज के द्वारा जो दबाव दिया जाता है उससे चमड़ी मांसपेशी, अस्थि-सन्धि, रक्त परिभ्रमण आदि की विभिन्न क्रियाओं को शरीर के द्वारा सरलता पूर्वक सम्पन्न किया जा सकता है।

खिलाड़ियों की यह प्रवृत्ति होती है कि खेलों के अन्दर जो चोट-चपेट उसे लगती है वह किसी भी तरह से जल्दी ठीक हो जाये जिससे कि वह सक्रिय रूप से पुनः खेलों में भाग ले सके। इसलिए किसी भी मसाज करने वाले को समय के बारे में विशेष ध्यान देना चाहिए।

मसाज

खेलों के अन्दर चोट-चपेट लगना तो स्वाभाविक है लेकिन दुर्भाग्य यह है कि अपने यहां मसाज की भूमिका के सन्दर्भ में न तो अच्छी व्यवस्था है और न ही अच्छी जानकारी है जबकि मसाज देश के अच्छे खिलाड़ियों के लक्ष्य प्राप्ति में विशेष एवं सराहनीय योगदान प्रदान करता है। इसलिए क्रीड़ा चिकित्सकों को चाहिए कि इस सन्दर्भ में शोधकार्य सम्पन्न करके खिलाड़ियों का ध्यान आकर्षित करे जिससे खिलाड़ीगण भविष्य में इससे लाभ उठा सकें।

मसाज फिजियोथेरेपी और प्राकृतिक चिकित्सा का अंग है, यह धारणा तो पूर्णतया शत-प्रतिशत सत्य है लेकिन इसका यह भी मतलब नहीं है कि गंगा नदी के किनारे पांच रुपये देकर मालिश करा ली जाये। कहने का अभिप्राय यह है कि स्वयं मालिश करने वाले को मालिश व शारीरिक अंगों के बारे में पूरी जानकारी होनी चाहिए।, जैसे-मानव शरीर में कहां कौन सी पेशी है, जोड़ किस प्रकार के हैं, लिगामेन्ट किस प्रकार का है, हड्डी किस प्रकार की है आदि। क्योंकि मनुष्य के शरीर पर घोड़े समान मालिश तो नहीं की जा सकती है। अच्छी रक्त संचालन व्यवस्था, नींद व विश्राम के पश्चात् भी मालिश करना आवश्यक माना जाता है।

साधारणतया ऐसा माना जाता है कि मांसपेशियां जितनी ज्यादा शिथिल होंगी मसाज उनके लिए उतनी ही लाभप्रद होगी। मालिश द्वारा शिथिल मन एवं शरीर को हल्का किया जाता है। इस दौरान स्नांयु मण्डली शरीर की विभिन्न पेशियों में संवेदना, प्रेरणा भेजने का कार्य करती है। सामूहिक शिथिल अवस्था में रहने के लिए निम्न बातों पर ध्यान देना चाहिए-

1. खिलाड़ी जहां पर लेटा हो वह कपड़ा लम्बा एवं मुलायम होना चाहिए।
2. खिलाड़ी के सम्पूर्ण शरीर का भाग सभी अंगों पर समान होना चाहिए एवं आवश्यकता के अनुसार मांसपेशी को कठोर एवं शिथिल करने के लिए उत्साहित करना चाहिए।
3. खिलाड़ी जब सांस लेता है तो मांसपेशी कठोर एवं जब सांस छोड़ता है तो मांसपेशी मुलायम हो ऐसी प्रक्रिया के लिए उसे उत्साहित करना चाहिए।
4. जिस कमरे में चिकित्सा (मालिश) सम्बन्धी कार्य चल रहा हो वह कमरा न अधिक गर्म हो और न अधिक ठंडा होना चाहिए, बल्कि सामान्य तापक्रम का होना चाहिए।
5. कमरा शान्त होना चाहिए लेकिन मधुर संगीत का प्रयोग किया जा सकता है, जिससे खिलाड़ी का मन हल्का हो जाता है।
6. शरीर के ऊपर विभिन्न प्रकार की मालिश करने से शरीर हल्का हो जाता है।
7. जो मालिश करता है उसका स्वभाव शान्त होना चाहिए।

इसी प्रकार से जब कोई व्यक्ति मालिश करता है तो स्वयं उसको कुछ विशेष बातों पर ध्यान देना चाहिए। नीचे ध्यान देने वाले कुछ प्रमुख तत्त्वों का उल्लेख संक्षेप में किया गया है-

1. मालिश करने का सबसे उपयुक्त समय प्रातः काल माना जाता है। लेकिन विशेष परिस्थितियों में शाम को भी मालिश की जा सकती है।
2. व्यक्ति को ऐसे लम्बे, चौड़े स्थान पर रख कर मालिश करनी चाहिए जिससे कि स्वयं मालिश करने वाला आवश्यकतानुसार चारों ओर घूम सके। बिस्तर मुलायम होना चाहिए।
3. मसाज के लिए पहले तेल का प्रयोग किया जाता था। लेकिन वर्तमान समय में तेल की जगह अब पाउडर का प्रयोग प्रारम्भ हो गया है।
4. हाथ को साफ करके मालिश प्रारम्भ करनी चाहिए।

शरीर के अन्दर विभिन्न प्रकार की मांसपेशियों एवं चोटों के अनुसार मालिश का प्रयोग करना चाहिए। खेल-कूद के अन्दर विभिन्न प्रकार की क्रियाओं का समावेश है और विभिन्न प्रकार की परिस्थितियों के अनुसार चोट-चपेट लगने की सम्भावना रहती है। उस हिसाब से मालिश का कार्य सम्पन्न करना चाहिए। जैसे- उदाहरण के लिए फुटबॉल के खेल में प्राय: खिलाड़ियों को घुटने में चोट लगती है, सदैव दर्द बना रहता है, जिससे उस जोड़ के अन्दर होने वाली मूलभूत हलचल नहीं हो पाता है। सम्भवत: इस जोड़ के लिगामेन्ट टूट जाते हैं। एक बार इस जोड़ में चोट लगने के कारण जोड़ कमजोर हो जाता है एवं बार-बार चोट लगने की सम्भावना बनी रहती है। इसके आस-पास की मांसपेशी लिगामेन्ट भी कमजोर हो जाते हैं। वैसे तो इस प्रकार की चोट में विश्राम की अतिआवश्यकता अनुभव होती है लेकिन ऐसी चोट में मालिश की भी सराहनीय भूमिका होती है। मालिश एवं विश्राम के कारण थोड़े दिन में सूजन एवं दर्द धीरे-धीरे कम हो जाता है। मालिश के माध्यम से चोट लगे हुए स्थान पर जो खून जमा रहता है उसको हटाया जा सकता है एवं इस स्थान पर हृदय के माध्यम से साफ खून आ जाता है। ऐसी चोट के अन्दर हृदय की ओर मांसपेशियों पर क्रमश: दबाव देना चाहिए जिससे रक्त संचालन प्रक्रिया सुचारू रूप से सक्रिय हो जाती है। इस प्रकार की चोटों के लिए इंफ्रारेज मालिश का प्रयोग किया जाता है।

खेलों के अन्दर लगने वाली चोटों के लिए, चोटों के अनुसार मालिश का प्रयोग किया जाता है। इसी के अन्दर आवश्यकतानुसार मालिश की प्रक्रिया में भी परिवर्तन किया जाता है। यदि प्रतियोगिता अथवा अभ्यास के दौरान मालिश का प्रयोग उचित रूप से किया जाये तो सम्भवत: खिलाड़ी को विशेष लाभ प्राप्त हो सकता है। नवीन मालिश प्रक्रिया के विशेष प्रचलन के लिए प्रशिक्षकों, खिलाड़ीगण एवं क्रीड़ा चिकित्सकों का आपसी तालमेल होना अति आवश्यक है।

उपचारी व्यायाम

फिजियोथिरेपी (Physiotherapy)

वह चिकित्सा जो मरीज को भौतिक साधनों विद्युत, ध्वनि, तरंग किरणों, प्रकाश, गर्म ठंडी और व्यायाम के माध्यम से प्रदान की जाती है। उस चिकित्सा को फिजियोथिरेपी कहते हैं

हाइड्रोथिरेपी (Hydrotherapy)

इसके अन्तर्गत जल द्वारा चिकित्सा की जाती है। वह जल ठंडा हो सकता है और गरम भी।

थर्मोथिरेपी (Thermotherapy)

इसके अन्तर्गत गरम जल का प्रयोग किया जाता है। गरम जल को बैग में रखकर, और गरम जल का फव्वारा बनाकर चिकित्सा की जाती है।

क्रायोथिरेपी (Cryotherapy)

इसका प्रयोग खेल के दौरान लगने वाली चोटों में किया जाता है। इस चिकित्सा विधि का प्रयोग स्प्रेन (मोच) मसल स्ट्रेन (तनना/ऐंठना), कानट्यूशन (भीतरी घाव) जिससे त्वचा के ऊपर नीला निशान दिखाई देता है और ऊपर सूजन रहती है। मसल स्पाज्म (पेशीय मरोड़/ संकोच) में किया जाता है। इससे दर्द कम हो जाता है इसका रक्त की नलिकाओं और त्वचा पर प्रभाव पड़ता है। रक्त की नलिकाएं सिकुड़ जाती हैं। क्योंकि रक्त का प्रवाह कम हो जाता है और उसके कारण सूजन कम हो जाता है।

इस विधि का प्रयोग 5 से 10 मिनट तक करना चाहिए यदि सूजन अधिक है तो 20 से 45 मिनट तक करना चाहिए।

तकनीक (Techniques)

1. आईस मसाज (Ice Massage) बर्फ रगड़ना- चोट लगे स्थान पर बर्फ के टुकड़ें रगड़ना चाहिए दो से पांच मिनट तक रगड़ें।
2. इमर्शन (Immersion) - डुबाना-हाथ या पैर जहां पर चोट लगी हो उसे ठंडे पानी में डुबोना चाहिए।
3. आईस पैक (Ice Pack) बर्फ की पोटली-बर्फ के टुकड़े करके प्लास्टिक के थैलों में रखना चाहिए, उसके बाद चोटिल स्थान पर 20 से 40 मिनट तक रखना चाहिए। दिन में 2 से 4 बार इसका प्रयोग करना चाहिए।
4. कूल स्प्रे (Cool Spray) ठंडी फुहार- एथाइल क्लोराइड स्प्रे को ठंडा करके चोट वाले स्थान पर प्रयोग करना चाहिए।
5. आईस जैल (Ice Gel)- यह अन्तर्राष्ट्रीय नयी दर्द निवारक चिकित्सा शुरू हुई है। इसमें चोट के ऊपर आईस जैल को धीरे-धीरे रगड़ा जाता है।

1. **कन्ट्रास्ट बाथ (Contrast Bath)**- इस विधि में चोट का उपचार ठंडे और गरम जल के द्वारा किया जाता है। चोट जहां पर लगी होती है उस स्थान पर ठंडा पानी डालने से अंदर नलिकाएं सिकुड़ जाती हैं। इसमें 10 से 15 मिनट तक

पानी में चोटिल अंग को रखना चाहिए। उसके बाद 15 से 20 मिनट ठंडे जल से चोट लगे अंग को गरम पानी में रखना चाहिए, गरम पानी में रखने से जो नलिकाएं सिकुड़ गई थी वह फैल जाती है। फिर चोटिल अंग को पानी से बाहर निकाल दिया जाता है। इस प्रकार की क्रिया दिन भर में तीन से चार बार तक करनी चाहिए। इससे दर्द दूर हो जाता है और सूजन कम हो जाती है। खिलाड़ी कम समय में खेल के लिए तैयार हो जाता है।

2. **स्टीमबाथ (Steam Bath):** भाप स्नान-इस विधि में स्नान के लिए एक बड़ा सा चैम्बर बना होता है। जिसमें व्यक्ति उसके अन्दर बन्द हो जाता है और सिर उसका बाहर रहता है, जिससे वह आसानी से सांस ले सके। चैम्बर में यंत्र के द्वारा भाप भर जाती है। इसमें व्यक्ति 15 से 25 मिनट तक रहता है। व्यक्ति को जब सम्पूर्ण शरीर में दर्द होता है या शरीर के सभी जोड़ों में दर्द होने पर इसका प्रयोग किया जाता है। इससे शरीर का दर्द दूर हो जाता है।

3. **सनबाथ (Sun Bath):** सूर्य स्नान- सूर्य की किरणों से अल्ट्रावायलेट रेज प्राप्त होती है। जब चोटिल व्यक्ति या खिलाड़ी धूप में बैठता है तो इन रेज से सिकाई भी होती है और रेज कैल्शियम को भी बनाती है, जिससे शरीर को लाभ पहुंचता है और चोट ठीक होने में सहायता मिलती है।

4. **अल्ट्रा साउण्ड थिरेपी (Ultra Sound Theraphy):** यह एक यन्त्र होता है जिसमें से साउण्ड वेव निकलती हैं। इसमें व्यक्ति या खिलाड़ी के चोटिल स्थान की सिकाई वेव के द्वारा की जाती है जिससे उसका दर्द कम हो जाता है और खिलाड़ी पुनः खेलने के लिए तैयार हो जाता है।

5. **अल्ट्रावायलेट रेज (Ultra Violet Rays):** यह एक यन्त्र होता है, जिसके द्वारा खिलाड़ी के चोटिल स्थान की सिकाई की जाती है। अल्ट्रावायलेट रेज स्पेक्ट्रम से निकलने वाली वायलेट कलर के ऊपर से निकलने वाली रेज को कहते हैं। इस रेज के द्वारा खिलाड़ी का चोट जल्दी ठीक हो जाता है और वह पुनः खेल के लिए तैयार हो जाता है।

डायथर्मी

यह एक मशीन होती है जिससे इलेक्ट्रिक लाईन ऑफ फोर्सेज प्राप्त होती है और उसके द्वारा चोटिल स्थान की सिकाई की जाती है। इस विधि का प्रयोग करने से खिलाड़ी की चोट जल्दी ठीक हो जाती है और वह पुनः खेल में भाग लेने के लिए स्वस्थ हो जाता है।

इन्फ्रारेडरेज (Infrared Rays)

इसके द्वारा रेड कलर से नीचे के कलर से जो रेज निकलती है उसे इन्फ्रारेड रेज कहते हैं। इसके द्वारा चोटिल स्थान की सिकाई होती है।

बहुविकल्पीय प्रश्न

1. उपास्थि (कार्टिलेज), जो अस्थि सिराओं पर अधिक बल पड़ने से बचाव करती है, क्या कही जाती है?
   (*a*) रेशेदार उपास्थि (*b*) पारभासी उपास्थि
   (*c*) दांता (नॉच) (*d*) टॉसा

2. शरीर में लंबी हड्डियों का कार्य है–
   (*a*) शक्ति प्रदान करना
   (*b*) सुरक्षा प्रदान करना
   (*c*) उत्तोलक के रूप में कार्य करना
   (*d*) पेशियों की संलग्नता के लिए सतह प्रदान करना

3. टार्सलबोन (टखना और उसके ऊपरी भाग की हड्डी) का खासकार्य है–
   (*a*) सुरक्षा
   (*b*) शक्ति प्रदान करता है
   (*c*) उत्तोलक के रूप में कार्य करना
   (*d*) इनमें कोई नहीं

4. सिनोविअल ज्वायंट (एक ऐसी झिल्ली वाला जोड़ जो हड्डियों के बीच तरल पदार्थ रखती है और जिसके कारण वह जोड़ या ज्वायंट हिलता-डुलता है) का उदाहरण है–
   (*a*) सीवन
   (*b*) घुटने का जोड़
   (*c*) अन्तर-कशेरु की चक्र
   (*d*) स्कंध-संधि

5. किस प्रकार की मांस पेशियां लंबी अवधि वाले कार्य में थकान से बचाती हैं?
   (*a*) अंसच्छ पेशी
   (*b*) तेज ऐंठनवाली
   (*c*) मंदऐंठन वाली
   (*d*) '*a*' और '*b*' दोनों प्रकार की

6. जिन मांसपेशियों के कारण संधियां (जोड़ें) मुड़ पाती है उन्हें कहते हैं–

(a) आकुंचनी (b) प्रसार की

(c) अपवर्तनी (d) अभिवर्तनी

7. बल-उत्पादन लेकिन तंतु-प्रवर्धन का एक अन्य नाम यह भी है–

(a) उत्केंद्रीय संकुचन (b) संकेद्रीय संकुचन

(c) समबल्य (d) सममितीय

8. "काइफोसिस" का एक अन्य नाम यह भी है–

(a) अवतल पृष्ठ (b) गोल पृष्ठ

(c) पार्श्व-पृष्ठ (d) पृष्ठ-वक्र

9. "कूबड़ापन" को यह भी कहा जाता है–

(a) पीठ दर्द (b) पार्श्व कुब्जता

(c) अग्रकुब्जता (d) काइफोसिस

10. मेरुदण्ड की तिरछी वक्रता को कहते है–

(a) संहतजानु (b) काइफोसिस

(c) पार्श्वकुब्जता (d) अग्रकुब्जता

11. मुक्त वायु अंतरिक्ष में प्रक्षेपित् पदार्थ के मार्ग को कहते है–

(a) चाल (b) असामान्य वक्रता

(c) वेग (d) परवलय

12. अवधि किसकी माप है?

(a) दूरी (b) विस्थापन

(c) बल (d) समय

13. "चाल" किसके माध्यम से सूचित होती है?

(a) केएम/सेक^2 (b) सी एम/घंटा

(c) न्यूटन (d) के एम/घंटा

14. गति के प्रथम नियम को यह भी कहा जाता है–

(a) क्रिया और प्रतिक्रिया का नियम

(b) ऊर्जा-संरक्षण का नियम

(c) जड़ता का नियम

(d) गतिमात्र के स्थानांतरण का नियम

15. यांत्रिकी भौतिकी की वह शाखा है जो विश्लेषण करती है उन पिंडों का–

(a) जो विरामावस्था में हैं

(b) जो गति में हैं

(c) (a) और (b) दोनों

(d) उपर्युक्त में से एक भी नहीं

16. बल के कारण का वर्णन करने वाली यांत्रिकी की शाखा है–

(a) बलगति विज्ञान (b) शुद्धगति विज्ञान

(c) जीव-यांत्रिकी (d) तरल यांत्रिकी

17. यांत्रिकी की वह शाखा जो उस बल की विवेचना करती है जो गति की स्थिति को पैदा करता या बदलता है, क्या कहलाती है?

(a) शुद्ध गति विज्ञान (b) सांख्यिकी

(c) जैवयांत्रिकी (d) बल गति विज्ञान

18. अन्तर-अस्थिपंजर में होते हैं–

(a) चर्मआवरण, बाल, नखें

(b) अस्थियां और उपास्थियां

(c) सिर्फ अस्थियां

(d) इनमें से कोई नहीं

19. बाह्य अस्थिपंजर में होते हैं–

(a) चर्म आवरण, बाल, नखें

(b) अस्थियां और उपास्थियां

(c) सिर्फ लंबी अस्थियां

(d) सिर्फ छोटी अस्थियां

20. जोड़ों का अध्ययन कहलाता है–

(a) संचलन विज्ञान (b) जीव विज्ञान

(c) मानव मिति (d) मानव विज्ञान

21. मानव शरीर में सबसे बड़ी हड्डी है–

(a) अंतर्जंघिका (b) ऊर्वस्थि

(c) बहिर्जंघिका (d) प्रगण्डिका

22. करमास्थियां (मेटाकार्पल्स) और अंगुल्यस्थियां (फैलेंजेज) किसके उदाहरण हैं?

(a) पृष्ठ-संधि (b) कोर-संधि

(c) स्थूलक-संधि (d) सर्पण-संधि

23. मणिबंध करमास्थि-संधि उदाहरण है–

(a) स्थूलक-संधि का

(b) कंदुका-खल्लिका-संधि

(c) पृष्ठिका-संधि का

(d) सर्पण-संधि का

24. स्थूलक-संधि में कौन-सी गतियां संभव हैं?

(a) आकुंचन और विस्तारण

(b) सिर्फ परिसर्पण

(c) आकुंचन, विस्तारण, अपावर्तन, अभिवर्तन

(d) आकुंचन, विस्तारण, अपावर्तन, अभिवर्तन और परिसर्पण

25. निम्नलिखित में कौन एक-अक्षीय संधि का उदाहरण है?
   (a) स्थूलकी संधि
   (b) पृष्ठीय संधि
   (c) कोर-संधि
   (d) स्थूलकी और पृष्ठीय संधि दोनों

26. निम्नलिखित में कौन द्वि-अक्षीय संधि का उदाहरण है?
   (a) कोर-संधि (b) धुराग्र
   (c) (a) और (b) दोनों (d) इनमें कोई नहीं

27. अक्षीय (ऐक्सियल) अस्थिपंजर में अस्थियों की संख्या है
   (a) 60 (b) 80
   (c) 40 (d) 20

28. उपबंधी (अपेंडिकुलर) अस्थिपंजर में अस्थियों की संख्या है–
   (a) 120 (b) 180
   (c) 126 (d) 116

29. एक ओर से दूसरी ओर पार्श्विक रूप में गुजरती हुई कल्पित रेखा क्या कहलाती है?
   (a) सममितार्धी (सैजिट्र्टल) अक्ष
   (b) सममितार्धी तल
   (c) सीधा खड़ा अक्ष
   (d) पार्श्विक अक्ष

30. धड़ का तिरछा झुकाव किसके संचलन का उदाहरण है?
   (a) सामने का स्तर और सममितार्धी अक्ष
   (b) सममितार्धी स्तर और सममितार्धी अक्ष
   (c) सामने का स्तर और अनुप्रस्थ अक्ष
   (d) सममितार्धी स्तर और पर्श्विक अक्ष

31. धड़ का आगे का झुकाव किसके संचलन का उदाहरण है?
   (a) सामने के स्तर में (b) अनुप्रस्थ स्तर में
   (c) सममितार्धी स्तर में (d) अनुलंब अक्ष में

32. गुल्फ-संधि पर पद का आगे की ओर उर्ध्व संचालन है–
   (a) समतलीय आकुंचन (b) पृष्ठीय आकुंचन
   (c) विपरिवर्तन (d) बहिर्वतन

33. सिर को कंधे के दाएं अथवा बाएं झुकाना है–
   (a) विस्तारण (b) आकुंचन
   (c) पार्श्विक आकुंचन (d) पार्श्विक विस्तारण

34. न्यूटन का तीसरा गति नियम का एक अन्य नाम यह भी है–
   (a) जड़ता का नियम
   (b) क्रिया-प्रतिक्रिया का नियम
   (c) संवेग का नियम
   (d) गुरुत्वाकर्षण का नियम

35. मनुष्य की बांह में चालू उत्तोलक प्रणाली है–
   (a) श्रेणी III (b) श्रेणी II
   (c) श्रेणी I (d) इनमें से कोई नहीं

36. 'ऑस्टिऑलॉजि' किसका अध्ययन है?
   (a) मांसपेशियों का (b) अस्थियों का
   (c) जोड़ों का (d) स्नायुओं का

37. मांसपेशियों का अध्ययन कहलाता है–
   (a) ऑस्सिओलॉजि (b) ऐंथ्रोपोलॉजि
   (c) माइओलॉजि (d) ऐंथ्रोपोमेट्रि

38. मानव खोपड़ी में अस्थियों की कुल संख्या है–
   (a) 20 (b) 21
   (c) 22 (d) 23

39. कलाई में कितनी कार्पल अस्थियां होती है?
   (a) 6 (b) 7
   (c) 8 (d) 9

40. मुक्केबाज की मांस पेशियां होती हैं–
   (a) समलंबी
   (b) स्टर्नो क्लाइडो एस्टायड
   (c) उदरीय
   (d) अंसच्छद (डेल्टायड)

41 "गर्दन का जोड़" उदाहरण है–
   (a) धुराग्र संधि (b) कोर संधि
   (c) पीठ का जोड़ (d) स्थूल की संधि

42. "समलंब" पेशियां सहायक होती हैं–
   (a) गर्दन को पीछे धकेलने में
   (b) घूंसा मारने में
   (c) पैर को आगे उठाने में
   (d) इनमें से किसी में नहीं

43. हवा में घूमती हुई गेंद में कार्य करने वाला बल कहलाता हैं-
   (a) टेंसिलाफोर्स (b) मैगनसफोर्स
   (c) दाबक बल (d) संकोचक बल

44. मानव शरीर में सबसे छोटी हड्डी है–
   (a) अंगुल्यस्थि (b) अधिगुल्फास्थि
   (c) अनाम अस्थि (d) गुल्फास्थि

45. अस्थियों की रचना में निम्नलिखित में किसका प्रतिशत सर्वाधिक है?

(a) कैल्सियम सल्फेट
(b) कैल्सियम फॉसफेट
(c) क्लोराइड
(d) फ्लुअॅराइड

46. कपाल में अस्थियों की कुल संख्या क्या है?
(a) 7 (b) 8
(c) 9 (d) 10

47. वक्षीय कशेरुकाएं बनी होती हैं–
(a) 7 अस्थियों की (b) 12 अस्थियों की
(c) 5 अस्थियों की (d) 8 अस्थियों की

48. सैक्रम (त्रिकास्थि) कशेरुकाएं बनी होती हैं–
(a) 5 अस्थियों की (b) 6 अस्थियों की
(c) 4 अस्थियों की (d) 3 अस्थियों की

49. कटि-कशेरुकाओं की संख्या है–
(a) 6 (b) 7
(c) 5 (d) 4

50. जो अस्थि उपास्थि के प्रतिस्थापन से बनती है उसे कहते हैं–
(a) लंबी अस्थि (b) छोटी अस्थि
(c) तिलास्थि (d) प्रतिस्थापन-अस्थि

51. जो अस्थि संयोजक ऊतकों के रूपांतरण से बनती है उसे कहते हैं–
(a) प्रतिस्थापन-अस्थि (b) निवेशी अस्थि
(c) तिलास्थि (d) समाट अस्थि

52. अस्थि-कोशिकाएं यह भी कहलाती हैं–
(a) ऑस्ओब्लास्ट्स (अस्थिकोशिकाप्रसू)
(b) ऑस्ओसाइटिज
(c) ऑस्टिओक्लास्ट्स (अस्थिभंजक)
(d) ऑस्टिओपोरोसिस

53. दाएं हाथ की अस्थियों के अस्थिभवन (ओसिफिकेशन) की तकनीक का उपयोग किसे निर्धारित करने के लिए किया जाता है?
(a) कद (b) उम्र
(c) वजन (d) संतुलन सामर्थ्य

54. घुटने के पीछे की मांसपेशी–
(a) घुटने को फैलाती है
(b) घुटने को मोड़ती है
(c) कोहनी को फैलाती है
(d) कोहनी को मोड़ती है

55. श्लेषकी संधियां हैं–
(a) किंचित् चलायमान
(b) स्वेच्छानुसार चलायमान
(c) (a) और (b) दोनों
(d) कोई भी नहीं

56. ऊर्ध्वाधर अक्ष गुजरता है–
(a) जमीन के अभिलंब
(b) जमीन के अनुप्रस्थ
(c) (a) और (b) दोनों
(d) उपर्युक्त में कोई नहीं

57. ज्ञान की किस शाखा में गुरुत्व का नियम गति के नियम का उदाहरण है?
(a) रसायनशास्त्र (b) भौतिकी
(c) यांत्रिकी (d) इन सभी में

58. सपाट पैर को इस नाम से भी जाना जाता है–
(a) प्लैंटर फैसाइटिस (b) पेसप्लैनस
(c) मोर्टन्ंसन्यूरामा (d) मेटाटार सेल जिआ

59. सममितीय संकुंचन में पेशी–
(a) छोटी हो जाती है
(b) लंबी हो जाती है
(c) न लंबी होती है, न छोटी
(d) छोटी भी होती है और लंबी भी

60. स्कैपुला (स्कंधास्थि) कहां अवस्थित है–
(a) पैर (b) नितम्ब
(c) ऊपरी पीठ (d) बांह

61. "लैटिसिमस डोर्सी" कहां होता है?
(a) पैर के निचले हिस्से में
(b) जांध में
(c) पीठ में
(d) ऊपरी बांह में

62. लॉर्डोसिस (अग्रकुब्जता) का एक नाम यह भी है–
(a) गोल पृष्ठ (b) अवतल पृष्ठ
(c) पार्श्विक पृष्ठ (d) पृष्ठ वक्रता

63. परवलय है–
(a) मुक्तवायु में प्रक्षेपित किसी पदार्थ का मार्ग
(b) वायुप्रतिरोध से निर्मित किसी पदार्थ का मार्ग
(c) सीधे नीचे गिरते हुए किसी पदार्थ का मार्ग
(d) इनमें से कोई नहीं

64. विराम और गति जैसे पदों का अध्ययन किसमें होता है–
(a) जैव रसायन (b) शरीर-रचना विज्ञान
(c) जैव यांत्रिकी (d) इनमें किसी में नहीं

65. किस प्रकार के उत्तोलक में भार बल और आलंब के बीच में होता है?
(a) प्ररूप I (b) प्ररूप II
(c) प्ररूप III (d) इन सभी प्ररूपों में

66. गोलक और उलुखल-संधि के चारों ओर का संचलन है–
(a) आकुंचन और विस्तारण
(b) परिक्रमण और परिसर्पण
(c) अति-विस्तारण
(d) इनमें सभी

67. निम्नलिखित में कौन कोर-संधि का उदाहरण है?
(a) नितंब-संधि (b) कोहनी संधि
(c) टखना संधि (d) इनमें सभी

68. चक्र के विमोचन के समय–
(a) अभिकेंद्री बल अपकेंद्री बल से अधिक होता है
(b) अपकेंद्री बल अभिकेंद्रीबल से अधिक होता है
(c) अभिकेंद्री बल और अपकेंद्री बल शून्य हो जाते हैं
(d) इनमें से कोई नहीं

69. स्टर्नम (उरोस्थि) कहां अवस्थित है?
(a) पाद (b) हथेली
(c) छाती (d) खोपड़ी

70. निम्नलिखित में कौन कंदुक-उलूखल-संधि (बॉलऐंड सॉकेट ज्वाइंट) है–
(a) नितंब-संधि
(b) स्कंध-संधि
(c) (a) और (b) दोनों
(d) इनमें कोई नहीं

71. अपावर्तन (ऐब्डक्शन) में बाहु हिलती-डुलती है–
(a) शरीर की ओर (b) शरीर से दूर
(c) छाती के सामने (d) इनमें से कोई नहीं

72. किस प्रकार के उत्तोलक में बल भार और आलंब के बीच में होता है?
(a) प्ररूप I (b) प्ररूप II
(c) प्ररूप III (d) इन सभी प्ररूपों में

73. श्लेषक-संधि (सिनोवियलज्वायंट) है–
(a) किंचित् जंगम
(b) स्वच्छंद रूप से जंगम
(c) (a) और (b) दोनों
(d) इनमें कोई नहीं

74. निम्नलिखित में कौन तंतुमय संधि है?
(a) खोपड़ी की संधियां (b) उंगलियों की संधियां
(c) पसली की संधियां (d) इनमें सभी

75. "अग्रवर्ती" और "पश्चवर्ती" पद किसके समानार्थक हैं?
(a) अग्रभाग के और पीछे के
(b) मौखिक और पृष्ठीय
(c) पार्श्विक और मध्यवर्ती
(d) उपर्युक्त में से कोई नहीं

76. अस्थियों का अध्ययन कहलाता है–
(a) ऑस्टिओपोरोसिस (अस्थिरंध्रता)
(b) ऑस्टिओक्लास्ट (अस्थिभंजक)
(c) ऑस्टिओलॉजि (अस्थि-विज्ञान)
(d) आर्थोलॉजि (संधि-विज्ञान)

77. अस्थियों के निर्माण में अन्तर्ग्रस्त अस्थि-कोशिकाएं क्या है?
(a) ऑस्टिओब्लास्ट्स (अस्थिकोशिकाप्रसू)
(b) ऑस्टिओक्लास्ट्स (अस्थिभंजक)
(c) ऑस्टिओसाइटीज़
(d) उपर्युक्त में कोई नहीं

78. वक्ष का अस्थि पंजर किससे निर्मित होता है?
(a) उपास्थियों से
(b) अस्थियों से
(c) (a) और (b) दोनों से
(d) इनमें किसी से नहीं

79. निम्नलिखित में कौन पारस्परिक तंत्रिकाभरण की संधि है?
(a) धुराग्र-संधि (b) पृष्ठ-संधि
(c) स्थूलक-संधि (d) कोर-संधि

80. मणिबंध-संधि किसका उदाहरण है?
(a) धुराग्र-संधि
(b) स्थूलक-संधि
(c) कोर-संधि
(d) कंदुक-खल्लिका-संधि

81. शरीर के निम्नलिखित तलों में कौन उसे ऊपरी और निचले हिस्सों में बांटता है–

(a) सममितार्धी (b) अनुप्रस्थ
(c) सामने का (d) अनुलंब

82. मानव प्राणी के मणिबंध (कलाई) में कितनी अस्थियां होती हैं?
(a) 8 (b) 9
(c) 10 (d) 11

83. किस प्रकार की अस्थियां ताक़त प्रदान करने का काम करती हैं?
(a) लंबी अस्थियां (b) अनियमित अस्थियां
(c) सपाट अस्थियां (d) छोटी अस्थियां

84. अस्थिओं का घनत्व ज़्यादा होता है–
(a) पुरूषों में
(b) महिलाओं में
(c) (a) और (b) दोनों में
(d) किसी में नहीं

85. निम्नलिखित में कौन संधियों के संचलन को सीमित करने के लिए उत्तरदायी है?
(a) स्नायुरज़्जु
(b) अस्थिबंध
(c) (a) और (b) दोनों
(d) मांसपेशीतंतुएं

86. "जाइगोमैटिक" बोन (गंडास्थि) कहां होता है?
(a) ऊप्री छोरों में (b) निचले छोरों में
(c) कशेरुकी स्तंभों में (d) खोपड़ी में

87. कोहनी में आकुंचन किसके द्वारा होता है?
(a) द्विशिर पेशियों द्वारा
(b) त्रिशिर पेशियों द्वारा
(c) (a) और (b) दोनों के द्वारा
(d) किसी के द्वारा नहीं

88. नितंब-संधि का सबसे मज़बूत अस्थि बंध है–
(a) जघन ऊर्वस्थि (b) शेषांत्र ऊर्वस्थि
(c) आसनास्थि-ऊर्वस्थि (d) इनमें कोई नहीं

89. किस प्रकार का उत्तोलक बाहु के उत्थापन में सर्वाधिक प्रभावकारी है?
(a) तृतीय श्रेणी का (b) द्वितीय श्रेणी का
(c) प्रथम श्रेणी का (d) कोई नहीं

90. बाहु के उत्थापन में कौन-सी मांसपेशी सम्मिलित है?
(a) अंसच्छद पेशी (b) द्विशिर पेशी
(c) त्रिशिर पेशी (d) चतुर्शिर पेशी

91. निम्नलिखित में किसे छोड़कर अस्थियां कोहनी की संधि बनाती हैं?
(a) स्कंधास्थि
(b) बहि: प्रकोष्ठिका (कोहनी से मणिबंध की छोटी हड्डी)
(c) अंत: प्रकोष्ठिका
(d) प्रगण्डिका

92. प्रबाहु (कोहनी से कलाई तक) की मुख्य अस्थियां है–
(a) प्रगण्डिका-ऊर्विका
(b) बहि: प्रकोष्ठिका-अंत: प्रकोष्ठिका
(c) बहि: प्रकोष्ठिका
(d) मणिबधं-अंगुल्यास्थियां

93. "सेट" कमांड में स्प्रिंटर किस स्थिति में होता है?
(a) स्थिर साम्यावस्था
(b) अस्थिर साम्यावस्था
(c) अनिश्चित साम्यावस्था
(d) इनमें किसी में नहीं

94. एक खिलाड़ी किस चाल से 10 सेंकड में 100 मीटर दौड़ेगा?
(a) 10 m/s (b) 100 m/s
(c) 20 m/s (d) 1000 m/s

95. दौड़ की अंत के निकट धावक पर असर डालने वाले बल हैं–
(a) भार (b) घर्षण
(c) वायु प्रतिरोध (d) इनमें सभी

96. निम्नलिखित में कौन संधि का प्ररूप नहीं है?
(a) तंतुमय (b) अस्थिकृत
(c) उपास्थिसम (d) श्लेषक

97. संधियों का अध्ययन कहलाता है–
(a) ऑस्टिओलॉजि (b) आर्थ्रोलॉजि
(c) ऑर्नियॉलॉजि (d) डेंटोलॉजि

98. स्वच्छंद रूप से चलायमान संधियों का एक अन्यनाम यह भी है–
(a) साइनरथ्रोसिस (सहसंधि)
(b) एंफीआर्थोसिस
(c) डाइआर्थोसिस (द्विसंधि)
(d) तंतुमय

99. निम्नलिखित में कौन श्लेषक-संधि नहीं है?
(a) कोर-संधि (b) धुराग्र-संधि
(c) तन्तुमय-संधि (d) सर्पण-संधि

100. किस संधि की संरचना सिर्फ एक दिशा में झुकाव का अवसर देती है?
(a) धुराग्र-संधि
(b) कोर-संधि
(c) सर्पण-संधि
(d) कंदुक-खल्लिका-संधि

101. स्कंध-संधि किसका प्ररूप है?
(a) कंदुक-खल्लिका-संधि
(b) कोर-संधि
(c) पृष्ठ-संधि
(d) स्थूलक-संधि

102. जानुसंधि उदाहरण है–
(a) सर्पण-संधि (b) धुराग्र-संधि
(c) कोर-संधि (d) पृष्ठ-संधि

103. नितंब-संधि है–
(a) धुराग्र-संधि
(b) कोर-संधि
(c) पृष्ठ-संधि
(d) कंदुक-खल्लिका-संधि

104. अंगुलस्थियों और करमास्थियों में कौन संधि है?
(a) धुराग्र-संधि (b) पृष्ठ-संधि
(c) कोर-संधि (d) स्थूलक-संधि

105. जमीन पर सीधी-खड़ी कल्पित रेखा कहलाती है–
(a) अनुलंब धूरी (b) सममिनार्धी धूरी
(c) पार्श्विक धूरी (d) कोई नहीं

106. प्रत्येक संचलन में होता है–
(a) एक धूरी
(b) एक समधरातल
(c) एक धूरी और एक समधरातल
(d) उपर्युक्त में कोई नहीं

107. शरीर की अग्रवर्ती और पश्चवर्ती पहलुओं में बांटने वाली काल्पनिक सतह है–
(a) अनुप्रस्थ तल (b) सममितार्धी तल
(c) सामने का तल (d) कोई नहीं

108. अग्रवर्ती से पश्चवर्ती दिशा में गुजरने वाली काल्पनिक रेखा है–
(a) सममिताधी अक्ष (b) अनुलंब अक्ष
(c) सममिताधी तल (d) सामने का तल

109. जानु-संधि निम्नलिखित में किसके बीच में एक कोर-संधि है?
(a) ऊर्विका और अंतर्जंघिका
(b) ऊर्विका और बहिर्जंघिका
(c) प्रगण्डिका और अंतर्जंघिका
(d) प्रगण्डिका और बहिर्जंघिका

110. दूरी और विस्थापन की इकाइयां हैं–
(a) एम/एस (b) एम
(c) एम/एस^2 (d) रेडियन (त्रिज्या-कोण)

111. स्थिति में परिवर्तन क्या है?
(a) चाल (b) विस्थापन
(c) दूरी (d) वेग

112. निम्नलिखित में कौन रैखिक शुद्धगतिकी की मात्रा नहीं है?
(a) चाल (b) वेग
(c) कोणीय वेग (d) विस्थापन

113. किसी वस्तु का उड़ान मार्ग है–
(a) वेग (b) प्रक्षेपक
(c) चाल (d) प्रक्षेप-पथ

114. निम्नलिखित में कौन प्रक्षेपण के कोण द्वारा निर्धारित प्रक्षेप-पथ नहीं है?
(a) अनुलंब (b) सामने का
(c) अनुप्रस्थ (d) तिर्यक्

115. परवलयिक प्रक्षेप-पथ है–
(a) अनुलंब (b) तिर्यक्
(c) अनुप्रस्थ (d) कोई नहीं

116. अगर प्रक्षेपण का कोण 300 है तो प्रक्षेप-पथ होगा–
(a) तिर्यक् (b) अनुप्रस्थ
(c) अनुलंब (d) परवलयिक

117. अटलांटो पश्चकपाल अस्थि-संधि उदाहरण है–
(a) प्रथम श्रेणी के उत्तोलक का
(b) द्वितीय श्रेणी के उत्तोलक का
(c) तृतीय श्रेणी के उत्तोलक का
(d) किसी का नहीं

118. शरीर को पादांगुलियों पर उठाना किसका उदाहरण है?
(a) प्रथम श्रेणी के उत्तोलक का
(b) द्वितीय श्रेणी के उत्तोलक का
(c) तृतीय श्रेणी के उत्तोलक का
(d) इनमें किसी का नहीं

119. जोंगी का चप्पू और बेलचा उदाहरण हैं–
(a) प्रथम श्रेणी के उत्तोलक के
(b) द्वितीय श्रेणी के उत्तोलक के
(c) तृतीय श्रेणी के उत्तोलक के
(d) इनमें किसी के नहीं

120. किस प्रकार के उत्तोलक में बल और प्रतिरोध धूरी के एक ही ओर होते हैं और अनुप्रयुक्त बल धूरी के निकटतर होता है?
(a) प्रथम श्रेणी के उत्तोलक में
(b) द्वितीय श्रेणी के उत्तोलक में
(c) तृतीय श्रेणी के उत्तोलक में
(d) इनमें किसी मे नहीं

121. सामान्य कटि-वक्रता की वर्द्धित पश्चउत्तलता सूचित करती है–
(a) गोल स्कंध
(b) काइफोसिस
(c) अग्रकुब्जता
(d) मेरुदंड की पार्श्वकुब्जता

122. मेरुदंड का पार्श्विक झुकाव क्या कहलाता है?
(a) समाटपीठ (b) अग्रकुब्जता
(c) काइफोसिस (d) पार्श्वकुब्जता

123. किसीचीज़ को फेंकने में कलाई के आकुंचन में कौन-सी पेशी सम्मिलित नहीं है?
(a) फ्लेक्सर कार्पिरेंडियल्स
(b) फ्लेक्सर डिजि़टोरम
(c) टेरेस मेजर
(d) इनमें से कोई नहीं

124. स्कंधीय मेखला का अग्र झुकाव क्या कहलाता है?
(a) पार्श्वकुब्जता (b) गोलस्कंध
(c) काइफोसिस (d) अग्रकुब्जता

125. निम्नलिखित में कौन दाब परिचालन की विधि है?
(a) चिकोटी काटना (b) तालीबजाना
(c) मुकियाना (d) गूंधना

126. समबल्य पेशी को यह भी कहते हैं–
(a) ए. आर. ओ. एम. (b) स्थैतिक
(c) आर. एस. टी. (d) पी. आर. ओ. एम.

127. जो रोगी सक्रिय रूप से व्यायाम नहीं कर सकते उनके लिए सुझाए गए व्यायाम हैं–
(a) ए. ए. आर. ओ. एम.
(b) ए. आर. ओ. एम.
(c) पी. आर. ओ. एम.
(d) आर. एस. टी.

128. दुर्बल मांस पेशियों वाले रोगियों के लिए और संधि-पीड़ा के कारण सीमित संचलन की स्थिति के लिए व्यायाम है–
(a) ए. आर. ओ. एम. (b) ए. ए. आर. ओ. एम.
(c) पी. आर. ओ. एम. (d) आर. एस. टी.

129. शिरोबंध के तलपर संधियों का संचलन लेकिन मध्य तल से दूरगमन को कहा जाता है–
(a) आकुंचन (b) विस्तारण
(c) अभिवर्तन (d) अपावर्तन

130. यदि कोई अपने पैरों को सीधा करता है तो उसे क्या झेलना होता है?
(a) आकुंचन (b) अपावर्तन
(c) अभिवर्तन (d) विस्तारण

131. प्रबाहु (कोहनी से कलाई तक का संचलन) जिसमें हथेली अग्रवर्ती हिस्से के सामने होती है क्या कहलाता है–
(a) उत्तानन (b) अवतानन
(c) प्रवर्धन (d) आकुंचन

132. संधियों का उर्ध्वचलन है–
(a) विरोध (b) प्रत्याकर्षण
(c) उत्तानन (d) उत्थापन

133. हाथ का संचलन जहां अंगूठा 5वीं उंगली को छूता है क्या कहलाएगा?
(a) प्रवर्धन (b) अवतानन
(c) विरोध (d) डोर्सिफ्लेक्शन

134. वर्तुगति, जिसमें आकुंचन, विस्तारण, अपावर्तन और अभिवर्तन का संयोग होता है, क्या है?
(a) परिसर्पण (b) अवतानन
(c) उत्तानन (d) प्रत्याकर्षण

135. अंगमर्दन, जिसमें अपरूपक प्रतिबल त्वचा के नीचे निर्मित होते हैं, क्या है?

(a) एफ्फ्लूअरेज (b) पेट्रिसाज
(c) टॉपेटिमेंट (d) गहन घर्षण

136. जिस अंगमर्दन में दाब का केंद्र बिंदु त्वचा पर हाथों के सरकने से गतिशील होता है उसे कहते हैं–
(a) एफ्फ्लूअरेज (b) ट्रैक्शन (संकर्षण)
(c) पेट्रिसाज (d) टॉपेटिमेंट

137. समाघात-उन्मुखी अंगमर्दन जिसमें कोमल ऊतकों पर बार-बार मुक्कों से लयबद्ध हलके और त्वरित ढंग से प्रहार किया जाता है क्या है?
(a) पेट्रिसाज (b) टॉपटिमेंट
(c) गहनघर्षण (d) ट्रैक्शन (संकर्षण)

138. ऊर्जा के असंतुलन को दूर करने के लिए कौन-सा प्राच्य अंगमर्दन अंकीय दाब के द्वारा बल को प्रयोग में लाता है?
(a) शिआत्सु (जापानी विधि)
(b) एक्यूपंक्चर
(c) एक्यूप्रेशर
(d) एक्यूपंक्चर और एक्यूप्रेशर दोनों

139. अस्थिभंग की चिकित्सा में किस विधि का उपयोग होता है?
(a) ट्रैक्शन (b) एफ्लूरेज
(c) पेट्रिसाज (d) टैपॅटिमेंट

140. हस्तकौशल की कौन-सी विधि अप्रत्यक्ष मायोफैसिअल विधि है जिसमें किसी संधि अथवा शरीर के हिस्से की सापेक्ष स्थिति पर बल दिया जाता है?
(a) आर्टिक्यूलेटरी विधि
(b) अप्रत्यक्ष स्थितीय विधि
(c) प्रति-तनाव
(d) सीधा धक्का

141. द्विशिरस्क उदाहरण है–
(a) आकुंचनी मांस पेशी का
(b) प्रसारक पेशी का
(c) अभिवर्तनी पेशी का
(d) अपवर्तनी पेशी का

142. त्रिशिरस्क उदाहरण है–
(a) आकुंचनी पेशी का
(b) प्रसारक पेशी का
(c) अभिवर्तनी पेशी का
(d) अपवर्तनी पेशी का

143. ग्रीवा संधियोजन की दृष्टि से निम्नलिखित पेशियों में कौन आकुंचन के लिए उत्तरदायी नहीं है?
(a) लौंगस कैपिटिस
(b) रेक्टस कैपिटिस ऐंटेरिअर
(c) स्टर्नोक्लाइडो मास्टायड
(d) स्प्लेनस कैपिटिस

144. निम्नलिखित ग्रीवा-संधियोजन पेशियों में कौन विस्तारण के लिए उत्तरदायी है?
(a) स्टर्नोक्लाइडोमास्टायड
(b) लाँगस कॉली
(c) लाँगस कैपिटिस
(d) ट्रैपीजीअस

145. निम्नलिखित कोहनी के संधियोजन में कौन आकुंचन के लिए उत्तरदायी नहीं है?
(a) ब्रोकिऑलिस (b) ट्राइसेप्स ब्रोकिलि
(c) बाइसेप्स ब्रोकिलि (d) ब्रोकिओ रेडिएलिस

146. रेडियो अलनर संधियोजन में कौन अधोवर्तन के लिए उत्तरदायी नहीं है?
(a) क्वाड्रेटस (b) कार्पि रेडिअलिस
(c) ऐंकॅनियस (d) बाइसेप्स ब्रोंकी

147. निम्नलिखित टखने के संधियोजन में कौन-सी पेशियां मध्यवर्ती अथवा आंतरिक घूर्णन के लिए उत्तरदायी है?
(a) पॉपलिटिअस (जानुपृष्ठीस)
(b) सार्टोरिअस (दीर्घतमां)
(c) ग्रैसिलिस
(d) ग्रैस्ट्रोइनेमियस (जठरगुर्दा संबंधी)

148. निम्नलिखित टखने के संधियोजन में कौन-सी संधियां पृष्ठीय आकुंचन के लिए उत्तरदायी है?
(a) सोलिअस (b) प्लैंटेरिस
(c) टिबिएलिस ऐटेरिअर (d) गैस्ट्रोएनेमियस

149. दूरी है–
(a) अदिश (स्केलर) मात्रा
(b) सदिश (वेक्टर) मात्रा
(c) विस्थापन के सदृश
(d) एम/एस में मापित

150. औसत वेग V किसके बराबर है–
(a) $d / t_2 - t_1$ (b) $V_f - V_i / t_2 - t_1$
(c) $1 / t_2 - t_1$ (d) $\Delta Q/t$

151. त्रिज्या-कोणों से परिमाण को डिग्री में बदलने के लिए किससे गुणा किया जाएगा?

(a) 3.14 (b) 57.3

(c) 0.0175 (d) 360

152. डिग्री को त्रिज्या-कोण में बदलने के लिए किससे गुणा किया जाएगा?

(a) 57.3 (b) 3.14

(c) 0.0175 (d) 2 P

153. दो पिंड-खंडों के बीच के कोण को कहते हैं–

(a) निरपेक्ष कोण (b) सापेक्ष कोण

(c) समकोण (d) कोई नहीं

154. औसत कोणीय वेग ϕ किसके बराबर है?

(a) $\Delta Q/\Delta t$ (b) $\Delta W/\Delta t$

(c) $V t^2/r$ (d) $W^2 r/$

155. रैखिक त्वरण बराबर होता है–

(a) त्रिज्या X कोणीय विस्थापन

(b) त्रिज्या X कोणीय वेग

(c) त्रिज्या X कोणीय त्वरण

(d) X ओमेगा

156. न्यूटन के प्रथम गति-नियम को किस नियम से जाना जाता है–

(a) त्वरण का नियम

(b) जड़ता का नियम

(c) क्रिया-प्रतिक्रिया का नियम

(d) संवेग का नियम

157. किसी प्रक्षेपास्त्र की अनुलंब गति किस गति-नियम से स्पष्ट होता है?

(a) जड़ता का नियम

(b) त्वरण का नियम

(c) क्रिया-प्रतिक्रिया का नियम

(d) किसी नियम से नहीं

158. न्यूटन के दूसरे नियम कोणीय व्याख्या का गणितीय प्रतीक है–

(a) $\sum T_a = l_a \infty a$

(b) $\sum T_a \Delta t = (H_F - H_i)_a$

(c) $T = F \times r$

(d) $l_a = \sum m_1 r_i^2$

159. बल के घूर्णन को यह भी कहा जाता है

(a) जड़ता (b) त्वरण

(c) प्रक्षेप-पथ (d) बलाघूर्णन

160. जिस विंदु पर पिंड का कुल द्रव्यमान अथवा भार संकेद्रित माना जा सकता है वह है–

(a) द्रव्यमान का केंद्र (b) घनत्व का केंद्र

(c) बलाघूर्णन (d) उत्तोलक

उत्तरमाला

1	2	3	4	5	6	7	8	9	10
(b)	(b)	(d)	(b)	(c)	(a)	(a)	(b)	(d)	(c)
11	12	13	14	15	16	17	18	19	20
(d)	(d)	(d)	(c)	(b)	(b)	(d)	(b)	(a)	(d)
21	22	23	24	25	26	27	28	29	30
(b)	(c)	(c)	(d)	(d)	(c)	(b)	(c)	(d)	(a)
31	32	33	34	35	36	37	38	39	40
(c)	(b)	(c)	(c)	(a)	(b)	(c)	(c)	(c)	(d)
41	42	43	44	45	46	47	48	49	50
(a)	(a)	(b)	(d)	(b)	(b)	(b)	(a)	(c)	(d)
51	52	53	54	55	56	57	58	59	60
(b)	(b)	(b)	(b)	(b)	(a)	(c)	(b)	(a)	(c)
61	62	63	64	65	66	67	68	69	70
(c)	(b)	(a)	(c)	(b)	(d)	(b)	(b)	(c)	(c)
71	72	73	74	75	76	77	78	79	80
(b)	(d)	(b)	(a)	(b)	(c)	(a)	(c)	(b)	(c)

81	82	83	84	85	86	87	88	89	90
(c)	(b)	(a)	(a)	(b)	(d)	(c)	(b)	(a)	(a)
91	**92**	**93**	**94**	**95**	**96**	**97**	**98**	**99**	**100**
(a)	(b)	(b)	(a)	(d)	(b)	(b)	(c)	(c)	(b)
101	**102**	**103**	**104**	**105**	**106**	**107**	**108**	**109**	**110**
(a)	(c)	(d)	(d)	(a)	(c)	(c)	(a)	(a)	(b)
111	**112**	**113**	**114**	**115**	**116**	**117**	**118**	**119**	**120**
(b)	(c)	(d)	(b)	(b)	(b)	(a)	(b)	(c)	(c)
121	**122**	**123**	**124**	**125**	**126**	**127**	**128**	**129**	**130**
(c)	(d)	(c)	(c)	(d)	(a)	(c)	(b)	(d)	(d)
131	**132**	**133**	**134**	**135**	**136**	**137**	**138**	**139**	**140**
(b)	(d)	(c)	(a)	(d)	(a)	(b)	(c)	(a)	(c)
141	**142**	**143**	**144**	**145**	**146**	**147**	**148**	**149**	**150**
(a)	(b)	(d)	(d)	(b)	(d)	(d)	(c)	(a)	(a)
151	**152**	**153**	**154**	**155**	**156**	**157**	**158**	**159**	**160**
(b)	(c)	(b)	(a)	(c)	(b)	(b)	(a)	(d)	(b)

इकाई-IV

सीखना प्रक्रिया-सिद्धान्त एवं नियम

शिक्षण अधिगम (Teaching Learning) एक जटिल प्रक्रिया है। शिक्षण एवं अधिगम शारीरिक शैक्षिक प्रक्रिया के महत्वपूर्ण अंग हैं। शिक्षण अधिगम प्रक्रिया इतनी सरल नहीं है कि शारीरिक शिक्षक के खेल कौशल सिखाते ही छात्र सब कुछ सीख जाए। कोई भी व्यक्ति शारीरिक शिक्षक बन सकता है किन्तु यह कहना निराधार है कि प्रत्येक व्यक्ति शिक्षण प्रदान कर सकता है । शिक्षण एवं अधिगम (Teaching and Learning) का घनिष्ठ सम्बन्ध है और दोनों एक दूसरे के पूरक हैं। शिक्षण एक सामाजिक क्रिया है और अधिगम या सीखना एक मनोवैज्ञानिक क्रिया है। शिक्षण अधिगम प्रक्रिया पर शारीरिक शिक्षक के व्यक्तित्व के अतिरिंक्त देश, काल एवं परिस्थितियों का भी प्रभाव पड़ता है। इसके साथ-साथ छात्र की व्यक्तिगत रूचियों, अभिरूचियों, अभिवृत्तियों, क्षमताओं, योग्यताओं तथा उसके वंशानुक्रम एवं वातावरण (Heredity and environment) का भी प्रभाव शिक्षण अधिगम प्रक्रिया पर पड़ता है।

शिक्षण अधिगम प्रक्रिया की जटिलता को जानने के लिए हमें इन दोनों के अलग-अलग अर्थों को समझना होगा:-

शिक्षण का अर्थ (Meaning of Teaching)

शिक्षण वह कला है जिसके द्वारा छात्रों को इस ढंग से प्रशिक्षित किया जाता है कि छात्र रूचिपूर्वक ज्ञान प्राप्त करें तथा उस ज्ञान को प्रत्यास्मरण कर सकें। शिक्षण दो या दो से अधिक व्यक्तियों के बीच विचारों या क्रियाओं के सीखने सिखाने का आदान-प्रदान है। इस प्रक्रिया में शामिल व्यक्तियों में से एक व्यक्ति दूसरे व्यक्ति से ज्ञान प्राप्त करता है। इस प्रकार की प्रक्रिया मुख्य रूप से विद्यालय में ही चलती है, जहाँ पहले से ही शिक्षा प्राप्त व्यक्ति छात्रों को शिक्षण प्रदान करने का प्रयत्न करते हैं।

शिक्षण नवयुवकों में सीखने की इच्छा जाग्रत करने तथा सीखने के प्रति आस्था रखने वाले छात्रों की आवश्यकताओं की जानकारी रखना तथा आवश्यकताओं की पूर्ति में सहायता करना तथा विचारों के विकास में उत्प्रेरक कार्य करने से सम्बन्धित है। दूसरे शब्दों में हम यूँ कह सकते है कि शिक्षण विचारों, वास्तविक तथ्यों एवं स्वयं शिक्षक की विचारधारा को दूसरे व्यक्तियों तक पहुँचाना है। शिक्षक एवं छात्र में विवेचनात्मक तथा तथ्यात्मक ज्ञान का आदान प्रदान ही शिक्षण कहलाता है।

"(Teaching is the passing of fact, ideas and part of yourself to others the communication of factual and interpretive knowledge between teacher and student)."

उपरोक्त विवेचना के आधार पर शिक्षण शब्द को निम्नलिखित अर्थों में प्रयोग किया जा सकता है :-

(i) शिक्षण एक व्यवसाय है। (Teaching is a Profession)
(ii) शिक्षण एक कला है (Teaching is an Art)
(iii) शिक्षण एक विज्ञान है (Teaching is a Science)

शिक्षण की प्रकृति (Nature of Teaching)

मनोवैज्ञानिकों एवं शिक्षा शास्त्रियों ने शिक्षण प्रक्रिया का विश्लेषण करके शिक्षण की प्रकृति के निम्न तथ्य व्यक्त किये हैं:-

1. समाज पर आधारित (Based on Society)
2. मानव प्रकृति पर आधारित (Based on Human Nature)
3. शासन प्रणाली पर आधारित (Based on administration)
4. अन्त: क्रिया पर आधारित (Based on Interaction)
5. उद्देश्यपूर्ण प्रक्रिया (Purposive Process)
6. शिक्षण प्रभावशाली होता है (Teaching is effective)
7. शिक्षण की अपनी शैली होती है (Teaching has its style)
8. शिक्षण की विधियां एवं प्रविधियां है (Teaching has Methods and Techniques)
9. शिक्षण के अपने सिद्धान्त (Teaching has its own Principles)
10. शिक्षण वर्णनात्मक होता है (Teaching is Descriptive)
11. शिक्षण निर्देशन प्रधान होता है (Teaching is instruction Dominated)
12. औपचारिक एवं अनौपचारिक शिक्षण (Teaching is formal and informal)
13. शिक्षण उद्देश्य केन्द्रित होता है (Teaching is objective centred)
14. शिक्षण त्रिध्रुर्व.य प्रक्रिया है (Teaching is Tripolar Process)

शिक्षण की परिभाषाएं (Definitions of Teaching)

'शिक्षण' शब्द को भिन्न-भिन्न अर्थों में प्रयोग किया जाता है। अतः शिक्षण की कोई एक परिभाषा नहीं दी जा सकती। शिक्षण की परिभाषाएं निम्न हैं:-

1. एन. एल. गेज के मतानुसार, ''शिक्षण पारम्परिक प्रभावों का एक रूप है जिसका लक्ष्य दूसरे व्यक्ति की व्यवहार क्षमता में परिवर्तन लाना है।''
   "Teaching is a form of inter-personal influence aimed at changing the behaviour potential of another person."
   — N.L. Gaye
2. क्लार्क के मतानुसार, ''शिक्षण एक प्रक्रिया है जिसकी व्यवस्था तथा संचालन छात्र के व्यवहार में परिवर्तन लाने के लिए किया जाता है।''
   "Teaching is an activity which is designed and performed to produce change in student behaviour." - Clarke

सीखना का अर्थ एवं प्रकृति (Meaning and Nature of Learning)

शिक्षा मनोविज्ञान सीखने का विज्ञान है। शिक्षा मनोविज्ञान में सीखने का अध्ययन बहुत महत्त्वपूर्ण है। शिक्षा मनोविज्ञान में सीखने का विशेष रूप से अध्ययन किया जाता है। सीखना एक मनोवैज्ञानिक प्रक्रिया है तथा किसी भी शिक्षा प्रणाली में सीखने का महत्त्वपूर्ण स्थान है। एक सुव्यवस्थित एवं कुशल शिक्षा प्रणाली में सीखना प्रभावशाली होना चाहिए। पिछले सौ वर्षों के प्रयोग एवं अनुसन्धान इस बात को सिद्ध करते हैं कि सीखना प्रक्रियाँ एक सरल प्रक्रिया नहीं है, बल्कि अधिगम प्रक्रिया एक जटिल प्रक्रिया है।

सीखना शब्द सीखना प्रक्रिया (Process) तथा उस प्रक्रिया के परिणाम (Product) दोनों के लिए प्रयोग किया जाता है। प्रक्रिया के रूप में सीखने वाले के अनुभवों, उसकी आन्तरिक एवं बाह्य क्रिया तथा उसकी अपनी परिस्थिति के प्रति उसकी प्रतिक्रियाओं का उल्लेख करता है। ये व्यवहार परिवर्तन स्थायी एवं अस्थायी दोनों प्रकार के हो सकते हैं।

सीखना का अर्थ है व्यवहार परिवर्तन। व्यवहार परिवर्तन अनुभव एवं प्रशिक्षण के द्वारा होता है। एक छोटा बच्चा जलते हुए दीपक की लौ पकड़ लेता है। लौ पकड़ने से उसका हाथ जल जाता है और उसे पीड़ा होती हैं भविष्य में वह कभी ऐसा नहीं करता। इसे ही अनुभव के द्वारा सीखना कहते हैं। एक व्यक्ति साईकिल चलाना नहीं जानता। शनैः शनै वह साईकिल पर चढ़ना सीखता है और साईकिल चलाने में निपुणता प्राप्त कर लेता है। इसे प्रशिक्षण द्वारा सीखना कहते हैं

सीखना की प्रकृति (Nature of Learning)

सीखना एक मनोवैज्ञानिक प्रक्रिया है जो सामाजिक सन्दर्भ में संचालित एवं पूर्ण होती है। मनोवैज्ञानिकों ने सीखना की प्रकृति निम्न प्रकार से व्यक्त की हैं :-

1. सीखना एक मानसिक प्रक्रिया है (Learning is a Mental process)
2. सीखना एक सामाजिक प्रक्रिया है (Learning is a social process)
3. सीखना उद्देश्यपूर्ण क्रिया है (Learning is purposeful activity)
4. सीखना सर्वव्यापी है (Learning is universal)
5. सीखना विकास है (Learning is Growth)
6. सीखना विवेकपूर्ण क्रिया है (Learning is an Intelligent Activity)
7. सीखना का आधार मानव प्रकृति हैं (Learning is based on Human Nature)
8. सीखना अनुकूल है (Learning is Adjustment)
9. सीखना सक्रिय है (Learning is Activity)
10. सीखना खोज है (Learning is Discovery)

सीखना की परिभाषाएँ (Definitions of Learning)

1. गेट्स- ''अनुभव एवं प्रशिक्षण द्वारा व्यवहार परिवर्तन को सीखना कहते हैं।''
   "Learning is the modification of behaviour through experience and training." —Gates
2. वुडवर्थ - ''नवीन ज्ञान एवं अनुक्रियाओं को प्राप्त करने की प्रक्रिया, सीखना की प्रक्रिया कहलाती है।''
   "The process of acquiring new knowledge and responses is the process of learning." —Woodworth

अधिगम की प्रभावशाली विधियाँ (Effective Methods of Learning)

मनोवैज्ञानिकों ने सीखना की निम्न विधियों को प्रभावशाली बतलाया है :-

1. **करके सीखना** (Learning by Doing) : डॉ. मैक के अनुसार ''स्मृति का स्थान मस्तिष्क में नहीं हैं बल्कि शरीर के अवयवों में हैं जिसके परिणामस्वरूप करके सीखा हुआ

ज्ञान शीघ्र नहीं भूला जाता बल्कि अधिक टिकाऊ होता है। बालक जिस कार्य को स्वयं करके सीखता है उसको सीखने में उसे आनन्द आता है और कार्य को वह शीघ्र ही सीख जाता है।

2. **निरीक्षण द्वारा सीखना (Learning by Observation):** योकाम एवं सिम्पसन के अनुसार, ''बालक निरीक्षण करके शीघ्रतापूर्वक सीखते हैं निरीक्षण करते समय बालक कई इन्द्रियों का प्रयोग करते हैं, जिसके फलस्वरूप उनके स्मृति पटल पर सीखे जाने वाले प्रत्यय का चित्र स्पष्ट रूप से अंकित हो जाता है।

3. **परीक्षण द्वारा सीखना (Learning by Experimentation):** अधिगम सीखने की परिस्थितियों की खोज करना है। बालक सीखने में परीक्षण विधि का प्रयोग करके एक निष्कर्ष पर पहुँचता है। इस प्रकार वह जिन बातों या प्रत्ययों को सीखना चाहता हैं वे उसके ज्ञान का अभिन्न अंग बन जाता है।

4. **मिश्रित विधियों द्वारा सीखना (Learning by Mixed Method) :** सीखने की दो विधियाँ महत्वपूर्ण है- पूर्ण विधि (Whole Method) एवं खण्ड विधि (Part Method) जिनकी मिली-जुली विधि को मिश्रित विधि कहते हैं। इस विधि में पहले विषय को खण्डों में बाँट कर सीखा जाता है फिर पूर्ण विषय को इसके साथ सीखा जाता है। इस विधि द्वारा बालक कठिन से कठिन बात को भी शीघ्रतापूर्वक सीख जाता है।

5. **सामूहिक विधियों द्वारा सीखना (Learning by Group Methods) :** सीखना व्यक्तिगत तथा सामूहिक दोनों प्रकार होते हैं। कक्षा में सीखने का कार्य सामूहिक होता है जिसे वाद-विवाद विधि (Discussion Method), वर्कशाप विधि (Workshop Method), सम्मेलन व विचार-गोष्ठी विधियाँ (Conference and Seminar Method) तथा प्रोजेक्ट डाल्टन एवं बेसिक विधियों (Project Delton and Basic Methods) द्वारा भली भांति सीखा जा सकता है।

सीखने में पठार (Plateaus in Learning)

पठार का अर्थ (Meaning of Plateau): हम अपने जीवन में अनेक कार्य अथवा विषय सीखते हैं। किन्तु सबके सीखने की गति प्रारम्भ से अन्त तक एक सी नहीं होती। यह गति कभी तेज और कभी धीमी होती है। सीखने की इस गति को ग्राफ पर अंकित करे तो एक वक्र रेखा बन जाती है। इसी को सीखने का वक्र (Learning Curve) कहते हैं। सीखते समय कभी-कभी ऐसी अवस्था भी आ जाती है। जब हमारी सीखने में उन्नति बिल्कुल रूक जाती है। इसी अवस्था को सीखने या अधिगम में पठार कहते हैं।

पठार की परिभाषाएँ (Definition of Plateau)

1. **स्किनर** के अनुसार, ''पठार क्षैतिज प्रसार है, जिससे उन्नति का बोध होता है।''
   "A Plateau is a Horizonted stretch indicative of a apparent Progress". – Skinner

2. **रॉस** के अनुसार, ''सीखने की प्रक्रिया की एक प्रमुख विशेषता पठार है। ये उस अवधि को व्यक्त करते हैं, जब सीखने की क्रिया में कोई उन्नति नहीं होती है।''
   "Plateau is a characteristic feature of the learning process, indicating a period where no improvement in Performance is made." —Ross

सीखने का वक्र एवं पठार

सीखना में कोई निश्चित नहीं है कि पठार कब और कितनी अवधि के लिए आता है। एक व्यक्ति उसी कार्य को शीघ्र ही सीख लेता है । जबकि दूसरे व्यक्ति को उसी कार्य को सीखने में अधिक समय लगता है। पठार कब और कितने समय तक रहता है यह व्यक्तिगत विभिन्नताओं पर निर्भर करता है। सीखना में पठार निश्चित अवस्थाओं के पश्चात् आते हैं। इन अवस्थाओं पर पहुँचने का समय प्रत्येक व्यक्ति का अलग-अलग होता है। इन अवस्थाओं के विषय में रैक्स एवं नाइट (Rex and Knight) ने कहा है- ''सीखना में पठार तब आते हैं, जब व्यक्ति सीखने की एक अवस्था पर पहुँच जाता है और दूसरी अवस्था में प्रवेश करता है।'' **सोरिन्सन** के अनुसार, ''सीखने के पठार की अवधि सीखने के कार्य की जटिलताओं के अनुसार कुछ दिन, सप्ताह अथवा कुछ माह तक रहती है। जो कार्य जितना अधिक जटिल होगा उसे उतना ही अधिक भागों में विभाजित करके सीखा जायेगा और उसमें उतने ही अधिक पठारों का निर्माण होगा।''

सीखना में व्यक्ति एक अवस्था से दूसरी अवस्था में कैसे प्रवेश करता है। इसका उदाहरण टाइप सीखने से दिया जा सकता है। टाइप सीखने वाला पहले अक्षरों को फिर शब्दों को और फिर पूरी पंक्तियों को टाइप करना सीखता है। अत: पहली

और दूसरी अवस्था के बाद उसके सीखना में पठारों का आना अनिवार्य है। इस प्रकार हम कह सकते हैं कि पठार सीखे जाने वाले कार्य की अवस्थाओं के अनुपात में होते हैं।

पठारों के कारण (Causes of Plateaus)

1. सीखना की अनुचित विधि (Wrong Method of Learning)
2. कार्य की जटिलता (Complexity of Act)
3. शारीरिक सीमा (Physical Limit)
4. पुरानी आदतों का नई आदतों से संघर्ष (Struggle between Old and New Habits)
5. अभिप्रेरणा का अभाव (Lack of Motivation)
6. शिक्षण की अनुचित विधि (Wrong Method of Teaching)
7. अभ्यास का अभाव (Lack of Exercise)
8. त्रुटियों का स्थानान्तरण (Transfer of Errors)

पठारों का निराकरण

पठार सीखना प्रक्रिया में बाधा उत्पन्न करते हैं और सीखने वाले के समय को नष्ट करते हैं। मनोवैज्ञानिकों ने पठारों के निराकरण के निम्न उपाय बतलाये हैं :-

1. सीखना की उचित विधि (Proper method of Learning)
2. शिक्षण विधि में परिवर्तन (Change in the method of Teaching)
3. उचित अभिप्रेरणा प्रदान करना (To provide proper Motivation)
4. पाठ्य सामग्री का संगठन (Organization of the Content)
5. कार्य में परिवर्तन (Change in Activity)
6. विश्राम (Rest)
7. आदत परिवर्तन (Change in Habit)
8. उचित अभ्यास (Proper Exercise)

पठारों के निराकरण के विषय में सोरेन्सन (Soreson) का मत है- ''शायद ऐसी कोई भी विधि नहीं है जिससे पठारों को बिल्कुल समाप्त कर दिया जाये, परन्तु उनकी संख्या और अवधि को कम किया जा सकता है।''

शिक्षण अधिगम मनोविज्ञान का खेलों में योगदान

मनोविज्ञान के विकास के परिणामस्वरूप खेल मनोविज्ञान तथा सीखने का मनोविज्ञान अलग-अलग मनोविज्ञान की शाखाओं के रूप में माना जाता है। किन्तु आधुनिक दृष्टिकोण के अनुसार मनोविज्ञान की दोनों शाखायें एक ही हैं और अब इसे शिक्षण अधिगम मनोविज्ञान की संज्ञा दी जाने लगी है। शिक्षण एक सामाजिक प्रक्रिया है और इसका कार्य अधिगम परिस्थितियों को सुचारू रूप से व्यवस्थित करना है। अत: शिक्षण अधिगम मनोविज्ञान की वह शाखा है, जिसका सम्बन्ध पढ़ाने और सीखने से है। शिक्षण अधिगम मनोविज्ञान शिक्षण तथा अधिगम की समस्याओं का अध्ययन विश्लेषण विवेचन तथा समाधार करता है। शिक्षण अधिगम मनोविज्ञान का योगदान निम्नलिखित दिशाओं में दृष्टिगोचर होता है :-

1. बालकेन्द्रित शिक्षा (Child Centred Education)
2. व्यक्तिगत विभिन्नताओं का महत्त्व (Importance to Individual Differences)
3. शिक्षण त्रिध्रुवीय प्रक्रिया (Tripolar Process)
4. शिक्षण विधियों में सुधार (Improvements in Teaching Methods)
5. दृश्य-श्रव्य सामग्री का प्रयोग (Use of Audio Visual Aids)
6. अनुशासन की नई विधियाँ (New Techniques of Discipline)
7. शैक्षिक लक्ष्यों की प्राप्ति (Attainment of Teaching Objectives)
8. शिक्षण तकनीकी (Teaching Technology)
9. अध्यापक प्रशिक्षण की नई प्रविधियाँ (New Techniques of Teacher-Training)
10. शैक्षिक प्रशासन तथा प्रबन्ध की समस्याओं का वैज्ञानिक अध्ययन (Scientific Study of the Problems of Educational Administration and Management)
11. अभिप्रेरणा पर बल (Emphasis on Motivation)
12. सामाजिक सन्दर्भ में शिक्षा (Education in Social Context)
13. शिक्षकों की व्यावसायिक कुशलता की वृद्धि में सहायक (Helpful in Increasing Professional Efficiency of Teachers)
14. निर्देशन समस्याओं का विश्लेषण (Analysis of Instruction)
15. मापन यन्त्रों का निर्माण (Construction of Measuring Instruments)
16. पाठ्य-वस्तु का तर्कपूर्ण संगठन (Organization of the Context in Logical or Psychological Sequence)
17. शिक्षण लक्ष्यों की प्राप्ति में पृष्ठ पोषण- प्रतिविधियों का प्रयोग (Application of Feedback Devices in Achieving Teaching Objectives)

18. सीखने वाले के गुणों का विश्लेषण (Analysis of Learner's Characteristics)
19. शिक्षक व्यवहार का शुद्धिकरण (Modification of Teacher Behaviour)
20. कक्षा की समस्याओं के समाधान में सहायक (Helpful in the Solution of Class room Problems)
21. शिक्षक के व्यवसाय की तैयारी में सहायक (Helpful in the Preparation of Teachers Profession)
22. सीखने की प्रक्रिया के मार्ग दर्शन में सहायक (Helpful in the Guidance of Learning Process)
23. मानव सम्बन्धों के सुधार में सहायक (Helpful in the improvement of Human Relations)
24. पाठ्यक्रम में सुधार (Improvement in Curriculum)
25. छात्रों को तत्पर बनाने पर बल (Emphasis to make Students Ready)
26. बालक के व्यक्तित्व का चहुंमुखी विकास (All round Development of Child's Personality)
27. शिक्षा सम्बन्धी धारणाओं में परिवर्तन (Change in Educational Concepts)

सीखने की परिभाषा

स्मिथ के अनुसार- ''अनुभव के परिणामस्वरूप नूतन व्यवहार का अर्जन तथा पुराने व्यवहार का सबलन अथवा दुर्बलन ही शिक्षण है। चेतन हो अथवा अचेतन, शिक्षण एक निरंतर विद्या है जिसके माध्यम से मौलिक व्यवहार में विकासोन्मुख परिवर्तन आता है।''

क्रुक्स और **स्टर्न** के अनुसार, ''मौलिक व्यवहार में अनुभव से उत्पन्न होने वाला सापेक्षाकृत स्थायी परिवर्तन ही सीखना है।''

सीखने के प्रकार

1. संज्ञानी शिक्षण (Kinds of Learning)
2. भाविनी शिक्षण (Affective Learning)
3. प्रशिक्षण (Effective Learning)

सीखने के सिद्धान्त (Theories of Learning)

मनुष्य के संदर्भ में शिक्षण इतना गहन विषय तथा विधि है कि अत्यधिक अनुसंधान के बाद भी वैज्ञानिक अभी तक इसकी सैद्धान्तिकी में ही उलझे हुए दिखाई पड़ते हैं तथा वे इस बारे में स्पष्ट नहीं है कि शिक्षण वास्तव में कैसे व्याप्त होता है, जो कुछ आज हम शिक्षण के विषय में जानते हैं वह प्राणियों पर किये गए अनुसंधान तथा मानव व्यवहार के दीर्घकालीन अवलोकन का परिणाम है। अनुसंधान शाला के भीतर हो अथवा बाहर, प्राणियों के व्यवहार पर प्रयोग करना वस्तुतः सरल है। किन्तु मानव व्यवहार पर प्रयोग करना अत्यन्त कठिन है।

हेनरी पी. स्मिथ के अनुसार ''अनुभव के परिणामस्वरूप नए आचरण की प्राप्ति अथवा पुराने आचरण का शक्तिशाली अथवा दुर्बल होना ही शिक्षण है।'' Learning is the acquisition of the new behaviour of the strengthening or weakening of old behaviour as a result of experience.

संक्षेप में अनुभव परिणामस्वरूप आचरण में आने वाले रूपान्तर को शिक्षण कहते हैं। जन्म से लेकर मृत्यु तक हमें प्रतिदिन प्रतिपल नए से नए अनुभव होते रहते हैं और उन्हीं अनुभवों के कारण हमारे आचरण में रूपान्तर परिवर्तन आते रहते हैं, इसलिए हमारे शिक्षण का क्रम हमारे जन्म से लेकर मृत्यु तक चलता रहता है। व्यवहार में आने वाले प्रगामी परिवर्तन (Progressive Change) का ही दूसरा नाम शिक्षण है। जिसमें वंशानुक्रम एवं वातावरण अत्यन्त महत्त्वपूर्ण कार्य करते हैं। इसमें कोई सन्देह नहीं है कि शिशु जन्म से ही अपने साथ ऐसे जन्मजात उपकरण (Native Equipment) लाता है जो उसे सीखने में सहायता देते हैं। परन्तु उसका शिक्षण उसकी परिपक्वता पर निर्भर करता है। अभिव्यक्ति और विकास के भिन्न-भिन्न स्तरों पर वह भिन्न-भिन्न प्रक्रियाएँ व अनुक्रिया कर पाता है।

सीखने के नियम

मनोवैज्ञानिकों ने शिक्षण विद्या पर अनेक प्रयोग किये और उसने सीखने के कुछ नियमों का प्रतिपादन किया जिनसे हमें ज्ञात होता है कि सिखलाई कौन-कौन सी वस्तुओं को सुचारू रूप से चला सकती है। सीखने के अग्रलिखित नियम विश्व विख्यात हुए हैं:-

1. **तत्परता का नियम** (Law of Readiness) : इससे भाव यह है कि शिक्षण तभी प्रभावशाली होगा यदि सीखने वाला व्यक्ति उस प्रक्रिया को सीखने को तत्पर एवं तैयार हो।

2. **अभ्यास का नियम** (Law of Exercise) : अभ्यास के नियम को उपयोग और अनुपयोग का नियम Law of use and disuse भी कहा जाता है। अभ्यास का 'करत-करत अभ्यास के जड़मति होत सुजान' के बहुकथित एवं बहुचर्चित विचार पर आधारित तथा स्वभाव पुनरावृत्ति Repetitive Habits से सम्बन्धित है।

3. **प्रभाव का नियम** (Law of Effect) : इसे Punishment and Reward का नियम भी कहते हैं। यहाँ प्रभाव का भाव प्रक्रिया के परिणाम पर निर्भर करता है। यदि कोई भी क्रीड़ा बच्चे को अच्छी लगेगी अथवा उसका उस पर अच्छा प्रभाव पड़ेगा तो वह उसे और अधिक सीखने का प्रयास करेगा और उसका बार-बार अभ्यास करेगा।

अभिप्रेरण (Motivation)

प्रेरणा मनोविज्ञान का सबसे उज्जवल तथा आवश्यक क्षेत्र है। सीखने पर प्रेरणा का बहुत अधिक प्रभाव पड़ता है। प्रेरणा के अभाव में सिखलाई शून्य या थोड़ा ही होगा। सीखने की प्रक्रिया में प्रेरणा के पर्याप्त स्तर से ऊर्जा प्रवाहित होता है। उदाहरणार्थ एक बच्चे को साईकल चलाना सीखते हुए देखें। वह कई बार नीचे गिरता है तथा इस प्रक्रिया में उसे खरोंच व जख्म लगते हैं। मगर वह सीखना छोड़ता नहीं। जब तक वह दक्षता प्राप्त नहीं कर लेता वह बार-बार उठकर कोशिश करता है। यह उसके अन्दर की अदम्य शक्ति या प्रेरक तत्त्व होता है जो उसे लगातार कोशिश करने के लिए प्रेरणा देता है जब तक वह कामयाब नहीं हो जाता। हम कह सकते हैं कि लड़का सीखने के लिए इतना प्रेरित था कि असफलता और चोटों के बावजूद आगे बढ़ता गया। इस विशेष तरीके से उसने ऐसा क्यूं किया। उसके व्यवहार का 'क्यूं और 'कैसे' प्रेरणा शब्द में छुपा हुआ है।

प्रेरणा शब्द लेटिन शब्द 'मोवियर' से लिया गया है जिसका अर्थ है 'बदलना' या 'चलना'। जब हम कहते हैं कि कोई व्यक्ति प्रेरित है तो उसका अर्थ है कि मंजिल पाने के लिए वह एक अंदरूनी प्रेरक तत्त्व या बल से प्रेरित है। हम कह सकते हैं कि प्रेरणा एक प्रक्रिया है जिसके द्वारा व्यक्ति अनुप्राणित होता है, उदीप्त होता है तथा विशेष दिशा की तरफ विशेष विधि से काम करने के लिए प्रेरित होता है।

'प्रेरणा' शब्द का अर्थ है वे प्रक्रियाएं या शर्तें जो मनोवैज्ञानिक या शारीरिक हो सकती है, समाहित या प्राप्त, आन्तरिक या बाह्य हो सकती हैं जो तय करती हैं कि व्यक्ति का स्वभाव किस प्रकार शुरू होता है, बरकरार रहता है, दिशा प्राप्त करता या खत्म होता है। एक व्यक्ति जिसमें प्रेरणा का स्तर बहुत ऊंचा होगा, उसका प्रदर्शन बहुत अच्छा होगा तथा उनके मुकाबले बेहतर होगा जो प्रेरित नहीं या कम प्रेरित हुए हैं।

किसी विशिष्ट उद्देश्य को प्राप्त करने के लिए किसी विशेष समय में विशेष ढंग से काम करने के लिए व्यक्ति जब मजबूर होता है, उकसाया जाता है तथा ऊर्जावान होता है उसे प्रेरणा कहते हैं। जानबूझ कर तथा उद्देश्य पूर्ण कोशिश करना प्रेरणा कहलाता है। पी. टी. यंग के अनुसार, कार्य के लिए उकसाना, गतिविधि जारी रखने या कार्य को विशेष विधि से नियमित करने की प्रक्रिया प्रेरणा कहलाती है। अपने दैनिक जीवन में हम बहुत से प्रेरणात्मक शब्द जैसे इच्छा, कामना, उद्देश्य, उत्प्रेरक, प्रेरक बल आदि का प्रयोग करते हैं। ये प्रेरणात्मक शब्द व्यक्ति के स्वभाव को नियमित करते हैं मानवीय प्रेरणा बहुत जटिल है, उसे समझना कठिन है, उसकी पूर्व घोषणा, व्याख्या या नियंत्रित करना कठिन कार्य है।

प्रेरणा के विषय पर सोचने का अर्थ है कि असलियत में जानना कि आदमी जो करता है वह क्यूं करता है। हमें कई बार हैरानी होती है कि एक विशेष एथलीट अपने विशिष्ट प्रदर्शन स्तर से अच्छा या बहुत बुरा परिणाम कैसे देता है तथा लोग अपनी गतिविधियों का चुनाव किस प्रकार करते हैं। इस 'क्यूं' का उत्तर वैज्ञानिक खोज के आधार पर देने के लिए क्षेत्र ढूंढना पड़ता है जिसे प्रेरणा का मनोविज्ञान कहते हैं। इस क्षेत्र में हम वे कारक ढूंढते हैं जो गतिविधियां आरम्भ करवाते हैं तथा उस गतिविधि की दिशा में सहायक छोटे या बड़े स्तर के उद्देश्यों को निर्धारित करते हैं। यदि हम प्रभावी सीखने की स्थिति पैदा करना चाहते हैं तो हमें मानवीय स्वभाव के इस 'क्यूं' के बारे में जानना होगा। जरूरतों के प्रत्युतर में स्वभाव में बदलाव आता है। जब मौजूदा उत्तर जरूरतों को पूरा करने में असफल रहते हैं तो सिखलाई व व्यक्तित्व का विकास होना प्रारम्भ होता है जब बच्चे की इच्छाओं को समझना संभव हो जाता है तो उसके स्वभाव की पूर्व घोषणा भी की जा सकती है क्योंकि इच्छाएं ही वह गतिमान बल हैं जो स्वभाव को ऊर्जा देती है। यही वास्तविक प्रेरणा है जो बच्चे को कार्य करने के लिए बाधित करता है। हम किसी विशेष स्थिति में कैसे और क्यूँ व्यवहार करते हैं यह प्रेरणा के संदर्भ में समझा जा सकता है।

आवश्यकताएं (Needs)- जब हम प्रेरित स्वभाव के उद्भव का स्रोत तलाश करते हैं तो हमें बुनियादी जरूरत -जैसे बायलोजीकल व सामाजिक व मनोवैज्ञानिक से शुरू करना होगा। जरूरतें वे सामान्य मांगें या इच्छाएं हैं जो किसी के व्यवहार का आधार बनती हैं। एक विशेष जरूरत उस तीव्र बल को जन्म देती है जिस से व्यक्ति किसी विशेष ढंग से काम करने को प्रेरित होता है। यह जरूरत ही है जो व्यक्ति को उसकी गतिविधियों या उद्देश्यों तक लाती है तथा उसमें सन्तोष तथा जरूरत की पूर्ति का अहसास लाती है। मास्टर ने प्रेरणा का एक सिद्धांत दिया जिसमें उसने पांच जरूरी जरूरतों को लिखा है-

मनोवैज्ञानिक, सुरक्षा, अपनापन और प्यार, इज्जत और आत्म वास्तविकता।

उद्देश्य (Motives)– विशेष उद्देश्य को प्राप्त करके अपनी जरूरतें पूरी करने के लिए व्यक्ति को मजबूर करने मनाने या प्रेरित करने के लिए ऊर्जावान बल या प्रतिबद्धता ही उद्देश्य की परिभाषा है। मनुष्य के स्वभाव को एकाग्र करने का आन्तरिक कारक उद्देश्य ही है। उद्देश्य स्थायी होते हैं और जब तक व्यक्ति उनसे सन्तुष्ट नहीं हो जाता वे उसे कार्यरत रखते हैं। वे न केवल उसे कार्यरत रखते है बल्कि वे विशिष्ट मंजिलों की तरफ उसके कार्यों को गतिवान रखते हैं

बच्चा हो या वयस्क, कुछ बुनियादी उद्देश्य या जरूरतें वे पूरा करने की कोशिश करते रहते हैं। जब तक मौजूदा स्वभाव या ज्ञान उन जरूरतों को पूरा करने में पर्याप्त होता है वे नया स्वभाव या ज्ञान पाने की चेष्टा नहीं करेंगे। जब हमारा मौजूदा ज्ञान व स्वभाव हमारे उद्देश्यों को पूरा नहीं करता तब हम अपने रूझानों, रुचियों और व्यक्तित्व को बदलने की चेष्टा करेंगे। कुछ नया सीखने के लिए सर्वप्रथम एक मंजिल हो जो हमें आकर्षित करे तथा दूसरा वहां कोई रुकावट हो जो हमें मंजिल प्राप्त करने से रोके। कारण साधारण सा है क्योंकि अगर हमारे रास्ते में रुकावटें नहीं होंगी तथा अपने प्राप्त स्वभाव और ज्ञान से हम सीधे उस मंजिल तक पहुंच जाएंगे तथा ऐसी स्थिति में हमें कुछ सीखने की जरूरत नहीं होगी। जो हमारे असंतुष्ट उद्देश्य स्थितियां पैदा करते हैं उन तक पहुंचने के लिए जरूरी होने पर ही हम अपने व्यवहार में परिवर्तन लाते हैं।

जब अधिकतम मानसिक गतिविधियां होंगी तभी प्रभावी सिखलाई हो पाती है जो बहुत बड़ी प्रेरणा से ही सम्भव है। हम एथलीटों को अच्छा साजोसामान, साफ सुथरा व रोशनीदार जिमनेजियम दे सकते हैं परन्तु अगर वे बिल्कुल सीखना नहीं चाहते तो उनकी सिखलाई धीमी होगी। हमें पता है जब उद्देश्यों की पूर्ति करनी होती है तभी आवश्यकता जन्म लेती है, हमें अपने प्रशिक्षण कार्यक्रम इस पर बनाने चाहियें ताकि वे एथलीटों के उद्देश्यों पर खरे उतरें। अपने-अपने उद्देश्य के अनुसार हम सब काम या खेल चाहते हैं या उससे बचना चाहते हैं। हम सीधा सादा या जटिल कार्य अपने उद्देश्य की पूर्ति के लिए करते हैं। ये उद्देश्य ऐच्छिक व अनैच्छिक इच्छा व उद्वेग (Urges) से प्रेरित हो सकते हैं या लाभ (Incentive), मंजिल, लक्ष्यों या मूल्यों से प्रेरित हो सकते हैं। उद्देश्य कई प्रकार के हो सकते हैं उदाहरणार्थ, भूख, प्यास, वासना, मातृत्व, आक्रामक व लड़ाई की प्रवृत्ति, स्नेह, सफलता, पलायन (escape) की इच्छा, खेल की इच्छा, व्यक्तिगत तथा सामाजिक उद्देश्य आदि। कई कार्यों के पीछे एक उद्देश्य हो सकता है तथा एक ही कार्य के पीछे कई उद्देश्य हो सकते हैं।

संक्षेप में, प्रेरणा एक भावनात्मक सोच है, जो मानवीय व्यवहार के पीछे जटिल प्रक्रिया की सांसारिक परिभाषा देता है। यह महसूस नहीं की जा सकती बल्कि इससे आने वाले परिणाम देखे, नापे रिकार्ड किए व लेबल (label) किये जा सकते हैं। यह सीखने के उच्च पथ हैं तथा व्यक्ति व्यक्ति पर निर्भर करता है। प्रेरणा का अर्थ है कार्य व कोशिश न कि केवल साधन या वापसी। इसके स्तर व तीव्रता को देखना चाहिये, यह कमजोर, मध्यम या ताकतवर हो सकती है तथा सीखने के लिए जोश व ऊर्जा को यह प्रभावित करती है।

स्मरण रहे कि केवल प्रेरणा ही हमेशा अच्छी नहीं होती। हालांकि कुछ स्तर तक प्रेरणा होने पर सीखने में बढ़ोतरी हो सकती है परन्तु यह देखा गया है कि बहुत अधिक प्रेरणा होने पर सीखने की गुणवत्ता में गिरावट आती है। यह कितनी है इस पर निर्भर करता है कि गतिविधि की जटिलता कितनी है तथा भावनात्मक दबाव को सहन करने के लिए सीखने वाले की सहन शक्ति कितनी है। साधारणतया मध्यम दर्जे का प्रेरणा स्तर सीखने में अधिकतम प्रवीणता पैदा करता है। सामान्य बच्चों में भावनात्मक स्तर पर अव्यवस्थित (emotionally disturbed) बच्चों की अपेक्षा सहनशीलता के स्तर ऊंचे होते हैं। वैसे ही प्रचंड प्रेरणा से एक मन्द बालक आसानी से अव्यवस्थित (disturb) हो जाता है। देखा गया है कि अव्यवस्थित व मन्द बच्चों में अच्छे परिणाम लाने के लिए प्रेरणा के मध्यम स्तर सही हैं।

प्रेरणा की परिभाषाएं

प्रेरणा क्या है? कई प्रकार के ढंगों और स्थितियों से सम्बन्धित मनोवैज्ञानिक छानबीन का यह विस्तार क्षेत्र है। यह क्या है? इनका उपयुक्त उत्तर विभिन्न लेखकों द्वारा दी गई परिभाषा में हैं–

प्रेरणा के प्रकार: कोई गतिविधि सीखने के लिए उत्प्रेरित बल को प्रेरणा कहते हैं। यह बल अन्तर्मन से निकली हुई तीव्र उत्कंठा (inner urge) हो सकता है या किसी गतिविधि के प्रति प्रेरित किया गया जबरन बाहरी बल या आकर्षण हो सकता है।

अत: कह सकते हैं कि प्रेरणा के मुख्य स्रोत कुदरती या बनावटी हो सकते हैं तथा इन स्रोतों के आधार पर प्रेरणा को दो वर्गों में बांटा जा सकता है (i) आन्तरिक प्रेरणा तथा (ii) बाहरी प्रेरणा।

(i) आन्तरिक व अन्त:प्रेरणा (Intrinsic Motivation): आमतौर पर अन्त:प्रेरणा का अर्थ प्राकृतिक व प्रदत्त (inherent) प्रेरणा है। अन्दर की तीव्र उत्कंठा (urge) है, एक अंतर्मन की प्यास है या प्रदत्त शौक (inherent interest) है जिससे मजबूर होकर एथलीट गतिविधि शुरू करता है तथा बरकरार रखता है। इस तरह की कार्यवाही में एथलीट उस गतिविधि में अपने आप मशगूल (engage) रहता है। एथलीट आन्तरिक रूप से प्रेरित तब माना जाता है जब वह किसी गतिविधि से शुद्ध आनन्द व सन्तोष प्राप्त करता है। जब एथलीट अन्त: प्रेरणा पाते हैं तो वे उस कार्य को पूर्ण रूप से साधने की कोशिश में हुनरमन्द व दक्ष हो जाते हैं। ऐसे लोग प्रतिस्पर्धा का आनन्द एक्शन व जोश पूर्ण ढंग से लेते हैं अपनी योग्यता के चरण तक हुनर सीखते हैं तथा उसी समय लुत्फ उठाते हैं।

अन्त:प्रेरणा का दूसरा बुनियादी तथ्य यह है कि प्रेरित लोग अनिश्चित घटा कर वातावरण के साथ प्रभावी ढंग से निबटने के योग्य बन जाते हैं। अन्त:प्रेरणा की पूरी समझ में मनोवैज्ञानिक व शारीरिक उद्देश्य शामिल हैं। यह प्रेरणा सन्तुष्टि से आती है तथा व्यक्ति अपनी जरूरतों की पूर्ति करता है। व्यक्ति के कार्यों के बीच छुपी मनोवैज्ञानिक प्रक्रियाओं के संदर्भ में Edward Deci ने कहा है, 'अन्त: प्रेरणात्मक व्यवहार वह व्यवहार है जो वातावरण के साथ निबटते हुए व्यक्ति के समर्थ महसूस करने की जरूरत के व्यवहार से प्रेरित होता है। जितना अधिक-एथलीट अपने कार्यों को स्वनिर्मित (Self determined) या व्यक्तिगत सामर्थ्य के अहसास से भरा मानेगा अन्त:प्रेरणा का स्तर उतना ऊंचा होगा।

यदि कोई एथलीट महसूस करता है कि वह अन्त: रूप से प्रेरित है तो शायद वह अपने व्यवहार को पूरी तरह नियंत्रित कर रहा है। उसे अपनी गतिविधि से ही सन्तोष प्राप्त हो रहा है क्योंकि अपने कार्यों पर व्यक्तिगत काबू रखने की जरूरत उसे महसूस हो रही होती हैं। शारीरिक शिक्षा शास्त्रियों को एथलीटों को ऐसा एहसास करवाना चाहिये जब वे स्वयं अभ्यास या ट्रेन कर रहे हों (या जब कोई बाहरी ईनाम न रखा गया हो) तब वे दूसरे के प्रोत्साहन की जरूरत के बिना अपनी कोशिशें जारी रख सकेंगे।

अभी हाल ही में खेल मनोवैज्ञानिकों ने अन्त:प्रेरणा को तीन उप-वर्गों में बांटा है (i) जानने की अन्त:प्रेरणा अर्थात् जानने या परखने की कोशिश व सन्तुष्टि व आनन्द के लिए एथलीट कार्यवाही में भाग लेते हैं। (ii) सफलता की ओर अन्त:प्रेरणा जहां हुनर के ऊपर अपनी दक्षता एथलीट दिखाते हैं तथा (iii) उत्प्रेरित होने का अनुभव जब मजा लेने या जोश के लिए कोई खेल में हिस्सा लेने की अन्त:प्रेरणा एथलीट लेता है।

(ii) बाह्य प्रेरणा (Extrinsic Motivation): जब एथलीट बाहरी खिंचाव, आकर्षण, बल या ईनाम आदि के कारण कोई गतिविधि शुरू करता है या बरकरार रखता है तो उसे बाह्य प्रेरणा कहते हैं। जब एथलीट यह सोच कर प्रदर्शन करता है कि कुछ अन्य उद्देश्य या ईनाम मिलेंगे तो वह बाह्य रूप से प्रेरित होता है। जब प्रेरणा बाहरी तत्वों जैसे पुरस्कार, ईनाम, सामाजिक सम्मान, रुतबा, नौकरी आदि से नियमित हो तो उसे बाह्य प्रेरणा कहते हैं।

यह सोचना ठीक है कि जब बच्चा बचपन के शुद्ध खेल से स्थानान्तरित होकर ज्यादा औपचारिक, सख्त व योजनाबद्ध खेल की तरफ बढ़ता है तो वह बाह्य बलों के नियंत्रण में आ जाता है अर्थात् उसके लिए बाह्य रूप से प्रेरित होने से बचना नामुमकिन हो जाता है। बाह्य ईनामों का कार्य क्षेत्र व प्रभाव बहुत व्यापक होता है कि (ट्राफी, ट्रैकसूट, सम्मान, इज्जत, शोहरत आदि) बालक उनसे प्रेरित होता है।

अन्त: बनाम बाह्य प्रेरणा (Intrinsic Versus Extrinsic Motivation)

खेल मनोवैज्ञानिक अब यह मानने लगे हैं कि असली जीवन में मनुष्य के जीवन पर अन्त: और बाह्य प्रेरणा का मिला जुला असर पड़ता है। यह महसूस किया गया है कि कई बार जानबूझ कर अन्त: प्रेरणा की जगह बाह्य प्रेरणा ले लेती है। यह गम्भीर समस्या है तथा जब ईनाम वगैरह नहीं मिलते तो एथलीट खेलना छोड़ जाते हैं। फिर भी एक अन्य विचार यह भी हो सकता है कि बाहरी ईनामों से अन्त:प्रेरणा बढ़ाई जा सकती है तथा प्रदर्शन की गुणवत्ता बढ़ सकती है।

यह सामान्यत: विश्वास किया जाता है कि अन्त: और बाह्य एकत्र रूप से मिला कर कुल प्रेरणा बढ़ाई जा सकती है (जितनी अधिक हो उतना अच्छा है) यदि कोई एथलीट आन्तरिक रूप से प्रेरित है (अर्थात् वह शुद्ध आनन्द के लिए खेल रहा है) तो अतिरिक्त पुरस्कार मिलने पर वह और भी प्रेरित हो जाएगा। यह विचार सबके लिए सही नहीं हो सकता। कई मामलों में अन्त: प्रेरणा को बाह्य से मिलाने पर वह कमजोर हो जाती है। असल बात तो यह है कि पुरस्कारों के प्रति एथलीट का दृष्टिकोण क्या है? उनके पीछे क्या संदेश है यह जानना जरूरी है। यदि उससे एथलीट का सामर्थ्य बढ़ कर उसे ठीक प्रकार का प्रोत्साहन व

feedback मिले तो अन्तः प्रेरणा बढ़ती है परन्तु अगर इससे एथलीट का व्यवहार बदल जाए तो अन्तःप्रेरणा कमजोर हो जाती है। वास्तव में एथलीट की प्रेरणा कभी एक जैसी नहीं रहती।

प्रेरणा की गतिशीलता

1. **अपने एथलीट को जाने** – प्रत्येक एथलीट अलग-अलग पृष्ठभूमि, अनुभव तथा विभिन्न स्तर की परिपक्वता से आता है। खेल व खेल के वातावरण से जुड़े लोगों के प्रति उनके अलग रूझान व विचार होते हैं। प्रत्येक की अलग रूचियां व इच्छाएं होती हैं। जो बात को प्रेरित करती है दूसरे को नहीं। यह सब जानते हुए शिक्षक व कोच को एथलीट को सही व उपयुक्त ढंग से प्रेरित करना चाहिये।
2. **सृजनशील पाठ्यक्रम** – जब बच्चे प्राथमिक शिक्षा स्तर तक पहुंचते हैं उनमें बहुत सी बुनियादी हुनर जो खेल के लिए जरूरत हैं, विकसित हो चुके होते हैं। वे खेलने के लिए उत्सुक तथा शारीरिक रूप से चुस्त होते हैं। सृजनशील पाठ्यक्रम योजना से उनके शौक व हिस्सा लेने के मौकों को बढ़ावा देना चाहिये जिससे बच्चे प्रेरित हो सकें। वयस्क एथलीटों की रूचि बढ़ाना व प्रगति बरकरार रखने के लिए सृजनशील प्रशिक्षण कार्यक्रम मदद करता है।
3. **प्रेरित करने वाले शिक्षक** – जिस कोच ने स्वयं खेलों में हिस्सा लिया है वह दक्ष है तथा दक्षता को ज्यादा बारीकियों से दिखा व समझा सकता है तथा अगली प्रतियोगिता की योजना बना कर एथलीट को प्रेरित कर सकता है। ढंग और साजोसामान की बजाय उसका व्यक्तित्व ज्यादा असर कारक होता है। उसका व्यक्तित्व, चरित्र, असर व शिक्षक या कोच बनने की तैयारी एथलीट पर बहुत प्रभाव डालती है तथा वे अध्यापक की नकल करते हैं, उसके रूझानों को जज्ब करते हैं तथा मूंड को समझते हैं।
4. **शुरु करने वालों को आजादी** – शुरूआती कोशिशों में नौजवानों, एथलीटों को प्रेरित करने के लिए उन्हें अच्छी आजादी दी जानी चाहिए। इस तरह उनके आनन्द में बढ़ोत्तरी होगी तथा अपने आप वे छोटी मोटी Adjustment व फेर बदल करके क्षमता के अनुसार अपना प्रदर्शन सुधारेंगे तथा बहुत कुछ अनुभव करेंगे। उनके मुख्य कार्य की इस स्टेज पर देख-रेख करनी चाहिये। यदि मदद की नीयत से सुधार किया जाए तथा कड़ी भर्त्सना से बचा जाए तो सुधार प्रेरणा देगा। इसके विपरीत शुरू के स्टेज पर नियमों की सख्त अनुपालना बच्चे को खेल से दूर कर सकती है।
5. **पूरे कार्य को सीखना** – अच्छी प्रेरणा के लिए शुरूआती सीखने वाले एथलीटों को पूर्ण कार्य में जुट जाना चाहिये। यदि बच्चे फुटबाल खेलना चाहते हैं तो उन्हें बिना किसी नियम या सिद्धांत के खेलने देना चाहिये। जब खेल उन्हें रुचिकर लगे तब उसके ब्यौरे तैयार करने चाहिये। सीखने के विभिन्न चरणबद्ध तरीकों से खेल को रुचिकर व चुनौती पूर्ण बनाते हुए उन्हें और तेज़ी से खेलने व जटिल बना देने से उनकी प्रगति में सुधार होगा।
6. **साजोसामान** – आधुनिक उच्च तकनीक युग में एथलीट को प्रदान किया जाने वाला साजोसामान बहुत उपयोगी होता है। आधुनिक यंत्र सही रख रखाव व आकर्षक साजोसामान न केवल सुन्दर दिखते हैं अपितु गतिविधि में हिस्से लेने के लिए प्रेरित करते हैं। इसके विपरीत पुराने घिसे पिटे व गलत ढंग से रखे हुए सामान से एथलीट का सारा जोश ठंडा पड़ सकता है।
7. **वातावरण सम्बन्धी कारक** – एथलीटों को दिया जाने वाला वातावरण भी उन्हें बहुत हद तक प्रेरित करता है। अच्छी रौशनी वाला, हवादार, सुसज्जित तथा अच्छे यंत्रों से युक्त जिमनेजियम या स्वीमिंग पुल को देखकर अनिच्छुक एथलीट भी वर्क आऊट के लिए तैयार हो जाएगा। वैसे ही, अच्छे ग्राऊंड, फील्ड व कोर्ट एथलीट को खेलने के लिए तैयार करते हैं। आजकल के खेल प्रतिस्पर्धा युग में अच्छा प्रेरक वातावरण अति आवश्यक है यदि हम सीखना चाहते हैं तथा आनन्द उठाना चाहते हैं।
8. **गतिविधि की विविधता तथा सुरूपता** – खेल में दोहराए जाने वाले अभ्यासों से बोरियत आती है। इस बोरियत को तोड़ने तथा प्रेरणा स्तर को बनाए रखने के लिए जरूरी है कि अभ्यास क्रम व वातावरण में तबदीली लाई जाए। इसे हॉवथोर्न प्रभाव कहते हैं। विविधा और सुरूपता देने से एथलीट नए कार्य को सुरूचिपूर्ण ढंग से करते हैं। इससे उन्हें न केवल ज्यादा आनन्द आता है बल्कि अलग स्थितियों से निबटने की क्षमता में जागरूकता बढ़ती है तथा यह बढ़ी हुई क्षमता उनके प्रेरणा स्तर को बढ़ाती है।
9. **अभ्यास की लम्बाई** – नौजवान एथलीटों की प्रेरणा के लिए अभ्यास की अवधि की ध्यानपूर्वक योजना बनाई जानी चाहिये। उनकी रुचि जगाने के लिए औपचारिक अभ्यास अपेक्षाकृत छोटा हो तथा शुरू खेलों की लीड-अप

गेम्ज हो। इस चरण का मुख्य उद्देश्य उन्हें अनौपचारिक अभ्यास के लिए प्रेरित करना होता है। उच्च दक्षता प्राप्त बहुत से एथलीटों की सिखलाई स्वैच्छिक तथा अनौपचारिक अभ्यास की असीमित दोहराई है।

10. **उपयुक्त भूमिका निर्धारित करना** – इससे एथलीटों की खुद की क्षमता शक्ति आंकने में बढ़ोतरी होती है। अपनी भूमिका पर केन्द्रित होकर वह किसी हुनर पर प्रवीणता हासिल कर पाता है। इससे उसमें दायित्व भावना आती है तथा आत्मविश्वास में वृद्धि होती है। एथलीट जितना अधिक आत्मविश्वासी होता जाता है इससे उसकी प्रवीणता बढ़ती है तथा प्रेरणा स्तर बढ़ जाता है।

11. **प्रोत्साहन करने वाले तत्त्वों की पहचान** – यदि एथलीट सोचता है कि दिए गए खेल में उसे विशेष प्रकार का अनुभव उपलब्ध है तथा उसे यह अच्छा, आनन्ददायक व सन्तोषप्रद लगता है तो वह उस खेल को खेलने में आनन्द प्राप्त करेगा न कि कोई अन्य खेल खेलेगा। दूसरी ओर यदि उसकी अपेक्षाएं पूरी नहीं हुई हों या अनुभव तीक्ष्ण रहे हों तो वह उस खेल को छोड़ देगा तो यह देखना आवश्यक है एथलीट जिस खेल में शामिल होना चाहता है वह प्रेरणापूर्ण है या नहीं तथा उसकी प्रकृति व मांग क्या है। Alderman के अनुसार, खेल का प्रोत्साहन मूल्य (Incentive value) व्यक्ति द्वारा तय की जाती है जो उस गतिविधि में भाग लेने की प्रेरणा को तय करता है।

12. **लक्ष्य निर्धारण के स्तर** – हमें पता है कि प्रदर्शन के लिए लक्ष्य निर्धारण दक्षता की निशानी है जो प्रेरणा को धनात्मक रूप से प्रभावित करती है। अपनी योग्यता के अनुसार वास्तविक लक्ष्य निर्धारित किये जाने चाहिये। ज्यादा ऊंचे व ज्यादा नीचे लक्ष्य भी प्रेरणा पर बुरा प्रभाव डालते हैं। लक्ष्य कठिन हो मगर यथार्थपरक (realistic) हो, विशिष्ट व पूर्ण होने लायक हो। लक्ष्य निर्धारण ताकतवर प्रेरणात्मक तकनीक है यह एथलीट के प्रयत्नों व दृढ़ता को उत्साहित करती है।

13. **सुदृढ़ करना** – सुदृढ़ करना महत्त्वपूर्ण प्रेरणात्मक उपकरण है। भविष्य में होने वाले समान प्रभाव को कम या अधिक करने वाले खेल का अर्थ है सुदृढ़ करना।

अच्छा कार्य एथलीट को सूचित करता है कि वह सही है तथा उसे उस गतिविधि को करते रहने के लिए प्रोत्साहित करता है। ऋणात्मक सुदृढ़ता मूल्यहीन होती है क्योंकि यह दर्शाती है कि उसका स्वभाव गलत है तथा इससे सही स्वभाव के बारे में जानकारी भी नहीं मिलती। यह देखा गया है कि धनात्मक सुदृढ़ता का प्रेरणात्मक मूल्य बहुत अधिक है।

(क) धनात्मक सुदृढ़ता या ईनाम- बहुत समय से खिलाड़ियों को प्रोत्साहित करने के लिए ईनाम दिए जाते रहे हैं तथा अब भी बड़े पैमाने पर ऐसा किया जा रहा है, यह माना जाने लगा है कि पुरस्कार प्रेरणा को बढ़ाने के साथ-साथ सिखलाई और प्रदर्शन में सुधार लाते हैं। एथलीटों, में वे रुचि व जोश जगाते हैं। एथलीटों को प्रेरित करने के लिए पुरस्कार नियोजित ढंग से इस्तेमाल करना चाहिए। तीन प्रकार के पुरस्कार होते हैं (i) Symbolic Award जिसमें शामिल हैं प्रशंसा, ग्रेड, टीम क्रेस्ट (Team crests) Colours आदि (ii) Material Awards जैसे धन (money), trophies, उपहार (gifts) नौकरियां आदि or (iii) मनोवैज्ञानिक पुरस्कार जैसे अपनेपन की भावना (sense of belonging) व सफलता, सुधार का ज्ञान आदि। जब विशिष्ट व्यवहार के प्रदर्शन के साथ पुरस्कार जोड़े जाते हैं, उनका सूचनात्मक मूल्य बढ़ जाता है तथा वे एथलीट को प्रेरित करने में सहायक होते हैं।

(ख) ऋणात्मक सुदृढ़ता या दण्ड – कई बार दण्ड देकर भी एथलीट को प्रेरित किया जाता है हालांकि दण्ड से बचना चाहिये क्योंकि यह बुरे व्यवहार को थोड़ी देर के लिए दबाता है, दूर नहीं करता। फिर भी दण्ड इतना कठोर तो हो ही कि व्यवहार पर प्रभाव डाले तथा जब बुरा व्यवहार हो तब देना चाहिये अर्थात् लगातार देते रहना चाहिये। दण्ड जब ठीक प्रकार से प्रयोग किया जाए कुछ एथलीटों के लिए कुछ स्थितियों में प्रभावी हो सकता है। इसका नुकसान इससे लिए गए लाभों से कहीं अधिक होता है।

14. **प्रशंसा, तारीफ व भर्त्सना** – बहुत से लोग भूल जाते हैं कि प्रशंसा चाहे मुंह से की जाये या किसी और ढंग से प्रभावी होती है। यह एथलीटों को आगे सुधार करने में सहायक होती है। एथलीटों को प्रेरित करने के लिए एक शुभचिंतक व समय पर की गई तारीफ जैसे 'एक अच्छा काम' या पीठ पर थपकी उनके लिए आश्चर्यजनक प्रेरणा का काम करती है। उसी समय, बहुत ज्यादा तारीफ विशेषकर जब एथलीट इसके योग्य न हो, बुरा प्रभाव डालती है। भर्त्सना (Criticism) भी एथलीट को प्रेरित करती है यदि यह बड़ी गलती पर केन्द्रित हो तथा एथलीट

से प्रदर्शन में फेर बदल करने की मांग करती हो। परन्तु हर छोटी गलती पर भर्त्सना करने से एथलीट के प्रेरणा स्तर को ठेस पहुंचती है। प्रभावी प्रशंसा या निंदा के लिए हमें एथलीट की आयु, लिंग व अन्य स्थितियां देखनी चाहिये।

15. **छात्रवृतियां** – एथलीटों को छात्रवृत्तियां देकर भी प्रोत्साहित किया जा सकता है। हालांकि एथलीट इन वजीफों को कैसे लेते हैं इससे प्रेरणा कम व अधिक हो सकती है। यदि वजीफे के पीछे नियंत्रण की भावना है (अर्थात् एथलीट को लगता है कि छात्रवृत्ति द्वारा उसके व्यवहार को नियंत्रित किया जा रहा है) तो इससे प्रेरणा कम होगी परन्तु यदि वजीफा के पीछे सूचना पक्ष है (अर्थात् इससे उसके सफल प्रदर्शन की सूचना एकत्र करते हैं) तो उससे प्रेरणा में वृद्धि होगी।

16. **प्रतिस्पर्धा**- प्रतिस्पर्धा जीवन को अर्थ व उमंग देता है, यह हमारी बुनियादी इच्छाओं व जरूरतों को पूरा कर सुधार करता है। खेल की प्रकृति ही प्रतिस्पर्धा की होती है। एथलीट एक या अधिक एथलीटों के विरुद्ध प्रतिस्पर्धा करता है या अपने स्तर या स्थायी अंकों को जीतने की कोशिश करता है विरोधी टीम की योग्यता जैसी है व जैसी एथलीट सोचता है, प्रतिस्पर्धा इस पर निर्भर है। अगर उनमें योग्यताएं बराबर है तो उनमें बराबर की प्रतिस्पर्धा की भावनाएं जागेंगी। मेजिक जानसन जो विख्यात बास्केटबॉल खिलाड़ी है ने अपने रिटायरमेंट भाषण में कहा था कि लैरी बर्ड जो अन्य मशहूर खिलाड़ी हैं, से उनकी दुश्मनी उनके लिए क्या महत्त्व रखती थीं। उनमें प्रतिस्पर्धा होने के कारण उन्होंने लगातार विकास किया व अपने हुनर को निखारा। हम रोज लोगों को कहते सुनते हैं, प्रतिस्पर्धा ने हमारे बेहतर प्रदर्शन को लोगों के सामने रखा या 'प्रतिस्पर्धा करो और लक्ष्य और सफलता पाओ।' अत: प्रतिस्पर्धा की सुनियोजित व सही स्थितियां प्रदान करने से निखार आता है तथा प्रेरणा का स्तर बढ़ता है।

17. **सफलता तथा विफलता**- प्रतिस्पर्धा में सफलता विफलता अन्त: प्रेरणा को प्रभावित करती है। यह देखा गया है कि प्रेरणा के उच्च स्तर व्यक्तिगत समर्थता को मजबूत करते हैं। एक शिक्षक कक्षा में ऐसी स्थितियां उत्पन्न कर सकता है तथा मैदान में भी ऐसी स्थितियां पैदा की जा सकती हैं कि एथलीट को विजय और पराजय का स्वाद पता चल सके। ऐसे अभ्यास सत्रों का आयोजन किया जाए कि सामर्थ्य को अहसास हो तथा उच्च प्रेरणा प्राप्त की जा सके। सरल शब्दों में कहा जा सकता है सफलता, ऊंचे उद्देश्य से भी सफलता। एथलीट चाहे प्रतिस्पर्धा में हार जाए उसे प्रेरणा यह कह कर दी जा सकती है कि प्रतिस्पर्धा के परिणामों के बावजूद उसने बेहतर प्रदर्शन किया। कहा गया है, 'हार जीत बेमानी है परन्तु तुम कैसा खेले यह महत्त्वपूर्ण है।'

18. **फीडबैक** -उपयुक्त फीडबैक देने से भी प्रेरणा पर असर पड़ता है, प्रत्युत्तर (Feedback) मिलने पर एथलीट अपना प्रदर्शन प्रभावी तथा विवेकपूर्ण ढंग से पूरा करते हैं। यह फीडबैक एथलीट को ऐसी नापने की छड़ी प्रदान करते हैं जिससे वे अपनी प्रगति नापते हैं या अपनी कमियों का आंकलन करते हैं तथा अगर सही ढंग से प्रयोग किया जाए तो फीडबैक प्रेरणा को बहुत प्रभावित करता है।

19. **स्वयं का मूल्यांकन (Self Appraisal)**- आगामी दक्षता के लिए अपने आप अपना मूल्यांकन करना बहुत बेहतर कला है। यह जानना कि व्यक्ति कहां खड़ा है, उसकी सम्भावनाएं व योग्यताएं क्या हैं प्रभावी सिखलाई के मार्ग में यह पहला कदम है। उसी समय यदि एथलीट अपना कम मूल्यांकन करता है तो वह योग्यताएं पहचान नहीं पाएगा तथा अपनी अधिकतम शक्ति व प्रयत्न प्रयोग नहीं कर पाएगा। वह अधिक मेहनत नहीं करेगा तथा उद्देश्य पूर्ति के लिए सही प्रयत्न नहीं करेगा। उसी तरह उच्च मूल्यांकन भी कुप्रभाव डालता है तथा एथलीट बाद में मिली विफलता पर दुबारा प्रयत्न करने में कठिनाई महसूस करेगा। जब वह निष्पक्ष रूप से अपनी योग्यताओं और क्षमताओं का आंकलन करेगा तब वह ठीक प्रयत्न करने को प्रेरित होगा। अध्यापक व कोच को उसकी आंकलन में मदद करनी चाहिये। स्व-मूल्यांकन की प्रक्रिया एथलीट को सिखलाई व सीखने की विधियों का मिश्रण है तथा उसे अपने अनुभव से सीखने की विधि है न कि जो दूसरे बताते हों वह मान लेने से सिखा जाए।

20. **सामाजिक व्यवस्था/ दबाव** – नियोजित खेल व शारीरिक खेल कूद गतिविधियां दूसरों की उपस्थिति में की जाती हैं चाहे वे दर्शक हों, साथ के स्पर्धा वाले हों, कोच, टीम मेट या अधिकारी हैं। अब यह साबित हो चुका है कि दूसरों की उपस्थिति का प्रदर्शन व प्रेरणा स्तर पर बहुत प्रभाव पड़ता है। एथलीटों को सामाजिक ध्यान देकर तथा सामाजिक व्यवस्था में प्रतिस्पर्धाएं करवाकर हम प्रेरणात्मक स्तर को बढ़ा सकते हैं।

21. संयुक्त जिम्मेदारी- शायद सबसे प्रभावी तकनीक जो हाल में प्रेरणा को बढ़ाने के लिए प्रयुक्त होती है वह है सांझी जिम्मेवारी। साधारणतया बैठ कर तथा टीम के उद्देश्य व लक्ष्य पर बहस करके हम सांझी नीति या नतीजा निकालते हैं जिससे एथलीट को लक्ष्य का पूर्ण ज्ञान होता है तथा लक्ष्य के प्रति अपनी व्यक्तिगत प्रतिबद्धता का अहसास भी रहता है जिससे एथलीट की प्रेरणा बढ़ती है। उन्हें फैसलों में भाग लेने से उनमें व्यक्तिगत सफलता की भावना बढ़ती है। ग्रुप नीति (**Group dynamics**) ऐसे हुनर का विकास करने में सहायक है जिससे टीम इकट्ठा व हरफनमौला बल की तरह काम करे। तानाशाही व्यवहार एथलीट की प्रेरणा को नीचे लाता है।

22. क्रम देना- प्रदर्शन के आधार पर एथलीटों को क्रम संख्या देने से उनका प्रदर्शन बेहतर बनता है। उदाहरणार्थ जब टीमें प्रदर्शन स्तर के मुताबिक 'क' 'ख' 'ग' 'घ' क्रम देते हैं तो निचली टीम के सदस्य ऊपर उठने के लिए एड़ी-चोटी का जोर लगाएंगे उसी तरह 'क' टीम अपने आपको बरकरार रखने के लिए बहुत मेहनत करेगी।

23. सफलता और उपलब्धियों का रिकार्ड - एथलीट के लिए इससे अपार खुशी की अन्य बात नहीं होती कि उसका नाम नोटिस बोर्ड, बुलेटिन बोर्ड पर लिखा है जहां उसकी सफलताएं प्रदर्शित की गई हैं। उसके लिए ये क्षण बहुत गर्व वाले होते हैं। वह इससे भी बढ़िया प्रदर्शन के लिए प्रेरित होगा। यहां तक कि अन्य बच्चे भी यह सफलता हासिल करने व सम्मान लेने के लिए प्रेरित होंगे।

24. संचार माध्यमों का योगदान - एथलीटों को प्रेरित करने में जन संचार माध्यमों का बहुत योगदान है। उनके प्रशिक्षण सत्रों बा प्रदर्शनों का टी. वी. प्रसारण व खबरें देने से उनके अभिमान, इज्जत व पहचान को चार चांद लग जाते हैं। उससे उनकी आत्म विश्वास व क्षमता ही नहीं बढ़ती बल्कि अन्य एथलीटों को सीखने व नकल करने का मौका मिलता है।

शारीरिक शिक्षा व खेलों में प्रेरणा का महत्व

शारीरिक शिक्षा व खेलकूद में प्रेरणा का योगदान बहुत अधिक है। यह सभी सफलताओं की कुंजी है चाहे वह खेल हो, शिक्षण हो, शोध हो या अन्य चुनौतीपूर्ण कार्य हो। एथलीट पर चीखने या पीठ थपथपाने या उसे प्रशंसा के बोल या तालियों की गड़गड़ाहट से अधिक प्रेरणा कार्य करती है।

प्रभावी प्रदर्शन के लिए प्रेरणा बहुत बड़ा गुण है। मुश्किल व चुनौती वाले काम करने के पीछे यही बल है। प्रतिस्पर्धा की ज्वाला एक आम प्रक्रिया है जो सभी व्यक्तियों में होती है। प्रभावी प्रदर्शन के लिए किस प्रकार की प्रेरणा चाहिये यह समझना आवश्यक है।

प्रभावी प्रदर्शन के लिए कई कारक सिद्ध हुए हैं जैसे- शारीरिक क्षमता, वातावरण, अनुकूलन का स्तर (**Degree of Conditioning**) व्यक्तिगत, योग्यता व प्रेरणा सभी का एथलीट के प्रदर्शन पर प्रभाव पड़ता है। अगर एक प्रभावी कारक चुनना हो तो हम कहेंगे कि निस्संदेह वह प्रेरणा ही है।

शहरी एथलीटों के बारे में पढ़ने से पता चलता है कि वे उच्च स्तर की प्रेरणा से ओत प्रोत होते हैं। उनमें एक विलक्षण, इच्छा, जरूरत व जोश होता है। अत: सफलता और प्रेरणा में बहुत गहरा सम्बंध है। एक ही रात में खेल-कूद में बेहतरीन प्रदर्शन नहीं दिखाया जा सकता। यह वर्षों की प्रेरित अभ्यासों का परिणाम होता है। यह खेल के मैदान में अगणित घंटों गुजारने के बाद होता है। इनमें मेहनत व पसीना लगता है, शारीरिक व मनोवैज्ञानिक सहनशक्ति लगती है तथा समय की आवश्यकता होती है। एथलीट को कई समस्याओं का सामना करना पड़ता है जैसे- मनोवैज्ञानिक दबाव, थकावट, तनाव तथा मूड में गड़बड़ी (mood disturbances) यह संयम ही है जो अंत में फायदे देता है। अब यह स्थापित हो चुका है कि एक उच्च प्रेरित एथलीट ही अन्त तक जमा रहता है वही उसकी सफलता या विफलता तय करता है। सफल एथलीट अपने उच्च प्रेरणा स्तर के कारण तनाव से इस तरह निबटते हैं कि अलग स्थिति में उनका अधिकतम प्रदर्शन सामने आता है। वे कठिन क्षणों में उत्तेजित न हो कर अपने उत्तेजना स्तर को खेल से पहले संतुलन में रखते हैं जब कि दूसरे ऐसा नहीं कर पाते।

विख्यात खेल मनोवैज्ञानिक आर. एन. सिंगर ने प्रेरणा की उपयोगिता इस समीकरण में दिखाई है:

प्रदर्शन = सिखलाई + प्रेरणा

Performance = Learning + Motivation

अब यह स्पष्ट है कि प्रेरणा के बिना एथलीट प्रतिस्पर्धा या प्रैक्टिस में प्रभावी प्रदर्शन नहीं कर पाता। ऐसी ट्रेनिग के लिए मेहनत करते समय उसे ठीक प्रकार का प्रेरणा स्तर बनाए रखना होगा। कठिन व मुश्किल ट्रेनिंग कार्यक्रम को करते हुए भी प्रेरणा बहुत काम आती है।

प्रेरणा प्रदर्शन को ऊर्जा व दिशा देती है। मुश्किल लक्ष्य रखने तथा उन्हें पाने में वांछित ऊर्जा व लगन प्रेरणा ही देती

है। अन्त: प्रेरणा से एथलीट ऐसे हुनरों पर प्रवीणता प्राप्त कर मुश्किल कार्यों को पूरा करते हैं तथा साथ ही प्रतिस्पर्धा के दौरान चुनौती भरी स्थितियों को खुशी-खुशी झेलते हैं। प्रदर्शन की बेहतरी के लिए उच्च प्रेरणा स्तर आवश्यक है। यह उच्च प्रेरणा स्तर प्रत्येक एथलीट के लिए अलग होता है तथा गतिविधि की प्रकृति पर निर्भर है।

एथलीट के प्रदर्शन पर प्रेरणात्मक ढंगों का प्रयोग प्रभाव दिखाता है। जो एथलीट पहले से प्रेरित हैं उन्हें भी प्रेरणा प्राप्त करने के लिए योजनाबद्ध कार्यक्रमों की आवश्यकता होती है। गतिविधि में स्वयं भाग लेना व गतिरोध दूर करना केवल प्रेरणात्मक तकनीकों द्वारा ही प्रेरित किया जा सकता है। प्रेरणा प्रशिक्षकों, कोच, शिक्षकों व शारीरिक शिक्षा कार्यक्रम प्रशासकों के लिए बहुत उपयोगी है।

मनोविज्ञान का अर्थ

मनुष्य और प्राणी लम्बे जैविक विकास के ही उत्पाद हैं। प्रकृति में इनके क्रियाकलाप बहुत ही जटिल और भीतर ही भीतर निर्देशित हैं। प्राचीन काल से, दार्शनिकों ने यह जानने का प्रयास किया है कि मानव व अन्य प्राणी जो व्यवहार करते हैं वे ऐसा क्यों करते हैं।

अक्सर कहा जाता है कि मनोविज्ञान की उत्पत्ति यूनानी दार्शनिकों की देन है। **'मनोविज्ञान'** (Psychology) दो यूनानी शब्दों साइके (Psyche) और लोगोस (Logos) से बना है। **'साइके'** से अभिप्राय आत्मा या मन से है और 'लोगोस' का अर्थ है कि अर्थ बारे में बात करना या विज्ञान अथवा अध्ययन। यूनानी दार्शनिकों का विश्वास था कि आत्मा ही विभिन्न मानसिक क्रियाकलापों जैसे- सीखना, सोचना, महसूस करना आदि के लिए उत्तरदायी है। यह समझा जाता था कि आत्मा ही जीव का सत या सारांश है, यहीं जीवन का कारण और सिद्धांत भी है। क्योंकि आत्मा का शरीर से सम्बन्ध और आत्मा के कार्यों को व्याख्यायित नहीं किया जा सकता, कुछ दार्शनिकों ने मनोविज्ञान को मन के एक विज्ञान के रूप में परिभाषित करने का प्रयास किया है।

1590 में रूडोल्फ गोएकल (Rudolf Goeckel) ने मन के अध्ययन के लिए पहली बार **मनोविज्ञान** शब्द का प्रयोग किया। 'मन' शब्द को स्पष्टत: परिभाषित नहीं किये जा सकने के कारण सवाल उठता है मन क्या है? इसका अध्ययन कैसे किया जा सकता है? और फलत: इस विचार को भी नकार दिया गया। शताब्दियों तक मनोविज्ञानिकों ने मानव क्रियाओं और विचारों को समझने का प्रयास किया और शरीर-आत्मा की द्विभाजन को सुलझाने का प्रयास किया। फ्रांसीसी दार्शनिक रेने डेस्टकार्टस (Rene Descartes) ने शरीर और मन को दो अलग-अलग ढांचे बताया जो एक-दूसरे को गहरे प्रभावित करते हैं।

18वीं सदी के मध्य में जर्मन वैज्ञानिकों मूलर और हैल्म्होज (Muller and Helmholtz) ने स्थापित किया कि शारीरिक प्रक्रिया पर आधारित मानसिक क्रियाकलापों का वैज्ञानिक तौर पर अध्ययन किया जा सकता है। सन् 1875 में विल्हेल्म वुंड ने संभवत: दुनिया की पहली मनोवैज्ञानिक प्रयोगशाला स्थापित की और मनोविज्ञान को चेतना के एक विज्ञान के रूप में परिभाषित किया। सन् 1879 में उन्होंने मनोविज्ञान की पहली प्रत्रिका भी प्रकाशित की। इसी समय के दौरान विलियम जेम्स ने भी मनोविज्ञान को विवरणात्मक और चेतना के रूप में व्याख्यायित किया। विलियम जेम्स और वुंड का कार्य दर्शन के एक अलग परिक्षेत्र के रूप में मनोविज्ञान की शुरुआत की। वुंड ने मानसिक प्रक्रियाओं जैसे-संवेदना, ज्ञान, प्रतिक्रिया समय आदि का मूल तत्त्वों में तोड़कर **'चेतना मन'** समझने का प्रयास किया और उनके अन्त: संबंधों का विश्लेषण आत्मनिरीक्षण के माध्यम से करने का प्रयास किया। इस दृष्टिकोण को ज्यादा समर्थन नहीं मिला और मन की उपचेतन और अवचेतन क्रियाओं के मामले में इसे खारिज कर दिया गया, और आत्मनिरीक्षण का तरीका भी अत्यधिक व्यक्तिपरक और अवैज्ञानिक प्रमाणित हुआ। ये समस्याएं जॉन वाटसन और उसके अनुयायियों ने मन को जानने के क्रम में व्यवहार के दृश्य पहलू पर तत्काल केंद्रित किया और मनोविज्ञान को 'व्यवहार का विज्ञान' के रूप में परिभाषित किया। विलियम मैक्डूगल ने अपनी पुस्तक, ''एन आउटलाइन आफ साइकोलोजी' में यह कहा है, **''मनोविज्ञान एक विज्ञान है जिसका उद्देश्य हमें जीव के व्यवहार को सम्पूर्णता से समझने और नियंत्रण करने से छोटा है।''** मनोविज्ञानिकों ने व्यक्ति के व्यवहार को ढालने में पर्यावरण के महत्त्व पर भी बल दिया है। यह व्यवहारवादी आंदोलन रूसी मनोवैज्ञानिक इवान पी, पावलोव से बहुत प्रभावित था और यह भी अनुभूत किया गया कि मानव व्यवहार को अनुकूलन द्वारा बदला भी जा सकता है। लगभग इसी के साथ गेस्टाल्ट आंदोलन भी चला। उनका विश्वास था कि व्यवहार का अध्ययन उद्दीपक और अनुक्रिया के रूप में अलग नहीं बल्कि एक संगठित पैटर्न पर किया जाना चाहिए। क्योंकि वाटसन द्वारा परिभाषित व्यवहार विज्ञान में व्यक्ति की मानसिक या मनोवैज्ञानिक प्रक्रिया को सम्मिलित नहीं किया गया, इसे भी अधूरा बताया गया।

1900 की शुरुआत में सिग्मंड फ्रायड (Sigmund Freud) ने अपनी मनोविश्लेषणवादी सोच के द्वारा मनोविज्ञान को नयी दिशा दी और कहा कि व्यक्ति के प्रत्यक्ष व्यवहार को 'अभिप्रेरणा की अवचेतन तरंगों' के बिना नहीं समझा जा सकता। मनोविश्लेषण इस सिद्धांत पर आधारित था कि व्यवहार का निर्धारण शक्तिशाली अन्त:शक्तियों, जिनमें से अधिकतर अवचेतन मन में दबी रह जाती है, से होता है।

अत: इससे स्पष्ट है कि मनोविज्ञान के अर्थ और अवधारणा ने लगातार अपना स्वरूप बदला है, जो कि इसकी दार्शनिक या वैज्ञानिक विचारधारा पर आश्रित है। व्यवहार को केंद्र बिंदु मानकर, मनोविज्ञान ने आज उस प्रत्येक चीज पर विचार करना मान लिया है जो प्रत्यक्ष अथवा अप्रत्यक्ष रूप से व्यवहार को समझने में योगदान देती है। मनोविज्ञान के आधुनिक दृष्टिकोण अधिक यथार्थवादी हैं जो व्यवहार के पहलुओं पर अधिक बल देते हैं और इसीलिए मानववादी मनोविज्ञान, व्यवहारवादी और मनोविश्लेषणवाद के विकल्प के रूप में विकसित हुआ। मानवतावादी मनोवैज्ञानिक अब्राहम एच. मास्लों और कार्ल आर रोजर्स का मानना है कि व्यक्ति पर्यावरण से ही नहीं बल्कि उसके अपने मूल्यों और इच्छाओं से नियंत्रित है। मानवतावादी मनोविज्ञान का उद्देश्य लोगों को प्रभावी तरीके से अपने कार्य करने और विशेष संभावनाएं बनाये रखने में मदद देना है। मानवतावादी मनोविज्ञान अन्त:वैयक्तिक मनोविज्ञान के बाद आये ज्ञान की परिवर्तनीय स्थिति में हम क्या सोचते और कैसे महसूस करते हैं यह विषय अन्तर-वैयक्तिक मनोविज्ञान का ही विषय है। यह मानव की उच्च संज्ञानात्मक क्षमताओं और योग्यताओं को पर्यावरण में ढालने का अध्ययन करती है।

आधुनिक मनोविज्ञान ने उपरोक्त वर्णित कई सिद्धांत को समाविष्ट किया है। डेजीडेरटो, हाउसन और जैक्सन (Desiderato, Howieson and Jackson) के शब्दों में "आधुनिक मनोविज्ञान मनुष्य व प्राणियों के व्यवहार और मानसिक एवं मनोवैज्ञानिक प्रक्रियाओं जो व्यवहार या आचरण से जुड़ी है, का अन्वेषण है।" क्रुक्स और स्टेन (Crooks and Stein) ने मनोविज्ञान को इस प्रकार परिभाषित किया है, "मनोविज्ञान मनुष्य व अन्य प्राणियों के आचरण फिर भी, मानसिक प्रक्रियाओं का वैज्ञानिक अध्ययन है।" हालांकि मन और आचरण के अन्वेषण की तकनीक और व्यूह रचना पिछली शताब्दी में कुछ कृत्रिम व परिष्कृत हो गई है, और मनोविज्ञान के अर्थ और परिभाषा में कोई महत्वपूर्ण बदलाव नहीं आया। फलत: यह कहा जा सकता है कि मनोविज्ञान से अभिप्राय आचरण के क्रियाकलापों और अनुभवों के व्यवहारिक विज्ञान या वैज्ञानिक अध्ययन से है।

खेल मनोविज्ञान का अर्थ

मनोविज्ञान शब्द मानव व्यवहार से जुड़ा है और खेल मनोविज्ञान, मनोविज्ञान का एक उपवर्ग है जो खेल प्रतियोगिताओं में एथलीटों और टीमों के आचरण या व्यवहार से सम्बद्धित है। खेल मनोविज्ञान मनोविज्ञान की वह शाखा है, जो खेल के मैदान पर मानव व्यवहार से जुड़ी है, अभ्यास और प्रतियोगिता दोनों ही स्थितियों में, यह उसके प्रदर्शन में गुणात्मक सुधार लाती है। यह खेल परिवेश में मानव व्यवहार के मानसिक पहलू के अध्ययन पर बल देती है।

"खेल मनोविज्ञान सभी स्तरों पर खेलों और शारीरिक क्रियाकलापों के मनोविज्ञानिक सिद्धांतों का विनियोग है।"

खेल मनोविज्ञान खेल प्रशिक्षण कार्यक्रम का अहम् संघटक है और यह विभिन्न मनोवैज्ञानिक स्थितियों और विशेषताओं से सम्बन्ध रखती है, जो खेल प्रदर्शन को प्रभावित करती है। यह मनोविज्ञान का अनुप्रयोग है क्योंकि खिलाड़ियों को खेल के मैदान पर आने वाली समस्याएं बिल्कुल अनोखी, अलग, गूढ़ और जटिल होती हैं। इसलिए खेल मनोविज्ञान का मुख्य उद्देश्य एक खिलाड़ी के व्यवहार को समझना, उसे स्थितियों की मांग के अनुसार संशोधित करना और उत्कृष्टता के लिए उसे व्यवहार में लाना होता है। सिंगर (Singer) के अनुसार, **"खेल मनोविज्ञान, मनोविज्ञान की कई शाखाओं को समाहित किये हुए है जो खिलाड़ी के प्रदर्शन को समझने की हमारी योग्यता, इसे कैसे बेहतर बनाया जाए, और अभ्यास के कार्यक्रम से जुड़ी है।"**

क्रैट्टी के अनुसार, खेल मनोविज्ञान के मुख्य तीन उपवर्ग हैं-

1. **अनुभवात्मक खेल मनोविज्ञान-** इससे मनोविज्ञानिक उतार-चढ़ावों के बारे में शोध किया जाता है जो खिलाड़ी और उसके प्रदर्शन को प्रभावित करते हैं, वह भी मैदान के माध्यम से अनुभवात्मक अध्ययन से।
2. **शैक्षिक खेल मनोविज्ञान** - इस व्यापक उपवर्ग का मुख्य उद्देश्य प्रशिक्षकों, खिलाड़ियों व अन्यों को शिक्षित करना है जो खेलों से जुड़े हैं, विशेषत: खेल पर्यावरण वह भी खासतौर पर खेल प्रदर्शन और खिलाड़ियों व टीमों के अन्तरवैयक्तिक प्रभाव के बारे में।
3. **क्लिनिकल खेल मनोविज्ञान** - यह खिलाड़ी के प्रदर्शन में सुधार के लिए मनोवैज्ञानिक हस्तक्षेप उपयोग में लाती है और खिलाड़ी को मनोवैज्ञानिक रूप से समस्याओं से बचाकर उसके प्रदर्शन को बेहतर भी बनाती है। हाल ही

में एक उपवर्ग उभर कर सामने आया है : **विकासात्मक खेल मनोविज्ञान,** यह उन मनोवैज्ञानिक अस्थिरताओं (Variables) से सम्बन्ध रखता है जो विभिन्न आयुवर्गों के बच्चों और युवाओं पर विभिन्न प्रतियोगिताओं में अपना असर छोड़ती हैं।

सिंगर के शब्दों में, ''खेल मनोविज्ञान शोध, कौंसलिंग/क्लिनिकल, शैक्षणिक और व्यवहारात्मक/कार्यक्रमात्मक गतिविधियों को जो बोध, व्याख्या और व्यक्ति एवं समूह के चुनिंदा आचरण को प्रभावित करती है, जो उच्च स्तरीय खेलों, मनोरंजनात्मक क्रीड़ाओं, व्यायाम और अन्य उत्साही क्रियाकलापों से जुड़ी हैं, सभी को अपने में समाये हुए हैं।'' खेल मनोविज्ञान के द्वारा पूरी कोशिश की जाती है कि खिलाड़ी की शारीरिक व मानसिक क्षमताओं को ध्यान में रखते हुए उसके खेल के स्तर को किस तरह स्थिर रखा जाये और आगे बढ़ाया जाये। खेल मनोविज्ञान का भविष्य सुनहरा है और शारीरिक शिक्षा में यह और अधिक तरक्की करेगा।

खेल मनोविज्ञान का विकास

खेल मनोविज्ञान का ऐतिहासिक विकास यह संकेत करता है कि यह मनोविज्ञान के सामान्य सिद्धांतों की दक्षता हासिल करने की प्रक्रिया से शुरू हुई और धीरे-धीरे अन्य विशिष्ट क्षेत्रों में इसका उपयोग होने लगा। पहले-पहल अधिकांश अनुभवात्मक मनोवैज्ञानिकों ने मूवमेंट और हरकत एवं कार्य-शक्ति से सम्बन्धित घटकों पर ध्यान केंद्रित किया और अत: हरकत एवं-कार्यशक्ति (मोटर साइकोलाज़ी) का जन्म एक किस्म से खेल मनोविज्ञान के रूप में हुआ और इस प्रकार मूवमेंट मनोविज्ञान की नींव स्थापित हो सकी है। इसके परिणामस्वरूप हरकत एवं कार्यशक्ति सीखने के लिए प्रयोगशालाएं खुलीं जहां शारीरिक दक्षताओं को समझने और इन दक्षताओं को ग्रहण करने पर ध्यान केंद्रित किया गया। कोलमैन ग्रिफिथ (Coleman Griffith) को खेल मनोविज्ञान का पिता माना जाता है। उन्होंने पहली खेल मनोविज्ञान प्रयोगशाला संगठित और निर्देशित की जिसमें सीखने, साइको-मोटर दक्षता और व्यक्तित्व अस्थिरता पर विशेध ध्यान दिया गया था। तब से लेकर अब तक खेल मनोविज्ञान ने कभी पीछे मुड़कर नहीं देखा।

1920 और 1930 के दशक के दौरान खेल मनोविज्ञान को पूर्वी यूरोप में एक वैज्ञानिक क्षेत्र का दर्जा दिया गया। अन्तर्राष्ट्रीय खेल मनोविज्ञान सोसायटी की स्थापना 1960 के दशक के आरंभ में हुई, यह इस क्षेत्र का सबसे पुराना संगठन है। यह अच्छी तरह से कहा जा सकता है कि खेल मनोविज्ञान का क्षेत्र 1965 में रोम में पैदा हुआ, जहां रोम ओलम्पिक खेलों के बाद पहली अन्तर्राष्ट्रीय खेल मनोविज्ञान कांग्रेस बुलायी गयी। 1980 के दशक में खेल मनोविज्ञान बहुत लोकप्रिय हो गया और कई देशों में राष्ट्रीय सोसायटियों की स्थापना की गई।

खेल मनोवैज्ञानिक डानी लैंडर्स ने खेल मनोविज्ञान में हुई प्रगति को तीन पड़ावों में विभाजित किया है- पहला पड़ाव (1950-65) में शोध पर जोर दिया गया कि खिलाड़ी के व्यक्तित्व का खेल प्रदर्शन से क्या सम्बन्ध है। दूसरे पड़ाव (1966-76) में मनोविज्ञान के उस समय प्रचलित सिद्धांतों को ग्रहण करने और उनकी खेल व्यवस्था में परीक्षण करने पर जोर दिया गया। तीसरा पड़ाव (1976 से आज तक) खेलों से सीधे ली गई सूचनाओं और सिद्धांतों पर केंद्रित है और खेल प्रदर्शन में उत्कृष्टता लाने के लिए मनोवैज्ञानिक दक्षता और रणनीति को विकसित करने से सम्बन्धित है।

शारीरिक प्रदर्शन को प्रभावित करने वाले मनोवैज्ञानिक कारक

शारीरिक प्रदर्शन या खेल प्रदर्शन खिलाड़ी की दैहिक रूप से हृष्ट-पुष्टता पर लम्बे समय तक आश्रित नहीं रह सकता। यह अब सुस्थापित है कि कई ऐसे मनोवैज्ञानिक कारक हैं जो खेल प्रदर्शन को प्रभावित एवं सुधार सकते हैं। दैहिक अनुक्रिया संभावनाएं जहां खत्म होती हैं, वहीं से खिलाड़ी को मनोवैज्ञानिक प्रक्रिया उसे अपने लक्ष्य प्राप्ति के लिए मनोबल या ऊर्जा देती है, जो कि दैहिक रूप से असंभव होता है। यही कारण है कि आज मनोवैज्ञानिक प्रशिक्षण और अनुकूलन खेल प्रशिक्षण कार्यक्रम का एक हिस्सा बन गया है।

शारीरिक प्रदर्शन को प्रभावित करने वाले महत्वपूर्ण मनोवैज्ञानिक कारक इस प्रकार है:-

1. **खिलाड़ियों में व्यक्तिगत भिन्नता** - प्रत्येक खिलाड़ी का स्वरूप अपने आप में अनूठा होता है। खिलाड़ियों में कायिक/ दैहिक अन्तर होता है जैसे ऊंचाई, भार आदि में, उसी प्रकार मनोवैज्ञानिक अन्तर भी होता है। कुछ खिलाड़ी बहिर्मुखी होते हैं तो कुछ शर्मीले, अन्तर्मुखी होते हैं और वे अपनी ग्रहण शक्ति में भी भिन्न हो सकते हैं। कुछ खिलाड़ी जन्म से ही मनोवैज्ञानिक रूप से मजबूत होते हैं जबकि कुछ कमजोर मनोवृत्ति के होते हैं। जो खिलाड़ी कमजोर मनोवृत्ति के होते हैं वे अपना काम पूरा करने में

नाकामयाब रहते हैं। अत: खेल प्रदर्शन में वैयक्तिक अन्तर एक अपरिहार्य संवृति है और शिक्षक/कोच को खिलाड़ियों की प्रकृति में इस नजरिये को परिष्कृत करना होता है।

2. **व्यक्तित्व** – मानव व्यक्तित्व चमत्कारिक रूप से एक जटिल ढांचा है, जो प्रेरणाओं, भावनाओं, आदतों और विचारों से बड़ी ही दक्षता के साथ, इस तर्ज पर बुना गया है कि बाहरी संसार के कर्षण और प्रोत्साहन के बीच यह संतुलन रखता है। यह उसके अस्तित्व की सम्पूर्णता है, और उसके शारीरिक, मानसिक, भावनात्मक और स्वभाव की बनावट के लिये होती है। उसके अनुभव, अवधारणाएं, याददाश्त, कल्पना, संवेगों, आदतों, विचारों और अनुभूतियों से उसके व्यक्तित्व का निर्माण होता है। इसलिए व्यक्तित्व भेद अपरिहार्य है, दो व्यक्ति एक जैसे ही व्यक्तित्व वाले नहीं हो सकते। व्यक्तित्व विशेष ही खेल उत्कृष्टता का आधार है। यह आवश्यक है कि व्यक्तित्व के उन विशेषक की पहचान की जाये और उन्हें सिंचित किया जाये जो खेलों में प्रदर्शन को बढ़ा सकती है। व्यक्तित्व एक महत्त्वपूर्ण शारीरिक घटक है जो काफी हद तक खिलाड़ी के परिणामों का निर्धारण करता है।

3. **बुद्धिमता** – बुद्धि समस्त मानसिक क्षमता है या व्यक्ति की ऊर्जा है जो सोद्देश्य क्रिया करने, तर्क सहित सोचने और व्यक्ति को पर्यावरण से प्रभावी तरीके से निपटने में मदद देती है। बुद्धि सजगता, लक्ष्य निर्देशित और मूल्यों वाली होती है। यह एक योग्यता है जो कठिन, जटिल और कुछ नया और अलग सृजन की जिम्मेदारी अपने ऊपर ले लेती है। व्यक्ति की व्यक्तिगत समझ या बुद्धि शारीरिक प्रदर्शन में अहम् तथा प्रभावी भूमिका निभाती है। अधिक जटिल और अधिक विवृत क्रियाओं में अधिक बुद्धिमता की आवश्यकता होती है। क्योंकि खेल गतिविधियों में अधिक जटिल निपुण क्रियाएं सम्मिलित होती हैं। चूंकि सभी निपुण आचरण एक बुद्धिमतापूर्ण व्यवहार है, इसलिए खेल प्रदर्शन और बुद्धि में संबंध को नकारा नहीं जा सकता।

4. **मनोवृत्ति** – मनोवृत्ति विचारों और भावनाओं के बारे में होती है। मनोवृत्ति प्राय: व्यवहार की भविष्यवाणी करती है। मनोवृत्ति अनुक्रियाएं प्रकृति में विकासात्मक होती हैं। ये सीखने में बहुत ही महत्त्वपूर्ण हैं और विशेष वस्तु पर की जाने वाली क्रिया से सम्बन्धित पसंद-नापसंद को प्रतिभासित करती हैं। उदाहरण के लिए एक बच्चा कहता है, मैं दौड़ना पसंद करता हूं तो यह उसके दौड़ने के प्रति मनोवृत्ति को आभासित करता है और यदि एक बच्चा कहता है, मैं दौड़ना पसंद नहीं करता' तो यह दौड़ने के प्रति बच्चे की मनोवृत्ति को दर्शाता है। मनोवृत्ति में ज्ञान और विश्वास सम्मिलित रहता है। मनोवृत्तियां प्रत्यक्ष अनुभवों और अन्त: वैयक्तिक व्यवहार से ही विकसित होती हैं। सकारात्मक विश्वास और शारीरिक क्रियाकलापों से सम्बन्धित मूल्यों के परिणाम स्वरूप अच्छी और सकारात्मक मनोवृत्तियों का विकास होता है, और खिलाड़ी को बढ़िया प्रदर्शन के लिए सक्षम बनाती है।

5. **प्रेरणा** –प्रेरणा एक बल है, सहज प्रवृत्ति है जो उत्साहित व विवश करती है और किसी उद्देश्य या मकसद को प्राप्त करने के लिए विशेष समय में व्यक्ति को क्रिया या एक विशेष आचरण के लिए बल प्रदान करती है। प्रेरणा की अनुपस्थिति में सीखने का काम नहीं होगा अगर होगा भी तो बहुत थोड़ा और सीखे हुए क्रियाकलाप या निपुणता को हम जल्दी ही भूल जायेंगे। सक्षम शिक्षा प्राप्ति के लिए प्रेरणा पहली आवश्यकता है। प्रेरणा बाधाओं पर काबू पाने का मूल है जो अन्यथा प्रदर्शन को नकारात्मक तरीके से प्रभावित कर सकती है। पर्याप्त समुचित ध्यान, गहरी रुचि, सही मनोवृत्ति के बिना और प्रेरणा के अधिकतम परिणामात्मक स्तर के बगैर कई उच्च श्रेणी के खिलाड़ी भी अपने कार्य को ठीक ढंग से अंजाम देने में नाकाम रहते हैं। इसलिए अच्छे शारीरिक प्रदर्शन के लिए खिलाड़ी को प्रेरित करने के तरीके और माध्यम खोजना आवश्यक है।

6. **आक्रामकता** – आक्रामकता मानव आचरण का एक हिस्सा है और प्रत्येक व्यक्ति के जीवन के लिए आवश्यक है ताकि वह संघर्ष कर अच्छी उपलब्धियां हासिल कर सके। श्रेष्ठता के संघर्ष, आधिपत्य और खेलों में उत्कृष्टता में स्पष्टत: आक्रामकता सम्मिलित रहती है। खेलों में आक्रामकता किसी न किसी रूप में अपरिहार्य है और इससे बचा नहीं जा सकता। जब आक्रामकता विद्वेष या शत्रुता में बदल जाती है, तब स्थिति खतरनाक हो जाती है और यह समाज विरोधी आचरण कहलाता है। आक्रामकता एक खिलाड़ी के प्रदर्शन में मददगार हो सकती है क्योंकि यह ऐसी स्थिति पैदा कर देती है जिससे खिलाड़ी कड़े प्रयासों से टीम को सफलता दिलाता है। खिलाड़ियों की आक्रामकता को कम करने और नियंत्रित करने में मदद की जानी चाहिए ताकि वह खेल को शांति और श्रेष्ठ

तरीके से पूरा कर सके। आक्रामकता का एक उपयुक्त स्तर, जैसा कि खेलों के नियमों के अनुसार इसकी इजाज़त होती है दक्षता को सुधारने और प्रयासों में वृद्धि की ओर प्रवृत होना चाहिए और दूसरी ओर खेलों में आक्रामकता का उच्च या निम्न स्तर प्रदर्शन में बाधा डालता है।

7. **उत्तेजना और सक्रियता** – उत्तेजना शब्द शारीरिक, बौद्धिक ज्ञानात्मक प्रदर्शन की तैयारी के लिए घट-बढ़ रही डिग्री को प्रतिबिम्बित करता है। सक्रियता अल्प अवधि के लिए ऊर्जा के संघन में बदलाव लाती है और व्यक्ति की ऊर्जा को संक्षिप्त समय के लिए उत्तेजना के निम्न स्तर से उपर हो जाता है। उत्तेजना और सक्रियता शारीरिक और अनुभूतिपरक है जो खिलाड़ियों के शारीरिक और मानसिक रूप से तैयार होने की डिग्री का संकेत देती है। सक्रियता और उत्तेजना के समुचित स्तर के साथ खिलाड़ी अच्छे की ओर प्रवृत होता है, अधिक स्पष्ट से विचार और आसान्न स्थितियों के सम्बन्ध में दूर तक केन्द्रित करता है। अति-उत्तेजित होना, और अति-सक्रियता खिलाड़ी के प्रदर्शन को घटा सकता है, यहां तक कि वह प्रदर्शन करने में बिल्कुल नाकाम भी रह सकता है। जहां तक सक्रियता और उत्तेजना के अधिकतम स्तर की प्रासंगिकता का सम्बन्ध है यह प्रदर्शन में निश्चित रूप से मददगार साबित होती है। इसलिए यह जानना बहुत आवश्यक है कि खिलाड़ी को अपना मकसद हासिल करने के लिए कौन सी ताकतें सक्रिय करती हैं।

8. **चिंता/ फिक्र**- चिंता से अभिप्राय मन की अशांत भावात्मक प्रतिक्रिया उत्तेजना, हड़बड़ी और मन की अयथार्थ एवं अप्रिय अवस्था से है। चिंता/फिक्र किसी भी प्रतियोगी स्थिति के लिए आवश्यक तत्त्व है और चिंता के एक निश्चित स्तर के बिना, प्रतियोगी प्रदर्शन नहीं हो सकता। चिंता का न ही ज्यादा ऊंचा, न ही ज्यादा नीचा स्तर खेल प्रदर्शन के लिए सहायक होता है। चिंता का पर्याप्त स्तर अच्छे परिणाम देता है। जब तक खिलाड़ी दबावपूर्ण प्रतियोगी स्थितियों से अपनी उत्सुकता/फिक्र से निपटना नहीं सीखता, तब तक वह अपने लक्ष्य में सफल नहीं हो सकता।

9. **ध्यान एवं एकाग्रता** – ध्यान से अभिप्राय किसी एक ही वस्तु पर चेतना के संघटन से है। यह किसी वस्तु को प्राप्त करने की एक प्रक्रिया या मन में एक स्पष्ट सोच होती है। यह मानसिक सतर्कता और त्वरितता लाने में मदद करती है, और परिणामस्वरूप व्यक्ति सतर्क और सचेत हो जाता है और मानसिक और शारीरिक रूप से जितना संभव हो बेहतर करने का प्रयास करता है। खेल प्रतियोगिता के दौरान निपुणता/कार्य पर उच्च गुणात्मक ध्यान देने से प्रदर्शन पर महत्त्वपूर्ण प्रभाव पड़ता है। विभिन्न संज्ञानात्मक रणनीतियों और दक्षताओं का गहन प्रशिक्षण में कार्य पर अधिक ध्यान केंद्रित करने से क्षमता में वृद्धि हो सकती है, जिससे प्रदर्शन बेहतर होगा। ऐसे कई कारक हैं जो ध्यान व एकाग्रता को भंग और कम करते हैं, और परिणामस्वरूप प्रदर्शन अच्छा नहीं हो पाता।

10. **मानसिक कल्पना** – मानसिक योग्यता और मानसिक कल्पना खिलाड़ियों को उनकी मनःस्थितियों को ढालने में मदद देती है, और उस रास्ते को जो शारीरिक प्रयासों से पाया है, को भी ढालने में मदद करती है। इस तरह के मानसिक क्रियाकलाप खिलाड़ी को अपने प्रदर्शन में सुधार और दिये गये कार्य/दक्षता में सुस्पष्टता लाने में सक्षम बनाते हैं, और यह सब विचार और कल्पना से ही संभव है। महत्त्वपूर्ण प्रतियोगी स्थितियों में मनोबल बढ़ाने के लिए मानसिक कल्पना आवश्यक है ताकि लड़के की भावना से खिलाड़ी स्वयं को बेहतर तरीके से संगठित कर सके। प्रतियोगी स्थितियों का मानसिक अभ्यास निश्चित तौर पर खिलाड़ियों की भावनात्मक अवस्था को सुधारने में मदद देता है और शारीरिक प्रदर्शन को बढ़िया बनाता है। यह ऊर्जा के निर्बाध प्रवाह यानी जब और जितनी ऊर्जा की आवश्यकता है, में भी मदद करता है।

11. **सामूहिक सम्बद्धता**- एक खेल टीम में विभिन्न प्रकार के खिलाड़ी होते हैं, प्रत्येक की भिन्न अवस्थिति और बोध होता है और वक्त आने पर ये भिन्नताएं ही टीम के खेल प्रदर्शन में खलल डालती हैं। यदि टीम का हर सदस्य अपनी व्यक्तिगत मनोस्थितियों और योग्यताओं को टीम के प्रयासों में शामिल कर दे तो ज्यादा बेहतर परिणाम आयेंगे। टीम की सफलता अपने भीतर के समायोजन/तालमेल पर निर्भर करती है, जैसे कि टीम कितनी निकटता से और साथ होने की कितनी भावना से काम करती है। टीम के सदस्यों के मनोवैज्ञानिक रूप से एक साथ होने का परिणाम प्रदर्शन पर भी प्रतिबिम्बित होता है। समूह सक्रियता और प्रदर्शन इसीलिए परस्पर प्रभावशाली है, और टीम के साथ वैयक्तिक सम्बन्ध की स्थिरता भी इससे प्रभावित होती

है। यह पाया गया है कि समूह में बेहतर सम्बद्धता, सामान्यत: अच्छे प्रदर्शन की ओर प्रवृत होती है।

व्यक्तित्व (Personality)

आम व्यक्ति के लिए व्यक्तित्व का अर्थ व्यक्ति के बाहरी स्वरूप, आदतें, पहनावे के ढंग, प्रसिद्धि, आचार-विचार व अन्य गुणों से है। हम अक्सर व्यक्ति को अच्छी टिप्पणी देकर कहते हैं, 'क्या शानदार व्यक्तित्व (Personality) हैं तथा जब अपनी अच्छी राय व्यक्त नहीं करते तब कहते हैं, 'उसका व्यक्तित्व (Personality) अच्छा नहीं है।' या 'उसका व्यक्तित्व बुरा है।' आम व्यक्ति की व्यक्तित्व के बारे में संकल्पना मनोवैज्ञानिकों से अलग है। मनोवैज्ञानिक व्यक्तित्व को बाह्य व्यवहार या बाहरी स्वरूप नहीं मानते परन्तु वे मानते हैं कि व्यक्तित्व इनके अलावा कुछ और भी है।

व्यक्तित्व शब्द लेटिन शब्द परसोना (Persona) से लिया गया है जिसका अर्थ है मुखौटा (mask)। पुराने समय में ग्रीक में थियेटर में काम करते हुए अभिनेता अपनी पहचान छुपाने के लिए मुखौटे पहनते थे। बाद में Persona शब्द इस अर्थ में प्रयुक्त होने लगा कि व्यक्ति दूसरों को कैसा दिखता है न कि वह खुद वास्तव में कौन है। नाटक में अभिनेता को अपने पात्र की तरह दिखना पड़ता है न कि वह खुद क्या है। कार्ल जुंग (Karl Jung) के अनुसार Persona आदमी का बाहरी आवरण होता है, सामाजिक सभ्यता की मांगों के उत्तर में व्यक्ति द्वारा पहने जाने वाला मुखौटा है। अत: व्यक्तित्व का यही अर्थ निकाला गया कि व्यक्ति दूसरों पर क्या प्रभाव छोड़ता है। मानवीय व्यक्तित्व एक जटिल संरचना है जो उद्देश्यों, भावनाओं, इच्छाओं, आदतों, विचारों का एक संतुलन है तथा इनसे ओतप्रोत है। यह अस्तित्व का कुल जोड़ है जिसमें भौतिक, मानसिक, सामाजिक, भावनात्मक तथा बौद्धिक पहलू शामिल हैं। एक व्यक्ति के व्यक्तित्व से उसकी कल्पना, रुझान, विचार, इच्छाएं, कामनाएं, आदतें, मूल्य, रुचियां तथा विचारों का पता चलता है तथा उसकी समझदारी, उसकी achievement, प्रेरणा, तालमेल का पता चलता है।

व्यक्तित्व Biological तथा सांस्कृतिक धरोहर heritage का प्रतिफलन (Product) है। बच्चा जैविक धरोहर लेकर पैदा होता है मगर सांस्कृतिक वातावरण उसके व्यक्तित्व को आकार देता है। व्यक्तित्व वह तरीका है जिसके द्वारा व्यक्ति खुद को वातावरण के साथ तालमेल बिठाता है तथा प्रतिक्रिया व्यक्त करता है। अत: यह जीव विज्ञान और संस्कृति का सम्मिश्रण है। हम में से प्रत्येक की अनुपम व्यवस्था है जो हमारे व्यवहार और विचारों को दर्शाती है। व्यक्तित्व ही व्यक्ति को सबसे अलग दिखाता है। यह कई गुणों से निर्मित होता है। ये बाहरी लक्षण होते हैं तथा गतिशील बल होते हैं जो कई तरीकों से संघर्षरत हैं। यह विभिन्न गुणों का संगठन मात्र है। इसी संघर्ष का नतीजा है कि दो व्यक्तियों का व्यक्तित्व एक जैसा नहीं होता। बल्कि व्यक्तित्व अनुपम होता है।

अपने व्यवहार द्वारा मनोवैज्ञानिक संरचना का व्यक्तित्व द्वारा पता चलता है। असल में व्यक्ति के कुल व्यवहार की क्वालिटी व्यक्तित्व बताता है। व्यक्तित्व में पैतृक व अनुभव द्वारा अर्जित गुणों का प्रकटीकरण होता है। यह उसके response pattern का नमूना है जिससे वह वातावरण में खुद को ढालता है तथा आस-पास की दुनिया को जवाब देता है तथा Behaviour Pattern को दर्शाता है कि वह विभिन्न स्थितियों में भिन्न-भिन्न तरह से व्यवहार करता है। अच्छे व्यक्तित्व की सही परिभाषा कर पाना कठिन है मगर खुद अपने द्वारा स्वीकृति, दूसरों द्वारा स्वीकृति, काम में दक्षता, अपने अन्दर के द्वंद्वों (Conflicts) से मुक्ति अच्छे व्यक्तित्व की मुख्य पहचान है।

व्यक्तित्व की परिभाषाएं

व्यक्तित्व मनोविज्ञान का रोचक क्षेत्र है। यह मुश्किल विषय है - एक ऐसा जिसने पुराने तथा समकालीन शोध को चुनौती दी है। व्यक्तित्व की एक सांझी परिभाषा मानना कठिन है तथा विभिन्न लेखकों ने इसकी अलग-अलग परिभाषाएं दी हैं।

व्यक्तित्व आपसी व्यवहार तंत्र की बहुमुखी संस्था है जो हम सब में मौजूद होती है जब हम जीव विज्ञान के शिशु से वयस्क उस माहौल में बनते हैं जब हम व्यक्ति और संस्कृति के उत्पाद के रूप में जाने जाते हैं। – Norman Cannon

व्यक्तित्व लोगों के मूल्यों व रुझानों और गुणों का कुल जोड़ है तथा वह जोड़ हमेशा बहुमुखी संस्था होता है। – Ulrich

व्यक्तित्व दूसरे लोगों पर दिखाई देने वाला तथा व्यवहार का प्रभाव होता है और ये उसके अस्तित्व के विशिष्ट चिन्हों द्वारा प्रकट होता है। – Carl Pearson

व्यक्तित्व की विशेषताएं

1. एक बालक कुछ पैतृक गुणों के साथ पैदा होता है परन्तु सामाजिक-सांस्कृतिक माहौल जहां उसका पालन पोषण होता है, उसके व्यक्तित्व पर प्रभाव डालते हैं। इनका पैतृक गुणों से टकराव होता है तथा वह उसके व्यक्तित्व

को बदलने में प्रभावी योगदान देते हैं। अतः व्यक्तित्व पैतृक गुणों और वातावरण का प्रतिफलन (Product) है।

2. व्यक्तित्व का एक विशेष गुण यह है कि यह वातावरण के अनुरूप स्वयं को ढालती रहती है। यह बदलती हुई स्थितियों व हालातों के अनुसार बदलती है। यह व्यवहार में बदलाव लाने की गतिशील प्रक्रिया है जो व्यक्ति को अपने वातावरण के अनुसार जीने के लिए बदलाव करना सिखाती है।

3. गुण व विशेषताएं स्थायी जो व्यक्तित्व के बुनियादी core हैं वे अधिकतर स्थायी रहते हैं। व्यक्ति द्वारा जीवन में देखे गए छोटे अन्तरों व बदलावों का व्यक्तित्व पर प्रभाव पड़ता है।

4. दो व्यक्तियों का बिल्कुल एक-सा व्यक्तित्व नहीं हो सकता। प्रत्येक व्यक्ति की अपनी विशिष्ट विशेषता होती है जो उसे दूसरे से अलग करती है। व्यक्ति विभिन्न गुणों का अद्भुत सम्मिश्रण है। Guildford के अनुसार 'व्यक्तित्व किसी व्यक्ति के विशेष गुणों का अनुपम पैटर्न है।

5. ऊपर दी गई व्यक्तित्व की विभिन्न परिभाषाओं में एक बात सब में समान है – सीखा गया कार्य और अनुभव व्यक्तित्व के विकास में सहायक है। व्यक्तित्व एक दर्पण के समान है जिसमें व्यक्ति की सिखलाई तथा अर्जित अनुभव विकास की प्रक्रिया के रूप में दिखाई देते हैं।

6. अपने जीवनकाल में यह कहना ठीक नहीं कि व्यक्ति ने अपने व्यक्तित्व का पूर्ण विकास कर लिया है अर्थात् यह प्रक्रिया पूर्ण हो गई है। व्यक्तित्व के विकास की कोई सीमा नहीं है। यह गतिशील है।

7 व्यक्तित्व का सबसे विचित्र गुण यह होता है कि यह हमेशा किसी लक्ष्य प्राप्ति में लगी रहती है। Cattell के अनुसार, 'व्यक्तित्व वह है जो बताता है कि व्यक्ति किसी स्थिति में क्या करेगा।' किसी के व्यक्तित्व का परीक्षण इस बात से किया जाता है कि उसने अपना लक्ष्य क्या निर्धारित किया है।

8. आत्म ज्ञान व्यक्तित्व का सबसे बड़ा गुण है। जब 'स्व' का विचार चेतना में आता है तो व्यक्ति का व्यक्तित्व निखरता है। यह 'स्व' ज्ञान उसे सीखने के लिए प्रेरित करता है तथा विकास का पथ साफ करता है। जब तक उसके अन्दर 'स्व' की भावनाएं हैं, तभी वह ज्ञान प्राप्ति करके जीवन में आगे बढ़ने की सोचता है।

9. व्यक्तित्व बहुत सारे गुणों का इकट्ठा होना मात्र नहीं है बल्कि वह इन गुणों का आपसी समन्वय तथा फेर बदल (Integration and interaction) है। व्यक्तित्व के सभी हिस्से अलग-अलग कार्य नहीं करते परन्तु वे एकजुट होकर काम करते हैं तथा एक दूसरे से सम्बंध रखते हैं तथा निर्भर हैं।

10. व्यक्तित्व को बहुत बार चरित्र से जोड़ा जाता है तथा बहुत से लोग व्यक्तित्व व चरित्र में भेद नहीं समझते। वैसे ही स्वभाव तथा अभिमान को भी व्यक्तित्व का पर्याय माना जाता है। चरित्र स्वभाव तथा अभिमान व्यक्तित्व के कुछ हिस्से हैं जो आपस में टकराकर अन्य गुणों से मिल-जुल कर व्यक्तित्व का निर्माण करते हैं।

व्यक्तित्व के आयाम (Dimensions)

(i) शारीरिक आयामः मानवीय व्यक्तित्व का सबसे प्राथमिक आयाम शरीर की संरचना है तथा बाकी के आयाम उसके बाद देखे जाते हैं। शरीर की संरचना में बेशक पैतृक गुणों का बहुत योगदान है परन्तु पैतृक गुण भी लाचार हो जाएंगे अगर उन्हें सही वातावरण न प्रदान किया जाए। जेनेटिक सहायता (Genetic Support) के बिना वातावरण अर्थपूर्ण नहीं रह जाता है तथा वातावरण के बिना गुणों का विकास नहीं होता। अतः जेनेटिक्स व्यक्तित्व की नींव व आधार है जिसके ऊपर वातावरण की मदद के साथ सुन्दर ढांचा खड़ा किया जाता है।

इस तरह की टिप्पणी बहुत सुनने को मिलती है, 'उसका व्यक्तित्व बहुत सुन्दर व आकर्षक है।' समाज व्यक्तित्व के भौतिक आयाम को बहुत प्राथमिकता देता है। रोजाना हम सुनते हैं कि प्रथम प्रभाव ही अन्तिम प्रभाव है। पहले प्रभाव का अर्थ शरीर से है, बाहरी मास्क, आदमी खुद को कैसे पेश करता है। शरीर की ऊंचाई, बनावट व पेशियों से निर्मित ढांचे का देखने वालों पर अच्छा प्रभाव पड़ता है। ऐसे व्यक्ति में बहुत आत्म-विश्वास होगा। इससे न केवल सौन्दर्य नजर आता है वरन् दूसरे के लिए प्रशंसा का पात्र भी होगा। कमजोर, बीमार और टेढ़े-मेढ़े शरीर के मालिक अपने बारे में उतने सुनिश्चित नहीं होते जबकि अच्छी सेहत वाले व्यक्ति दिखने में आकर्षक लगते हैं। अच्छा शरीर और सेहत में धनात्मक सम्बन्ध होता है। एक तंदरुस्त व्यक्ति समाज को बहुत कुछ देता है तथा उसके लिए परिसम्पत्ति (Asset) होता है।

मनोवैज्ञानिक व शरीर विज्ञान के विशेषज्ञों ने सदियों से अच्छे सुगठित शरीर को खास प्राथमिकता दी है। हमारे इतिहास में पुरातन समय से ही व्यक्तियों का वर्गीकरण शरीर की संरचना के आधार पर किया जाता रहा है।

पुरातन समय से ही शरीर की संरचना को व्यक्तित्व से जोड़ कर देखा जाता रहा है। नकेरेती (Naccarati) ने 1921 में मारफोलोजिकल संदर्भ (Morphological Index) अपनाया तथा ऊंचाई और वजन को आधार बनाकर तीन प्रकार के वर्ग बनाए।

(1) Microsplanchnics जिनके उदर छोटे, तथा टांगें लम्बी (पतले छरहरे व्यक्ति)

(2) Macro splanchnics जिनका उदर (धड़) बड़ा (छोटे व मोटे व्यक्ति)

(3) Normo splanchnics जिनके शरीर का विकास संतुलित हुआ है। हाल (Hall) ने बाद में लोगों को चार वर्गों में बांटा - Muscular, thoracic, Abdominal तथा Nervous.

20वीं सदी के शुरू में खूम्प्से ने ग्रीक शब्दावली के अनुसार व्यक्तियों को तीन वर्गों में बांटा। उसकी पुस्तक 'Physique and Character' के अनुसार तीन प्रकार के व्यक्ति ऐसे होते हैं -

(1) Picknik (शरीर गोल व मोटा) जो अच्छे स्वभाव वाले, खुश, Sociable तथा हर चीज आसानी से लेने वाले (Easy going)।

(2) Athletic (शरीर मजबूत तथा संतुलित) जो जोशीले, Adjustable तथा स्वभाव से सोशल, तथा

(3) Asthenic (पतले लम्बी टांगों और छरहरे) बहुत संवेदी (Sensitive), कल्पनाशील, emotional तथा आदर्शवादी।

बर्मन Berman ने दो या एक ग्रंथियों के कार्य अनुसार छः शरीर संरचनाओं का जिक्र किया।

(1) Thymocentric व्यक्तित्व अक्षम, गैर जिम्मेवार, हिंसक तथा वातावरण की मांगों को पूरा न कर पाने वाला।

(2) Thyroid व्यक्तित्व - अतिरिक्त गतिविधि करने वाला, तेज मानसिकता, जल्दबाज, बेचैन तथा बहुत ऊर्जावान।

(3) Adrenal व्यक्तित्व - बहुत अधिक ऊर्जावान, शक्तिवान

(4) Pituitary व्यक्तित्व जो पुरुषत्व से भरपूर

(5) Eidetic व्यक्तित्व जो सदा बेचैन रहता है तथा हमेशा असंतुष्ट रहता है तथा स्वयं को दूसरों से अलग रखता है तथा

(6) Gonadocentric व्यक्तित्व जिनमें पौरुष (Masculinity) की कमी है।

शेल्डन (Sheldon) ने अपनी पुस्तक 'Varieties of Temperament' में तीन प्रकार के व्यक्तित्व का जिक्र किया। ये व्यक्तित्व व्यवहार और शारीरिक गुणों पर आधारित हैं।

(1) Endomorphic (गोल मोटे व मुलायम शरीर वाले व्यक्ति) जिन्हें भोजन प्रिय है, हरेक चीज को आसानी से लेते हैं, प्रतिक्रिया में सुस्त हैं तथा सामाजिक हैं।

(2) Mesomorphic व्यक्तित्व (पूर्ण विकसित, rugged तथा ऐथलेटिक शरीर) जो साहसी, अपनी बात मनवाने वाले, बहादुर तथा शारीरिक गतिविधि पसन्द करने वाले होते हैं।

(3) Ectomorphic (कमजोर शरीर तथा शरीर का गठन नरम व लचीला) ये रिजर्व व्यवहार, चिंतित, निराशावादी तथा शारीरिक काम से कतराने वाले होते हैं।

(ii) मानसिक व बौद्धिक आयामः अच्छे गठन वाले शरीर में यदि मानसिक व बौद्धिक योग्यताएं न हो तो वह ऐसा ही होगा जैसे कोई बुत बिना प्राण के हो। मनुष्य और दूसरे जानवरों में यही भेद है कि मनुष्य को उच्च बौद्धिक शक्तियां प्रदान की गई हैं। यदि मनुष्य में मन और विवेक न हो तो व्यक्तित्व के अर्थ नहीं रह जाते। मनुष्य एक सायको-फिजिकल जीव है अर्थात् मन और शरीर एक इकाई के रूप में काम करते हैं एक हिस्सा दूसरे के बिना जीवित नहीं रहता मनुष्य ने अपनी बौद्धिकता के आधार पर सारे विश्व में जीत प्राप्त की है। जाने माने मनोवैज्ञानिक, शरीर विज्ञान के शास्त्री, वैज्ञानिक, फिलासफर तथा नेता अपने मानसिक व बौद्धिक योग्यताओं से ही जाने जाते हैं। जो ज्यादा समझदार व कुशाग्र हैं वे चीजों को आसानी से समझते हैं तथा अपनी प्रतिक्रिया व्यक्त करते हैं। यही बौद्धिक व मानसिक योग्यताएं हमें नई मांग के हिसाब से ढल जाने में सहायता करती हैं। इनकी उपयोगिता हमेशा मानी जाती रही है।

यह हिपोक्रेटिस ही थे जिन्होंने विचारों व व्यवहारों पर आधारित गुणों को व्यक्तित्व के वर्गीकरण का आधार बनाया। उसने चार द्रव (fluid) या हयूमर (Humors) को वर्गीकरण का आधार बनाया।

काला बाईल, पीला बाईल, रक्त व फलेगम (Phlegm) इन चार द्रवों पर व्यक्तित्व का भेद निर्भर करता है।

(1) जिनमें काला बाईल (Black Bile) प्रचुर मात्रा में मिलता है (Melancholic) वे बुरे व्यवहार वाले, तनाव ग्रस्त, कुंठित तथा निराशावादी होते हैं।

(2) पीले बाइल (Yellow Bile) वाले Choleric चिड़चिड़े, जल्दी गुस्सा करने वाले, मजबूत व कल्पनाशील होते हैं।

(3) जिनमें रक्त (Blood) गुणों की प्रचुरता होती है वे हल्के फुल्के दिल वाले (Light Hearted) खुश और उल्लासपूर्ण होते हैं तथा

(4) जिनमें फलैगम (Phlegm) की मात्रा अधिक है (Phlegmatic) वे सुस्त, ठंडे, सर्द व्यवहार करने वाले तथा अनिर्णय में रहने वाले होते हैं।

सबसे प्रभावी व महत्त्वपूर्ण वर्गीकरण जुंग (Jung) ने किया। वह इस धारणा से शुरू करते हैं कि जीवन का आधार बल या ऊर्जा है जो कुछ में एक तो कुछ में दो दिशाएं लेती हैं या बाहर की तरफ अर्थात् बाहरी वातावरण या अन्दर की तरफ। इस आधार पर व्यक्तित्व बहिर्मुखी (Extrovert) या अन्तर्मुखी (introvert) कहलाता है। बहिर्मुखी (Extroverts) व्यक्तियों में आत्म-विश्वास होता है वे सामाजिक (social) होते हैं तथा आसानी से दोस्त बना लेते हैं। अभिनेता, नेता व सामाजिक कार्यकर्ता इस श्रेणी में आते हैं। अन्तर्मुखी (Introvert) संकोची होते हैं तथा अपने विचारों में ज्यादा रुचि लेते हैं, आत्म केन्द्रित, शर्मीले, रिजर्व तथा एकान्त प्रिय होते हैं। वे आसानी से दोस्त नहीं बनाते तथा सामाजिक अवसरों पर पृष्ठभूमि (Back-ground) में चले जाते हैं। फिलासफर, कवि, कलाकार, वैज्ञानिक आदि इस वर्ग में आते हैं। इस बारे में शक है कि लोगों को दो ही वर्गों में बांटना तर्क युक्त हैं अत: इन दोनों के बीच बहुत से लोग आ जाते हैं जिन्हें अम्बीवर्ट (Ambivert) कहते हैं। इनमें ऊपरी दोनों वर्गों के गुण सन्तुलित होते हैं। वे न तो इतने Outgoing होते हैं और न संकोची तथा किसी भी स्थिति में स्वयं को ढाल लेते हैं।

शरीर की संरचना के अलावा व्यवहार पर आधारित व्यक्तित्व को शेल्डन (Sheldon) ने तीन वर्गों में बांटा है। ये हैं -

(1) विसरोटोनिक (Vicerotonic) जो खुशमिजाज, Outgoing तथा भोजन के शौकीन
(2) सोमेटोटोनिक Somatotonic, अपनी बात मनवाने वाले, बहादुर तथा रिस्क लेने वाले।
(3) सेरीब्रोटोनिक Cerebrotonic जो परिश्रमी, बेचैन तथा अन्तर्मुखी (Introverts)।

(iii) सामाजिक आयाम: आदत के अनुसार ही मनुष्य सामाजिक प्राणी है। जिस समाज में वह रहता है उसी से उसने बोलना, पढ़ना, लिखना व व्यवहार करना सीखा है। अगर उसे समाज से अलग कर दिया जाए तो वह ज्यादा देर तक जिन्दा नहीं रह पाएगा। इसके अतिरिक्त वे चाहते हैं कि उनके साथ उनमें रुचि लें तथा समय पर नोटिस करें। अपने जीव विज्ञानी जरूरतें (Biological need) तथा मूल्यों को पूरा करने के साथ-साथ मनुष्य अपना पद (Status), शक्ति (Power), प्रेम (affection) तथा भाईचारा (goodwill) के भी इच्छुक हैं। सामाजिक व मनोवैज्ञानिक अभिरुचियां एक दूसरे से अच्छी तरह सम्बद्ध हैं। मनोवैज्ञानिक रूप से, प्रत्येक व्यक्ति विशिष्ट पैतृक रुझानों, रूचियों और क्षमताओं के साथ पैदा होता है। समाज में अनुमोदित सदस्य बनने के लिए उसे अपना व्यवहार बदलना पड़ता है, कई आचार सीखने होते हैं। समाज के नियम, कानून व परम्पराएं माननी पड़ती हैं। इससे उसमें सामाजिक रुझान (Social Attitude) जैसे- सहनशक्ति, दूसरे का साथ देना तथा ईमानदारी सीखनी पड़ती है। इससे सेवा भावना व त्याग भावना आती है तथा दायित्व भी सीखा जाता है। अत: व्यक्ति का विकास ही समाज का विकास है।

मनुष्य को अपनी इच्छाएं तथा आशाएं अनुशासित करनी पड़ती हैं तथा समाज में भली प्रकार रहने के लिए त्याग के लिए तैयार रहना पड़ता है। सच तो यह है कि व्यक्ति और समाज एक दूसरे पर निर्भर है उन्हें अलग नहीं किया जा सकता। एक के बिना दूसरे का अस्तित्व नहीं है।

इसमें संदेह नहीं कि सामाजिक होना मनुष्य का बहुत महत्त्वपूर्ण गुण है। वह समाज के अन्य सदस्यों के साथ कैसे व्यवहार करता है तथा उनसे कितना प्रभावित होता है तथा उन्हें अपने काम और आदतों से प्रभावित करता है। यह उसके व्यक्तित्व का महत्त्वपूर्ण पहलू है। व्यक्तित्व के सामाजिक आयाम का अन्य पहलुओं से अधिक महत्त्व है। व्यक्ति के दूसरों व्यक्तियों के लिए विशेष प्रतिक्रियाओं का कुल योग ही सामाजिक आयाम कहलाता है। इसमें यह महत्वपूर्ण है कि व्यक्ति स्वयं तथा दूसरों को कैसे जवाब देता है।

मुख्य सामाजिक योगदान को आधार बना कर व्यक्ति को वर्गीकृत करना बहुत पहले से किया जाता रहा है। तीसरी शताब्दी ईसा पूर्व, अरस्तु के शिष्य थियोफ्रेस्टस (Theophrastus) ने अपनी पुस्तक 'Ethical Characters' में मनुष्य का समाज में पद और योगदान को आधार बना कर तीन भेद किये हैं ''चापलूस'' The flatterer, बूर The boor तथा डरपोक 'The Coward' थामस और Znaniecki ने तीन प्रकार के व्यक्तित्व का जिक्र किया है।

(1) फिलिस्तीन (Philistine) एक व्यवहारिक व्यक्ति जो सुरक्षा और बचाव के लिए ज्यादा इच्छा रखता है।
(2) बोहेमियन (Bohemian) जो नए अनुभवों की कामना करता है, लड़ाकू है तथा ऐसी स्थायी रुचियां रखता है जो उसके व्यवहार को दर्शाती है।
(3) सृजनशील (The creativeman) जो संयम में है तथा साहित्य, कला, धर्म, राजनीति, अर्थशास्त्र जैसे क्षेत्र में अपने सृजन को बढ़ावा देता है।

बरगेस (Burgess) ने व्यक्तित्व का सामाजिक विश्लेषण करते हुए इसे तीन तरह के क्षेत्रों में बांटा है।

(1) लक्ष्य (The Objective) जिसमें बराबरी, जोश, फ्रेंकनेस तथा आक्रामक गुण है।

(2) Introspective टाईप, जो कल्पनाशील है, संवेदी है तथा सोचने की शक्ति रखता है।

(3) सायकोपैथिक (Psychopathic) जो eccentric, असंयत, कुंठित तथा जिसमें Strong Sense of Inferiority है।

व्यक्तित्व का समाज पर प्रतिक्रिया को आधार बनाकर स्प्रेंगर (Spranger) ने छः वर्गों में व्यक्तित्व को बांटा है।

(1) सैद्धांतिक (Theoretical) मेटाफिजिशयन और विशुद्ध वैज्ञानिक

(2) अर्थशास्त्र (Economic) – विशुद्ध बिजनेसमैन

(3) ऐसथेटिक (Esthetic) – जो आमोद-प्रमोद में रुचि रखे व विश्वास के योग्य न हो।

(4) सामाजिक (Social) जो साथियों में रुचि ले

(5) राजनैतिक (Political) – जो दूसरों पर अधिकार करने की इच्छा रखे तथा

(6) धार्मिक (Religious) जो mystic या missionary टाईप हो।

(iv) वैचारिक आयाम: संवेदना का हमारे जीवन में बहुत महत्त्व है। संवेदनापूर्ण विचारों से रहित जीवन फीका और भद्दा (Unattractive) होता है। विचारों, प्रेम, प्यार से हमारा जीवन जीने योग्य बनता है। वे प्रगति के चरण में प्रत्येक जीव में पाए जाते हैं। बच्चा पैतृक संवेदना वाले विचारों से पैदा नहीं होता परन्तु जैसे-जैसे वह अनुभव करता है उसी प्रकार स्वयं को व्यक्त (Express) करता है। संवेदना के कारण ही प्रत्येक मनुष्य स्थितियों के प्रति अलग-अलग प्रतिक्रिया करता है। इन शारीरिक व मनोवैज्ञानिक बदलावों को संवेदना कहते हैं। संवेदना से शरीर में ऊर्जा का विचरण (Energy Mobilization) बढ़ जाता है। यह प्रभाव लाभप्रद भी हो सकता है तथा हानिकारक भी। रूच (Ruch) के अनुसार, 'हमारे प्रेरणा के पैटर्न में संवेदनाओं का रोल बहुत महत्त्वपूर्ण है। इमोशन के बिना जिन्दगी असल में मोशन (Motion) के बिना मानी जाएगी।' संवेदनाएं बताती हैं कि जीवन में क्या बदलाव किये जाने चाहिए। वे सूक्ष्म योग्यताओं, डरावनी व ओछी बातों को भी व्यक्त करती है। अच्छे व्यक्तिगत व सामाजिक अनुकूलन के लिए कड़वी अनुभूतियों का होना हानिकारक है जो जीवन में तबाही ला सकती है। जैसे-जैसे हम बड़े होते हैं जीवन के वातावरण पर नियंत्रण मुश्किल होता जाता है हमें अपने विचारों को संयम में रखना सीखना चाहिये। एक नियंत्रित व्यक्तित्व ही वैचारिक प्रतिक्रिया में खुद को कंट्रोल कर पाता है।

विचारों के आधार पर मारगन व गिलीलैंड (Morgan and Gilliland) ने व्यक्तित्व को चार भेदों में बांटा है।

(1) Elated (खुश और आशावादी) (2) Depressed (निराशावादी व Emotional) (3) चिड़चिड़े (Irritable) (जल्दी गुस्सा करने वाले) तथा (4) Unstable (अनियंत्रित तथा इमोशनल)।

व्यक्तित्व के गुण

हम रोजाना के जीवन में देखते हैं कि वयस्क मनुष्य के व्यवहार के पीछे उसके विशिष्ट गुण व विशेषताएं छिपी होती हैं, हम सोचते हैं कि व्यक्तित्व इन गुणों से निर्मित है। व्यक्तित्व एक प्रकार का व्यवहार (Mode of Behaviour) है। ये गुण स्वीकृत सत्य हैं, वे व्यवहार के विशिष्ट गुण हैं जैसे कुण्ठा (Frustration) के प्रति प्रतिक्रिया, समस्याओं को सुलझाने का ढंग, आक्रामक व्यवहार, तथा दूसरों की मौजूदगी में खुला या बन्द व्यवहार। ये गुण उन गतिशील बलों की अभिव्यक्ति है जो कई ढंगों में interact करते हैं। इसीलिए इन गुणों का समन्वय दो व्यक्तियों में एक जैसा नहीं मिलता। गोर्डन आलपोट (Gordon Allport) के विचार में "व्यक्तित्व के गुण लचीली अभिव्यक्ति होती है जो विशिष्ट आदतों, अनुकूलित व्यवहार और वातावरण से ढलने के तरीकों के प्रतिफलन (Result) होती हैं।"

एम.ए. मेय (M.A. May) ने अपने लेख 'Problems of Mastering Character and Personality' में कहा है कि 'सर्वसाधारण में समान रूप से पाए जाने वाले व्यवहार की अलग-अलग गुणवत्ताओं (qualities) को सुलभ नाम दिये गये हैं और उन्हें Traits of Personality कहा गया है।" जिस वातावरण में व्यक्ति पैदा होता है वहां की रुकावटों और छूटों (sanctions and restrictions) का उसके व्यवहार पर बहुत गहरा प्रभाव पड़ता है। जैसे वह वयस्क होता है बहुत से ये गुण उसकी आदतें बन जाती हैं तथा घर में हुए अनुभवों के आधार पर वह समाज के साथ अनुकूलन (Adjustments) करना सीख जाता है तथा आम स्थितियों में उससे जिस व्यवहार की अपेक्षा की जाती है इस अनुकूलन का उस पर सीधा असर पड़ता है।

पैतृक नींव पर आधारित गुण सीखने से आते हैं। घर में व स्कूल में सिखलाई तथा अपने आप से जोड़ने वाले व्यक्ति की नकल करके ये गुण थोड़ा बहुत बदलते हैं। फिर अपने peer group के सदस्यों के गुणों का उस पर असर होता है। समय की लम्बी अवधि तक गुण लगभग एक जैसे रहते हैं उनमें कम ही परिवर्तन आते हैं। गुणों की सीधी नकल नहीं की जा सकती है, उन्हें जीवन में उतारा जा सकता है। हम विशेष सूचनाएं, acts और मौखिक बातें आब्जर्व करते हैं तथा बाद में उनमें सामान्यीकरण generalise करके नतीजे निकालते हैं। गुण सारे समय में एक्टिव नहीं रहते परन्तु सुसुप्त (Latent) होते हुए भी Persistent (लगातार) रहते हैं।

प्रत्येक व्यक्ति अपनी शारीरिक संरचना में ही अनुपम नहीं है बल्कि अपने-अपने अनुभवों के पैटर्न में भी वह सभी से अलग है जिनके कारण उसे विचार सूझते हैं। दो व्यक्तियों में समान गुण नहीं होते। दो आदमी यदि आक्रामक हैं तो उनमें इस गुण की तीव्रता व स्टाईल अलग-अलग होगा। फिर भी हम सब में कुछ साझे अनुभव होते हैं। इसी आधार पर हम लोगों में कुछ साझे गुण पाते हैं तथा इसी प्रकार हम सुरक्षित ढंग से कह सकते हैं कि किसी विशेष आबादी में सांझे सांस्कृतिक गुण होते हैं। गुणों की विशिष्ट परिभाषा के तहत हम कह सकते हैं कि व्यक्ति के गुण अधिक सच्चे होते हैं क्योंकि (1) वे व्यक्ति के निजी गुण हैं, समाज के नहीं (2) प्रत्येक व्यक्ति के अनुभवों के आधार पर ही वे गतिशील अभिव्यक्ति पाते हैं। साझा गुण सही गुण नहीं होता परन्तु व्यक्तिगत गुणों के जटिल पहलुओं का प्रतिफलन होता है।

व्यक्तित्व के गुणों का वर्गीकरण

प्रत्येक व्यक्तित्व में कुछ मुख्य गुण तथा कुछ गौण गुण होते हैं। आलपोर्ट (Allport) का यह मानना था कि गुण कई स्तरों पर पाए जाते हैं - कार्डिनल ट्रेट, सेन्ट्रल ट्रेट तथा सैकेन्डरी ट्रेट।

1. **कार्डिनल गुण** - कई जीवन व्यक्तित्व के कुछ गुण इतने मुखर (Pervasive) तथा उत्कृष्ट होते हैं कि उन्हें कार्डिनल गुण कहा जाता है। सभी कार्यों पर उनका प्रभाव पड़ता है। वे इतने प्रभावपूर्ण होते हैं कि वे व्यक्ति के हरेक पहलू पर स्वामित्व जमा लेते हैं। ऐसे गुण ज्यादा देर तक छिपे हुए नहीं रह सकते। व्यक्ति उन गुणों के कारण जाना जाता है तथा उन्हीं के कारण प्रसिद्धि पाता है। वे सारी उम्र व्यक्ति के साथ रहते हैं परन्तु उसका पर्याय नहीं बनते।
2. **केन्द्रीय गुण** - यह व्यक्ति के केन्द्रीय गुण हैं जिनकी पहचान की जा सकती है। ये letter of recommendation में साफ तौर पर वर्णित किये जाते हैं। ये व्यक्ति को संक्षिप्त में वर्णन करते हैं। ये कार्डिनल गुणों की तरह व्यक्ति में इतने मुखर या प्रमुख रूप में नहीं पाए जाते। उदाहरणार्थ व्यक्ति का आक्रामक (Aggressive) होना या दयालु होना।
3. **सैकेन्डरी गुण** - ये कम उपयोगिता वाले, कम मुखर तथा कम टिकाऊ होते हैं। कार्डिनल गुणों या केन्द्रीय गुणों की तुलना में ये इतने महत्त्वपूर्ण नहीं है। वे सबके ध्यान में नहीं आते बल्कि नजदीकी लोग ही इन गुणों को देख पाते हैं। ये किसी खास मौके या व्यवहार में ही अभिव्यक्त हो पाते हैं। काम करते हुए या व्यक्तिगत सम्बन्धों के दौरान कुछ गुण प्रकट होते हैं। प्रश्नोत्तरी के उत्तर में कैटल (Cattell) ने इन्हें Surface Traits कहा है। खुश रहना, जिंदादिली तथा झगड़ा करना ये ऐसे गुण हैं।'' दूसरी तरफ स्रोत गुण Source Traits हैं जो Surface traits के माध्यम से व्यक्त होते हैं। व्यक्तित्व के वर्णन में ये दोनों गुण (Surface and Source Trait) interchangeable अर्थात् अदला-बदली कर सकते हैं। एक अकेला Surface गुण अन्दर छुपे दो या तीन स्रोत गुणों का परिणाम हो सकता है। Source Traits वर्णन करते हैं और Surface Traits विस्तार करते हैं।

स्रोत गुणों Source Trait में उपयोगिता, ठहराव तथा ज्यादा अर्थ छुपे हुए होते हैं। वे ऐसे प्रभावों से उत्पन्न होते हैं जिसका सम्बन्ध वातावरण, वस्तुओं या संस्थाओं से हो। इस दशा में इन्हें Environment Mould Traits कहते हैं। जब वे व्यक्ति के बुनियादी ढांचे से आते हैं तो इन्हें Constitutional Traits कहते हैं। धरातल गुण इन दोनों के सम्मिश्रण हो सकते हैं। लगभग 4,500 व्यक्तित्व के गुणों का अध्ययन करने के बाद कैटल (Cattell) ने कहा है कि 46 धरातल गुण (Surface Traits) हैं तथा 16 स्रोत गुण (Source Traits) है बाद में उसने तीन अन्य गुण स्रोत गुणों (जोश, उन्माद व बूरिशनैस Boorishness) में शामिल किये। कैटल का मानना है कि व्यक्तिगत गुणों और बाहरी स्थितियों में लगातार संघर्ष ही मानवीय व्यवहार है।

व्यक्तित्व के गुणों के आधार पर उसने व्यक्तित्व को तीन भागों में बांटा है -

Temperamental Traits (लगातार चिड़चिड़ा होना, आराम से रहना व बहादुर होना), Ability Traits (योग्यता, जटिल कार्यों को करने की दक्षता) तथा Dynamic Traits (जैसे-प्रेरणा, रुचि और रुझान)। उसने गतिशील (Dynamic) Traits को आगे हिस्से में बांटा-रुझान (attitude) विचार (Sentiments) तथा इच्छाएं (urges)।

गुणों का कार्य (Functioning of Traits)

गुणों का कार्य कैसे होता है इस बारे में दो विचारधाराएं हैं। एक के अनुसार कहा जाता है कि व्यक्ति का व्यवहार उसके भीतर से नियमित (regulate) होता है तथा बाहर का वातावरण मायने नहीं रखता अर्थात् ईमानदार व्यक्ति सभी के साथ ईमानदार रहेगा। इस सिद्धांत को 'Theory of Unitary of general traits' कहते हैं। हैं। दूसरी ओर, बहुत से वैज्ञानिक मानते हैं कि स्थिति की मांग बहुत प्रभावशाली होती है तथा व्यक्तिगत गुणों पर हावी हो जाती हैं। इस सिद्धांत को 'Theory of Specificity of Traits' कहते हैं। विस्तृत खोजों के बाद कैटल Cattell ने व्यक्तित्व के आयाम जांचने के लिए 16 Personality Factor Questionnaire तैयार किया है।

व्यक्तित्व के विकास को प्रभावित करने वाले कारक (पैतृक व वातावरण)

हमारी पृथ्वी पर अगणित प्राणी रहते हैं तथा उनमें प्रत्येक में अपने विशिष्ट गुण हैं जो उन्हें दूसरी जातियों से अलग नहीं करते अपितु अपनी जाति में अलग पहचान बनाते हैं। प्रत्येक जीव में पैतृक गुण (genetic code) है जो उसे अपने माता-पिता से मिलता है। बहुत से लेखक इसे प्रकृति (Nature) कहते हैं। एक बार जन्म लेने पर प्राणी का मुकाबला उसके वातावरण से होता है जो कभी पक्ष में होता है तो कभी कठोर होता है जिसका प्राणी के विकास पर प्रभाव पड़ता है। इसी वातावरण को प्रकृति (Nature) की संज्ञा दी गई है।

1. पैतृक गुण: प्रत्येक माता-पिता (Parents) से एक-एक जर्म सेल (germ cell) लेकर उनकी युक्ति (union) से जायगोट (zygot) बनता है जिससे जीवन की उत्पत्ति शुरू होती है। इसमें जीन होती है। जिसमें क्रोमोसोम के 23 जोड़े होते हैं। बच्चों तक क्या स्थानांतरण होगा यह इनमें दर्ज रहता है। ये जीन पूरे जीवन में टर्निंग आन और टर्निंग आफ होते रहते हैं तथा हमारे व्यवहार के लिए उत्तरदायी रहते हैं। यही हमारी शारीरिक संरचना निर्मित करते हैं तथा कुछ विशिष्ट मनोवैज्ञानिक गुणों का विकास भी यही जीन करते हैं। माता-पिता के सभी गुणों को आगे Transfer करते हैं। एक पीढ़ी के गुण दूसरी पीढ़ी में भेजने का काम सदियों से जीन कर रहे हैं।

2. वातावरण: व्यक्तित्व को आकार देने में वातावरण का बहुत बड़ा योगदान है। बुडवर्थ (Woodworth) के अनुसार, 'वातावरण में वे सभी बाह्य कारक शामिल हैं जो व्यक्ति के जन्म लेते ही उसे प्रभावित करते हैं। जन्म लेते ही बच्चे पर भौतिक, सामाजिक व सांस्कृतिक कारकों का प्रभाव पड़ना शुरू हो जाता है।

3. पैतृक गुण बनाम वातावरण: एक आम प्रश्न बार-बार पूछा जाता है कि मनुष्य के व्यक्तित्व पर पैतृक गुणों का मुख्य प्रभाव पड़ता है या वातावरण का। Galton, Karl Pearson व अन्य मनोवैज्ञानिक मानते हैं कि वातावरण की अपेक्षा पैतृक गुणों का प्रभाव ज्यादा होता है। जबकि Locke, Watson व अन्य मानते हैं कि व्यक्तित्व को सांचे में ढ़ालने में वातावरण मुख्य भूमिका निभाता है। इसे समझने के लिए पौधे के जीवन-चक्र (Plants life cycle) देखें। बीज ही मुख्य है जिसके अंकुरित होने से पौधा प्रकट होता है तथा उसी के अन्दर ही पौधे की सारी खूबियां छिपी हुई हैं कि उसकी पत्तियों का रंग, आकार कैसा होगा यहां तक फूल की गंध कैसी होगी, फल का स्वाद कैसा होगा तथा बीज कैसे वितरित होंगे। संक्षेप में, बीज में पौधे की पूरी जीवन कथा छुपी हुई है। परन्तु अन्तिम रूप में आने के लिए बाहरी वातावरण-मिट्टी, पानी, खाद, खनिज, धूप आदि पूरा प्रभाव दिखाते हैं अतः अन्दर के गुणों को प्रकट करने के लिए बीज को बाहरी वातावरण की आवश्यकता होती है। उसी प्रकार बालक में छुपे हुए पैतृक गुणों पर बाहरी वातावरण का प्रभाव पड़ता है।

सिर्फ प्रकृति ही नहीं अपितु प्रकृति और पोषण (Nature and Nurture) मानवीय व्यक्तित्व को निखारते हैं। ये दोनों-पैतृक गुण व वातावरण अलग-अलग वर्ग में नहीं आते बल्कि पैतृक गुणों की व्यवस्था सीमा तय करती है और सामान्य दिशा देती है, वातावरण उस पर अपना कार्य करता है। गुणों और वातावरण के आपसी संघर्ष (Interaction) से व्यक्तित्व का निर्माण होता है। लेफ्टन (Lefton) ने सही कहा है, कि "पैतृक गुण या जेनेटिक मेक अप की नींव पर व्यक्तित्व टिका है जिस पर उसके व्यवहार का निर्माण होता है। अनुभव तथा पैतृक गुण मिल कर उसे अन्तिम शक्ल देते हैं।" वातावरण मनुष्य के बुनियादी गुणों को नहीं बदल सकता, वह इतना करता है कि इन गुणों को विकास करने में पूरा सहयोग दें। हम वातावरण के रूप बदलते हैं सभी वातावरण की स्थितियां हमें प्रभावित करती हैं। विकास के चरण प्रकृति की जटिल प्रक्रियाओं की देन हैं। एन्न एनासटासी (Ann Anastasi) ने बहुत वर्ष पहले कहा था, 'यह पूछने से पहले कि कितना जेनेटिक्स (genetics) की देन है तथा कितना वातावरण की देन है हमें पूछना चाहिये कि ये दोनों मिल कर हमें कितना बदलते हैं जैसे कि हम हैं।'

यह साफ है कि जीन कुछ भी स्थापित नहीं करते। बल्कि वे सम्भावनाएं हैं जो हमारे अनुभवों की क्वालिटी पर निर्भर है। जेनेटिक तथा वातावरण में आपसी संघर्ष रहता है तथा उनमें अन्तर्सम्बन्ध है। यह कहना गलत होगा कि वे आपस में गुंथे हुए हैं। हम वातावरण की तरफ कैसे प्रतिक्रिया दिखाते हैं यह हमारे जीन पर निर्भर करता है। वंचित माहौल में अच्छे जीन के बच्चे को जीनियस बनाया जा सकता है इसके बजाय कि अच्छा वातावरण कमजोर जीन के बालक पर प्रभाव नहीं डालता।

जीन और वातावरण के आपसी संघर्ष से हमें पता चलता है कि अलग-अलग जीन के लोग वातावरण से अलग-अलग प्रतिक्रिया दिखाते हैं। जीन-वातावरण सम्बन्ध तीन प्रकार का हो सकता है-पासिव (Passive) इवोकेटिव (Evocative) तथा एक्टिव (Active)।

1. **पासिव सम्बंध (Passive Correlation)** – घर में मां बाप अपने बच्चों को कैसे माहौल प्रदान करते हैं वह उनके जीन पर निर्भर करता है उदाहरणार्थ सामाजिक रुचि वाले मां-बाप बच्चों को भी सोशल माहौल देते हैं। कुछ बच्चे सोशल होने के जीन (genes for sociability) ही पैतृक रूप में पाते अपितु ऐसा वातावरण भी पा लेते हैं कि वे और भी sociable हो जाते हैं। जीन व वातावरण के बीच ऐसा रिश्ता Passive Correlation कहलाता है।
2. **इवोकेटिव सम्बंध (Evocative Correlation)**- एक विशेष व्यक्ति के जीन (genotype) दूसरे लोगों में प्रतिक्रिया पैदा करती है। हंसते हुए बच्चे की ज्यादा smiles मिलती है तो genetic make up अन्य लोगों की प्रतिक्रिया का कारण बनता है।
3. **एक्टिव सम्बंध (Active Correlation)**- एक व्यक्तिगत genotype के प्रभाव से उसे वैसा वातावरण मिलता है जैसा वह चाहता है। बहिर्मुखी (Extrovert) व्यक्ति ऐसी खुशी की पार्टियां ढूंढ ही लेगा जब कि शर्म की जीन वाले बड़ी गतिविधियों से स्वयं को दूर रखने का प्रयास करेंगे।

स्कार एंड मेकारटनी (Scarr & Macartney) ने पाया है कि इन तीन प्रकार के सम्बन्धों में संतुलन व्यक्ति के विकास के साथ-साथ बदलता रहता है।

संक्षेप में, व्यक्ति के पूर्ण जीवन-चक्र में जेनेटिक्स व वातावरण की महत्त्वपूर्ण भूमिका है। हालांकि उम्र के साथ-साथ इनका योगदान घट जाता है। वातावरण दर्शाता है कि हम जेनेटिक सम्भावनाएं पूरी कर पाते हैं या नहीं तथा जेनेटिक्स से पता चलता है कि हम वातावरण के अनुभवों को क्या प्रतिक्रिया देते हैं। जन्म से मृत्यु तक इन दोनों का संघर्ष हमारे व्यक्तित्व में मौजूद रहता है।

नेतृत्व (Leadership)

लोगों में विश्वास और उत्साह बनाने की योग्यता ही नेतृत्व कहलाती है तथा यह उनमें एक इच्छा जागृत करती है कि वे चाहते हैं कि उनका नेतृत्व हो। एक सफल नेता में दूरदृष्टि, प्रेरक तत्त्व पहल करने की योग्यता, आत्मविश्वास तथा व्यक्तिगत ईमानदारी होनी चाहिये। दूसरे शब्दों में वांछित सांझे उद्देश्य की प्राप्ति के लिए एक दूसरे को सहयोग देने के लिए लोगों को प्रेरित करने के कार्य को नेतृत्व कहते हैं। समाज में बहुत कम लोग यह काम कर पाते हैं।

नेतृत्व की परिभाषाएं

कुछ विख्यात लेखकों, प्रवीण लोगों तथा विभिन्न संगठनों व्यवसायों, प्रबन्ध इकाइयों तथा प्रतिष्ठानों के अनुभवी अध्यक्षों द्वारा नेतृत्व की कई परिभाषाएं दी गई हैं जो निम्नलिखित हैं –

'नेतृत्व उन कार्यों की पहल का नाम है जिनसे लोगों में आपसी बातचीत की प्रक्रिया शुरू होती है जिसका उद्देश्य आपसी समस्याओं का निपटान करना होता है।

'किसी विशेष समय में विशेष परिस्थिति में लोगों पर प्रभाव छोड़ने की प्रक्रिया नेतृत्व कहलाती है जिनमें जिस प्रकार का नेतृत्व, मिलता है लोगों को संगठन/समूह के उद्देश्य संतोषजनक ढंग से प्राप्त करने के लिए स्वेच्छा से प्रेरणा मिलती है।'

नेतृत्व की उपर वर्णित परिभाषाओं में इस बात पर जोर दिया गया है कि व्यक्ति की नेतृत्व क्षमता इस योग्यता में है कि वह समूह के यत्नों को योजनाबद्ध ढंग से इस प्रकार दिशा निर्देशित करता है कि समूह/संस्थान/संगठन का साझा उद्देश्य पूरा हो सके। अतः यह कहा जा सकता है कि नेतृत्व में वह प्रभाव छुपा हुआ है जिससे प्रेरणा पाकर अधीनस्थ लोग तथा अनुयायी अपने उद्देश्यों की पूर्ति के लिए पूरी शक्ति से काम करते हैं।

नेतृत्व एक कला है क्योंकि यह सभी के सामर्थ्य की बात नहीं है कि वे लोगों को अपना अनुगामी बना सके। यह एक विज्ञान भी है क्योंकि इसमें योजनाबद्ध ढंग से नेतृत्व का विकास तथा वृद्धि की जाती है। नेतृत्व को सही मायनों में एक उपहार (gift) माना जाता है क्योंकि इसमें आन्तरिक दैवी गुणों की आवश्यकता होती है।

नेतृत्व एक परिवर्तनशील प्रक्रिया है जो समूह के सदस्यों की जरूरतों को पूरा करती रहती है। लोगों की एक दूसरे से वैचारिक

टकराव से ही नेतृत्व उभरता है। सही नेतृत्व के बिना कोई समाज या संगठन विकास के पथ पर अग्रसर नहीं हो सकता। नेतृत्व के बिना कोई घर, सम्प्रदाय, संस्थान, संस्था, व्यवसाय तथा कोई देश अपना कार्य नहीं कर सकता। अत: नेता ही अगुवाई करता है, मानने योग्य सुझाव देता है, सही मार्ग दिखाता है, दूसरे लोगों के लिए आदर्श होता है, हुक्म देता है जिसकी लोग अनुपालना तथा आदर करते हैं। सभी दशाओं में जो कुछ नेता करता है वह उसकी अपेक्षा दूसरे लोगों को ज्यादा प्रभावित करता है। अपने अनुयायियों के सहयोग के बिना कोई भी नेता अपनी प्रभावपूर्ण स्थिति में नहीं रह पाएगा तथा लम्बे समय तक अपनी प्रतिष्ठा नहीं बना पाएगा। वह कुछ समय के लिए तानाशाह बनकर नेता बना रहेगा मगर उसका भविष्य चौपट हो जाएगा। अत: नेता को तानाशाही रवैया नहीं अपनाना चाहिये।

नेतृत्व की प्रकृति तथा गुण

ऊपर दी गई नेतृत्व की परिभाषाओं का विश्लेषण करने पर नेतृत्व की प्रकृति व गुणों का पता चलता है, जो इस प्रकार है–

1. नेतृत्व एक व्यक्तिगत गुण है।
2. यह तब होता है जब अनुयायी हो। इससे यही निष्कर्ष निकलता है कि जब अनुयायी न हो तब नेतृत्व का अस्तित्व भी नहीं होता।
3. लोगों की अनुगामी चलने की रजामन्दी के कारण ही कोई व्यक्ति नेता बनता है।
4. प्रभावित करने की प्रक्रिया ही नेतृत्व कहलाती है। इसका अर्थ है कि एक अच्छा नेता अपने अधीनस्थों के व्यवहार, रूझान तथा विश्वासों को प्रभावित करता है।
5. सांझे उद्देश्यों की पूर्ति के लिए ही नेतृत्व अस्तित्व में आता है।
6. नेतृत्व का अर्थ है कि सभी स्थितियों में सम्पूर्ण जिम्मेवारी उठाने के लिए तैयार रहना।
7. नेतृत्व का कार्य है कि वह संगठन/समूह के उद्देश्यों की पूर्ति के लिए अनुयायियों को प्रेरित करने की दिशा में प्रयासरत रहे।
8. विभिन्न परिस्थितियों में नेतृत्व के ढंग भी बदलते रहते हैं।
9. नेतृत्व तानाशाही तथा प्रबंधन का पर्याय नहीं है।

नेतृत्व की आवश्यकता

शारीरिक शिक्षा ही अपवाद नहीं है जिसमें उच्च क्वालिटी के नेतृत्व की आवश्यकता पड़ती है क्योंकि नेतृत्व व्यवसाय का दर्पण है तथा यह व्यवसाय की प्रकृति और आकांक्षाओं को दर्शाता है। इसका अर्थ यह है कि एक व्यवसाय के रूप में तब तक प्रगति नहीं कर सकता जब तक इसे उच्च कोटि का महत्त्वाकांक्षी नेतृत्व न मिले। शारीरिक शिक्षा का भविष्य इस पर निर्भर करता है कि इसे किस प्रकार तथा किस कोटि का नेतृत्व मिलता है। अत: इसका अर्थ यही निकलता है कि शारीरिक शिक्षाविदों की नैतिक जिम्मेवारी है कि वे व्यवसायिक नैतिकता बनाए रखे अर्थात् अपने आकार/मूल्य व कीमत को बढ़ाएं, आस-पास परिस्थितियों को सुधारें, इस व्यवसाय को आकर्षित बनाएं ताकि यह इतना योग्य बने कि लोग इसे अपना सकें। इसके नेतृत्व के कंधों पर अन्य मुख्य जिम्मेवारी यह है कि वे दृढ़ नीतियां व प्रयोग विधियां बनाएं ताकि इस व्यवसाय का अकादमिक व व्यवसायिक स्तर ऊंचा उठ सके। नेतृत्व की गुणवत्ता इस बात से जानी जा सकती है कि इसमें भाग लेने वाले या विद्यार्थियों को विशेषकर तथा समान रूप से समाज को कितनी सन्तुष्टि देता है।

नेता के गुण

किसी भी क्षेत्र में प्रगति इस बात पर निर्भर करती है कि इसमें व्यवसायिक नेतृत्व की गुणवत्ता कितनी है। जब नेता अपने व्यवसाय को विकसित करता है तो वह प्रत्यक्ष या परोक्ष रूप से खुद को बढ़ाबा दे रहा होता है। प्रत्यक्ष रूप से उसका कद बढ़ता है तथा सामाजिक पहचान मिलती है। परोक्ष रूप में कार्य द्वारा उसे व्यवसाय का लाभ मिलता है। नेतृत्व ऐसा गुण नहीं है जो लोगों पर थोपा जा सके। व्यक्ति किसी घटना के कारण ही नेता नहीं बन जाता। नेतृत्व का भार उसी व्यक्ति के कंधों पर आता है जिसमें व्यक्तिगत गुण हों, अनुभव व प्रशिक्षण की पृष्ठभूमि हो क्योंकि इससे व्यवसायिक समर्थता में वृद्धि होती है। एक बात तो निश्चित है कि अपने विशेष गुणों के कारण ही एक नेता आम व्यक्ति से भिन्न नजर आता है। साधारणतया वे गुण जो एक व्यक्ति को नेता बनाते हैं वे हैं – आत्मविश्वास, बुद्धिमत्ता, साहस, इच्छा शक्ति व संकल्प, दूरदृष्टि, मानसिक स्फूर्ति, तर्कशक्ति तथा फैसला लेने की शक्ति नैतिकता का आचार-विचार, अनुशासन तथा परिवर्तनशीलता लेने की शक्ति नैतिकता का आचार-विचार, अनुशासन तथा परिवर्तनशीलता। इसका अर्थ है कि शारीरिक शिक्षा का सफल अध्यापक अथवा नेता बनने के लिए बहुत से गुण होने चाहिये। हालांकि नेता में असंख्य गुण होते हैं फिर भी लीडरशिप (Leadership) शब्द में महान् सफल नेताओं के कई गुण छुपे हुए हैं।

शब्द Leadership के प्रत्येक अक्षर को इस प्रकार वर्णित किया जा सकता है –

एल (L) : वफादारी (Loyality)

ई (E) : जोश, दृढ़ता, आकर्षक व्यक्तित्व (Enthusiasm, Endurance, Engaging Personality)

ए (A) : स्फूर्ति, सामंजस्य, गतिविधियां जोड़ने की क्षमता (Alertness, Adjustment, Ability to Coordinate Activities)

डी (D) : अनुशासन, कर्त्तव्यपरायणता, निर्भरता, दूसरों की मदद करने की इच्छा (Discipline, Dutifulness, Dependability, Desire to help other)

ई (E) : चुस्ती, तत्परता (Energetic, Earnestness)

आर (R) : विश्वसनीयता, सही सोच और सही विवेक (Reliability, Right thinking & right judgement)

एस (S) : वफादारी, दया, आत्म-नियंत्रण, त्याग, सुपर मोटर योग्यता (Sincerity, Sympathy, Self-control, sacrifice, Super motor capacity)

एच (H) : स्वास्थ्य, ईमानदारी, हास्य (Health, Honesty, Humour)

आई (I) : बुद्धिमत्ता, उद्योगी, निष्पक्षता, पढ़ाने में रूचि (Intelligence, Industriousness, Impartiality, Interest in Teaching)

पी (P) : सब्र, दृढ़ता, व्यक्तित्व, शारीरिक हुनर, लोक सम्पर्क (Patience, Perseverance, Personality, Physical skill, Public relations)

उपरोक्त गुणों के अतिरिक्त कुछ अन्य गुण भी हैं जो नेतृत्व की लोकप्रियता को मजबूती प्रदान करते हैं। वे गुण हैं-

बच्चे की वृद्धि और विकास का ज्ञान, नैतिक चरित्र, लेखन और मौखिक भाषा में प्रवीणता, हुनर, मैत्री भाव, सहनशीलता, तथा अच्छा बर्ताव।

संक्षेप में, क्योंकि शारीरिक शिक्षा एक गतिशील विषय है तो शारीरिक शिक्षा के अध्यापकों को भी गतिशील होना चाहिए। उनमें इतनी योग्यता हो कि वे सैद्धांतिकरण (theorize) कर सके, विश्लेषण (analyse) कर सके, संगठन (organise) कर सक, Improvise, depatise, सामंजस्य (Harmonise) निरीक्षण (Supervise) तथा जरूरत पड़ने पर समझौता (Compromise) कर सके। ऐसे गुण होंने पर उनमें इतनी योग्यता आ जाएगी कि वे सिखलाने और प्रतियोगिता वाली स्थितियों में व्यक्तियों से निबट सकें, समाज में उनकी इज्जत और प्रतिष्ठा बना सकें तथा इस व्यवसाय की किस्मत को आकार दे सकें।

शारीरिक शिक्षा एवं क्रीड़ा में नेतृत्व प्रशिक्षण

ऐतिहासिक दृष्टि से, 1896 में ओलम्पिक खेलों के पुनर्जागरण के कारण शारीरिक शिक्षा तथा खेलों को नए अर्थ मिले हैं। वास्तव में आधुनिक ऐथलेटिक व खेलों का प्रशिक्षण 1850 में शुरू हुआ तथा नई सदी के अन्त तक की अवधि को शौकिया प्रक्रिया समझा गया। खेल-कूद प्रतियोगिताओं में खिलाड़ियों या एथलीटों को प्रशिक्षण देने के लिए तब व्यवसायिक सक्षम कोच या शारीरिक शिक्षा अध्यापक नहीं होते थे। शारीरिक विज्ञान व मनोविज्ञान प्रशिक्षण के लिए आजकल खेल-कूद वैज्ञानिक उपलब्ध हैं। स्पीरीडन लूई द्वारा प्रथम आधुनिक ओलम्पिक में हैरत अंगेज सहनशीलता (Endurance) का प्रदर्शन मैराथन दौड़ में हुआ तो इसे पूर्व नियोजित प्रशिक्षण कार्यक्रम का नतीजा न मानकर मनुष्य में प्राकृतिक गुण का प्रदर्शन समझा गया। सन् 1900-1920 के बीच की अवधि को अल्प-व्यवसायिक प्रक्रिया (Semi-Professional Approach) कहा जाता है। इस अवधि के दौरान एथलीट तथा प्रशिक्षक नियोजित प्रशिक्षण के प्रति जागरूक हो गए थे। वास्तविक व्यवसायिक प्रक्रिया 1920 के बाद शुरू हुई जब व्यवसायिक प्रशिक्षक तथा नियोजित शारीरिक शिक्षक मैदान में उतरे। उससे पहले एथलीट प्रशिक्षण की कार्यविधियां तथा प्रक्रियाएं विज्ञान प्रयोगशाला में चर्चा का विषय नहीं बनती थी। अर्जित अनुभव ही एथलीट और प्रशिक्षक को मार्ग दिखाता था। खेल-कूद के प्रशिक्षण के लिए वैज्ञानिक सोच के विकास का कार्यकाल 1940 में शुरू हुआ तथा 1960 तक प्रशिक्षण की नीतियों व प्रयोगों तथा ढंग व विधियों में महत्त्वपूर्ण सुधार हुए। 1960-1980 की अवधि के दौरान विभिन्न खेलों व स्पोर्ट्स में नए ढंग जोड़ने के लिए बहुत-सा शोध कार्य किया गया। इससे व्यक्ति की प्रदर्शन क्षमता ही नहीं बढ़ी अपितु खेल-कूद को शैक्षिक संस्थाओं में विषय के रूप में मान्यता भी मिली।

आधुनिक समाज में नेतृत्व पर बहुत बल दिया जाता है। व्यक्ति के व्यक्तित्व का बुनियादी गुण नेतृत्व होता है। समाज को लगातार नेता की जरूरत रहती है क्योंकि एक अच्छे नेता के नेतृत्व में ही देश प्रगति करता है। व्यवसायिक नेतृत्व की गुणवत्ता पर ही किसी क्षेत्र में प्रगति निर्भर करती है। संगठन के व्यवहार का प्रेरक कारक नेतृत्व को माना जाता है। नेतृत्व प्राप्त करने के साधन हैं – सर्वोच्च शक्ति, सर्वोच्च कला, सर्वोच्च बुद्धिमत्ता, सर्वोच्च ज्ञान, सर्वोच्च इच्छा शक्ति या इसमें कोई या सभी।

नेतृत्व के दोहरे अर्थ हैं - इसका शब्दकोश अर्थ दो शब्दों - नेतृत्व करना। (To-lead) में दर्शाता है-

क. ''सबसे आगे रहना, समय से पूर्व चलना तथा प्रसिद्ध होना

ख. दूसरों का मार्ग-दर्शन करना, संगठन का मुखिया होना, नियन्त्रण हाथ में लेना।''

व्यक्तिगत नेतृत्व समूह के नेतृत्व से अलग है। व्यक्तिगत नेतृत्व के गुण मनुष्य में जन्मजात होते हैं परन्तु समूह-नेतृत्व वह समाज में सीखता है।

शारीरिक शिक्षा में प्रगति उसे मिलने वाले नेतृत्व की गुणवत्ता पर निर्भर करती है। नेतृत्व आंशिक रूप से सीखा गया गुण है। इसमें तुक्के से ही तरक्की नहीं मिलती परन्तु एक अच्छे नेता के नेतृत्व में सभी सम्बन्धित व्यक्ति के शुभ यत्नों द्वारा प्रगति हासिल की जा सकती है। नेता का बुनियादी कार्य है अपने अनुयायियों को प्रेरणा देना तथा उत्साहित करना।

व्यवसाय के रूप में शारीरिक शिक्षा

इरासमस Erasmus ने कहा था, 'मैं मानता हूं कि आपका कार्य मेहनत की मांग करता है परन्तु मैं इस बात से इनकार करता हूं कि यह कार्य त्रासद या खेदजनक है। स्कूल में अध्यापक बनना राजा बनने से भी बड़ा कार्य है। मूर्खों की दृष्टि में यह हीन कार्य है परन्तु वास्तव में यह सभी व्यवसायों से उच्च व्यवसाय है।'

दोरोथी वेस्टले लिब्सन (Dorohthy Westley Libson) के अनुसार प्रत्येक क्षेत्र को व्यवसाय कहा जा सकता है यदि उसमें ये गुण हों -

1. लोगों को सेवा प्रदान की जाए।
2. व्यवसाय में वैज्ञानिक ज्ञान व तकनीकी हुनर का समावेश हो।
3. अति विशिष्ट तथा सामान्य तौर पर औपचारिक तैयारी की जरूरत हो।
4. व्यवसाय के सदस्यों द्वारा व्यवहारिक प्रवेश के लिए मानकों का नियमन होना।
5. अभ्यास करने वालों को विस्तृत व्यवसायिक समूहों में गठित करना ताकि वे व्यवहार और नैतिक मूल्यों का उच्च मानक रख सकें।

अब्राहम फ्लेक्सनर (Abraham Flexner) ने व्यवसाय के लिए निम्नलिखित कसौटियों का सुझाव दिया है, ''यह चरित्र में सीखा जाए तथा उद्देश्य में निश्चित हो, इसमें तकनीक शामिल हो, संगठित तथा अति विशिष्ट शिक्षा साधनों द्वारा प्रशिक्षण की क्षमता रखता हो तथा भाईचारे के आधार पर संगठित हो जिसमें आंतरिक प्रेरणा के उपरोक्त तत्त्व हो।'' इन कसौटियों में शिक्षण के गुण व प्रक्रियाएं शामिल हैं तथा अच्छे व्यवसायी के लिए जरूरी तत्त्व भी शामिल हैं।

पूरी तरह विकसित व्यवसाय की निम्नलिखित कसौटियों पर जांच की जा सकती है-

1. **समय के साथ कदम (Pace with times)**- क्या शारीरिक शिक्षा शास्त्री ज्ञान व हुनर प्राप्त करने में समय के साथ रहते हैं?
2. **कार्यकुशलता (Workmanship)**- क्या वे अपने प्रदर्शन तथा सेवाओं में कार्यकुशल है?
3. **सम्बद्धता (Relevance)**- क्या शारीरिक शास्त्र, शास्त्रियों द्वारा दिए गए योगदान व सेवाएं समाज के ढांचे की समस्याएं व जरूरतों से सम्बद्ध है?
4. **बनावट (Structure)**- क्या शारीरिक शिक्षा की गतिविधियां तथा धारणाएं ठीक प्रकार से संगठित तथा अनुशासित है?
5. **ढंग (Approach)**- क्या वे अपने व्यवसाय के प्रति ईमानदारी, सही और समर्पित हैं?

व्यवसायिक दृष्टि से शारीरिक शिक्षा के अध्यापक को निम्नलिखित गतिविधियां करनी चाहिये-

1. उसे व्यवसायिक साहित्य नियमित रूप से पढ़ना चाहिये
2. उसे स्थानीय, राज्य, राष्ट्रीय व अन्तर्राष्ट्रीय स्तर की व्यवसायिक संगठनों का सदस्य बनना चाहिये।
3. उसे व्यवसायिक मीटिंग, कान्फ्रेंस तथा सभाओं में भागीदारी लेनी चाहिये।
4. समिति में रहकर तथा लेख व प्रकाशित सामग्री द्वारा अपने व्यवसायिक समूहों को सेवाएं प्रदान करें।
5. उसे शोध करने चाहिये जिससे शारीरिक शिक्षा के सिद्धांतों और व्यवहारिक पक्ष के संगठित व वास्तविक आंकड़ों को सही योगदान मिले।
6. शोधकर्ताओं की शोध-परियोजनाओं (Research Project) का मार्गदर्शन व निरीक्षण करना तथा उन्हें पत्रिकाओं व पुस्तकों में प्रकाशित करवाना व कान्फ्रेंस व सेमिनारों में पेश करना।
7. व्यापक पाठ्यक्रम (Extension Course), पत्राचार कार्य आदि द्वारा व्यवसायिक विकास जारी रखना।

निःसंदेह वर्तमान शारीरिक शिक्षा को गर्व से एक योग्य व्यवसाय माना जाता है। किसी व्यवसाय की शक्ति और कमजोरियों के परीक्षण को जांचने के आधार की ध्यानपूर्ण जांच करने पर पाया जाता है कि अभी बहुत कुछ करना शेष है। शायद, अन्य कारकों के अतिरिक्त, मुख्य व्यवसायिक कमजोरियां अभी भी मौजूद हैं जिनका अभी ध्यान रखना जरूरी है।

ये त्रुटियां इस प्रकार हैं-

1. किसी व्यवसायिक प्रशिक्षण तथा कार्यक्रम की राष्ट्रीय नीति का अभाव है। अगर इस प्रकार का कुछ अस्तित्व में है भी तो वह भी गड्डमड्ड है।
2. व्यवसायिक संगठनों को पर्याप्त सामग्री, नैतिक, वित्तीय व कानूनी सहायता उपलब्ध नहीं है।
3. प्रशिक्षण, शोध तथा विस्तार कार्यक्रमों के मामले में व्यवसायिक संगठनों और शिक्षा-संस्थानों में तालमेल नहीं है।
4. खेल-कूद संस्थाएं फेडरेशन, नेशनल एसोसियेशन आन फिजिकल एजूकेशन, खेल-कूद मनोविज्ञान आदि जैसी व्यवसायिक संस्थाएं गैर तकनीकी व्यक्तियों द्वारा संचालित की जा रही हैं।
5. स्कूलों में एक सुदृढ़ शारीरिक शिक्षा कार्यक्रम की या तो कमी है या उसका गलत उपयोग किया जाता है।

उपरोक्त कमियों को दूर तभी किया जा सकता है अगर इस क्षेत्र की अगुवाई समर्थ, शिक्षित तथा सुदृढ़ हो। नेतृत्व के लिए आगे बढ़ने में तभी मुश्किलें खड़ी होती हैं अगर व्यवसायियों के द्वारा आंतरिक रूप से बहुत-सी समस्याएं स्वयं खड़ी की जाएं। यह रूझान सभी व्यवसायों में व्याप्त है तथा शारीरिक शिक्षा इसका कोई अपवाद नहीं है। एक तथ्य यह भी है कि शारीरिक शिक्षा का सही रूप लोगों के सामने उजागर नहीं हुआ है तभी इसे प्रशंसा की बजाय भर्त्सना सहनी पड़ती है। लोगों का शारीरिक शिक्षा के प्रति नकारात्मक नजरिया बदलने के लिए शारीरिक शिक्षा के अध्यापक को अच्छी प्रकार से शिक्षित होना चाहिये तथा सभी स्तरों पर शारीरिक शिक्षा के व्यवहार को दुरूस्त करने के लिए व्यवसायिक रूप से अपने अन्दर सामर्थ्य जुटाना चाहिये। किसी भी पूर्ण विकसित व्यवसाय की तरह, शारीरिक शिक्षा की भी कई श्रेणियां हैं जिनकी देखभाल करनी पड़गी। उदाहरणार्थ विषयों के सिद्धांत तथा विभिन्न खेलों और स्पोर्टस के अभ्यास, शिक्षण और प्रशिक्षण, कोचिंग, शोध कार्य आदि। इस भाग को समझने में लोग गलती कर जाते हैं। केवल भली प्रकार शिक्षित तथा अच्छा प्रशिक्षण प्राप्त नेतृत्व करने वाले ही लोगों के मन से ये शक, त्रुटियां व कमजोरियां दूर कर सकते हैं। तथा लोगों को जागरूक बना सकते हैं कि मानवीय विकास के लिए केवल यही रास्ता है।

शारीरिक शिक्षा शास्त्री के लिए व्यवसायिक योग्यताएं और व्यवसायिक गुण

विश्व में समय की मांग और बदलते परिदृश्य में शारीरिक शिक्षा के अध्यापकों की व्यवसायिक योग्यताओं तथा प्रशिक्षण के तरीकों में बदलाव आए हैं। कितने दुख की बात है कि भारत में शारीरिक शिक्षा का भाग्य कोई व्यवसायिक संस्था तय नहीं करती बल्कि उसका फैसला कुछ विशिष्ट दक्ष लोगों की सलाह पर सरकार द्वारा बनाए गई समितियां, परिषद् व कमीशन करते हैं।

इस दिशा में नियुक्त सभी समितियां व आयोगों का वर्णन संभव नहीं होगा परन्तु यह वर्णन करना संभव है कि जब भी सवैंधानिक तौर पर कहा गया कि व्यवसायिक अध्यापकों में गुण हों वे इस प्रकार वर्णित किए गए।

1. एक शारीरिक शिक्षा अध्यापक में वैसी ही शैक्षिक योग्यताएं होनी चाहिए जैसी स्कूल/कॉलेज में किसी अन्य शैक्षिक अध्यापक की होती है।
2. जो स्नातकोत्तर कक्षाओं को पढ़ाते हैं उनके पास पी.एच. डी. डिग्री होनी चाहिए।
3. इसमें संदेह नहीं कि शारीरिक शिक्षा का अध्यापक किसी संस्थान की सभी खेलों और स्पोर्टस की देखभाल/ निरीक्षण कर सकता है परन्तु यह ज्यादा सही होगा अगर वह कम से कम एक खेल में विशिष्टता प्राप्त करे।
4. कोचिंग का कार्यभार सम्भालने से पहले अध्यापक व कोच को किसी मान्यता प्राप्त संस्था से या डिप्लोमा या सम्भव हो कोचिंग की डिग्री लेनी चाहिए। आज-कल यह बात महसूस की जा रही है कि शिक्षित व सफल कोच बनने के लिए व्यक्ति की शारीरिक शिक्षा की पृष्ठभूमि होनी चाहिए।
5. शारीरिक शिक्षा के अध्यापक को फिजियोथेरेपी का ज्ञान होना चाहिये ताकि वह कुछ हद तक छात्रों व खिलाड़ियों की आसन सम्बन्धी विसंगतियों (Postural deformities) को दूर कर सके।
6. शारीरिक शिक्षा के प्रोग्राम व उद्देश्य लागू करने व प्राप्त करने हेतु अपने सहयोगियों से सहयोग लेने की योग्यता होनी चाहिये।

7. जैसा कि इस व्यवसाय की मांग है, उसमें स्वतन्त्र रूप से शोध कार्य करने की योग्यता होनी चाहिये ताकि अपने ध्येय को पूरा करने के लिए अपनी जानकारी का प्रयोग कर सके।
8. अपने व्यवसाय के लिए बोलने व लिखने की प्रतिभा उसमें होनी चाहिए। उसका योगदान सराहनीय होगा अगर वह अंग्रेजी या स्थानीय भाषा में कुछ पुस्तकें, लेखें, पत्रिका आदि लिख सके क्योंकि साहित्य ही किसी व्यवसाय की रीढ़ की हड्डी होती है।
9. राज्य/राष्ट्रीय/अन्तर्राष्ट्रीय कांफ्रेंस व सेमीनारों में उसे हिस्सा लेना चाहिए ताकि अपने योजनाओं व नीतियों के परिणामों की विवेचना कर सके।
10. किसी खेल में उसका प्रदर्शन या उपलब्धि उच्च स्तर की होनी चाहिए ताकि वह विद्यार्थियों को प्रेरित कर सकें तथा प्रदर्शन, तनाव, चिन्ता, बेचैनी, प्रेरणा के बारे में उसका लेखन उत्कृष्ट हो।
11. उसमे एक अच्छे नेता के गुण होने चाहिए ताकि व्यवसाय में उपलब्धि व योगदान के लिए जिन्दगी के सभी क्षेत्रों में से लोगों को वह अपने साथ ले जा सके।

शारीरिक शिक्षा एक गतिशील क्षेत्र है। अत: शारीरिक शिक्षा के अध्यापक को भी गतिशील होना चाहिए। अगर वह कर्म द्वारा ऐसे गुण अर्जित नहीं करता तो अपने व्यवसाय को आगे बढ़ाने में उसे बहुत कठिनाईयों का सामना करना पड़ेगा। केवल शैक्षिक व व्यवसायिक योग्यताएं मददगार नहीं होती वांछित परिणामों को प्राप्त करने के लिए व्यक्तिगत गुण भी महत्त्वपूर्ण हैं।

शारीरिक शिक्षा में नेतृत्व की आवश्यकता

शारीरिक शिक्षा में नेतृत्व की बहुत आवश्यकता रहती है। शारीरिक शिक्षा में नेता का सर्वोच्च गुण आत्म-विश्वास होता है। यही सभी गतिविधियों का आधार है। अगर व्यक्ति में आत्म-विश्वास नहीं है तो वह किसी भी गतिविधि में खेलों में सही रूप से प्रदर्शन नहीं कर सकता उदाहरण के लिए- ऐथलेटिक्स में थ्रोईंग व जम्पिंग तथा जिमनास्टिक में हैंड स्प्रिंग।

खेलों और स्पोंटस में पक्का इरादा बहुत आवश्यक है। पक्का इरादा अपने अन्दर से आता है। व्यक्ति में अतिरिक्त बोझ उठाने की क्षमता होनी चाहिए, यह तभी सम्भव है जब उसमें पक्का इरादा हो। शारीरिक शिक्षा में यदि नेता कोई गतिविधि स्वयं करने की क्षमता रखता है तभी वह छात्रों से वह गतिविधि करवा पाएगा।

शारीरिक शिक्षा में नेता दूरदर्शी, कल्पनाशील और काफी चुस्त होता है। केवल चुस्त मन ही दूसरों की भलाई के बारे में सोच सकता है। खिलाड़ियों की चुस्ती के कारण टीम मैच जीतता है। नेता में इतनी योग्यता होनी चाहिए कि ठीक ढंग से तर्क दे सके तथा तेजी से फैसले ले सकें, अपने मन में प्रत्येक स्थिति को ठीक प्रकार समझ सकने के कारण ही वह अपने प्रतिद्वंद्वी पर हमला कर सकता है तथा कठिन स्थिति पर काबू पा सकता है।

शारीरिक शिक्षा में खिलाड़ी का साहस ही उसे इस योग्य बनाता है कि वह प्रतिद्वंद्वी के अवांछित व्यवहार के सामने झुके तथा उसे सहन करे। सही गतिविधि चुनने की दिशा में केवल सच्चाई व साहस ही खिलाड़ी को रास्ता दिखाते हैं।

शारीरिक शिक्षा द्वारा नेता के कुछ अन्य गुणों का हमें पता चलता है, उदाहरणार्थ उसे चुस्त, दोस्ताना तथा अच्छे स्वभाव का होना चाहिए। उसे अपने अनुयायियों की बातें सहन करनी चाहिए, उसका नैतिक चरित्र साथी खिलाड़ियों के लिए एक उदाहरण होना चाहिए।

शारीरिक शिक्षा में नेतृत्व की उपयोगिता

शारीरिक शिक्षा में नेतृत्व की बहुत उपयोगिता है ताकि वह खेल के मैदान में ग्रुप टीम की अगुवाई व नियंत्रण कर सके। इसमें इतनी योग्यता हो कि अपनी शारीरिक कमियां ढूँढने में वह विद्यार्थियों की मदद कर सके। खेल के मैदान में विभिन्न उद्योग (Complex) को समझाने में मनोविज्ञान द्वारा वह विद्यार्थियों की मदद कर सकता है। उसे आसन सम्बन्धी त्रुटियां (Postural defects) तथा उनका समाधान पता होता है। उसे सामान्य रूप से शारीरिक गतिविधियों का पूर्ण ज्ञान होना चाहिए तथा कुछ खेलों पर पूर्ण अधिकार होना चाहिए। फैसला लेने की क्षमता व अनुशासन की समझ तथा आत्म-विश्वास विकसित करना चाहिए। शारीरिक शिक्षा में एक अच्छा नेता टीमों को प्रतिस्पर्धा के लिए एक स्थान से दूसरे स्थान पर ले जाता है। वे विभिन्न टीमों व समूह के अभ्यास मैच करवाते हैं। सभी खिलाड़ियों की टीम का नेतृत्व करने का मौका मिलता है। टीमों को पिकनिक व अन्य सैर पर लेकर आनन्द लेते हैं। छोटे ग्रुप में स्पोर्टस मीट (Sports meet) तथा स्कूल स्तर पर आयोजन कर उसे आत्म-विश्वास मिलता है।

खेल में सामाजिक नीति

मनुष्य सामाजिक प्राणी है। वह अकेला जीवन नहीं व्यतीत कर सकता। वह दूसरे लोगों से सम्बन्ध जोड़ता है क्योंकि प्रकृति ने

उसे सामाजिक बनाया है, मानव का शिशु पूर्ण सामाजिक वयस्कता से विहीन पैदा होता है तथा दूसरों पर निर्भर करता है। तब विभिन्न संस्थाओं से वह समाजीकरण सीखता है और समाज के अन्य सदस्यों से विमुक्त होता है, वयस्क होकर स्वतन्त्र जीवन जीने लगता है।

जन्म के समय बच्चे पशुओं जैसे होते हैं, हरेक की विशिष्ट पैतृक धरोहर व स्वभाव होता है। कोई भी बच्चा पूर्ण निर्मित सोशल सेल्फ (Social-self) के साथ पैदा नहीं होता। विभिन्न संस्थाएं जैसे- परिवार, स्कूल, राज्य आदि व्यक्ति को सामाजिक बनाते हैं। समाजीकरण व्यक्तित्व, खुद को विकसित करने व आत्म अनुशासन को बढ़ावा देने में सहायक होता है। समाजीकरण मूल प्रकृति, संस्कृति तथा वातावरण के टकराव का नतीजा है। संस्था में समाजीकरण वह प्रक्रिया है जो सामाजिक मानसिक व भौतिक हुनर प्राप्त करवाती है जो समाज में जीवित रहने के लिए आवश्यक है। आधुनिक समय में समाजीकरण ज्यादा कठिन है क्योंकि सीखने के लिए बहुत कुछ है तथा पहले से अब ज्यादा एडजेस्टमेंट करनी होती है।

सामाजिक संस्थाएं

जैसे-जैसे व्यक्ति आगे बढ़ता है सामाजिक संस्थाएं उसे एक समान बनाती हैं तथा वह उसका सदस्य बन कर काम करने लगता है। एक बार ग्रुप का समाजीकरण हो जाता है तो वे समाज के नियमों अर्थात् कायदे, कानून व रीति-रिवाज के अनुसार चलने लगता है, जिनसे समाज के मूल्य उपजते हैं। ये वही एडजेस्टमेंट हैं जो व्यक्ति अपने सांस्कृतिक माहौल में करता है। संस्कृति को नई पीढ़ी में ले जाना समाजीकरण का हिस्सा है। पहले यह घर में होता है फिर Formal Process की तरह स्कूल में होता है। दूसरा, व्यक्तियों के बीच संघर्ष है। समाजीकरण व्यक्ति और समूह के बीच होता है। यह प्रक्रिया चलती रहती है। तथा कभी नहीं रुकती। यह वयस्क होने तक चलती है। क्योंकि यह बचपन में सीखी गई मूल्य व आदतों के ऊपर खड़ी है। समझौते करने पड़ते हैं तथा बदलते माहौल के अनुसार एडजेस्टमेंट करनी पड़ती है।

समाजीकरण से स्वयं की तस्वीर (Self Image) बनती है। समाजीकरण से बच्चे दूसरों से फीडबैक लेकर अपनी तस्वीर को विकसित करते हैं। इस फीडबैक के द्वारा वे वही व्यक्त करते हैं जो दूसरे उनके बारे में सोचते हैं तथा दूसरों की अपेक्षाओं के दर्पण में स्वयं को देखते हैं। जब वे अपनी तस्वीर देखते हैं तो वे आदर्श व्यक्ति की संरचना बनाकर वैसा ही व्यवहार करते हैं ताकि लोग उन्हें पसन्द करें तथा स्वीकार करें।

संस्था का अर्थ

संस्था एक विधि का रूप (form of procedure) है। यह किसी विशेष उद्देश्य के लिए बनाया गया संघ है, यह लोगों के समूह को दर्शाती है जैसे-परिवार, क्लब व सरकार में लोग एक-दूसरे के साथ व्यवहार करते हैं। प्रत्येक संस्था किन्हीं बनाए गए नियमों, प्रथाओं व मान्यताओं पर चलती है। यही नियम व प्रथाएं संस्था कहलाते हैं। ये प्रक्रियाएं समाज द्वारा मान्यता प्राप्त करती हैं तथा स्वीकृत होती हैं तथा व्यक्ति व समाज के बीच रिश्तों को शासित (govern) करती हैं।

''सामाजिक संस्था समाज का वह ढांचा है जो निर्मित विधियों द्वारा लोगों की जरूरतें पूरी करने के लिए बनाया जाता है।''

एच.ई. बारनर्स (H.E.Barners) के अनुसार सामाजिक संस्थाएं सामाजिक ढांचे तथा मशीनरी है जिसके द्वारा मानवीय समाज संगठित होता है, दिशा पाता है तथा मानवीय जरूरत के लिए विभिन्न गतिविधियां संचालित करता है।

संस्था की परिकल्पना

1. संस्थाएं व्यक्तियों को नियंत्रित करने का साधन मात्र हैं।
2. संस्थाएं व्यक्तियों की सामूहिक गतिविधियों पर निर्भर करती हैं।
3. संस्थाओं की प्रक्रियाएं सिद्धांतों पर टिकी होती हैं।
4. सामाजिक नियंत्रण के अन्य साधनों की अपेक्षा संस्थाएं अधिक टिकाऊ होती हैं।
5. प्रत्येक संस्था के कुछ नियम होते हैं जिन्हें मानना अनिवार्य होता है।
6. प्रत्येक संस्था का चिन्ह धातु व अधातु (Metallic and Non Metallic) का होता है।
7. संस्थाएं मनुष्य की बुनियादी जरूरतें पूरी करने हेतु बनाई जाती हैं। उनके पीछे सामाजिक स्वीकृति होती है।

विभिन्न संस्थाएं जो मनुष्य व उसके समूह को प्रभावित करती हैं -

1. **परिवार (Family):** व्यक्ति व समूह को प्रभावित करने वाली सबसे मुख्य संस्था परिवार ही होता है। यह एक छोटा सा सामाजिक ग्रुप होता है जिसमें पिता, माता, भाई व बहन होते हैं। बच्चे को सामाजिक बनाने में माता-पिता

पहले निर्णायक होते हैं। वे न केवल बच्चे के करीब होते हैं बल्कि सब से गहरा रिश्ता उनके साथ होता है। माता-पिता से वह भाषा और बोल-चाल सीखता है। उसे नैतिक मूल्य सिखाए जाते हैं, वह अपनों से बड़ों का आदर करना सीखता है, वह कई सामान्य अच्छाइयां सीखता है। परिवार ही सामाजिक अच्छाई का पालन है। यहीं से बच्चे को दूसरों का साथ देने, सहन शक्ति, आत्म-बलिदान, प्यार, वात्सल्य का पहला पाठ सीखने को मिलता है। परिवार के वातावरण का बच्चे के विकास पर बहुत असर पड़ता है। बुरे परिवार में बच्चा बुरी आदतें सीखता है तथा अच्छे परिवार में अच्छी आदतें सीखता है।

समाजीकरण की प्रक्रिया परिवार में ही शुरू हो जाती है। परिवार बुनियाद रखता है। तथा संस्थाएं बाद में निर्मित करती है। परिवार का असर गहरा होता है। बच्चा स्कूल के साथियों को भूल जाता है, परिवार के सदस्य ज्यादातर उम्र भर साथ रहते हैं। बच्चा परिवार से बहुत कुछ सीखता है। परिवार में दो तरह के रिश्ते होते हैं-authoritarian (सत्ता) तथा equalitarian (बराबरी)। बच्चा अपने आप को सदा परिवार से जुड़ा हुआ पाता है। परिवार के प्रभाव से ही व्यक्तित्व का निर्माण होता हैं यह उसकी आदतों, रूझानों तथा अनुभवों को प्रभावित करता है। सामाजिक संस्थाओं में परिवार को सर्वोच्च स्थान प्राप्त है।

2. **शैक्षणिक संस्थाएं (The Educational Institutions):** शैक्षणिक संस्थाएं जैसे स्कूल तथा कालेज समाजीकरण की महत्वपूर्ण संस्थाएं हैं। स्कूल में बच्चे को उसकी शिक्षा मिलती है जो उसकी आदतों और रूझानों को मोड़ देती है। मानसिक गुण यहीं विकसित होते हैं। बच्चा दूसरे के निकट आता है जिनका व्यवहार व पृष्ठभूमि अलग होती है। वे उससे एडजेस्ट होना सीखते हैं। वे विभिन्न सामाजिक ढांचों के बारे में जानने लगते हैं जिससे बच्चे के व्यक्तित्व का विकास होता है। शिक्षा के सुनियोजित तरीके से सामाजिक व्यक्ति पैदा हो सकते हैं।
3. **साथ खेलने वाले तथा मित्र (Playmates & Friends):** व्यक्ति या समूह को सामाजिक बनाने में संगी-साथियों का बहुत योगदान होता है। जैसे बच्चा बड़ा होता है, वह परिवार से बाहर निकल दोस्तों के साथ ग्रुप बनाता है। इन ग्रुपों में अलग-अलग परिवारों से अलग-अलग तरीकों से रहने वाले व व्यवहार वाले बच्चे आते हैं। उनके आपसी सम्बन्ध भाईचारे तथा आपसी समझ पर आधारित होते हैं क्योंकि उनकी उम्र एक जैसी होती है। जो गुण वह मां-बाप से नहीं सीख पाता वह दोस्तों से सीखता है। वह आपसी सहयोग, फैशन, खुशी के ढंग तथा ज्ञान सीखता है। सामाजिक दृष्टि से ऐसी वर्जित चीजों का ज्ञान बहुत उपयोगी होता है। दोस्त मित्र व्यक्ति व समूह को कई तरह से प्रभावित करते हैं।

   जीवन में बेहतर सीखने व एडजेस्ट करने में पड़ोसी भी बालक की मदद करते हैं। आस-पास के माहौल के अनुसार वे बालक के व्यक्तित्व को विकसित करने में सहायक हैं।
4. **धर्म (The Religion):** समाज में धर्म की बहुत उपयोगिता है। बालक के व्यक्तित्व का यह विकास करता है। यह एकता के सूत्र में पिरोता है। यह हमारे विचारों और जीवनशैली को बदलता है। प्रत्येक परिवार में किसी न किसी तरीके से धार्मिक रीति-रिवाज अपनाए व मनाए जाते हैं। बालक मां-बाप को धार्मिक उत्सव मनाते देखता है जो उसे प्रभावित करते हैं तथा उसके विचारों को बदलते हैं। इससे उसे समाज के अच्छे व बुरे तत्वों का पता चलता है अर्थात् यह कि बच्चों को मां-बाप की आज्ञा माननी चाहिए, झूठ नहीं बोलना चाहिए तथा धोखा नहीं देना चाहिए तथा लोगों को ईमानदार व गुणवान बनना चाहिए एवं इच्छाओं पर काबू रखना चाहिए आदि।
5. **राज्य (The State):** राज्य सत्ता प्रधान संस्था है। यह कानून बनाती है तथा लोगों को ये कानून मानने पड़ते हैं। यदि वे कानून के अनुसार व्यवहार नहीं करते तो उन्हें सजा मिलती है। यह व्यक्तियों के व्यवहार को बदलता है।

सामाजिक संस्थाओं का खेलों द्वारा व्यक्तित्व के विकास में योगदान

समाज में बाद की जिन्दगी में प्रतिस्पर्धा की चुनौतियों पर खरा उतरने के लिए खेल व स्पोर्टस व्यक्ति को तैयार करते हैं। इसमें भौतिक व मानसिक तंदरुस्ती, अच्छा चरित्र, अनुशासन, प्रतिस्पर्धा की भावना, अपनी सफलता में चुनौती अनुभव करने के अवसर तथा सामाजिक प्रतिष्ठा शामिल है। लड़का व लड़की में चरित्र का बुनियादी विकास खेलों से होता है।

समाज में खेलों को पुरुष वर्ग की प्रधानता से देखा जा सकता है कि खेलों और जीवन की क्वालिटी में क्या सम्बन्ध सोचा जाता है। खेलों को वह माध्यम समझा जाता है कि उससे प्रेरित होकर नौजवान समाज के भविष्य को सुरक्षित रखेंगे। समाज में सुरक्षा व्यवस्था, नेतागिरी, नियंत्रण व अन्य

व्यवस्थाएं पुरुषों के हाथों में केन्द्रित हैं। अतः खेल और समाज के बीच सम्बन्ध के संदर्भ में यह निश्चित है कि फोकस पुरुषों पर ही है। स्त्रियां उपेक्षित हो रही हैं तथा खेलों का लाभ उन्हें नहीं मिल रहा है।

कुछ 'स्त्री खेलों' से जुड़ी प्रशासनिक स्थान पर लगी हुई स्त्रियां मानती हैं कि खेल गतिविधियां स्त्रियों के लिए विशेष रूप से डिजाईन नहीं की जातीं तथा असल में उनके लिए हानिकारक होती हैं। संस्था के तौर पर खेल-कूद स्त्री विरोधी नहीं है। स्त्रियां न केवल समर्थ हैं बल्कि खेल गतिविधियों में भाग लेती हैं।

स्त्री अपने स्त्रीत्व (Feminity) को प्राप्त करती है जब वह खेलों में पूरी तरह भाग लेती है। पुरातन सैक्स-रोल परिभाषाएं स्त्रियों को एथलेटिक कार्यों के लिए ठीक नहीं मानतीं तथा उनकी खेल-कूद गतिविधियों को सीमित करती हैं। खेल में खुद को व्यक्त करने के अवसर पाने के मामले में स्त्रियां सचमुच घाटे की स्थिति में हैं। उनके लिए वे खेल अनुपयुक्त माने जाते हैं जहाँ शरीर छूता है, भारी वस्तु फेंकनी हो, आमने-सामने आक्रामक प्रतियोगिता हो या लम्बी दूरी में भागना या कूदना हो। स्त्री की खेल सम्भावनाओं पर पुरुषों की चिंताएं हैं। जहाँ स्पर्श खेल में स्त्रियां पुरुषों से प्रतिस्पर्धा करती हैं वहां उन्हें चोट लगने का डर है।

लड़कियों के लिए खेलों को प्रोत्साहन देना चाहिए परन्तु लड़ने का तत्त्व हटा कर उनको चोटों से बचाने के लिए सुरक्षात्मक उपाय करने चाहिए। लड़के और लड़कियां (एथलीटों) के बीच फर्क रखना चाहिए, लड़कों को प्रतिस्पर्धा के लिए तथा लड़कियों को खेल का मजा लेने के लिए प्रेरित करना चाहिए।

खेल में अर्थनीति

जैसा कि हम जानते हैं कि समय परिवर्तन के साथ-साथ राजनीति में कई परिवर्तन हुए उसी तरह व्यक्ति की आर्थिक अवस्था में भी अनेक परिवर्तन हुए हैं। प्रारम्भ में हमारे पूर्वजों ने खेती-बाड़ी तथा ग्रामीण अर्थ-व्यवस्था स्थापित की थी। जिससे वह आत्मनिर्भर थे। स्वतन्त्रता के पश्चात् नवीन भारत में ग्रामीण आर्थिक व्यवस्था में आर्थिक, सामाजिक तथा राजनीतिक सुधार लाए जा रहे हैं। अब तक भारतीय ग्रामीण अर्थ व्यवस्था में सबसे अधिक परिवर्तन अंग्रेजी शासन काल में आए हैं।

अंग्रेजों ने एक ऐसी शिक्षा-प्रणाली बनाई जिससे व्यक्ति गांव के रहन-सहन को छोड़कर नगर की ओर चल दिया। इस शिक्षा-प्रणाली में ग्रामीण युवक को ऐसा मार्ग दिया गया जिससे उसे जीविकोपार्जन के लिए अधिक श्रम नहीं करना पड़ता था। इसका परिणाम यह हुआ कि धीरे-धीरे ग्रामीण उद्योग अवनति की ओर अग्रसर होते गए और दूसरी तरफ नगरों की जनसंख्या में तेजी से वृद्धि होती गई।

स्वतन्त्र भारत में अब दो प्रकार की अर्थ व्यवस्था की स्थापना हो रही है।

1. नागरिक,
2. ग्रामीण।

जहां एक ओर नगरों में उद्योगों तथा व्यापार की व्यवस्था है वहीं दूसरी ओर गांवों में ग्रामीण लोग कठोर परिश्रम कर समाज के लिए अन्नोत्पादक का काम कर रहे हैं। व्यापारों तथा उद्योगों में हुई वृद्धि के कारण देश की आर्थिक स्थिति अच्छी हुई है जिसके कारण नगरों में कई राजनैतिक, आर्थिक तथा सामाजिक समस्याएं उत्पन्न हो गई। नगरों में बढ़ती जनसंख्या के कारण वहां स्थानाभाव तथा गन्दगी बढ़ती जा रही है जिसके कारण मनुष्य प्रकृति से दूर होता जा रहा है और नगरों में स्वास्थ्य सम्बन्धी समस्याएं बढ़ती जा रही हैं। गांवों में भी स्वास्थ्य सम्बन्धी समस्याएं बढ़ती जा रही हैं। वहां इस समस्या का कारण निर्धनता तथा निरक्षरता है।

इन सब समस्याओं से निपटने के लिए सरकार नगर निगमों तथा ग्राम पंचायतों की सहायता से प्रयत्न कर रही है। परन्तु इस प्रकार की अवस्था शारीरिक शिक्षा के लिए कुछ ऐसी समस्याएं प्रस्तुत करती है, जिनके कारण बच्चों के विकास तथा उन्नति पर प्रभाव पड़ता है। इनमें से कुछ समस्याएं, जिनके आधार पर शारीरिक शिक्षा के सिद्धान्त बनाए जाते हैं, निम्नलिखित हैं -

1. नगर परिमोहन तथा इससे सम्बन्धित समस्याएं।
2. ग्रामीण जनता की निर्धनता तथा पिछड़ापन होना।
3. श्रमिक समस्याएं।
4. मनोरंजन।
5. विश्राम।

नगर परिमोहन तथा इससे सम्बन्धित समस्याएं

अंग्रेजों द्वारा चलाई गई शिक्षा प्रणाली के कारण ग्रामीण युवक अपने प्राकृतिक वातावरण को छोड़ कर नगरों की तरफ आकृष्ट हो रहे हैं। जिससे नगरों में जनसंख्या की वृद्धि होती जा रही है। परिणामस्वरूप नागरिक जीवन अप्राकृतिक होता जा रहा है और यहां स्वास्थ्य सम्बन्धी समस्याएं उत्पन्न होती जा रही हैं। इन समस्याओं से निपटने के लिए शारीरिक शिक्षा के कार्यक्रम में

नगर की स्वास्थ्य सम्बन्धी समस्याओं को समझते हुए ऐसे कार्यक्रम बनाने चाहिए, जिनसे नगर के गन्दे, अप्राकृतिक तथा अस्वस्थ वातावरण के प्रभाव को दूर कर बच्चों की शारीरिक वृद्धि एवं विकास हो सके।

नगरों में स्थानाभाव के कारण लोगों को रहने के लिए पर्याप्त स्थान नहीं मिल पाता तथा खेलने के लिए पर्याप्त मैदान भी नहीं मिल पाता। जिसके कारण नगरों में प्राकृतिक मनोरंजन का अभाव होता जा रहा है। बच्चे अस्वस्थ तथा निर्बल होते जा रहे हैं। अतः शारीरिक शिक्षा के कार्यक्रम ऐसे होने चाहिए जो उपयुक्त व्यायाम देने के साथ-साथ भविष्य के अस्वस्थ, अप्राकृतिक तथा गतिहीन नागरिक जीवन के लिए उपयुक्त हों।

नगर में बच्चों को उपयुक्त कार्यक्रम न मिलने के कारण उनमें कई शारीरिक विकार उत्पन्न हो जाते हैं। इन विकारों से निपटने के लिए शारीरिक शिक्षा के कार्यक्रम में ऐसे सुधारात्मक कार्यक्रम रखे जाएं जिनसे इन रोगों का उपचार किया जा सके।

ग्रामीण जनता की निर्धनता तथा पिछड़ापन

अधिकतर ग्रामीण कृषि करते हैं तथा निरक्षर तथा रूढ़िवादी हैं। यह लोग कृषि अपने पैतृक अनुभवों के आधार पर ही करते हैं। अतः इनकी आर्थिक स्थिति में कोई सुधार नहीं हुआ है। वैसे तो ग्रामीण प्रकृतिं के समीप रहते हैं परन्तु अपनी अज्ञानता तथा निर्धनता के कारण यह अपने आपको स्वस्थ नहीं रख पाते। इसके लिए शारीरिक शिक्षा के कार्यक्रम में ऐसे कार्य होने चाहिए जिनसे बाल्यावस्था में ग्रामीण बच्चों का शारीरिक विकास हो, ताकि वे अच्छे कृषक बन सकें।

श्रमिक समस्याएं

भारत में श्रमिक समस्याएं दो प्रकार की हैं –

1. कृषि कार्य करने वाले श्रमिकों से सम्बन्धित।
2. उद्योगों में कार्य करने वाले श्रमिकों से सम्बन्धित।

जैसा कि हमने ऊपर बताया है कि गांव में लोग अपने पैतृक अनुभव के आधार पर कृषि करते हैं। उन्हें कृषि से सम्बन्धित नए-नए साधनों का ज्ञान नहीं होता। गांवों में स्त्रियां भी कृषि के कार्य में हाथ बंटाती हैं तथा बच्चों को पशु चराने के लिए भेजा जाता है। इन सब में सुधार लाने के लिए जरूरी है कि इन्हें कृषि के नए ढंग तथा साधनों का ज्ञान दिया जाए। शारीरिक शिक्षा के ऐसे कार्यक्रम बनाए जाएं जिनसे ये लोग स्वस्थ तथा हृष्ट-पुष्ट बनें।

नगरों में रह कर कार्य करने वाले श्रमिकों के पास स्थान का अभाव होता है। ये लोग तंग तथा गन्दे इलाकों में रहते हैं। जो स्वास्थ्य की दृष्टि से हानिकारक है। इसलिए उद्योगों में कार्य करने वाले श्रमिकों की स्थिति गांव में कार्य कर रहे श्रमिकों की अपेक्षा अधिक बुरी है। ये श्रमिक अपनी आय में वृद्धि करने के लिए अधिक से अधिक कार्य करते हैं जिसके कारण इनके स्वास्थ्य पर बुरा प्रभाव पड़ता है। अधिक आय के लिए स्त्रियां तथा बच्चे भी कारखानों में कार्य करते हैं जिससे उनके स्वास्थ्य पर भी प्रभाव पड़ता है। इन समस्याओं को देखते हुए स्वास्थ्य तथा शारीरिक शिक्षा के ऐसे कार्यक्रम बनाने चाहिए जिसमें इन्हें ऐसे कौशल सिखाए जाएं, जिनसे इनका स्वास्थ्य अच्छा बने, इनकी कार्यक्षमता बढ़े तथा इनका मनोरंजन हो सके।

स्त्रियों के लिए शारीरिक शिक्षा का एक विशेष कार्यक्रम बनाया जाना चाहिए, जिससे उनका व्यक्तित्व सुन्दर बन सके, तथा वे आदर्श गृहिणी तथा माता बन सकें।

कई उद्योग ऐसे होते हैं जिनमें अधिकतर कार्य मशीनों द्वारा होता है। ऐसे उद्योगों के श्रमिकों को कम से कम शारीरिक श्रम करना पड़ता है जिससे उनकी मांसपेशियां निढाल हो जाती हैं। अतः ऐसे लोगों के लिए बाल्यावस्था में ही बड़ी मांसपेशियों को जोरदार कार्य दिया जाना चाहिए जिससे वह जीवनभर स्वस्थ रह सकें।

मनोरंजन

प्राचीन भारत में मनोरंजन के साधन प्राकृतिक होते थे जैसे लोक-नृत्य आदि। जिसमें लोग प्रकृति के बहुत समीप होते थे और उनका शारीरिक स्वास्थ्य ठीक रहता था। परन्तु आज-कल रेडियो, टी.वी., सिनेमा आदि मनोरंजन के साधन बन गए हैं। जिनमें मनुष्य की कोई शारीरिक गतिविधि सम्मिलित नहीं होती। परिणामस्वरूप मनुष्य के स्वास्थ्य में कोई वृद्धि नहीं होती। अतः शारीरिक शिक्षा के कार्यक्रम में कुछ ऐसे मनोरंजन कार्यक्रम रखे जाएं जो व्यक्ति को प्रकृति के निकट ले जा सकें और उपयुक्त व्यायाम दे सकें।

विश्राम

आधुनिक युग में प्रत्येक कार्य मशीनों द्वारा संभव है। इसीलिए इसे मशीनी युग भी कहते हैं। लगभग सभी उद्योगों में मशीनों द्वारा कार्य संभव हो गया है। मनुष्य को केवल मशीन को चलाना होता है। जिसमें उसका शारीरिक श्रम तो कम लगता ही है साथ ही उसे विश्राम का भरपूर समय भी मिलता है। कृषि में भी अब ट्रैक्टर तथा अन्य मशीनों का प्रयोग किया जा रहा है। जिस कारण कृषक को भी विश्राम का समय मिल जाता है। इस वैज्ञानिक युग में एक ऐसा समय आएगा जब मनुष्य के पास

जरुरत से ज्यादा विश्राम का समय होगा। इस खाली समय का सदुपयोग करना अत्यन्त आवश्यक है। इसलिए शारीरिक शिक्षा के कार्यक्रम में ऐसे कार्य रखे जाएं जो समय का उपयोग करने के साथ-साथ स्वास्थ्यप्रद भी हों।

शारीरिक शिक्षा का राजनैतिक आधार

प्रत्येक देश की अपनी एक शिक्षा-प्रणाली होती है। क्योंकि शिक्षा-प्रणाली देश की राज्य प्रणाली पर निर्भर होती है और सभी देशों की राज्य प्रणाली उस देश की सभ्यता तथा संस्कृति पर आधारित होती है।

सभ्यता तथा संस्कृति में परिवर्तन के साथ-साथ देश की राज्य प्रणाली में भी परिवर्तन आते हैं। भारतवर्ष की सभ्यता संसार की सबसे पुरानी सभ्यताओं में से एक है, इसलिए इस देश में सबसे अधिक परिवर्तन हुए हैं। ये परिवर्तन निम्नलिखित हैं-

1. प्राचीन भारत में छोटे-छोटे राज्य थे। इनकी राज्य-प्रणाली में राजा तथा प्रजा में पारिवारिक सम्बन्ध था। छोटे-छोटे राज्य होने के बावजूद भी उनमें सभ्यता तथा संस्कृति का ऐक्य था।

2. मध्यकाल में बहुत से विदेशियों ने भारत पर आक्रमण किया। परिणाम यह हुआ कि उनमें से कुछ ने तो भारतीय समाज को अपना लिया और बाकी ने भारत को।

3. मध्यकाल के अन्त में अंग्रेजों ने भारत में अपना साम्राज्य स्थापित किया जो 1947 ई. तक रहा। भारतवर्ष की शिक्षा पर अंग्रेजी साम्राज्य ने पाश्चात्य प्रभाव डाला।

1947 में भारत के स्वतन्त्र होने के बाद 1950 में भारत को प्रजातन्त्रात्मक गणराज्य घोषित किया गया जिसमें नए संविधान के अन्तर्गत देश के नागरिकों को कुछ मौलिक अधिकार दिए गए। जैसे -

1. कार्यक्रम में समान अधिकार।
2. राज्य की अपेक्षा व्यक्ति की प्रधानता।
3. व्यक्तिगत उत्तरदायित्व।
4. व्यक्तिगत उन्नति की भावना।
5. प्रजातन्त्र के आवश्यक सिद्धान्तों की ओर विशेष ध्यान।

प्रजातन्त्रात्मक प्रणाली के अन्तर्गत सभी व्यक्तियों को समान रूप से अधिकार प्राप्त हैं। अतः शारीरिक शिक्षा के कार्यक्रमों में भी विद्यार्थियों की आवश्यकता, रुचि, पात्रता तथा योग्यता के अनुसार ही कार्य दिए जाने चाहिए।

प्रजातन्त्रात्मक देशों में व्यक्ति प्रधान राज्य होते हैं। अतः इनका लक्ष्य व्यक्ति के व्यक्तित्व का उचित निर्माण करना होना चाहिए। व्यक्तित्व का विकास करने के लिए यह आवश्यक है कि व्यक्ति को अपने भाव व्यक्त करने के अवसर दिए जाएं। इस कार्य के लिए खेल एक उपयुक्त साधन है। खेलों द्वारा व्यक्ति को अपने आन्तरिक विचारों का ज्ञान होता है। परन्तु खेल तब तक उत्तम साधन का कार्य करते हैं जब तक यह शैक्षणिक अनुभव के लिए खेले जाएं। खेलों द्वारा व्यक्ति में साहस, व्यक्तित्व, आत्मनिर्भरता, कार्य करने की भावना, सहयोग आदि गुणों का विकास होता है।

प्रत्येक व्यक्ति अपनी योग्यता एवं पात्रता के अनुरूप ही समाज में पद प्राप्त करता है। जिसके लिए उसे विभिन्न प्रतियोगिताओं से गुजरना पड़ता है। प्रतियोगिता की इस भावना का प्रशिक्षण देने के लिए खेल प्रतियोगिताएं होनी चाहिएं, जिनमें खिलाड़ी की भावना का स्तर ऊँचा हो तथा उसमें किसी भी प्रकार की अभद्रता न हो। प्रतियोगिता द्वारा व्यक्ति प्रयत्नशील बनता है, उसमें आपसी सहयोग की भावना का विकास होता है। एक अच्छे व्यक्तित्व का निर्माण होता है।

प्रजातन्त्रात्मक प्रणाली में शारीरिक शिक्षा के निम्नलिखित तरीकों को अपनाना चाहिए -

1. विद्यार्थियों की पात्रता के अनुसार कार्यक्रम।
2. विद्यार्थियों की आवश्यकतानुसार कार्यक्रम।
3. शारीरिक शिक्षा के कार्यक्रम में समानता।
4. विद्यार्थियों की योग्यता एवं रुचि के अनुसार कार्यक्रम।

इससे व्यक्ति में निम्नलिखित गुणों का विकास होता है:

1. सहयोग की भावना का विकास।
2. आत्मसाहस का विकास।
3. नेतृत्व की भावना का विकास।
4. आत्मनिर्भरता का विकास।
5. सद्भावना का विकास।
6. स्वतन्त्रता की भावना का विकास।
7. कार्य में रुचि पैदा होना।

प्रजातन्त्रात्मक देश में व्यक्ति के अधिकारों के साथ-साथ कुछ उत्तरदायित्व भी आते हैं। व्यक्ति को शासन पर निर्भर न होकर आत्मनिर्भर होना चाहिए। इसके लिए जरुरी है कि ऐसे कार्यक्रम बनाए जाएं जिनसे बच्चों में उत्तरदायित्व की भावना का विकास हो सके।

क्रीड़ा तथा संचार माध्यम

जनसम्पर्क

किसी भी क्षेत्र में प्रसिद्ध नामक शब्द से जनसम्पर्क शब्द की उत्पत्ति हुई है। शारीरिक शिक्षा के क्षेत्र में जनसम्पर्क का प्रयोग

भी इसी प्रसिद्धि की प्राप्ति के लिए किया जाता है। जनसम्पर्क एक ऐसा माध्यम है जिसके परिणामस्वरूप व्यक्ति, संस्था अथवा किसी संगठन के प्रति सामान्य जनता का मत अथवा धारणा बनती है। जनसम्पर्क के द्वारा व्यक्ति किसी भी क्षेत्र में किसी भी कार्य को बड़े पैमाने पर कार्यक्रम की रुपरेखा बनाकर उसको प्रयोग में ला सकता है।

प्राउनेल - के अनुसार, ''जनसम्पर्क का अर्थ व्यक्तिगत अथवा संगठित ढंग से किसी विशेष उद्देश्य की प्राप्ति के लिए की जाने वाली एक सामाजिक कृति है।''

शारीरिक शिक्षा में जनसम्पर्क- शारीरिक शिक्षा के जनसम्पर्क में शारीरिक शिक्षा का शिक्षक स्वयं कुछ लोगों से सम्पर्क स्थापित करता है। जैसे-विद्यार्थियों से, व्यवस्थापक से, व्यवसायिक व्यक्ति से, सामान्य जनता एवं व्यक्तियों से, स्वयं शारीरिक शिक्षा का शिक्षक सम्पर्क स्थापित करता है। शारीरिक शिक्षा तो शिक्षा का एक अंग है लेकिन शिक्षा के क्षेत्र में जितना जनसम्पर्क का महत्व है उससे कहीं अधिक महत्व जनसम्पर्क का शारीरिक शिक्षा के अन्दर है। प्रजातांत्रिक शासन प्रणाली में शैक्षणिक संस्थाओं में चलने वाले विभिन्न कार्यक्रमों की पूर्ण जानकारी जनता को होनी चाहिए। जनसम्पर्क इस कार्य को बड़े सरल एवं आराम से सम्पन्न करता है। क्योंकि जनसम्पर्क के द्वारा संस्था के अन्दर जितने भी कार्यक्रम चलते हैं उन सभी की जानकारी आम जनता में सही समय पर पहुँचती है। साथ ही साथ संस्था के प्रति सामान्य जनता की सहानुभूति भी क्रमशः बढ़ती है। इस सम्बन्ध में केवल शैक्षणिक संस्था का यदि विचार किया गया तो शारीरिक शिक्षा में विद्यार्थियों, व्यवस्थापक, एवं सामान्य जनता में आपसीं घनिष्ठ सम्बन्ध स्थापित करना अति आवश्यक है। अतः शारीरिक शिक्षा अभ्यास क्रम में ऐसी क्रियाओं एवं बातों का समावेश करना चाहिए जिसके द्वारा निर्मित कृति से समाज कल्याण अधिक से अधिक मात्रा में सम्भव हो सके।

शारीरिक शिक्षा में जनसम्पर्क की आवश्यकता

वर्तमान समय में आधुनिक शिक्षा के क्षेत्र में शारीरिक शिक्षा को भी महत्वपूर्ण स्थान प्रदान किया गया है। विशेषज्ञों का ऐसा मत है कि शारीरिक शिक्षा के बिना बच्चों की शिक्षा अपूर्ण रह जाती है। क्योंकि शारीरिक शिक्षा के बिना बच्चों का सर्वांगीण विकास नहीं हो पाता है। यही कारण है कि आजकल प्रत्येक शिक्षण संस्थाऐं अपने वार्षिक कार्यक्रमों में अन्य विषयों के साथ-साथ शारीरिक क्रियाओं को भी उचित मात्रा में स्थान देती है वर्तमान समय में शारीरिक शिक्षा का क्षेत्र सीमित नहीं है। बल्कि इससे निरन्तर चलने वाली क्रिया के रूप में लिया जाता है। शारीरिक शिक्षा में जनसम्पर्क क्यों आवश्यक है इसको नीचे लिखे निम्न आधारों के माध्यम से स्पष्ट किया गया है।

1. **जनता को कार्यक्रम के बारे में सूचना देना :** जनसम्पर्क के माध्यम से ही शारीरिक शिक्षा का शिक्षक सामान्य जनता को अपने विद्यालय के अन्दर होने वाले विभिन्न प्रकार के खेलों एवं शारीरिक क्रिया-कलापों के बारे में सही समय से सूचना प्रदान करता है कि इस वर्ष हमारे विद्यालय के अन्दर अमुक समय में विभिन्न प्रतियोगिताओं का आयोजन किया जायेगा। शारीरिक शिक्षा के पाठ्यक्रम में शामिल नवीन क्रिया-कलापों के बारे में सूचना जनसंपर्क के माध्यम से प्रदान किया जाता है।

   यदि जनसंपर्क का प्रयोग एक शारीरिक शिक्षा का अध्यापक नहीं करता है तो विद्यालय के अन्दर आयोजित होने वाली क्रिया-कलापों में सामान्य जनमानस की सही समय से पहुँचने की संभावना काफी कम होती है।

2. **जनता में रुचि का निर्माण करना:** जनसंपर्क के माध्यम से ही एक शारीरिक शिक्षा का शिक्षक अपने विद्यालय के अन्दर होने वाले विभिन्न कार्यक्रमों की सूचना सामान्य जनता तक पहुँचाता है तो जनता में भी क्रियाकलाप को देखने के लिए एक रुचि का निर्माण होता है। इस प्रकार से यह स्पष्ट दिखाई देता है कि जनसंपर्क के द्वारा ही सामान्य जनता में रुचि का निर्माण किया जा सकता है। बिना जनसंपर्क के रुचि का निर्माण शारीरिक शिक्षा के शिक्षक के बस के बाहर है। क्योंकि एक विद्यालय के अन्दर कई शिक्षक होते हैं लेकिन शारीरिक शिक्षा का शिक्षक अकेले होता है ऐसे में वह अकेला विद्यालय के शारीरिक शिक्षा के कार्यक्रमों में व्यस्त रहता है।

3. **विभिन्न प्रकार के संगठनों का निर्माण:** शारीरिक शिक्षा का शिक्षक जनसम्पर्क के माध्यम से जब खेल-कूद का प्रचार एवं प्रसार करता है तो उसके नियन्त्रण के लिए विभिन्न प्रकार के संगठनों का निर्माण किया जाता है। इन संगठनों के अन्दर विभिन्न खेलों से सम्बन्धित क्लब आते हैं जो कि समय-समय पर विभिन्न प्रकार की प्रतियोगिताओं का आयोजन करते हैं। इन संगठनों के माध्यम से एक शारीरिक शिक्षा का शिक्षक अपने जनसंपर्क को काफी बढ़ाता है। इन संघटनों की स्थापना न किया जाय तो किसी भी खेल का बड़े पैमाने पर आयोजन करना कठिन होगा।

4. **बच्चों के सर्वांगीण विकास के लिए सहायक:** जनसम्पर्क के माध्यम से सामान्य जनता को विद्यालय के अन्दर होने वाली क्रियाकलापों के सम्बन्ध में पूर्व जानकारी मिल जाती है। जब भी विद्यालय के अन्दर कोई कार्यक्रम आयोजित किया जाता है तो सामान्य जनता भी पर्याप्त संख्या में कार्यक्रम देखने के लिए आती है एवं उन्हीं के बच्चे उनके सामने विभिन्न प्रकार के शारीरिक क्रिया-कलाप करते हैं जिनके कारण बालकों में एक अलग प्रकार के व्यक्तित्व का विकास होता है जो कि बालक के भविष्य में एक अमूल्य वस्तु के रूप में काम आता है। यदि जन-सम्पर्क का सही प्रकार से प्रयोग किया जाय तो बच्चे के सर्वांगीण विकास की पूर्ण सम्भावना होती है।

जन-सम्पर्क का महत्त्व

जन-सम्पर्क के प्रयोग से ही सामान्य जनता को शारीरिक शिक्षा के वास्तविक महत्व को समझाया जा सकता है। यह तभी सम्भव है जब एक शारीरिक शिक्षा का शिक्षक जन-सम्पर्क का सक्रिय रूप में प्रयोग करें। जन-सम्पर्क के माध्यम से सामान्य जनता को इस बात से अवगत कराया जाता है कि वास्तविक रूप में शारीरिक शिक्षा का क्या अर्थ है। साथ ही साथ बच्चों के लिए जो विभिन्न प्रकार के शारीरिक क्रियाकलापों का प्रयोग किया जाता है, जिनका उल्लेख पाठ्यक्रम के अन्दर स्पष्ट रूप से किया जाता है, वे किस प्रकार से बच्चों के सर्वांगीण विकास में सहायक है। सामान्य जनता को भी इस बात से अवगत कराया जाता है कि यदि सामान्य जनता भी शारीरिक क्रिया-कलापों के आयोजन में स्वयं सहयोग दे तो विकास की पूर्ण सम्भावना होती है। यदि आम जनता भी इस शारिरिक क्रिया-कलापों का प्रयोग करती है तो उसका लाभ उनको भविष्य में प्राप्त हो जाता है। इस प्रकार से हम कह सकते हैं कि सामान्य जनता को भी बढ़ती हुई शारीरिक शिक्षा का ज्ञान जन सम्पर्क के माध्यम से ही होता है। शारीरिक शिक्षा के प्रयोग करने का क्या उद्देश्य है इसका भी ज्ञान जन सम्पर्क के माध्यम से होता है। विभिन्न प्रकार के क्रिया-कलापों के आयोजन को सफल बनाने के लिए जन-सम्पर्क का प्रयोग करना अति आवश्यक है। क्योंकि जन-सम्पर्क के माध्यम से शारीरिक शिक्षा एवं शारीरिक शिक्षा के क्रिया-कलापों का भविष्य उज्ज्वल किया जा सकता है।

जन-सम्पर्क के सिद्धान्त

किसी भी कार्य का प्रतिपादन कुछ सिद्धान्तों के ऊपर निर्भर होता है। यदि सिद्धान्तों का बगैर प्रयोग किये किसी भी कार्य को प्रयोग में लाने के लिए योजना का निर्माण किया जाय तो जो भी कार्यक्रम उस योजना के अन्दर बनता है उसके सफल होने की सम्भावना अत्यधिक कम रहती है। इसलिए किसी भी कार्य को कार्यक्रम की रूपरेखा प्रदान करने से पूर्व उससे सम्बन्धित सिद्धान्तों का अवलोकन करना एवं प्रयोग करना अति आवश्यक है। जन-सम्पर्क भी कुछ प्रमुख सिद्धान्तों के ऊपर आधारित है। जिसका उल्लेख नीचे निम्न आधारों के माध्यम से किया गया है।

1. **उद्देश्य सम्बन्धी सूचना:** जन-सम्पर्क विभाग का यह उत्तरदायित्व होता है कि यह विद्यालय के अन्दर होनेवाले विभिन्न प्रकार के शारीरिक शिक्षा से सम्बन्धित क्रिया-कलापों, कार्यक्रमों के आयोजन की सूचना सही समय पर जनता को प्रदान करे। यदि सामान्य जनता को सही समय पर विद्यालय के अन्दर आयोजित होने वाले कार्यक्रमों के बारे में सूचना मिल जाय तो भारी संख्या में आम जनता एक दर्शक के रूप में विद्यालय के अन्दर प्रवेश करती है एवं विद्यालय के अन्दर होने वाले क्रिया-कलापों का आनन्द भी लेती हैं।
2. **जनचेतना:** जन-सम्पर्क के माध्यम से सामान्य जनता के मन के विभिन्न प्रकार की शंकाओं का समाधान किया जा सकता है। विशेष कर वे लोग जो कि शारीरिक शिक्षा से घनिष्ठ सम्बन्ध अथवा रुचि रखते हैं और ऐसे ही व्यक्ति को शारीरिक शिक्षा के विषय के क्षेत्र में किसी भी प्रकार का सन्देह हो तो जन-सम्पर्क के माध्यम से उसे समाप्त करने का प्रयास किया जाता है। उन बातों के ऊपर ध्यान देना चाहिए जिनसे जन-सम्पर्क का अधिक से अधिक लाभ उठाया जा सके।
3. **ईमानदारी:** जन-सम्पर्क पूर्णतया ईमानदारी से करना चाहिए क्योंकि जन-सम्पर्क के द्वारा विद्यालय के अन्दर होने वाले विभिन्न प्रकार के कार्यक्रमों को, जो शारीरिक शिक्षा से सम्बन्धित है, सामान्य जनता के मध्य सही समय पर ईमानदारी पूर्वक पहुँचाना चाहिए जिससे कि सामान्य जनता उस कार्यक्रम का आनन्द ले सके। यदि सूचना के प्रसारण का कार्य सही समय पर नहीं होता है तो सामान्य जनता का शारीरिक शिक्षा के प्रति विश्वास कम हो जाता है।
4. **विकास के लिए योजनायें:** जन-सम्पर्क के माध्यम से जो भी कार्यक्रम प्रयोग में लाया जा रहा है वह पूर्णतया विकास पर आधारित होना चाहिए अथवा उस कार्यक्रम को विकास की दृष्टि से तैयार करना चाहिए। उस विकासात्मक योजना के बारे में सामान्य जनता को भी अवगत कराना

चाहिए। साथ ही साथ शारीरिक शिक्षा के कार्यक्रमों की योजना बनाते समय विद्यार्थियों के विकास को सदैव ध्यान में रखना चाहिए। शारीरिक शिक्षा के अध्यापकों को इस बात का हमेशा ध्यान रखना चाहिए कि कार्यक्रम के द्वारा स्वयं उनको नहीं दिखाना है और न तो बाहरी जनता की प्रशंसा प्राप्त करना है बल्कि कार्यक्रम ऐसा होना चाहिए जिससे विद्यार्थियों में भविष्य के अन्दर विकास की सम्भावना विद्यमान हो। यदि कार्यक्रम भविष्य पर आधारित नहीं होगा तो जन-सम्पर्क का कोई विशेष औचित्य नहीं है।

5. **विस्तारः** जन-सम्पर्क शारीरिक शिक्षा के सभी क्षेत्रों से सम्बन्धित होना चाहिए क्योंकि आवश्यकतानुसार छोटी-छोटी बातों में भी जन-सम्पर्क का प्रयोग किया जाता है। इसके लिए यह भी आवश्यक है कि जब छोटी-छोटी बातों में जनसम्पर्क का प्रयोग किया जाता हो तो इसकी कभी भी अवहेलना नहीं करनी चाहिए। जैसे-उदाहरण के लिए शारीरिक शिक्षा में प्रवेश करना है तो उससे सम्बन्धित कार्यक्रम बनाना चाहिए एवं सामान्य जनता में जन-सम्पर्क के माध्यम से उनके महत्त्व को भी स्पष्ट करना चाहिए। इस प्रकार जन-सम्पर्क के सिद्धान्तों में विस्तार का होना अति आवश्यक है।
6. **लोगों के विचारों से परिचित होना चाहिएः** जन-सम्पर्क स्थापित करने के लिए सामान्य जनता एवं अन्य लोगों के विचारों से पूर्ण अवगत हो जाना बहुत आवश्यक है क्योंकि उनके विचारों के आधार पर ही शारीरिक शिक्षा के शिक्षक को अपने कार्यक्रमों में परिवर्तन एवं सुधार करना पड़ता है। साथ ही साथ शारीरिक शिक्षा का शिक्षक यह स्वीकार करता है कि आर्थिक एवं सामाजिक दृष्टिकोण से जो लोग पीड़ित हैं जनता के विचार से व्यवहारिक धरातल पर हमारे आदर्श कार्यक्रमों के अनुकूल शायद सिद्ध न हो पाये। लेकिन उन लोगों के विचारों को निम्न स्तर पर होने के कारण एक शारीरिक शिक्षा के शिक्षक को अपने आदर्श कार्यक्रम में क्या परिवर्तन करना चाहिए - सम्भवतः नहीं करना चाहिये। क्योंकि आदर्श कार्यक्रमों के माध्यम से आज के समाज को नहीं तो भविष्य में बनने वाले समाज को अवश्य ऊँचे स्तर पर पहुँचाया जा सकता है।
7. **सभी लोगों का योगदान होना चाहिएः** सामान्य जनता में जो भी जन-सम्पर्क द्वारा कार्यक्रम प्रेषित किया जाता है उसमें विद्यालय के सभी शिक्षकों का आपसी सहयोग एवं तालमेल का होना अतिआवश्यक है। अच्छा जन-सम्पर्क विद्यालय द्वारा उचित विधि से उत्तम कार्यक्रम आयोजित करने पर ही निर्भर करता है और श्रेष्ठ कार्यक्रम बिना सभी शिक्षकों के सहयोग से संभव नहीं है। अच्छा एवं स्वस्थ जन-सम्पर्क एक अच्छे कार्यक्रम का ही परिणाम है। अतः विद्यालय के अन्दर कार्य करने वाले सभी अध्यापकों एवं अन्य कार्यालय के कर्मचारियों को उत्तम जन-सम्पर्क स्थापित करने के लिए, जिससे कि विद्यालय का कार्यक्रम सफलतम ढंग से आयोजित किया जा सके, सभी लोगों का आपसी सहयोग अतिआवश्यक है।

जन-सम्पर्क के प्रमुख साधन

प्रत्येक क्षेत्र में किसी कार्य के विस्तार एवं प्रसिद्धि के लिए जन-संपर्क अतिआवश्यक है। शारीरिक शिक्षा के क्षेत्र में भी जन-सम्पर्क का प्रयोग विकासात्मक दृष्टिकोण एवं प्रसिद्धि के लिए किया जाता है। लेकिन जन-सम्पर्क का प्रयोग किस प्रकार से किया जाता है इसके लिए आवश्यकतानुसार विभिन्न माध्यमों का प्रयोग किया जाता है। यदि इन माध्यमों का प्रयोग न किया जाय तो सम्भवतः जन-संपर्क करना असम्भव तो नहीं लेकिन अत्यधिक कठिन अवश्य होता है। नीचे निम्न आधारों पर जन-सम्पर्क के प्रमुख साधनों का उल्लेख किया गया है जिसका प्रयोग एक शारीरिक शिक्षा का शिक्षक अपनी आवश्यकता के अनुसार करता है। ये इस प्रकार हैं–

1. **प्रदर्शनियाँः** कोई भी प्रदर्शनी एक ऐसी विधि हैं जिसके द्वारा सूचना के लिए कई बातों को ध्यान में रखकर प्रदर्शनी लगायी जाती है। क्योंकि इसके माध्यम से जनता को कई बातों से अवगत कराया जाता है। साथ ही साथ विद्यार्थियों एवं शिक्षकों को इस प्रकार के प्रदर्शनी से काफी लाभ मिलता है। यदि प्रदर्शनी शारीरिक शिक्षा पर आयोजित किया गया है तो इससे सामान्य जनता को इस बात का पता लगता है कि शारीरिक शिक्षा के क्षेत्र में कौन-कौन से नये विकासात्मक कार्य हो रहे हैं। साथ ही साथ प्रदर्शनी के आयोजन के समय कुछ बातों का ध्यान देना अतिआवश्यक है जैसे - उदाहरण के लिए प्रदर्शनी प्रारम्भ करने की तिथि, प्रदर्शनी लगाने का स्थान, प्रदर्शनी में भाग लेने वाली अन्य संस्थायें, भाग लेने वाली संस्थाओं को सूचित करना, सामान्य जनता को प्रदर्शनी के बारे में सूचित करना आदि।
2. **समाचारपत्रः** समाचारपत्र आज-कल अधिक लोकप्रिय है, पढ़े-लिखे लोगों की एक आदत यह बन गई है कि वे प्रतिदिन अखबार पढ़ते हैं। अनपढ़ लोग भी समाचार पत्र के समाचारों को जानने का प्रयास करते हैं। इसलिए विद्यालय के नवीन सूचना सम्बन्धी प्रत्येक जानकारी सामान्य

जनता में पहुँचाने का सबसे सर्वश्रेष्ठ माध्यम समाचारपत्र को माना जाता है। अतः समाचारपत्र के माध्यम से शारीरिक शिक्षा के कार्यक्रमों को सामान्य जनता में बड़े सरल ढंग से प्रसारित किया जा सकता है। क्योंकि समाचारपत्रों में छपा हुआ शारीरिक शिक्षा-सम्बन्धी समाचार कुछ ही समय में हजारों लोगों में पहुँच जाता है। समय पड़ने पर इस प्रकार का समाचार आकाशवाणी से भी प्रसारित किया जा सकता है।

3. **प्रदर्शनः** वास्तव में प्रदर्शन किसी भी संस्था के प्रचार एवं प्रसिद्धि के लिए एक महत्त्वपूर्ण साधन है। शारीरिक शिक्षा के क्षेत्र में प्रदर्शन को जन-सम्पर्क बढ़ाने का एक आकर्षक माध्यम के रुप में प्रयोग किया जाता है। दूसरे शब्दों में हम कह सकते हैं कि शारीरिक शिक्षा की उपलब्धियों का एक सुन्दरतम ढंग से प्रस्तुतीकरण है। जिसका प्रस्तुतीकरण सामान्य जनता में किसी विशेष अवसर पर पूर्व निश्चित समय पर किया जाता है। अन्य शब्दों में यह कहा जा सकता है कि प्रदर्शन एक भावी विकास का सूचक है। शारीरिक शिक्षा का शिक्षक इस प्रकार के प्रदर्शन का आयोजन सामान्यतः किसी विशेष समारोह में विद्यालय के छात्रों द्वारा प्रस्तुत करता है। उदाहरण के लिए विद्यालय के वार्षिक उत्सव के समय प्रदर्शन, स्वतन्त्रता दिवस पर प्रदर्शन, गणतन्त्र दिवस पर प्रदर्शन, स्कूल के स्थापना दिवस पर प्रदर्शन, किसी विशेष व्यक्ति के आगमन पर प्रदर्शन का आयोजन किया जाता है। इसके आयोजन से सामान्य जनता को विद्यालय की सक्रियता और विभिन्न प्रकार के कार्यों की जानकारी होने की पूर्ण सम्भावना होती है।

4. **भाषणः** एक शारीरिक शिक्षा के शिक्षक को विभिन्न उम्र के विद्यार्थियों के समूह के लोगों के सामने बोलने का अनेकों बार अवसर प्राप्त होता है। प्रतियोगिताओं के आयोजन में उद्‌घाटन एवं समापन समारोह के दौरान भी शारीरिक शिक्षा के शिक्षक को अपने व्यवसायिक संगठन के बारे में अन्य व्यक्तियों को बताने का काफी अवसर प्राप्त होता है। इन्हीं कुछ विशेष अवसरों में शारीरिक शिक्षा के शिक्षक को चाहिए कि इस अवसर पर जनता के सामने शारीरिक शिक्षा एवं क्रीड़ा सम्बन्धी विषयों पर भाषण देना चाहिए जिससे कि आम-जनता में उनका (शारीरिक शिक्षा के शिक्षक का) जन-सम्पर्क और अधिक घनिष्ठ हो सके। शारीरिक शिक्षा का शिक्षक इन विशेष अवसरों पर भाषण के माध्यम से सामान्य जनता को प्रभावित करता है।

5. **बुलेटिनः** इसके माध्यम से विद्यालय के अन्दर आयोजित होने वाले विभिन्न कार्यक्रमों के बारे में शारीरिक शिक्षा का शिक्षक क्रमशः विद्यार्थियों, संरक्षकों, शैक्षणिक संस्थाओं आदि को समय से पूर्व सूचित करता है। जिससे कि सभी लोग कार्यक्रम के आयोजन के दौरान निश्चित समय पर पहुँच सके। बुलेटिन के माध्यम से एक साधारण सूचना से लेकर विशेष प्रकार के लेखों एवं कार्यक्रमों के बारे में सामान्य जनता के समक्ष कम से कम समय में कोई भी सूचना बड़े आराम से प्रेषित कर सकता है। यदि शारीरिक शिक्षा का शिक्षक इस बुलेटिन का प्रयोग सही समय पर करता है तो इससे अत्यधिक लोगों के लाभान्वित होने की पूर्ण सम्भावना होती है।

6. **इश्तिहारः** विभिन्न प्रकार के इश्तिहार अथवा पोस्टरों के माध्यम से भी शारीरिक शिक्षा का शिक्षक अपने विषय से सम्बन्धित विभिन्न प्रकार के कार्यक्रमों को समाज के नागरिकों के समक्ष प्रस्तुत कर सकता है एवं साथ ही साथ पर्याप्त मात्रा में प्रचार भी कर सकता है। लेकिन इश्तिहार के समय कुछ बातों पर ध्यान देना अति आवश्यक है। जैसे-उदाहरण के लिए पोस्टर ऐसे स्थान पर लगाना चाहिए जिससे कि सामान्य जनता का ध्यान उस ओर एवं उस स्थान पर अवश्य पहुँच सके। इश्तिहार आकर्षक रंगों में छपा होना चाहिए जिससे सामान्य जनता का भी ध्यान उस ओर जाय एवं देखने के बाद विषय के प्रति उसकी रुचि जागृत हो सके। अन्यथा पोस्टर से कोई लाभ नहीं हो सकता है।

7. **व्यावसायिक साहित्यः** एक शारीरिक शिक्षा के शिक्षक को चाहिए कि अपने व्यवसाय से सम्बन्धित नवीन जानकारी एवं उसमें होने वाले परिवर्तनों के बारे में सही जानकारी रखनी चाहिए। इसके साथ-साथ अपने विषय से सम्बन्धित विभिन्न प्रकार के पुस्तक एवं पत्रिकाओं का संकलन करना चाहिए। वास्तव में भारत में खेल-कूद के क्षेत्र में पर्याप्त मात्रा में लिखने वाले विद्वानों की अत्यधिक कमी है। जिसके कारण व्यवसायिक पत्रिकायें बहुत कम प्रकाशित होती है। कम प्रकाशन के कारण एवं रुचि न होने के कारण बहुत कम लोगों के पास शारीरिक शिक्षा की पत्रिकायें पहुँचती है और समाज का एक बहुत बड़ा भाग शारीरिक शिक्षा की जानकारी से वंचित रह जाता है। अतः इस विषय में भी शारीरिक शिक्षा के शिक्षकों को चाहिए कि वे आपस में मिलकर कुछ लेखन का कार्य करें जिससे जन-संपर्क के बढ़ने की पूर्ण सम्भावना होती है।

इस प्रकार से हम कह सकते हैं कि एक शारीरिक शिक्षा के शिक्षकों को सभी दृष्टिकोण से विकसित होना चाहिए। यद्यपि खेल-स्पर्धाओं की जगत् में शारीरिक शिक्षा के शिक्षक का पलड़ा भारी होता है। लेकिन उसे सन्तुलित बनाये रखने के लिए जन-संपर्क के इन विभिन्न माध्यमों का प्रयोग करना अति आवश्यक है।

बहुविकल्पीय प्रश्न

1. प्रतिक्रिया का समय एक घटक है–
   (a) शारीरिक स्वस्थता
   (b) मोटर स्वस्थता
   (c) स्वास्थ्य-संबद्ध शारीरिक तंदुरुस्ती
   (d) इनमें कोई नहीं
2. जांच जो रिएक्शन टाइम (प्रतिक्रिया के समय) को मापती है वह है–
   (a) स्टैंडिंग ब्रोडजंप (b) सारजेंटजंप्स
   (c) शट्लरन (d) स्टिक ड्रॉप टेस्ट
3. निम्नलिखित दशाएं किनके अतिरिक्त दाब से जुड़ी हैं?
   (a) उच्चरक्तचाप (b) रक्ताल्पता
   (c) मानसिक रोग (d) पेप्टिक अल्सर
4. अनुकूलन (संबंध प्रत्यावर्तन) का सिद्धांत किसने प्रस्तुत किया?
   (a) अरस्तू (b) पावलोव
   (c) गेस्टाल्ट (d) थॉर्नडाइक
5. अनुकूलन की मनोवैज्ञानिक प्रक्रिया जो अंततः निष्पादन क्षमता को बढ़ाती है किस नाम से जानी जाती है?
   (a) भार के अग्रगमन का सिद्धांत
   (b) सातत्य का सिद्धांत
   (c) विभेदीकरण का सिद्धांत
   (d) इनमें कोई नहीं
6. आत्म-विश्लेषण द्वारा अपने व्यवहार के निरीक्षण को कहते हैं–
   (a) विकासात्मक विधि (b) रोग-निदान विधि
   (c) अन्तर्निरीक्षण विधि (d) रेटिंग स्केल विधि
7. मनोविज्ञान में ज्ञान-पक्ष अथवा अभिज्ञा को कहते हैं–
   (a) भावपक्ष (b) संकल्प पक्ष
   (c) बोध पक्ष (d) इनमें कोई नहीं
8. निम्नतर अथवा उच्चतर प्राणियों में व्यवहार के विशिष्ट रूप की जन्मजात प्रवृत्ति को कहते हैं–
   (a) संवेग (b) भाव
   (c) मूलप्रवृत्ति (d) भावना
9. खेल-कूद में संवेग के प्रशिक्षण की सर्वोत्तम विधि है–
   (a) दमन (b) अनुप्रेषण
   (c) निषेध (d) उदात्तीकरण
10. प्रोक्सिमो-डिस्टल (समीपस्थ-दूरस्थ) वर्धन का अर्थ है–
    (a) सुषम्ना से बाहर की ओर विकास
    (b) कोई एक रूप वर्धन और विकास नहीं
    (c) सामान्य से विशेष का वर्धन
    (d) मस्तक से शरीर के निचले हिस्सों तक वर्धन
11. शीर्ष-पुच्छीय (सेफालो-कॉडल) वर्धन का अर्थ है–
    (a) सामान्य से विशेष का विकास
    (b) कोई समरूप वर्धन और विकास नहीं
    (c) वर्धन और विकास जन्म से मृत्यु की ओर अग्रसर होता है
    (d) वर्धन मस्तक से नीचे की ओर होता है
12. खेल का अतिरिक्त ऊर्जा सिद्धांत का प्रतिपादन किसने किया?
    (a) मैकडूगल (b) लाज़ारस
    (c) कार्लग्रूस (d) थॉर्नडाइक
13. सीखने के नियम किसने प्रस्तुत किए?
    (a) वाटसन (b) मैकडूगल
    (c) कारलस (d) थॉर्नडाइक
14. सीखने का सिद्धांत किसने प्रस्तुत किया?
    (a) थॉर्नडाइक (b) गेस्टाल्ट
    (c) एच. सी. बक (d) जी. डी. सोंधी
15. उपलब्धि अभिप्रेरणा किसका समानार्थक है?
    (a) सिर्फ बायोफीडबैक सिद्धांत का
    (b) बायोफीडबैक सिद्धांत का
    (c) न्यूरो-बायोफीडबैक सिद्धांत का
    (d) इनमें किसी का नहीं
16. आरंभ में अपवर्धित निष्पादन किंतु क्रमिक विकास का संकेत किसके द्वारा मिलता है?
    (a) नतोदर ग्राफ (b) उन्नतोदर ग्राफ
    (c) नतोदर-उन्नतोदर (d) इनमें किसी से नहीं
17. आरंभ में संवर्द्धित निष्पादन लेकिन बाद में क्रमिक ह्रास का संकेत किससे मिलता है?
    (a) नतोदर ग्राफ (b) उन्नतोदर ग्राफ
    (c) (a) और (b) दोनों (d) इनमें किसी से नहीं

18. शिक्षण ग्राफ में आरंभिक अत्यधिक वृद्धि त्वरित प्रगति का संकेत है और उसका तकनीकी नाम है–
(*a*) ''एंडस्पर्ट'' (अंतिम झोंक)
(*b*) ''इनिशियलस्पर्ट'' (आरंभिक झोंक)
(*c*) संतृप्ति बिंदु
(*d*) उपर्युक्त में कोई नहीं

19. युवा बच्चों में किस प्रकार की अभिप्रेरणा लागू नहीं होती?
(*a*) मूलभूत अभिप्रेरणा
(*b*) बाह्य अभिप्रेरणा
(*c*) उपलब्धि अभिप्रेरणा
(*d*) इनमें कोई नहीं

20. सीखने का ''प्रयत्न और भूल'' सिद्धांत का प्रतिपादन किसने किया?
(*a*) न्यूटन (*b*) पावलोव
(*c*) थॉर्नडाइक (*d*) होमर

21. बचपन में व्यक्ति का व्यवहार किससे सर्वाधिक प्रभावित होता है?
(*a*) समुदाय (*b*) विद्यालय
(*c*) समकक्ष समूह (*d*) परिवार

22. खिलाड़ियों में कुंठा का कारण है–
(*a*) अपने निष्पादन का परिणाम
(*b*) आमतौर पर आकांक्षा और योग्यता के बेमेलस्तर के कारण
(*c*) अच्छे निष्पादन का परिणाम
(*d*) प्रतियोगी खेलों का स्वाभाविक नतीजा

23. 9 से 11 वर्षो तक संवर्धन और विकास की अवधि को कहते हैं–
(*a*) आरंभिक बचपन (*b*) परवर्त्ती बचपन
(*c*) वय: संधि (*d*) वयस्कता

24. खेल प्रतियोगिताओं में निम्नतर निष्पादन का कारण है–
(*a*) विफलता का भय (*b*) चिंता
(*c*) आक्रमण (*d*) अभिप्रेरणा

25. वैयक्तिक विभिन्नताओं का कारण है–
(*a*) पर्यावरणीय प्रभाव
(*b*) आनुवंशिकता का प्रभाव
(*c*) आनुवंशिकता और पर्यावरण दोनों का प्रभाव
(*d*) समुदाय का प्रभाव

26. ज्ञानात्मक शिक्षण का एक नाम यह भी है–
(*a*) मानसिक शिक्षण
(*b*) रागात्मक शिक्षण
(*c*) मोटर (स्वचालित) शिक्षण
(*d*) इनमें सभी

27. अन्तर्मुखी व्यक्ति अभिरुचि रखते हैं–
(*a*) अपने में
(*b*) दूसरों में
(*c*) अपने में तथा दूसरों में
(*d*) इनमें किसी में नहीं

28. किशोरावस्था में व्यक्ति का व्यवहार किससे प्रभावित होता है?
(*a*) परिवार (*b*) समकक्ष समूह
(*c*) विद्यालय (*d*) समाज

29. एकाग्रता संकीर्णतम मार्ग है–
(*a*) आक्रमण का (*b*) उद्बोधन का
(*c*) उत्प्रेरणा का (*d*) ध्यान का

30. सीखने का संबंध प्रत्यावर्तन (कंडिशंड रिफ्लेस) सिद्धांत के साथ किसका नाम जुड़ा है?
(*a*) जॉन डुई (*b*) अरस्तू
(*c*) रूसो (*d*) पावलोव

31. व्यक्तिगत फीडबैक किसके द्वारा सुविधाजनक बनता है?
(*a*) दूरदर्शन (*b*) टेपरिकार्डर
(*c*) गतिबोधक ज्ञान (*d*) उपर्युक्त सभी

32. समवर्ती फीडबैक नौसिखिया को दिया जाता है–
(*a*) कार्यशीलता के पश्चात्
(*b*) कार्यशीलता के दौरान
(*c*) कार्यशीलता के पूर्व
(*d*) उपर्युक्त में कोई नहीं

33. उपलब्धि उत्प्रेरणा का संबंध है–
(*a*) व्यक्ति की आवश्यकता से
(*b*) व्यक्ति के ज्ञान से
(*c*) व्यक्ति के अनुभव से
(*d*) व्यक्ति के रुझान से

34. टर्मिनल फीडबैक नौसिखिया को दी गई सूचना है–
(*a*) कार्यशीलता के पूर्व
(*b*) कार्यशीलता के दौरान
(*c*) कार्यशीलता के पश्चात्
(*d*) इनमें कोई नहीं

35. सीखने में प्रभाव का नियम किसने निरूपित किया?
(a) पावलोव (b) थॉर्नडाइक
(c) स्किनर (d) गेस्टाल्ट

36. किसकी आबादी का मनोवैज्ञानिक सामान्य तौर पर अध्ययन करते हैं?
(a) कुत्ते और बिल्लियों का
(b) बंदरों का
(c) जन-साधारण का
(d) कबूतरों और चूहों का

37. मनोंविज्ञान आज किस रूप में परिभाषित किया जाता है?
(a) व्यवहार और मानसिक प्रक्रियाओं का
(b) मानवीय व्यवहार और मानसिक प्रक्रियाओं का
(c) मन का विज्ञान
(d) अभिप्रेरणा, संवेग, व्यक्तित्व, समंजन और असामान्यता

38. मनोविज्ञान का "जनक" किसे माना जाता है?
(a) सिग्मंड फ्रायड
(b) इवान पावलोव
(c) जॉन बी. वाटसन
(d) वुंड

39. किसी गेंद को कैच करने में आपका हाथ जानता है कि कब पकड़ना है क्योंकि–
(a) आपका परा-अनुसंवेदी तंत्रिका सक्रिय होता है
(b) अल्फातरंग आपके मस्तिष्क द्वारा पैदा की जा रही हैं
(c) सहभागी पेशियां मस्तिष्क से अपवाही संकेत पा रही हैं
(d) अभिवाही संकेत आपके हाथ को सूचना देते हैं कि गेंद संपर्क में आने ही को है

40. शरीर आपदा की स्थितियों के लिए "सामना करो या भागो" की स्थितिग्रहण कर लेता है जब ——— तंत्रिका तंत्र सक्रिय होता है–
(a) केन्द्रीय (b) कायिक
(c) अनुसंवेदी (d) परा-अनुसंवेदी

41. संवेग को परिभाषित करते हैं–
(a) भाव के रूप में
(b) क्षोभ के रूप में
(c) भविष्य की आशंका के रूप में
(d) उन्माद की स्थिति के रूप में

42. एक भरोसेमंद मनोवैज्ञानिक जांच का अर्थ है–
(a) माप की परिशुद्धता
(b) व्यवहार का पूर्वानुमान करना
(c) माप की सुसंगति
(d) उपर्युक्त में कोई नहीं

43. प्रथम बुद्धि जांच किसने विकसित की?
(a) बिनेट और साइमन
(b) पावलोव और वाटसन
(c) टर्मैन और मेरिल
(d) मासलोव और मैकडूगल

44. विकास की प्रक्रिया में "गैंग-एज" पद कब आते हैं?
(a) आरंभिक बचपन (b) वय: संधि
(c) शैशवावस्था (d) परवर्ती बचपन

45. ज्ञान (कॉग्निशन) का संबंध है–
(a) सीखने से (b) स्मृति से
(c) रचनात्मकता से (d) इनमें सभी से

46. इनमें कौन प्राथमिक प्रेरणा नहीं है?
(a) राग (b) क्षुधा
(c) यौन (d) तृषा

47. संस्थापित (क्लैसिकल) अनुकूलन की प्रक्रियाएं हैं–
(a) सामान्यीकरण (b) विभेदीकरण
(c) विलोपन (d) इनमें सभी

48. शारीरिक शिक्षा के छात्रों को मनोविज्ञान की शिक्षा दी जाती है, क्योंकि–
(a) इससे कार्यसाधकता बढ़ती है
(b) इसका संबंध व्यवहार से है
(c) यह सीखने में मदद करता है
(d) यह खिलाड़ियों को अभिप्रेरित करता है

49. मनौवैज्ञानिक जांच में प्रतिमान को परिभाषित किया जाता है–
(a) निष्पादन का अभिलेख
(b) किसी टीम का अनोखा निष्पादन
(c) टीम का औसत निष्पादन
(d) खिलाड़ी का सर्वोच्च निष्पादन

50. दाब (स्ट्रेस) का कौन-सा स्तर खिलाड़ियों के निष्पादन में वृद्धि लाता है?

(a) तीव्रीकृत (b) संयत
(c) अनुकूलतम (d) इनमें कोई नहीं

51. श्रेष्ठ खिलाड़ी प्राय: व्यक्तित्व की कुछ विशेषताओं से संपन्न होते हैं। उदाहरणार्थ–
(a) आक्रामकता (b) तंत्रिका रोगी
(c) द्वैधवृत्ति (d) वश्यता

52. मनो-यौन भावना का विकास कब होता है?
(a) परबर्ती बचपन (b) किशोरावस्था
(c) युवा उम्र (d) वयस्कता

53. उपलब्धि अभिप्रेरणा के अध्ययन से सबसे अधिक जुड़ा हुआ मनोवैज्ञानिक है–
(a) एक्सीलैंड (b) मासलोव
(c) ग्रूम (d) मैकग्रेगर

54. मानसिक वय की अवधारणा किसने प्रस्तुत की?
(a) स्टर्न (b) गाल्टन
(c) बिनेट (d) वाटसन

55. सी. एन. एस. से पेशियों की ओर जाने वाले आवेग कहे जाते हैं–
(a) अपवाही (b) अभिवाही
(c) संवेदना (d) उपर्युक्त सभी

56. ज्ञान का सरलतम रूप क्या है?
(a) अवधारणा (b) प्रत्यक्षीकरण
(c) संवेदना (d) मनोभाव

57. सुषम्ना का क्रियाशील विभाग है–
(a) दैहिक मोटर (b) दैहिक संवेदी
(c) आंत्रिक मोटर (d) इनमें कोई नहीं

58. प्रशिक्षण के परिणामस्वरूप परिभाषित अनुक्रिया को कहते है–
(a) अनुबंधित उद्दीपन
(b) अननुबंधित प्रतिवर्त
(c) अनुबंधित प्रतिवर्त
(d) संकल्पशक्ति

59. खेल-कूद का कार्य-निष्पादन किसका उप-परिणाम है?
(a) कुशलता (b) सोपपाधिक योग्यता
(c) सम्पूर्ण व्यक्तित्व (d) रणनीतिक योग्यता

60. प्रथम कायान्तरण किस उम्र के बीच होता है?
(a) 7-10 वर्ष (b) 3-5 वर्ष
(c) 11-14 वर्ष (d) 2-4 वर्ष

61. आत्म-शिक्षण को प्रोत्साहित करने की सर्वाधिक प्रभावी विधि है–
(a) प्रदर्शन विधि (b) व्याख्यान विधि
(c) निरीक्षण विधि (d) नियत कार्य विधि

62. शरीर और मन के संबंध का सिद्धांत सर्वप्रथम किसने प्रतिपादित किया?
(a) सुकरात (b) प्लेटो
(c) हिटलर (d) होमर

63. "मैं सोचता हूं, इसलिए मैं हूं", किसकी उक्ति है?
(a) देकार्त (b) प्लेटो
(c) अरस्तू (d) रूसो

64. "स्वस्थ शरीर में स्वस्थ मन", किसने कहा है?
(a) देकार्त (b) रूसो
(c) अरस्तू (d) प्लेटो

65. शिक्षण के आनुवंशिक कारक हैं–
(a) कद और व्रजन (b) शारीरिक संरचना
(c) शारीरिक गठन (d) उपर्युक्त सभी

66. स्वजनित प्रशिक्षण एक विधि है–
(a) शरीर में शिथिलन लाने की
(b) चिंता के स्तर को बढ़ाने की
(c) परिहार संलक्षण का सामना करने की
(d) इनमें कोई नहीं

67. दाब (स्ट्रेस) की स्थिति है–
(a) कार्यनिष्पादक के लिए लाभकर
(b) कार्यनिष्पादक के लिए हानिकर
(c) न तो (a) न (b)
(d) शक्ति बढ़ाने में सहायक

68. प्रतियोगिता खेल से संबद्ध हिंसा का मुख्य कारण है–
(a) प्रतियोगी खेल की प्रक्रति ही ऐसी है
(b) समाज के अंदर सामाजिक तनाव
(c) सामाजिक पिछड़ापन
(d) प्रजातीय, धार्मिक अथवा राष्ट्रीय आधार पर दर्शकों की टीमों के साथ एकात्मकता

69. सीखने में व्यक्तिगत कारक हैं–
(a) आनुवंशिक कारक
(b) उपयुक्तता
(c) मनोवैज्ञानिक कारक
(d) इनमें सभी

70. गेस्टाल्ट ने कौन-सा सिद्धांत प्रतिपादित किया है?
(a) प्रयत्न और भूल सिद्धांत
(b) अनुकूलन सिद्धांत
(c) सीखने का सिद्धांत
(d) इनमें कोई नहीं

71. फीडबैक विधि–
(a) सीखने वाले के लिए सहायक है
(b) सीखने वाले के लिए बाधक है
(c) न सहायक है, न बाधक
(d) इनमें कोई भी सही नहीं है

72. शारीरिक कुशलताओं को सीखने का संबंध किससे है?
(a) संज्ञानात्मक शिक्षण
(b) रागात्मक शिक्षण
(c) मोटर लर्निंग
(d) इनमें सभी

73. स्वाभाविक अभिप्रेरणा का एक नाम यह भी है–
(a) आंतरिक (b) स्वाग्रह
(c) आत्मसिद्धि (d) बाह्य

74. मानव मनोविज्ञान का अध्ययन सीमित है–
(a) व्यवहार तक (b) मन तक
(c) आत्मा तक (d) नातेदारी तक

75. निम्नलिखित में कौन सीखने का एक नियम है?
(a) तत्परता का नियम (b) अभ्यास का नियम
(c) प्रभाव का नियम (d) उपर्युक्त सभी

76. मानसिक विकास के अंतर्गत शामिल हैं–
(a) बाह्य एवं आंतरिक अवयव
(b) विवेचन और चिंतन
(c) आचारशास्त्रीय और नैतिक
(d) संवेगात्मक परिपक्वता

77. निम्नलिखित विधियों में किसके द्वारा संवेगात्मक ऊर्जा को वांछनीय माध्यम प्रदान किए जाते है?
(a) निषेध (b) उदात्तीकरण
(c) विरेचन (d) दमन

78. सीखने में प्रगति की दर घट जाती है और एक ऐसी सीमा पर पहुंच जाती है जिसके आगे जाना असंभव प्रतीत होता है। इसे कहते हैं–
(a) पठार (b) अभिरुचिभ्रंश
(c) ऊब (d) कठिन दौर

79. मनोविश्लेषण आधारित चिकित्सा किसने विकसित की?
(a) स्किनर (b) सिग्मंडफ्रायड
(c) प्लेटो (d) डार्विन

80. व्यक्तित्व मापन की विधियों का विवरण है–
(a) मूल्यनिर्धारण पैमाना
(b) अन्तर्वीक्षाएं और निरीक्षण
(c) पेपर और पेंसिल टेस्ट (कागज और कलम जांच)
(d) इनमें सभी

81. 'एरॉस' सूचित करता है–
(a) जीवन की मूल प्रवृत्तियां
(b) ऊर्जा
(c) आक्रामक एवं विनाशक लालसाएं
(d) इगो (अहम्) के विचार का निर्णायक

82. फ्रायड के मनोविश्लेषणात्मक सिद्धांत के अनुसार आंतरिकृत पिता हैं–
(a) इगो (अहम्) (b) सुपरइगो (पराहम्)
(c) अन्तः करण (d) इगो आइडियल

83. चेतना का कौन-सा स्तर वह सामग्री रखता है जिसे आसानी से बोधगम्य बनाया जा सकता है?
(a) अचेतन
(b) चेतन
(c) पूर्वचेतन (अवचेतन)
(d) चेतन और अवचेतन

84. वह संघर्ष जिसमें बालक माता के स्नेह-प्यार के लिए अपने पिता से प्रतिद्वन्द्विता महसूस करता है क्या कहलाता है?
(a) इडिपस कँप्लेक्स (b) इलेक्ट्रा कॉन्फ्लिक्ट
(c) दोनों (d) कोई नहीं

85. नेतृत्व की कौन-सी शैली टीम की पूरी जवाबदेही लेती है?
(a) अनुज्ञात्मक (b) स्वेच्छाचारी
(c) निदेशात्मक (d) प्रजातांत्रिक

86. दर्शकों द्वारा प्रोत्साहन है–
(a) सामाजिक प्रेरणा
(b) मौद्रिक प्रेरणा
(c) पारितोषिक प्रेरणा
(d) सामाजिक प्रतियोगी प्रेरणा

87. अभिप्रेरणा का संज्ञानात्मक मूल्यांकन सिद्धांत किसने प्रतिपादित किया?
(a) थॉर्नडाइक (b) कोहलर
(c) पावलोव (d) डेसी

88. दूसरे व्यक्ति को हानि पहुंचाने की नीयत से किए गए व्यवहार को कहते हैं–
(*a*) दबाव (*b*) तनाव
(*c*) आक्रमण (*d*) चिंता

89. फ्रायड के अनुसार व्यक्तित्व का विशिष्ट नैतिक भुजा है–
(*a*) इद (कामतत्त्व)
(*b*) इगो (अहम्)
(*c*) सुपर इगो (पराहम्)
(*d*) इगो और सुपर इगो दोनों

90. जो नेता निश्चयीकरण में पूरी छूट देता है और समूह के क्रियाकलाप में भागीदार नहीं बनता वह है–
(*a*) स्वेच्छाचारी (*b*) प्रजातांत्रिक
(*c*) अहस्तक्षेपी (*d*) इनमें कोई नहीं

91. दबाव (स्ट्रेस) है–
(*a*) खिलाड़ी के लिए लाभकर
(*b*) उसकी क्षमताओं के लिए हानिकर
(*c*) स्थिति के अनुसार लाभकर और हानिकर दोनों
(*d*) इनमें कोई नहीं

92. मासलोव ——— आवश्यकताओं को क्रम-परंपरा में निचले स्थान पर रखता है–
(*a*) सम्मान संबंधी
(*b*) सरो-सामान का स्वामित्व संबंधी
(*c*) सुरक्षा संबंधी
(*d*) शारीरिक

93. मासलोव की आवश्यकताओं की क्रमबद्धता के शिखर पर कौन-सी आवश्यकता को रखता है?
(*a*) आत्मसिद्धि
(*b*) सम्मान
(*c*) सरो-सामान का स्वामित्व
(*d*) सुरक्षा

94. ई. आर. सी. सिद्धांत किसने दिया?
(*a*) मासलोव (*b*) एल्डरफर
(*c*) युंग (*d*) मैक्लेलन

95. एल्डरफर का सिद्धांत आवश्यकताओं को तीन श्रेणियों में बांटता है। इनमें सर्वाधिक महत्त्वपूर्ण है–
(*a*) वर्धन संबंधी आवश्यकताएं
(*b*) संबद्धता की आवश्यकताएं
(*c*) अस्तित्व की आवश्यकताएं
(*d*) इनमें कोई नहीं

96. निम्नलिखित में कौन अन्तर्भूत अभिप्रेरणा है?
(*a*) वेतन (*b*) प्रोन्नति
(*c*) फीडबैक (*d*) खेल की अभिरुचि

97. अभिप्रेरणा का द्विकारक सिद्धांत किसने दिया है?
(*a*) मासलोव (*b*) युंग
(*c*) एल्डरफर (*d*) हर्ज़बर्ग

98. अभिप्रेरणा का पुनर्बलन (रीइनफोर्समेंट) सिद्धांत किसने प्रस्तुत किया?
(*a*) युंग (*b*) हर्ज़बर्ग
(*c*) स्किनर (*d*) मासलोव

99. सीखने का कौन-सा नियम बतलाता है कि बहुधा दुहराई जाने वाली बातें सबसे अधिक याद रहती हैं?
(*a*) तत्परता का नियम (*b*) अभ्यास का नियम
(*c*) प्रभाव का नियम (*d*) अभिनवता का नियम

100. प्रथम होने की स्थिति मज़बूत, प्रायः अनुपयोगी, छाप छोड़ती है। यह है–
(*a*) प्रमुखता का नियम
(*b*) तीव्रता का नियम
(*c*) अभिनवता का नियम
(*d*) प्रभाव का नियम

101. "बिलकुल हाल में सीखी गई चीजें सबसे अधिक स्मरण की जाती हैं" यह उक्ति किसे सूचित करती है?
(*a*) तीव्रता का नियम (*b*) प्रभाव का नियम
(*c*) प्रमुखता का नियम (*d*) अभिनवता का नियम

102. सीखने का निम्नतर स्तर क्या है?
(*a*) दरशिक्षण (*b*) समझ
(*c*) अनुप्रयोग (*d*) सहसंबंध

103. संवेगात्मक स्थिरता, चिंता, उदासी और निर्मित क्षमता व्यक्तित्व के किस आयाम के लक्षण हैं?
(*a*) बहिर्मुखता (*b*) रुचि-अनुकूलता
(*c*) मध्यवर्गीता (*d*) खुलापन

104. निम्नलिखित में कौन रुचि-अनुकूल व्यक्तित्व के आयाम का सहजगुण नहीं है?
(*a*) परार्थवाद (*b*) जटिलता
(*c*) विश्वास (*d*) शील

105. फ्रायड के मनोविश्लेषणात्मक सिद्धांत के अनुसार जन्मजात जैवी मूल प्रवृत्तियां और प्रेरणाएं, जो जन्म के समय विद्यमान रहती हैं, किसका संकेत देती हैं?

(a) इद (कामतत्व)
(b) एरॉस (कामवासना)
(c) लिबिडो (कामातुरता)
(d) थैनाटॉस (मृत्यु)

106. सीखने का संबंध प्रत्यावर्तन सिद्धांत किसने प्रतिपादित किया?
(a) कोहलर (b) पावलोव
(c) थॉर्नडाइक (d) डेसी

107. 'भूल और प्रयत्न' नामक शिक्षण-विधि किसने प्रस्तुत की?
(a) थॉर्नडाइक (b) बोज
(c) कोहलर (d) पावलोव

108. सीखने का कौन-सा नियम बतलाता है कि तैयारी व्यक्ति को अन्य तरीकों की अपेक्षा अधिक शीघ्र और प्रभावी रूप में सीखने में समर्थ बनाती है?
(a) प्रभाव का नियम (b) तत्परता का नियम
(c) अभ्यास का नियम (d) घनिष्ठता का नियम

109. सीखने का कौन-सा नियम उपयोग और अनुपयोग का नियम भी कहा जाता है?
(a) अभ्यास का नियम (b) तत्परता का नियम
(c) प्रभाव का नियम (d) घनिष्ठता का नियम

110. प्रभाव का नियम यह भी कहलाता है–
(a) उपयोग और अनुपयोग का नियम
(b) संतोषण का नियम
(c) अभिनवता का नियम
(d) प्रायिकता का नियम

111. विद्यालय प्रशासन होना चाहिए–
(a) गतिकी (b) विराम
(c) दोनों (d) इनमें से कोई नहीं

112. विद्यालय निरीक्षण का व्यवहार होना चाहिए–
(a) आक्रामक (b) असमायोजित
(c) सहानुभूतिपूर्ण (d) इनमें से कोई नहीं

113. विद्यालय निरीक्षक के पास किस प्रकार का गुण होना चाहिए?
(a) मित्र (b) दार्शनिक
(c) निर्देश (d) उपर्युक्त सभी

114. एक सफल मुख्य अध्यापक होना चाहिए–
(a) विशिष्ट संगठनकर्ता (b) कुशल प्रशासक
(c) दोनों (d) इनमें से कोई नहीं

115. आदर्श शिक्षक का गुण होना चाहिए–
(a) आकर्षक व्यक्तित्व (b) आशावादी
(c) सहानुभूतिपूर्ण (d) उपर्युक्त सभी

116. कक्षा की विमाएँ होनी चाहिए–
(a) 20 फीट + 20 फीट
(b) 20 फीट + 30 फीट
(c) 30 फीट + 40 फीट
(d) इनमें से कोई नहीं

117. कितने तरह के विद्यालय भवन निर्माण किए जाते हैं?
(a) खुली प्रकार के (b) बन्द प्रकार के
(c) दोनों (d) इनमें से कोई नहीं

118. विद्यालय भवन की संरचना होनी चाहिए–
(a) ई–आकार की (b) आई.टी. आकार की
(c) टी. आकार की (d) उपर्युक्त सभी

119. विद्यालय भवन में होना चाहिए–
(a) श्यामपट्ट
(b) ऊपर-नीचे होने वाला श्यामपट्ट
(c) दीवार श्यामपट्ट
(d) उपर्युक्त सभी

120. आपरेशन ब्लैक बोर्ड कार्यक्रम किस शिक्षा आयोग द्वारा प्रस्तावित किया गया था?
(a) नई शिक्षा नीति द्वारा
(b) कोठारी आयोग द्वारा
(c) दोनों
(d) इनमें से कोई नहीं

121. ऑपरेशन ब्लैक बोर्ड कार्यक्रम का मुख्य उद्देश्य है
(a) शिक्षण सहायक सामग्री की व्यवस्था करना
(b) शिक्षण सामग्री की व्यवस्था
(c) दोनों
(d) इनमें से कोई नहीं

122. निम्नलिखित में कौन शिक्षा योजना के क्षेत्र के अंतर्गत आता है?
(a) अंतर्राष्ट्रीय (b) राष्ट्रीय
(c) क्षेत्रीय (d) उपर्युक्त सभी

123. निम्नलिखित में शिक्षा योजना के तत्व हैं–
(a) समस्याएँ (b) निर्माणकर्ता
(c) संसाधन (d) उपर्युक्त सभी

124. किस वर्ष सामाजिक शिक्षा भारत में प्रारंभ हुई?
(a) 1937 (b) 1954
(c) 1984 (d) 1986

125. किस वर्ष भारतीय प्रौढ़ शिक्षा समिति का गठन हुआ?
(a) 1934 (b) 1939
(c) 1951 (d) 1952

126. निम्नलिखित में कौन-सा कारण है जिसकी वजह से आज परीक्षा में नकल करने की प्रवृत्ति हो गई है?
(a) वर्तमान परीक्षा पद्धति
(b) विद्यार्थी की अनियमित तैयारी
(c) शिक्षक की विभिन्नता
(d) विद्यार्थियों के बीच अनुशासनहीनता

127. यदि एक विद्यार्थी प्रश्नों का उत्तर नहीं देता है तब शिक्षक को चाहिए-
(a) विद्यार्थी को उत्तर नहीं देने पर दण्ड देना
(b) दूसरे विद्यार्थी से सही उत्तर देने के लिए कहना
(c) सही उत्तर देने के लिए संकेत देना
(d) सही उत्तर देने के लिए इंतजार करना

128. एक विद्यार्थी जो अधिगम की प्रक्रिया में संक्रिया में सक्रिय रूप से भाग तब लेता है जब वह-
(a) विषय संबंधी प्रश्न पूछता हो
(b) शिक्षक के प्रश्नों का जवाब देता है
(c) अन्य तरीकों के बारे में प्रतिक्रिया व्यक्त करता है
(d) उपर्युक्त सभी

129. शिक्षा स्वाध्याय होना चाहिए क्योंकि-
(a) विद्यार्थी शिक्षा को सही ढंग से लेगा
(b) अयोग्य विद्यार्थी नामांकन नहीं ले पाएँगे
(c) कॉलेज में भीड़ कम हो जाएगी
(d) सामान्य लोगों की समझ बच जाएगी

130. निम्नलिखित में कौन सबसे कम उपर्युक्त है यदि तीसरी कक्षा में बालक की माता बच्चे में पढ़ाई करने की क्षमता को बढ़ाना चाहती है?
(a) बच्चों को जनसामान्य पुस्तकालय में जाने के लिए प्रेरित करना चाहिए
(b) बालक को उनके जन्मदिवस की पार्टी में किताब देनी चाहिए
(c) बच्चों को आसपास के क्षेत्रों में घुमना चाहिए
(d) बच्चों के दूरदर्शन देखने पर नियंत्रण रखना चाहिए

131. निम्नलिखित में कौन-सा कथन सबसे उपयुक्त है? पढ़ना प्रारंभ करने के समय
(a) साफ एबं अँगुली रखकर पढ़ना
(b) सामान्य पृथक एवं श्रव्य
(c) दिशा निर्देशन
(d) अक्षरों का ज्ञान

132. पाठ योजना इस प्रकार बनानी चाहिए कि जो मुख्य रूप से विचार करता हो-
(a) सामान्य बच्चों को कक्षा में मिलकर करने की आवश्यकता पर आधारित होना चाहिए
(b) कक्षा का वातावरण प्रसन्नचित्त होना चाहिए
(c) पाठ्यक्रम के लक्ष्य को ध्यान में रखना चाहिए
(d) शिष्यों को काम देना चाहिए

133. एक छात्र जो कक्षा में तुतलाता या हकलाता है, उसके लिए शिक्षक को क्या करना चाहिए?
(a) ऐसे छात्रों को पर्याप्त मौका देना चाहिए
(b) छात्र पर ध्यान नहीं देना चाहिए
(c) उसके माता-पिता को सलाह देनी चाहिए कि ऐसे डॉक्टर से संपर्क करे जो इसकी कमी दूर कर सके
(d) अभिभावक को यह सलाह दें कि घर में उसे निर्देशित करें

134. निम्नलिखित में कौन ऐसा तरीका है जिसके द्वारा कक्षा में अनुशासन बना रहे?
(a) कक्षा की किताब में जो है उसका विशिष्ट उल्लंघन नहीं होना चाहिए
(b) अपनी विषयवस्तु/ तरीके का मूल्यांकन करना जो बच्चों के बीच उपयोग किया जाता है
(c) कक्षा से संपर्क करना तथा गलतियों पर ध्यान देना।
(d) कक्षा में अभिभावक को बुलाकर स्थिति के बारे में जानकारी देना

135. एक शिक्षक समस्या युक्त पाठ को कक्षा में प्रस्तुत करता है एवं बच्चों को हल करने के लिए कहता है लेकिन किसी प्रकार का जवाब नहीं मिलता है। तब शिक्षक को निर्देश दिया जाता है कि-
(a) बच्चों को तब तक उत्प्रेरित करें जब तक कि वह जवाब नहीं दे
(b) विद्यार्थी को टेक्स्ट बुक पढ़ने के लिए कहना चाहिए
(c) बच्चों को रोचक फिल्म दिखाना
(d) बच्चों को व्यक्तिगत विचार के आधार पर उद्दीप्त करना

136. कक्षा में व्यक्तिगत विभिन्नता को दूर करने का सबसे अच्छा तरीका है-
(a) मंद बुद्धि वाले बालक को कक्षा कार्य के बाद भी पढ़ाना

(b) तीव्र बुद्धि वाले बालक को पढ़ने के लिए स्वतंत्र करना
(c) समान समूह वाले बच्चों को क्लास देना
(d) विशिष्ट उद्देश्य के संगठित समूह बनाना

137. निम्नलिखित में से कौन शिक्षण के खोजबीन का अच्छा उदाहरण है?
(a) खेल क्रियाशीलता
(b) रटकर सीखना
(c) स्वतंत्र अध्ययन प्रोजेक्ट
(d) खुला टेक्स्ट बुक पाठ

138. एक बच्चा जिसको कक्षा से बाहर निकल जाने की आदत है उसके लिए करना चाहिए–
(a) अभिभावक से इसके बारे में पूछना
(b) उसके अवगुण को डायरी में लिखना
(c) उस विद्यार्थी की पहचान का बहिष्कार करना
(d) बच्चों को बुलाकर उसकी क्षमता के आधार पर प्रश्न पूछना

139. प्रेरणा से युक्त प्रश्न का अच्छा प्रकार है–
(a) अवधान रखने के लिए कक्षा को इंगित करना
(b) वर्तमान आवश्यकता को ध्यान में रखना
(c) बिल्कुल स्पष्ट हो जाना चाहिए
(d) समस्या उत्पन्न करना एवं हल करने का प्रयास करना

140. किस अवस्था में कक्षा में कम अनुशासन होता है?
(a) यदि समूह असमायोजित नहीं है
(b) लड़कों एवं लड़कियों को एक-दूसरे के साथ बैठाना
(c) कला, विज्ञान तथा पढ़ाई के लिए विशिष्ट क्षेत्र प्रदान करना
(d) व्यक्तिगत विभिन्नता प्रदान नहीं करना

141. निम्नलिखित में कौन आकार कक्षा के लिए सही है?
(a) कक्षा के उद्देश्य पर निर्भर करता है
(b) 20 से अधिक बच्चे के लिए नहीं होना चाहिए
(c) के.जी. के लिए 20 तथा उच्च विद्यालय के लिए 35 होना चाहिए
(d) शिक्षा के लक्ष्य को प्राप्त करने से संबंध होना

142. निम्नलिखित में कौन प्रश्न पूछने का अच्छा तरीका है?
(a) पहले प्रश्न पूछना फिर विद्यार्थी को बुलाना
(b) बच्चों को बुलाने से पहले सोचने का मौका देना
(c) एक ही समय में दो प्रश्न पूछना
(d) पूर्व वाक्य उत्तर के लिए उत्साहित करना

143. जब बच्चा सर्वप्रथम नक्शा पढ़ता है तब नक्शा होना चाहिए–
(a) प्रोजेक्टर के ऊपर
(b) पेपर मशीन पर बना
(c) सतह पर पड़ा
(d) विश्व का होना चाहिए क्योंकि सबसे बड़ा होता है

144. निम्नलिखित में कौन प्रोग्राम निर्देशन का आवश्यक तत्त्व है?
(a) समुद्र शिक्षण
(b) व्यक्तिगत शिष्य कार्यक्रम
(c) साम्य समूह
(d) तुरंत प्रतिफल

145. विद्यालय में एक समान ड्रेस प्रदान की जाती है क्योंकि–
(a) बच्चे स्मार्ट दिखें
(b) विद्यालय मुद्रा अर्जित कर सकें
(c) बच्चे को खोने का डर नहीं रहता
(d) समानता को दर्शाता है

146. शिक्षक प्रशिक्षण आपको प्रदान करता है?
(a) नौकरी पाने के लिए
(b) प्रमाणपत्र
(c) विश्वव्यापी ज्ञान
(d) शिक्षण क्षमता का विकास करता है

147. जाँच कब पूर्ण वैधता प्रदान करती है–
(a) समान समूह के बालक अपनी स्थिति को प्रस्तुत करता है एवं उपलब्धि परीक्षण को दर्शाता है
(b) जब बालक टेस्ट में उच्च अंक प्राप्त करता है
(c) परीक्षण के द्वारा प्रारंभ जाँच होती है
(d) परीक्षण उच्च वस्तुनिष्ठ होती है

148. निम्नलिखित में कौन-सा व्यवहार है जिसके अंतर्गत बच्चा डेस्क पीटता है?
(a) वाद-विवाद (b) समानता
(c) विरोध (d) शांत रहने के लिए

149. निम्नलिखित में कौन साकार है जो बच्चों में आपसी संबंध को दर्शाता है। अध्ययन की अवधि में–
(a) अपख्यान रिकार्ड (b) व्यक्तिगत इतिहास
(c) रोसचार्ड टेस्ट (d) समाजीकरण

150. 'समूह बुद्धि परीक्षण' का उपयोग किया जाता है–
(a) सभी बच्चों को समान रूप से किया जाता है
(b) शिक्षक को रोग निवारण संबंधी जानकारी प्रदान करता है
(c) यह कम परेशानी वाला व्यक्तिगत परीक्षण है
(d) वह जाँच का कम रूपी वाला आई-क्यू प्रदान करता है

उत्तरमाला

1	2	3	4	5	6	7	8	9	10
(b)	(d)	(b)	(b)	(a)	(c)	(c)	(c)	(d)	(a)
11	**12**	**13**	**14**	**15**	**16**	**17**	**18**	**19**	**20**
(d)	(d)	(d)	(a)	(a)	(a)	(b)	(b)	(a)	(c)
21	**22**	**23**	**24**	**25**	**26**	**27**	**28**	**29**	**30**
(d)	(b)	(b)	(b)	(b)	(a)	(a)	(b)	(d)	(d)
31	**32**	**33**	**34**	**35**	**36**	**37**	**38**	**39**	**40**
(c)	(b)	(a)	(c)	(b)	(d)	(a)	(a)	(c)	(c)
41	**42**	**43**	**44**	**45**	**46**	**47**	**48**	**49**	**50**
(b)	(c)	(a)	(b)	(d)	(a)	(d)	(b)	(c)	(c)
51	**52**	**53**	**54**	**55**	**56**	**57**	**58**	**59**	**60**
(a)	(b)	(a)	(c)	(a)	(c)	(b)	(c)	(c)	(a)
61	**62**	**63**	**64**	**65**	**66**	**67**	**68**	**69**	**70**
(c)	(b)	(a)	(d)	(d)	(a)	(b)	(d)	(d)	(c)
71	**72**	**73**	**74**	**75**	**76**	**77**	**78**	**79**	**80**
(a)	(c)	(a)	(a)	(d)	(b)	(c)	(a)	(b)	(d)
81	**82**	**83**	**84**	**85**	**86**	**87**	**88**	**89**	**90**
(a)	(b)	(c)	(a)	(c)	(a)	(d)	(c)	(c)	(c)
91	**92**	**93**	**94**	**95**	**96**	**97**	**98**	**99**	**100**
(c)	(d)	(a)	(b)	(c)	(d)	(d)	(c)	(b)	(a)
101	**102**	**103**	**104**	**105**	**106**	**107**	**108**	**109**	**110**
(d)	(a)	(c)	(b)	(a)	(b)	(a)	(b)	(a)	(b)
111	**112**	**113**	**114**	**115**	**116**	**117**	**118**	**119**	**120**
(c)	(b)	(d)	(c)	(d)	(a)	(c)	(d)	(d)	(a)
121	**122**	**123**	**124**	**125**	**126**	**127**	**128**	**129**	**130**
(c)	(d)	(d)	(a)	(b)	(c)	(b)	(d)	(d)	(c)
131	**132**	**133**	**134**	**135**	**136**	**137**	**138**	**139**	**140**
(c)	(c)	(c)	(b)	(d)	(c)	(d)	(d)	(c)	(d)
141	**142**	**143**	**144**	**145**	**146**	**147**	**148**	**149**	**150**
(c)	(c)	(a)	(a)	(d)	(d)	(a)	(c)	(d)	(d)

इकाई-V

शारीरिक शिक्षा में शिक्षक शिक्षा का विकास

शिक्षक कितना भी ज्ञानी क्यों न हो, परन्तु जब तक वह अपना ज्ञान छात्रों को सरल और सुचारू रूप से नहीं प्रदान कर सकता, तब तक उसके ज्ञान से विद्यार्थियों को लाभ नहीं होता है। जिस तरह दुकान में बिकने वाली वस्तुएँ जब तक ग्राहकों के सामने ठीक तरह से प्रस्तुत नहीं की जाती हैं तब तक ग्राहक खरीदने के लिए नहीं आते हैं। ठीक उसी प्रकार शिक्षक को भी अपना ज्ञान विद्यार्थियों तक पहुँचाने के लिए अच्छे ढंग से प्रस्तुत करना चाहिए। प्रस्तुतीकरण वह वक्ता है जिसकी सहायता से शिक्षक कक्षा के सभी स्तर के छात्रों को ज्ञान प्रदान करता है। विद्यार्थियों को प्रभावित करने के लिए शिक्षक को प्रस्तुतीकरण की कला से अवगत होना आवश्यक है। बिषय वस्तु के प्रस्तुतीकरण के तरीके पर शिक्षण की सफलता निर्भर होती है। शिक्षक अच्छा प्रस्तुतीकरण तभी कर सकता है जब विषय के बारे में उसे पूरी जानकारी हो। इसलिए शिक्षक को प्रस्तुतीकरण करने से पहले विषय वस्तु कें बारे में गहन चिन्तन करना चाहिए। अच्छे प्रस्तुतीकरण के लिए शिक्षक को स्पष्टीकरण, क्रिया विश्लेषण, प्रदर्शन, परिभाषा और सही अभ्यास की रीति का ज्ञान होना जरूरी है। जो अध्यापक प्रस्तुतीकरण की ओर ध्यान नहीं देता है वह कक्षा नियन्त्रण नहीं कर सकता है।

इस प्रकार शिक्षक को विषय पढ़ाना शुरू करने से पूर्व तैयारी करना आवश्यक है। पूर्व तैयारी के दो भाग हैं।

***(i)* तकनीकी तैयारी**

***(ii)* व्यक्तिगत तैयारी**

(i) शिक्षक की तकनीकी तैयारी- यह एक मनोवैज्ञानिक तथ्य है कि जब विद्यार्थी अध्यापक को पहली बार देखता है तो वह शिक्षक के प्रति अपनी कुछ धारणा बनाता है। यह धारणा परिवर्तनीय होती है। इस धारणा में परिवर्तन शिक्षक की योग्यता एवम् समझ पर निर्भर है। यदि अध्यापक पूरी तैयारी के साथ आत्मविश्वासपूर्वक कक्षा में प्रवेश करता है तो निःसन्देह वह छात्रों के सम्मान का पात्र बनता है। पाठ शिक्षण के लिए शिक्षक को व्यक्तिगत तैयारी के साथ ही साथ तकनीकी तैयारी करनी भी जरूरी होती है जिसके अभाव में शिक्षक घबरा जाता है और आत्मविश्वास खो बैठता है। शारीरिक शिक्षक के लिए निम्नलिखित तकनीकी तैयारी करना जरूरी है -

(ii) व्यक्तिगत तैयारी - व्यक्तिगत तैयारी का अर्थ शिक्षक को स्वयं की जाँच करना है। शिक्षक को स्वयं की पोशाक, आवाज, बातचीत का ढंग, पढ़ाने का कौशल तथा मानसिक स्थिति आदि को ठीक रखना है। इसका प्रभाव अध्यापक के शिक्षण कार्य पर पड़ता है। इसलिए शिक्षक को इन बातों का स्वयं मूल्यांकन करना चाहिए। विद्यार्थियों के अध्ययन पर इनका क्या प्रभाव पड़ता है इसका ज्ञान शिक्षक को होना चाहिए। इन्हीं के आधार पर अध्यापक को व्यक्तिगत तैयारी करने के लिए निम्न बातों को ध्यान में रखना चाहिए।

• **वेश-भूषा** - अध्यापक की वेश-भूषा उसके कार्य के अनुरूप होनी चाहिए। उसकी फिटिंग ठीक व साफ होना चाहिए। कहीं पर कटा-फटा नहीं होना चाहिए। शारीरिक शिक्षा प्रदान करने वाला शिक्षक विद्यार्थियों के सामने एक आदर्श पुरुष होता है। सभी छात्र उसका अनुकरण करते हैं, अतः उसे चाहिए कि वह हमेशा छात्रों के सामने स्वयं को आदर्श रूप में प्रस्तुत करे। संक्षेप में शिक्षक की पोशाक उसकी क्रिया के अनुसार साफ-सुथरी, प्रेस किया हुआ और आकर्षक होनी चाहिए। शिक्षक के बाल न तो अधिक लम्बे और न ही अधिक छोटे होने चाहिए। बालों को साफ तथा ठीक ढंग से रखना चाहिए ताकि चेहरे की शोभा बनी रहे।

• **प्रभावशाली आवाज** - शारीरिक शिक्षा देने वाले शिक्षक की आवाज प्रभावशाली होनी चाहिए। यदि अध्यापक की आवाज सभी छात्रों तक नहीं पहुँचेगी तो कक्षा नियन्त्रण में नहीं होगी। शिक्षक की आवाज मधुर तथा तेज होनी चाहिए। उसमें चढ़ाव उतार होना चाहिए। शिक्षक की आवाज से ही विद्यार्थी प्रभावित होते हैं और कक्षा में स्वयं अनुशासन का निर्माण होता है। शब्दों का उच्चारण शुद्ध व स्पष्ट होना चाहिए। शिक्षक की आवाज से ही उसका आत्मविश्वास झलकता है।

• **खड़े एवं बैठने का ढंग** - प्रशिक्षण प्राप्त करने के उपरान्त जब शिक्षक पहली बार कक्षा में प्रवेश करता है तब उसमें आत्मविश्वास की कमी होती है। इस दशा में वह कुछ गलत शारीरिक हरकतें करता है। जैसे शरीर का वजन एक पैर से दूसरे पैर पर ले जाना, जेब में हाथ डालना, बेकार इधर-उधर घूमना एवं चाबियाँ घुमाना आदि। ऐसी आदतों पर अध्यापक को

नियन्त्रण रखना चाहिए। यदि वह इन आदतों पर ध्यान नहीं देता तो वह बुरी आदतों का शिकार हो जाता है। शिक्षक को सीधे दोनों पैरों पर खड़ा होना चाहिए, बैठते समय रीढ़ की हड्डी सीधी रखकर बैठना चाहिए। व्यायाम के समय हाथों की हरकतें ठीक होनी चाहिए। यदि अध्यापक अवान्छित क्रिया करता है तो छात्रों का ध्यान अध्ययन से विचलित हो जाता है। अत: आदर्श शिक्षक बनने के लिए अवान्छित क्रियाओं से बचना चाहिए।

1. **भिन्न-भिन्न तकनीकों एवं विधियों का चयन** - अध्यापक को सभी पाठों के लिए एक ही विधि का उपयोग करना उचित नहीं है चूँकि प्रत्येक पाठ का उद्देश्य तथा क्रिया कौशल अलग-अलग होता है। अत: शिक्षक को पाठ के उद्देश्य एवं क्रिया-कौशल के अनुसार विधि का चुनाव करना चाहिए। विधि का चयन इस तरह से होना चाहिए जिसकी मदद से अध्यापक क्रिया तथा कौशल को सही तरीके से सिखा सके। इसके लिए जरूरी शैक्षणिक साधन भी एकत्रित करने चाहिए। यह कार्य पाठ योजना बनाते समय ही शिक्षक को कर लेना चाहिए।
2. **कक्षा संगठन** - शारीरिक शिक्षक को क्रिया एवं कौशल सिखाने के लिए मैदान ठीक होना, इसकी जानकारी होनी चाहिए, उसी के अनुसार मैदान अंकित करना चाहिए। छात्रों को इस प्रकार खड़ा करना या बैठाना चाहिए जहाँ से सभी छात्र शिक्षक को तथा शिक्षक सभी छात्रों को देख व सुन सके। जिन साधनों की मदद से अध्यापक पाठ पढ़ा रहा है यदि वे साधन छात्रों को ठीक तरह से दिखाई देते हैं तो छात्र अध्ययन में रुचि लेते हैं। शारीरिक शिक्षा में 'करके सीखना' यह सिद्धान्त लाभदायक है। इसलिए शारीरिक शिक्षण में छात्रों को कार्य करने का अवसर देना चाहिए तथा उसके लिए आवश्यक सहायक सामग्री तथा कक्षा संगठन अध्यापक को करना चाहिए।
3. **विषय का चयन एवं संगठन** - शारीरिक शिक्षा प्रदान करने वाले शिक्षक को जो विषय पढ़ाना है उसे क्रमानुसार सरल से कठिन की ओर बढ़ाना चाहिए, शिक्षक ने जो कौशल पहले दिन सिखाया था उसका पुन: अवलोकन करके आगे कौशल सिखाना चाहिए। विद्यार्थियों को कौशल सीखने में जो समस्याएँ आती हैं उसे शिक्षक को हल करने का प्रयास करना चाहिए। यदि कठिनाईयों को हल करने से पूर्व ही शिक्षक अगला पाठ पढ़ाना आरम्भ करेंगे तो विद्यार्थियों की अध्ययन के प्रति रुचि कम हो जाएगी।
4. **सभी सहायक सामग्रियों की जाँच** - शारीरिक शिक्षक को पाठ पढ़ाने से पूर्व कुछ आवश्यक सहायक सामग्री एकत्रित करनी पड़ती है। केवल सामग्री एकत्रित करने मात्र से कार्य नहीं होगा बल्कि इन सहायक सामग्रियों की जाँच करनी चाहिए कि वे ठीक ढंग से कार्य कर रही हैं या नहीं। पाठ में आवश्यक मैदान ठीक ढंग से अंकित है या नहीं, यह भी देखना चाहिए। कक्षा शिक्षण में प्रकाश की उचित व्यवस्था है या नहीं, श्याम पट्ट ठीक है या नहीं, श्याम पट्ट सभी विद्यार्थियों को अपनी जगह से दिखता है या नहीं, उसको सुनाई देता है या नहीं आदि बातों की जानकारी शिक्षक को करनी चाहिए।
5. **विषय का प्रस्तुतीकरण**- विषय प्रस्तुतीकरण का कोई विशेष नियम नहीं है। शिक्षक अपनी इच्छानुसार अथवा विषयानुसार इसकी रचना कर सकता है। अध्यापक को मात्र इतना ध्यान देना चाहिए कि उसके प्रस्तुतीकरण से विद्यार्थियों को विषय वस्तु समझने में सरलता हो। छात्रों के प्रतिचार के अनुसार अलग-अलग पद्धतियों एवं साधनों का प्रयोग किया जा सकता है। प्रस्तुतीकरण को सरल बनाने के लिए उसकी निम्न विशेषताएँ बतायी जाती हैं -
   1. निर्धारित समय के अन्दर प्रस्तुतीकरण समाप्त हो जाना चाहिए।
   2. 'करके सीखना' इस सिद्धान्त का उपयोग करना चाहिए।
   3. जो कुछ प्रस्तुत किया जाना है वह सम्पूर्ण का एक अंश होना चाहिए।
   4. प्रस्तुतीकरण की गति न अधिक तीव्र न अधिक मन्द होनी चाहिए। छात्रों को अच्छे ढंग से समझ में आ जाएँ इस प्रकार की गति प्रस्तुतीकरण की होनी चाहिए।
   5. प्रस्तुतीकरण सामान्य से कठिन की ओर जाने वाला होना चाहिए।
   6. शिक्षक को स्वयं प्रस्तुतीकरण का मूल्यांकन कर उसमें सुधार लाना चाहिए।
   7. प्रस्तुतीकरण का सम्बन्ध पढ़ाये गये पिछले पाठ से होना चाहिए।
   8. छात्रों को सोचने तथा कार्य करने का अवसर प्रस्तुतीकरण में मिलना चाहिए।
   9. विषय वस्तु को सिखाने की पद्धति विकासोत्तर होनी चाहिए।
   10. प्रस्तुतीकरण से छात्रों की बुद्धि का विकास सम्भव होना चाहिए।
   11. प्रस्तुतीकरण में प्रश्न पूछकर छात्रों को जागरुक बनाना चाहिए।

6. **विषय के प्रस्तुतीकरण का आयोजन** – विषय प्रस्तुतीकरण की विशेषताओं को जानने के उपरांत अध्यापक को यह भी जानना जरूरी है कि वह ठीक सोपानों को अपनाकर विषय के प्रस्तुतीकरण का आयोजन करे यदि ऐसा नहीं किया गया तो विद्यार्थी कुछ भी नहीं समझ सकता। इसलिए किसी भी विषय को निम्न सोपानों के अनुसार प्रस्तुत करने, अध्ययन व अध्यापन में सुविधा होती है।

1. उद्गम – अध्यापक जैसे ही पढ़ाने का उद्देश्य निर्धारित करता है अनुकूलन वहीं शुरू हो जाता है। इसके अन्तर्गत शिक्षक विद्यार्थियों को खेल का उद्गम, इतिहास व विकास आदि के विषय में बताता है। जिससे विद्यार्थियों में खेल को सीखने की इच्छा उत्पन्न होती है। अनुकूलन के माध्यम से छात्रों को प्रेरणा एवं प्रोत्साहन दिया जाता है। पाठ के शुरू में ही अनुकूलन का होना आवश्यक नहीं है, परन्तु जब नियमों या कौशल के विषय में समझाया जाता है उस समय भी अनुकूलन का उपयोग किया जा सकता है।

2. शब्दों का स्पष्ट उच्चारण – अनुकूलन द्वारा छात्रों का ध्यान खेल की ओर आकर्षित करने के उपरान्त शिक्षक को क्रिया का प्रदर्शन करना पड़ता है। शारीरिक क्रिया सिखाते समय शाब्दिक स्पष्टीकरण की अपेक्षा प्रदर्शन एवं करके सीखने पर अधिक जोर देना चाहिए। कभी-कभी शाब्दिक स्पष्टीकरण भी कर देना चाहिए। स्पष्टीकरण करते समय शिक्षक को निम्न बातों का ध्यान रखना प्रमुख है –

(*i*) शाब्दिक स्पष्टीकरण के लिए शिक्षक की भाषा सरल, मधुर और रोचक होनी चाहिए।
(*ii*) जिस क्रिया का स्पष्टीकरण किया जाता है उसका प्रदर्शन शिक्षक को करना चाहिए।
(*iii*) शाब्दिक स्पष्टीकरण बालकों के मानसिक स्तर, योग्यता तथा क्षमता के अनुसार होना चाहिए।
(*iv*) स्पष्टीकरण में जो बातें विद्यार्थियों को मालूम हैं, वहीं से आरम्भ करना चाहिए।
(*v*) शाब्दिक स्पष्टीकरण स्पष्ट, प्रासंगिक एवं उद्देश्यपूर्ण होना चाहिए।
(*vi*) स्पष्टीकरण समयानुकूल तथा छोटा होना चाहिए।
(*vii*) शाब्दिक स्पष्टीकरण आत्मविश्वास से भरा होना चाहिए।

3. प्रदर्शन विधि – शारीरिक शिक्षण में प्रदर्शन एक महत्त्वपूर्ण तकनीक है। अध्यापक क्रिया का प्रदर्शन करता है, छात्र अवलोकन करते हैं। यदि प्रदर्शन धीरे-धीरे किया जाए तो विद्यार्थी क्रिया के अनेक पहलुओं का अच्छी तरह निरीक्षण कर लेते हैं। प्रदर्शन तकनीक को और उपयोगी बनाने के लिए शारीरिक शिक्षा प्रदान करने वाले अध्यापक को निम्नलिखित गुणों को अपनाना चाहिए –

(*i*) प्रदर्शन आदर्श होना चाहिए।
(*ii*) प्रदर्शन ऐसे स्थान पर खड़े होकर करना चाहिए जहाँ सभी छात्रों को दिखे।
(*iii*) शिक्षक की आवाज सभी विद्यार्थियों तक पहुँचनी चाहिए।
(*iv*) प्रदर्शन में पूर्ण-अंश-पूर्ण पद्धति का प्रयोग करना चाहिए।
(*v*) आवश्यक सहायक सामग्री प्रदर्शन देने से पूर्व एकत्रित कर लेनी चाहिए।
(*vi*) सर्वोत्तम कौशल प्राप्त विद्यार्थी को नायक बनाना चाहिए।
(*vii*) प्रदर्शन देखने के लिए छोटे छात्रों को सामने तथा बड़े छात्रों को पीछे बैठाना चाहिए।
(*viii*) कक्षा के छात्रों का ध्यान आकर्षित करना चाहिए।

4. अन्वेषण या छानबीन – बालकों ने जो प्रदर्शन देखा और समझा है उसकी छानबीन या अन्वेषण करने के विचार से छात्र अभ्यास करता है। इसीलिए प्रदर्शित की गई क्रियाओं को करने का अवसर छात्र को देना चाहिए। विद्यार्थियों को क्रिया सही ढंग से करने के लिए प्रोत्साहित करना चाहिए। जो क्रिया विद्यार्थी देखते हैं उसे तुरन्त करने की उनकी इच्छा होती है, इस इच्छा को भी बढ़ावा दिया जाना चाहिए। यदि शिक्षक का प्रदर्शन अथवा स्पष्टीकरण अधिक लम्बा होगा तो छात्रों की कार्य करने की इच्छा कम हो जाएगी। इसलिए विद्यार्थियों को क्रिया करके देखने का अवसर जल्दी से जल्दी देना चाहिए जब तक क्रिया से सीखने में कोई विकास नहीं दिखाई दे तब तक अन्वेषण जारी रखना चाहिए। अन्वेषण से छात्रों तथा शिक्षक को आगे क्या और कैसे करना है इसकी जानकारी होनी चाहिए।

5. प्रपठन विधि – इसके तहत छात्रों को जो कौशल सिखाया गया, उसे याद करके उसका अभ्यास करते हैं। क्रिया का अभ्यास करने से छात्र उसमें निपुण हो जाते हैं। शिक्षक छात्रों से प्रश्न पूछकर उनके ज्ञान की जानकारी प्राप्त करता है। अभ्यास करते समय शिक्षक निरीक्षण करता है। अभ्यास प्रश्न शिक्षक पूरी कक्षा से पूछता है किन्तु उत्तर एक ही विद्यार्थी से पूछा जाता है। इससे समस्त छात्र सोचने व चिन्तन करने लगते हैं। यदि कोई छात्र प्रश्न का उत्तर सही नहीं दे पाता तो दूसरे छात्रों से पूछकर सही उत्तर निकलवाया जाता है। यदि कक्षा का कोई भी विद्यार्थी सही उत्तर नहीं देता है तो शिक्षक स्वयं उसे बताता है। प्रपठन कार्य चर्चा पद्धति द्वारा किया जा सकता है।

6. विचार-विमर्श – विचार-विमर्श के लिए शारीरिक शिक्षक को छात्रों को एक स्थान पर एकत्रित करना चाहिए। छात्रों द्वारा प्रश्न पूछे जाने पर उनका उपयुक्त उत्तर देकर उन्हें संतुष्ट करना चाहिए। छात्रों में जनतंत्र की भावना उत्पन्न करके विचार-विमर्श विधि का एक स्वतंत्र स्थान है। विचार-विमर्श से छात्रों में तर्कशक्ति, कल्पनाशक्ति एवं समझने की शक्ति बढ़ती है। अध्ययन करते समय जो बातें समझ में नहीं आती हैं वह विचार-विमर्श के द्वारा स्पष्ट हो जाती हैं।

7. पर्यवेक्षण-निरीक्षण – शारीरिक शिक्षा के क्षेत्र में छात्रों के विकास हेतु पर्यवेक्षण अत्यधिक महत्त्वपूर्ण है। छात्र शारीरिक शिक्षक द्वारा प्रदर्शित किए गए अथवा बताए गए कौशल का अभ्यास करते हैं। शिक्षक उनका निरीक्षण करता है और छात्रों द्वारा होने वाली त्रुटियों को सुधारता है। वह यह भी देखता है कि सीखना प्रभावपूर्ण है या नहीं। निरीक्षण कार्य आलोचनात्मक न होकर सुझावात्मक होना चाहिए। निरीक्षण का उद्देश्य बालकों की त्रुटियों को दूर कर, उनको क्रिया सही तरीके से करने के लिए प्रोत्साहित करना होना चाहिए।

निरीक्षण के लाभ – अध्ययन-अध्यापन में निरीक्षण के निम्नलिखित लाभ हैं –

(i) निरीक्षण द्वारा विद्यार्थियों को सामूहिक तथा व्यक्तिगत परामर्श दी जाती है।

(ii) नियमित निरीक्षण करने से सभी छात्र प्रायः जो गलतियाँ करते हैं अध्यापक उसे ध्यान में रखकर शिक्षण में सुधार ला सकता है।

(iii) निरीक्षण से विद्यार्थियों ने क्या सीखा, इसकी जानकारी अध्यापक को हो जाती है।

(iv) निरीक्षण से छात्रों की क्रिया में रुचि बढ़ती है।

(v) निरीक्षण से कक्षा पर अच्छा नियन्त्रण बना रहता है।

निरीक्षक के विशेष गुण – अच्छे निरीक्षण के निम्नलिखित गुण शिक्षाशास्त्रियों ने बतलाए हैं –

(i) निरीक्षण में सहानुभूति की भावना होनी चाहिए।

(ii) निरीक्षण में सही कार्य सिखाकर त्रुटियों को सुधारना चाहिए।

(iii) निरीक्षण कार्य आलोचनात्मक नहीं बल्कि सुझावात्मक होना चाहिए।

(iv) निरीक्षण छात्रों को कार्य ठीक ढंग से करने के लिए प्रोत्साहित करने वाला होना चाहिए।

(v) निरीक्षण में विद्यार्थियों की सुरक्षा तथा विकास का भाव होना चाहिए।

(vi) छात्रों के मनोविज्ञान का ज्ञान अध्यापक को होना चाहिए।

(vii) छात्रों में थकान के लक्षण दिखाई देने पर अभ्यास एवं निरीक्षण बंद कर देना चाहिए।

8. मूल्यांकन – कोई भी कार्य तब तक पूर्ण नहीं माना जाता जब तक उसका मूल्यांकन न किया जाए। ठीक ऐसे ही प्रस्तुतीकरण में भी है। प्रस्तुतीकरण के उपरान्त शिक्षक के लिए यह आवश्यक है कि छात्रों ने क्या और कितना सीखा है इसकी जानकारी प्राप्त करे। यह तभी हो सकता है जब सिखाये गये कौशल की परीक्षा ली जाए। मूल्यांकन द्वारा अध्ययन-अध्यापन के विकास की जानकारी प्राप्त हो सकती है। मूल्यांकन द्वारा निम्नांकित बातों की जानकारी दी जाती है –

(i) मूल्यांकन करके विद्यार्थियों की प्रगति जानी जा सकती है उसके अनुसार आगे काम करने की प्रेरणा मिलती है।

(ii) विद्यार्थियों का वर्गीकरण करने में सुविधा मिलती है।

(iii) क्रिया सिखाने के लिए शिक्षक ने जो प्रयास किये हैं उसकी सफलता व असफलता का पता लगाना।

(iv) बालकों की कमजोरियाँ मालूम हो जाती हैं।

(v) अच्छे अध्यापन के लिए सहायक सामग्री तथा पद्धति के चयन में सरलता होती है।

(vi) सबसे अच्छे क्षेत्र का पता चल जाता है।

(vii) विद्यार्थियों के विकास का भी पता लग जाता है।

9. कक्षा-प्रबंध – किसी कार्य को व्यवस्थित रूप से करने के लिए एवं आवश्यक उद्देश्य की पूर्ति के लिए जो साधन अपनाये जाते हैं उसे प्रबंध कहते हैं। किसी भी सभा, सम्मेलन, कार्यक्रम आदि का प्रबन्ध सही बनाने के लिए प्रबंधक अनुभवी, सबको साथ लेकर चलने वाला तथा सभी साधनों से परिचित होना चाहिए। ठीक इसी प्रकार विद्यालय में सही प्रबन्ध न होने पर अनुशासनहीनता एवं अव्यवस्था में वृद्धि होगी। परिणामस्वरूप विद्यार्थी अच्छे संस्कार ग्रहण नहीं कर सकेंगे। अतः प्रत्येक विद्यालय में कक्षाओं को सुचारू एवं शांतिपूर्ण ढंग से चलाने हेतु कक्षा प्रबंध अति आवश्यक है। कक्षा में व्यवस्था बनी रहे, इस हेतु शारीरिक शिक्षक को निम्नलिखित बातों पर ध्यान देना चाहिए –

(a) शिक्षक की पोशाक: यदि शिक्षक आधुनिक वस्त्र पहनकर कक्षा में आता है तो छात्र का ध्यान लिखने-पढ़ने की अपेक्षा अध्यापक की वेशभूषा पर केंद्रित होगा तथा कक्षा में सीखने का वातावरण नहीं रहेगा। इसके साथ-साथ शिक्षक की वेशभूषा भी क्रिया के अनुसार होनी चाहिए। कक्षा में सीखने का वातावरण बनाए रखने के लिए यह

अत्यन्त महत्त्वपूर्ण है। शिक्षक के बाल भी ठीक ढंग से कटे होने चाहिए, नाखून कटे हों, कपड़े स्वच्छ एवं प्रेस किये हों।

(b) **उपस्थितिः** शारीरिक शिक्षा में विद्यार्थियों की उपस्थिति का बहुत महत्त्व है। पाठ शुरू करते समय कक्षा में कितने छात्र हैं तथा अंत में ठीक उतने ही छात्र हैं या नहीं, यह जानना शारीरिक शिक्षा प्रदान करने वाले शिक्षक के लिए अत्यन्त आवश्यक है। उदाहरणार्थ जलतरन का पाठ आरम्भ है और अंत में एक छात्र कम दिखाई देता है। वह कहां गया इसकी जानकारी आवश्यक है। प्रत्येक छात्र का नाम या नम्बर पुकारकर उपस्थिति लेने में ज्यादा समय नहीं खर्च करना चाहिए। परन्तु उपस्थिति लेना अनिवार्य है। छात्रों को गुटों में विभाजित कर नायक द्वारा उपस्थिति की जा सकती है।

(c) **कक्षा की शुरुआत एवं विसर्जनः** कक्षा की शुरुआत और विसर्जन दोनों शारीरिक शिक्षा प्रदान करने वाले शिक्षक के दृष्टिकोण से महत्त्वपूर्ण हैं। कक्षा विसर्जन से पहले जो क्रिया या व्यायाम छात्रों को सिखाया गया है उसका पुनरावलोकन अवश्य करना चाहिए। इसके बाद विसर्जन पूरे उत्साह के साथ होना चाहिए क्योंकि विसर्जन ही कार्य पूर्ति की पहचान है।

(d) **अध्यापन पद्धतिः** कक्षा प्रबन्ध शिक्षक के शिक्षण कला पर काफी निर्भर करता है। यदि शिक्षक कक्षा में अच्छी वेशभूषा, साधनों की पूर्ण तैयारी तथा विषय में गहन अभ्यास के साथ प्रवेश करता है तो कक्षा प्रबन्ध करने की प्रायः आवश्यकता ही नहीं रहती। शिक्षक को विषय वस्तु विद्यार्थियों के सहयोग से सिखानी चाहिए न कि उनकी इच्छा के अनुसार। ऐसा न करने पर कक्षा में अनुशासनहीनता निर्मित हो जाएँगी।

(e) **कक्षा की बनावटः** कक्षा का आकार ऐसा होना चाहिए जिस पर शिक्षक नियंत्रण रख सके व विद्यार्थियों की कठिनाइयाँ समझकर उसे सुलझा सके। शारीरिक शिक्षा को क्रिया तथा व्यायाम सिखाने के लिए हर एक छात्र की ओर अध्यापक का ध्यान होना चाहिए अन्यथा दुर्घटना होने की सम्भावना ज्यादा होती है। साधारणतः कक्षा में 30 छात्र हों तो उस कक्षा का आकार आदर्श माना जाता है। आजकल कक्षा का आकार इतना अधिक बढ़ गया है कि एक कक्षा में 60 से 90 छात्र रहते हैं। ऐसी स्थिति में शिक्षक को समूहों में बांटकर सिखाना चाहिए।

(f) **अनुशासनः** कक्षा प्रबन्ध में अनुशासन का अपना विशेष महत्त्व है। कक्षा सीखने के लिए तैयार रहें इसके लिए अनुशासन जरूरी है। अनुशासनरहित कक्षा में सिखाना संभव नहीं है। कक्षा को अनुशासित रखने के लिए शिक्षक भी अनुशासनप्रिय होना चाहिए। शिक्षक को स्वयं नियंत्रित रहने के लिए विषय का गहन अभ्यास, आत्मविश्वास और आदर्श व्यक्तित्व होना जरूरी है। कक्षा में अनुशासनहीनता करने वाले छात्रों को कभी-कभी दण्ड भी देना पड़ता है। ऐसे विद्यार्थियों के मनोविज्ञान का ज्ञान शिक्षक को होना चाहिए। शिक्षक का प्रमुख उद्देश्य अनुशासन को बनाए रखना, अनुशासन में सुधार करना और उसमें विकास करना होना चाहिए।

(g) **परीक्षाएँः** जब छात्रों को यह मालूम होगा कि जो भी क्रियाएँ वह सीख रहे हैं, उसकी परीक्षा भी होगी तब वे सावधानी के साथ मन लगाकर क्रिया सीखने का यत्न करेंगे। यदि कोई छात्र सीखने की प्रक्रिया में बाधा उत्पन्न करता है तो अन्य छात्र उसे रोकेंगे। सप्ताह में कम-से-कम एक बार सिखाई गयी क्रियाओं की परीक्षा होनी आवश्यक है।

उक्त सभी बिंदुओं से यह स्पष्ट हो जाता है कि कक्षा प्रबन्ध शारीरिक शिक्षा प्रदान करने वाले शिक्षक के व्यक्तित्व एवं अध्यापन कला पर निर्भर होता है। शिक्षक की आवाज, पोशाक, समय की पाबन्दी, उठने-बैठने का ढंग, विषय का ज्ञान, छात्रों से व्यवहार आदि बातें छात्रों को प्रभावित करती हैं। यदि अध्यापक में उपर्युक्त बातें विद्यमान है तो कक्षा प्रबन्ध करना सरल होता है।

शारीरिक शिक्षा एवं क्रीड़ा

खेल क्रिया को सिखाना

शारीरिक शिक्षा में विभिन्न प्रकार की क्रियाएं तथा खेल होते हैं एवं इस क्रिया तथा खेल को खेलने वाले छात्र तथा छात्राएं भी भिन्न-भिन्न होते हैं। कोई भी दो व्यक्ति एक समान नहीं होते हैं इसीलिए प्रत्येक व्यक्ति को प्रत्येक क्रिया अथवा खेल सिखाने की विधि भी भिन्न-भिन्न होती है। एक ही पद्धति सभी खेलों अथवा क्रियाओं के लिए, सभी प्रकार के व्यक्तियों के लिए उपयुक्त नहीं होती है। इसलिए प्रत्येक खेल या क्रिया सिखाने की विधि भिन्न होती है। समान आयुवर्ग के छात्र-छात्राओं के लिए एक ही पद्धति अपनायी जा सकती है जिसमें व्यक्तिगत

भिन्नता के आधार पर समयनुसार परिवर्तन किया जाता है। यहाँ हम सामान्य स्तर पर क्रिया या खेल सिखाने के लिए जो पद्धतियाँ अपनायी जाती हैं उनका वर्णन कर रहे हैं–

छोटे-छोटे खेलों को सिखाना

अधिक मनोरंजक खेलों को छोटे खेल कहते हैं जिसमें ज्यादा से ज्यादा विद्यार्थियों को सम्मिलित करते हैं और छोटी जगह एवं कम समय में, कम-से-कम नियमों के साथ खेले जाते हैं इन खेलों का उपयोग शिक्षक अपनी पाठ योजना में करता है। शिविर या विश्राम के समय भी यह खेल खेले जा सकते हैं। इनका आयोजन छोटे प्रमाण में अच्छे ढंग से किया जा सकता है। इन खेलों का आयोजन करते समय अध्यापक को निम्नलिखित बातों पर ध्यान देना अति आवश्यक है –

1. प्रत्येक समूह के लिए एक नायक का चयन करना।
2. शिक्षक खेल का नाम बताकर कैसे खेलना है, यह बताता है।
3. खेल के लिए मैदान अंकित करना।
4. आवश्यक साहित्य तैयार करना।
5. आवश्यकतानुसार विद्यार्थियों को गुटों में बाँटना।
6. खेल के नियमों को स्पष्ट करना।
7. विजयी समूह की घोषणा करना।
8. प्रदर्शन के उपरान्त विद्यार्थियों को खेल में लगाना।
9. कुल छात्रों को शिक्षक अपने साथ लेकर प्रदर्शन देता है।
10. जब तक छात्रों की खेल में रुचि है तब तक खेल जारी रखना।

इस प्रकार छोटे खेल सिखाए जाते हैं।

ट्रैक एण्ड फील्ड खेलों की जानकारी

ट्रैक एण्ड फील्ड क्रियाओं के तहत कूदना, दौड़ना, फेंकना आदि क्रियाएं आती हैं। ये स्वाभाविक क्रियाएं भी कहलाती हैं क्योंकि इनका ज्ञान व्यक्ति को जन्म से ही होता है। इसलिए इन क्रियाओं को सिखाने की जरूरत नहीं होती है। किन्तु जब ये क्रियाएं प्रतियोगिता का रूप धारण करती हैं तब तीव्रगति से दौड़ना, किसी भी चीज को अधिक से अधिक दूर फेंकना, ज्यादा-से-ज्यादा दूर या ऊँची छलाँग लगाना, इनके लिए अध्यापन की आवश्यकता पड़ती है। इनके लिए व्यक्ति की शारीरिक तैयारी होना भी आवश्यक है। दौड़ना, कूदना या फेंकना इत्यादि क्रियाएँ सिखाने से पूर्व निम्नलिखित तैयारियाँ करनी चाहिए –

1. छात्रों को अर्धवृत्त में खड़ा करके उत्तेजक व्यायाम करवाना।
2. साहित्य की जाँच करना।
3. प्रथमोपचार के लिए सामग्री तैयार रखना।
4. मैदान तथा कूदने के गड्ढों को अच्छी तरह तैयार करवाना।

दौड़ सिखाना – दौड़ प्रतियोगिताएँ अनेक प्रकार की होती हैं, जैसे–लघु अन्तर दौड़, मध्यम अन्तर दौड़, लम्बी दौड़, बाधा दौड़ आदि। सभी दौड़ों के लिए प्रारम्भ और अन्त अच्छा होना चाहिए। इसलिए विद्यार्थियों को प्रारंभ कैसे करनी है यह सिखाया जाता है। 'On your Mark, 'Set' और 'Go', पर शारीरिक स्थिति के विषय में जानकारी दी जाती है। यह कार्य विद्यार्थियों से करवाया जाता है। इसके उपरान्त विद्यार्थियों को दौड़ का अन्त कैसे करना है यह सिखाना चाहिए। छात्रों से अभ्यास करवाया जाता है। दौड़ के शुरू में गति को कैसे बढ़ाया जाए इसकी जानकारी दी जाती है फिर पूरी दौड़ का अभ्यास करवाया जाता है।

फेंकना सिखाना – इसके अन्तर्गत शॉट, हैमर, गोला, जेविलिन तथा डिसकस आदि वस्तुएँ फेंकी जाती हैं। इस प्रकार की प्रतियोगिता में वस्तुएँ ज्यादा-से-ज्यादा दूर फेंकने का उद्देश्य होता है। गतिमान वस्तु को यदि धक्का दिया जाए तो वह और ज्यादा दूर जाती है। अतः प्रत्येक वस्तु को फेंकने से पूर्व उसे गतिमान बनाना आवश्यक होता है। उपर्युक्त वस्तुएँ फेंकने से पूर्व उन्हें विभिन्न प्रकार से गतिमान किया जाता है। जैसे जेविलिन को दौड़कर, डिसकस, गोला, एवं हैमर को घुमाकर या शॉट को घसीटकर गतिमान बनाया जाता है। अध्यापक यह जानता है कि वस्तु को गतिमान बनाकर फेंका जाए तो वह वस्तु दूर जाकर गिरती है। शिक्षक विद्यार्थियों को अर्धवृत्त में खड़ा करके वस्तु फेंकने का प्रदर्शन एवं स्पष्टीकरण करेगा। छात्रों से अभ्यास करवाएगा।

कूद सिखाना – लम्बी एवं ऊँची कूद के लिए शरीर का गतिमान होना आवश्यक है। इसलिए दौड़कर आना, टेक ऑफ लेना, हवा में शरीर की स्थिति और गड्ढे में गिरना आदि क्रियाएँ छात्रों को सिखाई जाती है। कूदने की क्रिया सिखाते समय सर्वप्रथम शिक्षक को, गड्ढे में ठीक ढंग से गिरना छात्रों को सिखाना चाहिए, अन्यथा दुर्घटना होने की सम्भावना रहती है। अध्यापक छात्रों को क्रमशः एक-एक क्रिया सिखाता है और अभ्यास करवाता है।

व्यायाम के लिए प्रकार – व्यक्ति को अपना दैनिक व्यवहार सुचारू से करने के लिए व शरीर को बलवान, सुदृढ़ एवं सुडौल बनाने के लिए जो व्यायाम किये जाते हैं उसे कैलिस्थेनिक्स कहा जाता है। ये व्यायाम दो प्रकार की विधि से किये जाते हैं –

1. हल्के उपकरणों की सहायता से किये जाने वाले व्यायाम प्रकार जैसे- डम्बल, लेझिम, बैंडस इत्यादि।
2. बिना किसी उपकरण की सहायता से किये जाने वाले व्यायाम प्रकार-खेल हाथों के व्यायाम प्रकार।

इन व्यायाम प्रकारों को दो भागों में विभाजित किया जा सकता है –

1. छोटे छात्रों क लिए अनौपचारिक व्यायाम,
2. हाईस्कूल के छात्रों के लिए औपचारिक व्यायाम।

छोटे छात्रों को जो अनौपचारिक व्यायाम कराये जाते हैं वह प्राइमरी स्कूल स्तर के बालकों से कराये जाते हैं। अनौपचारिक व्यायाम प्रकार अनुकरण प्रदर्शन एवं नाटकीय पद्धति द्वारा सिखाए जाते हैं। दर्पण विधि का उपयोग भी इन क्रियाओं को सिखाते समय किया जा सकता है।

हाईस्कूल स्तर के छात्रों को औपचारिक व्यायाम तालबद्ध पद्धति से सिखाये जाते हैं। इसके लिए विद्यार्थियों को दो या चार पंक्तियों में खड़ा किया जाता है। शिक्षक तालबद्ध पद्धति का उपयोग कर व्यायाम प्रकार लगातार दिखाता है। फिर बाय नम्बर के अनुसार उसका स्पष्टीकरण करता है। छात्रों को आदेश देकर उनसे बाय नम्बर करवाता है। बाय नम्बर करते समय वह विद्यार्थियों की गलतियाँ सुधारता है। उसके बाद अभ्यास करवाता है। छात्रों को लाइनों में खड़ा करने के उपरान्त शिक्षक को ऐसे स्थान पर खड़ा होना चाहिए जहाँ से वह सभी छात्रों को देख सके एवं सभी छात्र उसको देख सकें। पंक्तियों में छोटे कद वाले छात्र आगे तथा बड़े कद वाले पीछे होने चाहिएँ, छात्रों के मुख पर सूर्य की किरणें सीधी नहीं पड़नी चाहिए।

जिमनास्टिक प्रशिक्षण

जिमनास्टिक में अनेक कसरतें विद्यार्थियों को करनी पड़ती हैं, कुछ कसरतें खाली हाथों से तो कुछ साहित्य की सहायता से करनी पड़ती हैं। जिमनास्टिक सिखाते समय अध्यापक को अध्ययन-अध्यापन को अच्छा बनाने के लिए एवं दुर्घटना की सम्भावनाओं को कम करने के लिए निम्नलिखित बातों पर ध्यान देना चाहिए –

(*i*) प्रथमोपचार का साहित्य तैयार रखना।
(*ii*) गड्ढों का सही उपयोग करना।
(*iii*) साहित्य अच्छी दशा में है या नहीं, इसकी जाँच करना।
(*iv*) व्यायाम के प्रकार की योजना अच्छी रखना।
(*v*) पढ़ाते समय सहायक का उपयोग करना।
(*vi*) छात्रों के शरीर पर धातु की कोई चीज न रखना।

व्यायाम के प्रकार सिखाते वक्त ध्यान देने योग्य बातें

शिक्षक को व्यायाम प्रकार सिखाते समय निम्नलिखित बातों को ध्यान में रखना जरूरी है –

(*i*) प्रदर्शन के पश्चात् विद्यार्थियों को पास बुलाकर स्पष्टीकरण करना चाहिए।
(*ii*) शिक्षक का प्रदर्शन आदर्श होना चाहिए।
(*iii*) व्यायाम प्रकार को क्रमबद्ध ढंग से सिखाना चाहिए।
(*iv*) कसरत क्रमशः सरल से कठिन की ओर होना चाहिए।
(*v*) शिक्षक का ध्यान कसरत करने वाले विद्यार्थी पर होना चाहिए।
(*vi*) सहायता सही एवं सही समय पर दी जानी चाहिए।
(*vii*) कक्षा में अनुशासन का होना आवश्यक है।
(*viii*) कसरत का अभ्यास भी अध्यापक की उपस्थिति में होना चाहिए।
(*ix*) गलती होने की सम्भावना कहाँ होती है इसकी जानकारी छात्रों को पहले ही दे देनी चाहिए।
(*x*) जब कोई छात्र कसरत कर रहा हो तब दूसरे छात्रों को उसके समीप नहीं जाना चाहिए।

ताल क्रियाएँ एवं नृत्य का सिखाना

ये क्रियाएँ संगीत या ताल बजाकर की जाती हैं। इसके तहत विभिन्न प्रकार के नृत्य, रिंग, कवायत, रिबन कवायत आदि क्रियाएँ शामिल हैं। इन क्रियाओं को सिखाने के लिए पूर्ण विधि का प्रयोग किया जाता है। पहले सम्पूर्ण नृत्य प्रदर्शित किया जाता है फिर उसका विभाजनकर छात्रों को हिस्सों में पढ़ाया जाता है। फिर सभी भागों को एक साथ जोड़कर पूर्ण तैयारी की जाती है। इसमें पहले पैरों की क्रिया सिखाकर, बाद में हाथों की क्रिया बताई जाती है, जब हाथ-पैर का अभ्यास पूरा हो जाता है तब चेहरे के भावों को सिखाया जाता है। अन्त में संगीत की धुनों पर क्रिया की जाती है। इन क्रियाओं में तालबद्धता का महत्त्व होता है।

द्वन्द्व क्रियाएं

द्वन्द्व दो प्रकार के होते हैं –

1. **सामूहिक द्वन्द्वः** सामूहिक द्वन्द्व में पूरी कक्षा के विद्यार्थी भाग लेते हैं। एक छात्र छूने वाला होता है शेष सभी छात्र भागते हैं। इसके अंतर्गत भी अनेकों खेल हैं। सामूहिक द्वन्द्व में शिक्षक के लिए यह आवश्यक है कि सभी विद्यार्थी नियमानुसार खेल रहे हैं या नहीं, इसकी तरफ ध्यान दें। इसके अंतर्गत जो खेल आते हैं वे हैं – वृत्त का राजा, बाहर निकालो, भूमि का राजा, रस्सा खींच, भीतर रोको इत्यादि।
2. **सरल द्वन्द्वः** यहाँ द्वन्द्व का शाब्दिक अर्थ है आपस में नियमों के अनुसार लड़ना। सरल द्वन्द्व में दो छात्र परस्पर लड़ाई करते हैं और हार-जीत देखी जाती है। सरल द्वन्द्व में कई प्रकार के खेल आते हैं, उदाहरणार्थ – लाठी से सीखना, घुटने पर मारना, पीठ पर उठाना, बाहर धकेलना, हँस युद्ध आदि।

1. प्रतिकारात्मक क्रियाएँ – इसके अन्तर्गत आने वाले खेल-कुश्ती, जूडो, बॉक्सिंग, आदि हैं। ये खेल केवल दो विद्यार्थियों के मध्य खेले जाते हैं। इन खेलों को खेलने के लिए कौशल के साथ-साथ शारीरिक तैयारी भी करनी पड़ती है। अतः इन खेलों के कौशल सिखाने से पूर्व शिक्षक को शरीर गरम करने वाले तथा बलवान बनाने वाले कुछ व्यायाम करवाने चाहिए। इस तरह विद्यार्थियों के तैयार हो जाने के उपरान्त शिक्षक प्रदर्शन के माध्यम से कौशल या दाव बताता है तथा उसकी काट भी बताता है। फिर एक छात्र दाव लगायेगा तथा विपक्षी उस पर काट लगायेगा। इस तरह 4-5 कौशल सिखाने के पश्चात् छात्रों को कुछ समय अभ्यास करने के लिए दिया जाना चाहिए और विभिन्न दावों को उपयोग करने को कहा जाता है। इन खेलों में अपने शरीर का संतुलन बनाए रखना तथा विपक्षी के शरीर का संतुलन तोड़ना या बिगाड़ना ये बातें आवश्यक हैं। इन बातों का ज्ञान शिक्षक को देना चाहिए।

2. बड़े-बड़े खेल सिखाना – इसके अंतर्गत सभी बड़े खेल जैसे- कबड्डी, खो-खो, वालीबाल, फुटबाल, हाकी, क्रिकेट आदि सम्मिलित हैं। इन सभी खेलों में कौशल तथा नियम की अधिकता होने के कारण खेलपूर्ण-अंश पूर्ण विधि द्वारा सिखाये जाते हैं। शिक्षक छात्रों को प्रमुख नियमों को बताकर कुछ कौशल सिखाता है फिर छात्रों को खेलने के लिए कहता है और वह उनका निरीक्षण करता है। उनकी त्रुटियों को सुधारता है तथा आगे के कौशल को सिखाता है। शिक्षक कौशल का अभ्यास करवाने के लिए नायकों का चयन करता है। विभिन्न कौशलों को समूहों में सिखाकर पुनः खेल करवाता है। खेल सीखने के उपरान्त पूरी कक्षा को एकत्रित करके सीखे गये खेलों की समीक्षा करवाता है।

शारीरिक शिक्षा कर्मी के रूप में प्रशासक

प्रशासन के अन्दर प्रशासक के कार्यों की बहुत ही महत्त्वपूर्ण भूमिका होती है। एक प्रशासक के अन्दर कुछ प्रमुख बातों का पाया जाना अति आवश्यक है। जिसका प्रयोग प्रशासक बन जाने के बाद व्यक्ति प्रयोग में लाता है। यदि ये बातें, जो नीचे लिखी हैं, एक प्रशासक में नहीं उपलब्ध होती है तो उसको प्रशासन के दौरान विभिन्न प्रकार की समस्याओं का सामना करना पड़ता है। नीचे एक अच्छे प्रशासक के गुणों का निम्न आधार पर व्याख्या किया गया है।

1. **उत्तरदायित्व की भावनाः** एक अच्छे प्रशासक के अन्दर अपने कार्यों के प्रति प्रत्येक समय उत्तरदायित्व की भावना के साथ पूरा करने का प्रयास करता है (प्रयास करना चाहिए), यदि कोई प्रशासक किसी कार्य को अपना उत्तरदायित्व समझ कर सम्पन्न नहीं करता है तो उसे विभिन्न प्रकार की समस्याओं का सामना करना पड़ता है। उद्देश्य की प्राप्ति के लिए प्रशासक को अनेक कार्यों के प्रति उत्तरदायित्व निभाना आवश्यक है।
2. **नेतृत्व की क्षमताः** एक प्रशासक के अधिकार क्षेत्र के अन्दर एक समय में कई उप-अधिकारी एवं सैकड़ों कर्मचारी कार्य करते हैं। यदि सभी लोगों का सही प्रकार से नेतृत्व प्रशासक नहीं कर पाता है तो किसी भी सफलतम कार्यक्रम के बारे में सोचना बेकार है। इसलिए यह आवश्यक है कि एक अच्छे प्रशासक में नेतृत्व की भावना एवं साथ-साथ नेतृत्व की शक्ति विद्यमान होना चाहिए।
3. **अनुशासन की क्षमताः** एक अच्छे प्रशासक को कोई भी कार्य अनुशासन की मर्यादा के अन्दर करना चाहिए। यदि प्रशासक स्वयं अनुशासन का प्रयोग नहीं करता एवं आवश्यकतानुसार अनुशासन को प्राथमिकता नहीं प्रदान करता है तो उसके अन्तर्गत कार्य करने वाले कर्मचारी विशेष रूप से प्रभावित नहीं हो सकते हैं। यदि प्रशासक कोई कार्य स्वयं अनुशासन को ध्यान में रखकर करता है तो उसके कार्यों से प्रेरित होकर सभी कर्मचारी भी अनुशासन की मर्यादा को कायम रखने का प्रयास करते हैं।

4. **निर्णय क्षमता:** एक अच्छे प्रशासक के लिए यह अति आवश्यक है कि किसी भी समय, किसी भी स्थिति में, किसी भी कार्य के सन्दर्भ में सही निर्णय लेने अथवा सही निर्णय करने की क्षमता होनी चाहिए। क्योंकि यदि प्रशासक के अन्दर सही समय पर निर्णय लेने की क्षमता नहीं होती है तो उसे स्वयं एवं कर्मचारियों को विभिन्न प्रकार की समस्याओं का सामना करना पड़ता है। इसलिए यह आवश्यक है कि एक प्रशासक में निर्णय लेने की क्षमता विद्यमान होना चाहिए।
5. **दूरदर्शिता का प्रयोग:** एक अच्छे प्रशासक को चाहिए कि किसी भी नये प्रकार की योजना के निर्माण में विभिन्न प्रकार के क्रिया-कलापों के चयन के समय अपनी दूरदर्शिता एवं अनुभवों का क्रमशः परिचय एवं प्रयोग करना चाहिए। यदि प्रशासक अपनी दूरदर्शिता का प्रयोग नहीं करता है तो इससे कार्यक्रम के क्रियाकलाप एवं उद्देश्य दोनों के प्रभावित होने की सम्भावना होती है।
6. **धैर्य एवं साहस:** एक अच्छे प्रशासक में पर्याप्त मात्रा में धैर्य एवं साहस का होना अति आवश्यक है। क्योंकि एक प्रशासक को प्रशासन के दौरान विभिन्न प्रकार की परिस्थितियों में विभिन्न प्रकार की समस्याओं का सामना करना पड़ता है। यदि किसी भी प्रशासक में धैर्य एवं साहस की कमी प्रतीत होगी तो इसका प्रभाव योजना के लक्ष्य एवं उद्देश्य पर पड़ेगा। इसलिए प्रशासक में धैर्य एवं साहस का होना आवश्यक है।
7. **सहयोग की भावना:** एक अच्छे प्रशासक में सहयोग की भावना का विद्यमान होना अति आवश्यक है। क्योंकि एक योजना के क्रियाकलापों को कई व्यक्ति मिलकर सम्पन्न करते हैं। ये सभी व्यक्ति प्रशासक के अधिकार क्षेत्र के अन्तर्गत कार्यों को सम्पन्न करने का प्रयास करते हैं। लेकिन सभी व्यक्तियों की कार्य क्षमता एवं अनुभव एक समान नही होता है। कार्य को एक समान स्तर पर सम्पन्न करने के लिए कभी-कभी एक व्यक्ति अन्य दूसरे व्यक्ति की सहायता करता है। प्रशासक इन सभी बातों का समय-समय पर अवलोकन करता रहता है एवं आवश्यकतानुसार एक दूसरे के सहयोग की व्यवस्था करता रहता है।

शारीरिक शिक्षा प्रशासक के कार्य

प्रशासक का कौन-सा कार्य होता है एवं यह कार्य किस प्रकार का होता है। यह पूर्णरूप से प्रशासक के क्षेत्र, विषय से सम्बन्धित, शिक्षा पर निर्भर करता है। लेकिन प्रशासक के रूप में एक शारीरिक शिक्षा के प्रशासक का कार्य अन्य विभिन्न विभागों के प्रशासकों से काफी भिन्न होता है। विषय क्षेत्र की विभिन्नता के कारण अन्य प्रशासकों से काफी भिन्न होता है। विषय क्षेत्र की विभिन्नता के कारण प्रशासकों के कार्यों में असमानता होना स्वाभाविक है। एक शारीरिक शिक्षा के प्रशासक के कौन-कौन से कार्य होते हैं उसको स्पष्ट करने के लिए कुछ आधारों का प्रयोग किया गया है। इनका स्पष्ट उल्लेख नीचे निम्न प्रकार से किया गया है।

1. **शारीरिक शिक्षा के उद्देश्य की प्राप्ति करना:** एक शारीरिक शिक्षा के प्रशासक का सबसे प्रमुख कार्य यह है कि विभिन्न प्रकार की योजनाओं के माध्यम से शारीरिक शिक्षा के उद्देश्य की प्राप्ति करना। कहने का अभिप्राय यह है कि शारीरिक शिक्षा का प्रशासक जो भी योजना बनाता है उसके अन्दर ऐसे क्रियाकलापों का समावेश होना चाहिए जिसके प्रयोग से शारीरिक शिक्षा के उद्देश्य की प्राप्ति होने की सम्भावना होनी चाहिए। यदि शारीरिक शिक्षा का कोई प्रशासक ऐसा नहीं करता है तो वह अपना प्रभुत्व शारीरिक शिक्षा के क्षेत्र में स्थापित नहीं कर सकता है। साथ-साथ प्रशासक का व्यक्तित्व भी काफी प्रभावित होता है।
2. **कार्यक्रमों का प्रारूप तैयार करना:** एक शारीरिक शिक्षा के प्रशासक के अन्य कार्यों में कार्यक्रम की रूपरेखा तैयार करना है। शारीरिक शिक्षा के प्रशासक को विभिन्न प्रकार के खेल-कूद के लिए वर्ष के प्रारम्भ में क्रमबद्धरूप में सभी क्रिया-कलापों से सम्बन्धित योजना तैयार करना पड़ता है। क्योंकि शारीरिक शिक्षा का प्रशासक यदि ऐसा कार्य, पूर्वयोजना का निर्माण, प्रारम्भ में नहीं करता है तो उसे कभी-कभी विभिन्न प्रकार की समस्याओं का सामना करना पड़ता है। विद्यालय के अन्दर खेल-कूद सम्बन्धी सभी क्रिया-कलापों का अभ्यास एवं प्रतियोगितायें बराबर समय पर चलती रहे इसके लिए शारीरिक शिक्षा का प्रशासक अपने सभी कार्यों को उत्तरदायित्व की भावना का पालन करते हुए सम्पन्न करने का प्रयास करता है।
3. **खेल-उपकरण सम्बन्धी सुविधा प्रदान करना:** एक शारीरिक शिक्षा के प्रशासक को चाहिए कि खेल-कूद सम्बन्धी सभी खेल सामग्री अपने अधिकार क्षेत्र में रखना चाहिए। जिससे प्रत्येक खेल सामग्री अभ्यास अथवा प्रतियोगिता के दौरान सही समय पर उपलब्ध हो सके। यदि शारीरिक शिक्षा का प्रशासक खेलों के अभ्यास अथवा

खेलों की प्रतियोगिता के दौरान सही समय पर विद्यार्थियों को खेल सामग्री प्रदान नहीं करता है तो उसे विभिन्न प्रकार की समस्याओं का सामना करना पड़ता है। खेल-उपकरण की सुविधा प्रदान करना भी शारीरिक शिक्षा के प्रशासक का कार्य है।

4. **बजट की जानकारी एवं तैयारी करना:** शारीरिक शिक्षा के प्रशासक को विद्यालय के अन्दर खेल-कूद सम्बन्धी, अभ्यास एवं प्रतियोगिता, आय-व्यय की व्यवस्था को सही ढंग से चलाने के लिए खेल सम्बन्धी बजट वर्ष के पूर्व में तैयार करना पड़ता है। शारीरिक शिक्षा का प्रशासक अपने विद्यालय के लिए एक व्यवस्थित बजट का पूर्व निर्माण कर देता है एवं उसी के आधार पर विभिन्न क्रियाओं के संचालन में धनखर्च करता है तो प्रशासक की सम्पूर्ण वर्ष में किसी भी प्रकार की आय एवं व्यय की समस्याओं का सामना नहीं करना पड़ता है। आय व्यय की सन्तुलित व्यवस्था करना भी शारीरिक शिक्षा के प्रशासक का कार्य है।
5. **निष्पक्ष निर्णय करना:** शारीरिक शिक्षा के प्रशासक का ही नहीं बल्कि सभी क्षेत्रों के प्रशासकों का यह उत्तरदायित्व होता है कि किसी भी समय उसको निष्पक्ष निर्णय का सहारा लेना चाहिए। यदि शारीरिक शिक्षा का प्रशासक निष्पक्ष निर्णय का आधार नहीं लेता है तो प्रतिभाशाली खिलाड़ियों को अपने कौशल दिखलाने के अवसर मिलने की सम्भावना बहुत ही कम होता है। निष्पक्ष निर्णय का कार्य ऐसा है कि प्रशासक को अपने विशेष उत्तरदायित्व के साथ इस कार्य को सम्पन्न करना चाहिए जिससे खेल जगत के भविष्य पर किसी भी प्रकार का खराब प्रभाव न पड़ सके।
6. **जनसम्पर्क स्थापित करना:** एक शारीरिक शिक्षा के प्रशासक का विद्यालय के अन्दर अपने विषय का एकमात्र जानकार शिक्षक होता है। लेकिन आवश्यकता पड़ने पर शारीरिक शिक्षा का प्रशासक विद्यालय के बाहर के लोगों से सहयोग प्राप्त कर सकता है। जैसे-उदाहरण के लिए जब कभी भी विद्यालय के अन्दर किसी भी प्रतियोगिता का आयोजन किया जाता है तो शारीरिक शिक्षा का प्रशासक बाहर के खेल अनुभवी लोगों को निमन्त्रित करता है। यदि प्रशासक का जनसम्पर्क बाहर के लोगों से कायम रखता है तो ऐसे समय पर बाहर के लोग आकर शारीरिक शिक्षा के प्रशासक के कार्यों को सम्पन्न करने में सहायता प्रदान करते हैं।
7. **प्रतियोगिता का आयोजन करना:** शारीरिक शिक्षा के प्रशासक को चाहिए कि वह विद्यालय के अन्दर समय-समय पर विभिन्न प्रतियोगिताओं का आयोजन करे। जिससे कि प्रत्येक विद्यार्थियों में खेलों के प्रति रुचि जागृति हो सके एवं युवा व प्रतिभाशाली खिलाड़ियों को अपने खेलों का श्रेष्ठ प्रदर्शन दिखलाने का बराबर अवसर प्राप्त होता रहे। साथ-साथ विद्यालय की प्रतिष्ठा खेलों के माध्यम से कायम रहे।

पाठ्यक्रम आयोजन के सिद्धांत

पहले पाठ्यक्रम की अवधारणा को अलग-अलग ढंग से व्याख्यायित किया जाता था। कुछ लोग शिक्षण संस्थानों में दिए गए विषयों में उपलब्ध संगठित ज्ञान को एकत्रित करने की परंपरा को पाठ्यक्रम के नाम से पुकारते हैं। अन्य लोगों ने सोचने के ढंग तथा अपने विश्व के विषय में सोचने को पाठ्यक्रम कहा है।

इसके अतिरिक्त पाठ्यक्रम में निश्चित परिभाषाओं द्वारा निम्न बिन्दुओं पर अधिक बल दिया जाता है।

(*i*) पाठ्यक्रम को मार्ग दर्शकों एवं पूर्व अनुभवों के रूप में समझा जा सकता है। जिनके द्वारा बच्चों एवं युवाओं को अपने-अपने को व्यक्त करने में सक्षम बनाया जाता है।

(*ii*) पाठ्यक्रम नियोजन के लिए योजना उपलब्ध करवाता है।

(*iii*) पाठ्यक्रम साध्यों की प्राप्ति के योग्य अथवा परिणामों के विषय में पढ़ाया जाता है।

(*iv*) पाठ्यक्रम शैक्षणिक प्रतिफल की प्राप्ति के लिए विभिन्न व्यवस्थाएं उपलब्ध करवाती हैं जैसे व्यावसायिक उद्देश्यों की प्राप्ति पर ध्यान दिया जाता है।

तत्पश्चात् बदलते परिवेश में पाठ्यक्रम का अर्थ एवं स्कूल के लिए पाठ्यक्रम को व्याख्यायित किया गया है जैसे ''सभी अनुभव जो विद्यार्थी स्कूल के मार्गदर्शन में प्राप्त करते हैं।'' एक विलोम परिभाषा सामान्यत: अत्यधिक विस्तृत समझी जाती थी जैसे ''एक बच्चे के लिए पाठ्यक्रम अपने जीवन के दिए गए दिवस के अन्तर्गत वह सब कुछ है जो वह सोते एवं जागते हुए अपने अनुभवों से प्राप्त करता है।''

पाठ्यक्रम के अन्तर्गत शिक्षा के दो पक्ष हैं जो व्याख्यायित होते हैं –

(*i*) एक स्कूल जाने वाले विद्यार्थी को औपचारिक शिक्षा एवं अंश औपचारिक शिक्षा दोनों के अनुभव प्राप्त होते हैं।

(*ii*) स्कूल न जाने वाले विद्यार्थी के पास केवल अंश औपचारिक अनुभव होते हैं। औपचारिक शिक्षा एक पूर्ण नियोजित

विषयगत अनुभव है जबकि अंश-औपचारिक शिक्षा में कोई नियोजित अनुभव नहीं होते। अंश-औपचारिक शिक्षा में संयोगवश/अकारण अनुभव प्राप्त होते हैं अथवा किसी व्यक्ति द्वारा बिना किसी संस्था की प्रवानगी के अपने-आप द्वारा नियोजित किए जाते हैं।

उपर्युक्त दी गई परिभाषाएं जो शैक्षणिक साहित्य में अधिकतर प्रयोग की जाती हैं, पाठनार्थ शब्दार्थ विज्ञान में इस प्रकार प्रयुक्त हैं ''स्कूल का पाठ्यक्रम वह व्यस्तता होती है जो विद्यार्थी स्कूल के संरक्षण में प्राप्त करता है।'' व्यस्तता की धारणा अनुभव की अपेक्षा अधिक उपयुक्त, विशुद्ध एवं उचित होती है क्योंकि निरीक्षक विद्यार्थियों को स्कूल की क्रियाओं में व्यस्त देखते हैं जहां वे केवल उन्हें गतिविधियों में अनुभव प्राप्त करते ही नहीं देखते हैं। गोरडन एन. मेकनजी ने पाठ्यक्रम को इस प्रकार परिभाषित किया है जैसे - ''शिक्षार्थी की वातावरण के विभिन्न पक्षों के साथ व्यस्तता जो स्कूल के निर्देशन में नियोजित की जाती है।'' Gordan N. Mackenzie, "the learner's engagements with various aspects of the environment which have been planned under the direction of the school."

शिक्षण शास्त्रियों, अनुभवियों एवं विशेषज्ञों के शिक्षा के साथ-साथ शारीरिक शिक्षा में दृढ़ प्रयासों से धारणा की स्वीकृत परिभाषा बनायी गयी है।

''पाठ्यक्रम एक नियोजित एवं निर्देशित अधिगम अनुभव है तथा अधिगम प्राप्तियों का ज्ञान एवं अनुभवों के व्यवस्थित पुन: निर्माण के द्वारा ढांचे के माध्यम से स्कूल (शैक्षणिक संस्था) के संरक्षण में अधिगमार्थियों की व्यक्तिगत वृद्धि एवं सामाजिक क्षमता की प्राप्ति का उद्देश्य रहता है।''

स्कूल समय के उपरान्त शिष्यों द्वारा अधिकतर अनुभवों का प्रयोग किया जाता है जिनको अनेक वर्षों तक ''पाठ्य सहायक क्रियाएँ'' कहा जाता रहा है। यह भी अनुभूत एवं दृष्टिभूत किया गया कि इनमें से अनेक अनुभव पाठ्यक्रम के उद्देश्यों की प्राप्ति में सहयोगी होते हैं। धीरे-धीरे पाठ्यक्रम की धारणा में इन अनुभवों को भी शामिल किया जाने लगा। इसलिए शारीरिक शिक्षा के पाठ्यक्रम में अब अंत:क्षेत्रीय एवं बाह्य क्षेत्रीय दोनों प्रतियोगिताओं को शैक्षणिक अंगों एवं अन्य क्रियाओं एवं स्कूल व्यस्तता के पश्चात् जो पाठ्यक्रम के नियोजित अनुभवों के साथ इन सभी को पाठ्यक्रम में शामिल किया जाता है।

तत्पश्चात् शारीरिक शिक्षा के अध्यापकों अथवा प्रशिक्षकों जिनका कार्यभार दैनिक कार्यभार की सूची से अधिक है, उनकी क्षतिपूर्ति के लिए उन्हें या तो स्कूल समय के दौरान विश्राम के लिए समय दिया जाता है अन्यथा अतिरिक्त कार्य के लिए भुगतान किया जाता है।

अतिरिक्त वेतन को निम्न गणना की सहायता से निर्धारित किया जाता है -

प्रतिदिन के घण्टों की संख्या अतिरिक्त क्रिया में / स्कूल में रोजाना लगाए घण्टों की संख्या × अतिरिक्त क्रियाओं की लम्बाई प्रति वर्ष (सप्ताह अथवा महीने) / स्कूल के सामान्य वर्ष की लम्बाई

उदाहरणार्थ एक शारीरिक शिक्षा सम्बंधी प्रशिक्षक प्रतिदिन टीम के साथ 2 घण्टे अतिरिक्त व्यय करता है, प्रतिदिन का वास्तविक कार्य है आठ घण्टे। शारीरिक प्रशिक्षण का सत्र 4-5 महीने तथा स्कूल का वर्ष 9 महीने तक का होता है।

$2/8 \times 4.5/9$ = समय सूचकांक (Time Index)
$1/4 \times 1/2$ = समय सूचकांक (Time Index)
$1/18$ = समय सूचकांक (Time Index)
$1/8$ = समय सूचकांक (Time Index)
$.125$ = समय सूचकांक (Time Index)

यदि एक प्रशिक्षक का मूलवेतन = 20,000 रुपये है तो अतिरिक्त क्षति पूर्ति 2500 रुपये होगी (20,000 × .125 = 2500 रुपये)

पाठ्यक्रम से संबंधित अनेक पक्षों पर विचार करने के उपरांत कार्यरत परिभाषा इस प्रकार है - ''स्कूल अथवा कालेज (शिक्षण संस्थान) का पाठ्यक्रम औपचारिक एवं अंश औपचारिक विषय है तथा एक प्रक्रिया है जिसके द्वारा अधिगमार्थी ज्ञान तथा समझ प्राप्त करते हैं तथा कौशलों का विकास करते हैं तथा उस स्कूल कालेज के संरक्षण में वैकल्पिक मनोवृत्तियों, प्रशंसाओं तथा मूल्यों का विकास किया जाता है।'' परिभाषा में स्कूल शिक्षा के औपचारिक एवं अंश-औपचारिक पक्षों को शामिल किया जाता है, कोई क्या सीखता है (विषय) कोई आदेश देता (प्रक्रिया) है तथा ज्ञान, समझ, कौशल,मनोवृत्तियाँ, प्रशंसाओं एवं मूल्यों के रूप में परिणाम।

कार्यक्रम जो औपचारिक रूप से नियोजित तथा संभावित निरीक्षण के योग्य विद्यार्थियों की व्यस्तता है उसमें भी मूल्यांकन एवं सुधार किया जाता है। स्कूल शिक्षा के अंश-औपचारिक कार्यक्रम को सुधारने के लिए कुछ उदम उठाए गए हैं।

पाठ्यक्रम में शारीरिक शिक्षा के स्थान निर्धारण में सर्वाधिक महत्त्वपूर्ण स्थान ज्ञान के ढांचे का है जो इसे सहायता करता है, आस-पास के वातावरण की दार्शनिक पुष्टि तथा उन उद्देश्यों को स्वीकृति प्रदान करना जिनके लिए यह समर्पित है। अन्य तथ्यों

को समझा जा सकता है तथा नेतृत्व की योग्यता के द्वारा शारीरिक शिक्षा को उचित महत्त्व दिया जा सकता है तथा यह निर्धारित किया जा सकता है कि क्या करना है। सुविधाओं की आवश्यकता क्रियाओं के चयन पर निर्भर करती है। यदि किसी संगठन की ऐसी इच्छा तथा नेतृत्व में यह करने की भावना हो तो सुविधाओं में परिवर्तन किया जा सकता है तथा अवसर उपलब्ध हो सकते हैं।

पाठ्यक्रम की प्रकृति एवं उद्देश्य

शैक्षणिक संस्था में शारीरिक शिक्षा की प्रकृति एवं उद्देश्य प्राथमिक रूप से संस्था के दर्शन पर तथा इसके नेतृत्व पर निर्भर करते हैं। क्या संस्था में ऐच्छिक शारीरिक शिक्षा कार्यक्रम की आवश्यकता है और क्यों?

प्रस्तुत कार्यक्रम के अनुरूप किस प्रकार के उद्देश्य होने चाहिए, यह पाठ्यक्रम की प्रकृति की रूप-रेखा से संबंधित होता है, तथा इसे पहले ही अच्छी प्रकार से समझ लेना चाहिए। तत्पश्चात् पाठ्यक्रम के लक्ष्य चाहे नीतियों की कार्य प्रणालियों, संगठन के दर्शन का प्रचार हो अथवा बालक के सर्वांगीण विकास के लिए एक संतुलित कार्यक्रम प्रस्तुत करना हो तथा बच्चे को भौतिक शिक्षा प्रदान करनी हो, हम शारीरिक शिक्षा के आवश्यक एवं ऐच्छिक पाठ्यक्रम पर चर्चा करेंगे। पाठ्यक्रम की रूपरेखा बनाई जाएगी तथा बच्चे को भौतिक शिक्षा प्रदान की जाएगी।

ऐच्छिक अथवा अनिवार्य शारीरिक शिक्षा

शारीरिक शिक्षा लम्बे समय से आवश्यक विषय रहा है। प्राथमिक, माध्यमिक एवं उच्च माध्यमिक स्तर पर स्कूलों में इसके स्तर को बनाए रखने की अत्यंत सशक्त स्थिति है, फिर भी हाई स्कूल/सैकण्डरी स्कूल स्तरों पर तथा आगे कालेज अथवा यूनिवर्सिटी स्तरों पर तिरस्कृत होता जा रहा है, जहां विद्यार्थियों को ऐच्छिक से संबंधित सशक्त चुनाव अथवा निर्णय करने के लिए तैयार किया जाता है। किसी भी स्तर पर चाहे आवश्यक हो अथवा ऐच्छिक शारीरिक शिक्षा के कार्यक्रम को प्रभावी बनाया जा सकता है।

एक वांछित से ऐच्छिक कार्यक्रम में परिवर्तन के लिए यह आवश्यक नहीं है कि इससे विभाग में कमी अथवा विद्यार्थी के नामांकन से प्रतिष्ठा में कमी होती है। इससे कार्यक्रम की प्रकृति में परिवर्तन हो सकता है। एक ऐच्छिक कार्यक्रम प्रस्तावित क्रियाओं को परिभाषित करता है तथा विद्यार्थी उन गतिविधियों का चयन करते हैं जिनके लिए वे शिक्षण चाहते हैं। दूसरी तरफ एक आवश्यक कार्यक्रम का अर्थ प्रत्येक के लिए उसकी पूर्व-परिचित आवश्यकताओं से होता है जैसे माध्यमिक स्कूल स्तर, प्राथमिक स्कूल स्तर विद्यार्थी आदि।

शारीरिक शिक्षा के आवश्यक एवं ऐच्छिक कार्यक्रम के गुण अथवा दोष निम्न हैं-

(A) आवश्यक/अनिवार्य शारीरिक शिक्षा कार्यक्रम के गुण एवं दोष

गुण

1. आदेशात्मक नामांकन, सूची को आसान करता है।
2. बिना आवश्यकता के प्रशासक अथवा अवनति के द्वारा शारीरिक शिक्षा पर अधिक बल नहीं दिया जाना चाहिए।
3. विद्यार्थी इतनी आवश्यक क्रियाएं करते हैं कि उनके पास शारीरिक शिक्षा के कार्यक्रम के ऐच्छिक गतिविधियों के लिए समय नहीं रहता है।
4. सभी विद्यार्थियों को दैनिक प्रबल शारीरिक क्रियाओं की आवश्यकता होती है, जो भावात्मक संतुष्टि, शारीरिक स्वास्थ्य एवं समग्र विकास के लिए आवश्यक होती हैं।
5. विद्यार्थी अनिवार्य विषयों पर ऐच्छिक की अपेक्षा अधिक ध्यान देते देखे जाते हैं।
6. आवश्यक शारीरिक कार्यक्रम प्रतियोगिता की भावना को उत्साहित करता है।

दोष

1. एक आवश्यक शारीरिक शिक्षा कार्यक्रम अध्यापकों को विद्यार्थियों की आवश्यकताओं एवं रुचियों की पूर्ति के लिए प्रेरित करता है।
2. शारीरिक शिक्षा कक्षाएं निरपेक्ष एवं समय बर्बादी का कारण बन सकती है।
3. विद्यार्थी आवश्यकताओं/अनिवार्यताओं का विरोध करते हैं तथा अभिभावक भी इसी प्रकार करते हैं।
4. कक्षाएं व्यक्तिगत एवं लोकतांत्रिक शिक्षा के सिद्धान्तों के विरुद्ध होती है।
5. अनेक विद्यार्थी आवश्यक सहभागिता के प्रति निरुत्साहित होते नजर आते हैं क्योंकि इसके पीछे एक सशक्त तत्व की कमी होती है।
6. कुछ विद्यार्थियों को न पसंद होने पर भी शारीरिक शिक्षा आवश्यक होने पर सीखनी पड़ती है तथा भविष्य में इसका उनके लिए कोई प्रयोग नहीं होता।

(B) ऐच्छिक शारीरिक शिक्षा कार्यक्रम के गुण एवं न्यूनताएं

गुण

1. विद्यार्थी द्वारा चुनी गई क्रियाएं सहभागिता के लिए उत्साह में वृद्धि करती हैं।
2. ऐच्छिक कार्यक्रम विद्यार्थियों के अन्दर भेद-भाव समाप्त करने की संभावनाओं को बढ़ाता है।
3. ऐच्छिक कार्यक्रम विद्यार्थियों के स्वयं निर्णय लेने की स्वतंत्रता एवं उत्तरदायित्व लेने की स्वतंत्रता एवं उत्तरदायित्व को बढ़ाता है तथा इन गुणों को जीवन में बनाए रखने की संभावना में वृद्धि करता है।
4. गतिविधि के लिए संचालन विद्यार्थी की स्वेच्छा से नामांकन को बढ़ाता है।
5. ऐच्छिक कार्यक्रम सदैव सामुदायिक सुविधाओं के उचित प्रयोग को बढ़ाते हैं तथा स्कूल/कॉलेज के प्रशासन के खर्च को कम किया जाता है।
6. एक ऐच्छिक कार्यक्रम अध्यापकों को अधिक अच्छा कार्य करने के लिए उत्साहित करना क्योंकि विद्यार्थी तभी नामांकित होंगे जब कक्षाएं रोचक एवं उपयोगी होंगी।

न्यूनताएं

1. अधिकतर विद्यार्थी शारीरिक शिक्षा का चयन दबाव के अभाव में कभी नहीं करते।
2. स्वैच्छिक शारीरिक शिक्षा को संस्था की सामान्य सूची में स्थान देना कठिन है, विशेषत: व्यवहारिक अंग तथा सुविधाओं के कम प्रभावी परिणामों के कारण इन्हें सूची में स्थान देना कठिन है।

केन्द्र सरकार के कानून तथा मानव संसाधन विकास मंत्रालय, , निगम तथा मण्डल है जो शैक्षणिक आवश्यकताओं को प्रदान करते हैं। इनके क्षेत्र के अंतर्गत संस्थाएं आदेशात्मक अधिक आवश्यकताओं के अनुरूप उपलब्ध करवाती आदेशात्मक मापदण्ड से कम नहीं कर सकती।

शिक्षा की विभिन्न स्तरों पर प्रतिष्ठा

स्कूल, माध्यमिक स्कूल, उच्च माध्यमिक स्कूल, ण्डरी स्कूल तथा विश्वविद्यालय)

शिक्षा कार्यक्रम को विभिन्न स्तरों पर अलग-अलग सकता है जैसे एक प्रस्तावित कार्यक्रम की प्रकृति एवं उसके परिणाम तथा दूसरा व्यवहार में इसे कैसे देखा जाता है, विचारा जाता है एवं संबंधित प्रशासन एवं शारीरिक शिक्षा के नेतृत्व द्वारा किस प्रकार लागू किया जाता है।

सर्वप्रथम शिक्षा के विभिन्न स्तरों पर शारीरिक शिक्षा कार्यक्रम की आवश्यकता को जानना पड़ता है। स्कूल के बिभिन्न स्तरों पर अपने प्रौढ़ता के स्तरों से सफल व्यवस्था के लिए विभिन्न प्रकार की शारीरिक क्रियाओं की मांग की जाती है। मूलत: स्कूल में शारीरिक शिक्षा कार्यक्रम सामान्य शिक्षा एवं विशेष मानवीय जीवन में अत्यंत व्यापक पक्ष होता है। स्कूलों में चलाए जा रहे शारीरिक शिक्षा के कार्यक्रम द्वारा किसी के जीवन पर प्रभाव डाला जाता है। ऐसा क्यों होता है? क्योंकि यह अच्छे स्वास्थ्य, शारीरिक, ज्ञानात्मक, सामाजिक एवं आध्यात्मिक स्वस्थता, खेलों में निपुणता, व्यक्तित्व के समग्र विकास, कसरत की स्वस्थ आदतें, शारीरिक शिक्षा कार्यक्रम द्वारा ग्रहण किए गए अच्छे मूल्य, खाली समय को सकारात्मक ढंग से उपयोग करना आदि के लिए सशक्त आधार प्रदान करता है। व्यक्ति के जीवन में स्कूल के वर्ष ढांचागत निर्माण के लिए समझे जाते हैं। इन वर्षों में उन गतिविधियों पर बल दिया जाना चाहिए जो वृद्धि एवं विकास में संतुलन रखने, कौशल सीखने, प्रतियोगिता प्रदर्शन के लिए तैयारी एवं इसी प्रकार से संबंधित होते हैं। शारीरिक शिक्षा कार्यक्रम स्कूलों में लम्बे समय से एवं विस्तृत शारीरिक क्रियाओं के साथ चल रहा है, यह आकर्षक, आनंददायक, आने वाले जीवन के मूल्यों के अनुसार तथा विकासोन्मुखी आदि होना चाहिए। उपर्युक्त विवेचित शारीरिक शिक्षा के कार्यक्रम की व्याख्या पर दृष्टिपात करते हुए कार्यक्रम के महत्त्व तथा यह किस प्रकार कार्य करता है पर भी ध्यान दिया जाता है। आज के विद्यार्थियों एवं कल के शारीरिक शिक्षा के अध्यापकों के ज्ञान के लिए एक तथ्य यह भी प्रस्तुत किया जाता है कि जब भी कोई स्कूल, कॉलेज अथवा विश्वविद्यालय खोला जाता अथवा स्थापित किया जाता है तथा सम्माननीय सरकार, मण्डल, परिषद अथवा निगम द्वारा मान्यता प्राप्त करता है, दूसरे के साथ मिलकर दो अत्यंत महत्त्वपूर्ण समस्याओं का समाधान किया जाना चाहिए। भूमि का एक विशेष टुकड़ा खेल मैदान बनाने के लिए तथा आवश्यक साधनों के लिए होना चाहिए तथा शारीरिक शिक्षा के लिए प्रशिक्षित एवं योग्य अध्यापकों एवं निर्देशक की नियुक्ति की जानी चाहिए तथा समय-सारणी में शारीरिक शिक्षा के लिए प्रावधान होना चाहिए। जब शारीरिक शिक्षा की इस प्रकार सुस्पष्ट प्रणाली को विभिन्न स्कूल स्तरों पर अपनाया जाता है तब स्कूल के विभिन्न स्तरों पर शारीरिक शिक्षा की प्रतिष्ठा के

कोई प्रश्न की आवश्यकता नहीं रहती। फिर भी यह प्रश्न हमारे मस्तिष्क में आ ही जाता है। इसका एक प्रमाणिक कारण है। सैद्धांतिक तौर पर प्रत्येक इससे सहमत है कि स्कूल में शारीरिक शिक्षा के सशक्त आधार के बिना सामान्य शिक्षा के उद्देश्य कभी पूरे नहीं किए जा सकते तथा बालक के सर्वांगीण विकास का लक्ष्य दूर हो जाएगा। व्यवहार में यह दूसरे प्रकार से है क्यों? क्योंकि स्कूल/कॉलेज/विश्वविद्यालय प्रशासन बच्चे के जीवन पर इस प्रकार के अमूल्य कार्यक्रम का प्रभाव डालने में अक्षम रहता है। वे या तो केवल अकादमिक परिणामों की ओर ही अथवा खेल प्रदर्शन की ओर देखते रहते हैं। संभवत: सभी संबंधित यह तथ्य भूल चुके हैं कि अकादमिक में तीन शिखर स्थान होते हैं जब कि खेलों में तीन शिखर पदक (स्वर्ण, रजत एवं कांस्य)। वे अन्य लोगों के विषय में कभी नहीं सोचते। इसलिए शैक्षणिक संस्था के स्थानीय प्रशासन के लिए शैक्षणिक एवं खेल प्राप्तियों में संतुलन स्थापित रखना अत्यंत कठिन होता है क्योंकि दोनों के लिए स्वस्थ शरीर एवं स्वस्थ मन की आवश्यकता होती है। तत्पश्चात्, स्कूल/कॉलेज प्रशासन को यह देखना होता है कि उपलब्ध सुविधाओं एवं सुयोग्य कर्मचारियों द्वारा अत्यधिक लाभ प्राप्त किया जा सके। यह प्रशासन का ईमानदारीपूर्ण कर्त्तव्य है कि शारीरिक शिक्षा कार्यक्रम को लागू करने के लिए उपयुक्त समय प्रदान किया जाए। शारीरिक शिक्षा में समान महत्त्व के कर्त्तव्य द्वारा उत्तम, ईमानदार एवं परिश्रमी नेतृत्व प्रदान किया जाता है। दोष एवं प्रत्यादोष लगाने का कोई अंत नहीं होता, आज भी ऐसी संस्थाएं हैं जो वास्तव में शारीरिक शिक्षा के सशक्त कार्यक्रम प्रस्तावित करती हैं तथा अच्छे परिणाम प्राप्त करती हैं। व्यक्ति को सकारात्मक होना चाहिए एवं उपलब्ध कार्यक्रम को सशक्त एवं पूर्ण बनाने के लिए आवश्यक योगदान दिया जाना चाहिए।

जहां तक शारीरिक शिक्षा कार्यक्रम की प्रकृति संबंधित है, यह अत्यंत वांछित है कि शारीरिक शिक्षा कार्यक्रम मानक एक से मानक बारह तक उपलब्ध होना चाहिए। केन्द्र सरकार का मानव संसाधन विकास मंत्रालय जो मंत्रिमण्डल के अंतर्गत स्वतंत्र कार्यभार एवं राष्ट्रीय शिक्षा परिषद् शोध एवं प्रशिक्षण मानव संसाधनों के विकास के लिए हाथ से हाथ मिलाकर कार्य कर रहे हैं इन्होंने शारीरिक शिक्षा के महत्त्वाकांक्षी कार्यक्रमों को गतिविधियों के साथ तथा उनके लिए स्कूलों में लगाए जाने वाले समय सहित प्रस्तुत किए हैं। इन नीति निर्देशों का पालन करते हुए देश के केन्द्रीय सैकण्डरी शिक्षा बोर्ड ने जो स्कूल इससे अनुबंधित हैं उन्हें यह आदेश जारी किया है कि स्कूलों में शारीरिक शिक्षा की शिक्षा के लिए योग्य अध्यापकों की नियुक्ति की जाए।

जैसे-जैसे शिक्षा का स्तर बढ़ता जाता है, शारीरिक शिक्षा का कार्यक्रम अत्यधिक प्रभावी बन जाता है। परिणामस्वरूप कहा जा सकता है कि जैसे शारीरिक शिक्षा से संबंधित, स्कूल स्तर पर तथा सीनियर सैकण्डरी स्कूल स्तर तथा इससे आगे ऐच्छिक कार्यक्रम आरम्भ करने के लिए आवश्यक शारीरिक शिक्षा के स्थान की आवश्यकता होती है। स्कूल प्रशासन, शारीरिक शिक्षा के अध्यापकों की मनोवृत्ति एवं अन्य विषयों के अध्यापकों का भी पदक जीतने में रुझान होना चाहिए न कि विद्यार्थी समुदाय के सामान्य विकास में रुचि होनी चाहिए। अभिभावकों का बच्चों की प्राप्तियों के प्रति अधिक झुकाव होता है, फिर भी वे उनके खेल प्रदर्शन में सीमित दृष्टि से विकास चाहते हैं। समय की यह मांग है कि देश के प्रत्येक नागरिक (अभिभावकों, अध्यापकों, प्रशासकों, सामान्य व्यक्ति तथा लोगों से संबंधित जीवन) भौतिक रूप से शिक्षित होने चाहिए यदि हम सभी प्रत्येक स्कूल के स्तर पर शारीरिक शिक्षा के कार्यक्रम को एक सशक्त आधार प्रदान करना चाहते हैं। शारीरिक शिक्षा के कार्यक्रम को शिक्षा के सभी स्तरों भौतिक, शरीर वैज्ञानिक, मनोवैज्ञानिक, समाजशास्त्रीय, आध्यात्मिक आदि पर विद्यार्थी की विभिन्न आवश्यकताओं की पूर्ति करना चाहिए।

पाठ्यक्रम के लक्ष्य (Curriculum Goals)

लक्ष्य (प्रस्ताव, लक्ष्य, उद्देश्य तथा परिणाम) जिनके साथ पाठ्यक्रम जुड़ा हुआ है, सशक्त, आसानी से समझा जाने वाला तथा पहुंच तक होने वाला चाहिए।

शारीरिक शिक्षा मनोरंजन एवं नृत्य (AAHPERD) द्वारा शारीरिक शिक्षा के लक्ष्यों को निम्न रूप में व्यक्त किया गया है-

"शारीरिक शिक्षा समग्र शिक्षा का अटूट अंग है जो शारीरिक क्रियाओं एवं मानवीय हल-चल के प्राकृतिक माध्यम द्वा[illegible] व्यक्ति के विकास में योगदान देता है। यह क्रमबद्ध अनुभवों [illegible] सावधानीपूर्ण योजना है जो प्रत्येक विद्यार्थी की वृद्धि [illegible] व्यावहारिक आवश्यकताओं के लिए निरूपित की जाती [illegible] प्रत्येक विद्यार्थी को उत्साहित एवं सहायता प्रदान [illegible] जिससे-

(*i*) क्रिया के लिए कौशल का विकास करता है, [illegible] तथा क्यों क्रिया करता है तथा वे ढंग जि[illegible] क्रियाओं को संगठित किया जाता है का ज्ञान [illegible] जाता है।

(*ii*) कौशलपूर्ण एवं प्रभावी ढंग से व्यवहार, खेलों, गतिविधियों, नृत्यों एवं जल में होने वाली खेलों के द्वारा क्रियाओं को सीखा जाता है।

(*iii*) क्रियाओं से संबंधित स्थान, समय एवं बल की अवधारणा की समझ को संवर्द्धित करना।

(*iv*) व्यक्तिगत व्यवहार एवं अन्तर-व्यक्तिगत सम्बंधों में तथा खेलों गतिविधियों एवं लोक नृत्य आदि के द्वारा सांस्कृतिक स्वीकृत धरातल की अभिव्यक्ति प्रदान की जाती है।

(*v*) हृदय, फेफड़ों, मांसपेशियों एवं शरीर के अन्य स्नायुअंगों को दैनिक एवं आपातकालीन आवश्यकताओं के अनुरूप रखना।

(*vi*) अच्छी शारीरिक स्थिति/स्वास्थ्य, एक प्रभावी कार्यकारी ढांचे तथा व्यक्ति स्वास्थ्य की भावना के लिए प्रशंसनीय एवं सम्माननीय दृष्टिकोण प्राप्त करना है।

केलगेरी केनेडा (Calgary, Canada) में शिक्षण मण्डल ने भी उद्देश्यों की उपयोगी अवधारणा उपलब्ध करवायी है जब इसमें शारीरिक शिक्षा को व्याख्यायित किया जैसे ''समग्र शिक्षा का एक अटूट अंग है, जो बच्चे के शारीरिक, मानसिक, सामाजिक एवं भावात्मक विकास जो कि कौशलपूर्ण नेतृत्व एवं उपयुक्त सुविधाओं के अन्तर्गत सावधानीपूर्वक चयनित शारीरिक क्रियाओं द्वारा होता है, में योगदान प्रदान करता है।''

उद्देश्य की पांच प्रमुख टिप्पणियों सहित उसी संसाधन द्वारा अतिरिक्त सूचना एवं निर्देशन प्रदान किया जाता था। शारीरिक शिक्षा के लक्ष्य विकास के निम्न बिन्दुओं पर बल डालते हैं।

(क) शारीरिक कौशल जो सहभागी को व्यापक विभिन्नता की क्रियाओं में सहभागी होने के योग्य बनाती है।

(ख) अपने वातावरण में शारीरिक स्वास्थ्य एवं सशक्त शरीर व्यवस्था की कार्यप्रणाली द्वारा एक सक्रिय जीवन।

(ग) सामाजिक कौशलों, शारीरिक स्वास्थ्य, क्रियाओं के वैज्ञानिक सिद्धान्त तथा व्यक्तिगत स्वास्थ्य के साथ संबंध का ज्ञान एवं समझ।

(घ) सामाजिक कौशल जो व्यवहार के स्वीकृत मानकों का विकास तथा दूसरों के साथ सकारात्मक संबंध।

(ङ) मनोवृत्तियां एवं प्रशंसा जो सहभागियों को उत्साह प्रदान करे तथा शारीरिक क्रिया, स्वास्थ्य, गुणवत्तापूर्ण प्रदर्शन, एक सकारात्मक स्वयं धारणा तथा दूसरों का सम्मान आदि में आनंद प्राप्त होना।

एक सावधानीपूर्वक निर्मित पाठ्यक्रम संकेत करता है कि जो उत्तरदायी हैं वे यह जान लें कि वे कहां जा रहे हैं तथा विद्यार्थियों को यह समझने में सहायता करता है कि वे शिक्षण कार्यक्रम में कहां जा रहे हैं तथा एक पूर्व-निर्धारित मंजिल को कैसे प्राप्त किया जाए। आज के जटिल एवं तेजी से बदल रहे समाज में पाठ्यक्रम को समग्रता, समयान्तराल एवं व्यवहार सभी दृष्टियों से देखना चाहिए। पाठ्यक्रम नियोजन के लिए ऐसे शैक्षणिकों की आवश्यकता होती है जो वास्तव में विशेषज्ञ हों तथा वे प्रभावी शैक्षणिक अनुभवों को प्रदान करने के लिए समर्पित होने चाहिए।

पाठ्यक्रम के लिए रूप-रेखा

पाठ्यक्रम के लिए रूप-रेखा (सीमाएं) तथा विशेषज्ञता शिक्षा के सामान्य एवं विशेष स्तर पर पूर्व-निर्धारित लक्ष्यों तक पहुंचने के लिए आवश्यक है।

पाठ्यक्रम के उद्देश्य इसके कार्य-क्षेत्र को सूचित करते हैं। एक लोकतांत्रिक समाज में शिक्षा के सर्वाधिक महत्त्वपूर्ण लक्ष्य निम्न हैं –

1. समाज की वांछित विशेषताओं को स्थिर बनाए रखना एवं व्यक्तित्व के प्रकार के विकास की आवश्यकताओं को संभावी बनाना।

2. व्यक्तिगत रूप से समस्याओं के संरचनात्मक मूल्यांकन के लिए शिक्षण प्रदान करना तथा सामाजिक व्यवस्था को बदलते परिवेश में उपयोगी योगदान के रूप में प्रभावित करना तथा

3. व्यक्तियों को उनके पूर्ण सामर्थ्य के अनुरूप विकसित करना ताकि वे समाज के साथ वर्तमान तथा भविष्य में बुद्धिमता, स्वयं निर्देशन एवं समूह चर्चा एवं कार्य द्वारा प्रभावी ढंग से कार्य कर सकें।

पाठ्यक्रम को विकसित एवं रूपायित करते समय निम्न दिशा-निर्देश ध्यान में रखने चाहिए। शिक्षण विधियों का मूल्यांकन एवं संगठनात्मक ढांचे को पुनः निर्मित किया जाए, वर्तमान शैक्षणिक आवश्यकताओं की पूर्ति तथा युवाओं की अत्यंत आवश्यक जरूरतों के लिए इन पर ध्यान दिया जाना चाहिए–

1. व्यावसायिक कौशलों का विकास
2. अच्छे स्वास्थ्य एवं शारीरिक स्वास्थ्य को विकसित करना एवं बनाए रखना।
3. एक बहुसांस्कृतिक लोकतांत्रिक समाज में नागरिक के अधिकारों एवं कर्त्तव्यों की समझ।

4. व्यक्ति एवं समाज के लिए परिवार के महत्त्व को समझना।
5. वस्तुओं की खरीद एवं अच्छे ढंग से प्रयोग एवं सेवाओं को बुद्धिमता से करने के विषय में जानना।
6. विज्ञान एवं सूचना तकनीकी के मानवीय जीवन पर प्रभाव की समझ।
7. साहित्य, कला, संगीत एवं प्रकृति की प्रशंसा करने की भावना का विकास।
8. युवाओं को खाली समय की संरचनात्मक, आर्थिक एवं बुद्धिपूर्ण ढंग से प्रयोग करने के योग्य बनाना।
9. दूसरों के लिए सम्मान की भावना का विकास करना।
10. तार्किकता पूर्ण सोचने की योग्यता का विकास करना।
11. यह सीखना कि ग्रामीण एवं शहरी जीवन को किस प्रकार उचित एवं संतोषजनक बनाया जा सकता है।
12. युवा मनोवैज्ञानिक समस्याओं से संरचनात्मक ढंग से निपट सकें ऐसी योग्यता उनमें विकसित की जाए।
13. प्राकृतिक संसाधनों के बुद्धिमतापूर्ण प्रयोग करने के लिए सीखना।
14. मानवता की भलाई के लिए विश्व के अन्य लोगों के साथ मिलकर काम करने के विषय में जानना।
15. युवाओं की रचनात्मक प्रतिभा को खोजना एवं उसे पोषित करना।

सर्वाधिक संदर्भित शिक्षा के प्रधान सात सिद्धान्त (स्वास्थ्य, आधारभूत कार्यप्रणाली पर अधिकार, योग्य गृह सदस्यता, व्यावसायिक तैयारी, नागरिक शिक्षा, खाली समय का योग्य प्रयोग तथा नीतिगत आचरण) तथा चार व्यापक शिक्षण उद्देश्य (स्वयं की पहचान, मानवीय संबंध, आर्थिक प्रभावोत्पादकता तथा नागरिक उत्तरदायित्व) ऊपर दिए गए निर्देशों व्यापक सूची के अन्तर्गत आ जाते हैं जो पाठ्यक्रम के विकास के लिए रूप-रेखा उपलब्ध करवाता है।

पाठ्यक्रम नियोजन के पड़ाव

पाठ्यक्रम विकास में सोपान पूर्णतः परिभाषित उद्देश्यों एवं कार्यक्षेत्र के स्पष्ट निर्देशन के लिए केन्द्रीय पाठ्यक्रम समिति स्थापित करने से आरम्भ होते हैं। एक विशेष राज्य एवं राष्ट्र में अध्ययन के विभिन्न क्षेत्रों में स्कूल, कालेज तथा विश्वविद्यालय में शारीरिक शिक्षा कार्यक्रम के लिए उप-समितियां भी हो सकती हैं।

इसके अतिरिक्त केन्द्रीय पाठ्यक्रम समिति एवं उप-समिति के लिए पाठ्यक्रम तालमेल समिति दो महत्त्वपूर्ण कार्य करती है -

1. पाठ्यक्रम समितियों को इनके क्षेत्र के अन्तर्गत एक संसाधित ढाँचा प्रदान करना।
2. विभिन्न बोर्ड, परिषदों एवं राष्ट्रीय महत्त्व के विश्वविद्यालयों में पाठ्यक्रम विषयों में तालमेल स्थापित करना।

पाठ्यक्रम तालमेल समिति के लिए आवश्यक है कि इसमें प्रशासन, प्रभाग, विद्यार्थी संगठन तथा समुदाय (संभवतः अभिभावक-अध्यापक सभा) से प्रतिनिधित्व होना चाहिए। एक प्रशासक बजट, सुविधाओं की क्षमता, प्रभागी संसाधन आदि के सम्बंध में सूचना प्रदान कर सकता है। अध्यापक निम्न व्यावसायिक स्तर पर प्रतिनिधित्व कर सकते हैं क्योंकि वे विद्यार्थियों के साथ प्रतिदिन कार्य करते हैं तथा इसलिए नजदीक होते हैं कि क्या करना है तथा क्या नहीं करना। विद्यार्थियों को उनकी रुचियों एवं अधिगम अनुभवों के उपयुक्त सूचना प्रदान की जाती है। लोगों का प्रतिनिधि स्कूल से बाहर व्यावहारिक दृष्टि से पाठ्यक्रम की उपयोगिता एवं व्याख्या करने में सहायता कर सकता है। वे जो प्रक्रिया में लगे हुए हैं उन्हें अमूल्य सूचनाओं का पता लगाना चाहिए जिसमें व्यावसायिक संगठन शामिल किए जाते हैं। (विभिन्न राष्ट्रीय बैठकों एवं सम्मेलनों की प्रक्रिया, वर्कशाप जो उनके द्वारा आयोजित की जाती है तथा क्षेत्र में विशेषज्ञों का प्रकाशन आदि) इस प्रकार की सूचना केन्द्रीय समिति के पास आगे प्रसारण एवं दूसरी समितियों के साथ विचार-विमर्श के लिए अवश्य उपलब्ध करवायी जानी चाहिए।

ध्यान में रखने योग्य महत्त्वपूर्ण बात यह है कि स्थानीय शिक्षण व्यवस्था आधारभूत दार्शनिक मूल्यों के अनुरूप एवं लोगों की रुचियों में समाहित होते हैं। तत्पश्चात् पाठ्यक्रम राजकीय अधिनियमों, नीतियों, कार्यप्रणालियों, नियमों आदि के साथ सामंजस्य भी होना चाहिए।

केन्द्रीय समिति को यह सुनिश्चित करना पड़ता है कि जो पाठ्यक्रम के विकास के लिए विभिन्न पक्षों, तथ्यों, स्थितियों आदि का अध्ययन करते हैं, उन्हें निम्न पहलुओं पर कार्य करना चाहिए -

1. स्थानीय स्थितियों एवं मनोवृत्तियों का अध्ययन जो पाठ्यक्रम को प्रभावित करते हैं।
2. शारीरिक शिक्षा के दर्शन एवं लक्ष्यों का अध्ययन एवं स्पष्टीकरण।
3. संसाधनों, सुविधाओं एवं सामर्थ्य सुविधाएं, अध्यापकों एवं साधनों से संबंधित न्यूनताओं एवं अवसरों से सम्बंधित पूर्ण सूचित होना।

4. वर्तमान पाठ्यक्रम का समग्र मूल्यांकन सशक्त एवं दुर्बल दोनों रूपों में करना।
5. पाठ्यक्रम में परिवर्तनों को उचित रूप में स्वीकार्य बनाना।
6. स्वीकृत परिवर्तनों जिनमें अध्यापकों, विद्यार्थियों एवं लोगों तक सूचना प्रसारण को शामिल किया जाता है, के लागू करने में सहायता करना।
7. नामांकित सदस्यों के लिए पूर्व अभिमुखीकरण/नवीन प्रशिक्षण की आवश्यकता का अध्ययन।
8. स्थानीय आवश्यकताओं का उत्पादन की राष्ट्रीय एवं विश्वव्यापी आवश्यकताओं को बिना असंतुलित किए अध्ययन करना।

पाठ्यक्रम प्रवृत्ति और ढांचा

पाठ्यक्रम में निरंतर एवं प्रबल परिवर्तनों को उपेक्षित किया जाना चाहिए। एक पाठ्यक्रम में स्थिरता का सशक्त तत्त्व होना चाहिए एवं फिर इसमें धीरे-धीरे सुधार किया जाना चाहिए एवं बदलते परिवेश के अनुसार एवं नई सूचना के अनुरूप इसमें नवीनीकरण किया जाना चाहिए। कुछ नवीनतम पाठ्यक्रम विकास की प्रवृत्तियां निम्न हैं –

1. शारीरिक शिक्षा के प्राथमिक स्कूल स्तर पर धारणात्मक गति अधिगम एवं संचालन शिक्षण पर ध्यान तथा अधिक बल दिया जाता है।

2. व्यक्तिगत आवश्यकताओं एवं विद्यार्थियों के परिणामों की रुचियों व ध्यान में वृद्धि

(a) अधिक विद्यार्थियों का अधिगम विधियों में सम्मिलित होना

(b) विद्यार्थियों का क्रियाओं में चयन न कि स्कूल द्वारा क्रियाओं का थोपा जाना

(c) दोनों के लिए बिना लिंग-भेद के समान अवसर

(d) शारीरिक क्रियाओं एवं जीवन पर्यन्त खेलों पर बल एवं

(e) शिक्षण के लिए मीडिया के प्रयोग में वृद्धि।

3. सूचियों के निर्माण में समय, स्थान, विद्यार्थी समूह ढांचा तथा सदस्य के उपयोग में अधिक लचीलापन होना। यह कम्प्यूटरों के प्रयोग द्वारा संभव बनाया जाता है।

4. पाठ्यक्रम की प्रभावोत्पादकता एवं शिक्षण विधियों में जिम्मेवारी में वृद्धि-अध्यापक एवं शैक्षणिक संस्थान अपने प्रभावी शिक्षण के लिए उत्तरदायी होते हैं। उपयुक्त प्रदर्शन उद्देश्य एवं प्रभावी मूल्यांकन इस ढांचे के परिणामस्वरूप अधिक सामान्य बन जाता है।

शारीरिक शिक्षकों को विभिन्न पाठ्यक्रम ढांचों के प्रति जो स्कूलों एवं प्रत्येक की विशेषताएं हैं सजग होना चाहिए। इस प्रकार के चार प्रमुख ढांचे प्रचलित हैं जैसे –

***(i)* अलग-विषय ढांचा (The Separate Subjects Pattern)** – यह पाठ्यक्रम संगठन का एक परम्परागत ढांचा है। इस संगठन के अन्दर इतिहास, अंग्रेजी, भौतिकी, एवं शारीरिक शिक्षा आदि एक सीमित समय में एक अलग विषय के रूप में पढ़ाए जाते हैं। एक विषय को दूसरे से सम्बंधित करने का प्रयास नहीं किया जाता। विद्यार्थियों में तथ्यों को एवं कौशलों को उन्हें एक दूसरे से सम्बंधित करने की बजाए अलग-अलग ढंग से याद करने की प्रवृत्ति विकसित होती है। इस समग्र रूप-रेखा में शारीरिक शिक्षा कुछ समय के लिए समयाभाव के कारण बाहर रही।

***(ii)* विस्तृत क्षेत्र ढांचा (The Broad Fields Pattern)** – यह ढांचा विषयों में अन्तर को समाप्त करता है, भौतिकी, रसायन एवं जीव-विज्ञान के अतिरिक्त भौतिकी विज्ञान अथवा संगीत, कला एवं नाटक के अतिरिक्त कोमल कला। यह ढांचा विद्यार्थियों को विभिन्न विषयों में संबंध स्थापित करने में सहायता करता है। यह सीमित विषय सामग्री के लिए क्षेत्र उपलब्ध करवाता है तथा प्रत्येक व्यापक क्षेत्र के लिए अधिक समय उपलब्ध करवाता है।

***(iii)* आपसी सह-संबंध अथवा एकरूपता ढांचे का पाठ्यक्रम (The Correlated or Integrated Pattern of Curriculum)** – यह एक से अधिक विषयों में उनकी पहचान नष्ट किए बिना उनमें संबंध स्थापित करता है जैसे विज्ञान, अंग्रेजी तथा शारीरिक शिक्षा को इस प्रकार संयोजित किया जा सकता है।

विद्यार्थी साधनों पर भ्रमण, पहाड़ों पर चढ़ाई चढ़ते समय इनमें शारीरिक स्वास्थ्य से संबंधित क्रियाएं शामिल होती हैं तथा जीवविज्ञान, ज्योतिषविज्ञान, भौतिकी एवं फोटोग्राफी आदि का अध्ययन शामिल किया जाता है। विद्यार्थी अनुभवों की रिपोर्ट लिखते हैं। विद्यार्थियों एवं अध्यापकों के द्वारा क्रियाओं का नियोजन किया जाता है। पाठ्यक्रम का यह ढांचा प्राथमिक स्कूल स्तर पर अधिक प्रचलित है।

***(iv)* अनुभव अथवा समस्या समाधान पाठ्यक्रम का ढांचा (The Experience or Problem Solving Curriculum Pattern)** – यह स्थितियों तथा दैनिक जीवन की समस्याओं के द्वारा अनुभव सीखने का प्रयास है। शारीरिक शिक्षा में इस प्रकार की क्रिया शारीरिक शिक्षा के दर्शन को संबंधित करने का

ढंग है। बच्चों की रुचियों, आवश्यकताओं एवं उद्देश्यों द्वारा शैक्षणिक अनुभवों को निर्धारित किया जाता है।

क्रियाओं का नियोजन अध्यापकों एवं विद्यार्थियों के आपसी सहयोग से किया जाता है। समस्या समाधान एक प्रमुख साधन है। यह ढांचा शिक्षण की मानवीय दृष्टि पर आधारित है जिसमें व्यक्ति एवं उसकी आवश्यकताओं का सम्मान किया जाता है। इस विधि का युवाओं के लिए विशेष महत्त्व है। यह विधि प्राथमिक स्कूल स्तर पर अधिक प्रचलित है।

जैसे-जैसे पाठ्यक्रम की प्रवृत्ति एवं ढांचे पर विचार किया जाता है, एक दूसरे के बारे में अधिक पता जानने के लिए अध्यापकों को एक विस्तृत पृष्ठभूमि की आवश्यकता पड़ती है ताकि संसाधित व्यक्ति के रूप में सेवाएं प्रदान कर सके। सुविधाएं, यातायात, सूचीबद्ध, साधन एवं बजट से संबंधित आवश्यकताओं की पूर्ति के लिए प्रशासकीय प्रयासों में लचीलापन होना चाहिए।

पाठ्य विषयों की विषय वस्तु

प्राथमिक कक्षा से लेकर बारहवीं कक्षा के लिए विभिन्न विषयों के पाठ्यक्रम हेतु विषय का चयन तथा कॉलेज के लिए भी यह एक जटिल कार्य है। पाठ्यक्रम में निम्न शामिल होने चाहिए–

1. अधिगम अनुभवों का उपयुक्त क्रम
2. एक विशेष ग्रेड अथवा कक्षा के स्तर के अनुरूप उपयुक्त गहराई, चौड़ाई एवं क्षेत्र।
3. बालक के विकास की विभिन्न स्थितियों पर उचित प्रकार एवं मात्रा में बल देना।
4. समाज की स्थानीय स्थितियों एवं आवश्यकताओं को अवश्य ध्यान में रखना चाहिए।
5. मौसमी स्थितियों, आधारभूत ढांचे, साधनों एवं विभागीय संसाधनों को ध्यान में रखकर इसे व्यावहारिक विधि को अपनाना चाहिए।
6. पाठ्यक्रम के चयन में सहायक सूचना साधनों के निर्णय को संभाल कर रखना एवं उसका उचित प्रयोग किया जाना चाहिए।

इन साधनों में निम्न को शामिल किया जा सकता है–

क. अध्यापकों का दृष्टिकोण उन के अपने अनुभवों, व्यावसायिक तैयारी एवं उनके द्वारा विद्यार्थियों की आवश्यकताओं एवं रुचियों का मूल्यांकन जो परिस्थितियों के अनुरूप सरल ढांचे में हो सके पर आधारित होना चाहिए।

ख. एकत्र सूचना जो प्रश्नावली के द्वारा होती है, अभिभावकों एवं विद्यार्थियों द्वारा पूर्ण की जानी चाहिए।

ग. विचार-विमर्श के द्वारा सूचनाओं (मौखिक एवं लिखित) को एकत्र किया जाना चाहिए, यह अपने क्षेत्र में विशेषज्ञों विशेषतः उनकी सूचनाओं एवं निर्णयों को जो पाठ्यक्रम पर आधारित होते हैं एवं सम्माननीय होते हैं शामिल किया जाए।

घ. सूचना निर्माण एवं निर्णय, पाठ्यक्रम समिति जिसमें प्रशासन, अध्यापकों/विभाग, विद्यार्थियों एवं लोगों का प्रतिनिधित्व हो द्वारा लिया जाना चाहिए।

ङ. पाठ्यक्रम के विभिन्न स्तरों पर निर्देशों एवं पाठ्यपुस्तकों के लिए पाठ्यक्रम को अनुमति प्रदान की जानी चाहिए।

जो पाठ्यक्रम निर्धारण में आधार होते हैं वे उच्च स्तरीय ढंग से चयनित होने चाहिए, उन्हें प्रस्तावित विषय की सामग्री का चयन के लिए एक पूर्ण परिभाषित कसौटी का प्रयोग अपनाना चाहिए। उन्हें निम्न पक्षों पर ध्यान देना चाहिए–

- क्या यह क्रिया शारीरिक शिक्षा के स्कूल, कॉलेज एवं विश्वविद्यालय स्तर के लक्ष्यों की पूर्ति में सक्षम है?
- क्या क्रिया के लिए चयनित विषय कार्यक्रम के लक्ष्यों के महत्त्व एवं निरंतरता में सहायक हैं?
- शारीरिक स्वास्थ्य, जीवन पर्यन्त खेल कौशल, सामाजिक पारस्परिकता, चरित्र निर्माण अथवा ज्ञान, मनोवृत्तियों एवं प्रशंसाओं में विकास के लिए चयनित क्रियाओं का सामर्थ्य क्या है?
- क्या क्रिया विद्यार्थी के विशिष्ट स्तर के विकास में उपयुक्त होती है और क्या यह इस दृष्टि से समग्र पाठ्यक्रम के क्रम में उचित होती है?
- क्या चयनित विषय/क्रिया उचित, अर्थपूर्ण एवं विद्यार्थियों के लिए रोचक है तथा क्या विद्यार्थी इनमें तालमेल कर सकते हैं, इसमें रुचि ले सकते हैं एवं इसकी आवश्यकता अनुभव करते हैं?
- क्या क्रिया पाठ्यक्रम कै विषय में तार्किक क्रमबद्धता में सहायक है?
- क्या क्रिया सुरक्षित है? और वे कौन-सी स्थितियां हैं जिनके अन्दर इसे स्वीकृत एवं सरल स्तर पर सुरक्षित बनाया जा सकता है?
- क्या संस्थान (स्कूल/कालेज) के पास आधारभूत ढांचा, विभागीय, साधन एवं बजट आदि के संसाधन हैं जिनके द्वारा सभी जरूरतें पूर्ण की जा सकें?

- क्या क्रिया स्थानीय स्थिति (लोगों की स्वीकृति) के अनुरूप तथा इसकी उपयोगिता, महत्त्व एवं उपयुक्तता के अनुकूल है?

विषय की क्रमबद्धता (पाठ्यक्रम क्रमबद्धता)

पाठ्यक्रम में क्रमबद्धता वह व्यवस्था है जिसमें अधिगम अनुभव प्राप्त होते हैं। क्रमबद्धता तार्किक एवं सम्बंधित होना चाहिए। शारीरिक शिक्षक की एक न्यूनता यह है कि वह आशांकन अथवा विषय के लिए अथवा शिक्षण के लिए एक प्रगतिशील क्रमबद्धता उपलब्ध करवाने में असफल रहता है। जैसे एक ही वॉलीबाल अथवा फुटबॉल की शिक्षा बिना किसी नवीन अनुभवों के समावेश के निरंतर पढ़ाई जाती है। शारीरिक शिक्षा कार्यक्रम के विषय को निरंतर अनुभवों के द्वारा सावधानीपूर्वक नियोजित किया जाना चाहिए जिसमें प्रगतिशील कौशल, क्रमबद्धता, ज्ञान एवं शारीरिक स्वास्थ्य आदि को स्कूल पूर्व स्तर से कॉलेज स्तर तक शामिल किया जाना चाहिए। क्रमबद्धता का विकास विद्यार्थियों की आवश्यकताओं एवं रुचियों को ध्यान में रखकर तथा शारीरिक शिक्षा के चुनौतीपूर्ण उद्देश्यों की प्राप्ति के प्रति प्रगतिशील सोच अपनाकर विकास किया जाना चाहिए।

पाठ्यक्रम क्रमबद्धता इस प्रकार से नियोजित की जानी चाहिए कि प्रत्येक विद्यार्थी को अपने कम-से-कम अनुभवों की अभिव्यक्ति का अवसर मिले : जैसे

1. टीम का समर्थन (to team support)
2. व्यक्तिगत एवं दोहरी खेल क्रियाएं (to individual and dual sports activities)
3. लयबद्ध क्रियाएं एवं (to rhythmic activities and)
4. आक्वैटिक (पानी में होने वाली) खेलें to aquatics (water sports)

चाहे एक न्यूनतम अभिव्यक्ति प्राप्त की जा सकती है, फिर भी विद्यार्थियों को अभिव्यक्ति के न्यूनतम स्तर की गतिविधियों द्वारा विशेषकर विद्यार्थियों की प्राथमिक रुचियों के क्षेत्र में सामान्य रूप से उत्साहित किया जाता है।

निम्न विचार-विमर्श द्वारा एक आदेशात्मक कार्यक्रम का शिक्षा के विभिन्न स्तरों पर बल दिया जाता है-

1. पूर्व स्कूल एवं बाल-विहार स्तर (Pre-school and kindergarten level)
2. प्राथमिक एवं उच्च प्राथमिक अथवा स्कूल स्तर (Primary and Elementary School level)
3. माध्यमिक स्कूल स्तर (Middle school level)
4. सैकण्डरी एवं सीनियर सैकण्डरी स्कूल स्तर (Secondary and Senior Secondary School level)
5. कॉलेज एवं विश्वविद्यालय स्तर। (College and University Level)

पूर्व स्कूल एवं बाल-विहार स्तर (Pre-School and Kindergarten)

गतिविधियों की स्वतंत्रता पर बल दिया जाना चाहिए तथा आधारभूत कौशलों सहित समग्रगति ढांचे (स्वतंत्र खेलना, लयबद्ध एवं क्रियात्मक गीतों द्वारा, गतिशील कहानियां, दौड़, चलना, रेंगना, चढ़ना, धकेलना, खींचना एवं खोदना), समग्र हाथ-आंख तालमेल तथा स्वयं के प्रति सजगता का विकास एवं क्रियाओं द्वारा अभिव्यक्ति सहित बल दिया जाना चाहिए। बालक के सार्वभौमिक व्यक्तित्व के साथ उसकी शारीरिक, मानसिक, भावात्मक एवं सामाजिक आवश्यकताओं के अनुसार निर्धारण किया जाना चाहिए। क्रियाओं द्वारा वातावरण की स्वाभाविक हलचल पर बल दिया जाना चाहिए ताकि अभिव्यक्ति तथा गतिविधियों के ढांचे की रचना की स्वतंत्रता एवं अवसर प्रदान किए जा सकें प्रबल मांसपेशीय क्रियाओं की प्रचुरता होनी चाहिए।

प्राथमिक अथवा उच्च प्राथमिक स्कूल (ग्रेड 1-5)

Primary and Elementary School (Grade 1-5)

यह एक पूर्ण परिचित तथ्य है कि यदि संभावी परिणाम प्राप्त करने हैं तो सभी उच्च प्राथमिक अथवा प्राथमिक स्कूलों में प्रत्येक बच्चे के लिए प्रतिदिन, सप्ताह में सभी दिन शारीरिक शिक्षा के लिए एक घण्टे का समय दिया जाना चाहिए।

धारणागत गति गुणवत्ताओं के विकास पर अधिक बल दिया जाना चाहिए जो पूर्ण संयोजित, निरंतर एवं प्रगतिशील क्रमबद्धता द्वारा किया जाना चाहिए। निम्न पर ध्यान दिया जाना चाहिए-

1. प्रदर्शन एवं क्रियाओं के प्रति सजगता
2. क्रियात्मक धारणा को सरल एवं संगठित करना
3. सुरक्षा के आधारभूत नियमों को बनाना तथा
4. गति स्वास्थ्य का विकास करना (लचकता, तीव्रता, संतुलन एवं तालमेल)

प्राथमिक स्कूल के प्रारंभिक दिनों में पूर्व अभिमुखीकरण का ध्यान बालक के सार्वभौमिक व्यक्तित्व पर होना चाहिए। क्रियाएं विस्तृत मांसपेशीय विकास, गतिविधि जांच (कलाबाजी,

बाजी डालना तथा रचनात्मक क्रियाएं) लयबद्ध क्रियाएं (खेल, गाना, सामान्य रचनात्मक एवं लोक नृत्य ढांचा) तथा निम्न संगठन की खेलें अथवा विद्यार्थी दीक्षा आदि पर आधारित होती हैं। आदेशात्मक गतिविधियां हैं – सामान्य एवं बड़े आकार की गेंद को पकड़ना एवं फेंकना, अनौपचारिक बाल सम्भालना, रैली, पकड़ना एवं लुप्त हो जाना, कूदना एवं उछलना, कौशलों में संतुलन बनाए रखना, रस्सी पर कूदना, मूलभूत लयबद्ध खेल तथा साधारण सफाई, मूलभूत फुटबाल प्रकार का कौशल, खेल मैदान के साधन, खेलें, डोजिंग तथा ड्रैटिंग खेलें आदि। प्राथमिक स्कूल के पश्चात् की शिक्षा के लिए, गत्यात्मक कौशलों के विकास एवं शोधन, शारीरिक स्वास्थ्य, आधारभूत कौशलों में उपयुक्त पकड़ने की विधि, धारणाओं से सम्बंधित क्रियाओं के विकास जैसे नियम एवं मूल व्यवस्था आदि के विकास पर अधिक बल दिया जाता है। व्यक्तिगत विकास एवं व्यक्ति का समूह सदस्य (समाजीकरण के लिए सामाजिक परस्पर प्रभाव) के संयोजन के लिए पूर्व अभिमुखीकरण होना चाहिए। क्रियाओं का लक्ष्य गतिविधि शिक्षा में अनुभवों की तार्किक क्रमबद्धता : आधारभूत एवं रचनात्मक गतिविधियां, लयबद्ध एवं नृत्य क्रियाओं की आधार प्रकृति, निम्न संगठन की प्रबल गतिविधियां एवं खेल, आधारभूत पानी की खेलें एवं जिमनास्टिक कौशल, शारीरिक स्वास्थ्य क्रियाएं एवं परीक्षण एवं गतिकौशल।

प्राथमिक स्कूल की विस्तृत स्थिति पर विद्यार्थियों के लिए कुछ आदेशित विशिष्ट क्रियाएं इस प्रकार हैं–

- डोज बाल खेल, किक बाल खेल, बास्केटबाल, वालीबाल
- रैली एवं दौड़, शारीरिक स्वास्थ्य अभ्यास (शक्ति एवं लचकीलापन का अभ्यास) एवं परीक्षण
- ट्रेक, फील्ड एवं जिमनास्टिक कौशल एवं उछलकूद की क्रियाएं

संक्षेप में कहा जा सकता है कि इन संरचनात्मक वर्षों में बच्चों ने अधिक रुचियां इनमें दिखाई है जैसे – पीछा करना और लुप्त हो जाना, लुका-छिपी, शिकार खेल, लयबद्ध, तैराकी, गत्यात्मक, कहानिबां, क्रियान्मुखी गीतों आदि।

वाल्टर ने प्रस्ताव किया है – ''विद्यार्थियों को खेल क्रियाओं में अभिव्यक्ति के साथ नवीन एवं आनंददायक पलों की खोज तथा साथ ही उनके प्रभावी विकास एवं स्वयं अपने शरीर पर नियंत्रण रखने वाली संरचनात्मक क्रियाएं विभिन्नता के साथ प्रदान करने का अवसर उपलब्ध करवाती हैं। एक ऐसा वातावरण उपलब्ध करवाया जाना चाहिए जिसमें विद्यार्थी को व्यक्तिगत रूप से सोचने, घूमने एवं सीखने का क्रियाओं में आनंददायक अनुभव के साथ-साथ अवसर प्राप्त हो। स्कूल का यह समय बालक के ज्ञानात्मक गति प्रक्रिया एवं भविष्य के निरूपण में एक नाजुक दौर होता है। शारीरिक शिक्षा के अध्यापक को बच्चों के लिए कार्यक्रम बनाते समय उनकी प्रकृति, रुचियों, योग्यताओं तथा आवश्यकताओं के प्रति पूर्णतः सजग होना चाहिए। इससे आगे उच्च प्राथमिक स्कूल के शारीरिक शिक्षा अध्यापक को संवेदनशील मनों एवं वृद्धि कर रहे शरीरों के साथ धैर्य, सुरक्षित, दृढ़ता एवं संतुलित व्यवहार करने की आवश्यकता होती है। कुछ स्थितियों में जहां कक्षा में अध्यापक ''गतिविधि शिक्षा'' के लिए निश्चित किए जाते हैं, उन्हें इसके प्रति पूर्ण पूर्व-अभिमुखीकरण होना चाहिए।

प्राथमिक स्कूल स्तर पर प्रमुख नियम यह होता है कि समय प्रबंधन, 10 प्रतिशत शारीरिक शिक्षा में गतिविधियों में निपुणता को विकसित करने के लिए शिक्षण समय समर्पित किया जाता है, 10 प्रतिशत बाल संतुलन के लिए, 20 प्रतिशत निम्न संगठन की खेलों के लिए, 15-20 प्रतिशत विकासात्मक क्रियाओं, 35-40 प्रतिशत लयात्मक एवं नृत्य क्रियाएं तथा 5 प्रतिशत व्यक्तिगत एवं दोहरी क्रियाओं के रूप में किया जाता है।

माध्यमिक स्कूल स्तर : (ग्रेड 6-8)

मिडिल (माध्यमिक) स्कूल स्तर में इस प्रकार बल दिया जाना चाहिए –

1. शारीरिक स्वास्थ्य का विकास एवं उसे बरकरार रखना।
2. विशिष्ट क्रियाओं की व्यापक विभिन्नता का विकास।
3. विभिन्न क्रियाओं के सम्बंध में मूलभूत ज्ञान एवं प्रशंसा जिससे कक्षा से बाहर की क्रियाओं के लिए बुद्धिमतापूर्ण चयन करने में आधार का कार्य किया जाता है।
4. स्वयं के विषय में सजगता एवं आत्म विश्वास में विकास करना।

व्यक्तिगत पूर्व अभिमुखीकरण करने के द्वारा समाज में ऐसे प्रौढ़ का विकास करना है जिन्हें विस्तृत अभिव्यक्ति एवं महत्त्वपूर्ण चुनौतियों की आवश्यकता होती है। क्रियाओं द्वारा मानवीय प्रतिभा एवं रुचियों के विविधमुखी विकास के लिए बल दिया जाना चाहिए जो सफलता एवं पूर्णता के लिए सहयोग देने वाले चयन के लिए एक आधारभूत ढांचे में सहायता करती है। विद्यार्थियों के निरंतर बेढबेपन पर बल नहीं दिया जाना चाहिए एवं सामाजिक परस्परता, सामाजिक सहभागिता एवं प्रबल सहभागिता की आवश्यकता पर पर्याप्त बल दिया जाना चाहिए। टीम खेल की भावना सदैव महत्त्वपूर्ण होता है। शारीरिक शिक्षा

के कार्यक्रम में चुनौतीपूर्ण जलीय खेलें, क्रियाएं, निरंतर कौशल, उछलना एवं जिमनास्टिक कौशल लड़कों के द्वंद्वपूर्ण क्रियाएं, माध्यमिक नृत्यक्रियाएं, खेल मैदान के शैक्षणिक कौशल तथा निरंतर स्वास्थ्य गतिविधियां एवं परीक्षण को भी शामिल किया जाना चाहिए। वाल्टर एटअल (1979) ने माध्यमिक स्कूल स्तर के शिक्षण कार्यक्रम की वकालत करते हुए कहा है कि यह ऐसा होना चाहिए ''ऐसा जिसमें विद्यार्थी शरीर में परिवर्तन के साथ सन्तोषजनक महसूस कर सकते हैं तथा विद्यार्थियों को इस प्रकार की क्रियाओं द्वारा विद्यार्थियों को अभिव्यक्ति का अवसर प्रदान किया जाता है, जो क्रियाएं प्राथमिक स्कूल के आरंभिक कार्यक्रम में शामिल होती है उनसे यह बिल्कुल भिन्न होती है।'' सिद्धान्त में 5 प्रतिशत शारीरिक शिक्षा के शिक्षण का समय क्रियाओं की निपुणता के विकास में समर्पित होना चाहिए (आसन में शुद्धि, उचित शरीर की संरचना, क्रियाओं की एकरूपता का सिद्धान्त एवं शिक्षण कौशल), 25-30 प्रतिशत खेलों एवं गतिविधियों में कौशलों को प्राप्त करने के लिए (प्रमुख टीम खेलों के लिए कौशल, व्यक्तिगत खेल, उनकी युक्तियां, रणनीतियां स्थितिगत खेल, छोटी एवं आगे बढ़ाने वाले खेलें एवं निम्न संगठन की खेलें) 20-25 प्रतिशत विकासात्मक क्रियाओं (जनक खेलें जैसे एथलेटिक्स जलीय खेल, जिमनास्टिक, सामान्य प्रतियोगिताएं, कुश्ती एवं आत्म रक्षा की क्रियाएं आदि) 25-30 प्रतिशत लयात्मक एवं नृत्य (लोक नृत्य, समूह नृत्य, रचनात्मक क्रियाएं, सामाजिक नृत्य, भारतनाट्यम, संगठन आदि) एवं 20-25 प्रतिशत व्यक्तिगत एवं दोहरी गतिविधियां (व्यक्तिगत खेल जैसे- तीर अंदाजी, गोल्फ, साइकलिंग, स्कैटिंग, खेल के मैदान से बाहर की रचनात्मक क्रियाएं जैसे मछली पकड़ना, किश्ती चलाना, पहाड़ों पर चढ़ना आदि)।

सैकण्डरी एवं सीनियर सैकण्डरी स्कूल स्तर (ग्रेड 9-12)

जीवन पर्यन्त क्रियाएं कुछ अधिक प्रबल होती हैं और कुछ कम उन पर भी बल दिया जाना चाहिए। एक सक्रिय जीवन के लिए ज्ञान, अन्तर समझ एवं प्रेरणा का विकास भी महत्त्वपूर्ण है। आवश्यक सामूहिक गतिविधियों का समूह भी शामिल करने पर बल दिया जाना चाहिए। जो आत्मविश्वास, व्यक्तिगत प्रेरणा, आचरण एवं अपने एवं दूसरों के प्रति उत्तरदायित्व की भावना का विकास करता है। जब व्यक्ति को क्रियाओं के चयन की आवश्यकता पड़ती है तब पूर्ण-अभिमुखीकरण व्यक्ति द्वारा क्रियाओं जो उसके द्वारा निरंतर अपनी आवश्यकता एवं रुचियों के अनुरूप होते है, पर होना चाहिए। क्रियाओं में व्यापक दूरी की निरंतर खेलों को शामिल किया जाना चाहिए जैसे-जीवन-पर्यन्त खेल, शारीरिक स्वास्थ्य द्वंद्व एवं आत्मरक्षा, जलीय, जिमनास्टिक, रचनात्मक एवं सामाजिक प्रकार का नृत्य, प्रबल टीम खेल, एवं दीवार से बाहर की चुनौतीपूर्ण क्रियाएं।

कॉलेज एवं विश्वविद्यालय स्तर (College and University Level)

कॉलेज में गतिविधियों पर सीनियर सैकण्डरी स्कूल स्तर से अधिक बल दिया जाता है, जिसमें कार्यक्रम के विभिन्न पक्षों से संबंधित जीवन पर्यन्त खेलों पर अधिक ध्यान देने की संभावना स्वीकारी जाती है, (टीम, खेलें, व्यक्तिगत खेल, जलीय, नृत्य एवं बाह्य कौशल) एवं शारीरिक स्वस्थता, ध्यान सहित रेखांकित धारणाएं एवं रूपायित करने की योग्यता एवं जीवन-पर्यन्त व्यक्तिगत स्वस्थता के कार्यक्रम का अनुसरण करना। पूर्व अभिमुखीकरण विद्यार्थियों की आवश्यकता के अनुरूप होना चाहिए ताकि भविष्य में गैर-विद्यार्थी के रूप में अन्त:प्रेरणा द्वारा शारीरिक स्वास्थ्य की आवश्यकता, दीर्घायु प्रक्रिया, सक्षम सहभागिता, संस्था से बाहर अवसर एवं वैज्ञानिक एवं सामाजिक धारणाएं जो उपलब्ध क्रियाओं में से कुछ के चयन के कार्य करती हैं। इन सब की अवधि के दौरान चयनित क्रियाओं में सहभागिता जिसका लक्ष्य शुद्ध मनोरंजन एवं आनंद होता है, के विचार को अधिक प्रोत्साहित किया जाना चाहिए। जीवन की संवृद्धि को समग्र कार्यक्रम में सावधानीपूर्वक मिश्रित किया जाना चाहिए।

इसके आगे विश्वविद्यालय स्तर पर विभिन्न क्रियाओं (खेलों एवं गतिविधियों) में विशेषज्ञता के व्यावसायीकरण पर अधिक बल दिया जाता है। गत्यात्मक अनुभवों, बाइयोमकैनिक्स एवं किनैसोलोजी के सीखने पर अधिक बल दिया जाता है। कुछ विश्वविद्यालय अथवा संस्थाएं जो उच्च शिक्षण में स्वास्थ्य एवं जिम प्रबंधन, संसाधनों के साथ एवं बिना साधनों के ऐरोबिक्स संबंधी शिक्षा, ऐथलेटिक्स में एवं अन्य खेलों में प्रशिक्षण, भोजन एवं पोषण प्रबंधन, खेल मनोविज्ञान आदि में डिप्लोमा अथवा डिग्री करवाते हैं।

वाणिज्यिक शारीरिक शिक्षा भी एक क्षेत्र है जिसमें विश्व की कुछ यूनिवर्सिटियां कुछ व्यावसायिक पाठ्यक्रम करवाती हैं। इसको उद्योगों अथवा बड़े व्यापारी घरानों, रैकिट क्लबों, ग्लोफ पाठ्यक्रमों एवं इसी प्रकार से अन्यों द्वारा रोजगार के अवसरों के उभार के द्वारा इसे प्रोत्साहित किया जा रहा है।

कक्षा प्रबंध के सिद्धान्त

शारीरिक शिक्षा के क्षेत्र में कक्षा के प्रबन्ध के लिए समय-समय पर कुछ प्रमुख सिद्धान्तों का प्रयोग किया जाता है। शारीरिक शिक्षा के अन्दर कक्षा प्रबन्ध से अभिप्राय यह है कि इस विषय के अन्दर जो लिखित एवं अभ्यास की जो कक्षायें चलती है उनके सही एवं क्रमबद्ध रूप से चलाने के लिए एक शारीरिक शिक्षा का शिक्षक कक्षा प्रबंध के सिद्धान्तों को अपनाता है। कक्षा प्रबन्ध के प्रमुख सिद्धान्तों का नीचे निम्न आधारों पर वर्णन किया गया है।

1. **वस्तु का सही समय पर प्रयोगः** विद्यार्थियों में रुचि उत्पन्न करने के लिए प्रत्येक वस्तु का सही समय पर व्यवस्थित रूप में प्रयोग करना अति आवश्यक है। आवश्यक खेल सामग्री पर्याप्त मात्रा में उपलब्ध होना चाहिए क्योंकि यदि विद्यार्थियों की संख्या के अनुसार पर्याप्त मात्रा में खेल उपकरण उपलब्ध नहीं होती है तो विद्यार्थियों पर नियन्त्रण रखना अत्यन्त कठिन हो जाता है। साथी ही साथ कभी-कभी यह भी देखा जाता है कि यदि कक्षा के विद्यार्थियों को आवश्यक सामान नहीं मिल पाता है तो वे निष्क्रिय हो जाते हैं। इसलिए शारीरिक शिक्षा के शिक्षक को चाहिए कि कक्षा प्रारम्भ करने के पूर्व प्रत्येक प्रकार की खेल सामग्री आवश्यकतानुसार तैयार रखे। यदि शारीरिक शिक्षा का शिक्षक खेल के सामानों की पूर्व व्यवस्था नहीं करता है तो उसे विभिन्न प्रकार की समस्याओं का सामना करना पड़ता है।

2. **खेल मैदानों का रेखांकनः** शारीरिक शिक्षा के क्षेत्र में शिक्षण एवं प्रशिक्षण के दौरान विभिन्न प्रकार के खेलों का प्रयोग किया जाता है। जिस खेल का प्रयोग किया जाता है उसका अपना अलग आकार का मैदान होता है एवं मैदानों में खेल के नियमानुसार अलग-अलग स्थान पर कई रेखायें लगी होती है। एक शारीरिक शिक्षा के शिक्षक को चाहिए कि किसी खेल की कक्षा को प्रारम्भ करने से पूर्व मैदान के अन्दर निश्चित जगह पर आवश्यक रेखाओं को अंकित कर लेना चाहिए क्योंकि यदि शारीरिक शिक्षा का शिक्षक खेल मैदान के अन्दर, जिस खेल से सम्बन्धित कक्षा ले रहा हो, तो प्रशिक्षण कार्य में व्यावधान पड़ने की सम्भावना होती है एवं शिक्षक को कई प्रकार की समस्याओं का सामना करना पड़ता है साथ ही साथ कक्षा को प्रभावशाली ढंग से सम्पन्न करने की सम्भावना काफी कम होती है। इसलिए आवश्यक रेखांकन कक्षा से पूर्व करना चाहिए।

3. **समय एवं स्थान का निर्धारणः** एक शारीरिक शिक्षा के शिक्षक को कक्षा लगाने से पूर्व समय एवं स्थान दोनों का निर्धारण कर लेना चाहिए एवं साथ ही साथ स्थान एवं समय की जानकारी विद्यार्थियों को सूचना के रूप में प्रदान कर देना चाहिए ताकि विद्यार्थियों के मन में किसी भी प्रकार की शंका उत्पन्न न हो। यदि विद्यार्थियों को स्वंय स्थान एवं समय का ज्ञान नहीं होगा तो वे निश्चित समय पर कक्षा के अन्दर नहीं पहुंच पाते हैं बल्कि विद्यालय के अन्दर इधर-उधर घूमते रहते हैं एंव इस तरह से विद्यार्थियों को घुमाने का श्रेय शारीरिक शिक्षा के शिक्षक को हो जाता है। इसलिए शारीरिक शिक्षा के शिक्षक को इसका ध्यान रखना चाहिए।

4. **उद्देश्य का ज्ञानः** अच्छे कक्ष प्रबन्ध के लिए यह आवश्यक है कि प्रत्येक सम्बन्धित व्यक्ति को कार्यक्रम के उद्देश्यों का स्पष्ट ज्ञान होना चाहिए। क्योंकि यदि सभी लोगों को कार्यक्रम के प्रयोग करने के उद्देश्य के बारे में पूर्व जानकारी होती है तो किसी भी कार्यक्रम को निर्बाध गति से चलाया जा सकता है। शारीरिक शिक्षा के कार्यक्रम का निर्माण करते समय भी उद्देश्य एवं विभागीय नीति को ध्यान में रखना अतिआवश्यक है। यदि शारीरिक शिक्षा का शिक्षक बिना उद्देश्य को ध्यान में रख कर किसी भी कार्य को सम्पन्न करता है तो कक्षा का कोई विशेष औचित्य नहीं है।

5. **सुरक्षा की व्यवस्थाः** एक शारीरिक शिक्षा के शिक्षक को विषय सम्बन्धी कक्षा को प्रारम्भ करने से पूर्व एवं खेलों के अभ्यास के दौरान प्रत्येक छात्रों की शारीरिक सुरक्षा का ध्यान रखना अति-आवश्यक है क्योंकि खेलों के अभ्यास के दौरान चोट लगने की सम्भावना बहुत अधिक होती है और इस चोट की सम्भावना को कम करने के लिए एक शारीरिक शिक्षा के शिक्षक को अभ्यास के दौरान सुरक्षात्मक ढंग अपनाना चाहिए जिससे विद्यार्थी को अभ्यास के दौरान चोट लगने की सम्भावना कम हो सके।

6. **मित्रतापूर्ण व्यवहारः** कक्षा के अच्छे प्रबन्ध के लिए यह आवश्यक है कि शारीरिक शिक्षा के शिक्षक का विद्यार्थियों के प्रति अच्छा व्यवहार हो। अध्यापक को भी इस बात का ध्यान रखना चाहिए कि उसके मुँह से जो भी शब्द निकले उससे किसी भी विद्यार्थी के सम्मान पर व्यक्तिगत रूप से

कोई खराब प्रभाव न पड़े। क्योंकि शब्दों के माध्यम से जो चोट लगती है वह चोट तलवार के लगे चोट से तेज होती है। सभी विद्यार्थियों में सीखने की क्षमता एवं कार्य को करने का ढंग एक समान नहीं होता है। क्योंकि कुछ विद्यार्थियों में सीखने की क्षमता अधिक होती है एवं कुछ विद्यार्थियों में सीखने की क्षमता अपेक्षाकृत कम होती है। जिन छात्रों में सीखने की क्षमता अपेक्षा अधिक होती हैं वे किसी प्रकार के कार्य को अतिशीघ्र सीखते हैं एवं जिन छात्रों में सीखने की क्षमता कम होती है उन्हें किसी नये कार्य को सीखने में अन्य छात्रों की अपेक्षा अधिक समय लगता है। ऐसी स्थिति में शारीरिक शिक्षा के शिक्षक को व्यंगात्मक एवं अशिष्ट भाषा का प्रयोग नहीं करना चाहिए। बल्कि मित्रता पूर्ण व्यवहार करना चाहिए। यदि शारीरिक शिक्षा का शिक्षक कड़े शब्दों का प्रयोग करता है तो विद्यार्थियों के हतोत्साहित होने की पूर्ण सम्भावना होती है।

कक्षा प्रबन्ध के चरण

यदि प्रतिदिन के क्रिया-कलापों को यदि एक क्रमबद्ध एवं व्यवस्थित रूप में प्रयोग किया जाय तो कक्षा के प्रबन्ध में अत्यधिक सहायता मिलती है क्योंकि व्यवस्थित कार्यक्रमों के माध्यम से ही कक्षा प्रबन्ध का मार्गदर्शन होता है। शिक्षण का प्रयोग इसलिए किया जाता है जिससे कि किसी भी कार्य को सीखने में सहायता प्राप्त हो और नये-नये कार्यों को भी सीखने का बराबर अवसर मिलता रहता है। लेकिन विद्यार्थियों को कोई भी नया कार्य सीखने से पूर्व दैनिक कार्यक्रमों को एक क्रमबद्ध गठन की प्रक्रिया के रूप में प्रयोग करना चाहिए। प्रायः अच्छे कक्षा के प्रबन्ध के लिए तीन चरणों का प्रयोग किया जाता है।

जिसका उल्लेख नीचे निम्न आधारों के माध्यम से स्पष्ट किया गया है।

1. कक्षा लगने से पूर्वः एक अच्छे एवं कुशल शारीरिक शिक्षा के शिक्षक को चाहिए कि अपने विषय से सम्बन्धित कक्षा लेने से पूर्व विषय से सम्बन्धित सम्पूर्ण तैयारी करना चाहिए। कभी-कभी यह देखा जाता है कि कुछ अध्यापक कक्षा प्रारम्भ करने से पूर्व विषय की तैयारी करते हैं एवं कुछ शिक्षक शाम को ही विषय से सम्बन्धित तैयारी करते हैं लेकिन कक्षा से थोड़े समय पूर्व तैयारी करना अच्छा माना जाता है। क्योंकि ऐसी स्थिति में शारीरिक शिक्षा का शिक्षक नवीन परिस्थितियों के अनुसार तैयारी करने में सफल हो जाता है। विद्यालय के अन्दर शारीरिक शिक्षा के अध्यापक को और कई उत्तरदायित्वपूर्ण कार्यों को सम्पन्न करना पड़ता है। शिक्षक को चाहिये कि इन सभी बातों के साथ यह ध्यान देना अतिआवश्यक है कि वह स्वयं जो कक्षा ले रहा है उसमें कक्षा के दौरान कौन-कौन से खेल उपकरण की आवश्यकता है एवं साथ-साथ उन सभी उपकरणों की व्यवस्था भी करना चाहिए। यदि शिक्षक यह महसूस करता है कि कक्षा प्रारम्भ करने से पूर्व विद्यार्थियों को कुछ आवश्यक निर्देश देना है तो उसे चाहिए कि स्वयं विद्यार्थियों से विचार विमर्श कर ले अथवा उससे सम्बन्धित कोई रूप रेखा तैयार कर लेना चाहिए जिससे कि समय नष्ट न हो सके।

2. कक्षा के दौरानः कक्षा लगने के दौरान शारीरिक शिक्षा के शिक्षक को निम्नलिखित बातों की ओर ध्यान देना अतिआवश्यक है। इनकी व्याख्या नीचे निम्नलिखित आधारों पर की गयी है। ये इस प्रकार हैं।

क. उपस्थिति लेनाः शारीरिक शिक्षा के शिक्षक को अपने घन्टे में उपस्थिति के दौरान शारीरिक शिक्षा के शिक्षक को तेजी से चिल्लाना नहीं चाहिए बल्कि आवाज इतनी तेज होनी चाहिए जिससे कि सभी विद्यार्थी उसको सुन सके। एक शारीरिक शिक्षा के शिक्षक को अपनी उपस्थिति के कार्य को सम्पन्न करने में अन्य शिक्षकों की अपेक्षा अधिक समय लगता है। इसलिए शारीरिक शिक्षा के शिक्षक को चाहिए कि अपने उपस्थिति के कार्य को कम समय में पूरा करने का प्रयास करना चाहिए जिससे कम से कम समय नष्ट हो सके। प्रायः हाजिरी के लिए नाम या रोल नम्बर का प्रयोग किया जाता है। लेकिन सबसे अच्छा यह है कि प्रत्येक विद्यार्थियों के खड़ा होने का स्थान पहले निर्धारित कर दिया जाये जिससे प्रत्येक विद्यार्थी अपने पूर्व निश्चित स्थान पर खड़े हो जाये ऐसी व्यवस्था के कारण समय की बचत होती है।

ख. नेता का निर्धारणः कक्षा के अच्छे प्रबन्ध एवं सभी विद्यार्थियों को अभ्यास के दौरान अधिक से अधिक अवसर प्राप्त हो सकें उसके लिए यह आवश्यक है कि सम्पूर्ण कक्षा के विद्यार्थियों को कई ग्रुप में बाँट दिया जाए एवं प्रत्येक ग्रुप के लिए अलग-अलग नेता का निर्धारण करना चाहिए। ये नेता सभी विद्यार्थियों के मध्य से चुने जाते हैं। एक ग्रुप के अन्दर लगभग 10 से बारह विद्यार्थी होते हैं यदि इससे अधिक विद्यार्थी होंगे तो उनका नियंत्रण सुचारू रूप से सम्भव नहीं हो सकता है। शिक्षक की सफलता के लिए यह आवश्यक है कि एक शारीरिक शिक्षा के शिक्षक को चाहिए कि वह प्रत्येक विद्यार्थी के बारे में पूर्ण जानकारी

रखे जैसे उदाहरण के लिए कौन सा विद्यार्थी कमजोर हैं, कौन सा विद्यार्थी प्रतिदिन नहीं आता है, आदि।

ग. **कक्षा की सज्जा या बनावटः** शारीरिक शिक्षा के विभिन्न प्रकार की क्रियाओं के प्रशिक्षण के दौरान शिक्षक सभी विद्यार्थियों को विभिन्न प्रकार के आकारों में खड़ा करता है। कक्षा की बनावट को दो प्रमुख आधारों पर बाँटा गया है जिसका नाम क्रमशः है।

1. मुक्त कक्षा की बनावट 2-सामान्य संरचना।

1. **मुक्त कक्षा की बनावट-** इस प्रकार की कक्षा के बनावट में विद्यार्थी अपनी इच्छा के अनुसार खड़ा रहता है। प्रायः छोटे बच्चों के लिए इस प्रकार की बनावट का प्रयोग किया जाता है। लेकिन बड़े कक्षा के विद्यार्थी भी कभी-कभी इस प्रकार के बनावट का प्रयोग करते हैं जैसे-उदाहरण के लिए उष्मीकरण के दौरान प्रत्येक छात्र अपनी इच्छानुसार कक्षा में खड़े रहते हैं। शारीरिक शिक्षा का शिक्षक भी अपनी आवश्यकतानुसार, इसका प्रयोग करता है।
2. **सामान्य संरचना-** जब शिक्षक प्रशिक्षण के दौरान सम्पूर्ण कक्षा को कई ग्रुपों में बाँटकर अभ्यास कराता है। उस स्थिति में प्रत्येक ग्रुप के विद्यार्थी अपने-अपने नेता के सामने सामान्य ढंग से खड़े रहते हैं। इस प्रकार की संरचना का प्रयोग प्रायः तब किया जाता है जबकि प्रत्येक विद्यार्थियों से किसी नये कौशल के बारे में अभ्यास करना हो अथवा कोई नयी जानकारी प्रदान करना है।

घ. **आदेश-** कक्षा के दौरान शिक्षक द्वारा विद्यार्थियों को विभिन्न प्रकार के कार्यों को करने के लिए विभिन्न प्रकार के आदेश समय-समय पर देता रहता है जैसे-उदाहरण के लिए कक्षा के प्रारम्भ होते ही शिक्षक विद्यार्थियों को उष्मीकरण के लिए आदेश देता है, विद्यार्थियों से व्यायाम कराते समय शारीरिक शिक्षा का शिक्षक आदेशों का प्रयोग करता है, आदि। यदि सही ढंग से आदेश का पालन न किया जाय तो किसी प्रकार की कक्षा, चाहे शारीरिक शिक्षा की कक्षा हो अथवा अन्य विषय की कक्षा हो, का नियन्त्रण करना अत्यन्त कठिन है।

ङ **उत्तरोत्तर प्रगति-** उत्तरोत्तर प्रगति से अभिप्रायः यह है कि शारीरिक शिक्षा का कार्यक्रम इस प्रकार से तैयार किया गया हो जिससे कि विद्यार्थियों की उत्तरोत्तर प्रगति का आभास शिक्षक को होता रहे। इसके लिए शारीरिक शिक्षा का शिक्षक साप्ताहिक, मासिक, वार्षिक, आधार पर विभिन्न प्रकार के कार्यक्रमों का निर्माण करते हैं क्योंकि इस प्रकार के प्रयोग से विद्यार्थियों को क्रमशः शारीरिक एवं मानसिक अवस्था के अनुसार प्रगति होता रहता है।

च. **विसर्जन-** कक्षा की अवधि समाप्त होने पर कक्षा का विसर्जन शिक्षक के आदेश पर होता है क्योंकि बिना विसर्जन के कोई भी विद्यार्थी कक्षा से बाहर नहीं जा सकता है। विसर्जन से पूर्व अध्यापक कभी-कभी छोटे खेलों का भी आयोजन करता है जिससे कि विद्यार्थियों में खेल के प्रति रुचि का निर्माण हो सके। इस विसर्जन के बाद शारीरिक शिक्षा के अध्यपाक एवं विद्यार्थियों का सम्पर्क समाप्त नहीं होता है बल्कि बिसर्जन के बाद स्वयं शारीरिक शिक्षा का शिक्षक विद्यार्थियों की गतिविधियों का अवलोकन करता है एवं यदि उनमें कोई कमी होती है तो उन्हें सुधारने के लिए समय-समय पर सुझाव देता है।

3. **कक्षा लगने के बादः** कक्षा प्रबन्ध का अन्तिम चरण उस समय समाप्त होता है जब प्रशिक्षण के बाद कक्षा का विसर्जन किया जाता है। इस चरण में शारीरिक शिक्षा का अध्यापक कक्षा के अन्दर प्रयोग होने वाले विभिन्न खेल के सामानों को एकत्र करता है एवं आवश्यक सूचनाओं को लिखता है। विद्यार्थियों से सम्बन्धित रिपोर्ट तैयार करता है। विद्यार्थियों के शिक्षण सम्बन्धी समस्याओं का समाधान करता है।

शारीरिक शिक्षा में शिक्षण एवं प्रशिक्षण के दौरान प्रयोग होने वाली संरचनाओं के प्रकार

शारीरिक शिक्षा से सम्बन्धित शिक्षण के दौरान अभ्यास करते समय विद्यार्थियों को आवश्यकतानुसार विभिन्न प्रकार की संरचना में खड़ा करना पड़ता है। संरचना का आकार पंक्तियों, गोलाकार, अर्द्ध गोलाकार आदि विभिन्न प्रकार का हो सकता है। यदि कक्षा की संरचना अच्छा नहीं होता है तो इसका प्रभाव शिक्षक के कौशल के प्रदर्शन पर पड़ता है। कभी-कभी इसी के कारण शारीरिक शिक्षा का शिक्षक अपने क्रिया-कलापों को विद्यार्थियों को समझाने में असमर्थ हो जाता है। शारीरिक शिक्षा के क्षेत्र में अभ्यास एवं शिक्षण के दौरान सामान्य रूप से अग्रलिखित संरचनात्मक प्रकार के आकारों का प्रयोग किया जाता है जिसका वर्णन निम्न प्रकार से नीचे विभिन्न आधारों पर किया गया है, वे इस प्रकार से हैं-

1. **मुक्त अथवा खुली कक्षाः** इस प्रकार की कक्षा का कोई विशेष आकार नहीं होता है। क्योंकि प्रत्येक विद्यार्थी अपनी स्वेच्छा से खड़ा रहता है। इस प्रकार की कक्षा में सभी विद्यार्थी एक ग्रुप में आसपास खड़े रहते हैं। सामान्यतया इस प्रकार के आकार की कक्षा का प्रयोग शिक्षक दो

अवस्थाओं में करता है। प्रथम जब शिक्षक छोटे-छोटे बालकों का क्लास लेता है तो इस प्रकार के आकार का प्रयोग करता है, एवं द्वितीय अवस्था में बड़े विद्यार्थियों से जब उष्मीकरण का व्यायाम कराता है तो इस प्रकार की बनावट की कक्षा का प्रयोग करते हैं जिससे विद्यार्थियों को कार्य करते समय किसी भी प्रकार की समस्या न उठानी पड़े।

2. **सामान्य अथवा खण्डात्मक कक्षाः** इस प्रकार की कक्षा के बनावट में शिक्षक सम्पूर्ण कक्षा को कई ग्रुपों में बांट देता है एवं प्रत्येक ग्रुप के लिए उन्हीं विद्यार्थियों में से एक को नेता का भार सौंप देता है जो कि नेता अपने-अपने ग्रुप के क्रिया-कलापों को नियन्त्रित करता है। शिक्षक कुछ दूर खड़ा होकर सम्पूर्ण कक्षा का अवलोकन करता है एवं अभ्यास के दौरान उत्पन्न समस्याओं का समाधान करता है। इस प्रकार की कक्षा का प्रयोग उस समय किया जाता है जब विद्यार्थियों से किसी नये कौशल का अभ्यास कराया जाता है। इस प्रकार की कक्षा की बनावट का प्रयोग करने से सभी विद्यार्थियों को अभ्यास का अधिक से अधिक अवसर मिलता है।

3. **सरल पंक्ति की रचना की कक्षाः** इस प्रकार की कक्षा में सभी विद्यार्थी एक सीधी रेखा में खड़े होते हैं एवं एक विद्यार्थी से दूसरे विद्यार्थी के मध्य लगभग अपने हाथों के बराबर फासला होता है जिससे व्यायाम करते समय किसी भी प्रकार की समस्या का सामना न करना पड़े। साधारणतया इस प्रकार की कक्षाओं को तीन आकार से प्रयोग में लाया जाता है जिसका उल्लेख निम्न प्रकार से है।

   क. **सीधी पंक्तिः** इस प्रकार की कक्षा का आकार लगभग एक सीधी रेखा में होता है। इसी प्रकार से आवश्यकता पड़ने पर सभी विद्यार्थियों को दो लाइन में खड़ा करते हैं। दोनों लाईन एक दूसरे के समानान्तर होती है।

   ख. **विद्यार्थियों का मुँह अन्दरः** इस प्रकार की कक्षा का आकार दो समानान्तर रेखा में ही होता है। लेकिन इस प्रकार सभी विद्यार्थी खड़ा होते हैं कि उनका मुँह अन्दर की ओर और आमने-सामने होता है। दोनों लाइन के मध्य पर्याप्त मात्रा में जगह होता है जिनके मध्य शिक्षक खड़ा होता है।

   ग. **विद्यार्थियों का मुँह बाहरः** इस प्रकार की कक्षा का आकार भी दो समानान्तर रेखा में होता है। लेकिन सभी विद्यार्थी इस प्रकार खड़े होते हैं कि उनका मुंह दोनों ओर बाहर की ओर होता है। इस प्रकार की कक्षा के आकार का प्रयोग उस समय होता है जब विद्यार्थियों से कौशल का अभ्यास कराया जाता है जैसे- उदाहरण के लिए जब अभ्यास के समय (डिसकस प्रक्षेपण के दौरान) कक्षा को इस प्रकार के आकार में खड़ा किया जाता है। इस प्रकार से खड़ा करने के कारण विद्यार्थियों को चोट लगने की सम्भावना काफी कम होती है।

4. **क्रमवार पंक्तिबद्ध कक्षाः** इस प्रकार की कक्षा में सभी विद्यार्थी एक निश्चित संख्या में एक के पीछे एक क्रमबद्ध पंक्ति के आकार में खड़े होते हैं। इस प्रकार के आकार की कक्षा का प्रयोग उस समय किया जाता है जब विद्यालय के अन्दर सामूहिक व्यायाम कराया जाता है।

5. **आयताकार कक्षाः** इस प्रकार की कक्षा का आकार आयत के समान होता है। ऐसी कक्षा के पूर्व तैयारी के समय जमीन पर पहले से चुने के माध्यम से एक आयत का निर्माण करते हैं एवं सभी विद्यार्थी कक्षा प्रारम्भ होने के समय उस स्थान पर खड़ा होते हैं। शिक्षक प्रशिक्षण के दौरान मध्य में खड़ा होता है।

6. **तीन तरफा कक्षाः** इस प्रकार की कक्षा में सम्पूर्ण विद्यार्थी तीन दिशाओं में खड़े होते हैं लेकिन सभी का मुँह अन्दर की ओर होता है। इस प्रकार की कक्षा के आकारों को उस समय प्रयोग किया जाता है जब सूर्य का प्रकाश अत्यधिक तेज होता है।

7. **त्रिभुज के आकार की कक्षाः** इस प्रकार की कक्षा में सभी विद्यार्थी एक त्रिभुज के आकार में खड़ा होते हैं एवं शिक्षक एक कोने पर खड़ा होता है। विभिन्न प्रकार के व्यायाम के दौरान इसका प्रयोग किया जाता है।

8. **गोलाकार कक्षाः** इस प्रकार की कक्षा में सभी विद्यार्थी एक गोलाकार घेरा बनाकर खड़ा होते हैं। प्रत्येक विद्यार्थियों के मध्य में अपने हाथों के बराबर जगह होता है। शिक्षक उस घेरे के मध्य में खड़ा होता है। इस प्रकार के आकार का उस समय प्रयोग करते हैं जब शारीरिक शिक्षा का शिक्षक विद्यार्थियों से उष्मीकरण का व्यायाम कराता है।

9. **अर्द्ध गोलाकार कक्षाः** इस प्रकार की कक्षा का आकार एक अर्द्धगोलाकार के समान होता है। अपनी सुविधा को ध्यान में रख कर शिक्षक कक्षा से कुछ फासले पर स्वयं खड़ा होता है। किसी नये कौशल सम्बन्धी प्रदर्शन एवं व्याख्या के लिए शिक्षक कक्षा के सम्पूर्ण छात्रों को इस प्रकार के आकार कक्ष का प्रयोग करता है।

10. **पिरामिड के आकार की कक्षाः** इस प्रकार की कक्षा में सम्पूर्ण छात्रों को शारीरिक शिक्षा का शिक्षक एक पिरामिड के आकार में खड़ा करता है। सामान्यतया किसी विशेष प्रदर्शन के समय इस प्रकार के आकार का प्रयोग होता है।

बहुविकल्पीय प्रश्न

1. "संगठन प्रमुख रूप से वे व्यवस्थाएं करने से संबंधित है, जिससे सम्पूर्ण शैक्षिक कार्यक्रम का उद्देश्य व्यवहारिक रूप से प्राप्त हो सके।" निम्न किसका कथन है:-
   (a) डिमॉक
   (b) जे. के. सीयर्स
   (c) आर्थर बी. मोहिल्मैन
   (d) उपरोक्त कोई नहीं
2. "व्यक्तियों में से किसी समूह की किसी समान उद्देश्य की प्राप्ति के लिए की गयी समान क्रियाएं ही संगठन के अन्तर्गत आती हैं। जब व्यक्ति पारस्परिक सम्बंध बनाने में संलग्न होते हैं तथा किसी समान उद्देश्य की प्राप्ति के लिए सहयोगात्मक व नियमित व्यवहार अपनाते हैं तभी संगठन का प्रादुर्भाव होता है।"
   (a) एस. एस. मुखर्जी (b) रोमनी
   (c) जे.डी. बटलर (d) जे. बी. सीयर्स
3. "संगठन का सम्बंध उन गतिविधियों से हैं जिनके द्वारा अपेक्षित लक्ष्यों की प्राप्ति हेतु किसी ऊँचे या संरचना का निर्माण किया जाता है।" किसके विचार हैं:-
   (a) बैवस्टर शब्द कोश
   (b) जे.डी. बटलर
   (c) एनसाईकलोपिडिया ऑफ एजुकेशनल रिसर्च
   (d) उपरोक्त कोई नहीं
4. "संगठन कार्य करने की एक मशीन है। यह विशेषता व्यक्तियों, सामग्री, विचारों, प्रत्ययों, प्रतीकों, नियमों व कानूनों अथवा अकसर इनके सम्मिश्रण से निर्मित होता है।" निम्न कथन है।
   (a) डिमॉक (b) रोमनी
   (c) जे.बी. सीयार्स (d) आर्थर बी. मोहिल्मैन
5. "संगठन का सम्बंध संरचना तथा मानव सम्बंध, दोनों से है।" निम्न किसका कथन है:-
   (a) रोमनी (b) डिमॉक
   (c) जे. डी. बटलर (d) उपरोक्त कोई नहीं
6. 'Administration' शब्द की उत्पत्ति लैटिन भाषा के निम्न शब्द से हुई है:-
   (a) Administrator
   (b) Administer
   (c) Minister
   (d) उपरोक्त कोई नहीं
7. सर्वप्रथम प्रशासन शब्द का निश्चित स्वरूप व अर्थ का निर्धारण जर्मनी तथा आस्ट्रिया में विकसित निम्न विचारधारा ने किया:-
   (a) कमर्शियल विचारधारा
   (b) दार्शनिक विचार धारा
   (c) प्रोसे विचारधारा
   (d) उपरोक्त कोई नहीं
8. "पर्यवेक्षण शिक्षक के शिक्षण कार्य के नियम और शिक्षण सेवा में सुधार लाने से सम्बंन्धित है।" निम्न किसका कथन है।
   (a) जे. डी. बटलर (b) ब्राऊन
   (c) बर्टर (d) रोमनी
9. "पर्यवेक्षण शिक्षकों के कार्य को उत्तम बनाने में सहायता करता है।" निम्न किसका कथन है:-
   (a) रोमनी (b) ब्राउन
   (c) जे. डी. नैग (d) उपरोक्त कोई नहीं
10. संगठनकर्ता/पर्यवेक्षक की निम्न विशेषता है।
    (a) नेतृत्व का गुण (b) व्यावसायिक योग्यता
    (c) तकनीकी ज्ञान (d) उपरोक्त सभी
11. शारीरिक शिक्षा की शिक्षण एवं प्रशिक्षण की विधियां निम्न में से है–
    (a) व्याख्यान विधि (b) अनुकरण विधि
    (c) प्रदर्शन विधि (d) उपरोक्त सभी
12. शारीरिक शिक्षा में पाठ योजना कितने प्रकार की होती है–
    (a) एक (b) दो
    (c) तीन (d) चार
13. निम्न कमाण्ड का एक प्रकार है:-
    (a) प्रतिक्रियात्मक कमाण्ड
    (b) लयात्मक कमाण्ड
    (c) प्रदर्शन कमाण्ड
    (d) उपरोक्त सभी
14. एकल या युगल खेलों के टूर्नामेंट आयोजित कराने के लिए निम्न टूर्नामेंट उपयुक्त रहता है–
    (a) चैलेंज या सीढीनुमा टूर्नामेंट
    (b) नौक आऊट टूर्नामेंट

(c) पिरामिड टूर्नामेंट
(d) उपरोक्त कोई नहीं

15. राष्ट्रीय शारीरिक दक्षता अभियान की स्थापना निम्न वर्ष में की गई–
(a) 1950 (b) 1964
(c) 1960 (d) 1962

16. शारीरिक शिक्षा के कार्यक्रम आयोजन का सिद्धांत निम्न है:-
(a) लोकतांत्रिक विधि
(b) उद्देश्यों के अनुरूप
(c) विद्यार्थियों की रूचि के अनुरूप
(d) उपरोक्त सभी

17. शारीरिक शिक्षा के लिए समय तालिका बनाते समय निम्न तत्व का ध्यान रखना चाहिए–
(a) प्राप्त उपकरण
(b) मौसम के अनुसार
(c) प्राप्त मैदान एवं स्टाफ
(d) उपरोक्त सभी

18. ''शिक्षा प्रशासन का मुख्य उद्देश्य मानवीय सम्बंधों की स्थापना है ताकि विभिन्न प्रकार के मनुष्य आपस में मिल कर समुचित रूप से कार्य कर सके।'' निम्न किसका कथन है–
(a) वॉटसन
(b) जे. डी. बटलर
(c) डा. श्री नाथ मुखर्जी
(d) ड्रैकर

19. ''प्रशासन किसी भी कार्यक्रम को सही तरीके से करना या उसका आयोजन करना है जिसके कारण अध्ययन एवं अध्यापन दोनों ही क्रियाएं उत्तम एवं सुचारू रूप से चलती रहे।'' निम्न किसका कथन है–
(a) एच. एल. हैजिस (b) रोमनी
(c) रफनर (d) ड्रैकर

20. ''उद्देश्यों की पूर्ति के लिए प्रशासन मानवीय व्यवहार का मार्गदर्शन करता है। संगठन चाहे किसी भी प्रकार का क्यों न हो किन्तु इसके उद्देश्य पूर्ति के लिए मनुष्य का व्यवहार ही जिम्मेदार होता है।'' किसका कथन है–
(a) फाक्सन (b) वॉटसन
(c) रफनर (d) ड्रेकर

21. ''शैक्षिक प्रशासन एक सेवा कार्य है जिसके द्वारा शैक्षिक प्रक्रिया के उद्देश्यों की प्राप्ति प्रभावशाली ढंग से की जा सकती है।'' निम्न कथन है–
(a) रफनर
(b) बटलर
(c) फॉक्स विश व रफनर
(d) उपरोक्त कोई नहीं

22. ''जिन्कें' नामक विद्वान ने प्रशासन को किस रूप में व्यक्त किया है–
(a) इकोनामी (b) व्यवस्थापन
(c) नीति (d) उपरोक्त सभी

23. प्रोसे नामक विद्वान ने प्रशासन को निम्न रूप से लिया है–
(a) नीति (b) इकोनॉमी
(c) व्यवस्थापन (d) उपरोक्त कोई नहीं

24. निम्न प्रशासन का एक प्रकार है–
(a) तानाशाही (b) मुक्त प्रशासन
(c) कुशासन (d) उपरोक्त सभी

25. प्रशासन में कठोर नियंत्रण व दमनात्मक तरीकों का प्रयोग निम्न प्रशासन के अन्तर्गत आता है–
(a) मुक्त प्रशासन (b) तानाशाही
(c) कुशासन (d) उपरोक्त सभी

26. निम्न प्रशासन में नियम व कानूनों की विशेष परवाह नहीं की जाती है–
(a) अशासन (b) लोकतांत्रिक प्रशासन
(c) मुक्त प्रशासन (d) उपरोक्त सभी

27. अवसरों की समानता तथा व्यक्तिगत विभिन्नताओं को महत्त्व निम्न प्रशासन में दिया जाता है–
(a) लोकतांत्रिक प्रशासन (b) अशासन
(c) मुक्त प्रशासन (d) उपरोक्त सभी

28. निम्न कारक प्रशासन के स्वरूप को निर्धारित तथा प्रभावित करता है–
(a) सांस्कृतिक कारक (b) ऐतिहासिक कारक
(c) राजनैतिक कारक (d) उपरोक्त सभी

29. भारत में निरीक्षण पद्धति कब प्रारंभ की गई–
(a) 1882 ई. (b) 1854 ई.
(c) 1858 ई. (d) 1884 ई.

30. ''पर्यवेक्षण उत्तम शिक्षण अधिगम परिस्थितियों की विकास में एक सहायता है।'' निम्न किसका कथन है–
(a) डब्ल्यू. किम्बल (b) बटलर
(c) रोमनी (d) उपरोक्त कोई नहीं

31. ''पर्यवेक्षण जो वर्तमान समय में एक ऐसी प्रक्रिया के रूप में भी माना जाता है जिसका उद्देश्य सम्पूर्ण शिक्षण अधिगम परिस्थिति का कारक सुधार करना है।'' किसका कथन है–

(a) जे. डी. बटलर (b) रोमनी

(c) विलियम ए. यीगर (d) बर्टन

32. ''पर्यवेक्षण एक कुशल तकनीकी सेवा है जो उन दशाओं का अध्ययन करने तथा उनमें उन्नति करने से सम्बंधित होती है, जो सीखने तथा छात्र विकास के चहुँ ओर व्याप्त होती है।'' निम्न किसका कथन है–

(a) रोमनी

(b) बारए बर्टन तथा ब्रुकरन

(c) बटलर

(d) उपरोक्त कोई नहीं

33. एक परिनिरीक्षक में निम्न गुण होता है–

(a) उदारता (b) उत्तम चरित्र

(c) रचनात्मक नेतृत्व (d) उपरोक्त सभी

34. ''संस्थागत नियोजन उन क्रार्यक्रमों का जोड़ है जिनके संस्था द्वारा अपनी अनुभूत आवश्यकताओं तथा निज के उपलब्ध एवं भविष्य में उपलब्ध संस्थानों के आधार पर तैयार किया जाता है।'' निम्न किसका कथन है–

(a) एम. बी. बुच

(b) जे. डी. बटलर

(c) रोमनी

(d) उपरोक्त में से कोई नहीं

35. उत्तम कार्यक्रम नियोजन की निम्न विशेषता है–

(a) विशिष्टता (b) सहयोगात्मक

(c) लचकीलापन (d) उपरोक्त कोई नहीं

36. पाठ्यक्रम सहगामी क्रियाओं का महत्त्व निम्न है–

(a) पाठ्यक्रम में प्रगति

(b) खाली समय का सदुपयोग

(c) सामाजिक विकास

(d) उपरोक्त सभी

37. ''बालकों द्वारा विद्यालय में प्रगति करने पर जो उनमें व्यवहारिक परिवर्तन होते हैं उनके विषय में सूचना एकत्रित करके एवं उनकी व्याख्या करने की प्रक्रिया ही मूल्यांकन है।'' निम्न कथन किसका है–

(a) क्विलन और हन्ना

(b) रोमनी

(c) जे. डब्ल्यू. राइटस्टोन

(d) उपरोक्त कोई नहीं

38. आयु के आधार पर निम्न शिविर का विभाजन नहीं है–

(a) बाल शिविर (b) वार्षिक शिविर

(c) वृद्ध शिविर (d) किशोर शिविर

39. ई. के. फ्रेक्टवैल ने माध्यमिक विद्यालय में प्रचलित पाठ्यक्रम सहगामी क्रियाओं के निम्न प्रकार बताये हैं–

(a) आठ (b) सात

(c) पाँच (d) छः

40. एडगर जी. जान्सटन तथा रालैंड सी. फान्स ने पाठ्यक्रम सहगामी क्रियाओं के प्रकार बताये हैं–

(a) नौ (b) आठ

(c) सात (d) छः

41. बीसवीं शताब्दी में गैस्टाल्ट मनोविज्ञान की स्थापना निम्नलिखित में से किसने की थी?

(a) वरदाइमर (b) कोफ्का

(c) कोहलर (d) उपरोक्त सभी

42. बीसवीं शताब्दी में व्यवहारवादी सम्प्रदाय का जन्मदाता निम्नलिखित में से कौन था?

(a) जे. बी. वाटसन (b) सी. जी. युंग

(c) सिगमण्ड फ्रायड (d) गार्डनर मर्फी

43. जान. बी. वाटसन मनोविज्ञान की निम्नलिखित प्रणालियों में से किसको नहीं मानते थे?

(a) निरीक्षण (b) प्रयोग

(c) अन्तर्दर्शन (d) सामाजिक सर्वेक्षण

44. जान. बी. वाटसन ने व्यवहार की व्याख्या निम्नलिखित में से किसके शब्दों में की है?

(a) चेतना (b) उत्तेजना-अनुक्रिया

(c) मूल प्रवृत्तियाँ (d) प्रतिबद्ध

45. विलियम मैक्डुगल ने व्यवहार की व्याख्या निम्नलिखित में से किसके द्वारा की है?

(a) उत्तेजना-अनुक्रिया (b) मूल-प्रवृत्तियां

(c) प्रतिबद्ध अनुक्रिया (d) अचेतन व्यवहार

46. शाब्दिक अर्थों में Psychology से तात्पर्य निम्नलिखित में से क्या है?

(a) आत्मा का ज्ञान (b) मन का विज्ञान

(c) दोनों (d) उपरोक्त नहीं

47. ''मनोविज्ञान की सर्वोत्तम परिभाषा स्वयं चेतना की अवस्थाओं के वर्णन और व्याख्या के रूप में दी जा सकती है'' यह कथन निम्नलिखित में से किसका है?

(a) विलियम जेम्स (b) जेम्स सली
(c) विलियम वुन्ट (d) वाटसन

48. निम्नलिखित में से कौन-से मनोवैज्ञानिक मनोविज्ञान की परिभाषा चेतना के विज्ञान के रूप में करते हैं?
(a) विलियम जेम्स (b) जेम्स सली
(c) विलियम वुन्ट (d) उपरोक्त सभी

49. निम्नलिखित में से कौन-से मनोवैज्ञानिक मनोविज्ञान को व्यवहार का विज्ञान मानते हैं?
(a) जे. बी. वाटसन (b) पिल्सबरी
(c) विलियम मैक्डुगल (d) उपरोक्त सभी

50. मनोविज्ञान की प्रकृति निम्नलिखित में से किस प्रकार की है?
(a) दार्शनिक (b) कलात्मक
(c) वैज्ञानिक (d) साहित्यिक

51. मनोविज्ञान में व्यवहार के व्यापक अर्थों में निम्नलिखित में से क्या सम्मिलित हैं?
(a) कर्मेन्द्रियों की क्रियायें
(b) ज्ञानेन्द्रियों की क्रियायें
(c) अनुक्रिया यन्त्र की क्रियायें
(d) उपरोक्त सभी

52. विधायक और नियामक विज्ञान में निम्नलिखित में से कौन-से अन्तर हैं?
(a) है अथवा चाहिये
(b) तथ्य अथवा मूल्य
(c) यथार्थ अथवा आदर्श
(d) उपरोक्त सभी

53. मनोविज्ञान निम्नलिखित में से किस प्रकार का विज्ञान माना जाता है?
(a) विधायक विज्ञान (b) नियामक विज्ञान
(c) दोनों (d) उपरोक्त नहीं

54. बाल मनोविज्ञान निम्नलिखित में से किसके व्यवहार का अध्ययन करता हैं?
(a) बालक (b) किशोर
(c) प्रौढ़ (d) वृद्ध

55. विकासात्मक मनोविज्ञान निम्नलिखित में से किनके व्यवहार का अध्ययन करता है?
(a) बालक (b) किशोर
(c) प्रौढ़ (d) उपरोक्त सभी

56. मानव वैभिन्य का मनोविज्ञान निम्नलिखित में से किसका अध्ययन करता है?
(a) व्यक्तिगत विभिन्नतायें
(b) बुद्धि
(c) विकास
(d) व्यक्तित्व

57. किशोर मनोविज्ञान निम्नलिखित में से किसका अध्ययन करता है?
(a) बालक (b) किशोर
(c) प्रौढ़ (d) वृद्ध

58. असामान्य मनोविज्ञान निम्नलिखित में से किसके व्यवहार का अध्ययन करता है?
(a) सामान्य व्यवहार (b) असामान्य व्यवहार
(c) दोनों (d) उपरोक्त नहीं

59. प्रयोगात्मक मनोविज्ञान निम्नलिखित में से किस प्रणाली से व्यवहार का अध्ययन करता है?
(a) निरीक्षण (b) प्रयोग
(c) अन्तर्दर्शन (d) सर्वेक्षण

60. प्रेरणात्मक मनोविज्ञान निम्नलिखित में से किसका विशेष अध्ययन करता है?
(a) प्रेरणा (b) व्यक्तित्व
(c) सीखना (d) चिन्तन

61. शारीरिक मनोविज्ञान निम्नलिखित में से किसका अध्ययन करता है?
(a) मनोविज्ञान का शारीरिक पहलू
(b) स्नायु संस्थान
(c) शारीरिक क्रियायें
(d) मानसिक क्रियायें

62. लोक मनोविज्ञान निम्नलिखित में से किसके व्यवहार का अध्ययन करता है?
(a) लोक व्यवहार (b) समूह व्यवहार
(c) भीड़ व्यवहार (d) उपरोक्त सभी

63. व्यावहारिक मनोविज्ञान की विषय-वस्तु निम्नलिखित में से क्या है?
(a) मनोविज्ञान के सिद्धान्त
(b) मनोविज्ञान के व्यवहार
(c) दोनों
(d) उपरोक्त सभी

64. शिक्षा के क्षेत्र में मनोवैज्ञानिक समस्याओं का अध्ययन निम्नलिखित में से किसकी विषय-वस्तु है?
(a) औद्योगिक मनोविज्ञान
(b) शिक्षा मनोविज्ञान
(c) नैदानिक मनोविज्ञान
(d) कानूनी मनोविज्ञान

65. मनोवैज्ञानिक अध्ययन की प्रमुख विधियां निम्नलिखित में से कौन-सी हैं?

(a) निरीक्षण (b) प्रयोग
(c) अन्तर्दर्शन (d) उपरोक्त सभी

66. मनोविज्ञान में अध्ययन की सर्वश्रेष्ठ विधि निम्नलिखित में से कौन-सी है?

(a) निरीक्षण (b) प्रयोग
(c) अन्तर्दर्शन (d) प्रश्नावली

67. मनोविज्ञान में अध्ययन की सबसे कम प्रामाणिक विधि निम्नलिखित में से कौन-सी है?

(a) निरीक्षण (b) प्रयोग
(c) अन्तर्दर्शन (d) प्रश्नावली

68. मनोविज्ञान में व्यक्ति की मनोवैज्ञानिक समस्याओं का पता निम्नलिखित में से किस विधि से लगाया जाता है?

(a) निरीक्षण (b) प्रयोग
(c) जीवनवृत्त (d) प्रश्नावली

69. अन्तर्दर्शन और निरीक्षण विधि में निम्नलिखित में से क्या सम्बन्ध है?

(a) परस्पर पूरक (b) परस्पर विरुद्ध
(c) परस्पर पृथक (d) उपरोक्त नहीं

70. मनोविज्ञान में व्यवहार के विकास का अध्ययन निम्नलिखित में से किस विधि से किया जाता है?

(a) निरीक्षण
(b) प्रयोग
(c) विकासात्मक विधि
(d) जननिक विधि

71. विश्वविद्यालय अनुदान आयोग निम्नलिखित में से किसमें मनोविज्ञान का अनुप्रयोग कर रहा है?

(a) टेलीविजन कार्यक्रम
(b) विद्यालयों का अनुदान
(c) पाठ्य पुस्तकों में सुझाव
(d) वजीफे

72. N.C.E.R.T. निम्नलिखित में से किसमें मनोविज्ञान का प्रयोग कर रहा है?

(a) पाठ्य पुस्तकों का निर्माण
(b) विषय निर्धारण
(c) विद्यालय संगठन
(d) वित्तीय सहायता

73. मनोविज्ञान के अनुप्रयोग से पाठ्यक्रम में निम्नलिखित में से किस कसौटी को माना जाता है?

(a) रुचि और योग्यता (b) महत्वाकांक्षा
(c) आर्थिक स्थिति (d) सामाजिक स्थिति

74. मनोविज्ञान की दृष्टि से सही अनुशासन निम्नलिखित में से कौन-सा है?

(a) कठोर अनुशासन (b) मृदु अनुशासन
(c) आत्मानुशासन (d) अनुशासन से मुक्ति

75. स्कूल मनोवैज्ञानिक स्कूल में निम्नलिखित में से क्या कार्य करते हैं?

(a) अध्यापन (b) निर्देशन
(c) नियंत्रण (d) अनुशासन स्थापन

76. विद्यालय में निर्देशन के निम्नलिखित प्रकारों में किसमें मनोविज्ञान का प्रयोग होता है?

(a) व्यावसायिक निर्देशन (b) शैक्षिक निर्देशन
(c) व्यक्तिगत निर्देशन (d) उपरोक्त सभी

77. विद्यालय में निर्देशन का कार्य निम्नलिखित में से किसका है?

(a) अध्यापक (b) प्रधानाचार्य
(c) निरीक्षक (d) मनोवैज्ञानिक

78. आधुनिक शिक्षा में मनोविज्ञान का अनुप्रयोग निम्नलिखित में से किस पर आधारित है?

(a) व्यक्तिगत विभिन्नतायें
(b) धर्म
(c) वर्ग
(d) विद्यालय प्रबन्ध

79. अध्यापन के क्षेत्र में मनोविज्ञान की सबसे बड़ी देन निम्नलिखित में से क्या है?

(a) शिक्षा की खेल प्रणालियाँ
(b) पाठ्यपुस्तकें
(c) अनुशासन विधि
(d) दण्ड का अधिकार

80. सीखने की प्रक्रिया में प्रमुख मनोवैज्ञानिक तत्व निम्नलिखित में से कौन-सा है?

(a) पुरस्कार और दण्ड की व्यवस्था
(b) सीखने की विधि
(c) सिखाने की विधि
(d) अनुशासन

81. शिक्षार्थियों से सम्बन्धित मनोविज्ञान का सबसे अधिक महत्वपूर्ण अनुप्रयोग निम्नलिखित में से किस में है?

(a) प्रौढ़ शिक्षा

(b) स्त्री शिक्षा
(c) पिछड़े बालकों की शिक्षा
(d) बाल शिक्षा

82. समुदाय में मनोवैज्ञानिक तत्व निम्नलिखित में से कौन-सा है?
(a) भू भाग (b) मानव समूह
(c) सामुदायिक भावना (d) विशिष्ट नाम

83. विद्यालयों में सामुदायिक भावना का प्रमुख तत्व निम्नलिखित में से कौन-सा है?
(a) हम भावना
(b) योगदान की भावना
(c) आश्रितता की भावना
(d) उपरोक्त कोई नहीं

84. बाल मनोविज्ञान आपको मदद करता है–
(a) बालक की अभिरुचि के बारे में
(b) उनकी चेतना एवं उप-चेतना व्यवहार के बारे में
(c) उनकी जागृति के बारे में
(d) उपर्युक्त सभी

85. अधिगम का सबसे महत्त्वपूर्ण कारक है–
(a) योग्य शिक्षक (b) सीखने की क्षमता
(c) जिज्ञासा (d) अच्छी याददाश्त

86. विद्यार्थी का सबसे महत्वपूर्ण पाठ्यक्रम है जो–
(a) उनके विकास में मदद करता है
(b) समाज की आवश्यकता की पूर्ति करता है
(c) उनके स्तर के अनुकूल हो
(d) उपर्युक्त सभी

87. प्रश्नोत्तर की तकनीकी के द्वारा–
(a) शिक्षक विद्यार्थी की समझदारी के बारे में पता लगा लेता है
(b) आप ऐसी कक्षा को पढ़ाते हैं, जिसमें रुचि हो
(c) विद्यार्थी भी प्रश्नों के पूछने का तरीका सीखते हैं
(d) उपर्युक्त सभी

88. शिक्षा के उद्देश्य का निर्णय कौन लेता है?
(a) विद्यार्थी (b) पाठ्यक्रम
(d) शिक्षक (d) अभिभावक

89. शिक्षाविद् विद्यालय की तुलना बगीचा से करते हैं, उनके अनुसार–
(a) उनकी चिंतनशक्ति का विकास होना चाहिए
(b) उन्हें प्रकृति को देखने का मौका मिलता है
(c) उनकी देखभाल बगीचे के छोटे पौधों की तरह की जाती है
(d) छोटे पौधों की देखभाल करनी चाहिए

90. सृजनात्मक कार्यशैली के द्वारा सीखना विद्यार्थी को मदद करता है–
(a) उनकी शारीरिक ऊर्जा का विकास
(b) संकोच दूर किया जाता है
(c) उनको कठिन कार्य करने की क्षमता प्रदान करता है
(d) उन्हें स्वतंत्र बनाता है

91. निम्नलिखित में कौन कारक है जो शिक्षक को शिक्षण कार्य में रुचि प्रदान करता है?
(a) शिक्षक का व्यक्तित्व
(b) विद्यार्थी की सहकारिता
(c) शिक्षण सामग्री का प्रयोग
(d) अनुशासन का अनुकूलन

92. निम्नलिखित में कौन सी समस्या है जो शारीरिक रूप से विकलांग बच्चों को ठीक स्थिति में बैठाकर शिक्षण प्रदान करने में बाधक है?
(a) विशिष्ट वाहन
(b) अनियमितता
(c) पाठ्यवस्तु की तैयारी में
(d) (a) और (b)

93. अभिभावकों को बच्चों की मासिक रिपोर्ट प्रदान करने से क्या लाभ मिलता है?
(a) कुछ नहीं, क्योंकि अभिभावक उसे नहीं देखते हैं
(b) यह हानिकारक है, क्योंकि इससे शिक्षक एवं अभिभावक के बीच के संबंध में खटास आ जाती है
(c) सचेष्ट रहना चाहिए
(d) शिक्षक बच्चों की प्रगति के प्रति उत्तरदायी रहते हैं

94. यदि एक विज्ञान का शिक्षक प्रयोग कराता है, लेकिन बच्चों को अच्छी तरह यह समझ नहीं आती है तब विज्ञान शिक्षक को चाहिए–
(a) विद्यार्थी से कहे कि टेक्स्ट बुक को सावधानीपूर्वक अध्ययन करें
(b) विद्यार्थी को कहे कि यह प्रयोग सफलतापूर्वक नहीं हुआ है। इसलिए सभी एक साथ मिलकर गलतियाँ निकालो
(c) विद्यार्थी से नहीं कहें कि यह प्रयोग असफल हुआ, उसे पुनः दुबारा करवाएँ
(d) विद्यार्थी को घर पर पाठ पढ़ने के लिए कहें एवं प्रयोग दुबारा करें

95. निम्नलिखित में कौन-सा तरीका प्रश्न पूछने में अच्छी तरह का है?

(*a*) शिक्षकों को प्रश्नों को दोबारा बोलना चाहिए ताकि सभी विद्यार्थी प्रश्न को सुन सकें
(*b*) प्रश्न पूछने के बाद विद्यार्थी को सोचने का मौका देना चाहिए
(*c*) पुनः संबंधित प्रश्नों को पूछना चाहिए
(*d*) उपर्युक्त सभी

96. नक्शा बताने से पहले शिक्षक को व्याख्या करनी चाहिए–

(*a*) रंगों का मतलब
(*b*) रेखा के महत्व के बारे में
(*c*) नक्शा के स्केल के बारे में
(*d*) दिशा-निर्देश के बारे में पढ़ाना चाहिए।

97. प्राथमिक कक्षा के विद्यार्थियों को मातृभाषा में पढ़ना बेहतर है क्योंकि–

(*a*) विद्यार्थी प्राकृतिक वातावरण में अध्ययन करते हैं
(*b*) नौकरी प्राप्त करने की संभावना बढ़ जाती है
(*c*) बच्चों का मानसिक विकास अच्छा होता है
(*d*) इनमें से कोई नहीं

98. प्रश्न होना चाहिए–

(*a*) मुख्य बिंदु पर आधारित
(*b*) सभी बच्चों को संबोधित करते हुए पूछा जाना चाहिए
(*c*) श्यामपट्ट पर लिखा नहीं होना चाहिए
(*d*) उपर्युक्त सभी

99. शैक्षिक भ्रमण के संदर्भ में आपकी अपेक्षा बच्चों के प्रति होनी चाहिए–

(*a*) बच्चों को प्रत्येक चीज को सही ढंग से निरीक्षण करना चाहिए एवं उसके बारे में प्रश्न पूछना चाहिए
(*b*) बच्चों को बिना प्रश्न पूछे सभी चीजों की जानकारी प्राप्त करनी चाहिए
(*c*) बच्चों को आनंद का अनुभव करना चाहिए, साथ में शिक्षकों को भी
(*d*) यदि बच्चे को कोई भी प्रश्न पूछने की इच्छा हो, जो उसकी डायरी में न लिखा हुआ हो

100. यदि आप अपने विद्यार्थियों को विद्यालय के बगीचे में काम करने के लिए कहते हैं तो–

(*a*) उसे अभ्यास करना चाहिए, करके सीखने का
(*b*) उसे करके सीखने का मौका देना चाहिए
(*c*) समूह में काम करने की आदत का विकास करके
(*d*) उपर्युक्त सभी

101. किस प्रकार के बच्चों को शिक्षक की बात का ध्यान देना चाहिए?

(*a*) अंतर्मुखी
(*b*) मंद गति से सीखने वाला
(*c*) मानसिक एवं शारीरिक रूप से कमजोर बच्चे
(*d*) उपर्युक्त सभी

102. पाठ समाप्त होने के बाद–

(*a*) शिक्षक को श्यामपट्ट साफ कर देना चाहिए
(*b*) श्यामपट्ट को ज्यों का त्यों छोड़ देना चाहिए
(*c*) विद्यार्थी को श्यामपट्ट साफ कर देना चाहिए
(*d*) उपर्युक्त में कोई एक

103. निम्नलिखित में कौन-सा कथन है जो हमारे संविधान में मुफ्त एवं अनिवार्य शिक्षा के लिए उपयुक्त है–

(*a*) सभी विद्यार्थियों के लिए
(*b*) सभी विद्यार्थी जिसकी उम्र 14 वर्ष तक है
(*c*) सभी विद्यार्थी एवं वयस्क
(*d*) सभी नागरिकों के लिए

104. गणित पढ़ाने के लिए निम्नलिखित में कौन-सा पीरियड उपर्युक्त है?

(*a*) अंतिम
(*b*) द्वितीय
(*c*) कोई पीरियड जो अर्द्धअवकाश के बाद हो
(*d*) कोई भी पीरियड

105. प्राथमिक शिक्षा सभी के लिए मुफ्त एवं अनिवार्य कर देनी चाहिए क्योंकि–

(*a*) बच्चों की साक्षरता में वृद्धि होगी
(*b*) देश की साक्षरता दर बढ़ जाएगी
(*c*) ग्रामीण क्षेत्र की साक्षरता की दर बढ़ जाएगी
(*d*) उपर्युक्त सभी

106. क्या आप दिए गए कथन से सहमत हैं?
''छोटा बच्चा मानसिक रूप से अपरिपक्व होता है एवं असहाय, इसलिए उसे स्वतंत्रता नहीं प्रदान करनी चाहिए, नहीं तो उनका भविष्य बर्बाद हो जाएगा।''–

(*a*) नहीं
(*b*) हाँ
(*c*) हाँ, पूर्ण रूप से
(*d*) नहीं, अगर स्वतंत्रता न दी जाए तो उसका भविष्य खतरे में पड़ जाएगा

107. विद्यालय भवन होना चाहिए–
(a) एक मंजिल का
(b) खेल के लिए खुला स्थान
(c) सघन स्थान से दूर
(d) उपर्युक्त सभी

108. भाषा सीखने का सबसे अच्छा तरीका है–
(c) टेक्स्ट बुक को पढ़कर
(b) सहायक किताब पढ़कर
(c) समाचार पत्र पढ़कर
(d) वाद-विवाद द्वारा

109. यदि आप विषयवस्तु पूर्ण नहीं कर पाते हैं, तब आपको–
(a) बच्चों को बचे हुए पाठ अपने से पूर्ण करना चाहिए
(b) कुछ पाठ बच्चों के अनुनय-विनय के आधार पर पढ़ाना चाहिए
(c) अतिरिक्त कक्षा लेकर पाठ-वस्तु को पूर्ण करना चाहिए
(d) कुछ नहीं करना चाहिए

110. सुबह का सामूहिक संगोष्ठी एवं प्रार्थना विद्यालय के लिए अनिवार्य है क्योंकि–
(a) विद्यार्थी को एक-दूसरे से मिलने का मौका मिलता है
(b) प्रधानाचार्य एवं शिक्षकों द्वारा मुख्य निर्देश प्रदान किया जाता है
(c) कतार में खड़े रहने एवं समय पर विद्यालय आने के महत्व का ज्ञान होता है
(d) विद्यार्थियों की उपस्थिति का निर्धारण होता है

111. आजकल किस प्रकार का विद्यालय आवासीय विद्यालय के रूप में जाना जाता है?
(a) मदरसा (b) मकान
(c) गुरुकुल (d) आश्रम

112. निम्नलिखित में किसने स्त्री शिक्षा में सुधार की बात कही है?
(a) महात्मा गाँधी (b) अरविन्दो
(c) विवेकानन्द (d) रवीन्द्र नाथ टैगोर

113. निम्नलिखित में किस अवस्था में सबसे ज्यादा समस्या उत्पन्न होती है?
(a) उच्च शिक्षा (b) प्राथमिक शिक्षा
(c) माध्यमिक शिक्षा (d) उपर्युक्त सभी

114. वही शिक्षक समाज में आदर के पात्र होते हैं जो–
(a) अपने कार्य को सही ढंग से करते हैं
(b) आदर्श जीवन का अनुसरण करते हैं
(c) पढ़ाने में सक्षम होते हैं
(d) उपर्युक्त सभी

115. शिक्षक बनने के लिए शिक्षक प्रशिक्षण क्यों जरूरी है?
(a) प्रशिक्षण शिक्षक बनने के लिए अनिवार्य है
(b) यह शिक्षक को एक पहचान प्रदान करता है
(c) यह शिक्षा के आधारभूत सिद्धांत प्रदान करता है
(d) यह शिक्षक को अभिरुचि प्रदान करता है

116. शिक्षक विधि बनाता है–
(a) शिक्षा को रुचिपूर्ण
(b) विद्यार्थी विषयवस्तु को सही ढंग से समझ पाता है
(c) विद्यार्थी को दूसरा पूर्ण लाभ मिलता है
(d) उपर्युक्त सभी

117. यदि कोई विद्यार्थी बहुत तीव्र बुद्धि वाला है तो आप उसके साथ कैसा अनुभव करते हैं?
(a) प्रसन्नता अनुभव करते हैं
(b) उसे अधिक गृहकार्य नहीं देते हैं
(c) अधिक सफलता के लिए उत्प्रेरित करते हैं
(d) उसके अभिभावक को सूचित करेंगे

118. विद्यार्थी को उत्प्रेरित करने के लिए आप क्या करेंगे?
(a) पाठ को रुचिकर बनाएँगे
(b) दृश्यश्रव्य सामग्री का उपयोग करेंगे
(c) विद्यार्थी के साथ सहयोग की भावना रखेंगे
(d) उपर्युक्त सभी

119. कौन-सा राज्य है जिसकी साक्षरता दर सबसे अधिक है?
(a) तमिलनाडु (b) बंगाल
(c) पंजाब (d) केरल

120. बच्चे का प्रथम गुरु होता है–
(a) उसकी आंतरिक सोच
(b) शिक्षक
(c) उसके अभिभावक
(d) वातावरण

121. ज्ञान, अनुभव एवं शोध के अतिरिक्त और कौन-सा गुण शिक्षक को शिक्षण के लिए चाहिए?
(a) अभिरुचि (b) शिष्यों के प्रति झुकाव
(c) आदर्शवाद (d) उपर्युक्त सभी

122. शिक्षक अभिरुचि का अर्थ है–
(a) शिक्षक बनने की इच्छा
(b) शिक्षण में समर्पण
(c) सभी तरह के गुण जो शिक्षक में होने चाहिए
(d) इनमें से कोई नहीं

123. शिक्षक की भर्ती के लिए शिक्षण अभिरुचि की जाँच आवश्यक है क्योंकि–

(a) एक व्यक्ति जो उच्च शिक्षा प्राप्त करता है उससे यह पता नहीं चलता है कि वह एक अच्छा शिक्षक हो सकता है

(b) यह पता लगाना होता है कि वह व्यक्ति एक सफल शिक्षक हो सकता है अथवा नहीं

(c) इससे यह जानकारी मिलती है कि वह शिक्षा से संबंधित समस्या का समाधान कर सकता है

(d) क्योंकि कोई भी जो बी. टी. या बी. एड. कर चुका हो, वह सफल शिक्षक बन सकता है या नहीं

124. निम्नलिखित में कौन-सा उद्देश्य गलत है?

(a) अच्छा शिक्षक पक्षपाती होता है

(b) अच्छा शिक्षक उत्प्रेरित करता है

(c) अच्छा शिक्षक पूर्व नियोजित होता है

(d) अच्छा शिक्षक एक निर्देशक होता है

125. निम्नलिखित कथन से आपको क्या समझना चाहिए? ''शिक्षक को साधनपूर्ण होना चाहिए।''

(a) उन्हें इतना धन प्रदान किया जाना चाहिए कि ट्यूशन की जरूरत ही नहीं पड़े

(b) उनकी पहुँच उच्च अधिकारियों तक होनी चाहिए जो उन्हें हानि न पहुँचाए

(c) उनके पास इतना ज्ञान होना चाहिए कि समस्या का समाधान आसानी से कर सके

(d) उन्हें आदरणीय होना चाहिए

126. शिक्षक को प्रश्नों की पुनरावृति नहीं करनी चाहिए क्योंकि–

(a) बच्चे घबरा जाते हैं

(b) उनकी सोच छिप जाती है

(c) बच्चे लापरवाह हो जाते हैं एवं प्रश्न के मतलब को ठीक से समझ नहीं पाते हैं

(d) उपर्युक्त सभी

127. निम्नलिखित में कौन-सा तरीका है जिसके द्वारा पूर्व ज्ञान की भी प्राप्ति विद्यार्थी को मिल जाती है?

(a) प्रत्यक्ष से अप्रत्यक्ष की ओर

(b) विशिष्ट से सामान्य की ओर

(c) ज्ञात से अज्ञात की ओर

(d) विश्लेषण से संश्लेषण की ओर

128. शिक्षण सामग्री का उपयोग–

(a) उतना ही करना चाहिए जितनी जरूरत हो

(b) पाठ को विकसित करने के लिए

(c) सृजनशीलता के साधारण के लिए

(d) उपर्युक्त सभी

129. यदि भाषा, व्याकरण या कथन में गलती हो तो–

(a) गलती को चिह्नित कर देना चाहिए

(b) गलती में सुधार करवा देना चाहिए

(c) वाक्य को शुद्ध कर देना चाहिए

(d) सही उत्तर लिख देना चाहिए

130. दृश्य सामग्री जो कक्षा में उपयोग किया जाए उसे होना चाहिए–

(a) कक्षा में तैयार किया गया हो

(b) पाठ योजना में अंकित किया हुआ

(c) उपयोग किया जाए जब विद्यार्थी उत्सुक हो

(d) पाठ के प्रारंभ में उपयोग किया जाए

131. खेल विधि का विशिष्ट लक्ष्य है–

(a) खेल के द्वारा अध्ययन करना

(b) यहाँ अध्ययन से मतलब है

(c) मुफ्त अध्ययन जो खेल के द्वारा होता है

(d) शिक्षा बिना खेल के पूर्ण नहीं होती है

132. शिक्षा के क्षेत्र में फ्रवेल का योगदान है–

(a) किंडरगार्टन विधि में (b) मान्टेशरी विधि में

(c) प्रोजेक्ट विधि में (d) डाल्टन विधि में

133. मैकाले के द्वारा शिक्षा नीति कब पारित की गई?

(a) 1882 (b) 1835

(c) 1885 (d) 1909

134. छात्रों में सूक्ष्म-शिक्षण के महत्व को आप कैसे पैदा करेंगे?

(a) छात्रों को उस विधि द्वारा पढ़ाकर

(b) सूक्ष्म-शिक्षण के महत्व पर गोष्ठी कराने से

(c) सूक्ष्म-शिक्षण पर भाषण देकर

(d) प्रशिक्षण में स्वयं छात्र-अध्यापक सूक्ष्म-शिक्षण विधि से शिक्षण देकर

135. शिक्षा की दिशा कौन निर्धारित करता है?

(a) छात्र (b) शिक्षक

(c) पाठ्यक्रम (d) अभिभावक

136. छात्रों के काम का उचित मूल्यांकन करने के लिए निरंतर आंतरिक मूल्यांकन होना चाहिए, क्योंकि–

(a) इससे छात्रों को परीक्षा देने का अनुभव होगा

(b) इससे समय का सदुपयोग होगा

(c) इससे वह सालभर पढ़ने के लिए प्रेरित होते रहेंगे

137. बच्चों का उच्चारण सुधारने के लिए आप क्या करेंगे?
(a) उनसे शुद्ध उच्चारण दोहराने के लिए कहेंगे
(b) उनको शुद्ध उच्चारण करके सुनाएँगे
(c) शब्द को टुकड़ों में बाँटकर श्यामपट्ट पर लिख देंगे
(d) उपरोक्त सभी

138. कक्षा में छात्रों को नक्शे का अध्ययन करने का पहला पाठ पढ़ाते समय उन्हें सबसे पहले क्या सिखाया जाए?
(a) नक्शे का पैमाना समझाना
(b) नक्शे में दिशा का ज्ञान करना
(c) नक्शे में दिए गए रंगों का अर्थ बताना
(d) नक्शे पर खींची लाइनों के बारे में बताना

139. आपकी क्या राय है?
(a) स्कूलों में छुट्टियाँ घटा दी जाएँ
(b) अध्यापकों को खाली पीरियड न दिया जाए
(c) रविवार की छुट्टी समाप्त कर दी जाए
(d) प्रतिदिन पढ़ाई (स्कूल) का समय बढ़ा दिया जाए

140. प्राथमिक स्तर पर छात्रों को मातृभाषा में पढ़ाना बेहतर होता है क्योंकि इससे–
(a) बच्चों की पढ़ाई स्वाभाविक वातावरण में होती है
(b) बच्चों में आत्मविश्वास बढ़ता है
(c) बच्चों की बुद्धि का तेजी से विकास होता है
(d) आगे चलकर उच्च शिक्षा ग्रहण करने और नौकरी मिलने की संभावना बढ़ जाती है

141. निम्नलिखित में से कौन-सी दृश्य-श्रव्य सामग्री अधिक लाभप्रद है?
(a) प्रोजेक्टर (b) सिनेमा
(c) टेलीविजन (d) फिल्म स्ट्रिप-प्रोजेक्टर

142. छात्र क्रिया द्वारा सरलता से सीखते हैं क्योंकि–
(a) क्रिया रुचिकर होती है
(b) क्रिया रचनात्मक कार्य है
(c) छात्र क्रिया स्वयं करते हैं
(d) क्रिया में शारीरिक श्रम होता है

143. शैक्षिक तकनीक मनुष्य के सीखने की दशा में क्या है?
(a) निर्देशन
(b) व्याख्यान
(c) पुस्तक वाचन
(d) वैज्ञानिक प्रक्रिया का प्रयोग

144. शिक्षक को पाठ्यपुस्तकों के अतिरिक्त अन्य पुस्तकों को पढ़ने से सर्वाधिक लाभ क्या है?
(a) इससे समय का सदुपयोग होता है
(b) इससे सर्वांगीण ज्ञान में वृद्धि होती है
(c) इससे अनुसंधान कार्य में सहायता मिलती है
(d) इससे शिक्षक को आत्मसंतोष प्राप्त होता है

145. बुनियादी शिक्षा से संबंधित कौन-सी बात सही है?
(a) यह धर्म एवं अध्यात्म से अनुप्राणित है
(b) इसका एक मात्र उद्देश्य साक्षरता दर बढ़ाना है
(c) यह गांधी जी के जीवन दर्शन पर आधारित है
(d) यह केवल प्राथमिक-स्तर तक ही सीमित है

146. मानसिक रूप से पिछड़े बच्चों की प्रकृति कैसी होती है?
(a) अनुशासनहीन होती है
(b) निष्ठावान होती है
(c) संवेदनशील होती है
(d) शक्तिशाली होती है

147. शिक्षा के लिए सर्वाधिक उपयुक्त पद्धति निम्न में से कौन-सी है?
(a) पुस्तक परीक्षा पद्धति
(b) वर्तमान-परीक्षा पद्धति
(c) वस्तुनिष्ठ प्रश्न-पत्र
(d) सेमेस्टर परीक्षा पद्धति

148. निम्नलिखित कथन किस विद्वान का है?
''बच्चों के लिए सबसे उत्तम शिक्षक वह है जो स्वयं बालक जैसा हो।''
(a) अरस्तू (b) मांटेस्क्यू
(c) मैन्केन (d) हॉब्स

149. शिक्षण की प्रोजेक्ट विधि के अंतर्गत अध्यापक क्या करता है?
(a) केवल प्रश्न पूछता है
(b) केवल मूल्यांकन करता है
(c) मूक दर्शक बना रहता है
(d) केवल मार्गदर्शन करता है

150. निम्नलिखित में से कौन सरल से जटिल पद्धति का एक उदाहरण है?
(a) पहले भूतकाल की बात एवं बाद में वर्तमान की बातें
(b) पहले सौरमण्डल एवं बाद में चाँद-सितारे
(c) पहले यूनेस्को एवं बाद में यू.एन.ओ.
(d) पहले अशोक की जीवनी और बाद में उसकी विदेश नीति

151. शिक्षा में खेल-विधि का जन्मदाता निम्न में से किसे माना जाता है?
(a) फ्रोबेल (b) मैडम मांटेसरी
(c) जॉन डीवी (d) काल्डवेल कुक

152. अभ्यास पाठ का अभिप्राय निम्न में से कौन-सा है?
(*a*) छात्रों के समक्ष तथ्यों को एक क्रम में रखना
(*b*) सीखे हुए तथ्यों को उसी रूप में दोहराया जाना
(*c*) यह जानने का प्रयास करना कि छात्रों को जो पढ़ाया जा रहा है, उसे वे समझ रहे हैं या नहीं
(*d*) छात्रों को अधिक क्रियाशील बनाना

153. पाठ योजना तभी सही तरीके से बनाई जा सकती है जब शिक्षक को–
(*a*) शिक्षण सिद्धांतों का ज्ञान हो
(*b*) विभिन्न शिक्षण विधियों का ज्ञान हो
(*c*) छात्रों के पूर्व ज्ञान का पता हो
(*d*) उपरोक्त सभी

154. छात्र सर्वोत्तम सीखते हैं–
(*a*) सुनकर (*b*) पढ़कर
(*c*) करके (*d*) देखकर

155. श्यामपट्ट पर लिखते समय आप क्या सर्वाधिक महत्वपूर्ण समझते हैं?
(*a*) अच्छा लेखन
(*b*) बड़े अक्षरों में लेखन
(*c*) लेखन की स्पष्ट दृश्यता
(*d*) छोटे अक्षरों में लेखन

156. अध्यापक के लिए शिक्षा मनोविज्ञान की क्या उपयोगिता है?
(*a*) इससे शैक्षिक प्रशासन का ज्ञान होता है
(*b*) इससे अध्यापक की सेहत ठीक रहती है
(*c*) इससे बालकों को समझने में सहायता मिलती है
(*d*) इससे शिक्षा नीति का ज्ञान होता है

157. पढ़ते समय पुस्तक और नेत्र की दूरी कितनी होनी चाहिए?
(*a*) न्यूनतम 12 इंच
(*b*) न्यूनतम 6 इंच
(*c*) न्यूनतम 10 इंच
(*d*) उपरोक्त में से कोई नहीं

158. व्यक्तिगत शिक्षा आवश्यक है–
(*a*) बुद्धिमान एवं प्रतिभाशाली छात्रों के लिए
(*b*) धीमे याद करने वाले छात्रों के लिए
(*c*) (*a*) और (*b*) दोनों के लिए
(*d*) सबके लिए

159. गणित को पढ़ाने के लिए कौन-सा पीरियड समय-सारणी (टाइम-टेबल) के हिसाब से अधिक उपयुक्त है?
(*a*) अंतिम
(*b*) दूसरा
(*c*) अंतराल (इंटरवल) के बाद कोई सा पीरियड
(*d*) कोई भी पीरियड

160. कक्षा के आकार के संबंध में सबसे अधिक स्वीकृत निम्नलिखित में से कौन-सा है?
(*a*) कक्षा का आकार उद्देश्य पर निर्भर करता है
(*b*) कक्षा में छात्र 20 से अधिक नहीं होने चाहिए
(*c*) कक्षा में छात्र 20 से 35 तक होने चाहिए
(*d*) आकार का संबंध शिक्षा के उद्देश्यों की प्राप्ति से नहीं है

161. अध्यापन यंत्र (टीचिंग मशीन) के निम्नलिखित लाभ हैं सिवाय–
(*a*) नकल पर नियंत्रण करना
(*b*) गलतियों को पकड़ना
(*c*) ध्यान को केंद्रित करना
(*d*) विभिन्न प्रकार के कार्यक्रमों के लिए उनका सार्वभौमिक प्रयोग

162. पढ़ने के किस प्रोग्राम के लिए टेक्स्टोस्कोप का प्रयोग किया जाता है?
(*a*) शब्द-ज्ञान को सुधारने के लिए
(*b*) पढ़ने की गति को तेज करने के लिए
(*c*) पाठ की विषय-वस्तु को ठीक ढंग से समझने के लिए
(*d*) बायीं से दायीं आँख की गति को प्रशिक्षित करने के लिए

163. एक बच्चे की कक्षा ऐसे कमरे में लगती है जहाँ खिड़की नहीं हैं। ऐसा बच्चा किस भय (फोबिया) से ग्रसित है?
(*a*) एक्रोफोबिया (*b*) क्लासट्रोफोबिया
(*c*) टाक्सोफोबिया (*d*) अगोराफोबिया

164. राष्ट्रीय मानकीकृत नियमों के अनुकूल **200** बालकों के प्राथमिक विद्यालय के निर्माण में कितनी जगह की आवश्यकता होगी?
(*a*) एक एकड़ (*b*) तीन एकड़
(*c*) पाँच एकड़ (*d*) सात एकड़

165. कक्षा में घुमावदार फर्नीचर व्यवस्था पर क्यों जोर दिया जाता है?
(*a*) यह अनुशासन को प्रभावी बनाता है
(*b*) यह प्रभावी प्रबंधन में सहायक है
(*c*) यह छात्रों को पाठ्यक्रम के अनुकूल बनाता है
(*d*) यह कक्षाओं की सफाई कार्य में सहायक है

166. पाठ्यपुस्तकों के सम्बन्ध में आधुनिक शिक्षाविदों का क्या विचार है?
(*a*) ये एक प्रकार की शिक्षण सहायक सामग्री है
(*b*) ये सफल अधिगम को प्रारंभ करने वाली और उनका समापन करने वाली है

(c) पाठ्यपुस्तक का सफल अधिगम के संदर्भ में कोई विशेष महत्व नहीं है

(d) इन्हें अधिक योग्य और प्रतिभाशाली शिक्षकों द्वारा प्रतिस्थापित किया जा सकता है

167. शिक्षण सामग्री का प्राथमिक रूप से चयन किसको करना चाहिए?

(a) शिक्षक को (b) प्रधानाचार्य को

(c) छात्रों को (d) विद्यालय परिषद द्वारा

168. व्याख्यान तकनीक के बारे में लोगों का विचार है–

(a) अधिगम वृद्धि का उत्तम साधन है

(b) इसे ही पूर्णरूप से प्रयुक्त करना चाहिए

(c) इसका प्रेरणात्मक उपयोग नगण्य है

(d) आधुनिक शिक्षा में इसका न्यूनतम उपयोग है

उत्तरमाला

1	2	3	4	5	6	7	8	9.	10
(b)	(a)	(c)	(d)	(b)	(c)	(a)	(c)	(d)	(d)
11	**12**	**13**	**14**	**15**	**16**	**17**	**18**	**19**	**20**
(d)	(b)	(d)	(a)	(c)	(d)	(d)	(c)	(a)	(b)
21	**22**	**23**	**24**	**25**	**26**	**27**	**28**	**29**	**30**
(c)	(b)	(a)	(d)	(b)	(c)	(a)	(d)	(b)	(a)
31	**32**	**33**	**34**	**35**	**36**	**37**	**38**	**39**	**40**
(c)	(b)	(d)	(a)	(d)	(d)	(a)	(b)	(d)	(a)
41	**42**	**43**	**44**	**45**	**46**	**47**	**48**	**49**	**50**
(d)	(a)	(c)	(b)	(b)	(a)	(a)	(d)	(d)	(c)
51	**52**	**53**	**54**	**55**	**56**	**57**	**58**	**59**	**60**
(d)	(d)	(a)	(a)	(d)	(a)	(b)	(b)	(a)	(a)
61	**62**	**63**	**64**	**65**	**66**	**67**	**68**	**69**	**70**
(a)	(a)	(b)	(b)	(b)	(b)	(c)	(c)	(a)	(c)
71	**72**	**73**	**74**	**75**	**76**	**77**	**78**	**79**	**80**
(a)	(a)	(a)	(c)	(b)	(d)	(d)	(a)	(a)	(a)
81	**82**	**83**	**84**	**85**	**86**	**87**	**88**	**89**	**90**
(c)	(c)	(a)	(d)	(c)	(d)	(d)	(b)	(c)	(c)
91	**92**	**93**	**94**	**95**	**96**	**97**	**98**	**99**	**100**
(b)	(d)	(d)	(d)	(d)	(d)	(a)	(d)	(a)	(d)
101	**102**	**103**	**104**	**105**	**106**	**107**	**108**	**109**	**110**
(d)	(a)	(b)	(b)	(d)	(d)	(d)	(a)	(c)	(b)
111	**112**	**113**	**114**	**115**	**116**	**117**	**118**	**119**	**120**
(c)	(a)	(b)	(d)	(c)	(d)	(c)	(d)	(d)	(c)
121	**122**	**123**	**124**	**125**	**126**	**127**	**128**	**129**	**130**
(d)	(b)	(c)	(c)	(c)	(d)	(c)	(d)	(b)	(d)
131	**132**	**133**	**134**	**135**	**136**	**137**	**138**	**139**	**140**
(d)	(a)	(b)	(d)	(c)	(d)	(d)	(b)	(a)	(a)
141	**142**	**143**	**144**	**145**	**146**	**147**	**148**	**149**	**150**
(a)	(c)	(d)	(b)	(c)	(c)	(d)	(c)	(d)	(d)
151	**152**	**153**	**154**	**155**	**156**	**157**	**158**	**159**	**160**
(a)	(c)	(d)	(c)	(c)	(c)	(a)	(c)	(b)	(a)
161	**162**	**163**	**164**	**165**	**166**	**167**	**168**		
(d)	(b)	(b)	(c)	(c)	(a)	(a)	(c)		

इकाई-VI

स्वास्थ्य एवं स्वास्थ्य शिक्षा

'Health' शब्द लैटिन भाषा के 'HAL' शब्द से लिया गया है जिसका अर्थ है- स्वच्छता (Cleanliness) Health शब्द 'स्वस्थता' की दशा (Condition of being 'hal') के लिए भी प्रयोग किया जाता था तथा इसका अर्थ स्वच्छता तथा निरोगता से लिया जाता है। सामान्यत: स्वास्थ्य का अर्थ उस स्वस्थ दशा से लगाया जाता है जिसके द्वारा शरीर तथा मस्तिष्क के समस्त कार्य सुचारु रूप से सक्रियतापूर्वक सम्पन्न किये जाते हैं। निम्नलिखित परिभाषाओं के द्वारा 'स्वास्थ्य' के अर्थ को स्पष्ट किया जा सकता है:

1. Health derived from a latin word 'HAL' which means cleanliness. Health is aftertaken for granted and its value is not fully understand until it is lost during the past few decades there has been a solution that health is a fundamental human right and therefore the attainment of the highest level of health is a most important social goal.

Before knowing health education it is needed to know that what health is? Health eduction has been viewed by different from different angles giving rise to different concepts.

2. विश्व स्वास्थ्य संगठन के अनुसार : 'स्वास्थ्य रोग या निर्बलता का मात्र अभाव नहीं है वरन् शारीरिक, मानसिक तथा सामाजिक कल्याण की पूर्ण अवस्था है।''

Health is a state of complete physical, mental and social well-being and not merely the absence of disease or infirmity.

-World Health Organization.

वह शिक्षा जिसके द्वारा व्यक्ति कैसे स्वस्थ रहे और स्वास्थ्य को प्रभावित करने वाले सभी तत्वों के बारे में जानकारी और उसके अनुरूप आचरण करने की शिक्षा प्राप्त होती है। जैसे- भोजन, व्यायाम, आराम और नींद, चिन्तारहित जीवन, अच्छी आदतें, मादक पदार्थों के सेवन से बचें, हाथ, पैर की स्वच्छता, आंख, कान, नाक, त्वचा, नाखून बाल इत्यादि की सफाई कैसे करें और रोगों से बचने के उपाय के बारे में जानकारी प्राप्त होती है। शरीर में किसी भी प्रकार की विरूपता है तो उसको दूर करने के उपाय और संवेगों को नियंत्रित करने की भी शिक्षा इसी के द्वारा प्राप्त होती है।

स्वास्थ्य शिक्षा का उद्देश्य- स्वास्थ्य शिक्षा का उद्देश्य है कि लोग स्वंय अपनी क्रियाओं और प्रयत्नों से स्वास्थ्य का अर्जन करें। स्वास्थ्य संबंधी ज्ञान से लोग आवश्यकताअनुसार अपनी आदतों व अभ्यास में परिवर्तन करके तथा अज्ञान, पूर्वाग्रहों, गलतफहमियों से ऊपर उठकर स्वस्थ रहन-सहन की ओर अग्रसर हों। व्यक्ति समुदाय तथा सामाजिक स्वास्थ्य संबंधी आदतों, प्रवृत्तियों और ज्ञान को ढालना ही स्वास्थ्य शिक्षा का उद्देश्य है।

जन-जन तक स्वास्थ्य के बारे में जानकारी पहुंचाना और लोग उस जानकारी का लाभ उठाएं यह भी स्वास्थ्य शिक्षा का उद्देश्य है।

स्वास्थ्य उन्नयन के लिए निम्नलिखित बातों पर विशेष ध्यान देना चाहिए।

1. **प्रतिरक्षीकरण**-शैशव व बाल्यावस्था में काली खांसी, टेटनस, पोलियो, टायफायड ज्वर के निरोधी टीके अवश्य लगवाने चाहिए।
2. **परिवार नियोजन**-बच्चों में जन्म से अन्तर रखने और परिवार नियोजन कल्याण के लिए डॉक्टर की सलाह लेना।
3. **पोषण**-पोषण के लिए संतुलित आहार जरूर लेना चाहिए।
4. **स्वास्थ्य की नियमित जांच**-बच्चों और 40 वर्ष के ऊपर के व्यक्ति को वर्ष में विशेष रूप से एक बार जांच जरूर करवानी चाहिए।
5. **स्वास्थ्य शिक्षा**-प्रत्येक व्यक्ति को स्वास्थ्य शिक्षा के बारे में जानकारी पूर्ण रूप से रखनी चाहिए।

स्वास्थ्य शिक्षा का महत्व

इसका मानव जीवन में विशेष महत्व है। इससे स्वास्थ्य रक्षा, संरक्षण और उन्नति होती है।

1. **स्वच्छ वातावरण**- व्यक्ति स्वच्छ वातावरण में रहने लगता है और वह यह भी प्रयास करता है कि घर, पास-पड़ोस का वातावरण स्वच्छ रहे। स्वयं की सफाई, पास-पड़ोस की

गंदगी को दूर करना और स्वच्छ वातावरण में रहने से वह स्वस्थ रहता है। स्वच्छता में सभी चीजें आ जाती हैं। रहन-सहन, शरीर की स्वच्छता, कपड़ों की स्वच्छता इत्यादि।

2. **चिकित्सा सेवाएं**- रोग होने या शरीर में किसी भी प्रकार का विकार उत्पन्न होने पर चिकित्सक से परामर्श करना और उसके अनुसार निदान करवाना और अपने स्वास्थ्य की जांच करवाना इत्यादि चिकित्सा सेवा के अन्तर्गत आता है।

3. **स्वास्थ्य शिक्षा**- व्यक्ति इसके द्वारा ही स्वस्थ कैसे रहें इस संबंध में ज्ञान और जानकारी प्राप्त करता है। स्वास्थ्य के अन्तर्गत जो बातें आती हैं वह सब स्वास्थ्य शिक्षा ही है। स्वास्थ्य शिक्षा का महत्व सबसे बड़ा यह है कि व्यक्ति स्वस्थ रहकर अपने जीवन में सभी क्षेत्रों में उन्नति कर सकता है।

स्वास्थ्य शिक्षा के सिद्धान्त

स्वास्थ्य शिक्षा के अभ्यास में ही सिद्धान्त मौजूद रहता है। स्वास्थ्य शिक्षा में कला और दवाओं का विज्ञान शामिल होता है, जबकि अभ्यास और सिद्धान्त सामान्य शिक्षा है। इसी से जुड़ा है सामाजिक और व्यावहारिक विज्ञान और इससे सम्बद्ध है समाज शास्त्र, मनोविज्ञान और सामाजिक मानवीकीय शास्त्र।

स्वास्थ्य शिक्षा से सम्बद्ध है शिक्षण, सीखना, विचार और आदतें। उद्देश्य होता है स्वस्थ रहना। मनोवैज्ञानिकों का कथन है सीखने की प्रक्रिया में बड़ी सावधानी बरतनी चाहिए। प्रत्येक व्यक्ति का सीखना और उसका विकास करना उसके व्यवहार और रहने के तरीके पर निर्भर करता है।

स्वास्थ्य शिक्षा के निम्नलिखित सिद्धान्त हैं

1. **रुचिः** यह एक मनोवैज्ञानिक सिद्धान्त है। जनता इसे बिना ध्यान के सुनती है और इस पर उनकी कोई रुचि नहीं होती है इसलिए स्वास्थ्य शिक्षा का शिक्षण जनता की रुचि से संबंधित होना चाहिए। जनता स्वास्थ्य के बारे में रुचि नहीं रखती जैसे- अपने स्वास्थ्य पर ध्यान दें, व्यक्ति को स्वस्थ होना चाहिए। पोषण के कार्यक्रम में अच्छा भोजन होना चाहिए। यह सब अनुपयोगी कथन हैं। स्वास्थ्य शिक्षकों को वास्तव में जनता के स्वास्थ्य की आवश्यकताओं के बारे में जानकारी देनी चाहिए। जैसे- "ऊनी कपड़ों की आवश्यकता क्यों हाती है।" जब जनता उसका अनुभव करती है तो ग्रहण करती है उसी तरह से स्वास्थ्य के कार्यक्रम का आधार जनता की आवश्यकताओं के अनुरूप होना चाहिए। जनता इस रुचि के साथ कार्यक्रम में भाग लेगी। कार्यक्रम जनता के लिए हो तब लोग भाग लेंगे। स्वास्थ्य शिक्षकों को चाहिए कि जनता को स्वास्थ्य के बारे में विस्तार से जानकारी दें।
2. **सहभागिताः** यह स्वास्थ्य शिक्षा की कुंजी है, कार्यक्रम में भाग लेना सबसे अच्छा मनोवैज्ञानिक सिद्धान्त है। इसमें व्यक्ति सक्रिय रूप से सीखता है। समूह चर्चा, कार्यशाला, सेमीनार और सभी प्रकार के सक्रिय रूप से सीखने के अवसर मिलते हैं और साथ ही व्यक्तिगत रूप से रुचि के अनुरूप सिखाया जाना चाहिए।
3. **अज्ञान से ज्ञान की ओरः** स्वास्थ्य शिक्षा का कार्य हमें अज्ञान से ज्ञान की ओर बढ़ाना चाहिए जिससे जनता नए ज्ञान को जाने और उसे आगे बढ़ाए और क्रमबद्ध ज्ञान देना चाहिए। नए ज्ञान को समझाने के बाद समस्याएं भी उत्पन्न होती हैं उसका समाधान करना चाहिए। नई दवाओं के बारे में भी जानकारी देनी चाहिए। ज्ञान की वृद्धि अज्ञान से ज्ञान की ओर होती है, यह एक लंबी प्रक्रिया है।
4. **कम्परिहेंशनः** स्वास्थ्य शिक्षा में हमें जिसको शिक्षा देनी है उनके स्तर को समझना चाहिए, शिक्षा और साहित्य जनता को प्रत्यक्ष रूप से बताना चाहिए। एक बाधा इसमें यह रहती है कि शब्दों को एक से दूसरों तक अच्छी तरह से बताने और प्रस्तुत करने की स्वास्थ्य शिक्षा में हमें चाहिए कि भाषा को आसानी से जनता को समझा सकें। कभी नया शब्द या कठिन शब्द प्रयोग नहीं करना चाहिए और मानसिक क्षमता और शैक्षणिक योग्यता के अनुरूप ही स्वास्थ्य शिक्षा का शिक्षण देना चाहिए।
5. **पुनरावृत्तिः** कुछ लोग नई चीजों को अकेले में सीखना चाहते हैं और विश्राम की अवधि में पुनरावृत्ति काफी उपयोगी होती है। यह समझने में सहायता प्रदान करती है। व्यक्ति को प्रत्येक दिन स्वास्थ्य के कार्यक्रम की आवश्यकता होती है।
6. **प्रेरणाः** प्रत्येक व्यक्ति को सीखने की इच्छा जागृत करने को हम प्रेरणा कहते हैं। यह दो प्रकार की होती हैं प्राथमिक और द्वितीय। प्राथमिक प्रेरणा में Sex, Hunger, Survival है; यह व्यक्ति को क्रिया करने के लिए प्रेरित करती है। प्रेरणा से इच्छा पैदा होती है।

   द्वितीय प्रेरणा का आधार बाह्य इच्छा शक्ति के द्वारा होता है। स्वास्थ्य शिक्षा में प्रेरणा एक मुख्य घटक होती है। इसकी आवश्यकता सीखने के लिए और परिवर्तन के लिए प्रोत्साहन के समय होती है। प्रोत्साहन सकारात्मक,

नकारात्मक दोनों हो सकता है। जैसे- कोई व्यक्ति हृदय रोगी है तो उसका वजन नहीं बढ़ेगा। पिता-पुत्र से कहता है कि यदि सुबह आप उठेंगे तो आप को हम कुछ इनाम देंगे। प्रत्येक दिन सुबह उठना एक अच्छी आदत है जो स्वास्थ्य के लिए लाभप्रद है इस तरह से प्रेरणा स्वास्थ्य को प्रभावित करती है।

7. **करके सीखना:** सीखना एक ऐसी प्रक्रिया है जिसमें व्यक्ति क्रिया करता है लेकिन याद नहीं करता है। इसमें एक विचार है- मैंने सुना और भूल गया जो मैंने देखा उसे याद रखा। जो मैंने किया उसे जाना। सीखने की क्रिया में चित्र का महत्वपूर्ण स्थान होता है।
8. **जमीन, बीज और माध्यम:** मनुष्य जमीन है और स्वास्थ्य बीज है। एक जगह से दूसरे स्थान पर पहुंचाने वाला माध्यम (Sower) है। स्वास्थ्य के लिए सबसे जरूरी है वैज्ञानिक जानकारी का होना। उपर्युक्त तीन तत्व स्वास्थ्य शिक्षा को सफल बनाने के लिए जरूरी है।
9. **मित्रता का संबंध:** एक स्वस्थ शिक्षक के पास मित्रता का गुण होना जरूरी है। यह एक तकनीकी योग्यता मानी जाती है। क्योंकि अच्छा संबंध सीखने की क्रिया में सहायता प्रदान करता है। एक स्वस्थ शिक्षक को सहानुभूति और मित्रता का व्यवहार जनता के साथ करना चाहिए। जिससे जनता उसे अपना सही मित्र समझे।
10. **विद्वानों और नेताओं का सहयोग:** मनोवैज्ञानिकों ने स्वीकार किया है कि स्वास्थ्य शिक्षा के कार्यक्रम में प्रयास करना चाहिए कि स्थानीय संगठन के नेताओं के साथ, गांव के मुखिया के साथ स्कूल के शिक्षकों के साथ, राजनीतिक कार्यकर्त्ताओं के साथ मिलकर स्वास्थ्य शिक्षा के कार्यक्रम को ये लोग उपयोगी बना सकते हैं। यदि नेताओं को विश्वास में ले लिया जाए तो स्वास्थ्य शिक्षा का कार्यक्रम आसानी से पूर्ण हो सकता है। नेता इस कार्य को संगठन के कार्यकत्ताओं को दे दें तो उचित निर्देशन में कार्यकर्त्ता जनता को स्वास्थ्य शिक्षा के बारे में जानकारी देंगे। विभिन्न प्रकार के कार्यालयी और बिना कार्यालयी संगठन को इसकी जिम्मेदारी दे देनी चाहिए।

मानसिक स्वास्थ्य

मानसिक रूप से भी व्यक्ति को स्वस्थ रहना चाहिए। इसके अन्तर्गत क्रोध, भय, द्वेष, प्रेम इत्यादि का यदि सही रूप से सामंजस्य नहीं है तो व्यक्ति को मानसिक रूप से स्वस्थ्य नहीं कहा जाएगा। इसके असंतुलन से व्यक्ति के अन्दर खराब और नकारात्मक विचार आते हैं। यदि इसका संतुलन अच्छा है तो व्यक्ति की सोच, दृष्टिकोण सकारात्मक होगा और वह किसी भी कार्य को उत्साह पूर्वक संपन्न करेगा। मानसिक स्वास्थ्य ठीक रहने से व्यक्ति के अन्दर धैर्य और आत्मविश्वास पर्याप्त मात्रा में रहता है। इसी के द्वारा कोई भी व्यक्ति आसानी से सभी कार्य कर सकता है। मानसिक स्वास्थ्य ठीक रहने से कार्य में रुचि बढ़ती है।

स्कूल तथा कॉलेज में स्वास्थ्य कार्यक्रम

यह कार्यक्रम बच्चों और स्कूल तथा कॉलेज में पढ़ने वाले छात्र-छात्राओं की शारीरिक, आवेशात्मक, बौद्धिक व सामाजिक वृद्धि से संबद्ध है। बच्चे और छात्र-छात्राओं का स्वास्थ्य निरीक्षण पूरी तरह से होना चाहिए। स्कूल और कॉलेज में छात्र-छात्राओं के प्रवेश के बाद स्वास्थ्य की जांच होनी चाहिए और अनुवर्ती कार्य का कार्ड रखा जाना चाहिए। माता-पिता या संरक्षक को बच्चों के दोषों की जानकारी दी जानी चाहिए और उनके दोषों को दूर करने के लिए अस्पताल में भेज कर निदान भी करवाना चाहिए।

छात्र-छात्राओं का भार, ऊंचाई, ब्लड ग्रुप, रक्तचाप, श्वसन क्रिया की जांच कर कार्ड पर अंकित करना चाहिए। जिससे बच्चों को जानकारी हो कि उनके शरीर एवं स्वास्थ्य में क्या कमी है। साथ ही साथ स्कूल और कॉलेज में स्थानीय स्तर पर स्वास्थ्य मेलों का भी आयोजन करना चाहिए जिससे छात्र-छात्राएं लाभान्वित हो।

छात्र-छात्राओं को संतुलित आहार के बारे में जानकारी भी प्रदान करना चाहिए। इसके लिए संतुलित आहार का चार्ट प्रस्तुत करना चाहिए।

व्यक्तिगत स्वच्छता के नियमों और उपायों के बारे में विधिवत जानकारी छात्र-छात्राओं को देना चाहिए और साथ ही साथ प्रदूषण के कारण और निवारण, संक्रामक रोग इत्यादि के बारे में स्कूल तथा कॉलेज में स्वास्थ्य शिक्षा का सप्ताह में एक पीरियड जरूर लगना चाहिए।

यदि आवश्यकता पड़े तो चिकित्साधिकारी से भी स्वास्थ्य के बारे में बच्चों को व्याख्यान दिलवाना चाहिए।

स्वस्थता के परीक्षण

कोई भी व्यक्ति तभी स्वस्थ कहा जा सकता है यदि उसमें निम्न गुणों का समावेश हो-

1. **रक्त का दौरा :** यह एक व्यक्ति के स्वास्थ्य के स्तर को जानने का एक बहुत ही अच्छा और सरल साधन होता है। यदि एक व्यक्ति में रक्त का दौरा सही है तो वह व्यक्ति शारीरिक रूप से स्वस्थ कहा जा सकता है।
2. **शीघ्र बात समझना :** यदि कोई व्यक्ति कोई भी बात आसानी से तथा सरलता से नहीं समझता तो उसे पूर्ण रूप से स्वस्थ कहना गलत होगा क्योंकि ऐसा व्यक्ति शारीरिक रूप से स्वस्थ हो, परन्तु वह मानसिक तौर पर स्वस्थ नहीं कहा जा सकता।
3. **स्नायु प्रणाली की लय :** एक स्वस्थ व्यक्ति वही होता है जिसमें स्नायु प्रणाली को एक लय में बनाए रखने की क्षमता हो।
4. **समायोजन, संतुलन, नियंत्रण :** एक ऐसा व्यक्ति जिसमें अपनी भावनाओं तथा क्रियाओं पर नियंत्रण रखने की योग्यता तथा क्षमता न हो कभी भी मानसिक रूप से स्वस्थ नहीं कहा जा सकता।
5. **थकान सहन करने की क्षमता :** यदि कोई व्यक्ति शारीरिक क्रिया को करने की क्षमता न रखता हो या कोई भी शारीरिक क्रिया करने से शीघ्र थक जाए तो उसे शारीरिक तौर पर स्वस्थ नहीं कहा जा सकता।
6. **स्वेच्छित मांसपेशियों को नियंत्रित करना :** एक ऐसा व्यक्ति जिसमें अपनी स्वेच्छित मांसपेशियों को नियंत्रण में रखने की क्षमता हो, स्वस्थ कहला सकता है।
7. **मांसपेशियों की सहनशीलता :** स्वस्थ व्यक्ति को मांसपेशियों में विभिन्न प्रकार की शारीरिक क्रियाओं को करने की क्षमता तथा बल होना चाहिए।
8. **सांस की प्रतिक्रिया :** यह भी मनुष्य के स्वास्थ्य के स्तर का पता लगाने के लिए एक मुख्य तत्व होता है। यदि सांस लेने की क्रिया मनुष्य में सुचारू रूप से हो रही है तो वह स्वस्थ कहलाने के योग्य होता है अथवा नहीं।

पोषण तथा आहारीय व्यवस्था

भोज्य पदार्थों को हम आहार के नाम से जानते हैं। जिन पदार्थों को हम ग्रहण करते हैं वह पदार्थ शरीर को शक्ति प्रदान करते हैं, जिससे हम सभी कार्यों को सरलता पूर्वक संपन्न करते हैं। व्यक्ति को इसकी जानकारी होनी चाहिए कि कितनी मात्रा में और कैसा भोजन शरीर के लिए लाभकारी और उपयोगी होगा।

भोजन से शरीर को शक्ति मिलती है और गर्मी उत्पन्न होती है। ऊत्तकों का निर्माण और मरम्मत भी इसी के द्वारा होती है।

भोजन का कार्य

भोजन के निम्नलिखित कार्य होते हैं–

1. भोजन तत्वों से एन्जाइम तथा हार्मोन्स बनता है जो शरीर के लिए लाभकारी होता है।
2. भोजन के द्वारा शरीर का निर्माण और मरम्मत का कार्य होता है।
3. भोजन शरीर को शक्ति प्रदान करता है।
4. भोजन द्वारा रोगों से सुरक्षा भी होती है।
5. भोजन से ऊत्तकों का रखरखाव होता है और इनके कार्यों पर नियंत्रण भी होता है।

भोजन की आवश्यकता

प्रत्येक मनुष्य को स्वस्थ रहने के लिए और अपने दैनिक कार्यों को सुचारू रूप से संपादित करने के लिए शक्ति की आवश्यकता होती है। वह शक्ति उसको भोजन के द्वारा ही मिल सकती है। भोजन में अनेक प्रकार के तत्व मिले रहते हैं जैसे- कार्बोहाईड्रेट्स, वसा, विटामिन्स, खनिज लवण, प्रोटीन और जल इत्यादि इन्हीं तत्वों के द्वारा हम अपने शारीरिक मानसिक कार्यों को पूर्ण करते हैं। यदि उपरोक्त तत्वों में से किसी की भी कमी हो जाती है तो व्यक्ति कमजोर हो जाता है, जिसके कारण से वह रोग ग्रसित हो सकता है इसलिए व्यक्ति को पोषक आहार की आवश्यकता होती है।

भोजन का वर्गीकरण

व्यक्ति के शरीर निर्माण में छह घटकों की आवश्यकता अनिवार्य रूप से होती हैं जो इस प्रकार हैं–

1. प्रोटीन, 2. वसा, 3. कार्बोहाईड्रेट्स, 4. विटामिन्स, 5. खनिज लवण 6. जल।

जिन पदार्थों से ऊर्जा प्राप्त होती है। उनके स्रोत हैं। कार्बोईड्रेट्स, वसा, प्रोटीन।

कार्बोहाइड्रेट्स जैसे– गुड़, शक्कर, शहद, ग्लूकोज, चावल, गेहूं, आलू, कच्चा केला आदि।

वसा जैसे– तेल, घी, मक्खन, क्रीम आदि।

प्रोटीन जैसे– दूध, पनीर, दही, अंडा, मांस, बादाम, मूंगफली, सूखे मेवे, सोयाबीन व दालें आदि।

शरीर निर्माणात्मक और मरम्मत वाले पदार्थ हैं– प्रोटीन, कैल्शियम, फास्फोरस, लोहा आदि।

शरीर को सुरक्षा प्रदान करने वाले तत्व हैं– खनिज लवण, विटामिन्स, प्रोटीन, हरी पत्ती वाली सब्जियां आदि।

पोषण के छह संघटक

कार्बोहाइड्रेट्स

इसमें कार्बन, हाईड्रोजन और ऑक्सीजन सम्मिलित रहता है। इससे शक्ति मिलती है। वसा को जलाने के लिए इसकी जरूरत पड़ती है। कार्बोहाइड्रेट्स वसा की क्रिया के लिए आवश्यक है। कार्बोहाइड्रेट्स मिलने के तीन प्रमुख स्रोत हैं:

1. **स्टार्च (Starch)**- यह चावल, मक्का, गेहूं, आलू, ज्वार, बाजरा, दालें इत्यादि में उचित मात्रा में मिलता है।
2. **शर्करा (Sugar)**- इसमें ग्लूकोज, फ्रक्टोज, ग्लैकटोज, सूक्रोज, लेक्टोज, माल्टोज, शहद, खजूर, गन्ना, गुड़, किसमिस, छुआरा इत्यादि में मिलता है।
3. **सेलूलोज (Cellulose)**- यह सब्जियों, अनाजों, फलों के रेसे हैं। इन रेशों को उबालने, पीसने से रेशों के आकार छोटे हो जाते हैं। फलों और सब्जियों के रेशों में बड़ी मात्रा में रोगों के कीटाणु मौजूद रहते हैं। यह रेशे किसी भी तरह से नष्ट नहीं होते हैं। इनसे अपेन्डिसाइटीस, कोलोनिक कैन्सर, कोर्नरीआर्टरी के रोग, और गालब्लैडर में पथरी होने की सम्भावना बनी रहती है। भारतीय भोजन में कार्बोहाइड्रेटस की मात्रा अधिक रहती है।

वसा (Fats)

वसा भोजन का एक प्रमुख तत्व है। इसका निर्माण कार्बन, हाइड्रोजन और ऑक्सीजन एवं वसीय अम्ल द्वारा होता है। इसमें कार्बन की मात्रा अधिक व ऑक्सीजन की मात्रा कम होती है। यह कार्बोहाइड्रेट्स की तुलना में ताप और शक्ति अधिक मात्रा में प्रदान करता है। इसमें विटामिन ए, डी, ई, के, सम्मिलित होता है। शरीर में वसा संचित रहती है। वसा शर्करा और कार्बोहाइड्रेट्स के साथ जल्दी पच जाती है। वसा बाह्य गर्मी और ठंडी में शरीर को बचाती है।

वसा मिलने के साधन: वसा दो प्रकार की होती है।

1. **जन्तु वसा**- इसके अन्तर्गत घी, मक्खन, मछली का तेल, समुद्री मछली के यकृत का तेल, सूअर की परिष्कृत चर्बी इत्यादि आते हैं। यह संतृप्त वसा होती है। इसका उपयोग आवश्यकता पड़ने पर होता है।
2. **वनस्पति वसा**- वनस्पतियों में मूंगफली, तिल, सरसों, नारियल, सूर्यमुखी, काजू, अखरोट, बादाम इत्यादि से प्राप्त होती है। यह असंतृप्त वसा होती है, जो तरलरूप में रहती है।

वसा का कार्य

1. मांसपेशियों को शक्ति प्रदान करना।
2. त्वचा के नीचे जमा होकर शरीर को सुडौल बनाना।
3. शरीर में चर्बी की क्षतिपूर्ति करना।
4. हड्डियों को सुरक्षा प्रदान करना।
5. शरीर में पाचक रसों को कोमल करना, जिससे पाचन क्रिया में समय अधिक न लगे।

प्रोटीन

शरीर के निर्माण और विकास में प्रोटीन की मुख्य भूमिका होती है। शरीर के सर्वाधिक आवश्यक तत्वों में प्रोटीन का स्थान है। इसके निर्माण में कुल 18 तत्व शामिल रहते हैं। प्रोटीन ही ऐसा तत्व है, जो शरीर की कोशिकाओं का निर्माण करता है। इससे रक्त की लालिमा बनी रहती है। प्रोटीन का निर्माण अमीनों अम्लों के द्वारा होता है। प्रोटीन रचना में सबसे अधिक जटिल होते हैं।

प्रोटीन प्राप्ति के स्रोत

1. **जन्तु प्रोटीन**- मछली, अण्डा, मांस, दूध, दही, पनीर, खोया इत्यादि से प्राप्त होता है।
2. **वनस्पति प्रोटीन**- सोयाबीन, सूखेफल, मूंगफली, दाल, अनाज, हरी सब्जियों से प्राप्त होता है।

प्रोटीन के कार्य

1. प्रोटीन पाचक रसों का निर्माण करता है।
2. शरीर की वृद्धि और विकास में प्रोटीन की प्रमुख भूमिका होती है।
3. प्रोटीन से शरीर में ऑक्सीजन ग्रहण करने की शक्ति में वृद्धि होती है।
4. मानसिक शक्ति में वृद्धि होती है।
5. शरीर का निर्माण, वृद्धि तथा कोशिकाओं की क्षतिपूर्ति करता है।

विटामिन्स

विटामिन्स रासायनिक तत्वों का समूह है। यह कई प्रकार के होते हैं। विटामिन्स शरीर की प्रक्रियाओं में उत्प्रेरक का कार्य करते हैं। शरीर की रक्षा के लिए जरूरी हैं। इन्हें दो वर्गों में रखा गया है।

1. **जल में घुलनशील विटामिन**–विटामिन-B समूह एवं विटामिन-C
2. **वसा में घुलनशील विटामिन** – विटामिन-A, विटामिन-D, विटामिन-E एवं विटामिन-K

❖ **विटामिन 'ए':** यह हल्के पीले रंग का तेल जैसा द्रव होता है। इसका स्वाद और गंध मछली जैसा होता है।

विटामिन 'ए' के स्रोत - अण्डा, मक्खन, दूध, समुद्री मछली, मछली के जिगर का तेल, गाजर, पपीता, सन्तरा, टमाटर, सब्जी आदि में मिलता है।

विटामिन 'ए' की कमी से रतौंधी बीमारी होती है। फेफड़ों में संक्रमण, ब्रांकी निमोनिया, कान-नाक में पीड़ा, पाचन तंत्र और मूत्र तंत्र के रोग हो जाते हैं। त्वचा का शुष्क होना, बालों का झड़ना, आदि बीमारी होती है।

❖ **विटामिन 'बी':** यह ऐसे विटामिनों का समूह है जो मुख्य रूप से भोजन से प्राप्त होता है। इस समूह के प्रमुख विटामिन हैं- बी-2, बी-3, बी-5, बी-6, और बी-12

❖ **विटामिन बी-1:** इसें 'थायमीन' भी कहते है। मनुष्य के शरीर को स्वस्थ रखने के लिए इसकी आवश्यकता होती है।

विटामिन बी-1 के स्रोत - अन्न की भूसी, मटर, छिलकेदार दालें, हरी सब्जी, दूध, मांस, मछली, अण्डे की जर्दी, खमीर से बनी चीजें, अखरोट, चुकंदर, गाजर, नाशपाती इत्यादि में पर्याप्त मात्रा में उपलब्ध होता है।

विटामिन बी-1 का कार्य- शरीर का विकास और तंत्रिका के बेहतर संचालन में सहयोग करना, शरीर में कार्बोहाइड्रेट्स के उपयोग के लिए आवश्यक है। सामान्य पाचन क्रिया और अच्छी तरह से भूख महसूस हो, इसके लिए यह सहायक होती है। हृदय संबंधी रोगों से रक्षा करता है।

इस विटामिन की शरीर में कमी हो जाने पर बेरी-बेरी नामक रोग हो जाता है। बहुनाड़ी शोथ, कब्ज, घाव, हृदय रोग आदि बीमारियां हो जाती हैं।

❖ **विटामिन बी-2:** इसका रासायनिक नाम राइबोफ्लेविन है। यह मनुष्य के स्वास्थ्य और शारीरिक विकास के लिए जरूरी है।

विटामिन बी-2 के स्रोत- दूध, कलेजी, अण्डा, मांस, हरी सब्जियां, अंकुरित बीज, सोयाबीन, टमाटर आदि में पाया जाता है।

विटामिन बी-2 का कार्य- यह यौवन की रक्षा करता है। शरीर को चर्म रोग से बचाता है। हीमोग्लोबीन के निर्माण में सहायता प्रदान करता है। बालों को झड़ने से रोकता है। श्वसन क्रिया में सहायक होता है। इसकी कमी से होठों पर पपड़ी, मुंह के कोनों में कटाव, जीभ, गले में छाले, मोतियाबिन्द, चर्म रोग, आदि हो जाते हैं।

❖ **विटामिन बी-3:** इस विटामिन को 'पेन्टोथेनिक अम्ल कहते हैं। यह लिपिड एवं वसा के उपापचयन, वसीय अम्ल तथा हीमोग्लोबीन के निर्माण में एवं कुछ एमिनो एसिडों को सक्रिय करने का कार्य करता है।

विटामिन बी-3 के स्रोत - यह कलेजी, गुर्दा, शकरकंद, चुकन्दर तथा अंडे में पाया जाता है।

विटामिन बी-3 का कार्य- यह पाचन संस्थान, नाड़ी संस्थान की सामान्य क्रिया में सहयोग करता है। रक्त प्रवाह को सामान्य रखता है। शरीर के ताप को संतुलित रखता है। इसकी कमी से पैरों में जलन, आंतों में निष्क्रियता, उदर आंत्रीय रोग, पेशियों में ऐंठन, पाचन में गड़बड़ी, त्वचा पर उमेटाइटिस आदि रोग होते हैं।

❖ **विटामिन बी-5:** इसका रासायनिक नाम निकोटिनैमाइड या नियासिन है।

विटामिन बी-5 के स्रोत- मांस, मछली, दूध, अंकुरित गेहूं, सोयाबीन, दही, मूंगफली, कलेजी, अण्डा, सूअर के मांस आदि में पाया जाता है।

विटामिन बी-5 के कार्य- यह तंत्रिका तंत्र, आमाशय, को स्वस्थ रखने में सहायता प्रदान करता है। इसकी कमी से बच्चों में भारहीनता, शक्तिहीनता, रक्त हीनता और पेलग्रा (त्वचा दाद) नामक रोग होता है। पाचन में दोष और मानसिक विकार उत्पन्न हो जाते हैं।

❖ **विटामिन बी-6:** साधारणतया व्यक्ति में इसकी कमी नहीं होती है। इस विटामिन को पाईरीडॉक्सिन भी कहते हैं।

विटामिन बी-6 के स्रोत- यह अंकुरित अनाजों, मांस, कलेजी, दूध, दालें, सूखे मेवों, हरी सब्जियों आदि में पाया जाता है।

विटामिन बी-6 के कार्य- शारीरिक वृद्धि में सहायक, त्वचा को स्वस्थ रखने में सहायक, पेशियों को स्वस्थ रखने में सहायक होता है। विटामिन बी-6 की कमी में एनिमिया नामक रोग (रक्ताल्पता) त्वचा रोग, मांसपेशियां कमजोर हो जाती है। शारीरिक वृद्धि रुक जाती है। नींद व भूख में कमी होने लगती है।

❖ **विटामिन बी-12:** इसका रासायनिक नाम सायनोकोबालामिन है। यह लाल रक्त कणिकाओं के निर्माण में सहायक होता है।

विटामिन बी-12 के स्रोत- मछली के यकृत, मांस, दूध अण्डे की जर्दी, कलेजी आदि में पाया जाता है।

विटामिन बी-12 के कार्य- रुधिर कणिकाओं का निर्माण करना, शारीरिक, मानसिक विकास में सहायक, इसकी कमी से हायर ग्लाइलीनिया नामक रोग होता है। शारीरिक वृद्धि धीमी पड़ जाती है। पक्षाघात का होना, बाहों में कड़ापन एवं पीड़ा होना।

❖ **विटामिन सी:** इस विटामिन की खोज 18वीं सदी में की गई, यह विटामिन ताप बर्दाश्त नहीं कर पाता। यह विटामिन कोमल प्रकृति का होता है। इसका रासायनिक नाम एस्कॉर्बिक ऐसिड है।

विटामिन सी के स्रोत- नीबू, टमाटर, अमरूद, सेब, हरी मिर्च, साग, आंवला, अंकुरित बीज, फलों में पाया जाता है।

विटामिन सी के कार्य- हड्डी और दांत को स्वस्थ रखता है। रक्त वाहिनी की दीवार को स्वस्थ रखता है। कुछ एन्जाइमों की क्रियाओं में सहायक होता है। संक्रामक रोग न होने की क्षमता बढ़ती हैं इसकी कमी से स्कर्वी रोग होता है। आंखों के सामने अंधेरा छा जाता है। रक्त न्यूनता बढ़ जाती है। त्वचा पर काले धब्बे पड़ने लगते हैं।

❖ **विटामिन-डी:** इस विटामिन को स्टेराइड भी कहते हैं। यह विटामिन सूर्य की पराबैगनी किरणों द्वारा त्वचा को प्राप्त होती है। यह शरीर में कैल्शियम व फॉस्फोरस के अवशोषण में सहायक होता है।

विटामिन डी के स्रोत- सूर्य की पराबैंगनी किरणें, मछली का तेल, घी, दूध, मलाई इत्यादि में मिलता है।

विटामिन डी के कार्य- दांतों और हड्डी को स्वस्थ रखने में सहायक। कैल्शियम और फास्फोरिक एसिड को मिलाने में सहायक। रोगाणुओं के प्रतिरोध की क्षमता विकास में सहायक। बालों की उचित वृद्धि में सहायक होता है।
इसकी कमी से बच्चों में सूखा रोग (रिकेट्स) हो जाता है। एलर्जी रोग होते हैं। प्रौढ़ों को आस्टोकैल्शिमिया रोग होता है। भूख कम हो जाती है।

❖ **विटामिन ई:** इस विटामिन का रासायनिक नाम 'टोकोफेराल' है। इस विटामिन पर ताप या अम्ल का कोई प्रभाव नहीं पड़ता है। पुरुष और स्त्री दोनों की प्रजनन शक्ति के लिए जरूरी है। यह सेक्स की क्रिया को पूर्ति करता है।

विटामिन ई के स्रोत- यह गेहूं के अंकुर, कपास के बीज, और तेल, मछली, दूध, अण्डा, सेब, सलाद, सोयाबीन इत्यादि में पाया जाता है।

विटामिन ई के कार्य- पुरुषों की नपुंसकता को दूर करना, गर्भपात को रोकना, याददाश्त शक्ति की वृद्धि। इसकी कमी से स्त्रियां बांझपन का शिकार हो जाती है। याददाश्त शक्ति कमजोर हो जाती है। पुरुष नपुंसक हो जाते हैं। पेचिश पड़ने लगता है।

❖ **विटामिन-एच:** यह विटामिन मांसपेशियों के दर्द को रोकता है और रक्त में कोलेस्ट्राल की मात्रा को नियंत्रित करता है।

विटामिन एच के स्रोत- यह गुर्दे, अण्डे, दूध, दही, सूखे फलों, अनाज आदि से प्राप्त होता है। विटामिन एच की कमी से मांसपेशियों में दर्द होना, त्वचा का पीला पड़ जाना। रक्त में कोलेस्ट्राल की मात्रा बढ़ना संभव है।

❖ **विटामिन-के:** इस विटामिन की खोज 1934 में की गई थी। इसका रासायनिक नाम 'फिलोक्विनोन' है।

विटामिन-के के स्रोत- यह टमाटर, सोयाबीन, गोभी, पालक, पत्तेदार सब्जियों, अंकुरित दानों, मटर इत्यादि में मिलता है।

विटामिन-के के कार्य- यह रक्त को थक्के के रूप में बनाता है। रक्त में **'प्रोथ्रोम्बिन'** तत्व का निर्माण करना। इसकी कमी से रक्त का जमना बंद हो जाता है। इसकी कमी का छोटे बच्चों पर बड़ा बुरा प्रभाव पड़ता है। हड्डियों में टूटन, इसकी कमी से शरीर में कैल्शियम की भी कमी हो जाती है।

❖ **विटामिन-पी:** यह विटामिन सबसे पहले पैपरिका या मिर्च में पाया गया। यह विटामिन सी के साथ वनस्पतियों में सदैव मौजूद रहता है। इस विटामिन की कमी से स्कर्वी रोग में रक्त स्त्राव होने लगता है।

❖ **विटामिन पी.ए.बी.ए. (पी. एमिनो बेंजोइक एसिड):** यह विटामिन बालों की रक्षा एवं सूक्ष्म जीवों की वृ(के लिए आवश्यक है। इसकी कमी से बाल असमय ही पकने लगते हैं। यह चावल की भूसी, अंकुरित गेहूं, दूध में मौजूद होता है।

❖ **कोलाइन:** इसको विटामिन बी समूह में रखा जाता है, लेकिन वैज्ञानिकों ने इसे विटामिन नहीं माना। इसकी कमी से खून और प्रोटीन की कमी हो सकती है। यह आमतौर पर अण्डों में पाया जाता है।

जल (Water)

जल के अभाव में व्यक्ति अधिक दिन तक जीवित नहीं रह सकता है। शरीर को इसकी नितान्त आवश्यकता होती है। चयापचय में रासायनिक क्रिया हेतु इसकी आवश्यकता होती है। शरीर में 75 प्रतिशत जल होता है। सामान्य तौर पर एक व्यस्क व्यक्ति को एक दिन में तीन लीटर जल की जरूरत होती है। मूत्र, श्वसन, पसीना के द्वारा शरीर का जल बाहर निकलता है। जल की शक्ति के द्वारा ऊत्तक प्रभावित होते हैं। साल्ट रक्त में और ऊत्तकों में प्राप्त होता है। सोडियम क्लोराइड के साथ चयापचय होता है।

पिट्यूटरी ग्रन्थि एक महत्वपूर्ण तत्व है जो जल चयापचय को नियंत्रित करती है। यह विष तत्वों और व्यर्थ पदार्थों को शरीर के बाहर मूत्र और पसीने के द्वारा निकाल देता है। भोजन को पचाने में सहायता प्रदान करता है। सभी पाचक रसों को द्रवस्वरूप में बदलता है। शरीर के ताप को नियंत्रित रखता है। शरीर के तंतुओं को मुलायम और लचीला रखता है।

खनिज तत्व (Mineral Elements)

खनिज लवण शरीर के निर्माण और वृद्धि के लिए जरूरी हैं। शरीर के सभी अंग सुचारू रूप से कार्य करे, इसके लिए खनिज तत्व का होना जरूरी है। शरीर का 1/4 भाग खनिज लवणों से बना है। ये तत्व 24 प्रकार के होते हैं जो निम्नलिखित हैं– 1. कैल्शियम, 2. फास्फोरस, 3. पोटैशियम, 4. सल्फर, 5. सोडियम, 6. लोहा, 7. मैग्नीशियम, 8. मैग्नीज, 9. तांबा, 10. आयोडीन, 11. कोबाल्ट, 12. जिंक, 13. ऐल्यूमिनियम, 14. आर्सेनिक, 15. ब्रोमीन, 16. फ्लोरीन, 17. निकिल, 18. क्रोमियम, 19. कैडमियम, 20. सेलेनियम, 21. सिलिकन, 22. वेनाडियम, 23. क्लोरीन तथा 24. मोलिविडनम।

उपर्युक्त खनिज तत्वों में से जो अंतिम महत्व के हैं वे निम्नलिखित हैं–

कैल्शियमः कैल्शियम का कार्य दांतों और अस्थियों का निर्माण करना और इन्हें स्वस्थ रखना है। कैल्शियम दूध, दही, मट्ठा, पनीर, अण्डा, बादाम इत्यादि से प्राप्त किया जाता है। इसकी कमी में अस्थियां कमजोर हो जाती हैं। बच्चों को सूखा रोग हो जाता है।

फॉस्फोरसः यह पनीर दूध, अण्डा, गोश्त, मछली, दालों में पाया जाता है। यह रक्त में अम्ल व क्षार के प्रभाव को संतुलित करता है। दांतों और अस्थियों को स्वस्थ रखता है। यह शरीर में रक्त को शुद्ध करता है।

आयोडीनः यह ताजे भोजन एवं प्याज, शलगम, मछली का यकृत एवं तेल में और मांस में पाया जाता है। यह थाइराइड ग्रन्थियों के कार्यों को नियंत्रित करता है। कोशिकाओं की ऑक्सीकरण की क्रिया को नियंत्रित करता है। शारीरिक, मानसिक वृद्धि एवं विकास के लिए जरूरी है।

लोहाः यह टमाटर, पालक, अंडे की जर्दी, गाजर, प्याज, सूखे फल, अनार, अमरूद, शहद में पाया जाता है। यह रक्त में लाल रुधिर कणिकाओं का निर्माण करता है। शरीर के एन्जाइम्स को सक्रिय बनाता है।

तांबाः यह मांस, दाल, यकृत, चाय, काफी, कोको आदि में मिलता है। यह वसा के अवशोषण में सहायक होता है। रक्त के हीमोग्लोबीन के निर्माण में सहायक होता है।

पोटेशियमः यह सभी वनस्पति भोज्य पदार्थों और पशु जन्य पदार्थों से प्राप्त होता है। यह शरीर के तन्तुओं का निर्माण करता है और चोट की पीड़ा को कम करता है।

मैग्नीशियमः यह अनाज, दालों, हरी पत्ती वाली सब्जियों और खजूर, केला में पाया जाता है। यह कैल्शियम व फॉस्फोरस को क्रियाशील बनाता है।

सोडियमः इसकी पूर्ति भोजन में खाए जाने वाले नमक से होती है। यह मांस, मछली, फूलगोभी, शलगम, प्याज से प्राप्त किया जाता है। यह शरीर में जल का संतुलन रखता है। कब्ज दूर करता है। शरीर क्रियाशील बनी रहती है।

संतुलित आहार

वह भोजन जिसमें सभी आवश्यक पोषक तत्व पर्याप्त मात्रा में उपस्थित हों उसे हम संतुलित आहार कहते हैं। ये तत्व हैं– कार्बोहाइड्रेट्स, प्रोटीन, विटामिन्स, वसा, खनिज लवण। ये तत्व व्यक्ति के भोजन में आवश्यकता के अनुरूप नियमित मौजूद रहता है तो उस भोजन को हम संतुलित आहार के नाम से जानते हैं।

संतुलित आहार की मात्रा उम्र, लिंग, व्यवसाय, क्रिया, जलवायु, और शरीर की बनावट के अनुरूप होनी चाहिए। संतुलित आहार में यदि पोषक तत्व आवश्यकता के अनुरूप रहते हैं तो वह कुपोषण से संबंधित बीमारियों को रोकते हैं।

वह आहार जो शरीर को ऊर्जा, निर्माणात्मक एवं सुरक्षात्मक पदार्थों की उचित मात्रा में पूर्ति करता है उसे हम संतुलित आहार कहते हैं।

भारतीय कृषि अनुसंधान परिषद् के अनुसार "वह भोजन जो शरीर की वृद्धि, विकास कार्य तथा स्वास्थ्य संरक्षण के लिए आवश्यक तत्वों को सम्मिलित करता है जो कि उसमें मात्रा में गुणों में संतुलित रूप से पाए जाते हैं।"

संतुलित आहार की आवश्यकता- श्वसन कार्य के लिए, रक्त संचरण और पाचन क्रिया के लिए, संवेगात्मक शांति के लिए, शरीर की वृद्धि विकास के लिए, रोगों से बचने के लिए, स्वस्थ जीवन यापन करने के लिए, क्रिया को संपन्न करने के लिए शक्ति की आवश्यकता होती है। यह शक्ति व्यक्ति को संतुलित आहार से प्राप्त होती है।

01 ग्राम शुद्ध वसा में ऊर्जा 09 कैलोरी प्राप्त होती है।

01 ग्राम प्रोटीन में ऊर्जा 04 कैलोरी प्राप्त होती है।

नीचे दिए गए खेल के खिलाड़ियों के लिए कैलोरी ऊर्जा प्रतिदिन प्राप्त होनी चाहिए।

तैराकी	4500 – 5800	कैलोरी
साईक्लिंग	5400 – 5900	कैलोरी
मैराथन	5460 – 6200	कैलोरी
फुटबॉल, हॉकी	4800 – 5000	कैलोरी
जिम्नास्टिक	3600 – 4500	कैलोरी
कुश्ती हेवीवेट	3600 – 4500	कैलोरी
छोटी दौड़, कूद	3600 – 4500	कैलोरी

पोषण (Nutrition)

पोषण एक गतिशील प्रक्रिया है, जिसके अन्तर्गत भोजन को जलाया जाता है, और उसका उपयोग शरीर के पालन हेतु किया जाता है। Nutrition शब्द बना है Nutricious से जिसका अर्थ होता है Suple at the breast अर्थात् स्तनपान कराना।

शरीर के लिए उपयोगी घुलनशील पदार्थों को पोषक तत्व कहते हैं। पोषक पदार्थों को भोजन के रूप में ग्रहण करना तथा तत्वों को सरलतम रूप में परिवर्तित होकर शरीर के उपयोग में आना ही पोषण कहलाता है।

पोषण एक ऐसी प्रक्रिया है, जिसमें जो आहार लिया जाता है उसमें ऊत्तकों की वृद्धि और मरम्मत होती है। पोषण के अन्तर्गत वह आवश्यक भोजन जिसकी आवश्यकता शरीर को होती है और जो तत्व पच जाता है। वह रक्त पचे हुए भोजन को ऊत्तकों और शरीर के दूसरे भागों में पहुंचाता है।

मुख्य रूप से पोषक तत्व होते हैं-

1. कार्बोहाइड्रेट्स, 2. प्रोटीन, 3. वसा, 4. विटामिन्स 5. खनिज लवण।

कुपोषण (Malnutrition)

शरीर के सभी अंग सुचारू रूप से कार्य करें और व्यक्ति पूर्ण रूप से स्वस्थ रहे इसके लिए पोषक तत्वों की जरूरत होती है। यदि भोजन में किसी भी पोषक तत्व की कमी हो जाती है तो व्यक्ति का स्वास्थ्य खराब होने लगता है, जिसके कारण व्यक्ति बीमार हो जाता है। भोजन में पोषक तत्वों की कमी को हम कुपोषण कहते हैं और उसकी अधिकता को भी कुपोषण कहते हैं। जिन तत्वों की कमी होती है, उनके कारण निम्नलिखित रोगों का शिकार व्यक्ति हो जाता है।

प्रोटीन की कमी के कारण- शरीर की वृद्धि रूक जाती है। मांसपेशियां ढीली हो जाती है। श्वांस नली से संबंधित रोग होते हैं।

कार्बोहाइड्रेट्स की कमी के कारण- शरीर कमजोर हो जाता है। भोजन ठीक से नहीं पचता। रक्त में शर्करा की मात्रा कम हो जाती है।

वसा की कमी के कारण- मांसपेशियां कमजोर हो जाती है। त्वचा रूखी हो जाती है।

विटामिन्स की कमी के कारण- रतौंधी, बेरी-बेरी, स्कर्वी, रिकेट्स हीमोफीलिया आदि रोग होते हैं।

खनिज लवण की कमी के कारण- अस्थि मृदुलता, घेंघा, रक्ताल्पता आदि रोग होते हैं।

स्वास्थ्य रक्षा के नियम

स्वास्थ्य रक्षा के मुख्य रूप से निम्नलिखित छह वैज्ञानिक नियम बताए गए हैं।

1. **शरीर पोषण के लिए उचित अन्न-जल**- शरीर के पोषण के लिए भोजन में पोषक तत्वों की उचित मात्रा में उपस्थिति अनिवार्य होनी चाहिए। इन पोषक तत्वों के द्वारा शरीर में किसी प्रकार का रोग नहीं होता और शरीर के सभी अंग अच्छी तरह से कार्य करते हैं। पोषक तत्वों में मुख्य रूप से वसा, प्रोटीन, कार्बोहाइड्रेट्स्, विटामिन्स, खनिज लवण और जल का होना जरूरी है। जल से यहां अर्थ है कि पर्याप्त मात्रा में जल पीना चाहिए और जिस जल का हम प्रयोग कर रहे हैं वह जल स्वच्छ होना चाहिए। पीने या स्नान करने में गंदे जल का प्रयोग करते है तो उससे रोग की संभावना अधिक होगी।

2. **प्रकाश और शुद्ध वायु-** प्रत्येक व्यक्ति को प्रकाश से अर्थ है कि वह ऐसी जगह पर न रहे जहां दिन में भी अन्धकार हो और यदि अन्धकार में रहते हैं तो उससे शरीर पीला पड़ जाता है और व्यक्ति बीमार हो जाता है। अन्धकार में विभिन्न प्रकार के कीटाणु और रोगाणु उपस्थित रहते हैं। साथ ही साथ शुद्ध वायु का अर्थ है कि जहां पर व्यक्ति रहे वहां पर गंदे नाले, या फैक्टरियां न हो और जहां पर पास-पड़ोस में कूड़ा-करकट सड़कर वायु को प्रदूषित करते हैं तो व्यक्ति को ऐसे स्थानों पर नहीं रहना चाहिए क्योंकि वहां बीमारी होने का अधिक खतरा रहता है।
3. **मल, मूत्र, पसीना आदि का यथा नियम निकलना-** मल, मूत्र, पसीना शरीर से बाहर निकलना चाहिए। इसके लिए व्यक्ति को सर्वप्रथम अच्छी आदतें डालनी चाहिएं, जिससे समय-समय पर यह व्यर्थ पदार्थ शरीर से बाहर निकले। पसीना निकलने के बाद शरीर को स्वच्छ कपड़े या तौलिए से पोंछना चाहिए। पसीना गर्मी के कारण गर्मी के दिनों में निकलता है या नियमित व्यायाम या श्रम के कारण निकलता है। इसके द्वारा शरीर के बेकार पदार्थ निकलते हैं। पेशाब के द्वारा भी व्यर्थ पदार्थ निकलते हैं इसलिए व्यक्ति को पर्याप्त मात्रा में पानी पीना चाहिए, यदि यह पदार्थ शरीर से बाहर नहीं निकलते हैं तो शरीर पर बुरा असर डालते हैं।
4. **सर्दी और गर्मी से शरीर की रक्षा करना-** सर्दी और गर्मी से शरीर की रक्षा करने के लिए मौसम के अनुरूप वस्त्रों को पहनना चाहिए जिससे शरीर की सुरक्षा हो सके। सर्दी और गर्मी दोनों का प्रभाव विशेष रूप से त्वचा पर पड़ता है। ठंडी से बचने के लिए आग का भी प्रयोग करना चाहिए। गर्मी से बचने के लिए अधिक पानी पीना चाहिए और धूप से बचना चाहिए और दिन में दो-तीन बार स्नान करना चाहिए।
5. **उचित व्यायाम, परिश्रम और विश्राम-** शरीर के सभी अंग व्यायाम के द्वारा गतिशील रहते हैं इसलिए स्वस्थ रहने के लिए प्रत्येक व्यक्ति को नियमित व्यायाम करना चाहिए। इसके लिए प्रातः या सांय काल सबसे अच्छा होता है। व्यायाम 30 से 40 मिनट तक ही करना चाहिए। परिश्रम भी एक निश्चित समय तक ही करना चाहिए। अधिक करने पर व्यक्ति को विश्राम या आराम की जरूरत पड़ती है। आराम प्रत्येक व्यति को करना चाहिए। परिश्रम के कारण थकान महसूस होती है, जिससे शरीर में दर्द होता है। आराम से थकान दूर हो जाती है और व्यक्ति खोई हुई शक्ति पुनः प्राप्त करता है। परिश्रम करने से नींद भी अच्छी आती है। इसलिए स्वस्थ रहने के लिए व्यायाम, परिश्रम और विश्राम की आवश्यकता होती है।
6. **विषाक्त द्रव्यों और कीटाणुओं से बचना-** स्वास्थ्य की रक्षा के लिए प्रत्येक व्यक्ति को विषाक्त द्रव्यों से बचना चाहिए। विषाक्त-द्रव्य से अर्थ है ऐसा द्रव्य जो स्वास्थ्य को हानि पहुंचाता है जैसे शराब का तीव्र नशा, धतूरा का तीव्र नशा, मार्फीन का तीव्र नशा, भांग का तीव्र नशा इत्यादि से और सिगरेट पीने से बचना चाहिए। साथ ही साथ व्यक्ति को रोग के कीटाणु से भी रक्षा करनी चाहिए। इसके लिए बीमार व्यक्तियों के साथ अधिक समय तक नहीं रहना चाहिए। स्वच्छ पानी पीना चाहिए। गंदे पानी में कीटाणु रहते हैं, ऐसे पानी को नहीं पीना चाहिए।

व्यक्तिगत स्वास्थ्य एवं प्रबंध

आंखों की देखभाल

आंख को शरीर का महत्वपूर्ण अंग माना गया है क्योंकि इसके अभाव में व्यक्ति कुछ भी नहीं देख सकता है। इसकी सुरक्षा व स्वच्छता पर विशेष रूप से ध्यान देना चाहिए। आंखों के माध्यम से ही प्यार, ममता, क्रोध आदि सभी भावों की अभिव्यक्ति हो पाती है। आंखों की एक आम समस्या है इसके नीचे स्याह घेरे बनना। ये काले घेरे तनाव, नींद की कमी, असंतुलित भोजन, अधिक परिश्रम, कमजोरी, लंबी बीमारी आदि के कारण होते हैं। यदि थोड़ी सी देखभाल की जाए तो आंखों के नीचे पड़ने वाले घेरों की समस्या से छुटकारा मिल सकता है। इसके लिए एक चम्मच बादाम रोगन में आधा चम्मच नीबू का रस मिलाकर आंखों के नीचे लगाना लाभकारी होता है।

आंखों की सुरक्षा के लिए निम्नलिखित कार्य करना चाहिए-

1. आंखों की मालिश करने से रक्त संचार बढ़ता है और आराम मिलता है।
2. भरपूर नींद सोना चाहिए।
3. आंखों को थकान महसूस होने पर नमक मिले पानी को आंखों पर छिड़के इसके लिए आधा लीटर उबले पानी को ठंडा करे उसमें एक चम्मच नमक मिला लें और उस पानी से आंखों को धोएं।
4. आंखों में गुलाब जल डालना चाहिए।
5. संतुलित आहार लेना चाहिए।

6. आहार में विटामिन 'ए' युक्त खाद्य पदार्थ पर्याप्त मात्रा में लेना चाहिए।
7. स्नान करते समय पानी के छीटों से आंखों को खूब धोना चाहिए।
8. पढ़ाई सिलाई करते समय पर्याप्त प्रकाश की व्यवस्था होनी चाहिए।
9. तेज धूप और धूल एवं तीव्र प्रकाश से आंखों को बचाने के लिए चश्मा का प्रयोग करना चाहिए।
10. गंदे तौलिए या रूमाल से आंखों को पोंछना नहीं चाहिए।
11. चिकित्सक की सलाह से ही आंखों में दवा डालनी चाहिए।

कान की देखभाल और सुरक्षा

कानों की बनावट नाजुक एवं जटिल होती है। कान सुनने एवं संतुलन के महत्वपूर्ण कार्यों को संचालित करते हैं। यह शरीर का महत्वपूर्ण अंग होता है। इसमें खराबी आने से सुनने की प्रक्रिया में बाधा उत्पन्न होती है। कानों की सुरक्षा के लिए निम्नलिखित बातों पर ध्यान देना चाहिए।

1. कभी भी कान पर थप्पड़ न मारे, इससे कान का भीतरी पर्दा फट सकता है। व्यक्ति बहरा हो सकता है।
2. माचिस की तीली, कलम या हेयर पिन आदि से कान न खुजलाएं, इससे कान की चमड़ी छिल सकती है और संक्रमण होने की संभावना रहती है।
3. कान में हाइड्रोजन पाराक्साइड न डलवाएं।
4. बच्चे खेल-खेल में कान में कंकड़, बीज डाल लेते हैं, इससे उनको सावधान करना चाहिए।
5. कान को ठंडी हवा से बचाना चाहिए। सर्दी, खांसी होने से कान को नुकसान पहुंच सकता है।
6. कान में संक्रमित होने या मध्यकान में पानी भर जाने से शीघ्र उचित इलाज करें।
7. कान दर्द, खुजली की शिकायत अकसर नाक, साइनस, या गले की बीमारी से होती है इसलिए इस समय कान पर ध्यान देना चाहिए।
8. कान में वैक्स या मैल है तब शुद्ध जैतून या मूंगफली आदि का तेल गरम करने के बाद थोड़ा ठंडा करके डाल दें।
9. मवाद बहते कानों को यथा संभव सिरिंज से धुलवाएं।
10. गंदे पानी में न तैरें, मवाद बहने वाले व्यक्ति को तैरना नहीं चाहिए।
11. कानों को नुकसान पहुंचाने वाली दवाएं जैसे- स्ट्रोप्टोमाइसिन, कुनैन आदि का प्रयोग बहुत जरूरी होने पर ही करें।
12. नियमित रूप से पॉप या तेज संगीत न सुने।
13. शोरगुल वाली फैक्टरियों या उद्योगों में कार्यरत व्यक्तियों के कानों की उचित देखभाल होनी चाहिए।

मुंह और दातों की देखभाल और सुरक्षा

भोजन को दांतों के द्वारा ही भली प्रकार काटा एवं पीसा जाता है इसलिए दांत गन्दे हो जाते हैं और भोजन के टुकड़े और रेशे दांतों में फंसे रहते हैं। यदि इनकी सफाई न की जाए तो सड़न होने लगती है जिससे दांत कमजोर हो जाते हैं और गिरने लगते हैं। इसके साथ ही सड़ने से पैदा हुआ एसिड दांतों के इनेमिल को नष्ट कर देता है। जिससे दांतों की चमक समाप्त हो जाती है। दांतों में ठंडा, गरम का प्रभाव दर्द के रूप में कष्ट देने लगता है। यदि दांतों पर व्यक्ति ध्यान नहीं देता है तो पायरिया रोग का शिकार हो जाता है और मुंह से बदबू आने लगती है। मुंह को पानी से दिन में दो या तीन बार भली प्रकार से धोना चाहिए। दांतों को साफ और स्वस्थ रखने के लिए निम्नलिखित बातों पर ध्यान देना चाहिए।

1. दिन में दो बार दांतों को ब्रश करना चाहिए। नीम और बबूल की दातुन करने से दांत स्वस्थ और मजबूत रहते हैं।
2. किसी भी समय खाने या पीने के बाद हमेशा मुंह साफ करना चाहिए।
3. मिठाई या चिपचिपी चीज खाने से बचना चाहिए।
4. सलाद, कच्चा गाजर, फल, सरीखे कड़े और रेशेदार एवं पोषक खाद्य पदार्थ खाना चाहिए।
5. दंत चिकित्सक के पास वर्ष में दो बार जाना चाहिए।
6. ठंडे और गरम पदार्थों के ग्रहण करने के मध्य कम से कम 15 मिनट का अन्तर होना चाहिए।
7. भोजन में विटामिन सी और डी लेना चाहिए। इससे दांत मजबूत रहता है।
8. मंजन या पेस्ट अंगुली या ब्रश से करते समय मसूड़ों के अन्दर और बाहर दोनों तरफ करना चाहिए।
9. कच्चे फल और ककड़ी, खीरा चबाकर खाने से दांतों का व्यायाम होता है जिससे दांत मजबूत बने रहते हैं।
10. रात्रि में सोने से पूर्व मंजन अवश्य करना चाहिए।

बालों की देखभाल और सुरक्षा

सिर के बाल व्यक्ति की शोभा बढ़ाते हैं। शरीर के अन्य अंगों की तरह बाल को भी स्वच्छ रखना चाहिए। पसीना, धूल, के कारण बाल गंदे हो जाते हैं ऐसी स्थिति में देखने से वह भद्दा

लगता है। साथ ह्ी गंदगी के कारण रूसी और फुंसी हो जाती है, जिससे बाल गिरने लगते हैं। उनकी वृद्धि रूक जाती है। बालों में हमेशा खुजली होती है। बालों को स्वच्छ और स्वस्थ रखने के लिए निम्नलिखित बातों पर ध्यान देना चाहिए।

1. बालों में प्रतिदिन दो बार कंघा करना चाहिए।
2. बालों में तेल, प्रतिदिन लगाना चाहिए। तेल लगाने के लिए तेल को अंगुलियों के पोरों से बालों की जड़ों में धीरे-धीरे लगाने से बाल की मालिश भी हो जाती है और बालों की जड़े मजबूत बनी रहती हैं।
3. बालों को धोने के बाद अच्छी तरह सूखा देना चाहिए।
4. बालों को धोने के लिए साबुन का प्रयोग करना चाहिए। आंवला, रीठा, शिकाकाई का महीन चूर्ण तथा मुल्तानी मिट्टी, बेसन, दही आदि से बालों की धुलाई करनी चाहिए।
5. गुनगुना पानी का प्रयोग करने से बाल जल्दी साफ हो जाते हैं।
6. शैम्पू का अधिक प्रयोग करने से बाल रूखे हो जाते हैं, इसलिए इससे बचना चाहिए।
7. यदि बालों में जूं पड़ जाता है तो रात्रि में मिट्टी के तेल में डी.डी.टी. घोल कर बालों में लगाकर कपड़ा से बांध देना चाहिए और सुबह गुनगुना पानी से धो देना चाहिए।
8. व्यक्ति को बालों में एक ही प्रकार का तेल प्रयोग करना चाहिए अनेक प्रकार का तेल लगाने से बालों पर बुरा प्रभाव पड़ता है।

त्वचा की देखभाल

संपूर्ण शरीर पर त्वचा का आवरण रहता है। त्वचा शरीर के तापक्रम को नियंत्रित करती है। त्वचा पर छोटे-छोटे रोम कूप होते हैं। इन्हीं रोम कूपों से पसीना निकलता है। त्वचा यदि साफ है तो वह आकर्षक एवं अच्छी लगती है। व्यक्ति घूमता है तो उसके कारण धूल त्वचा पर ही पड़ती है जिससे वह गंदी हो जाती है और पसीना के निकलने से भी गंदी हो जाती है। यदि त्वचा की सफाई न की जाए तो इस गंदगी से त्वचा रोग उत्पन्न होने का भय रहता है।

त्वचा की सुरक्षा और स्वच्छता के लिए निम्नलिखित बातों पर ध्यान देना चाहिए।

1. प्रतिदिन सुबह-शाम व्यक्ति को स्नान करना चाहिए।
2. हमेशा ताजे व ठंडे पानी से स्नान करना चाहिए। ठंड में गुनगुने पानी से भी स्नान किया जा सकता है।
3. स्नान करते समय त्वचा को रगड़कर साफ करना चाहिए।
4. त्वचा पर उबटन भी लगाना चाहिए।
5. ठंड के समय त्वचा पर तेल लगाकर स्नान करना चाहिए।
6. ठंडी के दिनों में धूप में बैठने से त्वचा स्वस्थ रहती है।
7. स्नान के बाद तोलिया से रगड़ कर त्वचा पोंछना चाहिए जिससे रक्त संचार तेज हो जाता है, जो त्वचा के लिए लाभप्रद होता है।

हाथों की देखभाल

व्यक्ति को भोजन से लेकर जीवन के सभी कार्यों की आवश्यकता होती है। इसलिए हाथों की सफाई पर विशेष रूप से ध्यान देना चाहिए, हाथों को साफ पानी से बार-बार धोना चाहिए। पानी से हाथों को धो लेने मात्र से ही स्वच्छता नहीं हो जाती है। हाथों की देख-भाल और स्वच्छता के लिए निम्नलिखित बातों पर ध्यान देना चाहिए।

1. भोजन करने, कोई भी कार्य करने के बाद या हाथ पर मिट्टी लग जाने, अन्य कोई पदार्थ लग जाने के बाद साबुन से हाथों को अच्छी तरह से धो लेना चाहिए।
2. गुनगुना पानी लेकर उससे हाथों को धोने से चिकनाई और गन्दगी की सफाई हो जाती है।
3. रसोई का काम करने और कपड़ों की धुलाई के बाद हाथों पर कोल्डक्रीम, हैण्डलोशन लगाने से हाथ मुलायम और सुन्दर बने रहते हैं।
4. हाथों के महत्वपूर्ण भाग नाखुन होते हैं इनकी सफाई रखना बहुत जरूरी है, यदि नाखुन बढ़ गए हों तो नेलकटर से बढ़े नाखुन को काट देना चाहिए।
5. बढ़े नाखुन यदि काटे नहीं जाते है तो उनके भीतर गंदगी भर जाती है और भोजन करने समय इसी गंदगी में रोग के जो कीटाणु रहते हैं वही पेट में जाकर बीमारी उत्पन्न करते हैं।
6. नाखुन के ऊपरी भाग को विशेष रूप से साबुन लगाकर साफ कर देना चाहिए क्योंकि ऊपर भी गंदगी जमी रहती है। साफ नाखुन सुन्दर दिखाई देते हैं।
7. नाखुन से कोई चीज खुरचनी नहीं चाहिए इससे नाखुन घिस जाता है और उसकी सुन्दरता खत्म हो जाती है।
8. हाथों को दाग धब्बों से बचाना चाहिए। साथ ही साथ हाथ की अंगुलियों और हथेलियों की सफाई पर भी ध्यान देना चाहिए। अंगुलियां और हथेलियां अधिक सक्रिय रहें इसके लिए अंगुलियों का व्यायाम करना चाहिए।

9. कोई भी चीज खाने से पूर्व हाथ को अवश्य धो लेना चाहिए।

पैरों की देखभाल

व्यक्ति को कहीं पर जाना है तो वह पैरों के ही सहारे जाता है इसलिए पैरों की देखभाल और सुरक्षा बहुत जरूरी है। इसके लिए निम्नलिखित बातों पर ध्यान देना चाहिए।

1. नंगे पैरों से घूमना नहीं चाहिए। पैरों में गंदगी लग जाती है और नंगे पैरों से घूमते समय धूल, मिट्‌टी या अन्य प्रकार के गंदे पदार्थ पैरों में लग जाते हैं और यदि वह इन्हीं पैरों के साथ बिस्तर पर बैठता है, सोता है, जिससे विभिन्न प्रकार के रोगों के शिकार हो जाता है। इसलिए व्यक्ति को सदैव चप्पल या जूतों को पहनकर ही टहलना या घूमना चाहिए जिससे वह गंदगी से बचा रहेगा।
2. स्नान करते समय पैरों को खूब मल-मल के धोना चाहिए, जिससे जो भी गंदगी है वह दूर हो जाएगी और पैर सुन्दर दिखाई देगा। पैर की अंगुलियों के नाखुन काट देना चाहिए। नहीं काटने से उसमें गंदगी भर जाती है। एड़ियों की स्वच्छता पर भी ध्यान देना चाहिए यदि एड़ियां साफ नहीं है तो गंदगी के कारण एड़िया फट जाती हैं। पैर में मोजे पहनने से भी इसकी सुरक्षा रहती है। मोजे हर दूसरे दिन बदलने चाहिए।
3. घर में पहनने के लिए अलग चप्पलें होनी चाहिए, बाहर जाने के लिए अलग होनी चाहिए। स्नान करते समय चप्पलों को प्रतिदिन धोना चाहिए, जिससे गंदगी न रहे। यदि कपड़ों के जूतों का प्रयोग करते है तो इन जूतों को भी सप्ताह में एक बार अवश्य धुलना चाहिए, जिससे जो गंदगी हो वह साफ हो जाएं। नंगे पैर घूमने से कील, कांटे पैरों में धंस जाते हैं जो काफी कष्टकारी होते हैं।

   व्यक्ति के शरीर में पैर महत्वपूर्ण अंग है इसलिए इसकी सफाई और सुरक्षा पर प्रत्येक व्यक्ति को विशेष ध्यान देना चाहिए।

व्यायाम

व्यायाम के द्वारा व्यक्ति के शरीर के सभी अंग गतिशील हो जाते हैं, जिससे व्यक्ति स्वस्थ बना रहता है। शरीर की पेशियों की वृद्धि के लिए व्यायाम जरूरी है। पेशियां पुष्ट होती हैं और उनकी कार्य क्षमता में वृद्धि होती है। शरीर में स्फूर्ति बनी रहती है। व्यायाम के द्वारा रक्त संचार प्रणाली ठीक रहती है। शरीर द्वारा अनावश्यक पदार्थ बाहर निकल जाते हैं, जिससे शरीर निरोग रहता है। व्यायाम करते समय निम्नलिखित बातों पर विशेष ध्यान देना चाहिए।

1. व्यायाम हमेशा नीचे से ऊपर और ऊपर से नीचे के अंग से ही शुरू करना चाहिए।
2. व्यायाम हमेशा खाली पेट ही करना चाहिए। भोजन करने के पांच घंटे बाद करना लाभप्रद होता है।
3. व्यायाम नियमित करना चाहिए, सुबह या शाम के समय ही करना अच्छा रहता है।
4. व्यायाम करने के बाद बहुत थकान का अनुभव नहीं होना चाहिए, व्यायाम 30 से 40 मिनट तक करना पर्याप्त होता है।
5. व्यायाम हमेशा खुले स्थान पर ही करना चाहिए।
6. व्यायाम के तुरन्त बाद पानी नहीं पीना चाहिए और न ही स्नान करना चाहिए।
7. व्यायाम हमेशा उम्र को ध्यान में रखकर करना चाहिए।
8. व्यायाम के समय नाक से सांस लेनी चाहिए।
9. व्यायाम के समय टी-शर्ट और नेकर या ट्रैक सूट पहनना चाहिए।
10. व्यायाम करने से सूर्य की अल्ट्रा-वायलेट किरणें भी शरीर को स्वस्थ व पुष्ट बनाने में सहायक होती है।

विश्राम

व्यक्ति को स्वस्थ रहने के लिए विश्राम करना अति आवश्यक है क्योंकि कार्य करने से शरीर में विभिन्न प्रकार के विजातीय पदार्थ उत्पन्न होते हैं और इन पदार्थों के कारण शरीर में थकान पैदा होती है। थकान को दूर करने के लिए विश्राम करने पर व्यक्ति के अन्दर पुनः कार्य करने की शक्ति प्राप्त हो जाती है।

आराम करने के बाद व्यक्ति स्फूर्ति और ताजगी का अनुभव करने लगता है और मन प्रसन्न हो जाता है। आराम करते समय निम्नलिखित बातों पर ध्यान देना चाहिए।

1. आराम के समय वातावरण शांत होना चाहिए। शोरगुल नहीं होना चाहिए।
2. आराम का स्थान हवादार होना चाहिए। यदि गर्मी का समय है तो पंखा, कूलर का प्रयोग करना चाहिए। यदि ठंड का समय हो तो धूप, गर्म चादरों का प्रयोग करना चाहिए। हीटर का भी प्रयोग करना चाहिए जिससे उचित तापमान बना रहे।

3. आराम के लिए बिस्तर साफ और मुलायम होना चाहिए।
4. मनोरंजन भी आराम की श्रेणी में आता है। मनोरंजन का अर्थ है वह कार्य करें जिससे मन आनन्दित हो।
5. विश्राम या आराम का समय 2 से 3 घंटे होना चाहिए। विश्राम के समय व्यक्ति को पूर्ण रूप से चिन्ता मुक्त रहना चाहिए।

स्थूलता

स्थूलता को इस प्रकार परिभाषित किया जा सकता है कि शरीर की वसा की कुल मात्रा के अत्यधिक आकार में फैल जाना। स्त्री तथा पुरुषों की बढ़ती उम्र के साथ मोटे होने के पीछे जीव वैज्ञानिक कारण नहीं हैं परन्तु आजकल स्थूलता आधुनिक समाज की एक बड़ी प्रमुख स्वास्थ्य समस्या है। बचपन में स्थूलता भी आजकल बहुत दिखाई देने लगी है इस अवस्था की गंभीरता को शरीर के अधिक भार बढ़ने से संबंधित रोगों के रूप में भी रेखांकित किया जाता है।

शरीर के अधिक भार तथा स्थूलता की सामान्य समस्याएं

(अ) स्थूल बालक यौवनता में विलम्ब का अनुभव करते हैं।

(ब) छोटी उम्र की स्थूल बालिकाएं निश्चित प्रकार की कैंसर की बीमारियों से ग्रसित हो सकती हैं। कैंसर का संबंध अधिक खाने से, अधिक शराब पीने तथा ज्यादा चर्बीला भोजन करने से होता है।

(स) स्थूलता गर्भावस्था में जटिलताएं पैदा करती है। भारी शरीर वाली महिलाओं में प्रसव वेदना का समय सामान्य की अपेक्षा अधिक बढ़ जाता है।

(द) अधिक भारी शरीर वाले लोगों के दुर्घटना ग्रस्त होने की ज्यादा संभावना होती है।

(ई) स्थूल व्यक्तियों में संधि तथा अस्थि रोगों की समस्या का होना एक आम बात है।

(फ) स्थूल व्यक्ति मनोरंजनात्मक गतिविधियों का आनंद नहीं ले पाते क्योंकि उनकी कमजोर मांसपेशियों में गतिय योग्यता तथा बर्दाश्त क्षमता बहुत कमजोर रहती है।

स्थूलता से स्वास्थ्य संबंधी जोखिम

यह स्पष्ट है कि स्थूलता अपने आप में कोई रोग नहीं है। परन्तु सामान्य व्यक्ति की अपेक्षा स्थूल व्यक्तियों की बीमार रहने तथा मृत्यु की दर अधिक रहती है। यद्यपि स्थूलता के कारणों में बहुत थोड़ी सी ही सहमति है। लेकिन स्थूलता तथा स्वास्थ्य से जुड़ी हुई जोखिम के बीच संबंधों के बारे में विचारणीय जानकारियां प्राप्त हैं। जोखिम के कारक इस प्रकार हैं।

- यह हृदय के मशीनी कार्य को बढ़ाती है। इसका अर्थ यह है कि यह हृदयगत कार्य प्रणाली को क्षीण करता है।
- यह उच्चतनाव पैदा करती है।
- यह मधुमेह के रोग को पैदा करती है।
- यह धमनियों की बीमारियां पैदा करती हैं।
- यह पित्त की थैली के रोगों को पैदा करती है।
- इससे श्वास संबंधी बीमारियां पैदा होती हैं।
- यह प्लाज्मा लिपिड तथा लाइपोप्रोटीन के गाढ़ेपन को पैदा करता है।
- यह कोरोनेरीहार्ट डिजीज को पैदा करती है।
- इससे एन्ड्रो मैट्रियल कैन्सर पैदा हो जाता है।
- यह शल्य चिकित्सा के दौरान बेहोशी की दवा देने में समस्या खड़ी करता है।

स्थूलता तथा अधिक भार की परख व पहचान

शरीर में वसीय अवयवों को पता लगाने/मूल्यांकन करने की दो विधियां हैं–

1. शरीर वसा का प्रतिशतः वयस्क पुरुष तथा वयस्क महिला का क्रमानुसार औसत शरीर भार का 15 प्रतिशत तथा 25 प्रतिशत शरीर वसा का होता है। जब औसतन शरीर भार में 5 प्रतिशत की वृद्धि होती है तो स्थूलता की सीमा रेखा प्रारंभ होती है। इसका अर्थ यह है कि 20 प्रतिशत तथा 25 प्रतिशत शारीरिक भार की वसीय मात्रा बढ़ना पुरुष तथा स्त्रियों को स्थूल बना देती है। कोई व्यक्ति अधिक वजनी तब कहलाता है जब कि उसका शारीरिक भार उसकी ऊंचाई तथा शारीरिक ढांचे के अनुसार 20 प्रतिशत अधिक होती है।

2. वसीय कोशों की संख्या तथा आकारः स्थूलता के अन्य मानदण्ड कोशों की संख्या तथा उसके आकार पर आधारित है। वयस्कता के पूर्व शरीर वसा दो तरह से बढ़ती है। वसीय कोशों के स्वयम् फैलने से जिन्हें फैटसैल हायपर ट्राफी कहते हैं अथवा फैट सैल हायपरप्लासिया यानी कुल वसीय कोशों की संख्या में वृद्धि होना। वसीय कोशाएं बहुधा कुछ जैववैज्ञानिक सीमाओं की ऊंचाइयों को पार कर जाती हैं। इस प्रकार कोशीय संख्या का बढ़ना स्थूलता को व्यक्त होने की हद तक पहुंचने में मुख्य कारण बन जाता है। कभी–कभी वसीय कोशाएं युवावस्था के पूर्व ही अस्थिर हो जाते हैं। इसलिए शरीर

के वजन का बढ़ना अथवा घटने का संबंध सामान्यत: एक वसीय कोशों के आकार में हुए परिवर्तनों से होता है।

सामान्य अवस्थाओं में शरीर का वजन तब ही बढ़ता है जबकि भोजन की मात्रा शरीर की दैनिक कैलोरी आवश्यकता की तुलना में अधिक लिया जाए। यह सामान्यत: शरीर वसा के जमा होने में वृद्धि होने के कारण होता है। यह रुझान दर्शाता है कि जब किसी युवा के अधिक आहार करने से शरीर का वजन बढ़ता है तो वह या तो डोरमेन्ट फैटीकोशाओं से भर रहा है अथवा मौजूद एडीपोस कोशाएं आकार में बढ़ रही हैं, बजाए नई पैदा करने के। दूसरी ओर यदि स्थूल व्यक्ति का आकार घट रहा है और शरीर भार कम हो रहा है तो ऐसा उसके वसीय कोशों के आकार के घटने से हो रहा है। इन कोशों की संख्या में कोई परिवर्तन नहीं होगा। जहां तक वसीय कोशाओं का संबंध है यह जीवन के प्रथम वर्ष में बढ़ी तेजी से बढ़ते हैं ये कोशाएं जन्म के समय की तुलना में लगभग तीन गुना अधिक बढ़ते हैं। ऐसा विश्वास किया जाता है कि जो कोशाएं जन्म के समय के पूर्व मौजूद रहती हैं वे गर्भावस्था के तीन माहों के अन्दर तैयार होती हैं। एक वर्ष की उम्र के पश्चात् यह संख्या धीरे-धीरे दस वर्ष की आयु तक बढ़ती रहती है। कोशाओं के आकार के अनुसार ही कुल वसीय कोशाओं में उल्लेखनीय वृद्धि होती है तथा यह वृद्धि किशोरावस्था से नौजवान होने तक प्रस्फुटित होती रहती है। इसके पश्चात् कोशाओं की संख्या में बहुत बढ़ोतरी होती है।

स्थूलता (शारीरिक अधिक वजन) तथा शारीरिक गतिविधियां

शारीरिक गतिविधियों के कार्यक्रम आहार प्रतिबंध प्रभावशाली उपाय है। यदि इन्हें वृद्धि की प्रारम्भिक अवस्था के दौरान लागू किया जाता है तथा शारीरिक गतिविधियों के साथ-साथ आहार पर नियंत्रण रखा जाए तो यह नवीन वसीय कोशाओं के पुन: उत्पादन को नियंत्रित रख सकता है तथा पिछली बढ़ोतरी को भी भर सकता है। जीवन के आगे के वर्षों में निरंतर रखा गया व्यायाम कार्यक्रम कुल वसीय मात्रा को प्रभावी रूप से घटा सकता है। इसका अर्थ है कि नियमित व्यायाम तथा आहार नियंत्रण के उपायों से केवल कोशाओं के आकार को ही घटाया जा सकता है न कि उनकी संख्या को। दूसरे शब्दों में हम यह कह सकते हैं कि एडीपोज टिशू मास दुबारा कोशाओं के आकार को फैला सकता है यदि आहार नियंत्रण तथा व्यायामों के कार्यक्रमों को बंद कर दिया जाए। नई उम्र के लोगों में एक बार जवानी में स्थूलता बढ़ जाने के पश्चात् उसमें किए जाने वाले सुधारों की अपेक्षा स्थूलता की प्रारम्भिक रोकथाम व्यायामों तथा आहार नियंत्रण वाली प्रभावी विधियों को अपनाने से ज्यादा लाभ प्राप्त होता है तथा स्थूलता को बढ़ने से रोका जा सकता है।

भार नियंत्रण उपायों को अपनाने से पूर्व वयस्क के भार में उतार-चढ़ाव पैदा करने वाले आधारभूत कारकों को अवश्य जान लेना चाहिए। इसे वैज्ञानिक रूप में इस प्रकार विवेचित किया जा सकता है कि शरीर के भार के स्थिर रहने में ऊर्जा संतुलन का समीकरण कार्य करता है अर्थात् जब कैलोरी प्राप्त करना कैलोरी व्यय करने के बराबर हो जाता है तभी शरीर का भार स्थिर रहता है। किसी भी तरफ का असंतुलन जैसा कि ऊर्जा ग्रहण तथा ऊर्जा व्यय का समीकरण ही शारीरिक भार के परिवर्तन का कारण होता है।

जब ऊर्जा ग्रहण = ऊर्जाव्यय $\rightarrow$ शरीर का भार स्थिर है।

ऊर्जा ग्रहण ऊर्जा के व्यय से अधिक है तो $\rightarrow$ शरीर का भार बढ़ेगा।

ऊर्जा ग्रहण यदि ऊर्जा से कम हो तो $\rightarrow$ शरीर का भार कम होगा।

ऊर्जा संतुलन के समीकरण को असंतुलित करने की तीन विधियां हैं

1. ऊर्जा की दैनिक आवश्यकता से कम ऊर्जा प्राप्त करते हुए उसे कम करना।
2. दैनिक भोजन ग्रहण करने में नियमितता अपनाते हुए तथा बढ़ती हुई ऊर्जा को अतिरिक्त शारीरिक गतिविधि के द्वारा खर्च करना।
3. दैनिक भोज्य पदार्थ ग्रहण करने को कम करना तथा गतिविधि को बढ़ाना।

स्थूलता के कारण

स्थूलता, उच्चतनाव, रक्त की कमी आदि लक्षण हैं न कि बीमारियां। अधिकतर मामलों में स्थूलता का कारण शरीर की मांग से ज्यादा कैलोरी लेना है। एक व्यक्ति अधिक कैलोरी का उपभोग करता है अथवा उसी मात्रा में कैलोरी लेता है परन्तु कम ऊर्जा खर्च करता है वह अपने वजन इस प्रकार से वृद्धि कर सकता है। इस तरह से ऐसा नहीं है कि अत्यधिक आहारी व्यक्ति ही केवल अपना वजन बढ़ाते हैं। हर व्यक्ति की कैलोरी आवश्यकताओं में बहुत बड़ी विविधता है। यह कम मैटाबोलिक दर (कैलोरी का खर्च) वाले व्यक्तियों तथा (व्यायाम अथवा शारीरिक गतिविधियों के प्रति उदासीनता) सुस्त आदत वाले लोगों में भी संभव हो सकता है जो कि कैलोरी का संचित रूप

में प्रयोग करते हैं। उन्नत स्थूलता लंबे समय तक कम मात्रा में भी कैलोरी को लेते रहने का भी परिणाम होता है।

बहुत सी जैव वैज्ञानिक, भावनात्मक, भौगोलिक तथा वातावरण कारणों को भी वजन बढ़ाने की संभावनाओं में पहचाना गया है। फास्ट फूड का बढ़ता चलन भी इसमें एक महत्वपूर्ण कारक है। परन्तु इससे भी ज्यादा उपलब्ध भोजन जिम्मेदार होता है।

शरीर के अधिक भार तथा स्थूलता के लिए महत्वपूर्ण विचारणीय कारण निम्नलिखित हैं–

1. शारीरिक निष्क्रियता: शारीरिक गतिविधियों के बारे में कभी–कभी बढ़ती हुई उम्र के कारण मैटाबोलिक प्रभावों के कारण भ्रम पैदा हो जाता है। मानवीय गतिविधियां बढ़ती उम्र के साथ लगातार घटती जाती है। क्योंकि अधिक उम्र के लोगों में शरीर वसा का औसत स्तर बढ़ जाता है। यद्यपि वे आहार का स्तर बनाए रखने के लिए पर्याप्त खाते भी नहीं है। बढ़ती उम्र के तथा घटते व्यय, अधिक शारीरिक निष्क्रियतापूर्ण जीवन में न्यूनतम कैलोरी प्रति दिन लेने का परिणाम भी किसी के शरीर भार में अत्यधिक वृद्धि पैदा कर सकता है।

स्थूलता में हुई अभूतपूर्व वृद्धि तथा उससे संबंधित जान जोखिम संबंधी समस्याएं हमारे दैनिक जीवन में घटते ऊर्जा व्यय में कमी का परिणाम होती है। वर्तमान समाज शारीरिक निष्क्रियता तथा अधिक खाने को प्रोत्साहित करता है। मशीनीकरण, स्वचालीकरण तथा कम्प्यूटरीकरण ने श्रमसाध्य शारीरिक गतिविधियों को न्यूनतम स्तर पर घटा दिया जिन गतिविधियों में शारीरिक थकान होती थी। हम खेल में भाग लेने वाले देश के बजाए खेल देखने वाले देश बन गए हैं हालांकि रुझान में परिवर्तन हो सकता है। आगे ऐसा अवलोकन किया गया है कि स्थूल/अधिक शहरी भार वाले बच्चे आश्चर्यजनक रूप से निष्क्रिय रहते हुए पाए गए हैं। ऐसे बालक सामान्य भार वाले बालकों से कम आहार ग्रहण करते हैं और निर्धारित व्यायाम में ऊर्जा को बहुत कम व्यय करते हैं। बाल्यावस्था में निष्क्रियता मनोवैज्ञानिक भावनात्मक आघात का अनुभव भी शारीरिक भार के कारण प्राप्त स्थूलता वाले बालक पर पड़ता है, इसमें उदासीनता, उपेक्षा, आशंकों की निरस्ती भी शामिल है।

2. वंशानुगत अथवा पैतृक: स्थूलता अथवा शरीर के अधिक भार पर वंशानुगत अथवा एन्डोकाइना कारणों का बहुत कम योगदान है। क्योंकि बालक के हायपर प्लास्टिक स्थूलता पर आनुवांशिक पूर्व प्रदर्शन होने के बहुत ही कम अवसर होते हैं। बहुत से मामलों में आनुवांशिक/पैतृक कारक वास्तविकता से बहुत ज्यादा तर्क संगत/स्वीकार्य होते हैं। यह स्थूलता किसी परिवार में यदि पुनः प्रकट होती है तो उसका संबंध परिवार के सदस्यों के समान रूप से आहार ग्रहण करने तथा व्यायाम करने से होता है। बालक अपने पालकों के अनुरूप व्यवहार की अनुकूलता अपना लेते हैं। इसका अर्थ है कि यदि बालक के पालकगण व्यायाम को नापसंद करते हैं और उच्च कैलोरी वाले आहार को पसंद करते हैं तो बालक के अन्दर भी यह आदत विकसित हो जाती है। पालकगण अपने शिशुओं को आवश्यकता से अधिक खाने के लिए प्रेरित करते हैं। वे अपने शिशुओं को दूध की बोतल खाली करने तथा बालकों को अपनी प्लेटें साफ करने के लिए प्रेरित करते हैं। बालक अपने पालकों की देखा–देखी खाने की आदत डाल लेते हैं। इस प्रकार आनुवांशिकता स्थूलता के स्थानांतरण में बहुत ही कम जुड़ी हुई है। आनुवांशिक रूप से पूर्व घटित व्यक्ति की स्थूलता पर वातावरण एक अहम भूमिका निभा सकता है।

3. सामाजिक तथा आर्थिक कारक: यह कठोर सत्य है कि हमारे जीवन के बढ़ते स्तर तथा खाली समय की अत्यधिक उपलब्धता ने अधिक भोजन को प्रोत्साहित किया है और स्वादिष्ट तथा अधिक वसीय भोजन पर ज्यादा ज़ोर दिया जाने लगा है। आधुनिक भोजन प्रसंस्करण तथा पैकिंग की सुविधा ने भोजन व्यवसाय को सुविधाजनक बना दिया है। बाहर खाना खाने के सामाजिक तथा धन प्रदर्शन ने समस्या को और जटिल बना दिया है। आगे यह इंगित/सुझाता है कि स्थूलता समाज के सभी वर्गों द्वारा समान रूप से नहीं बांटी जाती।

4. मनोवैज्ञानिक कारक: मनोवैज्ञानिक कारक पर आधारित स्थूलता को विस्तृत रूप से दो भागों में बांटा जा सकता है–

विकासोन्मुख स्थूलता– यह स्थूलता बच्चों में बहुत आम बात है अक्सर बच्चों में असुरक्षा की भावना, उत्सुकता, असफलता, एकांतता तथा सामाजिक पृथकता की भावना की भरपाई खाना–खाने से हो जाती है।

प्रतिक्रियाशील स्थूलता– यह सामान्यतः युवावस्था में शुरू होती है तथा यह कटु अनुभव/अस्त व्यस्तता के अनुभव जैसे कि घर घुस्सूपन प्रणयभंग, रुग्णता अथवा किसी प्रिय व्यक्ति की मौत के प्रति संवेदनशीलता के कारण होती है। इस प्रकार यह जीवन के साथ समझौता करने का एक संपूरक व्यवहार हो सकता है जोकि अधिक गंभीर समस्याओं के प्रति उन्मुख होने को रोकता है। हमारे भारतीय समाज में कुछ लोग मनोविनोद में, कुछ लोग जीवन की सघन

हलचल में भोजन को छोटे-छोटे टुकड़ों में अथवा गैर जरूरी पेयों को लेने लगते हैं। कई प्रकार के अनुभव भी उन लोगों के वजन में बढ़ोत्तरी कर देते हैं जो व्यक्ति पहले ही ज्यादा वजन के हैं। इस प्रकार मोटे लोगों को और अधिक बचना चाहिए खास तौर से रात्रि भोज के आयोजनों में तथा छोटे सामाजिक सम्मेलनों में जहां उन्हें पेय पदार्थ तथा व्यंजन खाने के लिए उपलब्ध कराए जाते हैं वहां खाने के बारे में उन्हें कम खाने के लिए तय कर लेना चाहिए। इसमें कोई शक नहीं कि भोजन सबसे पुराना तथा बहुत अत्यधिक प्रयुक्त स्थिर कारक (उत्सुकता को दबाना) है।

5. एडिपोज उत्तक विकास का पैटर्न: मानवीय स्थूलता एडीपोज उत्तकों के व्यक्ति विशेष में बढ़ने के तौर तरीकों का परिणाम है। एडीपोज उत्तक में दो प्रकार से वृद्धि होती है- प्रथम प्रकार में जब मौजूद असंख्य वसीय कोशाएं वसा के साथ अधिक आकार में बढ़ती हैं तो यह प्रक्रिया वसीय कोशों की हायट्रोफी कहलाती है। जैसे ही वसा का उपयोग होता है कोशाएं आकार में घट जाती हैं।

दूसरे प्रकार में वसीय कोशाओं की तादाद में शिशु अवस्था तथा प्रारम्भिक किशोरावस्था में अत्यधिक आहार देने के परिणामस्वरूप उल्लेखनीय वृद्धि होती है। इस संबंध में किए गए अनुसंधान दर्शाते हैं कि शरीर में वसीय कोशाएं भी आयु में बढ़ सकती हैं। वसीय कोशों की संख्या में वृद्धि को हायर प्लासिया कहते हैं।

वसीय कोशों की हायपरट्राफी के परिणामस्वरूप पैदा हुई स्थूलता हायपरट्राफिक स्थूलता तथा हायर प्लासिया के परिणामस्वरूप पैदा हुई स्थूलता को हायपर प्लास्टिक स्थूलता कहते हैं। एक बार यदि अधिक मात्रा में एडीपोज उत्तक विकसित हो गए तो ये वसीय कोशाएं घटेंगी नहीं। यह एक अपरिवर्तनीय अवस्था है। यह अवस्था सक्रिय भार घटाने की प्रक्रिया को करने पर भी परिवर्तित नहीं होती है। इसके परिणास्वरूप अधिकतम संख्या में स्थूल बच्चे स्थूल वयस्क बन जाते हैं। इस प्रकार की अवस्था को बहुत गंभीर माना जाता है। तथा परिवर्तनीय सुधारों के उपचार किए जाने के प्रति बहुत कम परिणाम दर्शाते हैं।

स्थूलता तथा शारीरिक भार में सुधार के उपाय

स्थूलता नियंत्रण के उपायों को जानने के पूर्व पाठकों को यह स्पष्ट हो जाना चाहिए कि हम यहां स्थूल/अधिक शारीरिक भार के व्यक्तियों के संबंध में विचार कर रहे हैं।

स्थूलता पर निम्नलिखित तरीकों को अमल में लाया जा सकता है-

- आहार नियंत्रण
- शारीरिक गतिविधियां व कसरतें
- आहार नियंत्रण एवं शारीरिक गतिविधियां
- औषधि

वातावरण तथा पर्यावरणिक संकट

बालक के विकास में वंशानुक्रम के समान ही वातावरण का भी समान प्रभाव पड़ता है। वातावरण को पर्यावरण भी कहा जाता है। पर्यावरण दो शब्दों के योग से बना है- परि + आवरण। परि शब्द का अर्थ है- चतुर्दिक तथा आवरण का अर्थ है- आच्छादित करने वाला। इस प्रकार शाब्दिक अर्थ के अनुसार वातावरण वह स्थिति है, जो चारों ओर से घिरे हुए जो कुछ है वह उसका वातावरण है। इसमें वह सब तत्व सम्मिलित किए जा सकते हैं, जो व्यक्ति के जीवन और व्यवहार को प्रभावित करते हैं।

वातावरण की परिभाषाएं

1. **रॉस** के अनुसार, ''वातावरण वह बाहरी शक्ति है, जो हमें प्रभावित करती हैं।''

   "Environment is an external force which influence us."

2. **जिस्बर्ट** के अनुसार, ''पर्यावरण वह प्रत्येक वस्तु है जो किसी दूसरी वस्तु को घेरे हुए है तथा उस पर अपना प्रत्यक्ष प्रभाव डालती है।''

   "The Environment is anything immediately surrounding an object and existing a direct influence on it."

   -Gisburt

पर्यावरण के प्रकार

विभिन्न मनोवैज्ञानिकों व शरीर-शिक्षाशास्त्रियों ने पर्यावरण को निम्नलिखित भागों में बांटा है:

1. महान विद्वान गिलिन और गिलिन ने पर्यावरण को दो भागों में विभाजित किया है:
   (i) भौगोलिक (ii) सामाजिक
2. विद्वान ऑगबर्न और निमकॉफ के अनुसार:
   (i) प्राकृतिक (ii) कृत्रिम
3. विद्वान लेंडिस के अनुसार:
   (i) प्राकृतिक, (ii) सामाजिक, (iii) सांस्कृतिक
4. मैकाइवर और पेज ने भी पर्यावरण को तीन भागों में बांटा हैं:
   (i) भौतिक, (ii) आर्थिक, (iii) सामाजिक

वातावरण के भेद

1. **अनुकूल वातावरण (Favourable Environment):** जैसा कि नाम से ही विदित है, अनुकूल वातावरण वह होता है जो प्राणी के विकास के अनुकूल हो और उसके निरन्तर वृद्धि एवं विकास में सहायक हो। अनुकूल वातावरण में मानव अपने समाज में, पशु अपने समाज में, तथा कीट आदि अपने-अपने समाजों में उन्नत जीवन यापन करते हैं। प्राकृतिक आवश्यक संसाधन जुटाकर जीव रक्षा करती है। अनुकूल पर्यावरण में सभी जीव बढ़ते और पनपते हैं तथा दीर्घायु होते हैं। उदाहरण के लिए, जल में रहने वाले जीवों के लिए पानी अनिवार्य है यदि उन्हें पानी रहित स्थानों में ले जाया जाए तो उनका जीवन समाप्त हो जायेगा।
2. **प्रतिकूल वातावरण (Unfavourable Environment):** प्रतिकूल वातावरण वह होता है जिसमें कोई जीवन असहज महसूस करता है तथा ऐसे वातावरण में रहने से शीघ्र ही नष्ट हो जाता है। प्रतिकूल वातावरण जीवों, वनस्पतियों का विनाश करता है। संरक्षित जीवों को कभी एकाएक और कभी धीरे-धीरे समाप्ति कर देता है। प्रतिकूल वातावरण में प्राणी स्वयं को बहुत असहाय महसूस करता है तथा लंबा समय बीतने पर उसका अस्तित्व समाप्त हो जाता है। प्रतिकूल वातावरण से मानव ही नहीं पशु जगत् भी पलायन शुरू कर देता है और उपयुक्त वातावरण मिलने पर वहीं टिक जाता है।

   इस प्रकार स्पष्ट हो जाता है कि अनुकूल वातावरण मानव व प्राणी के लिए विकास एवं वृद्धि में सहायक बनता है तथा ऐसे वातावरण में प्राणी सहज, सुरक्षित व प्रसन्नता अनुभव करता है। इसके विपरीत, प्रतिकूल वातावरण में स्वयं को असुरक्षित व असहाय महसूस करता है और ऐसे वातावरण से शीघ्र ही छुटकारा पाना चाहता है।

व्यवसायिक (जीविका) संबंधी स्वास्थ्य का अर्थ

भूतकाल में जीविका संबंधी स्वास्थ्य फैक्टरियों व खानों में लगे कामगारों की सेहत से संबंधित था अत: इसे Industrial health hygiene कहते थे। आजकल इसकी संकल्पना में सभी संस्थान, सर्विस ट्रेड, फोरेस्ट्री, कृषि आदि शामिल है जिनमें Industrial hygiene, बीमारियां, दुर्घटना, Industrial toxicology जिनका संबंध-औद्योगिक खतरों से है, शामिल है। विश्व स्वास्थ्य संगठन (World Health Organisation, WHO) के अनुसार 'ओकुपेशनल हेल्थ का उद्देश्य सभी काम-धन्धों में लगे कारीगरों की उच्च स्तर की शारीरिक, मानसिक, सामाजिक भलाई करना है उनकी सेहत को बचाना है जो उनके कार्यस्थल के कारण गिर रही हो, उनकी जीविका को उन खतरों से बचाना है तथा उन्हें मनोवैज्ञानिक व शरीर संबंधी उपकरणों से अनुकूलन करने वाला वातावरण बनाना और सारगर्भित रूप से प्रत्येक व्यक्ति को अपनी नौकरी में अनुकूलन (Adaptation) लाना है। आधुनिक जीविका संबंधी सेहत में, जोर लोगों पर, उनके रहने और काम करने की अवस्थाओं पर, आशाओं और डरों पर तथा नौकरी के प्रति उनके रुझानों पर है।

जीविका संबंधी विज्ञान नौकरी के सभी स्थानों पर रोकथाम के उपायों को लागू करना है। रोकथाम और स्वास्थ्य एक ही उद्देश्य दर्शाते हैं। बीमारी रोकना व सभी धन्धों में कामगारों की शारीरिक, मानसिक व सामाजिक भलाई को बढ़ावा देना, सेहत बढ़ाना, विशेष बचाव, जल्दी से बीमारी का पता लगाना व उपचार, अपंगता कम करना तथा पुनर्वास (Rehabilitation) शामिल है।

औद्योगिक उत्पादन के लिए जरूरी है कि मजदूरों की सेहत की रक्षा की जाए तथा उन्हें उनके कार्य पर अच्छे वातावरण का निर्माण कर प्रेरित किया जाए।

एक कार्यस्थल के वातावरण पर तीन प्रकार के तत्वों में आपसी मतभेद होता है-

1. **भौतिक तत्त्व (Physical Agents)-** सेहत खराब करने वाले तत्त्व ये हैं- गर्मी, सर्दी, आर्द्रता (Humidity), हवा की गति, हीट रेडियेशन, रोशनी, शोर व कम्पन (Vibration)। कामगार की सेहत पर ये तत्व विभिन्न तरीकों से प्रभाव डालते हैं। काम करने के वातावरण में काम करने व सांस लेने का स्थान, प्रसाधन (Toilet) धोने व नहाने की सुविधाएं भी आवश्यक है।

   रासायनिक तत्त्व (Chemical Agents)- कुछ रासायनिक तत्त्व सांस लेने में कठिनाई उत्पन्न करते हैं, चमड़ी को नुकसान पहुंचाते हैं। कुछ रक्त व अन्य अंगों पर बुरा प्रभाव डालते हैं।

   बायोलोजिकल तत्त्व (Biological Agents)- कामगार को बेक्टीरिया व परजीवी जीवाणुओं से खतरा है जो पशु के उत्पाद, दूषित पानी व मिट्टी और भोजन से उनके शरीर में प्रवेश करते हैं।

2. **मनुष्य और मशीन (Man and Machine)**- बिना बचाव वाली मशीनें (Unguarded Machine) बाहर निकले हुए हिस्से, प्लांट को सही ढंग से न लगाना तथा सुरक्षा के उपायों की कमी दुर्घटनाओं के कारण बनते हैं। ठीक मुद्रा में खड़े होकर काम न करने से थकावट, पीठ दर्द, जोड़ो व पेशियों की बीमारियां कारण बनती हैं।
3. **मनुष्य और मनुष्य (Man and Man)**- आधुनिक जीवन में जोर इस बात पर दिया ज़ाता है कि कामगारों की रहने व कार्यवाली स्थितियां कैसी है, उनके सपने व डर तथा काम के प्रति रुचि कैसी है अपने साथियों व मालिकों के साथ उनके मानवीय संबंध कितने प्रगाढ़ व सौहार्दपूर्ण हैं। जीविका संबंधी वातावरण कामगार का घरेलू वातावरण नहीं माना जा सकता। काम में तनाव से उसकी नींद उड़ सकती है, जैसे घर में तनाव से उसके काम पर प्रभाव पड़ता है। ज्यादा देर तक चलने वाले तनाव से उसमें ऐसे लक्षण पैदा हो जाएंगे कि वह दक्षतापूर्ण ढंग से काम नहीं कर पाएगा तभी जीविका संबंधी सेहत का उद्देश्य कामगार के वातावरण में समन्वय स्थापित करना है।

जीविका संबंधी स्वास्थ्य का क्षेत्र

सारे विश्व में औद्योगीकरण हो जाने से जीविका संबंधी सेहत का महत्व बढ़ गया है। ऐसा इसलिए हुआ क्योंकि काम के नए क्षेत्र उत्पन्न हुए हैं, आबादी बढ़ी है तथा काम के स्थान पर भीड़ बढ़ गई है जो सेहत के लिए घातक है। अत: उनकी सेहत की पूरी तरह रक्षा होनी चाहिए। बहुत सी इंडस्ट्री में दुर्घटनाएं आम हो गई हैं। Occupational Health का मुख्य उद्देश्य इन दुर्घटनाओं को रोकना है तथा कामगारों में भौतिक मानसिक तथा सामाजिक सद्भाव को बढ़ाना है।

जैसे-जैसे उद्योगों का आकार बढ़ता है तो काम संबंधी सेहत की समस्याएं बढ़ती हैं। इन्हें दूर करने के लिए मजदूरों को पर्याप्त शिक्षा दी जानी चाहिए। स्थान का निरीक्षण इसका पहला कदम है। इससे सही आदमी को सही जगह रखने में मदद मिलेगी ताकि वह अपना काम बिना सेहत को नुकसान पहुंचाए ठीक से कर सके। जो पहले से काम पर लगे हैं या जो नए हैं उन कामगारों को इन घातक खतरों से बचाने की उपयुक्त ट्रेनिंग दी जानी चाहिए।

विभिन्न काम धन्धों में लगे मजदूरों की सेहत की देखभाल करना समाज का कर्त्तव्य है। मशीन से ज्यादा आवश्यक मनुष्य है। मजदूरों की हितों के लिए फैक्टरी नियम बनाए गए हैं। कुछ ऐसे नियम हैं जिनका पालन मालिक को करनी चाहिए ताकि मजदूरों की सेहत व सुरक्षा को कोई खतरा न हो।

जीविका संबंधी स्वास्थ्य के सिद्धांत

औद्योगीकरण का अर्थ है देश की संस्कृति में सामाजिक व आर्थिक क्रांति जिसमें जोर बहुत उत्पादन व सामाजिक लाभ पर होता है अत: इसमें खतरे भी हैं।

इन समस्याओं को कम करने के कुछ सिद्धांत ये हैं–

1. **रखने से पहले निरीक्षण**–यह रोजगार के समय होता है। कामगार की मेडिकल, फेमिली, ओकुपेशनल व सोशल हिस्ट्री इसमें शामिल है जो मेडिकल निरीक्षण द्वारा लिखी जाती है। उसी के अनुसार उसे नौकरी देते हैं। इससे वर्कर की उन्नति में सहायता मिलती है।
2. **बार-बार निरीक्षण**–बीच-बीच में कुछ अवधि के बाद उसका निरीक्षण आवश्यक है क्योंकि बहुत सी बीमारियां उत्पन्न व पनपने में महीने और साल ले लेती है। इससे जीविका संबंधी कार्यस्थल का भी निरीक्षण हो जाता है।
3. **दवा व हेल्थ केयर सर्विस**–कामगार व उसकी फेमिली को मेडिकल केयर प्रदान करनी चाहिए। फैक्टरी के अन्दर ही पर्याप्त प्राथमिक चिकित्सा उपचार (First Aid Service) उपलब्ध होनी चाहिए।
4. **अवधि के बाद सुपरविजन**–चिकित्सक द्वारा बार-बार यह देखना चाहिए कि काम में स्थान का वातावरण जैसे-तापमान, रोशनी, हवा, आर्द्रता, शोर, प्रदूषण सफाई कहीं कामगारों की सेहत पर गलत प्रभाव तो नहीं डाल रही तथा उसे कामगारों की सेहत पर होने वाली थकावट का जायजा लेना चाहिए जो नाईट वर्क व शिफ्ट वर्क के कारण होती है।
5. **रिकार्ड का रख-रखाव तथा अवलोकन**– कामगारों की सेहत व अपंगता का रिकार्ड बनाकर उसकी सेहत पर नजर रखी जानी चाहिए तथा बीमारियों की सही रोकथाम की जानी चाहिए।
6. **स्वास्थ्य शिक्षा तथा परामर्श**–स्वास्थ्य शिक्षा का मुख्य उद्देश्य है कि कामगार को अपने कार्य, घर तथा सामुदायिक वातावरण के अनुरूप ढालने में मदद की जाए। उसे इंडस्ट्री में काम करते हुए वहां के खतरों की जागरुकता होनी चाहिए ताकि व्यक्तिगत बचाव और मास्क, ग्लव (Mask, gloves) लगाने में मदद मिले। हाथ धोने, नाखुन

काटने, शरीर की सफाई व कपड़ों की सफाई के साधारण नियम का पालन करना सीखना चाहिए।

7. **अवधि के बाद मशीन की चेकिंग**–सभी मशीनों तथा उपकरणों आदि की समय-समय पर जांच करते रहना चाहिए ताकि दुर्घटनाएं न हों। उनकी जरूरत पड़ने पर उनकी मरम्मत की जाए या बदला जाए।
8. **सामान्य रख-रखाव**–नौकरी के स्थान पर खतरे हटाने का यह उत्तम ढंग है। इसमें सामान्य सफाई, खुली हवा आना तथा पर्याप्त रोशनी शामिल है। दीवारें व छत साल में एक बार White wash करवानी चाहिए। दुर्घटना रोकने के लिए सही चीज सही स्थान पर होनी चाहिए। प्लांट के अन्दर व बाहर साफ-सफाई रखी जानी चाहिए।
9. **घातक**–पदार्थों के स्थान पर कम खतरे वाले पदार्थों को प्रयुक्त किया जाए हालांकि यह बदलाव संभव नहीं है फिर भी जहां तक संभव हो कोशिश की जाए।
10. **बचाव प्रणालियां**–कामगारों को अच्छी बचाव प्रणालियां प्रयोग करनी चाहिए। उन्हें उनका सही ढंग पता होना चाहिए। उन्हें गैस मास्क, ईयर प्लग, ईयर मफ, हेलमेट, सेफ्टी शूज, एपरन, ग्लव, गम बूट, बेरियर क्रीम, स्क्रीन व गोगुल आदि उपलब्ध करवाने चाहिए।
11. **वातावरण का अध्ययन**–समय-समय पर वातावरण के सर्वेक्षण किए जाए। फैक्टरी की हवा की जांच की जाए ताकि उसमें धूल और गैसों की मात्रा स्वीकृत मानदंडों के अनुसार हो। यह डाक्टरों और इंजीनियरों के इकट्ठे प्रयत्नों से करवाना चाहिए।

जीविका सम्बन्धी स्वास्थ्य के खतरे और बीमारियां

कुछ तत्व जीविका सम्बन्धी स्वास्थ्य को प्रभावित करते हैं परन्तु ज्यादातर इस बात पर निर्भर है कि कामगार की जीविका का साधन क्या है। ये तत्व इस प्रकार हैं–

1. शारीरिक खतरे

(i) **गर्मी और ठण्ड**–कारखानों में मुख्य घातक तत्व गर्मी है। सीधी गर्मी से बर्न, हीट थकावट, हीट स्ट्रोक तथा हीट क्रेम्प हो सकते हैं। अप्रत्यक्ष प्रभाव है–बढ़ती थकावट। ओवन आदि से बहुत गर्मी फैलती है। ग्लास व स्टील इंडस्ट्री में रेडिएंट हीट बहुत असर दिखाती है। जूट और काटन टेक्सटाईल इंडस्ट्री में हीट स्टेगनेशन बहुत बड़ी समस्या है। खानों में बहुत ऊंचा तापमान होता है। कोलर गोल्ड माईन आफ मैसूर जो दुनिया की दूसरी गहरी खान है (11,000 फुट) वहां 150°F का तापमान रिकार्ड किया गया है। ऐसी स्थितियों में काम करना तनावपूर्ण होता है जो कामगार के सेहत और कार्य कुशलता को कम करता है।

ठण्ड में काम करने से चिलर्बन, इमरशन फुट तथा फ्रास्ट बाईट होता है। ऐसा Coetaneous vasconstriction के कारण होता है।

(ii) **रोशनी**–कामगारों को या तो कम रोशनी या अत्यधिक तेज रोशनी मिलती है। कम रोशनी से आंखों पर जोड़ पड़ता है सिर दर्द, आंख में दर्द कोर्निया के आस-पास Conjestion तथा आंखों की थकावट होती है। तेज रोशनी से दृष्टि थकावट होती है।

(iii) **शोर**–बहुत से फैक्टरियों/इंडस्ट्रियों में शोर भी सेहत के लिए घातक होता है। इससे स्थायी व अस्थायी रूप से श्रवण क्षमता जा सकती है जिससे नर्वसनेस, कमजोरी, बोलने की क्षमता में रुकावट, घटी हुई कार्य कुशलता व चिड़चिड़ापन होता है। नुकसान की सीमा इस बात पर निर्भर करती है कि शोर का परिमाण तथा अवधि कितनी है।

(iv) **कम्पन**–कम्पन हाथ और बाजुओं को प्रभावित करता है, इसके ज्यादा सम्पर्क में रहने पर जोड़ों, हाथों, कुहनियों व कन्धों को चोटें आती हैं।

(v) **अल्ट्रावायलट विकिरण**–यह वेल्डिंग से होता है। बेल्डर की आंखों को तीव्र Conjectivites (वेल्डर फ्लेश) हो सकता है। इसके लक्षण हैं आंखों में लाली और दर्द। दृष्टि पर स्थायी प्रभाव नहीं पड़ता।

2. रसायनिक खतरे: सभी कारखानों में रसायन प्रयोग होते हैं। इनके खतरे बढ़ते जा रहे हैं। ये तीन प्रकार से कार्य करते हैं–

(i) **स्थानीय कार्य**–अपने प्राथमिक कार्य द्वारा कुछ रसायन डरमेटेटिस एक्जीमा, अल्सर तथा कैंसर की बीमारी लगाते हैं। एलर्जी द्वारा कुछ डरमेटेटिस का कारण बनते हैं। कुछ चमड़ी द्वारा अन्दर प्रवेश करते हैं तथा प्रभावित करते हैं।

(ii) **अन्दर सांस लेना**–

1. कई फैक्टिरियों में धूल बनती है जैसे खान, फाऊंडरी, क्वेरी, पोटरी, टेक्सटाईल, लकड़ी व पत्थर यह धूल

पीसते, तोड़ते, लोड व अनलोड करते हवा में मिलती है। धूल दो प्रकार की है एक घुलने वाली तथा दूसरी न घुलने वाली। न घुलने वाली धूल के प्रकार हैं–रेत, माइका, कोयला, एस्बेस्टोस आदि। घुलने वाले धूल के प्रकार हैं–काटन और जूट। घुलने वाली धूल धीरे से घुलती है शरीर में घुसती है तथा शारीरिक क्रियाओं द्वारा बाहर निकलती है। न घुलने वाली धूल पक्के तौर पर फेफड़ों में ही रह जाती है, आम धूल की बीमारियां सिलीकोसिस व एथेराकोसिस है।

2. **गैसों**–गैसों के साथ रहते भी कई बीमारियां होती हैं। साधारण गैसें (सल्फर डायक्साइड, क्लोरीन, आक्सीजन, हाइड्रोजन) अन्य जैसे-कार्बन मोनोक्साइड, सायनाइड, क्लोरोफार्म, ईथर आदि।
3. **धातु व उनके यौगिक**–ये सांस द्वारा प्रवेश करते हैं। इनके बुरे प्रभाव इसके साथ रहने पर निर्भर करते हैं।

(iii) भोजन पचाना–कुछ रसायनिक तत्व जैसे- शीशा, पारा, आर्सेनिक, जिंक, क्रोमियम, कैडमियम, फास्फोरस बहुत हानिकारक हैं। वे गन्दे हाथों व दूषित भोजन द्वारा शरीर में प्रवेश करते हैं। बहुत सारा पदार्थ तो बाहर चला जाता है परन्तु थोड़ा बहुत हमारे रक्त संचार में प्रवेश करता है।

3. जीव विज्ञान सम्बन्धी खतरे: इसमें मजदूरों को काम के स्थान पर परजीवी जीवाणुओं से खतरे होते हैं। जो व्यक्ति ऐसे पशु-उत्पादों जैसे–बाल, रेशम, चमड़ा आदि में काम करते हैं या खेती में लगे हैं उनके लिए जीव विज्ञान सम्बन्धी खतरे अधिक हैं।

4. यंत्रों सम्बन्धी खतरे: ये खतरे मशीनों में लगे लोगों को अधिक हैं। ऐसे कारणों से होने वाली दुर्घटनाओं का प्रतिशत कम है।

5. मनोवैज्ञानिक तथा सामाजिक खतरे: ये तब होते हैं जब कामगार मनो-सामाजिक वातावरण के अनुसार स्वयं को नहीं ढाल पाते। इस अनुकूलन पर इन कारकों का प्रभाव पड़ता है–शिक्षा, सांस्कृतिक पृष्ठभूमि, पारिवारिक जीवन, सामाजिक आदतें तथा नौकरी से कामगारों की उम्मीदें। कुछ ऐसे कारक जो कामगारों की शारीरिक व मानसिक सेहत का अवमूल्यन करते हैं, ये हैं–कुण्ठा, असुरक्षा, अपर्याप्त मानवीय रिश्तों तथा इमोशनल टेंशन आदि।

स्वास्थ्य पर दो मुख्य प्रभाव हैं–

1. **मनोवैज्ञानिक तथा व्यवहार में बदलाव**–इसमें शामिल हैं–बदले की भावना, आक्रामक रवैया, चिंता, तनाव, थकावट, एल्कोहलिजम, नशा, बीमारी, अनुपस्थित रहना।
2. **सायकोसोमेटिक बुरी-सेहत**–इसमें शामिल है–थकावट, सिर दर्द, कन्धों में दर्द, गर्दन व पीठ दर्द, हाइपरटेंशन, दिल की बीमारी तथा तेजी से बूढ़ा होना। ओटोमेशन इलेक्ट्रोनिक पद्धति व नाभिकीय ऊर्जा पर बढ़ता जोर कई मनोवैज्ञानिक बीमारियों को जन्म दे रहा है। शारीरिक व मानसिक खतरों से मनोवैज्ञानिक खतरे कहीं ज्यादा घातक हैं।

जीविका-सम्बन्धी बीमारियां

1. शारीरिक तत्वों द्वारा की गई बीमारियां

गर्मी/धूप के कारण	हीट हाइपरपायरेक्सिया, हीट एग्जाशन, हीट सीनकोप, हीट क्रेम्प, बर्न तथा स्थानीय प्रभाव जैसे प्रिकली हीट
ठंड के कारण	फ्रेंच-फुट, फ्रास्ट बाईट, चिलबर्न
रोशनी के कारण	ओकूपेशनल केटेरेक्ट
दबाव के कारण	केजन बीमारी, ब्लास्ट
शोर के कारण	जीविका सम्बन्धी बहरापन
रेडियेशन के कारण	कैंसर, ल्यूकोमिया, एप्लास्टिक एनीमिया
मेकेनिकल तत्वों के कारण	चोटें, दुर्घटनाएं
बिजली के कारण	जलने की घटनाएं

2. रसायनिक तत्वों के कारण बीमारियां

गैसों के कारण	ये गैस-जहरीलापन करती है
धूल के कारण	**इन-आर्गेनिक धूल के कारण**
कोयले की धूल	–एंथराकोसिस
सिलिका (रेत)	–सीलिकोसिस
ऐसबेस्टोस	–ऐसबेस्टोसिस, लंग कैंसर
लोहा	–सिडरोसिस
आर्गेनिक (सब्जियों सम्बन्धी)	धूल
केन फाइबर	–बागोसिस
कॉटन डस्ट	–बाईसीनोसिस
तम्बाकू	–टोबोकोसिस
ग्रेन डस्ट	–फार्मर लंग

धातु और उनके यौगिकों से लैड, मरक्यूरी, कैडमियम, मैंगनीज, क्रोमियम आदि की टाक्सिक विषाक्तता

रसायनों के कारण अम्ल, क्षार, कीटनाशक

3. जीव विज्ञान सम्बन्धी तत्वों द्वारा की जाने वाली बीमारियां: ब्रूसलोसिस, एंथेरेक्स, एक्टनोमाइकोसिस, हाईडेटिडसिस टेटेनस, फंगल इन्फेक्शन आदि।

प्राथमिक उपचार या प्रथमोपचार

प्रथमोपचार का अर्थ

चोटिल या घायल व्यक्ति को घटना स्थल से चिकित्सालय तक पहुंचाने से पूर्व जो भी क्रिया की जाती है, वह प्रथमोपचार के अन्तर्गत आती है। घायल व्यक्ति को घटना स्थल पर तुरन्त जो चिकित्सीय सहायता दी जाती है, उसे प्रथमोपचार कहते हैं। प्रथमोपचार एक आपातकालीन उपचार है।

प्रथमोपचार शब्दावली को शासकीय रूप से 1879 में पहली बार St. John Ambulance Association द्वारा अपनाया गया। 1894 ई. के बाद प्रथमोपचार शब्द का प्रयोग हुआ।

प्रथमोपचार का उद्देश्य

1. प्रथमोपचार का उद्देश्य होता है–बीमार या घायल व्यक्ति की स्थिति को बिगड़ने न देना।
2. घायल व्यक्ति को मृत्यु से बचाना।
3. घायल व्यक्ति को चिकित्सकीय सुविधा उपलब्ध कराना।
4. बीमार या घायल व्यक्ति की दशा ठीक करने के लिए प्रयास करना।

खिलाड़ी को खेल के मैदान में खेलते समय जब चोट लग जाती है और ऐसी स्थिति में वहां पर सदैव चिकित्सक उपलब्ध नहीं रहते हैं तो ऐसी दशा में घायल खिलाड़ी को जो भी निदान घटना स्थल पर दिया जाता है। उसे प्रथमोपचार या आपातकालीन सेवा के नाम से जानते हैं।

प्रथमोपचार के सिद्धांत

1. घायल व्यक्ति का तेजी के साथ बिना किसी शोरगुल के प्रथमोपचार करना चाहिए। प्रथमोपचार करने वाले व्यक्ति को शांत स्वभाव का होना चाहिए और उसमें भीड़ को नियंत्रित करने की क्षमता होनी चाहिए।
2. यदि श्वसन क्रिया रूक गयी हो तो कृत्रिम श्वसन देना जरूरी है।
3. रक्तस्राव को रोकना चाहिए।
4. घायल या रोगी को सदमे से बचाना चाहिए।
5. रोगी की उचित चिकित्सा की व्यवस्था करनी चाहिए।
6. रोगी के चारो तरफ भीड़ नहीं रखनी चाहिए।
7. वस्त्रों को शरीर से हटा देना चाहिए।
8. रोगी को तुरन्त चिकित्सालय ले जाने की और चिकित्सक को दिखाने की व्यवस्था करनी चाहिए।
9. रोगी को ताज़ी हवा देनी चाहिए।
10. यदि बेहोशी में है तो ठंडे पानी का छींटा मुंह पर देना चाहिए।
11. यदि रोगी नशीले पदार्थों से प्रभावित है तो उसे विश्राम करने देना चाहिए और उसके वस्त्रों को कम कर देना चाहिए।
12. प्रथमोपचारक को पूर्ण शारीरिक विज्ञान की जानकारी होनी चाहिए, लेकिन उसे अपने आप को चिकित्सक नहीं समझना चाहिए।
13. सहायता का सारा सामान एक साथ लाना चाहिए।

प्राथमिक सहायता देने वाले के गुण

प्राथमिक सहायता देने वाले में निम्नलिखित गुण होने चाहिए।

1. कौशल्य पूर्ण होना चाहिए।
2. सहानुभूति उसके अन्दर होना चाहिए।
3. मजबूत इच्छा शक्ति का होना चाहिए।
4. स्थिति पर नियंत्रण करने वाला होना चाहिए।
5. साधन कुशल होना चाहिए।
6. चतुर होना चाहिए।
7. तीक्ष्ण बुद्धि वाला होना चाहिए।

हड्डियों का टूटना, अस्थिभंग

किसी दुर्घटना के कारण अथवा बाह्य आघात से हड्डियों में दरार पड़ जाने या टूट जाने को हम Fracture कहते हैं।

अस्थिभंग के कारण

1. प्रत्यक्ष आघात–जब हड्डियों का टूटना आघात के स्थान पर हो तो उसे हम प्रत्यक्ष अस्थिभंग कहते हैं।
   जैसे-लाठी की चोट से हाथ पैर की हड्डियां टूट जाती हैं। इसे हम प्रत्यक्ष आघात कहते हैं। इसमें अधिकतर हड्डी के दो टुकड़े हो जाते हैं।

2. अप्रत्यक्ष आघात–इसमें हडिडयों की टूट आघात के स्थान पर न होकर दूर की हड्डी पर होता है। अर्थात एक स्थान पर आघात होता है और दूसरे स्थान की हड्डी टूट जाती है। जैसे–हाथ पर आघात लगने से हंसुली की हड्डी टूट जाती है।

पेशी का तनाव

कभी-कभी मांसपेशियों के तनाव से अचानक संबंधित हड्डी टूट जाती है। इसमें पेशियों में आपस में खींचतान होती है। घुटने की हड्डी का टूटना इसी प्रकार का होता है।

अस्थिभंग के लक्षण

1. उस स्थान पर सूजन हो जाती है।
2. पीड़ा होती है।
3. अंग का आकार बिगड़ जाता है।
4. अंग निष्क्रिय हो जाता है।
5. कभी–कभी उसी स्थान की त्वचा कट जाने के कारण रक्त स्राव होने लगता है।
6. छूने पर यदा–कदा किरकिराहट का अनुभव होता है।

अस्थिभंग के प्रकार

1. **सामान्य या बन्द अस्थिभंगः** इस प्रकार के अस्थिभंग में हड्डियां दो टुकड़ों में हो जाती हैं। इसके निकटवर्ती अंग मांसपेशी, धमनी, शिरा आदि को कोई चोट नहीं पहुंचती है अर्थात इसमें त्वचा तथा तन्तु नहीं टूटते और न ही टूटी हुई हड्डी बाहर दिखाई देती है।
2. **संयुक्त या खुला अस्थिभंगः** जब हड्डी टूटती है और उसी के साथ ही निकट के अंगों को जब आघात पहुंचता है और हड्डी के टुकड़े मांसपेशी, त्वचा आदि अंगों को भेदते हुए बाहर निकल जाते हैं। इसमें विदीर्ण स्थान से दूषित वायु, धूल एवं अन्य दूषित पदार्थ अन्दर प्रवेश कर जाते हैं, जिसके कारण पूयोत्पादन हो जाता है और रक्तस्राव भी होता है।
3. **अन्तर्घटित अस्थिभंगः** इस प्रकार के अस्थिभंग में हड्डी के टुकड़े एक दूसरे के अन्दर धंस जाते हैं, जिसके कारण दोनों टुकड़ों को अलग–अलग नहीं किया जा सकता। यह अस्थिभंग प्रायः वृद्ध व्यक्तियों के अस्थिभंग में होता है।

सामान्य अस्थिभंग के प्रकार

1. **पूर्ण**–इस प्रकार में अस्थि टूटकर दो अलग–अलग भागों में विभक्त हो जाती है। यह कई रेखाओं पर हो सकता है।

   जैसे–गोलाई की रेखा या अनुप्रस्थ, तिरछा, लम्बाई में अनुदैर्ध्य कई टुकड़ों में टूटना या साहचर्य कई स्थानों से सम्पूर्ण टूटना या बहुटूट टेढ़े-मेढ़े रूप में अस्थिभंग या स्पाइरल।
2. **अपूर्ण**–इस प्रकार में अस्थि तो टूट जाती है परन्तु दो अलग–अलग टुकड़े उसके नहीं बनते। इसके भी कई प्रकार होते हैं।
   1. हरी टहनी के समान अस्थिभंग–इसका दूसरा नाम 'अपूर्ण शाखा भंग' है। इसमें अस्थि के दो टुकड़े न होकर वह हरी टहनी के समान मुड़ जाती है। कच्चे बांस को तोड़ते समय जैसे कि निचला आधा भाग लगा रहता है। ऊपर का भाग टूट कर दोनों तरफ नुकीला बन जाता है। यह अवस्था 12 वर्ष से कम उम्र के बच्चों में होती है। इस समय अस्थि कड़ी नहीं होती।
   2. दबा हुआ अस्थिभंग या अवनमित–यह अधिकतर चौड़ी हड्डियों के दब जाने से होता है।

      विदर अस्थिभंग–इसमें अस्थियों में भग्न के स्थान पर दरार पड़ जाती है जो अधिकतर मस्तक की अस्थियों में हुआ करता है।

अस्थिभंग के प्राथमिक सामान्य उपचार

1. भग्न स्थान से यदि रक्त निकल रहा हो तो उसे तत्काल रोकने की उचित व्यवस्था करनी चाहिए। इसके लिए तुरन्त किसी साफ कपड़े से उक्त स्थान का मुंह बांध देना चाहिए।
2. बिना ताकत पीड़ित अंग को जहां तक हो सके ठीक हालत में सीधा कर देना चाहिए।
3. जब तक भलीभांति मरहम–पट्टी न करा ले घायल को बिल्कुल न हिलाएं–डुलाएं।
4. भंग का प्रबंध घटना स्थल पर ही यथा संभव कर लेना चाहिए। यदि उसको हटाने में खतरा हो तो घायल की उसी स्थान पर समुचित चिकित्सा व्यवस्था करनी चाहिए।
5. टूटी हुई हड्डी के दोनों ओर हड्डी को जहां तक हो सके स्वाभाविक स्थिति में लाकर पट्टियां बांधने का प्रबंध करें।

6. नियमित रूप से तैयार की गयी पट्टियां न मिले तो समयानुसार प्राप्त वस्तुओं जैसे–छड़ी, छाता, मोटर का हैण्डिल, बन्दूक, फट्टा, अखबार का कागज, जूता से स्प्लिन्ट की जगह काम लेकर रोगी को आराम पहुंचाएं, यदि ये सभी न मिलें तो हाथ को धड़ के साथ तथा पैर को दूसरे पैर के साथ कसकर बांध दें।
7. खपच्चियां इतनी लम्बी होनी चाहिए कि भग्न अस्थि के ऊपर तथा नीचे का जोड़ बंध सके, जिसमें उक्त अस्थि पूर्णरूप से अचल हो जाए।
8. खपच्चियों के बांधने के पूर्व यह देख लेना चाहिए कि उनका चिकना शिरा भग्न अस्थि की तरफ रहे तथा ऊपर रुई और पट्टी बंधी रहे। इसके बाद खपच्चियों को यथा स्थान लगा लेने के बाद पट्टी, रूमाल, धोती इत्यादि किसी भी कपड़े से उक्त स्थान को कसकर बांध दे, अर्थात भग्न भाग हिलने–डुलने न पाए।
9. खपच्चियों के ऊपर कई तरह से पट्टी बांध सकते है लेकिन यह सदा ध्यान रहे कि खपच्चियों से रोगी को किसी प्रकार का कष्ट न पहुंचे।
10. घायल व्यक्ति की स्तब्धता दूर करने के लिए पानी पिलाना चाहिए तथा उसके दर्द को कम करने के लिए गरमी पहुंचानी चाहिए।
11. विधिवत उपचार के लिए भग्न अस्थि का एक्स–रे कराकर चिकित्सा करें।

संक्रामक रोग एवं उनका उपचार

रोग वह बीमारी है जो तभी होता है जब शरीर की सामान्य कार्यविधि में रुकावट आती है। ज्यादातर रोग शरीर को बीमार बनाते हैं या शरीर सामान्य अवस्था में नहीं रहता परन्तु कुछ रोग शरीर के ऐसे अंगों को प्रभावित करते हैं जिन्हें हम महसूस नहीं कर पाते जैसे-रक्त, हड्डियां, आन्तरिक अंग आदि। लक्षण वे परिवर्तन होते हैं जो हम महसूस करते हैं जब हम बीमार होते हैं। जुकाम का लक्षण खांसी हो सकता है। कुछ बीमारियों से लोग जल्दी ठीक हो जाते हैं, कुछ में बहुत लम्बा समय लगता है। कुछ रोग पक्के तौर पर खराबी छोड़ जाते हैं। कुछ रोग मौत का कारण बनते हैं।

रोग जो एक व्यक्ति से दूसरे तक फैलते हैं, संक्रामक या इन्फेक्शियस कहलाते हैं जैसे साधारण जुकाम। ऐसे रोग–दिल का दौरा, कैंसर आदि संक्रामक नहीं हैं। यदि कोई व्यक्ति ऐसे व्यक्ति के आसपास है जिसे संक्रामक रोग है तो हम कह सकते हैं वह व्यक्ति प्रभावित हो सकता है। कई बार लक्षण इतनी बाद में उभरते हैं कि व्यक्ति को पता नहीं चलता कि वह इस कारण रोग ग्रस्त हुआ था।

संक्रामक रोग का अर्थ

फैलने वाले रोग जो एक व्यक्ति से दूसरे तक प्रत्यक्ष या परोक्ष रूप से फैलते हैं या पशु से दूसरे पशु तक ऐसे वातावरण जैसे हवा, धूल, मिट्टी, पानी, भोजन के कारण फैलते हैं, संक्रामक रोग कहलाते हैं। उदाहरणतया एड्स, चेचक, मीजल, वूपिंग कफ, क्षय रोग, वायरल, हेपेटाइटिस बी, टायफायड, मलेरिया, रेबीज, टेटनस आदि संक्रामक रोगों की श्रेणी में आते हैं।

एच.आई.वी./एड्स

जब से एच.आई.वी. वायरस तथा एड्स की पहचान यूरोप और अमेरिका के विकसित देशों के समलैंगिक ग्रुपों में हुई है, 1970 के दशक के बाद एड्स का बहुत तेजी से प्रसार हुआ है। यह प्रसार पूरी दुनिया में लगातार बढ़ रहा है।

एड्स का जन्म भारत में नहीं हुआ परन्तु वर्तमान भारतीय परिप्रेक्ष्य में इस तथ्य से एड्स संक्रमण को झुठलाया नहीं जा सकता। अगले 10 वर्षों तक भारत में 50 मिलियन एड्स रोगी हो जाएंगे। भारत में एड्स का पहला रोगी चेन्नई के एक क्लीनिक में 1986 में ग्रीष्मकाल में सरकारी तौर पर घोषित हुआ। तब से देश में एड्स के रोगियों की संख्या में तेजी से वृद्धि हुई। ज्यादातर केस मुम्बई व चेन्नई की वेश्याओं तथा नसों में ड्रग इंजेक्शन लेने वाले उत्तर पूर्वी राज्यों के लोगों में पाए गए। 'उच्च जोखिम' वाले व्यक्तियों के माध्यम से यह रोग कस्बों व अन्य शहरों में फैलने लगा। 2006 में दुनिया में 46 मिलियन एड्स ग्रस्त लोग हैं तथा प्रत्येक 10 लोगों में एक भारतीय है।

एच.आई.वी./एड्स का जन्म

कहा जाता है कि एड्स का सही जन्म कभी भी पता नहीं चल पाएगा। कुछ तथ्यों की पुष्टि से एड्स के जन्म के बारे में सांझी राय बनाई जा सकती है। यह निष्कर्ष निकलता है कि एड्स नई पीढ़ी का पेथोजन है जो नाम पेथोजेनिक, सब ह्यूमन प्रीमेट रेट्रो वायरस से उत्पन्न हुआ जिसका अफ्रीकी प्रीमेट (बन्दरों) से मानव में हुआ है। ऐसे विश्वव्यापी सबूत मौजूद हैं जो बताते हैं कि विश्व में बूढ़े प्रीमेट जैसे चिम्पैंजी, मेंड्रिल तथा अफ्रीकी ग्रीन बन्दरों में हजारों वर्षों से एड्स से मिलती–जुलती रेट्रोवायरस बीमारी हुई है जब कि वे नान पेथोजनिक है तथा डिबिलिटेटिंग बीमारी उत्पन्न नहीं करती।

एड्स क्या है?

एड्स का पूर्ण रूप है एक्वायरड इम्यून डेफिशेंशी सिंड्रोम

ए–एक्वायरड का अर्थ है यह कुछ ऐसा है कि लोग बाहर से प्राप्त करते हैं। आंखों के रोग या खून के प्रकार की तरह इसे पैतृक रूप से ग्रहण नहीं किया जाता। व्यक्ति के अपने व्यवहार स्थिति से यह फैलता है।

आई–इम्यून का अर्थ प्रतिरोध शक्ति से है जो कीटाणु व विषाक्तता से बचाती है। (शरीर की प्रतिरोध शक्ति कम होना)

डी–डेफिशेंशी का अर्थ है कमजोर प्रतिरोध तंत्र

एस–सिंड्रोम का अर्थ है कि लक्षण और चिह्नों के समूह मौजूद हैं। जब शरीर की प्रतिरोधक शक्ति कमजोर हो जाती है तब बहुत से इन्फेक्शन तथा बीमारियां शरीर को हो जाती हैं। इस अवस्था को सिंड्रोम कहते हैं। किसी विशेष बीमारी व बीमारियों के समूह को सिंड्रोम कहते हैं।

वर्तमान में विश्व स्वास्थ्य संगठन तथा यू.एन.एड्स ने अनुमान लगाया है कि 8500 व्यक्ति प्रतिदिन एच.आई.वी. से प्रभावित होंगे तथा प्रत्येक दिन 4000 व्यक्ति एड्स से मरेंगे।

एड्स प्रतिरोधक शक्ति की खराबी है। यह प्रतिरोधक शक्ति को विषाक्तता व बीमारियों से बचाती है। एड्स वह स्थिति है जब यह शक्ति खत्म हो चुकी होती है। शरीर बीमारियों की चपेट में होता है। इनके कुछ लक्षण सामान्य सेहतमंद लोगों को प्रभावित नहीं करते परन्तु जब प्रतिरोध शक्ति कमजोर हो जाए तो बीमारी को फलने-फूलने का मौका मिलता है जिन्हें अवसर विषाक्तता कहते हैं।

1981 में यू.एस.ए. में पहले एड्स रोगी की पहचान हुई जो समलैंगिक था तथा अद्भुत विषाक्तता से ग्रस्त हुआ और मृत्यु को प्राप्त हुआ। काफी विचार व बहस के बाद वैज्ञानिकों ने इसे नया सिंड्रोम कहा और एड्स नाम रखा।

एच.आई.वी. क्या है?

एड्स एक विषाणु एच.आई.वी. के कारण होता है।

H–ह्यूमन–का अर्थ है कि यह मानव को प्रभावित करता है।

I–इम्यूनोडेफिसेंसी–का अर्थ है कि प्रतिरोधक शक्ति क्षीण हो जाती है तथा एच.आई.वी. का अर्थ है–एड्स।

V–वायरस–यह बीमार करने वाला विषाणु है।

(i) एड्स ग्रहण किया जाता है क्योंकि यह किसी से होता है न कि वंशानुगत होता है।

(ii) वायरस शरीर की प्रतिरोधक शक्ति खत्म करता है तथा आम व्यक्ति से ज्यादा उस व्यक्ति को बीमारियां घेर लेती हैं।

(iii) लक्षण विविध होते हैं जिनमें बहुत से विषाणु बीमारी फैलाते हैं व ज्वर होता है।

प्रेषण का साधन

बीमारियां होने का कारण पेथोजन है। बाहर से शरीर में जीवाणु प्रवेश कर के बीमारी फैला सकते हैं। वायरस, बैक्टीरिया, फंजई तथा प्रोटोजोआ को पेथोजन कहते हैं। ये सभी सूक्ष्म जीवी होते हैं तथा नंगी आंखों से देखे नहीं जा सकते।

वायरस बहुत छोटा जीव होता है जो जेनेटिक द्रव्य के साथ नए जीवाणु पैदा करता है तथा ऐसा करने के लिए वह जीवित कोशिका के अन्दर जाता है।

वायरल लोड का केन्द्र–इन्फेक्शन तभी होता है जब एच.आई.वी. प्रचुर मात्रा में उपलब्ध हो। यदि केन्द्रता कम है तो विषाक्तता नहीं होगी।

प्रवेश द्वार–शरीर में एच.आई.वी. प्रवेश करने का रास्ता होना चाहिए। यदि एच.आई.वी. संक्रमित द्रव दूसरे व्यक्ति के शरीर में पहुंच न पाए तो संक्रमण नहीं होगा।

शरीर के द्रव जैसे- वीर्य, मेन्सट्रल रक्त, योनि द्रव में एच. आई.वी./एड्स की मात्रा अधिक होती है तथा वे इस द्वारा आदान-प्रदान होते हैं।

शरीर के द्रव जैसे-पसीना, आंसू, थूक, त्वचा के तेल में ये वायरस नहीं होते।

सेरीबरोस्पाईर्नल द्रव, एमनायोटिक द्रव, फोकल मैटर व्यक्तियों के बीच आदान-प्रदान नहीं होते।

एच.आई.वी./एड्स को शरीर के द्रव से अलग रखा गया है तथा ये थूक व आसुंओं में नहीं होते। सिर्फ रक्त, वीर्य, योनि स्राव तथा छाती के दूध में ये वायरस उपलब्ध होते हैं।

प्रेषण के लिए तीन साधन हैं–

यौन प्रेषण: वायरस यौन सम्बन्ध स्थापित करते समय संक्रमित व्यक्ति से अन्य व्यक्ति/औरत में प्रेषित हो जाता है। सहवास के दौरान यौन इन्द्रियों की कोशिकाओं की झिल्ली फटने से वायरस उनमें प्रवेश कर जाता है। यदि यौन साथी पहले ही यौन जनित बीमारी से ग्रस्त है तो वायरस और भी आसानी से प्रवेश करता है क्योंकि कोशिकाओं की झिल्ली पहले से ही टूटी होती है। भारत में एच.आई.वी./एड्स का वायरस मुख्यत: यौन सम्बन्धों में ही आदान-प्रदान से होता है।

खून से प्रेषित: विषाक्त नीडल, सिरिंज या अन्य उपकरणों से संक्रमित रक्त दूसरे तक जाता है तथा रक्त प्राप्त करने वाले को 100% संभावना है कि एड्स हो सकती है। जहां HIV antibody स्क्रीनिंग नहीं की जाती है वहाँ HIV infection आम है।

जब रक्त की आवश्यकता हो तो यह लाइसेंस शुदा ब्लड बैंक से ही प्राप्त करें जहां HIV Test होता है तथा बोतल पर लेबल लगा रहता है कि यह Tested है। यदि Label लगा भी हो तब भी संभावना है कि HIV Virus मौजूद हो क्योंकि हो सकता है कि रक्त Window Period में लिया गया है क्योंकि Window Period में HIV के जवाब में Antibodies पैदा नहीं होती। HIV हवा में 30 सैकेंड से 1 मिनट जिंदा रहता है।

मां से शिशु में प्रेषण: HIV मां से नवजात शिशु में गर्भाशय में या जन्म के दौरान या जन्म के एकदम बाद हो सकता है। इस सारी प्रक्रिया में कुल मिलाकर जोखिम 30% है। संक्रमित मां के दूध में HIV वायरस थोड़ी मात्रा में होता है। शोधकर्त्ताओं का मानना है कि एक तिहाई बच्चे संक्रमित मां के कारण HIV का शिकार बनते हैं जब वे उनका दूध पीते हैं।

देखने में आया है कि अवैध यौन सम्बन्ध मुख्य कारण है एड्स के इन्फेक्शन का। अस्सी प्रतिशत एड्स की पहचान किए जाने वाले मरीजों में अवैध यौन सम्बन्ध मुख्य कारण पाया गया है। देश में तेजी से बढ़ रहे एड्स केस का मुख्य कारण है मजदूरों का इधर-उधर जाना जो नौकरी की तलाश में जाते हैं तथा आर्थिक रूप से पिछड़े क्षेत्र से विकसित हिस्से में जाते हैं। कम साक्षरता स्तर से मुख्य उच्च जोखिम वाले ग्रुप में कम जागरुकता होती है।

एच.आई.वी./एड्स का प्रेषण न होना: एड्स के प्रति वर्तमान रवैया वैसा ही है जैसे आरंभिक 19वीं शताब्दी में सिफलिस के प्रति लोगों का दृष्टिकोण था। एड्स के बारे में गलत सूचना के कारण मिथ व इमोशनल हिसटिरिया हो सकता है। एड्स कैसे फैलता है, इसे लेकर आजकल बहुत भ्रम फैल रहे हैं। एच.आई.वी. के प्रेषण (फैलने) के केवल तीन मार्ग हैं–

एच.आई.वी./एड्स इस तरह नहीं फैलता

1. एड्स ग्रस्त व्यक्ति द्वारा इस्तेमाल गिलास से पानी पीने से।
2. HIV/AIDS ग्रस्त व्यक्ति द्वारा इस्तेमाल पूल में तैरने से।
3. एड्स ग्रस्त व्यक्ति को पहले काटे गये मच्छर द्वारा काटे जाने से।
4. ग्रस्त व्यक्ति द्वारा काटे जाने से।
5. ग्रस्त व्यक्ति के साथ सामाजिक/थोड़ी देर मिलने से।
6. ग्रस्त व्यक्ति की देखभाल करने से।
7. ग्रस्त व्यक्ति से हाथ मिलाने से।
8. एड्स व एच.आई.वी. ग्रस्त व्यक्ति द्वारा प्रयोग किए गए टायलट प्रयोग करने से।
9. एड्स ग्रस्त व्यक्ति को गले लगाने व चूमने से।
10. एड्स ग्रस्त व्यक्ति से कभी-कभार मिलने, साथ बैठने, उनके द्वारा खांसी करने व छींकने या पानी, भोजन, कप, गलास, प्लेट, फोर्क, चम्मच या अन्य वस्तु शेयर करने से।
11. जहां एड्स है वहां के व्यक्तियों द्वारा भेजे गए साहित्य को प्राप्त करने से।
12. रक्त दान करने से।
13. बेड बग, मक्खियां, जूएं, पिस्सु व अन्य कीड़े व पक्षी से एड्स/एच.आई.वी. नहीं फैलते।

एड्स की पहचान

विश्व स्वास्थ्य संगठन (WHO) ने एड्स की पहचान के लिए कुछ चिह्न दिये हैं जो ये हैं–

मुख्य पहचान चिह्न

1. शरीर के वजन से 10 प्रतिशत वजन कम होना।
2. एक महीने से ज्यादा लगातार बुखार रहना।
3. लगातार दस्त लगना (एक माह से अधिक)।

छोटे पहचान चिह्न

1. एक महीने से अधिक अवधि तक लगातार खांसी।
2. त्वचा पर सामान्य खुजली, स्किन इरीटेशन।
3. बार-बार होने वाले Herps Zoster (Shingres)
4. Oropharyncal Candidiasis (मुंह/गले में फंगस इन्फेक्शन)
5. लिम्फ ग्रंथियों का सूजन।

एड्स का उपचार

अब तक एड्स का कोई उपचार नहीं मिल सका है। अगर कोई इलाज ढूंढ भी लिया जाएगा तो विकासशील देशों में महंगा होने के कारण उपयोग नहीं किया जा सकेगा।

एच.आई.वी./एड्स से बचाव

वर्तमान में एड्स से बचाव ही उसका उपचार है क्योंकि एड्स यौन जनित रोग है तो इसको रोकने के लिए यौन-व्यवहार ही मुख्य मुद्दा है। यह जरूरी हो जाता है कि सूचनाप्रद शिक्षण कार्यक्रम शुरू हो जो सभी पुरुषों व स्त्रियों को यौन से फैलने वाली बीमारियों की पहचान इलाज समझाएं तथा कंडोम प्रयोग करने की शिक्षा दें तथा एड्स से ग्रस्त लोगों या सम्भावित व्यक्तियों को खुली व साफ सूचना दें। भारत में यौन संक्रमण रोगों का बचाव प्राथमिक स्तर पर होना चाहिए।

1. बचाव के लिए सुरक्षित यौन गतिविधियां
   (i) यौन गतिविधियां जैसे आलिंगन, चुम्बन आदि।
   (ii) ऐसा कार्य जिसमें वीर्य, वेजिनल स्राव या खून का आदान-प्रदान हो।
   (iii) लम्बी अवधि की आपसी वफादारी, एक पार्टनर के प्रति वफादार रहना।
   (iv) कंडोम का उचित व लगातार प्रयोग।
2. रक्तदान किए गए खून का परीक्षण अनिवार्य है जहां स्वैच्छिक नाम पेड डोनर रिक्रूट किए जाते हैं तथा हेल्थ केयर वर्कर को शिक्षा दी जाए कि अनावश्यक ट्रांसफ्यूंजन कम करे ताकि रक्त द्वारा एड्स फैलने से रोका जा सके।
3. यूनिवर्सल हेल्थ बचावों के अन्तर्गत उपकरणों को ठीक से रोगाणुमुक्त करने से ही विषाक्तता पर नियंत्रण पाया जा सकता है तथा उनकी सप्लाई भी बरकरार रहनी चाहिए।
4. ड्रग लेने वाले तथा यौन जनित सम्बन्धों से होने वाले इन्फेक्शन के खिलाफ भी बचाव के कदम उठाने चाहिए।
5. ब्लड सेम्पल की एच.आई.वी. जांच हो। विंडो पीरियड के दौरान स्क्रीनिंग न करें। भूटान, इंडोनेशिया व थाइलैंड में दान किया गया सारा रक्त जांचा जाता है।
6. मां से बच्चे में प्रेषण को रोका जाए। जिन माताओं पर एच.आई.वी. का शक हो उन्हें बच्चे पैदा करने से रोका जाना चाहिए ताकि मां से बच्चे में एड्स का प्रेषण न हो पाए।
7. काउंसलिंग व गर्भ निरोधक सेवाएं सभी मरीजों को उपलब्ध करवाएं।

WHO के अनुमान के अनुसार 18-20 मिलियन बड़े व बच्चे विश्व में एड्स/एच.आई.वी. से ग्रस्त हैं। इनकी हॉस्पीटल व घर में केयर की जरूरत है। इन्हें अवसरवादी रोगों के लिए जैसे क्षय रोग के लिए टीके मिलने चाहिए। एड्स प्रोडक्टिव सालों में प्रभावित करता है तो उनके परिवारों पर आर्थिक बोझ बहुत अधिक पड़ता है। इससे स्वास्थ्य खर्चों पर बोझ पड़ता है, वर्क फोर्स घटती है तथा हुनरमंद लोग व व्यावसायिक लोगों की कमी हो जाती है।

वायरल हेपेटाइटिस

वायरल हेपेटाइटिस दो वायरसों के कारण होता है– हेपेटाइटिस 'ए' (HAV) तथा हेपेटाइटिस बी वायरस (HBV)। एक तीसरे प्रकार का वायरस जो सभी देशों में पाया जाता है जो 'नान ए' व 'नान बी' (NANB) है उसे हेपेटाइटिस 'सी' कहते हैं। तीन तरह के वायरस हैं–हेपेटाईटिस 'ए', 'बी' व 'सी'।

हेपेटाइटिस–ए

यह तीव्र संक्रामक रोग है जो हेपेटाइटिस वायरस द्वारा फैलता है। आजकल इसका विश्वभर में प्रकोप है। जहां सफाई की स्थिति अच्छी नहीं, यह वहां बहुधा होता है। वायरस लीवर पर हमला करता है जिससे रोगी में अनेक डिग्री का ज्वर हो जाता है।

इसकी तीव्रता उम्र के साथ होती है तथा लक्षण ज्यादातर नौजवान व छोटे बच्चों में अधिक होते हैं। लक्षण चार हफ्तों से तीन महीने तक रहते हैं जिनमें पूर्ण आराम व हस्पताल में रहना जरूरी है जिससे दिनचर्या प्रभावित होती है तथा स्कूल से अनुपस्थित रहना पड़ता है। 6-12 महीनों में पूरा आराम व रिकवरी होती है। 20 प्रतिशत केसों में यह पुनः हो जाता है तथा लक्षण छह महीने तक रहते हैं।

हेपेटाइटिस-ए के लक्षण

1. इनमें नाऊसिया उल्टी, आंखों, त्वचा व पेशाब का पीलापन होता है।
2. दस्त, पीले दस्त, पीठ का दर्द, चिड़चिड़ाहट व थकावट।
3. बुखार व कंपन, भूख कम लगना, गला खराब होना।
   इन लक्षणों के होने की तीव्रता व्यक्ति की आयु पर निर्भर करती है। बच्चों को यह अधिक प्रभावित करता है। दो से पांच वर्ष के बच्चों को पीलिया हो जाता है जिसमें गहरा पेशाब व पीले स्टूल होते हैं।

प्रेषण का साधन

1. यह वायरस मल-मूत्र के पथ से फैलता है।
2. प्रभावित व्यक्ति के मल-मूत्र के सम्पर्क में आने व विषाक्त भोजन, पानी, हाथ व बर्तन छूने से फैलता है।

3. कच्चे व अपर्याप्त पके हुए भोजन (फल, सलाद, सब्जियां, सी फूड आदि)।
4. घर में, स्कूल, डे-केयर केन्द्र व हॉस्टल में प्रभावित लोगों के सम्पर्क में आने पर।
5. प्रभावित सूइयों व सिरिंज से।
6. रहने के निम्न स्तर, गन्दगी से व स्वच्छ माहौल में न रहने से।

जो उच्च स्तर पर जीवन-यापन करते हैं उनमें होने की संभावना कम है। कोई भी नान इम्यून व्यक्ति हेपेटाइटिस ए की चपेट में आ जाता है। डे-केयर सेंटर व स्कूल पर बच्चे तथा ऊपरी वर्ग में यह वायरस नहीं फैलता है। यह वायरस ज्यादातर उन लोगों में फैलता है जो उच्च संक्रामक क्षेत्र में सफर करते हैं, फूड हैंडल करते हैं, हेल्थ केयर वर्कर हैं, स्कूल व डे-केयर व्यवसायी हैं तथा प्रभावित व्यक्ति के सम्पर्क में आते हैं।

बचाव

1. इसका बचाव ह्यूमन नार्मल इमीनोगलूबिन (गामा ग्लूबिन) द्वारा होता है जो स्वस्थ ब्लड डोनर के पूल्ड प्लाज्मा से तैयार है।
2. पूरा आराम, दवा तथा मल-मूत्र का ठीक विसर्जन।
3. सोडियम हायपोक्लोराईड का प्रयोग।
4. साधारण साफ सफाई के माध्यम से जैसे मल-मूत्र त्याग के बाद हाथ धोना, खाने से पहले हाथ धोना तथा रोगी से सीधा सम्पर्क के बाद हाथ धोना आदि।
5. पानी, भोजन व दूध की विषाक्तता रोकने के लिए मल-मूत्र का स्वच्छता से त्याग।
6. पीने के लिए उबला पानी प्रयोग करें।
7. वायरस मारने के लिए पानी का क्लोरीनेशन करें।
8. सिरिंज, सूईयों व अन्य उपकरणों की उचित जीवाणु मुक्ति (Sterilization) करें।
9. वायरस से बचाव के लिए नियमित टीके लगवाए जाएं।

हेपेटाइटिस "ए", हेपेटाइटिस 'बी' से अलग है।

हेपेटाइटिस 'ए' मुख्यतः हेपेटाइटिस 'बी', रक्त, यौन विषाक्त भोजन तथा पानी सम्पर्क या प्रभावित मां से फैलता है। नवजात में फैलता है।

हेपेटाइटिस 'बी'

यह तीव्र इन्फेक्शन रोग है जो जिगर की खराबी के कारण हेपेटाइटिस बी वायरस से फैलता है। यह पूरे विश्व में संक्रामक है जिसमें दूर-दराज के देश व प्रायद्वीप शामिल हैं। इसका होना हरेक देश में अलग-अलग अनुपात रखता है तथा व्यवहार, पर्यावरण तथा होस्ट कारक पर निर्भर है। यहां जीवन स्तर ऊंचा है वहां यह कम होता है।

यह तीव्र रूप से फैलने वाली विश्वभर की बीमारी है। विकासशील देशों की बजाय अविकसित देशों में बहुत पायी जाती है। यह डी.एन.ए. वायरस है तथा विषाक्तता का मुख्य स्रोत मनुष्य ही है। जो मनुष्य HBS Ag पाजिटिव 6 माह से अधिक रहते हैं तथा बाद में हेपेटाइटिस बी होता है वे क्रोनिक केरियर हैं जिन्हें क्रोनिक लीवर की बीमारी भी हो जाती है। रक्त ही विषाक्त होता है। लार, पेशाब या वीर्य प्रभावित नहीं होते। प्रेषण की अवधि कई माह तक रहती है या जब तक वायरस खून में मौजूद रहता है।

यह बड़ी जल्दी की अवस्था में होती है। ड्रग लेने वाले, वेश्याएं, समलैंगिक आबादी में यह बहुतायत में होती है। इनकूबेशन अवधि 60 से 180 दिन होती है। वायरस की कम डोज से इनकूबेशन अवधि लम्बी हो जाती है।

प्रेषण के ढंग

1. **मां-बाप के द्वारा**–हेपेटाइटिस बी के होने का मुख्य पथ यही है। यह (क) रक्त चढ़ाने से (ख) ठीक प्रकार विषाणुमुक्त न की गई सुई, सिरिंज व अन्य उपकरण इस्तेमाल करने से होता है तथा (ग) दूषित रक्त के सम्पर्क में आने से भी होता है। सांझे ब्लेड, टुथब्रश, तोलिए या सन्सर्ग बैठने से भी होता है।
2. **वर्टिकल ट्रांसमिशन**–संक्रमित मां के गर्भाशय से भी यह नवजात शिशु में जाता है। इसकी प्रक्रिया पक्की नहीं है। बच्चे के शरीर में मां का खून संचरित होने से Hep-B हो सकता है।
3. **अन्य रास्ते**–हेप-बी शरीर के अन्य स्राव जैसे-लार, वीर्य व योनि के द्रव में होता है। अतः चुम्बन व सहवास से विषाक्तता हो सकती है।

बचाव

1. **हेपेटाइटिस-बी टीका**–इस टीके का उद्देश्य सरफेस एंटीबाडी बनाना है जो संक्रमित व्यक्ति के प्लाज्मा से बनाते है। इसमें 3 डोज दिए जाते हैं।
2. **हेपेटाइटिस बी इमुनोग्लोबिन**–यह उनके लिए उपयोग होता है जो HBS Ag– पाजिटिव ब्लड से ग्रस्त है।

उदाहरणार्थ–(क) सर्जन, नर्स व लैब वर्कर (ख) केरियर मां के नवजात शिशु (ग) हेपेटाइटिस बी के मरीज के साथ यौन–सम्बन्ध बनाने पर। एक्सीडेंटल ओकुलेशन के ठीक बाद HBVIG दिया जाए (6 घंटे के अन्दर तथा 48 के बाद नहीं) तथा मरीज का खून HBsAB के लिए निकाल कर टेस्ट करें। यदि टेस्ट नेगेटिव है तो तुरन्त इसका टीका लगा कर पूरा कोर्स दें। यदि सरफेस एंटीबॉडी के लिए टेस्ट पाजिटिव है तो आगे कार्यवाही की जरूरत नहीं।

3. **पॉजिटिव एक्टिव इमुनाईजेशन**–HBIG के साथ हेपेटाइटिस B का टीका लगाना भी प्रभावी रहता है। HBIG हेपेटाइटिस टीके के साथ एंटीबाडी रिस्पांस में दखल नहीं देता। जिन मरीजों को गलती से हेपेटाइटिस 'बी' का खून चढ़ा दिया गया हो या केरियर मां के नवजात शिशु को बचाना हो उनके लिए यह संयुक्त प्रक्रिया बहुत लाभकारी है।
4. **अन्य ढंग**–खून की जांच हो तभी मरीज को चढ़ाएं। जिन दानकर्त्ताओं के खून टेस्ट में पॉजिटिव पाया जाए, उसे रिजेक्ट कर दें। स्वैच्छिक रक्तदाताओं को प्रोत्साहित करें क्योंकि खरीदे गए खून में हेपेटाइटिस की संभावना अधिक रहती है। सभी उपकरण विषाणु मुक्त हो तथा लोगों को स्वस्थ माहौल में रहने की शिक्षा दी जाए।

हेपेटाइटिस 'सी'

हेपेटाइटिस 'सी' धीरे-धीरे मौत की तरफ ले जाता है। सन् 1970 से अब तक खोजी गई 40 बीमारियों में यह एक है। 1989 से पहले इसे 'नॉन ए, नॉन बी हेपेटाइटिस' कहते थे।

जिन उपकरणों के साथ रक्त लगा हो (रेजर, टेटू पेन, टुथब्रश आदि) उनसे यह बीमारी लगने का जोखिम बना रहता है।

- मां भी नवजात शिशु में यह रोग प्रेषण कर सकती है।
- यौन सम्बन्धों के कारण भी रोग हो सकता है।

उपचार हमेशा कामयाब नहीं होता तथा वायरस जीनो टाईप व स्ट्रेन पर निर्भर करता है। परन्तु एक्रास द बोर्ड 60 प्रतिशत मरीज ठीक हो जाते हैं। जब पेगीलेटड इंटरफार्म उपलब्ध होता है, हेपेटाइटिस का मुख्य लक्षण थकावट है जो क्रोनिक फेटिक सेंड्रोम मान लिया जाता है।

क्षय रोग

यह एक विशिष्ट संक्रामक रोग है जो मायको ट्यूबरक्लोसिस या कभी कभार मायको–बोयसिस के कारण होता है। यह पल्मोनरी तथा एक्सट्रा पल्मोनरी उत्तकों को प्रभावित करता है। यह बीमारी लम्बी अवधि तक चलती है। इसकी बोवाईन टाईप एक्सट्रापल्मोनरी अंग–अर्थात् आंत, हड्डी, लिम्फ नोड को प्रभावित करती है। क्षयरोग भारत में मुख्य स्वास्थ्य की समस्या है।

यह किसी भी आयु में हो सकता है परन्तु बुढ़ापे में यह बहुधा पाया जाता है। यह तब तक फैलने वाला रोग होता है जब संक्रमित होस्ट बेसिली छोड़ता है। यह अवधि हफ्तों, महीनों व वर्षों तक खिंचती है। इनके मुख्य कारक हैं–भीड़, घर का सही स्टैण्डर्ड न होना, अज्ञानता, कम सफाई, गरीबी, बड़ा परिवार। ये विशिष्ट कारक नहीं है परन्तु ये कारक आपस में एक दूसरे पर निर्भर करते हैं तथा क्षयरोग फैलाते हैं।

प्रेषण के ढंग

'ओपन' केस द्वारा जनित ड्रापलेट नाभिकाएं व विषाणु क्षयरोग फैलाते हैं। फैलने के लिए कण ताजे हों तो परजीवी को ले जा सकें। पल्मोनरी क्षय रोग का प्रधान लक्षण खांसी है। बोलने से अधिक जीवाणु खांसी द्वारा ले जाए जाते हैं।

विषाणु के दो स्रोत हैं–मानव व बोवाईन।

1. **मानव स्रोत**–इसमें विषाक्तता का मुख्य स्रोत बेसिलरी केस है। समीर्रसमीर-पाजिटिव रोगी इन्फेक्शन के असली स्रोत हैं तथा दूसरे स्रोत हैं वे मरीज जिनकी थूक में ब्रेसिली होते हैं।
2. **बोवाईन स्रोत**–बोवाईन क्षयरोग भारत में कोई समस्या नहीं है क्योंकि यहां इस्तेमाल करने से पहले दूध को उबाला जाता है।
   पल्मोनरी क्षयरोग से पीड़ित रोगी का थूक ही ट्यूबरकल वेसिली का मुख्य स्रोत है।

बचाव

बचाव और नियंत्रण के बुनियादी सिद्धांत अन्य संक्रमण रोगों की तरह ही हैं। वे हैं–

1. **केस की जल्द पहचान:** क्षय रोग रोकने के उपायों में सबसे जरूरी है कि केस की जल्द पहचान हो जाए। जिनकी थूक क्षयरोग के जीवाणु, ट्यूबरकल बेसिली के लिए पाजिटिव हो, को अलग रखा जाता है। विश्वसनीयता, सस्ता होने व आसान होने के कारण सीधी माइक्रोस्कोपी जांच को सर्वश्रेष्ठ ढंग माना गया है। स्पार पर तथा ओवरनाईट स्पट्म की जांच करके क्षयरोग की पहचान

की जाती है। यदि क्षयरोग की जांच करनी है तो सभी स्वास्थ्य संस्थाओं पर स्पट्म की जांच के लिए माइक्रोस्कोपिक जांच उपकरण उपलब्ध हो।

शुरू की पहचान में ये लक्षण दिखते हैं–

1. 3 से 4 हफ्ते से चल रही खांसी तथा लगातार ज्वर।
2. छाती में दर्द को क्षयरोग का पहचान नहीं मान लेना चाहिए। जब तक केमोथेरेपी नहीं होती बचाव का यह ढंग किसी कीमत का नहीं।

2. **केमोथेरेपी:** पल्मोनरी क्षयरोग के इलाज में इस ढंग ने अद्‌भुत परिणाम दिखाए हैं। केमोथेरेपी का उद्‌देश्य बैक्ट्रीयल इलाज है–अर्थात् लेसियन को तुरन्त विषाणुमुक्त कर देने से उस समुदाय में क्षयरोग फैलने के चांस कम हो जाते हैं। इस केमोथेरेपी में लेसियन ही ठीक नहीं होते, मरीज के स्पट्म से बेसिली दूर हो जाते हैं। केमोथेरेपी आसानी से उपलब्ध होनी चाहिए तथा नि:शुल्क हो। यह पर्याप्त उपलब्ध हो ताकि समुदाय के सभी लोगों पर जांच की जा सके। पूरी चिकित्सा के बाद भी मरीज में रोग पुन: उभर सकता है या बैक्ट्रीया में प्रतिरोध शक्ति पैदा होने पर पूरे समुदाय पर जोखिम हो सकता है।

   क्षयरोग के विरुद्ध दवा में ये गुण होने चाहिए (क) यह पूरी तरह से प्रभावी हो (ख) टाक्सिक साईड इफेक्ट्स से मुक्त हो (ग) लगाने में आसान हो (घ) यह केमोथेरेपी ठीक प्रकार से तथा सस्ती हो।

3. **बी.सी.जी. टीका:** इसे बेसाईल कालमेटग्यूरिन कहते हैं। यह हानिरहित है। जब टीका देते हैं तो प्रतिरोध उत्पन्न करती है। इसकी उपयोगिता 1948 में आंकी गई जब इसे सारी दुनिया के क्षय रोगियों ने सुरक्षित बचाव का साधन माना।

   BCG का मुख्य उद्‌देश्य प्राथमिक प्रतिरोध शक्ति पैदा करना है। दो तरह के टीके हैं–द्रव (ताजा) टीका तथा फ्रीज सूखा टीका। फ्रीज सूखा टीका ज्यादा उपयोगी है। यह WHO के प्रतिरोध कार्यक्रम का पूरी दुनिया में प्रचलित हिस्सा है।

4. **केमोप्रोफेजेक्सिस:** आईसोनियजिड को क्षयरोग का केमोप्रोफेलिक्सस (बचाव का ढंग) माना गया है। यह प्राथमिक हो सकती है या सैकेंडरी। प्राईमरी उन्हें देते हैं जो इस रोग से बचे हुए हैं ताकि उन्हें इन्फेक्शन न हो। सैकन्डरी का अर्थ है उन्हें दवा देना जिन्हें पहले से हो रखी हो ताकि बीमारी का विकास रोका जाए।

5. **पुनर्वास:** पुनर्वास उन्हें चाहिए जो क्रोनिकली बीमार हैं तथा अभी भी ट्यूबरकल बेसिली स्राव कर रहे हैं तथा जिन्हें यह रोग है उन्हें भौतिक व मानसिक क्षमताओं के अनुसार पुनर्वास चाहिए।

6. **सावधानी:** किसी भी प्रभावी क्षयरोग कार्यक्रम का यह जरूरी हिस्सा है। इसके दो पहलू हैं–(क) क्षयरोग स्थिति का अवलोकन। (ख) केन्द्रीय साधन जैसे बी.सी.जी. टीका लगाना व केमोथेरेपी की जांच।

विषाणु द्वारा उत्पन्न रोग

रोग	कारक
चिकेन पॉक्स	वैरिकोला वायरस
जुकाम	राइनो वायरस
पोलियो	निस्यन्दी वायरस
खसरा	मोर्बेली वायरस
गलसुआ	मप्पस वायरस

मलेरिया

विशेष सपोरोजोन परजीवी द्वारा खून विषाक्त करने से होने वाली कई बीमारियों का नाम मलेरिया है। पलासमोडियम दूषित मादा मच्छर एनाफलीज द्वारा मानव में प्रवेश करता है जिसके बाद कंपकपी, बुखार तथा स्पलीन बढ़ती है तथा सेकेण्डरी एनिमिया होता है।

यह बीमारी बहुत फैलती है। मलेरिया के तीन चरण हैं–

1. **कोल्ड स्टेज**–इसमें अचानक बुखार व बहुत ठंड लगती है तथा मरीज चाहता है कि उसे कम्बलों से ढका जाए। यह अवस्था 15 मिनट से एक घंटा तक रहता है।
2. **हाट स्टेज**–इसमें तापमान 106° फार्नहीट तक जाता है। रोगी को गर्मी लगती है तथा वह कपड़े उतार देता है। तीव्र सिर दर्द होता है। यह अवस्था 2 से 6 घंटे रहती है।
3. **स्वेटिंग स्टेज**–बुखार कम होता है, पसीना आता है। यह अवस्था 2 से 4 घंटे रहती है।

मलेरिया सभी आयु वर्ग के लोगों में होता है। यह सीजनल बीमारी है तथा जुलाई से नवम्बर तक होती है। प्रभावित मच्छर के काटे जाने के 10 दिन के भीतर प्रथम अटैक होता है।

प्रेषण का ढंग

1. वेक्टर ट्रांसमिशन–एक अकेला विषाक्त वेक्टर अपने जीवनकाल में कई लोगों को प्रभावित कर सकता है। मच्छर

तब तक अप्रभावी नहीं होता जब तक उस की लार ग्रंथियों में स्पोरोजाइट उपस्थित रहते हैं।

2. सीधा ट्रांसमिशन–मलेरिया दुर्घटनावश हो सकता है। जब रक्त या प्लाज्मा में इंटरामस्कुलर व इंटराविनस विषाक्तता हो जाए। उदाहरणार्थ रक्त चढ़ाने से या ड्रग आदि से मलेरिया हो जाए।

बचावः मलेरिया के बचाव व रोकथाम के तरीके हैं–

(क) मच्छर के काटने से बचना

(ख) एंटी लारवा ढंग

(ग) एंटी एडल्ट (मच्छर) ढंग तथा

(घ) मानव के तालाबों का नियंत्रण।

मलेरिया से बचने के लिए निम्नलिखित ढंग अपनाए जाएं–

(1) व्यक्तियों द्वारा अपनाने वाले ढंग

1. व्यक्ति/वेक्टर सम्पर्क से बचाव–रेपेलेन्ट, बचावी कपड़ों, बेड नेट, घर की स्क्रीनिंग का प्रयोग करके।
2. वयस्क मच्छरों का सफाया–एयरोसोल जैसे-स्प्रे का छिड़काव।
3. मच्छरों के लारवा का खात्मा, घरों की सफाई तथा पानी के कन्टेनरों को बीच-बीच में सूखा रखना।
4. मच्छरों के स्रोतों को कम करना–छोटे खड्डों को भरना तथा पानी का प्रबन्ध करना।
5. मलेरिया परजीवी के खिलाफ उपाय– केमोप्रोहेलेक्सिस व केमोथेरेपी। –

(2) समुदाय द्वारा अपनाए जाने वाले ढंग

1. व्यक्ति/वेक्टर स्पर्श का बचाव–जगह का चुनाव तथा घर की स्क्रीनिंग।
2. व्यस्क मच्छरों की समाप्ति–कभी-कभी कीटनाशकों का छिड़काव।
3. मच्छरों के लारवा की समाप्ति–लारवीसिकल का प्रयोग (रासायनिक व बायोलोजिकल)।
4. स्रोत घटाना–मैन-मेड मलेरिया घटाना, वातावरण की स्वच्छता, पानी का प्रबन्ध तथा निकासी की योजनाएं।
5. मलेरिया परजीवी के खिलाफ अभियान– प्रीजम्पटिव उपचार, रेडिकल ट्रीटमेंट, मॉस ड्रग देना।

रेबीज

रेबीज जिसे हाइड्रोफोबिया (पानी से डर) भी कहते हैं। सेन्ट्रल नर्वस तंत्र की घातक वायरल बीमारी है। यह गर्म खून जानवरों की जूनोटिक बीमारी है। ये जानवर हैं–कुत्ते, बिल्ली, गीदड़ तथा भेड़िये जो मांसाहारी हैं। ऐसे रेबिड जानवर जब मनुष्य को काटते हैं तो यह बीमारी मनुष्य को हो जाती है।

मनुष्य की यह केवल पहली संक्रमण बीमारी है जो 100 प्रतिशत घातक है। ह्यूमन रेबीज भारत में आम सेहत की समस्या है। कुत्ते और विशेषकर आवारा कुत्ते इस बीमारी के कारण हैं। कुछ जंगली जानवर भी यह बीमारी फैलाते हैं जिनमें मुख्य हैं–लोमड़ी, गीदड़, मैगूज आदि। ये जानवर बीमारी के इन्फेक्शन को पालतू पशुओं में प्रेषित कर देते हैं। इस चक्र में मनुष्य को भी रेबीज बीमारी हो जाती है।

रेबीड पशुओं की लार मनुष्य के इन्फेक्शन का मुख्य स्रोत है। सभी गर्म खून वाले प्राणियों को रेबीज होता है। आदमी में रेबीज एक डेड-एंड-इन्फेक्शन है तथा वायरस के लिए जीवन मूल्य नहीं बचती। स्त्रियों की अपेक्षा व्यक्ति व बच्चों को रेबीज का ज्यादा खतरा है। यह 1 से 3 महीने तक रहता है परन्तु 10 दिनों से एक वर्ष या उस से भी अधिक समय तक रहता है। किसी अन्य बीमारी में इन्कयूबेशन अवधि इतनी परिवर्तनशील नहीं तथा इन कारकों पर निर्भर है–(i) काटे जाने वाली जगह (ii) काटने की तीव्रता (iii) अन्दर कितना वायरस प्रवेश हुआ (iv) काटने वाले जानवर की जाति (v) कपड़े द्वारा प्रदान की गई सुविधा (vi) किया गया उपचार। ज्यादा काटे जाने पर पीरियड छोटा होता है तथा चेहरा, सिर तथा ऊपरी हिस्सों में काटे जाने पर तीव्र दर्द होता है तथा घातक होता है। जंगली जानवरों के द्वारा काटा जाना पालतू पशुओं के काटने से अधिक घातक होता है।

मनुष्यों में रेबीज के लक्षण हैं–सिर दर्द, गला-सूजन, 2 से 10 दिन तक रहने वाला ज्वर, दर्द तथा काटने वाली जगह पर ऐंठन। मरीज को शोर, तेज रोशनी या ठंडी हवा अच्छी नहीं लगती। मानसिक परिवर्तनों में मौत का डर, गुस्सा, चिढ़ तथा अवसाद शामिल हैं।

प्रेषण के ढंग

1. **काटना**–मनुष्यों में रेबीज रेबिड जानवरों द्वारा काटे जाने पर होता है तथा जानवरों की लार द्वारा शरीर की त्वचा में वायरस प्रवेश करता है। आदमी में आदमी द्वारा बहुत कम केसों में प्रेषण होता है।
2. **चाटना**–त्वचा पर कटी-फटी जगह पर तथा मस्कोसा पर चाटने पर बीमारी होती है।
3. **बिना काटने वाले पथ**–रेबीज से ग्रस्त चमगादड़ जब गुफा में उड़ते हैं तो हवा द्वारा रेबीज फैलती है।

बचावः बचाव के दो ढंग हैं–

1. पोस्ट-एक्सपोजर प्रोफयलेक्सिस

कई व्यक्तियों को वहम हो जाता है कि उन्हें जंगली जानवरों ने काटा है। उन्हें दवा की जरूरत पड़ती है। इसमें ये शामिल हैं–

(a) **जख्मों का स्थानीय उपचार**–यदि सभी कटी हुई जगह व चोटों का स्थानीय उपचार हो जाए तो रेबीज से बचा जा सकता है। इसमें वायरस को मैकेनिकल व कैमिकल साधनों द्वारा मारना होता है। लोकल ट्रीटमेंट में ये साधन अपनाए जाते हैं–(क) साफ करना (ख) रसायन उपचार (ग) स्तूरिंग (घ) एटीरेबिक सेरम (ङ) ए. टी. व पेंसलीन।

(b) **जानवर पर 10 दिनों तक नजर रखें**–जिस जानवर ने काटा है उस पर दस दिनों तक नजर रखें कि उसमें रेबिज के लक्षण उभरते हैं। यदि ये लक्षण दिखाई देते हैं तो जानवर को मार देना चाहिए तथा इसका सिर अलग करवा कर किसी लैब में रेबिज के टेस्ट के लिए भेजा जाना चाहिए। यदि जानवर 10 दिन तक स्वस्थ जिंदा रहता है तो एंटीरेबीज ट्रीटमेंट के संकेत नहीं हैं।

(c) **एंटीरेबिज उपचार के संकेत**–एंटीरेबिज उपचार जल्द शुरू कर देना चाहिए–

(क) जब जानवर में रेबिज के क्लीनिकल संकेत दिखाई दें।

(ख) जब नजर रखे गए समय दौरान जानवर मर जाए।

(ग) यदि जानवर के मस्तिष्क के लेबोरटरी टेस्ट पाजिटिव हों हालांकि क्लीनिकल लक्षण इतने टिपिकल नहीं हों।

(घ) यदि काटने वाला जानवर पहचान में न हो या उसका अता-पता न हो।

(ङ) जंगली जानवरों का सभी अनप्रोवोकड् काटना।

(d) **एंटीरेबिज उपचार**–टीका सबसे उत्तम उपचार है। इन्फेक्शन होने के तुरन्त बाद यह टीका दिया जाना चाहिए। टीके का उद्‌देश्य इस दवा को पेरीफर्ल नर्वस तंत्र में मिलाना है ताकि यह सेंट्रल नर्वस तंत्र तक जाए।

ये दवाएं आजकल प्रयोग की जाती हैं–

(i) नर्वस टिशू (ब्रेन) टीके

(क) शीप ब्रेन टीका

(ख) स्कलिंग माऊस ब्रेन टीका

(ii) एवीयन-एम्बरयो टीके

(क) एनएक्टीवेटड चिक एमबरयो डक एम्बरयो टीका

(ख) एनएक्टीवबरयो टीका

(iii) सेल कल्चर टीका

(क) ह्यूमन डिपलोयड सेल टीका

(ख) नॉन ह्यूमन (पशु) सेल् कल्चर टीका।

2. प्री-एक्सपोजर प्रोफिलेक्सिस

कुछ अधिक जोखिम वाले ग्रुप जैसे वेटेनेरियन, डॉग हैंडल करने वाले, फील्ड नेचुरलिस्ट, लेबोटरी वर्कर आदि को काम शुरू करने से पहले रेबिज की इम्यूनाइजेशन करवा लेनी चाहिए। प्री-एक्सपोजर इम्यूनाइजेशन के लिए केवल सुरक्षित टीकों की सिफारिश की जाती है।

टेटेनस

यह रोग विश्व भर में होता है। भारत में भी संक्रामक व घातक रोग है। जीवों की कुदरती आदत मिट्टी और धूल है। यह 5-40 वर्ष में बहुत अधिक होता है। नवजातों में होने वाला टेटनस 'न्योनेटाल टेटेनस' कहलाता है। जब विशेष परिस्थितियों में बच्चों का जन्म होता है तो उन्हें टेटेनस हो जाता है। जब विशेषकर अम्बलीकल कार्ड को गन्दे उपकरण से काटा जाता है। डिलीवरी या गर्भपात में स्त्रियों को टेटेनस होने का खतरा बढ़ जाता है।

इन्कूवेशन अवधि 6 से 10 दिन है। यह एकाध दिन कम हो सकती है तथा कई महीनों तक लम्बी होती है।

प्रेषण के ढंग

जख्म के विषाक्त होने व टेटेनस फफोलों के कारण इन्फेक्शन होता है। यह पिन चुभने, त्वचा की रगड़ से, जख्म छीनने, जलने, मनुष्य द्वारा काटे जाने या दंश अनस्टीराइल सर्जरी, इंट्रा यूटेराइन डैथ, बाऊल सर्जरी, दांत निकलवाना, टीका, अम्बलीकल कार्ड को विषाणुरत चीज से काटना, मिश्रित फ्रेक्चर, ओटिटिस मिलिया, क्रोनिक, स्किन अल्सर, आई इन्फेक्शन, गेगरिन्स लिम्ब आदि से होता है।

बचाव

इस प्रकार टेटेनस से बचाव किया जा सकता है–

1. **एक्टिव इम्यूनाइजेशन**–टेटेनस टोक्साइड प्रतिरोध द्वारा टेटेनस की रोकथाम हो सकती है। यह बचावकारी रसायन बनाता है। उम्र के लिहाज के बिना समुदाय के प्रत्येक व्यक्ति को यह टीका लगना चाहिए। यह संयुक्त टीका व मोनोवेलंट द्वारा होता है। सभी गर्भवती महिलाओं को यह

इम्यूनाइजेशन करवाना चाहिए। इसका पूर्ण कोर्स कम-से-कम पांच वर्ष तक रहता है।

2. **पेसिव इम्यूनाइजेशन**--अस्थायी तौर पर टेटेनस के विरुद्ध प्रतिरोध एक मानवीय टीके द्वारा प्राप्त हो सकती है। यह कोर्स ATS के 7-10 दिन के प्रतिरोध की तुलना में 30 दिन ज्यादा पेसिव बचाव प्रदान करता है।
3. **एक्टिव व पेसिव इम्यूनाइजेशन**--नॉन इम्यून व्यक्तियों में एक्टिव व पैसिव इम्यूनाइजेशन दी जा सकती है।
4. **एंटीबायोटिक्स**--जो नॉन इम्यून व्यक्ति हैं तथा उन्हें ताजा चोट लगी है उनके लिए टेटनेस टोक्साइड द्वारा टीका तुरन्त लाभकारी नहीं है। इसी कारण से टेटनेस के विरुद्ध प्रोफ्लेक्सिस में एंटीबायोटिक्स दी जाती है। एंटीबायोटिक्स अकेली टेटनेस के रोकथाम में पर्याप्त है। ये टीके का विकल्प नहीं है।

जीवाणु द्वारा उत्पन्न रोग

रोग	कारक
टाइफाइड	सॉलमोनेला टाइफोसा
तपेदिक	माइकोबैक्टीरियम ट्यूबरक्यूलोसिस
प्लेग	बैसिलस पेस्टिस
हैजा	विब्रियो कॉलेरा
डिफ्थेरिया	कोरोनीबेक्टीरियम डिफ्थीरिया
टिटनेस	लॉक-जॉ
निमोनिया	डिप्लोकोकस न्यूमोनी
काली खांसी	हीमोफिलस परटूसिस
सिफलिस	ट्रैपोनेमा पैलिडम
गोनोरिआ	नाइसोरिया गोनोरिआ

फफूंद द्वारा उत्पन्न रोग

रोग	कारक
दमा	एस्पर्जिलस फ्यूमिगेटस
गंजापन	टिनिया केपिटिस
दाद	ट्राइकोफाइटॉन
एथलीटफुट	ट्राइकोफाइटोन

प्रोटोजोआ द्वारा उत्पन्न रोग

रोग	कारक
निद्रारोग	ट्रिपेनोसोमा
पेचिस	एन्टअमीबा हिस्टोलिटिका
पायरिया	एन्टअमीबा जिन्जिवेलिस
कालाजार	लीशमैनिया डोनोवानी

शारीरिक शिक्षा और पाठशाला स्वास्थ्य कार्यक्रम

शारीरिक शिक्षा के क्षेत्र में एक शारीरिक शिक्षा का अध्यापक विद्यालय के अन्दर अनेक प्रकार के क्रियाकलापों का प्रयोग अपने प्रतिदिन के दैनिक कार्यक्रमों, विद्यालय के दैनिक-कार्य, में करता है। शारीरिक शिक्षा के क्षेत्र में जो भी कार्यक्रम प्रयोग में लाए जाते है (खेल-कूद सम्बन्धी) उसमें विभिन्न प्रकार के खेलों से संबंधित क्रियाकलापों को शामिल किया जाता है। इन सभी के बारे में नीचे स्पष्ट उल्लेख किया गया है।

1. **स्थानीय खेलः** शारीरिक शिक्षा के विभिन्न प्रकार के कार्यक्रमों में स्थानीय खेलों का भी समावेश होता है। क्योंकि इस प्रकार के खेलों में विद्यार्थियों की रुचि अत्यधिक होती है।
2. **जिमनास्टिक क्रियाकलापः** यदि विद्यालय के अन्दर पर्याप्त मात्रा में जिमनास्टिक के उपकरण उपलब्ध हों तो शारीरिक शिक्षा के शिक्षक को जिमनास्टिक के क्रियाकलापों को प्रतिदिन के कार्यक्रम में स्थान देना चाहिए। क्योंकि बच्चों के अन्दर काफी लोच होता है एवं बच्चे इस प्रकार के कार्य को करने में काफी रुचि लेते हैं।
3. **तालबद्ध कार्यः** शारीरिक शिक्षा का शिक्षक विद्यालय के खेल-कूद के कार्यक्रमों में इस प्रकार के क्रियाकलापों का प्रयोग करता है। तालबद्ध क्रियाकलापों से अभिप्राय यह है कि इस प्रकार के कार्य के अन्दर किसी भी शारीरिक व्यायाम को क्रमबद्ध एवं लय के रूप में विद्यार्थियों से कराया जाता है। इसके अन्दर विभिन्न प्रकार के क्रियाकलापों का समावेश होता है।
4. **मुख्य खेलः** विद्यालय के अन्दर शारीरिक शिक्षा के कार्यक्रमों में मुख्य खेलों, जैसे-फुटबाल, हॉकी, वालीबॉल, बॉसकेटबाल, आदि खेलों पर आधारित विभिन्न प्रकार के क्रियाकलाप होते हैं। यदि शारीरिक शिक्षा का अध्यापक अपने कार्यक्रम में इन खेलों से संबंधित क्रियाकलापों का प्रयोग न करे तो वह कार्यक्रम प्रभावशाली नहीं होगा। क्योंकि विद्यालय के अन्दर जितने भी बालक पढ़ते हैं वह सभी मुख्य खेलों के प्रति रुचि रखते हैं।
5. **छोटे खेलः** कभी-कभी शारीरिक शिक्षा के शिक्षकों को ऐसे विद्यालय का सामना करना पड़ता है जिसमें पर्याप्त मात्रा में धन एवं खेल मैदान उपलब्ध नहीं होता है। ऐसी

अवस्था में शारीरिक शिक्षा का अध्यापक, विद्यालय के छोटे-छोटे बालकों के लिए, विभिन्न प्रकार के छोटे-छोटे खेलों का प्रयोग करता है। क्योंकि इस प्रकार के खेलों के लिए लम्बे एवं छोटे मैदान का कोई औचित्य नहीं है। छोटे खेलों को कम जगह एवं बिना किसी उपकरण के सम्पन्न किया जा सकता है। इस प्रकार के खेलों के लिए न तो कोई विशेष नियम की आवश्यकता होती है न तो समय पर ही विशेष ध्यान दिया जाता है।

6. **धावन-पथ संबंधित क्रियाकलाप:** यदि विद्यालय के अन्दर पर्याप्त मात्रा में मैदान उपलब्ध होता है तो शारीरिक शिक्षा का शिक्षक उसमें धावन-पथ का निर्माण करता है। इस प्रकार के धावन-पथ कई प्रकार के होते हैं। विद्यालय की आर्थिक स्थिति का अवलोकन करने के बाद एवं आवश्यकतानुसार धावन पथ का निर्माण करता है। धावन-पथ के उपलब्ध होने पर विभिन्न प्रकार की दौड़-कूद-फेंक की प्रतियोगिताओं का आयोजन समय-समय पर होता रहता है। ये धावन-पथ का आकार मैदान की उपलब्धता पर निर्भर होता है। लेकिन ओलिम्पिक एवं अन्तर्राष्ट्रीय स्तर की प्रतियोगिताओं के लिए 400 मी. के धावन-पथ का निर्माण किया जाता है। सुविधा के अनुसार इससे संबंधित क्रियाकलापों के कार्यक्रम में अपने वार्षिक योजना के अन्तर्गत ध्यानपूर्वक प्रयोग करता है।
7. **अन्य क्रियाकलाप:** शारीरिक शिक्षा का शिक्षक कुछ विभिन्न प्रकार के क्रियाकलापों को अपने कार्यक्रमों के अन्दर रखता है और उसका आवश्यकतानुसार प्रयोग करता है। लेकिन उस कार्यों को अपने कार्यक्रमों की योजना में रखने से पूर्व शारीरिक शिक्षा के शिक्षक को इस बात का ध्यान रखना चाहिए कि उस क्रियाकलाप से संबंधित जो भी उपकरण एवं सामान चाहिए वह विद्यालय में उपलब्ध है अथवा नहीं है। उदाहरण के लिए यदि शारीरिक शिक्षा का अध्यापक अपने कार्यक्रमों में यह घोषित करता है कि रात्रिकालीन सत्र के दौरान बैंडमिन्टन का अभ्यास होगा तो उसे इस बात का ध्यान देना चाहिए कि विद्यालय में बड़ा कमरा अथवा जिमनेजियम (क्रीड़ागृह) उपलब्ध हो एवं उसके अन्दर पर्याप्त मात्रा में प्रकाश की व्यवस्था हो।

इन सभी क्षेत्रों पर आधारित विभिन्न प्रकार के क्रियाकलापों का समावेश शारीरिक शिक्षा के पाठ्यक्रम में होता है एवं शारीरिक शिक्षा का अध्यापक अपनो सुविधा एवं आवश्यकतानुसार इसमें से क्रियाकलापों का चयन करता है।

स्वास्थ्य रक्षा विज्ञान

स्वास्थ्य रक्षा विज्ञान को अंग्रेजी में हाइजीन कहते हैं। हाइजीन शब्द यूनान की भाषा के Hygia (हाइजीया) शब्द से लिया गया है। जिसका अर्थ होता है "स्वास्थ्य की देवी" और यह स्वास्थ्य नियमों तथा सुरक्षा के नियमों के बारे में जानकारी प्रदान करता है।

वर्तमान समय में स्वास्थ्य रक्षा विज्ञान की सम्पूर्ण विश्व में उन्नति हुई है, जिससे व्यक्ति प्रभावित होकर अपने स्वास्थ्य की रक्षा के लिए सतर्क एवं सजग हुआ है। आज स्वास्थ्य रक्षा विज्ञान का क्षेत्र व्यापक हो चुका है। यह व्यक्तिगत स्तर से ऊपर उठकर सामुदायिक राष्ट्रीय और अंतर्राष्ट्रीय स्तर पर सुरक्षा एवं सुविधाओं की जानकारी और सुलभता उपलब्ध कराता है। सभी लोगों का यह परम कर्तव्य है कि इसकी जानकारी जन-जन तक पहुंचाएं और लोग अपना जीवन सुखी एवं आनन्दपूर्वक व्यतीत कर सकें।

इसके अंतर्गत स्वास्थ्य रक्षा के निम्नलिखित नियम आते हैं।

1. पौष्टिक व संतुलित भोजन ग्रहण करना।
2. शुद्ध जल व वायु का सेवन करना।
3. नियमित व्यायाम करना।
4. पर्याप्त नींद और विश्राम,
5. शारीरिक स्वच्छता,
6. मादक पदार्थों के सेवन से दूर रहना,
7. अच्छी आदतें डालना,
8. प्रसन्न रहना इत्यादि।

स्वयं को स्वस्थ रखने को 'व्यक्तिगत स्वास्थ्य' कहा जाता है। पूर्ण रूप से स्वस्थता के लिए कुशल शारीरिक क्रियाएं और नियमित रूप से व्यायाम करना बहुत ही आवश्यक होता है। ऐसा विज्ञान जिसके अन्तर्गत व्यक्ति को यह बात समझाई जाए कि किस प्रकार से वह खुद को स्वस्थ रख सकता हैं, 'निजी स्वास्थ्य विज्ञान' कहा जाता है। अतः इसके अन्तर्गत व्यक्ति शारीरिक सिद्धांतों का अध्ययन तथा प्रयोग खुद को स्वस्थ रखने के लिए करता है। एक व्यक्ति केवल तभी स्वस्थ रह सकता है यदि वह स्वास्थ्य शिक्षा के मूलभूत सिद्धांतों का भली प्रकार से पालन करें। इस प्रकार व्यक्ति आदतों तथा वस्तुओं को छोड़ देता है जो उसके स्वास्थ्य के लिए हानिकारक साबित हो सकती हैं।

एक व्यक्ति का स्वास्थ्य कई कारकों पर निर्भर करता है परन्तु जो तत्व सबसे अधिक व्यक्ति के स्वास्थ्य को प्रभावित करता है वह होता है व्यक्ति की आदतें। एक व्यक्ति जिसे साफ वातावरण में रहना अच्छा लगता है वह कम ही बीमार होता

है। इस प्रकार निजी स्वास्थ्य विज्ञान का मुख्य उद्देश्य व्यक्ति में ऐसी आदतों को पैदा करना है जिससे वह एक अच्छा स्वास्थ्य हासिल कर सकें।

व्यक्तिगत स्वास्थ्य विज्ञान वह विज्ञान है जो व्यक्तियों को स्वास्थ्य के नियमों से परिचित कराता है। यह बतलाता है कि हमें अपना स्वास्थ्य ठीक बनाए रखने के लिए अपने शरीर को प्रतिदिन स्वच्छ रखना चाहिए, ठीक ढंग से निद्रा लेनी चाहिए आदि।

हाईजीन शब्द की उत्पत्ति

हाईजीया शब्द से हाईजीन शब्द की उत्पत्ति हुई है जो वास्तव में एक यूनानी भाषा का शब्द है जिसका अर्थ होता है स्वास्थ्य की देवी। यूनान के लोगों का यह मानना है कि उनके स्वास्थ्य की देखभाल हाईजीनस नामक देवी करती है।

जिस प्रकार हाईजीनस का तात्पर्य स्वास्थ्य की देवी होता है उसी प्रकार 'हाईजीन' शब्द का अर्थ होता है वह विज्ञान जो स्वास्थ्य की रक्षा तथा सुरक्षा करता हैं इसके अन्तर्गत वह सभी क्रियाएं तथा गतिविधियां सम्मिलित हो जाती हैं जो मानव के विकास को किसी भी प्रकार से प्रभावित करती हैं। इस तथ्य को दो भागों में बांटा जा सकता है–

(1) सार्वजनिक पक्ष

इसके अन्तर्गत निम्न तथ्य सम्मिलित होते हैं-

1. आवास की सामग्री व प्रबंध।
2. जलवायु।
3. प्रकाश, ताप तथा वायु गमनागमन की व्यवस्था।
4. मिट्टी।
5. चरित्र।

(2) व्यक्तिगत पक्ष

इसमें निम्न तथ्यों का समावेश होता है-

1. नींद।
2. भोजन।
3. वस्त्र।
4. विशेष आदतें।
5. कार्य।
6. जल एवं अन्य पेय।
7. व्यायाम।
8. व्यक्तिगत स्वच्छता।

प्रायः बच्चों को इस बात का ज्ञान नहीं होता कि उनके लिए किस प्रकार का भोजन या वातावरण अच्छा है और किस प्रकार का हानिकारक और उनसे यह अपेक्षा करना कि वह एक स्वच्छ वातावरण बनाने का कार्य करेंगे, उनसे अन्याय होगा। इसलिए इस प्रकार की आदतें बच्चों में माता-पिता द्वारा डालनी चाहिए क्योंकि बच्चों के लिए घर ही एक स्थान होता है जहां पर वह अपने जीवन की सबसे पहली शिक्षा प्राप्त करते हैं। बचपन में जो आदतें बच्चों को पड़ जाएं, वह फिर जिन्दगी भर नहीं बदली जा सकती। इस प्रकार स्वच्छता का महत्व तथा उससे संबंधित जानकारी बच्चों को घर से ही प्राप्त होनी चाहिए।

घर के बाद जिस स्थान पर बच्चा अपनी शिक्षा ग्रहण करता है वह होता है विद्यालय। विद्यालय में यह अध्यापक का कार्य होता है कि वह बच्चों के स्वास्थ्य संबंधी आदतों पर पूर्ण ध्यान रखे।

शुरू से ही स्वास्थ्य का जीवन में महत्व बच्चों को समझाना चाहिए और उनमें ऐसी आदतें पैदा की जानी चाहिए जिससे बच्चा स्वयं के स्वास्थ्य के प्रति सचेत हो सके।

इस प्रकार स्वास्थ्य के लिए व्यक्तिगत स्वच्छता का तथ्य बच्चों को सिखाना आवश्यक होता है। इसके अन्तर्गत एक व्यक्ति यह सीखता है कि किस प्रकार वह खुद को स्वस्थ रख सकता है। निम्नलिखित तथ्यों का समावेश इसके अन्तर्गत होता हैं–

1. व्यक्तिगत सफाई : दांत, आंखें, कान, नाक, नाखुन, त्वचा, बाल, मल-मूत्र त्याग।
2. भोजन और खाना।
3. विश्राम, नींद और आराम।
4. थकान।
5. व्यायाम।

निजी स्वास्थ्य

मुख्यतः निजी स्वास्थ्य विज्ञान में यह ज्ञान दिया जाता है कि व्यक्ति को खुद को स्वस्थ रखने के लिए कौन-कौन सी आदतें अपनानी चाहिए, किस प्रकार का भोजन करना चाहिए, किस प्रकार की शारीरिक क्रियाएं तथा व्यायाम करना चाहिए, किस प्रकार से स्वच्छ रहना चाहिए आदि। इन तथ्यों का इस प्रकार उल्लेख किया जा सकता है–

व्यक्तिगत आदतें

व्यक्तिगत स्वच्छता एक व्यक्ति की आदतों पर निर्भर करती है। एक व्यक्ति की आदतें ही उसके स्वास्थ्य को प्रभावित करती हैं। अच्छी आदतें एक व्यक्ति के स्वास्थ्य को सुधारने में सहायक होती है तो बुरी आदतें उसकी सबसे बड़ी दुश्मन। एक

व्यक्ति जो सफाई प्रिय है, साफ-सुथरे कपड़े पहनने का शौक रखता है, गंदे तथा खुले हुए पदार्थों का सेवन नहीं करता, वह प्रायः कम बीमार पड़ता है।

एक व्यक्ति की आदतें उस माहौल से पड़ती है जिसमें वह बड़ा होता है। एक आर्थिक रूप से पिछड़े हुए परिवार में बड़ा हुए व्यक्ति और एक अमीर घर में पले व्यक्ति में यह अन्तर देखा जा सकता है। इस प्रकार की आदतें एक व्यक्ति के बाल्यकाल में पड़ती हैं। यह माना जाता है कि जो आदतें बचपन में बच्चों को लग जाती हैं उन्हें पूरे जीवन भर बदलना कठिन होता है। इस प्रकार की अच्छी आदतें बच्चों में डालने का कार्य अध्यापक तथा माता-पिता का होता है। अध्यापक को यह देखना चाहिए कि बच्चे में कोई भी ऐसी आदत न हो जो उसके स्वास्थ्य के लिए हानिकारक हो सकती है। इसी प्रकार माता-पिता को भी एक साफ-सुथरा वातावरण देने की पूरी-पूरी कोशिश करनी चाहिए।

चमड़ी की देखभाल

मानव शरीर विभिन्न प्रकार की कोशिकाओं, तन्तुओं तथा मांसपेशियों द्वारा निर्मित होता है। इन आन्तरिक अंगों की रक्षा करने के लिए उस पर त्वचा की एक परत जमी होती है जो इनकी बाह्य चोटों तथा क्षतियों से रक्षा करती है। एक व्यक्ति के स्वास्थ्य के स्तर का पता उसकी त्वचा या चमड़ी की स्थिति से लगाया जा सकता है।

व्यक्तिगत स्वच्छता का प्रथम नियम होता है। अपने शरीर के विभिन्न अंगों को साफ रखना क्योंकि यदि शरीर ही साफ नहीं होगा, तो व्यक्ति की लाख कोशिशें उसे स्वस्थ नहीं बना सकती।

प्रकृति ने मानव शरीर तथा इसके सभी आंतरिक अंगों को ढकने के लिए चमड़ी प्रदान की है। चमड़ी शरीर के स्वास्थ्य का अच्छा संकेत है तथा चमड़ी से ही पता चलता है कि व्यक्ति इसकी कितनी देखभाल करता है।

त्वचा हमारे शरीर का एक विशेष हिस्सा होती है और सभी अंगों को सुरक्षा देने का कार्य करती है जो कोई और भाग नहीं करता। यह शरीर के आन्तरिक अंगों को बाहरी खतरों, कीटाणुओं तथा अनेक प्रकार की बीमारियों से बचाती है। त्वचा के द्वारा ही मानव के शरीर का तापमान नियंत्रण में रहता है।

यही नहीं त्वचा एक महत्वपूर्ण उत्सर्जक तंत्र होती है जो छोटे-छोटे छिद्रों की सहायता से शरीर में उपस्थित बेकार पदार्थों को पसीने के रूप में बाहर निकालती है। इस पर उपस्थित रंजक पदार्थ शरीर की कष्टदायी सूर्य की किरणों से रक्षा करते हैं। यह शरीर में सैल क्रिया पर नियंत्रण रखती है।

त्वचा तीन परतों से बनती है जिनमें से पहली परत बाहरी परत के नाम से जानी जाती है जो बहुत मजबूत होती है। इस प्रथम परत में नाड़ी और रक्त नहीं होते। दूसरी परत को जीविका तन्तुओं की मोटी परत कहते हैं। वास्तव में यही असली चमड़ी होती है। इस पर प्रोटीन की विभिन्न गांठे उपस्थित होती हैं जिन्हें 'कोलैजन' कहा जाता है। नाड़ियों, छोटी-छोटी नर्म मांसपेशियों, तैलीय ग्रंथियों तथा चर्बी के सैलों से यह रक्त वाहिनियां निर्मित होती हैं।

तृतीय तथा अन्तिम परत को नीचे की परत कहा जाता है जो शरीर के लिए चर्बी का भंडार गृह होती है। यह परत चर्बी तथा लचीले रेशों से मिलकर बनती है। त्वचा की यह परत नाड़ियों की बाह्य खतरों से रक्षा करती है और तापमान को नियंत्रित करने का कार्य करती है।

इस प्रकार हम देखते हैं कि साधारण-सी दिखने वाली त्वचा वास्तव में बहुत जटिल रूप से निर्मित होती है और शरीर के लिए बहुत महत्वपूर्ण कार्य करती है। इसी कारण से त्वचा की भली प्रकार से देखभाल करना अति आवश्यक होता है।

सर्दियों के मौसम में हम यह देखते हैं कि मनुष्य की त्वचा में शुष्कपन आ जाता है और वह खुरदरी-सी हो जाती है। इस प्रकार की स्थिति में त्वचा पर तेल या तेल युक्त क्रीम का प्रयोग किया जाना चाहिए। यदि किसी की त्वचा अधिक शुष्क है तो उस पर अधिक मात्रा में साबुन का प्रयोग नहीं किया जाना चाहिए।

क्योंकि चमड़ी शरीर का सबसे बाह्य अंग होती है इसी कारण सभी प्रकार के मौसम को इसे ही सहन करना पड़ता है। वातावरण में जितनी भी धूल और गंदगी होती है वह इसी पर आती है। इस प्रकार हमारी त्वचा गंदी हो जाती है और इसके रोम छिद्र बंद हो जाते हैं। इसलिए नियमित रूप से त्वचा को साफ करना अनिवार्य होता है नहीं तो मैल उस पर जम जाएगी और उसके रोम छिद्र बंद हो जाएंगे और पसीने के रूप में बेकार पदार्थों को निष्कासित नहीं कर पाएंगे। इसके अलावा मानव के शरीर से बदबू आने लगेगी जिसके कारण और वह कई प्रकार के चर्म रोगों से ग्रस्त हो सकता है।

व्यक्तिगत सफाई अथवा स्वच्छता

स्वस्थ रहने के लिए व्यक्ति का स्वच्छ रहना आवश्यक होता है। स्वच्छता के बिना स्वास्थ्य के बारे में सोचना भी बेकार है।

यदि व्यक्ति का वातावरण जिसमें वह रहता है स्वच्छ नहीं होगा तो वह कभी भी स्वस्थ नहीं रह सकता। इसी प्रकार व्यक्तिगत स्वास्थ्य के लिए मनुष्य को व्यक्तिगत स्वच्छता पर ध्यान देना चाहिए।

जैसा कि पहले कहा जा चुका है कि जो आदतें एक व्यक्ति को उसके बाल्यकाल में पड़ जाती हैं, उनका पूरे जीवन पर प्रभाव पड़ता है। बचपन में बालकों को स्वास्थ्य की शिक्षा देना, सफाई के बारे में बताना माता-पिता तथा अध्यापकों का कार्य होता है। एक बच्चे को व्यक्तिगत स्वच्छता के बारे में बताना चाहिए और यह बताना चाहिए कि किस प्रकार वह खुद को स्वच्छ रख सकता है। निम्न तथ्यों की जानकारी एक बालक को दी जानी चाहिए-

(1) दांतों की देखभाल: दांत मानव के महत्वपूर्ण धन होते हैं जो उसे सुंदरता प्रदान करते हैं। दांत एक ठोस पदार्थ होता है जो डैन्टाइन से निर्मित होता है जिसका बाहरी भाग एनैमल से बना होता है। दांतों का आकार तथा रूप व्यक्ति के जीवन के साथ-साथ बदलता रहता है। जब बच्चा पैदा होता है तो उसके मुंह में एक भी दांत नहीं होता। फिर जैसे-जैसे वो बड़ा होता है, उसके दूध के दांत निकलते हैं जो अस्थायी होते हैं। लगभग 12 वर्ष की आयु में इन दांतों के स्थान पर उसके स्थायी दांत आने लगते हैं जो एक लम्बे समय तक रहते हैं।

एक व्यक्ति में इस प्रकार के 32 स्थायी दांत उत्पन्न होते हैं जो आकार तथा कार्य में भिन्न होते हैं जो निम्न प्रकार के होते हैं-

(i) अग्रचर्वणक दंत-इन दांतों का मुख्य कार्य भोजन को कुचलने का होता है।

(ii) रदनक-इस प्रकार के दांतों का कार्य भोजन को फोड़ना होता है। यह अधिक नुकीले होते हैं तो इस कार्य को सरलता से कर सकते हैं।

(iii) कृतंक-इस प्रकार के दांत चपटे आकार के होते हैं और बहुत तेज धार वाले होते हैं। इनका मुख्य कार्य भोजन को छोटे टुकड़ों में बांटना होता है।

(iv) चर्वणक-इन दांतों का कार्य भोजन को चबाना होता है, क्योंकि यह अधिक धार वाले होते हैं।

हालांकि दांतों की रचना और कार्य भिन्न हैं परन्तु सभी दांतों के अन्दर की संरचना एक जैसी ही होती है।

इस प्रकार हम देखते हैं कि दांतों की सहायता से ही मनुष्य विभिन्न प्रकार के ठोस पदार्थों को आसानी से ग्रहण तथा खा सकता है। यदि उसके दांत न हो तो उसे केवल नरम और तरल पदार्थ ही ग्रहण करने पड़ेंगें। इनके कारण ही उसके मुख को एक निश्चित आकार प्राप्त होता है। यदि मनुष्य के दांत नहीं होंगें तो उसे बोलने में भी कठिनाई का सामना करना पड़ता है। इसलिए दांतों की स्वच्छता की तरफ विशेष ध्यान दिया जाना चाहिए। यदि दांतों को नियमित रूप से स्वच्छ न किया जाए तो वह कई प्रकार के रोगों से पीड़ित हो जाते हैं जिनसे बचने के लिए निम्न नियमों का पालन करना चाहिए-

1. पौष्टिक आहार लें जिसमें विटामिन्स या खनिज लवण पर्याप्त मात्रा में हो।
2. कोई भी मीठी चीज खाने के बाद में भली प्रकार से कुल्ला किया जाना चाहिए।
3. नियमित रूप से दन्त-चिकित्सक से परामर्श करें।
4. बच्चों को अधिक चॉकलेट या मीठी चीजें खाने की आदत नहीं डालनी चाहिए।
5. अत्यधिक शराब, सिगरेट, पान चबाने आदि से बचें। इन से मुंह का कैंसर हो सकता है।
6. सुबह और रात को सोते समय भली प्रकार से दांतों को साफ करना चाहिए। इसके लिए कोई भी अच्छा टूथपेस्ट तथा ब्रश प्रयोग किया जा सकता है।
7. दांतों की सफाई के लिए छिलकेदार फल और सब्जी खाना भी लाभदायक है। गाजर, मूली, सेब आदि को चबाने से दांतों की सफाई भी हो जाती है और इनके सेवन से दांत बनाने वाले तत्व भी मिल जाते हैं।

यदि उपरोक्त नियमों का भली प्रकार से पालन न किया जाए तो व्यक्ति के दांत कई प्रकार के रोगों से ग्रसित हो जाएंगें जिनमें से एक है उनमें कीड़ा लग जाना। ऐसे में दांतों में बहुत दर्द होता है और उनमें से बदबू आने लगती है। अस्वच्छ दांतों के कारण मसूढ़े भी खराब हो सकते हैं। इस प्रकार की कठिनाईयों से बचने का केवल एक ही रास्ता है और वह है दांतों की सही देखभाल।

(2) नाक की देखभाल: नाक श्वसन क्रिया करने के लिए एक महत्वपूर्ण अंग होता है। इसके द्वारा ही शरीर द्वारा ग्रहण की गई वायु शुद्ध की जाती है। यह वही द्वार है जिसके द्वारा संक्रामक बीमारियों के कीटाणु मानव शरीर में प्रवेश करते हैं। इसलिए इसको स्वच्छ रखना बहुत ही आवश्यक होता हैं। छींकने से पहले रूमाल द्वारा नाक और मुंह को भली प्रकार से ढक लेना चाहिए। स्वच्छता की दृष्टि से यह एक अच्छी आदत होती है।

नाक को साफ करने के लिए किसी साफ कपड़े का प्रयोग किया जाना चाहिए। कभी भी नाक को साफ करने के लिए उंगली का प्रयोग नहीं करना चाहिए क्योंकि इस प्रकार से बड़ी मात्रा में विभिन्न जीवाणु नाक में हाथों के द्वारा प्रवेश कर जाते हैं।

(3) कान की देखभाल: कानों की सहायता से ही मनुष्य विभिन्न प्रकार की आवाजों को सुनता है। यदि मनुष्य की श्रवण शक्ति अच्छी होगी तो वह आसानी और शीघ्रता से धीमी बोली गई बात को भी सुन सकता है। मनुष्य के शरीर में कान एक बहुत ही कोमल अंग होता है जिसे थोड़ी-सी क्षति भी बहुत नुकसान पहुंचा सकती है। इसलिए कान का विशेष रूप से ध्यान रखना चाहिए। इसकी स्वच्छता पर विशेष ध्यान दिया जाना चाहिए जिसके अभाव में यह विभिन्न प्रकार के रोगों तथा कठिनाईयों से घिर सकता है।

अब प्रश्न यह उठता है कि किस प्रकार से कानों को साफ किया जा सकता है। इसके लिए किसी साफ कपड़े का प्रयोग किया जाना चाहिए। स्नान करने के बाद सूखे तौलिये से कानों को साफ करना चाहिए। कान की मैल कभी भी कुरेदकर नहीं निकालना चाहिए और किसी भी प्रकार की कोई नुकीली चीज का प्रयोग नहीं करना चाहिए। यदि कान में दर्द हो या कोई कीड़ा पड़ जाए तो गर्म तेल की कुछ बूंदें कान में डालनी चाहिए। वैसे भी कभी-कभी सरसों का गर्म तेल कान में डालते रहना चाहिए।

(4) बालों की देखभाल: मानव शरीर के अधिकतर अंग बालों से ढके रहते हैं। यह त्वचा की प्रथम परत में पाए जाते हैं। शरीर पर इसकी ग्रन्थियां होती हैं जिनके सैल बालों को पैदा करते हैं।

शरीर में पाए जाने वाले स्थानों के आधार पर बालों को निम्न वर्गों में वगीकृत किया जा सकता है-

1. मुलायम बाल जो लगभग सारे शरीर पर पाए जाते हैं, तथा
2. प्राकृतिक रंग वाले बाल जो कि सिर, आंखों की भौहों, दाढ़ी तथा जनन इंद्रियों वाले भागों में होते हैं।

बाल एक निश्चित काल में विभिन्न चरणों से होते हुए विकसित होते हैं। इसकी वृद्धि की दर पहले चरण में अधिक होती है जो बाद में कम हो जाती है। प्रति मास यह 0.8 सेंटीमीटर की औसत से बढ़ते हैं। विभिन्न अनुसंधानों से यह तथ्य सामने आया है कि साधारणत: एक व्यक्ति के शरीर से 20 से 10 बाल प्रतिदिन गिरते हैं।

विभिन्न व्यक्तियों के बालों के आकार तथा स्वरूप में भिन्नता पाई जाती है जिसको बालों की ग्रन्थियां प्रभावित करती हैं। बालों का एक व्यक्ति के व्यक्तित्व को बनाने में बहुत बड़ा हाथ होता है। कई प्रकार के कार्य यह शरीर के लिए करते हैं जो बहुत-ही महत्वपूर्ण होते हैं। सिर के बाल सिर के लिए एक रक्षा कवच का कार्य करते हैं और विभिन्न प्रकार की चोटों से इसे बचाते हैं।

इस प्रकार बाल मनुष्य के लिए बहुत आवश्यक होते हैं और बहुत महत्वपूर्ण कार्य करते हैं परन्तु इनकी सफाई की तरफ खास ध्यान देना पड़ता है क्योंकि यह गंदगी को बहुत जल्दी ग्रहण कर लेते हैं। मानव शरीर से विभिन्न प्रकार के द्रव्य त्वचा के माध्यम से निरन्तर निकलते हैं जो बालों की जड़ों में समा जाते हैं। इसी प्रकार धूल और मिट्टी की परत बालों की तह पर निरन्तर जमती रहती है। यदि बालों को भली प्रकार से न धोया जाए तो यह धूल-मिट्टी एक तरह के रूप में जम जाती है और बालों को कमजोर बना देते हैं जिसके कारण बाल जल्दी गिरने लगते हैं व उनमें जुएं पड़ जाती हैं। इसलिए बालों का नियमित रूप से धोना आवश्यक होता है।

निम्न कदम बालों को स्वच्छ रखने के लिए उठाये जाने चाहिए-

1. बालों को कम से कम सप्ताह में तीन बार भली प्रकार से धोया जाये। इसके लिए कोई भी शैम्पू प्रयोग किया जा सकता है।
2. सूखने के बाद बालों में तेल लगाना चाहिए और बालों को बांध कर रखना चाहिए। इससे सिर में धूल इकट्ठी नहीं हो पाती।

यदि बालों की सफाई का ध्यान न रखा जाए तो सिर में जुएं पड़ जाती है। यदि बालों में जुएं हो तो बालों की सफाई पर विशेष रूप से ध्यान देना आवश्यक है।

आज कल प्राय: यह देखा जाता है कि कई लोगों के बाल अपनी उम्र से पहले ही झड़ जाते हैं और लोग गंजेपन के शिकार हो जाते हैं। गंजापन भी बालों का एक रोग है जो निम्न कारणों से हो जाता है-

1. व्यक्ति में बालों का विकास हार्मोन्स पर निर्भर करता है और हार्मोन्स निर्भर करते हैं यौन ग्रंथियों के स्वास्थ्य पर। यदि व्यक्ति की यौन ग्रंथियां कमजोर होंगी तो उनके बाल आसानी से गिर जाते हैं जो गंजेपन का एक महत्वपूर्ण कारण हैं।

2. कई व्यक्तियों में यह रोग पैतृक होता है।
3. जो लोग व्यक्तिगत स्वच्छता तथा सफाई की तरफ ध्यान नहीं देते उन्हें यह रोग प्राय: घेरता है।
4. जो व्यक्ति पौष्टिक तथा संतुलित आहार ग्रहण नहीं करते, उनमें यह रोग मिलता है।
5. यदि मानव शरीर में युरिक तेजाब अधिक मात्रा में उत्पन्न हो जाए तो उसके बाल अधिक तीव्रता से गिरने लगते हैं।
6. कभी-कभी महिलाएं भी इस रोग से ग्रसित हो जाती हैं जिसका मुख्य कारण निरोधक दवाइयों का अधिक सेवन करना होता है।

इसी प्रकार आजकल कम आयु में ही व्यक्तियों के बालों का रंग सफेद हो जाता है जो निम्नलिखित कारणों से होता है-

1. जो व्यक्ति पूर्ण रूप से स्वस्थ नहीं होते उनमें यह रोग सामान्यत: पाया जाता है।
2. कई लोगों की ग्रंथियों में किसी प्रकार की गड़बड़ी के कारण भी यह रोग हो जाता है।
3. कभी-कभी लम्बे समय तक चलने वाले ज्वर या किसी और बीमारी के कारण भी यह रोग हो जाता है।
4. कई लोगों में यह रोग पीढ़ी दर पीढ़ी चलता रहता है।
5. जो व्यक्ति बालों को सही प्रकार से स्वच्छ नहीं करते, उनकी खोपड़ी पर गंदगी एकत्रित हो जाती हैं जिसके कारण उनके बालों का रंग सफेद हो जाता है।
6. जिन मनुष्यों को मानसिक विपत्तियां अधिक घेरे रखती हैं वह प्राय: इस रोग से ग्रसित हो जाते हैं।
7. यदि शरीर को आवश्यक तत्व उचित मात्रा में प्राप्त नहीं होते तो वह इस रोग का शिकार हो जाता है।

(5) आंखों की देखभाल: आंखें एक मनुष्य की महत्वपूर्ण इन्द्रियां होती हैं। इसी के कारण वह सारा संसार देख पाते हैं। आंखों की सुरक्षा के लिए उन्हें भली प्रकार से साफ करना चाहिए और सभी प्रकार के चोटों से बचाना चाहिए। जरा से तीव्र प्रहार से इनको क्षति पहुंच सकता है। यदि आंखों की स्वच्छता की ओर ध्यान न दिया जाए तो व्यक्ति को बहुत प्रकार के रोग लग जाते हैं। यह बहुत ही कोमल होती हैं इसलिए इन्हें सावधानीपूर्वक साफ करना चाहिए।

आंखों को किसी भी रोग से बचाने के लिए कुछ मुख्य कदम एक व्यक्ति को उठाने चाहिए जिनमें से मुख्य निम्न हैं-

1. आंखों के लिए यह आवश्यक है कि पढ़ते-लिखते समय उस स्थान पर पूर्ण प्रकाश होना चाहिए क्योंकि यदि अंधेरे में इस प्रकार के कार्य किए जाएं तो आंखों पर बुरा प्रभाव पड़ता है।
2. बिना पलक झपकाए निरन्तर पढ़ने का कार्य नहीं करना चाहिए।
3. नेत्रों को रोज रात को साफ पानी से धोना चाहिए और किसी भी प्रकार की दर्द होने पर डाक्टर से परामर्श लेना चाहिए।

त्रुटिपूर्ण नजर

जब व्यक्ति की आंखों से देखने की क्षमता कम हो जाती है तो उसे त्रुटिपूर्ण नजर कहा जाता है। इस स्थिति में व्यक्ति को आंखों से दिखना कम हो जाता है परन्तु आंख के आकार में किसी प्रकार का कोई परिवर्तन नहीं आता।

इस अवस्था में व्यक्ति की आंखों का इलाज कई प्रकार के प्राकृतिक तरीकों से किया जा सकता है और चश्मे की आवश्यकता उसे नहीं होती।

त्रुटिपूर्ण नजर के कारण

इस प्रकार का दोष मनुष्य में कई कारणों से आ जाता है जिनमें से मुख्य निम्न हैं-

(i) मानसिक तनाव: आज के जटिल जीवन में सभी व्यक्ति किसी न किसी मानसिक तनाव से घिरे रहते हैं। ऐसी स्थिति में मानव की आंखें तथा उसकी मांसपेशियों पर बहुत तनाव पड़ता है। यदि लम्बे समय तक इस प्रकार का तनाव बना रहे तो व्यक्ति में यह दोष उत्पन्न हो जाता है।

(ii) असंतुलित आहार: आंखों के लिए विटामिन बहुत महत्वपूर्ण होते हैं जो यदि भोजन के माध्यम से शरीर को प्राप्त न हों तो व्यक्ति की आंखों में इस प्रकार का दोष आ सकता है। इस प्रकार असंतुलित भोजन का सेवन भी इस रोग का एक महत्वपूर्ण कारण होता है।

(iii) अनुचित रक्त तथा शक्ति: आंखें अपना कार्य तब तक ठीक प्रकार से नहीं कर सकती जब तक उनमें पूरी तरह से रक्त प्रवाहित न हो क्योंकि इसी से उन्हें शक्ति प्राप्त होती है। अत: आंखों को शक्तिशाली बनाने के लिए कई प्रकार के व्यायाम एक व्यक्ति द्वारा प्रयोग किए जा सकते हैं।

आंखों की सुरक्षा: आंखों को सुरक्षित रखने का कार्य महत्वपूर्ण भी है और कठिन भी। आंखों को किसी भी प्रकार के रोगों से बचाने के लिए निम्न कदम उठाए जाने चाहिए-

1. आंखों को धूल, गंदगी तथा तेज रोशनी से बचाना चाहिए। यदि ऐसे स्थानों पर जाना हो तो आंखों को भली प्रकार से चश्मे के द्वारा ढका जा सकता है।
2. व्यक्तिगत स्वच्छता की आदतों से व्यक्ति अपनी आंखों को विभिन्न प्रकार के रोगों से सुरक्षित रख सकता है।
3. यदि आंखों में दर्द हो या वह लाल हों रही हो तो तुरन्त ठंडे पानी से उन्हें धोना चाहिए और आराम न आने पर आंखों के विशेषज्ञ से परामर्श करना चाहिए।
4. किसी भी प्रकार की नुकीली वस्तु को बच्चों की पहुंच से दूर रखना चाहिए ताकि वह इन चीजों से अपनी आंखों को घायल न कर लें।
5. आंखों पर किसी भी प्रकार की कोई चोट नहीं लगने देनी चाहिए।
6. व्यक्ति को अपना सामान अलग रखना चाहिए और किसी और व्यक्ति की कोई भी वस्तु प्रयोग नहीं करनी चाहिए। उदाहरणार्थ, व्यक्ति को अपना रूमाल तथा तौलियां ही प्रयोग करना चाहिए।
7. दिन में कम से कम दो बार आंखों को शुद्ध जल से धोना चाहिए इससे इनमें जो धूल-मिट्टी प्रवेश कर जाती है वह निकल जाती है।
8. यदि आंखों में खुजली हो रही हो तो कभी भी गंदे हाथों का प्रयोग नहीं करना चाहिए। पहले तो पानी से इन्हें धोना चाहिए और यदि तब भी इनमें खुजली ठीक न हो तो पहले हाथों को साफ करना चाहिए तभी इनमें खारिज करनी चाहिए।
9. कई व्यक्तियों को आंख में से पानी आने की शिकायत हो जाती है जिनसे दूर रहना चाहिए क्योंकि यह एक संक्रामक रोग होता है जो सम्पर्क से आसानी से फैल जाता हैं।
10. समय-समय पर आंखों के विशेषज्ञ से आंखों का निरीक्षण करवाना चाहिए। जो व्यक्ति चश्मा लगाते हैं उनके लिए तो यह और भी अधिक महत्वपूर्ण हो जाता है।

(6) चेहरा: एक व्यक्ति के चेहरे से ही उसके व्यक्तित्व का अनुमान लगाया जाता है। चेहरा व्यक्ति की पहचान होता है इसलिए इसका स्वच्छ रखना बहुत ही आवश्यक और महत्वपूर्ण होता है।

चेहरे की त्वचा को खास तरीके से साफ किया जाना चाहिए। किसी अच्छे साबुन का प्रयोग चेहरा धोने के लिए किया जाना चाहिए। आज बाजार में इसके लिए कई प्रकार के साधन उपलब्ध हैं। धोते समय चेहरे की त्वचा को जोर-जोर से घिसना नहीं चाहिए और धोने के पश्चात एक साफ तौलिए का प्रयोग करना चाहिए। इसे रगड़ना नहीं चाहिए बल्कि आराम से धीरे-धीरे थपथपा कर सुखाना चाहिए। फिर इस पर कोई अच्छी क्रीम त्वचा के अनुसार लगानी चाहिए।

(7) नाखुन: नाखुन मनुष्य के हाथ और पैरों में उपस्थित होते हैं। मनुष्य जो भी चीज खाता है वह पहले हाथ के नाखुनों के सम्पर्क में आती है। यदि यह नाखुन बढ़ जाते हैं तो इनमें मैल तथा गंदगी भर जाती है इसलिए यह आवश्यक है कि इन नाखुनों को नियमित रूप से काटते रहना चाहिए। इस प्रकार छोटे नाखुनों में मैल घुसने की संभावनाएं कम होती हैं।

इस प्रकार की स्थितियां न आए इसलिए हाथ के नाखुनों को नियमित रूप से काटते रहना चाहिए क्योंकि बड़े नाखुनों में गंदगी समाने की संभावनाएं अधिक होती है। साधारणत: मनुष्यों में नाखुनों को मुंह से चबाने की आदत पाई जाती है जो स्वास्थ्य के लिए हानिकारक होती हैं। नाखुनों को काटने के लिए उपयुक्त उपकरण का प्रयोग किया जाना चाहिए।

व्यक्तिगत स्वास्थ्य के लिए प्रतिदिन ठीक प्रकार से नहाना आवश्यक होता है। नहाने के लिए शुद्ध जल का प्रयोग किया जाना चाहिए। अच्छे साबुन से शरीर को मल-मल कर नहाना चाहिए। जिन स्थानों पर साधारणत: पसीना अधिक आता है उन स्थानों को अच्छी प्रकार से धोना चाहिए। नहाने के बाद एक साफ तौलिए का प्रयोग शरीर को सुखाने के लिए किया जाना चाहिए।

एक व्यक्ति के स्वास्थ्य पर केवल व्यक्तिगत स्वच्छता ही प्रभाव नहीं डालती बल्कि उसकी क्रिया प्रणाली का भी बहुत प्रभाव पड़ता है। मनुष्य कोई मशीन नहीं होता। एक निश्चित समय तक शारीरिक क्रिया करने के बाद वह थक जाता है क्योंकि शारीरिक क्रिया से उसके शरीर में उपस्थित ऊर्जा खत्म हो जाती है। इस ऊर्जा को पुन: पाने के लिए उसका विश्राम करना आवश्यक होता है। विश्राम वह क्रिया होती है जिसमें मनुष्य किसी भी प्रकार की कोई शारीरिक तथा मानसिक क्रिया नहीं करता। अत: जो थकान मनुष्य को विभिन्न क्रियाएं करने से होती है वह विश्राम के द्वारा खत्म होती हैं। विश्राम के बारे में चर्चा करने से पहले यह आवश्यक है कि हम यह जानें कि थकान क्या होती है।

थकान

थकान से अभिप्राय: उस स्थिति से होता है जब मनुष्य में कार्य करने की शक्ति तथा क्षमता समाप्त हो जाती है। इसको कई

प्रकार से प्रयोग किया जा सकता है परन्तु साधारण भाषा में इसका अभिप्राय होता है थक जाना।

हम देखते हैं कि व्यक्ति एक निश्चित समय के पश्चात काम करने के पश्चात रूक जाता है क्योंकि वह थक जाता है। थक जाने से अभिप्राय होता है कि उसमें काम करने की योग्यता तथा क्षमता कम हो जाती है।

यह कहा जा सकता है कि थकान वह क्षमता है जो मांसपेशियों को कार्य करने से अस्थायी रूप से रोकती हैं। निश्चित समय के पश्चात एक मनुष्य के काम करने की गति में कमी आ जाती है जो थकान के कारण होता है। थकान का मुख्य कारण मनुष्य के शरीर में उपस्थित ऊर्जा का खत्म हो जाना होता है।

मुख्यतः थकान के दो प्रकार होते हैं-

(1) मांसपेशियों की थकान।
(2) मानसिक थकान।

जो व्यक्ति शारीरिक कार्य अधिक करते हैं उनकी मांसपेशियों में थकावट आती है जबकि जो मनुष्य मानसिक कार्य अधिक करते हैं वह मानसिक रूप से थक जाते हैं।

थकान के कारण

प्रायः सभी वर्ग के लोगों को थकान का आभास होता है जो मुख्यतः निम्न कारणों से होता है-

(1) गहरी नींद की कमी,
(2) तनाव और परेशानियां,
(3) एनीमिया, रूधिर का अपूर्ण ऑक्सीकरण,
(4) कुपोषण,
(5) ईंधन या भोजन की कमी।

थके हुए व्यक्ति के लक्षण

एक थके हुए व्यक्ति में पाए जाने वाले साधारण लक्षण निम्नलिखित हैं-

1. ऐसे व्यक्ति के चेहरे पर नीरसता का भाव होता है और उसकी आंखें बुझी-बुझी सी प्रतीत होती हैं।
2. व्यक्ति के माथे पर शिकन आ जाती है और उसे नींद का आभास होता है।
3. ऐसे व्यक्ति के कार्य करने की गति धीमी हो जाती है।
4. एक थका हुआ व्यक्ति एकाग्रता से कार्य नहीं कर पाता और उसका ध्यान इधर-उधर भटकता रहता है।

थकान को खत्म करना

नियमित कार्य करने से उत्पन्न होने वाली थकान को निम्न तरीकों से खत्म किया जा सकता है-

(1) मालिशः प्रायः मालिश करने से शरीर की थकावट उतर जाती है और व्यक्ति में फिर से कार्य करने की क्षमता आ जाती है।

(2) मनोरंजनः नियमित रूप से कार्य करके मनुष्य ऊब जाता है जिस कारण वह थकान महसूस करता है। ऐसी स्थिति में हल्का संगीत और कुछ शारीरिक क्रियाएं उसको सहायता देती हैं। इसी उद्देश्य से विद्यालयों में आधी छुट्टी की व्यवस्था की जाती है ताकि बच्चे उस समय में थोड़ा आराम कर लें।

(3) विश्रामः थकान को दूर करने का सबसे अच्छा माध्यम होता है विश्राम करना। इसके द्वारा जो शक्ति शारीरिक क्रिया करने में खत्म हो जाती है उसकी प्राप्ति पुनः हो जाती हैं। इसलिए कुर्सियां ऐसी होनी चाहिए जिस पर आसानी से विश्राम किया जा सके।

(4) ठण्डी बौछारः कभी-कभी गर्मी के कारण भी मनुष्य अधिक थकान महसूस करता है। इस प्रकार की स्थिति में ठण्डे पानी से स्नान उसके लिए बहुत लाभदायी होता है।

विश्राम

जैसा कि पहले भी कहा जा चुका है कि विश्राम वह स्थिति होती है जब मनुष्य किसी प्रकार की कोई क्रिया नहीं करता। इस प्रकार थकावट को उतारने का सबसे प्रभावकारी और महत्वपूर्ण साधन विश्राम होता है।

ये सभी क्रियाएं एक-दूसरे से संबंधित होती हैं जिनके बारे में यह कहा जा सकता है कि पहले व्यक्ति द्वारा शारीरिक क्रिया की जाती है जिसमें उसके शरीर में उपस्थित ऊर्जा का प्रयोग होता है जिसके कारण वह थकावट महसूस करता है और उस थकावट को दूर करने के लिए उसे विश्राम करना पड़ता है। विभिन्न प्रकार की क्रियाओं से जो थकान मनुष्य को दबोचती है उससे विश्राम उसे मुक्ति दिलवाता है।

विश्राम कई प्रकार से किया जा सकता है जिसमें से मुख्य निम्न हैं-

(1) मनुष्य एक ही कार्य को लम्बे समय से करते हुए थक जाता है जिसके लिए यदि उसे किसी और काम में लगा दिया जाए तो वह पहले की भांति कार्य करने लगता है।

(2) कई व्यक्ति लेटकर, बैठकर तथा सोकर विश्राम करते हैं।

(3) हल्का संगीत और व्यायाम शारीरिक तथा मानसिक थकावट हटाने में महत्वपूर्ण होते हैं।

विश्राम और नींद

सभी व्यक्तियों को नींद की आवश्यकता होती है। केवल स्वच्छता से ही कोई मनुष्य पूर्ण रूप से स्वस्थ नहीं हो सकता। परन्तु पूरे आठ घंटों की नींद भी उसके स्वास्थ्य को प्रभावित करती है। अब प्रश्न यह उठता है कि व्यक्ति को नींद की आवश्यकता क्यों होती है?

वास्तव में हम जो भी काम करते हैं उससे शरीर की कोशिकाएं घिसती रहती हैं। इनकी मरम्मत का कार्य खून करता है। घिसने और मरम्मत का कार्य हर समय होता रहता है किन्तु जब हम अधिक परिश्रम का काम करते हैं, तो ऊत्तक अधिक तेजी से घिसते हैं और उनकी मरम्मत उतनी तेजी से नहीं हो पाती। इसलिए विश्राम की आवश्यकता होती है जिससे कि मरम्मत का कार्य तीव्र गति से हो सके।

मनोरंजन के मूल तत्व

इतिहास में सभी अवस्था के व्यक्तियों द्वारा स्वयं की अभिव्यक्तियों तथा व्यक्तिगत विकास को प्रकट करने के लिए मनोरंजन को ही उजागर करने का माध्यम बनाया गया है तथा उनकी इस क्रिया में उल्लेखनीय समानता पाई जाती है, मनोरंजन समस्त मानव जाति की समान विरासत है। यद्यपि उसकी अभिव्यक्ति के प्रकार अवश्य ही भिन्न होते हैं। इस धरती पर सर्वत्र नौजवानों के सक्रिय क्षणों में खेल एक प्रमुख उद्यम है। खेलों के द्वारा बालक वृद्धि तथा अनुभव को प्राप्त करता है।

आगे के जीवन में मनुष्य के द्वारा कुशलताएं प्राप्त करने के साधन तथा जैविक प्रेरणा से उत्पन्न हुई गतिविधियों को प्रकट करने के लिए साधन प्रकृति ने उपलब्ध कराया है। जैसे-जैसे वह बढ़ती हुई उम्र की ओर अग्रसर होता है, इसकी गतिविधियां सम्पन्न करने के लिए समय की मांग भी तथा शक्ति और सतर्कता बढ़ती जाती है। वयस्क अवस्था के जीवन में मनुष्य को जीवित रहने हेतु अपने उत्तरदायित्वों और कर्त्तव्यों के पालन के लिए धन कमाना पड़ता है। अपने परिवार के लिए समाज में अपना स्थान बनाने के लिए उद्यम करते हुए वह मनोरंजन का सूक्ष्म प्रदर्शन करते हुए अपने जीवन के सूक्ष्म क्षणों में विकास करता रहता है। इसी कारण मनोरंजन की ओर प्रेरित होना इतना मूलभूत और विश्वव्यापी है कि उसको दबाया नहीं जा सकता।

मनोरंजन का मानवीय प्रसन्नता में योगदान

हमारे पूर्वजों ने प्रत्येक व्यक्ति के लिए खुशहाली को मूलभूत और मूल्यवान उद्देश्य के रूप में पहचाना था। वास्तव में जीवन बिना मनोरंजन के खाली और अधूरा रहेगा। मनोरंजन के महान नेता डॉ. ऑस्टिन फॉक्स रिक्स उचित ही व्यक्त करते हैं कि खेल का कार्यक्रम काम और जीवन के मध्य संतुलन बनाता है। दैनिक जिम्मेदारियों को वहन करने के लिए तरोताजा रखता है। मनुष्य को कौतूहलपूर्ण साहस को बनाए रखते हुए अपने कार्य के प्रति गहन गंभीरता लाने में रोक कर नौजवानों को मौत की ओर बढ़ने से रोकता है और यह स्वयं मनुष्य में समय पूर्व प्रायः होने वाली मौत को भी रोकता है। जीवन की वास्तविक आवश्यकताओं में सौंदर्य, ज्ञान, विचार, पुस्तकें, चित्र, संगीत, गायन, नृत्य, खेल, भ्रमण, कौतूहल, प्रेम, मित्रता, चैम्पियनशिप तथा विचारों के आदान-प्रदान बहुत आवश्यक है। मनोरंजन उपरोक्त मूलभूत आवश्यकताओं की पूर्ति एवं उनको निरंतर रखने के प्रयत्नों तथा प्राप्ति हेतु एवं प्रसन्नता के लिए एक महत्वपूर्ण आयाम है।

मनोरंजन के आधार

वह मनोरंजन जो शक्तिवर्धक हो, खुली हवा में संचालित किया जाए और जिसमें मूलभूत मांसपेशियों का उपयोग हों ऐसे कार्यक्रम स्वस्थ अंगों के विकास में सहायक हों। ऐसे प्रमुख मनोरंजन रुधिर संचार को बढ़ाने वाले, अत्यधिक स्वाक्षोवास की गतिविधियों वाले होने चाहिए तथा इनसे सही मलविसर्जन होकर क्षुधा में वृद्धि होनी चाहिए, इनका संवेदनात्मक स्थायित्व तथा सहनीय विश्राम, शिथिलता और रचनात्मक गतिविधियों में योगदान होना चाहिए। इसके अन्य गुण ऐसे हों जिससे शरीर को स्वस्थता प्रदान करते हुए तंत्रिका केन्द्रों को चैतन्यता करते हुए शरीर को सौष्ठवता प्रदान करें।

मनोरंजन के महत्व का मूल्यांकन इस प्रकार किया जा सकता है कि यह स्नायविक अव्यवस्था के विरुद्ध है एक बीमा की पालिसी के समान उपयोगी होता है तथा स्नायविक अव्यवस्था जब आयु के मध्य में एकत्रित होती है तब यह सैकड़ों तरीकों से लाभकारी होता है। इसके मूल्य स्वास्थ्य में योगदान के द्वारा रुग्णता को रोकने में सहायक होते हैं तथा प्रसन्नतापूर्वक जीवन जीने में सहायक होते हैं।

मनोरंजन को व्यक्तिविशेष के मानसिक पुनर्स्थापन में भी बहुतायत से उपयोग किया जाता है। मानसिक अव्यवस्थाओं से

परेशान लोगों को उद्दीपन खेलों के प्रति तेजी से क्रियाशील होते देखा गया है विशेष तौर पर संगीत की ओर।

डॉ. विलियम सी. मैनिनार कहते हैं कि मनोरंजन न केवल मानसिक रोगियों के उपचार में अहम भूमिका निभाता है वरन यह रोगी रह चुके मरीजों को भी ठीक-ठाक रहने में एक विचारणीय कारक के रूप में माना जा चुका है।

इसलिए मनोचिकित्सकों का विश्वास है कि पुनः रचनात्मक क्रियाएं भी मानसिक तथा भावनात्मक रुग्णताओं को रोकने में मूल्यवान हो सकती हैं।

मनोरंजन एवं चारित्रिक विकासः मनोरंजन की पहचान व्यक्तिगत चरित्र तथा राष्ट्रीय संस्कृति की ज़बरदस्त घटनाओं के रूप में की जा चुकी है। पिफर भी मनोरंजनात्मक गतिविधियों में संलग्न व्यक्तियों का उद्देश्य केवल चारित्रिक विकास ही नहीं है बल्कि यह स्वाभाविक रूप से समूह खेलों, नाटक, संगीत जैसे कार्यक्रमों में जिनमें सहयोग, निष्ठा तथा दलीय खेलों में सहयोगात्मक आचरण अत्यावश्यक है। मनोरंजन के अधीन नेतृत्व के प्रति निष्ठा और योग्यता के लिए लोगों को नियमों का सम्मान करना स्वच्छ खेल, साहस तथा व्यक्ति की स्वार्थी प्रवृत्ति पर काबू पाने की योग्यता का विकास करना जिससे कि टीम की क्षमता को विकसित कर समूह को विजयी बनाया जा सके। इसके द्वारा नेतृत्व करने का मूल्यवान अनुभव भी प्राप्त होता है। मनोरंजन केवल व्यक्तिगत गुणों का ही विकास नहीं करता वरन् मजबूत सामाजिक व्यवहार को भी प्रभावित करता है जोकि व्यक्ति के उफपर समूह के सदस्य के रूप में असर करता है।

मनोरंजन और अपराधों की रोकथामः मनोरंजन में समग्र भागीदारी चरित्र निर्माण में सहायक होती है। यह अपराध तथा कुछ दुष्कर्म को रोकने में सेफ्रटी वाल्व की तरह से काम करता है क्योंकि मनोरंजन की गतिविधियां बच्चों और जवानों पर गहरा प्रभाव डालती हैं। उन समुदायों में जहां मनोरंजन की आकर्षक गतिविधियों की बहुतायत होती है वहां दुष्कर्मों के पनपने की संभावनाएं क्षीण होती हैं। बालक तथा नौजवान जब खेल के मैदान में मनोरंजनात्मक गतिविधियों में व्यस्त रहते हैं तो वे एक ही समय में डकैती नहीं डाल सकते, घर में सेंध नहीं लगा सकते तथा अन्य अपराधी गिरोहों में भी शामिल नहीं हो सकते। जो बालक नित्यप्रति खेल के मैदान में जाता है अथवा प्रतियोगिताओं/ सामाजिक खेलों के लिए तैयारी करता है तथा वह लड़की जो नाटक के दृश्य संयोजन में व्यस्त है अथवा वह किसी समूह की नेत्री है तो ऐसे बालक तथा बालिकाओं को अपनी पहचान बनाने की सामान्य इच्छा सपफलता तथा उपलब्धियों की प्राप्ति के लिए माध्यम मिल जाता है। अतः उन्हें ऐसी संतुष्टियों के लिए असामाजिक गतिविधियों की आवश्यकता बहुत ही क्षीण रहती है। दुष्कर्म तथा अपराध ज्यादातर खाली क्षणों के दौरान ही किए जाते हैं तथा इस प्रकार अपराध की अधिकतम घटनाएं खाली समय को आमोद-प्रमोद के रूप में बिताए जाने के साधन के रूप में ही घटित की जाती हैं। पुलिस तथा कारागार के अधिकारियों के परीक्षणों तथा अनुभवों से यह इंगित होता है कि अधिक अपराध तथा दुष्कार्य का होना मनोरंजनात्मक अवसरों में होने वाली अपर्याप्तता के परिणाम का ही प्रतिपफल है।

इन सभी उपरोक्त घटनाओं से बचने के लिए मनोरंजन, बालकों, किशोरों, नौजवानों तथा वयस्कों के जीवन में महत्वपूर्ण भूमिका अदा करता है।

मनोरंजन एवं सामुदायिक प्रतिबद्धताः आधुनिक समाज में बहुत से दबाव लोगों को अक्सर उनके आर्थिक स्तर, सामाजिक स्थिति, जाति, नस्ल, राष्ट्रीयता अथवा सांस्कृतिक पृष्ठभूमि के परिणामस्वरूप उन्हें अलग-अलग समूहों में बांट देते हैं। इस प्रवृत्ति से शंका, अविश्वास और साथियों से नपफरत पैदा होने लगती है तथा पड़ोसी धर्म का लोप होकर संगठित रहने की रुचि कम होने लगती है।

मनोरंजन एक समान धरातल तथा मंच मुहैया कराता है। जहां भागीदारी अथवा उपलब्धि की चाह मतभेदों को भुला सकती है। मनोरंजन आवश्यक रूप से लोकतांत्रिक है। खेलों, नाटकों अथवा कलाकारी में सभी वर्गों के समूहों की रुचि तथा कुशलता की भागीदारी होती है।

खेलों अथवा अन्य कोई दूसरी गतिविधि की धुरी से जुड़े नौजवान/लड़कियों/पुरुषों/महिलाओं की पहचान उन लोगों/समूहों की जाति, वर्ण, रंग, नस्ल आदि से नहीं होती बल्कि उनके द्वारा सम्पादित की जाने वाली गतिविधि से होती है।

मनोरंजन और हौसलाः असुरक्षा की अनुभूति, हीनभावना से ग्रस्तता, तथा असमय तनाव के क्षणों में व्यक्ति को संतुष्टि तथा व्यवस्थित होने के लिए आवश्यक गतिविधियों की बहुत ज्यादा आवश्यकता होती है। विश्व के विभिन्न भागों में लोग, भूकम्प, बाढ़ विदेशी पफौजों द्वारा आक्रमण तथा अन्य बड़े पैमाने पर होने वाले हादसों के पफलस्वरूप मानसिक असंतुलन के शिकार होते हैं ऐसे समय के दौरान मनोरंजन का अर्थ

होगा कि हौंसले को उफंची बुलंदियों पर बनाए रखना। उदाहरण के लिए दूसरे विश्व युद्ध के दौरान मनोरंजनात्मक गतिविधियों ने जीवन्त भूमिका अदा की है। सशस्त्र सेना के जवानों में पुरुष/स्त्रियों के लिए खाली क्षणों में रचनात्मक गतिविधियों को समाहित करते हुए समग्र कार्यक्रम बनाए गए, युद्ध भूमि में लड़ रहे जवानों के परिवारों के लिए परिवारीय तथा सामुदायिक कार्यक्रमों ने घरेलू मोर्चे पर हौंसला बनाए रखने में परिवारों की बड़ी सहायता की। सशस्त्र सेनाओं, युद्ध से जुड़े हुए उद्योगों के कर्मचारियों तथा नागरिक समूहों के हौंसले कायम रखने के लिए मुहैया कराई गई मनोरंजनात्मक गतिविधियों ने युद्ध से संबंधित प्रयत्नों में निश्चित ही महत्वपूर्ण योगदान दिया है। सैनिक अधिकारियों द्वारा बार-बार इन सेवाओं का हौसला-अपफजाई हेतु उपयोग किया जाता रहा है।

मनोरंजन एवं सुरक्षाः मनोरंजन के लिए खेल के मैदानों/तरणतालों का सक्षम नेतृत्व के पर्यवेक्षण में पर्याप्त मात्रा में उपलब्ध कराया जाना निश्चित रूप से दुर्घटनाओं को रोकने में महत्वपूर्ण योगदान करता है। मनोरंजन के क्षेत्र जिन्हें सावधानीपूर्वक रूपांकित कर संचालित किया जाए तो उससे निश्चित ही उल्लेखनीय सुरक्षा प्राप्त होती है। मनोरंजन विभाग भी दुर्घटना की संभावना वाली गतिविधियों में भाग लेने के लिए सुरक्षात्मक उपायों को अपनाने के कौशल का अध्यापन करके तथा ऐसी गतिविधियों में समुचित पर्यवेक्षण प्रदान कर जन सुरक्षा में महत्वपूर्ण योगदान करता है तथा मनोरंजन विभाग जनता के मनोरंजन के क्षेत्रों में सुरक्षा के नियमों को भी लागू करता है।

सुरक्षात्मक मनोरंजन क्षेत्रों के अभाव में सड़कों तथा भीड़ भरे क्षेत्रों में कोई सुरक्षा न होने से दुर्घटना की आशंका रहती है।

मनोरंजन एवं लोकतंत्रः भावनात्मक रूप से मनोरंजन तथा लोकतंत्र एक जैसे हैं तथा दोनों ही एक-दूसरे को मजबूती प्रदान करते हैं। लोकतंत्र का संकल्प है कि प्रत्येक व्यक्ति को पूर्ण विकास के पर्याप्त अवसर प्रदान करे तथा स्वयं को स्वतंत्र रूप से अभिव्यक्त करने की आजादी तथा जीवन में असीमित उपलब्धियां अर्जित करे। मनोरंजन जो कि स्वतंत्र गतिविधियों को चुनने का अवसर प्रदान करता है और व्यक्ति को अपनी मौखिक क्रियात्मकता की अभिव्यक्ति व्यक्त करने तथा वास्तविक संतुष्टि को प्राप्त करने का अवसर प्रदान करता है।

उसकी यह विकसित शक्ति उसे लोकतंत्र के उद्देश्यों की प्राप्ति में सहायक होती है। आधुनिक लोकतांत्रिक राज्य के नागरिक के रूप में उसके प्रभावशाली योगदान के लिए अवसर प्रदान करती है।

मनोरंजन एवं शिक्षाः कई प्रकार से शिक्षा तथा मनोरंजन के उद्देश्य, विधियां तथा कार्यक्रम एक समान हैं परन्तु वे एक जैसे नहीं हैं। दोनों के द्वारा व्यक्ति के सम्पूर्ण विकास को सुनिश्चित करना है। परन्तु मनोरंजन का प्रयत्न तत्काल संतुष्टि प्रदान करना है जबकि शिक्षा का उद्देश्य तथा लक्ष्य दूरगामी होता है। शिक्षा के क्षेत्रों में कुछ अनिवार्यता के तत्व हैं, जिनका मनोरंजन में अभाव पाया जाता है। बहुतायी गतिविधियां जैसे—खेल, संगीत, नाटक अथवा व्यवस्थात्मक कार्यक्रम दोनों में समानरूप से पाए जाते हैं परन्तु शिक्षा के क्षेत्र में ये कुशलता, समझदारी, प्रशंसा प्राप्त करने के क्षेत्र के रूप में जाने जाते हैं।

इन गतिविधियों को स्वयं समाहित रुचियों के अनुसार कुशलता के आनन्द प्राप्ति के एक प्रमुख साधन के रूप में माना जाता है। फिर भी शैक्षणिक विकास संतोष प्रदान करने वाले प्रत्येक मनोरंजन का एक भाग है। खाली क्षणों के मूल्यवान उपयोग करने का प्रशिक्षण भी शिक्षा के सात प्रमुख उद्देश्यों में से एक है। इस उद्देश्य को प्राप्त करने के लिए मनोरंजन खाली क्षणों को बुद्धिमत्तापूर्ण तरीके से तथा रचनात्मक ढंग से उपयोग करने वाली गतिविधियों में प्रशिक्षित करने का अवसर प्रदान करता है।

खाली क्षणों के उपयोग की प्रवृत्ति, आदतों, कुशलताओं तथा ज्ञान का तुरन्त तथा निरन्तर विकास मनोरंजन के बारे में निर्णय तथा शिक्षण के विकास की ओर प्रेरित करता है। अधिकृत शैक्षणिक संस्थान ऐसे मनोरंजनात्मक कार्यक्रमों को उन्नत करते हैं जोकि सीखने की प्रक्रिया और उद्देश्यों की उपलब्धि हेतु उत्कृष्ट माध्यम के रूप में सिद्ध होते हैं।

मनोरंजन ने इस प्रकार शैक्षणिक कार्यक्रमों में अपनी बढ़ती हुई भूमिका निभाते हुए किसी भी संस्थान के अतिरिक्त शैक्षणिक कार्यक्रम में प्रमुख स्थान बना लिया है।

मनोरंजन एवं आर्थिक स्थितिः व्यापारिक तथा औद्योगिक क्षेत्रों का नेतृत्व करने वाले यह मानते हैं कि उनके जो कर्मचारी अपने खाली क्षणों का प्रभावी ढंग से उपयोग करते हैं वे अपने कार्य करते समय भी प्रभावी ढंग से सक्रिय रहते हैं। विश्व के कल्याणकारी राज्यों में एक दुष्कर्म करने को रोकने के लिए सैकड़ों डालर प्रति वर्ष व्यय करने होते हैं जबकि एक खेल का मैदान जोकि नौजवान को दुष्कर्म करने से रोकता है

वह प्रति युवक मात्र कुछ डालर प्रति वर्ष खर्च करके बनाया जा सकता है। इस प्रकार खेल का मैदान मुहैया कराने की आर्थिकता स्पष्ट हो जाती है कि मनोरंजनात्मक कार्यक्रमों में पूंजी निवेश मानव मात्र के कल्याण हेतु किया गया सर्वश्रेष्ठ निवेश है जिसका लाभांश डॉलरों/रुपयों में निरन्तर मिलता रहता है।

इस प्रकार निष्कर्ष पर पहुंचने के लिए हमें उपरोक्त साक्ष्यों से यह स्पष्ट होता है कि आधुनिक जीवन में मनोरंजन ने एक महत्वपूर्ण स्थान पा लिया है जिसका योगदान व्यक्ति विशेषत: समुदाय तथा राष्ट्र के कल्याण के लिए बहुत उपयोगी है।

मनोरंजन की आवश्यकता

मनोरंजन स्वयं ही अभिव्यक्ति हेतु मुहाना उपलब्ध कराता है तथा तनावों/खिंचावों को दूर करने तथा जीवन में आनंद की प्राप्ति के लिए एक साधन के रूप में उपयोगी होता है। पिछले कुछ दशकों के दौरान हमारे सामाजिक, औद्योगिक तथा राजनैतिक जीवन में त्वरित तथा उल्लेखनीय परिवर्तन आए हैं। इस परिवर्तन ने हमारी मनोरंजन की आवश्यकताओं को बढ़ा दिया है और पारंपरिक मनोरंजनात्मक जीवन को विशद रूप से प्रभावित किया है।

इनमें से कुछ उल्लेखनीय कारक जिनसे परिवर्तन आए हैं तथा मनोरंजन को आयोजित करने की आवश्यकता के संबंध में संक्षिप्त विवेचना जिन कारकों के बारे में की गई हैं वह इस प्रकार हैं :

1. **शहरों की अभिवृद्धि:** बढ़ते हुए शहरों के कारण सड़कों पर भीड़ बढ़ गई जिसके फलस्वरूप सड़कों पर खेला जाना असुरक्षित हो गया, खाली स्थान तथा बस्तियों में मनोरंजन के लिए प्रयुक्त होनेवाले स्थानों पर निर्माण कार्य हो जाने से अब इस उपयोग में आने वाले स्थान कम हो गए हैं, झरने, तालाब, झीलें प्रदूषित हो गई है तथा जंगलों के कटने के कारण तथा बहुत विस्तृत खाली स्थानों का जनसंख्या के निकट होने के कारण सुरक्षात्मक कारणों से उपयोगी नहीं रहा। शहरी जीवन की जटिलता के कारण पड़ोसी धर्म लोप हो गया और लोग बहुत औपचारिक (कृत्रिम) तथा स्वयं केन्द्रित जीवन जीने के आदी हो गए हैं। लोग बाग बहुत अधिकता से उन विशेष अभिकरणों पर निर्भर हो गए हैं जो उन्हें घर से बाहर मनोरंजन के अवसर प्रदान करते हैं। जनसंख्या के तेजी से फैलने तथा वृद्धि की सीमा को लांघने के कारण खास तौर से महानगरी क्षेत्रों में पूर्व के उपलब्ध मनोरंजन के स्थान जो नगर के पुराने निवासियों के लिए मौजूद थे उनका अब लोप होने लग गया है। मनुष्य अपने स्वभाव से ही घुमन्तू प्राणी है उसे मनोरंजन के लिए स्थान, सुविधाएं तथा नेतृत्व करने के लिए अवसर चाहिए ताकि वह स्वयं के प्राकृतिक स्रोतों की भरपाई कर सके।
2. **घरेलू अवस्थाओं में परिवर्तन:** समाज के साथ-साथ घर में हुए परिवर्तनों के फलस्वरूप खाली क्षणों की उपलब्धता में वृद्धि हुई इसके परिणामस्वरूप अब इस खाली क्षण का सदुपयोग करने के लिए मनोरंजन की आवश्यकता पड़ने लगी है।

   शारीरिक श्रम को बचाने वाली मशीनों जैसे-धुलाई तथा कपड़ा सूखाने की मशीन, भोजन को ठंडा रखने वाले फ्रिज, विद्युत उपकरण, गैस के चूल्हे तथा अन्य रसोई घर के उपकरण, वैक्यूम क्लीनर तथा अन्य विकसित संसाधनों ने कुछ क्रांतिकारी तरीकों को ईजाद किया है जिससे घर को साफ सुथरा रखा जा सकता है। जिसमें मेहनत बिल्कुल न के बराबर लगती है। इन साधनों का आविष्कार होने से पहले उपरोक्त कार्यों में बहुत समय खर्च होता था। उस बचे हुए समय को अन्य उपयोगी कार्यों में लगाया जाता था। इन उपयोगी क्रियाओं में मनोरंजन भी शामिल था। समय की बचत का दूसरा कारण परिवारों का विभाजन तथा छोटे-छोटे परिवारों का गठन जिसने पारिवारिक प्रथाओं को कम किया है। साथ ही साथ बच्चों में बहुत सी पड़ोसीपन की प्रथाओं को भी कम करके घर के अन्दर के तमाम पारिवारिक मनोरंजन की फोन करने का सबब बनाया है। बगीचे, वाहन रखने के गैराज बग्घी तथा घोड़ों को रखने के स्थान बदल गए हैं।

   पहले बच्चे सहयोगात्मक तथा सामाजिक गतिविधियों को घर में ही पिछवाड़े में या बाहरी स्थान में सम्पन्न किया करते थे उन्हें अब ये क्रियाएं बाहर अन्य स्थानों पर करने के लिए बाध्य होना पड़ रहा है। खेल के मैदान, आमोद-प्रमोद के स्थान, मनोरंजन के केन्द्र आदि अब घर की अवस्थाओं का अनुभव कराने के लिए उपयोग में लाए जा रहे हैं।
3. **खाली क्षणों का बढ़ना:** जब आदमी दिन में 12-14 घंटे तक कार्य करता है तथा एक सप्ताह में छह दिन तब

खाली क्षणों का मनोरंजनात्मक तरीके से बिताने की समस्या आज के समय में इतनी आवश्यक है जितनी पहले कभी अस्तित्व में नहीं थी। आज के जमाने में लोगों के पास मनोरंजन के लिए समय बहुत कम है तथा अवसर भी क्षीण हैं। आगे बढ़ने की प्रवृत्ति में अवकाशों के दौरान भुगतान के आधार पर मजदूरों को ठेकेदारी लगाने, 6–8 घंटे तक तथा सप्ताह में पांच दिन कार्य करने के कारण एक बड़ी संख्या में कामगारों में खाली समय की उल्लेखनीय वृद्धि हुई। इसलिए खाली समय के लम्बे समय तक उपलब्धि ने लोगों को समझदारी के साथ इस समय को बिताने की कमी ने बहुत सी सामाजिक समस्याएं पैदा किया है। जैसे अत्यधिक मात्रा में मदिरापान करना, जुआ खेलना, तेजी से वाहन चलाना आदि। खाली क्षणों के योजनाबद्ध तरीके से समझदारी अपनाते हुए व्यतीत करने के लिए एक नयी चुनौती समाज के समक्ष खड़ी हो गई है और मनोरंजनात्मक आवश्यकताओं की पूर्ति बढ़ती हुई मांग को पूरा करने तथा भविष्य की मांग को पूरा करने के लिए तथा समाज की समस्याओं से निजात पाने के लिए यह अति आवश्यक है।

4. **उद्योगों में विशेषज्ञता तथा स्वचालीकरणः** तकनीकी आविष्कारों के फलस्वरूप काम करने के तरीकों में परिवर्तन आ गया है। उच्च तकनीकी वाली स्वचालित मशीनों के विकास ने उद्योग-धंधों के काम में विशिष्टता ला दी है जो कि सर्वइंगित है। इसमें कोई शक नहीं कि आज के मजदूरों में पहले की अपेक्षा शारीरिक और मानसिक श्रम करने में बहुत कमी हो गई है। परन्तु फिर भी स्नायविक तनाव पहले की अपेक्षा बढ़ गया है। इससे भी ज्यादा है कि कामगारों पर मशीनी नियंत्रण ने उन पर मानसिक तनाव बढ़ा दिया है जोकि उद्योग-धंधों तथा समाज के लिए लाभदायक नहीं है। आज के उद्योगों के स्वचालीकरण में हुए विकास ने इस आवश्यकता को और अनिवार्य कर दिया है कि कामगारों में पैदा हो रहे मनोवैज्ञानिक असंतुलन से उन्हें बचाया जाए, क्योंकि इंसान मशीन नहीं है और उसे बार-बार दुहराने वाला काम लम्बे समय तक नहीं दिया जा सकता। आज की अनिवार्य आवश्यकता है कि लोगों के शारीरिक संतुलन बनाए रखकर उनके काम के घण्टों के बाद के समय को उनके दक्षता कार्यक्रमों में लगाया जाये, मनोवैज्ञानिकों ने बार-बार दुहराया है जो लोग मशीनी कर्म में लगे हैं उनको मनोरंजनात्मक आवश्यकताओं की पूरी तरह से चाह रहती है ताकि वे स्वतंत्र रूप से ऊर्जावान हो कर मशीनी जिन्दगी से पैदा हुई अस्वस्थता से मनोरंजन के द्वारा स्वस्थ जीवन तथा स्फूर्ति प्राप्त कर सके।

5. **जनसंख्या परिवर्तनः** जनसंख्या में वृद्धि ने बच्चों, नौजवानों तथा वयस्कों के लिए खेल के मैदानों तथा मनोरंजन केन्द्रों की अनिवार्य मांग को बढ़ाया है। यह मांग आने वाले वर्षों में और बढ़ने वाली है। जनसंख्या का असमान फैलाव भी आजकल हो रहा है। न केवल लोग गांवों से शहरों की ओर पलायन कर रहे हैं बल्कि महानगरों में भी जनसंख्या का बढ़ता हुआ घनत्व गंभीर समस्याएं पैदा कर रहा है। आर्थिक रूप से कमजोर राज्यों की जनसंख्या जीवन के लिए कमाने हेतु धनी क्षेत्रों की ओर पलायन कर रही है इस प्रकार बड़े पैमाने में होने वाली अफरातफरी लोगों को अपनी पहले से व्यवहार में लाई जा रही आदतों/अभ्यस्त तरीकों तथा वातावरण से वंचित करती है तथा उनके साथ में पैदा हुई इस प्रकार की अस्थिरता जवानों तथा बच्चों दोनों को प्रभावित करती है। एक संतुलित मनोरंजनात्मक कार्यक्रम इन परिवारों को नए समुदाय में समरस होने में सहायक होता है।

6. **उन्नत होती हुई अर्थव्यवस्थाः** राष्ट्रीय आय में हुई द्रुतगति से और अभूतपूर्व वृद्धि के फलस्वरूप लोगों के विलासितापूर्ण जीवन स्तर के बदलाव ने मनोरंजन के परिदृश्य को ही बदल दिया है। एक सामान्य वर्ग का परिवार अपने पूर्वजों से अलग बढ़ी हुई आमदनी के बल पर खाली क्षणों में मनोरंजन हेतु पर्याप्त मात्रा में धन खर्च करता है। इसके साथ-साथ वह अपनी आमदनी के एक बड़े भाग को आमोद-प्रमोद, यात्राओं अपनी अभिरुचियों तथा खेलों में भी खर्च करता है।

7. **तकनीकी विकासः** वैज्ञानिक प्रगति के फलस्वरूप उत्पन्न हुए उत्पादों ने न केवल खाली क्षणों के दायरे में बड़े पैमाने पर अभिवृद्धि की है बल्कि उसके बड़े पैमाने में उपयोग पर भी प्रभाव डाला है। स्वचालित वाहनों के विकास तथा मजबूत सतह वाली सड़कों से बने हुए राजमार्गों ने काफी हद तक लोगों की मनोरंजनात्मक जिन्दगी को अन्य दूसरे किसी तकनीकी विकास की तुलना में ज्यादा प्रभावित किया है। इन सुविधाओं ने लोगों को

अवकाश के दिनों में अपने मित्रों, रोचक स्थानों, बगीचों, समुद्रतटों, विश्रामगृहों राष्ट्रीय उद्यानों तथा शिविर आयोजन स्थलों जैसे दूरस्थ स्थानों तक यात्रा करने का अवसर प्रदान किया है। राष्ट्रीय अथवा राज्य स्तर पर आयोजित होने वाले मनोरंजन खेलों (उद्यानों तथा वनों) में दर्शकों की उल्लेखनीय वृद्धि में स्वचालित वाहन के उद्योगों का बहुत बड़ा योगदान तथा अवकाश के दौरान भ्रमण करने के लिए स्वचालित वाहन एक उत्कृष्ट साधन है। अन्य क्षेत्रों में विज्ञान द्वारा किए गए क्रांतिकारी विकास के द्वारा उपलब्ध कराए गए साधनों जैसे- चलचित्र, रिकॉर्ड प्लेयर, रेडियो, टेलीविजन, वीडियो गेम, सी.डी. वीडियो, इन्टरनेट आदि ने लोगों की आदतों में उल्लेखनीय परिवर्तन ला दिया है।

8. **अन्य कारक:** कृषि क्षेत्रों से संबंधित यंत्रों के विकास, ग्रामीण विद्युतीकरण दूर संचार की उन्नत उपलब्ध सुविधाओं तथा परिवहन साधनों ने मनोरंजन के लिए पर्याप्त खाली समय को बढ़ाने में योगदान दिया है तथा शहरी मनोरंजन के स्रोत ग्रामीण जनता के लिए उपलब्ध कराए हैं। संगीत, नाटक, कला, नृत्य तथा अन्य खेलों के शालेय/महाविद्यालयीन शिक्षा कार्यक्रमों तक पहुंचने के फलस्वरूप मनोरंजनात्मक आन्दोलन का प्रभारी स्वरूप परिलक्षित हुआ है।

मनोरंजन उपलब्ध कराने वाले अभिकरण

मनोरंजन की सुविधाएं क्रियाकलाप तथा कार्यक्रम मुहैया कराने वाले असंख्य अभिकरण हैं। उनमें से बहुत से तो खाली समय के उपलब्ध अवसरों के अनुसार उपयोग किए जाने वाले मनोरंजन को मांग के आधार पर विभिन्न प्रकारों में उपलब्ध कराते हैं।

प्रत्येक अभिकरण के पास उनकी स्वयं की संभावनाएं उद्देश्य तथा गतिविधियों के लिए क्षेत्र उपलब्ध होते हैं। उनमें से कुछ एजेन्सियां केवल अपने सदस्यों के लिए ही कार्यक्रम प्रदान करती हैं। कुछ समग्र समाज के लाभ के लिए संचालित करती हैं। कुछ अभिकरण केवल एक ही प्रकार के मनोरंजन का आयोजन करते हैं जबकि दूसरों के पास विभिन्न किस्में मौजूद रहती हैं। कुछ का उद्देश्य केवल धन कमाना, कुछ का उद्देश्य लक्ष्य की प्राप्ति तथा कुछ का उद्देश्य व्यक्ति विशेष अथवा समुदाय की मांग की पूर्ति करना होता है।

मनोरंजन के बहुत से प्रकार अनिवार्यत: व्यक्तिगत गतिविधियां हैं जिनमें मनोरंजन के विभिन्न किस्मों को अभिकरण के माध्यम से भी किया जा सकता है। उदाहरण के लिए, प्रचलन, पठन, अभिरुचि, चित्रकारी, रेखांकनी बागवानी रचनात्मक लेखन प्रकृति अध्ययन, लकड़ी की कामगारी, चीनी मिट्टी की कामगारी आदि हैं। इनमें से कई क्रियाएं समूह के साथ करके आनंद प्राप्त किया जा सकता है परन्तु कुछ ऐसे भी व्यक्ति होते हैं जो इन गतिविधियों को स्वयं करना पसंद करते हैं और किसी को शामिल नहीं करते। लोगों के आधुनिक जीवन जीने की चाहत में कि घर के बाहर रहकर मनोरंजन के बहुत से पहलुओं के मौजूद होने के बावजूद घर से बढ़कर निसंदेह देश में कोई और प्रमुख मनोरंजन का केन्द्र नहीं हो सकता। आज के जमाने में जहां घर में रहने, भोजन करने, बैठक के लिए निर्धारित स्थानों में घर के क्षेत्र के बंटे होने के बाबजूद घर के स्थान का अधिकतम प्रतिशत भाग मनोरंजन के लिए उपयोग किया जा सकता है। घर का पिछवाड़ा बच्चों के लिए खेल का कमरा, उद्यान का स्थान, पालतू जानवरों का स्थान, टेलीविजन तथा कम्प्यूटर्स के लिए स्थान तथा संगीत उपकरणों तथा घरेलू पुस्तकालय आदि के लिए स्थान।

फिर भी घर में कुछ अपरिहार्य सीमितताएं हैं जहां मनोरंजनात्मक सुविधाओं तथा अवसरों को और अधिक उपलब्ध नहीं कराया जा सकता और ऐसी सुविधाएं अन्य अभिकरणों जैसा कि नीचे दर्शाया गया है उनके द्वारा प्राप्त की जा सकती हैं :–

1. **शासकीय अभिकरण:** इन अभिकरणों में केन्द्र, राज्य तथा स्थानीय शासन सम्मिलित होते हैं। शासकीय अभिकरण अपने विभिन्न कार्यालयों तथा विभागों द्वारा समाज के सभी वर्गों के लिए मनोरंजन कार्यक्रम उपलब्ध कराते हैं। शासकीय अभिकरण विस्तार सेवाओं, राष्ट्रीय उद्यान सेवाओं, वन सेवाओं, मनोरंजन ब्यूरो, खेल एवं युवा कार्यक्रम विभाग, राज्य शासन के वनों तथा उद्यानों आदि के माध्यम से समाज को मनोरंजन उपलब्ध कराते हैं।

   इन कार्यालयों/विभागों की मनोरंजन सेवाओं में ये सम्मिलित हैं।

   (a) सुविधाओं के क्षेत्रों का प्रावधान जो कि औपचारिक अथवा आयोग के लिए उपलब्ध कराए जाते हैं।

   (b) ऐसे लोगों को नियुक्त करना जोकि घर के अन्दर तथा बाहर क्रियाकलापों को आयोजित कर संचालित करने की जिम्मेदारी संभाल सकें तथा ये क्रियाकलाप विशेष तौर पर निजी भवनों में संचालित होते हैं।

   (c) सामुदायिक स्तर पर कार्यक्रमों के प्रोत्साहन एवं

आयोजित करना तथा गतिविधियों के बहुधा अन्य अभिकरणों के सहयोग से संचालित करना, तथा

(d) स्थानीय लोगों तथा संगठनों के लाभार्थ उपकरण तथा सलाहकार सेवाएं प्रदान करने का प्रावधान करना। पिकनीक, तैराकी, गोताखोरी के अलावा अन्य क्रीड़ा गतिविधियां जैसे-समुद्रतटों, पहाड़ियों, चलना, पर्वतारोहण, गोल्फ तथा टेनिस खेलना तथा अन्य खेल प्रतिस्पर्धाओं आदि का आयोजन करना अन्य विशेष सुविधाओं में श्रम पुस्तकालय, म्यूजियम आदि शासकीय अभिकरणों द्वारा उपलब्ध कराए जाते हैं।

2. **स्वयंसेवी अभिकरण:** मनोरंजन बहुत सी स्वयंसेवी संस्थाओं के स्थायी कार्यक्रमों में सम्मिलित हैं। जिनमें शामिल है वाई.एस.सी.ए. तथा वाई.डब्ल्यू.सी.ए., यूथ आर्गेनाइजेशन, क्लब, बालक स्काउट, कैम्प फायर, बालिका गाइड्स तथा बहुत से अन्य। ये अभिकरण अलग-अलग आयु समूह के बालकों, नौजवानों तथा वयस्क लोगों की सेवा करता है। इनकी सेवाएं अपने सदस्यों तक ही सीमित नहीं रहतीं, कार्यक्रमों के आयोजन के लिए वित्तीय व्यवस्था सदस्यों से चंदा उगाह कर तथा समुदाय के प्रत्येक व्यक्ति से धनराशि प्राप्त कर ली जाती है। ये अभिकरण, सांस्कृतिक, धार्मिक, शैक्षणिक, रचनात्मक कौशल को प्रोत्साहित करते हैं। इनके कार्यक्रम यद्यपि आडीटोरियम के मंचों पर आयोजित किए जाते हैं फिर भी ये अभिकरण घर के बाहर सम्पन्न की जाने वाली गतिविधियों पर जोर देते हैं तथा विस्तृत परियोजनाओं तथा विविध कार्यक्रमों द्वारा क्रीड़ाओं, एथलैटिक्स तथा सामुदायिक सेवाओं के कार्यों का अवसर प्रदान करते हैं। इनमें शिविरों के आयोजन के साथ-साथ अन्य हस्तकला की गतिविधियां भी शामिल की जाती हैं। अपने कार्यक्रमों द्वारा वे बालक और बालिकाओं को उनकी रुचि के अनुसार प्रबल संदेश देते हैं तथा उनकी रुचियों को जागृत करते हैं जिन्हें वे अपनी आगामी जिन्दगी में अनुभव करते हैं।

3. **निजी अभिकरण:** ऐसे अनगिनत अभिकरण तथा संगठन हैं जो केवल अपने सदस्यों के लिए ही मनोरंजन कार्यक्रम बनाते हैं। ऐसे संगठन सामुदायिक मदद पर निर्भर नहीं रहते। इस समूह के बहुत महत्वपूर्ण संगठन हैं। उद्योग, धार्मिक स्थापनाएं, खेल संगठन तथा अन्य क्लब बहुत से बड़े उद्योग तथा व्यापारिक घराने विशेष कर ऐसे उद्योग जहां कर्मचारी बहुत अधिक संख्या में लगाए जाते हैं वे अपने कर्मचारियों के लिए मनोरंजन के कार्यक्रमों का आयोजन करते हैं। कई स्थानों पर यह सुविधा कर्मचारियों के परिवारों तथा कई स्थानों में यह सुविधा समुदाय के लिए भी खुली रहती है। इसी प्रकार बहुत सी बीमा कम्पनियां, बैंक, सहकारी समितियां तथा अन्य व्यापारिक संगठन मनोरंजन की सुविधाएं प्रदान करते हैं तथा कार्यक्रमों का आयोजन करते हैं। द्वितीय विश्व युद्ध के पश्चात मनोरंजन को एक औपचारिक कारक के रूप में अस्पतालों में मान्यता प्राप्त हुई। इसने सिद्ध किया कि शारीरिक तथा मानसिक उपचार के लिए लोगों का मनोरंजन किया जाना बहुत ही उपयोगी है। कई धार्मिक संगठन अपने सदस्यों के सम्पूर्ण मनोरंजन के लिए उनकी भागीदारी इन गतिविधियों में सुनिश्चित करते हैं। उनमें से बहुत से संगठन अपने सदस्यों में मित्रता का भाव जागृत करने के उद्देश्य से खाली क्षणों का बुद्धिमत्तापूर्वक उपयोग करने के लिए कार्यक्रमों का आयोजन करते हैं। इन खेलों जैसे- गोल्फ, टेनिस, नौकायन, मत्स्याखेट, पोलो, चढ़ाई करना तथा दौड़ कूद शीतकालीन खेल, वाटरपोलो का आदि कार्यक्रम बहुत प्रख्यात गतिविधियां हैं। इन खेलों की प्रसिद्धि के कारण हजारों क्लब तथा संगठन खुल गए हैं। जहां इनमें से एक या एक से अधिक गतिविधियां संचालित होती हैं। इनमें से कुछ समूह हैं गोल्फ क्लब, पोलो क्लब तथा अनूठे एथलैटिक क्लब जो कि केवल या तो धनी लोगों के लिए अथवा उन लोगों के लिए खुलते हैं जो एक खेल विशेष में प्रवीण तथा उभरते हुए खिलाड़ी होते हैं। अन्य क्लब फिर भी उन लोगों की सेवा करते हैं जिनकी आय ठीक-ठाक होती है। खेल संगठनों की तुलना में कई ऐसे भी संगठन हैं जो स्वयं भी विभिन्न गतिविधियों के क्लबों का संचालन करते हैं। इनमें से कुछ यहां दर्शाए गए हैं जैसे- हॉकीक्लब, शतरंज क्लब, सामाजिक क्लब, नृत्य समूह, आर्केस्ट्रा क्लब, वाद-विवाद समूह तथा हस्तशिल्प समूह ऐसे क्लबों का संचालन सदस्यों तथा समुदाय के लोगों की रुचि के अनुरूप गतिविधियों का आयोजन करना है।

4. **व्यापारिक अभिकरण:** व्यापारिक अभिकरणों द्वारा हर रोज की दिनचर्या में मनोरंजन, मन बहलाव तथा प्रतिदिन की दिनचर्या से निजात पाने की विश्वव्यापी उत्कंठा का व्यापारीकरण कर दिया है और दूसरे अभिकरणों की भांति ही इनसे जुड़ी अभिकरणों का भी मूल उद्देश्य सेवा के

बजाय लाभ कमाना ही है। इन अभिकरणों द्वारा दोनों ही प्रकार के मनोरंजन तैयार किये गए हैं। निष्क्रिय तथा सक्रिय गतिविधियां जिनमें थका देने वाला शारीरिक श्रम निहित है। व्यापारिक संस्थाएं निष्क्रिय मनोरंजन में आमोद-प्रमोद के लिए मनोरंजक कार्यक्रमों में रेडियो, रिकॉर्ड प्लेयर, टेलीविजन, संगीत उपकरणों, थियेटरों, रात्रि-क्लबों, गतिमान चलचित्रों तथा सर्कस, हास-परिहास केन्द्रों, अप्पू घर आदि की व्यवस्था करती है। सक्रिय गतिविधियों में व्यापारिक क्लब बहुत से कार्यक्रमों के लिए विभिन्न सुविधाएं जैसे- गोल्फ क्लब, एथलैटिक क्लब, बास्केट बाल क्लब, मुक्केबाजी क्लब, साइकलिंग क्लब, दौड़ प्रतियोगिता आदि मनोरंजक कार्यक्रम प्रस्तुत करते हैं। लोग बाग मनोरंजन के महत्व को स्वीकारते हुए अपना गतिमान जीवन जीते हैं। अवकाशों में वे अपने घर से बाहर दूर जाकर भ्रमण करते हैं। होटल, सरायों तथा छोटे ढाबों तथा शिविर आदि में रहते हैं। इस प्रकार की गतिविधियां व्यापारिक संगठनों द्वारा संचालित की जाती हैं और इसके मुहैया कराने पर उनको काफी धन आमदनी के रूप में प्राप्त होता है।

मनोरंजक गतिविधियों के प्रकार

अलग-अलग लोगों की विभिन्न रुचियों के अनुसार ही मनोरंजन के विविध प्रकारों की श्रृंखला है तथा इंसान के जीवन में होते हुए परिवर्तनों के अनुसार सम्पूर्ण जीवन की विभिन्न अवस्थाओं के मनोरंजन भी भिन्न प्रकार के होते हैं। जिस किस्म के मनोरंजन में व्यक्ति विशेष संलग्न होता है। उसकी लगन अंतहीन होती है फिर भी मनोरंजन के समस्त प्रकारों में एक समान आचरण होता है जैसे कि प्रत्येक गतिविधि का मूल आधार मन की उत्कंठाओं को उजागर करने का अवसर प्रदान करना दूसरे शब्दों में हम यह कह सकते हैं कि गतिविधियों के ऐसे विभिन्न प्रकार जोकि शारीरिक, मानसिक, भावनात्मक, सामाजिक तथा रचनात्मक गतिविधियों में व्यक्ति विशेष को संतुष्टि प्रदान करते हैं। ये तत्व मनोरंजन के समान आधार हैं। मनोरंजनात्मक गतिविधियां अक्सर उपरोक्त बृहद प्रकार के व्यक्तित्वों की अभिव्यक्ति हेतु समूहबद्ध की जाती हैं, परन्तु ऐसा समूहीकरण सम्पूर्ण संतुष्टि नहीं देता। इसलिए मनोरंजन का वर्गीकरण व्यक्ति विशेष की भागीदारी तथा उसकी चाहत को ध्यान में रखते हुए करना चाहिए।

इन शीर्षकों में गतिविधियों का वर्गीकरण करना जैसे शारीरिक, नाटकीय, लयात्मक, सामाजिक, कला तथा हस्त कला, संगीत, खेल-कूद, नृत्य, प्रकृति तथा बाहरी गतिविधियां, साक्षरता तथा भाषा, एकत्रीकरण, तथा समाजसेवी गतिविधियां आदि सुविधाजनक तथा उपयोगी होती है। मनोरंजनात्मक गतिविधियों का वर्गीकरण करते समय बहुत महत्वपूर्ण बात जिसे ध्यान में रखना चाहिए वह है कि मनोरंजन गतिविधियों का चुनाव तथा वर्गीकरण, भाग लेने वालों की संतुष्टि, उनकी आयु, लिंग तथा मूलभूत संतुष्टि को ध्यान में रखकर करना चाहिए। साथ ही साथ स्थान की आवश्यकता, प्रशिक्षण का व्यय, कारण, सदस्यों की प्रकृति तथा संगठन का प्रकार आदि सभी बिन्दुओं पर ध्यान देना चाहिए। यद्यपि मनोरंजनात्मक गतिविधियों का समूहीकरण आवश्यक है परन्तु फिर भी उसकी सीमाओं के साथ-साथ उसके महत्व की भी पहचान कर लेना चाहिए।

छात्रों के अच्छी तरह से समझने के लिए कि जो इन मनोरंजन की गतिविधियों का आयोजन करना चाहते हैं उनके लिए कुछ समूहीकरण नीचे दिए गए हैं उनका आगे विकास कर उसी दिशा में पुन: आवश्यकता अनुसार उनमें सुधार किया जा सकता है :

- खेल-कूद
- सामाजिक गतिविधियां
- संगीत गतिविधियां
- कला एवं हस्त कला गतिविधियां
- नाटक गतिविधियां
- नृत्य गतिविधियां
- प्रकृति और घर के बाहर की गतिविधियां
- साक्षरता और भाषाई गतिविधियां
- संगृहीत गतिविधियां
- समाज सेवी गतिविधियां

बहुविकल्पीय प्रश्न

1. Recreation शब्द मिल कर बना है:–
   (*a*) दो यूनानी शब्दों Rec+reation से
   (*b*) दो लातीनी शब्दों Rec+reation से
   (*c*) दो फ्रेंच शब्दों Recrea+tion से
   (*d*) उपरोक्त कोई नहीं

2. हिन्दी का मनोरंजन शब्द मिल कर बना है:-
   (*a*) मन+ रंजन से (*b*) मनो +रंजन से
   (*c*) मनोर + जन से (*d*) मन + रोजन से

3. मनोरंजन में प्रथम R शब्द का अभिप्राय है:-
   (*a*) Recreation से (*b*) Retirement से
   (*c*) Readiness से (*d*) Re-organisation से

4. Recreation के अन्तिम N अक्षर से क्या अभिप्राय है:-
   (*a*) Natural (*b*) New
   (*c*) National (*d*) Number

5. Recreation में O का अर्थ है:-
   (*a*) Office (*b*) Officer
   (*c*) Offtime (*d*) उपरोक्त कोई नहीं

6. Recreation में E का अर्थ है:-
   (*a*) Exam (*b*) Esteam
   (*c*) Equality (*d*) Entertainment

7. ''मनोरंजन क्रियाओं का नहीं बल्कि जज्बातों से सम्बंधित विषय है, यह एक निजी मनोविज्ञानिक पहुंच है, एक झुकाव है तथा जिन्दगी का एक तौर तरीका है।'' निम्न में से किसने कहा है:–
   (*a*) जॉन एच. एफ ने (*b*) रोमनी ने
   (*c*) ब्राऊचर ने (*d*) हटचसन ने

8. ''मनोरंजन वह अनुभव अथवा क्रिया है जिसमें व्यक्ति स्वेच्छा से व्यस्त होता है क्योंकि व्यक्ति को उसमें व्यक्तिगत आनंद तथा संतोष मिलता है।'' निम्न में से किसका कथन है:-
   (*a*) बटलर जे. डी. (*b*) सॉल्सन
   (*c*) जे. बी. नैश (*d*) ब्राट बिल मेयर

9. ''मनोरंजन एक गति नहीं है अपितु एक संवेग है। यह एक व्यक्तिगत अनुक्रिया है, एक मनोवैज्ञानिक प्रतिक्रिया है, यह जीवन का मार्ग है जीवन के प्रति एक दृष्टिकोण है।'' निम्न कथन है:–
   (*a*) जे. बी. नैश (*b*) बटलर जे. डी
   (*c*) जान एल. एच. (*d*) सॉल्सन

10. ''जो व्यक्ति किसी विकासशील कार्य में कला के द्वारा तथा खेलों के द्वारा हिस्सा पा लेता है तो उनके कार्यों को मनोरंजन के अन्तर्गत सम्मिलित किया जा सकता है'' निम्न कथन है:–
   (*a*) ब्राऊचर (*b*) रोमनी
   (*c*) हटचसन (*d*) जे. बी. नैश

11. ''खेल बालकों के लिए निर्माण अथवा जीवन शक्ति की प्राप्ति है तथा प्रौढों के लिए खेल एक मनोरंजन है। मनोरंजन जीवन शक्ति का पुनः नवीनीकरण है।'' किसका कथन है:–
   (*a*) सॉल्सन (*b*) बटलर जे. डी
   (*c*) ब्राट बिल मेयर (*d*) जान एच. एफ.

12. ''मनोरंजन अवकाश के समय की जाने वाली ऐसी मौलिक क्रिया है जो समाज द्वारा मान्य हो तथा जिसमें स्वेच्छा से भाग लेने वाले व्यक्ति को तत्काल आत्मिक संतुष्टि प्राप्त हो।'' निम्न विचार व्यक्त किये हैं:–
   (*a*) जान एल. एच. (*b*) जान एच.एफ.
   (*c*) बटलर जे. डी. (*d*) ब्राऊचर

13. ''मनोरंजन मन बहलाने का एक ऐसा अनुभव है जिसके द्वारा व्यक्ति को शांति और प्रसन्नता की प्राप्ति होती है। शिक्षा की तरह मनोरंजन भी एक मौलिक आवश्यकता है, जो जब दैनिक जीवन का अंग है।'' उक्त विचार किसने व्यक्त किये हैं:-
   (*a*) सॉल्सन (*b*) व्रुअर
   (*c*) जान एच. एफ. (*d*) बटलर जे. डी.

14. ''मनोरंजन की क्रिया कोई वस्तु नहीं है बल्कि उसका भावना से सम्बंध है यह एक वैयक्तिक सहनशीलता है। जो कि मनोरंजन वैज्ञानिक प्रकृति द्वारा प्रतिक्रिया उत्पन्न करता है तथा यह जीवन जीने की एक कला है।'' निम्न कथन किसका है:–

(a) सॉल्सन (b) जे. बी. नैश
(c) रोमनी (d) उपरोक्त कोई नहीं

15. ''दर्शन एक व्यवस्थित विचार द्वारा विश्व और मनुष्य की प्रकृति के विषय से ज्ञान प्राप्त करने का निरन्तर प्रयत्न है।'' निम्न कथन किसका है:-
(a) प्लेटो (b) डॉ. राधा कृष्णन
(c) सेलर्स (d) उपरोक्त कोई नहीं

16. ''अन्य विधाओं के समान दर्शन का मुख्य उद्देश्य ज्ञान की प्राप्ति है।'' उक्त विचार व्यक्त किये हैं:-,
(a) जॉन डीवे (b) रूसल
(c) प्लेटो (d) सेलर्स

17. ''वस्तुओं के शाश्वत स्वरूप को जानना ही दर्शन है।'' निम्न कथन किसका है:-
(a) प्लेटो (b) रूसो
(c) सुकरात (d) अरस्तु

18. ''यथार्थ के स्वरूप को ढूंढने का तर्कसंगत प्रयास ही दर्शन है।'' निम्न कथन किसका है:-
(a) प्लेटो (b) अरस्तु
(c) जॉन डीवे (d) डॉ. राधाकृष्णन

19. निम्न खेल विधि का एक प्रकार नहीं है:-
(a) किंडर गार्टन (b) डाल्टन विधि
(c) मौंटेसरी विधि (d) मौखिक विधि

20. निम्न मनोरंजन का प्रत्यक्ष सिद्धांत है:-
(a) खुशी का अनुभव करना
(b) कार्य हेतु पुनः उर्जा मिलना
(c) मानसिक तनाव से निजात पाना
(d) उपरोक्त सभी

21. निम्न मनोरंजन का अप्रत्यक्ष सिद्धांत है:-
(a) आदर्श नागरिकता
(b) खाली समय का सदुपयोग
(c) समय की बचत
(d) उपरोक्त सभी

22. मनोरंजन में अनुशासन का निम्न महत्त्व है:-
(a) समय की बचत
(b) क्रिया व्यवस्थित ढंग से सम्पन्न
(c) अनावश्यक रोक टोक से छुटकारा
(d) उपरोक्त सभी

23. भारत में शारीरिक शिक्षा तथा मनोरंजन संगठन की स्थापना कब की गई:-
(a) 1946 (b) 1948
(c) 1951 (d) 1954

24. भारत में शारीरिक शिक्षा तथा मनोरंजन संगठन की स्थापना किसके द्वारा की गई:-
(a) भारतीय शारीरिक शिक्षा संघ द्वारा
(b) एफ. आई. एच. द्वारा
(c) अखिल भारतीय शारीरिक शिक्षा कांग्रेस द्वारा
(d) उपरोक्त में से कोई नहीं

25. शारीरिक शिक्षा तथा मनोरंजन का केन्द्रीय परामर्श बोर्ड गठित किया गया:-
(a) 1948 (b) 1958
(c) 1968 (d) 1956

26. शिक्षा मंत्रालय के साथ वैज्ञानिक अनुसंधान को जोड़ा गया:-
(a) 1954 (b) 1957
(c) 1968 (d) 1956

27. मानव संस्थान विकास मंत्रालय का गठन कब किया गया:-
(a) 26 जून 1982
(b) 26 सितम्बर 1981
(c) 26 जून 1983
(d) 26 सितम्बर 1985

28. अखिल भारतीय खेल सलाहकार समिति का गठन कब किया गया:-
(a) 1954 (b) 1956
(c) 1953 (d) उपरोक्त कोई नहीं

29. कुंजरू समिति की स्थापना किस वर्ष हुई:-
(a) 1958 (b) 1959
(c) 1963 (d) 1960

30. राष्ट्रीय प्रौढ. शिक्षा संस्थान की स्थापना निम्न वर्ष में की गई:-
(a) जनवरी 1991 (b) मार्च 1993
(c) जनवरी 1992 (d) मार्च 1990

31. बाल भवन सोसाइटी भारत की स्थापना किस वर्ष में हुई:-
(a) 1956 (b) 1957
(c) 1963 (d) 1955

32. कुंजरु समिति ने अपने सुझावों से सरकार को किस वर्ष परिचित कराया ।
(a) 1961 (b) 1964
(c) 1963 (d) 1960

33. निम्न सुझाव कंजुरु समिति ने सरकार को दिया:-
(a) मनोरंजन प्रिय व्यापार को अपनाना
(b) प्रतियोगिताओं में भाग लेने हेतु विद्यार्थियों को प्रेरित करना
(c) कॉलेज स्तर पर राष्ट्रीय केडेट कोर अपनाये
(d) उपरोक्त सभी

34. मनोरंजन का अत्याधुनिक उपकरण है:-
(a) मोबाईल फोन (b) कम्प्यूटर
(c) इन्टरनेट (d) उपरोक्त सभी

35. निम्न मनोरंजन संगठन का सिद्धांत है:–
(a) समाज केन्द्रित (b) बाल केन्द्रित
(c) लोकतंत्रीय सिद्धांत (d) उपरोक्त सभी

36. मनोरंजन प्रशासन निम्न राष्ट्रीय लक्ष्य की प्राप्ति में सहयोग देता है:
(a) लोकतांत्रिक नागरिकता का विकास
(b) चारित्रिक भावना का विकास
(c) सामाजिक तथा राष्ट्रीय एकता का विकास
(d) उपरोक्त सभी

37. शिक्षक के व्यावसायिक गुण में निम्न सम्मिलित नहीं है:-
(a) सामाजिक गुण (b) व्यावसायिक निष्ठा
(c) व्यावसायिक प्रशिक्षण (d) विषय का पूर्ण ज्ञान

38. शिक्षक के व्यक्तिगत गुण में निम्न सम्मिलित नहीं है–
(a) संवेगात्मक संतुलन
(b) व्यावसायिक निष्ठा
(c) नेतृत्व की क्षमता
(d) उच्चचरित्र एवं दृढ. संकल्प

39. मनोरंजन एजेंसियों में निम्न सम्मिलित है:-
(a) सरकारी एजेंसियां
(b) प्राइवेट एजेंसियां
(c) व्यावसायिक एजेंसियां
(d) उपरोक्त सभी

40. मनोरंजन कार्यक्रम नियोजन की निम्न मुख्य विशेषता है:-
(a) आवश्यकताओं पर आधारित
(b) विशिष्टता
(c) लचीलापन
(d) उपरोक्त सभी

41. ''सुयोजित शारीरिक शिक्षा द्वारा मानव में स्वास्थ्य, उल्लास, योग्यता तथा चरित्र की दृढ़ता की भावनाएँ स्थान लेती हैं,'' किसका कथन है?
(a) जी.एच. स्निॅकर (b) वाई. पी. जेम्स
(c) पी. एस. जोसफ (d) एच. सी. बक

42. ''शारीरिक निर्बलता हमारी अधिकांश विपत्तियों की जननी है ....सबसे पहले हमारे युवकों को सवल बनाना चाहिए, धर्म तो बाद की चीज है, तुम गीता पढ़ने की बजाए फुटबॉल खेल कर स्वर्ग के अधिक निकट पहुँच सकते हो''–किसका कथन है?
(a) स्वामी विवेकानन्द (b) महात्मा गांधी
(c) अरविन्द (d) जवाहरलाल नेहरू

43. ''शारीरिक शिक्षा न केवल शारीरिक स्वास्थ्य पर अच्छा प्रभाव डालती है, बल्कि शारीरिक क्षमता, मानसिक चुश्ती, परिश्रम, दल भावना, नेतृत्व नियम का अनुकरण विजय और पराजय में समभाव जैसी उच्च श्रेणी के गुणों के विकास में सहायता करती है,''–किसकी परिभाषा है?
(a) मुदालियर आयोग (1952)
(b) कोठारी आयोग (1964–66)
(c) अरविन्द घोष
(d) डॉ. राधाकृष्णन

44. शारीरिक शिक्षा का लक्ष्य क्या है?
(a) मनुष्य का शारीरिक विकास
(b) मनुष्य का मानसिक विकास
(c) मनुष्य का सामाजिक विकास
(d) मनुष्य का सर्वांगीण विकास

45. शारीरिक शिक्षा का लक्ष्य मनुष्य का सर्वांगीण विकास करना है, इस विकास के प्रमुख चार क्षेत्र कौन–कौन से हैं?
(a) स्वास्थ्य, चरित्र निर्माण, नागरिकता और मनोरंजन
(b) स्वास्थ्य, कौशल प्राप्ति, शारीरिक अनुकूलन और मानसिकता
(c) स्वास्थ्य, खेल भावना, चरित्र निर्माण और कौशल प्राप्ति
(d) स्वास्थ्य, मनोरंजन, खेल भावना और सामाजिकता

46. 'अतिरिक्त ऊर्जा का सिद्धांत' किसने प्रतिपादित किया?
(*a*) शीलर एवं हरबर्ट स्पेन्सर
(*b*) लॉर्ड केम्स और G. T. W. पैट्रीक
(*c*) कॉर्ल ग्रूज
(*d*) स्टेनले हॉल

47. 'मनोरंजन का सिद्धान्त' का प्रतिपादन किसने किया?
(*a*) कॉर्ल ग्रूज
(*b*) जॉन डीवी
(*c*) लॉर्ड केम्स और G.T.W. पैट्रीक
(*d*) प्रो. मैक्डूगल

48. 'पूर्वाभ्यास का सिद्धान्त' किसने दिया?
(*a*) प्रो. मैक्डूगल (*b*) कार्ल ग्रुज
(*c*) जॉन डीवी (*d*) स्टेनले हाल

49. 'पुनः स्मरण का सिद्धान्त' किसने दिया?
(*a*) जॉन डीवी (*b*) अरस्तू
(*c*) फ्रायड (*d*) स्टेनले हॉल

50. 'शुद्धिकरण का सिद्धान्त' किसने दिया?
(*a*) फ्रायड (*b*) अरस्तू
(*c*) रूसो (*d*) प्रो. मैक्डूगल

51. 'मूल प्रवृत्ति के सिद्धान्त' के जन्मदाता कौन हैं?
(*a*) अरस्तू (*b*) प्रो. मैक्डूगल
(*c*) टी. पी. नन (*d*) जॉन डीवी

52. 'खेल ही जीवन है' सिद्धान्त की व्याख्या किसने की?
(*a*) टी.पी. नन (*b*) सवेस्टियस
(*c*) जॉन डीवी (*d*) रूसो

53. किसी भी शारीरिक क्रिया या खेल से पहले मांसपेशियों के अनुकूलन के क्या लिए किया जाता है?
(*a*) मानसिक अनुकूलन
(*b*) वार्मिंग अप (गर्माना)
(*c*) लिम्बरिंग डाउन (शिथिल होना)
(*d*) इनमें से कोई नहीं

54. प्रतियोगिता या कठिन शारीरिक श्रम के पश्चात् शरीर को सामान्य अवस्था में लाने के लिए किया जाता है?
(*a*) लिम्बिरिंग डाउन (शिथिल होना)
(*b*) लेटन
(*c*) संतुलित आहार
(*d*) मनोरंजन करना

55. किस क्रिया द्वारा ऑक्सीजन ग्रहण करके कार्बोहाइड्रेट और वसा का Break down किया जाता है, जिससे शारीरिक क्षमता में बढ़ोत्तरी होती है?
(*a*) भार प्रशिक्षण (*b*) परिधि प्रशिक्षण
(*c*) एरोबिक क्रियाएँ (*d*) एनारोबिक क्रियाएं

56. निम्नलिखित में से कौन-सी ऐरोबिक क्रिया नहीं है?
(*a*) जागिंग (*b*) साइक्लिंग
(*c*) कैलिसथैनिक्स (*d*) परिधि प्रशिक्षण

57. कौनसी क्रिया एरोबिक और एनोरोबिक दोनों हैं?
(*a*) तालबद्ध व्यायाम (*b*) जागिंग
(*c*) साइक्लिंग (*d*) कैलसथैनिक्स

58. किस एरोबिक क्रिया से शरीर की केवल सामान्य पुष्टि प्राप्त होती है?
(*a*) कैलिसथैनिक्स (*b*) जागिंग
(*c*) तालबद्ध व्यायाम (*d*) भार प्रशिक्षण

59. कौनसी एरोबिक क्रिया मुख्यतः मनोरंजन के काम आती है?
(*a*) कैलिसथैनिक्स (*b*) तालबद्ध व्यायाम
(*c*) जागिंग (*d*) साईक्लिंग

60. उस विशेष व्यायाम को क्या कहते हैं जो डम्बल आदि की सहायता से मांसपेशी विशेष को शक्तिशाली बनाते हैं?
(*a*) परिधि प्रशिक्षण (*b*) जागिंग
(*c*) साईक्लिंग (*d*) भार-प्रशिक्षण

61. भार-प्रशिक्षण (Weight Training) विधि का प्रयोग सर्वप्रथम किस देश में किया गया?
(*a*) भारत (*b*) इंगलैण्ड
(*c*) जर्मनी (*d*) स्वीडन

62. परिधि प्रशिक्षण विधि (Circuit Training Method) का प्रतिपादन किसने किया?
(*a*) मोर्गन एवं एडमॅसन (इंगलैण्ड)
(*b*) जे. टी. के. पैट्रीक (स्वीडन)
(*c*) हिल डेविरस (जर्मनी)
(*d*) पी. जी. हन्ट (इटली)

63. परिधि प्रशिक्षण विधि किस वर्ष अस्तित्व में आई?
(*a*) 1951 (*b*) 1953
(*c*) 1955 (*d*) 1957

64. ''गर्माना रक्त के तापमान को बढ़ाता है जिसके फलस्वरूप मांसपेशियाँ प्रदर्शन को बढ़ाती है, ''किसका कथन है?

(a) हिल (b) डेवरिस
(c) ब्लूम (d) सबेस्टियस

65. जो व्यायाम सामान्यत: या स्पष्ट रूप से दिखाई नहीं पड़ते उन्हें क्या कहा जाता है?
(a) आइसोटोनिक व्यायाम
(b) आइसोमीट्रिक व्यायाम
(c) आइसोकाइनेटिक
(d) मूलभूत व्यायाम

66. जिस व्यायाम में सामान्यतया गतियाँ प्रत्यक्ष रूप से दिखाई पड़ती है उन्हें क्या कहते हैं?
(a) आईसोकाइनेटिक व्यायाम
(b) आइसोमीट्रिक व्यायाम
(c) आइसोटोनिक व्यायाम
(d) जर्मन् व्यायाम

67. आइसोमिट्रिक और आइसोटोनिक व्यायाम के मिश्रित रूप को क्या कहते हैं?
(a) आइसोकाइनेटिक व्यायाम
(b) पेरीन व्यायाम
(c) आइसोनेपिट्रीम व्यायाम
(d) सबेस्टीयन व्यायाम

68. आइसोकाईनेटिक व्यायामों की खोज किसने और कब की?
(a) 1961, जेफिनर क्ले
(b) 1963 मॉर्गन एवं एडॅमस
(c) 1965, कोलिवर जॉन
(d) 1968 में पेरिन ने

69. कौन-सा आइसोमीट्रिक व्यायाम नहीं है?
(a) दीवार को धकेलना
(b) भार लेकर खड़े रहना
(c) एक ही स्थान पर दौड़ना
(d) इनमें से कोई नहीं

70. कौन-सा व्यायाम आइसोटोनिक नहीं है?
(a) भार प्रशिक्षण
(b) कूदना
(c) मैडिसन बाल के साथ व्यायाम करना
(d) दीवार को धकेलना

71. किस प्रकार के व्यायामों का प्रयोग 'नाव खेना (Rowing)' और तैरना (Swimming) आदि पानी के खेलों में किया जाता है?
(a) आइसोमीट्रिक व्यायाम
(b) आइसोटोनिक व्यायाम
(c) आइसोकाईनेटिक्स व्यायाम
(d) निरन्तर प्रशिक्षण विधि

72. सहन क्षमता बढ़ाने की सबसे अच्छी प्रशिक्षण विधि है:-
(a) अन्तराल प्रशिक्षण विधि
(b) निरन्तर प्रशिक्षण विधि
(c) परिधि प्रशिक्षण
(d) तैरना

73. क्रॉस कन्ट्री किस प्रशिक्षण की सर्वोत्तम विधि मानी जाती है?
(a) अन्तराल प्रशिक्षण विधि
(b) निरन्तर प्रशिक्षण विधि
(c) परिधि प्रशिक्षण
(d) फार्टलेक प्रशिक्षण

74. अन्तराल प्रशिक्षण विधि (Interval Training Method) का प्रतिपादन किसने किया?
(a) बिकिला (b) जैटोपैक
(c) टोनी क्रूज (d) पॉवो नूरमी

75. अन्तराल प्रशिक्षण विधि का सर्वप्रथम कब प्रयोग किया गया?
(a) 1920 (b) 1922
(c) 1925 (d) 1927

76. कौनसी प्रशिक्षण विधि प्रयास एवं पुन: शक्ति प्राप्ति फिर प्रयास एवं पुन: शक्ति प्राप्ति के सिद्धान्त पर आधारित है?
(a) निरन्तर प्रशिक्षण विधि
(b) परिधि प्रशिक्षण विधि
(c) अन्तराल प्रशिक्षण विधि
(d) फार्टलेक प्रशिक्षण विधि

77. 'फार्टलेक प्रशिक्षण विधि' (Fartlak Training Method) किस देश की देन है?
(a) स्वीडन (b) जर्मनी
(c) इंगलैण्ड (d) फिनलैण्ड

78. लेजियम का भार कितना होता है?
(a) लगभग एक किलोग्राम
(b) लगभग दो किलोग्राम
(c) लगभग आधा किलोग्राम
(d) लगभग तीन किलोग्राम

79. लेजियम के हैण्डल की लम्बाई लगभग कितनी होती है?
(a) 12–15 इंच (b) 15–18 इंच
(c) 14–17 इंच (d) 16–19 इंच

80. लेजियम चेन के बीच कितनी लम्बी छड़ लगी होती है?
(a) 3 इंच (b) 4 इंच
(c) 5 इंच (d) 7 इंच

81. लेजियम की मुख्यत: कितनी अवस्थाएँ होती हैं:-
(a) 12 (b) 15
(c) 10 (d) 8

82. निम्नलिखित में से कोनसी अवस्था लेजियम की नहीं है?
(a) पवित्र (b) चार आवाज
(c) पीछे फलांग (d) जानतिक

83. 'डम्बल' शब्द का अर्थ क्या है?
(a) दो सिरा भार (b) हस्त व्यायाम यन्त्र
(c) भार (d) हस्तचलित यन्त्र

84. डम्बल का प्रयोग मुख्य रूप से आरम्भ हुआ था?
(a) भारत (b) रूस
(c) पश्चिमी देश (d) पूर्वी देश

85. टिपरी का प्रयोग मुख्यत: कहाँ किया जाता है?
(a) मथुरा और ब्रज (b) दक्षिण भारत
(c) पूर्वी भारत (d) पश्चिमी भारत

86. 'टिपरी' किसकी बनी होती है?
(a) लोहे की (b) लकड़ी की
(c) पीतल की (d) बाँस की

87. 'टिपरी' की लम्बाई कितनी होती है?
(a) 15–18 इंच (b) 16–20 इंच
(c) 18–22 इंच (d) 20–24 इंच

88. टिपरी के डण्डे की मोटाई कितनी होती है?
(a) 18 से 23 मिमी (b) 20 से 25 मिमी
(c) 22 से 27 मिमी (d) 24 से 25 मिमी

89. टिपरी का भार कितना होता है?
(a) 100 ग्राम (b) 120 ग्राम
(c) 150 ग्राम (d) 200 ग्राम

90. प्रतियोगिता की किस पद्धति में एक बार हार जाने वाली टीम प्रतियोगिता से बाहर हो जाती है?
(a) चुनौती पद्धति
(b) राउण्ड रोबिन पद्धति
(c) संयुक्त पद्धति
(d) नॉक आउट पद्धति

91. नॉक ऑउट पद्धति कितने प्रकार की होती है?
(a) दो (b) तीन
(c) चार (d) पाँच

92. निम्नलिखित में से कौनसा नॉक आउट पद्धति का प्रकार नहीं है?
(a) कोन्सोलेशन पद्धति
(b) बैगनाल वाईल्ड पद्धति
(c) पिरामिड पद्धति
(d) सिंगल नॉक आउट पद्धति

93. नॉक आउट पद्धति में कुल मैचों की संख्या जानने का फॉर्मूला है:-
(a) कुल टीम –1 (b) कुल टीम +1
(c) कुल टीम –2 (d) कुल टीम +2

94. नॉक आउट पद्धति में टीमों की संख्या 'पॉवर ऑफ टू' (2, 4, 8, 16,........) है, तो कितनी बाई देनी पड़ेगी?
(a) चार (b) छह
(c) सात (d) एक भी नहीं

95. किस नॉक आउट पद्धति में पराजित टीम को दोबारा खेलने का अवसर मिलता है?
(a) सिंगल नॉक आउट पद्धति
(b) डबल नॉक आउट पद्धति
(c) बैगनाल वाईल्ड पद्धति
(d) नॉक आउट कम लीग

96. कोन्सोलेशन प्रतियोगिता कितने प्रकार की होती है?
(a) दो (b) तीन
(c) चार (d) पाँच

97. किस प्रतियोगिता पद्धति में एक टीम को सभी टीमों से खेलना पड़ता है?
(a) नॉक आउट पद्धति
(b) राउण्ड रोबिन पद्धति
(c) संयुक्त स्वरूप
(d) चुनौती पद्धति

98. राउण्ड रोबिन प्रतियोगिता के सिंगल लीग प्रकार में कुल मैचों की संख्या निकालने का सूत्र है:-

(a) $\frac{N(N-2)}{2}$

(b) $\frac{N(N+1)}{2}$

(c) $\frac{N(N-1)}{2}$

(d) $\frac{N(N-2)}{2}$

नोट-N यहाँ पर प्रतियोगिता में भाग लेने वाली टीमों की संख्या दर्शाता है.

99. राउण्ड रोबिन की डबल लीग पद्धति में कुल मैचों की संख्या निकालने का सूत्र है:-

(a) $\frac{N-1)}{2}$

(b) N(N-1)

(c) N(N+1)

(d) $\frac{N+1}{2}$

100. प्रतियोगिता में भाग लेने वाली टीमों की संख्या अधिक होने पर उन्हें विभिन्न ग्रुपों में किस पद्धति में बाँटा जाता है?

(a) संयुक्त प्रतियोगिता

(b) नॉक आउट

(c) चुनौती पद्धति

(d) राउण्ड रोबिन (लीग पद्धति)

101. निम्नलिखित में से कौनसी पद्धति संयुक्त प्रतियोगिता का प्रकार नहीं है?

(a) लीग कम नॉक आउट

(b) लीग कम लीग

(c) कॉब वेब टाइप

(d) नॉक आउट कम लीग

102. पिरामिड टाइप, किंग टाइप और काब-वेब टाइप पद्धति की प्रतियोगिता पद्धति के प्रकार हैं?

(a) नॉक आउट (b) चुनौती प्रतियोगिता

(c) लीग प्रतियोगिता (d) संयुक्त प्रतियोगिता

103. आदर्श धावन-पथ माना जाता है?

(a) 200 मी (b) 400 मी

(c) दोनों (d) इनमें से कोई नहीं

104. आदर्श धावन-पथ (400 मी) की (Straight) कितनी होती है?

(a) लगभग 70 मीटर (b) लगभग 80 मीटर

(c) लगभग 85 मीटर (d) लगभग 90 मीटर

105. आदर्श धावन पथ में कम-से-कम कितने गलियारे होने चाहिए?

(a) 5 (b) 7

(c) 8 (d) 6

106. आदर्श धावन-पथ में प्रत्येक गलियारे की चौड़ाई कितनी होती है?

(a) 1.20 मीटर (b) 1.22 मीटर

(c) 1.25 मीटर (d) 1.30 मीटर

107. धावन-पथ में (Stagger) निकालने का सूत्र कौन-सा है?

(a) [W(n+1)-10 cm -] x2

(b) [W(n+1)-10 cm -] x 2

(c) [W(n-1) +10 cm -] x 2

(d) [W(n-1)-10 cm -] x 2

नोट-यहाँ पर:

W = गली की चौड़ाई

N = गली की संख्या

$=\frac{22}{7}$

108. आदर्श धावन-पथ के निर्माण की दिशा क्या होनी चाहिए?

(a) उत्तर-पश्चिम (b) पूर्व-पश्चिम

(c) उत्तर-दक्षिण (d) उत्तर-पश्चिम

109. धावन-पथ के अंकन के लिए किस कोण की आवश्यकता पड़ती है?

(a) 600 (b) 790

(c) 890 (d) 900

110. निम्नलिखित में से कौनसी धावन-पथ के अंकन की विधि नहीं है?

(a) पूर्णकर्ण विधि (b) वर्तुलचाप विधि

(c) अर्धकर्णविधि (d) पाइथागोरस विधि

111. आदर्श धावन-पथ की लम्बाई निकालने का सूत्र है?

(a) 2(R.Nw)+ Straight

(b) 2(R+Nw)+ Straight

(c) 2(R.Nw)- Straight

(d) 2(R.Nw)+ Straight

112. आदर्श धावन-पथ की चौड़ाई निकालने का सूत्र है:-
(a) 2(R.Nw) (b) 2(R+Nw)
(c) 2(R.2 Nw) (d) 2(R+2 Nw)
नोट-R = Radius
N= Number of Lanes
W= Width of Lanes

113. प्राचीन ओलम्पिक खेल कब आरम्भ हुए?
(a) 394 ई. पू. (b) 493 ई. पू.
(c) 676 ई. पू. (d) 776 ई. पू.

114. प्राचीन ओलम्पिक खेलों का सूत्रधार कौनसा देश है?
(a) यूनान (ग्रीस) (b) इंगलैण्ड (ब्रिटेन)
(c) भारत (d) अमरीका

115. प्राचीन ओलम्पिक खेल (776 ई.पू. से 394 ई. तक) किन यूनानी देवताओं के सम्मान के लिए आयोजित होते थे?
(a) क्रोनो एवं ऐंथना (b) जियस एवं क्रोनो
(c) जियस एवं ऐंथना (d) क्रोनो एवं सोफिया

116. प्राचीन ओलम्पिक खेलों (776 ई.पू.) के आरम्भ में एक मात्र प्रतियोगिता होती थी:-
(a) दौड़ प्रतियोगिता (b) पेंटाथलान प्रतियोगिता
(c) मुक्केबाजी (d) मल्ल युद्ध

117. 394 ई. में किस रोमन सम्राट् ने प्राचीन ओलम्पिक खेलों पर प्रतिबन्ध लगा दिया था?
(a) एडवर्ड प्रथम
(b) थियोक्रोसिस द्वितीय
(c) थियोक्रोसिस प्रथम
(d) एडवर्ड द्वितीय

118. 1975 ई. में किस जर्मन भू-शास्त्री के नेतृत्व में प्राचीन 'ओलम्पिया' नगर की खुदाई हुई?
(a) पीयरे डी. कुबर्टीन (b) अर्नेस्ट कोर्टियस
(c) ओलिवर कोट्यस (d) एलडोल्फ अर्नेस्ट

119. आधुनिक ओलम्पिक खेल कब और कहाँ शुरू हुए?
(a) 1886 सरवोन (b) 1887 पेरिस
(c) 1896 एथेंस (d) 1900 लंदन

120. आधुनिक ओलम्पिक खेल (1896 ई.) शुरू करने का श्रेय किसको है?
(a) पीयरे डी. कुबर्टिन (फ्रांस)
(b) अर्नेस्ट कोर्रियस (जर्मनी)
(c) ओलिवर कोट्यस (जर्मनी)
(d) दिमेत्रियस निकोटस (यूनान)

121. आधुनिक ओलम्पिक खेलों का पितामह किसे कहा जाता है?
(a) अर्नेस्ट कोर्टियस (b) मोहम्मद अली
(c) जैसी ओवेस (d) पीयरे डी. कुबर्टीन

122. कुबर्टीन ने 1894 ई. में अन्तर्राष्ट्रीय खेल सम्मेलन का आयोजन कहाँ कराया था?
(a) पेरिस (b) सरबोन
(c) एथेंस (d) लंदन

123. 'अन्तर्राष्ट्रीय ओलम्पिक समिति' का प्रथम अध्यक्ष किसे बनाया गया था?
(a) दिमेत्रियस निकोलस
(b) जेक्स रोग्गे
(c) पीयरे डी. कुबर्टिन
(d) ह्वान आन्तोनियो सामारांच

124. 'अन्तर्राष्ट्रीय ओलम्पिक समिति' के प्रथम महासचिव बने:-
(a) जेक्स रोग्गे
(b) कॉमते हेनरी बेलेलातुर
(c) पीयरे डी. कुबर्टिन
(d) लॉर्ड किलौनिन

125. अब तक कितने ओलम्पिक खेल (आधुनिक) आयोजित हो चुके हैं?
(a) 22 (b) 27
(c) 28 (d) 25

126. कि परिस्थितियों में आहत होने पर तुरन्त तात्कालिक उपचार देना चाहिये:
(a) हाथ पांव में सूजन (b) ज्यादा रक्त का बहाव
(c) काँपना (d) हड्डी टूटना

127. किसी व्यक्ति की शारीरिक अवस्था सूचक है..........।
(a) व्यक्तित्व (b) चरित्र
(c) स्वास्थ्य (d) दक्षता

128. प्रथम ओलम्पिक खेल (1896, एथेंस) में कितने देशों ने भाग लिया था?
(a) 7 (b) 9
(c) 12 (d) 13

129. उपचारिक प्रक्रियाओं का दूसरा नाम है:
(a) सम्बन्धित प्रक्रियाऐं (b) आर्युविज्ञान जिम्नास्टिक
(c) योगासन (d) जर्मन प्रक्रियाऐं

130. महिलाओं को ओलम्पिक में भाग लेने की अनुमति कब मिली?
(a) 1896 ई. एथेंस (b) 1900 पेरिस
(c) 1908 लंदन (d) 1920 एटवर्प

131. ओलम्पिक पदक जीतने वाली प्रथम महिला थी-
(a) फ्लो जो (ऐथलेटिक्स)
(b) चार्लट कपूर (टेनिस)
(c) मेरी लीला रो
(d) जनिफर क्रोमस

132. महिलाओं के लिए तैराकी स्पर्द्धा का आयोजन प्रथम बार किस ओलम्पिक में किया गया?
(a) 1912 स्टॉकहोम (b) 1920 एटवर्प
(c) 1924 पेरिस (d) 1928 एम्सटर्डम

133. महिलाओं को ओलम्पिक खेलों की एथलेटिक्स स्पर्द्धा में भाग लेने की अनुमति मिली:-
(a) 1912 स्टॉकहोम (b) 1920 एटवर्प
(c) 1924 पेरिस (d) 1928 एम्सटर्डम

134. महिला वॉलीबाल को ओलम्पिक खेलों में शामिल किया गया:-
(a) 1936 बर्लिन (b) 1948 लंदन
(c) 1964 टोकियो (d) 1972 म्यूनिख

135. 1980 के मॉस्को ओलम्पिक में महिलाओं की कौनसी तीन स्पर्द्धाओं को आरम्भ किया गया?
(a) नौकायन, बास्केटबाल, हैण्डबाल
(b) वॉलीबाल, हैण्डबाल, बास्केटबाल
(c) नौकायान, बास्केटबाल, नेटबाल
(d) बास्केटबाल, हैण्डबाल, हॉकी

136. महिला हॉकी को ओलम्पिक खेलों में शामिल किया गया:-
(a) 1984 लॉस एंजिल्स (b) 1972 म्यूनिख
(c) 1960 रोम (d) 1980 मॉस्को

137. महिला साईकलिंग और शूटिंग को किस ओलम्पिक में शामिल किया गया?
(a) 1980 मॉस्को (b) 1984 लॉस एंजिल्स
(c) 1972 म्यूनिख (d) 1936 बर्लिन

138. महिलाओं के लिए जिमनास्टिक और तलवारबाजी को ओलम्पिक में शामिल किया गया:-
(a) 1920 एटवर्प (b) 1928 एम्सटर्डम
(c) 1936 बर्लिन (d) 1924 पेरिस

139. ओलम्पिक ध्वज प्रथम बार किस ओलंपिक में फहराया गया?
(a) 1904 पेरिस (b) 1908 लंदन
(c) 1912 स्टॉकहोम (d) 1920 एटवर्प

140. ओलम्पिक ध्वज का अंकित चिन्ह (जिन्हें ओलम्पिक चिन्ह कहते हैं) कौन-से हैं?
(a) पाँच उड़ते हुए कबूतर
(b) आपस में गुथे हुए पाँच छल्ले
(c) संसार के पाँचों महाद्वीपों का चित्र
(d) मशाल लिए खिलाड़ी का चित्र

141. किस रंग का ओलम्पिक छल्ला एशिया महाद्वीप का प्रतिनिधित्व करता है?
(a) काला (b) पीला
(c) नीला (d) हरा

142. ओलम्पिक गान की रचना किसने की?
(a) अन्तोनियो समारांच
(b) स्पिरॉस सामारास और कोस्टिम पालामास
(c) स्पिरॉस अन्तोनिया और समारांच कोस्तिम
(d) सामारास अन्तोनियो और स्पिरॉस कोस्तिम

143. किस वर्ष ओलम्पिक गान को 'अन्तर्राष्ट्रीय ओलम्पिक समिति' से मान्यता मिली?
(a) 1949 ई. (b) 1951 ई.
(c) 1953 ई. (d) 1958 ई.

144. ओलम्पिक मशाल प्रथम बार किस ओलम्पिक में जलाई गई?
(a) 1912 स्टॉक होम (b) 1920 एटवर्प
(c) 1928 एम्सटर्डम (d) 1936 बर्लिन

145. ओलम्पिक शुभंकर का प्रयोग प्रथम बार किस ओलम्पिक में किया गया?
(a) 1936 बर्लिन (b) 1968 मेक्सिको
(c) 1972 म्यूनिख (d) 1980 मॉस्को

146. मॉस्को ओलम्पिक खेलों (1980) का शुभंकर था?

(*a*) मीशा (*b*) ओली, सैद, मिली

(*c*) इज्जी (*d*) पामेला

147. ओलम्पिक पदक का व्यास कितना होता है?

(*a*) 56 मिमी (*b*) 58 मिमी

(*c*) 60 मिमी (*d*) 65 मिमी

148. प्रथम ओलम्पिक आर्डर सम्मान प्राप्तकर्ता हैं:-

(*a*) पीयरे डी. कुबर्टीन (फ्रांस)

(*b*) अविनाश चन्द्र चटर्जी (भारत)

(*c*) थियोडोर रुजवेल्ट (अमरीका)

(*d*) एवरी ब्रेडेज (अमरीका)

149. निम्नलिखित में कौनसा भारतीय 'ओलम्पिक आर्डर सम्मान' से सम्मानित नहीं है?

(*a*) इन्दिरा गांधी (1983)

(*b*) जाल पादरीवाला (1985)

(*c*) जमेशेद जी. टाटा (1974)

(*d*) अविनाश चंद्र चटर्जी (1982)

उत्तरमाला

1	**2**	**3**	**4**	**5**	**6**	**7**	**8**	**9**	**10**
(*b*)	(*a*)	(*c*)	(*a*)	(*c*)	(*d*)	(*b*)	(*a*)	(*d*)	(*a*)
11	**12**	**13**	**14**	**15**	**16**	**17**	**18**	**19**	**20**
(*d*)	(*a*)	(*b*)	(*a*)	(*c*)	(*b*)	(*a*)	(*d*)	(*d*)	(*d*)
21	**22**	**23**	**24**	**25**	**26**	**27**	**28**	**29**	**30**
(*d*)	(*d*)	(*a*)	(*c*)	(*d*)	(*b*)	(*b*)	(*a*)	(*b*)	(*a*)
31	**32**	**33**	**34**	**35**	**36**	**37**	**38**	**39**	**40**
(*d*)	(*c*)	(*d*)	(*d*)	(*d*)	(*d*)	(*a*)	(*b*)	(*d*)	(*d*)
41	**42**	**43**	**44**	**45**	**46**	**47**	**48**	**49**	**50**
(*d*)	(*a*)	(*b*)	(*d*)	(*a*)	(*a*)	(*c*)	(*b*)	(*d*)	(*a*)
51	**52**	**53**	**54**	**55**	**56**	**57**	**58**	**59**	**60**
(*b*)	(*c*)	(*b*)	(*a*)	(*c*)	(*d*)	(*c*)	(*a*)	(*b*)	(*d*)
61	**62**	**63**	**64**	**65**	**66**	**67**	**68**	**69**	**70**
(*c*)	(*a*)	(*d*)	(*b*)	(*b*)	(*c*)	(*a*)	(*d*)	(*c*)	(*d*)
71	**72**	**73**	**74**	**75**	**76**	**77**	**78**	**79**	**80**
(*c*)	(*b*)	(*b*)	(*a*)	(*a*)	(*c*)	(*a*)	(*a*)	(*b*)	(*c*)
81	**82**	**83**	**84**	**85**	**86**	**87**	**88**	**89**	**90**
(*a*)	(*d*)	(*a*)	(*c*)	(*a*)	(*d*)	(*a*)	(*b*)	(*a*)	(*d*)
91	**92**	**93**	**94**	**95**	**96**	**97**	**98**	**99**	**100**
(*d*)	(*c*)	(*a*)	(*d*)	(*b*)	(*a*)	(*b*)	(*d*)	(*b*)	(*a*)
101	**102**	**103**	**104**	**105**	**106**	**107**	**108**	**109**	**110**
(*c*)	(*b*)	(*b*)	(*b*)	(*c*)	(*b*)	(*d*)	(*c*)	(*d*)	(*b*)
111	**112**	**113**	**114**	**115**	**116**	**117**	**118**	**119**	**120**
(*b*)	(*b*)	(*d*)	(*a*)	(*b*)	(*a*)	(*c*)	(*b*)	(*c*)	(*a*)
121	**122**	**123**	**124**	**125**	**126**	**127**	**128**	**129**	**130**
(*d*)	(*b*)	(*a*)	(*c*)	(*c*)	(*b*)	(*d*)	(*d*)	(*b*)	(*b*)
131	**132**	**133**	**134**	**135**	**136**	**137**	**138**	**139**	**140**
(*b*)	(*a*)	(*d*)	(*c*)	(*a*)	(*d*)	(*b*)	(*d*)	(*d*)	(*b*)
141	**142**	**143**	**144**	**145**	**146**	**147**	**148**	**149**	
(*b*)	(*b*)	(*d*)	(*d*)	(*b*)	(*a*)	(*c*)	(*d*)	(*c*)	

इकाई-VII

क्रीड़ा प्रशिक्षण

प्रशिक्षण या ट्रेनिंग

ट्रेनिंग का अर्थ होता है खिलाड़ियों की शारीरिक क्षमता में वृद्धि करना ताकि वह कम से कम समय में भी अच्छे से अच्छा प्रदर्शन कर सके। ट्रेनिंग द्वारा खिलाड़ियों के खेलने के स्तर को सुधारा जा सकता है। सही ढंग से दी जाने वाली ट्रेनिंग से खिलाड़ियों में आत्मविश्वास की भावना उत्पन्न होती है।

आज-कल खिलाड़ियों को ट्रेनिंग देने के लिए भी कई वैज्ञानिक तरीकों का प्रयोग किया जाता है। जिससे खिलाड़ी की स्वयं की कार्य करने की शक्ति को बढ़ाया जा सकता है। हर खेल के लिए ट्रेनिंग भी अलग-अलग होती है। ट्रेनिंग चाहे जैसी भी हो उसका मुख्य उद्देश्य खिलाड़ियों के शरीर में ऊर्जा को बढ़ाना और उसे खत्म न होने देना है।

आमतौर पर ट्रेनिंग देते समय इस बात को ध्यान में रखा जाता है कि खिलाड़ियों के शरीर को कैसे गरम रखा जा सकता है। इसके लिए खिलाड़ियों को धीमी गति से दौड़ाया जाता है जिससे उसके शारीरिक तापमान को बढ़ाया जा सके। फिर शरीर खींचने वाली और शरीर मोड़ने वाली कसरत करवाई जाती है। इस प्रकार की कसरतों द्वारा खिलाड़ी के शरीर के जोड़ों में लचीलापन आ जाता है और वह कठिन से कठिन अभ्यास को भी आसानी से कर सकता है।

वजन उठाने वाले खेलों में दी जाने वाली ट्रेनिंग के कुछ फायदे भी हो सकते हैं और नुकसान भी। वजन उठाने वाली ट्रेनिंग में खिलाड़ियों को अलग-अलग ढंग से वजन उठवाया जाता है जिससे उनकी मांसपेशियों पर जोर पड़े और वह भारी वजन को उठाने में सक्षम हो। इस ट्रेनिंग का नुकसान यह होता है कि बार-बार भारी वजन उठाने से खिलाड़ियों की मांसपेशियों के आकार में परिवर्तन होने लगता है और उनमें खिंचाव की संभावना बनी रहती है। इसलिए प्रशिक्षक को इस बात का ध्यान रखना चाहिए कि खिलाड़ियों को ट्रेनिंग के दौरान किसी तरह की कोई परेशानी न हो और पुनरावृत्ति को समय अन्तराल पर करवाया जाना चाहिए।

दम-खम ट्रेनिंग

खेलों में दम-खम का अर्थ होता है खिलाड़ियों की शारीरिक क्षमता को लम्बी अवधि तक बनाए रखना। दम-खम को बढ़ाने का तात्पर्य यह होता है कि मांसपेशियों का बढ़ना, शरीर में रक्त-संचार को बढ़ाना, शरीर में ग्लोकोजन की मात्रा को बढ़ाना आदि। परन्तु इस बात को ध्यान में रखना चाहिए कि हृदय की गति एक निश्चित अनुपात तक ही बढ़ाई जा सकती है, उसे न तो मनुष्य द्वारा रोका जा सकता है और न ही बदला जा सकता है। हर एथलीट को अपनी श्वास की गति पर काबू पाना चाहिए। एथलीट को इस बात को हमेशा ध्यान में रखना चाहिए कि वह कितने कदम दौड़ने के बाद श्वास लेगा और कितने कदम दौड़ने के बाद श्वास छोड़ेगा। दम-खम ट्रेनिंग देते समय निम्नलिखित बातों को ध्यान में रखा जाना चाहिए-

1. खिलाड़ियों को दम-खम बनाए रखने के लिए सबसे पहले धीरे-धीरे अभ्यास करवाया जाना चाहिए। बिना किसी अभ्यास के एकदम तेजी से साथ किए व्यायामों से मांसपेशियों पर बुरा प्रभाव पड़ सकता है और खिलाड़ियों को प्रतियोगिता के समय कठिनाई होगी।
2. खिलाड़ियों को ट्रेनिंग देते समय इस बात को भी ध्यान में रखना चाहिए कि एक ही समय में बिना अन्तराल के अभ्यास नहीं करवाया जाना चाहिए। अभ्यास करते हुए खिलाड़ियों की शारीरिक क्षमता और मानसिक क्षमता दोनों पर असर पड़ता है। इसलिए ट्रेनिंग इस तरह की हो जिसमें खिलाड़ियों को रूक-रूक कर अभ्यास करवाया जाए। क्योंकि कई बार ऐसा भी होता है कि अभ्यास को दोहराना पड़ता है। इसलिए स्टॉप वाच का भी प्रयोग करना चाहिए।

3. पिरामिड ट्रेनिंग में खिलाड़ियों को अभ्यास करवाते वक्त विश्राम को ध्यान में रखा जाता है क्योंकि इस प्रकार की ट्रेनिंग में खिलाड़ियों की समय और गति दोनों को बढ़ाना पड़ता है जिससे खिलाड़ियों को थकान महसूस होती है। इस ट्रेनिंग में खिलाड़ियों को पूरा दम-खम लगाकर दौड़ना पड़ता है।

अत: यदि खिलाड़ी अपने शरीर में दम-खम को बनाए रखना चाहता है तो उसे सही ढंग से और निश्चित समय अन्तराल के बीच अभ्यास करना चाहिए। ऐसा करने से उसे चोटें भी कम लगेगी और उसके खेल-स्तर में भी सुधार लाया जा सकेगा। प्रतियोगिताओं के दौरान अच्छा प्रदर्शन करने के लिए यह जरूरी है कि सही ढंग से ट्रेनिंग ली जाए।

'ट्रेनिंग शैड्यूल (प्रशिक्षण अवधिकरण)

जब किसी खिलाड़ी या खिलाड़ियों के समूह को निश्चित खेल के लिए निश्चित समयानुसार ट्रेनिंग या खेल अभ्यास कराया जाता है तो वह उस खिलाड़ी का "ट्रेनिंग शैड्यूल" कहलाता है।

संबंधित खेल क्रिया में दी जाने वाली ट्रेनिंग को उसके बनाये गये ट्रेनिंग शैड्यूल के अनुसार ही चलती है। अर्थात् उस खेल के ट्रेनिंग शैड्यूल का ही ध्यान में रखा जाना आवश्यक होता है। ट्रेनिंग शैड्यूल बनाते समय विभिन्न सिद्धांतों का ध्यान रखना आवश्यक होता है क्योंकि यह कई सिद्धांतों पर आधारित होता है तथा यदि इन सिद्धांतों की अनदेखी कर दी जाए तो ट्रेनिंग शैड्यूल स्वत: ही अपना महत्व खो देगा।

'ट्रेनिंग शैड्यूल के सिद्धांत'

किसी भी ट्रेनिंग शैड्यूल को बनाते समय उसके सफल क्रियान्वयन हेतु विभिन्न सिद्धांतों को विशेष रूप से ध्यान में रखा जाना चाहिए:

1. ट्रेनिंग शैड्यूल का उद्देश्य
2. आयु समूह
3. सेक्स अन्तर
4. वातावरण
5. पर्याप्त सुविधाएं
6. आर्थिक स्थिति
7. खेल अनुसार
8. ट्रेनिंग शैड्यूल का मौसम
9. कोच एवं प्रशिक्षणार्थियों की संख्या
10. ट्रेनिंग शैड्यूल के कुल कार्य दिवस
11. खिलाड़ी का संबंधित खेल का पूर्व अनुभव।

उपरोक्त सभी विधाओं को यदि ध्यान में रखा जाए तो एक सफल ट्रेनिंग शैड्यूल बनाया जा सकता है। सबसे पहले तो ट्रेनिंग शैड्यूल बनाने वाले कोच को यह पता होना चाहिए कि वह खेल प्रतियोगिता के लिए यह शैड्यूल बना रहा है, वह जिला स्तर, राज्य स्तर, राष्ट्रीय स्तर या अन्तर्राष्ट्रीय स्तर का है आदि का ध्यान रखना अत्यंत जरूरी होती है। कोच को सदैव ट्रेनिंग शैड्यूल का उद्देश्य ध्यान में रखकर चलना चाहिए। उद्देश्य को ध्यान रखकर ही पूरे शैड्यूल की रूपरेखा तैयार करनी चाहिए। शैड्यूल कितने दिनों का है? ट्रेनिंग लेने वाले खिलाड़ियों की संख्या कितनी है? उनकी आयु सेक्स तथा खेल का पूर्वानुभव कितना है? आदि का भी ट्रेनिंग शैड्यूल बनाते समय ध्यान रखना पड़ता है।

इसके अतिरिक्त ट्रेनिंग शैड्यूल के दौरान पर्याप्त सुविधाएं, आर्थिक स्थिति, वातावरण-गर्मी, सर्दी, वर्षा ऋतु आदि का भी ध्यान रखना चाहिए।

ट्रेनिंग शैड्यूल (प्रशिक्षण अवधिकरण) कैसे तैयार किए जाएं?

1. ट्रेनिंग या कोचिंग के कुल दिनों की संख्या,
2. कुल दिनों में से ट्रेनिंग वाले दिनों की संख्या,
3. ट्रेनिंग दिये जाने वाला कुल समय।

ट्रेनिंग शैड्यूल बनाते समय निम्न बातों को भी ध्यान में रखा जाना चाहिए :

1. अधिकांश प्रात: काल का समय प्रारंभ में खिलाड़ी व एथलीट की कंडीशन करने के लिए तथा बाद में नये कौशल तथा प्रयुक्तियां सीखने के लिए तथा दोपहर के बाद का समय स्पीड वर्क करने, खेल खेलने व अन्य फ्रैंड मुकाबले के लिए उपयोग में लाया जा सकता है।
2. ट्रेनिंग शैड्यूल में एक घण्टे का ज्ञानात्मक पीरियड भी शामिल करना चाहिए, जिसमें मैदान आयोजन, खेलों के नियम, तकनीक आदि के विषय में बताया जाये।
3. ट्रेनिंग शैड्यूल के दौरान खेल प्रतियोगिताओं को निम्न आधार पर चुनना चाहिए :
   (i) समान स्तर के खिलाड़ी अथवा ग्रुप के साथ।
   (ii) अपने से ऊंचे स्तर के खिलाड़ी अथवा ग्रुप के साथ।
   (iii) अपने से कम स्तर के खिलाड़ी अथवा टीम के साथ।
   (iv) बराबर वाले खिलाड़ी या टीम के साथ।

4. जिले स्तर के शैड्यूल में ढाई घंटे सुबह शाम ट्रेनिंग दी जानी चाहिए। राज्य स्तर या उससे ऊपर के स्तर पर सुबह शाम तीन-तीन घंटे की ट्रेनिंग दी जानी चाहिए।

'ट्रेनिंग की प्रदर्शन को प्रभावित करने वाले कारक'

एक खिलाड़ी/एथलीट के प्रदर्शन को प्रभावित करने वाले निम्न कारक हैं तथा कोच को इन सभी कारकों का ज्ञान होना चाहिए ताकि वह इनको दूर करने के लिए अपने ट्रेनिंग शैड्यूल को उसी तरह का बना सके। निम्न कारक एक खिलाड़ी के प्रदर्शन को प्रभावित करते हैं :

1. परिणाम,
2. फिजिकल कम्पोनेंटस,
   (i) Character of Spectators.
3. टेक्नीकल-टेक्टीकल कारक,
   (i) Neuro-Muscular Co-ordination.
   (ii) Intelligency.
4. एनाटॉमीकल कारक,
   (i) Height, *(ii)* Body Weight.
5. बाहरी या अन्य कारक,
   (i) उपकरण,
   (ii) प्रकाश,
   (iii) स्टेडियम,
   (iv) मौसम,
   (v) रेफरी, जज,
   (vi) दर्शक,
   (vii) आहार,
   (viii) पोशाक,
   (ix) विरोधी हर बार एक तरह का होना।
6. मनोवैज्ञानिक कारक
   (i) हौसला,
   (ii) जीतने की भावना न होना,
   (iii) दर्द सहने की क्षमता का कम होना,
   (iv) विरोधी को अधिक ताकतवर समझना,
   (v) आत्मविश्वास की कमी।

इसके अतिरिक्त मनोवैज्ञानिक कारकों को निम्न ढंग से भी व्यक्त कर सकते हैं :

(i) खेल से पहले-प्रतियोगिता का डर,
(ii) खेल के दौरान-बार बार कोच को देखना,
(iii) खेल के बाद-जीतने के पश्चात घमंड नहीं, हारने पर हौसला रखना।

उपरोक्त सभी कारक एक खिलाड़ी/एथलीट के प्रदर्शन को प्रभावित करने की क्षमता रखते हैं।

खेल प्रशिक्षण

हार्रे ने कहा है कि खेल प्रशिक्षण, वैज्ञानिक ज्ञान पर आधारित, खेलकूद में उत्कृष्टता प्राप्त करने की एक शैक्षणिक प्रक्रिया है जो मनो-शारीरिक प्रदर्शन योग्यता और प्रदर्शन की तैयारी पर सुव्यवस्थित प्रभाव के द्वारा खिलाड़ियों का उच्च से उच्चतम स्तर के प्रदर्शन के लिए मार्गदर्शन पर लक्षित है। खेल प्रशिक्षण की अपेक्षाओं से सक्रिय और सचेतन पारस्परिक प्रभाव से एक खिलाड़ी के व्यक्तित्व का विकास सभ्य समाज के मानदंडों के अनुरूप होता है।

खेल प्रशिक्षण के लक्ष्य

खेल प्रशिक्षण के अर्थ और परिभाषाओं के आधार पर खेल प्रशिक्षण का उद्देश्य एक खिलाड़ी का खेल प्रदर्शन, विशेषकर खेल प्रतिस्पर्धाओं में प्रदर्शन में तीव्र सुधार लाना है। जो मुख्य रूप से उसकी शारीरिक, मानसिक, बौद्धिक और तकनीकी क्षमताओं और योग्यताओं पर आधारित होता है। दूसरे शब्दों में प्रतियोगी खेलों में खेल प्रशिक्षण का उद्देश्य प्रतिस्पर्धाओं में खिलाड़ियों को उच्चतम संभव खेल प्रदर्शन प्राप्त करने के लिए तैयार करना है।

खेल प्रशिक्षण के उद्देश्य

प्रतियोगी खेलों में खेल प्रशिक्षण के लक्ष्यों को ध्यान में रखते हुए, लक्ष्य तक पहुंचने के लिए प्रशिक्षण के निम्नलिखित उद्देश्य निश्चित किए जा सकते हैं–

1. **व्यक्तित्व का विकास:** खेल प्रशिक्षण का एक मुख्य उद्देश्य खिलाड़ी के व्यक्तित्व का चतुर्मुखी विकास है क्योंकि खेल प्रतिस्पर्धाओं में उच्चतम संभव प्रदर्शन प्राप्त करने में एक अच्छे व्यक्तित्व का बहुत महत्व है। व्यक्तित्व की कई विशेषताएं जैसे- संचालन, निश्चय, संकल्प, आत्मविश्वास, नेतृत्व, भावनात्मक परिपक्वता, प्रशिक्षित होने का गुण/क्षमता, विवेक और मानसिक दृढ़ता आदि का विकास खेल प्रशिक्षण और शिक्षा द्वारा किया जा सकता है।

ये सभी घटक खिलाड़ी के चतुर्मुखी विकास और खेल प्रतियोगिताओं में उच्चतर प्रदर्शन में महत्वपूर्ण स्थान रखते हैं।

2. **शारीरिक तन्दरुस्ती स्वस्थता का विकास:** खेल प्रशिक्षण का अगला महत्वपूर्ण उद्देश्य खिलाड़ी की शारीरिक स्वस्थता के स्तर का विकास है। शारीरिक स्वस्थता मुख्यत: शक्ति, गति, सहनशक्ति, लचक और अन्य समन्वयकारी योग्यताओं से होती है। यह योग्यताएं उच्च स्तर के खेल प्रदर्शन के लिए पूर्वपेक्षित होती हैं। खेल प्रशिक्षण विशेष खेल गतिविधि या खेल के लिए आवश्यक स्वस्थता के विकास पर केन्द्रित होना चाहिए। स्वस्थता के वांछनीय स्तर और इसके घटकों का विकास कई वर्षों के सुनियोजित प्रशिक्षण से होता है। इसके लिए खिलाड़ियों/प्रशिक्षार्थियों के खेल प्रशिक्षण में विभिन्न प्रकार के शारीरिक व्यायाम और प्रशिक्षण विधियों की आवश्यकता होती है।

3. **निपुणता/तकनीक का विकास:** खेल प्रशिक्षण का एक अन्य अनिवार्य उद्देश्य विशेष प्रकार की खेल या गतिविधि, जिसमें खिलाड़ी अपना प्रदर्शन करना चाहता है, के लिए प्रवीणता और तकनीकी विकास है। अच्छा हुनर या अच्छी तकनीक खिलाड़ी के लिए अपनी शारीरिक योग्यताओं और ताकत/कौशल का संयमित और सर्वश्रेष्ठ प्रयोग करने में सहायक होते हैं।

   खिलाड़ी किसी हुनर या तकनीक को सीखते हैं और फिर उस पर अपने खेल या गतिविधि के अनुरूप परिस्थितियों में निपुणता प्राप्त करते हैं। जैसे-जैसे खिलाड़ी अपनी शारीरिक स्वस्थता का स्तर सुधारता है वैसे-वैसे उसे अपने कौशल (हुनर) और तकनीक में भी सुधार लाना चाहिए। इस प्रकार खेल प्रशिक्षण के दोनों पक्ष अर्थात शारीरिक स्वस्थता का विकास और हुनर या तकनीक का विकास साथ-साथ चलना चाहिए।

4. **कौशल/निपुणता का विकास:** राष्ट्रीय और अंतर्राष्ट्रीय स्तर पर कठिन प्रतिस्पर्धा होने के कारण कौशल/निपुणता/हुनर का महत्व धीरे-धीरे बढ़ रहा है। इसलिए प्रत्येक प्रशिक्षण कार्यक्रम विशेषकर उच्च स्तर के प्रशिक्षण में अन्य घटकों के साथ-साथ कौशल प्रशिक्षण को सम्मिलित करना महत्वपूर्ण हो गया है। क्योंकि खिलाड़ी को वे सभी कौशल और योग्यताएं हासिल करना चाहिए जो उसे खेलों या विशेष गतिविधि को जीतने में सहायक हो।

5. **मानसिक विकास:** मानसिक विकास खेल प्रशिक्षण का एक महत्वपूर्ण और अभिन्न अंग है। आज-कल, उच्च स्तर की प्रतिस्पर्धा के समय में खिलाड़ियों की मानसिक क्षमताओं पर बहुत दबाव रहता है। वे बाहरी और भीतरी दोनों प्रकार से अत्यंत तनाव और दबाव में रहते हैं। अच्छा प्रदर्शन करने के लिए आवश्यक है कि खिलाड़ी खेल प्रशिक्षण और प्रतिस्पर्धा की अवधि में अपने बारे में सोचने और करने की स्थिति में हों। खेल प्रशिक्षण का एक महत्वपूर्ण उद्देश्य खिलाड़ी की बौद्धिक क्षमताओं का विकास और उन्हें प्रशिक्षित करना इसका प्रशिक्षण और प्रतिस्पर्धा में अनूठे ढंग से प्रयोग करना सीखना है।

खेल प्रशिक्षण की विशेषताएं:

खेल प्रशिक्षण की मुख्य विशेषताएं हैं

1. **खेल प्रशिक्षण प्रदर्शन लक्षित होता है :** खेल प्रशिक्षण सदा प्रदर्शन लक्षित होता है क्योंकि इसका उद्देश्य किसी खेल प्रतियोगिता में उच्च प्रदर्शन प्राप्त करना होता है। खेल प्रशिक्षण की प्रत्येक प्रक्रिया खेल प्रदर्शन में सुधार लाती है चाहे वह शारीरिक या मानसिक तैयारी हो अथवा कौशल/तकनीक का विकास या कौशल/प्रवीणता और मानसिक प्रशिक्षण।

2. **खेल प्रशिक्षण एक व्यक्तिगत मामला :** खेल प्रदर्शन विभिन्न घटकों का परिणाम होता है जो विभिन्न लोगों में विभिन्न प्रकार/स्तर के होते हैं। इसलिए खेल प्रशिक्षण काफी हद तक व्यक्तिगत मामला है। परन्तु इसका यह अर्थ नहीं है कि खेल प्रशिक्षण सामूहिक नहीं होना चाहिए। बल्कि खेल प्रशिक्षण का भावनात्मक आधार प्रदान करके प्रदर्शन क्षमता को संगठित/संचालित करने के उद्देश्य से सामूहिक होना आवश्यक है। सामूहिक प्रशिक्षण कम खर्च/किफायती होता है और सामूहिक शिक्षा का एक महत्वपूर्ण घटक है। खेल प्रशिक्षण में प्रशिक्षण की मात्रा (Training Load) और पुनरावृत्ति (frequency) का निर्धारण करते समय अलग-अलग घटकों को उचित महत्त्व देना आवश्यक है।

3. **खेल प्रशिक्षण नियोजित और सुव्यवस्थित होता है:** किसी प्रतिस्पर्धा में उच्च स्तर का प्रदर्शन करने के लिए खेल प्रशिक्षण सदैव नियोजित और सुव्यवस्थित होता है। उपयुक्त नियोजन अर्थात् लंबी अवधि के लिए, मध्यवर्ती और अल्पावधि के लिए नियोजन और सुव्यवस्थित प्रक्रिया के बिना किसी खेल/गतिविधि में वांछित परिणाम प्राप्त

नहीं किए जा सकते। हुनर या तकनीक का विकास किए बिना कोई खिलाड़ी किसी खेल/गतिविधि के कौशल/निपुणता के पक्ष में उत्कृष्टता प्राप्त नहीं कर सकता। अतः खेल प्रशिक्षण उत्कृष्ट प्रदर्शन हासिल करने के लिए एक नियोजित और वैज्ञानिक प्रक्रिया है।

4. **खेल प्रशिक्षण वैज्ञानिक प्रक्रिया है:** आजकल खेल प्रशिक्षण एक उच्च स्तर की वैज्ञानिक प्रक्रिया है जो ठोस वैज्ञानिक सिद्धांतों पर आधारित है। यह प्राकृतिक और सामाजिक विज्ञान में हुई प्रगति पर भी आधारित है। विज्ञान के इन विषयों के ज्ञान को इस प्रक्रिया में उच्चतम स्तर के प्रदर्शन को प्राप्त करने के लिए प्रयोग किया जाता है। इस प्रकार खेल प्रशिक्षण अपने आप में एक विज्ञान बन जाता है जिसका आज के खेल-कूद में बहुत महत्त्व है।

5. **खेल प्रशिक्षण शैक्षणिक प्रक्रिया है:** वास्तव में खेल प्रशिक्षण एक सुनियोजित और सुव्यवस्थित शैक्षणिक प्रक्रिया है जिसके माध्यम से खिलाड़ियों को विभिन्न प्रकार की प्रशिक्षण विधियों, प्रशिक्षण प्रक्रियाओं, नियमों और अधिनियमों और उसकी योग्यताओं और क्षमताओं की शिक्षा दी जाती है। खेल प्रशिक्षण एक शैक्षणिक प्रक्रिया है जिसमें विभिन्न साधनों और तरीकों के प्रयोग से खिलाड़ियों के व्यक्तित्व का चतुर्मुखी विकास कियो जाता है। खेल-कूद के उपयुक्त व्यक्तित्व का विकास किए बिना उपयुक्त प्रशिक्षण और उच्च प्रदर्शन संभव नहीं है।

6. **खेल प्रशिक्षण में प्रशिक्षक एक मार्गदर्शक/अगुआ:** खेल प्रशिक्षण की एक और विशिष्टता प्रशिक्षक का एक अगुआ के रूप में होना है। मार्गदर्शक के रूप में प्रशिक्षक का कार्य में खेल प्रशिक्षण के सभी पहलू/पक्ष और प्रकार शामिल होते हैं। प्रशिक्षक प्रशिक्षण में हर पक्ष, नियोजन, कार्यान्वयन और मूल्यांकन आदि को नियंत्रित करता है। खेल प्रशिक्षण में प्रशिक्षक खिलाड़ियों के प्रशिक्षण कार्यक्रम का सही अनुसरण करने में सहायता करता है और प्रशिक्षण और प्रदर्शन के विभिन्न पक्षों पर उनसे प्रभावी रूप में बातचीत करता है।

7. **खिलाड़ियों की क्षमता का विकास और उपयोग:** खेल प्रशिक्षण का एक मुख्य कार्य खिलाड़ियों की क्षमता और योग्यताओं का विकास करना और उन क्षमताओं का उपयोग करना है। कई बार खिलाड़ियों को अपनी प्रदर्शन क्षमता की सीमा का ज्ञान नहीं होता। छुपी हुई क्षमताओं को प्रशिक्षण के द्वारा बाहर निकाला जाता है और खिलाड़ियों को इन संचित क्षमताओं की शिक्षा दी जाती है। खेल प्रशिक्षण के द्वारा खिलाड़ी अपने प्रदर्शन की कई ऊंचाईयों को छूला है और अपने लिए और उँचे लक्ष्य स्थापित करता है।

8. **खेल प्रशिक्षण एक नियंत्रित प्रक्रिया है :** खेल प्रशिक्षण की यह एक अनूठी विशेषता है कि इसका प्रत्येक तत्व पूरी तरह नियंत्रित होता है। खेल प्रशिक्षण में खिलाड़ी को बहुत अनुशासित, कर्तव्यनिष्ठ और प्रशिक्षण के सभी पक्षों के प्रतिबद्ध होना होता है ताकि वह अच्छे प्रदर्शन के लिए इसका पूरा लाभ उठा सके। उसका प्रशिक्षण सूक्ष्म, मध्यम और वृहत् प्रशिक्षण सत्रों के माध्यम से पूरी तरह प्रबंधित होता है।

खेल प्रशिक्षण और अनुकूलन के सिद्धांत

खेल प्रशिक्षण और अनुकूलन के मौलिक सिद्धांत निम्नानुसार है:

1. **अतिभार का सिद्धांत:** किसी व्यक्ति की योग्यताओं में प्रगति/सुधार खेल प्रशिक्षण का एक अग्रणी सिद्धांत है। अतिभार का अर्थ है कि स्वस्थता में हुई प्रगति के साथ-साथ प्रशिक्षण में और कड़ाई/उग्रता लाई जाती है जो खिलाड़ी की स्वस्थता की वर्तमान स्थिति के लिए चुनौती होती है। उग्रता से थकावट होती है जैसे-जैसे उग्रता समाप्त होती है स्वास्थ्य लाभ होने लगता है। यदि प्रशिक्षण की उग्रता आदर्श स्तर की है (अधिकतम सीमा, जिसका ज्ञान नहीं है से कुछ कम) तो प्रशिक्षार्थी पुनर्लाभ के बाद उग्रता बढ़ाए जाने से पूर्व की तुलना में अधिक स्वस्थ होगा।

2. **व्यक्तिगतता/विशेषता का सिद्धांत:** जिस प्रकार संसार में दो व्यक्ति एक समान नहीं होते उसी प्रकार प्रत्येक प्रशिक्षार्थी या खिलाड़ी प्रशिक्षण के तरीके या प्रणाली पर एक सी प्रतिक्रिया न व्यक्त करके अलग-अलग ढंग से प्रतिक्रिया देते हैं। आयु और लिंग भेद भी प्रशिक्षण कार्यक्रम को प्रभावित करते हैं।

   व्यक्तिगता के सिद्धांत के अनुसार प्रशिक्षण कार्यक्रम प्रशिक्षार्थी की निजी योग्यता, आवश्यकताओं और क्षमता के अनुरूप तैयार किया जाना चाहिए। इसलिए किसी दूसरे प्रशिक्षार्थी के कार्यक्रम की नकल नहीं करनी चाहिए। किसी प्रशिक्षार्थी के लिए प्रशिक्षण कार्यक्रम तैयार करते समय प्रशिक्षक को उसकी शारीरिक, शारीरिक-क्रिया विज्ञान और मानसिक बनावट, उसकी आयु, खेलों का

अनुभव, दक्षता कम स्तर, पूर्व और वर्तमान प्रदर्शन, प्रशिक्षण की उग्रता की क्षमता, पुनर्लाभ की अवधि, शरीर के गठन और लिंग भेद का ध्यान रखना चाहिए। प्रशिक्षण कार्यक्रम तभी प्रभावी और सफल होगा यदि इसका उस खिलाड़ी द्वारा, जिसके लिए यह रचा गया है, अनुसरण किया जाता है।

3. **प्रगतिशील विकास का सिद्धांतः** प्रगतिशील विकास का अर्थ है शरीर की साधारण गति संबंधी हुनर और स्वस्थता का विकास जो कि प्रशिक्षण वर्ष के प्रारंभिक लक्ष्य होते हैं। यदि प्रारंभिक स्थिति में अधिक संतुलित साधारण विकास होता है तो बाद की अवस्था में प्रदर्शन के महत्त्वपूर्ण स्तर प्राप्त किए जा सकते हैं।

   बच्चे और छोटे (प्रारम्भिक/अवर) खिलाड़ियों को प्रशिक्षण देने में इस सिद्धांत पर अधिक बल देना चाहिए क्योंकि खेल प्रशिक्षण का सुनियोजित विचारधारा का यह प्रथम चरण है।

   प्रगति के आशय से खेल प्रशिक्षण में गतिविधि की गहनता, बारम्बारता और अवधि में वृद्धि समयोपरान्त एक घाती होने के स्थान पर चरणों में होनी चाहिए।

4. **विशिष्टता का सिद्धांतः** विशिष्टता के सिद्धांत के अनुसार प्रशिक्षण की उग्रता/गहनता प्रशिक्षण के प्रभाव का निर्धारण करती है। प्रशिक्षण वांछित प्रभाव के अनुसार विशिष्ट होना चाहिए। प्रशिक्षण कार्यक्रम एक विशेष रूप से तैयार किया जाना चाहिए ताकि यह विशेष खेल या गतिविधि की विशिष्ट भागों को पूरा कर सके। प्रशिक्षण की मात्रा प्रशिक्षण की गहनता और पुनर्लाभ के अनुसार विशिष्ट होनी चाहिए। गहनता का अर्थ है प्रशिक्षण की मात्रा की कड़ाई या उत्तमता।

5. **विशेषज्ञता का सिद्धांतः** इस सिद्धांत का अभिप्राय उन प्रशिक्षण कार्यक्रमों से है जो किसी विशेष गतिविधि या खेल के लिए वांछित तकनीक और योग्यताओं का विकास करते हैं। एक धावक को गति और सहन क्षमता के तत्वों की आवश्यकता होती है। इसलिए उसे दौड़ने की ऐसी तकनीक का विकास करना चाहिए जिसमें दौड़ी जाने वाली दूरी के लिए दौड़ने का उत्कृष्ट तरीका अपनाया जाए।

   फैंकने वाले खिलाड़ियों (Thrower) को शरीर के विशिष्ट भागों में ताकत की आवश्यकता है जिस प्रकार प्रत्येक फैंकने की गतिविधि के लिए विशेष प्रकार की गति के हुनर की आवश्यकता होती है। ये सभी गुण और तत्त्व विशिष्ट प्रशिक्षण कार्यक्रमों और विशिष्ट प्रशिक्षण अभ्यास द्वारा विकसित किए जाते हैं।

6. **निरंतरता का सिद्धांतः** इस सिद्धांत का अभिप्राय है प्रशिक्षण की निरतंरता। निरतंरता के अभाव में प्रशिक्षण का प्रभाव समाप्त हो जाता है और अनुकूलन या स्वस्थता का स्तर अभ्यास में कड़ाई/उग्रता के न होने से गिर जाता है। यदि खेल प्रशिक्षण चुनौती पूर्ण नहीं बनाया जाता तो स्वस्थता का स्तर स्थिर हो जाता है। यदि खेल प्रशिक्षण बंद कर दिया जाता है तो स्वस्थता का स्तर धीरे-धीरे कम होने लगता है जब तक कि यह दैनिक साधारण गतिविधियों के लिए आवश्यक स्तर तक नहीं पहुंच जाता।

   प्रशिक्षार्थी/खिलाड़ी की सामान्य और विशिष्ट स्वस्थता में प्रगति के लिए प्रशिक्षण की मात्रा में वृद्धि होती रहनी चाहिए। यदि यह मात्रा समान रहती है तो स्वस्थता का स्तर कुछ समय के लिए बढ़ता है और फिर गिरना आरंभ हो जाता है। इसलिए प्रदर्शन में सुधार के लिए प्रगतिशील अतिभार (प्रशिक्षण की मात्रा में वृद्धि) होनी चाहिए।

7. **सक्रिय सहभागिता का सिद्धांतः** सक्रिय सहभागिता के सिद्धांत का अभिप्राय है कि खेल प्रशिक्षण के अच्छे परिणामों के लिए प्रशिक्षार्थी को स्वेच्छा से इस प्रक्रिया में सक्रिय भाग लेना चाहिए। खेल प्रशिक्षण प्रशिक्षार्थी और प्रशिक्षक के बीच एक दो तरफा प्रक्रिया है। प्रशिक्षार्थी को चाहिए कि वह अपने प्रशिक्षण कार्यक्रम के उद्देश्यों को भली-भांति समझे। प्रशिक्षण कार्यक्रम का नियमित मूल्यांकन होना चाहिए। प्रशिक्षार्थी को निष्क्रिय भागीदारी नहीं होना चाहिए और उसे प्रशिक्षक के निर्देशों का पालन करना चाहिए। उत्कृष्ट प्रशिक्षण प्रभाव के लिए खिलाड़ी को चाहिए कि वह प्रशिक्षक के साथ कार्य करते हुए उत्तम प्रकार की सूचना उसे दें।

8. **विविधता का सिद्धांतः** खेल प्रशिक्षण कार्यक्रम नियत अवधि के क्रम या चक्र के माध्यम से बनाए जाते हैं। साधारणतया इसकी तीन समयावधियां (Periods) होती है। बृहत चक्र, मध्यम चक्र और सूक्ष्म चक्र (Macrocycle, Mesocycle and Microcycle) बृहत चक्र बड़ा या लंबा चक्र होता है जो 4 से 12 मास या इससे भी अधिक अवधि

का हो सकता है। मध्यम चक्र मध्यवर्ती या मध्यम अवधि का होता है और यह साप्ताहिक हो सकता है। सूक्ष्म चक्र छोटा/अल्पावधि का होता है और 3 से 10 दिन का हो सकता है।

शारीरिक प्रशिक्षण के प्रभाव

शारीरिक व्यायामों का प्रभाव शारीरिक कार्य की प्रकृति के अनुसार पड़ता है अर्थात् लंबे काल के लिए या छोटी अवधि के लिए तथा तीव्रता पर भी निर्भर है।

अल्पकालीन व्यायाम – एक किलो कैलोरी प्रति मिनट की दर से 30 मिनट के लिए किया गया व्यायाम।

दीर्घकालीन व्यायाम (प्रशिक्षण प्रभाव) – एक किलो कैलोरी प्रति मिनट की दर से प्रति 30 मिनट रोजाना हफ्ते में 5 दिन लगातार एक महीने तक किया गया व्यायाम।

हवा में तथा हवा के बिना किये गये शारीरिक व्यायाम मानव शरीर पर अलग-अलग प्रभाव डालते हैं। दूसरे शब्दों में व्यायाम का उद्देश्य व लक्ष्य ही शरीर पर प्रभाव निर्धारित करता है। यहां हम हवा में तथा हवा के बिना सहन-शक्ति का विकास तथा शारीरिक प्रशिक्षण के कारण शारीरिक तंत्रों में आए परिवर्तनों का जिक्र करेंगे।

ऐरोबिक (ऑक्सीजन के साथ) सहन शक्ति- इसका मुख्य लक्षण है कि बड़ी मांसपेशियों का समूह में लंबे समय के लिए मध्यम खिंचाव होता है जिसके दौरान अधिकतम कार्डिया-रेसीरेटरी समायोजन जरूरी है। जैसे-तैरना, बाइसकिल चलाना तथा लंबी दौड़। क्योंकि ऐरोबिक सहनशक्ति का अर्थ है कि दिल, वैस्कुलर सिस्टम और फेफड़े की काम करने वाले उत्तकों को ऑक्सीजन तथा पोषक तत्त्व उपलब्ध करवाने की क्षमता तथा मेटाबालिज्म के अपशिष्ट पदार्थों को बाहर निकालना, यह स्पष्ट है कि एरोबिक सहन शक्ति प्रशिक्षण का मुख्य उद्देश्य तीनों तंत्रों की क्षमता और कार्य-शक्ति को सुधारना व बढ़ाना है ताकि कोशिकाओं को ज्यादा मात्रा में ऑक्सीजन दी जा सके।

अनारोबिक (बिना ऑक्सीजन) सहन-शक्ति- इस प्रक्रिया में ऐसी गतिविधियों से तेज खिंचाव होते हैं जिनमें बहुत शक्ति की जरूरत होती है क्योंकि इसमें ATP-CP तथा ग्लाइकोलिसिस तंत्रों का क्षरण होता है जो ऐरोबिक मेटाबोलिज्म नहीं प्रदान कर पाती। इनमें ये खेल-कूद गतिविधियां शामिल हैं- बास्केट बाल में स्टाप एंड गो स्प्रिंटस, टेनिस, सॉकर, फील्ड हॉकी, फुटबाल, ट्रैक में स्प्रिंट इवेन्ट्स तथा तैराकी और साइकिल चलाने में भी, वेट लिफ्टिंग, बाक्सिंग तथा कुश्ती। अनारोबिक सहनशक्ति प्रशिक्षण का मुख्य उद्देश्य ATP-CP तथा ग्लाइकोलिसिस शक्ति तंत्रों का पूरा विकास करना है क्योंकि अनारोबिक सहन शक्ति गतिविधियों के लिए ये बेहद आवश्यक हैं।

ऐरोबिक तथा अनारोबिक शारीरिक व्यायामों के कारण शारीरिक परिवर्तन तथा प्रभाव

सबसे पहले एनारोबिक सहनशक्ति व्यायाम के साथ होने वाले शारीरिक विज्ञान के परिवर्तन वर्णन किए जाएंगे क्योंकि इनमें मुख्यत: कोशिकीय प्रभाव शामिल हैं। ऐनारोबिक परिवर्तनों में ATP-CP तथा लेक्टिक एसिड शक्ति तंत्र शामिल हैं।

ऐनारोबिक सहनशक्ति परिवर्तन

1. ATP-CP तंत्र की क्षमता में वृद्धि। इसका मुख्य कारण यह है कि प्रशिक्षण के बाद मांसपेशियों में पाए जाने वाला ATP तथा CP ज्यादा जमा होता है।
2. AT-CP तंत्र में एन्जाइम गतिविधि का स्तर बढ़ जाना। इस एन्जाइम को Creatine Kinase कहते हैं तथा यह CP के ऑक्सीकरण के लिए उत्तरदायी होता है जब यह टूटता है तब ATP के पुन: Synthesis के लिए शक्ति छोड़ता है।
3. कई ग्लाइकोलिटिक एन्जाइम की गतिविधियों के स्तर में वृद्धि के कारण ग्लाइकोलिटिक क्षमता में वृद्धि हो जाती है। एन्जाइम की गतिविधियों में वृद्धि के कारण ग्लाइकोजन विघटित होकर लैक्टिक अम्ल में तेजी से और ज्यादा मात्रा में परिवर्तित हो जाती है। इससे लैक्टिक अम्ल शक्ति तंत्र से ज्यादा ATP शक्ति बनती है।

ऐरोबिक सहनशक्ति परिवर्तन

दीर्घकालीन व्यायाम व ऐरोबिक सहनशक्ति व्यायाम के कारण निम्नलिखित शारीरिक विज्ञान संबंधी परिवर्तन होते हैं:

1. हृदय गति तथा हृदय का आकार दीर्घकालीन व्यायाम के कारण हृदय की वेन्ट्रीकुलर केविटी का आकार बढ़ जाता है जिसका अर्थ है कि आराम के दौरान यह ज्यादा रक्त जमा कर सकता है। इस स्थिति को धीमी आराम युक्त हृदय गति कहते हैं।
2. हृदय के आकार में बढ़ोत्तरी होने के कारण स्ट्रोक आयतन तथा कार्डिक आऊटपुट बढ़ जाता है।
3. अगर व्यायाम करना बंद कर दिया जाए तो हृदय गति रिकवरी अवधि को बेहतर बनाता है। व्यक्ति को जितना

बढ़िया प्रशिक्षण दिया जाए उतनी तेजी से उसकी हृदय गति पूर्व स्तर पर आ जाती है।

4. **रक्तचाप**- व्यायाम के बाद की ब्लड-प्रेशर रिकवरी प्रक्रिया बेहतर बन जाती है। लंबी अवधि व्यायाम में हिस्सा लेकर उच्च तेजी उच्च रक्तचाप वाले व्यक्ति अपना विश्राम रक्तचाप घटा सकते हैं।

5. गतिशील मांसपेशियों, जिसमें दूसरे अंग शामिल हैं, को रक्त का वितरण ठीक प्रकार होता है। ज्यादा ऑक्सीजन लेकर कार्यशील मांसपेशियों में घटे हुए रक्त संचार की कमी पूरी हो जाती है।

6. **रक्त**- पूर्ण रक्त आयतन तथा हीमोग्लोबिन बढ़ जाता है। गर्मी के प्रसार (Heat dissipation) में अतिरिक्त रक्त आयतन का महत्त्वपूर्ण योगदान है क्योंकि रक्त शरीर के अंदर के हिस्सों में गर्मी लाकर बाहर के हिस्सों में छितराता रहता है। अतिरिक्त हीमोग्लोबिन संचार तंत्र (Circulatory System) की क्षमता बढ़ा देता है ताकि वह गतिशील मांसपेशियों से तथा उन तक तत्त्व को ले जा सके इससे रक्त की लाल रक्त कणिकाओं (Red Blood Cells) में वृद्धि होती है तथा रक्त के गाढ़ेपन को बढ़ाता है और ऑक्सीजन ले जाने की क्षमता बढ़ती है जो कार्यशक्ति में वृद्धि करती है।

7. **रक्त-नलिकाओं में वृद्धि**- लंबी अवधि की शारीरिक खिंचाव कसरतों से रक्त नलिकाओं की संख्या बढ़ती है तथा खिंची हुई मांसपेशी व फेफड़ों में रक्त नलिकाओं का उपयोग बढ़ता है। कुल रक्त नलिकाओं में वृद्धि के कारण रक्त और उत्तक कोशिकाओं में, तथा फेफड़ों और रक्त के बीच आदान-प्रदान बहुत प्रभावी ढंग से होता है। अतः उत्तक-कोशिकाओं और रक्त तथा फेफड़ों और रक्त के बीच गैसों तथा अन्य उप पदार्थों का आदान-प्रदान बहुत अधिक होने लगता है।

8. **लेक्टिक एसिड**-दीर्घकालीन शारीरिक व्यायाम से लेक्टिक अम्ल के स्तर में गिरावट आती है। ऐसा शायद ग्लाइकोजन तथा फैटी अम्लों के अधिक आक्सीकरण के कारण होता है।

9. **मस्तिष्क मांसपेशीय कार्यशक्ति में बढ़ोतरी**- मस्तिष्कीय मांसपेशीय कार्यशक्ति में विकास होता है ऐसा कई कारकों के कारण होता है-
   (1) मस्तिष्क संकेतों का तेज प्रेषण।
   (2) प्रतिरोधी मांसपेशियों द्वारा कम गतिरोध।
   (3) कम नष्ट होने वाला (भाग न लेने वाला) वेग।
   (4) मांसपेशियों में कम फैटी अम्ल तथा
   (5) मांसपेशी फाइबर की सिकुड़न प्रक्रिया में कार्य शक्ति की बढ़ोत्तरी।

10. **सुस्त व तेज रफ्तार टविच फाइबर**-शारीरिक व्यायाम मांसपेशी फाइबर के आकार और क्षमता में वृद्धि कर सकते हैं परन्तु मांसपेशियों में सुस्त व तेज रफ्तार टविच फाइबर में वैसे परिवर्तन नहीं लाते।

11. **मायोग्लोबिन**-सरकोप्लाज्म में मायोग्लोबिन की सांर्द्रता में वृद्धि हो जाती है। ऐसे मायोग्लोबिन में आक्सीजन से क्रिया करने की क्षमता होती है तथा ये मांसपेशियों में आक्सीजन जमा करते हैं। जब कोशिकाओं के अन्दर आक्सीजन टेंशन एक निश्चित स्तर से नीचे आ जाती है तो माइटोकोंड्रिया को जमा की गई आक्सीजन देकर यह कार्डियो- रेसपीरेटरी सहनशक्ति का योगदान करता है। इसका एक कार्य यह भी है कि यह उच्च मांसपेशीय गतिविधि के दौरान कोशिकाओं के भीतर आक्सीजन की तीव्र सप्लाई करता है।

12. **कार्बोहाइड्रेट तथा वसा का आक्सीकरण**- कार्बोहाइड्रेट (ग्लोइकोजन) तथा वसा को आक्सीडाईज करने से कंकाल मांसपेशियों की क्षमता में वृद्धि होती है।

13. **प्रतिशत शारीरिक वसा में कमी तथा लीन शारीरिक वजन में बढ़ोतरी**-यह पाया गया है कि नियमित लम्बी अवधि तक व्यायाम करने से रक्त में कोलेस्ट्रोल कम होता है तथा ट्राई ग्लाईसिराईड स्तर को नीचा करता हैं।

प्रशिक्षण के ढंग

यह सत्य है कि दूसरे कारकों के अलावा, किसी व्यक्ति का किसी खेल में प्रदर्शन उसकी शारीरिक, संरचनात्मक व मनोवैज्ञानिक कारकों पर निर्भर करता है। लोग शारीरिक क्षमताओं, मानसिक क्षमताओं तथा संरचनात्मक क्षमताओं, मनोवैज्ञानिक योग्यताओं तथा व्यक्तित्व के गुणों में अलग-अलग होते हैं। लोग न केवल दूसरों से ही भिन्न नहीं होते अपितु वे स्वयं में भी एक योग्यता व दूसरी योग्यता में भिन्न-भिन्न होते हैं।

व्यायाम-शारीरिक संरचना विशेषज्ञ, खेल विज्ञानी, शारीरिक शिक्षा प्रदान करने वाले व खेल प्रशिक्षण विशेषज्ञ कई ढंग तथा तरीके सुझाते हैं जिनसे इन मानवीय योग्यताओं व क्षमताओं में वृद्धि की जा सके। विभिन्न प्रयोगों के आधार पर व्यक्ति की शारीरिक क्षमताओं में वृद्धि करने के नये ढंग सुझाए गए है। कहा जाता है मनुष्य की क्षमताएं असीम होती हैं तथा यह तब

सच लगता है जब हम विश्व स्तर के खिलाड़ी व एथलीटों का अभूतपूर्व प्रदर्शन देखते हैं। ऐसे प्रदर्शन का आधार व्यक्ति की सोच तथा शारीरिक फिटनेस होता है।

शारीरिक फिटनेस प्रोग्राम लेने का फैसला हल्के ढंग से नहीं लेना चाहिए। इसके लिए समय और शक्ति लगाने की उम्रभर की प्रतिबद्धता चाहिए। व्यायाम इस तरह हो कि आप बिना कोई प्रश्न किये उसे करें जैसे हम नहाते हैं या अपने दांत साफ करते हैं। जब तक आपको चुस्त-दुरुस्त होने के फायदे नहीं पता या अनफिट होने के खतरे नहीं मालूम, आप सफल नहीं हो सकते।

सब्र अति आवश्यक है। कम समय में बहुत कुछ नहीं करना चाहिए तथा जब तक फिटनेस या स्थिति में सुधार के इनामों को अनुभव करने का मौका नहीं मिल जाता तब तक मैदान नहीं छोड़ना चाहिए। कुछ दिनों या एक हफ्ते में तंदरुस्ती आप पुनः प्राप्त नहीं कर सकते परन्तु आप तभी प्राप्त कर सकते हैं जब आप उपयुक्त ढंग के प्रशिक्षण से विधिवत ट्रेनिंग लें।

विशिष्ट प्रशिक्षण द्वारा गामकगुणों का विकास

गामक गुणों के बुनियादी घटकों जैसे- सहनशक्ति, ताकत, गति व लचक के विकास से शारीरिक फिटनेस की वृद्धि की जा सकती है। यह निम्नलिखित ट्रेनिंग ढंगों द्वारा विकसित की जा सकती हैं परन्तु हमें घटकों/कारकों की बुनियादी बातें भी पता होनी चाहिए।

1. सहनशक्ति

खेल की मांग की पूर्ति के लिए ऊर्जा उत्पादन ढांचे का विकास करना ही सहनशक्ति प्रशिक्षण का उद्देश्य है। सहनशक्ति लगातार व अन्तराल के साथ दौड़ने से विकसित की जा सकती है।

सहनशक्ति के प्रकार

इसके निम्नलिखित प्रकार हैं :

(क) एनीरोबिक सहनशीलताः एनीरोबिक का अर्थ है 'ऑक्सीजन के बिना'। एनीरोबिक कार्य में अधिकतम जोर लगता है तथा शरीर इस तेजी से काम करता है कि ऑक्सीजन की मांग उसकी आपूर्ति से अधिक होती है तथा मांसपेशियों में स्टोर किये गए ईंधन पर निर्भर करना पड़ता है। इनमें बेकार का पदार्थ, लैक्टिक एसिड बनता है। मांसपेशियों के ऑक्सीजन की भूखी होने के कारण शरीर में 'ऑक्सीजन की कमी' हो जाती है। शरीर में जमा ईंधन जल्दी चुक जाता है तथा गतिविधि दुखदायी बन कर रूक जाती है। गतिविधि तब तक नहीं शुरू हो सकती जब तक ऑक्सीजन की कमी पूरी न की जाए या लैक्टिक एसिड को हटाया न जाए। हालांकि कमी पूरी भी हो जाए तब भी शरीर सीमित गतिविधि ही कर सकता है। क्योंकि पथ में लेक्टिक एसिड बनता है तो इस पथ को लैक्टिक एनीरोबिक ऊर्जा पथ कहा जाएगा। यह पथ वह है जहां शरीर एनीरोबिक तरह से काम करता है परन्तु लैक्टिक एसिड नहीं बनता। यह पथ तब तक वजूद में रहता है जब तक मांसपेशियों में स्टोर किया गया ईंधन खत्म नहीं होता तथा अधिकतम जोर लगाने के लिए लगभग सेकेंड तक ईंधन काम करता है।

एनीरोबिक सहनशीलता को विकसित करने के लिए सीमित रिकवरी के साथ अपेक्षाकृत उच्च तीव्रता वाले काम दोहराई ढंगों का प्रयोग करते हुए किया जा सकता है।

(ख) एरोबिक सहनशीलताः एरोबिक सहनशीलता का स्वस्थ आधार ही सभी खेलों के लिए आधारभूत है। एरोबिक का अर्थ है 'ऑक्सीजन के साथ'। एरोबिक कार्य के दौरान शरीर उस स्तर पर काम करता है जब शरीर में ऑक्सीजन तथा ईंधन की मांग आपूर्ति जितनी हो। बेकार पदार्थ केवल कार्बन डाइऑक्साइड व पानी बनते हैं। पसीने व बाहर सांस छोड़ने से ये पदार्थ बाहर चले जाते हैं। एरोबिक सहनशीलता का विकास लगातार दौड़ते (अवधि रन) जिससे ऑक्सीजन लेने की मात्रा (वी और मैक्स) बढ़ती हैं तथा अन्तराल प्रशिक्षण से होता है जिसमें मांसल पम्प की तरह दिल की क्षमता बढ़ाई जाती है।

(ग) गति सहनशीलताः मांसपेशियों की सिकुड़न को धैर्य की स्थिति में विकसित करने के लिए गति सहनशीलता का प्रयोग होता है। अधिक सेटों से दोहराव पद्धति प्रयोग होती है, इसमें प्रति सेट कम दोहराव तथा दौड़ की दूरी का 60% से 120% की तय दूरी से 85% अधिक तीव्रता लाई जाती हैं। गति सहनशीलता के विकास में प्रतिस्पर्धा तथा टाईम ट्रायल भी उपयोग किये जा सकते हैं।

(घ) ताकत की सहनशीलताः सहनशीलता के दौरान एथलीट की अपनी मांसपेशियों की सिकुड़न बल को बरकरार रखने की क्षमता को विकसित करने के लिए ताकत सहनशीलता प्रयुक्त होती है। सभी एथलीटों को ताकत सहनशीलता का एक आधारभूत स्तर विकसित करना चाहिए। ताकत सहनशीलता को बढ़ाने की गतिविधियां हैं—वजन प्रशिक्षण, सर्किट ट्रेनिंग, फारटलेक, हिल रनिंग आदि।

लगातार प्रशिक्षण पद्धति

जर्मनी के डाक्टर व कोच डा. अर्नेस्ट वेनआकेन ने यह पद्धति निकाली व प्रसिद्ध की। उनका काम 1920 में शुरू हुआ परन्तु उसे लोगों का समर्थन बाद में मिला। यह 1960 के बाद काफी मशहूर हुई। जैसे कि नाम से पता चलता है यह ट्रेनिंग बिना अन्तराल के लगातार चलती है। यह उच्च तीव्रता, मध्यम तथा निम्न ट्रेनिंग जिसमें समय बढ़ाया जाता है, घटती बढ़ती है अर्थात् लम्बा, धीमा या एल.एस.डी. प्रशिक्षण है। लम्बी दूरी में चाल थोड़ी रफ्तार से कम रहती है हालांकि यह प्रतिस्पर्धा दूरी तथा ट्रेनिंग रन की दूरी पर निर्भर करती है। एथलीट को असुविधाजनक या तनावपूर्ण किये बिना काम के बढ़े स्तर पर एथलीट के धैर्य प्रशिक्षण के लिए यह प्रभावी है। एक फायदा इसका यह भी है कि प्रतिस्पर्धा दौड़ने वाला प्रतिस्पर्धा के पास एक निश्चित चाल से पहुंचता है। शारीरिक रचना विज्ञान के अनुसार भी लगातार एक-सी ही गति से दौड़ना बहुत दक्ष तरीका हो सकता है जिससे दौड़ने वाला अपना समय पूरी तरह नियंत्रित कर सकता है। अतः इस प्रकार की ट्रेनिंग से वास्तविक प्रतिस्पर्धा के लिए खुद को तैयार करने में बहुत सहायता मिलती है। यह सुझाव दिया गया कि कम गति के अन्तरालों जैसे एल.एस.डी. को अवधि के बाद शुरू किया जाए जैसे हफ्ते में दो बार जिससे एथलीट को थकान, तीव्रता व लगातार प्रशिक्षण से आराम मिलेगा।

एल.एस.डी. प्रशिक्षण जॉगर के धैर्य अनुकूलन के बहुत उपयोगी होती है जो जॉगर स्वास्थ्य संबंधी कारणों से एक स्थिति में रहना चाहता है तथा वह एथलीट जो टीम स्पोर्टस में हिस्सा लेना चाहता है तथा जो आफ सीजन में भी धैर्य अनुकूलन को बरकरार रखना चाहता है। अधेड़ या बूढ़ी उम्र का एथलीट जो शारीरिक फिटनेस को बरकरार रख रहा है या कोशिश कर रहा है यह तरीका भी मेडीकल दृष्टिकोण से न्यायसंगत है। बूढ़े हो रहे लोगों में तीव्र व्यायाम बहुत घातक हो सकता है तथा ब्रस्ट किस्म की गतिविधि उन्हें नहीं करनी चाहिए।

अन्तराल प्रशिक्षण पद्धति

जर्मनी की फ्रीबर्ग विश्वविद्यालय के प्रोफेसर बोल्देमोर ग्रशलर तथा उनके एथलीट जिन्होंने डॉ. हेंस रेनडाल, शारीरिक शिक्षा वैज्ञानिक के साथ तथा अन्यों के साथ काम किया, ने इस पद्धति को मशहूर किया।

ग्रशलर का सबसे बड़ा योगदान यह है कि उसने कार्डियोवेस्कूलर अनुकूलन की उपयोगिता को समझा तथा अपनी ट्रेनिंग स्कीम में कार्डियोवेस्कूलर फिटनेस को अधिक बढ़ाना जरूरी समझा। अर्थात उसका कहना है कि मजबूत टांगें ही केवल महान दौड़ने वाला नहीं बनातीं। उसने ऐसा तंत्र ढूंढा जिसमें दिल के स्ट्रोक आयतन को बढ़े तथा जिससे टांगों को खून व ऑक्सीजन भेजने की क्षमता बढ़े। रेनडाल की मदद से उसने आन्तरिक प्रशिक्षण की खोज की-जिसमें थोड़ी दूरी के लिए तीव्र दौड़ जिसकी बहुत दुहराई हो।

इस तंत्र का नाम 'अन्तराल' से पड़ा है जिसका अर्थ है तेज दौड़ के बीच आराम की अवधि। वे इसे बहुत महत्वपूर्ण मानते थे तथा वर्क आऊट में अन्तराल को ध्यान से नियंत्रित करते थे। यह मानते थे कि दिल अनुकूलित करता है तथा अन्तराल में मजबूत हो जाता है तथा अगली दोहराई से पहले वे एथलीट को तब तक आज्ञा नहीं देते जब तक उसके दिल की धड़कन 120 बीट प्रति मिनट न लौट आए। पिछली दोहराई 90 सेकेंड के अन्दर अगर ऐसा नहीं होता तो दिल पर बोझ अधिक है जिससे थकावट व सुस्ती होती है न कि प्रशिक्षण में अच्छे प्रभाव सामने आएंगे। इसमें तेज रिकवरी की तीव्र गतिविधियों के छोटे पल आते हैं जो मूल गतिविधि से कम तीव्र होते हैं।

अन्तराल प्रशिक्षण के उद्देश्य

अन्तराल प्रशिक्षण के उद्देश्य हैं-

- अनोरोबिक प्रदर्शन का विकास एवं गति
- भागने की स्थिति के अनुसार शरीर का अनुकूलन जिससे गति की दर तथा मांसपेशियों में लेक्टेट का ऊंचा स्तर
- लगातार भागने के मुकाबले में सम्पूर्ण काम को कम शारीरिक तनाव से पूरा करना।

तीन तरह की अन्तराल प्रशिक्षण हैं जिनमें भागने वाले को दिये गये समय या दूरी में दौड़ना होता है। पहली प्रकार है फार्ट लेक लगातार दौड़ के दौरान तेज गति बरकरार रखनी होती है। निश्चित समय में दौड़ने वाला कम गति से तेज गति पर आ जाता है जब वह समय या दूरी प्राप्त कर ली जाती है तो दौड़ने वाला पुरानी ट्रेनिंग स्पीड पर आ जाता है, पूरी दौड़ में ये कम-ज्यादा गतियां दोहराई जाती हैं। दूसरे प्रकार के अन्तराल दिये गये समय या दूरी के लिए दौड़ को दोहराते हैं। ये अन्तराल गति या दूरी के लिहाज से अलग होते हैं जिनमें हिल वर्क शामिल हैं। अन्तराल के तीसरे प्रकार में-औपचारिक अन्तराल में विशेष लक्ष्य समय में दी गई दूरी को ट्रैक पर तय करना होता है।

अन्तराल के लाभ

अन्तराल प्रशिक्षण से शरीर के दो ऊर्जा उत्पन्न करने वाले तंत्र-एरोबिक तथा अनोरोबिक का पूरा इस्तेमाल होता है।

एरोबिक तंत्र वह है जो ऊर्जा को मीलों सैर करने या दौड़ने की आज्ञा देता है, जो ऑक्सीजन का उपयोग शरीर के सभी स्रोतों से कार्बोहाईड्रेट को ऊर्जा में बदलने में करता है। अनोरोबिक तंत्र में इसके विपरीत, कार्बोहाइड्रेट (ग्लाइकोजन के रूप में) जो मांसपेशियों में स्टोर है उनसे ऊर्जा लेकर दौड़ने, कूदने, या भारी वजन उठाने में उपयोग की जाती है। इस तंत्र में ऑक्सीजन नहीं चाहिए तथा यह थोड़े समय के लिए ऊर्जा देने में काबिल भी नर्ज तथा इसका अतिरिक्त उत्पादन, लैक्टिक एसिड उसे थकाने वाली जलन के अनुभव जो मांसपेशियों में बाद में होता है, के लिए उत्तरदायी है जैसे मान लो हमने कई सीढ़ियां भागते हुए चढ़ी हैं।

अन्तराल के आधारभूत तत्व

जलती हुई मांसपेशियां महसूस किये बिना ही अन्तराल प्रशिक्षण द्वारा आप एनीरोबिक गतिविधियों के लाभ उठा सकते हैं। आधारभूत रूप में, इसमें दो मिनट चलना है, दो मिनट दौड़ना है तथा सारे कार्य में अपना ढंग बदलना है। इसकी तीव्रता (या कमी) इस बात पर निर्भर करती है कि आप क्या महसूस करते हैं तथा क्या प्राप्त करना चाहते हैं। यही अन्तरालों की लम्बाई के बारे में सच है। उदाहरण के लिए यदि आपकी आदत है 30 मिनट में प्रतिदिन 2 मील चलते हैं तो इस गति को (कैलोरी जलाने के लिए भी) कुछ मिनट की रफ्तार से बढ़ाकर पुनः उसी गति पर आ सकते है। इसमें एक नुक्ता यह है कि स्वयं को बताएं कि आप एक निश्चित गति, नीली कार से कोने के हरे घर तक तथा फिर हरे घर से अगले टेलिफोन के खम्भे तक पैदल चलेंगे।

जब आप यह अन्तराल प्रशिक्षण शुरू करें तो यह आप पर निर्भर करता है कि किसी विशेष वर्क आऊट में आप कैसे महसूस करते हैं यह आप पर निर्भर है कि आप में कितनी स्फूर्ति या ताकत है। यह उस बोरियत को दूर करती है कि प्रत्येक दिन वही चीज करते रहो।

इससे पहले आप अन्तराल प्रशिक्षण लें, कुछ उदाहरण समझ लें–

- अन्तराल दौड़ से पहले लगातार दौड़ने की अवधि में भी समय लगाएं।
- सत्र के विभिन्न तत्वों को जांचे तथा देखें कि वे एथलीट के कार्य क्षेत्र के बीच ही हैं–
  क. अन्तराल जितना अधिक होगा उतना ही प्रभावी होगा।
  ख. चाल सुविधाजनक हो तथा वह एथलीट के दिल की धड़कन एम.एच.आर के निर्धारित प्रतिशत तक बढ़े।
  ग. दोहराइयों की संख्या से एथलीट की दशा और उम्र का पता चलना चाहिए।
  घ. आराम के अन्तराल में एथलीट को जॉग करना चाहिए तथा दिल की धड़कन को 100-110 बी.पी.एम. ले आना चाहिए।
- उपरोक्त घटकों में से किसी को बदल कर प्रगति लाई जा सकती है फिर भी कोच को चाहिए कि एक समय में वह एक घटक को ही बदले।
- सभी परिवर्तन धीमी प्रकृति के हों तथा कुछ समय लें।
- यह सुनिश्चित कर लें जिस सतह पर दौड़ना हो वह फ्लैट और चिकनी हो। अन्तराल प्रशिक्षण साधारणतया ट्रेक पर किया जाता है हालांकि यह अच्छी किस्म के घास वाले खेल के मैदान में किया जाता है। सड़कें उपयुक्त सतह नहीं है।

सर्कट प्रशिक्षण

सर्कट प्रशिक्षण का विकास आर. ई. मारगन तथा जी.टी. एडमसन ने 1953 में लीड्स विश्वविद्यालय लंदन में किया था। इसमें प्रशिक्षण के सभी कारकों का उपयोग होता है। सर्कटट्रेनिंग द्वारा ताकत, शक्ति, मांसपेशियों की सहनशक्ति, गति, न्यूरोमस्कुलर समन्वय, लचक तथा कार्डोवस्कुलर धैर्य का विकास होता है।

सर्कट प्रशिक्षण एक औपचारिक ढंग की ट्रेनिंग है जिसमें एथलीट चुने हुए कसरतें/गतिविधियां एक क्रम या सर्कट में करता है। ये सर्कट एक जिमनेजियम, व्यायाम कक्षा या बाहर कोर्ट या मैदान में खड़े किये जा सकते हैं। साधारणतया एक सर्कट में 6 से 10 तक स्टेशन होते हैं। एथलीट जल्दी से एक स्टेशन में एक विशिष्ट व्यायाम पूरा करता है फिर दूसरे स्टेशन तक जाता है। लक्ष्य यह है कि सर्कट में तेजी से पार होना है तथा प्रदर्शन को बेहतर बनाना है चाहे वह कुल समय को घटा कर या काम को बढ़ा कर या दोनों को। सर्कट ट्रेनिंग के पूरे क्षेत्र में ये स्टेशन फैले होते हैं। इन स्टेशनों के मध्य जितनी अधिक दूरी होगी तो व्यक्ति एक से दूसरे स्टेशन तक दौड़ेगा तो उसकी अधिक परिमाप में कार्डोवेस्कुलर अनुकूलन होगा।

सर्कट ट्रेनिंग के फायदे

सर्कट ट्रेनिंग के बहुत से लाभ हैं जो ये हैं–

1. इसमें प्रशिक्षण के बहुत से घटक शामिल हैं अतः सम्पूर्ण फिटनेस पर जोर दिया जाता है।
2. यह एथलीट के लिए रोचक ट्रेनिंग माहौल प्रदान करता है जिसमें निर्धारित समय तथा स्तर है ताकि एथलीट को विकास करने की प्रेरणा मिले।

3. ये सर्कट किसी व्यक्ति विशेष की जरूरतों के मुताबिक बदले जा सकते हैं।
4. ये व्यक्ति के समय की पाबन्दियों के बीच घटाये बढ़ाए जा सकते हैं।
5. थोड़ी लागत पर यह अधिक लोगों को आवास स्थान दे सकता है।
6. सर्कट ट्रेनिंग में सभी गतिविधियों का विकास निहित है।

चाल तथा शक्ति व धैर्य के विकास में सर्कट ट्रेनिंग एक उत्तम तरीका है। सर्कट ट्रेनिंग फारमेट में 6 से 10 शक्ति-व्यायाम हैं जो एक दूसरे के बाद पूरे किये जाते हैं। प्रत्येक व्यायाम की विशेष दोहराइयां या नियत समय है जिसके बाद दूसरा व्यायाम करना है। व्यायाम प्रत्येक सर्कट के अंदर करना होता है जिनके बीच संक्षिप्त समयानुसार आराम की अवधियां होती हैं तथा प्रत्येक सर्कट को लम्बे आराम के पीरीयड द्वारा विभाजित किया गया है। सर्कट को ट्रेनिंग सत्र के दौरान 2 से 6 में बांटा गया है जो आपके प्रशिक्षण स्तर (शुरुआती, बीच वाला या अन्तिम चरण) आपके ट्रेनिंग पीरीयड (तैयारी या प्रतियोगिता) तथा ट्रेनिंग के उद्देश्य पर निर्भर करता है।

सर्कट ट्रेनिंग की योजना

उपलब्ध उपकरण से संभावित व्यायाम को जांचें, 6 से 10 व्यायामों के 3 से 4 सर्कट कागज पर पहचान कर लें। हर सर्कट में यह सुनिश्चित कर लें कि कोई भी दो लगातार व्यायामों में उसी मांसपेशी ग्रुप का व्यायाम न हो अर्थात प्रेस अप के बाद पुल अप न हो। आसान जोगिंग व खिंचाव व्यायामों से वार्म अप करें तथा वार्म डाऊन के लिए इन्हें दोहराएं।

व्यायामः सर्कट व्यायामों के निम्नलिखित उदाहरण हैं–

1. बाजू–प्रेस अप, बेंच डिप, पुल अप
2. पेट–सिट अप (निचला पेट), स्टोमक क्रंच (निचला पेट)
3. निम्न पीठ–बैक एक्सटेंशन चेस्ट रेज
4. टांगें–स्कवेट जम्प, कम्पस जम्प, एस्ट्राइड जम्प, स्टेप अप।
5. भुजाएं तथा टांगे–बरपीस, ट्रेड मिल्स, स्कवैटथ्रस्ट, स्किपिंग
6. व्यायाम– प्रेस अप्स–सिट अप्स (घुटने मोड़कर फर्श पर पांव)–बैक एक्सटेंशन (छाती उठाते हुए)–स्कवैट जम्प (आगे की ओर)–स्टोमक क्रंच–ट्रेड मिल्स
7. व्यायाम– बरपीस–सिट अप्स (घुटने मोड़कर फर्श पर पांव) प्रेस अप्स. बैक एक्सटेंशन (छाती उठाते हुए)–स्कवेट जम्प (आगे की ओर)–बैंच डिप्स–स्टोमक क्रंच–ट्रेडमिल्स अवधि–हरेक व्यायाम पर 30 सेकेंड जिसमें हरेक व्यायाम के बीच 30 सेकेंड की रिकवरी 3 सेट जिसमें हरेक सेट के बीच 2 मिनट की रिकवरी।

फार्टलेक प्रशिक्षण ढंग

फार्टलेक शब्द स्वीडन से आया है जो 'स्पीड प्ले' से लिया गया है और जो दूरी के धावकों द्वारा वर्षों से इस्तेमाल होता रहा है। फार्टलेक एक प्रकार का सड़क दौर या क्रासकंट्री दौड़ है जिसमें दौड़ने वाला अकेला होता है तथा उसकी गति घटती-बढ़ती रहती है। यह एक विकसित प्रशिक्षण पद्धति है जो अनुभवी दौड़ने वाला अन्तराल प्रशिक्षण के तौर पर प्रयोग करता है तथा अनारोबिक थ्रेशहोल्ड को बढ़ाता है। फिर भी एक सामान्य दौड़ने वाला भी फार्टलेक प्रशिक्षण से लाभ उठा सकता है जिससे (उसके प्रशिक्षण कार्यक्रम में) विविधता तथा जागरुकता आ जाती है।

फार्टलेक अन्तराल प्रशिक्षण के अनुरूप ही है जिसमें छोटी तेज दौड़ के साथ धीरे दौड़ना या जागिंग रिकवरी अन्तराल बारी बारी से आता है। हालांकि फार्टलेक में दौड़ सड़क या पार्कलैंड या वुश ट्रेक पर होती है तथा किसी प्रकार का पूर्व निर्धारित कार्यक्रम नहीं होता परन्तु एथलीट अपने अन्तराल की लम्बाई या गति अपने वर्कलोड के अहसास के अनुसार घटाता बढ़ाता है। इसका एक फायदा यह है कि धावक अपनी गति को महसूस कर उसका शारीरिक प्रत्युत्तर देता है जिससे उसमें जागरुकता तथा गति नापने की दक्षता आती है। वह इस बारे में भी स्वतंत्र है कि गति के साथ प्रयोग करे तथा गति में बदलाव को अनुभव करे।

बुनियादी तौर पर यह कला अग्रणी दौड़ने वालों के लिए है क्योंकि वांछित वर्कलोड के लिए यह ईमानदारी की मांग करती है तथा साथ में परिपक्वता भी चाहिए जिसमें गति या अन्तराल की लम्बाई अधिक न चली जाए। इन गुणों के होते फार्टलैग दूरी के धावकों के प्रशिक्षण कार्यक्रमों का अनुपम हिस्सा है।

साधारण दौड़ने वाले के लिए फार्टलेक ढंग का हल्का रूप लाभप्रद हो सकता है विशेष कर रोड पर भागने वाले के लिए जो विविध दूरियों पर प्रशिक्षण लेता है तथा जिसकी गति स्थिर हो तथा जिसने कोई विशेष गति प्रशिक्षण न किया हो।

आप इस ढंग से ज्यादा जागरुकता प्राप्त कर सकते हैं। ऐसा तब संभव है जब अलग-अलग गतियों पर दौड़ते हुये आप दौड़ की अनुभव करते हैं। इससे पहले आपकी आसान सांस में

अन्तर आए आप गति कितनी प्राप्त करेंगे? धीरे होने पर आपकी सामान्य सांस या अन्य गतिविधियां साधारण हो जाएंगी? जब आप गति बढ़ाते हैं तो पगों की लम्बाई क्या होगी?

खिलाड़ियों के लिए फार्टलेग

खिलाड़ियों के लिए सत्र में न केवल दौड़ शामिल हो अपितु जोगिंग व पैदल चलना भी हो ताकि खेल की मांग पूरी हो सके। यूं तो कोई भी फुटबाल खिलाड़ी मैच के 90 मिनटों में दौड़ता नहीं रहता, फिर भी उसकी गति घटती बढ़ती रहती है। वैसे ही काम की दिशा हमेशा सीधी रहती है यह ट्रैक पर भागने वाले के लिए उपयोगी हो सकती है क्योंकि उसे ट्रैक पर तेजी से भागना होता है परन्तु खेलने वालों को आगे, पीछे या इधर उधर दौड़ना होता है। यह सब इसलिए बताने योग्य है जब ट्रेनिंग सत्र उसी ढंग का हो जैसा अनुभव मैच के दौरान होता है। याद रहे यदि आप खिलाड़ी हैं तो आपको अच्छा दौड़ने वाले का प्रशिक्षण नहीं दिया जा सकता आप को खेल के लिए ही बेहतर प्रशिक्षण मिल सकता है। अत: दौड़ने वाले को शटल की तरह आगे पीछे नहीं होना चाहिए परन्तु दिशा भी बदलनी होगी या स्लालोम की नकल करनी पड़ेगी। यहीं पर कल्पना का अंश अपना योगदान देता है।

2. ताकत

आम परिभाषा यह है, 'गतिरोध के सम्मुख बल लगाने की क्षमता ताकत कहलाती है।' तेज दौड़ने वाले के लिए ब्लाक को चीरने के लिए जो ताकत चाहिए वह उससे भिन्न है जो एक वेट लिफ्टर को 200 किलोग्राम बारवेल उठाने के लिए चाहिए। इससे पता चलता है कि शक्ति कई प्रकार की होती है।

ताकत के प्रकार

ताकत निम्नलिखित प्रकार की होती है–

1. अधिकतम ताकत–एकल अधिकतम खिंचाव में जो बड़ी से बड़ी ताकत संभव है।
2. विस्फोटक ताकत–तेज खिंचाव के साथ प्रतिरोध को हटाने की क्षमता।
3. सहनशक्ति की ताकत–बल को कई गुणा बढ़ाकर प्रदर्शन करने की क्षमता।

मांसपेशियां मजबूत कैसे बनती हैं

मांसपेशी मजबूत बनाती है परन्तु जब उसे सामान्य कार्य से अधिक काम में लगाए तो वह बोझ से दब जाती है। यह बोझ तब बढ़ाया जाता है जब हम बढ़ाएं–

1. व्यायाम में दोहराव की संख्या
2. व्यायाम में सेट की संख्या
3. तीव्रता–घटा हुआ रिकवरी समय

ताकत का विकास

1. अधिकतम ताकत
- वजन ट्रेनिंग से बढ़ाई जा सकती है

2. विस्फोटक ताकत बढ़ती हैं–
- अनुकूलित व्यायामों से
- मेडिसन बॉल व्यायामों से
- पल्योमिरिक व्यायामों से
- वेट ट्रेनिंग से

3. सहनशक्ति की ताकत बढ़ाई जा सकती है–
- सर्कट ट्रेनिंग से
- डंबबैल व्यायाम से
- वेट ट्रेनिंग से
- पहाड़ी पर दौड़ने से।

वजन उठाने का प्रशिक्षण

यह सर्व विदित है कि सभी खेलों व शारीरिक गतिविधियों में वजन उठाने का प्रशिक्षण केन्द्रीय भूमिका निभाता है। यह ढंग धावकों को साधारण रूप से अनुकूलित करने तथा विशेष रूप से उनकी मांसल ताकत व धैर्य निर्माण में सहायक है। विभिन्न खेलों में इस ढंग की महत्ता ध्यान में रखते हुए वजन उठाने के प्रशिक्षण को इस अनुभाग में वर्णित किया गया है।

वजन उठाने का प्रशिक्षण क्या है?

यह उस व्यायाम करने का नाम है जिन मांसपेशियों की ताकत तथा धैर्य बढ़ाने के लिए प्रतिरोध का उपयोग किया जाता है। इस प्रशिक्षण में ऐसे वजन इस्तेमाल होते हैं जैसे डंबबैल, बारबैल, पुली मशीन या साधारण रूप गतिरोध के रूप में अपने शरीर का वजन भी इस्तेमाल किया जा सकता है।

वजन उठाने के प्रशिक्षण के लिए उपकरण

इसमें विभिन्न उपकरण इस्तेमाल होते हैं। इनमें डंबबैल ज्यादा प्रसिद्ध है। ठीक ढंग से इस्तेमाल करने पर डंबबैल द्वारा शरीर की बहुत सी मांसपेशियों को ताकतवर बनाया जा सकता है। इसके आश्चर्यजनक फायदे हैं। वजन उठाने के प्रशिक्षणों में पुली ढंग सब से कम हानि रहित हैं। जोड़ों पर कुछ खिंचाव के धक्के पड़ते हैं तथा मशीनें डिस्ट्रेक्शन सिद्धांत पर काम करती है।

अतीत में स्प्रिंग का इस्तेमाल बहुत प्रसिद्ध था। विभिन्न प्रकार की छाती फुलाने, पकड़ मजबूत करने के लिए जैसे बुल-वर्कर आदि आइसोमीट्रिक व्यायाम प्रदान करते थे। आइसोमीट्रिक अतीत में बहुत मशहूर था। खोजों से सिद्ध हुआ है आइसोमीट्रिक व्यायाम हालांकि शक्ति बढ़ाने के लिए अच्छे हैं परन्तु वे ब्लड प्रेशर को बढ़ाते हैं तथा हानिकारक सिद्ध होते हैं।

सुसज्जित जिमनेजियम में वजन उठाने के प्रशिक्षण में हाइड्रोलिक मशीनें प्रयोग की जाती हैं। यहां चोट की संभावना बहुत ही कम रहती है चाहे कोई व्यक्ति मांसपेशियों के कुछ समूहों को ज्यादा प्रशिक्षित करे या उन्हें शक्तिवर्धन के लिए प्रयोग करे। हाइड्रोलिक मशीनें इसलिए बहुत उपयोगी हैं क्योंकि एंटागोनिस्टिक मांसपेशियों की उसी उपकरण पर कसरत की जा सकती है उदाहरणार्थ जो मशीन बाइसेप मांसपेशियों को ट्रेनिंग देती है वही ट्राइसेप मांसपेशियों को प्रशिक्षण देती है। इन मशीनों की एक हानि है कि ये महंगी हैं।

वजन प्रशिक्षण रेत के बोरे, वेट कफ व इलास्टिक बैंड जो बाहर ले जाने में सुविधाजनक हो से भी किया जा सकता है।

शक्ति प्रशिक्षण अपने शरीर के वजन को इस्तेमाल करके भी किया जा सकता है जो आसान और सुविधाजनक है परन्तु ज्यादा वजन वाले व्यक्तियों को इस ढंग से मांसपेशियों व जोड़ों को चोट पहुंच सकती है क्योंकि ज्यादा वजन से शरीर पर भार अधिक पड़ सकता है।

बचाव

जब कोई व्यक्ति किसी प्रकार का वजन प्रशिक्षण कर रहा है तो उसे वार्म अप करना चाहिए तथा मांसपेशियों को खिंचाव देना चाहिए। हमेशा हल्के वजन से शुरू करके धीरे-धीरे वजन का परिमाण बढ़ाते चले जाना चाहिए। थोड़ा शांत होकर वर्क आऊट के बाद मांसपेशियों में खिंचाव डालना चाहिए। यदि बहुत अधिक वजन उठाया तो दो वर्क आऊट सत्र के बीच 48 घंटों का आराम का सुझाव दिया जाता है ताकि मांसपेशियों को बनने में पर्याप्त आराम मिल सके।

वजन प्रशिक्षण के दस स्वर्णिम नियम

1. व्यायाम करते समय मांसपेशियों पर ध्यान केन्द्रित रखें। जिस मांसपेशी समूह पर व्यायाम कर रहे हों उस पर पूरी मानसिक एकाग्रता से नजर रखें।
2. व्यायाम के दौरान अच्छा ताल बनाए रखें। लिफ्ट धीरे से 2 सेकेंड (पाजिटिव स्ट्रोक) तथा पुरानी दशा में जाने के लिए 4 सेकेंड (नेगेटिव स्ट्रोक) करें।
3. अधिकतर व्यायामों के दौरान घुटने व कुहनियों को नरम रखें जिसका अर्थ है कि चोट से बचाने के लिए घुटने व कुहनी को कभी पूरा न खोलें।
4. पाजिटिव स्ट्रोक व थकावट के दौरान सांस बाहर फेंके तथा नेगेटिव स्ट्रोक के दौरान सांस अन्दर लें।
5. हल्के वजन से शुरू करके धीरे-धीरे वजन बढ़ाते रहें। हमेशा थोड़े वजन से शुरुआत करें।
6. बड़ी मांसपेशियों से शुरू करके छोटी की तरफ आएं। कर्ल से पहले बेंच प्रेस करें।
7. दो सेटों के बीच 30 से 60 सेकेंड तक आराम करें तथा फिर नया सेट शुरू करें।
8. वर्क आऊट के बीच 48 घंटे तक आराम करें जिससे मांसपेशियों को आराम मिले।
9. सही ढंग के प्रशिक्षण व प्रोग्राम बनाने के लिए किसी व्यवसायिक की सहायता लें।
10. वर्क आऊट से पहले वार्म अप और स्ट्रेच करें तथा वजन प्रशिक्षण के बाद आराम करें।

अच्छा प्रदर्शन कई कारकों पर निर्भर करता है। यह दक्षकला कौशल, गति में बढ़त तथा सामान्य धैर्य पर आधारित बढ़ते हुए प्रतियोगिता रूप में रुचि, हरफनमौला शक्ति तथा सामान्य गतिशीलता पर निर्भर करता है। हरफनमौला शक्ति सर्कट ट्रेनिंग द्वारा ठीक प्रकार से प्राप्त की जा सकती है तथा उसके बाद शक्ति प्रशिक्षण द्वारा विकास होता है। शक्ति बढ़ाने के लिए वजन उठाने का प्रशिक्षण बहुधा प्रयोग होता है तथा यह सर्व प्रचलित भी है।

कौन-कौन सी वजन प्रशिक्षण कसरतें?

जिस प्रकार की शक्ति की आवश्यकता हो व्यायाम वैसे ही विशेष रूपेण होना चाहिए तथा किसी विशेष खेल की मांगों से संबंधित होना चाहिए। कोच को खेल विशेष से सम्बद्ध मांसपेशियों की मुख्य गतिविधियों तथा हिलने-डुलने के पैटर्न तथा वांछित शक्ति के प्रकार के बारे में ज्ञान होना चाहिए। उसी तरह के व्यायाम चुनने चाहिए जिन से चाहा हुआ विकास हो सके। हालांकि विशेषता जरूरी है फिर भी हर सत्र में सामान्य प्रकृति के व्यायाम शामिल किए जाएं जैसे- पावर क्लीन, बेंच प्रेस, बैक स्कवेट, सिट अप, शोल्डर पास, चेस्ट प्रेस, लैट पुल डाऊन, लोअर बैक एक्सटेंशन, ट्राइसेप प्रेस, कॉफ रेज, बाइसेप कर्ल, लेग कर्ल, लेग एक्सटेंशन आदि। ये सामान्य व्यायाम संतुलित विकास करते है तथा मजबूत आधार प्रदान करते हैं जिन पर विशेष व्यायाम आधारित होता हैं।

कितना व्यायाम करें

इस्तेमाल किया गया वजन उस अधिकतम वजन का प्रतिशत हो जो एक बार उठाया जा सकता है जिसे साधारणतया एक दोहराव अधिकतम (1 आर.एम.) कहते हैं। दोहराव की अधिकतम सीमा थकान से पहले क्या हो वह इस बात को प्रतिबंधित करती है कि एक अतिरिक्त दोहराव को पूरा करना वजन इस्तेमाल करने का गुणक होता है जिसे दोहराव अधिकतम (आर.एम.) कहते हैं जो व्यायाम की तीव्रता को दर्शाता है। एक वेट लोड जो तीसरे दोहराव पर थकान पैदा करता है उसे थ्री दोहराव अधिकतम (3 आर एम) कहते हैं तथा यह आर एम के लिए उठाए जा सकने वाले वजन का लगभग 85% होता है।

कितनी संख्या?

शक्ति प्रशिक्षण प्रोग्राम को बनाते समय थकान तक की जाने वाली दोहराव की संख्या की बहुत उपयोगिता है। 4-6 आर.एम. तक कार्य करने से अधिकतम शक्ति प्राप्त की जा सकती है। इसे 12-20 आर.एम. तक बढ़ाने पर मांसपेशियों के धैर्य तथा वजन में बढ़ोतरी होती है।

8-12 आर.एम. जो हफ्ते में तीन दिन किया जाए वह सामान्य शक्ति प्रशिक्षण कार्यक्रम है। यह अभी भी बहस का विषय है कि सेटों की उपयुक्त संख्या मांसपेशियों की शक्ति बढ़ाती है। अध्ययनों से पता चला है कि एक सेट की अपेक्षा बहुत से सेटों के कार्यक्रमों से प्राप्त शक्ति में कोई खास अन्तर नहीं है।

शक्ति की खोज में बहुत अधिक वजन उठाने के लिए सेटों के बीच 3-5 मिनट के आराम का अन्तराल होना चाहिए परन्तु यदि शक्ति की धैर्य परीक्षा लक्ष्य है तो आराम कम लेना चाहिये। बहुधा धावक प्रतिस्पर्धाएं तेज और बहु आयामी होती हैं तथा इसलिए एथलीट के शक्ति कार्य में गुणवत्ता दिखाई देनी चाहिए।

कितनी बार

यह शरीर की रिकवरी से संबंधित है क्योंकि शरीर शक्ति प्रशिक्षण के बाद अच्छा आराम मांगता है। 'रूल आफ थम्ब' के लिए सत्र के बीच में 48 घण्टों का अन्तराल हो। यदि प्रशिक्षण बहुत कड़ा हो तो हर सत्र के बाद वजन उठाने का वह स्तर नहीं रहता तथा हर सत्र के बाद उठाए गए वजन में हर सप्ताह अन्तर रहेगा (उदाहरणार्थ-उच्च, निम्न तथा मीडियम स्तर)।

वजन रखने वाले कक्ष में सुरक्षा

शक्ति प्रशिक्षण तब तक सुरक्षित है जब तक उसे जांच और नियंत्रण में रखा जाए। कोच या अध्यापक को यह निश्चित कर लेना चाहिए कि धावक द्वारा इस्तेमाल किये जा रहे वजन प्रशिक्षण कक्ष में सुरक्षित हो तथा उन पर लागू होने वाले सुरक्षा नियमों के बारे में एथलीट जागरुक हैं। सुरक्षा और निपुणता के लिए वजन प्रशिक्षण का पूरा निरीक्षण होना चाहिए।

विस्फोटक शक्ति का विकास

बहुत से खेलों विशेषकर जिनमें विस्फोटक शक्ति की आवश्यकता होती है उनमें शक्ति व ताकत उत्पन्न करना बहुत महत्वपूर्ण निवेश है। मेडिसन गेंद ट्रेनिंग जिसके साथ वजन प्रशिक्षण तथा सर्कट ट्रेनिंग मिली है वे शक्ति और ताकत पैदा करने में सहायक हैं। कुछ मेडिसन गेंद व्यायाम विस्फोटक गतिविधियां विकसित करने में प्लयोमिट्रिक प्रशिक्षण प्रोग्राम के हिस्से के रूप में उपयुक्त है। मेडिसन गेंद प्रशिक्षण योग्यता, उम्र, विकास और खेल सभी स्तरों पर उपयुक्त हैं। इसे और प्रभावी बनाने के लिए इसमें वे व्यायाम शामिल किए जाएं जो खेल गतिविधि के पैटर्न से मेल खाते हों।

पल्योमिट्रिक प्रशिक्षण

सभी खेल गतिविधियों में अलग अलग परिमाप में पाए जाने वाले घटक गति और शक्ति फिटनेस के महत्वपूर्ण हिस्से हैं। आम भाषा में गति और ताकत का समन्वय शक्ति कहलाता है। कई वर्षों से प्रदर्शन को विकसित करने के लिए कोच और एथलीट अपनी शक्ति बढ़ाते हैं। इस सदी में उछलना, वांऊडिंग तथा हॉपिंग व्यायामों के प्रयोग से एथलीट अपना प्रदर्शन बढ़ाते थे। हाल में विशिष्ट प्रशिक्षण के द्वारा ताकत व विस्फोटक शक्ति बढ़ाने को पल्योमिट्रिक नाम दिया गया है। इस शब्द की उत्पति कहीं से भी हुई हो मगर यह शब्द प्रशिक्षण के उस ढंग को परिभाषित करता है जो व्यक्ति की विस्फोटक प्रतिक्रिया बढ़ाते हैं तथा इसके लिए तेज इसेंट्रिक सिकुड़न के द्वारा शक्तिशाली मांसपेशीय खिंचाव पैदा किया जाता है।

टांग द्वारा पल्योमिट्रिक बाऊंडस ड्रिल कैसे करें

- व्यायाम के शुरू में जॉग करें।
- बायें पैर से धकेल कर टांग आगे लाएं घुटना झुका रहे तथा जांघ फर्श के समानान्तर रहे।
- उसी समय दायीं भुजा के साथ आगे बढ़ें जैसे बायीं टांग आगे दायीं टांग पीछे मुड़े तथा पुश आफ तक पीछे निकली रहे।
- इस स्थिति में कुछ देर रुकें तथा फिर बायें पैर पर खड़े हों।

- दायीं टांग फारवर्ड बेंट स्थिति में आगे ड्राइव हो, बायीं बाजू आगे आए तथा बांयी टांग पीछे रहे।
- हरेक कदम लम्बा लें तथा ज्यादा से ज्यादा जगह कवर करने की चेष्टा करें।
- पैर के सोल पर खड़े हों (फ्लेट फुट), टांग की मांसपेशियों के लचीलेपन के कारण ऊर्जा को एकत्र होने दे, फिर पुनः तेजी से चलें।
- पैर के स्पर्श समय को कम से कम रखें।

कितना

- 30 से 40 मीटर से ऊपर एक से तीन सेट।
- प्रत्येक सेट के बीच पूर्ण रिकवरी करें।
- बाऊडिंग की गुणवत्ता उसकी संख्या से अधिक महत्वपूर्ण है।

बाधाकूद ड्रिल कैसे करें

- सीमा के पार आगे कूदें तथा दोनों पैर साथ रखें।
- यह चाल नितम्बों और घुटनों की हो।
- शरीर सीधा रखें तथा घुटनों को दोनों तरफ इधर-उधर न होने दें।
- दोनों घुटने छाती से सटाएं।
- संतुलन बनाने तथा ऊंचाई हासिल करने हेतु दोहरी भुजा स्विंग का प्रयोग करें।
- पैरों की बॉल पर खड़े हो, टांगों की मांसपेशियों के लचीले हिस्सों में ऊर्जा इक्ट्ठी होने दें तथा पुनः उछाल लें।
- रुकावटों के बीच पैरों के नीचे स्पर्श करने वाले समय को न्यूनतम करें।

कितना करें

- 6 से 8 रुकावटें प्रयोग करते हुए 1 से 3 सेट करें।
- प्रत्येक सेट के बीच पूर्ण रिकवरी करें।
- रुकावटें एक लाईन में रखें तथा उनके बीच दूरी आपकी क्षमता के अनुसार हो।
- रुकावटों की ऊंचाई 12-36 ईंच के बीच हो।
- रुकावट उछाल की गुणवत्ता उनकी संख्या से अधिक महत्वपूर्ण है।

एकल टांग उछाल ड्रिल कैसे करें

- एक टांग पर खड़े हों।
- जिस पर खड़े हो उसी पर अगली तरफ छलांग लगाएं तथा उसी टांग पर रुकें।
- छलांग की लम्बाई बढ़ाने के लिए विपरीत टांग का बल प्रयोग करें परन्तु प्रत्येक छलांग में ऊंची छलांग का लक्ष्य रखें।
- पैरों के बॉल पर रुकें, टांगों की मांसपेशियों के लचीले हिस्सों में ऊर्जा इक्ट्ठी होने दें तथा पुनः उछाल लें।
- पैरों के नीचे स्पर्श समय को न्यूनतम रखें।
- शरीर सीधा तथा ऊंचा रहे।
- दोनों टांगों से यह ड्रिल करें।
- शुरू करने वाले सीधी टांग के एक्शन का प्रयोग परन्तु बेहतरीन धावकों को चाहिए कि वे छलांग के दौरान एड़ी को नितम्बों की तरफ खींचें।

कितना करें

- 30 से 40 मीटर तक 1 से 3 सेट।
- प्रत्येक सेट के बीच पूर्ण रिकवरी करें।
- बाऊंडिंग की गुणवत्ता उसकी संख्या से ज्यादा महत्वपूर्ण है।

बॉक्स जम्प ड्रिल कैसे करें

- बॉक्सों की लाईन की अन्तिम छोर पर पैर कन्धे के बराबर खोल कर बैठे होने की स्थिति में आएं।
- हाथ सिर के पीछे रखें।
- बॉक्स पर कूदें तथा पैरों की बॉल पर बैठक वाली स्थिति में खड़े हों।
- बैठने वाली स्थिति में रहते हुए बॉक्स से फर्श पर कूदें तथा उसी स्थिति में पैरों की बॉल पर खड़े हों।
- पुनः बॉक्स पर जम्प करें तथा दोहराएं।
- फर्श पर पैर के स्पर्श समय को न्यूनतम रखें।

कितना करें

- 6 से 8 बॉक्स प्रयोग करते हुए 1 से 3 सेट करें।
- हरेक सेट के बीच पूर्ण रिकवरी करें।
- बॉक्स की ऊंचाई 30 से 80 से.मी. के बीच हो।
- बॉक्स जम्प की गुणवत्ता उसकी संख्या से ज्यादा महत्वपूर्ण है।

गहराई की छलांगेंड्रिल कैसे करें

- सामने के किनारे के पास टखने रख बॉक्स पर खड़े हों।
- बॉक्स से नीचे उतरें तथा दोनों पैरों की बॉल पर उतरें।
- उतरने की पहचान रखें तथा पुनः उछल कर जल्दी से बॉक्स पर चढ़ें।
- फर्श पर पैर के स्पर्श समय को न्यूनतम रखें।

कितना करें

- 6 से 8 बॉक्स प्रयोग करते हुए 1 से 3 सेट।
- प्रत्येक सेट के बीच पूर्ण रिकवरी करें।
- बॉक्स की ऊंचाई 30-80 सेमी के बीच हो।
- गहरी छलांग की गुणवत्ता उसकी संख्या से अधिक जरूरी है।

टॅक जम्प-ड्रिल कैसे करें

- खड़े होकर आरंभ करें।
- जम्प करें तथा जैसे ही घुटने छाती तक आएं उन्हें पकड़ें।
- पैरों की बॉल पर रुकते हुए शुरू की स्थिति में लौटें।
- जहां खड़े हो उसे समझें तथा तेजी से उछलें।
- फर्श पर पैरों के स्पर्श के समय को कम करने की चेष्टा करें।

कितना कुछ

- 1 से 3 सेट।
- प्रत्येक सेट के बीच पूर्ण रिकवरी करें।
- 5 से 10 दोहराव 1 सेट।
- टॅक जम्प की गुणवत्ता उसकी संख्या से अधिक आवश्यक है।

टू लैग्ड हॉप या बन्नी हॉपड्रिल कैसे करें

- कन्धे जितनी चौड़ी टांगों पर खड़े हों।
- नीचे की बैठने की मुद्रा में होकर जितना दूर जम्प कर सकते हैं, करें।
- दोनों पैरों की गेंद पर टिक जाएं।
- शरीर को सीधा रखें तथा तेजी से ऊपर उछलने की कोशिश करें।
- फर्श पर पैर स्पर्श करने के अन्तराल समय को न्यूनतम करें।
- तेज दोहरी बाजू उछाल का प्रयोग करें तथा जमीन पर छलांग को छोटा करें।

कितना कुछ

- 1 से 3 सेट।
- हरेक सेट के बीच पूर्ण रिकवरी करें।
- 5 से 10 दोहराव/सेट।
- बन्नी हॉप की गुणवत्ता उनकी संख्या से अधिक महत्वपूर्ण है।

भुजा पल्योमीट्रिक्स

चेस्ट पास ड्रिल कैसे करें

- ड्रिल में एक साथी की जरूरत है।
- एक-दूसरे के सामने खड़े हों, पैर कन्धे जितने चौड़े व घुटने थोड़े मुड़े हुए।
- कुहनियां निकली हुई, मेडिसन बॉल को छाती तक दोनों हाथों से पकड़ें।
- बॉल को साथी को दें, छाती को धकेलते हुए जिससे अन्तत: बाजू सीधे हो जाएं।
- साथी बॉल पकड़ कर छाती तक ले जाए तथा तब आपको दे।
- कैच को समझने की चेष्ट करें, तथा जितनी जल्दी संभव हो लौटाएं।
- पकड़ने के समय को न्यूनतम करने की कोशिश करें।

कितना करें

- 1 से 3 सेट।
- सेट के बीच रिकवरी पूर्णरूप से करें।
- 10 से 20 दोहराव/सेट।
- चेस्ट पास की गुणवत्ता उनकी संख्या से ज्यादा आवश्यक है।

इन्कलाईन पुश अप गहरा जम्प ड्रिल कैसे करें

- तीन से चार ईंच ऊंचे दो मैट कन्धे जितने चौड़े रखें।
- जब पुश अप अवस्था में हो तो पैरों को कन्धों तक उठाने के लिए ऊंचा बॉक्स हो।
- फर्श को देखें जैसे आप पुश अप करने जा रहे हों, पैर बॉक्स पर रहें तथा हाथ मैट्स के बीच में रहें।
- हाथों से ग्राऊंड से उठ कर हर मैट पर एक हाथ रखे नीचे आएं।
- दोनों हाथों से मैट को धकेलें तथा आरंभिक अवस्था में आ जाएं।
- पकड़ने के समय को न्यूनतम रखने की चेष्टा करें।

कितना करें

- 1 से 3 सेट।
- सेट की बीच पूर्ण रिकवरी करें।
- 10 से 20 दोहराव/सेट।
- पुश-अप की गुणवत्ता उनकी संख्या से ज्यादा जरूरी है।

पॉवर ड्राप ड्रिल कैसे करें

- ड्रिल में एक साथी चाहिए।
- बाजू बाहर करके फर्श पर पीठ के बल लेटें।
- बॉक्स पर खड़ा बाजू खोलकर साथी मेडिसन बॉल पकड़े।
- साथी मेडिसन बॉल अप के हाथों में गिराए।
- कुहनी मोड़ कर बॉल पकड़े।
- बॉल को छाती तक आने दें।
- बाजू बढ़ा कर बॉल को साथी के पास धकेलें।
- पकड़ने के समय को न्यूनतम रखें।

कितना करें

- 1 से 3 सेट।
- सेट के बीच पूर्ण रिकवरी करें।
- 10 से 20 दोहराव/सेट।
- वर्टिकल टॉस की गुणवत्ता उनकी संख्या से ज्यादा जरूरी है।

झुकी हुई छाती से पॉस करना ड्रिल कैसे करें-

- साथी के साथ एक-दूसरे के सामने बैठें।
- 45° कोण पर पीछे झुकें, पेट को कस कर रखें।
- कोहनियां बाहर रखते हुए दोनों हाथों से मेडिसन बॉल को छाती तक पकड़ें।
- बाजू सीधे रखते हुए छाती से बॉल को अपने साथी की तरफ धकेलें।
- आपका साथी गेंद पकड़ता है तथा छाती तक लाता है इससे पहले वह आपको पुनः दे।
- कैच को पकड़ने की कोशिश करें तथा गेंद जितना जल्दी हो सके वापिस करें।
- कैच टाइम को न्यूनतम करें।

कितना कुछ

- 1 से 3 सेट।
- प्रत्येक सेट के बीच पूर्ण रिकवरी करें।
- 10 से 20 दोहराव/सेट।
- चैस्ट पास की गुणवत्ता उनकी संख्या से अधिक आवश्यक है।

वर्टिकल टॉस ड्रिल कैसे करें

- ड्रिल में एक साथी होना चाहिए।
- बॉक्स के सामने पीठ करके बैठें, टांगें खुली व सीधी।
- दूसरा व्यक्ति बॉक्स पर आप के ऊपर मेडिसन बॉल पकड़े खड़ा हो।
- आपका साथी आपके हाथों में मेडिसन बॉल फेंकें।
- कुहनी मोड़ कर मेडिसन बॉल पकड़ कर बॉक्स पर बैठे साथी की तरफ वापस फेंके।
- पकड़ने के समय को न्यूनतम करें।

कितना कुछ

- 1 से 3 सेट।
- प्रत्येक सेट के बीच पूर्ण रिकवरी करें।
- 10 से 20 दोहराव/सेट।
- वर्टिकल टॉस की गुणवत्ता उसकी संख्या से अधिक आवश्यक है।

वार्म-अप

पल्योमिट्रिक ट्रेनिंग से पहले पूर्ण वार्म-अप आवश्यक है। ज़ागिंग, स्ट्रेचिंग (स्टेटिक व बालास्टिक) स्ट्राइडिंग तथा सामान्य हिलडुल की तरफ ध्यान देना चाहिए। विशेषकर योजनाबद्ध पल्योमिट्रिक सत्र में जिसमें जोड़ संलिप्त हों। हर सत्र के बाद वार्म-डाऊन करें।

कहां करें और क्या पहनें

बाऊंडिंग व्यायामों के लिए घास और रेसिलेंट सतहों का प्रयोग करें। सीमेंट के फर्श को न चुनें क्योंकि वे कुशन नहीं प्रदान करते। अच्छे कुशन वाले जूते चुनें जो स्थिर हों तथा असर को जज्ब कर सकें। सभी एथलीटों को पल्योमिट्रिक प्रशिक्षण में लगने से पहले सामान्य ओर्थोपीडिक स्क्रीनिंग करवा लेना चाहिए। ऐसी संभावित चोटों से बचने के लिए ढांचे तथा बैठने की समस्याओं को विशेष ध्यान देना चाहिए।

3. गति

चाहे दौड़ने वाले की टांग हो या शॉट पुट करने वाले की भुजा, गति तेजी से हाथ पैर की चाल का नाम है। गति प्रत्येक खेल का जरूरी हिस्सा है तथा इसे इनमें से एक या दो के मिश्रण से दर्शाया जा सकता है।

- अधिकतम गति
- विस्फोटक शक्ति (ताकत)
- शक्ति की सहनशीलता

गति को प्रभावित करने वाले कारक

गति को एथलीट की गतिशीलता, विशेष शक्ति, शक्ति की सहनशीलता तथा कला कौशल प्रभावित करते हैं।

गति का विकास

दौड़ने की कला को कम गति से शुरू करके धीरे-धीरे गति बढ़ानी चाहिए। उद्दीपन, हर्ष और सही टकराव के क्रम से मोटर नर्व (न्यूरोन) तथा उसे भेजने वाले मांसपेशियों के ग्रुप उच्च फ्रिक्वेंसी गतिविधियां होने में कारण बनते हैं। पूरी प्रक्रिया पूरी तरह साफ नहीं है तथा मांसपेशियों और मोटर यूनिटों का सही समय पर विशिष्ट समन्वय तेज गति देकर सही पैटर्नों का निर्माण करता है। लचक और सही वार्म अप से कदमों की लम्बाई व फ्रिक्वेंसी प्रभावित होती है। कदमों की लम्बाई मांसपेशियों की ताकत बढ़ाकर ताकत, शक्ति, धैर्य तथा भागने की कला कौशल से विकसित होती है।

गति का विकास अत्यधिक विशिष्ट है तथा उसे पाने के लिए हमें सुनिश्चित करना चाहिए कि

- सारा साल लचक को विकसित तथा बरकरार रखा जाए।
- ताकत व गति समानान्तर रूप से विकसित हों।
- उच्च गति स्तर पर करने से पहले दक्षता विकास कला को पहले सीखा जाए रिहर्सल की जाए तथा दक्ष बनाया जाए।
- थोड़े अंतराल के लिए उच्च गति का उपयोग करके गति प्रशिक्षण को विकसित करें। इससे सही न्यूरोमस्कुलर पथ का उपयोग होकर ऊर्जा को स्रोतों का उपयोग होगा।

गति कार्य को कब करें

स्मरण रहे की भागने की गति को विकसित करना जटिल प्रक्रिया है जो दिमाग और स्नायु तंत्र से नियंत्रित होती है। दौड़ने वाले को तेज दौड़ने में टांगों की मांसपेशियां तेजी से सिकुड़नी चाहिए तथा दिमाग और स्नायुतंत्र को भी इन तेज गतिविधियों को नियंत्रित करना चाहिए यदि आप सारा वर्ष कुछ गति प्रशिक्षण जारी रखेंगे तो दिमाग तथा स्नायुतंत्र तेज महसूस करना नहीं भूलेगा तथा नियंत्रण पैटर्न को बाद में दुबारा याद करने की उसे जरूरत महसूस नहीं होगी।

ट्रेनिंग सप्ताह स्पीड वर्क को आराम के बाद या हल्की ट्रेनिंग के बाद करें। यह वार्म-अप के बाद किया जाए तथा प्रशिक्षण के बाद इसकी तीव्रता कम कर दें।

गति विकास के सिद्धांत

विकसित गति के सामान्य सिद्धांत निम्नलिखित हैं-

- अपनी गतिविधि का जायजा उद्देश्य चुनें तब ऐसी गति से दौड़ें जो आपके लक्ष्य से थोड़े वर्क अन्तराल से वास्तव में तेज हो।
- अपनी निर्धारित गति पर न्यूरोमस्कुलर समन्वय, हौसला बढ़ाने के लिए लक्ष्य की दर पर प्रशिक्षण करें। शुरू में लम्बी रिकवरी का प्रयोग करें परन्तु जैसे ही आप फिट और तेज होते जाएं काम के मध्यान्तर के बीच रिकवरी पीरियड को छोटा करें जिससे आपका प्रशिक्षण ज्यादा विशेष बने तथा दौड़ के लिए वास्तविक बने। जितने आप समर्थ हैं उतने लम्बे वर्क अन्तराल की तरफ चलते रहें।
- एरोबिक क्षमता पर वर्क करें। कैलोरी जलाने तथा गति के सैशन से वापसी लाने के लिए आसान कदमों से दौड़ें।
- गति की रेंज में बृद्धि लाने के लिए अपने आप में लचीलापन लाएं (नितम्बों पर गति की रेंज से गति बढ़ेगी) तथा चोट लगने से बचाव भी होगा।

गति के कार्यक्रम

छोटी दूरी (10-15 मीटर) के गति संवेग स्पोर्ट गतिविधियों जैसे-फुटबाल, बास्केट बाल, बेस बाल, क्रिकेट, फील्ड हॉकी आदि के लिए जरूरत स्तर तथा खिलाड़ियों के प्रशिक्षण दशा के अनुसार गतिवर्धन प्रोग्राम बनाया जा सकता है।

4. लचीलापन

लचीलापन वह योग्यता है जिससे एक संयुक्त कार्य को गति के रेंज से किया जाता है। किसी भी चाल में दो तरह की मांसपेशियां काम करती हैं-

1. प्रोटोगानिस्टिक मांसपेशियां जिन से चाल संभव है।
2. चाल के विपरीत तथा लचीलेपन का परिणाम तय करने वाली एंटोगनिस्टिक मांसपेशियां

लचीलेपन का प्रशिक्षण

एंटोगनिस्टिक मांसपेशियों की लचक की सीमा बढ़ाने के लिए लचीलेपन का प्रशिक्षण दिया जाता है।

एथलीट में गति की सीमा में वृद्धि करने तथा तकनीकी विकास पर चोट से बचाने के लिए लचीलापन बहुत महत्वपूर्ण योगदान देता है।

लचीलीदार कसरतें

स्ट्रेच करने के विभिन्न ढंगों को इन ग्रुपों में रखा जा सकता है- स्टेटिक, बलास्टिक व असिसिटड/स्टेटिक तथा बलास्टिक व्यायामों में एथलीट का अपनी चालों पर नियन्त्रण बना रहता है। असिसिटड वर्ग में चाल अपने साथी (बाहरी सहायता) द्वारा नियंत्रित रहती है।

पुनरावृति विधि

इनका अभिप्राय उन अभ्यासों से हैं जो प्रशिक्षण सत्र के दौरान प्रतियोगिता की मांग को देखते हुए बार बार दुहराई जाती है। ट्रेनिंग-वर्ष के उद्देश्य व ध्येय या प्रदर्शन के वास्तविक स्तर पर तीव्रता के गुण हिलने-जुलने के नियम, बारम्बारता, बेंग पर निर्भर करते हैं। संपूर्ण रिकवरी के लिए जहां तक संभव हो छुट्टी का प्रावधान होना चाहिए।

एक विशेष खेलकूद (Event) के लिए सहनशक्ति की क्षमता पूरी तरह से प्रतियोगिता और ट्रायल द्वारा विकसित की जानी चाहिए। इसका अर्थ यह हुआ कि एथलीट को पूरी तरह प्रतियोगिता दूरी पर ध्यान केन्द्रित करना चाहिए। कारकों को इस प्रकार समायोजित करना चाहिए कि शारीरिक विज्ञान व मनोविज्ञान के प्रभाव तथा बारम्बारता और तकनीक प्रतियोगिता शर्तों के साथ सुरूचिपूर्ण मेल खाएं कला तथा दूसरी सामान्य शर्तों का प्रशिक्षण भी आवश्यक है।

नोट- बहुत आवश्यक विधियों जैसे लगातार/अवधि विधि, इंटरवल विधि, पुनरावृति विधि तथा प्रतियोगी वट्रायल विधि के समृद्धिभाजन के लिए कोई सीधी रेंक प्रणाली नहीं अपनानी चाहिए। नियम के अनुसार यदि एक विधि या Variant पूरी तरह प्रत्येक विधि के साथ लगाया जाता है तो यह सहनशक्ति के अधिकतम विकास के लिए काफी नहीं है क्योंकि हर विधि व अकेलो Variant की विशेष शारीरिक विज्ञान संबंधी, जैव विज्ञान व मनोवैज्ञानिक प्रतिक्रिया होती है। प्रशिक्षण की मुख्य विधियों तथा इनके विभिन्न कारक के कला पूर्ण संयोजन से जटिल व बहु आयामी अनुकूलताएं प्राप्त की जा सकती हैं। प्रतियोगिता खेलकूद की जरूरतें क्या है तथा सहनशक्ति प्रशिक्षण अवधि के उद्देश्य व इरादे क्या है यह इस बात पर निर्भर करता है कि अपनाई गई विधियां कौन सी है तथा उनका योगदान क्या रहेगा। एकल्प प्रशिक्षण सत्र के दौरान विशेष कार्यों को निपटाने के साथ-साथ व्यक्ति के प्रशिक्षण संबंधी तनावों पर भी विचार कर लेना चाहिए।

खेल के आधारभूत कौशलों का प्रशिक्षण एवं उनमें निपुणता

खेल के कौशल तथा युक्तियां सिखलाकर श्रेष्ठ खिलाड़ी बनाना प्रत्येक प्रशिक्षक का मुख्य कार्य है। किसी भी खेल के कौशल एवं युक्तियां सिखलाते समय उनका योग्य निर्देशन तथा विश्लेषण बहुत आवश्यक है। प्रशिक्षक का निर्देशन तथा विश्लेषण जितना आदर्श व क्षतिरहित होगा, खिलाड़ियों का सीखना उतना ही सरल होता है तथा उनसे इतनी ही कम भूलें होगी। खेलों के कौशल 'क्रियात्मक' रूप के ज्यादा होते हैं, इसको केवल 'ज्ञानात्मक' की बातें बताने से ही नहीं सीखा जा सकता। खेलों के कौशलों की शिक्षा वर्ग खण्ड की अपेक्षा मैदान पर ही प्रभावपूर्ण ढंग से दी जा सकती है इससे किसी भी खेल के कौशलों को योग्य रूप से सिखलाने के लिए उनका योग्य निर्देशन बहुत जरूरी है। इसी प्रकार प्रशिक्षक को कौशलों का योग्य विश्लेषण करना भी आना चाहिए।

आज के प्रशिक्षण में तकनीकी आ गई है। भौतिक शास्त्र तथा बायोमेकेनिकल जैसे विषयों की मदद से खेल कौशलों का योग्य विश्लेषण करके उनके पीछे छुपे वैज्ञानिक कारणों को भी ढूंढ निकालना चाहिए तथा प्रशिक्षण के दौरान उनका इस तरह से उपयोग करना चाहिए कि खिलाड़ी को अधिकतम लाभ मिल सके। यदि आयु अथवा अन्य कारणों से प्रशिक्षक, कौशलों का आदर्श निदर्शन न दे सके तो कुशल खिलाड़ी, चित्र, मॉडल, फिल्म आदि की मदद ले लेनी चाहिए। अपने कौशलों का प्रशिक्षण तथा निपुणता को प्रभावपूर्ण बनाने के लिए प्रशिक्षक को 'दृश्य-श्रव्य साधनों' का जितना हो सके उतना अधिक उपयोग करना चाहिए।

खेल के आधारभूत कौशलों का प्रशिक्षण एवं उनमें निपुणता करने में निम्न बातों का विशेष तौर पर ध्यान रखा जाना चाहिए-

1. **उद्देश्य :** किसी भी खेल के कौशलों का प्रशिक्षण एवं उनमें निपुणता लाने से पूर्व जितनी ज्यादा तैयारी करते हैं, उतनी ही अधिक उन्हें अपने कार्य आवश्यक हैं तथा इसी प्रकार निदर्शन एवं विश्लेषण का उद्देश्य भी। जैसाकि 'एक चित्र हजार शब्दों से ज्यादा प्रभावकारी होता है। इससे प्रशिक्षक का निर्देशन जितना प्रभावकारी होगा, खिलाड़ीगण उतनी सरलता से कौशलों को सीख सकेंगे। निर्देशन जितना अधिक क्षतिरहित होगा खिलाड़ीगण उतनी ही कम गलतियां करेंगे। इस तरह प्रशिक्षक अपने प्रशिक्षण को काफी प्रभावकारी बना सकता है तथा सीखने सिखलाने की प्रक्रिया को सरल बना सकता है।

2. **तैयारी :** जो प्रशिक्षक खेलों के कौशलों को निर्देशन तथा विश्लेषण करने से पूर्व जितनी ज्यादा तैयारी करते हैं, उतनी ही अधिक उन्हें अपने कार्य में सफलता प्राप्त होती है। प्रत्येक खेल के खेलने के ढंग तथा उनके कौशल भिन्न प्रकार के होते हैं, इससे उसकी तैयारी उसी प्रकार से करनी चाहिए। पूर्व तैयारी करने से प्रशिक्षक का आत्म-विश्वास भी बढ़ता है तथा उसका प्रशिक्षण अधिक प्रभावकारी बन जाता है। प्रशिक्षक को बहुत से प्रश्न जैसे कि वह कौन-सी पोशाक पहने? कहां से वह स्वयं कौशल का निदर्शन करे? दृश्य-श्रव्य साधनों का उपयोग करना हो तो कब, कहां और कैसे उपयोग करे? आदि प्रश्नों का पहले से ही विचार कर लेना चाहिए तथा उसी के अनुरूप पूर्व तैयारी करनी चाहिए। इस प्रकार तैयारी जितनी अधिक प्रभावकारी होगी प्रशिक्षक का निर्देशन तथा विश्लेषण उतना ही अधिक प्रभावकारी होगा।

3. **पद्धतियां :** ज्यादातर पद्धतियां शिक्षा, मनोविज्ञान आदि के सिद्धांतों पर आधारित होती हैं। उनके उपयोग से केवल प्रशिक्षण ही प्रभावपूर्ण नहीं बनता बल्कि साथ-साथ समय, शक्ति तथा धन का बचाव भी होता है। खेल के कौशलों के निर्देशन के लिए विभिन्न पद्धतियां जैसे कि अखण्ड पद्धति, खण्ड पद्धति, पुनरावर्तन पद्धति आदि का उपयोग किया जा सकता है। प्रशिक्षणार्थियों की आयु जाति तथा समझशक्ति को ध्यान में रखकर भी पद्धति पसंद करनी चाहिए। इसी प्रकार मैदान, साधन तथा अन्य सुविधाओं को ध्यान में रखकर शिक्षण पद्धतियों का उपयोग करना चाहिए। यदि कोई कौशल कठिन हो तो उसमें विराम डालकर तथा जरूरत पड़े तो उसको पुनरावर्तित करके भी 'सिखलाने के सिद्धांतों' का ध्यान रखा जाना चाहिए। समय-समय पर सीखे हुए कौशलों का पुनरावर्तन भी करते रहना चाहिए।

4. **परीक्षण कार्य :** कौशलों को सिखलाने के पश्चात् खिलाड़ीगण उन्हें कितने प्रभावपूर्ण ढंग से कर सकते हैं, इसका भी परीक्षण करते रहना चाहिए। प्रशिक्षक का नमूना अथवा प्रदर्शन चाहे जितना उच्च प्रकार का हो परन्तु जो खिलाड़ीगण उसका योग्य अनुकरण न करें अथवा उनके कौशलों को करने में क्षतियां मालूम पड़े तो प्रशिक्षक को उन क्षतियों के कारण ढूंढने चाहिए तथा उनको किस प्रकार से ठीक किया जा सकता है उसके उपाय भी ढूंढने चाहिए। कुछ प्रशिक्षक अपना कर्त्तव्य केवल क्षतियों को ढूंढने तक ही सीमित रखते हैं तथा उन क्षतियों को ठीक करने की तरफ कम ध्यान देते हैं। प्रशिक्षण का काफी सूक्ष्म निरीक्षण होना चाहिए जिस जगह तथा क्यों भूल कर रहा है? इसका 'हल' निकालने के लिए प्रशिक्षक को सूक्ष्म निरीक्षण, संबंधित खेल का गहन ज्ञान तथा अनुभव की विशेष आवश्यकता होती है। कितने ही बार खिलाड़ी स्वयं अकेला कौशल को काफी अच्छे प्रकार से कर सकता हो, परन्तु दूसरे खिलाड़ियों के साथ करने में भूल करता है तो उसका सूक्ष्म निरीक्षण करना चाहिए तथा उसे सुधारने का भरपूर प्रयत्न करना चाहिए। जिन खेलों में खिलाड़ी की स्थिति के अनुसार कुछ विशेष कौशल हों तो उनका अलग से निर्देशन, विश्लेषण, शिक्षण तथा अभ्यास करना चाहिए। उदाहरण के लिए फुटबॉल, गोलकीपर के हाथ भी सशक्त हो तथा वह अपने हाथों का उपयोग कुशलतापूर्वक गेंद को पकड़ने, फैंकने, मारने, लुढ़काने आदि में कर सकते हैं। यह अत्यन्त आवश्यक है, जबकि अन्य खिलाड़ी तो गेंद को हाथ से छू भी नहीं सकते। इससे प्रशिक्षक का परीक्षण कार्य काफी प्रभावपूर्ण होना चाहिए।

5. **महत्त्व :** किसी भी खेल का आधार उसके कौशल होते हैं। यदि खेल पर प्रभुत्व प्राप्त करना हो तो उस खेल के कौशलों पर प्रभुत्व प्राप्त करना अति आवश्यक है तथा इन कौशलों को सीखने के लिए एवं प्रभुत्व प्राप्त करने के लिए प्रभावपूर्ण निर्देशन तथा विश्लेषण का बहुत महत्त्व है। इस तरह देखा जाए तो खेलों के स्तर को सुधारने में निर्देशन तथा विश्लेषण की विशेष भूमिका है। यह केवल समय, शक्ति तथा धन का ही बचाव नहीं करते अपितु क्षतिरहित कौशल सीखने में भी मदद करते हैं। इनमें प्रशिक्षण कार्य सरल एवं प्रभावपूर्ण बनता है। अतः निर्विवाद है कि जो प्रशिक्षक अपने खेल के कौशलों को ठीक प्रकार से निर्देशन तथा विश्लेषण कर सकते हैं, वो उतने की सरल एवं प्रभावपूर्ण ढंग से अपने खिलाड़ियों को कौशल सिखला सकते हैं।

6. **भूल सुधार :** खेल कौशलों में सही भूलों को ढूंढना कोई सरल काम नहीं है। एक अनुभवी एवं तालीम प्राप्त प्रशिक्षक ही प्रत्येक खिलाड़ी की सही भूल को ढूंढ सकता है। भूल सुधारने के लिए उन्हें ढंग निकालने में सूक्ष्म निरीक्षण का विशेष महत्त्व है। प्रशिक्षक केवल भूलों का निर्देशन करे इतना ही काफी नहीं है बल्कि उनको किस

प्रकार सुधारा जा सकता है। इसका योग्य मार्ग दर्शन देना भी अत्यन्त आवश्यक है। भूल कहां हो रही है? क्यों हो रही है? आदि बातों को ढूंढ कर उसके अनुरूप ही सुधार करना चाहिए। इस बात का भी ध्यान रखना चाहिए कि भूल का कारण खिलाड़ी स्वयं है अथवा कोई अन्य कारण है। सुधार भी उसी प्रकार करना चाहिए।

यदि कोई प्रशिक्षक उपरोक्त बातों का ध्यान रखे तो वह अपने निर्देशन को काफी प्रभावपूर्ण बना सकता है। आदर्श निदर्शन तथा वैज्ञानिक विश्लेषण करना प्रत्येक प्रशिक्षक को आना चाहिए जिससे वह अपने प्रशिक्षण को प्रभावपूर्ण बना सके और इस प्रकार खिलाड़ियों का समय तथा शक्ति का बचाव कर सके। संबंधित खेल में खिलाड़ियों का रस बना रहे, इसके लिए भी निर्देशन तथा विश्लेषण उपयोगी है। आदर्श तथा प्रभावकारी निदर्शन देने के लिए प्रशिक्षक में आवश्यक शारीरिक क्षमता भी होनी चाहिए। संबंधित खेल का स्तर सुधारने में भी कौशलों के योग्य निर्देशन तथा विश्लेषण की विशेष भूमिका को भूलाया नहीं जा सकता।

प्रशिक्षण योजनाएं

प्रशिक्षण योजनाएं तब तक सफल एवं उपयोगी सिद्ध नहीं हो सकती जब तक कि प्रस्तुत किए जाने वाले विषय वस्तु को बुद्धिमानी से आयोजित एवं नियंत्रित न किया जाए। कक्षा प्रबंध के सामान्य सिद्धांतों और विभिन्न शिक्षण विधियों के संबंध में विस्तृत चर्चा की जा चुकी है। इन सिद्धांतों और विधियों को ध्यान में रखते हुए शारीरिक शिक्षा में विषय वस्तु को सरल, रोचक और व्यवहारिक रूप से प्रस्तुत करने के लिए लिखित पाठ योजना किया जाता है। लिखित पाठ्य योजना शिक्षक का विषय वस्तु को बेहतर ढंग से व्यवहारिक रूप से प्रस्तुत करने में सहायता प्रदान करती है। लिखित पाठ्य योजना शिक्षक को उसके विचारों को संगठित करने में सहायता मिलती है। पाठ्य योजना से शिक्षक शिक्षण से संबंधित आवश्यक बातों को नहीं भूलता, इसकी सहायता से शिक्षण से संबंधित आवश्यक सामग्रियां एवं उपकरणों की उपलब्धि को सुनिश्चित बनाया जा सकता है और शिक्षण प्रगति, भविष्य की योजनाएं और मूल्यांकन भी किया जा सकता है।

पाठ्य योजना का निर्माण कक्षा के कुछ समय पूर्व किया जाना चाहिए इसका अर्थ यह नहीं लगाया जाना चाहिए कि कक्षा के प्रारंभ होने से कुछ समय पूर्व इसका निर्माण किया जाए। शिक्षक को जो विषय वस्तु को कक्षा के सम्मुख प्रस्तुत करना है उसकी लिखित पाठ योजना का निर्माण कम से कम कक्षा के एक दिन पूर्व कर लेना चाहिए। एक शिक्षक को पाठ योजना का निर्माण करते समय निम्न बातों को ध्यान में रखना चाहिए:

1. पाठ्य योजना छात्रों की तात्कालिक शैक्षणिक और शैक्षणिक स्थतियों का ध्यान रखना।
2. शिक्षक को जब तक संभव हो विषय वस्तु के संबंध में विशिष्ट जानकारी देना चाहिए।
3. पाठ्य योजना कक्षा एवं छात्रों की उम्र के अनुरूप होनी चाहिए।
4. पाठ योजना का निर्माण करते समय शिक्षक को व्यक्तिगत विभिन्नताओं को ध्यान में रखना चाहिए।
5. पाठ्य योजना के लक्ष्य और उद्देश्य स्पष्ट एवं छात्रों के लिए सार्थक होना चाहिए।
6. पाठ्य योजना के पूर्व निर्धारित लक्ष्य एवं उद्देश्यों को प्राप्त करने के लिए आवश्यक उपकरणों का पर्याप्त प्रबंध होना चाहिए।
7. पाठ्य योजना छात्रों के पूर्ण ज्ञान पर आधारित होनी चाहिए।
8. पाठ्य योजना का निर्माण इस प्रकार से किया जाना चाहिए कि भूत, वर्तमान और भविष्य के बीच एक कड़ी स्थापित हो सके।
9. यदि पाठ्य योजना व्यावहारिक रूप से प्रस्तुत किया जा रहा है तो पाठ योजना के आरंभ में उष्मीकरण व्यायाम अवश्य कराना चाहिए। तत्पश्चात शिक्षण इकाई के आधार पर सामान्य एवं विशिष्ट उपभोगकरण करना चाहिए। इससे शिक्षक और छात्रों को शारीरिक और मानसिक रूप से तैयार होने में सहायता मिलती है और शिक्षण के दौरान चोट लगने की संभावनाएं भी कम हो जाती है।
10. पाठ्य योजना में शामिल विषय वस्तु और शिक्षण प्रक्रिया दोनों ही प्रगतिशील सिद्धांत पर आधारित होना चाहिए।
11. शिक्षक को स्वयं एवं छात्रों के लिए हमेशा यथार्थवादी लक्ष्य निर्धारित करना चाहिए।
12. शिक्षण पाठ्य योजना के निर्माण की योजना बनाते समय शिक्षक को यह निश्चित करना चाहिए कि पाठ्य योजना में उन्हीं शिक्षण ईकाइयों को शामिल किया जाए जो बच्चों के व्यक्तित्व का सर्वांगीण विकास में सहायक हो।
13. विषय-वस्तु और शिक्षण प्रक्रिया प्रगति के सिद्धांत पर आधारित होना चाहिए।

पाठ्य योजना का महत्त्व

शारीरिक शिक्षा एक व्यवहारिक शिक्षा है जिसमें छात्र शारीरिक और मानसिक रूप से संलग्न होकर क्रिया को सीखता है। शिक्षा के क्षेत्र में अन्य कोई शिक्षा शारीरिक शिक्षा के जैसी नहीं है जिसमें छात्रों को सीखने के लिए व्यवहारिक रूप से शारीरिक क्रियाएं करनी पड़ती है। इसी कारण शारीरिक शिक्षा की विभिन्न क्रियाओं की पाठ योजना बनाते समय शिक्षक को अत्यधिक सावधानी की आवश्यकता पड़ती है। संपूर्ण शिक्षण प्रक्रिया का आयोजन कुशल निर्देशन के अन्तर्गत होना चाहिए जिससे छात्र-शिक्षण प्रक्रिया से स्वास्थ्य, कौशल, और अच्छा प्रदर्शन जैसे लाभ प्राप्त हो सकें।

यदि पाठ्य योजना निर्माण की रूप रेखा उचित रूप से बनाई जाए तो शिक्षण सुगमतापूर्वक आगे बढ़ता है। अनुचित एवं दिशाविहीन पाठ्य योजना से शिक्षण क्रिया बेहतर ढंग से संपन्न नहीं की जा सकती हैं।

पाठ्य योजना के महत्व को निम्नलिखित के माध्यम से समझा जा सकता है:

1. पाठ्य योजना में शिक्षक पाठयसामग्री का एक निर्धारित भाग निश्चित करता है जितना वह उपलब्ध समय में पढ़ सकता है। वह इस बात का निर्धारण पूर्व में ही कर लेता है कि एक पीरियड में उसे कितना शिक्षण कार्य कराना है।
2. पाठ्य योजना से शिक्षक को शिक्षण प्रवाहपूर्ण और प्रभावशाली रूप से प्रस्तुत करने में सहायता मिलती है।
3. उचित पाठ्य योजना के अन्तर्गत शिक्षण कार्य करते समय शिक्षक मुख्य विषय से भटकता नहीं हैं।
4. निश्चित पाठ्य योजना से शिक्षक छात्रों पर कुशलतापूर्वक नियंत्रण करने में सक्षम होता है। और शिक्षण कार्य के दौरान उत्पन्न समस्याओं को बेहतर ढंग से हल कर सकता है।
5. पाठ्य-योजना शिक्षक के लिए एक मार्गदर्शिका का कार्य करती है।
6. पाठ्य योजना की सहायता से शिक्षक अपने वर्तमान पाठ को पूर्व पाठ से जोड़ते हुए उत्तरोत्तर विकास की ओर ले जा सकता है।
7. शिक्षण से पूर्व संबंधित विषय में पाठ्ययोजना का निर्माण कर लेने से शिक्षक को आवश्यक शिक्षण-सामग्री और उपकरणों की समय पर व्यवस्था करने में आसानी हो जाती है।
8. पाठ्य-योजना शिक्षक में आत्म विश्वास उत्पन्न करती है और छात्रों की शंकाओं का समाधान कर सन्तुष्ट करने के योग्य बनाती हैं।
9. पाठ्य-योजना के माध्यम से शिक्षक विषय-वस्तु से संबंधित सभी आवश्यक एवं मुख्य बातों को पूर्ण रूप से समझ कर कक्षा में जाता है। इस पूर्ण तैयारी के कारण ही वह उचित शिक्षण वातावरण के निर्माण करने में सक्षम होता है।
10. पाठ्य योजना के कारण शिक्षक में चिंतन प्रवृत्ति का विकास होता है। जिसके फलस्वरूप शिक्षक का विषय के संबंध में ज्ञान हमेशा नया और ताजा बना रहता है।
11. पाठ्य योजना द्वारा शिक्षक सम्पूर्ण पाठ्यक्रम को उचित भागों में बांटकर उसे समय पर सदा समाप्त कर सकता है।
12. पाठ-योजना शिक्षण को सफलता की ओर ले जाती है और यह सफलता छात्र एवं शिक्षक दोनों को संतोष प्रदान करती है।
13. पाठ्य योजना शिक्षक को अपनी शिक्षण योग्यता और कार्यप्रगति के मूल्यांकन में सहायता प्रदान करती है।

पाठ्य योजना के सिद्धांत

शारीरिक शिक्षा में विभिन्न प्रकार के खेल एवं क्रियाएं होती हैं जिनको सिखाने के लिए अलग-अलग कुछ निश्चित बुनियादी सिद्धांत है जो सभी के लिए सामान्य है :

ये सिद्धांत निम्नलिखित है :

1. **उष्मीयकरणः** किसी भी प्रकार की शारीरिक क्रिया को करने से पूर्व छात्र को शारीरिक एवं मानसिक रूप से तैयार करना अत्यंत आवश्यक होता है। इसलिए जटिल क्रियाओं को करने से पूर्व छात्रों को विभिन्न सामान्य उष्मीयकरण क्रियाओं को करवाना चाहिए। इससे छात्रों के नाड़ी मांसपेशीय समन्वय का विकास होता है जिसके परिणामस्वरूप खेल की जटिल क्रियाओं को सीखते समय चोट लगने की संभावनाएं कम हो जाती है।
2. **मानव शरीर का सामान्य विकासः** शारीरिक शिक्षा एक गतिविधि शिक्षा है जिसमें क्रियाओं को उनके वास्तविक स्वरूप में करके ही सीखी जाती है। क्रियाओं को सीखने एवं उसमें विशेषता प्राप्त करने के लिए छात्रों के शरीर का सामान्य विकास करना अत्यंत आवश्यक है। शरीर का सामान्य विकास सामान्य प्रकार की क्रियाओं को करने के लिए सहायक तो होता ही है। इसके साथ-साथ विशिष्ट प्रकार की क्रियाओं को करने के लिए आधार भी बनाता है अतः मानव शरीर का सामान्य विकास के लिए शरीर के सभी अंगों को पर्याप्त व्यायाम देना चाहिए।

3. **उम्र एवं लिंग:** विभिन्न शारीरिक क्रियाएं छात्रों की उम्र एवं लिंग को ध्यान में रखकर चुनी जानी चाहिए। प्राथमिक स्तर के छात्र एवं छात्राओं को दी जाने वाली क्रियाओं और माध्यमिक स्तर के छात्र को दी जाने वाली क्रियाओं में स्पष्ट अन्तर होना चाहिए क्योंकि दोनों की आवश्यकताएं अलग-अलग होती है। इसके अतिरिक्त एक ही स्तर के छात्र एवं छात्राओं को दी जाने वाली क्रियाओं में भी अन्तर होना चाहिए। छात्राओं को छात्रों के जैसे अधिक कर्मठ क्रियाएं लम्बी अवधि तक नहीं कराना चाहिए। अत: पाठ-योजना बनाते समय छात्रों की उम्र एवं लिंग के अन्तर को अवश्य सामने रखना चाहिए।
4. **उत्तरोत्तर प्रगति:** पाठ्य-योजना के आरंभ में ही कठिन व्यायाम करना छात्रों के लिए असंभव होता है। इसलिए शिक्षक या छात्र को यह सलाह दी जाती है कि पाठ्ययोजना के शुरुआती दौर में क्रियाएं आसान होनी चाहिए और तत्पश्चात उत्तरोत्तर प्रगति के आधार पर क्रियाओं को कठिनाई की ओर ले जाना चाहिए। यह शारीरिक विकास के लिए आवश्यक है कि उत्तरोत्तर प्रगति सिद्धांत को ध्यान में रखकर क्रियाओं को एक निश्चित क्रम करने में किसी प्रकार की कोई कठिनाई न हो। सामान्यत: उत्तरोत्तर प्रगति के आधार पर एक निश्चित क्रम में क्रियाओं को करने से कठिन क्रियाएं करना छात्रों के लिए सुगम हो जाता है।
5. **क्रियाओं का अभ्यास:** बिना क्रियाओं के अभ्यास के क्रियाओं में विशेषज्ञता नहीं प्राप्त की जा सकती है और एक बार की गई क्रिया का कोई विकासात्मक महत्व भी नहीं होता है। इसलिए शरीर का पर्याप्त विकास करने के लिए और क्रियाओं में विशेषज्ञता प्राप्त करने के लिए क्रियाओं की प्रकृति के आधार पर एक निश्चित समय तक क्रियाओं का बार-बार लगातार अभ्यास कराया जाना चाहिए।
6. **पाठ्य की निरन्तरता:** पाठ्य योजना के अन्तर्गत सिखाई जाने वाली क्रिया को निरन्तर रूप में कराया जाना चाहिए इससे छात्रों पर अच्छा प्रभाव पड़ता है और क्रियाओं से अधिक लाभ मिलता है। पाठ्य योजना के लिए छात्रों का एक बार उष्मीयकरण होने पर निरन्तर क्रिया करते रहना सुगम होता है और क्रिया में कुशलता प्राप्त करना आसान हो जाता है यदि पाठ की निरन्तरता में किसी कारणवश बार-बार अवरोध आता है तो छात्रों के लिए क्रिया को उत्साहपूर्वक करना कठिन हो जाता है। अत: पाठ्य-योजना के दौरान इस प्रकार की व्यवस्था करनी चाहिए। इससे क्रिया को निरन्तरता पर प्रतिकूल प्रभाव न पड़े और छात्र क्रिया को जारी रख सके।
7. **सामान्य स्थिति में लाना:** पाठ योजना के पश्चात विभिन्न सामान्य व्यायामों द्वारा छात्रों को सामान्य स्थिति में लाना चाहिए। जिस प्रकार क्रिया के शुरू में उष्मीयकरण आवश्यक है ठीक उसी तरह क्रिया के समाप्त होने के पश्चात छात्रों को सामान्य स्थिति में लाना आवश्यक है। सामान्य स्थिति में लाने के लिए छात्रों को लम्बी सांस लेना, धीरे-धीरे दौड़ना और हल्के व्यायाम आदि कराना चाहिए। इससे छात्र सामान्य स्थिति में तो आता ही है और साथ ही साथ अगले दिन के कार्यों के लिए तैयार होता है।

पाठ्य-योजना के प्रकार

शारीरिक शिक्षा में पाठ्य-योजना दो प्रकार के होते हैं:

1. सामान्य पाठ्य-योजना:

एक सामान्य पाठ्य-योजना को निम्नलिखित 5 भागों में बांट सकते हैं :

1. एकत्रीकरण एवं उपस्थिति लेना
2. प्रारंभिक (उष्मीयकरण) क्रियाएं

पाठ्ययोजना के इस भाग से वास्तविक शिक्षण प्रारंभ होता है अत: यह आकर्षण एवं उत्साहवर्धक होना चाहिए। इसमें छात्रों को "उष्मीयकरण" करने के लिए सामान्य व्यायाम करवाये जाते हैं ताकि उन्हें कठिन एवं कर्मठ क्रियाएं करने के लिए शारीरिक एवं मानसिक रूप से तैयार किया जा सके।

उष्मीयकरण प्रक्रिया औपचारिक जैसे-धीरे-धीरे दौड़ना, व्यायाम स्ट्राइंड उछलने कूदने वाले व्यायाम, बेन्डिग व्यायाम और स्ट्रेचिंग व्यायाम करवाये जाते हैं। ये व्यायाम पहले धीमी गति से प्रारंभ की जानी चाहिए और फिर धीरे-धीरे लय के साथ व्यायाम की तीव्रता बढ़ाते जाना चाहिए। पाठ्य-योजना में प्रारंभिक क्रियाओं की अवधि 5 से 7 मिनट तक होती है। प्रारंभिक क्रियाओं (उष्मीयकरण) को कराते समय निम्न कारकों को ध्यान में रखना चाहिए :

1. सिखायी जाने वाली क्रिया का प्रकार
2. मौसम की स्थिति
3. पूर्व में सीखी गई क्रियाएं
4. छात्रों की प्रवृत्ति
5. खेल मैदानों की स्थिति
6. मुख्य शैक्षणिक भाग

प्रारंभिक क्रियाएं की तीव्रता इतनी अधिक नहीं होना चाहिए कि छात्रों में थकान उत्पन्न हो जाए। थकान होने की दशा में छात्र पाठ्य-योजना के मुख्य शैक्षणिक भाग में आलस का अनुभव करेगा। अतः इस प्रकार की प्रतिकूल स्थितियों से बचने के लिए पाठ्य-योजना के प्रारंभिक भाग में छात्रों को उष्मीयकरण के लिए निम्नलिखित क्रियाओं का सुझाव दिया जाता है :

1. चलना, धीरे-धीरे दौड़ना, दौड़ना, एक पैर से कूदना, खींचना, धकेलना, लुढ़कना, ऊपर छलांग मारना, फैंकना, घुमना पलटना, स्ट्रेचिंग आदि।
2. स्वतंत्र एवं संरचना मार्चिंग, मार्चिंग के दौरान तालियां बजाना, फैन्सी मार्चिंग आदि।
3. गिश्रित क्रियाएं जैसे बाधाओं के ऊपर से उछलना एवं दौड़ना एक पैर से विभिन्न आकृतियों जैसे त्रिभुजाकार, गोलाकार के ऊपर से उछलना और कूदना।
4. जम्पिंग जैक, बच्चों के खेल, पैर फैलाकर कूदना, सी-सॉ, सरल कुश्ती।
5. आवाज की नकल करना, विभिन्न प्रकार के पशु एवं पक्षियों के समान क्रिया करना, ट्रेन हवाईजहाज, कार, साईकिल, स्कूटर आदि की नकल करना।
6. उपकरण के साथ और बिना उपकरण के रिले।
7. माईनर खेल चेसिंग खेलें।

इन विभिन्न प्रकार की प्रारंभिक क्रियाओं में से पाठ योजना के लिए क्रिया का चुनाव छात्रों के प्रकार, पाठ के उद्देश्य, और समय की आवश्यकता के आधार पर किया जाता है। जहां तक पाठ में कितनी प्रारंभिक क्रियाएं रखी जाने का प्रश्न है, यह पाठ्य-योजना के कुल समय पर निर्भर करता है।

3. मुख्य शैक्षणिक भागः यह पाठ्य-योजना का सबसे महत्वपूर्ण भाग है। इसके दो भाग होते है :

अ. औपचारिक क्रियाएंः औपचारिक क्रियाएं विकासात्मक प्रकृति की होती है। इन्हीं के द्वारा बच्चे शारीरिक नियंत्रण, संतुलन तथा स्फूर्ति का विकास कैसे किया जाए सीखते हैं। इन क्रियाओं से छात्रों की ध्यान शक्ति, मांसपेशियों को सुदृढ़, और उनकी अनुक्रिया क्षमता आदि विकसित की जा सकती है। इसके अतिरिक्त ये क्रियाएं सम्पूर्ण विद्यालय से अवांछनीय प्रभाव को दूर करने में सहायक होती है। इन क्रियाओं को कराते समय शरीर एवं मन की तत्परता, क्रिया की गति एवं नियमपूर्वक कार्य करने पर अधिक जोर दिया जाता है। औपचारिक क्रियाएं कराने के लिए आदेश विधि का उपयोग किया जाता है। इनमें निम्न क्रियाएं सम्मिलित होती हैः

1. विभिन्न समूह के लिए अलग-अलग शारीरिक प्रशिक्षण (व्यायाम)
2. ड्रिल एवं मार्चिंग
3. डिप्स, स्केवट और सूर्यनमस्कार

औपचारिक क्रियाएं 5 से 10 मिनट पाठ्य-योजना के आवश्यकतानुसार करानी चाहिए। पाठ्य-योजना में औपचारिक प्रक्रिया विकास प्रक्रिया को शुरू करती है और इसका मुख्य लक्ष्य छात्रों की गामक क्षमता को विकसित कर उनके शारीरिक स्वास्थ्य को सुधारना होता है।

ब. विशिष्ट क्रियाएंः विशिष्ट क्रियाएं चाहे वो औपचारिक हो या अनौपचारिक उनमें कुछ नवीनता होनी चाहिए। ये क्रियाएं बच्चों का शारीरिक विकास तो करती ही है इसके साथ ही साथ क्रियाओं में रुचि बनाए रखने के लिए लम्बे समय तक उच्च स्तर की प्रेरणा का कार्य भी करती है। विशिष्ट क्रियाएं 10 से 15 मिनट तक सिखायी जानी चाहिए। क्रियाओं की जटिलताओं और उसके स्वरूप को समझते हुए इतनी क्रियाएं कराने से छात्र क्रियाओं के क्रम भूलने लगते हैं और नियमपूर्वक कार्य करने में असमर्थ होते हैं।

शारीरिक शिक्षा में निम्नलिखित विशिष्ट क्रियाएं होती है जो छात्रों के शारीरिक अंगों, गामक क्षमताओं, शारीरिक स्वास्थ्य, कौशल और अन्य कई चीजों का विकास करती है।

1. हल्के उपकरण से व्यायाम
   डम्बलस इंडियन क्लब, बॉन्डस, बॉल, प्रतिरूप, लेझियम, लाठी आदि।
2. मार्चिंग संरचना
   मास मार्चिंग, फैन्सी मार्चिंग आदि।
3. भारी उपकरणों से व्यायाम
   जिम्नास्टिक व्यायाम जैसे- पैरलल बार, रोमन रिंग, होरिजेन्टल बार, अनइवन बार, पामेल्ड हार्स, रस्सी की सीढ़ियों, फ्लोर एक्सरसाइज आदि।
4. पैरामिडज, स्टण्टज, मलखम्भ आदि।
5. बड़े खेलों की बुनियादी कुशलताएं।
   बास्केटबाल, फुटबाल, क्रिकेट, वालीबाल, टेनिस आदि।
6. एथेलेटिक्स

7. द्वन्द्वात्मक खेल
   बाक्सिंग, जुडों, कुश्ती आदि।
8. लयबद्ध क्रियाएं, एरोबिक्स, लोक नृत्य आदि।
9. परीक्षण क्रियाएं
   शारीरिक स्वास्थ्य परीक्षण, आक्सिक एवं अनाक्सिक स्वास्थ्य परीक्षण, शारीरिक दक्षता परीक्षण, गामक क्षमता परीक्षण आदि।

4. **मनोरंजनात्मक क्रियाएं:** यह पाठ्य-योजना का अत्यंत आन्ददायक भाग होता है, जिसमें लीडअप क्रियाएं या लघु खेलें होती हैं। पाठ्य-योजना में मनोरंजनात्मक क्रियाएं दो उद्देश्यों के लिए करायी जाती है :
   1. मुख्य शैक्षणिक इकाई का अनुसरण करना।
   2. सक्रिय मनोरंजन

पाठ्य-योजना में यह वो समय होता है जब छात्र विभिन्न मनोरंजनात्मक क्रियाओं या खेलों के माध्यम से अपनी आन्तरिक भावना को प्रदर्शित करता है। सामान्यतः वह योजना में 10 से 12 मिनट मनोरंजनात्मक क्रियाओं को दिया जाना चाहिए। कुछ शारीरिक शिक्षा शास्त्रियों का मानना है कि अगर पाठ्य-योजना में बच्चे भाग ले रहे हैं तो मनोरंजनात्मक क्रियाओं का समय सम्पूर्ण पाठ्य योजना समय का 50 प्रतिशत होना चाहिए क्योंकि बच्चे औपचारिक शिक्षण में अधिक देर तक ध्यान नहीं दे पाते हैं।

कुछ मनोरंजनात्मक क्रियाएं निम्नलिखित हैं:

1. लघु खेलों
   खड़ी खो, इनआउट, चेसिंग खेल आदि।
2. लीडअप खेल
   विभिन्न बुनियादी खेल कौशल आधारित खेल
3. रिले खेल
4. कौशल ड्रिल
   बॉल पास ड्रिल, ड्रिबल ड्रिल
5. लयबद्ध क्रियाएं

पुनः एकत्रीकरण एवं विसर्जन: प्रत्येक पाठ की समाप्ति प्रभावशाली ढंग से होनी चाहिए। पाठ योजना में किसी भी प्रकार की क्रिया क्यों न हो उसके अन्त में सभी छात्रों को एक स्थान पर कदवार एक पंक्ति में एकत्रित कर कक्षा का विसर्जन किया जाना चाहिए। एकत्रीकरण एवं विसर्जन में आदेश विधि का उपयोग होता है और इसका समय 2 से 3 मिनट तक होना चाहिए।

2. विशिष्ट पाठ्य-योजना:

विभिन्न व्यक्तिगत और समूह खेलों आदि को सिखाने के लिए विशिष्ट पाठ्य-योजना को बनाने की आवश्यकता होती है। जहां सामान्य पाठ्य-योजना का लक्ष्य सामान्य शारीरिक विकास करना होता है वही दूसरी ओर विशिष्ट पाठ्य-योजना का लक्ष्य बुनियादी और उच्च कौशल का शिक्षण और प्रशिक्षण, विभिन्न विशिष्ट शारीरिक स्वास्थ्य घटकों का विकास और व्यूह रचनाओं को सिखाना होता है। इसके अतिरिक्त इन दोनों की शिक्षण विधियों में भी अन्तर होता है। सामान्य पाठ्य-योजना में शिक्षण सामान्य होती है जबकि विशिष्ट पाठ्य-योजना में शिक्षण व्यक्तिगत विशिष्ट होती है। अगर विशिष्ट पाठ्य-योजना को कोचिंग पाठ्य-योजना कहा जाए तो गलत नहीं होगा।

एक विशिष्ट पाठ्य-योजना के निम्नलिखित भाग होते हैं:

1. **एकत्रीकरण एवं उपस्थिति लेना:** पाठ्य-योजना से संबंधित क्रिया के लिए छात्र विशेष वेश-भूषा में शिक्षक के सामने कदवार एक पंक्ति में एकत्रित होते हैं। एकत्रित होने के पश्चात कक्षा में शामिल कुछ छात्रों की संख्या जानने के लिए शिक्षक को छात्र के नाम या रोल नं. के आधार पर हाजरी लगानी चाहिए। हाजरी के पश्चात शिक्षक को पाठ योजना के अन्तर्गत कराये जाने वाले कार्य के संबंध में संक्षिप्त जानकारी छात्रों को देनी चाहिए। इससे छात्र शिक्षण कार्य के लिए शारीरिक एवं मानसिक रूप से तैयार हो जाते हैं।

2. **उष्मीयकरण:** विशिष्ट पाठयोजना में उष्मीयकरण दो प्रकार से करायी जाती है :

(क) सामान्य उष्मीयकरण: सामान्य उष्मीयकरण के द्वारा छात्रों को दृढ़ या कठिन क्रियाओं को करने के लिए तैयार किया जाता है।

(ख) विशिष्ट उष्मीयकरण: विशिष्ट उष्मीयकरण के अन्तर्गत छात्रों को सिखाएं जाने वाले कौशल से मिलते जुलते विशिष्ट व्यायाम कराये जाते हैं। जिसका मुख्य उद्देश्य उन मांसपेशियों के समूह को तैयार करना जो कि पाठयोजना में विशेष रूप सीमाएं और कराएं जाने वाले कौशल का कार्य में सम्मिलित होते हैं अर्थात विशिष्ट कौशल या कार्य से संबंधित विशेष मांसपेशियों के समूह तैयार करना विशिष्ट उष्मीय कहलाता है। खेल वैज्ञानिकों का मानना है कि विशिष्ट क्रियाओं को सीखने के लिए विशिष्ट उष्मीयकरण अत्यंत आवश्यक है। उदाहरण के लिए तैराकी में अगर स्ट्रोक्स सीखना है तो पानी के अन्दर विभिन्न विशिष्ट उष्मीकरण करना आवश्यक है। इसी तरह जिम्नास्टिक फुटबाल, क्रिकेट आदि खेलों के कौशलों को सीखने के लिए संबंधित विशिष्ट उष्मीयकरण करना चाहिए।

विशिष्ट उष्मीयकरण के अन्तर्गत जो व्यायाम किए जाते हैं वो सिखाएं जाने वाले वास्तविक खेल कौशल से काफी निकट होते हैं। इसलिए जब कभी भी विशिष्ट पाठ-योजना आयोजन किया जा रहा हो तो सामान्य उष्मीयकरण के पश्चात विशिष्ट उष्मीयकरण पर अधिक बल एवं समय दिया जाना चाहिए।

विशिष्ट उष्मीयकरण के निम्नलिखित लाभ हैं:

1. यह छात्रों की विशिष्ट शारीरिक स्वास्थ्य का विकास करती है।
2. यह तंत्रिका मांसपेशी समन्वय का विकास करती है। परिणामस्वरूप छात्र जटिल क्रियाओं को करने में समर्थ होता है।
3. यह छात्रों के दिमाग पर मनोवैज्ञानिक प्रभाव डालता है। विशिष्ट उष्मीयकरण प्रक्रिया के पश्चात छात्र अपने आप को किसी भी प्रकार की प्रतियोगिता के लिए तैयार पाता है।
4. विशिष्ट उष्मीयकरण के पश्चात चोट लगने की संभावना कम हो जाती है।

3. मुख्य शैक्षणिक भाग: विशिष्ट पाठ-योजना के मुख्य शैक्षणिक भाग को दो भागों में बांट सकते हैं :

***(a)* बुनियादी कौशल को सिखाना:** बुनियादी व्यक्तिगत एवं सामूहिक खेलों के बुनियादी कौशलों के शिक्षण सिद्धांतों की संपूर्ण व्याख्या पूर्व के अध्यायों में की जा चुकी है। किन्तु फिर भी जब विशिष्ट पाठ-योजना का निर्माण किया जा रहा हो तो शिक्षक को निम्न प्रमुख बातों को ध्यान में रखना चाहिए:

1. सिखाएं जाने वाले कौशल का सम्पूर्ण एवं प्रभावशाली प्रदर्शन करना चाहिए।
2. कौशल की यांत्रिकी वर्णन करते समय तीन मुख्य बातों पर अधिक बल देना चाहिए :
   - स्टान्स
   - एक्सीक्युशन
   - फालोअप
3. बुनियादी कौशल को छोटे भागों में विभक्त कर सिखाना चाहिए।

***(b)* बुनियादी कुशलताओं का अभ्यास:** बुनियादी कौशल का सम्पूर्ण प्रदर्शन और उसके अलग-अलग भागों का विस्तृत वर्णन के पश्चात अब समय है छात्रों का व्यक्तिगत या समूह में कौशल का अभ्यास करने का। जब छात्र व्यक्तिगत या समूह में कौशल का अभ्यास कर रहा हो उस समय शिक्षक को निम्न बातों का ध्यान देना चाहिए:

1. अभ्यास के दौरान शिक्षक को प्रत्येक छात्रों के पास जाकर निरीक्षण एवं मार्गदर्शन करना चाहिए।
2. कौशल अभ्यास में हो रही त्रुटियों को तुरन्त सुधार करना चाहिए और आवश्यक हो तो कौशल का पुनः प्रदर्शन एवं वर्णन करना चाहिए।
3. जहां तक संभव हो छात्रों को अभ्यास के लिए अधिक समय देना चाहिए।
4. कौशल अभ्यास में रुचि लाने के लिए विभिन्न ड्रिलों का उपयोग करना चाहिए।
5. छात्रों के कौशल अभ्यास के दौरान बेहतर प्रदर्शन के लिए प्रेरित करते रहना चाहिए।

4. लीड-अप क्रिया: लीड-अप क्रिया का मुख्य उद्देश्य बुनियादी कौशल को सीखने में सहायता प्रदान करना है। अर्थात लीड-अप क्रिया में कौशल से संबंधित विशेष ड्रिल करवायी जाती है। सामान्य रूप से लीड-अप क्रिया खेल या कौशल ड्रिल का एक ही स्वरूप है जिसमें मनोरंजन के साथ-साथ प्रतियोगिता भी होती है। लीड-अप क्रिया के दौरान छात्रों को अनौपचारिक रूप से स्वतंत्र क्रिया करने का अवसर देना चाहिए। लीड-अप क्रिया लगातार कौशल अभ्यास से उत्पन्न नीरसता को समाप्त कर कौशल को बेहतर ढंग से सीखने एवं प्रदर्शन करने के लिए प्रेरित करती है।

5. सम्पूर्ण खेल: लम्बे समय तक व्यक्तिगत कौशल अभ्यास धीरे-धीरे छात्रों में नीरसता उत्पन्न करती है जबकि सम्पूर्ण खेल के द्वारा सीखी गई बुनियादी कौशलों का वास्तविक स्थितियों में प्रयोग करने की स्वतंत्रता मिलती है। प्राकृतिक रूप से बच्चे कौशल के व्यक्तिगत अभ्यास की अपेक्षा सम्पूर्ण खेल में भाग लेना अधिक पसन्द करते हैं। सम्पूर्ण खेल का आशय यह नहीं है कि खेल का उसके वास्तविक स्वरूप में आयोजन किया जाए। कौशल अभ्यास के दृष्टिकोण से संबंधित खेल के वास्तविक स्वरूप को थोड़ा बदल देना चाहिए। जैसे-खेल मैदान को छोटा करना, खिलाड़ियों की संख्या कम करना, समय कम करना, खेल के दौरान कुछ निश्चित कौशलों का ही प्रयोग करने की छूट देना आदि।

वैसे तो विशिष्ट पाठ योजनाओं में सामान्य पाठ योजना का विशेष मनोरंजनात्मक भाग नहीं होता है। फिर लीड अप क्रिया और सम्पूर्ण खेल का आयोजन इस प्रकार से करना चाहिए जिससे छात्र कुछ मनोरंजन अवश्य प्राप्त कर सके और इसके द्वारा छात्र के कौशल प्रदर्शन का मूल्यांकन भी हो जाता है।

6. विचार-विमर्श के लिए एकत्रीकरण: पाठ योजना के समाप्त होने के पश्चात सभी छात्रों को पुनः एक स्थान पर एकत्रित होने के लिए कहा जाता है और जो कुछ भी सिखाया गया है उस पर विचार विमर्श कर छात्रों की शंकाओं का समाधान किया जाता है। विचार विमर्श से छात्रों ने पाठ योजना से कितना सीखा है।

7. विसर्जन: विचार-विमर्श के पश्चात शिक्षक सभी छात्रों को एक स्थान पर कदवार एक पंक्ति में एकत्रित कर आवश्यक निर्देश देने के पश्चात कला का विसर्जन कर दिया जाता है।

शारीरिक शिक्षा में प्रतियोगिताएं एवं पुरस्कार

अन्य विषयों की अपेक्षा शारीरिक शिक्षा का उद्‌गम कुछ समय पहले ही हुआ है यही कारण है कि इसे कभी-कभी नवीन विषय भी कहा जाता है। विभिन्न प्रकार की क्रियाओं को शारीरिक शिक्षा के क्षेत्र में सम्मिलित किया जा रहा है ताकि अधिक संख्या में लोगों की रुचि इस विषय में पैदा हो और इस प्रकार यह विषय अधिक महत्वपूर्ण बने। कुछ इस प्रकार की क्रियाओं को इस क्षेत्र में सम्मिलित किया जा रहा है जिससे इस विषय को शारीरिक स्वस्थता के लिए महत्वपूर्ण माना जाए। सबसे अचंभित करने वाली बात यह है कि जो क्रियाएं आज नई लगती है वह वास्तव में सदियों पुरानी है परन्तु इन्हें आधुनिक इसलिए माना जाता है क्योंकि इनको नए स्वरूप में प्रयोग किया जाता है। यह कहा जा सकता है कि पुरानी क्रिया पर आधुनिक ढंग से आवरण चढ़ा कर प्रयोग किया जाता है जिस कारण से यह नया स्वरूप ग्रहण कर लेती है।

मानव जीवन की यह सच्चाई है कि जन्म लेने के पश्चात समय के साथ-साथ वह विभिन्न प्रकार की क्रियाओं को करना स्वयं सीखता है, जैसे दौड़ना, कूदना, फेंकना तथा उछलना आदि, परन्तु जब इन्हीं क्रियाओं का प्रयोग शारीरिक शिक्षा के पाठयक्रम के रूप में किया जाता है तो इन्हें नई क्रियाएं कहा जाता है जबकि वास्तविकता यह है कि ये सभी क्रियाएं मनुष्य में जन्म से ही विद्यमान होती है। वास्तव में कोई भी नई क्रिया इस क्षेत्र में प्रयोग नहीं की गई है परन्तु क्योंकि इन क्रियाओं को क्रमबद्ध एवं व्यवस्थित रूप में प्रयोग किया गया है जिस कारण यह नई सी प्रतीत होती है। विभिन्न प्रकार की प्रतियोगिताओं तथा स्पर्धाओं का प्रयोग शारीरिक शिक्षा के विषय को रोचक बनाने के लिए किया जाता है। आज कई विद्यालय समय-समय पर विभिन्न प्रकार की प्रतियोगित्ताओं का आयोजन करते हैं जिससे विद्यार्थियों की रुचि इस क्षेत्र में बढ़ती है। केवल यही नहीं, अधिक से अधिक संख्या में आम जनता भी इन क्रियाओं की ओर आकर्षित होती हैं। वह प्रतियोगिताएं जिनमें शारीरिक शिक्षा से संबंधित विभिन्न क्रियाओं का समावेश होता है, खेल प्रतियोगिताएं कहलाती हैं।

आज कोई भी ऐसा शहर या गांव नहीं होगा जहां पर खेल प्रतियोगिताओं का आयोजन नहीं होता। आज खेल प्रतियोगिताओं का आयोजन गांव, ब्लॉक, जिला, मंडल, प्रदेश तथा देश में किसी न किसी रूप में होता है। केवल राष्ट्रीय स्तर पर ही नहीं बल्कि अन्तर्राष्ट्रीय स्तर पर भी विभिन्न खेल प्रतियोगिताओं को आयोजित किया जाता है। यह कहा जा सकता है कि वर्तमान समय में खेल प्रतियोगिता सम्पूर्ण विश्व में किसी न किसी रूप में प्रत्येक जगह या स्थान पर विद्यमान होती है।

प्रायः खेल प्रतियोगिताओं में विभिन्न प्रकार के खेलों को सम्मिलित किया जाता है और इस प्रकार की प्रतियोगिताओं का भली प्रकार से आयोजन करने के लिए कुछ नियमों का निर्माण किया जाता है। यह कहा जा सकता है कि खेल की प्रतियोगिताओं को सफलतम ढंग से सम्पन्न करने के लिए कुछ नियमों का प्रयोग किया जाता है और इन नियमों का निर्माण ऐसी समितियों द्वारा किया जाता है जिसमें कई देशों के प्रतिनिधियों एवं खेल विशेषज्ञों का समावेश होता है। अब प्रश्न उठता है कि खेलों से संबंधित समितियां तथा खेल विशेषज्ञ क्या होते हैं। वास्तव में आज खेलों का महत्व सभी देशों में इतना बढ़ गया है कि खेल से संबंधित व्यक्तियों ने मिलकर कुछ समितियां गठित कर ली हैं और वह उसमें विभिन्न प्रकार के कार्यों को सम्पन्न करते हैं। किसी भी देश के लिए यदि कोई टीम निर्धारित करनी है तो इसका कर्तव्य उस खेल से संबंधित समिति का होता है। इसी प्रकार यदि कोई राष्ट्रीय प्रतियोगिता का आयोजन किया जा रहा है तो उसके लिए नियमों को निर्मित करने का कार्य उससे संबंधित समिति द्वारा किया जाता है। अब बात आती है खेल विशेषज्ञों की। खेल विशेषज्ञ वह व्यक्ति होते हैं जिन्हें किसी भी खेल के बारे में पूर्ण जानकारी होती है। वास्तव में ये विशेषज्ञ उसी खेल से संबंधित होते हैं और इसलिए खेल के सभी तथ्यों को भली प्रकार से जानते हैं। और इस प्रकार के व्यक्तियों को समितियों में सम्मिलित अवश्य करना चाहिए। यह कहा जा सकता है कि जब किसी खेल प्रतियोगिता का आयोजन किया जाता है तो उसमें भाग लेने वाली सम्पूर्ण टीमों को किस आधार पर एवं किस प्रकार से व्यवस्थित क्रम में रखना है, इसका निर्णय उस खेल से संबंधित समिति के सदस्य लेते हैं।

खेल प्रतियोगिताओं की राष्ट्रीय तथा अन्तर्राष्ट्रीय स्तरों पर चर्चा करने के पश्चात हमें यह नहीं भूलना चाहिए कि हमारा उद्‌देश्य विद्यालय में आयोजित की जाने वाली खेल प्रतियोगिताओं की चर्चा करने से है। विद्यालय के संदर्भ में यह कहा जा सकता है कि समय-समय पर विद्यालय का प्रशिक्षक विभिन्न प्रकार की खेल प्रतियोगिताओं का आयोजन करता है जो बहुत ही महत्वपूर्ण तथा लाभदायक होता है। वास्तव में इस प्रकार की खेल प्रतियोगिताओं से विद्यालय के छात्रों की रुचि शारीरिक शिक्षा के क्षेत्र में बढ़ती है और अधिक से अधिक संख्या में छात्र खेलों में भाग लेने के लिए आगे आते हैं। इस प्रकार अधिक से अधिक छात्रों को अपनी शारीरिक क्षमता तथा कौशलों को दिखाने का अवसर प्राप्त होता है और इस प्रकार से शारीरिक शिक्षक को प्रतिभाशाली छात्रों को टीम में सम्मिलित करने का अवसर प्राप्त होता है।

खेल प्रतियोगिताएं विभिन्न प्रकार के फिकस्चरों के रूप में आयोजित की जा सकती हैं और किस प्रकार के फिकस्चर का प्रयोग करना है उसका निर्णय शारीरिक शिक्षा के प्रशिक्षक को लेना पड़ता है। फिकस्चर से अभिप्राय उस विधि का चयन करना होता है जिसके आधार पर खेल प्रतियोगिता का आयोजन करना है। इस निर्णय को केवल शारीरिक शिक्षा का प्रशिक्षक अकेला नहीं ले सकता बल्कि इस निर्णय के लिए शारीरिक शिक्षा के प्रशासक की सहायता की आवश्यकता पड़ती है, जो दोनों अपने-अपने अनुभवों का प्रयोग इस निर्णय को लेने में करते हैं।

कई विधियों से खेल प्रतियोगिताओं को आयोजित तथा संपन्न किया जा सकता है परन्तु सभी विधियां सभी विद्यालयों के लिए उपयुक्त नहीं होती क्योंकि इस बात पर कई घटकों का प्रभाव पड़ता है जैसे विद्यालय की आर्थिक स्थिति, उपलब्ध सुविधाएं, खेल के लिए उपलब्ध स्थान आदि। इन सभी तथ्यों को ध्यान में रखकर शारीरिक शिक्षा के प्रशिक्षक को इस बात का निर्णय लेना पड़ता है कि उसे कौन सी प्रतियोगिता विधि का प्रयोग करना है। किसी भी खेल प्रतियोगिता को किस विधि से सम्पन्न कराया जाए ताकि प्रतियोगिता सही प्रकार से सम्पन्न हो जाए का फैसला प्रशिक्षक को लेना होता है। उन सभी विधियों के बारे में चर्चा की जा रही है जिनका प्रयोग खेल प्रतियोगिताओं को आयोजित करने में किया जा सकता है। केवल यही नहीं, सभी विधियों से होने वाले लाभ तथा हानियां भी प्रस्तुत की जा रही हैं ताकि एक प्रशिक्षक को उपयुक्त विधि चुनने में सहायता हो।

विभिन्न प्रकार की विधियां जिनके आधार पर खेल प्रतियोगिताओं का आयोजन किया जाता है, निम्न हैं-

1. राउन्ड राबिन प्रतियोगिता,
2. कम्बीनेशन प्रतियोगिता,
3. नॉक-आउट प्रतियोगिता,
4. चैलेन्ज प्रतियोगिता

राउंड राबिन टूर्नामेन्ट

इस प्रकार के टूर्नामेन्ट में भाग लेने वाली सभी टीमें एक-दूसरे के साथ मैच खेलती हैं, चाहे वह पहले सभी या कोई मैच प्रतियोगिता के अन्तर्गत हार चुकी हों। इस प्रकार सभी टीमें अपने व्यक्तिगत प्रदर्शन से प्रभावित होती हैं, परन्तु प्रतियोगिता पर किसी टीम के प्रदर्शन से कोई प्रभाव नहीं पड़ता। इस विधि से प्रतियोगिता आयोजित करने से मैचों की संख्या अधिक होती है क्योंकि इस प्रकार की प्रणाली में हर टीम एक-दूसरे के साथ मैच खेलती है और जब तक सभी टीमें एक-दूसरे के साथ मैच नहीं खेल लेतीं, तब तक प्रतियोगिता समाप्त नहीं होती। इस प्रकार अधिक मैच में खेलने के कारण सभी टीमों के खिलाड़ियों को अधिक अनुभव प्राप्त करने के अवसर प्राप्त हो जाते हैं और इस बीच उनका प्रदर्शन भी पहले की अपेक्षा बेहतर हो जाता है। इस कारण से किसी भी टीम का कोई खिलाड़ी यह नहीं कह सकता कि उनके साथ निर्णायकों ने किसी प्रकार की कोई नाइन्साफी या गलत निर्णय लिया है या कोई टीम संयोग से जीती है या वह संयोग से हार गई है।

इस प्रकार यह कहा जा सकता है कि इस विधि पर आयोजित टूर्नामेन्टों में भाग लेने वाली सभी टीमों को एक-दूसरे के साथ मैच खेलना पड़ता है चाहे वह टीम कोई मैच हार चुकी हो। इस प्रकार सभी टीमों को अपना प्रदर्शन सुधारने तथा बेहतर प्रदर्शित करने का समान अवसर प्राप्त होता है। प्रायः इस प्रकार के टूर्नामेंट तीन प्रकार से आयोजित किए जा सकते हैं-

1. साइकिल विधि,
2. स्टेयर विधि, तथा
3. टेबूलर विधि।

इन सभी विधियों में भिन्न-भिन्न प्रकार के फिकस्चर तैयार किए जाते हैं जिनका उल्लेख करना यहां संभव नहीं है क्योंकि हमें इन विधियों के बारे में संक्षिप्त जानकारी ही प्राप्त करनी है।

राउन्ड राबिन प्रतियोगिता से होने वाले लाभ

इस विधि द्वारा कुछ विशेष लाभ प्राप्त किए जा सकते हैं जो निम्न हैं-

1. इस प्रतियोगिता में सभी टीमों को प्रदर्शन को सुधारने तथा बेहतर प्रदर्शन करने के समान अवसर प्रदान किए जाते हैं।
2. कोई भी टीम अपने एक बेकार प्रदर्शन से हतोत्साहित नहीं होती क्योंकि उसे पता होता है कि उसे अपना प्रदर्शन बेहतर करने का अवसर प्रदान किया जाएगा।
3. कोई भी टीम हीनभावना से जल्दी से ग्रसित नहीं होती क्योंकि उसे अपने प्रदर्शन को बेहतर करने के बहुत से अवसर प्रदान किए जाते हैं।

सही प्रकार से इस विधि के लाभों को समझने के लिए इनका विस्तार में विवरण करना आवश्यक है जो इस प्रकार है-

प्रायः इस प्रकार के टूर्नामेन्ट या प्रतियोगिता को आयोजित करना एक प्रशिक्षक के लिए बहुत ही सरल तथा आसान होता है और यह विधि कुछ खास लाभ भी प्रदान करती है। यह लाभ केवल व्यक्तिगत स्तर पर ही नहीं होते, बल्कि सामूहिक स्तर पर भी प्राप्त होते हैं। इस प्रकार की विधि से होने वाले लाभ निम्नलिखित हैं-

1. प्रत्येक टीम को समान अवसर : इस विधि में कुछ इस प्रकार का फिक्सचर निर्मित किया जाता है कि सभी टीमों को एक-दूसरे के साथ मैच खेलने के समान अवसर प्राप्त हो जाते हैं। टीमों के व्यक्तिगत मैचों की संख्या पर किसी प्रकार का कोई प्रभाव टीमों की संख्या पर नहीं पड़ता। हर चक्र में एक टीम को बाई प्रदान की जाती है जिससे सभी टीमों को लाभ प्राप्ति होती है। चाहे कोई भी टीम विजय हो, परन्तु सभी टीमों को विजेता बनने के समान अवसर प्रदान किए जाते हैं। किसी भी टीम को उसके एक या दो प्रदर्शनों के आधार पर प्रतियोगिता से बाहर नहीं निकाला जाता और इस प्रकार यदि कोई टीम एक बार अच्छा प्रदर्शन न कर पाई तो उसे दूसरा अवसर अपने प्रदर्शन को सुधारने का अवश्य दिया जाता है। इसका लाभ केवल टीमों को ही नहीं मिलता बल्कि आयोजनकर्त्ताओं तथा निर्णायकगणों को भी काफी मात्रा में प्राप्त होता है। जब सभी टीमों को जीतने तथा अच्छा प्रदर्शन करने के एक-समान से अवसर प्रदान किए जाते हैं तो कोई भी टीम किसी निर्णायक के व्यक्तिगत निर्णय पर उंगली नहीं उठा सकती और इस प्रकार से निर्णायकगणों पर कोई आरोप नहीं लगा पाता।

2. अच्छी टीमों के विजेता होने की अधिक संभावनाएं: इस विधि को प्रयोग करने से कुशल टीम के विजेता होने की संभावनाएं अधिक होती हैं क्योंकि सभी टीमों को बार-बार मैच खेलना पड़ता है और सभी टीमें दूसरी टीमों की कमजोरियों तथा अच्छाइयों को भली प्रकार से जान लेती हैं और अन्त में केवल वही टीम विजय प्राप्त करती है जो वास्तव में शक्तिशाली होती है। इस प्रकार प्रतिस्पर्धा में विजय प्राप्त करने वाली टीम किसी भी प्रकार से संयोग से नहीं जीतती बल्कि अपने प्रदर्शन के कारण ही जीतती है।

3. पक्षपातरहित : इस विधि का प्रयोग करने से सभी टीमों को प्रदर्शन करने के समान अवसर प्राप्त होते हैं और इस प्रकार कोई टीम किसी भी अधिकारी के निर्णय को गलत नहीं ठहरा सकती। किसी भी टीम को यह अवसर नहीं मिलता कि वह यह कह सके कि निर्णायकगणों ने जानबूझ कर किसी टीम विशेष को जितवाया है और उनके साथ किसी प्रकार का पक्षपात किया है। इस प्रकार विद्यालय के अधिकारियों पर किसी प्रकार से कोई कीचड़ नहीं उछाल पाता और सभी टीमों को एक प्रकार के संतोष की प्राप्ति होती है।

4. दर्शकों के लिए खेल देखने के अधिक अवसरों की प्राप्ति : इस प्रकार की विधि से दर्शकों को मनोरंजन के अधिक अवसर प्राप्त हो पाते हैं। वास्तव में प्रतियोगिता तब तक समाप्त नहीं होती जब तक सभी टीमों को एक-दूसरे से खेलने के अवसर प्राप्त नहीं हो जाते और इस प्रकार खेलों की संख्या अधिक होती है और प्रतियोगिता लम्बी अवधि तक चलती रहती है जिसके कारण दर्शकों को खेलों को देखने से अधिक आनन्द की प्राप्ति होती है और वह अधिक दिनों तक खेलों का आनन्द ले पाते हैं। परन्तु कभी-कभी दर्शकों की संख्या में बढ़ोत्तरी के स्थान पर कमी भी आ जाती है जिसका मुख्य कारण दर्शकों के लिए सही प्रकार की व्यवस्था का न होना होता है। यदि दर्शकों के आराम की सभी व्यवस्थाएं न की जाएं तो दर्शकों की रुचि मैचों को देखने में नहीं रह जाती। इसलिए दर्शकों की संख्या को बढ़ाने के लिए तथा उन्हें मैचों को देखने से अधिक आनन्द प्राप्त करने के लिए सही प्रकार की व्यवस्था का करना आवश्यक होता है।

5. खाली समय का सदुपयोग : इस प्रकार की विधि के आधार पर प्रतियोगिता को आयोजित करने के लिए अधिक समय की आवश्यकता होती है और यदि फिर भी समय की बचत हो जाती है तो उसका प्रयोग प्रशिक्षक इस प्रकार की प्रतियोगिता को सम्पन्न करने में कर सकता है। इसका अभिप्राय यह है कि यदि विद्यालय के प्रशिक्षक के पास प्रतियोगिता को आयोजित तथा सम्पन्न करने के लिए अधिक समय की प्राप्ति

हो तो वह अपने समय का सदुपयोग राउन्ड टूर्नामेन्ट के आयोजन द्वारा कर सकता है। आज प्रशिक्षण तथा प्रतियोगिता में विभिन्न प्रकार की आधुनिक तकनीकों से निर्मित यंत्रों का प्रयोग किया जाता है जिसके कारण प्रशिक्षकों के पास काफी खाली समय बच जाता है और वह इस खाली समय में लीग तथा राउन्ड राबीन टूर्नामेंटों का आयोजन कर सकते हैं। वास्तव में देखा जाए तो इस विधि का यह गुण इसका सबसे बड़ा और महत्वपूर्ण लाभ होता है।

इन लाभों के अतिरिक्त इस विधि की कुछ हानियां भी होती हैं जिसके बगैर या जिनका ध्यान रखे बगैर इस विधि का प्रयोग करना गलत होगा।

राउन्ड राबिन प्रतियोगिता से होने वाली हानियां

1. इस विधि में सभी टीमों को अपना प्रदर्शन करने का एक समान अवसर प्रदान किया जाता है जिससे अच्छा प्रदर्शन करने वाली टीम को निराशा होती है क्योंकि उसके अच्छे प्रदर्शन को नजरअंदाज किया जाता है। इस प्रकार खिलाड़ियों में खेल के प्रति रुचि कम हो जाती है और वह अच्छा प्रदर्शन करने का प्रयत्न भी नहीं करते।
2. इसमें सभी टीमों को एक-दूसरे के साथ बार-बार खिलाया जाता है और जब तक सभी टीमें एक-दूसरे के साथ भिड़ न जाएं तब तक प्रतियोगिता समाप्त नहीं होती। इस प्रकार से कई मैचों का आयोजन इस प्रकार की प्रतियोगिताओं में किया जाता है जिसमें अधिक समय लगता है।
3. ज्यादा मैचों को आयोजित करने के लिए अधिक धन की भी आवश्यकता होती है जिससे प्रशिक्षकों को कई बार विभिन्न प्रकार की कठिनाइयों को सहन करना पड़ता है। इस विधि से आयोजित की जाने वाली प्रतियोगिताओं से होने वाली हानियों की विस्तार में चर्चा करना आवश्यक है नहीं तो प्रशिक्षक द्वारा गलत निर्णय लिया जा सकता है। यदि इस विधि की हानियों पर भली प्रकार से प्रशिक्षक फिक्सचर निर्मित करते समय ध्यान न दें तो प्रतियोगिताओं को सफलतापूर्वक आयोजित करना कठिन हो जाता है और प्रतियोगिता की असफलता के लिए प्रशिक्षक को ही जिम्मेदार ठहराया जाता है इसलिए नीचे वर्णित सभी हानियों का एक प्रशिक्षक को भली प्रकार से ज्ञान होना चाहिए और उसे इन्हें सदैव ध्यान में रखना चाहिए :

   (a) **अधिक समय की बर्बादी :** इस विधि की सबसे बड़ी हानि यह है कि यदि इस विधि से प्रतियोगिता का आयोजन किया जाए तो अधिक समय की बर्बादी हो जाती है। आज विद्यालयों में विभिन्न प्रकार के विषयों का ज्ञान दिया जाता है और उनमें से शारीरिक शिक्षा के लिए समय निकाल पाना बहुत मुश्किल हो जाता है। शारीरिक शिक्षा के लिए बड़ी कठिनाई से सप्ताह में एक या दो कक्षाओं के लिए समय निकाला जा सकता है। इतने कम समय में यदि प्रतियोगिताओं का आयोजन लीग रावीन विधि के आधार पर किया जाए तो उससे प्राप्त समय की बर्बादी हो जाती है और प्रशिक्षक को अन्य छात्रों को विभिन्न कौशलों को सिखाने के लिए पर्याप्त समय प्राप्त नहीं होता। केवल यही नहीं, यदि समय को बचाने के लिए इस विधि में किसी प्रकार का कोई फेर-बदल किया जाए तो उससे प्रतियोगिता के सफल होने की संभावनाएं बहुत ही कम हो जाती हैं। इसलिए इस विधि का प्रयोग केवल उसी स्थिति में किया जा सकता है जब विद्यालय में अधिक समय शारीरिक शिक्षा के लिए संरक्षित किया गया हो अन्यथा विभिन्न प्रकार की कठिनाइयों का सामना प्रशिक्षक तथा आयोजकों को करना पड़ सकता है।

   (b) **अधिक धन की आवश्यकता :** इस विधि में मैचों की संख्या अधिक होती है जिसके कारण प्रतियोगिता अधिक समय तक चलती है। अधिक समय के लिए प्रतियोगिता को चलाने के लिए अधिक धन में से प्रायः बहुत थोड़ा-सा भाग शारीरिक शिक्षा के लिए रिजर्व किया जाता है। एक प्रशिक्षक या आयोजक को इस बात का पूरा-पूरा ध्यान रखना चाहिए कि यदि विद्यालय की आर्थिक स्थिति अच्छी है और यदि अधिक धन शारीरिक शिक्षा के लिए उपलब्ध है केवल उसी स्थिति में इस विधि का प्रयोग किया जाना चाहिए नहीं तो न प्रतियोगिता ही भली प्रकार से आयोजित की जा पाएगी और न ही उपलब्ध धन में से कुछ बचाया जा पाएगा।

   (c) **परिणाम का अधिक समय तक इन्तजार :** इस विधि के अन्तर्गत सभी टीमों को एक-दूसरे के साथ बार-बार मैच खेलना पड़ता है और इसलिए तब तक प्रतियोगिता चलती रहती है जब तक सभी टीमें एक-दूसरे के साथ भिड़ न जाएं और इस प्रकार अंतिम विजयी टीम के चुनाव में अधिक समय लगता

है। इस प्रकार से दर्शकों को मैचों में कोई खास रुचि नहीं रह जाती और वह प्रतिदिन आकर ऊब से जाते हैं और इस प्रकार मैचों में नीरसता सी आ जाती है। इस तथ्य को क्रिकेट के एक उदाहरण द्वारा भली प्रकार से समझा जा सकता है। प्राय: दर्शकों की संख्या एक दिवसीय प्रतियोगिताओं में अधिक होती है जबकि टेस्ट शृंखला में दर्शक अपेक्षाकृत कम होते हैं। इसी प्रकार से यदि प्रतियोगिताओं का आयोजन लीग रावीन विधि के आधार पर किया जाए तो दर्शकों की संख्या में निरन्तर कमी आती है जिससे विद्यालय की कमाई या आमदनी भी बहुत हद तक प्रभावित हो जाती है और इस प्रकार विद्यालय को प्रतियोगिता द्वारा प्राप्त होने वाले लाभों में भी कमी हो जाती है।

(d) **हारने वाली टीम निराश :** सभी टीमों को अपने प्रदर्शन के स्तर तथा मैच के परिणामों की जानकारी समय-समय पर होती रहती है और इस प्रकार से खिलाड़ियों के प्रदर्शन पर बहुत प्रभाव पड़ता है। जो टीम लगातार विजयी होती रहती है उसके खिलाड़ियों का मनोबल बढ़ता है और वह और अच्छा प्रदर्शन करने में सफल रहते हैं। इसके विपरीत जो टीम किसी मैच में हार जाती है उसके खिलाड़ी हतोत्साहित हो जाते हैं और उनका प्रदर्शन समय के साथ-साथ गिरता ही जाता है। इस प्रकार हारने वाली टीम के लिए इस प्रकार की जानकारी बहुत हानिकारक सिद्ध होती है। अपने प्रदर्शन के आधार पर उसे यह मालूम हो जाता है कि उसका प्रदर्शन अन्य सभी टीमों से सबसे खराब है और वह प्रतियोगिता में कोई भी स्थान प्राप्त नहीं कर पाएगी परन्तु फिर भी उन्हें अन्य टीमों के साथ मैच खेलने पड़ते हैं और उनका प्रदर्शन सीधे-सीधे उन्हें मनोवैज्ञानिक तौर पर प्रभावित करता है।

निष्कर्ष : इस विधि के लाभ तथा हानियों को देखते हुए यह कहा जा सकता है कि इस विधि का प्रयोग केवल उसी स्थिति में किया जाना चाहिए जब विद्यालय में धन तथा समय अधिक मात्रा में उपलब्ध हो। सभी प्रकार की आवश्यक सुविधाएं अधिक मात्रा में उपलब्ध होनी चाहिए और यदि छात्र या टीमें कम हो तभी इस प्रकार की विधि का प्रयोग करना चाहिए अन्यथा प्रतियोगिता में कई मैचों का आयोजन करना पड़ेगा।

कम्बीनेशन प्रतियोगिता

इस प्रकार की प्रतियोगिता में भाग लेने वाली टीमों को सर्वप्रथम दो गुटों या समूहों में वर्गीकृत किया जाता है। पहले एक ग्रुप में सम्मिलित होने वाली टीमें एक-दूसरे के साथ मैच खेलती हैं और जब उनमें से जब कोई टीम विजयी घोषित कर दी जाती है तो उस विजयी टीम का मुकाबला दूसरे ग्रुप की विजयी टीम के साथ कराया जाता है और जो टीम उस मैच में जीतती है, वह वास्तव में प्रतियोगिता की विजयी टीम घोषित की जाती है। इस विधि का प्रयोग प्राय: उस स्थिति में किया जाता है जब प्रतियोगिता में भाग लेने वाली टीमों की संख्या अधिक हो। इस विधि के द्वारा अधिक टीमों के बीच बड़े व्यवस्थित ढंग से प्रतियोगिता का आयोजन किया जा सकता है। इस प्रकार के टूर्नामेंट में प्रशिक्षक या आयोजनकर्त्ता अपने खेल प्रतियोगिताओं को सम्पन्न करने के लिए दो टूर्नामेंट में मिले-जुले स्वरूप का प्रयोग करता है।

इस प्रकार यह कहा जा सकता है कि यदि किसी प्रतियोगिता का आयोजन जोन या ग्रुप के आधार पर करना हो तो इस प्रकार की विधि का प्रयोग किया जा सकता है। यदि प्रतियोगिता में भाग लेने वाली टीमों की संख्या अधिक है तो उनके बीच मैच करवाना अति कठिन हो जाता है और इस कठिनाई को दूर करने का हल इस विधि द्वारा प्रदान किया जाता है। वास्तव में इस विधि में दो प्रतियोगिताओं के स्वरूप मिले होते हैं और विद्यालय का शारीरिक शिक्षा का प्रशिक्षक इसे अपनी आवश्यकता तथा सहूलियत के अनुसार प्रयोग करता है। इस प्रकार की प्रतियोगिताओं को चार विधियों के अनुसार आयोजित किया जा सकता है जो निम्न हैं-

नॉक आउट कम नॉक आऊट,
लीग कम लीग,
लीग कम नॉक आऊट, तथा
नॉक आऊट कम लीग।

नॉक आऊट कम नॉक आऊट : इस विधि के अन्तर्गत प्रतियोगिता में भाग लेने वाली सभी टीमों को दो या अधिक ग्रुपों में विभाजित कर दिया जाता है और एक ग्रुप की सभी टीमें सर्वप्रथम नॉक-आउट विधि के अनुसार मैच खेलती हैं और उनमें से जीतने वाली टीम को विजेता घोषित कर दिया जाता है। इसी प्रकार सभी ग्रुपों में टीमें मैच खेलती हैं और इस प्रकार ग्रुपों में विजयी होने वाली टीमों का निर्धारण होता है। इसके पश्चात ग्रुपों में विजयी हुई टीमों को एक-दूसरे के साथ खेलना

पड़ता है और जो टीम उस प्रतियोगिता में विजयी होती है वह टूर्नामेंट की विजयी टीम घोषित कर दी जाती है। इस आधार पर इस विधि के अन्तर्गत फिक्सचर तैयार किए जाते हैं।

लीग कम लीग विधि : इस विधि के अन्तर्गत फिक्सचर निर्मित करने के लिए विभिन्न टीमों को उसी प्रकार से विभिन्न ग्रुपों में विभाजित कर दिया जाता है जैसे- नॉक आउट कम नॉक आउट में। उसके पश्चात सभी ग्रुपों के विजेताओं को भी उसी प्रकार से निर्धारित किया जाता है और उसके पश्चात सभी विजेताओं के मैच आयोजित कराए जाते हैं। इस विधि और नॉक आऊट कम नॉक आऊट में मुख्य अन्तर यह होता है कि इस विधि में हर टीम को उसके प्रदर्शन के आधार पर एक निश्चित अंक प्रदान किया जाएगा और आखिरी में जिस टीम के अंक सबसे अधिक होंगे, उसे ही विजयी घोषित किया जाता है। अंक किस प्रकार से प्रदान करने हैं, यह निर्णय विद्यालय के प्रशिक्षक को स्वयं लेना होता है। प्रायः सभी खेलों के नियमों में इस प्रकार के तथ्य का जिक्र पाया जाता है।

नॉक आउट कम लीग विधि : इस विधि के अन्तर्गत सभी चरण नॉक आउट कम नॉक आउट विधि के समान ही लिए जाते हैं परन्तु इसका फिक्सचर भिन्न तरीके से बनाया जाता है। पहले सभी टीमों को विभिन्न वर्गों में विभाजित कर दिया जाता है और उसके पश्चात प्रत्येक ग्रुप में सम्मिलित टीमों के बीच नॉक आउट विधि के अनुसार मैच करवाए जाते हैं। फिर प्रत्येक ग्रुप के विजेताओं का पुनः लीग की साइकिलिक विधि से मैच कराया जाता है और उनमें से विजयी टीम को प्रतियोगिता की विजयी टीम घोषित कर दिया जाता है।

लीग कम नॉक आउट : इस प्रकार की प्रणाली में भी सभी चरण अन्य विधियों के समान ही होते हैं परन्तु इसमें फिक्सचर भिन्न तरीके से बनाया जाता है। सर्वप्रथम सभी टीमों को इस प्रकार विभिन्न गुटों में बांट दिया जाता है कि सभी में टीमों की संख्या समान हो और एक ग्रुप में सम्मिलित सभी टीमें साइकिलिक विधि से एक-दूसरे के साथ मैच खेलती हैं। प्रत्येक ग्रुप में टीमों को तीन चक्रों से होकर गुजरना पड़ता है उसके पश्चात ही ग्रुप की विजयी टीम की घोषणा की जाती है। प्रत्येक ग्रुप या समूहों के विजेताओं की नॉक आउट विधि द्वारा फिर से मैच कराए जाते हैं और उनमें से जीतने वाले को प्रतियोगिता का विजेता घोषित कर दिया जाता है।

इस प्रकार हम देखते हैं कि सभी विधियों में कोई खास अन्तर नहीं पाया जाता, परन्तु सभी में फिक्सचर भिन्न-भिन्न विधियों द्वारा तैयार किए जाते हैं जिनका पूरा विवरण यहां पर नहीं किया गया है क्योंकि वह हमारे अध्ययन के क्षेत्र से बाहर है।

कम्बीनेशन टूर्नामेन्ट विधि कई प्रकार के लाभ प्रदान करती हैं जिसका उल्लेख किए बगैर कम्बीनेशन टूर्नामेन्ट की चर्चा को छोड़ा नहीं जा सकता।

कम्बीनेंशन टूर्नामेन्ट का प्रयोग करने से होने वाले लाभ

जैसा कि उपरोक्त चर्चा से स्पष्ट है कि कम्बीनेशन टूर्नामेन्ट विधि में दो विधियों, अर्थात लीग विधि तथा नॉक आऊट विधियों को मिलाकर प्रयोग किया जाता है परन्तु चारों विधियों में यह प्रयोग भिन्न तरीके से किया जाता है। स्वाभाविक सी बात है कि जब इन दोनों ही विधियों का प्रयोग किया जाता है तो इन विधियों के लाभ तथा हानियों का समावेश कम्बीनेशन विधि में पाया जाएगा, जिनका उल्लेख आगे किया जाएगा। कम्बीनेशन टूर्नामेन्ट के बारे में इतना ही कहा जा सकता है कि यदि इस विधि का प्रयोग पहले से ही फिक्सचर निर्मित करने के पश्चात किया जाए तो प्रतियोगिता के सफलतापूर्वक सम्पन्न होने में किसी प्रकार की कोई आशंका नहीं होती और इस विधि का प्रयोग केवल उसी स्थिति में करना चाहिए जब प्रतियोगिता में भाग लेने वाली टीमों की संख्या अधिक हो। इस विधि का मुख्य उद्देश्य ही अधिक संख्या में टीमों को प्रतियोगिता में सम्मिलित होने के लिए उत्साहित या प्रेरित करना होता है। इस प्रकार की प्रतियोगिता का सबसे बड़ा लाभ यही होता है कि इसके माध्यम से अधिक टीमों के लिए बड़ी आसानी तथा सरलता से प्रतियोगिताओं को आयोजित किया जा सकता है।

कम्बीनेशन टूर्नामेंट हानियों से भी युक्त नहीं होता। यह कहा जा सकता है कि यदि इस विधि के लाभ हैं तो इसकी कई हानियां भी हैं। प्रायः इस प्रकार की हानि इस कारण से उत्पन्न होती है क्योंकि इस प्रतियोगिता की चार विधियों में से प्रशिक्षक के लिए यह चुनना मुश्किल तथा कठिन होता है कि कौन सी विधि उसके विद्यालय के लिए अति उपयुक्त होगी। इस कठिन निर्णय को लेने में कभी-कभी प्रशिक्षक गलती कर बैठता है और गलत विधि का चयन कर लेता है जिससे प्रतियोगिता को आयोजित करने में बहुत मुश्किलों का सामना करना पड़ता है। केवल यही नहीं, गलत विधि का चयन खिलाड़ियों के प्रदर्शन को भी काफी हद तक प्रभावित करता है जिससे प्रतियोगिताओं आयोजित करने का कार्य बहुत मुश्किल हो जाता है और खिलाड़ियों का प्रदर्शन भी खराब हो जाता है।

इस प्रकार हम देखते हैं कि इस विधि के कुछ लाभ भी हैं और कुछ हानियां भी और प्रशिक्षक को इन दोनों तथ्यों का भली प्रकार से ज्ञान होना चाहिए अन्यथा वह गलत निर्णय ले सकता है।

नॉक आउट प्रतियोगिता

इस प्रकार की प्रतियोगिता के अन्तर्गत सभी टीमों को विभिन्न चरणों या चक्रों से गुजरना पड़ता है और केवल वही टीम अगले चक्र में प्रवेश कर सकती है जो विजयी होती है। इस प्रकार यह कहा जा सकता है कि हारने वाली टीमें प्रतियोगिता से पूर्ण रूप से बाहर की जाती है और इस प्रकार हर टीम को अपना प्रदर्शन केवल एक बार ही दिखाने का अवसर प्राप्त होता है। इस प्रतियोगिता के अन्तर्गत सभी टीमों को एक क्रमबद्ध रूप से लॉट्स के माध्यम से लिखा जाता है उसके पश्चात बाईं निर्धारित की जाती है और अंतिम में जाकर फिक्सचर निर्मित किए जाते हैं। अब प्रश्न उठता है कि बाईं क्या होता है। साधारणत: सभी प्रकार की प्रतियोगिताओं में फिक्सचर का निर्माण करते समय बाई का प्रयोग किया जाता है और इस तथ्य पर टीम की संख्या का कुछ भी प्रभाव नहीं पड़ता। बाई प्राप्त करने वाली टीम प्रथम चक्र में नहीं खेलती है बल्कि यह टीम प्रथम चक्र के विजेता के साथ खेलती है। यदि फिक्सचर तैयार करने में नॉक आउट विधि का प्रयोग किया जाए और यदि उसमें बाई का प्रयोग न किया जाए तो प्रतियोगिता को भली प्रकार से आयोजित करने में कई प्रकार की कठिनाइयों का सामना प्रशिक्षक तथा आयोजनकर्ता को करना पड़ सकता है।

बाई निकालते समय एक प्रशिक्षक को बहुत ध्यानपूर्वक कार्य करना चाहिए। प्रतियोगिता में भाग लेने वाली टीमों की संख्या सम है या विषम इस बात को नजरअंदाज कर देना चाहिए परन्तु प्रतियोगिता में भाग लेने वाली टीम की संख्या पर विशेष ध्यान देना चाहिए। पॉवर आफ टू का प्रयोग बाई निकालने के लिए किया जाता है। पॉवर आफ टू की संख्या में से भाग लेने वाली टीमों की संख्या में से घटा दिया जाता है और शेष बचने वाली संख्या पर उसी संख्या के बराबर बाईं का प्रयोग किया जाता है। पॉवर आफ टू से अभिप्राय होता है कि गिनती दो से आरंभ होती है और अगली संख्यां पहली संख्या की दुनी होती है। इसी प्रकार प्रतियोगिता में भाग लेने वाली टीमों को बाई देकर फिक्सचर निर्मित किया जाता है। बाई निर्धारित करने के लिए एक कागज पर सभी टीमों के खिलाड़ियों के नाम लिख लिए जाते हैं और उन्हें क्रमबद्ध रूप में व्यवस्थित कर दिया जाता है। इस प्रकार से क्रमबद्ध करने के पश्चात लॉटरी विधि को अपनाया जाता है। इसके पश्चात टीमों को दो भागों में विभाजित इस प्रकार किया जाता है कि दोनों भागों में बराबर टीमें सम्मिलित हों। यदि टीमों की संख्या विषम है तो इस प्रकार से बराबर संख्या में विभाजन करना कठिन हो जाता है और उस स्थिति में नीचे लिखे आधारों पर बाई को निर्धारित किया जा सकता है–

पहली बाई दूसरे भाग के अन्तिम टीम को देना चाहिए,
दूसरी बाई पहले भाग के पहली टीम को देना चाहिए,
तीसरी बाई दूसरे भाग के पहली टीम को देना चाहिए,
चौथी बाई पहले भाग के अन्तिम टीम को देना चाहिए,
इसी क्रम से अन्य बाई का भी निर्धारण किया जाता है।

उपरोक्त वर्णित आधार पर बाई को निर्धारित करना चाहिए। जिन टीमों को बाई की प्राप्ति हो जाती है उन्हें प्रथम चक्र में खेलने की कोई आवश्यकता नहीं होती क्योंकि वह सीधे द्वितीय चक्र में प्रवेश कर जाती हैं। इस प्रकार नॉक आउट विधि के अन्तर्गत पहले बाई का निर्धारण किया जाता है और उसके पश्चात फिक्सचर तैयार किए जाते हैं। फिक्सचर निर्मित करने के लिए मुख्य रूप से दो विधियों का प्रयोग किया जाता है जो निम्न हैं–

सिंगल नॉक आउट, तथा
डबल नॉक आउट।

सिंगल नॉक आउट : इस विधि के अन्तर्गत जो टीम एक बार हार जाती है उसे पुन: प्रतियोगिता में खेलने का अवसर प्रदान नहीं किया जाता। इस प्रकार हारने वाली टीम को प्रतियोगिता से पूरी तरह से बाहर निकाल दिया जाता है। इस विधि के अन्तर्गत फिक्सचर तैयार करने के लिए सबसे पहले भाग लेने वाली टीमों को पॉवर आफ टू के आधार पर बाई प्रदान की जाती है और उसके पश्चात फिक्सचर निर्मित किया जाता है जिसके आधार पर विजेता को चुना जाता है।

डबल नॉक आउट : यह विधि सिंगल नॉक आउट से बिल्कुल भिन्न है क्योंकि इसमें हारने वाली टीम को प्रतियोगिता से बाहर नहीं निकाला जाता बल्कि उसे अपना प्रदर्शन सुधारने का दूसरा मौका दिया जाता है। जो टीम हार जाती है उसे किसी अन्य हारी हुई टीम के साथ मैच खेलने का अवसर प्रदान किया जाता है और इस प्रकार एक फिक्सचर की सहायता से दो विजेताओं को प्राप्त किया जा सकता है। परन्तु दोनों विजेताओं में अन्तर यह होता है कि एक विजेता तो सभी जीती हुई टीमों को हराकर विजेता बनता है जबकि दूसरा विजेता सभी हारी हुई टीमों को हराकर विजेता बनता है। इस प्रकार हम देखते हैं कि डबल नॉक आउट में सभी टीमों को डबल अवसर तथा डबल ही विजेता निकाले जाते हैं।

नॉक आउट टूर्नामेन्ट को प्रयोग करने के लाभ

कई प्रकार के लाभ एक आयोजनकर्त्ता को नॉक आउट टूर्नामेन्ट का प्रयोग करने से होते हैं। इस प्रकार की विधि उस स्थिति में बहुत लाभदायक होती है जब प्रतियोगिता में भाग लेने वाली टीमों की संख्या अधिक हो। केवल यही नहीं इस प्रकार के टूर्नामेन्ट में अधिक समय की कोई आवश्यकता नहीं होती इसलिए इसे उस स्थिति में भी प्रयोग किया जा सकता है जब विद्यालय के प्रशिक्षक के पास समय की तंगी हो। इसके अतिरिक्त इस विधि के कई लाभ होते हैं जो निम्न हैं–

1. **कम समय का खर्च :** जब आयोजनकर्त्ता के पास समय की कमी हो तो उसे नॉक आउट टूर्नामेन्ट का प्रयोग करना चाहिए क्योंकि इस प्रकार के मैचों को सम्पन्न करने में कम समय की आवश्यकता होती है। क्योंकि सभी टीमों को अपना प्रदर्शन दिखाने का केवल एक ही अवसर प्रदान किया जाता है तो प्राय: मैचों की संख्या कम ही होती है और इस प्रकार से प्रतियोगिता कम समय में ही सम्पन्न हो जाती है। हालांकि यह कहा जा सकता है कि जब डबल नॉक आउट विधि का प्रयोग किया जाता है तो उस स्थिति में सभी टीमों को डबल या दो बार अच्छे प्रदर्शन के अवसर प्रदान किए जाते हैं परन्तु फिर भी इस विधि के द्वारा प्रतियोगिता सम्पन्न करने में अपेक्षाकृत कम समय लगता है।
2. **कम धन का व्यय :** इस प्रकार की प्रतियोगिताओं को आयोजित करने में धन की भी अपेक्षाकृत कम आवश्यकता होती है क्योंकि यह प्रतियोगिताएं अधिक समय तक नहीं चलती। इस विधि का प्रयोग करने का यह सबसे बड़ा लाभ होता है क्योंकि आज के समय में सबसे बड़ी समस्या जो हर विद्यालय को झेलनी पड़ती है वह होती है धन की कमी। और यदि कम धन का प्रयोग करके सही प्रकार से प्रतियोगिता को सम्पन्न किया जा सकता है तो इससे विद्यालय को भी बहुत लाभ होता है। शेष बचे हुए धन को वह किसी और कार्य में प्रयोग किया जा सकता है।
3. **खिलाड़ी अच्छा प्रदर्शन करने के लिए उत्साहित :** सभी खिलाड़ियों को यह भली प्रकार से मालूम होता है कि यदि वह एक बार अच्छा प्रदर्शन न कर पाएं तो उन्हें दूसरा अवसर प्राप्त नहीं होगा और उन्हें प्रतियोगिता से बाहर ही निकलना पड़ेगा इसलिए सभी खिलाड़ी बेहतर से बेहतर प्रदर्शन करने का प्रयत्न करते हैं। नॉक आउट विधि के प्रयोग करने के कारण प्रतियोगिता में भाग लेने वाली टीम के सभी खिलाड़ी अपने सम्पूर्ण कौशलों के माध्यम से श्रेष्ठ प्रदर्शन करने का प्रयास करते हैं। इस प्रकार की प्रतियोगिताओं में खिलाड़ी काफी सोच-समझ कर खेलते हैं क्योंकि उन्हें पता होता है कि उन्हें विजय प्राप्त करने का केवल एक ही अवसर प्राप्त होता है। किसी और प्रकार की प्रतियोगिता में खिलाड़ियों में इस प्रकार का जोश तथा उत्साह देखने को नहीं मिलता।
4. **शीघ्रता से परिणामों की प्राप्ति :** इस विधि को प्रयोग करने से जो सबसे बड़ा लाभ होता है वह है परिणामों की शीघ्रता से प्राप्ति। इस प्रकार की प्रतियोगिताओं में जो टीम एक बार हार जाती है वह प्रतियोगिता से बाहर हो जाती है और इस प्रकार कम मैचों में ही विजेता टीम का निर्धारण हो जाता है। जितना कम समय में परिणाम का पता चल जाए, उतना ही अच्छा होता है क्योंकि इससे समय तथा धन की बचत होती है। प्रतियोगिता को आरंभ करने से पहले शारीरिक शिक्षा का प्रशिक्षक केवल यही सोचता रहता है कि वह किस प्रकार से प्रतियोगिता का आयोजन करे कि कम से कम समय में परिणाम प्राप्त हो जाए और ऐसी स्थिति में उसे नॉक आउट प्रतियोगिता का ही सहारा लेना पड़ता है।
5. **दर्शकों के लिए मनोरंजन :** यदि प्रतियोगिता का आयोजन नॉक आउट विधि के अनुसार किया जाए तो दर्शकों की भी मैच देखने में रुचि बनी रहती है। दर्शकों को यह भली प्रकार से ज्ञात होता है कि टीम का एक बार का प्रदर्शन उन्हें प्रतियोगिता से बाहर निकलवा सकता है और इस प्रकार शीघ्र ही प्रतियोगिता का समापन हो जाएगा इसलिए वह सभी के सभी मैचों को देखने के लिए आते हैं और आखिरी तक मैचों में उनकी रुचि बनी रहती है जब तक कि वास्तव में विजेता का निर्धारण न हो जाए। इस प्रकार इस विधि के द्वारा दर्शकों की संख्या में लगातार वृद्धि होती रहती है और विद्यालय को मैचों से होने वाली आय भी बढ़ती है और विद्यालय के लाभों में भी बढ़ोत्तरी होती है।

इस प्रकार हम देखते हैं कि नॉक आउट पद्धति से प्रतियोगिताओं का आयोजन करने से केवल विद्यालयों को ही नहीं, बल्कि खिलाड़ियों, दर्शकों तथा शारीरिक शिक्षा के प्रशिक्षक को कई प्रकार के लाभ प्राप्त होते हैं। परन्तु इस विधि को आंख मूंद कर प्रयोग नहीं किया जा सकता क्योंकि लाभ

के साथ-साथ इस विधि की कई हानियां भी हैं जिनका उल्लेख करना अति आवश्यक है।

नॉक आउट विधि को प्रयोग करने से होने वाली हानियां

जैसा कि पहले देखा गया कि नॉक आउट विधि से कई प्रकार के लाभ होते हैं परन्तु इस विधि से कई प्रकार की हानियां भी होती हैं। इसलिए प्रतियोगिता करते समय शारीरिक शिक्षा के प्रशिक्षक को इसकी हानियों का भी पूर्ण ज्ञान होना चाहिए। इसलिए यहां यह चर्चा करनी अति आवश्यक है कि इस विधि को प्रयोग करने से कौन-कौन सी हानियां हो सकती हैं –

1. **अयोग्य टीम को आगे बढ़ने का मौका :** प्राय: नॉक आउट विधि को प्रयोग करने से प्रतियोगिताओं में यह देखा गया है कि अयाग्य या कमजोर टीमें प्रतियोगिता के फाइनल में पहुंच जाती हैं जबकि योग्य अथवा शक्तिशाली टीमें प्रतियोगिता से बाहर निकल जाती हैं। इसका कारण यह होता है कि इस विधि के अन्तर्गत टीमों के क्रम का निर्धारण लाटरी विधि द्वारा किया जाता है और कभी-कभी इस विधि से दो शक्तिशाली टीमें प्रथम चक्र में एक-दूसरे के साथ ही भिड़ जाती हैं जबकि दूसरे चक्र में कमजोर टीमें पहुंच जाती है। केवल यही नहीं, कुछ खिलाड़ी ऐसे होते हैं जिन्हें नई परिस्थितियों में स्वयं को ढालने में समय लगता है और इसी कारण कभी-कभी कुशल टीमें प्रतियोगिता से बाहर निकल जाती हैं क्योंकि उसके खिलाड़ी अपने आपको प्रथम मैच में परिस्थितियों के अनुरूप न ढालने के कारण अच्छा प्रदर्शन न कर पाए और मैच हार गए जिसके कारण उन्हें प्रतियोगिता से बाहर होना पड़ा। इस बात का फायदा भी कभी-कभी कमजोर टीमों को मिल जाता है। इस प्रकार यह कहा जा सकता है कि नॉक आउट विधि से ऐसी संभावनाएं बहुत अधिक रहती हैं कि कमजोर टीमें फाइनल में प्रवेश कर जाती हैं जबकि शक्तिशाली टीमों को प्रतियोगिता से बाहर निकलना पड़ता है। यह इस विधि की सबसे बड़ी हानि होती है जिसके कारण प्रशिक्षक को इसे प्रयोग करने से पहले बहुत बारिकी से विचार कर लेना चाहिए।
2. **मैच के नीरस होने की संभावना :** जैसा कि पहले भी कहा जा चुका है कभी-कभी इस विधि के कारण फाइनल में एक शक्तिशाली टीम तथा दूसरी कमजोर टीम पहुंच जाती है जिसके कारण मैच में कोई दम नहीं रह जाता क्योंकि कमजोर टीम शक्तिशाली टीम के सामने टिक नहीं पाती और फाइनल का मैच एक-तरफा बन कर रह जाता है। इस प्रकार जब फाइनल एक-तरफा हो जाता है तो वह दर्शकों के लिए नीरस हो जाता है और दर्शकों में भी उसे देखने की कोई खास उत्सुकता नहीं रह जाती। इस प्रकार जब दर्शक ही मैदान पर मौजूद नहीं होते तो आयोजनकर्ताओं की मेहनत, समय तथा लगाया गया धन बर्बाद हो जाते हैं। यदि इस विधि का प्रयोग इस तथ्य को भली पूर्वक ध्यान रखकर न किया जाए तो परिणाम यह होता है कि सभी शक्तिशाली टीमें प्रतियोगिता से पहले ही बाहर निकल जाती हैं और केवल कमजोर टीमें फाइनल में प्रवेश करके उसके रोमांच को भी समाप्त कर देती हैं।
3. **अधिक समय की बर्बादी :** जैसा कि पहले कहा जा चुका है कि सबसे अन्त में वही दो टीमें फाइनल में प्रवेश करती हैं जो सभी टीमों से विजयी रही हों। इस प्रकार से फाइनल विजेता चुनने का कार्य अन्तिम मैच के द्वारा किया जाता है परन्तु प्राय: यह देखा जाता है कि इस अन्तिम मैच का आयोजन बहुत दिनों के पश्चात किया जाता है जिसके कारण समय की बहुत बर्बादी होती है। दर्शकों को काफी लम्बे समय तक इन्तजार करना पड़ता है और विद्यालय में प्रशिक्षक अपने कार्य को भी भली प्रकार से नहीं कर पाता क्योंकि उसे फाइनल की तैयारियों में लगना पड़ता है। यदि अधिक दिनों का अन्तराल आ जाए तो दर्शकों की रुचि भी मैच से समाप्त हो जाती है। परन्तु इस तथ्य को दूसरे रूप से भी देखा जा सकता है। इस प्रकार से अधिक दिनों का अन्तराल देकर आयोजकों का उद्‌देश्य खिलाड़ियों को फाइनल के लिए पूर्ण रूप से स्वयं को तैयार करना होता है जो खिलाड़ियों के लिए बहुत आवश्यक तथा लाभदायक होता है।

इस प्रकार हम देखते हैं कि नॉक आउट विधि एक बहुत ही आसान तथा सरल विधि है जिसके लाभ तथा हानि, दोनों ही पहलू महत्वपूर्ण हैं परन्तु लाभों का पलड़ा हानियों की अपेक्षाकृत भारी है और बड़ी सावधानीपूर्वक इस विधि का प्रयोग आयोजनकर्ता द्वारा किया जा सकता है।

चैलेन्ज प्रतियोगिता

जब कोई मुकाबला एक या दो व्यक्ति का हो तो इस प्रकार की प्रतियोगिता का आयोजन किया जाता है। दूसरे शब्दों में यह कहा जा सकता है कि जब किसी प्रतियोगिता में एक या दो

खिलाड़ी भाग लेते हैं तो इस प्रकार की प्रतियोगिता का आयोजन किया जा सकता है। यह प्रतियोगिता अन्य प्रतियोगिताओं से कई प्रकार से भिन्न है। सबसे बड़ा अन्तर यही है कि अन्य सभी प्रतियोगिताओं में कोई खिलाड़ी विशेष नहीं बल्कि पूरी की पूरी टीमें भाग लेती हैं परन्तु इस प्रकार की प्रतियोगिता में टीमों के स्थान पर खिलाड़ी भाग लेते हैं। इस प्रकार के कुछ खेल हैं जैसे-बैडमिन्टन, मुक्केबाजी तथा टेनिस आदि। इस प्रकार की प्रतियोगिताओं में एक खिलाड़ी दूसरे खिलाड़ी को चुनौती देता है और दूसरा उसे स्वीकार करता है। यह प्रतियोगिता एक निश्चित समय तक चलती है अथवा निश्चित समयावधि के पश्चात सम्पन्न हो जाती है। प्रतियोगिता कितने दिनों तक चलती रहेगी, इसका निर्णय आयोजनकर्ता द्वारा लिया जाता है। आयोजनकर्ता इस प्रतियोगिता के समय की घोषणा पहले ही कर देता है। इस विधि में भी फिक्सचर तैयार किए जाते हैं जिसके लिए तीन विधियों का प्रयोग किया जाता है जो निम्न हैं-

1. **लैंडर विधि :** उस स्थिति में इस विधि का प्रयोग किया जाता है जब प्रतियोगिता में भाग लेने वाली टीमों की संख्या कम होती है अर्थात दोनों टीमों में केवल एक-एक खिलाड़ी ही हो। इस विधि के अन्तर्गत यदि फिक्सचर निर्मित किया जाता है तो वह देखने में एक सीढ़ी की भांति प्रतीत होता है। वास्तव में फिक्सचर में कई खाने होते हैं जिनमें सभी खिलाड़ियों को उनके प्रदर्शन के अनुसार क्रमबद्ध करके व्यवस्थित किया जाता है। उदाहरण के लिए पिछले वर्ष के विजेता का नाम सबसे ऊपर वाले खाने में लिखा जाता है उसके पश्चात वाले खाने में उप विजेता का नाम लिखा जाता है और इस प्रकार खिलाड़ियों के प्रदर्शन के स्तर के अनुसार उन्हें विभिन्न खानों में रखा जाता है जिससे एक सीढ़ीनुमा आकृति निर्मित हो जाती है। ऊपर के खाने के खिलाड़ी को नीचे के खाने के खिलाड़ी से चुनौती प्राप्त होती है और ऊपर के खाने वाले खिलाड़ी को उस चुनौती को स्वीकार करना पड़ता है। इसलिए दोनों खिलाड़ियों के बीच मैच का आयोजन किया जाता है। यदि नीचे वाले खिलाड़ी द्वारा मैच जीत लिया जाता है तो वह ऊपर वाले खाने में स्थान प्राप्त कर लेता है और ऊपर के खाने वाला खिलाड़ी उसके स्थान पर नीचे के खाने में स्थान ग्रहण कर लेता है। इस प्रकार खिलाड़ियों के प्रदर्शन के आधार पर उन्हें स्थान प्रदान किए जाते हैं। इस प्रकार से एक निश्चित क्रम तथा अवधि में मैचों का संचालन होता रहता है। मैच की समाप्ति के समय जो खिलाड़ी सबसे ऊपर वाले खाने में रहेगा, उसे प्रतियोगिता का विजेता घोषित कर दिया जाता है।
2. **पिरामिड विधि :** चैलेन्ज टूर्नामेन्ट के अन्तर्गत पिरामिड विधि का विशेष रूप से प्रयोग किया जाता है। इस विधि को उस समय प्रयोग किया जाता है जब प्रतियोगिता में भाग लेने वाले खिलाड़ियों की संख्या अधिक होती है। इस विधि में निर्मित किए जाने वाला फिक्सचर देखने में पिरामिड की भांति प्रतीत होता है और इसमें भी खिलाड़ियों को उनके प्रदर्शन के आधार पर विभिन्न खानों में व्यवस्थित किया जाता है। पूर्व विजेता को सबसे ऊपर वाले खाने में रखा जाता है उससे नीचे वाला खाने में उपविजेता को रखा जाता है और इस प्रकार जैसे-जैसे खिलाड़ियों का प्रदर्शन कम होता जाता है, उनका स्थान नीचे की तरफ खिसकता जाता है। ऊपर वाला खिलाड़ी नीचे वाले खिलाड़ी से चुनौती प्राप्त करता है और दोनों के बीच मैच का आयोजन किया जाता है और जो खिलाड़ी विजेता होता है वह ऊपर वाले खाने में स्थान ग्रहण कर लेता है। इस प्रकार इस विधि तथा पहले वाली विधि में कोई खास अन्तर नहीं होता केवल इस विधि में फिक्सचर का आकार पिरामिड की भांति प्रतीत होता है जबकि पहले वाली विधि में वह सीढ़ीनुमा होता है।
3. **कॉब वैब विधि :** इस विधि का प्रयोग उस स्थिति में किया जाता है जब प्रतियोगिता में अधिक संख्या में खिलाड़ी भाग ले रहे हों। या यूं कहा जा सकता है कि इस प्रकार के फिक्सचर में अधिक खिलाड़ियों का समावेश होता है जिसके कारण उन्हें विभिन्न समूहों अथवा ग्रुपों में विभाजित कर दिया जाता है। सर्वप्रथम एक ग्रुप में सम्मिलित सभी टीमों को उसी ग्रुप की अन्य टीमों या खिलाड़ियों के साथ मैच खेलना पड़ता है और इस प्रकार ग्रुप का विजेता बनना पड़ता है। इसके पश्चात ही वह अन्दर के खानों में स्थान प्राप्त कर पाता है। केवल विजेता खिलाड़ी ही अन्दर के खानों में प्रवेश कर सकते हैं। उसी विधि से पुनः सभी विजेता खिलाड़ी एक-दूसरे के साथ मैच खेलते हैं और वह मैच एक निर्धारित समय तक चलता है। उस टीम को विजेता घोषित किया जाता है जो इन खानों में सबसे ऊपर वाले स्थान पर बैठा होता है।

इस प्रकार हम देखते हैं कि चैलेन्ज प्रतियोगिताओं का आयोजन एकल या युगल खिलाड़ियों वाले खेलों में आसानी तथा सरलता से किया जा सकता है। केवल यही

नहीं, यदि खिलाड़ियों की संख्या अधिक है तो दो पिरामिड तथा कॉब वैब विधि के विकल्पों का प्रयोग किया जा सकता है।

इस प्रकार चारों प्रकार की विधियों की चर्चा करने के पश्चात यहां अब यह वर्णित करना आवश्यक है कि एक प्रशिक्षक को सभी प्रतियोगिता की विधियों का पूर्ण ज्ञान होना चाहिए और उसे यह निर्णय बहुत सावधानी से लेना चाहिए अन्यथा सभी कर्मचारियों तथा खिलाड़ियों की मेहनत बर्बाद हो जाएगी।

प्रतियोगिता को आयोजित करना किसी भी स्तर पर कोई आसान कार्य नहीं होता और एक आयोजनकर्ता को विभिन्न प्रकार की बातों का ध्यान प्रतियोगिता को आयोजित करते समय रखना चाहिए। यदि इन बातों का ध्यान आयोजनकर्ता प्रतियोगिता से पहले न रखें तो उसे प्रतियोगिता के दौरान विभिन्न प्रकार की दिक्कतों का सामना करना पड़ सकता है। निम्नलिखित बातों का ध्यान एक आयोजनकर्ता को प्रतियोगिता आयोजित करते समय देना चाहिए–

1. हर प्रतियोगिता को सम्पन्न करने के लिए एक समान समय नहीं लगता। कई प्रतियोगिताएं ऐसी होती हैं जिनमें अन्य विधियों से अपेक्षाकृत अधिक समय लगता है जबकि कई अन्य विधियों को सम्पन्न होने में कम समय लगता है। कौन–सी विधि का चयन करना है, इस बात का निर्णय लेते समय आयोजनकर्त्ता को यह ध्यानपूर्वक देख लेना चाहिए कि उसके पास प्रतियोगिता के आयोजन तथा समापन के लिए कितना समय उपलब्ध है। यदि उसके पास कम समय उपलब्ध है तो वह एकल नॉक आउट विधि का प्रयोग कर सकता है। इसी प्रकार यदि उसके पास अधिक समय की प्राप्ति है तो वह राउन्ड राबीन टूर्नामेन्ट का प्रयोग कर सकता है।
2. प्रतियोगिता का आयोजन करने के लिए विभिन्न प्रकार के उपकरणों तथा सुविधाओं की आवश्यकता होती है जिनके बगैर प्रतियोगिता को आयोजित नहीं किया जा सकता। सबसे पहले तो प्रशिक्षक को यह देखना चाहिए कि आवश्यक उपकरण विद्यालय में उपलब्ध हैं भी या नहीं। यदि वह उपलब्ध हैं तो उन्हें प्रतियोगिता के आरंभ होने से पहले ही एकत्रित कर लेना चाहिए और यदि वह विद्यालय में उपलब्ध नहीं हैं तो उसका बंदोबस्त करने का कर्त्तव्य प्रशिक्षक एवं आयोजनकर्ता का होता है। मैच के आरंभ होने से तकरीबन एक दिन पहले सभी आवश्यक उपकरणों तथा सुविधाओं को एकत्रित कर लेना चाहिए।
3. प्राय: प्रतियोगिताओं में भाग लेने के लिए आयोजन करने वाला विद्यालय अन्य विद्यालयों को आमंत्रण देता है या यूं कहा जा सकता है कि उन्हें बुलाता है। कितने विद्यालय को प्रतियोगिता में भाग लेने के लिए आमंत्रित करना है, इसका निर्णय प्रतियोगिता के आयोजित करने से पहले ही कर लेना चाहिए ताकि अधिकारियों को फिक्सचर निर्मित करने में किसी प्रकार की कोई दिक्कत हो।
4. प्रतियोगिता आयोजित करने वाले विद्यालय को सभी प्रकार की सुविधाओं तथा उपकरणों की उपलब्धि करवानी पड़ती है और उसे इस बात की पहले से ही पूर्ण जानकारी होनी चाहिए कि प्रतियोगिता में कितनी टीमें सम्मिलित हो रही हैं जिससे वह उनकी संख्या के अनुसार उपकरणों तथा सुविधाओं का बन्दोबस्त कर ले। यदि इस प्रकार की जानकारी आयोजन करने वाले विद्यालय के पास न हो तो प्रतियोगिता के दौरान उसे कई प्रकार की समस्याओं का सामना करना पड़ सकता है।
5. प्रतियोगिता को आयोजित करने के लिए धन राशि की आवश्यकता होती है इसलिए प्रतियोगिता के सही प्रकार की व्यवस्था के लिए आवश्यक धन राशि का अनुमान लगा लेना चाहिए। प्रतियोगिता में खर्च होने वाली धन राशि के सन्दर्भ में प्रतियोगिता के आयोजनकर्ता को पहले से ही अनुमान लगा लेना चाहिए जिससे प्रतियोगिता के दौरान किसी भी प्रकार की कोई आर्थिक पक्ष से कमी महसूस न होने पाए।
6. किसी भी प्रतियोगिता को आयोजित करने के लिए विभिन्न प्रकार के अधिकारियों तथा कर्मचारियों की आवश्यकता होती है और प्रतियोगिता के लिए आवश्यक कर्मचारियों की नियुक्ति करते समय आयोजनकर्ता को बहुत ही सावधानी से कार्य करना चाहिए। उसे केवल उन्हीं अधिकारियों का चयन करना चाहिए जो आवश्यक कार्यों को करने के लिए योग्य हों तथा उन्हें इस प्रकार के कार्य करने का पूर्व अनुभव हो। यदि अधिकारी अयोग्य होंगे तो उनके निर्णयों पर सभी खिलाड़ी आशंका की दृष्टि से देखेंगे तथा उन पर उंगलियां उठाएंगे।
7. प्राय: प्रतियोगिता का आयोजन मैदानों पर किया जाता है परन्तु कभी–कभी कुछ खेलों के लिए जिमनेजियम तथा कुछ खास प्रकार के कमरों में कई प्रकार की व्यवस्था करनी पड़ती है और इस प्रकार की सभी व्यवस्थाएं एक आयोजनकर्ता को प्रतियोगिता के आरंभ होने से पूर्व ही

कर लेनी चाहिए। केवल यहीं नहीं, दर्शकों के बैठने तथा उनके लिए विभिन्न प्रकार की सुविधाओं की व्यवस्था करने का कार्य भी आयोजनकर्ता को ही करना पड़ता है और इस प्रकार की सभी व्यवस्थाएं भी प्रतियोगिता के आरंभ होने से पहले ही कर लेनी चाहिए अन्यथा प्रतियोगिता को प्रभावशाली ढंग से आयोजित करना कठिन हो जाता है। अभी तक की चर्चा में हमने यह जानने की कोशिश की कि खेल प्रतियोगिताएं होती क्या हैं और उन्हें किन-किन विधियों के द्वारा आयोजित किया जा सकता है। केवल यही नहीं, सभी विधियों का ध्यानपूर्वक अध्ययन करने के पश्चात उनसे होने वाले लाभों तथा हानियों का भी अध्ययन किया। इसके पश्चात हम यह चर्चा करेंगे कि विद्यालयों में किस प्रकार की प्रतियोगिताओं का आयोजन किया जाता है, उनके लिए किन सिद्धांतों को ध्यान रखना आवश्यक होता है और उन्हें किन उद्देश्यों की प्राप्ति के लिए आयोजित किया जाता है।

विद्यालय में आयोजित प्रतियोगिताएं

विभिन्न प्रकार के विद्यालय आज शारीरिक शिक्षा के महत्त्व को भली प्रकार से समझ चुके हैं जिस कारण वह विद्यालय के सभी छात्रों को शारीरिक शिक्षा के प्रति आकर्षित करने के लिए विभिन्न प्रकार की प्रतियोगिताओं का समय-समय पर आयोजन करते हैं। प्राय: विद्यालयों द्वारा दो प्रकार की प्रतियोगिताओं का आयोजन किया जाता है जो निम्न प्रकार की होती हैं-

अन्तर विद्यालय खेल प्रतियोगिताएं, तथा

अन्त: विद्यालय खेल प्रतियोगिताएं।

इन दोनों प्रकार की प्रतियोगिताओं को समझने तथा यह समझने के लिए कि यह एक-दूसरे से किस प्रकार भिन्न होती हैं, इसके लिए इन्हें विस्तार में वर्णित करना आवश्यक है।

अन्तर विद्यालय खेल प्रतियोगिताएं

अन्तर विद्यालय खेल प्रतियोगिताओं को बाह्य प्रतियोगिताएं भी कहा जाता है क्योंकि इस प्रकार की प्रतियोगिता में प्रतिस्पर्धाओं का आयोजन एक विद्यालय के परिसर में नहीं होता बल्कि किसी अन्य विद्यालय में होता है। इस प्रकार की प्रतियोगिताओं के अन्तर्गत कोई एक विद्यालय प्रतियोगिताओं का आयोजन करता है और अन्य विद्यालयों की टीमों को प्रतियोगिताओं में भाग लेने के लिए निमंत्रण देता है। इस प्रकार प्रतियोगिता को आयोजित करने का सारा कार्य या कर्तव्य एक विद्यालय को करना होता है परन्तु प्रतियोगिता में केवल उसी विद्यालय के छात्र ही भाग नहीं लेते बल्कि अन्य विद्यालयों के छात्रों को भी हिस्सा लेने का अवसर प्रदान किया जाता है। इस प्रकार की प्रतियोगिताओं को दूसरे विद्यालयों की टीमों की सहायता से एक निश्चित समय में सम्पन्न किया जाता है। इस प्रकार की प्रतियोगिताओं के लिए कार्यक्रम पूर्व निर्धारित किया जाता है जिससे सभी विद्यालयों को यह पता होता है कि एक निश्चित दिन को उसे अपनी टीम के साथ अमुक विद्यालय में प्रतिस्पर्धा में भाग लेने के लिए जाना है और जिसके लिए शारीरिक शिक्षा के प्रशिक्षक अपनी टीमों को तैयार करते रहते हैं। प्रतियोगिता के लिए आवश्यक सभी उपकरणों तथा सुविधाओं की व्यवस्था करने का कार्य आयोजनकर्ता द्वारा किया जाता है और यदि किसी भी प्रकार की कोई कमी पाई जाती है तो उसके लिए आयोजन करने वाले विद्यालय को दोषी या जिम्मेदार माना जाता है।

अन्तर विद्यालय प्रतियोगिताओं को विशेष उद्देश्यों के लिए आयोजित किया जाता है जिनका उल्लेख करना अति आवश्यक है और जो इस प्रकार है-

अन्तर विद्यालय खेल प्रतियोगिताओं को आयोजित करने के उद्देश्य

आज के आधुनिक युग में विद्यालय के शारीरिक शिक्षा के प्रशिक्षक के द्वारा समय-समय पर खेल-कूद तथा शारीरिक शिक्षा के क्षेत्र में विभिन्न स्तरों पर प्रतियोगिताओं का आयोजन किया जाता है। प्राय: निम्न उद्देश्यों की प्राप्ति के लिए विद्यालय में अन्तर विद्यालय खेल प्रतियोगिताओं का आयोजन किया जाता है-

1. **खेल स्तर को विकसित करने के लिए :** विद्यालय में खेल के स्तर को ऊंचा उठाने का एक मुख्य उद्देश्य अन्तर विद्यालय प्रतियोगिताओं को आयोजित करने का होता है। आज प्राय: सभी विद्यालयों में छोटी कक्षाओं से ही छात्रों को शारीरिक शिक्षा का प्रशिक्षण देना आरंभ कर दिया जाता है और यदि उन्हें समय- समय पर दूसरे विद्यालय के छात्रों से बेहतर प्रदर्शन कर पाते हैं या नहीं, वह चुनौती स्वीकार कर पाने की स्थिति में है या नहीं। इसी दौरान वह अपने छात्रों के प्रदर्शन का भली प्रकार से अवलोकन करता है और यदि उसे किसी भी प्रकार की कोई कमी उसके छात्रों के प्रदर्शन में लगे तो वह उन कमियों को दूर करने के लिए प्रयत्न करता है और इस

प्रकार से अपने छात्रों के खेल के स्तर को ऊंचा उठाने का प्रयत्न करता है। यदि इस प्रकार की प्रतियोगिताओं का आयोजन न किया जाए तो प्रशिक्षक को कभी भी अपने छात्रों के स्तर का ज्ञान नहीं हो सकता और उनका स्तर कभी भी बेहतर नहीं किया जा सकता।

2. **खेलों के नियमों को जानने में सहायता :** जब भी कोई खिलाड़ी किसी प्रतियोगिता में भाग लेता है तो उसे नियमों का ज्ञान होता जाता है। परन्तु प्रतियोगिता में अच्छे प्रदर्शन के लिए यह आवश्यक है कि उसे इन नियमों का ज्ञान पहले से ही होना चाहिए, परन्तु वास्तविक रूप में इन नियमों की जानकारी उसे प्रतियोगिताओं में भाग लेने के पश्चात ही होती है। प्राय: यह देखा गया है कि अभ्यास के दौरान छात्रों के लिए नियमों के अनुसार क्रियाओं का करना आवशययक नहीं होता इसलिए वह जब भी प्रतियोगिताओं में भाग लेता है तब उसे खासी दिक्कतों का सामना करना पड़ता है इसलिए यह आवश्यक है कि समय-समय पर खिलाड़ी को नियमों को बताते रहना चाहिए और हो सके तो उसे अभ्यास करते समय नियमों का पालन करने के लिए कहा जाना चाहिए। इस प्रकार यह कहा जा सकता है कि अन्तर विद्यालय की प्रतियोगिताओं में भाग लेने से खिलाड़ियों को नए-नए नियमों की जानकारी होती है और उनके अनुसार क्रिया करने से उनका प्रदर्शन बेहतर होता है।

3. **खिलाड़ियों के अनुभव को विकसित करने के लिए सहायक :** जब छात्र अन्तर विद्यालय प्रतियोगिताओं में हिस्सा लेते हैं तो उनका अनुभव बहुत हद तक विकसित होता है। इस प्रकार की प्रतियोगिताओं में हिस्सा लेने से छात्रों के पूर्व की अपेक्षा अनुभव के क्षेत्र में काफी वृद्धि होती है। जब कोई खिलाड़ी लगातार इस प्रकार की प्रतियोगिताओं में हिस्सा लेता है तो वह खेल के सभी पहलुओं को भली प्रकार से जानने लगता है। उसे पता चल जाता है कि कौन-सी टीम का कौन-सा खिलाड़ी किस प्रकार से प्रदर्शन करेगा और इस प्रकार वह अपनी नीति पहले ही निर्धारित कर लेता है। कभी-कभी यह पाया जाता है कि प्रशिक्षक भली प्रकार से खिलाड़ियों को प्रशिक्षण देता है और सभी खिलाड़ी भी कुशलता से उनको सीखते हैं, परन्तु प्रतियोगिता के समय वह मात खा जाते हैं क्योंकि उनके पास अनुभव की कमी होती है जो कि अच्छे प्रदर्शन के लिए अति आवश्यक होता है। प्राय: जो खिलाड़ी अधिक अनुभवी होता है उसे टीम का कैप्टन या लीडर बना दिया जाता है और वह अपने अनुभव को टीम के अन्य सदस्यों के साथ बांटता है और इस प्रकार से स्वयं के साथ अन्य खिलाड़ियों के प्रदर्शन को बेहतर बनाने का कार्य भी करता है।

4. **खेल भावना का विकास करने के लिए :** सभी विद्यालयों में खेल भावना को विकसित करना अन्तर विद्यालय प्रतियोगिताओं का मुख्य उद्देश्य होता है। केवल यही नहीं, इस प्रकार की प्रतियोगिताओं की सहायता से विभिन्न विद्यालयों के छात्रों में मैत्रीपूर्ण संबंध स्थापित किए जा सकते हैं। जब अलग-अलग विद्यालयों से खिलाड़ी आकर प्रतियोगिता में हिस्सा लेते हैं तो उनमें खेल भावना का अधिक स्तर पर विकास होता है और सभी खिलाड़ियों को खेल भावना का अर्थ तथा इसके महत्व को भली प्रकार से समझने का अवसर प्राप्त होता है। प्राय: इस प्रकार की प्रतियोगिताओं में जब तक प्रतियोगिता समाप्त नहीं हो जाती तब तक विभिन्न विद्यालय के विद्यार्थियों को एक ही स्थान पर रहना पड़ता है, एक ही स्थान पर भोजन करना पड़ता है और एक साथ रहकर समय व्यतीत करना पड़ता है। इस प्रकार से सभी विद्यार्थी एक-दूसरे के सम्पर्क में आते हैं और एक-दूसरे को जानने का अवसर प्राप्त करते हैं। जब वह कुछ दिनों तक एक-साथ रहते हैं तो उनमें मित्रता हो जाती है और इस प्रकार छात्रों के बीच मैत्रीपूर्ण संबंध स्थापित हो जाते हैं। यदि खिलाड़ियों के बीच मैत्रीपूर्ण संबंधों का समावेश होता है तो वह प्रतियोगिता के दौरान किसी भी प्रकार की कोई ऐसी हरकत नहीं करते जिससे दूसरी टीम के किसी खिलाड़ी को किसी प्रकार की कोई क्षति या हानि हो। इस प्रकार सभी खिलाड़ी एक मर्यादा के साथ प्रदर्शन करते हैं।

5. **नए लोगों से सम्पर्क के लिए :** प्रत्येक वर्ष अलग-अलग विद्यालयों द्वारा इस प्रकार की प्रतियोगिता का आयोजन किया जाता है और इस प्रकार नए-नए लोगों से मिलने का अवसर प्राप्त होता है। इस प्रकार से केवल खिलाड़ी ही नए-नए खिलाड़ियों से नहीं मिलते बल्कि प्रशिक्षक को भी नए प्रशिक्षकगणों तथा अधिकारियों के सम्पर्क में आने का मौका मिल जाता है। प्रतियोगिता के बीच-बीच में जब प्रशिक्षक इन अधिकारियों या प्रशिक्षकों से बातचीत करता है तो उनके साथ मित्रता हो जाती है। सभी अधिकारी एक ही क्षेत्र के होते हैं इसलिए उनका एक-दूसरे के साथ

मिलना बहुत आवश्यक हो जाता है। विभिन्न प्रकार की समस्याओं का हल एक प्रशिक्षक इन नए प्रशिक्षकों की सहायता से कर सकता है। इसके साथ-साथ नए खिलाड़ियों से कई खिलाड़ियों को सीखने के लिए बहुत कुछ मिलता है। इस प्रकार नए लोगों के सम्पर्क में आने से प्रशिक्षकगण तथा खिलाड़ियों, दोनों को ही लाभ होता है।

अन्तर विद्यालय खेल प्रतियोगिताओं को आयोजित करने के लिए कुछ सिद्धान्तों को निर्मित किया गया है जिनको भली प्रकार से प्रयोग करके इस जटिल क्रिया को आसानी तथा सरलता से किया जा सकता है जो इस प्रकार हैं–

अन्तर विद्यालय खेल प्रतियोगिताओं के आधारभूत सिद्धान्त

अन्तर विद्यालय खेल प्रतियोगिता एक बहुत ही जटिल क्रिया होती है और इस क्रिया को सही प्रकार से करने के लिए कुछ सिद्धांतों का पालन करना अति आवश्यक होता है। इन सभी सिद्धांतों का विशेष ध्यान प्रशिक्षक को इस प्रकार की प्रतियोगिता के लिए कार्यक्रम की रूपरेखा तैयार करते समय रखना चाहिए। इन सभी सिद्धान्तों का प्रशिक्षक को भली प्रकार से ज्ञान होना चाहिए क्योंकि यह माना जाता है कि प्रतियोगिता की सफलता तथा असफलता प्रशासक द्वारा प्रयोग किए गए विभिन्न सिद्धांतों पर निर्भर करती है। अन्तर विद्यालय प्रतियोगिता का आयोजन के लिए कार्यक्रम निम्न सिद्धांतों को ध्यान में रखकर निर्मित किया जाना चाहिए–

इन सभी सिद्धान्तों को भली प्रकार से समझने के लिए इन्हें विस्तार में वर्णित करना आवश्यक है जो इस प्रकार है–

1. **छुट्टी के दिन प्रतियोगिता का आयोजन :** अन्तर विद्यालय प्रतियोगिताओं में प्रायः प्रतियोगिताएं कई दिनों तक चलती हैं परन्तु फिर भी प्रशासक को इस प्रकार का कार्यक्रम निर्मित करना चाहिए ताकि विशेष या मुख्य प्रतिस्पर्धाओं का आयोजन छुट्टी के दिन ही हो। यदि प्रतिस्पर्धा छुट्टी के दिन आयोजित की जाती है तो अधिक से अधिक संख्या में छात्रगण उनका आनंद ले सकते हैं। केवल यही नहीं, शारीरिक शिक्षा के प्रशासक को छुट्टी वाले दिन प्रतिस्पर्धा का आयोजन करने से विद्यालय के अन्य छात्रों की बड़ी मात्रा में सहायता प्राप्त होती है जिससे वह प्रतियोगिता का भली प्रकार से संचालन कर पाता है। कुछ विद्यालयों में ऐसी व्यवस्था भी की जाती है कि वहां बाहर के व्यक्ति भी प्रतियोगिता को देखने के लिए आ सकते हैं और इस प्रकार की व्यवस्था की स्थिति में यदि प्रतिस्पर्धा छुट्टी वाले दिन आयोजित हो तो अधिक से अधिक संख्या में लोग भी खेल को देखने के लिए आते हैं और इस प्रकार विद्यालय की कमाई भी बढ़ती है।
2. **स्वेच्छा की भावना :** यदि किसी विद्यालय को अन्तर विद्यालय प्रतियोगिताओं में भाग लेने के लिए आमंत्रित किया जाए और उसका प्रशासक उसमें भाग लेने के लिए राजी न हो तो उस पर अपनी टीम को प्रतियोगिता में भेजने के लिए किसी प्रकार का कोई दबाव नहीं डालना चाहिए क्योंकि यदि टीम को भेजने का निर्णय प्रशासक अपनी स्वेच्छा से नहीं लेता तो उसकी टीम कभी भी अच्छा प्रदर्शन नहीं कर पाएगी। वास्तव में इसका कारण यह होता है कि प्रशासक तभी अपनी टीम को भेजने से इन्कार करता है जब उसकी टीम उस प्रतिस्पर्धा में भाग लेने के लिए तैयार न हो और यदि जबरदस्ती उसे इस बात के लिए राजी किया जाए तो उसके विद्यालय के खिलाड़ियों का प्रदर्शन कभी भी उच्च नहीं हो सकता और इस प्रकार प्रतियोगिता का सारा मजा खराब हो सकता है।
3. **खिलाड़ियों की मेडिकल जांच करवाना :** आयोजनकर्ता को प्रतियोगिता आरंभ कराने से पहले टीमों के सभी विद्यार्थियों की मेडिकल जांच करवानी चाहिए। इस कार्य के लिए दो प्रकार की विधियों को अपनाया जा सकता है। आयोजनकर्ता विद्यालय, सभी विद्यालयों को यह निर्देश दे सकता है कि उन्हें केवल उन्हीं विद्यार्थियों को टीम में सम्मिलित करना चाहिए जो शारीरिक रूप से बिल्कुल फिट हों और उसके लिए उनका पहले से ही मेडिकल जांच करवाना चाहिए। दूसरी विधि के अनुसार आयोजनकर्ता विद्यालय में स्वयं मेडिकल जांच की सभी तैयारियों को आयोजित कर सकता है और टीम के खिलाड़ियों को मेडिकल जांच करवाने के पश्चात ही प्रतियोगिता में भाग लेने की अनुमति दे सकता है। प्रायः दूसरी विधि ही सभी विद्यालयों द्वारा अपनाई जाती है। यदि खिलाड़ियों की मेडिकल जांच न करवाई जाए तो प्रतियोगिता के दौरान वह विभिन्न प्रकार की चोटों से ग्रसित हो सकते हैं और इस प्रकार की चोटों के लिए आयोजनकर्ता विद्यालय को ही जिम्मेदार ठहराया जाता है। केवल यही नहीं, विभिन्न प्रकार के खेलों में भाग लेते समय कई खिलाड़ी घायल

हो जाते हैं और उन्हें सही समय पर उपचार प्रदान कराने का कर्त्तव्य भी आयोजनकर्ता विद्यालय का होता है। मैदान के समीप ही मेडिकल सुविधाओं से लैस एक कैम्प की व्यवस्था होनी चाहिए जिसमें एक डॉक्टर की व्यवस्था अवश्य होनी चाहिए। यदि कोई भी खिलाड़ी चोट से ग्रसित हो जाए तो उस कैम्प में इस प्रकार की व्यवस्था होनी चाहिए कि उसे कम से कम प्राथमिक चिकित्सा तो प्रदान की जा सके ताकि उसकी चोट किसी प्रकार का भयंकर रूप धारण न कर पाए।

4. **खिलाड़ियों की सुविधा का विशेष ध्यान :** इस प्रकार की प्रतियोगिताओं के लिए कार्यक्रम की रूपरेखा इस प्रकार से तैयार करना चाहिए कि खिलाड़ियों के लिए आवश्यक सभी सुविधाओं का उसमें समावेश हो। इस प्रकार यह कहा जा सकता है कि खिलाड़ियों की सुविधाओं को देखते हुए ही कार्यक्रम का निर्माण किया जाना चाहिए। शारीरिक शिक्षा के प्रशिक्षक को केवल नियमों के आधार पर ही कार्यक्रम का निर्माण नहीं करना चाहिए बल्कि उसे अपने अनुभव का भी प्रयोग करना चाहिए। सभी आवश्यक बातें, जैसे, खेल किस प्रकार से होना है, किन-किन उपकरणों की आवश्यकता पड़ती है, खिलाड़ियों को किस प्रकार के वस्त्र पहनने हैं आदि के लिए सभी आवश्यक जानकारी नियमों से प्राप्त हो जाती है परन्तु विद्यालय में खेल किस स्थान पर करवाना है, किन-किन चीजों की आवश्यकता खिलाड़ियों को खेल के दौरान पड़ सकती है आदि, सभी का निर्णय प्रशिक्षक को अपने अनुभव के आधार पर लेना पड़ता है। सभी आवश्यक सुविधाओं की व्यवस्था प्रतियोगिता के आरंभ होने से पहले ही प्रशिक्षक को कर लेनी चाहिए वरना प्रतियोगिता के दौरान कई प्रकार की दिक्कतों का सामना करना पड़ सकता है। कार्यक्रम को निर्मित करते समय एक प्रशासक को यह ध्यान रखना चाहिए कि वह कार्यक्रम विद्यार्थियों के लिए बना रहा है ना कि अपने लिए इसलिए उसे विद्यार्थियों की आवश्यकताओं तथा सुविधाओं को प्राथमिकता देनी चाहिए।

5. **सुरक्षा की पूर्ण व्यवस्था :** खिलाड़ियों की सुरक्षा के लिए विभिन्न प्रकार के क्रियाकलापों को कार्यक्रम में सम्मिलित करने का कर्त्तव्य आयोजनकर्ता विद्यालय का होता है। विभिन्न प्रकार के खेलों में जब कई खिलाड़ी एक-साथ भाग लेते हैं तो उनमें प्रतिद्वन्द्विता की भावना का उजागर हो जाना स्वाभाविक ही होता है और कभी-कभी खिलाड़ियों में यह भाव अधिक स्तर पर बढ़ जाता है तो वह एक-दूसरे को नुकसान भी पहुंचाने लग जाते हैं। इसलिए शारीरिक शिक्षा के प्रशिक्षक को विभिन्न प्रकार के कुछ ऐसे कदम लेने चाहिए जिससे कि कोई भी खिलाड़ी अन्य खिलाड़ी को किसी तरह का कोई नुकसान न पहुंचा पाए। इस प्रकार की व्यवस्था के अन्तर्गत किसी हानिकारक उपकरण के प्रयोग में रोक लगाना, सभी खिलाड़ियों की पूर्ण रूप से जांच करना सम्मिलित होता है। कभी-कभी खिलाड़ी अपने वस्त्रों में छिपाकर कुछ ऐसे उपकरण मैदान में ले जाते हैं जिससे वह दूसरे खिलाड़ियों को क्षति पहुंचा देते हैं और इस प्रकार के उपकरणों को मैदान में ले जाने से रोकने के लिए खिलाड़ियों की भली प्रकार से जांच आवश्यक होती है। परन्तु इस बात का विशेष ध्यान रखना चाहिए कि महिला खिलाड़ियों की जांच के लिए किसी महिला का और पुरुष खिलाड़ियों की जांच के लिए किसी पुरुष अधिकारी का चयन किया जाना चाहिए अन्यथा खिलाड़ी इस प्रकार की जांच करवाने में हिचकिचाते हैं।

6. **कुशल अधिकारियों का चयन :** प्रतियोगिता कोई भी प्रशिक्षक या प्रशासक बिना दूसरे अधिकारियों की सहायता के आयोजित नहीं कर सकता। अधिकारियों का चयन करते समय प्रशासक को विशेष ध्यान रखना चाहिए। उसे केवल योग्य अधिकारियों को ही चुनना चाहिए। जिस स्तर की वह प्रतियोगिता का आयोजन कर रहा हो, उसे उसी के अनुसार कुशल तथा योग्य अधिकारियों का चयन करना चाहिए। यदि अयोग्य अधिकारियों या निर्णायकगणों को चुन लिया जाए तो सभी उनके निर्णयों पर शंका की दृष्टि से देखते हैं। यदि अच्छे निर्णायकों का चयन न किया जाए तो निर्णय से संबंधित एक समस्या सदैव बनी रहती है और आयोजन करने वाले विद्यालय की बदनामी हो जाती है। अन्तर विद्यालय प्रतियोगिता प्रायः एक उच्च स्तरीय प्रतियोगिता होती है और इसको सही ढंग या प्रकार से संपन्न करने के लिए शारीरिक शिक्षा के प्रशासक को योग्य एवं कुशल अधिकारियों का ही चयन करना चाहिए अन्यथा वह कभी भी प्रतियोगिता व कुशलता से संचालन नहीं कर पाएगा।

इस प्रकार हम देखते हैं कि अन्तर विद्यालय प्रतियोगिताओं के लिए कार्यक्रम को तैयार करते समय ऊपर वर्णित सभी सिद्धांतों का भली प्रकार से पालन करना आवश्यक होता है और इन सभी की पूर्ण जानकारी होने पर ही प्रशिक्षक इनका प्रयोग कर सकता है।

अन्तः विद्यालय खेल प्रतियोगिताएं

जो प्रतियोगिताएं विद्यालय परिसर के अन्दर आयोजित की जाती हैं, अन्तः विद्यालय प्रतियोगिताओं के नाम से जानी जाती हैं। इस प्रकार की प्रतियोगिताओं में विद्यालय के सभी कक्षाओं के छात्र भाग लेते हैं और किसी अन्य विद्यालय के छात्रों को इस प्रतियोगिता में भाग लेने के लिए आमंत्रित नहीं किया जाता। प्रायः सभी कक्षाओं के छात्र विभिन्न प्रकार के समूहों में वर्गीकृत किए जाते हैं और उसके उपरान्त वह एक-दूसरे के साथ भिड़ते हैं। इस प्रकार की खेल प्रतियोगिताओं का मुख्य उद्देश्य विद्यालय के छात्रों को अधिक से अधिक संख्या में खेलों के प्रति आकर्षित करना तथा उनकी खेलों के प्रति रुचि बढ़ाना होता है। विद्यालय में खेल वातावरण को निर्मित करना इस प्रकार की प्रतियोगिताओं का मुख्य उद्देश्य होता है। विद्यालय के छात्रों को अधिक से अधिक शारीरिक शिक्षा की क्रियाओं के प्रति आकर्षित करने के लिए शारीरिक शिक्षा के प्रशिक्षक को पूरे वर्ष इस प्रकार की प्रतियोगिताओं को विद्यालय में आयोजित करना चाहिए। केवल यही नहीं, जो खिलाड़ी विद्यालय के अन्दर आयोजित होने वाली प्रतियोगिताओं में अच्छा प्रदर्शन करते हैं, उन्हें बाहर भेजने वाली टीम में सम्मिलित किया जा सकता है। इस प्रकार की प्रतियोगिताओं के सही प्रकार के आयोजन के लिए कई प्रकार की व्यवस्थाएं तथा तैयारियां करना आवश्यक होता है जिसके बिना यह प्रतियोगिताएं अपने उद्देश्यों को प्राप्त नहीं कर सकतीं।

इस प्रकार हम यह देखते हैं कि जिन प्रतियोगिताओं में केवल विद्यालय के छात्र ही भाग लेते हैं, अन्तः विद्यालय खेल प्रतियोगिताओं के नाम से जानी जाती हैं। इस प्रकार की प्रतियोगिताओं में प्रतियोगिताओं का आयोजन करने वाला विद्यालय ही भाग लेता है और इस प्रकार केवल उसी विद्यालय के छात्र इन प्रतियोगिताओं में भाग लेने के लिए आमंत्रित किए जाते हैं। इस प्रकार की प्रतियोगिताओं का आयोजन विद्यालय की चार दिवारी के अन्तर्गत किया जाता है और किसी भी अन्य विद्यालय को इसमें हिस्सा लेने के लिए नहीं बुलाया जाता। इस प्रकार की प्रतियोगिताओं के कुछ खास उद्देश्य होते हैं जिनका विवरण इस प्रकार है-

अन्तः विद्यालय खेल प्रतियोगिताओं के उद्देश्य

आज के युग में लगभग सभी विद्यालयों के द्वारा इस प्रकार की प्रतियोगिताओं का आयोजन समय-समय पर किया जाता है और सभी विद्यालयों के इस प्रकार की प्रतियोगिता को आयोजित करने के लगभग एक से ही उद्देश्य होते हैं। इन उद्देश्यों को प्राप्त करने के लिए विद्यालय के प्रशिक्षक तथा प्रशासक द्वारा अन्तः विद्यालय प्रतियोगिताओं का आयोजन किया जाता है। प्रायः इस प्रकार की प्रतियोगिताओं को निम्न उद्देश्यों से आयोजित किया जाता है-

1. विद्यार्थियों को खेलने के समान अवसर प्रदान करना,
2. विद्यालय में खेल वातावरण को निर्मित करना,
3. छात्रों को नए खेलों को सीखने के अवसर प्रदान करना,
4. खेल के माध्यम से छात्रों में मित्रता बढ़ाने का, तथा
5. बाह्य प्रतियोगिताओं के लिए तैयारियां।

इन सभी उद्देश्यों की विस्तार में चर्चा करना आवश्यक है जो इस प्रकार है-

1. **विद्यार्थियों को खेलने के समान अवसर प्रदान करना:** जब कोई भी विद्यालय इस प्रकार की प्रतियोगिताओं का आयोजन करता है तो केवल उसी विद्यालय के छात्रों को प्रतियोगिताओं में हिस्सा लेने का अवसर प्रदान किया जाता है और इस प्रकार आयोजन करने वाले विद्यालय के सभी विद्यार्थियों को खेलों में हिस्सा लेने के बहुत से अवसर प्राप्त होते हैं। विद्यालय की सभी कक्षाओं के छात्र विभिन्न समूहों में विभक्त होने के पश्चात् प्रतियोगिताओं में हिस्सा लेते हैं और इस प्रकार से अधिक से अधिक छात्रों को खेलों के प्रति रुचि बढ़ने का अवसर प्राप्त होता है। इस प्रकार यदि अधिक संख्या में खिलाड़ी प्रतियोगिता में लाग लेते हैं तो अधिक टीमों के प्रतियोगिता में हिस्सा लेने की संभावनाएं होती हैं जिसके कारण प्रतियोगिता अधिक समय तक चलती रहती है। जब प्रतियोगिता अधिक दिनों तक चलती है और छात्रों की तरफ से प्रतियोगिता के प्रति इस प्रकार का उत्साह देखकर अधिक से अधिक अधिकारी तथा आयोजनकर्ता भी प्रतियोगिता में बढ़-चढ़ कर सहायता प्रदान करते हैं। विद्यालय में उपलब्ध खेल प्रतिभा का पता इस प्रकार की व्यवस्था की सहायता से आसानी से लगाया जा सकता है और उसके पश्चात् विद्यार्थियों को सही प्रकार से प्रशिक्षण प्रदान करने की व्यवस्था की जा सकती है। इस प्रकार हम देखते हैं कि अन्तः विद्यालय खेल प्रतियोगिताओं का सबसे बड़ा लाभ विद्यालय के विद्यार्थियों

को प्राप्त होता है क्योंकि इसी प्रकार की प्रतियोगिताओं से उन्हें खेलों में भाग लेने का अवसर प्राप्त होता है। प्राय: बाह्य प्रतियोगिताओं से इस प्रकार का कोई लाभ विद्यालय के विद्यार्थियों को प्राप्त नहीं होता क्योंकि उस स्थिति में उन्हें स्वयं को प्रतिस्पर्धा के लिए तैयार करना होता है।

2. **विद्यालय में खेल वातावरण को निर्मित करना :** विद्यालय में इस प्रकार की प्रतियोगिताओं को आयोजित करके खेल वातावरण का निर्माण किया जा सकता है। केवल यहीं नहीं, विद्यालय के विद्यार्थियों में खेल भावना को विकसित करने का यह एक बहुत ही अच्छा माध्यम होता है। सभी विद्यार्थियों को इस प्रकार की प्रतियोगिताओं में भाग लेने का अवसर प्रदान किया जाता है जिससे अधिक से अधिक छात्र इन प्रतियोगिताओं में भाग लेने के लिए उत्सुकता दिखाते हैं। प्राय: एक विद्यालय के छात्रों को खेलने के अवसर केवल शारीरिक शिक्षा की अवधि में ही प्राप्त होते हैं जिसमें वह अपने कौशलों को सही प्रकार से दिखा सकते हैं और इस प्रकार से विद्यार्थियों में खेल भावना को पैदा तथा कायम किया जा सकता है।
3. **नए खेलों को सीखने के अवसर प्रदान करना :** जैसा कि पहले भी कहा जा चुका है कि विद्यालय में विभिन्न प्रकार के विषयों का ज्ञान दिया जाता है और एक निश्चित अवधि में इन सभी विषयों को भली प्रकार से पढ़ाने के लिए पूर्ण समयावधि को विभिन्न समूहों में विभाजित कर दिया जाता है जिसके लिए समय-सारणी तैयार की जाती है। इस प्रकार से शारीरिक शिक्षा के लिए बहुत ही कम समय प्राप्त होता है और इतने कम समय में एक शारीरिक शिक्षा के प्रशिक्षक के लिए विभिन्न प्रकार के कौशलों को सभी छात्रों को सीखना मुश्किल हो जाता है परन्तु जब कोई छात्र अन्त: खेल प्रतियोगिताओं में हिस्सा लेता है तो उसे प्रशिक्षक के साथ अधिक समय बिताने का अवसर प्राप्त होता है और इस प्रकार उसे नए कौशलों को सीखने के भी अवसर प्राप्त होते हैं। इतना ही नहीं, इस प्रकार की प्रतियोगिताओं का एक मुख्य उद्देश्य छात्रों को दिए हुए ज्ञान को विस्तृत करना भी होता है जिससे छात्र अपनी क्षमताओं को बेहतर ढंग से प्रयोग कर सकें।
4. **खेलों के माध्यम से छात्रों में मित्रता बढ़ाना :** प्राय: एक विद्यालय में कई कक्षाएं होती हैं और अधिक संख्या में विद्यार्थी एक साथ ही विद्यालय में शिक्षा प्राप्त करते हैं परन्तु समय की कमी के कारण वह कभी भी एक-दूसरे से मिल नहीं पाते और इस प्रकार से एक-दूसरे को जान नहीं पाते। परन्तु जब वह सभी विद्यार्थी अन्त: खेल प्रतियोगिताओं में भाग लेते हैं तो वह एक साथ खेलों में भाग लेते हैं जिस कारण से उन्हें एक-दूसरे के पास आने का अवसर प्राप्त होता है और उन्हें एक-दूसरे को समझने का अवसर प्राप्त होता है। इस प्रकार से वह एक-दूसरे के संपर्क में आते हैं और उन्हें आपस में मित्रता बनाने के अवसर पाप्त होते हैं। जब विद्यालय के सभी छात्र एक-साथ किसी कार्य को करते हैं तो उनमें मित्रता की भावना जागृत होती है। यदि विद्यालय के अन्दर इस प्रकार की प्रतियोगिताओं का आयोजन न किया जाए तो विद्यालय में शारीरिक शिक्षा तथा विभिन्न खेलों के कार्यक्रम महत्त्वहीन हो जाएंगे। इस प्रकार विद्यालय के सभी छात्रों में एक-दूसरे के प्रति मित्रता की भावना को जागृत करने के अन्त: खेल प्रतियोगिताएं महत्त्वपूर्ण माध्यम हैं।
5. **बाह्य प्रतियोगिताओं के लिए तैयारियां :** जब कोई भी विद्यालय अन्त: विद्यालय प्रतियोगिताओं का आयोजन करता है तो उसे विभिन्न प्रकार की तैयारियां करनी पड़ती हैं जो अन्तर प्रतियोगिताओं के लिए आवश्यक होती हैं। इस प्रकार जब अन्त: विद्यालय प्रतियोगिताओं का आयोजन एक विद्यालय द्वारा किया जाता है तो उसे बाह्य प्रतियोगिताओं के लिए आवश्यक सुविधाओं की व्यवस्था करने का अनुभव प्राप्त हो जाता है। केवल यही नहीं, अन्त: विद्यालय प्रतियोगिताओं में जो नए खिलाड़ी अच्छा प्रदर्शन करते हैं, उन्हें अन्तर विद्यालय प्रतियोगिताओं के लिए टीम में शामिल किया जा सकता है। केवल यहीं नहीं, अन्त: विद्यालय प्रतियोगिता के आधार पर ही शारीरिक शिक्षा का प्रशिक्षक अपने विद्यालय के संपूर्ण खिलाड़ियों के प्रदर्शन को भली प्रकार से जान पाता है और उनके बारे में वास्तविक जानकारी प्राप्त कर पाता है। इसी के माध्यम से उसे इस बात का ज्ञान होता है कि किस खिलाड़ी में किस चीज की कमी है और वह विशेष प्रशिक्षण की सहायता से उसमें से उस कमी को पूरा करने का प्रयत्न करता है। आज जब भी कोई विद्यालय छात्रों में रुचि बढ़ाने तथा उन्हें खेलों के प्रति आकर्षित करने की योजना बनाता है तो उसमें अन्त: विद्यालय प्रतियोगिताओं के लिए विशेष स्थान प्रदान करता है। इस प्रकार यह कहा जा सकता है कि अन्त: विद्यालय प्रतियोगिताएं अन्तर प्रतियोगिताओं के लिए एक आधार का कार्य करती है और विभिन्न प्रकार

से अन्तर प्रतियोगिताओं के लिए आवश्यक सुविधाओं तथा टीम को तैयार करने में सहायता प्रदान करती है।

अन्तः विद्यालय खेल प्रतियोगिताओं का आयोजन करना इतना सरल नहीं होता परन्तु यदि इसका आयोजन आधारभूत सिद्धांतों के अनुसार किया जाए तो यह जटिल कार्य सरलता से किया जा सकता है, जिसके लिए अन्तः विद्यालय प्रतियोगिताओं के सिद्धांतों को भली प्रकार से जानकारी होना आवश्यक होता है जो इस प्रकार हैं-

अन्तः विद्यालय खेल प्रतियोगिताओं के आधारभूत सिद्धांत

शारीरिक शिक्षा के प्रशिक्षक द्वारा जब अन्तः विद्यालय प्रतियोगिता को आयोजित किया जाता है तो विभिन्न प्रकार की योजनाओं का गठन करने के लिए उसे कुछ सिद्धांतों का ध्यान रखना चाहिए। यदि इन सिद्धांतों का भली प्रकार से ध्यान रखकर योजनाओं या कार्यक्रम का गठन न किया जाए तो संपूर्ण प्रतियोगिताओं के असफल होने की संभावानएं होती हैं। केवल यहीं नहीं, प्रतियोगिता की संपूर्ण क्रियाओं पर इस बात का प्रभाव पड़ता है। वास्तव में जब हम अन्तः विद्यालय खेलों के सिद्धांतों की चर्चा करते हैं तो वह कुछ आवश्यक बातें होती हैं जिनका पूरा-पूरा ध्यान एक प्रशिक्षक को इस प्रकार की प्रतियोगिताओं के कार्यक्रम की रूपरेखा बनाते समय रखना चाहिए। ये आवश्यक बातें इस प्रकार हैं-

क. **पर्याप्त समय :** पर्याप्त समय से यहां अभिप्राय विद्यालय में शारीरिक शिक्षा की विभिन्न क्रियाओं को प्रदान किया गया समय होता है। प्रायः अन्तः प्रतियोगिताओं के आयोजन के लिए अधिक समय की आवश्यकता होती है परन्तु इन प्रतियोगिताओं को आयोजित करने से पूर्व एक प्रशिक्षक को विद्यालय की समय-सारणी का भली प्रकार से अवलोकन करके यह अवश्य पता लगा लेना चाहिए कि उसके पास विद्यालय के संपूर्ण समय का कितना हिस्सा उपलब्ध है और उस उपलब्ध समय में प्रतियोगिताओं का आयोजन किया भी जा सकता है या नहीं। एक प्रशिक्षक को इस बात का पूर्ण ज्ञान होना चाहिए कि उसे इस प्रकार की प्रतियोगिताओं को आयोजित करने के लिए कितने समय की आवश्यकता है क्योंकि यदि समय की कमी हो तो प्रतियोगिताओं को आयोजित करने से प्रभावशाली परिणामों को प्राप्त नहीं किया जा सकता।

ख. **पर्याप्त धन :** जब भी कोई विद्यालय अन्तः विद्यालय प्रतियोगिताओं का आयोजन करता है तो उसे विभिन्न प्रकार की सुविधाओं की आवश्यकता होती है जिसके लिए धन की आवश्यकता होती है। इस प्रकार की प्रतियोगिताओं को आयोजित करने से पूर्व एक प्रशासक या प्रशिक्षक को यह अवश्य देख लेना चाहिए कि विद्यालय के पास धन उपयुक्त मात्रा में उपलब्ध है या नहीं। प्रशासक को यह अवश्य देख लेना चाहिए कि कितना धन विद्यालय के शारीरिक शिक्षा विभाग के पास उपलब्ध है और यदि आवश्यकता पड़े तो क्या अधिक धन की व्यवस्था की जा सकती है या नहीं। इस कार्य को करने के लिए प्रशासक तथा प्रशिक्षक को यह प्रतियोगिता के आयोजन से पहले ही भली प्रकार से अनुमान लगा लेना चाहिए कि कितने धन की आवश्यकता प्रतियोगिता के लिए पड़ेगी। यदि विद्यालय के पास पर्याप्त मात्रा में धन उपलब्ध हो, केवल उसी स्थिति में प्रशिक्षक को इस प्रकार की प्रतियोगिता को विद्यालय में आयोजित करने का निर्णय लेना चाहिए, क्योंकि यदि धन अपर्याप्त मात्रा में उपलब्ध होगा तो प्रतियोगिता के लिए आवश्यक सुविधाओं की व्यवस्था करना कठिन हो जाएगा और जिसके कारण प्रतियोगिता को भली प्रकार से संपन्न नहीं किया जा सकता।

ग. **सहयोग की भावना :** किसी भी प्रकार की प्रतियोगिताओं का आयोजन किसी एक व्यक्ति द्वारा नहीं किया जा सकता और प्रतियोगिता के सही आयोजन के लिए उसे अन्य कर्मचारियों तथा अधिकारियों की सहायता लेनी पड़ती है। इस प्रकार यदि विद्यालय के सभी प्रशिक्षकों तथा अधिकारियों में सहयोग की भावना होगी, तो प्रतियोगिता को आयोजित करना सरल तथा आसान हो जाता है। शारीरिक शिक्षक को यह सदैव ध्यान रखना चाहिए कि वह अकेला कभी भी अन्तः विद्यालय प्रतियोगिताओं का आयोजन नहीं कर सकता क्योंकि इसमें अन्तर विद्यालय प्रतियोगिताओं की भांति कई तैयारियां करनी पड़ती हैं जो यह अकेला नहीं कर सकता और इसके लिए विद्यालय के सभी अधिकारियों में सहयोग की भावना का होना अति आवश्यक होता है।

घ. **आवश्यक सुविधाएं :** अन्तः विद्यालय प्रतियोगिताओं के लिए विभिन्न प्रकार की सुविधाओं की व्यवस्था करनी पड़ती है और इसलिए प्रतियोगिता को आंरभ करने से पूर्व यह एक प्रशासक का कर्तव्य होता है कि वह शारीरिक शिक्षा के शिक्षक से संपर्क करके इस बात पर भली प्रकार से विचार करें कि विद्यालय में वह सभी सुविधाएं उपलब्ध हैं या नहीं। यहां यह स्पष्ट कर देना अति आवश्यक है कि

किन-किन सुविधाओं की आवश्यकता प्रतियोगिताओं को सम्पन्न कराने में पड़ती है। खेलों के लिए मैदान, विभिन्न प्रकार के उपकरण, अन्य सुविधाएं इस श्रेणी में मुख्य रूप से सम्मिलित किए जाते हैं। यदि इस प्रकार की सभी आवश्यक सुविधाएं विद्यालय में उपलब्ध हों, तभी प्रशासक को इस प्रकार की प्रतियोगिताओं को आयोजित करने का निर्णय लेना चाहिए। प्रशासक का कार्य केवल यहीं सुनिश्चित कराना नहीं होता कि विद्यालय में आवश्यक सुविधाएं किस स्थिति में है और उन्हें प्रयोग किया भी जा सकता है या नहीं। यदि बेकार उपकरणों का प्रयोग प्रतियोगिता में किया जाए तो न ही खिलाड़ियों का प्रदर्शन अच्छा हो सकता है और न हीं अधिकारीगणों को संतुष्टि प्राप्त होगी।

ङ. **क्रियाओं के प्रति रुचि :** इसका अभिप्राय यह है कि अन्तः विद्यालय प्रतियोगिताओं के लिए कार्यक्रम को निर्मित करते समय शारीरिक शिक्षण के प्रशिक्षक को केवल उन्हीं क्रियाओं को सम्मिलित करना चाहिए जिसके प्रति सभी छात्र रुचि रखते हों। प्रायः इस बात का निर्णय विद्यालय के प्रशासक द्वारा लिया जाता है परन्तु उसे इस निर्णय को लेते समय शारीरिक शिक्षक से भली प्रकार से विचार-विमर्श कर लेना चाहिए। यदि प्रतियोगिता में उन खेलों को सम्मिलित किया जाए जो विद्यार्थियों के लिए बिल्कुल नई है या जिनके प्रति विद्यार्थियों को बिल्कुल रुचि नहीं हैं, तो कोई भी विद्यार्थी प्रतियोगिता में भाग लेने के लिए आगे नहीं आएगा, जिस कारण विद्यालय में खेलों के लिए आवश्यक वातावरण बनाने के उद्देश्य को कभी प्राप्त नहीं किया जा सकता। प्रशासक को हमेशा इस बात का ध्यान रखना चाहिए कि यह प्रतियोगिताएं छात्रों के लिए आयोजित की जा रही हैं न कि उनके लिए इसलिए केवल उन्हीं क्रियाओं का समावेश कार्यक्रम में किया जाना चाहिए जिसमें छात्रों की रुचि हो। उसे अपनी रुचि के अनुसार कार्यक्रम तैयार करना चाहिए बल्कि छात्रों की रुचि को प्राथमिकता देनी चाहिए।

उपरोक्त वर्णित सभी सिद्धांत अन्तः विद्यालय खेल प्रतियोगिताओं के आधारभूत सिद्धांत समझे जाते हैं और सभी का भली प्रकार से ध्यान रखकर ही एक प्रशासक को इस प्रकार की प्रतियोगिताओं के कार्यक्रम की रूपरेखा तैयार करना चाहिए। यदि कार्यक्रम को इन सिद्धांतों के अनुसार निर्मित न किया जाए तो विभिन्न उद्देश्यों को प्राप्त करना कठिन हो जाता है और प्रतियोगिता के सफल होने की आशंका बनी रहती है। इन सभी सिद्धांतों का विद्यालय के प्रशासक को पूरा-पूरा ज्ञान होना चाहिए अन्यथा वह कभी भी अन्तः विद्यालय प्रतियोगिताओं के लिए प्रभावशाली कार्यक्रम तैयार नहीं कर पाएगा।

इस प्रकार हम देखते हैं कि दोनों ही प्रकार की प्रतियोगिताओं को कुछ खास उद्देश्यों की प्राप्ति के लिए आयोजित किया जाता है और दोनों ही प्रकार की प्रतियोगिताओं को आयोजित करने से पहले एक प्रशिक्षक को कई बातों का विशेष ध्यान देना पड़ता है। यही विशेष बातें इन दोनों प्रकार की प्रतियोगिताओं के सिद्धांत समझे जाते हैं जिन्हें प्रयोग किए बिना सफलतापूर्वक प्रतियोगिता का आयोजन करना संभव नहीं होता।

विद्यालय में आयोजित किए जाने वाली प्रतियोगिताओं के बारे में चर्चा करने के पश्चात् हमारी चर्चा का विषय है प्रतियोगिता में दिए जाने वाले पुरस्कारों का महत्त्व तथा वह कितने सही है और कितने गलत अर्थात् क्या विद्यालयों में विजेता टीम को किसी प्रकार के पुरस्कार दिए जाने चाहिए या नहीं।

प्रोत्साहन एवं पुरस्कार-एक परिचय

किसी भी क्षेत्र में सभी कार्यों को करने के लिए प्रोत्साहन की आवश्यकता पड़ती है और कभी भी आप किसी को कोई कार्य करने के लिए बिना प्रोत्साहित किए तैयार नहीं कर सकते। केवल यही नहीं, यदि वह व्यक्ति कार्य सही प्रकार से करे तो उसे अधिक बेहतर प्रदर्शन करने के लिए पुरस्कृत किया जाना चाहिए। इसी पद्धति का प्रयोग शारीरिक शिक्षा के क्षेत्र में भी किया जाना चाहिए। प्रायः यह पाया जाता है कि कई लोग विभिन्न खेलों में केवल मनोरंजन तथा शारीरिक रूप से स्वस्थ रहने के लिए भाग लेते हैं परन्तु जब हम विभिन्न प्रकार की खेल प्रतियोगिताओं के बारे में बात कर रहे हैं तो यह बताने की आवश्यकता नहीं है कि इस प्रकार की प्रतियोगिताओं का आयोजन केवल मनोरंजन के लिए नहीं किया जाता बल्कि छात्रों में खेलों के प्रति जागरुकता तथा रुचि पैदा करने के लिए किया जाता है। आज खेलों को केवल मनोरंजन के रूप में ही प्रयोग नहीं किया जाता, बल्कि इसको अधिकतर प्रतियोगिता के रूप में प्रयोग किया जाता है। इस प्रकार की प्रतियोगिताओं में खिलाड़ियों को अंच्छे प्रदर्शन के लिए समय-समय पर प्रोत्साहित किया जाना चाहिए और खिलाड़ियों को प्रोत्साहित करने का सबसे अच्छा तरीका या माध्यम होता है उन्हें पुरस्कार प्रदान करना। यह पुरस्कार प्रायः उस खिलाड़ी को दिया जाता है जिसका प्रदर्शन अन्य खिलाड़ियों से बेहतर तथा उम्दा होता है।

प्रतियोगिताओं में पुरस्कार प्रदान करना आवश्यक तो नहीं होता परन्तु इस प्रकार से खिलाड़ियों को अच्छे प्रदर्शन के लिए प्रोत्साहित किया जा सकता है। पुरस्कारों को देते समय एक प्रशिक्षक को कई बातों का ध्यान रखना चाहिए। पुरस्कार अधिक कीमती नहीं होना चाहिए क्योंकि प्रतियोगिता को आयोजित करने में वैसे ही बहुत सी धन राशि की आवश्यकता पड़ती है और यदि कीमती पुरस्कारों को बांटने का निर्णय लिया जाए तो विद्यालय के अधिकारियों को कई प्रकार की आर्थिक समस्याओं का सामना करना पड़ सकता है। एक प्रशासक को इस बात का ध्यान रखना चाहिए कि खिलाड़ियों को अच्छे प्रदर्शन के लिए या क्रमिक विकास के लिए प्रोत्साहित करना अति आवश्यक है और इस प्रकार का प्रोत्साहन उन्हें पुरस्कारों से प्राप्त होता है परन्तु पुरस्कारों की कीमत का खिलाड़ी के मनोबल पर कोई प्रभाव नहीं पड़ता। एक सस्ता सा पुरस्कार भी खिलाड़ी को उतना ही उत्साहित कर सकता है जितना कि एक महंगा पुरस्कार। इस प्रकार से जब खिलाड़ियों को यह पता होगा कि उनके प्रदर्शन के आधार पर उन्हें पुरस्कार प्राप्त होंगे तो वह अच्छे से अच्छा प्रदर्शन करने का प्रयत्न करते हैं और इस प्रकार उनके प्रदर्शन स्तर में भी बेहतरी आती है। प्रतियोगिताओं में पुरस्कार प्रदान करने से विभिन्न प्रकार के लाभ प्राप्त होते हैं जो इस प्रकार हैं–

पुरस्कार प्रदान करने से होने वाले लाभ

विभिन्न प्रकार के लाभ प्रतियोगिताओं में पुरस्कारों को वितरित करने से प्राप्त होते हैं जिनमें से मुख्य निम्नलिखित हैं–

क. **मन से कार्य करने की इच्छा :** जब सभी खिलाड़ियों को यह पता होता है कि वह अपने अच्छे प्रदर्शन की सहायता से पुरस्कार प्राप्त कर सकते हैं तो वह जी तोड़ मेहनत करते हैं कि वह सबसे अच्छा प्रदर्शन कर पाएं। इस प्रकार सभी खिलाड़ियों की रुचि खेलों में बढ़ती है और सभी ध्यानपूर्वक खेलते हैं। इस प्रकार जब सभी खिलाड़ी अच्छे से अच्छा करने का प्रयत्न करते हैं तो टीम का सामूहिक रूप से स्तर बढ़ जाता है और टीम का प्रदर्शन बेहतर हो जाता है।

ख. **सम्मान की प्राप्ति :** आज विभिन्न प्रकार के खेलों में भाग लेने वाले खिलाड़ी केवल शारीरिक स्वस्थता के लिए इन खेलों में हिस्सा नहीं लेते, बल्कि धन की प्राप्ति तथा समाज में प्रतिष्ठा के लिए लेते हैं। जब कोई खिलाड़ी अच्छा प्रदर्शन करता है तो उसे विभिन्न प्रकार के पुरस्कार प्रदान किए जाते हैं और उसकी समाज में एक अन्य खिलाड़ियों से अलग ही छवि बनती है। इस प्रकार यदि किसी खिलाड़ी का प्रदर्शन अच्छा होता है तो उसे पदक देकर सम्मानित किया जाता है और सभी खिलाड़ियों में इस प्रकार के सम्मान की बहुत बड़ी लालसा होती है और इस लालसा को पूरा करने के लिए सभी के सभी खिलाड़ी बहुत मेहनत करते हैं और इस प्रकार अच्छा प्रदर्शन करते हैं।

ग. **श्रेष्ठ प्रदर्शन के लिए प्रयत्न :** यदि प्रतियोगिता के अन्तर्गत किसी विशेष पुरस्कार की व्यवस्था की गई हो तो सभी के सभी खिलाड़ी उस पुरस्कार की प्राप्ति के लिए अच्छे से अच्छा प्रदर्शन करने का प्रयास करते हैं। इस प्रकार उनके खेलने के स्तर में तो बेहतरी होती ही है, बल्कि दर्शकों का भी अच्छा मनोरंजन हो जाता है। यदि खिलाड़ी अच्छा प्रदर्शन न कर पाए तो खेल या तो एक-तरफा हो जाता है या अपना महत्व खो डालता है। इस प्रकार जब सभी के सभी खिलाड़ी अच्छा प्रदर्शन करने की लालसा से खेलते हैं तो दोनों टीमों का प्रदर्शन अच्छा हो जाता है और खेल रोमांचक हो जाता है जिससे दर्शकों को अपने पूरे पैसे वसूल से प्रतीत होते हैं। यदि कोई खिलाड़ी अच्छे प्रदर्शन के बावजूद पुरस्कार प्राप्त करने से चूक जाता है तो वह अगली प्रतियोगिता में अपने पूर्व प्रदर्शन को बेहतर करने का प्रयास करता है और उन भूलों को ठीक करने का प्रयास करता है जिनके कारण वह पहले पुरस्कार प्राप्त करने से वंचित रह गया था।

घ. **प्रगति का आभास :** आज कोई भी ऐसा विद्यालय नहीं होता जहां पर शारीरिक शिक्षा से संबंधित शिक्षा नहीं दी जाती और समय-समय पर विभिन्न प्रकार की प्रतियोगिताओं का आयोजन भी सभी विद्यालयों द्वारा किया जाता है। इस प्रकार की प्रतियोगिताओं में जब एक खिलाड़ी का बेहतर प्रदर्शन उसे पुरस्कार प्राप्त करवा सकता है तो सभी के सभी खिलाड़ी अपना कुशल प्रदर्शन प्रदान करने का प्रयत्न करते हैं।

इस प्रकार कुशल प्रदर्शन से प्रशिक्षक को खिलाड़ियों के स्तर का पता चल जाता है। केवल यही नहीं, अपने प्रदर्शन से खिलाड़ियों को स्वयं अपने स्तर का पूरी तरह से पता चल जाता है और वह अपने प्रदर्शन को और भी बेहतर करने का प्रयास करता है।

इस प्रकार हम देखते हैं कि विभिन्न खिलाड़ियों को अच्छे प्रदर्शन हेतु प्रोत्साहित करने के लिए पुरस्कार विशेष भूमिका अदा करते हैं और पुरस्कारों का मुख्य उद्देश्य ही खिलाड़ियों को बेहतर प्रदर्शन करने के लिए प्रोत्साहित करना होता है। इन सभी लाभों को देखने के पश्चात यह कहा जा सकता है कि विद्यालय को सभी प्रतियोगिताओं में पुरस्कारों की पूर्ण व्यवस्था करनी चाहिए परन्तु इन लाभों के पश्चात भी सभी विद्यालय या विशेषज्ञ प्रतियोगिताओं में पुरस्कारों को देने की प्रणाली के बिल्कुल खिलाफ हैं क्योंकि पुरस्कारों से कई प्रकार की हानियां भी होती हैं जिनका वर्णन करना अति आवश्यक है-

पुरस्कार प्रदान करने से होने वाली हानियां

उपरोक्त वर्णित लाभों के अलावा पुरस्कार प्रदान करने से विभिन्न प्रकार की हानियां भी विद्यालय तथा खिलाड़ियों को सहन करनी पड़ती हैं जिनमें से कुछ इस प्रकार हैं-

इन सभी हानियों को संक्षेप में वर्णित करने के पश्चात ही यह निर्णय लिया जा सकता है कि प्रतियोगिताओं में पुरस्कारों की व्यवस्था की जानी चाहिए या नहीं।

क. गलत साधनों का प्रयोग : जैसा कि पहले भी कहा जा चुका है कि आज पुरस्कार प्राप्त करना सम्मान की एक बात समझा जाता है और सभी खिलाड़ी इस सम्मान को प्राप्त करने के लिए उत्सुक होते हैं और भरसक प्रयत्न करते हैं। परन्तु इस प्रकार के प्रयत्नों में कभी-कभी कुछ खिलाड़ी गलत तरीकों का प्रयोग भी कर लेते हैं। इस प्रकार सभी खिलाड़ियों में अच्छा प्रदर्शन करने की एक होड़ सी लग गई है जिसने उन्हें विभिन्न प्रकार के गलत तरीकों को अपनाना भी सिखा दिया है। उदाहरण के लिए आज कई प्रतियोगिताओं से पहले होने वाले मेडिकल जांच में कई खिलाड़ियों को प्रतियोगिता में भाग लेने के लिए अयोग्य समझा जाता है क्योंकि उन्होंने कुछ इस प्रकार की दवाईयों का सेवन कर रखा होता है जिससे उनकी शारीरिक क्षमता में वृद्धि हो जाती है। इस प्रकार पुरस्कार की लालसा के कारण खेलों से वफादारी तथा उचित तरीके विलुप्त होते जा रहे हैं।

ख. कम खिलाड़ियों को लाभ : प्रायः प्रतियोगिताओं में विभिन्न टीमें भाग लेती हैं और एक टीम में एक से अधिक खिलाड़ी होते हैं परन्तु पुरस्कार केवल एक ही खिलाड़ी को प्राप्त होता है और अन्यों को केवल जीतने का श्रेय ही प्राप्त होता है। इस प्रकार यह कहा जा सकता है कि पुरस्कार से प्राप्त होने वाले लाभों का क्षेत्र बहुत सीमित होता है जो केवल एक ही खिलाड़ी तक फैला होता है। इस प्रकार की परिस्थिति में सभी खिलाड़ी पूर्ण रूप से अच्छे प्रदर्शन के लिए प्रोत्साहित नहीं हो पाते बल्कि पुरस्कार न मिलने के कारण हतोत्साहित ही हो जाते हैं। इसी कारण से पुरस्कार इस प्रकार से वितरित किए जाने चाहिए कि जीतने वाली टीम के सभी खिलाड़ियों के लिए कुछ न कुछ पुरस्कार के रूप में देना चाहिए और सबसे अच्छा प्रदर्शन करने वाले खिलाड़ी को उन सबसे कुछ अलग पुरस्कार देना चाहिए। परन्तु इस प्रकार की विधि का प्रयोग करते समय विद्यालय की आर्थिक स्थिति का पूरा ध्यान रखना चाहिए। यदि विद्यालय के शारीरिक शिक्षा विभाग के पास इतना धन उपलब्ध नहीं है कि वह सभी खिलाड़ियों को अलग-अलग पुरस्कार प्रदान करें, तो उसे केवल अच्छे प्रदर्शन करने वाले खिलाड़ी को ही पुरस्कार दे देना चाहिए।

ग. ईर्ष्या एवं द्वेष की भावना : सभी खिलाड़ी आज अच्छा प्रदर्शन करने की भावना से खेलते हैं ताकि उन्हें पुरस्कार की प्राप्ति हो सके। इस प्रकार जब सभी खिलाड़ी एक ही उद्देश्य के लिए खेल में भाग ले रहे हों तो उनमें ईर्ष्या तथा द्वेष की भावना का जागरुक होना स्वाभाविक ही है। जो खिलाड़ी पुरस्कार प्राप्त करने में सफल होता है उसके प्रति दूसरे खिलाड़ियों का रवैया बदल सा जाता है। सभी उसे अपना प्रतिद्वंद्वी समझने लगते हैं और सभी उससे एक प्रकार की प्रतियोगिता में लग जाते हैं जहां सबका उद्देश्य अच्छा प्रदर्शन करना नहीं बल्कि उस खिलाड़ी के प्रदर्शन को खराब करना या उससे बेहतर प्रदर्शन करना हो जाता है। इस प्रकार से यदि एक टीम के खिलाड़ी ही एक-दूसरे को प्रतिद्वंद्वी की नजर से देखेंगे तो वह मिलकर विरोधी टीम का सामना किस प्रकार से कर पाएंगे और टीम में पाई जाने वाली एक-जुटता की कमी का पूरा-पूरा लाभ विरोधी टीम द्वारा उठाया जाएगा और टीम का प्रदर्शन सामूहिक रूप में बेकार तथा खराब होगा। इस प्रकार पुरस्कार एक ही टीम के खिलाड़ियों के बीच मन-मुटाव का कारण भी बन सकता है।

घ. व्यवसायिक प्रवृत्ति का उजागर : आज विभिन्न प्रकार की प्रतियोगिताओं में कई प्रकार के पुरस्कार प्रदान करने की प्रणाली अपनाई जाती है। इस प्रकार के पुरस्कारों को प्राप्त करना ही सभी खिलाड़ियों का मुख्य उद्देश्य बन

जाता है। जब सभी इस दौड़ में शामिल हो जाते हैं तो वह खेल को खेल भावना से नहीं खेलते बल्कि वह खेल के मैदान को एक जंग का मैदान समझने लगते हैं और खेल को एक व्यवसाय, जहां से उनका मुख्य उद्देश्य केवल पुरस्कारों को प्राप्त करना है। इस प्रकार खिलाड़ियों का पूरा का पूरा दृष्टिकोण खेलों के प्रति पुरस्कारों के कारण परिवर्तित हो जाता है।

इस प्रकार हम देखते हैं कि पुरस्कार वितरण प्रणाली से विभिन्न प्रकार की हानियां भी हैं जिसका पूर्ण ज्ञान एक प्रशासक को होना चाहिए। पुरस्कार से होने वाले लाभ तथा हानियों, दोनों को ध्यानपूर्वक अध्ययन करने के पश्चात ही आयोजन करने वाले अधिकारी को इस बात का निर्णय लेना चाहिए कि उन्हें प्रतियोगिताओं में पुरस्कारों का समोवश करना है या नहीं।

इस बात का निर्णय केवल अकेले प्रशासक को ही नहीं करना चाहिए बल्कि विभिन्न प्रशिक्षकों के साथ उसे इस बात पर विचार-विमर्श करना चाहिए और उसके पश्चात ही इस निर्णय को लेना चाहिए।

यदि पुरस्कार देने से विभिन्न प्रकार की हानियां हो सकती हैं तो उनको न देने से भी कई प्रकार की हानियां हो सकती हैं। इस बात का फैसला विभिन्न तथ्यों को ध्यान में रखकर किया जाना चाहिए जिनमें से सबसे मुख्य तथ्य होता है विद्यालय की आर्थिक स्थिति।

प्रतियोगिताओं के आयोजन के लिए वैसे ही बहुत सी धन राशि की आवश्यकता होती है और यदि पुरस्कार वितरण प्रणाली अपनाई जाएं तो आवश्यक धन की राशि में वृद्धि हो जाती है इसलिए विद्यालय को अपने पास उपलब्ध धन राशि को ध्यानपूर्वक देख लेना चाहिए और उसके पश्चात ही इस बात का निर्णय करना चाहिए कि उन्हें पुरस्कारों को वितरित करना भी है या नहीं।

यदि पुरस्कार वितरण करने का निर्णय लिया जाए तो यही कोशिश की जानी चाहिए कि जीतने वाली टीम के सभी खिलाड़ियों को कुछ न कुछ पुरस्कार के रूप में अवश्य प्राप्त हो।

खेल-क्रीड़ा के नियम एवं व्याख्या

प्रकृति में खेल सार्वभौम है, सभी बालक खेलते हैं तथा विलक्षणता से उनके खेलने में समानता होती है। उनका खेलना जाति, रंग, नस्ल तथा राष्ट्रीयता आदि के घेरे से परे होता है प्रत्येक बालक अपनी शिशु अवस्था के दौरान वृद्धि एवं विकास की विभिन्न अवस्थाओं में खेलता है। खेलना बालक का स्वाभाविक गुण है, खेल गतिविधियां बालक के विकास तथा वृद्धि में सीधे ही प्रभाव डालती है। इसमें कल्पना शक्ति का बहुत अधिक समावेश होता है। हम बालक की इस कल्पना शक्ति का उसके द्वारा खिलौने से खेलते हुए उसको तोड़ कर पुनः अपनी कल्पना से जोड़े जाने की क्रिया करते हुए अवलोकन कर सकते हैं।

यदि कोई बालक अपने विकास की प्रारंभिक अवस्था में इस प्रकार खेलता नहीं है तो इसका मतलब यह होगा कि उसके साथ कोई समस्या है और उसका ऐसा व्यवहार एक असामान्य बालक के समान उसकी सामान्य वृद्धि तथा विकास की गति की शैली से परे हटाता है। उसका यह व्यवहार आगे चलकर उसके व्यक्तित्व के विकास, सामान्य व्यवहार तथा समाज में घुलने मिलने में अनगिनत समस्याएं पैदा करता है।

खेलने की विलक्षणता केवल मानव मात्र की ही आदत नहीं है बल्कि इसकी परिधि जीवों की अन्य नस्लों तक भी फैली हुई है। यद्यपि जन्तु खेलते समय अपने व्यवहार में अन्तर नहीं दर्शाते परन्तु उनके हाव-भाव दर्शाते हैं कि खेलते हुए खुश हो रहे हैं और मनोरंजन कर रहे हैं। खेल गतिविधियां जन्तुओं के साथ-साथ इंसानों में भी उन्मुक्त स्वतंत्रता तथा अन्दर से हो रही प्रसन्नता को परिलक्षित करती है।

खेल के उद्‌गम तथा कार्यक्रम में आने के संबंध में विवरण आज भी अज्ञात है।

एक समय था जब बुद्धिजीवियों द्वारा खेल को मात्र समय तथा ऊर्जा की बर्बादी समझा जाता था, परन्तु अब खेलों को शालाओं में शिक्षण तथा व्यक्तित्व विकास के एक सशक्त माध्यम के रूप में अपनाया जाता है।

खेल की परिभाषाएं

विभिन्न क्षेत्रों (जीवविज्ञान, मनोविज्ञान, सामाजिक विज्ञान, दर्शनशास्त्र) में कार्यरत विद्वानों ने खेल के अर्थ, कार्यरूप की व्याख्या करने के सर्वोत्तम प्रयास किए हैं।

कुछ प्रतिष्ठित विद्वानों के द्वारा व्यक्त किए गए विचार इस प्रकार हैं :

"खेल-कूद शिशु के विकास की प्रारंभिक पत्तों को प्राकृतिक रूप से खोलता है।"

–फ्रोबेल

"खेल मस्तिष्क तथा शरीर के लिए एक ऐसा श्रम है जो कि हमें प्रसन्नता के उस मुकाम तक पहुंचाता है जिसका कोई अन्त नहीं है"

–पुस्किन

"खेल एक प्रसन्नतादायक, स्वप्रेरक, क्रियाशील गतिविधि है जिसमें व्यक्ति विशेष को अभिव्यक्ति का पूर्ण अवसर प्राप्त होता है।" *—रोज*

खेल के बृहत् गुणों को दृष्टिगत रखते हुए और उसके बालकों के महत्व पर ध्यान देते समय हम मानव जीवन में इसकी उपयोगिता की विश्वसनीयता पर बाध्य होते हैं। पालकगण या अध्यापक जीवन के इस छोटे-से उल्लेखनीय और महत्वपूर्ण भाग से संबंधित होते हैं।

खेलने वाला बालक बहुत सी स्फूर्तिवान, उच्च साहसी तथा स्वस्थ दिखाई देता है जब वह खेल-कूद की गतिविधियों में गहन रूप से सम्मिलित होता है। वास्तव में हमारे देश में बालकों एवं अध्यापकों में खेल सही दिशा में परिलक्षित ही कभी नहीं हुआ। इनका ध्यान हमेशा अभ्यास विद्यालय में अध्ययन तथा गृह अध्ययन कार्य में ही ज्यादा महत्व देना रहा। इस तरह की कार्यवाही तथा विश्वास से बालकों अथवा शिक्षकों ने बालकों के समुचित विकास से उन्हें वंचित रखा। दूसरी ओर इन प्रतिबंधों और सामाजिक बंधनों के चलते बालक अपने आपको खेलने से नहीं रोक पाया।

एन्चि ने 'प्ले' शब्द का अर्थ एंग्लो स्विस शब्द 'मेगा' से लगाया है। जिसका अर्थ है कि जोखिम उठाने के लिए कुछ करने की प्रतिबद्धता एवं जोखिम, खतरा उठाने के एक ही उद्देश्य के लिए स्वयं को समर्पण करना। वास्तव में खेल शब्द की व्याख्या विभिन्न लोगों ने विभिन्न संदर्भों में की है। आधुनिक सिद्धांत एवं शिक्षा के सिद्धांतों में प्रभावों की ओर बढ़ने के लिए एक विस्तृत अर्थ है। कोई भी इनमें से खेल का कोई भी अर्थ लगा सकता है। सामान्यत: शारीरिक गतिविधि अथवा शरीर की गति प्रत्येक खेल में आवश्यक है। बिना शारीरिक गतिविधियों के खेल उसी प्रकार रहता है जैसे कि आत्मा के बिना शरीर।

खेल केवल जैविक संतुष्टि की गतिविधि नहीं है बल्कि इसका उद्देश्य मनुष्य के जीवित रहने के लिए भी आवश्यक है। साथ ही साथ यह व्यक्तित्व की बुद्धिमतता के ताने बाने को भी बुनता है। खेल हमारे सांस्कृतिक विरासत का एक सतत् भाग है। यह हमारी सांस्कृतिक सभ्यता के जन्म एवं सामाजिक विकास के फैलाव को भी प्रभावित करता है।

खेल के विभिन्न सिद्धांत

इस सामान्य प्रश्न का उत्तर, खेल के आधार क्या हैं यह विकास की एक अवस्था से दूसरी अवस्था में आने की दशा पर किस पर ऊर्जावान करता है, इस संदर्भ में जीवविज्ञान में, समाजविज्ञान में, मनोवैज्ञानिकों तथा शिक्षाशास्त्रियों ने उपरोक्त प्रश्नों के उत्तर देने के लिए अनगिनत सिद्धांतों को प्रतिपादित किया है। कोई भी अकेला सिद्धान्त सही अर्थों की व्याख्या के लिए खेलों के उद्गम के संबंध में अपने को पूर्ण सक्षम नहीं पाता। प्रत्येक प्रचलित सिद्धांत खेलों के बारे में एक न एक पक्ष को छोड़ जाता है।

इसलिए खेलों के बारे में संतोषप्रद उत्तर पाने के लिए निम्नलिखित सिद्धांतों की संक्षिप्त विवेचना की गई है :

1. **अविशेष या अधिशेष ऊर्जा का सिद्धांतः** इस सिद्धान्त का विकास जर्मन दार्शनिक वॉन शेलर तथा अंग्रेज प्रकृति विज्ञानी हर्बर्ट स्पेन्सर ने किया था। वे कहते हैं कि खेल अविशेष ऊर्जा की अभिव्यक्ति के समान है। उनके अनुसार इसका परिणाम निरुद्देश्य अविशेष ऊर्जा का अव्यय करना है। उन्होंने दर्शाया कि बालक इसलिए खेलता है कि उसमें ऊर्जा का अधिक संचार हो रहा है। आगे चलकर उन्होंने इसे सरल करते हुए व्यक्त किया है कि खेल एकत्रित होकर गाते हुए पक्षियों की अभिव्यक्ति के समान है। लेकिन लेखक का यह प्रबल मत है कि बालक अपनी आवश्यकता से अधिक ऊर्जा प्राप्त करता है। इसके परिणामस्वरूप वह खेलों में निहित गतिविधियों में इस अविशेष ऊर्जा का उपयोग उद्देश्यहीन क्रीड़ा गतिविधियों में करता है। क्रीड़ा गतिविधियों में बालक का शामिल होना उसके शरीर और मस्तिष्क के विकास में सहायक होता है। इसमें वृद्धि के पहले पद का विकास होता है तथा स्नायु नियंत्रण के विकास से उसमें समन्वयता की योग्यता आ जाती है।

2. **पूर्वानुमानित सिद्धान्त (व्यायाम पूर्व):** इस सिद्धांत की व्याख्या कार्ल ग्रूस द्वारा की गई थी। उसके अनुसार खेल गंभीर शारीरिक उद्यम की तैयारियों के पूर्व का व्यायाम है। उसका मत था कि खेल विकास की एक नैसर्गिक प्रक्रिया है जो कि बालक को वयस्क होने में सहायक होती है। ग्रूस के इस मत का समर्थन करते हुए टी.पी. नन कहते हैं कि प्रकृति ने बालक की अविशेष ऊर्जा के उपयोग मात्र के लिए ही खेलों का आविष्कार किया बल्कि इस साधन का उपयोग बालक को अपने जीवन के गंभीर उद्यमों के तैयार होने का साधन भी बनाया

है। उदाहरण के लिए बालक, गुड़िया, जानवरों के प्रतिरूप व अन्य घरेलू सामानों से खेलता है।

लड़के, लड़कियां, शिक्षक, परिचारिका, पति, पत्नी, मां, पिता, चिकित्सक, इंजीनियर, पुलिस अधिकारी, राजनीतिज्ञ आदि की भूमिकाओं का अवलोकन करते हैं और नाटक खेलते हैं। जहां एक ओर यह उनकी नकल करने की प्रवृत्ति को दर्शाता है वहीं दूसरी ओर उनके जीवन में खेल व्यवसायों को अपनाने के लिए उनमें संकेत मिलते हैं। दूसरे शब्दों में बचपन में की गई गतिविधियां जीवन में वास्तविक नाटक का एक पूर्वाभास ही है। जिसमें प्रत्येक व्यक्ति विशेष को अपनी भूमिका निभाने की बाध्यता होती है। ग्रूस डार्विन के विकासवाद के सिद्धांत को पूर्ण मान्यता देते हैं जो कि खेल को जीवों में सह-अस्तित्व के संघर्ष का साधन मानते हैं। इस प्रकार खेल अभ्यास और कुशलता की एक आवश्यक प्रक्रिया है जो कि आगामी जीवन के लिए बहुत आवश्यक है। खेल एक ऐसा माध्यम है जिसके द्वारा अकुशल तथा अशिक्षित व्यक्ति को अपने शिक्षानुसार प्रवृत्तियों की ओर परिष्कृत किया जा सकता है जिससे कि बालक एक सक्षम वयस्क के रूप में मजबूती प्राप्त कर सके। वह योग्य तथा सर्वोत्तम जीवन जी सके।

3. **मनोरंजन सिद्धांतः** इस सिद्धान्त के प्रणेता लार्ड केम्स तथा जी.टी.डब्ल्यू. पैट्रिक का सशक्त मत तथा विश्वास है कि खेल का आधार मनोरंजन हैं। वे मनोरंजन को हमारे द्वारा गंभीर कार्यों में व्यय की गई ऊर्जा को पुनः ऊर्जा अर्जित करने की प्रक्रिया मानते हैं। इसके आगे भी वे कहते हैं कि अधिशेष ऊर्जा को निकालने की प्रक्रिया के बजाए खेल गतिविधियां ऊर्जा को पुनः निर्मित करती हैं। गंभीर शारीरिक/मानसिक कार्य के फलस्वरूप पैदा हुई थकान को खेल दूर करता है। कार्य की गंभीर प्रकृति जीवन में बहुत उबाऊ/नीरसता उत्पन्न करती है। इस सिद्धान्त के व्याख्याकारों के अनुसार आधुनिक सभ्यता में खेलों का ऊबाउपन तथा नीरसता को दूर करने में विशेष महत्व है।

4. **पुनर्कथन सिद्धांतः** इस सिद्धांत का प्रस्ताव तथा व्याख्या जी. स्टेनली हॉल द्वारा की गई थी। इनका मत कार्लग्रूस के पूर्वानुमान सिद्धांत के बिल्कुल विपरीत है। ये कहते हैं कि बालक अपने भविष्य का पूर्वाभ्यास नहीं करता बल्कि अपने सामाजिक अतीत को दुहराता है। इस प्रकार खेल अतीत को दोहराने की क्रिया है न कि भविष्य के लिए पूर्वानुमान। उदाहरण के लिए शिकार के लिए तीर और धनुष का उपयोग, तैराकी, लुका-छुपी, पीछा करना, मछली पकड़ना, पत्थर फेंकना, आश्रय तथा गुफाओं का निर्माण, शिविर लगाना, मिट्टी तथा रेत से खेलना तथा इसी प्रकार की गतिविधियां जैविक एवं सांस्कृतिक प्रकटीकरण की ओर परिलक्षित करती हैं। चूंकि प्रकटीकरण (इवोल्यूशन) एक लम्बी प्रक्रिया है। मनुष्य अपनी प्रारंभिक आदतों से अलग कुछ नहीं कर सकता। इसी कारण उसका लड़ने, झगड़ने, फैंकने, कूदने, दौड़ने आदि की ओर रुझान रहता है। इस प्रकार खेल एक ऐसा साधन और माध्यम है जिसके द्वारा वह अपनी लालसा को संतुष्ट करता है, खेल इन आदतों को प्राकृतिक रूप में अभिव्यक्त करने का साफ-सुथरा तथा सुधरा हुआ रूप है।

5. **मनोभावों की अभिव्यक्ति का सिद्धांतः** इस सिद्धांत के उद्‌गम का पता अरस्तू के लेखों से चलता है। अभिव्यक्ति का अर्थ है मनोभावों को प्रकट करने की अभिव्यक्ति। इसका आशय है कि भावनाओं का प्रकटीकरण अथवा भावनाओं को निबद्ध करना। अरस्तू खेल गतिविधियों को मनोभावों की अभिव्यक्ति होने पर ज्यादा जोर देते हैं। यह सिद्धांत आगे यह स्पष्ट करता है कि खेल व्यक्ति विशेष के व्यक्तित्व में मौजूद अवांछित तत्वों को साफ कर देता है। अधिशेष ऊर्जा सिद्धान्त तथा मनोभावों की अभिव्यक्ति सिद्धांत के बीच काफी समानता है। अधिशेष ऊर्जा बालक के खेलने के फलस्वरूप उसमें समाहित ऊर्जा से संबद्ध है जबकि अभिव्यक्ति का सिद्धांत भावनाओं के गर्भ में समाहित है तथा खेल इन भावनाओं को निकालने/उबटने के लिए सर्वोत्तम माध्यम है।

दूसरे शब्दों में हम यह कह सकते हैं कि बालक भावनाओं से जब पूरी तरह से सराबोर होता है तब वह खेलता है। मनोभावों की अभिव्यक्ति वह खेलों में अपने आपको व्यस्त करके करता है।

6. **नैसर्गिक अभ्यास का सिद्धांतः** इस सिद्धान्त के प्रकाण्ड विद्वान प्रोफेसर मैकडूगाल का विश्वास है कि जन्तु तथा मानव दोनों के व्यवहारों में नैसर्गिकता ही प्रमुख संचारक है। नैसर्गिकता के समय से पूर्व परिपक्वता के

कारण खेलों का जन्म होता है। यह जुझारू, रचना, विघटन स्वयं को स्थापित करने में नैसर्गिकता की अभिव्यक्ति/प्रदर्शन/ निष्पादन आदि है। इसमें प्रतिस्पर्धा तथा प्रतिद्वंद्वता के तत्व समाहित हैं। बचपन में नैसर्गिक ऊर्जा खेलों के द्वारा निकलती हुई परिलक्षित होती है। लेखक खेलों को एक घनिष्ठ प्रवृत्ति मानता है न कि स्वयंमेव नैसर्गिकता।

7. **सामाजिक सम्पर्क सिद्धान्तः** समाज विज्ञानी तथा सामाजिक मनोविज्ञानी खेलों को समाज में पहचान बनाने वाला माध्यम/साधन मानते हैं। खेल व्यक्ति विशेष को नजदीक लाता है तथा सामूहिक व्यवहार को मजबूती प्रदान करता है। साथ ही साथ यह विभिन्न सामाजिक समूहों को सामाजिक बन्धन में भी बांधता है। यह सभी सांस्कृतिक सभ्यता तथा व्यक्ति विशेष के विकास के लिए अति आवश्यक है। समूह में खेलने का अर्थ है समाजीकरण, सामूहिक जीवन के बाहर व्यक्ति विशेष की पहचान संभव नहीं है। खेल समाजीकरण तथा व्यक्ति विशेष की पहचान के लिए अत्यधिक अवसर प्रदान करता है। खेलों को बालक को सामाजिक बनाने तथा उत्तम जीवन यापन करने के पाठ को पढ़ाने वाली एजेंसी के रूप में माना जाता है।

   समाज व्यक्ति विशेष को कार्य करने, अपने आपको प्रदर्शित करने तथा एक दूसरे को जोड़ने का सुअवसर प्रदान करता है जोकि खेलों के रूप में उसमें स्वयं ये गुण विद्यमान रहते हैं।

8. **"खेल ही जीवन है" सिद्धान्तः** यह सिद्धांत जॉन डेवी के शैक्षणिक दर्शनशास्त्र के सिद्धांत से संबंधित है। उनका मत है कि खेलने का कारण सभी जीवमात्र में प्राकृतिक रूप से क्रियाशीलता का विद्यमान होने से उनकी वृद्धि एवं विकास के दौरान उनकी गतिविधियां क्रीड़ामय रहती हैं। क्रियाशीलता जीवन की सर्वोपरि अनिवार्यता है। इसका कोई भी प्रकार हो सकता है क्योंकि प्रत्येक गतिविधि का उद्देश्य विकास, वृद्धि, हिफाजत तथा व्यक्ति विशेष का मनोरंजन है। इस मत का समर्थन प्रसिद्ध शिक्षा मनोवैज्ञानिक जीनपिगेट ने किया है। इन्होंने खेलों के जीववैज्ञानिक तथा मनोवैज्ञानिक आधार का पता लगाने का प्रयास किया है। उन्होंने अनुभव किया कि खेलना बालक के ज्ञानेन्द्रियों के गतिज विकास की अवस्था में ही प्रारंभ हो जाता है। यह खेल ही है जिसके द्वारा बालक अपने आपको उससे जोड़कर बाहरी हकीकत के सम्पर्क में आता है। बालक के खेल के मूल आधार हैं दुहराना, अन्तर करना, प्रयोग करना, प्रकट करना, धीरे-धीरे इन गतिविधियों में परिवर्तन आता जाता है। समय के अन्तराल से खेल की गतिविधियों में व्यक्तिविशेष को आत्माभिमान से केन्द्रित करने के स्तर तक अपने मित्रों तथा समूह के साथियों के मध्य तक उठा देता है।

9. **मनोवैज्ञानिक विशेष का सिद्धान्तः** इस सिद्धांत के पक्षधर हैं महान मनोवैज्ञानिक चिकित्सक सिगमन्ड फ्रायड, उन्होंने कामोत्तेजना अथवा कामोर्जा पर ज्यादा बल दिया है जोकि सभी जीवों तथा उनके जानवरी व्यवहार की प्रमुख वाहक है। उनके अनुसार जन्तुओं में दबी हुई यह ऊर्जा बाहर आने अथवा स्खलित होने के लिए प्रयत्न करती है। जब यह ऊर्जा एक लंबे समय तक (छूटने के लिए) निरंतर दबी रहती है और रोकी जाती है तो यह ऊर्जा प्राणी पर खेल गतिविधियों के माध्यम से बाहर निकलने के लिए दबाव डालती है।

   मनोवैज्ञानिक विश्लेषकों के अनुसार बचपन के प्रारंभ अथवा वृद्धि एवं विकास की किसी भी अवस्था में कामोत्तेजक ऊर्जा को दबाने और रोकने के फलस्वरूप पैदा हुई उत्सुकताओं, तनावों, विवादों, हीन भावनाओं को बाहर निकालने के लिए खेल ही एक सशक्त माध्यम है। खेल एक ऐसा दर्पण है जिसके द्वारा अन्तःमन की भातनाओं को बाहरी पर्दे पर परावर्तित किया जा सकता है। यह एक ऐसा माध्यम है जिससे बालक प्रसन्नतादायक अनुभवों को प्राप्त करता है और कष्टदायक अनुभवों से पल्ला झाड़ लेता है। वयस्कों तथा वृद्धों के लिए खेल एक तनाव कम करने का साधन है। खेल कामोत्तेजक ऊर्जा को रोकने और दबाने के परिणामस्वरूप पैदा हुए शरीर के साथ-साथ मानसिक तनावों को कम करने में सक्षम है। दूसरे शब्दों में उनके अनुसार कामोत्तेजक ऊर्जा बालक/व्यक्ति विशेष को खेल गतिविधियों में संलग्न करने के लिए दबाव डालता है ताकि उसके जीवित स्वरूप को संतुष्टि मिल सके।

ऊपर विवेचना किए गए सिद्धान्तों की समालोचना इस निष्कर्ष पर पहुंचने में सहायक होती है कि उल्लेखनीय रूप से कोई भी सिद्धान्त इस सामान्य प्रश्न का उत्तर देने में सक्षम नहीं है कि **"बालक क्यों खेलते हैं"** फिर भी ये सारे सिद्धान्त बचपन में तथा वयस्क अवस्था में खेलने की प्रक्रिया को समझने में एक-दूसरे के पूरक तथा सहायक हैं। खेल के बहिर्गामी लक्षणों को प्रकाशित करने वाले सभी सिद्धान्तों पर दृष्टि डालने से यह ज्ञात होता है कि खेल गतिविधियों के लिए प्राकृतिक उत्तेजना है। यह गतिविधि विकास और वृद्धि की किसी भी अवस्था में किसी भी प्रकार से प्रकट हो सकती है। परन्तु खेल गतिविधि प्रसन्नता का साधन होना चाहिए। यह बालक की मेधा शक्ति को प्रखर बनाने वाली हो, यह सर्वोत्तम तरीके से बालक की शारीरिक वृद्धि में सहायक हो सके। यह सही संतुलित व्यक्तित्व के मनोवैज्ञानिक दशा से विकसित होने में सहायक हो सके। यह विशेष अवस्था/परिस्थितियों में तनाव घटाने के माध्यम के रूप में सेवा कर सके तथा यह बालक की भावनाओं को सही दिशा में विकास की सहायक हो सके।

खेल एवं शारीरिक शिक्षा में खेल के विभिन्न सिद्धान्तों की सार्थकता

खेल जीवन के साथ-साथ शिक्षा के लिए भी एक अपरिहार्य वास्तविकता है। खेल से संबंधित बहुत से प्रश्नों के सटीक उत्तर खेल से संबंधित सभी सिद्धान्तों में कहीं न कहीं उन शिक्षा शास्त्रियों को मिल जाएंगे जोकि खेल से जुड़े हुए प्रश्नों का समुचित उत्तर चाहते हैं।

शारीरिक शिक्षा के अध्यापक जिनके पूरे कार्यक्रम में खेल गतिविधियां समाहित होती हैं वे शिक्षा की प्रक्रिया से खेलों को कभी भी अलग नहीं हटाना चाहेंगे, आज के सामान्य शिक्षा कार्यक्रम वांछित परिणाम प्राप्ति के लिए खेल गतिविधियों पर आधारित बनाए जाते हैं।

बालक के लिए खेल की सार्थकता

खेल बालक को वयस्क उम्र के क्रियाकलापों को संभालने के योग्य बनाता है ताकि वह परिस्थितियों की छान-बीन तथा विभिन्न उद्देश्यों को दक्षता से सुलझाने के लिए योग्य बनाता है तथा इसके लिए उसे प्रखर, समझदार तथा कुशलता प्रदान करता है। वयस्कों में खेल को विश्रांति तथा मनोरंजन का माध्यम माना जाता है।

प्रतिस्पर्धात्मक क्रीड़ाएं बहुत सी बीमारियों/रुग्णताओं के लिए आश्चर्यजनक औषधि मानी जाती हैं जिनका उद्देश्य मनुष्य के मनोवैज्ञानिक संतुलन को ठीक करना विशेष कर आधुनिक विश्व में। चिकित्सकीय मनोविज्ञान में ऐसे साक्ष्य उपलब्ध हैं कि यदि खेल एवं मनोरंजन के कार्यक्रमों को व्यक्ति विशेष की आवश्यकताओं को ध्यान में रखते हुए ठीक ढंग से तैयार किया जाए तो यह भावनात्मक स्वास्थ्य के सुधार में बहुत उपयोगी साधन सिद्ध हो सकते हैं। खेल तथा विशेष शारीरिक गतिविधियों पर ध्यान देने से स्वयं को प्रदर्शित करने/अभिव्यक्त करने तथा संचार के विकास समाजीकरण की आदतों तथा रोगी में आत्मबल पैदा कर वास्तविकता की ओर लाने तथा तनावमुक्ति के लिए बहुत आवश्यक हैं।

खेल, (क्रीड़ा) के उपरोक्त प्रमुख ऊपर वर्णित लक्षणों को ध्यान में रखते हुए विभिन्न सिद्धांतों का बहुत महत्व है और संक्षिप्त में यह कहा जा सकता है कि खेल प्रयासों, समय और ऊर्जा की केवल बरबादी ही नहीं है बल्कि इसमें जीव वैज्ञानिक, मनोवैज्ञानिक, समाज वैज्ञानिक तथा शैक्षणिक उद्देश्य समाहित हैं।

हम खेलों को किसी भी कोण से देखें तो हमें सच्चाई का पता लगता है कि यह एक ऐसी क्रिया है जो कि इस संसार में हमको मानसिक शान्ति और अच्छे स्वास्थ्यमय जीवन के लिए योग्य बनाने हेतु समाजीकृत तथा शिक्षित करती है।

आधुनिक युग में हमारे आर्थिक और सामाजिक जीवन में अनुसंधान का विशेष महत्व है। समाज और राष्ट्र की प्रगति को शोध के परिणामों द्वारा पहचाना जाता है, क्योंकि समाज और राष्ट्र की मूल समस्याओं का समाधान शोध कार्यों द्वारा किया जाता है। शोध द्वारा ज्ञान वृद्धि के साथ मानव विकास तथा कल्याण को महत्व दिया जाता है। अनुसंधान की व्यापक परिभाषा करना कठिन है तथा सही अर्थ जानना भी कठिन है। साधारणतः भौतिक विषयों में प्रयोगों को विशेष महत्व दिया जाता है और प्रयोगों को भी अनुसंधान समझते हैं। यह अनुसंधान का एक अर्थ है परन्तु सम्पूर्ण अर्थ नहीं है।

बहुविकल्पीय प्रश्न

1. खेल ट्रेंनिंग एक योजनाबद्ध एवं नियंत्रित प्रक्रिया है जिसके माध्यम से लक्ष्यों की प्राप्ति होती है। यह कथन किसके शब्दों में हैं:-
   (a) मैटवीमेव
   (b) मार्टिन
   (c) जी. मैक्स
   (d) उपरोक्त कोई नहीं

2. "खेल ट्रेनिंग खिलाड़ी की तैयारी का मौलिक स्वरूप है:–
   (a) मैटवीमेव (b) मार्टिन
   (c) जैक्सन (d) मार्टिन

3. "खिलाड़ी का आधार एवं नींव प्रदान करने लिए सामान्य गामक योग्यताओं/गुणों का विकास सामान्य अनुकूलन कहलाता है।" यह सिद्धांत कौन–सा है:–
   (a) असामान्य अनुकूलन
   (b) सामान्य अनुकूलन
   (c) विशिष्ट अनुकूलन
   (d) उपरोक्त कोई नहीं

4. "खेल ट्रेनिंग के गामक गुणों एवं योग्यताओं का विकास, चाल शक्ति और तकनीकी कौशल के दृष्टिकोण के साथ किया जाता है, यह सिद्धांत कौन सा है:
   (a) विशिष्ट अनुकूलन
   (b) सामान्य अनुकूलन
   (c) असामान्य अनुकूलन
   (d) उपरोक्त कोई नहीं

5. खेल ट्रेनिंग का उद्देश्य प्रतियोगिताओं में उच्च स्तर प्रदर्शन प्राप्त करना होता है एवं खेल ट्रेनिंग की प्रक्रिया लम्बी अवधि तक चलने वाली एवं प्रदर्शन युक्त होती है तथा कहलाती है:–
   (a) वैज्ञानिक ट्रेनिंग
   (b) खेल प्रतियोगिता प्रदर्शन
   (c) योजनाबद्ध एवं क्रमबद्ध प्रक्रिया
   (d) उपरोक्त कोई नहीं

6. खेल एवं खेल प्रतियोगिता में उच्च स्तर प्रदर्शन प्राप्त करने की खेल ट्रेनिंग एक योजनाबद्ध एवं क्रमबद्ध प्रक्रिया है, क्या कहलाती है?
   (a) खेल प्रतियोगिता प्रदर्शन
   (b) योजनाबद्ध एवं क्रमबद्ध प्रक्रिया
   (c) वैज्ञानिक ट्रेनिंग
   (d) उपरोक्त कोई नहीं

7. 12 महीने से वर्षों तक की ट्रेनिंग क्या कहलाती है?
   (a) मीजो चक्र
   (b) मैक्रोचक्र
   (c) माइक्रोचक्र
   (d) उपरोक्त कोई नहीं

8. मासिक ट्रेनिंग या 3-7 सप्ताह तक की ट्रेनिंग क्या कहलाती है?
   (a) मैक्रोचक्र
   (b) मीजो चक्र
   (c) माइक्रोचक्र
   (d) उपरोक्त कोई नहीं

9 साप्ताहिक ट्रेनिंग या 5-7 दिन तक की ट्रेनिंग क्या कहलाती है?
   (a) माइक्रोचक्र
   (b) मीजो चक्र
   (c) मैक्रोचक्र
   (d) उपरोक्त कोई नहीं

10. पाँच गामक योग्यताओं का योग जो कि क्रमशः ताकत, चाल, सहनशीलता, लचीलापन एवं समन्वय योग्यता है, क्या कहलाती है?
   (a) शारीरिक दक्षता
   (b) तकनीकी कौशल
   (c) युक्तिपूर्ण क्षमता
   (d) उपरोक्त कोई नहीं

11. खिलाड़ी के खेल प्रदर्शन का विकास खेलों की गामक क्रियाओं या गतियों के माध्यम से ही सम्भव है। यह प्रक्रिया क्या कहलाती है?
   (a) शारीरिक दक्षता
   (b) तकनीकी कौशल
   (c) युक्तिपूर्ण क्षमता
   (d) उपरोक्त कोई नहीं

12. कुछ तत्व क्रमशः प्रतियोगिता नियमों का ज्ञान युक्ति पूर्ण कौशल एवं युक्तिपूर्ण योग्यता है यह प्रक्रिया क्या कहलाती है?
   (a) शारीरिक दक्षता
   (b) युक्तिपूर्ण क्षमता
   (c) तकनीकी कौशल
   (d) उपरोक्त कोई नहीं

13. खिलाड़ी का खेल प्रदर्शन कुछ सीमा तक उपरोक्त तीन कारकों के साथ साथ शरीर रचना एवं शरीर की योग्यता पर निर्भर करना है यह प्रक्रिया क्या कहलाती है?
   (a) शारीरिक दक्षता
   (b) तकनीकी कौशल
   (c) शिक्षा/व्यक्तित्व का विकास
   (d) उपरोक्त कोई नहीं

14. खेल ट्रेनिंग का मुख्य कार्य खिलाड़ी के सम्पूर्ण व्यक्तित्व का विकास करना है। यह प्रक्रिया क्या कहलाती है?
   (a) खिलाड़ी के शारीरिक ट्रेनिंग के क्षेत्र में कार्य
   (b) खिलाड़ी की तकनीक एवं युक्तिपूर्ण ट्रेनिंग के क्षेत्र कार्य
   (c) खिलाड़ी की मनोवैज्ञानिक ट्रेनिंग के क्षेत्र में कार्य
   (d) उपरोक्त कोई नहीं

15. खेल ट्रेनिंग की सफलता के लिए यह आवश्यक है कि खिलाड़ी की दिनचर्या नियमित की जाये। यह प्रक्रिया कौन सी है:–
   (a) खिलाड़ी की मनोवैज्ञानिक ट्रेनिंग के क्षेत्र में कार्य
   (b) दैनिक दिनचर्या नियंत्रण
   (c) खिलाड़ी की तकनीक एवं युक्तिपूर्ण ट्रेनिंग के क्षेत्र में कार्य
   (d) उपरोक्त कोई नहीं

16. खेल ट्रेनिंग प्रशिक्षक के द्वारा योजनाबद्ध नियमित तथा मूल्यांकित किया जाता है। यह सिद्धांत कौन सा है:–
   (a) दैनिक दिनचर्या नियंत्रण
   (b) खिलाड़ी के शारीरिक प्रशिक्षण के क्षेत्र में कार्य
   (c) खेल प्रशिक्षण मूल्यांकन
   (d) उपरोक्त कोई नहीं

17. नौसिखिया एवं एडवान्स खिलाड़ियों की प्रशिक्षण में विभिन्न वैज्ञानिक विधियों एवं सिद्धांतों का उपयोग किया जाता है। यह कौन सी प्रशिक्षण कहलाती है:–
   (a) वैज्ञानिक प्रशिक्षण
   (b) खेल प्रतियोगिता प्रदर्शन
   (c) योजनाबद्ध एवं क्रमबद्ध प्रक्रिया
   (d) उपरोक्त कोई नहीं

18. खेल प्रशिक्षण का मूल्यांकन, योजनाबद्धता, क्रमबद्धता एवं अनुप्रयोग, प्रशिक्षक/खेल शिक्षक एवं खेल विशेषज्ञ द्वारा किया जाता है यह प्रक्रिया कहलाती है:–
   (a) खेल प्रतियोगिता प्रदर्शन
   (b) योजनाबद्ध एवं क्रमबद्ध प्रक्रिया
   (c) खेल प्रशिक्षक नेता के रूप में
   (d) उपरोक्त कोई नहीं

19 प्रत्येक खिलाड़ी को खेल प्रशिक्षण के दौरान या अवधि में अपने दैनिक क्रियाकलापों पर नियंत्रण करना आवश्यक होता है, कहलाता है:–
   (a) शैक्षणिक प्रक्रिया
   (b) परिपक्वता की प्रक्रिया
   (c) दैनिक क्रियाकलापों पर नियंत्रण की प्रक्रिया
   (d) उपरोक्त कोई नहीं

20. व्यक्तित्व का विकास खिलाड़ी को उच्च स्तर प्रदर्शन तक पहुँचाने में सहायक होता है। यह प्रक्रिया कौन–सी है:–
   (a) दैनिक क्रियाकलापों पर नियंत्रण की प्रक्रिया
   (b) शैक्षणिक प्रक्रिया
   (c) परिपक्वता की प्रक्रिया
   (d) उपरोक्त कोई नहीं

21. वैज्ञानिक सर्वेक्षण अनुप्रयोग विश्लेषण एवं संश्लेषण की प्रक्रिया जिस प्रशिक्षण की मुख्य विशेषतायें हैं। यह कौन सी प्रक्रिया कहलाती है:–
   (a) परिपक्वता की प्रक्रिया
   (b) शैक्षणिक की प्रक्रिया
   (c) दैनिक क्रियाकलापों पर नियंत्रण की प्रक्रिया
   (d) उपरोक्त कोई नहीं

22. खेल प्रशिक्षण में साधनों तथा विधियों की खोज खेल प्रदर्शन में परिपक्वता विकास की सतत प्रक्रिया है यह प्रक्रिया कौन–सी है:–
   (a) शैक्षणिक प्रक्रिया
   (b) दैनिक क्रियाकलापों पर नियंत्रण की प्रक्रिया
   (c) परिपक्वता की प्रक्रिया
   (d) उपरोक्त कोई नहीं

23. खेल प्रशिक्षण एक शैक्षणिक प्रक्रिया है जिसके माध्यम से खिलाड़ी के व्यक्तित्व का विकास किया जाता है। यह कौन-सी प्रक्रिया है:–

(*a*) शैक्षणिक प्रक्रिया
(*b*) परिपक्वता की प्रक्रिया
(*c*) दैनिक क्रियाकलापों पर नियंत्रण की प्रक्रिया
(*d*) उपरोक्त कोई नहीं

24. उद्देश्यों की पूर्ति के लिए खिलाड़ी को विभिन्न विधियों एवं साधनों के माध्यम से खेल प्रशिक्षण दी जाती है। यह प्रक्रिया क्या कहलाती है:-

(*a*) शैक्षणिक प्रक्रिया
(*b*) परिपक्वता की प्रक्रिया
(*c*) दैनिक क्रियाकलापों पर नियंत्रण की प्रक्रिया
(*d*) उपरोक्त कोई नहीं

25. खेल प्रशिक्षण की ये विधियां एवं साधन स्थायी प्रकृति के नहीं है बल्कि परिवर्तनशील होते हैं यह प्रक्रिया क्या कहलाती है:–

(*a*) शैक्षणिक प्रक्रिया
(*b*) परिपक्वता की प्रक्रिया
(*c*) दैनिक क्रियाकलापों पर नियंत्रण की प्रक्रिया
(*d*) उपरोक्त कोई नहीं

26. कभी-कभी खिलाड़ी को अपनी निहित क्षमताओं का पूर्ण ज्ञान नहीं होता है जिसके कारण वह अपने उद्देश्यों एवं लक्ष्यों की प्राप्ति में सफल नहीं हो पाता है। यह प्रक्रिया क्या कहलाती है:–

(*a*) शैक्षणिक की प्रक्रिया
(*b*) परिपक्वता की प्रक्रिया
(*c*) निहित क्षमताओं का विकास एवं उपयोग की प्रक्रिया
(*d*) उपरोक्त कोई नहीं

27. खिलाड़ी को अपनी मनोवैज्ञानिक दशा, शरीर कार्य की दशा, क्षमता, योग्यताओं आदि को नहीं बना पाता है। यह प्रक्रिया क्या कहलाती है:-

(*a*) निहित क्षमताओं का विकास एवं उपयोग की प्रक्रिया
(*b*) शैक्षणिक प्रक्रिया
(*c*) परिपक्वता की प्रक्रिया
(*d*) उपरोक्त कोई नहीं

28. खिलाड़ी को स्वयं की योग्यताओं को परिचित कराकर एवं विकास करके खेल प्रदर्शन को सर्वश्रेष्ठ बनाने में योगदान प्रदान करे। यह प्रक्रिया क्या कहलाती है:-

(*a*) शैक्षणिक प्रक्रिया
(*b*) परिपक्वता की प्रक्रिया
(*c*) निहित क्षमताओं का विकास एवं उपयोग की प्रक्रिया
(*d*) उपरोक्त कोई नहीं

29. खेल प्रशिक्षण की मुख्य विशेषताएं कितने प्रकार की होती है–

(*a*) 05 (*b*) 02
(*c*) 01 (*d*) उपरोवत कोई नहीं

30. जनरल थ्योरी एण्ड मेथड आफ ट्रेनिंग पर एक पुस्तक का प्रकाशन किया गया था इसके लेखक कौन थे:-

(*a*) मार्सल हुक
(*b*) चार्ल्स विलियम
(*c*) हैरे वैज्ञानिक
(*d*) उपरोक्त कोई नहीं

31. जनरल थ्योरी एण्ड मेथड आफ ट्रेनिंग पर एक पुस्तक लिखी गयी है। यह कौन से सन् में प्रतिपादित की गयी थी:-

(*a*) 1980 ई. (*b*) 1957 ई.
(*c*) 1978 ई. (*d*) उपरोक्त कोई नहीं

32. खेल प्रशिक्षण के 11 सिद्धातों को प्रतिपादित किसने किया था:-

(*a*) विलियम हार्वे
(*b*) मार्सल हॉट
(*c*) बेनरफील्ड और स्क्रोटर
(*d*) उपरोक्त कोई नहीं

33. खेल प्रशिक्षण के 11 सिद्धातों को कौन से सन् में प्रतिपादित किया गया था:–

(*a*) 1970 ई. (*b*) 1979 ई.
(*c*) 1980 ई. (*d*) उपरोक्त कोई नहीं

34. बेनर फोल्ड और स्क्रोटर ने खेल प्रशिक्षण के कितने सिद्धांत प्रतिपादित किये थे:-

(*a*) 5 (*b*) 6
(*c*) 11 (*d*) उपरोक्त कोई नहीं

35. खेल प्रशिक्षण के छह सिद्धांतों को प्रतिपादन करने वाले व्यक्ति कौन थे:-

(a) बेनरफस्डि (b) मैटवीयेव
(c) स्क्रोटर (d) उपरोक्त कोई नहीं

36. खेल प्रशिक्षण के छह सिद्धांतों को कौन से सन् में स्थापित किया था:-
(a) 1980 ई. (b) 1979 ई.
(c) 1970 ई. (d) उपरोक्त कोई नहीं

37. मैटवीयेव ने खेल प्रशिक्षण के कितने सिद्धांत प्रतिपादित किये थे:-
(a) 05 (b) 07
(c) 06 (d) उपरोक्त कोई नहीं

38. खेल प्रशिक्षण के दस सिद्धांतों को किसने प्रतिपादित किये थे:-
(a) बेनरफील्ड (b) स्क्रोटर
(c) लेट जैटर (d) उपरोक्त कोई नहीं

39 खेल प्रशिक्षण के दस सिद्धांतों को कौन से सन् में प्रतिपादित किया गया था:-
(a) 1979 ई. (b) 1978 ई.
(c) 1985 ई. (d) उपरोक्त कोई नहीं

40 लेट जैटर ने खेल प्रशिक्षण के कितने सिद्धांत प्रतिपादित किये थे:-
(a) 05 (b) 09
(c) 10 (d) उपरोक्त कोई नहीं

41. खेल प्रशिक्षण के सात सिद्धांतों को किसने प्रतिपादित किया था:-
(a) वेनर फील्ड (b) हैरे वैज्ञानिक
(c) लेट जेटर (d) उपरोक्त कोई नहीं

42. खेल प्रशिक्षण के सात सिद्धांतों को कौन से सन् में प्रतिपादित किया गया था:-
(a) 1970 ई. (b) 1975 ई.
(c) 1979 ई. (d) उपरोक्त कोई नहीं

43. हैरे वैज्ञानिक ने सन् (1979) में खेल प्रशिक्षण के कितने सिद्धांत प्रतिपादित किये थे:-
(a) 05 (b) 07
(c) 08 (d) उपरोक्त कोई नहीं

44. डिक ने सन् 1979 ई: में खेल प्रशिक्षण के कितने सिद्धांत प्रतिपादित किये थे:-
(a) 04 (b) 08
(c) 03 (d) उपरोक्त कोई नहीं

45. खेल प्रशिक्षण (1979) के तीन सिद्धांतों को किसने प्रतिपादित किया था:-
(a) मैटवीयेव (b) स्क्रोटर
(c) डिक (d) उपरोक्त कोई नहीं

46. डिक ने खेल प्रशिक्षण के तीन सिद्धांतों को कौन-से सन् में प्रतिपादित किया था:-
(a) 1975 ई. (b) 1979 ई.
(c) 1980 ई. (d) उपरोक्त कोई नहीं

47. किसी भी खिलाड़ी की खेल प्रशिक्षण बिना किसी अवकाश या अन्तराल के पूरे वर्ष लगातार या निरंतर चलती रहनी चाहिए यह सिद्धांत क्या कहलाता है:-
(a) भार प्रगतिशीलता का सिद्धांत
(b) लगातारता का सिद्धांत
(c) क्रियाशीलता का सिद्धांत
(d) उपरोक्त कोई नहीं

48. खेल प्रशिक्षण एक निरंतर प्रक्रिया है जो एक महीने से दूसरे महीने भर वर्ष से वर्ष भर तक लगातार की जाती है यह कौन-सा सिद्धांत कहलाता है:-
(a) क्रियाशीलता का सिद्धांत
(b) भार प्रगतिशीलता का सिद्धांत
(c) लगातारता का सिद्धांत
(d) उपरोक्त कोई नहीं

49 दो प्रशिक्षण कालों के मध्य अन्तराल न तो बहुत अधिक हो और न ही बहुत कम हो यह सिद्धांत क्या कहलाता है:-
(a) स्पष्टता का सिद्धांत
(b) चक्रीयता का सिद्धांत
(c) लगातारता का सिद्धांत
(d) उपरोक्त कोई नहीं

50 खिलाड़ी के प्रदर्शन में सुधार के लिये क्रम में प्रशिक्षण भार को बढ़ाना चाहिए। यह सिद्धांत क्या कहलाता है:-
(a) स्पष्टता का सिद्धांत
(b) भार की प्रगतिशीलता का सिद्धांत
(c) चक्रीयता का सिद्धांत
(d) उपरोक्त कोई नहीं

51. जैसे-जैसे खिलाड़ी की प्रदर्शन क्षमता बढ़े ठीक उसी क्रम में प्रशिक्षण भार को बढ़ाते रहना चाहिए। यह सिद्धांत क्या कहलाता है:-
(a) स्पष्टता का सिद्धांत
(b) भार की प्रगतिशीलता का सिद्धांत
(c) चक्रीयता का सिद्धांत
(d) उपरोक्त कोई नहीं

52. खिलाड़ी के मानव शरीर अंग भार अनुकूलन के पश्चात् प्रशिक्षण भार के उच्च स्तर मांग को प्रारम्भ करते है यह सिद्धांत क्या कहलाता है:–
(a) स्पष्टता का सिद्धांत
(b) चक्रीयता का सिद्धांत
(c) भार प्रगतिशीलता का सिद्धांत
(d) उपरोक्त कोई नहीं

53. प्रशिक्षण भार की दो विधियों से धीरे-धीरे क्रमबद्ध रूप से बढ़ाया जा सकता है। निम्न किसके अन्तर्गत आता है:–
(a) स्पष्टता का सिद्धांत
(b) चक्रीयता का सिद्धांत
(c) भार प्रगतिशीलता का सिद्धांत
(d) उपरोक्त कोई नहीं

54. खिलाड़ी की प्रदर्शन क्षमता को बढ़ाने के लिए प्रशिक्षण भार दिया जाता है। यह कौन-सी विधि कहलाती है:–
(a) अन्तराल विधि (b) मध्यान्तराल विधि
(c) रेखीय विधि (d) उपरोक्त कोई नहीं

55. प्रशिक्षण भार को कुछ समय या काल में दिया जाता हैं यह कौन-सी विधि होती है:–
(a) रेखीय विधि
(b) अन्तराल विधि
(c) मध्यान्तराल विधि
(d) उपरोक्त कोई नहीं

56. प्रशिक्षण भार को सभी प्रदर्शन कारकों के लिए बढ़ाना चाहिए जिससे कि उन सब गामक क्षमताओं का विकास पूर्ण रूप से हो सके। यह कौन-सी विधि होती है:-
(a) अन्तराल विधि
(b) रेखीय विधि
(c) सूक्ष्मन्तराल विधि
(d) उपरोक्त कोई नहीं

57. इस आधुनिक युग में प्रतिस्पर्धात्मक खेल, खिलाड़ी के प्रदर्शन से जुड़े और खेलों में प्रदर्शन की व्यक्तिगत क्षमता उसकी व्यक्तिगत क्षमता पर निर्भर करती है। यह कौन सा सिद्धांत कहलाता है:–
(a) क्रमबद्ध एवं योजनाबद्ध का सिद्धांत
(b) सामान्य एवं विशिष्ट तैयारी का सिद्धांत
(c) व्यक्तिगत विभिन्नता का सिद्धांत
(d) उपरोक्त कोई नहीं

58. किसी भी खिलाड़ी की खेल प्रदर्शन क्षमता को बढ़ाने के लिए आवश्यक है कि उस खिलाड़ी की व्यक्तिगत क्षमताओं का विकास किया जाये यह कौन-सा सिद्धांत कहलाता है:–
(a) क्रमबद्ध एवं योजनाबद्ध का सिद्धांत
(b) व्यक्तिगत विभिन्नता का सिद्धांत
(c) सामान्य एवं विशिष्ट तैयारी का सिद्धांत
(d) उपरोक्त कोई नहीं

59 व्यक्ति के व्यक्तिगत प्रदर्शन को देखकर व्यक्तिगत विभिन्नता के आधार पर खिलाड़ी के लिए प्रशिक्षण कार्यक्रम तैयार किया जाये। यह कौन-सा सिद्धान्त कहलाता है:-
(a) स्पष्टता का सिद्धांत
(b) चक्रीयता का सिद्धांत
(c) व्यक्तिगत विभिन्नता का सिद्धांत
(d) उपरोक्त कोई नहीं

60 प्रशिक्षण कार्यक्रम को पूरे समूह के लिए एक स्थान पर तैयार करना पड़ता है। यह कौन सी अवस्था कहलाती है:-
(a) नौसीखिया अवस्था (b) एडवान्स अवस्था
(c) स्पष्टता अवस्था (d) उपरोक्त कोई नहीं

61. व्यक्तिगत प्रदर्शन एक व्यक्तिगत प्रक्रिया है जिसमें व्यक्तिगत कमी को देखकर उसे दूर किया जाये और खिलाड़ी की प्रदर्शन क्षमता को बढ़ाया जाता है यह कौन सी अवस्था कहलाती है:-
(a) एडवान्स अवस्था
(b) नौसिखिया अवस्था
(c) स्पष्टता अवस्था
(d) उपरोक्त कोई नहीं

62. ट्रेनर व्यक्तिगत रूप से खिलाड़ियों की व्यक्तिगत विभिन्नताओं को देखकर अधिक ध्यान दे सकता है। यह कौन सी अवस्था कहलाती है:-
(a) एडवान्स अवस्था
(b) नौसिखिया अवस्था
(c) स्पष्टता अवस्था
(d) उपरोक्त कोई नही

63. खिलाड़ी में शक्ति की कमी को शक्ति के विकास और तकनीक में कमी को तकनीकी प्रशिक्षण के द्वारा दूर किया जा सकता है यह कौन-सी अवस्था होती है:-
(a) नौसिखिया अवस्था
(b) एडवान्स अवस्था
(c) स्पष्टता अवस्था
(d) उपरोक्त कोई नहीं

64. खिलाड़ी के लक्ष्यों को निर्धारित करते हुए और प्रदर्शन की रचना का निर्माण करते हुए कार्यक्रम की योजना को तैयार करना चाहिए। यह कौन-सा सिद्धांत कहलाता है:-
(a) अस्पष्टता का सिद्धांत
(b) अवलोकन का सिद्धांत
(c) क्रमबद्ध एवं स्पष्टता का सिद्धांत
(d) उपरोक्त कोई नहीं

65. प्रशिक्षण के विकास के दृष्टिकोण से निर्मित हो और योजना इसी के अनुसार तैयार की जाये। यह कौन-सी प्रशिक्षण कहलाती है:-
(a) गामक योग्यतायें शारीरिक दक्षता के सभी घटक
(b) दीर्घकालीन प्रशिक्षण
(c) मध्यकालीन प्रशिक्षण
(d) उपरोक्त कोई नहीं

66. किसी भी खिलाड़ी के खेल प्रदर्शन विकास के लिए सामान्य दक्षता के कारक और तकनीकी एवं युक्तिपूर्ण विकास अति आवश्यक हैं। यह कौन-सा सिद्धांत कहलाता है:-
(a) स्पष्टता का सिद्धांत
(b) चक्रीयता का सिद्धांत
(c) सामान्य एवं विशिष्ट तैयारी का सिद्धांत
(d) उपरोक्त कोई नहीं

67. सामान्य तैयारी खेल प्रदर्शन के लिए आधार का निर्माण करती है। यह कौन-सा सिद्धांत कहलाता है:-
(a) स्पष्टता का सिद्धांत
(b) सामान्य एवं विशिष्ट तैयारी का सिद्धांत
(c) चक्रीयता का सिद्धांत
(d) उपरोक्त कोई नहीं

68. किसी भी खिलाड़ी के उच्च प्रदर्शन स्तर के लिए सामान्य दक्षता एवं तकनीकी एवं युक्तिपूर्ण दोनों ही कारक विशेष रूप से महत्वपूर्ण होते हैं। यह कौन-सा सिद्धांत कहलाता है:-
(a) स्पष्टता का सिद्धांत
(b) चक्रीयता का सिद्धांत
(c) सामान्य एवं विशिष्ट तैयारी का सिद्धांत
(d) उपरोक्त कोई नहीं

69. विशिष्ट तैयारी के माध्यम से भी पुनः अंगों एवं यंत्रों की क्षमताओं का विकास तकनीक एवं युक्तिपूर्ण प्रशिक्षण के दौरान किया जाता है। यह कौन-सा सिद्धांत कहलाता है:-
(a) स्पष्टता का सिद्धांत
(b) चक्रीयता का सिद्धांत
(c) सामान्य एवं विशिष्ट तैयारी का सिद्धांत
(d) उपरोक्त कोई नहीं

70. शक्ति, चाल, सहनशीलता, समन्वय योग्यता)गामक योग्यताओं के किस सिद्धांत को प्रतिपादित करती है:-
(a) चक्रीयता का सिद्धांत
(b) स्पष्टता का सिद्धांत
(c) सामान्य एवं विशिष्ट तैयारी का सिद्धांत
(d) उपरोक्त कोई नहीं

71. प्रशिक्षक द्वारा खिलाड़ी को खेल की तकनीक एवं युक्ति का ज्ञान स्पष्ट रूप से कराया जाता है। यह कौन-सा सिद्धांत कहलाता है:-
(a) चक्रीयता का सिद्धांत
(b) स्पष्टता का सिद्धांत
(c) सामान्य एवं विशिष्ट तैयारी का सिद्धांत
(d) उपरोक्त कोई नहीं

72. खिलाड़ी को किसी भी खेल की तकनीक, युक्ति या इससे सम्बंधित तथ्य को स्पष्ट रूप से ज्ञान करना। यह कौन-सा सिद्धांत कहलाता है:-
(a) चक्रीयता का सिद्धांत
(b) सामान्य एवं विशिष्ट तैयारी का सिद्धांत
(c) स्पष्टता का सिद्धांत
(d) उपरोक्त कोई नहीं

73. खिलाड़ी प्रक्रिया के सभी तथ्यों से अवगत होना चाहिए यह कौन-सा सिद्धांत कहलाता है:-
(a) चक्रीयता का सिद्धांत
(b) सामान्य एवं विशिष्ट तैयारी का सिद्धांत
(c) क्रियाशील सहभागिता का सिद्धांत
(d) उपरोक्त कोई नहीं

74. प्रशिक्षक को खिलाड़ी की रूचि व्यवहार और प्रदर्शन में बढ़ोत्तरी आदि का मूल्यांकन करना चाहिए। यह कौन-सा सिद्धांत कहलाता है:-
(a) स्पष्टता का सिद्धांत
(b) क्रियाशील सहभागिता का सिद्धांत
(c) चक्रीयता का सिद्धांत
(d) उपरोक्त कोई नहीं

75. खिलाड़ी क्रियाशील नहीं होते हैं तो उसके प्रदर्शन का मूल्यांकन एवं विश्लेषण करना भी आवश्यक नहीं है यह कौन-सा सिद्धांत कहलाता है:-
(a) स्पष्टता का सिद्धांत
(b) चक्रीयता का सिद्धांत
(c) क्रियाशील सहभागिता का सिद्धांत
(d) उपरोक्त कोई नहीं

76. प्रशिक्षक ही खिलाड़ी को क्रियाशील सहभागिता के लिए तैयार करेगा। यह कौन-सा सिद्धांत कहलाता है:-
(a) स्पष्टता का सिद्धांत
(b) क्रियाशील सहभागिता का सिद्धांत
(c) चक्रीयता का सिद्धांत
(d) उपरोक्त कोई नहीं

77. खेल एवं खेल प्रतियोगिताओं में खिलाड़ी के उच्च प्रदर्शन स्तर के लिए प्रशिक्षण चक्रों में प्रशिक्षण विभाजित करके दिया जाता है। यह कौन-सा सिद्धांत कहलाता है:-
(a) स्पष्टता का सिद्धांत
(b) क्रियाशील सहभागिता का सिद्धांत
(c) चक्रीयता का सिद्धांत
(d) उपरोक्त कोई नहीं

78. प्रशिक्षण चक्रीयता को कितने प्रशिक्षण चक्रों में विभाजित करते हैं:-
(a) 04 (b) 02
(c) 03 (d) उपरोक्त कोई नहीं

79. चक्रों का मुख्य उद्देश्य क्रमबद्ध प्रशिक्षण और प्रशिक्षण के साधनों का सही उपयोग करना होता है। यह क्या कहलाता है:-
(a) मीजो चक्र (b) मेक्रो चक्र
(c) माइक्रो चक्र (d) उपरोक्त कोई नहीं

80 मेक्रो चक्र का दूसरा नाम क्या है:-
(a) चार्ल्स (b) फैडरिन
(c) अवधिकालीनता (d) उपरोक्त कोई नहीं

81. मेक्रोचक्र की अवधिकालीनता की कितनी अवस्थायें होती हैं:
(a) 05 (b) 04
(c) 03 (d) उपरोक्त कोई नहीं

82. तैयारी काल अवस्था किस चक्र की होती है:-
(a) मीजो चक्र (b) मेक्रोचक्र
(c) माइक्रो चक्र (d) उपरोक्त कोई नहीं

83. प्रशिक्षण के आयतन को अधिक तेजी से एवं अधिकतम बढ़ाया जाता है। यह कौन-सी अवस्था होती है:-
(a) प्रतियोगिता काल (b) तैयारी काल
(c) विश्राम काल (d) उपरोक्त कोई नहीं

84. जैसे-जैसे तैयारी काल समाप्त होता है वैसे-वैसे उपरोक्त क्रम में तीव्रता को तेजी से बढ़ाते हैं। यह कौन-सी अवस्था का कथन है:-
(a) विश्राम काल (b) प्रतियोगिता काल
(c) तैयारी काल (d) उपरोक्त कोई नहीं

85. प्रतियोगिता काल अवस्था किस चक्र की होती है:-
(a) मीजो चक्र (b) मेक्रो चक्र
(c) तैयारी काल (d) उपरोक्त कोई नहीं

86. अवधिकालीनता में प्रशिक्षण तीव्रता को अधिकतम रखते हैं और आयतन को घटाते हैं। यह कौन सी अवस्था होती है:-
(a) विश्राम काल (b) तैयारी काल
(c) प्रतियोगिता काल (d) उपरोक्त कोई नहीं

87. विश्राम काल अवस्था किस चक्र की होती है:-
(a) रथ चक्र
(b) मेक्रो चक्र
(c) वेल काल
(d) उपरोक्त कोई नहीं

88. प्रतियोगिता के दौरान खिलाड़ी के शिखर प्रदर्शन को व्यवस्थित नियंत्रित और नियमित किया जा सकता है। यह कौन-सी अवस्था होती है:-
(*a*) तैयारी काल
(*b*) विश्राम काल
(*c*) प्रतियोगिता काल
(*d*) उपरोक्त कोई नहीं

89 प्रशिक्षण काल तीन सप्ताह से छह सप्ताह तक का होता है। यह कौन-सा चक्र कहलाता है:–
(*a*) मीजो चक्र (*b*) मेक्रो चक्र
(*c*) माइक्रो चक्र (*d*) उपरोक्त कोई नहीं

90 प्रशिक्षण काल में खिलाड़ी के कौशल अभ्यास के दो वास्तविक उद्देश्य किसने प्रतिपादित किए थे:-
(*a*) चार्ल्स (*b*) डार्विन
(*c*) मेटवीयेव (*d*) उपरोक्त कोई नहीं

91. तैयारी काल में सहनशीलता और विकास के साथ-साथ प्रदर्शन के कारकों को बनाये रखना होता है। यह कथन किसके शब्दों में है:-
(*a*) चार्ल्स (*b*) मेटवीयेव
(*c*) डार्विन (*d*) उपरोक्त कोई नहीं

92. ''प्रदर्शन के अन्य कारकों को ज्यों की त्यों बनाये रखने के साथ-साथ खिलाड़ी में व्यक्तित्व का विकास किया जाता है।'' यह कथन किसके शब्दो में है:-
(*a*) चार्ल्स (*b*) डार्विन
(*c*) मेटवीयेव (*d*) उपरोक्त कोई नहीं

93. प्रशिक्षण चक्र का समय पाँच से दस दिन का होता है। यह कौन सा चक्र होता है:–
(*a*) मेक्रो चक्र (*b*) माइक्रो चक्र
(*c*) मीजो चक्र (*d*) उपरोक्त कोई नहीं

94. माइक्रो चक्र का दूसरा नाम क्या है:–
(*a*) साप्ताहिक प्रशिक्षण चक्र
(*b*) मिजो चक्र
(*c*) मेक्रो चक्र
(*d*) उपरोक्त कोई नहीं

95. अल्पकालीन प्रशिक्षण योजना किसे कहते है:-
(*a*) मीजो चक्र (*b*) माइक्रो चक्र
(*c*) मेक्रो चक्र (*d*) उपरोक्त कोई नहीं

96. माइक्रो चक्र योजना किस सन् में स्थापित हुई थी:–
(*a*) 1986 ई: (*b*) 1929 ई:
(*c*) 1926 ई: (*d*) उपरोक्त कोई नहीं

97. ''खेल प्रशिक्षण का मुख्य लक्ष्य अच्छे परिणाम प्राप्त करना होता है, अच्छा प्रदर्शन दिखाना होता है।'' यह कथन कौन-से सिद्धांत को प्रकट करता है:–
(*a*) स्पष्टता का सिद्धांत
(*b*) चक्रीयता का सिद्धांत
(*c*) परिणाम प्राप्ति का सिद्धांत
(*d*) उपरोक्त कोई नहीं

98. ''परिणामों को लम्बे समय तक बनाये रखने के लिए कुछ विशिष्ट उद्देश्य एवं सिद्धांतों को निर्धारित करना'' यह कथन किस सिद्धांत का है:–
(*a*) स्पष्टता का सिद्धांत
(*b*) परिणाम प्राप्ति का सिद्धांत
(*c*) चक्रीयता का सिद्धांत
(*d*) उपरोक्त कोई नहीं

99. हमारा देश अंग्रजों के प्रशासन के अधीन लगभग कितने वर्षों तक रहा था:–
(*a*) 500 वर्ष (*b*) 600 वर्ष
(*c*) 200 वर्ष (*d*) उपरोक्त कोई नहीं

100. श्री आर. एल. आनंद ने ब्रिटिश सरकार के अन्तर्गत सर्विस किस सन् में की थी:–
(*a*) 1972 ई. (*b*) 1942 ई.
(*c*) 1890 ई. (*d*) उपरोक्त कोई नहीं

101. हड्डियों में खनिज लवण की प्रतिशतता निम्न होती है:–
(*a*) 25 प्रतिशत (*b*) 45 प्रतिशत
(*c*) 30 प्रतिशत (*d*) 65 प्रतिशत

102. हड्डियों में पानी की प्रतिशतता निम्न होती है:-
(*a*) 25 प्रतिशत (*b*) 45 प्रतिशत
(*c*) 30 प्रतिशत (*d*) 65 प्रतिशत

103. हड्डियों में रासायनिक पदार्थों की मात्रा होती है:–
(*a*) 50 प्रतिशत (*b*) 70 प्रतिशत
(*c*) 48 प्रतिशत (*d*) 30 प्रतिशत

104. हड्डियों को निम्न भागों में बांटा गया है:–
(*a*) एक (*b*) दो
(*c*) तीन (*d*) छ:

105. अस्थि को निम्न भागों में विभाजित किया गया है:–
(a) चार (b) दो
(c) सात (d) पाँच

106. मनुष्य की मध्य पीठ पर गर्दन से नीचे कमर तक स्थित हड्डी निम्न है:-
(a) मेरूदण्ड (b) स्केपुला
(c) फीमर (d) ह्युमरस

107. चपटी अस्थियां शरीर के निम्न भाग में पायी जाती है:–
(a) टांग व बाजू
(b) चेहरे व पीठ
(c) पेट व कूल्हे
(d) उपरोक्त कोई नहीं

108. शरीर में पाये जाने वाले व्यर्थ पदार्थों में सबसे अधिक मात्रा होती है:–
(a) ऑक्सीजन
(b) कार्बन मोनोआक्साइड
(c) कार्बन डाईआक्साइड
(d) उपरोक्त कोई नहीं

109 हृदय के ऊपर बांये कक्ष को निम्न नाम से पुकारते हैं:–
(a) Left Aurical
(b) Right Aurical
(c) Middle Aurical
(d) उपरोक्त कोई नहीं

110. हृदय के निचले दांये कक्ष को निम्न नाम से पुकारते हैं:–
(a) Left Aurical (b) Middle Aurical
(c) Right Aurical (d) Left ventricle

111. श्वसन क्रिया में हवा के लिए मार्ग बनाने वाली नलिकाएं निम्न है:-
(a) Olveoli (b) Lungs
(c) Trachea (d) Bronchiales

112. Rectus Abdominis निम्न अंग के Muscles होते हैं:–
(a) पेट के (b) पिंडलियों के
(c) पीठ के (d) उपरोक्त कोई नहीं

113. उत्सर्जन क्रिया निम्न अंग द्वारा परिचालित होती है:–
(a) गुर्दा (b) लीवर
(c) त्वचा (d) उपरोक्त सभी

114. Soleus Muscles निम्न गति में सहायक होते हैं:–
(a) Rotation (b) Abduction
(c) Extention (d) उपरोक्त कोई नहीं

115. Tibialis Anterior निम्न गति कराने में मददगार हैं:–
(a) Flextion of foot
(b) Flextion of hand
(c) Extention of feet
(d) उपरोक्त कोई नहीं

116. दोनों जांघों के मध्य 'Coccyx' से दो थैलों में निम्न स्थित है:–
(a) Ureters (b) Testis
(c) Uterus (d) उपरोक्त सभी

117. Pelvic Carity में Urinary Bladder और Rectum के बीचों बीच निम्न स्थित है:-
(a) Urecters (b) Testis
(c) Uterus (d) उपरोक्त सभी

118. Uterine Tubes की लम्बाई होती है:–
(a) 10 से. मी. (b) 12 से. मी.
(c) 14 से. मी. (d) उपरोक्त सभी

119. Uterus की चौड़ाई प्राय: होती है:–
(a) 10 से. मी. (b) 05 सें. मी.
(c) 03 से. मी. (d) 04 से. मी.

120. Testis का वजन प्राय: होता है:-
(a) 10-15 ग्राम
(b) 8-12 ग्राम
(c) 9- 14 ग्राम
(d) उपरोक्त में से कोई नहीं

121. पांव की तली को नीचे की तरफ मोड़ना कहलाता है:–
(a) अवत्तानन (Pronation)
(b) विपरिवर्तन (Inversion)
(c) बहिवर्तन (Eversion)
(d) उपरोक्त कोई नहीं

122. हथेली को आगे अथवा ऊपर की तरफ मोड़ना कहलाता है:–
(a) अवत्तानन (Pronation)
(b) विपरिवर्तन (Inversion)
(c) उत्तानन (Supination)
(d) उपरोक्त सभी

123. सिर को आगे पीछे, दांये बांये घुमाना निम्न है:-
(a) प्रत्यावर्तन (Circumduction)
(b) उत्तानन (Supination)
(c) बहिवर्तन (Eversion)
(d) विपरिवर्तन (Inversion)

124. पिट्युटरी ग्रन्थियों को मुख्यत: निम्न भागों में विभाजित किया जा सकता है:-
(a) चार (b) दो
(c) पाँच (d) एक

125. Deltoid Muscle निम्न अंग से सम्बंधित है:-
(a) पेट की मांसपेशियों से
(b) पीठ की मांसपेशियों से
(c) कंधो के ऊपरी हिस्से की मांसपेशियों से
(d) उपरोक्त सभी

126. बाईसेप्स (Biceps) की उत्पत्ति निम्न से होती है:–
(a) Scapula के ऊपरी हिस्से से
(b) Humer के ऊपरी व पिछले भाग से
(c) Fibia के निचले हिस्से से
(d) उपरोक्त कोई नहीं

127. ट्राईसेप्स (Triceps) की उत्पत्ति निम्न में से होती है:–
(a) Skull के पीछे से
(b) Scapula के ऊपरी हिस्से से
(c) Humer के ऊपरी पिछले भाग से
(d) उपरोक्त सभी

128. मांसपेशियां निम्न प्रकार की होती हैं:–
(a) तीन
(b) दो
(c) चार
(d) उपरोक्त कोई नहीं

129. शरीर में जिस जगह दो या दो से अधिक हड्डियां आपस में मिलती हैं वह कहलाता हैं:-
(a) अस्थि संस्थान
(b) जोड़
(c) उत्तक संरचना
(d) उपरोक्त में से कोई नहीं

130. शरीर में संवहनीय उत्तक निम्न प्रकार के होते हैं;–
(a) तीन (b) चार
(c) दो (d) उपरोक्त कोई नहीं

131. मनुष्य में पैराथाइरॉइड ग्रन्थियों का वजन होता है:-
(a) 001 से 003 ग्राम
(b) 002 से 003 ग्राम
(c) 004 से 005 ग्राम
(d) उपरोक्त मे से कोई नहीं

132. गर्दन के नीचे उरोट्थि के ठीक पीछे निम्न ग्रंथि होती है:–
(a) पैराथाइराइड ग्रंथी
(b) थइमस ग्रंथी
(c) पीनीयल काय
(d) उपरोक्त कोई नहीं

133. भ्रूण एवं गर्भाशय के मध्य निम्न रचना सम्पर्क बनाये रखती है:–
(a) प्लेसेंटा
(b) गर्भाशय भित्ति
(c) वृषण
(d) उपरोक्त में से कोई नहीं

134. रेनिन नामक हॉर्मोन निम्न से साबित होता है:-
(a) प्लेसेंटा (b) यकृत
(c) वृषण (d) वृक्क

135. मनुष्य के मूत्र में पानी की मात्रा निम्न प्रतिशत होती है:–
(a) 95 प्रतिशत (b) 85 प्रतिशत
(c) 75 प्रतिशत (d) 90 प्रतिशत

136. महिलाओं में रिलैक्सीन नामक हॉर्मोन की अधिकता से निम्न प्रभाव पड़ता है:–
(a) प्रसव की संभावना कम होना
(b) पाचन संस्थान में गड़बड़ी
(c) गर्भपात की संभावना बढ़ना
(d) उपरोक्त सभी

137. मनुष्य के शरीर में निम्न मिश्रित ग्रंथि है:–
(a) लीवर (b) अग्नाशय
(c) गुर्दे (d) हृदय

138. मांसपेशियों में निम्न अम्ल के जमा होने पर थकान महसूस होती है:-
(a) लैक्टिक अम्ल
(b) साइट्रिक अम्ल
(c) यूरिक अम्ल
(d) उपरोक्त सभी

उत्तरमाला

1	2	3	4	5	6	7	8	9	10
(b)	(a)	(b)	(a)	(b)	(b)	(b)	(b)	(a)	(b)
11	**12**	**13**	**14**	**15**	**16**	**17**	**18**	**19**	**20**
(b)	(b)	(c)	(c)	(b)	(c)	(a)	(c)	(c)	(b)
21	**22**	**23**	**24**	**25**	**26**	**27**	**28**	**29**	**30**
(a)	(c)	(a)	(b)	(b)	(c)	(a)	(c)	(c)	(c)
31	**32**	**33**	**34**	**35**	**36**	**37**	**38**	**39**	**40**
(b)	(c)	(b)	(c)	(b)	(b)	(b)	(c)	(b)	(c)
41	**42**	**43**	**44**	**45**	**46**	**47**	**48**	**49**	**50**
(b)	(c)	(b)	(c)	(c)	(b)	(b)	(c)	(c)	(b)
51	**52**	**53**	**54**	**55**	**56**	**57**	**58**	**59**	**60**
(b)	(c)	(c)	(c)	(b)	(a)	(c)	(b)	(c)	(a)
61	**62**	**63**	**64**	**65**	**66**	**67**	**68**	**69**	**70**
(b)	(a)	(a)	(d)	(b)	(c)	(b)	(c)	(c)	(b)
71	**72**	**73**	**74**	**75**	**76**	**77**	**78**	**79**	**80**
(b)	(c)	(c)	(b)	(c)	(b)	(c)	(d)	(b)	(c)
81	**82**	**83**	**84**	**85**	**86**	**87**	**88**	**89**	**90**
(d)	(b)	(b)	(c)	(b)	(c)	(d)	(b)	(a)	(c)
91	**92**	**93**	**94**	**95**	**96**	**97**	**98**	**99**	**100**
(b)	(c)	(b)	(c)	(a)	(d)	(c)	(b)	(c)	(b)
101	**102**	**103**	**104**	**105**	**106**	**107**	**108**	**109**	**110**
(b)	(a)	(d)	(b)	(d)	(a)	(b)	(c)	(a)	(c)
111	**112**	**113**	**114**	**115**	**116**	**117**	**118**	**119**	**120**
(b)	(a)	(d)	(c)	(a)	(d)	(c)	(a)	(c)	(a)
121	**122**	**123**	**124**	**125**	**126**	**127**	**128**	**129**	**130**
(b)	(c)	(a)	(b)	(c)	(a)	(c)	(a)	(b)	(c)
131	**132**	**133**	**134**	**135**	**136**	**137**	**138**		
(a)	(b)	(a)	(d)	(a)	(c)	(b)	(a)		

इकाई-VIII

अनुसंधान का अर्थ एवं वर्गीकरण

अनुसंधान के द्वारा उन मौलिक प्रश्नों के उत्तर देने का प्रयास किया जाता है जिनका उत्तर अभी तक उपलब्ध नहीं हो सका। यह उत्तर मानवीय प्रयासों पर आधारित होता है। इस प्रत्यय को चन्द्रमा के एक उदाहरण से स्पष्ट किया जा सकता है। कुछ वर्ष पहले जब तक मनुष्य चन्द्रमा पर नहीं पहुंचा था, चन्द्रमा वास्तव में क्या है? इस संबंध में सही जानकारी नहीं थी। यह एक समस्या भी थी जिसका कोई समाधान भी नहीं था। मनुष्य को चन्द्रमा के संबंध में मात्र अवधारणायें ही थी, शुद्ध ज्ञान नहीं था। परन्तु मनुष्य अपने प्रयास से चन्द्रमा पर पहुंचा और चन्द्रमा की मिट्टी ले आया तथा उसके विश्लेषण से सही ज्ञान हो सका कि चन्द्रमा क्या है? इस प्रकार शोध कार्यों द्वारा इन प्रश्नों का उत्तर खोजने का प्रयास किया जाता है जिनका उत्तर साहित्य में उपलब्ध नहीं हैं अथवा मनुष्य की जानकारी में नहीं है।

वास्तव में अनुसंधान एक प्रक्रिया है जिसमें प्रदत्तों के विश्लेषण के आधार पर किसी समस्या का विश्वसनीय समाधान ज्ञात किया जाता है। अनुसंधान एक व्यवस्थित तथा सुनियोजित प्रक्रिया है जिसके द्वारा मानवीय ज्ञान में वृद्धि की जाती है और मानव जीवन को सुगम तथा भावी बनाया जाता है। शोध से मानवीय तनावों को भी कम किया जाता है। वैज्ञानिक समस्याओं के समाधान की एक प्रभावशाली विधि है।

अनुसंधान में नवीन तथ्यों की खोज की जाती है तथा नवीन सत्यों का प्रतिपादन किया जाता है। शोध कार्यों द्वारा प्राचीन प्रत्ययों तथा तथ्यों को नवीन अर्थापन किया जाता है। ऐसी परिस्थितियों की जानकारी की जाती है जिनमें विशिष्ट तथ्य क्रियाशील होते हैं तथा अन्य क्रियाशील नहीं होते जबकि वे तथ्य समान प्रतीत होते हैं।

अनुसंधान

अंग्रेजी में अनुसंधान को 'रिसर्च' कहते हैं जो दो शब्दों से मिलकर बना है :

Research = Re + search

रिसर्च = रि + सर्च

'रि' अंग्रेजी में अर्थ होता है बार-बार तथा 'सर्च' का अर्थ है खोजना। अंग्रेजी का यह शब्द शोध की प्रक्रिया को प्रस्तुत करता है कि शोधकर्त्ता किसी तथ्य को बार-बार देखता है जिससे उसके संबंध में प्रदत्तों को एकत्रित करता है तथा उनके आधार पर उसके संबंध में निष्कर्ष निकालता है।

शोध कार्यों के द्वारा चरों का सह-सम्बन्ध ज्ञात किया जाता है। यह सह-सम्बन्ध दो प्रकार का होता है-प्रयोगात्मक शोध कार्यों द्वारा कारण, प्रभाव सह-सम्बन्ध ज्ञात किया जाता है। सर्वेक्षण शोधकार्यों द्वारा सामान्य सह सम्बन्ध ज्ञात किया जाता है। यह सम्बन्ध विशिष्ट परिस्थितियों पर निर्भर होता है। प्रत्येक शोध के चरों का सह-सम्बन्ध अवधारणाओं पर आधारित होता है। विकासात्मक शोध कार्यों में चरों की प्रभावशीलता का अध्ययन किया जाता है। ऐतिहासिक शोध में नवीन तथ्यों की खोज की जाती है। अनुसंधान की महत्वपूर्ण परिभाषाएं अधोलिखित हैं।

अनुसंधान की परिभाषायें

अनुसंधान की अनेकों परिभाषायें उपलब्ध हैं, यहां कुछ प्रमुख परिभाषायें दी गई हैं। जिनसे 'अनुसंधान' को बोधगम्य कर सकते हैं-जार्ज जे. मुले ने अनुसन्धान की परिभाषा में 'वैज्ञानिक विधि' के प्रयोग को विशेष महत्व दिया है :

शैक्षिक समस्याओं के समाधान के लिए व्यवस्थित रूप में बौद्धिक ढंग से वैज्ञानिक विधि के प्रयोग तथा अर्थापन को 'अनुसंधान' कहते हैं। इसके विपरीत यदि किसी व्यवस्थित अध्ययन के द्वारा शिक्षा में विकास किया जाए तो उसे शैक्षिक अनुसंधान कहते हैं।

मेकग्रेथ तथा वाटसन ने 'अनुसंधान' की एक व्यापक परिभाषा दी है :

"अनुसंधान एक प्रक्रिया है, जिसमें खोज प्रविधि का प्रयोग किया जाता है जिसके निष्कर्षों की उपयोगिता हो, ज्ञान वृद्धि की जाये, प्रगति के लिए प्रोत्साहित करे, समाज के लिए सहायक हो तथा मनुष्य को अधिक प्रभावशाली बना सके।

समाज तथा मनुष्य अपनी समस्याओं को प्रभावशाली ढंग से हल कर सकें।"

इस परिभाषा में 'अनुसंधान' प्रक्रिया के तीन प्रमुख कार्यों को महत्व दिया है :

– नवीन ज्ञान में वृद्धि करना,
– समाज तथा मनुष्य की सहायता करना, तथा
– समस्या समाधान के लिए प्रभावशाली बनाना।

जॉन. डब्ल्यू. बैस्ट के अनुसार :

"अनुसंधान अधिक औपचारिक, व्यवस्थित, तथा गहन प्रक्रिया है जिसमें वैज्ञानिक विधि विश्लेषण को प्रयुक्त किया जाता है। अनुसंधान में व्यवस्थित स्वरूप को सम्मिलित किया जाता है जिसके फलस्वरूप निष्कर्ष निकाले जाते हैं और उनका औपचारिक आलेख तैयार किया जाता है।"

शोध की प्रकृति

यद्यपि परिभाषाओं से 'अनुसंधान' शब्द का अर्थ तथा इसकी प्रकृति का भी बोध होता है परन्तु अनुसंधान की प्रकृति के संबंध में कुछ महत्वपूर्ण बिन्दु निम्नलिखित हैं–

1. 'अनुसंधान' एक उद्देश्यपूर्ण सुव्यवस्थित बौद्धिक प्रक्रिया है इसके द्वारा किसी सैद्धांतिक अथवा व्यवहारिक समस्या के समाधान का प्रयास किया जाता है।
2. 'अनुसंधान' के द्वारा या तो किसी नये तथ्य, सिद्धांत, विधि या वस्तु की खोज की जाती है अथवा प्राचीन तथ्य, सिद्धांत, विधि या वस्तु में परिवर्तन किया जाता है।
3. 'अनुसंधान' एक तर्कपूर्ण तथा वस्तुनिष्ठ प्रक्रिया है इसके द्वारा प्राप्त निष्कर्ष वास्तविक आंकड़ों पर आधारित एवं तर्कपूर्ण होते हैं तथा व्यक्तिगत पक्षपात से मुक्त होते हैं।
4. 'अनुसंधान', चिन्तन की एक सुव्यवस्थित एवं परिष्कृत विधि है जिसके अन्तर्गत किसी समस्या के समाधान के लिए विशिष्ट उपकरणों एवं प्रक्रियाओं का प्रयोग होता है।
5. 'अनुसंधान' की प्रक्रिया में प्राथमिक अथवा माध्यमिक स्रोत से प्राप्त आंकड़ों से नये ज्ञान को प्राप्त किया जाता है।
6. इसके अन्तर्गत जटिल घटनाक्रम को समझने के लिए 'विश्लेषण विधि' का प्रयोग किया जाता है। इस विश्लेषण के लिए परिकल्पनाओं का निर्माण एवं परीक्षण किया जाता है।
7. जहां तक संभव हो, अनुसंधान की प्रक्रिया में आंकड़ों के विश्लेषण में परिमाणात्मक विधि का प्रयोग किया जाता है इससे तात्पर्य यह है कि जहां तक संभव हो, आंकड़ों के विश्लेषण में सांख्यिकीय विधियों का प्रयोग किया जाता है।
8. 'अनुसंधान' द्वारा प्राप्त ज्ञान सत्यापित किया जा सकता है क्योंकि इसके अन्तर्गत किया गया निरीक्षण नियंत्रित एवं वस्तुनिष्ठ होता है।
9. 'अनुसंधान' एक अनोखी प्रक्रिया है जिसके द्वारा ज्ञान के प्रकाश एवं प्रसार या फैलाव के लिये सुव्यवस्थित प्रयास होता है।
10. 'अनुसंधान' कार्य के लिये वैज्ञानिक अभिकल्पों का प्रयोग किया जाता है।
11. आंकड़ों को प्राप्त करने के लिए विश्वसनीय एवं वैध उपकरणों का प्रयोग किया जाता है।
12. सभी अनुसंधानों में प्रतिवेदन सावधानीपूर्वक तैयार करनी चाहिए।

अनुसंधान के प्रकार

किसी भी समस्या के समाधान अथवा किसी भी प्रश्न का उत्तर जानने के दो मुख्य कारण होते हैं। (1) बौद्धिक तथा (2) व्यावहारिक।

बौद्धिक कारण का संबंध मनुष्य की जिज्ञासा की प्रवृत्ति तथा ज्ञानार्जन से प्राप्त सन्तुष्टि की भावना से है।

व्यावहारिक कारण का सम्बन्ध मनुष्य की उस इच्छा से है जिसके द्वारा यह ज्ञान प्राप्त करके अन्य कार्यों को अधिक कुशलतापूर्वक कर सके।

उपर्युक्त दोनों कारणों के आधार पर समस्त अनुसंधानों को दो वर्गों में विभक्त किया जाता है :

(1) मूलभूत अनुसंधान तथा (2) व्यवहृत अनुसंधान।

1. मूलभूत अनुसंधान–ऐसे अनुसंधान जिनके निष्कर्षों द्वारा किन्हीं विशेष वैज्ञानिक नियमों का प्रतिपादन हो, इस वर्ग में आते हैं। एण्ड्रीआस के अनुसार, "मूलभूत अनुसंधान का मुख्य उद्देश्य नयी प्ररचनाओं का निर्माण करना है।"

मूलभूत अनुसंधान में अनुसंधानकर्ता प्राकृतिक घटनाओं को अपने अध्ययन के निष्कर्षों से संबंधित करता हैं। इस प्रकार के अनुसंधान का मुख्य कारण तथ्यों का एकत्रीकरण है। अनुसंधानकर्ता इन तथ्यों को उपयोगिता आदि की दृष्टि से एकत्रित नहीं करता। वह केवल इन तथ्यों को इसलिए एकत्रित करता है क्योंकि तथ्य एकत्रित करने योग्य हैं। मूलभूत अनुसंधान, इस प्रकार, हमारे ज्ञान में वृद्धि करता है।

2. व्यवहृत अनुसंधान–इस वर्ग में वे अनुसंधान आते हैं जिनके द्वारा किसी समस्या-विशेष का समाधान आवश्यक हो। व्यवहृत अनुसंधान में अवज्ञान के कुछ विशेष नियमों का किसी

विशेष मामले पर प्रभाव जाना जाता है। एण्ड्रीआस के अनुसार, तथ्यों द्वारा यदि अनुसंधानकर्ता किसी क्रियात्मक समस्या का समाधान करे तो यह अनुसंधान व्यवहृत अनुसंधान की श्रेणी में आता है।

यद्यपि अनुसंधानों को इस प्रकार वर्गीकृत करते हैं, फिर भी ऐसे वर्गीकरण पूर्ण रूप से संभव नहीं हैं, क्योंकि मूलभूत तथा व्यवहृत अनुसंधान को अलग करना एक कठिन कार्य है। इसके अतिरिक्त, सामाजिक विज्ञानों में क्रियात्मक समस्याओं पर किये गये अनुसंधान नये सिद्धांतों तथा नियमों को बनाने में सहायक होते हैं। इसी प्रकार मूलभूत अनुसंधानों से कुछ ऐसी जानकारी प्राप्त होती है जिनका व्यवहृत अथवा क्रियात्मक उपयोग होता है। अनुसंधानों को इस प्रकार वर्गीकृत करने के बाद भी दोनों प्रकार के अनुसंधानों की अनुसंधान-पद्धति में काफी मात्रा में समानता होती है। वैज्ञानिक अनुसंधान तथा शोधों के लिए सामान्य नियमों को निश्चित करना तथा किसी विशेष परिस्थिति में व्यवहृत अथवा क्रियात्मक समस्या से इन नियमों को संबंधित करना आवश्यक है।

नेशनल साइंस फाउण्डेशन ने अनुसंधान का वर्गीकरण निम्नलिखित ढंग से किया है :

(क) मूलभूत अनुसंधान

(ख) व्यवहृत अनुसंधान और

(ग) प्रयोगात्मक अनुसंधान।

वास्तव में अनुसंधान मूल रूप में तथ्यों का नवीन ढंग से विश्लेषण प्रस्तुत करता है जिसके द्वारा वर्तमान ज्ञान-कोष में वृद्धि होती है। अतः अनुसंधानकर्ता का बल नई व्याख्या एवं विश्लेषण की ओर रहता है। इन सामाजिक अनुसंधानों के मूल्यांकन में व्यक्तिगत प्रभाव को पूर्ण रूप से दूर नहीं किया जा सकता, फिर भी उसमें वस्तुनिष्ठता लाने का प्रयास करना ही होगा। इस दृष्टि से इसके वर्गीकरण पर भी विचार करना ही संगत रहेगा, अनुसंधान एक विकासोन्मुख प्रत्यय है, इसकी प्रकृति गत्यात्मक है, आधार वैज्ञानिक है, विकास अभिसंचयी है तथा ज्ञान एवं विद्वता का दिग्दर्शक है। इन बातों को ध्यान में रखते हुए एडवर्ड तथा क्रॉनबैंक का वर्गीकरण युक्ति संगत प्रतीत होता है जो निम्न प्रकार है:

1. **सर्वेक्षण अनुसंधान**–इस प्रकार के अनुसंधान का संबंध उस सामान्य समस्याओं से है जिनके अन्तर्गत यह निश्चित करते हैं कि कौन-सा चर अन्य किस चर से, किस रूप में, किस सीमा तक सम्बद्ध है। इस प्रकार चरों की स्थिति एवं उनके सम्बन्धों की स्थिति का सर्वेक्षण ही इसका मूल उद्देश्य होता है। सर्वेक्षण अनुसंधान की प्रकृति सम-वेषणात्मक होने के कारण किसी समस्या पर अनुसंधान के प्राथमिक स्तर पर यह बहुत ही उपयोगी है।
2. **प्रविधि अनुसंधान**–इस प्रकार के अनुसंधान का संबंध निरीक्षण की विधियों संबंधी समस्याओं के समाधान से है। जब किसी चर के निरीक्षण की अनेक विधियां उपलब्ध हो तो प्रविधि अनुसंधान इस विधियों का तुलनात्मक अध्ययन कर उसकी प्रभाविता का स्पष्टीकरण करता है।
3. **व्यवहृत अनुसंधान**–इस प्रकार के अनुसंधान के अन्तर्गत व्यावहारिक समस्याओं का समाधान प्रस्तुत करते हैं। मान लीजिए, हमारा उद्देश्य एक वांछित दिशा में लोगों की अभिवृत्तियों के परिवर्तन की अनेक विधियों में से सर्वोत्तम विधि का चुनाव करना है तो इस प्रकार का अनुसंधान उसमें सहायक होता है। ऐसे अवसर पर व्यवहृत अनुसंधान के आधार पर प्राप्त निष्कर्षों द्वारा विशेष विधि के चुनाव में सहायता मिल सकती है।
4. **आलोचनात्मक अनुसंधान**–उस अनुसंधान को कहते हैं जिसके अन्तर्गत किसी सिद्धान्त से निर्गत प्राक्कल्पनाओं का निरीक्षण करते है। पूर्व-धारणा के अनुसार हमारा विश्वास है कि यदि अनुसंधान किया जाए तो इसमें एक विशेष फल प्राप्त होगा। ऐसी अवस्था में अनुसंधान इस बात की पुष्टि के लिए होता है कि क्या प्राप्त निष्कर्ष सैद्धांतिक आशाओं के अनुरूप है?

यहां अनुसंधान का एक सामान्य वर्गीकरण प्रस्तुत करने का प्रयास किया गया है। वर्गीकरण अन्य प्रकार से भी किया जा सकता है। पर सभी वर्गीकरणों में एक-दूसरे के तत्व किसी न किसी सीमा तक अवश्य विद्यमान होंगे।

मनोवैज्ञानिक अनुसंधान

आधुनिक मनोविज्ञान पूर्णतया वैज्ञानिक होने की दिशा में अग्रसर है। एक शताब्दी पहले के मनोविज्ञान तथा आधुनिक मनोविज्ञान के चिन्तन के तरीके तथा अध्ययन-विधियों में जमीन-आसमान का अन्तर हो चुका है। अन्य विज्ञानों की तरह मनोविज्ञान भी अपने अध्ययन के विषय (व्यवहार) संबंधी नियमों को प्रदर्शित करता है। व्यवहार के अध्ययन में मनोविज्ञान की यह धारणा है कि व्यवहार के सभी पक्ष व्यवहार की होने वाली दशाओं पर निर्भर करते हैं। इस कारण मनोविज्ञान में व्यक्ति की क्रियाओं की वातावरण पर निर्भरता का अध्ययन होता है।

इसके साथ-साथ, अन्य विज्ञानों की तरह मनोविज्ञान की भी यह मान्यता है कि अध्ययन की जाने वाली घटनाएं नियमबद्ध

हैं। इसी मान्यता के आधार पर विभिन्न मनोवैज्ञानिक नियमों का निर्माण हुआ है। उदाहरणार्थ, नैराश्य आक्रामक भावनाओं को बल देता है, चयनात्मक प्रक्रिया काल साधारण प्रतिक्रिया काल की अपेक्षा अधिक होता है, इत्यादि। इस उदाहरणों से यह स्पष्ट हो जाता है कि व्यवहार का वातावरण से निश्चित सम्बन्ध होता है।

इसके अतिरिक्त, मनोवैज्ञानिक अनुसंधान में निम्नलिखित आयाम अथवा निर्धारक और पाये जाते हैं :

1. मनोविज्ञान की सामान्य अवधारणाएं–

(a) **प्राकृतिक वर्गीकरण की अवधारणा**–मनोवैज्ञानिक इस वैज्ञानिक धारणा में विश्वास करता है कि प्रकृति में किसी न किसी सीमा तक एकरूपता अवश्य होती है। प्रकृति में समान घटनाएं होती रहती हैं। तात्पर्य यह है कि जो घटना एक बार घटती है, वह उन्हीं परिस्थितियों में पुनः घट सकती है। इसके अलावा, किसी एक व्यक्ति के विषय में जो बात सत्य है, वह संभवतः उसी प्रकार के अन्य व्यक्तियों के बारे में भी सत्य होगी।

इस धारणा के अनुसार जब अनुसंधानकर्ता किसी घटना का निरीक्षण करता है तो देखता है कि कुछ वस्तुओं, व्यक्तियों, विचारों तथा घटनाओं में समानता होती है। अतः वह निरीक्षण द्वारा उनके गुणों, प्रत्याओं अथवा घटनाओं को ढूंढ़ने के बाद (जिनमें एक-सी विशेषताएं होती हैं), वह उन्हें एक श्रेणी में रख कर उनका नामकरण कर देता है। उदाहरणार्थ, तापमापक, प्रशासक, दृश्य-उपकरण अथवा निष्पत्ति-परीक्षण। यह समानता उनके रंग, आकार, प्रकार, क्रिया, बनावट आदि में हो सकती है। अतः एक अनुसंधानकर्ता सदैव दो तत्वों में समानता एवं विषमता की खोज करता है। किसी समस्या का समाधान ढूंढ़ने में वह तथ्यों एवं घटनाओं के वर्गीकरण का ही सहारा लेता है। इस वर्गीकरण के आधार पर वह उपयोगी सूचनाएं प्राप्त करता है और अपने ज्ञान की वृद्धि करता है।

(b) **स्थिरता की अवधारणा**–यह धारणा इस बात को स्पष्ट करती है कि प्रकृति में एक प्रकार की स्थिरता होती है जो किसी सीमा तक मानव-व्यवहार में भी पायी जाती है। परिवर्तन होते रहते हैं किन्तु वे इतने शीघ्र नहीं होते कि देख भी न सकें और परिवर्तन हो जाय। यह स्थिरता की प्रकृति निरीक्षण एवं अनुसंधान के लिए अत्यावश्यक है। इनका कहना है कि वस्तुओं की मूल विशेषताओं में शीघ्र परिवर्तन नहीं होते। इसका तात्पर्य यह नहीं है कि घटनाओं में निर्जीव के समान स्थिरता रहती है किन्तु परिवर्तन कुछ में होता है, कुछ में नहीं। होता भी है, तो बहुत समय के बाद, अर्थात् विभिन्न प्रकार के चरों के परिवर्तन की प्रकृति भी भिन्न होती है।

यह स्थिरता का गुण वैज्ञानिक विकास के लिए आधार प्रदान करता है। पूर्ण स्थिरता अपेक्षित नहीं है किन्तु परिवर्तन धीरे-धीरे होना चाहिए जिससे वैज्ञानिक उसकी विशेषताओं के बारे में किसी निष्कर्ष पर पहुंच सकें तथा अन्य लोगों द्वारा उनका परीक्षण एवं सत्यापन भी हो सके। मनोवैज्ञानिक अनुसंधान में व्यवहार का अध्ययन होता है। व्यवहार के परिवर्तन में स्थिरता होती है, अतः जिस सीमा तक स्थिरता रहती है, उसी सीमा तक प्राप्त निष्कर्षों में सत्यता होती है।

(c) **नियतत्व संबंधी अवधारणा**–यह धारणा इस बात में विश्वास नहीं करती कि कोई घटना संयोगवश होती है अथवा किसी आकस्मिक परिस्थिति के कारण होती है, अपितु इस बात की पुष्टि करती है कि प्रत्येक कार्य का निश्चित कारण होता है। यदि पानी को खौलना है तो इसके घटित होने से पूर्व कुछ परिस्थितियों को होना आवश्यक होगा। यदि कोई विस्फोट होता है तो उसका कोई कारण अवश्य रहा होगा, और उन्हीं परिस्थितियों में पुनः विस्फोट होगा। इस प्रकार नियतत्व की धारणा इस बात में विश्वास करती है कि किसी घटना का होना उसके पूर्व की परिस्थितियों अथवा घटनाओं पर निर्भर होता है। अतः कारणों को जान कर कार्य की संभावना तथा कार्य के आधार पर कारणों की संभावना ज्ञात करना मनोवैज्ञानिक अनुसंधान की विशेषता है।

(d) **निरीक्षण की विश्वसनीयता संबंधी अवधारणा**–इस धारणा के अनुसार घटनाओं एवं वस्तुओं अथवा व्यक्तियों में जो प्रत्यक्ष देखते हैं, वही विश्वसनीय है। यह कवि अथवा दार्शनिक के सत्य के विपरीत निरीक्षित सत्य में ही विश्वास करता है।

मनोवैज्ञानिक अनुसंधान इन्हीं अवधारणाओं पर आधारित है।

2. मनोविज्ञान की विषय-सामग्री–मनोविज्ञान के अन्तर्गत हम प्राणी के व्यवहार का वैज्ञानिक अध्ययन करते हैं। अतः विषय-सामग्री की दृष्टि से मनोवैज्ञानिक अनुसंधान की प्रकृति अन्य विज्ञानों से भिन्न है। व्यवहार को प्रभावित करने वाले सभी घटक इसके अन्तर्गत आते हैं। किसी प्राणी का व्यवहार क्या है, क्यों है, और क्या होगा, इसको जानने तथा इसके बारे में

भविष्य-कथन करने, उसकी विशेषताओं, परिस्थितियों, विभिन्न चरों तथा उनमें स्थित संबंधों को ढूंढ़ना इसके क्षेत्र में आता है। अतः विषय-सामग्री की दृष्टि से इसका अपना विशिष्ट क्षेत्र है जो अन्य अनुसंधानों से भिन्न है।

3. **मनोवैज्ञानिक प्रक्रियाएं**—पद्धतियों तथा प्रक्रियाओं की दृष्टि से भी मनोवैज्ञानिक अनुसंधान अन्य अनुसंधानों से भिन्न है। प्रत्येक अनुसंधानकर्ता इस धारणा में विश्वास करता है कि संसार के संबंध में हमें ज्ञान प्रत्यक्षीकरण, स्मरण तथा तर्क की मनोवैज्ञानिक प्रक्रियाओं द्वारा ही प्राप्त हो सकता है। हमें प्रत्यक्षीकरण होता है जो हमारे अनुभव एवं ज्ञान का आधार है। इसे हम स्मरण रखते हैं, क्योंकि स्मरण के बिना कोई क्रिया आगे नहीं बढ़ सकती, चाहे स्मरण के लिए कुछ यंत्रों या उपकरणों का ही प्रयोग करना पड़े। स्मरण की वस्तु, विचार तथा प्रत्यय के आधार पर चिन्तन एवं तर्क की प्रक्रिया चलती है जिससे ज्ञान-कोष का विकास एवं उसमें वृद्धि होती है। आज के इस वैज्ञानिक युग में इन तीनों प्रक्रियाओं से अधिक संवेदनशील बनाने के अनेक प्रयास किये जा रहे हैं जिससे प्रक्रिया में सरलता आ सके तथा ज्ञान का विस्तार संभव हो। मनोवैज्ञानिक अनुसंधान प्रत्यक्षीकरण, स्मरण एवं तर्क की विश्वसनीयता पर विशेष बल देता है।

4. **मनोविज्ञान में कार्यात्मक संबंध**—मनोवैज्ञानिक अनुसंधान सदैव मनोवैज्ञानिक चरों के कार्यात्मक संबंध का स्पष्टीकरण प्रस्तुत करता है। इस कार्यात्मक संबंध को निम्नलिखित सूत्र से स्पष्ट किया जा सकता है-

$B = F(a, b, c, \ldots\ldots n, d, x, y, z)$

जबकि B = Behaviour (व्यवहार)

f = Function (क्रिया)

(a, b, c = Strimulus) (उत्तेजनाएं)

n = Number (संख्या)

d = Duration (अवधि)

x, y, z = Characteristics of organism (प्राणी की विशेषताएं)

इसका तात्पर्य यह है कि किसी प्राणी का व्यवहार उसकी विशेषताओं तथा उसके सम्मुख प्रस्तुत उत्तेजनाओं की प्रबलता एवं अवधि की अन्तःक्रिया पर निर्भर होता है। अतः मनोवैज्ञानिक अनुसंधान इस सभी चरों का विशेष अध्ययन कर प्राणी के व्यवहार की प्रकृति को निश्चित करता है।

5. **अध्ययन की विधि**—मनोवैज्ञानिक अनुसंधान में अनुभवाश्रित विधि तथा प्रयोगात्मक विधि दोनों का प्रयोग होता है। इसमें चरों के नियंत्रणपूर्ण अध्ययन पर विशेष ध्यान दिया जाता है। सांख्यिकीय विधियों के प्रयोग द्वारा प्रदत्तों के आधार पर निष्कर्ष निकाला जाता है, वैज्ञानिक उपकरणों एवं पदों का प्रयोग किया जाता है तथा प्राप्त निष्कर्षों को संभाविता के ही स्तर पर रखते हैं। पूर्व-निश्चय के साथ शत-प्रतिशत निश्चित ही है, ऐसा नहीं कह सकते क्योंकि प्राणी की प्रकृति बड़ी ही जटिल एवं निर्जीव पदार्थ से भिन्न होती है।

मनोवैज्ञानिक अनुसंधान की विशेषताएं

मनोवैज्ञानिक अनुसंधान में निम्नलिखित विशेषताएं पायी जाती हैं-

1. मनोवैज्ञानिक अनुसंधान में वैज्ञानिक विधियों का प्रयोग किया जाता है।
2. इसमें प्रयोगात्मक अनुसंधान को विशेष महत्व दिया जाता है।
3. प्रयोगात्मक अनुसंधान के लिए अनेक उच्च-स्तर के अभिकल्पों का प्रयोग किया जाता है।
4. मनोवैज्ञानिक अनुसंधानों में चरों के नियंत्रण एवं परिवर्तन के लिए अधिक सफल वैज्ञानिक विधियों का प्रयोग होता है।
5. मनोवैज्ञानिक अनुसंधानों में उच्च सांख्यिकीय विधियों का प्रयोग किया जाता है।
6. मनोवैज्ञानिक तथ्यों पर आधारित निष्कर्ष अधिक विश्वसनीय होते हैं।
7. इसमें नये सिद्धान्तों की खोज एवं प्राचीन सिद्धान्तों में सुधार अथवा परिवर्तन की प्रक्रिया निरंतर चलती रहती है।
8. मनोवैज्ञानिक अनुसंधानों में अधिकांश रूप में मात्रात्मक विधियों का प्रयोग किया जाता है।
9. विषय की विशेष प्रकृति के कारण मनोवैज्ञानिक अनुसंधान की प्रक्रिया में वैज्ञानिक अनुसंधान की प्रक्रिया के अधिकांश गुण पाये जाते हैं।
10. अनुसंधानों की इन विशेषताओं और उनके योगदान ने मनोविज्ञान को विज्ञान की श्रेणी में खड़ा कर दिया है।

मनोवैज्ञानिक अनुसंधान के क्षेत्र में प्राणी की आन्तरिक तथा बाह्य व्यवस्था एवं उनको प्रभावित करने वाले सभी घटक आते हैं। उदाहरणार्थ, प्राणी का व्यवहार वातावरण में स्थित उद्दीपकों के प्रति उसकी प्रतिक्रिया है। यह प्राणी की शारीरिक स्थिति, उसकी विभिन्न समताओं, संवेदनशीलता, उत्तेजना की प्रकृति एवं उसकी प्रबलता, वातावरण की स्थिति तथा उनकी अन्तःक्रिया पर निर्भर होगा। अतः मनोवैज्ञानिक अनुसंधान में

चेतन, अर्द्धचेतन तथा प्रचेतन अवस्थाएं, प्राणी के भौतिक, सामाजिक एवं मनोवैज्ञानिक वातावरण तथा उसकी विशेषताएं एवं प्रभाग, विभिन्न चर एवं उनमें अन्तःक्रिया तथा उनका प्रभाव, प्राणी का संवेदन, प्रत्यक्षीकरण, प्रत्ययों का बनना, चिन्तन, तर्क, कल्पना, स्मृति एवं विस्मृति, रुचि, अभिवृति, अभियोग्यता, बुद्धि, व्यक्तित्व, चरित्र, आदतें, सीखना तथा उसे प्रभावित करने वाले तत्व, प्रेरणा, व्यक्तिगत भिन्नताएं आदि सभी बातें जो मनोविज्ञान के क्षेत्र में आती हैं, उन पर अनुसंधान-कार्य हो रहा है और उनके आधार पर नित्य नये तथ्यों की प्राप्ति से ज्ञानकोष में वृद्धि हो रही है।

मनोविज्ञान के अध्ययन के निम्नलिखित तीन उद्देश्य हैं:

(1) प्राणी के व्यवहार को समझना,

(2) व्यवहार के बारे में पूर्व-कथन करना, तथा

(3) व्यवहार का नियंत्रण करना।

ये तीनों बातें मनोवैज्ञानिक अनुसंधान के क्षेत्र में आती हैं। प्राणी व्यक्तिगत अथवा सामूहिक रूप में व्यवहार कैसे और क्यों करता है? कौन-सी परिस्थितियां उसके व्यवहार को नियंत्रित एवं निर्देशित करती हैं? प्राणी की विशेषताएं, पूर्व-अनुभव एवं परिस्थितियां जिनके आधार पर पूर्व-कथन किया जा सके, व्यवहार (चिन्तन, अनुभूति एवं क्रिया) पर नियंत्रण किन परिस्थितियों में किस सीमा तक संभव है, इनके बारे में सूक्ष्म निरीक्षण, गहन अध्ययन एवं प्रयोग के आधार पर निष्कर्षों की प्राप्ति एवं सिद्धान्त-निरुपण मनोवैज्ञानिक अनुसंधान का विषय है।

शैक्षिक अनुसंधान की प्रकृति

शैक्षिक अनुसंधान की प्रकृति निम्नलिखित विशेषताओं से युक्त है:-

1. शैक्षिक अनुसंधान शिक्षा के स्वस्थ दर्शन पर आधारित होता है।
2. शैक्षिक अनुसंधान सूझ तथा कल्पना पर आधारित होता है।
3. शैक्षिक अनुसंधान में अन्तरविषयात्मक पद्धति का प्रयोग होता है।
4. शैक्षिक अनुसंधान में बहुधा निगमनात्मक तर्क- पद्धति का सहारा लेते हैं।
5. शैक्षिक अनुसंधान शिक्षा के क्षेत्र में सुधार करता है तथा उसके विकास की समस्याओं का समाधान करता है।
6. शैक्षिक अनुसंधान में उस सीमा तक शुद्धता नहीं होती है जितनी प्राकृतिक विज्ञानों सम्बन्धी अनुसंधान में होती है।
7. शैक्षिक अनुसंधान केवल विशेषज्ञों द्वारा ही नहीं किया जाता अपितु शिक्षक, प्रधानाचार्य, निरीक्षक तथा प्रशासक आदि भी इसमें रुचि लेते तथा करते हैं।
8. शैक्षिक अनुसंधान बहुधा कम खचीर्ले होते हैं।
9. शैक्षिक अनुसंधान सामाजिक घटकों की व्यक्ति-निष्ठता पर आधारित होता है।
10. शैक्षिक अनुसंधान में इंद्रियानुभाविक, विधियों का प्रयोग अधिक नहीं किया जा सकता।
11. शैक्षिक अनुसंधान कार्यकारण संबंधों पर आधारित होता है।
12. शैक्षिक अनुसंधान को यांत्रिक नहीं बनाया जा सकता।

शैक्षिक अनुसंधान के क्षेत्र में शिक्षा-दर्शन, शिक्षा के उद्देश्यों का निर्धारण, इन उद्देश्यों की प्राप्ति के लिए नियोजन, व्यवस्थापन, संचालन, समायोजन, धन-व्यवस्था, शिक्षण-विधि, सीखना तथा उसे प्रभावित करने वाले तत्व, प्रशासन, पर्यवेक्षण, मूल्यांकन आदि सभी आते है। पिछले कुछ वर्षों में मापन तथा मूल्यांकन के क्षेत्र में पर्याप्त खोज की गयी है तथा उसके आधार पर शिक्षा के क्षेत्र में पर्याप्त प्रगति हुई है। सीखने की नई-नई विधियों का आविष्कार, सीखने को प्रभावित करने वाले विभिन्न तत्वों की तुलनात्मक महत्ता, छात्रों तथा शिक्षकों के पारस्परिक संबंध, उनमें अन्तःक्रिया, पाठ्यक्रम, पाठ्य- पुस्तक, सहायक सामग्री और उसका उपयोग आदि, सभी क्षेत्रों में अनुसंधान हो रहे हैं तथा अभी बहुत कुछ और करना है।

शिक्षा में अनुसंधान की आवश्यकता–अनुसंधान का तात्पर्य किसी नवीन वस्तु ज्ञान का कुछ नवीन सिद्धांतों के आधार पर अन्वेषण करना है। इसका उद्देश्य सरल एवं सुव्यवस्थित विधियों द्वारा किसी क्षेत्र की प्रमुख समस्याओं का समाधान प्रस्तुत करना है। इस दृष्टि से अनुसंधान एक सोद्देश्य एवं सविचार प्रक्रिया है जिसका उद्देश्य मानव-समाज के ज्ञान को विकसित एवं परिमार्जित कर उपयोगी बनाना है। इसके महत्व के बारे में विश्वविद्यालय शिक्षा आयोग का मत है कि अनुसंधान के बिना अध्ययन मृतप्रायः हो जायेगा। अतः ज्ञान के विकास के हेतु अनुसंधान अत्यावश्यक है, और यह ज्ञान का विकास जीवन के विकास के लिए अत्यावश्यक है।

अनुसंधान और शिक्षा–शिक्षा भी एक सोद्देश्य, सविचार प्रक्रिया है जिसके द्वारा जीवन के विभिन्न पहलुओं का पोषण होता है। जॉन ड्यूवी ने इसे प्रगतिशील प्रक्रिया कहा है। प्रगति के अभाव में शिक्षा अपने कर्तव्य से च्युत हो जाएगी और

इसकी सुस्थिर नींव पर निर्मित मानव-सभ्यता तथा संस्कृति का विशाल भवन निष्प्राण हो जाएगा। अतः शिक्षा के अन्तर्गत प्रगति, परिमार्जन और विकास हेतु अनुसंधान की आवश्यकता निर्विवाद है।

अनुसंधान तथा शिक्षा संबंधी समस्याएं—आज शिक्षा का उद्देश्य मानव का सर्वांगीण विकास कर उसे समाज, राष्ट्र एवं विश्व की प्रगति में सहायक कुशल नागरिक बनाना है। जनतंत्रीय शिक्षा-व्यवस्था द्वारा व्यक्ति के व्यक्तित्व के समादर, अवसर की समानता, स्वतंत्रता तथा बंधुत्व की उदात्त भावनाओं की स्थापना का उद्देश्य हम स्वीकार कर चुके हैं। किन्तु सर्वत्र भावात्मक एकता में बाधक तत्व-वर्ग भेद, धार्मिक असहिष्णुता, जातिवाद, सम्प्रदायवाद, आर्थिक शोषण आदि-इस आदर्श की प्राप्ति में बाधक हो रहे हैं तथा लोगों को निराश कर रहे हैं। शिक्षण-प्रक्रिया की समस्याएं और भी दुरूह तथा असाध्य दिखाई पड़ रही हैं। सर्वत्र बाल-केन्द्रित शिक्षा, व्यक्तिगत शिक्षा, समाज-शिक्षा, प्रौढ़ अनिवार्य शिक्षा के नारे तो बुलन्द हो रहे हैं किन्तु समुचित योजना, कुशल मार्ग-दर्शन तथा सफल साधन के अभाव में कोई भी प्रगति दिखाई नहीं पड़ रही है। छात्रों में अनुशासनहीनता बढ़ती जा रही है, समाज में शिक्षकों की प्रतिष्ठा मिट रही है, विद्यालयों की संख्या तेजी से बढ़ रही है, किन्तु गुणात्मक सफलता उतनी ही दूर भागती जा रही है। पाठ्यक्रम में पुस्तकीय ज्ञान ठूंस-ठूंस कर भरा गया है जो व्यावहारिकता से कोसों दूर है। यद्यपि शिक्षण-विधियों की भरमार लग गयी है किन्तु अध्यापक इन पर ध्यान भी नहीं दे रहे हैं। प्रशासकीय अधिकारी कार्यालय के कागजों में इस प्रकार उलझे हुए हैं कि शिक्षा की समस्याओं और उनके समाधान की बात सोचना उनके वश की बात नहीं है। ऐसे समय में सैद्धान्तिक एवं व्यावहारिक अनुसंधान ही हमारी सहायता कर सकता है तथा इन समस्याओं का समुचित विश्लेषण, वैज्ञानिक अध्ययन एवं सुविचारित समाधान प्रस्तुत कर सकता है। इस दृष्टि से मनोविज्ञान एवं शिक्षा के क्षेत्र में अनुसंधान आज अपरिहार्य हो गया है।

शैक्षिक अनुसंधान के क्षेत्र एवं प्राथमिकताएं

डॉ. बुच द्वारा प्रकाशित सर्वे ऑफ एजूकेशन रिसर्चेज इन इंडिया में शैक्षिक अनुसंधान के निम्नलिखित क्षेत्र दिए गये हैं-

(1) शिक्षा-दर्शन, (2) शिक्षा का इतिहास, (3) शैक्षिक समाज-शास्त्र, (4) सीखने एवं प्रेरणा का मनोविज्ञान, (5) परामर्श एवं निर्देशन, (6) परख एवं मापन, (7) पाठ्यक्रम, शिक्षण-विधियां एवं पाठ्य-पुस्तकें, (8) प्रोग्राम द्वारा सीखना, (9) शैक्षिक उपलब्धि के सहचर, (10) मूल्यांकन, (11) अध्यापन और अध्यापक का व्यवहार, (12) शिक्षक-शिक्षा, (13) शैक्षिक प्रशासन, (14) शैक्षिक प्रशासनिक वातावरण एवं छात्रों की उपलब्धि पर उसका प्रभाव, (15) वातावरण एवं अध्यापन से संतुष्टि, (16) शैक्षिक अर्थशास्त्र, (17) सामाजिक शिक्षा एवं प्रौढ़ शिक्षा, (18) शैक्षिक सर्वेक्षण, (19) तुलनात्मक शिक्षा, (20) शैक्षिक तकनीकी, (21) उच्च शिक्षा, (22) अनौपचारिक शिक्षा, तथा (23) जनसंख्या-शिक्षा (पॉपुलेशन एजूकेशन)।

इन सभी क्षेत्रों के कुछ पक्षों को लेकर अनुसंधान-कार्य हुए हैं और हो रहे हैं। इसमें अधिकांश सर्वेक्षण प्रकार के अथवा सहसंबंधात्मक ही हैं। वास्तव में इनकी उपयोगिता भी कम नहीं है किन्तु प्रयोगात्मक अनुसंधान और भारत के विद्यालयों की परिस्थितियों को ध्यान में रख कर किए गए सैद्धांतिक एवं व्यावहारिक अनुसंधान का नितान्त अभाव है। इसी प्रकार की स्थिति मनोविज्ञान के क्षेत्र में भी दिखाई पडती है।
प्राथमिकता क्रम से निम्नलिखित महत्वपूर्ण हैं-
भारतीय परिस्थितियों में-

1. अध्ययन और अध्यापन के विभिन्न पक्षों पर अनुसंधान।
2. शैक्षिक मापन एवं मूल्यांकन के संबंध में अनुसंधान।
3. अध्यापक-शिक्षा, शैक्षिक नियोजन, संगठन, प्रशासन एवं पर्यवेक्षण के क्षेत्र में अनुसंधान।
4. शैक्षिक निर्णय के संबंध में अनुसंधान।
5. प्रौढ़ शिक्षा, सामाजिक शिक्षा तथा जनसंख्या-शिक्षा संबंधी अनुसंधान।

सामाजिक अनुसंधान

मानव ने स्वेच्छा से समाज में रहने और सामाजिक जीवन व्यतीत करने का मार्ग अपनाया। समाज के लोगों को आत्मीयता, सुख-शान्ति और सुरक्षा का वातावरण मिला जो व्यक्ति के विकास के लिए अनुकूल अवसर प्रदान करता था। धीरे-धीरे परिस्थितियां जटिल होती गयी और समाज की सरल व्यवस्था जटिलता में बदल गयी। वैज्ञानिक प्रगति और औद्योगिक क्रान्ति ने, जहां एक ओर सम्पन्नता का मार्ग प्रशस्त किया, वहीं दूसरी ओर सामाजिक विघटन, जटिलता तथा अन्य अनेक सामाजिक दोषों को जन्म दिया। विश्व के विचारकों और समाजशास्त्रियों का ध्यान सामाजिक संबंधों की प्रकृति, सामाजिक समस्याओं

तथा सामाजिक घटनाओं के कारणों का पता लगाने की ओर जाना स्वाभाविक था। उनकी इसी जिज्ञासा के फलस्वरूप सामाजिक अनुसंधान सामने आया।

सामाजिक अनुसंधान के क्षेत्र में कार्य करने वाले लोगों ने इसकी अनेक परिभाषाएं दी हैं। सभी परिभाषाओं की शब्दावली में अन्तर होते हुए भी मूल धारणा एक ही है। श्रीमती पी. वी. यंग ने सामाजिक अनुसंधान की परिभाषा देते हुए कहा है–"सामाजिक अनुसंधान नये तथ्यों की खोज और पुराने तथ्यों के सत्यापन, उनके क्रमबद्ध पारस्परिक संबंध, कारणों की व्याख्या तथा उन्हें संचालित करने वाले प्राकृतिक नियमों के अध्ययन की सुनियोजित विधि है।"

इस परिभाषा के अनुसार, सामाजिक अनुसंधान सामाजिक संबंधों की व्याख्या करता है, सामाजिक घटनाओं और उसके कारणों में कार्यकरण संबंधों की खोज करता है तथा इनसे संबंधित नये तथ्यों की खोज पुराने तथ्यों की व्याख्या वैज्ञानिक ढंग से करने का प्रयास करता है।

1. **सामाजिक अनुसंधान सामाजिक संबंधों और घटनाओं की व्याख्या करता है**–सामाजिक अनुसंधान के अन्तर्गत मानव व्यवहार का अध्ययन समाज के सदस्य के रूप में किया जाता है। एक समाज में रहते हुए व्यक्ति का व्यवहार किन परिस्थितियों में कैसा और क्यों होता है? उसकी अनुभूतियां, प्रतिक्रियाएं तथा अभिवृत्तियां विभिन्न परिस्थितियों के प्रति कब, कैसी और क्यों होती हैं? इनका वैज्ञानिक अध्ययन सामाजिक अनुसंधान के अन्तर्गत होता है।
2. **सामाजिक अनुसंधान सामाजिक संबंधों के बारे में नये तथ्यों की खोज करता है**–वैज्ञानिक अनुसंधान-प्रणाली का लक्ष्य ही किसी घटना के संबंध में नये तथ्य, नये संबंध और नये नियमों की खोज करना होता है। सामाजिक अनुसंधान सामाजिक व्यवस्था, संगठन तथा संबंधों एवं घटनाओं के संबंध में नये नियमों की खोज कर उनके नये स्पष्टीकरण देने का प्रयास करता है।
3. **सामाजिक अनुसंधान प्राचीन तथ्यों में सुधार करता है**–नये सिद्धांतों एवं नियमों की खोज के साथ-साथ सामाजिक अनुसंधान के अन्तर्गत प्राचीन नियमों का सत्यापन भी होता रहा है। संभव है कि जिन परिस्थितियों में निश्चित नियम स्थिर किये गये थे, समय के परिवर्तन एवं विकास के कारण उनमें परिवर्तन आ गया हो अथवा आविष्कार की नई विधियों के कारण उनका अधिक अच्छा मूल्यांकन किया जा सकता हो, इस उद्देश्य के साथ सत्यापन की क्रिया भी चलती रहती है।
4. **सामाजिक अनुसंधान कार्यकरण संबंधों की खोज करता है**–विभिन्न सामाजिक घटनाएं असम्बद्ध रूप में नहीं होती अपितु उनमें निकटस्थ अथवा दूरगामी कार्यकरण संबंध होता है। ऊपर के देखने से चाहे वे घटनाएं परस्पर असम्बद्ध दिखाई पड़ती हों, किन्तु गहराई से विश्लेषण करने पर यह स्पष्ट हो जाता है कि वे कार्यकरण संबंधों की कड़ी से जुड़ी होती हैं। सामाजिक अनुसंधान इन कार्यकरण संबंधों की व्याख्या कर मानव संबंधों के विकास हेतु मार्ग दर्शन करता है।
5. **सामाजिक अनुसंधान वैज्ञानिक अनुसंधान- प्रणाली का उपयोग करता है**–सामाजिक अनुसंधान की प्रणाली नित्य-प्रति विकसित होती जा रही है। इसमें विश्वसनीय और वस्तुनिष्ठ उपकरणों का उपयोग कर वैज्ञानिक निष्कर्ष निकालने, उनके सत्यापन करने और उनके आधार पर मानव संबंधों के बारे में भविष्य कथन करने का प्रयास होता है। इस प्रकार यह एक वैज्ञानिक प्रणाली है।
6. **सामाजिक अनुसंधान में सांख्यिकीय विश्लेषण होता है**–सामाजिक अनुसंधान में आंकड़ों के सारणीयन एवं विश्लेषण के लिए सांख्यिकीय विधियों का प्रयोग किया जाता है, जिससे अनुसंधानकर्ता अधिक विश्वास के साथ अपनी बात कहने में समर्थ होता है।

सामाजिक अनुसंधान के उद्देश्य–श्रीमती यंग के अनुसार, सामाजिक अनुसंधान के दो मूल उद्देश्य हैं-

1. सामाजिक संबंधों एवं घटनाओं के संबंध में नवीन तथ्यों की खोज करना।
2. इस क्षेत्र में प्राप्त पुराने तथ्यों का सत्यापन करना।

इन दोनों उद्देश्यों को दो अन्य प्रकार से भी व्यक्त कर सकते हैं-

(1) सैद्धान्तिक एवं (2) व्यावहारिक।

सैद्धांतिक दृष्टि से सामाजिक अनुसंधान का उद्देश्य ज्ञान-क्षेत्र में वृद्धि करना है। ज्ञान-वृद्धि के संबंध में मानव-जिज्ञासा की संतुष्टि ही समस्त अनुसंधान का आधार है। अतः सामाजिक अनुसंधान का प्रथम उद्देश्य मानव-समाज और उसकी समस्याओं तथा कार्यप्रणाली के बारे में निश्चित सिद्धांतों की खोज करना है।

सामाजिक अनुसंधान का दूसरा लक्ष्य उसके व्यावहारिक पक्ष को स्पष्ट करता है। वैज्ञानिक अध्ययन किसी घटना के

कारणों का अध्ययन करना तथा उस पर संभावित नियंत्रण करना है। मानव समाज हत्या, आत्महत्या, चोरी, राहजनी, पारस्परिक घृणा-द्वेष आदि अनेक बुराइयों में लिप्त है। इन बुराइयों की जड़ों में अनेक सामाजिक कारण हैं। इन कारणों की परख, उनके प्रति लोगों में जानकारी पैदा करना और उनके नियंत्रण के संबंध में सुझाव देना सामाजिक अनुसंधान का दूसरा महत्वपूर्ण उद्देश्य है।

सामाजिक अनुसंधान तथा सामाजिक सर्वेक्षण में अन्तर है। इस अन्तर को समझने के पूर्व हमें यह जानना होगा कि सामाजिक सर्वेक्षण क्या है। सामाजिक सर्वेक्षण की परिभाषा करते हुए मार्क्स एब्रम्स का कहना है-"सामाजिक विधि वह है जिसके द्वारा समाज के गठन और क्रिया के संबंध में संख्यात्मक तथ्यों का संकलन किया जाता है।"

1. सामाजिक सर्वेक्षण बाल-अपराध, बेकारी, आदि से संबंधित तात्कालिक समस्याओं से सम्बद्ध होता है।
2. इसका भौगोलिक क्षेत्र सीमित है।
3. सर्वेक्षण का उद्देश्य सामाजिक अनुसंधान के लिए रचनात्मक कार्यक्रम तैयार करना अथवा वर्तमान बुराई को दूर करना होता है।
4. सर्वेक्षण के द्वारा संकल्पित तथ्य भावी सामाजिक अनुसंधान का आधार बन सकता है।
5. सामाजिक सर्वेक्षण में सहयोगात्मक ढंग से प्रयास आवश्यक होता है।
6. सामाजिक सर्वेक्षण में भी वैज्ञानिक उपकरणों का ही प्रयोग करते हैं।

सामाजिक अनुसंधान तथा सामाजिक सर्वेक्षण, दोनों में निम्नलिखित अन्तर है-

1. सामाजिक सर्वेक्षण का संबंध विशेष व्यक्ति, विशेष समस्या अथवा विशेष परिस्थिति से होता है, जबकि सामाजिक अनुसंधान का संबंध सामान्य एवं अमूर्त समस्या से है।
2. सामाजिक सर्वेक्षण रूप से व्यावहारिक है, जबकि सामाजिक अनुसंधान की प्रकृति सैद्धान्तिक है।
3. सामाजिक सर्वेक्षण का उद्देश्य मानव-संबंधों में सुधार होता है, जबकि सामाजिक अनुसंधान का उद्देश्य ज्ञान की वृद्धि करना होता है।
4. सामाजिक सर्वेक्षण के फलस्वरूप किसी सामाजिक समस्या का समाधान होता है, जबकि सामाजिक अनुसंधान के फलस्वरूप नये नियम, सिद्धांत तथा विधियों का ज्ञान होता है।
5. सामाजिक सर्वेक्षण किसी परिकल्पना का आधार बनता है, जबकि सामाजिक अनुसंधान में परिकल्पना का परीक्षण कर सिद्धांत निकालते हैं।
6. सामाजिक सर्वेक्षण के लिए परिकल्पना आवश्यक नहीं हो सकती है, जबकि सामाजिक अनुसंधान के लिए परिकल्पना अत्यावश्यक है।
7. सामाजिक सर्वेक्षण व्यावसायिक आधार पर भी होता है जिसे लोग पैसे देकर करवाते हैं, जबकि सामाजिक अनुसंधान व्यावसायिक न होकर शैक्षिक एवं ज्ञानात्मक होता है क्योंकि इसका उद्देश्य ज्ञान-वृद्धि होता है।

न्यादर्श-प्रक्रिया तथा प्रविधियाँ

व्यावहारिक तथा सामाजिक विषयों के शोध कार्यों में न्यादर्श का विशेष महत्व होता है। इसके बिना शोधकार्यों को पूरा नहीं किया जा सकता है। यद्यपि विज्ञान के विषयों में भी न्यादर्श का प्रयोग होता है परन्तु न्यादर्श के चयन की समस्या नहीं होती है। जनसंख्या को जो भी अंश उपलब्ध होता है वही जनसंख्या का शुद्ध रूप में प्रतिनिधित्व करता है, परन्तु सामाजिक विषयों में न्यादर्श के चयन में प्रमुख समस्या होती है कि किस प्रकार न्यादर्श की इकाइयों का जनसंख्या में से चयन किया जाए तो उसका प्रतिनिधित्व कर सके। सम्पूर्ण जनसंख्या का अध्ययन करना कठिन होता है तथा कभी-कभी असंभव भी होता है। न्यादर्श प्रविधि शोध कार्य को व्यावहारिक तथा समय, धन-शक्ति की दृष्टि से मितव्ययी बना देती है। न्यादर्श के प्रयोग से शोध परिणामों को अधिक एवं मितव्ययी बनाया जाता है।

अनुसंधान तथा शोध के प्रयोग का प्रारूप न्यादर्श की प्रविधि पर आधारित होता है। एक उत्तम प्रकार के शोध कार्य में न्यादर्श तथा उसकी जनसंख्या संबंधी सम्पूर्ण सूचनाओं को दिया जाता है।

शोध के निष्कर्षों का सामान्यीकरण वास्तव में न्यादर्श का आकार तथा उसकी प्रविधि पर निर्भर होता है। एक शुद्ध रूप में प्रतिनिधित्व करने वाले न्यादर्श से शोध के सामान्यीकरण के बारे में अधिक से अधिक सूचनाएं प्रस्तुत करता है।

न्यादर्श की परिभाषा

न्यादर्श की अनेकों परिभाषायें दी गई हैं परन्तु डब्ल्यू. जी. कोकरन की परिभाषा अधिक व्यापक एवं व्यावहारिक है:

"प्रत्येक विज्ञान की शाखा में हमारे साधन सीमित है। इसलिए सम्पूर्ण तथ्य के एक अंश से अधिक का अध्ययन नहीं कर पाते तथा उसके बारे में ज्ञान प्रस्तुत किया जाता है।"

"In every branch of Science we take the resources to study more than a fragment of the phenomena that might advance our knowledge."

इस परिभाषा में अंश को न्यादर्श माना गया है, सम्पूर्ण तथ्य को जनसंख्या की संज्ञा दी गई है। एक अंश के आधार पर सम्पूर्ण तथ्य के बारे में ज्ञान दिया जाता है जिसे न्यादर्श प्रक्रिया कहते हैं।

न्यादर्श प्रारूप का तात्पर्य चयन करना तथा अनुमान लगाना दो सम्मिलित प्रक्रियाओं से है। न्यादर्श ऐसा होना चाहिए जिससे जनसंख्या के बारे में अनुमानों में कम से कम त्रुटि हो।

सामाजिक विषयों में सभी व्यक्तियों से सूचनायें एकत्रित करना संभव नहीं हो पाता है जिससे शोध अध्ययन में सार्थक कर ली जाती है जिसे न्यादर्श कहते हैं।

सामाजिक विषयों, व्यावहारिक विज्ञानों के शोधकार्यों एवं सांख्यिकीय विधियों के लिए न्यादर्श मूल आधार होता है। यदि न्यादर्श का चयन समुचित नहीं किया गया तब कोई सांख्यिकीय विधि परिणामों एवं निष्कर्षों को नहीं सुधार सकती है। वास्तव में न्यादर्श शोध की प्रमुख प्रविधि है। शोधकर्त्ता को इसके ज्ञान तथा कौशल की आवश्यकता होनी चाहिए। न्यादर्श के चयन में ऐसी विधि का प्रयोग किया जाता है कि जनसंख्या से चयन की गई इकाइयां प्रतिनिधित्व कर सकें। प्रत्येक इकाई को न्यादर्श में सम्मिलित होने का समान अवसर दिया जाये।

जनसंख्या

शोध में जनसंख्या का अर्थ भिन्न होता है। जनसंख्या का तात्पर्य सम्पूर्ण इकाइयों के निरीक्षण से होता है। इसमें कुछ इकाइयों का चयन करके न्यादर्श बनाया जाता है। न्यादर्श की इकाइयों के निरीक्षण तथा मापन से जनसंख्या की विशेषताओं के संबंध में अनुमान लगाया जाता है।

जनगणना की संख्या में सभी प्रकार (पुरुष, स्त्री, बच्चों) का लेखा-जोखा तैयार किया जाता है। शोध की जनसंख्या में एक विशिष्ट समूह के समस्त व्यक्तियों को सम्मिलित किया जाता है वह सजातीय होते हैं। उदाहरण के लिए, दिल्ली विश्वविद्यालय के बी.एड. के छात्रों की एक जनसंख्या होगी। इसमें से इस प्रकार इकाइयों को न्यादर्श के लिए चयन किया जाए जिससे सभी प्रकार के (लड़के, लड़कियां, विज्ञान स्नातक, परास्नातक, कला स्नातक, विभिन्न आयु वर्ग) छात्र सम्मिलित किये जा सकें। माध्यमिक विद्यालयों के शिक्षकों की एक जनसंख्या होती है। एक विशिष्ट समूह की समस्त इकाइयों को मिलाकर जनसंख्या कहते हैं।

जनसंख्या तथा न्यादर्श के कार्य

शोध कार्य आगमन चिन्तन द्वारा किया जाता है। शोध विशिष्ट (न्यादर्श) के सामान्य (जनसंख्या) की ओर बढ़ते है। न्यादर्श के निरीक्षण एक विशिष्ट परिस्थिति होती है, जिसके निरीक्षणों को जनसंख्या के लिए प्रयुक्त किया जाता है।

सांख्यिकी (Statistics)		**अनुमापन पैरामीटर्स (Parameters)**
मध्यमान (Mm)	—	मध्यमान
मध्यांक (Mdn)	—	मध्यांक (Md)
विचलमान (S.D.)	—	विचलमान
सह-सम्बन्ध	—	सह-सम्बन्ध

शोध प्रक्रिया में आगमन चिन्तन

सांख्यिकीय प्रविधियों एवं सांख्यिकीय विश्लेषणों के लिए न्यादर्श मूल आधार होता है। न्यादर्श के मापन को सांख्यिकी कहते हैं जबकि जनसंख्या के मापन को पैरामीटर्स कहते हैं। न्यादर्श के मध्यमान, विचलनमान, मध्यांक, सह-सम्बन्ध गुणक को सांख्यिकी कहते हैं और जनसंख्या के मध्यमान, विचलनमान, मध्यांक तथा सह-संबंध को पैरामीटर कहते हैं। सामान्यत: पैरामीटर्स का अनुमान सांख्यिकीय मानों के आधार पर लगाया जाता है। पैरामीटर्स की शुद्धता न्यादर्श के प्रतिनिधित्व पर निर्भर होती है।

न्यादर्श के चयन की आवश्यकता

न्यादर्श के चयन की आवश्यकता के कारण निम्न प्रकार हैं:

1. **समय की बचत :** यदि हम सम्पूर्ण जनसंख्या पर कोई परीक्षण करना चाहे तो उसमें हमें समय लगेगा और यदि हम उस सम्पूर्ण जनसंख्या में से आदर्श प्रतिदर्श ले लें तो बहुत ही कम समय में हम उस परीक्षण को पूरा कर सकते हैं तथा उस प्रतिदर्श से प्राप्त परिणामों को सम्पूर्ण जनसंख्या के लिए मान लेते हैं। आदर्श प्रतिदर्श का आशय यह होता है कि प्रतिदर्श में वे सभी गुण उषस्थित होने चाहिए जो सम्पूर्ण जनसंख्या में उपस्थित है। अत: वह प्रतिदर्श सम्पूर्ण

जनसंख्या का प्रतिनिधित्व करता है। इस प्रकार प्रतिचयन के कारण हमारे समय की बचत होती है।

2. **धन की बचत :** यदि हम परीक्षण सम्पूर्ण जनसंख्या पर करेंगे तो परीक्षण अधिक समय तक चलेगा जिससे धन भी अधिक व्यय होगा। लेकिन यदि हम प्रतिनिधित्व प्रतिदर्श का चयन करके उस पर परीक्षण करे तथा उससे प्राप्त परिणामों को पूर्ण जनसंख्या का परिणाम मान लें तो हमें जनसंख्या की अपेक्षा प्रतिदर्श पर कम व्यय करना पड़ेगा।
3. **अधिक सत्यता का ज्ञान :** जब हम सम्पूर्ण जाति अथवा जनसंख्या पर परीक्षण करते हैं तो उनसे प्राप्त परिणामों में अधिक त्रुटियों की संभावना रहती है क्योंकि प्रेक्षण दृष्टिकोणों से नहीं हो पाता है। लेकिन चयन किये हुए प्रतिनिधित्व प्रतिदर्श से प्राप्त परिणामों में त्रुटियों की संभावना कम हो जाती है क्योंकि जनसंख्या के अनुपात में प्रतिदर्श बहुत छोटा होता है और उस पर परीक्षण सही रूप से किया जा सकता है। अतः प्रतिदर्श से प्राप्त परिणाम अधिक शुद्ध एवं सत्य होंगे।
4. **प्रशासकीय सुविधाएं :** यदि हम सम्पूर्ण जनसंख्या पर परीक्षण करना चाहते हैं तो हमें उस परीक्षण को प्रशासित करने में अनेकों असुविधाओं का सामना करना पड़ेगा और हम परीक्षण को भली-भांति प्रशासित नहीं कर पाएंगे, लेकिन जनसंख्या के प्रतिनिधित्व पर परीक्षण को प्रमाणित करने में काफी सुविधा रहेगी, क्योंकि प्रतिदर्श छोटा होता है। अतः हम परीक्षण को सरलता से प्रशासित कर सकते हैं।
5. **विस्तृत जानकारी :** यदि हम किसी विषय के बारे में कोई जानकारी करना चाहते हैं तो सम्पूर्ण जनसंख्या की अपेक्षा न्यादर्श द्वारा उस विषय की जानकारी अधिक विस्तृत एवं ठोस रूप में कर सकते हैं क्योंकि सम्पूर्ण जाति अथवा जनसंख्या का अध्ययन अत्यंत कठिन है। अतः सम्पूर्ण जनसंख्या का अध्ययन करके विस्तृत जानकारी करना असंभव है। अतः न्यादर्श के परिणामों से हम अपने ज्ञान का विस्तार कर लेते हैं।
6. **सम्पूर्ण जनसंख्या का अध्ययन असंभव :** किसी सम्पूर्ण जाति अथवा समाज या जनसंख्या का अध्ययन करना अत्यंत कठिन ही नहीं वरन असंभव है क्योंकि ये अत्यंत विस्तृत क्षेत्र है। अतः समाज अथवा जाति के सभी व्यक्तियों से सम्पर्क करना और अध्ययन करना असंभव है। अतः न्यादर्श से यह कठिनाई दूर हो जाती है। न्यादर्श शोध कार्य में अत्यंत उपयोगी है।

न्यादर्श की परिसीमायें

न्यादर्श इतना उपयोगी है लेकिन इसकी कुछ परिसीमायें भी हैं जो इस प्रकार हैं :

1. **पक्षपात की संभावना :** किसी भी न्यादर्श को पूर्ण रूप से आदर्श न्यादर्श नहीं कह सकते क्योंकि उसमें कुछ-न-कुछ व्यक्तिगत पक्षपात हो ही जाता है। लेकिन यही प्रयत्न करते हैं कि न्यादर्श, व्यक्तिगत दूषित विचारधाराओं, अज्ञानता एवं पूर्ण धारणाओं आदि से यथा संभव मुक्त होना चाहिए।
2. **प्रतिनिधि न्यादर्श की समस्या :** किसी भी न्यादर्श को पूर्ण जनसंख्या का सही प्रतिनिधि नहीं कह सकते, क्योंकि यह असंभव होता है कि न्यादर्श पूर्णरूपेण जनसंख्या का प्रतिनिधित्व करता हो। अतः यही प्रयत्न करते हैं कि न्यादर्श में अधिक-से-अधिक जनसंख्या में गुणों का समावेश करके उसे अच्छा प्रतिनिधि बनाये।
3. **योग्य कार्यकर्त्ताओं की आवश्यकता :** न्यादर्श का चयन प्रत्येक व्यक्ति नहीं कर सकता है। उनके लिए पर्याप्त अनुभव की आवश्यकता होती है। अतः अनुभवी एवं योग्य व्यक्ति के द्वारा ही न्यादर्श का चयन किया गया हो, उसी के परिणामों के जनसंख्या पर लागू कर सकते हैं। कम अनुभवी अथवा अज्ञान व्यक्ति के द्वारा चयन किये गए न्यादर्श के परिणाम को जनसंख्या पर लागू करना एक भयंकर एवं अहितकर कार्य होगा।
4. **न्यादर्श इकाइयों की अस्थिरता :** न्यादर्श की इकाइयों में अस्थिरता होती है क्योंकि सभी व्यक्तियों से कभी भी एक बार में सम्पर्क नहीं किया जा सकता है क्योंकि जब भी एक बार किसी सूचना आदि की जानकारी के लिए उनसे सम्पर्क किया जाएगा, उनमें से कुछ-न-कुछ व्यक्ति अवश्य नहीं मिल पायेंगे। कभी एक नहीं तो कभी दूसरे नहीं मिलते हैं। अतः इकाइयों के कम होने से प्रतिनिधित्व भी ठीक प्रकार से नहीं होता है और न्यादर्श द्वारा प्राप्त परिणाम अविश्वसनीय हो जाते हैं।
5. **अनियमितीकरण :** सामाजिक विषयों तथा व्यावहारिक विज्ञानों के शोध कार्यों में अनुसंधानकर्ता अनियमित न्यादर्श की चर्चा अधिक करते हैं जबकि इसका अर्थ नहीं समझते हैं। अतः न्यादर्श प्रविधियों से पूर्ण अनियमितीकरण का विवेचन यहां किया गया है।

अनियमितीकरण न्यादर्श के चयन करने की प्रमुख विधि है। इस विधि में जनसंख्या में से इकाइयों का चयन इस प्रकार किया जाता है कि प्रत्येक इकाई को न्यादर्श में सम्मिलित होने के समान अवसर प्राप्त होता है। प्रत्येक व्यक्ति के न्यादर्श में चयन होने की संभावना रहती है। एक व्यक्ति का चयन किसी भी व्यक्ति के चयन में बाधक नहीं होता है। न्यादर्श की इकाइयों का चयन स्वतंत्र रूप में किया जाता है। जनसंख्या के प्रत्येक व्यक्ति की आवश्यक रूप से न्यादर्श में सम्मिलित होने की समान संभावना रहती है।

अनियमितीकरण की विधियां

अनियमितीकरण की अधोलिखित विधियां प्रयुक्त की जाती है

(अ) लॉटरी विधि

(ब) सिक्के को उछालकर

(स) पासा फेंककर

(द) आंख पर पट्टी बांधकर

(य) अनियमित तालिका या टिप्पस तालिका।

अनियमित न्यादर्श चयन के लिए उपरोक्त में से किसी विधि को समुचित रूप में प्रयोग किया जा सकता है, परन्तु अनियमित तालिका का प्रयोग इस प्रकार के न्यादर्श के चयन में अधिक किया जाता है।

अनियमितीकरण के लाभ

इस विधि के अधोलिखित लाभ एवं विशेषताएं होती हैं-

1. न्यादर्श चयन करने की वस्तुनिष्ठ विधि है।
2. धन, समय तथा शक्ति की दृष्टि से मितव्ययी विधि है।
3. शोध के क्षेत्र में यह विधि अधिक सुगम होती है।
4. इस विधि के प्रयोग से सांख्यिकी प्रविविधों का प्रयोग किया जाता है।
5. परिणामों के निष्कर्षों में शुद्धता अधिक रहती है।
6. यह न्यादर्श की व्यावहारिक विधि है।
7. इस विधि के प्रयोग से प्रतिनिधित्व करने का न्यादर्श चयन किया जा सकता है।

अनियमितीकरण की सीमाएं

इस विधि की मुख्य सीमाएं इस प्रकार हैं-

1. अनियमितीकरण विधि द्वारा न्यादर्श चयन करने से प्रतिनिधित्व करने की गारंटी नहीं की जा सकती है। अनियमित न्यादर्श प्रतिनिधित्व भली प्रकार भी कर सकता है और नहीं भी कर सकता है।
2. अनियमितीकरण शुद्ध रूप में नहीं किया जा सकता है, इसमें व्यक्तिगत पक्षों का प्रभाव रहता है।
3. वास्तविक अनियमितीकरण के लिए विशिष्ट परिस्थितियों की आवश्यकता होती है। यदि परिस्थितियां अनुकूल नहीं हैं तब अनियमितीकरण की प्रक्रिया प्रभावित होती है।
4. अनियमितीकरण विधि की शैक्षिक परिस्थितियों में चर्चा तो अधिक की जाती है परन्तु शैक्षिक परिस्थितियों में इसका प्रयोग व्यवहारिक नहीं है क्योंकि कोई भी प्रधानाचार्य, अध्यापक तथा अध्यक्ष इस विधि के छात्रों के चयन के लिए अनुमति नहीं देते हैं, क्योंकि इस प्रकार की विधि से प्रशासनिक समस्या उत्पन्न होने की संभावना रहती है। तथा छात्र पूर्ण सहयोग भी नहीं देते हैं।

न्यादर्श की प्रविधियाँ

न्यादर्श के चयन हेतु अनेकों विधियों एवं प्रारूप का विकास किया गया है परन्तु सामान्य रूप से दो वर्गों में विभाजित किया जा सकता है-

अ-सम्भाव्य न्यादर्श **ब-असम्भाव्य न्यादर्श**

सम्भाव्य न्यादर्श

न्यादर्श के चयन में जब ऐसी विधि का प्रयोग करते हैं जिससे जनसंख्या के प्रतिनिधित्व की सम्भावना होती है, जब उसे सम्भाव्य न्यादर्श की संज्ञा दी जाती है।

जी.सी. हेलमेस्टर के अनुसार, ''सम्भाव्य न्यादर्श उसे कहते हैं जिसमें जनसंख्या के प्रत्येक सदस्य को न्यादर्श में सम्मिलित होने या चयन किए जाने की समान सम्भावना होती है। एक सदस्य का दूसरे पर कोई भी बंधन नहीं होता है। प्रत्येक सदस्य पूर्णरूप से स्वतन्त्र होता है।''

सामान्य न्यादर्श के दो प्रमुख सिद्धांत होते हैं-

1. सांख्यिकीय नियमितताओं का सिद्धांत
2. बड़े न्यादर्श की शक्ति का सिद्धांत

1. सांख्यिकीय नियमितताओं का सिद्धांत : इस सिद्धांत में सम्भाव्य नियम निहित होता है यदि एक छोटे न्यादर्श को अनियमितीकरण विधि से चयन किया गया है तो वह

जनसंख्या का प्रतिनिधित्व करता है। ऐसे न्यादर्श से प्राप्त परिणामों से सामान्यीकरण किया जा सकता है। न्यादर्श की सांख्यिकी के आधार पर जनसंख्या के मानकों का अनुमान लगाया जा सकता है। सार्थकता के लिए परीक्षणों का प्रयोग किया जा सकता है।

2. **बड़े न्यादर्श की शक्ति का सिद्धांत :** यह सिद्धांत प्रथम सिद्धांत का ही एक पक्ष है। एक छोटे न्यादर्श की अपेक्षा बड़ा न्यादर्श जनसंख्या का अच्छा प्रतिनिधित्व करता है। न्यादर्श त्रुटि भी कम होती है। अग्रांकित सूत्र से इसे स्पष्ट किया जा सकता है:

मध्यमान की प्रामाणिक त्रुटि

इस सूत्र में N न्यादर्श के आकार तथा α जनसंख्या का प्रामाणिक विचलन प्रयुक्त किया जाता है। यदि न्यादर्श का आकार बड़ा कर दिया जाय जो न्यादर्श की त्रुटि शून्य हो जाएगी।

मध्यमान प्रामाणिक त्रुटि

अत: निष्कर्षों के लिए मानक सांख्यिकीय का प्रयोग किया जा सकता है।

सम्भाव्य न्यादर्श की विशेषताएं : इस प्रकार के न्यादर्श की अधोलिखित विशेषताएं तथा अवधारणाएं होती हैं-

1. सम्भाव्य न्यादर्श में जनसंख्या के प्रत्येक सदस्य के चयन किए जाने की समान संभावना होती है।
2. सम्भाव्य न्यादर्श जनसंख्या का अच्छा प्रतिनिधित्व करता है।
3. सम्भाव्य न्यादर्श से एकत्रित किए गए प्राप्तांकों का वितरण सामान्य होता है। वितरण स्वतंत्र नहीं होता है।
4. सामान्यीकरण हेतु मानक सांख्यिकीय परीक्षण का प्रयोग किया जा सकता है।
5. सम्भाव्य न्यादर्श पर सामान्यीकरण किया जा सकता है।

सम्भाव्य न्यादर्श की सीमाएं

सम्भाव्य न्यादर्श की अधोलिखित सीमाएं होती हैं-

1. सम्भाव्य न्यादर्श के प्रतिनिधित्व की गारंटी नहीं की जा सकती है। इस प्रकार का न्यादर्श जनसंख्या का प्रतिनिधित्व कर भी सकता है तथा नहीं कर सकता है।
2. सम्भाव्य न्यादर्श के प्राप्तांकों का वितरण पूर्ण रूप से सामान्य नहीं होता है।
3. इस प्रकार के न्यादर्श से किये सामान्यीकरण में जोखिम होती है।
4. शैक्षिक परिस्थितियों में इस प्रकार के न्यादर्श का चयन व्यावहारिक नहीं होता है।

असम्भाव्य न्यादर्श

जब न्यादर्श के चयन में संभावना का कोई स्थान नहीं होता है, तब उसे असम्भाव्य न्यादर्श कहते हैं। इसमें न्यादर्श और जनसंख्या एक ही होते हैं। स्थानीय शोध कार्यों में इसका प्रयोग किया जाता है। इसमें सामान्यीकरण नहीं किया जाता है।

असम्भाव्य न्यादर्श की विशेषताएं : इस प्रकार के न्यादर्शों की अधोलिखित विशेषताएं होती हैं-

1. इस प्रकार के न्यादर्श का चयन करना सरल तथा सुगम होता है क्योंकि जनसंख्या पर न्यादर्श एक ही होते हैं।
2. किसी सदस्य के चयन करने की सम्भावना का प्रश्न नहीं होता है।
3. असम्भाव्य न्यादर्श के प्राप्तांकों का वितरण स्वतंत्र होता है। प्राप्तांकों का वितरण किसी भी प्रकार का हो सकता है।
4. इसमें प्रदत्तों के विश्लेषण के लिए सरल सांख्यिकी का प्रयोग किया जाता है।
5. परिणामों में जोखिम नहीं होता है।

असम्भाव्य न्यादर्श की सीमाएं

इस प्रकार के न्यादर्श की अधोलिखित सीमाएं होती हैं-

1. इसमें सामान्यीकरण नहीं किया जा सकता है जो शोध कार्य का सार होता है।
2. इसके प्राप्तांकों के विश्लेषण में मानक सांख्यिकी का प्रयोग नहीं किया जा सकता है।

(अ) सम्भाव्य न्यादर्श के प्रकार : इसकी प्रमुख छह प्रविधियां होती है-

अ-1 साधारण अनियमित न्यादर्श : यह न्यादर्श अनियमितता विधि द्वारा चुना जाता है। इस चयन विधि में जनसंख्या अथवा समुदाय के प्रत्येक व्यक्ति को न्यादर्श में चयन के लिए समान अवसर प्राप्त होता है। इस न्यादर्श में एक दूसरे व्यक्ति के चयन पर प्रभाव नहीं डालता है।

अनियमितता विधि द्वारा चयन करने की निम्न विधियां हैं-

1. **सिक्का उछालकर :** जनसंख्या के प्रत्येक व्यक्ति को लेकर उसके लिए सिक्का उछालें तथा यह निश्चित कर लें कि सिक्के के किस पहलू पर चयन करना है। यदि उसके नाम पर वहीं पहलू आए तो उसे चयन कर लें, विपरीत पहलू आए तो उसे चयन न करें। इस प्रकार चयन करके एक न्यादर्श प्राप्त हो जाएगा।
2. **पासा उछालकर :** पासा उछालने पर जो अंक आ जाए उसी नंबर के व्यक्ति को न्यादर्श में सम्मिलित कर लिया जाए।
3. **लॉटरी विधि :** जनसंख्या के समस्त व्यक्तियों के नाम एक-एक कागज पर लिखकर उन्हें एक डिब्बे में बंद करके कागज उठाते जाएं और उन्हें न्यादर्श में सम्मिलित कर लें।
4. **अन्य विधि :** यह विधि भी लॉटरी विधि की ही तरह है। इसमें केवल कागज पर नाम लिखकर आंख बंद करके कागज उठाते जाएं और उन्हें न्यादर्श में सम्मिलित कर लें।
5. **टिपिट तालिका द्वारा :** श्री एल. सी. टिपिट महोदय ने अनियमित संख्याओं की एक तालिका बनाई। इस तालिका में 415000 अंक है तथा 10400 चार अंकों वाली संख्याएं हैं। इन संख्याओं को लेकर जनसंख्या में से उसी नंबर की अनुसार व्यक्ति चुन लेते हैं।

टिपिट तालिका की प्रथम 24 संख्या इस प्रकार है-

2452	6641	3992	9792	7979	5911
3170	5624	4167	9232	1545	1396
7203	5356	1300	2693	2370	7483
3408	2762	3563	1089	6913	7991

अनियमित न्यादर्श में सावधानियां : इस प्रकार के न्यादर्श के चयन में अधोलिखित सावधानियां बरतनी चाहिए-

1. जिस जनसंख्या से न्यादर्श हो वह पूर्ण रूप से ज्ञात होनी चाहिए अर्थात् जनसंख्या की सूची उपलब्ध होनी चाहिए।
2. जनसंख्या की प्रत्येक इकाई के गुण लगभग समान होने चाहिए।
3. प्रत्येक इकाई स्वतंत्र होनी चाहिए।
4. एक इकाई के चयन की दूसरी इकाई के चयन पर प्रभाव नहीं पड़ना चाहिए।
5. चयन की हुई इकाई में से कोई इकाई छूटनी नहीं चाहिए और किसी इकाई के स्थान पर दूसरी इकाई को नहीं रखना चाहिए।
6. न्यादर्श पक्षपात एवं अन्य दोषों से यथासंभव मुक्त होना चाहिए।

साधारण अनियमित न्यादर्श चयन का महत्त्व : इस प्रकार के न्यादर्श की प्रमुख विशेषताएं इस प्रकार हैं-

1. अनियमित न्यादर्श प्राय: व्यक्तिगत पक्षपात से मुक्त होता है।
2. अनियमित विधि अत्यन्त सरल है। शोध-कर्त्ता को चयन करने में कोई सोच-विचार नहीं करना पड़ता है।
3. अनियमित न्यादर्श की त्रुटियों को सरलतापूर्वक ज्ञात किया जा सकता है।
4. इस चयन विधि का प्रयोग सभी प्रकार के प्रयोगों, अनुसंधानों एवं सर्वेक्षण के लिए किया जा सकता है।

अनियमित न्यादर्श की परिसीमाएं : इस प्रविधि की अधोलिखित सीमाएं होती हैं-

1. इस चयन विधि के न्यादर्श की उचित प्रतिनिधित्वता के बारे में पूर्ण रूपेण आवश्यकता नहीं होती है।
2. अनुमान संबंधी सत्यता न्यादर्श के आकार पर निर्भर करती है।
3. अनियमित न्यादर्श विधि में प्राय: संयोग पर अधिक निर्भर रहना पड़ता है।

अ-2. क्रमिक न्यादर्श

यह विधि साधारण अनियमित न्यादर्श से सुधरी हुई प्रविधि है। इसमें जनसंख्या की जानकारी आवश्यक होती हैं इसमें सभी के नामों की सूची या तो वर्णमाला के अनुसार या अन्य विधि से तैयार कर लेते हैं, सभी एक ही विधि से लिखे जाते हैं। जब सूची में से एक क्रम से व्यक्ति अथवा इकाई का चयन करते जाते हैं जैसे हर दसवां व्यक्ति न्यादर्श में सम्मिलित कर लिया जाय।

इसमें निम्न सूत्र का प्रयोग कर सकते हैं:

यदि ज = जनसंख्या के कुल नम्बर = N

प्र = न्यादर्श में इकाइयों की संख्या = n

दसवां व्यक्ति का चयन किया जाएगा।

माना 1000 व्यक्तियों (जनसंख्या) में से 100 व्यक्तियों को न्यादर्श चयन करना है अर्थात् $N = 1000$ तथा $n = 100$

जो व्यक्ति = 10वां व्यक्ति न्यादर्श में चयन किया जाएगा।

इस प्रकार सूची में हर दसवें व्यक्ति का चयन कर लिया जाए।

क्रमिक न्यादर्श का महत्त्व : इस प्रविधि की निम्नलिखित विशेषताएं होती हैं-

1. यह न्यादर्श चयन करने की सरल विधि है।
2. न्यादर्श व्यापक एवं प्रतिनिधि हो सकता है।
3. धन की बचत कर देता है।
4. इससे प्राप्त परिणामों से निष्कर्ष निकाला जा सकता है तथा उनका सामान्यीकरण किया जा सकता है।

क्रमिक प्रतिदर्श की परिसीमाएं : इसकी अधोलिखित सीमाएं होती हैं-

1. यह विधि त्रुटियों से मुक्त नहीं है।
2. प्रत्येक इकाई एवं जनसंख्या की जानकारी होनी चाहिए।
3. न्यादर्श के प्रतिनिधित्वता के बारे में पूर्ण आश्वस्त नहीं हो सकते हैं।
4. न्यादर्श से प्राप्त परिणामों से निष्कर्ष निकालने में जोखिम हो सकता है।

अ-3. वर्गबद्ध न्यादर्श

यह विधि उपरोक्त दोनों विधियों से श्रेष्ठ है। इसमें मानदण्ड के आधार पर जनसंख्या को वर्गीकृत कर देते हैं, अधिक योग्य एक वर्ग के कम योग्यता वाले अलग वर्ग में तथा मध्यम योग्यता वाले अलग वर्ग में। अब इन अलग-अलग वर्गों में से न्यादर्श के लिए इकाइयों का चयन कर लिया जाता है। अत: हमारे न्यादर्श में अधिक योग्यता वाली, मध्यम योग्यता वाली कम योग्यता वाली सभी प्रकार की इकाइयों का समावेश हो जाएगा। अत: जनसंख्या को किसी न किसी मानदण्ड के आधार पर वर्गों में विभक्त कर लेते हैं।

किसी वर्ग में से कितने व्यक्तियों का चयन हो, इसके लिए तीन परिस्थितियां होती हैं-

1. **अ-आनुपातिक** सभी वर्गों में से जितनी इच्छा हो इकाइयां चुन लें।
2. **आनुपातिका** एक निश्चित अनुपात में प्रत्येक वर्ग में से इकाइयां चुन लें।
3. प्रत्येक वर्ग में से प्रत्येक वर्ग की कुल संख्या का एक निश्चित प्रतिशत का चयन करना।

यह अग्रलिखित तालिका में इन तीनों प्रकार के न्यादर्श को स्पष्ट किया गया है-

वर्गबद्ध न्यादर्श के प्रकार

वर्ग अ-आनुपातिक जनसंख्या के अनुरूप न्यादर्श

	संख्या में चयन	संख्या में चयन	जनसंख्या	न्यादर्श
उच्च वर्ग	35	25	250	25
मध्यम वर्ग	43	50	400	40
निम्न वर्ग	22	25	350	35
न्यादर्श का आकार	100	100	1000	100

वर्गबद्ध न्यादर्श का महत्व : इस प्रविधि की प्रमुख तीन विशेषताएं होती हैं-

1. यह न्यादर्श जनसंख्या का अच्छा प्रतिनिधित्व करता है।
2. यह न्यादर्श विधि वस्तुनिष्ठ होती है
3. इससे प्राप्त परिणाम अधिक शुद्ध, सत्य एवं विश्वसनीय होते हैं।

वर्गबद्ध न्यादर्श की परिसीमाएं : इसकी अधोलिखित सीमाएं होती हैं-

1. अनुचित वर्गीकरण हो जाने की संभावना रहती है। जिसके कारण दोष मुक्त होने की संभावना नहीं रहती है।
2. इस विधि में अधिक समय लगता है तथा अधिक धन व्यय होता है।
3. प्राप्त परिणामों से सामान्यीकरण करना जोखिम हो सकता है।
4. कभी-कभी यह निश्चित करना कठिन हो जाता है कि कौन-कौन सी इकाइयों को किस-किस वर्ग में रखा जाए।

अ-4. बहुरूपी न्यादर्श विधि

इस विधि में दो अथवा दो से अधिक न्यादर्शों का चयन करते हैं। इसलिए इसे बहुरूपी न्यादर्श विधि कहते हैं।

माना कि दिल्ली विश्वविद्यालय एवं मिथिला विश्वविद्यालय के बी. एड. के छात्राध्यापकों के ज्ञानोपार्जन में सह-संबंध ज्ञात करना है तो एक न्यादर्श तो दिल्ली विश्वविद्यालय के बी. एड. के छात्राध्यापकों का चयन करेंगे तथा दूसरा न्यादर्श मिथिला विश्वविद्यालय के बी. एड. के छात्राध्यापकों का चयन करेंगे लेकिन दोनों न्यादर्शों से प्राप्त चरों का सह-संबंध ज्ञात करेंगे। दो से अधिक न्यादर्श का भी चयन कर सकते हैं। लेकिन दोनों न्यादर्शों की चयन विधि एवं आधार समान होंगे।

बहुरूपी न्यादर्श का महत्व : इसकी प्रमुख विशेषताएं निम्न प्रकार हैं-

1. यह विधि त्रुटियों की संभावंना को कम कर देती है।
2. यह विधि न्यादर्श की विश्वसनीयता का परीक्षण एवं बांछनीय परिणामों की प्राप्ति में उचित निर्देशन करती है।

बहुरूपी न्यादर्श परिसीमाएं : इसकी सीमाएं निम्नलिखित होती हैं-

1. यह विधि बड़े न्यादर्श के चयन में प्रयोग नहीं हो सकती है। केवल छोटे न्यादर्शों के चयन में प्रयोग की जाती है।
2. यह विधि अधिक मितव्ययी तथा अधिक समय लगता है, तथा अधिक लेखाजोखा एवं गणना करनी होती है।
3. इस विधि में नियोजन एवं प्रशासन दोनों ही अत्यन्त कठिन होते हैं।

अ-5. बहुस्तरीय न्यादर्श

यह वर्गबद्ध का ही सुधरा हुआ रूप है। इसमें जनसंख्या के कई स्तर होते हैं। प्राथमिक स्तर, माध्यमिक स्तर आदि। ये स्तर एक दूसरे में समावेशित रहते है। जैसे कि हम दिल्ली विश्वविद्यालय के बी. एड. के छात्रों का एक प्रतिदर्श चुनना चाहते हैं तो इसमें कुछ स्नातकोत्तर छात्रों के लिए हमारा चयन करने का प्राथमिक स्तर स्नातकोत्तर डिग्री है। लेकिन इस प्राथमिक स्तर के साथ अन्य स्तर भी संबंधित हैं जैसे स्नातकोत्तर में एम.ए., एम. एससी., एम. कॉम, स्तर सम्मिलित हैं तथा स्नातकोत्तर छात्र एवं छात्राएं दोनों होंगे। इस प्रकार स्नातक छात्रों में भी विज्ञान, कला, वाणिज्य सह-स्तर निहित हैं तथा छात्र एवं छात्राएं उपस्थित हैं। अत: अनुसन्धानकर्त्ता सभी स्तरों का भली-भांति विश्लेषण करके ही उसके निश्चित एवं उपयोगी न्यादर्श चयन करता है, जिसमें प्रत्येक स्तर की इकाई का समावेश हो जाएं। जनसंख्या का विभाजन किया जाता है।

बहुस्तरीय न्यादर्श का महत्त्व : इसकी चार प्रमुख विशेषताएं होती हैं-

1. यह एक अच्छा न्यादर्श होता है
2. यह उपरोक्त न्यादर्शों में सुधरा हुआ रूप है
3. यह न्यादर्श की वस्तुनिष्ठ प्रविधि है।
4. अनुसंधान कार्य के लिए अधिक व्यापक प्रविधि है।

बहुस्तरीय न्यादर्श की परिसीमाएं : इसकी मुख्य सीमाएं अधोलिखित हैं-

1. यह न्यादर्श की एक जटिल एवं कठिन विधि है।
2. जब अन्य स्तरों का अवलोकन करते हैं तो त्रुटि की संभावना हो जाती है।
3. यह समय की दृष्टि से अधिक मितव्ययी विधि है।

अ-6 समूह न्यादर्श

जब जनसंख्या अधिक विस्तृत हो तथा दूर-दूर तक फैली हुई हो तो ऐसी स्थिति में उपरोक्त विधियों द्वारा अध्ययन करना संभव नहीं होता है। अत: हम इस जनसंख्या का एक बड़ा समूह बना लेते हैं। यह बड़े समूह अनियत विधि द्वारा या वर्ग अनियम विधि द्वारा बनाए जाते हैं। इस बड़े समूह को ही न्यादर्श मान लेते हैं तो इसे समूह न्यादर्श कहते हैं।

समूह न्यादर्श का महत्त्व : इसकी प्रमुख विशेषताएं इस प्रकार हैं-

1. यह सबसे सरल विधि है।
2. यह एक अच्छा प्रतिनिधि न्यादर्श होता है
3. इस विधि से समय एवं धन की बचत होती है।
4. यह विधि अधिक उपयोगी एंवं व्यावहारिक है।
5. शैक्षिक अनुसंधानों के लिए अधिक उपयोगी प्रविधि है।

समूह न्यादर्श की परिसीमाएं : इस प्रविधि की निम्नलिखित सीमाएं हैं-

1. यह त्रुटियों से मुक्त नहीं है।
2. पूर्ण रुपेण समान गुणों तथा विशेषताओं वाले समूह बनाना सरल कार्य नहीं है।
3. कौन-कौन से गुणों वाले व्यक्ति किस-किस समूह में रखे जाएं, यह एक समस्या है।
4. दोष पूर्ण समूह बन जाने से परिणाम अविश्वसनीय हो जाते हैं।

(ब) असम्भाव्य न्यादर्श

ये निम्न चार प्रकार के होते हैं-

ब-1. आकस्मिक न्यादर्श

इसमें जनसंख्या में से जो व्यक्ति आसानी से उपलब्ध हो जाएं ऐसे न्यादर्श को आकस्मिक न्यादर्श कहते हैं। माना कि हमें किसी समस्या के प्रति दिल्ली विश्वविद्यालय के छात्रों का मन जानना है तो हम दिल्ली विश्वविद्यालय तथा उससे संबंधित महाविद्यालय के किन्हीं भी छात्रों से उनकी राय पूछते जाएं, इस प्रकार का यह न्यादर्श आकस्मिक न्यादर्श होगा।

आकस्मिक न्यादर्श का महत्त्व : इस प्रकार के न्यादर्श की अधोलिखित विशेषताएं होती हैं-

1. यह न्यादर्श विधि अत्यधिक सरल एवं सुगम विधि है।

2. यह विधि मुख्यत: व्यावहारिक विज्ञान के अनुसंधानों से बहुत प्रयोग की जाती है, क्रियात्मक अनुसन्धानों में प्रयुक्त की जाती है।
3. इसके चयन के लिए कोई योजना नहीं बनानी पड़ती है।
4. इससे समय एवं धन की बचत होती है।

आकस्मिक न्यादर्श की परिसीमाएं : इसकी सीमाएं इस प्रकार हैं-

1. यह जनसंख्या प्रतिनिधित्व नहीं करता है।
2. यह त्रुटियों से मुक्त नहीं है।

ब-2. उद्देशीय न्यादर्श

कुछ शोध कार्य न्यादर्श की प्रतिनिधित्वता नहीं चाहते, उन्हें अपने विशेष उद्देश्य के लिए विशेष उद्देशीय न्यादर्श चाहिए जैसे कि बढ़ती हुई महंगाई का प्राथमिक विद्यालयों के अध्यापकों पर क्या प्रभाव पड़ेगा, इसका सर्वेक्षण करना हो तो इसके एक विशिष्ट उद्देश्य के लिए एक विशिष्ट समूह (प्राथमिक विद्यालयों के अध्यापकों) की ही आवश्यकता होगी। यह जनसंख्या का प्रतिनिधि नहीं होगा। प्रभावशाली शिक्षकों के व्यक्तिगत गुणों के लिए भी इसी विधि का प्रयोग किया जाएगा-

उद्देशीय न्यादर्श का महत्त्व : इसकी प्रमुख तीन विशेषताएं हैं:

1. उस समूह का अध्ययन अच्छी प्रकार से कर सकते हैं।
2. इकाइयों पर अच्छा नियंत्रण रहता है।
3. न्यादर्श समूहों की तुलना भली-भांति कर सकते हैं।

उद्देशीय न्यादर्श की परिसीमाएं : इस विधि की अधोलिखित सीमाएं हैं-

1. इसकी तकनीकी विधि दोषपूर्ण होती है।
2. विश्वसनीयता सन्देहास्पद होता है।
3. समस्त संबंधित जनसंख्या की जानकारी होना आवश्यक है।

ब-3. संपूर्ण न्यादर्श

यह वर्ग वृद्ध न्यादर्श का ही एक रूप है, केवल इकाइयों की चयन विधि में अंतर है। इसे भी वर्गों में बांटते हैं। यह सामाजिक सर्वेक्षण एवं जनसंख्या सर्वेक्षण आदि में प्रयुक्त होता है। इसमें सामान्य न्यादर्श एवं निर्णयात्मक न्यादर्श दोनों ही का समावेश रहता है। इस न्यादर्श क्रिया में हम उन विशेषकों को ध्यान में रखकर संपूर्ण कोश को निर्धारित करते हैं जोकि इकाइयों में स्पष्टता दृष्टिगोचर होते हैं।

संपूर्ण न्यादर्श का महत्त्व : इस प्रविधि की अधोलिखित विशेषताएं होती हैं-

1. यह एक सरल बिधि है।
2. यह सामाजिक सर्वेक्षणों में अधिकतर प्रयोग किया जाता है।

संपूर्ण न्यादर्श की परिसीमाएं : इस प्रविधि की अधोलिखित सीमाएं होती हैं-

1. यह प्रतिनिधि न्यादर्श नहीं होता है।
2. यह दोष मुक्त नहीं है।
3. क्षेत्रीय भौगोलिक एवं सामाजिक कारकों को प्रभावित करता है।

ब-4. निर्णित न्यादर्श

अनुसंधानकर्त्ता अपने किसी उद्देश्य के लिए स्वयं निर्णित इकाइयों के समूह का चयन करता है। इस समूह को निर्णित न्यादर्श कहते हैं।

निर्णित न्यादर्श का महत्त्व : इसकी विशेषताएं इस प्रकार हैं-

1. यह धन, समय एवं शक्ति का अल्पव्यय करती है।
2. यह अनुसंधान प्रक्रिया में अच्छी प्रकार प्रयोग की जा सकती है।

निर्णित न्यादर्श की परिसीमायें : इसकी निम्नलिखित सीमायें होती हैं :

1. यह विधि वस्तुनिष्ठ नहीं है।
2. यह विधि दोषमुक्त नहीं है।
3. इसमें अनियंत्रित चरों का समावेश होता है।
4. इससे सामान्यीकरण संभव नहीं होता है।

न्यादर्श की विश्वसनीयता

अनुसंधान की प्रक्रिया में न्यादर्श के आधार पर सम्पूर्ण प्रयास करते हैं। अत: न्यादर्श का विश्वसनीय होना अत्यंत आवश्यक है। न्यादर्श की विश्वसनीयता निम्न विधियों से ज्ञात की जाती हैं :

1. **समान्तर न्यादर्श द्वारा :** इस विधि में एक ही जनसंख्या के एक ही विधि द्वारा दो समान न्यादर्श ले लेते हैं। किसी परीक्षण पर दोनों के मध्यमान एवं विचलन को देख लेते हैं। यदि दोनों में सार्थक अन्तर नहीं होता है तो न्यादर्श विश्वसनीय होता है।
2. **उप-न्यादर्श विधि :** इस विधि में जो न्यादर्श लिया है, उसी में से एक उप-न्यादर्श लेकर किसी परीक्षण पर दोनों के मध्यमान एवं विचलन देखते हैं। यदि उनमें समर्थ अन्तर नहीं होता है तो न्यादर्श विश्वसनीय होता है।

3. **जनसंख्या से तुलना करके :** यदि सम्पूर्ण जनसंख्या का किसी परीक्षण पर मध्यमान तथा विचलन ज्ञात हो तो न्यादर्श के मध्यमान तथा विचलन की उससे तुलना कर लेते हैं। यदि दोनों में सार्थक अन्तर नहीं है तो न्यादर्श विश्वसनीय होगा।
4. **सांख्यिकी विधि द्वारा :** न्यादर्श की विश्वसनीयता की गणना उसकी सांख्यिकी के आधार पर की जाती है। मध्यमान की प्रामाणिक त्रुटि की गणना अधोलिखित सूत्र की सहायता से की जाती है :

   मध्यमान की प्रामाणिक त्रुटि

   इसमें : SEM = मध्यमान की प्राथमिक त्रुटि

   = जनसंख्या का प्रामाणिक विचलन

   N = न्यादर्श का आकार

   न्यादर्श का जितना बड़ा आकार होता है प्रामाणिक त्रुटि उतनी ही कम होती है।

न्यादर्श का आकार

शोधकर्त्ता के समक्ष प्रथम प्रश्न यह होता है कि न्यादर्श में कितने सदस्यों को सम्मिलित किया जाये जिससे वह जनसंख्या का शुद्ध रूप में प्रतिनिधित्व कर सके और प्राप्त परिणाम विश्वसनीय हो। किसी शोध के निष्कर्ष की शुद्धता न्यादर्श के आकार पर ही निर्भर होती है। न्यादर्श का आकार निर्धारण के लिए कोई एक नियम नहीं है।

साधारणत: इस प्रश्न का यही उत्तर दिया जाता है, जितना बड़ा न्यादर्श प्रयोग किया जा सके, करना चाहिए। बड़ा न्यादर्श जनसंख्या का अच्छा प्रतिनिधित्व करता है। इसके अतिरिक्त बड़े न्यादर्श के प्रदत्त शुद्ध होते हैं। क्योंकि मापन त्रुटि भी शून्य हो जाती है। जितना बड़ा न्यादर्श होता है प्रामाणिक त्रुटि छोटे न्यादर्श की अपेक्षा कम होती है। यदि न्यादर्श का आकार अनन्त ले लिया जाये तब प्रामाणिक त्रुटि शून्य हो जाती है।

न्यादर्श के आकार का निर्धारण

शोध की प्रक्रिया में न्यादर्श का आकार निर्धारित करना एक प्रमुख समस्या होती है। प्रयोगात्मक शोध में समूहों की समानता पर बल दिया जाता है जिससे नियंत्रित समूह तथा प्रयोगात्मक समूह समान हो तथा प्रयोगात्मक चर के प्रभाव का अध्ययन शुद्ध रूप में किया जा सकता है। इसमें जनसंख्या के प्रतिनिधित्व पर बल नहीं दिया जाता है। सर्वेक्षण विधि में ऐसा न्यादर्श लिया जाता है जिसमें जनसंख्या का प्रतिनिधित्व करना महत्वपूर्ण विशेषता होती है। कुछ विद्वानों का सुझाव है कि न्यादर्श का आकार जनसंख्या का 10 से 20 प्रतिशत तक होना चाहिए, इसका कोई सैद्धांतिक आधार नहीं है। जार्ज जे. मुले ने न्यादर्श का आकार निर्धारित करने का सांख्यिकी मानदण्ड दिया है।

यदि अन्य परिस्थितियां समान रहे तब बड़ा न्यादर्श अपेक्षाकृत शुद्ध प्रदत्त देता है। यह सभी का विश्वास है कि प्रदत्तों की शुद्धता न्यादर्श के आकार पर निर्भर होती है। जनसंख्या का प्रतिशत इतना महत्वपूर्ण नहीं होता है। शब्द बड़ा न्यादर्श सापेक्षिक है जो शोध प्रकृति पर बदलता रहता है। न्यादर्श चयन की वास्तविक प्रक्रिया चरों की प्रकृति पर आधारित होती है, परन्तु मूलभूत न्यादर्श की प्रक्रिया अनियत न्यादर्श के मध्यमान तथा विचलन मान के सामान्य वितरण पर आधारित होती है।

न्यादर्श के चयन में अन्य प्रश्न यह उत्पन्न होता है कि निष्कर्षों की शुद्धता किस अंश तक चाहिए। सामान्य रूप में 95 से 99 प्रतिशत विश्वास कालान्तर को स्वीकार किया जाता है अर्थात 5 से 1 प्रतिशत त्रुटि को मान लिया जाता है। अत: न्यादर्श का आकार इतना होना चाहिए कि त्रुटि की प्रतिशत 5 से 1 के मध्य हो। उदाहरण के लिए, किसी अध्ययन में बुद्धि प्रमुख चर है। अत: न्यादर्श के आकार को निर्धारित करने के लिए त्रुटि की प्रतिशत करनी होगी। मान लिया 2 प्रतिशत त्रुटि रखना चाहते हैं तब न्यादर्श का आकार निम्नांकित सूत्र की सहायता से ज्ञात किया जा सकता है।

$1.96 = SE_M = 2 ; 1. 96$

जबकि : = प्रामाणिक विचलन शोध के प्रमुख चर का है।

n = न्यादर्श का आकार

2. प्रतिशत त्रुटि के न्यादर्श का आकार

इस उदाहरण में बुद्धि चर का प्रामाणिक विचलन 16 है।

2 प्रतिशत त्रुटि न्यादर्श का आकार 245 होना चाहिए। यदि अनुसंधानकर्ता अधिक शुद्ध मान चाहता है अर्थात केवल 1 प्रतिशत त्रुटि चाहता है तब न्यादर्श के आकार की गणना निम्नांकित सूत्र की सहायता से की जा सकती है :

$2.58\ SE_M = 1.2.58$

$2.58 \times 16 =$

N = 1681

1 प्रतिशत त्रुटि हेतु न्यादर्श का आकार 1681 होना चाहिए।

साधारणत: शैक्षिक अनुसंधानों में से कई चरों का अध्ययन एक साथ किया जाता है। अत: ऐसी परिस्थितियों में न्यादर्श का आकार निर्धारित करने के लिए सबसे अधिक प्रामाणिक विचलन

के चर के आधार पर उक्त सूत्रों की सहायता से न्यादर्श के आकार की गणना करनी चाहिए।

न्यादर्श की त्रुटियों के प्रकार

शैक्षिक शोध कार्यों में न्यादर्श जनसंख्या का प्रतिनिधित्व नहीं करते क्योंकि न्यादर्श दो प्रकार की त्रुटियों से प्रभावित होता है :

(1) अनियत त्रुटि

(2) सुव्यवस्थित त्रुटि

इन त्रुटियों को अन्य दो रूपों में वर्गीकृत किया जा सकता है:

(a) न्यादर्श की त्रुटि

(b) मापन की त्रुटि

इन त्रुटियों को चार वर्गों द्वारा प्रदर्शित किया जा सकता है :

वर्ग-अ : यह इस प्रकार की त्रुटि से संबंधित होता है जिसे दूर नहीं किया जा सकता है। जब न्यादर्श का चयन अनियत विधि से किया जाता है तब सजातीय सदस्यों के चयन की संभावना रहती है। इस त्रुटि को बड़े न्यादर्श के चयन करने से दूर किया जा सकता है।

वर्ग-ब : इस प्रकार की त्रुटि को न्यादर्श त्रुटि की संज्ञा दी जाती है। यह त्रुटि शोधकर्त्ता के सदस्यों के चयन की विधि के निर्णय के कारण होती है। यह सामान्यीकरण को भी प्रभावित करता है। अत: वर्ग अ तथा ब न्यादर्श त्रुटि को प्रदर्शित करते हैं।

वर्ग-स : त्रुटियां मापन के कारण होती है जो न्यादर्श त्रुटि से भिन्न होती है। कोई मापन विधि पूर्ण रूप से विश्वसनीय नहीं होती है। अत: वर्ग-स की त्रुटि परीक्षण की विश्वसनीयता के कारण होती हुई जिसे मापन त्रुटि भी कहते हैं। बड़ा न्यादर्श चयन करने से इस त्रुटि को कम किया जा सकता है। बड़े न्यादर्श के सदस्यों के मापन त्रुटि का योग सदैव शून्य होता है।

वर्ग-द : यह त्रुटि व्यवस्थित ढंग से मापन विधि के कारण होती है। किसी परीक्षण में यदि परीक्षा देने वाला अधिक समय छात्रों को दे देता है तब वह उनके प्राप्तांकों पर प्रभाव डालेंगे। निर्देशन में अन्तर होने पर भी अंक प्रभावित होते हैं। इसे व्यवस्थित प्रवृत्ति कहा जाता है। ऐसी परिस्थिति में न्यादर्श की सांख्यिकीय, जनसंख्या के मानकों से अधिक होते हैं। वह गम्भीर प्रकार की त्रुटि मानी जाती है जो मापन तथा न्यादर्श दोनों को प्रभावित करती है। यह त्रुटि व्यक्तिगत पक्षों के कारण होती है।

न्यादर्श प्रविधि का शोध कार्यों में उपयोग

1. ऐतिहासिक शोध कार्यों में न्यादर्श कम होता हैं क्योंकि इस प्रकार के शोध कार्यों का सम्बन्ध अतीत के तथ्यों एवं घटनाओं से होता है।
2. इकाई अध्ययन में निर्णित न्यादर्श का प्रयोग किया जा सकता है। इसके अतिरिक्त सोद्देश्यी न्यादर्श भी प्रयुक्त करते हैं।
3. सर्वेक्षण विधि में न्यादर्श का विशेष महत्व होता है क्योंकि सामान्यीकरण न्यादर्श पर ही आधारित होता है। अनियत, व्यवस्थित न्यादर्श को अधिक प्रयुक्त किया जाता है। बहुस्तरीय न्यादर्श का प्रयोग कर सकते हैं।
4. प्रयोगात्मक शोध कार्यों में अधिक शुद्ध न्यादर्श की प्रविधि का प्रयोग अपेक्षित होता हैं क्योंकि समूहों की समानता पर अधिक बल दिया जाता है। जनसंख्या के प्रतिनिधित्व को कम महत्व देते हैं। स्तरीय न्यादर्श का अधिक उपयोग होता है, परन्तु शैक्षिक प्रयोगात्मक विधि में समूह न्यादर्श विधि अधिक व्यावहारिक होती है।
5. क्रियात्मक अनुसंधान में आकस्मिक न्यादर्श प्रविधि का प्रयोग किया जाता है जिससे स्थानीय समस्याओं का समाधान किया जाता है।

न्यादर्श प्रविधि का उपयोग शोध कार्यों की प्रकृति पर अधिक निर्भर करता है, परन्तु समूह न्यादर्श की व्यावहारिकता अधिक होती है।

प्रदत्तों (आंकड़ों) का संकलन

प्रदत्तों के संकलन के लिए अनुसंधान उपकरणों का प्रशासन न्यादर्श के प्रयोज्यों पर लिया जाता है। अधिकांशतः शैक्षिक अनुसंधानों में प्रदत्तों का संकलन या तो प्रामाणिक परीक्षणों के द्वारा या स्वयं निर्मित अनुसंधान उपकरणों के द्वारा किया जाता है, इस प्रकार वस्तुनिष्ठ प्रदत्त प्राप्त हो जाते हैं, जिसके द्वारा एक अध्ययन में सही परिणाम तक पहुंचा जा सकता है। प्रदत्तों का संकलन, प्रश्नावली, निरीक्षण, साक्षात्कार, परीक्षण तथा अनेक अन्य प्रविधियों द्वारा किया जाता है। यह अनुसंधान का चतुर्थ सोपान होता है।

एक अनुसंधानकर्त्ता का यह जानना अत्यन्त आवश्यक है कि कितना और किस प्रकार के प्रदत्तों का संकलन किस स्थान पर और कब किया जाये। अनुसंधानकर्त्ता को इस बात का भी ज्ञान होना अत्यन्त आवश्यक है कि किस प्रकार के प्रदत्तों के

संकलन के लिए किस प्रकार की सांख्यिकी उपयोग में लाई जायेगी। प्रदत्तों के संकलन का मुख्य उद्देश्य अनुसंधान परिकल्पना को प्रमाणित या उचित रूप में सिद्ध करना है।

प्रदत्तों (आंकडों) का अर्थ

प्रदत्तों का अर्थ है निरीक्षण वैज्ञानिक शैक्षिक अनुसंधानों में प्रदत्तों की आवश्यकता पड़ती है। प्रदत्त प्रामाणिक अनुसंधान उपकरणों या स्वयं निर्मित उपकरणों के द्वारा प्राप्त किये जाते हैं। प्रदत्त परिमाणात्मक एवं गुणात्मक दोनों प्रकार के होते हैं।

प्राप्तांक एक व्यक्ति का अंकीय वर्णन करता है। प्राप्तांकों की अपनी विशेषतायें होती हैं। मापन प्रक्रिया एक चर का परिमाणात्मक रूप से मापन करने में सहायक होती है। प्रदत्त आकृति और प्राप्तांकों के रूप में एकत्रित किये जाते हैं, यह इस बात पर निर्भर करता है कि किस प्रकार के उपकरणों के द्वारा जो प्रदत्त एकत्रित किये जाते हैं, वह प्राप्तांकों के रूप में होते हैं तथा प्रश्नावली से प्राप्त प्रदत्त आकृति के रूप में होते हैं। प्रदत्त वह वस्तु है जिसकी सहायता से हम समझते हैं कि शोध के निष्कर्ष वैध तथा विश्वसनीय हैं। इनकी प्रामाणिकता की परख की जा सकती है।

प्रदत्तों (आंकड़ों) के संकलन की आवश्यकता

शोध कार्यों में प्रदत्तों का संकलन निम्नांकित उद्देश्यों की पूर्ति हेतु किया जाता है :

1. शैक्षिक अनुसंधानों में प्रदत्तों का संकलन शोध कार्यों के लिए ठोस आधार पर प्रदान करता है।
2. किसी उत्पादन के लिए जिस प्रकार कच्ची सामग्री चाहिए, उसी प्रकार शोध कार्य के लिए प्रदत्तों की आवश्यकता पड़ती है। यदि प्रदत्त गुणात्मक रूप में एकत्रित किये गये हैं तब शोध के परिणाम भी गुणात्मक होंगे।
3. प्रदत्तों के आधार पर शोध के सुनिश्चित प्रश्न का सुनिश्चित उत्तर दिया जा सकता है। वैज्ञानिक शोध कार्यों के लिए प्रदत्तों की नितान्त आवश्यकता होती है।
4. शोध के निष्कर्षों की पुष्टि में प्रदत्तों का विशेष महत्त्व होता है।
5. शोध कार्यों में प्रदत्तों का संकलन परिकल्पनाओं की पुष्टि के लिए किया जाता है।
6. सांख्यिकीय प्रदत्तों को दो समस्याओं के लिए प्रयुक्त किया जाता है :
   (अ) जनसंख्या के मानकों का अनुमान लगाया जाता है जिससे सामान्यीकरणों के प्रतिपादन में सहायता मिलती है।
   (ब) शोध की परिकल्पनाओं का परीक्षण किया जाता है जिससे शोध की समस्या अथवा प्रश्न का उत्तर मिलता है।
7. गुणात्मक प्रदत्तों के आधार पर तथ्यों की खोज की जाती है और परिमाणात्मक प्रदत्तों के आधार पर नवीन सिद्धान्तों का प्रतिपादन किया जाता है।
8. नवीन प्रविधियों की प्रभावशीलता का मूल्यांकन प्रदत्तों के आधार पर किया जाता है।
9. प्रदत्तों के आधार पर समस्याओं का वैज्ञानिक समाधान ज्ञात किया जाता है।
10. शोध के सामान्यीकरणों की शुद्धता प्रदत्तों की विश्वसनीयता और वैधता पर आधारित होती है।

प्रदत्तों (आंकड़ों) एवं तथ्यों में अन्तर

प्रदत्तों एवं तथ्यों में अन्तर निम्न प्रकार है :

1. तथ्य अपने भौतिक जगत् में संगठित होते हैं जबकि प्रदत्त क्रमबद्ध रूप से संगठित होते हैं।
2. तथ्य किसी पद्धति के सन्दर्भ से प्राप्त नहीं होता है जबकि प्रदत्तों में एक श्रमिक संगठन होता है। जैसे-शरीर में एक क्रमिक संगठन होता है।
3. तथ्यों की विवेचना करना कठिन है तथा तथ्यों की विवेचना अधिकांशतः वस्तुनिष्ठ होती है। यह अनुसंधानकर्ता की कल्पना पर आधारित होता है। जबकि प्रदत्तों का विवेचन परिमाणात्मक तथा वस्तुनिष्ठ होता है।
4. तथ्य प्रकृति से रहस्यात्मक होते हैं जबकि प्रदत्त से रहस्यात्मक नहीं होते हैं।
5. तथ्य प्रकृति से वर्णनात्मक होते हैं जबकि प्रदत्त प्रकृति से व्याख्यात्मक होते हैं।
6. तथ्य वस्तुनिष्ठ सांख्यिकीय व्यवहार के लिए उत्तरदायी नहीं होते हैं। जबकि प्रदत्त वस्तुनिष्ठ सांख्यिकीय व्यवहार के लिए उत्तरदायी होते हैं।
7. तथ्यों का संबंध अनुसंधान संबंधी खोजों तथा निष्कर्षों से नहीं होता है जबकि प्रदत्तों का सीधा संबंध अनुसंधान संबंधी खोजों एवं निष्कर्षों से होता है।
8. तथ्य अधिकांशतः बहुत विस्तृत होते हैं तथा इनका उपयोग अपने उद्देश्य के लिए नहीं किया जा सकता है जबकि प्रदत्त सदैव एवं उद्देश्य की पूर्ति के लिए एकत्रित किये जाते हैं।

9. तथ्यों का संकलन ऐतिहासिक, दार्शनिक या सर्वेक्षण अनुसंधान द्वारा किया जाता है जबकि प्रदत्तों का संकलन वैज्ञानिक तथा प्रयोगात्मक अनुसंधान के लिए किया जाता है।

प्रदत्तों (आंकड़ों) की प्रकृति

शैक्षिक अनुसंधान का संबंध समूह के गुणों से होता है। मापन के उपकरणों की सहायता से गुणों को परिणाम में बदल लिया जाता है परन्तु सभी गुणों को परिणाम में नहीं बदला जा सकता है। अत: प्रदत्तों को दो वर्गों में विभाजित किया जा सकता है:

1. गुणात्मक प्रदत्त तथा 2. परिमाणात्मक प्रदत्त।

1. **गुणात्मक प्रदत्त :** सभी गुणों को मापन की प्रक्रिया द्वारा परिमाण में नहीं बदला जा सकता है अर्थात कुछ गुणों को अंकीय मूल्य नहीं दिया जाता है। उन्हें सापेक्षिक रूप में बदल लेते हैं जैसे-आत्मविश्वास, ईमानदारी, अभिप्रेरणा तथा सुन्दरता आदि।
2. **परिमाणात्मक प्रदत्त :** जिन गुणों को अंकीय मूल्य प्रदान कर दिये जाते हैं उन्हें चर कहते हैं। जैसे-निष्पत्ति, बुद्धि, प्रवणता, व्यक्तित्व, अभिरुचि तथा मूल्य आदि।

मापन की प्रक्रिया द्वारा गुणों को परिमाण में बदल लिया जाता है। मापन में अनेकों विधियां तथा अनेकों प्रकार के उपकरणों का प्रयोग किया जाता है। मापन प्रविधि गुण के स्वरूप तथा प्रकृति पर आधारित होती है।

वैज्ञानिक शोध कार्यों में मापन प्रक्रिया का विशेष महत्व है क्योंकि शुद्ध तथा उच्च स्तरीय शोध का विकास मापन के उपकरणों से ही हुआ है। निष्कर्षों को सांख्यिकीय विश्लेषण के आधार पर प्रतिपादित किया जाता है। परिमाणात्मक प्रदत्तों के आधार पर गुणों की प्रकृति का अध्ययन शुद्ध रूप में किया जाता है तथा परिणामों का अर्थापन वस्तुनिष्ठ रूप में किया जा सकता है।

मापन की प्रक्रिया द्वारा व्यक्ति के गुणों को अंकीय मान दिया जाता है। न्यादर्श के अपेक्षित चरों का मापन किया जाता है। जिसके लिए अधोलिखित मापनी प्रविधियों को प्रयुक्त किया जाता है :

1. निरीक्षण प्रविधि छोटे बालकों तथा पशुओं के गुणों के मापन में किया जाता है। कक्षा अन्त: प्रक्रिया के लिए भी निरीक्षण प्रणाली को प्रयुक्त करते हैं। इस प्रविधि का विकास अधिक हुआ है तथा प्रयोग भी शिक्षा के क्षेत्र में अधिक होता है।
2. शैक्षिक तथा मनोवैज्ञानिक परीक्षणों की सहायता से कई चरों का मापन शुद्ध रूप में किया जाता है। इनसे प्राप्त प्रदत्त अधिक वैध तथा विश्वसनीय होते हैं।
3. प्रश्नावली साक्षात्कार से भी अपेक्षित सूचनाओं तथा प्रदत्तों का संकलन किया जाता है।
4. अनुस्थिति मापन अभिसूची द्वारा अभिरुचि, अभिवृत्ति तथा व्यक्तित्व का मापन किया जाता है।
5. ऐतिहासिक शोध में प्रदत्तों को प्राथमिक तथा गौड़ स्रोतों के विश्लेषण से प्राप्त किया जाता है।

इस प्रकार शोध कार्यों में अनेकों प्रकार के मापन उपकरण प्रयुक्त किये जाते हैं और विविध प्रकार के प्रदत्तों का संकलन किया जाता है।

अचर

अचर उस गुण को कहते हैं जो शोध के समय सभी परिस्थितियों में एक-सा रहता है। न्यादर्श के सदस्यों में इस गुण के सन्दर्भ में समानता रहती है।

चर उस गुण को कहते हैं जो शोध की सभी परिस्थितियों में परिवर्तनशील रहता है। न्यादर्श के सभी सदस्यों में उस गुण के सन्दर्भ में विषमता रहती है।

शोध की परिस्थितियों में अनेकों गुणों को सम्मिलित किया जाता है, परन्तु यह शोध की अवधारणा पर निर्भर करता है कि कौन-सा अचर है और कौन-सा गुण चर माना गया है।

अचर तथा चर को एक उदाहरण से समझ सकते हैं। शिक्षा की दो विधियों की प्रभावशीलता का अध्ययन करना है तब एक ही अध्यापक, एक ही पाठय-वस्तु, दो कक्षाओं को दो पृथक, विधियों से पढ़ाकर एक परीक्षण के आधार पर प्रभावशीलता के सन्दर्भ में निष्कर्ष निकाला जा सकता है। इस अध्ययन में शिक्षक, पाठ्यवस्तु, कक्षा-वातावरण, छात्रों का स्तर आदि अचर माने गये हैं, शिक्षण विधियां तथा छात्रों की निष्पत्ति को चर माना गया है। शिक्षक दोनों विधियों में समान कौशल से पढ़ाता है। यह एक प्रमुख अचर है।

चर

चर उस गुण विशेष को कहते हैं जिसको परिमाण में बदल सकते हैं और न्यादर्श का प्रत्येक सदस्य उस चर के सन्दर्भ में एक दूसरे से भिन्न होता है। समूह की विषमता की गणना अंकीय मूल्यों में की जा सकती है।

शैक्षिक या मनोवैज्ञानिक गुण को मापन की प्रक्रिया द्वारा परिमाण में बदल लिया जाए तब उसे चर कहते हैं।

चरों को दो रूपों में विभाजित किया जाता है :

1. **सतत् चर** : सतत् चर वे कहलाते हैं जब मापन में गुणन खण्डीय मूल्य भी दिया जाता है। उदाहरण के लिए, शैक्षिक निष्पत्ति मापन में 24.50 तथा 64.75 अंक दिये जाते हैं। छात्रों के चार मापन में 62.60 कि.ग्रा. तथा 74. 25 कि.ग्रा. होता है। यह मापक के उपकरण की शुद्धता करता है।
2. **असतत् चर** : असतत् चर वे कहलाते हैं जब मापन पूर्ण इकाइयों से किया जाता है और खण्डीय मूल्य नहीं दिया जाता है। जैसे 30 छात्र और 25 छात्रायें, 64 पास और 36 फेल, 15 भारतीय तथा 20 अमेरिकन आदि :

चरक

साधारणतः चर का मापन उपकरण की सहायता से किया जाता है। जब किसी चर को परिमाण में बदल दिया जाता है तब उसे चरक कहते हैं। जब किसी न्यादर्श के सदस्यों की बुद्धि को बुद्धिलब्धि में मापन कर लेते हैं तब उसे चरक की संख्या दी जाती है। इसी प्रकार निष्पत्ति का मापन अंकों में कर लिया जाये तो उसे चरक कहते हैं। सांख्यिकी विश्लेषण में एक चरक विश्लेषण, द्वि-चरक विश्लेषण तथा बहु चरक विश्लेषण प्रविधियों का प्रयोग किया जाता है। इससे स्पष्ट है कि प्रदत्तों के संकलन की प्रक्रिया में चरों को चरकों में बदल दिया जाता है। प्रदत्तों के सांख्यिकीय विश्लेषण से निष्कर्ष निकाले जाते हैं जिनसे सामान्यीकरण किया जाता है। शोध कार्यों चरों तथा सांख्यिकीय विश्लेषण में चरकों को प्रयुक्त किया जाता है।

चरों का परिमाणीकरण

परिमाणीकरण की प्रक्रिया में चर के स्तर के लिए अंकीय मान दिया जाता है। परिमाणीकरण में मापन प्रक्रिया को प्रयुक्त किया जाता है जिससे प्रदत्त या अंक प्राप्त होते हैं।

साधारणतः शैक्षिक शोध कार्यों में प्रदत्तों की सहायता से परिकल्पनाओं की पुष्टि की जाती है और इससे निष्कर्ष निकालते हैं। गुणात्मक प्रदत्तों को परिमाण में भी बदल लिया जाता है और उनकी सार्थकता की परख सांख्यिकीय विश्लेषण से की जाती है। जब गुणात्मक प्रदत्तों को परिमाणात्मक प्रदत्तों में नहीं बदल पाते हैं तब व्याख्यात्मक अर्थापन किया जाता है।

परिमाणात्मक प्रदत्तों की विशेषतायें

शोध के मापन उपकरणों की सहायता से प्रदत्तों का संकलन किया जाता है। इनकी अधोलिखित विशेषतायें होती हैं:

1. प्रामाणिक परीक्षकों की सहायता से परिमाणात्मक प्रदत्तों का संकलन किया जाता है। यदि अनुसंधानकर्ता स्वयं परीक्षण का निर्माण करता है तब उसकी विश्वसनीयता तथा वैधता भी ज्ञात की जाती है।
2. परिमाणात्मक प्रदत्त विश्वसनीय तथा वैध उपकरण से एकत्रित किये जाते हैं, इसलिए सामान्यीकरण अधिक शुद्ध होते हैं।
3. परिमाणात्मक प्रदत्तों से प्राप्त निष्कर्षों का अर्थापन सरलता तथा सुगमता से किया जा सकता है। सार्थकता का स्तर भी निर्धारित किया जाता है।
4. परिमाणात्मक प्रदत्तों की अंकन प्रक्रिया वस्तुनिष्ठ होती है। व्यक्तिगत पक्षों का प्रभाव नहीं होता है।
5. परिमाणात्मक प्रदत्तों का संकलन शोध के उद्देश्यों की दृष्टि से किया जाता है और शोध की परिकल्पनाओं की पुष्टि की जाती है।
6. परिमाणात्मक प्रदत्तों का सांख्यिकीय विश्लेषण करके निष्कर्ष निकाले जाते हैं जिससे अधिक शुद्ध सामान्यीकरण किया जाता है।
7. शैक्षिक शोध कार्यों में परिमाणात्मक प्रदत्तों की सहायता से शुद्ध तथा सही परिणाम प्राप्त किये जाते हैं।

प्रदत्तों (आंकड़ों) के प्रकार

मापन प्रक्रिया के चार स्तर होते हैं जिनसे चार प्रकार के प्रदत्त प्राप्त होते हैं। इस प्रकार प्रदत्तों को चार स्तरों में बांट सकते हैं:

1. **नाम संबंधी प्रदत्त** : प्रदत्त साधारणतः चार प्रकार के होते हैं परन्तु यह सबसे कम शुद्ध स्तर के प्रदत्त माने जाते हैं। इसमें केवल दो या दो से अधिक वर्गों में किसी समूह या तथ्य का विभाजन किया जाता है। उसकी आवृत्तियों में गणना की जाती है जैसे- पास या फेल, छात्र और छात्रायें, हिन्दू तथा मुस्लिम आदि। उसके परिमाण को बोध नहीं होता है। इस प्रकार प्रदत्तों के लिए निरीक्षण प्रविधि तथा प्रश्नावली प्रविधि प्रयुक्त की जाती है।
   इस प्रकार के प्रदत्तों के विश्लेषण के लिए प्रतिशत, बुहांक-मान, कोई वर्ग परीक्षण तथा सह संबंध के लिए कर्नाटनजेन्सी प्रविधि प्रयुक्त की जाती है।

2. क्रम सूचक प्रदत्त : नाम संबंधी प्रदत्तों की अपेक्षा प्रदत्तों का यह रूप अधिक शुद्ध होता है। प्रत्येक वर्ग के छात्रों को एक क्रम में व्यवस्थित किया जाता है। प्रत्येक वर्ग के सदस्य को अनुस्थिति दी जाती है। इस प्रकार के प्रदत्तों के लिए निरीक्षण प्रविधि तथा अनुस्थिति मापनी का प्रयोग किया जाता है। सदस्यों की योग्यता के आधार पर उनका स्तरीकरण किया जाता है और अनुस्थितियां प्रदान की जाती हैं। सदस्य के क्रम स्तर का तो बोध होता है परन्तु उनकी सही दूरी स्पष्ट नहीं होती है। इसमें सदस्यों के समूह का विभाजन करके योग्यतानुसार अनुस्थिति प्रदान की जाती है, जैसे-कक्षा के छात्रों को लड़कें तथा लड़कियों में विभाजित करके प्रत्येक को उनकी योग्यतानुसार क्रम में रखा जाता है। इसमें आवृत्तियों को क्रम में प्रस्तुत किया जाता है। सांख्यिकीय प्रविधियों में मध्यांक, चतुर्शामान, काईवर्ग परीक्षण तथा स्पीयरमेन अनुस्थिति सह सम्बन्ध विधि द्वारा इस प्रकार के प्रदत्तों का विश्लेषण किया जाता है। कक्षा शिक्षण में अध्यापक अपने निरीक्षण के आधार पर छात्रों का स्तरीकरण करता है। छात्र के व्यवहार के आधार पर अनुस्थितियां प्रदान की जाती हैं।

3. समान आयान्तर प्रदत्त : इसी प्रकार के प्रदत्तों की वह सब विशेषतायें होती हैं जो उपरोक्त दोनों प्रकार के प्रदत्तों की होती है, परन्तु इस प्रकार के प्रदत्तों की विशेषता यह होती है कि सदस्यों के मध्य की दूरी प्रकट हो जाती है। इस प्रकार के प्रदत्तों में शून्य माना हुआ होता है। शैक्षिक मापन में अधिक शुद्ध प्रदत्त इसी स्तर के होते हैं। शैक्षिक तथा मनोवैज्ञानिक मापन अपेक्षाकृत होता है। अत: शून्य माना हुआ होता है।

इन प्रदत्तों के लिए समूह के सदस्यों के किसी गुण के मापन में अंक प्रदान किये जाते हैं। जैसे-शैक्षिक उपलब्धियों के लिए विषयगत अंक दिए जाते हैं। बुद्धि के मापन हेतु भी अंक दिये जाते हैं।

शिक्षा तथा मनोविज्ञान में यह सबसे शुद्ध प्रकार का प्रदत्त होता है। इस प्रकार के प्रदत्तों से शोध कार्यों में जो निष्कर्ष निकाले जाते हैं, वे अधिक विश्वसनीय तथा शुद्ध होते हैं।

साधारणत: इन दोनों प्रकार के प्रदत्तों को व्यावहारिक विज्ञानों-शिक्षा, मनोविज्ञान तथा समाजशास्त्र में प्रयोग करते हैं। इन तीनों प्रकार के प्रदत्तों को अधोलिखित तालिका में प्रयुक्त किया गया है :

प्रदत्तों के प्रकार

छात्र	नाम संबंधी लिंग	क्रम सूचक निष्पत्ति स्तर	समान आवान्तर निष्पत्ति प्राप्तांक
अ	लड़का-I	द्वितीय	68
ब	लड़की-I	प्रथम	76
स	लड़की-I	तृतीय	60
द	लड़का-I	पंचम	28
य	लड़की-I	चतुर्थ	48

लड़का-2, लड़की-3

इस तालिका से स्पष्ट होता है कि प्रथम तथा द्वितीय में एक अनुस्थित का अन्तर है और 8 अंकों का अन्तर है। चतुर्थ तथा पंचम में भी एक अनुस्थित का अन्तर है परन्तु 20 अंकों का अन्तर है। इस प्रकार अवान्तर प्रदत्त अधिक शुद्ध होते हैं परन्तु इसमें शून्य अंक माना हुआ होता है क्योंकि किसी छात्र की निष्पत्ति शून्य नहीं हो सकती है परन्तु परीक्षा में सभी अंक सही न करने पर शून्य अंक दिया जाता है।

4. अनुपात प्रदत्त : इस प्रकार के प्रदत्तों की वह सभी विशेषतायें होती हैं तो आवान्तर प्रदत्तों की दो अतिरिक्त विशेषतायें होती हैं :

(अ) इस प्रकार के प्रदत्तों का मान शून्य होता है और वही प्रदत्तों का संदर्भ बिन्दु होता है जबकि उपरोक्त प्रदत्तों का सन्दर्भ बिन्दु शून्य नहीं होता है अपितु समूह होता है। शून्य मान उस चर की अनुस्थिति प्रदर्शित करता है। भौतिक विज्ञानों में इस प्रकार के प्रदत्त एकत्रित किये जाते हैं। भौतिक विज्ञान के मापनियों पर शून्य सभी में होता है।

(ब) अनुपात-प्रदत्त में जो अंक दिये जाते हैं वे वास्तविक अंक होते हैं, उन्हें जोड़ा जा सकता है, घटाया जा सकता है जबकि आवान्तर प्रदत्तों में ऐसा संभव नहीं होता है। 15 ग्राम, 5 ग्राम का तिगुना होता है, परन्तु शैक्षिक मापन के अंकों में ऐसा संबंध नहीं स्थापित किया जा सकता है।

उपरोक्त चार प्रकार के प्रदत्तों का वर्गीकरण मापन के चार स्तरों पर आधारित होता है। प्रदत्तों की प्रकृति मापन के स्तर से स्पष्ट हो जाती है। अनुसंधानकर्ता को इन चारों मापन के स्तर की विस्तृत जानकारी होना आवश्यक है तभी वह प्रदत्तों की प्रकृति समझ सकता है। इनका विस्तृत विवरण अग्रांकित तालिका में दिया गया है।

इस तालिका में मापन स्तरों तथा प्रदत्तों के प्रकार की प्रकृति अवधारणाओं तथा विशेषताओं को भली प्रकार समझा जा सकता है। प्रथम तीन स्तरों/प्रदत्तों का उपयोग शैक्षिक तथा मनोवैज्ञानिक शोध कार्यों में अधिक होता है जबकि चतुर्थ प्रकार के प्रदत्तों का उपयोग भौतिक विज्ञानों में ही किया जाता है।

प्रदत्तों (आंकड़ों) का संकलन

व्यावहारिक मनोविज्ञान में शोध कार्य के लिए प्रदत्तों का संकलन शोध के उपकरणों का प्रशासन, न्यादर्श के सदस्यों पर करके किया जाता है। शोध में विभिन्न प्रकार के चरों के मापन के लिए विविध प्रकार की मापन प्रविधियों का प्रयोग किया जाता है। शोध के उपकरणों की सहायता से विविध प्रकार के प्रदत्तों का संकलन किया जाता है। इसके लिए आवश्यक होता है कि शोधकर्त्ता अपने चरों की प्रकृति को भली प्रकार समझने का प्रयास करे और समुचित मापन प्रविधि का चयन करके प्रदत्तों का संकलन करें। प्रदत्तों की प्रकृति, चर की प्रकृति तथा मापन के उपकरण की प्रकृति पर आधारित होता है। इस तथ्य को अधोलिखित तालिका से स्पष्ट किया जा सकता है :

मापन के स्तरों का वर्गीकरण

स्तर	विशेषतायें	अवधारणायें	मापनी	सांख्यिकीय प्रविधि
1. नाम संबंधी स्तर	वर्गीकरण समानता असमानता	सभी सदस्यों को एक से अंक प्राप्त किये जाते हैं परन्तु एक दो समूहों को एक अंक नहीं दिया जाता है।	निरीक्षण विधि प्रश्नावली साक्षात्कार	प्रतिशत बहुलांक मान सह–सम्बन्धी विधि कोई वर्ग परीक्षण
2. क्रमसूचक स्तर	वर्गीकरण क्रम समानता असमानता	उपरोक्त सभी सदस्यों को एक क्रम में चर के व्यावहारिक आधार पर व्यवस्थित किया जाता है।	निरीक्षण विधि अनुस्थिति मापनी शैक्षिक तथा मनो-वैज्ञानिक परीक्षण शतांकमान	बहुलांक मान मध्यांक मान अनुस्थित सह संबंधन विधि, कोई वर्ग परीक्षण
3. समान अवान्तर स्तर	उपरोक्त सभी तथा इकाई/अंक जोड़ा तथा घटाया जा सकता है। गुणा कर सकते हैं।	उपरोक्त सभी तथा इस योग्यता की दूरी प्रदर्शित की जाती है।	शैक्षिक तथा मनो–वैज्ञानिक परीक्षण विचलन, उच्च परीक्षण	उपरोक्त सभी तथा मध्यमान, प्रमाणिक सह-सम्बन्ध विधि
4. अनुपात स्तर	उपरोक्त सभी तथा शून्य का अस्तित्व होता है। जोड़ा, घटाया तथा गुणा किया जा सकता है।	उपरोक्त सभी तथा स्तर पर शून्य प्राकृतिक होता है।	भौतिक मापन प्रविधियों द्वारा प्रदत्त एकत्रित किये जाते हैं।	उपरोक्त सभी तथा अंक-गणित का भी प्रयोग किया जाता है।

चरों पर आधारित प्रदत्त

क्रम सं.	चर	उपकरण	प्रदत्त की प्रकृति
1.	निष्पत्ति	शैक्षिक, परीक्षण	समान अवान्तर स्तर
2.	बुद्धि	मनोवैज्ञानिक परीक्षण	,,
3.	प्रवणता	मनोवैज्ञानिक परीक्षा	,,
4.	अभिवृत्ति	अनुस्थित अनुसूची	क्रम सूचक स्तर
5.	अभिरुचि	अनुसूची	अवान्तर स्तर
6.	समायोजन	अनुसूची	,,
7.	व्यक्तित्व	अनुसूची	,,
8.	अनुभूति या याम	प्रश्नावली साक्षात्कार	नाम सम्बन्धी स्तर

इसके अतिरिक्त अनेकों प्रकार के शैक्षिक उपकरणों का प्रयोग किया जाता है। सबसे उपयोगी 'निरीक्षण प्रविधि' है। इसके उपयोग से प्रदत्त नाम संबंधी स्तर से समान आवान्तर स्तर तक प्राप्त किये जाते हैं।

शैक्षिक मापन उपकरणों का संबंध प्रदत्तों की प्रकृति तथा साँख्यिकीय प्रविधियों से संबंधित होता है। इस प्रकार का वर्गीकरण अधोलिखित तालिका में प्रदर्शित किया गया है:

प्रदत्तों का वर्गीकरण उपकरण तथा सांख्यिकीय प्रविधि

	स्तर	शोध उपकरण	सांख्यिकीय प्रविधि
1.	नाम संबंधी स्तर	प्रश्नावली, साक्षात्कार निरीक्षण विधि	आवृत्ति, प्रतिशत, बहुलोक कार्य वर्ग तथा 'सी' सहसंबंध
2.	क्रम सूचक स्तर	अनुस्थिति अनुसूची निरीक्षण विधि स्तर अनुसूची तथा 'सी' सहसंबंध विधि	मध्यांकन, मान, विचलन मान स्पीयरमेन सहसंबंध विधि, कार्य-वर्ग परीक्षण
3.	समान आवान्तर स्तर	मनोवैज्ञानिक तथा शैक्षिक परीक्षण-निरीक्षण विधि	उपरोक्त सभी तथा मध्यमान प्रामाणिक विचलन मान पीयरसन सहसंबंध विधि 'टी' परीक्षण तथा 'एफ' परीक्षण उच्च सहसंबंध विधि।
4.	अनुपात स्तर	भौतिक मापन प्रविधियां	अंकगणित की विधियों से विश्लेषण किया जा सकता है। मध्यमान तथा सहसंबंध विधियां

उपरोक्त तालिका से स्पष्ट होता है कि सांख्यिकीय प्रविधियां शोध के उपकरण तथा प्रदत्तों की प्रकृति पर आधारित होते हैं। समुचित सांख्यिकीय प्रविधि का चयन प्रदत्तों की प्रकृति के आधार पर ही किया जा सकता है। अत: शोधकर्त्ता को प्रदत्तों की प्रकृति का ज्ञान होना नितान्त आवश्यक है।

प्रवत्तों के संकलन की आचार संहिता : शैक्षिक शोध कार्यों के न्यादर्श में प्रमुख रूप से मानवीय सदस्यों का चयन किया जाता है। अत: प्रदत्तों के संकलन में कुछ आचार संहिताओं को भी ध्यान में रखना होता है। शैक्षिक शोध कार्यों के प्रदत्तों के संकलन में निम्नलिखित आचार संहिता का निर्वाह करना चाहिए।

1. शोधकर्त्ता को न्यादर्श के सदस्यों के प्रति सहानुभूति रखनी चाहिए और उनके सम्मान का ध्यान रखना चाहिए।
2. न्यादर्श के सदस्यों को स्वतंत्रता भी देनी चाहिए।
3. न्यादर्श से प्राप्त प्रदत्तों को गोपनीय रखना चाहिए।
4. शोधकर्त्ता को प्रदत्तों की गोपनीयता का उल्लंघन नहीं करना चाहिए।
5. शोधकर्त्ता को अनुसंधान के स्तर का ध्यान रखना चाहिए।
6. पर्यवेक्षक को शोधकर्त्ता का पूर्णरूपेण ध्यान रखना चाहिए।

प्रत्येक शोधकर्त्ता को उपरोक्त आचार-संहिता के नियमों का पूर्ण रूप से पालन करना चाहिए। न्यादर्श के सदस्यों के नाम का कहीं भी उल्लेख नहीं करना चाहिए। उस संस्था का नाम दिया जा सकता है, जहां से न्यादर्श के सदस्यों का चयन किया गया है। इसके लिए भी सांकेतिक भाषा प्रयुक्त की जाए तब अधिक उत्तम रहता है। विशिष्ट शोध कार्य के न्यादर्श के सदस्यों का सम्मान करना चाहिए और उनसे पहले सम्पर्क स्थापित करना चाहिए।

प्रदत्तों के संकलन में सावधानियां

शोध-कार्य में प्रदत्तों के संकलन में अधोलिखित सावधानियां रखनी चाहिए :

1. प्रदत्त शोध की समस्या के लिए सार्थक होना चाहिए।
2. प्रदत्तों का संकलन प्रामाणिक उपकरणों की सहायता से करना चाहिए।
3. प्रदत्त इस प्रकार के होने चाहिए जिनके विश्लेषण सांख्यिकीय प्रविधियों द्वारा किया जा सके।
4. प्रदत्तों के संकलन में मापन त्रुटि भी कम से कम होनी चाहिए।
5. प्रदत्तों के संकलन में न्यादर्श त्रुटि भी कम होनी चाहिए।
6. प्रदत्तों का स्वरूप इस प्रकार का हो जिससे जनसंख्या के मानकों का सही अनुमान लगाया जा सके।
7. प्रदत्त अपने में पूर्ण तथा व्यापक होने चाहिए।
8. प्रदत्तों का संकलन वस्तुनिष्ठ रूप में किया जाना चाहिए।
9. प्रदत्त शुद्ध तथा सही होने चाहिए।
10. प्रदत्त विश्वसनीय तथा वैध होने चाहिए।
11. प्रदत्तों का स्वरूप इस प्रकार का हो जिनका प्रस्तुतीकरण तथा अर्थापन सुगमता से किया जा सके।
12. प्रदत्तों के लिए अंकन विधि सरल तथा वस्तुनिष्ठ होनी चाहिए।

प्रदत्तों की व्यवस्था तथा वर्गीकरण

प्रदत्तों के संकलन के बाद उनका वर्गीकरण तथा व्यवस्था की जाती है जिससे उनका समुचित रूप में विश्लेषण किया जा सके और निष्कर्ष निकाले जा सके।

प्रदत्तों का संकलन विश्वसनीय तथा वैध उपकरणों की सहायता से किया जाता है। यह कच्चे माल की तरह होते हैं। उनका कुछ भी अर्थ नहीं होता है। प्रदत्तों को सार्थक बनाने के लिए सांख्यिकीय प्रविधियों का प्रयोग किया जाता है। इसलिए प्रदत्तों का वर्गीकरण तथा व्यवस्था करने की आवश्यकता होती है।

प्रदत्तों के वर्गीकरण का अर्थ होता है कि प्राप्त सूचनाओं को विभिन्न वर्गों में विभाजित करना जिससे अपेक्षित परिणामों के लिए विश्लेषण किया जा सके।

आंकड़ों का विश्लेषण

अनुसंधान की सामग्री के संकलन एवं वर्गीकरण के पश्चात सामग्री का उचित उपयोग आवश्यक है, जिससे अनुसंधानकर्त्ता कुछ उपयोगी निष्कर्ष निकाल सके। इसी उपयोग को विश्लेषण अथवा व्यवस्थापन कहते हैं।

व्यवस्थापन के साधन

व्यवस्थापन के निम्नलिखित साधन हैं-

1. सारणीयन:

आंकड़ों को स्पष्ट एवं बोधगम्य बनाने हेतु उसका सारणीयन अत्यावश्यक है। सारणीयन के द्वारा आंकड़ों में सरलता तथा स्पष्टता आती है तथा वर्णात्मक तथ्य अधिक व्यवस्थित होकर प्रदर्शन योग्य बन जाते हैं। इसके अन्तर्गत आंकड़ों को विभिन्न स्तम्भों एवं पंक्तियों में प्रस्तुत किया जाता है जिससे समझने में सरलता तथा सुविधा होती है। सामान्य रूप में आंकड़ों की स्तम्भों एवं पंक्तियों में व्यवस्थित अवस्था को ही 'सारणीयन' कहते हैं।

सारणीयन के प्रकार

मुख्य रूप से सारणीयन निम्नलिखित प्रकार के होते हैं किन्तु आंकड़ों की प्रकृति के अनुसार इसके अन्य भी प्रकार हो सकते हैं।

(i) एकगुण सारणी : इसके अन्तर्गत एक ही चर अथवा एक ही गुण वाली सामग्री को व्यवस्थित रूप से रखते हैं।

(ii) द्विगुण सारणी : यह सारणी किसी चर अथवा पहलू विशेष के दो परस्पर संबंधित लक्षणों के विषय में सूचनाएं प्रदान करती हैं अर्थात जब किसी एक घटना की दो परस्पर संबंधित विशेषताओं को प्रदर्शित करना हो तो इस प्रकार की सारणी का प्रयोग करते हैं।

(iii) त्रिगुण सारणी : इस प्रकार की सारणी में किसी चर अथवा घटना की तीन विशेषताओं के विषय में जानकारी दी जाती है।

(iv) बहुगुण सारणी : इसके अन्तर्गत किसी चर अथवा घटना के अनेक संबंधित गुणों के विषय में सूचनाएं होती है।

सारणीयन का अनुसंधान की दृष्टि से महत्व

एकत्रित सामग्री को संक्षिप्त एवं सरल स्वरूप प्रदान करने की दृष्टि से अनुसंधान में यह निम्नलिखित रूपों में विशेष महत्वपूर्ण है-

(i) आंकड़ों की तर्कपूर्ण व्यवस्था : सारणीयन के द्वारा किसी चर अथवा घटना के संबंध में समस्त आंकड़ों को तर्कपूर्ण विधि से व्यवस्थित किया जाता है जो अनुसंधान हेतु आवश्यक होता है।

(ii) प्राप्त सामग्री का संक्षिप्तीकरण : सारणीयन के पश्चात अनुसंधान की सामग्री का रूप संक्षिप्त एवं सुस्पष्ट हो जाता है।

(iii) विश्लेषण में सरलता : अनुसंधान की सामग्री का विश्लेषण तथा निष्कर्ष निकालना उचित सारणीयन के द्वारा ही संभव है।

(iv) समय एवं श्रम की बचत : सारणीयन के पश्चात प्राप्त सामग्री के आधार पर निष्कर्ष निकालने में समय एवं श्रम या मेहनत की बचत होती है तथा कार्य अधिक उत्तम होता है।

(v) तुलनात्मक अध्ययन में सरलता : सारणीयन के पश्चात जब अनुसंधान की सामाग्री को विभिन्न स्तंभों में विभाजित कर लेते हैं तो सामग्री के समान लक्षण स्वयं स्पष्ट हो जाते हैं जिसके आधार पर तुलनात्मक अध्ययन सरलता से हो सकता है।

2. सांख्यिकीय विधियों का प्रयोग

आंकड़ों के व्यवस्थापन के लिये दूसरा महत्वपूर्ण पद सांख्यिकीय विधियों का प्रयोग है। किसी भी तथ्य की जानकारी प्राप्त करने के लिए यह भी आवश्यक है कि आंकड़ों का व्यवस्थापन किस सांख्यिकी विधि से किया गया है। सामान्यतया जब हम कोई तुलनात्मक अध्ययन करते हैं तो उनमें 'मानक विचलन' अथवा 'प्रसरण का विश्लेषण' का प्रयोग करते हैं। इसके अतिरिक्त विभिन्न सांख्यिकी विधियां जिनका उपयोग आंकड़ों के विश्लेषण में किया जाता है वे निम्नलिखित हैं-

(a) आवृत्ति वितरण
(b) मानक विचलन
(c) सह-संबंध
(d) सामान्य वितरण वक्र
(e) प्रसरण का विश्लेषण

3. आंकड़ों का विश्लेषण एवं व्याख्या

आंकड़ों के व्यवस्थापन का तीसरा महत्वपूर्ण अंग विश्लेषण तथा व्याख्या करना है। अनुसंधान में आंकड़ों के संकलन, सारणीयन तथा सांख्यिकीय विधियों के प्रयोग के पश्चात प्राप्त निष्कर्षों का विश्लेषण एवं उनकी व्याख्या का महत्वपूर्ण स्थान है। इस प्रक्रिया में प्राप्त आंकड़ों को इस प्रकार व्यवस्थित करते हैं कि वह समस्या के संबंध में वांछित परिणामों को प्रस्तुत कर सके।

'डब्ल्यू कुक' के अनुसार-"वैज्ञानिक विश्लेषण, अध्ययन के तथ्यों, परिणामों तथा वैज्ञानिक ज्ञान के संबंधों की खोज करता है"।

आंकड़ों का विश्लेषण एक वैज्ञानिक निष्कर्ष पर पहुंचाता है तथा परिकल्पना के परीक्षण में सहायक होता है। विश्लेषण के अभाव में प्राप्त सामग्री की कोई उपयोगिता नहीं होती। समस्या के संबंध में निश्चित ज्ञान की प्राप्ति हेतु सामग्री का विश्लेषण किया जाना आवश्यक है।

विश्लेषण की विभिन्न प्रक्रियायें - विश्लेषण का मुख्य उद्देश्य संग्रहित सामग्री से नवीन तथ्यों को प्राप्त करना है। निष्कर्ष पर पहुंचने की इस क्रिया में अनेक उप-क्रियायें सम्मिलित होती है, जिन्हें समग्र रूप में विश्लेषण कहा जाता है।

विश्लेषण की क्रिया में निम्नलिखित उप-क्रियाएं सम्मिलित होती हैं-

(i) **सामग्री का सम्पादन :** प्राप्त सामग्री के अन्तर्गत कमजोर तथा संदेहजनक अंशों को सुधार कर उसे प्रयोग के लिए उपयुक्त बनाना ही सम्पादन का प्रमुख कार्य है। ऐसा करते समय अनुसंधानकर्त्ता में सामग्री की शुद्धता एवं उपयुक्तता के परीक्षण की पूर्ण क्षमता होनी चाहिए।

(ii) **सामग्री का वर्गीकरण :** सम्पादन के पश्चात सामग्री का वर्गीकरण भी आवश्यक है क्योंकि सम्पादन के स्तर तक सामग्री जटिल तथा बिखरी हुई होती है तथा वर्गीकरण के अन्तर्गत इस बिखरी हुई सामग्री को व्यवस्थित किया जाता है जिससे निष्कर्ष निकालने में सरलता हो,

वर्गीकरण निम्न उद्देश्यों की पूर्ति करता है-

(a) सामग्री के विभिन्न गुणों को एक-दूसरे से पृथक करता है।

(b) वर्गीकरण के पश्चात सामग्री संक्षिप्त हो जाती है।

(c) वर्गीकरण के उपरांत सामग्री स्पष्ट तथा सरल हो जाती है।

(iii) **सामग्री का संकेतन :** वर्गीकरण के पश्चात प्रत्येक वर्ग के लिए कोई निश्चित नाम, चिह्न अथवा संकेत देते हैं। इसे ही संकेतन कहते हैं।

(iv) **सामग्री का सारणीयन :** विश्लेषण के संदर्भ में सारणीयन का अर्थ सामग्री को विभिन्न शीर्षकों, स्तंभों एवं पंक्तियों द्वारा प्रस्तुत करना है। जिससे सामग्री का स्वरूप सीमित हो जाये तथा उसे समझने में सरलता हो। इस स्तर पर पहुंचने पर विश्लेषण की प्रक्रिया सांख्यिकी के साथ जुड़ जाती है।

(v) **सामग्री की व्याख्या :** व्याख्या से तात्पर्य सम्पूर्ण सामग्री के यथार्थ अध्ययन के आधार पर निष्कर्ष निकालना है। ये निष्कर्ष व्यवस्थित की गई सामग्री पर आधारित होते हैं।

(vi) **सामान्यीकरण :** वर्गीकरण की नई सामग्री की व्याख्या के आधार पर प्राप्त निष्कर्षों का सामान्यीकरण भी किया जाता है।

अनुसंधान सामग्री का सामान्यीकरण एवं निष्कर्ष

सामान्यीकरण से तात्पर्य प्राप्त निष्कर्षों के आधार पर इस प्रकार व्याख्या करना कि न्यादर्श पर प्राप्त निष्कर्ष सम्पूर्ण जनसंख्या के लिये तथा समान परिस्थितियों में अन्य घटनाओं के लिए भी लागू हो सके।

सामान्यीकरण के उद्देश्य

अनुसंधान-कार्य जिस उद्देश्य की पूर्ति हेतु किया जाता है, उसकी सफलता तथा असफलता मुख्य रूप से सामान्यीकरण पर ही निर्भर करती है। यदि अनुसंधान में उचित सामान्यीकरण नहीं है तो वह व्यर्थ होता है। अनुसंधान में सामान्यीकरण के प्रमुख उद्देश्य निम्नलिखित हैं-

(i) भूत तथा वर्तमान घटनाओं की स्थिति का निर्धारण करना

(ii) प्रकृति, रचना तथा उस क्रिया को स्थापित करना, जो घटना को स्पष्ट करते हैं

(iii) प्रगति, परिवर्तन तथा विकासात्मक इतिहास को प्रदर्शित करना

(iv) कार्यकारण संबंधों का अध्ययन करना

सामान्यीकरण के लिये आवश्यक गुण

सामान्यीकरण के लिये आवश्यक गुण निम्नलिखित हैं-

(i) अनुसंधान से सामान्यीकरण को घटना तथा तथ्य के साथ सहमति रखनी चाहिए।

(ii) सामान्यीकरण का प्रकृति के ज्ञात नियमों के साथ विरोध नहीं होना चाहिए।

(iii) सामान्यीकरण का वर्णन सरलतम पदों में होना चाहिए।

(iv) सामान्यीकरण ऐसा होना चाहिए जिसका स्पष्टीकरण किया जा सके तथा व्यक्ति उसे स्पष्टता से समझ सके।

निष्कर्षों के वर्णन की विधियां

निष्कर्षों के वर्णन की विधियां निम्नलिखित हैं-

(i) **निष्कर्षों का वर्णन**-यह दो प्रकार का होता है।

(a) संक्षिप्त वर्णन-जिसमें वर्णन को संक्षेप में प्रस्तुत करते हैं।

(b) सामान्य वर्णन-जिसमें वर्णन सामान्य विधि पर होता है।

(ii) **निष्कर्षों में निहित सीमाओं का वर्णन**-यह भी दो प्रकार का होता है-

(a) अपर्याप्त या दोषपूर्ण सामग्री के कारण सीमा का ज्ञान

(b) सामान्यीकरण के खतरे का ज्ञान

(iii) **निष्कर्षों का प्रयोग**-इसमें भी दो दृष्टिकोण हैं-

(a) व्यवहार के लिए सुझाव

(b) भावी अनुसंधान के लिए सुझाव

केन्द्रीय प्रवृत्ति तथा विचलनशीलता

केन्द्रीय प्रवृत्ति के माप
(Measures of Central Tendency)

केन्द्रीय प्रवृत्ति की मापों में तीन माप आते हैं इनमें अनुपात (Mean) माध्यम (Median) और बहुलक (Mode) प्रमुख है।

जब भी हम विभिन्न दो या अधिक चरों की तुलना करना चाहते हैं—चाहे वह विभिन्न देशों की जन्म-मरण दर हो या विभिन्न विद्यालयों में अध्ययन करने वाले विद्यार्थियों की उन्नत्ति हो या विभिन्न रोगों से पीड़ित रोगियों के अनुपात को ज्ञात करना हो, हमें प्रदत्तों का आवृत्ति वितरण बनाना होता है। किन्तु केवल आवृत्ति वितरण के निर्माण से ही हमारा कार्य सम्पन्न नहीं होता है क्योंकि इसमें तो मात्र मूल प्राप्तांकों (raw scores) को क्रम से व्यवस्थित कर दिया जाता है। इसके साथ-साथ हमें गणना करके यह ज्ञात करना होता है कि विभिन्न देशों की जन्म-मरण दर, पीड़ित रोगियों के अनुपात आदि की अनुपात दर (अनुपात) क्या है? किसी वर्ग का औसत मध्यांक या बहुलक क्या है। इन औसत मानों को ही केन्द्रीय प्रवृत्ति के मापों से सम्बोधित किया जाता है। इसका विशेष रूप से अनुप्रयोग समूहों, वर्गों आदि की तुलना के लिए किया जाता है।

केन्द्रीय प्रवृत्ति के अन्तर्गत प्राय: तीन मापों को सम्मिलित किया जाता है तथा इनका उपयोग सामाजिक विज्ञानों में व्यवहार के क्षेत्र में होता है। ये हैं—मध्यमान, मध्यांक, एवं बहुलांक। यह तीनों माप मध्य स्थिति के द्योतक हैं। अन्तर केवल शुद्धता, समय एवं परिस्थिति का है। केन्द्रीय प्रवृत्ति का सबसे शुद्ध किन्तु गणना करने में अधिक समय व्यय करने वाला मान है। मध्यांक कम शुद्ध किन्तु गणना में कम समय लगता है। इसके अतिरिक्त तीनों मापों का अनुप्रयोग प्रदत्तों के स्वरूप एवं गणना के उद्देश्यों पर भी निर्भर करता है।

केन्द्रीय प्रवृत्ति के मापों का अनुप्रयोग
(Uses of Measures of Central Tendency)

अब प्रश्न उठता है कि केन्द्रीय प्रवृत्ति के विभिन्न मापों में से कौन-सा कब और क्यों प्रयोग किया जाता है? उत्तर स्पष्ट है कि इन तीनों मापों का उपयोग भिन्न-भिन्न स्थितियों में किया जाता है।

अनुपात का उपयोग (Uses of Mean)

(क) जबकि किसी वितरण में प्रत्येक अथवा समस्त प्राप्तांकों को समान महत्व अथवा भार दिया जाएँ।

(ख) जबकि अधिक स्थिर माप एवं शुद्धता की आवश्यकता हो क्योंकि इसे केन्द्रीय प्रवृत्ति का सर्वाधिक विश्वसनीय माप समझा जाता है।

(ग) जबकि प्राप्तांक केन्द्र बिन्दु के चारों ओर व्यवस्थित रूप से सामान्य वितरित हों क्योंकि विषमित वितरण में यह दोषपूर्ण निष्कर्ष प्रदान करेगा।

(घ) जबकि दो या तीन शृंखला की केन्द्रीय प्रवृत्ति की तुलना करनी हो।

(च) जबकि हमें अन्य सांख्यिकी जैसे बहुलक, अनुपात, (M.D.), मानक विचलन (S.D.), मानक त्रुटि (S.E.), सह सम्बन्ध (*r*) आदि की गणना करनी हो।

माध्यम का प्रयोग (Uses of Median)

(क) जबकि आवश्यकतावश शीघ्र की केन्द्रीय प्रवृत्ति की जानकारी अपेक्षित हो।

(ख) जबकि वितरण के वास्तविक मध्य बिन्दु की आवश्यकता हो, जिसके ऊपर नीचे 50-50 आवृत्तियाँ हों।
(ग) जबकि श्रृंखला में अन्तिम अंक अधिक हों।
(घ) जबकि वितरण विकृत एवं असामान्य हों।
(च) जबकि ऐसी स्थिति ज्ञात करनी हो जहाँ शुद्ध विचलन का योग सबसे कम हो।
(छ) जबकि हमें अन्य सांख्यिकी चतुर्थांश एवं शतांश की गणना करनी हो।

बहुलक का प्रयोग (Uses of Mode)

(क) जबकि अत्यन्त शीघ्रता या अनुमान मात्र से ही केन्द्रीय प्रवृत्ति ज्ञात करनी हो, यह सुविधाजनक माप है।
(ख) जबकि केन्द्रीय प्रवृत्ति का स्वरूप किसी विशेष प्रकार का हो जैसे फैशन, स्टाइल आदि।
(ग) जब वितरण अपूर्ण हों।

केन्द्रीय प्रवृति के विभिन्न मापों की तुलना

इसके तीनों मापों—अनुपात, माध्यम और बहुलक में परस्पर कितनी समीपता तथा समानता है, यह प्राप्तांकों के आवृत्ति वितरण के स्वरूप पर निर्भर करती है। यदि प्राप्तांकों का व्यस्थित वितरण सममित या सामान्य हो तब केन्द्रीय प्रवृत्ति के तीनों मापक एक ही बिन्दु पर होते हैं अर्थात् उस वितरण का अनुपात, माध्यम और बहुलक एक ही मान होगा तथा उसे सामान्य वक्र से सम्बोधित किया जायेगा। किन्तु यदि वितरण विषम रूप से वितरित हैं तो इनका पारस्परिक सम्बन्ध वितरण-विषमता की स्थिति पर आधारित होगा। उदाहरणार्थ, धनात्मक विषम वितरण में बहुलक का मान सबसे अधिक एवं अनुपात का सबसे कम होगा किन्तु ऋणात्मक विषम वितरण में अनुपात मान सबसे अधिक एवं बहुलांक मान सबसे कम होगा। इसके अतिरिक्त 'वाई अक्ष' पर, वितरण का केन्द्रक बिन्दु अनुपात है तथा उसके ऊपर एवं नीचे वितरण के समान मूल्य होते हैं, माध्यम के दोनों ओर समान क्षेत्र होते हैं किन्तु बहुलांक कोई जानकारी प्रदान नहीं कर पाता है।

केन्द्रीय प्रवृत्ति के मापों का महत्व

(क) ये समस्त वर्गों के गुणों को सूक्ष्म रूप से व्यक्त करते हैं।
(ख) ये कुछ अंशों के द्वारा अध्ययन साम्रगी के समस्त अर्थ को स्पष्ट कर देते हैं।
(ग) इनके द्वारा विभिन्न इकाइयों के मानों को वर्गों में प्रदर्शित किया जा सकता है।
(घ) चूँकि ये अधिक स्थिर होते हैं, अत: व्यवहार का मात्रात्मक वर्णन शुद्ध रूप से करते हैं।
(च) इनके द्वारा विभिन्न समूहों एवं वर्गों का तुलनात्मक अध्ययन सुगमतापूर्वक सम्भव होता है।
(छ) सूचनाओं के अभाव में भी ये साधारण निष्कर्ष बतलाते हैं।
(ज) समाज विज्ञानों के अध्ययनों एवं शोध कार्यों में इनका यत्र-तत्र अनुप्रयोग किया जाता है।

केन्द्रीय प्रवृत्ति के मापों की सीमाएँ

(क) ये मात्र सामूहिक विशेषताओं की ओर इंगित करते हैं, व्यक्तिगत विशेषताओं पर तनिक भी प्रकाश नहीं डालते।
(ख) इनका व्यावहारिक रूप में प्रयोग सम्भव नहीं होता है।
(ग) इसके विभिन्न माप सांख्यिकीय विश्लेषण के लिए भिन्न-भिन्न निष्कर्ष बतलाते हैं।
(घ) ये प्राय: सम्पूर्ण वर्ग का प्रतिनिधित्व नहीं कर पाते, जैसे 'अ' को 100 रु. 'ब' को 50 रु. मासिक एवं 'स' को 600 रु. मासिक मिलता है, अत: मध्यमान आय 250 रु. हुई जोकि किसी भी व्यक्ति की आय का प्रतिनिधित्व नहीं करती है।

विचलन के माप के तरीके (Method of Measures of Variability)

समाजशास्त्री मनौवैज्ञानिक एवं शैक्षिक सांख्यिकी के अन्तर्गत विचलन के मापों के प्रयोग की आवश्यकता वैयक्तिक भिन्नताओं के कारण ही हुई। प्राय: ऐसा देखने को मिलता है कि दो विभिन्न समूहों का अनुपात एक-सा होने पर भी उनके अन्तर्गत भिन्नताएँ दृष्टिगत होती हैं। यह स्वाभाविक ही है कि किसी मनोवैज्ञानिक एवं शारीरिक गुण में किसी भी समूह के व्यक्तियों में समानता नहीं मिलती है। इसी कारण व्यक्ति के प्राप्तांकों में परस्पर भिन्नताओं का मिलना स्वाभाविक है तथा इन्हीं भिन्नताओं को अर्थात् किसी समूह के व्यक्तियों में कितनी मात्रा में भिन्नताएँ हैं यह ज्ञात करने के लिए मनोवैज्ञानिक, शिक्षाशास्त्री, समाजशास्त्री आदि विचल के विभिन्न मापों का प्रयोग करते हैं। अत: जब प्राप्तांकों में भिन्नताएँ पायी जाती हैं तो केन्द्रीय प्रवृत्ति के माप उनका उचित रूप से प्रतिनिधित्व नहीं कर पाते हैं क्योंकि ऐसी स्थिति में प्राप्तांक केन्द्रीय मान आदि से विचलित होते हैं, अत: इस विचलन की स्थिति में विचलन के मापों का प्रयोग होता है।

यहाँ एक बात स्मरणीय है कि जब कोई समूह समजातीय हो अर्थात ऐसा समूह जिससे समस्त व्यक्ति किसी शीलगुण पर लगभग समान प्राप्तांक पाते हैं तथा उनके प्राप्तांकों का अनुपात प्राय: प्रत्येक व्यक्ति का अनुप्रयोग ही उपयोगी एवं लाभप्रद होता है, किन्तु यदि कोई समूह विषमजातीय प्रकृति का है अर्थात् ऐसा समूह जिसके

समस्त सदस्य किसी भी मनोवैज्ञानिक, भौतिक एवं शैक्षिक शीलगुण पर भिन्न-भिन्न प्राप्तांक पाते हैं तथा उनके प्राप्तांकों का अनुपात प्राय: प्रत्येक व्यक्ति के अनुपात से दूर होता है, ऐसी स्थिति में सदैव ही विचलन मापों का अनुप्रयोग उपयोग होता है। यहाँ तक कि दो विभिन्न समूहों में वैयक्तिक भिन्नताओं की मात्रा भी समान हो। जिस प्रकार दो व्यक्तियों में वैयक्तिक भिन्नताएँ पायी जाती हैं, उसी प्रकार दो समूहों में आपस में भिन्नताएँ होना स्वाभाविक है। अब प्रश्न उठता है कि दोनों की भिन्नताएँ प्रसार या विचलन के माप यह स्पष्ट करने का कार्य करते हैं कि समूह में समजातीयता या विषमजातीयता है जिससे शोध कार्यों में सहायता मिलती है।

यहाँ एक उदाहरण की सहायता से उपर्युक्त कथन को स्पष्ट किया जा रहा है। मान लीजिये, दो कालेजों—'अ' एवं 'ब' के 15 बी.ए. छात्रों के दो प्रतिनिधित्व समूह लेकर उनको एक उपलब्धि परीक्षण दिया गया तथा प्राप्तांक निम्न भाँति प्राप्त हुए—

'अ' कालेज—33, 24, 21, 35, 38, 23, 19, 20, 34, 43, 23, 53, 51, 28 एवं 35, N = 15, Mean = 32.5, Range = 40.

'ब' कालेज—32, 45, 24, 46, 31, 37, 25, 33, 21, 23, 34, 28, 32, 21 एवं 30, N = 15, Mean = 32.5, Range = 25.

यहाँ हम स्पष्ट देखते है कि दोनों कालेजों के प्राप्तांक समान हैं, फिर भी दोनों के विचलन या प्रसार के फैलाव में अन्तर है। 'अ' कालेज के छात्रों का प्रसार = 40 है, जबकि 'ब' कालेज के छात्रों का,प्रसार = 25 है। अत: स्पष्ट है कि कालेज 'अ' के विद्यार्थी विषमजातीय समूह के हैं जबकि कालेज 'ब' के विद्यार्थी समजातीय समूह के हैं। यहाँ उनका उपलब्धि स्तर चित्र संख्या 7 : 1 के द्वारा स्पष्ट किया जा रहा है।

विचलन के विभिन्न मापों की गणना द्वारा प्रसार की जानकारी के साथ-साथ केन्द्रीय प्रवृत्ति के मापों का अनुमान भी लगाया जाता है। मान लीजिये एक शहर के पाँच कालेजों की जनसंख्या 500, 1000, 1500, 2000, 2500 है अर्थात् अनुपात जनसंख्या 1500 है, यदि हमें इन कालेजों की जनसंख्या का अलग से ध्यान न हो तो हम प्रत्येक कालेज की जनसंख्या 1500 ही समझेंगे, अत: ऐसी स्थिति में यहाँ प्राप्तांक एक समान न होकर आपस में काफी अन्तर रखते हैं या जहाँ प्राप्तांकों का प्रसार अधिक होता है, केन्द्रीय प्रवृत्ति के मापों में काफी अन्तर रखते हैं या जहाँ प्राप्ताकों का प्रसार अधिक होता है, केन्द्रीय प्रवृत्ति के मापों का अनुप्रयोग त्रुटिपूर्ण रहता है तथा गलत निष्कर्ष आने की अधिक सम्भावना रहती है।

अत: शोध कार्यों में केन्द्रीय प्रवृत्ति के मापों के साथ-साथ विचलन मापों का प्रयोग भी अत्यन्त आवश्यक समझा जाता है।

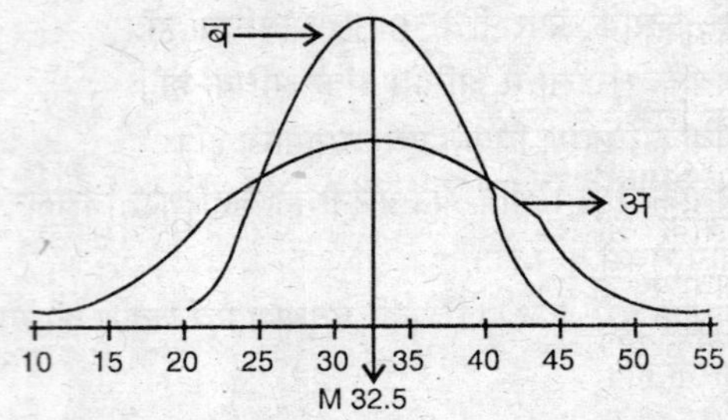

चित्र संख्या : *एक ही अनुपात (Mean) एवं संख्या (N) वाले दो वितरण किन्तु विचलन (dispersion) में दोनों भिन्न हैं।*

विचलन के विभिन्न मापों का अनुप्रयोग (Uses of Different Measuresof Variability)

विचलन के विभिन्न मापों का प्रयोग भिन्न-भिन्न स्थितियों में किया जाता है। यहाँ उन्हीं स्थितियों का उल्लेख किया जा रहा है।

1. प्रसार का प्रयोग (Uses of Range)

(क) जबकि प्रदत्त इतने अधिक रूप में बिखरे हों कि विचलन के अन्य मापों का प्रयोग सम्भव न हो, प्रसार का प्रयोग किया जाता है,
(ख) जबकि अन्तिम अंकों के सम्बन्ध में जानकारी की आवश्यकता हो,
(ग) जबकि अव्यवस्थित प्रदत्तों की व्यवस्थित रूप देने के लिए कुल फैलाव ज्ञात करना हो,
(घ) जबकि विचलन मान शीघ्रता एवं सुगमता से ज्ञात करना हो,
(च) जबकि अधिक शुद्ध विचलन की आवश्यकता न हो।

2. विचलन के प्रयोग (Uses of Mean Deviation)

(क) जबकि साधारण शुद्धता के विचलन की आवश्यकता हो,
(ख) जबकि समस्त विचलनों को उनके मान के अनुसार महत्व देना हो,
(ग) जबकि प्राप्तांक इतने अधिक फैले हों कि मानक विचलन (S.D.) के मान दूषित होने की संभावना हो,
(घ) जबकि वितरण विकृत हो।

3. चतुर्थांश विचलन के प्रयोग (Uses of Quartile Deviation)

(क) जबकि माध्यम ज्ञात किया गया हो,
(ख) जबकि मध्य के 50 प्रतिशत प्राप्तांकों पर ध्यान केन्द्रित करना हो,
(ग) जबकि वितरण में कुछ प्रदत्त बहुत बड़े या छोटे हों,

(घ) जबकि प्राप्तांकों का विचलन सामान्य न हो एवं प्रतिदर्श छोटा हो।

4. मानक विचलन का प्रयोग
(Uses of Standard Deviation)

(क) जबकि अधिक शुद्ध मान एवं सांख्यिकी स्थिरता की आवश्यकता हो,

(ख) जबकि प्राप्तांकों का वितरण लगभग सामान्य (normal) हो,

(ग) जबकि केन्द्रीय प्रवृत्ति के माप की गणना अनुपात के रूप में की गयी हो,

(घ) जबकि उच्च सांख्यिकी जैसे सह-सम्बन्ध (r), मानक त्रुटि (S.E.) विश्वसनीयता आदि का अध्ययन करना हो,

(च) जबकि मध्यमान से उपर तथा नीचे अधिक दूरी वाले विचलनों को विशेष महत्व देना हो,

(छ) जबकि दो भिन्न-भिन्न इकाइयों वाले प्राप्तांकों के विचलन की तुलना करनी हो क्योंकि गुणांक विचलन (V) ज्ञात करने के लिए अनुपात एवं मानक विचलन दोनों ही ज्ञात होने चाहिये।

5. गुणांक विचलन का प्रयोग
(Uses of Coefficient of Variation)

जबकि दो विभिन्न इकाइयों वाले अथवा भिन्न-भिन्न संख्याओं वाले प्राप्तांकों की तुलना करनी हो, गुणांक विचलन का प्रयोग किया जाता है।

सहसम्बन्ध (Correlation)

"विभिन्न प्रकार की योग्यताओं का आपस में सम्बन्ध ज्ञात करने की प्रक्रिया को सहसंबंध कहते हैं।" आंकड़ों अथवा प्राप्तांकों के दो समूह के पारस्परिक संबंध को हम सहसंबंध की सहायता से निकालते हैं, मापन में हमारे सामने विभिन्न प्रकार की योग्यताओं के आपस में संबंध ज्ञात करने की समस्या आ जाती है। हमें यह ज्ञात करना होता है कि दो प्रकार की योग्यताओं का आपस में क्या संबंध है। उदाहरण के लिए, हम मान लेते हैं कि एक ही समूह के छात्रों के अंग्रेजी एवं हिन्दी के अंकों में क्या पारस्परिक संबंध है। यह ज्ञात करना ही सहसंबंध कहलाता है। दूसरे उदाहरण के तौर पर हम दो स्कूल के पचास-पचास छात्रों के अंकों को लें। हमें यह देखना है कि इन दो समूह के छात्रों के केवल एक विषय यानी हिन्दी की योग्यता में क्या पारस्परिक संबंध है। यह संबंध हमें सहसंबंध से मालूम हो सकता है।

आधुनिक युग में सहसंबंध के द्वारा शिक्षा और मनोविज्ञान में अन्वेषण करने में काफी सहायता मिल रही है। इसके द्वारा ही हमें पता चलता है कि किसी समूह के छात्रों के तर्क करने की योग्यता और उस विषय की जानकारी में क्या संबंध है।

अब हम सहसंबंध के एक दूसरे महत्वपूर्ण अंग पर विचार करेंगे। इसका नाम "सह-संबंध गुणक" है। अंग्रेजी में इसे Coefficient of Correlation कहते हैं और इसकी परिभाषा अंग्रेजी में यह है– Coefficient of correlation is a single number that tells us to what extent variations in one go with variation in other. इसकी व्याख्या इस प्रकार की जा सकती है-सह-सम्बन्ध के परिमाण की संख्यात्मक अभिव्यक्ति को सह-संबंध गुणक कहते हैं। सहसंबंध गुणक वह अंक है जो यह बताता है कि दो वस्तुएं या दो परिवर्तनशील आंकड़ों के दो खण्ड कहां तक आपस में संबद्ध हैं या वह यह बताता है कि परिवर्तनशील में परिवर्तन होने पर दूसरे में कहां तक समान परिवर्तन होता है। यह सम्बन्ध का वास्तविक ज्ञान प्राप्त करने के लिए अंकगणितीय माप का व्यवहार किया जाता है। इसे सह-संबंध गुणक कहते हैं। किसी छात्र की योग्यता का वास्तविक ज्ञान प्राप्त करने के लिए यह जानना आवश्यक है कि एक प्रकार की योग्यता में परिवर्तन दूसरी प्रकार की योग्यता पर क्या असर डालता है। यह बात ऊपर के दोनों उदाहरणों से स्पष्ट हो गयी है। अब हम सहसंबंध गुणक कितने प्रकार के होते हैं इसका अध्ययन करेंगे।

सहसंबंध तीन प्रकार के होते हैं।

1. **धनात्मक सहसंबंध :** अगर दो प्रकार की योग्यताओं में अन्योन्याश्रय का संबंध हो तो ऐसे संबंध को धनात्मक सहसंबंध कहा जाता है। जैसे, यदि एक योग्यता बढ़ती है तो दूसरी भी बढ़ती है और एक योग्यता घटती है तो दूसरी भी उसी अनुपात में घटती है। ऐसे संबंध का नाम ही धनात्मक सहसंबंध है।
2. **निषेधात्मक सहसंबंध :** दो योग्यताओं के बीच उल्टे संबंध को निषेधात्मक सहसंबंध कहते हैं। जैसे-सुख और दु:ख यानी सुख ज्यों-ज्यों बढ़ता है, दु:ख घटता जाता है।
3. **असहसंबंध :** दो योग्यताओं के बीच पारस्परिक संबंध के अभाव को असहसंबंध कहते हैं।

अब हम सहसंबंध गुणक निकालने की विधियों पर प्रकाश डालेंगे। इसके कई तरीके हैं :

(1) Rank difference method.

396

(2) Product moment method.

(3) Multiple method.

(4) Partial method.

(5) Bi-serial method.

यहां हम केवल प्रमुख विधियों का ही विस्तार से वर्णन करेंगे। सहसंबंध के आकार के बारे में चर्चा कर देना अप्रासंगिक नहीं होगा। सहसंबंध का फैलाव + 1.00 से – 1.00 तक होता है। इस प्रकार सहसंबंध गुणक धनात्मक 1 (+1) से शून्य (0) और वहां से निषेधात्मक 1 (– 1) तक फैला रहता है।

अब हम सर्वप्रथम योग्यता क्रम अन्तर विधि द्वारा सहसंबंध गुणक निकालेंगे।

योग्यता क्रम अन्तर विधि द्वारा सहसंबंध गुणक कहलाना-इस विधि के द्वारा सहसंबंध गुणक निकालने का तरीका सर्वप्रथम स्पीयरमैन ने बताया था। अत: इसे Spearman's Rank Correlation भी कहा जाता है। इसे निकालने का सूत्र यह है :

$$\rho = 1 - \frac{6\Sigma D^2}{N(N^2 - 1)}$$

यहां ρ = योग्यता क्रम अन्तर विधि द्वारा सहसंबंध गुणक

D = योग्यता क्रम में अन्तर

ΣD^2 = योग्यता क्रमों में अन्तर के वर्गों का जोड़

N = कुलकों की कुल संख्या

इस सूत्र के काम करने के बारे में कुछ आवश्यक शर्तें हैं। इन शर्तों के पूरा न होने से उक्त सूत्र कामयाब नहीं हो सकता। वे शर्तें ये हैं-

(1) आंकड़ों के अवर्गित रहने पर ही इस सूत्र का प्रयोग होता है।

(2) दो विभिन्न चर अपने वास्तविक क्रम में न हों, अपनी योग्यता-क्रम के रूप में हों।

(3) कुलकों की संख्या हर हालत में 30 से कम हो यानी N बहुत कम हो।

अब हम कुछ उदाहरणों के द्वारा इस विषय को स्पष्ट करेंगे।

उदाहरण 1-नीचे लिखे गणित और विज्ञान के कुलकों के बीच सहसंबंध गुणक निकालना है :

छात्र	गणित के प्राप्तांक	विज्ञान के प्राप्तांक
क	82	81
ख	77	60
ग	90	75
घ	30	25
च	45	37
छ	60	56
ज	70	77
झ	65	63
ट	40	35
ठ	56	33
N = 10		

छात्र	गणित में प्राप्तांक	विज्ञान में प्राप्तांक	गणित में योग्यता क्रम	विज्ञान में योग्यता क्रम	योग्यता क्रम में अन्तर	योग्यता क्रम के अन्तर का वर्ग
क	82	81	2	1	−1	1
ख	77	60	3	5	+2	4
ग	90	75	1	3	+2	4
घ	30	25	10	10	0	0
च	45	37	8	7	−1	1
छ	60	56	6	6	0	0
ज	70	77	4	2	−2	4
झ	65	63	5	4	−1	1
ट	40	35	9	8	−1	1
ठ	56	33	7	9	+2	4
						$\Sigma D^2 = 20$

$$P = 1 - \frac{6\Sigma D^2}{N(N^2 - 1)} = 1 - \frac{6 \times 20}{10(10^2 - 1)}$$

$$= 1 - \frac{6 \times 20}{10(100 - 1)} = 1 - \frac{6 \times 20}{10 \times 99}$$

$$= 1 - \frac{4}{33} = \frac{29}{33} = 878$$

= .88 के लगभग।

उदाहरण 2-नीचे दिए गये इतिहास और भूगोल के प्राप्तांक कुलकों से p का मान ज्ञात करना है :

छात्र	इतिहास के प्राप्तांक	भूगोल में योग्यता क्रम
क	83	2
ख	69	1
ग	39	8
घ	47	6
च	54	4
छ	59	3
ज	23	9
झ	27	10
ट	41	5
ठ	32	7
N = 10		

छात्र	इतिहास के प्राप्तांक	इतिहास में योग्यता क्रम	भूगोल में योग्यता क्रम	योग्यता क्रम में भेद (D)	योग्यता क्रम के अन्तर का वर्ग (D^2)
क	83	1	2	1	1
ख	69	2	1	+1	1
ग	39	7	8	--1	1
घ	47	5	6	−1	1
च	54	4	4	0	0
छ	59	3	3	0	0
ज	23	9	9	+1	1
झ	27	10	10	−1	1
ट	41	5	5	+1	1
ठ	32	7	7	+1	1
N = 10					$SD^2 = 8$

$$\therefore \rho = 1 - \frac{6\Sigma D^2}{N(N^2-1)} = 1 - \frac{6 \times 8}{10(10^2-1)} = 1 - \frac{6 \times 4}{5(100-1)}$$

$$= 1 - \frac{6 \times 4}{5 \times 99} = 1 - \frac{2 \times 4}{5 \times 33} = 1 - \frac{8}{165} = 1 - \frac{165-8}{165}$$

$$= \frac{157}{165} = .95$$

उदाहरण 3–नीचे लिखे परिणामों में गति और परिशुद्धि के बीच सहसंबंध दिखाइए :

छात्र	दस परीक्षण में लगभग समय	शुद्ध परीक्षण संख्या
क	7 मिनट	10
ख	10 मिनट	8
ग	11 मिनट	9
घ	7½ मिनट	7
च	8 मिनट	10
छ	7 मिनट	9
ज	12 मिनट	6
झ	15 मिनट	7
ट	16 मिनट	5
ठ	8 मिनट	9
ड	9 मिनट	10
ढ़	11½ मिनट	9
N = 12		

अब इन उदाहरणों के बाद हम एक आवश्यक स्थान पर ध्यान देंगे। जब सहसंबंध गुणक + 1.00 आता है तो वह परिपूर्ण धनात्मक सहसंबंध कहा जाता है। किसी वृत्त के व्यास और उसकी परिधि में ऐसा संबंध है कि वृत्त की परिधि हमेशा अपने व्यास का गुण होती है। अत: इन दोनों के बीच परिपूर्ण सहसंबंध मान लिया कि 8 छात्रों के इतिहास और भूगोल के प्राप्तांक निम्नलिखित हैं :

छात्र	इतिहास के प्राप्तांक	भूगोल के प्राप्तांक
क	70	78
ख	60	66
ग	55	58
घ	40	49
च	35	40
छ	33	35
ज	30	33
झ	27	32

यहां हम देखते हैं कि जो छात्र इतिहास में प्रथम हुआ है वही भूगोल में भी प्रथम हुआ है। जिसने इतिहास में द्वितीय स्थान प्राप्त किया है, उसे ही भूगोल में भी द्वितीय स्थान मिला है। इसी प्रकार आठों छात्रों के अंक हैं। अत: यहां इतिहास और भूगोल के प्राप्तांकों के बीच परिपूर्ण प्रतिलोम सहसंबंध है। इसको हम + 1.00 से दिखाते हैं। इसमें One to one correspondence रहता है।

इसी तरह जब दो प्राप्तांकों का स्थान इस प्रकार हो कि जो छात्र एक विषय में प्रथम हो और दूसरे विषय में अन्तिम स्थान प्राप्त करे, जो पहले विषय में द्वितीय हो और दूसरे विषय में अंत में द्वितीय स्थान प्राप्त करे और इसी तरह अन्य छात्रों की भी स्थिति रहे तो ऐसी हालत में परिपूर्ण अनुलोम सहसंबंध (Perfect negative correlation) होगा। ये सारी बातें N और P के कार्य पर निर्भर करती हैं।

पीयर्सन की प्रोडक्ट मोमेन्ट विधि के द्वारा सहसंबंध गुणक निकालना– इस विधि का आविष्कार सबसे पहले एक अंग्रेज कार्ल पीयर्सन ने किया था। अत: उन्हीं के नाम से इस विधि को पीयर्सन प्रोडक्ट-मोमेन्ट सहसंबंध गुणक कहा जाता है। साथ ही, इसे पीयर्सन *v*, a simple *v* या an ordinary *v* भी कहा जाता है।

अब हम ये देखेंगे कि इस विधि से सहसंबंध गुणक निकालने का सूत्र क्या है तथा इसकी प्रक्रिया कैसे की जाती है।

सूत्र (Formula)-

$\mathcal{V}xy = \Sigma xy \;\; k \;\; N\sigma xy$

यहां, $\mathcal{V}xy = x$ और y के बीच का सहसंबंध (Correlation)

x= X कॉलम में आए प्राप्तांक में से उसी जांचिका (Test) के मध्यमान (Mean) का अलग-अलग विचलन (Deviation)

y = Y कॉलम में आए प्राप्तांकों में से उसी जांचिका (Test) के मध्यमान (Mean) का अलग-अलग विचलन (Deviation)।

Σxy = कुल विचलनशीलता के गुणनफल का योग।

σx और σx = X तथा Y के प्राप्तांको के बंटवारे (Distribution) का प्रमाणिक विचलन (Standard deviation)।

जब हम इस विधि से संबद्ध प्रक्रिया तथा उसके पदों (Steps) पर विचार करेंगे। इसके लिए हम उदाहरण के रूप में अवर्गित आंकड़ों (Ungrouped data) की एक तालिका लेंगे और इसके बाद विभिन्न पदों को क्रमिक ढंग से स्पष्ट करेंगे। यहां पर दो जांचिका (Tests) X तथा Y के प्राप्तांकों (Scores) को लेकर इस विधि का प्रयोग करते हुए सहसंबंध गुणक निकाल रहे हैं।

छात्र	X	Y	X	Y	x^2	y^2	xy
क	13	11	+5.5	+3	30.25	9	+16.5
ख	12	14	+4.5	+6	20.25	36	+27.0
ग	10	11	+2.5	+3	6.25	9	+7.5
घ	10	7	+2.5	−1	6.25	1	−2.5
च	8	9	+0.5	+1	0.25	1	+0.5
छ	6	11	−1.5	+3	2.25	9	−4.5
ज	6	3	−1.5	−5	2.25	25	+7.5
झ	5	7	−2.5	−1	6.25	1	+2.5
ट	3	6	−4.5	−2	20.25	4	+9.0
ठ	2	1	−5.5	−7	30.25	49	+38.5
Sums :	75	80		0	0)	E x^2	E x^2
E xy							
Means :	7.5	8.0			= 1[illegible].50	= 144	102-0

प्रक्रिया-

(1) सबसे पहले X और Y के उद्धरित दोनों परीक्षणों का मध्यमान निकाल लेते हैं। इसके निकालने के सूत्र का वर्णन हम पहले ही कर आए हैं। वह यों है- ΣX èk N यहां X तथा Y परीक्षण का मध्यमान अलग-अलग क्रमशः 7.5 और 8.0 है। साथ ही संख्या भी निकाल लेते हैं। वह क्रमशः 75 और 80 है।

(2) इसके बाद X के प्रत्येक प्राप्तांक से उसके मध्यमान के विचलन (Deviation) कॉलम x में तथा y के प्रत्येक प्राप्तांक से उसके मध्यमान के विचलन को कॉलम y में लिखते हैं। यहां यह विचलन क्रमशः 0 और 0 हैं।

(3) अब x तथा y कॉलम के सभी अंकों का वर्ग निकालते हैं तथा उन्हें क्रमशः X^2 और Y^2 कॉलमों में लिख देते हैं। कॉलम x^2 के सभी अंकों के जोड़ को Σx^2 और Y^2 कॉलमों में लिख देते हैं। कॉलम X^2 के सभी अंकों के जोड़ को Σy^2 कहते हैं। यहां यह वर्ग क्रमशः 124.50 तथा 144 है।

(4) इसके बाद अंतिम कॉलम का स्थान आता है। वह xy कहलाता है। x कॉलम तथा y कॉलम में जो अंक सामने-सामने आते हैं, उसके गुणनफल को हम उन अंकों के सामने ही यहां लिखते जाते हैं। हल, गुणनफल निकालते समय जोड़ (+) तथा घटाव (⁻) का चिन्ह का ध्यान रखते हुए ही क्रिया की जाती है।

सांख्यिकी की विश्वसनीयता

सांख्यिकी की विश्वसनीयता को साधारणतया प्रमाण त्रुटि (Standard error) निकालकर बताया जाता है। हम एक उदाहरण लेकर इस विषय को समझने की कोशिश करें। हमारे सामने किसी जनसमूह या जनसंख्या का एक भाग नमूने के रूप में दिया गया है। अब उसी खास नमूने के आधार पर ही पूरी जनसंख्या के बारे में ठीक-ठीक जानकारी प्राप्त करने की कोशिश करते हैं। यह एक सांख्यिकीय खूबी की बात है और इसके अध्ययन को ही सांख्यिकी की विश्वसनीयता कहते हैं। पूरी आबादी की जानकरी की शुद्धता (Correctness) के आधार पर ही सांख्यिकी की विश्वसनीयता की मात्रा बता सकते हैं। सांख्यिकी की विश्वसनीयता के अन्तर्गत कई विषय आते हैं, लेकिन हमारा अभिप्राय मुख्यतः मध्यमान (Mean) की विश्वसनीयता से ही रहता है। अतः यहां हम मध्यमान की विश्वसनीयता का वर्णन करेंगे।

हम एक उदाहरण लें। ऊपर हमने एक नमूने की चर्चा की है। उक्त नमूने के आधार पर पूरी जनसंख्या के बारे में जानकारी प्राप्त कर उसका अलग मध्यमान निकालेंगे। अब देखेंगे कि नमूने का मध्यमान पूरी जनसंख्या के मध्यमान को जानने में हमें कहां तक सहायता कर सका है। इन दोनों के पारस्परिक संबंध को ही मध्यमान की सार्थकता या विश्वसनीयता कहते हैं। इस विश्वसनीयता का पता उस मध्यमान की प्रामाणिक त्रुटि की जांच करके लगाया जाता है। प्रामाणिक त्रुटि का सूत्र हम नीचे देते हैं।

SEM = σ èk √N

यहां, SEM = मध्यमान की प्रामाणिक त्रुटि

σ = नमूना के रूप में लिए गये मध्यमान का प्रमाप विचलन

N = कुलकों का योग (Total number of scores)

अब हम प्रक्रिया प्रारंभ करेंगे। जैसे कि ऊपर के सूत्र हैं, सर्वप्रथम हम प्रमाप विचलन निकालेंगे। इसे निकालने का सूत्र अलग है और हमें पहले से ही ज्ञात है। वह यह है-

$\sqrt{\Sigma X^2}$ èk N

N को 30 से कम होना चाहिए और तब सूत्र इस प्रकार हो जाएगा-

SD = $\sqrt{\Sigma X^2}$ èk N – 1

अब नमूने के मध्यमान (Mean) की प्रामाणिक त्रुटि निकालने के लिए पहले SD निकाल कर उसमें N के वर्गमूल से भाग देंगे। भागफल ही प्रामाणिक त्रुटि होगा। अत: प्रामाणिक त्रुटि के द्वारा ही हम पूरी जनसंख्या के मध्यमान की विश्वसनीयता का पता लगाते हैं।

अब हम एक उदाहरण लेकर उसे स्पष्ट करें। उदाहरण के तौर पर हम मान लेते हैं कि बिहार राज्य के नौ वर्षों की उम्र वाले बच्चों की ऊंचाई की संपूर्ण जनसंख्या हमारे सामने सिद्धांत रूप में प्रस्तुत है। अब हमें किसी एक क्षेत्र या एक से अधिक क्षेत्रों को नमूना मानकर संपूर्ण जनसंख्या में ऐसी ऊंचाई वाले छात्रों का पता लगाना है। उदाहरण के लिए, हम 100 उच्चतम प्राप्तांकों को नमूने के रूप में ले लेते हैं और तब अपना काम शुरू करते हैं। यहां साख्यिकी X का Sampling distribution सामान्य (Normal) होगा। मध्यमान (Mean) 51.7 विचलन (Variance) $(2.32)^2/100$ = .0522 अथवा मध्यमान की प्रामाणिक त्रुटि (Standard error of the mean) $2.35/\sqrt{100}$ = .235 होनी चाहिए।

ऊपर के उदाहरण से हमको पता चलता है कि आगे चलकर उपर्युक्त 100 Height scores (जो संपूर्ण जनसंख्या से Random samples के रूप में लिए गए हैं) के मध्यमान (Means) का 68.26 प्रतिशत मध्यमान (Means) में .235 इंच से कम की नमूना-त्रुटि (Sampling error) होने की गुंजाइश रहेगी अर्थात् दूसरे शब्दों में हम कह सकते हैं कि नमूने के तौर पर लिए गए मध्यमान (Sample mean) में 46 यानी 1.96 x .235 यानी इससे अधिक त्रुटि की संभावना 0.05 है। इस सिद्धांत का व्यावहारिकता के दृष्टिकोण से सीमित प्रयोग होता है।

परिकल्पना-प्रकार तथा परीक्षण (Hypothesis)

परिभाषाएं

एक निश्चित परिभाषा विभिन्न विद्वानों द्वारा दी गई निम्न है।

गुड तथा **स्केट्स** के अनुसार- ''परिकल्पना एक अनुमान है जिसे अन्तिम अथवा अस्थायी रूप में किसी निरीक्षित तथ्य अथवा दशाओं की व्याख्या हेतु स्वीकार किया गया हो एवं जिसके अन्वेषण को आगे पथ-प्रदर्शन प्राप्त होता हो।

इस परिभाषा के अनुसार प्रत्येक वैज्ञानिक अनुसंधान समस्या के समाधान के लिए किसी निर्देशित व्याख्या से प्रारंभ होता है। ऐसे निर्देशित उत्तर अनुसन्धानकर्त्ता को अध्ययन की विषय-सामग्री तथा अपने पूर्व-ज्ञान से प्राप्त होते हैं। इन आधारों पर जब अनुसंधानकर्त्ता किसी समस्या के समाधान के लिए निर्देशित व्याख्या को बनाता है तो उन्हें परिकल्पना कहा जाता है।

बार तथा **स्केट्स** के अनुसार- ''परिकल्पना एक अस्थायी रूप से सत्य माना हुआ कथन है, जिसका आधार उस समय तक उस विषय अथवा घटना के बारे में ज्ञान होता है, इसे नये सत्य के लिए आधार बनाया जाता है।''

मोले के अनुसार- ''परिकल्पना एक अभिग्रह (धारणा) अथवा तर्कवाक्य है जिसकी स्थिरता की परीक्षा उसकी अनुरूपता, उपयोग अनुभव-जन्म प्रमाण तथा पूर्व-ज्ञान के आधार पर करनी है।''

गुड तथा **हैट** के अनुसार- ''परिकल्पना इस बात का वर्णन करती है कि हम क्या देखना चाहते हैं। परिकल्पना भविष्य की ओर देखती है। यह एक तर्कपूर्ण वाक्य है जिसकी वैधता की परीक्षा की जा सकती है। यह सही भी सिद्ध हो सकती है, और गलत भी।''

लुण्डबर्ग के अनुसार- ''परिकल्पना एक प्रयोग संबंधी सामान्यीकरण है जिसकी वैधता की जांच होती है। अपने मूल

रूप में परिकल्पना एक अनुमान अथवा काल्पनिक विचार हो सकता है जो आगे के अनुसंधान के लिए आधार बनता है।''

कुछ विशेषज्ञों ने परिकल्पना को गणितीय आधार पर भी प्रस्तुत करने का प्रयास किया है। इनमें से एक मनोविज्ञान-अनुसंधान विशेषज्ञ जॉन गालटुंग का कहना है कि सभी अनुसंधानों में निम्नलिखित तीन तत्व होते हैं-

(1) इकाई- जिसके संबंध में सूचना ग्रहण की जा रही है।

(2) चर- जिसके विषय में सूचना ली जा रही है।

(3) मूल्य- किसी इकाई में प्राप्त किसी चर के गुण अथवा परिणाम।

अत: परिकल्पना चलराशियों के द्वारा कुछ इकाइयों के संबंध में उनके विशिष्ट मूल्यों से संबंधित कथन है। यह स्पष्ट करती है कि इकाइयों का संबंध कितनी और किन चलराशियों से है। (A hypothesis is a statement of value about the specification of a set of untis with the help of variables. It states how much of a variable is possessed by a set of units.

Mathematically, a hypothesis is a statement about P, $(X_1, X_2, X_3, X_4 ..... X_n$

जबकि P = Probability (संभावना),

s = set of units (इकाइयां), तथा

$X_1, X_2, X_3, X_4 ..... X_n$ Variables ek चलराशियों को प्रदर्शित करते हैं।

उदाहरण के लिए, यदि यह परिकल्पना हो कि पुरुष स्त्रियों से अधिक बुद्धिमान होते हैं तो इसमें पुरुष और स्त्रियां इकाइयां हैं, बुद्धि चर हैं, तथा अधिक मूल्य है। इस प्रकार इस परिकल्पना में पुरुष तथा स्त्री इकाइयों के संबंध में तथा बुद्धि, चर के मूल्यों के संबंध में वर्णन किया गया है।

करलिंगर के अनुसार- ''परिकल्पना दो या अधिक चलराशियों अथवा चरों के संबंधों का कथन है''

इसके अनुसार भी परिकल्पना दो या अधिक चरों का संबंध-सूचक घोषणात्मक कथन है। चरों के संबंध सामान्य अथवा विशिष्ट प्रकार के हो सकते हैं। अतएव परिकल्पना संबंधी कथन इन्हीं दो प्रकार के होते हैं।

मैकगुइगन ने परिकल्पना की परिभाषा करते हुए कहा है कि ''परिकल्पना दो या अधिक चरों के कार्यक्षम संबंधों का परीक्षण-योग्य कथन है।''

उपर्युक्त परिभाषा भी प्रयोगात्मक अनुसंधानों से संबंधित है। प्रयोगात्मक अनुसंधान में प्रयोगकर्त्ता तथ्यों के अनुभवाश्रित संबंधों का परीक्षण करता है। परिकल्पना अनुभवाश्रित इसलिए होती है क्योंकि इसका संबंध उन तथ्यों से होता है जिन्हें हम प्रकृति के निरीक्षण में स्वत: ही पाते हैं। अनुभवाश्रित परिकल्पना के चरों की कार्यवाहक परिभाषा की जा सकती है। इसके अतिरिक्त ये चर उन घटनाओं की ओर इंगित करते हैं जिन्हें प्रत्यक्ष रूप में निरीक्षित किया जा सकता है तथा जिन्हें मापन योग्य बनाया जा सकता है।

ये परिभाषाएं कुछ विशेष तकनीकी हैं। वास्तव में, टाउनसेण्ड की परिभाषा सबसे सरल एवं उपयुक्त है। इनका कहना है कि ''परिकल्पना अनुसंधान की समस्या के लिए सुझाया गया उत्तर है।''

इसका तात्पर्य यह हुआ कि जब अनुसन्धानकर्त्ता के समक्ष कोई समस्या आती है तो उसका विश्लेषण करने के पश्चात् वह कुछ संभावित सुझाव प्रस्तुत करता है और फिर अनुसंधान कार्य में उस सुझाव की सत्यता की जांच करता है। इसी सुझाव को परिकल्पना कहते हैं। उदाहरण के लिए, यदि ''यह ज्ञात करना है कि सामाजिक-आर्थिक स्तर का बुद्धि-लब्धि से क्या संबंध है?'' यह समस्या अनुसंधान का विषय हो तो अनुसंधानकर्त्ता की परिकल्पना यह हो सकती है-सामाजिक-आर्थिक स्तर तथा बुद्धि-लब्धि में धनात्मक संबंध होता है अथवा उच्च सामाजिक-आर्थिक स्तर के व्यक्तियों की बुद्धि-लब्धि उच्च होती है। अब दोनों में सहसंबंध ज्ञात करके इसकी सत्यता की परीक्षा कर लेंगे।

समस्या तथा परिकल्पना में संबंध

परिकल्पना किसी समस्या का निर्देशित समाधान है। इस समाधान को परीक्षण-योग्य होना चाहिए। इसलिए परिकल्पना की परीक्षण योग्यता समस्या की समाधान-योग्यता पर निर्भर है। समस्या के समाधान को अनुभवाश्रित 'हाँ' अथवा 'नहीं' उत्तर से ज्ञान किया जाता है। किन्तु परीक्षण-योग्यता का सिद्धांत दो अवस्थाओं में विकसित होता है- (1) पहली अवस्था में किसी कथन को प्रमाणित करने की योग्यता ही परीक्षण-योग्यता है। इस अवस्था को परीक्षण-योग्यता का सत्य सिद्धांत कहते हैं। (2) दूसरी अवस्था में परीक्षण-योग्यता को सम्भावित सिद्धांत के आधार पर प्रदर्शित किया जाता है। सम्भावित सिद्धांत के अनुसार परिकल्पना परीक्षण-योग्य है यदि इसके द्वारा यह निर्धारित करना संभव हो कि वह अनुमान सही है अथवा गलत। इस सिद्धांत के अनुसार कथन आदि को परीक्षण-योग्य किया जा सकता है। इस नित्य सिद्धांत के उपयोग द्वारा अनुसंधानकर्त्ता यह निर्धारित कर सकता है कि कौन-सी परिकल्पना परीक्षण-योग्य

है अथवा नहीं। कारण यह है कि कोई भी परिकल्पना सही अथवा गलत है तो परीक्षण-योग्य है।

इसके अतिरिक्त, ज्ञान को अनुमान के रूप में भली प्रकार दर्शाया जा सकता है। जब भी किसी समस्या को, जिसे प्रश्न-रूप में दर्शाया गया हो, हम समाधान-योग्य कह सकते हैं, यदि हम उस समस्या का कोई सशक्त उत्तर परिकल्पना के प्रश्न में बना सकें। इस प्रकार समस्या की भांति परिकल्पना भी 'सही' अथवा 'गलत' होना चाहिए।

सिद्धांत एवं परिकल्पना में संबंध करने से पूर्व यह ज्ञात करना आवश्यक है कि सिद्धांत क्या होता है? करलिंजर ने सिद्धांत की परिभाषा देते हुए लिखा है- सिद्धांत कुछ सुसम्बद्ध प्रत्ययों, परिभाषाओं और धारणों का एक ऐसा सेट है जो किसी घटना की व्याख्या अथवा उसके भविष्य-कथन के उद्देश्य से चरों में स्थित संबंध को स्पष्ट करता है।

यह परिभाषा सिद्धांत के संबंध में तीन प्रमुख बातें स्पष्ट करती है-

(1) सिद्धांत कुछ पारिभाषित और परस्पर सम्बद्ध प्रत्ययों का एक सेट है।

(2) सिद्धांत विभिन्न चरों में स्थित संबंध को बताता है।

(3) सिद्धांत किसी घटना का विश्लेषण करता है।

वास्तव में प्रत्येक सिद्धांत का निर्माण परिकल्पना के परीक्षण से प्रारंभ होता है। अनेक प्रयोगों से प्राप्त निष्कर्षों के आधार पर यदि उसे व्यवस्थित रूप दे देते हैं तो वह सिद्धांत बन जाता है। यह सिद्धांत जब और अनेक परिस्थितियों में विभिन्न प्रयोगात्मक कसौटियों पर खरा उतरता है और अपरिवर्तनशील एवं सार्वभौम हो जाता है तो उसे नियम कहते हैं। सिद्धांत परिवर्तनशील होते हैं जबकि नियमों में स्थिरता होती है।

सिद्धांत तथा परिकल्पना दोनों का एक-दूसरे से घनिष्ठ संबंध है। सिद्धांतों के संबंध में चिन्तन तथा मनन से ही परिकल्पना का जन्म होता है। इसके विपरीत, प्रत्येक सिद्धांत अपनी प्रारंभिक अवस्था में परिकल्पना ही रहा होगा। किसी सिद्धांत के संबंध में चिन्तन करने से कुछ परिकल्पनाएं बनी, उनका परीक्षण किया, प्राप्त निष्कर्ष के आधार पर सिद्धांत में परिवर्तन हो गया। यह प्रक्रिया चलती ही रहती है। सिद्धांतों से जितने सुधार होते है, वे परिकल्पना के ही कारण है। इसको हम इस रूप में भी प्रस्तुत कर सकते हैं-

सिद्धांत → समस्या → परिकल्पना → ज्ञान

Theory → Problem → Hypothesis → Knowledge

पूर्वोक्त रेखाकृति द्वारा यह स्पष्ट होता है कि किसी समस्या के समाधान के लिए कई सुझाव (परिकल्पनाएं) प्रस्तुत किए जा सकते हैं। परीक्षण के उपरान्त यह देखते हैं कि जो सुझाव समस्या का उचित समाधान नहीं कर पाते उन सुझावों को अस्वीकृत कर दिया जाता है। किन्तु जिन सुझावों से समस्या का समाधान प्राप्त हो जाता है, इन्हें स्वीकार कर लेते हैं। इसकी सांख्यिकी व्याख्या परिकल्पना-परीक्षण के अन्तर्गत की गई है।

परिकल्पना के स्रोत

परिकल्पनाओं के निम्नलिखित मुख्य स्रोत हैं-

1. **संस्कृति**- परिकल्पना का एक स्रोत संस्कृति है। सामाजिक दृष्टिकोण से यह अत्यन्त महत्वपूर्ण है। प्रत्येक समाज में अनेक प्रकार की समस्याएं होती हैं। इन समस्याओं के चिन्तन से परिकल्पना का जन्म होता है। इनकी परीक्षा करके अनुसंधानकर्त्ता उनकी विश्वसनीयता ज्ञात करता है। उदाहरणार्थ, हम ग्रामीण समाज में होने वाले परिवर्तनों के कारणों का अध्ययन करना चाहते हैं। हमारी एक परिकल्पना यह हो सकती है कि 'ग्रामीण संस्कृति पर नगरीय संस्कृति का प्रभाव पड़ रहा है', इनकी परीक्षा करके देख सकते हैं।
2. **विज्ञान**- सभी विज्ञान स्वयं परिकल्पना के स्रोत हैं। उदाहरण के लिए मनोविज्ञान में ही अनेक समस्याएं हैं। इन समस्याओं के अध्ययन के लिए हम परिकल्पनाएं बना सकते हैं, उनकी जांच कर सकते हैं। जांच के आधार पर नवीन ज्ञान प्राप्त होगा तथा वैज्ञानिक सिद्धांतों में सुधार होगा।
3. **प्राप्त परिकल्पनाओं का विश्लेषण**- किसी क्षेत्र में जो परिकल्पनाएं, उपलब्ध हैं, जिन पर बहुत दिन पूर्व कार्य हो चुका है, पुनः उन्हीं को लेकर परीक्षण द्वारा सत्यता की जांच की जा सकती है। उदाहरण के लिए, विभिन्न व्यवसायों के प्रतिष्ठात्मक मूल्य का अध्ययन कई वर्ष पूर्व हो चुका है। अब पुनः उसे देख सकते हैं कि क्या उसमें कोई परिवर्तन आया।
4. **साम्यानुमान**- इसका तात्पर्य दो विषयों अथवा घटनाओं में समानता से है। दो व्यवहारों में समानता क्यों हैं और किस सीमा तक है? उदाहरण के लिए, मानव-व्यवहार एवं पशु-व्यवहार में समानता, मानव-प्रेरणा तथा पशु-प्रेरणा में समानता आदि ले सकते हैं।

5. **व्यक्तिगत अनुभव**- व्यक्तिगत अनुभव भी परिकल्पना का आधार होता है, किन्तु नए अनुसंधानकर्त्ता के लिए इसमें कठिनाई है। किसी भी क्षेत्र में जिनका अनुभव जितना ही संपन्न होता है, उन्हें समस्या के ढूंढ़ने तथा परिकल्पना बनाने में उतनी ही सरलता होती है।

6. **रचनात्मक चिन्तन**- रचनात्मक चिन्तन परिकल्पना के बनाने का बहुत बड़ा साधन है। मनरों ने इसके ऊपर विशेष बल दिया है। उन्होंने इसके चार पद बताये हैं- (i) तैयारी, (ii) विकास, (iii) प्रेरणा, और (iv) परीक्षण कोई विचार आया, उसे विकसित किया, उस पर कार्य करने के लिए प्रेरणा मिली, परिकल्पना का निर्माण और परीक्षण किया।

7. **सूझ**- अनुसंधानकर्त्ता की सूझ भी अच्छी परिकल्पना के निर्माण में सहायक होती है। जिसमें जितनी अच्छी सूझ होगी, वह परिकल्पना का निर्माण उतना ही अच्छा कर सकेगा।

8. **अनुभवी व्यक्तियों से परिचर्चा**- जो व्यक्ति उस क्षेत्र में कार्य कर चुके हैं, उनसे परिचर्चा करने से भी परिकल्पना-निर्माण में सहायता मिलती है तथा उसमें स्पष्टता आती है।

9. **उस क्षेत्र में हुए अनुसंधान**- उस क्षेत्र में जो अनुसंधान-कार्य हो चुके हैं, उन्हें देखने से यह ज्ञात होगा कि किस प्रकार की परिकल्पनाओं पर कार्य किया गया है। उसी आधार पर अपनी भी परिकल्पना बना सकते हैं।

उचित परिकल्पना के निर्माण में कठिनाइयां

उचित परिकल्पना के निर्माण में निम्नलिखित कठिनाइयां होती हैं-

1. **अनुसंधान-क्षेत्र के सैद्धांतिक ज्ञान का अभाव**- यदि अनुसंधानकर्त्ता को अनुसंधान-क्षेत्र का समुचित सैद्धांतिक ज्ञान नहीं है तो वह उचित परिकल्पना नहीं बना सकता। इसी कारण परिकल्पना-निर्माण के पूर्व सैद्धान्तिक पक्ष से पूर्ण परिचय आवश्यक है।

2. **अनुसंधान-क्षेत्र की स्पष्टता का अभाव**- यही अनुसंधानकर्त्ता को उस क्षेत्र का अस्पष्ट ज्ञान है, उसमें शुद्धता और स्पष्टता नहीं है तो भी परिकल्पना का निर्माण असम्भव होगा अथवा वह त्रुटिपूर्ण बनेगी। अतः इसके लिए स्पष्ट और शुद्ध तथा विवेचित ज्ञान प्राप्त करना होगा।

3. **पूर्व-अनुसंधानों का अभाव**- यदि उस क्षेत्र में पहले कोई कार्य नहीं हुआ है तो नए अनुसंधानकर्त्ता के लिए परिकल्पना बनाने में कठिनाई होगी और यदि जो कार्य हो चुका है, वह उपलब्ध नहीं है तो भी कठिनाई का सामना करना पड़ेगा।

4. **यंत्रों का अभाव अथवा यंत्रों की जानकारी का अभाव**- यदि अनुसंधानकर्त्ता को परिकल्पना के परीक्षण के लिए उपलब्ध यंत्रों का ज्ञान नहीं है अथवा वे अपर्याप्त हैं तो भी परिकल्पना का निर्माण कठिन होता है क्योंकि उसके परीक्षण में कठिनाई आती है। नये यंत्रों का निर्माण स्वयं एक कठिन कार्य है।

उपर्युक्त कठिनाइयों का निवारण करके रचनात्मक चिन्तन द्वारा वैज्ञानिक विधि से बनाई गयी परिकल्पना ही उत्तम होती है।

परिकल्पना के कार्य

अनुसंधान-कार्य में परिकल्पना के निम्नलिखित कार्य हैं-

1. **मार्ग दर्शन**- परिकल्पना अनुसंधान-कार्य के लिए मार्ग-दर्शन करती है। इससे यह ज्ञात होता है कि अनुसंधान-कार्य में कौन-कौन-सी क्रियाएं करनी हैं तथा कैसे करनी हैं। अतः परिकल्पना के उचित निर्माण से कार्य की स्पष्ट दिशा निश्चित हो जाती है।

2. **समस्या को सुनिश्चित करना**- परिकल्पना समस्या को संकुचित करती है जिससे उसका एक विशिष्ट और निश्चित क्षेत्र स्थिर हो जाता है। इसके निर्धारण से अनुसंधान-कार्य विशिष्ट हो जाता है तथा अपव्यय से बचते हैं।

3. **प्रमुख तथ्यों का चुनाव**- परिकल्पना समस्या को सीमित कर देती है तथा महत्वपूर्ण तथ्यों के चुनाव में सरलता होती है। मान लीजिए, बाल-अपराध पर कोई अध्ययन किया जा रहा है और उसके लिए पांच परिकल्पनाएं ली गई। इसका तात्पर्य यह हुआ कि बाल-अपराध के संबंध में और भी बातें हो सकती हैं किन्तु हमें अपने अनुसंधान में इन्हीं पांच बातों को देखना है।

4. **पुनरावृत्ति को संभव बनाना**- पुनरावृत्ति अथवा पुनः परीक्षण द्वारा अनुसंधान के निष्कर्ष की सत्यता का मूल्यांकन करते हैं। परिकल्पना के अभाव में यह पुनः परीक्षण असंभव होगा। यह ज्ञात ही नहीं होगा कि समस्या के किस विशेष पक्ष में कार्य किया है तथा किसका नियंत्रण करके किसका परीक्षण किया है?

5. **निष्कर्ष निकालने में सहायक-** परिकल्पना अनुसंधानकर्त्ता को एक निश्चित निष्कर्ष पर पहुंचने में सहायता करती है। अनुसंधानकर्त्ता उद्देश्य तथा क्रिया से निश्चित रहता है तथा उचित मार्ग पर चलकर निश्चित उद्देश्य को प्राप्त करने में सफल होता है।

जैसा कि हम कह चुके हैं, परिकल्पना का मुख्य कार्य अन्वेषण के क्षेत्र में सबूत के रूप में अनुसंधान का मार्ग-दर्शन करना होता है। परिकल्पना द्वारा अनुसंधानकर्त्ता उपलब्ध एवं प्राप्त तथ्यों एवं उनके संबंधों को स्थापित करता है। परिकल्पना प्रत्ययों के निर्माण में भी सहायक होती है। यद्यपि अक्रमिक खोज भी कई नवीन सत्य एवं तथ्य उपस्थित कर सकती है, किन्तु यह खोज असंबंधित होती है जिससे अनुसंधानकर्त्ता को चिन्तन एवं समस्या-समाधान में कठिनाई होने लगती है।

प्रयोगात्मक अनुसंधानों में परिकल्पना का एक अन्य कार्य भी है। इस प्रकार के अध्ययनों में परिकल्पना की शब्दावली से ही यह निर्धारित हो जाता है कि प्रयोग को किस प्रकार का स्वरूप देना होगा, क्योंकि परिकल्पना के निर्माण के पश्चात् ही प्रयोग का स्वरूप निर्धारित होता है।

इसी कारण अनुसंधान तथा प्रयोगों में परिकल्पना का महत्त्वपूर्ण स्थान है।

अच्छी परिकल्पना के आवश्यक गुण

1. **परिकल्पना समस्या का पर्याप्त उत्तर हो-** इसका तात्पर्य यह है कि एक अच्छी परिकल्पना एक समस्या के लिए एक उपयुक्त उत्तर का सुझाव देती है। संभव है कि कोई परिकल्पनाएं हों जो एक समस्या के समाधान हेतु सुझाव देती हों किन्तु आवश्यक यह है कि प्रत्येक परिकल्पना किसी विशेष दृष्टिकोण से समाधान प्रस्तुत करती हो। यह चुनाव अनुसंधानकर्त्ता के अनुभव और उसकी सूझ पर निर्भर है कि अनेक परिकल्पनाओं में से अपने परीक्षण का विषय बनाए।
2. **परिकल्पना समस्या का सरलतम उत्तर हो-** कोई भी परिकल्पना जो समस्या का सरलतम एवं स्पष्ट उत्तर प्रस्तुत करती होगी, उसके परीक्षण में कठिनाई नहीं आएगी। इसके विपरीत, जटिल एवं भ्रमपूर्ण परिकल्पना का परीक्षण बड़ा ही जटिल हो जाता है। ठोस निष्कर्ष-प्राप्ति सन्दिग्ध रहती है। उसके लिए आवश्यक यह है कि-
   (क) परिकल्पना की शब्दावली सरल और स्पष्ट हो,
   (ख) परिकल्पना लंबी नहीं अपितु छोटी हो, तथा
   (ग) भ्रमपूर्ण भाषा का प्रयोग न किया गया हो।
3. **परिकल्पना प्रत्ययात्मक दृष्टि से स्पष्ट हो-** एक अच्छी परिकल्पना के सभी प्रत्ययों का सक्रियात्मक पारिभाषीकरण अत्यावश्यक है। इसका तात्पर्य यह है कि किसी विशेष प्रत्यय के संबंध में व्यक्तियों की भिन्न-भिन्न धारणाएं हो सकती हैं किन्तु अनुसंधानकर्त्ता किस धारणा को लेकर परीक्षण करने जा रहा है, इसका स्पष्टीकरण बहुत ही महत्वपूर्ण है। उदाहरण के लिए, बुद्धि के विषय में व्यक्तियों के अनेक विचार हैं। यदि बुद्धि के संबंध में किसी को अनुसंधान करना है तो पहले उसे स्पष्ट करना आवश्यक होगा कि वह किस अर्थ को ग्रहण करता है; अथवा रुचियों के विषय में कोई व्यक्ति कार्य कर रहा है तो उसे स्पष्ट करना होगा कि रुचि से उसका तात्पर्य क्या है? यदि स्पष्टीकरण मापन को दृष्टि में रखकर किया जाता है तो उसे सक्रियात्मक पारिभाषीकरण कहते हैं। मान लीजिए, अनुसंधानकर्त्ता ने स्पष्ट कर दिया है कि रुचि-आविष्कारिता पर छात्रों की पंसद तथा नापंसद के संबंध में जो अंक प्राप्त होते हैं, उन्हीं के आधार पर रुचि ज्ञात करेंगे तो बात स्पष्ट हो जाती है।
4. **परिकल्पना प्रमाणित करने योग्य हो-** परिकल्पना का परीक्षण कर एक निष्कर्ष निकालते हैं और यही अनुसंधान का उद्देश्य होता है। यदि परिकल्पना ऐसी होगी जिसका परीक्षण ही नहीं हो सकता अथवा उसे प्रमाणित ही नहीं कर सकते तो उसे लेना व्यर्थ है। उदाहरणार्थ, यदि यह परिकल्पना ले लें कि ''सभी मनुष्य मरणशील है'' (All men are mortal) तो इसे प्रमाणित करना असंभव है, जब तक सभी मनुष्य मर न जाएं तब तक प्रतीक्षा करनी होगी; और चूंकि अनुसंधानकर्त्ता भी तो मनुष्य ही है, अतः निष्कर्ष कौन बताएगा?
5. **परिकल्पना विशिष्ट होनी चाहिए-** परिकल्पना का विशिष्ट होना उसका विशेष गुण है। उदाहरणार्थ, यदि यह परिकल्पना लें कि ''लड़के और लड़कियों की अभियोग्यता में भिन्नता होती है'' (Boys and girls differ in aptitude) तो इसमें यह भी स्पष्ट करना आवश्यक है कि किस प्रकार की अभियोग्यता-साहित्यिक, वैज्ञानिक, यान्त्रिक आदि में अन्तर है। यह विशिष्टकरण उसके मापन में सहायक होगा।

6. **परीक्षण के लिए यंत्र प्राप्त हों**- नवीन अनुसन्धानकर्त्ता के लिए आवश्यक है कि वह ऐसी परिकल्पना ले जिसके परीक्षण के लिये यंत्र प्राप्त हों क्योंकि परीक्षण संबंधी उपकरणों का बनाना स्वयं एक जटिल कार्य है, जो अनुभवी व्यक्ति ही कर सकते हैं।
7. **परिकल्पना किसी सिद्धांत से समर्पित हो**- ऐसी परिकल्पना का लेना उपयुक्त होता है जिसका किसी न किसी रूप में कुछ समर्थन किसी सिद्धांत द्वारा हो चुका हो, अथवा उसका विरोध हो चुका हो।
8. **आंकड़े प्राप्त हो सकें**- वही परिकल्पना लेनी चाहिए जिसके लिए आंकड़े प्राप्त हो सकें। यदि आंकड़े ही नहीं प्राप्त होंगे तो उसका लेना व्यर्थ होगा।
9. **''शून्य परिकल्पना'' सर्वोत्तम होती है**- ''शून्य परिकल्पना'', जिसका वर्णन आगे किया जाएगा, सर्वोत्तम होती है क्योंकि इसमें कोई दिशा-निर्देशन न होने के कारण सत्य अथवा असत्य प्रमाणित करने के लिए अनुसंधानकर्त्ता कटिबद्ध नहीं होता। वह स्वाभाविक रूप में परीक्षण करता है तथा उसका निष्कर्ष घोषित कर देता है। इसका विस्तृत वर्णन आगे किया गया है।

परिकल्पना का कथन

परिकल्पना के कथन में अनुसंधानकर्त्ता इस बात का कथन करता है कि वह किस प्रकार के अन्तर, संबंध अथवा निष्कर्ष की आशा करता है-

यह कथन तीन प्रकार से किया जा सकता है-

1. **घोषित स्वरूप**- इस प्रकार के परिकल्पना कथन में अनुसंधानकर्त्ता अध्ययन के द्वारा प्राप्त निष्कर्ष अथवा चरों में संबंध के विषय में धनात्मक कथन करता है। उदाहरणार्थ, एक अनुसन्धानकर्त्ता शैक्षिक उपलब्धि पर पठन-बोध के प्रभाव को ज्ञात करना चाहता है। इसके संबंध में वह घोषित प्रकार की परिकल्पना इस प्रकार बना सकता है ''वे छात्र, जो वाचन में कुशल होते हैं, वे वाचन में अकुशल छात्रों से उपलब्धि वाले होंगे।'' इस प्रकार की परिकल्पना को प्रत्यक्ष परीक्षण करने में कठिनाई होती है। इसे अनुसंधान परिकल्पना भी कहते हैं।
2. **शून्य अन्तर स्वरूप**- इस स्वरूप मे इस प्रकार का कथन करते हैं कि दो समूहों में कोई अन्तर नहीं है अथवा दो चरों में कोई संबंध नहीं है। यदि कोई अन्तर है तो वह संयोगवश न्यादर्श की त्रुटि के कारण हो सकता है। इस परिकल्पना का सांख्यिकीय विधियों द्वारा परीक्षण करते हैं। अतः इस परिकल्पना को सांख्यिकीय परिकल्पना भी कहते हैं। यदि प्राप्त अन्तर आशा से अधिक होता है तो शून्य परिकल्पना को अस्वीकृत कर देते हैं। यहां ये बात ध्यान देने की है कि शून्य परिकल्पना के परीक्षण के पूर्व घोषित परिकल्पना अथवा अनुसंधान परिकल्पना ही बनाई जाती है। परीक्षण के समय इसे शून्य परिकल्पना में बदल लेते हैं क्योंकि घोषित परिकल्पना ही यह स्पष्ट करती है कि यदि शून्य परिकल्पना अस्वीकृत हो जाए तो क्या निष्कर्ष निकाला जाए?
3. **प्रश्न स्वरूप**- प्रश्न स्वरूप की परिकल्पना में प्रत्यक्ष कथन के बजाय उसे प्रश्न रूप में रखते हैं। मान लीजिए, आप कार्यक्रम द्वारा सीखने और शैक्षिक उपलब्धि में संबंध ज्ञात करना चाहते हैं। इस समस्या के लिए घोषित अथवा अनुसंधान परिकल्पना इस प्रकार हो सकती है- हिन्दी में उच्च शैक्षिक उपलब्धि के लिए कार्यक्रम प्रणाली प्रचलित प्रणाली से अधिक प्रभावशाली है। इसके लिए शून्य अंतर की परिकल्पना इस प्रकार हो सकती है-कार्यक्रम द्वारा पढ़ाने अथवा प्रचलित विधि द्वारा पढ़ाने में हिन्दी की शैक्षिक उपलब्धि में कोई सार्थक भिन्नता नहीं होती। इसी समस्या के लिए प्रश्न प्रकार की परिकल्पना इस प्रकार होगी-क्या कार्यक्रम द्वारा पढ़ाने से हिन्दी शैक्षिक उपलब्धि उच्च होती है? इस प्रकार की परिकल्पना को संदेह की परिकल्पना भी कहते हैं।

'आजकल' 'यदि', 'तो' की परिकल्पना पर विशेष बल देते हैं। अनुसंधान-परिकल्पना का निर्माण करते समय इस प्रकार का कथन करते हैं कि यदि ऐसा हो तो यह होगा। उदाहरणार्थ, यदि क्षोभ बढ़ेगा तो आक्रमणकारी प्रवृत्ति बढ़ेगी। इस प्रकार की अनुसंधान-परिकल्पना की परीक्षण के समय शून्य परिकल्पना में बदल लेते हैं।

परिकल्पना के प्रकार

परिकल्पनाओं को विभिन्न प्रकार से वर्गीकृत किया जा सकता है, जिनमें मुख्य वर्ग अथवा प्रकार निम्नलिखित हैं-

मैकगुइगन के अनुसार अनुभवाश्रित परिकल्पनाएं दो प्रकार की होती हैं-

1. **सार्वभौमिक**- इस वर्ग में वे परिकल्पनाएं सम्मिलित की जाती है जिनका अध्ययन किए जाने वाला संबंध सभी चरों

से सभी समय तथा सभी स्थानों पर रहता है, जैसे किसी समस्या-बक्स पर चूहों के एक ओर (यथा, दाहिनी) मुड़ने पर पुरस्कृत किया जाए तो सभी चूहे उसी ओर मुड़ेंगे।

2. **अस्तित्वात्मक**- ऐसी परिकल्पना जो कम से कम एक मामले में चरों के अस्तित्व को उचित घोषित कर सके। पिछले उदाहरण की इस वर्ग की परिकल्पना को इस प्रकार रचित किया जा सकता है कि कम से कम एक चूहा ऐसा है कि यदि उसे एक ओर, (यथा, दाहिनी) मुड़ने पर पुरस्कृत किया जाए तो वह समस्या-बक्स में उस ओर अवश्य मुड़ेगा।

मनोवैज्ञानिक अनुसंधानों में सार्वभौमिक परिकल्पनाओं की अपेक्षा अस्तित्वात्मक परिकल्पनाओं का अधिक उपयोग होता है क्योंकि मनोवैज्ञानिक कई बार यह अनुमान करता है कि किसी प्रपंच का अस्तित्व है। वह ऐसी परिकल्पना द्वारा उसके अस्तित्व की ओर ध्यान देता है लेकिन उसकी आवृति से अधिक संबंधित नहीं होता।

वैज्ञानिक अनुसंधान में परिकल्पना को सिद्ध करना वैज्ञानिक का मुख्य कार्य है। वैज्ञानिक अस्तित्वात्मक परिकल्पना द्वारा अपनी अनुसंधानिक परिकल्पना को सिद्ध करने में अधिक सफल रह सकता है तथा वह किसी प्रपंच या घटना के अस्तित्व को स्थापित करता है। तत्पश्चात वह अध्ययन की जाने वाली घटना सामान्यीकरण करना चाहता है। किसी विशिष्ट घटना का अस्तित्वात्मक परिकल्पना द्वारा अध्ययन अथवा निरीक्षण करना कठिन कार्य है। इसी कारण अति विशिष्ट परिकल्पना से सार्वभौमिक परिकल्पना बनाने में वह कठिनाई अनुभव करता है। वैज्ञानिक का मुख्य कार्य यह स्थापित करना होता है कि किन विशेष दशाओं में कोई घटना अथवा प्रपंच उत्पन्न होता है जिससे वह आवश्यक दशाओं को पाकर सार्वभौमिक परिकल्पनाओं का निर्माण कर सके। अनुसंधानों में सार्वभौमिक कथनों की भी आवश्यकता होती है। सार्वभौमिक कथनों में पूर्वानुमान मूल्य विशिष्ट कथनों की अपेक्षा अधिक होता है। अतएव इस प्रकार के कथन अनुसंधान में अधिक महत्वपूर्ण हैं।

(क) **सकारात्मक कथन**- इसमें परिकल्पना का कथन सकारात्मक रूप में करते हैं। उदाहरणार्थ, (i) वर्ग 'अ' की बुद्धि-लब्धि वर्ग 'ब' से अधिक है, (ii) लड़के-लड़कियों की अपेक्षा अधिक बुद्धिमान होते हैं, (iii) अभ्यास से सीखने में उन्नति होती है, (iv) 16 वर्ष के पश्चात् रुचियों में स्थायित्व आ जाता है, आदि।

(ख) **नकारात्मक कथन**- इस प्रकार की परिकल्पना में कथन नकारात्मक रूप में होता है। उदाहरणार्थ (i) वर्ग 'अ' की बुद्धि-लब्धि वर्ग 'ब' से अधिक नहीं है, (ii) लड़के-लड़कियों से अधिक बुद्धिमान नहीं होते, (iii) अभ्यास से सीखने में उन्नति नहीं होती, (iv) 16 वर्ष के पश्चात् रुचियों में स्थायित्व नहीं आता।

इन दोनों प्रकार की परिकल्पनाओं को निर्देशित परिकल्पना कहते हैं। इनमें एक दोष यह होता है जब अनुसंधानकर्ता एक कथन सकारात्मक अथवा नकारात्मक रूप में कर देता है तो उसमें उनके स्वनिहित हो जाने की संभावना रहती है। पुन: वह उसे प्रमाणित अथवा गलत सिद्ध करने में लग जाता है। इस संभावना के कारण ही इन्हें बहुत अच्छी नहीं मानते।

इन परिकल्पनाओं के बहुत अच्छी न होने का एक अन्य कारण भी है। इनके परीक्षण में सदैव एक-पुच्छ परख का ही प्रयोग करते हैं। एक संभावना पर विचार करते समय हम दूसरी संभावनाओं पर ध्यान नहीं देते। यह भी इसका एक बड़ा दोष है।

(ग) **शून्य परिकल्पना**- इसमें यह मानकर चलते हैं कि दो चर जिनमें संबंध ज्ञात करने जा रहे हैं उनमें कोई अन्तर नहीं है। 'Null' जर्मन भाषा का शब्द है। इसका अर्थ होता है शून्य, अत: इस परिकल्पना को शून्य परिकल्पना भी कहते हैं; उदाहरणार्थ (i) वर्ग 'अ' और वर्ग 'ब' की बुद्धि-लब्धि में कोई अन्तर नहीं है, (ii) एक बड़े समूह के पुरुषों की औसत बुद्धि-लब्धि तथा एक बड़े समूह की स्त्रियों की औसत बुद्धि-लब्धि में सार्थक अन्तर नहीं है, (iii) शहरी तथा ग्रामीण क्षेत्र के माध्यमिक विद्यालयों के अध्यापकों के समायोजन में अन्तर नहीं होता।

इस प्रकार की शून्य परिकल्पना को एक और रूप में कह सकते हैं-स्थान 'अ' के निवासियों की औसत बुद्धि-लब्धि 105 है। इसे भी शून्य परिकल्पना कहते हैं। इसका वर्णन हेज ने किया है। इनका कहना है कि परीक्षण करने में जो निष्कर्ष प्राप्त होता है, उसे हम स्वीकार कर लेते हैं। यह 105 हो सकता है, इससे अधिक या कम भी हो सकता है।

शून्य परिकल्पना को नकारात्मक परिकल्पना इस अर्थ में मानते हैं कि दो चरों में कोई संबंध नहीं है अथवा दो समूहों में किसी चर के आधार पर कोई अन्तर नहीं है। इस परिकल्पना में कोई धनात्मक कथन नहीं करते।

इस प्रकार की परिकल्पना की सबसे पहली विशेषता इसका निर्देश-रहित होना है। परीक्षण में सरलता होती है, अनुसंधानकर्ता को स्वीकार अथवा अस्वीकार करने के लिए बाध्य नहीं होना पड़ता। इसकी दूसरी विशेषता यह है कि इसमें द्वि-पुच्छीय परख का प्रयोग करते हैं अर्थात् दो संभावनाओं पर समान दृष्टि रहती है। इसी कारण इसे अच्छी मानते हैं तथा अधिकांश व्यक्ति इसी का प्रयोग करते हैं।

शून्य परिकल्पना

समय के अनुसार परिकल्पना की स्थिति को निम्नलिखित चार्ट द्वारा स्पष्ट किया जा सकता है-

1. प्राक्कलन	परिकल्पना का निर्माण	सार्थक वस्तुस्थिति	आकड़ों का संग्रह
2. उत्तराक्कलन	सार्थक वस्तुस्थिति	परिकल्पना का निर्माण	आकड़ों का संग्रह
वर्णन या व्याख्या	सार्थक वस्तुस्थिति	आकड़ों का संग्रह	परिकल्पना का निर्माण

स्थिति-1 इस स्थिति में पहले कोई प्राक्कलन करते है, उसके आधार पर परिकल्पनाओं का निर्माण करते हैं, फिर उसके उपरान्त सार्थक वस्तुस्थिति अथवा उस जनसंख्या अथवा स्रोत को ज्ञात करते हैं। अन्त में आंकड़ों का संग्रह पर किसी निष्कर्ष पर पहुंचते हैं। उदाहरण के लिए, बुद्धि और शैक्षिक उपलब्धि में उच्च सहसंबंध होता है। इस प्राक्कलन के पश्चात् परिकल्पनाओं का निर्माण करेंगे। तत्पश्चात सार्थक वस्तुस्थिति को ज्ञात करने के लिए विभिन्न बुद्धि-लब्धि के छात्रों को लेंगे, उन पर परख का प्रयोग करके आंकड़ें एकत्र करेंगे और उसका विश्लेषण कर निष्कर्ष प्राप्त करेंगे। यह निष्कर्ष प्राक्कलन को सिद्ध अथवा असिद्ध करेगा।

स्थिति-2 इसमें ऐतिहासिक घटनाओं का अध्ययन करते हैं। घटना पहले हो चुकी है। वर्तमान आंकड़ों के आधार पर परिकल्पना का निर्माण करते हैं तथा आंकड़े एकत्र कर उन्हें जांचते हैं। उदाहरणार्थ, ताजमहल किसने बनवाया? वर्तमान ऐतिहासिक तथ्यों के आधार पर उसकी व्याख्या कर परिकल्पना की जांच की जा सकती है। जिसे टाइफाइड हो चुका है, उसकी क्या स्थिति होती है, इसके आधार पर किसी व्यक्ति के विषय में यह कह सकते हैं कि उसे टाइफाइड था।

स्थिति-3 यह वर्णनात्मक अनुसंधानों में होती है। जो स्थिति है, उसका अध्ययन करते हैं, उसके आधार पर आंकड़े एकत्र करते हैं, उसकी परीक्षा करते हैं और अन्त में कुछ परिकल्पनाओं का निर्माण करते हैं।

इस प्रकार परिकल्पना अनुसंधान के प्रारंभ, मध्य और अंत, तीनों स्थितियों में बनाई जा सकती है। यह समस्या की प्रकृति और अध्ययन के स्वरूप पर निर्भर होगा कि कब और कैसी बने।

अमूर्तता के आधार पर

गुड और हैट ने परिकल्पना का वर्गीकरण उसकी अमूर्तता के आधार पर किया है जो इस प्रकार है-

1. **अनुभवाश्रित एकरूपता संबंधी परिकल्पनाएं-** ये परिकल्पनाएं बहुधा (सदैव नहीं) सामान्य अनुभव के तर्कवाक्य का वैज्ञानिक परीक्षण प्रस्तुत करती हैं। अतः हम सामान्य अनुभव के क्षेत्र में स्थित किसी समस्या के संबंध में सर्वेक्षण करते हैं। उसके विषय में सामान्य अनुभवजन्य ज्ञान पहले से रहता है। केवल वैज्ञानिक विधि से उसका सर्वेक्षण कर उसकी पुष्टि करते हैं। उदाहरणार्थ, ''मिथिला क्षेत्र के व्यक्ति अपराधी हैं'' ''बिहार सरकार केन्द्रीय सरकार के आदेशों की अवहेलना करती है।'' कुछ व्यक्तियों का कहना यह है कि इस प्रकार की परिकल्पनाओं में उनके परीक्षण का प्रश्न नहीं होता, केवल सर्वेक्षण के द्वारा धारणा की पुष्टि करते हैं। किन्तु सामाजिक विज्ञानों में इस प्रकार की परिकल्पनाएं लेकर भी कार्य किए जाते हैं और उसके निष्कर्ष के आधार पर कथन करते हैं।
2. **जटिल आदर्शयुक्त परिकल्पनाएं-** इस प्रकार की परिकल्पनाएं अनेक मिश्रित विचारों तथा आदर्शों पर आधारित होती है। इसके परीक्षण द्वारा उसकी यथार्थता की जांच करते हैं। उदाहरणार्थ, किसी क्षेत्र-विशेष के निवासियों की सामाजिक आर्थिक तथा व्यक्तित्व संबंधी विशेषताओं का अध्ययन। इसमें उनके संबंध में जो विचार हैं, उन सभी की परीक्षा करते हैं तथा पारस्परिक संबंध भी ज्ञात करते हैं।
3. **विश्लेषणात्मक चर संबंधी परिकल्पनाएं-** इन परिकल्पनाओं का उद्देश्य किसी इकाई में स्थित विभिन्न चरों में सहसंबंध का विश्लेषणात्मक अध्ययन करना होता है। बहुधा प्रयोगात्मक अनुसंधान में इसका अनुसरण करते हैं और किसी इकाई के एक अथवा अनेक चरों में स्थित

संबंध को ज्ञात करते हैं। उदाहरणार्थ, किशोरों की रुचियों और उनकी सामाजिक व आर्थिक स्थिति में सहसंबंध ज्ञात करना हो तो इस प्रकार की परिकल्पना लेंगे। उनमें रुचि, सामाजिक स्थिति, आर्थिक स्थिति आदि चर हैं जिनमें संबंध देखा जा सकता है।

हेज ने केवल दो प्रकार की परिकल्पनाएं बताई हैं-

1. **सरल परिकल्पना**- इसमें सामान्य परिकल्पना लेते हैं और किन्हीं दो चरो में समसंबंध ज्ञात करते हैं।
2. **जटिल परिकल्पना**- इसमें एक से अधिक चर होते हैं तथा उनमें सहसंबंध ज्ञात करने के लिए उच्च सांख्यिकीय प्रविधियों का प्रयोग करते हैं। दोनों के उदाहरण ऊपर दिए जा चुके हैं।

कुछ विद्वानों ने अनुसंधान-परिकल्पना और सांख्यिकीय परिकल्पना के रूप में वर्गीकरण किया है:

1. **अनुसंधान परिकल्पना**- जब परिकल्पना का निर्माण अनुसंधानों द्वारा प्राप्त निष्कर्षों के आधार पर होता है तो उसे अनुसंधान परिकल्पना कहते हैं। इसी को व्यक्तियों ने वैज्ञानिक परिकल्पना, सामान्य परिकल्पना तथा निगमनात्मक परिकल्पना आदि नाम भी दिए हैं।
2. **सांख्यिकीय परिकल्पना**- शून्य परिकल्पना को सांख्यिकीय परिकल्पना भी कहते हैं। इसका वर्णन पिछले पृष्ठों में किया जा चुका है।

परिकल्पना का परीक्षण

परिकल्पना-निर्माण के पश्चात् उसका परीक्षण आवश्यक होता है अन्यथा वह एक अनुमान मात्र रह जाएगी। इसके लिए निम्नलिखित पदों का उपयोग करते हैं।

1. **परिणामों का निगमन**- वास्तव में परीक्षण, परिकल्पना का नहीं करते अपितु उसके परिणामों का करते हैं। अत: सबसे पहले उन परिणामों का निश्चय करते हैं। इनका निश्चय प्रत्यक्ष तथा अप्रत्यक्ष दोनों प्रकार से हो सकता है। उदाहरण के लिए, हमारी एक परिकल्पना है-आकांक्षा-स्तर तथा प्रत्यक्षीकरण में धनात्मक संबंध है तो-
   (1) उच्च आकांक्षा-स्तर वाले बालक दी गई वस्तु का उच्च मूल्यांकन करेंगे।
   (2) निम्न आकांक्षा-स्तर वाले बालक निम्न मूल्यांकन करेंगे।
   (3) उच्च मूल्यांकन करने वालों का आकांक्षा स्तर उच्च होगा।
   (4) निम्न मूल्यांकन करने वालों का आकांक्षा-स्तर निम्न होगा।
2. **परीक्षण का चयन अथवा निर्माण**- परिणामों का निश्चय कर लेने के पश्चात् ऐसी विधि और उपकरण का चुनाव अथवा निर्माण करते हैं जिसके आधार पर प्रयोग अथवा निरीक्षण करके देखा जा सके कि यह बात होती भी है अथवा नहीं। ऊपर के उदाहरण से आकांक्षा-स्तर और प्रत्यक्षीकरण, दोनों के मापन के लिए परीक्षण का चुनाव अथवा निर्माण करना होगा।
3. **न्यादर्श आकार का निश्चय**- तीसरे स्तर पर यह निश्चय करते हैं कि परिकल्पना के निरीक्षण के लिए कितने न्यादर्श की आवश्कयता है जिससे (Type 1 तथा Type 2 error) से बचाव हो सके। इसके साथ ही न्यादर्श के वितरण की भी जांच कर लेते हैं कि वितरण सामान्य है अथवा वक्रीय है।
4. **प्रयोग अथवा निरीक्षण**- इस स्तर पर प्रयोग अथवा निरीक्षण के माध्यम से परिकल्पना की पुष्टि के लिए आंकड़ों का संकलन करते हैं।
5. **शून्य परिकल्पना का निर्माण**- सांख्यिकीय आधार पर परिकल्पना के परीक्षण के लिए पूर्व ली गई अनुसंधान परिकल्पना को शून्य परिकल्पना में परिवर्तित कर लेते हैं।
6. **सांख्यिकीय परीक्षण का चुनाव**- शून्य परिकल्पना के निर्माण के पश्चात् उचित सांख्यिकीय परीक्षण (विधि) का चुनाव किया जाता है। इस बात का निश्चय करते हैं कि ली गई परिकल्पना के परीक्षण के लिए प्रचालन अथवा अप्रचालन विधियों में से कौन-सी विधि उपयुक्त होगी और कौन-सा परीक्षण उपयुक्त रहेगा।
7. **सार्थकता स्तर का निश्चय**- इस स्तर पर यह निश्चय करते हैं कि सार्थकता का स्तर 01, 05 अथवा इससे भी कम होगा।
8. **क्रान्तिक क्षेत्र अथवा अस्वीकृति क्षेत्र का निश्चय**- सार्थकता स्तर के निर्धारण के पश्चात् इस बात का अनुमान लगाते हैं कि निरीक्षणों का वितरण किस रूप में प्राप्त होगा तथा एक-पुच्छीय परीक्षण अथवा दो-पुच्छीय परीक्षण के आधार पर वितरण वक्र के अस्वीकृति क्षेत्र का निश्चय किया जाता है।
9. **निर्णय लेना**- अन्त में सांख्यिकीय परीक्षण के पद 6, 7

और 8 के आधार पर निर्णय लेते हैं कि बनाई गई शून्य परिकल्पना वितरण वक्र के अस्वीकृति क्षेत्र में पड़ती है अथवा स्वीकृति क्षेत्र में। इस प्रकार शून्य परिकल्पना के स्वीकार अथवा अस्वीकार होने के पश्चात अनुसंधान परिकल्पना को स्वीकार अथवा अस्वीकार कर देते हैं।

टी-वितरण (T-Distribution)

इस वितरण की संकल्पना का श्रेय **विलियम सीली गोस्सेट** (William Sealy Gosset) को दिया जाता है। इस वितरण के अनुसार समग्र-माध्य (Universe-Mean) और प्रतिदर्श-माध्य (Sample-Mean) के अन्तर को प्रमाप विचलन से भाग दे दिया जाए तो 't' का मूल्य प्राप्त हो जाता है। ध्यान रहे, प्रमाप विचलन की गणना करते समय बेस्सेल संशोधन का किया जाना आवश्यक है।

सूत्रानुसार

$$t = \frac{\overline{X} - \mu}{S}\sqrt{n}$$

जहां $\overline{X}$ = प्रतिदर्श-माध्य

μ = समग्र का माध्य

n = प्रतिदर्श (Sample) में इकाइयों की संख्या

S = प्रमाप विचलन (समग्र का)

टी-वितरण की विशेषताएं

टी-वितरण की निम्न विशेषताएं हैं—

1. टी-वितरण से निर्मित होने वाला वक्र सममित (Symmetrical) और एक-शिखर (Mono-Peak) वाला होता है।
2. यह आमतौर से प्रसामान्य वक्र (Normal Curve) से मिलता-जुलता है।
3. प्रतिदर्शों का आकार बढ़ने पर यह वितरण लगभग प्रसामान्य रूप ले लेता है।
4. टी-वक्र का स्वरूप विभिन्न स्वातन्त्रयांशों के लिए अलग-अलग होता है जिन्हें t-table में से 5% या 1% सार्थकता-स्तरों पर देखा जा सकता है।
5. 'टी' का परिकलित मूल्य, इसके सारणी मूल्य से अधिक होने पर अन्तर सार्थक माना जाता है और परिकल्पना गलत सिद्ध हो जाती है लेकिन परिकल्पित मूल्य के कम होने पर अन्तर अर्थहीन होता है अर्थात् यह अन्तर निदर्शन-उच्चावचनों (Sampling-Fluctuations) के कारण उत्पन्न हुआ मान लिया जाता है।

अब हम **टी-वितरण** के आधार पर छोटे-प्रतिदर्शों के विभिन्न प्रतिदर्शजों का परिगणन अलग-अलग शीर्षकों के अन्तर्गत करेंगे।

प्रतिदर्श माध्य का सार्थकता-परीक्षण

छोटे आकार के प्रतिदर्श के समान्तर माध्य और समग्र के समान्तर माध्य के अन्तर की सार्थकता की जांच करने के लिए निम्न प्रक्रियाओं से होकर गुजरना पड़ता है—

1. सर्वप्रथम यह परिकल्पना की जाती है कि प्रतिदर्श माध्य और समग्र-माध्य में कोई अन्तर नहीं है।
2. इसके बाद समग्र के प्रमाप विचलन की गणना, बेस्सेल संशोधन के साथ, निम्न सूत्र की सहायता से की जाती है—

$$S = \sqrt{\frac{\Sigma(X - \overline{X})^2}{n-1}}$$

3. इसके बाद 'टी' की गणना निम्न सूत्र के आधार पर की जाती है।

$$t = \frac{\overline{X} - \mu}{S}\sqrt{n}$$

4. इसके बाद स्वातन्त्र्य-कोटियों की संख्या (Number of degrees of freedom) ज्ञात की जाती है। जिसका सूत्र निम्न है—

   d. f. = n – K

   यद्यपि d.f. का मान अधिकतर (n–1) के बराबर होता है।

5. **निर्वचन**—विभिन्न सार्थकता स्तरों पर 't' का परिकल्पित मूल्य इसके सारणी मूल्य से अधिक है तो परिकल्पना असत्य मानी जाएगी और ऐसी स्थिति में प्रतिदर्श-माध्य (Sample-Mean) तथा समग्र माध्य का अन्तर सार्थक समझना चाहिये। इसके विपरीत स्थिति होने पर परिकल्पना सत्य होगी और अन्तर अर्थहीन समझा जायेगा। **ध्यान-रहे, टी-टैस्ट** अधिकतर 5% सार्तकता-स्तर पर ही किया जाता है।

उदाहरण : एक समग्र से लिए गए प्रतिदर्श के 10 बच्चों की ऊंचाइयां क्रमशः 63, 63, 64, 65, 66, 69, 69, 70, 70, 71 हैं। इस परिकल्पना की विवेचना कीजिए कि समग्र की माध्य ऊंचाई 65 है। (d.f. 9 के लिए 't' का 5% वाला मान 2.262 है)

हल : हमें इस बात का पता करना है कि समग्र की माध्य ऊंचाई 65 इंच है अथवा नहीं। अतः हमारी यह परिकल्पना है कि प्रतिदर्श (Sample) माध्य और समग्र-माध्य में कोई अन्तर नहीं है।

माध्य एवं प्रमाप विचलन (S) की गणना

पद (X)	विचलन $(X-\overline{X})$	विचलनों का वर्ग $(X-\overline{X})^2$
63	– 4	16
63	– 4	16
64	– 3	9
65	– 2	4
66	– 1	1
69	+ 2	4
69	+ 2	4
70	+ 3	9
70	+ 3	9
71	+ 4	16
$\Sigma X = 670$	$\Sigma(X-\overline{X}) = 0$	$\Sigma(X-\overline{X})^2 = 88$

$$\text{Mean} = \overline{X} = \frac{\Sigma X}{n} = \frac{670}{10} = 67$$

$$S = \sqrt{\frac{\Sigma(X-\overline{X})^2}{n-1}} = \sqrt{\frac{88}{10-1}}$$

$$= \sqrt{\frac{88}{9}} = \sqrt{9.78} = 3.13$$

$$\because \quad t = \frac{\overline{X}-\mu}{S}\sqrt{n}$$

$$= \frac{67-65}{3.13}\sqrt{10}$$

$$\therefore \quad t = 2.02$$

d.f. = 10–1 [जहां d.f. = degree of freedom]
= 9

चूंकि 5% सार्थकता–स्तर पर d.f. के 9 मान के लिए t का सारणी मूल्य 2.262 दिया हुआ है जबकि 't' का संगणित मूल्य 2.02 है जो कि उससे कम है, अतः अन्तर अर्थहीन है और हमारी परिकल्पना सत्य है। इस आधार पर हम कह सकते हैं कि समग्र की माध्य ऊंचाई 65 इंच ही है।

दो प्रतिदर्श-माध्यों के अन्तर का सार्थकता-परीक्षण (Significance-Test of the Difference Between Two Sample Means)

दो छोटे आकार के प्रतिदर्शों के माध्यों के बीच पाये जाने वाले अन्तर की सार्थकता की जांच करने का हमारा उद्देश्य केवल यह मालूम करना होता है कि क्या इन दोनों प्रतिदर्श माध्यों में अन्तर सार्थक है अथवा अर्थहीन, अर्थात क्या दोनों प्रतिदर्श एक ही मूल-समग्र में से चुन गये है या अलग अलग समग्रों में से। इस परीक्षण के लिए **प्रमाप विचलन** (S) एवं **टी** (t) के परिकलन का सूत्र नीचे दिया जा रहा है—

$$S = \sqrt{\frac{\Sigma d_1^2 + \Sigma d_2^2}{n_1 + n_2 - 2}}$$

$$t = \frac{\overline{X}_1 - \overline{X}_2}{S} \times \sqrt{\frac{n_1 . n_2}{n_1 + n_2}}$$

d.f. = $n_1 + n_2 - 2$

जहां $\overline{X}_1$ = पहले प्रतिदर्श के लिए समान्तर माध्य

$\overline{X}_2$ = दूसरे प्रतिदर्श के लिए समान्तर माध्य

d_1^2 = पहले प्रतिदर्श के लिए समान्तर माध्य से लिए गए विचलनों के वर्गों का योग

d_2^2 = दूसरे प्रतिदर्श के लिए समान्तर माध्य से लिए गए विचलनों के वर्गों का योग

n_1 = पहले प्रतिदर्श (Sample) में इकाइयों की संख्या

n_2 = दूसरे प्रतिदर्श में इकाइयों की संख्या

जेड-टैस्ट (Z-Test)

इसका प्रतिपादन **प्रो. रौनेल्ड फिशर** ने किया था। इसी कारण इसको **फिशर का जेड -परीक्षण** के नाम से भी जाना जाता है। इसका प्रयोग सह-संबंध गुणांक की सार्थकता की जांच करने में किया जाता है। चूंकि इस विधि में r (Co-efficient of Correlation) का Z-प्रतिदर्शन में रूपान्तरण करना पड़ता है। इसलिए इसे प्रायः **फिशर का जेड-टैस्ट** या 'Z–transformation' भी कहा जाता है।

जेड-टैस्ट का प्रयोग

जेड-टैस्ट से सह-संबंध गुणांक से संबंधित सभी प्रश्नों का हल नहीं किया जा सकता। Z-टैस्ट का प्रयोग निम्न दो स्थितियों में ही किया जाना चाहिए—

I. जब यह जांच करनी हो कि r के अवलोकित मूल्य का किसी परिकल्पित मूल्य से अन्तर सार्थक है या नहीं।

II. दूसरा, जब हमें दो प्रतिदर्शों के सह-संबंध गुणांकों जैसे r_1 एवं r_2 के बीच पाये जाने वाले अन्तर की सार्थकता की जांच करनी हो।

यहां ध्यान देने योग्य बात यह है कि r का अवलोकित मूल्य शून्य से सार्थक रूप से भिन्न है या नहीं तो ऐसी स्थिति में

Z-टैस्ट का प्रयोग न करके **टी-टैस्ट** का प्रयोग किया जाना चाहिए।

एफ-टैस्ट (F-test)

इस टैस्ट को प्रतिपादित एवं विकसित करने का श्रेय **प्रो. फिशर** एवं **जार्ज स्नैडेकॉर** (Georg W. Snedecor) को दिया जाता है। एफ-टैस्ट को **प्रसरण अनुपात जांच विधि** के नाम से भी जाना जाता है। इसका प्रयोग तब किया जाता है जब दो प्रसरणों (Variance) अर्थात् विचरण मापांकों के अन्तर की सार्थकता की जांच करनी हो। अन्य शब्दों में, जब इस तथ्य का पता लगाना हो कि समग्र के प्रसरण के दो स्वतंत्र अनुमान सार्थक रूप से भिन्न हैं अर्थात् दोनों प्रतिदर्श एक ही समष्टि-प्रसरण वाले प्रसामान्य समग्र में उद्धृत किये गये हैं या नहीं तो प्रसरण-अनुपात परीक्षण विधि का प्रयोग किया जाता है।

एफ-टैस्ट की मान्यताएं (Assumptions of F-test)

एफ-टैस्ट निम्न मान्यताओं पर आधारित है—

1. जिस समग्र में से प्रतिदर्शों का चयन किया जाना है उसका वितरण प्रसामान्य होना चाहिये।

2. प्रतिदर्श इकाइयों का चयन सरल, यादृच्छिक एवं स्वतंत्रता के आधार पर होना चाहिए।

3. प्रसरण के विभिन्न संघटकों (Components) का योग कुल प्रसरण के बराबर होना चाहिए। अर्थात्

Total variance = Variance between samples + Variance with in samples

4. एफ-टैस्ट की अन्तिम मान्यता यह है कि प्रसरण-अनुपात सदैव 1 से अधिक (>1) होना चाहिए।

एफ-टैस्ट की परिगणन प्रक्रिया (Calculation of F-test)

1. सबसे पहले दोनों प्रतिदर्शों के **प्रसरण** की गणना निम्न सूत्र की सहायता से कर ली जाती है—

$$S_1^2 = \frac{\Sigma(X_1 - \overline{X}_1)^2}{n_1 - 1} \text{ तथा } S_2^2 = \frac{\Sigma(X_2 - \overline{X}_2)^2}{n_2 - 1}$$

जहां S_1 और S_2 क्रमश: दोनों प्रतिदर्शों के प्रसरण हैं।

2. इसके बाद प्रसरण अनुपात (variance ratio) निकाल लिया जाता है। सूत्रानुसार

$$F = \frac{\text{वृहत्तर प्रसरण अनुमान}}{\text{लघु-प्रसरण अनुमान}}$$

नोट—F का मान निकालते समय S_1^2 और S_2^2 में से जो भी मूल्य बड़ा होता है उसे दूसरे मूल्य से विभाजित किया जाता है। जैसे—

$$F = \frac{S_1^2}{S_2^2} \text{ (जब } S_1^2 > S_2^2)$$

या

$$F = \frac{S_2^2}{S_1^2} \text{ (जब } S_2^2 > S_1^2)$$

3. फिर स्वातन्त्र्य-कोटियों की संख्या (degrees of freedom) का पता लगाया जाता है।

4. इसके बाद निर्वचन की दृष्टि से 5% सार्थकता-स्तर पर स्वातन्त्र्य कोटियों के मूल्य एफ-सारणी से देख लिए जाते हैं।

5. अन्त में निष्कर्ष निकाला जाता है। इस दृष्टि से—

यदि $F > F_{0.05}$ तब **प्रसरण-अनुपात** (Variance ratio) **सार्थक** होगा; और दोनों प्रतिदर्श एक ही समग्र में से नहीं लिये हुए माने जायेंगे।

यदि $F > F_{0.05}$ तब **प्रसरण-अनुपात अर्थहीन** होगा; और दोनों प्रतिदर्श एक ही समग्र में से लिये हुए माने जायेंगे।

काई-वर्ग टैस्ट (Chi-Square Test)

काई-वर्ग, जो कि वास्तविक (Observed) एवं प्रत्याशित (expected) आवृत्तियों के अन्तर का एक माप है, का उद्देश्य वास्तव में दो गुणों की **स्वतन्त्रता की जांच** (test of independence) करना है। इसका सर्वप्रथम प्रयोग **प्रो. हेलमर्ट** द्वारा किया गया था। लेकिन विस्तृत विश्लेषण करने का श्रेय **प्रो. कार्ल पियर्सन** को है। काई-वर्ग टैस्ट से इस बात की जानकारी होती है कि किसी समग्र (Universe) विशेष में अवलोकित एवं प्रत्याशित मूल्य का अन्तर क्या हमारी आधारभूत परिकल्पनाओं के गलत होने के कारण है, अथवा यह मात्र किसी संयोग अर्थात् दैव का परिणाम है।

काई-वर्ग टैस्ट की मान्यताएं (Assumptions for Applying χ-test)

x-टैस्ट की मान्यताएं निम्न हैं—

1. काई-वर्ग टैस्ट की यह मान्यता है कि समग्र में से प्रतिदर्शों (Sample) का चयन दैव आधार पर होना चाहिए।

2. प्रत्येक अवलोकन का परिणाम (out come) पिछले परिणाम से स्वतंत्र है।

3. इस टैस्ट का प्रयोग जिन घटनाओं के लिए किया जाता है वे परस्पर अपवर्जी (mutually exclusive) होनी चाहिए।

4. अवलोकनों (observations) की संख्या (N) यथासंभव बड़ी अर्थात् 50 से अधिक होनी चाहिए अन्यथा अवलोकित तथा प्रत्याशित आवृत्तियों के अन्तरों (fo – fe) का बंटन प्रसामान्य नहीं होगा।

5. समंक (data) मौलिक इकाइयों (Units) में व्यक्त किया जाना चाहिए।

काई-वर्ग टैस्ट का उपयोग (Uses of Chi-Square Test)

काई-वर्ग टैस्ट का आधुनिक सांख्यिकीय में प्रमुखता से प्रयोग किया जाता है। निम्न परीक्षणों में इसका प्रयोग प्रमुखता से होता है—

1. इस टैस्ट का प्रयोग सैद्धान्तिक आवृत्ति बंटन और अवलोकित आवृत्ति बंटन में अन्तर का परीक्षण करने में किया जाता है।

2. स्वतन्त्रता की जांच (Test of independence)— इसके अन्तर्गत इस टैस्ट द्वारा दो गुणों के बीच साहचर्य (association) का परीक्षण किया जाता है।

3. सजातीयता की जांच (Test of Homogeneity)— सजातीयता परीक्षण के अन्तर्गत कई-वर्ग टैस्ट इस तथ्य की जांच करता है कि विभिन्न प्रतिदर्श (Sample) एक ही समग्र (Universe) में से लिये गए हैं या नहीं। इसके अतिरिक्त काई-टैस्ट का प्रयोग समग्र मापांक (Population variance) की जांच करने में भी किया जाता है।

काई-वर्ग टैस्ट की विशेषताएं

1. काई-वर्ग टैस्ट एक गैर-प्राचल (Non-Paramateric) परीक्षण है अर्थात् यह टैस्ट आवृत्तियों पर आधारित है जबकि Z तथा *t* टैस्ट प्राचलों (जैसे-माध्य, प्रमाप विचलन आदि) पर आधारित है।

2. काई-वर्ग टैस्ट का प्रयोग निष्कर्ष (inference) निकालने के लिए किया जाता है और इस प्रकार यह परिकल्पना जांच के लिए उपयोगी उपकरण माना जाता है। लेकिन Z तथा *t* टैस्ट की तरह यह अनुमान (estimation) हेतु अधिक उपयोगी नहीं है।

3. काई-वर्ग बंटन यद्यपि निश्चित रूप से एक सतत (Continuous) बंटन है लेकिन यह ऐसे खण्डित दैव चरों, जिनकी आवृत्तियां (समूहन या बिना समूहन) द्वारा सारणीबद्ध की जा सकती हैं, पर भी लागू हो सकता है।

4. जहां क्रान्तिक मान (critical values) स्वातन्त्रयांश (d.f.) के साथ-साथ बदलते रहते हैं वहां काई-वर्ग बंटन, *t* बंटन के ही अनुरूप होता है। degrees of freedom की संख्याओं की प्रत्येक वृद्धि के साथ नया काई-वर्ग बंटन बनाया जाता है।

5. अवलोकित (observed) तथा प्रत्याशित (expected) आवृत्तियों का योग (sum) सदैव शून्य (Zero) होता है। इस गुण के कारण काई-वर्ग के परिगणन में किसी भी गलती का आसानी से पता लगाया जा सकता है।

काई-वर्ग के विशेष गुण (Special Properties of χ^2)

1. काई-वर्ग का संयोगात्मक या संचयात्मक गुण (Additive Property of χ^2)— काई-वर्ग का विशेष गुण यह है कि यदि किसी समग्र से अनेक यादृच्छिक प्रतिदर्श लेकर उनके अलग-अलग काई-वर्ग निकाले जाएं तो ऐसे सभी स्वतंत्र काई-वर्गों के मान जोड़कर पूरे समग्र (Universe) के बारे में अधिक विश्वसनीय निष्कर्ष-निकालना संभव है। इस प्रकार प्राप्त सामूहिक काई-वर्ग और स्वातन्त्र्यांश (degree of freedom) का योग, अलग-अलग काई-वर्गों तथा स्वातन्त्रयांशों के योग के बराबर होगा।

2. काई-वर्ग बंटन का स्वरूप और स्वातन्त्रयांश (χ^2 – Distribution and d.f.)— χ^2 का स्वरूप Number of degree of freedom पर निर्भर करता है अर्थात् प्रत्येक d.f. के मान के लिए एक अलग χ^2 वक्र बनता है। यदि d.f. बहुत कम है तो χ^2 बंटन का वक्र धनात्मक (Positive) लिये होगा। लेकिन जैसे-जैसे d.f. की संख्या बढ़ती जाती है वैसे-वैसे वक्र की असममिति कम होती जाती है।

शोध प्रबंध लेखन

शोध कार्य को लिखित रूप में प्रस्तुतीकरण अथवा प्रकाशन की प्रक्रिया में कार्य की प्रवृत्ति अथवा प्रस्तुतीकरण के उद्देश्य के अनुकूल विभिन्न नामों से जैसे- शोध प्रबंध, शोध निबन्ध तथा विवरण अथवा लेख आदि के नामों से पुकारा जाता है। वर्णन की सीमा में तथा प्रस्तुतीकरण के विस्तार में ऐसी सभी शोध संबंधी रचनाएं एक दूसरे से अत्यन्त भिन्न हो सकती हैं परन्तु फिर भी ऐसी आशा की जाती है कि वे एक सामान्य विधि, शैली और बनावट अपनाए जिनको व्यावसायिक कार्यकर्त्ताओं और संस्थाओं ने निर्धारित किया है, जो शैक्षिक क्षेत्रों में परम्परागत हो चुकी है। आकार संबंधी ऐसी एकरूपता विषयों में अन्तर होने पर भी संबंधित प्रदत्तों के प्रस्तुतीकरण तथा विचारों के प्रभावशाली आदान-प्रदान व प्रसार के लिए आवश्यक है। शोध सामग्रियों के प्रस्तुतीकरण के समान प्रारूप के संबंध में लेखक

ने परामर्श देते समय शोधकर्त्ताओं तथा विद्यार्थियों का ध्यान आकर्षित किया है।

ऐसा करते समय विद्यार्थियों को उस उद्देश्य को ध्यान में रखना चाहिए जिसके लिए वह शोध प्रबंध लिखा जाता है। सामान्यत: शोध प्रबंध दो विधियों में लिखा जाता है। प्रथम विधि में समस्त सामग्री को परीक्षण समिति के सम्मुख प्रस्तुत करना होता है। दूसरी विधि में यदि उसका सारांश प्रस्तुत किया जाए तो सम्पादकीय बोर्ड के सम्मुख प्रकाशन के उद्देश्य से प्रस्तुत करना होता है। लेखक को प्रत्येक विधि में निश्चित श्रोता समूह की व्यक्तिगत वरीयताओं का ध्यान रखना होता है तथा यह भी निर्णय करना होता है कि विवरण अथवा लेख की प्रकृति तथा उसका गठन एवं विस्तार किस प्रकार का हो। प्रत्येक दशा में सूक्ष्म विश्लेषण करने पर लेखक को पाठकों में प्रभावशाली प्रतिक्रिया को उत्पन्न करना होता है, जिससे कि वे अपने लक्ष्य को प्राप्त कर सकें। शोध प्रबन्धों के लिखने से संबंधित उपलब्ध नियमों तथा अधिनियमों का अवलोकन करना आवश्यक होता है।

शोध प्रबंध शोध संबंधी विवरण का एक सुव्यवस्थित रूप है जिसमें किसी समस्या का अनुसंधान अथवा अध्ययन किया जाता है। इसे मुख्यत: तीन सामान्य भागों में रखकर अध्ययन किया जाता है। प्रत्येक भाग की रूपरेखा निम्नलिखित विधि से नियोजित की जा सकती है-

(अ) प्राथमिकताएं

1. मुख पृष्ठ
2. अनुमोदन पत्र (यदि आवश्यक हो)
3. प्रस्तावना अथवा आभार प्रदर्शन
4. पाठ्य सामग्री
5. सारणी सूची
6. प्रकृति अथवा लेखाचित्र अथवा चित्रण की सूची
7. निष्कर्ष अथवा सारांश

(ब) पाठन योग्य प्रमुख भाग

1. भूमिका
2. अध्ययन का मुख्य विवरण (अध्यायों के अनुसार)
   - (क) अध्ययन से संबंधित समुचित साहित्य का पुनरावलोकन
   - (ख) अध्ययन की समस्या तथा विधि
   - (ग) परिणामों का प्रस्तुतीकरण अथवा सामग्री का विश्लेषण (सारणियों लेखाचित्र आदि सहित)
   - (घ) 'विचार विमर्श' व्याख्या तथा आलोचना
   - (ङ) परिणाम और सुझाव अथवा संस्तुतियां
3. सारांश

(स) संदर्भ ग्रन्थ

1. संदर्भ ग्रन्थ सूची
2. परिशिष्ट
3. तालिका अथवा कोष
4. सूचांक

(अ) प्राथमिकताएं: प्रारम्भिक आवश्यकताओं की महत्वपूर्ण भूमिका प्रस्तुत करने के कारण उनकी व्यवस्था करने में विशेष सावधानी रखनी चाहिए। यदि कुछ विशेषज्ञ लक्षणों का विद्यालयों अथवा विश्वविद्यालयों द्वारा निर्धारण कर दिया गया हो तो उनका पालन करना चाहिए।

1. मुख पृष्ठ : यह शोध प्रबंध अथवा शोध निबंध का प्रथम पृष्ठ होता है। इसमें सम्मिलित किया जाता है।

(अ) शोध प्रबंध का शीर्षक, (ब) अभ्यर्थी का नाम, (स) वांछित उपाधि की आवश्यकताओं अथवा निर्धारित पाठ्यक्रम का शोध प्रबंध से संबंध अथवा उनका उद्देश्य (द) विद्यालय तथा/अथवा विभाग जिसमें कि अभ्यर्थी वांछित उपाधि के लिए प्रविष्ट हुआ है। (य) विश्वविद्यालय का नाम जिसमें कि शोध प्रबंध प्रस्तुत करना है और (र) जमा करने अथवा स्वीकृत होने का वर्ष तथा लेखन की शैली तथा व्यवस्था में किस प्रकार विधि का अनुसरण होना चाहिए। इस समस्त लेखों को पृष्ठों के दाहिने तथा बायें पृष्ठों के बीच ठीक केन्द्र में भली-भांति प्रस्तुत करना चाहिए। जहां विषय सामग्री एक पंक्ति में हो, वहां शब्दों को पंक्तियों में इस प्रकार विभक्त कर लेना चाहिए। प्रत्येक नीचे वाली पंक्ति क्रमानुसार ऊपर वाली की तुलना में कुछ छोटी होती चले तथा ऐसा आकार दिखाई पड़े जैसे कि उल्टे हुए शंकु (पिरामिड) इस प्रकार की शैली का अनुसरण सारणियों के शीर्षकों यदि वे बड़े हो, के लिए करना चाहिए।

शीर्षक समुचित, शुद्ध, लघु तथा स्पष्ट होने चाहिए और बड़े अक्षरों में छपे हुए अथवा टाइप किए हुए होने चाहिए। शीर्षक में शोध की समस्या का मुख्य विचार व्यक्त होना चाहिए और यदि संभव हो तो शोध कार्य की विधि अथवा रीति का संकेत भी होना चाहिए।

उदाहरणार्थ : भारतीय शिक्षा का एक ऐतिहासिक अध्ययन नवीं कक्षा के लिये निर्धारित अंग्रेजी की पाठ्य पुस्तकों का वर्णनात्मक विश्लेषण।

–सुझाव के कुछ तत्वों का प्रयोगात्मक अध्ययन।

अध्ययन के लिए शीर्षक में इतनी सामग्री का समावेश नहीं होना चाहिए जितना कि वास्तव में उसमें प्रदान की जाती है। उदाहरणार्थ– यदि कुछ विशिष्ट शैक्षिक विषयों पर कुछ विशेष विद्यार्थियों के मतों में अध्ययन किया जाता है तो शीर्षक को ऐसे नहीं लिखा जाना चाहिए कि ''विद्यार्थियों के मत'' तथा दिल्ली के विद्यार्थियों के मत। इससे कहीं अधिक उचित शीर्षक होगा, शिक्षा क्षेत्र में प्रचलित विवादपूर्ण विषयों पर दिल्ली विश्वविद्यालय स्तर के विद्यार्थियों के मत। उस दशा में अब प्रबंध को दो या उससे अधिक भागों में विभक्त किया जाए तो आधा शीर्षक या मुख्यपृष्ठ प्रथम अध्याय के आरंभ होने से पहले ही रख दिया जाए। उसे बड़े अक्षरों में पृष्ठ के मध्य में लिखा जाना चाहिए जिसे गिनती में तो ले लेना चहिए परन्तु उस पर कोई संख्या सूचक क्रम नहीं डालना चाहिए।

2. **अनुमोदन पत्र :** कुछ विद्यालयों अथवा विश्वविद्यालयों में अनुमोदन पत्र लगवाने की प्रथा है, जिस पर निर्देशन प्राध्यापक अथवा परामर्शदात्री समिति अथवा स्नातक शिक्षा विद्यालय के विभागाध्यक्ष अपने हस्ताक्षर कर सकें। उस दिशा में उपरोक्त अनुमोदन पत्र को सम्मिलित कर देना चाहिए यदि उसका उल्लेख विशेष इसमें वर्णित किया गया है तथा संबंधित संस्था द्वारा उसकी आकृति निर्धारित कर दी गई है।

3. **प्राक्कथन अथवा आभार-प्रदर्शन :** शोध प्रबंध के प्रस्तुतीकरण के संबंध में उसके उद्देश्य अथवा स्रोत और अध्ययन की उपयोगिता का सूक्ष्म विवरण होता है। इसमें उन व्यक्तियों के प्रति आभार प्रदर्शन तथा स्रोतों का समावेश होता है जो शोधकर्त्ता के लिए सहायक हुए हैं। यदि इस पृष्ठ पर शोधकर्त्ता दूसरों के प्रति आभार प्रदर्शन के प्रति अपने अध्ययन के विषय में कुछ भी नहीं लिखना चाहता तो शीर्षक ''आभार प्रदर्शन'' प्रयोग करना ही वांछनीय होगा। इस प्रकार का आभार प्रदर्शन सरल सीमित, ही बांछनीय होगा। इस प्रकार का आभार प्रदर्शन सरल तथा सीमित, चाटुकारितारहित और पारिवारिक सदस्यों अथवा लिपिकों को बेतुकी सहायता की मान्यता का सूचक नहीं होना चाहिए जिसमें शोध कार्य के संबंध में अथवा उसके गठन का समावेश हो क्योंकि ये समस्त तत्व भूमिका में दिए जा सकते हैं। 'प्रस्तावना' अथवा 'आभार प्रदर्शन' बड़े अक्षरों में मुद्रण होना चाहिए। शोधकर्त्ता को यदि वह चाहे अपने हस्ताक्षर दो स्थानों को छोड़कर पृष्ठ के दाहिनी ओर करने चाहिए तथा तिथि बांयी ओर लिखनी चाहिए। प्रकाशन के उद्देश्य से लिखित आकृति में यदि विशेषज्ञ द्वारा 'प्राक्कथन' वांछनीय हो तो उसे सम्मिलित किया जाय लेखक का ऐसा मत है।

4. **विषय सारणी :** इस भाग में सब मुख्य अध्यायों के शीर्षकों तथा आवश्यक उप शीर्षकों की सूची होती है जिसमें प्रत्येक में उसी के सम्मुख समुचित पृष्ठ संख्या दी जाती है। प्रारंभिक आवश्यकताओं जैसे- प्रस्तावना अथवा आभार प्रदर्शन, सारणी सूची, आकृति सूची, सारांश सूची अथवा निष्कर्ष उनके पृष्ठ क्रमानुसार रोमन संख्या में दिए जाते हैं। मुख्य तथा उप शीर्षकों के मध्य संबंधों का दिग्दर्शन सामान्यत: मुख्य अध्ययन की क्रम संख्याओं को बड़े अक्षरों में लिखकर किया जाता है तथा शीर्षकों, उप-शीर्षकों को लघु अक्षरों में इस प्रकार अंकित किया जाता है कि प्रथम अक्षर बड़ा हो।

   विषय-वस्तु न तो विस्तृत हो और न ही लघु हो, वस्तु की तालिका का मुख्य उद्देश्य शोध प्रबंध की विषय सामग्री की रूपरेखा प्रदान करनी चहिए। उप शीर्षकों के शब्दों का प्रस्तुतीकरण एक पश्चात् दूसरी पंक्ति में क्रमानुसार होना चाहिए। वांछनीय यह है कि अध्याय के शीर्षकों तथा उपशीर्षकों के मध्य केवल एक स्थान का अन्तर होना चाहिए। बड़े अक्षरों में लिखे हुए शीर्षकों की संबंधित 'विषय वस्तु' पृष्ठ का केन्द्रीय शीर्षक होना चाहिए तथा बड़े शब्दों में अध्याय एवं पृष्ठ क्रमश: अध्यायों की संख्या बांयी ओर तथा पृष्ठ संख्या दाहिनी ओर अंकित होनी चाहिए।

5. **तालिका या सारणी सूची :** पाठ सूची के पश्चात् पृथक् पृष्ठ पर तालिका सूची अंकित की जाती है। इस सारणी सूची में सभी सारणियों के शीर्षक अथवा सारांश होते हैं जोकि शोध प्रबंध में सम्मिलित किए गए हैं, जिनके साथ पृष्ठ संख्या भी दी जाती है जिससे कि उनका ठीक पता लग सके। प्रत्येक सारणी के बड़े अक्षरों में रोमन लिपि की संख्या तथा उसके सम्मुख पृष्ठ संख्या दी जाती है। ठीक ठीक शीर्षक अथवा उसका सार और उनके अनुकूल पृष्ठ संख्या को जोकि शोध प्रबंध में प्रयोग की गई है, दिया जाता है।

'तालिका सूची' में बड़े अक्षरों में लिखा हुआ शीर्षक प्रत्येक पृष्ठ के ऊपरी भाग में अंकित होना चाहिए तथा शब्द 'सारणी' के अनुसार प्रत्येक पृष्ठ के बांयी ओर तथा 'पृष्ठ संख्या' दाहिनी ओर अंकित होनी चाहिए।

6. **आकृति तथा चित्रण सूची :** यदि शोध प्रबंध में किसी प्रकार के मानचित्र, लेखाचित्र अथवा अन्य प्रकार के चित्रणों का प्रयोग हुआ हो, चित्रों की सूची तथा सारणी सूची के रूप में भी उसी प्रकार प्रथम पृष्ठ पर बनाई जाती है। केवल अरबी संख्याओं का प्रयोग अवश्य होता है। यदि अन्यों के साथ एक ही प्रकार के चित्रण किए गए हों तो उन सब चित्रणों की पृथक सूची बनाकर उन्हें विशेष रूप से अंकित कर देना चाहिए। एक रूप बड़े अक्षरों में लिखे हुए शीर्षक 'आकृति सूची' के अन्तर्गत इन सभी चित्रणों की सूची बनाई जानी चाहिए। दांयी और बांयी ओर बड़े शब्दों में चित्र तथा पृष्ठ से ये निश्चित हो जाए कि उनका निर्धारण किस प्रकार किया गया है।

7. **निष्कर्ष अथवा सारांश :** अनेक विद्यालय तथा विश्वविद्यालय ये चाहते हैं कि उन्हें शोध प्रबंध के साथ-साथ समस्त शोध अध्ययन का सारांश भी दिया जाए। जब तक कि उसे सजिल्द शोध प्रबंध से प्रेषक न मांगा जाए इसे प्रारंभिक अनुसूचियों के अन्तिम भाग में पाठकों तथा निरीक्षकों की सुविधा के लिए सम्मिलित कर देना चाहिए। कई विश्वविद्यालय यह अधिक अच्छा समझते हैं कि इसे मुख्य पृष्ठ से भी पहले सम्मिलित कर दिया जाए जिससे कि अध्ययन की प्रवृत्ति का एक ही दृष्टि से ज्ञान हो जाएं वास्तविक शोध-प्रबंध के प्रस्तुतीकरण से पूर्व ही कुछ विश्वविद्यालय तो ये चाहते हैं कि उन्हें उसका एक सारांश अथवा निष्कर्ष अलग से प्रेषित कर दिया जाए।

थोड़े से पृष्ठों अथवा निश्चित शब्दों में निष्कर्ष, सामान्यीकरण तथा सुझावों के साथ-साथ अध्ययन का लक्ष्य, क्षेत्र तथा विधि की रूपरेखा निर्मित करना ही सार का मुख्य उद्देश्य है। विभिन्न संस्थाओं के निश्चित शब्दों की संख्या भिन्न-भिन्न होती है तथा शोध अध्ययन की प्रकृति के अनुकूल अथवा उस उपाधि के अनुरूप होती है जिसके लिए वह प्रस्तुत की जाती है।

(ब) शोध प्रबंध का पाठन योग्य प्रमुख भाग

शोध प्रबन्ध के पठनीय भाग को शोध विवरण के गठन का सबसे अधिक महत्वपूर्ण भाग कह सकते हैं। जिनकी विशेषता के आधार पर शोध का मुख्यत: निर्णय किया जाता है। अधिकांश दशाओं में यह तार्किक होगा कि उसके तीन अनुभाग कर दिए जाएं। (1) भूमिका अध्याय, (2) अध्ययन का मुख्य विवरण (जिसमें क्रमश: अनेक अध्याय सम्मिलित है), और (3) सारांश अध्याय।

किसी भी शोध प्रबंध अथवा निबन्ध में प्रत्येक अनुभाग अथवा उप अनुभाग में किसी भी सत्र के प्रश्नों में क्षेत्रीय विवरण लेख में एक अध्याय सम्मिलित होता है। भागों में ऐसे अनुभाग सम्मिलित होते हैं जिनकी भली भांति केन्द्रीय शीर्षकों द्वारा स्थापित किया जाता है।

अपने समस्त शोध प्रबंध में आवश्यक बिन्दुओं के संबंध में विचार विमर्श करते समय तथा उन्हें अपने कार्य तथा विषय के अनुरूप तार्किक क्रम से लिखते समय शोध कर्त्ता को निरन्तर अपनी निर्णय शक्ति प्रयोग करनी पड़ती है।

(1) भूमिका : शोध प्रबंध के मूल पाठ में यही प्रथम महत्वपूर्ण अध्याय होता है जो समस्त अध्ययन संबंधी विवरण को प्रस्तुत करता है। इस अध्याय का मुख्य ध्येय अध्ययन को आवश्यकता तथा क्षेत्र, अपनाई गई विधियां तथा प्रक्रियाएं, मान्यताएं और परिकल्पनाएं व शोध संबंधी प्रतिबंध आदि होते हैं। वास्तव में इस अध्याय में निम्नलिखित प्रवृत्ति के तत्वों का तार्किक विधि से विचार विमर्श किया जाता है-

(क) सामान्य रूप से समस्या का वर्णन।
(ख) अध्ययन की ऐतिहासिक पृष्ठभूमि सहित आवश्यकता अथवा महत्व।
(ग) अध्ययन के उद्देश्य।
(घ) मौलिक मान्यताएं तथा सन्दर्भ मीमांसात्मक रूपरेखा।
(ङ) परिकल्पनाएं
(च) अध्ययन की विधि।
(छ) प्रयोग किए हुए विचारों अथवा शब्दों की परिभाषा।
(ज) शोध प्रबंधों का गठन।

(2) मुख्य विवरण : अध्ययन की हुई समस्याओं से प्रत्यक्ष रूप से संबंधित इस भाग में अनेकों अध्याय सम्मिलित होते हैं विभिन्न शोध प्रबंधों अथवा शोध निबंधों के एक या उससे अधिक विभिन्न समस्यापूर्ण क्षेत्रों के विवरण संबंधी अध्यायों की रूपरेखा का निर्माण करना संभव नहीं है। प्रत्येक शोध प्रबंध संबंधी विवरण अद्वितीय होता है परन्तु उसे निम्नलिखित सामान्य तार्किक प्रारूप से विचलित नहीं होना चाहिए।

क. अध्ययन से संबंधित उपयुक्त साहित्य का पुनरावलोकन: अनेक अध्ययनों में यह अध्याय आवश्यक होता है क्योंकि

इसमें इस तथ्य के संकेत मिलते हैं कि दूसरों के द्वारा अब तक पहले ही कितना अध्ययन किया जा चुका है जोकि शोधकर्त्ता की समस्या पर आधारित होता है परन्तु इसमें ध्यान रखना चाहिए कि केवल उपयुक्त साहित्य ही सम्मिलित किया जाए न कि प्रत्येक विषय संबंधी सभी पक्षों का, इसमें संक्षिप्त अथवा आलोचनात्मक समीक्षा प्राप्त होती है तथा संबंधित अध्ययनों का मूल्यांकन मिलता है एवं यह भी आभास हो जाता है कि वर्तमान अध्ययन और अधिक योगदान अथवा प्राप्त ज्ञान में निर्धारित अध्ययन किए हुए क्षेत्रों में किस प्रकार वृद्धि करता है। इसमें शोध कार्यों के विवरण भी सम्मिलित होते हैं जिनमें इसी प्रकार की विचारधाराओं, मंत्रों तथा प्रविधियों का सफलता से प्रयोंग किया गया है। शोध कर्त्ता अपने शोध कार्य में प्रयोग करता है। ये सब विचार विमर्श शोध-कार्य के लिए पृष्ठभूमि तैयार करते हैं। शोध कार्य के लिए आवश्यक ज्ञान जिससे कि शोधकर्त्ता को परिचित होना चाहिए, इसका परीक्षण भी करते हैं।

यदि शोध-कार्य से संबंधित किसी प्रकार का उपयुक्त व संबंधित अध्ययन न किया गया है अथवा यदि इस प्रकार की समीक्षा को किसी अन्य समुचित अध्याय के अन्तर्गत संक्षेप में वर्णित किया हो अथवा यदि अध्ययन की प्रकृति उसकी अनुमति नहीं देती तो इस अध्याय को शोध प्रबंध से लुप्त किया जा सकता है। अन्य किसी भी दशा में इस अध्याय से बचा नहीं जा सकता है।

ख. समस्या तथा कार्य प्रणाली : इस अध्याय को पृथक्-पृथक् अध्यायों में क्रमश: समस्या तथा कार्य प्रणाली से संबंधित अध्यायों में विभक्त किया जा सकता है, परन्तु शोधकार्य, कार्य की 'समस्या' के अध्याय के अधिक स्थान घेरने की संभावना नहीं होती है। इसलिए इसे बहुधा कार्य प्रणाली के साथ एक ही अध्याय का नाम दे दिया जाता है। ऐसी दिशा में विवेचन दो भागों में अथवा अनुभागों में होना चाहिए। प्रथम भाग में निश्चित शब्दों में समस्या की प्रवृत्ति तथा शोध से संबंधित प्रत्येक पहलू जिसका अध्ययन किया जाना चाहिए है।

इस अध्याय के दूसरे भाग में मुख्यत: शोध कार्य के लिए प्रयोग की गई विधियों तथा प्रविधियां तथा प्रदत्तों के संकलन करने के लिए प्रयुक्त यंत्रों अथवा प्रविधियों के संबंध में व्यवस्था का समावेश होता है। अध्ययन के संपूर्ण कार्यक्रम के विवेचन में निम्नलिखित विवरण सम्मिलित होना चाहिए-

- न्यादर्श का चयन
- प्रयोगात्मक अभिकल्प, यदि कोई हो तो प्रयोग की हुई प्रक्रियाएं जिनमें निर्देशित तथा साधनों, प्रविधियों जैसे कि-परीक्षण, प्रश्नावली, साक्षात्कार, मानदण्ड और अन्य शोध प्रविधियां सम्मिलित है।
- प्रदत्तों के स्रोत।
- प्रदत्तों के अंकन करने की विधि।
- सांख्यिकीय विधियों जो प्रयोग में लाई गई हों, आदि।

ग. परिणामों का प्रस्तुतीकरण अथवा प्रदत्तों का विश्लेषण: पहले अध्याय में वर्णित विधियों द्वारा एकत्रित किए गए प्रदत्तों पर आधारित सभी परिणामों तथा पर्यवेक्षण का इस अध्याय में विवरण होता है। इस अध्याय में उपयुक्त स्थानों पर आकृति सारणियां तथा रेखाचित्र होंगे। इस अध्ययन की उपयोगिताओं के विवेचन के सिवाय सभी प्रदत्तों का विश्लेषण इस अध्ययन में किया जाता है।

घ. अर्थापन तथा व्याख्या : इस अध्याय में अध्ययन की उपयोगिताओं का विवेचन किया जाता है। परिणामों की विश्वसनीय पर्यवेक्षण अथवा निष्कर्ष की वैधता तथा व्यावहारिक उपयोगिता का भी इसमें वर्णन किया जाता है। सुविधा हेतु कुछ शोध प्रबंधों में अध्याय का इससे पूर्व आने वाले अध्याय से ही सम्बद्ध कर दिया जाता है और कभी-कभी आगे आने वाले परिणामों तथा सुझावों से संबंधित अध्याय भी इस अनुभाग का तर्कसंगत भाग बन जाते हैं।

ङ· परिणाम तथा सुझाव : यदि अध्ययन में संस्तुतियों तथा परिणामों के लिए पृथक् अध्याय उपयुक्त हो, तो उसे बोध प्रबंध पाठन योग्य प्रमुख भाग के अंतिम अध्याय के रूप में रखना आवश्यक है। उनका संक्षेप में उल्लेख होना चाहिए तथा उसकी क्रमसंख्या अंकित कर देनी चाहिए। वे अध्ययन के अनुसन्धानित परिणामों के अनुकूल तथा उपयुक्त होने चाहिए।

यदि अध्ययन में सुधार के लिए किसी प्रकार के सुझावों का उल्लेख किया हो तो वह भी समस्या से संबंधित होने चाहिए। इनमें शोध विहीन क्षेत्रों का विवरण देना चाहिए, जिसमें प्रस्तावित सुधार उपयोगी हो सकते हैं। संबंधित समस्याओं का संकेत वांछनीय है और आगामी शोध के लिए महत्वपूर्ण क्षेत्रों का सुझाव देना ही वांछनीय है। यदि

आवश्यक हो तो इस अध्याय में कार्यान्वित करने के लिए एक विस्तृत योजना अथवा कार्यक्रम अथवा कार्यक्रम की संस्तुति की जा सकती है।

3. **सारांश:** समस्त शोध प्रबंध का यह अंतिम भाग होता है जिनमें अध्ययन को अध्यायों के अनुसार संक्षेप में प्रस्तुत किया जाता है। यही भाग सबसे अधिक प्रयोग में आता है, वे पाठक जो शोध विवरणों का सूचनार्थ अवलोकन करते हैं केवल इसी भाग का आश्रय लेते हैं। इसका उद्देश्य प्रत्येक अध्याय के प्रमुख तत्वों का तर्कसंगत संबंध सहित प्रकाश में लाना होता है। परीक्षक अथवा पाठक को इस सारांश में भूमिका से लेकर परिणामों तक अध्ययन की जानकारी होनी चाहिए। यहां पर शोध कार्य की समस्या तथा प्रक्रिया का उल्लंघन करने के पश्चात् मुख्य परिणाम तथा परिणामों से अध्यायों को 'सारांश' संबंधी अध्याय में दिया जा सकता है। कुछ दशाओं में एक ही बात को बार-बार दोहराने के विवेचन की अस्पष्टता से बचने के लिए ऐसा करना उचित हो सकता है।

किसी शोध प्रबंध का गठन सामान्यत: पांच भागों में किया जा सकता है। इस प्रणाली में परिवर्तित समस्या की रूपरेखा क्षेत्र की प्रकृति के अधीन रहती है। विद्यार्थियों को अपनी व्यक्तिगत समस्याओं के समाधान के लिए अपनी निजी निर्णय शक्ति का प्रयोग करना चाहिए। प्रत्येक भाग में एक या उससे अधिक अध्यायों का समावेश हो सकता है। ये भाग निम्नलिखित हैं-

स. संदर्भ ग्रंथ

(1) सन्दर्भ ग्रन्थ सूची : ग्रन्थ सूची में ये सब सन्दर्भ कृतियां आ जानी चाहिए जिनका कि शोध विवरण में उल्लेख किया गया है, इसके अतिरिक्त अन्य सामग्रियों अथवा प्रसंगों के महत्वपूर्ण स्रोतों का संकेत हो जाना चाहिए। यदि सूची अत्यधिक बड़ी हो तो ग्रन्थ सूची को निम्नलिखित भागों में विभक्त कर देना चाहिए।

- पुस्तकें (एक या उससे अधिक लेखकों द्वारा लिखित)
- ग्रन्थ तथा विशिष्ट चित्र (क्रमानुसार)
- हस्तलिपि तथा विवरण
- सामयिक पत्रिकाएं
- निबन्ध तथा लेख,
- अप्रकाशित सामग्री (शोध प्रबंध अथवा साइक्लोस्टाइल की गई सामग्री)
- समाचार-पत्र (साप्ताहिक अथवा दैनिक),

यदि केवल चयन की हुई सामग्री उल्लेख हो, तो विशिष्ट विश्लेषण का भी साथ ही 'चयन' करके इसको ग्रन्थ सूची में सम्मिलित कर देना चाहिए। दोनों शब्दों का पृष्ठ पर बड़े अक्षरों तथा केन्द्र में लिख देना चाहिए। सामान्यत: चयन की हुई ग्रन्थ सूची विस्तृत, लंबी सूची में अच्छी होती है, जोकि अपेक्षाकृत कम सुविधाजनक तथा उपयोगी होती है। ग्रन्थ सूची की प्रविष्टि जोकि, टिप्पणी के रूप में पृष्ठ के अंत में ही दी जाती है, ग्रन्थ सूची को और भी अधिक सहायक बना देती है। वर्णमाला क्रमानुसार ही नामों का उल्लेख किया जाता है। लेखक के नाम के अंतिम भाग को पहले देखा जाता है। प्रत्येक ग्रंथ सूची की प्रविष्टि पृष्ठ से बांयी ओर आरंभ की जाती है और केवल एक स्थान को छोड़कर तत्पश्चात् प्रविधि की जाती है। एक के बाद दूसरी में पांच स्थानों का अन्तर रहता है। ग्रन्थ सूची की अन्तिम प्रविष्टि से टिप्पणी का अन्तर दो स्थानों का होना चाहिए। यदि टिप्पणी में कोई कथन सम्मिलित है, तो उसका अन्तर केवल एक स्थान पर ही पर्याप्त है।

(2) परिशिष्ट : परिशिष्ट में शोध प्रबन्ध के पाठन योग्य प्रमुख भाग को संलग्न किया जा सकता है, यदि किसी प्रकार की सामग्री तर्कसंगत विधि से सम्मिलित नहीं की जा सकती। न्यूनतम महत्व की सामग्री भी जैसे-प्रपत्र, सूची, प्रश्नावली पत्र, स्मृति पत्र, साक्षात्कार संबंधी पत्र, विस्तृत सारणी अथवा मानचित्र, दीर्घ प्रश्न, एक्ट तथा प्रपत्र आदि परिशिष्टों में रखी जाती है। उन्हें उपंयुक्त क्रम में बड़े अक्षरों में रोमन लिपि में लिखा जाना चाहिए, अरबी लिपि से पाठकों की क्रम संख्या व्यवस्थित की जाती है।

(3) सूचांक : शब्दकोष अथवा विषय सूची यदि आवश्यक हो, तो उनकी सावधानीपूर्वक वर्णमाला क्रम के अनुसार तैयार की जानी चाहिए। साधारणत: शोध निबन्धों की तुलना में शब्दावली को आवश्यकतानुसार शोध संबंधी प्रकाशनों तथा पाठ्य-पुस्तकों में दी जाती है।

शोध प्रबन्ध लिखने का प्रारूप

शोध प्रबन्ध को सृजनात्मक रूप में लिखना चाहिए जिससे विचारों की अभिव्यक्ति स्पष्ट तथा सरल हो। शोध लेखन में शोधकर्त्ता के व्यक्तिगत विचारों का क्षेत्र बहुत ही कम होता है, अत: शोध लेखन में निम्नांकित बातों को ध्यान में रखना चाहिए-

1. शोध प्रबंध के लेखन में आदि अंत की सभी क्रियाओं को एक प्रवाह के रूप में प्रस्तुत करना चाहिए। शोध के

निष्कर्षों की आलोचना तथा पुष्टि भी की जानी चाहिए।

2. शोध प्रबंध को साधारणतः भूतकाल में लिखा जाता है, किन्ही परिस्थितियों में वर्तमान काल में लिखते हैं।
3. शोध प्रबंध अन्य पुरुष (शोधकर्त्ता) में लिखा जाता है। परन्तु आभार प्रदर्शन को प्रथम पुरुष में लिखना चाहिए।
4. शोध प्रबंध की भाषा तथा प्रस्तुतीकरण का प्रारूप वैज्ञानिक होना चाहिए।
5. शोध प्रबन्ध के मुख्य अंग में किसी विद्वान का नाम देते समय डॉ. श्री, श्रीमती का प्रयोग नहीं किया जाता है। आभार प्रदर्शन में इस प्रकार के शब्दों का प्रयोग करना चाहिए।
6. शोध-प्रबंध का टंकन "11 x9" के आकार के सनलिट बर्णेड कागज पर किया जाता है। संपूर्ण टंकन एक ही मशीन पर किया जाना चाहिए।
7. शोध प्रबंध लेखन के समय तथा टंकन में लेखन तकनीकी का प्रयोग समुचित ढंग से करना चाहिए।
8. शोध प्रबंध के लेखन में शीघ्रता नहीं करनी चाहिए। क्योंकि इसको कई बार संशोधन करने की आवश्यकता होती है।

शोध प्रबन्ध लेखन की प्रविधि

शोध प्रबंध की धारा प्रवाह गति स्थिर रखने के लिए सामग्रियों की व्यवस्था तथा अभिव्यक्ति की शैली तथा रूप की ओर ध्यान देना आवश्यक है तथा प्रवाह का कोई भी सरलतापूर्वक अनुसरण कर सकता है। यदि शोध प्रबंध एक साधारण गतिमान मार्ग के आश्रय से निर्मित किया गया हो। इस उद्देश्य से विभिन्न साधनों द्वारा शोध प्रबंध की रूप रेखा को निर्मित करने के लिए ऐसा विस्तृत आदेश निर्धारित किया गया है। शोध विवरण के प्रत्येक लेखक से यह आशा की जाती है कि वह सतर्कतापूर्वक तथा यन्त्रवत इन विवरणों अथवा लेखन की तकनीकी का अनुसरण करे यदि उसे अपनी रचना को प्रभावशाली तथा उपदेशात्मक बनाना है। ऐसी तकनीकी का पर्यवेक्षण मुख्यतः निम्नलिखित निर्णयों पर केन्द्रित है, जिनका ध्यान रखना वांछनीय है।

1. उद्धरित सामग्री
2. संदर्भ पद टिप्पणी
3. संदर्भ ग्रन्थ सूची
4. शीर्षक तथा उपशीर्षक
5. वस्तुओं का संख्या संबंधी बोध
6. सारणियों का आयोजन
7. आकृतियों तथा चित्रणों का प्रस्तुतीकरण
8. हस्त-लिपि का टंकन
9. अशुद्धि निवारण
10. पृष्ठांकन
11. विविधताएं

इनमें ये प्रत्येक निर्णयों के संबंध में उल्लेखनीय विवरणों की व्याख्या शोध प्रबंध लेखन के लिए वांछनीय है।

बहुविकल्पीय प्रश्न

1. निम्नलिखित में से कौन-सा अनुसंधान लचीला नहीं होता?

(*a*) अन्वेषणात्मक अनुसंधान
(*b*) वर्णनात्मक अनुसंधान
(*c*) प्रयोगात्मक अनुसंधान
(*d*) उपर्युक्त में से कोई नहीं।

2. किसी अनुसंधान में अनुसंधानकर्त्ता को :

(*a*) किसी बात को आंख मूंद करके नहीं आजमाना चाहिए बल्कि तब तक प्रतीक्षा करनी चाहिए जब तक उसके मन में अचानक कोई बात स्फुरित न हो
(*b*) कतिपय विशिष्ट उप क्षेत्रों में न्यून-से-न्यून के बारे में अधिक जानकारी होनी चाहिए
(*c*) उस क्षेत्र की हर बात की जानकारी होनी चाहिए और उसे बारीकियों, यदि कोई हों, को जानने की चिन्ता नहीं करनी चाहिए
(*d*) उपर्युक्त में से कोई नहीं।

3. परिवार के आकार तथा उसकी आय वर्ग के संबंध का अध्ययन करने के लिए एक जनसंख्या अपनी जनसंख्या को विभिन्न आय वर्ग में बांटता है। और फिर हर वर्ग से एक यादृच्छिक नमूना लेता है। यह नमूना चयन की कौन-सी विधि है?

(a) यादृच्छिक नमूना चयन
(b) स्तरीकृत नमूना चयन
(c) समूह नमूना
(d) सुव्यवस्थित नमूना।

4. वर्णनात्मक अनुसंधान में सर्वप्रथम क्या किया जाता है?
(a) उद्देश्यों का स्पष्टीकरण
(b) नियमों का निर्माण
(c) (a) व (b) दोनों
(d) उपर्युक्त में से कोई नहीं।

5. ऐतिहासिक पद्धति में अभाव पाया जाता है?
(a) रुचि का
(b) धार्मिकता का
(c) घटनाओं का
(d) तटस्थता का।

6. निम्न में से क्या एक प्राक्कल्पना के लिए आवश्यक नहीं है?
(a) यह तथ्यों पर आधारित होनी चाहिए
(b) यह निष्कर्ष निकालने की अनुमति दे
(c) यह प्रकृति के ज्ञान का विरोधी हो
(d) यह कल्पनीय होनी चाहिए।

7. जो प्रश्न संभावित उत्तरों से संयोजित करके लिखे जाते हैं, उन्हें कहते हैं :
(a) बहुवैकल्पिक प्रश्न (b) दोहरे प्रश्न
(c) निर्देशक प्रश्न (d) विमुक्त प्रश्न।

8. जिस अवलोकन में अनुसंधानकर्त्ता समूह का सदस्य नहीं होता है वह अवलोकन कहलाता है :
(a) सहभागी अवलोकन
(b) अनियंत्रित अवलोकन
(c) नियंत्रित अवलोकन
(d) असहभागी अवलोकन।

9. वैयक्तिक अध्ययन पद्धति की विशेषता है :
(a) सूक्ष्म अध्ययन (b) अर्द्ध नियंत्रित
(c) नियंत्रित (d) अनियंत्रित।

10. जब अनुसंधानकर्ता पर बाह्य तत्वों का प्रभाव नहीं होता है तो वह अवलोकन कहलाता है :
(a) पूर्व नियंत्रित (b) अर्द्ध नियंत्रित
(c) नियंत्रित (d) अनियंत्रित।

11. आप उस अवलोकन को क्या कहेंगे जिसमें अनुसंधानकर्ता अनुसंधान करने से पूर्व योजनाएं बना लेता है?
(a) नियंत्रित अवलोकन
(b) अनियंत्रित अवलोकन
(c) असहभागी अवलोकन
(d) अर्द्धसहभागी अवलोकन।

12. प्रश्नावली में प्रश्नों की सूची तैयार करके उत्तरदाता के पास :
(a) डाक द्वारा भेजी जाती है
(b) अनुसंधानकर्त्ता स्वयं जाता है
(c) अनुसंधानकर्ता के नौकर द्वारा भेजी जाती है
(d) इनमें से कोई नहीं।

13. उपयुक्त उपकल्पनाओं का निर्माण किया जाता है :
(a) अन्वेषणात्मक अनुसंधान में
(b) वर्णनात्मक अनुसंधान में
(c) प्रयोगात्मक अनुसंधान में
(d) किसी भी अनुसंधान में नहीं।

14. ऐतिहासिक सामग्री के स्रोतों में शामिल नहीं किया जाता है :
(a) प्राचीन पुस्तक (b) प्राचीन स्मारक
(c) साक्षात्कार (d) शिलालेख।

15. निम्नलिखित में से कौन-सा तत्व वैयक्तिक अध्ययन पद्धति का यंत्र नहीं है?
(a) व्यक्ति द्वारा लिखित डायरियाँ
(b) लिखित पत्र
(c) जीवन इतिहास
(d) व्यक्ति का भवन।

16. वैयक्तिक विषय पद्धति का मुख्य मंत्र है :
(a) व्यक्ति का महत्त्व
(b) व्यक्ति का दृष्टिकोण
(c) व्यक्ति के विचार
(d) व्यक्ति द्वारा लिखित डायरियाँ

17. पूछताछ के माध्यम से विषय वस्तु का ज्ञान प्राप्त किया जाता है :
(a) अन्वेषणात्मक अनुसंधान में
(b) वर्णनात्मक अनुसंधान में
(c) प्रयोगात्मक अनुसंधान में
(d) उपर्युक्त में से कोई नहीं

18. एक शोधकर्ता पूरी जनसंख्या में से 100 लोगों का लॉटरी नमूना चुनता है। यह नमूना है :
(a) एक समूह नमूना चयन
(b) एक यादृच्छिक नमूना चयन
(c) एक स्तरीकृत नमूना चयन
(d) एक रीतिबद्ध नमूना चयन

19. नमूने के आधार पर निकला सामान्य निष्कर्ष टेक्निकल भाषा में कहलाता है :
(a) अनुसंधान की बाह्य वैधता का सांख्यिकीय अनुमान
(b) आंकड़ा विश्लेषण तथा विवेचन
(c) परिमाप अनुमान
(d) उपर्युक्त सभी।

20. व्यवहार व संबंधों की प्रकृति होती है :
(a) रूढ़िवादी (b) स्थायी
(c) परिवर्तनशील (d) अपरिवर्तनशील।

21. समाज में समुदाय की सामाजिक स्थिति का अध्ययन किया जाता है :
(a) सामाजिक सर्वेक्षण की सामान्य पद्धति में
(b) सामाजिक सर्वेक्षण की विशिष्ट पद्धति में
(c) विपरीत निगमन पद्धति में
(d) आदर्श विश्लेषण पद्धति में।

22. तुलनात्मक पद्धति का प्रयोग करने वाला था :
(a) मार्क्स (b) रूसो
(c) दुर्खीम (d) महात्मा गांधी।

23. एक नमूना लेकर उसमें होने वाले परिवर्तनों का परीक्षण करने वाली पद्धति है :
(a) तुलनात्मक (b) समाजमिति
(c) परीक्षणात्मक (d) उपर्युक्त सभी।

24. अनुसंधानकर्ता प्रत्युत्तर पाने के लिए :
(a) उत्तरदाता की चापलूसी करे
(b) उत्तरदाता पर बाह्य रूप से प्रभाव डलवाएं
(c) उत्तरदाता को पत्र भेजकर उत्तर भेजने की अपील करें
(d) उपर्युक्त में से कोई नहीं।

25. अंवलोकनकर्ता का महत्वपूर्ण गुण है :
(a) व्यवहार की चंचलता
(b) व्यवहार की उग्रता
(c) व्यवहार की सफलता
(d) व्यवहार की शीतलता।

26. वैयक्तिक अध्ययन पद्धति में अनुसंधानकर्ता :
(a) तटस्थ नहीं रह पाता
(b) रुचि नहीं लेता
(c) खोज में सफल नहीं होता
(d) द्वारा अनुसंधान संभव नहीं।

27. निम्नलिखित में से कौन-सा कथन अधिक सही है?
(a) शिक्षक अन्य कुछ न करके केवल पढ़ाएं
(b) शिक्षक पढ़ाएं और शोध कार्य भी करें
(c) शिक्षक को पढ़ाना चाहिए तथा शोध कार्य करना चाहिए परन्तु शोध की अपेक्षा शिक्षण पर अधिक ध्यान केन्द्रित करें
(d) शिक्षक पढ़ाए और शोध करे परन्तु शिक्षण की अपेक्षा शोध पर अधिक ध्यान केन्द्रित करें।

28. शोध के संबंध में निम्नलिखित में से किस कथन से आप सहमत नहीं है?
(a) शोध स्वयं में एक आनन्द है
(b) समाज की बहुत-सी समस्याओं के समाधान में शोध में सहायता मिलती है
(c) शोध देश में समाज की प्रगति में योगदान करता है
(d) शोध शिक्षण की गुणवत्ता में सुधार लाता है।

29. क्षेत्र अध्ययन संबंधित है :
(a) वास्तविक जीवन परिस्थितियों से
(b) प्रयोगात्मक परिस्थितियों से
(c) प्रयोगशाला की स्थिति से
(d) उपर्युक्त में से कोई नहीं।

30. अनुसंधान की वैधता को बढ़ाया जा सकता है :
(a) असंगत घटकों को दूर करके
(b) जनसंख्या का सही प्रतिनिधित्व नमूना चुनकर
(c) (a) व (c) दोनों
(d) उपर्युक्त में से कोई नहीं।

31. एक अच्छे अनुसंधानकर्ता को :
(a) अपने उद्देश्यों से मेल खाने वाली आधार सामग्री एकत्रित करनी चाहिए
(b) उसके प्रयोजन की पूर्ति करने वाली आधार सामग्री एकत्रित करनी चाहिए

(c) तब तक विभिन्न प्रकार की सूचना एकत्रित करनी चाहिए जब तक प्राक्कल्पनाएँ सही पाई जाएं
(d) बड़ी मात्रा में आधार सामग्री एकत्र करनी चाहिए।

32. अनुसंधान के उद्देश्य लिखे जा सकते हैं :
(a) केवल प्रश्न के रूप में
(b) केवल कथन के रूप में
(c) प्रश्न और कथन के रूप में
(d) संभावना के रूप में

33. सहभागी अवलोकन में अनुसंधानकर्ता :
(a) समूह में जाता है और वहीं बस जाता है
(b) समूह से दूर रहता है
(c) समूह में अपने नौकर को भेजता है
(d) समूह के सदस्यों को बुलाकर सूचना प्राप्त करता है।

34. यदि अनुसंधानकर्ता समय पर प्रश्नावली उत्तरदाता के पास न भेजे तो :
(a) प्रश्नावली के लौटाने में बाधा उत्पन्न होती है
(b) उत्तरदाता उत्तर नहीं भेजता है
(c) उत्तरदाता नाराज हो जाता है
(d) उत्तरदाता अनुसंधानकर्ता को कोसता है।

35. एक अच्छी प्रश्नावली का गुण है :
(a) प्रश्नावली का बड़ा आकार
(b) जटिल प्रश्नों की अधिकता
(c) प्रश्नों की सरलता व स्पष्टता
(d) प्रश्नों की न्यूनता व स्पष्टता।

36. तुलनात्मक विधि का प्रयोग किसके विश्लेषण में किया जाता है?
(a) राजनीतिक समस्याओं के अध्ययन में
(b) सामाजिक समस्याओं के अध्ययन में
(c) आर्थिक समस्याओं के अध्ययन में
(d) उपर्युक्त सभी में।

37. बाह्य आलोचना करने के लिए (आधार सामग्री की सत्यता को निर्धारित करने के लिए) एक शोधकर्ता को सत्यापित करना चाहिए :
(a) लेखक के हस्ताक्षर तथा हाथ की लिखावट को
(b) उस काल में प्रयोग किए गए कागज तथा स्याही का जिस युग का वह अध्ययन कर रहा है
(c) उस काल की भाषा तथा शैली को
(d) उपर्युक्त सभी।

38. प्रत्येक क्षेत्र में, अनुसंधान लक्ष्य ज्ञान की व्यवस्थित और क्रमिक उन्नति को बढ़ावा देता है, परन्तु आविष्कार बहुत कम होता है, क्योंकि :
(a) अनुसंधान एक निरन्तर आलोचनात्मक खोज है
(b) एक निश्चित माध्यम से ऊपर सोचना सामान्य नहीं है
(c) निरन्तर प्रयोगात्मक कार्य जो खोज के लिए सरलता से सामने नहीं आ रहा है
(d) अधिकतर लोगों में ज्ञान जिनकी हमें आवश्यकता होती है, का अभाव है।

39. प्रयोगात्मक अध्ययन आधारित है :
(a) एक विचलनीय नियम पर
(b) पुनरावृति पर
(c) प्राप्ति पर
(d) प्रयोग पात्र की रुचि पर।

40. निम्न में से कौन-सी विशेषता एक शोधकर्ता की नहीं है?
(a) वह एक विशेषज्ञ होता है न कि सामान्य ज्ञान वाला
(b) वह खोज के प्रयास में एकाग्र तथा परिश्रमी होता है
(c) वह अपने चुने गए क्षेत्र में अपनी निजी राय पर विश्वास नहीं करता बल्कि वह यथार्थ को स्वीकार कर लेता है
(d) उसकी रूचि तथा योग्यताओं में एक रूपता होती है।

41. Collective Psychology of the Whole Period (पूर्ण अवधि का सामूहिक मनोविज्ञान) का सिद्धान्त:
(a) ऐतिहासिक प्रगति के सभी चरणों की व्याख्या कर सकता है
(b) पूरे समाज के मनोविज्ञान की चर्चा करता है
(c) आधार सामग्री एकत्रित करने के मनोवैज्ञानिक ढंग की ओर संकेत करता है
(d) उपर्युक्त सभी।

42. यदि चुना गया नमूना जनसंख्या के परिमाप के विषय में किसी भी शर्त को पूरा नहीं करता तो वह कहलाता है :
(a) चयन की सांख्यिकी
(b) जनगणना
(c) वितरणयुक्त सांख्यिकी
(d) उपर्युक्त में से कोई नहीं।

43. शोध रिपोर्ट में बिबलियोग्राफी दिए जाने का क्या महत्त्व है?
(a) यह उन लोगों की सहायता करती है जो कि आगे शोध कार्य करने की रुचि रखते तथा समस्या का दूसरे कोण से अध्ययन करना चाहते हैं
(b) यह उन लोगों की सहायता करती है जो अपनी शोध रिपोर्ट को विश्वसनीय बनाना चाहते हैं
(c) यह शोधकर्ताओं के व्यापक ज्ञान को प्रदर्शित करती है
(d) उपर्युक्त में से कोई नहीं।

44. निम्न में से कौन–सी एक शोधकर्ता की विशेषता नहीं है?
(a) वह एक विशेषज्ञ होता है न कि सामान्य ज्ञान वाला
(b) वह खोज के प्रयास में परिश्रमी तथा एकाग्र होता है
(c) वह अपने चुने गए क्षेत्र में अपनी निजी राय पर विश्वास नहीं करता बल्कि वह यथार्थ को स्वीकार कर लेता है
(d) उसकी रुचि तथा योजनाओं में एकरूपता होती है।

45. एक अच्छी प्राक्कल्पना को होना चाहिए :
(a) स्पष्ट, विशिष्ट तथा अधिकांश यथार्थों से मेल खाती हुई
(b) ऐसी ही उसे आंकड़ों द्वारा आंका जा सके
(c) सीमित क्षेत्र रखने वाली तथा विश्वस्तरीय महत्त्व की होनी चाहिए
(d) उपर्युक्त सभी।

46. प्राक्कल्पना को व्यक्त नहीं किया जा सकता :
(a) नकारात्मक या प्रश्न के रूप में
(b) घोषणा की भाषा में
(c) सामान्य पदों में
(d) दिशा बताने वाली भाषा में।

47. अनुसंधान कार्य करते समय संबंधित अध्ययनों की पुनरावृति महत्वपूर्ण है, क्योंकि :
(a) इसके द्वारा अनावश्यक पुनरावृति या नकल प्रक्रिया से बचा जा सकता है
(b) यह विभिन्न अध्ययनों के बीच दूरी व कमी को समझने में सहायता देती है
(c) यह शोधकर्ता की गैर तार्किक निष्कर्ष न निकालने में सहायता करती है
(d) उपर्युक्त सभी।

48. ऐतिहासिक अनुसंधानों में स्वतंत्र विचलनों का दूसरा नाम है :
(a) ट्रीटमेन्ट विचलन (b) प्रयोगात्मक विचलन
(c) मेनीपुलेटेड विचलन (d) उपर्युक्त सभी।

49. प्रयोगात्मक अनुसंधानों में स्वतंत्र विचलनों का दूसरा नाम है :
(a) ट्रीटमेन्ट विचलन
(b) प्रयोगात्मक विचलन
(c) मेनीपुलेटेड वैरिएबिल
(d) उपर्युक्त सभी।

50. यदि आप किसी बड़े नमूने का प्रयोग कर रहे हैं, तो आप विचलन नियन्त्रण का कौन–सा तरीका अपनाएंगे?
(a) यादृच्छिकरण
(b) जोड़ा मिलाना
(c) अलग हटाना तथा जोड़ा मिलाना दोनों
(d) विलोपन।

51. इकाइयों के अध्ययन के निष्कर्षों को निर्देशन पद्धति में लागू किया जाता है :
(a) समाज पर (b) समूह पर
(c) समग्र पर (d) किसी पर भी नहीं।

52. निम्न में से कौन अयादृच्छिक नमूना है?
(a) कोटा नमूना चयन
(b) साधारण यादृच्छिक नमूना चयन
(c) उद्देश्यात्मक नमूना चयन
(d) (a) और (c) दोनों।

53. एक शोधकर्ता अपनी जनसंख्या को विभिन्न समूहों में विभाजित करता है और फिर वह प्रत्येक समूह के नमूने के आकार को निर्धारित करता है। वह कहलाता है :
(a) स्तरीकृत नमूना चयन (b) कोटा नमूना चयन
(c) समूह नमूना चयन (d) उपर्युक्त सभी।

54. अनुसंधान योजना की मुख्य विशेषता है :
(a) निष्कर्षों का अनुसरण
(b) लक्ष्यों का निर्धारण
(c) नियमों का निर्धारण
(d) समस्या का निर्धारण।

55. अनुसंधान का अंतिम निष्कर्ष अधिक ठीक होगा, यदि चुना गया नमूना :

(a) यादृच्छिक रूप से लिया गया है
(b) कोटा द्वारा निर्धारित किया गया है
(c) जनसंख्या का प्रतिनिधित्व करता है
(d) उद्देश्यात्मक है।

56. अनुसंधानकर्ता उत्तरदाता को प्रभावित कर सकता है :
(a) डाक प्रणाली में (b) अनुसूची प्रणाली में
(c) प्रयोग विधि में (d) साक्षात्कार विधि में।

57. जिन प्रश्नों के उत्तर देने में उत्तरदाता को पूर्ण स्वतन्त्रता हो प्रश्न कहलाते हैं :
(a) विमुक्त प्रश्न (b) संयोजित प्रश्न
(c) दोहरे प्रश्न (d) बहुविकल्पीय प्रश्न।

58. सामूहिक साक्षात्कार में अनुसंधानकर्ता :
(a) एक बार में एक ही व्यक्ति से साक्षात्कार करता है
(b) एक बार में ही एक से अधिक व्यक्तियों से साक्षात्कार करता है
(c) किसी से भी साक्षात्कार नहीं करता है
(d) राज्य के कर्मचारियों से साक्षात्कार करता है।

59. जब अनुसंधानकर्ता उत्तरदाता से परिस्थिति के अनुसार कोई भी प्रश्न पूछ सकता है तो उस साक्षात्कार को कहते है:
(a) आकस्मिक साक्षात्कार
(b) अनियंत्रित साक्षात्कार
(c) नियंत्रित साक्षात्कार
(d) उपर्युक्त में से कोई नहीं।

60. जब घटनाओं के परिवर्तित होने के कारण साक्षात्कार कर्त्ता को बार-बार साक्षात्कार करना पड़ता है तो उस साक्षात्कार को कहते हैं :
(a) केन्द्रीय साक्षात्कार
(b) अनियंत्रित साक्षात्कार
(c) पुनरावृति साक्षात्कार
(d) आकस्मिक साक्षात्कार।

61. कार्ल मार्क्स जनक हैं :
(a) समाजवाद के (b) आदर्शवाद के
(c) व्यक्तिवाद के (d) संघवाद के।

62. क्षेत्र नमूना (ग्रुप नमूना) तकनीक का प्रयोग किया जाता है, जब :
(a) जनसंख्या बिखरी हुई हो तथा बड़े आकार का नमूना लेना हो
(b) जनसंख्या विषमगुणीय हो
(c) लम्बे सर्वेक्षण की आवश्यकता हो
(d) (a) और (c) दोनों।

63. एक शोधकर्ता केवल दस सदस्यों को 50 हजार की कुल जनसंख्या में से चुनता है और इसे ठीक समझता है, क्योंकि :
(a) वह एक अच्छा शोधकर्ता है
(b) उसे अपने सुपरवाइजर द्वारा सलाह दी गई है
(c) जनसंख्या समगुणीय है
(d) उपर्युक्त सभी।

64. मापदण्डों की स्थापना करने वाली पद्धति का नाम है :
(a) तुलनात्मक पद्धति
(b) समाजमिति पद्धति
(c) सांख्यिकीय पद्धति
(d) उपर्युक्त में से कोई नहीं।

65. सांख्यिकीय पद्धति द्वारा निर्णय लिए जाते हैं:
(a) राजनीतिक (b) सामूहिक
(c) एकाकी (d) आर्थिक।

66. किसने कहा कि एक ही प्रजाति के विभिन्न सदस्य एक जैसे नहीं होते हैं?
(a) डार्विन (b) हरबर्ट स्पेन्सर
(c) गुड (d) बेस्ट।

67. एक सांख्यिकिक मापक जो पूरी जनसंख्या पर आधारित होता है, परिमाप कहलाता है। वह मापक जो नमूने पर आधारित होता है, वह कहलाता है :
(a) नमूना चयन परिमाप
(b) निष्कर्ष
(c) सांख्यिकीय
(d) इनमें से कोई नहीं।

68. नमूने के आधार पर निकाला गया सामान्य निष्कर्ष टेक्निकल भाषा में कहलाता है :
(a) अनुसंधान की बाह्य वैधता का सांख्यिकीय अनुमान
(b) आकंड़ा विश्लेषण तथा निर्वचन
(c) परिमाप अनुमान
(d) उपर्युक्त सभी

69. एक शोधकर्ता पूरी जनसंख्या में से **100** लोगों का बाहरी नमूना चुनता है। ये नमूना है :

(a) एक समूह नमूना चयन
(b) एक यादृच्छिक नमूना चयन
(c) एक स्तरीकृत नमूना चयन
(d) एक रीतिबाद नमूना चयन।

70. एक शोधकर्ता जनसंख्या को स्नातकोत्तर, स्नातक तथा इन्टरमीडियेट छात्र में विभाजित करता है और यादृच्छिक तालिका को प्रयोग करते हुए प्रत्येक ग्रुप से वह कुछ लोगों को चुनता है। वह कहलाता है :
(a) साधारण नमूना चयन
(b) प्रतिनिधि नमूना चयन
(c) स्तरीकृत यादृच्छिक नमूना चयन
(d) स्तरीकृत नमूना चयन।

71. जब जनसंख्या निश्चित हो तो निम्न में से कौन-सी नमूना तकनीक प्रयोग की जाती है?
(a) क्षेत्र नमूना चयन विधि
(b) उद्देश्यात्मक नमूना चयन विधि
(c) रीतिबद्ध नमूना चयन विधि
(d) उपर्युक्त में से कोई नहीं।

72. एक जनसंख्या की सामाजिक हैसियत का अध्ययन करते हुए शोधकर्ता ने निष्कर्ष निकाला कि श्रीमान् X सामाजिक रूप से पिछड़ा है। उसका यह निष्कर्ष है?
(a) गलत (b) सही
(c) अपूर्ण सत्य (d) पक्षपातपूर्ण

73. अनुसंधान की वैधता को बढ़ाया जा सकता है :
(a) असंगत घटकों को दूर करके
(b) जनसंख्या का सही प्रतिनिधित्व करने वाला नमूना चुनकर
(c) (a) व (b) दोनों
(d) उपर्युक्त में से कोई नहीं।

74. क्षेत्र (Field) अध्ययन संबंधित है :
(a) वास्तविक जीवन परिस्थितियों से
(b) प्रयोगात्मक परिस्थितियों से
(c) प्रयोगशाला की स्थिति से
(d) उपर्युक्त में से कोई नहीं।

75. निम्न में से कौन आधार-सामग्री का प्राथमिक स्रोत है?
(a) निजी रिकॉर्ड, पत्र, डायरियां, आत्मकथाएं, विरासत का घोषणा पत्र
(b) सरकारी रिकॉर्ड जैसे सरकारी डाक्यूमेन्ट, सामाजिक-राजनीतिक संस्थाओं द्वारा सुरक्षित की गई सूचनाएँ
(c) रीति-रिवाजों की मौलिक प्रमाणिकता
(d) उपर्युक्त सभी।

76. बाह्य आलोचना करने के लिए (आधार-सामग्री की सत्यता को निर्धारित करने के लिए) एक शोधकर्ता को सत्यापित करना चाहिए :
(a) लेखक के हस्ताक्षर तथा हाथ की लिखावट को
(b) उस काल में प्रयोग किए गए कागज तथा स्याही का जिस युग का वह अध्ययन कर रहा है
(c) उस काल की भाषा तथा शैली को
(d) उपर्युक्त सभी।

77. Induction की तार्किकता निकट है :
(a) नमूना चयन के तर्क से
(b) प्रेक्षण के तर्क से
(c) नियंत्रित विचलन के तर्क से
(d) उपर्युक्त में से कोई नहीं।

78. अपने शोध अध्ययन को अधिक सही बनाने के लिए शोधकर्त्ता को :
(a) नमूने का आकार बढ़ाना चाहिए
(b) ईमानदार तथा पक्षपात रहित होना चाहिए
(c) परिसर को अधिक रखना चाहिए
(d) उपर्युक्त सभी।

79. निम्न में से सभी गैर-नमूना त्रुटियाँ हैं केवल एक को छोड़कर :
(a) मापन के दोषपूर्ण उपकरण/पैमाने
(b) अपर्याप्त नमूना
(c) उत्तर न देना
(d) आधार-सामग्री के संग्रह में दोष।

80. शोध कार्य में कुल त्रुटि बराबर है :
(a) नमूना त्रुटि तथा गैर नमूना त्रुटि
(b) $\sqrt{\text{नमूना त्रुटि वर्ग} + \text{गैर नमूना त्रुटि वर्ग}}$
(c) केवल नमूना त्रुटि
(d) नमूना त्रुटि × 100

81. चार सिक्कों को उछालने पर उसके सर तथा पूंछ के पृथ्वी पर गिरने की संभावना होगी :

(a) 1/8 (b) 1/16
(c) 1/4 (d) 1/64

82. एक अनुसंधान की विश्वसनीयता तथा वैधता उस समय खतरे में पड़ जाएगी, जब :
(a) लेखक जो कि सूचना का स्रोत है वह पक्षपाती, अयोग्य तथा बेईमान हो
(b) घटना को घटित होने के लम्बे समय के अन्तराल के बाद सुरक्षित किया गया हो
(c) शोधकर्त्ता स्वयं भी निष्कर्ष निकालने की पर्याप्त योग्यता न रखता हो
(d) उपर्युक्त सभी।

83. शोध रिपोर्ट लिखते समय शोधकर्ता को :
(a) वाक्य के आरंभ में अंकों का प्रयोग नहीं करना चाहिए
(b) अपनी रिपोर्ट को क्रमबद्ध, विषयानुसार तथा तिथि के अनुसार लिखना चाहिए
(c) अपने अध्ययन की उससे मिलते-जुलते शोध कार्यों से तुलना करनी चाहिए
(d) उपर्युक्त सभी।

84. स्वतंत्र विचलनों को छोड़ा नहीं जाता :
(a) सर्वेक्षण अनुसंधानों में
(b) एक्स पोस्ट फैक्टो अनुसंधानों में
(c) (a) व (b) दोनों
(d) प्रयोगात्मक अध्ययन में।

85. एक्स पोस्ट फैक्टो अध्ययन का विरोधी है :
(a) प्रयोगात्मक अनुसंधान
(b) सर्वेक्षण अनुसंधान
(c) पुस्तकालय अनुसंधान
(d) उपर्युक्त सभी।

86. वैज्ञानिक सामाजिक सर्वेक्षण का जन्मदाता कहा जाता है:–
(a) डार्विन को
(b) बूथ को
(c) बेस्ट को
(d) उपर्युक्त में से कोई नहीं

87. किसी वस्तु, घटना या प्रमाण जिनके गुणों को मापा जा सकता है, कहलाता है :
(a) गुणात्मक मापन
(b) आंकड़ा
(c) विचलन
(d) उपर्युक्त में से कोई नहीं।

88. वह प्रक्रिया जिसकी प्रयोगात्मक अध्ययन में आवश्कता नहीं पड़ती है, वह है :
(a) प्रेक्षण
(b) नियंत्रण
(c) तोड़ना-मरोड़ना तथा पुनरावृति
(d) संदर्भों का संग्रह।

89. प्रयोगात्मक अध्ययन किस नियम पर आधारित है :
(a) एक विचलनीय नियम पर
(b) पुनरावृति पर
(c) प्राप्ति पर
(d) प्रयोग पात्र की रुचि पर।

90. प्राक्कल्पना की संरचना आवश्यक नहीं है :
(a) सर्वे अध्ययनों में
(b) ऐतिहासिक अनुसंधानों में
(c) नार्मेटिव अध्ययनों में
(d) प्रयोगात्मक अध्ययनों में।

91. एक शोध समस्या को तभी समुचित ठहराया जा सकता है, जब वह :
(a) अनुसंधान करने योग्य हो
(b) नयी हो तथा ज्ञान में कुछ वृद्धि ला सकती हो
(c) उपयोगी हो तथा यथा समय संभव हो
(d) उपर्युक्त सभी।

92. एक अध्यापक अपने व्यावसायिक अनुभव में विभिन्न प्रकार की समस्याओं का सामना करता है, तो उसे चाहिए कि वह :
(a) अपने पद से त्यागपत्र दे
(b) उस समस्या का गहन अध्ययन करे
(c) समस्या वाली स्थिति से बचे
(d) संस्था के प्रधान की सहायता से।

93. वैज्ञानिक ज्ञान का उदाहरण है :
(a) पैगम्बरों के ज्ञान के आधार पर प्राप्त हुआ ज्ञान
(b) सामाजिक रीति-रिवाज
(c) धार्मिक ग्रंथ
(d) प्रयोगशाला तथा क्षेत्र प्रयोग पर आधारित ज्ञान।

94. निम्न सभी गुणात्मक विचलनों के उदाहरण है केवल एक को छोड़कर :

(a) धर्म तथा जाति (b) लिंग
(c) व्यवसाय (d) प्रयोग पात्र की रुचि।

95. एक शोधकर्ता कांग्रेस-ई के भविष्य के बारे में अध्ययन करना चाहता है। उसके लिए यहाँ पर कौन-सा सांख्यिकी उपकरण सर्वाधिक उचित है?

(a) प्रश्नावली (b) शिड्यूल
(c) साक्षात्कार (d) रेटिंग स्केल।

96. सर्वे अध्ययन का उद्देश्य है :

(i) वर्तमान व्यवस्था के विषय में सच्चाई जानना
(ii) वर्तमान अवस्था की खरे पैमाने से तुलना करना
(iii) वर्तमान अवस्था की समीक्षा करना
(iv) वर्तमान अवस्था में सुधार लाने के लिए विकल्प ढूंढ़ना।

(a) (i) तथा (ii)
(b) (i), (ii) तथा (iii)
(c) (i), (ii), (iii) तथा (iv)
(d) केवल (ii) तथा (iii)

97. एक बड़ी रैली को देखकर यह कहा गया कि जनता दल अगला चुनाव जीत जायेगा। यह अनुमान आधारित है :

(a) यादृच्छिक नमूना चयन पर
(b) समूह नमूना चयन पर
(c) रीतिबद्ध नमूना चयन पर
(d) उद्देश्यात्मक नमूना चयन पर।

98. 1964 से 2011 तक भारत की प्रति व्यक्ति आय चार गुना हो गयी। यह अध्ययन है :

(a) सामाजिक (b) होरीजन्टल
(c) लांगीड्यूडिनल (d) फैक्टोरियल।

99. निम्न में से कौन ऋणात्मक कोरिलेशन का उदाहरण है?

(a) जनसंख्या बढ़ने पर खाद्य सामग्री में कमी आ जायेगी
(b) मंदबुद्धि का मतलब है स्कूल में खराब प्रदर्शन
(c) भारत में भ्रष्टाचार बढ़ रहा है
(d) खराब कार्य-दशा उत्पादन को घटाती है।

100. 9 वर्ष के बच्चे 7 साल के बच्चों की अपेक्षा लम्बे होते हैं। यह उदाहरण है :

(a) सीधे अध्ययन का
(b) क्रास सेक्शनल अध्ययन का
(c) केस अध्ययन का
(d) प्रयोगात्मक अध्ययन का।

101. अनुसंधान की गुणवत्ता निर्भर करती है :

(a) अनुसंधानकर्ताओं के समर्पण पर
(b) शोध-प्रविधि के प्रशिक्षण पर
(c) उपलब्ध सुविधाओं पर
(d) उच्च तकनीक के उपयोग पर।

102. मिश्रित प्रश्नावली में अनुसंधानकर्त्ता किसका प्रयोग करता है?

(a) केवल दो प्रणाली
(b) केवल एक प्रणाली
(c) एक से अधिक प्रणाली
(d) कोई प्रणाली नहीं।

103. जिस अवलोकन में नियंत्रित व अनियंत्रित निरीक्षण का सम्मिश्रण होता है, उसे कहते हैं :

(a) सहभागी अवलोकन
(b) असहभागी अवलोकन
(c) अर्द्धसहभागी अवलोकन
(d) सामूहिक अवलोकन।

104. वास्तविक तथ्यों के आधार पर एक आदर्श की स्थापना की जाती है :

(a) आदर्श विश्लेषण पद्धति में
(b) विपरीत निगमन पद्धति में
(c) प्रयोगात्मक पद्धति में
(d) तुलनात्मक पद्धति में।

105. शोध रिपोर्ट लिखते समय शोधकर्ता को :

(a) वाक्य के आरंभ में अंकों का प्रयोग नहीं करना चाहिए
(b) अपनी रिपोर्ट को क्रमबद्ध, विषयानुसार तथा तिथि के अनुसार लिखना चाहिए
(c) अपने अध्ययन को उससे मिलते-जुलते शोधकार्यों से तुलना करनी चाहिए
(d) उपर्युक्त सभी।

106. एक शोध समस्या को तभी समुचित ठहराया जा सकता है जबकि वह :

(a) अनुसंधान करने योग्य हो
(b) नई हो तथा ज्ञान में वृद्धि ला सकती हो

(c) उपयोगी हो तथा समयसंगत हो

(d) उपर्युक्त सभी।

107. अनुसंधान के लिए सर्वाधिक महत्त्वपूर्ण गुण है :

(a) अनुसंधान में रुचि

(b) अनुसंधान की विधियों का ज्ञान

(c) अनुसंधान करने का अनुभंव

(d) संबंधित विषय में रुचि।

108. अनुसूची विधि का मुख्य उद्देश्य है :

(a) साक्षात्कार को सफल बनाना

(b) उत्तरदाता से सही सूचना प्राप्त करना

(c) उत्तरदाता की सहानुभूति प्राप्त करना

(d) उत्तरदाता की सहानुभूति प्राप्त करना।

109. अनुसूची में किस तरह के प्रश्नों का समावेश होना चाहिए?

(a) जो स्पष्ट हों

(b) जो संक्षिप्त हों

(c) जो सरल हों

(d) जो गुप्त रहस्यों का उद्घाटन करें।

110. सैम्पल का चयन करने में सावधानी हो कि ऐसे व्यक्तियों का चुनाव किया जाए :

(a) जो कानून के विशेषज्ञ हों

(b) जो कुशल प्रशासक हों

(c) जो व्यक्तियों का सही प्रतिनिधित्व कर सकें

(d) जो कुशल नेता हों।

उत्तरमाला

1	2	3	4	5	6	7	8	9	10
(c)	(b)	(b)	(a)	(d)	(b)	(c)	(d)	(a)	(a)
11	**12**	**13**	**14**	**15**	**16**	**17**	**18**	**19**	**20**
(a)	(a)	(a)	(c)	(d)	(b)	(c)	(b)	(a)	(c)
21	**22**	**23**	**24**	**25**	**26**	**27**	**28**	**29**	**30**
(a)	(b)	(c)	(c)	(d)	(a)	(b)	(a)	(a)	(c)
31	**32**	**33**	**34**	**35**	**36**	**37**	**38**	**39**	**40**
(a)	(d)	(a)	(a)	(c)	(c)	(d)	(a)	(a)	(d)
41	**42**	**43**	**44**	**45**	**46**	**47**	**48**	**49**	**50**
(a)	(b)	(a)	(d)	(d)	(c)	(d)	(d)	(d)	(a)
51	**52**	**53**	**54**	**55**	**56**	**57**	**58**	**59**	**60**
(c)	(d)	(d)	(b)	(c)	(b)	(a)	(b)	(b)	(c)
61	**62**	**63**	**64**	**65**	**66**	**67**	**68**	**69**	**70**
(a)	(d)	(b)	(c)	(b)	(a)	(c)	(a)	(b)	(b)
71	**72**	**73**	**74**	**75**	**76**	**77**	**78**	**79**	**80**
(c)	(c)	(c)	(a)	(d)	(d)	(a)	(d)	(a)	(b)
81	**82**	**83**	**84**	**85**	**86**	**87**	**88**	**89**	**90**
(b)	(d)	(d)	(c)	(a)	(b)	(c)	(d)	(a)	(b)
91	**92**	**93**	**94**	**95**	**96**	**97**	**98**	**99**	**100**
(d)	(b)	(d)	(d)	(a)	(b)	(b)	(c)	(a)	(b)
101	**102**	**103**	**104**	**105**	**106**	**107**	**108**	**109**	**110**
(d)	(a)	(c)	(a)	(d)	(d)	(a)	(b)	(d)	(c)

इकाई-IX

मापन तथा मूल्यांकन

सामान्यत: 'मूल्यांकन' की धारणा शिक्षण समयांतराल के अन्त में विद्यार्थी के प्रदर्शन के निर्धारण को प्रतिबिम्बित करती है, यह अवधारणा अथवा स्तर आगे की उच्च ग्रेड के लिए तरक्की का आधार बनती है। खेलों की स्थिति में एक एथलीट का प्रदर्शन अभ्यास तथा प्रतियोगिता के अन्तर्गत सुधार के लिए तथा ठहराव अथवा प्रदर्शन में पतन की सूचना प्रदान करते हैं। फिर भी इसकी विभिन्न धारणाएं हैं।

मूल्यांकन की धारणा और अर्थ

मूल्यांकन शब्द का अंग्रेजी अनुवाद 'Evaluation' है जिसकी उत्पत्ति लेटिन भाषा के शब्द 'Evaluer' से हुई है जिसका अर्थ है- 'अंदाजा लगाना अथवा मूल्य पता चलना'' जब शिक्षा में इसका प्रयोग किया जाता है तब मूल्यांकन एक विषय का निर्धारण बन जाता है जो शैक्षणिक उद्देश्यों की पूर्ति करता है।

मूल्यांकन का अर्थ है किसी वस्तु के महत्त्व का पता लगाना। इसका प्रशंसा से निकटतम संबंध है तथा यह नियंत्रण एवं संचालन का अंग है। यह निरीक्षण एवं प्रशासन के उत्तरदायित्वों में से एक है। तात्पर्य यह है कि मूल्यांकन कार्यक्रम का संचालन शैक्षणिक उद्देश्यों की पूर्ति को सुनिश्चित करता है। मूल्यांकन में उस समय समग्र विषय पर ध्यान दिया जाता है जो विवेचन के अन्तर्गत आता है।

मूल्यांकन की विस्तृत अवधारणा यह है कि **''यह संगठन के समग्र अधिगम अनुभवों का एक अंग है एवं इनसे सदस्यों एवं विद्यार्थियों में नियोजन एवं शैक्षणिक कार्यक्रम को संचालित करने में सहायता मिलती है।''**

किसी भी कार्यक्रम की मूल्यांकन रिपोर्ट किसी भी व्यापार घर के लिए संतुलन शीट का कार्य करती है। जिससे इसका संकेत मिलता है कि किसी निर्धारित समय में कार्यक्रम के अनुसार चलते हुए क्या प्राप्त किया है एवं क्या खोया गया है।

मूल्यांकन की परिभाषा

लारसन एवं योकम के अनुसार, ''मूल्यांकन यह निर्धारण है कि उद्देश्यों की प्राप्ति कैसे की जाए।''

According to Larsen and Yocom, "Evaluation is the determination of how the objectives are achieved."

सिडर एवं स्कॉट के अनुसार, ''मूल्यांकन स्वीकृत मूल्यों के आधार पर अधिगम अनुभवों की प्रभावोत्पादकता के निर्णय की एक निरन्तर प्रक्रिया है।''

According to Synder and Scott, "Evaluation is a continuous process of judging the effectiveness of learning experience on the basis of acceptable seek of values."

निकसन एवं कोजन के अनुसार, ''मूल्यांकन का संबंध मापने से हैं, शिक्षा के कौन से परिणाम प्राप्त करने हैं एवं इस कार्यक्रम को कैसे बनाना है।''

According to Nixon and Cozen, "Evaluation is concerned with measuring "What" educational result is being achieved and "How" this programme is being made."

नेलसन एवं जेनसन के अनुसार, ''मूल्यांकन किसी चीज की मानक स्थिति निर्धारण करने की प्रक्रिया है एवं उस स्थिति को कुछ मानकों से किसी मूल्यवान निर्णय के लिए संबंधित करती है।''

According to Neilson and Jenson, "Evaluation is a process of determining the status of something and of relating that status to some standards in order to make value judgement."

मूल्यांकन की प्रकृति

मूल्यांकन करने का अर्थ है किसी के महत्त्व को जानना। यह मूल्य निश्चित करने के निकट है एवं नियंत्रण का अंग है। यह निरीक्षण एवं प्रशासन का ही एक उत्तरदायित्व है। शारीरिक शिक्षा एवं खेलों में मूल्यांकन का कार्यक्रम मूल्यांकन सुविधाओं एवं उपकरणों के अनुरूप निरन्तर चलना चाहिए। अध्यापकों एवं विद्यार्थियों के सभी प्रदर्शन को सर्वाधिक वरीयता के साथ मूल्यांकित किया जाना चाहिए। यह एक गणना का कार्य है तथा हम सभी अपने किए गए कार्य के प्रति जवाबदेह होते हैं।

केन्द्रीय एवं राज्य ऐजेन्सियां (सरकारी एवं गैर सरकारी) सदैव वृद्धि होती शक्ति के रूप में करोड़ों रुपये खर्च करके शिक्षा पर ठोस एवं स्थूल परिणाम प्राप्त करने के लिए दबाव डालती है।

सामान्यत: विद्यार्थियों के सीखने अथवा कुछ भी न कर सकने की असमर्थता को अनेक लोगों द्वारा उनकी असफलता के लिए दोषी ठहरा दिया जाता है। फिर भी कुछ लोग सकारात्मक दृष्टि से बात करते हैं एवं विश्वास दिलाते हैं कि विद्यार्थियों की असफलता एवं उनकी शिक्षा में अरुचि के लिए निम्न स्तरीय शिक्षण उत्तरदायी है। इसलिए हमारी शिक्षण संस्थानों में विभिन्न प्रकार की जिम्मेदारियों से संबंधित मांग उठने लगी है। जिम्मेवारियां एवं उत्तरदायित्वों के संबंध में मतभेद को केवल मूल्यांकन द्वारा ही दूर किया जा सकता है। इसके संबंध में जो कुछ तथ्य सामने आए हैं वे हैं- शिक्षा के मूल्यों में वृद्धि, एवं परिणामत: वित्तीय प्रणाली में निरीक्षण, उद्देश्यों व लक्ष्यों को प्रखर करना, परिणामों का मूल्यांकन, नियोजन में अधिक विशिष्टता एवं शिक्षण संस्थानों के राजनीतिकरण में वृद्धि होना।

मूल्यांकन एक विस्तृत अवधारणा है जिसमें शारीरिक शिक्षा के सभी पक्षों, मूल्यों, दर्शन, उद्देश्यों, कार्यक्रम प्रक्रियाओं, प्रणालियों प्रदर्शनों, प्राप्तियों आदि सभी को शामिल किया जाता है। मूल्यांकन प्रबंधन व्यवस्था का एक महत्त्वपूर्ण पक्ष है। यह विचार प्रस्तुत करता है- "संगठन को समग्र इकाई तथा इसके अन्तर्गत संगठन के सभी सदस्य होते हैं।"

चेलादुराई ने मूल्यांकन की प्रवृत्ति पर प्रकाश डालते हुए अपने विचार अभिव्यक्त किए- "यह एक निरन्तर प्रक्रिया है जो निर्धारण के निकट है एवं गश्त का एक अंग है। इसका प्रमुख लक्ष्य संगठन/संस्था के अन्तर्गत कार्य कर रहे सभी व्यक्तियों के कार्यों एवं प्रदर्शनों की प्रभावोत्पादकता को अभिव्यक्त करना है।

अदान के अनुसार अपने नेतृत्व कार्य की दृष्टि से मूल्यांकन में किसी विचार की व्यावहारिकता की जांच करना, एक प्रस्तावित हल के परिणाम का परीक्षण करना, मानकों के अनुरूप समूह प्रदर्शन के मूल्यांकन को शामिल किया जाता है।

यह मूल रूप से गुणवत्ता एवं कार्यों व प्रदर्शनों की मात्रा तथा तथ्यों व जटिल शक्तियों जो इसके उद्देश्यों की प्राप्ति एवं ऊर्जा, प्रयास तथा संस्थानों की प्रभावोत्पादकता का अनुमान है।

इस प्रकार मूल्यांकन प्रशासन की सहायता करता है-

1. संस्था को प्रभावी एवं गतिशील बनाकर
2. उद्देश्यों एवं लक्ष्यों की दृष्टि से प्रगति को यथार्थपरक ढंग से मापकर
3. कार्य के भविष्य कोर्स को ध्यान में रखकर तथ्यपरक परिस्थितियों के अन्तर्गत यदि आवश्यकता हो तो कार्यक्रमों, अभ्यासों एवं प्रणालियों में सुधार करना।

मूल्यांकन में कार्यों एवं प्राप्तियों में मूल्यों को स्थान दिया जाता है, एवं समय तथा संसाधनों को वरीयता दी जाती है जिनके द्वारा जिम्मेवारियों एवं कर्त्तव्यों का निर्धारण किया जाना चाहिए। शारीरिक शिक्षा एवं खेलों के प्रशासक के द्वारा विद्यार्थियों के जीवन में सुधार के लिए कार्यक्रम को प्रभावी बनाने के लिए मूल्यांकन पर अधिक बल दिया जाता है।

संगठन एवं प्रबन्धन का कोई भी पक्ष मूल्यांकन के विस्तार से बाहर नहीं होता। प्रशासक, प्रबन्धक, संगठनकर्त्ता, कार्यक्रम प्रभारी, सुविधाओं एवं प्रदर्शन के निरन्तर मूल्यांकन द्वारा प्रत्येक को सजग बनाया जा सकता है।

मूल्यांकन इनकी सफलता को मापने का पैमाना उपलब्ध करवाता है।

(i) वह स्तर जिसके अन्तर्गत मूल्यांकन में वास्तविक उद्देश्यों की स्थापना को शामिल किया जाता है।

(ii) वह स्तर जिसमें मूल्यांकन प्रक्रिया के द्वारा शिक्षण अधिगम प्रक्रिया में उपलब्ध सुविधाओं में सुधार किया जाता है।

(iii) वह स्तर जिसके द्वारा मूल्यांकन से आत्म-मूल्यांकन को बढ़ाया जाता है

(iv) वह स्तर जिसके द्वारा मूल्यांकन समस्त संस्था को अधिक अच्छे ढंग से कार्य करने के लिए प्रभावित करता है।

स्थिर मूल्यांकन प्रबन्धकीय प्रक्रिया के लिए अत्यन्त आवश्यक होता है। इसके लिए लघु आयामी एवं दीर्घ आयामी दोनों दृष्टियों का होना आवश्यक होता है। मूल्यांकन के द्वारा इन तथ्यों का पता लगता है कि भले ही मूल्यांकन का प्रमुख दायित्व नियंत्रक संस्था, प्रबन्धक पर होता है परन्तु फिर भी मूल्यांकन प्रक्रिया में संगठन का प्रत्येक सदस्य, इकाई तथा विभाग भी इसी प्रकार प्रत्यक्ष अथवा अप्रत्यक्ष रूप से शामिल होता है- चाहे दूसरे के मूल्यांकन में सहायता करना अथवा अपना स्वयं का मूल्यांकन करना आदि के द्वारा। आगे चलकर यह संकेत करता है कि प्रत्येक स्थान/प्रबन्धकीय स्थिति का मूल्यांकन व्यक्तिगत एवं सामूहिक दोनों स्तरों पर किया जाना चाहिए क्योंकि असफलता

की स्थिति में केवल मात्र प्रशासक ही उत्तरदायी नहीं होता, बल्कि प्रशासन का अंग होने के कारण सभी जिम्मेदार होते हैं।

यहां तक विद्यार्थी, अभिभावक एवं लोग भी मूल्यांकन मशीनरी के अंग होते हैं। उनकी शारीरिक शिक्षा कार्यक्रम एवं शारीरिक शिक्षा विभाग के प्रति आलोचनात्मक दृष्टि होती है। उनके मूल्यांकन के संतोषजनक परिणाम तभी प्राप्त होते हैं जब विद्यार्थियों के विकास प्रदर्शन एवं प्राप्तियों में वृद्धि हो रही हो। असन्तोषजनक मूल्यांकन से पूर्व-निर्धारित लक्ष्यों की प्राप्ति नहीं हो पाती एवं विद्यार्थियों एवं अभिभावकों तथा लोगों में असन्तोष व्याप्त हो जाता है। मूल्यांकन की प्रकृति का आलोचनात्मक विश्लेषण पाठकों के मन में यह स्पष्ट करता है कि मूल्यांकन परीक्षण एवं मापक द्वारा उलझन पैदा नहीं करता बल्कि ये तो इसकी केवल तकनीकें हैं। मूल्यांकन उस विषय का निपुणता से निर्धारण करता है जो अधिगम अनुभव एवं शिक्षण वातावरण में कार्यक्रम, कर्मचारी एवं प्रदर्शन जो उद्देश्यों एवं लक्ष्यों के अनुरूप हैं मात्रात्मक एवं गुणात्मक परिवर्तन प्रदान करवाता है। आगे चलकर शिक्षण प्राप्तियां, प्रदर्शन एवं विकास का मूल्यांकन उन सहभागियों के व्यक्तित्व, आचरण, प्रौढ़ता, सक्षमता एवं स्व-अनुभूति के द्वारा जो कक्षा में अथवा कक्षा से बाहर पाठ्य-सहायक क्रियाओं में सहभागी होते हैं का मूल्यांकन अवश्य किया जाना चाहिए। अन्ततः मूल्यांकन को उन उद्देश्यों, लक्ष्यों एवं सम्पन्नताओं की प्राप्ति माना जाता है जो कार्यक्रम के आरंभ में नियोजित किए गए थे। उद्देश्यों एवं लक्ष्यों में अनेक प्रकार के विकास, अनेक विविध कौशल, जो अनेक अधिगम एवं व्यापक मूल्यांकन माध्यमों से संबंधित होते हैं, को शामिल किया जाता है इस प्रकार कई परिणाम जो सूक्ष्म हैं, उसके लिए मूल्यांकन की विधि वस्तुपरक एवं विषय परक होनी चाहिए।

मूल्यांकन का क्षेत्र

शारीरिक शिक्षा एवं खेलों में मूल्यांकन का क्षेत्र अत्यन्त व्यापक है। औपचारिक अथवा अनौपचारिक तथा प्रत्यक्ष अथवा परोक्ष रूप से इसके प्रत्येक पक्ष का कुछ हद तक मूल्यांकन किया जाता है। शारीरिक शिक्षा के प्रमुख क्षेत्र/पक्ष जिसे इसका क्षेत्र कहा जाता है, निम्न विचारित हैं-

लक्ष्यों एवं उद्देश्यों का मूल्यांकनः

शारीरिक शिक्षा एवं खेलों के क्षेत्र में दार्शनिकों, विशेषज्ञों, वैज्ञानिकों एवं शोधकर्त्ताओं द्वारा सामाजिक आदर्शों, आकांक्षाओं एवं दर्शन के अनुरूप लक्ष्य एवं उद्देश्य निर्धारित किए जाते हैं। किसी भी कार्यक्रम के लक्ष्य अथवा उद्देश्य जटिल एवं अपरिवर्तनशील नहीं होने चाहिए। अनुभवों एवं बदलती सामाजिक-सांस्कृतिक आवश्यकताओं के आलोक में इनको परिभाषित एवं पुनः परिभाषित किया जाना चाहिए। अध्यापकों तथा विद्वानों द्वारा समकालीन विषयों के अनुरूप इनकी उपयोगिता, विश्वसनीयता, प्रमाणिकता, आदि को मूल्यांकित किया जाता है। लक्ष्यों एवं उद्देश्यों का मूल्यांकन विचार, चुनाव अथवा प्राप्तियों के मूल्यांकन एवं मानक तकनीकों एवं परीक्षणों द्वारा किया जाता है।

विद्वानों द्वारा लक्ष्यों एवं उद्देश्यों की प्राप्ति के लिए स्थितिगत प्रश्नावलियां एवं परीक्षणों को तैयार करता है। तथ्यों के तार्किक विश्लेषण द्वारा विद्वान लक्ष्यों एवं उद्देश्यों को व्याख्यायित, पुनः स्थापित एवं पुनः परिभाषित करते हैं। इस सूक्ष्म परीक्षण के लिए बौद्धिक एवं परिश्रमी प्रयासों की आवश्यकता होती है।

संगठन के सदस्यों के पास अपने वरिष्ठों के नेतृत्व की गुणवत्ता को जांचने की युक्तिपरक स्थिति होती है। इसलिए प्रशासक के लिए यह कठिन होता है कि वह अपने प्रदर्शन के मूल्यांकन के लिए सदस्यों के पास सीधी पहुच करें क्योंकि आमतौर पर सदस्य अपने वरिष्ठों के कार्य के मूल्यांकन संबंधी और उनके नेतृत्व की आलोचना को अभिव्यक्ति नहीं देते। इसलिए कुछ परोक्ष विधियां है जिनके द्वारा इस प्रकार की सूचना प्राप्त की जा सकती है। कुछ उपकरण एवं विधियां है जो प्रशासक को उसके प्रदर्शन संबंधी सहकर्मियों के विचारों को सांकेतिक करती है। उदाहरणार्थ लिकर्ट द्वारा तैयार की गई जांच सूची सभी सदस्यों द्वारा गोपनीय रूप से अपने प्रशासक को निर्धारित करवाया जाता है कि क्या वे अपने नेता को साहसिक, अधिकारिक, शुभ चिंतक, सहायक अथवा व्यावहारिक प्रकार का प्रशासक के रूप में सम्मान करते हैं।

यह चेकलिस्ट निम्न सात क्षेत्रों में प्रबंधकीय व्यवहार को व्याख्यापित करता है-

1. प्रयोग की गई नेतृत्व प्रक्रिया
2. प्रेरक शक्तियों के लक्षण
3. सम्प्रेषण प्रक्रिया के लक्षण
4. पारस्परिक प्रभाव प्रक्रिया का लक्षण
5. निर्णय लेने की प्रक्रिया का लक्षण
6. लक्ष्य निर्धारण अथवा क्रमबद्धता का लक्षण
7. नियंत्रण प्रक्रिया का लक्षण

इसके अतिरिक्त कई अनेक मानक उपकरण/परीक्षण जो संगठन के वातावरण (विभाग के कर्मचारियों में आपसी संबंध तथा प्रशासक एवं कर्मचारियों में संबंध) से संबंधित होते हैं जिसमें कॉलेजों एवं विश्वविद्यालयों का शैक्षणिक वातावरण होता है तथा जिनके द्वारा नेता के प्रशासकीय व्यवहार का मूल्यांकन किया जाता है। जब ये परीक्षण संगठन के सदस्यों द्वारा पूर्ण किए जाते हैं, यह प्रभावी विधि का निर्धारण करते हैं कि प्रशासक के सहकर्मी उसके प्रति तथा उसकी प्रशासकीय क्षमता के प्रति किस प्रकार दृष्टि रखते हैं।

कार्यक्रम मूल्यांकन:

शारीरिक शिक्षा एवं खेलों में अनेक कार्यक्रम होते हैं (आवश्यक अथवा वैकल्पिक शारीरिक शिक्षा के लिए शिक्षण कक्षा, शिक्षक शिक्षा कार्यक्रम, अन्त: क्षेत्रीय एवं बाह्य क्षेत्रीय कार्यक्रम, स्वास्थ्य एवं स्फूर्ति कार्यक्रम, खेल परीक्षण कार्यक्रम)। इस प्रकार के कार्यक्रमों को उत्तम नियोजन एवं व्यवस्था को उद्देश्यों एवं लक्ष्यों को प्राप्त करने के लिए उपयुक्त महत्त्व प्रदान किया जाना चाहिए। अन्यथा ऐसे कार्यक्रम तथा अनुपयुक्त समय में प्राप्त किए परिणामों के मूल्यांकन को बाद में सुधार करना तथा उनमें उपयुक्तता प्रदान करना कठिन हो जाता है।

कार्यक्रम के मूल्यांकन के लिए अनेक विधियों अथवा तकनीकों की खोज की जाती है, जो व्यावसायिक साहित्य में पूर्ण दस्तावेजी होते हैं। उनमें से कुछ महत्त्वपूर्ण इस प्रकार हैं–

1. व्यवस्था विश्लेषण
2. प्रयोगात्मक विधि
3. सम्प्रेषण विधि
4. लाभदायक विधि
5. रूपात्मक मूल्यांकन
6. संयोजक विधि

व्यवस्था विश्लेषण विधि: कार्यक्रम मूल्यांकन की इस विधि में, संरचनात्मक व्यवस्था पर पदानुसार ध्यान दिया जाता है। व्यवस्था विश्लेषण विधि द्वारा प्रारम्भिक शिक्षा कार्यक्रम आन्दोलन के कार्यों पर ध्यान दिया जाता है प्रारम्भिक एवं माध्यमिक विभाग कौशल शिक्षण कार्यक्रम, सैकण्डरी एवं सीनियर सैकण्डरी स्कूल में अन्त: क्षेत्रीय एवं बाह्य क्षेत्रीय प्रशिक्षण एवं प्रदर्शन कार्यक्रम तथा उनके निर्धारित उद्देश्यों की प्राप्ति में सहयोग आदि पर ध्यान दिया जाता है।

प्रयोगात्मक विधि: इस विधि में कार्यक्रम की प्रभावोत्पादकता को विद्यार्थियों के व्यवहार, मनोवृत्ति, प्राप्ति, स्फूर्ति/कौशल स्तर आदि का परीक्षण जो शैक्षिक सत्र के आरंभ से शुरू के अन्त तक जारी रख कर सुनिश्चित किया जाता है। परिणामों की तुलना की जाती है एवं प्राप्तियों के दिशा निर्देश को भविष्य में संदर्भ के लिए रिकार्ड किया जाता है।

सम्प्रेषणात्मक विधि: यह विधि किसी संस्था के विविध पक्षों जैसे "कार्य प्रवाह, आदेश क्रम, सम्प्रेषण का विषय एवं प्रकृत्ति" जो संगठन के विविध अंगों में है, के मूल्यांकन के लिए प्रयोग में लाई जाती है।

लाभदायक विधि: इस विधि के द्वारा निवेश एवं प्रतिफल के संबंध का निर्धारण किया जाता है। अर्थात् यह विधि कार्यक्रम की लागत जो कार्यक्रम की मात्रा से संबंधित है को प्रतिबिम्बित करती है।

रूपात्मक मूल्यांकन: यह पूर्ण नियोजित तात्कालिक मूल्यांकन जो निरन्तर जारी रहता है अथवा समयकालिक अन्तराल से चलता है कि ओर संकेत करता है। वस्तुत: यह कार्यक्रम का तात्कालिक एवं निर्मित मूल्यांकन होता है। जैसे एक कौशल अथवा कौशल सम्मिश्रण जो विद्यार्थियों द्वारा सुनिश्चित समय में न कि वर्ष के अंत में सीखे गए अनुभवों एवं व्यवहारों को तुरन्त मूल्यांकन किया जाता है।

संयोजक मूल्यांकन: कार्यक्रम के अन्त में किए गए मूल्यांकन को संयोजक मूल्यांकन कहा जाता है। यह साप्ताहिक, मासिक, अथवा वार्षिक आधार पर हो सकती है।

पाठ्यक्रम मूल्यांकन:

शारीरिक शिक्षा एवं खेलों के लक्ष्यों एवं उद्देश्यों को प्राप्त करने के लिए सशक्त पाठ्यक्रम का होना अत्यंत अनिवार्य है। आयु, समय, स्थान एवं समाज में होने वाले नाटकीय परिवर्तनों की आवश्यकता के आलोक में पाठ्यक्रम के मूल्यांकन की आवश्यकता होती है। विद्यार्थियों की रोचकता एवं प्रेरणा को बनाए रखने के लिए, उनके भविष्य की आवश्यकताओं की पूर्ति के लिए उनके ज्ञान को नवीनतम बनाए रखने के लिए प्रतियोगिता के विश्व में सार्वभौमिक

प्रतियोगिता करने के लिए पाठ्यक्रम का समयानुसार निरंतर मूल्यांकन किया जाना चाहिए। अधिगम स्थितियों को अधिक गतिशील बनाने के लिए पुराने विषयों एवं शिक्षण विधियों को दूर करना चाहिए तथा बाकी संसार के साथ चलने के लिए उनके स्थान पर नवीन विषयों का, विधियों का समावेश किया जाना चाहिए।

पाठ्यक्रम का मूल्यांकन इसकी प्रमाणिकता के आधार पर किया जाना चाहिए कि क्या विद्यार्थी वांछित ज्ञान एवं कौशल को ग्रहण कर पा रहे हैं अथवा नहीं, शारीरिक शिक्षा के समग्र उद्देश्यों के प्रति इसके प्रयास तथा व्यावहारिक परिवर्तनों के लिए उपकरणों को प्रभावोत्पादकता आदि पर वांछित उद्देश्यों की पूर्ति हो पा रही है अथवा नहीं।

पाठ्यक्रम का मूल्यांकन कैसे किया जाए

विभाग के पाठ्यक्रम निर्माण, लागू करने एवं मूल्यांकन करने के अधिकार पर कोई प्रश्न नहीं किया जा सकता किन्तु बाहर के विशेषज्ञों एवं विद्याथियों के इसके मूल्यांकन में शामिल होने से शिक्षा प्रक्रिया को अधिक सशक्त एवं पारदर्शी बनाया जा सकता है। स्वतंत्र एवं निष्पक्ष विचार, टिप्पणियां, सुझाव एवं मूल्यांकन रिपोट्रो पाठ्यक्रम में समयानुसार वांछित परिवर्तन एवं आवश्यक सुधार करने अत्यंत उपयोगी सिद्ध होती है।

विशेषज्ञों के लिए प्रश्नावलियां, साक्षात्कार, औपचारिक एवं अंश-औपचारिक बैठकें तथा उनके विचारों, निर्देशित संवादों को अन्य लोगों जो पाठ्यक्रम मूल्यांकन के लिए महत्त्वपूर्ण है के साथ रिकार्ड किया जाए।

अध्यापकों के प्रदर्शन का मूल्यांकनः

अध्यापकों, प्रशिक्षकों, शिक्षकों एवं निर्देशकों का मूल्यांकन अकादमिक, व्यावसायिक एवं प्रशासकीय कारणों से आवश्यक है। यह उनकी कार्य के लिए उपयुक्तता, उनकी व्यावसायिक क्षमता, उनके द्वारा प्रदान की जाने वाली नेतृत्व (प्रशासन) की गुणवत्ता, एवं उनकी न्यूनताएं जिनमें सुधार करने की आवश्यकता है, के मूल्यांकन में सहायक होती है।

अध्यापक के प्रदर्शन के मूल्यांकन को निम्न चार साधनों से निर्धारित किया जा सकता है। जैसे-

1. मूल्यांकन के सामान्य संकेत द्वारा
2. स्वयं मूल्यांकित रूप-रेखा मूल्यांकन
3. अध्यापकों का सूक्ष्म मूल्यांकन
4. अध्यापकों का विद्यार्थियों द्वारा मूल्यांकन
5. वार्षिक विश्वसनीय रिपोर्ट

मूल्यांकन के सामान्य संकेत

सामान्यतः अध्यापक के प्रदर्शन के मूल्यांकन के संकेत इस प्रकार हैं-

1. विद्यार्थियों की वार्षिक परीक्षाओं द्वारा उनका प्रदर्शन
2. विद्यार्थियों का खेलों में प्रदर्शन (अन्तर-स्कूल, अन्तर कॉलेज, अन्तर विश्वविद्यालय, राज्य, राष्ट्रीय एवं अन्तर्राष्ट्रीय खेल प्रतियोगिताएं)
3. विद्यार्थियों की राष्ट्रीय कैडेट कोर, राष्ट्रीय सेवा योजना, सांस्कृतिक गतिविधियां, वाद-विवाद एवं भाषण तथा अन्य आदि में सहभागिता तथा प्रदर्शन।
4. विद्यार्थियों का विभिन्न क्षेत्रों, राष्ट्रीय सेवाओं, एवं सैन्य सहायक सेवाएं, राज्य सेवाएं, शैक्षणिक सेवाएं, आई.टी. सेवाएं आदि में चुनाव अथवा स्थानापन्न।

स्वयं मूल्यांकित रूप रेखा मूल्यांकनः

स्वयं मूल्यांकन का भी एक प्रावधान होता है। विभाग के प्रत्येक सदस्य को एक रूप रेखा प्रदान की जाती है जिसे अपनी क्रियाओं, अपनी प्राप्तियों तथा कमियों, सबलताओं तथा दुर्बलताओं जो लक्ष्यों की प्राप्ति में रहे हैं के आधार पर पूर्ण किया जाता है और यही पूर्ण की गई रूप रेखा इसी प्रकार उच्च अधिकारियों के पास आगे की आवश्यक कार्यवाही उचित ध्यान के लिए प्रस्तुत किया जाता है।

अध्यापकों का सूक्ष्म मूल्यांकनः

अध्यापकों के विरोधी पक्षों के मूल्यांकन को सूक्ष्म मूल्यांकन कहा जाता है। यह न तो अधिकारिक व्यवहार होता है अथवा न ही प्रशासकीय दायित्व। सूक्ष्म मूल्यांकन अध्यापक के व्यवहार सामाजिक सामंजस्य, व्यावसायिक एवं प्रशासकीय क्षमता, क्षमता, मनोवृत्ति एवं कुशलता आदि के लिए सामान्य प्रभाव उत्पन्न करता है। इसलिए व्यक्तिगत अध्यापकों के मूल्यांकन के संबंध में तार्किक निष्कर्ष तक पहुंचने के लिए प्रशासक की सहायता करता है। शैक्षणिक संस्थाओं में इसे अधिकारिक रूप से अपनाया गया है, यह अध्यापकों के स्तर के मूल्यांकन के लिए अत्यन्त कुशल विधि माना जाता है। अकादमिक स्तरों एवं सामान्य व्यवहार का मूल्यांकन अकादमिक अधिकारियों द्वारा किया जाता है। अकादमिक स्तरों एवं सामान्य व्यवहार का

मूल्यांकन आदमिक अधिकारियों द्वारा किया जाता है। मूल्यांकन के इस साधन में सूक्ष्म आदर्शों के बावजूद अनेक कमियों के कारण यह मंद पड़ जाता है। होरेन के अनुसार (a) कक्षा में सरकारी दौरे को आयोजित करना कठिन है। (b) मूल्यांकन प्रक्रिया में व्यक्तिगत टकराहट हो सकती हैं। (c) शिक्षण गुणवत्ता के लिए कोई निर्धारित मानक नहीं होते। (d) अध्यापक सामान्यत: अपने सहकर्मियों द्वारा अपने मूल्यांकन को पसन्द नहीं करते। (e) सूक्ष्म मूल्यांकन निरन्तर आवश्यक समय एवं कागजी कार्य की मांग करता है एवं (f) यदि ईमानदारी पूर्ण ढंग से किया जाए तो मित्रता खतरे में पड़ जाती है।

सूक्ष्म मूल्यांकन के पक्ष में अथवा विपक्ष में तथ्यों को समान महत्त्व दिया जाता है फिर भी नियन्त्रित स्थितियों के द्वारा यह लोहे को लोहे द्वारा काटने तथा स्वरूप प्रदान करने की अच्छी रणनीति है।

अध्यापकों का विद्यार्थियों द्वारा मूल्यांकन:

विद्यार्थियों द्वारा मूल्यांकन अध्यापक मूल्यांकन की नवीनतम एवं लोकतांत्रिक धारणा है। इस दृष्टि को आंतरिक एवं बाहरी दोनों ओर से भरपूर समर्थन प्राप्त हुआ है। इसके व्यावहारिक रूप से लागू होने के लिए यह अध्यापकों से उनके कार्य-रूपों एवं छूट तथा उन्हें नर्म ढंग से स्वीकार करने के उत्तरदायित्व की मांग करता है। विद्यार्थियों द्वारा अध्यापकों का इन पक्षों, विषय अथवा क्रिया का व्यावहारिक ज्ञान, सामान्य ज्ञान, समय की पाबंदी, सौहार्द, ईमानदारी, आगे बढ़ना, आचरण एवं सक्षमता आदि में मूल्यांकन का होना अत्यन्त आवश्यक होता है। इस प्रकार के मूल्यांकन के लिए गुप्त एवं बेनाम सूचना का होना आवश्यक होता है ताकि कोई भी विद्यार्थी दोषी न ठहराया जा सके। विद्यार्थियों द्वारा अध्यापकों के मूल्यांकन का पक्ष लेने वालों को इसके द्वारा संस्था में अकादमिक वातावरण में सर्वांगीण सुधार का विश्वास होता है। यदि इसे उचित ढंग से एवं उचित भावना से किया जाए तो यह कर्मचारियों को अध्यापकों द्वारा उनकी असफलता को दूर करके अच्छा शिक्षण प्रदान करने के लिए उचित सहायता प्रदान करती है। उनको अपनी क्षमताओं में सुधार के लिए उचित अवसर प्रदान करना अध्यापक की प्रतिष्ठा युक्ति तथा अकादमिक लोकप्रियता के लिए अन्त:करण प्रदान करना एवं अध्यापकों के प्रशंसा अथवा ईनाम के लिए परिचय पत्रों की जांच।

यह कहना उचित है कि कॉलेज एवं विश्वविद्यालय अध्यापक का विद्यार्थी मूल्यांकन उपयुक्त एवं अर्थ-पूर्ण होता है, क्योंकि इस स्तर पर विद्यार्थीयों में उचित व अनुचित के प्रति समझ होती है। वे अपने विचार स्वतंत्र एवं खुलकर अभिव्यक्त कर सकते हैं। दूसरी ओर कम शक्ति परन्तु अन्यथा सम्मानजनक स्कूल विद्यार्थी के लिए यह अत्यन्त मुश्किल होता है कि अपने उन अध्यापकों जिनके प्रति श्रेष्ठ भावना रखते हैं का मूल्यांकन करना कठिन हो जाता है। इसके साथ उन्हें बड़ी मुश्किल से व्यक्तित्व, आचरण, एकरूपता आदि के अर्थ की समझ आएगी कि उनसे मूल्यांकन के समय क्या पूछना है। फिर भी सीनियर सैकण्डरी स्कूल के विद्यार्थियों द्वारा अपने अध्यापकों के मूल्यांकन से प्राप्त अच्छे परिणाम मापदंडों से ठोस, व्यापक एवं आसानी से समझ में आने वाले प्राप्त हो सकेंगे।

विद्यार्थियों द्वारा अध्यापकों के मूल्यांकन के लिए उपयोगी दिशा-निर्देश निम्न है।

1. केवल मानक उपकरणों, परीक्षणों एवं प्रणालियों का प्रयोग करना यदि उपलब्ध हैं अथवा वे विभाग के अध्यापकों द्वारा निरूपित किए जा सकते हैं।
2. प्रणाली की सामान्य एवं आसान बनाया जाए ताकि अनुसरण किया जा सके।
3. सभी संबंधित लोगों को इससे अवगत करवाया जाए कि मूल्यांकन का प्रमुख उद्देश्य अध्यापन के स्तर में सुधार करना है न कि अध्यापकों को अपराध- बोध करवाना है।
4. मूल्यांकन की विस्तृत सूचना सावधानीपूर्वक दिखाई जाए ताकि सभी इसके विषय में जान सके।
5. संगठन/संस्था के बाहरी प्रयोग के लिए प्रश्नावली तैयार करना।
6. परिणामों को सार्वजनिक नहीं करना चाहिए परन्तु यदि आवश्यक हो तो अध्यापकों से संबंधित वांछित सूचना को लोगों तक आवश्यक रूप से पहुंचाया जाए।

विद्यार्थियों द्वारा अध्यापकों के मूल्यांकन के मापदंड

निम्न मापदण्डों का प्रयोग अध्यापकों के मूल्यांकन करने के लिए विद्यार्थियों को उचित दिशा का ज्ञान होना चाहिए। इस मापदण्ड का उद्देश्य शिक्षण में सुधार करना है। मापदण्ड की कोई भी टिप्पणी बिना हल नहीं होनी चाहिए। बॉक्स में टिप्पणी

के समक्ष अंक निर्धारण 1 = वरिष्ठ, 2 = अच्छा, 3 = सामान्य, 4 = सामान्य से कम। जहां तक संभव हो खुले रूप से एवं ईमानदारी से स्पष्ट करें। इस स्केल पर हस्ताक्षर नहीं करना।

अध्यापक का नाम

1. अध्यापन के समय वह संतुलन बनाए रखता/रखती है।
2. सामान्यतः मेरा ध्यान बनाए रखता/रखती हैं।
3. वक्तव्य/क्रियाओं का प्रभावी आयोजन करता/करती है।
4. वह उपस्थिति में निरन्तर एवं समय का/की पाबंद है।
5. उचित समय पर मूल्यांकन/परीक्षण करता/करती है।
6. कक्षा में आरामदायक वातावरण का सृजन करता/करती है।
7. वह अपने शिक्षण में उत्साही है।
8. कक्षा के समय का निपुण प्रयोग करता/करती है।
9. विषय सामग्री को अच्छी तरह जानता/जानती है।
10. नवीनतम शिक्षण साधनों एवं विविधायों का निपुणता से प्रयोग करता/करती है।
11. वह विद्यार्थियों के प्रति शिष्ट है।
12. विद्यार्थियों से सम्मान प्राप्त करता/करती है।
13. कक्षा के बाहर प्रसन्नता से सहायता करता/करती है।
14. गृह कार्य सामान्यतः संगत एवं उचित होता है।
15. वह सभी विद्यार्थियों के साथ निष्पक्ष संबंध रखता/रखती है।
16. मुश्किल विषय सामग्री को आसानी से स्पष्ट करता/करती है।
17. उसमें विद्यार्थियों के स्तर के अनुरूप प्रभावी सम्प्रेषण का कौशल है।
18. शिक्षक जैसा प्रतीत होता है।
19. विषय में मेरी रुचियों को उत्साहित करता/करती है।
20. विकर्षण की शैली नहीं है।
21. वह दृढ़ पर निष्पक्ष है।

वार्षिक विश्वसनीय मूल्यांकन रिपोर्ट

यह एक स्थापित कार्यालयी प्रणाली है जिसमें विभाग के कर्मचारियों का उनके व्यक्तिगत एवं व्यावसायिक प्राप्तियों, आचरण एवं व्यवहार, विचारों एवं शोधों, संस्था के विकास में तथा विद्यार्थियों के कल्याण में योगदान, शोध, शैक्षणिक सुधारों की क्रियाओं में सहभागिता, सेवा कालीन प्रशिक्षण आदि का मूल्यांकन किया जाता है। वार्षिक विश्वसनीय मूल्यांकन रिपोर्ट संस्था/विभाग के अध्यक्ष द्वारा शिक्षा विभाग द्वारा उपलब्ध निर्देशों के आलोक में तैयार की जाती है।

अन्ततः यह अनुभूत किया जाता है कि अध्यापकों के प्रदर्शन में मूल्यांकन की प्रकृति अत्यन्त विस्तृत है तथा विश्व में यह विवादित समस्या है। व्यवहार में प्रयोग करते हुए व्यक्तिगत पसन्द, नापसन्द की चुनौतियों का सामना करना पड़ता है, तथा मूल्यांकन करने वालों के अभियान तथा घृणा विशेषकर वे जो गैर तकनीकी हैं, का सामना करना पड़ता है। प्रशासक एवं अकादमिक अधिकारी अध्यापकों के प्रदर्शन के मूल्यांकन की प्रक्रियाओं, प्रणालियों तथा विधियों के संबंध में एकमत नहीं हो सके हैं। इसलिए सामान्य समझौता यह हुआ कि एक रेटिंग स्केल जो कौशलों, सक्षमताओं, गुणों, विशेषताओं, जैसे कि अच्छे ढ़ग से प्रशिक्षित, अच्छी वक्तव्य कला, अच्छा दिखाई देना, मनोहर व्यक्तित्व, उत्साही, आकर्षित वाणी, लचकशीलता, विनोदी, अन्तःकरण, दूरदर्शिता, निर्णय वास्तविकता, स्वीकार्यता, आरम्भिकता, अडिगता, आत्म-विश्वास, समन्वयता, प्रतियोगिता, सहयोग, नेतृत्व, समय-पाबन्दी, भावात्मक स्थिरता, बौद्धिकता, ऊर्जा, प्रेरणा, संगठन की योग्यता, प्रेरित, अच्छा श्रोता, कार्य दबाव एवं उलझन को सहन कर सके, विद्यार्थियों तथा संस्था के अथवा विभाग के अध्यक्ष के साथ अच्छा संबंध बना सके, पर आधारित होता है जो संभवतः अध्यापकों के प्रदर्शन से जुड़ी हुई बहुत सी समस्याओं को हल करने में सहायक होता है।

सेवा नियमों के प्रकाश तथा प्रत्येक कार्यालय द्वारा उनके आयोजन में यह केवल महत्त्वपूर्ण ही नहीं है, बल्कि प्रत्येक प्रशासक के लिए आवश्यक है कि वह प्रत्येक मौखिक एवं लिखित निर्देश चेतावनी, अध्यापकों के मूल्यांकन की विश्वसनीय लिखित ध्यान जिसके द्वारा दण्ड निर्धारण की प्रशंसा, इनाम, प्रशंसा, उन्नति आदि को ध्यान में रखे। लिखित प्रमाण के अभाव में संस्था अथवा विभाग के अध्यक्ष के द्वारा लिया गया निर्णय चुनौतीपूर्ण हो सकता है। इसलिए उसे अपने अधीनस्थों के लिए किसी भी कोर्स की कार्यवाही के पक्ष अथवा विरोध में अधिक सतर्क होना चाहिए।

विद्यार्थी मूल्यांकन

विद्यार्थियों का मूल्यांकन दो उद्देश्यों से किया जाता है- प्रथम तो उनमें विभिन्न पक्षों से प्रगति की प्रवृत्ति को देखना, दूसरा अध्यापक के शिक्षण की प्रभावोत्पादकता को जानना जो प्रगति की प्रवृत्ति द्वारा प्रतिबिम्बित होती है तथा विभिन्न परीक्षणों द्वारा दिखाई पड़ती है।

विद्यार्थियों का मूल्यांकन दोनों उद्देश्यों की पूर्ति करते हैं तथा विद्यार्थियों एवं अध्यापकों को सचेत रखते हैं। यहां केवल विद्यार्थियों के मूल्यांकन पर चर्चा की जाएगी। विद्यार्थियों के मूल्यांकन में उसका भौतिक विकास, कौशल विकास एवं ज्ञान के मूल्यों का ज्ञान एवं समझ में विकास, सामाजिक विकास का मूल्यांकन एवं अकादमिक विकास का मूल्यांकन आदि की प्राप्तियों को शामिल किया जाता है। विद्यार्थियों की उपर्युक्त पक्षों में प्राप्तियों को लिखित एवं शारीरिक प्रदर्शन परीक्षाओं द्वारा मूल्यांकन किया जा सकता है।

शारीरिक स्फूर्ति की दृष्टि से शारीरिक विकास की प्राप्ति का मूल्यांकन

इस पक्ष को अकेले परीक्षण द्वारा मूल्यांकन किया जा सकता है, क्योंकि इसमें स्वास्थ्य से संबंधित स्फूर्ति, गतिशील स्फूर्ति योग्यता आदि अनेक तत्त्व शामिल होते हैं। एक टेस्ट बैटरी जिसमें विभिन्न परीक्षण प्रत्येक विविध तत्त्व होते हैं, की आवश्यकता होती है। विश्व में अनेक विश्वविद्यालय, राज्य एवं देश हैं जिन्होंने उत्तम टेस्ट बैटरियां विकसित करती है जैसे कैलीफोर्निया, औरीगन, न्यूयार्क, वाशिंगटन एवं इंडीयाना आदि। संभवत: अत्यधिक विस्तृत शारीरिक स्फूर्ति परीक्षण का प्रयोग किया जाता है जो अमेरिकन स्वास्थ्य गठजोड़ द्वारा विकसित किया गया है, शारीरिक शिक्षा एवं मनोरंजन, जिसको AAHPER युवा स्फूर्ति परीक्षण के नाम से लोकप्रिय है। इस परीक्षण की विशिष्टता यह है कि इस परीक्षण को 5-12 ग्रेड के लड़के-लड़कियों की प्रत्येक परीक्षण इकाई को राष्ट्रीय नियमन प्राप्त है। कॉलेज पुरुषों एवं महिलाओं के लिए भी नियमन उपलब्ध हैं। यहां शारीरिक शिक्षा के विद्यार्थियों के लिए यह सम्मिलित करना उचित है कि परीक्षण के लिए किसी भी विश्वविद्यालय, राज्य अथवा राष्ट्र द्वारा चयनित इकाई का दूसरों द्वारा प्रयोग किया जा सकता है परन्तु प्रयोगकर्त्ताओं को विशिष्ट जनसंख्या जिस पर इन टेस्टों को लागू करने के लिए विशिष्ट नियमों को विकसित करना होगा। यदि प्रशासक किसी पूर्व स्थापित परीक्षण का किसी कारणवश विद्यार्थियों की शारीरिक स्फूर्ति के लिए प्रयोग नहीं करना चाहता वह शारीरिक स्फूर्ति अथवा गतिशील स्फूर्ति के विभिन्न तत्त्वों के लिए अलग-अलग परीक्षणों का प्रयोग कर सकता है।

जैसे—कार्डियोवास्कूलर स्फूर्ति परीक्षण, हारवर्ड स्टेप टेस्ट, ताकत परीक्षण (क्रॉस-वेबस्टर टेस्ट), सामर्थ्य परीक्षण (कूपर का 12 मिनट दौड़ना चलना परीक्षण एवं फुरती परीक्षण (प्रस्ताव परीक्षण) आदि। परीक्षण बैटरियों अथवा व्यक्तिगत परीक्षण के द्वारा जो उसी आयु के बालक अथवा युवा हैं के प्रदर्शन की तुलना के द्वारा किया जा सकता है। इस प्रकार शारीरिक शिक्षा कार्यक्रम की प्रभावोत्पादकता को मूल्यांकित किया जा सकता है। इसके विद्यार्थी वांछित मापदण्डों को प्राप्त करने में अक्षम हो जाते हैं, प्रशासक को उन कारणों को अवश्य जानना चाहिए। संभवत: कारण उपयुक्त समय आबंटन एवं निम्न सुविधाएं हो सकते हैं। इसका कारण निम्न योग्यता वाले अध्यापक अथवा शारीरिक विकास के उद्देश्यों पर कम ध्यान दिया जाना है।

गतिशील (खेल) कौशल विकास की प्राप्ति का मूल्यांकन

गतिशील (खेल) कौशल विकास के लिए एक से अधिक परीक्षणों का होना आवश्यक होता है। वस्तुत: एक खेल कौशल की उपयुक्तता को जांचने के लिए परीक्षणों की बैटरी आवश्यक होती है। विशेष खेल अथवा गतिविधि से संबंधित गतिशील कौशल टेस्टों में विभिन्नता विद्यमान है। इनमें से कुछ उत्तम परीक्षण हैं परन्तु अनेकों में इनकी न्यूनताएं हैं जो इनके प्रयोग की पूर्व-सूचना देती है। जब किसी परीक्षण का प्रयोग किया जाता है तो प्रयोग से पूर्व स्थानीय स्थितियों के अनुसार इनकी जांच करवा लेनी चाहिए। कुछ पूर्ण परिचित कौशल परीक्षण हाइटी तीरंदाजी प्राप्ति परीक्षण हैं, फ्रेंच सेटलर बेडमिन्टन कौशल, केलसन बेसबाल परीक्षण, जोहनसन बास्केटवाल, ब्रेस फुटबाल प्राप्ति परीक्षण, टेबल टेनिस बेकबोर्ड परीक्षण, रशल लेनग वालीबाल परीक्षण, ब्रोवर मिल्लर टेनिस परीक्षण आदि।

(Hy de archery achievement Test; French Stalter Badminton Skill test, Kelson Baseball Tests, Johnson Basketball Test, Brace Football Achievement Test, Table Tennis Backboard Test, Russel Lange Volleyball Test, Broer-Miller Tennis Test etc.)

ज्ञान एवं समझ का मूल्यांकन

किसी विशेष/खेल/भावना, शारीरिक शिक्षा के कार्यक्रम में समग्रत:, प्रशिक्षण प्रभावों आदि के संबंध में ज्ञान एवं समझ को लिखित परीक्षा अथवा शारीरिक परीक्षा अथवा दोनों द्वारा मूल्यांकित किया जा सकता है। ये परीक्षण अध्यापकों अथवा प्रशिक्षक अथवा शिक्षक द्वारा तैयार किए हुए हो सकते हैं अथवा वे पूर्ण स्थापित तथा प्रकाशित हो सकते हैं जो संतोषजनक ढंग से प्रमाणित एवं नियमबद्ध होते हैं।

इन परीक्षणों में इनमें से कोई अथवा सभी क्षेत्र शामिल होते हैं।

(क) कौशल प्रदर्शन का ज्ञान

(ख) नियम एवं उनका व्यवहार

(ग) खेल युक्ति एवं क्रिया ढांचा

(घ) सुरक्षात्मक आवश्यकताएं

(ङ) व्यवहारिक प्रणाली

(च) क्रियाओं का स्वास्थ्य पर प्रभाव

(छ) क्रिया के उपयुक्त शिष्टाचार संहिता

(ज) संपूर्ण रचना की गतिविधि में उपयोगिता की समझ

(झ) प्रदर्शन को प्रभावित करने वाले तथ्य जैसे आयु, लिंग, नशीले पदार्थों का सेवन, पोषण, थकावट, शराब का सेवन एवं तम्बाकू का प्रयोग

लगभग सभी गतिविधियों/खेलों के लिए शारीरिक शिक्षा ज्ञान परीक्षण तथा कौशल एवं स्फूर्ति परीक्षण होते हैं जिनके द्वारा विद्यार्थियों की खेलों/गतिविधियों एवं स्फूर्ति के संबंध में ज्ञान एवं समझ का मूल्यांकन किया जा सकता है तथा इनकी एक दूसरे के साथ तुलना की जाती है तथा अपने पिछले कार्य से तुलना की जाती है जिससे इसकी प्रगति की प्रवृत्ति को जाना जा सकता है।

सामाजिक विकास का मूल्यांकन

दुर्भाग्यवश न तो बालक अथवा विद्यार्थी के सामाजिक विकास के लिए नियोजन किया जाता है न ही उसके जीवन के अत्यन्त महत्त्वपूर्ण पक्ष के मूल्यांकन पर ध्यान दिया जाता है। संभवतः इस बात की ओर ध्यान नहीं दिया जाता कि सामाजिक विकास शारीरिक शिक्षा के अध्यापक का सहवर्ती कार्य है, इसलिए विकास नियोजन एवं सामाजिक मूल्यांकन कार्यक्रम के स्वरूप की ओर ध्यान नहीं दिया जाता। व्यावहारिक स्तर पर चाहे सामाजिक सामंजस्य को मापने के लिए अनेक परीक्षण एवं रेटिंग परीक्षण उपलब्ध हैं। सामाजिक मापक तकनीक में मेट्रिक्स चार्ट एवं सोसीयोग्राफ के प्रयोग को शामिल करने से विद्यार्थियों में लोकप्रिय भी हो सकते हैं एवं अप्रिय भी हो सकते हैं। सामाजिक विकास की विशेषता को ध्यान में रखते हुए शारीरिक शिक्षा कार्यक्रम को सामाजिक योग्यताओं के विकास को प्राप्त करने के अनुसार सुधारा जा सकता है।

अकादमिक विकास का मूल्यांकन

मुश्किल से कहीं कोई ऐसी शैक्षणिक संस्था होती है जो बालक के शैक्षिक विकास के प्रति सचेत नहीं होती। वस्तुतः कई बार यह अनुभूत हुआ है कि स्कूल विद्यार्थियों को भारी स्कूल थैलों एवं अरोचक कार्यों के भार के नीचे दबा देते हैं। साथ ही स्कूल जाने वाले विद्यार्थियों को वर्ष भर में अनेक प्रकार की परीक्षाएं देनी पड़ती है। फिर भी यह तथ्य है कि अकादमिक विकास को प्राप्त करने के लिए विद्यार्थी के व्यक्तित्व के सर्वांगीण विकास को संभावी बनाने के लिए व्यक्तित्व के सभी पक्षों पर संतुलित ध्यान दिया जाता है।

कई मानक एवं अध्यापक निर्मित परीक्षण होते हैं जो विद्यार्थियों के अकादमिक मूल्यांकन को जांचने के लिए स्कूल परीक्षाओं में आयोजित किए जाते हैं। परीक्षणों एवं परीक्षाओं द्वारा विद्यार्थियों की मानसिक योग्यता (बौद्धिक उद्धरण तथा सामान्य बौद्धिक स्तर, शक्ति ग्रहण केन्द्रित स्तर, मनोवृत्ति एवं अभिरुचि आदि) को मापा जाता है। विद्यार्थियों की कक्षा में परिणाम से प्राप्त उनके स्थान भी उनके अकादमिक प्राप्तियों (उत्तम, अच्छा, सामान्य अथवा सामान्य से कम आदि) के निर्धारण का आधार बनते हैं, परिणामों के प्रकाश में अध्यापक, अभिभावक, स्कूल/कॉलेज अधिकारी विद्यार्थी के सबल एवं दुर्बल पक्ष के साथ-साथ प्रबन्धकीय एवं शिक्षण की सबलता एवं दुर्बलता के प्रति सचेत हो जाते हैं।

स्वयं मूल्यांकन

अनेक प्रशासक (संस्था अथवा विभाग के अध्यक्ष) अपने स्वंय के नेतृत्व के मूल्यांकन के विषयों में कभी नहीं सोचते। वे संगठन में सभी का मूल्यांकन करते हैं परन्तु कुछ कारणों से अपना मूल्यांकन करना भूल जाते हैं। संस्था, विभाग, संगठन आदि के विकास के लिए उसके नेतृत्व के साथ सभी के प्रदर्शन का विशेष महत्व है। इसलिए यह अत्यंत आवश्यक है कि जिस प्रकार से वे इकाई का प्रशासन करते हैं उनका मूल्यांकन किया जाना चाहिए।

स्वयं मूल्यांकन के लिए मापदण्ड

यदि कोई विभाग अथवा संस्था अपने उद्देश्यों को प्राप्त करने में सफल है, इसका विभाग उत्तम ढंग से कार्य कर रहा है, एवं यदि कार्यक्रम एवं सुविधाएं मानकों के अनुरूप है, तो प्रशासन प्रत्येक दृष्टि से पूर्णतः सफल माना जाता है। फिर भी प्रशासक जिस सफलता को प्राप्त कर चुका है, उसे यह ज्ञात होना चाहिए पूर्णता कभी प्राप्त नहीं की जा सकती तथा अनेक क्षेत्र जिनमें अभी और सुधार किया जा सकता है।

अपने प्रशासन में पूर्ण सफलता प्राप्त करने के लिए प्रशासक को प्रशासन के निम्न महत्त्वपूर्ण पक्षों पर ध्यान देना चाहिए।

1. प्रशासक संस्था अथवा विभाग के प्रत्येक सदस्य से 100 प्रतिशत प्रयास करने में सफलता प्राप्त करता है।
2. वह उपलब्ध बजट एवं संसाधनों को उचित रूप से बांटने में सफलता प्राप्त करता है।
3. विभाग के सभी सदस्यों में कार्य की उच्च नैतिकता एवं भावना प्रचलित करना।
4. संस्था अथवा विभाग की समाज अथवा संस्था में अच्छी प्रतिष्ठा बनी हुई होती है।
5. विभाग के सदस्य संस्था अथवा विभाग के प्रति अथवा एक दूसरे के प्रति तथा संस्था अथवा विभाग के उद्देश्यों के प्रति वफादार होते हैं।
6. प्रशासन अथवा संस्था का अध्यक्ष विभाग के सभी सदस्यों अथवा सहकर्मियों के प्रति ईमानदार रहता है।
7. संस्था अथवा विभाग के अध्यक्ष इस प्रकार के मूल्यों के उदाहरण सामने रखते हैं जिन पर संस्था अथवा विभाग खड़ा हुआ है।
8. प्रशासक के निर्णयों एवं कार्यों में एकरूपता होनी चाहिए।
9. दैनिक कागजों एवं बिल के निपटारे में तत्परता।
10. निरन्तर सदस्यों की बैठकें आयोजित की जाती है।
11. विभाग के सदस्यों को उनकी रुचियों के निर्णयों सहित सम्मिलित करना।
12. विभाग के सदस्यों एवं विद्यार्थियों के विचारों को प्रशासन सम्मान प्रदान करें।
13. शारीरिक शिक्षा कार्यक्रम को अन्य विभाग कार्यक्रमों के अनुसार समानता के आधार पर स्वीकार किया जाता है।
14. पाठ्यक्रम विकास एवं सहयोगपूर्ण प्रक्रिया है।
15. संगठनात्मकता उद्देश्यपूर्ण किए जाते हैं।
16. विभाग के सदस्यों को विचारों में मतभेद करने की स्वतंत्रता होती है।
17. उच्च अधिकारियों एवं विभाग के सदस्यों एवं विद्यार्थियों के बीच सम्प्रेषण के साधन खुले होने चाहिए।
18. विभाग के सभी सदस्य संस्था अथवा विभाग के विकास की नीतियों में सहभागी होते हैं।
19. विभाग के सदस्यों को अपने शिक्षण संबंधी उत्तरदायित्वों को निभाने के समान अवसर प्रदान किए जाते हैं।
20. विभाग के सदस्यों को जब उनके उत्तरदायित्वों में परिवर्तन किया जाता है तो सूचित कर दिया जाता है।

मूल्यांकन का अनुसरण

मूल्यांकन की प्रक्रिया निरन्तर कार्यक्रम के अभाव में अधूरी है। मूल्यांकन में प्रयोग की जाने वाली प्रणालियों, अभ्यासों अथवा विधियों के संदर्भ में महत्त्वपूर्ण तथ्य है कि परिणाम का संगठन, संस्था, विभाग, पाठ्यक्रम, अध्यापक अथवा विद्यार्थियों को सर्वोत्तम लाभ प्राप्त होता है। सभी संबंधित व्यक्तियों को मूल्यांकन के परिणामों से परिचित करवाया जाना चाहिए ताकि सुधार को प्रभावित करने के लिए सकारात्मक कदम उठाए जा सके। ऐसा बिना कहे होता है कि मूल्यांकन के परिणाम असंगत से संबंधित तथा कार्यक्रम के विकल्प के रूप में पूर्ण नहीं होने चाहिए। दूसरी ओर एक अच्छा अनुसरण कार्यक्रम एक ऐसा तथ्य होता है जो एक निश्चित समय में सुधार कार्यक्रमों में महत्त्वपूर्ण होता है। जब इस प्रणाली का अनुसरण किया जाता है तो आमतौर पर वांछित व्यवहार प्राप्त होते हैं अथवा सुधार किए जाते हैं तथा उन व्यवहारों का जो अनावांछित होते हैं तथा समय की मांग के अनुरूप उन्हें कम किया जाता है।

एक अध्यापक एवं प्रशासक के लिए मूल्यांकन के उद्देश्य

सामान्यत: इनका उद्देश्य होता है– **''वह सीमा निर्धारित करना करना जिसके द्वारा उपलब्ध अनुभव विद्यार्थियों के वांछित अधिगम के रूप में प्रतिबिम्बित होते हैं''** दूसरी ओर इनका कार्य व्यक्ति/समूह के गुणों, योग्यताओं एवं विशेषताओं का निर्धारण करना है।

मूल्यांकन के विविध उद्देश्य होते हैं जो स्थितियों एवं व्यवस्थाओं में जहां यह मूल्यांकन किया जाता है, पर निर्भर करते हैं। अर्थात् इसके उद्देश्य मूल्यांकनकर्त्ताओं–अध्यापक, प्रशासक, विद्यार्थी आदि द्वारा निर्धारित किए जाते हैं। यहां हम उन उद्देश्यों की चर्चा करेंगे जब मूल्यांकन अध्यापक एवं प्रशासक द्वारा किया जाता है–

मूल्यांकन के अध्यापक से संबंधित उद्देश्य– जब अध्यापक द्वारा मूल्यांकन किया जाता है तब यह सहायता करता है–

1. उस विस्तार को अत्यन्त प्रसन्न बना देना जिससे विद्यार्थियों द्वारा कोई गतिविधि अथवा विषय सीखा जाता है।
2. यह पता लगाना कि क्या उपलब्ध अधिगम अनुभव व्यवहार में वांछित परिवर्तन पैदा करने में प्रेरित हुए हैं अथवा नहीं।
3. विद्यार्थियों के व्यक्तित्व की सबलता तथा दुर्बलताओं, रूपरेखा तथा शारीरिक विशेषताओं का पता लगाना।
4. प्रेरणा की व्यवस्था में न्यूनताओं की ओर ध्यान दिलाना तथा शारीरिक शिक्षा एवं खेलों में प्राप्तियों एवं प्रदर्शन के लिए पुरस्कार प्रदान करना।

5. शारीरिक शिक्षा एवं खेलों में विद्यार्थियों, अभिभावकों एवं अन्य अध्यापकों की रुचियों को उद्दीप्त करने की विधियों के ढंग प्रदान करना।
6. कौशल, सम्प्रेषण, खेल तथा ज्ञान में जो निम्न विद्यार्थी हैं तथा जो खेल एवं गतिविधियों में सबसे आगे है, सबको सहायता प्रदान करना।
7. अनुभवों के आलोक में शिक्षण, प्रशिक्षण एवं प्रतियोगिताओं एवं कक्षाओं (सैद्धान्तिक एवं व्यवहारिक) के आयोजन में परिवर्तन एवं सुधार पैदा करना।

प्रशासक से संबंधित मूल्यांकन के उद्देश्य

जब किसी प्रशासक विभाग का अध्यक्ष (शिक्षा अथवा खेल अथवा दोनों) अथवा संस्था का अध्यक्ष अथवा शिक्षा व्यवस्था में कोई भी अधिकारी) द्वारा मूल्यांकन का कार्य किया जाता है तब मूल्यांकन के निम्न उद्देश्य होते हैं-

1. स्तर निर्धारण करना जिसके अनुसार संगठन, संस्था अथवा किसी विशेष कार्यक्रम के लक्ष्यों को प्राप्त किया जाता है।
2. समाज के लिए उपयोगिता, महत्त्व एवं प्रभाव की दृष्टि से कार्यक्रम के मूल्य को मापना।
3. संस्थान द्वारा निर्धारित अथवा स्थापित मानकों के साथ कार्यक्रम की तुलना करना।
4. शिक्षण तकनीकों एवं विधियों द्वारा अध्यापक की क्षमता को मापा जाता है।
5. कार्यक्रमों, नीतियों, कार्यप्रणालियों एवं कार्यों में व्याप्त सबलता एवं दुर्बलताओं को स्पष्ट करना तथा इनमें उचित सुधार करना।
6. ''मानवीय एवं सामग्री'' में न्यूनताओं एवं अनुपयुक्तता को दूर करने के लिए लघु एवं दीर्घकालीन मापदण्डों का प्रयोग करना तथा इसके लिए सेवा एवं कार्यक्रमों में सुधार करना।
7. अध्यापकों, प्रशासकीय सदस्यों एवं विद्यार्थियों के नेताओं में श्रम संस्कृति को विकसित करना।
8. शिक्षण, प्रशिक्षण एवं ट्रेनिंग की प्रणालियों के लिए नवीन शोधों से परिचय कराना।
9. उच्च पदों के उत्तरदायित्वों के लिए स्थानापन्न हेतु कर्मचारियों के मूल्यांकन के लिए आधार प्रदान करना।
10. संगठन एवं प्रशासन के चल रहे अकादमिक व्यवहार में अच्छे प्रदर्शन के मानक स्थापित करने के लिए उपचारात्मक कदमों को उठाना।

मूल्यांकन की आवश्यकता एवं महत्त्व

मूल्यांकन की आवश्यकता (मूल्यांकन क्यों?): इस प्रश्न ''मूल्यांकन क्यों किया जाता है?'' का उत्तर यह कहकर दिया जा सकता है कि हम किसी संगठन के कार्यक्रम अथवा कार्य का मूल्यांकन उचित पूर्ति सूचना के लिए करते हैं जिसके आधार पर प्रशंसा अथवा कार्यक्रम को आगे चलाया जाता है। परन्तु यह पूर्ण व्याख्या नहीं है।

मूल्यांकन के अनेक कारण होते हैं जो निम्नलिखित हैं-

1. व्यक्तिगत प्रदर्शन में सुधार
2. कार्यक्रम के विकास में समन्वय
3. बाहरी आलोचनात्मक विश्लेषण प्रदान करना
4. व्यक्तिगत विकास को उद्दीप्त करना
5. स्तर के अनुसार मूलभूत आवश्यकताओं को पूर्ण करना
6. कर्मचारियों के कार्यों का उचित निर्धारण

व्यक्तिगत प्रदर्शन में सुधारः

मूल्यांकन का सर्वप्रथम एवं महत्त्वपूर्ण उद्देश्य है प्रदर्शन में सुधार करना जिससे व्यक्ति एवं संस्था दोनों को लाभ प्राप्त होता है।

यह भूत, वर्तमान एवं भविष्य की ओर ध्यान दिलाता है। मूल्यांकन के आयोजन का यहीं प्रमुख कारण है।

कार्यक्रम के विकास में समन्वयः

यह शारीरिक शिक्षा एवं खेल कार्यक्रम की सबलता एवं दुर्बलताओं के सापेक्ष पर प्रकाश प्रक्षेपण करता है जो समग्र कार्यक्रम के विकास में सभी पक्षों में समन्वय स्थापित करने में सहायता करता है।

बाहरी आलोचनात्मक विश्लेषण प्रदान करनाः

विभिन्न कार्यक्रमों में तुलना के लिए तथ्य उपलब्ध करवाने की निरन्तर आवश्यकता होती है। संस्था में कोई भी कार्यक्रम अपने आप में नहीं चलता। आंकड़ों द्वारा आलोचनात्मक विश्लेषण का आधार बनता है जो कार्यक्रम के लिए कम होते, निरन्तर अथवा समर्थन में वृद्धि के लिए निर्णय बनाता है। इसलिए घृणापूर्वक किए गए निर्णयों की अपेक्षा वस्तुनिष्ठ मूल्यांकन के लिए उपलब्ध आंकड़ों के आधार पर परिणाम (प्रगति प्रवृत्ति) तैयार करना अधिक अच्छा है।

व्यक्तिगत विकास को उद्दीप्त करनाः

मूल्यांकन द्वारा व्यक्ति को वर्तमान स्थिति के साथ सम्मिलित नवीन अवसरों अथवा नवीन स्थानों के विषय में ध्यान देने के

लिए सहायक होता है। अर्थात् मूल्यांकन परिणाम व्यक्ति को दूसरे ढंग से व्यक्तिगत विकास को उद्दीप्त करने में सहायता करते हैं। यदि उसके प्रदर्शन में कुछ सुधारात्मक प्रेरक परिणाम प्राप्त होते हैं तो उसे उन्नति प्रदान की जाती है अन्यथा उसे अपनी वर्तमान स्थिति में पदोन्नति के लिए वांछित परिणामों की प्राप्ति के लिए उसे उद्दीप्त किया जाता है।

स्तर के अनुसार मूलभूत आवश्यकताओं को पूर्ण करना: संगठन के लिए सर्वाधिक नैतिक वृद्धि समस्या यह है कि व्यक्तिगत प्रदर्शन के लिए उपयुक्त पूर्ति सूचना नहीं प्राप्त होती है। किसी के प्रदर्शन की पूर्ति सूचना के लिए कहना, एक प्राकृतिक उत्सुकता होती है। मूल्यांकन व्यक्तिगत आवश्यकताओं जैसे अपने स्तर के विषय में जानना आदि को परिपूर्ण करने के लिए निर्देशित होती है।

कर्मचारियों के कार्यों का उचित निर्धारण: यह ध्यान में रखना अत्यन्त महत्त्वपूर्ण होता है कि कर्मचारियों के लिए ईनाम अथवा दण्ड का प्रावधान उद्देश्यपूर्ण, विश्वसनीय एवं प्रमाणिक मूल्यांकन के अभाव में अनुपयुक्त एवं अपूर्ण होगा क्योंकि मूल्यांकन पदोन्नति, धारण-शक्ति, निष्कासन आदि के निर्धारण के लिए सीधा साधन है।

मूल्यांकन का महत्त्व

प्रशासक का लक्ष्य संगठन के उद्देश्यों की प्राप्ति के लिए संपूर्ण प्रयास करना होता है। इसके लिए विभाग के सदस्यों के संपूर्ण सहयोग की आवश्यकता होती है। शारीरिक शिक्षा के प्रशासक के लिए मूल्यांकन अवश्यंभावी एवं अपरिहार्य होता है क्योंकि इनके द्वारा ही वह अपने विभाग के सदस्यों के व्यक्तिगत एवं समूहजनक प्राप्तियों का मूल्यांकन करता है जिससे उनकी सफलता का पता चलता है तथा उनके भविष्य के प्रयासों में सुधार किया जा सकता है। अर्थात् मूल्यांकन शारीरिक शिक्षा के प्रशासक का प्रमुख उत्तरदायित्व होता है। किसी भी जीवन्त एवं गतिशील संस्था के लिए मूल्यांकन के बिना चलना संभव नहीं।

प्रशासक प्रगति की दिशा को तभी जान सकेगा जब परिणामों को वास्तविक उद्देश्यों अथवा निर्धारित लक्ष्यों अथवा स्थापित नियमों के अनुरूप मापने का प्रयास किया जाता है। मूल्यांकन का प्रशासक के लिए महत्त्व इससे ज्ञात होता है कि इसके द्वारा वह अपने कौशलों के प्रभावों को जान सकता है। एक निपुण प्रशासक निरन्तर मूल्यांकन प्रक्रिया पर निर्भर रहता है जैसे एक प्रशिक्षक अपनी टीम के सबल पक्ष तथा दुर्बलताओं को निरन्तर मूल्यांकित करता रहता है ताकि सबल पक्ष को सशक्त किया जा सके तथा दुर्बलताओं को कम किया जा सके। इसलिए प्रशासक के लिए मूल्यांकन एक निरन्तर प्रक्रिया है। बजट एवं कर्मचारियों के विषय में वर्ष में एक निर्णय लिया जाता है परन्तु वे उन निर्णयों पर आधारित होते हैं जो कई महीनों के समयांतराल में लिए जाते हैं। इसलिए एक प्रशासक संगठन एवं इसके कार्यक्रम के प्रत्येक पक्ष के मूल्यांकन के उत्तरदायित्व का निर्वाह करता है। यह एक वांछित स्थिति है क्योंकि एक विस्तृत समय में प्रभावों पर आधारित मूल्यांकन अधिक विश्वसनीय एवं सशक्त होता है। जबकि, जो जल्दी में मूल्यांकन करते हैं उनसे अधिक प्रभावी होता है।

विलियम ने मूल्यांकन के महत्त्व को उचित रूप से अभिव्यक्त किया है- ''आमतौर पर प्रशासक अथवा अध्यापक यह तर्क प्रस्तुत करते हैं कि उनके कार्य का व्यावहारिक पक्ष मूल्यांकन के लिए समय ही, नहीं रहने देता। व्यापार में इस मूल्यांकन को मुनीमी कहा जाता है, यह दिशा-निर्देश करता है तथा परिपूर्णता के स्तर को स्पष्ट करते हैं। प्रशासकीय प्रणाली का महत्त्व धुंधला एवं अज्ञात होता है जब कि उसके लिए मूल्यांकन के प्रयास नहीं किए जाते हैं।''

मूल्यांकन के पक्ष शारीरिक शिक्षा के प्रशासक के लिए मूल्यांकन के महत्त्व को सत्यता प्रमाणित करते हैं। इसके अनेक पक्ष होते हैं। अनेक लोगों के अनेक पक्ष संदर्भित होते हैं।

जो लोग स्कूल अथवा कॉलेज में शारीरिक शिक्षा कार्यक्रम से संबंधित अथवा शामिल होते हैं। ये लोग मूल्यांकित होंगे.....

1. अभिभावक कार्यक्रम के मूल्यांकन के प्रभाव को अपने बच्चों पर देखते हैं।
2. विद्यार्थी अपने अध्यापकों एवं कार्यक्रम का मूल्यांकन करते हैं।
3. अध्यापक विद्यार्थियों की प्राप्तियों का मूल्यांकन करते हैं।
4. अन्य विभागों के सदस्य शारीरिक शिक्षा का मूल्यांकन करते हैं।
5. विभाग का अध्यक्ष, संस्था के अध्यक्ष तथा साथ-साथ विभाग के सदस्यों द्वारा मूल्यांकित होता है।
6. विभाग का अध्यक्ष विभाग के सदस्यों तथा अन्य प्रदर्शन तथा प्राप्तियों का मूल्यांकन करता है।
7. अन्ततः प्रशासक को स्वयं मूल्यांकन करना चाहिए।

मूल्यांकन के उपर्युक्त विवेचित सभी पक्ष महत्त्वपूर्ण होते हैं परन्तु इनमें एक ऐसा पक्ष है जो इन सबमें सर्वाधिक महत्त्वपूर्ण पक्ष पर होता है।

यह है विद्यार्थियों की प्राप्तियों का मूल्यांकन। शैक्षणिक संस्थाओं का अस्तित्व भी इसी उद्देश्य के कारण होता है एवं इनकी सफलता अथवा असफलता भी इसी पर निर्भर करती है कि इन उद्देश्यों को कितने अच्छे ढंग से प्राप्त किया गया है। वस्तुतः यदि विद्यार्थियों की प्राप्तियां अपेक्षा के अनुरूप है तो अभिभावकों, विद्यार्थियों अन्य विभाग के सदस्यों, संस्था के अध्यक्ष (प्रशासक) द्वारा शारीरिक शिक्षा विभाग का मूल्यांकन उचित होता है। तथा साथ ही विद्यार्थियों की प्राप्ति का उपयुक्त स्तर अध्यापक के उत्तम प्रदर्शन में प्रतिबिम्बित होता है। यदि विद्यार्थियों एवं विभाग का प्रदर्शन अति उत्तम है, इसका यही अर्थ है कि संस्था का प्रशासक सफलतापूर्वक कार्य कर रहा है।

आगे चलकर संस्था के विभिन्न पक्षों का प्रभावी एवं परिणामोन्मुखी मूल्यांकन प्रत्येक पक्ष के आवश्यक मानकों के ज्ञान पर निर्भर करता है। संगठन के विभिन्न पक्षों के प्रदर्शन का मूल्यांकन मानकों का ज्ञान प्रशासक की मूलभूत योग्यता है जिनके द्वारा इन पक्षों को प्राप्त किया जाता है। यदि कोई अन्तःक्षेत्रीय अथवा बाह्यक्षेत्रीय कार्यक्रम का मूल्यांकन करता है तो उसे इसका ज्ञान होना चाहिए कि उत्तम कार्यक्रम कैसे किया जाता है। एक अध्यापक के प्रभावी प्रशिक्षण का मूल्यांकन एक नवीनतम एवं विशिष्ट शिक्षण की धारणा पर आधारित होना चाहिए। हमारे स्कूलों, कॉलेजों एवं विश्वविद्यालयों में अनेक निम्न स्तरीय कार्यक्रम चलाए जाते हैं जिनका एक कारण तो यह है कि प्रशासकों को प्रत्येक स्तर के लिए आवश्यक मानकों तथा स्पष्ट उद्देश्यों लक्ष्यों का ज्ञान नहीं होता है। इसलिए उसे उन मानकों का ज्ञान अवश्य होना चाहिए जो एक दशक के अन्तर्गत शामिल किए गए हैं तथा पाठ्यक्रम, अन्तःक्षेत्रीय एवं बाह्य क्षेत्रीय गतिविधियों, सुविधाओं, उपकरणों एवं शिक्षण सदस्यों आदि क्षेत्रों में नवीनतम ज्ञान अवश्य होना चाहिए। शारीरिक शिक्षा के प्रशासक के लिए इन मानकों का ज्ञान होना अत्यन्त आवश्यक होता है।

मूल्यांकन के मापदण्ड (मूल्यों की कसौटी)

मूल्यांकन के स्पष्ट एवं पारदर्शी परिणामों के लिए इनकी वैज्ञानिक मानकों अथवा मूल्यों द्वारा जांच की जानी चाहिए। मूल्यांकन का कोई भी कार्यक्रम वैज्ञानिक होगा यदि वह वस्तुनिष्ठता, विश्वसनीयता एवं प्रमाणिकता पर आधारित होता है। किसी भी मूल्यांकन की पहचान के लिए वह सर्वाधिक परिचित मापदण्ड है।

वस्तुनिष्ठता

यह प्रक्रिया का पहला विचार है। भले ही पूर्ण वस्तुनिष्ठता को प्राप्त करना तथा इसका पूर्व निर्णित के साथ वर्षों तक आवृत्ति होने पर भी स्वरूप में परिवर्तन न हो, यह कठिन है, फिर भी प्रत्येक प्रयास इस प्रकार किया जाना चाहिए कि मूल्यांकन घृणा, पूर्वाग्रह, अविश्वास, पूर्व विचार अथवा पूर्ण निर्णय आदि से पूर्ण स्वतन्त्र होकर किया जाना चाहिए। यही प्रमुख कारण है कि मूल्यांकन के समय स्थापित मानकों के द्वारा प्रदर्शन के मूल्यांकन को इतना महत्त्व दिया जाता है।

विश्वसनीयता

इसका अर्थ है मूल्यांकन प्रक्रिया में समरूपता। प्रदर्शन के मूल्यांकन करने के साधनों में एकरूपता होनी चाहिए, भले ही विशेष प्रदर्शन मानक प्रति वर्ष बदलते रहते हैं। यह भी आवश्यक है कि मूल्यांकन का विषय भी उसी के अनुसार मूल्यांकित होना चाहिए।

प्रमाणिकता

यह इस परिणाम पर आधारित होता है कि अन्तिम मूल्यांकन वास्तविक प्रदर्शन एवं प्रदर्शन के स्तर में अन्तर के रूप में प्रतिबिम्बित होती है। यही एक कारण है कि अक्सर अत्यन्त उपयोगी निवेश किसी मूल्यांकन संसाधन की अपेक्षा अधिक प्राप्त होता है। यह वस्तुनिष्ठता की खोज के साथ निकटता से संबंधित होता है।

यह पाठकों की सूचना के लिए है कि कोई भी परीक्षण, युक्ति, उपकरण, साधन निर्धारित मानक के अनुरूप नहीं हो सकता जब तक यह वस्तुनिष्ठता, विश्वसनीयता एवं प्रमाणिकता द्वारा जांचा नहीं जाता।

मूल्यांकन में महत्त्वपूर्ण बिन्दु

मूल्यांकन प्रबन्धकीय व्यवस्था का एक अटूट अंग होता है। बिना सुनिश्चित एवं उचित मूल्यांकन के कोई भी संगठन अथवा कार्यक्रम को प्रभावी, उत्तरदायी एवं उपयुक्त नहीं बनाया जा सकता। मूल्यांकन एक साधन है जिसके द्वारा शारीरिक शिक्षा के अभ्यासों, कार्यक्रमों, नीतियों, प्रक्रियाओं एवं प्रणालियों में वांछित प्रभावों को प्रभावित किया जा सकता है।

अर्थात् मूल्यांकन विषय के भविष्य को निर्धारित करता है। इसलिए मूल्यांकनकर्त्ता अपने उत्तरदायित्व का निर्वाह अत्यन्त सावधानी से करता है। इसलिए मूल्यांकनकर्त्ताओं को वांछित

परिणाम प्राप्त करने के लिए निम्न महत्त्वपूर्ण बिन्दुओं पर ध्यान देना चाहिए–

1. मूल्यांकन के उद्देश्यों के संबंध में स्पष्टता।
2. मूल्यांकन का पैमाना एवं क्षेत्र स्पष्ट होना चाहिए।
3. अपर्याप्तताओं, सुझावों एवं आगे बढ़ने वाले उचित साधनों की खोज करना।
4. मूल्यांकन नियोजित, सूचीबद्ध एवं निरन्तर प्रक्रिया के रूप में होना चाहिए।
5. मूल्यांकन के परिणाम विशिष्ट रूपायित पत्र में रिकार्ड किए जाने चाहिए।
6. मूल्यांकन के परिणामों से संबंधित व्यक्तियों को अवगत करवाया जाना चाहिए।

मूल्यांकन के उद्देश्यों के संबंध में स्पष्टता

स्थिति एवं सन्दर्भ के अनुरूप मूल्यांकनकर्त्ता को मूल्यांकन के उद्देश्यों के संबंध में अपने आप में सन्तुष्ट होना चाहिए। उसका निरीक्षण संगठन, कार्यक्रमों, कार्यप्रणालियों एवं उत्पादन में सम्मिलित लोगों के कार्यों के भविष्य का निर्धारण करता है। मूल्यांकन के उद्देश्यों के संबंध में स्पष्टता का अभाव इसको दिशाहीन एवं अर्थहीन बना देता है जिसमें समय, धन एवं सामग्री की व्यर्थ खर्च होती है।

मूल्यांकन का पैमाना एवं क्षेत्र स्पष्ट होना चाहिए

मूल्यांकनकर्त्ता एवं जिसका मूल्यांकन करना है उन दोनों को मूल्यांकन का पैमाना एवं क्षेत्र दोनों स्पष्ट होने चाहिए। यह पूर्व निर्धारित होना चाहिए कि क्या मूल्यांकन एक सामान्य मूल्यांकन अथवा समग्र संगठन अथवा संस्था का विशिष्ट मूल्यांकन अथवा इसके कार्यों, कार्यक्रमों, प्रशासकीय कर्मचारियों, विद्यार्थियों, अध्यापकों आदि के अंग का मूल्यांकन होगा।

अपर्याप्तताओं एवं सुझावों एवं आगे बढ़ने वाले उचित साधनों की खोज करना

मूल्यांकन औपचारिकता के लिए जैसे प्रशासकीय कर्त्तव्य नहीं होना चाहिए परन्तु संगठन के विभिन्न पक्षों में सुधार होना चाहिए जैसे– सूक्ष्म निरीक्षण, कार्य ढांचा, कार्य उद्देश्य, प्रदर्शन, बजट, कर्मचारी, उपकरण, आधारभूत ढांचा आदि सभी पक्षों में सुधार होना चाहिए। अन्तर, न्यूनताओं, त्रुटियों, अभावों आदि को जांचने एवं रिकार्ड करने के पश्चात् उपयुक्त संशोधनात्मक सुझाव दिए जाने चाहिए तथा जहां भी न्यूनताएं एवं त्रुटियां है उन्हें जल्दी से जल्दी ईमानदारी से दूर किया जाना चाहिए।

मूल्यांकन नियोजित, सूचीबद्ध एवं निरन्तर प्रक्रिया के रूप में होना चाहिए

व्यवस्थाओं, स्थितियों, उद्देश्यों, अर्थों एवं परीक्षण विधियों तथा मापक एवं मूल्यांकन, विषयों आदि के संदर्भ में यह एक नियोजित सूचीबद्ध एवं निरन्तर प्रक्रिया होनी चाहिए। संगठन एवं कार्यक्रमों को नियन्त्रित करने तथा चलाने में निरन्तर मूल्यांकन लाभदायक एवं प्रभावी होता है। यह पूर्व तथा वर्तमान व्यवहारों में तुरन्त संबंध स्थापित करता है तथा भविष्य की प्रवृत्ति के विषय में भविष्यवाणी करने में सहायता करती है। निरन्तर मूल्यांकन के द्वारा किसी भी चल रहे कार्य अथवा जांच पड़ताल के अन्तर्गत किसी संगठन की बीमारी के प्रमुख कारण तथा उसका निदान दोनों में सहायक होता है।

मूल्यांकन के परिणाम विशिष्ट रूपायित पत्र में रिकार्ड किए जाने चाहिए

मूल्यांकन के परिणाम उपयुक्त पत्र (विशिष्ट रूपायित पत्र यदि कोई है) में रिकार्ड किए जाने चाहिए, समस्या स्थिति की तलाश के लिए भी प्रयास किए जाते हैं, अधिकारिक संबंधितों द्वारा किए जा रहे सहयोग एवं स्पष्ट भविष्य की समस्याओं के लिए स्पष्ट सुझाव दिए जाने चाहिए।

मूल्यांकन के परिणाम से संबंधित व्यक्तियों को अवगत करवाया जाना चाहिए

मूल्यांकन के परिणामों से सभी संबंधित (विद्यार्थियों, अध्यापकों, अभिभावकों, संगठन अथवा संस्था के अध्यक्ष तथा व्यापक स्तर पर लोग) को अवगत करवाया जाना चाहिए। मूल्यांकनकर्त्ता की एकरूपता एवं प्रतिष्ठा को प्रभावित किए बिना लोगों द्वारा सुझाव उपयुक्त उपचारों को लागू करना चाहिए। इस प्रकार के व्यवहार में समझ से काम लिया जाता है। प्रशासक परिवर्तन को शीघ्रता से स्वीकार करता है। आगे चलकर जब मूल्यांकन के दौरान कठोर यथार्थ का सामना करना पड़े तो इसे पीछे नहीं धकेलना चाहिए बल्कि बुद्धिमता से आगे बढ़ा दिया जाता है भले ही इसका स्वाद कड़वा हो पर कोई नुकसान न हो।

मूल्यांकन के कदम

मूल्यांकन की प्रकृति, आयाम एवं गहराई एक स्थिति से दूसरी स्थिति तथा एक विभाग/संस्था से दूसरे विभाग/संस्था तक बदलती रहती है। एक तर्कपूर्ण निष्कर्ष तक पहुंचने के लिए

एक संगठित एवं पूर्ण विवेचित मूल्यांकन अपेक्षित होता है। मूल्यांकन की मंजिल तक पहुंचने के लिए काफी मात्रा में गृह कार्य एवं आगे बढ़ने वाले कदमों की आवश्यकता होती है।

मूल्यांकन के वांछित लक्ष्यों को प्राप्त करने के लिए सार्वभौमिक निम्न व्यवस्थित कदम उठाने की आवश्यकता होती है।

1. मानव, विधियों एवं सामग्री को लक्ष्य करके बनाई गई व्यवस्था के लिए गए निर्णयों एवं निश्चयों को विशेष एवं नियोजित करना, प्रणालियों एवं उत्पादों का मूल्यांकन किया जाए और कैसे?
2. मात्रात्मक एवं गुणात्मक वांछित आंकड़ों की अवधारणाओं एवं सूचना को विशेषीकृत करना।
3. तुलना को आसान बनाने के लिए पूर्व सर्वेक्षणों, परीक्षणों, जांचों, प्रतियोगिताओं आदि के परिणामों, रिकार्डों एवं अनुसरण कार्यों की खोज करना।
4. वांछित सूचनाओं को प्राप्त करने की व्याख्या- अर्थ, विधियां एवं सूचना एकत्रित करना तथा उद्धृत करना।
5. उपकरणों अथवा युक्तियों का चयन करना जो सूचना परीक्षणों, शोधों, जांच सूचियों, स्कोर कार्ड, सूचियां, बिजली तथा अणु साधन आदि के चयन एवं प्रगति एवं विश्लेषण के लिए आवश्यक होते हैं।
6. आवश्यक सूचनाओं का संग्रहण-उपयुक्त प्रशासकीय परीक्षणों, साक्षात्कारों का आयोजन अथवा सर्वेक्षण जो या तो किसी व्यक्ति अथवा प्रशिक्षित कर्मचारी द्वारा किया गया है।
7. लिपिबद्ध सूचनाओं का सांख्यिकी प्रयोग अथवा स्थिति के अनुसार किसी भी उपयुक्त तकनीक द्वारा प्रयोग करके विश्लेषण करना।
8. निर्णयों द्वारा नवीनतम आंकड़ों का तथ्यात्मक विश्लेषण एवं पूर्ण परिणामों के मूल्यांकन द्वारा विचारों, तर्कपूर्ण अनुमानों एवं निर्णयों के समर्थन पर ध्यान दिया जाता है।
9. लोगों की उन्नति एवं अवनति, इनाम एवं दण्ड, सुधार एवं आधुनिकीकरण, सुविधाएं एवं आधारभूत ढांचा को ध्यान में रख कर निर्णय लेना।
10. मूल्यांकन के परिणामों को सार्वजनिक करना ताकि लोगों को वस्तुओं के विषय में निर्णय लेने की अनुमति दी जा सके।

प्रभावी मूल्यांकन कार्यक्रम के लिए मार्गदर्शन अथवा सुझाव

मूल्यांकन एक मानवीय क्रिया है तथा मानव गलती का पुतला होता है। यहां तक कठोर नियन्त्रण होने पर भी विषयपरकता को मूल्यांकन प्रक्रिया से बाहर नहीं निकाला जा सकता तथा निरीक्षण में निष्पक्ष, विवेकपूर्ण एवं वस्तुनिष्ठ मस्तिष्क का होना पूर्ण संभव नहीं।

शारीरिक शिक्षा एवं खेल कार्यक्रम में वांछित परिवर्तन प्राप्त करने के लिए मूल्यांकन को वस्तुनिष्ठ बनाने हेतु निम्न सुझावों अथवा मार्ग-दर्शन पर विचार करना आवश्यक है-

1. व्यक्तिगत एवं प्रदर्शन का निरन्तर, औपचारिक एवं अंश-औपचारिक निरीक्षण होना चाहिए। वस्तुनिष्ठ एवं विषयपरक मूल्यांकन तथा इसके परिणामों से संबंधित व्यक्तियों को अवगत करवाया जाना चाहिए।
2. लघुकालीन एवं दीर्घकालीन समय प्रबन्धकीय एवं शिक्षण व्यवस्था में मूल्यांकन की प्रक्रिया, प्रणाली एवं उत्पादन (प्रदर्शन एवं व्यक्तित्वों) आदि का अटूट अंग होती है। लघुकालीन लक्ष्यों प्रदर्शनों एवं प्राप्तियों को कार्यक्रम के संपन्न होने के तुरन्त पश्चात् प्राप्त किए जाने चाहिए।
3. विद्यार्थियों, खिलाड़ियों, शारीरिक शिक्षा अध्यापकों, प्रशिक्षकों, प्रबन्धकों, प्रशासकों एवं निरीक्षकों आदि सभी आवश्यक स्तरों पर आवश्यक मूल्यांकन के साथ-साथ स्वयं का मूल्यांकन भी किया जाना चाहिए। स्वयं के मूल्यांकन में उन्हें अपने प्रदर्शन, क्षमताओं, योगदान तथा अपनी भूमिका का मूल्यांकन किया जाना चाहिए।
4. मूल्यांकन को अधिक शुद्ध एवं मूल्यवान बनाने के लिए सांख्यिकी एवं रोग विषयक दोनों ही आवश्यक तकनीकों का प्रयोग किया जाता है। उदाहरणार्थ खेलों में कौशलों एवं प्रदर्शनों का स्थापित परीक्षणों, नियमों एवं मानकों द्वारा मूल्यांकन अर्थपूर्ण होता है। फिर भी व्यक्तित्व एवं व्यवहार में आचरण, विशेषता एवं गुणों के सूक्ष्म विचार जैसे- विश्वास, उत्साह, सहयोग, संयोग, मानसिक विचार, संकल्प, भावनाओं एवं भावुकता आदि को चिकित्सात्मक दृष्टि द्वारा मूल्यांकन किया जाना चाहिए।
5. मूल्यांकन की व्यापक धारणा पक्षों, क्षेत्रों एवं आवर्तन में होती है। मूल्यांकनकर्त्ता के पास मूल्यांकन से संबंधित

धारणा की उपयुक्त सूचना होनी चाहिए असन्तुष्ट, अनुपयुक्त एवं मिथ्या सूचना मूल्यांकनकर्त्ता के साथ-साथ मूल्यांकित पात्र को भी अविश्वासी बना देते हैं। मूल्यांकन परिणाम जो वास्तविक तथ्यों द्वारा समर्थित होते हैं, उनका मूर्त प्रभाव पड़ता है।

6. मूल्यांकन को सभी संबंधियों के प्रति एक दृष्टि वाला होना चाहिए। यह कार्यक्रम अथवा व्यक्तियों में व्याप्त न्यूनताओं आदि के प्रति सुझाव पर ध्यान देता है।

7. शारीरिक शिक्षा एवं खेलों में मूल्यांकन प्रक्रिया सहयोगात्मक कार्य के रूप में होनी चाहिए। मूल्यांकन कार्य में विश्वसनीयता को बढ़ाने के लिए जब भी आवश्यक हो अध्यापकों एवं विद्यार्थी नेतृत्व के कौशलों, प्रदर्शनों, प्राप्तियों, सुविधाओं, उपकरणों आदि को भी सक्रिय रूप में शामिल किया जाना चाहिए। जब इसमें समग्र प्रक्रिया एवं व्यवहार को शामिल किया जाता है तो यह समय, स्थान, सामग्री एवं मानवीय शक्ति पर निर्भर करती है।

8. परीक्षणों, परीक्षाओं, निर्धारण एवं मूल्यांकन के निर्देशन न्यायिक न्यूनताओं को न्यूनतम बनाने के लिए पारदर्शी व स्पष्ट होने चाहिए।

9. मूल्यांकन में मानवीय दृष्टिपरक प्रणाली होनी चाहिए। मानवीय मूल्यों के लिए मूल्यांकन को संवेदनशील बनाने के लिए अत्यन्त महत्त्वपूर्ण होते हैं।

10. मूल्यांकन एवं घोषित निर्णयों के सभी पक्षों को एकरूपता प्रदान करने वाले सभी तथ्यों एवं क्षमताओं (भौतिक ज्ञातात्मक एवं मनो-गत्यात्मक) का मूल्यांकन करना।

11. मूल्यांकन की वस्तुनिष्ठता, विश्वसनीयता एवं प्रमाणिकता को अवश्य सुनिश्चित कर लेना चाहिए।

12. अच्छे निर्णय लेने का उभार सशक्त मूल्यांकन प्रक्रिया, प्रणालियों एवं विधियों से होना चाहिए। मूल्यांकन का वास्तविक परीक्षण प्रशासकों, निरीक्षकों, अध्यापकों एवं विद्यार्थियों के पाठ्यक्रम, कार्यक्रमों, संस्थाओं, संगठनों, विभागों आदि के विषय में उपयुक्त निर्णय लेने के सामर्थ्य में सहायता के रूप में विद्यमान होता है।

13. अच्छे मूल्यांकन कार्यक्रम में उपयुक्त अनुसरण कार्यक्रम सहित उपचारात्मक उपाय सुझाए जाते हैं। सुझावपरक उपायों एवं अनुसरण कार्यक्रम के अभाव में मूल्यांकन प्रक्रिया अर्थहीन हो जाती है।

शारीरिक स्वस्थता (फिटनेस)

आज अच्छा दिखने, अच्छा महसूस करने और जीवित रहने पर जोर दिया जा रहा है। मजे की बात यह है कि वैज्ञानिक प्रमाण हमें यह बताते हैं कि फिटनेस और व्यायाम ही इन आदर्शों को प्राप्त करने की कुंजी है। चलना-फिरना एक चुनौती बन गया है क्योंकि आज हमारे दैनिक जीवन में शारीरिक क्रिया-कलापों का स्थान कम हो गया। बहुत कम काम ही ऐसे रह गए हैं जिनमें शारीरिक उपयोग की आवश्यकता पड़ती है। हम एक यांत्रिकी से चलता-फिरता समाज हो गए, और अपने आस-पास हम पेशी की बजाय मशीनों पर ज्यादा भरोसा करने लगे हैं। इसके अतिरिक्त, हम अधिक लोगों (बच्चों समेत) के पालक राष्ट्र बन गए हैं, जो अपना खाली समय बिल्कुल अपनी सुविधानुसार बिताते हैं। परिणामस्वरूप, आंकड़े बताते हैं कि मोटापा और अन्य समस्याएं (उच्च रक्तचाप, मधुमेह, दिल का दौरा आदि) लगातार बढ़ रही है। लेकिन आंकड़े यह भी दिखाते हैं कि इसकी रोकथाम के उपचार असरदार हैं इसलिए हमें तब तक इन्तजार नहीं करना चाहिए जब तक कि हमारा डॉक्टर हमें अल्टीमेटम नहीं दे देता। प्रत्येक व्यक्ति को अभी से सक्रियता के साथ पहल करनी चाहिए।

शारीरिक फिटनेस कार्यक्रम के बारे में निर्णय लेने को हल्के से नहीं लेना चाहिए। इसे आजीवन समय और प्रयासों की प्रतिबद्धता की आवश्यकता होती है। कसरत/व्यायाम को भी ऐसी अनिवार्य आदत बना लें जिसके बारे में कोई सवाल न उठे, जैसे नहाना और ब्रश करना आदि। जब तक आपको फिटनेस के लाभ और फिटनेस न होने के जोखिमों का पता नहीं होगा, तब तक आप सफल नहीं हो सकते। धैर्य आवश्यक है। बहुत जल्द अधिक करने का प्रयास न करें और तब तक इसे न छोड़ें तब तक कि सुधरी हुई फिटनेस को आप अनुभव नहीं कर लें। आपने जो सालों में खोया है उसे आप कुछ दिनों या सप्ताहों में पुनः प्राप्त नहीं कर सकते, लेकिन आप इसे वापस पा सकते हैं यदि आप दृढ़प्रतिज्ञ हैं और यह पुरस्कार अमूल्य है।

इस अनुभाग में आप व्यक्तिगत शारीरिक फिटनेस कार्यक्रम को शुरू करने और उसे बनाये रखने के बारे में आधारभूत जानकारी हासिल करेंगे। यह दिशा-निर्देश एक औसत स्वस्थ वयस्क के लिए मद्देनजर है। यह आपको बताता है कि आपके लक्ष्य क्या होने चाहिए और कैसे हों, कितनी देर में और कितनी कठिन कसरत से आप उन्हें हासिल कर सकते हैं। इसमें वह जानकारी भी सम्मिलित है जो आपके काम को आसान,

सुरक्षित और अधिक संतोषप्रद बनाती है। बांकी तो आपके ऊपर निर्भर करता है।

शारीरिक स्वस्थता (फिटनेस) की परिभाषाएं

शारीरिक फिटनेस मानव शरीर के लिए ठीक उसी तरह है जिस तरह इंजन के लिए बढ़िया-सुर (फाइन ट्यूनिंग)। यह हमें अपनी प्रछन्न शक्ति को प्रदर्शित करने में सक्षम बनाती है। फिटनेस को उस हालत के रूप में भी वर्णित किया जा सकता है जो हमें देखने, अनुभूत करने और हमारे लिए अच्छा करने में मदद दे। इससे भी अधिक यह, ''रोजाना के कार्यों'' को उत्साह और सतर्कता से सम्पन्न करने, फुर्सत के समय के क्रिया-कलापों और आपात् समय की आवश्यकताओं से निपटने के लिए ऊर्जा को बचाने की योग्यता है। यह उन स्थितियों में सहनशीलता,, बर्दाश्तगी, दबाव सह सकने की योग्यता है जहां एक अनफिट व्यक्ति यह सब जारी नहीं रख सकता और यह अच्छे स्वास्थ्य और अच्छे जीवन का आधार है।''

परिभाषाएं

''शारीरिक फिटनेस व्यक्ति की अवयव क्षमता से संबद्ध है जिसमें हम अपने रोजाना के सामान्य कार्य बिना थके या थकान के संपन्न करते हैं और अचानक आने वाली किसी आपात स्थिति से निपटने के लिए पर्याप्त बल और ऊर्जा सुरक्षित रखते हैं।''

-निक्सन(Nixon)

''फिटनेस वह स्थिति है जो व्यक्ति द्वारा किए जा सकने वाले कार्यों की डिग्री को लक्षित करे। फिटनेस व्यक्तिगत मामला है। यह प्रत्येक व्यक्ति को उसकी अन्त: शक्ति के साथ अत्यधिक प्रभावी तरीके से क्रियान्वित करने की योग्यता प्रदान करती है। कार्य करने की क्षमता/योग्यता फिटनेस के शारीरिक, मानसिक, भावनात्मक और सामाजिक तत्वों पर निर्भर करती है, ये सभी एक दूसरे से जुड़े हैं और परस्पर अन्योन्याश्रित हैं।''

-किरचनेर (Kirchner)

शारीरिक फिटनेस में हृदय और फेफड़ों तथा शरीर पेशियों का प्रदर्शन सम्मिलित होता है। और अपने शरीर से हम क्या करते हैं, हम अपने मन से क्या कर सकते हैं, पर भी प्रभाव पड़ता है। फिटनेस हमारे गुणों को भी कुछ हद तक प्रभावित करती है जैसे मानसिक सतर्कता और भावनात्मक स्थिरता।

जैसे ही आप अपना फिटनेस कार्यक्रम शुरू करते हैं, यह अवश्य याद रखें कि फिटनेस व्यक्तिगत गुण है और यह हर व्यक्ति में अलग-अलग होता है। यह आयु, लिंग, वंशानुगत, वैयक्तिक आदतों, व्यायाम और खाने आदि से भी प्रभावित होता है। आप पहले तीन घटकों के बिना कुछ नहीं कर सकते। हालांकि यह आपके बूते की बात है कि आप अन्य घटकों को आवश्यकतानुसार बदल और सुधार सकते हैं।

शारीरिक स्वस्थता (फिटनेस) के घटक

व्यायाम वैज्ञानिकों ने उन दस घटकों की पहचान की है जिनसे फिटनेस की परिभाषा बनती है। ये 10 घटक इस प्रकार हैं:

1. **ताकत**- उस सीमा तक जहां विरोध के बावजूद पेशियों को सिकुड़ने तथा संकुचित होने की क्रिया से ताकत अथवा बल पैदा कर सकें। (किसी व्यक्ति या वस्तु को पकड़े या थामे रहना)
2. **शक्ति**- ज्यों ही कोई विस्फोटक क्रिया होती हो, तत्काल पेशी को अधिक सिकुड़ने की क्षमता (कूदना या स्प्रिंट स्टार्टिंग)
3. **गति**- अवयवों की द्रुत गति से क्रिया, चाहे वह धावक की टांग हो अथवा गोला फैंकने वाले खिलाड़ी की बाजू।
4. **संतुलन**- शरीर की स्थिति को नियंत्रित करने की योग्यता, यह खड़ी अवस्था हो या क्रियात्मक अवस्था हो (जिमनास्टिक क्रियाएं)।
5. **फुर्ती**- विस्फोटक शक्ति क्रियाओं की शृंखला विपरीत दिशा में तेजी से संपन्न करने की योग्यता ही फुर्ती है (टेढ़ा-मेढ़ा दौड़ना या तीखी क्रियाएं)
6. **लचीलापन**- अत्यधिक टिशुओं द्वारा बाधा डाले बिना गति की विस्तारित सीमा को हासिल करने की योग्यता।
7. **सीमित पेशी सहनशीलता**- दीर्घीकृत कार्य को एकल पेशी योग्यता से संपन्न करना (नौका विहार या साइकिलिंग)
8. **हृदय संवहनीय सहनशीलता**- हृदय की काम कर रही पेशियों को रक्त प्रवाहित करने की और इसे उपयोग में लाने की सक्षमता (लंबी दूरी की दौड़ें)
9. **शक्ति सहनशीलता**- समय-समय पर पेशियों को अत्यधिक संकुचित करने की योग्यता (जैसे बास्केटबाल के खेल में निरंतर विस्फोटक प्रतिघात मिलते रहना।)
10. **तालमेल**- उपरोक्त सूचीबद्ध घटकों को संघटित करने की योग्यता ताकि क्रियाओं को प्रभावशाली तरीके से हासिल किया जा सके।

शारीरिक फिटनेस को उपरोक्त घटकों, तत्वों या भागों में विभाजित करके बड़ी आसानी से समझा जा सकता है। इन सब घटकों में निम्नोक्त चार घटक फिटनेस के मूल आधार हैं।

1. **सहनशक्ति-** टिशुओं को ऑक्सीजन और पोषक तत्व प्रदान करना और लंबे समय से अविच्छित रूप से जमा अवशिष्ट को हटाना। लंबी दूरी की दौड़ें और तैराकी ऐसे तरीके हैं जो इस घटक को मूल्यांकित करते हैं।
2. **शक्ति-** संक्षिप्त समय के लिए पेशी की ताकत लगाने की क्षमता। शरीर के ऊपरी भाग की ताकत, उदाहरण के लिए भारोत्तोलन जैसी विभिन्न कसरतों से नापी जा सकती है।
3. **गति-** अवयवों की क्रियाओं में तीव्रता, चाहे यह एक धावक की टांग हो या एक गोला फैंकने वाले की बाजू हो।
4. **लचीलापन-** जोड़ों को हिलाने की क्षमता और पेशियों का उनकी पूरी गति से उपयोग करना।

शारीरिक स्वरूप को भी स्वास्थ्य का एक घटक माना जाता है। जैसे कृषकाय/दुबला (मांस पेशी, हड्डी, जैव ऊत्तक और अंग) और वृह्दकाय/मोटा। मोटापे से दुबला होना फिटनेस की ओर ही संकेत करता है और सही चुनी गई कसरत आपका मोटापा कम करती है और पेशीपुंज को बढ़ाती या बनाए रखती है।

शारीरिक फिटनस के लाभ/फायदे

कसरत या फिटनेस केवल ओलम्पिक जाने की उम्मीद रखने या सुपर मॉडल्स के लिए ही जरूरी नहीं है। वास्तव में, इसे शुरू करने के लिए आप कभी अनफिट नहीं हैं, छोटे या बूढ़े नहीं हैं। बिना किसी आयु, लिंग या जीवन की भूमिका के बंधन के आप नियमित शारीरिक क्रिया-कलाप कसरत से लाभ उठा सकते हैं। यदि आप प्रतिबद्ध हैं, तो कसरत के साथ संतुलित भोजन आपको अच्छा जीवन जीने में मददगार साबित होगा और यह आपके असाध्य बीमारियों अक्षमताओं और असामयिक मौत से भी बचायेगा।

शारीरिक फिटनेस के कुछ लाभ/फायदे इस प्रकार हैं-

उन्नत स्वास्थ्य

- दिल और फेफड़ों की कार्यक्षमता बढ़ना।
- कोलेस्ट्रोल का स्तर घटता है।
- पेशी ताकत बढ़ती है।
- रक्तचाप घटता है।
- कई मुख्य बीमारियों का जोखिम कम होता है जैसे मधुमेह और दिल के रोग
- वजन घटता है।

तंदरुस्ती में सुधार

- अधिक ऊर्जा
- कम दबाव
- अच्छी नींद आना
- दबावों के जूझने की योग्यता का उन्नत होना।
- मानसिक कुशाग्रता बढ़ती है।

उन्नत रूप रंग

- वजन घटता है।
- पेशी शक्ति
- उन्नत मुद्रा

सामाजिक जीवन का बढ़ना

- आत्म-प्रतिरूप का उन्नत होना।
- नये मित्र बनने के अवसर बढ़ते हैं।
- किसी किया-कलाप में मित्रों या पारिवारिक सदस्यों के साथ हिस्सेदारी के अवसर बढ़ते हैं।

दम खम (स्टेमिना) बढ़ना

- उर्वरता बढ़ती है।
- शारीरिक क्षमताएं बढ़ती हैं।
- चोट कम आती है।
- छोटी-मोटी बीमारियों से लड़ने की प्रतिरक्षण क्षमता उत्पन्न होती है।

शारीरिक फिटनेस का विकास

चार मूल घटकों जैसे- सहनशक्ति, ताकत, गति और लचीलापन में सुधार लाकर कोई भी व्यक्ति शारीरिक फिटनेस बिकसित कर सकता है। इन घटको को विभिन्न प्रशिक्षण तरीकों द्वारा भी विकसित किया जा सकता है जो इस प्रकार हैं।

सहनशक्ति

सहनशक्ति प्रशिक्षण का लक्ष्य किसी भी स्पर्धा की मांग को पूरा करने के लिए ऊर्जा उत्पादन व्यवस्था के विकास से है। सहनशक्ति को लगातार और अन्तराल के बाद दौड़ने द्वारा भी विकसित किया जा सकता है।

ऊर्जा उत्पादन व्यवस्था

मानव शरीर में भोजन से प्राप्त ऊर्जा एडेनोसिन ट्राइफास्फेट (ए. टी.पी.) बनाने में प्रयुक्त होती है। यह रासायनिक संघटक मांसपेशियों के संकुचन के लिए ऊर्जा की आपूर्ति करता है। चूंकि पेशियों में ए.टी.पी. बहुत कम मात्रा में संकेंद्रित होती है; इसलिए पेशियों के सिकुड़ने-फैलने की प्रक्रिया के दौरान भी ए.टी.पी. निरंतर

पैदा होता रहता है। लगातार अभ्यास/कसरत करने से ए.टी.पी. की खपत भी बढ़ जाती है यदि साथ-साथ उसी दर से इसका उपयोग हो।

सहनशक्ति के प्रकार

(1) एरोबिक सहनशक्ति (2) एनएरोबिक सहनशक्ति
(3) गति सहनशक्ति (4) शक्ति सहनशक्ति

एरोबिक सहनशक्ति का एक अच्छा आधार सभी स्पर्धाओं का मूल है।

एरोबिक सहनशक्ति

एरोबिक या वातापेक्षी का अर्थ है -ऑक्सीजन के साथ।' एरोबिक कार्य के दौरान शरीर उस स्तर तक काम करता है जहां उसकी शरीर के लिए ऑक्सीजन और ईंधन अन्तर्ग्रहण की आवश्यकता पूरी होती हो। और अवशिष्ट पदार्थ केवल कार्बन-डाईऑक्साइड और पानी रहता है। ये पसीने और सांस द्वारा बाहर निकलते रहते हैं।

एरोबिक सहनशक्ति को आगे उपवर्गों में इस प्रकार विभाजित किया जा सकता है:

- शार्ट (लघु) एरोबिक-2 से 8 मिनट तक (लैक्टिक/एरोबिक)
- मीडियम/मध्यम एरोबिक-8 से 30 मिनट तक (मुख्य एरोबिक)
- दीर्घ एरोबिक-30 मिनट से ज्यादा (एरोबिक)
  एरोबिक सहनशक्ति को इनके उपयोग द्वारा भी विकसित किया जा सकता है।
- दौड़ने की अवधि से अधिकतम ऑक्सीजन ग्रहण क्षमता में सुधार आता है (वी. ओ. 2 मैक्स)
- हृदय को एक संवहनीय पम्प के तौर पर सुधारने के लिए अन्तराल सहित प्रशिक्षण।

इसे विभिन्न एरोबिक क्रिया-कलापों या कसरतों के माध्यम से प्राप्त किया जा सकता है।

एरोबिक व्यायाम क्या है?

अमेरिकन कॉलेज ऑफ स्पोर्टस मेडिसन (ए.सी.एस.एम.) ने एरोबिक व्यायाम को इस प्रकार परिभाषित किया है, ''ऐसे क्रिया-कलाप जिनमें बड़े पेशी समूह का उपयोग हो, उसे निरंतर बनाए रखा जा सके और यह लयात्मक प्रकृति का हो।'' यह एक प्रकार का व्यायाम है जो हृदय व फेफड़ों पर अधिक भार डालती है और उनके कड़ा परिश्रम करने का कारण बनता है। आज एरोबिक व्यायाम के पीछे यही महत्वपूर्ण विचार है, उठो और कूदना शुरू कर दो। आज ऐसे कई क्रियाकलाप हैं जिन्हें चुना जा सकता है, चाहे वह नई क्रिया-कलाप हो या पुरानी, इसका ध्यान न करो। बस ऐसे क्रिया-कलाप को चुन लो जो आपको मजेदार लगे और जिसे करते समय आपके दिल की धड़कन लंबे समय तक लगातार तेज चलती रहे।

एरोबिक व्यायाम के प्रकार

(1) एरोबिक नृत्य (2) फिटनेस के लिए सैर
(3) रस्सी कूदना (4) दौड़ना
(5) सीढ़ियां चढ़ना (6) तैरना
(7) साइकलिंग (8) क्रास कंट्री दौड़

एनएरोबिक सहनशक्ति

एनएरोबिक ये अभिप्राय 'ऑक्सीजन के बिना' से है। एनएरोबिक कार्य के दौरान, शरीर इतना कड़ा परिश्रम करता है कि ऑक्सीजन और ईंधन की मांग आपूर्ति के मुकाबले बढ़ जाती है और तब पेशियां ईंधन के सुरक्षित भंडार पर ही निर्भर करती है। ऐसे मामले में बेकार पदार्थ एकत्र हो जाते हैं, जिनमें से एक मुख्य होता है लैक्टिक एसिड। पेशियां, ऑक्सीजन की अपनी भूख के कारण, शरीर की ऑक्सीजन ऋण की स्थिति में ले जाती है। शरीर का भंडारित ईंधन शीघ्रता से बाहर आता है और क्रिया-कलाप पीड़ा के साथ बदं हो जाता है। क्रियाकलाप को तब तक बहाल नहीं किया जा सकता जब तक कि लैक्टिक एसिड को हटा न दिया जाए और ऑक्सीजन ऋण दोबारा वापस न आ जाए। सौभाग्य से शरीर सीमित क्रिया कलाप ही फिर से बहाल कर पाता है, बावजूद इसके कि ऑक्सीजन कर्ज की एक छोटी सी मात्रा को ही वापस लौटा पाता है। चूंकि लैक्टिक एसिड ही पैदा होता है इसलिए इस पथ के लिए लैक्टिक एनएरोबिक ऊर्जा पथ नाम दिया जाना ज्यादा ठीक है। एलैक्टिक एनएरोबिक पथ ही एक ऐसा पथ है जिसमें शरीर लैक्टिक एसिड को उत्पादित किए बिना एनएरोबिकल काम करता है। यह पथ केवल उतनी देर ही ईंधन छोड़ता है जितना कि पेशियों में वास्तव में भंडारित होता है, अधिकतम उपलब्धि अनुमानत: 4 सैकेंड है।

एनएरोबिक सहनशक्ति को उपवर्गों में विभाजित किया जा सकता है:

- लघु एनएरोबिक-25 सैकेंड से कम (मुख्यत: अलेक्टिक)
- मध्यम एनएरोबिक-25 से 60 सैकेंड (मुख्यत: लेक्टिक)
- दीर्घ एनएरोबिक-60 से 120 सैकेंड (लेक्टिक + एरोबिक)

बहुत अधिक ताकत मांगने वाले कार्यों को बार-बार करने और उनके बीच में सीमित अन्तराल देकर अपनी शक्ति पुन:

प्राप्त करने के लिए अनएरोबिक सहनशक्ति विकसित करने में सहायक होता है।

गति सहनशक्ति

गति सहनशक्ति को सहनशक्ति संबंधी पेशी संकुचन में तालमेल विकसित करने के उपयोग में लाया जाता है। आवर्तन तरीका कई बार उपयोग में लाया जाता है, प्रत्येक सेट में आवर्तन की कम संख्या और 60 प्रतिशत से 120 प्रतिशत तक की रेसिंग दूरी में 85 प्रतिशत से ज्यादा सघनता होती है। प्रतियोगिता और ट्रायल टाइम द्वारा गति सहनशक्ति को विकम्पित किया जा सकता है।

ताकत सहनशक्ति

ताकत सहनशक्ति का उपयोग तितिक्षा के वातावरण में खिलाड़ी द्वारा अपनी पेशियों की क्षमता को बनाए रखने और संकुचन बल को विकसित करने में होता है। सभी खिलाड़ियों में ताकत सहनशक्ति के एक मूल स्तर की आवश्यकता होती है। जिन क्रिया-कलापों से ताकत सहनशक्ति बढ़ती है उनमें- सर्कट, ट्रेनिंग, फार्टलेक, हिल रनिंग आदि शामिल है।

मोटर फिटनेस (गामक स्वस्थता)

खेल प्रशिक्षण, शारीरिक अनुकूलन स्वस्थता के विशेषज्ञ और खिलाड़ी सभी का ध्यान शारीरिक प्रशिक्षण की वास्तविक प्रक्रिया और उससे होने वाले शारीरिक विज्ञान के रूपांतर की ओर ही केंद्रित है जिनसे खिलाड़ियों की खेल स्पर्धाओं में सामान्य और विशेष शारीरिक स्वस्थताओं में, प्रदर्शन की क्षमता के सुधार में सहायता मिलती है। अनुसंधानकर्ताओं और खेल-कूद वैज्ञानिकों ने शारीरिक प्रशिक्षण पर प्रशिक्षण के विशेष घटकों के प्रभाव को जानने के लिए बहुत परिश्रम किया है। व्यायाम और खेल-कूद विज्ञान का एक अन्य क्षेत्र जो समान रूप से महत्वपूर्ण है और जिस पर खिलाड़ियों और प्रशिक्षकों का कम ध्यान गया है और जिसे अनुसंधानकर्ताओं ने उपेक्षित रखा है, डी ट्रेनिंग और ऑफ सीजन अनुकूलन कार्यक्रम से संबंधित है। दूसरे शब्दों में एक खिलाड़ी के 'ऑफ सीजन' में बिना प्रशिक्षण या निष्क्रिय रहने से शारीरिक स्वस्थता/प्रेरक स्वस्थता के विभिन्न घटकों पर होने वाले प्रभावों की जानकारी होना आवश्यक है। यह जानना आवश्यक है कि उच्चतर स्तर तक शारीरिक रूप से अनुकूलित खिलाड़ी पर जो अपने प्रदर्शन क्षमता के उत्कर्ष पर पहुंच चुके हैं, उनके लिए निर्धारित आवश्यक दैनिक प्रशिक्षण कार्यक्रम अचानक बंद कर दिए जाने या उनमें अवरोध के कारण, या प्रतिस्पर्धा अवधि समाप्त होने पर, जब वह पूर्ण रूप से निष्क्रिय (ऑफ सीजन) में चले जाते हैं, इस निष्क्रियता का क्या प्रभाव होता है। प्रशिक्षण अवकाश या 'ऑफ सीजन' के कारण निष्क्रियता उच्च स्तर तक प्रशिक्षित और अनुकूलित खिलाड़ियों को कैसे प्रभावित करती है?

डी ट्रेनिंग का अर्थ है प्रशिक्षण से अवकाश या अवरोध जो कई कारणों, जैसे गंभीर चोट बीमारी, दुर्घटना या खेल सीजन के समाप्त होने, से हो सकता है। कारण कुछ भी हो इसका परिणाम प्रशिक्षण में रुकावट (अवरोध) या स्पर्धा के पश्चात् पूर्ण निष्क्रियता ही होती है। शारीरिक प्रशिक्षण के विभिन्न घटकों, जैसे क्षमता, शक्ति, मांस पेशियों की सहन शक्ति (क्षमता), गति क्षमता, लचक, हृदय व धमनियों की सहन क्षमता तथा शरीर की संरचना, पर डी-ट्रेनिंग के प्रभाव जानने से पहले इसकी आधारभूत धारणाओं, अर्थ परिभाषाओं को स्पष्ट रूप से जानना आवश्यक है।

मोटर फिटनेस के घटक

1. **मांसपेशियों की क्षमताः** खेल-कूद की सभी गतिविधियों में सफलता के लिए बुनियादी घटक है, मांसपेशियों की क्षमता। इसका अर्थ है किसी मांसपेशी अथवा मांसपेशी समूह द्वारा किसी प्रतिरोध के विरुद्ध क्षमता शक्ति से निष्पादित शक्ति या तनाव। इसे किसी एक विशेष क्षण में एक बार में अधिकतम वजन उठाने की क्षमता से नापा जा सकता है।

   किसी मांसपेशी या इनके समूल की शक्ति/क्षमता मांसपेशी के आकार और उसकी गुणवत्ता पर निर्भर करती है। मांसपेशियों के आकार और प्रकार (गुणों) में वृद्धि शरीर की सामान्य वृद्धि, पोषक खाद्य पदार्थों और व्यायाम की मात्रा के अनुरूप होती है। विभिन्न मांसपेशियों में निहित शक्ति की मात्रा उस मांसपेशी द्वारा साधारण दैनिक आवश्यकता से अतिरिक्त की जाने वाली गतिविधि और उस द्वारा किए जाने वाले काम के प्रकार पर निर्भर करती है। शारीरिक विज्ञान के अनुसार किसी मांस-पेशी की क्षमता शक्ति में वृद्धि तभी होगी यदि इसे अपनी सामान्य क्षमता से अधिक कार्य करने की आवश्यकता पड़ती है। इसे अति भार/कार्य का सिद्धान्त कहा जाता है। यदि व्यायाम में अतिरिक्त परिश्रम या तीव्रता सम्मिलित न की जाए तो मांसपेशियों की क्षमता में वृद्धि नहीं होती अपितु

यह पूर्व स्तर पर मात्र बनी रहती है। इसके अतिरिक्त क्षमता में यह वृद्धि केवल उसी मांसपेशी या मांसपेशियों में होती है जो किसी विशेष गतिविधि में प्रयोग होती है।

2. **शक्ति/क्षमताः** क्षमता/शक्ति का अर्थ है शरीर द्वारा मांसपेशियों के संकुचन से कम से कम समय में अधिकाधिक ताकत के निस्तारण की योग्यता। ताकत का तात्पर्य है विस्फोटक गति, अर्थात् कम से कम समय में अधिकतम गति से अधिकाधिक शक्ति का निकलना। ऐसा समझा जाता है कि ताकत मुख्य रूप से गति और क्षमता पर निर्भर करती है। कूदने-दूर तक पहुंचाने के लिए किक करने, दूर तक फैंकने, किसी वस्तु या विरोधी पर प्रहार करने, तीव्र गति से प्रारंभ या गति के अचानक विकास, बाल को बास्केट में गेंद डालने (डंक), मुक्केबाजी में नाक़-आउट प्रहार आदि गतिविधियों के सफल प्रदर्शन के लिए ताकत शक्ति सबसे महत्वपूर्ण घटक है। इसमें मांसपेशियों की क्षमता बढ़ा कर वृद्धि की जा सकती है।

3. **मांसपेशियों की सहन क्षमताः** मांसपेशियों की सहन क्षमता/शक्ति का अर्थ है किसी मांसपेशी या इसके समूह की किसी प्रतिरोधी के विरुद्ध निरंतर संकुचन या लंबे अंतराल तक बिना किसी असुविधा के संकुचन की क्रिया को बनाए रखने और तीव्रता से पूर्वस्थिति में आने की योग्यता क्षमता। यह क्षमता सही प्रकार और परिणाम के व्यायाम से प्राप्त की जा सकती है जिससे शरीर में कार्यशील महीन रक्त वाहिनियों में वृद्धि करने में सहायता मिलती है जो मांसपेशियों को रक्त की भी आपूर्ति करती है। यह सभी नसें पूर्ण रूप से नई नहीं होती। अपितु तब तक अप्रयुक्त और निष्क्रिय (प्रसुप्त) रहती हैं जब तक ऑक्सीजन की बढ़ी हुई मांग के दबाव में यह खुल नहीं जाती और प्रयुक्त नहीं होने लगती। पुश-अप, पुल-अप और सैट-अप जैसे व्यायाम मांसपेशियों की क्षमता में वृद्धि करते हैं और साथ ही इस क्षमता को मापने का ढंग भी प्रदान करते हैं। क्षमता बनाए रखने की आवश्यकता से अधिक बार/निरंतर भार उठाने से मांस पेशियों की सहन क्षमता में वृद्धि होती है। शारीरिक प्रशिक्षण का यह घटक मांस पेशियों की क्षमता से सीधे रूप में संबद्ध है।

4. **गतिः** एक ही प्रकार की गतिविधि को निरंतर दोहराने की तीव्रता को गति कहते है। किसी व्यक्ति की कम परिणाम की दूरियां, जैसे 50 और 100 मीटर आदि, तीव्रता से पूरी करने की क्षमता/योग्यता को भी गति कहा जा सकता है। अधिक गति वाले खिलाड़ियों/व्यक्तियों में प्रतिक्रिया समय भी प्रायः उच्च श्रेणी का होता है।

5. **फुरतीः** फुरती किसी व्यक्ति की पूरी या लगभग पूरी गति पर चलते हुए दिशा परिवर्तन की क्षमता को कहा जाता है। विशेष रूप से किसी व्यक्ति की तत्काल (जितना संभव हो सके) दिशा परिवर्तन, या शरीर की अवस्था को परिवर्तित करने और पुनः शारीरिक नियंत्रण हासिल करने के पश्चात् किसी नई गतिविधि को जारी रखने की क्षमता/योग्यता को गति कहते हैं। फुरती मुख्य गति, शक्ति, संतुलन और सामंजस्य पर निर्भर करती है। इसका निर्माण अभ्यास और चालन में आत्म विश्वास पैदा करके किया जा सकता है। फुरती अर्जित करने का महत्व केवल उन्हीं खेलों की सफलता के लिए नहीं है जिनमें तीव्र गति से परिवर्तन अथवा वस्तुओं और प्रतियोगी प्रतिद्वन्द्वी को झांसा देने की आवश्यकता होती है जैसे जिम्नास्टिक, फुटबाल, बास्केट बॉल, हॉकी, जूडो इत्यादि अपितु इसका महत्व खेल की स्थिति के बाहर सुरक्षा की दृष्टि से भी है। अतः फुरती बढ़ाने के लिए दैनिक व्यायाम की क्रियाओं में चलने/रुकने और शरीर की दिशा में गति में रहते हुए परिवर्तन की क्रियाएं सम्मिलित करनी चाहिए।

6. **लचकः लचक के दो प्रकार हैं-**

निष्क्रिय स्थिरावस्था की लचकः निष्क्रिय अवस्था की लोच/लचक का अर्थ है एक ज्वाइंट के इर्द-गिर्द चाल की सीमा। इसे फ्लैक्सोमीटर नामक यंत्र की सहायता से अधिकतम विश्वसनीयता से मापा जा सकता है।

सक्रिय अवस्था की लचकः सक्रिय अवस्था की लचक का अर्थ है किसी जोड़ का किसी चाल/गति के प्रति/विरुद्ध प्रतिरोध। दूसरे शब्दों में इसका संबंध उस शक्ति से है जो किसी चाल/गति का, किसी सीमा क्षेत्र की अपेक्षा, किसी भी सीमा तक प्रतिरोध करती है। इस प्रकार की लचक को मापना अधिक कठिन होता है अतः शारीरिक ज्ञान और खेल-कूद में इस पर अधिक ध्यान नहीं दिया गया है। आमतौर पर लचक मांस पेशियों, स्नायु और पेशी बंधनों का ऐसा गुण है जिसकी सहायता से शरीर के जोड़ सभी प्रकार की हरकत सुविधापूर्वक कर सकते हैं। ऐसे जोड़ों में जिनका विभिन्न प्रकार की गतियों द्वारा नियमित व्यायाम किया जाता है, बिना व्यायाम के जोड़ों की अपेक्षा अधिक

लचीलापन दिखाई देता है। लचीलेपन/लचक की क्षमता किसी जोड़ के विस्तार और झुकाव की सीमा/क्षमता और इससे संबंधित शारीरिक क्रियाओं जैसे-झुकना, पहुंचना, मरोड़ना और मुड़ना आदि क्रियाओं की क्षमता का निर्धारण करती है। किसी जोड़ की लचक की मात्रा/क्षमता का निर्धारण सर्वप्रथम उस जोड़ के प्रकार और फिर स्नायु और उस जोड़ की मांसपेशियों द्वारा किया जाता है। किसी जोड़ की लचक का संबंध मात्र उस जोड़ से ही है। कोई व्यक्ति अपने कंधे के जोड़ लचक का अच्छा प्रदर्शन करने में सक्षम हो सकता है, हो सकता है उसके घुटनों के जोड़ इतने लचकदार न हों। फिर भी शरीर की अस्थि संरचना और स्नायु की दशा की सीमाओं में किसी भी जोड़ की चाल की सीमा और क्षेत्र में मांस पेशियों में विस्तार करने वाले व्यायाम की सहायता से वृद्धि की जा सकती है।

मुख्य रूप से लोच या लचक के लिए दो प्रकार के व्यायाम है सक्रिय व्यायाम तथा निष्क्रिय व्यायाम।

सक्रिय व्यायामः सक्रिय (स्ट्रैचिंग) का प्रदर्शन आम तौर पर उछलने और झटकेदार क्रियाओं में होता है। इसे कई बार प्राक्षेपिक (बैलिस्टक) स्ट्रैचिंग भी कहा जाता है।

निष्क्रिय व्यायामः निष्क्रिय स्ट्रैचिंग किसी मांस पेशी को उसकी सामान्य सीमा से बढ़ी हुई अवस्था में अधिक देर तक रोके रखने में प्रदर्शित होती है। शरीर की लचक बढ़ाने और बनाए रखने में धीमी और निष्क्रिय स्ट्रैचिंग सबसे उत्तम विधि है। वास्तव में ऐंठन, व्यायाम के पश्चात् होने वाली वेदना/सूजन और पिंडली की मांसपेशियों में होने वाली वेदना से निष्क्रिय स्ट्रैचिंग द्वारा लाभ हो सकता है। यह सर्वविदित है कि पिडंली की अनुपचार्य वेदना का उपचार पिडंली के साधारण रूप से तानने के व्यायाम द्वारा किया जा सकता है।

विद्यार्थियों और पाठकों के लिए यह जानना महत्वपूर्ण है कि सक्रिय स्ट्रैचिंग भी प्राक्षेपिक/गतिशील प्रवृत्ति के कारण कई बार इसका विपरीत प्रभाव भी हो सकता है। किसी मांसपेशी को उसकी सामान्य सीमा/क्षमता से अधिक अचानक तानने पर मांस पेशी में एक सुरक्षा प्रक्रिया होती है जिसके फलस्वरूप मांसपेशी में तनाव के स्थान पर सिकुड़न आ जाती है। इसलिए शरीर को गर्म करने के व्यायाम (वार्मिंग) अप के लिए उछलने, उचकने और झटकेदार व्यायाम क्रियाओं का अनुमोदन नहीं किया जाता। बच्चों में उच्च स्तर की लचक उन्हें न केवल कुछ क्रियाओं को उत्कृष्ट तरीके से करने में सहायक होती है, बल्कि यह भार वहन करने वाले जोड़ों पर अचानक लगे झटके और प्रहार के विरुद्ध सुरक्षा भी प्रदान करती है। घुटने और टखने के जोड़ों पर सामान्य क्रियाओं में इस प्रकार झटके लगने की बड़ी संभावना रहती है।

लचक के अधिकतम स्तर का निर्धारण करने के लिए कोई प्रमाणित वैज्ञानिक विधि नहीं है। लचक किसी भी व्यक्ति के निजी क्रिया कलाप के स्तर पर निर्भर करती है।

ब्यूरेटन इस संबंध में सही टिप्पणी की है-

''शरीर का लचीलापन/लचक शारीरिक संरचना विज्ञान और शारीरिक क्रिया विज्ञान की क्रियाओं की युवावस्था का सूचक है जो शालीनता का एक महत्वपूर्ण गुण है। जिन लोगों की मांसपेशियां कठोर (जिनमें विस्तार/लचक का गुण हो) होती है, वह भद्दे लगते हैं।''

7. **हृदय और धमनियों की सहनशीलता (क्षमता):** इसका अर्थ है किसी व्यक्ति द्वारा लंबे समय तक सर्वाधिक संतोषजनक स्थिति में कार्य करने की क्षमता। इस प्रकार कार्य करने की क्षमता कार्यरत मांसपेशियों की ऑक्सीजन आपूर्ति की क्षमता पर निर्भर करती है। शरीर जितनी अधिक मात्रा में ऑक्सीजन ग्रहण करने और प्रयोग करने के योग्य होगा उतना ही अधिक कार्य करने में समर्थ होगा। हृदय और धमनियों की क्षमता का उच्च स्तर प्राप्त करने के लिए आवश्यक है कि हृदय, रक्त प्रवाह प्रणाली और श्वास प्रणाली सुचारु रूप से कार्य करने में सक्षम हों। हृदय-धमनियों की सहन क्षमता को दूसरे शब्दों में हृदय और श्वसन स्वस्थता भी कहा जा सकता है। हृदय-श्वसन स्वस्थता का अर्थ है हृदय और फेफड़ों की क्रियात्मक दक्षता। क्रियात्मक दक्षता का अर्थ है हृदय, धमनियों और फेफड़ों की शरीर की ऑक्सीजन की आवश्यकताओं को पूरा करने की क्षमता। यहां यह वर्णन करना तर्कसंगत है कि चलने, कूदने, लंबी दौड़, तैराकी, साइकिल चलाना, बास्केट बॉल, फुटबॉल आदि खेल जिनमें धड़ और टांगों की मांसपेशियों का व्यायाम होता है, हृदय धमनी/हृदय और श्वसन प्रणाली की सहन क्षमता प्राप्त करने का सर्वाधिक उपयुक्त साधन है।

विभिन्न खेल कौशलों की जाँच

A. बैडमिंटन

1. इतिहास : बैडमिंटन बहुत लोकप्रिय रैकट खेल है। यह 1873 तक इंग्लैंड के शाही दरबार में खेला जाता रहा। यह भारतीय खेल 'पूना' से प्रेरित हुआ। सन् 1867 में कर्नल सैलबी ने इसके नियम प्रकाशित किए जिससे यह तेजी से फैल गया। द इंगलिश बैडमिंटन फेडरेशन की स्थापना 1893 में हुई और इसने अपनी सर्वप्रथम इंग्लैंड चेम्पियनशिप 1899 में मनाई (अन्तर्राष्ट्रीय दायरे के शानदार टूर्नामेंटों में से एक)। थामस कप (पुरुषों के लिए) और ऊमर कप (महिलाओं के लिए) दो अन्य प्रसिद्ध टूर्नामेंट क्रमशः 1948 और 1956 में शुरू किए गए। 1934 में द इंटरनेशनल बैडमिन्टन फेडरेशन की स्थापना हुई। वैडमिन्टन दक्षिण-पूर्ण एशिया में बहुत प्रसिद्ध है। थाइलैंड और मलेशिया में कई श्रेष्ठ खिलाड़ी हुए हैं। 1977 से लेकर प्रति दो वर्ष पश्चात् वर्ल्ड चैम्पियनशिप होती है। बार्सीलोना नामक स्थान पर 1992 में बैडमिन्टन एक ओलम्पिक खेल बन गई।

2. मैच के नियम : खिलाड़ी एक रैकट के साथ चिड़िया को आगे पीछे जाल के ऊपर से हिट करते हैं। इस श्रृंखला को जीतने के दो ढंग हैं: चिड़िया को लेकर विरोधी पक्ष की जमीन की ओर हिट करना अथवा विरोधी को कोई नियम तोड़ने पर विवश कर देना। फॉउल तब होता है जब चिड़िया सीमाओं से बाहर चली जाए; जमीन को छू ले, जाल के ऊपर से न जाए अथवा खिलाड़ी या उसके कपड़ों को छू जाए। सर्विस करने वाला सर्विस करने पर या श्रृंखला जीतने पर अंक प्राप्त करता है। अगर रिसीवर रैली जीत लेता है तो वह सर्विस जीत लेता है। इस मैच में पुरुषों के लिए 15 अंकों के 3 सैटों की खेल खेली जाती है और महिलाओं की सिंगल्स 11 अंकों की होती है। 2 खेलों को जीतने वाला मैच का विजेता माना जाता है। बैडमिन्टन सिंगल्स, डब्लस और मिश्रित डब्लस में खेली जाती है। अंकों को आरंभ में ही 'लब आल' के रूप में बता दिया जाता है। सभी सम अंकों की सर्विस अर्ध कोर्ट की दाईं तरफ से की जाती है।

याद रखने योग्य बातें-

बैडमिन्टन कोर्ट का आकार (सिंगल्स)	- 13.410 मी. x 5.18 मी. (44 फुट x 17 फुट) रेखाओं को मिलाकर
बैडमिन्टन कोर्ट का आकार (डबल्स)	- 13.410 मी. x 6.110 मी. (44 फुट x 20 फुट)
खंभों की ऊंचाई	- 1.55 मी. (5 फुट 1 इंच)
केन्द्र से जाल की ऊंचाई	- 1.52 मी. (5 फुट)
चिड़िया का वजन	- 4.74 ग्राम से 5.50 ग्राम तक
चिड़िया में पंख	- 16
खेल में अंकों की संख्या	- तीन श्रेष्ठ के लिए 15 अंक (पुरुष सिंगल्स और डब्लस)
तीन श्रेष्ठ के लिए	- 11 अंक (महिलाएं सिंगल्स)
युगल नियम	- 3 अंक (पुरुष सिंगल्स और डब्लस) पहले खिलाड़ी के 14 अंकों तक पहुंचने वाले के लिए चुनाव
रैकट	- 68 सें. मी. लंबा और 23 सेंटीमीटर चौड़ा हैड

- **साइड गैलरी/ ऐली :** डब्लस कोर्ट में प्रयोग होने वाले साइड स्थान को कहते हैं।
- **बैक गैलरी/ ऐली :** यह कोर्ट का पिछला क्षेत्र होता है जहां से डब्लस गेम के दौरान लंबी सर्विस दी जाती है।
- **डबल हिट :** जब चिड़िया को निरन्तर क्रिया में दो बार हिट किया जाए तो दोषपूर्ण होता है।
- **फुट फाल्ट :** सर्विस के दौरान दोनों पैर ठीक अर्ध क्षेत्र में हों, नहीं तो यह दोषपूर्ण माना जाता है।
- **रैली :** रैली, दोनों खिलाड़ियों द्वारा स्ट्रोक के लगातार आदान-प्रदान को कहते हैं।
- **जाल स्पर्श :** रैली के दौरान खिलाड़ी के शरीर का कोई भी भाग जाल (रैकट सहित) को छूना मना होता है।

3. बैडमिन्टन की कुशलताएं

सर्विस : रैली शुरू करने के लिए सर्विस कोर्ट के अर्ध क्षेत्र से विरोधी के कोर्ट तक एक तरफ कोने से करते हैं। इसे कमर स्तर के नीचे से हिट किया जाना चाहिए ताकि ये विरोधी कोर्ट के अन्त तक पहुंच सके। इस सर्विस से विरोधी कोर्ट के पीछे तक चला जाता है। सर्विस कई तरह की होती है जैसे- शोर्ट सर्विस, ड्राइव सर्विस, रिवर्स हैंड सर्विस, फ्लिक सर्विस इत्यादि।

- **अंडर हैंड लिफ्ट, फोरहैंड लिफ्ट :** विरोधी की कोर्ट में चिड़िया देने की यह एक आधारभूत रक्षक कुशलता है। रैकट के आगे के हिस्से से धक्का देकर यह क्रिया की जाती है।

- **बैक हैंड लिफ्ट :** चिड़िया को पकड़ने की यह भी एक रक्षक कुशलता है। यह रैकट के रिवर्स हाथ के धक्के से की जाती है। यह क्रिया नैट ड्राप अथवा फ्लैट पुश भी हो सकता है।
- **क्लीयर टॉस :** यह आक्रामक के साथ-साथ रक्षक स्ट्रोक भी होता है। चिड़िया को विरोधी कोर्ट में गहरा व पीछे हिट करने के लिए रैकट के ओवरहैंड स्विंग से सर्विस करते हैं। यह ऊंची क्लीयर या नीची क्लीयर हो सकती है।
- **स्मैश :** रैली को अकस्मात उसी समय रोकने का यह एक रक्षक स्ट्रोक है। इसमें चिड़िया को नीचे की तरफ शक्ति से हिट करते हैं और बदले में विरोधी को कोई अवसर नहीं मिलता।
- **ड्राप :** इसमें चिड़िया को धीमे से धकेला जाता है ताकि यह केवल जाल पार करे ताकि विरोधी कोर्ट में जाल के निकट भूमि पर जाए। इस सर्विस का गहराई की स्थिति से किया जाता है तथा चिड़िया सिर के ऊपर से गुजरती है।

B. बास्केट बाल

1. इतिहास : बास्केट बाल के नियम इसे एक तीव्र गति वाली और आक्रामक खेल के रूप में प्रदर्शित करते हैं जिससे इसे गेंद वाली खेलों में अति आधुनिक तकनीकी खेलों में गिना जाता है। जेम्स नायस्मिथ ने मासाचूसैट्स में स्प्रिंगफील्ड कॉलेज नामक स्थान पर 1891 में इसका आविष्कार किया। सन् 1936 में अन्तर्राष्ट्रीय बास्केट बाल फेडरेशन (FIBA) ने यूरोपियन चैम्पियनशिप का प्रथम अधिकारिक मैच आयोजित किया। यूरोप में इस खेल का परिचय द्वितीय महायुद्ध के दौरान अमेरिका द्वारा किया गया। 1950 में प्रथम अधिकारिक नेशनल बास्केट बाल ऐसोसिएशन (NBA) ने मैच में साइरैक्यूज के विरुद्ध मीनियापोलिस को पराजित किया। 1976 में इसे ओलम्पिक खेल बना दिया गया। बार्सीलोना ओलम्पिक खेलों (1992) में अमेरिकी पुरुषों की टीम (उपनाम "द ड्रीम टीम") की अत्यधिक जबरदस्त प्रधानता ने इस खेल को ऊंचाइयों तक प्रसिद्ध कर दिया और (NBA) बास्केट बाल को सारे विश्व में प्रसिद्धि मिल गई। भारत में बास्केटबाल फेडरेशन ऑफ इंडिया (BFI) के हाथों में 1950 से इस पर नियन्त्रण है।

2. खेल के नियम : दो टीमों में पांच खिलाड़ी होते हैं प्रत्येक विरोधी टीम की बास्केट में बाल फेंककर अंक प्राप्त करने का प्रयास करता है। वे बाल को काबू करने के लिए केवल अपने हाथों का प्रयोग कर सकते हैं और इसे पकड़ कर भागने की आज्ञा नहीं दी जाती। फील्ड गोल 2 अंकों अथवा 3 अंकों के लिए गिनती करता है (अगर यह 3 अंक की लाइन में बाहर की तरफ से फेंक दी जाती है।) स्वतन्त्र थ्रो में 1 अंक ही योग्य होता है। बाल को पकड़ने वाली टीम को निम्न निर्धारित समय के अन्दर ही आक्रमण अवश्य कर देना चाहिए: गेंद अधिकार में लेते ही, बाल को मिड कोर्ट लाइन के पार पहुंचाने के लिए 10 सैकंड का समय दिया जाता है और बास्केट में डालने के 24 सैकंड का समय दिया जाता है।

आक्रामक खिलाड़ी के पास उस प्रतिबद्ध क्षेत्र में (प्रयास, सीमा निर्धारण और दोबारा कोशिश को छोड़कर) बने रहने के लिए केवल तीन सैकंड का समय होता है। बाऊंस या ड्रिब्बल के बिना खिलाड़ी बाल को 5 सैंकड से अधिक नहीं पकड़ सकता। फॉऊल कई तरह के होते हैं जैसे-चार्जिंग, ब्लाकिंग, पीछे से रक्षा करना, पकड़े रखना, धकेलना इत्यादि। अगर कोई टीम 15 मिनट में 4 से अधिक फॉउल कर बैठती है तो उस अवस्था में विरोधी को हर फॉउल पर फ्री थ्रो दे दिया जाता है। अगर कोई खिलाड़ी 5 से अधिक व्यक्तिगत फॉउल कर दे तो उसे मैच से निकाल दिया जाता है।

ध्यान रखने योग्य बातें

1.	टीम में कुल खिलाड़ी	=	12 (पांच फील्ड खिलाड़ी और सात प्रतिस्थानापन्न)
2.	खिलाड़ी का चेस्ट नं.	=	4 से 15 (FIBA नियम); कोई दो अंक (NBA नियम)
3.	कोर्ट का आकर	=	28 × 15 मि. (5 सें. मी. की लाइनें निकाल कर)
4.	केन्द्रीय वृत्त का अर्धव्यास	=	1.80 मीटर
5.	बोर्ड की ऊंचाई	=	2.90 मी. सतह से
6.	पिछला बोर्ड	=	180 सेमी. × 105 सेमी. (अन्तिम लाइन के अन्दर की तरफ 120 सेंमी.)
7.	बास्केट रिंग का व्यास	=	45 से. मी.
8.	गेंद की परिधि	=	75 से. मी. + 3 से.मी.
9.	गेंद का भार	=	625 + 25 ग्राम
10.	खेल की अवधि	=	चार quarters में 40 मिनट (प्रत्येक 10 मिनट)
11.	दो खेल अवधियों में अवकाश	=	2 से 5 मिनट (in quarters) 5 से 10 मिनट (आधे समय में)
12.	टाइम आँउट अवधि	=	2 बार (प्रत्येक quarters esa) 30 सेकंड की अवधि में

3. बास्केट बॉल की कुशलताएं:

- **जम्प बाल :** खेल शुरू करने के लिए गेंद को टॉस किया जाता है और खिलाड़ी गेंद लेने के लिए जम्प करते हैं। उन्हें विरोधी खिलाड़ी को पुश या हिट करने की आज्ञा नहीं होती। (नए नियमों के अनुसार साइड पास थ्रो)
- **चैस्ट पास :** चैस्ट स्तर पर अपने टीम साथी को दिया गया यह सीधा पास है।
- **बाऊंस पास :** रक्षक से फेकिंग के बाद खिलाड़ी गेंद को बाऊंस के बाद अपने टीम साथी को पास करता है यह उसके टीम साथी के पास सामान्य ऊंचाई पर पहुंचती है।
- **पासिंग (एक हाथ) :** विरोधी को हटाने के बाद खिलाड़ी गेंद अपने टीम साथी को पास करता है। यह एक अथवा दोनों हाथों से किया जा सकता है।
- **लो ड्रिब्बल :** यह एक रक्षक ड्रिब्बल है जब विरोधी पास हो और गेंद को पकड़ने का प्रयास करे। गेंद को घुटनों तक की ऊंचाई तक बाऊंस किया जाता है और शरीर को विरोधी की ढाल बनाया जाता है।
- **हाई ड्रिब्बल :** यह एक रक्षक ड्रिब्बल है। तेज रनिंग संचालन के लिए बाऊंस ट्विस्ट की ऊंचाई पर होता है।
- **पीवट फुट :** यह गेंद के साथ बंधित गति होती है। खिलाड़ी एक पैर को उठाते हैं इधर-उधर घूमता है।
- **जम्प शॉट :** अंकों के लिए यह सबसे आम शॉट है। इसमें एक हाथ से गेंद पकड़ते हैं और दूसरा गेंद को जम्प के साथ बास्केट की तरफ निर्देशित करता है।
- **ले-अप शॉट :** विरोधी को भगाने के बाद खिलाड़ी रिंग के निकट पहुंचने के लिए दो डग लेता है और गेंद रिंग के अन्दर रख देता है।
- **डंक :** विरोधी को हटाने के बाद खिलाड़ी रिंग के पास पहुंचता है और बाल को हाथ से रिंग के अंदर धकेलता है।

C. हॉकी

1. इतिहास : हॉकी से मिलती-जुलती खेलें 2000 ईसा पूर्व के पहले से खेली जाती हैं। पारसी, मिश्र, यूनानी और रोमन आदि गेंद और स्टिक में खेली जाने वाली खेल के उदाहरणों से भरे पड़े हैं। विभिन्न यूरोपियन और एशिया के देशों में यह खेल विभिन्न तरीकों से विकसित हुई। कुछ स्थानों पर यह घोड़े की पीठ (पोलो) पर खेली गई जबकि दूसरे स्थानों पर यह बर्फ पर खेली गई। आधुनिक क्षेत्र वाली हॉकी के नियम सर्वप्रथम इंग्लैंड में विधिबद्ध किए गए जहां 'शिंटी' (गैलिक खेल जो 18वीं शताब्दी के अन्त तक बहुत प्रसिद्ध थी जिसमें 12 खिलाड़ियों की दो टीमें, 150 मी. से अधिक लंबे खेल के मैदान में खेलती थीं। 1861 में लंदन में ब्लैक स्मिथ क्लब की स्थापना की गई और अधिकारिक मैच खेले गए। सन् 1908 में ओलम्पिक में पुरुषों ने खेल के मैदान में हॉकी खेली और महिलाओं की फील्ड हॉकी को 1980 में ओलम्पिक इवैन्ट में स्थान मिला। द फेडरेशन ऑफ इंटरनेशनल डी हॉकी (IHF) सात यूरोपियन देशों द्वारा 1924 में निर्मित की गई। आज इसके 119 राष्ट्र सदस्य हैं। ओलम्पिक के अतिरिक्त सन् 1971 में (महिलाओं के लिए 1974) वर्ल्ड कप का मुख्य टूर्नामेंट प्रारंभ हुआ।

हॉकी में भारत का एक विशाल इतिहास है। भारत में हॉकी के क्षेत्र में काफी खिलाड़ी हुए हैं। ग्वालियर में 1925 में द इंडियन हॉकी फेडरेशन (HIF) का निर्माण हुआ। भारत में हॉकी आन्दोलन पर इस संस्था का नियंत्रण है। यह भारत का राष्ट्रीय खेल है और पंजाब व भारत के अन्य भागों में बहुत प्रसिद्ध है। जालन्धर के निकट एक गांव (संसारपुर) हॉकी खिलाड़ियों को जन्म देने के लिए प्रसिद्ध है। भारत ने इस खेल में काफी ओलम्पिक मैडल भी हासिल किए हैं। (7 बार ओलम्पिक, 2 बार वर्ल्ड कप, 5 बार एशियन चैम्पियन)। पाकिस्तान में भी हॉकी का अच्छा स्तर है।

2. खेल के नियम : क्रीड़ा क्षेत्र हॉकी के नियम सोकर से मिलते जुलते हैं। पुरुषों के लिए 35-35 मिनट की अवधियों में (महिलाओं के लिए 30 मिनट) दो टीमों के (11 खिलाड़ी प्रत्येक में) खिलाड़ी खेलते हैं जिसमें 5 से 10 मिनट का मध्यान्तर होता है। स्टिकस का प्रयोग करते हुए वे गेंद को विरोधी टीम के गोल में डालने का प्रयास करते हैं। प्रत्येक गोल को एक अंक माना जाता है। प्रत्येक टीम में एक गोलकीपर व 5 स्थानापन्न खिलाड़ी होते हैं।

जो किसी भी समय प्रवेश कर सकते हैं (केवल पैनल्टी कार्नर को छोड़कर) अम्पायर खेल के प्रारंभ के इशारे के लिए सीटी बजाता है। खिलाड़ी स्टिक के फेट/फ्रंट के साथ

गेंद को छूते हैं। एक खिलाड़ी खेल में तभी भाग ले सकता है अगर उसके हाथों में अपनी स्टिक हो। गेंद को खेलते वक्त खेल के मैदान के अपने आधे भाग के केन्द्र बिन्दु में रखा जाता है जिस दौरान सभी खिलाड़ी अपने-अपने आधे क्षेत्र में होने आवश्यक हैं। इसमें दो अम्पायर होते हैं जो खेल के नियमों का संचालन करते हैं। गोल केवल शूटिंग सर्कल (D) के अन्दर की तरफ से ही प्राप्त किया जा सकता है। गोलकीपर हाथों और पैरों का प्रयोग कर सकता है (बचाव परिधान) परन्तु गेंद को पकड़ नहीं सकता। अगर शूटिंग चक्र के अन्दर रक्षक से कोई फॉउल हो जाए तो पैनल्टी कार्नर विरोधी टीम को दिया जाता है। पैनल्टी स्ट्रोक तब दिया जाता है जब रक्षक टीम से शूटिंग चक्र में कोई गंभीर फॉउल हो जाए।

याद रखने योग्य बातें

1. क्रीड़ा क्षेत्र की लंबाई	- 100 गज (91.40 मी.)
2. क्रीड़ा क्षेत्र की चौड़ाई	- 60 गज (54.85 मी.)
3. टीम में खिलाड़ियों की संख्या	- 16 (11 फील्ड खिलाड़ी और 5 अतिरिक्त)
4. खेल की अवधि	- 35-35 मिनट की दो अवधियां (पुरुष), 30 मिनट (महिलाएं)
5. स्थानापन्न की आज्ञा	- सभी रोलिंग स्थानापन्न
6. गेंद का वजन	- 5/1/2 औंस (156 ग्राम)
7. स्टिकस का वजन	- 18-30 औंस
8. हॉकी स्टिकस गुजरनी चाहिए	- 2 इंच व्यास वाले रिंग से
9. पैनल्टी स्ट्रोक की स्थिति	- 7 गज (6.4 मी.) गोल लाइन से
10. गोल पोस्ट का विस्तार	- 3.66 मी. × 2.14 मी. (5 मी. गहरी लकड़ी)
11. 'डी' (शूटिंग चक्र)	- 16 गज (14.6 मी.)
12. सतह का प्रकार	- एसट्रोट्रफ, घास वाला, मिट्टी वाला

3. हॉकी की कुशलताएं:

- **पुश :** इस स्ट्रोक का प्रयोग गेंद को थोड़ी दूरी तक भेजने के लिए किया जाता है। दायां हाथ नीचे स्टिक पर रखा जाता है और स्टिक को आगे धकेलता है जबकि बायां हाथ हैंडल को सिरे से पकड़ता है।
- **हिट :** गोल लेने के लिए या लंबे पास लेने के लिए यह एक शक्तिशाली स्ट्रोक है। खिलाड़ी स्टिक पीछे की तरफ उठाता है फिर स्टिक के पूरे जोर से गेंद को हिट करता है जबकि हाथ स्टिक को सिरे से पकड़ते हैं।
- **फलिक :** इस तकनीक का प्रयोग पैनल्टी स्ट्रोक के लिए करते हैं। यह पुश की तरह ही है पर गेंद को थोड़ी दूरी से उठाया जाता है।
- **पैनल्टी कार्नर :** यह उस स्थिति में होता है जब रक्षक खिलाड़ी जान बूझ कर गेंद को सीमा से बाहर हिट करता है, शूटिंग सर्कल में फॉउल करता है पैनल्टी कार्नर आक्रामक टीम द्वारा पोल के निकटतम कोने से 10 गज (9 मी.) से किया जाता है।

D. लॉन-टेनिस

1. इतिहास : टेनिस एक रैकट खेल है जिसमें दो खिलाड़ी या दो टीमें (प्रत्येक में दो खिलाड़ी) गेंद को जाल के ऊपर से इस तरह भेजते हैं कि विरोधी के लिए इसका निवर्तन (return) कठिन हो जाता है। आधुनिक टेनिस की जड़ें फ्रैंच की पुरानी खेल के 'पोमे' (Paume) में हैं जिसके नियम 1874 में वाल्टर क्लोपटन विंगफील्ड द्वारा लिखे गए। सन् 1877 में विबिल्डन के स्थान पर इसकी प्रथम चैम्पियनशिप हुई और प्रथम अन्तर्राष्ट्रीय चैम्पियनशिप 1881 में संयुक्त राज्य अमेरिका में, 1905 में आस्ट्रलिया में और 1925 में फ्रांस में हुई। सन् 1896 में एथेन्स में टेनिस को प्रथम ओलम्पिक गेम्स का हिस्सा बनाया गया पर 1924 के बाद इसे ओलम्पिक से वापस ले लिया गया। 1988 में इसका पुनः आरंभ हुआ। टेनिस को शासित करने वाली इंटरनेशनल टेनिस फेडरेशन (ITF) 1977 में निर्मित हुई। टेनिस कई देशों में खेली जाती है और 6 वर्ष के बच्चे से लेकर 80 वर्ष के अनुभवी तक के खिलाड़ी इसमें भाग ले सकते हैं। इस खेल में पुरुष सिंगल्स, महिलाएं सिंगल्स, पुरुष डबल्स, महिलाएं डबल्स और संयुक्त डबल्स खेलें भी खेली जाती है।

2. मैच के नियम : कोर्ट का कौन-सा पक्ष हर खिलाड़ी पहले लेगा और पहले कौन सर्विस करेगा इसका निर्णय टॉस द्वारा होता है। सर्वर को सर्व करने के दो अवसर मिलते हैं और प्रायः प्रथम सर्व में उसे काफी प्रयास करना पड़ता है। (विरोधी को उसकी शक्ति व स्थान से उखाड़ने का प्रयास करने के लिए)। अगर सर्विस 'ऐस' (Ace) में हो तो खिलाड़ी को अंक मिलता है (अगर विरोधी गेंद को स्पर्श न कर सके अथवा सीमाओं से बाहर वापस भेजे अथवा जाल के अन्दर प्रहार करे)। एक बार गेंद ऊंची पटकने के बाद सर्वड गेंद वापस अवश्य आनी चाहिए शेष रैली के दौरान खिलाड़ी इसे पटकने के पहले या बाद में वापस कर सकते हैं।

याद रखने योग्य बातें

1. कोर्ट का आकार	-	सिंग्लस : 23.77 मी. (78 फुट) × 8.20 मी. (27 फुट) डबल्स : 23.77 मी. (78 फुट) x 11 मी. (36 फुट)
2. सर्विस रेखा	=	6.4 मी. (21 फुट) जाल से
3. खंभों की ऊंचाई	=	1.06 मी. (3 फुट 6 इंच)
4. जाल की ऊंचाई	=	.91 मी. (3 फुट) केन्द्र से
5. गेंद का वजन	=	57 ग्राम + 1 ग्राम (2 औंस) रबड़ की बनी हुई
6. गेंद की परिधि	=	6.3 सें. मी. (2/1/2 इंच)
7. रैकट	=	78 से. मी. (30 इंच) लंबा और 31 से. मी. (12.1/4 इंच) चौड़ा
8. रेखाओं की चौड़ाई	=	5 से मी. (बेस रेखा को छोड़कर, 7 से मी.)

- **अंक :** टेनिस के खेल में अंक 15, 30, 40 और गेम के रूप में बताए जाते हैं।
- **ड्यूस :** अगर अंक दोनों पक्षों पर 40 समान हों तो उसे 'ड्यूस' के रूप में कहा जाता है। इसमें खिलाड़ी को खेल जीतने के लिए दो सफल अंक हासिल करना जरूरी हो जाता है।
- **सर्विस :** प्रत्येक खेल में, एक खिलाड़ी सारी सर्विसें संपन्न करता है।
- **सेट :** यह खेल की शृंखला है। 6 खेलों का विजेता सेट जीतता है।
- **लाभ :** पहला खिलाड़ी जो ड्यूस के बाद अंक जीतता है।

3. लॉन-टेनिस की कुशलताएं:

- **सर्व :** इस स्ट्रोक से खेल शुरू होता है। सर्वर धरातल रेखा के पीछे खड़ा होता है। और गेंद को विरोधी सर्विस कोर्ट में समानान्तर कोण बनाते हुए भेजने की कोशिश करता है। मैच में पहला सर्व कोर्ट की दाईं पक्ष से किया जाता है। और खिलाड़ी फिर हर अंक के पश्चात् अपना पक्ष बदलते हैं।
- **ग्राऊंड स्ट्रोक :** इसे प्राय: आधार रेखा से खेलते हैं। रैली के दौरान शक्तिशाली व उचित प्रहार करने के लिए इसका प्रयोग किया जाता है।
- **वोली :** गेंद को भूमि का स्पर्श करने से पहले इन स्ट्रोकों का प्रयोग किया जाता है। प्राय: जाल के बिल्कुल करीब से वोली बनाते हैं।
- **लोब :** इस स्ट्रोक में गेद ऊंची और दूर भेजी जाती हैं ताकि यह आधार रेखा के करीब ऊंची उठे।
- **स्मैश :** लोब के उत्तर में सिर के ऊपर से दिया गया यह शक्तिशाली स्ट्रोक होता है और उत्तर के लिए बहुत कम अवसर छोड़ता है।
- **पकड़ :** पकड़ नई तरह की होती है जैसे- कोन्टीनेंटल, वैस्ट्रन और दो हाथों की पकड़ (मुख्यत: पिछले हाथ के स्ट्रोक में प्रयोग करते हैं)

E. फुटबॉल/सोकर

1. इतिहास : सोकर दो टीमों के मध्य खेली जाने वाली गेंद खेल है। इसकी जड़ें प्राचीन यूनान में हैं जहां ''सफैरा'' खेली जाती थी। केलशियो (Calcio) इसी शब्द का अनुवाद है जो खेल रोम में ईसा पूर्व के चौथी शताब्दी में खेला गया। खेल के आधुनिक रूप की खोज इंग्लैंड में सन् 1848 में हुई। पहले क्लब 'शैफील्ड' फुटबॉल क्लब (Sheffield Football Club) का निर्माण 1863 में हुआ और 1872 में प्रथम प्रतियोगिता का आयोजन किया गया। द फेडरेशन इंटरनेशनल डी फुटबाल ऐसोसिएशन (FIFA) का निर्माण 1904 में हुआ। सन् 1900 और 1904 के ओलम्पिक में इस खेल का प्रदर्शन हुआ। इस खेल ने अधिकारिक ओलम्पिक इवैन्ट का रूप 1908 में लिया। सोकर को सारे विश्व में मान्यता मिली क्योंकि इसके उपकरण और नियम बहुत साधारण हैं। सन् 1958 से मैचों के दूरदर्शन पर प्रसारण के कारण किसी दूसरी अन्तर्राष्ट्रीय इवैन्ट को इतनी निकटता से स्थान नहीं मिला (सन् 2002 में लगभग 3 बिलियन दर्शकों ने ब्राजील जर्मनी का अन्तिम मैच देखा) आज FIFA के 203 सदस्य देश हैं।

भारत में यह खेल अंग्रेजों द्वारा लाया गया और 1878 में फुटबाल संस्थाएं बनीं। बंगाल में यह खेल बहुत प्रसिद्ध हो गया। वहीं से इस खेल को ऊंचा उठाने के लिए कई क्लब आगे आए। भारत ने भी 1888 में शिमला से दूसरा प्राचीनतम फुटबाल टूर्नामेंट जो 'ड्यूरेन्ड कप' के नाम से प्रसिद्ध है, शुरू कर दिया। बाद में 1940 में इसका सम्मेलन स्थल नई दिल्ली में परिवर्तित कर दिया गया। भारत में फुटबॉल से जुड़े कई क्लब हैं जैसे- मोहन बागान, मोहम्मडन स्पोर्टिंग, पूर्वी बंगाल, जे.सी.टी. सालगांवकर, महिन्द्रा एंड महिन्द्रा।

2. मैच के नियम : सोकर का उद्देश्य गेंद को विरोधी टीम के गोल के अन्दर भेजना होता है। गेंद पैरों से अथवा शरीर के किसी अन्य भाग से धकेल सकते हैं पर भुजाओं या हाथों से नहीं। इसमें दो टीमें, प्रत्येक में अधिकतम 11 खिलाड़ी (1 गोलकीपर और 10 फील्ड खिलाड़ी) खेलते हैं। प्रत्येक के लिए 45-45 मिनट की अवधि होती है।

खेल विरोधी क्षेत्र के केन्द्र चक्र से पुश-पास से प्रारंभ होता है। रैफरी खेलने के समय का ध्यान रखता है और नियमित 45 मिनट से समय बढ़ा भी सकता है। (अगर आवश्यक चोट अथवा खिलाड़ी इत्यादि बदलने हों तो)

टाई नियम : नॉक ऑउट टूर्नामेंट के दौरान नियमित समय के अन्त में दोनों टीमें समान हों तो दोनों टीमें 15-15 मिनट की अवधि के लिए अतिरिक्त समय के लिए खेलते हैं। (स्वर्ण गोल्डन गोल अवधि)

इस अतिरिक्त अवधि में अगर अभी भी मैच समान रह जाए तो पैनल्टी शूट ऑउट (Sudden death) दिया जाता है। रैफरी निर्णय करता है कि कौन-सा गोल पैनल्टी किक के लिए दिया जाएगा। पहले किक करने वाली टीम का निर्णय एक सिक्के के टॉस द्वारा निश्चित किया जाता है। प्रत्येक टीम किक के लिए बारी-बारी से पांच खिलाड़ी चुनती है। 5 किकों के पश्चात् अधिक गोल बनाने वाली टीम को विजयी घोषित किया जाता है। प्रत्येक टीम 5 किकों पर भी अगर गोल समान रहें तो एक टीम के जीतने तक पैनल्टी किक दिए जाते हैं। गोल तभी माना जाता है जब गेंद गोल रेखा के पार चली जाए। गेंद चाहे सतह अथवा हवा में हो)।

ध्यान रखने योग्य बातें:

1. मैदान का आकार	= 120 गज (110 मी.) × 80 गज (73 मी.)
2. मैच खिलाने वाले अधिकारी	= 1 रैफरी, 2 सहायक रैफरी, एक चौथा अधिकारी, 1 कमीश्नर, 1 चोट आदि के समय का ध्यान रखने वाला
3. फुटबॉल का वजन	= 14-16 औंस (425 ग्राम + 25 ग्राम)
4. फुटबॉल की परिधि	= 27 - 28 इंज (71.1 सें. मी.)
5. टीम में खिलाड़ियों की संख्या	= 16 (11 खेलने वाले और 5 अतिरिक्त)
6. खिलाड़ियों की कम से कम संख्या	= 7 (निलम्बित खिलाड़ियों की दशा में)
7. मैच में स्थानापन्न की अनुमति	= 2 (दो)
8. मैच की अवधि	= 45 मिनट की दो अवधियों (पुरुष और 40 मिनट (महिलाएं)
9. अतिरिक्त समय	= 15 मिनट की दो अवधियां (गोल्डन गोल अवधि)
10. गोल पोस्टों का आकार	= 8 गज x 8 फुट (पोस्ट की गहराई 5 इंच)
11. रेखा की चौड़ाई	= 5 इंच (12 सें. मी.)
12. खिलाड़ी के उपकरण	= स्टडस (फुटबाल बूट) शिन गार्ड, नम्बर वाली टी-शर्ट, निक्कर
13. केन्द्र चक्र का अर्ध व्यास	= 10 गज (9.15 मीटर)
14. चौथाई चक्र वृत्त का अर्धव्यास	= 1 गज (91 सें. मी.) कोणों से
15. फ्लैगों की ऊंचाई	= 3-4 फुट (1.2 मी.) कोणों से

3. फुटबॉल की कुशलताएं:

- **किकिंग :** गेंद को शक्ति के साथ हिट करना खेल की सबसे सामान्य कुशलता है। कई बार यह इच्छित अवस्था से दूर चली जाती है इसके विभिन्न प्रकार हैं जैसे पैर के अन्दर की तरफ से या बाहर की तरफ से किक लगाना, इनस्टैप किक, पुंट किक, सीजर किक, बनाना अथवा चिप किक, रोल बैक किक इत्यादि। इसे फ्री किक के दौरान, गोलकीक, कार्नर किक, पैनल्टी किक अथवा जब स्थिति आवश्यक हो, के दौरान प्रयोग किया जा सकता है।
- **ड्रिब्लिंग :** इसमें विरोधी की तरफ गेंद इस तरह धकेली जाती है। ताकि वह नियन्त्रण में रहे।
- **हैडिंग :** साधारणतया प्रहारक गेंद को जाल की तरफ ले जाने का प्रयास करता है। रक्षक इसे गोल से दूर रखने का प्रयास करता है। इस विधि का प्रयोग पूरी खेल के दौरान भी होता है।
- **टैकलिंग :** विरोधी की तरफ से स्लाइडिंग विधि से गेंद की टैकलिंग। कई बार गेंद को लेने के लिए सिर, और पैर इत्यादि का प्रयोग किया जाता है।
- **थ्रोइंग इन :** यह खिलाड़ी द्वारा पार्श्व रेखा से लिया जाता है। वह गेंद को अपने खिलाड़ी तक पहुंचाने के लिए सिर के ऊपर से फेंकता है। दोनों पैर जमीन से जुड़े होते हैं। प्रत्यक्ष रूप से थ्रो-इन द्वारा गोल गिना जाता है।
- **ऑफ साइड :** एक खिलाड़ी ऑफ साइड तब समझा जाता है जब बिना गेंद के विरोधी की गोल रेखा के निकट हो। जब तक दो रक्षक प्रहारक और गोल रेखा के मध्य में न हों। इस ऑफ साइड को रक्षक की युक्ति भी समझा जाता है (संपूर्ण रक्षक रेखा आक्रामक को ऑफ साइड में तेजी से डालने के लिए घूमती है।) यह रक्षक के लिए दो धारी तलवार के समान होती है। ऑफ साइड लाइनमैन द्वारा दी जाती है और इसे लाल फ्लैग उठाकर इंगित किया जाता है, इस अवस्था में गोल नहीं समझा जाता।
- **कार्नर किक :** कार्नर किक तब मिलता है जब रक्षक अपनी टीम की गोल रेखा के पीछे से गेंद बाहर डाल देता है। आक्रामक खिलाड़ी फिर गोल के सामने से गेंद को भेजने का प्रयास करता है ताकि दूसरा

आक्रामक उसे ले सके या इसे गोल में बदलने के लिए अपनी टीम के साथ को शीघ्रता से दे सके।

- **फ्री किक :** जब कोई खिलाड़ी फॉउल कर बैठता है तो फ्री किक मिलता है। प्रत्यक्ष फ्री किक (Direct Free Kick) में गेंद से सीधा गोल किया जा सकता है जब तक गेंद किसी और खिलाड़ी को छू न जाए। अप्रत्यक्ष फ्री किक (Indirect Free Kick) में गेंद के गोल बनाने से पहले किसी खिलाड़ी के पास से जरूर गुजरना चाहिए।
- **पैनल्टी किक :** जब रक्षक खिलाड़ी से पैनल्टी क्षेत्र में फॉउल हो जाए तब पैनल्टी किक दिया जाता है। गेंद को पैनल्टी स्थान पर रखा जाता है और प्रहारक खिलाड़ी किक द्वारा इससे सीधा गोल बनाने की कोशिश करता है। केवल गोलकीपर इसे बचाता है।
- **वार्निंग :** खिलाड़ियों को चेतावनी तब दी जाती है अगर वे लगातार नियम तोड़े, रेफरी के निर्णय का उल्लंघन करें, खेल को शुरू करने में देरी करें या व्यर्थ बहस करें अथवा दुर्व्यवहार करें।
- **बेदखली :** अगर खिलाड़ियों से कोई गंभीर फॉउल हो जाता है तो वह निलम्बित कर दिए जाते हैं, या हिसंक हों, गाली गलौज करें, अपराधी या अपमानित भाषा का प्रयोग करें, खेल के दौरान दूसरी बार पीला कार्ड मिलने पर।

F. वॉलीबाल

1. **इतिहास :** सन् 1895 में विलियम जी. मोर्गन ने एक नई इनडोर खेल की खोज की जिसे मिन्टोनैट (Mintonette) कहा जाता था बाद में इसी खेल ने वॉलीबाल का रूप ले लिया। वालीबाल 1924 के ओलम्पिक (पेरिस) में प्रदर्शन करने वाली खेल बनी और 1947 में इसने अधिकारिक खेल का रूप ले लिया जब द फेडरेशन इंटरनेशनल डी वालीबाल (FIVB) का निर्माण हुआ। 1949 में प्रथम बार पुरुषों की वर्ल्ड चैम्पियनशिप प्रेग (CHZ) में खेली गई। टोक्यो (1964) में वॉलीबाल ओलम्पिक खेलों का एक हिस्सा थी।

   आज वॉलीबाल का एक नया रूप प्रसिद्ध है इसे 'बीच वॉलीबाल' (Beach Volleyball) के नाम से जाना जाता है। यह रेत के खेल मैदान में दो टीमों के बीच खेली जाती है।

   भारत में वॉलीबाल XMCA द्वारा प्रचलित हुआ। तत्पश्चात् वॉलीबाल फेडरेशन ऑफ इंडिया (VFI) 1950 में स्थापित की गई। पहली एशियन खेलों में भारत ने स्वर्ण पदक जीता।

2. **खेल के नियम :** वॉलीबाल में दो टीमों में छः खिलाड़ी होते हैं जो गेंद को विरोधी टीम के पक्ष में जाल के ऊपर से भेजने की कोशिश करते हैं ताकि वह जमीन छू सके। रैली जीतने वाली टीम अंक जीतती है इसके अतिरिक्त उसी अंक से खेल शुरू करने का अधिकार भी प्राप्त करती है। 25 अंक मिलने पर एक सेट की विजय मिलती है। अगर 24 अंकों से बराबर tie हो जाए तो खेल तब तक चलता रहता है जब तक दोनों में से एक टीम 2 अंकों से आगे न जाए। 3 सेट प्राप्त होने पर (5 में से) मैच जीता जाता है। गेंद दाईं ओर की पिछली पंक्ति के खिलाड़ी द्वारा शुरू की जाती है जो सर्विस जोन की 9 मीटर की चौड़ाई के अन्दर कहीं से भी खेल सकता है। खिलाड़ी के पास एक अकेले प्रयास में गेंद को जाल के ऊपर से फेंकने के लिए 8 सैकंड का समय होता है (यह चाहे जाल को छू ले)। यह रैली तब समाप्त होती है जब गेंद जमीन को छू ले या सीमाओं से बाहर हिट हो जाए या खिलाड़ी इसे कानूनी तौर पर वापस न करे।

   जब एक टीम सर्विस जीत लेती है तो खिलाड़ी घड़ी की सूइयों की दिशा में रोटेशन के अनुसार अपनी स्थिति लेते हैं। यह नियम इसलिए बनाया गया ताकि खिलाड़ी सामने और पीछे दोनों (जोन) क्षेत्रों में खेल सकें। प्रत्येक टीम ब्लॉक को छोड़कर गेंद को अधिकतम 3 बार छू सकती है इससे पहले कि वह दूसरी टीम के कोर्ट में जाए। एक बार खिलाड़ी द्वारा गेंद को छू लेने पर वह इसे तब तक नहीं छू सकता जब तक यह किसी भी टीम के अन्य खिलाड़ी द्वारा छू न ली जाए। गेंद शरीर के किसी भी भाग को छू सकती है और इसे हिट करना चाहिए। (पकड़ना या फेंकना नहीं) खिलाड़ियों के लिए दूसरी टीम के सर्वर को देखने में रुकावट बनना नियम के विरुद्ध है। एक टीम एक सेट में अधिकतम 6 प्रतिस्थानापन्न बना सकती है। पुरुषों के लिए पांचवां सेट व महिलाओं के लिए तीसरा सेट 15 अंकों का होता है। जाल के सबसे ऊपरी भाग (border) को छूने वाली सर्विस ही नियम का पालन करती है।

याद रखने योग्य बातें :

1. वॉलीबाल खेल का मैदान	– 18 मी. x 9 मी.
2. फ्री जोन क्षेत्र	– 24 मी. x 15 मी. (सभी तरफ से कम से कम 3 मी.)
3. सर्विस रेखा की लंबाई	– 9 मी.
4. जाल का आकार	– 9.5 मी. (लं)×1 मी. (चौ)
5. जाल की ऊंचाई	– 2.43 मी. (पुरुष), 2.24 मी. (महिलाएं)
6. पोल से पोल की दूरी	– 10 – 12 मी.
7. एन्टीना की ऊंचाई जाल से ऊपर	– 80 सें. मी. (साइड लाइन से ऊपर)
8. गेंद की परिधि	– 65-70 से. मी.
9. गेंद का वजन	– 270 ग्राम + 10 ग्राम
10. खिलाड़ियों की संख्या	– 12 (6 खेल रहे और 6 स्थानापन्न खिलाड़ी लिबरो सहित)
11. रेखा की चौड़ाई	– 5 सें. मी.
12. एक सेट में अंकों की संख्या	– 2 अंकों की लीड सहित 25 अंक पांचवें सेट में 15 अंक (पुरुष) तीसरा सेट (महिलाएं)

3. वॉलीबाल की कुशलताएं

- **लिब्रो :** एक विशेष रक्षक खिलाड़ी (अलग रंगदार पोशाक पहने) जो किसी खास खिलाड़ी को विश्राम देने के लिए बिल्कुल पीछे अर्द्ध भाग से खेलता है। वह किसी भी समय मैच के दौरान पिछली पंक्ति के खिलाड़ियों से प्रतिस्थापित किया जा सकता है। वह सर्व, ब्लाक या स्मैश नहीं कर सकता।
- **खिलाड़ियों की स्थिति :** खिलाड़ी दो पंक्तियों में स्थिति लेते हैं जिसमें पहली स्थिति सर्वर की होती है। संख्या 2, 3, 4 की स्थिति के खिलाड़ी फ्रंट / आक्रामक जोन में खड़े होते हैं; संख्या 5, 6 की स्थिति के खिलाड़ी बिल्कुल पीछे / बैक जोन में होते हैं।
- **चक्र क्रम :** प्रत्येक सर्विस परिवर्तन पर सर्विस करने वाली टीम के खिलाड़ी घड़ी की सूइयों की दिशा में स्थान बदलते हैं नहीं तो यह फॉउल हो सकता है।
- **सर्विस :** सर्वर 9 मी. सर्विस लाइन के पीछे कहीं भी खड़ा हो सकता है। चाहे हाथ के नीचे से सर्वमान्य है पर अच्छे खिलाड़ी सिर के ऊपर से भी सर्व का प्रयोग करते हैं मुख्यत: टनिस या जम्प सर्व। खिलाड़ी इसे सर्विस रेखा के पीछे से एक नोक (spike) की तरह चलाता है। अगर ठीक हिट हो जाए तो सर्व एक शक्तिशाली रक्षक अस्त्र गिना जाता है।
- **स्पाइक / स्मैश :** यह तेज आक्रमण होता है। प्रथम स्पाइक 1920 में फिलिपाइन द्वारा 'फिलिपाइन बम्ब' के रूप में रिकार्ड किया गया। जो खिलाड़ी स्पाइक को संचालित करते हैं उनका हवा में शानदार नियन्त्रण होता है और वे विरोधी टीम के सदस्यों की स्थितियों व क्रियाओं का सही-सही अंकन कर सकते हैं। गेंद का जाल के ऊपर से अच्छा सम्पर्क होता है।
- **टिप / लिफ्ट :** मैच के दौरान प्रयोग की जाने वाली यह रैली तकनीक है। गेंद पकड़ने और आक्रमण करने में टिप एक परिवर्तन का काम करती है। इसे भुजाओं और टांगों की ऊपर की दिशा की तरफ से क्रिया करते हैं इसमें गेंद के साथ हथेली हुए बिना अंगुलियों के ऊपरी भाग तक संबंध रहता है।
- **बम्प / अंडर आर्म लिफ्ट :** बम्प गेंद को गिरने से बचाए रखने की एक रक्षक निपुणता है। सर्व को प्राप्त करना और रक्षक कुशलता इसलिए कहते हैं क्योंकि इससे स्पाइकर के लिए गेंद को टिप का अच्छा अवसर मिलता है। बम्प गेंद से प्रथम संबंध को कहते हैं। (सर्विस रिसेपशन)। इससे रक्षा और आक्रमण के मध्य परिवर्तन मिलता है।
- **ब्लॉक :** इसे एक, दो या तीन खिलाड़ियों द्वारा भी संचालित किया जा सकता है और यह स्पाइक के विरुद्ध रक्षक की प्रथम रेखा है। ब्लॉकरस सारी स्पाइकस को ब्लॉक नहीं कर सकते पर स्पष्टता के लिए फ्लोर स्पेस को कम करते हुए पीछे से खिलाड़ियों द्वारा पकड़ा जा सकता है। ब्लॉक के लिए खिलाड़ी का खेल पर अच्छा नियन्त्रण होता है (सबसे लंबा खिलाड़ी साधारणतया मुख्य ब्लॉकर होता है।)

खेल मनोविज्ञान का विकास

खेल मनोविज्ञान का ऐतिहासिक विकास यह संकेत करता है कि यह मनोविज्ञान के सामान्य सिद्धांतों की दक्षता हासिल करने की प्रक्रिया से शुरू हुई और धीरे-धीरे अन्य विशिष्ट क्षेत्रों में इसका उपयोग होने लगा। पहले-पहल अधिकांश अनुभवात्मक मनोवैज्ञानिकों ने मूवमेंट और हरकत एवं कार्य-शक्ति से संबंधित घटकों पर केन्द्रित किया और हरकत एवं कार्यशक्ति (मोटर साइकोलाजी) का जन्म एक किस्म से खेल मनोविज्ञान के रूप में हुआ और इस प्रकार मूवमेंट मनोविज्ञान की नींव स्थापित हो सकी है। इसके परिणामस्वरूप हरकत एवं कार्यशक्ति सीखने के लिए प्रयोगशालाएं खुली जहां शारीरिक दक्षताओं को

समझने और इन दक्षताओं को ग्रहण करने पर ध्यान केन्द्रित किया गया। कोलमैन ग्रिफिथ को खेल मनोविज्ञान का पिता माना जाता है। उन्होंने पहली खेल मनोविज्ञान प्रयोगशाला संगठित और निर्देशित की जिसमें सीखने, साइको-मोटर दक्षता और व्यक्तित्व अस्थिरता पर विशेष ध्यान दिया गया था। तब से लेकर अब तक खेल मनोविज्ञान ने कभी पीछे मुड़कर नहीं देखा।

1920 और 1930 के दशक के दौरान खेल मनोविज्ञान को पूर्वी यूरोप में एक वैज्ञानिक क्षेत्र का दर्जा दिया गया। अन्तर्राष्ट्रीय खेल मनोविज्ञान सोसायटी की स्थापना 1960 के दशक के आरंभ में हुई, यह इस क्षेत्र का सबसे पुराना संगठन है। यह अच्छी तरह से कहा जा सकता है कि खेल मनोविज्ञान का क्षेत्र 1965 में रोम (Rome) में पैदा हुआ, जहां रोम ओलम्पिक खेलों के बाद पहली अन्तर्राष्ट्रीय खेल मनोविज्ञान कांग्रेस बुलाई गई। 1980 के दशक में खेल मनोविज्ञान बहुत लोकप्रिय हो गया और कई देशों में राष्ट्रीय सोसायटियों की स्थापना की गई।

खेल मनोवैज्ञानिक डानी लैंडर्स ने खेल मनोविज्ञान में हुई प्रगति को तीन पड़ावों में विभाजित किया है-

पहला पड़ाव (1950-65) में शोध पर जोर दिया गया कि खिलाड़ी के व्यक्तित्व का खेल प्रदर्शन से क्या संबंध है। दूसरे पड़ाव (1966-76) में मनोविज्ञान के उस समय प्रचलित सिद्धांतों को ग्रहण करने और उनकी खेल व्यवस्था में परीक्षण करने पर जोर दिया गया। तीसरा पड़ाव (1976 से अब तक) खेलों से सीधे ली गई सूचनाओं और सिद्धांत पर केंन्द्रित है और खेल प्रदर्शन में उत्कृष्टता लाने के लिए मनोवैज्ञानिक दक्षता और रणनीति को विकसित करने से संबंधित है।

शारीरिक प्रदर्शन को प्रभावित करने वाले मनोवैज्ञानिक कारक

शारीरिक प्रदर्शन या खेल प्रदर्शन खिलाड़ी की दैहिक रूप से हृष्ट-पुष्टता पर लंबे समय तक आश्रित नहीं रह सकता। यह अब सुस्थापित है कि ऐसे मनोवैज्ञानिक कारक हैं जो खेल प्रदर्शन को प्रभावित एवं सुधार सकते हैं। दैहिक अनुक्रिया संभावनाएं जहां खत्म होती हैं, वहीं से खिलाड़ी को मनोवैज्ञानिक प्रक्रिया उसे अपने लक्ष्य प्राप्ति के लिए मनोबल या ऊर्जा देती है, जो कि दैहिक रूप से असंभव होता है। यही कारण है कि आज मनोवैज्ञानिक प्रशिक्षण और अनुकूलन खेल प्रशिक्षण कार्यक्रम का एक हिस्सा बन गया है।

शारीरिक प्रदर्शन को प्रभावित करने वाले महत्त्वपूर्ण मनोवैज्ञानिक कारक इस प्रकार हैं:

1. **खिलाड़ियों में व्यक्तिगत भिन्नता-** प्रत्येक खिलाड़ी का स्वरूप अपने आप में अनूठा होता है। खिलाड़ियों में कायिक/दैहिक अन्तर होता है जैसे ऊंचाई, भार आदि में, उसी प्रकार मनोविज्ञानिक अन्तर भी होता है। कुछ खिलाड़ी बहिर्मुखी होते हैं तो कुछ शर्मीले, अन्तर्मुखी होते हैं और वे अपनी ग्रहण शक्ति में भी भिन्न हो सकते हैं। कुछ खिलाड़ी जन्म से मनोवैज्ञानिक रूप से मजबूत होते हैं जबकि कुछ कमजोर मनोवृत्ति के होते हैं। जो खिलाड़ी कमजोर मनोवृत्ति के होते हैं वे अपना काम पूरा करने में नाकायाब रहते हैं। अत: खेल प्रदर्शन में वैयक्तिक अन्तर एक अपरिहार्य संवृत्ति है और शिक्षक/कोच को खिलाड़ियों की प्रकृत्ति में इस नजरिये को परिष्कृत करना होता है।

2. **व्यक्तित्व-** मानव व्यक्तित्व चमत्कारिक रूप से एक जटिल ढांचा है, जो प्रेरणाओं, भावनाओं, आदतों और विचारों से बड़ी ही दक्षता के साथ, इस तर्ज पर बुना गया है कि बाहरी संसार के कर्षण और प्रोत्साहन के बीच यह संतुलन रखता है। यह उसके अस्तित्व की संपूर्णता है, और उसके शारीरिक, मानसिक, भावनात्मक और स्वभाव की बनावट के लिए होती है। उसके अनुभव, अवधारणाएं, याददाश्त, कल्पना, संवेगों, आदतों, विचारों और अनुभूतियों से उसके व्यक्तित्व का निर्माण होता है। इसलिए व्यक्तित्व भेद अपरिहार्य है, दो व्यक्ति एक जैसे ही व्यक्तित्व वाले नहीं हो सकते। व्यक्तित्व विशेष ही खेल उत्कृष्टता का आधार है। यह आवश्यक है कि व्यक्तित्व के उन विशेषक की पहचान की जाए और उन्हें सिंचित किया जाए जो खेलों में प्रदर्शन को बढ़ा सकती है। व्यक्तित्व एक महत्त्वपूर्ण शारीरिक घटक है जो काफी हद तक खिलाड़ी के परिणामों का निर्धारण करता है।

3. **बुद्धिमत्ता-** बुद्धि समस्त मानसिक क्षमता है या व्यक्ति की ऊर्जा है जो सोद्देश्य क्रिया करने, तर्क सहित सोचने और व्यक्ति को पर्यावरण से प्रभावी तरीके से निपटने में मदद देती है। बुद्धि सजगता, लक्ष्य निर्देशित और मूल्यों वाली होती है। यह एक योग्यता है जो कठिन, जटिल और कुछ नया और अलग सृजन की जिम्मेदारी अपने ऊपर ले लेती है। व्यक्ति की व्यक्तिगत समझ या बुद्धि शारीरिक

प्रदर्शन में अहम भूमिका निभाती है। अधिक जटिल और अधिक विवृत क्रियाओं में अधिक बुद्धिमता की आवश्यकता होती है। क्योंकि खेल गतिविधियों में अधिक जटिल निपुण क्रियाएं सम्मिलित होती हैं। चूंकि सभी निपुण आचरण एक बुद्धिमतापूर्ण व्यवहार है, इसलिए खेल प्रदर्शन और बुद्धि में संबंध को नकारा नहीं जा सकता।

4. **मनोवृत्ति-** मनोवृत्ति विचारों और भावनाओं के बारे में होती है। मनोबृत्ति प्रायः व्यवहार की भविष्यवाणी करती है। मनोवृत्ति अनुक्रियाएं प्रकृति में बिकासात्मक होती है। ये सीखने में बहुत ही महत्त्वपूर्ण होती हैं और विशेष वस्तु पर की जाने वाली क्रिया से संबंधित षसंद-नापसंद को प्रतिभासित करती हैं। उदाहरण के लिए, यदि एक अच्छा बच्चा कहता है, 'मैं दौड़ना पंसद करता हूं' तो उसके दौड़ने के प्रति मनोवृत्ति को आभासित करता है और यदि एक बच्चा कहता है, 'मैं दौड़ना पसंद नहीं करता' तो यह दौड़ने के प्रति बच्चे की मनोवृत्ति को दर्शाता है। मनोवृत्ति में ज्ञान और विश्वास सम्मिलित रहता है। मनोवृत्तियां प्रत्यक्ष अनुभवों और अन्तर-वैयक्तिक व्यवहार से ही विकसित होती है। सकारात्मक विश्वास और शारीरिक क्रिया-कलापों से संबंधित मूल्यों के परिणाम स्वरूप अच्छी और सकारात्मक मनोवृत्तियों का विकास होता है, और खिलाड़ी को बढ़िया प्रदर्शन के लिए सक्षम बनाती है।

5. **प्रेरणा-** प्रेरणा एक बल है, सहज प्रवृत्ति है जो उत्साहित व विवश करती है और किसी उद्देश्य या मकसद को प्राप्त करने के लिए विशेष समय में व्यक्ति को क्रिया या एक विशेष आचरण के लिए बल प्रदान करती है। प्रेरणा की अनुपस्थिति में सीखने का काम नहीं होगा अगर होगा भी तो बहुत थोड़ा और सीखे हुए क्रियाकलाप या निपुणता को हम जल्दी ही भूल जायेंगे। सक्षम शिक्षा प्राप्ति के लिए प्रेरणा पहली आवश्यकता है। प्रेरणा बाधाओं पर काबू पाने का मूल है जो अन्यथा प्रदर्शन को नकारात्मक तरीके से प्रभावित कर सकती है। पर्याप्त समुचित ध्यान, गहरी रुचि, सही मनोवृत्ति के बिना और प्रेरणा के अधिकतम परिणामात्मक स्तर के बगैर कई उच्च श्रेणी के खिलाड़ी भी अपने कार्य को ठीक ढंग से अंजाम देने में नाकाम रहते हैं। इसलिए अच्छे शारीरिक प्रदर्शन के लिए खिलाड़ी को प्रेरित करने के तरीके और माध्यम खोजना आवश्यक है।

6. **आक्रामकता-** आक्रामकता मानव आचरण का एक हिस्सा है और प्रत्येक व्यक्ति के जीवन के लिए आवश्यक है ताकि वह संघर्ष कर अच्छी उपलब्धियां हासिल कर सके।। श्रेष्ठता के संघर्ष, आधिपत्य और खेलों में उत्कृष्टता में स्पष्टतः आक्रामकता सम्मिलित रहती है। खेलों में आक्रामकता किसी न किसी रूप में अपरिहार्य है और इससे बचा नहीं जा सकता। जब आक्रामकता विद्वेष या शत्रुता में बदल जाती है, तब स्थिति खतरनाक हो जाती है और यह समाज विरोधी आचरण कहलाता है। आक्रामकता एक खिलाड़ी के प्रदर्शन में मददगार हो सकती है क्योंकि यह ऐसी स्थिति पैदा कर देती है जिससे खिलाड़ी कड़े प्रयासों से टीम को सफलता दिलाता है। खिलाड़ियों की आक्रामकता को कम करने और नियंत्रित करने में मदद की जानी चाहिए ताकि वह खेल को शांति और श्रेष्ठ तरीके से पूरा कर सके। आक्रामकता का एक उपयुक्त स्तर, जैसा कि खेलों के नियमों के अनुसार इसकी इजाजत होती है, दक्षता को सुधारने और प्रयासों में वृद्धि की ओर प्रवृत होना चाहिए और दूसरी ओर खेलों में आक्रामकता का उच्च या निम्न स्तर प्रदर्शन में बाधा डालता है।

7. **उत्तेजना और सक्रियता-** उत्तेजना शब्द शारीरिक, बौद्धिक, ज्ञानात्मक प्रदर्शन की तैयारी के लिए घट-बढ़ रही डिग्री को प्रतिबिम्बित करता है। सक्रियता अल्प अवधि के लिए ऊर्जा के संघन में बदलाव लाती है और व्यक्ति की ऊर्जा को संक्षिप्त समय के लिए उत्तेजना के निम्न स्तर से उपर ले जाती है। उत्तेजना और सक्रियता शारीरिक और अनुभूतिपरक है जो खिलाड़ियों के शारीरिक और मानसिक रूप से तैयार होने की डिग्री का संकेत देती है। सक्रियता और उत्तेजना के समुचित स्तर के साथ खिलाड़ी अच्छे की ओर प्रवृत्त होता है, अधिक स्पष्ट से विचार और आसन्न स्थितियों के संबंध में दूर तक केन्द्रित करता है। अति-उत्तेजित होना, अति-सक्रियता और अति उत्तेजना खिलाड़ी के प्रदर्शन को घटा सकता है, यहां तक कि वह प्रदर्शन करने में बिल्कुल नाकाम भी रह सकता है। जहां तक सक्रियता और उत्तेजना के अधिकतम स्तर की प्रासांगिकता का संबंध है यह प्रदर्शन में निश्चित रूप से मददगार साबित होती है। इसलिए यह जानना बहुत आवश्यक है कि खिलाड़ी को अपना मकसद हासिल करने के लिए कौन सी ताकतें सक्रिय करती हैं।

8. **चिंता/फिक्र-** चिंता से अभिप्राय मन की अशांत भावात्मक प्रतिक्रिया; उत्तेजना, हड़बड़ी और मन की अयथार्थ एवं अप्रिय अवस्था से है। चिंता/फिक्र किसी भी प्रतियोगी स्थिति के लिए आवश्यक तत्व है और चिंता के लिए निश्चित स्तर के बिना, प्रतियोगी प्रदर्शन नहीं हो सकता। चिंता का न ही ज्यादा ऊंचा, न ही ज्यादा नीचा स्तर खेल प्रदर्शन के लिए सहायक होता है। चिंता का पर्याप्त स्तर अच्छे परिणाम देता है। जब तक खिलाड़ी दबावपूर्ण प्रतियोगी स्थितियों से अपनी उत्सुकता/फिक्र से निपटना नहीं सीखता, तब तक वह अपने लक्ष्य में सफल नहीं हो सकता।

9. **ध्यान एवं एकाग्रता-** ध्यान से अभिप्राय किसी एक ही वस्तु पर चेतना के संघटन से है। यह किसी वस्तु को प्राप्त करने की एक प्रक्रिया या मन में एक स्पष्ट सोच होती है। यह मानसिक सतर्कता और त्वरितता लाने में मदद करती है, और परिणामस्वरूप व्यक्ति सतर्क और सचेत हो जाता है और मानसिक और शारीरिक रूप से जितना संभव हो बेहतर करने का प्रयास करता है। खेल प्रतियोगिता के दौरान निपुणता/कार्य पर उच्च गुणात्मक ध्यान देने से प्रदर्शन पर महत्त्वपूर्ण प्रभाव पड़ता है। विभिन्न संज्ञानात्मक रणनीतियों और दक्षताओं का गहन प्रशिक्षण में कार्य पर अधिक ध्यान केन्द्रित करने से क्षमता में वृद्धि हो सकती है, जिससे प्रदर्शन बेहतर होगा। ऐसे कई कारक हैं जो ध्यान व एकाग्रता को भंग और कम करते हैं, और परिणामस्वरूप प्रदर्शन अच्छा नहीं हो पाता।

10. **मानसिक कल्पना-** मानसिक योग्यता और मानसिक कल्पना खिलाड़ियों को उनकी मन: स्थितियों को ढालने में मदद देती है, और उस रास्ते को जो शारीरिक प्रयासों से पाया है, को ढालने में मदद करती है। इस तरह के मानसिक क्रिया-कलाप खिलाड़ी को अपने प्रदर्शन में सुधार और दिए गए कार्य/दक्षता में सुस्पष्टता लाने में सक्षम बनाते हैं, और यह सब विचार और कल्पना से ही संभव है। महत्वपूर्ण प्रतियोगी स्थितियों में मनोबल बढ़ाने के लिए मानसिक कल्पना आवश्यक है ताकि लड़ने की भावना से खिलाड़ी स्वयं को बेहतर तरीके से संगठित कर सके। प्रतियोगी स्थितियों का मानसिक अभ्यास निश्चित तौर पर खिलाड़ियों की भावनात्मक अवस्था को सुधारने में मदद देता है और शारीरिक प्रदर्शन को बढ़िया बनाता है। यह ऊर्जा के निर्बाध प्रवाह यानी जब और जितनी ऊर्जा की आवश्यकता है, में भी मदद करता है।

11. **सामूहिक सम्बद्धता-** एक खेल टीम में विभिन्न प्रकार के खिलाड़ी होते हैं, प्रत्येक की भिन्न अवस्थिति और बोध होता है और वक्त आने पर ये भिन्नताएं ही टीम के खेल प्रदर्शन में खलल डालती हैं। यदि टीम का हर सदस्य अपनी व्यक्तिगत मनोस्थितियों और योग्यताओं को टीम के प्रयासों में शामिल कर दे तो ज्यादा बेहतर परिणाम आयेंगे। टीम की सफलता अपने भीतर के समायोजन/तालमेल पर निर्भर करती है, जैसे कि टीम कितनी निकटता से और साथ होने की कितनी भावना से काम करती है। टीम के सदस्यों के मनोवैज्ञानिक रूप से एक साथ होने का परिणाम प्रदर्शन पर भी प्रतिबिम्बित होता है। समूह सक्रियता और प्रदर्शन परस्पर प्रभावशाली है, और टीम के साथ वैयक्तिक संबंध की स्थिरता भी इससे प्रभावित होती है। यह पाया गया है कि समूह में बेहतर सम्बद्धता, सामान्यत: अच्छे प्रदर्शन की ओर प्रवृत्त होती है।

शरीर की संरचना

मानव शरीर की संरचना के तीन मुख्य घटक हैं- मांस पेशियां, वसा तथा अस्थि। एक औसत वयस्क नर और मादा शरीर में शरीर के कुल भार के अनुपात में क्रमश: 15 और 20 प्रतिशत वसा की मात्रा होती है। यदि यह मात्रा इससे 5 प्रतिशत से अधिक हो जाती है तो उस व्यक्ति को अधिक वसा वाला कहा जाएगा। उदाहरण के लिए पुरुषों के लिए कुल शारीरिक भार की तुलना में 20 प्रतिशत और महिलाओं में 30 प्रतिशत वसा की मात्रा मोटापे के लिए सीमा रेखा मानी जाती है। इस सीमा रेखा से ऊपर/अधिक वसा की मात्रा को अतिभार की स्थिति माना जाएगा। एक अतिभार वाले व्यक्ति को मोटा कहा जाएगा यदि उसका भारी शरीर की ऊंचाई और ढांचे के अनुपात के अनुसार निर्धारित भार से 20 प्रतिशत से अधिक पाया जाता है। मोटापे के लक्ष्य शरीर में सामान्य गतिविधियों के लिए आवश्यक मात्रा से अधिक वसा एकत्र होने पर प्रकट होते हैं। अतिरिक्त भार या मोटापे की समस्या एक बार आरंभ होने पर व्यक्ति इसे दूर करने और नियंत्रित करने के उपाय सोचने लगता है। व्यायाम का भार कम करने और इसे नियंत्रित करने में मुख्य भूमिका है यदि शारीरिक व्यायाम के कार्यक्रम को दृढ़ता से और लंबे समय तक

अनुपालन किया जाए। शारीरिक व्यायाम के परिणाम स्वरूप हो सकता है कि शरीर के कुल भार में कमी न हो परन्तु शारीरिक संरचना में परिवर्तन अवश्य आता है। व्यायाम से शरीर के भार में वृद्धि भी हो सकती है। यह वृद्धि बिना चर्बी/वसा के मांस के भार में हुई वृद्धि के कारण होती है। क्षमता और शक्ति वर्धन के प्रशिक्षण कार्यक्रम से शरीर में बिना वसा के मांस की अधिकाधिक वृद्धि होती है। ऐसा इनका मांस पेशियों के अतिपोषण और अतिवृद्धि से संबंध के कारण होता है। इसके विपरीत क्षमता ग्रहण/वृद्धि से संबंधित प्रशिक्षण से शरीर के भार में कमी होती है क्योंकि ऐसे व्यायाम में ऊर्जा का मुख्य स्रोत/वसा होती है। जैसे शरीर में वसा का भंडार घटने लगता है, शरीर का भार/मोटापा भी कम होने लगता है। शारीरिक व्यायाम के संदर्भ में यह प्रतीत होता है कि व्यायाम वसा में कमी अधिक कैलारी व्यय के कारण ही होती है।

डी-ट्रेनिंग के प्रभावों पर दो मुख्य विचारधाराओं से चर्चा की जाती है

1. लंबे समय तक पूर्ण विश्राम के उपरान्त होने वाले परिवर्तनों के अध्ययन से,
2. प्रशिक्षित व्यक्तियों में शारीरिक प्रशिक्षण/श्रम बंद करने और आफ सीजन में शारीरिक रूप से निष्क्रिय होने पर उनमें आने वाले परिवर्तनों के अध्ययन से।

डी-ट्रेनिंग की क्षमता, शक्ति और मांसपेशियों की सहन क्षमता पर प्रभाव

1. निष्क्रियता से अस्थियों से जुड़ी मांसपेशियां बहुत हद तक आकार/नाप में घट जाती हैं।
2. मांसपेशियों के आकार/नाप में कमी के कारण शरीर की क्षमता, शक्ति और मांसपेशियों की सहन सक्षमता की हानि हो जाती है।
3. जबकि पूर्ण निष्क्रियता से इन सभी क्षेत्रों में तीव्र कमी होगी, समान रूप से क्रियाशीलता में भी की गई कमी से होने वाली हानि धीरे-धीरे होगी जो समयोपरान्त पर्याप्त हो जाती है क्योंकि अधिक समय तक होने वाली निष्क्रियता की मात्रा एकत्रित होती रहती है।

निस्संदेह यदि खिलाड़ी एक बार प्रशिक्षण बंद कर देता है तो शरीर की क्षमता, शक्ति और मांसपेशियों की सहनशक्ति में कमी आती है। परन्तु प्रशिक्षण छोड़ने/बंद करने के आरंभिक दिनों में यह कमी बहुत अधिक नहीं होती है। इसके अतिरिक्त खोई हुई क्षमता को पुनः प्राप्त करने में आरंभ में किए गए प्रयत्न की अपेक्षा बहुत कम प्रयत्न/श्रम की आवश्यकता होती है। जाहिर है किसी मांसपेशी या इसके समूह की क्षमता, शक्ति, सहन शक्ति और आकार को बनाए रखने में न्यूनतम प्रेरणा/प्रयत्न की आवश्यकता होती है। इस तथ्य का एक घायल खिलाड़ी के लिए बहुत महत्वपूर्ण अर्थ है। यदि कोई घायल खिलाड़ी स्वास्थ्य लाभ के आरंभिक दिनों में घायल अंग में न्यूनतम मात्रा का व्यायाम भी कर पाता है तो उसके पुनर्वास की अवधि में बहुत बचत होगी। संभवतः शरीर की क्षमता, शक्ति और सहनशीलता में धीमी और क्रमिक कमी का मुख्य कारण मांस पेशियों को प्रशिक्षण द्वारा क्षमता के उच्चतम स्तर तक ले जाने में लगने वाला समय ही है।

गति, स्फूर्ति और लचक पर डी-ट्रेनिंग के प्रभाव

1. डी-ट्रेनिंग/शारीरिक निष्क्रियता द्वारा होने वाली गति और स्फूर्ति की हानि/कमी अपेक्षाकृत कम होती है। इसका संभावित कारण यह हो सकता है कि शारीरिक प्रशिक्षण गति और स्फूर्ति पर प्रभाव तो डाल सकते हैं परन्तु इससे इनमें होने वाला सुधार, क्षमता, शक्ति, लचक और हृदय और धमनियों की सहन शक्ति के क्षेत्र में होने वाले सुधार की अपेक्षा कम होता है। इस स्पष्टीकरण का अर्थ है कि गति एक स्वाभाविक (जन्मजात) गुण है और इसे एक पूर्वनिर्धारित सीमा तक ही बढ़ाया जा सकता है और स्फूर्ति का गति से सीधा और सुदृढ़ संबंध है। इन दोनों (गति और स्फूर्ति) का उच्चतर स्तर समिति प्रशिक्षण द्वारा बनाए रखा जा सकता है।
2. डी-ट्रेनिंग के कारण लचक की क्षति/हानि अपेक्षाकृत तीव्रता से होती है। लचक के इस गुण के कारण खिलाड़ी इसे पुनः कम समय में ही प्राप्त कर सकता है। घटी हुई लचक के कारण खिलाड़ी को चोट आदि लगने की संभावना बहुत बढ़ जाती है। इसलिए लचक किसी खिलाड़ी के खेल-जीवन की लंबाई/आयु निश्चित करने का मुख्य घटक होता है।

हृदय-धमनियों की सहन क्षमता पर डी-ट्रेनिंग के प्रभाव

1. सहन शक्ति से वृद्धि से संबंधित प्रशिक्षण बंद किए जाने से हृदय और धमनियों की सहन-क्षमता में कमी बड़ी तीव्रता से होती है।

2. घायल/बीमार खिलाड़ी जिन्हें पूर्ण विश्राम करना पड़ता है, के संबंध में इस क्षेत्र में नाटकीय ढंग से कमी आती है।
3. एक बार हृदय-धमनियों की सहन क्षमता में हानि/कमी पर इसे पुनः शीर्ष स्तर तक ले जाने में काफी समय लग जाता है। यही कारण है कि खिलाड़ियों को सहनशक्ति का स्तर बनाए रखने के लिए आफ सीजन में भी लगातार व्यायाम/श्रम करते रहने का सुझाव दिया जाता है। एक घायल खिलाड़ी जितनी जल्दी रूपांतरित व्यायाम में लग जाते हैं, हृदय और धमनियों की सहन क्षमता में होने वाली कमी/क्षति/हानि उतनी ही कम होगी।

शरीर की संरचना पर डी-ट्रेनिंग के प्रभाव

1. निष्क्रियता के कारण वसाहीन भार में कमी होने लगती है और समस्त शारीरिक वसा की मात्रा में वृद्धि होने लगती है।
2. ऐसे खिलाड़ियों में जिन्हें प्रशिक्षण अवधि में शक्ति बढ़ाने वाली क्रियाओं से मांस पेशियों में वृद्धि का लाभ होता है, प्रशिक्षण बंद करने पर वसा हीन भार में बड़ी मात्रा में कमी होती है।
3. अत्यधिक दुबले पतले शरीर वाले खिलाड़ियों में जैसे लंबी दूरी के धावक, पूर्ण निष्क्रियता के कारण बड़ी मात्रा में वसा की वृद्धि होती है।
4. वसाहीन और वसा-युक्त भार में परिवर्तन की मात्रा किसी खिलाड़ी विशेष का आरंभिक शारीरिक आकार और संरचना और डी-ट्रेनिंग (निष्क्रियता) अवधि में उसकी खान-पान और क्रिया-कलाप की आदतों पर निर्भर करती है। इसका अर्थ है कि आफ सीजन/डी-ट्रेनिंग अवधि में साधारण व्यायाम की सहायता से और खान-पान के प्रयासयुक्त नियंत्रण से शारीरिक संरचना के उच्चतम/अनुकूलन स्तर को बनाए रखा जा सकता है।

खोज/अनुसंधान पर आधारित प्रमाण के आधार पर यह निष्कर्ष निकलता है कि शारीरिक निष्क्रियता से शरीर की क्षमता, शक्ति, मांस पेशियों की सहन क्षमता, लचक और हृदय व धमनियों की सहन क्षमता की क्षति होती है। जबकि क्षमता और शक्ति का ह्रास धीरे-धीरे होता है, हृदय और धमनियों की सहन क्षमता का क्षय तीव्रता से होता है। निष्क्रियता से, विशेष, कर इसके अनुरूप खान-पान में परिवर्तन न होने से, शारीरिक संरचना में परिवर्तन आता है। इन परिवर्तनों से वसा रहित मांस के भार में कमी आती है और वसा युक्त भार में वृद्धि होती है जिसके फलस्वरूप सापेक्ष वसा में काफी वृद्धि हो जाती है। अतः इस प्रकार के शारीरिक परिवर्तन को रोकने या कम करने के उद्देश्य से खिलाड़ियों को, यदि वह किसी प्रकार की अवस्था या चोट से पीड़ित नहीं है, डी-ट्रेनिंग/आफ सीजन अवधि में शारीरिक क्रियाओं के कार्यकलाप में सम्मिलित होने/रहने की सिफारिश की जाती है।

बहुविकल्पीय प्रश्न

1. योग शब्द की उत्पत्ति संस्कृत भाषा की निम्न धातु से हुई है:–

(a) युज् धातु से (b) यज् धातु से
(c) योज धातु से (d) उपरोक्त कोई नहीं

2. ''योग आत्मसंस्कार का एकमात्र उपाय है।'' निम्न कथन किसका है:–

(a) पंतजलि (b) श्री अरविन्द
(c) सम्पूर्णानन्द (d) उपरोक्त कोई नहीं

3. ''सभी चिन्ताओं का परित्याग कर निश्चित हो जाना ही योग है।'' निम्न कथन किसका है:-

(a) सम्पूर्णानन्द की (b) योगशास्त्र की
(c) कठोपनिषद की (d) भगवद्गीता की

4. ''जो मनुष्य आहार-विहार में, दूसरे कर्मों में और सोने जागने में परिमित रहता है, उसका योग दुःखनाशक होता है।'' निम्न विचार योग के सन्दर्भ में व्यक्त किये गये हैं:-

(a) कठोपनिषद में
(b) पतंजलि योग दर्शन में
(c) योगशास्त्र में
(d) श्रीमद्भगवतगीता में

5. ''चित की वृत्तियों को पूर्णतया रोक देना योग कहलाता है।'' निम्न किसका कथन है:–

(a) पतंजलि (b) श्री अरविन्द
(c) ओशो (d) सम्पूर्णानन्द

6. ''कर्म करने की निपुणता ही योग है।'' निम्न में से किसमें बताया गया है :–

(a) कठोपनिषद में
(b) भगवतगीता में
(c) श्वेताश्वर उपनिषद में
(d) उपरोक्त में से कोई नहीं

7. ''योग का अर्थ समाधि है।'' निम्न किसका कथन है:–
(a) महर्षि वेदव्यास (b) पतंजलि
(c) महात्मा याज्ञवल्क्य (d) बाबा रामदेव

8. ''जीवात्मा और परमात्मा के मिलन का नाम योग है।'' निम्न कथन है:-
(a) दयानन्द सरस्वती (b) पतंजलि
(c) महात्मा याज्ञवल्क्य (d) बाबा रामदेव

9. ''योग उस साधना प्रणाली का नाम है जिसके द्वारा जीवात्मा तथा परमात्मा की एकता का अनुभव होकर परमात्मा के साथ आत्मा का संयोग होता है।'' निम्न कथन है:–
(a) योगी रामचरक
(b) स्वामी दयानन्द सरस्वती
(c) महात्मा याज्ञवल्क्य
(d) महर्षि वेदव्यास

10. योग वह पुरातन पथ है जो व्यक्ति को अंधेरे से प्रकाश में लाता है।'' निम्न कथन किसका है:–
(a) योगी रामचरक (b) पतंजलि
(c) श्री अरविन्द (d) डॉ राधाकृष्णन

11. ''हम सभी अनंत शक्ति के स्वामी हैं और योग हमें इसी भक्ति के रहस्य से परिचित कराता है।'' निम्न किसका कथन है:–
(a) योगी रामचरक (b) महात्मा याज्ञवल्क्य
(c) डॉ. राधाकृष्णन (d) बाबा रामदेव

12. ''योग एक ऐसी विधि है जिसे अपनाकर व्यक्ति अपने व्यक्तित्व का सर्वांगीण विकास कर सकता है तथा अपनी जीव आत्मा को परमात्मा के साथ जोड़ सकता है।'' निम्न विचार योग के सन्दर्भ में व्यक्त किये गये हैं:-
(a) जैन ग्रंथों में (b) वेदों में
(c) उपनिषदों में (d) उपरोक्त कोई नहीं

13. ''योग हिन्दू जाति की दार्शनिक ध्यान अवस्था व सन्यासवाद की वह प्रणाली है जिसमें भक्त को परमात्मा के साथ मिलन का मार्ग बताया जाता है।'' योग की निम्न परिभाषा दी गयी है:-
(a) वेदो में
(b) वैबस्टर शब्दकोष में
(c) उपनिषदों में
(d) ऑक्सफोर्ड शब्द कोष में

14. परमदेव के साथ एकत्व की प्राप्ति के लिए प्रयत्न करना तथा इसे प्राप्त करना ही सब योगों का स्वरूप है।'' किसका कथन है:-
(a) श्री अरविन्द (b) डॉ. राधाकृष्णन
(c) दयानन्द सरस्वती (d) उपरोक्त कोई नहीं

15. '' जिन साधनों से आत्मा की सिद्धि और मोक्ष की प्राप्ति होती है, वह योग कहलाता है।'' निम्न के अनुसार है:–
(a) ऑक्सफोर्ड शब्द कोष के अनुसार
(b) वेदों के अनुसार
(c) जैनाचार्यों के अनुसार
(d) उपरोक्त कोई नहीं

16. अनुकूलता, प्रतिकूलता, सफलता-विफलता, यश-अपयश, जय-पराजय, सिद्धि-असिद्धि इन समस्त भावों में आत्मस्थ रहते हुए स्थिर रहना ही योग है। निम्न किसका कथन है:–
(a) योगेश्वर श्री कृष्णजी
(b) महात्मा याज्ञवल्क्य
(c) महर्षि पतंजलि
(d) श्री अरविन्द

17. ''इन्द्रियों की स्थिरता को ही योग माना गया है। जिसकी इन्द्रियां स्थिर हो जाती हैं, वह अप्रमत्त हो जाता है। योग का अर्थ है प्रभव तथा शुद्ध संस्कारों की उत्पत्ति एवं अशुद्ध का विनाश।'' निम्न किस ग्रंथ से लिया गया है:-
(a) श्वेताश्वर उपनिषद से
(b) योग शास्त्र से
(c) पतंजलि योग दर्शन से
(d) कठोपनिषद से

18. रामायण व महाभारत दोनों महाकाव्य निम्न बी. सी. में लिखे गए:-
(a) 1600 बी. सी. (b) 1700 बी. सी.
(c) 2500 बी. सी. (d) 1400 बी. सी.

19. वेद भारत के निम्न क्षेत्र में लिखे गये:-
(a) दक्षिण भारत में (b) उत्तरी भारत में
(c) मध्य भारत में (d) उपरोक्त कोई नहीं

20. केन्द्रीय योग एवं प्राकृतिक चिकित्सा अनुसंधान परिषद स्थित है:-

(*a*) मुम्बई में (*b*) बेंगलुरू में
(*c*) हरिद्वार में (*d*) नई दिल्ली में

21. शिवानन्द मठ व योगाश्रम निम्न शहर में स्थित है:-

(*a*) कोलकाता में
(*b*) नई दिल्ली में
(*c*) हरिद्वार में
(*d*) ऋषिकेश में

22. भारतीय योग साधना केन्द्र, निम्न शहर में स्थित हैं:-

(*a*) चंडीगढ़ में (*b*) हरिद्वार में
(*c*) नई दिल्ली में (*d*) भोपाल में

23. योग व प्राकृतिक चिकित्सा विश्वविद्यालय निम्न शहर में स्थित है:–

(*a*) बेंगलुरू में (*b*) काशी में
(*c*) नई दिल्ली में (*d*) मैसूर में

24. 'स्वामी दयानन्द योगाश्रम और चिकित्सा केन्द्र' स्थित है:–

(*a*) नई दिल्ली में (*b*) लखनऊ में
(*c*) चंडीगढ़ में (*d*) बनारस में

25. केन्द्रीय योग संस्थान निम्न शहर में स्थित है:–

(*a*) कोलकाता (*b*) त्रिवेन्द्रम
(*c*) मुम्बई (*d*) नई दिल्ली

26. 'भारतीय योग संस्थान' निम्न शहर में स्थित है:–

(*a*) नई दिल्ली (*b*) गांधी नगर
(*c*) चेन्नई (*d*) बनारस

27. 'योग प्रचार समिति' निम्न शहर में स्थित है:–

(*a*) चेन्नई (*b*) नई दिल्ली
(*c*) मैसूर (*d*) वेंगलुरू

28. पतंजलि कृत योग सूत्र में निम्न अध्याय अथवा पाद सम्मिलित है।

(*a*) समाधि पाद (*b*) साधना पाद
(*c*) विभूति पाद (*d*) उपरोक्त सभी

29. पतंजलि कृतयोग के किस पाद में योग की परिभाषा, उसके स्वरूप, चित्त विरोध के विभिन्न उपाय और योग के विभिन्न प्रकार की व्याख्या की गई है?

(*a*) साधना पाद में
(*b*) समाधि पाद में
(*c*) विभूति पाद में
(*d*) उपरोक्त कोई नहीं

30. चित्त की स्थिरता के लिए आन्तरिक बाह्य साधनों का वर्णन पतंजलि कृत योग के निम्न पाद में किया गया है।

(*a*) साधना पाद में
(*b*) कैवल्य पाद में
(*c*) विभूति पाद में
(*d*) समाधि पाद में

31. आन्तरिक साधनों के साथ-साथ योगाभ्यास की सिद्धियों का वर्णन निम्न पाद में किया गया है:

(*a*) समाधि पाद में (*b*) विभूति पाद में
(*c*) कैवल्य पाद में (*d*) साधना पाद में

32. मुक्ति अथवा मोक्ष के स्वरूप का पूर्णरूपेण विवेचन निम्न पाद में किया गया है:-

(*a*) कैवल्य पाद में (*b*) समाधि पाद में
(*c*) विभूति पाद में (*d*) उपरोक्त कोई नहीं

33. चतुर्योग में निम्न योग सम्मिलित है:–

(*a*) कर्म योग (*b*) भक्ति योग
(*c*) राज योग (*d*) उपरोक्त सभी

34. निम्न योग मन की चंचलता को समाप्त कर इच्छाओं को नियंत्रण करना सिखाता है:–

(*a*) राज योग (*b*) भक्ति योग
(*c*) ज्ञान योग (*d*) उपरोक्त सभी

35. मन को जागृत या एकाग्र करने के लिए निम्न योग उत्तम योग है:–

(*a*) राज योग (*b*) भक्ति योग
(*c*) ज्ञान योग (*d*) उपरोक्त कोई नहीं

36. निम्न हठ योग का अंग है:–

(*a*) षट्कर्म (*b*) आसन
(*c*) प्राणायाम (*d*) उपरोक्त सभी

37. व्यक्ति के अपने अन्दर छुपी शक्तियों से परिचित कराने वाला योग है:-

(*a*) कुंडलिनी योग (*b*) राज योग
(*c*) भक्ति योग (*d*) ज्ञान योग

38. निम्न में से योग का तीसरा अंग है:-

(a) प्राणायाम (b) नियम
(c) यम (d) आसन

39. निम्न योग का चौथा अंग है:-

(a) यम (b) नियम
(c) प्राणायाम (d) धारणा

40. योग का अन्तिम अंग निम्न है:–

(a) समाधि (b) प्रत्याहार
(c) यम (d) नियम

41. वानस्पतिक प्रोटीन में सर्वाधिक प्रोटीन निम्न में पाया जाता है:–

(a) सोयाबीन
(b) मूंगफली
(c) पत्तेदार सब्जियां
(d) उपरोक्त कोई नहीं

42. शरीर में काम आने वाले विभिन्न पाचक रसों तथा हार्मोन्स का निर्माण करने में निम्न सर्वाधिक सहायक है:–

(a) विटामिन (b) प्रोटीन
(c) खनिज लवण (d) उपरोक्त कोई नहीं

43. क्वाशियोरकर तथा मेरेस्मश नामक रोग बच्चों में निम्न की कमी से पैदा हो जाते हैं।

(a) विटामिन (b) कार्बोहाइड्रेट
(c) प्रोटीन (d) उपरोक्त कोई नहीं

44. वसा के पाचन में अनियमितता होने पर कौन सा रोग पैदा हो जाता है:–

(a) मेरेस्मश (b) क्वाशियोरकर
(c) बेरी–बेरी (d) किटोसिस

45. पर्वतारोही व्यक्तियों के भोजन में सर्वाधिक आवश्यकता निम्न की होती है:–

(a) कार्बोहाइड्रेट (b) खनिज लवण
(c) विटामिन (d) उपरोक्त कोई नहीं

46. दूध में कार्बोहाइड्रेट की मात्रा निम्न होती है:–

(a) 8 प्रतिशत (b) 4 प्रतिशत
(c) 9 प्रतिशत (d) 12 प्रतिशत

47. निम्न में से कार्बोहाइड्रेट की अधिक मात्रा किसमें होती है:–

(a) चावल (b) शहद
(c) चना (d) गुड़

48. 1 ग्राम कार्बोहाइड्रेट से करीब निम्न ऊर्जा की प्राप्ति होती है:–

(a) 6.1 कैलोरी (b) 8.2 कैलोरी
(c) 4.1 कैलोरी (d) 5.1 कैलोरी

49. ओबेसिटी नामक बीमारी निम्न की अधिक मात्रा लेने से होती है:–

(a) प्रोटीन (b) विटामिन
(c) खनिज लवण (d) वसा

50. शरीर को सबसे अधिक ऊर्जा की प्राप्ति निम्न से होती है:–

(a) वसा (b) प्रोटीन
(c) विटामिन (d) उपरोक्त कोई नहीं

51. रक्त को लाल रंग प्रदान करने वाले हीमोग्लोबिन के निर्माण में निम्न सर्वाधिक सहायता करता है:-

(a) आयोडीन (b) लोहा
(c) फास्फोरस (d) खनिज लवण

52. थाइराक्सिन नामक हॉरमोन का निर्माण निम्न में से कौन करता है:–

(a) लोहा (b) फॉस्फोरस
(c) आयोडीन (d) खनिज लवण

53. विभिन्न पाचक एन्जाइमों के निर्माण में निम्न महत्वपूर्ण कार्य करता है:–

(a) खनिज लवण (b) फॉस्फोरस
(c) आयोडीन (d) लोहा

54. दाँतों तथा अस्थियों के निर्माण में निम्न महत्वपूर्ण भूमिका निभाता है:–

(a) आयोडीन
(b) कैल्शियम तथा फॉस्फोरस
(c) लोहा
(d) उपरोक्त कोई नहीं

55. रिकेट्स नामक रोग निम्न में से किसकी कमी से हो जाता है:–

(a) आयोडीन (b) खनिज लवण
(c) फॉस्फोरस (d) कैल्शियम

56. कैल्शियम प्राप्ति का सबसे प्रमुख स्रोत निम्न है:–

(a) गुड़ (b) शक्कर
(c) दूध (d) कैल्शियम

57. कैल्शियम का कितना प्रतिशत भाग दाँतों तथा अस्थियों में पाया जाता है:–

(a) 25 प्रतिशत (b) 30 प्रतिशत
(c) 18 प्रतिशत (d) 20 प्रतिशत

58. रक्त को शीघ्र जमाने में सर्वाधिक सहायक है:–

(a) लोहा (b) आयोडीन
(c) फॉस्फोरस (d) कैल्शियम

59. जल नियंत्रण में मुख्य भूमिका निभाता है:–

(a) सोडियम (b) फॉस्फोरस
(c) आयोडीन (d) उपरोक्त कोई नहीं

60. तंत्रिकाओं को सुचारू रूप से कार्य करने में सर्वाधिक मदद करता है:–

(a) सोडियम (b) पोटाशियम
(c) फॉस्फोरस (d) उपरोक्त कोई नहीं

61. लाल रक्त कणों के निर्माण में सर्वाधिक सहायक है:–

(a) मैग्नीशियम (b) पोटाशियम
(c) लोहा (d) उपरोक्त कोई नहीं

62. प्रौढ़ावस्था में कैल्शियम के अभाव में निम्न रोग हो जाता है:–

(a) रिकेट्स (b) बेरी-बेरी
(c) मेरेस्मश (d) आस्ट्रोमलेशिया

63. एक स्वस्थ व्यक्ति का हृदय एक मिनट में धड़कता है:–

(a) 70 बार (b) 72 बार
(c) 78 बार (d) 80 बार

64. एक स्वस्थ व्यक्ति में सोडियम की लगभग मात्रा होती हैं:–

(a) 100 ग्राम (b) 120 ग्राम
(c) 130 ग्राम (d) 90 ग्राम

65. किसकी कमी से शरीर का निश्चित अम्लीय क्षारीय माध्यम में संतुलन नहीं रह पाता है?

(a) सोडियम (b) मैग्नीशियम
(c) पोटाशियम (d) उपरोक्त कोई नहीं

66. मानव शरीर में आयोडीन की सर्वाधिक मात्रा निम्न जगह पर पाई जाती है?

(a) थायराइड ग्रन्थियों में
(b) पिट्यूटरी ग्रन्थियों में
(c) दोनों में
(d) उपरोक्त कोई नहीं

67. विभिन्न उत्तकों में कोशिकाओं को परस्पर बांधे रखने में सर्वाधिक सहायक है:–

(a) विटामिन A (b) विटामिन C
(c) विटामिन D (d) उपरोक्त कोई नहीं

68. मादक पदार्थों के सेवन से शरीर का निम्न अंग प्रभावित होता है:–

(a) मस्तिष्क (b) यकृत
(c) वृक्क (d) उपरोक्त सभी

69. निम्न में से सबसे कम मादक पदार्थ है:–

(a) चाय (b) अफीम
(c) ड्रग्स (d) शराब

70. तपेदिक रोग उत्पन्न करने में निम्न जीवाणु सहायक होता है:–

(a) कोकस
(b) बैसीलस
(c) स्पाइरिलम
(d) उपरोक्त कोई नहीं

71. त्वचा के रोग फोड़े फुन्सी आदि को पैदा करने में निम्न जीवाणु जिम्मेदार है:–

(a) कोकस (b) बैसीलस
(c) स्पाइरिलम (d) उपरोक्त कोई नहीं

72. हैजा रोग फैलाने में निम्न जीवाणु सहायक होता है:–

(a) कोकस (b) बैसीलस
(c) विब्रिओ (d) उपरोक्त सभी

73. गर्म देशों में पेचिस व मलेरिया को फैलाने में निम्न जीवाणु सहायक है:–

(a) विब्रिओ (b) बैसीलस
(c) कोकस (d) प्रोटोजुआ

74. बी.सी.जी. का टीका बच्चों में निम्न अवधि में लगाया जाता है:–

(a) 0–3 माह (b) 0–4 माह
(c) 0–6 माह (d) उपरोक्त कोई नहीं

75. एम.एस.आर. का इंजेक्शन निम्न माह में लगता है:–

(a) 10 माह (b) 15 माह
(c) 12 माह (d) 20 माह

76. रोगाणु नष्ट करने के लिए निम्न विधि को अपनाया जा सकता है:–
(a) भौतिक विसंक्रामक
(b) प्राकृतिक विसंक्रामक
(c) रासायनिक विसंक्रामक
(d) उपरोक्त सभी

77. वायु द्वारा फैलने वाला रोग निम्न है:–
(a) चेचक (b) खसरा
(c) तपेदिक (d) उपरोक्त सभी

78. जल द्वारा फैलने वाला रोग निम्न है:–
(a) हैजा (b) टाइफाइड
(c) अतिसार (d) उपरोक्त सभी

79. ''स्वास्थ्य जीवन का वह गुण है जो व्यक्ति को लम्बे समय तक जीवनयापन के योग्य बनाता है।'' निम्न कथन है:–
(a) जे. एफ. विलियम्स (b) अरस्तु
(c) डब्ल्यू. एच. ओ. (d) उपरोक्त कोई नहीं

80. ''स्वास्थ्य केवल रोग अथवा दुर्बलता की अनुपस्थिति को नहीं बल्कि सम्पूर्ण शारीरिक, मानसिक तथा सामाजिक खुशहाली की स्थिति को कहते हैं।'' निम्न कथन है:–
(a) जे. एफ. विलियम्स (b) जान लॉक
(c) डब्ल्यू.एच.ओ. (d) उपरोक्त कोई नहीं

81. किनेसिओलॉजी (Kinesiology) शब्द की व्युत्पत्ति निम्न शब्द से हुई है:–
(a) Kinen एवं Logus
(b) Kinesio एवं Logy
(c) Kine एवं Siolog
(d) उपरोक्त कोई नहीं

82. 'Kinen' शब्द का अर्थ निम्न है:–
(a) घूमना (b) बैठना
(c) चलना (d) उपरोक्त कोई नहीं

83. Logus शब्द का अर्थ निम्न है:–
(a) दौड़ना (b) अध्ययन करना
(c) टहलना (d) उपरोक्त सभी

84. शारीरिक शिक्षा के विद्यार्थियों व व्यायामियों के शरीर के बड़े मांसपेशीय समूहों को शक्तिशाली बनाने और ठीक रखने के विषय में अथवा उनमें गति को समझने में निम्न विषय सहायक है:–
(a) शरीर रचना विज्ञान
(b) स्वास्थ्य विज्ञान
(c) जैव विज्ञान
(d) गति विज्ञान

85. ''हृदय एक पेशी है ना कि प्राकृतिक उष्मा के जैविक द्रव्य का स्थान'' निम्न कथन है:–
(a) नाईल्स स्टेन्सन
(b) न्यूटन
(c) गलैलियो
(d) उपरोक्त कोई नहीं

86. 'Principia Mathematica Philosophia Naturatis' नामक पुस्तक का लेखक है:–
(a) गलैलियो
(b) न्यूटन
(c) नाईल्स स्टेनसन
(d) उपरोक्त कोई नहीं

87. निम्न वैज्ञानिक ने जल चिकित्सा और भार एवं खिचाव के प्रयोग के साथ-साथ चिकित्सा रख-रखाव के प्रचलन की भी व्याख्या की:–
(a) न्यूटन
(b) गलैलियो
(c) अकरेलियन्स
(d) उपरोक्त कोई नहीं

88. सांतवीं शताब्दी में निम्न वैज्ञानिक ने व्यायामों की एक तीव्र गति के रूप में परिभाषित करते हुए इसे शरीर के अंगों को स्वस्थ रखने वाली क्रियात्मक क्रिया माना:–
(a) न्यूटन (b) गलैलियो
(c) अकरेलियन्स (d) पोल एजेन्ता

89. ''तैराकी के अंग गति विज्ञान में उचित माने जाने वाले तरणशील (Floating) पिण्डों के द्रव्य स्थैतिक (Hydrostatic) सिद्धांत निम्न वैज्ञानिक ने दिए हैं:-
(a) आर्कमिडिज (b) न्यूटन
(c) गलैलियो (d) उपरोक्त सभी

90. निम्न वैज्ञानिक ने आर्कमिडिज के निबंधों को सैद्धान्तिक यान्त्रिकी की नींव बताया है:–
(a) न्यूटन (b) गलैलियो
(c) हीथ (d) उपरोक्त कोई नहीं

91. गति एवं संवेदी तंत्रिकाओं और खेलकूद के एवं इसके विरोधी पेशियों में अन्तर, पेशी संकोच का वर्णन, चल अचल सन्धि जैसे शब्दों से परिचित कराने वाले लेख का Demotu Muscutorum का लेखक निम्न है:–

(*a*) न्यूटन (*b*) क्लेडियस गेलन
(*c*) गलैलियो (*d*) उपरोक्त कोई नहीं

92. मांसपेशियों को संकुचन उनमें पशु द्रव्यों के मस्तिष्क से तन्त्रिकाओं के जरिये आने से होता है। निम्न वैज्ञानिक ने कहा है:–

(*a*) आर्कमिडिज (*b*) हिप्पाक्रेटस
(*c*) गैलन (*d*) उपरोक्त सभी

93. लम्बे समय के गठिया में व्यायाम तथा मालिश का सुझाव भारत के निम्न पुरातन ग्रन्थ में मिलता है:–

(*a*) ऋग्वेद (*b*) आयुर्वेद
(*c*) सामवेद (*d*) उपरोक्त कोई नहीं

94. निम्न चिकित्सक अपने मरीजों का इलाज भोजन और मालिश द्वारा करने के साथ-साथ चलने और दौड़ने के हल्के व्यायामों को भी करने का सुझाव देते थे:–

(*a*) हिप्पोक्रेटस (*b*) हीरोफिल्स
(*c*) चरक (*d*) स्केलेपिडियस

95. प्राचीन समय में निम्न देशों के वैज्ञानिकों व चिकित्सकों की रूचि गति विज्ञान विषय के प्रति थी:–

(*a*) भारत (*b*) इंग्लैंड
(*c*) यूनान (*d*) अमेरिका

96. निम्न में किसको गति विज्ञान का पिता स्वीकार किया जाता है:–

(*a*) गलैलियो (*b*) अरस्तु
(*c*) आर्कमिडिज (*d*) न्यूटन

97. पशुओं के अंग व जानवरों की गति नामक पुस्तक निम्न द्वारा लिखी गयी है:–

(*a*) अरस्तु (*b*) न्यूटन
(*c*) गलैलियो (*d*) उपरोक्त सभी

98. निम्न चिकित्सक बीमारियों के ईलाज के लिए जिम्नास्टिक को महत्त्व देता था:–

(*a*) अरस्तु (*b*) हिप्पोक्रेटस
(*c*) हीरोडियस (*d*) उपरोक्त सभी

99. 'Alexandria' के स्कूल में चौथी शताब्दी में पढ़ाने वाले निम्न चिकित्सक ने साधारण व्यायाम का सुझाव दिया:–

(*a*) हीरोडियस (*b*) हिप्पोक्रेटस
(*c*) आर्कमिडिज (*d*) हीरोफिल्यिस

100. ''प्रकृति गणित के संकेतों से लिखी गई है।'' यह सिद्धांत निम्न द्वारा प्रतिपादित किया गया है:–

(*a*) अरस्तु (*b*) गलैलियो गैलेलिया
(*c*) आर्कमिडिज (*d*) उपरोक्त सभी

101. ''जो पशु चलता है वह अपनी अवस्था को अपने नीचे के स्थान के विरूद्ध दबाव डाल कर बदलता है।'' निम्न किसका कथन है?

(*a*) अरस्तु (*b*) गलैलियो
(*c*) आर्कमिडिज (*d*) उपरोक्त कोई नहीं

102. संकुचन के समय एक पेशी की लम्बाई में कमी की जांच करने वाले और अस्थियों की उत्तोलकी (Lever) के रूप में भूमिका का अध्ययन करने वाले निम्न वैज्ञानिक है:–

(*a*) अरस्तु (*b*) गलैलियो
(*c*) वैबर ब्रदर्स (*d*) उपरोक्त सभी

103. गति विज्ञान के क्षेत्र से सम्बन्धित 'पेशियों के पारस्परिक तान्त्रिकोत्तेजना का सिद्धांत' निम्न द्वारा प्रतिपादित किया गया है:–

(*a*) अरस्तु (*b*) स्टेनडल्र
(*c*) आर्कमिडिज (*d*) चार्ल्स शैरिगंटन

104. आइसोमेट्रिक और आइसोटोप शब्दों का प्रचलन निम्न द्वारा किया गया:–

(*a*) गैलेलियो (*b*) एडॉल्फ युगन फिन
(*c*) अरस्तु (*d*) उपरोक्त सभी

105. 'अस्थियों के निर्माण की ट्रेजेक्टरी के सिद्धांत' को जन्म देने वाले निम्न है:–

(*a*) कार्ल कॉलमन (*b*) एडॉल्फ फिक
(*c*) वैबर ब्रदर्स (*d*) उपरोक्त सभी

106. ''पेशी की शान्ति और अति वृद्धि प्रत्येक तन्तु के व्यास के बढ़ने के कारण है न कि तंतुओं की संख्या में वृद्धि के कारण'' निम्न नियम प्रतिपादित किया गया है:–

(a) कार्ल कॉलमन (b) एडॉल्फ फिक
(c) बी. मारपुर्गो (d) उपरोक्त सभी

107. न्यूटन के नियमों को पेशीय कार्य में प्रयुक्त कर बल के समानान्तर चतुर्भुज (Parallelogram) के महत्त्व पर जोर देने वाले निम्न है:–
(a) रॉस एवं वर्क
(b) कार्लकॉलमन एवं एडाल्फ़
(c) न्यूटन एवं गलैलियो
(d) उपरोक्त कोई नहीं

108 The Descent of Man का लेखक निम्न है:–
(a) अरस्तु (b) सुकरात
(c) गलैलियो (d) चार्ल्स डार्विन

109. 'आधुनिक तंत्रिका विज्ञान का पिता' निम्न को स्वीकार किया गया है:–
(a) जॉन हगलिंगस जैक्शन
(b) चार्ल्स डार्विन
(c) जॉन लॉक
(d) उपरोक्त सभी

110. "कार्य की दक्षता और शरीर यान्त्रिकी के क्षेत्र में मानवीय मोटर नामक पुस्तक के लेखक हैं:–
(a) जॉन लॉक (b) जूॅल्स मर
(c) एडॉल्फ फिक (d) उपरोक्त सभी

111. "व्यावहारिक स्तर पर गति विज्ञान एक व्यावसायिक साध न है जिसे केवल एक कुशल कलापूर्ण चिकित्सक ही प्रभावशाली ढंग से प्रयोग कर सकता है और जो मूल विषय वस्तु का माहिर हो।" निम्न कथन किसका है:–
(a) रॉस एवं वर्क
(b) जॉन लॉक एवं एडाल्फ फिक
(c) जूल्समर एवं जैक्शन
(d) उपरोक्त कोई नहीं

112. "उच्च तंत्रिका केन्द्रों में गति ही प्रतिनिधित्व करती है न कि पेशियाँ।" निम्न किसका कथन है:–
(a) जैक्शन तथा ब्रोअर
(b) जॉन लाक तथा एडॉल्फ फिक
(c) वैबर ब्रदर्स
(d) उपरोक्त सभी

113. गति विज्ञान के अन्तर्गत निम्न गतियां शामिल है:–
(a) तैरना
(b) फैंकना व पकड़ना
(c) खींचना व धकेलना
(d) उपरोक्त सभी

114. स्कॉट ने स्पोर्ट्स एवं खेलों के शिक्षण में गति विज्ञान के सिद्धांतों के उपयोग का निम्न विशिष्ट ढंग दिया है:–
(a) खेल के दौरान चोट से बचाव
(b) आंतरिक यान्त्रिकी का विश्लेषण
(c) गतिविधियों के प्रभाव व महत्त्व का मूल्यांकन
(d) उपरोक्त सभी

115. "शारीरिक गति या शरीर के अंगों की गति का स्थान, समय, बल तथा संवेगात्मक घटकों के परिवर्तन से बदला जा सकता है।" निम्न कथन है:–
(a) विन्टर्स (b) एडॉल्फ फिक
(c) वैबर ब्रदर्श (d) उपरोक्त सभी

116. कोहनी (Elbow) में निम्न गति होती है:–
(a) अपावर्तन (Abduction)
(b) आकुचन (Flextion), प्रसारण (Extension)
(c) अभिवर्तन (Adduction)
(d) उपरोक्त सभी

117. "व्यायामियों की लगभग 20 प्रतिशत चोटें कंधों से सम्बंधित होती है सबसे अधिक कुश्ती, बेस बाल तथा खेल के मैदान की गतिविधियों से होती है।" निम्न कथन है:-
(a) वैबर ब्रदर्स
(b) जैकशन तथा ब्रोअर
(c) रॉस, वर्क नेल्सन
(d) उपरोक्त कोई नहीं

118. "वे अस्थियां जो न तो लम्बी होती हैं, न लघु तथा न चपटी" निम्न श्रेणी में आती हैं:–
(a) अनियमित अस्थियां (Irregular Bones)
(b) चपटी अस्थियां (Flat Bones)
(c) लघु अस्थियां (Short Bones)
(d) उपरोक्त कोई नहीं

119. 'उद्दीपित होने पर छोटे तथा मोटे आकार में परिवर्तित होने की योग्यता' निम्न कहलाती है:–
(a) लचक (Elasticity)

(b) संकुचनशीलता (Contractability)
(c) उत्तेजनशीलता (Excitability)
(d) उपरोक्त कोई नहीं

120. 'सामान्य लम्बाई से अधिक फैलने तथा खींचने की योग्यता' निम्न कहलाती है:–
(a) लचक (Elasticity)
(b) संकुचनशीलता (Contractability)
(c) प्रसारणीयता (Extensibility)
(d) उपरोक्त कोई नहीं

121. "शारीरिक शिक्षा, शिक्षा के बड़े क्षेत्र का वह अंग है, जो बड़ी मांसपेशियों से होने वाले कार्य तथा उससे सम्बन्धित प्रतिक्रियाओं से सम्बंध रखता है।" निम्न किसका कथन है:–
(a) जे. बी. नैश
(b) जे. एफ. विलियम्स
(c) ए. आर. वैमन
(d) उपरोक्त में से कोई नहीं

122. शारीरिक शिक्षा शिक्षा का वह भाग है, जिसके द्वारा मनुष्य का शारीरिक क्रियाओं के द्वारा प्रशिक्षण के साथ-साथ पूर्ण विकास होता है।" निम्न कथन है:–
(a) जे. बी. नैश (b) जे. एफ. विलियम्स
(c) ए. आर. वैमन (d) उपरोक्त कोई नहीं

123. "शारीरिक शिक्षा तनाव की शारीरिक क्रियाओं से उत्पन्न उपलब्धियां है, जो किसी विशेष लक्ष्य को लेकर चुनी और चलाई गई हैं।" निम्न कथन है:–
(a) जे. बी. नैश (b) जे. एफ. विलियम्स
(c) चार्ल्स ए. बुचर (d) उपरोक्त कोई नहीं

124. "शारीरिक शिक्षा उन पूर्ण तजुर्बे व भावों का जोड़ है जो कि व्यक्ति को बड़ी मांसपेशी की कसरतों में हिस्सा लेकर प्राप्त होते हैं। अतः ये हमारी वृद्धि एवं विकास करते हैं।" निम्न कथन है:–
(a) डी. ओबरट्यूफर (b) कैसेडी
(c) जे. बी. नैश (d) ब्राऊनवैल

125. "शारीरिक शिक्षा, शिक्षा की विधि का अटूट अंग है, इसका उद्देश्य व्यक्ति को शारीरिक, मानसिक, सामाजिक, भावात्मक तौर पर योग्यशाली बनाना है, शारीरिक क्रियाओं का चुनाव इसके उद्देश्यों को देखकर किया जाता है।" निम्न कथन है:–
(a) जे.वी. नैश (b) चार्ल्स ए. बुचर
(c) कैसेडी (d) उपरोक्त कोई नहीं

126. "शारीरिक शिक्षा उन पूर्ण तर्जुबे व भावों का जोड़ है जो कि व्यक्ति क्रियाओं द्वारा ग्रहण करता है।" निम्न कथन है:–
(a) डी. ओबरट्यूफर (b) कैसेडी
(c) जे.बी. नैश (d) ब्राउनवैल

127. "शारीरिक शिक्षा ऐसी तबदीलियों का जोड़ है, जो किसी व्यक्ति में तजुर्बे के कारण आती है, ये तजुर्बे संयुक्त क्रियाओं के कारण होते हैं।" निम्न कथन है:–
(a) जे. बी. नैश (b) कैसेडी
(c) ए. आर. वैमन (d) उपरोक्त कोई नहीं

128. "शारीरिक शिक्षा और प्रशिक्षण का उद्देश्य है, शारीरिक और मानसिक स्वास्थ्य उत्पन्न करना और उसका संरक्षण करना।" निम्न कथन है:–
(a) ए. आर. वैमन
(b) जे. बी. नैश
(c) डा. एम. सिद्ध लिंगइया
(d) ब्राऊनवैल

129. विद्यालय में शारीरिक शिक्षा का कार्यक्रम बनाते समय निम्न बात का धयान रखा जाना चाहिए:–
(a) स्वास्थ्य सम्बंधी तथ्य
(b) लिंगीय विभिन्नतायें
(c) बच्चों की शारीरिक दशायें
(d) उपरोक्त सभी

130. निम्न में से व्यायाम से होने वाला लाभ है:–
(a) आत्म-विश्वास में वृद्धि
(b) स्मृति में वृद्धि
(c) फिजिकल फिटनेस में वृद्धि
(d) उपरोक्त सभी

131. "शिक्षा से तात्पर्य प्रत्येक व्यक्ति के मस्तिष्क में निहित संसार के सर्वमान्य विचारों को प्रकाश में लाना है।" निम्न कथन है:–
(a) हरबर्ट (b) सुकरात
(c) केसेडी (d) उपरोक्त कोई नहीं

132. "शिक्षा नैतिक चरित्र का उचित विकास है।" निम्न कथन है:–
(a) स्वामी विवेकानन्द (b) सुकरात
(c) हरबर्ट (d) अरस्तु

133. ''शारीरिक शिक्षा, शारीरिक गतिविधियों द्वारा बालकों के समग्र व्यक्तित्त्व के विकास हेतु दी जाने वाली शिक्षा है।'' निम्न कथन है:–
(*a*) जौन लौक (*b*) जे. एफ. विलियम्स
(*c*) टी. पी. नन (*d*) जे. पी. थॉमस

134. श्री हनुमान व्यायाम प्रसारक मण्डल अमरावती की स्थापना किस वर्ष हुई:–
(*a*) 1961 ई. में (*b*) 1917 ई. में
(*c*) 1914 ई. में (*d*) 1918 ई. में

135. गुजरात व्यायाम प्रसारक मण्डल अहमदाबाद की स्थापना निम्न वर्ष में हुई:–
(*a*) 1924 ई. में (*b*) 1918 ई. में
(*c*) 1925 ई. में (*d*) 1926 ई. में

136. कठियाबाड़ व्यायाम प्रसारक मण्डल भावनगर की स्थापना निम्न वर्ष में हुई:–
(*a*) 1924 ई. में (*b*) 1919 ई. में
(*c*) 1931 ई. में (*d*) 1927 ई. में

137. सरकारी शारीरिक शिक्षा महाविद्यालय हैदराबाद की स्थापना हुई:–
(*a*) 1929 ई. में (*b*) 1931 ई. में
(*c*) 1932 ई. में (*d*) उपरोक्त कोई नहीं

138. सरकारी शारीरिक शिक्षा महाविद्यालय कांदीवली, मुम्बई का प्रारंभ निम्न वर्ष में हुआ:–
(*a*) 1942 ई. में (*b*) 1954 ई. में
(*c*) 1938 ई. में (*d*) 1939 ई. में

139. क्रिश्चियन शारीरिक शिक्षा कॉलेज, लखनऊ की स्थापना हुई:–
(*a*) 1938 ई. में (*b*) 1952 ई. में
(*c*) 1963 ई. में (*d*) 1932 ई. में

140. वाई. एम.सी. ए. (Y.M.C.A) की स्थापना निम्न वर्ष में हुई:–
(*a*) 1922 ई. में (*b*) 1920 ई. में
(*c*) 1923 ई. में (*d*) 1918 ई. में

141. वाई. एम.सी. ए. (Y.M.C.A) के संस्थापक निम्न है:–
(*a*) एच. सी. बक (*b*) पी. एम. जोसेफ
(*c*) फैड वैलूर (*d*) उपरोक्त सभी

142. ऐडहाक इन्क्वायरी कमेटी (Adhoc Enquiry Committee) का गठन निम्न वर्ष में किया गया:–
(*a*) 1956 (*b*) 1955
(*c*) 1958 (*d*) उपरोक्त कोई नहीं

143. एन. आई. एस. (N.I.S.) की स्थापना निम्न वर्ष में हुई:–
(*a*) 1955 (*b*) 1953
(*c*) 1963 (*d*) 1961

144. नेहरू युवक केन्द्र की स्थापना निम्न वर्ष हुई:–
(*a*) 1972 (*b*) 1971
(*c*) 1975 (*d*) 1976

145. भारतीय खेल प्राधिकरण (S.A.I.) की स्थापना निम्न वर्ष में हुई:–
(*a*) 1976 (*b*) 1983
(*c*) 1979 (*d*) 1984

146. ऑल इंडिया कांउसिल ऑफ स्पोर्ट्स की स्थापना निम्न वर्ष में हुई:–
(*a*) 1955 (*b*) 1954
(*c*) 1957 (*d*) 1958

147. भारतीय ओलम्पिक एसोसिएशन की स्थापना निम्न वर्ष में हुई:–
(*a*) 1927 (*b*) 1929
(*c*) 1921 (*d*) 1928

148. भारतीय ओलम्पिक एसोसिएशन का प्रथम अध्यक्ष निम्न था:–
(*a*) गुरूदत्त सौंढ़ी
(*b*) महाराजा यादवेन्द्र सिंह
(*c*) सरदोराबजी टाटा
(*d*) उपरोक्त कोई नहीं

149. भारत में ओलंपिक लहर की शुरूआत निम्न वर्ष में हुई:–
(*a*) 1921 (*b*) 1922
(*c*) 1927 (*d*) 1919

150. स्कूल गेम्स फेडरेशन ऑफ इंडिया (S.G.F.I.) की स्थापना हुई:–
(*a*) 1951 (*b*) 1954
(*c*) 1956 (*d*) 1958

151. ऑल इंडिया पुलिस स्पोर्ट्स कॉउंसिल बोर्ड का गठन हुआ:–
(a) 1950 (b) 1952
(c) 1953 (d) 1955

152. 'राष्ट्रीय शारीरिक योग्यता आन्दोलन' की स्थापना निम्न वर्ष में हुई:–
(a) 1956-57 (b) 1955-56
(c) 1959-60 (d) उपरोक्त कोई नहीं

153. अर्जुन पुरस्कार का प्रारम्भ निम्न वर्ष में किया गया:–
(a) 1961 (b) 1962
(c) 1963 (d) 1964

154. हॉकी में सर्वप्रथम अर्जुन पुरस्कार प्राप्त करने वाला खिलाड़ी है:–
(a) ध्यान चन्द (b) एल. क्लाडियस
(c) अशोक कुमार (d) पृथ्वीपाल सिंह

155. राष्ट्रीय सेवा स्कीम (N.S.S.) की स्थापना निम्न वर्ष में हुई:–
(a) 1957 (b) 1969
(c) 1954 (d) 1970

156. भारत में स्काऊटिंग का प्रारंभ निम्न वर्ष में हुआ:–
(a) 1920 (b) 1921
(c) 1924 (d) 1919

157. 'स्वीडिश जिम्नास्टिक का जनक निम्न को माना जाता है:–
(a) पैर हैनरिक लिंग
(b) फ्रैंक नैचगाल
(c) गत्स-मत्स
(d) उपरोक्त सभी

158. 'Gymnastics for the Young' नामक पुस्तक लिखी गई है:–
(a) बरनार्ड बेसेडी (b) गत्स-मत्स
(c) फ्रैंक नैचगाल (d) उपरोक्त कोई नहीं

159. 'जर्मन जिम्नास्टिक्स' के जन्मदाता के रूप में निम्न को स्वीकार किया जाता है:–
(a) फ्रैंक नैचगाल
(b) बेसेडी
(c) गत्स-मत्स
(d) उपरोक्त कोई नहीं

160. होमर द्वारा रचित ग्रन्थ निम्न है:–
(a) इलियड व जिम्नास्टिक्स
(b) ओडसी व स्कूल जिम्नास्टिक्स
(c) इलियड एवं ओडसी
(d) उपरोक्त कोई नहीं

161. फुफ्फुस धमनी में निम्न रक्त होता है:–
(a) शुद्ध रक्त
(b) अशुद्ध रक्त
(c) उपरोक्त दोनों
(d) उपरोक्त में से कोई नहीं

162. कौन सा विटामिन गर्म होने पर नष्ट हो जाता है?
(a) विटामिन B (b) विटामिन A
(c) विटामिन D (d) विटामिन B6

163. मोटापा किसकी अधिकता के कारण होता है?
(a) वसा ऊतक (b) शर्करा
(c) प्रोटीन (d) संयोजी ऊतक

164. विषाणु द्वारा कौन सा रोग फैलता है?
(a) कुष्ठ रोग (b) दमा
(c) चेचक (d) प्लेग

165. मानव शरीर की सबसे बड़ी ग्रंथि कौन सी होती है?
(a) गुर्दे (b) थायराइड
(c) जठर ग्रंथि (d) यकृत

166. मानव शरीर में वसा किसमें संग्रहित रहता है?
(a) चर्बी में (b) मांसपेशियों में
(c) प्लीहा में (d) हड्डियों में

167. विटामिन 'सी' का मुख्य स्रोत क्या है?
(a) दालें
(b) दूध
(c) घी
(d) कच्चे व ताजे फल

168. हृदय गति अचानक बंद हो जाने पर सबसे पहले क्या करना चाहिए?
(a) कृत्रिम श्वास देना चाहिए
(b) डॉक्टर को बुलाकर उचित उपचार की तैयारी करनी चाहिए
(c) मरीज को तखत पर पैर ऊँचे करके लेटा देना चाहिए
(d) कार्डियक मसाज देना चाहिए

169. मनुष्य के लिंग का निर्धारण किससे होता है?
(a) माँ के रूधिर वर्ग द्वारा
(b) क्रोमोसोम द्वारा
(c) हॉर्मोनों द्वारा
(d) वातावरण द्वारा

170. सॉक वैक्सीन का प्रयोग किस रोग से बचाव के लिए किया जाता है?
(a) टी. बी. (b) चेचक
(c) खसरा (d) पोलियो

171. न्यूटन के प्रथम गति नियम से परिभाषित होता है:–
(a) आवेग (b) संवेग
(c) बल (d) द्रब्यमान

172. किस देश को पहले 'निप्पन' के नाम से जाना जाता है?
(a) वियतनाम (b) श्रीलंका
(c) चीन (d) जापान

173. भूकम्प मापन के लिए किस यंत्र का प्रयोग होता है?
(a) स्पैक्ट्रोस्कोप (b) क्रेस्कोग्राफ
(c) आसिलोस्कोप (d) सीस्मोग्राफ

174. कोशिका के अन्दर सूचना का प्रवाह किसके द्वारा होता है?
(a) DNA द्वारा
(b) माइट्रोकॉड्रिया द्वारा
(c) राइबोसोम द्वारा
(d) RNA द्वारा

175. एलिसा नामक परीक्षण किस रोग से निदान के लिए किया जाता है?
(a) हेपेटाइटिस (b) टी. बी.
(c) एड्स (d) डिप्थीरिया

176. शरीर में आयोडीन की कमी से कौन सा रोग हो जाता है:–
(a) एनीमिया (b) सूखा
(c) घेघा (d) स्कर्वी

177. पित्त रस का क्या कार्य है?
(a) भोजन को तरल बनाना
(b) भोजन में चर्बी उत्पन्न करना
(c) भोजन को पचाना
(d) भोजन को सांचना

178. मानव शरीर का तापमान कितना होता है?
(a) 370 से. (b) 400 से.
(c) 320 से. (d) 270 से.

179. कैंसर की रोकथाम करने वाली नई दवा 'इंटर फरान' मनुष्य के किस भाग में बनती है?
(a) प्लाज्मा
(b) आर. बी. सी (लाल रक्त कणिकाएं)
(c) डब्ल्यू. बी. सी (श्वेत रक्त कणिकाएं)
(d) प्लीहा

180. सामान्य स्वास्थ्य वाले व्यक्ति को प्रतिदिन कितनी ऊर्जा की आवश्यकता होती है?
(a) 2500 कैलोरी की
(b) 1800 कैलोरी की
(c) 2000 कैलोरी की
(d) 3000 कैलोरी की

181. अफीम किससे प्राप्त की जाती है?
(a) पोस्ता से (b) रूई से
(c) हैम्प से (d) नारियल से

182. दिल का दौरा पड़ने पर तत्काल क्या करना चाहिए?
(a) सीने को मलना चाहिए
(b) पीठ को थपथपाना चाहिए
(c) एड्रीनलोन का टीका देना चाहिए
(d) मुंह से मुंह में सांस फूंकना चाहिए

183. मानव त्वचा का क्या कार्य होता है?
(a) ज्ञानेन्द्रियां के रूप में कार्य करना
(b) शरीर के तापमान को नियंत्रित करना
(c) ज्ञानेन्द्रिय में रोगाणुओं के प्रवेश को रोककर उसकी रक्षा करना
(d) उपरोक्त सभी

184. निम्नांकित में से कौन सा शरीर का उत्सर्जक अंग है?
(a) गुर्दे और फेफड़े
(b) हृदय
(c) उपरोक्त में से कोई नहीं
(d) उपरोक्त दोनों

185. रक्त का थक्का बनाने में कौन सा विटामिन मदद करता है?
(a) A (b) K
(c) D (d) E

186. प्रथम एफ्रोएशियन खेल निम्न शहर में आयोजित हुए:–
(a) हैदराबाद (भारत)
(b) टोक्यो (जापान)
(c) पीकिंग (चीन)
(d) बैंकाक (थाइलैंड)

उत्तरमाला

1	2	3	4	5	6	7	8	9	10
(a)	(c)	(b)	(d)	(a)	(b)	(a)	(c)	(b)	(d)
11	**12**	**13**	**14**	**15**	**16**	**17**	**18**	**19**	**20**
(a)	(b)	(d)	(a)	(c)	(a)	(d)	(a)	(b)	(d)
21	**22**	**23**	**24**	**25**	**26**	**27**	**28**	**29**	**30**
(a)	(c)	(d)	(a)	(d)	(a)	(b)	(a)	(b)	(a)
31	**32**	**33**	**34**	**35**	**36**	**37**	**38**	**39**	**40**
(b)	(a)	(d)	(a)	(b)	(d)	(a)	(d)	(c)	(a)
41	**42**	**43**	**44**	**45**	**46**	**47**	**48**	**49**	**50**
(a)	(b)	(c)	(d)	(a)	(b)	(d)	(c)	(d)	(a)
51	**52**	**53**	**54**	**55**	**56**	**57**	**58**	**59**	**60**
(b)	(c)	(a)	(b)	(d)	(c)	(c)	(d)	(a)	(b)
61	**62**	**63**	**64**	**65**	**66**	**67**	**68**	**69**	**70**
(c)	(d)	(b)	(b)	(c)	(a)	(b)	(d)	(a)	(b)
71	**72**	**73**	**74**	**75**	**76**	**77**	**78**	**79**	**80**
(a)	(c)	(d)	(a)	(b)	(d)	(d)	(d)	(a)	(b)
81	**82**	**83**	**84**	**85**	**86**	**87**	**88**	**89**	**90**
(a)	(c)	(b)	(d)	(a)	(b)	(c)	(d)	(a)	(c)
91	**92**	**93**	**94**	**95**	**96**	**97**	**98**	**99**	**100**
(b)	(c)	(b)	(d)	(c)	(b)	(a)	(c)	(d)	(b)
101	**102**	**103**	**104**	**105**	**106**	**107**	**108**	**109**	**110**
(a)	(c)	(d)	(b)	(a)	(c)	(a)	(d)	(a)	(b)
111	**112**	**113**	**114**	**115**	**116**	**117**	**118**	**119**	**120**
(a)	(a)	(d)	(d)	(a)	(b)	(c)	(a)	(b)	(c)
121	**122**	**123**	**124**	**125**	**126**	**127**	**128**	**129**	**130**
(a)	(c)	(b)	(d)	(d)	(a)	(b)	(c)	(d)	(d)
131	**132**	**133**	**134**	**135**	**136**	**137**	**138**	**139**	**140**
(b)	(c)	(d)	(c)	(a)	(a)	(b)	(c)	(d)	(d)
141	**142**	**143**	**144**	**145**	**146**	**147**	**148**	**149**	**150**
(a)	(c)	(d)	(a)	(d)	(b)	(a)	(c)	(d)	(b)
151	**152**	**153**	**154**	**155**	**156**	**157**	**158**	**159**	**160**
(a)	(c)	(a)	(d)	(b)	(d)	(a)	(b)	(c)	(a)
161	**162**	**163**	**164**	**165**	**166**	**167**	**168**	**169**	**170**
(a)	(c)	(a)	(d)	(d)	(a)	(d)	(d)	(b)	(d)
171	**172**	**173**	**174**	**175**	**176**	**177**	**178**	**179**	**180**
(c)	(d)	(d)	(d)	(c)	(c)	(c)	(a)	(c)	(d)
181	**182**	**183**	**184**	**185**	**186**				
(a)	(d)	(d)	(a)	(b)	(a)				

इकाई-X

प्रबन्धन के प्रत्यय तथा मूल तत्व

प्रबन्धन किसी भी सामूहिक क्रिया का एक अभिन्न अंग है। किसी भी संगठन में यदि लोग इक्ट्ठा होकर काम करते हैं तो प्रबन्धन की आवश्यकता होती है। प्रबन्धन का कार्य एक ऐसे व्यक्ति द्वारा किया जाना चाहिए जो संगठित प्रयास का प्रबन्ध कर सके, चाहे वह कोई व्यापारिक उद्योग, शिक्षण संस्थान, धार्मिक संगठन, सैनिक संगठन या सामाजिक संस्था हो। संगठन के विभिन्न प्रकार में भी प्रबन्ध कौशल एक समान क्रिया है हालांकि, इसकी विशिष्टता संगठन के आकार के साथ बदल जाती है। आज के प्रतियोगी वातावरण में, किसी प्रबन्धन का गुण और प्रदर्शन उस संगठन की सफलता निश्चित करता है, बल्कि यह उसकी सीमा निश्चित करते हैं आज के समय में कोई भी संगठन किसी भी पूंजी और तकनीक पर अधिकार स्थापित कर सकता है। लेकिन अच्छा प्रबन्धन निंश्चित रूप से अपना अधिकार और अपने प्रतियोगी को टक्कर दे सकता है।

इसलिए यह सही कहा जा सकता है कि-
''सफल प्रबन्धन भविष्य का इंतजार नहीं करते, वे बौद्धिक ढंग से पूर्वानुमानित और बदलती परिस्थितियों के साथ समायोजन करके भविष्य का निर्माण करते हैं।''

अर्थ और परिभाषाएं

''प्रबन्धन'' शब्द की परिभाषा देना आसान नहीं है। बल्कि, ''प्रबन्धन'' की कोई भी परिभाषा विश्वव्यापक स्वीकृत नहीं है। प्रबन्धन का अर्थ विभिन्न लोगों के लिए विभिन्न वस्तुएं हैं।

इसके कुछ वास्तविक कारण हैं, जिन्हें निम्न प्रकार से वर्णित किया गया है।

- प्रबन्धन एक बहुत ही व्यापक और जटिल विषय है, इसकी सभी आवश्यक विशेषताओं को एक परिभाषा में रखना संभव नहीं है।
- प्रबन्धन का संबंध मानव प्राणी से है और व्यावहारिक रूप से मानव प्राणी अत्यधिक अकथनीय है।
- प्रबन्धन नवीन विषय है, अभी भी विकास के स्तर पर है और इसके पहलू लगातार बदल रहे हैं।

यहां पर विभिन्न विचार और दृष्टिकोण हैं जिनके द्वारा प्रबन्धन को परिभाषित किया जा सकता हैं यद्यपि, विभिन्न परिभाषाओं का मूल्यांकन दर्शाता है कि, वस्तुतः यह एक समान हैं,

इनमें अन्तर और विभिन्नताएं इनके प्रकार और दृष्टिकोण में हैं जो निम्नलिखित रूप से उत्पन्न होती हैं:

- प्रबन्धन की ओर दृष्टिकोण
- ध्यान देने का कार्य क्षेत्र
- वातावरण कारकों में अन्तर

प्रबन्धन शब्द की मुख्य परिभाषाएं इसके एक संयुक्त विचार की ओर बल देती हैं। प्रबन्धन का संबंध व्यक्तियों के विभिन्न प्रयत्नों द्वारा कुछ कार्यों के करने में उद्देश्यों की पूर्ति करना है।

प्रबन्धन की विभिन्न परिभाषाएं इस प्रकार हैं:

एच. कूंटज के अनुसार ''प्रबन्धन एक ऐसी कला है जिसमें लोगों के औपचारिक संगठित समूह के द्वारा और उनके साथ कार्यों को पूरा करना है।''

"Management is the art of getting things done through and with people in formally organised groups." ***(H. Koontz)***

जार्ज टैरी के अनुसार ''प्रबन्धन योजना, संगठन, वास्तविकता और नियंत्रण की एक प्रक्रिया है जिसमें व्यक्तियों और साधनों के उपयोग से उद्देश्यों को निर्धारित और पूरा करना है।''

"Management is a process of planning, organizing, actualizing and controlling to determine and accomplish the objectives of the use of people and resources." ***(George Terry)***

हैनरी फेयोल के अनुसार, ''प्रबन्धन व्यापार से संबंधित कार्यों का संचालन, आवश्यक प्रबन्ध कार्यों के द्वारा

साधनों को सर्वोत्तम बनाने और सुधारने की निरन्तर प्रक्रिया के साथ उद्देश्यों की ओर बढ़ना है।''

"Management is the conduct of affairs of a business, moving towards its objectives through a continuous process of improvement and optimization of resources via the essential management functions." ***(Henry Fayol)***

एफ. डब्लयू, टेलर के अनुसार, ''प्रबन्धन यह जानने की कला है कि आप क्या करना चाहते हो और फिर यह देखना कि यह सबसे अच्छे और सस्ते तरीके से हुआ है।''

"Management is the art of knowing what you want to do and then seeing that it is done in the best and cheapest way." ***(F.W. Taylor)***

मैक फारलैंड के अनुसार, प्रबन्धन एक ऐसी प्रक्रिया है जिसमें प्रबन्धक पैदा करते हैं, मार्गदर्शन करते हैं, बनाए रखते हैं, सोद्देश्य संगठन को व्यवस्थित तालमेल और सहयोगी मानव प्रयत्नों के द्वारा चलाते हैं।''

"Management is the process by which managers create, direct, maintain and operate purposive organisation through systematic, coordinated and cooperative human effort" ***(Mc Farland)***

अतः यह कहा जा सकता है कि प्रबन्धन योजना, संगठन, कर्मचारियों की नियुक्ति, निर्देशन और नियंत्रण की प्रक्रिया के साथ संगठन के उद्देश्यों को मानवीय और वस्तु सामग्री के संयुक्त उपयोग द्वारा प्राप्त करना है। यह एक बल है जो मानवीय और साथ ही अमानवीय तत्वों को संगठन के लक्ष्यों को पूरा करने के लिए जोड़ता है। यह लोगों के साथ और उनके परिणामों को प्राप्त करने की प्रक्रिया है।

प्रबन्धन की आवश्यकता

पीटर एफ, डर्कर के अनुसार, ''प्रबन्धन प्रत्येक संगठन में एक क्रियाशील जीवनदायक तत्व है, यह एक संचालित ताकत है जो लोगों द्वारा कार्य पूरा करती है। प्रबन्धन के बिना, एक संगठन केवल व्यक्तियों, मशीनों, धन और साधनों का इकट्ठा होना है। इसके अभाव में, उत्पादन के साधन, साधन ही रह जाते हैं, और कभी उत्पाद नहीं बन पाते।''

"Management is the dynamic life giving element in every organisation, it is the activating force that gets things done through people. Without management and organisation is merely a collection of men, machine, money and materials. In its absence, the resources of production remain resources and never become production." ***(Peter F. Drucker)***

इस तरह प्रबन्धन, किसी भी संगठन को सुविधापूर्वक और प्रभावशाली चलाने के लिए आवश्यक है।

1. **साधनों का सर्वोत्तम उपयोग-** प्रबन्धन की आवश्यकता साधनों के सर्वोत्तम उपयोग के लिए आवश्यक है। बेहतर परिणाम की प्राप्ति के लिए व्यक्ति, साधनों और मशीनों का सही उपयोग और हर प्रकार के अपव्यय को रोकने की आवश्यकता है। प्रबन्धन लोगों के लिए सही वातावरण बनाता है जिससे वे अपना सर्वश्रेष्ठ और उत्तम प्रदर्शन करें।
2. **प्रभावशाली नेतृत्व-** प्रबन्धक को चाहिए कि वह लोगों को सही दिशा दिखाकर सामूहिक प्रयास को और अधिक प्रभावशाली बनाए। प्रबन्धन के अभाव में एक संगठन की कार्यविधि निरुद्देश्य और अकृतिक प्रवृत्ति की हो जाती है। प्रबन्धन मार्गदर्शन, परामर्श और प्रभावशाली नेतृत्व द्वारा सामूहिक कार्य को बढ़ावा देता है और कर्मचारियों को कठोर परिश्रम और अधिक प्रभावशाली होने की प्रेरणा देता है।
3. **स्वस्थ आपसी व्यक्तिगत संबंध-** प्रबन्धन एक साधन के रूप में स्वस्थ आपसी व्यक्तिगत संबंध के लिए आवश्यक है। संगठन में काम करने वाले विभिन्न लोगों के प्रयत्नों को इकट्ठा करने और समान लक्ष्य की प्राप्ति के लिए उनका मार्गदर्शन आवश्यक है। प्रबन्धकों को आवश्यकता है, शीघ्र प्रयत्न प्रारंभ करें, जब भी लोग संगठन के नियमों, विधियों और तरीकों पर असंतुष्टि व्यक्त करें।
4. **लक्ष्यों की प्राप्ति-** एक संगठन के उद्देश्यों को तभी प्राप्त किया जा सकता है जब मानवीय और अमानवीय तत्वों को सही तरीके से मिलाया जाए। प्रबन्धकों को चाहिए कि वे संगठन के उद्देश्यों की प्राप्ति करें। वह ध्यानपूर्वक योजना, सही प्रकार से साधनों को सुव्यवस्थित, योग्य/निपुण श्रमिक और आवश्यक परामर्श उपलब्ध कराते हैं। अनावश्यक विचलन, आच्छादित प्रयत्न और व्यर्थ गतियों को केवल प्रभावशाली प्रबन्ध द्वारा ही बचाया जा सकता है।
5. **भविष्य के लिए योजना-** प्रत्येक संगठन लगातार बदलते वातावरण चलाता है। तकनीक में बदलाव, सरकारी नीतियों

में प्रतियोगिता, आदि कई बार जीवित रहने के लिए चेतावनी है। एक संगठन को इन बदलावों को ध्यान में रखने और उन्हें शीघ्र अपनाना चाहिए। प्रबन्धों का जरूरत है इन बदलावों का पूर्वानुमान लगाना और उसके अनुसार सही कदम उठाना। सफल प्रबन्धक वह है जो इन बदलती परिस्थितियों का पूर्वानुमान लगा लेता है और उनके साथ समायोजन करता है।

एक संगठन में, क्रियाएं आरामपूर्वक चलती हैं केवल जब लोग सीखते हैं।

- जानना क्या और कैसे उद्देश्यों को निर्धारित करना।
- पहचानना क्या उनके साधन और क्षमताएं हैं।
- समझना कैसे उनके प्रयासों को संगठित और बल को मितव्ययी करना।

प्रबन्धन प्रक्रिया का मुख्य तत्व मनुष्य ही है। साधनों का प्रबन्ध और लक्ष्य की प्राप्ति केवल मनुष्य द्वारा ही संभव है। इसी कारण लोगों का प्रबन्धन एक और इतना पेचीदा और आवश्यक है, तो दूसरी ओर जटिल है।

प्रबन्धन का कार्यक्षेत्र

प्रबन्धन का कार्यक्षेत्र बहुत ही विस्तृत और विशाल है। हेबिनसन और माईरस के अनुसार, प्रबन्धन को इस प्रकार समझना चाहिए:

(i) **प्रबन्धन एक आर्थिक साधन-** आधुनिक संगठन में प्रबंधन के पांच 'M' का प्रभावशाली प्रयोग धन, Money, Materials, Manpower, Machinery, Methods धन, साधन, मानव बल, मशीन और विधियां, या क्रिया करने के तरीके, मुख्य रूप से प्रबन्धन के गुण पर निर्भर करती है। प्रबन्धन प्रभावकारी और मितव्ययता और पांच 'M' को मिलाकर निर्धारित उद्देश्यों की प्राप्ति करना है। प्रबन्धन निश्चित करता है कि विभिन्न असंगठित साधनों को उत्पादकता और संबंधित प्रगति में बदलना है।

(ii) **प्रबन्धन अधिकारियों की एक व्यवस्था-** प्रत्येक संगठन में प्रबन्धन एक नियम बनाने और नियम लागू करने का संघ है। संगठन में कार्य करने वाले लोग अधिकारी संबंधों में बंधे होते हैं। संगठन में विभिन्न स्तर पर काम करने वाले प्रबन्धक विभिन्न स्तर के अधिकार का आनन्द उठाते हैं। उच्चतम स्तर पर काम करने वाला प्रबन्धक अधिकतम अधिकार का आनन्द उठाता है। सर्वोत्तम प्रबन्धन उद्देश्य निर्धारित करता है और औद्योगिक क्रियाओं को निर्देशन प्रदान करता है। मध्यम प्रबन्धन उच्चतम प्रबन्धन द्वारा बनाई गई नीतियों की व्याख्या और विस्तार करता है। ये निम्न प्रबन्धन और उच्च प्रबन्धन के बीच जोड़े हैं। ये आदेशों, निर्देशों और निर्णयों को नीचे और समस्याओं और सुझावों को ऊपर ले जाती है। निम्न प्रबन्धन केवल दिन, प्रतिदिन की गतिविधियों से संबंधित है।

(iii) **प्रबन्धन एक विशिष्ट वर्ग** - समाजशास्त्री द्वारा प्रबन्धन को एक विशिष्ट श्रेणी के रूप में देखा गया है जिसके अपने आदर्श और नियम व्यवस्थित होते हैं। **आधुनिक संगठन में प्रबंधक संगठन की सफलता के लिए एक मुख्य हिस्सा बन गया है।** एक अलग समूह के रूप में, प्रबन्धन का अर्थ व्यक्तियों का ऐसा समूह है जिन्हें प्रबन्धन स्थान प्राप्त है। निम्न स्तर से उच्च स्तर के सभी प्रबन्धकों को एकजुट 'प्रबन्धन' के समूह के रूप में जाना जाता है।

प्रबन्धन के कार्यक्षेत्र में औपचारिक पहलू और प्रबन्धन की शाखाएं भी शामिल हैं।

(i) व्यक्तिगत/व्यक्ति साधनों का प्रबन्धन
(ii) आर्थिक प्रबन्धन
(iii) उत्पादन/औपचारिक प्रबंधन
(iv) क्रय-विक्रय प्रबन्धन
(v) कार्यालय प्रबन्धन
(vi) बुनियादी ढांचों का प्रबन्धन
(vii) साधनों का प्रबन्धन

यह सूची प्रकृति से विस्तृत नहीं है। विभिन्न संगठन प्रबन्धन के विभिन्न क्षेत्र को अपनी विशेष परिस्थितियों के अनुसार अपनाते हैं।

खेल प्रबन्धन

'प्रबन्धन' शब्द का अर्थ आमतौर पर व्यापार, वाणिज्य और अन्य आर्थिक क्रियाओं से जुड़े लोगों के साथ जोड़ा जाता है। खेल न ही एक व्यापार और न ही कोई उद्योग है। यह शिक्षा का एक क्षेत्र है जहां व्यक्तिगत संबंधों को वाणिज्य लेन-देन से अधिक, समाजीकरण प्रक्रिया को भली प्रकार से समझना है।

यद्यपि, प्रबन्धन खेलों की भी एक आवश्यकता है। खेल प्रबन्धन दो मानवीय विस्तृत क्रियाएं हैं। खेल कार्यक्रम के निर्धारित लक्ष्यों की प्राप्ति ध्यानपूर्वक योजना, संगठन, कर्मचारी नियुक्ति, निर्देशन और नियंत्रण के बिना नहीं की जा सकती।

खेल विभाग का प्रबन्धन नियुमित निर्णयों और गति पर आधारित है जो विशेष उद्देश्यों को पहचानने और निर्धारित करने की क्षमता रखती है, परिणाम प्राप्त करने के लिए आवश्यक साधनों को व्यवस्थित करने की क्षमता, उनको प्राप्त करने और नियंत्रण करने की कुशलता।

अतः खेल संगठन प्रबन्धन में चार मुख्य पहलू शामिल हैं:

(i) संगठन की बदलती परिस्थितियों की रोशनी में प्राप्त करने वाले उद्देश्यों और लक्ष्य को पहचानना, नई तकनीक और नई खोज, खेल के उत्पाद और सेवाओं की बदलती मांग, मीडिया का दबाव उत्तरदायी आदि।

(ii) विभिन्न संभावित उद्देश्यों और लक्ष्य का अन्तर स्पष्ट करना और प्राथमिकता और आवश्यकता के आधार पर प्राप्त करना।

(iii) स्वयं को उन साधनों से सम्मिलित करना जो प्रमुख उद्देश्यों और लक्ष्यो की प्राप्ति करें। इसमें मुख्य साधनों जैसे-व्यक्ति, धन, वस्तुएं और सुविधाओं को एकत्रित करना शामिल है।

(iv) गुण, संख्या और स्वीकृत समय के रूप में प्राप्त परिणामों को एकत्रित करना है।

प्रबन्धन के जिन सिद्धांतों का प्रयोग कार्यक्रमों की योजना के लिए किया उनसे प्राप्त सर्वोत्तम परिणाम और **प्रभावशाली योजना** ने यह साबित कर दिया है कि प्रबन्धन की खेलों में भी इतनी आवश्यकता है जितना दूसरे क्षेत्रों में। खेल कार्यक्रम में प्रबन्ध कौशल, यद्यपि स्पष्ट की बजाय अधिक सांकेतिक है।

खेल प्रबन्धन की परिभाषाएं

खेलों में प्रबन्धन मानव के विस्तृत धन, वस्तुओं और सुविधा साधन का मेल है।

पी. चेलादुरारी (P. Chelladurari) के अनुसार, ''खेल प्रबन्धन को प्रभावशाली उत्पाद और खेल सेवाओं की बदली के लिए साधनों के ताल-मेल, तकनीकों, प्रक्रियाओं, कार्यकर्ताओं और परिस्थितियों की आकस्मिकता के रूप में परिभाषित किया जा सकता है।

"Sports management can be defined as the coordination of resources, technologies, processes, personnel's and situational contingencies for the efficient production and exchange of sports services." ***(P. Chelladurari)***

जे. डी. सेनसी (J. De. Sensi et.al.) के अनुसार, ''खेल प्रबन्धन का एक संगठन या विभाग की योजना से संबंधित तकनीकों का मिश्रण, संगठन, निर्देशन, नियंत्रण, बजट, नेतृत्व और मूल्यांकन शामिल है। जिसका मुख्य उत्पाद या सेवाएं खेल और शारीरिक क्रियाओं से संबंधित है।''

"Sports management includes any combination of skills related to planning, organizing, directing, controlling, budgeting, leading and evaluating within the contexts of an organisation or department whose primary product or service is related to sports and physical activity."

(J. De Sensi et.al.)

खेल प्रबन्धन की आवश्यकता

व्यक्ति, लक्ष्य और साधन शारीरिक शिक्षा और खेलों का मूल है। ये तीन तत्त्व आपस में संबंधित है। एक के बिना दूसरों का कोई अर्थ नहीं है। इन्हें सही मार्ग पर रखना और संयुक्त प्रयास द्वारा प्रबंध करना चाहिए, नहीं तो संगठन के उद्देश्यों की प्राप्ति करना असंभव हो सकता है। ताकि शारीरिक शिक्षक सही निर्देशन करे, प्रशिक्षक अच्छा प्रशिक्षण और खिलाड़ी अच्छा प्रदर्शन करें, शारीरिक शिक्षा के इन तीन मुख्य अंगों को सूझ-बूझ और कार्यकुशलता से प्रबंधन करना आवश्यक है।

मूल रूप से, शारीरिक शिक्षा और खेलों का मुख्य केन्द्र बिन्दु व्यक्ति है। शारीरिक शिक्षा और खेलों के कार्यक्रम की योजना और संगठन मनुष्य द्वारा मनुष्य का समूचा कल्याण है। मानव की सभी संस्थाओं की योजना और संगठन की आवश्यकता होती है। योजनाबद्ध प्रयास के बिना, लक्ष्य को प्राप्त करना कठिन हो सकता है। खेल और शारीरिक शिक्षा कार्यक्रमों को चलाने के लिए आवश्यक उपकरण, संस्था, सुविधाएं और साधन भी प्रबन्धन का एक मुख्य क्षेत्र है।

खेल प्रबन्धन का मुख्य उद्देश्य संयुक्त प्रयत्नों द्वारा क्रियाओं का सही प्रकार से होना और सही क्रियाओं का होना है ताकि संगठन के लक्ष्यों को प्राप्त किया जा सके।

खेल प्रबन्धन को निम्नलिखित कारणों से महत्त्वपूर्ण समझा जाता है।

(i) नीतियों, योजनाओं और कार्यक्रमों को सही दिशा प्रदान करना।

(ii) शारीरिक शिक्षा और खेलों के लक्ष्य, उद्देश्यों को तीव्रता से प्राप्त करने में सुविधा प्रदान करना।

(iii) शारीरिक शिक्षा और खेलों के मूल्यांकन सिद्धांत रखना।

(iv) साधनों का सही उपयोग, ऊर्जा की आर्थिकता और शारीरिक शिक्षकों को बौद्धिक निर्णय लेने में सहायता करना।

(v) उनके लिए भावी भविष्य के चयन की नई दिशा देती है जो शारीरिक शिक्षा और खेलों को व्यवसाय के रूप में लेना चाहते हैं।

(vi) सभी संगठित मानव प्रयत्नों के लिए नींव रखती है।

(vii) अन्तर्व्यक्तिगत संबंधों की स्थापना के लिए एक माध्यम का काम करती है।

तीव्रता से बदलती हुई खेल परिस्थितियां शारीरिक शिक्षकों के लिए मान्य प्रबंध प्रशिक्षण को आमंत्रित करती है। शारीरिक शिक्षा और खेलों की सफलता कार्यकर्ता की प्रबन्ध कौशल योग्यताओं और तकनीकों पर निर्भर करती है।

खेल प्रबन्धन का कार्यक्षेत्र

खेल प्रबन्धन का कार्यक्षेत्र बहुत व्यापक है। शारीरिक शिक्षा के नीचे दिए गए उद्देश्य लोगों को शिक्षित करने के लिए है कि वे कैसे सेहतमंद, स्वस्थ और ताकतवर बन सकते हैं। कर्मचारी, सामग्री आवश्यक सामान, सुविधाएं, कार्यक्रम, अर्थव्यवस्था का प्रबन्धन दोनों ही आवश्यक है।

शारीरिक शिक्षा और खेल के मुख्य क्षेत्रों का विवरण निम्न प्रकार से है:

शारीरिक शिक्षा और खेल प्रबन्ध

कर्मचारी → कार्यक्रम → अर्थव्यवस्था →
सामग्री → प्रदर्शन → कार्यालय → संस्था

1. कर्मचारी- प्रबन्धन से संबंधित कर्मचारी क्षेत्र में शामिल क्रियाएं:

- जनशक्ति की आवश्यकताएं
- भर्ती और चुनाव
- उन्नति और स्थान निर्धारित करना
- प्रशिक्षण
- नियंत्रण
- व्यवहारिक परीक्षण
- भागीदारी
- जन-संबंध
- निरीक्षण
- मूल्यांकन
- नेतृत्व के गुण
- विचारों में अन्तर का विश्लेषण
- शोधकार्य का प्रकाशन

2. कार्यक्रम- उत्तम कार्यक्रम किसी भी संगठन की सफलता की कुंजी है। कार्यक्रम में शामिल क्रियाएं इस प्रकार हैं:

- प्रशिक्षण-सूची
- पाठ्यक्रम और विषय का अध्ययन और दोहराई
- विद्यार्थियों का चयन और भागीदारी
- कार्यक्रम की छवि और कीर्ति को बनाना और सुधारना
- अन्य कार्यक्रमों के साथ तालमेल
- लक्ष्यों और उद्देश्यों की प्राप्ति के संबंध में मूल्यांकन।

3. अर्थव्यवस्था- अर्थव्यवस्था प्रबन्धन में निम्नलिखित क्रियाएं शामिल हैं:

- धन कोष के साधन
- धन कोष का निर्धारण
- बजट योजना
- दीर्घकाल और अल्पकाल के लक्ष्य
- योजना के मूल
- मार्गदर्शन
- खर्च-नियंत्रण के मापदंड
- लेखा-परीक्षण और हिसाब किताब।

4. सामग्री- सामग्री प्रबन्धन का सम्बन्ध उपकरणों और सुविधाओं से है। इसमें निम्नलिखित शामिल हैं:

- उद्देश्यों और क्रियाओं के लिए उपकरणों की आवश्यकता
- नीतियों, सिद्धांतों और विधियों की खरीदारी
- उपकरणों का चयन
- उपकरणों की देख-रेख और संभाल
- भंडारित करना (आन्तरिक और बाह्य)
- सुरक्षा और संभाल
- लेन-देन और सूची
- रजिस्टर की देखभाल
- बदलाव
- उपकरणों और सामग्री का मानवीकरण और आधुनिकीकरण
- निस्तारण प्रक्रिया

5. प्रदर्शन- प्रदर्शन प्रबन्धन निम्नलिखित से संबंधित है:
- खेल प्रतियोगिता
- तैयारी और भागीदारी
- पूर्वसंकेत और चयन-निर्धारण
- प्रदर्शन क्रियाशीलता और मूल्यांकन
- मनो-क्रियाशीलता और खेल
- खिलाड़ी अध्यापक और प्रशिक्षक के लिए नैतिक मानवीकरण
- प्रदर्शन रिकार्ड की देखभाल
- सम्मान चिन्ह और कलर सम्मान पट्टी
- ईनाम और सम्मान का रिकार्ड

6. कार्यालय- कार्यालय प्रबन्धन की मूलभूत क्रियाओं से संबंधित है जैसे:
- कार्यालय संचालन
- कार्यालय कर्मचारी
- आपसी व्यक्तिगत संबंध
- कर्मचारियों और प्रबन्धकों के बीच तालमेल, कार्यालय रिकार्ड रजिस्टर और फाइलों आदि की संभाल।

7. बुनियादी ढांचा- बुनियादी ढांचा निम्नलिखित से संबंधित है:
- खेल-क्षेत्र का निर्माण-शास्त्र
- मूल-भूत सिद्धांत और योजना
- खेल क्षेत्र का निर्माण, रख-रखाव और देख-भाल
- इनडोर हाल, जिमनेसियम, स्वीमिंग पूल, कैम्प की जगह इत्यादि
- बुनियादी ढांचे से संबंधित सुरक्षा, बचाव और संभाल
- सुविधाओं का बहुउद्देश्यी प्रयोग
- खेल ढांचे के प्रयोग और रचना से संबंधित भावी सोच
- जनता के लिए सुविधाएं

खेल प्रबन्धन धीरे-धीरे विज्ञान के रूप में विकसित हो रहा है। यह शारीरिक शिक्षक के साधारण व्यवहार और जो विशेष प्रबन्धक व्यवसाय प्राप्त करना चाहते हैं उनके लिए प्रशिक्षण में गुणात्मक परिवर्तन की आवश्यकता को पूर्वनिश्चित करती है। क्रियाओं को प्रभावित करने की प्रबन्धक की योग्यता, सफलता, खुशी और संतुष्टि प्राप्त करने का महत्वपूर्ण अन्तर है। प्रबन्धन का विस्तार या संकुचन प्रबन्धक की स्वयं की बुद्धिमत्ता, प्रारम्भिक कदम, विवेक और योग्यता पर निर्भर करता है।

प्रबन्धन के सिद्धांत

प्रबन्धन सिद्धांत आधुनिक वर्तमान स्थिति में पहुंचने के लिए कई पहलुओं से निकली है, इसको आसानी से समझने के लिए तीन विस्तृत भागों मार्गों से परिचित किया गया है।

1. कलात्मक सिद्धांत	नौकरशाही वैज्ञानिक प्रबन्धन सिद्धान्त प्रशासकीय सिद्धान्त मानवीय सम्बन्ध गति
2. न्यू-कलात्मक सिद्धान्त	व्यवहारिक वैज्ञानिक प्रबन्धन (मानवीय संसाधन सिद्धान्त)
3. आधुनिक सिद्धान्त	संख्यात्मक विधि प्रणाली विधि संभावित विधि

संक्षेप में इन विभिन्न पहलुओं पर नीचे लिखे अनुसार विचार किया गया है।

1. कलात्मक सिद्धांत- कलात्मक सिद्धांत सांस्थीय सफलता को बढ़ाने के लिए (प्रबन्धीय) योग्यता को बढ़ाने में ध्यान देता है। कलात्मक सिद्धांत की तीन शाखाएं नीचे लिखे अनुसार है।
- **नौकरशाही:** मैक्सवेबर द्वारा विकसित नौकरशाही संस्था किए जाने वाले काम पर आधारित बनाई जा सकती है। काम तर्क अनुसार सहकर्मियों को सौंपा तथा बांटा जाना चाहिए जिनसे विभिन्न दर्जे पर उन्नति की उम्मीद की जा सकती है। सारी प्रणाली में अच्छी तरह परिभाषित नियम होने चाहिए ताकि परिणाम बहुत छोटे पैमाने पर नापे जा सकें। नौकरशाही ढांचा पिरामिड की शक्ल में होता है।
- **वैज्ञानिक प्रबन्धन सिद्धान्त:** वैज्ञानिक प्रबन्धन सिद्धांत जो कि F.W. Taylor द्वारा दिया गया है, काम को रूप देने की महत्ता पर जोर देता है तथा प्रबन्धन को काम करने के उत्तम तरीकों को ढूंढने तथा कम से कम विधियां तथा कीमत द्वारा करने के लिए उत्साहित करता है। यह काम की योग्यता को सुधारने के लिए काम की वैज्ञानिक शिक्षा पर जोर देता है।
- **प्रशासकीय सिद्धान्त:** प्रशासकीय सिद्धान्त जोकि हेनरी फेयोल (Henry Fayol) द्वारा विकसित की गई है, उन सिद्धांतों पर केन्द्रित है जिनको प्रबन्धक संस्था की आंतरिक क्रियाओं को जोड़ने के लिए प्रयोग

करता है। Fayol के अनुसार जो प्रबन्धकीय कार्यों तथा सिद्धांतों का आम ज्ञान रखता है, वही हर प्रकार की संस्था का प्रबन्धन कर सकता है।

इस तरह कलात्मक सिद्धांत काम के तकनीकी तथा प्रशासनीय पक्ष पर ध्यान केन्द्रित करता है तथा मानवीय भागीदारी की पूरी तरह उपेक्षा करता है।

2. न्यू-कलात्मक सिद्धांत- न्यू-कलात्मक सिद्धांत कलात्मक सिद्धांत की अयोग्यता को आन्तरिक व्यवहारिक विज्ञानों जैसे मनोविज्ञान, समाज विज्ञान तथा व्यक्ति विज्ञानों के द्वारा सुधारने की कोशिश करता है। यह सिद्धांत कार्यकर्ता की क्षमता को बढ़ाने के लिए उनकी मौलिक आवश्यकताओं को पूरा करने की ओर ध्यान देता है।

- **मानवीय संबंधों में गति: एल्टन मेयो द्वारा विकसित Human Relation Movement में नीचे लिखे महत्त्वपूर्ण तथ्य हैं-**

  -एक ऐसे वातावरण की रचना करना जिसके द्वारा लोग अपनी तथा संस्था की आवश्यकताओं को पूरा कर सकें।

  -लोगों पर विशेष ध्यान देना

  -अच्छे मानवीय संबंध बनाने का मुख्य लक्ष्य कार्यकर्ताओं की अधिक उत्पादन देने में सहायता करना है न कि केवल उन्हें खुश करना।

  -मानवीय संबंध अधिकतम लोगों को अच्छी योग्यता में प्रेरित करने से संबंधित है।

- **मानवीय संसाधन सिद्धांत:** इस सलाह से एक कदम आगे है कि किसी भी संस्था में मानव सबसे अधिक मजबूत कड़ी है। आत्म दिशा, आत्म नियंत्रण तथा रचनाओं जैसी क्रियाओं पर जोर देते हुए हर कोशिश मानवीय संसाधनों को बढ़ाने के लिए होनी चाहिए।

दर्शनशास्त्र के आधार पर मानवीय संसाधनों के सिद्धांत इस अनुसार है:

-पैतृक तौर पर लोग काम न करना पसंद नहीं करते। अगर उनको उद्देश्यों को प्राप्त करने में सहायता मिलती है, तो वे उनको अवश्य पाना चाहेंगे।

-अधिकतर लोग अपनी आवश्यकता से अधिक आत्मदिशा, आत्म नियन्त्रण अच्छी तरह निभाने का अभ्यास कर सकते हैं।

-प्रबन्धक का आधारित कार्य यह होता है कि वह मानवीय संभावनाओं को बिना रोक इस्तेमाल करें।

-प्रबन्धक को एक ऐसा वातावरण पैदा करना चाहिए, जिसमें हर काम करने वाला अपनी योग्यता के आधार पर अपना योंगदान दे सके।

-प्रबन्धक के द्वारा सभी नीचे काम करने वालों को आत्म दिशा प्रदान करनी चाहिए तथा उनको सारे महत्त्वपूर्ण तथ्यों में पूरी तरह भागीदारी के लिए उत्साहित करना चाहिए।

-कार्य संतुष्टि को सहकर्मियों की संभावनाओं को पूरी तरह से इस्तेमाल करके भी सुधारा जा सकता है।

3. आधुनिक सिद्धांत- परिमाणिक, प्रणाली तथा संभावित विविधों को द्वितीय विश्व युद्ध के दौरान ज्यादा प्रसिद्धि मिली। लड़ाई के प्रयत्नों में सुधार लाने के लिए ब्रिटेन तथा अमेरिका को सैनिक सेवाओं को देखने के लिए नई विधियों की सहायता की जरूरत पड़ी ताकि मौजूदा संसाधनों को और भी प्रभावित ढंग से प्रयोग कर सकें।

- **संख्यात्मक विधि:** निर्णायक योग्यता को सुधारने के लिए (संख्यात्मक विधि) गणित, आंकड़ों का संग्रह तथा कम्प्यूटर बड़े पैमाने पर प्रयोग कर रहे हैं। प्रत्येक समस्या को पहचाने वाले तत्वो को सही ढंग से पहचानना और मापना चाहिए। यह इस प्रकार हमारी विषय से संबंधित समस्याओं को समाधान करने तथा रुकावटों को हटाकर फैसले लेने में सहायता करेगा।
- **प्रणाली विधि:** प्रणाली विधि के अनुसार संस्था एकजुट होती है, लक्ष्यदायक अस्तित्व होता है, अन्तर संबंधित हिस्सों को जोड़ता है। निर्णय लेते समय कार्यकारिणी सदस्य को परिस्थितियों को ध्यान रखते हुए उसके नतीजों के बारे में भी ध्यान रखना पड़ता है। उद्यमों को संस्था के लक्ष्य तथा आवश्यकताओं के बीच संतुलन बना कर रखना होता है।
- **संभावित विधि:** संभावित विधि के अनुसार कोई योजना, सांस्थीय ढांचा, नेतृत्व ढंग तथा नियंत्रण नहीं है जो सभी परिस्थितियों में उचित होते हैं। यहां पर बहुत कम ऐसे हैं जो ब्रह्माण्डीय सत्यों, विचारों तथा सिद्धांतों पर सभी परिस्थितियों में शुरू हो सकते हैं। प्रबंधकों को ऐसी विधि ढूंढनी चाहिए जो विभिन्न परिस्थितियों में लागू हो सकें। क्रियाएं, अंतिम अहसास, आंतरिक तथा बाहरी तथ्यों की आवश्यकताओं के अनुसार होने चाहिए।

प्रबन्धन की किस्में

प्रबन्धन की विभिन्न परम्परागत विधियां नीचे लिखे अनुसार है-

- **अधिकृत प्रबन्धन**
- **लैसिज फैरी प्रबन्धन**
- **लोकतन्त्रात्मक प्रबन्धन**

1. **अधिकृत प्रबन्धन-** अधिकृत प्रबन्धन में एक मानवीय नियम है कि यहां पर जो नेता होता है, शक्ति उसके हाथ में होती है। वह अपने आप ही सारे फैसले बिना किसी अधीन व्यक्ति की सहायता के लेता है। वो बीच की विशेष शक्ति होता है, वह नजदीकी से प्रत्येक का निरीक्षण करता है तथा अधीन व्यक्तियों का पूरी तरह नियंत्रण करने का अभ्यास करता है। आदेश दिए जाते हैं तथा अधीन व्यक्तियों द्वारा बिना कोई प्रश्न किए पूरे किए जाते हैं। अधीन व्यक्ति को क्रिया में या तो आजादी दी ही नहीं जाती या बहुत कम दी जाती है। ईनाम तथा सजा द्वारा अनुशासन की पालना की जाती है। वार्तालाप हमेशा एक तरफा होता है। अधीन व्यक्ति हर प्रकार से श्रेष्ठता पर निर्भर करता है। एक प्रकार की प्रक्रिया अधिकतर सेना, छोटे कारखानें, छोटे घरेलू उद्योगों इत्यादि में पाई जाती है। इस विधि का प्रबन्ध (dark ages) अधिकृत सरकार के मुंह पर चांटा है।

कुछ लोगों का मानना है कि अधिकृत प्रबन्धन के अधीन कुछ चीजें अच्छे ढंग से काम करती है जिसके कारण इस अनुसार हैं-

- यह ढंग योग्यता को बढ़ाता है, समय की बचत करता है, तथा शीघ्र ही परिणाम देता है, खास तौर पर आपातकालीन परिस्थिति में।
- यह विधि कर्मचारियों के साथ अच्छे से काम करता है, जो कम अनिश्चितता, सहनशीलता रखता है, आजादी से असंतुष्ट तथा बहुत कम फैसला लेने की आवश्यकता और जो पूरी तरह स्पष्ट, संक्षेप तथा पाने योग्य लक्ष्यों के लिए यह उत्तम ढंग से काम करता है।
- लक्ष्यों में एकरूपता तथा प्रक्रिया होती है, जबकि प्रबन्ध प्रशासन की प्रक्रिया में भाग लेने वाले व्यक्तियों की संख्या बहुत कम होती है।

दुर्भाग्य से शक्ति भ्रष्ट करती है और संपूर्ण शक्ति भ्रष्ट करती है।

इस प्रबन्धन की निम्नवत् हानियां हैं :

- यह एक तरफा वार्तालाप है जो बिना किसी सहायता के होता है तथा सख्ती से गलतफहमियों की तरफ ले जाती है।
- प्रबन्धक फैसला लेने में अकेला होता है। उसे अपने लोगों से कोई सूचना नहीं प्राप्त कर पाता। यह आज के समय (वातावरण) में यहां पर तकनीकी तथा प्रबन्ध सांस्थीय में गुंझलाता है, खतरनाक हो सकता है।
- यह ढंग बहुत परिणाम में प्रेरित करता है, जबकि अधीन व्यक्ति किसी भी निर्णय में हिस्सा नहीं लेते।
- इसमें उत्साहित, अच्छाई, योग्यता, नेतृत्व गुणों इत्यादि का लोगों के व्यक्तित्व में बहुत कम विकास होता है।
- अधीन व्यक्ति हर काम से बचते हैं। वे जिम्मेदारियों से बचने के लिए सोचते हैं।

2. **लैसिज-फैरी प्रबन्धन-** एक ऐसा प्रबन्धन जिसमें सरकार का हस्तक्षेप नहीं होता तथा सारे निर्णय प्रबन्धक के हाथ में होते हैं-

   लैसिज-फैरी प्रबन्धन- अधिकृत प्रबन्धन के बिल्कुल उल्टा है। Laisez Faire या Let Alone भाव अकेला छोड़ने का ढंग अराजकता का प्रभाव देती है, यहां पर हर कार्यकर्ता को अपनी इच्छानुसार बिना किसी रोक टोक के काम करने की स्वतन्त्रता होती है। अधीन व्यक्ति अपने लक्ष्य खुद निर्धारित करते हैं तथा उन्हें पूर्ण करने के लिए योजनाओं का विकास करते हैं। प्रबन्धक उन्हें कोई निर्देश नहीं देता। वह एक नकारात्मक निरीक्षक की तरह काम करता है तथा शक्ति का अभ्यास नहीं करता। यहां पर पूर्ण प्रतिनिधि शक्ति होती है। वह तभी सलाह देता है, जब उसकी जरूरत होती है। समूह के सदस्यों पर बहुत कम नियंत्रण होता है। स्वतंत्र ढंग अनुकूलित होना चाहिए यहां पर सांस्थीय लक्ष्य अच्छे ढंग से वार्तालाप है तथा अधीन व्यक्तियों के द्वारा स्वीकारित होते हैं। इस तरह अधीन अधिकारी अच्छे ढंग से सिखलाई प्राप्त तथा अपने काम के प्रति उच्च ज्ञान रखने वाले तथा जिम्मेदारी निभाने वाले होते हैं। वे उच्च स्तरीय प्रेरित, सच्चे तथा अपने कर्तव्य के प्रति जागरूक होते हैं। जब यह सारी स्थितियां मिलती है तो यह विधि और भी अच्छे परिणाम देती है।

लेसिज फैरी प्रबन्धन के गुण नीचे लिखे अनुसार हैं-

- यह ढंग उन लोगों के लिए उच्च प्रेरक का काम करता है जो आत्म निर्भर होकर काम करना चाहते हैं।

- समूह के सदस्यों के बीच सुझावों, रचनाओं तथा खोजों को उत्साहित करती है।
- लोग स्वभाव से लचीले बन जाते हैं तथा बदलाव को जल्दी धारण कर लेते हैं।
- खुला तथा सीधा वार्तालाप आत्म-अभिव्यक्ति के लिए मौके प्रदान करता है।
- कुछ समूह सदस्यों के लिए यह जिन्दगी के गुणों का विकास करती है।

इस ढंग की आलोचना भी की गई है, जिसके कारण इस प्रकार हैं-

(a) आपसी संबंधों की कमी की वजह से संस्था की क्रियाएं प्रभावित होती है।

(b) वास्तविकता में समूह के लक्ष्यों की अवज्ञा होती है तथा व्यक्तिगत लक्ष्यों के लिए विभिन्न प्रक्रियाएं होती है।

(c) प्रबन्धक द्वारा नियंत्रण की कमी के कारण हिस्सों में बंटने वाला व्यवहार होता है।

(d) जब हर कोई अपने रास्ते वाला हो तो इसका परिणाम हल-चल और उलझन पैदा करता है।

3. **लोकतन्त्रात्मक प्रबन्धन-** लोकतन्त्रीय प्रबन्धन को भागीदारी या व्यक्ति केन्द्रित प्रबन्धन के नाम से भी जाना जाता है जिसमें सारा संगठन समूह में शामिल होता है तथा लक्ष्यों को निर्धारित करने तथा उनको पाने की जिम्मेदारियों को अपनाते हैं। अधीन कर्मियों को काम करने की पूरी आजादी होती है। प्रबन्धक अधिक तथा उच्च पैदावार के लिए लोगों के प्रति अपना रूझान दिखाता है। प्रबन्धक के काम का एक भाग यह भी है कि वह सदस्यों के बीच आपसी संबंध पैदा करता है तथा अंतर उलझनों तथा समस्याओं को घटाता है। यहां पर दो खुले वार्तालाप हैं। अधिकतर बल सहयोग तथा भागीदारी को पाने में समूह की अधिकार योग्यताओं पर दिया जाता है।

लोकतंत्रीय प्रबन्धन बहुत उत्तम तथा प्रबन्धन का लोकप्रिय ढंग है, इसके कारण इस प्रकार हैं-

(*i*) व्यक्तिगत प्रेरणा में काम करने के लिए लोकतन्त्रीय प्रबन्धन के पास आलोचक तथ्य होते हैं।

(*ii*) प्रबन्धक सबसे अच्छी सूचनाएं, योजनाएं, विचारों, योग्यताओं को अपनाता है तथा इससे लोगों को चलाता है।

(*iii*) प्रबन्धन का यह ढंग लोगों को संस्था में विकसित होने, आगे बढ़ने तथा उन्नति करने की आज्ञा देता है, दोनों ही स्थितियों में वे अपनी जिम्मेदारियों को भी निभाते हैं तथा सेवाओं में भी अपना योगदान डालते हैं।

(*iv*) दो तरफा वार्तालाप लोगों को इसके प्रति सतर्क करता है कि क्या होने जा रहा है और क्यों होने जा रहा है।

लोकतन्त्रीय प्रबन्धन नीचे लिखी कमियों में से गुजर रहा है-

(*i*) लोकतन्त्रीय प्रबन्धन में बहुत अधिक समय लगता है तथा अगर इसका अभ्यास सही ढंग से नहीं होता तो इसको दुबारा शुरू करने के लिए प्रबन्धक के नियन्त्रण का काफी नुकसान होता है।

(*ii*) कुछ प्रबन्धक इस ढंग को अपनी जिम्मेदारियों से बचने के लिए इस्तेमाल करते हैं।

(*iii*) व्यक्तिगत रूप से कोई भी व्यक्ति इससे अपना योगदान दे भी सकता है और नहीं भी दे सकता।

(*iv*) प्रत्येक व्यक्ति को खुश करने के प्रयास में निर्णय संकुचित हो जाते हैं।

खेलों तथा शारीरिक शिक्षा में प्रबन्धन की किस्में

खेलों तथा स्वास्थ्य शिक्षा के दर्शनशास्त्र की जड़ें शैक्षिक दर्शनशास्त्र के आदर्शवाद, अस्लवाद, प्रकृतिवाद, मानववाद इत्यादि में हैं। प्रबन्ध के सिद्धांत जो इस क्षेत्र में प्रयोग किए जाते हैं इस दर्शनशास्त्र की किस्में ही होती है।

योग्य खेल प्रबन्ध इस बात पर निर्भर करता है कि जो काम वर्तमान परिस्थितियों में अच्छा होता है, वही अच्छा होता है।

1. **अधिकृत प्रबन्धन-** अधिकृत प्रबन्धन कभी भी खेल तथा स्वास्थ्य शिक्षा में उचित नहीं है। क्योंकि यह इच्छा शक्ति, प्रवृष्टि शक्ति, आविष्कार शक्ति, नेतृत्व गुणों को व्यक्तिगत रूप से बढ़ाने की आज्ञा नहीं देती। खेल, बड़े पैमाने पर सहभागी होती है। यहां पर चाहिए कि हर कोई दूसरों से सहयोग करे तथा चुनौतियों को माने तथा वादों को निभाएं। खेल तथा शारीरिक शिक्षा में अच्छी तरह सहभागिता से लोगों के बीच जिम्मेदारियां समझनी होती हैं तथा हमेशा एक दूसरे की सहायता के लिए तैयार रहना होता है। हालांकि, कुछ ऐसी परिस्थितियां होती हैं जिनमें प्रशासन, अध्यापक, कोच, उद्यम अम्पायर इत्यादि को अधिकार धारण करना पड़ता है तथा फैसला के लिए और सख्त व्यवहार अपनाना पड़ता है ताकि इसमें संस्था तथा व्यक्ति का लाभ हो सके।

2. **लैसिज-फैरी प्रबन्धन**-लैसिज-फैरी या आजाद प्रबन्ध में जो चाहिए उसकी उम्मीद नहीं की जा सकती तथा यह खेल तथा शारीरिक शिक्षा में अयोग्य सिद्ध होता है। यह दोनों ऐसे क्षेत्र हैं जिनमें विशाल नियम है। प्रत्येक यह सीखने तथा पढ़ने के लिए एक कदम आगे होकर तैयार रहता है। कुछ लोगों का विश्वास है कि युवाओं को विस्तृत अवसरों के लिए लैसिज-फैरी प्रबन्धन की आवश्यकता है, यह कार्यकर्त्ता, अच्छी सिखलाई प्राप्त युवाओं के लिए अच्छा वातावरण प्रदान करती है, ताकि वे अपनी योग्यताओं का सही ढंग से इस्तेमाल कर सकें। उच्च अधिकारियों को ऐसे ही प्रबन्ध की आवश्यकता होती है जैसे स्कूलों तथा कॉलेजों के मुख्याध्यापक। कुछ वर्षों के लिए आरंभिक दौर में अधिक धन अधिक पदों के लिए मांगे होती हैं तथा नीतियों में बदलावों की मांग होती है। अच्छी संस्थाएं बदलाव के लिए लैसिज-फैरी की आज्ञा देती हैं, परन्तु इसको दैत्य भूमिका निभाने की आज्ञा नहीं देती।

3. **लोकतन्त्रीय प्रबन्धन**- लोकतन्त्रीय प्रबन्धन समानता, सांझी जिम्मेदारी, आजादी, सहयोग, व्यक्तिगत की पहचान तथा योग्य नेतृत्व के सिद्धान्तों पर आधारित होती है। शारीरिक शिक्षा तथा खेलों में समानता का सिद्धान्त विभाग की योजनाओं का अच्छी तरह से विकास करने, प्रतियोगिताओं का प्रबंध करने, तथा खेल मेलों का प्रबन्ध करने तथा संसाधनों के उचित प्रयोग के लिए उचित ढंग से काम करता है, जब लोगों के साथ समानता का व्यवहार होता है तो उनमें उच्च स्तरीय आत्म-विश्वास का विकास होता है और वो अधिक जिम्मेदारी का व्यवहार करते हैं। सांझी जिम्मेदारी द्वारा प्रत्येक अपना काम अच्छे से करता है तथा दूसरों के ऊपर निर्भर नहीं करता। प्रबन्धक, उद्यम, निर्देशक, अध्यापक, सिखलाई देने वाले कोच, यहां तक कि विद्यार्थी नेताओं को भी अपनी भूमिका अच्छे से निभाना सीखने की आवश्यकता है। लोकतंत्र, आजादी का समानार्थी है। प्रबन्ध को अध्यापकों तथा निर्देशकों को निर्देश योजनाएं बनाने की (आज्ञा होनी चाहिए) मुकाबलों का प्रबंध करने की, अध्यापकीय ढंगों को सुधारने की, विद्यार्थियों की समस्याओं को समझने की, उन्हें हल करने की योग्यता होनी चाहिए तथा विद्यार्थियों को उनकी योग्यताओं का अहसास कराना चाहिए। खेलें तथा शारीरिक शिक्षा आपस में सहयोगी है तथा सहयोग लोकतन्त्रीय प्रबंध में बहुत अच्छा स्थान रखता है। लोकतंत्र, बुद्धिमान, ईमानदार, योग्य तथा कारोबारी व्यक्ति की पहचान करता है। खेलों में यह निर्देशों का प्रबंध करने प्रतियोगिताओं को आयोजित करने, तथा नेताओं की नियुक्ति तथा टीम के कप्तान की नियुक्ति करने में सहायक होता है। लोकतन्त्रीय संस्थाएं प्रभावशाली नेतृत्व के बिना खुशहाल नहीं हो सकती। शारीरिक शिक्षा तथा खेलों में सारे दर्जों पर योग्य नेतृत्व महत्त्वपूर्ण भूमिका निभाता है। सभी व्यक्तियों को विभिन्न जिम्मेदार स्थान देते समय योग्यता निपुणता के आधार पर कोई समझौता नहीं किया जा सकता।

इस तरह लोकतन्त्रीय प्रबन्ध खेलों तथा शारीरिक शिक्षा के लिए प्रबंध की सबसे उत्तम विधि है।

4. **संग्रहित प्रबन्धन**- संग्रहित प्रबन्धन एक ऐसा ढंग है जहां पर सब प्रणालियों के संबंधित विषय और गुण इकट्ठे होते हैं। यह ढंग सबसे उत्तम ढंग है। प्रबन्धन की पहुंच खेलों में चुनाव के लिए गुणवत्ता स्वीकृति तथा समय के उचित प्रयोग पर आधारित तथा अधीन व्यक्तियों के विकास के लिए होनी चाहिए। प्रशासन की नीति होनी चहिए कि ''क्या अच्छा काम कर सकता है।''

संग्रहित प्रबन्धन में यह आवश्यक होना चाहिए कि-

- कार्यालय संबंधी प्रणाली का विकास करना।
- जितना संभव हो सके जिम्मेदारी सौंपना बिल्कुल स्पष्ट होना चाहिए।
- ईमानदार तथा योग्य नेताओं की नियुक्ति करनी चाहिए।
- यह निपुण नियंत्रण और पुनर्निर्माण प्रणाली का निर्माण करता है, प्रदर्शन का उद्देश्यपूर्ण और निष्पक्ष मूल्यांकन करना।
- आवश्यकता होने पर नीतियों, कार्यक्रमों, संरचना और प्रणालियों को नया स्वरूप देना।

इस प्रकार संग्रहित प्रबन्धन विधि एक विश्वसनीय व्यवहारिक और लोकतन्त्रात्मक विधि द्वारा लचीला मध्यस्थ प्रणाली है।

अन्तः विद्यालयीन तथा अन्तर-संस्था क्रीड़ा प्रतियोगिताएं

इन्ट्राम्यूरलस और एक्स्ट्राम्यूरलस

इन्ट्राम्यूरलस तथा एक्स्ट्राम्यूरलस, विद्यालयों, महाविद्यालयों तथा अन्य इसी प्रकार के संगठनों में योग्यताओं, कुशलताओं का पूरे छात्र समुदाय तथा संगठनों के सदस्यों को गतिमान बनाए रखने में विकास का एक प्रमुख स्वरूप है। यह कला इन्ट्राम्यूरल के द्वारा विभिन्न संस्थानों के मध्य प्रतियोगिताओं को सम्पादित कराता है।

संयुक्त राज्य अमेरिका में कई वर्षों पहले इन्ट्राम्यूरल गतिविधियां प्रारंभ की गई। जिसका परिणाम यह निकला कि विद्यालयों तथा महाविद्यालयों में छात्रों में प्रोत्साहन में वृद्धि हुई। प्रारंभ में उन्हें प्रशासनिक सहयोग कम मिला तथा आयोजन भी काफी कमजोर रहा परन्तु समय के साथ-साथ छात्रों में रुचि जागृत होती गई और 1913 में इसकी बढ़ती हुई मांग के कारण मिशिगन तथा ओहियो राज्य विश्वविद्यालय में यह कार्यक्रम विभाग के नियंत्रण की मांग के अनुसार संकाय के नियंत्रण में आ गया। 27 तथा 28 मई को वाशिंगटन डी.सी. में राष्ट्रीय इन्ट्राम्यूरल परिषद का गठन होकर 1916 में इसकी प्रथम बैठक आयोजित की गई। शब्दावली में 'कम्पीटीशन' शब्द का अर्थ है संघर्ष अथवा प्रतिस्पर्धा। यह जीवन के किसी भी क्षेत्र में किसी भी खेल अथवा शैक्षणिक उद्यम के रूप में हो सकता है। यह प्रतियोगिता किन्ही दो या दो से अधिक लोगों अथवा एक ही स्थान के दो दलों अथवा विभिन्न स्थानों के दलों के मध्य हो सकती है।

एक्स्ट्राम्यूरलस तथा इन्ट्राम्यूरलस के अर्थ

इन्ट्राम्यूरल (किसी संस्थान की चार दीवारी के अंदर) किसी एक ही संस्थान के खिलाड़ियों में आयोजित की जाने वाली प्रतियोगिता है। इन्ट्राम्यूरल प्रतियोगिताओं का लाभ यह है कि एक ही संस्थान के लगभग सभी छात्रों को इस प्रतियोगिता में सम्मिलित कर शिक्षा के उद्देश्य **"बालक का संपूर्ण विकास"** के लक्ष्य की प्राप्ति करना।

एक्स्ट्राम्यूरल (संस्थानों के मध्य प्रतियोगिता)

एक्स्ट्राम्यूरल प्रतियोगिताएं विभिन्न संस्थानों के खिलाड़ियों के मध्य आयोजित की जाती है। ऐसी प्रतियोगिताओं में संस्थान के चुने हुए खिलाड़ी अपने कौशल का खेल-कूद में प्रदर्शन कर अपने संस्थान के लिए सम्मान दिलाने का प्रत्यन्त करते हैं।

इन्ट्राम्यूरल तथा एक्स्ट्राम्यूरल प्रतियोगिताओं का महत्त्व

इन्ट्राम्यूरल तथा एक्स्ट्राम्यूरल कार्यक्रमों के मूल्यवान उद्देश्य सही मायने में व्यक्तिगत रूप से छात्र समूहों तथा संस्थान के लिए बहुत महत्त्वपूर्ण है। इन्ट्राम्यूरल तथा एक्स्ट्राम्यूरल गतिविधियां कुल मिलाकर शारीरिक शिक्षा एवं सामान्य शिक्षा में भी प्रतिस्पर्द्धात्मक उद्देश्यों की पूर्ति करते हैं।

इनके उद्देश्य इस प्रकार हैं-

1. छात्रों को संस्थान में संपूर्ण विकास के अवसर प्रदान करना।
2. संस्थान में छात्रों को विभिन्न शारीरिक गतिविधियों के माध्यम से अपने कौशल के प्रदर्शन एवं विकास का अवसर प्रदान करना।
3. छात्रों में साथी भावना के साथ खेल प्रतियोगिताओं में भागीदारो के आनंद, हास परिहास, नेतृत्व करने तथा सहभागी की विशेषताओं में विकास करने के अवसर प्रदान करना।
4. छात्रों को संस्थान में तनाव, हीन भावना एवं उत्तेजना को नियोजित करने के लिए तथा खेल प्रतियोगिताओं में भाग लेकर उपलब्धियों को अर्जित करने के अनुभव प्राप्त करने के लिए अवसर प्रदान करना। ये सभी मानसिक एवं भावनात्मक स्वास्थ्य को संचालित करने में लाभदायक होते हैं।
5. संस्थान के छात्रों में व्यावसायिकता के अवसर प्रदान करना तथा उनमें इन्ट्राम्यूरल प्रतियोगिताओं को आयोजित करने के अनुभव एवं प्रशिक्षण संचालन करने की योग्यता प्रदान कराना।
6. प्रशिक्षणार्थियों में ऑफिसियेटिंग करने के अनुभव को प्राप्त करने का अवसर प्रदान करना।

इन्ट्राम्यूरल तथा एक्स्ट्राम्यूरल प्रतियोगिताओं के महत्त्व को ऊपर दर्शाए गए उद्देश्यों के प्रकाश में समझा जा सकता है कि छात्रों को इन प्रतियोगिताओं में भाग लेने से शारीरिक, मानसिक, भावनात्मक तथा सामाजिक स्वास्थ्य में असीमित अवसर प्रदान कराए जाते हैं। शारीरिक गतिविधियों में कुशलता के विकास के द्वारा खाली समय में रचनात्मक कार्यों में उपयोग करने से प्रवीणता का विकास होता है। आगे प्रतियोगिता में भागीदारी एक अच्छी नागरिकता के गुणों का विकास और परिपक्व जीवन तथा मानवीय संबंधों में अभिवृद्धि करता है। इन्ट्राम्यूरल तथा एक्स्ट्राम्यूरल प्रतिस्पर्धाओं के संचालन करने में उद्यमी छात्रों को प्रशासनिक तथा आयोजनात्मक अनुभव प्राप्त करने का लाभ मिलता है। इन्ट्राम्यूरल प्रतिस्पर्धाओं में टीमों के चयन में सहायक होती हैं।

यहां यह उल्लेख करना सामयिक होगा कि एक्स्ट्राम्यूरल प्रतिस्पर्धाओं में कुछ खामियां भी रहती है। जैसे-

1. विजय प्राप्त करने के लिए कुछ अवांछनीय तरीके भी अपनाए जाते हैं।
2. बदले की भावना तथा ईर्ष्या जैसी भावनाएं भी पैदा होती है।
3. बहुत अधिक मात्रा में धन, समय तथा ऊर्जा बर्बाद होती है।
4. छात्रों में बहुत ज्यादा मनोवैज्ञानिक तनाव उत्पन्न हो जाता है।

5. कभी-कभी अपनी मिथ्या विजय को लेकर प्रतियोगी हिंसात्मक अभिव्यक्ति भी करते हैं।

फिर भी उपरोक्त खामियां प्रतिस्पर्धा तथा प्रतिभाशाली नेतृत्व के होने से आसानी से दूर हो जाती है। एक अच्छा नेता प्रतियोगियों को नियम तथा विधानों का सम्मान करने के लिए अवश्य ही मना लेता है। आफिशीयल, विरोधी तथा दर्शन खुले दिमाग से पराजय तथा विजय को स्वीकार कर लेते हैं।

इन्ट्राम्यूरल प्रतियोगिताओं का संचालन

वांछित परिणाम प्राप्त करने के लिए इन्ट्राम्यूरल प्रतियोगिता के प्रारंभ से पहले निम्नलिखित कारकों पर विचार कर लेना चाहिए-

1. संस्थान का आवासीय, आंशिक आवासीय अथवा गैर आवासीय होना आदि।
2. भौगोलिक तथा उपचारीय अवस्थाएं।
3. उपलब्ध ढांचागत सुविधाएं (जैसे खेल के मैदान, स्तरीय ट्रेक, स्टेडियम, उपकरण नेतृत्व आदि)।
4. अनुमानित वित्तीय उपलब्धता।
5. समय की उपलब्धता।
6. छात्र जिसमें गहरी रुचि रखते हों ऐसी गतिविधियों की पहचान।

1. इन्ट्राम्यूरल प्रतियोगिताओं के लिए छात्रों को विभाजित करना: प्रतियोगिता के उद्देश्य से छात्रों को बहुत सी इकाइयों में बांटना होगा। इकाई स्वाभाविक रूप से समरूप होनी चाहिए। प्रतियोगिता रोचक हो। उच्च कुशलता वाले खिलाड़ियों को अवश्य छांटा जाए। या तो कुशल छात्रों को अलग-अलग इकाइयों में समान रूप से बांटा जाए या फिर उनकी प्रतियोगिताएं अलग से आयोजित की जाएं अथवा उनको इन्ट्राम्यूरल प्रतियोगिता ही नहीं खेलने दी जाए क्योंकि कुशल खिलाड़ियों को संस्थान के लिए एक्स्ट्राम्यूरल प्रतियोगिता खेलने के लिए अवसर प्रदान करना है।

इकाइयों का गठन मूलतः संस्थान की प्रकृति पर निर्भर करता है जैसा कि नीचे दिया गया है।

पूर्णतः आवासीय संस्थानों में

यदि छात्रावासों की संख्या अधिक है तो प्रतियोगिता गैर-छात्रावासीय अथवा अन्तर आवासीय आधार पर आयोजित की जा सकती है। यदि केवल एक ही छात्रावास हो तो प्रतियोगिता विभागीय आधार पर आयोजित की जा सकती है।

आंशिक आवासीय संस्थानों में

छात्रावास में रहने वालों को विभिन्न टीमों में विभक्त किया जाएगा तथा दैनिक छात्रों (गैर आवासीय) को कुछ टीमों में उनकी संख्या के आधार पर विभक्त किया जाएगा। अब प्रतियोगिता दोनों वर्गों के लिए पृथक से अथवा दोनों ही वर्गों के मध्य आयोजित की जा सकती है।

गैर आवासीय संस्थानों में

गैर आवासीय संस्थानों में इकाइयों का गठन निम्नलिखित में से किसी भी तरीके से किया जा सकता है-

(अ) खास वर्गों के लिए कक्षा के आधार पर 5वीं कक्षा 6ठीं कक्षा आदि-आदि।

(ब) आयुक्रम के आधार पर छात्रों को वरिष्ठ, कनिष्ठ, उपकनिष्ठ आयु के अनुसार विभाजित किया जा सकता है। प्रत्येक खंड विशेष में मध्य पृथक से प्रतियोगिता संचालित की जाती है। यह एक सर्वोत्तम विधि है जिसके द्वारा इकाइयों का गठन किया जाता है इससे अन्तर संस्थान प्रतियोगिताओं के लिए चयन में यह बहुत लाभप्रद रहेगा।

(स) महाविद्यालयों/विश्वविद्यालयों में इकाइयों का गठन या तो कक्षा अथवा संकाय अथवा विभागीय आधार पर किया जाता है।

2. इन्ट्राम्यूरल प्रतियोगिता समिति: इन्ट्राम्यूरल प्रतियोगिताओं का आयोजन इन्ट्राम्यूरल समिति द्वारा किया जाता है। समिति का सामान्यतः गठन इस प्रकार होता है।

इन्ट्राम्यूरल निदेशक
(शारीरिक शिक्षा निर्माण का अध्यक्ष/वरिष्ठ शिक्षक)
↓
सहायक निदेशक
(शारीरिक शिक्षा का अन्य शिक्षक)
↓
सहायक अध्यापक
(कक्षा अध्यापक)
↓
एक सचिव
(इकाइयों के कैप्टन्स में से निर्वाचित/चुने हुए शिक्षक)
↓
संयुक्त सचिव
(इकाई के उपकैप्टनों में से निर्वाचित/चुने हुए)

इन्ट्राम्यूरल निर्देशक: इसमें हमेशा शारीरिक शिक्षा संकाय का एक वरिष्ठतम शिक्षक ही होगा।

सहायक निदेशक: शारीरिक शिक्षा संकाय के शेष शिक्षकों में से एक होगा, जोकि निदेशक के सहायक के रूप में नियुक्त किया जाएगा।

सहायक अध्यापक: प्रतियोगिता के आयोजित होने के समय निदेशक तथा सहायक निदेशक को कक्षा अध्यापक सहयोग प्रदान करेगा।

सचिव: इकाइयों के (छात्रावासों) के कप्तानों में से एक इन्ट्राम्यूरल सचिव का या तो चयन/अथवा निर्वाचन किया जाएगा।

एक संयुक्त सचिव: इन्ट्राम्यूरल के संयुक्त सचिव का चयन अथवा निर्वाचन इकाइयों (छात्रावासों) के उपकप्तानों में से किया जाएगा। इन्ट्राम्यूरल समिति का पूर्णदायित्व है कि वह प्रतियोगिता के नियमों तथा विधानों को बनाए। प्रतियोगिता के नियम बनाते समय खेल/क्रीड़ा विशेष के मानक नियमों के साथ-साथ मौजूद अवस्थाओं, परिसर की दशाओं को अवश्य ध्यान में रखना चाहिए। यदि मौजूद मानकों/नियमों में कोई फर्क हो तो प्रतियोगियों को अवश्य सूचित करना चाहिए। यह प्रतियोगिता के सचिव का उत्तरदायित्व है कि वह बैठकों का ब्यौरा तथा प्रतियोगिता परिणामों की तालिका का लेखा-जोखा रखे तथा यदि कोई आपत्तियां हों तो उन्हें भी उठाए जिन पर समिति द्वारा निर्णय लिया जाए। समिति का उद्देश्य नेतृत्व की योग्यताओं को विकसित कर आयोजन तथा संचालन की योग्यता का भी विकास करना है तथा निर्णय लेने एवं जिम्मेदारियों को बांटने की योग्यता का भी विकास करना है तथा छात्रों में इन्ट्राम्यूरल प्रतियोगिता की भावनाओं को विकसित करने तथा रुचि को बढ़ाना तथा उसमें सभी स्तरों पर भागीदारी के स्तर को बढ़ाना भी होगा।

3. इन्ट्राम्यूरल प्रतियोगिता के लिए गतिविधियां: इन्ट्राम्यूरल प्रतियोगिताओं के लिए गतिविधियां प्रतियोगिता को सम्पन्न कराने के लिए उपलब्ध सुविधाओं, समय वित्त व्यवस्था आदि को ध्यान में रखते हुए और बड़े खेलों को प्रतियोगिता में शामिल किया जाना चाहिए। प्रतियोगिता के लिए गतिविधियों को तय करते समय छात्रों की रुचि को भी अवश्य ध्यान में रखना होगा।

4. प्रतियोगिता का समय तथा प्रकार: प्रतियोगिता के लिए सही समय का चयन अध्यापन के समय के बाद रविवारों को किया जाना चाहिए। इन्ट्राम्यूरल प्रतियोगिता वर्ष भर संचालित करना चाहिए। परन्तु इन्ट्राम्यूरल के बड़े कार्यक्रम प्रथम एवं द्वितीय सत्र में ही रखे जाएं। आने वाली परीक्षाओं को ध्यान में रखते हुए तीसरे सत्र में हमेशा हल्के कार्यक्रम आयोजित किए जाएं। प्रतियोगिताओं को नॉक आउट अथवा लीग आधार पर आयोजित करना चाहिए। दूसरे शब्दों में हम यह कह सकते हैं कि प्रतियोगिता के प्रकार टीमों की संख्या तथा उपलब्ध खेल के मैदानों के ऊपर ही निर्भर करते हैं तथा ये समय की उपलब्धता पर भी निर्भर करता है जिसे हम प्रतियोगिताओं के ऊपर लगाना चाहते हैं।

5. पदाधिकारीगण: एक दुरुस्त इन्ट्राम्यूरल कार्यक्रम के लिए सक्षम तथा उत्तरदायी पदाधिकारीगणों का होना आवश्यक है जो कि खेल के कुछ नियमों में पारंगत हों तथा जो प्रतियोगियों के स्तर, कार्यक्रम उद्देश्यों तथा प्रतियोगिता के आयोजनों के दर्शन से भली-भांति परिचित हों। जिससे कि वे कार्यक्रम में अभिवृद्धि कर सके। वे अपने निर्णय लेने में निष्पक्ष तथा पारदर्शी हों ताकि उनके निर्णयों को प्रतियोगी स्वीकार कर सकें।

6. स्कोरिंग विधि में अंक प्रणाली: प्रतियोगिता के लिए अंक प्रणाली को इस प्रकार विकसित किया जाए कि वह स्वस्थ प्रतियोगिता के लिए उत्तेजक हो तथा कार्यक्रम के संपूर्ण उद्देश्यों की पुष्टि करते हुए रुचि को निरन्तर बनाए रखें, अंक प्रणाली आसानी से लागू करने तथा जल्दी से समझने योग्य होनी चाहिए। इन अवस्थाओं में अंकों को जीत तथा चैम्पियनशिप प्राप्त करने के आधार पर दिए जाने चाहिए। उन्हें लीग अथवा समाप्ति के क्रम पर, इकाइयों की भागीदारी आदि के अनुसार देना चाहिए। इन्ट्राम्यूरल समिति द्वारा अंक प्रणाली इन्ट्राम्यूरल के प्रारंभ होने के आरंभिक सत्र में तय की जानी चाहिए।

अंक प्रणाली को नीचे दर्शाए अनुसार विकसित करना चाहिए और आवश्यक हो तो उसमें सुधार भी किए जा सकते हैं।

टीम चैम्पियनशिप में प्रथम स्थान	– 10 अंक
टीम चैम्पियनशिप में द्वितीय स्थान	– 06 अंक
टीम चैम्पियनशिप में तृतीय स्थान	– 03 अंक
अथवा	
व्यक्तिगत चैम्पियनशिप में प्रथम स्थान	– 06 अंक
व्यक्तिगत चैम्पियनशिप में द्वितीय स्थान	– 04 अंक
व्यक्तिगत चैम्पियनशिप में तृतीय स्थान	– 03 अंक
अथवा	
प्रतिप्रविसादी	– 10 अंक
प्रत्येक जीत	– 02 अंक
प्रत्येक ड्रा	– 01 अंक
प्रत्येक हार/पराभव	– 0 अंक

टीम/व्यक्ति विशेष द्वारा अर्जित अंक इकाई के खाते में जाएंगी। इसमें दो स्कोर शीट होना चाहिए। इनमें से एक या तो दिन-प्रतिदिन टीम द्वारा अर्जित अंकों और दूसरी प्रत्येक इकाई द्वारा अर्जित किए गए अंकों को एकत्रित कर प्रत्येक इकाई द्वारा इन्ट्राम्यूरल प्रतियोगिता के अंत में अर्जित किए गए अंक इन्ट्राम्यूरल चैम्पियनशिप को तय करेंगे।

7. एवार्डः प्रत्येक गतिविधियों के विजेताओं को तथा इन्ट्राम्यूरल चैम्पियनों को किसी न किसी प्रकार की मान्यता अवश्य देनी चाहिए। इन्ट्राम्यूरल सम्मान पटल पर छात्रावास/इकाई के साथ-साथ कप्तान तथा उपकप्तान का नाम अवश्य लिखा जाना चाहिए। प्रतियोगिता के चैम्पियन का फोटो अवश्य खींचना चाहिए तथा उसे छात्र सूचना फलक पर प्रदर्शित करना चाहिए ताकि वह विजेता को मान्यता प्रदान करने के साथ-साथ उत्साहवर्धक का सबब बन सके तथा दूसरे छात्रों को भी आने वाले इन्ट्राम्यूरल प्रतियोगिताओं में भाग लेने के लिए प्रेरित कर सकें।

एक्स्ट्राम्यूरल प्रतियोगिता का संचालन

एक्स्ट्राम्यूरल प्रतियोगिताओं को उत्तम तथा परिणामकारी बनाने के दृष्टिकोंण से ही आयोजन तथा संचालन किया जाना चाहिए।

इनका वर्गीकरण एवं अध्ययन तीन प्रमुख शीर्षों से किया जा सकता है-

(अ) अभ्यास मैचः प्रतियोगिता की अधिकारिक शुरुआत होने के पूर्व तयशुदा आबादी के आस-पास के संस्थानों/क्लबों के मध्य अभ्यास मैच प्रशिक्षण के उद्देश्य से खेले जाने चाहिए। ऐसे मैच दोनों टीमों की कमजोरियों को जानने तथा उनको दूर करने के उपाय करने में सहायक होते हैं। इसके द्वारा प्रतिस्पर्धात्मक अनुभव प्राप्त होते हैं तथा दोनों टीमों में मेल-मिलाप बढ़ता है। ये मैच समय से पूर्व तय किए जाते हैं ताकि संस्थानों तथा दोनों टीमों के मध्य आपसी तालमेल बैठाया जा सके।

(ब) आवृत्त प्रतियोगिताएं (क्लोज्ड कम्पटीशन्स): इस प्रतियोगिता के नाम से ही इसका स्पष्टीकरण हो जाता है। ये प्रतियोगिताएं एक खास प्रकार के संस्थानों तक ही सीमित रहती है। उदाहरण के लिए अन्तरशालेय प्रतियोगिता, अन्तर महाविद्यालय प्रतियोगिता, अन्तर्विश्वविद्यालय प्रतियोगिता आदि। सामान्यतः ये प्रतियोगिताएं उनके संबंधित खेल विभागों अथवा खेल संघों/समितियों द्वारा संचालित की जाती है। सही नियंत्रण तथा वांछित परिणाम प्राप्त करने के लिए संपूर्ण परिक्षेत्र में आने वाले संस्थानों को विभिन्न क्षेत्रों (जोन्स) में बांट दिया जाता है। प्रत्येक क्षेत्र (जोन) की प्रतियोगिताएं संपन्न होने के पश्चात् विजेता अन्तर्क्षेत्रीय प्रतिस्पर्धाओं में संस्थागत चैम्पियनशिप हेतु प्रतियोगिताओं में भिड़ते हैं।

(स) खुली प्रतियोगिताएंः खुली प्रतियोगिता में कोई अपनी संबद्ध इकाई के माध्यम से भाग ले सकता है। यह किसी एक वर्ग के लोगों तक सीमित नहीं है। खुली प्रतियोगिताओं में कोई भी संस्थान, विभाग अथवा अभिकरण अपनी टीमों को उतारने के लिए पात्र होता है।

खेल उपकरण और सामग्री का प्रबन्धन

उपकरण एवं सामग्री (आपूर्ति) वे धारणाएं हैं जिनका शारीरिक शिक्षा एवं खेलों में व्यापक अर्थ होता है। उपकरणों एवं आपूर्तियां (सामग्री) की धारणाओं को चार्ल्स ए. बुचर ने निम्न ढंग से परिभाषित किया है।

उपकरण धारणा का प्रयोग उन वस्तुओं के लिए किया जाता है जिन्हें मूल्यवान समझा जाता है परन्तु जो कई वर्षों तक प्रयोग किए जाते हैं जैसे समानान्तर शलाखें, स्टील के डम्बल, आडियोमीटर, हर्डलस, होरिजोनटल बार, गोल पोस्ट, रनिंग ट्रेडमिल्स, एरगो मीटर, बाइसाईकल आदि।

आपूर्तियां में उन सामग्रियों को शामिल किया जाता है जो विस्तृत किए जा सकने वाले होते हैं तथा इन्हें कुछ समय पश्चात् स्थानापन्न करने की आवश्यकता होती है जैसे-शटल, कॉक, टेनिस बाल, टी टी बाल, वॉलीबाल, बास्केट बॉल, फुटबाल आदि।

उपकरण एवं आपूर्ति को स्थायी एवम् उपभोक्ता की धारणा के रूप में क्रमशः उपकरण एवम् आपूर्तियां कहा जाता है। उपकरण एवम् आपूर्तियां एक प्रकार से सहायक अथवा साधन होते हैं जिनका प्रयोग स्वास्थ्य के शिक्षण, शारीरिक स्वस्थता, शारीरिक शिक्षा अंतःक्षेत्रीय तथा बाह्य क्षेत्रीय क्रियाओं तथा खेलों का प्रशिक्षण आदि के लिए किया जाता है। उपकरण एवं आपूर्तियों की गुणवत्ता एवम् पूर्ण संभाल के लिए अच्छे शिक्षण एवं प्रशिक्षण की आवश्यकता पड़ती है। अध्यापक एवम् प्रशिक्षक की पूर्ण स्वीकृति के महत्त्व के प्रकाश में यह कहना उचित है कि उपकरण एवम् आपूर्तियां इस प्रकार के साधन होते हैं जिनका प्रयोग शिक्षण अथवा प्रशिक्षक द्वारा व्यायामशाला,

पानी के खेल, प्रयोगशाला अथवा दौड़ वाले ट्रेक के क्षेत्र में प्रयोग किया जाता है। शिक्षण प्रणाली में अच्छे परिणाम प्राप्त करने के लिए इन आधुनिक शिक्षण सहायक विधियों के प्रयोग से फण्ड का खर्च उपकरण खरीदने एवं संभाल पर किया जाता है।

उपकरणों का महत्त्व

शारीरिक शिक्षा एवम् खेलों में उपकरणों, सामग्री एवम् आपूर्ति का वही महत्त्व होता है जो राष्ट्र की सुरक्षा एवम् संप्रभुता को व्यापक स्तर पर बनाए रखने के लिए सेना द्वारा प्रयोग की जाने वाली कवच एवं गोला-बारूद का महत्त्व होता है। मान लीजिए एक सेना जो शान्ति की स्थिति में परम्परागत अस्त्रों एवम् मापदण्डों से युद्ध का प्रशिक्षण करती है और सामने से जब दूसरी फौज (दुश्मन फौज) युद्ध करने वाले अणु एवं कम्प्यूटर द्वारा संचालित उपकरणों से सुसज्जित होती है तब क्या होता है? दूसरी स्थिति यह होती है कि एक सेना को शान्ति की स्थिति में परम्परागत उपकरणों से प्रशिक्षण प्रदान किया जाता है तथा आपातकालीन स्थिति में उन्हें अणु तथा कम्प्यूटर संचालित उपकरण प्रदान करवा दिए जाएं तो वह पहली स्थिति से भी बुरी स्थिति होगी। उपर्युक्त स्थितियों के प्रकाश में जो शारीरिक शिक्षा एवं कार्यक्रम के साथ तुलना प्राप्त करके प्रकट की गई है, यह स्पष्ट किया जा सकता है कि इनमें नवीनतम गुणवत्ता एवं मानक उपकरणों का क्या महत्त्व होता है। इसलिए गुणवत्ता, मानक एवं वैज्ञानिक अनुमोदित उपकरण एवं आपूर्तियां निम्न स्तर एवं समझ एवं प्रदर्शन में सुधार के स्तर के रूप में उपलब्ध करवाई जा सकती है।

निम्न गुणवत्ता, निम्न स्तर अथवा काम चलाऊ उपकरण से केवल प्रयोगकर्त्ता का उलझन तथा उसके प्रदर्शन को संकट पहुंचता है। आगे चलकर धन, सामग्री एवम् समय के रूप में निवेश उपकरणों की गुणवत्ता एवम् मानकों के परिणाम एवं सुरक्षा की तुलना में अधिक महंगा पड़ता है।

निम्न विचार उपकरणों के कार्यों (प्रशासकीय, प्रबन्धन, संगठन, विस्तृत सहभागिता, प्रदर्शन आदि) की प्रकृति प्रशासकों, अध्यापकों, प्रशिक्षकों, खेल व्यक्तियों तथा शारीरिक शिक्षा के विद्यार्थियों को शारीरिक शिक्षा एवं खेलों के उपकरणों के भौतिक महत्त्व को समझने में सहायक होते हैं,

उनकी सूची इस प्रकार है-

1. उपकरण प्रेरणा का स्रोत होता है। विद्यार्थी के लिए सर्वाधिक आकर्षण एवं प्रेरणा का साधन उपकरण होता है। एक अच्छा बल्ला, राकेट, रंगीन बाल, झूला अथवा एक जंगल व्यायाम बच्चों की उनकी आन्तरिक भावना सहित इस ओर आकर्षित करते हैं।
2. शिक्षण अधिगम को प्रभावी एवं सुरक्षित बनाती है।
3. आधारभूत कौशलों को नवीनतम उपकरणों से सीखने का सशक्त आधार प्रदान करती है।
4. सर्वांगीण स्वास्थ्य का इलेक्ट्रोनिक्स तथा कम्प्यूटर उपकरणों, आधुनिक व्यायाम स्थानों आदि की सहायता से विकास किया जाता है।
5. उच्च तकनीकी प्रतियोगिताओं में योगदान-राइफल अथवा पिस्तौल से निशाने-बाजी तीरंदाजी, डण्डे की सहायता से कूदना, ऊंची कूद, व्यायामशाला, टेबल-टेनिस, लान-टेनिस, स्क्वैश आदि में सुरक्षा शुद्धता एवं प्रदर्शन की आवश्यकता होती है।
6. प्रदर्शन एवं निपुण प्रबन्धन के इलैक्ट्रोनिक्स एवं कम्प्यूटीकृत उपकरणों में योगदान।
7. व्यक्तिगत मानक उपकरणों के अभाव में उत्तम प्रदर्शन संभव नहीं होता।
8. अच्छे उपकरण क्रिया एवं खेलों के सौन्दर्य में वृद्धि करते हैं। उदाहरणार्थ व्यायामशाला एवं विस्तारित प्रदर्शन क्रियाएं "चमकदार एवं सुन्दर" उपकरणों के अभाव में कांतिहीन हो जाती है।
9. उपकरण बच्चों में रंग, आकृत्ति एवं स्वरूप संबंधी धारणाओं को विकसित करते हैं- प्राथमिक स्तर पर अधिगम के दौरान विभिन्न रंगों, विभिन्न आपूर्तियों एवं विभिन्न परिमापों के उपकरण बच्चों में रंग, आकृत्ति एवं स्वरूप संबंधी धारणा के विकास में महत्त्वपूर्ण भूमिका निभाते हैं तथा गतिशील क्रियाओं तथा बहु उपयोगी कौशलों को प्राप्त करने में सहायता प्रदान करते हैं जो संस्थागत खेलों एवं क्रियाओं के लिए आधारशिला रखने वाले आधारभूत कौशलों को सीखने में महत्त्वपूर्ण हैं।
10. उपकरणों की उपलब्धता आश्चर्य पहुंचाती है। उदाहरणार्थ स्कूल में प्रत्येक बालक को खेलने के लिए बॉल प्राप्त होती है, उनमें से अधिकांश विद्यार्थी निश्चित तौर पर खिलाड़ी के रूप में परिवर्तित हो जाते हैं तथा लगभग सभी अपनी सामाजिक, आर्थिक एवं पोषण के स्तर से स्वस्थ, सशक्त एवं तन्दरुस्त होते हैं। उपकरणों के कारण अनेक खेल गतिविधियां आकर्षण का स्रोत होती है।

उपकरण के प्रकार

शारीरिक शिक्षा एवं खेलों में विभिन्न प्रकार के उपकरणों का प्रयोग केवल सहायक क्रिया के रूप में प्रयोग नहीं किया जाता है बल्कि खेल ढांचे एवं उपकरणों के भण्डारण में भी ध्यान तथा संभाल में प्रयोग किए जाते हैं।

उपकरणों की बिभिन्नता प्रमुख रूप से समूहों की श्रेणियों की प्रकृति के रूप में देखी जा सकती है-

1. उपयोग होने वाले अथवा खर्च होने वाले उपकरण तथा
2. उपयोग न होने अथवा स्थायी उपकरण

भारतीय स्थितियों के अन्तर्गत उपभोग होने वाली वस्तुओं में अर्द्ध-उपयोग वाली परन्तु मरम्मत योग्य वस्तुओं को शामिल किया जाता है। परम्परागत रूप से उपयोग वाले उपकरण आपूर्तियां होती हैं, जो प्रयोग द्वारा समाप्त होने वाले तथा नष्ट होने वाले होते हैं तथा उनका निरन्तर अथवा तुरन्त स्थानापन्न किया जाता है अधिकतर समय में उनकी मरम्मत नहीं की जा सकती। इस प्रकार के उपकरणों में शटल काक, टी टी बाल, नेट, बल्ला, लान टेनिस बाल, छड़ियां, फुटबॉल, हॉकी बाल, वॉलीबाल, क्रिकेट बाल, जलीय खेलों के उपकरण आदि शामिल किए जाते हैं अर्द्ध उपयोगी उपकरणों की मरम्मत का कार्यक्षेत्र न्यूनतम होता है जैसे- टेनिस रेकेट, बेडमिन्टन रेकेट, जूते के नीचे पहिए आदि। अक्सर मरम्मत के पश्चात् उपकरणों की शुद्धता एवं संतुलन समाप्त हो जाती है।

उपयोगी उपकरणों की जीवंतता व्यापक रूप से निम्न तथ्यों पर निर्भर करती है।

(क) उनकी अपनी गुणवत्ता
(ख) प्रबन्ध करना अथवा उपयोग करना
(ग) मौसम तथा वातावरण की स्थितियां जिनमें इनका प्रयोग किया जाता है।
(घ) प्रशिक्षण एवं प्रतियोगिता का स्तर जिसके अन्तर्गत इनकी अवधि एवं शक्ति को जांचा जाता है।
(ङ) वह ढंग जिसमें और जिस तरह उपकरणों को भण्डारित किया जाता है।
(च) भण्डारण स्थितियों की क्षमता

बास्केटबॉल, वालीबॉल, क्रिकेट बॉल, स्क्वैश बॉल की तुलना में बेडमिन्टन शटल कॉक, बॉल, लाल टेनिस बॉल जल्दी नष्ट होने वाली होती हैं तथा कई बार तो तुरन्त स्थानापन्न करने की आवश्यकता होती है। एक बार जब इन उपकरणों का प्रयोग किया जाता है तथा बाद में प्रयोग नहीं किए जाते, खर्च योग्य सामग्री के रूप में घोषित हो जाते हैं तथा इन्हें स्टॉक रजिस्टर अथवा स्टॉक से बाहर निकाल दिया जाता है।

गैर-उपयोगीय अथवा स्थायी उपकरणों में गोल पोस्ट (फुटबॉल हेण्डबाल, हॉकी आदि) अपराइट, अवरोध, बास्केट बाल के खंभे, नेट बाल के खम्भे, लान टेनिस खंभे, व्यायामशाला के अंग अथवा सशक्त उपकरण प्रशिक्षण आदि मरम्मत की तुलना में इनकी आयु अवधि अधिक होती है।

इन उपकरणों की आयु निम्न स्थितियों पर निर्भर करती है-

(क) उपकरण की गुणवत्ता
(ख) उनकी कार्य स्थितियों की निरन्तर जांच
(ग) झाड़न एवं सफाई
(घ) संभाल एवं तुरन्त मरम्मत

नोट- सामग्री की प्रकृति के संबंध में इसे युद्ध के घोड़े की तरह समझा जाता है जिसकी सेवा इसकी मानकता, ध्यान एवं संभाल पर निर्भर करती है।

चूना पाउडर, लकड़ी का बुरादा, रंग, पेंट, झण्डे आदि तकनीकी उपकरण नहीं है परन्तु खेल मैदानों एवं कार्यक्रम के प्रबन्धन में अत्यन्त महत्त्वपूर्ण होते हैं। यह अत्यन्त उपयोगी होते है, चाहे इनकी गुणवत्ता इनकी सेवा की क्षमता को बढ़ाती है तथा उपकरण की आयु तथा आधारभूत ढांचे को सौन्दर्य प्रदान करते हैं तथा प्रतियोगिता के तकनीकी मानकों को बनाए रखने में सहायता करते है।

उपकरणों की आवश्यकता

शिक्षण संस्थाओं में खेल उपकरणों की आवश्यकता अनेक तथ्यों पर निर्भर करती है। इनमें से कुछ प्रमुख निम्न हैं-

1. संस्था द्वारा प्रस्तावित कार्यक्रम में ऐच्छिक, वैकल्पिक, मनोरंजनपरक, प्रतियोगी, विस्तृत प्रदर्शन एवं व्यावसायिक आदि कार्यक्रम के प्रकार होते हैं।
2. क्रिया के प्रकार-व्यक्तिगत, दोहरा, समूह अथवा टीम, विशेषज्ञ खेल कक्षा, लोक खेल आदि।
3. संस्था एवम् संगठन में खेलों का स्तर-स्कूल, कॉलेज, यूनिवर्सिटी, अंत:क्षेत्रीय, बाह्य क्षेत्रीय, अन्तर विश्वविद्यालय आदि।
4. प्रशिक्षण शिविर एवं प्रतियोगिता का स्तर एथलेटिक, व्यायामशाला, जल खेल एवं स्कूल, कॉलेज, यूनिवर्सिटी, राज्य, राष्ट्रीय अथवा अन्तर्राष्ट्रीय शिविर में टीम खेल एवम् स्कूल अथवा कॉलेज में कक्षा आयोजन की अपेक्षा

प्रतियोगिता के लिए विभिन्न मात्रा एवम् गुणवत्ता के उपकरणों की आवश्यकता होती है।

5. अध्यापकों एवं शिक्षण स्थानों आदि की संख्या।

प्रत्येक खेल अथवा गतिविधि के लिए उपकरणों की आवश्यकता भिन्न-भिन्न होती है। उपर्युक्त तथ्यों को ध्यान में रखते हुए खेल उपकरणों सामग्री अथवा आपूर्ति को निर्धारित करने की आवश्यकता के लिए पिछले वर्षों में उपयोग की गई सामग्री के साथ भविष्य के उपयोग पर भी ध्यान दिया जाता है। इसलिए शारीरिक शिक्षा एवं खेल विभाग के लिए यह आवश्यक होता है कि उपकरणों, सामग्री एवं आपूर्ति की एक जांच सूची तैयार करें। इस प्राचीन उक्ति को नहीं भूलना चाहिए कि "दाम बनाए काम।" इसलिए संस्था का वित्तीय स्तर, इसमें प्रयोग किए जाने वाले संसाधन, कार्यक्रम की प्रकृति, प्रशासकीय प्रबंध, संस्था की मनोवृत्ति आदि विस्तृत रूप से यह निर्धारित करते हैं कि एक निश्चित समय एवं प्राप्ति के अनुरूप उपकरणों की क्या आवश्यकता होती है।

समय में आते बदलाव के अनुरूप उपकरणों एवं आपूर्तियों की आवश्यकता को भूलना नहीं चाहिए। उदाहरणार्थ प्रतियोगिता मौसम के दौरान उपकरणों एवं आपूर्ति की आवश्यकता बाकी समय से अधिक होती है।

इसके अतिरिक्त उपकरणों के अभाव में संस्थाएं, कक्षाएँ, खिलाड़ी आदि अपने पूर्व निर्धारित लक्ष्यों की प्राप्ति में सफल नहीं होते। इसलिए कार्यक्रम के लक्ष्यों एवं उपकरण तथा उपकरणों की आवश्यकता की जांच पड़ताल करनी चाहिए तथा उनकी समय-समय पर स्थिति का अनुमान लगाना चाहिए।

उपकरणों की प्राप्ति

यह सुनिश्चित कर लिया जाना चाहिए कि आवश्यक उपकरण सामग्री एवं आपूर्तियों की समय पर अकादमिक सत्र, प्रशिक्षण शिविर, प्रतियोगिताएं आदि आरंभ होने से पूर्व प्राप्ति हो जाएगी। शारीरिक शिक्षा के अध्यक्ष तथा अन्य विभाग के सदस्यों को इस दिशा में आवश्यक कदम उठाने चाहिए।

उपकरणों की प्राप्ति तीन विभिन्न साधनों से की जा सकती है।

1. बाजार-प्रत्यक्ष/परोक्ष खरीद
2. प्रान्तीय खेल विभाग/खेल सभा एवं
3. अनुदान/प्रयोजक

अन्तिम दो साधन अवसरानुकूल होते हैं इन्हें अनुसरण करना आसान होता है। इस प्रकार से प्राप्त की गई वस्तुएं जांच के पश्चात् तथा स्टॉक रजिस्टर में प्रवेश के पश्चात् सुरक्षा में ले ली जाती है। प्रान्तीय खेल विभाग अथवा खेल सभा द्वारा प्राप्त किए गए उपकरण निश्चित समय अथवा स्थायी समय के लिए ऋण पर आधारित होने चाहिए। अनुदान/प्रयोजन के रूप में प्राप्त किए गए उपकरणों के बिल अथवा आधार पत्रों की प्राप्ति के लिए प्रयास किए जाने चाहिए ताकि उपकरणों में आने वाले दोष को उचित सीमा में ठीक करवाया जा सके अथवा वार्षिक प्रमाणिक सीमित द्वारा सेवाहीन एवं मरम्मतहीन होने की घोषणा द्वारा नीलाम करवाया जा सकता है।

खुले बाजार से प्राप्त प्रत्यक्ष अथवा अप्रत्यक्ष रूप से प्राप्ति के पश्चात् साधनों की उचित संभाल की जाती है। संस्था द्वारा कठिनता से प्राप्त धन तथा उपकरण की गुणवत्ता के प्रयोग में उपयुक्तता तथा ईमानदारी के तत्त्व शामिल होने चाहिए। जहां तक गुणवत्ता का संबंध हैं, कम से कम 10-15 प्रतिशत तक की अधिक उपकरणों की खरीद की जानी चाहिए ताकि आगामी वार्षिक खरीद से पूर्व सत्र को चलाने के लिए उपकरण उपलब्ध होने चाहिए।

खरीद के सिद्धांत/दिशा निर्देश

प्राप्त करने वाले उपकरणों की मात्रा का निर्धारण करने वाले कुछ महत्त्वपूर्ण सिद्धांत निम्न हैं-

1. शारीरिक शिक्षा के अध्यापकों एवं प्रशिक्षकों द्वारा प्राप्त करने वाले उपकरणों की सूची भूत के अनुभवों पर आधारित तथा भविष्य के लिए आवश्यकताओं को ध्यान में रखते हुए बनाई जानी चाहिए। उन्हें उपकरणों की मात्रा के साथ-साथ उनकी विशेष व्यापारिक चिन्ह को भी ध्यान में रखना चाहिए।
2. खेल भण्डार अधिकारी अथवा खेल प्रभारी को संबंधित अध्यापक अथवा प्रशिक्षक द्वारा तैयार सूची में शामिल वस्तुओं पर ध्यान दिया जाना चाहिए। आगे चलकर भण्डार में उपलब्ध उपकरणों को सूची में से घटाया जा सकता है। यदि भण्डार अधिकारी की सूचना के अनुसार किसी अन्य आवश्यक उपकरण की प्राप्ति की आवश्यकता होती है।
3. शारीरिक शिक्षा पर खेल विभाग के अध्यक्ष को नवीन कार्यक्रमों/क्रियाओं को परिचित करने अथवा निरन्तर जारी न रखने के लिए ध्यान में आवश्यक रखना चाहिए, यदि किसी आगामी सत्र में कोई आवश्यकता होती है। उपकरणों का सूची के अनुसार परिवर्तन किया जा सकता है।

4. शारीरिक शिक्षा विभाग को प्रसिद्ध डीलरों/बनाने वाले संस्थानों जो स्थानीय एवं बाहरी हो उनकी सूची तैयार करनी चाहिए। केवल सक्षम एवं आत्म-निर्भर फर्मों पर विचार किया जाना चाहिए। विभिन्न खेलों के उपकरणों की सूचियों के अनुसार प्राप्ति के लिए प्रयास किया जाना चाहिए।
5. खेल उपकरणों पर खर्च के अनुमान पर विचार करने से पूर्व वित्तीय साधनों की जांच करवानी चाहिए ताकि संकटकालीन एवं अनियमित खरीद, प्रवेश शुल्क, जलपान, दैनिक भत्ता एवं यातायात भत्ता का खर्च, चिकित्सा सहायता खर्च आदि को प्राप्त करने के लिए उपयुक्त वित्तीय साधनों को ध्यान में रखना चाहिए।
6. संस्था के सामान्य तथा शारीरिक शिक्षा विभाग के विशेष उद्देश्य, जो वास्तव में सहभागी विद्यार्थी हैं उनकी संख्या, बजट निर्धारण, आर्थिक मापदण्ड आदि को भी ध्यान में रखना चाहिए।
7. आपातकालीन स्थिति के बिना अनियमित खरीद, उपकरणों की मात्रा, सामग्री तथा आपूर्तियों की खरीद वर्ष में एक बार करनी चाहिए, तथा सत्र के आरंभ में ग्रीष्म मौसम को प्राथमिकता देनी चाहिए।
8. प्रोजेक्ट की आवश्यकता से 10-15 प्रतिशत उपकरणों की अधिक खरीद की जानी चाहिए ताकि नए सत्र को बिना हिचकिचाहट के आरंभ किया जा सके।
9. शारीरिक शिक्षा एवं खेलों के नए प्लांट के लिए प्रमुख एवं स्थायी उपकरणों की प्राप्ति बजट की स्थिति के अनुसार 3-5 वर्षों तक कर ली जानी चाहिए।
10. उपभोगपूर्ण उपकरणों की मांग तथा पूर्ति में आरंभिक असंतुलन धीरे-धीरे समाप्त हो जाता है।
11. शारीरिक शिक्षा का शिक्षण विभाग, प्रशिक्षक तथा इसकी समझ रखने वाले विद्यार्थियों को ध्यान में रखते हुए इन्हें पूर्ण महत्त्व दिया जाना चाहिए तथा इन पर विचार किया जाना चाहिए।
12. एक बार उपकरणों एवं आपूर्तियों की सूची बना लेने के पश्चात् इसकी संपूर्ण ढंग से संस्था एवम् शारीरिक शिक्षा विभाग के अध्यक्ष द्वारा इसकी गुणवत्ता, मात्रा, बजट निर्धारण, कार्यक्रम की आवश्यकता आदि के संदर्भ में जांच की जानी चाहिए। यदि विशेषज्ञ अध्यापक, प्रशिक्षक, बरसर, भण्डार प्रभारी आदि इस कार्य के लिए ध्यान एवम् पारदर्शिता के लिए समिति में होते हैं तो इसकी प्रशंसा की जाती है।

खरीद प्रणाली

खरीद प्रणाली का अनुमोदन निम्न तीन साधनों की भावना से किया जाना चाहिए जो सामग्री एवं आपूर्तियों (बिना-नियोजन) को विद्यार्थियों के फण्डों अथवा राजकीय ग्रान्टों के लिए स्पष्ट दिशा-निर्देश प्रदान करते हैं।

1. राज्य का शैक्षणिक कोड।
2. केन्द्रीय सरकार के सामान्य वित्तीय नियम।
3. राज्य/केन्द्र शासित प्रदेश के वित्तीय विभाग द्वारा समय-समय पर जारी वित्तीय निर्देश तथा मार्ग-दर्शन। वित्तीय नियमों, अधिनियमों एवं खरीद प्रणाली के दुरुपयोग को गंभीर वित्तीय अनियमितता के रूप में लिया जाना चाहिए।

- राज्य के शैक्षणिक संहिता विद्यार्थियों से फण्ड एवं शुरू एकत्र करने के अर्थ तथा माध्यम एवम् इनका संस्था व विद्यार्थियों के हित में व्यापक स्तर पर प्रयोग करने से है। फिर भी राज्य सरकार द्वारा आवश्यकता पर आधारित सुधार किए जाने चाहिए तथा सभी संबंधितों को नोटिस द्वारा सूचित किया जाना चाहिए।
- सामान्य वित्तीय नियम केन्द्रीय सरकार द्वारा तैयार किए जाते हैं तथा इनमें सुधार किया जाता है। सुधारों को गजट नोटिस द्वारा सुनिश्चित करना चाहिए। सामान्य वित्तीय नियम वित्त से संबंधित सभी सामग्री विभिन्न केन्द्रों के अध्यक्षों की विभिन्न शक्तियां एवं न्यूनताएं तथा राज्य संस्थान, संगठन, बोर्ड, सहयोग आदि से जुड़े होते हैं जिसमें सामग्री व आपूर्ति की खरीद से जुड़े खर्च भी संलग्न होता है।
- राज्य एवं केन्द्र शासित प्रदेश के वित्त विभाग, संस्थाओं, संगठनों, मण्डलों, निगमों आदि के अध्यक्षों को उनके क्षेत्रों में विभिन्न प्रणालियों के लिए आवश्यकताओं की पूर्ति एवं विकास के लिए निर्देशन प्रदान करते हैं।

खरीद प्रणाली में मुख्य रूप से निम्न पद शामिल होते हैं-

1. **सक्षम अधिकारी की अनुमति-** एक बार उपकरणों की सूची जब अन्तिम रूप में तैयार हो जाता है, इसको सक्षम अधिकारी (प्रधानाचार्य, डी.ई.ओ./डी.पी.आई./एफ.डी.) की पूर्ण अनुमति के लिए प्रस्तुत किया जाना चाहिए जो कि इसमें शामिल धन एवं सक्षम अधिकारी पर निर्भर करता है। इसके लिए अधिकारी इसके अस्वीकार, सुधार अथवा प्रक्रिया को आगे बढ़ाने के लिए हरी झण्डी प्रदान करता है।

2. **अनुमानित खर्चे के बिना वस्तुओं की खरीद** - 15,000/- रुपये तक के उपकरणों की खरीद किसी भी कम्पनी से बिना अनुप्रमाणित खर्चे के प्रत्यक्ष रूप से की जा सकती है। फिर भी विभाग/संस्था के अध्यक्ष द्वारा प्रमाण दिया गया है कि ''मैं व्यक्तिगत रूप से सन्तुष्ट हूँ कि ये खरीदी गई वस्तुएँ वांछित गुणवत्ता एवं विशिष्टता की हैं तथा विश्वसनीय आपूर्तिकर्त्ता द्वारा उचित कीमत पर खरीदी गई है।''
3. **वस्तुओं की खरीद**- 15,000/- रुपए तथा 1,00,000/- (एक लाख रुपये) से अधिक के उपकरणों की खरीद विभाग के अध्यक्ष द्वारा तीन सदस्यों की बनाई गई समिति के अनुमोदन से की जाती है। समिति बाजार का सर्वेक्षण करती है तथा वस्तुओं के मूल्य, गुणवत्ता एवं विशेषीकरण एवं उपयुक्त आपूर्तिकर्त्ता के परिचय आदि को सुनिश्चित करती है। वस्तुओं की खरीद के लिए अनुमोदन जारी करने से पूर्व समिति के सदस्य संयुक्त रूप से प्रमाण-पत्र जारी करते हैं-

   ''यह प्रमाणित किया जाता है कि हम- खरीद समिति के सदस्य संयुक्त तथा व्यक्तिगत रूप से सन्तुष्ट हैं कि अनुमोदित खरीद वस्तुएं गुणवत्ता एवं उचित बाजार मूल्यों की हैं तथा अनुमोदित आपूर्ति का जहां तक प्रश्न है यह विश्वसनीय एवं सक्षम आपूर्तिकर्त्ता द्वारा की गई है।
4. **मूल्य समझौता व्यवस्था के अन्तर्गत वस्तुओं की प्रत्यक्ष खरीद**- शीर्ष संगठनों जैसे भारतीय खेल प्राधिकरण तथा नेताजी सुभाष भारतीय खेल संस्थान पटियाला आदि के द्वारा मूल्य समझौता व्यवस्था के अन्तर्गत वस्तुओं की प्रत्यक्ष खरीद के लिए राज्य/केन्द्र शासित प्रदेश के वित्त विभाग की अनुमति आवश्यक होती है।
5. **बोली लगाकर वस्तुओं की खरीद**- 25 लाख रुपए से अधिक की लागत की वस्तुओं की प्राप्ति बोली लगाकर (सीमित निविदा जांच) की जाती है, कम से कम 15 फर्मों का समझौता एवं कम से कम तीन फर्में अवश्य जवाबी होनी चाहिए। फिर भी 25 लाख रुपए से अधिक की वस्तुओं की प्राप्ति खुली निविदा द्वारा की जानी चाहिए।
6. सभी बड़ी मात्रा में की जाने वाली खरीद इस उद्देश्य के लिए बनाई गई समिति द्वारा प्रभावित होती है। राज्य सरकार के वित्त विभाग के अनुदेशों एवं निर्देशों पर निर्भर करती है अथवा शिक्षण संहिता अथवा सामान्य वित्तीय नियम निर्देशों पर निर्भर करते हैं तथा खरीद की मात्रा-खरीद समिति शुद्ध रूप से संस्थागत (प्राचार्य, शारीरिक शिक्षा विभाग का अध्यक्ष आदि) अथवा विभागीय खरीद समिति (प्राचार्य, डी.पी.आई. (स्कूल/कॉलेज) का प्रतिनिधि) जो लेखा शाखा, तकनीकी सदस्यों की होती है जिनमें शिक्षा के निदेशक, बरसर, संबंधित अध्यक्ष सुपरिटेंडेन्ट लेखा, विद्यार्थियों के प्रतिनिधि आदि हो सकते हैं।
7. **निम्न साधनों द्वारा खरीद प्रभावित की जा सकती है-**

   (क) बाजार अथवा सरकार द्वारा अनुमोदित साधनों अथवा सहकारिक सभाओं/भण्डारों आदि से प्रत्यक्ष। सरकार द्वारा अनुमोदित साधन जैसे-केन्द्रीय भण्डार, राष्ट्रीय सहकारिक उपभोग ढांचा, सहकारिक उच्च बाजार, सहकारिक सभाएं अथवा भंडार एवं सरकार द्वारा अनुमोदित कंपनियां, संस्थान जैसे भारतीय खेल प्राधिकरण अथवा राष्ट्रीय खेल संस्थान पटियाला आदि। उपर्युक्त संस्थाओं द्वारा खरीद का यह लाभ है कि इससे खरीद प्रणाली कठोर हो जाती है तथा आपूर्ति योजना को स्थान मिलता है।

   (ख) **अनुमानित अथवा निविदा**- (सीमित एवं खुली निविदा) यह खरीद की मात्रा एवं कुल खर्चे पर निर्भर करता है जो इसमें शामिल होता है। यह खरीद की एक जटिल एवं थका देने वाली प्रणाली होती है। निःसन्देह इसमें विस्तृत प्रक्रिया एवं प्रणाली होती है। परन्तु संतोषजनक हिस्सा प्रतियोगी मूल्यों पर वांछित होता है। फर्म (कंपनी) को अपने वित्तीय बोली देने के लिए चयन हेतु उत्पादों को दिखाने का दिशा-निर्देश हो सकता है। नमूने चयनित किए जा सकते हैं तथा विजय कंपनी द्वारा आपूर्ति को प्राप्त करने हेतु तुलना के लिए बनाया जा सकता है।

   (ग) **सामान्य मूल्य समझौता अथवा केवल बनाने वाले से खरीद**- सामान्य आपूर्तियां तथा निपटारा के निर्देशक (DGS & D), भारत सरकार, सभी प्रकार की बनाने वाली वस्तुओं, उपकरणों, आपूर्तियां, सामग्री आदि जिनकी सरकारी संगठनों (सुरक्षा, कर्मचारी एवं संस्थाओं) बोर्डों, निगमों आदि सहित प्रवेश करती है। संवेदित वस्तुओं की सूची में विशेष गुणवत्ता आदि सहित सभी सरकारी एवं प्रशासकीय (राज्य/केन्द्र शासन) व्यवस्था के निर्देशन से पुष्टि की जाती है। आजकल इससे संबंधित सूचना **'इन्टरनेट'** पर उपलब्ध हो जाती

है। जहां तक खेल उपकरणों, सामग्री एवं आपूर्तियों का संबंध होता है, DGS & D की प्रणाली का अनुसरण किया जाता है। परन्तु कई बार SAI द्वारा अनुमोदित मूल्यों का प्रयोग तुलनात्मक न्यूनतम मूल्यों के सिद्धांत के विपरीत अधिक किया जाता है। आगे चलकर खेल संघ भी उपकरणों को महत्त्व प्रदान करने में सहायता प्रदान करता है। बहुत कम बार सामग्री एवं आपूर्तियां बनाने वालों से सीधी प्राप्त की जाती है जब कंपनी इस प्रकार की विशिष्ट ब्राण्ड जो तकनीकी सरकारी संगठनों द्वारा अनुमोदित होते हैं को उपलब्ध करवाने वाली एक मात्र होती है। इस स्थिति में निर्माणकर्त्ता को निर्माण बेचने का प्रमाण-पत्र देना होता है।

उपर्युक्त व्याख्यायित प्रणाली से समय एवं धन की बचत होती है तथा यह गुणवत्ता पूर्ण एवं पारदर्शी होती है। निविदित मूल्य व्यवस्था बिना रोक एवं लाभदायक होती है। प्रतिकूल अभ्यास जैसे आपूर्तियों की गुणवत्ता को बनाए रखने में असमर्थता, देरी अथवा आपूर्ति की मनाही करना आदि निविदित व्यवस्था से संलग्न होती है।

8. नियम के अनुसार, जब बोली के द्वारा (अनुमानित/निविदा) खरीद की जाती है, इनसे मिलते-जुलते ब्राण्डों की, जिनका न्यूनतम मूल्य होता है, का चयन किया जाता है। परन्तु यह भी सुनिश्चित कर लिया जाता है कि कंपनी सक्षम, विश्वसनीय एवं उपभोक्ताओं से की गई वचनबद्धता को पूर्ण करने में प्रसिद्ध होती है।
9. शारीरिक शिक्षा विभाग का अध्यक्ष नियम को तैयार करता है, संस्था के अध्यक्ष से इस पर हस्ताक्षर करवाता है तथा अनुबन्धित समय में आपूर्ति करने के लिए संबंधित कंपनी को भेजता है। आपूर्ति आदेश में सभी महत्त्वपूर्ण अनुदेश/धारणाएं एवं स्थितियां शामिल होती है जिन पर बोली के समय कंपनी सहमत होती है तथा प्रत्येक आपूर्ति करवाई गई वस्तु के संबंध में यदि गुणवत्ता, मात्रा, ट्रेडमार्क संख्या सहित भी आवश्यक निर्देशन प्रदान किया जाता है।
10. कंपनी की ओर से सामग्री की आपूर्ति में करवाई गई देरी की स्थिति में यह पुन: स्मरण दिया जाना चाहिए जो बोली के साथ-साथ आपूर्ति आदेश में करवाई गई अनियमित देरी की क्रमता के संबंध में होता है।
11. जब उपकरण प्राप्त हो जाते हैं इनकी मात्रा गुणवत्ता एवं स्थितियों की समग्र रूप से जांच की जानी चाहिए तथा प्राप्त नमूनों से इनकी तुलना की जानी चाहिए उसके बाद स्टॉक रजिस्टर में उचित स्थान पर प्रवेश दिया जाना चाहिए। स्टॉक रजिस्टर में प्रवेश करवाते समय उस फण्ड का नाम अथवा अनुदान का नाम जहां से भुगतान किया जाता है अवश्य बताया जाना चाहिए, जो या तो कॉलम में टिप्पणी करके अथवा भविष्य के लिए संदर्भ देकर। यह उपकरणों की आलोचना के समय में विभाग को योग्य बनाता है। अन्यथा विद्यार्थियों के फण्ड तथा अनुदानों से खरीद के लिए अलग रजिस्टर बनाने की आवश्यकता पड़ती है।
12. एक बार स्टॉक रजिस्टर में बिल का प्रवेश करवाने के उपरान्त सक्षम अधिकारी द्वारा निर्मित जांच समिति द्वारा प्राप्त उपकरणों की जांच की जाती है तथा आपूर्ति आदेश में संलिप्त धारणा व स्थितियों से तुलना की जाती है एवं प्रत्येक वस्तु को स्टॉक रजिस्टर में प्रवेश किया जाता है। समिति इनकी रिपोर्ट सक्षम अधिकारी को देती है कि आपूर्ति आदेश के अनुसार आपूर्ति पूर्ण की गई है एवं स्टॉक रजिस्टर में उपयुक्त प्रवेश करवाता है, आगे जैसे भी हो कार्यवाही की जाएं।
13. जब बिल की तुलनात्मक टिप्पणी सहित समिति द्वारा हस्ताक्षर प्राप्त उपकरणों की खरीद के लिए सक्षम अधिकारी की अनुमति सहित तथा आपूर्ति आदेश, वास्तविक राशि की स्वीकृति संबंधित अधिकारी को प्रस्तुत करता है। यदि वास्तविक राशि के विपरीत अनुमति, बीजक/अनुमानित रूप-रेखा जो प्राप्त किया हुआ हो, तत्पश्चात् संबंधित कंपनी के लिए भुगतान करने के लिए आदेशपरक दस्तावेज प्रस्तुत कर दिया जाता है।

नोट : यदि खरीदी गई वस्तु का मूल्य बहुत कम है तथा इसमें सम्मिलित राशि संस्था के अध्यक्ष के सामर्थ्य में हो तो सामान्य वित्तीय नियमों (GRF) के अनुसार खरीद प्रत्यक्ष तथा स्थानीय तौर पर विशेष रूप से कर ली जानी चाहिए। अथवा सरकार/केन्द्र शासित प्रशासन/संगठन के वित्तीय विभाग द्वारा समय-समय पर जारी निर्देशों के अनुसार। यह आपातकालीन तथा अनिश्चित घटना की स्थिति में भी होता है। प्रत्यक्ष खरीद करने के लिए उपकरणों की समग्र आवश्यकता को विभिन्न अध्यक्षों के अन्तर्गत छोटी-छोटी मात्रा में खंडित नहीं किया

जाना चाहिए। क्योंकि कुछ प्रत्यक्ष खरीद वित्तीय नियमों का सीधा खण्डन तथा आक्षेपों के लेखा-परीक्षा का आमंत्रण अनेक कलंक जैसे कुछ विशेष आपूर्तिकर्त्ता का पक्ष लेना, रिश्वत लेना, भ्रष्टाचार, निम्न स्तर के वित्तीय विभाग/लेखा शाखा को यह भी सुनिश्चित करना चाहिए कि यह कार्य आपेक्ष सीमा के अन्तर्गत नहीं आता। फिर भी प्रत्यक्ष खरीद के कुछ निश्चित लाभ भी होते हैं जैसे- यह तीव्र होती है, आपातकालीन स्थिति में प्रभावोत्पादकता एवं निपुणता से सामना किया जा सकता है, अत्यधिक नीरस एवं लंबे कागजी कार्य से छुटकारा, स्थानीय खरीद को बढ़ावा, स्थानीय आपूर्तिकर्त्ताओं से गहरे संबंध बनते हैं तथा बिल का शीघ्र भुगतान हो जाता है।

वित्तीय प्रबन्धन

प्रत्येक संस्था को, स्वभाव तथा आकार से अलग, अपने लक्ष्यों को प्राप्त करने के लिए धन की आवश्यकता होती है। धन किसी भी संस्था के लिए अति आवश्यक होता है। यह भी कहते हैं कि यह संस्था का "Life Blood" होता है। अनुकूल धन के बिना कोई भी संस्थान या विभाग अपने लक्ष्यों को प्राप्त करने की बात भी नहीं सोच सकता। आर्थिकता के कार्य सालों में इतना महत्त्वपूर्ण हो गए हैं कि इसने ''वित्तीय प्रबन्धन'' को प्रबन्धन के पृथक क्षेत्र के रूप में जन्म दे दिया है।

''वित्तीय प्रबन्धन, प्रबन्धन की कार्यकलापों का एक भाग है जो एक संस्था के योजना तथा नियंत्रण के साथ संबंध रखता है जो आर्थिक स्रोतों के साथ होती है। यह संस्था के लिए बढ़ते हुए धन कोष के विभिन्न स्रोतों को खोजता है। स्रोत उपयुक्त तथा अर्थपूर्ण होने चाहिए जोकि जरूरत तथा इच्छा के अनुकूल हों। इन धन कोष का सुचारू रूप से प्रयोग भी वित्तीय प्रबन्धन का एक भाग होता है।''

यहां लोगों के मन में यह भ्रान्ति है कि वित्तीय प्रबन्धन का अर्थ केवल भौतिक अथवा लाभदायक संस्थाओं से है और इसका गैर फायदेमंद जैसे शिक्षा के साथ कोई संबंध नहीं होता। जबकि वित्तीय प्रबन्धन किसी भी संस्था चाहे भौतिकतावादी हो या गैर-भौतिकतावादी हो उसकी सफलता, कार्यकुशलता तथा विश्वसनीयता के लिए महत्त्वपूर्ण प्रेरणा है। सभी संस्थाएं तीन मुख्य क्रियाओं के साथ होती हैं- निवेश, कार्य तथा कार्यरीतियां तथा उत्पादन।

निवेश- मानव शक्ति, धन तथा पदार्थ के रूप में धन लगाना।

कार्य तथा कार्यरीतियां- वह क्रियायें जिनके द्वारा निवेश को उपयोग के लिए स्थापित करते हैं। यह लक्ष्यों की प्राप्ति के अर्थ में होता है।

उत्पादन- उत्पादन, निवेश तथा कार्यों के बीच की निपुण वार्ता का परिणाम है। यह हमेशा मूल्यांकित कार्यकुशलता के रूप में होती है।

नैतिक स्थितियों के अन्दर सबसे अच्छी लागत, जब एक नैतिक समीपता व्यवहारित होती है, वह सबसे अच्छा परिणाम देती है। यह वित्तीय प्रबन्धन के सिद्धांत के आधार पर है जिसमें आर्थिक निवेश कभी भी कम नहीं समझी जाती है।

वित्तीय प्रबन्धन के उद्देश्य और क्षेत्र- वित्तीय प्रबन्धन का प्रमुख लक्ष्य संस्था के लम्बे तथा छोटे समय के लिए इच्छित धन का प्रबन्ध करना है। यह कोष कम कीमत पर उपलब्ध होने चाहिए ताकि संस्था के लाभों की क्षमता को अधिकाधिक बनाया जा सके। गैर-लाभित संस्था के संबंध में, यह विश्वस्त होना चाहिए कि कम कीमत पर अधिकाधिक सेवाओं को दिया जाए।

इन प्राथमिक लक्ष्यों को प्राप्त करने के लिए वित्तीय प्रबन्धक को नीचे लिखे गए क्षेत्रों पर ध्यान देना होगा।

1. **आर्थिक जरूरतों का आकलन करना-** किसी भी आर्थिक प्रबन्धक का सबसे पहला कार्य आर्थिक जरूरतों को लंबे तथा थोड़े समय के रूप में आंकलन करें। इस उद्देश्य के लिए उसे वर्तमान तथा भविष्य के लिए एक आर्थिक योजना बनानी होगी। कुछ निश्चित जरूरतों के साथ-साथ दिन प्रतिदिन होने वाली जरूरतों के लिए धन की आवश्यकता होती है। आंकलन शक्तिशाली आर्थिक सिद्धान्तों पर आधारित होना चाहिए ताकि न तो अत्यधिक और न ही अपर्याप्त फंड संस्था के पास हो। यदि कोष विपरीत है, यह प्रतिदिन के कार्यों को प्रभावित करेगा जबकि अत्यधिक फंड अनावश्यक चीजों पर खर्च करने को ज्यादा बढ़ावा देगा।
2. **उपयुक्त फंडों को प्राप्त करना-** अगला कार्य वित्तीय प्रबन्धक का यह है कि वह कोष को बढ़ाने के हेतु उचित संसाधनों को खोजे। संसाधन संस्था की जरूरतों के अनुरूप होना चाहिए। यदि कोष लंबे समय तक या निश्चित खरीदों के लिए है तो अलग-अलग स्रोतों का प्रयोग होता है, परन्तु यदि फंड हर दिन आने वाली जरूरतों के लिए चाहिए तो अलग स्रोतों का प्रयोग होता

है। किसी संसाधन के बारे में निर्णय जिससे कोष प्राप्त करने है, एक महत्त्वपूर्ण निर्णय है जोकि संस्था के दूरगामी तात्कालिक योजना को प्रभावित करता है।

3. **धन कोष का उचित उपयोग-** धन कोष को बढ़ाना वित्तीय प्रबन्धक के लिए बहुत महत्त्वपूर्ण है, परन्तु इनका प्रभावी उपयोग और लाभ भी अधिक महत्त्वपूर्ण होता है। फंड इस प्रकार उपयोग किये जाएं कि उनसे ज्यादा लाभ प्राप्त किए जा सकें। कोष के प्रयोग से होने वाली प्राप्ति हमेशा उनकी कीमत से ज्यादा होना चाहिए। इस संदर्भ में विश्वस्त होना चाहिए फंड किसी भी जगह पर व्यर्थ नहीं होना चाहिए। विभिन्न प्रक्रियाओं पर व्यवस्थित किए गए कोष प्रभावी रूप से उपयोग किए जाने चाहिए। उन प्रोजेक्टों को अधिकता देनी चाहिए जो संख्या के लिए पूरी तरह लाभकारी हों ना कि किसी एक विभाग या किसी व्यक्ति विशेष को लाभ दें।

4. **नकद का उचित प्रबन्धन-** वित्तीय प्रबन्धक का एक अन्य कार्य यह है कि वह विभिन्न समय के लिए धन की जरूरत का पता लगाए तथा तब धन अर्जित करने के उपाय करे।

   धन इन बातों के लिए आवश्यक है-

   (1) सामान खरीदने

   (2) उत्पादकों तथा ऋणदाता को धन देने के लिए

   (3) पारिश्रमिक के लिए धन देना

   (4) प्रतिदिन होने वाले खर्च के लिए।

   धन इस प्रकार से प्रबन्धित होना चाहिए कि न तो धन की कमी हो और ना ही उसकी एकलता। धन आवागमन कथनों को प्रतिदिन बनाना चाहिए ताकि विभिन्न संसाधन तथा नकद को नियोजित किया जा सके।

5. **आर्थिक नियन्त्रण को लागू करना-** वित्तीय प्रबंधन की प्रभावशाली व्यवस्था विभिन्न नियन्त्रण के प्रयोग की आवश्यकता पूरी करता है। उचित नियन्त्रण होना आवश्यक है ताकि आवश्यक साधन अनावश्यक क्रियाओं पर व्यर्थ न हों। आर्थिक कार्य फंडों की कीमत तथा उनकी प्राप्ति की मिलाप को भी चाहती है। विभिन्न नियन्त्रण तकनीकों का प्रयोग आर्थिक प्रबन्धक को विभिन्न क्षेत्रों में कार्यकुशलता को नापने तथा आवश्यकता पड़ने पर सही उपाय लेने में सहयोग करता है।

6. **अतिरिक्त धन राशि का उचित प्रयोग-** अतिरिक्त धन राशि का उचित प्रयोग आर्थिक प्रबन्धक का एक दूसरा महत्त्वपूर्ण क्षेत्र है। बचाई गई राशि का न्यायिक प्रयोग नीतियों के बढ़ावे तथा विस्तृत योजनाओं के लिए तथा संस्थानों के सुरक्षित प्रयास के लिए बहुत आवश्यक है।

वित्तीय प्रबन्धन का शारीरिक शिक्षा तथा खेलों में उद्देश्य

वित्तीय प्रबन्धन शारीरिक शिक्षा तथा खेलों में कई उद्देश्यों की पूर्ति करती है। उनमें से कुछ नीचे लिखे गए हैं-

1. वित्तीय प्रबन्धन संस्था को जीने तथा अपने आपको अनुपयोग और कोष के व्यर्थ खर्च से बढ़ने में सहायता प्रदान करती है। यह संस्था को सुचारु तथा आसानी से कार्य करने में सहायता करती है।
2. यह प्रत्येक व्यक्ति को अपनी नीतियों को बनाने और कार्यक्रमों तथा उन्हें लागू करने व अपने कोष को उपयोग करने का मौका देता है।
3. शारीरिक शिक्षा तथा खेल केवल तभी प्रभावी हो सकता है यदि वहां पर शक्तिशाली वित्तीय प्रबन्धकर्ता हो। सबसे अच्छे प्रोग्राम तथा क्रियाएं बनाई जा सकती है तथा केवल शक्तिशाली और अनुकूल आर्थिक प्रबन्धन की सहायता से ही लागू की जा सकती है।
4. आर्थिक प्रबन्धन में विभाग के लक्ष्यों तथा वार्ता के बीच सहमति और उन लक्ष्यों को प्राप्त करने के लिए उचित धन की आवश्यकता होती है।
5. यह फंडों का उपयोग जो विभिन्न नीतियों, कार्यक्रमों तथा लक्ष्यों को विश्वास करती है जो उचित विश्लेषण, खोज तथा गहरी अध्ययन के आधार पर होती है। व्यक्तिगत रुचि या विशेष विश्लेषण स्थितियां इसमें कोई भाग नहीं लेते।
6. यह मानव शक्ति, उपकरण, सुविधाओं तथा व्यवस्थित उपयोगिता को विश्वस्त करती है।
7. यह संस्था की साख को बढ़ाता है क्योंकि आर्थिक रूप से सुव्यवस्थित संस्थाओं तथा शिक्षण संस्थानों को किसी भी कार्य निपुणता तथा आदर के प्रमाण-पत्र की आवश्यकता नहीं होती।

शारीरिक शिक्षा तथा खेलों में वित्तीय समस्याएं

क्योंकि धन किसी भी संस्था की प्रत्येक प्रक्रिया के लिए आवश्यक होता है तथा शारीरिक शिक्षा तथा खेलों में प्रक्रियाओं या (संस्था के) कार्यक्रमों में अधिक समस्याएं आती हैं जिसके

कारण वे दूसरे विभागों की अपेक्षा अधिक धन कोष की इच्छा रखते हैं।

शारीरिक शिक्षा तथा खेलों में आर्थिक समस्याओं की जड़ है-

1. उच्च कीमत के खेल का सामान, मूलभूत आकार के रख-रखाव, देखभाल, सेवाओं, उपकरणों का वितरण।
2. खेल कार्यक्रमों में भाग लेने वालों की संख्या बढ़ना।
3. प्रक्रियाओं, कार्यक्रमों, कार्यों तथा प्रतियोगिताओं में बढ़ोत्तरी।
4. अधिकारियों की आमदनी में बढ़ोत्तरी।
5. खिलाड़ी के प्रशिक्षण की कीमत बढ़ना तथा वैज्ञानिक सहारा।
6. उच्च मुद्रा स्फीति दर।
7. तकनीकों में बदलाव तथा आधुनिक खोज जोकि पुराने मूलभूत आकार तथा सुविधाओं को बदलता है।

शिक्षा संस्थानों में, शारीरिक शिक्षा तथा खेलों में बहुत कम कोष होते हैं जबकि उनके पास बहुत से विद्यार्थी को संभालना होता है। इसके परिणाम में प्रशासक बढ़ते हुए खर्च का अत्यधिक दबाव महसूस करता है उसके लिए दैनिक प्रक्रियाओं को संभालना मुश्किल होता है, विस्तार तथा खोज के बारे में क्या बात होती है। यह आर्थिक समस्या सर्वोपरि नहीं है क्योंकि सुधार के लिए उपाय कर नहीं सकते। वे शायद शक्तिशाली आर्थिक प्रबन्धन के सिद्धांतों से प्रभावित हो सकती है।

वित्तीय प्रबन्धन के सिद्धांत

होरीन के अनुसार ''शारीरिक शिक्षा के प्रबन्धक को चाहिए कि वे आर्थिक संसाधनों को संभालने के कार्यकारी तरीकों तथा अत्यधिक असूलों को लागू करना सीखे।''

According to Horine, "The physical education personnel should learn to apply the most ethical and professional methods of managing the financial resources."

आर्थिक समस्याएं प्रभावशाली ढंग से संभाली जाती हैं। यदि शारीरिक शिक्षा तथा खेलों का प्रबन्धन कुछ निश्चित व्यवस्थाओं को मान ले।

जैसे कि प्रधानता को सुनना, खर्चे पर नियन्त्रण करना, सस्ते तरीकों को बनाना, तकनीकों को सुधारना, सुविधाएं अनेकों प्रयोग आदि कुछ सिद्धांत नीचे लिखे हैं-

1. बजट का प्रस्ताव उचित ढंग से तैयार किया हुआ तथा पूरी तरह से न्यायिक हो।
2. खर्चे पर सुरक्षात्मक नियन्त्रण होना चाहिए।

इसके लिए कुछ निम्नवत् उपाय किए जा सकते हैं-

- गैर पैदावारी वस्तुओं पर खर्च या सेवाओं पर तथा उन पर जो कुछ समय के लिए नकारी गई हो उनको आगे धकेलना चाहिए।
- प्रत्येक अध्यापक को दी गई कक्षाओं की संख्या तथा आकार को बढ़ाना चाहिए।
- बचे हुए समय के लिए अध्यापकों की नियुक्ति तथा कुछ स्थानों पर, छोटी कक्षाओं के साथ निर्देशों के भार के साथ व्यवहार करने के लिए विद्यार्थी का प्रयोग करना चाहिए।
- खेल मैदान अंकित करने, सामान आदि में तकनीकी स्तर को बनाए रखते हुए सुधार पर ध्यान देना चाहिए।
- उपकरणों तथा सुविधाओं में उन प्रक्रियाओं को लगाना जोकि कम से कम प्रमुख हो।
- अलाभकारी कार्यकलापों तथा प्रक्रियाओं को अर्थव्यवस्थित की जगह डाल दें।
- प्रक्रियाओं तथा सेवाओं के लिए फीस लगाना जोकि महंगी है परन्तु कुछ विद्यार्थी के द्वारा प्राप्त की जाए।
- यदि वे ज्यादा खर्चीले हो तो खेल प्रतियोगिताओं को कम करना या उनके तरीकों को बदलना।
- कुछ खेलों तथा क्रियाओं में प्रवेश की आज्ञा।
- पारितोष सम्मान तथा नि:शुल्क, वजीफों आदि पर भी खर्च को काट दें।
- प्रचार, मनोरंजन, औपचारिकता आदि के लिए खर्चों को रोक लगाना।
- अधिक मूलभूत आकार खेल के मैदान, भूमि, साधनों आदि का प्रयोग करने को प्रस्तावित करके सहायक स्रोतों का पता लगायें।
- जबकि खर्चों की कमी कभी भी उसकी कार्यकुशलता तथा गुणों की कीमत पर नहीं लगानी चाहिए।

3. बजट का यूनिट प्रशासक अंतत: वित्तीय प्रबन्धन के लिए जिम्मेवार होता है। उसे उपलब्ध साधनों के उपयोग का हिसाब रखना होता है।
4. वित्तीय प्रबन्धन की जिम्मेदारी बड़े पैमाने पर प्रशासक के कंधे पर होती है, फिर भी हरेक व्यक्ति जो संस्था का हो, सीधे तथा गैर साधारण तरीके में इस बात में प्रभावी रूप से भाग लेता है। वित्तीय प्रबन्धन आधारिक रूप से एक साथ मिलने वाला कार्य है। प्रत्येक व्यक्ति की अर्थव्यवस्था

के संसाधनों को प्रभावित करने की जिम्मेदारी होती है, शक्ति के व्यर्थ में खर्च को नकारने, समय तथा धन और आर्थिक लचीलेपन के साथ रहना सीखना।

5. जो व्यक्ति शिक्षा संस्थाओं को धन देते हैं उन्हें यह जानने का अधिकार है कि उनका पैसा किस प्रकार खर्च किया जाए। यह निश्चित रूप से कर देने वाले लोगों के लिए सच्चा होता है। इसलिए संपूर्ण रिपोर्ट, आर्थिक निवेश के साथ बनी हुई होनी चहिए, जोकि विभिन्न संसाधनों से प्राप्त की जाएं तथा उनका प्रयोग किस तरीके से तथा किस वजह से उपयोग की गई।
6. धन कोष की प्रबन्धकता खेलों के लिए भी दूसरे कार्यक्रमों के संदर्भ में भी एक जैसी होनी चाहिए। इस प्रक्रियाओं से अर्जित धन, साधारण कोष में जाना चाहिए तथा कार्यक्रम स्थापित बजट में वर्णित किये जाने चाहिए।
7. संस्था की बचाई हुई धन राशि सही तरीके से लगाए जाने चाहिए ताकि जितनी ज्यादा हो सके उनसे उसकी प्राप्ति वसूल हो सके। दूसरे संदर्भ में, यह अतिरिक्त धन का साधन हो सकता है।
8. वित्तीय प्रबन्धकता का उद्देश्य केवल धन को बचाना ही नहीं होता, धन का खर्च करना भी समान रूप से महत्त्वपूर्ण होता है। उसका उद्देश्य सही धन को सही तरीके से खर्च करने तथा पाने के लिए होना चाहिए जोकि कार्यक्रम की भलाई तथा उस धन से अधिक से अधिक लाभ प्राप्त करना होता है।

शिक्षण की विधियां तथा प्रविधियां

प्रत्येक मनुष्य को अपना जीवन सही तरीके से चलाने के लिए एक व्यवस्थित एवं सुनियोजित तरीके को अपनाना आवश्यक है एवं सुनिश्चित पद्धति की नितान्त आवश्यकता होती है। पद्धति पूर्ण जीवन ही उसे जीने की कला सिखाता है। जीवन की ही तरह शिक्षा के क्षेत्र में अध्ययन-अध्यापन की भी एक पद्धति होनी चाहिए। पद्धति वह मार्ग या कला है जिसकी मदद से अध्यापक छात्रों के भावी जीवन के लिए उनमें परिवर्तन लाने में समर्थ होता है।

पद्धति के द्वारा यह ज्ञात हो सकता है कि शिक्षक का अध्ययन और विद्यार्थियों का अध्ययन ठीक तरीके से चल रहा है या नहीं। इसलिए एक योग्य शिक्षक छात्रों को कुशलता सिखाने के लिए स्वयं कोई पद्धति खोज निकालता है अध्यापक को पद्धति का चयन इस तरह से करना चाहिए जिसके द्वारा विद्यार्थियों में विशिष्ट परिवर्तन एवं सहज विकास परिलक्षित हो सके। अतः यह साफ हो जाता है कि शिक्षण पद्धतियां एक महत्त्वपूर्ण माध्यम है जिसकी मदद से अध्यापक विद्यार्थियों को सिखाये जा रहे कौशल को सरल तथा ग्राह्य बना सकता है तथा सीखने के उपयुक्त वातावरण का निर्माण कर सकता है।

प्रारंभिक काल में बालक अपने विभिन्न माध्यमों से शिक्षा प्राप्त करता है, उदाहरणार्थ पाठशाला, परिवार, समाज आदि। इनमें से परिवार तथा समाज में सुधार लाना अति कठिन है जबकि पाठशाला में सुधार करना असंभव नहीं है। इसलिए शारीरिक शिक्षण में अध्यापक किन पद्धतियों का उपयोग करता है यह उसकी स्वयं की क्षमता पर आधारित करता है। यहां पर एक बात ध्यान देने योग्य है कि पद्धतियां गत्यात्मक होती हैं स्थिर नहीं। पद्धतियां देश, काल, समय और वातावरण आदि के अनुसार परिवर्तनशील होती हैं। अतः शिक्षक की बुद्धिमानी के साथ पद्धतियों का चुनाव करना चाहिए।

शिक्षण पद्धतियों की आवश्यकता एवं महत्ता

शिक्षक में विभिन्न विषयों की शिक्षा प्रदान करने के लिए विभिन्न पद्धतियों की जरूरत होती है और शिक्षण में पद्धतियों का अपना विशेष महत्त्व है। प्रमुख महत्त्व निम्नलिखित हैं-

(i) पद्धतियां कार्य के प्रति लगन, एवम् कार्य की सम्पन्नता के लिए पृष्ठभूमि तैयार करती हैं।
(ii) पद्धति के माध्यम से अध्यापक विषय के प्रति छात्रों की रुचि बनाए रख सकता है।
(iii) पद्धतियां विद्यार्थी के व्यक्तित्व विकास में मददगार होती हैं।
(iv) पद्धतियां छात्रों में आवश्यक परिवर्तन लाने में सहायक हैं।
(v) पद्धतियां अध्यापक के लिए मार्गदर्शक का कार्य करती हैं।
(vi) जरूरत के अनुसार पद्धतियों का उपयोग कर विद्यार्थियों में सीखने का वातावरण बनाया जा सकता है।
(vii) पद्धति को अपनाने में अध्यापक अपने विषय वस्तु से दूर नहीं होता है।
(viii) उपयुक्त पद्धति द्वारा विद्यार्थी कम समय में अच्छी तरह से सीख सकता है।
(ix) पद्धति शिक्षण कार्य को प्रभावशाली बनाती है फलस्वरूप अध्यापक का कक्षा में नियन्त्रण बना रहता है।
(x) इसके उपयोग से विषयवस्तु को सरल तथा सुगम बनाया जा सकता है।

(xi) विशेष कौशल तथा क्रियाओं को ठीक तरह से सीखने की योग्यता का विद्यार्थियों में विकास होता है।

(xii) समय की बचत के साथ-साथ विद्यार्थियों में गुणों का विकास किया जा सकता है।

विद्यार्थियों के सर्वांगीण विकास हेतु पद्धति का उपयोग अनिवार्य है, लेकिन शिक्षण कार्य में कोई भी पद्धति स्थिर नहीं है। विद्यार्थियों में आवश्यक परिवर्तन लाने हेतु, कुशलता एवम् कार्य को ठीक तरीके से सिखाने के लिए तथा शिक्षण में सफलता हासिल करने के लिए शिक्षक को पद्धतियों के साथ-साथ विभिन्न अन्य प्रविधियों तथा बातों पर भी ध्यान रखना पड़ता है। इसलिए शारीरिक शिक्षा के साथ ही साथ अध्यापक को शरीर-शास्त्र, मनोविज्ञान, आदि का ज्ञान भी होना चाहिए। इन सभी बातों को ध्यान में रखने पर एक प्रश्न उठता है कि शारीरिक शिक्षा में अध्यापक कौन-सी पद्धति का उपयोग करे? इसके समाधान हेतु हमें यह जरूरी है कि हम पद्धतियों के उन पहलुओं पर विचार विमर्श करें जो इस पर प्रभाव डालते हैं।

शिक्षण पद्धति को प्रभावित करने वाले प्रमुख तत्व

1. **विषय वस्तु की जानकारी-** जिस तरह बाजार से सामान खरीदने के पूर्व यह विचार करें कि कौन-सी वस्तु कितनी मात्रा में, और कहां से खरीदनी है तथा कहां पर सस्ती मिलती है आदि के विषय में जानकारी करके यदि हम सामान खरीदते हैं तो निश्चय ही हमें लाभ होगा। ठीक उसी प्रकार शारीरिक शिक्षा में अध्यापक को किसी भी पद्धति का उपयोग करने से पहले विषयवस्तु का ज्ञान प्राप्त कर लेने से निश्चित लाभ होता है। विषय वस्तु के अनुसार पद्धति निर्धारित की जा सकती है। अन्य विषयों में उपयोग की गई पद्धतियां शारीरिक शिक्षा में लाभप्रद नहीं होगी। अतः अध्यापक को पद्धति का प्रयोग करते समय विषयवस्तु का ध्यान अवश्य रखना चाहिए।

2. **समय एवं सहायक सामग्री-** शारीरिक शिक्षा प्रदान करने वाले शिक्षक के पास यदि पर्याप्त समय नहीं है तो वह ऐसी परिस्थिति में विशेष शिक्षण पद्धति अपनाकर विद्यार्थियों को लाभान्वित कर सकता है। यदि पाठ्यक्रम में अनेक खेलों से संबंधित शिक्षकों का समावेश है तो अध्यापक पाठ्यक्रम समाप्त करने की दृष्टिकोण से विशिष्ट पद्धति का सहारा लेगा। इस प्रकार समयानुसार पद्धतियों का चुनाव किया जाता है।

सहायक सामग्री शारीरिक शिक्षा में शिक्षण कार्य के लिए अत्यधिक आवश्यक एवं महत्त्वपूर्ण साधन है। सहायक सामग्री की सहायता से न केवल विद्यार्थियों की रुचि विषय वस्तु में बढ़ती है बल्कि वे अत्यधिक प्रभावित भी होते हैं। अध्यापन सहायक सामग्री के बिना शिक्षण में सफलता प्राप्त करना असम्भव तो नहीं है लेकिन कठिन अवश्य है। यदि सहायक सामग्री उपलब्ध नहीं है तो अध्यापक को शिक्षण प्रभावशाली बनाने के लिए विशिष्ट पद्धति का उपयोग करना पड़ता है।

3. **विकास परिस्थिति से समायोजन-** मानव विकास परिस्थिति के अनुसार ही होता है। मनुष्य सदैव सीखने के लिए परिस्थितियों से समायोजन करता है, परिस्थिति काल के अनुसार परिवर्तनशील है। इन बदलती परिस्थितियों में सफलता प्राप्त करने के लिए हमें अनेक पद्धतियों की मदद लेनी पड़ती है। जैसे- सर्दी, गर्मी, वर्षा, धूपछांव, बालकों की संख्या आदि से उत्पन्न परिस्थितियां शिक्षण पद्धति के उद्देश्य को सबसे अधिक प्रभावित करती हैं। उदाहरणार्थ- नदी या सागर के किनारे निवास करने वाले बालक अन्य स्थानों पर रहने वाले बालकों की तुलना में तैरने का कौशल शीघ्र सीख लेते हैं। अतः शारीरिक शिक्षक को परिस्थिति के अनुसार पद्धति अपनानी चाहिए लेकिन उसको विपरीत परिस्थितियों में भी कार्य करने की योग्यता रखनी पड़ती है।

4. **छात्रों का पूर्व-अनुभव-** शारीरिक शिक्षा प्रदान करने वाले शिक्षक हेतु यह जरूरी है कि वह पाठ्यक्रम समाप्त करने की दृष्टि से पद्धति का अनुसरण करे ताकि जब भी वह किसी क्रिया या कौशल को विद्यार्थियों के समक्ष प्रस्तुत करने वाला हो, तो बालकों की उस क्रिया या कौशल के बारे में कितनी जानकारी है यह मालूम कर ले। यदि छात्र फुटबाल के बुनियादी कौशल को नहीं जानते हैं तो उनको परिमार्जित कौशल सिखाना चाहिए। इसके विपरीत बालक यदि मूलभूत कौशल जानते हैं तो उनको परिमार्जित सिखाने से कोई लाभ नहीं। अतः शिक्षक को शिक्षण कार्य प्रारंभ करने से पूर्व विद्यार्थियों के पूर्व अर्जित ज्ञान से परिचित होना जरूरी एवं लाभप्रद है।

5. **शारीरिक शिक्षा एवं समाज-** यह यथार्थ सत्य है कि मानव एक सामाजिक प्राणी है? वह समाज से पृथक नहीं रह सकता इसलिए शारीरिक शिक्षा के कार्यक्रम में शिक्षक को उन पद्धतियों का समावेश करना चाहिए जो बालक

में सहयोग, सामाजिक गुण, सदाचार, संयम, सद्भाव, सहिष्णुता आदि का निर्माण कर सके। इसके परिणामस्वरूप बालक समाज में अपना स्वतन्त्र अस्तित्व बनाए रखकर विकास कर सकता है।

6. **शारीरिक शिक्षा वैज्ञानिक सिद्धांत-** शारीरिक शिक्षा का प्रमुख उद्देश्य होता है बालक का मानसिक, शारीरिक, सामाजिक एवं भावात्मक विकास करना। अतः इस उद्देश्य को प्राप्त करने के लिए शारीरिक शिक्षा प्रदान करने वाले शिक्षकों को संबंधित विषयों के वैज्ञानिक सिद्धांतों से अच्छी तरह परिचित होना चाहिए, इन विषयों के ज्ञान से वह अध्ययन पद्धति में सुधार कर सकता है।
7. **शिक्षक की योग्यता तथा क्षमता-** अध्यापक का व्यक्तित्व विद्यार्थियों को सबसे ज्यादा प्रभावित करता है। यदि शिक्षक योग्य, परिश्रमी, कर्त्तव्यनिष्ठ एवं अच्छी आदतों वाला है तो उससे अपने शिक्षण कार्य में सफलता निश्चित ही मिलती है। सही योग्यता के अभाव में पद्धति चाहे कितनी ही अच्छी क्यों न हो लेकिन शिक्षक को सफलता नहीं मिल सकती है। अतः हम कह सकते हैं कि शिक्षक की योग्यता एवं क्षमता शिक्षण पद्धति को अवश्य प्रभावित करती है।
8. **अध्यापक की सुविधाएं-** अध्यापक को जितनी ज्यादा सुविधाएं प्राप्त होगी, शिक्षक की शिक्षण पद्धति उतनी ही अधिक प्रभावशाली होगी। सहायक सामग्री की सुविधाएं, कक्षा में बैठने की व्यवस्था या अन्य उचित एवं जरूरी साधनों के अभाव में शिक्षक तनावग्रस्त होगा तथा वह अपना विषय ठीक तरह से नहीं पढ़ा सकेगा। इस अवस्था में उसके द्वारा अपनाई गई शिक्षण पद्धति भी विद्यार्थियों के लिए लाभदायक सिद्ध नहीं हो सकती है।

शारीरिक शिक्षा की प्रमुख शिक्षण पद्धतियां

शारीरिक शिक्षा में विद्यार्थियों को अलग-अलग तरह की क्रियाएं सिखायी जाती हैं तथा हर विद्यार्थी का व्यक्तित्व दूसरे से सर्वथा भिन्न होता है। इसलिए सभी क्रियाओं को सिखाने के लिए एक ही अध्यापन पद्धति का प्रयोग नहीं किया जा सकता। शारीरिक शिक्षा में शिक्षण पद्धति क्रिया के स्वरूप पर आधारित होती है। जिन शिक्षण पद्धतियों का प्रयोग तालबद्ध क्रियाओं को सिखाने के लिए किया जाता है वही पद्धतियां बड़े खेलों को सिखाने के लिए काम में नहीं आ सकती हैं। इसलिए अध्यापक को शिक्षण पद्धति का चयन क्रिया के स्वरूप के अनुसार करनी पड़ती है। ये पद्धतियां निम्न प्रकार से हैं-

1. **स्वेच्छा विधि-** इस पद्धति में विद्यार्थियों को स्वेच्छानुसार एवं अपने समय से लयात्मक अभ्यास करने का अवसर प्रदान किया जाता है। विद्यार्थियों को इस पद्धति में अपनी इच्छानुसार क्रिया करने का अवसर मिलता है। लेकिन साथ ही साथ जहां भी आवश्यक हो वहां शारीरिक शिक्षक को विद्यार्थियों का निरीक्षण करना चाहिए। निरीक्षण किया जा रहा है, इसकी जानकारी विद्यार्थियों को नहीं होनी चाहिए। इस तरह से अध्यापक को विद्यार्थियों की खेल के प्रति रुचि, आदतों के प्रति रुचि, आदतों एवं व्यवहार का पता लगता है।
2. **अनुकरणशीलता विधि-** बालक बचपन से ही अनुकरणशील होते हैं। वे घर, पाठशाला एवं समाज में जो भी देखते हैं उसका सदैव नकल करने का प्रयास करते हैं, वे अपनी आदतें परिवार तथा समाज के अनुसार बना लेते हैं। अनुकरणप्रिय होने के कारण वे अध्यापक का भी अनुकरण करते हैं इसलिए शिक्षक का व्यक्तित्व आदर्शवान् होना चाहिए। शिक्षक क्रिया करके दिखाता है और विद्यार्थी उसकी नकल करते हैं। इस पद्धति से विद्यार्थियों को सिखाना सहज एवं सरल हो जाता है। बालक स्वयं की गई क्रियाओं को शीघ्र नहीं भूलते हैं।
3. **व्याख्यान विधि-** इस पद्धति द्वारा शिक्षण प्रदान करते समय अध्यापक क्रिया का प्रदर्शन न देकर, क्रिया को व्याख्यान द्वारा समझाने का प्रयत्न करता है और वह यह आशा करता है कि सभी छात्र क्रिया को अच्छी तरह समझ लें। प्रदर्शन में आंखों की सक्रिय भूमिका होती है जबकि व्याख्यान पद्धति में कानों की। व्याख्यान पद्धति में व्याख्यान छोटा, रोचक एवं स्वच्छ होना चाहिए। शिक्षक की भाषाशैली अच्छी, आवाज मधुर और व्यक्तित्व आकर्षक होना चाहिए। क्योंकि इन गुणों का प्रभाव व्याख्यान पद्धति पर अधिक पड़ता है। आवश्यकतानुसार इस पद्धति का उपयोग किया जा सकता है।
4. **प्रदर्शन विधि-** शारीरिक शिक्षण में प्रदर्शन पद्धति को सबसे उत्तम विधि माना जाता है। प्रदर्शन जितना ज्यादा आकर्षक होगा विद्यार्थी क्रिया को सीखने में उतना ही उत्सुक होंगे। अतः इसके लिए शिक्षक का यह उत्तरदायित्व है कि उसका प्रदर्शन सही, आकर्षक व रुचिपूर्ण हो। वह विधि इतनी प्रभावशाली है कि प्रदर्शन आरंभ होते ही बालक उसे करने का प्रत्यत्न करने लगते हैं।

प्रदर्शन के समय शारीरिक शिक्षक के ध्यान में रखने योग्य बातें- प्रदर्शन के समय शारीरिक शिक्षक को निम्नलिखित बातों का ध्यान रखना आवश्यक है जिससे उसका प्रदर्शन प्रभावशाली बन जाता है-

(i) विद्यार्थियों को प्रदर्शन देते समय विश्राम की अवस्था में खड़ा रखें।
(ii) क्रिया का पूर्ण रूप से प्रदर्शन किया जाना चाहिए।
(iii) प्रदर्शन बार-बार नहीं देना चाहिए।
(iv) प्रदर्शन शीघ्र लेकिन सही तरीके से समाप्त किया जाना चाहिए।
(v) शिक्षक ऐसे स्थान पर खड़ा हो जहां से वह सभी को देख सके और सभी छात्र उसको देख सकें।
(vi) पर्याप्त दूरी पर खड़ा रहे।
(vii) जरूरत पड़ने पर अच्छे विद्यार्थियों से भी प्रदर्शन कराया जाना चाहिए।
(viii) प्रदर्शन में दर्पण विधि का उपयोग किया जा सकता है।
(ix) प्रदर्शन में कौशल की गति पहले धीमी और फिर बाद में गति को बढ़ाना चाहिए।

5. आदेश विधि- कक्षा को व्यवस्थित रखने तथा व्यायाम को विधिवत् चुस्त एवं प्रसन्न रखने हेतु आदेश पद्धति प्रभावशाली माध्यम है। शारीरिक शिक्षा में भी अनेक प्रकार की ऐसी क्रियाएं होती हैं जिसमें आदेश पद्धति की आवश्यकता पड़ती है। विद्यार्थियों को सबसे ज्यादा क्रिया सिखाने में आदेश पद्धति का प्रयोग किया जाता है जिससे क्रिया में एकता, समानता और तालबद्धता आती है।

आदेश दो प्रकार के होते हैं-

(i) प्रतिक्रिया आदेश
(ii) लयात्मक आदेश

सामूहिक रूप से जब बालकों को एक ही क्रिया करनी होती है तब प्रतिक्रिया आदेश उपयोग में लाया जाता है। उदाहरण के लिए- सावधान, विश्राम, दांयें मुड़, बांये मुड़ आदि आदेश में स्थिति पर अत्यधिक जोर दिया जाता है। इसका उपयोग बालकों में स्फूर्ति नियंत्रण, शुद्ध अवस्था, स्थिरता आदि लाने के लिए किया जाता है।

लयात्मक आदेश प्रयोग उस समय किया जाता है जब प्रतिक्रिया आदेश द्वारा कराये गए व्यायाम को लयबद्ध रूप में करना होता है। उदाहरण के लिए-डम्बल, लेझिम, मांस पी.टी. आदि क्रियाएं निरन्तर करनी होती हैं।

आदेश पद्धति के प्रमुख गुण तथा लाभ- आदेश पद्धति के शारीरिक शिक्षा में प्रयोग करने से प्रमुख लाभ होते हैं-

(i) आदेश के लिए शिक्षक की आवाज तीव्र एवं स्पष्ट होनी चाहिए।
(ii) क्रिया में एकरूपता होने से आकर्षण दिखाई देता है।
(iii) विद्यार्थियों को कार्य करने की प्रेरणा प्राप्त होती है।
(iv) शिक्षक को अत्यधिक स्पष्टीकरण नहीं करना पड़ता है।
(v) आदेश ऐसा हो जिसमें विद्यार्थियों में स्फूर्ति एवं सक्रियता का निर्माण हो।
(vi) क्रिया की दिशा तथा प्रकार स्पष्ट हो जाता है।
(vii) आदेश विधि में क्रिया तुरन्त दिखाई जाती है।

6. अंश पद्धति विधि- अंश पद्धति में खेल की क्रियाओं को विभिन्न अर्थपूर्ण छोटे-छोटे भागों में बांटकर सिखाया जाता है। छात्रों की समझ में बहुत बड़ी क्रिया जल्दी समझ में नहीं आती है तथा पूरी क्रिया करने में उनके शरीर के हिस्सों में एकसूत्रता नहीं रह पाती है इसलिए यदि उस क्रिया को भागों में बांटकर सिखाया जाए तो विद्यार्थियों की समझ में शीघ्र आ सकती है और कठिन क्रिया को भी सीखने के लिए उनको प्रोत्साहन मिल सकता है। इससे छात्रों के कौशल का विकास शीघ्र होता है।

7. निरीक्षण पद्धति- बालक की शिक्षा पाठशाला में आने से पूर्व बाल्यकाल से ही प्रारंभ हो जाती है। अनेक बातें वह अपने अनुभव एवं निरीक्षण से सीखता है। बालकों की इस क्षमता का लाभ अध्यापक को उठाना चाहिए। छात्रों को यदि खिलाड़ियों का खेल दिखाया जाए तो वे उसका कौशल अपनाने की कोशिश करेंगे और तकनीकों को भी जानने की कोशिश करेंगे। इस विधि में स्लो मोशन अधिक लाभकर होता है।

8. नाटकीय पद्धति- यह विधि छोटी उम्र के छात्रों के लिए हितकारी होती है। यदि अध्यापक किसी कथा को हाव-भाव के साथ बताए तो उसका शिक्षण अधिक प्रभावशाली होगा। पशु, पक्षी, मोटर, राकेट आदि की आवाज निकालकर यदि स्पष्टीकरण किया जाए तो बालक शीघ्र सीख जाता हैं। इसके माध्यम से 'स्टोरीप्ले' या एक्शन सांग सुगमता से सिखाए जाते हैं। छात्रों की कल्पनाशक्ति को विकसित करने के लिए यह पद्धति महत्त्वपूर्ण मानी जाती है। इस पद्धति को मनोरंजनात्मक विधि भी कहा जाता है।

लाभ- नाटकीय पद्धति के निम्नलिखित लाभ हैं-

- जिस कार्य को बालक देखकर सीखता है उसे भूल नहीं पाता। इस प्रकार इस पद्धति द्वारा बालक मनोरंजन के साथ-साथ क्रिया भी सीख लेते हैं।
- विद्यार्थियों की कल्पनाशक्ति विकसित एवं तेज हो जाती है।
- यदि नाटकीय पद्धति ठीक ढंग से अपनाई गई है तो बालक अत्यधिक प्रभावित होते हैं तथा प्रसन्नता से क्रिया को सीख जाते हैं।

9. **पूर्ण अंश पद्धति-** इस पद्धति में किसी को पहले पूर्ण रूप से दिखाया जाता है फिर उस क्रिया को कई भागों में बांटकर सिखाया जाता है और अन्त में उस क्रिया को पूर्ण रूप से सीखने के लिए छात्रों को अवसर प्रदान किया जाता है। बड़े खेल, एथलेटिक्स एवं नृत्य आदि सिखाने के लिए यह विधि परम उपयोगी है।

10. **पूर्ण विधि-** शारीरिक शिक्षा में कुछ क्रियाएं ऐसी भी हैं जिनको भागों में बांटकर सिखाना असंभव है। उदाहरणार्थ- जिम्नास्टिक, एथलेटिक्स, ड्राइविंग इत्यादि। कुछ खेलों को सिखाने में यह विधि लाभदायक साबित होती है। इस विधि के प्रयोग में शारीरिक शिक्षा प्रदान करने वाला शिक्षक बिना रुके क्रिया का पूर्ण प्रदर्शन करता है। जैसे एथलेटिक्स में हाइ जम्प सीखना। शिक्षक पहले पूरा प्रदर्शन स्वयं दिखाता है और बाद में उसका स्पष्टीकरण करता है, इस विधि में क्रिया का पूर्ण रूप दिखाई देने के कारण छात्र उसके आकर्षण से प्रभावित होते हैं और क्या करना है इसका निर्णय ले सकते हैं।

विद्यालयों में शारीरिक शिक्षा संबंधी क्रिया-कलाप

एक विद्यालय में शारीरिक शिक्षा के क्षेत्र में विभिन्न प्रकार की क्रियाएं की जाती हैं। प्रतिदिन शारीरिक शिक्षा का प्रशिक्षक विशेष कार्यक्रम निर्मित करता है जिसमें वह विभिन्न प्रकार की क्रियाओं को सम्मिलित करता है। इस प्रकार यह कहा जा सकता है कि विद्यालय के दैनिक कार्यक्रम में एक प्रशिक्षक स्वयं का कार्यक्रम तैयार करता है और उसे अपने कार्य के लिए प्रयोग में लाता है। इस कार्यक्रम में वह यह निर्धारित करता है कि उसे किस कक्षा के छात्रों को कौन-सी क्रियाएं किस प्रकार से करवानी या सिखानी हैं।

आज शारीरिक शिक्षा का क्षेत्र भी अन्य विषयों की भांति जटिल हो गया है और केवल साधारण या एक-समान सी क्रियाओं को कार्यक्रम में सम्मिलित करना एक शिक्षक के लिए काफी नहीं रह गया है। आज का युग प्रतिस्पर्धा का युग है और इस प्रकार की प्रतिस्पर्धा में सभी विद्यालय यही चाहते हैं कि उनके विद्यालय की टीम ही विजय प्राप्त करे और खिलाड़ियों के प्रदर्शन के स्तर के लिए सदैव प्रशिक्षक को ही जिम्मेदार माना जाता है। इस प्रकार, जब बात प्रशिक्षक तथा विद्यालय की इज्जत व सम्मान की होती है तो प्रशिक्षक का यह कर्त्तव्य बन जाता है कि वह अपने खिलाड़ियों को कुछ इस प्रकार से तैयार करें कि किसी भी स्तर के खिलाड़ियों को वह मात दे सके। इस उद्देश्य की पूर्ति के लिए प्रशिक्षक को अपना कार्यक्रम कुछ इस प्रकार से तैयार करना चाहिए जिसमें सभी अथवा, सरल तथा कठिन क्रियाओं का समावेश हो। प्रशिक्षक को चाहिए कि वह विभिन्न प्रकार के खेलों से संबंधित क्रिया-कलापों को अपने कार्यक्रम में सम्मिलित करें। मुख्य रूप से उसे कुछ खेलों को सम्मिलित अवश्य करना चाहिए जो कि सभी खिलाड़ियों के लिए अति आवश्यक होते हैं जिसमें कुछ निम्नलिखित हैं-

क. मुख्य खेल,
ख. स्थानीय खेल,
ग. छोटे खेल,
घ. तालबद्ध क्रियाएं
ङ. धावन पथ संबंधी क्रियाएं
च. जिम्नास्टिक संबंधी क्रियाएं,
छ. अन्य क्रिया-कलाप।

इस प्रकार विभिन्न प्रकार की क्रियाओं को समावेश करके ही एक प्रशिक्षक अपने कार्यक्रम से उचित परिणाम प्राप्त कर सकता है। इन सभी क्रियाओं को भली प्रकार से समझने के लिए अधिक जानकारी प्राप्त करने हेतु इन्हें संक्षिप्त में वर्णित करना अति आवश्यक है जो इस प्रकार हैं-

- **मुख्य खेल :** मुख्य खेलों से अभिप्राय उन खेलों से है जिनका आयोजन विद्यालय में किया जाता है और जिनके लिए आवश्यक सुविधाओं की विद्यालय में पूरी तरह से व्यवस्था होती है। इस प्रकार के खेलों में विद्यालय के छात्र विभिन्न प्रकार की प्रस्पिर्धाओं में भाग लेते हैं और इसलिए यह मुख्य खेल समझे जाते हैं। एक प्रशिक्षक का मुख्य उद्देश्य अपने विद्यालय के छात्रों को इस प्रकार के मुख्य खेलों के लिए तैयार करना होता है और इसी कारण से इस प्रकार खेलों से संबंधित सभी आवश्यक क्रियाओं का प्रयोग प्रशिक्षक को अपने कार्यक्रम में करना चाहिए। इस

प्रकार के खेलों के प्रति विद्यालय के छात्र अधिक उत्सुक तथा रुचिकर दिखते हैं इसलिए इस प्रकार की क्रियाओं को करने से उन्हें अधिक संख्या में भाग लेने के लिए प्रेरित किया जा सकता है। प्राय: आधुनिक विद्यालयों में फुटबॉल, हॉकी, क्रिकेट, तथा वालीबाल मुख्य खेलों के रूप में प्रयोग किए जाते हैं।

- **स्थानीय खेल :** भारत एक ऐसा देश है जहां पर विभिन्न प्रकार के धर्मों के लोग एक-साथ रहते हैं। केवल यही नहीं, भारत में 28 राज्य हैं और सभी राज्य के अपने कुछ खास खेल होते हैं जो उसे अन्य राज्यों से अलग करते हैं या यूं कहा जा सकता है कि कुछ राज्यों में कुछ खास खेल ही अधिक प्रचलित होते हैं। इस प्रकार के खेलों में गिल्ली-डंडा, कबड्डी आदि खेलों को शामिल किया जा सकता है। प्रशिक्षक को अपने कार्यक्रम को तैयार करते समय कुछ स्थानीय खेलों को भी कार्यक्रम में सम्मिलित करना चाहिए क्योंकि इस प्रकार के खेलों से छात्र पहले से ही जानकारी रखते हैं और उनकी रुचि भी इनमें पहले ही उजागर होती है। यदि इस प्रकार से छात्रों को स्थानीय खेलों में भाग लेने के लिए प्रोत्साहित किया जाए तो अधिक से अधिक संख्या में छात्र शारीरिक शिक्षा की क्रियाओं में रुचि दिखाएंगे।
- **छोटे खेल :** शारीरिक शिक्षा आज पहले की भांति किसी भी प्रकार से कोई सस्ता क्षेत्र नहीं रह गया है। आज विभिन्न प्रकार के जटिल कौशलों को सीखने के लिए मंहगे उपकरणों की तथा अन्य कई प्रकार की महंगी सुविधाओं की आवश्यकता होती है परन्तु सभी विद्यालयों के पास एक-समान सा धन उपलब्ध नहीं होता और ऐसी स्थिति में प्रशिक्षक को अपने कार्यक्रम में आवश्यक परिवर्तन करना पड़ता है। यदि प्रशिक्षक को किसी ऐसे विद्यालय में प्रशिक्षण प्रदान करना पड़े जहां पर्याप्त मात्रा में धन तथा खेल खेलने के लिए स्थान का अभाव है तो उसे अपने कार्यक्रम में छोटे खेलों को सम्मिलित करना चाहिए। छोटे खेल प्राय: विद्यालय में छोटी कक्षाओं में पढ़ने वाले विद्यार्थियों के लिए ही प्रयोग किए जाते हैं। इस प्रकार के छोटे खेलों से मुख्य लाभ यह होता है कि इनके लिए कम स्थान तथा धन की आवश्यकता होती है या यूं कहा जा सकता है कि इस प्रकार के खेलों के लिए लंबे तथा छोटे मैदान का कोई औचित्य नहीं होता। छोटे खेल बिना महंगे उपकरणों तथा कम स्थान पर भी आयोजित किए जा सकते हैं। इसके लिए न किन्हीं विशेष नियमों की आवश्यकता होती है और सरलता से प्रशिक्षक इन्हें अपर्याप्त धन तथा स्थान की स्थिति में भी प्रयोग कर सकता है।
- **तालबद्ध क्रियाएं :** तालबद्ध क्रियाओं से अभिप्राय उन क्रियाओं से है जिनमें छात्रों को किसी भी शारीरिक क्रिया या व्यायाम को एक लय या क्रमबद्ध रूप से करना पड़ता है। इस प्रकार उन क्रियाओं में एक लय आ जाती है जिस कारण से इन्हें तालबद्ध क्रियाएं कहा जाता है। शारीरिक शिक्षा के प्रशिक्षक को विद्यालय के खेल-कूद के कार्यक्रम में इस प्रकार की क्रियाओं को अवश्य सम्मिलित करना चाहिए क्योंकि इस प्रकार की क्रियाओं को करने से छात्रों में एक ही क्रिया को दोहराने की क्षमता पैदा होती है। तालबद्ध क्रियाओं का सबसे उम्दा उदाहरण प्रार्थना के पश्चात् विभिन्न प्रकार के व्यायाम होते हैं जिन्हें ड्रम की आवाज के साथ प्रयोग किया जाता है।
- **धावन-पथ एवं संबंधित क्रियाएं :** यदि विद्यालय में पर्याप्त मात्रा में स्थान उपलब्ध हो तो प्रशिक्षक उस पर धावन पथ का निर्माण कर सकता है। धावन-पथ किस प्रकार का बनाना है यह विद्यालय की आर्थिक स्थिति तथा आवश्यकता को ध्यान में रखकर तय किया जाता है। मानव विभिन्न प्रकार की क्रियाएं करता है जिनमें दौड़ने, भागने, कूदने तथा फेंकने की क्रियाएं प्राय: प्रयोग में आती रहती हैं। जन्म के समय मानव हिलना-डुलना प्रारम्भ करता है और समय के साथ जैसे-जैसे वह बड़ा होता है तो वह चलना, तथा दौड़ना सीखता है और कुछ समय के पश्चात् चीजों या वस्तुओं को तेजी से फेंकना आरंभ कर देता है। इस प्रकार की सभी क्रियाएं केवल मानव की दैनिक जीवन में ही उपयोगी नहीं होती, बल्कि शारीरिक शिक्षा के क्षेत्र में इनका विशेष महत्त्व होता है। यदि प्रशिक्षक अपने विद्यार्थियों को चुस्त तथा अधिक लचीला बनाना चाहता है तो उसे धावन पथ से संबंधित सभी क्रियाओं को अपने कार्यक्रम में सम्मिलित करना चाहिए जिसमें मुख्य रूप से दौड़ना, कूदना तथा फेंकना आदि क्रियाएं सम्मिलित होती हैं। यही कारण है कि इसे दौड़-कूद एवं फेंक की प्रतियोगिता के नाम से भी जाना जाता है। इस प्रकार सभी क्रियाओं में दोनों ही लिंग के छात्र भाग ले सकते हैं और इस प्रकार सभी छात्र अपनी क्षमता के स्तर को आसानी से बढ़ा सकते हैं।

यदि विद्यालय में पर्याप्त स्थान उपलब्ध हो तो धावन-पथ को आसानी से निर्मित किया जा सकता है और समय-समय पर विभिन्न प्रकार की प्रतियोगिताओं का आयोजन किया जा सकता है। सभी प्रकार की सुविधाओं को ध्यान में रखकर धावन-पथ का निर्माण किया जाना चाहिए।

- **जिम्नास्टिक संबंधी क्रियाएं :** जिम्नास्टिक एक ऐसा क्षेत्र है जहां पर विभिन्न प्रकार की क्रियाएं एक छात्र को सीखने को मिलती हैं और इसलिए प्रत्येक प्रशिक्षक को इस प्रकार की क्रियाओं को अपने कार्यक्रम में सम्मिलित करना चाहिए। यदि विद्यालय में आवश्यक उपकरण तथा सुविधाएं उपलब्ध हों तो प्रशिक्षक को अपने कार्यक्रम में जिम्नास्टिक क्रियाओं को अवश्य सम्मिलित करना चाहिए। हो सके तो इससे संबंधित क्रियाओं का अभ्यास प्रतिदिन करवाना चाहिए। प्रायः जिम्नास्टिक से संबंधित क्रियाएं छोटी कक्षा से ही प्रारंभ कर देना चाहिए क्योंकि छोटी उम्र में छात्रों के शरीर में अधिक लचीलापन होता है और इस प्रकार की क्रियाएं करने से उनके शरीर का लचीलापन बढ़ता ही है।
- **अन्य क्रिया-कलाप :** उपरोक्त वर्णित क्रिया-कलापों के अलावा एक शारीरिक शिक्षा का प्रशिक्षक अपने कार्यक्रम में विभिन्न प्रकार की अन्य क्रियाओं को सम्मिलित करता है। इस प्रकार की क्रियाओं को आवश्यकता पड़ने पर ही प्रयोग किया जाता है। अन्य क्रिया कलापों को चुनते समय प्रशिक्षक को इस बात का विशेष ध्यान देना चाहिए कि इस प्रकार की क्रियाओं के लिए विद्यालय में सभी आवश्यक उपकरण तथा सुविधाएं उपलब्ध हों। उदाहरणस्वरूप यदि विद्यालय की नीति के अनुसार क्रिकेट मुख्य खेल नहीं है और फिर भी प्रशिक्षक को क्रिकेट को अपने कार्यक्रम में शामिल करने का निर्णय यह सुनिश्चित करने के बाद ही करना चाहिए कि विद्यालय में क्रिकेट के लिए सभी आवश्यक उपकरण तथा सुविधाएं उपलब्ध हैं।

  उपरोक्त वर्णित क्रिया-कलापों को शारीरिक शिक्षा के प्रशिक्षक को अपने कार्यक्रम में सम्मिलित करना चाहिए। इस प्रकार हम देखते हैं कि आज का प्रशिक्षक बहुत ही सत्तर्क हो गया है और उसे अपने खिलाड़ियों के बेहतर प्रदर्शन के लिए बहुत सावधानी से क्रियाओं का चयन करना चाहिए अन्यथा उसका तथा उसके खिलाड़ियों के सभी प्रयास तथा अभ्यास किसी भी प्रकार के अच्छे परिणाम प्राप्त करने में असफल रहेंगे।

कक्षा प्रबन्ध

कक्षा प्रबन्ध से अभिप्राय वह तरीका या प्रणाली है जिससे एक शिक्षक भली प्रकार से कक्षा में उपस्थित छात्रों को शिक्षा प्रदान करता है। शारीरिक शिक्षा के क्षेत्र में कक्षा प्रबंध का उतना ही महत्व होता है जितना कि अन्य विषयों की कक्षाओं में। इस क्षेत्र में कक्षा के सही प्रबंध के लिए विभिन्न प्रकार के सिद्धांतों का प्रयोग किया जाता है जिनका उल्लेख हम यहां करेंगे।

कक्षा प्रबंध का संपूर्ण ढांचा कुछ आधारभूत सिद्धांतों पर बना होता है जिनके बिना कोई भी शिक्षक प्रभावशाली ढंग से कक्षा प्रबंध की क्रिया को नहीं कर सकता। ये सिद्धांत इस प्रकार हैं-

1. **सही वस्तुओं का सही समय पर प्रयोग :** यदि शिक्षक, छात्रों की रुचि किसी विशेष क्रिया या विषय में जागरुक करना चाहता है तो इसके लिए उसे उस क्रिया को भली प्रकार से व्यवस्थित करना चाहिए और उसके बाद उसे विद्यार्थियों को सिखाना चाहिए। इस प्रकार से पूर्ण व्यवस्थित क्रिया को सीखने में विद्यार्थियों को आनंद आता है और उनकी रुचि उस क्रिया के प्रति बढ़ती है।

   शारीरिक शिक्षा के प्रशिक्षक के लिए यह आवश्यक है कि वह आवश्यक उपकरणों को सही मात्रा में उपलब्ध कराएं। यदि उपकरण या अन्य सुविधाएं अपर्याप्त मात्रा में उपलब्ध होंगी तो विद्यार्थियों पर नियत्रंण रखना एक प्रशिक्षक के लिए कठिन हो जाता है। आवश्यक उपकरणों के अभाव में कभी-कभी खिलाड़ी उस क्रिया के प्रति निष्क्रिय और हतोत्साहित हो जाते हैं। इस प्रकार की स्थिति से बचने के लिए शारीरिक शिक्षा के प्रशिक्षक को अपना कार्य या प्रशिक्षण प्रारंभ से पूर्व यह सुनिश्चित कर लेना चाहिए कि सभी आवश्यक उपकरण विद्यार्थियों की संख्या के अनुरूप हैं, या नहीं और उसे किसी प्रकार की कोई कठिनाई उस प्रशिक्षण देने में नहीं होगी। यदि वह यह पाये कि आवश्यक उपकरणों का विद्यालय में अभाव है तो उसे प्रशिक्षण आरंभ करने से पहले इसकी जानकारी प्रधानाचार्य या अन्य किसी जिम्मेदार अधिकारी को देनी चाहिए अन्यथा उसे कई प्रकार की कठिनाइयों का सामना करना पड़ सकता है।
2. **उद्देश्यों की पूर्ण जानकारी :** तब तक कोई भी शिक्षक प्रभावशाली तरीके से कक्षा प्रबंध नहीं कर सकता जब

तक उसे स्पष्ट रूप से कार्यक्रम के उद्देश्य का ज्ञान न हो। यदि शिक्षक को पहले से ही निर्धारित उद्देश्यों की जानकारी हो तो उसे कार्यक्रम को निर्बाध गति से चलाने में किसी प्रकार की कोई कठिनाई नहीं होती। शारीरिक शिक्षा के लिए कार्यक्रम निर्मित करते समय उद्देश्य तथा विभागीय नीति को भली प्रकार से ध्यान में रखना चाहिए। प्रशिक्षक द्वारा किए गए कोई भी क्रिया कलाप साफ नहीं हो सकते यदि वह उद्देश्यों को जाने बगैर लिए गए हों। इसलिए शारीरिक शिक्षक के लिए उद्देश्यों का पूर्ण ज्ञान होना आवश्यक होता है।

3. **सुरक्षा की व्यवस्था :** एक शारीरिक शिक्षा के प्रशिक्षक का मुख्य कर्त्तव्य उसकी कक्षा में उपस्थित छात्रों की सुरक्षा का ध्यान रखना होता है। प्रशिक्षण आरंभ करने से पहले प्रशिक्षक को सभी छात्रों की सुरक्षा को सुनिश्चित कराने के लिए सभी कदम उठा लेने चाहिए। क्योंकि अभ्यास करते समय तथा खेलों के दौरान चोट लगने की संभावनाएं बहुत अधिक होती हैं और इन चोट की संभावनाओं को कम करने के लिए एक शारीरिक शिक्षा के प्रशिक्षक को अभ्यास तथा प्रतिस्पर्धा के दौरान सुरक्षात्मक ढंग का प्रयोग करना चाहिए जिससे कोई भी खिलाड़ी किसी प्रकार से घायल न हो सके।

4. **खेलों के मैदान का रेखांकन :** विभिन्न प्रकार के खेलों का प्रयोग शारीरिक शिक्षा के क्षेत्र में एक प्रशिक्षक द्वारा किया जाता है। सभी खेलों को खेलने के नियम तथा कौशल भिन्न होते हैं। इसी प्रकार सभी खेल अलग-अलग आकार के मैदानों पर खेले जाते हैं। सभी खेलों के लिए अलग-अलग नियमानुसार खेलों को रेखांकित किया जाता है। एक प्रशिक्षक को किसी भी खेल के प्रशिक्षण को आरंभ करने से पूर्व मैदान के अन्दर निश्चित स्थान पर आवश्यक रेखाओं को अंकित कर लेना चाहिए। यदि वह यह नहीं करता है तो उसे आगे चलकर खासी दिक्कतों का सामना करना पड़ सकता है क्योंकि उसे प्रशिक्षण को रोकना पड़ सकता है। केवल यही नहीं, यदि खेल के मैदान को सही प्रकार से रेखांकित न किया जाए तो प्रशिक्षण प्रभावहीन ढंग से संपन्न होगा। इसी कारण सभी प्रशिक्षकों को कक्षा को आरंभ करने से पूर्व ही मैदानों पर आवश्यक रेखाओं को रेखांकित कर देना चाहिए। इस कार्य को करने के लिए शिक्षक या प्रशिक्षक का खेलों के नियमों का पूर्ण ज्ञान होना अति आवश्यक होता है। यदि प्रशिक्षक को खेलों के नियमों का ज्ञान नहीं हो तो वह कभी भी खेल के मैदान पर रेखांकन नहीं कर सकता।

5. **मित्रतापूर्ण व्यवहार :** शारीरिक शिक्षा के शिक्षक का सभी छात्रों के प्रति अच्छा व मित्रतापूर्ण व्यवहार होना चाहिए। शिक्षक का इसी प्रकार का व्यवहार उसका एक बहुत महत्त्वपूर्ण अस्त्र होता है। प्रशिक्षक को सदैव सोच-समझ कर बोलना चाहिए और उसे कभी भी कोई ऐसी बात नहीं बोलनी चाहिए जो किसी छात्र को व्यक्तिगत तौर पर आघात करने वाली हो। शिक्षक को यह ध्यान में रखना चाहिए कि उसके बोले हुए एक-एक शब्द का छात्रों पर बहुत गहरा प्रभाव पड़ता है और यदि वह कोई ऐसी बात बोले जो किसी छात्र विशेष के सम्मान को प्रभावित करती है तो इसका छात्र के प्रदर्शन पर भी प्रभाव पड़ता है। एक प्रशिक्षक को इस बात का ध्यान रखना चाहिए कि वह जिन छात्रों को प्रशिक्षण दे रहा है उन सभी की शारीरिक तथा मानसिक क्षमताएं एक समान सी नहीं होती। कुछ छात्र कौशल सीखने तथा करने में कम समय लगाते हैं। कुछ छात्रों को नए कौशल सीखने में समय लगता है। प्रशिक्षक को कभी भी एक कम सक्षम छात्र की तुलना अधिक सक्षम छात्र से नहीं करनी चाहिए क्योंकि इस प्रकार के व्यवहार से छात्र हतोत्साहित होते हैं और उनमें अच्छा प्रदर्शन करने की भावना मिट सी जाती है। उसे कभी भी कम सक्षम छात्रों के लिए अशिष्ट भाषा या व्यंगात्मक बातें नहीं करनी चाहिए क्योंकि इस प्रकार उस छात्र में हीन भावना पैदा हो जाती है और वह मनोवैज्ञानिक रूप से स्वंय को दूसरों से तुच्छ समझने लगता है।

6. **समय तथा स्थान को निर्धारित करना :** समय तथा स्थान को निर्धारित करने का कार्य शारीरिक शिक्षा के शिक्षक या प्रशिक्षक का होता है और उसे वह कार्य प्रशिक्षण प्रारंभ करने से पहले आरंभ कर देना चाहिए। केवल यही नहीं, इस प्रकार के निर्णय लेने के पश्चात् उसे इसकी जानकारी सभी छात्रों को देनी चाहिए ताकि उन्हें उचित स्थान पर पहुंचने में किसी प्रकार की कोई मुश्किल या कठिनाई न हो। प्रशिक्षक का कार्य होता है कि वह आवश्यक जानकारी को इस प्रकार से सभी छात्रों को दे ताकि उनके मन में किसी भी प्रकार की कोई आशंका न रहे। यदि किसी भी विद्यार्थी को यह नहीं पता कि उसे किस

स्थान पर पहुंचना है तो वह विद्यालय में एक जगह से दूसरी जगह घूमता रहता है और अपनी शक्ति तथा समय बर्बाद करता है। इसी प्रकार यदि किसी विद्यार्थी को यह नहीं पता कि उसे किस समय पर एक निश्चित स्थान पर पहुंचना है तो वह प्रशिक्षण आरंभ होने के पश्चात् या समाप्त होने के पश्चात् पहुंचे तो उसमें उसकी खुद की ही हानि होती है। अत: समस्त छात्रों को निर्धारित स्थान तथा समय की जानकारी प्रदान करना शारीरिक शिक्षा के प्रशिक्षक का ही कर्त्तव्य होता है। जिसके लिए वह विभिन्न तरीके अपना सकता है जिसमें से सबसे प्रचलित तथा बहुपयोगी तरीका होता हैं सूचना पट्ट पर एक कागज पर आवश्यक जानकारी को लिखकर चिपका देना। इस प्रकार जो विद्यार्थी उस कागज को पढ़ता है, उसे आवश्यक जानकारी प्राप्त होती रहती है।

उपरोक्त वर्णित सभी सिद्धांत प्रबंध के आधारभूत सिद्धांत माने जाते हैं जिनके बगैर कक्षा प्रबंध प्रभावशाली ढंग या तरीके से करना कठिन ही नहीं असंभव होता है।

प्रभावशाली कक्षा प्रबंध के आवश्यक चरण

एक प्रभावशाली रूप से कक्षा प्रबंध को करने के लिए प्रतिदिन की जाने वाली क्रियाओं को एक क्रमबद्ध तथा व्यवस्थित रूप में करना आवश्यक होता है। वास्तव में व्यवस्थित कार्यक्रम ही वह माध्यम है जिससे कक्षा प्रबंध का मार्गदर्शन होता है। किसी भी कार्य को सीखने की प्रक्रिया को सरल बनाने तथा नए-नए कार्यों को सीखने के समान अवसर प्राप्त करने के लिए शिक्षण पद्धति का प्रयोग किया जाता है। परन्तु एक विद्यालय के विद्यार्थियों को कोई भी नया कार्य या कौशल सीखने से पहले दैनिक या प्रतिदिन के कार्यक्रमों को एक क्रमबद्ध रूप से गठन करने की प्रक्रिया के रूप में प्रयोग करना चाहिए।

मुख्यत: तीन चरणों का प्रयोग एक प्रभावशाली तथा कुशल कक्षा प्रबंध के लिए किया जाता है जो इस प्रकार हैं-

1. कक्षा लगने से पहले,
2. कक्षा के दौरान, तथा
3. कक्षा लगने के पश्चात्।

इन सभी का विस्तार में वर्णन करना आवश्यक है जो इस प्रकार हैं-

• कक्षा लगने से पहले

कुशल तरीके से कक्षा प्रबंध करने के लिए एक शिक्षक को चाहिए कि वह कक्षा लगने से पूर्व ही सभी आवश्यक तैयारियां कर ले। हालांकि इस प्रकार की तैयारियां करने के लिए कई प्रकार की प्रणालियों या विधियों का प्रयोग किया जाता है, परन्तु कक्षा में थोड़ी देर पहले ही की जाने वाली तैयारियों को सबसे अच्छा माना जाता है। उदाहरणस्वरूप, कई शिक्षक अगले दिन की कक्षा के लिए एक दिन पहले ही सभी तैयारियां कर लेते हैं, परन्तु वह विधि जिसमें कक्षा आरंभ होने से थोड़ी देर पहले सभी आवश्यक तैयारियां की जाती हैं, कुशल मानी जाती है। यदि इस तथ्य की चर्चा शारीरिक शिक्षक के प्रशिक्षक के संदर्भ में की जाएं तो यह कहा जा सकता है कि प्रशिक्षक को प्रशिक्षण आरंभ करने से पूर्व ही खेल के मैदान पर स्वंय जाना चाहिए और छात्रों के आने से पहले ही सभी आवश्यक उपकरणों की पूर्ण व्यवस्था कर देनी चाहिए ताकि प्रशिक्षण के दौरान उसे किसी विद्यार्थी को उपकरण लाने के लिए भेजना न पड़े। कभी-कभी कई खेलों के लिए प्रशिक्षक के लिए यह आवश्यक होता है कि वह छात्रों को कुछ निर्देश दे, इसके लिए उसे पहले ही विद्यार्थियों को मैदान में बुलाना चाहिए और उनसे भली प्रकार से विचार-विमर्श करने के पश्चात् ही प्रशिक्षण आरंभ करना चाहिए नहीं तो समय की बर्बादी होती है।

• कक्षा के दौरान

कक्षा के दौरान कुछ ऐसी बातें होती हैं जिन पर शारीरिक शिक्षा के प्रशिक्षक का भली प्रकार से ध्यान देना अति आवश्यक होता है। प्राय: कक्षा में प्रशिक्षक को कुछ महत्त्वपूर्ण कार्य करने पड़ते हैं जो उसे प्रशिक्षण आरंभ करने के दौरान करने पड़ते हैं जो निम्न हैं-

1. **उपस्थिति लेना :** उपस्थिति लेने से अभिप्राय यह है कि शारीरिक शिक्षा के प्रशिक्षक को यह सुनिश्चित करना चाहिए कि उसकी कक्षा आरंभ होने के समय कितने छात्र मौजूद हैं। यह क्रिया करते समय प्रशिक्षक को बहुत सावधान रहना चाहिए। उसे कभी भी चिल्ला कर विद्यार्थियों की उपस्थिति नहीं लेनी चाहिए, न ही उसे बहुत ही धीमी आवाज में बोलना चाहिए कि छात्रों को अपना नाम सुनने में दिक्कत हो। प्राय: एक शारीरिक शिक्षा के प्रशिक्षक को छात्रों की उपस्थिति लेने में दूसरे शिक्षकों की अपेक्षा अधिक समय लगता है क्योंकि सभी छात्र मैदान पर बिखरे होते हैं। इस कार्य को सरल तथा शीघ्रता से करने के लिए प्रशिक्षक

को सभी छात्रों को कुछ पंक्तियों में बैठा देना चाहिए और फिर उनकी उपस्थिति लेनी चाहिए जिससे उसका कार्य सरलता तथा कम समय में हो जाए। इस प्रकार से कार्य करने के लिए प्रशिक्षक को सभी खिलाड़ियों को खड़ा होने का स्थान पहले से ही बता देना चाहिए जिससे प्रत्येक विद्यार्थी अपने पूर्व निश्चित स्थान पर खड़ा हो जाए। इस प्रकार की प्रणाली में उपस्थिति लेने में समय की बचत होती है।

2. **नेता का चयन करना :** विद्यालय में अधिक संख्या में छात्र एक-साथ शिक्षा ग्रहण करते हैं और इसलिए शारीरिक शिक्षा की कक्षा में भी छात्रों की संख्या अधिक होती है। इस स्थिति में सभी विद्यार्थियों को खेलने के समान अवसर प्राप्त करवा पाना कठिन होता है। सभी विद्यार्थियों को खेलने तथा अभ्यास करने के समान अवसर प्राप्त कराने के लिए छात्रों को छोटे-छोटे गुटों या समूहों में वर्गीकृत कर देना चाहिए और प्रत्येक गुट का अलग-अलग नेता या लीडर निर्धारित कर देना चाहिए। यह नेता गुट का ही एक सदस्य होता है। एक ग्रुप में कितने विद्यार्थियों को रखना है इसका फैसला या निर्णय एक प्रशिक्षक को स्वयं लेना पड़ता है। प्रायः निर्णय कक्षा में उपस्थित छात्रों की संख्या पर निर्भर करता है। परन्तु प्रशिक्षक को इस बात पर ध्यान देना चाहिए कि किसी भी ग्रुप में 10 से अधिक छात्रों को नहीं रखना चाहिए अन्यथा लीडर के लिए ग्रुप पर नियंत्रण कठिन हो जाता है। यदि कक्षा में छात्रों की संख्या अधिक है तो अधिक ग्रुपों का गठन किया जा सकता है। परन्तु ग्रुप में लीडर या नेता चुनने का कार्य भी बहुत सावधानी तथा ध्यानपूर्वक करना चाहिए। प्रायः प्रशिक्षक को ग्रुप में से उस विद्यार्थी को नेता चुनना चाहिए जो विद्यालय में नियमित रूप से उपस्थित होता हो और जिसकी खेल में रुचि हो। यदि गलत या अयोग्य विद्यार्थी को ग्रुप का लीडर चुन लिया जाए तो प्रशिक्षक तथा ग्रुप को खासी दिक्कतों का सामना करना पड़ सकता है।

3. **कक्षा की बनावट :** एक शारीरिक शिक्षा का प्रशिक्षक विभिन्न प्रकार के आकारों में विद्यार्थियों को प्रशिक्षण के दौरान व्यवस्थित करता है। प्रायः इन सभी आकारों का अपना एक निश्चित अर्थ होता है। दो प्रमुख आधारों पर कक्षा की बनावट को बांटा जाता है जो निम्न हैं-

1. मुक्त कक्षा की संरचना, तथा
2. सामान्य संरचना।

मुक्त कक्षा की सरंचना : इस प्रकार की कक्षा की बनावट की स्थिति में सभी विद्यार्थियों को अपनी इच्छानुसार खड़ा होने की स्वतंत्रता होती है। छोटी कक्षा के छात्रों के लिए इस प्रकार की बनावट का प्रयोग मुख्य रूप से किया जाता है, परन्तु कभी-कभी बड़ी कक्षा के विद्यार्थियों के लिए भी इस प्रकार की कक्षा की बनावट प्रयोग किया जाता है। केवल यही नहीं, विभिन्न विद्यार्थी जो अपनी इच्छा से आकार या स्थान ग्रहण करता है उसका उपयोग भी शारीरिक शिक्षा का शिक्षक अपनी इच्छा के अनुसार ही करता है। इस प्रकार मुक्त कक्षा की स्थिति में दोनों, विद्यार्थी तथा शिक्षक को अपनी इच्छा के अनुसार कार्य करने की स्वतंत्रता होती है।

सामान्य संरचना : इस प्रकार की प्रणाली में शारीरिक शिक्षा का शिक्षक सभी छात्रों को विभिन्न गुटों में विभाजित कर देता है और उनमें से एक छात्र को ग्रुप का लीडर बना देता है। जैसे कि कक्षा आरंभ होती है, सभी छात्र अपने लीडर के सामने एक पंक्ति में सामान्य अवस्था में खड़े हो जाते हैं। प्रायः किसी नए कौशल को सिखाते समय तथा छात्रों को नए कौशल का अभ्यास करने के लिए जब समय दिया जाता है तो इस प्रकार की प्रणाली का प्रयोग किया जाता है।

4. **निर्देश :** एक प्रशिक्षक का कार्य छात्रों या खिलाड़ियों का दिल बहलाना नहीं, बल्कि उन्हें विभिन्न प्रकार के कौशलों को सिखाना होता है और इसके लिए उसे समय-समय पर आदेश तथा निर्देश देने पड़ते हैं। प्रशिक्षक का कार्य केवल आदेशों को देना ही नहीं होता, बल्कि यह देखना भी होता है कि सभी छात्र उसके आदेशों का भली प्रकार से पालन कर रहे हैं और कोई भी छात्र उसके आदेशों का उल्लंघन कर किसी अन्य प्रकार की कोई क्रिया तो नहीं कर रहा। यदि छात्रों द्वारा प्रशिक्षक के आदेशों का सम्मान न किया जाए तो प्रशिक्षक के आदेशों का महत्व ही समाप्त हो जाता है और शारीरिक शिक्षा के उद्देश्यों को प्राप्त करना कठिन हो जाएगा। इसलिए कक्षा के सभी छात्रों पर भली प्रकार से नियंत्रण रखना एक प्रशिक्षक का उत्तरदायित्व होता है।

5. **उत्तरोत्तर प्रगति :** शारीरिक शिक्षा का कार्यक्रम इस प्रकार से व्यवस्थित या निर्मित किया जाना चाहिए जिससे विद्यार्थियों की क्षमता तथा कला कौशलों में निरन्तर प्रगति होती रहे और इस प्रगति का पता सरलता तथा आसानी से प्रशिक्षक को लग जाए। विभिन्न विद्यार्थियों की प्रगति का मूल्यांकन करने के लिए प्रशिक्षकों द्वारा विभिन्न प्रकार के साप्ताहिक, मासिक, वार्षिक कार्यक्रमों का आयोजन तथा प्रयोग किया जाता है। इस प्रकार के कार्यक्रमों की सहायता से छात्रों की वर्तमान शारीरिक तथा मानसिक क्षमताओं के स्तरों का पता लगना आसान तथा सरल हो जाता है।
6. **विसर्जन :** कक्षा के विसर्जन से अभिप्राय सभी छात्रों का सभी प्रकार के अभ्यासों तथा प्रदर्शन को समाप्त कर कक्षा से बाहर जाने के लिए तैयार होना होता है। ऐसा कक्षा की अवधि के समाप्त होने पर होता है। जैसा कि पहले भी कहा जा चुका है कि एक विद्यालय में विभिन्न प्रकार के विषयों का ज्ञान विद्यार्थियों को दिया जाता है और इसलिए सभी विषयों के लिए एक निर्धारित समय पूरे समय में से दे दिया जाता है। इसी कारण शारीरिक शिक्षा की कक्षा भी एक समय के पश्चात् समाप्त करनी पड़ती है और कक्षा की अवधि समाप्त होने पर कक्षा का विसर्जन प्रशिक्षक के आदेश पर ही होता है क्योंकि बिना विसर्जन के कोई भी छात्र या खिलाड़ी मैदान छोड़कर नहीं जा सकता। कभी-कभी छोटे तथा सरल खेलों का प्रयोग प्रशिक्षक द्वारा विसर्जन से पहले किया जाता है। इस प्रकार की प्रणाली से सभी खिलाड़ियों की रुचि खेल में लगी रहती है। विसर्जन के पश्चात् शारीरिक शिक्षा के प्रशिक्षक का कार्य समाप्त नहीं हो जाता बल्कि वह विसर्जन के पश्चात् ही सभी खिलाड़ियों का व्यक्तिगत रूप से अवलोकन करता है और यदि किसी भी खिलाड़ी में उसे किसी चीज की कमी का अनुभव होता है तो वह सुधारने का प्रयत्न करता है।

- **कक्षा के पश्चात**

जब विसर्जन की क्रिया को भली प्रकार से कर दिया जाता है उस समय कक्षा प्रबंध का अन्तिम चरण भी समाप्त हो जाता है। प्रशिक्षण के लिए एक शारीरिक शिक्षा का प्रशिक्षक विभिन्न प्रकार के उपकरणों का प्रयोग करता है और उन्हें खेल के मैदान में लेकर आता है जहां पर छात्र उन उपकरणों की सहायता से अभ्यास करते हैं। जैसे ही कक्षा समाप्त होती है तो प्रशिक्षक का यह कर्त्तव्य होता है कि कुछ छात्रों को मैदान पर ही रोक कर रखें और उनके साथ उपकरणों को स्टोर रूम में रखने की व्यवस्था करें। केवल यही नहीं, छात्रों के प्रदर्शन संबंधी कई सूचनाओं को लिखना पड़ता है। जिसकी सहायता से वह रिपोर्ट निर्मित करता है। इस प्रकार उपकरणों को वापिस सही स्थान पर पहुंचा कर तथा विभिन्न प्रकार की आवश्यक जानकारी को लिखकर कक्षा प्रबंध का अंतिम चरण भी समाप्त हो जाता है।

इस प्रकार हम देखते हैं कि एक प्रभावशाली कक्षा प्रबंध के लिए उपरोक्त वर्णित सभी चरणों का भली प्रकार से अध्ययन किया जाना आवश्यक होता है अन्यथा कभी भी कक्षा प्रबंध को भली प्रकार से नहीं किया जा सकता और निर्धारित उद्देश्यों की प्राप्ति नहीं की जा सकती।

शारीरिक शिक्षा के क्षेत्र में प्रशिक्षण के दौरान विभिन्न प्रकार की संरचनाओं का प्रयोग किया जाता है जिसका उल्लेख करना अति आवश्यक है। प्रायः यह देखा जाता है कि एक कक्षा में छात्रों की संख्या अधिक होती है और एक प्रशिक्षक के लिए सभी छात्रों पर एक समान ध्यान देना कठिन हो जाता है जिसके लिए वह छात्रों को विभिन्न प्रकार की संरचनाओं में संगठित करता है। ये संरचनाएं विभिन्न प्रकार की हो सकती हैं, जैसे पंक्तियों में, गोलाकार में तथा अर्द्ध गोलाकार में। शिक्षक के कौशल के प्रदर्शन पर कक्षा की संरचना का बहुत प्रभाव पड़ता है। कभी-कभी अप्रभावशाली संरचना के कारण ही प्रशिक्षक छात्रों को आवश्यक जानकारी या कौशल सही प्रकार से नहीं सीखा पाता।

अभ्यास तथा प्रशिक्षण के दौरान कुछ मुख्य प्रकार की संरचनाओं का प्रयोग किया जाता है जिनमें से कुछ इस प्रकार हैं-

क. मुक्त कक्षा,

ख. सामान्य कक्षा,

ग. आयताकार कक्षा,

घ. सरल पंक्ति की कक्षा,

ङ. गोलाकार पंक्तिबद्ध कक्षा,

च. क्रमवार पंक्तिबद्ध कक्षा,

छ. तीन तरफा कक्षा,

ज. पिरामिड के आकार की कक्षा, तथा

झ. त्रिभुजाकार कक्षा।

- **मुक्त कक्षा :** जैसा कि नाम से ही स्पष्ट है कि इस प्रकार की कक्षा का कोई निश्चित आकार नहीं होता। इसका मुख्य कारण यह होता है कि इस प्रकार की कक्षा के अन्तर्गत सभी छात्र अपनी इच्छा से स्थान ग्रहण करते हैं। प्राय: एक ग्रुप या समूह के इर्द-गिर्द सभी छात्र इस प्रकार की कक्षा में खड़े रहते हैं।

  मुख्य रूप से दो स्थितियों में इस प्रकार की कक्षा का प्रयोग एक प्रशिक्षक द्वारा किया जाता है। पहला, जब प्रशिक्षक को छोटे बच्चों को प्रशिक्षण देना हो और दूसरा जब बड़ी कक्षा के छात्रों की उष्मीकरण का व्यायाम कराना हो। इस प्रकार की कक्षा का सबसे बड़ा लाभ यह होता है कि इसमें सभी छात्रों को अपनी इच्छानुसार खड़े होने की स्वतंत्रता प्राप्त होती है और उन्हें अपना कार्य करने में किसी प्रकार की कोई कठिनाई नही होती है।

- **सामान्य कक्षा :** सामान्य कक्षा की अवस्था में प्रशिक्षक सभी छात्रों को विभिन्न समूहों या गुटों में विभाजित कर देता है और उनमें से ही सबसे कुशल तथा नियमित छात्र को उनका लीडर बना देता है। इस प्रकार चुने हुए लीडर का मुख्य कार्य अपने-अपने ग्रुप की क्रिया-कलापों को नियंत्रित करना होता है। ऐसा इसलिए किया जाता है क्योंकि कक्षा के सभी छात्रों पर नियंत्रण रखना एक प्रशिक्षक के लिए कठिन हो जाता है और ताकि सभी छात्रों पर पूर्ण रूप से नियंत्रण बनाया जा सके, वह समूह के लिए लीडर को चुन देता है। सभी खिलाड़ियों के प्रदर्शन का अवलोकन करने के लिए प्रशिक्षक एक ऐसे स्थान पर खड़ा हो जाता है जहां से वह सभी समूहों के छात्रों को अभ्यास करते हुए आसानी से देख सके। इस प्रकार यदि कोई छात्र किसी कौशल को गलत ढंग से कर रहा होता है तो वह आसानी से उसे देख लेता है और छात्र के पास जाकर उसे वह कौशल दोबारा सिखाता है।

  प्राय: इस प्रकार की प्रणाली का प्रयोग उस स्थिति में किया जाता है जब प्रशिक्षक छात्रों को कोई नया कौशल सिखाया हो और उसे यह मालूम करना हो कि उसके द्वारा सिखाया गया कौशल छात्रों को भली प्रकार से समझ भी आया है या नहीं।

- **आयताकार कक्षा :** जब इस प्रकार की संरचना का प्रयोग किया जाता है तो कक्षा के छात्र एक आयत के आकार में व्यवस्थित हो जाते हैं। कक्षा को आयत के आकार में व्यवस्थित करने के लिए छात्रों के आने से पहले ही मैदान पर चूने या अन्य पदार्थ से एक आयत बना दिया जाता है और जब छात्र मैदान पर आते हैं तो रेखित किए गए आयत पर आकर स्थान ग्रहण करते हैं। इस प्रकार जब सभी छात्र उस आयत की आकृति पर खड़े होते हैं तो एक आयताकार सी आकृति बन जाती है इसलिए इस कक्षा का नाम आयताकार कक्षा रखा गया है।

- **सरल पंक्ति सरंचना की कक्षा :** इस प्रकार की कक्षा के लिए सभी विद्यार्थी एक पंक्ति में एक-दूसरे के पीछे खड़े होते हैं। परन्तु दो विद्यार्थियों के मध्य कम से कम एक हाथ का फासला अवश्य होना चाहिए। यदि छात्र एक-दूसरे से बिल्कुल सट कर खड़े होंगे तो व्यायाम या किसी भी प्रकार की क्रिया करने में सभी छात्रों के हाथ एक-दूसरे से टकराएंगे और इस प्रकार उन्हें बहुत सी कठिनाइयों का सामना करना पड़ सकता है।

  इस प्रकार की संरचना को तीन प्रकार से प्रयोग किया जाता है जो निम्नलिखित है-

  क. सीधी पंक्ति-इस प्रकार की कक्षा देखने में एक सीधी रेखा की भांति प्रतीत होती है। छात्रों को कितनी पंक्तियों में व्यवस्थित करना है इसका निर्णय कक्षा में छात्रों की संख्या को ध्यान में रखकर किया जाता है। यदि कक्षा में छात्रों की संख्या अधिक हो तो उन्हें एक से अधिक पंक्तियों में भी विभाजित किया जा सकता है जिससे प्रशिक्षक को उन पर नियंत्रण रखने में सहायता होगी।

  ख. छात्रों का मुंह बाहर की दिशा में - इस प्रकार की स्थिति में छात्रों को दो पंक्तियों में विभाजित या व्यवस्थित किया जाता है परन्तु इस स्थिति में उन्हें इस प्रकार से खड़ा किया जाता है कि उनका मुंह दोनों तरफ से बाहर की ओर होता है। इस प्रकार की प्रणाली का प्रयोग मुख्य रूप से प्रशिक्षक उस स्थिति में करता है जब वह छात्रों को किसी कौशल का अभ्यास करने के लिए समय प्रदान करता है। इस प्रणाली का प्रयोग करने का सबसे बड़ा लाभ यह होता है कि इससे विद्यार्थियों को किसी भी प्रकार के चोट लगने की संभावनाएं सबसे कम होती हैं।

  ग. छात्रों का मुंह अन्दर की तरफ-इस प्रकार की प्रणाली में छात्रों को एक या एक से अधिक पंक्तियों में इस प्रकार व्यवस्थित या खड़ा किया जाता है कि

उनका मुंह अन्दर या भीतर की तरफ होता है और इस प्रकार सभी छात्रों का मुंह एक-दूसरे के आमने-सामने होता है। इस प्रणाली का प्रयोग करते समय प्रशिक्षक को इस बात का ध्यान रखना चाहिए कि यदि एक से अधिक पंक्तियों का प्रयोग किया गया तो दोनों पंक्तियों में उचित दूरी या स्थान होना चाहिए अन्यथा विभिन्न प्रकार की क्रियाओं को करने में छात्रों को बहुत सी मुश्किलों तथा दिक्कतों का सामना करना पड़ सकता है।

गोलाकार पंक्तिबद्ध कक्षाः इस प्रकार की संरचना में सभी छात्र एक गोला बना कर खड़े होते हैं। अतः यह कहा जा सकता है कि इस प्रकार की प्रणाली में छात्रों या विद्यार्थियों को इस प्रकार से व्यवस्थित किया जाता है कि वह एक गोल आकृति प्राप्त कर लें। प्रत्येक विद्यार्थी के मध्य में एक निश्चित या उपयुक्त खाली स्थान अवश्य होना चाहिए अन्यथा खिलाड़ियों को क्रियाएं करने में मुश्किल होगी। इस प्रकार विद्यार्थियों को गोल आकृति में खड़ा करने के पश्चात् प्रशिक्षक स्वयं उस गोले के बीच में जा कर खड़ा होता है। इस प्रकार बीच में खड़ा होने से वह सभी विद्यार्थियों को क्रियाओं का अभ्यास करते हुए आसानी तथा सरलता से देख पाता है। प्रायः इस प्रकार की प्रणाली का प्रयोग तब किया जाता है जब खिलाड़ी उष्मीकरण का व्यायाम करते हैं। परन्तु इस प्रकार की पद्धति का प्रयोग केवल उसी स्थिति में संभव है जब छात्र कम संख्या में उपस्थित हों। इस प्रकार यदि कक्षा में छात्रों की संख्या अधिक है तो इस प्रणाली का प्रयोग नहीं किया जा सकता।

क्रमवार पंक्तिबद्ध कक्षाः इस विधि और सरल पंक्ति की संरचना में अधिक अन्तर नहीं होता, केवल इस विधि के अन्तर्गत एक निश्चित संख्या में खिलाड़ियों को एक के पीछे लगना होता है जबकि सरल पंक्ति वाली विधि में सभी छात्रों को एक के पीछे लगाना पड़ता है। इस प्रकार की प्रणाली का प्रयोग उस स्थिति में किया जाता है जब विद्यालय के अन्दर सामूहिक व्यायाम का आयोजन किया जाता है। इस प्रकार की प्रणाली का प्रयोग करने से प्रशिक्षक का कार्य कुछ हद तक सरल और आसान हो जाता है।

तीन तरफा कक्षाः यह प्रणाली सबसे भिन्न होती है क्योंकि, इसके अन्तर्गत सभी छात्र तीन भिन्न दिशाओं में खड़े किए जाते हैं परन्तु वह इस प्रकार से व्यवस्थित किए जाते हैं कि उनका मुंह अन्दर की दिशा में होता है। प्रायः जब सूर्य का प्रकाश बहुत अधिक हो और उससे खिलाड़ियों को अभ्यास करने में मुश्किल आ रही हो तो इस प्रकार की संरचना का प्रयोग किया जा सकता है।

पिरामिड के आकार की कक्षाः इस प्रकार की विधि में सभी छात्र या विद्यार्थी इस प्रकार से खड़े तथा व्यवस्थित किए जाते हैं कि वह एक पिरामिड की आकृति ग्रहण कर लेते हैं। इस प्रकार की प्रणाली का प्रयोग मुख्य रूप से उस समय किया जाता है जब छात्रों को किसी विशेष अवसर पर प्रदर्शन करना हो।

त्रिभुजाकार कक्षाः इस प्रकार की प्रणाली का प्रयोग करने से छात्र एक त्रिभुज के आकार के प्रतीत होते हैं। इस प्रकार सभी छात्र एक त्रिभुज की आकृति का निर्माण करते हैं और उसके एक कोने में खड़ा होता है प्रशिक्षक। कोने पर खड़ा होने से प्रशिक्षक आसानी से सभी खिलाड़ियों या विद्यार्थियों पर नजर रख पाता है और उन्हें अभ्यास करते हुए देख पाता है। यदि कोई विद्यार्थी गलत या अनुचित तरीके से अभ्यास कर रहा हो तो प्रशिक्षक को उसे दोबारा कौशल को सिखाना चाहिए। प्रायः इस प्रकार की प्रणाली का प्रयोग तब किया जाता है जब विद्यार्थी विभिन्न प्रकार के व्यायाम कर रहे हों।

अर्द्धगोलाकार कक्षाः इस प्रकार की कक्षा में छात्र इस प्रकार से व्यवस्थित किए जाते हैं कि वह एक अर्द्धगोलाकार के आकार में प्रतीत होते हैं। छात्रों द्वारा बनाई गई आकृति से कुछ दूरी पर जाकर प्रशिक्षक खड़ा हो जाता है और इस प्रकार भली प्रकार से सभी छात्रों पर निगरानी रख पाता है। इस प्रकार की पद्धति का प्रयोग प्रायः तब किया जाता है जब प्रशिक्षक छात्रों को किसी कौशल को प्रदर्शित करने के लिए कहते हैं।

इस प्रकार हम देखते हैं कि शारीरिक शिक्षा का आज के विद्यालयों में महत्त्व बहुत ही बढ़ गया है और इसी कारण शारीरिक शिक्षा से संबंधित कई प्रकार की गतिविधियों को आज विद्यालयों में प्रयोग किया जा रहा है। आज शारीरिक शिक्षा का दायरा केवल कुछ खेलों तक ही सीमित नहीं रह गया है, अपितु कई प्रकार की जटिल क्रियाओं की भी उत्पति हो चुकी है और इन क्रियाओं को कराने के लिए एक प्रशिक्षक का इन सभी प्रकार की क्रियाओं को भली प्रकार से जानना तथा प्रयोग में लाना आवश्यक होता है। यदि प्रशिक्षक को स्वयं किसी खेल का ज्ञान नहीं होगा तो

वह कभी भी अपने कार्यक्रम में इस प्रकार के खेलों को सम्मिलित नहीं कर पाएगा जिसके कारण उसके खिलाड़ियों का प्रदर्शन निम्न ही रह जाएगा। इसलिए प्रशिक्षक का भली प्रकार से निपुण होना अति आवश्यक होता है।

एक प्रशिक्षक का कार्य कार्यक्रम रचना तक ही सीमित नहीं होता बल्कि कक्षा प्रबंध जैसा महत्त्वपूर्ण तथा जटिल कार्य भी एक प्रशिक्षक को ही करना पड़ता है। कक्षा प्रबंध वास्तव में एक बहुत ही जटिल क्रिया होती है जिसे करने के लिए अनुभव की आवश्यकता होती है। अनुभव के साथ-साथ प्रशिक्षक को इस तथ्य के बारे में पूरी-पूरी जानकारी होनी चाहिए और इसके सभी सिद्धांतों का पूर्ण ज्ञान होना चाहिए। यदि प्रशिक्षक को इस प्रकार की आवश्यक जानकारी का ज्ञान न हो तो वह कभी भी कक्षा प्रबंध को भली प्रकार या प्रभावशाली तरीके से संपन्न नहीं कर सकता जिससे वह भली प्रकार से अपना कार्य नहीं कर पाएगा और उसके खिलाड़ियों के प्रदर्शन में इतना निखार नहीं आ पाएगा जितना कि आज के प्रतिस्पर्धा वाले युग के लिए आवश्यक है। आज एक प्रशिक्षक का कार्य खेल के मैदान तक ही सीमित नहीं रह गया बल्कि उससे कई गुणा बढ़ गया है और इस प्रकार की बढ़ी हुई जिम्मेदारियों को निभाने के लिए प्रशिक्षक का हर प्रकार से सत्तर्क होना और सभी विषयों का ज्ञान होना अति आवश्यक है।

शारीरिक शिक्षा पाठ योजना

विद्यालय में खेल का मैदान औपचारिक शिक्षा का स्थान है। इस मैदान पर अध्यापक और छात्र मिलते हैं-विद्यार्थी सीखने के लिए तथा अध्यापक सिखाने के लिए। इन दोनों का मिलन अर्थपूर्ण होता है यदि इसमें सिखाना सुचारू रूप से होता है। यदि सभी सीखने की क्रियाओं की योजना अच्छी बनाई गई है तो इससे लाभ हो सकता है। शिक्षक को ऐसा वातावरण बनाए जिससे छात्रों को समझने, विचार करने एवं कार्य करने की प्रेरणा मिले।

अर्थ

शिक्षण व्यवस्था के सभी पक्षों के व्यावहारिक रूप का आलेख ही पाठ योजना है। कक्षा शिक्षण की पूर्व अवस्था (Pre-active stage) में पाठ योजना तैयार की जाती है। आई. के. डेवीज (I.K. Davis) ने अपने प्रथम सोपान में पाठ योजना की रचना को बहुत अधिक महत्त्व दिया है।

एन.एल. बॉसिंग-पाठ योजना उन उद्देश्यों के कथनों और विशिष्ट तरीकों को प्रदान किया गया शीर्षक है जिनके द्वारा क्रियाओं के परिणामस्वरूप उन्हें प्राप्त किया जाता है।

शारीरिक क्रियाकलाप से तात्पर्य है-मानव, समुदाय एवं जाति की स्वास्थ्य संबंधी आदतों तथा दृष्टिकोणों को उत्कृष्ट बनाने में सहायक। विस्तृत अर्थ में इसका आशय मनुष्य को स्वास्थ्य से संबंधित सभी बातों की शिक्षा देना है। विद्यालयों में वहाँ के सदस्यों के संगठित कोशिशों के द्वारा स्वास्थ्य शिक्षा से सम्बन्धित विद्यालयी शारीरिक क्रियाकलाप संचालित किये जाते हैं। इस प्रकार शारीरिक क्रियाकलाप का सामान्य अर्थ विद्यालय में सभी छात्रों को विद्यालयी शारीरिक क्रियाकलाप का अध्ययन कराना है जिससे उनमें अच्छी आदतों का निर्माण हो सके एवं स्वास्थ्य उत्तम बन सके।

आयु तथा लिंग पर आधारित शारीरिक क्रियाकलाप

आयु एवं लिंग के अनुसार ही बालकों को शारीरिक क्रियाकलाप कराये जाने चाहिए एवं उनकी शारीरिक क्षमता का भी ध्यान रखना चाहिए। अगर शारीरिक क्रियाकलाप इसकी प्रतिकूल दिशा में किया जायेगा तो इसके परिणाम में लाभ की जगह हानि की सम्भावना अधिक रहेगी।

एक विद्वान् ने लिखा है कि ''सामान्य बालक को उसकी आयु तथा लिंग के अनुकूल शारीरिक क्रियाकलाप करने चाहिए। कुछ शारीरिक क्रियाएँ बालिकाओं हेतु सर्वथा अनुपयुक्त होती हैं, यह निर्विवाद है, यथा-कुश्ती एवं मुक्केबाजी इत्यादि। कुछ शारीरिक क्रियाएँ बड़े बालकों के लिए हानिकारक भी हो सकती हैं। बड़े बालकों के उपयोग सिद्ध होने वाली कुछ क्रियाएँ छोटे बालकों हेतु हानिकारक भी हो सकती हैं। छोटे बालकों को साधारणतया ऐसे खेलों एवं क्रियाकलापों में हिस्सा लेना चाहिए जो उनकी शारीरिक क्षमता के अनुकूल हों, जिसमें शक्ति और ऊर्जा का कम ह्रास हो एवं जो कुशलता के विकास में सहायक हों। अतएव विभिन्न आयु के बालकों के लिए शारीरिक क्रियाकलाप भी पृथक-पृथक होने चाहिए।

कक्षा 1 से 5 हेतु

इस स्तर के बालकों की उम्र कम होती हैं। उनमें शारीरिक विकास पूर्ण तरीके से नहीं हो पाता और न ही उनमें शारीरिक क्षमता अधिक होती है। इस स्तर के बालकों को हल्के-फुल्के व्यायाम ही कराना सही रहता है। ज्यादा थकान वाले और लम्बे व्यायाम इस आयु के बालकों को कराने के स्थान पर कम समय

में समाप्त होने वाले तथा हल्के व्यायाम जैसे-योगासन आदि कराना इस स्तर पर उचित है।

इसमें सामूहिक व्यायाम लाभदायक सिद्ध होंगे, लेकिन यदि व्यायाम की अपेक्षा सामूहिक खेल-कूद का आयोजन किया जाये तो ज्यादा उत्तम रहेगा क्योंकि छोटे बालक खेल में ज्यादा रुचि लेते हैं। खेल-कूद भी अधिक लम्बे नहीं होने चाहिए एवं खेल के बाद कुछ समय बच्चों के साथ प्रेम एवं सहानुभूति और कोमल व्यवहार रखना चाहिए। उनको मारना-पीटना नहीं चाहिए अपितु उनकी भूलों को सुधार करने का मौका देना चाहिए।

कक्षा 6 से 8 हेतु

यह अवस्था बाल्यावस्था है। बाल्यावस्था की प्रमुख विशेषताओं को ध्यान में रखकर ही अध्यापक को उनके शारीरिक क्रियाकलापों का आयोजन करना चाहिए। माना जाता है कि 'बाल्यावस्था एक अनोखा काल है।' इस वय में बालक में कुछ ऐसे परिवर्तन आते हैं जिनको समझना अध्यापक व अभिभावकों के लिए कठिन होता है। इस वय में बालक के जीवन में स्थायित्व आता है, वह रचनात्मक कार्यों में रुचि लेने लगता है। हस्तकार्यों में रुचि उत्पन्न होती है, यथा-लकड़ी और मिट्टी की वस्तुएं बनाना, उद्यान में कार्य करना एवं लड़कियाँ सिलाई, पिरोना, कढ़ाई,-बुनाई में विशेष रुचि लेने लगती है। इस समय बालकों में सामाजिक प्रवृत्ति का तीव्रता से विकास होता है। शैशवकाल की तुलना में इस उम्र में बालक अकेले रहना पसन्द नहीं करते बल्कि साथी बनाना, उनके साथ खेलना पसन्द करते हैं। उनका ज्यादातर समय समूह में रहकर व्यतीत होता है, उनका मन घर पर बिल्कुल नहीं लगता है। इसी तरह यदा-कदा बालक समुदाय का गिरोह बनाकर आगे चलकर गलत राह भी पकड़ सकते हैं। इस आयु में अनुकरण की प्रवृत्ति का बाहुल्य होता है। बालक अपने बड़ों की नकल कर उनके जैसा आचरण करते हैं बालिकाएँ अपनी माँ का अनुकरण करती हैं, उदाहरण के लिए-खाना पकाना, झाडू लगाना तथा साड़ी पहनना इत्यादि।

चूँकि इस अवस्था में बालकों में समूह बनाने की प्रवृत्ति पाई जाती है। उदाहरण के लिए-समूह बनाकर पार्क में टहलना, मैदान में खेलना आदि। अतः इस अवस्था के बालकों में आवारा घूमने, कक्षा से भाग जाने तथा आलस्य में पड़े रहने जैसी प्रवृत्तियाँ भी पाई जाती हैं।

अध्यापक को बाल्यकाल की विशेषताओं को ध्यान में रखकर ही उनके शारीरिक क्रियाशीलनों का आयोजन करना चाहिए। निम्नांकित बातों पर विशेष रूप से ध्यान देकर हम उनके क्रियाकलापों का आयोजन कर सकते हैं-

1. नृत्य बालिकाओं के लिए शारीरिक व्यायाम का उत्तम साधन है जिसमें उन्हें प्रशिक्षित करना चाहिए।
2. इस अवस्था में सामूहिक प्रवृत्ति होने की वजह से सामूहिक खेल, सामूहिक क्रियाकलाप तथा सामूहिक क्रियाओं का आयोजन करना बालक के लिए रुचिकर होता है।
3. शारीरिक क्रियाकलाप, चाहे व्यायाम हो अथवा खेल-कूद, ज्यादा थकाने वाले नहीं होने चाहिए।
4. कक्षा 8 के बालकों से योगासन कराया जा सकता है तथा कक्षा 7 में पूर्व अभ्यास करना चाहिए।
5. उन शारीरिक क्रियाकलापों का चुनाव करना चाहिए जिन्हें भली-भाँति समझ सके।
6. कक्षा 6 के बालकों को योगासनों की जानकारी देकर अगली कक्षा हेतु तैयार करना चाहिए।
7. इस अवस्था में बालक और बालिकाओं के व्यायामों में भिन्नता होनी चाहिए।
8. शारीरिक क्रियाकलापों को करने में 'सरल से कठिन की ओर' सूत्र का उपयोग करना चाहिए।

शिक्षा हेतु पाठ योजना का महत्त्व

पाठ योजना सम्बन्धी यह उपागम क्षेत्रीय शिक्षा महाविद्यालय मैसूर ने विकसित किया है। इसलिए इस उपागम को क्षेत्रीय शिक्षा महाविद्यालय मैसूर उपागम या आर.सी.ई.एम. उपागम के नाम से जाना जाता है। ये पाठ योजना अन्य पद्धतियों से श्रेष्ठ मानी गई है। इसमें मानसिक प्रक्रियाओं को महत्त्व दिया जाता है। उद्देश्यों के निर्धारण में ब्लूम के वर्गीकरण का प्रयोग किया गया है। इस उपागम में 17 मानसिक योग्यताओं का उपयोग किया गया है। शिक्षक की अपनी पाठ योजनाओं में इन्हीं मानसिक योग्यताओं के विकास की व्यवस्था करनी पड़ती है।

प्रमुख विशेषताएँ

1. यह उपागम प्रणाली उपागम (System Approach) के उपयोग पर आधारित है।

2. इस उपागम में प्रणाली उपागम के तीनों पदों- अदा (Input) प्रक्रिया (Process) और प्रदा (Output) को प्रयोग में लाया जाता है। ये पद अग्रलिखित हैं-

(i) अदा उपागम- आर.सी.ई.एम. उपागम में अदा (Input) को अपेक्षित व्यवहार परिणाम (Expected Behaviour Outcomes or E B O S) का नाम दिया गया है। इस पद में पाठ

के शैक्षिक उद्देश्यों को ठीक प्रकार से निर्धारित व स्पष्टीकरण किया जाता है।

अदा के अन्तर्गत शिक्षण के अपेक्षित व्यवहारों का निर्धारण करना तथा उन्हें व्यावहारिक रूप में लिखना है। ब्लूम में 6 वर्गों को 4 वर्गों में बाँट लिया गया है। इन चार वर्गों–ज्ञान, बोध, प्रयोग तथा सर्जनात्मक, को 17 मानसिक योग्यताओं में बाँटा गया है। इनकी मदद से शिक्षण उद्देश्यों को व्यावहारिक रूप में लिखा जाता है।

(ii) प्रक्रिया– इन उपागम में प्रक्रिया को संप्रेषण व्यूह रचना (Communication Strategies) का नाम भी दिया गया है। इस पद को हरबर्ट उपागम के 'प्रस्तुतीकरण' और ब्लूम के 'मूल्याँकन उपागम' के 'अधिगम अनुभव' (Learning Experience) पदों जैसा ही माना जाता है। उद्देश्यों की प्राप्ति के लिए शिक्षण की अलग-अलग विधियों, व्यूह रचनाओं तथा सहायक सामग्री की व्यवस्था की जाती है। इस पद में छात्र और शिक्षक दोनों की क्रियाएँ शामिल हैं और कक्षा में अन्त:क्रिया होती है।

(iii) प्रदा उपागम– इस उपागम से इस पद को 'वास्तविक अधिगम परिणाम' (Real Learning Outcomes-RLO) का नाम भी दिया गया है। छात्रों के पद का सीधा सम्बन्ध पाठ के मूल्यांकन से होता है। छात्रों के व्यवहार में परिवर्तन होना ही 'वास्तविक अधिगम परिणाम (RLO) कहलाता है। इसके लिए शिक्षक अलग-अलग प्रकार की मापन विधियों का प्रयोग करता है। ये मापन विधियाँ 'अपेक्षित व्यवहार परिवर्तन' (EBOS) पर आधारित होती हैं। इसमें अध्यापक मौखिक तथा लिखित परीक्षाओं को प्रयोग में लाता है और क्षिक्षण के साथ-साथ वह अपने उद्देश्यों की प्राप्ति की जानकारी भी लेता रहता है।

भारतीय परिस्थितियों में यह उपागम ज्यादा उपयोगी सिद्ध हो सकता है। इस उपागम में ब्लूम के वर्गीकरण का उपयोग किया जाता है और ब्लूम के 6 वर्गों को घटाकर सिर्फ 4 वर्गों का प्रयोग किया गया है। दूसरे उपागमों में मानसिक क्रियाओं का कोई उल्लेख नहीं है जबकि इसमें 17 मानसिक योग्यताओं का वर्णन है। हरबर्ट उपागम में शैक्षिक उद्देश्यों के वर्गीकरण का प्रयोग नहीं किया जाता और न ही इन उद्देश्यों का प्रयोग मूल्याँकन उपागम में किया जाता है। हरबर्ट उपागम में केवल ज्ञान पक्ष से सम्बन्धित उद्देश्यों की पूर्ति हो सकती है। आर.सी.ई. एम. उपागम स्मृति स्तर तक सीमित है तथा बोध और चिन्तन भी इसमें शामिल है। मानसिक योग्यताओं का वर्णन मूल्याँकन उपागम में नहीं पाया जाता। जबकि आर.सी.ई.एम. उपागम में छात्रों की योग्यताओं, रुचियों, अभिरुचियों और प्रविष्टि व्यवहारों (Entering Behaviours) का पूरा ध्यान रखा जाता है। दूसरे उपागमों में ऐसी व्यवस्था नहीं मिलती। इस प्रकार आर.सी.सी. ई.एम. उपागम दूसरे उपागमों से कई दृष्टिकोणों में उत्तम माना जाता है।

पाठ योजना की महता

पाठ योजना बनाने से शिक्षक तथा छात्र दोनों को निम्नलिखित लाभ होते हैं–

(i) पाठ योजना शिक्षण कार्य में महत्त्वपूर्ण मार्गदर्शिका का लाभ कराती है।
(ii) सिखाने का उद्देश्य निश्चित हो जाता हैं।
(iii) पाठ योजना कक्षा नियंत्रण में सहायक होती है।
(iv) परिस्थिति और क्रिया के अनुसार शिक्षण विधि का चुनाव करने में अध्यापक को सहायता मिलती है।
(v) कक्षा में अनुशासन बना रहता है।
(vi) शिक्षण कार्य में इससे स्वतंत्रता बनी रहती है।
(vii) नये पाठ का पूर्व पाठ से सम्बन्ध जोड़ा जाता है।
(viii) पाठ्यक्रम समय पर समाप्त हो जाता है।
(ix) शिक्षण की सफलता का मूल्यांकन किया जा सकता है।
(x) शिक्षक विषय से दूर नहीं रह पाता है।
(xi) शिक्षक सहायक सामग्री के आयोजन में सफल रहता है।
(xii) पाठ क्रमानुसार प्रस्तुत किया जा सकता है।
(xiii) शिक्षक छात्रों की शंकाओं एवं कठिनाईयों को हल करने में समर्थ बनता है।
(xiv) शिक्षक को महत्त्वपूर्ण प्रश्न करने की प्रेरणा देती है।
(xv) कक्षा में अनुशासन बना रहता है।

उक्त सभी महत्त्वपूर्ण तथ्यों से ज्ञात होता है कि पाठ योजना दोनों नए तथा अनुभवी शिक्षकों के लिए आवश्यक होती है। कुछ आलोचकों का विचार है कि अनुभवी अध्यापकों के लिए पाठ योजना आवश्यक नहीं हैं क्योंकि बार-बार एक ही विषय पढ़ाते रहने से उनको सब याद हो जाता है लेकिन यह विचार सत्य प्रतीत नहीं होती है क्योंकि हर वर्ष छात्र भिन्न होते हैं, परिस्थिति बदलती हैं, साधनों की उपलब्धता भी बदलती हैं, छात्रों का अनुभव एवं शिक्षण के लिए मिलने वाली अवधि आदि सभी बातों में परिवर्तन होता है इसलिए अनुभवी शिक्षकों को भी पाठ योजना बनाना जरूरी है। हाँ इतना जरूर है कि नये अध्यापकों को अनुभवी अध्यापकों की तुलना में विस्तृत पाठ योजना तैयार करनी चाहिए।

पाठ योजना तैयार करते समय शिक्षक को ध्यान में रखने वाली बातें

अध्यापक को पाठ योजना बनाते समय निम्नलिखित बातों का ध्यान रखना चाहिए-

(i) जो विषय शिक्षक पढ़ाने जा रहा है उससे संबंधित छात्रों का पूर्व ज्ञान क्या है इसकी जानकारी उसको होनी चाहिए।

(ii) अध्यापक को विषय के उद्देश्यों का पूर्ण ज्ञान होना चाहिए।

(iii) शिक्षक को बालकों के मनोविज्ञान का ज्ञान होना चाहिए।

(iv) जो विषय या क्रिया शिक्षक विद्यार्थियों के समक्ष प्रस्तुत करने वाला है उसका पूर्ण ज्ञान होना चाहिए।

(v) विषय के ज्ञान के साथ ही साथ शिक्षक को शिक्षण-विधियों का भी ज्ञान होना चाहिए।

आदर्श पाठ योजना के प्रमुख गुण

आदर्श पाठ योजना में निम्नलिखित गुण विद्यमान होते हैं-

(i) उत्तम विषयवस्तु का चुनाव करना चाहिए।

(ii) पाठ योजना लिखित होनी चाहिए।

(iii) पाठ योजना विद्यार्थियों के पूर्वज्ञान पर आधारित होनी चाहिए।

(iv) पाठ योजना में सहायक उपकरणों का उपयोग समय पर होना चाहिए।

(v) विषय के सामान्य एवं विशेष उद्देश्य निश्चित होने चाहिए।

(vi) विषयवस्तु को क्रमानुसार रखना चाहिए।

(vii) पाठ योजना लचीली एवं विकासोन्मुख होनी चाहिए।

(viii) प्रत्येक चरण हेतु समय निर्धारित होना चाहिए।

(ix) पाठ योजना में मूल्यांकन एवं निरीक्षण का स्थान निश्चित होना चाािहए।

(x) पाठ योजना विद्यार्थियों को चिन्तनशील बनाने वाली हो।

(xi) पाठ योजना में शामिल क्रियाएँ छात्रों की आयु के अनुसार होनी चाहिए।

(xii) पाठ योजना में फलक कार्य को स्पष्ट निर्देशित करना चाहिए।

(xiii) पाठ योजना निर्धारित समय के अन्दर समाप्त हो जानी चाहिए।

अवलोकन- किसी भी क्रिया या विषय को ठीक तरह से पढ़ाना जितना महत्त्वपूर्ण है ठीक उतना ही महत्त्वपूर्ण पाठ योजना के अनुसार पढ़ाना है। लेकिन अध्यापक जब पाठ पढ़ाता है तब स्वयं अपना मूल्यांकन नहीं कर सकता है। इसलिए शिक्षक तथा उसके पाठ योजना का अवलोकन किया जाना चाहिए। पाठ योजना अवलोकन करना भी एक कला है। अवलोकन का आशय केवल अध्यापक की गलतियाँ निकालना नहीं है बल्कि शिक्षक के अध्यापन में सुधार लाने के लिए सुझाव देना है। इस दृष्टि से अवलोकन निम्न प्रकार से करना चाहिए:-

1. पाठ योजना

1. वह लचीली है या नहीं।
2. गलतियाँ रहित है या नहीं।
3. पाठ योजना सही बनायी गयी है या नहीं।
4. शिक्षक पाठ योजना से दूर तो नहीं हट रहा है।
5. पाठ-विभाजन योग्य इकाइयों में किया गया है या नहीं।

2. लक्ष्य

1. सामान्य एवं विशिष्ट उद्देश्य अध्यापकों को ज्ञात है या नहीं।
2. उद्देश्य प्राप्त करने में अध्यापक कहाँ तक सफल हुआ।

3. प्रस्तावना तथा प्रेरणा

1. प्रस्तावना परिणामकारी है या नहीं।
2. प्रस्तावना द्वारा अध्यापक विद्यार्थियों के उद्देश्य की ओर ले जाने में सफल रहा या नहीं।
3. पाठ योजना विद्यार्थियों के पूर्वज्ञान तथा अनुभवों पर आधारित है या नहीं।
4. छात्रों को प्रेरणा मिली या नहीं।
5. प्रस्तावना प्रासंगिक है या नहीं।

4. लक्ष्य कथन

1. उद्देश्य अकृत्रिमता से बताया गया या नहीं।
2. उद्देश्य कथन की भाषा सरल तथा सुबोध थी या नहीं।
3. उद्देश्य सही समय पर बनाया गया या नहीं।
4. उद्देश्य कथन श्यामपट्ट पर लिखा गया या नहीं।

5. विषय प्रतिपादन

1. अध्यापन पद्धति विषयानुसार थी या नहीं।
2. किस ढंग एवं पद्धति से प्रश्न पूछे गए?
3. क्या विषय वस्तु या क्रिया क्रमबद्ध रीति से प्रस्तुत की गई थी?

4. क्या अध्यापन पद्धति में सुधार लाया जा सकता है?
5. अध्यापक ने श्यामपट्ट का उपयोग सही पद्धति से किया या नहीं।?
6. क्या शिक्षक ने छात्रों की ओर व्यक्तिगत ध्यान दिया?
7. अन्य सहायक सामग्री किस प्रकार से उपयोग में लाई गई।
8. क्या अध्यापक ने विद्यार्थियों की शंकाओं का निराकरण किया?
9. पाठ योजना में विद्यार्थियों का सहभाग कहाँ तक है?
10. शिक्षक की भाषा कैसी थी?
11. क्या प्रश्न पूछने के लिए विद्यार्थियों को प्रोत्साहित किया गया?
12. विद्यार्थियों से प्रतिचार मिला या नहीं।
13. क्या अध्यापक विषयवस्तु एवं छात्रों की धारणा के प्रति सचेत था?
14. विद्यार्थियों के प्रतिचार को अध्यापक किस तरह बढ़ावा देते थे।
15. जो सिखाया जा रहा था क्या विद्यार्थी उसे समझ रहे थे?
16. क्या पाठ का सम्बन्ध व्यावहारिक एवं अन्य विषयों से जोड़ा गया?
17. क्या छात्रों के कार्य को शिक्षक ने व्यक्तिगत रूप से देखा?
18. क्या छात्रों को स्वयं चिन्तन-मनन करने की प्रेरणा मिली?
19. छात्रों पर अध्यापक का प्रभाव कहाँ तक सफल रहा।
20. सामान्यीकरण करने में विद्यार्थी कहाँ तक सफल रहे?

6. पुनरावृत्ति-पुनरावलोकन

1. पुनरावर्तन शिक्षक ने स्वयं किया या छात्रों की सहायता से किया।
2. पुनरावलोकन सही समय पर किया गया या नहीं।

7. गृहकार्य

1. क्या गृहकार्य पाठ पर आधारित था?
2. गृहकार्य किस प्रकार का था?
3. गृहकार्य विद्यार्थियों के स्तर के अनुसार था या नहीं।
4. क्या गृहकार्य अतिभारित या पुनरावर्तित था?

8. अध्यापक का निरीक्षण

1. छात्रों के प्रति शिक्षक का व्यवहार कैसा था?
2. शिक्षक की पाठ्य वस्तु की तैयारी कैसी थी?
3. शिक्षक के शरीर की क्रियाएं तथा चेहरे का भाव कैसा था।
4. सिखानें में उत्साह दिखाई देता था या नहीं।
5. उसमें आत्मविश्वास था या नहीं।
6. सिखाने में मौलिकता थी या नहीं।
7. भाषा पर अध्यापक का नियन्त्रण कैसा था?
8. शिक्षक की आवाज सभी छात्रों को सुनाई देती थी या नहीं।
9. शिक्षक का दर्शन कैसा था।

9. अन्य प्रकार के निरीक्षण

1. क्या कक्षा प्रबन्ध एवं नियंत्रण ठीक था?
2. पाठ्यवस्तु निर्धारित समय के अन्दर समाप्त हुआ या नहीं।
3. छात्रों का उत्साह पाठ के अन्त तक जारी रखा गया या नहीं।
4. पूरे पाठ का विद्यार्थियों पर कैसा प्रभाव दिखाई पड़ा।

पर्यवेक्षण/निरीक्षण की विधियां

शिक्षा में 'निरीक्षण' शब्द का पारंपरिक अर्थ 'जांच' को जोसेफ ने 1963 में प्रयुक्त किया था। मूलत: औपचारिक एवं अधिकृत धारणा 'जांचें' का अर्थ था, ''शिक्षण संस्थानों जो सरकार द्वारा विभिन्न कोषों से धन के रूप में आर्थिक अनुदान प्राप्त करते हैं, उन पर एक अत्यंत निरीक्षकपूर्ण दृष्टि रखना।'' सरकार के लिए 'रखवाले कुत्ते की भांति कार्य करते हुए 'जांच कर्ता' स्कूल अथवा कॉलेज के सामाजिक एवं राजनीतिक वातावरण के अन्तर्गत शिक्षण कार्यक्रमों एवं अभ्यासों पर ध्यान रखता है एवं प्रशासन, वित्तीय एवं शैक्षणिक नियमों एवं अधिनियमों का कठोरता से पालन सुनिश्चित करता है। जोसेफ ने ब्रिटिश राज्य एवं स्वतंत्रता के आरंभिक दिनों में 'जांच' पर अपनी टिप्पणी की एवं संकेत किया ''वित्तीय असन्तुष्टता के दबाव तले स्कूल प्रबन्धन सदैव आदेशात्मक मानकों को प्रभावित करता है एवं जांच के समय दिखावे की प्रवृत्ति को विकसित करता है। जांचकर्त्ताओं द्वारा अध्यापकों के कार्यों की अपरिवर्तनीय आलोचना एवं यहां तक कि खिल्ली भी उड़ाई जाती थी।'' तत्पश्चात् अनुदान का भुगतान जांचकर्त्ता के आदेशों पर पूर्ण निर्भर करता था। इसलिए स्कूल अधिकारी जांचकर्त्ताओं से भयमिश्रित ढंग से व्यवहृत होते थे एवं उनके शब्दों को बिना कोई प्रश्न के स्वीकार कर लेते थे।

समय बीतने के साथ लोग सजग हुए एवं शिक्षण व्यवस्था पहचान में आई 'दोष ढूंढ़ने' वाली जांच निरीक्षण में परिवर्तन हो गई जिसका व्यापक क्षेत्र है, जिसमें 'मार्गदर्शन, नेतृत्व एवं सहायता' शामिल हैं। यह परिवर्तन इस दृष्टि से स्वीकार किया जाता है कि लोकतांत्रिक अवस्था में लोकतांत्रिक ढंग से कार्य करने की आवश्यकता होती है। जिस प्रकार पहले जांच की जाती

थी वह ढंग आजकल के समय के अनुरूप नहीं है। इस दिशा में असाधारण सुधार देखा गया है परन्तु अभी बहुत कुछ करने की और आवश्यकता है। डॉ. जाकिर हुसैन समिति ने 'जांचकर्त्ता' के लिए 'निरीक्षक' शब्द को विकल्प के रूप में प्रयोग किया।

निरीक्षण का अर्थ

'निरीक्षण' की अवधारणा लेटिन शब्द 'Super' अर्थात् 'समय' एवं 'Video' अर्थात् 'देखना' से लिया गया है। वेबस्टर कालजीएट शब्द कोश के अनुसार ''एक निरीक्षक एक पर्यवेक्षक होता है जो दूसरों के कार्यों को उनकी गुणवत्ता के लिए उत्तरदायित्वपूर्ण ढंग से देखता है।'' सामान्यतः इसे प्रथम पंक्ति का प्रबंन्ध कहा जाता है एवं संगठन में वास्तविक कार्य करने वाले अत्यंत निकटवर्ती व्यक्ति जो व्यक्तिगत एवं समूह रूप में शामिल होते हैं।

निरीक्षण शिक्षण प्रशासन की दुनिया में एक नया शब्द है। परम्परागत शब्द जांच (Inspection) था, जिसका आजकल बहुत कम प्रयोग किया जाता है। निरीक्षण एवं जांच दोनों का एक अर्थ नहीं है। निरीक्षण एक लोकतांत्रिक एवं सहायक कार्यप्रणाली होती है। जिसके द्वारा शिक्षा को प्रभावी बनाया जा सकता है। दूसरी ओर 'जांच' का अर्थ ध्यान से देखना एवं दोष ढूंढ़ने वाली कार्य प्रणाली के रूप में लिया जाता है। निरीक्षण का आधारभूत कार्य लड़कों एवं लड़कियों के लिए अधिगम वातावरण, स्थितियों एवं परिस्थितियों में सुधार करना है। यदि किसी व्यक्ति को निरीक्षण प्रभारी की स्थिति शिक्षण संस्थान में अधिगम को अधिक प्रभावी बनाने में योगदान नहीं करती तो वह अपनी स्थिति के साथ न्याय नहीं करता है। निरीक्षण अध्यापकों को अपना कार्य अच्छे ढंग से करने के लिए सहायता करता है। संगठन, उपकरण, सदस्य सबंध एवं अध्यापक कल्याण केवल बच्चों एवं युवाओं के लिए अधिगम अवसरों में सुधार के अर्थ में ही महत्त्वपूर्ण है।

अधिकतर अध्यापकों में जिस सामर्थ्य का वे प्रयोग करते हैं उससे कहीं अधिक सामर्थ्य होता है। दृष्टिकोण का अभाव, अनुभव, सामाजिक दबाव, संस्था में पाठ्यक्रम का ढांचा, टीमों के जीतने की मांग, मानवीय संबंधों में सामंजस्य का अभाव, दुर्बल कर्मचारी, प्रशासन, दुर्बल स्वास्थ्य, अपने कार्य को मूल्यांकित करने की अयोग्यता आदि अनेक तथ्य अध्यापकों को उनके कौशलों एवं योग्यताओं के प्रयोग करने से रोकते हैं। निरीक्षक का कार्य अध्यापकों को इन तथ्यों को समझने एवं नियंत्रण करने में सहायता करना अर्थात् विद्यार्थियों के शिक्षण अनुभवों में लिंगानुपात अनुसार सुधार करना।

परंपरागत धारणाओं एवं अर्थों पर दृष्टिपात करने से नवीन प्रवृत्ति एवं नवीन धारणा की खोज शीघ्र ही अनेक पुरानी मान्यताओं का जीर्णोद्धार करेगी।

निरीक्षण की पुरानी एवं नवीन धारणाओं में अंतर

पुरानी धारणा	नवीन धारणा
1. जांच	1. अध्ययन एवं विश्लेषण
2. अध्यापक पर केन्द्रित	2. सामग्री उद्देश्यों पर केन्द्रित
3. सीमित कार्य-भ्रमण एवं सम्मेलन	3. अनेक विभिन्न कार्य
4. निरुद्देश्य एवं आकस्मिक अथवा अपर्याप्त औपचारिक योजना	4. संगठित एवं नियोजित
5. थोपा हुआ अथवा अधिकारिक	5. संचालित एवं सहयोगी
6. केवल एक व्यक्ति का कार्य	6. कई लोगों का कार्य

निरीक्षक कौन होता है?

कोई भी अधिकारित नेता जो संस्था, संगठन एवं विभाग आदि को नेतृत्व प्रदान करता है, जैसे एक प्राथमिक अथवा माध्यमिक स्कूल अथवा उच्च माध्यमिक स्कूल अथवा कॉलेज में प्रमुख अध्यापक अथवा प्रधानाचार्य अथवा प्राचार्य, एवं कॉलेज अथवा विश्वविद्यालय में विभाग का अध्यक्ष अथवा पदाधिकारी होता है उसे निरीक्षक कहा जाता है। शारीरिक शिक्षा के निरीक्षक का कार्य संस्था में चलाए जा रहे शारीरिक शिक्षा के कार्यक्रम अथवा ढांचे पर निर्भर करता है। इसके साथ यह स्कूल में शारीरिक शिक्षा के अध्यापकों की संख्या एवं अन्य अध्यापकों की शारीरिक शिक्षा के कार्य में सहभागिता पर भी निर्भर करता हैं।

एक निरीक्षक के कार्यों में विभिन्न कार्यक्रमों में तालमेल, समूह के नवीन विचारों को लेकर आना, नए भर्ती अध्यापकों की सहायता करना, स्थानापन्न एवं विशिष्ट समस्याओं पर कार्य करना, साथ-साथ अध्यापकों की वृद्धि की सामान्य सेवा के लिए नियोजन, शारीरिक शिक्षा के अध्यापकों के लिए वांछित क्रियात्मक कार्यक्रमों के साथ-साथ बड़े कार्यक्रमों की तैयारी, अंतः क्षेत्रीय एवं बाह्य क्षेत्रीय कार्यक्रम आदि को भी शामिल किया जाता है।

निरीक्षक के विभिन्न कर्त्तव्य संगठन की प्रकृति एवं ढांचे के अनुरूप होते हैं। पूर्व कथित कार्यों से अधिक कार्य भी दिए जा सकते हैं।

संगठनात्मक ढांचे एवं प्रकृति की असावधानी, आजकल के समय में सहयोगपूर्ण सदस्य अध्ययन एवं कॉलेज तथा विश्वविद्यालय दोनों स्तरों पर नियोजन कार्यक्रम चलाए जा रहे हैं जो शारीरिक शिक्षा के सामान्य कार्यक्रमों जो सभी विद्यार्थियों के लिए एवं शारीरिक शिक्षा के अध्यापकों की तैयारी के लिए चलाए जाने हैं, में सुधार के लिए दिशा-निर्देश प्रदान करता है। इस प्रकार के सेवाकालीन सदस्य अध्ययन निरीक्षण कर्त्तव्य निर्माण करते हैं। तत्पश्चात् संस्था के अन्दर जो अन्य नेतृत्व भूमिकाओं का निर्वाहन करते हैं, वह भी निरीक्षक हैं। यह सभी

लोग अध्यापकों की सहायता एवं लड़के एवं लड़कियों के लिए अधिक अर्थपूर्ण अनुभवों को प्रदान करके शिक्षण कार्यक्रमों में सुधार करने के लिए अपने समय के भाग को खर्च करते हैं। भले ही वे प्रशासकीय क्रियाओं में लगे होते हैं। किन्तु प्रयुक्त कार्यप्रणाली के प्रयोग का उनके निरीक्षण कार्य पर सीधा प्रभाव पड़ता है।

निरीक्षण की परिभाषाएं

निरीक्षण की धारणा की ठोस परिभाषा इतना आसान नहीं है क्योंकि निरीक्षण एक सूक्ष्म धारणा है। सन्दर्भ पर निर्भर होने के कारण निरीक्षण का अनेक लोगों के लिए अनेक अर्थ हो सकता है। उदाहरणार्थ उद्योग में निरीक्षण का अर्थ ''देखभाल'' ("Over seeing") करना है एवं व्यवसाय में ''निर्देशन एवं नियंत्रण'' ("direction and control") हैं, जिसमें मानवीय निपुणता को बढ़ाने एवं उत्तम परिणाम सुनिश्चित करने की दृष्टि विद्यमान रहती है। शैक्षणिक व्यवस्था में निरीक्षण शिक्षण को सुधारने, शिक्षण कार्य प्रणाली को जटिल बनाने वाले सभी तथ्यों एवं स्थितियों पर उपयुक्त नियंत्रण करने'' की एक प्रवीण तकनीक है। एक ''व्यवस्थित एवं निरंतर प्रयास'' ("Systematic and Continuous effort") के रूप में विशेषज्ञ सेवाएं सभी शैक्षणिक को सामान्य एवं संस्था को विशेष उद्देश्य के रूप में प्रदान की जाती है।

''निरीक्षण एक विशेषज्ञ तकनीकी सेवा है जो प्रारंभिक रूप में अध्ययन एवं सुधार की स्थितियों जो अधिगम एवं शिष्य की वृद्धि के आस-पास से संबंधित है।''

"Supervision is an expert technical service primarily concerned with studying and improving conditions that surround learning and pupil growth."

एडमस एवं डिक्की के विचारों में 'निरीक्षण संस्था के सुधार के लिए एक नियोजित कार्यक्रम है।'' अय्यर के अनुसार ''सभी शिक्षण प्रयासों में यह निरीक्षण सर्वाधिक श्रेष्ठ एवं गतिशील है। यह सर्वाधिक श्रेष्ठ है क्योंकि यह सर्वाधिक विचारवान है। यह सर्वाधिक गतिशील है क्योंकि रचनात्मक है।''

Supervision is a "planned programme for improvement of institutions" stated Adams and Dicky. According to Ayer, "At its best, supervision is the most noble and dynamic of all educational endeavours. It is the most noble because it is the most considerable. It is the most dynamic because it is the creative."

ब्रिगस एवं जस्टमैन जोसेफ ने अपने विचार इस प्रकार व्यक्त किए हैं कि 'सामान्यतः निरीक्षण का अर्थ है अध्यापकों की वृद्धि में तालमेल, प्रोत्साहन एवं निर्देशन करना ताकि प्रत्येक शिष्य की वृद्धि को प्रोत्साहन एवं निर्देशन की शक्ति मिल सके, और यह सब वह अपनी प्रतिभा के अभ्यास द्वारा उस सभ्यता में रहते हुए जो सर्वाधिक सम्पन्न एवं बुद्धिमतापूर्ण है, सहभागिता द्वारा करता है।''

Briggs and Justman, Joseph expressed their views that "In generally supervision means to coordinate, stimulate and direct the growth of the teachers in the power to stimulate and direct the growth of every individual pupil through the exercise of his talent towards the richest and most intelligent participation in the civilization in which he lives."

विलियम ए. यीगर ने लिखा है कि ''निरीक्षण को जब एक ऐसी कार्य प्रणाली के रूप में विचारा जाता है जिसके अपने उद्देश्य होते हैं-समग्र शिक्षण-अधिगम स्थिति में सामान्य सुधार।''

William A. Yeager writes that "Supervision is now conceive as a process which has as its purpose-the general improvement of the total teaching learning situation."

जोहन ए. बार्थी ने अपनी पुस्तक ''निरीक्षण मानवीय संबंध में'' लिखा है 'अच्छा निरीक्षण सदैव अध्यापक के विकास शिष्यों की वृद्धि एवं शिक्षण-अधिगम प्रक्रिया में सुधार से संबंधित होता है।'' किम्बल वाइल ने लिखा है कि ''निरीक्षण एक अच्छे शिक्षण-अधिगम स्थिति के विकास में सहायता है।''

John A. Barthy writes in his book "Supervision as Human Relation" good supervision is always concerned with the development of teacher, the growth of the pupil and improvement of the teaching learning process."

Kimbal Wiles writes that "Supervision is assistance in the development of a better teaching learning situation."

उपर्युक्त परिभाषाओं के प्रकाश में निष्कर्षतः यह कहा जा सकता है कि 'निरीक्षण का अर्थ आवश्यक विशिष्ट दर्शन है। यह इस प्रकार की स्वयं क्रियात्मक वृद्धि को उत्साहित एवं निर्देशित करने के लिए एक व्यवस्थित एवं निरंतर प्रयास है जो

अध्यापक के अपने उत्तरदायित्वों के अन्तर्गत विद्यार्थियों के साथ शिक्षा के संगठित उद्देश्यों की प्राप्ति के लिए प्रभावी योगदान में वृद्धि करता है। 'निरीक्षण' धारणा का मूल्यांकन इस ओर संकेत करता है कि आज यह अध्यापक एवं विद्यार्थी दोनों की अच्छी शिक्षण-अधिगम स्थिति के विकास में सहायता प्रदान करने का प्रयास है, साथ ही एक सकारात्मक पूर्ति सूचना प्रदान करती है अथवा संस्था में निवेश अथवा संगठन में अध्यापकों एवं विद्यार्थियों के शिक्षण अधिगम अनुभवों को शक्ति प्रदान करती है।

निरीक्षण के लक्ष्य एवं उद्देश्य

निरीक्षण का लक्ष्य है ''एक अच्छे शिक्षण-अधिगम वातावरण को विकसित अथवा प्रोत्साहित करना।'' निरीक्षण के उद्देश्य निम्न हैं:

1. शिक्षण संस्था के लिए उचित लक्ष्यों को व्यवस्थित करना।
2. संस्था के अध्यक्ष एवं अध्यापकों को व्यावसायिक नेतृत्व प्रदान करना।
3. संस्था में किसी भी अप्रभाविकता को जांचना।
4. शिक्षण कार्यक्रमों के सकारात्मक परिणामों को सशक्त करना एवं शिक्षण व्यवस्था में यदि कोई रुकावट है तो उसे दूर करना।

निरीक्षण की प्रकृति एवं क्षेत्र

निरीक्षण मूल्यांकन से संबंधित है। ये दोनों जिम्मेवारी से संबंधित हैं तथा सभी तीनों धारणाएं हैं जो प्रबंधन की आधारभूत धारणा की पहचान करते हैं। निरीक्षण की प्रकृति उस व्यक्ति से संबंधित होती है जो संस्था अथवा संगठन में किसी अधिकारी पद पर कार्य कर रहा है। संस्था के अध्यक्ष, अकादमिक डीन, सुपरिन्टेंडेंटस तथा विभागों के अध्यक्ष आदि द्वारा निरीक्षण उत्तरदायित्वों में विभिन्नता लाई जाती है। शारीरिक शिक्षा एवं खेल कार्य के अध्यक्ष अथवा निर्देशक अपने सदस्य साथियों अथवा सहकर्मियों के साथ शिक्षा की गुणवत्ता सुधारने के लिए कार्य करते हैं। प्रशिक्षक, प्रबंधक एवं अभिनय अध्यापक अपने विद्यार्थियों द्वारा अभ्यास, भ्रमण एवं प्रदर्शन के समय निरीक्षण करते हैं। निरीक्षण की धारणा ने व्यापक आयाम प्राप्त किए जब इसे शारीरिक शिक्षा एवं खेलों पर प्रयुक्त किया गया। फ्रोस्ट, लोकहर्ट एवं मार्शल ने 1990 में शारीरिक शिक्षा एवं खेलों में निरीक्षण की प्रकृति की व्याख्या करने का प्रयास किया- **''अध्यापक शारीरिक शिक्षा के कक्षाओं में विद्यार्थियों का निरीक्षण करते हैं, खेल मैदान निरीक्षक समग्र क्षेत्र में क्रियाओं को देखते हैं। विद्यार्थी-अध्यापकों के निरीक्षक अपना अधिकतर समय उनके शिक्षण स्थानों का भ्रमण करने एवं उनके कार्यों एवं समस्याओं के संबंध में विचार-विमर्श करने में व्यतीत करते हैं।''**

'जाचं' एवं 'निरीक्षण' "inspection" and "supervision" की पारंपरिक धारणा जिला शिक्षा अधिकारियों, शिक्षा विभाग के अन्तर्गत राज्य खेल संगठनों एवं राज्य सरकारों अथवा केन्द्रीय शासित प्रशासन के कर्मचारियों से सीधा संबंधित होती है, जो नियोजन, संगठन, प्रशासन, राजकीय नीतियों एवं कार्यक्रमों के निरीक्षण तथा मूल्यांकन के लिए उत्तरदायी होते हैं।

लोग अनेक चीजों का निरीक्षण करते है, न कि केवल उन सबका जो शिक्षण सुधारों से सीधे संबंधित होते हैं। अर्थात् अच्छे निरीक्षकों के पास अपने कार्यों से संबंधित अनेक कार्य होते हैं। अपने उत्तरदायित्वों को निभाते हुए निरीक्षकों को योजना में सहायता, पाठ्यक्रम के विकास में सहायता, निर्णय लेना एवं दूसरों के साथ कार्य में तालमेल करना आदि के लिए कहा जाता है। उनसे कुछ शोध करने, शिक्षण विधियों के प्रदर्शन, अध्यापकों एवं प्रशिक्षकों के साथ सम्मेलन आयोजित करना तथा परिवर्तनों को जारी करने की भी आशा की जाती है। संक्षेपतः इस बात पर बल दिया जाना चाहिए कि उनके द्वारा रद्द किए जा रहे कार्यों से अच्छे शिक्षण-अधिगम स्थिति अथवा वातावरण में सहायता मिलती है, तथा इससे स्वतंत्रता से सोचने, अभिव्यक्ति एवं रचना के महत्त्व की पहचान होगी। निरीक्षण की प्रकृति को संक्षेप में इस प्रकार व्याख्यायित किया जा सकता है जैसे ''शारीरिक शिक्षा एवं खेलों में विभिन्न कार्यों सहित निरीक्षण प्रबंधन का एक आवश्यक पक्ष है। कार्यक्रमों, प्रक्रियाओं, कार्य प्रणालियों, विधियों एवं पाठ्यक्रम सभी में सभी स्तरों पर निरीक्षण की आवश्यकता होती है। कर्मचारियों के साथ-साथ उपकरणों, सुविधाओं एवं आधारभूत ढांचे का भी निरीक्षण किया जाता है। निरीक्षण का अर्थ है मार्ग दर्शन करना, निर्देशन करना, नियंत्रण करना, मूल्यांकन करना तथा अंततः सभी में सुधार करना जो कि शारीरिक शिक्षा के उद्देश्यों एवं लक्ष्यों की प्राप्ति के लिए एक क्रियात्मक कार्यक्रम, एक अकादमिक अनुशासन एवं एक व्यवसाय के साधन के रूप में कार्य करते हैं।

शारीरिक शिक्षा एवं खेलों में निरीक्षण के क्षेत्र को निम्न बिन्दुओं से स्पष्ट किया जाता है-

(i) शिक्षण कार्यक्रम
(ii) सुविधाएं एवं आधारभूत ढांचा

(*iii*) उपकरण
(*iv*) कर्मचारी
(*v*) रिकार्ड
(*vi*) खेल प्रतियोगिताएं
(**vii**) पाठ्य-सहायक क्रियाएं
(*viii*) सामान्य वातावरण
(*ix*) संस्थागत विकास

इन सभी बिन्दुओं पर सविस्तार चर्चा इस प्रकार है-

- **शिक्षण कार्यक्रम का निरीक्षण**
शिक्षण कार्यक्रम के पूर्व-निर्धारित उद्देश्यों की प्राप्ति के लिए प्रतिपल निरीक्षण की आवश्यकता होती है। इसमें सिद्धांत एवं क्रिया विषय, शिक्षण प्रणाली, शिक्षण भार, सारणी कक्षा सूची, पाठ्यक्रम नवपरिवर्तन एवं उपस्थिति रिकार्ड, कार्यक्रम प्रभावोत्पादकता एवं संसाधन निवेश शामिल किए जाते हैं।

- **सुविधाओं एवं आधारभूत ढांचे का निरीक्षण**
उपयुक्त एवं विशेषज्ञ निरीक्षण के अभाव में सुविधाएं एवं आधारभूत एवं आधारभूत ढांचा दुरुपयोग के कारण या तो कार्य-विहीन अथवा जीर्ण-शीर्ण हो जाता है। इसमें निरंतर कार्य एवं चुस्त-दुरुस्त, वार्षिक रख-रखाव एवं खेल मैदानों तथा कोर्टों का प्रबंधन, दौड़ने वाले ट्रैक, जिम्नाजियम, भार-प्रशिक्षण एवं योग, कक्षों, भौतिक चिकित्सा, कम्प्यूटर इकाई, तैराकी तालाब आदि शामिल होते हैं।

- **उपकरणों का निरीक्षण**
उपकरणों के निरीक्षण में इनकी उपलब्धता, प्राप्ति एवं खरीद प्रणाली, रख-रखाव तथा मरम्मत, विवाद तथा वापसी, बहुउद्देश्यीय प्रयोग, तत्काल तैयार करना एवं आधुनिकीकरण, संरक्षण रिकार्ड, व्यवस्था आदि को शामिल किया जाता है।

- **कर्मचारी निरीक्षण**
कर्मचारी निरीक्षण में सदस्यों की भर्ती, कार्य बार का निष्कर्ष तथा इसका बंटवारा, कर्मचारियों की उपस्थिति, कार्यभार सौंपना, कर्मचारियों की निपुणता, सेवा स्थितियां, प्रेरक तथा इनाम, स्थानांतरण बुढ़ापा पेंशन, अनुबंधित-श्रम प्रबन्ध भुगतान जारी करना आदि को शामिल किया जाता है।

- **रिकार्ड निरीक्षण**
इसमें क्रियाओं के रिकार्ड, उपस्थिति, स्वास्थ्य रिकार्ड, धावक के प्रदर्शन एवं सम्मान, विद्यार्थी एवं कर्मचारी, भंडार आदि से संबंधित निरीक्षण होता है।

- **प्रतियोगिता निरीक्षण**
अंत: क्षेत्रीय, बाह्य क्षेत्रीय क्रियाओं, खेल-दिवसों, दौड़ाक प्रतियोगिता, टीम सहभागिता आदि के संगठन एवं आयोजन के लिए प्रति-पल एवं विशेषज्ञ निरीक्षण की आवश्यकता वांछित परिणामों एवं सहभागियों की सुरक्षा की प्राप्ति के लिए होती है।

- **पाठ्य-सहायक क्रियाओं में निरीक्षण**
पाठ्य सहायक क्रियाओं को केवल संस्था की शक्ति ही नहीं अपितु संस्था का जीवन समझा जाता है। विद्यार्थियों के सर्वांगीण विकास के लिए पाठ्य-सहायक क्रियाएं अत्यंत आवश्यक होते हैं। ये क्रियाएं राष्ट्रीय निर्माण में भी सहायक होती हैं। इन क्रियाओं में राष्ट्रीय कैडेट कोर (NCC), राष्ट्रीय सेवा योजना (NSS), स्काउट एवं गाइड, रेड-क्रास, आदतें एवं मनोरंजक क्लब, खाली समय की क्रियाएं भ्रमण एवं यात्रा आदि शामिल की जाती हैं। इन गतिविधियों से समर्पण एवं धार्मिक श्रद्धा के साथ आयोजन एवं निरीक्षण की आवश्यकता होती है।

- **सामान्य वातावरण का निरीक्षण**
सामान्य वातावरण प्रेरक एवं शिक्षण-अधिगम स्थिति के अनुकूल होना चाहिए। वातावरण के ध्यान रखने में की गई कोई भी लापरवाही प्रेरक विरोधी सिद्ध हो सकती है। इसमें विद्यार्थी एवं कर्मचारी, विद्यार्थी एवं अध्यापकों की प्राप्ति, एकरूपता, व्यक्तिगत स्वास्थ्य, सामान्य सफाई, स्वस्थ वातावरण आदि शामिल होते हैं। एक अपेक्षित स्तर को बनाए रखने के लिए निरीक्षण आवश्यक होता है।

- **संस्थागत विकास में निरीक्षण**
संस्था के विकास के लिए विभिन्न पक्षों के उचित निरीक्षण की आवश्यकता होती है। ये पक्ष हैं- बुद्धि क्षमता का ज्ञान, अकादमिक एवं प्रशासकीय प्रक्रिया एवं क्रिया प्रणालियों की सबलता एवं दुर्बलता का ज्ञान, उचित मापदंड, लोक-संबंध, सामाजिक-सांस्कृतिक परिप्रेक्ष्य, भावी विकास के लिए धारणागत नियोजन, सुझावों की स्वीकृति आदि।

निष्कर्षत: कहा जा सकता है निरीक्षण का क्षेत्र असीमित है। कोई भी प्रणाली जो विद्यार्थियों की शिक्षा में सुधार करती है एक अच्छी निरीक्षण प्रणाली होती है। उपर्युक्त विवेचित सूची में से किसी भी क्षेत्र/पक्ष/वस्तु की अपेक्षा निरीक्षण प्रणाली पर तथा इसके परिणामों पर बुरा प्रभाव डालती है। तथा कोई भी व्यक्ति जो शिक्षण में सुधार करता है अथवा अधिगम स्थितियों

अथवा वातावरण में वृद्धि करता है में लगा हुआ एक हितकारी निरीक्षक का कार्य करता है। निरीक्षण के क्षेत्र में उपर्युक्त विवेचित अनेक पक्ष शामिल किए जाते हैं। यह एक वरिष्ठ अथवा सक्षम अधिकारी के वार्षिक निरीक्षण को उचित दिशा प्रदान करता है जो कि पूर्ण ज्ञान प्राप्त करता है एवं नियमानुसार रिपोर्ट जमा करता है।

निरीक्षण के सिद्धांत

निरीक्षण के कार्य में संलग्न व्यक्ति अपने अनुभव, उचित अथवा अनुचित की भावना, प्रवीणता एवं कार्यप्रणाली के संचालन के लिए प्रक्रिया में अपनाए गए मूलभूत मूल्यों द्वारा मार्ग दर्शन प्राप्त करता है। मानवीय मनोवृत्ति एवं लोकतांत्रिक सोच, सहित निरीक्षक को अपनी मानसिक बुद्धिमता पर निर्भर होना पड़ता है जिससे मानवीय क्रियाओं एवं कार्यों का 'सरकारी रिपोर्ट' का अनुकरण किए बिना निर्णय लिया जा सके। अर्थात् यह स्मरणीय तथ्य है कि निरीक्षण कानून के द्वारा नहीं बल्कि सावधानीपूर्पक बनाए सिद्धांत के समूह द्वारा किया जाना चाहिए। ऐसा क्यों है? इसलिए क्योंकि जिनका निरीक्षण किया जाना है वे मानव हैं। यह तथ्य है कि मानव में गलती हो जाती है और विशेषकर उनसे जो किसी विशेष कार्य में पूर्णतः संलग्न हैं जैसे अध्यापक, प्रशिक्षक्र-प्रशासक-प्रबंधक आदि। उनके कार्यों में न्यूनताएं ढूंढ कर उन्हें अभिव्यक्ति न करके उनकी सहायता करनी चाहिए।

शारीरिक शिक्षा में निरीक्षण के लिए कुछ सिद्धांत नीचे सूचीबद्ध किए गए हैं-

1. अधिगम स्थिति पर निरीक्षण का प्रमुख ध्यान रहता है।
2. निरीक्षक को अध्यापकों की योग्यताओं में जो उनके अच्छे शिक्षण में लाभदायक होती हैं सुधार करे उनकी सहायता करनी चाहिए।
3. निरीक्षक को शारीरिक शिक्षा की सुविधाएं एवं उपकरणों में सुधार के लिए नेतृत्व करना चाहिए।
4. निरीक्षक शारीरिक शिक्षा का समाज के समक्ष प्रतिनिधित्व एवं व्याख्या करता है।
5. एक निरीक्षक को प्रकाश एवं प्रेरणा के साधन-एक दार्शनिक, मित्र एवं मार्गदर्शक के रूप में कार्य करना चाहिए।
6. एक निरीक्षक को यह याद रखना चाहिए कि अधीनस्थ-शारीरिक शिक्षा अध्यापक, विद्यार्थी नेता एवं विद्यार्थी-अध्यापक आदर्श स्थितियों के अन्दर कार्य नहीं कर रहे हैं। इसलिए, उन्हें अपने अधीनस्थों की बुराई करने एवं उनका भद्दा चित्रण करने में संलग्न नहीं होना चाहिए। इसकी बजाए उसे अध्यापक की अपनी छवि, व्यक्तिगत एवं क्षमता को सुधारने में सहायता करनी चाहिए।
7. निरीक्षण का मूल्य निरीक्षण की न्यूनताओं पर दृष्टिगत करना तथा शिक्षण स्थिति में न्यूनता तथा शिक्षण प्रणाली एवं अधिगम अनुभव दोनों ही दृष्टियों से इनमें सुधार के लिए उचित मापदण्डों में सुझाव पर निर्भर करता है।
8. निरीक्षक में शारीरिक शिक्षा एवं कौशल के प्रबन्धन की विशिष्ट पहचान एवं स्वीकृत स्तर होना चाहिए ताकि वह दूसरों का मार्ग दर्शन कर सके। सीमित संसाधन, साहित्य तक अगम पहुंच सेवाकालीन प्रशिक्षण के लिए कम से कम अवसर आदि शारीरिक शिक्षा के अध्यापक को विकलांग बना देते हैं जिससे वह अपने ज्ञान को नवीनतम रख पाने एवं अपनी क्षमता के स्तर में सुधार करने में अक्षम हो जाता है। निरीक्षण प्रक्रिया एवं कार्यप्रणाली इस कमी को पूरा करने के लिए उपयुक्त होनी चाहिए। इसलिए यह निरीक्षक को शिक्षण प्रणाली, पाठ्यक्रम विकास, कार्यक्रमों का संगठन, खेल उपकरणों का रख-रखाव एवं शिक्षण यंत्र के लिए विशेषज्ञ सलाह देने के लिए आदेशात्मक अवसर प्रदान करती है।
9. निरीक्षण सेवाकालीन शारीरिक शिक्षा कर्मचारियों के लिए प्रशिक्षण उन्मुखी कार्यक्रम उचित तथा शिक्षण कौशलों में उपयुक्तता सहित होना चाहिए। यह अध्यापकों को संस्थागत, वित्तीय, प्रशासकीय, एवं संगठनात्मक पक्षों की शिक्षा प्रदान करता है।
10. निरीक्षण का प्रयोग प्रशासन एवं अकादमिक व्यवसाय के बीच में अर्थपूर्ण संवाद के रूप में होना चाहिए न कि मूक के रूप में।
11. निरीक्षण को कभी भी थोपने अथवा निरुद्देश्य प्रशासकीय क्रिया नहीं समझना चाहिए बल्कि इसे सहायक दृष्टि से देखना चाहिए।

निष्कर्ष स्वरूप कहा जा सकता है कि यदि उपर्युक्त सिद्धांतों को अपनाया जाता है, तो यह निरीक्षण प्रक्रिया (दो तरफा सम्प्रेषण विधि) को संभव रूप से सशक्त बनाएगा जो व्यक्ति एवं प्रशासन दोनों के प्रदर्शन में निपुणता प्रदान करने में लाभदायक होगा।

निरीक्षण की तकनीकें/निरीक्षण प्रक्रिया एवं अभ्यास

शारीरिक शिक्षा एवं खेलों में निरीक्षण की अनेक तकनीकें लिखित एवं प्रयोग की जा रही है। प्रत्येक अपने-अपने ढंग से अद्‌भुत हैं। इनका प्रयोग एक स्थिति से दूसरी स्थिति, एक संस्था से दूसरी संस्था तथा एक व्यक्ति से दूसरे व्यक्ति तक किया जाता है। व्यक्तिगत पसंद की अपेक्षा स्थिति के अनुरूप निरीक्षण की तकनीक का चयन निर्धारित किया जाता है।

शारीरिक शिक्षा एवं खेलों में प्रयुक्त की जाने वाली तकनीकों में से कुछ निरीक्षण की तकनीकें एवं उनकी संक्षिप्त व्याख्या निम्न है-

1. दौरा
2. सम्मेलन-व्यक्तिगत एवं सामूहिक
3. कार्यशाला एवं कार्य सम्मेलन
4. शिक्षण प्रदर्शन
5. निरीक्षक रिपोर्ट एवं बुलेटिन
6. विद्यार्थी अध्यापकों का निरीक्षण
7. सुविधाओं एवं उपकरणों का निरीक्षण
8. सेवाकालीन प्रशिक्षण
9. व्यावसायिक सभाएं/कार्य समूह
10. राजकोषीय नियोजन (बजट प्रस्ताव)
11. पाठ्यक्रम विकास

प्रभावी निरीक्षण के सुझाव एवं मार्ग दर्शन

निरीक्षण का कोई एक ढंग नहीं होता है। निरीक्षण की तकनीकें एवं विधियां निरीक्षक के व्यक्तित्व एवं अनुभव जिनका निरीक्षण करना है, उनकी विशेषताएं, समाज के सांस्कृतिक वातावरण, विषय की प्रकृति, शैक्षणिक संस्थान के दर्शन एवं कार्यकारी संस्था अथवा प्रशासन की प्रकृति के अनुरूप अपनाई जानी चाहिए।

निरीक्षक को एक नेता के रूप में रूपायित करना उपयुक्त प्रतीत होता है जो दो गुणो के अन्तर्गत कार्य करता है, एक तो संबंधित स्कूल के उद्‌देश्यों को स्पष्ट करना तथा इसके संसाधनों एवं गुणों के प्रति सजग एवं दूसरा अन्य लोगों को इस दृष्टि से सहायता देना एवं प्राप्त करने तथा इनके अनुरूप कार्य करने में योग्यता रखना।

निम्न टिप्पणियां उन लोगों के लिए जिनके पास एक अथवा अन्य क्षेत्रों से संबंधित निरीक्षण उत्तरदायित्व होते हैं सहायक सिद्ध होती हैं-

1. निरीक्षण तकनीक संस्था के शिक्षण दर्शन के अनुरूप होनी चाहिए।
2. यदि निरीक्षण की विधि तथा शिक्षण तकनीकें अच्छी है तो यह विद्यार्थियों के लिए प्रेरक एवं सहयोगपूर्ण मनोवृत्ति वाली होनी चाहिए।
3. निरीक्षण इस प्रकार से संपन्न किया जाना चाहिए कि निरीक्षक के भ्रमण का अध्यापकों एवं विद्यार्थियों दोनों द्वारा स्वागत किया जाए।
4. सुविधाओं एवं उपकरणों की अत्यन्त सावधानी से निरीक्षण को नजर अन्दाज किया जाना चाहिए क्योंकि सभी दुर्घटनाएं संरचनात्मक एवं मशीनी न्यूनताओं के कारण घटती हैं।
5. कार्यक्रम के लक्ष्यों एवं उद्‌देश्यों की प्राप्ति के लिए सभी अध्यापकों के संगठित प्रयास का निरीक्षण पर प्रभाव विशेषित होना चाहिए।
6. मानवीय संबंधों पर वास्तविक ध्यान एवं व्यक्तिगत तौर पर दूसरों का सम्मान करना एक अच्छे निरीक्षक की विशेषताएं हैं।
7. एक प्रभावी निरीक्षक पाठ्यक्रम, सुविधाओं एवं उपकरणों में नवीन प्रवृति के अनुकूलता के लिए हर संभव प्रयास करता है।
8. निरीक्षण का कार्य उन सभी के जिनका निरीक्षण किया जाता है उनके व्यक्तित्व एवं पृष्ठभूमि के अनुरूप पूरा किया जाना चाहिए।
9. क्योंकि सभी शिक्षण प्रयासों का केन्द्रीय उद्‌देश्य विद्यार्थी का सर्वोत्तम विकास करना है,इसलिए अच्छे निरीक्षण में विभाग के सदस्यों की वृद्धि एवं उत्साह प्रतिबिम्बित होता है।
10. निरीक्षण इतना लचीला होना चाहिए ताकि व्यक्ति विभेद में विधियों एवं शिक्षण तकनीकों को अवसर प्रदान किया जाए।
11. अच्छा निरीक्षण नवीनतम वैज्ञानिक प्रमाण पर आधारित होता है, इसलिए यह आवश्यक होता है कि निरीक्षक अपने प्रत्येक प्रयास में नवीनतम शोधों एवं खोजों से परिचित होना चाहिए।
12. निरीक्षक के लिए यह आवश्यक है कि वैसे ही गुण होने चाहिए जैसे किसी अन्य नेता में, जैसे-दृष्टि उत्साह, बुद्धिमत्ता, समन्वय, प्रेरणा, विश्वास एवं उपयोगिता होनी चाहिए जो अत्यन्त जटिलता के साथ उसे सफल बनाते हैं।
13. निरीक्षक को अपने वरिष्ठों को कार्यक्रम के संबंध में सूचित किया जाना चाहिए जिससे इसके सबल एवं दुर्बल

दोनों पक्षों की ओर सूचित किया जाता है। विशेष समस्याएं, दुर्घटनाएं एवं गंभीर जख्मों की तुरन्त सूचना दी जानी चाहिए।

14. निरीक्षकों को अध्यापकों की व्यावसायिक वृद्धि पर विशेष ध्यान दिया जाना चाहिए। उन्हें अध्यापकों को सम्मेलनों में उपस्थित होने, ग्रेजुएट कोर्स करने एवं व्यावसायिक प्रकाशन से बाहर के कार्य के लिए उत्साहित एवं उनकी सहायता करनी चाहिए।

15. शारीरिक शिक्षा के निरीक्षकों को अनेक सामुदायिक क्रियाओं में शामिल किया जाता है। इसलिए उन्हें समुदाय से अपने-आप को परिचित करना चाहिए तथा सामुदायिक कार्यों में सहभागी होना चाहिए।

16. प्रभावी निरीक्षक अपने निरीक्षण कौशल का विकास करता है तथा नवीन मापदण्डों तथा मूल्यांकन विधियों के अनुरूप रहता है। वस्तुनिष्ठ मूल्यांकन के लिए यदि विभाग के सदस्य उचित संभावी हल चाहते हैं तो विषय परक सक्षम निरीक्षण होना चाहिए।

17. संरचनात्मक आलोचना करना निरीक्षक के कार्यों में एक प्रमुख कार्य है। आलोचना सदैव एक ही स्थिति में होनी चाहिए। सामान्य स्थितियों को छोड़कर आलोचना सुधार के लिए सुझावों के रूप में होनी चाहिए। "सार्वजनिक तौर पर प्रशंसा तथा व्यक्तिगत तौर पर आलोचना" अधिकतर स्थितियों में एक अच्छा ढंग है।

18. जब ईमानदारी से कार्य हो रहा होता है तो प्रशंसा के हाव-भाव एवं स्वीकृति अत्यन्त उचित होती है। बिना कारण जो आम-तौर पर प्रशंसा की जाती है उसका लाभ कम होता है और नुकसान अधिक होता है।

19. कुछ व्यक्तिगत समस्याएं औपचारिक एवं गैर-सरकारी स्थितियों में तुरन्त हल कर ली जाती है। इस प्रकार के वातावरण में अनुभवों का बंटवारा व्यक्तिगत संबंधों को सुधारने के लिए दिल की बातें करने के लिए अनेक अवसर प्रदान करता है।

20. व्यक्तिगत एवं समूह सम्मेलन के लिए कर्त्तव्यनिष्ठ तैयारी, सदस्य बैठकें, सरकारी दौरे एवं प्रदर्शन कक्षाओं के उचित प्रयास शामिल किए जाने चाहिए। निरीक्षक की इन बैठकों के प्रति मनोवृत्ति सदैव सम्बन्धित अध्यापकों की भावना के रूप में प्रतिबिम्बित होती है।

21. निरीक्षकों को कुछ घण्टे सूचीबद्ध करने चाहिए, जब वे अपने कार्यालय में होते हैं एवं जब वे सरकारी दौरे पर होते हैं उन्हें अपने साथ सचिव रखना चाहिए जो उनके प्रत्येक कार्य के विषय में सूचित कर सके।

22. एक क्रमबद्ध एवं व्यवस्थित कार्य जो घनिष्ठ एवं सहायतापूर्ण भावना को प्रतिबिम्बित करता है, निरीक्षक के लिए अत्यधिक सहायक हो सकता है। अच्छे प्रबंधन पर ध्यान एवं सक्षम तथा विनम्र कर्मचारी की नियुक्ति के आदेश बलपूर्वक दिए जाने चाहिए।

23. प्रगतिशील निरीक्षक समूह गत्यात्मकता का विद्यार्थी होता है। उसकी अधिकतर सफलता समूह तथा व्यक्तियों के साथ प्रभावपूर्ण कार्य करने की योग्यता पर निर्भर करती है।

24. वरिष्ठ निरीक्षक को आत्म-मूल्यांकन में विशेषज्ञ होना चाहिए। आत्म-संतोष जड़ता को पैदा करता है। एक वांछित आत्म धारणा निरन्तर सुधार के लिए प्रयास से प्राप्त की जा सकती है। इसलिए अच्छे निरीक्षक अपनी सबलता को बढ़ाने एवं दुर्बलताओं को कम करने का सदैव प्रयास करता है।

25. निरीक्षक संगठन के अन्दर अंश-औपचारिक समूहों के महत्त्व को पहचान कर लाभ प्राप्त करता है तथा इनके प्रभावों को उचित ढंग से उपयोग करता है।

26. निरीक्षक एक प्रेरक विद्यार्थी होना चाहिए। सर्वोत्तम प्रशासक वहीं होते हैं जो व्यक्तिगत व्यवहार के प्रति सर्वाधिक परिप्रेक्ष्य एवं सम्वेदनशील होते हैं तथा इनको विद्यार्थियों एवं अध्यापकों के साथ व्यवहार में ध्यान में रखते हैं।

27. समूह एवं सदस्य बैठकों में बैठकों के उद्देश्य, समस्या जो सहन की जा रही है, समस्याओं का सर्वोत्तम हल, वैकल्पिक समाधान उठाए गए कदमों एवं मूल्यांकन के लिए अपनाई गई प्रक्रिया पर बल दिया जाना चाहिए।

28. निरीक्षक को अपनी संभावनाओं को बिना रुढ़ बने स्पष्ट करना चाहिए जिससे उसकी अपनी सीमाओं का पता चलता है, अध्यापकों को उचित सामग्री सहित सहायता के लिए प्रदान की जा सके। आवश्यक सहायता वचनबद्धता पर सहमत होने के लिए उचित दबाव डालता है तथा सदस्यों के साथ व्यावसायिक ढंग से व्यवहार करता है न कि व्यक्तिगत आधार पर।

निरीक्षण की आवश्यकता एवं महत्त्व

निरीक्षण की आवश्यकता एवं महत्त्व को जानने के लिए हमें दो संबंधित प्रश्नों के उत्तर देने होंगे। शैक्षणिक संस्था (स्कूल तथा कॉलेज अथवा यूनिवर्सिटी) में कार्य के दौरान निरीक्षण करने की आवश्यकता होती है अथवा नहीं? क्या किसी संस्था में अध्यक्ष (प्रधानाचार्य अथवा प्राचार्य) के अभाव में प्रभावी एवं निपुण कार्य किया जा सकता है? दोनों ही प्रश्नों का उत्तर है- हां, संस्था के कार्य के दौरान निरीक्षण किया जाना चाहिए तथा संस्था में अध्यक्ष (प्रभावी अध्यक्ष) के अभाव में प्रभावी एवं निपुण कार्य नहीं किया जा सकता। सामान्य कारण यह है कि जब कार्य करने के लिए व्यक्तियों का समूह शामिल किया जाता है, तब नेता की आवश्यकता होती है। संस्था का अध्यक्ष नेता की भूमिका निभाता है। निरीक्षक सभी संस्थाओं (स्कूल तथा कॉलेज अथवा यूनिवर्सिटी) के लिए नेता की भूमिका निभाता है। भले ही निरीक्षक को उच्च सक्षम अधिकारियों द्वारा नेता नियुक्त किया जाता है परन्तु यह अधिकारिक चयन अन्तिम नहीं होता। निरीक्षक से ऊपर कार्य करने वाले अनेक अधिकारी होते हैं जो उसके कार्य को नियंत्रित करते हैं। निरीक्षक संस्था एवं उच्च अधिकारियों के बीच में सूत्र का कार्य करता है।

शिक्षण संस्थाओं में अथवा विभागों में निरीक्षण के अनेक कारण होते हैं जो निम्नवत हैं-

1. शिक्षण संस्थानों अथवा विभागों में निरन्तर वृद्धि एवं विकास के लिए निरन्तर मूल्यांकन आवश्यक है जिसके द्वारा निरीक्षक निवेश अथवा पूर्ति सूचना को उपलब्ध कराता है।
2. निरीक्षण में कुछ लोगों द्वारा विशेषज्ञ मार्ग-दर्शन शामिल किया जाता है जो अध्यापकों एवं संस्था के अध्यक्ष के लिए सदैव आवश्यक होता है।
3. निरीक्षण के प्रथम विचार द्वारा व्यक्तिगत कार्यों को रोचकता एवं कर्त्तव्यनिष्ठता से निरीक्षण के डर को कम करके कार्य करवाया जाता है।
4. प्रत्येक अध्यापक अथवा संस्था के अध्यक्ष को संस्थागत जीवन के विविध पक्षों से संबंधित अपने ज्ञान को शिक्षण की नवीन विधियों, शिक्षण तकनीक, इलैक्ट्रोनिक्स एवं इलैक्ट्रिक श्रव्य-दृश्य साधनों, सामान्य प्रशासन आदि द्वारा नवीनतम बनाया जाता है।
5. क्षेत्र में बहुत अधिक संस्थाएं (स्कूल, कॉलेज) स्थापित होता है तथा कार्य कर रहे होते हैं। इन सभी में तथा संस्था एवं उच्च अधिकारियों के बीच उचित समन्वय होना चाहिए। इसलिए उचित प्रबन्धन एवं प्रशासन के लिए प्रभावी सूत्रों अथवा समन्वय को निरीक्षण द्वारा स्थापित किया जा सकता है। आगे चलकर यदि उचित समन्वय है तो अन्य संस्थाओं के द्वारा प्रयोगों का सफलतापूर्वक प्रदर्शन अथवा आयोजन (बड़ी कक्षाओं का प्रबंधन, पाठ्य सहायक कक्षाओं का आयोजन, खेलों एवं गतिविधियों, मूल्यांकन प्रक्रिया आदि) किया जा सकता है।
6. कई बार कोई दोषपूर्ण अथवा निम्न अभ्यास संस्था में (स्कूल, कॉलेज अथवा यूनिवर्सिटी) प्रसारित हो जाता है तथा इस पर तुरन्त ध्यान नहीं दिया जाता। इसका परिणाम कुछ अधिक गंभीर हो जाता है जिसका आसानी से हल नहीं किया जा सकता। निरीक्षण के द्वारा निम्न अभ्यास का पर्दाफाश हो जाता है तथा संस्थाओं के अध्यक्षों को बुराइयों को बढ़ने से रोकने के लिए उपचारात्मक साधन सुझाए जाते हैं।

निष्कर्षतः हम कह सकते हैं कि निरीक्षण अथवा जांच के द्वारा शिक्षण-अधिगम वातावरण में सुधार के लिए , अध्यापक की प्रभाविकता में वृद्धि तथा संस्था के अध्यक्षों तथा उच्च अधिकारियों के बीच में अच्छे समन्वय को स्थापित करने में सहायता होती है। एक अध्यापक जो कभी-कभी कार्य करता है उसे उसके उत्तरदायित्व का अहसास करवाया जाना चाहिए। संस्था के प्रशासन से संबंधित न्यूनताओं की ओर भी संस्था एवं विद्यार्थियों के दीर्घ हितों के लिए तुरन्त संकेत किया जाता है ताकि इन्हें दूर किया जा सके। इसलिए निरीक्षण अथवा जांच शिक्षण-अधिगम स्थिति में अंतिम लक्ष्य के रूप में सुधार के लिए आवश्यक होते हैं तथा सुझावपरक एवं उचित दृष्टि से आयोजित किए जाते हैं, परन्तु शिक्षण-अधिगम प्रक्रिया का निश्चित रूप से अंत नहीं करता।

भारतीय शिक्षा आयोग ने जांच (निरीक्षण) की आवश्यकता एवं महत्त्व पर इस प्रकार प्रकाश डाला है-

''जांचकर्त्ता (निरीक्षक) की कक्षा के किसी भी अभ्यास में केन्द्रीय भूमिका होती है। वे अधिकारी, प्रस्तुत एवं प्रत्यक्ष होते हैं। इन पर आरंभ से ही विचार किया जाना चाहिए, उन्हें यह ज्ञात होना चाहिए कि उनकी आलोचना एवं सुझावों का महत्त्व होता है एवं यह महसूस करवाया जाना चाहिए कि प्रस्तावित अन्तर कुछ पैमाने में उनके सुधार है। एक स्कूल व्यवस्था अधिक लचकशील एवं गैत्यात्मक नहीं हो सकती परन्तु जांचकर्त्ता इसे ऐसा कर देता है।''

बहुविकल्पीय प्रश्न

1. प्रागैतिहासिक काल में मनुष्य शारीरिक शिक्षा का प्रयोग करता था?
   (a) रक्षा एवं भोजन हेतु
   (b) युद्ध कौशल हेतु
   (c) मनोरंजन हेतु
   (d) खेल कौशल्यों के विकास हेतु

2. निम्नलिखित में से कौन-सी क्रिया सिन्धु घाटी सभ्यता में नहीं की जाती थी?
   (a) घुड़सवारी और धनुर्विद्या
   (b) भाला फेंकना
   (c) नृत्य एवं गायन
   (d) जिम्नास्टिक

3. ईसा से 2500 ई. पूर्व चीन वासी किस उद्देश्य से शारीरिक व्यायामों में भाग लेते थे?
   (a) मनोरंजन हेतु
   (b) युद्ध कौशल हेतु
   (c) रोग निवारण हेतु
   (d) धनुर्विद्या हेतु

4. भारत के प्राचीन इतिहास में किस काल को शारीरिक शिक्षा का स्वर्णकाल कहा जाता है?
   (a) सिन्धुघाटी सभ्यता
   (b) महाकाव्य काल (रामायण और महाभारत)
   (c) हर्षकाल
   (d) नवपाषाण युग

5. भारत में किस काल में अहिंसा के कारण शारीरिक शिक्षा का विकास अवरुद्ध हुआ?
   (a) महाकाव्य काल
   (b) जैन एवं बौद्ध काल
   (c) गुप्तकाल
   (d) सिन्धुघाटी सभ्यता

6. मौर्यकाल में महर्षि पतंजलि ने किस ग्रन्थ द्वारा 'अष्टांग योग' की प्रतिष्ठा की?
   (a) योगसूत्र   (b) योगकल्प सूत्र
   (c) प्राणायाम   (d) योग मंजरी

7. गुप्तकाल में शारीरिक शिक्षा के विकास में किन दो शिक्षण संस्थाओं का महत्वपूर्ण योगदान रहा है?
   (a) नालन्दा और तक्षशिला
   (b) तक्षशिला और मगध विश्वविद्यालय
   (c) पटना विश्वविद्यालय
   (d) कौशाम्बी विश्वविद्यालय

8. किस मुस्लिम सम्राट् की मृत्यु चौगान खेलते हुए हुई थी?
   (a) अलाउद्दीन खिलजी
   (b) मोहम्मद तुगलक
   (c) बलबन
   (d) कुतुबुद्दीन ऐबक

9. 19वीं शताब्दी में किस देश को शारीरिक शिक्षा आन्दोलन का जन्मदाता कहा जाता है?
   (a) फ्रांस   (b) यूनान
   (c) जर्मनी   (d) इंग्लैण्ड

10. जर्मनी के किस शिक्षा शास्त्री को शारीरिक शिक्षा का पितामह कहा जाता है?
   (a) जे. के. फ्रीड्रिक-गूट्ज-मूट्ज
   (b) लूडविक जान
   (c) नास्तिगाल
   (d) जान लॉक

11. 1914 ई. में डेनमार्क में किस शिक्षा शास्त्री ने शारीरिक शिक्षा को स्कूली कार्यक्रमों का हिस्सा बनाया?
   (a) फ्रांस नास्तिगाल
   (b) अर्चिवाल्ड मेकलारेन
   (c) हेनरिंग लिंग
   (d) फ्रीडरिक जान

12. 19वीं शताब्दी में किस विद्वान ने स्वीडन में शारीरिक शिक्षा आन्दोलन चलाया?
   (a) हिट डेविरस
   (b) चार्ल्स-ए.बूचर
   (c) सर हैनरिक लिंग
   (d) पीटर साल्वे

13. सर हैनरिक लिंग ने स्काटहोम 'रॉयल जिम्नास्टिक सेन्ट्रल इंस्टीट्यूट' की स्थापना कब की?

(a) 1811 (b) 1819
(c) 1814 (d) 1831

14. अमरीका में शारीरिक शिक्षा को स्कूली पाठ्यक्रम का हिस्सा कब और किसके प्रयत्नों से बनाया गया?
(a) 1860 डॉ. डी. ओ. लिविस
(b) 1893 डॉ. जी. नायस्मिथ
(c) सर हैनरिक लिंग, 1871
(d) 1882 पी. एच. जोसफ

15. कौन-सा मुगल सम्राट् अच्छा तैराक था?
(a) अकबर (b) हुमायूँ
(c) बाबर (d) जहाँगीर

16. कौन-सा मुगल सम्राट् कुश्ती का शौकीन था?
(a) अकबर (b) हुमायूँ
(c) बाबर (d) औरंगजेब

17. भारत में शारीरिक शिक्षा के आधुनिक रूप से किसकी देन माना जाता है?
(a) मुगल सम्राटों की
(b) अंग्रेजों की
(c) तुगलक सम्राटों की
(d) आर्यों की

18. भारतीय शारीरिक शिक्षा में ड्रील को अनिवार्य विषय बनाया–
(a) राजा राममोहन राय ने (b) अंग्रेजों ने
(c) बाबर ने (d) इल्तुतमिश ने

19. Y. M. C. A. (वाई. एम. सी. ए.) कॉलेज ऑफ फिजिकल एजूकेशन की स्थापना कब और कहाँ हुई?
(a) 1911, कोलकाता
(b) 1915, मुम्बई
(c) 1917 बंगलुरु
(d) 1920 चेन्नई

20. 'वाई एम. सी.ए. कॉलेज ऑफ फिजीकल एजूकेशन' की स्थापना किसने की थी?
(a) एच.सी. बक (b) पी.जोसफ
(c) अम्बा एवं पन्त (d) जी.काली कॉक

21. 'श्री हनुमान व्यायाम प्रसारक मण्डल' की स्थापना कब हुई?
(a) 1914 (b) 1918
(c) 1919 (d) 1921

22. श्री हनुमान व्यायाम प्रसारक मण्डल (H.V.P.M.) अमरावती की स्थापना किसने की?
(a) अम्बा और पन्त
(b) आशुतोष झा
(c) स्वामी विवेकानन्द
(d) जगदम्बा ठाकुर

23. हैदराबाद में 'शारीरिक शिक्षा का राजकीय कॉलेज' कब खोला गया?
(a) 1930 (b) 1931
(c) 1932 (d) 1934

24. 1932 ई. में लखनऊ में 'क्रिश्चियन शारीरिक शिक्षा कॉलेज' किस देश के सहयोग से खोला गया?
(a) इंग्लैण्ड (b) जर्मनी
(c) फ्रांस (d) अमरीका

25. 'शारीरिक शिक्षा, प्रशिक्षण कॉलेज कंडवाली' कब खोला गया?
(a) 1935 (b) 1937
(c) 1938 (d) 1941

26. 'शारीरिक शिक्षा कॉलेज लाहौर' की स्थापना कब और किसने की?
(a) 1915, पी. जोसफ
(b) 1940, श्री हेग
(c) 1942, पी. एस. स्टालिन
(d) 1945, श्री मुरिन

27. राजकुमारी अमृत कौर कोचिंग स्कीम' को कब लागू किया गया?
(a) 1949 (b) 1951
(c) 1954 (d) 1959

28. 13 से 16 साल की लड़कियों के लिए ए.सी.सी. (A.C.C.) स्कीम कब लागू की गई?
(a) 1950 (b) 1952
(c) 1953 (d) 1954

29. 'अखिल भारतीय खेल समिति' का गठन कब किया गया?
(a) 1952 (b) 1953
(c) 1954 (d) 1959

30. खेल-कूद की 'अस्थायी जाँच समिति' का गठन कब किया गया?

(a) 1958 (b) 1954
(c) 1957 (d) 1961

31. 'लक्ष्मीबाई शारीरिक शिक्षा कॉलेज (L.N.C.P.) की स्थापना कब और कहाँ की गई?
(a) 1954 ग्वालियर (b) 1956 ग्वालियर
(c) 1957 ग्वालियर (d) 1959 ग्वालियर

32. लक्ष्मीबाई शारीरिक शिक्षा कॉलेज के प्रथम प्राचार्य कौन थे?
(a) जे.पी.एस. चौहान
(b) अविनाश कुमार
(c) पी.एस.जोसफ
(d) एच. के. मार्शल

33. देश भर में चल रहे शारीरिक शिक्षा कार्यक्रमों के मूल्यांकन के लिए किस समिति का गठन किया गया?
(a) नेशनल फिटनेश कोर, 1959
(b) राष्ट्रीय मूल्यांकन समिति, 1959
(c) शारीरिक शिक्षा की राष्ट्रीय मूल्यांकन समिति 1959
(d) राष्ट्रीय मूल्यांकन समिति, 1959

34. नेशनल फिटनेश कोर (1959) के अध्यक्ष कौन थे?
(a) डॉ. दौलतराम कोठारी
(b) डॉ. राधा कृष्णन
(c) लक्ष्मी स्वामी मुदालियर
(d) हनुमान नाथ कुंजरू

35. ''शारीरिक शिक्षा व्यक्ति की शारीरिक क्रियाओं का योग है, जो परिणामों के आधार पर चयनित एवं संचालित की जाती है''-किसका कथन है?
(a) चार्ल्स ए. बूचर (b) आर. ए. वैमेन
(c) जे.बी.नैश (d) विलियम्स

36. ''शारीरिक शिक्षा, विधा का वह भाग है जो व्यक्ति के सम्पूर्ण व्यक्तित्व का विकास एवं प्रशिक्षण, शारीरिक गतिविधियों द्वारा करे''- किसका कथन है?
(a) जे.बी.नैश (b) ओबर टूफर
(c) कैसिडी (d) आर.ए.वैमेन

37. ''शारीरिक शिक्षा, शिक्षा के बड़े क्षेत्र का वह अंग है जो मांसपेशियों से होने वाले कार्य तथा उससे सम्बन्धित प्रतिक्रियाओं से सम्बन्ध रखता है''- किसका कथन है?
(a) जे.बी.नेश (b) ओबर टूफर
(c) कैसिडी (d) चार्ल्स ए. बूचर

38. ''शारीरिक शिक्षा अनुभवों का सामूहिक प्रभाव है जो शारीरिक क्रियाओं द्वारा मनुष्य को प्राप्त होते हैं''-किसका कथन है?
(a) एच. सी. बक (b) ओवर टूफर
(c) कैसिडी (d) चार्ल्स ए. बूचर

39. ''शारीरिक शिक्षा पर केन्द्रित अनुभवों द्वारा जो परिवर्तन मानव में आते हैं, वे ही शारीरिक शिक्षा कहलाते हैं,''-किसका कथन है?
(a) कैसिडी (b) एच. सी. बक
(c) पी. एस. जोसफ (d) जे. बी. नैश

40. ''शारीरिक शिक्षा, शिक्षा पद्धति का एक अभिन्न अंग है। जिसका उद्देश्य नागरिकों को शारीरिक, मानसिक, सर्वांगिक तथा सामाजिक रूप से शारीरिक गतिविधियों के माध्यम से सक्षम बनाना है,'' -किसका कथन है?
(a) एच. सी. बक (b) चार्ल्स ए. बूचर
(c) प्रो. लास्की (d) रूसो

41. निम्नलिखित में से किस भारतीय खिलाड़ी को पीयरे डी. कुबर्टीन फेयर प्ले ट्रॉफी नहीं मिली है?
(a) गुरु हनुमान (कुश्ती)
(b) माइकल फरेरा (बिलियर्ड)
(c) पी. टी. ऊषा (एथलेटिक्स)
(d) बलबीर सिंह (भारोत्तोलन)

42. 'अन्तर्राष्ट्रीय ओलम्पिक समिति' का मुख्यालय कहाँ स्थित है?
(a) ग्रीस (यूनान)
(b) लन्दन (इंगलैण्ड)
(c) पेरिस (फ्रांस)
(d) लॉसाने (स्विट्ज़रलैंड)

43. प्रथम ओलम्पिक स्वर्ण पदक विजेता खिलाड़ी का नाम है-
(a) जेम्स कॉलोनी (अमरीका)
(b) नॉमर्न प्रीचार्ड (इंगलैण्ड)
(c) हार्ची हान (अमरीका)
(d) पाव नूरमी (फिनलैण्ड)

44. ऐसा कौन-सा देश है जिसने अब तक आयोजित सभी ओलम्पिक खेलों में पदक जीते हैं?
(a) अमरीका (b) इंगलैण्ड
(c) आस्ट्रेलिया (d) यूनान

45. ओलम्पिक खेलों के उद्घाटन समारोह के मार्च पास्ट में सबसे आगे कौन से देश का दल रहता है?

(a) अमरीका (b) यूनान
(c) इंग्लैण्ड (d) मेजबान देश

46. भारत की ओर से ओलम्पिक खेलों में भाग लेने वाली प्रथम महिला खिलाड़ी है-

(a) मेरी लीला रो
(b) मेरी डिसूजा
(c) कर्णम् मल्लेश्वरी
(d) पी.टी.उषा

47. एक ही ओलम्पिक में रिकॉर्ड सात स्वर्ण पदक जीतने वाले खिलाड़ी हैं-

(a) जैसी ओवेंस (अमरीका)
(b) जिम थोर्प (आस्ट्रेलिया)
(c) काल लुईस (अमरीका)
(d) मार्क स्पिट्ज (अमरीका)

48. ''स्वस्थ्य शरीर में स्वस्थ्य मस्तिष्क निवास करता है'' यह कथन निम्न में से किस के द्वारा कहा गया है:

(a) प्लेटो (b) अरस्तू
(c) जान डुई (d) पावलव

49. 1986 ई. में ओलम्पिक मशाल जलाने वाली प्रथम महिला खिलाड़ी है-

(a) कैथी फ्रीमैन
(b) रत्नरिक्वेता बासीलाओं
(c) सिमी मेहरा
(d) दिमित्री सारिन

50. प्रथम बार किस ओलम्पिक को दूरदर्शन पर टेलिकास्ट किया गया-

(a) 1928 एम्सटर्डम
(b) 1936 बर्लिन
(c) 1948 लंदन
(d) 1960 रोम

51. रूस ने प्रथम बार किस ओलम्पिक में भाग लिया?

(a) 1956 बर्लिन ओलम्पिक
(b) 1952 हेलसिंकी ओलम्पिक
(c) 1956 मांट्रियल ओलम्पिक
(d) 1972 म्यूनिख ओलम्पिक

52. एशियाई महाद्वीप में आयोजित प्रथम ओलम्पिक खेल है-

(a) 1964 टोकियो
(b) 1980 मॉस्को
(c) 1952 हेलसिंकी
(d) 1988 सियोल

53. अमरीका ने किस ओलम्पिक का बहिष्कार किया एवं भाग नहीं लिया?

(a) 1972 म्यूनिख
(b) 1976 मांट्रियल
(c) 1980 मॉस्को
(d) 1964 टोकियो

54. रूस ने किस ओलम्पिक का बहिष्कार किया एवं भाग नहीं लिया?

(a) 1972 म्यूनिख
(b) 1976 मांस्ट्रियल
(c) 1980 मॉस्को
(d) 1984 लॉस एंजिल्स

55. सभी अफ्रीकी देशों ने किस ओलम्पिक का बहिष्कार किया एवं भाग नहीं लिया?

(a) 1964 टोकियो (b) 1972 म्यूनिख
(c) 1976 मांट्रियल (d) 1960 रोम

56. एक बालक का सम्पूर्ण विकास करना:

(a) शारीरिक शिक्षा का ध्येय है
(b) शारीरिक शिक्षा का उद्देश्य है
(c) शारीरिक शिक्षा का लक्ष्य है
(d) उपरोक्त सभी

57. निम्न में से कौन सा सीखने का नियम नहीं है?

(a) तैयारी का नियम
(b) अभ्यास का नियम
(c) प्रभाव का नियम
(d) प्रतिक्रिया का नियम

58. 1928 से 1956 तक किस देश ने रिकॉर्ड 6 बार (लगातार) ओलम्पिक हॉकी स्वर्ण पदक जीते?

(a) हॉलैण्ड (b) जर्मनी
(c) पाकिस्तान (d) भारत

59. IAAF का अर्थ है:
(a) इंटरनेशनल एसोशियेसन ऑफ एथलेटिक फैडरेशन
(b) इंडियन अमच्योर एथलेटिक फैडरेशन
(c) इंटरनेशनल अमच्योर एथलेटिक फैडरेशन
(d) इंडियन एथलेटिक अमच्योर एथलेटिक फैडरेशन

60. व्यक्तिगत रूप से प्रथम ओलम्पिक रजत पदक जीतने वाले भारतीय खिलाड़ी हैं-
(a) के. डी. जाधव
(b) मेजर राज्यवर्द्धन राठौर
(c) अभिनव बिन्द्रा
(d) लिएण्डर पेस

61. 1952 के हेलसिंकी ओलम्पिक में भारत को कांस्य पदक दिलाने वाले श्री के.डी. जाधव किस खेल से सम्बन्धित है?
(a) निशानेबाजी (b) तैराकी
(c) टेनिस (d) कुश्ती

62. व्यक्तिगत रूप से ओलम्पिक फाइनल में पहुँचने वाली प्रथम भारतीय महिला है-
(a) मेरी लीला रे (b) मेरी डिसूजा
(c) पी. टी. उषा (d) अंजू बी. जॉर्ज

63. 1996 के अटलाण्टा ओलम्पिक में भारत को कांस्य पदक दिलाने वाले खिलाड़ी हैं-
(a) लिएण्डर पेस (लॉन टेनिस)
(b) के. डी. जाधव (कुश्ती)
(c) मिल्खा सिंह (एथलेटिक्स)
(d) कर्णम् मल्लेश्वरी (भारोत्तोलन)

64. सन् 2000 के सिडनी ओलम्पिक में भारत के लिए कांस्य पदक जीतने वाली खिलाड़ी हैं-
(a) अंजू बी. जॉर्ज (एथलेटिक्स)
(b) पी. टी. उषा (एथलेटिक्स)
(c) कर्णम् मल्लेश्वरी (भारोत्तोलन)
(d) इनमें से कोई नहीं

65. प्रथम ओलम्पिक खेल (1896) में पदक तालिका में प्रथम स्थान किस देश को मिला?
(a) अमरीका (b) यूनान
(c) इंग्लैण्ड (d) रूस

66. ओलम्पिक पदक तालिका में रिकॉर्ड 15 बार शीर्ष पर रहने का गौरव किस देश को प्राप्त है?
(a) रूस (b) अमरीका
(c) चीन (d) आस्ट्रेलिया

67. भारत ने अन्तिम हॉकी स्वर्ण पदक किस ओलम्पिक में जीता?
(a) 1964 टोकियो
(b) 1972 म्यूनिख
(c) 1980 मॉस्को
(d) 1984 लॉस एंजिल्स

68. आधुनिक ओलम्पिक में कुश्ती को कब शामिल किया गया?
(a) 1896 एथेंस (b) 1900 पेरिस
(c) 1904 सेंट लुई (d) 1908 लन्दन

69. आधुनिक ओलम्पिक में जिमनास्टिक को कब शामिल किया गया?
(a) 1900 पेरिस (b) 1904 सेंट लुई
(c) 1896 एथेंस (d) 1960 रोम

70. निम्न में से किस में गति की चाल पर नियंत्रण होता है:
(a) आइसो काईनेटिक व्यायाम
(b) आइसो मैट्रिक व्यायाम
(c) आइसो टानिक व्यायाम
(d) एसैन्ट्रिक व्यायाम

71. प्रथम शीतकालीन ओलम्पिक कहाँ सम्पन्न हुए?
(a) 1948 स्वीडन
(b) 1928 स्विट्जरलैण्ड
(c) 1924 फ्रांस
(d) 1936 नार्वे

72. खेल प्रतियोगिता आयोजित करने हेतु प्रबंधन का मुख्य सिद्धान्त है:
(a) योजना
(b) व्यवस्थापन
(c) आय व्यय लेखा
(d) उपरोक्त सभी

73. शरीर रचना की प्रारम्भिक जीवित एकक इकाई होती है-
(a) कोशिका (b) ऊतक
(c) कार्टीलेज (d) माँसपेशी

74. समान कोशिकाएँ मिलकर शरीर रचना के किस उत्तरदायी तत्व का निर्माण करती हैं?

(*a*) जीवद्रव्य (*b*) ऊतक

(*c*) त्वचा (*d*) माँसपेशी

75. ऊतक मुख्यत: कितने प्रकार के होते हैं?

(*a*) दो (*b*) चार

(*c*) पाँच (*d*) छह

76. अस्थियों का निर्माण होता है-

(*a*) कार्टिलेजों से

(*b*) खनिज लवणों से

(*c*) कार्बनिक पदार्थों से

(*d*) इन सभी के योग से

77. अस्थियों में मुख्यत: उपस्थित रहता है-

(*a*) कैल्सियम और फास्फेट

(*b*) कैल्सियम फास्फेट और कैल्सियम कार्बोनेट

(*c*) कैल्सियम फास्फेट और यूरिक फास्फेट

(*d*) इनमें से कोई नहीं

78. हमारे शरीर में कुल कितनी अस्थियाँ हैं?

(*a*) 204 (*b*) 206

(*c*) 208 (*d*) 210

79. हमारी खोपड़ी में कुल कितनी अस्थियाँ हैं?

(*a*) 22 (*b*) 20

(*c*) 14 (*d*) 8

80. हमारे मस्तिष्क में कुल कितनी अस्थियाँ हैं?

(*a*) 14 (*b*) 16

(*c*) 11 (*d*) 8

81. मानव रीढ़ की हड्डी में कितनी कशेरुकाएँ हैं?

(*a*) 26 (*b*) 28

(*c*) 33 (*d*) 36

82. शरीर के ऊर्ध्व भाग (वांह आदि) में कितनी अस्थियाँ होती हैं?

(*a*) 62 (*b*) 64

(*c*) 66 (*d*) 74

83. शरीर के अध: भाग (जाँघ आदि) में कितनी अस्थियाँ होती हैं?

(*a*) 62 (*b*) 64

(*c*) 66 (*d*) 74

84. हमारे शरीर में कितनी जोड़ी पसलियाँ होती हैं?

(*a*) 12 (*b*) 10

(*c*) 14 (*d*) 8

85. अस्थि संधि में कौन-सा तरल पदार्थ होता है?

(*a*) साइनोवियल फल्युइड

(*b*) साइनोवियल थार्मल

(*c*) फाईनाईल फल्युइड

(*d*) फाईनाईल थार्मल

86. निम्नलिखित में से कौन-सी संधि चल संधि नहीं हैं?

(*a*) कलाई की संधि

(*b*) कपाल संधि

(*c*) गेद और गट्टा संधि

(*d*) कोहनी की संधि

87. गेद और गट्टा संधि शरीर के किस अंग में होती हैं?

(*a*) घुटने में

(*b*) कंधे और कुल्हे में

(*c*) जांघ में

(*d*) रीढ़ की हड्डी में

88. निम्नलिखित में से कौन-सी चूलदार चल संधि है?

(*a*) पक्षेण संधि

(*b*) कंधे की संधि

(*c*) कलाई की संधि

(*d*) घुटने की संधि

89. पहली और दूसरी रीढ़ कशेरुकाओं एटलस और एक्सिज के बीच के जोड़ को क्या कहते हैं-

(*a*) अचल संधि

(*b*) फिसलने वाली संधि

(*c*) कीलदार संधि

(*d*) इनमें से कोई नहीं

90. मानव शरीर के कुल भार में माँसपेशियों का भार कितना होता है?

(*a*) 30 प्रतिशत (*b*) 40 प्रतिशत

(*c*) 45 प्रतिशत (*d*) 65 प्रतिशत

91. मानव शरीर में लगभग कितनी माँसपेशियाँ होती है?

(*a*) 516 (*b*) 500

(*c*) 603 (*d*) 206

92. निम्नलिखित में से कौन-सी माँसपेशियाँ ऐच्छिक हैं?
(a) फेफड़े (b) हृदय
(c) आंत (d) हाथ

93. निम्नलिखित में से अनैच्छिक माँसपेशी कौन-सी है?
(a) हाथ (b) पैर
(c) जीभ (d) हृदय

94. शरीर रूपी इंजन में कौनसा अंग पम्प का कार्य करता हैं?
(a) हृदय (b) यकृत
(c) अग्नाशय (d) फेफड़े

95. रुधिर शोधन का कार्य किस अंग द्वारा किया जाता है?
(a) यकृत (b) वृक्क
(c) धमनियाँ (d) हृदय

96. अशुद्ध रुधिर को हृदय तक पहुँचाने वाली नलिकाएँ कहलाती हैं-
(a) धमनी (b) शिराएँ
(c) नलिकाएँ (d) नसें

97. हृदय से शुद्ध रुधिर को लाने वाली नलिकाएँ कहलाती हैं-
(a) धमनी (b) शिराएँ
(c) नलिकाएँ (d) फुफ्फुस

98. रक्त में अनुमानतः कितना पानी होता है?
(a) 10 प्रतिशत (b) 40 प्रतिशत
(c) 60 प्रतिशत (d) 90 प्रतिशत

99. सामान्यतः स्त्रियों के हृदय का भार कितना होता है?
(a) 250 ग्राम (b) 220 ग्राम
(c) 300 ग्राम (d) 325 ग्राम

100. सामान्यतः पुरुषों के हृदय का भार कितना होता है?
(a) 220 ग्राम (b) 275 ग्राम
(c) 300 ग्राम (d) 325 ग्राम

101. मानव शरीर द्वारा गृहित 75 प्रतिशत ऑक्सीजन का उपयोग कौन सा अंग करता है?
(a) फेफड़े (b) हृदय
(c) यकृत (d) वृक्क

102. मनुष्य का हृदय एक मिनट में कितनी बार स्पंदन करता है?
(a) 16 (b) 20
(c) 37 (d) 72

103. निम्नलिखित में से कौन-सा तत्व रक्त में विद्यमान नहीं होता है?
(a) प्लाज्मा
(b) लाल रक्त कणिकाएँ
(c) श्वेत रक्त कणिकाएँ
(d) ग्लाइकोजन

104. रक्त को जमने में सहायता करती है?
(a) प्लाज्मा
(b) लाल रक्त कणिकाएँ
(c) श्वेत रक्त कणिकाएँ
(d) इनमें से कोई नहीं

105. लाल रक्त कणिकाओं का लाल रंग होता है-
(a) विकिरण के कारण
(b) ऑक्सीजन के कारण
(c) हिमोग्लोबिन के कारण
(d) गोल होने के कारण

106. लाल रक्त कणिकाओं का निर्माण मुख्यतः होता है?
(a) यकृत में
(b) फेफड़ों में
(c) हृदय में
(d) अस्थि मज्जा में

107. लाल रक्त कणिकाओं (R.B.C.) का प्रमुख कार्य है-
(a) ऑक्सीजन ढोना
(b) तापमान नियन्त्रित करना
(c) रोगों से बचाव
(d) रक्त का थक्का जमाना

108. श्वेत रक्त कणिकाओं (W.B.C.) का प्रमुख कार्य है-
(a) रक्त का थक्का जमाना
(b) रोगों से बचाव
(c) तापमान नियन्त्रण
(d) ऑक्सीजन ढोना

109. छोटी आंत की लम्बाई लगभग होती है-
(a) 15 फुट
(b) 18 फुट
(c) 22 फुट
(d) 25 फुट

110. हाइड्रोक्लोरिक अम्ल और रैनिन नामक रस भोजन में विलय होते हैं-
(a) यकृत से
(b) आमाशय से
(c) छोटी आंत से
(d) लार ग्रंथियों से

111. पित्त रस का निर्माण कहाँ होता है?
(a) आमाशय (b) छोटी आंत
(c) यकृत (d) मुख

112. यकृत का भार कितना होता है?
(a) 1½ किग्रा. (b) 2 किग्रा.
(c) 2½ (d) 3 किग्रा.

113. मनुष्य एक मिनट में कितनी बार श्वास लेता है?
(a) 10-12 बार (b) 12-14 बार
(c) 14-16 बार (d) 16-20 बार

114. मस्तिष्कीय तन्त्रिकाओं के कितने जोड़े होते हैं?
(a) 10 (b) 12
(c) 31 (d) 44

115. मेरु तन्त्रिकाओं के कितने जोड़े होते हैं?
(a) 21 (b) 26
(c) 31 (d) 44

116. मस्तिष्क भार लगभग होता है-
(a) 40 औंस (b) 41 औंस
(c) 44 औंस (d) 27 औंस

117. स्त्री गर्भाशय अपने सामान्य आयाम और आकार से कितना अधिक विस्तार पा सकता है?
(a) 100 गुणा (b) 400 गुणा
(c) 700 गुणा (d) 900 गुणा

118. शरीर की सभी ग्रन्थियों का संचालन और निर्देशन किस ग्रन्थि द्वारा होता है?
(a) पीयूष ग्रन्थि
(b) थाइराइड ग्रन्थि
(c) थाइमस ग्रन्थि
(d) अधिवृक्क ग्रन्थि

119. आयोडीन की कमी से कौन-सी ग्रन्थि बढ़ जाती है?
(a) पीयूष ग्रन्थि (b) थाइराइड ग्रन्थि
(c) थाइमस ग्रन्थि (d) पीनियल ग्रन्थि

120. युवावस्था के लिए उत्तरदायी ग्रन्थि कौन-सी होती है?
(a) थाइमस (b) पीनियल
(c) पीयूष (d) थाइराइड

121. एड्रिनिलिन नामक हारमोन किस ग्रन्थि से स्रावित होता है?
(a) थाइमस (b) पीनियल
(c) पीयूष (d) अधिवृक्क

122. 'इन्सुलिन' नामक हारमोन किस ग्रन्थि से स्रावित होता है?
(a) पैन्क्रियास (b) अधिवृक्क
(c) पीनियल (d) पीयूष

123. इन्सुलिन की कमी से कौन-सा रोग हो जाता है?
(a) एनीमिया (b) बेरी-बेरी
(c) गलगण्ड (d) मधुमेह

124. थकान के समय मांसपेशियों में जमा हो जाता है?
(a) दुग्धाम्ल (b) इन्सुलिन
(c) अपशिष्ट जल (d) ऑक्सीजन

125. थकान के समय यकृत और मांसपेशियों में किसकी कमी हो जाती है?
(a) ग्लाइकोजन (b) ऑक्सीजन
(c) ऊर्जा (d) उपर्युक्त सभी

126. सामान्य पुरुषों के फेफड़ों का भार कितना होता है?
(a) 1100 ग्राम (b) 900 ग्राम
(c) 950 ग्राम (d) 1250 ग्राम

127. सामान्यत: महिलाओं के फेफड़ों का भार कितना होता है-
(a) 1100 ग्राम (b) 900 ग्राम
(c) 950 ग्राम (d) 800 ग्राम

128. मानव शरीर में कितने प्रकार के अमीनो अम्ल पाए जाते हैं?
(a) 10 (b) 22
(c) 11 (d) 15

129. एक बार सांस लेने की प्रक्रिया कितने सेकण्ड में पूरी होती है-
(a) 3 सेकण्ड (b) 4 सेकण्ड
(c) 5 सेकण्ड (d) 8 सेकण्ड

130. रुधिर प्रतिदिन मानव कोशिकाओं को कितनी ऑक्सीजन देता है?

(a) 250 लिटर
(b) 400-450 लिटर
(c) 350 लिटर
(d) 200 लिटर

131. मनुष्य के हृदय एवं फेफड़ों की आवाज सुनने के लिए डॉक्टर किस यन्त्र का प्रयोग करते हैं?

(a) स्टेथेस्कोप
(b) स्टेनोस्कोप
(c) स्ट्रोकोस्कोप
(d) हाइड्रोमीटर

132. मनुष्य के हृदय को एक बार धड़कने में कितना समय लगता है?

(a) 0.4 सेकण्ड
(b) 0.5 सेकण्ड
(c) 0.8 सेकण्ड
(d) 1 सेकण्ड

133. प्रजनन सम्बन्धी सूचनाएँ एकट्ठी होती हैं–

(a) आर. एन. ए. (R.N.A.) में
(b) डी. एन. ए. (D.N.A.) में
(c) तन्त्रिका तन्त्र में
(d) इनमें से कोई नहीं

134. डैल्टाईड माँसपेशियाँ (Deltoid Muscles) शरीर के किस भाग में पाई जाती है?

(a) पैरों में (b) गर्दन में
(c) कन्धे में (d) भुजाओं में

135. पैक्टोलियास मेजर माँसपेशी (Pectoralis Major Muscles) शरीर में किस स्थान पर होती हैं?

(a) श्वसन तन्त्र (b) पाचन तन्त्र
(c) विसर्जन तन्त्र (d) तन्त्रिका तन्त्र

136. फेफड़े निम्नलिखित में से किस प्रणाली के भाग हैं–

(a) श्वसन तन्त्र (b) पाचन तन्त्र
(c) विसर्जन तन्त्र (d) तन्त्रिका

137. शरीर में सबसे लम्बी अस्थि कौन-सी है?

(a) एटलस (b) एटना
(c) फीमर (d) स्टेपिज

138. शरीर की सबसे लम्बी अस्थि फीमर की लम्बाई कितनी होती है?

(a) 48 सेमी. (b) 41 सेमी.
(c) 44 सेमी. (d) 52 सेमी.

139. कौनसा अंग मानव-शरीर में जल सन्तुलन बनाए रखता है–

(a) वृक्क (b) हृदय
(c) यकृत (d) फेफड़े

140. संधियों (जोड़ों) के अध्ययन को क्या कहा जाता है?

(a) ऑस्टोलोजी
(b) मायोलोजी
(c) आर्थोलोजी
(d) इनमें से कोई नहीं

141. वह अक्ष जो मानव शरीर को ऊपर नीचे दो हिस्सों में बाँटता है–

(a) होरीजन्टल अक्ष
(b) फ्रंटल अक्ष
(c) वर्टिकल अक्ष
(d) इनमें से कोई नहीं

142. वह अक्ष जो मानव शरीर को आगे पीछे दो हिस्सों में बाँटता है–

(a) वर्टिकल अक्ष
(b) होरीजन्टल अक्ष
(c) फ्रंटल अक्ष
(d) इनमें से कोई नहीं

143. एक स्वस्थ मानव का रुधिर होता है–

(a) क्षारीय
(b) अम्लीय
(c) उदासीन
(d) गहरे रंग का

144. मानव शरीर का ताप नियन्त्रण करता है–

(a) मेरु रज्जु
(b) हाईपाथलेम्स
(c) पिट्यूटरी
(d) यकृत

उत्तरमाला

1	**2**	**3**	**4**	**5**	**6**	**7**	**8**	**9**	**10**
(a)	*(d)*	*(c)*	*(b)*	*(b)*	*(a)*	*(a)*	*(d)*	*(d)*	*(a)*
11	**12**	**13**	**14**	**15**	**16**	**17**	**18**	**19**	**20**
(a)	*(c)*	*(c)*	*(a)*	*(c)*	*(a)*	*(b)*	*(b)*	*(d)*	*(a)*
21	**22**	**23**	**24**	**25**	**26**	**27**	**28**	**29**	**30**
(a)	*(a)*	*(b)*	*(d)*	*(c)*	*(b)*	*(b)*	*(b)*	*(c)*	*(a)*
31	**32**	**33**	**34**	**35**	**36**	**37**	**38**	**39**	**40**
(c)	*(c)*	*(a)*	*(d)*	*(d)*	*(d)*	*(d)*	*(b)*	*(b)*	*(b)*
41	**42**	**43**	**44**	**45**	**46**	**47**	**48**	**49**	**50**
(c)	*(a)*	*(a)*	*(c)*	*(b)*	*(a)*	*(d)*	*(b)*	*(b)*	*(b)*
51	**52**	**53**	**54**	**55**	**56**	**57**	**58**	**59**	**60**
(b)	*(a)*	*(c)*	*(d)*	*(c)*	*(d)*	*(b)*	*(d)*	*(a)*	*(b)*
61	**62**	**63**	**64**	**65**	**66**	**67**	**68**	**69**	**70**
(d)	*(c)*	*(a)*	*(c)*	*(a)*	*(b)*	*(c)*	*(a)*	*(c)*	*(c)*
71	**72**	**73**	**74**	**75**	**76**	**77**	**78**	**79**	**80**
(c)	*(d)*	*(a)*	*(b)*	*(c)*	*(d)*	*(b)*	*(b)*	*(a)*	*(d)*
81	**82**	**83**	**84**	**85**	**86**	**87**	**88**	**89**	**90**
(c)	*(b)*	*(a)*	*(a)*	*(b)*	*(b)*	*(b)*	*(d)*	*(c)*	*(c)*
91	**92**	**93**	**94**	**95**	**96**	**97**	**98**	**99**	**100**
(b)	*(d)*	*(d)*	*(a)*	*(d)*	*(b)*	*(c)*	*(d)*	*(a)*	*(c)*
101	**102**	**103**	**104**	**105**	**106**	**107**	**108**	**109**	**110**
(b)	*(d)*	*(d)*	*(a)*	*(c)*	*(d)*	*(a)*	*(b)*	*(c)*	*(b)*
111	**112**	**113**	**114**	**115**	**116**	**117**	**118**	**119**	**120**
(c)	*(a)*	*(d)*	*(b)*	*(c)*	*(a)*	*(d)*	*(a)*	*(b)*	*(a)*
121	**122**	**123**	**124**	**125**	**126**	**127**	**128**	**129**	**130**
(d)	*(a)*	*(d)*	*(a)*	*(d)*	*(a)*	*(b)*	*(b)*	*(c)*	*(c)*
131	**132**	**133**	**134**	**135**	**136**	**137**	**138**	**139**	**140**
(a)	*(c)*	*(b)*	*(c)*	*(a)*	*(a)*	*(c)*	*(a)*	*(a)*	*(a)*
141	**142**	**143**	**144**						
(a)	*(c)*	*(a)*	*(b)*						

शब्द संग्रह (Glossary)

Abduction (अपावर्तन): शरीर खण्ड का सममितार्थी (sagittal) तल (मध्य रेखा) से दूर संचालन।

Abstract : अमूर्त।

Abstract reasoning : अमूर्त तर्क।

Acceleration (त्वरण): गति की दर में वृद्धि।

Acctine : एक पेशी प्रोटीन पेशी संकुचन तथा शिथिलीकरण के लिए उत्तरदायी है।

Accuracy : अचूकता।

Action Potential (क्रिया शक्ति): पेशी के संकुचन के समय रिकार्ड किया गया विद्युत चार्ज।

Active Transport (सक्रिय वाहन): अणुओं को सान्द्रण (concentration) अनुपात (gradient) के विरूद्ध ले जाने की क्रिया।

Adduction (अभिवर्तन): शरीर खण्ड का सममितार्थी (sagittal) तल की ओर संचलन।

A D P (एडीनोसीन डाइ फास्फेट): दो फास्फेट रैडिकल वाला अधिक ऊर्जा वाला रासायनिक यौगिक।

Aesthetic Sensibility and Worship : सौन्दर्य प्रशंसा एवं उपासना-यदि एक सुशिक्षित सुन्दरता की प्रशंसा न कर सकता हो तो उसे हम सौन्दर्य-प्रिय व्यक्ति नहीं कहेंगे।

Afferent Nervous System (अभिवाही तन्त्रिका तन्त्र): इसे संवेदी तन्त्रिका तन्त्र भी कहा जाता है। संस्थान जो संवेदी ग्राहियों (sensory receptors) से संवेगों को सुषमा तथा मस्तिष्क की ओर निर्देशित करता है।

Agencies : साधन।

Age of Feudalism : जागीरदारों का युग।

Agility (सक्रियता): शरीर या इसके अंगों की दिशा शीघ्रता से परिवर्तन करना।

Agoge : अगाग।

Agonist Muscle (एगोनिस्ट पेशी): पेशी जो अपने संकेन्द्रित (concentric) संकुचन द्वारा इच्छित संचलन में योगदान देती है।

Aims : लक्ष्य।

Alert mind : सजग मस्तिष्क – जिसके द्वारा अपने वातावरण को अच्छी तरह समझा जा सकता है।

Anaerobic (वातनिरपेक्षी प्रशिक्षण): एक प्रशिक्षण विधि जो शरीर की वातनिरपेक्षी प्रक्रियाओं को बढ़ाने के लिए रचित की गई है तथा जो वातनिरपेक्षी सहनशक्ति को बढ़ाती है।

Anatomical Difference : शरीर-रचना में अन्तर-शारीरिक तौल और कद में स्त्रियां पुरुष से आम तौर पर पीछे ही रहती है।

Anatomical Position (शारीरिक अवस्था): एक अवस्था जिसमें शरीर मिलिटरी की 'सावधान' अवस्था जिसमें हथेलियां आगे की ओर होती हैं।

Ancient China : पुरातन चीन।

Antagonist Muscle (विरोधी पेशी): एक पेशी जो इच्छित संचालन दिशा के विपरीत कार्य करती है।

Anterior (अग्रवर्ती): आगे की ओर स्थित।

Anticipatory Theory : पूर्वविधारण का सिद्धान्त।

Aponeurosis (एपोन्यूरोसिस): संयोजी ऊतक की एक रेशेदार झिल्ली, एक चपटा स्नत्रायु।

Appendicular Skeleton (उपबंधीय कंकाल): कंकाल का वह भाग जो ऊर्ध्व तथा निम्न छोर बनाते हैं।

Argolis : अर्गलीज।

Artery (धमनी) – नलिका जो रक्त को हृदय से दूर ले जाती है।

Asian Games (एशियाई खेलें): – 8 अगस्त 1938 को लंदन के माऊंट रायल होटल में भारत, इंग्लैण्ड, बर्मा, चीन, कोरिया और फिलीपाइन आदि देशों के प्रतिनिधियों ने मिल कर बैठक की, जिसमें एशियाई ओलम्पिक एसोसिएशन बनाने की योजना को स्वीकृति दी गई।

Association : सहचर्य।

Asthenic : कृशकाय।

ATP (एडीनोसीन ट्राइफास्फेट): बहुत सी शारीरिक प्रक्रियाओं को ऊर्जा प्रदान करने वाला शरीर द्वारा प्रयुक्त रासायनिक यौगिक।

Atrium (आलिंद): हृदय का ऊपरी कक्ष।

Attainable: लभ्य।

Attitude (मनोवृत्ति): एक विशिष्ट प्रकार से कार्य करने की तत्परता। मनोवृत्तियां विभिन्न मात्रा में स्वीकृति या अस्वीकृति अभिव्यक्त करती हैं।

Autonomic Nervous System (स्वतन्त्र तन्त्रिका तंत्र): शरीर का अनैच्छिक संस्थान इसे चेतन से नियन्त्रित नहीं किया जा सकता।

Axial Skeleton (अक्षीय कंकाल): सिर, गर्दन तथा धड़ का कंकाल।

Axis (अक्ष): एक स्थिर बिन्दु जिसके गिर्द गतिशील वस्तु चक्कर लगाती है।

Axon (अक्षतन्तु): तन्त्रिका कोशिका का उपबंध जो संवेग को शरीर की कोशिका से दूर ले जाता है।

Balance (सन्तुलन): सहारे के आधार पर गुरुत्व के केन्द्र को कायम रखने तथा सन्तुलन बनाए रखने की योग्यता।

Ball and Socket Joint (उलूखल संधि): एक अस्थि के गोलाकार नोदन का दूसरी अस्थि के कप जैसी खात के साथ सन्धियोजन, जो बहुअक्षीय गति प्रदान करता है।

Ballistic Movement (बैलिस्टिक संचालन): गति का संचालन जिसमें तीव्र त्वरण तथा गति के अन्त में त्वरण में कमी आती है।

Bilateral Movement (द्विपार्श्वी संचालन): दो ओर से संचालन।

Body beautiful : सुन्दर शरीर-शरीर दिखने में अच्छा होना।

Body-conditioning : काया-साधन।

Body Types : शरीर के प्रकार-हम सभी एक दृष्टि से आपस में मिलते दिखाई देते हैं लेकिन फिर भी शरीर में विभिन्न प्रकार हैं।

By Election : चुनाव - इस विधि द्वारा विद्यार्थी का चुनाव किया जाता है।

By Lottery : लौटरी द्वारा-इसके द्वारा नेता का नाम निर्देशन पर्चियों द्वारा किया जाता है।

Calorie (कैलोरी): चयापचयी अध्ययन में प्रयुक्त ऊष्मा की इकाई।

Camping : शिविर।

Capacity (क्षमता): सीमाएं जिनके अन्दर योग्यता विकसित की जा सके। योग्यता को क्षमता से अधिक नहीं बढ़ाया जा सकता।

Capillary (कोशिका): सबसे छोटी रक्त वाहिनियां।

Capsular Ligament (संपुट स्नायु): स्नायु जो पूर्ण रूप से संधि को बन्द कर लेता है।

Cardiac Output (हृदयी निर्गत): एक मिनट में दो नलियों द्वारा पम्प किए गए रक्त का आयतन।

Cardiovascular Endurance (हृदयी संवाहन सहनशक्ति): रक्त संचार संस्थान की सहनशक्ति, भारी कार्य की स्थितियों में दक्षता से कार्य करने की इस संस्था की योग्यता।

Cathartic Theory : रेचन सिद्धान्त।

Cause and effect : कार्य और कारण।

Cell : कोशिका।

Centre of Gravity (गुरूत्व केन्द्र): शरीर के तीन प्राथमिक तलों के परस्पर काटने का बिन्दु। शरीर का ठीक मध्य। एक बिन्दु जिसके इर्द गिर्द यदि वस्तु को स्वतन्त्र घूमने दिया जाए तो सभी दिशाओं में स्वतन्त्रता से घूमेगी।

Centrifugal Force (अपकेन्द्री बल): बल जो गतिशील वस्तु को सरल रेखा में गति की अवस्था में रखने का यत्न करता है। बल जो घूमने वाले संचलनों में प्रतिरोध प्रदान करता है।

Centripetal Force (केन्द्राभिमुखी बल): बल जो गतिशील वस्तु को घुमाता है। बल जो अपकेन्द्री बल के विपरीत है।

Cerebellum : सैरीबलम।

Chain : श्रेणी।

Choleric : पीला पित्त वाले।

Circumduction (पर्यावर्तन): चक्राकार, कोन की शक्ल में गति।

Circus : सर्कस-सर्कस किसी समय में वह स्थान होता था जहां खेलों का आयोजन होता था।

Civic Responsibility : नागरिक उत्तरदायित्व-शारीरिक शिक्षा में नागरिक उत्तरदायित्व अपने शरीर को अच्छा रखना होता है।

Cognitive : परिचयात्मक।

Colonial Age : उपनिवेश काल-प्राचीन काल से ही अमेरिका के इतिहास में बहुत से परिवर्तन हुए हैं। शारीरिक शिक्षा के क्षेत्र में भी अमेरिका ने उपनिवेश काल समय से ही बहुत प्रगति की है।

Combat : संयोधन।

Concentric Contraction (संकेन्द्रित संकुचन): तन्त्रिका संवेग द्वारा पेशी का छोटा होना।

Conceptual Level : प्रत्यात्मक स्तर।

Conditional Reflex (अनुकूलित प्रतिवर्त): सहजात प्रतिरूप के विपरीत सीखा गया प्रतिवर्त प्रतिरूप।

Connective Tissue (संयोजी ऊतक): शरीर के ऊतक जिनका प्राथमिक कार्य शरीर के एक अंग को दूसरे से जोड़ना है जैसे कि स्नात्रयु अस्थि को अस्थि से जोड़ते हैं तथा कण्डराएं अस्थि को पेशी से जोड़ती हैं। संयोजी ऊतक कई प्रकार के होते हैं।

Connectionist : सह-सम्बन्ध।

Contractile Force (संकोची बल): संकुचन के समय पेशी या पेशी समूह द्वारा प्रयोग की गई तनाव की मात्रा।

Co-operation and Competition : सहयोग और स्पर्धा।

Coordination (समन्वयन): विभिन्न पेशियों का इकट्ठे, सरलता से कार्य करना। पेशी संकुचन का उचित तथा परिशुद्ध समय नियमन।

Composition : युयुत्सात्मक खेल।

Composition : बनावट।

Comprehension : व्यापक-बोधन।

Concrete : ठोस।

Consistency : एकरसता।

Coronary System (हृदयी संसाधन): शरीर संस्थान जिसमें हृदयी पेशियों को रक्त पहुंचाने वाली रक्त नलिकाएं शामिल होती हैं।

Correct Form : कौशल का शुद्ध स्वरूप।

Corrective Exercises (शोधक प्रक्रियाएं): इन प्रक्रियाओं द्वारा विद्यार्थी के शारीरिक अंगों की कमजोरियों एवं विकृतियों का शोधन किया जाता है।

Correct Postures : शुद्ध अवस्थाएं।

Crest Bone (शिखर अस्थि): अस्थि पर उभरा आकार।

Crest load : शिखर-भार-वायु की मात्रा, अपनी पूरी शिखर क्षमता पर कार्य कर रहा हो, केवल शरीर की आवश्यकता के अनुसार पर्याप्त हो।

Cross Fertilization : अपरनिषेचन।

Cross-Training (आड़ा प्रशिक्षण): शरीर के विपरीत भाग में व्यायाम का शरीर के एक भाग पर प्रशिक्षण प्रभाव।

Cytoplasm : कोष-रस।

Dances : नृत्य

Deceleration (अतत्वरण): गति की दर में कमी।

Dendrite : दुभाश्म-तंत्रिका कोशिका का उपबंध जो कोशिका की ओर संवेग भेजता है।

Diastolic Pressure : अनुशिथिलीय दबाव-हृदय की प्रत्येक धड़कन की शिथिलीकरण के समय रक्त का दबाव।

Direct Calorimetry : प्रत्यक्ष ऊष्मा माप-शरीर द्वारा उत्पन्न ऊष्मा के मापन द्वारा शरीर की चयापचयी दर को मापने में प्रयुक्त एक विधि।

Distal : दूरस्थ-शरीर की मध्य रेखा या संदर्भ के बिन्दु से सबसे दूर। हाथ भुजा के दूरस्थ छोर पर होता है।

Domestic and social health : घर तथा समाज स्वास्थ्य-एक पढ़ा लिखा व्यक्ति न केवल अपना ही स्वास्थ्य ठीक रख सकता है अपितु वह अपने परिवार तथा समाज के स्वास्थ्य को ठीक रखने में भी सहायक हो सकता है।

Dominant : व्यक्त।

Draft Syllabus : पाठ्य-क्रम।

Drill (कवायद): यह एक प्रकार का विधिवत अभ्यास है जिसके द्वारा सम्भावित क्रियाएं किसी जानकारी वाले व्यक्ति द्वारा कराई जाती है।

Drive : चलना।

Duration of Games : अवधि।

Dynamic Contraction (गत्यात्मक संकुचन): वैसे ही जैसे सम संकोची या अवस्था छोर पर होता है।

Dynamic Flexibility (गत्यात्मक लचक): वह लचक जो पेशी के संकुचन से अभिव्यक्त होती है तथा जो गुरूत्व के खिंचाव या बाहरी बल जैसे कि अन्य व्यक्ति द्वारा शारीरिक अंगों से संचालित न हो।

Dynamic Posture (गत्यात्मक आसन): शरीर का गति की अवस्था में आसन या स्थिति।

Dynamic Strength (गतिक शक्ति): गति की अवस्था में प्रदर्शित शक्ति।

Eccentric Contraction (उत्केन्द्रिय संकुचन): पेशी को नियन्त्रित ढंग से लम्बा करना।

Eccersion (बहिवर्तन): पांव के तल को बाहर की ओर घुमाने की क्रिया।

Ectomorph (एक्टोमौर्फ): एक छरहरे शरीर का व्यक्ति।

Educational Form of Play : खेल के शैक्षिक रूप।

Education for Vocation : व्यवसाय के लिए शिक्षा-शारीरिक शिक्षा अपनी क्रियाओं द्वारा व्यक्ति के अन्दर ऐसी रूचि पैदा कर देती है जिसके द्वारा वह अपने आने वाले जीवन में इस विद्या को व्यवसाय के रूप में अपनाने का निर्णय कर सकता है।

Efferent System (अपवाही प्रणाली): संचालन तंत्रिका तन्त्र जो मस्तिष्क तथा संषमा से संवेगों को पेशियों, ग्रन्थियों तथा अंगों की ओर निर्देशित करता है।

Ego-centric : आत्म-केन्द्रित।

Electrogoniometer (इलैक्ट्रोगोनियो मीटर): संधि क्रिया को मापने तथा रिकार्ड करने का साधन।

Electromyograph (इलैक्ट्रोमायोग्राफ): संकुचन के समय पेशी की विद्युत शक्ति को मापने तथा उसके परिवर्तन को रिकार्ड करने का उपकरण।

Emotions and Physical Education : संवेग तथा शारीरिक शिक्षा।

Endomorph (एन्डोमौर्फ): मोटे शरीर वाला व्यक्ति।

Endomysium (एन्डोमाइसियम): पेशी कोशिका के गिर्द पाया जाने वाला संयोजी ऊतक।

End Plate (Motor) अन्त पट्टिका (संचलन): संचलन तंत्रिका कोशिका का वह भाग जो पेशी तन्तु से जुड़ा होता है।

Endurance (सहनशक्ति): थकान का प्रतिरोध करने तथा थकान के पश्चात् शीघ्रता से पहली अवस्था में आ जाने की योग्यता।

Environment (वातावरण): वातावरण से भाव दो प्रकार के वातावरण से है – भौतिक (Physical) वातावरण और सामाजिक वातावरण।

Epicondyle (Bone) (स्थूलनक): के ऊपर अस्थि पर उभार जो पेशी के आंसग में प्रयुक्त होता है।

Epic Period (महाकाव्य काल): इसमें महाभारत तथा रामायण का वर्णन आता है।

Epimysium (एपिमाइसियम): संपूर्ण पेशी के गिर्द संयोजी ऊतक।

Evaluation : मूल्यांकन।

Experimental Play : परीक्षात्मक खेल।

Extensor Thrust Reflex (प्रसारणी आघात प्रतिवर्त): पांवों के निचले भाग के दबाव द्वारा अनैच्छिक कार्य जिसे प्रसारणी पेशियों में संकुचन प्रतिवर्ष होता है।

External Respiration (बाह्य श्वसन): फेफड़ों में गैसों की अदला-बदली।

Extraversion : बहिमूर्खता।

Family (परिवार): परिवार में पिता सब से प्रधान होता है।

Fascile (गुच्छ): पेशियों या तंत्रिका रेशों का एक लघु समूह।

First Class Lever (प्रथम श्रेणी का उत्तोलक): उत्तोलक की एक व्यवस्था जिसमें अक्ष बल तथा प्रतिरोध के मध्य में होता है।

First yell : प्रथम-क्रन्दन।

Fitness : स्वस्थ जीवन-स्वस्थ जीवन के लिए प्रमुख कारकों पर ध्यान रखना चाहिए।

Flag of Asian Games : एशियाई खेलों का झण्डा-एशियाई खेलों का झण्डा सफेद रंग का होता है जिस के बीच सतरंगी रंग के सूरज का चिह्न होता है।

Force (बल): गति लाने या गति में परिवर्तन लाने के लिए लगाई गई शक्ति या ऊर्जा।

Four dimensions : चतुर-विमा।

Freedom and cleanliness (स्वस्थता एवं सफाई): व्यक्तित्व के साधारण अनुपातों का विकास, स्वास्थ्य-वर्धक कारकों, व्यायाम, आहार, मुद्रा, स्नान, वस्त्र आदि का प्रचूर ज्ञान।

Free Life : साधारण जीवन।

Fundamental Gymanstics (बुनियादी व्यायाम): इस क्षेत्र में शरीर का संतुलन ठीक रखा जाता है। संतुलन के लिए चलना, फिरना, भागना, चढ़ना, उतरना आदि क्रियाएं शामिल हैं।

Games and Sports and Swimming : खेल-कूद तथा तैराकी-इसमें डण्ड निकालना, मल्ल युद्ध, मुष्टि प्रहार

(boxing), लाट्ठी, गत्तका तथा पुल-अप्स (Pull-ups) आदि कराई जाती हैं।

Ganglion (गण्डिका): केन्द्रीय तन्त्रिका तन्त्र के बाहर तन्त्रिका कोशिका का समूह या पुलिन्दा।

Genes : पित्रैक।

Geneticist : जननविज्ञ।

Gesticulations : हाव-भाव।

Gladitorial Combats (गलैडिटोरियल कम्बैटस): गलैडिटोरियल कम्बैटस खेलों का आयोजन ऐम्पीथ्येटर में होता था।

Goal : यत्नोद्देश्य।

Goals : उद्देश्य।

Gray Matter (धूसर पदार्थ): केन्द्रीय तन्त्रिका तन्त्र का वह ऊतक जो तन्त्रिका कोशिकाओं से बना होता है।

Gregarious instinct : मूल-प्रवृत्ति।

Grip Strength : ग्रंथ शक्ति।

Guide-Line : निर्देश-रेखा।

Gymnastics (जिमनैस्टिक): जिमनास्टिक के क्षेत्र में वही क्रियाएं शामिल की जाती है जो जैमनेजियम के अन्दर की जाती है।

Hamstring Muscle Group : जांघों के पिछले भाग की पेशियां : द्विशिरस्क उवांस्थि, सेमिमेम्ब्रेनोसस तथा सेमिटेन्डीनोसस।

Heart Rate (हृदय गति): एक मिनट में हृदय जितनी बार धड़कता है।

Held Position : स्थिर अवस्था।

Hemodynamics (रक्त गतिकी): रक्त संचार के मूलभूत भौतिक सिद्धान्त।

Heredity (वंशानुक्रम): हमारे शरीर की संरचना और उसकी क्रियाएं हमारे वंशानुक्रम का ही परिणाम हैं।

Hjalmar Ling : जलमर लिंग।

Homeric Age : होमर काल।

Horizontal bars : अन्तरिक्षक-बार।

Horizontal Extension (समतल प्रसार): अनुप्रस्थ (समतल) तल से शरीर खण्ड का प्रसार।

Hypertrophy (अतिवृद्धि): ऊतक के आकार की वृद्धि।

Hyper Ventilation (अति संवातन): कठिनता से श्वास की स्थिति जिसमें वायु का अधिक दबाव मूर्छा या चक्कर ला देता है।

Idealism (आदर्शवाद): वास्तव में आदर्शवाद की उत्पत्ति विचारवाद से ही हुई।

Idiot : जड़।

Imbecile : मूढ़।

Imitation : अनुकरण।

Imprating for skills (कर्म कौशल): कर्म स्वच्छ तथा सुखी जीवन के लिए आवश्यक है। शारीरिक शिक्षा की प्रतिक्रियाएं व्यक्ति को कर्म करने की प्रेरणा देती हैं।

Increasing Knowledge (ज्ञान-वर्धक): कौशल पूर्ण व्यवसाय को अपनाने के लिए ज्ञानवर्धक होना।

Indocrine system : विहीन-ग्रन्थि संस्थान।

Inertia (जड़त्व): पदार्थ का गुण जिसके द्वारा यह विश्राम या एक समान गति में एक सरल रेखा में रहता है जब तक कि कोई बाहरी बल न लगाया जाए।

Inferior Portion (निम्न भाग): शरीर का भाग जो नीचे हो या अन्य रचना या संदर्भ बिन्दु से गहरा हो।

Infra-organic : अंगाभ्यन्तर।

Instince-Practice Theory : निसर्ग अनुष्ठान सिद्धान्त।

Instinct Theory : मूल प्रवृति का सिद्धान्त।

Integrated Man : पूर्ण मानव।

Interaction : मिश्र-क्रिया।

Interval Respiration (आन्तरिक श्वसन): सारे शरीर में रक्त संस्थान तथा ऊतकों के मध्य गैसों का आदान-प्रदान।

Internal Training (मध्यांतर प्रशिक्षण): एक प्रशिक्षण कार्यक्रम जिसमें भारी कार्य तथा हल्के कार्य या विश्राम को बारी-बारी अवधि दी जाती है।

Internunicial Neuron : सुषम्ना में एक तन्त्रिका कोशिका जो संचलन तथा संवेदी तन्त्रिका कोशिकाओं के मध्य सम्पर्क का कार्य करती है।

Integration : युग्मन।

Isthmian Games : ईसथ्मीयन खेलें।

Kinesthetic Sense (गतिबोधक संवेदना): एक जागरूकता का बोध जो बिना किसी अन्य संवेदना, पेशी तथा सन्धि अवस्था तथा क्रियाओं के प्रयोग से हो।

Krebs Cycle : चयापचयी क्रिया में रासायनिक क्रियाओं का एक अनुक्रम जहां glycolysis के अन्त के उत्पाद, carbon dioxide तथा hydrogen atoms में (degrade) किए जाते हैं।

Kretchmer : क्रेश्मर।

Laminar Flow : रक्त नलिकाओं में रक्त बहाव जिसमें नली के केन्द्र के बाहरी किनारों की अपेक्षा रक्त का बहाव बहुत तीव्र होता है।

Leap-Frog : मेढ़क-कूद।

Learning curve : शिक्षण-वक्र।

Learnt : शिक्षणीय।

Lever Body (उत्तोलक शरीर): एक या अधिक अस्थियों से बनी एक सख्त छड़ जो एक अक्ष (संधि) के गिर्द घूमती है।

Life during childhood : बचपन का जीवन।

Ligament (स्नायु): सुदृढ़ संयोजी ऊतक जो संधि बनाने वाली अस्थियों को इकट्ठा जोड़ता है।

Lingiad : लिंगियाड।

Lower extremities : स्त्रियों में निचले अवयव।

Law of Effect : प्रभाव के नियम

Law of Exercise : अभ्यास के नियम

Law of Readiness : तत्परता का नियम

Laws of Frictional Resistance (संघर्षण): गतिरोध के नियम।

Medical Rotation (चिकित्सीय घूर्णन): आन्तरिक तौर पर शरीर खण्ड का शरीर की मध्य रेखा की ओर घूमना।

Medulla Oblongata : मेडुला आबलोंगाटा।

Melan Cholic : काला पित्त वाले।

Mental characteristics (मानसिक विशेषताएं): ऐसे व्यक्ति सामाजिक सभाओं में भाग लेने में भाषण देने के अधिक अभ्यस्त होते हैं।

Mental hygienist : स्वास्थ्य-विद।

Mental images : मानसिक प्रतिमाएं

Mesomorph : व्यक्ति जिसका शरीर पुष्ट हो या शारीरिक बनावट मध्यम प्रकार की हो।

Metaphysis : अध्यात्म-शास्त्र-जो 'अस्तित्व' के सिद्धान्त तथा पुरूष और प्रकृति से संबंध वास्तविकता का अध्ययन करता है।

Military Service : सैनिक सेवा।

Minute Volume (Heart) (मिनट आयतन): एक मिनट में बाएं निलय से पम्प हुआ रक्त का आयतन।

Modern Greece (आधुनिक यूनान): आधुनिक यूनान में शारीरिक शिक्षा पर यूरोप के देशों का बहुत प्रभाव पड़ा है।

Momentum (संवेग): गतिशील पिण्ड का गुण जो शरीर को विश्राम अवस्था में लाने के लिए बल का निर्धारण करता है।

$$\text{संवेग} = \text{द्रव्यमान} \times \text{गति}$$

Moron : मूर्ख।

Motor development : गामक विकास।

Motor Memory : गामक स्मृति।

Motor Skills : गामक - कौशल

Motor Unit (संचलन इकाई): एक पेशी में सब भागों में फैले हुए पेशी तन्तु जो एक संचलन तन्त्रिका तन्तु से जुड़े हैं।

Movements : क्रीड़ा।

Movement Time (संचलन समय): अनुक्रिया का संवेग मिलने के बाद संचलन निष्पादन के लिए प्रयुक्त समय की मात्रा।

Multi Joint Muscle (बहुसन्धि पेशी): पेशी जो दो या अधिक संधियों पर फैली हो।

Muscle Boundness (पेशी जकड़न): एक रोगी अवस्था जो अनुपयुक्त प्रशिक्षण के कारण पैदा हुई जिसमें पेशियों की अति वृद्धि के कारण संधियां कुछ हद तक गति खो बैठती हैं।

Muscle-Tonus (पेशी-तान-मांस-पेशियों का हमेशा अर्द्ध-संकुचन (semi-contraction) की अवस्था में रहने के लिए गुण को चाहे मांस-पेशियां किसी भी प्रक्रिया में भाग न ले रही हों, पेशी-तान कहते हैं।

Muscular Endurance (पेशीय सहनशक्ति): पेशी क्रिया को जारी रखने की योग्यता।

Myoneural Junction (पेशी तन्त्रिकीय संधि): तन्त्रिका शाखा की संचलन तथा प्लेट एवं पेशी तन्तु के एक दूसरे को काटने का स्थान।

Myosin : एक पेशी प्रोटीन जो पेशी क्रिया के साथ-साथ पेशी संकुचन तथा शिथिलीकरण के लिए उत्तरदायी है।

Nalanda Period (नालन्दा काल): नालन्दा जो पटना से अधिक दूरी पर नहीं था उस समय का प्रसिद्ध सिखलाई केन्द्र माना जाता था।

National Plan of Physical Education : शारीरिक शिक्षा की राष्ट्रीय योजना।

National Service Scheme or N.S.S. (राष्ट्रीय सेवा योजना): यह योजना भारतीय शिक्षा और सामाजिक कल्याण (Ministry of Educational and Social Welfare) मन्त्रालय द्वारा 1969 में आरम्भ की गई।

National Sports Organisation or N.S.O. (राष्ट्रीय खेल कूद संगठन): विश्वविद्यालयों में पढ़ रहे युवकों, जो क्रीड़ा क्षेत्र में ऊंचे स्तर के हैं, के लिए यह कार्यक्रम चलाया गया है।

Naturalism (प्रकृतिवाद): प्रकृतिवाद सब सिद्धान्तों से पुराना है तथा साधारणत: इसे भौतिकवादी (Materialistic) सिद्धान्त माना गया-है।

Negative Transfer : नकारात्मक स्थानान्तरण

Nemean Games (नीमियन खेलें): नीमियन खेलें **Argolis** घाटी में संगठित की जाती थीं।

Nerve (तन्त्रिका): एक तार जैसा पुलिन्दा जो कई तन्त्रिका तन्तुओं से बना होता है।

Neuromuscular Coordination (तन्त्रिका पेशीय समन्वयन): समन्वयन जो तन्त्रिका संवेगों के उचित पेशियों में पर्याप्त तीव्रता तथा उचित समय पर पहुंचने से पैदा होता है।

Neuromyal Junction : एक तन्त्रिका शाखा की संचलन अन्त प्लेट तथा पेशी तन्तु के मध्य कटान (intersection)।

Neuron (तन्त्रिका कोशिका): एक संपूर्ण तन्त्रिका कोशिका जिसमें कोशिका तथा इसके सब अवयव होते हैं।

Neuro-Sensory System : नाड़ी-मस्तिष्क संस्थान।

Neutralizer Muscle (निष्प्रभावी पेशी): एक पेशी जो अन्य पेशी के कार्य को बराबर करने का कार्य करती हैं।

Niels Buck : नीलस बक।

Nomination (नाम निर्देशन): इस रीति द्वारा विद्यार्थी अपना नेता स्वयं नहीं चुनते अपितु अध्यापक नेता का नाम निर्देशित करता है।

Normal Load (सामान्य भार): प्रक्रिया के दौरान प्राण वायु प्रदान करने वाली प्रणाली के समस्त अवयव सामान्य भार पर कार्य करते हैं।

Objectives : प्रयोजन।

Observation : समीक्षा।

Officiating : अधीक्षण।

Olympic Awards (ओलम्पिक ईनाम): ओलम्पिक खेलों में पहले तीन स्थानों तक ईनाम जीतने वालों को तमगे (Medals) दिये जाते हैं।

Olympic Flag (ओलम्पिक झण्डा): ओलम्पिक झण्डा (Olympic Flag) सर्वप्रथम बेल्जियम (Belgium) के एंटवर्प (Antwerp) नगर में हुई ओलम्पिक खेलों में लहराया गया ।

पहले स्थान को सोने का तमगा (Gold Medal)
दूसरे स्थान को चांदी का तमगा (Silver Medal)
तीसरे स्थान को कांसे का तमगा (Bronze Medal)

इसके अतिरिक्त प्रत्येक कर्मचारी को जो ओलम्पिक खेलों के प्रबन्ध में सहायता करता है, तमगा (Medal) दिया जाता है।

Open Circuit Calorimetry : निश्वासित वायु को इकट्ठा तथा विश्लेषित करने के द्वारा चयापचयी दर के मूल्यांकन करने की प्रक्रिया।

Organisation : संगठन।

Origin (उद्भव): शरीर की मध्य रेखा के समीप पेशी आसंग : कम गतिशील आसंग।

Out-comes : परिणाम।

Outler : निष्क्रम।

Over load (अधिभार) : प्राण वायु अन्तर्ग्रहण शरीर की आवश्यकता को पूरा करने में अपर्याप्त होता है।

Overuse : अध्योपयोग।

Ovum : अण्ड यह स्त्रियों में पाया जाता है ये दोनों मिलकर बच्चा पैदा करते हैं।

Oxygen Deficit (आक्सीजन अपर्याप्तता): एक अवस्था जो आपूर्ति से अधिक आक्सीजन की मांग से उत्पन्न होती है।

Pace Maker (गति निर्धारक): ऊपर दाहिनी ओर स्थित हृदय का एक छोटा सा भाग जहां से हृदय की धड़कन आरम्भ होती है। धड़कन इस भाग से हृदय के बाकी सब भागों में फैल जाती है।

Palaestra : पलैस्टरा।

Pan Hellenic Festivals : पैन हैलनिक समारोह।

Para sympathetic (सहानुकम्पी): स्वतन्त्र तन्त्रिका तन्त्र के मुख्य उपभाग से सम्बन्धित।

Passive Flexibility (निष्क्रिय लचक): गुरूत्व के खिंचाव या किसी बाहरी बल जैसे कि अन्य व्यक्ति द्वारा दबाव के कारण उत्पन्न लचक जो कि पेशी संकुचन द्वारा प्रदर्शित लचक के विपरीत है।

Pavolv : पावलोव

Pent-up energy : खेल सुवृत ऊर्जा।

Perceptual Level : प्रत्यक्ष ज्ञानात्मक।

Performance : निष्पादन।

Perimysium : संयोजी ऊतक जो पेशी तन्तुओं के गुच्छों को घेरता है।

Peripheral Nervous System (परिधीय तन्त्रिका तन्त्र): शरीर संस्थान जिसमें तन्त्रिका संस्थान के वे सभी भाग शामिल हैं जो मस्तिष्क तथा सुषमा में सम्मिलित नहीं किए गए।

Phelgmatic : कफ वाले।

Philosophy (दर्शन-शास्त्र): चिन्तन करना दर्शन शास्त्र होता है।

Physcho-analytic Theory : मनोविश्लेषण-सिद्धान्त।

Physical characteristics (शारीरिक विशेषताएं): गोलकाय व्यक्तियों की चौड़ाई लंबाई के अनुपात में अधिक होती है। उनके अवयव लम्बे और भारी होते हैं।

Physical Culture (शारीरिक संस्कृति): इसके अनुसार शरीर को स्पर्धा के लिए सुन्दर बनाना है।

Physical Education and Recreation : शारीरिक शिक्षा तथा मनोरंजन।

Physical Training (शारीरिक प्रशिक्षण): शारीरिक प्रशिक्षण द्वारा शारीरिक स्वास्थ्य, बलशाली और सहनशील बनाया जाता है।

Physiological Differences : शारीरिक क्रिया सम्बन्धी अन्तर-शरीर की सभी क्रियाओं में अन्तर द्वारा शरीर को सुदृढ़ बनाया जा सकता है।

Play (खेल): स्वच्छन्दता, आनन्द स्वतः स्फूर्ति खेल के महान् गुण हैं।

Play is Life : खेल ही जीवन है।

Positive Transfer : सकारात्मक स्थानान्तरण।

Posterior Portion (पिछला भाग): पश्च या पिछला भाग।

Postural Muscles : आसन की पेशियां-इन्हें गुरूत्व विरोधी पेशियां भी कहा जाता है।

Potentiality : सम्भाव्यता।

Power (शक्ति): बल तथा गति का गुणंक तीव्र गति से बल लगाने की योग्यता।

Pragmatism (व्यवहारिक वास्तविकतावाद): इस सिद्धान्त को कई बार 'प्रयोगवाद' (Experimentalism) भी कहा जाता है।

Primary-Secondary Objectives : मुख्य एवं गौड़ उद्देश्य।

Prime-Mover Muscle : प्राथमिक संचलन पेशी-एक पेशी जो इच्छित संचलन से प्राथमिक भूमिका निभाती है।

Principle of Opposition : विपक्ष का सिद्धान्त।

Principles Based on Science : विज्ञान पर आधारित सिद्धान्त-इसमें विज्ञान का महत्व होता है। आविष्कार करना विज्ञान शास्त्र होता है।

Process of maturation (परिपक्वता): प्रवर्ध।

Process of Skill-training : कौशल-प्रशिक्षण-विधाएं

Professional organisation : व्यवसायिक संगठन।

Progressive Resistance Training (प्रगतिशील रोधक प्रशिक्षण): पेशी प्रशिक्षण कार्यक्रम जिसमें जैसे-जैसे पेशी सशक्त होती है, रोधक शक्ति की मात्रा को व्यवस्थित ढंग से साथ-साथ बढ़ाया जाता है।

Psychiatriat : मनोचिकित्सक।

Psycho-physical Unity of Man : मानव जीव की मनोभौतिकता।

Puberty : तारूण्य।

Rajput Period (राजपूत काल): राजपूत काल में राजपूतों का शासन था, और वे थोड़ी सी बात पर लड़ाई कर लेते थे।

Rational Memory : बौद्धिक स्मृति।

Realism (यथार्थवाद): यथार्थवाद के अनुसार ब्रह्माण्ड का आधार भौतिक माना गया है।

Reaction Time (प्रतिक्रिया समय): अनुक्रिया के आरंभ होने तथा संकेत की प्राप्ति के मध्य का समय।

Recapitulatory : पूर्वावृति।

Recent Development : आधुनिक विकास।

Recessive : सुप्त।

Reciprocal Inhibition (पारस्परिक अन्तर्बाधा): इच्छित संचलन की विरोधी (Antagonistic) पेशियों के स्वत: तन्त्रिका संवेग बन्द करना। यह स्वयं ही भली प्रकार से समन्वित संचलन प्रतिरूपों में घटित होता है। पारस्परिक अन्तर्बाधा की कमी खराब समन्वय प्रदान करती है।

Reciprocal Innervation : परस्पर चेतना प्रदान।

Record : कीर्तिमान।

Recreation (मनोरंजन क्रियाएं): इसमें शिविर (camping), लम्बी दूरी तक पैदल चल कर सैर करना, मछली पकड़ना तथा प्रकृति की जानकारी शामिल हैं।

Recreational theory : मनोरंजन-का सिद्धान्त।

Reflex : प्रतिवर्त-स्थिति के प्रति शीघ्र अनुक्रिया जिसमें सोचने की क्रिया सम्मिलित नहीं होती।

Reflex Action and Conditioned Reflex : सहज क्रिया तथा आबद्ध सहज-क्रिया।

Reflex activities (सहज क्रियाएं): ये क्रियाएं अपने आप चलती रहती हैं।

Reflex Time (प्रतिवर्त समय): प्रतिवर्त क्रिया में तन्त्रिका संवेग के संवहन का समय।

Reinforcer : सबलन कर्त्ता

Remedoal (उपचारिक): शारीरिक विकृतियों, त्रुटियों तथा ठीक प्रकार न होने वाले प्रकार्यों को व्यवस्थित करना।

Repetition maximum (अधिकतम आवृत्ति): भार प्रशिक्षण में दी गई बाधा की मात्रा के विरूद्ध जितनी अधिक आवृत्ति संख्या प्राप्त की जा सके।

Repression and suppression : दमन और शमन।

Research Institutes : अनुसंधान संस्थान।

Reserve Potential (आरक्षित शक्ति): निध्रुवण के बाद एक स्थान पर कोशिका झिल्ली के पार विद्युत शक्ति।

Reserve Strength (आरक्षित शक्ति): शक्ति जो सामान्य अवस्थाओं में ऐच्छिक रूप में प्रदर्शित नहीं की जा सकती परन्तु जो आपातकाल की अत्यन्त उत्तेजित अवस्था में प्रदर्शित की जा सकती है।

Response Time (अनुक्रिया समय): प्रतिक्रिया समय तथा संचलन समय का संयोग। बाहरी उद्दीपन के आरंभ होने से लेकर क्रिया या अनुक्रिया के संपूर्ण होने तक का समय।

Rest and Relaxation (विश्राम और शिथिलन): विश्राम और शिथिलन भी स्वास्थ्य-वर्धक कारक हैं।

Resting Potential (विश्राम शक्ति): कोशिका झिल्ली के पार विश्राम की स्थिति में विद्युत शक्ति।

Rotary Motion (घूर्णन गति): एक वस्तु का अक्ष के गिर्द घूर्णन जहां वस्तु का प्रत्येक बिन्दु अक्ष के गिर्द एक चाप या वृत बनाता है।

Running track : धावन पथ।

Safety Valve : अभय-कपाट।

Sanguine : रूधिर वाले।

Science of mind : मस्तिष्क का विज्ञान।

Scope of Physical Education : शारीरिक शिक्षा के क्षेत्र।

Second Class Lever (द्वितीय श्रेणी उत्तोलक): एक उत्तोलक व्यवस्था जिसमें प्रतिरोध, अक्ष तथा बल के मध्य होता है।

Selective : प्रवृत्य।

Self Expression Theory : आत्म-अभिव्यक्ति सिद्धान्त।

Self Fertilization : स्वयं निषेचन।

Sensory apparatus : संवेदी-माधित्र।

Sensory Motor Arc : मस्तिष्क गति सम्बन्धी वृत्तखण्ड।

Sensory organs : संवेदी अवयव।

Sham Naval Battles : शाम नेवल युद्ध-शाम नेवल युद्ध को नामचिया (**Naumchia**) के नाम से भी जाना जाता था और इन्हें बहुत बड़े पैमाने पर आयोजित किया जाता था।

Sheldon : शैलड्न।

Shoulder Depression (स्कन्ध धसकन): स्कंध मेखला की धसकन।

Shoulder Elevation (स्कन्ध उत्थापन): स्कन्ध मेखला को ऊपर उठाना।

Shoulder Protaction (स्कन्ध दीर्घीकरण): दो स्कन्ध संधियों के बीच की दूरी को बढ़ाना।

Shoulder Retraction (स्कन्ध आकुंचन): दो स्कन्ध संधियों के बीच की दूरी कम करना।

Simplest Pattern of behaviour : सरल प्रतिरूप।

Skeletal Muscle (कंकाली पेशी): धारीदार, संचलन तथा ऐच्छिक पेशी भी कहलाते हैं। हृदय को छोड़कर आन्तरिक अंगों में विद्यमान पेशी।

Skill (कौशल): शरीर संचलन में प्रयुक्त विभिन्न पेशियों की क्रिया को प्रभावकारी ढंग से समन्वित करने की क्रिया।

Skill-learning : खेलों में भाग लेने के लिए कौशल-शारीरिक शिक्षा की प्रक्रियाओं के कार्यक्रम से व्यक्ति के अन्दर विभिन्न कौशलों की उन्नति होती है।

Smooth Muscle (अरेखीय पेशी): आन्तराग तथा अनैच्छिक पेशी भी कहलाती है। हृदय के अतिरिक्त आन्तरिक अंगों में विद्यमान पेशी।

Social Contact Theory : सामाजिक सम्पर्क सिद्धान्त।

Social Mobility : सामाजिक परिवर्तनीयता।

Social Recognition : सामाजिक अभिज्ञान।

Sparta : स्पार्टा-यह एक सत्तावादी राज्य था।

Special Training Institutions for Physical Education : शारीरिक शिक्षा के लिए विशेष प्रशिक्षण संस्थान।

Specific : विशिष्ट।

Sperm (शुक्र): यह पुरूषों में पाया जाता है।

Sports (खेलें): एक विशाल शब्द है जिसमें सभी खेलें आ जाती हैं।

Sports festival-Spartakiad : खेल उत्सव-स्पार्टाकियाड-सोवियत यूनियन में सबसे बड़ा खेल उत्सव जिसमें भिन्न-भिन्न प्रकार की प्रतियोगिताएं होती हैं SPARTAKIAD के नाम से प्रसिद्ध है।

Stability (स्थिरता): एक अवस्था में सुदृढ़ता। बाहरी शक्ति को सहने की योग्यता।

Stabilizer Muscle (स्थायीकारी पेशी): कोई भी पेशी जो एक अन्य खण्ड के संचलन के लिए एक शरीर खण्ड को स्थिर करने का कार्य करती है।

Starting Line : प्रस्थान रेखा।

Static Contraction (स्थिर संकुचन): वैसे ही जैसे संकोची या सममितीय संकुचन होता है।

Static Posture (स्थिर आसन): विश्राम की शारीरिक अवस्था।

Static Strength (स्थिर शक्ति): बिना गति के प्रदर्शित शक्ति।

Static Work (स्थिर कार्य): अवस्था जिसमें पेशी बल प्रयोग करने में कोई गति नहीं होती।

Steady State (स्थिर दशा): एक दशा जिसमें ऊतकों को आक्सीजन आपूर्ति की मात्रा आक्सीजन की मांग के बराबर हो।

Stimulus : उद्दीपन।

Straon : आयास।

Strength (शक्ति): शरीर के भाग से बल लगाने की योग्यता।

Stretch Reflex (खिंचाव प्रतिवर्त): पेशियों के एकाएक संकुचन द्वारा कंकाली पेशियों में संकुचन का स्वत: प्रतिवर्त।

Stroke Volume (आघात आयतन): प्रत्येक संकुचन पर बाएं निलिंद से बाहर फेंकने वाले रक्त की मात्रा।

Sublimation : उदात्तीकरण।

Summation wave (संकलन लहर): तन्त्रिका संवेगों को उच्च आवृत्ति द्वारा सुदृढ़ पेशी संकुचन।

Superior Portion (श्रेष्ठ भाग): शरीर के भाग जो शरीर के अन्य भाग या संदर्भ बिन्दु के ऊपर हो।

Supination (उत्तानन): हाथों की हथेलियों को ऊपर की ओर घुमाने की क्रिया।

Surplus Energy : अतिरेक ऊर्जा।

Survival activities : जीवित क्रियाएं।

Synapse (अन्तर्ग्रंथन): दो या अधिक तन्त्रिका तन्तुओं के एक दूसरे को काटने का स्थान।

Systole (प्रकुंचन): हृदय धड़कन की प्रत्येक संकुचन अवस्था।

Tendon (कण्डरा): सुदृढ़ रेशेदार ऊतक जो अस्थियों से पेशियों को जोड़ता है।

The Akhara Stage (अखाड़ा स्टेज): इसमें 19वीं शताब्दी का प्रारम्भ का भाग आता है।

The Olympic Games (ओलम्पिक खेलें): यूनान में ओलम्पिक खेलों का आयोजन हुआ और इन खेलों का आरम्भ रिकार्ड के अनुसार 776 B.C. में हुआ था।

Theories of learning : अनुभव के परिणाम स्वरूप नए आचरण की प्राप्ति अथवा पुराने आचरण का शक्तिशाली अथवा दुर्बल होना ही शिक्षण है।

The Phytian Games : पाईथीयन खेलें प्राचीन विचार है कि पाईथीयन खेलें अपोलों के सम्मान के रूप में और विजय की प्रसन्नता में आरम्भ हुई।

Thermae (सार्वजनिक स्नान घर): रोम में सार्वजनिक स्नान-घरों को लोगों द्वारा थर्मे (Thermae) कहा जाता था।

Third Class Lever (तृतीय श्रेणी उत्तोलक): उत्तोलक की व्यवस्था जिसमें बल, अक्ष तथा प्रतिरोध के बीच में होता है।

Thoracic : वक्षीय।

Total Movement : समग्र गति।

Translatory Motion (स्थानान्तरीय गति): गति जिसमें वस्तु एक बिन्दु से अन्य बिन्दु तक जाती है, जो घूर्णन गति के विपरीत है। यह रेखीय या वक्ररेखी मार्ग में घट सकती है।

Transverse Plane (अनुप्रस्थ तल): एक काल्पनिक तल जो शरीर के ऊपरी तथा निम्न दो समान भागों में विभक्त करता है।

Trochanter : शिखरक-अस्थि का उभार।

Tuberosity : गण्डक-अस्थि पर एक बड़ा उभार।

Turnplate : व्यायाम-क्षेत्र।

Unitary Nature : अद्वैत प्रकृति।

Unsynchronised Development : आयु और विकास में विषमता।

Upright-Walking : उच्छीर्ण चालन।

Urge : उत्तेजना।

Variable : परिवर्ती

Vasometer Tone (वाहिका प्रेरक संकोच): पेशियों का संकोच जो रक्त वाहिनियों के किनारों के साथ होते हैं।

Vedic Period (वेद काल): आर्य लोग जो मध्य एशिया से भारत आए उनका वर्णन वेदों में किया गया है।

Vein (शिरा): नलिका जो रक्त को वापिस हृदय में भेजती है।

Velocity (वेग-दर): जिस पर एक वस्तु निर्धारित दिशा में चलती है।

Viscosity : श्यानता-तरल पदार्थ का गाढ़ापन बहने में बाधा।

Vital Capacity : प्राणाधार क्षमता-बलकृत श्वसन के पश्चात् फेफड़ों से बलपूर्वक कुल वायु निकालने की मात्रा।

Voluntary Nervous System (ऐच्छिक तन्त्रिका संस्थान): तन्त्रिका तन्त्र का वह भाग जो चेतनता से नियन्त्रित किया जाता है।

Vyayamshala Stage (व्यायामशाला स्टेज): 1905 ई. के पश्चात् का समय।

Vyayam Stage (व्यायाम प्रसारक स्टेज): शारीरिक शिक्षा में 1916 और आगे गर्मियों की विद्यालय कक्षाओं को हम चार भागों में विभक्त करते हैं :

1. देशी प्रकार की व्यायाम शालाएं।
2. जिम्नास्टिक्स संस्थान पश्चिमी देशों के ढंग के।
3. शारीरिक शिक्षा विद्यालयों की गर्मियों की श्रेणियां।
4. शारीरिक शिक्षा में अप्रत्यक्ष रूप में नेतृत्व करने वाली अन्य व्यक्तिगत संस्थाएं।

Winter Olympic Games (शीत कालीन (विंटर) ओलम्पिक खेल): 1924 ई. में प्रथम बार शीत कालीन ओलम्पिक खेलों का आयोजन किया गया।

White Matter (श्वेत पदार्थ): केन्द्रीय तन्त्रिका तन्त्र का वह ऊतक जो तन्त्रिका रेशों से बना है न कि तन्त्रिका कोशिका पिण्ड से।

Whole method : पूर्ण रीति

Work (कार्य): पेशी के संकुचन की अवस्था।

कार्य = बल × दूरी

Yoga (यौगिक क्रियाएं): इसमें विभिन्न आसन, प्राणायाम तथा अन्य यौगिक क्रियाएं शामिल हैं।

Youth Welfare Programme (युवक कल्याण कार्यक्रम): इस कार्यक्रम में युवकों के कल्याण का प्रबंध किया जाता था।

महत्त्वपूर्ण वस्तुनिष्ठ प्रश्न

1. सही विकल्प चुनिये:
निर्धारित करना कि क्या चाहिये और कौन करेगा, मैनेजर का महत्त्वपूर्ण कार्य है। तकनीकी दृष्टि से इसे कहा जाता है:
(*a*) कर्मचारी रखना (*b*) व्यवस्था करना
(*c*) नेतृत्व करना (*d*) नियंत्रण करना

2. सही विकल्प चुनिये:
इन्ट्राम्यूरल तथा एक्स्ट्राम्यूरल दोनों ही शारीरिक शिक्षा के मुख्य कार्यक्रम हैं। इसमें से इन्ट्राम्यूरल है
(*a*) मनोरंजन खेल (*b*) प्रतिस्पर्धात्मक खेल
(*c*) क्षमता खेल (*d*) देशीय खेल

3. सही विकल्प चुनिये:
मानवीय आंतरिक क्रिया में प्रबंधन का सार है
(*a*) सहकारिता (*b*) समन्वय
(*c*) सह-क्रिया (*d*) सह-अस्तित्व

4. सही विकल्प चुनिए:
आइज़ेनिक व्यक्तित्व इन्वेन्टरी किसको मापती है?
(*a*) व्यक्तित्व के केवल एक आयाम को
(*b*) व्यक्तित्व के केवल दो आयाम को
(*c*) व्यक्तित्व के केवल चार आयाम को
(*d*) व्यक्तित्व के सभी आयाम को

5. बॉडी डेन्सिटी से बॉडी फैट % का आकलन करने के लिए ब्रोसेक इत्यादि 1963-ईक्वेशन है
(*a*) फैट % =
$$\left[\frac{2.39}{1.57} \times \text{बॉडी डेन्सिटी} - 4.19\right] \times 100$$
(*b*) फैट % $= [(4.57 \div \text{बॉडी डेन्सिटी}) - 5.142] \times 100$
(*c*) फैट % $= [(4.57 \div \text{बॉडी डेन्सिटी}) - 4.142] \times 100$
(*d*) फैट % =
$$\left[\frac{4.507}{100} \times \text{बॉडी डेन्सिटी} - 6.142\right] \times 100$$

6. परिवर्तन लाने के लिए उत्तरदायी परिवर्ती है:
(*a*) नियन्त्रित परिवर्ती (*b*) पराश्रयी परिवर्ती
(*c*) स्वतन्त्र परिवर्ती (*d*) स्थिर परिवर्ती

7. सहसंबंध के गुणांक का मूल्य किस श्रेणी में स्थित रहता है?
(*a*) 00 – 1.00 (*b*) (–1) – 00
(*c*) 1.00 – 00 (*d*) (–1.00) – 1.00

8. केन्द्रीय प्रवृत्ति को मापने का एक तरीका मोड है, इसे कहा जाता है
(*a*) स्कोर का औसत (*b*) बार-बार प्राप्तांक आना
(*c*) मध्यमान (*d*) सारे स्कोर का जोड़

9. अनुसन्धान जहाँ अन्वेषक चीजों को घटित होने के लिए निरूपण कर सकता हो
(*a*) गुणात्मक अनुसन्धान
(*b*) विश्लेषणात्मक अनुसन्धान
(*c*) प्रयोगात्मक अनुसन्धान
(*d*) वर्णनात्मक अनुसन्धान

10. समूह प्रतिचयन किसका प्रकार है?
(*a*) सप्रयोजन प्रतिचयन
(*b*) प्रसंभाव्यता प्रतिचयन
(*c*) अप्रसंभाव्यता प्रतिचयन
(*d*) गैर यादृच्छिक प्रतिचयन

11. उचित विकल्प चुनिए:
एक चालीस साल के व्यक्ति की विश्राम अवस्था की हृदय गति 75 बीट्स प्रति मिनट और अधिकतम हृदय गति 180 बीट्स प्रति मिनट है। इस व्यक्ति की 60 प्रतिशत प्रशिक्षण हृदय गति कितनी होगी?
(*a*) 132 बीट्स प्रति मिनट
(*b*) 140 बीट्स प्रति मिनट
(*c*) 142 बीट्स प्रति मिनट
(*d*) 138 बीट्स प्रति मिनट

12. सही विकल्प चुनिये:
हर एक मायोसिन रेशा घिरा हुआ होता है
(*a*) चार एक्टिन रेशों से
(*b*) पाँच एक्टिन रेशों से
(*c*) छः एक्टिन रेशों से
(*d*) पाँच ट्रोपोमायोसिन मोलिक्यूल से

13. सही विकल्प चुनिये:
तंत्रिका उत्तेजना की अवसीमा क्या है?
(*a*) 11 मि. वोल्ट्स (*b*) 09 मि. वोल्ट्स
(*c*) 12 मि. वोल्ट्स (*d*) 10 मि. वोल्ट्स

14. सही विकल्प चुनिये:
मानव शरीर में नई मांसपेशियों की वृद्धि के लिये आवश्यक है
(*a*) कार्बोहाइड्रेट (*b*) वसा
(*c*) प्रोटीन (*d*) विटामिन

15. सही विकल्प चुनिये:
किन ओलम्पिक खेलों में नई एवं आशोधित शपथ ली गई जिसमें ड्रग्स का उपयोग तथा देश की जगह टीम की महिमा के लिए प्रतिस्पर्धा करने को जोड़ा गया था?
(*a*) सिडनी 2000 (*b*) एथेन्स 2004
(*c*) बीजिंग 2008 (*d*) लंदन 2012

16. सही विकल्प चुनिये:
इन्स्युलिन का स्त्रवण होता है
(*a*) लिवर (*b*) पिट्युटरी
(*c*) पेनक्रियास (*d*) थायरॉइड

17. सही विकल्प चुनिये:
रतौंधी किस विटामिन की कमी के कारण होता है?
(*a*) विटामिन डी (*b*) विटामिन ए
(*c*) विटामिन ई (*d*) विटामिन के

18. क्राउच की 'सेट पोज़ीशन' में हिप लाइन और शोल्डर को निम्नलिखित तरीके से रखा जाता है:
(*a*) शोल्डर लाइन, हिप लाइन से ऊँची होती है।
(*b*) शोल्डर लाइन और हिप लाइन दोनों समान स्तर पर होती हैं।
(*c*) हिप लाइन, शोल्डर लाइन से नीची होती है।
(*d*) हिप लाइन, शोल्डर लाइन से ऊँची होती है।

19. वस्तु की गति में परिवर्तन में प्रतिरोध को कहते हैं
(*a*) वेग (*b*) त्वरण
(*c*) जड़त्व (*d*) संवेग

20. सही विकल्प चुनिये:
शिक्षा में 'प्ले वे' प्रारंभ करने का श्रेय किसे जाता है?
(*a*) जॉन डेवी (*b*) फ्रेडरिक फ्रोबेल
(*c*) प्लेटो (*d*) काल्डवेल कुक

21. यन्त्रविद्या की दो मुख्य शाखाएँ हैं
(*a*) डायनामिक्स एंड काइनेटिक्स
(*b*) काइनेटिक्स एंड काइनेमैटिक्स
(*c*) काइनेमैटिक्स एंड स्टेटिक्स
(*d*) स्टेटिक्स एंड डायनामिक्स

22. सही विकल्प चुनिये:
पढ़ाने के विशेष तरीका का आधार होता है:
(*a*) शिक्षक की कुशलता
(*b*) शिक्षक की आयु एवं लिंग
(*c*) क्रियाकलाप का स्वरूप
(*d*) शिक्षक की योग्यता

23. प्रतियोगिता एक ऐसी प्रक्रिया है जिसमें चार भिन्न घटनाएँ/अवस्थाएँ सम्मिलित होती हैं
I. व्यक्तिनिष्ठ प्रतियोगी स्थिति
II. अनुक्रिया
III. वस्तुनिष्ठ प्रतियोगी स्थिति
IV. परिणाम
इन अवस्थाओं को सही अनुक्रम में रखें:
कूट:
(*a*) I, II, IV, III (*b*) III, I, II, IV
(*c*) IV, III, I, II (*d*) II, IV, III, I

24. सही विकल्प चुनिये:
नेतृत्व करना प्रबंधन का मुख्य कार्य है। नेतृत्व में नीचे दर्शाये कार्य किये जाते हैं।
(*a*) निर्देश देना, प्रेरणा देना, निगरानी रखना
(*b*) प्रेरणा देना, आदर्श स्थापित करना, निर्देश देना
(*c*) आदर्श स्थापित करना, भर्त्ती, लक्ष्य निर्धारण
(*d*) निगरानी रखना, भर्त्ती, प्रेरणा देना

25. ज्ञान प्रशिक्षण में किसके मापन की आवश्यकता होती है?
I. सूचना II. अनुप्रयोग
III. मान्यता IV. पुनरावलोकन
V. मूल्यांकन
सही संयोजन बताएँ:

कूट:

(*a*) I और III (*b*) I, II और III

(*c*) I, II और IV (*d*) I, II, III, IV और V

26. साधारण प्रतिक्रिया के विकास के लिए निम्नलिखित विधियाँ उपयोग में लाई जाती हैं:

I. बारम्बार की प्रतिक्रिया II. विश्लेषणात्मक विधि

III. चुनावी प्रतिक्रिया IV. सेन्सोमोटर विधि

सही संयोजन चुनिए:

कूट:

(*a*) I, III और IV (*b*) I, II और III

(*c*) I, II और IV (*d*) II, III और IV

27. Max VO_2 के निर्धारक हैं

I. कोशिका जाल

II. एट्रियो-वीनस का ऑक्सीजन अन्तर

III. खून का गाढ़ापन

IV. साइनो एट्रियल पेसमेकर

उचित संयोजन चुनिए:

(*a*) I, II और IV (*b*) I, II, III और IV

(*c*) I और II (*d*) II और IV

28. लचीलेपन के विकास को निम्नलिखित कारक प्रभावित करते हैं:

I. संधि का ढाँचा II. संधि का प्रकार

III. आयु और लिंग IV. थकान

सही संयोजन चुनिए:

कूट:

(*a*) I और III (*b*) I, III और IV

(*c*) I, II और III (*d*) I, II, III और IV

29. खिलाड़ी का आक्रामक व्यवहार किसके द्वारा प्रभावित होता है?

I. वंशानुगत

II. अपनी टीम के साथ भावात्मक तादात्म्य

III. स्थितिपरक कारण

IV. खेल परिस्थितियाँ

सही संयोजन चुनिए:

कूट:

(*a*) II और IV (*b*) I और IV

(*c*) I और II (*d*) III और II

30. एनारोबिक प्रशिक्षण बढ़ाता है:

I. ग्लाइकोलिटिक क्षमता

II. तंतु का मोटा होना

III. माइटोकोंड्रिया का आकार

IV. इलेक्ट्रोन ट्रान्सपोर्ट तंत्र क्षमता

सही संयोजन चुनिए:

कूट:

(*a*) I और II (*b*) I और III

(*c*) I, II और IV (*d*) II और IV

31. चक्का फेंकने की क्रिया के निम्नलिखित चरणों को उनके अनुक्रम और कार्यान्वयन के अनुसार नीचे दिए गए कोड के प्रयोग से व्यवस्थित करें:

I. निर्मोचन क्रिया II. रोटेशन

III. रिलीज़ स्टांन्स IV. प्रारम्भिक डोला

सही संयोजन चुनिए:

कूट:

(*a*) IV, II, III, I (*b*) II, III, I, IV

(*c*) III, I, IV, II (*d*) I, IV, II, III

32. अंतर्भूत अभिप्रेरणा में शामिल हैं:

I. ज्ञान II. प्रशंसा

III. उपलब्धि IV. पुरस्कार

सही संयोजन बताएँ:

कूट:

(*a*) III और IV (*b*) II और I

(*c*) I और III (*d*) IV और II

33. नीचे दी गई संस्थाएँ भारत में किस क्रम में प्रारंभ हुई?

I. स्पोर्ट्स अथोरिटी ऑफ इंडिया, नई दिल्ली

II. ऑल इंडिया काउन्सिल ऑफ स्पोर्ट्स

III. लक्ष्मीबाई कॉलेज ऑफ फिजिकल एजुकेशन, ग्वालियर

IV. वाय. एम. सी. ए. कॉलेज ऑफ फिजिकल एजूकेशन मद्रास

कूट:

(*a*) IV, II, III, I (*b*) III, IV, I, II

(*c*) I, IV, III, II (*d*) II, I, IV, III

34. सूची-I को सूची-II के साथ सुमेलित कीजिये तथा नीचे दिये कूट से सही उत्तर चुनिये:

सूची-I	सूची-II
I. राष्ट्रीय शिक्षण साधन	1. दूरदर्शन
II. सह-अभ्यासिक शिक्षण साधन	2. मॉडल

III. श्रव्य-दृश्य शिक्षण साधन — 3. केम्प
IV. दृश्य शिक्षण साधन — 4. संग्रहालय

कूट:

	I	II	III	IV
(*a*)	3	4	2	1
(*b*)	4	3	1	2
(*c*)	2	3	4	1
(*d*)	1	4	2	3

35. नीचे दो वक्तव्य दिये गये हैं। एक अभिकथन (A) और दूसरा तर्क (R) है।

अभिकथन (A): समाज में खेल तथा शारीरिक क्षमता की ओर बहुत ज्यादा अभिरुचि बढ़ी है जिससे योग्यता प्राप्त शारीरिक शिक्षकों के लिये व्यवसाय के मौके बढ़े हैं।

तर्क (R): आधुनिक तेज रफ्तार की जीवन शैली के कारण खेलों में सामूहिक प्रतिभागिता अड़चन बनी है।

उपर्युक्त कथन के संदर्भ में निम्नलिखित में से कौन-सा सही है?

(*a*) (A) और (R) दोनों सही हैं और (R), (A) की सही व्याख्या है।
(*b*) (A) और (R) दोनों सही हैं परन्तु (R), (A) की सही व्याख्या नहीं है।
(*c*) (A) सही है, लेकिन (R) गलत है।
(*d*) (A) गलत है, लेकिन (R) सही है।

36. सूची-I को सूची-II के साथ सुमेलित कीजिये तथा नीचे दिये कूटों से सही उत्तर चुनिये:

सूची-I	सूची-II
I. संप्रेषण में शारीरिक बाधाएँ	1. अंतर
II. संप्रेषण में व्यक्तिगत बाधाएँ	2. दूरी
III. संप्रेषण में भाषाकीय बाधाएँ	3. संबंध
IV. संप्रेषण में प्रतिष्ठा बाधाएँ	4. चिह्न

कूट:

	I	II	III	IV
(*a*)	4	3	2	1
(*b*)	3	2	1	4
(*c*)	2	1	4	3
(*d*)	1	4	3	2

37. परीक्षणों को उनकी कोएफीशिएंट ऑफ वेलिडिटी के साथ सुमेलित कीजिए:

सूची-I (परीक्षण)	सूची-II (वेलिडिटी)
I. एडम फिज़ीकल एजुकेशन स्केल	1. 0.43
II. कॉवेल सोशल एडजस्टमेन्ट इन्डेक्स	2. 0.93
III. ब्लैंकर्ड बिहेवियर रेटिंग स्केल	3. 0.62
IV. जॉनसन स्पोर्ट्समैन एटीट्यूड स्केल	4. 0.77
	5. 0.73

कूट:

	I	II	III	IV
(*a*)	5	4	3	1
(*b*)	4	5	2	1
(*c*)	4	3	2	1
(*d*)	5	4	3	2

38. सूची-I को सूची-II से सुमेलित कीजिए और प्रदत्त कूटों के आधार पर सही उत्तर का चयन कीजिए:

सूची-I	सूची-II
I. प्रशिक्षण के कार्य और रिकवरी के मध्य के सम्बन्ध को समय द्वारा व्यक्त करना।	1. अंत: मांसपेशीय समन्वय
II. कार्य और विश्राम के मध्य प्रेरणा और पुनर्निवेशन का सही प्रत्यावर्तन का परिणाम होता है।	2. आंतर-मांसपेशीय समन्वय
III. प्रदर्शन के दौरान विभिन्न मांसपेशियों के बीच होने वाली अंत:क्रिया	3. अनुकूलन प्रतिक्रिया
IV. तंत्रिका मांसपेशीय इकाई अंत:क्रिया का कार्य को करने में एक साथ भाग लेना	4. प्रशिक्षण का घनत्व

कूट:

	I	II	III	IV
(*a*)	3	1	4	2
(*b*)	1	3	4	2

(c)	4	1	3	2
(d)	4	3	1	2

39. सूची-I को सूची-II के साथ सुमेलित कीजिए और निम्न दिये गये कूटों से सही विकल्प चुनिए:

सूची-I	सूची-II
I. माँसपेशीय स्पिन्डल	1. एक्टिन रेशा
II. ट्राइड	2. ऑक्सीजन
III. जेड लाइन	3. कैल्सियम आयन
IV. मायोग्लोबिन	4. स्ट्रेच रिफलेक्स
	5. मायोसिन तन्तु

कूट:

	I	II	III	IV
(a)	5	1	4	2
(b)	4	3	1	2
(c)	1	5	4	3
(d)	3	1	4	2

40. सूची-I को सूची-II के साथ सुमेलित कीजिए और नीचे दिये गये कूटों से सही उत्तर चुनिए:

सूची-I	सूची-II
I. धारणाएँ	1. व्यवहार
II. संज्ञानात्मक सामर्थ्य	2. दृष्टिकोण
III. संवेगात्मक सामर्थ्य	3. बोध
IV. आक्रमण	4. स्व-विनियमन

कूट:

	I	II	III	IV
(a)	2	3	4	1
(b)	1	2	3	4
(c)	3	4	1	2
(d)	4	1	2	3

41. सूची-I को सूची-II के साथ सुमेलित कीजिए तथा नीचे दिये गये कूटों से सही विकल्प चुनिए:

सूची-I	सूची-II
I. ऋणात्मक मनोरंजन	1. चित्रकारी
II. सक्रिय मनोरंजन	2. टी.वी. देखना
III. निष्क्रिय मनोरंजन	3. जुआ खेलना
IV. सृजनात्मक मनोरंजन	4. खेलना

कूट:

	I	II	III	IV
(a)	3	4	2	1
(b)	4	3	1	2
(c)	2	4	3	1
(d)	3	2	1	4

42. सूची-I को सूची-II के साथ सुमेलित कीजिए और नीचे दिये गये कूटों के प्रयोग से सही विकल्प चुनिए:

सूची-I	सूची-II
I. दुर्बल	1. छोटा, मोटा
II. सुडौल	2. दुबला और पतला
III. पिकनिक	3. स्वस्थ गठन तथा सन्तुलित मांसपेशियाँ
IV. कुगठित	4. कु गठित

कूट:

	I	II	III	IV
(a)	3	4	1	2
(b)	2	3	1	4
(c)	1	2	3	4
(d)	2	3	4	1

43. सूची-I को सूची-II के साथ सुमेलित कीजिए और नीचे दिये गये कूटों के प्रयोग से सही विकल्प चुनिए:

सूची-I	सूची-II
I. बाह्य ग्राहक	1. आन्तरिक उद्दीपन ग्राही
II. स्वस्थिति ग्राहक	2. बाह्य उद्दीपन ग्राही
III. अंतग्राहक	3. अधिकतर हानिकर उद्दीपन प्रतिक्रिया ग्राही
IV. नोसीसेप्टर	4. शरीर के अन्दर से उद्दीपन प्राप्त करने वाला ग्राही

कूट:

	I	II	III	IV
(a)	2	4	1	3
(b)	2	1	4	3
(c)	2	3	1	4
(d)	2	3	4	1

44. सूची-I को सूची-II के साथ सुमेलित कीजिए और नीचे दिये गये कूटों के प्रयोग से सही विकल्प चुनिए:

सूची-I	सूची-II
I. जड़त्व नियम	1. प्रतिक्रिया
II. त्वरण नियम	2. लोच
III. क्रिया-प्रतिक्रिया नियम	3. बल की संकल्पना
IV. प्रतिघात नियम	4. संवेग

कूट:

	I	II	III	IV
(*a*)	1	2	3	4
(*b*)	3	4	2	1
(*c*)	4	1	2	3
(*d*)	3	4	1	2

45. नीचे दो कथन दिए गए हैं एक अभिकथन (A) और दूसरा कारण (R)

अभिकथन (A): क्राइटेरियन रेफरेन्सड परीक्षणों का प्रयोग, प्राप्त विषय के स्कोर की कुछ पूर्व निर्धारित मानकों के साथ तुलना करके व्याख्या करने के लिए किया जाता है।

कारण (R): ये किसी विषय क्षेत्र की न्यूनतम प्रत्याशित अधिगम अपेक्षाएँ स्थापित करते हैं अत: ये निकटतम अभिसारी चिन्ता की ओर प्रवृत्त करते हैं।

कूट:

(*a*) दोनों (A) और (R) सत्य हैं और (R), (A) की सही व्याख्या है।
(*b*) (A) सत्य है और (R) असत्य है।
(*c*) (A) असत्य है और (R) सत्य है।
(*d*) दोनों (A) और (R) असत्य हैं।

46. नीचे दो कथन दिए गए हैं एक अभिकथन (A) और दूसरा कारण (R)

अभिकथन (A): आवेग की तीव्रता और उसकी आवृत्ति अधिकतम शक्ति है।

कारण (R): किसी खिलाड़ी की उत्पन्न अधिकतम शक्ति, संचलन की बायोमैकेनिकल विशेषता और माँसपेशियों के संकुचन के विस्तार पर निर्भर करती है।

उपर्युक्त कथनों के संदर्भ में निम्नलिखित में से कौन-सा कथन सही है?

कूट:

(*a*) (A) और (R) दोनों सही हैं किन्तु (R), (A) की सही व्याख्या नहीं है।
(*b*) (A) और (R) दोनों सही हैं किन्तु (R), (A) की सही व्याख्या है।
(*c*) (A) गलत है, किन्तु (R) सही है।
(*d*) (A) सही है, किन्तु (R) गलत है।

47. नीचे दो कथन दिए गए हैं एक अभिकथन (A) और दूसरा कारण (R)

अभिकथन (A): कोच के लिए किसी खिलाड़ी की प्रतियोगी दुश्चिंता स्थिति का सही आकलन करना कठिन होता है।

कारण (R): कोच का यह विश्वास है कि खिलाड़ी बढ़ी हुई प्रतियोगिता संबंधी दुश्चिंता के कारण प्रदर्शन में कमी के दु:ख से ग्रस्त होता है।

उपर्युक्त कथनों के संदर्भ में निम्नलिखित में से कौन-सा सही है?

कूट:

(*a*) (A) सही है, लेकिन (R) गलत है।
(*b*) (A) गलत है, लेकिन (R) सही है।
(*c*) (A) और (R) दोनों सही हैं, और (R), (A) की सही व्याख्या है।
(*d*) (A) और (R) दोनों सही हैं और (R), (A) की सही व्याख्या नहीं है।

48. नीचे दो कथन दिए गए हैं एक अभिकथन (A) और दूसरा कारण (R)

अभिकथन (A): व्यक्तित्व का मनोवैज्ञानिक अभ्यन्तर व्यक्तित्व का सर्वाधिक मूल स्तर है।

कारण (R): मनोवैज्ञानिक लक्षण परिवर्तनीय और बाह्य है और वातावरण से लगातार सामंजस्य स्थापित करता है।

दोनों कथनों के संदर्भ में निम्नलिखित में से कौन-सा सही है?

कूट:

(*a*) दोनों सही हैं और (R), (A) की सही व्याख्या है।
(*b*) दोनों सही हैं लेकिन (R), (A) की सही व्याख्या नहीं है।
(*c*) (A) सही है, लेकिन (R) गलत है।
(*d*) (A) गलत है, लेकिन (R) सही है।

49. नीचे दो वक्तव्य दिए गए हैं एक अभिकथन (A) और दूसरा कारण (R)

अभिकथन (A): स्वास्थ्य वह स्थिति है जिसमें शरीर, मन तथा आत्मा स्वस्थ अवस्था में हों, विशेषत: शारीरिक रोग और दर्द मुक्त हो।

कारण (R): स्वास्थ्य शिक्षा का लक्ष्य व्यक्ति में नागरिक उत्तरदायित्व का विकास करना है।

इन दो वक्तव्यों के संदर्भ में निम्नलिखित में से कौन-सा सही है?

कूट:

(*a*) दोनों (A) और (R) सही हैं परन्तु (R), (A) की सही व्याख्या नहीं है।

(*b*) दोनों (A) और (R) सही हैं और (R), (A) की सही व्याख्या है।

(*c*) (A) सही है परन्तु (R) गलत है।

(*d*) (A) गलत है परन्तु (R) सही है।

50. नीचे दो कथन दिए गए हैं एक अभिकथन (A) और दूसरा कारण (R)

अभिकथन (A): विश्व के युवा-वर्ग में अन्तर्राष्ट्रीय समझ और सद्भावना विकसित करने जैसी क्यूबर्टिन की मौलिक और उच्च विचारधारा को अभी तक प्राप्त नहीं किया गया है।

कारण (R): आयोजकों ने ओलम्पिक खेलों का प्रयोग क्यूबर्टिन की उच्च विचारधारा को परिणत करने के बजाय अपनी आर्थिक शक्ति और राजनीतिक सर्वोपरिता को स्थापित करने के लिए किया है।

दोनों कथनों के संदर्भ में निम्नलिखित में से कौन-सा सत्य है?

कूट:

(*a*) (A) और (R) दोनों सत्य हैं किन्तु (R), (A) की सही व्याख्या नहीं है।

(*b*) (A) सत्य है, किन्तु (R) असत्य है।

(*c*) (A) असत्य है किन्तु (R) सत्य है।

(*d*) (A) और (R) दोनों सत्य हैं किन्तु (R), (A) की सही व्याख्या है।

51. सही विकल्प चुनिये:
ओलंपिक ध्वज के रंगों को सही अनुक्रम में व्यवस्थित करें:

(*a*) नीला, लाल, पीला, काला, हरा

(*b*) नीला, काला, हरा, पीला, लाल

(*c*) नीला, पीला, काला, हरा, लाल

(*d*) नीला, काला, लाल, पीला, हरा

52. सही विकल्प चुनिये:
क्रिया के प्रारम्भ से अंत तक के समय को कहा जाता है

(*a*) प्रतिक्रिया समय (*b*) प्रतिवर्त समय

(*c*) संचलन समय (*d*) अनुक्रिया समय

53. सही विकल्प चुनिये:
ओलम्पिक खेलों में महिलाओं ने सबसे पहले किन प्रतियोगिताओं में भाग लिया था?

(*a*) 100 मीटर तथा 200 मीटर

(*b*) लॉन टेनिस तथा घुड़सवारी

(*c*) लम्बी कूद तथा ऊँची कूद

(*d*) गोला फेंक तथा भाला फेंक

54. सही विकल्प चुनिये:
स्कूल स्वास्थ्य कार्यक्रम में किसे सम्मिलित नहीं करते?

(*a*) स्वास्थ्य संबंधी अनुदेश

(*b*) स्वास्थ्य पर्यवेक्षण

(*c*) स्वास्थ्य सेवाएँ

(*d*) स्वास्थ्य अनुसंधान

55. सही विकल्प चुनिये:
बाह्य धमनी संकुचन एक घाव के चारों तरफ शुरू होता है

(*a*) डाइथर्मी से (*b*) हाड्रोथेरेपी से

(*c*) क्रायोथेरेपी से (*d*) डाइपल्स से

56. सही विकल्प चुनिये:
नीचे दिये हुए में से कौन-सा उपागम संगठन व्यवहार का अंग नहीं है?

(*a*) अंतर विषयक उपागम (*b*) उत्पादकता उपागम

(*c*) अंतरक्षमता उपागम (*d*) आकस्मिक उपागम

57. सही विकल्प चुनिये:
वह स्कोर जिसके साथ उपलब्ध स्कोर की तुलना की जाती है।

(*a*) डाटा (*b*) नॉर्म

(*c*) प्रारम्भिक स्कोर (*d*) ग्रेड

58. रैशनल इक्विवलेन्स मापन की एक विधि है

(*a*) आभासी वैधता (*b*) टूरनामेन्ट स्टैन्डिंग

(*c*) विश्वसनीयता (*d*) वस्तुपरकता

59. सही विकल्प चुनिये:
एसिटल कोलीन एक

(*a*) उत्तेजक रासायनिक ट्रान्समीटर

(*b*) निरोधक रासायनिक ट्रान्समीटर

(*c*) एट्रियल पेसमेकर का शिथिलकारक

(*d*) स्टिरोयड का प्रकार

60. यदि वितरण का माध्य 5.0 है और मानक विचलन 0.20 है तो प्रसरण क्या होगा?

(*a*) 5.0 (*b*) 0.04

(*c*) 25 (*d*) $\sqrt{5}$

61. प्रश्नावली मुक्तोत्तर या अमुक्त हो सकती है। अमुक्त प्रश्नावली का लाभ है

(*a*) इसका विश्लेषण करना आसान होता है।

(*b*) यह अन्वेषक के पूर्वग्रह को दूर करती है।

(*c*) यह गहराई और विविधता प्रदान करती है

(*d*) इसका उत्तर, उत्तर देने वाले के विचार को वास्तविक रूप में स्पष्ट करता है।

62. वक्ररेखीय मार्ग के दो सामान्य प्रकार कौन-से हैं?

(*a*) कोणीय और वृत्ताकार (*b*) कोणीय और परवलीय

(*c*) वृत्ताकार और रोटरी (*d*) रोटरी और कोणीय

63. कलाई जोड़ के अबडक्शन को कहते हैं

(*a*) अल्नर संकुचन (*b*) रेडियल संकुचन

(*c*) अधोवर्तन (*d*) उत्तानन

64. सही विकल्प चुनिये:
प्रतियोगिता की परिभाषा के अंदर सफलता की प्रक्रिया को मापा जाता है:

(*a*) श्रेष्ठता के स्तर तक पहले कौन पहुँचता है?

(*b*) वर्तमान प्रदर्शन की अतीत प्रदर्शन से तुलना।

(*c*) अतीत में स्थापित श्रेष्ठता स्तर से तुलना करना।

(*d*) समान परिस्थितियों में एक ही क्रिया करने वालों की उपलब्धियों की तुलना।

65. किसी प्रश्नावली के प्रत्युत्तर में अभिवृत्ति की केवल अभिव्यक्ति उत्तर देने वाले को सोचने और पश्च परीक्षण के समय अपने दृष्टिकोण को बदलने का कारण बन सकती है। इस प्रभाव को क्या कहते हैं?

(*a*) परिपक्वता प्रभाव (*b*) प्रतिक्रियात्मक प्रभाव

(*c*) प्रशिक्षण प्रभाव (*d*) प्रतिगमन प्रभाव

66. परिसीमन संभावित कमियाँ होती हैं जिन्हें अन्वेषक द्वारा नियन्त्रित नहीं किया जा सकता है। एक अध्ययन में अनुसन्धानकर्त्ता एक नवयुवकों की गायक क्षमता का विश्लेषण करता है। विषय थे पन्द्रह लड़के और गति थी कॉलेज मैदान के प्राकृतिक धरातल पर बिना जूतों की दौड़ के 50% डैश। इस प्रयोग में परिसीमन था

(*a*) लड़के विषयक हैं और प्राकृतिक धरातल ट्रैक है।

(*b*) केवल पन्द्रह विषयक और प्राकृतिक धरातल ट्रैक

(*c*) लड़के विषयक और दौड़ने वाले जूतों के बिना दौड़ रहे हैं।

(*d*) प्राकृतिक धरातल ट्रैक है और दौड़ने वाले जूते पहने बगैर दौड़ रहे हैं।

67. शून्य परिकल्पना वैकल्पिक परिकल्पना के रूप में प्रतिपादित की जाती है। टाइप वन त्रुटि तब होती है जब शून्य परिकल्पना होती है

(*a*) यदि सत्य हो तो स्वीकृत

(*b*) यदि सत्य हो तो अस्वीकृत

(*c*) यदि गलत है तो अस्वीकृत

(*d*) यदि गलत है तो स्वीकृत

68. उचित विकल्प चुनिए:
क्रिकेट खेल में स्टम्प के ऊपर लकड़ी की दो बेल्स रखी जाती हैं। यह बेल्स स्टम्प के कितने ऊपर उठी होनी चाहिए?

(*a*) 0.4 इंच (*b*) 0.5 इंच

(*c*) 0.6 इंच (*d*) 0.7 इंच

69. उचित विकल्प चुनिए:
एक खिलाड़ियों का समूह अथवा टीम अपने सम्पूर्ण समय का मात्रा विशेष प्रशिक्षण पाठ्यक्रम अथवा प्रशिक्षण की अवस्था को समर्पित करता है। ऐसी सम्पूर्ण समय की प्रशिक्षण जिस नाम से उल्लिखित की जाती है वह है:

(*a*) निरपेक्ष परिमाण (*b*) निरपेक्ष तीव्रता

(*c*) सापेक्ष परिमाण (*d*) सापेक्ष तीव्रता

70. समाज आलेख किसको मापने का साधन है?

(*a*) सहयोग

(*b*) टीम सन्तुष्टि

(*c*) कार्योन्मुखता

(*d*) ग्रुप सदस्यों के बीच संबंधन और आकर्षण

71. कुछ संप्रेषण पद्धतियाँ इस प्रकार हैं:

I. साक्षात्कार II. व्याख्यान

III. सम्मेलन IV. शारीरिक भाव भंगिमाएँ

उपरोक्त पद्धतियों में मौखिक संप्रेषण में आता है:

(*a*) II, III, IV (*b*) I, II, III

(*c*) III, IV, II (*d*) IV, I, II

72. शैक्षणिक संस्थाओं में शारीरिक कार्यक्रमों को क्रियान्वित करने में समस्याएँ आती हैं, उनमें से कुछ समस्याएँ हैं:

I. संघवाद
II. शिक्षक बर्न आउट
III. उपकरण की सुरक्षा
IV. अस्थायी कर्मचारियों का उपयोग

उपरोक्त समस्याओं में से मानव संसाधन समस्याएँ हैं:

(*a*) I, II, III (*b*) II, III, IV
(*c*) III, IV, I (*d*) IV, I, II

73. पाठ्यक्रम आयोजन आधारित होना चाहिए:

I. सीखने की प्रक्रिया की समझ
II. कार्यक्रम का मनोरंजनात्मक मूल्य
III. समाज एवं संस्कृति का प्रभाव
IV. नेतृत्व की योग्यता

सही संयोजन बताइये:

कूट:

(*a*) I, II (*b*) III, IV
(*c*) I, III (*d*) II, IV

74. संज्ञानात्मक सामर्थ्य विकसित करने के लिए संज्ञानात्मक दक्षता है:

I. महसूस करने और क्रिया करने में अन्तर ज्ञात होना
II. सामाजिक संकेतों को समझना तथा उनका अर्थ लगाना
III. जीवन के प्रति सकारात्मक दृष्टिकोण
IV. चेहरे की भावभंगिमाओं के माध्यम से संप्रेषण

सही संयोजन बताइये:

कूट:

(*a*) I और II (*b*) III और IV
(*c*) I और IV (*d*) II और III

75. शारीरिक शिक्षा में विभिन्न विश्वविद्यालय/बोर्ड द्वारा डिप्लोमा/डिग्री प्रदान की जाती थी:

I. बी.पी.एड. II. बी.पी.ई.
III. डी.पी.एड. IV. एम.पी.ई.

उनके प्रारंभ होने के अनुसार अनुक्रम में लिखें:

(*a*) III, II, IV, I (*b*) I, III, II, IV
(*c*) II, IV, III, I (*d*) IV, I, II, III

76. मूल्यांकन है:

I. एक निरंतर प्रक्रिया
II. शिक्षक तथा सीखने वाले के बीच की आंतरिक क्रिया पर आधारित
III. कहाँ तक उद्देश्य प्राप्ति हुई है का मापन
IV. व्यक्तिपरत मूल्यांकन

सही संयोजन बताइये:

कूट:

(*a*) I, II (*b*) II, IV
(*c*) III, IV (*d*) I, III

77. नेतृत्व एक व्यवहारात्मक प्रक्रिया है जो केन्द्रित होती है

(*a*) अच्छे संबंध विकसित करना और उन्हें बनाए रखना
(*b*) निर्धारित लक्ष्यों के प्रति व्यक्तियों तथा समूह को प्रभावित करना
(*c*) समूह की पारिस्थितिक विशेषताएँ
(*d*) लक्ष्य निर्धारित करना और कार्य पूरा करवाना

78. शारीरिक शिक्षा के मनोवैज्ञानिक आधार में आता है:

I. व्यक्तिगत अंतर II. वृद्धि तथा व्यायाम
III. गामक कौशल प्राप्ति IV. प्रतिस्पर्धा और सहयोग

निम्न कूट से सही संयोजन बताइए

कूट:

(*a*) I और III (*b*) II और IV
(*c*) III और IV (*d*) I और II

79. लाल मांसपेशी तन्तु में पाया जाता है

I. ज्यादा मात्रा में ग्लाइकोजिन का होना।
II. ज्यादा मात्रा में मायोग्लोबीन का होना।
III. ऐरोबिक कार्य के लिए बेहतर होना।
IV. ऐनेरोबिक कार्य के लिए बेहतर होना।

सही संयोजन चुनिए:

(*a*) I और II (*b*) I और III
(*c*) II और III (*d*) II और IV

80. शारीरिक शिक्षा में व्यावसायिक तैयारी के लिये कुछ लक्षणों का विकास होना आवश्यक है, उसमें से कुछ इस प्रकार हैं:

(*a*) सृजनात्मकता, जवाबदेही, शैक्षणिक योग्यता
(*b*) जवाबदेही, शैक्षणिक योग्यता, अनुसंधान करने का शौक
(*c*) शैक्षणिक योग्यता, अनुसंधान करने का शौक, सृजनात्मकता
(*d*) अनुसंधान करने का शौक, सृजनात्मकता, जवाबदेही

81. ऊँचे स्थान पर कूदनेवाला क्या महसूस करेगा?

(*a*) अपेक्षाकृत कम वायु घर्षण और अधिक शरीर का भार

(*b*) अपेक्षाकृत कम वायु घर्षण और कम शरीर का भार
(*c*) अधिक वायु घर्षण और अधिक शरीर का भार
(*d*) अधिक वायु घर्षण और अपेक्षाकृत कम वायु भार

82. नीचे दिये गए कूटों में से मांसपेशीय संकुचन के सही घटना क्रम को निर्धारित कीजिये:

I. एक्टिन रेशे की एक्टिव साइट का खुलना
II. ए.टी.पी. का टूटना
III. कैल्सियम आइन्स का स्राव
IV. एक्टिन और मायोसिन फिलामेन्ट का जुड़ना
V. दो जेड लाइन्स के बीच की दूरी का कम होना

कूट:
(*a*) IV, II, I, III, V (*b*) III, I, IV, II, V
(*c*) I, II, IV, III, V (*d*) I, III, II, IV, V

83. फ्रीडल फील्ड हॉकी स्किल टेस्ट में निम्नलिखित टेस्ट होते हैं:

I. पास रिसीविंग
II. ड्रिबलिंग
III. बॉल को बैक ड्राइव करना
IV. गोल शूटिंग

सही विकल्प चुनिए:
(*a*) I, II और IV (*b*) II और IV
(*c*) I, II और III (*d*) I और IV

84. रसेल लाँग वॉलीबाल टेस्ट में निम्नलिखित टेस्ट थे:

I. सर्विस करने की योग्यता
II. स्पाइक योग्यता
III. ब्लॉक करने की योग्यता
IV. वॉली योग्यता

कूट:
सही संयोजन चुनिए:
(*a*) I और II (*b*) I और III
(*c*) II और IV (*d*) I और IV

85. सूची-I को सूची-II के साथ सुमेलित कीजिये तथा नीचे दिये गए कूटों से सही उत्तर चुनिये:

सूची-I	सूची-II
I. भाला फेंक	1. निदर्शन पद्धति
II. लम्बी कूद	2. अनुक्रमिक घटक पद्धति
III. मार्चिंग	3. मौखिक पद्धति
IV. कक्षा में सीखना	4. अखंड-खंड-अखंड पद्धति

कूट:

	I	II	III	IV
(*a*)	3	2	1	4
(*b*)	1	3	2	4
(*c*)	4	3	2	1
(*d*)	2	4	1	3

86. सूची-I को सूची-II के साथ सुमेलित कीजिये तथा नीचे दिये गए कूटों से सही उत्तर चुनिये:

सूची-I	सूची-II
I. जैविक प्रभाव क्षेत्र	1. ज्ञान का अर्जन, निर्वचन और अनुप्रयोग
II. संज्ञानात्मक प्रभाव क्षेत्र	2. शरीर नियन्त्रण और समन्वयन का विकास
III. मन:चालित प्रभाव क्षेत्र	3. अभिवृत्ति, अभिरुचि मूल्यों और निर्णय का विकास
IV. भावात्मक प्रभाव क्षेत्र	4. शरीर तन्त्रों का विकास

कूट:

	I	II	III	IV
(*a*)	2	1	3	4
(*b*)	2	3	1	4
(*c*)	2	4	1	3
(*d*)	4	1	2	3

87. सूची-I को सूची-II के साथ सुमेलित कीजिये और नीचे दिये गए कूटों के प्रयोग से सही विकल्प चुनिये:

सूची-I	सूची-II
I. लन्दन 2012 का सबसे लम्बा प्रतियोगी	1. हिरोशी होकेट्सू
II. लंदन 2012 का सबसे वृद्ध प्रतियोगी	2. ज़ाइजू जैंग
III. लंदन 2012 का सबसे युवा प्रतियोगी	3. हायसन पुलाका
IV. लंदन 2012 में डोप परीक्षण में पकड़ा जानेवाला सबसे पहला प्रतियोगी	4. एड्ज़ो कपोसी

कूट:

	I	II	III	IV
(*a*)	2	1	4	3
(*b*)	1	2	3	4

(c) 3 4 1 2
(d) 4 3 2 1

88. सूची-I को सूची-II के साथ सुमेलित कीजिये और नीचे दिये गए कूटों के प्रयोग से सही विकल्प चुनिये:

सूची-I	सूची-II
I. प्रकृतिवाद	1. अरस्तू
II. आदर्शवाद	2. चार्ल्स सैन्डर्स पियर्स
III. व्यावहारिकतावाद	3. पेस्टालौज़ी
IV. यथार्थवाद	4. व्हाइट हैड

कूटः

	I	II	III	IV
(a)	3	1	2	4
(b)	3	2	1	4
(c)	3	4	2	1
(d)	3	2	4	1

89. सूची-I को सूची-II के साथ सुमेलित कीजिये और नीचे दिये गए कूटों के प्रयोग से सही विकल्प चुनियेः

सूची-I	सूची-II
I. प्रतियोगी गेम्स	1. एलिया
II. गेम्स ऑफ चान्स	2. एगोन
III. गेम्स ऑफ प्रिटेन्स	3. इलिंक्स
IV. गेम्स ऑफ वर्टिगो	4. मिमिकरी

कूटः

	I	II	III	IV
(a)	3	2	1	4
(b)	2	1	4	3
(c)	1	3	2	4
(d)	4	2	3	1

90. सूची-I को सूची-II के साथ सुमेलित कीजिये तथा नीचे दिये गए कूटों से सही उत्तर चुनियेः

सूची-I	सूची-II
I. शिशु अवस्था	1. मौलिक शिक्षा का विकास
II. बाल्य अवस्था	2. ज्ञान शक्ति का विकास
III. पूर्व किशोरावस्था	3. विभिन्न संवेदों का विकास
IV. किशोरावस्था	4. मुक्त भ्रमण का विकास

कूटः

	I	II	III	IV
(a)	4	3	2	1
(b)	1	2	3	4
(c)	3	4	1	2
(d)	4	3	1	2

91. सूची-I को सूची-II के साथ सुमेलित कीजिये और नीचे दिये गए कूटों के प्रयोग से सही विकल्प चुनियेः

सूची-I	सूची-II
I. कोणीय गतिमात्रा	1. एम.जी.एच.
II. बल	2. $\frac{w.d.}{t}$
III. सामान्य ऊर्जा	3. I डब्ल्यू
IV. गतिशक्ति	4. एम.ए.

कूटः

	I	II	III	IV
(a)	3	4	1	2
(b)	4	1	2	3
(c)	1	2	3	4
(d)	2	3	4	1

92. सूची-I को सूची-II के साथ सुमेलित कीजिये तथा नीचे दिये गए कूटों से सही उत्तर चुनियेः

सूची-I	सूची-II
I. सरकारी एजेन्सी	1. रात्रि क्लब
II. स्वैच्छिक एजेन्सी	2. खेल संगठन
III. निजी एजेन्सी	3. वाय.एम.सी.ए.
IV. वाणिज्य एजेन्सी	4. नेशनल पार्क सर्विस

कूटः

	I	II	III	IV
(a)	3	4	1	2
(b)	4	3	1	2
(c)	4	3	2	1
(d)	2	3	4	1

93. सूची-I को सूची-II के साथ सुमेलित कीजिये तथा नीचे दिये गए कूटों से सही उत्तर चुनियेः

सूची-I	सूची-II
I. विटामिन डी	1. स्कर्वी
II. विटामिन बी$_2$	2. एनिमिया
III. विटामिन बी$_{12}$	3. चर्म रोग
IV. विटामिन सी	4. रिकेट्स

कूटः

	I	II	III	IV
(a)	3	2	1	4
(b)	2	4	1	3

(c)	4	3	2	1
(d)	1	2	3	4

94. सूची-I को सूची-II के साथ सुमेलित कीजिये और नीचे दिये गए कूटों से सही विकल्प चुनिये:

सूची-I	सूची-II
I. गेनू वेलगम	1. सपाट पैर
II. पेस प्लेनस	2. नॉक नी
III. गेनू वरुम	3. अनुदैर्ध्याकार का पैर
IV. पेस केवस	4. बो लेग

कूट:

	I	II	III	IV
(a)	4	2	1	3
(b)	2	1	3	4
(c)	1	3	4	2
(d)	3	4	2	1

95. सूची-I को सूची-II के साथ सुमेलित कीजिये और सही विकल्प चुनिये:

सूची-I (परीक्षण)	सूची-II (रिलायबिलिटी कोएफीशिएंट)
I. जे.सी.आर.	1. 0.89
II. नेल्सन हैंड रिएक्शन टेस्ट	2. 0.93
III. कूपर टेस्ट	3. 0.91
IV. सारजेन्ट जम	4. 0.89
	5. 0.78

कूट:

	I	II	III	IV
(a)	3	1	4	2
(b)	5	3	2	4
(c)	3	4	1	5
(d)	4	2	1	3

96. सूची-I को सूची-II के साथ सुमेलित कीजिये और सही विकल्प चुनिये:

सूची-I	सूची-II
I. गोनियोमीटर	1. ऊर्जा का खर्च होना
II. डायनामोमीटर	2. गति की सीमा
III. डुगलस बैग	3. ब्लड प्रेशर
IV. स्फिगमोमैनोमीटर	4. ताकत
	5. सापेक्ष ताकत

कूट:

	I	II	III	IV
(a)	2	5	1	3
(b)	2	4	1	3
(c)	5	4	1	3
(d)	4	5	1	3

97. सूची-I को सूची-II के साथ सुमेलित कीजिये और कूटों के आधार पर सही उत्तर का चयन कीजिए:

सूची-I	सूची-II
I. एल्डोस्टेरोन	1. प्रोटीन संयोजन
II. पेराथाइरोइड	2. जल संतुलन
III. एन्टीडाइयूरेटिक	3. C^{++} नियमन
IV. स्टिरोइड	4. Max VO_2
	5. ब्लड प्रेशर

कूट:

	I	II	III	IV
(a)	4	3	5	1
(b)	5	3	2	1
(c)	3	5	4	1
(d)	5	4	2	1

98. सूची-I को सूची-II के साथ सुमेलित कीजिये और प्रदत्त कूटों के आधार पर सही उत्तर का चयन कीजिए:

सूची-I	सूची-II
I. पैरलल बार में बार की लम्बाई	1. 120 सेमी
II. पॉमेल हार्स के ऊपरी स्थान की लम्बाई	2. 240 सेमी
III. वालटिंग टेबल की लम्बाई	3. 350 सेमी
IV. हारिजेंटल बार में संबंधता बिंदु के बीच की लम्बाई	4. 160 सेमी

कूट:

	I	II	III	IV
(a)	3	1	2	4
(b)	1	3	4	2
(c)	3	4	1	2
(d)	3	2	4	1

99. सूची-I को सूची-II के साथ सुमेलित कीजिये तथा नीचे दिये गए कूटों से सही उत्तर चुनिये:

सूची-I	सूची-II
I. उच्च प्रबंधन	1. मानवीय कौशल्य
II. मध्य प्रबंधन	2. तकनीकी कौशल्य
III. पर्यवेक्षी प्रबंधन	3. संकल्पनात्मक कौशल्य
IV. गौण प्रबंधन	4. अतिरिक्त कौशल्य

कूट:

	I	II	III	IV
(*a*)	2	3	4	1
(*b*)	4	3	2	1
(*c*)	1	2	3	4
(*d*)	3	1	2	4

100. सूची-I को सूची-II के साथ सुमेलित कीजिये तथा नीचे दिये गए कूटों से सही उत्तर चुनिये:

सूची-I	सूची-II
I. आयोजन	1. प्रशिक्षण तथा व्यावसायिक विकास
II. कर्मचारी गण	2. निगरानी रखना
III. नेतृत्व देना	3. लक्ष्य निर्धारण
IV. नियंत्रण करना	4. संघर्ष संकल्प

कूट:

	I	II	III	IV
(*a*)	1	2	3	4
(*b*)	2	4	3	1
(*c*)	3	1	4	2
(*d*)	4	3	1	2

101. सूची-I को सूची-II के साथ सुमेलित कीजिये तथा नीचे दिये गए कूटों से सही उत्तर चुनिये:

सूची-I	सूची-II
I. ग्रुप एनवायरमेन्ट क्वश्चनेरी	1. स्मिथ शुज़, स्मॉल एड पिटैक
II. टेस्ट ऑफ अटेन्शनल एन्ड इन्टरपर्सनल स्टाइल	2. मार्टेन
III. स्पोर्ट कम्पीटीटिव एनक्साइटी टेस्ट	3. राबर्ट एन. निडेफर
IV. एथलेटिक कोपिंग स्किल इन्वेन्टरी	4. कैरन, ब्रॉले एंड विडमेयर

कूट:

	I	II	III	IV
(*a*)	3	4	1	2
(*b*)	1	2	3	4
(*c*)	4	3	2	1
(*d*)	2	1	4	3

102. सूची-I को सूची-II के साथ सुमेलित कीजिये और नीचे दिये गए कूटों के प्रयोग से सही विकल्प चुनिये:

सूची-I	सूची-II
I. लीडरशिप स्केल फोर स्पोर्ट्स	1. मैकनेयर, लॉरी एंड ड्रापलमैन
II. प्रोफाइल ऑफ मूड स्टेट्स	2. मार्टेन, लेन्डर एंड लॉय
III. कम्पीटीटिव स्टेट एनसाइटी इन्वेन्टरी	3. चेलदुरई
IV. स्पोर्ट कोहेसिव क्वश्चनेरी	4. मार्टेन, बर्टन, वियले, बम्प एंड स्मिथ

कूट:

	I	II	III	IV
(*a*)	3	1	4	2
(*b*)	2	3	1	4
(*c*)	1	4	2	3
(*d*)	4	2	3	1

103. नीचे दो कथन दिए गए हैं एक अभिकथन (A) और दूसरा तर्क (R)।

अभिकथन (A): शारीरिक शिक्षा का व्यक्ति के शारीरिक, मानसिक, भावात्मक और सामाजिक गुणों के विकास में योगदान होता है।

तर्क (R): वर्तमान में प्रत्येक व्यक्ति को समाज की सक्रिय और सर्जनात्मक शक्ति नहीं माना जा सकता है।

दोनों कथनों के सन्दर्भ में निम्नलिखित में से कौन-सा सत्य है?

कूट:

(*a*) (A) और (R) दोनों सत्य हैं और (R), (A) की सही व्याख्या है।

(*b*) (A) और (R) दोनों सत्य हैं, किन्तु (R), (A) की सही व्याख्या नहीं है।

(*c*) (A) सत्य है किन्तु (R) असत्य है।
(*d*) (A) असत्य है किन्तु (R) सत्य है।

104. नीचे दो कथन दिए गए हैं एक अभिकथन (A) और दूसरा तर्क (R)।

अभिकथन (A): करटोसिस डाटा वितरण के घुमाव के टीले की दिशा का विवरण है।

तर्क (R): प्रसामान्य संभाव्यता वक्र, मीन, मीडियन और मोड के एक ही बिन्दु पर होने को दर्शाता है।

उपर्युक्त दोनों कथनों के सन्दर्भ में निम्नलिखित में से कौन-सा सही है?

कूट:
(*a*) (A) सत्य है किन्तु (R) असत्य है।
(*b*) (A) गलत है किन्तु (R) सही है।
(*c*) (A) और (R) दोनों सही हैं और (R), (A) की सही व्याख्या है।
(*d*) (A) और (R) दोनों सत्य हैं, किन्तु (R), (A) की सही व्याख्या नहीं है।

105. नीचे दो कथन दिए गए हैं एक अभिकथन (A) और दूसरा तर्क (R) है।

अभिकथन (A): खेल प्रबंधन का लक्ष्य सही कार्य करके उद्देश्य प्राप्त करना है।

तर्क (R): शीघ्रातिशीघ्र बदलते खेल परिवेश को ध्यान में रखते हुए शारीरिक शिक्षा के शिक्षकों को सघन प्रबंधन प्रशिक्षण की आवश्यकता है।

दोनों कथनों के सन्दर्भ में निम्नलिखित में से कौन-सा कथन सही है?

कूट:
(*a*) दोनों (A) और (R) सही हैं और (R), (A) की सही व्याख्या है।
(*b*) दोनों (A) और (R) सही हैं, परन्तु (R), (A) की सही व्याख्या नहीं है।
(*c*) (A) सही है परन्तु (R) गलत है।
(*d*) (A) गलत है किन्तु (R) सही है।

106. नीचे दो कथन दिए गए हैं एक अभिकथन (A) और दूसरा तर्क (R) है।

अभिकथन (A): स्थापना का अर्थ है – कार्य का निर्धारण जो कि एक उम्मीदवार को दिया जाये तथा वह उस कार्य को करे।

तर्क (R): कर्मचारी प्रस्थापन की उक्ति है गोल खूँटी वर्गाकार छेद में और वर्गाकार खूँटी गोल छेद में।

दोनों कथनों के सन्दर्भ में निम्नलिखित में से कौन-सा कथन सत्य है?

कूट:
(*a*) (A) गलत है परन्तु (R) सही है।
(*b*) (A) सही है परन्तु (R) गलत है।
(*c*) दोनों (A) और (R) सही हैं लेकिन (R), (A) की सही व्याख्या नहीं है।
(*d*) दोनों (A) और (R) गलत हैं।

107. नीचे दो वक्तव्य दिये गये हैं। एक अभिकथन (A) और दूसरा तर्क (R) है।

अभिकथन (A): समाज में हाइपोकॉईनेटिक रोग बढ़ रहे हैं।

तर्क (R): शारीरिक शिक्षा के क्षेत्र में स्वास्थ्य संबंधित व्यवसाय बढ़े हैं।

इन दो वक्तव्यों के सन्दर्भ में निम्नलिखित में से कौन-सा कथन सही है?

कूट:
(*a*) दोनों (A) और (R) सही हैं परन्तु (R), (A) की सही व्याख्या नहीं है।
(*b*) दोनों (A) और (R) सही हैं तथा (R), (A) की सही व्याख्या है।
(*c*) (A) तथा (R) दोनों सही हैं।
(*d*) (A) तथा (R) दोनों गलत हैं।

108. नीचे दो वक्तव्य दिए गए हैं। एक अभिकथन (A) और दूसरा तर्क (R) है।

अभिकथन (A): स्कूल पाठ्यक्रम के अंदर विद्यार्थी स्कूल के वातावरण में विविध अनुभव प्राप्त करते हैं।

तर्क (R): पाठ्यक्रम में बारंबार बड़े पैमाने पर परिवर्तन होने चाहिये।

इन दो वक्तव्यों के प्रसंग में निम्नलिखित में से कौन-सा कथन सही है?

कूट:
(*a*) दोनों (A) और (R) सही हैं परन्तु (R), (A) की सही व्याख्या नहीं है।
(*b*) दोनों (A) और (R) सही हैं तथा (R), (A) की सही व्याख्या है।

(*c*) (A) सही है किन्तु (R) गलत है।
(*d*) (A) गलत है किन्तु (R) सही है।

109. नीचे दो वक्तव्य दिए गए हैं। एक अभिकथन (A) और दूसरा तर्क (R) है।

अभिकथन (A): सफल शारीरिक शिक्षा के शिक्षक बनने के लिये अच्छी व्यावसायिक शिक्षा कार्यक्रम पूर्ण करना जरूरी है।

तर्क (R): सफल शारीरिक शिक्षा के लिये अच्छा खिलाड़ी होना आवश्यक है।

दोनों कथनों के सन्दर्भ में निम्नलिखित में से कौन-सा सत्य है?

कूट:
(*a*) दोनों (A) और (R) सही हैं परन्तु (R), (A) का सही उत्तर नहीं है।
(*b*) दोनों (A) और (R) सही हैं और (R), (A) की सही व्याख्या है।
(*c*) (A) सही है, लेकिन (R) गलत है।
(*d*) (A) गलत है, लेकिन (R) सही है।

110. नीचे दो कथन दिए गए हैं एक अभिकथन (A) और दूसरा तर्क (R) है।

अभिकथन (A): प्रसरण के साधारण विश्लेषण की संकल्पना स्वतन्त्र टी-टेस्ट का विस्तार है।

तर्क (R): प्रसरण के विश्लेषण में दो या अधिक ग्रुप मीन्स के बीच शून्य परिकल्पना का मूल्यांकन किया जाता है।

उपर्युक्त दोनों कथनों के सन्दर्भ में निम्न में से कौन-सा सही है?

कूट:
(*a*) (A) सही है किन्तु (R) गलत है।
(*b*) (A) गलत है किन्तु (R) सही है।
(*c*) (A) और (R) दोनों सही हैं और (R), (A) की सही व्याख्या है।
(*d*) (A) और (R) दोनों सही हैं लेकिन (R), (A) की सही व्याख्या नहीं है।

111. नीचे दो कथन दिए गए हैं। एक अभिकथन (A) और दूसरा तर्क (R) है।

अभिकथन (A): संकुचन सैगिटल प्लेन और फ्रन्टल एक्सिस के चारों ओर होता है।

तर्क (R): फ्रन्टल एक्सिस, सैगिटल प्लेन के अनुलम्बित होता है।

उपर्युक्त कथन के सन्दर्भ में निम्न में से कौन-सा सही है?

कूट:
(*a*) दोनों (A) और (R) सत्य हैं लेकिन (R), (A) की सही व्याख्या नहीं है।
(*b*) दोनों (A) और (R) सत्य हैं और (R), (A) की सही व्याख्या है।
(*c*) (A) सत्य है लेकिन (R) असत्य है।
(*d*) (A) असत्य है लेकिन (R) सत्य है।

112. नीचे दो कथन दिए गए हैं एक अभिकथन (A) और दूसरा तर्क (R)।

अभिकथन (A): ऊँचा कूदने के लिए सबसे पहले खड़े होने की स्थिति से व्यक्ति नीचे आता है।

तर्क (R): खड़े होने की स्थिति से नीचे की ओर आने से अधिक स्थिरता आती है।

उपर्युक्त कथनों के सन्दर्भ में निम्न में से कौन-सा सही है?

कूट:
(*a*) (A) और (R) दोनों सत्य हैं और (R), (A) की सही व्याख्या है।
(*b*) (A) सत्य है, लेकिन (R) असत्य है।
(*c*) (A) असत्य है, लेकिन (R) सत्य है।
(*d*) दोनों (A) और (R) सत्य हैं लेकिन (R),(A) की सही व्याख्या नहीं है।

113. नीचे दो कथन दिए गए हैं एक अभिकथन (A) और दूसरा तर्क (R)।

अभिकथन (A): अनुकूलनशीलता प्रक्रिया तभी होती है जब संवेगों की तीव्रता व्यक्ति की अवसीमा क्षमता के समानुपातिक होती है।

तर्क (R): न्यूनतम तीव्रता के बिना कार्य की अधिक मात्रा से जीव अनुकूलन सरल नहीं होता है।

उपर्युक्त दोनों कथनों के सन्दर्भ में निम्नलिखित में से कौन-सा सही है?

कूटः
(*a*) (R) सही है किन्तु (A) गलत है।
(*b*) (A) सही है परन्तु (R) गलत है।
(*c*) (A) और (R) दोनों सही हैं और (R), (A) की सही व्याख्या है।
(*d*) (A) और (R) दोनों सही हैं किन्तु (R), (A) की सही व्याख्या नहीं है।

114. नीचे दो कथन दिए गए हैं एक अभिकथन (A) और दूसरा तर्क (R) कहा गया है।

अभिकथन (A): लेक्टेट थ्रेशहोल्ड जब एक VO_2 के प्रतिशत के रूप में व्यक्त किया जाता है तब वो खिलाड़ी के प्रदर्शन का उचित निर्धारक नहीं होता।

तर्क (R): वास्तव में लेक्टेट थ्रेशहोल्ड व्यायाम के तीव्रता मापन का वो क्षण है जब लेक्टिक अम्ल विश्राम स्तर से अधिक एकत्रित होने लगता है।

निम्न कथनों में से कौन-सा कथन सही है?

कूटः
(*a*) (A) सत्य है और (R), (A) की सही व्याख्या है।
(*b*) (A) सत्य है, परन्तु (R) असत्य है।
(*c*) (A) असत्य है, परन्तु (R) सत्य है।
(*d*) दोनों (A) और (R) सत्य हैं, परन्तु (R), (A) की सही व्याख्या नहीं है।

115. नीचे दो कथन दिये जा रहे हैं, जिनमें से प्रथम को अभिकथन (A) और दूसरे को तर्क (R) कहा गया है।

अभिकथन (A): कसरत करती हुई मांसपेशी में ऑक्सीजन डिसोसिएशन वक्र तापमान और हाइड्रोजन आयन के संकलन के बढ़ने से प्रभावित होता है।

तर्क (R): इसका परिणाम कसरत करती हुई मांसपेशी में कम ऑक्सीजन के पहुँचने में होता है।

निम्न कथनों में से कौन-सा कथन सही है?

कूटः
(*a*) (A) सत्य है और (R), (A) की सही व्याख्या है।
(*b*) (A) और (R) दोनों सही हैं, परन्तु (R), (A) की सही व्याख्या नहीं है।
(*c*) (A) सत्य है परन्तु (R) असत्य है।
(*d*) दोनों (A) और (R) असत्य हैं।

116. नीचे दो कथन दिये जा रहे हैं, जिनमें से प्रथम को अभिकथन (A) और दूसरे को तर्क (R) कहा गया है।

अभिकथन (A): शरीर के भागों में रक्त का विभाजन एक विशिष्ट ऊतक की तत्काल आवश्यकता और अन्य ऊतकों की सामूहिक आवश्यकता पर निर्भर करता है।

तर्क (R): विश्राम की सामान्य अवस्था में लिवर और किडनी दोनों मिलकर सम्पूर्ण रक्त पूर्ति का लगभग 75% ग्रहण करते हैं।

निम्न कथनों में से कौन-सा कथन सही है?

कूटः
(*a*) (A) सत्य है और (R), (A) की सही व्याख्या है।
(*b*) दोनों (A) और (R) सत्य हैं, परन्तु (R), (A) की सही व्याख्या नहीं है।
(*c*) (A) सत्य है, परन्तु (R) असत्य है।
(*d*) (A) असत्य है, परन्तु (R) सत्य है।

117. नीचे दो कथन दिए गए हैं एक अभिकथन (A) और दूसरा तर्क (R)।

अभिकथन (A): जो प्रशिक्षण मापन लक्ष्य में स्पष्ट हो वह उच्च वैधता परीक्षण होता है।

तर्क (R): यह परीक्षण का प्रागुक्तिक मूल्य स्पष्ट रूप से विनिर्दिष्ट करता है।

निम्नलिखित से सही उत्तर बताएँ:

कूटः
(*a*) (A) और (R) दोनों सही हैं और (R), (A) की सही व्याख्या है।
(*b*) (A) और (R) दोनों सही हैं और (R), (A) की सही व्याख्या नहीं है।
(*c*) (A) सही है लेकिन (R) सही नहीं है।
(*d*) (R) सही है और (A) सही नहीं है।

118. नीचे दो कथन दिए गए हैं एक अभिकथन (A) और दूसरा तर्क (R)।

अभिकथन (A): अभिप्रेरण आपके व्यवहार का उत्पन्नकर्ता, वरक और निर्देशक होता है।

तर्क (R): उपलब्धि परिस्थितियाँ, स्वक्षमता, हड़बड़ी मचानेवाली घटनाएँ, मनोवैज्ञानिक संवेगों को बढ़ाती हैं।

उपर्युक्त दोनों कथनों के सन्दर्भ में निम्न में से कौन-सा सही है?

कूटः

(*a*) (A) और (R) दोनों सही हैं पर (R), (A) की सही व्याख्या नहीं है।

(*b*) (A) और (R) दोनों सही हैं, और (R), (A) की सही व्याख्या है।

(*c*) (A) सही है, लेकिन (R) गलत है।

(*d*) (A) गलत है लेकिन (R) सही है।

119. नीचे दो कथन दिए गए हैं, एक अभिकथन (A) और दूसरा तर्क (R)।

अभिकथन (A): खिलाड़ी के व्यक्तित्व को आंकने के लिए मनोवैज्ञानिक लक्षणों और अवस्थाओं दोनों का ही मूल्यांकन पारस्परिक क्रिया के दृष्टिकोण से किया जाना चाहिए।

तर्क (R): परिस्थिति संबंधित स्थिति से व्यवहार का अपेक्षाकृत अधिक विश्वसनीयता से पता लगाया जा सकता है।

उपर्युक्त दोनों कथनों के सन्दर्भ में निम्नलिखित में से कौन-सा सही है?

कूटः

(*a*) दोनों सही हैं और (R), (A) की सही व्याख्या है।

(*b*) दोनों सही हैं लेकिन (R), (A) की सही व्याख्या नहीं है।

(*c*) (A) सही है, लेकिन (R) गलत है।

(*d*) (A) गलत है, लेकिन (R) सही है।

120. नीचे दो कथन दिए गए हैं एक अभिकथन (A) और दूसरा तर्क (R)।

अभिकथन (A): टीम की अपने सदस्यों के बीच पारस्परिक क्रिया होती है क्योंकि यह एकसमान लक्ष्यों और परस्पर एक दूसरे पर आश्रित होते हैं और एकसमान लक्ष्यों की पूर्ति के लिए एक दूसरे को सहयोग करते हैं।

तर्क (R): एक ग्रुप की सामूहिक पहचान होती है, उनमें एक ही प्रयोजन की भावना, बातचीत का संरचित तरीका निजी और अथवा कार्य में परस्पर निर्भरता और अन्तर्वैयक्ति आकर्षण होता है।

दोनों कथनों के सन्दर्भ में निम्नलिखित में से कौन-सा सही है?

कूटः

(*a*) दोनों सही हैं और (R), (A) की सही व्याख्या नहीं है।

(*b*) दोनों सही हैं और (R), (A) की सही व्याख्या है।

(*c*) (A) सही है और (R) गलत है।

(*d*) (R) सही है और (A) गलत है।

निर्देश प्रश्न सं 121 से 125 तकः निम्नलिखित अनुच्छेद को पढ़ें और प्रश्नों के उत्तर दें।

मानव जीवन में संचलन अनिवार्य है। व्यक्ति जो भी कार्य करता है उसमें किसी न किसी प्रकार का संचलन निहित होता है। अतः संचलन जीवन का एक साधन है। जितनी कुशलता से व्यक्ति संचालित होगा उतना ही अधिक जीवन सार्थक होगा। संचलन अनुभव नितान्त सुन्दर हो सकता है और इसके ज्ञान से ऐसे अनुभव के बेहतर बोध में योगदान होता है।

संचलन शिक्षा कार्यक्रम समस्या समाधान आधार पर बनाए जाते हैं जिसमें व्यक्तियों को सन्तुलन, उत्तोलन और विधि के विशेष प्रयोग द्वारा बल, समय और स्थान से जुड़ने के लिए मुक्त छोड़ा जाता है। संचलन शिक्षकों का विश्वास है कि असंख्य क्रिया-कलापों में समान तत्त्व होते हैं। ये सभी संचलन के मूल सिद्धान्तों के व्यापक ज्ञान पर आधारित हैं। व्यक्ति संचलन पद्धति को जितने बेहतर तरीके से महसूस करेगा, दक्षता विकसित करने में उतनी ही आसानी होगी क्योंकि यह कौशल्य संचलन के ज्ञान को विकसित करने में सहगामी होगा।

संचलन शिक्षा, शारीरिक शिक्षा-कार्यक्रमों का एक महत्त्वपूर्ण पहलू है। विशेष कर प्रारम्भिक स्कूल स्तर पर। संचालन शिक्षा संचलन विज्ञान की खोज करती है और उसके अन्दर शैक्षणिक कार्यक्रम होता है जो युवा व्यक्तियों को अपने शरीर के बारे में अधिक जागरूक करने और उन्हें बेहतर और प्रभावी संचलन अपनाने की शिक्षा देने की दृष्टि से तैयार किए जाते हैं।

संचलन शिक्षा व्यक्तिगत खोज है। व्यक्तिगत खोज के माध्यम से विद्यार्थियों को शारीरिक संचलन संबंधी समस्याओं के लिए स्वयं समाधान खोजने के लिए प्रोत्साहित किया जाता है। इसके अतिरिक्त यह व्यक्तिगत खोज शिशुकाल के प्राकृतिक संचलनों से संबंधित होती है। बच्चे भागने, कूदने, चढ़ने, छलांग लगाने और अन्य शारीरिक संचलनों में आनन्द प्राप्त करते हैं और उनकी इन संचलनों के प्रदर्शन की अपनी इच्छा-शक्ति होती है। संचलन शिक्षक शिशुकाल के इन प्राकृतिक संचलनों को महत्त्व देते हैं क्योंकि इनसे बच्चों का विभिन्न संचलनों से व्यक्तिगत संचलन खोजने में मार्गदर्शन होता है।

औपचारिक शारीरिक शिक्षा कार्यक्रम संचलन की रूढ पद्धतियों के साथ अनुरूपता रखने पर बल देते हैं। संचलन

शिक्षकों का विश्वास है कि बच्चों की व्यक्तिगत संचलन पद्धतियों को प्रबलित किया जा सकता है। संचलन शिक्षा कार्यक्रम बच्चों को अपने शरीर का सृजनात्मक और स्व अभिव्यक्ति रूप में प्रयोग करने की खोज के सीमित अवसर प्रदान करते हैं।

121. संचलन शिक्षा खोजती है

I. संचलन विज्ञान II. संचलन प्रक्रिया
III. शरीर की जागरूकता IV. संचलन की गुणता

सही संयोजन बताएं।

(*a*) I और II (*b*) III और IV
(*c*) I और III (*d*) II और IV

122. सही उत्तर पर निशान लगाइये:
संचलन शिक्षा कार्यक्रम किस आधार पर तैयार किए जाते हैं?

(*a*) समान तत्व (*b*) मूल संचलन
(*c*) समस्या समाधान (*d*) संचलनों का समूह

123. संचलन पद्धति की बेहतर योग्यता किसमें सहायक होती है?

(*a*) सीखने में सुधार
(*b*) कौशल्य में विकास
(*c*) गामक समन्वय का विकास
(*d*) सन्तुलन का विकास

124. व्यक्तिगत खोज किससे सम्बन्धित है?

(*a*) जटिल संचलन
(*b*) समस्या समाधान
(*c*) संचलन की रूढ़ पद्धतियाँ
(*d*) स्वाभाविक संचलन

125. संचलन शिक्षा कार्यक्रम किसके प्रयोग से तैयार किए जाते हैं?

I. सन्तुलन का प्रयोग II. समय प्रयोग
III. तकनीक का प्रयोग IV. स्थान का प्रयोग

सही संयोजन बताएँ।

(*a*) I और II (*b*) II और IV
(*c*) I और III (*d*) III और IV

126. नीचे दिये गये में से कौन सी प्रबन्ध पद्धति नहीं है?

(*a*) क्लासिकीय सिद्धान्त
(*b*) नव-क्लासिकीय सिद्धान्त
(*c*) व्यवस्थित विश्लेषणात्मक सिद्धान्त
(*d*) आधुनिक सिद्धान्त

127. नीचे दिये गये में से कौन सा संगठन का सिद्धान्त नहीं है?

(*a*) विकेन्द्रीकरण (*b*) प्रत्यायोजन
(*c*) अतिव्यापन (*d*) संप्रेषण

128. पारंपरिक रूप में प्रबंधन द्विध्रुवीय लोकतांत्रिक सत्तावादी परिधि में विभाजित किया गया है। ऐसा प्रबंधन जिसमें मैनेजर स्वयं नेतृत्व न लेकर समय के साथ अपने आप समस्या का हल पाते हैं, इसे कहते हैं

(*a*) सत्तावादी प्रबंधन (*b*) लोकतांत्रिक प्रबंधन
(*c*) सारग्रही प्रबंधन (*d*) लेसेज फेअर प्रबंधन

129. हार्वर्ड स्टेप टेस्ट में पाँच मिनट के लिए एक विषय पूरा किया जाता है। यदि उसके कुल पल्स काउन्ट 250 थे तो उसकी योग्यता इन्डेक्स होगी

(*a*) 60 (*b*) 70
(*c*) 75 (*d*) 55

130. वैधता विभिन्न प्रकार की हो सकती है जैसे कि आभासी वैधता, समवर्ती वैधता और निर्मित वैधता। इनमें से तार्किक वैधता स्थापन किसमें शामिल है?

(*a*) समवर्ती वैधता (*b*) निर्मित वैधता
(*c*) प्रागुक्तिक वैधता (*d*) आभासी वैधता

131. सिट-अप टेस्ट के प्रयोग से उदरीय-ताकत सहनशक्ति के लिए दो ग्रुपों का परीक्षण किया गया। सिट-अप में ग्रुपों की मीन वेल्यू क्रमशः 25 और 27.4 थी। मीन के बीच स्टेन्डर्ड एरर 1.2 था। परिकलित टी-वेल्यू थी:

(*a*) 26.2 (*b*) 1.2
(*c*) 2.0 (*d*) 2.4

132. किसी जटिल घटना के स्वरूप को स्पष्ट करने के लिए जिस अनुसन्धान में उपलब्ध जानकारी का गहन अध्ययन और मूल्यांकन शामिल होता है उसे कहते हैं

(*a*) प्रायोगिक अनुसन्धान
(*b*) विश्लेषणात्मक अनुसन्धान
(*c*) विवरणात्मक अनुसन्धान
(*d*) गुणात्मक अनुसन्धान

133. माँग (शारीरिक और मनोवैज्ञानिक) और अनुक्रिया सामर्थ्य में काफी असन्तुलन होना जहाँ पर माँग की पूर्ति में असफलता के महत्वपूर्ण परिणाम होते हैं, से अभिप्राय है

(*a*) तनाव (*b*) विशेषक दुश्चिंता
(*c*) दबाव (*d*) स्थितिक दुश्चिंता

134. किसी भी व्यक्ति के व्यायाम को पूरा करने की अधिकतम क्षमता प्रतिशत मापन को उल्लिखित करते हैं

(*a*) निरपेक्ष परिमाण (*b*) निरपेक्ष तीव्रता

(*c*) सापेक्ष परिमाण (*d*) सापेक्ष तीव्रता

135. भूमि घर्षण निर्भर करता है

(*a*) सम्पर्क के धरातल और धरातल के स्वरूप पर

(*b*) पदार्थ के स्वरूप और धरातल

(*c*) धरातल के स्वरूप और पदार्थ के स्वरूप पर

(*d*) धरातल का स्वरूप और घर्षण गुणांक

136. मोशन के आकस्मिक विश्लेषण को कहते हैं

(*a*) काइनेटिक्स (*b*) स्टेटिक्स

(*c*) काइनेमेटिक्स (*d*) डायनामिक्स

137. मात्रा और भार किसी द्रव के दो आयाम हैं। इनमें से

(*a*) मात्रा में परिवर्तन होता है किन्तु भार अपरिवर्तित रहता है

(*b*) मात्रा निश्चित होती है किन्तु भार परिवर्तित होता है

(*c*) मात्रा और भार दोनों निश्चित होते हैं

(*d*) मात्रा और भार दोनों में परिवर्तन होता है

138. दूध, मक्खन और घी से मिलता है

(*a*) विटामिन बी एवं सी (*b*) विटामिन ई एवं के

(*c*) विटामिन ए एवं डी (*d*) विटामिन सी एवं ई

139. कैलरी क्या मापने की इकाई है?

(*a*) द्रव (*b*) गर्मी

(*c*) ठोस (*d*) ठंडा

140. शरीर में इन्स्युलिन की कमी के कारण होता है

(*a*) रिकेट्स (*b*) डायबिटीस

(*c*) अस्थमा (*d*) एलर्जी

141. कार्बोहाइड्रेट का श्वसन विनिमय अनुपात होता है

(*a*) 0.95 (*b*) 1.00

(*c*) 1.50 (*d*) 1.45

142. अस्थि माँसपेशी की संकुचन इकाई है

(*a*) सार्कोमेयर (*b*) एक्टिन और मायोसिन

(*c*) जेड-लाइन (*d*) मायोफाइब्रिल

143. व्यावसायिक तैयारी के लिए नीचे दी गई कौन सी बात मुख्य रूप से आवश्यक नहीं है?

(*a*) नेतृत्व

(*b*) शैक्षणिक अभ्यास

(*c*) व्यावसायिक अनुभव

(*d*) व्यवसाय की प्रकृति एवं अपेक्षाएँ

144. शिक्षण व्यवसाय की सफलता के लिये क्या आवश्यक नहीं है?

(*a*) संप्रेषण (*b*) अनुदेश

(*c*) समाज सेवा (*d*) मानवीय संबंध

145. रैसीप्रोकल इनरवेशन का अर्थ है

(*a*) जब एगोनिस्ट माँसपेशी का संकुचन और एन्टागोनिस्ट माँसपेशी का शिथिल/विस्तार हो

(*b*) जब एगोनिस्ट माँसपेशी का संकुचन तथा एन्टागोनिस्ट माँसपेशी स्थिर हो

(*c*) जब एन्टागोनिस्ट माँसपेशी का शिथिल/विस्तार तथा एगोनिस्ट माँसपेशी स्थिर हो

(*d*) जब एगोनिस्ट तथा एन्टागोनिस्ट माँसपेशियां दोनों का संकुचन हो।

146. शारीरिक शिक्षा की आधुनिक संकल्पना है

(*a*) शारीरिक शिक्षा

(*b*) अपंगों की शिक्षा

(*c*) समाज की शिक्षा

(*d*) शारीरिक क्रियाओं द्वारा शिक्षा

147. प्रबंधन का मुख्य कार्य आयोजन है। उसमें है

(*a*) उद्देश्य निर्धारण तथा संप्रेषण

(*b*) निदर्शन तथा प्रेरणा देना

(*c*) ध्येय निर्धारण तथा लक्ष्य कथन

(*d*) भर्ती तथा व्यावसायिक विकास

148. परीक्षण और मापन से किसमें सहयोग प्राप्त होता है?

I. स्थिति का मूल्यांकन

II. अन्तरों का मूल्यांकन करना

III. निष्कर्ष निकालना

IV. लक्ष्य स्थापित करना

सही युग्म पसंद कीजिए :

(*a*) I, II और IV (*b*) I, II और III

(*c*) II और III (*d*) II, III और IV

149. अनुसन्धान समस्या का पता लगाने के लिए मार्ग निर्देश में निम्नलिखित में से क्या देखना चाहिए?

(*a*) मूल कारण और केवल प्रभाव नहीं

(*b*) प्रभाव और कारण नहीं

(*c*) प्रभाव और कारण दोनों

(*d*) न प्रभाव और न ही कारण

150. विवरणात्मक अनुसन्धान स्तर से संबंधित है। विवरणात्मक अनुसन्धान की विभिन्न पद्धतियाँ हैं :

(*a*) साक्षात्कार, समीक्षा, सर्वेक्षण
(*b*) समीक्षा, सर्वेक्षण, व्यक्ति अध्ययन
(*c*) सर्वेक्षण, व्यक्ति अध्ययन, साक्षात्कार
(*d*) व्यक्ति अध्ययन, साक्षात्कार, समीक्षा

151. प्रत्येक पृथक स्कोर और केन्द्रीय प्रवृत्ति के बीच परिवर्तनशीलता अन्तर की श्रेणी होती है। परिवर्तनशीलता के अनुमान हैं

(*a*) रेंज और मानक विचलन
(*b*) औसत और मानक विचलन
(*c*) औसत और रेंज
(*d*) औसत और चतुर्थक विचलन

152. क्रीड़ा सिद्धान्त निम्नलिखित हैं :

I. विरेचन सिद्धान्त
II. गुणारोपण सिद्धान्त
III. इष्टतम कार्य सिद्धान्त का विशिष्ट क्षेत्र
IV. मनोविश्लेषणात्मक सिद्धान्त

सही संयोजन बताएँ

(*a*) I और II (*b*) I और IV
(*c*) II और III (*d*) III और IV

153. जिमनास्टिक खेल में पामेल हार्स के उपकरण में दो पामेल्स के बीच की दूरी

(*a*) कम से कम ≤ 40 से.मी. और ज्यादा से ज्यादा ≥ 45 से.मी.
(*b*) कम से कम ≤ 45 से.मी. और ज्यादा से ज्यादा ≥ 48 से.मी.
(*c*) कम से कम ≤ 40 से.मी. और ज्यादा से ज्यादा ≥ 43 से.मी.
(*d*) कम से कम ≤ 40 से.मी. और ज्यादा से ज्यादा ≥ 50 से.मी.

154. निम्नलिखित मसल्स को उनकी स्थिति के अनुसार नीचे दिए गए कोड के प्रयोग से आरोही क्रम में व्यवस्थित करें :

I. पास्टिरियर डेल्टोयड II. रेक्टस एबडोमीनिस
III. सोलियस IV. रेक्टस फेमोरिस

(*a*) III, IV, II, I (*b*) IV, II, I, III
(*c*) II, I, III, IV (*d*) I, III, IV, II

155. संगठन के सहज कार्यान्वयन में निम्नलिखित घटक होते हैं :

I. धन II. सामग्री
III. पद्धति IV. तोड़जोड़ करना
V. मशीनरी

नीचे दिये हुए में से सही घटकों का संयोजन देखें जो प्रबंधन को संगठित बल देने वाला हो :

(*a*) I, II, III, IV (*b*) I, III, IV, V
(*c*) I, II, III, V (*d*) I, II, IV, V

156. अधिकतम शक्ति को बढ़ाने के लिए भार मानक ढाँचा होता है :

I. भार का अधिक होना
II. भार का मध्यम होना
III. विश्राम मध्यान्तर का अधिक होना
IV. विश्राम मध्यान्तर का कम होना

सही संयोजन चुनिए

(*a*) I और IV (*b*) I और III
(*c*) II और III (*d*) II और IV

157. वायु धारकता निर्भर करती है

I. एलवियोलर आकार
II. एलवियलर दीवार का केशिका तन्त्र
III. शरीर की Max VO_2 आवश्यकता
IV. इन्टर कोस्टल माँसपेशियों की ताकत

सही संयोजन चुनिए

(*a*) I, II और IV (*b*) I, III और IV
(*c*) I और III (*d*) I और IV

158. धीरे-फड़कन माँसपेशिय तंतु चरितार्थ होता है

I. अधिकतम अनुप्रस्थ क्षेत्र
II. अधिकतम क्रेब साइकल एन्जाइमेटिक क्षमता
III. धीमी तंत्रिका प्रसारण गति
IV. अधिक गलाइकोलिटिक क्षमता

सही संयोजन चुनिए

(*a*) I, II और IV (*b*) II, III और IV
(*c*) II और III (*d*) II और IV

159. सूची-I को सूची-II के साथ सुमेलित कीजिए तथा नीचे दिये गये कूट से सही उत्तर चुनिये

सूची-I	सूची-II
I. कर्मचारी प्रबंधन	1. निपटान कार्यविधि
II. अनुदेशात्मक प्रबंधन	2. लेखा परीक्षा और लेखा

III. वित्तीय प्रबंधन — 3. पाठ्यक्रम की पुनरीक्षा

IV. सामग्री प्रबंधन — 4. संघर्ष समाधान

कूट:

	I	II	III	IV
(*a*)	4	3	2	1
(*b*)	3	2	1	4
(*c*)	2	1	4	3
(*d*)	1	4	3	2

160. सूची-I को सूची-II के साथ सुमेलित कीजिए तथा नीचे दिये गये कूट से सही उत्तर चुनिये

सूची-I	सूची-II
I. हाइड्रोमीटरी	1. फाइबर टाइप
II. बायोप्सी	2. एज
III. बैरोमीटर	3. वाइटल कैपेसिटी
IV. स्केलट्ल एक्स रे	4. वायुमण्डलीय दबाव
	5. बॉडी कम्पोजीशन

कूट:

	I	II	III	IV
(*a*)	5	1	2	3
(*b*)	5	1	4	2
(*c*)	3	5	4	2
(*d*)	4	1	5	2

161. सूची-I को सूची-II के साथ सुमेलित कीजिए तथा नीचे दिये गये कूट से सही उत्तर चुनिये

सूची-I (परीक्षण/तकनीक)	सूची-II (लेखक)
I. प्रोग्रेसिव रिलैक्सेशन	1. निडेफर, आर.एन.
II. ऑटोजेनिक ट्रेनिंग	2. एडमंड जैकबसन
III. स्पोर्टस कम्पीटीशन एनक्साइटी टेस्ट	3. शुज एंड लूथ
IV. कन्सन्ट्रेशन एंड अटेन्शन	4. मार्टन एट.एल.

कूट:

	I	II	III	IV
(*a*)	1	2	3	4
(*b*)	2	4	1	3
(*c*)	4	3	2	1
(*d*)	2	3	4	1

162. सूची-I को सूची-II के साथ सुमेलित कीजिए और नीचे दिए गए कूट के प्रयोग से सही विकल्प चुनिए :

सूची-I	सूची-II
I. समरूप एलीमेन्ट सिद्धान्त	1. अन्तरण साधारणीकरण को प्रभावित करने वाली दशा
II. द्विपक्षीय अन्तरण	2. एक या अन्य कार्य को सीखने का अभ्यास प्रभाव
III. अन्तरण का आशय	3. प्रशिक्षण के अन्तरण का प्रकार
IV. प्रशिक्षण का अन्तरण	4. अन्तरण का सिद्धान्त

कूट:

	I	II	III	IV
(*a*)	4	3	1	2
(*b*)	1	2	3	4
(*c*)	3	4	2	1
(*d*)	2	1	4	3

163. सूची-I को सूची-II के साथ सुमेलित कीजिए और प्रदत्त कूट के आधार पर सही उत्तर का चयन कीजिए

सूची-I	सूची-II
I. हैंडबॉल (पुरुष) का वजन	1. 22.4 से.मी. से 22.9 से.मी. तक
II. फुटबॉल का वजन	2. 425 ग्राम से 475 ग्राम
III. क्रिकेट बॉल की परिधि	3. 22.4 से.मी. से 23.5 से.मी.
IV. हॉकी बॉल की परिधि	4. 410 ग्राम से 450 ग्राम तक

कूट:

	I	II	III	IV
(*a*)	4	2	1	3
(*b*)	2	4	1	3
(*c*)	4	2	3	1
(*d*)	2	4	3	1

164. सूची-I को सूची-II के साथ सुमेलित कीजिए और नीचे दिये गये कूट से सही विकल्प चुनिये

सूची-I	सूची-II
I. एनटीरियर डेलटॉयड	1. कोहनी का विस्तार
II. बाइसेप्स फेमोरिस	2. प्लेनेटर संकुचन

III. गेस्ट्रोक्नेमियस — 3. घुटने का संकुचन
IV. ट्राइसेप्स — 4. कन्धों का संकुचन

कूट:

	I	II	III	IV
(*a*)	2	1	4	3
(*b*)	1	4	3	2
(*c*)	4	3	2	1
(*d*)	3	2	1	4

165. सूची-I को सूची-II के साथ सुमेलित कीजिए तथा नीचे दिये गये कूट से सही उत्तर चुनिये

सूची-I	सूची-II
I. शारीरिक जोखिम	1. असुरक्षा
II. रासायनिक जोखिम	2. आर्सेनिक
III. जीववैज्ञानिक जोखिम	3. गरम और ठंडा
IV. मनोवैज्ञानिक जोखिम	4. पैरासाइटिक एजेन्ट

कूट:

	I	II	III	IV
(*a*)	2	4	1	3
(*b*)	3	4	2	1
(*c*)	4	1	3	2
(*d*)	3	2	4	1

166. सूची-I को सूची-II के साथ सुमेलित कीजिए और निम्न दिये गये कूटों में से उचित विकल्प का चुनाव करिये :

सूची-I	सूची-II
I. चपलता	1. लाल माँसपेशीय तंतु
II. गति	2. केशिका तंत्र
III. सहनशीलता	3. सफेद माँसपेशीय तंतु
IV. मेक्स VO_2	4. तंत्रिका-माँसपेशीय समन्वय
	5. कोशिका उपापचयन

कूट:

	I	II	III	IV
(*a*)	3	5	2	1
(*b*)	4	3	1	2
(*c*)	4	3	2	1
(*d*)	3	4	1	2

167. सूची-I को सूची-II के साथ सुमेलित कीजिए तथा नीचे दिये गये कूट से सही उत्तर चुनिये

सूची-I	सूची-II
I. कालक्रमिक आयु	1. यौवनारंभ से संबंधित हॉर्मोन्स का उत्सर्जन
II. शरीर रचना आयु	2. मनोवैज्ञानिक परीक्षण
III. शरीर व्रतीय आयु	3. अस्थि तंत्र की वृद्धि और विकास
IV. मानसिक आयु	4. वर्ष, महीनों और दिनों में दर्ज

कूट:

	I	II	III	IV
(*a*)	3	1	2	4
(*b*)	4	3	1	2
(*c*)	1	4	2	3
(*d*)	2	3	1	4

168. सूची-I को सूची-II के साथ सुमेलित कीजिए और नीचे दिए गए कूट के प्रयोग से सही विकल्प चुनिए :

सूची-I	सूची-II
I. अति ऊर्जा सिद्धान्त	1. लार्ड केम्स
II. कैथरटिक सिद्धान्त	2. वैन स्किलर
III. पुनरावर्तन सिद्धान्त	3. स्टेनली हॉल
IV. मनोविनोद सिद्धान्त	4. एरिस्टोटल

कूट:

	I	II	III	IV
(*a*)	2	4	3	1
(*b*)	2	3	4	1
(*c*)	2	3	1	4
(*d*)	2	1	3	4

169. सूची-I को सूची-II के साथ सुमेलित कीजिए तथा नीचे दिये गये कूट के प्रयोग से सही विकल्प चुनिए :

सूची-I	सूची-II
I. एरोबिक व्यायाम	1. ऑक्सीजन के अभाव में किया गया व्यायाम
II. एनेरोबिक व्यायाम	2. संकुचन और शिथिलन के दौरान मांसपेशियों की लम्बाई में परिवर्तन होता है
III. आइसोटॉनिक व्यायाम	3. संकुचन और शिथिलन के दौरान मांसपेशियों की लम्बाई में परिवर्तन नहीं होता है

IV. आइसोमेट्रीक व्यायाम · 4. ऑक्सीजन की मौजूदगी में किया गया व्यायाम

कूट:

	I	II	III	IV
(*a*)	1	2	3	4
(*b*)	4	1	2	3
(*c*)	1	4	2	3
(*d*)	4	3	2	1

170. नीचे दो कथन दिए गए हैं एक अभिकथन (A) और दूसरा तर्क (R).

अभिकथन (A): मूल्यांकन विभिन्न परीक्षणों और मापन-विधियों के माध्यम से एकत्रित किए गए डाटा की व्याख्या करने की प्रक्रिया है।

तर्क (R): यदि कार्यक्रम के स्थापित लक्ष्यों के समानुरूप डाटा की व्याख्या पर विचार नहीं किया जाता है तो यह अपूर्ण होगा।

दोनों कथनों के संदर्भ में निम्नलिखित में से कौन सा कथन सही है?

(*a*) दोनों (A) और (R) सत्य हैं और (R) (A) की सही व्याख्या है।

(*b*) दोनों (A) और (R) सत्य हैं और (R) (A) की सही व्याख्या नहीं है।

(*c*) (A) असत्य है लेकिन (R) सत्य है।

(*d*) (A) सत्य है लेकिन (R) असत्य है।

171. नीचे दो कथन दिए गए हैं एक अभिकथन (A) और दूसरा तर्क (R).

अभिकथन (A): आज विश्व में राजनीति, प्रतियोगी खेलों का एक अभिन्न भाग हो गई है।

तर्क (R): प्रतियोगी खेल का प्रयोग, विचारधारा और आर्थिक पर्याप्तता में राष्ट्रीय सर्वश्रेष्ठता प्रदर्शन हेतु अन्तर्राष्ट्रीय स्तर पर किया जाता है।

उपर्युक्त कथनों के सन्दर्भ में निम्नलिखित में से कौन सा सत्य है?

(*a*) (A) और (R) दोनों सत्य हैं लेकिन (R) (A) की सही व्याख्या नहीं है।

(*b*) (A) और (R) दोनों सत्य हैं और (R) (A) की सही व्याख्या है।

(*c*) (A) सत्य है लेकिन (R) असत्य है।

(*d*) (A) असत्य है लेकिन (R) सत्य है।

172. नीचे दो कथन दिए गए हैं एक अभिकथन (A) और दूसरा तर्क (R).

अभिकथन (A): जितना अधिक भार उतना ही कम पुनरावर्त्तन और संपादन की ताल होगी।

तर्क (R): दोनों ही पुनरावर्त्तन की संख्या एवं ताल अथवा गति का संपादन भार का कार्य है।

दोनों कथनों के संदर्भ में निम्नलिखित में से कौन सा कथन सही है?

(*a*) दोनों (A) और (R) सत्य हैं परंतु (R) (A) की सही व्याख्या नहीं है।

(*b*) दोनों (A) और (R) सत्य हैं और (R) (A) की सही व्याख्या है।

(*c*) (A) गलत है परन्तु (R) सही है।

(*d*) (A) सही है लेकिन (R) गलत है।

173. नीचे दो वक्तव्य दिए हैं एक अभिकथन (A) और दूसरा तर्क (R) है।

अभिकथन (A): अच्छी अंगभंगिमा से व्यक्ति शिथिल, आरामदायक तथा सुगमता से क्षमता के साथ प्रतिदिन के कार्यों को कर सकता है।

तर्क (R): स्कूल जाने वाले विद्यार्थियों में खराब अंगभंगिमा के कारणों में अव्यवस्थित पोशाक, बैठने, पढ़ने तथा लिखने की गलत आदतें तथा भारी स्कूल बैग का ले जाना है।

दोनों कथनों के संदर्भ में निम्नलिखित में से कौन सा कथन सही है?

(*a*) दोनों (A) और (R) सत्य हैं परंतु (R) (A) की सही व्याख्या नहीं है।

(*b*) दोनों (A) और (R) सत्य हैं और (R) (A) की सही व्याख्या है।

(*c*) (A) सही है परन्तु (R) गलत है।

(*d*) (A) गलत है लेकिन (R) सही है।

174. नीचे दो वक्तव्य दिए गए हैं एक अभिकथन (A) और दूसरा तर्क (R) है।

अभिकथन (A): अच्छे पाठ देने का आधार शिक्षा में सहायक साधनों, आधुनिक उपकरणों तथा अनुदेशात्मक प्रौद्योगिकी पर होता है।

तर्क (R): पाठ आयोजन में उद्देश्यों को परिभाषित करना, विषयवस्तु का चयन तथा अनुक्रम में रखना तथा सीखने की पद्धति एवं रीत आता है।

दोनों कथनों के संदर्भ में निम्नलिखित में से कौन सा कथन सही है?

(*a*) दोनों (A) और (R) सत्य हैं परंतु (R) (A) की सही व्याख्या नहीं है।
(*b*) दोनों (A) और (R) सत्य हैं और (R) (A) की सही व्याख्या है।
(*c*) (A) सही है परन्तु (R) गलत है।
(*d*) (A) गलत है लेकिन (R) सही है।

175. नीचे दो कथन दिए गए हैं। एक अभिकथन (A) और दूसरा तर्क (R).

अभिकथन (A): शारीरिक शिक्षा का उद्देश्य व्यक्ति के व्यक्तित्व का सर्वतोमुखी विकास करना है।

तर्क (R): तर्क मनुष्य को जीवन जीने और सोच विचार की विश्वस्त और बुद्धिमत्तापूर्ण पद्धति प्रदान करने की खोज करता है।

दोनों कथनों के संदर्भ में निम्नलिखित में से कौन सा कथन सही है?

(*a*) (A) और (R) दोनों सत्य हैं लेकिन (R) (A) की सही व्याख्या नहीं है।
(*b*) (A) और (R) दोनों सत्य हैं और (R) (A) की सही व्याख्या है।
(*c*) (A) सत्य है लेकिन (R) असत्य है।
(*d*) (A) असत्य है लेकिन (R) सत्य है।

176. ओलम्पिक मोटो साइटियस, आल्टियस, फॉरटियस किसने दिया था?

(*a*) बैरन पिअरे डी कुबर्टिन
(*b*) जुआन एन्टोनियो समारांच
(*c*) आई.ओ.सी.
(*d*) फादर हैनरी डिडोन

177. शारीरिक शिक्षा का दूरस्थ उद्देश्य है

(*a*) अच्छे मानव संबंधों का विकास
(*b*) तंत्रिका माँसपेशी समन्वय का विकास
(*c*) शारीरिक क्षमता का विकास
(*d*) खेल कौशल्यों का विकास

178. प्राथमिक उपचार का आकस्मिक स्थिति में सबसे महत्वपूर्ण कार्य होता है

(*a*) दुर्घटनाग्रस्त व्यक्ति को डॉक्टर के पास ले जाना
(*b*) दुर्घटनाग्रस्त व्यक्ति का उपचार करना
(*c*) जो भी उपलब्ध हो उसकी मदद से जीवन बचाना
(*d*) दुर्घटनाग्रस्त व्यक्ति को अस्पताल ले जाने के लिए परिवहन की व्यवस्था करना

179. किस संक्रामक रोग को ''हानसन रोग'' कहा जाता है?

(*a*) कुष्ठ रोग (*b*) एड्स
(*c*) एच.आई.वी. (*d*) चेचक

180. शारीरिक शिक्षा के शिक्षकों के लिये व्यावसायिक तैयारी को कौन सी संस्था शासित करती है?

(*a*) यू.जी.सी. (*b*) ए.आई.सी.टी.ई.
(*c*) एन.सी.टी.ई. (*d*) एन.ए.ए.सी.

181. किसी वस्तु की न्यूनतम शक्ति को मापने के लिए तैयार किए गए परीक्षण

(*a*) लार्जन मैथेनी टेस्ट (*b*) टट्ल पल्स रेशियो
(*c*) वेलिंगटन-हार्वर्ड टेस्ट (*d*) क्रॉस-वेबर टेस्ट

182. हृदय-श्वसन क्षमता सबसे उत्तम किससे मापी जाती है?

(*a*) इंडियाना मोटर फिटनेस टेस्ट
(*b*) हार्वर्ड स्टेप टेस्ट
(*c*) जॉन मैथेनी टेस्ट
(*d*) जे.सी.आर. टेस्ट

183. परीक्षण का प्रयोजन किसके माध्यम से मापा जाता है?

(*a*) विश्वसनीयता (*b*) वैधता
(*c*) वस्तुपरकता (*d*) स्प्लिट हॉफ पद्धति

184. उत्तेजित होने पर 110 माइक्रो सेकन्ड में चरम तनाव पर पहुंचने वाला मांसपेशीय तंतु है

(*a*) FT_b (*b*) FT_A
(*c*) FT_c (*d*) ST

185. संरचना और गमन के बीच गुणात्मक और मात्रात्मक अन्तरापृष्ठ का अध्ययन किसके अन्तर्गत किया जाता है?

(*a*) किनिसियॉलाजी (*b*) बॉयो मैकेनिक
(*c*) काइनोथ्रोपोमीटरी (*d*) (*a*) और (*b*) दोनों

186. α संभाव्यता से अभिप्राय है

(*a*) परिवर्तनशीलता
(*b*) महत्व का स्तर
(*c*) टाइप-II त्रुटि का परिमाण
(*d*) मानक त्रुटि

187. काइनिसियोलॉजी का मूल अर्थ है
(*a*) काइनिसियोलॉजी गति विज्ञान है
(*b*) काइनिसियोलॉजी जीवित प्राणियों का गति विज्ञान है
(*c*) काइनिसियोलॉजी मनुष्य का गति विज्ञान है
(*d*) काइनिसियोलॉजी खेलों में भागीदारी के दौरान मनुष्यों का गति विज्ञान है

188. हवाई गति में तीन अभिविन्यास हो सकते हैं– ऊर्ध्वाधर, अनुप्रस्थ और झुकाव। इनमें से ऊर्ध्वाधर अभिविन्यास में कौन-सा शामिल है?
(*a*) अधिक से अधिक ऊंचा 'उठाना' और कम से कम 'घसीटना'
(*b*) कम से कम 'उठना' अधिक से अधिक 'घसीटना'
(*c*) केवल 'उठाना' और 'घसीटना' नहीं
(*d*) केवल 'घसीटना' और 'उठाना' नहीं

189. किनेसियोलॉजी और खेल बॉयोमैकेनिक्स एक दूसरे से निम्नलिखित रूप में संबंधित हैं :
(*a*) किनेसियोलॉजी खेल बॉयोमैकेनिक्स का विशिष्ट भाग है
(*b*) खेल बॉयोमैकेनिक्स किनेसियोलॉजी का विशिष्ट भाग है
(*c*) किनेसियोलॉजी और खेल बॉयोमैकेनिक्स पूरी तरह भिन्न है
(*d*) किनेसियॉलाजी और खेल बॉयोमैकेनिक्स एक ही है

190. विश्वसनीयता को मापने की विभिन्न पद्धतियाँ हैं इनमें से स्प्लिट-हॉफ पद्धति से किसका माप किया जाता है?
(*a*) बाह्य संगति
(*b*) आन्तरिक संगति
(*c*) बाह्य और आन्तरिक संगति
(*d*) न तो आन्तरिक और न ही बाह्य संगति

191. प्रेक्षित और प्रत्याशित परिणामों के बीच विसंगति के महत्व का सांख्यिकीय परीक्षण किसके द्वारा उपलब्ध होता है?
(*a*) एनोवा (*b*) एनकोवा
(*c*) मैनकोवा (*d*) काई स्क्वेयर टेस्ट

192. प्रेक्षण प्राथमिक स्रोत से आंकड़े एकत्र करने की पद्धति है। इस पद्धति की एक मुख्य विशेषता है
(*a*) प्रेक्षण में पूर्वग्रह नहीं है
(*b*) प्रेक्षित आँकड़ों का निर्वचन प्रत्येक व्यक्ति में अलग अलग नहीं होता।
(*c*) प्रेक्षित व्यक्ति अपना व्यवहार बदल सकते हैं
(*d*) इसमें अपूर्ण प्रेक्षण की संभावना नहीं होती

193. अनुसन्धान रिपोर्ट में प्रारम्भिक मामलों में शामिल है
(*a*) मुख पृष्ठ, आभार, परिशिष्ट
(*b*) सन्दर्भ, मुख पृष्ठ, आभार
(*c*) मुख पृष्ठ, आभार, विषय-सूची
(*d*) विषय-सूची, सन्दर्भ, मुख पृष्ठ

194. निम्नलिखित किन्हीं दो के मध्य के अंतर को अधिकतम हृदय गतिमात्रा के बचे रहने को व्यक्त करता है :
(*a*) HR_{max} और $HR_{exercise}$
(*b*) HR_{max} और $0.6HR_{exercise}$
(*c*) HR_{max} और HR_{rest}
(*d*) HR_{max} और $0.7HR_{rest}$

195. एक भारोत्तोलक का वजन 50 किलो है। वह 140 किलो का भार क्लीन और जर्क तकनीक द्वारा उठाता है। इस भारोत्तोलक की सापेक्ष शक्ति की गणना करें :
(*a*) 2.5 (*b*) 2.6
(*c*) 2.7 (*d*) 2.8

196. किसी प्रेरक कार्य को करने के लिए किसी व्यक्ति की क्षमता से अभिप्राय है
(*a*) प्रेरक शैक्षणीयता (*b*) प्रेरक निष्पादन
(*c*) प्रेरक योग्यता (*d*) प्रेरक दक्षता

197. व्यवसाय के कुछ मानदंड होने चाहिए, कुछ मानदंड इस प्रकार है
I. सदस्यों की योग्यताएँ
II. संप्रेषण के तरीके
III. सदस्यों का स्वास्थ्य तथा व्यक्तित्व
IV. व्यवसाय के निर्वचन के तरीके
इनमें से व्यावसायिक संगठन द्वारा दिये जाते हैं :
(*a*) I, II (*b*) II, III
(*c*) II, IV (*d*) IV, I

198. पाठ्यक्रम आधारित होना चाहिए
I. मार्गदर्शीय अनुभव
II. स्थापन के अवसर
III. सीखने की योजनाएँ
IV. उद्देश्य प्राप्ति के तरीके
V. ज्ञान, कौशल्य और समझ

सही संयोजन बनाइये

कूट :

(*a*) I, II, V, IV (*b*) II, III, IV, V

(*c*) I, III, IV, V (*d*) I, III, IV, II

199. नीचे शारीरिक क्षमता के घटक दिये हैं। उनमें से स्वास्थ्य संबंधित घटकों का सही संयोजन बनाएँ

I. हृदय धमनी क्षमता

II. शारीरिक संरचना

III. गति

IV. माँसपेशिय, शक्ति एवं क्षमता

V. लचीलापन

कूट :

(*a*) I, II, III, IV (*b*) II, I, IV, III

(*c*) III, IV, I, II (*d*) I, II, IV, V

200. डाटा के विश्लेषण और निर्वचन में अपनाए जाने वाले मूल कदम हैं

I. परिणाम निकालना

II. डाटा का सांख्यिकीय विश्लेषण

III. परिकल्पना का परीक्षण

IV. परिणामों पर चर्चा

निम्नलिखित में से इन्हें उचित क्रम में लगाएँ :

(*a*) II, I, IV, III (*b*) I, IV, III, II

(*c*) IV, III, II, I (*d*) III, II, I, IV

201. संवेगात्मक परिपक्वता विकसित करने के लिए संवेगात्मक दक्षता होती है

I. आत्म जागरूकता

II. आवेगों पर नियन्त्रण रखना

III. नकारात्मक प्रभावों को रोकना

IV. पारितोषण में देर करना

सही संयोजन बताएँ

(*a*) II और III (*b*) III और I

(*c*) II और IV (*d*) I और IV

202. खेल के प्रति व्यक्तियों की अभिरुचि में परिवर्तन को किस सैद्धान्तिक उपागम से स्पष्ट किया जा सकता है?

I. संज्ञानात्मक विसंगति सिद्धान्त

II. सामाजिक अधिगम सिद्धान्त

III. स्व प्रत्यक्षण सिद्धान्त

IV. क्रिया प्रसूत अनुकूलन सिद्धान्त

सही संयोजन बताएँ

(*a*) II और I (*b*) III और IV

(*c*) II और IV (*d*) I और III

203. दु:श्चिंता कम करने की तकनीक है

I. जैब फीडबैक

II. सकारात्मक प्रबलीकरण

III. ऑटोजेनिक ट्रेनिंग

IV. लक्ष्य निर्धारण

सही संयोजन बताएँ

(*a*) IV और II (*b*) I और IV

(*c*) II और III (*d*) I और III

204. बताएँ कि एक ग्रुप टीम कैसे बनता है?

I. मानक द्वारा II. संगठन द्वारा

III. धावा बोलना IV. प्रदर्शन द्वारा

इन अवस्थाओं को सही अनुक्रम में रखें

कूट :

(*a*) II, III, I, IV (*b*) I, II, IV, III

(*c*) IV, I, III, II (*d*) III, IV, II, I

205. अनुसन्धान प्रक्रिया में बहुत चरण होते हैं, जिनमें से कुछ है :

I. समस्या का चयन

II. संगत साहित्य की समीक्षा

III. आँकड़े संग्रहण

IV. आँकड़ों का विश्लेषण

उपर्युक्त का सही अनुक्रम बताएँ

(*a*) I, II, III, IV (*b*) II, III, IV, I

(*c*) III, IV, I, II (*d*) II, I, III, IV

206. क्रिकेट की बॉल को पकड़ने के लिए निम्नलिखित क्रियाएँ अपेक्षित होती हैं :

I. बॉल आने की लाइन में स्वयं को सही स्थान पर रखना

II. ऊँचाई को देखना

III. गिविंग

IV. बॉल को प्राप्त करना

उपर्युक्त चरणों का नीचे दिए कोड से सही अनुक्रम बताएँ

कोड :

(*a*) II, I, IV, III (*b*) I, IV, II, III

(*c*) II, I, III, IV (*d*) III, II, IV, I

207. चलते समय पैर की क्रिया के विश्लेषण से निम्नलिखित को जाना जा सकता है :

I. डोला-चरण II. नीचे की ओर छूना
III. सक्रिय तनन IV. समावेशन

निम्नलिखित चरणों का दिये गये कोड के प्रयोग से सही अनुक्रम बताइए :

कूट :

(*a*) IV, III, I, II (*b*) II, IV, III, I
(*c*) III, I, II, IV (*d*) I, II, IV, III

208. सैरटोरियस का कार्य है

(*a*) हिप और घुटने का संकुचन
(*b*) हिप का संकुचन और घुटने का विस्तार
(*c*) हिप का विस्तार और घुटने का संकुचन
(*d*) हिप का विस्तार और घुटने का विस्तार

209. ए ए एच पी ई आर. यूथ फिटनेस टेस्ट में अपनाए जाने वाले विषयों का अनुक्रम किस प्रकार होना चाहिए?

I. 50 यार्ड II. पुल-अप्स
III. शटल रन IV. वेन्ट नी सिट् अप्स
V. स्टैंडिंग ब्रॉड VI. 600 यार्ड जम्प

सही संयोजन बताएँ

(*a*) I, IV, V, III, II, VI (*b*) II, I, IV, III, V, VI
(*c*) II, III, IV, I, V, VI (*d*) II, IV, III, V, I, VI

210. क्रिया विभव में होने वाले सही घटनाक्रम निम्न दिये गये कोड में से निर्धारित कीजिए

I. पुनः ध्रुवीकरण
II. घटी हुई Na^+ पारगम्यता
III. बढ़ी हुई Na^+ पारगम्यता
IV. अप ध्रुवीकरण

कूट :

(*a*) I, II, III, IV (*b*) III, II, I, IV
(*c*) IV, III, II, I (*d*) III, IV, II, I

211. जॉनसन बास्केट बॉल थ्रो के परिशुद्धता परीक्षण के लिए आयताकार लक्ष्य के माप कौन से हैं?

I. 15" × 10" II. 20" × 10"
III. 35" × 25" IV. 40" × 25"
V. 40" × 60"

सही संयोजन बताएँ

(*a*) I, II, III (*b*) II, IV, V
(*c*) III, IV, V (*d*) I, II, III, IV

212. सूची-I को सूची-II के साथ सुमेलित कीजिए और नीचे दिए गए कोड के प्रयोग से सही विकल्प चुनिए :

सूची-I	सूची-II
I. पराभौतिक	1. सत्य
II. ज्ञानशास्त्र	2. वास्तविकता
III. मूल्य-मीमांसा	3. आचार
IV. नीतिशास्त्र	4. मूल्य

कूट:

	I	II	III	IV
(*a*)	1	2	3	4
(*b*)	2	3	4	1
(*c*)	4	3	2	1
(*d*)	2	1	4	3

213. सूची-I को सूची-II के साथ सुमेलित कीजिए और नीचे दिए गए कोड के प्रयोग से सही विकल्प चुनिए :

सूची-I	सूची-II
I. संरचना आयु	1. वर्ष, माह, दिन
II. शरीर क्रियात्मक आयु	2. अस्थि संरचना की क्षमता
III. कालानुक्रमिक आयु	3. यौवनारम्भ/हॉर्मोन्स का उत्सर्जन
IV. मानसिक आयु	4. समस्या-समाधान

कूट:

	I	II	III	IV
(*a*)	1	2	3	4
(*b*)	2	1	3	4
(*c*)	3	1	2	4
(*d*)	2	3	1	4

214. सूची-I को सूची-II के साथ सुमेलित कीजिए और नीचे दिए गए कोड के प्रयोग से सही विकल्प चुनिए :

सूची-I	सूची-II
I. गट्स मुथ	1. इंग्लैंड
II. पर हेनरिक लिंग	2. स्वीडन
III. नील्स बुख	3. डेनमार्क
IV. आर्कीबॉल्ड मैकलेरेन	4. जर्मनी

कूट:

	I	II	III	IV
(*a*)	4	2	3	1
(*b*)	2	1	3	4
(*c*)	2	4	1	3
(*d*)	1	2	3	4

215. सूची-I को सूची-II के साथ सुमेलित कीजिए और नीचे दिए गए कोड के प्रयोग से सही विकल्प चुनिए :

सूची-I	सूची-II
I. द्वन्द्व	1. घृणा
II. विकर्षण	2. व्यथा
III. अपील	3. लालसा
IV. सेक्स	4. क्रोध

कूट:

	I	II	III	IV
(*a*)	3	2	1	4
(*b*)	4	1	2	3
(*c*)	4	3	2	1
(*d*)	2	4	1	3

216. सूची-I को सूची-II के साथ सुमेलित कीजिए और नीचे दिए गए कोड के प्रयोग से सही विकल्प चुनिए :

सूची-I	सूची-II
I. वैदिक काल	1. 1000 ए.डी. - 1757 ए.डी.
II. प्रारम्भिक हिन्दू काल	2. 2500 बी.सी. - 600 बी.सी.
III. मध्यकाल	3. 600 बी.सी. - 320 ए.डी.
IV. परवर्ती हिन्दू काल	4. 320 ए.डी. - 1000 ए.डी.

कूट:

	I	II	III	IV
(*a*)	3	2	4	1
(*b*)	2	3	1	4
(*c*)	1	2	3	4
(*d*)	4	3	2	1

217. फ्रायड के अनुसार सूची-I को सूची-II के साथ सुमेलित कर नीचे दिये कोड से सही उत्तर चुनिए :

सूची-I	सूची-II
I. नारसीइज्म	1. प्राकृतिक लिंग उत्तेजन
II. ऑटो-इरोटिज्म	2. अपने ही शरीर पर निर्धारण
III. इडिपस	3. बालिका का पिता से लगाव
IV. इलेक्ट्रा	4. बालक का माता से लगाव

कूट:

	I	II	III	IV
(*a*)	3	4	2	1
(*b*)	2	3	4	1
(*c*)	4	2	1	3
(*d*)	2	1	4	3

218. सूची-I को सूची-II के साथ सुमेलित कीजिए तथा नीचे दिए गए कोड से सही उत्तर चुनिए :

सूची-I	सूची-II
I. आयरन	1. इन्स्युलिन उत्पादन
II. जिंक	2. तंत्रिका तंत्र की कार्यप्रणाली
III. सोडियम	3. हिमोग्लोबिन का निर्माण
IV. आयोडिन	4. थायरॉइड का सुचारूपूर्ण कार्य

कूट:

	I	II	III	IV
(*a*)	3	1	2	4
(*b*)	1	2	3	4
(*c*)	4	3	2	1
(*d*)	2	4	3	1

219. सूची-I को सूची-II के साथ सुमेलित कीजिए तथा नीचे दिए गए कोड से सही उत्तर चुनिए :

सूची-I	सूची-II
I. हायपौक्सिया	1. शारीरिक क्रियाओं का अभाव
II. हायपोकाइनेटिक	2. अत्यधिक कूदना
III. इनसोमनिया	3. ऑक्सीजन का अभाव
IV. एचिलिस टेन्डोनीटिस	4. अत्यधिक कार्य

कूट:

	I	II	III	IV
(*a*)	2	3	1	4
(*b*)	3	1	4	2
(*c*)	4	3	2	1
(*d*)	3	2	1	4

220. सूची-I को सूची-II के साथ सुमेलित कीजिए और नीचे दिए गए कोड से सही विकल्प चुनिए :

सूची-I	सूची-II
I. संभाव्यता	1. मीन के चारों ओर ग्रुप के स्कोर की परिवर्तिता का अनुमान
II. मानक त्रुटि	2. प्रत्येक स्कोर और मीन के बीच अन्तर की डिग्री
III. मानक विचलन	3. सांख्य के प्रतिचयन वितरण की परिवर्तिता

IV. परिबर्तनशीलता — 4. इसका अवसर कि कोई घटना घटेगी

कूट:

	I	II	III	IV
(*a*)	1	4	3	2
(*b*)	4	3	2	1
(*c*)	3	2	1	4
(*d*)	2	1	4	3

221. सूची-I को सूची-II के साथ सुमेलित कीजिए और नीचे दिए गए कोड का प्रयोग करके सही विकल्प चुनिए :

सूची-I	सूची-II
I. बास स्टिक टेस्ट	1. नम्यता
II. बर्पी टेस्ट	2. संज्ञानात्मक अभिक्षमता
III. मैक्लॉय टेस्ट	3. स्फूर्ति
IV. ब्रिज अप टेस्ट	4. सन्तुलन
	5. शक्ति

कूट:

	I	II	III	IV
(*a*)	4	3	5	1
(*b*)	3	4	2	5
(*c*)	4	3	5	2
(*d*)	3	5	2	2

222. सूची-I को सूची-II से सुमेलित कीजिए तथा नीचे दिए गए कोड का प्रयोग करते हुए सही उत्तर चुनिए :

सूची-I	सूची-II
I. एम्फेटेमाइन	1. हृदय गति
II. बीटा ब्लोकर्स	2. चौकन्नापन
III. इरीथ्रोपोइटिन	3. पेशाब उत्पन्न होना
IV. एल्कलाइन क्षार	4. हीमोग्लोबिन
	5. pH स्तर

कूट:

	I	II	III	IV
(*a*)	2	1	4	5
(*b*)	2	3	4	5
(*c*)	1	4	5	3
(*d*)	2	1	5	3

223. सूची-I को सूची-II के साथ सुमेलित कीजिए तथा नीचे दिए गए कोड के प्रयोग से सही विकल्प चुनिए :

सूची-I	सूची-II
I. अनाएरोबिक प्रशिक्षण	1. बिस्फोटक बल
II. एरोबिक प्रशिक्षण	2. हीमोग्लोबिन गणना
III. ऊँचे स्थान पर प्रशिक्षण	3. वेन्ट्रीकुलर आकार
IV. प्लायोमेट्रिक प्रशिक्षण	4. हृदय मांसपेशीय मोटाई

कूट:

	I	II	III	IV
(*a*)	4	3	2	1
(*b*)	1	4	1	2
(*c*)	2	1	4	3
(*d*)	3	4	2	1

224. सूची-I को सूची-II के साथ सुमेलित कीजिए और नीचे दिए गए कोड के प्रयोग से सही विकल्प चुनिए :

सूची-I	सूची-II
I. स्विमिंग पूल में 1 और 8 लेन में लगाई गई लेन-रोप का रंग	1. नीला
II. स्विमिंग पूल में लेन 2,3,6 और 7 में लगाई गई लेन-रोप का रंग	2. लाल
III. स्विमिंग पूल में लेन 4 और 5 में लगाई गई लेन-रोप का रंग	3. हरा
IV. पूल के प्रत्येक किनारे से 5.0 मीटर की दूरी तक फैले हुए फ्लोर का रंग	4. पीला

कूट:

	I	II	III	IV
(*a*)	4	3	1	2
(*b*)	4	3	2	1
(*c*)	3	1	4	2.
(*d*)	3	2	4	1

225. सूची-I को सूची-II के साथ सुमेलित कीजिए और नीचे दिए गए कोड के प्रयोग से सही विकल्प चुनिए :

सूची-I	सूची-II
I. प्रबंधन का क्लासिकल सिद्धान्त	1. हेनरी फेयाल
II. प्रशासनिक सिद्धान्त	2. एफ. डब्ल्यू. टेलर

III. मानव संसाधन सिद्धान्त — 3. मैक्स वेबर
IV. वैज्ञानिक प्रबंधन सिद्धान्त — 4. एल्टन मायो

कूटः

	I	II	III	IV
(*a*)	1	2	3	4
(*b*)	3	1	4	2
(*c*)	2	3	1	4
(*d*)	4	2	3	1

226. सूची-I को सूची-II के साथ सुमेलित कीजिए और नीचे दिए गए कोड से सही विकल्प चुनिए :

सूची-I	सूची-II
I. क्लासिकी अनुबंध	1. पुरस्कार प्राप्त कार्य के प्रति सही प्रतिक्रिया शामिल है
II. क्रिया प्रसूत अनुकूलन	2. पूरी परिस्थिति को देखकर प्रभावी प्रतिक्रिया देने का रास्ता खोजना
III. प्रयत्न-त्रुटि अधिगम	3. बार-बार उद्दीपन अनुक्रिया
IV. समस्या-समाधान	4. लक्ष्य प्राप्त करने की विभिन्न पद्धतियों का परीक्षण जब तक कि सही लक्ष्य प्राप्त न हो जाए

कूटः

	I	II	III	IV
(*a*)	1	2	3	4
(*b*)	3	1	4	2
(*c*)	2	4	1	3
(*d*)	4	3	2	1

227. सूची-I (जर्नल का नाम) को सूची-II (सम्बन्ध) के साथ सुमेलित कीजिए और नीचे दिए गए कोड के प्रयोग से सही उत्तर चुनिए :

सूची-I	सूची-II
I. इंटरनैशनल जर्नल ऑफ स्पोर्ट साइकोलॉजी (आई.जे.एस.पी.)	1. ए.ए.एच.पी.ई.आर.डी.
II. जर्नल ऑफ एप्लाइड स्पोर्ट साइकोलॉजी (जे.ए.एस.पी.)	2. ए.सी.एस.एम.
III. मेडिसीन एन्ड साइन्स इन स्पोर्टस एन्ड एक्सरसाइज (एम.एस.एस.ई.)	3. ए.ए.ए.एस.पी.
IV. रिसर्च क्वार्टरली फॉर एक्सरसाइज एंड स्पोर्ट (आर.क्यू.ई.एस.)	4. आई.एस.एस.पी.

कूटः

	I	II	III	IV
(*a*)	1	2	3	4
(*b*)	2	1	4	3
(*c*)	4	3	2	1
(*d*)	3	4	1	2

228. नीचे दो कथन दिए गए हैं एक अभिकथन (A) और दूसरा तर्क (R) है:

अभिकथन (A): शारीरिक शिक्षा कला और विज्ञान है।

तर्क (R): व्यायामिक क्रिया-कलाषों का सौन्दर्यपरक और सृजनात्मक मूल्य होता है।

दोनों कथनों के संदर्भ में निम्नलिखित में से कौन सा कथन सत्य है?

(*a*) (A) और (R) दोनों सत्य हैं लेकिन (R), (A) की सही व्याख्या है।
(*b*) (A) और (R) दोनों सत्य हैं किन्तु (R), (A) की सही व्याख्या नहीं है।
(*c*) (A) सत्य है किन्तु (R) असत्य है।
(*d*) (A) असत्य है किन्तु (R) सत्य है।

229. नीचे दो कथन दिए गए हैं एक अभिकथन (A) और दूसरा तर्क (R) है:

अभिकथन (A): शारीरिक शिक्षा केवल व्यक्ति के शारीरिक विकास तक ही सीमित नहीं है।

तर्क (R): प्रतियोगी खेलों में केवल प्रतियोगिता जीतने पर ही अधिकतम दबाव डाला जाता है।

दोनों कथनों के संदर्भ में निम्नलिखित में से कौन सा कथन सत्य है?

(*a*) (A) और (R) दोनों सत्य हैं और (R), (A) की सही व्याख्या है।
(*b*) (A) और (R) दोनों सत्य हैं किन्तु (R), (A) की सही व्याख्या नहीं है।

(*c*) (A) सत्य है किन्तु (R) असत्य है।
(*d*) (A) असत्य है किन्तु (R) सत्य है।

230. नीचे दो कथन दिए गए हैं एक अभिकथन (A) और दूसरा तर्क (R) है:

अभिकथन (A): व्यक्ति की संवृद्धि और विकास पर्यावरणी कारकों, आनुवंशिक कारकों, पौषणिक कारकों और विशिष्ट शारीरिक शिक्षा कार्यक्रमों से प्रभावित होते हैं।

तर्क (R): शारीरिक शिक्षा और खेलों का व्यक्ति के स्वास्थ्य में योगदान होता है।

दोनों कथनों के संदर्भ में निम्नलिखित में से कौन सा कथन सत्य है?

(*a*) (A) और (R) दोनों सत्य हैं, लेकिन (R), (A) की सही व्याख्या नहीं है।
(*b*) (A) और (R) दोनों सत्य हैं लेकिन (R), (A) की सही व्याख्या है।
(*c*) (A) सत्य है लेकिन (R) असत्य है।
(*d*) (A) असत्य है लेकिन (R) सत्य है।

231. नीचे दो कथन दिए गए हैं एक अभिकथन (A) और दूसरा तर्क (R) है:

अभिकथन (A): वित्तीय प्रबंधन संगठन के आयोजन तथा वित्तीय स्रोतों के नियंत्रण से संबंध रखता है।

तर्क (R): किसी भी संगठन की कार्यदक्षता, साख तथा सफलता का मुख्य निर्धारक वित्तीय प्रबंधन होता है।

दोनों कथनों के संदर्भ में निम्नलिखित में से कौन सा कथन सही है?

(*a*) दोनों (A) और (R) सही हैं परन्तु (R), (A) की सही व्याख्या नहीं है।
(*b*) (A) सही है परन्तु (R) गलत है।
(*c*) दोनों (A) और (R) सही हैं और (R), (A) की सही व्याख्या है।
(*d*) (A) गलत है परन्तु (R) सही है।

232. नीचे दो कथन दिए गए हैं एक अभिकथन (A) और दूसरा तर्क (R) है:

अभिकथन (A): संतुलित आहार आयु, लिंग तथा व्यक्ति के द्वारा किये गये काम पर आधारित है।

तर्क (R): संतुलित आहार में कार्बोहाइड्रेट, प्रोटीन, फैट, विटामिन, मिनरल्स तथा पानी का समावेश होता है।

दोनों कथनों के संदर्भ में निम्नलिखित में से कौन सा कथन सही है?

(*a*) दोनों (A) और (R) सही हैं तथा (R), (A) की सही व्याख्या है।
(*b*) (A) तथा (R) दोनों सही हैं।
(*c*) (A) सही है, परन्तु (R) गलत है।
(*d*) (A) गलत है, परन्तु (R) सही है।

233. नीचे दो कथन दिए गए हैं एक अभिकथन (A) और दूसरा तर्क (R) है:

अभिकथन (A): स्कूल के बच्चों के स्वास्थ्य की देख-रेख की व्यवस्था के लिए उचित पहल किए जाने की आशा स्कूल प्रशासन से की जाती है।

तर्क (R): राष्ट्रीय शिक्षा नीति (1986) ने स्कूल शिक्षा की सीखने की प्रक्रिया में शारीरिक शिक्षा और खेलों को समाकलित करने की सिफारिश की।

दोनों कथनों के संदर्भ में निम्नलिखित में से कौन सा कथन सत्य है?

(*a*) (A) और (R) दोनों सत्य हैं किन्तु (R), (A) की सही व्याख्या नहीं है।
(*b*) (A) और (R) दोनों सत्य हैं किन्तु (R), (A) की सही व्याख्या है।
(*c*) (A) सत्य है किन्तु (R) असत्य है।
(*d*) (A) असत्य है किन्तु (R) सत्य है।

234. नीचे दो कथन दिए गए हैं एक अभिकथन (A) और दूसरा तर्क (R) है:

अभिकथन (A): शारीरिक शिक्षा के व्यवसाय को ऊँची योग्यता प्राप्त कर्त्तव्यनिष्ठ शिक्षकों की पास विषयों तथा कौशलों का गहन अध्ययन, निर्देशन की क्षमता तथा व्यवसाय के लिए प्रेम आवश्यक है।

तर्क (R): शिक्षा व्यवसाय से इनाम तथा सम्मान वित्तीय स्थिरता तथा उच्च सेवा निवृत्ति देयक प्राप्त होता है।

उपर्युक्त दो कथनों के सन्दर्भ में निम्नलिखित में से कौन-सा कथन सही है?

(*a*) दोनों (A) और (R) सही हैं और (R), (A) की सही व्याख्या है।
(*b*) दोनों (A) और (R) सही हैं लेकिन (R), (A) की सही व्याख्या नहीं है।

(*c*) (A) सही है लेकिन (R) गलत है।
(*d*) (A) गलत है लेकिन (R) सही है।

235. नीचे दो वक्तव्य दिए गए हैं, एक अभिकथन (A) और दूसरा तर्क (R) है:

अभिकथन (A): समय सारिणी का अर्थ है दिन के कार्यों का आयोजन, सप्ताह के कार्यों का आयोजन, मासिक कार्यों का आयोजन, वार्षिक आयोजन इत्यादि को एक निश्चित समयानुसार नमनीयता के आधार पर जरूरी परिवर्तन करना।

तर्क (R): अच्छी तरह से तैयार की गई स्कूल की समय सारिणी से स्कूल के उद्देश्य प्राप्त करने में सहायता मिलती है।

उपर्युक्त दो कथनों के सन्दर्भ में निम्नलिखित में से कौन-सा कथन सही है?

(*a*) दोनों (A) और (R) सही हैं लेकिन (R), (A) की सही व्याख्या नहीं है।
(*b*) दोनों (A) और (R) सही हैं और (R), (A) की सही व्याख्या है।
(*c*) (A) सही है, लेकिन (R) गलत है।
(*d*) (A) गलत है, लेकिन (R) सही है।

236. नीचे दो कथन दिए गए हैं एक अभिकथन (A) और दूसरा तर्क (R) कहा गया है :

अभिकथन (A): श्रेणी I लीवर में फोर्स आर्म और रेसिसटेन्स आर्म के बीच का संबंध बदल सकता है।

तर्क (R): श्रेणी I लीवर में फलक्रम फोर्स और रेसिसटेन्स आर्म के बीच किसी बिन्दु पर रहता है।

उपर्युक्त दो कथनों के सन्दर्भ में निम्नलिखित में से कौन-सा कथन सही है?

(*a*) दोनों (A) और (R) असत्य हैं।
(*b*) (A) सत्य है और (R) असत्य हैं।
(*c*) दोनों (A) और (R) सत्य है परन्तु (R) (A) की सही व्याख्या नहीं है।
(*d*) दोनों (A) और (R) सत्य हैं और (R) (A) की सही व्याख्या है।

237. नीचे दो कथन दिए हैं एक अभिकथन (A) और दूसरा तर्क (R) कहा गया है :

अभिकथन (A): स्थायीत्व का स्तर आधार क्षेत्र पर निर्भर करता है।

तर्क (R): गुरुत्वाकर्षण के घटते हुए केन्द्र से स्थायीत्व का स्तर बढ़ जाता है।

उपर्युक्त दो कथनों के सन्दर्भ में निम्नलिखित में से कौन-सा कथन सत्य है?

(*a*) दोनों (A) और (R) सत्य हैं लेकिन (R), (A) की सही व्याख्या नहीं है।
(*b*) दोनों (A) और (R) सत्य हैं और (R), (A) की सही व्याख्या है।
(*c*) (A) सत्य है, लेकिन (R) असत्य है।
(*d*) (A) असत्य है, लेकिन (R) सत्य है।

238. नीचे दो वक्तव्य दिए गए हैं। एक को अभिकथन (A) और दूसरा तर्क (R) कहा गया है :

अभिकथन (A): जिस अनुपात में शरीर का भार बढ़ता है उसी अनुपात में शक्ति क्रम होती है।

तर्क (R): सापेक्ष शक्ति खिलाड़ी की विस्फोटक शक्ति तथा उसके शरीर भार का अनुपात दर्शाता है।

इन दो वक्तव्यों के प्रसंग में, निम्नलिखित में से कौन सा सही है?

(*a*) (A) तथा (R) दोनों सही हैं तथा (R), (A) की सही व्याख्या है।
(*b*) (A) तथा (R) दोनों सही हैं परन्तु (R), (A) की सही व्याख्या नहीं है।
(*c*) (A) गलत है, परंतु (R) सही है।
(*d*) (A) सही है, परंतु (R) गलत है।

239. नीचे दो कथन दिए हैं एक अभिकथन (A) और दूसरा तर्क (R) कहा गया है :

अभिकथन (A): जैसे ही खिलाड़ी अपना प्रशिक्षण लेना बन्द कर देता है उसकी मांसपेशियों की सामर्थ्य और शक्ति दोनों ही कम हो जाती हैं।

तर्क (R): जब वे निष्क्रिय होते हैं तब अस्थि मांसपेशियों के आकार काफी घट जाते हैं जिसे अपक्षय कहते हैं।

उपर्युक्त कथनों के सन्दर्भ में निम्नलिखित में से कौन-सा सही है?

(*a*) (A) और (R) दोनों सही हैं, और (R), (A) की सही व्याख्या है।
(*b*) (A) और (R) दोनों सही हैं, किन्तु (R), (A) की सही व्याख्या नहीं है।

(*c*) (A) गलत है, किन्तु (R) सही है।
(*d*) (A) सही है, किन्तु (R) गलत है।

240. नीचे दो कथन दिए जा रहे हैं, जिनमें से प्रथम को अभिकथन (A) और दूसरे को तर्क (R) कहा गया है :

अभिकथन (A): एक हृदय चक्र में डाइस्टोलिक फेस सिस्टोलिक फेस के बड़ा होता है।

तर्क (R): एक व्यक्ति जिसकी हृदय गति 74 धड़कन प्रति मिनट है, उसके डाइस्टोलिक फेस का समय .44 से. और सिस्टोलिक फेस का समय .37 से. होगा।

निम्न कथनों में से कौन-सा कथन सही है?
(*a*) दोनों (A) और (R) असत्य हैं और (R), (A) की सही व्याख्या है।
(*b*) (A) सत्य है, लेकिन (R) असत्य है।
(*c*) दोनों (A) और (R) असत्य हैं।
(*d*) (A) सत्य है, परन्तु (R), (A) की सही व्याख्या नहीं है।

241. नीचे दो कथन दिए जा रहे हैं, जिनमें से प्रथम को अभिकथन (A) और दूसरे को तर्क (R) कहा गया है :

अभिकथन (A): ऑक्सीजन का श्वसन झिल्ली के पार दबाब अनुपात 100 से 105 mmHg के बीच होता है।

तर्क (R): श्वसन झिल्ली के पार जितना दबाव अनुपात ज्यादा होता है उतना ही ज्यादा जल्दी ऑक्सीजन उसके पार जाती है।

निम्न कथनों में से कौन-सा कथन सही है?
(*a*) दोनों (A) और (R) सत्य हैं।
(*b*) (A) सत्य है, परन्तु (R) असत्य है।
(*c*) (A) असत्य है, परन्तु (R) सत्य है।
(*d*) (A) सत्य है, परन्तु (R), (A) की सही व्याख्या नहीं है।

242. नीचे दो कथन दिए गए हैं, जिनमें से प्रथम को अभिकथन (A) और दूसरे को तर्क (R) कहा गया है :

अभिकथन (A): मानकीकृत परीक्षण वैज्ञानिक रूप से निर्मित परीक्षण है जिसकी सार्वभौमिक प्रयोज्यता होती है।

तर्क (R): मानकीकृत परीक्षण की वैज्ञानिक प्रामाणिकता को भलीभांति स्थापित किया जाना है।

निम्न कथनों में से कौन-सा कथन सही है?
(*a*) (A) और (R) दोनों सत्य हैं और (R), (A) की सही व्याख्या है।
(*b*) (A) सत्य है, और (R), (A) की सही व्याख्या नहीं है।
(*c*) (A) सत्य है, लेकिन (R) सत्य नहीं है।
(*d*) (A) सत्य नहीं है, किन्तु (R) सत्य है।

243. नीचे दो कथन दिए गए हैं, एक को अभिकथन (A) और दूसरे को तर्क (R) कहा गया है :

अभिकथन (A): परीक्षण और मापन निर्धारित उद्देश्यों की प्राप्ति में सहायक साधन हैं।

तर्क (R): परीक्षण और मापन अपने आप में अन्त नहीं है।

निम्न कथनों में से कौन-सा कथन सही है?
(*a*) (A) और (R) दोनों सही हैं और (R), (A) की सही व्याख्या है।
(*b*) (A) और (R) दोनों सही नहीं हैं।
(*c*) (A) सही है, किन्तु (R), (A) की सही व्याख्या नहीं है।
(*d*) (A) सही है, परन्तु (R) गलत है।

244. नीचे दो कथन दिए गए हैं, एक को अभिकथन (A) और दूसरे को तर्क (R) कहा गया है :

अभिकथन (A): बढ़े हुए भाव प्रबोधन से खिलाड़ी के ध्यान में कमी आती है।

तर्क (R): खिलाड़ी जो उस खेल में भाग लेते हैं जहाँ बड़े पैमाने पर अवधान जागरूकता अपेक्षित होती है वहाँ सर्वश्रेष्ठ प्रदर्शन के लिए निम्न भाव प्रबोधन स्तर आवश्यक है।

उपर्युक्त दो कथनों के सन्दर्भ में निम्न में से कौन सा सही है?
(*a*) (A) और (R) दोनों सही हैं और (R), (A) की सही व्याख्या है।
(*b*) (A) और (R) दोनों सही हैं, लेकिन (R), (A) सही व्याख्या नहीं है।
(*c*) (A) सही है, किन्तु (R) गलत है।
(*d*) (A) गलत है, किन्तु (R) सही है।

245. नीचे दो कथन दिए गए हैं, एक को अभिकथन (A) और दूसरे को तर्क (R) कहा गया है :

अभिकथन (A): चयनित अवधान कौशल है जिसे सीखा जा सकता है।

तर्क (R): निःसन्देह कुछ खिलाड़ी चयनित अवधान की दृष्टि से अन्य की अपेक्षा अधिक बेहतर होते हैं। इसमें कोई सन्देह नहीं कि इस कौशल को अर्जित किया जा सकता है।

निम्न कथनों में से कौन-सा कथन सही है?

(*a*) (A) और (R) दोनों सही हैं और (R), (A) की सही व्याख्या है।

(*b*) (A) और (R) दोनों सही हैं, लेकिन (R), (A) की सही व्याख्या नहीं है।

(*c*) (R) सही है, लेकिन (A) गलत है।

(*d*) (R) गलत है, लेकिन (A) सही है।

निर्देश प्रश्न सं 246 से 250 तक: निम्नलिखित अनुच्छेद को पढ़ें और प्रश्नों के उत्तर दें।

यदि हम कम्पनियों के जीतने और नुकसान होने के बारे में विचार करें तो हम एक कम्पनी से दूसरी कम्पनी में इतना अन्तर देखेंगे जितना एक बाजार से दूसरे बाजार में या एक देश से दूसरे देश में।

देश और उद्योग में कई दुष्कर पर्यावरण होने पर भी कई उत्कृष्ट कम्पनियाँ हैं। अत: एक कम्पनी से दूसरी कम्पनी में विजेता और हारने वालों की व्याख्या करना महत्वपूर्ण है। अपने पर्यावरण के कारण ही कम्पनियाँ जीतती या हारती हैं। वे किसी विशेष श्रमिक बाजार से आती हैं और उन देशों में विशेष प्रतिभाएँ विद्यमान होती हैं।

विश्व के चारों ओर, विभिन्न प्रकार की संस्कृतियाँ, प्रोद्योगिकी और संस्थान विभिन्न प्रकार के तर्क दे रहे हैं। स्थापित फर्मों के उद्यमी यहाँ तक कि प्रवर्त्तक भी इन विभिन्न तर्कों में एक दूसरे को पूरी तरह से बाहर करने के लिए प्रयत्नशील हैं।

यदि हम बड़े संगठनों जैसे कि जी.ई., सिमेन्स या टाटा ग्रुप की ओर ध्यान दें तो उन्होंने माप और कार्यक्षेत्र के माध्यम से जीतने का प्रयास किया है जैसे कि प्रभावशाली कार्य-कुशलता अथवा देश के उन भागों में जहाँ प्रतिभा नहीं है वहाँ प्रतिभाशाली व्यक्तियों को भेजना आदि। यह मानना था कि विश्व के कम विकसित भाग अपेक्षाकृत अधिक विकसित अर्थव्यवस्था तक पहुंचने का प्रयास करेंगे। यह बिल्कुल भी सत्य नहीं है।

एक महत्वपूर्ण प्रश्न यह है जो कि पूछा जाना चाहिए कि क्या हम ''नेतृत्व'' की पहचान कर सकते हैं? इससे अभिप्राय उन लोगों की पहचान करने से कदापि नहीं हैं जो पहले से ही सफल रह चुके हैं। नेता वह नहीं होते जो यह समझते हैं कि वह समाधान जानते हैं बल्कि नेता वह होते हैं जो यह जानते हों कि व्यवस्था कैसे बनायी जाती है और जो समाधान खोज निकालते हैं दुर्भाग्य से हमें जब पहली बार नौकरी मिलती है या हमारी पदोन्नति होती है तो हमें यह पदोन्नति हमारे ज्ञान या हमारी कार्य-योग्यता की वजह से मिलती है लेकिन किसी संगठन की संवृद्धि और सफलता के मार्ग की ओर अग्रसर होने की दृष्टि से यह ज्ञान सीमित है। एच.आर. प्रबन्धकों को अपने कार्यकर्त्ताओं में ऐसे व्यक्तियों को खोजना आवश्यक है जो उनके स्तर के समकक्ष हैं। एक योग्य प्रबन्धक यह समझता है कि उसका कार्य एक ऐसा परिवेश बनाना है जिसमें व्यक्ति समृद्ध हो सके, जोखिम उठा सके, नए कार्य आरम्भ कर सके, विश्वस्त रह सके और सुधार ला सके।

246. विजेता और खोने वालों में सबसे अधिक अन्तर निम्न में से किसमें होता है?

(*a*) बाजार से बाजार (*b*) देश से देश

(*c*) कम्पनी से कम्पनी (*d*) संस्कृति से संस्कृति

247. मानव संसाधन में बड़े नेता कौन नहीं होते?

(*a*) जो समाधान जानते हैं

(*b*) जो समाधान खोजते हैं

(*c*) जो व्यवस्था निर्मित करते हैं

(*d*) स्तरीय होते हैं

248. प्रवर्त्तक किन विभिन्न तर्कों में एक दूसरे को प्रतियोगिता से बाहर कर देते हैं?

(*a*) संस्कृति (*b*) प्रौद्योगिकी

(*c*) संस्थान (*d*) उपर्युक्त सभी

249. बड़े संगठन किस माध्यम से जीतना चाहते हैं?

I. स्तर II. प्रतिभा

III. कार्य-क्षेत्र IV. अर्थव्यवस्था

सही संयोजन बताएँ

(*a*) I और II (*b*) I और III

(*c*) I और IV (*d*) III और IV

250. कम्पनियों के सन्दर्भ में जीतना हारना किस कारण से होता है?

I. प्रतिभ्रा II. प्रौद्योगिकी

III. बाजार IV. पर्यावरण

सही संयोजन बताएँ

(*a*) I और II (*b*) II और III

(*c*) III और IV (*d*) I और IV

251. भारत ने ओलम्पिक खेलों में सर्वप्रथम किस वर्ष भाग लिया?
(*a*) 1896 (*b*) 1900
(*c*) 1904 (*d*) 1924

252. मानव शरीर की अस्थियाँ किस आधार पर वर्गीकृत की जाती हैं?
(*a*) रचना एवं कार्य (*b*) स्थान एवं सम्बद्धता
(*c*) परिमाण एवं आकार (*d*) संधि एवं गतिविधि

253. सही उत्तर बताइये:
(*a*) कार्यमान हेतु घर्षण ऋणात्मक बल है।
(*b*) कार्यमान हेतु घर्षण धनात्मक बल है।
(*c*) कार्यमान हेतु घर्षण ऋणात्मक एवं धनात्मक बल होता है।
(*d*) कार्यमान पर घर्षण का कोई प्रभाव नहीं होता है।

254. अधिगम के अन्तर्दृष्टि सिद्धान्त का प्रतिपादन किसने किया?
(*a*) थार्नडाइक (*b*) पावलोव
(*c*) कोहलर (*d*) कैटल

255. भारतवर्ष में शारीरिक शिक्षा का प्रथम शिक्षक प्रशिक्षण महाविद्यालय कहाँ प्रारम्भ हुआ?
(*a*) लखनऊ (*b*) काँदीवली
(*c*) चेन्नई (*d*) अमरावती

256. क्रीड़ा प्रशिक्षण का ध्येय होता है।
(*a*) शारीरिक समर्थता की उन्नति
(*b*) तकनीकी कौशल की उन्नति
(*c*) रणनीतिक कार्यनिपुणता की उन्नति
(*d*) क्रीडामान की उन्नति

257. शोध का एक आवश्यक साधन है
(*a*) प्रश्नावली (*b*) पुस्तकालय तकनीक
(*c*) परिकल्पना निर्माण (*d*) सर्वेक्षण

258. परीक्षण, मापन एवं मूल्यांकन का परस्पर सम्बन्ध निम्नलिखित ढंग से है:
(*a*) मापन एवं मूल्यांकन परीक्षण का हिस्सा है।
(*b*) मूल्यांकन एवं परीक्षण मापन का हिस्सा है।
(*c*) परीक्षण एवं मापन मूल्यांकन का हिस्सा है।
(*d*) मूल्यांकन परीक्षण एवं मापन दोनों का हिस्सा है।

259. भारतीय विश्वविद्यालय संघ (ए.आई.यू.) का मूलभूत कार्य है
(*a*) विश्वविद्यालयों हेतु खेल उपकरण खरीदना
(*b*) अन्तर्विश्वविद्यालय प्रतियोगिताओं का नियोजन
(*c*) खेल सुविधाओं के विकास हेतु धनराशि प्रदान करना
(*d*) विश्वविद्यालयों में शारीरिक शिक्षा निदेशकों की नियुक्ति करना

260. शारीरिक शिक्षा के सामाजिक आधार की विवेचना करता है
I. शारीरिक गठन II. गतीय अधिगम
III. प्रतिस्पर्धा एवं सहयोग IV. समाजीकरण प्रक्रिया
सही संयोजन ज्ञात कीजिए:
(*a*) I और IV (*b*) II और IV
(*c*) I और III (*d*) III और IV

261. छोटी आंत में पचे हुए खाद्य पदार्थ किससे अवशोषित होते हैं?
I. डियोडेनम II. विलस
III. इलियम IV. विली
सही संयोजन ज्ञात कीजिए:
(*a*) I और III (*b*) II और IV
(*c*) IV और III (*d*) II और I

262. कोणीय द्रुतिगति आधारित होती है
I. सीधा घूमने की त्रिज्या पर
II. उल्टा घूमने की त्रिज्या पर
III. प्रत्यक्ष रेखीय द्रुतिगति
IV. अप्रत्यक्ष रेखीय द्रुतिगति
सही संयोजन ज्ञात कीजिए:
(*a*) I और III (*b*) III और II
(*c*) II और IV (*d*) IV और I

263. उत्प्रेरणा में सम्मिलित होता है
I. निर्देशन II. तीव्रता
III. निरन्तरता IV. उपरोक्त सभी
सही संयोजन ज्ञात कीजिए:
(*a*) I और II (*b*) II और III
(*c*) I और III (*d*) केवल IV

264. सूक्ष्म पौष्टिक आहार में होता है
I. कार्बोहाइड्रेट II. खनिज
III. विटामिन्स IV. वसा
सही संयोजन ज्ञात कीजिए:
(*a*) I और II (*b*) II और III
(*c*) III और IV (*d*) IV और I

265. इन्टरवल प्रशिक्षण भार आधारित होता है

I. भार की मात्रा

II. हृदयगति दर

III. भार की तीव्रता

IV. लैक्टिक एसिड संकेन्द्रण

सही संयोजन ज्ञात कीजिए:

(*a*) I और II (*b*) I और III

(*c*) II और III (*d*) II और-IV

266. शोध समस्या में निम्नलिखित विशेषताएँ अवश्य होनी चाहिए:

I. नवीनता II. मूल्यता

III. सम्भवता IV. सरलता

सही संयोजन ज्ञात कीजिए:

(*a*) I, II, III (*b*) II, III, IV

(*c*) I, III, IV (*d*) I, II, IV

267. एक आदर्श परीक्षण का मापदंड होता है

I. विश्वसनीयता II. जटिलता

III. विविधता IV. मानदण्ड

सही संयोजन ज्ञात कीजिए:

(*a*) I और II (*b*) II और III

(*c*) III और IV (*d*) IV और I

268. अन्तः प्रतिष्ठानित प्रतिस्पर्धा का मुख्य ध्येय होता है:

I. विद्यार्थियों को जनसहभागिता का अवसर प्रदान करना

II. अन्तर्विद्यालयी स्पर्धा में भाग लेना

III. अन्तःविद्यालयी स्पर्धा का अनुभव प्रदान करना

IV. उच्चस्तरीय प्रतियोगिता हेतु खेल प्रदर्शन बढ़ाना

सही संयोजन ज्ञात कीजिए:

(*a*) I और II (*b*) III और IV

(*c*) I और III (*d*) II और IV

269. नीचे दो कथन दिए गए हैं एक को अभिकथन (A) और दूसरे को तर्क (R) कहा गया है:

अभिकथन (A): प्रकृतिवाद के अनुसार शारीरिक शिक्षा का ध्येय आत्म अभिव्यक्ति होता है।

तर्क (R): प्रकृतिवाद प्रकृति के अतिरिक्त अन्य किसी पर विश्वास नहीं करता है।

उपरोक्त दोनों कथनों को ध्यान में रखते हुए सही उत्तर का चयन कीजिए:

कूट:

(*a*) (A) और (R) दोनों सही हैं और (A) का (R) सही स्पष्टीकरण है।

(*b*) (A) और (R) दोनों सही हैं, परन्तु (A) का (R) सही स्पष्टीकरण नहीं है।

(*c*) (A) सही है परन्तु (R) गलत है।

(*d*) (A) गलत है परन्तु (R) सही है।

270. अभिकथन (A): आन्तरिक श्वसन का अर्थ है कोशिका में बाह्य द्रव्य के माध्यम से गैसेज़ का विनिमय होना।

तर्क (R): फेफड़े का रक्त संचालन का अर्थ है समग्र रक्त संचार।

उपरोक्त कथनों को ध्यान में रखते हुए सही उत्तर का चयन कीजिए:

कूट:

(*a*) दोनों (A) और (R) सही हैं एवं (A) का (R) सही स्पष्टीकरण है।

(*b*) (A) और (R) दोनों सही हैं, परन्तु (A) का (R) सही स्पष्टीकरण नहीं है।

(*c*) (A) सही है, परन्तु (R) गलत है।

(*d*) (A) गलत है, परन्तु (R) सही है।

271. अभिकथन (A): शरीर के गुरुत्व मध्य को नीचे लाने से स्थिरता बढ़ जाती है।

तर्क (R): संतुलन का गुरुत्व मध्य की ऊँचाई से अपरोक्ष सम्बन्ध होता है।

उपरोक्त कथनों को ध्यान में रखते हुए सही उत्तर का चयन कीजिए:

कूट:

(*a*) (A) सही है, परन्तु (R) गलत है।

(*b*) (A) गलत है, परन्तु (R) सही है।

(*c*) दोनों (A) और (R) गलत हैं।

(*d*) दोनों (A) और (R) सही हैं।

272. अभिकथन (A): क्षतिकारक आक्रमकता दूसरों को शारीरिक क्षति पहुँचाने हेतु उकसाती है।

तर्क (R): आक्रमकता का इरादा दूसरे व्यक्ति को मानसिक और / अथवा शारीरिक क्षति पहुँचाना होता है।

उपरोक्त कथनों को ध्यान में रखते हुए सही उत्तर का चयन कीजिए:

कूट:

(*a*) (A) सही है, परन्तु (R) गलत है।

(*b*) (A) और (R) दोनों सही हैं तथा (R), (A) का कारक है।

(*c*) (A) और (R) दोनों सही हैं, परन्तु (A) का (R) सही स्पष्टीकरण नहीं है।

(*d*) (R) सही है और (A) गलत है।

273. अभिकथन (A): भारतवर्ष में आजादी से पूर्व एक भी शारीरिक शिक्षा प्रशिक्षण महाविद्यालय नहीं था।

तर्क (R): वाई.एम.सी.ए. ने 1920 में चेन्नई में शारीरिक शिक्षा प्रशिक्षण विद्यालय प्रारम्भ किया।

उपरोक्त कथनों को ध्यान में रखते हुए सही उत्तर का चयन कीजिए:

कूट:

(*a*) दोनों (A) और (R) सही हैं और (A) का (R) सही स्पष्टीकरण है।

(*b*) दोनों (A) और (R) सही हैं, परन्तु (A) का (R) सही स्पष्टीकरण नहीं है।

(*c*) (A) सही है, परन्तु (R) गलत है।

(*d*) (R) सही है, परन्तु (A) गलत है।

274. अभिकथन (A): चेचक ग्रस्त व्यक्ति को अलग रखना चाहिए।

तर्क (R): अलग रखना संक्रमण की रोकथाम का उपाय है।

उपरोक्त दोनों कथनों को ध्यान में रखते हुए सही उत्तर का चयन कीजिए:

कूट:

(*a*) दोनों (A) और (R) सही हैं और (A) का (R) सही स्पष्टीकरण है।

(*b*) दोनों (A) और (R) सही हैं, परन्तु (A) का (R) सही स्पष्टीकरण नहीं है।

(*c*) (A) सही है, परन्तु (R) गलत है।

(*d*) (A) गलत है, परन्तु (R) सही है।

275. अभिकथन (A): लम्बी दूरी की दौड़ का कौशल बढ़ाने हेतु प्रशिक्षण की लगातार पद्धति प्रभावी होती है।

तर्क (R): लगातार प्रशिक्षण पद्धति मूलभूत सहनशीलता बढ़ाती है।

उपरोक्त कथनों को ध्यान में रखते हुए सही उत्तर का चयन कीजिए:

कूट:

(*a*) दोनों (A) और (R) सही हैं और (A) का (R) सही स्पष्टीकरण है।

(*b*) दोनों (A) और (R) सही हैं, परन्तु (A) का (R) सही स्पष्टीकरण नहीं है।

(*c*) (A) सही है, परन्तु (R) गलत है।

(*d*) (A) गलत है परन्तु (R) सही है।

276. अभिकथन (A): 't' टेस्ट का उपयोग दो माध्य के बीच यथार्थ अन्तर मापन हेतु होता है।

तर्क (R): 't' टेस्ट सिद्धान्त मूलक संख्याशास्त्र का एक तन्त्र है।

उपरोक्त दोनों कथनों को ध्यान में रखते हुए सही उत्तर का चयन कीजिए:

कूट:

(*a*) दोनों (A) और (R) सही हैं, परन्तु (A) का (R) सही स्पष्टीकरण नहीं है।

(*b*) दोनों (A) और (R) गलत हैं।

(*c*) दोनों (A) और (R) सही हैं और (A) का (R) सही स्पष्टीकरण है।

(*d*) (A) सही है और (R) गलत है।

277. अभिकथन (A): चर्बीहीन शारीरिक गठन का अर्थ है बिना शारीरिक वसा के शरीर भार की मात्रा।

तर्क (R): शारीरिक बनावट में वे सभी घटक सम्मिलित हैं जिनसे मानव शरीर की रचना होती है।

उपरोक्त दोनों कथनों को ध्यान में रखते हुए सही उत्तर का चयन कीजिए:

कूट:

(*a*) दोनों (A) और (R) सही हैं, परन्तु (A) का (R) सही स्पष्टीकरण नहीं है।

(*b*) दोनों (A) और (R) सही हैं, और (A) का (R) सही स्पष्टीकरण है।

(*c*) (A) सही है, परन्तु (R) गलत है।

(*d*) (A) गलत है, परन्तु (R) सही है।

278. अभिकथन (A): प्रबन्धन में नियोजन, प्रशासन तथा पर्यवेक्षण के कार्य सम्मिलित हैं।

तर्क (R): अच्छी शुरुआत यानी आधा काम समाप्त।

उपरोक्त दोनों कथनों को ध्यान में रखते हुए सही उत्तर का चयन कीजिए:

कूट:

(*a*) दोनों (A) और (R) सही हैं, और (A) का (R) सही स्पष्टीकरण है।

(*b*) दोनों (A) और (R) सही हैं, परन्तु (A) का (R) सही स्पष्टीकरण नहीं है।

(*c*) (A) सही है, परन्तु (R) गलत है।

(*d*) (A) गलत है, परन्तु (R) सही है।

279. निम्नलिखित घटनाओं को कालक्रमबद्धता पूर्वक व्यवस्थित कीजिए:

I. एल.सी.पी.ई. की स्थापना

II. वाई.एम.सी.ए. शारीरिक शिक्षा महाविद्यालय, चेन्नई की शुरुआत

III. विश्वविद्यालयों में शारीरिक शिक्षा के शैक्षणिक विभागों की शुरुआत

IV. शारीरिक शिक्षा में एम.फिल. कोर्स की शुरुआत

कूट:

(*a*) I, II, IV, III (*b*) III, IV, I, II

(*c*) II, I, III, IV (*d*) IV, III, II, I

280. निम्नलिखित शारीरिक अवयवों को अवरोही क्रम में व्यवस्थित कीजिए:

I. कोशिका II. ऊतक

III. अंग IV. संस्थान

कूट:

(*a*) I, II, III, IV (*b*) IV, III, II, I

(*c*) III, IV, I, II (*d*) II, I, IV, III

281. कूदते समय सम्पूर्ण टेक-ऑफ के निम्नलिखित चरण होते हैं:

I. धक्का सहन II. सक्रिय खिंचाव

III. टेक ऑफ IV. भूमि स्पर्श

कूट:

(*a*) I, II, III, IV (*b*) IV, I, II, III

(*c*) III, IV, I, II (*d*) II, III, IV, I

282. कौशल अधिगमन हेतु निम्नलिखित को सही क्रम में व्यवस्थित कीजिए:

I. सम्बद्ध अवस्था II. प्रस्तुतिकरण अवस्था

III. स्वचलन अवस्था IV. संज्ञानात्मक अवस्था

कूट:

(*a*) I, III, IV, II (*b*) II, IV, I, III

(*c*) III, I, II, IV (*d*) IV, II, III, I

283. स्प्रेन की प्राथमिक चिकित्सा व्यवस्था में निम्नलिखित क्रम अपनाया जाता है:

I. बाँधना II. बर्फ लगाना

III. आराम देना IV. ऊपर उठाना

कूट:

(*a*) II, III, IV, I (*b*) III, II, I, IV

(*c*) I, III, II, IV (*d*) IV, I, II, III

284. निम्नलिखित को सही क्रम में व्यवस्थित करें:

I. प्रारम्भिक चरण II. सांक्रान्तिक चरण

III. स्पर्धा चरण IV. स्पर्धापूर्व चरण

कूट:

(*a*) I, II, III, IV (*b*) I, III, IV, II

(*c*) I, IV, III, II (*d*) II, I, IV, III

285. शोध कार्य में परिणाम पाने हेतु निम्नलिखित को क्रमबद्ध कीजिए:

I. आँकड़ों का विश्लेषण

II. निष्कर्ष निकालना

III. परिकल्पना का परीक्षण

IV. आँकड़े एकत्र करना

कूट:

(*a*) II, III, I, IV (*b*) I, IV, III, II

(*c*) IV, I, II, III (*d*) III, II, IV, I

286. निम्नलिखित मूल्यांकन परीक्षणों को कालबद्ध क्रम में व्यवस्थित कीजिए:

I. शारीरिक सामर्थ्य

II. गतीय सामर्थ्य

III. स्वास्थ्य सम्बन्धी सामर्थ्य

IV. गतीय शिक्षणीय सामर्थ्य

कूट:

(*a*) I, III, IV, II (*b*) II, IV, III, I

(*c*) III, I, II, IV (*d*) I, II, III, IV

287. एक खेल कार्यक्रम के व्यवस्थापन चरणों का सही क्रम बताइए:

I. बजट निर्माण

II. निर्देशन

III. नियोजन
IV. कर्मचारियों की नियुक्ति

कूट:
(a) II, III, I, IV (b) III, I, IV, II
(c) I, II, III, IV (d) IV, I, II, III

288. सूची-I को सूची-II से नीचे दिए गए कूट की सहायता से सुमेलित कीजिए:

सूची-I	सूची-II
I. शैक्षणिक जिमनास्टिक्स	1. प्राचीन ओलम्पिक
II. टरनर अभियान	2. रोम
III. ग्लैडिटोरियल कम्बैट	3. जर्मनी
IV. स्टेड रेस	4. स्वीडन

कूट:

	I	II	III	IV
(a)	4	3	2	1
(b)	3	4	1	2
(c)	1	2	4	3
(d)	2	1	3	4

289. सूची-I को सूची-II से नीचे दिए गए कूट की सहायता से सुमेलित कीजिए:

सूची-I	सूची-II
I. आओरटा	1. हृदय में फेफड़ों से शुद्ध रक्त लाती है।
II. पल्मोनरी वेन	2. हृदय की माँसपेशियों को शुद्ध रक्त पहुँचाती है।
III. वेना-कावा	3. ऑक्सीजन रहित रक्त फेफड़ों में ले जाती है।
IV. कोरोनरी आरटरी	4. हृदय से दूर जाने वाली प्रथम धमनी
	5. ऑक्सीजन रहित रक्त हृदय की ओर लाती है।

कूट:

	I	II	III	IV
(a)	1	2	3	4
(b)	3	4	2	5
(c)	4	1	5	2
(d)	4	5	1	3

290. सूची-I को सूची-II से नीचे दिए गए कूट की सहायता से सुमेलित कीजिए:

सूची-I	सूची-II
I. गुरुत्व बल	1. स्थायित्व
II. घर्षण बल	2. प्रतिक्षिप्तता
III. उद्धरण बल	3. निर्बाध गिरना
IV. लचक बल	4. तैरना

कूट:

	I	II	III	IV
(a)	3	1	4	2
(b)	1	4	2	3
(c)	2	3	1	4
(d)	4	2	3	1

291. सूची-I को सूची-II से नीचे दिए गए कूट की सहायता से सुमेलित कीजिए:

सूची-I	सूची-II
I. प्रेरणा सिद्धान्त	1. मनोविश्लेषण सिद्धान्त
II. खेल सिद्धान्त	2. आरोपण सिद्धान्त
III. अधिगम सिद्धान्त	3. सामाजिक अधिगम सिद्धान्त
IV. व्यक्तित्व सिद्धान्त	4. सक्रिय सिद्धान्त

कूट:

	I	II	III	IV
(a)	4	3	2	1
(b)	1	4	3	2
(c)	3	2	1	4
(d)	2	1	4	3

292. सूची-I को सूची-II से नीचे दिए गए कूट की सहायता से सुमेलित कीजिए:

सूची-I	सूची-II
I. बी.एम.आई.	1. वसाहीनता
II. शारीरिक संरचना	2. प्रदर्शन सम्बन्धी समर्थता
III. विस्फोटक बल	3. स्वास्थ्य सम्बन्धी समर्थता
IV. पोन्डोरल इंडेक्स	4. स्थूलता

कूट:

	I	II	III	IV
(a)	1	4	3	2
(b)	4	3	2	1
(c)	3	2	1	4
(d)	2	1	4	3

293. सूची-I को सूची-II से नीचे दिए गए कूट की सहायता से सुमेलित कीजिए:

सूची-I	सूची-II
I. पेनाल्टी कॉर्नर	1. वालीबॉल
II. पेनाल्टी स्पॉट	2. ट्रैक एन्ड फील्ड
III. लिबेरो	3. हॉकी
IV. स्टॉप बोर्ड	4. फुटबॉल

कूट:

	I	II	III	IV
(*a*)	2	3	4	1
(*b*)	1	2	3	4
(*c*)	4	1	3	2
(*d*)	3	4	1	2

294. सूची-I को सूची-II से नीचे दिए गए कूट की सहायता से सुमेलित कीजिए:

सूची-I	सूची-II
I. एफ टेस्ट	1. को-एफिशिएन्ट ऑफ कोरिलेशन
II. केन्द्रीय प्रवृत्ति का मापन	2. मानक विचलन
III. सहसम्बन्ध परीक्षण	3. अनोवा
IV. परस्पर विभिन्नता का मापन	4. माध्यिका

कूट:

	I	II	III	IV
(*a*)	1	3	2	4
(*b*)	3	4	1	2
(*c*)	4	2	3	1
(*d*)	2	1	4	3

295. सूची-I को सूची-II से नीचे दिए गए कूट की सहायता से सुमेलित कीजिए:

सूची-I	सूची-II
I. मिलर वॉली टेस्ट	1. टीम कोहेज़न
II. पे.स.र.	2. बैडमिन्टन
III. स्केट	3. कार्डियो रेस्परेटरी सहनशीलता
IV. ग्रुप एनवायरमेन्ट प्रश्नावली	4. उद्वेग

कूट:

	I	II	III	IV
(*a*)	2	3	4	1
(*b*)	3	4	1	2
(*c*)	4	1	2	3
(*d*)	1	2	3	4

296. सूची-I को सूची-II से नीचे दिए गए कूट की सहायता से सुमेलित कीजिए:

सूची-I	सूची-II
I. तीन सेकेन्ड नियम	1. फुटबॉल
II. थ्रो-इन	2. हॉकी
III. स्ट्रेट पुश	3. बास्केटबॉल
IV. सर्विस	4. बैडमिन्टन
	5. बेसबॉल

कूट:

	I	II	III	IV
(*a*)	1	2	3	5
(*b*)	2	1	4	3
(*c*)	3	1	2	4
(*d*)	1	2	5	4

निर्देश प्रश्न सं 297 से 300 तक: निम्नलिखित अनुच्छेद को पढ़िये और दिए गए प्रश्नों के उत्तर दीजिए:

शिक्षकों तथा प्रशिक्षकों में संताप (बर्न आउट) का प्रचलन लगातार बढ़ता जा रहा है। संताप को शारीरिक, आवेगात्मक तथा अभिवृत्तिपरक नि:शेषता के रूप में परिभाषित किया जा सकता है। शिक्षकों के संतापग्रस्त होने के अनेक कारण हैं। प्रशासनिक समर्थन का अभाव, पाठ्यचर्या-निर्माण की प्रक्रिया में भाग लेने के अवसर का अभाव, जन-आलोचना तथा समुदाय द्वारा समर्थन का अभाव संताप में योगदान करने वाले कारक हैं। अपर्याप्त वेतन, अनुशासन संबंधी समस्याएँ, निरंतर बढ़ते हुए कार्य को पूरा करने के लिए अत्यंत कम समय, कक्षाओं में शिक्षार्थियों की बड़ी संख्या तथा शिक्षण कार्य का भारी बोझ इस समस्या की उत्पत्ति में योगदान करते हैं। चुनौतियों का अभाव, अपर्याप्त निरीक्षणात्मक प्रतिपुष्टि तथा व्यक्तिगत एवं व्यवसायिक विकास के अवसरों की कमी संताप उत्पन्न करते हैं।

अंतहीन प्रतीत होने वाली प्रतिस्पर्धात्मक परीक्षाओं की अवधि, प्रशासनिक तथा सामुदायिक दबाव तथा समय का दबाव प्रशिक्षण के क्षेत्र में संताप उत्पन्न करते हैं। शिक्षक-प्रशिक्षक की भूमिका के बीच संघर्ष भी संताप को जन्म देता है। शिक्षक होने तथा प्रशिक्षक होने की अपेक्षाओं के बीच मौजूद विषमता के कारण भूमिका यह संघर्ष घटित होता है। यह अनेक समकालिक, किंचित् वैविध्यपूर्ण, अपेक्षाओं में परिणत होता है।

जो शिक्षक-प्रशिक्षक इन अपेक्षाओं को पूरा करने में अक्षम होता है वह संघर्ष की भूमिका का अनुभव करता है।

व्यक्तिगत समस्याओं तथा व्यावसायिक समस्याओं की पारस्परिक क्रिया, शिक्षण तथा प्रशिक्षण दोनों क्षेत्रों में संताप को तीव्र बनाती है। अपने परिवार के अंदर संघर्ष, धन की कमी, या संभवत: संबंधियों के साथ समस्या जैसी व्यक्तिगत समस्याएँ व्यक्ति के लिए अतिरिक्त तनाव का कारण बन सकती हैं। व्यावसायिक समस्याओं के साथ जुड़ कर ये तनाव संताप के आक्रमण को विकट बना देते हैं।

संताप के नतीजे अनेक होते हैं तथा बहुधा अति प्रचण्ड होते हैं और शिक्षकों तथा विद्यार्थियों दोनों को प्रभावित करते हैं। संताप का सर्वाधिक संकटपूर्ण प्रभाव शिक्षण कार्य पर पड़ता है। संतापग्रस्त शिक्षक शिक्षणपरक अपेक्षाओं का सामना हाशिये पर रहकर करते हैं।

297. शिक्षक-संताप का निम्नलिखित में से कौन-सा प्रचलित कारण है?
(*a*) वित्तीय समर्थन का अभाव
(*b*) प्रशासनिक समर्थन का अभाव
(*c*) राजनीतिक समर्थन का अभाव
(*d*) पारिवारिक समर्थन का अभाव

298. प्रशिक्षक संताप का निम्नलिखित में से कौन-सा सर्वाधिक महत्त्वपूर्ण कारण है?
(*a*) प्रशासनिक तथा सामुदायिक दबाव
(*b*) अभिभावकों के दबाव
(*c*) प्रतिभागियों के दबाव
(*d*) उच्चाधिकारियों का दबाव

299. शिक्षक-प्रशिक्षक की भूमिका के संघर्ष में कौन-सा कारक संताप उत्पन्न करता है?
(*a*) प्रतिभागियों की अपेक्षाएँ
(*b*) विद्यार्थियों की अपेक्षाएँ
(*c*) अभिभावकों की अपेक्षाएँ
(*d*) एक शिक्षक तथा प्रशिक्षक होने से अपेक्षाएँ

300. शिक्षण तथा प्रशिक्षण दोनों क्षेत्रों में संताप उत्पन्न करने वाला सर्वाधिक प्रबल कारक कौन सा है?
(*a*) राजनीतिक समस्याएँ (*b*) सामाजिक समस्याएँ
(*c*) व्यक्तिगत समस्याएँ (*d*) प्रशासनिक समस्याएँ

301. सही विकल्प चुनिए:
आकुंच तथा विस्तार किसके इर्द-गिर्द होते हैं?
(*a*) मध्य-पार्श्विक अक्ष (*b*) सम्मुख पक्ष अक्ष
(*c*) ऊर्ध्व अक्ष (*d*) सैजिटल अक्ष

302. सही विकल्प चुनिए:
अपाकुंचन (प्रोट्रैक्शन) और आकुंचन (रिट्रैक्शन) कहाँ होते हैं?
(*a*) नितम्ब के जोड़ में (*b*) कँधे के जोड़ में
(*c*) कुहनी के जोड़ में (*d*) घुटने के जोड़ में

303. सही विकल्प चुनिए:
शारीरिक शिक्षा का केंद्रीय विषय क्या है?
(*a*) गति
(*b*) शारीरिक क्षमता (स्वस्थता)
(*c*) मानव
(*d*) गतिशील मानव

304. सर्वाधिक उपयुक्त विकल्प चुनिए:
(*a*) सोकर एक गेम है।
(*b*) सोकर एक गेम भी है और स्पोर्ट भी।
(*c*) सोकर एक स्पोर्ट है।
(*d*) सोकर एक प्ले है।

305. सही विकल्प चुनिए:
कठिन व्यायाम के दौरान थकावट उत्पन्न होने का कारण है:
(*a*) O_2 डेब्ट
(*b*) O_2 की क्षीणता
(*c*) लैक्टिक एसिड का निर्माण
(*d*) CO_2 स्तर का बढ़ना

306. निम्नलिखित में से कौन-सा जलचिकित्सा का हिस्सा नहीं है?
(*a*) वैक्स बाथ (*b*) क्रायो चिकित्सा
(*c*) व्हर्लपूल बाथ (*d*) कंट्रास्ट बाथ

307. सही विकल्प चुनिए:
समूह संसक्ति का निर्धारण किसके द्वारा किया जाता है?
(*a*) प्रशिक्षण तथा प्रतियोगिता के दौरान प्रेक्षण
(*b*) प्रदर्शन जाँच
(*c*) सोसियोग्राम
(*d*) ज्ञान आधारित जाँच

308. सही विकल्प चुनिए:
व्यक्तित्व का मनोवैज्ञानिक सारभाग व्यक्तित्व का सर्वाधिक बुनियादी स्तर है, यह है:

(a) पर्यावरण से समायोजन
(b) आंतरिक तथा स्थिर
(c) भूमिका से संबंधित व्यवहार
(d) बाह्य तथा गत्यात्मक

309. सही विकल्प चुनिए:
नेशनल फिटनेस कॉर्प्स कब आरम्भ किया गया था?
(a) 1965 (b) 1966
(c) 1967 (d) 1968

310. निम्नलिखित में से किस स्थान पर भारतीय खेल प्राधिकरण का केन्द्र नहीं है?
(a) कोलकाता (b) बंगलोर
(c) पटियाला (d) चण्डीगढ़

311. निम्नलिखित में से किसका संबंध विद्यालय स्वास्थ्य कार्यक्रम से नहीं है?
(a) स्वास्थ्य के रिकार्ड्स रखना
(b) स्वास्थ्य शिक्षा
(c) रोगों का नियंत्रण
(d) स्वास्थ्य निरीक्षण

312. निम्नलिखित में से किस वर्ष ओलंपिक गेम्स में ठोस स्वर्ण मेडल दिए गए थे?
(a) 1904 (b) 1908
(c) 1912 (d) 1920

313. सूर्य का प्रकाश किसका स्रोत है?
(a) विटामिन A (b) विटामिन B
(c) विटामिन C (d) विटामिन D

314. दार्शनिक शोध को यह भी कहा जाता है:
(a) तर्कमूलक शोध (b) प्रात्यक्षिक शोध
(c) संकल्पनात्मक शोध (d) व्यवहारपरक शोध

315. सैंपल छोटा होगा या बड़ा, यह किस पर निर्भर करता है?
(a) भौगोलिक क्षेत्र
(b) जनांकिकीय उच्चावचन
(c) जनसंख्या के अभिलक्षण और विशेषक
(d) एक समयावधि में जन्म तथा मृत्यु का संतुलन

316. जब 'जेड' मान 2.58 के बराबर या इससे अधिक हो तो यह निश्चित निष्कर्ष निकाला जा सकता है कि माध्यों (मीन्स) के बीच .... स्तर पर सार्थक अंतर है:
(a) 0.02 स्तर (b) 0.01 स्तर
(c) 0.001 स्तर (d) 0.05 स्तर

317. क्रौस-वेबर टेस्ट से क्या मापा जाता है?
(a) न्यूनतम मांसपेशीय शक्ति
(b) संपूर्ण मांसपेशीय शक्ति
(c) अधिकतम मांसपेशीय शक्ति
(d) सापेक्षिक मांसपेशीयं शक्ति

318. चयापचयी अनुकूलन है:
(a) बढ़े हुए कार्यभार के साथ चयापचय दर का समायोजन
(b) चयापचय दर का निलंबन
(c) चयापचयी आवेग
(d) चयापचयी दर का अनुकूलन

319. निम्नलिखित में से कौन ओलम्पिक गेम्स का शीर्ष निकाय है?
(a) ओ सी ए (b) आई ओ सी
(c) आई सी सी (d) एफ आई एफ ए

320. खेल प्रबंधन में प्रथम चरण क्या होता है?
(a) बजट निर्माण (b) समन्वयन
(c) नियोजन (d) निदेशन

321. टीम प्रतियोगिता योजना के ब्लू-प्रिन्ट को क्या कहते हैं?
(a) युक्ति (b) कौशल
(c) तकनीक (d) रणनीति

322. काइनेमेटिक पैरामीटर्स में कौन से शामिल हैं?
I. इनर्शिया II. वेलोसिटी
III. डिस्टेंस IV. एक्सेलेरेशन
सही संयोजन चुनिए:
(a) I, II, III (b) I, III, IV
(c) I, II, IV (d) II, III, IV

323. प्रदर्शन से संबद्ध फिटनेस में कौन से शामिल हैं?
I. पाँव की विस्फोटक शक्ति
II. हृदवाहिका सहनशक्ति
III. प्रतिक्रिया करने की योग्यता
IV. लोच
सही संयोजन चुनिए:
(a) I, II (b) II, III
(c) I, III (d) II, IV

324. एक प्रथम श्रेणी का उत्तोलक किन रूपों में यांत्रिक लाभ उपलब्ध कराता है?
I. गति II. शक्ति
III. संतुलन IV. तालमेल

सही संयोजन चुनिए:

(a) I, II, III (b) II, III, IV
(c) III, IV, I (d) IV, I, II

325. जीवन के जैविक आधार में शामिल हैं:

I. गामक फिटनेस II. शारीरिक व्यायाम
III. बुद्धि IV. आहार

सही संयोजन चुनिए:

(a) I, II (b) II, III
(c) I, III (d) II, IV

326. समूह संसक्ति का विकास किन पर आधारित होता है?

I. टीम उपादान II. वैयक्तिक उपादान
III. नेतृत्व उपादान IV. पर्यावरणीय उपादान

सही संयोजन चुनिए:

(a) I, III, IV (b) I, II, III
(c) II, III, IV (d) IV, I, II

327. दबाव के व्यक्तिगत स्रोत हैं:

I. घटना का महत्त्व II. आनुवंशिक दुष्चिन्ता
III. स्वाभिमान IV. अनिश्चिय

सही संयोजन चुनिए:

(a) I, II (b) II, III
(c) III, IV (d) IV, I

328. शारीरिक शिक्षा में व्यावसायिक आचारशास्त्र में क्या शामिल हैं?

I. नैतिक मूल्य II. निर्णय
III. शारीरिक फिटनेस IV. निष्ठा

सही संयोजन चुनिए:

(a) I, II (b) II, III
(c) I, IV (d) II, IV

329. वक्र सामान्य होगा यदि

I. $\bar{X} > M < Z$ II. $(Q_3 - M) = (M - Q_1)$
III. यूनी-मोड IV. Q.D. $= 0.6745\ \sigma$

सही संयोजन चुनिए:

(a) I, II, IV (b) I, II, III
(c) I, III, IV (d) II, III, IV

330. मूल्यांकन द्वारा मापे जाते हैं:

I. प्रयासों की कार्यकुशलता
II. टार्गेट-प्राप्ति का स्तर
III. गोल से दूरी
IV. कर्त्ता का स्तर

सही संयोजन चुनिए:

(a) I, II (b) II, III
(c) II, III, IV (d) I, II, III, IV

331. भार का प्रगमन होता है:

I. रेखीय II. चरणबद्ध
III. उद्दीपनबद्ध IV. वृत्तीय (सर्कुलरली)

सही संयोजन पहचानिए:

(a) I, III (b) II, IV
(c) I, II (d) II, III

332. इंट्राम्युरल कार्यक्रम छात्रों में इसकी भावना का निर्माण करता है?

I. बड़े पैमाने पर सहभागिता
II. स्वार्थसेविता
III. वैर
IV. अधिकतम संलिप्तता

सही संयोजन चुनिए:

(a) I, II (b) II, IV
(c) III, IV (d) I, IV

333. नीचे दो वक्तव्य दिए गए हैं एक अभिकथन (A) तथा दूसरे को तर्क (R) कहा गया है।

अभिकथन (A): धावक बाह्य स्रोत से बल प्राप्त किए बिना दौड़ते हैं।

तर्क (R): बल, गति का निमित्त कारण है।

उपर्युक्त दो वक्तव्यों के सन्दर्भ में निम्नलिखित में से कौन-सा सही उत्तर है?

कूट:

(a) (A) सही है परन्तु (R) गलत है।
(b) (A) और (R) दोनों सही हैं।
(c) (A) गलत है परन्तु (R) सही है।
(d) (A) और (R) दोनों गलत हैं।

334. नीचे दो वक्तव्य दिए गए हैं एक को अभिकथन (A) तथा दूसरे को तर्क (R) कहा गया है।

अभिकथन (A): शारीरिक शिक्षा मानसिक विकास पर भी ज़ोर देती है।

तर्क (R): प्रकृतवाद प्रकृति को एकमात्र वास्तविकता मानता है।

उपर्युक्त दो वक्तव्यों के सन्दर्भ में निम्नलिखित में से कौन-सा सही उत्तर है?

कूट:

(*a*) (A) सही है परन्तु (R) गलत है।
(*b*) (A) और (R) दोनों सही हैं।
(*c*) (A) गलत है परन्तु (R) सही है।
(*d*) इनमें से कोई नहीं

335. नीचे दो वक्तव्य दिए गए हैं एक अभिकथन (A) तथा दूसरे को तर्क (R) कहा गया है।

अभिकथन (A): मुख द्वारा सेवित इंसुलिन अप्रभावी रहता है।

तर्क (R): इंसुलिन एलिमेंटरी कैनाल में ही नष्ट हो जाता है तथा इसके अणु का आकार आंत्र की अवशोषण करने की क्षमता से बड़ा होता है।

उपर्युक्त दो वक्तव्यों के सन्दर्भ में निम्नलिखित में से कौन-सा सही उत्तर है?

कूट:

(*a*) (A) सही है परन्तु (R) गलत है।
(*b*) (A) गलत है परन्तु (R) सही है।
(*c*) (A) और (R) दोनों सही हैं।
(*d*) (A) और (R) दोनों गलत हैं।

336. नीचे दो वक्तव्य दिए गए हैं एक अभिकथन (A) तथा दूसरे को तर्क (R) कहा गया है।

अभिकथन (A): मांसपेशीय द्वारा उत्पन्न की गई गति की शक्ति इस पर निर्भर करती है कि यह संधि से कितने नज़दीक संलग्न है।

तर्क (R): संधि से दूरी पर संलग्न मांसपेशी नजदीक से संलग्न मांसपेशी की अपेक्षा अधिक सशक्त गति उत्पन्न करेगी।

उपर्युक्त दो वक्तव्यों के सन्दर्भ में निम्नलिखित में से कौन-सा सही उत्तर है?

कूट:

(*a*) (A) गलत है परन्तु (R) सही है।
(*b*) (A) सही है परन्तु (R) गलत है।
(*c*) (A) और (R) दोनों गलत हैं।
(*d*) (A) और (R) दोनों सही हैं।

337. नीचे दो वक्तव्य दिए गए हैं एक को अभिकथन (A) तथा दूसरे को तर्क (R) कहा गया है।

अभिकथन (A): नेतृत्व की स्वेच्छाचारी शैली सामान्यत: कार्योन्मुख और कठोर संरचनापूर्ण होती है।

तर्क (R): नेतृत्वशैली खेल में तत्काल ही प्रभावशील निर्णय लेने के लिए उत्तरदायी होती है।

उपर्युक्त दो वक्तव्यों के सन्दर्भ में निम्नलिखित में से कौन-सा सही उत्तर है?

कूट:

(*a*) (A) और (R) दोनों सही हैं तथा (R), (A) की सही व्याख्या है।
(*b*) (A) और (R) दोनों सही हैं तथा (R), (A) की सही व्याख्या नहीं है।
(*c*) (A) सही है, परन्तु (R) गलत है।
(*d*) (A) गलत है, परन्तु (R) सही है।

338. नीचे दो वक्तव्य दिए गए हैं एक को अभिकथन (A) तथा दूसरे को तर्क (R) कहा गया है।

अभिकथन (A): शारीरिक शिक्षा, शिक्षा का अविभाज्य हिस्सा है।

तर्क (R): शिक्षा तथा शारीरिक शिक्षा दोनों का लक्ष्य सम्पूर्ण व्यक्तित्व विकास है।

उपर्युक्त दो वक्तव्यों के सन्दर्भ में निम्नलिखित में से कौन-सा सही उत्तर है?

कूट:

(*a*) (A) सही है परन्तु (R) गलत है।
(*b*) (A) गलत है परंतु (R) सही है।
(*c*) (A) और (R) दोनों गलत हैं।
(*d*) (A) और (R) दोनों सही हैं।

339. नीचे दो वक्तव्य दिए गए हैं एक को अभिकथन (A) तथा दूसरे को तर्क (R) कहा गया है।

अभिकथन (A): स्वास्थ्य एवं सुरक्षा संबंधित कौशलों में विद्यालय में प्राथमिक चिकित्सा (फर्स्ट एड) एवं सुरक्षा शिक्षा के माध्यम से पढ़ाया जा सकता है।

तर्क (R): विद्यालय जाने की उम्र प्राथमिक चिकित्सा एवं सुरक्षा सीखने की सही उम्र है।

उपर्युक्त दो वक्तव्यों के सन्दर्भ में निम्नलिखित में से कौन-सा सही उत्तर है?

कूट:

(*a*) (A) तथा (R) दोनों सही हैं और (R), (A) की सही व्याख्या है।

(*b*) (A) तथा (R) दोनों सही हैं परंतु (R), (A) की सही व्याख्या नहीं है।
(*c*) (A) सही है परन्तु (R) गलत है।
(*d*) (A) गलत है, परंतु (R) सही है।

340. नीचे दो वक्तव्य दिए गए हैं; एक को अभिकथन (A) तथा दूसरे को तर्क (R) कहा गया है।

अभिकथन (A): अस्थि-संधियों के अत्यधिक उपयोग के कारण बास्केटबाल के खिलाड़ियों में अस्थिमृदुता का रोग होता है।

तर्क (R): जोड़ों के अधिक प्रयोग से जोड़ों में साइनोवियल फ्लुइड कम हो जाता है।

उपर्युक्त दो वक्तव्यों के सन्दर्भ में निम्नलिखित में से कौन-सा सही उत्तर है?

कूट:
(*a*) (A) तथा (R) दोनों सही हैं परंतु (R), (A) की सही व्याख्या नहीं है।
(*b*) (A) तथा (R) दोनों सही हैं और (R), (A) की सही व्याख्या है।
(*c*) (A) सही है, परन्तु (R) गलत है।
(*d*) (A) गलत है, परन्तु (R) सही है।

341. नीचे दो वक्तव्य दिए गए हैं एक को अभिकथन (A) तथा दूसरे को तर्क (R) कहा गया है।

अभिकथन (A): निराकरणीय प्राक्कल्पना को, उसके सही होने पर भी, बहिष्कृत कर देना टाइप-I त्रुटि है।

तर्क (R): डेटा के गलत निर्वचन में टाइप-I त्रुटि उत्पन्न होती है।

उपर्युक्त दो वक्तव्यों के सन्दर्भ से निम्नलिखित में से कौन-सा सही उत्तर है?

कूट:
(*a*) (A) सही है, परन्तु (R) गलत है।
(*b*) (A) और (R) दोनों सही हैं।
(*c*) (A) गलत है, परन्तु (R) सही है।
(*d*) (A) और (R) दोनों गलत हैं।

342. नीचे दो वक्तव्य दिए गए हैं; एक को अभिकथन (A) तथा दूसरे को तर्क (R) कहा गया है।

अभिकथन (A): स्फूर्ति, मोटर फिटनेस का अनिवार्य घटक है।

तर्क (R): न्यूरोमस्कुलर तालमेल स्फूर्ति को निर्धारित करता है।

उपर्युक्त दो वक्तव्यों के सन्दर्भ में निम्नलिखित में से कौन-सा सही उत्तर है?

कूट:
(*a*) (A) सही है, परन्तु (R) गलत है।
(*b*) (A) गलत है, परंतु (R) सही है।
(*c*) (A) तथा (R) दोनों सही हैं।
(*d*) (A) तथा (R) दोनों गलत हैं।

343. नीचे दो वक्तव्य दिए गए हैं एक को अभिकथन (A) तथा दूसरे को तर्क (R) कहा गया है।

अभिकथन (A): मांसपेशीय शक्ति, मांसपेशी की संकुचन गति का मापन है।

तर्क (R): मांसपेशी में तंतु प्रकार के अनुपात से मांसपेशीय शक्ति का निर्धारण होता है।

उपर्युक्त दो वक्तव्यों के सन्दर्भ में निम्नलिखित में से कौन-सा सही उत्तर है?

कूट:
(*a*) (A) सही है, परन्तु (R) गलत है।
(*b*) (A) गलत है, परंतु (R) सही हैं।
(*c*) (A) तथा (R) दोनों सही हैं।
(*d*) (A) तथा (R) दोनों गलत हैं।

344. नीचे दो वक्तव्य दिए गए हैं; एक अभिकथन (A) तथा दूसरे को तर्क (R) कहा गया है।

अभिकथन (A): युक्तियाँ (टैक्टिक्स) गति का मितव्ययी उपयोग है।

तर्क (R): इसका संबंध प्रतिद्वंदी को उसके लाइन ऑफ ऐक्शन को नियंत्रित करने से रोकने के लिए अपने लाइन ऑफ ऐक्शन का नियंत्रण करने से है।

उपर्युक्त दो वक्तव्यों के सन्दर्भ में निम्नलिखित में से कौन-सा सही उत्तर है?

कूट:
(*a*) (A) सही है परन्तु (R) गलत है।
(*b*) (A) गलत है, परंतु (R) सही है।
(*c*) (A) तथा (R) दोनों सही हैं।
(*d*) (A) तथा (R) दोनों गलत हैं।

345. नीचे दो वक्तव्य दिए गए हैं एक अभिकथन (A) तथा दूसरे को तर्क (R) कहा गया है।

अभिकथन (A): प्रतिभा-संकेतक आनुवंशिक तथा पर्यावरणजन्य होते हैं।

तर्क (R): वे प्रदर्शन के पूर्वनुमान का आधार हैं।

उपर्युक्त दो वक्तव्यों के सन्दर्भ में निम्नलिखित में से कौन-सा सही उत्तर है?

कूट:

(*a*) (A) तथा (R) दोनों सही हैं।
(*b*) (A) तथा (R) दोनों गलत हैं।
(*c*) (A) सही है और (R) गलत है।
(*d*) (A) गलत है और (R) सही है।

346. नीचे दो वक्तव्य दिए गए हैं एक अभिकथन (A) तथा दूसरे को तर्क (R) कहा गया है।

अभिकथन (A): प्रबंधन प्रत्येक संगठन में गत्यात्मक जीवनदायक तत्त्व है।

तर्क (R): यह सक्रियताकारक बल है, जो लोगों से काम कराता है।

कूट:

(*a*) (A) सही है, परन्तु (R) गलत है।
(*b*) (A) गलत है, परंतु (R) सही है।
(*c*) (A) तथा (R) दोनों गलत हैं।
(*d*) (A) तथा (R) दोनों सही हैं तथा (R), (A) की सही व्याख्या है।

347. एक गेंद को किक मारने की निम्नलिखित यांत्रिक अवस्थाओं को प्रगमन के क्रम में व्यवस्थित कीजिए:

I. किकिंग II. स्टांस
III. बैक लिफ्ट IV. फॉलो थ्रो

कूट:

(*a*) II, III, I, IV (*b*) III, I, IV, II
(*c*) I, IV, II, III (*d*) IV, II, III, I

348. गेम्स तथा स्पोर्ट्स के ऐतिहासिक विकास की प्रक्रिया में हुई निम्नलिखित आयोजनों को उनके प्रथम आयोजन के क्रम में व्यवस्थित कीजिए:

I. ग्लैडिएटोरियल कंबैट
II. ओलंपिक गेम्स
III. एफ आई एफ ए वर्ल्ड चैंपियनशिप
IV. आई पी एल

कूट:

(*a*) I, II, III, IV (*b*) II, I, III, IV
(*c*) III, IV, II, I (*d*) IV, III, I, II

349. मांसपेशीय व्यायाम हेतु ऊर्जा के निम्नलिखित स्रोतों को उनकी उपलब्धता के क्रम में व्यवस्थित कीजिए:

I. ट्राइग्लेसराइड II. ग्लाइकोजेन
III. ए टी पी IV. फॉस्फोक्रिएटाइन

कूट:

(*a*) I, III, IV, II (*b*) II, I, III, IV
(*c*) IV, II, I, III (*d*) III, IV, II, I

350. निम्नलिखित प्रक्रियाओं को, जिनके द्वारा एक समूह एक टीम बनता है, सही क्रम में व्यवस्थित कीजिए:

I. स्टॉर्मिंग II. नॉर्मिंग
III. फॉर्मिंग IV. परफॉर्मिंग

कूट:

(*a*) I, IV, III, II (*b*) III, I, II, IV
(*c*) II, III, IV, I (*d*) IV, II, I, III

351. शारीरिक शिक्षा के निम्नलिखित पाठ्यक्रमों को, भारत में उन्हें प्रारंभ किए जाने के कालक्रम के अनुसार व्यवस्थित कीजिए:

I. पीएच.डी. II. बी.पी.ई.
III. बी.पी.ईडी. IV. एम.फिल

कूट:

(*a*) II, III, I, IV (*b*) I, II, III, IV
(*c*) III, IV, II, I (*d*) II, IV, III, I

352. निम्नलिखित कार्यक्रमों तथा संस्थानों को कालक्रमानुसार व्यवस्थित कीजिए:

I. नेशनल फिटनेस कॉर्प्स
II. नेशनल प्लान ऑफ फिजिकल एजुकेशन एण्ड रिक्रिएशन
III. लक्ष्मीबाई कॉलेज ऑफ फिजिकल एजुकेशन
IV. ऑल इंडिया कौंसिल ऑफ स्पोर्ट्स

कूट:

(*a*) I, II, III, IV (*b*) II, III, I, IV
(*c*) IV, II, III, I (*d*) III, I, II, IV

353. शरीर संघटन को निर्धारित करने के सही क्रम को पहचानिए:

I. शरीर का वजन लेना

II. पानी के अंदर वजन लेना
III. शरीर घनत्व
IV. वसा प्रतिशत
V. त्वचा की मोटाई मापन

कूट:

(*a*) IV, V, III, I, II (*b*) II, III, I, V, IV
(*c*) V, III, II, I, IV (*d*) I, II, III, V, IV

354. नॉक्स बास्केटबाल टेस्ट की गेंदों का सही क्रम क्या होगा?

I. पेनी कप टेस्ट II. वाल बाउंस टेस्ट
III. ड्रिबल शूट टेस्ट IV. स्पीड ड्रिबल टेस्ट

कूट:

(*a*) IV, II, III, I (*b*) II, III, I, IV
(*c*) III, I, IV, II (*d*) I, IV, II, III

355. हेप्टाथोन इवेंट्स को सही क्रम में व्यवस्थित कीजिए:

I. 800 मीटर II. जेव्लिन थ्रो
III. लांग जम्प IV. 200 मीटर
V. शॉट पुट VI. हाई जम्प
VII. 100 मीटर

कूट:

(*a*) II, III, IV, I, V, VI, VII
(*b*) VII, IV, VI, III, II, V, I
(*c*) VII, V, VI, III, IV, II, I
(*d*) VII, VI, V, IV, III, II, I

356. नीचे दिए गए कोड का उपयोग कर ग्रैंड स्लाम टेनिस टूर्नामेंट्स को उनके खेले जाने के क्रम में व्यवस्थित कीजिए:

I. विम्बल्डन II. ऑस्ट्रेलियन ओपन
III. यू.एस. ओपन IV. फ्रेंच ओपन

कूट:

(*a*) I, II, III, IV (*b*) II, IV, I, III
(*c*) IV, III, II, I (*d*) IV, I, II, III

357. सूची-I को सूची-II के साथ सुमेलित कीजिये तथा नीचे दिये गए कूटों का उपयोग कर सही उत्तर चुनिये:

सूची-I	सूची-II
I. वास्तस इंटर्नस	1. घुटना आंकुचन
II. बिसेप्स फेमोरिस	2. नितम्ब विस्तरण
III. मिडल डेल्टाइड	3. घुटना विस्तरण
IV. ग्लूटेयस मैक्सीमस	4. कंधा अपगमन

कूट:

	I	II	III	IV
(*a*)	3	1	4	2
(*b*)	1	4	2	3
(*c*)	4	2	3	1
(*d*)	2	3	1	4

358. सूची-I को सूची-II के साथ सुमेलित कीजिये तथा नीचे दिये गए कूटों से सही विकल्प चुनिये:

सूची-I	सूची-II
I. मूल्यमीमांसा	1. सांस्कृतिक विरासत
II. प्रतिस्पर्धा	2. सामाजिक परस्परक्रिया से जोड़ने वाला कारक
III. खेल	3. दर्शनशास्त्र का अंग
IV. सहयोग	4. सामाजिक परस्परक्रिया से तोड़ने वाला कारक

कूट:

	I	II	III	IV
(*a*)	3	4	1	2
(*b*)	4	3	2	1
(*c*)	1	2	3	4
(*d*)	2	1	4	3

359. सूची-I को सूची-II के साथ सुमेलित कीजिये तथा नीचे दिये गए कूट का उपयोग कर सही विकल्प चुनिए:

सूची-I	सूची-II
I. बिम्बाणु	1. इंसुलीन
II. कम हेमोग्लोबिन	2. एच.डी.एल.
III. डायबिटीज	3. रक्ताल्पता
IV. कोलेस्ट्रोल	4. थ्रॉम्बोसाइट्स

कूट:

	I	II	III	IV
(*a*)	4	2	1	3
(*b*)	4	3	1	2
(*c*)	1	2	3	4
(*d*)	2	3	4	1

360. सूची-I को सूची-II के साथ सुमेलित कीजिये तथा नीचे दिये गए कूट का उपयोग कर सही उत्तर चुनिये:

सूची-I	सूची-II
I. थायराइड	1. ग्लैंड
II. साइटोप्लाज्म	2. मस्तिष्क

III. बॉल तथा सॉकेट ज्वायंट 3. सेल
IV. मेडुला (मज्जा) 4. कंधा

कूट:

	I	II	III	IV
(a)	1	2	3	4
(b)	1	3	4	2
(c)	4	3	1	2
(d)	2	3	4	1

361. सूची-I को सूची-II के साथ सुमेलित कीजिये तथा नीचे दिये गए कूट का उपयोग कर सही विकल्प चुनिए:

सूची-I	सूची-II
I. नीड एचिवमेंट थियरी	1. उपलब्धि लक्ष्य
II. एट्रिब्युशन थियरी	2. वैयक्तिक एवं स्थितिपरक तत्व
III. कंपीटेंस मोटिवेशन थियरी	3. सफलता तथा असफलता
IV. ऐचिवमेंट गोल थियरी	4. उपलब्धि व्यवहार

कूट:

	I	II	III	IV
(a)	1	2	3	4
(b)	4	1	2	3
(c)	3	4	1	2
(d)	2	3	4	1

362. सूची-I को सूची-II के साथ सुमेलित कीजिये तथा नीचे दिये गए कूटों से सही विकल्प चुनिए:

सूची-I	सूची-II
I. व्यावसायिक आचारशास्त्र	1. विद्यालय के प्रकार
II. समय-सारणी बनाना	2. व्यावसायिक आवश्यकता
III. पाठ्यचर्या नियोजन	3. व्यक्तिगत अंतर
IV. आयु अभिलक्षण	4. कार्यकलापों का चयन
	5. औपचारिक कार्यकलाप

कूट:

	I	II	III	IV
(a)	1	2	4	3
(b)	2	1	3	4
(c)	3	4	1	2
(d)	4	3	2	1

363. सूची-I को सूची-II के साथ सुमेलित कीजिये और नीचे दिये गए कोड का उपयोग कर सही विकल्प चुनिये:

सूची-I	सूची-II
I. दूध, पनीर, योगर्ट	1. कार्बोहाइड्रेट
II. माँस, मुर्गी, मछली	2. मिनरल
III. सब्जियाँ	3. प्रोटीन
IV. ब्रेड, अनाज, चावल	4. विटामिन

कूट:

	I	II	III	IV
(a)	2	4	3	1
(b)	1	4	3	2
(c)	2	1	4	3
(d)	2	3	4	1

364. सूची-I को सूची-II के साथ सुमेलित कीजिये और नीचे दिये गए कूट का उपयोग कर सही विकल्प चुनिए:

सूची-I	सूची-II
I. मलेरिया	1. पैरासाइट्स
II. डेंगू	2. पैंक्रियाज
III. खसरा	3. बैक्टीरिया
IV. मधुमेह	4. वायरस

कूट:

	I	II	III	IV
(a)	1	3	4	2
(b)	3	4	1	2
(c)	2	1	4	3
(d)	4	2	3	1

365. सूची-I को सूची-II के साथ सुमेलित कीजिये और नीचे दिये गए कूट का उपयोग कर सही विकल्प चुनिए:

सूची-I	सूची-II
I. मानक विचलन	1. $A+\frac{\Sigma fdx}{N}\times i$
II. माध्यिका	2. $\frac{\bar{x}_1-\bar{x}_2}{SE_D}$
III. टी-अनुपात	3. $L_1+\frac{L_2-L_1}{f}(m-c)$
IV. माध्य	4. $\sqrt{\frac{\Sigma fdx^2}{N}-\left(\frac{\Sigma fdx}{N}\right)^2}$

कूट:

	I	II	III	IV
(*a*)	4	3	2	1
(*b*)	2	3	4	1
(*c*)	3	2	1	4
(*d*)	1	2	4	3

366. सूची-I को सूची-II के साथ सुमेलित कीजिये तथा नीचे दिये गए कूट का उपयोग कर सही विकल्प चुनिए:

सूची-I	**सूची-II**
I. विविक्त चर	1. रूम टेम्परेचर, सैंपल साइज
II. गुणपरक चर	2. ऊँचाई, वजन
III. निरंतर चर	3. आयु, आई क्यू स्कोर
IV. नियंत्रित चर	4. सिट-अप्स, गोल स्कोर्ड

कूट:

	I	II	III	IV
(*a*)	4	2	3	1
(*b*)	4	3	2	1
(*c*)	3	4	1	2
(*d*)	2	1	4	3

367. सूची-I को सूची-II के साथ सुमेलित कीजिये और नीचे दिये गए कूट से सही विकल्प चुनिए:

सूची-I	**सूची-II**
I. क्रौस-वैबर टेस्ट	1. सहनशक्ति
II. हार्वर्ड स्टेप टेस्ट	2. लोच
III. कूपर टेस्ट	3. न्यूनतम माँसपेशीय शक्ति
IV. स्कॉट एन्ड फ्रेन्च टेस्ट	4. हृद्-श्वसन कार्यकुशलता

कूट:

	I	II	III	IV
(*a*)	3	4	1	2
(*b*)	3	2	4	1
(*c*)	2	3	1	4
(*d*)	1	4	2	3

368. सूची-I को सूची-II के साथ सुमेलित कीजिये और नीचे दिये गए कूट का उपयोग कर सही विकल्प चुनिए:

सूची-I (गमक उपादान)	**सूची-II** (प्रशिक्षण विधि)
I. लोच	1. फार्टलेक
II. सहनशक्ति	2. नियंत्रण और नियमन
III. स्फूर्ति	3. प्लायोमैट्रिक्स
IV. शक्ति	4. पोस्ट आइसोमीट्रिक इनपुट

कूट:

	I	II	III	IV
(*a*)	3	4	1	2
(*b*)	2	1	3	4
(*c*)	4	1	2	3
(*d*)	1	2	3	4

369. सूची-I को सूची-II के साथ सुमेलित कीजिये और नीचे दिये गए कूट का उपयोग कर सही विकल्प चुनिए:

सूची-I	**सूची-II**
I. तैयारी काल I	1. लक्ष्यों की प्राप्ति
II. तैयारी काल II	2. पुन: प्राप्ति
III. प्रतियोगिता काल	3. तकनीक का विकास
IV. संक्रमण काल	4. तकनीकल एवं स्थितिपरक आधार का निरूपण

कूट:

	I	II	III	IV
(*a*)	4	3	1	2
(*b*)	3	1	2	4
(*c*)	1	2	4	3
(*d*)	2	4	3	1

370. सूची-I को सूची-II के साथ सुमेलित कीजिये और नीचे दिये गए कूट का उपयोग कर सही विकल्प चुनिए:

सूची-I	**सूची-II**
I. एफ आई एन ए	1. फुटबाल
II. एफ आई डी ई	2. एथलेटिक्स
III. ए ए एफ आई	3. तैराकी
IV. एफ आई एफ ए	4. शतरंज

कूट:

	I	II	III	IV
(*a*)	3	4	2	1
(*b*)	1	2	3	4
(*c*)	4	3	2	1
(*d*)	1	4	2	3

निर्देश प्रश्न सं 371 से 375 तक: निम्नलिखित गद्यांश को पढ़िये तथा अपनी समझ के आधार पर इसके बाद दिए गए प्रश्नों के उत्तर दीजिए:

सामान्य रूप से शिक्षकों तथा विशेष रूप से शारीरिक शिक्षकों के समक्ष अनेक समस्याएँ तथा चुनौतियाँ हैं। संगत

प्रश्न यह है कि शिक्षा में शारीरिक शिक्षा का स्थान और कार्य क्या हैं? क्या हम शिक्षा के पाठ्यक्रम के एक भाग के रूप में शारीरिक शिक्षा को शामिल करने की तर्कसंगतता सिद्ध कर सकते हैं? क्या हम इसे सभी छात्रों के लिए आवश्यक बनाने की संगतता को सिद्ध कर सकते हैं? जवाबदेही के इस समय में, हमें अनिवार्यत: यह प्रदर्शित करना होगा कि शैक्षिक प्रक्रिया में शारीरिक शिक्षा का एक निश्चित सकारात्मक मूल्य है, तथा हमें यह भी स्पष्ट करना होगा कि शारीरिक शिक्षा पाठ्यचर्या का अत्यावश्यक भाग क्यों है?

इसके साथ ही, संदिग्ध कार्यप्रणाली के कारण कुप्रबंधित खेल एवं शारीरिक शिक्षा कार्यक्रमों की ओर अधिक ध्यानाकर्षण हो रहा है। इन कार्यक्रमों द्वारा किए गए वादों के पूरे नहीं होने या पूरे किए जाने योग्य नहीं होने के कारण इनकी अत्यंत कटु और व्यापक आलोचना की जा रही है। यह तर्क दिया जाता है कि ''खेल अपना आकर्षण तेज़ी से खो देते हैं जब उन्हें शिक्षा, चरित्र-निर्माण या समाज सुधार में लगाया जाता है।''

शिक्षा तथा शारीरिक शिक्षा में अनेक पाठ्यचर्यापरक समस्याएँ होती हैं। पाठ्यचर्या को अधिक संगत बनाने की आवश्यकता के अतिरिक्त, यदि हम कुछ चिरकालिक मुद्दों का समाधान करना चाहते हैं तो, हमें अपने समाज के लिए कुछ शैक्षिक प्राथमिकताएँ स्थापित करनी होंगी। हमें यथार्थ तथा शिक्षा के पार्थक्य को समाप्त करना होगा। हम अनम्य पाठ्यक्रम की योजना बनाना नहीं चाहते। हमें परिवर्तन तथा नवाचार के प्रति खुला दृष्टिकोण अपनाना चाहिए। छात्रों को विकल्पों को चुनने का प्रावधान होना चाहिए जिससे वे अपनी प्रच्छन्न प्रतिभा का ईष्टतम उद्घाटित कर सकें। इस कारण से छात्रों को कार्यक्रम नियोजन एवं मूल्यांकन में सम्मिलित करना चाहिए, क्योंकि कार्यक्रमों के अभिकल्पन का उद्देश्य छात्रों को लाभान्वित करना है, शिक्षकों को नहीं।

हमारे समक्ष अधिक और बेहतर नेतृत्व विकसित करने की चुनौती भी है। सभी प्रकार के सम्प्रेषण में सशक्त कौशलों से सम्पन्न शैक्षिक शारीरिक शिक्षकों की आवश्यकता है। जनसामान्य को शारीरिक शिक्षा की महत्ता या शारीरिक शिक्षा की आवश्यकता समझाने में शारीरिक शिक्षक अधिक सफल नहीं रहे हैं। नए शारीरिक शिक्षक को अति कौशल सम्पन्न तथा किसी भी कक्षा में कौशलों को सिखाने के साथ उन्हें प्रदर्शित करने की क्षमता भी होनी चाहिए। इसके साथ ही उसे उदार कलाओं और विज्ञानों में सामान्य शिक्षित होना चाहिए ताकि वह हर शैक्षिक विषय के लोगों के साथ सार्थक संवाद करने में सक्षम हो। हमें अपनी सामयिक शिक्षण विधियों एवं तथ्यों और शिक्षण के बारे में अपनी मान्यता एवं शोध द्वारा अर्जित कौशलों के बीच की खाई को पाटने की दिशा में काम करना होगा। हम शोधकार्य में सलग्न शारीरिक शिक्षकों तथा व्यावसायिक शारीरिक शिक्षकों के बीच एक खाई पैदा करने में सहायक बने हैं। हमें इस दिशा में कार्य करना चाहिए जिससे यह सुनिश्चित किया जा सके कि शारीरिक शिक्षा में संचालित शोधकार्य का उपयोग कर शारीरिक शिक्षा व्यवसाय को समुन्नत बनाया जाये।

आधुनिक समाज में परिवर्तन को अपनाने के लिए तत्पर रहना एक आवश्यक योग्यता या दृष्टिकोण है। परिवर्तन अवश्यंभावी है। जो लोग अपने अस्तित्व को कायम रखना चाहते हैं वे परिवर्तन को स्वीकारेंगे और उससे अनुकूलनशीलता सीखेंगे। शिक्षा के समक्ष परिवर्तन के लिए तत्पर होना या अनुकूलनशीलता का भाव विकसित करने का कठिन कार्य है : इसे लोगों को केवल 'क्या है' के लिए ही नहीं, बल्कि 'क्या होगा' के लिए भी तैयार करना है, यद्यपि जो 'घटित होगा' वह अज्ञात है। आज के शारीरिक शिक्षकों के समक्ष सबसे बड़ा प्रश्न शारीरिक शिक्षा का भविष्य है। आपके मार्गदर्शन तथा नेतृत्व में शारीरिक शिक्षा किस दिशा की ओर अग्रसर होगी?

371. छात्रों को नियोजन एवं मूल्यांकन में सम्मिलित करना चाहिए क्योंकि:

(*a*) कार्यक्रमों को शिक्षकों को लाभान्वित करने के लिए अभिकल्पित किया जाता है।

(*b*) कार्यक्रमों को छात्रों को लाभान्वित करने के लिए अभिकल्पित किया जाता है।

(*c*) कार्यक्रमों को संस्थान को लाभान्वित करने के लिए अभिकल्पित किया जाता है।

(*d*) कार्यक्रमों को प्रशासन को लाभान्वित करने के लिए अभिकल्पित किया जाता है।

372. समसामयिक शारीरिक शिक्षक के समक्ष कौन-सी समस्याएँ और चुनौतियाँ हैं?

I. शिक्षा में शारीरिक शिक्षा का स्थान

II. सभी बच्चों के लिए शारीरिक शिक्षा की आवश्यकता की तर्कसंगतता

III. शैक्षिक पाठ्यचर्या में शारीरिक शिक्षा का स्थान

IV. शारीरिक शिक्षा कार्यक्रम का प्रभावशील कार्यान्वयन

सही का चयन कीजिए:

(*a*) I, II, III (*b*) II, III, IV

(*c*) III, IV, I (*d*) IV, I, II

373. शारीरिक शिक्षा कार्यक्रमों के कुप्रबंधन के कारण शारीरिक शिक्षा के सिद्ध नहीं किए जाने योग्य लाभ:

I. चरित्र विकास
II. सामाजिक विकास
III. शिक्षा की सेवा
IV. शारीरिक सक्षमता विकास

सही का चयन कीजिए:

(*a*) I, II, IV (*b*) II, III, IV
(*c*) III, IV, I (*d*) II, I, III

374. शारीरिक शिक्षा के वर्तमान नेतृत्व को कैसा होना चाहिए?

(*a*) स्वस्थ
(*b*) कौशलयुक्त
(*c*) सम्प्रेषणीयता में कुशल होने के साथ शैक्षिक रूप में सक्षम
(*d*) नैतिक एवं आचारवान

375. शिक्षा तथा सामाजिक शिक्षा को परिवर्तन को अपनाने के लिए तत्पर रहना अनिवार्य है क्योंकि:

I. परिवर्तन अवश्यंभावी है।
II. तत्परता वर्तमान के लिए तैयार करती है।
III. तत्परता भविष्य के लिए तैयार करती है।
IV. तत्परता से आत्मविश्वास विकसित होता है।

सही का चयन कीजिए:

(*a*) III, I, II (*b*) I, III, IV
(*c*) IV, II, I (*d*) III, IV, II

376. एन.आई.एस. की स्थापना किस वर्ष में हुई थी?

(*a*) 1957 (*b*) 1960
(*c*) 1962 (*d*) इनमें से कोई नहीं

377. शारीरिक शिक्षा के जैविक आधार में सन्निहित हैं :

I. गति अधिगम II. लैंगिक विशेषताएँ
III. शारीरिक गठन IV. व्यक्तित्व-लक्षण

सही संयोजन ज्ञात करें :

(*a*) I तथा II (*b*) II तथा III
(*c*) III तथा IV (*d*) IV तथा I

378. नीचे दो वक्तव्य दिए गए हैं। एक को अभिकथन (A) और दूसरे को तर्क (R) कहा गया है।

अभिकथन (A): शारीरिक शिक्षा एक ऐच्छिक विषय है।

तर्क (R): शारीरिक शिक्षा विषय में अन्य सहबद्ध विषयों से सिद्धांत लिए जाते हैं।

इन दो वक्तव्यों के प्रसंग में, निम्नलिखित में से कौन-सा सही है?

(*a*) (A) तथा (R) दोनों सही हैं तथा (R), (A) की सही व्याख्या है।
(*b*) (A) तथा (R) दोनों सही हैं, परंतु (R), (A) की सही व्याख्या नहीं है।
(*c*) (A) सही है, परन्तु (R) गलत है।
(*d*) (A) गलत है, परन्तु (R) सही है।

379. कौशल सीखने में सूचना संसाधन मॉडल चार घटकों से निर्मित होता है। इन घटकों को क्रमवार व्यवस्थित कीजिए :

I. निर्णयन II. निवेश
III. प्रतिपुष्टि IV. निर्गत

कूट :

(*a*) I, II, III, IV (*b*) III, IV, II, I
(*c*) II, I, IV, III (*d*) IV, III, I, II

380. सूची-I को सूची-II के साथ सुमेलित कीजिए तथा नीचे दिए गए कूट से सही उत्तर चुनिए :

सूची-I	सूची-II
I. 1936	1. लंदन
II. 1948	2. बर्लिन
III. 1980	3. सीओल
IV. 1988	4. मॉस्को
	5. लॉस एंजेलस

कूट:

	I	II	III	IV
(*a*)	1	2	5	4
(*b*)	2	4	1	5
(*c*)	4	3	2	1
(*d*)	2	1	4	3

381. निम्नलिखित में से कौन सा अंग मानव शरीर में अंत:स्रावी के साथ बहिर्स्रावी कार्य भी करता है?

(*a*) यकृत (*b*) गुर्दा
(*c*) अग्नाशय (*d*) पित्ताशय

382. समग्र रक्त-संचार का उद्देश्य है :

I. शरीर के प्रत्येक भाग में O_2 तथा पोषक तत्त्वों की आपूर्ति
II. रक्त-शोधन

III. शरीर के प्रत्येक भाग से CO_2 तथा दूषित पदार्थों का निष्कासन

IV. शरीर से मूत्र-निष्कासन

सही संयोजन ज्ञात करें

कूट :

(*a*) I तथा II (*b*) I तथा III

(*c*) II तथा IV (*d*) III तथा IV

383. नीचे दो वक्तव्य दिए गए हैं। एक को अभिकथन (A) और दूसरे को तर्क (R) कहा गया है :

अभिकथन (A) : कंकालीय मांसपेशियों को ऐच्छिक मांसपेशियाँ कहा जाता है।

तर्क (R) : मांसपेशियाँ मशीनें हैं जो रसायनिक ऊर्जा को यांत्रिक कार्य में परिवर्तित करती हैं।

उपरोक्त दो वक्तव्यों के प्रसंग में, निम्नलिखित में से कौन सा सही है?

(*a*) (A) तथा (R) दोनों सही हैं तथा (R), (A) की सही व्याख्या है।

(*b*) (A) तथा (R) दोनों सही हैं, परंतु (R), (A) की सही व्याख्या नहीं है।

(*c*) (A) सही है, परन्तु (R) गलत है।

(*d*) (A) गलत है, परन्तु (R) सही है।

384. वृहदान्त्र (कोलन) के भागों को क्रमवार व्यवस्थित कीजिए :

I. ऊर्ध्वगामी कोलन II. अवग्रहान्त्र

III. अधोगामी कोलन IV. अनुप्रस्थ कोलन

कूट :

(*a*) I, IV, III, II (*b*) II, III, IV, I

(*c*) III, II, I, IV (*d*) IV, I, II, III

385. सूची-I को सूची-II के साथ सुमेलित कीजिए तथा नीचे दिए गए कूट से सही उत्तर चुनिए :

सूची-I	सूची-II
I. सोलियस	1. छाती
II. सरटोरियस	2. ऊर्ध्वपीठ
III. ट्रैपजियस	3. निचला पैर
IV. पेक्टोरालिस	4. जाँघ के पार

कूट:

	I	II	III	IV
(*a*)	2	3	1	4
(*b*)	3	4	2	1
(*c*)	4	2	3	1
(*d*)	1	3	4	2

386. सही उत्तर चुनिए : अग्र धरातल (फ्रंटल प्लेन) शरीर को विभाजित करता है

(*a*) अग्र एवं पश्च अर्ध में

(*b*) वाम एवं दक्षिण अर्ध में

(*c*) ऊर्ध्व एवं अधो अर्ध में

(*d*) आंतरिक एवं बाह्य अर्ध में

387. बलगति विज्ञान किसका अध्ययन करता है?

I. वेग II. आवेग

III. गतिवर्धन IV. बल

सही संयोजन चुनिए

कूट :

(*a*) I और II (*b*) II और III

(*c*) II और IV (*d*) III और IV

388. नीचे दो वक्तव्य दिए गए हैं। एक को अभिकथन (A) और दूसरे को तर्क (R) कहा गया है।

अभिकथन (A): मानव शरीर के अधिकतर उत्तोलक अंग-विक्षेप की शृंखला के रूप में यांत्रिक लाभ प्रदान करते हैं।

तर्क (R): कंकालिक उत्तोलक मानव-शरीर का एक मशीनी रूप है।

(*a*) (A) तथा (R) दोनों सही हैं तथा (R), (A) की सही व्याख्या है।

(*b*) (A) तथा (R) दोनों सही हैं, परंतु (R), (A) की सही व्याख्या नहीं है।

(*c*) (A) सही है, परन्तु (R) गलत है।

(*d*) इनमें से कोई नहीं

389. उकड़ू बैठ - कूद की संपूर्ण गति-संरचना में निम्नलिखित अवस्थाएँ सन्निहित है:

I. नीचे जाना II. टेक ऑफ

III. ऊपर जाना IV. जमीन पर आना

इन अवस्थाओं का सही क्रम है :

(*a*) IV, I, III, II (*b*) II, IV, I, III

(*c*) III, II, IV, I (*d*) I, III, II, IV

390. सूची-I को सूची-II के साथ सुमेलित कीजिए तथा नीचे दिए गए कूट से सही उत्तर चुनिए :

सूची-I	सूची-II
I. क़ब्जेदार जोड़	1. कलाई
II. धुराग्रीय जोड़	2. नितंब
III. बॉल तथा सॉकेट जोड़	3. कुहनी
IV. सरकने वाला जोड़	4. गला

कूट:

	I	II	III	IV
(*a*)	1	3	4	2
(*b*)	2	1	3	4
(*c*)	3	4	2	1
(*d*)	4	2	1	3

391. निम्नलिखित में से कौन-सा नियम अधिगम का गौण नियम है?

(*a*) तत्परता नियम (*b*) आसन्नकाल नियम
(*c*) अभ्यास नियम (*d*) प्रभाव नियम

392. व्यक्तित्व के महत्त्वपूर्ण सिद्धांत हैं :

I. मैस्लो का आवश्यकता सिद्धांत
II. सोशल लर्निंग थियरी
III. ट्रेट थियरी
IV. एट्रिब्यूशन थियरी

कूट :

(*a*) II तथा III (*b*) I तथा II
(*c*) III तथा IV (*d*) I तथा IV

393. नीचे दो वक्तव्य दिए गए हैं। एक को अभिकथन (A) और दूसरे को तर्क (R) कहा गया है।

अभिकथन (A): सहयोग की कमी के कारण टीम का कार्य निष्पादन घट जाता है।

तर्क (R): समूह संसक्ति का अर्थ है, किसी समान लक्ष्य को हासिल करने के लिए समूह के सदस्यों में एकजुटता

निम्नलिखित में से सही उत्तर चुनिए

(*a*) (A) सही है, परन्तु (R) गलत है।
(*b*) (A) गलत है, परन्तु (R) सही है।
(*c*) (A) तथा (R) दोनों सही हैं और (R), (A) की सही व्याख्या है।
(*d*) (A) तथा (R) दोनों सही हैं, परंतु (R), (A) की सही व्याख्या नहीं है।

394. संज्ञानात्मक प्रक्रिया में शामिल हैं :

I. संवेदन II. चिंतन
III. प्रत्यक्षण IV. समस्या समाधान

सही क्रम को पहचानिए

कूट :

(*a*) I, III, II, IV (*b*) II, IV, I, III
(*c*) IV, I, III, II (*d*) III, II, IV, I

395. सूची-I को सूची-II के साथ सुमेलित कीजिए और नीचे दिए गए कूट से सही उत्तर चुनिए :

सूची-I	सूची-II
I. इंवर्टेड यू हाइपोथेसिस	1. उपलब्धि
II. आक्रामकता	2. स्वेच्छाचारी शैली
III. नेतृत्त्व	3. चिंता
IV. अभिप्रेरण	4. इंस्ट्रूमेंटल

कूट:

	I	II	III	IV
(*a*)	1	2	3	4
(*b*)	4	3	1	2
(*c*)	2	1	4	3
(*d*)	3	4	2	1

396. अधिकतम ताकत का विकास किस आयु-वर्ग से प्रारम्भ होना चाहिए?

(*a*) 8-10 वर्ष (*b*) 11-13 वर्ष
(*c*) 14-15 वर्ष (*d*) 16-18 वर्ष

397. नीचे दो वक्तव्य दिए गए हैं। एक को अभिकथन (A) और दूसरे को तर्क (R) कहा गया है।

अभिकथन (A): शारीरिक शिक्षा के शिक्षक को उच्च कौशलयुक्त होना चाहिए।

तर्क (R): शारीरिक शिक्षा के शिक्षक से यह अपेक्षा की जाती है कि वह सिखाए जा रहे कौशल को सही प्रकार से प्रदर्शित करें।

निम्नलिखित में सही उत्तर चुनिए :

(*a*) (A) तथा (R) दोनों सही हैं और (R), (A) की सही व्याख्या है।
(*b*) (A) तथा (R) दोनों सही हैं, परंतु (R), (A) की सही व्याख्या नहीं है।
(*c*) (A) सही है, परन्तु (R) गलत है।
(*d*) (A) गलत है, परन्तु (R) सही है।

398. शारीरिक शिक्षा कक्षा के लिए समय-सारणी बनाते समय किन बातों पर ध्यान देना चाहिए?

I. संस्था के प्रधान की प्राथमिकता
II. अभिभावकों की सुविधा

III. सुविधाओं की उपलब्धता

IV. शारीरिक शिक्षा के शिक्षकों की उपलब्धता

कूट :

(*a*) II तथा III (*b*) III तथा IV

(*c*) IV तथा I (*d*) I तथा II

399. निम्नलिखित आहार-तत्व शरीर में ताप तथा ऊर्जा नहीं उत्पन्न करते :

I. प्रोटीन II. विटामिन

III. वसा IV. खनिज पदार्थ

नीचे दिए गए कूट से सही उत्तर चुनिए

(*a*) I तथा III (*b*) II तथा III

(*c*) III तथा IV (*d*) II तथा IV

400. नीचे दो वक्तव्य दिए गए हैं। एक को अभिकथन (A) और दूसरे को तर्क (R) कहा गया है।

अभिकथन (A): मोटापाग्रस्त व्यक्ति का बी.एम.आई. 30 से अधिक होता है।

तर्क (R): बी.एम.आई. व्यक्ति की पौषणिक दशा को इंगित करता है।

निम्नलिखित में सही उत्तर चुनिए :

(*a*) (A) तथा (R) दोनों सही हैं और (R), (A) की सही व्याख्या नहीं है।

(*b*) (A) तथा (R) दोनों सही हैं, परंतु (R), (A) की सही व्याख्या है।

(*c*) (A) सही है, परन्तु (R) गलत है।

(*d*) (A) गलत है, परन्तु (R) सही है।

401. स्वास्थ्य से संबंधित स्वस्थता में यह शामिल नहीं है :

(*a*) लोच (*b*) गति

(*c*) सहनशक्ति (*d*) शरीर की संरचना

402. सूची-I को सूची-II के साथ सुमेलित कीजिए तथा नीचे दिए गए कूट से सही उत्तर चुनिए :

सूची-I (विटामिन)	**सूची-II (रोग)**
I. विटामिन ए	1. पायरिया
II. विटामिन बी	2. रिकेट्स
III. विटामिन सी	3. बेरी-बेरी
IV. विटामिन डी	4. रात्रि-अंधत्व

कूट:

	I	II	III	IV
(*a*)	2	4	3	1
(*b*)	1	2	4	3
(*c*)	4	3	1	2
(*d*)	3	1	2	4

403. थकान पूरी तरह दूर न होना किसमें अति आवश्यक है?

(*a*) अनवरत प्रशिक्षण पद्धति

(*b*) अंतराल प्रशिक्षण

(*c*) फार्टलेक

(*d*) क्रॉस कंट्री

404. प्रतियोगिता के वर्गीकरण हेतु मानदण्ड :

I. प्रतियोगिता का स्तर

II. प्रतियोगी की आयु

III. प्रतियोगिता आयोजन की रीति

IV. प्रशिक्षण पद्धति पक्ष

उपरोक्त मानदण्ड को सही क्रम में व्यवस्थित कीजिए :

कूट :

(*a*) I, II तथा III (*b*) II, III तथा IV

(*c*) III, IV तथा I (*d*) IV, I तथा II

405. नीचे दो वक्तव्य दिए गए हैं। एक को अभिकथन (A) और दूसरे को तर्क (R) कहा गया है।

अभिकथन (A): प्रतिभा को पहचानने के लिए किसी खेल का चयन प्रथम चरण है।

तर्क (R): प्रतिभा-पहचान के तीन चरण हैं।

निम्नलिखित में सही उत्तर चुनिए :

(*a*) (A) तथा (R) दोनों सही हैं और (R), (A) की सही व्याख्या है।

(*b*) (A) तथा (R) दोनों सही हैं, परंतु (R), (A) की सही व्याख्या नहीं है।

(*c*) (A) सही है, परन्तु (R) गलत है।

(*d*) (A) गलत है, परन्तु (R) सही है।

406. दीर्घावधि खेल प्रशिक्षण प्रक्रिया में निम्नलिखित चरण होते हैं :

I. बुनियादी प्रशिक्षण

II. उच्च प्रदर्शन हेतु प्रशिक्षण

III. प्रदर्शन-स्तर को कायम रखने हेतु प्रशिक्षण

IV. उन्नत प्रशिक्षण

इन्हें उचित क्रम में व्यवस्थित कीजिए :

(*a*) I, IV, II, III (*b*) I, II, III, IV

(*c*) I, III, IV, II (*d*) I, II, IV, III

407 सूची-I को सूची-II के साथ सुमेलित कीजिए तथा नीचे दिए गए कूट से सही उत्तर चुनिए :

सूची-I	सूची-II
I. उच्च प्रदर्शन	1. रणनीतिक कार्यवाही
II. प्रतियोगिता का आयोजन	2. प्रतिभा पहचान
III. बच्चों की स्क्रीनिंग	3. प्रशिक्षण की अवस्था
IV. प्रतियोगिता कार्य का गतीय समाधान	4. प्रतियोगिता प्रणाली

कूट:

	I	II	III	IV
(*a*)	1	3	4	2
(*b*)	3	4	2	1
(*c*)	4	2	1	3
(*d*)	2	1	3	4

408. बंद प्रश्नावली में पूछे गए प्रश्नों के लिए किस प्रकार का उत्तर अपेक्षित होता है?

(*a*) विवरणात्मक उत्तर (*b*) मुक्त उत्तर
(*c*) संक्षिप्त उत्तर (*d*) जाँच उत्तर

409. शोध में परिकल्पना का क्या अर्थ है?

I. बौद्धिक अनुमान
II. प्रतिभापूर्ण अनुमान
III. बुद्धिमत्तापूर्ण अनुमान
IV. नकारात्मक अनुमान

निम्नलिखित में से सही उत्तर चुनिए :

(*a*) I, II, III (*b*) II, III, IV
(*c*) I, III, IV (*d*) I, II, IV

410. नीचे दो वक्तव्य दिए गए हैं। एक को अभिकथन (A) तथा दूसरे को तर्क (R) कहा गया है।

अभिकथन (A): बाह्य आलोचना डेटा की शुद्धता एवं प्रामाणिकता स्थापित करती है।

तर्क (R): शोधकर्ताओं को सही डेटा प्राप्त करना चाहिए।

निम्नलिखित में से सही उत्तर चुनिए :

(*a*) (R) सही है, परन्तु (A) गलत है।
(*b*) (A) तथा (R) दोनों सही हैं।
(*c*) (A) सही है, परन्तु (R) गलत है।
(*d*) (A) तथा (R) दोनों गलत हैं।

411. उपयुक्त सांख्यिकीय प्रक्रिया के लिए सही चरणों की पहचान कीजिए

I. दो डेटा – समूहों का मध्य-मूल्य
II. माध्य अंतर
III. यथार्थता परीक्षण
IV. टी-वैल्यू

निम्नलिखित में से सही उत्तर चुनिए

कूट :

(*a*) II, III, IV, I (*b*) I, II, IV, III
(*c*) III, IV, I, II (*d*) IV, I, II, III

412. सूची-I को सूची-II के साथ सुमेलित कीजिए तथा नीचे दिए गए कूट से सही उत्तर चुनिए :

सूची-I	सूची-II
I. मानक विचलन	1. $Q_3 - Q_1$
II. माध्य	2. $\frac{\sum X^2}{N}$
III. टी वैल्यू	3. $Am + \frac{\sum fd}{N} Xi$
IV. चतुर्थांश विचलन	4. $\frac{X_1 - X_2}{\text{Standard Error}}$

कूट:

	I	II	III	IV
(*a*)	1	2	3	4
(*b*)	4	1	2	3
(*c*)	2	3	4	1
(*d*)	3	4	1	2

413. कूपर के 12 मिनट रन एण्ड वॉक टेस्ट द्वारा किसे मापा जाता है?

(*a*) फुर्ती
(*b*) ताकत
(*c*) गति
(*d*) हृदय एवं श्वास तंत्र की सहनशक्ति

414. प्रदर्शन संबंधी सामर्थ्य में शामिल हैं

I. शक्ति II. मूल सहनशक्ति
III. लोच IV. फुर्ती

सही संयोजन ज्ञात कीजिए

(*a*) I तथा II (*b*) III तथा IV
(*c*) II तथा III (*d*) I तथा IV

415. नीचे दो कथन दिए गए हैं : एक को अभिकथन (A) तथा दूसरे को तर्क (R) कहा गया है।

अभिकथन (A): जॉनसन का बास्केटबॉल टेस्ट एक मानकीकृत परीक्षण हैं।

तर्क (R): जॉनसन बास्केटबॉल टेस्ट बास्केटबॉल खेलने की योग्यता का मूल्यांकन करता है।

निम्नलिखित में से सही उत्तर चुनिए :

(*a*) (A) तथा (R) दोनों सही हैं और (R), (A) की सही व्याख्या है।
(*b*) (A) तथा (R) दोनों सही हैं, परंतु (R), (A) की सही व्याख्या नहीं है।
(*c*) (A) सही है, परन्तु (R) गलत है।
(*d*) (A) गलत है, परन्तु (R) सही है।

416. किसी मानकीकृत परीक्षण को तैयार करने में चार चरण निहित है :

I. आरंभिक रूप तैयार करना
II. अंतिम रूप तैयार करना
III. इसकी प्रमाण्यता का परीक्षण करना
IV. इसकी विश्वसनीयता का परीक्षण करना

इनका सही क्रम ज्ञात कीजिए

(*a*) I, II, IV, III (*b*) I, III, II, IV
(*c*) III, IV, I, II (*d*) II, I, III, IV

417. सूची-I को सूची-II के साथ सुमेलित कीजिए तथा नीचे दिए गए कूट से सही उत्तर चुनिए :

सूची-I	सूची-II
I. स्थूलता	1. मेसोमार्फी
II. रैखिकता	2. इंडोमार्फी
III. मांसपेशीयता	3. गोनियोमीटर
IV. नमनीयता	4. एक्टोमार्फी

कूट:

	I	II	III	IV
(*a*)	2	4	1	3
(*b*)	4	1	3	2
(*c*)	1	3	2	4
(*d*)	3	2	4	1

418. शारीरिक शिक्षा की पाठ योजना में किस पर बल देना अत्यावश्यक है?

(*a*) अध्येता का शारीरिक गठन
(*b*) शिक्षक की दक्षता
(*c*) अध्यापन का समय
(*d*) अध्येता की आयु

419. नीचे दो वक्तव्य दिए गए हैं : एक को अभिकथन (A) तथा दूसरे को तर्क (R) कहा गया है।

अभिकथन (A): शारीरिक शिक्षा के शिक्षक को शिक्षण-कार्य के साथ-साथ व्यावहारिक कौशल्य में भी दक्ष होना चाहिए।

तर्क (R): शारीरिक शिक्षा व्यवसाय सामाजिक -आर्थिक हैसियत प्रदान करता है।

दो कथनों के सन्दर्भ में, निम्न में से कौन-सा एक सही है?

(*a*) (A) तथा (R) दोनों सही हैं और (R), (A) की सही व्याख्या है।
(*b*) (A) तथा (R) दोनों सही हैं, परंतु (R), (A) की सही व्याख्या नहीं है।
(*c*) (A) सही है, परन्तु (R) गलत है।
(*d*) (A) गलत है, परन्तु (R) सही है।

420. सूची-I को सूची-II के साथ सुमेलित कीजिए तथा नीचे दिए गए कूट से सही उत्तर चुनिए :

सूची-I	सूची-II
I. अन्तरविद्यालय	1. निरीक्षण
II. वित्त	2. प्रतियोगिता
III. पर्यवेक्षण	3. विनियोजन
IV. आधारिक संरचना	4. अभिन्यास

कूट:

	I	II	III	IV
(*a*)	2	3	1	4
(*b*)	3	2	4	1
(*c*)	4	1	3	2
(*d*)	1	4	2	3

421. प्रस्तुतिकरण के निम्नलिखित चरण हैं :

I. प्रदर्शन
II. व्याख्या
III. अभ्यास तथा पर्यवेक्षण
IV. प्रतिपुष्टि

सही क्रम ज्ञात कीजिए :

(*a*) II, III, IV, I (*b*) I, II, III, IV
(*c*) III, IV, I, II (*d*) IV, I, II, III

निर्देश प्रश्न सं 422 से 425 तक: निम्नलिखित गद्यांश को पढ़िये तथा अपनी समझ के आधार पर इसके बाद दिए गए प्रश्नों के उत्तर दीजिए:

अध्यापन–चाहे वह पारम्परिक परिवेश में हो या वैकल्पिक परिवेश में–से अनेक पुरस्कार प्राप्त होते हैं। संभवत: सर्वाधिक महत्त्वपूर्ण पुरस्कार यह है कि इससे लोगों के जीवन को सुगढ़ बनाने तथा स्वस्थ जीवन-शैली को प्रोन्नत करने का अवसर मिलता है। विद्यार्थीगण अनेक कारणों से अध्यापन व्यवसाय का चयन करते हैं। भावी-अध्यापक को उन बातों को सूचीबद्ध कर लेना चाहिए जिनके कारण वह अध्यापन व्यवसाय को अपनाना चाहता है।

बच्चों के प्रति प्रेम तथा दूसरों की सहायता करने की इच्छा के कारण कई शारीरिक प्रशिक्षक अध्यापन कार्य करना चाहते हैं। यह दृढ़-विश्वास, कि किसी गंभीर शारीरिक शिक्षा कार्यक्रम में संलिप्तता इसमें भाग लेने वाले व्यक्तियों के जीवन की गुणवत्ता पर महत्त्वपूर्ण प्रभाव डालती है, कुछ लोगों को अध्यापन व्यवसाय को अपनाने के लिए प्रेरित करता है। जिन भावी-अध्यापकों को एक गंभीर शारीरिक शिक्षा कार्यक्रम में भाग लेने का सौभाग्य प्राप्त हुआ है, वे इस कार्यक्रम से प्राप्त लाभों को दूसरे लोगों तक पहुँचाने की इच्छा बहुधा व्यक्त करते हैं। शारीरिक शिक्षा के विद्यार्थी रह चुके अन्य ऐसे लोग जिनका इस संदर्भ में अनुभव अच्छा नहीं रहा है, वे अध्यापन व्यवसाय को इसलिए अपनाते हैं क्योंकि वे शारीरिक शिक्षा कार्यक्रमों की गुणवत्ता में सुधार लाने की इच्छा रखते हैं जिससे गुणवत्तापूर्ण कार्यक्रमों से प्राप्त होने वाले सुविदित लाभों को हासिल किया जा सके।

व्यक्तिगत अभिरुचि, पसंदगी और नापसंदगी अध्यापन व्यवसाय अपनाने के निर्णय को अनिवार्यत: प्रभावित करती हैं। खेल-कूद के प्रति अपने लगाव तथा संभवत: इस लगाव को अन्य लोगों तक संचारित करने के लिए कई लोग शारीरिक शिक्षा अध्यापन के क्षेत्र में आना चाहते हैं। शिक्षा व्यवसाय में आने के अन्य कारण भी गिनाए जाते हैं; जैसे घर से बाहर निकलने का अवसर मिलना, व्यायाम और शारीरिक रूप से तंदुरुस्त रहना तथा आमोद-प्रमोद।

इस व्यवसाय की प्रकृति अनेक लोगों को आकृष्ट करती है। विद्यालयीन परिवेश में मिलने वाले लंबे अवकाश, कक्षा में अध्यापन की तुलना में व्यायामशाला में उपलब्ध शिक्षण का अनौपचारिक परिवेश, कार्यावधिकाल द्वारा मिलने वाली नौकरी की सुरक्षा कुछ सकारात्मक लाभ हैं जो लोगों को अध्यापन व्यवसाय को अपनाने के लिए प्रेरित करते हैं। अन्य लोग अध्यापन व्यवसाय अपना सकते हैं क्योंकि वे प्रशिक्षक बनने की इच्छा रखते हैं तथा अनेक विद्यालयों में अध्यापन करना प्रशिक्षण कार्य की पूर्वापेक्षा है। अध्यापन कार्य का उपयोग प्रशासन के क्षेत्र में जाने का प्रवेश-द्वार भी बन सकता है।

422. शारीरिक शिक्षा अध्यापन से प्राप्त होने वाले पुरस्कारों में सर्वाधिक महत्त्वपूर्ण क्या है?
(*a*) नौकरी मिलना
(*b*) स्वस्थ जीवन शैली को प्रोन्नत करना
(*c*) अवकाश के समय का आनंद उठाना
(*d*) सामाजिक संपर्क सूत्र को बढ़ाना

423. शारीरिक शिक्षा का अध्यापक किस कारण शारीरिक शिक्षा क्रियाकलाप को अपनाता है?
(*a*) बच्चों के प्रति प्यार
(*b*) आर्थिक लाभ
(*c*) अपनी नौकरी के एक भाग के रूप में
(*d*) व्यवसाय के प्रति निष्ठा

424. निम्नलिखित में से कौन-सा कारण किसी व्यक्ति को शिक्षण व्यवसाय में आने के लिए प्रभावित करता है?
(*a*) वैयक्तिक लाभ (*b*) सामाजिक दायित्व
(*c*) राजनीतिक दबाव (*d*) वैयक्तिक अभिरुचि

425. शारीरिक शिक्षा अध्यापन कार्य की प्रकृति है–
(*a*) सकारात्मक अध्यापन
(*b*) नकारात्मक अध्यापन
(*c*) अध्यापन का अनौपचारिक स्वरूप
(*d*) अध्यापन का औपचारिक स्वरूप

426. सही विकल्प चुनिए
संकुचन और विस्तार होते हैं
(*a*) मध्य पर्श्व अक्ष (*b*) सम्मुख पाश्चय अक्ष
(*c*) ऊर्ध्व अक्ष (*d*) सममितार्धी अक्ष

427. सही विकल्प चुनिए
शारीरिक शिक्षा की आधुनिक विचारधारा की शुरुआत हुई थी
(*a*) 1920 के पश्चात
(*b*) 1957 के पश्चात
(*c*) उन्नीसवीं शताब्दी के आखिरी दशक में
(*d*) 1960 के पश्चात

428. सही विकल्प चुनिए
कार्डिओवेस्कूलर प्रणाली को कार्य क्षमता प्रदर्शन के लिए प्रशिक्षित किया जा सकता है। इन्हें अपनाने से
(*a*) बेलिस्टिक विधि (*b*) यांत्रिक विधि
(*c*) एरोबिक व्यायाम (*d*) एनारोबिक व्यायाम

429. सही विकल्प चुनिये
ऐसा व्यवहार जिसमें प्रतिद्वन्द्वी को मनोवैज्ञानिक तथा शारीरिक नुकसान पहुँचा कर जीतना है:
(*a*) क्षतिकारक आक्रमकता
(*b*) हठधर्मी व्यवहार
(*c*) आक्रमकता का साधन के रूप में उपयोग
(*d*) हिंसक व्यवहार

430. सही विकल्प चुनिए
कार्बोहाइड्रेट भारीकरण खिलाड़ी इस प्रक्रिया को अपना कर करते हैं :
(*a*) रक्त से शक्ति लेकर
(*b*) शक्ति का माँसपेशी से संचय करके
(*c*) शक्ति का क्षय कठिन शारीरिक श्रम करके
(*d*) प्रति सामयिक इकाई शक्ति उत्पन्न करना

431. सही विकल्प चुनिए
बास्केटबॉल खिलाड़ियों को लगने वाली सामान्य चोट :
(*a*) सिर की चोट
(*b*) टखने की इन्टेरियो की लेटरल लिगामेन्ट चोट
(*c*) कंधे की चोट
(*d*) नितम्ब की लेटरल कोलेटरल लिगामेन्ट चोट

432. सही विकल्प चुनिए
सोमेटोटाइप रूप रेखा (4, 4, 1) निर्धारित करती है
(*a*) एन्डोमार्क मिसोमोर्फ
(*b*) एन्डोमोर्फिक मिसोमोर्फ
(*c*) संतुलित मिसोमोर्फ
(*d*) मिसोमार्फिक एन्डोमोर्फ

433. किस प्रकार का शोध व्यवस्थित ज्ञान को उत्पन्न और विकसित करने के लिए अभिकल्पित किया जाता है?
(*a*) क्रिंयात्मक शोध (*b*) प्रासंगिक शोध
(*c*) मूलभूत शोध (*d*) अनुप्रयुक्त शोध

434. एक उद्देशित न्यायदर्श एक असंभावित न्यायदर्श होता है क्योंकि यह चयन किया जाता है
(*a*) किसी चयन प्रक्रिया को अपनाए बिना
(*b*) पासा फेंक कर
(*c*) यादृच्छिक विधि अपनाए बिना
(*d*) अन्तिम समय में

435. परीक्षण के समय उल्टी आने के अहसास का कारण
(*a*) लेक्टिक एसिड का संग्रह होना
(*b*) एड्रेनेलिन
(*c*) अधिक ऑक्सीजन ग्रहण
(*d*) कार्बन डाइऑक्साइड

436. शरीर का गठनात्मक तत्त्व है
(*a*) विटामिन (*b*) कार्बोहाइड्रेट्स
(*c*) प्रोटीन (*d*) मिनरल

437. ओलम्पिक खेलों में व्यक्तिगत रूप से दिये गये स्वर्ण पदक में शुद्ध स्वर्ण की कितनी मात्रा होती है?
(*a*) चाँदी जड़ित 8 ग्राम शुद्ध सोना
(*b*) चाँदी जड़ित 7 ग्राम शुद्ध सोना
(*c*) चाँदी जड़ित 6 ग्राम शुद्ध सोना
(*d*) चाँदी जड़ित 10 ग्राम शुद्ध सोना

438. वाय एम सी ए कॉलेज ऑफ फिजिकल एज्युकेशन मद्रास (चेन्नाई) के प्रथम आचार्य का नाम
(*a*) पी.एम. जोसफ (*b*) एच.सी. बक
(*c*) जी.डी. सोंधी (*d*) ए.के. सिंह

439. ऑल इंडिया काउन्सिल ऑफ स्पोर्टस कब बनी थी?
(*a*) 1954 (*b*) 1953
(*c*) 1952 (*d*) 1951

440. भारत की ओर से अंतर्राष्ट्रीय ओलम्पिक कमेटी के प्रथम सदस्य कौन थे?
(*a*) जी.डी. सोंधी (*b*) राजा भालिन्दर सिंह
(*c*) सर दोराबजी टाटा (*d*) पी.एम. जोसफ

441. हार्वड स्टेप परीक्षण मापन करता है
(*a*) घुटने की माँसपेशीय दक्षता
(*b*) हृदय श्वसन दक्षता
(*c*) हृदय फुफ्फुस सूचांक
(*d*) श्वसन फुफ्फुस सूचांक

442. रीढ़ की हड्डी में ऊपर से नीचे के क्रम में होने वाले आसन विकार है :
(*a*) लोर्डोसिस → काइफोसिस → स्पोन्डोलाइसिस
(*b*) काइफोसिस → लोर्डोसिस → स्पोन्डोलाइसिस
(*c*) स्पोन्डोलाइसिस → काइफोसिस → लोर्डोसिस
(*d*) इनमें से कोई भी नहीं

443. समूह में की गई मुक्त हस्त कसरतों को कहा जाता है
(*a*) सर्किट ट्रेनिंग (*b*) केलिस्थेनिक्स
(*c*) ड्रिल तथा मार्चिंग (*d*) भार प्रशिक्षण

444. नीचे दिये गए संगठन के सिद्धान्तों के विरुद्ध कौन-सा सिद्धान्त है?
(*a*) सत्ता की अतिव्याप्ति (*b*) उपयुक्त विकेन्द्रीकरण
(*c*) सत्ता का प्रत्यायोजन (*d*) उपयुक्त संवादविधि

445. सही तथ्यों को सही रूप से सही समय पर सही व्यक्तियों तक पहुँचाने को कहा जाता है
(*a*) खेल प्रबंधन (*b*) खेलों में जन संपर्क
(*c*) खेलों के लिये प्रेरणा (*d*) खेलों में नेतृत्व

446. किस खेल में सर्वप्रथम दबाव शिक्षण विधि का इस्तेमाल किया गया था?
(*a*) हॉकी (*b*) फुटबॉल
(*c*) वॉलीबॉल (*d*) बास्केट बॉल

447. भार प्रशिक्षण जर्मन जिमनास्टिक प्रशिक्षक द्वारा किस वर्ष में शुरू किया गया था?
(*a*) 1810 (*b*) 1812
(*c*) 1820 (*d*) 1816

448. दर्शनशास्त्र के पारम्परिक सोच में है
I. प्राकृतिकवाद II. प्रगतिवाद
III. व्यवहारिकवाद IV. वास्तविकवाद
सही संयोजन चुनिये।
(*a*) I, II, III (*b*) II, III, IV
(*c*) III, IV, I (*d*) IV, I, II

449. रेखीय वेग निर्भर करता है
I. प्रत्यक्ष कोणीय वेग
II. घुम्मन अर्धव्यास के प्रतिलोमत
III. कोणीय वेग और घुम्मन अर्धव्यास दोनों के प्रत्यक्ष
IV. कोणीय वेग और घुम्मन अर्धव्यास दोनों के प्रतिलोमत
सही संयोजन चुनिये।
(*a*) I, II (*b*) I, III
(*c*) II, IV (*d*) III, IV

450. संसक्ति के साथ कौन-से घटक संबंधित हैं?
I. टीम संतुष्टि
II. व्यक्तिगत प्रदर्शन
III. प्रतियोगिता में टीम का क्रमांक
IV. सामाजिक समर्थन
सही संयोजन चुनिये।
(*a*) I, IV (*b*) II, III
(*c*) IV, III (*d*) I, II

451. राजनैतिक कारणों से ओलम्पिक खेलों का बायकाट किया गया
I. मॉनट्रियल ओलम्पिक II. बर्लिन ओलम्पिक
III. मास्को ओलम्पिक IV. रोम ओलम्पिक
सही संयोजन चुनिये।
(*a*) I, II (*b*) III, IV
(*c*) I, III (*d*) II, IV

452. वेगात्मक बल के अलावा शरीर की वायुवहित गति प्रभावित होती है
I. उसका भार II. घुमाव
III. लचीलापन IV. वायु अवरोध
सही संयोजन चुनिये।
(*a*) I, II, III (*b*) II, III, IV
(*c*) III, IV, I (*d*) IV, I, II

453. माध्यिका की गणना की जा सकती है :

I. $L_1 + \frac{i}{f}\left(\frac{N}{2} - C\right)$

II. $L_1 + \frac{L_2 - L_1}{f}(m - C)$

III. $L_1 + \frac{\frac{N}{2} - C}{f}(L_2 - L_1)$

IV. $L_2 + \frac{\frac{N}{2} - C}{f} \times i$

सही संयोजन बताएँ
(*a*) I, II, IV (*b*) II, III, IV
(*c*) I, III, IV (*d*) I, II, III

454. लक्ष्मीबाई कॉलेज ऑफ फिजिकल एज्यूकेशन, ग्वालियर में तीन वर्ष का बेचलर कोर्स तथा दो वर्ष का मास्टर कोर्स कब चालू किये गये?
I. 1957 II. 1960
III. 1962 IV. 1963
सही संयोजन चुनिये।
(*a*) I, IV (*b*) I, II
(*c*) II, III (*d*) III, IV

455. गामक शिक्षणीयता निर्भर करती है :
I. तंत्रिका माँसपेशीय समन्वय

II. प्रयासों में निरंतरता
III. कर्ता की आयु
IV. कर्ता का लिंग
सही सँयोजन चुनिये।
(a) I, IV (b) II, III
(c) I, II, III, IV (d) I, IV, II

456. बाह्य संस्थान प्रतियोगिता किनके लिए ज्यादा जरूरी है?
I. विजेता II. प्रारंभिक खिलाड़ी
III. सामान्य प्रदर्शक IV. कुशल प्रदर्शक
सही संयोजन चुनिये।
(a) I, IV (b) II, III
(c) III, IV (d) II, IV

457. आंतरिक भार की परख की जाती है
I. भार परिमाण
II. पल्स रेट
III. भार तीव्रता
IV. लेक्टिक एसिड का संकेन्द्रण
सही संयोजन चुनिये।
(a) I, IV (b) II, IV
(c) III, IV (d) II, III

458. सूची-I को सूची-II से सुमेलित कीजिए तथा नीचे दिए गए कूट का प्रयोग करते हुए सही उत्तर को चुनिए :

सूची-I	सूची-II
I. लुडविग जॉन	1. शैक्षिक जिमनास्टिक
II. जॉन डेवी	2. आधुनिक ओलम्पिक खेल
III. पी.एच. लिंग	3. टुर्णवराइन आंदोलन
IV. कॉबरटिन	4. व्यवहारवाद

कूटः

	I	II	III	IV
(a)	1	3	4	2
(b)	2	1	3	4
(c)	4	2	1	3
(d)	3	4	1	2

459. सूची-I को सूची-II से सुमेलित कीजिए तथा नीचे दिए गए कूट का प्रयोग करते हुए सही उत्तर को चुनिए :

सूची-I	सूची-II
I. उत्तेजक प्रतिक्रियाएँ	1. एनाबोलिक स्टिरोइड
II. सतर्कता को बढ़ाने वाले द्रव्य	2. नारकोटिक एनलजेसिक
III. मनोवैज्ञानिक उत्तेजना	3. उत्तेजना
IV. टेसटोस्टेरान हारमोन	4. बीटा ब्लोकर

कूटः

	I	II	III	IV
(a)	1	3	4	2
(b)	3	4	2	1
(c)	4	1	3	2
(d)	4	2	3	1

460. सूची-I को सूची-II से सुमेलित कीजिए तथा नीचे दिए गए कूट का प्रयोग करते हुए सही उत्तर को चुनिए :

सूची-I	सूची-II
I. माँसपेशी में ऑक्सीजन का संग्रहण	1. ऑक्सीजन डेट
II. पूर्ण तेज दौड़ में शक्ति का स्रोत	2. एनाएरोबिक मेटाबोलिस्म
III. व्यायाम के तत्काल पश्चात की आराम की अवधि	3. मायोग्लोबिन
IV. पूर्ति अवधि के दौरान अतिरिक्त ऑक्सीजन का उपयोग	4. पूर्ति अवधि

कूटः

	I	II	III	IV
(a)	1	2	3	4
(b)	2	4	3	1
(c)	1	4	2	3
(d)	3	2	4	1

461. सूची-I को सूची-II से सुमेलित कीजिए तथा नीचे दिए गए कूट का प्रयोग करते हुए सही उत्तर को चुनिए :

सूची-I	सूची-II
I. नेतृत्व	1. पी.ओ.एम.एस.
II. व्यक्तित्व	2. एस.सी.ए.टी.
III. समूह संसक्ति	3. एल.एस.एस.
IV. उद्वेग	4. जी.ई.क्यू.

कूटः

	I	II	III	IV
(a)	1	3	2	4
(b)	3	1	4	2
(c)	4	2	3	1
(d)	2	4	1	3

462. सूची-I को सूची-II से सुमेलित कीजिए तथा नीचे दिए गए कूट का प्रयोग करते हुए सही उत्तर को चुनिए :

	सूची-I		सूची-II
I.	एक नॉन पेरामेट्रिक तकनीक जो प्राप्त नतीजों की तुलना संभावित नतीजों से करती है।	1.	जेड परीक्षण
II.	एक सांख्यिकीय परीक्षण जो कि न्यायदर्श माध्य और जनसंख्या माध्य के बीच सार्थकीय अंतर को निर्धारित करता है।	2.	सहसम्बन्ध
III.	एक सांख्यिकीय विधि जो चरों के बीच के संबंधों को स्थापित करती है।	3.	एफ अनुपात
IV.	एक परीक्षण जो दो से अधिक समूहों के माध्यों के अंतर की सार्थकता का माप करता है।	4.	काई-वर्ग परीक्षण

कूट:

	I	II	III	IV
(*a*)	4	1	2	3
(*b*)	4	1	3	2
(*c*)	1	3	4	2
(*d*)	3	1	2	4

463. सूची-I को सूची-II से सुमेलित कीजिए तथा नीचे दिए गए कूट का प्रयोग करते हुए सही उत्तर को चुनिए :

	सूची-I		सूची-II
I.	घर्षण बल	1.	शरीर भार
II.	उर्ध्वजलात्मक बल	2.	किनारी बनाना
III.	गुरुत्वाकर्षण बल	3.	स्थिरता
IV.	केन्द्राभिमुख बल	4.	प्लवमान

कूट:

	I	II	III	IV
(*a*)	2	3	4	1
(*b*)	3	4	1	2
(*c*)	4	1	2	3
(*d*)	1	2	3	4

464. सूची-I को सूची-II से सुमेलित कीजिए तथा नीचे दिए गए कूट का प्रयोग करते हुए सही उत्तर को चुनिए :

	सूची-I		सूची-II
I.	एनाबोलिक स्टेरोइड्स	1.	न्युरोमस्क्युलर सेल्युलर प्रक्रिया का धीमा होना
II.	एम्फेटेमाइनस	2.	स्तर को सामान्य लाना
III.	अल्कोहल	3.	न्युरोमस्क्युलर प्रक्रिया का प्रारम्भ करना
IV.	अल्केलाइन साल्टस	4.	महिलाओं में पुरुषों के गौण लक्षण विकसित होना

कूट:

	I	II	III	IV
(*a*)	4	3	1	2
(*b*)	3	4	2	1
(*c*)	1	2	3	4
(*d*)	2	1	4	3

465. सूची-I को सूची-II से सुमेलित कीजिए तथा नीचे दिए गए कूट का प्रयोग करते हुए सही उत्तर को चुनिए :

	सूची-I		सूची-II
I.	हॉकी	1.	रणजी ट्रॉफी
II.	फुटबॉल	2.	आगाखान कप
III.	टेनिस	3.	सुब्रतो कप
IV.	क्रिकेट	4.	डेविस कप

कूट:

	I	II	III	IV
(*a*)	2	3	4	1
(*b*)	4	3	2	1
(*c*)	3	1	2	4
(*d*)	1	2	3	4

466. सूची-I को सूची-II से सुमेलित कीजिए तथा नीचे दिए गए कूट का प्रयोग करते हुए सही उत्तर को चुनिए :

	सूची-I		सूची-II
I.	सीखना	1.	प्रयत्न की दिशा एवं तीव्रता
II.	प्रेरणा के घटक	2.	मनोवैज्ञानिक मूल
III.	व्यक्तित्व	3.	प्रभाव का नियम
IV.	थोर्नडाइक	4.	प्रयत्न और भूल

कूट:

	I	II	III	IV
(*a*)	1	2	3	4
(*b*)	4	1	2	3

(*c*)	2	3	4	1
(*d*)	3	4	1	2

467. सूची-I को सूची-II से सुमेलित कीजिए तथा नीचे दिए गए कूट का प्रयोग करते हुए सही उत्तर को चुनिए :

सूची-I	**सूची-II**
I. विश्वसनीयता	1. प्रमाण
II. वस्तुलक्षिता	2. अधिकारिता
III. वैधता	3. निष्कर्ष में स्थिरता
IV. मानक	4. विभिन्न परीक्षकों के निष्कर्षों में स्थिरता

कूट:

	I	II	III	IV
(*a*)	3	4	2	1
(*b*)	3	4	1	2
(*c*)	4	3	2	1
(*d*)	2	3	4	1

468. सूची-I को सूची-II से सुमेलित कीजिए तथा नीचे दिए गए कूट का प्रयोग करते हुए सही उत्तर को चुनिए :

सूची-I	**सूची-II**
I. बास्केटबॉल	1. सडन डेथ
II. कबड्डी	2. लिबेरो
III. वॉलीबॉल	3. डेड बॉल
IV. कुश्ती	4. लोना

कूट:

	I	II	III	IV
(*a*)	3	4	2	1
(*b*)	3	4	1	2
(*c*)	2	4	1	3
(*d*)	1	4	3	2

469. सूची-I को सूची-II से सुमेलित कीजिए तथा नीचे दिए गए कूट का प्रयोग करते हुए सही उत्तर को चुनिए :

सूची-I	**सूची-II**
I. नौकरशाही सिद्धांत	1. हेनरी फेयोल
II. वैज्ञानिक प्रबंधन सिद्धांत	2. एल्टन मेयो
III. प्रशासनिक सिद्धांत	3. एफ.डब्ल्यू. टेलर
IV. मानव संबंध आंदोलन सिद्धांत	4. मेक्स वेबर

कूट:

	I	II	III	IV
(*a*)	4	3	1	2
(*b*)	1	2	3	4
(*c*)	2	4	1	3
(*d*)	4	2	3	1

470. सूची-I को सूची-II से सुमेलित कीजिए तथा नीचे दिए गए कूट का प्रयोग करते हुए सही उत्तर को चुनिए :

सूची-I	**सूची-II**
I. वाटर जम्प	1. बास्केटबॉल
II. डाइगोनल एक्सेस	2. हॉकी
III. 23 मीटर	3. स्टीपल चेस
IV. 08 सेकंड	4. 800 मीटर

कूट:

	I	II	III	IV
(*a*)	3	4	2	1
(*b*)	4	3	1	2
(*c*)	2	1	3	4
(*d*)	3	4	1	2

471. सूची-I को सूची-II से सुमेलित कीजिए तथा नीचे दिए गए कूट का प्रयोग करते हुए सही उत्तर को चुनिए :

सूची-I	**सूची-II**
I. सर्किट प्रशिक्षण	1. विन्टर बॉटम
II. फार्टलेक प्रशिक्षण	2. डॉ. रेन्डल एवं ग्रेशलर
III. अन्तराल प्रशिक्षण	3. गोस्टा हॉल्मर
IV. दबाव प्रशिक्षण	4. मोर्गन एवं एडम्डसन

कूट:

	I	II	III	IV
(*a*)	3	4	1	2
(*b*)	4	3	2	1
(*c*)	2	1	4	3
(*d*)	1	2	3	4

472. सूची-I को सूची-II से सुमेलित कीजिए तथा नीचे दिए गए कूट का प्रयोग करते हुए सही उत्तर को चुनिए :

सूची-I	**सूची-II**
I. फॉसबरी फ्लोप	1. रिले दौड़
II. ग्लाइड तकनीक	2. लम्बी कूद
III. हिच किक	3. शॉट पट
IV. स्नेच बेटन पास	4. ऊँची कूद

कूटः

	I	II	III	IV
(*a*)	4	3	2	1
(*b*)	4	2	1	3
(*c*)	3	2	4	1
(*d*)	3	2	1	4

473. सीखने की गानक अवस्थाओं का सही क्रम चुनिये :

I. परिशोधित समन्वय की अवस्था
II. अपरिशोधित समन्वय की अवस्था
III. स्वचालित अवस्था

कूट :
(*a*) I, II, III (*b*) II, III, I
(*c*) II, I, III (*d*) III, II, I

474. 100 मीटर दौड़ के यांत्रिक अवस्थाओं के बढ़ते हुए क्रम को व्यवस्थित कीजिए।

I. विलम्बन II. तीव्र वेगात्मक अवस्था
III. उच्च गति अवस्था IV. मन्द वेगात्मक अवस्था

कूट :
(*a*) I, II, III, IV (*b*) IV, II, III, I
(*c*) III, IV, I, II (*d*) II, I, IV, III

475. खेलों में व्यक्तित्व के अध्ययन के लिए अपनाये गये उपागमों को सही क्रम दीजिये :

I. ट्रेट उपागम
II. स्थिति उपागम
III. मनोगत्यात्मक उपागम
IV. पारस्परिक क्रिया उपागम

कूट :
(*a*) I, III, IV, II (*b*) IV, II, I, III
(*c*) II, IV, III, I (*d*) III, I, II, IV

476. आँकड़ों के विश्लेषण करने के निम्न सांख्यिकीय मापकों को सही क्रम में स्थापित करें :

I. एफ रेशियो
II. शैफी पोस्ट हॉक टेस्ट
III. मीन
IV. आर एस एस, सी एफ, टी एस एस, एस $एस_{बी}$, एस $एस_{डब्ल्यू}$

कूट :
(*a*) III, II, IV, I (*b*) III, II, I, IV
(*c*) III, IV, I, II (*d*) IV, III, I, II

477. संक्रामक रोगों की रोकथाम करने के उपायों का सही क्रम दीजिए :

I. विसंक्रमण II. नोटिफिकेशन
III. निदान IV. अलग रखना
V. उपचार VI. टीकाकरण
VII. परीक्षण

कूट :
(*a*) I, II, III, IV, V, VI, VII
(*b*) II, IV, I, III, VII, VI, V
(*c*) IV, III, II, I, VI, VII, V
(*d*) III, I, II, IV, V, VI, VII

478. नीचे दी गई संस्थाएँ भारत में किस क्रम में प्रारम्भ हुई?

I. वाय.एम.सी.ए. कॉलेज ऑफ फिजिकल एज्यूकेशन, मद्रास (चेन्नई)
II. स्पोर्ट्स एथोरिटी ऑफ इंडिया, नई दिल्ली
III. नेशनल इंस्टिट्यूट ऑफ स्पोर्टस, पटियाला
IV. एच.वी.पी. मंडल, अमरावती

कूट :
(*a*) I, II, III, IV (*b*) II, III, I, IV
(*c*) III, IV, II, I (*d*) IV, I, III, II

479. नीचे दिये खेलों का समारंभ किस क्रम में प्रारंभ हुआ?

I. आधुनिक ओलम्पिक खेल
II. एशियन गेम्स
III. कॉमनवेल्थ गेम्स
IV. सैफ (एस ए एफ) गेम्स

कूट :
(*a*) I, II, III, IV (*b*) IV, II, III, I
(*c*) IV, III, II, I (*d*) I, III, II, IV

480. डेकेथलौन के प्रथम दिवस के दिन होने वाले इवेन्ट्स का सही क्रम बताइये :

I. 400 मीटर II. गोला फेंक
III. लम्बी कूद IV. ऊँची कूद
V. 100 मीटर

सही संयोजन बताएँ
(*a*) V, III, II, IV, I (*b*) I, IV, III, II, V
(*c*) V, IV, III, II, I (*d*) II, III, IV, V, I

481. चिकित्सा प्रक्रियाओं के क्रम को लिखिए :

I. क्राइयो थेरेपी II. इलेक्ट्रो थेरेपी
III. मालिश थेरेपी IV. व्यायाम थेरेपी

कूट :

(*a*) I, III, IV, II	(*b*) I, II, III, IV
(*c*) II, III, I, IV	(*d*) I, III, II, IV

482. नीचे दो कथन दिए जा रहे हैं जिनमें से प्रथम को अभिकथन (A) और दूसरे को तर्क (R) कहा गया है :

अभिकथन (A): खेलकूद में भाग लेने से समाजीकरण होता है।

तर्क (R): खेलकूद सामाजिक आदतों का विकास करते हैं।

निम्न कथनों में से कौन-सा कथन सही है?

(*a*) (A) सत्य है, परन्तु (R) असत्य है।
(*b*) (A) असत्य है, परन्तु (R) सत्य है।
(*c*) दोनों (A) और (R) असत्य हैं।
(*d*) दोनों (A) और (R) सत्य है।

483. नीचे दो कथन दिए जा रहे हैं जिनमें से प्रथम को अभिकथन (A) और दूसरे को तर्क (R) कहा गया है :

अभिकथन (A): सुदृढ़ शरीर के साथ उपयुक्त कार्यक्षमता ही स्वास्थ्य की आधुनिक विचारधारा है।

तर्क (R): स्वास्थ्य एक संपूर्ण कल्याणकारी अवस्था है।

निम्न कथनों में से कौन-सा कथन सही है?

(*a*) (A) सत्य है, परन्तु (R) असत्य है।
(*b*) दोनों (A) और (R) सत्य हैं।
(*c*) (A) असत्य है, परन्तु (R) सत्य है।
(*d*) दोनों (A) और (R) असत्य हैं।

484. नीचे दो कथन दिए जा रहे हैं जिनमें से प्रथम को अभिकथन (A) और दूसरे को तर्क (R) कहा गया है :

अभिकथन (A): जब शून्य परिकल्पना को स्वीकारते हैं तब II प्रकार की त्रुटि होती है जबकि वह असत्य है।

तर्क (R): यह त्रुटि आँकड़ों की गलत व्याख्या के कारण है।

निम्न कथनों में से कौन-सा कथन सही है?

(*a*) (A) सत्य है, परन्तु (R) असत्य है।
(*b*) दोनों (A) और (R) सत्य हैं।
(*c*) (A) असत्य है, परन्तु (R) सत्य है।
(*d*) दोनों (A) और (R) असत्य हैं।

485. नीचे दो कथन दिए जा रहे हैं जिनमें से प्रथम को अभिकथन (A) और दूसरे को तर्क (R) कहा गया है :

अभिकथन (A): टीम खेल में संसक्ति तथा प्रदर्शन के बीच सकारात्मक संबंध होता है।

तर्क (R): कार्य संसक्ति तथा सामाजिक संसक्ति मापन के संबंध का मूल्यांकन टीम की संसक्ति तथा प्रदर्शन से मूल्यांकित होता है।

निम्न कथनों में से कौन-सा कथन सही है?

(*a*) (A) सत्य है और (R) असत्य है।
(*b*) (A) असत्य है और (R) सत्य है।
(*c*) दोनों (A) और (R) सत्य हैं एवं (R) में (A) की सही व्याख्या है।
(*d*) दोनों (A) और (R) सत्य हैं परन्तु (R) में (A) की सही व्याख्या नहीं है।

486. नीचे दो कथन दिए जा रहे हैं जिनमें से प्रथम को अभिकथन (A) और दूसरे को तर्क (R) कहा गया है :

अभिकथन (A): सामान्य खड़े होने की स्थिति में शरीर के भार को भूमि के क्रियात्मक बल द्वारा संतुलित किया जाता है।

तर्क (R): संतुलन की मूल स्थिति को बनाये रखने के लिये समस्त बलों का प्रतिफल शरीर पर शून्य होना चाहिए।

निम्न कथनों में से कौन-सा कथन सही है?

(*a*) (A) सत्य है, परन्तु (R) असत्य है।
(*b*) दोनों (A) और (R) सत्य हैं।
(*c*) (A) असत्य है, परन्तु (R) सत्य है।
(*d*) दोनों (A) और (R) असत्य हैं।

487. नीचे दो कथन दिए जा रहे हैं जिनमें से प्रथम को अभिकथन (A) और दूसरे को तर्क (R) कहा गया है :

अभिकथन (A): विद्यालय स्वास्थ्य कार्यक्रम का मुख्य जोर बच्चों को स्वास्थ्य एवं स्वच्छता के विषय में शिक्षित करना है।

तर्क (R): बच्चों को रोगों से मुक्त रखना।

निम्न कथनों में से कौन-सा कथन सही है?

(*a*) दोनों (A) और (R) सत्य हैं लेकिन (R) में (A) की सही व्याख्या दी है।
(*b*) दोनों (A) और (R) सत्य हैं लेकिन (R) में (A) की सही व्याख्या नहीं है।
(*c*) (A) असत्य है, परन्तु (R) सत्य है।
(*d*) (A) सत्य है, परन्तु (R) असत्य है।

488. नीचे दो कथन दिए जा रहे हैं जिनमें से प्रथम को अभिकथन (A) और दूसरे को तर्क (R) कहा गया है :

अभिकथन (A): मनोरंजन मानव की मूलभूत आवश्यकता है।

तर्क (R): मनोरंजन की अदम्य इच्छा सार्वभौमिक है।

निम्न कथनों में से कौन-सा कथन सही है?

(*a*) दोनों (A) और (R) सत्य हैं, परन्तु (R) में (A) की सही व्याख्या नहीं है।
(*b*) दोनों (A) और (R) सत्य हैं तथा (R) में (A) की सही व्याख्या दी है।
(*c*) (A) असत्य है. परन्तु (R) सत्य हैं।
(*d*) (A) सत्य है, परन्तु (R) असत्य है।

489. नीचे दो कथन दिए गए हैं जिनमें से प्रथम को अभिकथन (A) और दूसरे को तर्क (R) कहा गया है :

अभिकथन (A): मैदानों को चरित्र निर्माण की प्रयोगशालाएँ कहा जाता है।

तर्क (R): मैदानों पर चरित्र निर्माण के गुण विकसित होते हैं।

निम्न कथनों में से कौन-सा कथन सही है?

(*a*) (A) सत्य है, परन्तु (R) असत्य है।
(*b*) दोनों (A) और (R) सत्य हैं तथा (A) की (R) में सही व्याख्या दी है।
(*c*) (A) असत्य है, परन्तु (R) सत्य है।
(*d*) दोनों (A) और (R) असत्य हैं।

490. नीचे दो कथन दिये जा रहे हैं जिनमें से प्रथम को अभिकथन (A) और दूसरे को तर्क (R) कहा गया है :

अभिकथन (A): मानदंड संदर्भित परीक्षण निकट अभिमुख चिंतन को प्रोत्साहित करता है।

तर्क (R): यह क्या प्राप्त किया जा सकता है के अनुपात को स्थापित करता है।

निम्न कथनों में से कौन-सा कथन सही है?

(*a*) (A) असत्य है, परन्तु (R) सत्य है।
(*b*) दोनों (A) और (R) सत्य हैं।
(*c*) (A) सत्य है, परन्तु (R) असत्य है।
(*d*) दोनों (A) और (R) असत्य हैं।

491. नीचे दो कथन दिये जा रहे हैं जिनमें से प्रथम को अभिकथन (A) और दूसरे को तर्क (R) कहा गया है :

अभिकथन (A): मानक एक प्रमाणित प्राप्तांक है जिससे एक पाये गये प्राप्तांक की तुलना की जाती है।

तर्क (R): मानक को तार्किक प्रयोग द्वारा विकसित किया जाता है।

निम्न कथनों में से कौन-सा कथन सही है?

(*a*) दोनों (A) और (R) सत्य हैं
(*b*) (A) सत्य है, लेकिन (R) असत्य है।
(*c*) (A) असत्य है, परन्तु (R) सत्य है।
(*d*) (A) सत्य है और (R) में (A) की सही व्याख्या दी है।

492. नीचे दिये गये अभिकथन (A) और तर्क (R) से सही पसंद कीजिए:

अभिकथन (A): त्वचा में लसीकावाहिकाएँ शिराओं का स्थान लेती हैं।

तर्क (R): आँतों के साथ लसीकावाहिकाएँ धमनियों का स्थान लेती हैं।

निम्न कथनों में से कौन-सा कथन सही है?

(*a*) (A) और (R) दोनों सत्य हैं।
(*b*) (A) और (R) दोनों असत्य हैं।
(*c*) (A) असत्य है, किन्तु (R) सत्य है।
(*d*) (A) सत्य है, किन्तु (R) असत्य है।

493. नीचे दो कथन दिये जा रहे हैं जिनमें से प्रथम को अभिकथन (A) और दूसरे को तर्क (R) कहा गया है :

अभिकथन (A): एक कैरम खिलाड़ी को प्रतियोगिता के दौरान चोट नहीं लगती है।

तर्क (R): एक खिलाड़ी को चोट से बचने के लिये उष्मीकरण की आवश्यकता होती है।

निम्न कथनों में से कौन-सा कथन सही है?

(*a*) दोनों (A) और (R) सत्य हैं एवं (R) में (A) की सही व्याख्या दी है।
(*b*) दोनों (A) और (R) सत्य हैं, परन्तु (R) में (A) की सही व्याख्या नहीं है।
(*c*) (A) सत्य है, परन्तु (R) असत्य है।
(*d*) (A) असत्य है, परन्तु (R) सत्य है।

494. नीचे दो कथन दिये जा रहे हैं जिनमें से प्रथम को अभिकथन (A) और दूसरे को तर्क (R) कहा गया है :

अभिकथन (A): प्रतियोगिता खेल प्रदर्शन के वृद्धिकरण के लिये अपरिहार्य है।

तर्क (R): ये व्यक्ति को प्रतिद्वन्द्वियों के विरुद्ध अपनी शारीरिक व मानसिक क्षमता को सिद्ध करने का अवसर प्रदान करते हैं।

निम्न कथनों में से कौन-सा कथन सही है?

(*a*) दोनों (A) और (R) सत्य हैं एवं (R) में (A) की सही व्याख्या दी है।

(*b*) (A) सत्य है, परन्तु (R) असत्य है।

(*c*) दोनों (A) और (R) असत्य हैं।

(*d*) (A) असत्य है, परन्तु (R) सत्य है।

495. नीचे दो कथन दिये जा रहे हैं जिनमें से प्रथम को अभिकथन (A) और दूसरे को तर्क (R) कहा गया है :

अभिकथन (A): पर्यवेक्षण वह विशेषज्ञ तकनीकी सेवा है जिसका मुख्यत: केन्द्र विद्यार्थियों की सीखने की स्थितियों को सुधारता है।

तर्क (R): यह अच्छे प्रकार से सीखने का नियोजित कार्यक्रम है।

निम्न कथनों में से कौन-सा कथन सही है?

(*a*) (A) सत्य है, परन्तु (R) असत्य है।

(*b*) (A) असत्य है, परन्तु (R) सत्य है।

(*c*) दोनों (A) और (R) सत्य हैं तथा (A) की (R) में सही व्याख्या की गई है।

(*d*) (A) और (R) दोनों गलत हैं।

निर्देश प्रश्न सं 496 से 500 तक: निम्नलिखित गद्यांश को पढ़िये तथा इसके बाद में दिए गए प्रश्नों के उत्तर इसकी अपनी समझ के आधार पर दीजिए:

भविष्य में यह दुनिया कैसी होगी? इक्कीसवीं शताब्दी में शारीरिक शिक्षा एवं खेल का स्वरूप कैसा होगा? यह मानते हुए कि परिवर्तन अनवरत होता है, कुछ ऐसी प्रवृत्तियों और विकासों की पहचान की जा सकती है जो शारीरिक शिक्षा एवं क्रीड़ा को बेहतर ढंग से समझने में सहायक हो सकते हैं। तंदुरुस्ती (वेलनेस) आंदोलन, स्वस्थता (फिटनेस) आंदोलन, शैक्षिक सुधार आंदोलन एवं शिक्षा की परिवर्तनशील प्रकृति, वासयोग्य ब्रह्माण्ड के विस्तारित सीमांत तथा प्रौद्योगिकीय प्रगतियाँ इन प्रगतियों और विकासों में शामिल हैं।

इस दशक में प्रौद्योगिकी के क्षेत्र में तीव्र प्रगतियाँ हुई हैं। इनमें से अनेक की शारीरिक शिक्षा एवं खेल के संदर्भ में विवक्षा है। कंप्यूटर प्रौद्योगिकी के साथ मिलकर निरंतर रूप से परिष्कृत हो रही शोध तकनीकों ने शारीरिक शिक्षा के ज्ञानाधार को बढ़ाने में हमें सक्षम बनाया है। कंप्यूटर प्रौद्योगिकी ने प्रदर्शन के जैवयांत्रिक विश्लेषण को सुसाध्य बनाया है। विशिष्ट खेल प्रदर्शनों के कंप्यूटर उत्पादित रेखीय प्रस्तुतीकरण गामक कौशलों के विकास को बढ़ाएँगे। कंप्यूटर ने भी अधिगम के दौरान मस्तिष्क के क्रियाकलापों को बेहतर ढंग से समझने में तथा तत्पश्चात अधिक प्रभावी अनुदेशात्मक रणनीतियों के अभिकल्पन में, शोधकर्ताओं को सक्षम बनाया है; संभवत: भविष्य के शारीरिक शिक्षक अधिगम के प्रतिफल का विश्वसनीयता के साथ पूर्वकथन कर सकते हैं।

संचार के क्षेत्र में हुए विकासों ने शारीरिक शिक्षा एवं खेल के भविष्य के प्रति आश्वस्त किया है। केबल टेलीविजन का विकास तेजी से हो रहा है। केबल टेलीविजन पर विशेष अभिरुचि कार्यक्रम अधिकाधिक प्रसारित किए जा रहे हैं। वीडियो टेप उपकरण का प्रयोग करना अधिक आसान हो गया है तथा शारीरिक शिक्षकों के लिए यह हर परिवेश में मूल्यवान अनुदेशात्मक उपकरण उपलब्ध कराता है। वीडियो कैसेट रिकार्ड्स में चमत्कारिक विकास हो रहे हैं, बहुत से लोग व्यायाम से संबंधित वीडियो टेप्स खरीद रहे हैं जिससे अपने घरों में अकेले और अपने सुविधानुकूल समय पर व्यायाम कर सकें। भविष्य में विभिन्न खेलों के अनुदेशात्मक टेप लोगों को उनके घरों में उनकी अपनी गति से इन कौशलों को सीखने में सहायता करेंगे।

शारीरिक शिक्षा एवं खेल को जैवप्रौद्योगिकी के क्षेत्र में हो रहे विकास भी प्रभावित करेंगे। आज मांसपेशियों में तंतु-प्रकार अनुपात की पहचान से शोधकर्ताओं को यह पता लगाने में सहायता मिलती है कि खेल के जिन आयोजनों में विस्फोटक शक्ति या सहनशक्ति की आवश्यकता होती है उनमें क्या एक व्यक्ति अतिशय शक्य हो सकता है या नहीं। संभवत: निकट भविष्य में आनुवंशिक अभियांत्रिकी का उपयोग व्यक्ति के जीन्स का प्रोग्राम करने में किया जाएगा जिससे वह व्यक्ति किसी विशेष खेल की गतिविधि में सफल हो सके।

प्रौद्योगिकीय प्रगतियों द्वारा खेल-उपकरणों में सुधार हुआ है जिससे कुशल तथा अकुशल दोनों प्रकार के व्यक्तियों द्वारा अपना प्रदर्शन बेहतर बनाया जा सकता है। ग्रेफाइट निर्मित टेनिस रैकेट्स ने धातु निर्मित टेनिस रैकेट्स को विस्थापित किया है जिन्होंने काष्ठ निर्मित रैकेट्स को वर्षों पहले विस्थापित किया था। फाइबर ग्लास पोल्स का प्रयोग करने वाले पोल-वोल्ट के खिलाड़ी उन ऊँचाइयों को फाँद चुके हैं, काष्ठ पोल्स का इस्तेमाल करने वाले पहले के खिलाड़ी जिसका केवल स्वप्न देख सकते थे। धावक-जूतों के निर्माण में प्रयुक्त प्रौद्योगिकी ने इन्हें अधिक आरामदेह बना दिया है तथा हर स्तर की क्षमता वाले धावकों के कम चोटिल होने को सुनिश्चित किया है। घास

वाले खेल मैदान कृत्रिम खेल मैदानों द्वारा अंडर ट्रैक्स ऑल वेदर ट्रैक्स तथा खुले स्टेडियम गुंबदाकार अरेना द्वारा विस्थापित किये जा रहे हैं। प्रौद्योगिकी द्वारा शारीरिक शिक्षा एवं खेल को प्रभावित किए जाने के अनेक उदाहरण हैं और शारीरिक शिक्षा एवं खेल पर प्रौद्योगिकी का प्रभाव भविष्य में भी जारी रहेगा।

496. शारीरिक शिक्षा एवं खेल का भविष्य किस पर निर्भर होगा?
(*a*) आधारिक संरचना विकास पर
(*b*) वासयोग्य ब्रह्माण्ड के विस्तारशील सीमांत पर
(*c*) धन उपलब्ध कराने पर
(*d*) युवाओं की वर्धनशील सहभागिता पर

497. कंप्यूटर प्रौद्योगिकी सुसाध्य बनाता है:
I. जैवयांत्रिकी विश्लेषण
II. वंशानुगत अभियांत्रिकी
III. शारीरिक खेल प्रदर्शन का रेखीय प्रस्तुतीकरण
IV. परिष्कृत शोध तकनीकों
सही संयोजन चुनिए:
(*a*) I और II (*b*) I और III
(*c*) III और IV (*d*) II और IV

498. वंशानुगत अभियांत्रिकी का किसमें उपयोग किया जाएगा?
(*a*) खिलाड़ियों की प्रगति में बाधा डालने में
(*b*) शल्य चिकित्सा की तकनीकें विकसित करने में
(*c*) सफल होने के लिए जीन्स का पता लगाने में
(*d*) युवा खिलाड़ियों की प्रगति को तीव्र करने में

499. सूची-I को सूची-II के साथ सुमेलित कीजिये। नीचे दिये गए कूटों का प्रयोग कीजिए:

सूची-I	सूची-II
I. परिष्कृत खेल उपकरण	1. कृत्रिम खेल मैदान
II. मांसपेशीय तंतु प्रकार	2. कंप्यूटर
III. मस्तिष्क की गतिविधि को समझना	3. मैराथन धावक की शक्यता का निर्धारण
IV. ऑल वेदर ट्रैक्स	4. अकुशल व्यक्ति के प्रदर्शन को सुसाध्य बनाना

कूट:

	I	II	III	IV
(*a*)	1	2	3	4
(*b*)	2	3	1	4
(*c*)	3	4	2	1
(*d*)	4	3	2	1

500. तंदुरस्ती आंदोलन किस दिशा में किए गए प्रयासों को अवलंब प्रदान करता है?
(*a*) स्वास्थ्य संवर्धन एवं रोग निवारण
(*b*) स्वस्थता विकास
(*c*) कौशल विकास
(*d*) समग्र व्यक्तित्व विकास

उत्तरमाला

1	2	3	4	5	6	7	8	9	10
(*b*)	(*a*)	(*b*)	(*b*)	(*c*)	(*c*)	(*d*)	(*b*)	(*c*)	(*b*)
11	**12**	**13**	**14**	**15**	**16**	**17**	**18**	**19**	**20**
(*d*)	(*c*)	(*a*)	(*c*)	(*a*)	(*c*)	(*b*)	(*d*)	(*c*)	(*d*)
21	**22**	**23**	**24**	**25**	**26**	**27**	**28**	**29**	**30**
(*d*)	(*c*)	(*b*)	(*b*)	(*b*)	(*c*)	(*c*)	(*d*)	(*a*)	(*a*)
31	**32**	**33**	**34**	**35**	**36**	**37**	**38**	**39**	**40**
(*a*)	(*c*)	(*a*)	(*b*)	(*b*)	(*c*)	(*c*)	(*d*)	(*b*)	(*a*)
41	**42**	**43**	**44**	**45**	**46**	**47**	**48**	**49**	**50**
(*a*)	(*b*)	(*a*)	(*d*)	(*a*)	(*b*)	(*d*)	(*c*)	(*a*)	(*a*)
51	**52**	**53**	**54**	**55**	**56**	**57**	**58**	**59**	**60**
(*c*)	(*c*)	(*c*)	(*d*)	(*c*)	(*c*)	(*b*)	(*c*)	(*a*)	(*b*)
61	**62**	**63**	**64**	**65**	**66**	**67**	**68**	**69**	**70**
(*a*)	(*b*)	(*b*)	(*d*)	(*d*)	(*d*)	(*b*)	(*b*)	(*c*)	(*d*)

71	72	73	74	75	76	77	78	79	80
(b)	(d)	(c)	(d)	(a)	(d)	(b)	(c)	(c)	(d)
81	82	83	84	85	86	87	88	89	90
(b)	(b)	(c)	(d)	(d)	(d)	(a)	(b)	(b)	(a)
91	92	93	94	95	96	97	98	99	100
(a)	(c)	(c)	(b)	(a)	(b)	(b)	(c)	(d)	(c)
101	102	103	104	105	106	107	108	109	110
(c)	(a)	(b)	(b)	(a)	(b)	(c)	(c)	(c)	(c)
111	112	113	114	115	116	117	118	119	120
(b)	(d)	(c)	(c)	(c)	(c)	(c)	(b)	(b)	(a)
121	122	123	124	125	126	127	128	129	130
(c)	(c)	(b)	(d)	(c)	(c)	(c)	(d)	(a)	(d)
131	132	133	134	135	136	137	138	139	140
(c)	(b)	(c)	(b)	(c)	(a)	(b)	(c)	(b)	(b)
141	142	143	144	145	146	147	148	149	150
(b)	(a)	(a)	(c)	(a)	(d)	(c)	(b)	(a)	(c)
151	152	153	154	155	156	157	158	159	160
(a)	(b)	(a)	(a)	(c)	(b)	(d)	(c)	(a)	(b)
161	162	163	164	165	166	167	168	169	170
(d)	(a)	(b)	(c)	(d)	(b)	(b)	(a)	(b)	(a)
171	172	173	174	175	176	177	178	179	180
(b)	(b)	(a)	(a)	(a)	(d)	(a)	(c)	(a)	(c)
181	182	183	184	185	186	187	188	189	190
(d)	(b)	(b)	(d)	(c)	(b)	(a)	(d)	(b)	(b)
191	192	193	194	195	196	197	198	199	200
(d)	(c)	(c)	(c)	(d)	(c)	(c)	(c)	(d)	(a)
201	202	203	204	205	206	207	208	209	210
(c)	(d)	(d)	(b)	(a)	(a)	(b)	(a)	(d)	(c)
211	212	213	214	215	216	217	218	219	220
(b)	(d)	(d)	(a)	(b)	(b)	(d)	(a)	(b)	(b)
221	222	223	224	225	226	227	228	229	230
(a)	(a)	(a)	(c)	(b)	(b)	(c)	(b)	(b)	(a)
231	232	233	234	235	236	237	238	239	240
(c)	(b)	(b)	(b)	(a)	(d)	(a)	(a)	(a)	(b)
241	242	243	244	245	246	247	248	249	250
(c)	(a)	(a)	(b)	(d)	(c)	(a)	(d)	(b)	(d)
251	252	253	254	255	256	257	258	259	260
(b)	(c)	(c)	(c)	(c)	(d)	(a)	(c)	(b)	(d)
261	262	263	264	265	266	267	268	269	270
(b)	(b)	(d)	(b)	(d)	(c)	(d)	(c)	(a)	(c)
271	272	273	274	275	276	277	278	279	280
(d)	(b)	(d)	(a)	(a)	(c)	(a)	(b)	(c)	(b)
281	282	283	284	285	286	287	288	289	290
(b)	(b)	(b)	(c)	(c)	(d)	(b)	(a)	(c)	(a)
291	292	293	294	295	296	297	298	299	300
(*)	(b)	(d)	(b)	(a)	(c)	(b)	(a)	(d)	(c)

301	302	303	304	305	306	307	308	309	310
(a)	(b)	(d)	(b)	(c)	(a)	(c)	(b)	(a)	(d)
311	312	313	314	315	316	317	318	319	320
(c)	(c)	(d)	(c)	(c)	(b)	(a)	(a)	(b)	(c)
321	322	323	324	325	326	327	328	329	330
(d)	(d)	(c)	(a)	(d)	(a)	(b)	(c)	(d)	(d)
331	332	333	334	335	336	337	338	339	340
(c)	(d)	(c)	(d)	(a)	(a)	(b)	(d)	(a)	(b)
341	342	343	344	345	346	347	348	349	350
(c)	(c)	(c)	(b)	(a)	(d)	(a)	(b)	(d)	(b)
351	352	353	354	355	356	357	358	359	360
(a)	(c)	(d)	(a)	(d)	(b)	(a)	(a)	(b)	(b)
361	362	363	364	365	366	367	368	369	370
(d)	(b)	(d)	(a)	(a)	(b)	(a)	(c)	(a)	(a)
371	372	373	374	375	376	377	378	379	380
(b)	(a)	(d)	(c)	(a)	(d)	(b)	(b)	(c)	(d)
381	382	383	384	385	386	387	388	389	390
(c)	(b)	(b)	(a)	(b)	(a)	(c)	(d)	(d)	(c)
391	392	393	394	395	396	397	398	399	400
(b)	(a)	(c)	(a)	(d)	(d)	(a)	(b)	(d)	(a)
401	402	403	404	405	406	407	408	409	410
(b)	(c)	(b)	(c)	(b)	(a)	(b)	(c)	(a)	(b)
411	412	413	414	415	416	417	418	419	420
(b)	(c)	(d)	(d)	(c)	(b)	(a)	(d)	(b)	(a)
421	422	423	424	425	426	427	428	429	430
(b)	(b)	(a)	(d)	(c)	(a)	(c)	(c)	(c)	(b)
431	432	433	434	435	436	437	438	439	440
(b)	(c)	(c)	(c)	(a)	(c)	(c)	(b)	(a)	(c)
441	442	443	444	445	446	447	448	449	450
(b)	(d)	(b)	(a)	(d)	(b)	(b)	(c)	(b)	(a)
451	452	453	454	455	456	457	458	459	460
(c)	(d)	(d)	(a)	(c)	(a)	(b)	(d)	(d)	(d)
461	462	463	464	465	466	467	468	469	470
(b)	(a)	(b)	(a)	(a)	(d)	(a)	(a)	(a)	(a)
471	472	473	474	475	476	477	478	479	480
(b)	(a)	(c)	(b)	(d)	(c)	(b)	(d)	(d)	(a)
481	482	483	484	485	486	487	488	489	490
(b)	(d)	(c)	(b)	(c)	(b)	(a)	(b)	(b)	(b)
491	492	493	494	495	496	497	498	499	500
(b)	(d)	(b)	(a)	(c)	(b)	(b)	(c)	(d)	(a)